法国民法文库
FAGUO MINFA WENKU

中山大学法学文丛

法国民法文库（第2卷）
张民安　主编

法国债法总论

张民安 ◎ 著

Régime Général des
Obligations Française

中山大学出版社
·广州·

版权所有　翻印必究

图书在版编目（CIP）数据

法国债法总论/张民安著. —广州：中山大学出版社，2022.9
（中山大学法学文丛. 法国民法文库；第2卷）
ISBN 978-7-306-07559-8

Ⅰ. ①法… Ⅱ. ①张… Ⅲ. ①债权法—法的理论—法国 Ⅳ. ①D956.533

中国版本图书馆 CIP 数据核字（2022）第 115747 号

出 版 人：王天琪
策划编辑：蔡浩然
责任编辑：蔡浩然
封面设计：林绵华
责任校对：蓝若琪　王延红
责任技编：靳晓虹
出版发行：中山大学出版社
电　　话：编辑部 020-84110283，84113349，84111997，84110779，84110776
　　　　　发行部 020-84111998，84111981，84111160
地　　址：广州市新港西路135号
邮　　编：510275　　　　　　传　真：020-84036565
网　　址：http://www.zsup.com.cn　　E-mail:zdcbs@mail.sysu.edu.cn
印 刷 者：佛山市浩文彩色印刷有限公司
规　　格：787mm×1092mm　1/16　71 印张　1635 千字
版次印次：2022 年 9 月第 1 版　2022 年 9 月第 1 次印刷
定　　价：239.90 元

如发现本书因印装质量影响阅读，请与出版社发行部联系调换

作者特别声明

自 2000 年出版《现代英美董事法律地位研究》以来，作者已先后在中国众多主流出版社出版了诸如《现代法国侵权责任制度研究》《过错侵权责任制度研究》《公司法上的利益平衡》《公司法的现代化》《商法总则制度研究》《侵权法上的作为义务》和《侵权法上的替代责任》等专著。这些著作出版之后引起了民商法学界的广泛关注，成为民商法领域的专家学者、教授、硕士研究生和博士研究生大量阅读、援引的重要资源，这些著作的出版也对繁荣我国民商法理论、建立和完善我国民商法律制度作出了无可替代的重要贡献。

然而，这些著作出版之后也遭遇到被某些专家学者、教授、硕士研究生和博士研究生大面积抄袭的情况，他们或者直接在其著作、论文中援引这些著作中所援引的法文或者英文资料而完全不加上"转引"等字样；或者直接在他们的著作、论文当中一字不改地复制这些著作中的段落而完全不加上任何注释说明；或者直接在他们的著作、论文当中改写这些著作中的资料、观点，用自己的语言重新组织这些著作当中的内容而未加上"参见"等字样。作者认为，无论什么形式的抄袭行为，均是对学术尊严的亵渎、对学术道德的践踏和对学术良知的背离。

想他人所不能想，言他人所不能言，编他人所不能编，著他人所不能著，向迄今为止被认为是天经地义、理所当然的某些基本民商法理论、某些基本民商法制度提出挑战，介绍或者提出某些"不同凡响"的甚至被认为是"离经叛道"的民商法理论和民商法制度，是作者 20 多年以来一直追求的目标，也是作者在《法国债法总论》当中所希望实现的目的。

在《法国债法总论》当中，作者对法国债法的一般理论和一般制度做出了详尽的阐述，包括：债、债权和债务，终生债务的禁止原则和终生债务禁止原则的例外，法国债法与法国债法的现代化，手段债和结果债，民事债和自然债，并列债、选择债和随意债，按份债、连带债、连带责任债和不可分债，附条件的债和附期限的债，作为债的渊源的合同，作为债的渊源的单方法律行为，作为债的渊源的集体法律行为，作为债的渊源的法律事实，债的单纯履行，金钱债的特殊履行，债的代位履行，债的抵债履行，债的一般担保权，债权人的代位权，债权人的撤销权，债权人的直接权，债的转让的一般理论，债权转让，债务转让，合同的自愿转让，合同的强制转让，债的更新，债务的指令承担，债消灭的一般理论，消灭时效，债的履行不能，债的抵销，债的免除，债的混同，等等。

尊敬的读者，如果您是首次在《法国债法总论》当中接触作者所介绍的任何债法理论和债法制度，请您在从事学术研究时遵守最基本的学术规范和学术道德，尊重作者最基本的权利，加上"转引自张民安：《法国债法总论》"等字样，以体现对作者艰辛劳动的尊重。因为学术虽然是开放的，但是作者的劳动是应当得到保护的，只有这样，学术才能繁荣、进步，在学术上倡导新观念、提出新观点的学者才能够体现其价值。

张民安教授

2022 年 1 月 22 日

序　言

作为一种法律关系，债可以因为多种多样的原因而产生，能够引起债产生的这些原因被称为债的渊源（sources d'obligations）。2016 年之前，《法国民法典》第 1370 条将债的渊源分为合同、准合同、侵权、准侵权及制定法的单纯权威性五种，这就是债的渊源的五分法理论。① 由于民法学者普遍对债的渊源的五分法理论表达强烈的不满②，因此，通过 2016 年 2 月 10 日的债法改革法令，法国政府废除了旧的第 1370 条所规定的五分法理论而对债的渊源做出了新的分类，这就是现行《法国民法典》新的第 1100 条，该条规定："债因为法律行为、法律事件或者制定法的单纯权威性而产生。"③ 根据该条的规定，债产生的原因分为法律行为（actes juridiques）、法律事实（faits juridiques）及制定法的单纯权威性（l'autorité seule de la loi）三种。

根据《法国民法典》新的第 1100－1 条的规定，所谓法律行为，是指行为人为了产生法律效力（effets de droit）而进行的意思表示行为（manifestations de volonté）。虽然法律行为包括合同、单方法律行为甚至集体法律行为，但是，合同无疑是最重要的法律行为。因此，《法国民法典》新的第 1100－1 条规定，对于其他法律行为的有效性和法律效力而言，有关合同的法律规范适用于它们。④

根据《法国民法典》新的第 1100－2 条的规定，所谓法律事实，是指制定法赋予其法律效力的行为（agissements）或者事件（événements），当行为人实施某种行为或者当某种事件发生时，如果制定法赋予该种行为或者事件以法律效力，则该种行为和事件就是法律事实。根据该条的规定，能够引起债产生的法律事实要么是行为人实施的致害行为，要么是行为人实施的准合同。当行为人实施的致害行为引起了债的产生时，他们的行为引起的债就是侵权责任；而当他们实施的准合同引起债的产生时，他们的行为引起的债就是准合同债，也就是无因管理债、不应清偿债和不当得利债。⑤

当合同当事人缔结合同时，他们之间的合同会产生法律效力，包括对当事人产生的法律效力和对第三人产生的法律效力。无论是在 2016 年之前还是之后，《法国民法典》均以最大的篇幅和最多的法律条款对因为合同而产生的债做出了规定，既包括对合同的

---

① Article 1370, Code civil, Version en vigueur au 09 février 2016, https://www.legifrance.gouv.fr/codes/section_lc/LEGITEXT000006070721/LEGISCTA000006118073/2016－02－09/#LEGISCTA000006118073；张民安：《法国民法》，清华大学出版社 2015 年版，第 274—276 页。

② 张民安：《法国民法》，清华大学出版社 2015 年版，第 276 页。

③ Article 1100, Code civil, Version en vigueur au 17 novembre 2021, https://www.legifrance.gouv.fr/codes/section_lc/LEGITEXT000006070721/LEGISCTA000006118032/#LEGISCTA000032040794.

④ Article 1100－1, Code civil, Version en vigueur au 17 novembre 2021, https://www.legifrance.gouv.fr/codes/section_lc/LEGITEXT000006070721/LEGISCTA000006118032/#LEGISCTA000032040794.

⑤ Article 1100－2, Code civil, Version en vigueur au 17 novembre 2021, https://www.legifrance.gouv.fr/codes/section_lc/LEGITEXT000006070721/LEGISCTA000006118032/#LEGISCTA000032040794.

一般理论和一般制度做出的规定，也包括对合同的具体理论和具体制度做出的规定。其中，关于合同具体理论和具体制度的规定仅仅适用于每一种具体的、特殊的合同，而不适用于其他类型的具体合同、特殊合同，这就是合同法分则、合同法分论；而其中关于合同的一般理论和一般制度的规定则适用于所有类型的具体合同、特殊合同，这就是合同法总则、合同法总论。无论是合同法总则还是合同法分则均适用于当事人之间的合同，既不会适用于行为人所实施的致害行为，也不会适用于行为人所实施的准合同行为。因此，当事人之间的合同所产生的债仅仅构成特殊债，对当事人之间的合同进行规范和调整的债法即合同法也仅仅构成特殊债法。

无论是在2016年之前还是之后，《法国民法典》均对由行为人实施的致害行为所引起的侵权责任和行为人实施的准合同行为所引起的准合同债做出了规定，这些规定仅仅适用于侵权责任债或者准合同债。有关侵权责任的规定既不会适用于合同，也不会适用于准合同；有关准合同的规定既不会适用于合同，也不会适用于侵权责任。因此，由致害行为所引起的侵权责任债和由准合同所引起的准合同债也属于特殊债，对这些特殊债进行规范和调整的债法即侵权责任法和准合同法仅仅构成特殊债法。

问题在于，除了由合同产生的特殊合同债、由致害行为产生的特殊侵权责任债和由准合同产生的特殊准合同债之外，债法当中是否还存在能够同时适用于这些特殊债的一般债、共同债？除了对由合同产生的债进行规范和调整的特殊债法即合同法、对侵权责任进行规范和调整的特殊债法即侵权责任法和对准合同债进行规范和调整的特殊债法即准合同法之外，债法当中是否还存在对一般债、共同债进行规范和调整的一般债法、共同债法？答案是完全肯定的，无论是在2016年之前还是在2016年之后，均是如此。所不同的是，在2016年之前，一般债、共同债被《法国民法典》规定在合同总则当中，一般债法、共同债法被《法国民法典》规定在合同法总则当中。2016年2月10日的债法改革法令，除了将一般债、共同债从合同总则当中解放出来之外，现行《法国民法典》也将一般债法和共同债法从合同法总则当中释放出来。这就是现行《法国民法典》所采取的既明确区分一般债、共同债和合同债，也明确区分债法总则和合同法总则的理论。

在债法上，一般债、共同债被称为债的一般理论和债的一般制度，而特殊债、具体债则被称为债的具体理论和债的具体制度。对一般债、共同债进行规范和调整的债法被称为一般债法、共同债法，也就是债法总则、债法总论；而对特殊债、具体债进行规范和调整的债法则被称为特殊债法、具体债法，也就是债法分则、债法分论。

一、债法在整个法律当中的核心地位

所谓债法（le droit des obligations），是指对债权人和债务人之间的债权债务关系进行规范和调整的民法。作为债法规范和调整的对象；所谓债权人和债务人之间的债权债务关系实际上就是指债或者债的关系，在该种关系当中，债权人对债务人享有债权，债务人对债权人承担债务。① 作为民法的重要组成部分，债法既独立于人法、家庭法，也独立于物权法和担保法，因为它们所规范和调整的对象是不同的：债法仅仅对债权人与债务人之间的债的关系进行规范和调整，人法、家庭法对人的地位、法人格和家庭成员的身份和彼此之间的关系进行规范和调整，物权法对物权人与其物之间的关系进行规范和调整，而担保法则对担保人与被担保人即债权人之间的担保关系进行规范和调整。债法与民法的其他组成部分之间的关系密切，因为除了在自己的领地获得适用之外，债法也溢出自己的边界范围而大面积地渗透到包括人法、家庭法、物权法和担保法在内的整个民法领域，并因此成为支撑整个民法存在和有效运行的支柱。

不过，如果人们认为债法仅仅是支撑着整个民法的存在和有效运行，则他们的此种看法显然大错特错，其实除了支撑整个民法之外，债法还支配着整个法律并因此成为维持所有法律存在和有效实施的基石，因为无论是国内公法、国内私法还是国际公法、国际私法，所有法律的存在和有效运行均离不开债法的浇灌、滋养，这就是债法在现代法律当中的核心地位。② 在 2016 年之前，民法学者普遍承认债法在整个法律当中的核心地位。在 1988 年的《债》当中，Gabriel Marty 和 Pierre Raynaud 对债法的此种核心地位做出了说明，他们指出："债法的原则已经进入所有的法律领域。"③ 在 2012 年的《债》当中，Alain Bénabent 也对债法在整个法律当中的核心地位做出了说明，他指出："债法构成整个私法的基础，是所有法律部门的共同根源。"④

在 2016 年之后，民法学者也普遍承认债法所具有的这一核心地位。在 2016 年的《债》当中，Philippe Malaurie、Laurent Aynès 和 Philippe Stoffel-Munck 也对债法在整个法律当中的核心地位做出了说明，他们指出："债法支配着整个法律，因为债是人们在社会内部所能够建立的一种最典型的法律关系。一方面，债法支配着私法是最明显不过的事情：私法规范和调整人们之间的私人关系，而它的主要机制就是债；另一方面，债法对公法的影响则应当得到更多的说明。长期以来，行政法大量从民法当中吸取灵感，尤其是在行政合同和公权力机构的行政责任方面。"⑤ 在 2016 年的《债》当中，Rémy Cabrillac 也对债法所具有的此种核心地位做出了说明，他指出："债法浇灌着整个法律：它超越了私法和公法的区分界限，因为行政合同和行政责任大量从债法当中吸取灵感源泉。私法的每一个部门尤其是民法均从债法当中借用法律概念。"⑥

---

① Luc Grynbaum, Droit Civil, les Obligations, 2e édition, Hachette, 2005, p. 8; Christian Larroumet, Droit Civil, les Obligations, le Contrat, Tome Ⅲ, 1re partie: Conditions de formation, 6e édition, Economica, 2007, pp. 5 – 6; Luc Grynbaum, Droit Civil, les Obligations, 2e édition, Hachette, p. 8; Jean-Luc Aubert Éric Savaux, Introduction au droit et thèmes foudamentaux du droit civil, 17e édition, Dalloz, 2018, pp. 295 – 296.

② Christian Larroumet, Droit Civil, les Obligations, le Contrat, 6e édition, Economica, 2007, p. 7; Gérard Légier, Les Obligations, 17e édition, Dalloz, 2001, p. 1; Gabriel Marty, Pierre Raynaud, Droit Civil, les Obligations, Tome 1, Les sources, 2e édition, Sirey, 1988, p. 7; Alain Bénabent, Droit des Obligatios, 13e édition, Montchrestien, 2012, p. 5; Philippe Malaurie, Laurent Aynès, Philippe Stoffel-Munck, Droit des Obligations, 8e édition, LGDJ, 2016, p. 15; Rémy Cabrillac, Droit des Obligations, 12e édition, Dalloz, 2016, p. 4.

③ Gabriel Marty, Pierre Raynaud, Droit Civil, les Obligations, Tome 1, Les sources, 2e édition, Sirey, 1988, p. 7.

④ Alain Bénabent, Droit des Obligatios, 13e édition, Montchrestien, 2012, p. 5.

⑤ Philippe Malaurie, Laurent Aynès, Philippe Stoffel-Munck, Droit des Obligations, 8e édition, LGDJ, 2016, p. 15.

⑥ Rémy Cabrillac, Droit des Obligations, 12e édition, Dalloz, 2016, p. 4.

二、债法总论和债法分论的区分理论

(一) 债法等同于债法总论

债法虽然同时包含债法总论和债法分论,但是,当民法学者论及债法时,除非另有不同的说明;否则,他们所谓的债法往往并不是指债法分论、债法分则,而仅仅是指债法总论、债法总则。例如,Aubert 和 Savaux 就将债法等同于债法总则,他们指出:"所谓债法,也称债的一般理论,是指对债的产生、债的法律效果和债的制度(债的转移、债的限制或者债的消灭)予以规范和调整的所有法律规范的有机整体。债法的规范具有一般性的适用范围:除了对所有类型的合同甚至所有类型的协议进行规范和调整之外,债法也对所有的民事责任进行规范和调整。"① 同样,Rémy Cabrillac 也将债法等同于债法总论,他指出:"债法是法律的基本内容,因为它构成一般理论……债法构成一般理论,因为它是共同法,并因此与特别法相对应。"② 总之,作为民法尤其是整个法律基础和核心的债法仅仅是指债法总论、债法总则,而不是指债法分论、债法分则。

(二) 债法总论的界定和内容

所谓债法总论(droit des obligations en général),也称为债法共同法(droit commun des obligations)、共同债法或者债法总则,是指对债的一般理论(théorie générale des obligations)和债的一般制度(régime général des obligations)进行规范和调整的债法。所谓债法分论(droit des obligations spéciales),也称为债法特别法(droit spéciales des obligations)、特别债法或者债法分则,是指仅仅对债的具体理论(théorie spéciales des obligations)和债的具体制度(régime spéciales des obligations)进行规范和调整的债法,这就是债法总论和债法分论的区分理论。③

所谓债的一般理论和一般制度,是指能够予以普遍适用的债的理论和债的制度,当债的某种理论和某种制度能够予以普遍适用时,该种理论和制度就属于债的一般理论和一般制度。对债的一般理论和一般制度进行规范和调整的债法就是债法总论、债法总则。因此,有关债权转让的债法就属于债法总论、债法总则,因为除了合同债权人享有的债权能够转让之外,其他债权人享有的债权也能够转让:由致害行为而产生的债权能够转让和由无因管理而产生的债权也能够转让。换言之,债权人享有的所有债权原则上均能够自由转让,无论债权人享有的债权是什么性质,也无论他们所享有的债权产生的

---

① Jean-Luc Aubert, Éric Savaux, Introduction au Droit et Thèmes Foudamentaux du Droit civil, 17e édition, Dalloz, 2018, pp. 295 – 296.
② Rémy Cabrillac, Droit des Obligations, 12e édition, Dalloz, 2016, p. 4.
③ Jean Carbonnier, Droit Civil, Volume Ⅱ, Les Biens, les Obligations, puf, 2004, p. 2445; Alain Bénabent, Droit des Obligatios, 13e édition, Montchrestien, 2012, pp. 4 – 6; Philippe Malaurie, Laurent Aynès, Philippe Stoffel-Munck, Droit des Obligations, 8e édition, LGDJ, 2016, p. 17; Rémy Cabrillac, Droit des Obligations, 12e édition, Dalloz, 2016, pp. 4 – 5; Jérôme François, Les Obligations, Régime General, Tome 4, 4e édition, Economica, 2017, pp. 7 – 9; François Terré, Philippe Simler, Yves Lequette, François Chénedé, Droit Civil, les Obligations, 12e édition, Dalloz, 2018, pp. 1399 – 1400.

渊源是什么。

同样，有关债的自愿履行方面的债法也属于债法总论、债法总则，因为除了合同债务人能够自愿履行所承担的债务之外，其他债务人也能够自愿履行所承担的债务：当行为人实施的致害行为引起他人损害的发生时，行为人能够自愿履行对他人承担的赔偿责任；当无因管理者为了他人的利益而管理他人的事务时，他人能够自愿履行对管理者所承担的支付有益和必要费用的债务。换言之，所有债务人均能够自愿履行所承担的债务，无论他们所承担的债务的性质是什么，也无论他们所承担的债务产生的渊源是什么。

债的一般理论和一般制度虽然多种多样，但是，最主要的、最重要的一般理论和一般制度包括：①有关债的限定方面的债法，诸如有关附条件的债、附期限的债、并列债、选择债和随意债方面的债法，以及有关复杂客体债和复杂主体债方面的债法；②有关债的自愿履行方面的债法，诸如有关债的正常清偿方面的债法、金钱债履行方面的债法、债的代位履行方面的债法和债的抵债履行方面的债法；③有关债的强制履行方面的债法，诸如有关债权人代位权、撤销权和直接权方面的债法；④有关债的交易方面的债法，诸如有关债权转让、债务转让和合同转让方面的债法、债的更新方面的债法和债务的指令承担方面的债法；⑤有关债消灭方面的债法，诸如有关债的抵销方面的债法、债的混同方面的债法和债的免除方面的债法等。①

（三）债法分论的界定和内容

所谓债的具体理论和具体制度，是指仅仅能够在债的某一个特殊领域予以适用的债的理论和债的制度。当债的某一个理论和制度只能够在债的某一个具体领域适用时，该种债的理论和制度就是债的具体理论和具体制度，对债的具体理论和具体制度进行规范和调整的债法就是债法分论、债法分则。因此，有关行为人就其本人的行为引起的损害对他人承担侵权责任的债法属于债法分论，因为有关行为人就其本人的行为对他人承担的侵权责任只能够在过错侵权责任领域适用。同样，有关无因管理者有权要求被管理者支付自己支出的必要和有益费用的债法也属于债法分论、债法分则，因为无因管理者要求被管理者支付自己费用的债法只能够在无因管理当中适用。

债的具体理论和具体制度虽然多种多样，但是，根据债产生渊源的不同，现行《法国民法典》将债的具体理论和具体制度分为三类：①合同。虽然合同理论和合同制度分为合同总论、合同总则和合同分论、合同分则，但是，相对于债法总论、债法总则而言，所有的合同均是债法分论、债法分则。②侵权责任。虽然侵权责任分为三类六种：行为人就其本人的行为对他人承担的一般侵权责任和特殊侵权责任，行为人就别人

---

① Philippe Malaurie, Laurent Aynès, Philippe Stoffel-Munck, Droit des Obligations, 8e édition, LGDJ, 2016, pp. 623 – 837; Rémy Cabrillac, Droit des Obligations, 12e édition, Dalloz, 2016, pp. 319 – 430; Marjorie Brusorio-Aillaud, Droit des Obligations, 8e édition, bruylant, 2017, pp. 319 – 430; Virginie Larribau-Terneyre, Droit Civil, les Obligations, 15e édition, Dalloz, 2017, pp. 5 – 257; Jérôme François, Les Obligations, Régime General, Tome 4, 4e édition, Economica, 2017, pp. 1 – 613, pp. 582 – 585; François Terré, Philippe Simler, Yves Lequette, François Chénedé, Droit Civil, les Obligations, 12e édition, Dalloz, 2018, pp. 1399 – 1984.

的行为对他人承担的一般侵权责任和特殊侵权责任，行为人就其物的行为对他人承担的一般侵权责任和特殊侵权责任，但是，相对于债法总论、债法总则而言，所有的侵权责任在性质上均属于债的具体理论和具体制度。③准合同。准合同包括无因管理、不应清偿和不当得利三种，无论哪一种准合同产生的债均是债的具体理论和具体制度。①

三、2016 年之前的《法国民法典》将债法总则视为合同法总则的组成部分

（一）合同债和非合同债的区分理论

表面上看，在 2016 年之前，《法国民法典》似乎并不承认债法总则的存在，因为，《法国民法典》仅仅将债的理论和债的制度分为以下两类。

1. 因为合同产生的合同债

所谓因为合同产生的债，是指因为合同当事人之间的意思表示的一致而产生的债，根据该种债，合同债权人对合同债务人享有债权，而合同债务人则对合同债权人承担债务，因此，合同产生的债被称为合同债或者协议债（des obligations conventionnelles）。

2. 因为合同之外的原因产生的非合同债

所谓因为合同之外的原因产生的非合同债，是指当事人之间因为合同之外的其他某种原因产生的债。虽然合同之外的其他原因也能够产生债，但是，由其他原因产生的债均具有一个共同特征：它们均不是源自合同当事人之间的意思表示的一致，而是源自与当事人的意思表示没有关系的某种原因。根据 2016 年之前的《法国民法典》，在当事人的合意之外能够产生债的渊源包括制定法的规定、准合同、侵权和准侵权。这就是 2016 年之前《法国民法典》第三卷第四编即"因为合同之外的原因产生的债"（engagements qui se forment sans convention），也就是由 1370 条至第 1386 条所规定的债。②

在 2016 年之前，《法国民法典》关于债的渊源的五分法理论将债产生的原因分为合同（le contrat）、准合同（quasi-contrats）、侵权（délits）、准侵权（quasi-délits）和制定法的单纯权威性（l'autorité seule de la loi）五种。根据 2016 年之前的《法国民法典》，所谓合同，是指当事人之间为了建立合同债而达成的意思表示的一致。如果当事人之间不是为了建立债而达成意思表示的一致，如他们是为了解除彼此之间已经存在的合同而达成了意思表示的一致，则他们之间的此种法律行为就不是合同，这就是合同区分于协议的理论。③ 所谓准合同，是指无因管理和不应清偿。所谓侵权，是指行为人故

---

① Philippe Malaurie, Laurent Aynès, Philippe Stoffel-Munck, Droit des Obligations, 8e édition, LGDJ, 2016, pp. 23 – 622；Rémy Cabrillac, Droit des Obligations, 12e édition, Dalloz, 2016, pp. 13 – 318；Marjorie Brusorio-Aillaud, Droit des Obligations, 8e édition, bruylant, 2017, pp. 27 – 300；Virginie Larribau-Terneyre, Droit Civil, les Obligations, 15e édition, Dalloz, 2017, pp. 261 – 1135；François Terré, Philippe Simler, Yves Lequette, François Chénedé, Droit Civil, les Obligations, 12e édition, Dalloz, 2018, pp. 29 – 1398.

② Articles 1370 à 1386, Code Civil, Version en vigueur au 09 février 2016, https://www.legifrance.gouv.fr/codes/section_lc/LEGITEXT000006070721/LEGISCTA000006118073/2016-02-09/#LEGISCTA000006118073.

③ 张民安：《法国合同法总论》，中山大学出版社 2021 年版，第 4—10 页。

意实施的非法行为。所谓准侵权，是指行为人过失实施的非法行为。所谓制定法的单纯权威性，是指完全基于立法者的制定法所产生的、同承担债务的债务人的意志没有任何关系的债。①

在2016年之前，《法国民法典》第1370条对债的渊源的五分法理论做出了明确规定，该条规定：某些债的成立是不需要债务人和债权人之间存在任何协议的。其中的一类债源自制定法的单纯权威性，另外的一类债则源自债务人所实施的某种个人行为。债是在债务人非自愿的情况下所形成的债，诸如不动产相邻人之间的债、监护人对被监护人所承担的债和其他管理者所承担的不得拒绝履行的债。因为债务人的个人行为产生的债或者源自准合同或者源自侵权或者准侵权。②

不过，与其说2016年之前的《法国民法典》规定了五分法的债的渊源理论，毋宁说它采取了二分法的债的渊源理论，因为它实际上将债的五种渊源分为两类：因为合同产生的债即合同债，因为合同之外的其他原因产生的债即非合同债。在2016年之前，《法国民法典》之所以高度重视合同在债的渊源当中的核心地位，是因为此种做法源自1804年。在1804年的《法国民法典》当中，立法者最重视的债的理论和债的制度是合同理论和合同制度，非合同理论和非合同制度几乎可以忽略不计。③

（二）合同总则和合同分则的区分理论

在2016年之前，《法国民法典》不仅承认因为合同产生的债的存在，而且还将因为合同产生的债分为两大类：合同分则和合同总则。

所谓合同分则（contrats spéciaux），也称为特殊合同法（le droit des contrats spéciaux），是指对当事人之间的具体合同理论和具体合同制度进行规范和调整的合同法。④ 在2016年之前，《法国民法典》第三卷第六编至第十八编对一些重要的、被称为有名合同的具体合同、特殊合同做出了详尽的规定，包括但是不限于买卖合同、租赁合同、借贷合同、委托合同和公司合同等。例如，《法国民法典》第三卷第六编对买卖合同做出了详尽的规定，这就是第1582条至第1701条的规定。⑤

所谓合同总则（des contrats en général），也称为共同合同法、合同共同法（droit commun du contrat），是指对合同的一般理论和一般制度进行规范和调整的合同法。⑥ 在2016年之前，《法国民法典》第三卷第三编即"合同或者合同债总则"对合同总则做出了详细的规定，这就是第1101条至第1369-11条的规定。⑦ 不过，除了对合同总则

---

① Jean Carbonnier, Droit Civil, Volume II, Les biens, les obligations, puf, 2004, p.1929.
② Article 1370, Code civil, Version en vigueur au 09 février 2016, https://www.legifrance.gouv.fr/codes/section_lc/LEGITEXT000006070721/LEGISCTA000006118073/2016-02-09/#LEGISCTA000006118073.
③ 张民安：《法国民法总论（II）》，清华大学出版社2020年版，第206—208页。
④ 张民安：《法国合同法总论》，中山大学出版社2021年版，第17—20页。
⑤ Articles 1582 à 1701, Code Civil, Version en vigueur au 09 février 2016, https://www.legifrance.gouv.fr/codes/section_lc/LEGITEXT000006070721/LEGISCTA000006118107/2016-02-09/#LEGISCTA000006118107.
⑥ 张民安：《法国合同法总论》，中山大学出版社2021年版，第17—20页。
⑦ Articles 1101 à 1369-11, Code Civil, Version en vigueur au 09 février 2016, https://www.legifrance.gouv.fr/codes/section_lc/LEGITEXT000006070721/LEGISCTA000006118032/2016-02-09/#LEGISCTA000006118032.

做出了规定之外，该编也对债法总则做出了规定，换言之，2016年之前的《法国民法典》并非没有对债法总则做出规定，它将债法总则规定在合同总则当中，认为债法总则属于合同总则的组成部分。

（三）属于合同法总则组成部分的债法总则

在2016年之前，虽然《法国民法典》第三卷第三编的标题为"合同或者合同债总则"，但是，除了包含合同总则的内容之外，该编所规定的相当多的内容在性质上并不属于合同总则的内容，而仅仅属于债法总则的内容。具体而言，第三卷第三编共七章，其中的第一章、第二章、第七章以及第三章的大多数内容均属于合同总则：第一章对合同的概念和类型做出了规定，第二章对合同有效应当具备的必要条件做出了规定，第七章对合同的电子形式做出了规定，而第三章对合同的效力做出了规定，其中的大多数规定均属于合同方面的规定，包括不履行合同引起的损害赔偿、合同解释和合同对第三人产生的法律效力等；而其中的少数规定则属于债法总则的内容，诸如转移财产所有权的债、作为债和不作为债。①

第三卷第三编中的第四章、第五章和第六章则属于债法总则的内容：第四章为"债的不同类型"，对附条件的债、附期限的债、选择债、连带债、可分债和不可分债等做出了规定；第五章为"债的消灭"，对债的清偿、债的抵销、债的混同、应交付物的灭失、合同无效或者可撤销之诉做出了规定；第六章为"债和债的清偿的证据"，对债的各种证据和债务清偿的各种证据做出了规定。②

总之，在2016年之前，《法国民法典》混淆了债法总则和合同法总则，它将债法总则与合同法总则混淆在一起，认为合同法总则包含了债法总则。2016年之前的《法国民法典》之所以采取此种做法，是因为它的此种做法源自1804年：《法国民法典》第三卷第三编的规定一直从1804年适用到2016年之前。在1804年的《法国民法典》当中，立法者之所以将债法总则规定在合同法总则当中，其原因有二：①它是合同的至尊无上地位的要求和体现，虽然债的渊源有五个，但是，合同是债产生的最重要渊源。②它是自然法所贯彻的哲学观念的要求，因为自然法认为，合同是债法的核心。而相对于合同而言，除了准合同不值一提之外，侵权责任也是无足轻重的。③

---

① Articles 1101 à 1369-11, Code Civil, Version en vigueur au 09 février 2016, https://www.legifrance.gouv.fr/codes/section_lc/LEGITEXT000006070721/LEGISCTA000006118032/2016-02-09/#LEGISCTA000006118032；Philippe Malaurie, Laurent Aynès, Philippe Stoffel-Munck, Droit des Obligations, 8e édition, LGDJ, 2016, p.18；Rémy Cabrillac, Droit des Obligations, 12e édition, Dalloz, 2016, p.12.

② Articles 1101 à 1369-11, Code civil, Version en vigueur au 09 février 2016, https://www.legifrance.gouv.fr/codes/section_lc/LEGITEXT000006070721/LEGISCTA000006118032/2016-02-09/#LEGISCTA000006118032；Philippe Malaurie, Laurent Aynès, Philippe Stoffel-Munck, Droit des Obligations, 8e édition, LGDJ, 2016, p.18；Rémy Cabrillac, Droit des Obligations, 12e édition, Dalloz, 2016, p.12.

③ Rémy Cabrillac, Droit des Obligations, 12e édition, Dalloz, 2016, p.12；François Terré, Philippe Simler, Yves Lequette, François Chénedé, Droit Civil, les Obligations, 12e édition, Dalloz, 2018, p.1398；张民安：《法国民法总论（Ⅱ）》，清华大学出版社2020年版，第208—210页。

四、2016 年之后的《法国民法典》正式承认了债法总则的独立性

(一) 2016 年之前民法学者对债法总论与合同法总论之间区分理论的普遍承认

在 2016 年之前，虽然《法国民法典》没有明确区分债法总则和合同法总则，但是，长久以来，民法学者均没有采取 2016 年之前《法国民法典》所采取的此种做法，因为，无论是在他们所出版的债法教科书还是债法专著当中，他们既明确区分债法总则与侵权责任法和准合同法，也明确区分债法总则与合同法总则。①

例如，在 2004 年的《民法》当中，Jean Carbonnier 就明确区分了债法总则、合同法总则和侵权责任法。② 因为在该著作当中，他将整个债法分为三卷：第一卷为合同，也就是合同总论、由合同产生的债，在该卷当中，他对合同的基础即意思自治和合同自由原则、合同的成立、合同的无效、合同的履行、合同的不履行以及合同的解除等理论和制度做出了详尽的阐述。③ 第二卷为非合同产生的债，也就是因为法律事实产生的债。在该卷当中，他对致害行为引起的侵权责任和因为准合同产生的准合同债做出了详尽的阐述。④ 第三卷为债的一般制度，也就是债法总论，在该卷当中，他对债权转让、债务转让、合同转让、债消灭的各种原因以及债的强制履行等做出了全面的阐述。⑤

同样，在 2012 年的《债》当中，Alain Bénabent 也明确区分了债法总论、合同法总论和侵权责任法。⑥ 在该著作当中，他也将债法分为三大组成部分：①对当事人之间的约定债进行规范和调整的合同法，也就是合同法总则；⑦ ②对准合同和致害行为引起的侵权责任进行规范和调整的法定债；⑧ ③债法总论，也就是对债的一般制度进行规范和调整的债法。⑨

在 2016 年之前，民法学者之所以普遍区分债法总则和合同法总则，一方面是因为他们认为，债法总则不仅仅适用于由合同产生的合同债，它也适用于包括侵权责任和准合同债在内的所有债。另一方面是因为他们认为，在今时今日，由致害行为引起的侵权责任债再也不是 1804 年时的可有可无的债，它已经取得了足以与合同债相抗衡的

---

① François Terré, Philippe Simler, Yves Lequette, François Chénedé, Droit Civil, les Obligations, 12e édition, Dalloz, 2018, p.1398.
② Jean Carbonnier, Droit Civil, Volume Ⅱ, Les biens, les obligations, puf, 2004, pp.1917 - 2549.
③ Jean Carbonnier, Droit Civil, Volume Ⅱ, Les biens, les obligations, puf, 2004, pp.1939 - 2249.
④ Jean Carbonnier, Droit Civil, Volume Ⅱ, Les biens, les obligations, puf, 2004, pp.2251 - 2444.
⑤ Jean Carbonnier, Droit Civil, Volume Ⅱ, Les biens, les obligations, puf, 2004, pp.2445 - 2549.
⑥ Alain Bénabent, Droit des Obligatios, 13e édition, Montchrestien, 2012, pp.1 - 661.
⑦ Alain Bénabent, Droit des Obligatios, 13e édition, Montchrestien, 2012, pp.11 - 318.
⑧ Alain Bénabent, Droit des Obligatios, 13e édition, Montchrestien, 2012, pp.319 - 517.
⑨ Alain Bénabent, Droit des Obligatios, 13e édition, Montchrestien, 2012, pp.519 - 661.

地位。①

(二) 现行《法国民法典》正式承认了债法总则与合同法总则

民法学者在 2016 年之前所采取的此种区分理论被法国政府所采纳，通过 2016 年 2 月 10 日的债法改革法令，除了第一次正式使用了"债的一般制度"这一术语之外，现行《法国民法典》还明确区分了债法总则、合同、准合同和侵权责任。

具体而言，通过 2016 年 2 月 10 日的债法改革法令，现行《法国民法典》第三卷第三编的标题已经从"合同或者合同债总则"嬗变为"债的渊源"，该编共三个部分，由《法国民法典》新的第 1100 条至新的第 1303 - 4 条组成，分别对债的三种不同渊源做出了规定：第一分编为"合同"，共四章，由新的第 1101 条至新的第 1231 - 7 条组成，它们对合同总则所涉及的所有方面均做出了规定，包括但是不限于以下内容：合同的界定，合同的类型，合同的成立方式，合同的有效条件，合同的无效和失效，合同的解释，合同对当事人和第三人产生的法律效力，合同期限，合同转让，合同不履行所引起的各种后果（诸如债务不履行的抗辩、强制债务人继续履行债务、减价、合同解除以及损害赔偿）。第二分编为"侵权责任"，共三章，由新的第 1240 条至新的第 1252 条组成，分别对侵权责任总则即三类六种侵权责任、缺陷产品引起的侵权责任和造成生态环境损害所导致的赔偿责任做出了规定。第三分编为"债的其他渊源"，共三章，由新的第 1300 条至新的第 1303 - 4 条组成，分别对三种准合同即无因管理、不应清偿和不当得利做出了规定。②

通过 2016 年 2 月 10 日的债法改革法令，现行《法国民法典》第三卷第四编（上）对债法总则做出了规定。该编的标题为"债的一般制度"，共五章，由新的第 1304 条至新的第 1352 - 9 条组成：第一章为债的限定方式，对附条件的债、附期限的债、复数客体债和复数主体债做出了规定。第二章为债的交易，对债权转让、债务转让、债的更新、债的指令承担做出了规定。第三章为债权人能够主张的诉权，对债权人代位权、债权人撤销权和债权人直接权做出了规定。第四章为债的消灭，对债消灭的原因做出了规定，包括：债的清偿、债的抵销、债的混同、债的免除，以及债的履行不能。第五章为物的返还，对物的返还做出了规定。③

(三) 2016 年之后民法学者对债法总论的普遍承认

就像 2016 年之前的民法学者一样，在 2016 年之后，民法学者也普遍承认债法总论、债法总则的存在，因为，除了普遍讨论债法分论即合同总论、侵权责任和准合同之

---

① Rémy Cabrillac, Droit des Obligations, 12e édition, Dalloz, 2016, p. 12; François Terré, Philippe Simler, Yves Lequette, François Chénedé, Droit Civil, les Obligations, 12e édition, Dalloz, 2018, p.1398; 张民安：《法国民法总论（Ⅱ）》，清华大学出版社 2020 年版，第 208—210 页。

② Articles 1100 à 1303 - 4, Code Civil, Version en vigueur au 17 novembre 2021, https://www.legifrance.gouv.fr/codes/section_lc/LEGITEXT000006070721/LEGISCTA000006118032/#LEGISCTA000032040794.

③ Articles 1304 à 1352 - 9, Code Civil, Version en vigueur au 17 novembre 2021, https://www.legifrance.gouv.fr/codes/section_lc/LEGITEXT000006070721/LEGISCTA000006118073/#LEGISCTA000032041884.

外，他们也像现行《法国民法典》一样普遍讨论债法总论、债法总则。①

例如，在2017年的《债》当中，Brusorio-Aillaud就明确承认了债法总则的独立性。一方面，在讨论债法的所有内容时，他将债法分为三个部分：①有关侵权责任和准合同方面的规则；②有关合同自身的规则；③有关债的三种渊源的共同规则，也就是债的一般制度。② 另一方面，他明确指出，有关侵权责任方面的法律规范、有关准合同方面的法律规范和有关合同方面的法律规范均是特殊规范、具体规范，而同时适用于这三种债的渊源的法律规范则是一般规范、共同规范，也就是债的一般制度。他指出："无论债产生的渊源是什么，是法律事实（侵权、准侵权或者准合同）还是法律行为（合同），所有债均遵守同样的一般制度。"③

同样，在2018年的《债》当中，Terré、Simler和Lequette等人也明确承认债法总则的独立性。他们将所有债法的内容分为三卷：第一卷，债的渊源，包括合同、侵权责任和准合同。第二卷，债的一般制度。第三卷，债的证明。他们指出："受到《法国民法典》的启发，本著作将债分为三卷：第一卷为债的渊源，也就是能够产生债的法律行为或者法律事件；第二卷为债的一般制度，也就是能够普遍适用的债的一般规则，这些规则独立于债的渊源；第三卷为债的证明。"④

五、《法国债法总论》所涉及的内容

笔者凭借良好的法语知识和专业素质，在掌握详尽资料的基础上，在《法国债法总论》当中对法国债法总论做出了迄今为止最详尽的阐述。《法国债法总论》共六编二十五章。

《法国债法总论》的第一编为债和债法，由第一章至第三章组成，分别对债、债权和债务、终生债务的禁止原则以及法国债法与法国债法的现代化做出了详尽的阐述。其所涉及的内容包括：其一，债的界定、特征和构成，债的构成要素，债权的界定、性质和特征，债权所有权理论，债务的界定、构成和有期限性。其二，终生债务禁止原则的界定，终生债务禁止原则的历史，加拿大最高法院对终生债务禁止原则的否定，终生债务的判断标准，终生合同的法律效力，终生债务禁止原则的例外（婚姻合同的终生性）。其三，债法的界定、特征和债法总则的重要性，债法的变动性，法国当代债法的改革和现代化，债法的渊源。

《法国债法总论》的第二编为债的类型、限定和渊源，由第四章至第六章组成，分

---

① Philippe Malaurie, Laurent Aynès, Philippe Stoffel-Munck, Droit des Obligations, 8e édition, LGDJ, 2016, pp. 721 – 820; Rémy Cabrillac, Droit des Obligations, 12e édition, Dalloz, 2016, pp. 319 – 430; Marjorie Brusorio-Aillaud, Droit des Obligations, 8e édition, bruylant, 2017, pp. 303 – 358; Virginie Larribau-Terneyre, Droit Civil, les Obligations, 15e édition, Dalloz, 2017, pp. 5 – 257; Jérôme François, Les Obligations, Régime General, Tome 4, 4e édition, Economica, 2017, pp. 1 – 613, pp. 582 – 585; François Terré, Philippe Simler, Yves Lequette, François Chénedé, Droit Civil, les Obligations, 12e édition, Dalloz, 2018, pp. 1399 – 1984.

② Marjorie Brusorio-Aillaud, Droit des Obligations, 8e édition, bruylant, 2017, p. 15.

③ Marjorie Brusorio-Aillaud, Droit des Obligations, 8e édition, bruylant, 2017, p. 302.

④ François Terré, Philippe Simler, Yves Lequette, François Chénedé, Droit Civil, les Obligations, 12e édition, Dalloz, 2018, p. 21.

别对债的类型、债的不同限定方式和债的渊源做出了详细的阐述。其所涉及的内容包括：其一，债的不同分类标准和不同类型，手段债和结果债，民事债和自然债，限定债和简单债。其二，复杂客体债（包括并列债、选择债和随意债），复杂主体债（包括按份债、连带债、连带责任债和不可分债），附期限的债，附条件的债。其三，债的渊源的独立性，债的渊源的历史发展，现行《法国民法典》所规定的债的渊源，作为债的渊源的合同，作为债的渊源的单方法律行为，作为债的渊源的集体法律行为，作为债的渊源的法律事实。

《法国债法总论》的第三编为债的效力（一）：债的自愿履行，由第七章至第十章组成，分别对债的单纯履行、金钱债的特殊履行规则、债的代位履行和债的抵债履行做出了详尽的阐述。其所涉及的内容包括：其一，债的清偿的界定、地位和性质，债的履行的当事人，债的履行客体，债的履行情况（地点、时间、列入、费用和证据），债的履行引起的三种事端。其二，现行《法国民法典》对金钱债履行规则做出的系统性规定，金钱债的履行原则（金钱债的货币履行），金钱债的履行原则（货币维名论和维名论的例外），金钱债的其他履行规则（如：金钱债的履行地点，金钱债履行的范围、列入和利息的类型，债务人履行金钱债的宽限期，复利有条件的合法化，以及时值债的履行规则）。其三，债的代位履行的界定、性质和功能，债的代位履行的历史，债的法定代位履行，债的约定代位履行，债的代位履行的法律效力。其四，抵债履行的界定，抵债履行的历史发展，抵债履行的法律性质，抵债履行的有效条件，抵债履行的法律效力。

《法国债法总论》的第四编为债的效力（二）：债的强制履行，由第十一章至第十四章组成，分别对债的一般担保权、债权人的代位权、债权人的撤销权和债权人的直接权做出了详尽的阐述。其所涉及的内容包括：其一，一般担保权的界定和法律根据，财产保全措施的实施，强制执行措施概述，作为间接强制履行措施的司法罚金，直接强制代物履行。其二，债权人代位权的界定、历史和性质，债权人代位权的适用范围，债权人代位权的行使条件，债权人代位权的法律效果。其三，债权人撤销权的界定、历史和性质，债权人撤销权的适用范围，债权人撤销权的行使条件，债权人撤销权的法律效力。其四，债权人直接权的界定、历史、特征和性质，债权人直接权的类型，债权人直接权适用的范围，债权人直接权的行使条件，债权人直接权的法律效力。

《法国债法总论》的第五编为债的交易，由第十五章至第二十一章组成，分别对债的转让的一般理论、债权转让、债务转让、合同转让、合同的强制转让、债的更新以及债务的指令承担做出了详尽的阐述。其所涉及的内容包括：其一，债的转让所涉及的当事人，债的转让的历史发展，债的转让的类型，债的转让的理论根据。其二，现行《法国民法典》对债权转让做出的新规定，债权转让的功能，债权转让的有效条件，债权转让的公示与债权转让的对抗力，债权转让在当事人之间产生的法律效力。其三，债务转让的界定、类型和功能，从债务的不得转让原则到债务的可转让原则，各种间接债务转让方式，债务转让的有效条件，债务转让的法律效力。其四，合同转让的定义、类型和功能，2016年之前人们主张的合同不得自由转让原则，2016年之后人们主张的合同自由转让原则，2016年之后的《法国民法典》对合同转让做出的新规定，合同转让的有效条件，合同转让的法律效力。其五，合同强制转让的类型、共同特征和不同特征，因为物的转让引起的合同转让，因为行使收回权和优先权而引起的合同转让，其他类型的合同强制转让。其六，债的更新的界定、特征和地位，债的更新的历史发展，债的更新的有效条件（相继发生的两个有效债、新债与旧债之间的实质性差异、债的当事人有更新债的意图），债的更新的法律效力。其七，债务的指令承担的界定、类型和功能，债务的指令承担的历史发展，债务的指令承担与其他相似制度之间的关系，债务的指令承担的有效条件，债务的指令承担的法律效力。

《法国债法总论》的第六编为债的消灭，由第二十二章至第二十五章组成，分别对债的消灭原因的分类、债的抵销、债的免除和债的混同做出了详尽的阐述。其所涉及的内容包括：其一，罗马法所规定的债的消灭原因，法国旧法时期债的消灭原因，2016年之前的《法国民法典》对债的消灭原因做出的规定，2016年之后的《法国民法典》对债的消灭原因做出的新规定，消灭时效引起的债的消灭，债的履行不能引起的债的消灭。其二，债的抵销的界定、性质和作用，债的抵销的历史发展，债的法定抵销应当具备的条件，债的法定抵销的障碍，债的法定抵销的法律效果，债的裁判抵销，债的约定抵销。其三，债的免除的界定和性质，债的免除的历史，债的免除的有效条件，债的免除的法律效力。其四，债的混同的界定、渊源和类型，债的混同的历史发展，债的混同的条件，债的混同产生的法律效力。

六、《法国债法总论》出版的意义

作为世界上最具有影响力的民法典之一，《法国民法典》一直未得到我国民法学者的重视，此种不足有其必然性，因为，我国绝大多数民法学者均不懂法文，无法对其做出积极的、有效的研究。笔者凭借良好的法文知识和专业素质，以2016年之后的《法国民法典》关于债的一般制度的规定为基础，通过《法国债法总论》对《法国民法典》所规定的债的一般理论和一般制度即债法总则做出了全面、深入、科学和系统的研究，首次在中国以清晰可见的方式、宏大的篇幅将债的一般理论和一般制度呈现在中国民法学者的面前。

《法国债法总论》所援引的法文资料丰富翔实，既涉及罗马法时代的债法资料、中世纪的债法资料，也涉及17世纪和18世纪的债法资料，还涉及今时今日的最新债法资料。尤其值得注意的是，笔者援引的所有法律条款均直接源自法国政府的官方网站，无论是1804年的《法国民法典》、2016年之前还是现行的《法国民法典》均是如此。现行《法国民法典》所规定的所有法律条款均以2021年11月17日作为最后的截止日期。[①]

《法国债法总论》当中的法语翻译准确、干练，既不存在含义不清、意义不明的翻译，也不存在拖泥带水、模棱两可的翻译。法国债法总则是由一系列的法律术语组成在一起的一个有机法律整体，其中的许多术语为我国民法学者所耳熟能详，诸如债权人代

---

① Code Civil, Version en vigueur au 17 novembre 2021, https://www.legifrance.gouv.fr/codes/id/LEGITEXT000006070721/.

位权和债权人撤销权,连带债,选择债,等等。但是,其中也有许多法律术语不怎么为我国民法学者所了解,如结果债和手段债、转移所有权的债、作为债和不作为债等。而其中的某些法律术语则完全不为我国民法学者所熟知,如货币维名论、时值债、并列债、随意债、债的抵债履行、债权人直接权以及债务的指令承担等。在对这些新的法律术语所具有的含义进行准确理解的基础上,笔者将其翻译成了中文。

除了能够促进我国民法学者对法国博大精深的债法总则的了解和理解之外,《法国债法总论》的出版尤其能够给我国的民法学者和立法者带来前所未有的启示:债法总则自身的体系非常成熟、发达,内容异常丰富、完备,理论根基特别深厚,完全是自成一体的债法制度,它不能够也不应当因为被其他的债的制度所掩盖、所遮蔽、所包含而丧失自身的独立价值。

2020年5月28日,第十三届全国人民代表大会第三次会议通过了《中华人民共和国民法典》,自2021年1月1日起开始生效。我国《民法典》共七编1260条,这七编分别是总则编、物权编、合同编、人格权编、婚姻家庭编、继承编和侵权责任编。我国《民法典》的颁布结束了我国没有法典的历史,让我国正式成为拥有民法典的大家庭当中的一员。[①] 同《法国民法典》相比,我国《民法典》具有相当大的创新,至少在形式上是如此。例如,《法国民法典》没有将人格权独立设编(卷),而是将其规定在第一卷即人法当中,这就是现行《法国民法典》当中的第9条、第9-1条和第16条等条款的规定,它们对自然人享有的少数人格权做出了规定,诸如私人生活受尊重权、无罪推定受尊重权和身体完整权等。[②] 而我国《民法典》则不同,它不仅规定了数量众多的人格权,诸如生命权、身体权、健康权、自由权、隐私权、肖像权、名誉权等,而且还承认了人格权的独立性,将这些人格权作为独立的一编规定在《民法典》当中。再例如,《法国民法典》没有将侵权责任独立设编(卷),而是将其规定在债的渊源当中。而我国《民法典》则不同,它承认了侵权责任的独立性,因为它将侵权责任作为独立的一编规定在《民法典》当中。

不过,同《法国民法典》相比,我国《民法典》也存在一些有待完善之处。笔者以三个范例对此做出简要的说明。

第一,担保法应当在我国《民法典》中独立设编而没有独立设编。在2006年之前,《法国民法典》不承认担保的独立性,因为它将担保作为几种具体合同规定在第三卷中。通过2006年3月26日的法令,它将担保从第三卷中抽离出来并且设立了新的第四卷即担保卷(sûretés),这就是现行《法国民法典》当中新的第2284条至新的2488-12条;除了对人的担保和物的担保做出了详细的规定之外,它也对担保的代理做出了

[①] 张民安:《〈民法典〉第四编将人格权独立设编的原因》,《法治论坛》2020年第3期,第3页。

[②] 张民安:《法国民法》,清华大学出版社2015年版,第80—96页;张民安:《法国人格权法(上)》,清华大学出版社2016年版,第450—452页。

规定。① 而在我国，情况则完全相反。1995 年，我国立法者首次在世界上将担保制度作为一个有机整体规定下来，这就是《中华人民共和国担保法》。不过，我国立法者没有将该法作为独立的一编即担保编规定在《民法典》当中，而是将其进行了系统性的拆解之后，再将被拆解之后的不同部分分别规定在《民法典》的不同编中：如将其中的人的担保即保证置于《民法典》的第三编即合同当中，将其中的物的担保即抵押、质押等作为担保物权规定在《民法典》的第二编即物权当中，让原本作为一个有机整体的担保制度变得分散。笔者认为，除了修改了担保制度并降格了担保制度的地位之外，此种做法也让我国《民法典》没有跟上最新的立法进程。实际上，我国《民法典》应当将保证和物的担保从其他两编当中抽离出来并设立独立的一编，即担保编。②

第二，准合同应当在我国《民法典》当中独立于合同总则而没有独立。无论是在 2016 年之前还是之后，《法国民法典》均承认准合同的独立性，认为它应独立于合同总则。而我国《民法典》则不同，它将两种准合同即无因管理和不当得利规定在合同编当中，这就是合同编的第三分编。将准合同作为合同总则的内容规定在《民法典》合同编的做法或许是我国《民法典》当中比较令人疑惑的做法，因为准合同与合同之间并无明显的关系：合同是双方或者多方当事人之间意思表示一致的结果，而准合同的双方当事人可能完全是陌生人，他们不仅没有进行意思表示，也更谈不上意思表示的一致，实际上，所有的准合同均是一方当事人实施的行为；所有的合同在性质上均是法律行为，而并非所有的准合同均是法律行为，行为人实施的某些准合同行为可能是事实行为；所有的合同均遵循意思自治和合同自由原则，合同的效力源自当事人的意图、意志、意思，而准合同的法律效力则源自制定法的赋予。为此，笔者认为，我国《民法典》应当将准合同从合同总则当中抽离出来，将其作为独立的一编规定下来并形成准合同编。

第三，债法总则应当在我国《民法典》当中独立于合同法总则而没有独立。在 2016 年之前，《法国民法典》不区分合同法总则和债法总则，它将债法总则置于合同法总则当中。通过 2016 年的债法改革法令，现行《法国民法典》已经放弃了此种做法，正式将债法总则与合同法总则区分开来。而我国《民法典》则不同，它采纳了 1804 年的《法国民法典》所采取的做法，没有采取 2016 年之后的做法，因为它将债法总则规定在合同法总则当中。例如，《民法典》合同编的第一分编当中对债的类型做出了规定：第 515 条对选择债做出了规定，而第 517 条和第 518 条则对按份债和连带债做出了规定。再例如，《民法典》合同编的第一分编当中对债权人享有的两种诉权即债权人代位权和债权人撤销权做出了规定：第 535 条至第 537 条对债权人代位权做出了规定，而第 538 条至第 542 条则对债权人撤销权做出了规定。实际上，我国《民法典》应当将

---

① Articles 2284 à 2488 – 12, Code Civil, Version en vigueur au 17 novembre 2021, https://www.legifrance.gouv.fr/codes/section_lc/LEGITEXT000006070721/LEGISCTA000006091495/#LEGISCTA000006091495；张民安：《法国民法》，清华大学出版社 2015 年版，第 495—497 页；张民安：《论〈担保法〉在我国未来〈民法典〉当中的独立地位》，载《学术论坛》2018 年第 3 期，第 23—46 页。

② 张民安：《法国民法》，清华大学出版社 2015 年版，第 495—497 页；张民安：《论〈担保法〉在我国未来〈民法典〉当中的独立地位》，载《学术论坛》2018 年第 3 期，第 23—46 页。

这些内容抽离出来并且在合同法总则、侵权责任和准合同之外设立独立的一编即债法总则编。

在《法国债法总论》即将出版之际，笔者要感谢中山大学、中山大学法学院、中山大学出版社尤其是蔡浩然编审的鼎力支持，是他们成就了《法国债法总论》的及时问世！

张民安教授

2022 年 1 月 22 日

于广州中山大学

目　　录

第一编　债 和 债 法

第一章　债、债权和债务 3

第一节　债的界定、特征和构成 3
一、债的含义的多样性 3
二、债法当中债的界定 6
三、债的特征 10

第二节　债的构成要素 13
一、债的当事人、等同于当事人的人和第三人 13
二、债的内容：债权和债务 16
三、债的客体 17

第三节　债权的界定、性质和特征 21
一、债权的界定和债权人的类型 21
二、债权的性质：一种财产性质的主观权利 24
三、债权的性质：同时构成相对权和绝对权 25
四、债权的特征 27

第四节　债权所有权理论 28
一、大多数民法学者的意见：所有权不同于债权 28
二、少数民法学者对债权所有权的承认 30
三、Yaëll Emerich 对债权所有权做出的详尽论述 34
四、少数制定法和司法判例对债权所有权的承认 40
五、债权所有权的理论为何没有说服力 41

第五节　债务的界定、构成和有期限性 65
一、债务的界定 65
二、债务的构成：单一理论和双重理论 66
三、义务和责任之间的关系 67
四、债务的期限性：确定债务、不确定债务和终生债务 69
五、有确定期限的合同 71
六、有不确定期限的合同 75

第二章　终生债务的禁止原则 ··· 80
第一节　终生合同和终生债务的禁止原则的界定 ··························· 80
一、终生合同和终生债务的界定 ·· 80
二、终生合同与有不确定期限的合同之间的关系 ······················ 81
三、终生债务的禁止原则的界定 ·· 82
第二节　终生债务的禁止原则的历史 ·· 82
一、罗马法对终生债务的禁止原则的规定 ································ 82
二、法国旧法时期的民法对终生债务的禁止原则的坚持 ············· 86
三、1804年的《法国民法典》对终生债务的禁止原则的承认 ······ 91
四、2016年之后的《法国民法典》新的第1210条对终生债务的禁止原则的直接规定 ·· 98
第三节　加拿大最高法院对终生债务的禁止原则的否定 ················· 101
一、1991年的《魁北克民法典》仅在少数法律条款当中对终生合同做出了规定 ·· 101
二、1991年之前的《下加拿大民法典》没有承认终生债务的禁止原则 ··· 102
三、1991年之后魁北克民法学者就《魁北克民法典》是否承认终生债务的禁止原则所展开的论战 ·· 104
四、加拿大最高法院在2017年7月28日的Uniprix一案当中对终生债务的禁止原则的否定 ·· 105
第四节　终生债务的判断标准 ·· 107
一、终生债务判断标准的类型和界定 ···································· 107
二、19世纪的法官和民法学者对终生债务判断标准所做出的说明 ······· 110
三、民法学者在今时今日对终生债务判断标准所做出的说明 ····· 113
四、法官在今时今日对终生债务判断标准所做出的说明 ··········· 114
第五节　终生合同的法律效力 ·· 118
一、20世纪初期之前的规则：终生合同绝对无效的规则 ··········· 119
二、法国最高法院在2016年之前对终生合同采取的三种不同法律制裁措施 ··· 123
三、法国最高法院放弃终生合同绝对无效的规则而采取上述三种不同方法的原因 ·· 126
四、《法国民法典》新的第1210（2）条关于终生合同法律效力的新规则 ·· 127
第六节　终生债务的禁止原则的例外：婚姻合同的终生性 ············ 130
一、婚姻的合同性质 ··· 130
二、1804年的《法国民法典》起草者Portalis对婚姻合同终生性的明确承认 ·· 133
三、19世纪的民法学者对婚姻合同终生性的明确承认 ············· 136

四、今时今日的民法学者对婚姻合同终生性的承认……………………137

第三章　法国债法与债法的现代化……………………………………………141
　第一节　债法的界定、债法总论的重要性和债法的特征………………141
　　一、债法的界定………………………………………………………141
　　二、债法总论在整个法律当中的核心地位…………………………142
　　三、债法的特征………………………………………………………149
　第二节　债法的变动性……………………………………………………157
　　一、债法变动性的界定………………………………………………157
　　二、债法变动性的表现………………………………………………158
　　三、债法变动性的原因………………………………………………162
　第三节　法国当代债法的改革和现代化…………………………………171
　　一、在《法国民法典》诞生200年之际债法改革的全方位展开……171
　　二、法国民法学者所起草的不同版本的债法改革草案……………178
　　三、法国已经完成的债法改革内容：法国政府2016年2月10日债法改革
　　　　法令的颁布和施行…………………………………………………180
　　四、法国正在进行当中的债法改革：陷入停滞状态的民事责任法改革……184
　第四节　债法的渊源………………………………………………………190
　　一、债法渊源的类型…………………………………………………190
　　二、债法的国内渊源…………………………………………………191
　　三、债法的国际渊源…………………………………………………197

第二编　债的类型、限定方式和渊源

第四章　债的类型………………………………………………………………205
　第一节　债的不同分类标准和不同类型…………………………………205
　　一、债的分类和限定的界定…………………………………………205
　　二、债的分类标准和具体类型的差异………………………………205
　　三、转移所有权的债、作为债和不作为债…………………………208
　　四、金钱债、代物债和时值债………………………………………211
　第二节　手段债和结果债…………………………………………………214
　　一、手段债和结果债的界定…………………………………………215
　　二、手段债和结果债之间的区分理论的产生和发展………………216
　　三、当代民法学者对手段债和结果债之间的区分理论的普遍接受……220
　　四、民法学者普遍承认手段债和结果债之间的区分理论的原因……222
　　五、判断债务人承担的债务是手段债还是结果债的标准…………225

第三节 民事债和自然债 ··· 227
　　一、民事债和自然债的界定 ·· 227
　　二、民事债和自然债之间的共同点和不同点 ·························· 228
　　三、自然债适用的范围 ·· 229
　　四、自然债的法律效力 ·· 230
第四节 限定债和简单债 ··· 231
　　一、广义的限定债和简单债 ·· 231
　　二、狭义的限定债和简单债 ·· 232
　　三、复杂债同时包含限定债和复数债 ·································· 233

第五章 债的不同限定方式 ·· 235

第一节 复杂客体债：并列债、选择债和随意债 ··························· 235
　　一、并列债 ·· 236
　　二、选择债 ·· 237
　　三、随意债 ·· 240
　　四、人们区分并列债、选择债和随意债的原因 ························ 242
第二节 复杂主体债：按份债、连带债、连带责任债、可分债和不可分债 ····· 243
　　一、复杂主体债的三分法或者四分法理论 ······························ 243
　　二、按份债 ·· 245
　　三、连带债 ·· 247
　　四、连带责任债 ·· 253
　　五、可分债和不可分债 ·· 257
第三节 附期限的债 ··· 260
　　一、期限的界定 ·· 261
　　二、期限的分类 ·· 262
　　三、期限的效力 ·· 265
第四节 附条件的债 ··· 267
　　一、条件的界定 ·· 267
　　二、条件的特征 ·· 268
　　三、附条件的债当中条件的类型 ······································ 271
　　四、条件的有效性 ·· 274
　　五、条件的实现或者不实现 ·· 277
　　六、延缓条件的法律效力 ·· 279
　　七、解除条件的法律效力 ·· 283

第六章 债的渊源 ··· 286

第一节 债的渊源的独立性 ··· 286
　　一、债的渊源的界定 ·· 286

二、债的渊源独立于债法的渊源 …………………………………… 287
　　三、法国民法学者对待债的渊源的方式 …………………………… 291
第二节　债的渊源的历史发展 ……………………………………………… 292
　　一、罗马法当中的债的渊源 ………………………………………… 292
　　二、中世纪的民法学家对四分法的债的渊源理论的打造 ………… 295
　　三、Pothier 在 18 世纪中后期所采取的五分法的债的渊源理论 … 296
　　四、1804 年的《法国民法典》所规定的五分法的债的渊源 …… 299
　　五、1804 年的《法国民法典》所规定的五类债的渊源 ………… 301
第三节　现行《法国民法典》所规定的债的渊源 ……………………… 303
　　一、法国民法学者对《法国民法典》所规定的五分法的债的渊源理论的
　　　　批判 ……………………………………………………………… 303
　　二、法国民法学者在 2016 年之前对债的渊源做出的分类 ……… 306
　　三、2016 年之后的《法国民法典》所采取的债的渊源的三分法理论 …… 308
　　四、民法学者和现行《法国民法典》承认法律行为和法律事实的区分
　　　　理论的原因 ……………………………………………………… 311
　　五、作为债的渊源的法律行为 ……………………………………… 315
第四节　作为债的渊源的合同 ……………………………………………… 318
　　一、合同的界定 ……………………………………………………… 319
　　二、合同的类型 ……………………………………………………… 320
　　三、合同的有效条件 ………………………………………………… 323
　　四、合同的效力 ……………………………………………………… 326
第五节　作为债的渊源的单方法律行为 ………………………………… 332
　　一、单方法律行为的界定 …………………………………………… 332
　　二、民法学者关于单方法律行为是否能够成为债的渊源的争议 … 333
　　三、当今民法学者承认单方法律行为构成债的渊源的原因 ……… 337
　　四、单方债的一般制度 ……………………………………………… 338
　　五、单方法律行为产生的法律效果 ………………………………… 340
第六节　作为债的渊源的集体法律行为 ………………………………… 341
　　一、集体法律行为的界定 …………………………………………… 341
　　二、集体法律行为在法律行为当中的地位 ………………………… 342
　　三、集体法律行为的类型 …………………………………………… 344
　　四、集体法律行为制度 ……………………………………………… 346
第七节　作为债的渊源的法律事实 ……………………………………… 347
　　一、法律事实的界定 ………………………………………………… 347
　　二、单纯的物质事件 ………………………………………………… 349
　　三、当事人自愿实施的事实行为 …………………………………… 350
　　四、作为债的渊源的民事侵权责任 ………………………………… 352
　　五、作为债的渊源的准合同 ………………………………………… 357

第三编　债的效力（一）：债的自愿履行

第七章　债的单纯履行 … 363

第一节　债的清偿的界定、地位和性质 … 363
　　一、债的清偿的界定 … 364
　　二、债的清偿的地位 … 366
　　三、债的履行的法律性质 … 369
　　四、债的履行的分类 … 374

第二节　债的履行的当事人 … 375
　　一、债的履行当事人的界定 … 375
　　二、债务的履行者 … 376
　　三、给付受领者 … 378

第三节　债的履行客体 … 382
　　一、债的履行客体的两个原则 … 382
　　二、债的履行客体的不变原则 … 383
　　三、债的履行客体的不可分割原则 … 386

第四节　债的履行情况：地点、时间、列入、费用和证据 … 389
　　一、债的履行地点 … 390
　　二、债的履行时间 … 392
　　三、债的履行的列入 … 395
　　四、债的履行费用 … 399
　　五、债的履行的证据 … 399

第五节　债的履行引起的三种事端 … 401
　　一、债的履行的效力和引发的事端 … 401
　　二、债务人不履行债务：债权人对债务人的催告 … 402
　　三、债权人拒绝接受或者不能接受债务的履行：债务人对债权人的催告 … 404
　　四、第三人对债务履行的反对：对债务人清偿客体的假扣押 … 408

第八章　金钱债的特殊履行 … 410

第一节　现行《法国民法典》对金钱债履行规则做出的系统性规定 … 410
　　一、"货币"一词的来源 … 410
　　二、货币所具有的清偿功能 … 411
　　三、现行《法国民法典》首次在债法总则当中规定了金钱债自身的履行规则 … 412

        四、金钱债履行的必要条件……414
　　第二节　金钱债的履行原则：金钱债的货币履行……415
        一、《法国民法典》新的第1343-3条对金钱债货币履行原则
            所做出的明确规定……415
        二、金钱债履行的一般原则：债务人以欧元履行所承担的金钱债……415
        三、金钱债履行原则的例外：债务人以欧元之外的其他货币或者外币履行
            金钱债……418
　　第三节　金钱债的履行原则：货币维名论和维名论的例外……419
        一、金钱债履行的原则：货币维名论……419
        二、货币维名论所存在的问题……420
        三、金钱债维名论的规避条款：合同所规定的各种货币条款……421
        四、从货币条款的无效到货币条款的有效……423
　　第四节　金钱债的其他履行规则……427
        一、金钱债的履行地点……427
        二、金钱债履行的范围、列入和利息的类型……427
        三、债务人履行金钱债的宽限期……428
        四、复利有条件的合法化……431
        五、时值债的履行规则……431

第九章　债的代位履行……433

　　第一节　债的代位履行的界定、性质和功能……433
        一、第三人对债务人债务的履行或者清偿……433
        二、债的代位履行的界定……434
        三、债的代位履行的性质……437
        四、债的代位履行与一般履行和债权转让之间的关系……440
        五、债的代位履行所涉及的利益……444
　　第二节　债的代位履行的历史……446
        一、罗马法当中处于萌芽状态的债的代位履行……446
        二、法国旧法时期的习惯法学家和民法学家建造了一般意义上的债的
            代位履行的理论……448
        三、19世纪的法国民法学者对债的代位履行所做出的说明……453
        四、2016年之前和之后的法国民法学者对债的代位履行所存在的不同看法
            ……454
        五、债的代位履行渊源的二分法……457
　　第三节　债的法定代位履行……458
        一、债的法定代位履行的界定和特征……458
        二、2016年之前的《法国民法典》第1251条对债的法定代位履行所做出的
            明确限定……459

三、现行《法国民法典》新的第1346条对债的法定代位履行做出的
　　　　　新规定 ··· 463
　　　四、其他制定法所规定的债的法定代位履行 ······················ 465
　第四节　债的约定代位履行 ·· 466
　　　一、债的约定代位履行的界定和类型 ································ 466
　　　二、债权人同意的债的约定代位履行 ································ 466
　　　三、债务人同意的债的约定代位履行 ································ 469
　第五节　债的代位履行的法律效力 ··· 472
　　　一、代位者对债务人享有的追偿权 ··································· 472
　　　二、债的代位履行所转移的权利范围 ································ 474
　　　三、债的代位履行所转移的权利限制 ································ 478
　　　四、债的代位履行所产生的可对抗性 ································ 480

第十章　债的抵债履行 ··· 483
　第一节　抵债履行的界定 ··· 483
　　　一、狭义和广义的抵债履行理论 ······································ 483
　　　二、抵债履行的狭义界定 ··· 484
　　　三、抵债履行的广义界定 ··· 484
　第二节　抵债履行的历史发展 ·· 485
　　　一、罗马法当中的抵债履行 ··· 486
　　　二、法国民法学者在17世纪和18世纪对抵债履行做出的说明 ····· 487
　　　三、19世纪的法国民法学者对抵债履行做出的说明 ············ 488
　　　四、现行《法国民法典》和法国民法学者对待抵债履行的不同态度 ····· 491
　第三节　抵债履行的法律性质 ·· 494
　　　一、当今法国民法学者关于抵债履行性质的不同学说 ········· 494
　　　二、抵债履行独立于债的更新 ·· 496
　　　三、抵债履行独立于买卖合同 ·· 498
　　　四、抵债履行的真正性质：一种特殊形式的债的履行或者清偿 ····· 500
　第四节　抵债履行的有效条件 ·· 502
　　　一、抵债履行应当具备一般合同的有效条件和特殊条件 ····· 502
　　　二、被替换债和替换债 ·· 503
　　　三、替换债的等价性 ··· 506
　第五节　抵债履行的法律效力 ·· 507
　　　一、抵债履行所产生的两种法律效力 ································ 507
　　　二、抵债履行产生债的清偿所产生的同样法律效力 ············ 508
　　　三、抵债履行产生的特殊法律效力 ··································· 508

第四编 债的效力（二）：债的强制履行

第十一章 债的一般担保权 ······ 513

第一节 一般担保权的界定和法律根据 ······ 515
一、一般担保权的界定 ······ 515
二、享有一般担保权的债权人与享有真正担保权的债权人 ······ 516
三、2006 年之后的《法国民法典》对一般担保权做出的新规定 ······ 516
四、一般担保权的性质和特征 ······ 517

第二节 一般担保权的效力（一）：财产保全措施的实施 ······ 519
一、采取财产保全措施的目的 ······ 519
二、采取财产保全措施的条件 ······ 520
三、财产保全措施的类型 ······ 520

第三节 一般担保权的效力（二）：强制执行措施总论 ······ 521
一、强制执行措施的类型 ······ 521
二、执达官借助于国家和公权力机构具体负责债的强制执行 ······ 522
三、强制债务人履行债务的条件 ······ 523
四、强制执行的障碍 ······ 524

第四节 一般担保权的效力（三）：作为间接强制履行措施的司法罚金 ······ 525
一、司法罚金的界定 ······ 525
二、司法罚金的历史 ······ 526
三、司法罚金的性质 ······ 527
四、司法罚金的适用范围和限制 ······ 528
五、司法罚金的法律效力：临时司法罚金和最终司法罚金 ······ 528

第五节 一般担保权的效力（四）：直接强制代物履行 ······ 529
一、2016 年之前和之后的《法国民法典》关于直接强制执行的不同规定 ······ 530
二、转移所有权的债务不会面临强制履行的问题 ······ 532
三、金钱债的强制履行 ······ 533
四、作为债务和不作为债务的强制履行 ······ 534
五、强制代物履行的限制 ······ 537

第十二章 债权人的代位权 ······ 539

第一节 债权人代位权的界定、历史和性质 ······ 539
一、债权人代位权的界定 ······ 539
二、债权人代位权的历史 ······ 540

三、债权人代位权的法律性质 541
　　四、债权人代位权的实际效用 543
　第二节　债权人代位权的适用范围 544
　　一、一般原则：债务人的具有财产性质的权利和诉权 544
　　二、债权人代位权能够适用的权利和诉权 545
　　三、债权人代位权不能够适用的权利和诉权 546
　第三节　债权人代位权的行使条件 548
　　一、有关债权人方面的条件：债权人具有行使代位权的利害关系 549
　　二、有关债权方面的条件：债权应当是确实的、肯定的和可予行使的 550
　　三、有关债务人方面的条件：债务人没有行使自己的权利和诉权 551
　　四、债权人行使代位权的方式：不需要采取任何特定的形式 552
　第四节　债权人代位权的法律效果 553
　　一、债权人代位权的具体行使 553
　　二、债权人代位权对债务人产生的法律效力 554
　　三、债权人代位权对债权人和其他债权人产生的法律效力 555
　　四、第三人的抗辩权 556

第十三章　债权人的撤销权 557

　第一节　债权人撤销权的界定、历史和性质 557
　　一、债权人撤销权的界定 557
　　二、债权人撤销权的历史 558
　　三、债权人撤销权的地位和性质 563
　第二节　债权人撤销权的适用范围 566
　　一、原则：撤销权适用于积极法律行为和消极法律行为 566
　　二、债权人撤销权能够适用的法律行为 568
　　三、债权人撤销权不能够适用的法律行为 568
　第三节　债权人撤销权的行使条件 571
　　一、有关债权方面的条件：债权的确实性、肯定性、可予行使性和先发生性 571
　　二、有关债务人行为方面的条件：债务人实施的致贫行为引起了自身资不抵债的发生 574
　　三、有关债务人欺诈方面的条件：债务人知道或者意识到自己的行为会引起债权人损害的发生 579
　　四、有关第三人欺诈方面的条件：第三人的善意或者恶意 581
　　五、再获得者的状况 584
　第四节　债权人撤销权的法律效力 585
　　一、债权人撤销权的具体行使：为了自己的利益以个人名义行使撤销权 585

二、债权人撤销权在债权人与第三人之间产生的法律效力 …………… 586
　　三、债权人撤销权在债务人与第三人之间产生的法律效力 …………… 589
　　四、债权人撤销权在主张撤销权的债权人与其他债权人之间所产生的
　　　　法律效力 ……………………………………………………………… 590
　　五、债权人撤销权对第三人的债权人产生的法律效力 ………………… 590

第十四章　债权人的直接权 …………………………………………………… 592

第一节　债权人直接权的界定、历史、特征和性质 ……………………… 592
　　一、债权人直接权的界定 ……………………………………………… 592
　　二、债权人直接权的历史 ……………………………………………… 593
　　三、债权人直接权的性质 ……………………………………………… 595
　　四、债权人直接权的理论基础 ………………………………………… 598

第二节　债权人直接权的类型 …………………………………………… 599
　　一、具体直接权和一般直接权 ………………………………………… 599
　　二、清偿性的直接权和责任性的直接权 ……………………………… 600
　　三、完全性的直接权和不完全性的直接权 …………………………… 600

第三节　债权人直接权适用的范围 ……………………………………… 601
　　一、《法国民法典》明确规定的债权人直接权 ………………………… 602
　　二、《法国民法典》之外的其他制定法所规定的债权人直接权 ……… 602
　　三、法国最高法院在合同链和合同群当中创设的债权人直接权 …… 604

第四节　债权人直接权的行使条件 ……………………………………… 606
　　一、债权人对直接权的行使具有利害关系 …………………………… 606
　　二、债权人的债权应当是确实的、肯定的和可予行使的 …………… 607
　　三、债务人对第三人享有的债权也应当是确实的、肯定的和可予行使的
　　　　……………………………………………………………………… 607
　　四、债务人原则上已经陷入资不抵债的状态并且没有积极行使对第三人
　　　　享有的债权 ………………………………………………………… 607

第五节　债权人直接权的法律效力 ……………………………………… 608
　　一、债权人行使直接权的双重限制 …………………………………… 608
　　二、在第三人清偿的范围内债务人对债权人承担的债务消灭 ……… 609
　　三、债务人对第三人享有的债权的固定化 …………………………… 610
　　四、第三人对债权人享有的抗辩权 …………………………………… 611
　　五、债权人直接权让债权人享有优先权 ……………………………… 612

第五编 债的交易

第十五章 债的转让的一般理论 ································· 615
第一节 债的转让所涉及的当事人 ································· 615
一、三人间的交易 ································· 615
二、债的转让的界定 ································· 616
三、债的转让合同所涉及的三方当事人 ································· 617
第二节 债的转让的历史发展 ································· 618
一、罗马法当中债的转让制度 ································· 618
二、法国旧法时期债的转让制度 ································· 620
三、1804年的《法国民法典》对待债的转让的态度 ································· 622
四、2016年之后现行《法国民法典》对债的转让做出的新规定 ································· 623
第三节 债的转让的类型 ································· 626
一、债的概括转让和债的特定转让 ································· 626
二、债的全部转让和债的部分转让 ································· 626
三、债的有偿转让和债的无偿转让 ································· 627
四、债的直接转让和债的间接转让 ································· 628
第四节 债的转让的理论根据 ································· 629
一、债的财产性质决定着债具有可转让性的特征 ································· 629
二、作为法律关系的债不具有可转让性 ································· 631
三、作为财产的债在19世纪末期和20世纪初期开始获得例外承认 ································· 632
四、当今民法学者对债的双重性的普遍承认 ································· 635

第十六章 债权转让 ································· 637
第一节 现行《法国民法典》对债权转让做出的新规定 ································· 637
一、《法国民法典》新的第1321条至新的1326条对债权转让做出的
创新性规定 ································· 637
二、2016年之前民法学者对债权转让做出的界定 ································· 638
三、《法国民法典》新的第1321（1）条对债权转让做出的界定 ································· 638
四、债权转让的类型 ································· 639
第二节 债权转让的功能 ································· 644
一、债权转让功能的界定和种类 ································· 644
二、债权转让的转移功能 ································· 645
三、债权转让的清偿功能 ································· 653
四、债权转让的担保功能 ································· 656

第三节 债权转让的有效条件（一） 662
一、债权转让应当具备所有合同均应当具备的有效条件 662
二、债权转让的客体具有可转让性 664
三、债权转让的形式要素 668
四、债权转让无须获得被让债务人的同意 670

第四节 债权转让的有效条件（二） 672
一、金钱债权和代物债权的可自由转让性 672
二、作为债权和不作为债权的可自由转让性 674
三、简单债权和受限债权的可自由转让性 677
四、现有债权、未来债权和或然债权的可自由转让性 681
五、不能够自由转让的债权类型 697

第五节 债权转让的公示与债权转让的对抗力 705
一、同债权转让有利害关系的第三人 706
二、债权转让的公示方式：从《法国民法典》旧的第1690条到新的第1324（1）条 708
三、债权转让公示的范围（一）：债权转让公示对被让债务人的对抗力 714
四、债权转让公示的范围（二）：债权转让公示对其他受让人产生的对抗力 716
五、债权转让公示的范围（三）：债权转让公示对转让人的有担保的债权人的对抗力 720
六、债权转让公示的范围（四）：债权转让公示对普通债权人的对抗力 721

第六节 债权转让在当事人之间产生的法律效力 723
一、债权转让的两种具体法律效力 723
二、债权转让所产生的转移效力 724
三、债权转让效力的限制：被让债务人能够对受让人主张的各种抗辩 733
四、债权转让所产生的担保效力 738

第十七章 债务转让 748

第一节 债务转让的界定、类型和功能 748
一、全部债务转让和特定债务转让 748
二、主要债务转让和次要债务转让 749
三、直接债务转让和间接债务转让 750
四、完全债务转让和不完全债务转让 751
五、独立债务转让 753
六、债务转让的功能 756

第二节　从债务的不得转让原则到债务的可转让原则 …………………………… 757
　　一、Saleilles 和 Gaudemet 在 19 世纪末期和 20 世纪初期对债务转让的承认
　　　　………………………………………………………………………………… 758
　　二、大多数民法学者在 2016 年之前所主张的债务不得转让的原则
　　　　………………………………………………………………………………… 760
　　三、大多数民法学者在 2016 年之后对债务可转让原则的明确承认 ………… 765
　　四、《法国民法典》新的第 1327 条至新的 1328 – 1 条对债务转让做出的
　　　　规定 ……………………………………………………………………………… 772
第三节　间接债务转让的各种方式 ……………………………………………………… 773
　　一、两类间接债务转让 ………………………………………………………… 773
　　二、德国民法当中的三种债务承担 …………………………………………… 775
　　三、法国民法当中的间接债务转让 …………………………………………… 778
第四节　债务转让的有效条件 …………………………………………………………… 782
　　一、债务转让应当具备一般合同的有效条件 ………………………………… 782
　　二、债务转让合同的对象具有可自由转让性 ………………………………… 783
　　三、债务转让应当采取书面形式 ……………………………………………… 785
　　四、债权人对债务转让的同意 ………………………………………………… 786
第五节　债务转让的法律效力 …………………………………………………………… 789
　　一、债务转让所产生的完全效力和不完全效力 ……………………………… 789
　　二、转让人和受让人对被让债权人能够主张的履行抗辩 …………………… 790
　　三、担保人担保债务的存在或者不存在 ……………………………………… 791

第十八章　合同转让 ……………………………………………………………………… 793

第一节　合同转让的定义、类型和功能 ………………………………………………… 793
　　一、合同转让的界定和特征 …………………………………………………… 794
　　二、合同转让、债权转让和债务转让之间的差异 …………………………… 797
　　三、合同的法定转让、司法转让和约定转让 ………………………………… 798
　　四、合同的完全转让和合同的不完全转让 …………………………………… 802
　　五、合同转让的功能 …………………………………………………………… 802
第二节　2016 年之前主张的合同不得自由转让原则 ………………………………… 807
　　一、2016 年之前司法判例和民法学者对合同不得自由转让原则的承认 … 807
　　二、合同转让被禁止的理由之一：债务的不得转让性 ……………………… 809
　　三、合同转让被禁止的理由之二：合同的主观理论 ………………………… 810
　　四、合同转让被禁止的理由之三：合同的约束力和相对性理论 …………… 811
　　五、合同转让被禁止的理由之四：合同转让建立了新合同 ………………… 812
第三节　2016 年之前主张的合同自由转让原则 ……………………………………… 813
　　一、法国最高法院在 2016 年之前的某些案件当中对合同转让的承认 …… 813
　　二、Charles Lapp 在 1950 年首次对合同转让合法性的主张 ……………… 814

三、其他民法学者对合同转让的逐渐承认 ································· 816
　　四、民法学者在 2016 年之前主张合同转让的五种主要理由 ··········· 818
　　五、合同转让的方式：合同转让的二元论和一元论 ······················ 828
第四节　2016 年之后的《法国民法典》对合同转让做出的新规定 ············ 833
　　一、Catala 领导的债法改革小组首次对合同转让做出的规定 ········· 833
　　二、法国司法部在 2015 年的《合同法、债的一般制度和债的证明的
　　　　改革法令草案》当中对待合同转让的态度 ··························· 834
　　三、Aynès 对法国司法部在 2015 年的《合同法、债的一般制度和债的
　　　　证明的改革法令草案》所做出的批评获得积极响应 ··············· 835
　　四、合同转让的独立性 ··· 836
　　五、合同转让的一元论 ··· 837
第五节　合同转让的有效条件 ·· 839
　　一、合同转让的三个有效条件 ·· 839
　　二、合同转让应当采取书面形式 ·· 840
　　三、合同转让应当获得被让合同当事人的同意 ·························· 841
　　四、合同转让的对象即合同具有可自由转让性 ·························· 846
第六节　合同转让的法律效力 ·· 854
　　一、现行《法国民法典》对合同转让的法律效力所做出的规定 ······ 854
　　二、合同转让对受让人产生的法律效力 ··································· 854
　　三、合同转让对转让人产生的法律效力 ··································· 856
　　四、合同转让产生的其他效力 ·· 858

第十九章　合同的强制转让 ·· 860

第一节　合同强制转让的类型、不同特征和共同特征 ·························· 860
　　一、合同强制转让的类型 ·· 860
　　二、制定法上的合同转让所具有的不同特征 ····························· 861
　　三、制定法上的合同转让所具有的共同特征 ····························· 862
第二节　物的转让引起的合同转让 ··· 865
　　一、物的转让引起的合同转让的界定 ······································ 865
　　二、出租物的转让引起的租赁合同的强制转让 ·························· 866
　　三、其他的物的转让引起的合同转让 ······································ 867
第三节　行使收回权和优先权而引起的合同转让 ································ 868
　　一、收回权和优先权的界定 ··· 868
　　二、从收回权走向优先权 ·· 869
　　三、优先权行使引起的合同转让 ·· 869
第四节　其他类型的合同强制转让 ··· 870
　　一、因为企业的转让而引起的劳动合同的强制转让 ··················· 871
　　二、因为出版者的商事营业资产的转让而引起的出版合同的强制转让 ······ 872

三、因为商事营业资产的转让而引起的商事租赁合同的转让…………………… 872

第二十章　债的更新……………………………………………………………… 874

第一节　债的更新的界定、特征和地位…………………………………………… 874
一、债的更新的界定…………………………………………………………… 874
二、债的更新的特征…………………………………………………………… 876
三、债的更新与债的变更……………………………………………………… 879
四、债的更新与合同更新之间的关系………………………………………… 885
五、债的更新、债权转让和债务转让之间的关系…………………………… 889

第二节　债的更新的历史发展……………………………………………………… 891
一、罗马法所规定的债的更新………………………………………………… 891
二、法国旧法时期的债的更新………………………………………………… 894
三、1804 年的《法国民法典》对债的更新做出的规定 ……………………… 898
四、2016 年之后的《法国民法典》对债的更新做出的规定 ………………… 902
五、债的更新应当具备的特殊条件…………………………………………… 908

第三节　债的更新的有效条件（一）：相继发生的两个有效债………………… 910
一、相继发生的两个有效债的法律根据……………………………………… 910
二、旧债的有效性和能够被替换及被消灭的旧债有哪些…………………… 912
三、新债的有效性……………………………………………………………… 914

第四节　债的更新的有效条件（二）：新债与旧债之间存在重大的实质性差异
………………………………………………………………………………… 917
一、新债与旧债之间存在重大的实质性差异的界定………………………… 917
二、债的客观更新……………………………………………………………… 919
三、债的主观更新……………………………………………………………… 926

第五节　债的更新的有效条件（三）：债的当事人有更新债的意图…………… 932
一、债的更新意图的界定……………………………………………………… 932
二、债的更新意图的清晰性和毫不含糊性…………………………………… 933
三、当事人的更新意图是否能够决定他们之间的交易构成债的更新
………………………………………………………………………………… 934

第六节　债的更新的法律效力……………………………………………………… 936
一、债的更新产生的双重效力：消灭效力和创设效力……………………… 936
二、担保债的消灭和例外情况下的保留……………………………………… 936
三、抗辩权的消灭……………………………………………………………… 937
四、债的更新引起的其他法律效果…………………………………………… 939

第二十一章　债务的指令承担…………………………………………………… 941

第一节　债务的指令承担的界定、类型和功能…………………………………… 941
一、债务的指令承担的界定…………………………………………………… 941

二、债务的指令承担的类型……942
　　三、债务的指令承担的功能……945
第二节　债务的指令承担的历史发展……947
　　一、罗马法和法国旧法时期债务的指令承担属于债的更新……947
　　二、1804年的《法国民法典》否定债务的指令承担的独立地位……948
　　三、20世纪以来民法学者开始区分债务的指令承担与债的更新……949
　　四、2016年之后的《法国民法典》正式承认债务的指令承担的独立性……950
第三节　债务的指令承担与其他相似制度之间的关系……951
　　一、债务的指令承担独立于债的更新……951
　　二、债务的指令承担独立于委托代理……952
　　三、债务的指令承担独立于债的清偿的单纯指明……952
　　四、债务的指令承担独立于为第三人利益的合同……953
　　五、债务的指令承担独立于债权转让……954
　　六、债务的指令承担独立于债务转让……955
第四节　债务的指令承担的有效条件……955
　　一、债务的指令承担所应当具备的条件的分类……955
　　二、债务的指令承担应当具备的一般条件……956
　　三、受益人所做出的同意方式：明示同意或者默示同意……958
　　四、指令者与受益人之间是否应当预先存在债的关系……959
第五节　债务的指令承担的法律效力……960
　　一、债务的指令承担所产生的不同法律效力……960
　　二、非完全性的债务的指令承担所产生的法律效力……961
　　三、完全性的债务的指令承担所产生的法律效力……964

第六编　债的消灭

第二十二章　债的消灭原因的分类……969

第一节　罗马法所规定的债的消灭原因……970
　　一、罗马法规定十三种债的消灭原因……970
　　二、罗马法当中某些特殊债的消灭方式……971
　　三、l'acceptilation引起的债的消灭……974
　　四、罗马法学家对债的消灭做出的分类……975
第二节　法国旧法时期债的消灭原因……979
　　一、Domat和Pothier在17世纪和18世纪对债的消灭原因做出的说明……979
　　二、Domat对债的消灭原因做出的分类……979
　　三、Pothier对债的消灭原因做出的分类……981

         四、Pothier 与 Domat 之间的分类所存在的差异 …………………………… 982
    第三节　2016 年之前的《法国民法典》对债的消灭原因做出的规定 ………… 983
         一、2016 年之前的《法国民法典》第三卷第三编第五章对债的消灭做出的
            规定 …………………………………………………………………………… 983
         二、19 世纪和 20 世纪初期的民法学者对债的消灭原因做出的说明 ……… 985
         三、2016 年之前民法学者对《法国民法典》第 1234 条的规定所提出的
            批评 …………………………………………………………………………… 987
         四、2016 年之前民法学者对债的消灭原因做出的分类 …………………… 989
    第四节　2016 年之后的《法国民法典》对债的消灭原因做出的新规定 ……… 990
         一、2016 年之前法国民法学者和官方的债法改革草案对债的消灭原因做出
            的规定 ………………………………………………………………………… 990
         二、2016 年 2 月 10 日的债法改革法令最终对债的消灭原因做出的规定
            …………………………………………………………………………………… 992
         三、2016 年之后法国民法学者对债的消灭原因做出的说明 ……………… 993
    第五节　消灭时效引起的债的消灭 ………………………………………………… 999
         一、时效和消灭时效的界定 …………………………………………………… 1000
         二、2008 年 6 月 17 日的制定法对时效制度做出的改革 ………………… 1001
         三、现行《法国民法典》新规定的消灭时效的类型 ……………………… 1003
         四、当事人对消灭时效所做出的有限自由约定 …………………………… 1004
         五、消灭时效引起的法律效果：权利消灭还是诉权消灭 ………………… 1005
    第六节　债的履行不能引起的债的消灭 …………………………………………… 1009
         一、债的履行不能的界定 ……………………………………………………… 1009
         二、《法国民法典》新的第 1351 条所规定的债的消灭 …………………… 1010
         三、《法国民法典》新的第 1351－1 条所规定的债的消灭 ……………… 1011

第二十三章　债的抵销 ……………………………………………………………………… 1012
    第一节　债的抵销的界定、性质和作用 …………………………………………… 1013
         一、债的抵销的界定 …………………………………………………………… 1013
         二、债的抵销的性质：避免债的双重清偿的方式 ………………………… 1015
         三、债的抵销的作用：避免有清偿能力的人遭受没有清偿能力的人的损害
            …………………………………………………………………………………… 1018
    第二节　债的抵销的历史发展 ……………………………………………………… 1020
         一、罗马法所规定的债的抵销 ………………………………………………… 1020
         二、法国旧法时期民法学者对债的抵销做出的说明 ……………………… 1022
         三、2016 年之前民法学者对债的抵销的三分法的普遍承认 …………… 1024
         四、2016 年之后的《法国民法典》正式承认了债的抵销的三分法理论
            …………………………………………………………………………………… 1026

第三节 债的法定抵销应当具备的条件 ·········· 1028
　　一、债的法定抵销的条件 ·········· 1028
　　二、债的相互性 ·········· 1029
　　三、债的可替换性 ·········· 1030
　　四、债的确实性、肯定性和可予履行性 ·········· 1031
第四节 债的法定抵销的障碍 ·········· 1033
　　一、债的法定抵销障碍的界定和目的 ·········· 1033
　　二、制定法为了保护当事人的利益而规定的债的法定抵销障碍 ·········· 1034
　　三、制定法为了保护第三人的利益而规定的债的法定抵销障碍 ·········· 1036
第五节 债的法定抵销的法律效果 ·········· 1038
　　一、从当然抵销到援引时才抵销 ·········· 1039
　　二、债的法定抵销所消灭的债的范围和所消灭的债的时间 ·········· 1043
　　三、债的法定抵销对第三人的法律效力 ·········· 1045
第六节 债的司法抵销 ·········· 1047
　　一、债的司法抵销的界定和类型 ·········· 1047
　　二、债的司法抵销与债的法定抵销之间的差异 ·········· 1048
　　三、非相关债务的抵销：《法国民法典》新的第 1348 条规定的债的司法抵销 ·········· 1049
　　四、相关债务的抵销：《法国民法典》新的第 1348－1 条规定的债的司法抵销 ·········· 1052
第七节 债的约定抵销 ·········· 1055
　　一、债的约定抵销的界定 ·········· 1055
　　二、债的约定抵销的积极条件和消极条件 ·········· 1056
　　三、债的约定抵销的生效时间 ·········· 1057

第二十四章　债的免除 ·········· 1058

第一节 债的免除的界定和性质 ·········· 1058
　　一、债的免除的界定 ·········· 1058
　　二、债的免除在性质上属于一种合同 ·········· 1059
　　三、债的免除仅仅是一种单纯的无偿合同 ·········· 1063
第二节 债的免除的历史 ·········· 1066
　　一、罗马法当中的债的免除 ·········· 1066
　　二、18 世纪的民法学家 Pothier 对债的免除做出的阐述 ·········· 1068
　　三、1804 年的《法国民法典》对债的免除做出的规定 ·········· 1071
　　四、2016 年 2 月 10 日的债法改革法令对债的免除做出的新规定 ·········· 1072
第三节 债的免除的有效条件 ·········· 1075
　　一、债的免除应当具备合同有效的一般条件 ·········· 1075
　　二、债的免除应当具备赠与合同所要求的特殊条件 ·········· 1076

三、债的免除不需要采取任何特定形式 …………………………………… 1077
　　　四、债的免除的法定推定 …………………………………………………… 1078
　第四节　债的免除的法律效力 …………………………………………………… 1080
　　　一、债的免除对债权人和债务人产生的法律效力 ………………………… 1081
　　　二、债的免除与共同连带债务人和共同连带债权人之间的关系 ………… 1081
　　　三、债的免除与保证人之间的关系 ………………………………………… 1082

第二十五章　债的混同 …………………………………………………………… 1084

　第一节　债的混同的界定、渊源和类型 ………………………………………… 1084
　　　一、债的混同的界定 ………………………………………………………… 1084
　　　二、债的混同产生的渊源 …………………………………………………… 1085
　　　三、债的完全混同和债的部分混同 ………………………………………… 1086
　第二节　债的混同的历史发展 …………………………………………………… 1087
　　　一、罗马法当中债的混同 …………………………………………………… 1087
　　　二、法国旧法时期债的混同 ………………………………………………… 1088
　　　三、19世纪的民法学者对债的混同做出的不同说明 ……………………… 1089
　　　四、现行《法国民法典》对债的混同做出的规定 ………………………… 1090
　第三节　债的混同的条件 ………………………………………………………… 1091
　　　一、民法学者关于债的混同的不同说明 …………………………………… 1091
　　　二、两个对立的不同身份归并到同一个人身上 …………………………… 1092
　　　三、被混同的债权或者债务应当具有可自由转让性 ……………………… 1092
　第四节　债的混同产生的法律效力 ……………………………………………… 1093
　　　一、民法学者关于债的混同效力的争议 …………………………………… 1093
　　　二、债的混同对当事人产生的法律效力 …………………………………… 1094
　　　三、债的混同对第三人产生的法律效力 …………………………………… 1095
　　　四、债的混同对保证人、连带债权人和连带债务人产生的法律效力 …… 1096

第一编
债和债法

第一章 债、债权和债务

第一节 债的界定、特征和构成

虽然1804年的《法国民法典》和现行《法国民法典》以大量的法律条款对债（obligation）做出了规定，但是，没有任何一个法律条款对债一词做出界定。[①] 因此，究竟什么是债，就由民法学者做出界定，在不同时期，民法学者对债一词做出了界定。虽然他们做出的界定存在一定的差异，但是，总的说来，由于受到罗马法的影响，他们所做出的界定并无实质性的差异。

一、债的含义的多样性

（一）债的词源学含义

债一词的法文表述为obligation，这一词语最初来源于拉丁文ligatum、obliger、obligare、ligare和obligo。在拉丁文当中，这些词语最初仅仅是指债权人用来捆绑或者限制债务人人身自由的绳索、镣铐、枷锁、羁绊或者桎梏，是债权人为了报复债务人而对债务人采取的限制人身自由的手段。Luc Grynbaum对这些词语的最初含义做出了明确说明，他指出："债的通常含义是指行为人对他人承担某种义务。obliger本身的含义，是指行为人应当做出某种行为。实际上，obliger的词根来源于拉丁文obligare，该种词根的含义是，当事人应当受到合同的束缚或者约束。这是罗马法发展的第一个轨迹。此后，合同之外还出现了其他的具有束缚或者约束的债的制度。应当注意的是，罗马法上的obligare来源于更早的ligare，也就是所谓的用来捆绑债务人的绳索、镣铐、枷锁、羁绊或者桎梏（lier）。因此，债的核心就是所谓的束缚或者约束（lien）。"[②]

在后来的罗马法当中，这些词语逐渐为obligation所取代，并且obligation这一词语也逐渐丧失了这些词语原来所具有的含义，不再用来指债权人用来捆绑债务人或者限制债务人人身自由的绳索、镣铐、枷锁、羁绊或者桎梏，而仅仅具有隐喻性、比喻性的含义，因此，它或者是指约束、使承担义务和责任（obliger），或者是指通过制定法、某种秩序、某种合意（accord）或者某种服务而捆绑在一起、结合在一起、联系在一起

[①] Jacques Ghestin, Marc Billiau, Grégoire Loiseau, Traité de Droit Civil, le Régime des Créances et des Dettes, LGDJ, 2005, p. 2.

[②] Luc Grynbaum, Droit Civil, les Obligations, 2e édition, Hachette, 2005, p. 7.

(lier)。①

在《法律观念的产生》当中，法国学者 Jean Gaudemet 对此种词义的演变做出了说明，他指出："obligare 一词本身表示，它是一个关于以某种严格的方式将人们捆绑在一起、结合在一起、联系在一起的词语。该词具有积极的含义，这就是说，它是指将原本没有捆绑在一起、结合在一起、联系在一起的人捆绑在一起、结合在一起、联系在一起的状况。从这一方面来看，它与表示某种行动（action）的那些其他拉丁文法律术语属于同一类型的术语，诸如 donatio（赠与）、mancipacio（转让出卖物所有权的法律形式）、contestatio（提起诉讼）、dedictio（挑战）等。在一点上，所有的罗马法学家均一致承认，债在被征服者和征服者之间建立了一种'法律关系'。"②

从债所具有的捆绑在一起、结合在一起、联系在一起的含义当中可以推论出债所具有的确切含义：债是将债权人与债务人结合在一起所形成的一种权利义务关系。不过，在今时今日，除了这一含义之外，债这一术语仍然具有多种多样的含义，无论是在日常生活当中还是在法律当中均是如此。

（二）日常生活当中债的含义的多样性

法国著名的法语词典 *Le Petit Robert* 对债的各种含义做出了说明，它指出，债的含义包括：其一，法律关系（lien de droit），根据该种关系，一方当事人可能被强制交付某种财产、做出或者不做出某种行为，这就是债权人和债务人之间的法律关系；其二，道德关系（lien moral），该种关系让个人受到宗教法、道德法和社会法的约束；其三，受到约束或者强制的状态；其四，道德义务，根据该种义务，在一方当事人获得某种好处时，他应当对给予其好处的另外一方当事人承担感激义务。③

（三）法律当中债的含义的多样性

在法律当中，债也是一个多义词。因为民法学者普遍认为，在法律当中，债有两种不同的含义：广义的债（sens général）和狭义的债（sens étroit）。所谓广义的债，也被称为一般意义上的债（sens général），而所谓狭义的债，则是指技术意义上的债（sens techniqus）。不过，究竟什么是广义债，什么是狭义债，民法学者所做出的说明并不完全相同。

François Terré、Philippe Simler 和 Yves Lequette 等人认为，虽然债的含义多种多样，但是，债可以分为两大类：广义债和狭义债，其中的广义债是指行为人根据法律的要求所从事的一切行为；而他们所谓的狭义债，则是指一方当事人对另外一方当事人所承担

---

① Gérard Cornu, Vocabulaire juridique, 10e édition, puf, 2014, p. 699; Rémy Cabrillac, Droit des Obligations, 12e édition, Dalloz, 2016, p. 3; Le Petit Robert de la Langue Française, 2019 édition, Le Robert, 2018, pp. 1719 – 1720.

② Jean Gaudemet, Naissance d'une Notion Juridique, les Débuts de l'"Obligation" dans le Droit de la Rome Antique, Archives de Philosophie du Droit, t. 44, Dalloz, 2000, p. 27; Jacques Ghestin, Marc Billiau, Grégoire Loiseau, Traité de Droit Civil, Le Régime des Créances et des Dettes, LGDJ, 2005, p. 2.

③ Le Petit Robert de la Langue Française, 2019 édition, Le Robert, 2018, p. 1719.

的做出或者不做出某种行为的义务。他们指出："在法律领域，债这个词语不再具有单一的含义。实际上，在广义的范围而言，债泛指法律秩序要求行为人所做出的一切行为。因此，此种广义上的债未必一定等同于从消极方面对债务人所强加的义务，也未必等同于从债务人的给付行为当中获得利益的债权人的债权。有时，人们也会说，在符合法定条件的情况下，所有法国人都有服兵役的义务；有时，人们还会说，在法国，所有机动车都有在道路上靠右行驶的义务；等等。"① 他们还指出："如果仅仅将债看作行为人根据法律的要求所做出的所有行为，则人们对债的理解就不会有效，也存在范围过于宽泛的问题。事实上，人们常常在享有的意义上使用债一词：债是一种法律关系，但是不是像物权关系那样是人同物之间的法律关系，而是两方当事人之间的法律关系，其中一方当事人即债权人有权要求另外一方当事人即债务人做出某种行为或者不做出某种行为。"②

Mazeaud 和 Chabas 等人认为，虽然债的含义多种多样，但是债可以分为广义债和狭义债，其中的广义债是泛指两个或者两个以上的当事人之间所发生的任何法律关系，既包括财产性质的法律关系，也包括非财产性质的法律关系，而狭义债则仅指财产性质的法律关系当中的一部分内容，也就是所谓的债法意义上的债，不包括非财产性质的法律关系。他们指出："在两个或者两个以上的当事人之间存在的所有法律关系都是债，债的这个术语在此处是广义的，它既包括两个或者两个以上的当事人之间存在的非财产性法律关系（人们将其称为人格权关系），诸如父母与其未成年子女之间的监护关系，也包括两个或者两个以上的当事人之间所存在的财产性法律关系。但是，就债的狭义含义而言，换言之，就债的技术性而言，债仅仅是两个或者两个以上的当事人之间的一种财产性法律关系。"③

根据 Mazeaud 和 Chabas 对债做出的界定，父母同其未成年子女之间存在的监护与被监护关系是债的关系，是广义债的法律关系，因为在此种法律关系当中，父母应当按照立法者的要求对其未成年子女承担监护义务和责任，而未成年子女则对其父母享有要求其履行监护义务的权利，他们之间因此形成的权利和义务关系就是债。同样，根据此种理论，夫妻之间所形成的法律关系也是一种债的关系，是一种广义债的关系，因为在此种法律关系当中，例如，丈夫对其妻子享有某种权利，而妻子则对其丈夫承担某种义务，他们之间因此形成的权利和义务关系就是广义债的关系。

在 Gérard Cornu 主编的著名法律词典 *Vocabulaire juridique*（《法律词典》）当中，他对法律领域中广义的债和狭义的债做出了说明，他指出，在法律领域，债的广义含义等同于"义务"（devoir）。例如，监护人所承担的债；再例如，配偶之间所承担的债。狭义的债，也就是债权的狭义层面上的债，则是指一种法律关系，根据该种法律关系，一个或者几个当事人即债务人，或者根据合同、准合同、侵权或准侵权或者根据制定法的

---

① François Terré, Philippe Simler, Yves Lequette, François Chénedé, Droit Civil, les Obligations, 12e édition, Dalloz, 2018, p. 1.
② François Terré, Philippe Simler, Yves Lequette, François Chénedé, Droit Civil, les Obligations, 12e édition, Dalloz, 2018, p. 1.
③ Henri et Léon Mazeaud, Jean Mazeaud, François Chabas, Obligations, 9e édition, Montchrestien, 1998, p. 3.

规定对另外一个或者几个当事人即债权人为某种给付行为（prestation）（作为行为或者不作为行为），其中根据合同所为的给付行为就是合同债，根据准合同所为的给付行为是准合同债，根据侵权或者准侵权所为的给付行为是侵权债或者准侵权债，根据制定法的规定所为的给付行为则是制定法上的债（obligation légale）。[1]

二、债法当中债的界定

在法国，无论民法学者对债的含义做怎样的界定，他们均普遍认为，所谓的狭义债是指债法当中的债。不过，在如何界定债法当中的债的问题上，法国民法学者之间也存在一些微小的差异：某些民法学者认为，债是债权人和债务人之间的一种法律关系；另外一些民法学者认为，债是两方当事人之间的一种债权债务关系；还有一些学者则认为，除了两方当事人之间的债权债务关系是债之外，三方甚至三方以上的当事人（多方当事人）之间的债权债务关系也是债。

（一）债的三种不同界定方式

1. 债的第一种界定方式：债是债权人和债务人之间的一种法律关系

在法国，某些民法学者仅仅强调债是债权人和债务人之间的一种法律关系，在界定债时，他们并不强调债是两方当事人还是多方当事人之间的一种法律关系。除了François Terré、Philippe Simler和Yves Lequette采取此种方式界定债之外，其他民法学者也采取此种界定方式。

例如，Gérard Légier就采取此种方式界定债，他指出："债是一种法律关系，根据此种法律关系，一方当事人即债权人有权要求另外一方当事人即债务人对其做出或者不做出某种给付行为。"[2] 同样，Philippe Malaurie、Laurent Aynès和Philippe Stoffel-Munck也采取此种方式界定债，他们指出："债是将债权人和债务人连结在一起的一种法律关系。作为一种法律关系，债能够成为国家制裁的对象：债不仅仅是一种像自然债的一种道德债。更准确地说，当一方当事人即债权人能够在法律上要求另外一方当事人即债务人做出某种给付行为（支付价款、交付货物、完成某种任务）时，当事人之间就存在债。"[3]

2. 债的第二种界定方式：债是两个人之间的一种法律关系

在法国，某些民法学者并不从债权人和债务人之间的法律关系的角度界定债，而是从债的当事人仅有两个或者两方的角度界定债，认为债是指两个人即两方当事人之间的法律关系。Jean Carbonnier采取此种方式界定债，他指出："就最精确的含义而言，债是指一种特别存在于两个人之间的一种法律关系，根据该种法律关系，一个人应当对另外一个人做出某种行为。"[4]

---

[1] Gérard Cornu, Vocabulaire Juridique, 10e édition, puf, 2014, p.699.
[2] Gérard Légier, les Obligations, 17e édition, Dalloz, 2001, p.1.
[3] Philippe Malaurie, Laurent Aynès, Philippe Stoffel-Munck, Droit des Obligations, 8e édition, LGDJ, 2016, p.13.
[4] Jean Carbonnier, Droit Civil, les Biens, les Obligations, puf, 2004, p.15.

3. 债的第三种界定：债是两个或者多个人之间的一种法律关系

在法国，某些民法学者认为，除了两个人之间的法律关系是债之外，三个或三个以上的人之间的关系也是债，这就是多方当事人的界定。此种界定为法国当今主流的界定方式，为大多数民法学者所采取，例如，Mazeaud 和 Chabas 等人便采取此种界定方式。因为这样的原因，Gérard Cornu 在其主编的《法律词典》当中采取了此种界定方式。

（二）债的三种界定方式的共同点

在法国，虽然民法学者之间存在上述债的三种不同的界定方式，但是，他们之间的界定仅仅存在微小的、形式上的差异，不存在本质上的、重大的差异。① 一方面，他们均认为，债是当事人之间的一种法律关系，在该种法律关系当中，一方当事人对另外一方当事人享有债权，而另外一方当事人则对对方承担义务。另一方面，即便是将三方当事人之间的法律关系视为一种债的学者，他们仍然认为，无论债的当事人是两个或者多个，所有当事人在债法上的地位要么是债权人，要么是债务人。换言之，所有的债均是债权人和债务人之间的一种法律关系。

Marjorie Brusorio Aillaud 对债做出的界定形象地说明了这一共同点。他指出："在法律语言当中，债是两个或者多个人之间的一种法律关系，根据该种关系，一个人即债权人有权要求另外一个人即债务人积极做出某种行为或者消极不实施某种行为。"②

Rémy Cabrillac 对债做出的界定也能够充分说明这一点。一方面，在界定债时，他认为债是债权人和债务人之间的一种法律关系，他指出："在法律上，债或者债权，是指一种法律关系，在该种法律关系当中，一个或者几个人（债权人）能够要求另外一个或者几个人（债务人）履行做出或者不做出或者转移财产所有权的给付行为。"③ 另一方面，在说明债的观念时，他又明确指出："债是两个或者多个人之间的法律关系。"④

（三）当今民法学者关于债的定义是古罗马时期《查士丁尼法学阶梯》定义的延续

在今时今日，民法学者之所以普遍将债定义为债权人和债务人之间的一种法律关系，是因为在债的界定方面，他们完全延续了罗马法对债做出的界定，是后经典罗马法时期债的界定在当下的再现。Jean Bart 对此做出了明确说明，他指出："债是一方当事人与另外一方当事人之间的法律关系的理论源自经典罗马法时期，根据该种理论，一方当事人有权要求另外一方当事人为了自己的利益而做出或者不做出某种行为。"⑤

---

① Jacques Ghestin, Marc Billiau, Grégoire Loiseau, Traité de Droit Civil, le Régime des Créances et des Dettes, LGDJ, 2005, pp. 2 – 3.
② Marjorie Brusorio-Aillaud, Droit des Obligations, 8e édition, bruylant, 2017, p. 11.
③ Rémy Cabrillac, Droit des Obligations, 12e édition, Dalloz, 2016, p. 1.
④ Rémy Cabrillac, Droit des Obligations, 12e édition, Dalloz, 2016, p. 3.
⑤ Jean Bart, Histoiren du Droit Privé de la Chute de l'Empire Romain au 19ème Siècle, 2e édition, Montchrestien, 2009, p. 81.

所谓罗马法（le droit romain），是指从公元前8世纪开始一直到公元6世纪时止在古罗马城适用的所有法律规范的有机整体。在研究罗马法时，人们根据不同时期将其分为三种：前经典罗马法（droit romain pré-classique），是指公元前8世纪至公元前3世纪之间的罗马法；经典罗马法（droit romain classique），是指公元前3世纪至公元3世纪之间的罗马法；后经典罗马法（droit romain post-classique），是指公元3世纪至公元6世纪之间的罗马法。人们之所以要区分不同时期的罗马法，是因为不同时期的罗马法在法律渊源方面存在差异。①

在经典罗马法时期，民法学家众多，包括但是不限于Papinien②（142—212）、Ulpien③（170—223）、Modestin④（生卒年不详）、Gaius⑤（120—180）。不过，大多数民法学家没有对债做出界定，仅少数民法学家对债做出了界定。例如，在自己的著名民法教科书《盖尤斯法学阶梯》当中，Gaius没有对债做出界定。⑥ 除了Ulpien在自己的著作当中对债做出了没有太大影响力的界定之外，Paul也在自己的著作当中对债做出了界定。

Paul也被称为Iulius Paulus或者Julius Paulus Prudentissimus，他生于160年，死于230年，是与罗马皇帝Septime Sévère⑦（146—211）和Antonin Caracalla⑧（188—217）同一时代的著名民法学家。⑨《查士丁尼学说汇纂》收录了Paul对债做出的界定，他指出："债的内容不在于我们对他人做出某种行为或者提供某种服务，而在于债能够约束他人，让他人对我们做出某种行为或者承担某种责任。"⑩ 不过，Paul的界定的影响力同样有限，因为它没有准确地表明债的法律关系性质。

真正对后世民法学家产生了重大影响力的界定是由后经典罗马法时期的民法学家做出的，因为，后世民法学者在研究债时几乎均采取他们的界定。Jean Gaudemet和Emmanuelle Chevreau对此做出了明确说明，他指出："《查士丁尼法学阶梯》对债做出的界定仍然是非常著名的并且被现代法学家所援引：'所谓债，是指一种法律关系，在该种法律关系当中，我们被迫根据我们城市的法律对他人做出某种行为。'此种界定同时强调债的关系的法律特征（法律关系）和罗马债法的具体特征（根据我们城市的法律），它等同于已经建立了一种法律制度，根据该种法律制度，债权人和债务人之间的

---

① Droit romain, https://fr.wikipedia.org/wiki/Droit_romain；张民安：《法国民法总论（上）》，清华大学出版社2017年版，第55页；张民安、丘志乔：《民法总论》（第五版），中山大学出版社2017年版，第69—70页。
② Papinien, https://fr.wikipedia.org/wiki/Papinien.
③ Ulpien, https://fr.wikipedia.org/wiki/Ulpien.
④ Modestin, https://fr.wikipedia.org/wiki/Modestin.
⑤ Gaius, https://fr.wikipedia.org/wiki/Gaius.
⑥ Jean Gaudemet, Emmanuelle Chevreau, Droit Privé Romain, 3e édition, Montchrestien, 2009, p.257.
⑦ Septime Sévère, https://fr.wikipedia.org/wiki/Septime_Sévère.
⑧ Caracalla, https://fr.wikipedia.org/wiki/Caracalla.
⑨ Paul (juriste), https://fr.wikipedia.org/wiki/Paul_(juriste); Iulius Paulus, https://de.wikipedia.org/wiki/Iulius_Paulus; Julius Paulus Prudentissimus, https://en.wikipedia.org/wiki/Julius_Paulus_Prudentissimus.
⑩ Paul, D. 44, 7; Paul Frédéric Girard, Manuel Élémentaire de Droit Romain, 8e édition, Dalloz, 2003, pp.415–416.

关系被视为一种法律关系。"①

基于查士丁尼皇帝的命令，533 年，著名法学家 Tribonian（485？—542 年）、法学教授 Theophilus 和法学教授 Dorotheus 共同编纂了一部供法学学生学习民法的教科书——《查士丁尼法学阶梯》。② 在所编纂的《查士丁尼法学阶梯》当中，这三位学者对债做出了界定，他们指出："所谓债，是指一种法律关系，在该种法律关系当中，我们被迫根据我们城市的法律对他人做出某种行为。"③ 虽然《查士丁尼法学阶梯》当中有 2/3 的内容摘自《盖尤斯法学阶梯》④，但是，关于债的界定肯定不是从《盖尤斯法学阶梯》当中摘抄的，因为《盖尤斯法学阶梯》当中没有对债做出界定。因此，他们做出的界定究竟是自己独立创造的还是从后经典罗马法时期的某一个民法学家那里摘抄的，后人无从得知。⑤

后世民法学者普遍根据《查士丁尼法学阶梯》的规定，将债界定为债权人和债务人之间的一种法律关系。例如，在 1821 年的著名债法专著《债法》当中，法国 18 世纪的著名民法学家、奥尔良大学法学院民法教授、被誉为"《法国民法典》之父"的 Ro-bert-Joseph Pothier⑥（1699—1772 年）就直接根据《查士丁尼法学阶梯》的规定对债做出了界定，他指出："根据法学家们的界定，所谓债，是指我们与他人之间的一种法律关系，在该种法律关系当中，我们被强制对他人转移某种财物的所有权，或者被强制对他人做出或者不做出某种行为。"⑦

再例如，在 1868 年的著名民法教科书《拿破仑民法典教程》当中，法国 19 世纪中后期的著名民法学家、卡昂大学民法教授、鼎盛时期法条注释法学派的核心人物、被誉为"注释法学派泰斗"的 Charles Demolombe⑧（1804—1887 年）也直接根据《查士丁尼法学阶梯》的规定对债做出了界定，他指出："债可以如此界定：债是一种法律关系，根据该种法律关系，一个确定的人被迫对另外一个确定的人转移财产所有权、做出或者不做出某种行为。"⑨

同样，在 1906 年的《民法理论和实践专论》当中，波尔多大学的两个民法教授 G. Baudry-Lacantinerie 和 L. Barde 也根据《查士丁尼法学阶梯》的规定对债做出了界定，他们指出："在法律意义上，所谓债，是指一种法律关系，根据该种法律关系，一个或者几个确定的人在民法上被迫对另外一个或者几个同样是确定的人转移财产的所有权、

---

① Jean Gaudemet, Emmanuelle Chevreau, Droit Privé Romain, 3e édition, Montchrestien, 2009, p. 253.
② Tribonien, https://fr.wikipedia.org/wiki/Tribonien; François Hotman, Antitribonian ou Discours d'un Grand et Renommé Jurisconsulte de Nostre Temps, sur l'Estude des Loix, Fait par l'Advis de Feu Monsieur de l'Hospital Chancelier de France en l'An 1567, Paris, chez Ieremie Perier, 1603.
③ Inst. 3, 13, Iustiniani Institutiones, https://droitromain.univ-grenoble-alpes.fr/; Paul Frédéric Girard, Manuel Élémentaire de Droit Romain, 8e édition, Dalloz, 2003, pp. 415–416.
④ 张民安：《法国民法总论（上）》，清华大学出版社 2017 年版，第 58—59 页。
⑤ Jean Gaudemet, Emmanuelle Chevreau, Droit Privé Romain, 3e édition, Montchrestien, 2009, p. 257.
⑥ 张民安：《法国民法总论（上）》，清华大学出版社 2017 年版，第 157—168 页。
⑦ Rober-Joseph Pothier, Traité des Obligations, Dalloz, 2011, p. 2.
⑧ 张民安：《法国民法总论（上）》，清华大学出版社 2017 年版，第 328—329 页。
⑨ Charles Demolombe, Cours de Code Napoléon, Tome XXIV, Paris, Auguste Durand Libraire L. Hachette et Cie Libraire, 1868, p. 4.

做出或者不做出某种行为。"①

三、债的特征

（一）债是债权人与债务人之间的一种法律关系

债的第一个主要特征是，债是债权人与债务人之间的一种法律关系（un lien de droit），在该种法律关系当中，债权人对债务人享有权利，而债务人则对债权人承担债务。

Mazeaud 和 Chabas 等人对债的此种特征做出了明确说明，他们指出："债的第一个特征是，债是一种法律关系。因为债将债务人与债权人结合在一起，因此，债务人同债权人之间就产生了债的法律关系。"② 同样，Virginie Larribau-Terneyre 对债的此种特征做出了明确说明，他指出："所有法律上的债，无论它们所产生的渊源是什么，都能够被界定为一种法律关系，该种法律关系将债权人和债务人结合在一起，其中的债权人能够请求债务人履行所承担的给付债务。"③

在债的法律关系当中，是债权人更重要还是债务人更重要？对此，民法学家之间存在两组截然相反的看法。某些民法学者认为，特定的债务人在债的法律关系当中的地位非常重要，因为他们认为，如果没有特定的债务人的存在，当然就无法建立债的法律关系。因为债务人的存在，债的法律关系才能够同物权关系区分开来：在物权关系当中，虽然存在特定的权利主体，但是不存在特定的义务主体。Mazeaud 和 Chabas 等人采取此种理论，他们在讨论债的特征时特别突出债务人在债的法律关系当中的地位，他们指出："债包含了一个消极主体。在债的法律关系当中，既存在债权人，也就是积极主体，也存在债务人，也就是消极主体。"

根据 Planiol 的理论，物权也具有同样的性质，因为物权当中也同时包含了债权人和债务人。然而，Planiol 认为，物权当中的消极主体在物权当中仅仅是一个配角，起着无关紧要的作用。而债权当中的消极主体则起着核心的、第一性的作用，因为所有的债都是建立在消极主体的身上：债的客体就是债务人所为的给付。④

而某些民法学者则不同，他们突出强调债权人在债的法律关系当中的地位，认为特定的债权人在债的法律关系当中的地位非常重要，因为他们认为，正是因为债权人的存在，民法或者债法上的债才能够同其他的债区分开来，例如，同所谓的绝对债（devoirs absolus）区分开来。Carbonnier 采取此种理论，他指出："我们应当避免模糊使用'债'这一词语。行为人所承担的某些义务可能会被看作法定义务，因为如果行为人不遵守这些义务，他们也会遭受国家或者法院的制裁。但是，行为人所承担的此类义务并不构成技术性意义上的债，也就是不构成债权人与债务人之间的法律关系的债。因为在这些义

---

① G. Baudry-Lacantinerie, L. Barde, Traité Théorique et Pratique de Droit Civil, XII, Des Obligations, Tome I, 3e édition, Paris, Librairie de la Société du recueil général des lois et arrêts et du Journal du palais, 1906, p.1.
② Henri et Léon Mazeaud, Jean Mazeaud, François Chabas, Obligations, 9e édition, Montchrestien, 1998, pp.6–7.
③ Virginie Larribau-Terneyre, Droit civil, Les obligations, 12e édition, Dalloz, 2010, p.12.
④ Henri et Léon Mazeaud, Jean Mazeaud, François Chabas, Obligations, 9e édition, Montchrestien, 1998, p.9.

务当中，欠缺能够要求行为人对其履行所承担的义务的债权人。"①

在债法当中，无论是债权人还是债务人一方均可以是一个人，也可以是两个或者两个以上的人。因此，债既可以是两方当事人之间的法律关系，也可以是多方当事人之间的关系。Mazeaud 和 Chabas 等人指出："债是两方当事人或者多方当事人之间的一种法律关系。"② Toulet 也指出，债是两方或者多方当事人之间的一种法律关系。③

（二）债是一种财产性的法律关系

债的第二个主要特征是，债是债权人与债务人之间的一种财产性（la nature pécuniaire de l'obligation）的法律关系，因为在该种法律关系当中，债权人享有的债权和债务人承担的债务均能够以金钱方式评估和确定其价值大小，就像人们能够以金钱方式评估和确定他人拥有的所有物的价值大小一样。Mazeaud 和 Chabas 等人对此特征做出了明确说明，他们指出："债的第二个特征是，债是一种金钱性质的权利。"④ Virginie Larribau-Terneyre 也对此特征做出了明确说明，他指出："无论是在过去还是在现代，人们都认为，债是两个不同的财产权人之间的一种财产关系，因为债代表着一个人的财产价值流向另外一个人，也就是，一个人将其财产转移给另外一个人，该种财产转移或者是单方面的，或者是双向的、有偿的。"⑤

在债法上，债之所以是一种财产性质的法律关系，其原因有二：

一方面，债是具有经济价值的东西，就像物权人所支配的动产或者不动产具有经济价值一种，人们既可以通过金钱的方式来确定债权人所享有的债权的具体价值，也可以通过金钱的方式来确定债务人所承担的债务的具体价值。Mazeaud 和 Chabas 等人对此种原因做出了明确说明，他们指出："债是一种能够通过金钱确定其价值大小的权利，人们将这样的权利称为财产权。"⑥ Toulet 也对此种原因做出了说明，他指出："债是一种权利，人们能够以金钱方式确定这种权利的价值，这种权利就是财产权。实际上，债构成一种财产性质的法律关系。"⑦

另一方面，债权是债权人的积极财产，而债务则是债务人的消极财产。在债法当中，债权人对债务人享有的债权在性质上当然属于一种财产，该种财产属于债权人的积极财产，构成债权人全部财产的重要组成部分；债权人能够像处分他们支配的动产或者不动产那样区分其债权，包括将其债权转让给别人或者放弃等。在债法当中，债务人对债权人所承担的债务在性质上也属于一种财产，该种财产属于债务人的消极财产，属于债务人全部财产的组成部分；债务人要用其全部财产来担保自己对债权人所承担的债务的履行，债权人能够强制执行债务人的这些财产；当债务人自愿或者被强迫履行了自己

---

① Jean Carbonnier, Les obligations, Presses Universitaires De France, p. 19.
② Henri et Léon Mazeaud, Jean Mazeaud, François Chabas, Obligations, 9e édition, Montchrestien, 1998, p. 8.
③ Valérie Toulet, Droit Civil, Les Obligations, Paradigme, 2005, p. 4.
④ Henri et Léon Mazeaud, Jean Mazeaud, François Chabas, Obligations, 9e édition, Montchrestien, 1998, p. 7.
⑤ Virginie Larribau-Terneyre, Droit civil, Les obligations, 12e édition, Dalloz, 2010, p. 13.
⑥ Henri et Léon Mazeaud, Jean Mazeaud, François Chabas, Obligations, 9e édition, Montchrestien, 1998, p. 7.
⑦ Valérie Toulet, Droit civil, Les obligations, Paradigme, 2005, p. 5.

对债权人所承担的债务或者责任时，债务人的财产就会因此减少，而债权人的财产会因此增加。Pierre-Gabriel Jobin 和 Nathalie Vézina 对此种原因做出了说明，他们指出："对于债务人而言，债是他们的财产得以减少的原因。此时，人们常常将债称为'债务'，尤其是当债仅仅涉及一定数额的金钱时。相反。对于债权人而言，债是他们财产增加的原因。"① Toulet 对此种原因做出了说明，他指出："债既是债权人的积极财产，也是债务人的消极财产。对于债权人而言，债具有经济上的价值，因此，构成能够进行流通的财产的组成部分；对于债务人而言，如果没有履行所承担的义务，则他们应当用其财产来对债权人承担责任。实际上，如果债务人没有自愿履行所承担的债务，则债权人能够采取法律允许的一切手段强迫债务人就其不履行债务的行为对自己承担责任。此时，债务人的财产成为所有债权人债权实现的一般担保。"② Gilles Goubeaux 也对此种原因做出了说明，他指出："债是一种财产关系，这就是债权。对债权人而言，债是其积极财产，对债务人而言，同一债则是其消极财产。"③

债法之所以将债看作一种财产性质的法律关系，一方面是借此来区分债权与人身权，因为传统民法理论认为，债权仅仅是一种财产权，而人身权则不是财产权；另一方面则是借此在财产权领域进一步区分债权、物权与知识权。因为虽然债权、物权和知识权在性质上均属于财产权，均具有财产性的一般性质，但是它们之间仍然存在重要的区别。Virginie Larribau-Terneyre 对认可债的财产性的目的做出了明确说明，他指出："债的第二个特征是，债具有财产性的特征。实际上，人们一方面习惯于区分包括债权在内的财产权和包括人格权或者家庭权在内的非财产权，另一方面又习惯于在财产权内部区分债权与知识权。"④

（三）债是以一方当事人对另一方当事人承担某种给付行为作为内容的法律关系

债的第三个主要特征是，债是以债务人对债权人承担某种给付行为作为内容的法律关系。所谓给付行为，是指债务人为了解除与债权人之间的债权债务关系而根据债的规定或者债的性质的要求对债权人实施或者不实施某种行为。债务人的给付行为多种多样，包括：其一，转移财产所有权的行为。例如，债务人根据买卖合同、赠与合同的规定将出卖物、赠与物的所有权转移给买受人、受赠人，这就是转移所有权的给付行为。其二，作为行为，是指债务人积极实施某种行为，例如，借用人将借用物返还给出借人的行为，这就是作为债务。其三，不作为行为，是指债务人消极地不实施某种行为，如不从事不正当竞争的行为和不泄露秘密的行为。⑤

---

① Pierre-Gabriel Jobin et Nathalie Vézina, Baudouin et Jobin, Les obligations, 6e édition, éditions Yvon Blais, 2005, 2005, p.20.
② Valérie Toulet, Droit civil, Les obligations, Paradigme, pp.5–6.
③ Gilles Goubeaux, Droit Civil, 24e édition, LGDJ, 1993, p.311
④ Virginie Larribau-Terneyre, Droit civil, Les obligations, 12e édition, Dalloz, 2010, pp.5–6.
⑤ Rémy Cabrillac, Droit des obligations, 12e édition, Dalloz, 2016, pp.3–4.

(四) 债是一种具有约束力和国家强制执行力的法律关系

债的第四个主要特征是,债是当事人之间的一种具有约束力的法律关系,因为,一旦当事人之间因为某种原因而产生了债权债务关系,则一方当事人即债务人应当履行自己对债权人所承担的义务和责任,另外一方当事人即债权人有权要求债务人履行对自己所承担的义务和责任,即便当事人之间的债因为某种原因而嬗变为自然债,该种自然债仍然对双方当事人具有法律上的约束力,债务人仍然应当履行对债权人承担的义务,即使债权人不能够要求法官责令债务人对自己承担法律责任。①

除非当事人之间的债构成自然债,否则,在债务人不履行自己对债权人所承担的义务时,债权人有权向法院起诉,要求法官责令债务人对自己承担法律责任,法官应当采取措施,责令债务人就自己不履行债务的行为对债权人承担法律责任,这就是债所具有的国家制裁性(la sanction étatique)特征。

Carbonnier 对债所具有的此种特征做出了说明,他指出:"债具有国家的制裁性,此种国家的制裁性将法律上的债同礼仪上的债、道德上的债或者宗教上的债区别开。当然,应当说明的是,法律上的债同道德上的债并非绝对分开的。特别需要注意的是,大量的道德债同时就是法律上的债(例如,法律和道德同时认为,一旦行为人因为过错导致他人遭受损害,他们应当就自己的过错引起的损害对他人承担赔偿责任)。"②

Grynbaum 也对债的此种特征做出了说明,他指出:"法律上的债并非仅仅是一种道德上的债,因为,债务人仅仅意识到自己应当对他人承担义务还是不够的。法律上的债的一个重要特征是其国家制裁性,此种国家制裁性确保了债务人对其所承担的债务的履行。的确,虽然某些道德规范当中规定了警告性的内容,它们要求行为人在从事某些行为的时候应当遵循良好的行为规范,否则,这些道德规范会对行为人实施的行为予以惩处,但是,在法律领域,行为人对行为规范的遵守主要取决于国家对不遵循行为规范的行为人所进行的国家制裁,即使此种制裁较为模糊或者较为间接,也是如此。"③

第二节 债的构成要素

作为一种法律关系,债当然也像所有法律关系一样应当具备共同的构成要素,这些共同构成因素包括债的当事人、债的内容和债的客体。

一、债的当事人、等同于当事人的人和第三人

作为一种法律关系,债应当具备的第一个构成因素是债的当事人。如果没有当事人,则债不可能存在。不过,除了债的当事人之外,债法当中还涉及等同于债的当事人

---

① Philippe Malinvaud, Dominique Fenouillet, Droit des obligations, 11e édition, Litec, 2010, p. 4.
② Jean Carbonnier, Les obligations, 17e édition, puf, 1993, p. 16
③ Luc Grynbaum, Droit civil, Les obligations, 2e édition, HACHETTE, 2005, p. 7.

的人和当事人之外的第三人。

（一）债的当事人

作为一种法律关系，债应当具备的第一个构成因素是当事人（les parties）。所谓债的当事人，也被称为债的关系的当事人（les parties au rapport d'obligation），是指债权债务关系当中的债权人（créanciers）和债务人（débiteurs）。① 在债法上，所谓债权人，也称为债的积极主体（sujet actif）和债权的享有者（titulaire d'une créance），是指享有要求债务人做出或者不做出某种行为的人；换言之，所谓债权人，是指享有要求债务人对自己实施某种给付行为的人。②

在债法上，债务人 débiteur 一词源自拉丁文 débitor、debtrix、debiter、deberr 等词语，在拉丁文当中，这些术语的含义均是指负担义务的人（devoir）。③ 在今时今日，所谓债务人，也被称为债的消极主体（sujet passif）和债务的承担者，是指应当对债权人做出或者不做出某种行为的人，换言之，所谓债务人，是指对债权人实施某种给付行为的人。④

（二）等同于当事人的人

不过，在债的关系当中，除了作为当事人的人和债务人之外，债的关系当中还包括两类人，这就是债权人和债务人的继承人和受让人（les ayants cause）。

一方面，在债法上，债权人或者债务人的法定继承人、遗嘱继承人以及受遗赠人在债权人或者债务人死亡之后获得债权人或者债务人的身份，他们或者享有债权人生前享有的权利，或者承担债务人生前承担的债务，因此，他们被认为是等同于债权人或者债务人的人。Virginie Larribau-Terneyre 对此做出了说明，他指出："继承人是指那些获得债权人债权或者债务人债务的人……其中的全部概括性继承人或者部分概括性继承人等同于债的法律关系的当事人，也就是等同于债权人或者债务人。"⑤ Henr Roland 和 Laurent Boyer 也对此做出了说明，他们指出："对于合同当事人而言，人们将概括性继承人等同于法律行为的实施人。实际上，在合同当事人一方死亡时，其全部概括性或者部分概括性继承人、受遗赠人就成为他们的继承人，继续他们的人格，取代他们的当事人地位。因此，合同当事人的继承人或者受遗赠人并不是第三人，而是等同于合同债的

---

① Virginie Larribau-Terneyre, Droit civil, Les obligations, 15e édition, Dalloz, 2017, p.71.
② Gérard Cornu, Vocabulaire juridique, 10e édition, puf, 2014, p.284; Serge Guinchard Thierry Debard (sous la direction de), Lexique des termes juridiques 2016–2017, 24e édition, Dalloz, 2016, p.322; Le Petit Robert de la Langue Française, 2019 édition, Le Robert, 2018, p.621.
③ Gérard Cornu, Vocabulaire juridique, 10e édition, puf, 2014, p.284; Serge Guinchard Thierry Debard (sous la direction de), Lexique des termes juridiques 2016–2017, 24e édition, Dalloz, 2016, p.322; Le Petit Robert de la Langue Française, 2019 édition, Le Robert, 2018, p.621,
④ Gérard Cornu, Vocabulaire juridique, 10e édition, puf, 2014, p.297; Serge Guinchard Thierry Debard (sous la direction de), Lexique des termes juridiques 2016—2017, 24e édition, Dalloz, 2016, p.333; Le Petit Robert de la Langue Française, 2019 édition, Le Robert, 2018, p.621.
⑤ Virginie Larribau-Terneyre, Droit civil, Les obligations, 15e édition, Dalloz, 2017, p.71.

当事人本人的人。"①

另一方面,在债法上,债权或者债务的受让人在从债权人或者债务人那儿受让债权或者债务之后也成为债的法律关系的当事人,在所受让的债权或者债务范围内成为债权人或者债务人。当然,无论是债权的受让人还是债务的受让人要成为债的法律关系的当事人,都应当具备债权和债务转让的条件,否则,他们便无法获得债权或者债务。②

(三) 当事人之外的第三人

在债法上,人们往往区分债的当事人和第三人,他们认为,债的当事人就是债权人和债务人,而债的当事人之外的人则仅仅是第三人。人们之所以区分债的当事人和第三人,是因为他们认为,债是因为当事人的原因引起的,如果没有当事人,则债无法产生,而第三人无法引起债的产生。

Virginie Larribau-Terneyre 对债法区分当事人和第三人的此种原因做出了说明,他指出:"原则上,债的关系的当事人,也就是债权人和债务人,对于债的产生起到了直接的干预作用,也就是,如果是合同债,他们对合同的成立做出了同意的意思表示,如果是侵权债,他们实施了导致债产生的自愿或者非自愿的法律事实。"③ 在讨论合同债当中的当事人和第三人的问题时,Roland 和 Boyer 也对债法区分当事人和第三人的此种原因做出了说明,他们指出:"第三人和合同当事人是相对应的概念……所谓合同当事人,是指法律行为的积极主体和消极主体,他们彼此之间作为相互交叉的人做出了使合同得以成立的意思表示。基于此,凡是没有通过交叉的意思表示来使合同得以成立的人均为第三人。"④

不过,债的当事人与第三人之间的区分逐渐模糊,因为除了对当事人产生法律效力之外,当事人之间的债也能够对第三人产生法律效力。Virginie Larribau-Terneyre 对此做出了说明,他指出:"无论债所产生的渊源是什么,债都会在债的法律关系的当事人之间产生法律关系,也就是债都会在债权人和债务人之间产生法律效果。应当注意的是,债同样也会对第三人产生法律效果。"⑤

当事人与第三人之间的关系表现在两个方面:其一,合同当事人能够在自己的合同当中规定涉及第三人利益的内容或条款。例如,《法国民法典》第 1205 条所规定的明示为第三人利益的合同,根据该条的规定,合同当事人能够规定,一方当事人会为了第三人的利益而对其实施某种给付行为。⑥ 其二,或者当事人没有意思表示,即便第三人没有表示同意,当事人之外的第三人仍然既可能成为债权人,也可能成为债务人,换言

---

① Henri Roland, Laurent Boyer, Contrat, 3e édition, Litec, 1989, p.493.
② Virginie Larribau-Terneyre, Droit civil, Les obligations, 15e édition, Dalloz, 2017, p.80.
③ Virginie Larribau-Terneyre, Droit civil, Les obligations, 12e édition, Dalloz, 2010, p.49.
④ Henri Roland, Laurent Boyer, Contrat, 3e édition, Litec, 1989, p.492.
⑤ Virginie Larribau-Terneyre, Droit civil, Les obligations, 12e édition, Dalloz, 2010, p.47.
⑥ Article 1205, Code civil, Version en vigueur au 20 septembre 2020, https://www.legifrance.goufr/codes/section_lc/LEGITEXT000006070721/LEGISCTA000032009463/#LEGISCTA000032009463.

之，当事人之外的第三人可以成为当事人。① 例如，根据法国最高法院所确立的合同群理论，当两个以上的合同之间存在紧密联系时，一个合同的当事人可能成为另外一个合同的当事人。②

二、债的内容：债权和债务

作为一种法律关系，债应当具备的第二个主要因素是债的内容（contenu de l'obligation）。所谓债的内容，是指在债的关系当中，债权人对债务人所享有的权利即债权和债务人对债权人承担的债务，换言之，债的内容或者是指债权（créance），或者是指债务（dette），或者同时指债权债务。

在法国，债是一个同时具有积极含义和消极含义的词语，其中的积极含义是指债权，而消极含义则是指债务，它们结合在一起就形成了债。换言之，在法国，债同时包含债权和债务。债究竟是指债权还是指债务，取决于人们所处的角度：站在债权人的角度，债是指债权；而站在债务人的角度，债则是指债务。这就是债的内容的双重性。除了在其著作《债》当中承认债的内容的双重性之外，民法学者也往往在其著作《民法总论》当中承认债的内容的双重性。

一方面，民法学者普遍在自己的《债》当中承认债的内容的双重性。在其《债》当中，Gabriel Marty 和 Pierre Raynaud 对债的双重内容做出了说明，他们指出："从债权人的方面来看，从积极的角度，债是一种债权；从债务人的方面来看，从消极的角度，债则是一种债务。"③ 在其《债》当中，Mazeaud 和 Chabas 等人对债的双重内容做出了说明，他们指出："人们经常给予'债'这个词语以不同的含义。当人们将债同物权进行对比时，人们就会从积极方面来看待债，此时，债等同于债权。相反，在通常的语言当中，也就是从债这个词语的词源意义上来看，债等同于债务，因为债的词源是 obligatus。该词源的原本含义是，债务人因为某种债而被束缚（最初是身体上的束缚）。"④

另一方面，民法学者普遍在自己的《民法总论》当中承认债的内容的双重性。在其《民法总论》当中，Mazeaud 和 Chabas 等人对债的双重内容做出了说明，他们指出："站在债权人的角度，此种权利构成债权人财产当中的积极因素，这就是债权；而站在债务人的角度，同一关系则构成债务人财产当中的消极因素，这就是债务：债务人被迫对债权人承担债务。"⑤ 在其《民法总论》当中，Gérard Cornu 也承认债的内容的双重性，他指出："站在积极方面，债被称为债权；站在消极方面，债被称为债务。债权、债务和债，三个词语指同一关系，只是人们从不同的角度看待而已。"⑥

---

① Virginie Larribau-Terneyre, Droit civil, Les obligations, 15e édition, Dalloz, 2017, p.82.
② Virginie Larribau-Terneyre, Droit civil, Les obligations, 15e édition, Dalloz, 2017, p.542；张民安：《现代法国侵权责任制度研究》，法律出版社 2007 年版，第 42—44 页；张民安：《法国合同法总论》，中山大学出版社 2021 年版，第 297—305 页。
③ Gabriel Marty, Pierre Raynaud, Droit Civil, Les obligations, Tome 1, Les sources, 2e édition, Sirey, 1988, p.1.
④ Henri et Léon Mazeaud, Jean Mazeaud, François Chabas, Obligations, 9e édition, Montchrestien, 1998, p.5.
⑤ Henri et Léon Mazeaud, Jean Mazeaud, François Chabas, Leçons de Droit Civil, Tome Premier, Introduction à l'étude du droit, 12e édition, Montchrestien, 2000, p.271.
⑥ Gérard Cornu, Droit civil, Introduction au droit, 13e édition, Montchrestien, 2007, p.36.

关于债权和债务的问题，笔者将在下面的内容当中做出详细的讨论，此处从略。

三、债的客体

除了债权人、债务人和债权、债务之外，债还应当具备第三个构成要素，这就是债的客体（objet de l'obligation）。在法国，虽然民法学者普遍认为，债的客体是债的构成要素，但是，大多数民法学者均没有在自己的著作当中对债的客体做出界定，仅少数学者对这一概念做出了界定。

（一）客体的含义

在法国，客体的法文表述是 objet，它源自中世纪的拉丁文 objectum，而 objectum 一词则源自拉丁文 objicere，它们的含义均是"被置于前面""放在前面"（jeter devant）。在今时今日，客体除了在债法当中使用之外，也在其他民法当中使用，如在物权法当中和人格权法当中适用，因为除了债权有客体之外，物权和人格权当中也存在客体。例如，物权的客体是物权人直接对其行使权利的某种有体物。[①] 在债法当中，如果人们站在债权人的角度，则他们将债的客体称为债权的客体（objet de droit personnel），如果他们站在债务人的立场，则他们将债的客体称为债务的客体（objet de obligation）。

（二）债的客体的界定

基于不同的立场，不同的学者对债的客体做出了不同的界定，总的来说，有三种不同的界定。

某些民法学者站在债务人的立场上对债的客体做出了界定，认为债的客体是指债务人应当对债权人所实施的某种给付行为，当债务人应当对债权人实施某种给付行为时，他们所实施的给付行为就是债的客体。在其《债》当中，Mazeaud 和 Chabas 采取此种方法界定债的客体，他们指出："所谓债的客体，是指债务人所为的某种给付行为。此种给付行为有时表现为某种积极行为，如支付一定数额的金钱、转移某种财产、提供劳务服务等；有时则仅表现为某种消极行为，如商事营业资产[②]的出卖人不得再从事类似的商事经营活动。"[③]

在其《债》当中，Jobin 和 Vézina 也采取此种方法界定债的客体，他们指出："根据《魁北克民法典》第 1373 条的规定，所谓债的客体，是指债务人对债权人所为的某种给付行为。此种给付行为可以是做出或者不做出某种行为，如债务人以某种方式行

[①] Gérard Cornu, Vocabulaire juridique, 10e édition, puf, 2014, p. 698; Le Petit Larousse, Illustré 2018, éditions Larousse, 2017, p. 1719.

[②] 所谓商事营业资产（fonds de commerce），是指由器材、设备、机器、物品等有形因素和商事名称、商事租赁权、商事招牌、顾客名单以及知识权等无形因素结合在一起形成的一种无形财产权。商事营业资产的构成因素有二：其一，有形因素，诸如机器设备和商品等。其二，无形因素，诸如商事名称、商事招牌、工业产权、不动产租赁权以及顾客名单等。商事营业资产在性质上属于一种集合财产、动产，具有可变动性，商事营业资产的所有权人主要是商人，他们能够经营、使用、出卖、抵押其商事营业资产。张民安：《商法总则制度研究》，法律出版社 2007 年版，第 317—334 页。

[③] Henri et Léon Mazeaud, Jean Mazeaud, François Chabas, Obligations, 9e édition, Montchrestien, 1998, p. 5.

为，或者债务人转让其权利，等等。"① 在法式民法典②的国家，虽然现行《法国民法典》没有对债的客体做出界定，但是，《魁北克民法典》第1373（1）条不仅对债的客体做出了界定，而且还从债务人的角度做出了界定，该条规定：所谓债的客体，是指债务人应当对债权人所实施的做出或者不做出某种行为的给付行为。③

某些民法学者从债权人的立场对债的客体做出界定。在《法律词典》当中，Gérard Cornu 采取此种界定方法，在讨论权利的客体（objet du droit）时，他指出："所谓债权的客体，是指债权人期待债务人所实施的给付行为。例如，一定数额的金钱支付，某种工作的做出，以及不实施竞争行为。"④ 在其《民法总论》当中，Gérard Cornu 同样采取了此种方法，他指出："债权也可以根据自己的客体做出界定，根据此种界定，债权是指一个人对另外一个人所享有的要求其实施某种给付行为的权利。总的说来，给付（prestation）一词是指所有类型的服务或者利益。就像物权人能够从某种有体物当中获得所有的功效之外，给付也能够让债权人从债务人那里获得所有的服务或者利益。"⑤

某些学者从债权人和债务人的角度对债的客体做出了界定，在《法律术语词典》当中，Serge Guinchard 和 Thierry Debard 采取此种方法，他们指出："所谓债的客体，是指每一方当事人应当向对方实施的给付行为或者交付的财物，例如，买受人所支付的价款，出卖人所交付的出卖物，等等。"⑥

笔者认为，债的客体当然可以从不同方面加以界定。从债务人的角度界定，所谓债的客体，是指债务人应当对其债权人实施的某种给付行为，当债务人应当对债权人实施某种给付行为时，他们应当实施的此种给付行为本身就是债的客体。从债权人的角度，所谓债权，是指债权人享有的要求债务人对自己实施的某种给付行为，当债权人有权要求债务人对自己实施某种给付行为时，他们要求债务人实施的此种给付行为就是债的客体。债的客体既可以是积极行为、作为行为，也可以是消极行为。诸如交付某种财物的

---

① Pierre-Gabriel Jobin et Nathalie Vézina, Baudouin et Jobin, Les obligations, 6e édition, éditions Yvon Blais, 2005, p.22.

② 所谓法式民法典，是指以1804年的《法国民法典》作为范本所制定的民法典。从19世纪初期开始一直到今时今日，世界上众多国家的立法者均以1804年的《法国民法典》作为范本制定本国的民法典，他们所制定的这些民法典均具有《法国民法典》所具有的两个鲜明特征：对法律规范做出简要规定的序编（Titre préliminaire）或者预备性规定。除了《法国民法典》之外，法式民法典还包括众多国家的民法典，诸如《比利时民法典》《意大利民法典》《瑞士民法典》和加拿大《魁北克民法典》等。法式民法典区分于、不同于德式民法典。所谓德式民法典，是指以1896年的《德国民法典》为蓝本制定的民法典。从19世纪末期开始一直到今时今日，当一个国家的立法者以《德国民法典》为蓝本制定本国民法典时，他们制定的本国民法典就是德式民法典。德式民法典的两个核心标志是：第一卷（编）是总则而不是人，人不仅被编入总则编当中，而且还与总则编当中杂七杂八的其他内容混杂在一起。除了《德国民法典》之外，德式民法典还包括《日本民法典》《俄罗斯民法典》等。张民安：《法国民法总论（上）》，清华大学出版社2017年版，第283—303、408—418页。

③ 1373. L'objet de l'obligation est la prestation à laquelle le débiteur est tenu envers le créancier et qui consiste à faire ou à ne pas faire quelque chose. ccq-1991-Code civil du Québec, À jour au 13 juin 2020, http://legisquebec.gouqc.ca/fr/showdoc/cs/ccq-1991.

④ Gérard Cornu, Vocabulaire juridique, 10e édition, puf, 2014, pp.698-699.

⑤ Gérard Cornu, Droit civil, Introduction au droit, 13e édition, Montchrestien, 2007, p.36.

⑥ Serge Guinchard, Thierry Debard (sous la direction de), Lexique des termes juridiques 2016—2017, 24e édition, Dalloz 2016, p.739.

行为、支付价款的行为、转移财产所有权的行为或者提供劳务的行为等就是作为行为，不从事不正当的竞争行为、不泄露隐私的行为则是消极行为、不作为行为。

在债法当中，债的客体既可以是现有的客体（objet présent）也可以是未来的客体（objet futur）。所谓现有的客体，是指在债产生时，债务人的给付行为不仅是存在的，而且是可以实施的。所谓未来的给付，则是指在债产生时，债务人的给付行为还是不存在的，债务人还无法实施的。因此，在当事人签订房屋买卖合同时，出卖人能够即刻交付自己的房屋给买受人，出卖人的交付行为就是现有的客体。而在当事人签订房屋买卖合同时，如果出卖人无法交付自己的房屋给买受人，要在未来一段合理期限之后才能够交付的话，则出卖人的交付行为是未来的客体。《法国民法典》第1163（1）条规定："债的客体或者是现有的或者是未来的。"①

（三）给付的有效条件

无论是什么形式或者性质的债的客体，如果它们要产生法律效力，则它们均应当具备三个条件，这就是债的客体的合法性（licéité）、可能性（possibilité）和确定性（déterminnation）。只有同时具备这三个条件，债的客体才是有效的。

在其《债》当中，Jobin 和 Vézina 对债的客体应当具备的这三个条件做出了明确说明，他们指出："尽管债的客体是自然存在的，但是，如果债的客体要有效存在，它们也应当具备某些必要构成要素，这就是说，债的客体应当是合法的、可能的、确定的或者可以确定的……十分清楚的是，债的客体所应当具备的这些必要构成要素适用于任何类型的债，包括合同债和非合同债。"② 在其《法律术语词典》当中，Serge Guinchard 和 Thierry Debard 也对债的客体应当具备的条件做出了说明，他们指出："债的客体既可以是现有的也可以是未来的。债的客体应当是可能的、确定的或者可以确定的，其确定性可以从合同、习惯和当事人之间之前的关系当中予以推断出来。"③

除了民法学者对债的客体的有效条件做出了说明之外，法式民法典也对债的客体的有效条件做出了规定。现行《法国民法典》第1163（2）条和第（3）条对债的客体的有效条件做出了规定："给付行为应当是可能的和确定的或者可以确定的；在不需要当事人之间具有新的合意的情况下，如果能够从合同当中推断给付行为，或者如果能够求助于习惯或者当事人之间之前的关系而确定给付，则给付是可以确定的给付。"④《魁北克民法典》第1373（2）条也对债的客体的有效条件做出了界定，该条规定："给付行为应当是可能的确定的或者可以确定的；它既不应当被制定法所禁止，也不应当违反公

---

① Article 1163, Code civil, Version en vigueur au 25 septembre 2020, https://www.legifrance.goufr/codes/section_lc/LEGITEXT000006070721/LEGISCTA000032008690/#LEGISCTA000032008690.

② Pierre-Gabriel Jobin et Nathalie Vézina, Baudouin et Jobin, Les obligations, 6e édition, éditions Yvon Blais, 2005, p.22.

③ Serge Guinchard, Thierry Debard (sous la direction de), Lexique des termes juridiques 2016—2017, 24e édition, Dalloz 2016, p.739.

④ Article 1163, Code civil, Version en vigueur au 25 septembre 2020, https://www.legifrance.goufr/codes/section_lc/LEGITEXT000006070721/LEGISCTA000032008690/#LEGISCTA000032008690.

共秩序。"①

1. 债的客体的合法性

债的客体应当具备的第一个条件是，债的客体是合法的，这就是债的客体的合法性。所谓债的客体的合法性，是指债的客体应当符合法律的强制性要求，不得违反法律的禁止性规定，不得违反公共秩序。换言之，所谓债的客体的合法性，是指债务人对债权人实施的给付行为、债务人对债权人承担的义务不得违反强制性的、禁止性的法律，不得违反公共秩序。如果债的客体违反公共秩序或者强制性、禁止性的法律规范，则当事人之间的债会因此无效。②

2. 债的客体的可能性

债的客体应当具备的第二个条件是，债的客体是可能的，这就是债的客体的可能性。所谓债的客体的可能性，也称为义务履行的可能性，是指债务人的给付行为在事实上是能够加以实施的。如果债务人在事实上无法具体实施其给付行为，则债的客体就是不可能的。债法之所以要求债的客体具有可能性，是因为仅仅在债的客体具有可能性的情况下，债权人才能够要求债务人实施自己的给付行为并因此让自己的债权得以实现。③

债的客体是否具有可能性，人们应当进行客观的评估而不是主观的评估，因为在确定给付行为是否能够实施时，人们原则上不会考虑债务人的个人情况，即便债务人因为个人原因而不能够实施给付行为，如果其他人能够履行，则债的客体是可能的。债的客体是否具有可能性，并不以债产生时作为判断基点，而以债务履行时作为判断基点：在债产生时，即便债的客体不可能实施，人们也不能够说债的客体是不可能的，仅仅在债务履行时，如果债的客体无法实施，人们才能够说债的客体是不可能的。④ 如果债的客体是不可能的，则当事人之间的债无效。"仅仅在义务是可能的情况下，法律上的债才存在。法律上的一个格言说：如果义务不可能履行，则债无效。"⑤

3. 债的客体的确定性和可确定性

债的客体应当具备的第三个条件是，债的客体是确定的或者是可以确定的，这就是债的客体的确定性和可确定性。所谓债的客体的确定性，是指在债产生时，债务人所为的给付行为就是明确、肯定和清楚的。所谓债的客体的可确定性，是指在债产生时，虽然债务人所为的给付行为不是明确的、肯定的和清楚的，但是，在债务履行时，人们能

---

① Article 1373, Code civil du Québec, À jour au 13 juin 2020, http://legisquebec.gouqc.ca/fr/showdoc/cs/ccq-1991.

② Pierre-Gabriel Jobin et Nathalie Vézina, Baudouin et Jobin, Les obligations, 6e édition, éditions Yvon Blais, 2005, pp. 24 – 25.

③ Jean Carbonnier, Droit civil, Volume Ⅱ, Les biens, Les obligations, puf, 2004, p. 1921; Pierre-Gabriel Jobin et Nathalie Vézina, Baudouin et Jobin, Les obligations, 6e édition, éditions Yvon Blais, 2005, pp. 23 – 24.

④ Jean Carbonnier, Droit civil, Volume Ⅱ, Les biens, Les obligations, puf, 2004, p. 1921; Pierre-Gabriel Jobin et Nathalie Vézina, Baudouin et Jobin, Les obligations, 6e édition, éditions Yvon Blais, 2005, pp. 23 – 24.

⑤ Jean Carbonnier, Droit civil, Volume Ⅱ, Les biens, Les obligations, puf, 2004, p. 1921; Pierre-Gabriel Jobin et Nathalie Vézina, Baudouin et Jobin, Les obligations, 6e édition, éditions Yvon Blais, 2005, pp. 23 – 24.

够通过一定的方式确定债务人所为的给付行为。①

根据《法国民法典》第 1163（3）条的规定，在债的客体不确定时，人们可以采取三种不同方法确定债的客体：其一，从当事人之间的合同当中推断出债务人的给付行为；其二，如果习惯有规定，则求助于习惯确定债务人的给付行为；其三，如果当事人之间在过去存在合同关系，在现有的合同关系当中，如果债务人的给付行为不确定并因此引起纠纷，则在前一个合同有规定的情况下，法官可求助于前一个合同关系来确定后一个合同当中债务人的给付行为。

第三节 债权的界定、性质和特征

一、债权的界定和债权人的类型

在法国，"债权"的法文表述有三个词：créance、droit personnel 和 le droit de créance。其中的 droit personnel 一词被称为对人权，以便区分于另外一种主观权利即物权，因为物权是指对物权（droit réel）。在讨论债权时，民法学者根据自己的喜好各种选择其中的一个术语。因为要与债务一词（dette）相对应，因此，笔者选择使用 créance 一词。créance 一词源自拉丁文 credere 一词，在拉丁文当中，它们的含义是指信任、信赖（croire）或者使产生信任、信赖（faire confiance），因为从词源学的角度，这些术语是指债权人向债务人提供信任、信赖。②

今时今日，在如何界定债权的问题上，民法学者之间存在一定的差异。在其主编的《法律术语词典》当中，Serge Guinchard 和 Thierry Debard 对债权做出了最狭义的界定，因为他们仅仅认为债权是一种请求金钱支付的权利，他们指出："债权是对人权的同义词，人们普遍认为，所谓债权，是指债权人所享有的要求债务人交付一定数量金钱的权利。"③ 在其《民法总论》当中，Henri Roland 和 Laurent Boyer 对债权做出了与众不同的界定，他们指出："所谓债权，是指建立在两个人之间为了实现某种给付的目的而产生的关系基础上的权利：接受给付的一个人是债权人，而实施给付行为的另外一个人则是债务人。"④

除了上述几个学者做出的界定之外，大多数民法学者做出的界定大同小异，因为他们均认为，债权是一种对人权，换言之，债权是指一个人即债权人对另外一个人即债务

---

① Pierre-Gabriel Jobin et Nathalie Vézina, Baudouin et Jobin, Les obligations, 6e édition, éditions Yvon Blais, 2005, pp. 24 – 25.
② Gérard Légier, les obligations, 17e édition, Dalloz, 2001, p. 1；Henri Roland, Laurent Boyer, Introuduction au droit, Litec, 2002, p. 442；Gérard Cornu, Vocabulaire juridique, 10e édition, puf, 2014, p. 284；Le Petit Robert de la Langue Française, 2019 édition, Le Robert, 2018, p. 580.
③ Serge Guinchard, Thierry Debard（sous la direction de）, Lexique des termes juridiques 2016 – 2017, 24e édition, Dalloz, 2016, p. 321.
④ Henri Roland, Laurent Boyer, Introuduction au droit, Litec, 2002, p. 442.

人所享有的要求其实施某种给付行为的法律权利或者权利。① 例如，在其《民法》当中，Carbonnier 就对债权做出了类似的界定，他指出："所谓债权，是指一个人即债权人对另外一个人即债务人所享有的要求其做出某种给付行为、提供某种服务行为、转移某种财产所有权、做出或者不做出某种行为的法律权利。"② 再例如，在其《民法总论》当中，Philippe Malinvaud 也对债权做出了类似的界定，他指出："所谓债权，是指一个人即债权人对另外一个人即债务人所享有的要求其实施某种给付行为的权利。"③ 同样，在其《债法》当中，Jacques Flour、Jean-Luc Aubert 和 Éric Savaux 也对债权做出了类似的规定，他们指出："所谓债权，有时也被人们称为对人权，它代表着债的积极方面，是指两个人之间的一种法律关系，根据该种法律关系，一个人即债权人有权要求另外一个人即债务人做出某种行为。"④

因为大多数民法学者均采取上述界定方式，因此，在其主编的《法律词典》当中，Gérard Cornu 对债权做出了一般的界定，他指出："所谓债权，是指对人权，根据该种权利，被称为债权人的人能够要求另外一个被称为债务人的人实施某种给付行为（转移所有权的行为、做出或者不做出某种行为），这是从积极方面而不是债务方面所考虑的债（债的关系）。"⑤

笔者根据主观权利的一般理论对债权做出如下界定：所谓债权，也称为对人权（droit personnel），是指在债的关系当中，债权人所享有的要求债务人对其实施某种给付行为的主观权利。换言之，所谓债权，是指债权人所享有的要求债务人做出或者不做出某种行为的主观权利。

在民法领域，人们之所以将债权称为对人权，其目的在于将债权与物权区分开来，因为物权被称为对物权（droit réel）。⑥ 所谓对物权，简称为物权，是指权利主体对某种有体物、有形物所享有的主观权利。⑦ 债权和物权具有共同点：它们在性质上均属于财产权，均以满足权利主体的物质需要作为目的，均具有共同的特征。不过，它们之间也存在一些重要的差异：例如，物权是人对物享有的权利，而债权则是人对人享有的权利。物权和债权的客体不同。物权的客体是有体物、有形物，而债权的客体则是债务人的给付行为。物权的类型受到限制，而债权的类型则没有受到限制。物权不会因为两个

---

① Henri et Léon Mazeaud, Jean Mazeaud, François Chabas, Leçons de Droit Civil, Tome Premier, Introduction à l'étude du droit, 12e édition, Montchrestien, 2000, p. 271; Jean Carbonnier, Droit civil, Volume Ⅰ, Introduction Les personnes la famille, l'enfant, le couple, puf, 2004, p. 320; Jean Carbonnier, Droit civil, Volume Ⅱ, Les biens, Les obligations, puf, 2004, p. 1581; Gérard Cornu, Droit civil, Introduction au droit, 13e édition, Montchrestien, 2007, p. 36; Christian Larroumet, Augustin Aynès, Introduction à l'étude du droit, 6e édition, Economica, 2013, p. 370; Philippe Malinvaud, Introduction à l'étude du droit, 15e édition, LexisNexis, 2015, p. 386; 张民安：《法国民法典总论（Ⅱ）》，清华大学出版社 2020 年版，第 183—184 页。
② Jean Carbonnier, Droit civil, Volume Ⅱ, Les biens, Les obligations, puf, 2004, p. 1581.
③ Philippe Malinvaud, Introduction à l'étude du droit, 15e édition, LexisNexis, 2015, p. 386.
④ Jacques Flour, Jean-Luc Aubert, Éric Savaux, Les obligations, 1. L'acte juridique, 15e édition, Dalloz, 2012, pp. 5 – 6.
⑤ Gérard Cornu, Vocabulaire juridique, 10e édition, puf, 2014, p, 284.
⑥ Droit personnel, https://fr.wikipedia.org/wiki/Droit_personnel.
⑦ Droit réel, https://fr.wikipedia.org/wiki/Droit_réel.

意思表示的合意而产生，而债权则会因为两个或者两个以上的意思表示的合意而产生。传统上，物权在性质方面属于绝对权，能够对抗世人；而债权仅为相对权，仅能够对抗债务人。物权具有追及性和优先性，而债权则没有追及性或者优先性。①

不过，债权和物权之间的区分理论逐渐受到挑战，并因此让债权和物权之间的界限变得模糊。首先，除了物权能够对抗世人之外，债权也能够对抗世人。换言之，如果物权因为其能够对抗世人而被视为绝对权的话，则债权也因为其能够对抗世人而成为绝对权。② 其次，某种主观权利在性质上既属于债权也属于物权，构成一种复合权。例如，物保权和物债权。所谓物保权（cautionnement réel），是指当保证人用自己的某种特定财产保证债务人对债权人的债得以履行时，则债权人对保证人的此种特定财产享有保证权，他们享有的此种保证权被称为物保权。③ 所谓物债权（obligation réelle obligation propter rem），是指一方当事人因为某种有体物而对另外一方当事人享有的债权。④ 最后，在现代民法当中，物权不同于担保权⑤，如果某种主观权利具有追及性和优先性的话，则具有这两个性质的主观权利并不是物权⑥，而是物的担保权。⑦

在债法当中，债权人分为两类：没有担保的债权人和有担保的债权人。

所谓没有担保的债权人（créancier sans garantie créancier non garanti créancier chirographaire），也称为普通债权人（créancier ordinaire）、单纯债权人（créancier simple），是指其债权没有任何具体担保的债权人。债权人虽然对债务人享有债权，但是，除了能够对债务人的所有财产、一般财产享有一般担保权（droit de gage général）之外，他们不能够对债务人或者第三人的任何具体财产享有优先于其他债权人而获得清偿的权利，当债务人将自己的具体财产转让给受让人时，他们对受让人取得的财产也没有追及权（droit de suite）。在普通债权的情况下，债权人只能够行使所享有的两种权利即债权人代位权（l'action oblique）和债权人撤销权（l'action paulienne）。⑧

所谓有担保的债权人（créancier garanti créancier privilégié），是指其债权具有某种具体担保的债权人。当债权人享有的债权是具有某种具体担保的债权时，则他们所享有

---

① Jean Carbonnier, Droit civil, Volume Ⅱ, Les biens, Les obligations, puf, 2004, pp. 1582 – 1585; Henri et Léon Mazeaud, Jean Mazeaud, François Chabas, Lecons de Droit Civil, Tome Premier, Introduction à l'étude du droit, 12e édition, Montchrestien, 2000, pp. 274 – 276; Christian Larroumet, Augustin Aynès, Introduction à l'étude du droit, 6e édition, Economica, 2013, pp. 371 – 372；张民安：《法国民法典总论（Ⅱ）》，清华大学出版社 2020 年版，第 191—196 页。

② Christian Larroumet, Augustin Aynès, Introduction à l'étude du droit, 6e édition, Economica, 2013, pp. 372 – 374.

③ 张民安：《法国民法典总论（Ⅱ）》，清华大学出版社 2020 年版，第 197—199 页。

④ 张民安：《法国民法典总论（Ⅱ）》，清华大学出版社 2020 年版，第 199—200 页。

⑤ 张民安：《法国民法典总论（Ⅱ）》，清华大学出版社 2020 年版，第 180—183 页。

⑥ 张民安：《法国民法典总论（Ⅱ）》，清华大学出版社 2020 年版，第 195 页。

⑦ 张民安：《法国民法典总论（Ⅱ）》，清华大学出版社 2020 年版，第 244—249 页。

⑧ Henri et Léon Mazeaud, Jean Mazeaud, François Chabas, Lecons de Droit Civil, Tome Premier, Introduction à l'étude du droit, 12e édition, Montchrestien, 2000, pp. 275 – 276; Henri Roland, Laurent Boyer, Introduction au droit, Litec, 2002, p. 443; Jacques Flour, Jean-Luc Aubert Éric Savaux, Les obligations, 1. L'acte juridique, 15e édition, Dalloz, 2012, pp. 6 – 7.

的债权就是有担保的债权,他们因为享有此种类型的债权而被称为有担保的债权人。与无担保的债权人的债权建立在债务人的一般财产的基础上不同,有担保的债权人的债权建立在债务人或者第三人供做担保的某种具体财产的基础上,当债务人不履行所承担的义务时,债权人有权要求法官对债务人或者第三人供做担保的此种具体财产采取强制执行措施并因此让自己的债权优先于其他债权人的债权而获得清偿,即便债务人、第三人将供做担保的具体财产转让给受让人亦是如此,因为有担保的债权具有追及权的效力。①

二、债权的性质:一种财产性质的主观权利

在法国,债权在性质上不仅属于一种主观权利(droit subjectifs),而且还属于一种与非财产权相对立的财产权。

一方面,债权在性质上属于一种主观权利。所谓主观权利(droits subjectifs),是指客观法律赋予他人享有的能够做出某种行为或者不做出某种行为、能够要求别人做出某种行为或者不做出某种行为的特权或者权力。当客观法律将能够做出某种行为或者不做出某种行为、能够要求别人做出某种行为或者不做出某种行为的特权或者权力赋予他人时,他人享有的此种特权或者权力就是主观权利。② 主观权利的类型众多,诸如物权、人格权、家庭权、知识权和债权。债权之所以属于一种主观权利,是因为债权人有权要求债务人为或者不为某种行为,债务人应当为或者不为该种行为。

另一方面,债权在性质上属于一种财产权。在法国,民法学者普遍根据主观权利的性质不同将主观权利分为两类,这就是财产权和非财产权的区分理论。根据该种区分理论,所谓非财产权(les droit extrapatrimoniaux),是指那些仅仅具有精神价值、心理价值、情感价值或者道德价值,人们无法通过金钱方式客观确定或者评估其价值大小的主观权利。任何主观权利,只要具有单纯的精神价值、心理价值、情感价值或者道德价值,且人们无法用金钱方式客观确定或者评估其价值的大小,即为非财产权。换言之,所谓非财产权,是指仅仅以满足权利主体的精神需要、心理需要、情感需要或者道德需要为目的的主观权利。③

所谓财产权(les droits patrimoniaux),是指那些仅仅具有物质价值、财产价值、经

---

① Henri et Léon Mazeaud, Jean Mazeaud, François Chabas, Lecons de Droit Civil, Tome Premier, Introduction à l'étude du droit, 12e édition, Montchrestien, 2000, p. 276; Henri Roland, Laurent Boyer, Introduduction au droit, Litec, 2002, pp. 443 – 444.

② Jean Carbonnier, Droit civil, Volume I, Introduction Les personnes la famille, l'enfant, le couple, puf, 2004, p. 315; Gérard Cornu, Droit civil, Introduction au droit, 13e édition, Montchrestien, 2007, p. 31; Gérard Cornu, Vocabulaire juridique, 10e édition, puf, 2010, p. 374; Christian Larroumet, Augustin Aynès, Introduction à l'étude du droit, 6e édition, Economica, 2013, p. 6;张民安:《法国民法》,清华大学出版社2015年版,第5—6页;张民安:《法国民法总论(上)》,清华大学出版社2017年版,第549—550页;张民安:《法国民法典总论(Ⅱ)》,清华大学出版社2020年版,第84—89页。

③ Gérard Cornu, Droit civil, Introduction au droit, 13e édition, Montchrestien, 2007, p. 39; Christian Larroumet, Augustin Aynès, Introduction à l'étude du droit, 6e édition, Economica, 2013, p. 305; Philippe Malinvaud, Introuduction à l'étude du droit, 15e édition, LexisNexis, 2015, p. 303;张民安:《法国民法》,清华大学出版社2015年版,第70页;张民安:《法国民法总论(上)》,清华大学出版社2017年版,第557页;张民安:《法国民法典总论(Ⅱ)》,清华大学出版社2020年版,第138页。

济价值或者商事价值,人们能够通过金钱方式客观确定或者评估其价值大小的主观权利。任何主客观权利,只要具有单纯的物质价值、财产价值、经济价值、商事价值,能够用金钱方式评估或者确定其价值的大小,则为财产权。换言之,所谓财产权,是指仅仅以满足权利主体的物质需要、财产需要、经济需要或者商事需要为目的的主观权利。①

虽然法国民法学者之间在财产权和非财产权的类型方面的观点存在较大的差异,但是,所有民法学者均认为,债权与物权一样在性质上属于财产权。债权之所以在性质上是一种财产权,是因为债权具有财产价值、经济价值,人们能够以金钱方式确定其价值大小。②

三、债权的性质:同时构成相对权和绝对权

传统民法理论认为,根据权利主体享有的主观权利的效力范围不同,主观权利可以被分为绝对权和相对权两类。所谓绝对权(droits absolus),是指权利主体所享有的能够对除了自己之外的所有世人主张的主观权利;而所谓相对权(droits d'obligation),则是指权利主体只能够对世人当中的某一个特定的、具体的人即债务人主张的主观权利。当权利主体享有某种权利时,如果他们能够对世界上所有人主张其权利,则他们享有的此种主观权利就是绝对权;相反,当他们只能对世界上某一个明确的、肯定的、清楚的人主张其权利时,则他们享有的此种权利就是相对权。虽然民法学者在绝对权和相对权的类型方面可能存在不同的看法,但是,他们普遍认为,债权不仅在性质上属于相对权,而且相对权仅限于债权一种,而物权在性质上则属于绝对权。③

在民法领域,虽然绝对权和相对权的区分理论早在19世纪末期之前就已经存在,但是,真正建立现代意义上区分理论的民法学者是瑞士19世纪末期的著名民法学家、洛桑大学民法教授 Ernest Roguin(1851—1947)。④ 在1889年的著名民法著作《法律规

---

① Gérard Cornu, Droit civil, Introduction au droit, 13e édition, Montchrestien, 2007, p. 33; Christian Larroumet, Augustin Aynès, Introduction à l'étude du droit, 6e édition, Economica, 2013, p. 315; Philippe Malinvaud, Introuduction à l'étude du droit, 15e édition, LexisNexis, 2015, p. 303;张民安:《法国民法》,清华大学出版社2015年版,第60页;张民安:《法国民法总论(上)》,清华大学出版社2017年版,第557页;张民安:《法国民法典总论(Ⅱ)》,清华大学出版社2020年版,第138页。

② Henri Roland, Laurent Boyer, Introduction au droit, Litec, 2002, pp. 442-464; Christian Larroumet, Augustin Aynès, Introduction à l'étude du droit, 6e édition, Economica, 2013, pp. 338-339; Philippe Malinvaud, Introduction à l'étude du droit, 15e édition, LexisNexis, 2015, pp. 349-350; Jean-Luc Aubert, Éric Savaux, Introduction au droit et thèmes fondamentaux du droit civil, 17e édition, Dalloz, 2018, pp. 248-252;张民安:《法国民法》,清华大学出版社2015年版,第60—67页;Jacques Flour, Jean-Luc Aubert, Éric Savaux, Les obligations, 1. L'acte juridique, 15e édition, Dalloz, 2012, pp. 1-2;张民安:《法国民法总论(上)》,清华大学出版社2017年版,第557—558页;张民安:《法国民法典总论(Ⅱ)》,清华大学出版社2020年版,第148—150页。

③ Ernest Roguin, La Règle de Droit, Lausanne, F. Rouge, 1889, p. 207; Henri Capitant, Introduction à l'étude du droit civil, Pedone, Paris, 1929, pp. 107-108; Ambroise Colin, Henri Capitant, Cours élémentaire de droit civil français, t. Ⅰ, 6e édition, Paris Dalloz, 1930, p. 101; Louis Josserand, Cours de droit civil positif francais, t. Ⅰ, 3e édition, Librairie De Recueil Sirey, 1938, pp. 85-86;张民安:《法国人格权法(上)》,清华大学出版社2016年版,第293页,第359—362页,第366页。

④ 张民安:《法国人格权法(上)》,清华大学出版社2016年版,第292页。

范》当中，除了对相对权和绝对权做出了界定之外，Roguin 还就民法区分相对权和绝对权的原因做出了说明。根据他的说明，相对权就是债权，而绝对权则包括三种即物权、人格权和家庭权。①

Roguin 指出，人们之所以应当区分相对权和绝对权，是因为这两大类型的权利之间存在三个方面的重大差异：其一，消极主体不同。绝对权的消极主体是权利主体之外的所有人、世人，而相对权的消极主体则是债权人之外的债务人。其二，权利客体不同。绝对权的客体因为绝对权的类型不同而不同，其中物权的客体是某种有体物，而债权的客体则是债务人的某种作为或者不作为行为。其三，消极主体对权利主体承担的义务不同。在绝对权当中，权利主体能够对世界上的所有人、世人主张自己的权利，世界上的所有人、世人均应当承担尊重其权利的义务；在相对权当中，债权人只能够对自己的债务人主张权利，仅债务人对自己的债权人承担义务。②

Roguin 的此种理论提出来之后，获得了 20 世纪前半期民法学者的广泛接受并因此被视为主观权利当中的一种重要理论。在 1929 年的《民法总论》当中，Henri Capitant 采取了他的理论，在对主观权利做出分类时，他将主观权利分为绝对权和相对权两类，其中的绝对权包括所有权和人格权，而其中的相对权仅指债权③；在 1930 年的《法国民法基础教程》当中，Ambroise Colin 和 Henri Capitant 采取了此种区分理论，认为主观权利分为绝对权和相对权两类④；在 1938 年的《法国民法教程》当中，Louis Josserand 采取了此种理论，认为主观权利分为绝对权和相对权两类。⑤

在今时今日，绝对权和相对权的区分理论是否还得到坚持？对此问题，虽然法国民法学者并没有做出明确的回答，但是，他们实际上做出了否定的回答。因为，在对主观权利做出分类时，法国民法学者普遍不会将主观权利分为绝对权和相对权两大类，而是将主观权利分为财产权和非财产权两大类，已如前述。

不过，在普遍放弃绝对权和相对权的区分理论时，法国少数民法学者在讨论债权和物权的关系时仍然会采取绝对权和相对权的区分理论，因为在讨论债权和物权之间的差异时，他们会认为其中的一个差异是：债权仅产生相对效力，仅能够对抗债务人；而物权则具有绝对效力，能够对抗世人。例如，在其《民法》当中，Jean Carbonnier 就承认债权和物权之间所存在的此种差异，他指出："债权仅仅在以两个人的存在作为基础的狭小关系内发生法律效力，这就是相对效力，它不能够对抗第三人，第三人能够无视债权的存在。物权则不同……它能够对抗世人，世人被强加了义务：所有人均应当尊重物

---

① Ernest Roguin, La Règle de Droit, Lausanne, F. Rouge, 1889, pp. 258 – 307；张民安：《法国人格权法（上）》，清华大学出版社 2016 年版，第 293 页，第 359—362 页，第 293—294 页。
② Ernest Roguin, La Règle de Droit, Lausanne, F. Rouge, 1889, pp. 207 – 209；张民安：《法国人格权法（上）》，清华大学出版社 2016 年版，第 293 页，第 359—362 页，第 293 页。
③ Henri Capitant, Introduction à l'étude du droit civil, Pedone, Paris, 1929, pp. 107 – 108；张民安：《法国人格权法（上）》，清华大学出版社 2016 年版，第 359—360 页。
④ Ambroise Colin, Henri Capitant, Cours élémentaire de droit civil français, t. Ⅰ, 6e édition, Paris Dalloz, 1930, p. 101；张民安：《法国人格权法（上）》，清华大学出版社 2016 年版，第 361 页。
⑤ Louis Josserand, Cours de droit civil positif francais, t. Ⅰ, 3e édition, Librairie De Recueil Sirey, 1938, pp. 85 – 86；张民安：《法国人格权法（上）》，清华大学出版社 2016 年版，第 366 页。

权,均应当承担不侵犯物权的消极债务。"① 再例如,在其《民法总论》当中,Mazeaud 和 Chabas 也承认债权和物权之间所存在的此种差异,他们指出:"在经典理论当中,物权能够对抗所有人,而债权只能够对抗债务人。"②

在当今法国,某些民法学者对物权和债权的上述区分理论做出了批判,认为物权和债权之间的上述理论是没有说服力的,它无法真正区分物权和债权。

一方面,在物权的本质方面,上述理论将物权视为一种像债权一样的人与人之间的法律关系,而实际上,物权并不是一种人与人之间的关系,它是物权人直接对自己的物所享有的一种主观权利;而债权则不同,它并不是权利主体直接对物享有的权利,而是一个人对另外一个人享有的权利,也就是债权人对债务人享有的权利。③

另一方面,在今时今日,除了物权能够对抗第三人之外,债权也能够对抗第三人,并且就像物权对第三人的对抗性是绝对的一样,债权对第三人的对抗性也是绝对的。因为,当债权人享有债权时,债务人之外的所有世人、第三人均应当尊重债权人享有的权利,他们不能够无视债权人债权的存在,当他们侵犯债权人享有的债权时,他们也应当对债权人承担侵权责任。④ 如果物权因为其能够对抗第三人而成为绝对权的话,则债权也同样因为其对抗第三人而成为绝对权。此外,因为债权原本就能够对抗债务人,是一种相对权,因此,在今时今日,债权同时是一种绝对权和相对权。

四、债权的特征

法国民法学者认为,因为财产权和非财产权的性质不同,因此,这两类主观权利的特征也存在重大差异:财产权具有可转让性、可转移性、适用时效性和可强制执行性的特征⑤,而非财产权则刚好具有与财产权的这四个特征相反的特征:非财产权具有不得转让性、不得转移性、不适用时效性和不得强制执行性。⑥

作为一种财产权,债权当然具有所有财产权所具有的特征:债权的可转让性,是指债权人有权将自己享有的债权全部或者部分、有偿或者无偿转让给他人,由他人在受让的范围内成为新的权利主体即新的债权人;债权的可转移性,是指在债权人死亡之后,他们生前享有的债权能够作为遗产转移给自己的继承人继承;债权的适用时效性,是指债权可以因为时效过期而丧失。换言之,债权可以适应消灭时效;债权的可强制执行

---

① Jean Carbonnier, Droit civil, Volume Ⅱ, Les biens, Les obligations, puf, 2004, p.1583.
② Henri et Léon Mazeaud, Jean Mazeaud, François Chabasd, Lecons de Droit Civil, Tome Premier, Introduction à l'étude du droit, 12e édition, Montchrestien, 2000, p.274.
③ Henri et Léon Mazeaud, Jean Mazeaud, François Chabasd, Lecons de Droit Civil, Tome Premier, Introduction à l'étude du droit, 12e édition, Montchrestien, 2000, p.271; Henri Roland, Laurent Boyer, Introduction au droit, Litec, 2002, p.444; Philippe Malinvaud, Introduction à l'étude du droit, 15e édition, LexisNexis, 2015, p.386;张民安:《法国民法典总论(Ⅱ)》,清华大学出版社 2020 年版,第 175—180 页。
④ Christian Larroumet, Augustin Aynès, Introduction à l'étude du droit, 6e édition, Economica, 2013, p.373;张民安:《法国民法典总论(Ⅱ)》,清华大学出版社 2020 年版,第 193—195 页。
⑤ 张民安:《法国民法》,清华大学出版社 2015 年版,第 60—62 页;张民安:《法国民法典总论(Ⅱ)》,清华大学出版社 2020 年版,第 170—174 页。
⑥ 张民安:《法国民法》,清华大学出版社 2015 年版,第 60—62 页;张民安:《法国民法典总论(Ⅱ)》,清华大学出版社 2020 年版,第 170—174 页。

性，是指在债务人不履行自己所承担的债务时，基于债权人的请求，法官有权对债务人享有的某种债权采取强制执行措施。

第四节 债权所有权理论

一、大多数民法学者的意见：所有权不同于债权

在出卖人、互易人或者赠与人将自己的所有物出卖、交换或者赠与买受人、另外一个互易人或者受赠人时，我们当然能够说他们将自己对其所有物享有的所有权转让给受让人，而当他们将自己的债权出卖、交换或者赠与买受人、另外一个互易人或者受赠人时，我们能否说他们将自己享有的债权所有权转让给受让人？对此问题，Ghestin、Billiau 和 Loiseau 做出了否定的回答，因为他们指出，虽然人们能够"出卖"债权、"转让"债权或者"质押债权"，但债权不能够成为物权的客体，人们不能够说"债权"所有权。[①]

实际上，Ghestin、Billiau 和 Loiseau 的此种看法是大多数民法学者的看法，因为，根据多数民法学者的意见，所有权不同于债权，债权不是所有权，它们之间有重要的、重大的差异。在 2005 年的《无形财产所有权应当受到谴责吗：债权所有权的思考》一文当中，加拿大魁北克麦吉尔大学（Université McGill）的 Yaëll Emerich 教授对大多数民法学者的此种反对态度做出了清晰的说明，他指出："在典型的罗马－日耳曼法律制度当中，债权所有权的观念是存在争议的。大多数民法学者认为，债权所有权的观念是单纯语言的滥用，是对语言的放纵行为，为了确保法律原则的准确性，加上债权所有权欠缺自己的技术特征，因此，人们应当放弃此种观念。在今时今日，债权所有权的观念是由 Ginossar 最初提出来的，由于与大多数民法学者的主张相悖，因此该种理论一直被这些民法学者加以谴责；不仅仅是因为他们认为只有有形财产所有权才被视为唯一真实的所有权，而且还因为他们认为此种理论不能够与物权和债权的传统区分理论兼容。这些民法学者认为，除了没有所主张的任何技术性可言之外，债权所有权的内容也是言之无物的，在任何情况下，债权所有权的法律制度均不能够与真正的所有权相提并论，而真正的所有权的唯一目的在于规范和调整有形财产。此外，基于概念的准确性的要求，人们最好不要使用债权所有权人的术语，而应当使用债权人的术语。"[②]

一方面，无论是在历史上还是在今时今日，民法学者普遍承认，所有权属于物权的组成部分，而物权则是独立于债权的一种财产权，因此所有权独立于债权。至少从 20 初期以来一直到今时今日，民法学者普遍认为，根据主观权利客体的不同，所有主观权

---

① Jacques Ghestin, Marc Billiau, Grégoire Loiseau, Traité de Droit Civil, Le régime des créances et des dettes, LGDJ, 2005, pp. 11 – 13.

② Yaëll Emerich, Faut-il condamner la propriété des biens incorporels? Réflexions autour de la propriété des créances, Les Cahiers de Droit, vol. 46, n 4, décembre 2005, p. 907.

利分为财产权和非财产权两类,这就是财产权和非财产权的区分理论,已知前述。根据此种区分理论,所谓非财产权,是指没有经济价值、财产价值、商事价值、人们不能够以金钱方式客观评估其价值大小的主观权利;而所谓财产权,则是指具有经济价值、财产价值、商事价值、人们能够以金钱方式客观评估其价值大小的主观权利。虽然可能存在不同看法,但是,大多数民法学者均认为,人格权和家庭权属于非财产权,而物权、债权甚至知识权则属于财产权。① 在 2013 年的《民法总论》当中,Christian Larroumet 和 Augustin Aynès 采取此种方法,他们明确指出,权利主体享有的主观权利分为非财产权和财产权两大类,其中的非财产权包括严格意义上的人格权、身份权和基本自由②,其中的财产权包括对人的行为享有的权利和物权:对人的行为享有的权利分为债权和知识权等,而物权则分为所有权和其他物权。③ 在 2015 年的《民法总论》当中,Malinvaud 也采取此种做法,他明确指出,主观权利分为非财产权和财产权两大类,其中的非财产权包括家庭权和人格权两类,④ 而其中的财产权则包括物权、债权和知识权,在这三类财产权当中,物权包括主物权和从物权,其中的主物权包括所有权和从所有权当中派生出来的物权,诸如用益权、地役权等。⑤ 如果将债权视为一种所有权,则债权将成为物权的组成部分,并因此丧失了自己的独立性。

另一方面,无论是在历史上还是在今时今日,民法学者普遍承认,《法国民法典》第 544 条所规定的所有权仅仅是指所有权人对其有体物、有形财产享有的所有权,并不包括权利主体对其无体物、无形财产或者权利所享有的使用权、收益权和处分权。⑥

在 1852 年的《拿破仑民法典教程》当中,Demolombe 就采取此种看法⑦。Demolombe 认为,所有权一词有广义和狭义之分,广义所有权既包括权利主体对其有体物、有形财产享有的所有权,也包括权利主体对其无体物、无形财产即权利享有的所有权,"就最一般性的含义而言,所有权一词是指人们对某种财产所享有的一种主权和绝对权力并因此让该种财产成为自己的财产,无论该种财产是有形财产还是无形财产。这

---

① 张民安:《法国民法》,清华大学出版社 2015 年版,第 59—82 页;张民安:《法国人格权法(上)》,清华大学出版社 2016 年版,第 375—385 页;张民安:《法国民法总论(上)》,清华大学出版社 2017 年版,第 557—558 页;张民安:《法国民法总论(Ⅱ)》,清华大学出版社 2020 年版,第 137—152 页。

② Christian Larroumet, Augustin Aynès, Introduction à l'étude du droit, 6e édition, Economica, 2013, pp. 305 - 314.

③ Christian Larroumet, Augustin Aynès, Introduction à l'étude du droit, 6e édition, Economica, 2013, pp. 315 - 380.

④ Philippe Malinvaud, Introduction à l'étude du droit, 15e édition, LexisNexis, 2015, pp. 305 - 340.

⑤ Philippe Malinvaud, Introduction à l'étude du droit, 15e édition, LexisNexis, 2015, pp. 341 - 393.

⑥ C. Demolombe, Cours de Code Napoléon, t. 9, Paris, Imprimerie générale, 1878, nos 538 - 540, pp. 458 - 460; L. Josserand, Cours de droit civil positif français: conforme aux programmss officiels des facultés de droit, t. 1, Théorie générale du droit et des droits, 2e éd. Paris, Librairie du Recueil Sirey, 1932, n° 1317, p. 685; M. Planiol et G. Ripert, Traité pratique de droit civil, 2e éd. t. 3, Les biens, par M. Picard, Paris, LGDJ. 1952, n° 564; A. Colin et H. Capitant, Traité de Droit Civil, t. 1, Introduction générale, Les personnes, Les biens, 10 ed. par L. Julliot de la Morandière, Paris, Dalloz, 1953, nos 1420 et 1476, p. 841 et p. 864; G. Marty et P. Raynaud, Droit civil: Les biens, 2 éd. Paris, Sirey, 1980, n 2, p. 1; Yaëll Emerich, Faut-il condamner la propriété des biens incorporels? Réflexions autour de la propriété des créances, Les Cahiers de Droit, vol. 46, n 4, décembre 2005, p. 909.

⑦ Charles Demolombe, Cours de Code Napoléon, Tome 9, Paris Auguste Durand Libraire, 1852, pp. 482 -483.

就是人们使用艺术作品所有权、用益权所有权、地役权所有权、债权所有权、职位所有权以及汇票所有权等的原因"[1]。

不过，Demolombe 也认为，《法国民法典》第二卷第二编所规定的所有权并不是指广义的所有权，而是指狭义的所有权，所谓狭义的所有权，是指仅仅具有特殊含义（acception spéciale）和技术含义（acception technique）的所有权；权利主体对某种有体物、有形财产享有的所有权，包括对其有形动产和有形不动产享有的所有权。"就其特殊和技术含义而言，'所有权'一词仅仅适用于人们对其有形财产享有的权利，也就是，人们对属于自己的动产和不动产享有的权利：一直以来，人们均是这样理解所有权一词的。《拿破仑民法典》第二卷第二编所规定的所有权也仅仅是此种意义上的所有权。"[2]

在 1926 年的《法国民法实践专论》当中，M. Planiol、G. Ripert 和 M. Picard 也采取此种看法，他们指出，严格意义上的所有权仅仅建立在有形财产的基础上，包括建立在动产和不动产的基础上，虽然人们有时也认为，所有权能够建立在与无形财产有关的权利的基础上，诸如文学、艺术和工业所有权以及姓名所有权，但这些术语在技术上均是不准确的，虽然就排他性而言，这些不同的权利能够与所有权相提并论，但是，将它们与所有权混淆在一起则是不应当的。基于同样的原因，人们也不能够说，雇员对其雇主所享有的要求其不得恶意解除劳动合同的权利也不是所有权。[3]

在 2011 年的《民法》当中，Pierre Voirin 和 Gilles Goubeaux 同样采取此种看法，他们指出，根据主观权利客体的不同，主观权利可以分为物权、债权、知识权和人格权四类，人们之所以采取此种区分理论，是因为这四类主观权利的客体存在差异。知识权的客体是智力创造，人格权的客体是权利主体的自身，包括所有权在内的物权的客体是有体物、有形财产，也就是有形动产和不动产，而债权的客体则是人的活动，也就是债务人的行为。[4]

二、少数民法学者对债权所有权的承认

无论是在历史上还是在今时今日，虽然大多数民法学者坚持区分所有权和债权，但是，少数民法学者反对此种区分理论，他们将债权视为一种财产所有权，认为债权也能够像有体物、有形财产一样成为所有权的客体。他们的此种看法不仅对立法者产生了影响，而且还对法官产生了影响，因为，无论是在自己制定的某些法律当中还是在自己做出的某些判决当中，他们也像民法学者一样使用债权所有权的术语。

---

[1] Charles Demolombe, Cours de Code Napoléon, Tome 9, Paris Auguste Durand Libraire, 1852, p. 482.
[2] Charles Demolombe, Cours de Code Napoléon, Tome 9, Paris Auguste Durand Libraire, 1852, p. 483.
[3] M. Planiol et G. Ripert, Traité pratique de droit civil, Tome Ⅲ, Les biens, par M. Picard, Paris, LGDJ, 1926, pp. 218–219.
[4] Pierre Voirin, Gilles Goubeaux, Droit civil, tome 1, Introduction au droit, personnes-famille, personnes protégées, biens-obligations, sûretés, 33e édition,, LGDJ, 2011, pp. 48–49.

(一) 20 世纪 60 年代之前的少数学者对债权所有权理论的主张

早在 1871 年的著名民法教科书《法国民法教程》当中，Aubry 和 Rau 就采取此种看法，他们不仅使用了"债权所有权"和"债权所有权人"这样的术语，而且还明确指出，他们使用的"债权所有权"当中的"所有权"是指 1804 年的《法国民法典》第 711 条所规定的"财产所有权"（la propriété des biens）。他们指出，虽然使用"债权所有权"和"债权所有权人"这样的术语有些奇怪，但是，对这两个术语的使用是有正当理由的，因为债权不仅仅是一种法律关系，它们也是一种财产。[1] 1804 年的《法国民法典》第 711 条对人们取得财产所有权的四种方式做出了规定，认为人们能够通过继承、生前赠与、遗赠和债的法律效果取得财产所有权，该条规定：财产所有权通过继承、赠与、遗赠和债的效果取得和转移。[2]

在 1953 年的《民法专论》当中，Ambroise Colin、Henri Capitant 和 Léon Julliot de la Morandière 也指出，虽然 1804 年的《法国民法典》和 19 世纪占据支配地位的个人所有权将所有权视为自然性质的、基本性质的主观权利，但是，法国经典民法倾向于拓展所有权的范围，将所有权一词和所有权的观念拓展到完全不同的权利、所有具有经济特征的权利当中。具体来说，所有权既被拓展到知识权领域并因此形成文学或者艺术所有权、工业所有权，也被拓展到家庭姓名、军衔和教席领域并因此形成家庭姓名所有权、军衔所有权和教席所有权，即便权利主体享有的家庭姓名权、军衔权和教席权并不具有经济性质并且不构成财产，亦是如此，既被拓展到商事租赁和农村土地租赁领域并因此形成商事所有权、文化所有权，也被拓展到债权领域并因此形成债权所有权，这就是他们所谓的"所有权观念的拓展"[3]。

(二) Ginossar 在 20 世纪 60 年代对债权所有权理论的主张

1960 年，耶路撒冷希伯来大学民法教授 Shalev Ginossar[4] 出版了专著《物权、所有权和债权：财产权的理性制度的建构》，在该著作当中，他认为，除了传统民法当中的诸如汽车和房屋等有形财产、有体物能够成为所有权的客体之外，传统民法当中的诸如债权、知识权等无形财产、无体物也能够成为所有权的客体，换言之，除了汽车所有权、房屋所有权之外，民法当中也存在债权所有权。[5] 1962 年，Ginossar 发表了《为了更好地界定物权和债权》一文，继续自己的此种主张。[6]

---

[1] MM C. Aubry et C. Rau, Cours de droit civil français D'après Lla Méthode De Zachariae, Tome Ⅳ, 4e édition Paris, Imprimerie et librairie générale de jurisprudence Marchal et Billard, 1871, pp. 426 – 427.

[2] Article 711, Code civil des Français 1804/Livre Ⅲ, Titre 0, https://fr.wikisource.org/wiki/Code_civil_des_Français_1804/Livre_Ⅲ,_Titre_0.

[3] Ambroise Colin, Henri Capitant, Léon Julliot de La Morandière, Traité de Droit Civil, Tome Ⅰ, Introduction générale, personnes et famille, biens, Paris, Dalloz, 1953, p.852.

[4] Shalev Ginossar, https://www.idref.fr/061656941.

[5] Shalev Ginossar, Droit réel, propriété et créance: élaboration d'un système rationnel des droits patrimoniaux, Paris, LGDJ, 1960, pp. 1 – 212.

[6] Shalev Ginossar, Pour une meilleure définition du droit réel et du droit personnel, RTD ci, 1962, pp. 573 – 589.

Ginossar 认为，民法当中之所以存在债权所有权，其主要原因有三：其一，所有权的客体是一种物、财产，而债权在性质上也是一种物、财产；其二，作为所有权客体的物、财产具有经济价值，能够进行交易、转让，债权也具有经济价值，也能够进行交易、转让；其三，所有权并不是一种主观权利形式，它仅仅是人们将物、财产据为己有的一种手段，凭借该种手段，人们既能够将某种有体物、有形财产据为己有并因此形成传统民法当中的有形财产所有权，他们也能够将某种无体物、无形财产据为己有并因此形成无形财产所有权，他们还能够将债权据为己有并因此形成债权所有权。①

（三）当今少数民法学者对债权所有权理论的坚持

Ginossar 的此种看法获得了少数民法学者的支持，包括 G. Cornu、F. Zenati 和 J. Laurent 等人。在 2001 年的《民法》当中，G. Cornu 对 Ginossar 的上述理论赞不绝口，认为它属于"概念链条当中的支柱概念"（rebrassage en chaîne des concepts）。② 在 1993 年的《为了所有权理论的创新》一文当中，F. Zenati 也采取同样的理论，主张所有权同时包含债权，这就是债权所有权。③

在 2005 年的《无形财产所有权应当受到谴责吗？债权所有权的思考》一文当中，Yaëll Emerich 教授主张债权所有权理论④，2007 年，Yaëll Emerich 教授出版了自己的博士学位论文《债权所有权：比较方法》，继续主张债权所有权的理论。⑤ 实际上，他 2005 年的文章仅仅是 2007 出版的博士学位论文的提要，因为他的博士学位论文在 2004 年就已经答辩通过，只是到了 2007 年才最终出版。关于他在这些文章和著作当中所做出的讨论，笔者将在下面的内容当中做出详细的讨论，此处从略。

在 2012 年，Julien Laurent 出版了自己的博士学位论文《权利所有权》，在该文当中，他指出，《法国民法典》对所有权做出的界定和无形经济的发展要求我们承认权利所有权的存在，虽然当代民法学者仍然在不遗余力地反对此种理论，但是，他们的反对声音所引起的回响是较弱的，因为，实在法通过大量的规则承认了权利所有权的存在，人们只要援引实在法所确认的权利所有权就足矣：债权能够成为所有权的客体，债权用益权（l'usufruit de créance）能够成为所有权的客体，排放权（droits de polluer）能够成为所有权的客体，以及《法国民法典》第 2011 条所规定的共同法当中的信托受托权（la fiducie）也能够成为所有权的客体。⑥

---

① Shalev Ginossar, Droit réel, propriété et créance: élaboration d'un système rationnel des droits patrimoniaux, Paris, LGDJ, 1960, pp. 1 – 212; Shalev Ginossar, Pour une meilleure définition du droit réel et du droit personnel, RTD ci, 1962, pp. 573 – 589.

② G. Cornu, Droit civil, Introduction, Les personnes, Les biens, 10e éd. Montchrestien, 2001, p. 413.

③ F. Zenati, Pour une rénovation de la théorie de la propriété, RTD ci, 1993, p. 314.

④ Yaëll Emerich, Faut-il condamner la propriété des biens incorporels? Réflexions autour de la propriété des créances, Les Cahiers de Droit, vol. 46, n 4, décembre 2005, pp. 905 – 939.

⑤ Yaëll Emerich, La propriété des créances, Approche comparative, thèse de doctorat, Montréal et Lyon, Université de Montréal et Université Lyon 3, 2004; Yaëll Emerich, La propriété des créances: approche comparative, 2007, LGDJ, pp. 1 – 498.

⑥ Julien Laurent, La propriété des droits, LGDJ, 2012, pp. 1 – 584.

Laurent 认为，财产所有权并非仅仅建立在有体物、有形财产的基础上，财产所有权也能够建立在无体物、无形财产的基础上。当所有权建立在有体物、有形财产的基础上时，该种所有权被称为有形财产所有权（propriété corporelle），也被称为排他性权利（droits-exclusion）；而当所有权建立在无体物、无形财产的基础上时，该种所有权被称为无形财产所有权（propriété incorporelle）、给付性权利（droit-prestation）、权利所有权，除了包括其他权利所有权之外，权利所有权也包括债权所有权。①

Laurent 认为，这两种所有权之间存在差异，表现在：其一，客体不同。有形财产所有权的客体是有体物、有形财产，而无形财产所有权的客体则是无体物、无形财产，也就是权利、确定的债务人的给付行为，因为无形财产所有权的客体被视为权利，所以，无形财产所有权也被称为权利所有权；而因为无形财产所有权的客体被视为确定的债务人所实施的给付行为，所以，无形财产所有权也被称为给付性权利。其二，性质不同。有形财产所有权具有绝对性，因为所有权人能够凭借自己的所有权阻止世人、第三人接近自己的有体物、有形财产，而无形财产所有权则仅具有相对性，因为所有权人只能够凭借自己的所有权要求特定的债务人对自己实施某种行为、提供某种服务，也就是实施某种给付行为，而不能够要求世人、第三人对自己实施任何给付行为。②

不过，Laurent 认为，这两种所有权之间的共同点大于它们之间的差异，因为，它们均属于所有权，均具有所有权的效力，均具有所有权的共同制度，包括：所有权的取得，所有权的行使，以及所有权的消灭等，这就是权利所有权的取得制度，权利所有权的行使制度，以及权利所有权的消灭制度。因为债权属于一种所有权，所以享有债权的人也是所有权人，就像拥有房屋的人也是所有权人一样。③

在 2013 年的《债权所有权：超级法律观念》一文当中，Milleville 将 Ginossar 等人的上述理论称为"财产权的现代学派"（l'école moderne），并且与所有权区别于债权的传统理论相对应，认为所有权区别于债权的传统民法理论是一种"财产权的经典学派"（l'école classique）。④ 财产所有权的现代学派之所以获得了少数民法学者的赞同，是因为它具有自己的优点，这就是简单性："我之所以能够出卖我的房屋，是因为我是房屋的所有权人；如果我能够转让自己的债权，难道不是因为我是债权的所有权人吗？除了这样认为之外，人们似乎没有其他的答案。"⑤ 如果简单性是债权成为一种所有权的理由的话，则人们可以基于同样的理由说，知识权（les droits intellectuels）⑥ 和作为公开权的姓名权、肖像权也是财产所有权：我之所以能够出卖自己的房屋和债权，是因为我是房屋和债权的所有权人；我之所以能够出卖自己的知识权和公开权，同样是因为我是

---

① Julien Laurent, La propriété des droits, LGDJ, 2012, p. 64.
② Julien Laurent, La propriété des droits, LGDJ, 2012, p. 64.
③ Julien Laurent, La propriété des droits, LGDJ, 2012, pp. 1–584.
④ Sébastien Milleville, Propriété des créances: le point sur l'argument supralégal, RDLF 2013, chr. n° 22, http://www.revuedlf.com/droit-civil-patrimonial/propriete-des-creances-le-point-sur-largument-supralegal-article/.
⑤ Sébastien Milleville, Propriété des créances: le point sur l'argument supralégal, RDLF 2013, chr. n° 22, http://www.revuedlf.com/droit-civil-patrimonial/propriete-des-creances-le-point-sur-largument-supralegal-article/.
⑥ 张民安：《法国民法总论（Ⅱ）》，清华大学出版社 2020 年版，第 251—258 页。

知识权的所有权人和公开权的所有权人。

三、Yaëll Emerich 对债权所有权做出的详尽论述

Yaëll Emerich 指出，债权所有权的观念在罗马－日耳曼法律制度（les systèmes juridiques romano-germaniques）当中是一个备受争议的观念，因为此种观念与正统的学说（orthodoxie doctrinale）冲突，因此，法国大多数民法学者均对此种观念予以谴责。大多数民法学者之所以对债权所有权的观念予以谴责，一方面是因为他们认为，只有有形财产所有权才是唯一真实的所有权（la seule propriété authentique）；另一方面是因为他们认为，债权所有权的观念无法融入物权和债权的传统区分理论当中。①

Emerich 指出，财富从物质财富向非物质财富的运动和发展导致人们将债权和所有权联系在一起。历史也罢，经济也罢，它们似乎不仅集中关注人们所拥有的非物质财富，而且倾向于将人们拥有的非物质财富视为一种像物质财产一样的财产，这就是包括债权财产（bien des créances bien-créance）在内的无形财产。换言之，在今时今日，除了传统的房屋和土地属于财产之外，知识权和债权等无体物也属于财产。②

Emerich 指出，虽然传统理论反对无形财产尤其是债权所有权理论，但是，实在法似乎越来越倾向于将作为财产的债权视为所有权的客体。将所有权建立在有体物、有形财产基础上的理论并不是唯一的可能的理论，法律最近的发展已经超越了这一理论。事实证明，在今时今日，人们应当突出强调债的所有权观念，就像人们在历史上所采取的做法一样：除了承认建立在有体物、有形财产基础上的所有权之外，人们同样还应当承认建立在无体物、无形财产尤其是债权基础上的所有权，建立在无体物、无形财产基础上的所有权被称为权利所有权（la propriété des droits）、无形财产所有权（la propriété des biens immatériels），而如果所有权建立在债权的基础上，则建立在债权基础上的所有权被称为债权所有权。③

Emerich 指出，虽然物权和债权的区分理论（la distinction des droits réels et des droits personnels）经常被人们援引来作为否定债权所有权观念的根据，但是，长久以来，此种区分理论受到了数不胜数的限制，导致此种区分理论越来越缺乏说服力（force persuasive）。

---

① Yaëll Emerich, Faut-il condamner la propriété des biens incorporels? Réflexions autour de la propriété des créances, Les Cahiers de Droit, vol. 46, n 4, décembre 2005, pp. 905–939; Yaëll Emerich, La propriété des créances, Approche comparative, thèse de doctorat, Montréal et Lyon, Université de Montréal et Université Lyon 3, 2004; Yaëll Emerich, La propriété des créances: approche comparative, 2007, LGDJ, pp. 1–498.

② Yaëll Emerich, Faut-il condamner la propriété des biens incorporels? Réflexions autour de la propriété des créances, Les Cahiers de Droit, vol. 46, n 4, décembre 2005, pp. 905–939; Yaëll Emerich, La propriété des créances, Approche comparative, thèse de doctorat, Montréal et Lyon, Université de Montréal et Université Lyon 3, 2004; Yaëll Emerich, La propriété des créances: approche comparative, 2007, LGDJ, pp. 1–498.

③ Yaëll Emerich, Faut-il condamner la propriété des biens incorporels? Réflexions autour de la propriété des créances, Les Cahiers de Droit, vol. 46, n 4, décembre 2005, pp. 905–939; Yaëll Emerich, La propriété des créances, Approche comparative, thèse de doctorat, Montréal et Lyon, Université de Montréal et Université Lyon 3, 2004; Yaëll Emerich, La propriété des créances: approche comparative, 2007, LGDJ, pp. 1–498.

首先，虽然大多数民法学者认为，罗马法将所有权的客体限定在有形财产方面，排除了无形财产成为所有权客体的可能性，但是，此种看法似乎不符合历史事实，因为，无论是从《查士丁尼法学阶梯》对所有权做出的界定当中还是从《盖尤斯法学阶梯》对财产做出的分类当中，人们似乎都看不出这一点。相反，从这些罗马法文献当中，人们似乎能够认为，罗马法的所有权不仅建立在有形财产的基础上，而且还建立在无形财产的基础上。① 一方面，从《查士丁尼法学阶梯》对所有权做出的界定当中，人们无法看出罗马法将所有权限定在有形财产的范围内。《查士丁尼法学阶梯》第二卷第四编第四段对所有权（dominium）做出了界定，认为所有权是指人对物所享有的一种完全权利（plena in re potestas），虽然它将"物"（res）作为所有权的客体，但是，它没有使用"有体物"一词。另一方面，从《盖尤斯法学阶梯》对财产做出的分类当中，人们也无法看出罗马法将所有权限定在有形财产的范围内。在对财产做出分类时，《盖尤斯法学阶梯》将财产分为有形财产和无形财产两类；在讨论人如何取得财产时，它首先讨论人如何取得有形财产，之后再讨论人如何取得无形财产，在讨论财产的取得时，它将无形财产的取得与有形财产的取得置于同一层面。② 因此，《盖尤斯法学阶梯》的法律文本（le texte）显然承认，有形财产和无形财产均构成能够属于个人的物。当我们将《查士丁尼法学阶梯》关于所有权的界定和《盖尤斯法学阶梯》关于物的分类结合在一起时，我们可以得出这样的结论："与普遍的看法相反，从历史的角度来看，罗马法似乎没有将所有权的客体缩减到有体物、有形财产的狭小范围，相反，在罗马法当中，所有权的客体是无体物、无形财产的可能性显然是存在的。"③ 既然罗马法当中的所有权客体不限于有体物、有形财产，为何后世民法学者普遍认定罗马法时期的所有权是仅仅建立在有体物、有形财产的基础上的？Emerich 认为，问题出在中世纪的罗马法学家，尤其是意大利的 Bartole 和法国的 Louis Le Caron 那里。因为在对罗马法的经典法律文献做出评注时，他们明确指出，权利所有权的观念是不当的，所有权的客体仅仅为有体物、有形财产，债权或者其他权利不能够成为所有权的客体。④

Bartole 的拉丁文名字为 Bartolus de Saxoferrato，生于1313年，卒于1356年，是意

---

① Yaëll Emerich, Faut-il condamner la propriété des biens incorporels? Réflexions autour de la propriété des créances, Les Cahiers de Droit, vol.46, n 4, décembre 2005, pp.918-919.

② Yaëll Emerich, Faut-il condamner la propriété des biens incorporels? Réflexions autour de la propriété des créances, Les Cahiers de Droit, vol.46, n 4, décembre 2005, pp.918-919.

③ Yaëll Emerich, Faut-il condamner la propriété des biens incorporels? Réflexions autour de la propriété des créances, Les Cahiers de Droit, vol.46, n 4, décembre 2005, p.918.

④ Yaëll Emerich, Faut-il condamner la propriété des biens incorporels? Réflexions autour de la propriété des créances, Les Cahiers de Droit, vol.46, n 4, décembre 2005, pp.918-919.

大利 14 世纪的著名法学家、罗马法学家、法学教授、后注释法学派①的典型代表。在对《查士丁尼学说汇纂》(Le Digeste) 做出评注时，他认为，所有权的客体不应当是无形财产、权利，而只能够是某种有形财产，因为他对所有权做出了这样的界定："所谓所有权，是指权利主体享有的完美地处分有体物的权利"（jus de re corporali perfecte disponendi）。② Louis Le Caron 大约生于 1534 年，卒于 1613 年，是法国 16 世纪的法学家、诗人和哲学家，他尤其以对《巴黎习惯》(La Coutume de Paris) 做出评注著称。③ 1596 年，他出版了《潘德克吞或者法国法学说汇纂》，在该著作当中，他指出，就像 Bartole 所指出的那样，作为一种完全的、完整的权利，所有权仅仅是指我们对我们所拥有的有形财产享有的权利，所有权的客体仅为有体物、有形财产，权利或者无形财产不能够成为所有权的客体，无论是在罗马法当中还是在法国法律当中均是如此。④

其次，Emerich 指出，虽然法国大多数民法学者均将所有权的客体限定在有形财产的范围内，但是，他们的此种观念仅仅源自对《法国民法典》第 544 条的解释，而不是源自这一法律文本的正式规定，因为这一法律文本仅仅以一般性的方式规定，所有权是指权利主体对物（les choses）享有的权利，它没有排他性地规定，所有权是指权利主体对有体物享有的权利。因为该条没有准确地将所有权的客体限定在有体物的范围内，因此，我们能够对该条所规定的客体即物做出广义解释（interprétation large）：因为制定法没有明确区分所有权的客体究竟是有体物还是无体物，所以，人们没有必要做出此种区分。基于同样的理由，在规定所有权的客体时，《法国民法典》当中的其他法律条款有时使用财产 biens 一词，因为这些法律条款没有特别将财产一词限定在有形财产的范围内，所以，这些法律条款使用的这一术语同样可以理解为没有排除无形财产成为所有权的客体。⑤

---

① 在民法史上，后注释法学派是相对于注释法学派而言的一种学派。所谓注释法学派（école des glossateurs），或者是指民法学者在其民法著作当中对所发现的罗马法文本（textes）做出的注解、评注（exégèse gloses），或者是指为了让自己的学生能够更好地理解罗马法文本所具有的含义，民法学者在自己的学生面前对这些文本所做出的对照、对比（comparer）和所发表的评论、评述（commenter）。因为这样的原因，这些民法学者也被称为注释法学家（glossateurs）。在民法史上，注释法学派的辉煌时期是从公元 1160 年开始一直到公元 1268 年时止的一段历史时期。所谓后注释法学派（école des postglossateurs），则是指在公元 13 世纪至公元 15 世纪期间那些采取了改进了的、更加完善的、更加系统的方法对罗马法的文本做出注释、评注和评论的民法学者。在对罗马法的文本做出注释、评注和评论时，这些民法学者一方面采取更加完善的、更加系统的方法对罗马法做出研究和教学，另一方面也会考虑罗马法与 13 世纪、14 世纪和 15 世纪社会需要之间的关系，通过他们的注释、评注和评论，让罗马法与当时的社会需要结合在一起并因此成为能够在当时加以适用的法律。张民安：《法国民法总论（上）》，清华大学出版社 2017 年版，第 67—72 页。

② Bartole, Digeste, 41, 2, 17, 1, n° 4; Yaëll Emerich, Faut-il condamner la propriété des biens incorporels? Réflexions autour de la propriété des créances, Les Cahiers de Droit, vol. 46, n 4, décembre 2005, p. 919; Cécile De Cet Bertin, Les conceptions de la propriété de l'Antiquité romaine aux temps modernes, 11 juillet 2012, p. 5, https://www.umr-amure.fr/wp-content/uploads/2018/06/cecile_de_cet_bertin.pdf.

③ Louis Le Caron, https://fr.wikipedia.org/wiki/Louis_Le_Caron.

④ Louis Le Caron, Pandectes ou digestes du droit français, Paris, Estienne Richer, 1596, p. 260; Yaëll Emerich, Faut-il condamner la propriété des biens incorporels? Réflexions autour de la propriété des créances, Les Cahiers de Droit, vol. 46, n 4, décembre 2005, p. 919.

⑤ Yaëll Emerich, Faut-il condamner la propriété des biens incorporels? Réflexions autour de la propriété des créances, Les Cahiers de Droit, vol. 46, n 4, décembre 2005, p. 920.

最后，Emerich 指出，虽然物权和债权之间的区分理论经常是有益的，但是，此种区分理论在罗马法时代是不存在的，它的出现相对较晚，仅仅到了 16 世纪才出现。物权和债权之间的区分理论仅仅是一种无关紧要的分类（classification contingente），并不是人们所言的具有极端重要性的一种分类。尤其是，无论是从理论方面还是从实践方面，物权和债权之间的区分理论均存在重要的限制。① 从实践方面看，物权和债权的区分理论也存在漏洞（lacunes），因为由于知识权和信托权的出现，物权和债权之间的二分法的区分理论也开始变得模糊，尤其是，信托权制度既不属于物权也不属于债权。②

从理论方面来看，无论人们是对物权采取经典理论（théorie classique）③ 还是人格主义理论④，物权均具有自己的缺陷，因为它没有办法与债权分开。物权的缺陷多种多样：虽然物权是一种优先权（le droit de préférence），但是，该种权利能够与债权协调一致，通过债权的公示方式，债权就成为优先权；无论是优先权还是追及权（droit de suite）均不能够完美地适用于作为首要物权的所有权，因为，如果符合善意占有（la possession de bonne foi）的条件，则所有权人不能够主张所有物返还请求权（la revendication du propriétaire）；虽然债权被视为一种人与人之间的法律关系，但是，被肢解的物权（les droits réels démembrés）也是一种人与人之间的法律关系。⑤

总之，Emerich 认为，所有权的物权性质并不意味着民法排斥债权所有权的存在，因为债权和有形财产一样均是财产、物，均能够成为所有权的客体，债权人对自己的债权享有的所有权等同于传统民法当中有形财产的所有权人对自己的有形财产享有的所有权。因为债权也是一种所有权，所以，有形财产所有权的理论和制度均能够在债权所有

---

① Yaëll Emerich, Faut-il condamner la propriété des biens incorporels? Réflexions autour de la propriété des créances, Les Cahiers de Droit, vol. 46, n 4, décembre 2005, pp. 920 – 921.

② Yaëll Emerich, Faut-il condamner la propriété des biens incorporels? Réflexions autour de la propriété des créances, Les Cahiers de Droit, vol. 46, n 4, décembre 2005, pp. 921 – 922.

③ 所谓物权的经典理论（théorie classique），是指民法学者在 19 世纪末期和 20 世纪初期之前对物权做出的界定。根据此种界定，所谓物权，是指权利主体直接对有体物所享有的特权、权利，根据此种特权、权利，权利主体能够直接使用受其支配和控制的物并且从其中获得经济利益。在民法上，物权的此种经典界定尤其为法国 19 世纪中后期的著名民法学家 Charles Aubry（1803—1883）和 Charles-Frédéric Rau（1803—1877）所采用，在其著名的民法教科书《法国民法教程》当中，他们就采用此种经典方式界定物权。他们指出，所谓物权，是指在人与物之间存在直接关系的情况下，人能够对受其支配的物所享有的或者完全或者不完全的权利，物权人不仅能够针对特定的人行使其权利，而且还能够针对所有人行使其权利。MM. Aubry et Rau, Cours de droit civil français：d'après la méthode de Zachariae, 5e édition, Tome Deuxieme, revue et mise au courant de la législation et de la jurisprudence, par MM. G. Rau Ch. Falgimaigne M. Gault, Paris, Imprimerie et Librairie générale de jurisprudence, 1897, p. 72；张民安：《法国民法总论（Ⅱ）》，清华大学出版社 2020 年版，第 175—176 页。

④ 所谓物权的人格主义理论（théorie personnaliste），也被称为物权的"债权主义"理论（théorie obligationnelle），是指民法学者从法律关系一般理论的角度对物权做出的界定。根据此种界定，所谓物权，是指物权人与物权人之外的所有其他人、世人之间所建立的法律关系，在此种法律关系当中，作为积极主体的物权人对作为消极主体的其他人、世人享有要求他们尊重、不侵犯自己有体物的权利，而其他人、世人则承担不侵犯物权人的有体物的消极不作为义务。物权的人格主义理论是由法国著名民法学者 Marcel Planiol（1853—1931）在 20 世纪初期提出来的。Marcel Planiol, Traité élémentaire de droit civil, 3e édition, Tome Ⅰ, Librairie Cotillon, F. Pichon successeur, 1904, pp. 680 – 681；张民安：《法国民法总论（Ⅱ）》，清华大学出版社 2020 年版，第 176—177 页。

⑤ Yaëll Emerich, Faut-il condamner la propriété des biens incorporels? Réflexions autour de la propriété des créances, Les Cahiers de Droit, vol. 46, n 4, décembre 2005, p. 921.

权当中适用，即便在适用时，债权所有权可能存在一定的特殊性（spécificité），包括债权所有权的界定和特权、债权所有权的特征、债权所有权的取得与转让和债权返还请求权。

（一）债权所有权的界定和权利内容

Emerich 认为，因为债权所有权也是一种财产所有权，所以，传统所有权的界定也能够适用于债权所有权的界定，根据此种界定，所谓债权所有权，是指债权人对自己的债权财产所享有的使用权、收益权和处分权。因为有形财产的所有权人能够对自己的有形财产行使使用权、收益权和处分权，所以，债权人同样能够对自己的债权行使使用权、收益权和处分权，无论是在《法国民法典》当中还是在加拿大《魁北克民法典》当中均是如此。

首先，债权所有权人对自己的债权享有使用权（l'usus）。所谓使用自己的债权，是指债权人所享有的要求债务人履行债务的权利。其次，债权所有权人对自己的债权享有收益权（le fructus）。所谓收益权，是指债权人能够获得债权的利息，就像有形财产的所有权人能够获得法定孳息（fruits civils）一样。最后，债权所有权人对自己的债权享有处分权（l'abusus），因为债权人能够在事实上（matériellement）处分自己的财产即债权财产[①]。

（二）债权所有权的特征

Emerich 认为，因为债权所有权也是一种财产所有权，所以，债权所有权也具有传统所有权所具有的特征。Emerich 认为，虽然民法学者普遍认为，传统所有权具有三个重要特征：绝对特征（le caractère absolu）、恒久特征（le caractère perpétuel）和排他特征（exclusivité），但是，恒久性并不是传统所有权的特征。因此，虽然债权所有权具有传统所有权的绝对特征、排他特征，但是，它没有所谓的恒久特征。

所谓所有权的绝对特征，一方面是指所有权人能够对自己的所有物行使完全的、不受限制的自由，另一方面则是指所有权能够对抗除了所有权人之外的所有其他人。无论是传统所有权还是债权所有权均具有这两个绝对特征：债权所有权人能够以完全的、不受限制的方式行使自己对其债权财产享有的使用权、收益权和处分权；债权人的债权也能够对抗第三人，只不过，债权只能够对抗知道其债权存在的第三人，不能够对抗不知道其债权存在的第三人，这是债权所有权的对抗性所具有的特殊性[②]。

法国民法学者普遍承认，虽然所有权的恒久特征具有多种多样的含义，但是，最主要的含义为所有权是没有期限的权利，能够像所有权的客体即有形财产一样长久存在[③]。Emerich 反对此种看法，他认为，虽然传统所有权存在无期限存在下去的可能，

---

① Yaëll Emerich, Faut-il condamner la propriété des biens incorporels? Réflexions autour de la propriété des créances, Les Cahiers de Droit, vol. 46, n 4, décembre 2005, pp. 923 – 924.
② Yaëll Emerich, Faut-il condamner la propriété des biens incorporels? Réflexions autour de la propriété des créances, Les Cahiers de Droit, vol. 46, n 4, décembre 2005, pp. 924 – 925.
③ 张民安：《法国民法》，清华大学出版社 2015 年版，第 464—466 页。

但是，传统所有权本质上并不是一种恒久性的权利，无论是《法国民法典》还是《魁北克民法典》均没有以任何法律文本规定所有权的此种特征，传统所有权的恒久性源自传统民法学说，因为民法学者是从这些民法典对所有权做出的界定当中推演出的这一特征。①

实际上，所谓传统所有权的恒久性也仅仅是强调此种权利不包含权利的消灭期限。因此，传统所有权并没有恒久性的特征，恒久性仅仅是传统所有权所具有的一个无关紧要的构成因素，因为它取决于所有权客体的性质。债权所有权也是如此，在债权实现之前，债权所有权不会消灭，在债权实现时，因为作为债权客体的债权财产消灭，所以，债权所有权也因为欠缺客体而消灭。这一点与有形财产所有权没有本质的差异：在有形财产存在期间，传统所有权存在，在有形财产不再存在时，传统所有权也不复存在。②

传统所有权具有排他性的特征，因为所有权人既能够对自己的所有物即有形财产进行垄断（monopole），也能够排斥第三人对其有形财产实施垄断。因为债权也是一种所有权，所以，债权所有权也具有传统所有权所具有的这两个方面的特征：债权的所有权人既能够对自己的债权财产进行排他性的垄断，也能够排斥第三人对其债权财产进行排他性的垄断。③

（三）承认债权所有权的技术性的后果

Emerich 认为，一旦承认债权所有权的存在，则该种承认会引起三种技术性的后果（les conséquences techniques），这就是，人们能够根据传统所有权的三种制度建立债权所有权的三种制度：①传统所有权涉及所有权的原始取得方式，债权也涉及债权的原始取得方式；②传统所有权涉及所有权的转让，债权所有权也涉及债权的转让；③传统所有权涉及所有物的返还请求权，债权所有权也涉及债权的返还请求权。

1. 债权所有权的原始取得

在传统所有权当中，所有权人能够通过原始取得（l'acquisition originaire）方式取得所有权。所谓原始取得包括通过善意占有、取得时效、先占（occupation）和添附（accession）方式取得所有权。因为债权也是一种所有权，所以，传统所有权的这些原始取得方式也适用于债权所有权人取得债权所有权：债权所有权人能够通过善意占有债权的方式取得债权所有权，债权所有权人能够通过取得时效的方式取得债权所有权，债权所有权人能够通过先占方式取得债权所有权，债权所有权人能够通过添附方式取得债权所有权。④

---

① Yaëll Emerich, Faut-il condamner la propriété des biens incorporels? Réflexions autour de la propriété des créances, Les Cahiers de Droit, vol. 46, n 4, décembre 2005, p. 925.

② Yaëll Emerich, Faut-il condamner la propriété des biens incorporels? Réflexions autour de la propriété des créances, Les Cahiers de Droit, vol. 46, n 4, décembre 2005, pp. 925 – 926.

③ Yaëll Emerich, Faut-il condamner la propriété des biens incorporels? Réflexions autour de la propriété des créances, Les Cahiers de Droit, vol. 46, n 4, décembre 2005, p. 926.

④ Yaëll Emerich, Faut-il condamner la propriété des biens incorporels? Réflexions autour de la propriété des créances, Les Cahiers de Droit, vol. 46, n 4, décembre 2005, pp. 927 – 930.

2. 债权的转让

在传统所有权当中，所有权人能够通过派生方式取得所有权，也就是通过受让所有权的方式取得所有权，这就是传统所有权的派生取得（acquisition dérivée）。例如，买受人通过受让出卖人的出卖物所有权的方式取得出卖物的所有权。传统所有权的此种取得方式同样适用于债权所有权，因为债权所有权人能够通过债权转让方式取得转让人所转让的债权所有权。①

3. 债权返还请求权

在传统所有权当中，如果所有权人的所有物被非法占有人占有，所有权人有权向法院起诉，要求法官责令占有人将所占有的所有物返还自己，这就是所有物的返还请求权。此种规则也适用于债权所有权，这就是，在债权被占有人非法占有时，债权所有权人也有权要求法官责令占有人返还自己的债权，这就是债权返还请求权（revendication des créances）。②

四、少数制定法和司法判例对债权所有权的承认

在法国，少数民法学者主张的债权所有权理论也并非没有任何影响，因为，除了某些立法者在自己制定的少数法律当中明确使用了债权所有权的术语之外，某些法官也在自己做出判决的少数案件当中明确使用了债权所有权的术语。

首先，包括《法国民法典》在内，越来越多的制定法承认债权所有权，认为它们属于一种无形财产所有权，以便与汽车和房屋等有形财产所有权相对应③，就像《法国知识产权法典》（Code de la Propriété Intellectuelle）的名称使用了"知识所有权"（la propriété intellectuelle）一词一样。④ 从 1804 年开始一直到今时今日，《法国民法典》第 1983 条均使用了"年金的所有权人"（le propriétaire d'une rente viagère）一词，即便年金在性质上仅仅是一种债权。⑤ 除了使用了"动产财产的所有权"（la propriété d'un bien mobilier）一词之外，《法国民法典》第 2372 - 1 条也使用了"权利所有权"（la propriété d'un droit）一词。⑥《法国货币和金融法典》（Code Monétaire et Financier）第 L.

---

① Yaëll Emerich, Faut-il condamner la propriété des biens incorporels? Réflexions autour de la propriété des créances, Les Cahiers de Droit, vol.46, n 4, décembre 2005, pp.930 – 933.

② Yaëll Emerich, Faut-il condamner la propriété des biens incorporels? Réflexions autour de la propriété des créances, Les Cahiers de Droit, vol.46, n 4, décembre 2005, pp.933 – 938.

③ Sébastien Milleville, Propriété des créances: le point sur l'argument supralégal, RDLF 2013, chr. n° 22, http://www.revuedlf.com/droit-civil-patrimonial/propriete-des-creances-le-point-sur-largument-supralegal-article/.

④ Code de la propriété intellectuelle, Version en vigueur au 13 avril 2021, https://www.legifrance.goufr/codes/texte_lc/LEGITEXT000006069414?etatTexte = VIGUEUR&etatTexte = VIGUEUR_DIFF；张民安：《法国民法总论（Ⅱ）》，清华大学出版社 2020 年版，第 281—282 页。

⑤ Article 1983, Code civil, Version en vigueur au 13 avril 2021, https://www.legifrance.goufr/codes/section_lc/LEGITEXT000006070721/LEGISCTA000006136403/#LEGISCTA000006136403.

⑥ Article 2372 – 1, Code civil, Version en vigueur au 14 avril 2021, https://www.legifrance.goufr/codes/section_lc/LEGITEXT000006070721/LEGISCTA000020186084/#LEGISCTA000020192974.

313-24 条明确使用了"债权所有权"一词（la propriété de la créance）。① 《法国商法典》第 L.511-34 条、第 L.511-35 条和第 L.511-36 条也使用了"汇票所有权人"（propriétaire de la lettre de change）的术语，即便汇票在性质上仅仅是一种债权。②

其次，自 1999 年以来，法国宪法法院（le Conseil constitutionnel）在自己的几个司法判例当中将债权视为一种财产所有权。在 1999 年 12 月 29 日的案件当中，法国宪法法院就采取此种方法，它认定债权人对其债权享有的所有权应当受到法律保护。③ 在 2010 年 6 月 10 日的案件当中，法国宪法法院也采取此种方法，它指出："《法国商法典》第 L.526-12（2）条没有违反《1789 年人权和公民权利宣言》第 2 条和第 4 条保障的债权人对其债权享有的所有权的行使条件。"④

再次，欧洲人权法院也在自己的某些司法判例当中承认，债权属于一种财产所有权。例如，在 1994 年 12 月 9 日的案件当中，欧洲人权法院就采取此种做法，它将债权人享有的债权视为一种财产所有权，并因此根据财产所有权的法律保护制度对债权所有权人的债权提供保护。⑤ 再例如，在 2004 年 9 月 28 日的案件当中，欧洲人权法院也认为，作为一种财产权的表现形式，债权是应当得到保护的，如果债权所有权人主张的债权在其国内法当中具有充分的法律根据的话。⑥

最后，由于受到欧洲人权法院上述做法的影响，在某些案件当中，法国最高法院也将债权视为财产所有权的组成部分，以便通过拓展所有权范围的方式对债权人的债权提供保护。⑦ 例如，在 2010 年 11 月 16 日的案件当中，法国最高法院明确指出，该案涉及的争议属于"被让租金债权所有权"方面的争议。⑧ 再例如，在 2002 年 6 月 4 日的案件当中，法国最高法院认定，工人对其工资债权享有的所有权是应当受到保护的。⑨

五、债权所有权的理论为何没有说服力

在今时今日，大多数民法学者仍然坚守传统民法的理论，认为所有权不同于债权，债权是与包括所有权在内的物权相对立的一种主观权利，而少数民法学者则反传统，认

---

① Articles L.313-24, Code monétaire et financier, Version en vigueur au 12 avril 2021, https://www.legifrance.goufr/codes/section_lc/LEGITEXT000006072026/LEGISCTA000006184682?etatTexte=VIGUEUR&etatTexte=VIGUEUR_DIFF#LEGISCTA000006184682.

② Articles L.511-34 à L.511-36, Code de commerce, Version en vigueur au 13 avril 2021, https://www.legifrance.goufr/codes/section_lc/LEGITEXT000005634379/LEGISCTA000006161331?etatTexte=VIGUEUR&etatTexte=VIGUEUR_DIFF#LEGISCTA000006161331.

③ Cons. const. 29 décembre 1999, décision no 99-425 DC.

④ Cons. const, 10 juin 2010, décision no 2010-607 DC.

⑤ CEDH, arrêt du 9 décembre 1994, Raffineries grecques Stran et Stratis Andreadis c. Grèce, no 13427/87, 1996, p.329, note D. Fiorina.

⑥ 28 septembre 2004 Kopecký c. Slovaquie [GC], no 44912/98, §§ 35 et 48 à 52.

⑦ Chapitre 3. L'appropriation des droits, https://www.courdecassation.fr/publications_26/tude_annuelle_8869/propriete_jurisprudence_9660/ligne_propriete_9661/titre_1._domaine_propriete_9662/rsquo_appropriation_44515.html#_ftn1; Sébastien Milleville, Propriété des créances: le point sur l'argument supralégal, RDLF 2013, chr. n° 22, http://www.revuedlf.com/droit-civil-patrimonial/propriete-des-creances-le-point-sur-largument-supralegal-article/.

⑧ Cass. Cass Com. 16 novembre 2010, pourvoi n°09-69056.

⑨ Soc. 4 juin 2002, pourvois nos 01-40.324 ets. Bull. 2002, V, no 194.

为是时候打破此种传统理论，将所有权从传统所有权延伸到包括债权在内的所有具有经济价值的主观权利当中并因此建立普遍意义的权利所有权理论。

在这两种理论当中，我们究竟应当采取大多数民法学者所采取的理论，还是应当采取少数民法学者所主张的债权所有权理论？笔者认为，我们应当采取大多数民法学者所采取的理论，明确区分债权和所有权，笔者之所以明确区分所有权和债权，主要原因有四：首先，从历史上看，罗马法的确将所有权的客体限定在有形财产方面。其次，所有权和债权的区分属于物权和债权区分理论的组成部分，此种区分理论不仅历史悠久，而且还被现行《法国民法典》所明确采纳并因此成为支撑该法典的基石。再次，少数民法学者关于债权所有权理论的说明显然没有足够的说服力。最后，在否定债权所有权的时代，债权的取得、债权的转让和债权的法律保护制度已经有效建立，没有必要通过债权所有权理论来实现建构这些制度的目的。当然，应当承认的是，债权所有权的理论并非一无是处，它至少在一个方面具有合理性，这就是，借助于传统所有权的宪法保护方法，此种理论能够对债权人享有的债权提供宪法保护。

（一）《查士丁尼法学阶梯》第2卷第4编第4段没有对所有权做出任何界定

包括 Emerich 在内，少数民法学者主张的债权所有权理论之所以没有说服力，第一方面的主要原因是，《查士丁尼法学阶梯》第2卷第4编第4段的确没有对所有权做出任何界定。

首先，包括《查士丁尼法学阶梯》在内，无论是经典罗马法时期的罗马法还是后经典罗马法时期的罗马法均没有对所有权一词做出明确界定，说《查士丁尼法学阶梯》第2卷第4编第4段对所有权做出了界定是与事实不符的。Jean-Philippe Lévy 和 André Castaldo 指出，古罗马时期的民法学家没有对 dominium 一词做出界定，换言之，他们没有对所有权一词做出界定，没有形成所有权的理论。[①] Jean-Louis Halpérin 也指出："《查士丁尼民法大全》的编纂者没有对被称为 dominium 和 proprietas 的所有权做出界定，罗马法学家从来没有试图对所有权一词做出界定，并且属于《查士丁尼民法大全》组成部分的、供法学生学习法律使用的民法教科书的《查士丁尼法学阶梯》也仅仅提到，在用益权终止时，虚所有权人对其所有权享有的权利恢复到完全的权利状态。"[②]

在《盖尤斯法学阶梯》当中，所有权一词有两个不同的表述，这就是 dominium 和 proprietas，在这两个不同术语当中，第一个术语被广泛使用，而第二个术语则使用较少。[③] 无论是其中的哪一个表述，《盖尤斯法学阶梯》均没有做出界定。因此，虽然

[①] Jean-Philippe Lévy André Castaldo, Histoire du droit civil, 2e édition, Dalloz, 2010, pp. 338 – 339.
[②] Jean-Louis Halpérin, Histoire du droit des biens, Economica, 2008, pp. 32 – 33.
[③] M. L. Domenget, Institutes De Gaïus, nouvelle édition, Paris, A Marescq Ainé, Libraire-Éditeur, 1866, pp. 118 – 452；Jean-Louis Halpérin, Histoire du droit des biens, Economica, 2008, p. 32.

《盖尤斯法学阶梯》第 2 卷第 33 段[①]、第 89 段[②]、第 90 段[③]均使用了 proprietas 一词，但是，它们均没有对这一术语做出界定。同样，虽然《盖尤斯法学阶梯》第 2 卷第 26 段[④]、第 40 段[⑤]、第 59 段[⑥]均使用了 dominium 一词，但是，它们也没有对这一术语做出界定。

在所有权的表述方面，《查士丁尼法学阶梯》同样使用了 dominium 和 proprietas 两个不同的术语，与《盖尤斯法学阶梯》一样，在使用这两个不同术语时，它也没有对这两个不同的术语做出界定。因此，虽然《查士丁尼法学阶梯》第 2 卷第 1 编第 4 段[⑦]、第 2 卷第 1 编第 5 段[⑧]和第 2 卷第 1 编第 44 段[⑨]使用了 proprietas 一词，但它们没有对这一术语做出界定。同样，虽然《查士丁尼法学阶梯》第 2 卷第 1 编第 11 段[⑩]、第 2 卷第 1 编第 5 段[⑪]使用了 dominium 一词，但它们也没有对这一术语做出界定。

其次，《查士丁尼法学阶梯》第 2 卷第 4 编第 4 段根本没有对所有权一词做出界定。《查士丁尼法学阶梯》第 2 卷第 4 编第 4 段规定：一旦用益权终止，它将返还给所有权人，此时，对于物具有虚所有权的人取得了完满的、完全的所有权。[⑫] 在民法史上，许多民法学者的确根据《查士丁尼法学阶梯》第 2 卷第 4 编第 4 段对所有权做出过界定。例如，在 1918 年的《罗马法基础教程》当中，Paul Frédéric Girard 就直接根据这一段对所有权做出了规定，认为所有权是指人对某些有形物所享有的完全的、排他性的权利。[⑬] 不过，该段的确没有对所有权一词做出界定，因为一方面，包括第 4 段在内，《查士丁尼法学阶梯》第 2 卷第 4 编仅仅对用益权做出了规定，没有对所有权做出规定[⑭]；另一方面，第 2 卷第 4 编第 4 段也仅仅对用益权（l'usufruit）终止时的法律效果

---

① M. L. Domenget, Institutes De Gaïus, nouvelle édition, Paris, A Marescq Aîné, Libraire-Éditeur, 1866, p.135.
② M. L. Domenget, Institutes De Gaïus, nouvelle édition, Paris, A Marescq Aîné, Libraire-Éditeur, 1866, p.176.
③ M. L. Domenget, Institutes De Gaïus, nouvelle édition, Paris, A Marescq Aîné, Libraire-Éditeur, 1866, p.177.
④ M. L. Domenget, Institutes De Gaïus, nouvelle édition, Paris, A Marescq Aîné, Libraire-Éditeur, 1866, p.129
⑤ M. L. Domenget, Institutes De Gaïus, nouvelle édition, Paris, A Marescq Aîné, Libraire-Éditeur, 1866, p.140.
⑥ M. L. Domenget, Institutes De Gaïus, nouvelle édition, Paris, A Marescq Aîné, Libraire-Éditeur, 1866, p.326.
⑦ Les Institutes de l'empereur Justinien, traduites en français par M. Hulot, Metz, Behmer et Lamort, Paris, Rondonneau, 1806, p.51.
⑧ Les Institutes de l'empereur Justinien, traduites en français par M. Hulot, Metz, Behmer et Lamort, Paris, Rondonneau, 1806, p.51.
⑨ Les Institutes de l'empereur Justinien, traduites en français par M. Hulot, Metz, Behmer et Lamort, Paris, Rondonneau, 1806, p.62.
⑩ Les Institutes de l'empereur Justinien, traduites en français par M. Hulot, Metz, Behmer et Lamort, Paris, Rondonneau, 1806, p.52.
⑪ Les Institutes de l'empereur Justinien, traduites en français par M. Hulot, Metz, Behmer et Lamort, Paris, Rondonneau, 1806, pp.75 – 76.
⑫ §.4. Cum autem finitus fuerit usus fructus, revertitur scilicet ad proprietatem et ex eo tempore nudae proprietatis dominus incipit plenam habere in re potestatem；§.4. Lorsque l'usufruit est fini il retourne à la propriété, et dans ce cas celui qui n'avoit que la nue propriété de la chose acquiert une propriété pleine et entière. Les Institutes de l'empereur Justinien, traduites en français par M. Hulot, Metz, Behmer et Lamort, Paris, Rondonneau, 1806, p.67.
⑬ Paul Frédéric Girard, Manuel élémentaire de droit romain, Paris, A.Rousseau, 1918, p.261.
⑭ Les Institutes de l'empereur Justinien, traduites en français par M. Hulot, Metz, Behmer et Lamort, Paris, Rondonneau, 1806, pp.65 – 67.

做出了规定，这就是，一旦用益权终止，则用益权人应当将所有物返还给虚所有权人（la nue propriété），虚所有权人对其所有物享有的权利就从不完满、不完全的状态回复到了完满（pleine）、完全（entière）状态。

最后，所有权一词的含义是后世民法学者根据《查士丁尼法学阶梯》第2卷第4编第4段并且结合所有权的不同特权做出的。虽然《查士丁尼法学阶梯》第2卷第4编第4段没有对所有权一词做出界定，但是，为了建立所有权制度，尤其是为了建立后世民法学者心目当中的个人主义性质的所有权制度，后世民法学者普遍以该段的规定作为基础，结合《盖尤斯法学阶梯》和《查士丁尼法学阶梯》当中关于所有权的不同特权的说明，对所有权做出了界定。换言之，借助于《查士丁尼法学阶梯》当中关于所有权的只言片语，他们建造了完整的、完全的所有权的神圣大厦。

Gaudemet和Chevreau对此做出了说明，他们指出："人们经常说罗马法的所有权是一种'绝对权'，并且说它的所有权人能够对自己的财产享有范围最广泛的权利。毫无疑问，《查士丁尼法学阶梯》说到，所有权人'对其所有物享有完全的权利'，并且法律的解释者将其解释为所有权人对其所有物享有使用权、收益权和处分权，无论是转让所有物时还是毁灭所有物时。不过，这些分析尤其是16世纪至19世纪的现代解释学的杰作，在对罗马法的所有权做出解释时，他们以某些罗马法的某些法律文本作为依靠，从罗马法当中找到自己意图表达的个人主义性质的绝对私人所有权制度。"①

具体来说，虽然《盖尤斯法学阶梯》和《查士丁尼法学阶梯》完全没有建立完整的、完全的所有权制度，但是，鉴于所有权制度的至尊无上性，后世民法学者将《盖尤斯法学阶梯》和《查士丁尼法学阶梯》作为砖瓦，一步一步地建造出现代意义上的绝对所有权制度。所谓将《盖尤斯法学阶梯》和《查士丁尼法学阶梯》作为砖瓦，是指后世民法学者依赖《盖尤斯法学阶梯》和《查士丁尼法学阶梯》当中的术语零零散散的理论建造完全、完整意义上的所有权制度。②

第一，所有权人对其所有物享有的三种权利即使用权、收益权和处分权。虽然经典罗马法时期和后经典罗马法时期的罗马法学家的确没有对所有权一词做出界定，的确没有建立所有权制度，但是，他们发明了供后世民法学者建造包括界定所有权在内的一般所有权制度的三个重要术语：使用权（l'usus uti）、收益权（le fructus frui）和处分权（l'abusus abuti），虽然他们在发明这些术语时从来没有将这三个术语并列在一起并因此形成1804年的《法国民法典》第544条对所有权一词做出的界定。

第二，《查士丁尼法学阶梯》第2卷第4编第4段。虽然该段仅仅是对用益权消灭时所产生的法律效果做出了规定，但是，该条认为，一旦用益权消灭，则虚所有权人对其所有物享有的所有权就恢复到完全、完整状态，但是，后世民法学者认为，该条所谓恢复完全、完整状态，是指所有权人对其所有权行使完整权利、完全权利。

---

① Jean Gaudemet, Emmanuelle Chevreau, Droit privé romain, 3e édition, Montchrestien, 2009, p. 227.
② Paul Frédéric Girard, Manuel élémentaire de droit romain, Paris, A. Rousseau, 1918, p. 261; Jean Gaudemet Emmanuelle Chevreau, Droit privé romain, 3e édition, Montchrestien, 2009, p. 227; Jean-Philippe Lévy André Castaldo, Histoire du droit civil, 2e édition, Dalloz, 2010, pp. 338–339.

在经典罗马法时期和后经典罗马法时期的罗马法学家所烧制的这两个砖瓦的基础上，后世民法学家将这两个分离的砖瓦黏合在一起，就形成了现代意义上的所有权制度：当所有权人对其所有物享有使用权、收益权和处分权时，他们享有的此种权利就是《查士丁尼法学阶梯》第 2 卷第 4 编第 4 段所规定的完全权利、完整权利，这就是现代意义上的所有权，也就是 1804 年的《法国民法典》第 544 条所规定的所有权。在以《盖尤斯法学阶梯》和《查士丁尼法学阶梯》的上述两个砖瓦建造所有权的宏伟大厦的过程当中，虽然众多的民法学者均做出过贡献，但是，包括法国 16 世纪最著名的民法学家 Domat 在内，没有任何人的贡献能够与法国 18 世纪的 Pothier 相提并论。因为在 Pothier 之前，没有任何民法学家对所有权做出过系统化的研究并因此形成作为一个有机整体的所有权制度。

1772 年，Pothier 出版了自己的两卷本的《所有权专论》，除了对所有权的一般理论和一般制度做出了全面性的、系统化的讨论之外，他还对占有的一般理论和一般制度以及时效取得的一般理论和一般制度做出了全面性的、系统化的讨论。[①] 他指出，所有权是指我对属于我的物所享有的权利，我对自己的物享有的权利范围是广泛的，包括：获得收益的权利；按照物的自然性质和我自己的意愿使用自己物的权利；对物的处分的权利，诸如改变物的形式的权利、转让所有物的权利、完全丢掉自己所有物的权利；阻止其他人使用自己物的权利。[②] 在制定 1804 年的《法国民法典》时，根据 Pothier 的著作并且结合《1789 年人权和公民权利宣言》所规定的自然权利、天赋权利的精神，法国立法者对所有权制度做出了系统化的规定，其中最著名的法律条款第 544 条即源自 Pothier 的此种论述。

（二）罗马法的所有权客体仅仅建立在有形财产的基础上

包括 Emerich 在内，少数民法学者主张的债权所有权理论之所以没有说服力，第二方面的主要原因是，经典罗马法时期和后经典罗马法时期的罗马法仅仅将有形财产视为所有权的客体，没有也不可能将无形财产视为所有权的客体。

在前经典罗马法时期，《十二铜表法》仅仅承认一种所有权即罗马市民所有权。到了经典罗马法时期，罗马法开始区分两种不同的所有权：罗马市民所有权（dominium ex jure quiritium le dominium quiritarium le domaine quiritaire）和大法官所有权（domaine in bonis la propriété in bonis la propriété prétorienne）。所谓罗马市民所有权，也称为民法当中的所有权（la propriété civile），是指罗马公民根据罗马市民法即狭义民法的规定所享有的所有权。所谓大法官所有权，也称为万民法（le droit des gens）当中的所有权，则是指外国人根据法官的司法判例所享有的所有权。[③]《盖尤斯法学阶梯》第 1 卷第 54 段明确指出，所有权包括罗马市民所有权和大法官所有权。[④]

---

① Robert Joseph Pothier, le Traité du droit de domaine de propriété, Tome I, chez Debure pere, 1772, pp. 1 – 466; Robert Joseph Pothier, Traité de la possession et de la prescription, Debure pere, 1772, pp. 1 – 440.
② Robert Joseph Pothier, le Traité du droit de domaine de propriété, Tome I, chez Debure pere, 1772, pp. 6 – 7.
③ M. L. Domenget, Institutes De Gaïus, nouvelle édition, Paris, A Marescq Aîné, Libraire-Éditeur, 1866, pp. 31 – 32.
④ M. L. Domenget, Institutes De Gaïus, nouvelle édition, Paris, A Marescq Aîné, Libraire-Éditeur, 1866, p. 31.

在经典罗马法时期，罗马法之所以实行两种不同的所有权制度，是因为这两种所有权之间存在两个方面的重要差异：

第一，所有权的内容存在差异。总的说来，罗马市民所有权的内容要比大法官所有权的内容更加完整。根据罗马市民所有权制度，所有权人对其所有物享有的权利是绝对的，除了使用权、收益权和处分权之外，所有权人还能够行使所有物的返还请求权，而根据严格意义上的大法官所有权，所有权人对其所有物仅仅享有使用权和收益权，他们既不能够行使处分权，也不能够行使所有物的返还请求权。①

第二，所有权的转让方式不同。总的说来，罗马市民法即狭义的民法对所有权的转让施加严格的限制，它要求转让人与受让人在转让所有权时要遵循罗马市民法所规定的严格的形式要求，也就是要按照市民法所规定的确定仪式（rites déterminés）进行所有权的转让，不遵循确定仪式的所有权转让行为无效。为了满足经济发展的需要，法官通过自己的司法判例对罗马市民所有权的此种要求予以松绑，则允许转让人与受让人之间通过简单的交付（la simple tradition）方式转移所有权，如果转让人有让受让人成为受让财产的所有权人的意图的话。到了后经典罗马法时期，大法官所有权制度消灭，因为后经典罗马法时期的罗马法将万民法统一到了市民法当中并因此建立了统一的罗马民法制度，包括其中的所有权制度也统一了。②

问题在于，罗马法的所有权制度是否将所有权的客体限定在有形财产的范围？换言之，《盖尤斯法学阶梯》和《查士丁尼法学阶梯》是否将债权视为所有权的客体并因此承认债权所有权、权利所有权的存在？Emerich 认为，答案似乎是肯定的，因为，他指出，当我们将《查士丁尼法学阶梯》关于所有权的界定与《盖尤斯法学阶梯》关于物、财产的分类结合在一起时，我们似乎能够说，罗马法没有将所有权的客体限定在有形财产方面。笔者在前面的内容当中已经指出，Emerich 的此种看法存在的一个主要问题是，《查士丁尼法学阶梯》没有对所有权做出界定，已如前述。另外一个问题是，虽然《盖尤斯法学阶梯》的确明确将物、财产分为有形财产和无形财产，但是，它没有将无形财产视为所有权的客体，而仅仅将有形财产视为所有权的客体。

在对物进行分类（de renm divisione de la division des choses）时，《盖尤斯法学阶梯》根据不同的标准将物、财产分为不同的类型，其中最主要的分类（la division capitale）是，根据物的根据不同，它将物分为神法当中的物（choses de droit divin）和人法当中的物（choses de droit humain），前者包括圣物（choses sacrées）和宗教物（les choses religieuses），而后者则包括公物（les choses publiques）和私物（les choses privées）。这就是《盖尤斯法学阶梯》第2卷第1段至第11段的规定。③《盖尤斯法学阶梯》关于

---

① M. L. Domenget, Institutes De Gaïus, nouvelle édition, Paris, A Marescq Aîné, Libraire-Éditeur, 1866, p. 129.

② M. L. Domenget, Institutes De Gaïus, nouvelle édition, Paris, A Marescq Aîné, Libraire-Éditeur, 1866, pp. 31 – 32; Paul Frédéric Girard, Manuel élémentaire de droit romain, 8e édition, Dalloz, 2003, pp. 277 – 288; Jean-Louis Halpérin, Histoire du droit des biens, Economica, 2008, pp. 27 – 35; Jean Gaudemet, Emmanuelle Chevreau, Droit privé romain, 3e édition, Montchrestien, 2009, pp. 225 – 229; Jean-Philippe Lévy, André Castaldo, Histoire du droit civil, 2e édition, Dalloz, 2010, pp. 338 – 371.

③ M. L. Domenget, Institutes De Gaïus, nouvelle édition, Paris, A Marescq Aîné, Libraire-Éditeur, 1866, pp. 118 – 122.

物的此种分类被《查士丁尼法学阶梯》所采纳，因为就像《盖尤斯法学阶梯》将物分为神法当中的物和人法当中的物一样，《查士丁尼法学阶梯》第2卷第1编第6段至第11段也承认，物可以分为圣物、宗教物和属于团体和个人的物，所谓属于团体（corps）的物，是指属于全部成员共有的物（choses communes），诸如城市、道路和剧院等。①

除了将物分为神法当中的物和人法当中的物之外，《盖尤斯法学阶梯》第2卷第12段、第13段和第14段也根据人们是否能够触碰、接触（touchées）的不同将物分为有形物（choses corporelles）和无形物（choses incorporelles）。其中的第12段规定：另外，物也能够分为有体物和无体物。第13段对有体物做出了界定，认为所谓有体物，是指能够被接触的物，诸如土地、人（un homme）、衣物、黄金、金钱，以及其他数不胜数的物。第14段则对无体物做出了界定，它规定：所谓无体物，是指不能够被接触的物，就像以权利存在的物，诸如人们享有的继承权、用益权以及所有类型的债权，即便继承包含了有体物，也无关紧要，因为人们从不动产当中所获得的收益也是有体物，并且债权人根据债所获得的也经常是有体物，例如，债权人根据债取得了不动产、奴隶和金钱。然而，城乡不动产继承权本身是一种无体物，就像用益权和债权是无体物一样，被人们称为地役权的城乡不动产继承权也是同一性质。②

《盖尤斯法学阶梯》关于物的此种分类也被《查士丁尼法学阶梯》所采纳，因为就像《盖尤斯法学阶梯》将物分为有体物和无体物一样，《查士丁尼法学阶梯》第2卷第2编也将物分为有体物和无体物，这就是该编当中的第1段、第2段和第3段。《查士丁尼法学阶梯》第2卷第2编规定，物或者是有体物，或者是无体物。第1段对有体物做出了界定，该段规定：所谓有体物，是指能够被接触的物，诸如土地、人（un homme）、衣物、黄金、金钱以及其他数不胜数的物。第2段对无体物做出了界定，该条规定：所谓无体物，是指不能够被接触的物，就像以权利存在的物，诸如人们享有的继承权、用益权以及所有类型的债权，即便继承包含了有体物，也无关紧要，因为人们从不动产当中所获得的收益也是有体物，并且债权人根据债所获得的也经常是有体物，例如，债权人根据债取得了不动产、奴隶和金钱。第3段对无体物做出了界定，该条规定：城乡不动产继承权本身是一种无体物，就像用益权和债权是无体物一样，被人们称为地役权的城乡继承权也是同一性质。③

如果说《查士丁尼法学阶梯》和《盖尤斯法学阶梯》在物的分类方面存在差异的话，它们之间在有体物和无体物的分类和界定方式上几乎没有任何实质性的差异，它们之间的差异仅仅体现在形式上：《盖尤斯法学阶梯》的第2卷第12段对有体物和无体物的区分做出了规定，《查士丁尼法学阶梯》保留了此种规定，但是，没有将其作为独立的一段；《盖尤斯法学阶梯》的第2卷第13段对有体物做出了界定，《查士丁尼法学阶梯》第2卷第2编第1段一字不差地重复了《盖尤斯法学阶梯》的第2卷第13段的

---

① Les Institutes de l'empereur Justinien, traduites en français par M. Hulot, Metz, Behmer et Lamort, Paris, Rondonneau, 1806, pp. 50 – 63.
② M. L. Domenget, Institutes De Gaïus, nouvelle édition, Paris, A Marescq Aîné, Libraire-Éditeur, 1866, pp. 122 – 123.
③ Les Institutes de l'empereur Justinien, traduites en français par M. Hulot, Metz, Behmer et Lamort, Paris, Rondonneau, 1806, p. 63.

规定。《盖尤斯法学阶梯》的第 2 卷第 14 段对无体物做出了规定，《查士丁尼法学阶梯》第 2 卷第 2 编原封不动地重复了《盖尤斯法学阶梯》的第 2 卷第 14 段，所不同的是，它将第 14 段一分为二：将第 14 段的最后一句分离出来并因此形成了独立的一段即第 3 段，其余的作为独立的一段即第 2 段。

既然《查士丁尼法学阶梯》也像《盖尤斯法学阶梯》一样将物分为有体物和无体物，在认定罗马法将债权、权利视为所有权的客体时，Emerich 为何不将自己的此种看法建立在《查士丁尼法学阶梯》对此类物所做出的分类并且结合他认为《查士丁尼法学阶梯》对所有权做出的界定的基础上，而要舍近求远地依赖《盖尤斯法学阶梯》对此种物所做出的分类？答案在于，《盖尤斯法学阶梯》第 2 卷第 1 编为"物的分类"[①]，第 2 编则为"物的取得"[②]，它的此种结构似乎能够证明 Emerich 的上述观点；而《查士丁尼法学阶梯》则放弃了此种结构，它的第 2 卷第 1 编为"物的分类和人们取得物的方式：所有权"[③]，第 2 卷第 2 编不再是"物的取得"，而是"有体物和无体物"[④]，无法证明 Emerich 的上述观点。

单从《盖尤斯法学阶梯》第 2 卷第 1 编和第 2 编的逻辑结果来看，我们似乎能够赞同 Emerich 的看法，因为，既然第 2 卷第 1 编和第 2 编之间存在逻辑上的关联性：第 1 编对不同类型的财产、物做出分类，而第 2 编则对权利主体取得不同类型的财产、物的方式做出规定，两编结合在一起就形成了完整意义上的物、财产所有权的一般理论和一般制度。既然第 1 编将财产、物分为有体物、有形财产和无体物、无形财产，而第 2 编为物、财产的取得，也就是物的所有权、财产所有权的取得，则除了能够取得有体物、有形财产的所有权之外，权利主体自然也能够取得无体物、无形财产的所有权，也就是能够取得包括债权在内的各种权利所有权，诸如继承所有权、用益所有权等。

不过，Emerich 的此种看法是不成立的，因为，虽然第 2 卷第 1 编和第 2 编之间的确存在逻辑联系，但其此种逻辑联系并不意味着《盖尤斯法学阶梯》真的承认债权所有权。事实上，《盖尤斯法学阶梯》仅仅承认有体物、有形财产的所有权，它并不承认包括债权在内的债权所有权。《盖尤斯法学阶梯》之所以没有将债权视为所有权的客体，其主要原因有二：其一，在规定所有权的转让时，《盖尤斯法学阶梯》明确将能够转让的所有权限定在有形财产所有权方面，没有也不可能将能够转让的所有权拓展到债权所有权方面。换言之，《盖尤斯法学阶梯》仅仅承认有体物、有形财产的转让，没有承认债权的转让。其二，虽然《盖尤斯法学阶梯》承认权利是一种无体物、无形财产，但是，它也认为，权利主体享有的权利也仅仅建立在有体物、有形财产的基础上。

就所有权的转让而言，《盖尤斯法学阶梯》第 2 卷第 18 段将能够转让的物、财产分为两类，这就是需要通过 mancipation 方式才可以转让的物（res mancipi les choses

---

[①] M. L. Domenget, Institutes De Gaïus, nouvelle édition, Paris, A Marescq Ainé, Libraire-Éditeur, 1866, pp. 118 – 125.

[②] M. L. Domenget, Institutes De Gaïus, nouvelle édition, Paris, A Marescq Ainé, Libraire-Éditeur, 1866, pp. 125 – 172.

[③] Les Institutes de l'empereur Justinien, traduites en français par M. Hulot, Metz, Behmer et Lamort, Paris, Rondonneau, 1806, pp. 50 – 63.

[④] Les Institutes de l'empereur Justinien, traduites en français par M. Hulot, Metz, Behmer et Lamort, Paris, Rondonneau, 1806, p. 63.

mancipi）和不需要通过 mancipation 方式就可以转让的物（res nec mancipi les choses nec mancipi），该条规定：需要通过 mancipation 方式才可以转让的物和不需要通过 mancipation 方式就可以转让的物之间的区别是重大的。①

根据《盖尤斯法学阶梯》第 1 卷第 119 段的规定，所谓需要通过 mancipation 方式才可以转让的物，是指通过虚拟买卖（vente fictive）方式进行所有权转让的物。在 5 个成年罗马公民的见证下，一名被称为司秤（porte-balance）的成年罗马公民手持铜秤主持转让人和受让人之间的物的所有权转让仪式，根据此种仪式：首先，受让人用自己的手抓住转让人所转让的财产并且大声宣称："根据罗马市民法，我确认这名奴隶是我的，我是用自己的铜币和铜秤购买这一名奴隶的。"之后，受让人再用自己的铜币敲击司秤手中的铜秤。最后，受让人将敲击铜秤之后的铜币交付给买受人，以便作为取得受让所有权的价款。②

所谓不需要通过 mancipation 方式就可以转让的物，也称为通过 simple tradition（单纯交付）方式转让所有权的物，根据此种转让方式，当转让人通过简单的交付方式将自己的所有物交付给受让人时，受让人即取得所受让的物的所有权。所谓通过单纯的交付方式转让所有权的物，是指转让人亲手将自己的物交付给受让人手中，这就是从转让人手中到受让人手中的转让方式。因此，此种转让方式简便易行，不需要经过 mancipation 转让方式所需要的那种烦琐程序。③

无论是通过上述两种方式当中的哪一种方式转让，转让人转让给受让人的物、财产只能够是有体物、有形财产，不能够是债权，虽然在债权人死亡时，他们生前享有的债权能够作为遗产转移给自己的继承人。一方面，转让人按照 mancipation 方式才可以转让的物仅仅是指有体物，并不包括债权。《乌尔比安规则》（les Règles d'Ulpien）第 19 编第 1 段就明确规定，属于按照 mancipation 方式才可以转让的物包括土地、房屋、奴隶和家畜。④ 另一方面，根据《盖尤斯法学阶梯》第 2 卷第 19 段和第 20 段的规定，不需要通过 mancipation 方式就可以转让的物只能够是有体物、有形财产，不能够是无体物、无形财产。换言之，不能够是债权或者其他权利。第 19 段规定：因此，人们能够通过单纯的交付方式转让自己的不需要通过正式的 mancipation 方式就可以转让的物，如果这些物属于有体物的话。第 20 段规定：无论是因为买卖、赠与还是其他原因，如果我需要将衣物、黄金或者金钱的所有权转让给受让人，我也仅仅将这些物交付给受让人，我根本不需要求助于任何庄严的形式，如果我的意图在于将这些物的所有权转让给受让人的话。⑤

---

① M. L. Domenget, Institutes De Gaïus, nouvelle édition, Paris, A Marescq Aîné, Libraire-Éditeur, 1866, p. 124；Jean-Louis Halpérin, Histoire du droit des biens, Economica, 2008, pp. 46 – 48.
② M. L. Domenget, Institutes De Gaïus, nouvelle édition, Paris, A Marescq Aîné, Libraire-Éditeur, 1866, p. 67.
③ M. L. Domenget, Institutes De Gaïus, nouvelle édition, Paris, A Marescq Aîné, Libraire-Éditeur, 1866, p. 125；Jean-Louis Halpérin, Histoire du droit des biens, Economica, 2008, pp. 46 – 48.
④ Ulpien, Règle xix, § 1；M. L. Domenget, Institutes De Gaïus, nouvelle édition, Paris, A Marescq Aîné, Libraire-Éditeur, 1866, p. 124.
⑤ M. L. Domenget, Institutes De Gaïus, nouvelle édition, Paris, A Marescq Aîné, Libraire-Éditeur, 1866, p. 125.

就权利与有体物之间的关系而言,虽然《盖尤斯法学阶梯》承认继承权、用益权和债权在性质上属于无体物、无形财产,但是,它认为,这些权利的客体仍然是有体物、有形财产:除了继承人继承的财产是有体物、有形财产之外,除了用益权的客体是有体物、有形财产之外,债权的客体往往也是有体物、有形财产。这从《盖尤斯法学阶梯》第2卷第14段对无体物、无形财产的界定当中可以看得一清二楚,该段指出,虽然继承权属于一种无体物、无形财产,但是,继承权的对象仍然是有体物、有形财产;虽然用益权属于一种无体物、无形财产,但是,用益权仍然建立在他人的有体物、有形财产的基础上;虽然债权是一种无体物、无形财产,但是,债权人与债务人签订合同的目的并不是为了对债务人享有债权,而是为了获得债务人所转让的有体物、有形财产。即便到了查士丁尼皇帝时期,情况依然没有发生变化,因为《查士丁尼法学阶梯》第2卷第2编第2段也是如此规定的:虽然债权人与债务人之间签订合同并因此获得债权,但是,他们通过债权所取得的财产、物仍然是有体物、有形财产,也就是奴隶、金钱和不动产等。

在民法史上,《盖尤斯法学阶梯》和《查士丁尼法学阶梯》的此种态度完全是可以理解的,也是具有相当合理性的,因为,虽然罗马法和我们今时今日的民法均承认有体物、有形财产和无体物、无形财产之间的区分,但是,罗马法时代的情况与我们今时今日的情况完全不同,表现在:虽然继承权仍然可以被视为一种无体物、无形财产,但是,在罗马法时代,继承人所继承的财产往往是有体物、有形财产,他们几乎不会继承有体物、有形财产之外的其他无体物、无形财产,换言之,他们几乎不会继承权利。

Gaudemet 和 Chevreau 对此做出了说明,他们指出,在经典罗马法时期,"继承建立在有财产价值的客体的基础之上。继承的核心由有体物、有形财产构成,这就是 les bona。包括《盖尤斯法学阶梯》在内,大量的法律文本将继承等同于所有权"[1]。在经典罗马法时期,虽然权利主体享有用益权,但是,他们享有的此种权利既不能够转让,也不能够继承,因为此种权利具有家庭抚养、赡养的性质。[2] 而在今时今日,继承人继承的财产范围则要广泛得多:除了有体物、有形财产之外,继承人还能够继承各种各样的权利,诸如合同性债权、损害赔偿请求权(包括财产损害赔偿请求权和道德损害赔偿请求权)、知识权和医师等专业人士享有的民事顾客权(clientèles civiles),等等。[3]

同样是继承人的继承权,为何今时今日的继承权与经典罗马法时期的继承权存在如此大的差异?答案在于,在经典罗马法时期,社会经济落后,继承人生前享有的财产不仅数量有限,而且性质单一,除了有体物、有形财产之外,他们很少会拥有无体物、无形财产。而在今时今日,由于经济发达,继承人生前享有的财产种类繁多,除了有体物、有形财产之外还包括各种各样的无体物、无形财产。

(三) 债权所有权的理论违反了物权和债权之间的区分理论

包括 Emerich 在内,少数民法学者主张的债权所有权理论之所以没有说服力,第三

---

[1] Jean Gaudemet, Emmanuelle Chevreau, Droit privé romain, 3e édition, Montchrestien, 2009, p. 91.
[2] Jean Gaudemet, Emmanuelle Chevreau, Droit privé romain, 3e édition, Montchrestien, 2009, p. 91.
[3] Philippe Malaurie, Claude Brenner, Les successions, les libéralités, 6e édition, LGDJ, 2014, pp. 26–37.

方面的主要原因是，它的此种理论违反了物权和债权之间的区分理论。在主张债权构成所有权的客体时，Emerich 认为，物权和债权之间的区分理论在罗马法时期是不存在的，并且作为一种无关紧要的分类，此种区分理论也无法完全将物权和债权清晰地分开。

　　Emerich 的此种批评既具有一定的合理性，也存在严重的问题。所谓具有一定的合理性，是指 Emerich 的此种批评切中两个方面的要害：虽然后世民法学者普遍承认物权和债权的区分理论，但是，在对物权做出界定时，他们或者混淆了物权和债权[①]，或者混淆了物权和担保权。[②] 所谓存在严重的问题，是指 Emerich 的此种批评存在两个方面的问题：物权和债权的区分理论的确始于罗马法，至少在后经典罗马法时期，罗马法已经完全建立了此种区分理论；无论是在历史上还是在今时今日，物权和债权之间的区分理论均具有非常重大的意义。

　　所谓物权和债权的区分理论，是指作为财产权（les droits patrimoniaux）大家庭当中的两种主观权利，物权独立于债权，债权也独立于物权，它们是两种不同类型的财产权，各自具有自己的不同特征和法律制度。与 Emerich 的看法不同的是，此种区分理论不仅始于罗马法时期，而且构成主观权利大家庭当中最重要的一种权利分类，因为，此种区分理论在前经典罗马法时期已经处于萌芽状态，在经典罗马法时期被经典罗马法学家所承认并被视为权利的基本分类。[③]

　　Jean-Philippe Lévy 和 André Castaldo 对此做出了明确说明，他们指出："债权和物权是两种权利类型，它们构成财产的两个构成要素，债权和物权之间的区分已经被罗马人清晰地承认。"[④] Jean Gaudemet 和 Emmanuelle Chevreau 也对此做出了明确说明，他们也指出："债将两个或者多个人联系在一起，它是个人之间关系产生的渊源，也就是债权

[①] 物权的人格主义理论（théorie personnaliste）在界定物权时就混淆了物权和债权。所谓物权的人格主义理论，也称为物权的债权主义理论（théorie obligationnelle），根据此种理论，所谓物权，是指物权人与物权人之外的所有世人、第三人之间建立的一种法律关系，在该种法律关系当中，物权人对世人、第三人享有要求他们尊重、不侵犯自己有体物的权利，而世人、第三人则承担不侵犯物权人有体物的义务。此种理论最大的问题是，它完全否定了物权的存在，不仅将物权视为一种债权，而且还将物权减缩为一种侵权性债权；它完全忽视了物权自身内容的独立性，将物权等同于一种侵权性债权：物权人有要求世人、第三人尊重自己有体物的权利，世人、第三人对物权人承担尊重其有体物的义务。Marcel Planiol, Traité élémentaire de droit civil, 3e édition, Tome I, Librairie Cotillon, F. Pichon successeur, 1904, pp. 680 – 681；张民安：《法国民法总论（Ⅱ）》，清华大学出版社 2020 年版，第 176—180 页。

[②] 法国民法学者普遍将诸如抵押权、质权和留置权等担保权视为一种物权即担保物权，他们将这些担保物权视为一种与人的担保相对应的一种担保权即物的担保权，认为物的担保权像所有权、用益权和地役权等主观权利一样构成物权的组成部分。在将物的担保权视为物权组成部分的前提下，他们认为物权与债权之间存在两个重要的差异：物权具有优先性和追及性，而债权则没有优先性和追及性等。实际上，物的担保权很难被视为一种物权，因为物权的本质在于对自己或者别人的有体物、有形物享有使用权、收益权甚至处分权，而在物的担保权当中，即便是以转移占有为前提的质权，质权人既不能够使用出质人的出质物，也不能够获得收益，更不享有处分权。因此，物权没有优先性或者追及性，仅物的担保权才具有优先性和追及性。张民安：《法国民法总论（Ⅱ）》，清华大学出版社 2020 年版，第 238—244 页。

[③] Jean-Philippe Lévy André Castaldo, Histoire du droit civil, 2e édition, Dalloz, 2010, pp. 287 – 288, pp. 675 – 676; Jean Gaudemet Emmanuelle Chevreau, Droit privé romain, 3e édition, Montchrestien, 2009, pp. 253 – 254; David Deroussin, Histoire du droit des obligations, 2e édition, Economica, 2012, pp. 17 – 20；张民安：《法国民法总论（Ⅱ）》，清华大学出版社 2020 年版，第 187—189 页。

[④] Jean-Philippe Lévy André Castaldo, Histoire du droit civil, 2e édition, Dalloz, 2010, p.675.

产生的渊源，而物权则是指人对其物享有的权利。对于罗马人而言，'物权'和'债权'是权利的基本分类。此种分类源自前经典罗马法时期，《十二铜表法》已经明确区分一个人与另外一个人之间的关系即债权和一个主人对其财产所进行的支配即物权。到了经典罗马法时期，经典罗马法学家承认了此种区分理论。"①

具体来说，在经典罗马法时期，罗马法已经承认了物权和债权之间的区分理论，即便此种区分理论可能不及后经典罗马法时期的同一区分理论完整。例如，在经典罗马法时期，著名罗马法学家 Paul②（160—230 年）已经明确承认物权和债权之间的区分理论，因为他认为，债权的目的不同于物权的目的，物权的目的在于取得某种有体物、有形财产的所有权或者地役权，而债权的目的则在于约束债务人，让债务人对债权人承担诸如转移所有权或者做出某种行为的债务，他指出："债的法律效果并不是为了让我们取得某种有体物的所有权或者地役权，债的法律效果是让另外一个人对我们承担转移所有权或者为我们做出某种行为的债务。"③

不过，最明显的范例是《盖尤斯法学阶梯》，它不仅对物权制度做出了规定，而且还对债权制度做出了规定，通过此种规定，它虽然已经承认了物权和债权的区分理论，即便它建立的物权和债权制度还不完全、完整、完善。一方面，《盖尤斯法学阶梯》第 2 卷第 18 段至第 80 段对物权做出了规定，因为在对各种各样的物做出分类时，这些法律条款或者对所有权做出了规定，或者对用益权和地役权等做出了规定，包括取得方式、丧失方式等。④ 另一方面，《盖尤斯法学阶梯》第 3 卷第 88 段对债的类型做出了规定，认为债或者源自合同，或者源自侵权⑤；第 89 段至第 162 段对因为合同产生的债做出了规定，认为合同分为四类：要物合同、口头合同、书面合同以及合意合同⑥，而第 182 段至第 225 段对因为侵权产生的债做出了规定，认为行为人实施的诸如盗窃行为、抢夺行为等非法行为会让行为人就自己实施的这些侵权行为引起的损害对他人承担赔偿责任。⑦

在后经典罗马法时期，《查士丁尼法学阶梯》已经完美地建立了物权制度和债权制度。一方面，《查士丁尼法学阶梯》第 2 卷第 1 编至第 5 编已经建立了完整意义上的物权制度：其中的第 1 编对物的类型和人们取得所有权的不同方式做出了规定，第 2 编对有体物和无体物的区分理论做出了规定，认为包括债权在内，权利人享有的从所有权当中分离出来的其他物权在性质上属于无体物，诸如城乡地役权、用益权、使用和居住权

---

① Jean Gaudemet Emmanuelle Chevreau, Droit privé romain, 3e édition, Montchrestien, 2009, pp. 253 - 254.
② Paul (juriste), https://fr.wikipedia.org/wiki/Paul_ (juriste).
③ D. 44, 7, 3; Jean-Philippe Lévy André Castaldo, Histoire du droit civil, 2e édition, Dalloz, 2010, p. 675.
④ M. L. Domenget, Institutes De Gaïus, nouvelle édition, Paris, A Marescq Aîné, Libraire-Éditeur, 1866, pp. 118 - 172.
⑤ M. L. Domenget, Institutes De Gaïus, nouvelle édition, Paris, A Marescq Aîné, Libraire-Éditeur, 1866, p. 347.
⑥ M. L. Domenget, Institutes De Gaïus, nouvelle édition, Paris, A Marescq Aîné, Libraire-Éditeur, 1866, pp. 347 - 406.
⑦ M. L. Domenget, Institutes De Gaïus, nouvelle édition, Paris, A Marescq Aîné, Libraire-Éditeur, 1866, pp. 424 - 449.

等；第 3 编对城市和乡村地役权（servitudes urbaines et rustiques）做出了规定①；第 4 编对动产和奴隶的用益权（l'usufruit）做出了规定②，第 5 编对不动产的使用和居住权（droit d'usage et d'habitation）做出了规定。③ 无论是它规定的地役权、用益权，还是使用和居住权在性质上均属于从所有权当中被拆解出来的物权，也就是被拆解的物权，因为它们均是建立在他人所有权基础上的物权。另一方面，《查士丁尼法学阶梯》第 3 卷第 14 编至第 30 编则建立了完整的债权制度，其中的第 14 编对债的一般理论和一般制度做出了规定，包括债的界定、债的类型和债的渊源。

首先，它对债做出了界定。根据它的规定，所谓债，是我们与别人之间的一种法律关系（juris vinculum lien de droit），根据该种法律关系，我们有必要根据本部分的法律要求对别人承担做出某种给付的债务。④

其次，它对债的类型做出了说明。它认为债可以分为民法当中的债（les obligations civiles）和司法判例当中的债（les obligations prétoriennes），它属于债的基本分类（summa divisio）。所谓民法当中的债，是指由制定法所规定的或者由民法所确认的债。所谓司法判例当中的债，也称为荣誉债（les obligations honoraires），则是指法官在自己的司法管辖权（juridiction）范围内通过自己的司法判例所确立的债。⑤

最后，它对债的渊源做出了规定。根据它的规定，债的渊源分为四种：合同、准合同、侵权和准侵权。基于此种原因，债也可以分为四类：源自合同的债、源自准合同（quasi ex contractu quasi-contrats）的债、源自侵权（ex maleficio délits）的债，以及源自准侵权（quasi ex maleficio quasi-délits）的债。⑥

在对债的一般理论和一般制度做出了规定之后，《查士丁尼法学阶梯》第 3 卷第 15 编至第 30 编分别对上述四类不同渊源的债做出了详细规定。首先，第 15 编至第 27 编分别对四类不同的合同产生的债即合同债做出了规定⑦，包括：通过交付物的方式缔结

---

① Les Institutes de l'empereur Justinien, traduites en français par M. Hulot, Metz, Behmer et Lamort, Paris, Rondonneau, 1806, pp. 64 – 65.

② Les Institutes de l'empereur Justinien, traduites en français par M. Hulot, Metz, Behmer et Lamort, Paris, Rondonneau, 1806, pp. 65 – 67.

③ Les Institutes de l'empereur Justinien, traduites en français par M. Hulot, Metz, Behmer et Lamort, Paris, Rondonneau, 1806, pp. 67 – 68.

④ Les Institutes de l'empereur Justinien, traduites en français par M. Hulot, Metz, Behmer et Lamort, Paris, Rondonneau, 1806, p. 164.

⑤ Les Institutes de l'empereur Justinien, traduites en français par M. Hulot, Metz, Behmer et Lamort, Paris, Rondonneau, 1806, p. 164.

⑥ Les Institutes de l'empereur Justinien, traduites en français par M. Hulot, Metz, Behmer et Lamort, Paris, Rondonneau, 1806, p. 164.

⑦ Les Institutes de l'empereur Justinien, traduites en français par M. Hulot, Metz, Behmer et Lamort, Paris, Rondonneau, 1806, pp. 164 – 191.

的合同、通过口头方式缔结的合同、通过书面方式缔结的合同，以及通过合意缔结的合同。① 其次，《查士丁尼法学阶梯》第 3 卷第 28 编对准合同产生的债做出了详细规定，包括无因管理产生的债和不应给付产生的债。② 最后，《查士丁尼法学阶梯》第 4 卷第 1 编对侵权和准侵权产生的债做出了详细的说明。③

在罗马法时期，无论是在经典罗马法时期还是后经典罗马法时期，虽然物权具有所有权、地役权和用益权等不同的形式，但是，物权的核心并不是其他物权而是所有权，因为"所有权是一种无与伦比的物权，它既是所有物权当中范围最广泛的一种物权，也是所有物权当中历史最久远的物权"④。因此，在罗马法时期，所谓物权和债权的区分实际上是所有权和债权的区分。E. Delamarre 和 J. Le Poitvin 对此做出了说明，他们指出："在罗马法当中，何为所有权，何为债权，所有权和债权之间具有特征性的不同因素有哪些？在罗马法当中，从效力方面来看，所有权是指人对其有体物所享有的法律上的和事实上的绝对权利，而债权则是指一个人对另外一个人所享有的要求其转移所有权、做出或者不做出某种行为的权利。通过这些表达，罗马法学家将所有权与债权对立起来。"⑤

鉴于罗马法所规定的物权和债权之间的区分理论具有无法抵挡的威力，除了被中世纪的习惯法所承认之外，此种区分理论也被 17 世纪和 18 世纪的民法学家所主张。在 1692 年的《法国法律制度》当中，巴黎最高法院律师、法学家 Gabriel Argou⑥ 就明确区分了物权和债权。在 1760 年的《奥尔良习惯》、1761 年的《债法专论》和 1772 年的《所有权专论》当中，Pothier 成功地建立了此种区分理论。⑦

基于对罗马法传统的尊重，尤其是，由于受到 Pothier 的影响，1804 年的《法国民法典》明确区分物权和债权，没有将债权视为一种所有权：第 2 卷对所有权和其他物权做出了规定，而第 3 卷则对债权做出了规定。⑧ 虽然 200 多年以来，《法国民法典》的篇章结构已经发生了重大变化，但是，即便是在 2016 年的债法改革法令对其做出了重大修改之后，现行《法国民法典》仍然维持物权和债权的区分理论，因为在今时今

---

① 所谓通过合意缔结的合同（le seul consentement），是指单凭当事人之间的意思表示一致就能够成立的合同。通过合意缔结的合同既不需要任何一方交付物，也不需要采取书面形式，更不需要当事人亲自出席合同的缔结，只要当事人之间的意思表示一致就能够对当事人产生约束力。此类合同包括：买卖合同（venditionibus），租赁合同（locationibus conductionibus），公司合同（societatibus），以及委托合同（mandatis）。《查士丁尼法学阶梯》第 23 编至第 27 编分别对它们做出了说明：第 23 编对通过合意缔结的合同的一般理论和一般制度做出了说明，其后四编分别对这四种不同的合意合同做出了规定。Les Institutes de l' empereur Justinien, traduites en français par M. Hulot, Metz, Behmer et Lamort, Paris, Rondonneau, 1806, pp. 180 – 191.

② Les Institutes de l' empereur Justinien, traduites en français par M. Hulot, Metz, Behmer et Lamort, Paris, Rondonneau, 1806, pp. 191 – 193.

③ Les Institutes de l' empereur Justinien, traduites en français par M. Hulot, Metz, Behmer et Lamort, Paris, Rondonneau, 1806, pp. 198 – 205.

④ Paul Frédéric Girard, Manuel élémentaire de droit romain, 8e édition, Dalloz, 2003, p. 277.

⑤ E. Delamarre et J. Le Poitvin, Traité théorique et pratique de droit commercial, Tome I, nouvelle édition, Paris, Charles Hingray, 1861, pp. 200 – 201.

⑥ Gabriel Argou, https://fr. wikipedia. org/wiki/Gabriel_ Argou.

⑦ 张民安：《法国民法总论（Ⅱ）》，清华大学出版社 2020 年版，第 188—190 页。

⑧ Code civil des Français 1804, https://fr. wikisource. org/wiki/Code_ civil_ des_ Français_ 1804.

日，《法国民法典》第 2 卷仍然规定了所有权和其他物权，而第 3 卷仍然规定了债权。①

无论是在历史上还是在今时今日，物权和债权之间的区分理论均构成整个民法的基石之一，它支撑着民法走过漫长的历史，至今仍然具有坚不可摧的力量。在 2000 年的《民法总论》当中，Mazeaud 和 Chabas 等人就明确承认此种区分理论的存在，他们指出："物权和债权之间的权利分类并不是虚假的：它们之间存在性质的差异。"② 在 2004 年的《民法》当中，Carbonnier 对物权和债权之间的区分理论的重要性做出了说明，他指出，作为两个基本观念，"物权和债权之间的区分构成财产法的脊梁"③。

在 2015 年的《民法总论》当中，Philippe Malinvaud 也对此种区分理论的重要地位做出了说明，他指出，物权和债权之间的区分属于"重大的区分"（grand distinction），虽然没有任何法律文本对此种区分做出明确规定，但是，民法学者在自己的著作当中以"毫不含糊的方式"承认这一区分，在今时今日，虽然此种区分理论受到民法学者的猛烈批评，但是，"它仍然构成财产权领域的基本区分"（la summa divisio）。④

民法之所以维持坚如磐石的区分理论，是因为物权和债权之间的确存在足以将它们分离开来的重要差异：物权和债权的性质不同，物权是权利主体直接对其权利客体享有的权利，而债权则是债权人对其债务人享有的权利。债权是一种人与人之间的法律关系，而物权则是一种人与物之间的关系。物权和债权的客体不同，物权的客体是有体物、有形财产；而债权的客体则是债务人实施的某种给付行为，包括作为或者不作为行为。物权具有恒久性，至少其中的所有权是如此；而债权则具有期限性。物权的类型具有有限性，而债权的类型则具有无限性。物权和债权的内容不同，根据物权类型的不同，物权人能够直接对自己或者他人的有体物、有形财产行使占有权、使用权、收益权甚至处分权；而债权则不同，债权人只能够请求债务人履行自己的债务，他们既不能够对债务人的人身采取强制措施，也不能够直接对债务人的财产采取强制措施。⑤

（四）债权所有权的理论是没有必要的

包括 Emerich 在内，少数民法学者主张的债权所有权理论之所以没有说服力，第四方面的主要原因是，债权所有权的理论是没有必要的，因为此种理论所借以建立的一般债权制度几乎均存在，人们没有必要再借助于债权所有权的理论来建立已经存在的这些一般债权理论。

在法国，在承认所有权和债权之间的区分理论时，民法学者普遍建立了以有体物、有形物作为基础的一般所有权制度，包括所有权的取得制度、所有权的转让制度和所有权的保护制度等。根据所有权的取得制度，虽然所有权人取得所有权的方式多种多样，

---

① Code civil, Version en vigueur au 01 mai 2021, https://www.legifrance.goufr/codes/id/LEGI-TEXT000006070721/.
② Henri et Léon Mazeaud, Jean Mazeaud, François Chabasd, Lecons de Droit Civil, Tome Premier, Introduction à l'étude du droit, 12e édition, Montchrestien, 2000, p. 281.
③ Jean Carbonnier, Droit civil, Volume Ⅱ, Les biens, les obligations, puf, 2004, p. 1579.
④ Philippe Malinvaud, Introuduction à l'étude du droit, 15e édition, LexisNexis, 2015, p. 350.
⑤ 张民安：《法国民法总论（Ⅱ）》，清华大学出版社 2020 年版，第 191—196 页。

但是，所有的取得方式均可分为两类：所有权的原始取得和所有权的继受取得，其中的原始取得是指所有权人在不依赖别人丧失所有权的情况下取得所有权，如通过先占、时效和添附等方式取得所有权；而其中的继受取得，则是指所有权人在依赖别人丧失所有权的情况下取得所有权，如通过买卖和继承方式取得所有权。①

根据所有权的转让制度，所有权人能够将自己享有的所有权以有偿或者无偿的方式转让给受让人并因此让受让人成为所有权人：如果所有权人将自己的所有物出卖给买受人，则他们以有偿方式转让自己的所有权；而如果所有权人将自己的所有物赠与受赠人，则他们以无偿的方式转让所有权。实际上，所有权的转让属于所有权取得的组成部分，它属于一种继受取得方式，也就是通过转移所有权的合同方式取得：站在受让人的角度，它属于所有权的继受取得，而站在转让人的角度，它则属于所有权的转让。《法国民法典》第711条规定：财产所有权……通过债的效果取得和转让。②

根据所有权的保护制度，所有权能够对抗世人、第三人，所有权人有权要求世人、第三人尊重自己的所有权、不侵犯自己的所有权，如果世人、第三人侵犯自己的所有权，则所有权人有权要求法官责令他们对自己承担损害赔偿责任；如果世人、第三人侵占自己的所有物而拒绝归还，所有权人有权要求法官责令占有人予以返还，这就是所有物返还请求权。③

包括 Emerich 在内，法国少数民法学者之所以主张债权所有权的理论，是因为他们希望借助于所提出的此种理论，将传统民法所建立的上述一般所有权制度引入债权当中，并因此在债法中建立一般债权制度，包括债权的取得制度、债权的转让制度，以及私法领域的债权保护制度，从而防止行为人占有债权人的债权和侵害债权人的债权。不过，虽然这些民法学者的目的是好的，但是，他们采取的此种方法既是不恰当的，也是没有必要的。所谓他们采取的此种方法是不恰当的，是因为从罗马法时代一直到今时今日，大陆法系国家的民法均明确区分债权和所有权，它们没有也不会将债权视为一种所有权。所谓他们采取的此种方法是没有必要的，是因为迄今为止，在维持债权和所有权

---

① François Terré, Philippe Simler, Droit civil, Les biens, 4e édition, Dalloz, 1992, pp. 237 – 298; Jean Carbonnier, Droit civil, Volume II, Les biens, les obligations, puf, 2004, pp. 1697 – 1703; Christian Larroumet, Les Biens, Droits réels principaux, Tome II, 5e édition, 2006, Economica, pp. 192 – 245; Pierre Voirin, Gilles Goubeaux, Droit civil, tome 1, Introduction au droit, personnes-famille, personnes protégées, biens-obligations, sûretés, 33e édition, LGDJ, 2011, pp. 337 – 355; Philippe Malaurie, Laurent Aynès, Droit Civil, Les Biens, 6e édition, LGDJ, 2015, pp. 181 – 182.

② François Terré, Philippe Simler, Droit civil, Les biens, 4e édition, Dalloz, 1992, pp. 241 – 252; Jean Carbonnier, Droit civil, Volume II, Les biens, les obligations, puf, 2004, pp. 1698 – 1700; Christian Larroumet, Les Biens, Droits réels principaux, Tome II, 5e édition, 2006, Economica, pp. 196 – 222; Pierre Voirin, Gilles Goubeaux, Droit civil, tome 1, Introduction au droit, personnes-famille, personnes protégées, biens-obligations, sûretés, 33e édition, LGDJ, 2011, pp. 347 – 348; Philippe Malaurie, Laurent Aynès, Droit Civil, Les Biens, 6e édition, LGDJ, 2015, pp. 181 – 209.

③ François Terré, Philippe Simler, Droit civil, Les biens, 4e édition, Dalloz, 1992, pp. 314 – 323; Pierre Voirin, Gilles Goubeaux, Droit civil, tome 1, Introduction au droit, personnes-famille, personnes protégées, biens-obligations, sûretés, 33e édition, LGDJ, 2011, pp. 357 – 359; Philippe Malaurie, Laurent Aynès, Droit Civil, Les Biens, 6e édition, LGDJ, 2015, pp. 152 – 156.

之间的区分时，法国民法已经建立了这些一般债权制度。

首先，迄今为止，法国民法已经建立了债权取得的一般制度，没有必要再借助于债权所有权的理论建立债权的取得制度，这表现在以下两个方面。

一方面，法国民法学者普遍在自己的民法总论当中对包括债权在内的所有主观权利的取得问题做出了说明。在法国，主观权利的类型多种多样，除了物权之外还包括家庭权、人格权、知识权和债权等。权利主体享有的这些主观权利是如何取得的，他们享有的这些主观权利是如何消失的，民法学者在民法总论当中均做出了说明，根据他们的说明，主观权利的取得和消灭要么是通过法律行为取得和消灭的，要么是通过法律事件取得和消灭的。其中的法律行为既包括双方法律行为即合同、多方法律行为，也包括单方法律行为；而其中的法律事件除了制定法、出生、死亡等事件等之外，还包括侵权、准侵权和准合同等。这些说明适用于所有权，也适用于债权，还适用于其他主观权利。这就是民法总论当中的主观权利的渊源理论（les sources des droits subjecfifs）。根据这些说明，如果债权人根据法律行为取得债权或者所有权，则他们的主观权利的取得被称为继受取得；如果他们通过继承等方式取得债权或者所有权，则他们的主观权利的取得被称为原始取得。①

另一方面，《法国民法典》也规定了债权的一般取得方式。从1804年开始一直到2016年之前，《法国民法典》第1370条均对债权人取得债权的五种方式做出了规定：合同，准合同（quasi-contrats），制定法的单纯权威性（l'autorité seule de la loi），侵权（délits）和准侵权（quasi-délits）。②通过2016年2月10日的债法改革法令，现行《法国民法典》新的第1100条对债权人取得债权的四种方式做出了规定：法律行为、法律事件、制定法的单纯权威性，以及良心债的债务人自愿履行或者允诺履行对债权人承担的良心债。在讨论债权人取得债权的这些方式时，虽然民法学者很少使用债权的取得这样的术语，而是使用了债权的渊源、债的渊源等术语，但是，债权的渊源、债的渊源实际上等同于债权的取得方式，因为，当人们与别人签订合同时，他们能够取得债权，当他们因为行为人实施的侵权行为而遭受损害时，他们也对行为人享有债权；当被继承人死亡时，他们也会取得被继承人生前的债权。

其次，迄今为止，法国民法已经建立了债权转让的一般制度，没有必要借助于债权所有权的理论建立债权的转让制度，表现在两个方面。一方面，在讨论主观权利的性质和特征时，民法学者普遍在他们的民法总论当中承认债权的可自由转让性和可自由转移

---

① Henri et Léon Mazeaud, Jean Mazeaud, François Chabasd, Lecons de Droit Civil, Tome Premier, Introduction à l'étude du droit, 12e édition, Montchrestien, 2000, pp. 366 – 407；Henri Roland, Laurent Boyer, Introduction au droit, Litec, 2002, pp. 539 – 567；Gérard Cornu, Droit civil, Introduction au droit, 13e édition, Montchrestien, 2007, pp. 72 – 80；Philippe Malinvaud, Introduction à l'étude du droit, 15e édition, LexisNexis, 2015, pp. 397 – 415；Jean-Luc AUBERT Eric SAVAUX, Introduction au droit et thèmes fondamentaux du droit civil, 17e édition, Dalloz, 2018, pp. 260 – 266；张民安：《法国民法》，清华大学出版社2015年版，第97—125页；张民安：《法国民法总论（上）》，清华大学出版社2017年版，第559—560页；张民安：《法国民法总论（Ⅱ）》，清华大学出版社2020年版，第40—43页。

② Article 1370, Code civil, Version en vigueur au 09 février 2016, https://www.legifrance.goufr/codes/section_lc/LEGITEXT000006070721/LEGISCTA000006118073/2016 – 02 – 09/#LEGISCTA000006118073.

性。在对主观权利做出分类时，法国民法学者普遍承认，基于主观权利性质的不同，所有的主观权利分为财产权和非财产权两类，其中的财产权主要包括债权和物权等，而其中的非财产权则包括人格权和家庭权等。民法学者之所以区分这两类不同的主观权利，是因为他们认为，财产权与非财产权之间存在四个直接对立的特征：财产权的可适用时效性和非财产权的不得适用时效性，财产权的可强制执行性和非财产权的不得强制执行性，财产权的可转移性和非财产权的不得转移性，财产权的可自由转让性和非财产权的不得自由转让性。[①] 另一方面，至少从 2016 年开始，《法国民法典》就已经明确规定了包括债权的转让在内的债的交易制度（les opérations sur obligations）。在 2016 年之前，《法国民法典》的确没有对包括债权转让在内的一般转让制度做出明确规定。通过 2016 年 2 月 10 日的债法改革法令，现行《法国民法典》新的第 1321 条至新的 1340 条已经对包括债权转让在内的一般债的交易制度做出了明确规定。所谓债的交易制度，是指由债权转让（la cession de créance）、债务转让（la cession de dette）、债的更新（la novation）和债的代为履行（la délégation）结合在一起所形成的一种交易制度。[②] 此外，《法国民法典》新的第 1216 条至新的第 1216 - 3 条也对合同转让（la cession de contrat）做出了规定。[③] 关于包括合同转让在内的这些债的交易制度，笔者将在下面的内容当中做出详细的讨论，此处从略。

最后，迄今为止，法国民法已经建立了债权保护的一般制度，没有必要借助于债权所有权的理论建立债权的保护制度。在坚持物权和债权的区分理论时，传统民法认为，物权是一种能够对抗除了物权人之外的所有世人、第三人的一种主观权利即绝对权，而债权仅仅是一种能够对抗债务人的一种主观权利即相对权，如果世人、第三人侵犯了物权人享有的物权，除了能够主张所有物的返还请求权之外，所有权人或者其他物权人还能够主张侵权损害赔偿请求权；而如果世人、第三人侵犯了债权人享有的债权即合同性债权，除了无法主张债权的返还请求权之外，债权人也不能够主张侵权损害赔偿请求权。在 19 世纪末期和 20 世纪初期之前，此种看法的确具有合理性，因为在物权人的物权遭受侵犯时，法官会责令行为人对物权人承担侵权责任，而在合同债权人享有的债权

[①] Henri et Léon Mazeaud, Jean Mazeaud, François Chabasd, Lecons de Droit Civil, Tome Premier, Introduction à l'étude du droit, 12e édition, Montchrestien, 2000, pp. 366 - 407；Henri Roland, Laurent Boyer, Introduction au droit, Litec, 2002, pp. 539 - 567；Gérard Cornu, Droit civil, Introduction au droit, 13e édition, Montchrestien, 2007, pp. 72 - 80；Philippe Malinvaud, Introduction à l'étude du droit, 15e édition, LexisNexis, 2015, pp. 397 - 415；Jean-Luc AUBERT Eric SAVAUX, Introuduction au droit et thèmes fondamentaux du droit civil, 17e édition, Dalloz, 2018, pp. 260 - 266；张民安：《法国民法》，清华大学出版社 2015 年版，第 60—61 页，第 70—72 页；张民安：《法国民法总论（Ⅱ）》，清华大学出版社 2020 年版，第 170—173 页。

[②] Articles 1321 à 1340, Code civil, Version en vigueur au 16 juin 2021, https://www.legifrance.goufr/codes/section_ lc/LEGITEXT000006070721/LEGISCTA000032032398/#LEGISCTA000032032398.

[③] Articles 1216 à 1216 - 3, Code civil, Version en vigueur au 16 juin 2021, https://www.legifrance.goufr/codes/section_ lc/LEGITEXT000006070721/LEGISCTA000006150253/#LEGISCTA000032041424.

遭受侵犯时，法官拒绝责令行为人对债权人承担赔偿责任。①

不过，从 19 世纪末期开始一直到今时今日，此种看法已经没有正当性，因为法官认为，如果行为人故意侵犯合同债权人的债权，则他们应当对债权人承担损害赔偿责任。经过法官长达上百年的付出，民法已经建立了债权的不可侵犯性理论，根据该种理论，债权也像所有权和其他物权一样具有对抗世人、第三人的法律效力，世人、第三人也应当像尊重他人的所有权和其他物权一样尊重他人的债权，否则，他们应当就其侵犯他人债权的行为对他人承担赔偿责任，如果行为人通过侵犯他人债权的方式获得了原本应当归属于他人的财物，债权人也有权要求法官责令行为人返还所占有的财物。②

通过 2016 年 2 月 10 日的债法改革，现行《法国民法典》新的第 1200（1）条明确规定了合同债权的一般保护制度，它认为，合同能够对抗第三人，第三人应当尊重合同债权人享有的债权，该条规定：第三人应当尊重合同所建立的法律状况。③ 如果第三人违反该条的规定，不尊重合同所建立的法律状态，在符合《法国民法典》新的第 1240 条（旧的第 1382 条）所规定的一般故意侵权责任构成要件的情况下，他们应当被责令就合同债权人所遭受的损害承担赔偿责任。④

（五）债权所有权理论的合理性：债权宪法保护的法律漏洞的填补

在债法领域，债权所有权的理论并非一无是处，它至少具有一个方面的优点，这就是，通过债权所有权的理论，债权能够成为像所有权一样重要的主观权利并因此获得所有权特有的宪法保护、人权法保护；因为传统民法认为所有权是一种自然权利、基本权利，因此，如果国家、公权力机构要剥夺公民或者法人的所有权，它们必须符合公共利益的要求并且必须予以公平、预先的赔偿。因为传统民法没有也不会将债权视为一种自然权利、基本权利，因此，如果国家、公权力机构要剥夺公民或者法人的债权，它们应当符合什么条件，立法者并没有规定，导致《法国民法典》和《法国宪法》在债权的宪法保护、人权法保护方面存在漏洞。为了解决传统民法、传统宪法在债权保护方面所

---

① 张民安：《过错侵权责任制度研究》，中国政法大学出版社 2002 年版，第 577—582 页；张民安：《现代法国侵权责任制度研究》，法律出版社 2007 年版，第 68—81 页；张民安：《法国合同法总论》，中山大学出版社 2021 年版，第 279—280 页；Vernon Palmer, Historical Origins of the Civilian Action against Interference with Contract Rights in France：Louisiana Perspective on a Road Not Taken, 6/7 Tul. Ci L. F. 131（1991—1992），pp. 131 – 155.

② 张民安：《过错侵权责任制度研究》，中国政法大学出版社 2002 年版，第 577—582 页；张民安：《现代法国侵权责任制度研究》，法律出版社 2007 年版，第 68—81 页；张民安：《法国合同法总论》，中山大学出版社 2021 年版，第 280—281 页；Vernon Palmer, Historical Origins of the Civilian Action against Interference with Contract Rights in France：Louisiana Perspective on a Road Not Taken, 6/7 Tul. Ci L. F. 131（1991 – 1992），pp. 131 – 155.

③ Article 1200, Code civil, Version en vigueur au 16 juin 2021, https://www. legifrance. goufr/codes/section_ lc/LEGITEXT000006070721/LEGISCTA000006136343/#LEGISCTA000032041321.

④ Dimitri Houtcieff, Droit des contrats, Larcier, 2e édition, 2016, pp. 461 – 462; Muriel Fabre-Magnan, Droit des obligations, Tome 1, Contrat et engagement unilatéral, 4e édition, puf, 2016, pp. 579 – 581; Philippe Malaurie, Laurent Aynès, Philippe Stoffel-Munck, Droit Des Obligations, 8e édition, LGDJ, 2016, pp. 434 – 435; Rémy Cabrillac, Droit des Obligations, 12e édition, Dalloz, 2016, p. 134; Marjorie Brusorio Aillaud, Droit des obligations, 8e édition, bruylant, 2017, p. 252 – ; Virginie Larribau-Terneyre, Droit civil, Les obligations, 15e édition, Dalloz, 2017, p. 527; François Terré, Philippe Simler, Yves Lequette, François Chénedé, Droit civil, Les obligations, 12e édition, Dalloz, 2018, pp. 752 – 754; 张民安：《法国合同法总论》，中山大学出版社 2021 年版，第 281—282 页。

存在的漏洞，少数民法学者和法官试图借助于债权所有权的理论让债权获得宪法、人权法的地位并因此享有所有权的宪法保护、人权法保护。

1. 所有权在性质上是指基本权利、自然权利

在19世纪，所有权具有至尊无上的地位，包括家庭权、继承权和债权在内，所有其他权利均被视为所有权引起的结果，均属于所有权的组成部分。① 在19世纪，所有权之所以具有不可辩驳的优势地位，是因为"作为一种基本权利，财产所有权是一切社会制度赖以存在的基础，并且对于个人而言，财产所有权像他们的生命一样弥足珍贵，因为财产所有权能够为个人提供保护生命的手段"②。

一方面，1804年的《法国民法典》本质上就是一种所有权法典，因为"《法国民法典》的每一页均体现了财产所有权受尊重的原则"③。"《法国民法典》的所有卷编均是有关财产所有权行使方面规范的发展。"④ 另一方面，所有权被神圣化了，因为它被视为一种自然权利、天赋权利。在18世纪末期，美国的宾夕法尼亚州、弗吉尼亚州、特拉华州和马萨诸塞州的宪法规定，人民享有的取得、拥有和受到保护的所有权是一种"自然权利、基本权利和不得转让的权利"⑤。

在18世纪末期，法国人采取的立场与美国人是一样的，他们也认为所有权是一种自然权利，因为《1789年人权和公民权利宣言》有两个法律条款对所有权的此种性质做出了规定。其第2条规定：所有政治结社的目的均在于维护人的自然权利和不适用时效的权利，这些权利包括自由权、所有权、安全权和反抗压迫权。第17条明确规定：财产所有权是一种不可侵犯的和神圣的权利。⑥ 在今时今日，虽然所有权的地位因为债权尤其是人格权的发展大不如前，但是，所有权在性质上仍然属于一种自然权利、基本权利（droit fondamental）。⑦

首先，《1789年人权和公民权利宣言》第2条和第17条关于所有权的性质的规定被一字未改地得以保留和适用到今天，因为《法国1958年宪法》序条（Article pream-

---

① 张民安：《法国民法总论（Ⅱ）》，清华大学出版社2020年版，第200—206页。

② Jean-Étienne-Marie Portalis, Discours, Rapports et Travaux inédits sur le Code Civil, publiés par le Vicomte Frédéric Portalis, Paris: Joubert, Librairie de la cour de cassation, 1844, p.231; 张民安：《法国民法总论（Ⅱ）》，清华大学出版社2020年版，第205页。

③ Jean Guillaume Locré, La législation civile, commerciale et criminelle de la France, ou Commentaire et complément des codes français, Tome I, Paris Treuttel et Würtz, 1827, pp. 357 – 358; 张民安：《法国民法总论（Ⅱ）》，清华大学出版社2020年版，第203页。

④ Recueil complet des discours prononcés lors de la présentation du code civil: par les divers orateurs du conseil d'état et du tribunat, et discussion particulière de ces deux corps avant la rédaction définitive de chaque projet de loi, TOME Ier. DISCOURS, Motifs et discours prononcés lors de la publication du Code civil, par les divers orateurs du Conseil d'État et du Tribunat, Paris Chez Firmin Didot Frèrls, Libraires, 1850, p.304; 张民安：《法国民法总论（Ⅱ）》，清华大学出版社2020年版，第203页。

⑤ François Terré, Philippe Simler, Droit civil, Les biens, 4e édition, Dalloz, 1992, p.76.

⑥ Art. 2 et Art. 17, Déclaration des Droits de l'Homme et du Citoyen de 1789, https://www.legifrance.goufr/contenu/menu/droit – national – en – vigueur/constitution/declaration – des – droits – de – l – homme – et – du – citoyen – de – 1789; François Terré, Philippe Simler, Droit civil, Les biens, 4e édition, Dalloz, 1992, p.76.

⑦ François Terré, Philippe Simler, Droit civil, Les biens, 4e édition, Dalloz, 1992, p.76; Philippe Malaurie, Laurent Aynès, Droit Civil, Les Biens, 6e édition, LGDJ, 2015, pp.133 – 134.

bule）明确宣称，法国人仍然信守《1789年人权和公民权利宣言》所规定的原则。① 其次，在1982年1月16日的裁判当中，法国宪法法院指出，在今时今日，虽然所有权的目的和行使条件已经发生了重大的变化，但是，《1789年人权和公民权利宣言》关于自由权、所有权、安全权和反抗压迫权的规定仍然具有宪法价值，尤其是，其中的所有权具有基本权利的特征。② 最后，在2006年11月28日的案件当中，法国最高法院民一庭认定，所有权属于一种基本权利，它指出："自由获得所有权构成所有权的一种次要内容，而所有权则是一种具有宪法价值的基本权利。"③

2. 所有权的宪法保护、人权法保护：所有权征收、征用的条件和程序

因为所有权具有如此重要的地位，所以，除了在民法上对所有权提供强有力的保护之外，人们也不遗余力地从宪法、人权法上对所有权提供保护，这就是《法国民法典》第545条和《1789年人权和公民权利宣言》第17条所规定的所有权的剥夺制度，也就是所有物的征收、征用（expropration）制度，根据这一制度，如果国家、公权力机构要剥夺公民享有的某种财产所有权，他们应当受到严格的条件和程序的限制：除了应当基于公共利益（utilité publique）的目的之外，他们还应当对被剥夺所有权的公民给予公平的（juste）并且是预先的（préalable）的赔偿（indemnité）。

《法国民法典》第545条对所有权的此种宪法保障、人权法保障做出了说明，该条规定：如果不是基于公共利益的原因，并且没有经过公平的和预先的赔偿，则任何人均不得被强制转让自己的所有权。④《1789年人权和公民权利宣言》第17条也对所有权的此种宪法保障、人权法保障做出了说明，该条规定：作为一种不可侵犯的和神圣的权利，除非制定法所规定的公共利益需要明确要求并且符合公平和预先赔偿的条件，否则，所有权是不能够被剥夺的。⑤ 1948年的《世界人权宣言》第17条也对所有权的此种人权法保障做出了说明，该条规定：所有人均享有所有权，无论他们是个人还是集体；人的所有权不能够被专断地予以剥夺。⑥

3. 债权所有权理论的目的：填补债权宪法保护、人权法保护方面所存在的漏洞

无论是在19世纪还是在今时今日，《法国民法典》或者《1789年人权和公民权利宣言》均没有对国家、公权力机构剥夺债权的条件和程序做出任何规定，换言之，它们均没有对国家、公权力机构征收、征用债权的条件和程序做出任何规定，导致《法

---

① Article PREAMBULE, Constitution du 4 octobre 1958, https://www.legifrance.goufr/loda/id/JORF-TEXT000000571356/2019-07-01/.

② Cons. const. 16 jan. 1982, D. 1983. 169; François Terré, Philippe Simler, Droit civil, Les biens, 4e édition, Dalloz, 1992, p.76; Philippe Malaurie, Laurent Aynès, Droit Civil, Les Biens, 6e édition, LGDJ, 2015, pp.133-134.

③ Cour de Cassation, Chambre civile 1, du 28 novembre 2006, 04-19.134, https://www.legifrance.goufr/juri/id/JURITEXT000007053566/; Philippe Malaurie, Laurent Aynès, Droit Civil, Les Biens, 6e édition, LGDJ, 2015, p.133.

④ Article 545, Code civil, Version en vigueur au 17 juin 2021, https://www.legifrance.goufr/codes/section_lc/LEGITEXT000006070721/LEGISCTA000006117904/#LEGISCTA000006117904.

⑤ Art. 17, Déclaration des Droits de l'Homme et du Citoyen de 1789, https://www.legifrance.goufr/contenu/menu/droit-national-en-vigueur/constitution/declaration-des-droits-de-l-homme-et-du-citoyen-de-1789.

⑥ Article 17, La Déclaration universelle des droits de l'homme, https://www.un.org/fr/universal-declaration-human-rights/.

国民法典》或者《1789年人权和公民权利宣言》在债权的宪法保护、人权法保护方面存在重大漏洞。为了克服债权的宪法保护、人权法保护方面所存在的漏洞，少数民法学者和法官不得不拓展传统民法当中的所有权观念，认为传统民法当中的所有权除了是指公民、法人对其有体物、有形财产享有的使用权、收益权和处分权之外，也是指债权人对其债权享有的使用权、使用权和处分权，因为债权被视为传统民法当中的所有权的组成部分，因此，如果国家、公权力机构要剥夺公民、法人的债权，他们也应当遵循《法国民法典》第545条和《1789年人权和公民权利宣言》第17条所规定的征收、征用条件和程序：除了基于公共利益才能够剥夺私人的债权之外，它们还必须对私人债权的剥夺予以预先的和公平的赔偿。

在法国甚至欧盟，债权所有权的理论仅仅是广义所有权理论的冰山一角，因为根据广义的所有权理论，除了建立在有体物、有形财产基础上的主观权利属于所有权之外，所有建立在无体物、无形财产基础上的主观权利均属于所有权。因此，除了债权属于所有权之外，知识权也属于所有权；除了商事营业资产和商事顾客名单权属于所有权之外，商人的不动产租赁权也属于所有权，这就是商事所有权（propriété commerciale）。虽然这些所谓的所有权并不是真正的所有权，而仅仅是债权、知识权或者商事经营权等，但是，为了让它们获得传统民法当中的所有权所具有的宪法、人权法保护，民法学者、公法学家和法官不得不扩张传统民法当中的所有权理论，人们或者将此种理论称为新所有权理论，或者将此种理论称为所有权的征收、征用的拓展理论。①

在今时今日，此种广义的所有权理论、新所有权理论或者所有权的征收、征用的拓展理论主要被欧洲人权法院所采用。1950年的《欧洲人权公约》之议定书（protocole）第1（1）条规定：所有自然人和法人均享有财产的受尊重权。除非基于公共利益的原因并且根据制定法或者国际法的一般原则所规定的条件，否则，他们享有的财产所有权是不能够被剥夺的。该条一方面规定了所有权利主体享有的财产受尊重权（droit au respect de ses biens），另一方面又规定了财产所有权（propriété）的剥夺条件和原因。②

根据议定书第1（1）条的规定，如果政府要剥夺自然人和法人的所有权，它们不仅应当是为了公共利益（utilité publique），而且还应当符合缔约国的制定法所规定的条件，如果缔约国的制定法没有规定剥夺条件，则应当符合国际法的一般原则（les principes généraux）。根据欧洲人权法院关于议定书（protocole）第1（1）条的指引（guide），自然人和法人享有的财产受尊重权当中的"财产"（biens）含义广泛，除了作为所有权客体的所有物，还包括所有具有"财产价值"（valeurs patrimoniales）的财产，诸如公司股份（parts sociales）、商事顾客名单（clientèle professionnelle）以及债权

---

① Philippe Malaurie, Laurent Aynès, Droit Civil, Les Biens, 6e édition, LGDJ, 2015, p.135.
② Article 1, Protocole additionnel à la Convention de sauvegarde des droits de l'homme et des libertés fondamentales, Convention européenne des droits de l'homme, p.32, https://www.echr.coe.int/Documents/Convention_FRA.pdf.

和债务等。①

问题在于，如果政府剥夺的财产权并不是权利主体的所有权，而是其他财产权，诸如权利主体享有的债权，人们应如何适用该条的规定对权利主体提供保护？欧洲人权法院所采取的做法是，拓展该条所规定的"财产所有权"的范围，将包括债权在内的其他权利视为该条所规定的财产所有权，并根据该条的规定对权利主体享有的其他权利提供保护，这就是欧洲人权法院所确立的"平等保护原则"（le principe de légalité）。

根据平等保护原则，自然人和法人所拥有的所有应当受到尊重的财产，无论是作为所有权客体的有体物还是作为所有权之外的其他主观权利客体的无形财产，均受到议定书第1（1）条规定的保护，如果政府要剥夺所有权之外的其他权利，诸如债权、公司股权、商事顾客名单权或者知识权等，它们均应当基于公共利益，并且要符合本国制定法规定的条件，如果本国制定法没有规定剥夺债权等其他主观权利的条件，则应当符合国际法的一般原则。② 基于这样的原因，它将权利主体享有的债权称为债权所有权。"换言之，根据欧洲人权法院的精神，所有具有财产价值的财产均为所有权的客体，因为债权是财产，因此，根据欧洲人权法院的司法判例，它们能够获得财产所有权同样的法律保护。"③

4. 债权与所有权之间的区分理论的维持：立法者对债权进行一视同仁的保护

通过扭曲所有权的观念，债权所有权的理论填补了制定法在债权的宪法保护、人权法保护方面所存在的漏洞并因此实现了对债权提供宪法保护、人权法保护的目的。这是债权所有权理论的唯一值得肯定的地方。不过，此种目的的实现所付出的代价惊人，可谓一种得不偿失的做法：除了否定了债权的独立价值之外，它也过分扩张所有权的范围，让所有权成为一种无所不包的主观权利。

实际上，如果要实现对债权提供宪法保护、人权法保护的目的，人们应当采取另外一种方式：由立法者在他们的制定法当中对包括所有权和债权在内的所有主观权利的宪法保护、人权法保护做出规定，防止国家、公权力机构剥夺公民和法人享有的所有主观权利。换言之，立法者应当在自己制定的法律当中对国家、公权力机构剥夺私人享有的所有主观权利的条件和程序做出规定，而不是像现在这样仅仅对剥夺私人所有权的条件和程序做出规定。此种做法并非异想天开，它既是必要的，也是可行的。

---

① Philippe Malaurie, Laurent Aynès, Droit Civil, Les Biens, 6e édition, LGDJ, 2015, pp. 134 – 135; Cour européenne des droits de l'homme, Guide sur l'article 1 du Protocole no 1 à la Convention européenne des droits de l'homme, Protection de la propriété, Mis à jour au 30 avril 2020, pp. 7 – 40, https://www.echr.coe.int/Documents/Guide_Art_1_Protocol_1_FRA.pdf.

② Philippe Malaurie, Laurent Aynès, Droit Civil, Les Biens, 6e édition, LGDJ, 2015, pp. 134 – 135; Cour européenne des droits de l'homme, Guide sur l'article 1 du Protocole no 1 à la Convention européenne des droits de l'homme, Protection de la propriété, Mis à jour au 30 avril 2020, pp. 23 – 27, https://www.echr.coe.int/Documents/Guide_Art_1_Protocol_1_FRA.pdf.

③ CEDH, 11 février 2010, Sud Parisienne de Construction c/ France, considérant n° 30; CEDH, 12 juillet 2001, Prince Hans-Adam II de Liechtenstein c/ Allemagne, considérant n° 83; Sébastien Milleville, Propriété des créances: le point sur l'argument supralégal, RDLF 2013, chr. n° 22, http://www.revuedlf.com/droit-civil-patrimonial/propriete-des-creances-le-point-sur-largument-supralegal-article/.

首先，在今时今日，除了对传统民法当中的私人所有权享有利害关系之外，国家、公权力机构也可能对包括债权在内的所有其他私人主观权利享有利害关系。基于公共利益维护的需要，它们也可能像剥夺私人所有权一样剥夺私人债权、私人知识权、私人商事经营权。换言之，除了会征收、征用私人所有权之外，它们也完全可能会征收、征用私人享有的其他主观权利。这一点无须加以证明，因为除了法国的法官在少数案件当中对债权的征用做出了说明之外，欧洲人权法院也在大量的案件当中对其他主观权利的征用做出了说明，包括对债权、知识权、商事营业资产等的征用。

其次，在今时今日，虽然所有权仍然占有传统民法当中举足轻重的地位，但是，权利主体享有的其他主观权利也不再是可有可无、无足轻重的主观权利，因为随着社会和经济状况的发展和演变，权利主体享有的其他主观权利也成为法律当中尤其是民法当中具有重要价值的权利。例如，随着第二次工业革命的降临，曾经地位平平的债权在19世纪末期和20世纪初期成功取代了民法领域的"老大哥"所有权而成为最重要的主观权利。① 再例如，在20世纪60年代，地位似乎可以忽略不计的人格权超过了所有权和债权而成为最重要的主观权利。② 既然在今时今日，所有权之外的其他主观权利也获得了足够重要的地位，则它们也应当像传统民法当中的所有权一样受到宪法、人权法的保护。

最后，在今时今日，将债权或者所有权之外的其他主观权利视为自然权利、基本权利是符合人权法宗旨的。人权法的宗旨在于对包括自然人和法人在内的所有人提供保障，防止国家、公权力机构专断地（arbitrairement）剥夺、限制或者侵犯私人享有的主观权利。《1789年的人权和公民权利宣言》序言对人权法的此种宗旨做出了说明，它指出，政府对人权的忽视、遗忘或者侵犯是社会公众遭受不幸和政府腐败的原因，通过将人权上升为自然权利、不可转让的权利、神圣权利的方式，让政府或者公职人员谨记自己所承担的尊重人权的义务。③

当政府、公权力机构可能会专断地剥夺、限制或者侵犯私人的所有权、自由权时，人们将所有权和自由权视为自然权利、基本权利；当政府、公权力机构可能会专断地剥夺、限制或者侵犯私人的隐私权、成家立业权时，人们也将隐私权、成家立业权视为自然权利、基本权利。基于同样的理由，当政府、公权力机构可能会专断地剥夺、限制或者侵犯私人的债权、知识权或者其他主观权利时，人们也应当将私人享有的债权、知识权或者其他主观权利视为自然权利、基本权利并因此让它们获得宪法、人权法的保障。

---

① 张民安：《法国民法总论（Ⅱ）》，清华大学出版社2020年版，第206—223页。
② 张民安：《法国民法总论（Ⅱ）》，清华大学出版社2020年版，第289—295页。
③ Déclaration des Droits de l'Homme et du Citoyen de 1789，https://www.legifrance.goufr/contenu/menu/droit – national – en – vigueur/constitution/declaration – des – droits – de – l – homme – et – du – citoyen – de – 1789.

第五节　债务的界定、构成和有期限性

一、债务的界定

在法国，虽然民法学者普遍认为债同时包含债权和债务两个方面的内容，但是，大多数民法学者均没有对债务做出界定，因此，关于什么是债务，人们并不是非常清晰。仅少数学者对债务做出了界定，包括 Carbonnier、Gérard Cornu、Serge Guinchard 和 Thierry Debard 等人。

在法国，债务一词的法文表述是 dette，该词源自拉丁文 debita、debitum 和 debere，这些拉丁文的含义均为义务。① 在今时今日，债务 dette 一词等同于债务 obligation 一词。民法学者对债务做出的界定基本上是相同的，因为他们普遍认为，所谓债务（dette），是指在债的关系当中，债务人应当对债权人实施的某种给付行为，当债务人应当对债权人实施某种给付行为时，他们应当实施的此种给付行为就是债务，诸如转移财产所有权的行为、做出某种行为，或者不做出某种行为。法国著名的法语词典 *Le Petit Robert* 对债做出了这样的界定，它指出："所谓债务，是指一个人即债务人应当对另外一个人即债权人所承担的转移财产所有权、做出或者不做出某种行为的债。"②

在其《民法》当中，除了对债权做出了界定之外，Carbonnier 也对债务做出了类似的界定，他指出："所谓债务，是一种法律关系，根据该种法律关系，债务人被迫对自己的债权人提供某种给付行为，并且他们的此种给付行为在国家的担保和控制之下。"③ 在其主编的《法律词典》当中，Gérard Cornu 对债务做出了类似的界定，他指出："债务是指从债的消极方面所考虑的债的关系：所谓债务，是指在债的关系当中，被称作债务人的一方当事人对被称为债权人的另外一方当事人所承担的实施某种给付行为（诸如转移所有权、做出或者不做出某种行为）的债。dette 一词等同于 obligation。"④

在其主编的《法律术语词典》当中，Serge Guinchard 和 Thierry Debard 等人对债务做出了界定，他们指出："在广义上，债务 dette 一词等同于债务 obligation 一词，是指债务人实施转移财产所有权、做出或者不做出的某种行为，在债的关系当中，它构成债务人对债权人所实施的给付行为。不过，在最准确的并且最经常的含义上，债务是指一定数量的金钱的给付行为。"⑤

---

①　Gérard Cornu, Vocabulaire juridique, 10e édition, puf, 2014, p. 341；Le Petit Robert de la Langue Française, 2019 édition, Le Robert, 2018, p. 720.
②　Le Petit Robert de la Langue Française, 2019 édition, Le Robert, 2018, p. 720.
③　Jean Carbonnier, Droit civil, Volume II, Les biens, Les obligations, puf, 2004, p. 1581.
④　Gérard Cornu, Vocabulaire juridique, 10e édition, puf, 2014, p. 342.
⑤　Serge Guinchard, Thierry Debard (sous la direction de), Lexique des termes juridiques 2016－2017, 24e édition, Dalloz, 2016, p. 378.

二、债务的构成：单一理论和双重理论

在法国，民法学者不仅将债视为债权人和债务人之间的一种法律关系，而且还将债视为债权人和债务人之间的一种唯一、单一法律关系，在该种法律关系当中，债务人对债权人承担债务，而债权人则对债务人享有债权。法国民法学者将此种理论称为债的单一理论（conception moniste）。而在德国，民法学家则不采取此种理论，因为他们认为，债并不是一种法律关系，而是两种不同的法律关系，因为除了有权要求债务人对自己承担义务之外，债权人还有权向法院起诉，要求法官强制债务人对自己承担法律责任，换言之，除了应当对债权人承担义务之外，债务人还应当对债权人承担责任，这就是德国民法学者所主张的债的理论。根据该种理论，作为债的构成因素，债务由义务和责任组成，其中的义务一词为 le schuld，其中的责任一词则是 le hafting。法国民法学者将德国民法学者的此种理论称为债的双重理论（conception dualiste）。①

在其《债》当中，Gabriel Marty 和 Pierre Raynaud 对法国和德国的民法学者所采取的这两种不同的理论做出了说明，他们指出："在我们的经典法律当中，债似乎被充分界定为债权人和债务人之间的一种法律关系，债显然仅仅在当事人之间建立了一种和唯一的关系。但是，德国学者尤其提出了一种理论，该种理论采取罗马债法的观念，它在债当中发现了两种法律关系，德国学者将其分别称为 schuld 和 hafting。"② 在其《债》当中，Virginie Larribau-Terneyre 也对法国和德国民法学者所采取的两种不同理论做出了说明，他指出："在我国，我们习惯于将债视为将债权人和债务人之间的一种单一关系，这就是债的单一理论。某些学者，尤其是德国学者则将债务解构成两种不同的法律关系：schuld 和 hafting。"③

在德国，作为债务的第一个构成因素，le schuld 一词是指债务人对债权人所承担的履行给付行为的法律义务，例如，履行所承担的转移财产所有权的义务，支付一定数量金钱的义务等。对于债务人而言，他们承担的这些给付义务就是债务。在德国，作为债务的第二个构成因素，le hafting 一词是指债务人在不履行所承担的义务时对债权人承担的法律责任。对于债务人而言，他们所承担的法律责任也是一种债务。德国民法学者将此种形式的债务称为责任、法律责任、国家强制等。这就是德国民法学者在债务问题上所主张的义务和责任的区分理论，根据该种理论，债务是由两个构成因素即债务人所承担的义务和责任构成的，没有其中的任何一个构成因素，债务均不存在。

在债务的构成因素方面，德国民法学者之所以采取二分法的理论，是因为在债的构成问题上，他们受到了罗马法的影响。在古罗马时期，罗马债法明确区分 debitum 一词和 l'obligatio 一词，其中的 debitum 一词是指债务人所承担的给付义务，而 l'obligatio 一

---

① Gabriel Marty, Pierre Raynaud, Droit Civil, Les obligations, Tome 1, Les sources, 2e édition, Sirey, 1988, p. 3; Gérard Légier, les obligations, 17e édition, Dalloz, 2001, pp. 1 - 2; Virginie Larribau-Terneyre, Droit civil, Les obligations, 15e édition, Dalloz, 2017, pp. 50 - 51; François Terré, Philippe Simler, Yves Lequette, François Chénedé, Droit civil, Les obligations, 12e édition, Dalloz, 2018, p. 2.

② Gabriel Marty, Pierre Raynaud, Droit Civil, Les obligations, Tome 1, Les sources, 2e édition, Sirey, 1988, p. 3.

③ Virginie Larribau-Terneyre, Droit civil, Les obligations, 15e édition, Dalloz, 2017, p. 50.

词则是指债务人所承担的法律责任。在罗马法当中，这两个术语的客体是不同的：debitum 的客体是债务人的自愿给付行为，自愿履行所承担的义务。当债务人不履行所承担的给付义务时，债权人就诉诸强制：债权人最初直接对不履行义务的债务人的人身采取强制措施，后来，通过向法院起诉的方式让法官责令债务人对自己承担责任。换言之，根据罗马法的规定，一旦债务人不自愿履行所承担的义务，则给付义务消失并因此被债权人的强制所取代。①

在其《债》当中，Gabriel Marty 和 Pierre Raynaud 对债的双重理论做出了说明，他们指出："此种理论在分析债时将债务分为两个要素：第一个要素是所要履行的给付义务……对于债务人而言，此种给付义务就是债务；对债权人而言，此种给付义务就是债权人从债务人那里取得或者有权取得的内容。最经常发生的情况是，此种义务会产生另外一个要素，该种要素被称为责任、担保、强制。实际上，第二个要素是一种债权人所享有的担保：债务人以自己的人身或者财产担保其对债权人的义务得以履行。换言之，它是指债权人对债务人的人身或者财产所享有的一种强制权。"②

在其《债》当中，Terre、Simler 和 Lequette 等人对债的双重理论做出了说明，他们指出："债的观念的经典分析建立在两个因素区分的基础上：其一，义务，是指债务人通过作为行为或者不作为行为的方式来履行已经到期的债务；其二，责任，也就是，债权人对债务人的人身或者财产的支配、控制。换句话说，在债的两个构成要素当中，第一个构成要素强调债所具有的价值，而第二个构成要素则强调债的法律关系所具有的强制性特征。第一个构成要素将债看作一种利益，而第二个构成要素则将债看作一种关系。"③

三、义务和责任之间的关系

在法国，德国民法学者所采取的将债务分为义务和责任的做法获得了某些民法学者的支持。这些民法学者之所以支持此种理论，是因为在债法当中，将债务分解为义务和责任的做法当然具有一定的合理性，这种合理性表现在，在债法当中，债务人承担的某些债务的确是由义务和责任结合在一起的：如果债务人对债权人承担某种给付义务，当他们不履行所承担的此种义务时，基于债权人的起诉，法官当然应当责令债务人就其违反义务的行为对自己承担法律责任，此种法律责任要么是合同责任，要么是侵权责任，其中的合同责任除了一般意义上的合同责任之外还包括准合同责任；相反，如果债务人不对债权人承担某种给付义务，则即便债务人的行为引起了债权人损害的发生，法官也无法责令债务人对债权人承担任何法律责任。

因此，在债法当中，义务是责任产生的条件和前提，如果债务人不对债权人承担义务，则他们当然不会对债权人承担责任，只有在债务人对债权人承担某种义务并且违反

---

① Gabriel Marty, Pierre Raynaud, Droit Civil, Les obligations, Tome 1, Les sources, 2e édition, Sirey, 1988, p. 3.
② Gabriel Marty, Pierre Raynaud, Droit Civil, Les obligations, Tome 1, Les sources, 2e édition, Sirey, 1988, p. 3.
③ François Terré, Philippe Simler, Yves Lequette, François Chénedé, Droit Civil, les Obligations, 12e édition, Dalloz, 2018, p. 2.

了所承担义务的情况下，债务人才能够被责令承担民事责任。此种规则尤其在侵权责任法和合同法当中适用。一方面，在法国侵权责任法当中，人们采取义务和责任的区分方法，因为他们认为，如果行为人要承担过错侵权责任，他们不仅要对他人承担某种义务，而且还要违反所承担的此种义务。① 另一方面，在法国合同法当中，人们也明确区分了义务和责任，因为他们认为，如果债务人要对债权人承担合同责任，他们首先要对债权人承担某种合同义务，之后，他们还要履行所承担的此种合同义务。②

不过，法国大多数民法学者并不承认义务和责任的区分理论，因为在债务的问题上，他们大都采取债的单一理论，认为债务仅仅是指债务人应当实施的某种给付行为。法国大多数民法学者之所以反对债的双重理论，是因为他们认为，并非所有的债务均是由两个因素组成的，在债法上，义务和责任并非一定会结合在一起，它们是可以分离的。

一方面，在某些债务当中，虽然债务人应当对债权人承担义务，但是，当债务人违反所承担的义务时，法官不会责令债务人承担民事责任，这就是没有强制性的债、没有强制执行力的债，也就是仅有义务而没有责任的债务、仅有义务而没有强制性的债务。最典型的仅有义务而没有责任的债务是债务人所承担的自然债（obligation naturelle）。所谓自然债（obligation naturelle），又称不完全债（obligation imparfaites），是指债务人对债权人所承担的虽然没有国家强制执行力但是仍然具有法律效力的义务。自然债是介于法律上的债和道德上的债之间的一种债，因为它既具有法律上的债的特性，也具有道德上的债的特性。③

另一方面，在某些债务当中，债务人虽然要对债权人承担责任，但是，他们并不对债权人承担义务。换言之，虽然债务人可能会遭受国家强制性的制裁，但是，对他们的制裁并不建立在他们违反所承担的义务的基础上，这就是仅有责任而没有义务的债务，也就是仅有强制而没有义务的债务。最典型的仅有责任而没有义务的债务是保证债。根据保证合同，在债务人不履行对债权人所承担的义务时，债权人有权要求保证人就债务人不履行义务的行为对自己承担法律责任，如果保证人拒绝承担法律责任，法官有权责令保证人对被保证人承担法律责任。此外，如果第三人将自己的某种有体物抵押或者质押给债权人，以便担保债务人对债权人所承担的义务得以履行，在债务人不履行所承担的义务的情况下，法官有权对第三人供做担保的有体物采取强制执行措施。④

---

① 张民安：《法国民法》，清华大学出版社2015年版，第396—397页。
② 张民安：《法国民法》，清华大学出版社2015年版，第359—362页。
③ Gabriel Marty, Pierre Raynaud, Droit Civil, Les obligations, Tome 1, Les sources, 2e édition, Sirey, 1988, p.4; Gérard Légier, les obligations, 17e édition, Dalloz, 2001, pp.1–2; Virginie Larribau-Terneyre, Droit civil, Les obligations, 15e édition, Dalloz, 2017, p.51; François Terré, Philippe Simler, Yves Lequette, François Chénedé, Droit civil, Les obligations, 12e édition, Dalloz, 2018, p.2.
④ Gabriel Marty, Pierre Raynaud, Droit Civil, Les obligations, Tome 1, Les sources, 2e édition, Sirey, 1988, p.4; Virginie Larribau-Terneyre, Droit civil, Les obligations, 15e édition, Dalloz, 2017, p.51.

四、债务的期限性：确定债务、不确定债务和终生债务

（一）债务期限性的界定

所谓债务的期限性（durée），是指债务人对债权人承担债务的期限。债务人何时对债权人履行合同所规定的债务，取决于当事人之间的合同性质。如果当事人之间的合同在性质上属于即时履行合同（le contrat à exécution instantanée），则债务人对债权人承担的债务在合同成立时就应当履行。例如，日常生活当中的大多数买卖合同均是此类合同，其中的出卖人即时履行所承担的交付和转移所有权的债务，而其中的买受人则承担即时交付价款的债务，他们之间的债务的履行与合同成立同时发生：合同成立之日，即债务履行之时。如果当事人之间的合同在性质上属于连续给付合同，则债务人承担的债务不会在合同成立时履行，而是在一定时期内根据合同的约定反复、多次予以履行。[1]

现行《法国民法典》新的第 1111-1 条对即时履行合同和连续给付合同做出了界定，它规定：所谓即时履行合同，是指债务人承担的债务通过一次性给付行为予以履行的合同；所谓连续给付合同，则是指债务人承担的债务在一定时期内通过多次分期给付行为（plusieurs prestations échelonnées）予以履行的合同。[2] 根据该条的规定，在即时履行合同当中，债务人对债权人承担的债务通过一次性给付行为就履行完毕，在债务人实施了一次性给付行为之后，他们与债权人之间的合同就消灭了，而在连续给付合同当中，债务人对债权人承担的债务不会通过一次性给付行为就履行完毕，债务人必须在一定时期内多次、反复实施给付行为。

在债法尤其是合同法当中，即时履行合同的问题简单，而连续给付合同的问题则较为复杂。因为，即时履行合同不会涉及债务人承担债务的性质问题，而连续给付合同则会涉及债务人承担的债务的性质问题：如果债务人在有生之年对债权人承担债务，他们承担的终生债务是否有效？在合同规定了终生债务时，法律应当对终生合同采取什么样的法律制裁措施？如果债务人承担的债务不是有生之年承担的终生债务，而是暂时债务，他们承担的暂时债务所实行的法律规则是否一样？对于这些问题，2016 之前的《法国民法典》仅在少数特殊合同当中做出了规定，通过 2016 年 2 月 10 日的债法改革法令，现行《法国民法典》则做出了明确规定。

（二）暂时债务和终生债务的区分理论

在连续给付合同当中，债务人对债权人承担的债务可以分为两类：其一，终生债务；其二，暂时债务。所谓终生债务（engagements perpétuels engagement à titre perpétuels），是指从合同生效之日起一直到债务人死亡时为止债务人对债权人承担的债

---

[1] Dimitri Houtcieff, Droit des contrats, Larcier, 2e édition, 2016, pp. 399-400; François Terré, Philippe Simler, Yves Lequette, François Chénedé, Droit civil, Les obligations, 12e édition, Dalloz, 2018, p. 729.

[2] Article 1111-1, Code civil, Version en vigueur au 12 juin 2021, https://www.legifrance.goufr/codes/section_lc/LEGITEXT000006070721/LEGISCTA000006136340/#LEGISCTA000032040792.

务，也就是债务人在有生之年对债权人所承担的债务，或者是指债务人承担的债务期限过长并因此让他们承担的债务等同于其有生之年承担的债务，关于终生债务的详细界定，笔者将在下面的内容当中做出详细的讨论，此处从略。所谓暂时债务（engagements temporaire engagement à titre temporaire），是指从合同生效之日起一直到合同约定的期限届满之前或者任何一方当事人在履行了对对方通知债务之后单方面终止合同之前债务人对债权人所承担的债务，换言之，所谓暂时债务，是指债务人不是在有生之年或者不是等同于有生之年所承担的债务。

无论是在2016年之前还是之后，《法国民法典》均承认暂时债务和终生债务的区分理论，它之所以区分这两种债务，是因为它明确肯定暂时债务的合法性、有效性，而暗含地或者明确地反对、禁止终生债务。现行《法国民法典》第1780条明确要求，租赁合同、承揽合同和劳动合同的债务人只能够对债权人承担暂时债务，该条规定：人们只能够在一定期限内或者仅仅在确定的事务方面承担提供服务的债务。[①] 在2016年之前，除了从暂时债务的角度对第1780条做出解读之外，民法学者和法官也普遍从终生债务的角度对该条的规定做出解读，他们认为，除了禁止当事人在租赁合同、承揽合同、劳动合同当中规定终生债务之外，该条还规定了终生债务的禁止原则。

在2016年2月10日的债法改革之后，现行《法国民法典》新的第1210（1）条对终生债务的禁止原则做出了明确规定，该条规定：终生债务是被禁止的。[②] 除了适用于第1780条所规定的租赁合同、承揽合同和劳动合同之外，该条所规定的此种禁止原则也适用于所有其他类型的连续给付合同。

如果我们将《法国民法典》第1780条和新的第1210（1）条结合在一起，我们就会发现，债务的暂时性和债务的终生性是同一个事物的两个不同方面：虽然从字面上看，第1780条仅仅从积极方面规定了债务的暂时性，认为租赁等合同的当事人只能够在一定期限内承担债务，但是，从反面来看，该条也从消极方面规定了租赁等合同的当事人甚至所有合同的当事人均不能够承担终生债务的内容，至少在2016年之前是如此；虽然从字面上看，新的第1210（1）条仅仅从消极方面规定了终生债务的禁止性，认为当事人之间的终生债务是被法律禁止的，但是，如果从反面来看，该条也从积极方面规定，合同的当事人应当在一定期限内承担债务。

总之，根据《法国民法典》第1780条和新的第1210（1）条的规定，债务人只能够在一定期限内对债权人承担债务，他们不能够终生对债权人承担债务，从积极方面，这就是债务暂时性的明确要求，而从消极方面，这就是债务终生性的明确禁止。关于终生债务的明确禁止，笔者将在终生债务的禁止原则当中做出详细的讨论，此处从略。

（三）暂时债务的期限：有确定期限的债务和有不确定期限的债务

根据债务人承担债务的期限是否确定的不同，债务人承担的暂时债务可以分为两

---

① Article 1780, Code civil, Version en vigueur au 12 juin 2021, https://www.legifrance.goufr/codes/section_lc/LEGITEXT000006070721/LEGISCTA000006150290/#LEGISCTA000020616202.

② Article 1210, Code civil, Version en vigueur au 12 juin 2021, https://www.legifrance.goufr/codes/section_lc/LEGITEXT000006070721/LEGISCTA000006150252/#LEGISCTA000032041417.

种：有确定期限的债务（engagements à durée déterminée）和有不确定期限的债务（engagements à durée indéterminée）。所谓有确定期限的债务，是指债务人仅仅在合同明确规定的期限内对债权人承担的债务。所谓有不确定期限的债务，是指合同虽然规定债务人应当对债权人承担债务但是没有规定承担多长期限的债务。

根据意思自治和合同自由原则，当事人完全可以通过消灭期限（terme extinctif）条款对债务人承担债务的期限做出明确限定，一旦当事人通过消灭期限条款对债务人承担债务的期限做出了限定，在消灭期限届满之前，债务人对债权人承担的债务就属于有确定期限的债务；如果当事人之间的合同没有通过消灭期限对债务人承担债务的期限做出约定，则债务人对债权人承担的债务就属于有不确定期限的债务。在合同法上，如果合同对债务人强加有确定期限的债务，则当事人之间的合同就是有确定期限的合同；如果合同对债务人强加有不确定期限的债务，则当事人之间的合同就是有不确定期限的合同。

在2016年之前，《法国民法典》没有规定有确定期限的合同和有不确定期限的合同，导致它在合同的分类方面存在漏洞。虽然如此，通过民法学说和法官的司法判例，《法国民法典》所存在的此种漏洞获得了填补，因为，除了司法判例承认此种分类之外，民法学者也承认此种分类。例如，在2007年的《合同法》当中，Larroumet就明确承认此种分类。① 通过2016年2月10日的债法改革，现行《法国民法典》对这两种合同做出了规定，这就是新的第1210条至新的第1215条。不过，这些法律条款没有对这两种不同的合同做出明确界定。② 在2016年2月10日的债法改革之后，除了普遍对这两种不同类型的合同做出了明确界定之外，民法学者也普遍对这两种合同所涉及的不同规则做出了详细的阐述。③

五、有确定期限的合同

（一）有确定期限的合同的界定

所谓有确定期限的合同（les contrats à durée déterminée），是指债务人承担的债务期限受到合同规定的消灭期限条款限制的连续给付合同。④ 如果当事人在自己的合同当中通过消灭期限条款对债务人承担的债务期限做出明确限定，则他们之间的合同就属于有确定期限的合同。根据合同消灭期限所规定的期限是否明确、肯定和清楚，债务人承担

---

① Christian Larroumet, Droit Civil, Les Obligations, le Contrat, Tome III, 1re partie: Conditions de formation, 6e édition, Economica, 2007, pp. 183–186.

② Articles 1210 à 1215, Code civil, Version en vigueur au 12 juin 2021, https://www.legifrance.goufr/codes/section_lc/LEGITEXT000006070721/LEGISCTA000006150252/#LEGISCTA000032041417.

③ Dimitri Houtcieff, Droit des contrats, Larcier, 2e édition, 2016, p. 400; Muriel Fabre-Magnan, Droit des obligations, Tome 1, Contrat et engagement unilatéral, 4e édition, puf, 2016, p. 659.

④ Dimitri Houtcieff, Droit des contrats, Larcier, 2e édition, 2016, pp. 400–415; Muriel Fabre-Magnan, Droit des obligations, Tome 1, Contrat et engagement unilatéral, 4e édition, puf, 2016, pp. 651–664; Virginie Larribau-Terneyre, Droit civil, Les obligations, 15e édition, Dalloz, 2017, pp. 551–558; François Terré, Philippe Simler, Yves Lequette, François Chénedé, Droit civil, Les obligations, 12e édition, Dalloz, 2018, pp. 733–741.

的有确定期限的债务可以分为有明确期限的债务和没有明确期限的债务。

所谓有明确期限的债务,是指合同对债务人承担的债务持续期限做出了明确、肯定和清楚的规定。例如,如果当事人之间的租赁合同规定,出租人仅仅在5年内对承租人承担将自己的租赁物交付给承租人使用的债务,则出租人对承租人承担的债务就属于有明确期限的债务。所谓没有明确期限的债务,是指合同虽然对债务人承担债务的持续期限做出了规定,但是,他们承担债务的持续期限是不明确、不肯定或者不清楚的,他们承担的债务究竟持续到何时,取决于合同所规定的未来事件何时发生。例如,如果当事人之间的租赁合同约定,在承租人找到新的工作之前,出租人对承租人承担将其房屋出租给承租人居住的债务,则出租人对承租人承担的债务就属于没有明确期限的债务。

不过,根据法国最高法院的司法判例,如果当事人在自己的合同当中规定,一直到死亡之前,债务人均对债权人承担债务,则他们之间的合同在性质上属于终生合同,关于这一点,笔者将在终生债务的禁止原则当中做出详细的讨论,此处从略。此外,即便合同法实行合同自由的原则,并因此允许当事人在自己的合同当中对债务人承担的债务做出规定,但是,在债务的期限问题上,当事人之间的此种自由也受到一定的限制:他们关于债务期限的规定不得违反制定法关于债务期限的规定,因为制定法关于债务期限的规定属于强制性的规定,其目的在于维护公共秩序和债务人的个人自由。[①]

有时,法国的制定法对债务人承担债务的最低期限做出了强制性的规定,以便对债权人提供保护,当事人在签订制定法所规定的合同时,他们在合同当中所规定的债务期限不得低于制定法所规定的债务期限。例如,为了对商事租赁合同当中的承租人提供保护,《法国商法典》第 L.145-4 条对商事租赁合同的最低期限做出了规定,认为当事人之间的租赁期限不得低于9年,换言之,在商事租赁合同当中,出租人至少应当对承租人承担最低限度的9年债务。再例如。1989年7月6日的第89-462号法律明确规定,住房租赁合同的最低期限不得少于3年,因此,住房的出租人至少应当对承租人承担为期3年的将自己的住房出租给承租人居住的债务。[②]

有时,为保护合同的一方当事人,制定法对债务人承担债务的最长期限做出了规定,当事人在合同当中规定的债务期限不得超过制定法规定的最长期限,否则,他们之间的合同所规定的债务就构成终生债务,适用终生债务的禁止原则,关于这一点,笔者将在终生债务的禁止原则当中做出详细的讨论,此处从略。

(二) 债务人履行债务的规则

一旦当事人之间的合同在性质上属于有确定期限的合同,在合同规定的债务履行期限届满时,他们之间的合同关系就消灭,债务人不再对债权人承担债务,债权人不再能够要求债务人对其履行债务,而在合同所规定的消灭期限届满之前,债务人应当一直履

---

① Dimitri Houtcieff, Droit des contrats, Larcier, 2e édition, 2016, pp. 401-402; François Terré, Philippe Simler, Yves Lequette, François Chénedé, Droit civil, Les obligations, 12e édition, Dalloz, 2018, p.738.

② Dimitri Houtcieff, Droit des contrats, Larcier, 2e édition, 2016, p.403; François Terré, Philippe Simler, Yves Lequette, François Chénedé, Droit civil, Les obligations, 12e édition, Dalloz, 2018, p.738.

行自己对债权人承担的债务,任何一方当事人均不得单方面提前解除他们与对方当事人之间的合同;否则,除了也可能被责令继续履行所承担的债务之外,他们还应当被责令对对方承担合同责任。《法国民法典》新的第 1212(1) 条对此种规则做出了说明,它规定,一旦当事人所缔结的合同属于有确定期限的合同,则任何一方当事人均应当履行自己的债务到合同所规定的期限届满时为止。①

不过,在例外情况下,当事人有权提前解除自己与对方当事人之间的合同。如果制定法明确规定,在合同期限届满之前,当事人有权单方面解除合同,或者如果当事人之间就合同的提前解除达成意思表示的一致,或者当事人预先在自己的合同当中规定了提前解除合同的条款,则一方当事人有权单方面提起解除合同。例如,《法国民法典》第 2004 条就规定,即便委托合同是有确定期限的合同,委托人也有权提前单方面解除委托合同。再例如,1989 年 7 月 6 日的第 89-462 号法律也明确规定,住房租赁合同的承租人能够随时解除自己与出租人之间的租赁合同。②

(三) 有确定期限的合同的延长、续订和默示延展

如果当事人之间的合同在性质上属于有确定期限的合同,在合同所规定的期限届满之前,当事人可以延长他们之间的合同,这就是有确定期限的合同的延长,简称为合同的延长;在合同规定的期限届满之后,当事人也可以维持他们之间的合同关系,简称为有确定期限的合同的续订,也就是合同的续订。此外,有确定期限的合同还存在默示续展问题。③

1. 合同的延长

所谓合同的延长 (prorogation du contrat),也称为合同期限的延长,是指在合同所规定的期限届满之前,当事人之间所达成的以新的更长的期限取代合同最初规定的期限 (terme initial) 的协议。换言之,所谓合同的延长,是指在维持当事人之间的同一合同关系的情况下将当事人之间的合同所规定的最初期限加以延长的期限。一旦当事人之间的合同延长了期限,则在合同规定的最初期限届满时,他们之间的合同不会因此消灭,仅仅到了延长的期限届满时,他们之间的合同才会消灭。

因此,在合同延长时,债务人不能只是继续履行自己的债务到合同规定的最初期限届满为止,他们应当继续履行自己的债务一直到延长的期限届满时为止。虽然有确定期限的合同是否延长完全取决于当事人的意思自治和合同自由,但是,他们在做出延长与

---

① Article 1212, Code civil, Version en vigueur au 13 juin 2021, https://www. legifrance. goufr/codes/section_ lc/LEGITEXT000006070721/LEGISCTA000006150252/#LEGISCTA000032041417.

② Dimitri Houtcieff, Droit des contrats, Larcier, 2e édition, 2016, pp. 404 – 411; Muriel Fabre-Magnan, Droit des obligations, Tome 1, Contrat et engagement unilatéral, 4e édition, puf, 2016, pp. 660 – 662; Virginie Larribau-Terneyre, Droit civil, Les obligations, 15e édition, Dalloz, 2017, p. 555; François Terré, Philippe Simler, Yves Lequette, François Chénedé, Droit civil, Les obligations, 12e édition, Dalloz, 2018, pp. 739 – 741.

③ Dimitri Houtcieff, Droit des contrats, Larcier, 2e édition, 2016, pp. 400 – 415; Muriel Fabre-Magnan, Droit des obligations, Tome 1, Contrat et engagement unilatéral, 4e édition, puf, 2016, pp. 651 – 664; Virginie Larribau-Terneyre, Droit civil, Les obligations, 15e édition, Dalloz, 2017, pp. 551 – 558; François Terré, Philippe Simler, Yves Lequette, François Chénedé, Droit civil, Les obligations, 12e édition, Dalloz, 2018, pp. 733 – 741.

对方之间的合同的意思表示时也应当受到一定的限制，因为，他们之间的延长协议不能够损害合同当事人之外的第三人的利益，例如，他们延长合同的协议不能够损害担保人的利益。虽然当事人可能在合同之外就合同当中的履行期限达成延长协议，但是，在大多数情况下，当事人之间的合同往往因为合同所规定的延长条款的适用而延长，因为当事人往往会预先在自己的合同当中规定各种各样的延长条款（clauses de prorogation du contrat），当延长条款所规定的延长事由发生时，合同就按照条款规定的条件自动延长。《法国民法典》新的第1213条对此种规定做出了说明。该条规定：在合同规定的期限届满之前，如果当事人有延期的意思表示，则他们之间的合同可以延长。合同的延长不得侵害第三人的权利。①

2. 合同的续订

所谓合同的续订（renouvellement du contrat），是指在合同规定的期限届满时，基于制定法的规定或者基于当事人之间的协议尤其是合同所规定的续订条款的适用，当事人之间所签订的与之前已经到期的有确定期限的合同内容完全一致并且取代之前的合同的新合同，不过，当事人之间的续订合同的期限从最初合同的有确定期限性嬗变为有不确定期限性，换言之，续订之后的合同不再是有确定期限的合同，而是有不确定期限的合同。《法国民法典》新的第1214（2）条对此种规则做出了说明，该条规定：合同的续订产生了一个新的合同，该新的合同的内容等同于之前的合同，但是，它的期限是不确定的。②

合同的续订不同于合同的延长，它们之间的差异主要表现在两个方面：其一，合同的续订发生在有确定期限的合同所规定的期限届满之后，而合同的延长则发生在有确定期限的合同所规定的期限届满之前。其二，合同的延长并不意味着最初合同的消灭，延长的合同仍然是最初的合同，而合同的续订则不同，续订的合同是一个新的合同，不是最初的合同，因为最初的合同已经因为期限届满而消灭。

为了保护处于弱势地位的一方当事人，《法国民法典》新的第1212（2）条明确规定，一旦有确定期限的合同到期，则当事人之间的合同就消灭，任何一方当事人均不能够要求与对方当事人续订他们之间的合同。③ 不过，根据《法国民法典》新的第1214（1）条的规定，合同的延长也可以出于两种不同的原因而发生：其一，因为制定法的规定而发生。如果制定法明确规定，当事人之间的合同到期之后能够续订，则当事人之间的合同因为制定法的规定而续订。例如，《法国商法典》第145-12条规定，除非当事人另有不同约定，否则，续订的商事租赁合同的期限为9年。其二，当事人之间的合意。在当事人之间的最初合同到期之后，如果当事人之间达成了续订合同的协议，则他

---

① Article 1213, Code civil, Version en vigueur au 13 juin 2021, https://www.legifrance.goufr/codes/section_lc/LEGITEXT000006070721/LEGISCTA000006150252/#LEGISCTA000032041417.

② Article 1214, Code civil, Version en vigueur au 14 juin 2021, https://www.legifrance.goufr/codes/section_lc/LEGITEXT000006070721/LEGISCTA000006150252/#LEGISCTA000032041417.

③ Article 1212, Code civil, Version en vigueur au 14 juin 2021, https://www.legifrance.goufr/codes/section_lc/LEGITEXT000006070721/LEGISCTA000006150252/#LEGISCTA000032041417.

们最初的合同可被续订。①

　　根据《法国民法典》新的第 1214（2）条的规定，原则上，被续订的合同的期限不再是最初合同所规定的确定期限，而是不确定的期限。不过，如果制定法明确规定续订合同的期限为确定期限，则续订合同的期限也可以是确定期限，例如，《法国商法典》第 145 - 12 条就明确规定，续订的商事租赁合同的期限就是确定期限，已如前述。换言之，被续订的合同原则上属于有不确定期限的合同，在例外情况下则属于有确定期限的合同。

3. 合同的默示延展

　　在有确定期限的合同所规定的确定期限届满时，如果当事人继续履行他们所承担的债务，则他们之间存在合同的默示延展（tacite reconduction）。合同的默示延展产生的法律效力等同于续订合同的法律效力：默示延展合同的内容等同于最初的合同，但是，默示延展合同的期限从最初的确定期限嬗变为不确定期限，换言之，默示延展的合同在性质上不再属于有确定期限的合同，而属于有不确定期限的合同。《法国民法典》新的第 1215 条对此种规则做出了说明，该条规定：在有确定期限的合同所规定的期限届满时，如果当事人继续履行合同所规定的债务，则他们之间存在默示延展合同。默示延展合同产生的法律效力与合同续订的法律效力相同。②

六、有不确定期限的合同

（一）有不确定期限的合同的界定

　　所谓有不确定期限的合同（les contrats à durée indéterminée），是指没有对债务人承担债务的期限做出任何规定的连续给付合同，换言之，所谓有不确定期限的合同，是指当事人之间没有规定合同消灭期限的连续履行合同。因此，在签订合同时，如果当事人对债务人承担的债务做出了规定，但是，他们没有对债务人承担债务的期限做出任何规定，则他们之间的连续给付合同在性质上就属于有不确定期限的合同。③

　　有不确定期限的合同原则上源于合同当事人之间的自由约定：如果当事人之间签订了连续给付合同而又没有通过消灭期限对债务人承担债务的期限做出规定，则他们之间的合同就属于有不确定期限的合同。不过在例外情况下，此类合同也源自制定法，因为立法者的制定法有时也明确规定，当事人之间的某种合同在性质上是有不确定期限的

---

① Article 1214, Code civil, Version en vigueur au 14 juin 2021, https://www.legifrance.goufr/codes/section_ lc/LEGITEXT000006070721/LEGISCTA000006150252/#LEGISCTA000032041417.
② Article 1215, Code civil, Version en vigueur au 14 juin 2021, https://www.legifrance.goufr/codes/section_ lc/LEGITEXT000006070721/LEGISCTA000006150252/#LEGISCTA000032041417.
③ Dimitri Houtcieff, Droit des contrats, Larcier, 2e édition, 2016, p. 411; Muriel Fabre-Magnan, Droit des obligations, Tome 1, Contrat et engagement unilatéral, 4e édition, puf, 2016, p. 651; Virginie Larribau-Terneyre, Droit civil, Les obligations, 15e édition, Dalloz, 2017, p. 552; François Terré, Philippe Simler, Yves Lequette, François Chénedé, Droit civil, Les obligations, 12e édition, Dalloz, 2018, p. 733.

合同。①

例如,《法国劳动法典》第 L1231-1 条至第 L1238-5 条就明确规定,劳动合同在性质上属于有不确定期限的合同,因为这些法律条款对有不确定期限的劳动合同(contrat de travail à durée indéterminée)做出了规定。② 再例如,《法国民法典》第 1736 条也规定,如果当事人之间的租赁合同没有采取书面形式,则他们之间的租赁合同就属于有不确定期限的合同,在按照当地习惯的要求给予对方通知的情况下,任何一方当事人均能够随时解除自己与对方之间的租赁合同。③

(二) 有不确定期限的合同与有确定期限的合同之间的主要差异

在债法上,有不确定期限的合同既不同于终生合同,也不同于有确定期限的合同,关于有不确定期限的合同与终生合同之间的差异,笔者将在终生债务的禁止原则当中做出详细的讨论,此处从略。在债法上尤其是合同法上,有不确定期限的合同与有确定期限的合同之间存在共同点,因为它们在性质上均属于一种连续给付合同,债务人均应当多次、反复履行自己对债权人承担的给付债务。不过,它们之间仍然存在重要的差异,因为它们之间所存在的这些差异,民法学者、法官和立法者均明确区分这两种不同的合同。

具体来说,有不确定期限的合同与有确定期限的合同之间的主要差异有二:

第一,有确定期限的合同对债务人承担债务的期限做出了规定,在合同规定的期限届满时,债务人不再履行自己的债务,而有不确定期限的合同则没有规定债务人承担债务的期限,他们究竟承担自己的债务到何时,合同没有以消灭期限条款予以规定。

第二,法律规范存在重大差异。在有确定期限的合同当中,债务人履行自己的债务一直到合同规定的期限届满,在期限没有届满之前,债务人一直要履行对债权人承担的债务,否则,债务人应当承担合同责任,已如前述,而在有不确定期限的合同当中,债务人虽然应当对债权人承担债务,但是,如果他们不再愿意承担债务,在遵循所要求的条件的情况下,他们可以随时终止自己与债权人之间的合同并且不再履行所承担的债务,这就是有不确定期限的合同可以随时自由终止的原则。

有不确定期限的合同可以随时自由终止的原则既适用于债务人,也适用于债权人,它是通过司法判例确立的规则。通过 2016 年 2 月 10 日的债法改革法令,该种原则被现行《法国民法典》新的第 1211 条所采用,该条规定:如果当事人缔结的合同是有不确定期限的合同,在遵守合同规定的通知期限的情况下,或者在欠缺合同规定的通知期限

---

① François Terré, Philippe Simler, Yves Lequette, François Chénedé, Droit Civil, les Obligations, 12e édition, Dalloz, 2018, p.734.

② Articles L1231-1 à L1238-5, Code du travail, Version en vigueur au 14 juin 2021, https://www.legifrance.goufr/codes/section_ lc/LEGITEXT000006072050/LEGISCTA000006160710?etatTexte=VIGUEUR&etatTexte=VIGUEUR_DIFF#LEGISCTA000006160710.

③ Article 1736, Code civil, Version en vigueur au 14 juin 2021, https://www.legifrance.goufr/codes/section_ lc/LEGITEXT000006070721/LEGISCTA000006150285/#LEGISCTA000006150285.

的情况下，那么，任何一方当事人均能够随时终止他们之间的合同。①

（三）有不确定期限的合同能够随时自由终止的原则的确立

在2016年的债法改革法令之前，《法国民法典》虽然在某些特殊的合同当中规定，当当事人之间的合同属于有不确定期限的合同时，任何一方当事人均能够单方面解除自己与对方当事人之间的合同，但是，它没有明确承认，所有有不确定期限的合同均能够由任何一方当事人予以单方面解除的一般原则。② 不过，在2016年之前，通过自己的司法判例，法国最高法院已经确认了此种一般原则。

例如，在1992年2月19日的案件当中，法国最高法院民三庭就承认了此种原则，它认定，在合同没有对债务期限做出约定的情况下，任何一方当事人均享有合同解除权的规则在性质上属于公共秩序性质的规则，当事人不得通过相反的条款违反该种原则；否则，他们相反的条款将被视为没有规定。③ 再例如，在1994年5月31日的案件当中，法国最高法院商事庭也承认了此种原则，它指出，在没有规定任何持续期限的连续给付合同当中，任何一方当事人均能够单方面解除合同，除非该方当事人在行使合同解除权时的行为构成权利滥用。④

在这些司法判例的基础上，法国宪法法院（le Conseil constitutionnel）在1999年11月9日的案件当中裁定，有不确定期限的合同可以随时自由地予以单方面解除的原则是合宪的，在该案当中，它指出，即便一方当事人与另外一方当事人签订的连带民事协约（pacte civil de solidarité）没有预先确定他们之间的合同持续期限，他们之间的此种有不确定期限的合同并没有违反《1789年人权和公民权利宣言》第4条所规定的个人自由维护原则，因为在一方当事人通知另外一方当事人的情况下，任何一方当事人均能够单方面终止自己与对方之间的此种合同关系。⑤

法国最高法院在司法判例当中所确认的此种原则被法国政府所采纳，在2016年2月10日的债法改革法令当中，它被规定在《法国民法典》当中，这就是《法国民法典》当中新的第1211条，已如前述。《法国民法典》新的第1211条的规定与之前的司法判例的精神是一致的，不过，它在一个方面与之前的司法判例存在差异：之前的司法判例使用的术语是任何一方当事人均能够随时"解除"（résiliation）合同，而新的第1211条则放弃了这一术语，并且以任何一方当事人均能够随时"终止"（mettre fin）合同取而代之。⑥

---

① Article 1211, Code civil, Version en vigueur au 14 juin 2021, https://www.legifrance.goufr/codes/section_lc/LEGITEXT000006070721/LEGISCTA000006150252/#LEGISCTA000032041417.

② Muriel Fabre-Magnan, Droit des obligations, Tome 1, Contrat et engagement unilatéral, 4e édition, puf, 2016, pp. 654 – 655.

③ 3e ci19 févr. 1992.

④ Cour de Cassation, Chambre commerciale, du 31 mai 1994, 92 – 12.548, https://www.legifrance.goufr/juri/id/JURITEXT000007032239.

⑤ Cons. const. 9 no1999, n°99 – 419 DC.

⑥ Virginie Larribau-Terneyre, Droit civil, Les obligations, 15e édition, Dalloz, 2017, p. 553.

（四）《法国民法典》新的第 1211 条的具体解释

根据新的第 1211 条的规定，一旦当事人之间的合同在性质上属于有不确定期限的合同，则在符合一定程序要件的情况下，任何一方当事人均能够随时（à tout moment）单方面（unilatéralement）终止（mettre fin）自己与对方当事人之间的合同。

所谓一定的程序要件，是指如果一方当事人要单方面终止自己与对方当事人之间的合同，他们应当将自己单方面终止合同的决定告知（préavis）对方当事人：如果合同对通知期限做出了规定，则他们应当按照合同规定的通知期限将自己的决定告知对方；如果合同没有对通知期限做出规定，则他们应当在合理期限内（un délai raisonnable）将自己的决定告知对方，这就是有不确定期限的合同当事人所享有的一种合同自由：随时终止合同的自由，它属于合同自由原则的组成部分，这就是随时终止合同的自由原则，该种原则的目的在于维护合同当事人的个人自由，这一点与终生合同的禁止原则的目的一样。①

有不确定期限的合同能够随时自由终止的原则是一种能够予以普遍适用的原则，除了能够在《法国民法典》和其他制定法特别规定的某些具体合同当中加以适用之外，它还能够在当事人之间签订的所有有不确定期限的合同当中加以适用，因为《法国民法典》新的第 1211 条的规定属于共同合同法的规定。除了形式上的要件即通知之外，任何一方当事人行使此种自由权时均不需要受到任何实质性条件的限制，尤其是不需要证明对方当事人存在不履行债务的行为。② 一旦一方当事人行使此种终止权，则他们与对方当事人之间的合同就终止。不过，合同的终止仅仅产生向将来消灭合同的法律效力，不会产生溯及既往地消灭合同的法律效力。这一点让合同终止不同于因为一方当事人不履行债务的行为而产生的合同单方面解除。③

问题在于，如果一方当事人单方面终止合同，他们是否就自己单方面终止合同的行为引起的损害对对方承担赔偿责任？《法国民法典》没有做出任何规定，法国最高法院做出的回答有时是肯定的，而有时则是不肯定的。所谓有时是肯定的，是指法国最高法院认为，如果一方当事人借口合同在性质上属于有不确定期限的合同而单方面终止合同，在他们终止合同的行为构成权利滥用时，或者在他们没有履行适当的通知义务时，他们应当对对方当事人承担赔偿责任。所谓有时是不肯定的，则是指在一方当事人的行为既不构成权利滥用行为也不构成不适当的通知行为时，他们是否应当赔偿对方当事人的损害，法国最高法院做出的回答存在矛盾的地方：在某些案件当中，它责令一方当事

---

① Dimitri Houtcieff, Droit des contrats, Larcier, 2e édition, 2016, pp. 414 – 415; Muriel Fabre-Magnan, Droit des obligations, Tome 1, Contrat et engagement unilatéral, 4e édition, puf, 2016, pp. 651 – 659; Virginie Larribau-Terneyre, Droit civil, Les obligations, 15e édition, Dalloz, 2017, pp. 553 – 554; François Terré, Philippe Simler, Yves Lequette, François Chénedé, Droit civil, Les obligations, 12e édition, Dalloz, 2018, pp. 733 – 737.

② François Terré, Philippe Simler, Yves Lequette, François Chénedé, Droit Civil, les Obligations, 12e édition, Dalloz, 2018, p. 734.

③ Virginie Larribau-Terneyre, Droit civil, Les obligations, 15e édition, Dalloz, 2017, p. 553.

人赔偿对方当事人的损害,而在另外一些案件当中,它拒绝责令一方当事人赔偿对方当事人的损害。①

---

① Dimitri Houtcieff, Droit des contrats, Larcier, 2e édition, 2016, pp. 414 – 415; Muriel Fabre-Magnan, Droit des obligations, Tome 1, Contrat et engagement unilatéral, 4e édition, puf, 2016, pp. 651 – 659; Virginie Larribau-Terneyre, Droit civil, Les obligations, 15e édition, Dalloz, 2017, pp. 553 – 554; François Terré, Philippe Simler, Yves Lequette, François Chénedé, Droit civil, Les obligations, 12e édition, Dalloz, 2018, pp. 733 – 737.

第二章 终生债务的禁止原则

第一节 终生合同和终生债务的禁止原则的界定

如果一方当事人与另外一方当事人之间签订的合同让合同债务人终生对合同债权人承担某种作为或者不作为的债务，他们之间的此种合同是否有效？在债法上，尤其是在合同法上，如果当事人之间签订的合同明确规定，债务人终生对债权人承担某种债务，债权人终生有权要求债务人履行此种债务，则他们之间的合同被称为终生合同。

一、终生合同和终生债务的界定

所谓终生合同（contrats perpétuels），也被称为恒久合同、具有终生期限的合同（contrat à durée perpétuelle）、规定了终生债务期限的合同，是指对债务人强加了终生债务、终生持续期限的合同，其中的债务人被称为终生债务人，他们对债权人承担的债务被称为终生债务、恒久债务（engagements perpétuels）。虽然2016年之后的《法国民法典》新的第1210条对终生债务的禁止原则做出了明确规定，但是，它没有对终生债务做出明确界定。虽然2016年之后的民法学者普遍对终生债务的禁止原则做出了说明，但是，他们普遍没有对该种原则适用的终生债务做出界定，例如，Houtcieff、Larribau-Terneyre、Terré、Simler或者Lequette等人均没有对终生债务做出界定，虽然他们的确对终生债务的禁止原则做出了讨论。[①] 即便少数民法学者对其做出了界定，他们的界定也是最简短的。例如，Fabre-Magnan仅仅以三言两语对终生债务做出了界定，他指出："所谓终生债务，是指债务人一生承担的债务。"[②] 何为一生（vie entière），一生是仅仅指自然人的一生还是也指法人的一生？他没有做出明确说明。

所谓终生债务，是指相对于暂时债务（engagements temporaire engagement à titre temporaire）而言的一种债务，或者是指债务人所承担的超过法定最长期限的债务，或者是指债务人所承担的超过了99年期限的债务，或者是指债务人所承担的超过自身寿命或者职业生涯期限的债务。所谓暂时债务，是指债务人仅仅在一定期限内或者一定时期内对合同债权人所承担的债务。终生债务是被禁止的非法债务，而暂时债务则是被允许的合法债务。

债务人承担的终生债务在性质上属于一种明示债务（terme explicite）而非默示债务

---

① Dimitri Houtcieff, Droit des contrats, Larcier, 2e édition, 2016, pp. 411 – 412; Virginie Larribau-Terneyre, Droit civil, Les obligations, 15e édition, Dalloz, 2017, pp. 551 – 552; François Terré, Philippe Simler, Yves Lequette, François Chénedé, Droit civil, Les obligations, 12e édition, Dalloz, 2018, pp. 732 – 733.

② Muriel Fabre-Magnan, Droit des obligations, Tome 1, Contrat et engagement unilatéral, 4e édition, puf, 2016, p. 650.

（terme implicite），因为他们承担的此种债务以当事人在自己的合同当中做出明确规定作为条件，当事人在自己的合同当中对终生债务做出规定的条款被称为终生债务条款。就像所有的债务可以分为作为债务和不作为债务一样，当事人在其合同当中所规定的终生债务也可以分为作为债务和不作为债务，虽然在大多数情况下，当事人承担的终生债务在性质上属于作为债务。因此，如果劳动者与其雇主之间的劳动合同规定，一直到死，工人均应当在雇主的工厂从事生产活动，则劳动者承担的此种终生债务在性质上属于作为债务。而如果商事营业资产的出卖人与买受人签订的商事营业资产买卖合同规定，一直到死，出卖人均不得与买受人展开任何商事竞争活动，则债务人承担的此种终生债务就属于不作为债务。

二、终生合同与有不确定期限的合同之间的关系

终生合同不同于有不确定期限的合同（le contrat à durée indéterminée）。终生合同与有不确定期限的合同之间的差异有二：其一，在终生合同当中，当事人预先在合同当中对债务人承担债务的期限做出了规定，这就是债务人终生对债权人承担债务。而在有不确定期限的合同当中，当事人没有预先对债务人承担债务的期限做出规定。其二，终生合同在性质上属于非法合同，因为它侵犯了债务人的个人自由，因此，无论是在2016年之前还是之后，法律均禁止当事人签订此种合同。而有不确定期限的合同则不同，它在性质上是合法合同，因为它没有侵犯债务人享有的个人自由，因此，法律不会禁止当事人之间签订此种合同。①

有不确定期限的合同之所以没有侵犯债务人的个人自由，是因为即便当事人之间签订了有不确定期限的合同，任何一方当事人均能够随时单方面（unilatéralement）终止其与对方当事人之间的合同，此种规则属于公共秩序性质的规则，当事人不得通过相反的条款予以限制或者排除，此种规则的确立与终生债务的禁止有关，因为为了保护个人自由和自由竞争，任何人均不能够无休无止地被合同约束。②

不过，终生合同与有不确定期限的合同之间并非井水不犯河水，它们之间仍然存在密切的关系。一方面，它们的性质相同，这就是，无论是终生合同还是有不确定期限的合同，它们在性质上均属于连续给付合同（le contrat à exécution successive）。另一方面，自2016年以来，虽然终生合同在性质上是非法的、被禁止的，但是，终生合同并不会像2016年之前那样全部无效或者部分无效，而是嬗变为一种有不确定期限的合同，因为，通过2016年2月10日的债法改革法令，现行《法国民法典》新的第1210条改变了法国最高法院所采取的终生合同无效的做法，它认为，即便终生合同仍然应当被法律禁止，但是，当事人违反法律的禁止性规定所签订的终生合同不再绝对无效，而是被视为一种有不确定期限的合同，任何一方均能够按照有不确定期限的合同所规定的条件和

---

① Muriel Fabre-Magnan, Droit des obligations, Tome 1, Contrat et engagement unilatéral, 4e édition, puf, 2016, p. 650.
② François Terré, Philippe Simler, Yves Lequette, François Chénedé, Droit Civil, les Obligations, 12e édition, Dalloz, 2018, p. 733.

程序随时单方面终止他们与对方之间的终生合同。关于这一点，笔者将在下面的内容当中做出详细的讨论，此处从略。

三、终生债务的禁止原则的界定

所谓终生债务的禁止原则（le principe de prohibition des engagements perpétuels），是指民法尤其是其中的合同法禁止当事人在自己的合同当中规定终生债务的原则。虽然民法尤其是合同法贯彻意思自治和合同自由原则，允许合同当事人在自己的合同当中对债务人承担债务的期限做出规定，但是，当事人不得在自己的合同当中规定终生债务，一旦他们在自己的合同当中规定终生债务，他们将会遭受某种法律制裁，诸如整个合同无效、规定终生债务的条款无效或者嬗变为任何一方当事人均能够自由终止的有不确定期限的合同，这就是终生债务的禁止原则。

在民法上，尤其是在债法上，终生债务的禁止原则究竟从何时开始获得承认？在罗马法时期，民法尤其是其中的合同法是否承认这一原则？在法国旧法时期，民法尤其是其中的合同法是否承认这一原则？在法国大革命时期，民法尤其是合同法是否承认这一原则？在今时今日，虽然民法学者普遍承认，1804年的《法国民法典》已经承认了这一原则，但是，对于1804年的《法国民法典》之前的民法是否已经承认这一原则，民法学者几乎没有做出讨论。因此，在研究终生债务的禁止原则时，人们仅仅讨论1804年以来的《法国民法典》还是不够的，因为，1804年的《法国民法典》是罗马法和法国旧法时期尤其是法国大革命时期民法的延续，它既受到了罗马法的影响，也受到了法国旧法时期民法的影响，还受到了法国大革命时期民法的影响。①

笔者认为，1804年的《法国民法典》所承认的终生债务的禁止原则并非其独创，因为此种禁止原则的历史源远流长，最早可以追溯到罗马法时期，经过法国旧法时期民法学家的阐述和法国大革命时期民法学家的坚持，罗马法上的此种原则最终被法国立法者以零星的方式规定在1804年的《法国民法典》当中。

第二节　终生债务的禁止原则的历史

一、罗马法对终生债务的禁止原则的规定

（一）罗马法当中的租揽合同

在罗马法时期，至少到了经典罗马法时期和后经典罗马法时期，罗马法已经承认了2016年之前《法国民法典》对其适用终生债务的禁止原则的那些具体合同：雇佣合同即劳动合同、租赁合同、承揽合同、公司合同和委托合同。罗马法将这些类型的合同统称为合意合同（les contrats consensuels），因为它们的成立仅需要当事人双方的意思表

---

① 张民安：《法国民法》，清华大学出版社2015年版，第26页。

示一致就足够了,既不需要书面形式,也不需要口头仪式,更不需要某种财产的交付形式。① 问题在于,在承认这些类型的合同能够单凭当事人之间的意思表示合意就成立时,罗马法是否禁止当事人在这些合同当中规定终生债务?对此问题,即便是研究罗马法的民法学者都没有做出具体说明,虽然他们在自己的罗马法著作当中对这些合意合同的概念、基本构成条件和法律效果甚至消灭方式均做出了规定。②

在罗马法当中,劳动合同、雇佣合同、租赁合同和承揽合同并不是四种独立的合同,而是一种合同,该种合同被称为"租揽合同"(location-conductio)或者"服务租赁合同"(louage de services)。所谓服务租赁合同,是指合同的一方当事人将自己的有体物交付给另外一方当事人使用或者对另外一方当事人提供某种劳务服务而另外一方当事人对对方当事人支付一定数额金钱的合同。服务租赁合同所包含的类型众多,包括:其一,物的租赁合同(locatio rei, louage de chose)。其二,雇佣合同也就是劳动合同(locatio operarum contrat de travail)。其三,承揽合同(conductio operis faciendi, contrat d'entreprise)。此外,此种合同还包括一种特殊类型的运输合同即海上运输合同。③

根据罗马法的规定,服务租赁合同的有效应当具备三个必要条件:其一,合同的两方当事人同意,也就是,两方当事人之间的意思表示一致即合意。其二,合同的两方当事人均具有缔约能力。其三,合同的原因,也就是一方当事人承诺对另外一方当事人提供劳动或者服务,而另外一方当事人则承诺会对对方支付工资、报酬。其四,合同的客体是合法的、不违反良好道德的(les bonnes moeurs)。④

(二)不同时期的民法学家关于罗马法是否承认终生债务的禁止原则的争议

问题在于,如果服务租赁合同当事人在自己的合同当中约定债务人对债权人承担终生债务,也就是,如果服务租赁合同在性质上属于终生合同,他们之间的合同是否违反了良好道德?换言之,罗马法禁止终生合同、终生债务吗?例如,如果当事人之间的雇佣合同明确规定,仆人、雇员终生为主人、雇主提供服务,他们之间的此种合同是否构成违反良好道德的合同?在罗马法时期,民法学家之间存在两种不同的看法。

某些民法学者认为,人们能够签订终生雇佣合同、终生租赁合同或者终生承揽合同,因为他们认为,这些终生合同并不违反良好道德。例如,经典罗马法时期的著名民法学家 Paul⑤(160 – 230)就采取此种看法,他指出:完全依赖自己的自由人是能够按

---

① Paul Frédéric Girard, Manuel élémentaire de droit romain, 8e édition, Dalloz, 2003, pp. 566 – 624; Jean Gaudemet, Emmanuelle Chevreau, Droit privé romain, 3e édition, Montchrestien, 2009, pp. 270 – 274.

② Paul Frédéric Girard, Manuel élémentaire de droit romain, 8e édition, Dalloz, 2003, pp. 566 – 624; Jean Gaudemet, Emmanuelle Chevreau, Droit privé romain, 3e édition, Montchrestien, 2009, pp. 270 – 274.

③ Paul Frédéric Girard, Manuel élémentaire de droit romain, 8e édition, Dalloz, 2003, pp. 603 – 610; Jean Gaudemet, Emmanuelle Chevreau, Droit privé romain, 3e édition, Montchrestien, 2009, pp. 271 – 272.

④ G. P. Lubenoff, Louage de services en droit romain dans l'ancien droit français et dans le droit moderne, Thèse, Université de Genève, Genève, Imprimerie Jules Carey, 1886, pp. 50 – 54.

⑤ Paul (juriste), https://fr.wikipedia.org/wiki/Paul_ (juriste).

照自己的意志使用自身的人身和财产的,他们能够终生出租自己的劳务。① 而另外一些民法学者则不同,他们主张任何人均不得承担终生劳动的债务(Nemo potest locare opas in perpetuum, On ne peut engager son travail à perpétuité),认为当事人之间不得签订终生雇佣合同、终生租赁合同、终生承揽合同,因为这些终生合同违反了良好道德。② 例如,经典罗马法时期的著名民法学家 Papinien③(142-212)就采取此种看法,他指出:任何人均不能够承担与自己的个人自由不符的债务。④ 在其 1886 年的博士学位论文《罗马法、法国旧法和现代法当中的服务租揽合同》当中,Grégoire P. Lubenoff 认为,在罗马法时代,虽然 Paul 和 Papinien 的看法完全相反,但是,Paul 的意见更符合罗马法的精神。他指出,罗马法之所以允许终生债务的存在,是因为贫穷和需要迫使某些罗马公民与别人签订合同,将自己享有的自由转让给别人,并因此让自己成为另外一个罗马公民的债务人(le nexus l'addictus)。因此,罗马的自由人似乎能够与别人签订合同,对别人承担为其提供终生服务的债务。⑤

Lubenoff 还指出,虽然 Papinien 的上述言论似乎否认终生债务的存在,但是,他的上述言论仅仅适用于自由人所实施的遗嘱行为和遗赠行为,人们不能够将其言论拓展到雇佣合同、租赁合同或者承揽合同当中。⑥ 根据 Lubenoff 的看法,如果当事人之间签订终生合同,虽然他们之间的合同是无效的,但是,此种无效仅相对无效(nullité relative),并非绝对无效。⑦

(三) 罗马法明确承认终生债务的禁止原则

笔者认为,原则上,罗马法禁止终生合同的存在,而在例外情况下,它则允许终生合同的存在。罗马法之所以原则上禁止终生合同的存在,是因为罗马法仅仅允许债务人在一定时期内对债权人承担债务,不允许债务人对债权人承担终生债务。具体来说,罗马法规定,租揽合同的持续期限由当事人约定,通常的期限为 5 年。不过,罗马法有时也允许当事人之间签订长期租揽合同。所谓长期租揽合同是指租期长达 10 年或者超过

---

① Paul sentent. L. II, t. XVIII; G. P. Lubenoff, Louage de services en droit romain dans l'ancien droit français et dans le droit moderne, Thèse, Université de Genève, Genève, Imprimerie Jules Carey, 1886, p.65; Sentences de Jules Paul, p.182, http://www.histoiredudroit.fr/Documents/Corpus/Suppléments%207.pdf.

② G. P. Lubenoff, Louage de services en droit romain dans l'ancien droit français et dans le droit moderne, Thèse, Université de Genève, Genève, Imprimerie Jules Carey, 1886, p.51.

③ Papinien, https://fr.wikipedia.org/wiki/Papinien.

④ L.71. $ 2; de conditionibus et demonstrationibus (35, 1); G. P. Lubenoff, Louage de services en droit romain dans l'ancien droit français et dans le droit moderne, Thèse, Université de Genève, Genève, Imprimerie Jules Carey, 1886, p.65.

⑤ G. P. Lubenoff, Louage de services en droit romain dans l'ancien droit français et dans le droit moderne, Thèse, Université de Genève, Genève, Imprimerie Jules Carey, 1886, p.51.

⑥ G. P. Lubenoff, Louage de services en droit romain dans l'ancien droit français et dans le droit moderne, Thèse, Université de Genève, Genève, Imprimerie Jules Carey, 1886, p.65.

⑦ G. P. Lubenoff, Louage de services en droit romain dans l'ancien droit français et dans le droit moderne, Thèse, Université de Genève, Genève, Imprimerie Jules Carey, 1886, p.65.

10 年期限的租揽合同。①

所谓例外情况下允许终生合同的存在，是指罗马法在一种极端情况下允许债务人对债权人承担终生债务，这就是，如果一个人将自己的农田、土地出租给另外一个人，另外一个人终生耕种所承租的农田、土地并因此终生对出租人承担缴付租金的债务。Lubenoff 正是因为此种原因而主张罗马法不禁止终生债务的存在，已如前述。而 Pothier 则认为，如果当事人之间签订此种合同，则他们之间的终生合同不应当被视为一种租赁合同，而应当被视为一种设立地役权的合同。② Pothier 之所以将当事人之间的此种终生合同视为设立地役权的合同，是因为租赁合同具有暂时性的特征，而地役权则具有终身性、恒久性的特征。③

笔者认为，将此种终生合同从租赁合同扭曲为设立地役权的合同，虽然能够保证罗马法禁止终生合同的主张得以成立，但是，此种做法显然是一种自欺欺人的做法，因为此种终生合同在性质上显然是一种不动产租赁合同，而不是一种地役权设立的合同。实际上，虽然罗马法承认此种终生合同的存在，但是，它仅仅是一种例外，此种例外不足以否定罗马法对待终生合同的禁止态度。罗马法之所以允许此种例外的存在，是因为罗马社会仅仅是一个农业社会，通过承认出租人与承租人之间此种终生债务的合法性，罗马法确保了农业社会的稳定。

应当注意的是，罗马法当中的服务租赁合同虽然包括雇佣合同、劳动合同，但是，此种合同仅仅适用于家庭仆人（domestique）与其家庭主人之间、工人（ouvrier）与其老板之间的关系，不适用于医师、画家、律师、教师、语法学家、几何学家、验船师、公证人等人与其顾客之间的关系，虽然他们也许与仆人和工人一样，与别人签订合同并据此对别人提供自己的服务。因为，这些人与其顾客之间的合同在性质上属于委托合同而非服务租赁合同，虽然委托合同和服务租赁合同均属于罗马法当中的合意合同。④

经典罗马法时期的著名民法学家、政治家、律师 Cicéron⑤（公元前 106—公元前 43）指出，人们不能够将医师与其病患者之间的服务合同视为一种服务租赁合同，因为他们之间的合同在性质上属于有偿委托合同，其中的医师以自己的知识和技能对其病患者提供服务。Cicéron 的此种看法被经典罗马法时期的所有罗马法学家所赞同，其中包括公元 3 世纪的著名民法学家 Ulpien⑥（170—223 年）。根据他们的看法，医师与其病患者之间的委托合同与仆人与其主人之间的雇佣合同之间的最主要差异是，医师和仆人提供服务的性质不同：仆人和工人提供的服务属于普通性质（nature vulgaire）的服

---

① M. Bugnet, Œuvres de Pothier, annotées et mises en corrélation avec le Code civil et la legislation actuelle, Tome IV, Paris, Henzri Plon Gosse et Marchal, 1861, p. 13.
② M. Bugnet, Œuvres de Pothier, annotées et mises en corrélation avec le Code civil et la legislation actuelle, Tome IV, Paris, Henzri Plon Gosse et Marchal, 1861, pp. 13 – 14.
③ 张民安：《法国民法》，清华大学出版社 2015 年版，第 490 页。
④ G. P. Lubenoff, Louage de services en droit romain dans l'ancien droit français et dans le droit moderne, Thèse, Université de Genève, Genève, Imprimerie Jules Carey, 1886, p. 52.
⑤ Cicéron, https://fr.wikipedia.org/wiki/Cicéron.
⑥ Ulpien, https://fr.wikipedia.org/wiki/Ulpien.

务，而医师等人提供的服务则属于最高尚性质（nature plus relevée）的服务。①

二、法国旧法时期的民法对终生债务的禁止原则的坚持

所谓法国旧法（l'ancien droit français），是指从中世纪一直到法国大革命之前的法律。法国旧法时期的法律具有地域性和法律渊源多样性的特点，因为法国的某些地区适用罗马法，另外一些地区则适用法国习惯法，甚至在同一个地区不同的事项分别适用不同的法律。② 在法国旧法时期，基于罗马法的影响，民法既建立了合同的具体理论和具体制度，也建立了合同的一般理论和一般制度，这从法国17世纪和18世纪的两个最伟大的民法学家Domat和Pothier的民法著作当中可以得到最清晰的印证。

（一）法国旧法明确承认罗马法当中的租揽合同

在17世纪的《自然秩序当中的民法》当中，Domat对合同的一般理论、一般制度和具体理论、具体制度做出了全面、系统的研究，并因此让罗马法当中的合同理论和合同制度得以继承和发展；③ 在18世纪的一系列合同法著作当中，Pothier既建立了合同的一般理论和一般制度，也建立了合同的具体理论和具体制度：在《债法专论》当中，他建立了合同的一般理论和一般制度，而通过诸如《买卖合同专论》《委托合同专论》《保管合同专论》以及《公司合同专论》等一系列民法专论的方式，他建立了合同的具体理论和具体制度。④ 实际上，通过这些民法著作，Domat尤其是Pothier已经为法国立法者制定1804年的《法国民法典》尤其是规定其中的合同制度提出了完整的内容，因为法国立法者所能够做的是，仅仅将他们在这些著作当中建构的合同理论和合同制度搬到他们起草的《法国民法典》当中。⑤

作为罗马法的忠实继承者和不遗余力的捍卫者，Pothier除了将罗马法当中的大多数具体合同引入法国旧法之外，他也将罗马法当中的服务租赁合同引入法国旧法当中，不过，在将此种合同从罗马法当中引入法国法时，他形式上没有再使用罗马法的术语，而是使用了另外一个术语即"租赁合同"（contrats de louage）的术语，因为，在1764年的《租赁合同专论》当中，他直接使用的术语即为"租赁合同"而非罗马法当中的"服务租赁合同"。不过，他所谓的"租赁合同"实质上等同于罗马法当中的"服务租赁合同"，因为在其《租赁合同专论》当中，他将租赁合同分为两类：物的租赁合同（louage des choses）和工程租赁合同（louage des ouvrages）。⑥

所谓工程租赁合同，是指工程承揽合同，也就是罗马法时期"服务租赁合同"当

---

① G. P. Lubenoff, Louage de services en droit romain dans l'ancien droit français et dans le droit moderne, Thèse, Université de Genève, Genève, Imprimerie Jules Carey, 1886, p.52.
② 张民安：《法国民法》，清华大学出版社2015年版，第19—22页；张民安：《法国民法总论（上）》，清华大学出版社2017年版，第72—105页。
③ 张民安：《法国民法总论（上）》，清华大学出版社2017年版，第123页。
④ 张民安：《法国民法总论（上）》，清华大学出版社2017年版，第176—180页。
⑤ 张民安：《法国民法总论（上）》，清华大学出版社2017年版，第166—168页。
⑥ M. Bugnet, Œuvres de Pothier, annotées et mises en corrélation avec le Code civil et la legislation actuelle, Tome IV, Paris, Henzri Plon Gosse et Marchal, 1861, p.1.

中所包含的承揽合同。除了包括通常意义上的动产和不动产等有体物的租赁合同和无体物即无形权的租赁合同之外，他所谓物的租赁合同还包括工人与其老板之间、仆人与其主人之间的雇佣合同、劳动合同，因为，除了明确使用了租赁合同"在工人和仆人的服务租赁当中的适用"这样的表述之外，他还对工人、仆人与其老板、主人之间的服务租赁（louage des services）做出了详细的讨论。① 因此，Pothier 所谓的租赁合同也包括三种合同：出租人与承租人之间的有体物和无体物的租赁合同，工人、仆人与其老板、主人之间的雇佣合同、劳动合同；承揽人与委托人之间的承揽合同。②

就像罗马法时期的民法学家明确区分服务租赁合同和委托合同一样，法国旧法时期的民法学家也明确区分服务租赁合同和委托合同，因为他们认为，虽然教授、医师、律师、公证员等自由职业人士（professions libérales）也为别人提供服务，并且他们也从别人那里获得报酬，但是，他们与别人之间的合同在性质上并不是服务租赁合同。一方面，虽然他们也对别人提供服务，但是，他们不是对别人出租自己的服务，而仆人和雇员则是对其主人、雇主出租自己的服务。另一方面，虽然他们也因为自己的服务而从别人那里获得金钱，但是，他们获得的金钱在性质上不属于租金（loyer）而属于荣誉（l'honoraire）或者报酬（la rémunération）。而仆人和雇员所获得的金钱在性质上属于租金。租金与荣誉、报酬之间的差异是：租金等于仆人、雇员所出租的服务的价值，而荣誉、报酬则低于自由职业人士所提供的服务的价值。③

（二）民法学者关于法国旧法是否承认终生债务的禁止原则的争议

在法国旧法时期，民法或者习惯法是否禁止当事人之间签订终生合同并因此让债务人对债权人承担终生债务？对此问题，后世民法学者做出了不同的回答。Lubenoff 做出了否定的回答，他认为，虽然法国旧法时期的民法学家普遍认为，法国旧法禁止当事人之间规定终生债务，但实际上，法国旧法并不禁止终生债务的存在，因为一方面，在实践当中，农奴与其领主之间签订终生合同的现象大量存在并因此让农奴受到终生债务的约束。另一方面，为了某种虔诚的原因，人们允许债务人与债权人签订终生合同，并因此让债务人承担终生债务，例如，债务人与济贫院（hôpital）签订合同，为济贫院提供终生服务，因为人们信奉"自愿服务上帝是最完美的自由"（Servire deo libertas est）。④ 而 Henri Beaune⑤（1833—1907 年）则做出了肯定的回答，他指出，虽然在 16 世纪之前，人们并没有普遍承认终生债务的禁止原则，但是，从 16 世纪开始，除了民法学家普遍承认了此种原则之外，法官也在大量的司法判例当中以仆人与其主人之间的雇佣合

---

① M. Bugnet, Œuvres de Pothier, annotées et mises en corrélation avec le Code civil et la legislation actuelle, Tome IV, Paris, Henzri Plon Gosse et Marchal, 1861, pp. 61 – 64.

② M. Bugnet, Œuvres de Pothier, annotées et mises en corrélation avec le Code civil et la legislation actuelle, Tome IV, Paris, Henzri Plon Gosse et Marchal, 1861, pp. 1 – 170.

③ Henri Beaune, Droit coutumier français: Les contrats, Paris / Lyon, Delhomme & Briguet, Larose & Forcel, 1889. pp. 289 – 290.

④ G. P. Lubenoff, Louage de services en droit romain dans l'ancien droit français et dans le droit moderne, Thèse, Université de Genève, Genève, Imprimerie Jules Carey, 1886, pp. 78 – 79.

⑤ Henri Beaune (1833 – 1907), https://data.bnf.fr/fr/13163596/henri_ beaune/.

同属于终生合同为由宣告他们之间的合同无效。① 笔者采取 Henri Beaune 的看法,认为法国旧法原则上禁止终生债务,例外情况下则承认终生债务的存在,人们不能够借口例外而否定原则的存在。一方面,法国旧法时期的民法学者普遍持肯定态度,他们认为,法国旧法禁止当事人之间签订终生合同。② 另一方面,法官也在自己的司法判例当中确认此种原则。

(三) 法国旧法完全承认终生债务的禁止原则

在法国,虽然旧法时期的民法禁止终生债务的承担,但是,它在不同时期对待这一原则的态度是存在差异的。总的说来,在 14 世纪之前,尤其是在 445—814 年的法兰克时期(La période franque),虽然民法承认这一原则,但是,它没有严格坚持这一原则。一方面,在法兰克时期,个人的自由经常被转让,大量的个人与别人签订终生服务租赁合同,并因此对别人承担终生债务。另一方面,在丈夫或者父亲死亡之后,他们生前对债权人承担的终生债务并不会因此消失,因为,在他们死亡之后,他们的妻子和子女仍然会继承他们生前承担的债务,继续履行丈夫或者父亲生前所承担的终生债务。③ 从 16 世纪开始一直到 18 世纪末期之前,人们不得通过合同规定终生债务的原则获得了法国旧法的清楚承认。

首先,在 1581 年出版的著作《Masuer 论司法实践:法国的旧法学家和实践家》当中,法国巴黎最高法院的律师、拉丁文作家 Antoine Fontanon④ 就采取此种看法,他明确指出:"自由人是不能够终生出租自己服务的。"⑤ 其次,在 1607 年出版的著作《裁判指导》当中,法学家、律师 Guy Pape⑥ 和 Jacques de Ferrières⑦ 也采取此种看法,他们也认为,人们不能够对别人承担终生债务。⑧

其次,在法国旧法时期,无论是习惯法还是国王颁布的制定法均禁止终生债务的存

---

① Henri Beaune, Droit coutumier français: Les contrats, Paris / Lyon, Delhomme &. Briguet, Larose & Forcel, 1889. pp. 294 – 295.

② G. P. Lubenoff, Louage de services en droit romain dans l'ancien droit français et dans le droit moderne, Thèse, Université de Genève, Genève, Imprimerie Jules Carey, 1886, pp. 78 – 79; Henri Beaune, Droit coutumier français: Les contrats, Paris / Lyon, Delhomme &. Briguet, Larose & Forcel, 1889. p. 294.

③ Henri Beaune, Droit coutumier français: Les contrats, Paris / Lyon, Delhomme &. Briguet, Larose & Forcel, 1889. p. 294.

④ Antoine Fontanon (15..? –1590), https://data.bnf.fr/fr/10434395/antoine_ fontanon/.

⑤ La Practique de Masuer, ancien jurisconsulte et practicien de France, éd. A. Fontanon, Paris 1581, tit. des louages, n °42; Henri Beaune, Droit coutumier français: Les contrats, Paris / Lyon, Delhomme & Briguet, Larose & Forcel, 1889, p. 294; C.-B.-M. Toullier, Jean-Baptiste Duvergier, Le Droit civil français suivant l'ordre du code, t. 19, éd. Renouard, Paris, 1838, p. 330.

⑥ Guy Pape, https://data.bnf.fr/fr/12198130/gui_ pape/; Henri Beaune, Droit coutumier français: Les contrats, Paris / Lyon, Delhomme & Briguet, Larose & Forcel, 1889, p. 294.

⑦ Ferrières, Jacques de, Decisiones Guidonis Papae, j. u. consultissimi consiliarii, https://tolosana.univ-toulouse.fr/fr/notice/075568500; Henri Beaune, Droit coutumier français: Les contrats, Paris / Lyon, Delhomme & Briguet, Larose & Forcel, 1889, p. 294.

⑧ Guy Pape et Ferrer, in quest. 314 de cet auteur; Henri Beaune, Droit coutumier français: Les contrats, Paris / Lyon, Delhomme & Briguet, Larose & Forcel, 1889, p. 294.

在。一方面，在法国旧法时期，不同地区的习惯法对仆人与其主人之间的服务租赁合同期限做出了规定，虽然不同地区的习惯法所规定的期限不同，但是，它们均具有一个共同特点，这就是，它们所规定的期限均是短暂的，它们均不允许当事人规定长期或者终生债务。

总的说来，在 16 世纪初期之前的大约 50 年间，法国习惯法承认了劳务租赁（La louée）或者仆人租赁市场（foire aux domestiques）的合法存在，通过这一市场，它允许农业工人（ouvriers agricoles）、家庭女佣（femmes de maisons）和农场女工与农业经营者、家庭雇主和农场主之间在一年的两个重要节日当中签订服务租赁合同，这就是在圣让节（la Saint-Jean 在每一年的 6 月 24 日举行）和圣马丁节（la Saint-Martin 在每一年的 11 月 11 日举行）。后来，习惯法又将此种习惯法规范从圣让节和圣马丁节拓展到第三个重要的节日即万圣节（la Toussaint 在每年的 11 月 1 日举行），至少在法国的图赖讷（Touraine）和背里（le Berry）地区是如此。至于说他们之间的租赁合同期限究竟持续多长时间，完全由所在地的习惯法规定。通常情况下，为了农业经营者的利益，习惯法规定，农业经营者与其农业工人之间的租赁合同期限为一年。① 除了法国旧法时期的习惯法规定了短期的债务持续期限之外，法国旧法时期的制定法也规定了短期的债务持续期限，禁止当事人之间的服务租赁合同规定长期或者终生债务。如果说法国旧法时期的服务租赁合同往往由所在地的习惯法予以规范和调整的话，则城镇地区的服务租赁合同则由国王颁布的制定法予以规范和调整。原则上，城镇地区服务租赁合同的持续期限由当事人通过合同自由约定，并且他们所约定的持续期限不能够太长甚至终生。如果当事人因为疏忽而没有规定债务持续的期限，则适用国王颁布的制定法。②

在法国旧法时期，国王颁布的制定法对服务租赁合同所规定的期限是短暂的而非长久甚至终生的。因为，他们的制定法往往规定，债务人承担债务的期限为一年。例如，国王路易十二（roi Louis XII）在 1510 年颁布的法令当中就采取此种做法，其第 67 条就明确规定，仆人与其主人、雇员与其雇主之间的雇佣合同期限为一年。再例如，国王查理九世（le roi Charles IX）在 1567 年 3 月 25 日颁布的法令当中也采取此种做法，其第 17 编第 3 条明确规定，仆人、雇员仅仅对其主人、雇主承担一年的债务。这些制定法所规定的一年持续期被《巴黎习惯》所采纳，因为《巴黎习惯》第 127 条明确规定，服务租赁合同的期限为一年。③

再次，在法国旧法时期，法官也承认终生债务的禁止原则，因为，在大量的案件当中，他们持续不断地宣告，如果仆人与其主人之间的雇佣合同让仆人对其主人承担终生债务，或者让仆人对其主人承担的债务太长并因此等同于终生服务，或者如果当事人之

---

① Henri Beaune, Droit coutumier français: Les contrats, Paris / Lyon, Delhomme & Briguet, Larose & Forcel, 1889, pp. 295 – 296; Fête agricole de la Saint-Martin, https://patrimoines.ain.fr/n/fete – agricole – de – la – saint – martin/n:488.

② Henri Beaune, Droit coutumier français: Les contrats, Paris / Lyon, Delhomme & Briguet, Larose & Forcel, 1889, pp. 295 – 296.

③ Henri Beaune, Droit coutumier français: Les contrats, Paris / Lyon, Delhomme & Briguet, Larose & Forcel, 1889, pp. 295 – 296.

间的雇佣合同规定，一旦仆人在雇佣合同所规定的期限届满之前终止自己的服务，他们应当按照合同规定的惩罚条款承担法律责任，则仆人与主人之间的雇佣合同无效。① 例如，在1664年5月29日的案件当中，法国艾克斯最高法院在自己的判决当中明确认为，当事人之间的服务租赁合同不得规定终生债务。②

在1727年的《裁判词典或者巴黎最高法院和其他地区的司法判例汇编》当中，巴黎最高法院（Parlement de Paris）律师Pierre-Jacques Brillon③（1671—1736年）对包括巴黎最高法院在内的不同地区的法官所做出的此类裁判做出了说明。④ 根据这些司法判例的说明，如果法律明确规定，仆人与其主人之间的服务租赁合同持续3个月，在当事人之间的租赁合同持续期限超过3个月时，基于一方当事人的请求，法官会宣告他们之间的合同无效。如果法律规定，继承人与被继承人之间的遗赠扶养合同的持续期限为12年，当继承人与被继承人之间的遗赠扶养合同规定，继承人对被继承人生前提供超过12年的服务，基于一方当事人的请求，法官会宣告他们之间的合同无效。⑤

最后，在1764年的《租赁合同专论》当中，Pothier也认为，租赁合同不能够是终生合同，租赁合同当中的债务人所承担的债务应当是有期限的。在讨论租赁合同的期限时，他明确指出，租赁合同的持续期限通常由当事人在合同当中做出明确约定，如果他们因为疏忽而没有约定，他们之间的租赁合同并非无效：正常情况下，他们之间的租赁合同持续1年，不过，如果租赁合同当中的承租人收获自己的成果需要几年，则他们之间的租赁合同在成果收获之后终止。因此，如果承租人承租出租人的鱼塘养鱼，在租赁合同没有规定养鱼期限时，他们之间的租赁合同被视为3年期限的合同，因为从放鱼到收获鱼的期限一般为3年。⑥

（四）法国旧法承认终生债务的禁止原则的理由

在法国旧法时期，民法之所以承认终生债务的禁止原则，一方面是因为他们受到了经典罗马法时期民法学家Papinien的上述观念的影响，认为终生债务过分限制了债务人的个人自由。另一方面则是因为他们受到了基督教所信奉的教条（dogme chrétien）的

---

① Henri Beaune, Droit coutumier français: Les contrats, Paris / Lyon, Delhomme & Briguet, Larose & Forcel, 1889, pp. 294 – 295.

② Arr. parl. d'Aix, 29, mai1664; Henri Beaune, Droit coutumier français: Les contrats, Paris / Lyon, Delhomme & Briguet, Larose & Forcel, 1889, p. 294.

③ Pierre-Jacques Brillon (1671 – 1736), https://data.bnf.fr/fr/12005067/pierre – jacques_ brillon/.

④ Pierre-Jacques Brillon, Dictionnaire des arrêts ou Jurisprudence universelle des parlemens de France et autres tribunaux: contenant par ordre alphabétique les matières bénéficiales, civiles et criminelles, les maximes du drot ecclésiastique, du droit romain, du droit public, des coutumes, ordonnances, édits et déclarations, nouvelle édition, Tome 6, Paris, Guillaume Cavelier et al. 1727, pp. 175 – 176.

⑤ Pierre-Jacques Brillon, Dictionnaire des arrêts ou Jurisprudence universelle des parlemens de France et autres tribunaux: contenant par ordre alphabétique les matières bénéficiales, civiles et criminelles, les maximes du drot ecclésiastique, du droit romain, du droit public, des coutumes, ordonnances, édits et déclarations, nouvelle édition, Tome 6, Paris, Guillaume Cavelier et al. 1727, pp. 175 – 176.

⑥ M. Bugnet, Œuvres de Pothier, annotées et mises en corrélation avec le Code civil et la legislation actuelle, Tome IV, Paris, Henzri Plon Gosse et Marchal, 1861, p. 14.

影响，尤其是受到了 Saint Paul 的观念影响。基督教的一个信条是尊重自然人的人格、尊严和自由，捍卫自然人人格、尊严和自由的价值，而终生债务则直接违反了基督教的这些信条、教条，因为终生合同让债务人成为没有人格、尊严或者自由的奴隶，任凭债权人终生奴役。在《致哥林多书》（Corinthiens）当中，罗马时期的著名传教士 Saint Paul（公元1世纪初至公元 67 年）① 就采取此种看法，他明确反对终生债务，他指出，你们已经被累累血债所赎回，不应当再成为别人的农奴。②

虽然法国旧法信守终生债务的禁止原则，但是，它也对此种原则设立了例外，在例外情况下，法国旧法允许当事人之间的合同规定终生债务，此种例外有二：其一，在法国旧法时期，习惯法承认农奴与其领主之间能够签订终生劳动合同，并因此让农奴对其领主承担终生债务，诸如每一年对其领主支付一定数额的人头税，对其领主提供一定的杂役等。③ 其二，为了虔诚的目的，债务人能够与债权人签订终生合同并据此对债权人承担终生债务，已如前述。Lubenoff 以这两种情形作为否定法国旧法承认终生债务禁止原则的理由，已如前述。实际上，这两种情形仅仅是例外，它们的存在不能够否定法国旧法的确禁止终生债务的现实。④

问题在于，如果法国旧法的确禁止当事人之间签订终生合同，如果当事人违反了此种禁止性规定而签订了终生合同，他们之间的终生合同的法律效力是什么？对此问题，法国旧法时期的判例法做出了回答，根据它们的回答，虽然当事人违反了此种禁止原则规定了终生合同，但是，他们之间的终生合同仅是相对无效，而非绝对无效，仅其中的仆人、雇员能够向法院起诉，要求法官宣告他们与其主人、雇主之间的服务租赁合同无效，主人、雇主不能够提起此种诉讼。例如，在 1607 年 4 月 8 日的案件当中，格勒诺布尔最高法院（le Parlement de Grenoble）就采取了此种方法，认为终生劳务租赁合同只能够由出租人主张无效。这些司法判例之所以主张终生债务相对无效，是因为它们认为，终生债务的禁止原则仅仅是为了维护仆人、雇员的利益，不是为了维护公共秩序。⑤

三、1804 年的《法国民法典》对终生债务的禁止原则的承认

（一）法国大革命时期的法律对终生债务的禁止原则的明确规定

在法国大革命时期，人们仍然承认终生债务的禁止原则。首先，《法国 1791 年宪

---

① Paul de Tarse, https://fr.wikipedia.org/wiki/Paul_de_Tarse.
② G. P. Lubenoff, Louage de services en droit romain dans l'ancien droit français et dans le droit moderne, Thèse, Université de Genève, Genève, Imprimerie Jules Carey, 1886, pp. 78 – 79；Henri Beaune, Droit coutumier français：Les contrats, Paris / Lyon, Delhomme &. Briguet, Larose & Forcel, 1889. p. 294.
③ 张民安：《法国民法总论（上）》，清华大学出版社 2017 年版，第 231—233 页。
④ Henri Beaune, Droit coutumier français：Les contrats, Paris / Lyon, Delhomme &. Briguet, Larose & Forcel, 1889. pp. 294 – 295.
⑤ G. P. Lubenoff, Louage de services en droit romain dans l'ancien droit français et dans le droit moderne, Thèse, Université de Genève, Genève, Imprimerie Jules Carey, 1886, p. 79；Henri Beaune, Droit coutumier français：Les contrats, Paris / Lyon, Delhomme &. Briguet, Larose & Forcel, 1889. p. 295.

法》序言明确禁止终生债务的存在，它规定：制定法既不承认宗教誓言，也不承认违反自然法或者本宪法的任何其他债务。所谓违反自然法的任何其他债务就是指公民在民事领域依据终生合同承担的终生债务。① 其次，《法国1793年宪法》第18条明确规定了终生债务的禁止原则，该条规定：所有人均能够对别人承担提供服务的债务，但是，他们只能够在一定期限内承担此种债务；他们既不能够出卖自己的服务，也不能够让别人将其服务出卖给自己，人的人身不是一种可以转让的财产；制定法不承认人的奴仆身份；在提供劳务的人和雇佣提供劳务的人之间仅仅存在照管债务和感激债务。②

最后，在1793年、1794年和1796年起草的三个版本的《法国民法典（草案）》当中，Jean-Jacques Régis de Cambacérès③（1753—1824年）也明确禁止终生债务，因为他认为，终生债务违反了自然法赋予公民所需要的自然权利。《法国民法典草案（第一草案）》第三编合同第四编对租赁合同做出了规定，其中的第4条明确禁止租赁合同的当事人在合同当中规定终生债务承担的条款，认为他们所规定的此种条款不会被制定法所承认，因为它侵犯了人所享有的自然自由，该条规定：任何人均不能够对他人承担提供终生服务的债务，当事人之间在租赁合同当中就终生债务所做出的规定是不会得到制定法承认的，因为此种规定违反了人的自然自由。④

在法国大革命期间，民法之所以开始告别法国旧法时期的例外转而承认终生合同和终生债务有效的规则，是因为它受到了《1789年人权和公民权利宣言》的影响，民法贯彻自然法的一个重要原则即个人自由原则（le principe de liberté indiividuelle），⑤ 而终生合同、终生债务则直接与此种原则冲突，因为它限制了公民的个人自由。法国《1789年人权和公民权利宣言》第1条规定：人出生时是自由的并且一直是自由的。根据法国《1789年人权和公民权利宣言》的规定，个人自由在性质上属于一种人权、自然权利（les droits naturels）、不得转让的权利（les droits inaliénables）、神圣权利（les droits sacrés）。⑥

（二）1804年的《法国民法典》第1780条等法律条款规定了终生债务的禁止原则

法国大革命时期民法所贯彻的自由原则也被1804年的《法国民法典》所采纳，因为，1804年的《法国民法典》也将作为自然权利、天赋人权性质的个人自由原则视为

---

① Constitution de 1791, https://www.conseil-constitutionnel.fr/les-constitutions-dans-l-histoire/constitution-de-1791.

② Article 18, Constitution du 24 juin 1793, https://www.conseil-constitutionnel.fr/les-constitutions-dans-l-histoire/constitution-du-24-juin-1793.

③ Jean-Jacques-Régis de Cambacérès, https://fr.wikipedia.org/wiki/Jean-Jacques-Régis_de_Cambacérès；张民安：《法国民法》，清华大学出版社2015年版，第24—25页。

④ Pierre-Antoine Fenet, Recueil complet des travaux préparatoires du code civil, Tome I, Paris Videcoq libraire, 1856, p.78.

⑤ 张民安：《法国民法》，清华大学出版社2015年版，第22页。

⑥ Déclaration des Droits de l'Homme et du Citoyen de 1789, https://www.legifrance.goufr/contenu/menu/droit-national-en-vigueur/constitution/declaration-des-droits-de-l-homme-et-du-citoyen-de-1789.

众多公设当中的一个公设。① 为了贯彻个人自由原则，1804 年的《法国民法典》同时从积极和消极方面对个人享有的各种各样的自由予以保障。所谓积极保障，是指 1804 年的《法国民法典》赋予个人以各种各样的自由，让他们按照自己的意志自愿实施任何行为，包括：合同自由，结婚自由，财产处分自由，遗嘱自由，等等。② 所谓消极保障，则是指 1804 年的《法国民法典》禁止当事人之间签订终生合同，以便对其中的某一方强加终生债务并因此让他们享有的作为自然权利的个人自由受到限制。③

具体来说，虽然 1804 年的《法国民法典》没有对终生债务禁止原则做出明确规定，但是，它对这一原则在某些具体合同当中的适用做出了规定。因此，1804 年的《法国民法典》第 1709 条禁止当事人之间签订终生租赁合同，因为它明确规定，出租人仅仅在一定期限内（pendant un certain temps）承担将自己的出租物交付给承租人使用的债务。④ 1804 年的《法国民法典》第 1780 条禁止当事人之间签订终生劳动合同、终生雇佣合同、终生承揽合同，因为它明确规定：人们只能够在一定期限内或者仅仅在确定的事务方面承担提供服务的债务。⑤ 1804 年的《法国民法典》第 2003 条禁止当事人之间签订终生委托合同，因为它规定，一旦委托人撤销委托，或者被委托人放弃委托，则当事人之间的委托合同终止。⑥

1804 年的《法国民法典》第 1780 条直接源自拿破仑执政府期间民法典起草委员会所起草的《法国民法典（草案）》，因为，1804 年 2 月 19 日的《法国民法典（草案）》第三卷第十三编规定了租赁合同，其中的第 73 条规定：人们只能够在一定期限内或者仅仅在确定的事务方面承担提供服务的债务。在对第 73 条的规定做出说明时，Galli 认为该条规定的目的在于防止人们通过终生合同而沦落为丧失自由的奴隶，他指出："真实的情况是，仆人或者工人能够对自己的主人或者老板承担终生债务是非常奇怪的。自由人的状态让人们对一切类型的奴隶深恶痛绝。"⑦

在 1838 年的著名民法教科书《法国民法》当中，法国 19 世纪初期的著名民法学家、雷恩大学民法教授、起步时期法条注释法学派的核心人物 C.-B.-M. Toullier（1752—1835 年）⑧ 就明确承认 1804 年的《法国民法典》第 1780 条规定了终生债务的禁止原则，并且认为该条所规定的此种原则也仅仅是重复了法国大革命时期的公法学家和法国旧法时期的民法学家所主张的同一原则。他指出："'人们只能够在一定期限内或者仅仅在确定的事务方面承担提供服务的债务'，这就是《法国民法典》第 1780 条的正式规定，这一条款的规定也仅仅是重复了现代公法学家在国家的基本法（即 1793 年宪法）当中所规定的一种原则即终生债务的禁止原则而已；并且在现代公法学家对

---

① 张民安：《法国民法》，清华大学出版社 2015 年版，第 28—29 页。
② 张民安：《法国民法》，清华大学出版社 2015 年版，第 28—29 页。
③ 张民安：《法国民法》，清华大学出版社 2015 年版，第 28—29 页。
④ Article 1709, https://fr.wikisource.org/wiki/Code_civil_des_Français_1804/Livre_III,_Titre_VIII.
⑤ Article 1709, https://fr.wikisource.org/wiki/Code_civil_des_Français_1804/Livre_III,_Titre_VIII.
⑥ Article 2003, https://fr.wikisource.org/wiki/Code_civil_des_Français_1804/Livre_III,_Titre_VIII.
⑦ Recueil des lois composant le code civil, septième volume, Paris, Rondonneau, AN XII. 1804, p.170.
⑧ Charles Bonaventure Marie Toullier, https://fr.wikipedia.org/wiki/Charles_Bonaventure_Marie_Toullier；张民安：《法国民法总论（上）》，清华大学出版社 2017 年版，第 321—322 页。

此种原则做出规定之前，旧法时期的法学家已经非常清晰地建立了这一原则。"①

在1859年的《法国民法》当中，法兰西学院院士（Membre de l'Institut）、法国最高法院法官和院长的Raymond-Theodore Troplong②（1795—1869年）也认为，1804年的《法国民法典》第1780条规定了终生债务的禁止原则，他指出："《法国民法典》第1780条规定：人们只能够在一定期限内或者仅仅在确定的事务方面承担提供服务的债务。本条规定是一个古老原则的回响，也是这一古老格言的重复：任何人均不承担终生劳动的债务。"③

在1886年的《罗马法、法国旧法和现代法当中的服务租赁》当中，Grégoire P. Lubenoff也承认，《法国民法典》第1780条规定了终生债务的禁止原则，也就是规定了自由的禁止转让原则，他指出："自由具有不得转让的性质，如果一方当事人对另外一方当事人承担终生债务，则他们是在转让自己的自由。此类合同是不允许的，这是对'合同自由'一般规则的一种限制。自由的不得转让原则在《法国民法典》之前就已经存在，我们已经将其规定在1791年的《宪法》当中，《法国民法典》在1780条当中规定了此种原则，该条规定：人们只能够在一定期限内或者仅仅在确定的事务方面承担提供服务的债务。"

（三）1804年的《法国民法典》规定终生债务的禁止原则的原因

在19世纪，民法学家之所以认为1804年的《法国民法典》规定了终生债务的禁止原则，是因为他们认为，第1780条和其他法律条款所规定的终生债务过分限制了债务人的个人自由，让债务人沦落为债权人的奴隶，而个人自由是一种公共秩序，而不是一种私人秩序，当事人之间的合同不得违反。在1838年的《法国民法》当中，Toullier对此种原因做出了说明，他指出："承担终生债务的债务人完全将自己的人身转让给了债权人。如果法律允许人们从事此类交易，则它们的此种做法无疑等同于授权人们建立奴隶制度。"④ 在1886年的《罗马法、法国旧法和现代法当中的服务租赁》当中，Grégoire P. Lubenoff也对此种原因做出了说明，他指出："《法国民法典》第1780条的规定属于公共秩序性质的……因为它的目的在于保护公民的个人自由，而公民的个人自由属于公共秩序。并且《法国民法典》第6条规定，人们不能够通过个人合同违反公共秩序或良好道德，《法国民法典》第1133条也表达了同样的观念。"⑤

在1857年的《债的理论和实践》当中，法兰西学院院士（Membre de l'Institut）、法国大革命之前的巴黎上诉法院首任院长、法国最高法院院长Léobon Valéry Léon Jupile

---

① C.-B.-M. Toullier, Jean-Baptiste Duvergier, Le Droit civil francais suivant l'ordre du code, t. 19, éd. Renouard, Paris, 1838, p. 330.

② Raymond-Théodore Troplong, https://fr.wikipedia.org/wiki/Raymond – Théodore_ Troplong.

③ Raymond-Theodore Troplong, Le Droit Civil Expliqué Suivant l'Ordre Du Code, De l'échange et du louage Tome Second, Troisième Édition, Paris, Charles Hingray, 1859, p. 288.

④ C.-B.-M. Toullier, Jean-Baptiste Duvergier, Le Droit civil francais suivant l'ordre du code, t. 19, éd. Renouard, Paris, 1838, p. 330.

⑤ G. P. Lubenoff, Louage de services en droit romain dans l'ancien francais et dans le droit modeme, Thèse Universite de Genève, Imprimerie Jules Garey, 1886, p. 140.

Larombière（1813—1893年）①对终生债务引起合同无效的此种原因做出了更加详细的阐述，他认为，终生债务之所以会导致当事人之间的合同绝对无效，是因为终生债务违反了公共秩序，同人的自由精神相悖，终生债务实质上将债务人降格为债权人的奴隶，任凭债权人终生奴役。

Larombière 指出："我们出生时就是自由的，我们不能够与别人签订终生合同并因此成为别人的终生奴役。自由权是不受侵犯的，Papinien 说道。对于罗马公民而言，Papinien 的此种论断是高尚的，而对于罗马奴隶而言，他的此种论断是对奴隶的辛辣嘲讽。不过，对于今时今日我们所生活的社会而言，此种论断是真实的，因为他们的社会仅仅存在自由民。在法律面前，我们所有人均是平等的，同样，在法律面前，我们所有人也均是自由的。在今时今日，我们不能够再通过合同受到终生给付、终生债务或者债务义务的约束，因为这些终生债务是封建制度所强加的并因此被大革命时期的制定法所废除的。这些债务是违反了公共秩序的。"②

Larombière 还指出："对于人而言，他们的劳动不仅是他们的财产，而且还是他们有权使用的主要财产，同样构成所有权人拥有的财富。虽然人能够签订合同并因此对别人承担劳动债务，但是，他们只能够在有限的期限内对别人承担债务。终生债务将人降格为奴隶，为了捍卫人的自由，公共秩序强烈反对人们签订此类轻率的、可耻的合同。因为这样的原因，《法国民法典》第1780条完全没有必要这样宣称：人们只能够在一定期限内或者仅仅在确定的事务方面承担提供服务的债务。而且这一法律条款也仅仅是重复了纠纷的原则，也仅仅是将此种古老的格言翻译成法律条款的结果：任何人均不承担终生劳动的债务。债务的终身性与租赁的本质冲突，无论是人的劳务租赁还是物的租赁，均是如此，因为，当出租人根据租赁合同将自己的人身或者物终生出租给承租人时，他们的此种行为实际上是将自己的人身或者物转让给承租人。而人是不能够转让的：人既不能够出卖自己，也不能够被出卖。"③

（四）1804年的《法国民法典》第1780条所规定的终生债务的禁止原则是否适用于医师、律师等人

在19世纪，如果1804年的《法国民法典》第1780条承认了终生债务的禁止原则，该种原则适用的范围是什么？当仆人、雇员与其主人、雇主签订终生雇佣合同、劳动合同时，该条的规定当然适用于他们之间的合同。问题在于，第1780条所规定的终生债务的禁止原则是否适用于医师与其病患者、律师与其委托人、建筑师与其物主之间所签订的终生服务合同，换言之，他们之间的这些终生合同是否因为违反了第1780条的规定而无效？

---

① Léobon Valéry Léon Jupile Larombière（1813–1893），https://data.bnf.fr/fr/10705458/leobon_valery_leon_jupile_larombiere/.

② Léobon Valéry Léon Jupile Larombière, Théorie et pratique des obligations, ou Commentaire des titres III et IV livre III du Code Napoléon, art. 1101 à 1386, Tome I, Paris, A. Durand, 1857, pp. 317–318.

③ Léobon Valéry Léon Jupile Larombière, Théorie et pratique des obligations, ou Commentaire des titres III et IV livre III du Code Napoléon, art. 1101 à 1386, Tome I, Paris, A. Durand, 1857, p. 318.

在 1839 年 8 月 24 日的案件当中，法国最高法院对此种问题做出了回答，它认为，1804 年《法国民法典》第 1780 条所规定的终生债务的禁止原则仅仅适用于仆人、雇员与其主人、雇主之间的关系，不适用于医师与其病患者之间的关系，因为，医师不属于该条所规定的仆人、雇员的字面含义。因此，医师与其病患者之间签订的终生服务合同是建立在合法原因的基础上，而仆人与其主人、雇员与其雇主之间的终生服务合同则是建立在非法原因的基础上，人们不能够因为医师与病患者之间的合同规定了终生债务而认定他们之间的合同无效。①

在 1857 年的《债法理论和实践》当中，Larombière 对法国最高法院的此种案件做出了评判，他虽然赞同法国最高法院的此种结论即医师与其病患者之间的终生服务合同不能够因为终生债务的禁止原则而无效，但是，他并不赞同法国最高法院得出此种结论的理据即第 1780 条不适用于医师与其患者之间的终生服务合同。他认为，虽然医师的确不是仆人或者工人，但是，《法国民法典》第 1780 条并不仅仅适用于仆人、工人与其主人、老板之间的终生合同，而且还适用于所有其他人之间所签订的终生合同，包括医师与其病患者之间、律师与其委托人之间以及建筑师与其物主之间所签订的终生合同，因为它确立了具有公共秩序性质的一般原则（un principe général d'ordre public）即终生债务的禁止原则，该种原则并不仅仅根据债务人的身份（la qualité）确定所适用的范围，而且还根据债务人提供服务的期限决定所适用的范围。②

既然 1804 年的《法国民法典》第 1780 条所规定的一般原则同时适用于仆人与其主人、工人与其老板、医师与其病患者、律师与其委托人以及建筑师与其物主之间的终生合同，为何仆人与其主人、工人与其老板之间的终生债务会导致他们之间的终生合同无效，而医师与其病患者、律师与其委托人以及建筑师与其物主之间的终生债务不会导致他们之间的终生合同无效？Larombière 认为，答案既不在于仆人、工人提供的服务更低贱和卑微一些，而医师、律师和建筑师提供的服务更高贵和高尚一些；也不在于仆人、工人的个人自由更显一文不值一些，而医师、律师和建筑师的个人自由更显弥足珍贵一些。③

Larombière 认为，真正的答案在于：虽然这些人均终生对其债权人提供服务，但是，他们提供的服务存在性质方面的差异：仆人和个人承担的终生债务的履行具有连续不断性，而医师、律师和建筑师承担的债务的履行则没有连续不断性，他们也仅仅间歇性地履行自己对债权人承担的债务。因此，终生债务的履行是否具有连续不断性，是最终决定终生合同是否无效的判断标准：即便当事人之间的合同均是终生合同，如果债务人承担的终生债务需要连续不断地予以履行，则基于当事人的请求，法官有权宣告他们

---

① Arrêt du 24 août 1839, SIREY, 39, 1, 663; Léobon Valéry Léon Jupile Larombière, Théorie et pratique des obligations, ou Commentaire des titres III et IV livre III du Code Napoléon, art. 1101 à 1386, Tome I, Paris, A. Durand, 1857, pp. 318–319.

② Léobon Valéry Léon Jupile Larombière, Théorie et pratique des obligations, ou Commentaire des titres III et IV livre III du Code Napoléon, art. 1101 à 1386, Tome I, Paris, A. Durand, 1857, pp. 319–321.

③ Léobon Valéry Léon Jupile Larombière, Théorie et pratique des obligations, ou Commentaire des titres III et IV livre III du Code Napoléon, art. 1101 à 1386, Tome I, Paris, A. Durand, 1857, pp. 319–321.

之间的合同无效，反之，如果债务人承担的终生债务不需要连续不断地予以履行，则他们之间的终生合同仍然有效，法官不得基于终生债务的禁止原则而宣告当事人之间的合同无效。之所以采取此种判断标准，是因为债务的终身性本身不会侵犯债务人的个人自由，仅仅终生债务的持续不断的履行才会侵犯当事人的个人自由。①

Larombière 认为，根据此种规则，虽然均为终生债务，除了仆人、工人与其主人、老板之间的终生合同因为违反了 1804 年的《法国民法典》第 1780 条的禁止原则而绝对无效之外，家庭抄写员（commis）、家庭图书馆员（bibliothécaire）、家庭管家（intendant）和家庭教师（précepteur）与其主人之间的终生合同也因为违反了《法国民法典》第 1780 条的禁止原则而绝对无效，因为这些终生合同违反了第 1780 条所规定的公共秩序，侵犯了人的尊严和个人自由，让当事人之间建立了奴役制度；除了医师、律师和建筑师与其病患者、委托人和物主之间的终生合同不会因为违反了 1804 年的《法国民法典》第 1780 条的禁止原则而绝对无效之外，土方工程承揽人和收割者与其主人之间签订的终生合同也不会因为违反了 1804 年的《法国民法典》第 1780 条的禁止原则而绝对无效，因为这些终生合同没有违反第 1780 条所规定的公共秩序，没有侵犯人的尊严和人的个人自由，没有在当事人之间建立奴役制度。②

在 1886 年的《罗马法、法国旧法和现代法当中的服务租赁》当中，Lubenoff 也对法国最高法院的上述做法发表了自己的看法。并且他的看法与 Larombière 相似。一方面，他反对法国最高法院的理论根据，因为他认为，虽然 1804 年的《法国民法典》第 1780 条的特殊标签的确关乎仆人和工人，但是，作为一种公共秩序的体现，该条所规定的终生债务的禁止原则应当适用于所有职业的合同当事人，无论他们是仆人、工人还是医师、律师等，该条的规定一视同仁地予以适用，因为该条的目的在于捍卫公民的个人自由，而需要通过该种原则捍卫自己个人自由的个人并不仅仅是指仆人和个人，从事任何职业活动的人均需要通过该条规定的禁止原则保护自己的个人自由。③

另一方面，他赞同法国最高法院的结论：医师与其病患者之间的终生合同是有效的。不过，他认为，此种合同有效的原因并不是因为医师和病患者不属于第 1780 条所规定的人的类型，而是因为医师虽然对其病患者承担终生债务，但是，医师根本就没有将自己的终生自由转让给自己的病患者，这一点与公职人员与国家之间的终生合同完全一样：虽然公职人员对国家承担终生服务债务，但是，人们不能够说公职人员将自己的终生自由转让给了国家，因为，医师与其病患者之间不存在绝对的依赖（dépendance absolue），而仆人和工人则不同，在终生合同存续期间，他们与其主人、老板之间存在绝对的依赖。总之，仆人与其主人、工人与其老板之间的终生合同违反了 1804 年的《法国民法典》第 6 条所规定的公共秩序或者良好道德，而医师与病患者之间的终生合

---

① Léobon Valéry Léon Jupile Larombière, Théorie et pratique des obligations, ou Commentaire des titres III et IV livre III du Code Napoléon, art. 1101 à 1386, Tome I, Paris, A. Durand, 1857, pp. 319 – 321.

② Léobon Valéry Léon Jupile Larombière, Théorie et pratique des obligations, ou Commentaire des titres III et IV livre III du Code Napoléon, art. 1101 à 1386, Tome I, Paris, A. Durand, 1857, pp. 319 – 321.

③ G. P. Lubenoff, Louage de services en droit romain dans l'ancien droit français et dans le droit moderne, Thèse, Université de Genève, Genève, Imprimerie Jules Carey, 1886, p. 140.

同并没有违反该条所规定的公共秩序和良好道德。①

总之，到了19世纪末期和20世纪初期，经过民法学家和法官的共同努力，《法国民法典》第1780条所规定的终生债务的禁止原则不仅仅适用于仆人与其主人、工人与其老板之间的雇佣合同、劳动合同，而且还适用于所有人所承担的终生债务，无论他们在承担终生债务时的身份是什么。②"虽然《法国民法典》第1780条被置于仆人和主人的服务租赁合同当中，但是，毫无疑问的是，该条的规定具有普遍性的、一般性的适用范围，并且基于该条的目的，该条的规定也应当作为普遍性的、一般性的法律规范予以适用：该条的目的在于保护人的自然自由，保护承担终生债务的所有人，无论他们在承担此种债务时的身份是什么。法官在自己的司法判例当中确认了民法学者的此种解释：法官将该条的规定适用于仆人与其主人之外的终生合同当中，例如，适用于雇员与行政机关之间的终生雇佣合同以及编辑与其印刷者之间的终生合同当中。"③

四、2016年之后的《法国民法典》新的第1210条对终生债务的禁止原则的直接规定

1804年的《法国民法典》所规定的这些法律条款一直从1804年保留到现在，虽然在长达200多年的时间内，法国立法者对其中的某些法律条款做出了修改。此外，虽然1804年的《法国民法典》第1838条没有对公司的存续期限做出规定，但是，现行《法国民法典》第1838条则对公司存续期限做出了规定，根据它的规定，公司存续期限不得超过99年。④ 在法国政府通过2016年的债法改革法令明确规定终生债务的禁止原则之前，法国民法学者普遍认为，虽然《法国民法典》没有明确规定终生债务的禁止原则，但是，从1804年的《法国民法典》第1709条、第1780条、第1838条和第2003

---

① G. P. Lubenoff, Louage de services en droit romain dans l'ancien droit français et dans le droit moderne, Thèse, Université de Genève, Genève, Imprimerie Jules Carey, 1886, p.140.

② Jurisprudence générale, Supplément au Répertoire méthodique et alphabétique de législation, de doctrine et de jurisprudence, en matière de droit civil, commercial, criminel, administratif, de droit des gens et de droit public, de MM. Dalloz, publié sous la direction de MM. Gaston Griolet et Charles Vergé, Tome 10, Paris, Bureau de la jurisprudence générale, 1892, p.250; G. Baudry-Lacantinerie, Albert Wahl, Traité théorique et pratique de droit civil, Du contrat de louage. Tome II, 2e édition, Paris, Librairie de la société du recueil général des lois et des arrêts, 1901, pp. 389–390.

③ Jurisprudence générale, Supplément au Répertoire méthodique et alphabétique de législation, de doctrine et de jurisprudence, en matière de droit civil, commercial, criminel, administratif, de droit des gens et de droit public, de MM. Dalloz, publié sous la direction de MM. Gaston Griolet et Charles Vergé, Tome 10, Paris, Bureau de la jurisprudence générale, 1892, p.250.

④ Article 1838, Code civil, Version en vigueur au 12 mai 2021, https://www.legifrance.goufr/codes/section_lc/LEGITEXT000006070721/LEGISCTA000006118123/#LEGISCTA000006118123.

条当中，人们完全能够推论出这一原则的存在。①

在2012年的《债》当中，Flour、Aubert和Savaux采取此种方法承认《法国民法典》当中存在终生债务的禁止原则，他们指出："仅仅是为了更好地担保个人的自由，合同自由才会受到限制。具体而言，人们被否定的唯一自由是他们放弃了的自由。人们承认，如果他们通过行使现在自由的方式而转让他们未来的自由，则他们的转让行为是无效的。此种观念建立在终生债务禁止原则的承认基础上：这一原则仅仅出现在《法国民法典》的某些具体法律条款当中。"②

在2014年的报告当中，法国最高法院也采取此种方法承认《法国民法典》当中存在终生债务的禁止原则，它指出，在合同期限问题上，1804年的《法国民法典》采取的方法是一种支离破碎的方法（approche morcelée），因为它仅仅在特殊的合同当中对债务的暂时性做出了规定，诸如第1780条在劳动合同、雇佣合同当中对债务的暂时性做出了规定，第1709条在租赁合同当中对债务的暂时性做出了规定，以及第2003条在委托合同当中对债务暂时性做出了规定。从这些分散的法律文本当中产生了一种一般原则，这就是终生债务的禁止原则，该种原则最初为民法学者通过学说所主张，之后迅速被法官的司法判例所采纳。③

在2017年的《债》当中，Larribau-Terneyre采取了同样的方法承认《法国民法典》当中存在此种禁止原则，他指出："在2016年的债法改革法令所产生的第1210条对终生债务的禁止做出清晰规定之前，终生债务的禁止规则是没有被制定法加以清晰规定的。传统上，此种规则或者建立在《法国民法典》第1780条的基础上，该条规定，人们只能够在一定期限内或者仅仅在确定的事务方面承担提供服务的债务，或者建立在第1838条的基础上，该条禁止公司超过99年，或者建立在第1944条的基础上，该条禁止不受限制的租赁期限。"④

通过2016年2月10日的债法改革法令，现行《法国民法典》不再满足于通过这些零零散散的具体规定体现终生债务的禁止原则，除了继续禁止当事人在这些具体合同当中规定终生债务之外，它还对终生债务的禁止原则做出了一般性的规定，这就是现行《法国民法典》当中新的第1210条，该条规定：终生债务是被禁止的。合同的任何一

---

① Christian Larroumet, Droit Civil, Les Obligations, le Contrat, Tome III, 1re partie： Conditions de formation, 6e édition, Economica, 2007, pp. 183 – 185; Jacques Flour, Jean-Luc Aubert, Éric Savaux, Les obligations, 1. L'acte juridique, 15e édition, Dalloz, 2012, pp. 282 – 283; Chapitre 2. Le rôle de la durée dans la protection des droits, https:// www. courdecassation. fr/publications_ 26/rapport_ annuel_ 36/rapport_ 2014_ 7040/livre_ 3_ etude_ temps_ 7047/emprise_ droit_ 7193/fonction_ protectrice_ 7195/r_ duree_ 31943. html; Dimitri Houtcieff, Droit des contrats, Larcier, 2e édition, 2016, p. 411; Muriel Fabre-Magnan, Droit des obligations, Tome 1, Contrat et engagement unilatéral, 4e édition, puf, 2016, p. 649; Virginie Larribau-Terneyre, Droit civil, Les obligations, 15e édition, Dalloz, 2017, pp. 511 – 512; François Terré, Philippe Simler, Yves Lequette, François Chénedé, Droit civil, Les obligations, 12e édition, Dalloz, 2018, p. 733.

② Jacques, Flour Jean-Luc Aubert, Éric Savaux, Les obligations, 1. L'acte juridique, 15e édition, Dalloz, 2012, p. 282.

③ Chapitre 2. Le rôle de la durée dans la protection des droits, https://www. courdecassation. fr/publications_ 26/rapport_ annuel_ 36/rapport_ 2014_ 7040/livre_ 3_ etude_ temps_ 7047/emprise_ droit_ 7193/fonction_ protectrice_ 7195/r_ duree_ 31943. html.

④ Virginie Larribau-Terneyre, Droit civil, Les obligations, 15e édition, Dalloz, 2017, p. 551.

方当事人均能够根据有不确定期限的合同所规定的条件终止合同。① 根据该条的规定，除了租赁合同、公司合同、劳动合同的当事人不得规定终生债务之外，所有类型的合同当事人均不得在自己的合同当中规定终生债务。

在 2016 年之后的民法或者债法著作当中，民法学者一如既往地承认终生债务的禁止原则，所不同的是，他们不再是从《法国民法典》的各种分散规定当中推论出这一原则，而是直接根据新的第 1210（1）条承认这一原则。② 不过，2016 年之后的《法国民法典》新的第 1210 条最显眼的地方，并不是它首次确凿无疑地规定了终生债务的禁止原则，而是完全放弃了法国最高法院在 2016 年之前所采取的做法，不再认为终生合同或者是全部无效的、或者是部分无效的、或者是缩减到法定最长期限的，而是认为终生合同会嬗变为有不确定期限的合同，并因此适用有不确定期限的合同所实行的规则，这就是，任何一方当事人均有权随时终止他们与对方当事人之间的终生合同。关于这一点，笔者将在下面的内容当中做出详细的讨论，此处从略。

在今时今日，《法国民法典》为何承认或者规定终生债务的禁止原则？法国民法学者认为，《法国民法典》基于两个原因承认或者规定终生债务的禁止原则：维护个人自由和市场的自由竞争。③

一方面，个人自由的维护是 2016 年之后的《法国民法典》在今时今日承认或者规定此种禁止原则的一个最主要的原因。Houtcieff 对此种原因做出了说明，他指出："终生债务禁止原则的目的在于保护个人自由，因为终生债务将债务人几乎等同于奴隶。"④ Fabre-Magnan 也对此种原因做出了说明，他指出："终生债务之所以被禁止，是因为人们有必要通过它来保有个人自由。"⑤

另一方面，市场竞争的维护也是 2016 年之后的《法国民法典》在今时今日承认或者规定此种禁止原则的一个最主要的原因。Louis Vogel 和 Joseph Vogel 对此种原因做出了说明，他们指出，在证明法律应当禁止终生合同并且宣告终生合同无效时，人们习惯于从个人自由维护的角度论证这一禁止原则的合理性，他们很少从别的方面论证这一原则的合理性，事实上，除了从个人自由维护的角度证明这一原则的合理性之外，人们也应当从经济方面即维护市场竞争方面论证这一禁止原则的合理性：如果允许当事人之间的合同规定终生债务，则他们之间的合同会阻却市场竞争的开展并且会妨害财富的创设

---

① Article 1210, Code civil, Version en vigueur au 13 mai 2021, https://www.legifrance.goufr/codes/section_lc/LEGITEXT000006070721/LEGISCTA000006150252/#LEGISCTA000032041417.

② Dimitri Houtcieff, Droit des contrats, Larcier, 2e édition, 2016, p. 411; Muriel Fabre-Magnan, Droit des obligations, Tome 1, Contrat et engagement unilatéral, 4e édition, puf, 2016, p. 649; Virginie Larribau-Terneyre, Droit civil, Les obligations, 15e édition, Dalloz, 2017, pp. 511 – 512; François Terré, Philippe Simler, Yves Lequette, François Chénedé, Droit civil, Les obligations, 12e édition, Dalloz, 2018, p. 733.

③ François Terré, Philippe Simler, Yves Lequette, François Chénedé, Droit Civil, les Obligations, 12e édition, Dalloz, 2018, p. 732.

④ Dimitri Houtcieff, Droit des contrats, Larcier, 2e édition, 2016, p. 411.

⑤ Muriel Fabre-Magnan, Droit des obligations, Tome 1, Contrat et engagement unilatéral, 4e édition, puf, 2016, p. 650.

和流通，因为当事人之间的此种合同禁止新的商人进入当事人之间的合同领域。①

第三节 加拿大最高法院对终生债务的禁止原则的否定

一、1991 年的《魁北克民法典》仅在少数法律条款当中对终生合同做出了规定

无论是在 19 世纪还是在今时今日，除了《法国民法典》承认终生债务的禁止原则之外，其他大陆法系国家的民法也承认终生债务的禁止原则。例如，在 19 世纪的司法判例当中，俄罗斯和德国的法官明确承认终生债务的禁止原则。在 1873 年 3 月 27 日的案件当中，俄罗斯的法官认为，当事人之间的服务合同不得超过 5 年，如果超过 5 年，则他们之间的合同所规定的期限减为 5 年。在 1875 年 5 月 14 日的案件当中，德国的法官也认为，如果债务人终生对其债权人承担债务，则他们之间的合同无效。② 在今时今日，其他大陆法系国家的法官也承认此种原则。例如，在 1972 年 4 月 10 日的案件当中，意大利米兰的法官就明确承认此种原则。③

不过，并非所有的大陆法系国家的民法均承认终生债务的禁止原则，加拿大魁北克民法就没有承认此种禁止原则。作为民法大家庭当中的一员，魁北克民法属于法式民法典的组成部分，因为它以 1804 年的《法国民法典》为范本制定自己的民法典。1866 年，加拿大魁北克的立法者以下加拿大（Bas-Canada）地区的习惯法（le droit coutumier）和 1804 年的《法国民法典》作为根据制定了自己的民法典，这就是 1866 年的《下加拿大民法典》。其中所谓的下加拿大习惯法实际上是以《巴黎习惯》作为根据的习惯法。④ 1866 年的《下加拿大民法典》一直从 1866 年适用到 1991 年，直到魁北克立法者以新的民法典即 1991 年的《魁北克民法典》取代它时为止。⑤

就像 2016 年之前的《法国民法典》明确禁止某些终生债务的存在一样，1991 年的《魁北克民法典》也明确禁止某些终生债务的存在。1991 年的《魁北克民法典》第 1880 条明确禁止终生租赁合同，其第 1880 条规定：租赁期限不得超过 100 年，如果超过了 100 年，则缩减到此种期限。⑥ 在对 1991 年的《魁北克民法典》第 1880 条作出评

---

① Louis Vogel, Joseph Vogel, Vers un retour des contrats perpétuels? Évolution récente du droit de la distribution, Contrats-Concurrence-Consommation, 1991, p. 1; François Terré, Philippe Simler, Yves Lequette, François Chénedé, Droit civil, Les obligations, 12e édition, Dalloz, 2018, p. 732.

② Sénat russe, 27 mars 1873, Journ. dr. int. II, 1875, p. 159; Trib. sup. comm. Empire, 14 mai 1875, Journ. dr. int. IV, 1877, p. 157; G. Baudry-Lacantinerie, Albert Wahl, Traité théorique et pratique de droit civil, Du contrat de louage. Tome II, 2e édition, Paris, Librairie de la société du recueil général des lois et des arrêts, 1901, p. 393.

③ Tbl. Milan, 10 avr. 1972, Giur. annotata di diritto industriale. 1972, n°108.

④ Code civil du Bas-Canada, https://fr.wikipedia.org/wiki/Code_ civil_ du_ Bas – Canada.

⑤ Code civil du Québec, http://legisquebec. gouqc. ca/fr/showdoc/cs/ccq – 1991.

⑥ Article 1880, Code civil du Québec, http://legisquebec. gouqc. ca/fr/showdoc/cs/ccq – 1991.

论时，加拿大司法大臣对立法者在第1880条当中规定100年租赁期限限制的原因做出了说明，他指出，立法者之所以规定租赁合同的期限不得超过100年，其目的在于"终止人们之间就终生租赁合同是否有效的争议，因为该条明确禁止当事人之间签订终生租赁合同"①。

《魁北克民法典》第2362条禁止当事人之间设立终生担保合同，认为在担保人承担的担保债务期限超过3年并且债务人的债务仍然不能够要求清偿的情况下，在对债务人、债权人和其他担保人给予充分通知的情况下，担保人能够终止他们与被担保人之间的担保合同，该条规定：经过当事人的同意，担保的范围可以包括未来债务、不确定债务或者一段不确定期限的债务，不过，在3年之后，如果债务的履行仍然不可能主张，则在对债务人、债权人和其他担保人进行了充分通知的情况下，担保人能够终止担保合同。② 在对《魁北克民法典》第2362条做出评论时，加拿大司法大臣对立法者禁止终生担保债务的原因做出了说明，他指出，立法者之所以禁止终生担保合同，是因为"终生债务似乎违反了公共秩序。"③

《魁北克民法典》第2376条禁止当事人之间设立终生年金合同（Le contrat constitutif de rente），认为一方当事人如果根据年金合同对另外一方当事人承担服务债务，他们承担服务债务的期限不得超过100年，该条规定：在任何情况下，任何年金的服务期限从年金合同设立之日起均限于100年或者减缩为100年，无论是终生年金还是非终生年金，即便合同规定的服务期限更长或者构成一种连续年金，亦是如此。④

问题在于，人们是否能够从这些零星的法律条款当中推论出《魁北克民法典》也像《法国民法典》一样承认终生债务的禁止原则？对此问题，魁北克民法学者之间存在不同看法。某些民法学者认为，这些法律条款结合在一起表明，《魁北克民法典》也像《法国民法典》一样承认了此种原则，而另外一些民法学者则认为，这些法律条款仅仅是立法者在《魁北克民法典》当中所承认的一个原则即终生债务有效原则的例外。在2017年7月28日的Uniprix一案当中，加拿大最高法院的大多数法官认为，在1991年之前，《下加拿大民法典》没有承认终生债务的禁止原则；在1991年之后，《魁北克民法典》也没有承认终生债务的禁止原则，虽然它在某些法律条款当中禁止终生债务，但是，它的这些规定仅仅是例外。

二、1991年之前的《下加拿大民法典》没有承认终生债务的禁止原则

在2017年7月28日的Uniprix一案当中，加拿大最高法院的大多数法官认为，在

---

① Québec, ministère de la Justice, Commentaires du ministre de la Justice, t. II, Le Code civil du Québec – Un mouvement de société（1993），p. 1181；Canada, Cour suprême, 28 juillet 2017, 2017CSC43, https://juricaf. org/arret/CANADA – COURSUPREME – 20170728 – 2017CSC43.

② Article 2362, Code civil du Québec, http://legisquebec. gouqc. ca/fr/showdoc/cs/ccq – 1991.

③ Québec, ministère de la Justice, Commentaires du ministre de la Justice, t. II, Le Code civil du Québec – Un mouvement de société（1993），p. 1482；Canada, Cour suprême, 28 juillet 2017, 2017CSC43, https://juricaf. org/arret/CANADA – COURSUPREME – 20170728 – 2017CSC43.

④ Article 2376, Code civil du Québec, http://legisquebec. gouqc. ca/fr/showdoc/cs/ccq – 1991.

《下加拿大民法典》时代，也就是在 1866 年至 1991 年之间的时代，没有什么会阻止合同当事人签订终生合同并因此让自己终生受到合同所规定的终生债务的约束。一方面，《下加拿大民法典》没有任何法律条款规定此种禁止，另一方面，公认的民法学说承认，当事人之间的终生合同在法律上是完全合法的，并且在做出此种承认时，民法学者主要是将自己的看法建立在加拿大魁北克地区的法官所做出的判决的基础上，因为从 1945 年开始一直到 1991 年之前，加拿大最高法院均坚持终生合同是有效合同的规则，它没有承认终生债务的禁止原则。①

在 1945 年的 Consumers Cordage 一案当中，加拿大最高法院认定，在一个经营者与另外一个人签订了为期 21 年的运河水能经营合同之后，如果合同当中的自动续订条款明确规定，在合同规定的期限届满之前，仅经营者一方享有决定是否自动延长合同所规定的经营期限，则在当事人之间的合同届满之前，如果经营者一方没有决定终止他们与对方之间的合同，则他们之间的合同一直延续下去。它还认为，根据在魁北克可供适用的法律规范（les règles de droit），合同所规定的此种终生自动续订条款（clause de renouvellement perpétuel）是有效的，它既没有违反公共秩序，也不为制定法所禁止。实际上，是否规定终生自动续订条款，完全是由合同当事人的意图决定的事情，他们的意图应当优先于制定法的规定。②

在对 1945 年的案件做出判决大约 20 年之后，加拿大最高法院再一次在 Cyclorama de Jérusalem Inc 一案当中确认了它在 1945 年的案件当中所采取的规则。在 1964 年的 Cyclorama de Jérusalem Inc 一案当中，出租人与承租人之间的租赁合同明确规定，当事人之间的租赁合同有效期为 1 年，除非承租人以书面通知的方式通知出租人将会终止租赁合同，否则，他们之间的租赁合同自动续订 1 年。在对当事人之间的合同条款做出解释时，它指出，当事人已经明确规定，他们之间的合同只能够由承租人决定是否终止，出租人不享有终止权；他们之间的合同是有效的，即便他们之间的合同能够产生终生债务的效果（effets perpétuels），因为在 Consumers Cordage 一案当中，加拿大最高法院已经确定无疑地解决了终生债务是否有效的问题。③

此外，在 1979 年的 Neale c. Katz 一案当中，魁北克上诉法院也认为，终生合同是有效的，在该案当中，出租人与承租人签订的为期 1 年的租赁合同规定，在同样租金和同样条件下，承租人能够年复一年地延展租赁合同的期限。虽然法官认为，当事人之间的此种租赁合同等同于终生合同，因为，除非承租人拒绝延期，否则，当事人之间的租赁合同会一直持续下去。不过，他们认为，人们不能够仅仅因为魁北克和法国的一部分

---

① Canada, Cour suprême, 28 juillet 2017, 2017CSC43, https://juricaf.org/arret/CANADA – COURSUPREME – 20170728 – 2017CSC43.

② Consumers Cordage Co. c. St. Gabriel Land & Hydraulic Co. [1945] R. C. S. 158, pp. 161 – 167; Canada, Cour suprême, 28 juillet 2017, 2017CSC43, https://juricaf.org/arret/CANADA – COURSUPREME – 20170728 – 2017CSC43.

③ Cyclorama de Jérusalem Inc. c. Congrégation du Très Saint Rédempteur, [1964] R. C. S. 595, pp. 597 – 600; Canada, Cour suprême, 28 juillet 2017, 2017CSC43, https://juricaf.org/arret/CANADA – COURSUPREME – 20170728 – 2017CSC43.

学者主张终生债务的禁止原则而认定当事人之间的此种租赁合同是无效的，因为从 Consumers Cordage 一案以来，人们认定，在魁北克民法当中，终生租赁合同是无效合同的意见是令人高度怀疑的，在处理终生合同是否有效的问题上，如果不遵守加拿大最高法院在 1945 年和 1964 年的两个判决所确立的先例是不适当的。①

在上述三个案例当中，虽然 Cyclorama 一案和 Neale 一案仅仅建立在租赁合同的基础上，Consumers Cordage 一案是建立在一种无名合同（contrat innommé）的基础上。根据这三个司法判例的精神，人们能够得出这样的结论：在 1991 年之前，《下加拿大民法典》并不禁止合同的终生性，无论当事人之间的合同是否属于租赁合同，均是如此。②

三、1991 年之后魁北克民法学者就《魁北克民法典》是否承认终生债务的禁止原则所展开的论战

虽然魁北克立法者在 1991 年制定了《魁北克民法典》，但是，除了在一些零碎的法律条款当中明确禁止某些终生合同之外，他们没有在《魁北克民法典》当中对终生债务的禁止做出一般性规定，这一点不同于 2016 年之后的《法国民法典》，因为在 2016 年之后，《法国民法典》新的第 1210 条已经明确规定了终生债务的禁止原则，已如前述。问题在于，人们能否从《魁北克民法典》第 1880 条、第 2362 条和第 2376 条当中推论出这样的结论：《魁北克民法典》就像《法国民法典》一样承认了终生债务的禁止原则？对此问题，魁北克地区的民法学者做出的回答可谓天壤之别。

Didier Lluelles 和 Benoît Moore 做出了否定的回答，他们认为，与《法国民法典》不同的是，《魁北克民法典》在制定法之外并没有承认终生债务的一般禁止原则。他们指出："除了立法者明确规定的例外之外，除了法官在具有亲密人身关系的合同当中基于人的基本权利的考虑而认定当事人之间的合同因为所规定的期限过长而将其视为终生债务之外，合同的持续期限是没有任何最长期限限制的。"③ 他们还指出："《魁北克民法典》的现代编纂者原则上没有谴责终生合同，他们仅仅满足于将其适用范围限定在很少的几种合同当中。"④ 他们认为，如果合同当事人在自己的合同当中规定了合同的自动续订条款（les clauses de renouvellement automatique），则当事人之间的此种条款是有效的，因为，如果合同没有规定一方当事人有权阻止合同的自动续订，则人们可以推定，当事人之间的合同在期限届满时自动续期。⑤

在坚持上述规则的同时，Lluelles 和 Moore 也认为，如果法官不愿意采用他们所提出的上述理论，而是一意孤行地采用 2016 年之后的《法国民法典》所承认的终生债务的禁止原则，认为当事人之间的终生合同所规定的终生性是非法的、违反了公共秩序

---

① Neale c. Katz, ［1979］C. A. 192, pp. 193 – 194; Canada, Cour suprême, 28 juillet 2017, 2017CSC43, https://juricaf.org/arret/CANADA – COURSUPREME – 20170728 – 2017CSC43.
② Neale c. Katz, ［1979］C. A. 192, pp. 193 – 194; Canada, Cour suprême, 28 juillet 2017, 2017CSC43, https://juricaf.org/arret/CANADA – COURSUPREME – 20170728 – 2017CSC43.
③ Didier Lluelles, Benoît Moore, Droit des obligations, 2e édition, Montréal, Thémis, 2012, n°2044.
④ Didier Lluelles, Benoît Moore, Droit des obligations, 2e édition, Montréal, Thémis, 2012, n° 2144.
⑤ Didier Lluelles, Benoît Moore, Droit des obligations, 2e édition, Montréal, Thémis, 2012, n°2194.

的，他们也不应当宣告当事人之间的终生合同无效，而应当采取另外一种方法：将终生合同嬗变为单纯的有不确定期限的合同，并因此让当事人享有随时解除他们与对方当事人之间合同的资格。①

Pierre-Gabriel Jobin 和 Nathalie Vézina 则做出了肯定的回答，他们认为，虽然《魁北克民法典》仅仅在某些法律条款当中对终生债务的禁止原则做出了规定，但是，人们不能够说它不承认终生债务的一般禁止原则，因为这些零星法律条款的规定"反映了立法者关于合同期限的政策，因此，应当通过类推适用的方式拓展到所有其他类型的合同当中。"② 换言之，他们认为，《魁北克民法典》也像《法国民法典》一样承认终生债务的禁止原则，因为此种禁止原则通过《魁北克民法典》当中为数不多的法律条款的精神和政策所体现出来。不过，他们认为，虽然《魁北克民法典》承认终生债务的一般禁止原则，但是，如果当事人之间的合同规定了终生债务，则他们之间的终生合同既非绝对无效，也不是从终生合同嬗变为有不确定期限的合同，而是将当事人之间的合同期限缩减为法定最长期限即不超过 100 年。③

四、加拿大最高法院在 2017 年 7 月 28 日的 Uniprix 一案当中对终生债务的禁止原则的否定

在 2017 年 7 月 28 日的著名案件即 Uniprix inc. c. Gestion Gosselin et Bérubé inc 一案当中，加拿大最高法院对此种问题做出了最终的回答，它采取了 Didier Lluelles 和 Benoît Moore 的观点，认为《魁北克民法典》并没有像《法国民法典》那样承认了一般意义上的终生债务的禁止原则，它原则上认为，当事人之间尤其是公司之间的终生合同是有效的，因为它们之间的终生合同并不违反对基本价值加以维护的公共秩序。④

在该案当中，原告 Uniprix 公司与被告 Gestion Gosselin 公司和 Bérubé inc 公司签订了加盟合同（le contrat d'affiliation），合同规定，原告与两个被告之间的合同期限为 5 年，合同规定的 5 年期限届满之后自动续订 5 年，除非在 5 年期限届满之前的 6 个月内，两个被告在对原告进行了简单的通知之后单方面终止它们与原告之间的加盟合同，在它们与原告之间的合同自动续订两次之后，在合同第三次准备自动续订 5 年时，原告通知两个被告，认为它不准备继续延长与两个被告之间的合同，被告不同意，认为它们与原告之间的合同应当予以延期。原告为此向法院起诉，要求法官宣告它与两个被告之间的自动续订条款无效，因为它认为，合同的自动续订条款所规定的债务等同于终生债务的禁止原则所禁止的终生债务，是违反公共秩序的、非法的条款。⑤

---

① Didier Lluelles, Benoît Moore, Droit des obligations, 2e édition, Montréal, Thémis, 2012, n° 2158.
② Pierre-Gabriel Jobin, Nathalie Vézina, Baudouin et Jobin, Les Obligations, 7e édition, Éditions Yvon Blais, 2013, n°102.
③ Pierre-Gabriel Jobin, Nathalie Vézina, Baudouin et Jobin, Les Obligations, 7e édition, Éditions Yvon Blais, 2013, n°102.
④ Uniprix inc. Gestion Gosselin et Bérubé inc. 2017 SCC 43（CanLII），[2017] 2 SCR 59，https://www.canlii.org/en/ca/scc/doc/2017/2017scc43/2017scc43.html.
⑤ Uniprix inc. Gestion Gosselin et Bérubé inc. 2017 SCC 43（CanLII），[2017] 2 SCR 59，https://www.canlii.org/en/ca/scc/doc/2017/2017scc43/2017scc43.html.

加拿大最高法院终审判决认为，首先，原告与被告之间的加盟合同所规定的自动续订条款仅仅是为了两个被告的利益所规定的条件，并不是为了原告的利益所规定的条款，因此，仅被告能够行使该条所规定的合同终止权，原告不能够行使该条所规定的合同终止权：如果在 5 年的期限届满之前的 6 个月内，两个被告决定终止它们与原告之间的加盟关系，在将自己的此种决定简单地通知了原告之后，它们与原告之间的合同终止，如果它们没有在这一期间做出终止与原告之间的合同关系的决定，则它们与原告之间的合同自动延长 5 年。① 其次，关于原告与被告之间的加盟合同的性质，加拿大最高法院认定，即便认定加盟合同所规定的自动续订终止权仅仅为两个被告所享有，人们也不能够因此认定当事人之间的合同会从有确定期限的合同嬗变为有不确定期限的合同，并因此让原告享有能够随时终止其与两个被告之间的加盟合同的权利，虽然在两个被告不行使自动续订终止权时，当事人之间的合同的持续期限的确具有不确定性，但是，此种不确定性不能够将当事人之间的合同从有确定期限的合同嬗变为有不确定期限的合同。换言之，即便当事人之间的合同持续到什么时候是不确定的，但是，它们之间的合同仍然具有有确定期限的合同的特征。此外，在两个被告不主动寻求终止它们之间的合同的情况下，它们与原告之间的合同的持续期间的不确定性是当事人之间的明确意思表示的一致。② 最后，关于《魁北克民法典》是否承认终生债务的禁止原则的问题，加拿大最高法院最终做出了否定的回答。加拿大最高法院认定，如果两个被告在合同规定的 5 年期间届满之前不会终止它们与原告之间的加盟合同，则原告与被告之间的合同可能通过自动续订条款的适用而让原告对两个被告承担终生债务，不过，人们不能够因此认为，当事人之间的此种终生合同是违反公共秩序的、是无效的，因为，《加拿大魁北克民法典》并没有承认终生债务的禁止原则，虽然它在某些条款当中对某些具体合同的期限做出了限制，但是，它承认终生合同的有效性。③

一方面，在意识到合同债务终生性的赌注存在时，魁北克的立法者做出了自己的选择：他们选择仅仅禁止某些终生合同，例如，选择禁止终生租赁合同而没有选择禁止所有类型的终生合同。换言之，他们认为，原则上，当事人之间的终生合同是有效的，在例外情况下，当事人之间的合同才是无效的。另一方面，总的说来，当事人之间的终生合同并没有侵犯人的基本价值，没有违反公共秩序。虽然合同自由可能会导致当事人的个人自由受到限制，但是，在像加盟合同这样的合同当中，此种情形并不存在，因为在这些类型的合同当中，基于商事关系的建立和维持，如果当事人自由选择受到终生合同的约束，人们没有任何理由对他们的合同自由施加限制。④

---

① Uniprix inc. Gestion Gosselin et Bérubé inc. 2017 SCC 43（CanLII），[2017] 2 SCR 59，https://www.canlii.org/en/ca/scc/doc/2017/2017scc43/2017scc43.html.
② Uniprix inc. Gestion Gosselin et Bérubé inc. 2017 SCC 43（CanLII），[2017] 2 SCR 59，https://www.canlii.org/en/ca/scc/doc/2017/2017scc43/2017scc43.html.
③ Uniprix inc. Gestion Gosselin et Bérubé inc. 2017 SCC 43（CanLII），[2017] 2 SCR 59，https://www.canlii.org/en/ca/scc/doc/2017/2017scc43/2017scc43.html.
④ Uniprix inc. Gestion Gosselin et Bérubé inc. 2017 SCC 43（CanLII），[2017] 2 SCR 59，https://www.canlii.org/en/ca/scc/doc/2017/2017scc43/2017scc43.html.

加拿大最高法院在2017年的Uniprix一案当中对《魁北克民法典》所做出的上述说明获得了某些学者的支持，他们认为，它反映了《魁北克民法典》的真实情况并因此让《魁北克民法典》与《法国民法典》相区别。例如，Daniel Gardner 就采取此种看法，他指出："更一般来说，人们注意到，在对民法典进行改革时，立法者拒绝禁止终生合同，他们仅仅满足于在某些具体合同当中对终生合同做出禁止性规定。当人们了解到我们的立法者在这一问题上采取了与《法国民法典》第1210条采取的相反规定时，他们会惊讶不已，因为《法国民法典》第1210条直言不讳地规定'终生债务是被禁止的。'这或许是魁北克民法具有混合特征的另外一种范例，因为加拿大普通法当中不存在有关终生债务的一般性的禁止规定。因此，就终生债务的禁止问题而言，魁北克私法与其说是教条主义的，毋宁说是经验主义的。"①

第四节　终生债务的判断标准

　　无论是在19世纪、2016年之前还是2016年之后，终生债务的禁止原则所禁止的内容均是相同的：虽然当事人享有合同自由，但是，他们不得在自己的合同当中规定一方当事人对另外一方当事人承担终生债务。不过，无论是19世纪、2016年之前还是之后，《法国民法典》均没有对此种原则所禁止的对象即终生债务做出界定：债务人承担的哪些债务在性质上属于终生债务？他们承担的哪些债务在性质上不属于终生债务？判断债务人对债权人承担的债务是否终生债务或者不是终生债务的标准（critère）是什么？因为从1804年以来一直到今时今日的《法国民法典》均没有对此种判断标准做出明确界定，所以，终生债务的判断标准问题由民法学者和法官在他们的著作或者司法判例当中做出说明。

一、终生债务判断标准的类型和界定

　　从19世纪初期开始一直到今时今日，通过法官和民法学者的通力合作，法国民法至少确立了终生债务的四种不同判断标准，这就是有生之年的判断标准、职业生涯的判断标准、99年的最长期限的判断标准和超过制定法规定的法定最长期限的判断标准。在这四种不同的判断标准当中，有生之年的判断标准和职业生涯的判断标准属于两种主观判断标准（critère objective），而99年的最长期限的判断标准和超过制定法规定的法定最长期限的判断标准则是两种客观判断标准（critère subjective）。

　　所谓终生债务的主观判断标准，是指根据债务人的自身情况判断他们承担的债务是否构成终生债务的判断标准：如果在债务人死亡时，他们仍然要承担债务，则他们承担的债务就构成终生债务，这就是有生之年的判断标准；即便在死亡之前债务人无需承担债务，如果在债务人退休时，他们仍然要承担债务，则他们承担的债务也属于终生债务，这就是职业生涯的判断标准。所谓终生债务的客观判断标准，是指根据制定法所规

---

① Daniel Gardner, Revue de la jurisprudence2017 en Droit des Obligations, Revue du notariat, 120（1）, p.121.

定的债务人承担债务的最长期限判断他们承担的债务是否属于终生债务的判断标准。如果制定法明确规定，债务人承担的债务不得超过99年，则99年的判断标准就属于客观标准。如果制定法规定债务人承担的法定最长期限为10年，则10年的判断标准就属于客观标准。

不过，终生债务的客观判断标准和主观判断标准之间的区分并不是绝对的。一方面，99年的判断标准也具有主观的因素，至少在19世纪时是如此，因为在19世纪，人们普遍认为，99年的判断标准属于自然人的预期最长寿命。关于这一点，笔者将在下面的内容当中做出详细的讨论，此处从略。另一方面，在19世纪，《法国民法典》或者其他制定法没有规定99年的法定最长期限，它既没有明确规定不动产租赁合同的最长期限为99年，也没有明确规定公司合同的最长期限为99年。在今时今日，虽然《法国民法典》明确规定公司合同的最长期限为99年，但是，它没有规定，不动产租赁合同的法定最长期限为99年，虽然法官和民法学者普遍认为，不动产租赁合同的法定最长期限不得超过99年，但是，他们的此种结论并不是源自制定法的明确规定，而是源自自然人的最长寿命即100年。关于这一点，笔者将在下面的内容当中做出详细的讨论，此处从略。

作为一种客观判断标准，所谓有生之年的判断标准（la durée de sa vie），也称为人的生命持续期间的标准、人的寿命的判断标准（la durée de vie humaine），根据此种标准，如果债务人从合同签订之日起一直到死亡时止均要对债权人承担债务，则他们承担的债务就属于终生债务。因此，如果一个30岁的仆人与自己的主人签订的雇佣合同约定，从30岁开始一直到死亡时止，该仆人均对其主人承担债务，则他们承担的债务就属于终生债务，该仆人承担的债务属于他们在有生之年所承担的债务。同样，如果一个40岁的工人与其老板签订的劳动合同规定，从40岁开始一直到死亡时止，他均在老板的工厂劳动，则他承担的债务就属于终生债务，因为他承担的债务在性质上属于有生之年承担的债务。

虽然该种判断标准在19世纪获得广泛适用，但是在今时今日，它被逐渐放弃，虽然某些民法学者认为，在今时今日，此种判断标准仍然能够在劳动合同当中适用，因为他们认为，如果劳动者与其雇主签订的劳动合同规定，劳动者或者雇主在有生之年对对方承担债务，则他们之间的此种债务属于终生债务。[①] 有生之年的判断标准之所以在今时今日逐渐被放弃，是因为在今时今日，人们实行退休制度，即便劳动者与其雇主之间签订劳动合同，他们之间的合同很少会像19世纪的合同那样规定债务人从合同签订之日起一直到死亡时止均对对方承担债务。关于19世纪的民法学者和法官对这一判断标准的承认和适用，笔者将在下面的内容当中做出详细的讨论，此处从略，关于这一判断标准在今时今日的逐渐衰落，笔者将在下面的内容当中做出详细的讨论，此处从略。

作为一种客观判断标准，所谓职业生涯的判断标准（la durée moyenne de la vie professionnelle），是指与债务人相同或者类似的职业人在从事相同或者相似的职业活动时

---

① Christian Larroumet, Droit Civil, Les Obligations, le Contrat, Tome III, 1re partie: Conditions de formation, 6e édition, Economica, 2007, p.183.

通常会承担债务期限的判断标准，根据此种标准，如果债务人对其债权人承担债务的期限超过了其他人在从事同一或者类似的职业活动时所承担的债务期限，则他们承担的债务就属于终生债务。因此，如果医师从事职业生涯的期限为 40 年，当一个医师对其诊所承担 50 年的债务时，则该医师承担的 50 年的债务就构成终生债务，因为他承担债务的期限超过了一般医师的职业生涯期限。同样，如果劳动者从事职业生涯的期限为 30 年，当一个劳动者对其雇主承担 40 年的债务时，则该劳动者承担的债务就构成终生债务，因为他承担债务的期限超过了一般劳动者的职业生涯期限。

作为一种客观判断标准，所谓 99 年的判断标准（La durée de 99 ans），是指债务人承担的债务不得超过 99 年的期限，一旦他们承担的债务超过了 99 年，则他们承担的债务就属于终生债务。虽然 19 世纪的民法学者、法官和今时今日的民法学者和法官均承认此种判断标准，但是，在此种判断标准的性质问题上，不同时期的民法学者和法官之间仍存在不同看法。总的说来，在 19 世纪，民法学者和法官普遍认为，99 年的判断标准并不是法定最长期限标准，而属于一种人的最长寿命标准（la durée maximale de la vie humaine）或者人的寿命极限标准，因为他们认为，自然人的最长寿命为 100 年，债务人承担的债务不得超过自然人的最长寿命。而在今时今日，民法学者和法官则认为，99 年的判断标准属于一种法定最长期限标准，不再属于自然人的最长寿命标准。关于这一点，笔者将在下面的内容当中做出详细的讨论，此处从略。

在今时今日，民法学者和法官之所以将 99 年的判断标准视为一种法定最长期限的判断标准，是因为制定法明确规定，某些合同的持续期限不得超过 99 年，例如《法国民法典》第 1838 条和《法国商法典》第 L.2102 条均明确规定，公司持续期限不得超过 99 年。① 不过，即便 99 年的最长期限为制定法所规定，99 年的判断标准仍然具有主观的因素，因为立法者并不是平白无故地规定 99 年的期限，他们之所以规定 99 年的期限，是因为自 19 世纪以来一直到今时今日，100 年仍然被普遍视为自然人的寿命极限。因此，无论是在 19 世纪还是在今时今日，99 年的判断标准既适用于自然人承担的债务，也适用于法人（personne morale）尤其是公司（société）承担的债务。

作为一种客观判断标准，所谓超过制定法规定的法定最长期限的判断标准，是指如果制定法对某种合同的最长期限做出了规定，当债务人承担的债务超过了制定法所规定的最长期限时，则他们承担的债务就属于终生债务。在法国，除了立法者对公司合同的最长期限即 99 年做出了规定债务，立法者还在自己的制定法当中对其他类型的合同持续期限做出了规定，当事人应当遵守这些制定法关于合同持续期限的规定，如果他们在自己的合同当中规定的债务期限超过了制定法规定的持续期限，则他们之间的合同所规定的债务就属于终生债务。

---

① Article 1838, Code civil, Version en vigueur au 02 juin 2021, https://www.legifrance.goufr/codes/section_lc/LEGITEXT000006070721/LEGISCTA000006136390/#LEGISCTA000006136390; Article L210-2, Code de commerce, Version en vigueur au 02 juin 2021, https://www.legifrance.goufr/codes/section_lc/LEGITEXT000005634379/LEGISCTA000006113739?etatTexte=VIGUEUR&etatTexte=VIGUEUR_DIFF#LEGISCTA000006113739.

二、19 世纪的法官和民法学者对终生债务判断标准所做出的说明

在整个 19 世纪，虽然法官和民法学者普遍认为，1804 年的《法国民法典》第 1780 条承认了终生债务的禁止原则，但是，该条没有对终生债务的判断标准做出规定。因此，债务人承担的债务是否构成该条所禁止的终生债务，完全由法官和民法学者做出说明，并且他们的说明几乎是没有任何差异的，因为他们要么采取有生之年的判断标准，要么采取 99 年的判断标准。①

在 19 世纪前半期，法官在自己的案件当中采取有生之年的判断标准，认为如果债务人承担的债务一直从合同签订之日持续到他们死亡时止，则他们承担的债务就构成终生债务。在 1826 年 6 月 20 日的第一个适用 1804 年的《法国民法典》第 1780 条规定的案件当中，巴黎皇室法院采取了有生之年的判断标准，认为鉴于债务人根据合同的约定一直到死亡之前均对债权人承担债务，因此，他们承担的债务属于终生债务。② 在 1827 年 1 月 23 日的第二个适用第 1780 条规定的案件当中，法国波尔多上诉法院也采取了有生之年的判断标准。③ 关于这些案件的详尽情况，笔者将在下面的内容当中做出详细的讨论，此处从略。

到了 19 世纪后半期，除了采取前半期所采取的有生之年的判断标准之外，法官还采取了自然人寿命极限的判断标准，认为债务人承担债务的期限如果超过了 99 年，则他们承担的债务就属于终生债务。在 1860 年 12 月 19 日和 1867 年 12 月 19 日的案件当中，法国最高法院和里昂法院的法官就采取此种做法，他们指出，除了债务人有生之年承担的债务被禁止之外，1804 年的《法国民法典》第 1780 条所禁止的债务还包括等同于债务人有生之年承担的那些债务，诸如债务人承担的债务期限长过他们可能存活的期限，债务人从事的具体事务的期限过长，可能需要几代人才能够完成。债务人承担的债务究竟是不是构成第 1780 条所禁止的终生债务或者等同于终生债务的长期债务，由基层法院的法官在具体案件当中予以评估和确定，在评估和确定时，他们从此种原则当中获得灵感源泉：人们不能够间接从事制定法禁止人们直接从事的行为。④

除了 19 世纪的法官对终生债务的判断标准做出了说明之外，19 世纪的民法学者也

---

① J. M. Boileux, Commentaire sur le code Napoléon, Tpme IV, sixième édition, Paris, Marescq Ainé, 1866, p. 154; Jurisprudence générale, Supplément au Répertoire méthodique et alphabétique de législation, de doctrine et de jurisprudence, en matière de droit civil, commercial, criminel, administratif, de droit des gens et de droit public, de MM. Dalloz, publié sous la direction de MM. Gaston Griolet et Charles Vergé, Tome 10, Paris, Bureau de la jurisprudence générale, 1892, p. 250.

② Bordeaux, 23 janvier 1827, S. 27.2.92; Raymond-Théodore Troplong, Le Droit Civil Expliqué Suivant l'Ordre Du Code, De l'échange et du louage Tome Second, Troisième Édition, Paris, Charles Hingray, 1859, p. 293.

③ Paris, 20 juin 1826, J. Palais, t, 20, p. 594, D., 27, 2, 9, S., 27, 2, 33; Raymond-Théodore Troplong, Le Droit Civil Expliqué Suivant l'Ordre Du Code, De l'échange et du louage Tome Second, Troisième Édition, Paris, Charles Hingray, 1859, pp. 296–297.

④ Cour de cassation, 19 décembre 1860, Dalloz, 1861, 1, 115; Cour de Lyon, 19 décembre 1867, Sirey, 1868, 2, 253.

普遍对终生债务的判断标准做出了说明，并且他们的说明与法官的说明实质上是相同的，因为他们也采取有生之年的判断标准和 99 年的判断标准。在 1838 年的《法国民法》当中，Toullier 就采取此种看法。他指出："那些在有生之年对债权人承担债务的人当然完全将自己的人身转让给了债权人，他们承担的此种终生债务是被 1780 条所禁止的……不过，此条所禁止的债务也包括债务人承担的此类债务：虽然他们承担的债务并不是终生性质的，但是，他们承担的此种债务期限太长，在签订合同的当事人死亡之前，他们一直受到此种债务的约束。此条所禁止的债务当然还应当拓展到债务人承担的完成确定事务的债务，如果他们完成此种事务的期限在性质上非常长，超过了自然人寿命的期限，例如，就像 Duranton 所说的例子那样：如果旷工承担的债务需要几代人去完成，则他们承担的债务就属于终生债务。"①

在 1858 年的《民法》当中，Raymond-Théodore Troplong 也采取此种方法，他认为，人们不能够对"终生"一词做出绝对理解，而应当做出相对理解，这就是，即便债务人承担的债务并不是终生的，如果他们承担的债务足够长并因此限制了债务人的个人自由，则他们承担的债务也属于 1804 年的《法国民法典》第 1780 条所规定的终生债务，他指出："当我说到终生债务当中的终生性时，我并不会对该词做出绝对理解，我赋予它以相对的含义，这就是，如果债务人在自己的一生当中年复一年地将自己的服务出租给承租人，则他们长期出租自己服务的行为也构成《法国民法典》第 1780 条所规定的终生债务。因为，当合同规定如此长的期限时，即便合同没有规定出租人要终生对承租人承担服务债务，他们的长期债务等同于出租人将自己的自由转让给了承租人。在对《法国民法典（草案）》做出评论时，里昂上诉法院也这样理解，它指出：'如果《法国民法典（草案）》当中没有终生债务的禁止原则，则人们不仅可能会允许一个年仅 21 岁的青少年与一个主人签订合同并因此对该主人承担 78 年的债务，而且还可能会认为他们之间的合同是有效的，因为人们认为，制定法将人的寿命视为 100 年。'"②

在 1866 年的《拿破仑民法典评注》当中，巴黎皇室法院律师 Jacques Marie Boileux③ 也采取此种看法，他指出："因为自由是不能够转让的，所以，当合同规定债务人在有生之年对债权人承担债务时，制定法宣告他们之间的合同是没有约束力的。就像人们原则上不能够间接从事制定法公开禁止的行为一样，十分清楚的是，终生合同的无效拓展到债务人承担的有一定期限的或者完成确定事务的债务，如果这些债务强加债务人以类似于终生债务的债务的话。例如，当老板的采石场经营期限为 100 年时，如果老板与其工人签订的合同约定，工人在经营期限内对其老板承担债务，则工人承担的此种债务等同于终生债务。再例如，一个 40 岁的仆人与其主人签订的合同约定，仆人应当对其主人承担 60 年的债务，同样，一个比仆人年轻很多的主人与其仆人签订合同，让仆人在有生之年对自己承担债务。这些债务均属于被禁止的终生债务。当然，究竟债

---

① C. B. M. ToullierJean, Baptiste-Duvergier, Le Droit civil francais suivant l'ordre du code, t. 19, éd. Renouard, Paris, 1838, pp. 330 – 331.

② Raymond-Théodore Troplong, Le Droit Civil Expliqué Suivant l'Ordre Du Code, De l'échange et du louage Tome Second, Troisième Édition, Paris, Charles Hingray, 1859, pp. 288 – 289.

③ Boileux, Jacques Marie, https://www.idref.fr/11737458X.

务人承担的哪些债务具有终身性,由法官在具体案件当中予以确定。"①

在1886年的《罗马法、法国旧法和现代法当中的服务租赁》当中,Lubenoff也采取此种看法。他指出,终生债务当中的终生一词不应当做出严格的解释,因为,即便债务人承担的债务不是终生的,如果他们承担债务的期限非常长,甚至长到他们一直到死亡之前还要履行对债权人承担的债务,则债务人承担的债务也属于终生债务。"《法国民法典》第1780条告诉我们,人们只能够在一定期限内承担债务。除了终生债务之外,此种禁止也包括债务人承担的非终生债务,如果他们承担的此类债务期限非常长,以至于从合同签订之日起一直到死亡时止一直受到合同所规定的债务的约束。例如,如果一个50岁的仆人与其主人签订为期30年或者40年的雇佣合同,在固守第1780条的字面含义时,他们之间的此种合同是不会被禁止的,但实际上,他们之间的此种合同是被禁止的,因为此种合同直接违反了第1780条所意图实现的目的。"②

Lubenoff认为,在被禁止的终生债务问题上,人们不应当偏离第1780条的字面含义太远,就像巴黎法院曾经在自己的一个案件当中所做出的那样。在该案当中,一个工人与一个老板签订了为期30年的合同,巴黎法院认定他们之间的合同因为违反了第1780条所规定的禁止原则而无效,因为它认为,当事人之间的合同太长,以至于它所规定的长期债务等同于终生债务。巴黎法院认为,在认定当事人之间的30年期限构成第1780条所禁止的终生债务时,人们不应当以该案当中工人的寿命作为判断标准,而应当以该工人的劳动生活(vie active)期间作为判断标准,因为在其劳动生活期间,该工人具有劳动能力,也可能有跳槽到其他老板那里劳动的利害关系。③ Lubenoff认为,巴黎法院的此种理解是不适当的,是违背第1780条的字面含义的,因为,如果医师说自己在4年之后不再工作了,则一个25岁的医师不能够与一个病患者签订为期8年的合同并因此对该病患者承担长达8年的债务。④

通过法官和民法学者的协同努力,到了19世纪末期和20世纪初期,人们普遍认为,1804年的《法国民法典》第1780条所承认的终生债务的禁止原则当中的终生债务同时包含债务人在有生之年对债权人承担的债务和债务人承担的债务虽然不是在有生之年承担的债务,但是因为债务期限太长而等同于终生债务的债务。不过,在有生之年的债务是否会引起终生合同无效的问题上,人们之间既存在共识,也存在争议。他们之间的共识是,在债务人对债权人承担终生债务时,如果仆人、工人的年龄要比自己的主人、老板年龄大一些,则他们之间的终生合同绝对无效,因为在此种情况下,一直到死

---

① J. M. Boileux, Commentaire sur le code Napoléon, Tome IV, sixième édition, Paris, Marescq Ainé, 1866, p.154.
② G. P. Lubenoff, Louage de services en droit romain dans l'ancien droit français et dans le droit moderne, Thèse, Université de Genève, Genève, Imprimerie Jules Carey, 1886, pp.140-141.
③ G. P. Lubenoff, Louage de services en droit romain dans l'ancien droit français et dans le droit moderne, Thèse, Université de Genève, Genève, Imprimerie Jules Carey, 1886, p.141.
④ G. P. Lubenoff, Louage de services en droit romain dans l'ancien droit français et dans le droit moderne, Thèse, Université de Genève, Genève, Imprimerie Jules Carey, 1886, p.141.

亡时止,仆人、工人均要对自己的主人、老板承担债务,这是典型的终生债务。①

他们之间的争议是在债务人对债权人承担终生债务时,如果仆人、工人的年龄要比自己的主人、老板年龄小一些,在他们之间的终生合同是否因此绝对无效的问题上,不同的法官和民法学者有不同的看法。某些人认为,人们没有必要区分仆人、工人与其主人、老板之间的年龄谁大谁小,无论是主人、老板年长还是仆人、工人年长,他们之间的合同均一视同仁无效。而另外一些人则认为,人们应当区分这两种不同的情况,因为如果仆人、工人的年龄要比自己的主人、老板年龄小一些,则意味着他们不必一直到死均对自己的主人、老板承担债务,他们之间的债务实质上是有一定期限的债务。"毫无疑问,仆人有可能在主人之前死亡,但是,在合同期限届满之前,仆人死亡难道不会发生吗?"②

三、民法学者在今时今日对终生债务判断标准所做出的说明

今时今日,法国民法学者也像19世纪的民法学者一样对终生债务的判断标准做出了说明,不过,他们的说明是存在差异的,至少是存在形式上的差异。

在1956年的《民法专论》当中,Planiol、Ripert和Jean Boulanger对终生债务的判断标准做出了说明,他们认为,终生债务的判断标准要么是自然人寿命的判断标准,要么是99年的最长期限的判断标准。他们指出:"所有债的法律关系均具有暂时性的特征,即便《法国民法典》没有对债的最长期限做出任何说明,人们也认为,债的持续期限是应当受到限制的,并且人们不可能通过合同创设终生债务。如果债具有人身性质,则自然人生命持续的期间可以用来对债务的期限施加限制。如果欠缺此种标准,人们可以将99年的期限作为最长的可能期限,这就是不动产的长期租赁权的最长期限。"③

在1999年的《论非竞争合同的平衡性》当中,Marc Gomy采取了Planiol、Ripert和Jean Boulanger的理论,认为终生债务的判断标准分为两种:其一,主观终生性(perpétuité subjective)的判断标准,根据这一判断标准,终生债务是指合同当事人所规定的合同债务超过了自然人寿命的债务。其二,客观终生性(perpétuité objective),根据这一判断标准,终生债务是指合同当事人所规定的合同债务超过了99年的债务。④

---

① Jurisprudence générale, Supplément au Répertoire méthodique et alphabétique de législation, de doctrine et de jurisprudence, en matière de droit civil, commercial, criminel, administratif, de droit des gens et de droit public, de MM. Dalloz, publié sous la direction de MM. Gaston Griolet et Charles Vergé, Tome 10, Paris, Bureau de la jurisprudence générale, 1892, p.250; G. Baudry-Lacantinerie, Albert Wahl, Traité théorique et pratique de droit civil, Du contrat de louage, Tome II, 2e édition, Paris, Librairie de la société du recueil général des lois et des arrêts, 1901, pp.389 – 390.

② Jurisprudence générale, Supplément au Répertoire méthodique et alphabétique de législation, de doctrine et de jurisprudence, en matière de droit civil, commercial, criminel, administratif, de droit des gens et de droit public, de MM. Dalloz, publié sous la direction de MM. Gaston Griolet et Charles Vergé, Tome 10, Paris, Bureau de la jurisprudence générale, 1892, p.250; G. Baudry-Lacantinerie, Albert Wahl, Traité théorique et pratique de droit civil, Du contrat de louage, Tome II, 2e édition, Paris, Librairie de la société du recueil général des lois et des arrêts, 1901, pp.389 – 390.

③ Marcel Planiol, Georges Ripert, Jean Boulanger, Traité de Droit Civil, Tome 2, Obligations, contrat, responsabilité, droits réels, biens, propriétés, Paris, Librairie générale de droit et de jurisprudence, 1956, p.689.

④ Marc Gomy, Essai sur l equilibre de la convention de nonconcurrence, Presses Univeau Perpignan, 1999, p.164.

在 2017 年的《债》当中，Larribau-Terneyre 对终生债务判断标准的说明就不同于上述两位学者，他指出："总的说来，终生债务当中的终生性实际上是指超过了自然人寿命的期限。因此，当长期租赁合同规定的期限超过了 99 年时，则债务人承担的债务就构成终生债务。然而，如果合同当事人是年满 25 岁的债务人，或者是年满 70 岁的债务人，人们能够以同样的方式即 99 年的期限确定债务人所承担的债务的终生性吗？虽然存在争议，但是，判断债务人承担的债务是否构成终生债务的标准也可以是当事人从事经济活动期限的判断标准。"他所谓的当事人从事经济活动期限的判断标准，是指职业生涯的判断标准。①

而在 2018 年的《债》当中，Terré、Simler 和 Lequette 等人就终生债务判断标准的说明又不同于上述三位学者，因为他们区分自然人和法人的不同情形分别讨论终生债务的判断标准，他们指出，虽然《法国民法典》第 1210 条没有对什么是终生债务做出界定，但是，法官在他们的司法判例当中根据自然人和法人的不同采取了两种不同的判断标准：如果是自然人承担的债务，为了防止合同债务限制债务人的个人自由，法官采取了自然人寿命或者职业生涯的判断标准：如果债务人承担债务的期限超过了债务人的自然寿命或者超过了通常的职业生涯，则他们承担的债务就属于终生债务；对于法人而言，如果债务人承担债务的期限超过了人们通常承认的债务期限，则债务人承担的债务就构成终生债务。②

四、法官在今时今日对终生债务判断标准所做出的说明

在今时今日，有关终生债务的判断标准并不是由民法学者通过自己的民法学说确立的，而是由法官通过自己的司法判例确立的。一方面，民法学者对终生债务判断标准做出的说明基本上甚至完全重复了法官的司法判例。另一方面，债务人承担的债务是否构成终生债务，完全是由基层法院的法官自由评估和确定的事情，在认定债务人承担的债务是否构成终生债务时，基层法院的法官有权自由选择所适用的判断标准，法国最高法院不会对基层法院法官的评估和确定予以控制。

因为此种原因，在今时今日，虽然法国最高法院在大量的案件当中就终生债务的判断标准问题做出了说明，但是，它做出的说明并非总是一致的，有时甚至是完全冲突的。有时它采取 99 年的最长期限理论，认为超过 99 年期限的债务属于终生债务，而有时，它则否定 99 年的最长期限理论，认为规定 99 年期限的债务不属于终生债务。有时，它采取法定最长期限理论，认为债务人承担的债务超过了制定法所规定的法定最长期限时构成终生债务，而有时它又采取职业生涯理论，认为如果债务人承担的债务超过了一般人的职业生涯年限，则债务人承担的债务就属于终生债务。换言之，在终生债务的判断标准方面，法国最高法院至少确立了四种不同的判断标准：有生之年的判断标准，职业生涯的判断标准，99 年的法定最长期限判断标准，制定法规定的法定最长期

---

① Virginie Larribau-Terneyre, Droit civil, Les obligations, 15e édition, Dalloz, 2017, p.552.
② François Terré, Philippe Simler, Yves Lequette, François Chénedé, Droit Civil, les Obligations, 12e édition, Dalloz, 2018, p.732.

限的判断标准。①

（一）有生之年的判断标准

在 1973 年 7 月 3 日的案件当中，法国最高法院民一庭在终生债务的判断标准问题上采取了有生之年的判断标准，而没有采取 99 年的法定最长期限判断标准，根据这一判断标准，如果债务人从合同签订之日起一直到死亡时止均要对债权人承担债务，则他们承担的债务就属于终生债务。在该案当中，一个股东与其他股东签订公司成立章程，其章程规定，除非另有相反的约定，否则，任何股东均不得退出公司。在该股东擅自退出公司之后，公司向法院起诉，要求法官责令该股东对公司承担法律责任。该股东认为，公司与自己签订的此种合同（即章程）所规定的债务属于终生债务。民一庭认为，股东与其公司之间的合同所规定的债务的确构成终生债务，因为它超过了自然人的通常寿命的期限，也就是，它构成了债务人有生之年所承担的债务，侵犯了该股东所享有的个人自由。②

在 2002 年 3 月 19 日的案件当中，法国最高法院民一庭再一次采取了有生之年的判断标准，而没有采用法国最高法院在 1995 年的案件当中所采取的 99 年的法定最长期限的判断标准。在该案当中，一位医师与作为公司的一家诊所签订了雇佣合同，合同规定，医师对其诊所承担债务的期限是"公司存续的期限"，因为该公司没有对自己的经营期限做出明确的规定，所以，法定最长期限即 99 年被视为医师对其债权人承担债务的期限。法国最高法院认定，在本案当中，医师承担的债务具有"终生特征"（caractère perpétuel），因为它超过了医师的有生之年，让医师从合同签订之日起一直到死亡时止均对该诊所承担债务。基于此种原因，它认定，规定终生债务的合同条款无效，当事人之间的合同被视为有不确定期限的合同，任何一方当事人均能够单方面终止他们之间的合同。③

（二）职业生涯的判断标准

在 1986 年 7 月 8 日的案件当中，法国最高法院民一庭在终生债务的判断标准问题上既没有采取 99 年的法定最长期限标准，也没有采取有生之年的判断标准，而是采取了职业生涯的通常期限（la durée moyenne de la vie professionnelle）的判断标准，认为如果债务人承担债务的期限超过了人们通常的职业生涯期限，则他们承担的债务就是终生债务。在该案当中，一家农业合作社与一家合作社联盟签订合同，合同规定，该农业合

---

① Christian Larroumet, Droit Civil, Les Obligations, le Contrat, Tome III, 1re partie: Conditions de formation, 6e édition, Economica, 2007, pp. 183 – 186; Dimitri Houtcieff, Droit des contrats, Larcier, 2e édition, 2016, p. 412; Muriel Fabre-Magnan, Droit des obligations, Tome 1, Contrat et engagement unilatéral, 4e édition, puf, 2016, p. 650; Virginie Larribau-Terneyre, Droit civil, Les obligations, 15e édition, Dalloz, 2017, p. 552; François Terré, Philippe Simler, Yves Lequette, François Chénedé, Droit civil, Les obligations, 12e édition, Dalloz, 2018, p. 732.

② Cour de Cassation, Chambre civile 1, du 3 juillet 1973, 72 – 10.001, https://www.legifrance.goufr/juri/id/JURITEXT000006989883.

③ Cour de Cassation, Chambre civile 1, du 19 mars 2002, 99 – 21.209, https://www.legifrance.goufr/juri/id/JURITEXT000007446157/.

作社对该合作社联盟承担75年的债务,该债务的期限等同于该合作社联盟存续的期限。①

在农业合作社没有履行对合作社联盟所承担的债务之后,合作社联盟向法院起诉,要求法官责令农业合作社承担损害赔偿责任,而农业合作社则认为,鉴于它对合作社联盟承担的债务在性质上属于终生债务,法官应当宣告规定终生债务的合同条款无效。法国最高法院认为,在该案当中,农业合作社承担的债务在性质上属于终生债务,因为它们之间的合同所规定的债务期限长达75年,"这一期限超过了职业生涯的通常期限,"因此,为了维护该农业合作社的利益,它具有随时解除自己与合作社联盟之间的合同的固有权利。②

在2003年5月20日的案件当中,法国最高法院民一庭再一次适用职业生涯的判断标准,认为债务人根据这一标准所承担的债务并不构成终生债务。在该案当中,一名医师与一家诊所签订了雇佣合同,合同规定,医师与诊所之间的合同有效期限为25年,直到医师达到法定退休年龄为止。在25年的合同期限届满之前,诊所擅自终止他与医师之间的合同并因此被医师起诉到法院,被要求赔偿医师所遭受的损害。诊所认为,它与医师之间的雇佣合同所规定的债务构成1804年的《法国民法典》第1780条所禁止的终生债务,它有权随时单方面终止与医师之间的合同并因此无需承担赔偿责任。法国最高法院民一庭认为,诊所承担的长达25年的债务并不构成终生债务,它无权单方面终止与医师之间的雇佣合同,在单方面终止合同的情况下,它应当对医师承担损害赔偿责任,因为民一庭认为,当事人之间的合同所规定的债务"低于医师的职业生涯的通常期限,没有对债务人的个人自由造成任何侵犯"③。

(三) 99年的法定最长期限的判断标准

在1995年1月18日的案件当中,法国最高法院民三庭拒绝适用民一庭在1973年7月3日的案件当中所采用的有生之年的判断标准,而采取了制定法所规定的99年的法定最长期限的判断标准,认为即便债务人在有生之年要对债权人承担债务,他们所承担的此种债务也不构成终生债务。在该案当中,出租人与一对夫妻签订了不动产租赁合同,合同约定,出租人从合同成立之日起一直将自己的不动产出租给承租人,直到承租人死亡时止。在其中的一个共同承租人死亡时,出租人认为租赁合同已经履行完毕,并因此要求收回自己的不动产。另外一个承租人认为租赁合同期限还没有届满,出租人应当继续履行租赁合同所规定的债务。出租人认为,他与承租人之间的租赁合同构成1804年的《法国民法典》第1709条所承认的终生债务禁止原则所禁止的终生债务,因此,要求法官宣告他与承租人之间的租赁合同无效,因为他认为,本案当中的共同承租

---

① Cour de Cassation, Chambre civile 1, du 8 juillet 1986, 84 – 14.758, https://www.legifrance.goufr/juri/id/JURITEXT000007017198.

② Cour de Cassation, Chambre civile 1, du 8 juillet 1986, 84 – 14.758, https://www.legifrance.goufr/juri/id/JURITEXT000007017198.

③ Cour de Cassation, Chambre civile 1, du 20 mai 2003, 00 – 17.407, https://www.legifrance.goufr/juri/id/JURITEXT000007048494.

人对自己承担的债务属于终生债务。[1]

《法国民法典》第 1709 条明确规定，物的租赁合同的任何一方当事人仅仅在一定期限内对对方承担债务。在该案当中，法国最高法院民三庭要决定的一个核心问题是：《法国民法典》第 1709 条所规定的仅仅在一定期限内承担债务究竟是什么含义？规定共同出租人一直到死亡时止均对承租人承担债务是否构成终生债务禁止原则所禁止的终生债务？法国最高法院认为，即便本案当中的共同承租人在有生之年均要对出租人承担债务，他们所承担的债务并不是终生债务，因为，判断承租人承担的债务是不是终生债务的标准并不是承租人的寿命、有生之年，而是制定法所授权的法定最长期限即 99 年。[2]

在这些司法判例的基础上，法国最高法院在 2014 年的报告当中对终生债务的判断标准问题做出了总结，认为终生债务的判断标准分为两类，这就是客观方面的判断标准（l'aspect objectif）和主观方面的判断标准（l'aspect subjectif）。所谓客观方面的判断标准，是指制定法所规定的判断标准或者从制定法当中归纳出来的判断标准，根据此种判断标准，如果合同规定的债务期限超过了制定法所规定的法定最长期限或者超过了人们从制定法当中所归纳出来的法定最长期限，则当事人承担的债务就构成终生债务。因此，债务人承担的债务如果超过了公司存续的法定最长期限 99 年，则他们承担的债务就属于终生债务，如果出租人对户外广告承租人承担的债务超过了制定法所规定的法定最长期限 10 年，则他们承担的债务也构成终生债务。所谓主观方面的判断标准，则是指以自然人的寿命作为判断标准，根据此种标准，如果合同规定的债务期限超过了自然人的寿命或者超过了自然人从事的职业生涯期限，则当事人承担的债务就构成终生债务。[3]

（四）法定最长期限的判断标准

在 2001 年 1 月 31 日的案件当中，法国最高法院民三庭在判断债务人承担的债务是否构成终生债务时采取了法定最长期限标准，认为鉴于债务人承担债务的期限超过了制定法明确规定的最长期限，因此，他们承担的债务属于终生债务。在该案当中，一家公司与另外一家公司签订的独家啤酒供应合同规定，供应商应当长期独家供应销售商啤酒。后来供应商与销售商之间就独家供应合同发生了纠纷。法国最高法院认定，因为当事人之间的独家啤酒供应合同所规定的期限超过了 1943 年 10 月 14 日的制定法第 1 条所规定的 10 年最长期限，因此，债务人根据该合同承担的债务属于终生债务。1943 年

---

[1] Cour de Cassation, Chambre civile 3, du 18 janvier 1995, 92 – 17.702, https://www.legifrance.goufr/juri/id/JURITEXT000007033167.

[2] Cour de Cassation, Chambre civile 3, du 18 janvier 1995, 92 – 17.702, https://www.legifrance.goufr/juri/id/JURITEXT000007033167；Christian Larroumet, Droit Civil, Les Obligations, le Contrat, Tome III, 1re partie: Conditions de formation, 6e édition, Economica, 2007, p.183.

[3] Chapitre 2. Le rôle de la durée dans la protection des droits, https://www.courdecassation.fr/publications_ 26/ rapport_ annuel_ 36/rapport_ 2014_ 7040/livre_ 3_ etude_ temps_ 7047/emprise_ droit_ 7193/fonction_ protectrice_ 7195/r_ duree_ 31943.html.

10 月 14 日的制定法第 1 条规定：如果动产财产的买受人、受让人或者承租人要对自己的出卖人、转让人或者出租人承担不使用其他供应商的同类或者互补性的物品的债务，则在 10 年的最长期限内，当事人之间的合同所规定的此种排他性条款是有效的。[1] 在 2002 年 11 月 13 日的案件当中，法国最高法院也适用此种判断标准认定债务人承担的债务期限因为超过了法定最长期限 6 年而构成终生债务。关于这一案件，笔者将在下面的内容当中做出详细的讨论，此处从略。[2]

第五节 终生合同的法律效力

如果合同当事人置终生债务的禁止原则于不顾，在自己的雇佣合同、劳动合同甚至其他合同当中规定了债务人所承担的终生债务，他们之间的终生合同所遭受的法律制裁是什么？在法国旧法时期，民法学家和法官均认为，终生债务仅仅会导致当事人之间的合同相对无效，不会导致当事人之间的合同绝对无效：仅债务人即仆人、工人或者雇员能够向法院起诉，要求法官宣告他们与债权人之间的合同无效，债权人即主人、老板或者雇主不能够向法院起诉，要求法官宣告自己与债务人之间的合同无效。[3]

从 1804 年开始一直到 2016 年 2 月 10 日的债法改革法令颁布时止，在长达 200 多年的时间内，虽然包括第 1780 条在内的少数法律条款对终生债务的禁止原则做出了规定，但是，不仅这些法律条款没有对违反此种禁止原则的合同所遭受的法律制裁做出任何规定，《法国民法典》也没有对违反此种禁止原则的合同遭受的法律制裁做出一般性的规定。因此，在长达 200 多年的时间内，违反此种禁止原则的合同会遭受哪些法律制裁，并不是由法国立法者决定的，而是由法官和民法学者通过自己的司法判例和民法学说决定的。

总的来说，从 19 世纪初期至 19 世纪末期之前，大多数法官和民法学者均认为，违反此种禁止原则的合同是绝对无效的，因为他们认为，终生债务的禁止原则属于公共秩序性质的原则，其目的在于保护当事人的个人自由免受限制，防止债务人被债权人终生奴役。20 世纪 60 年代以来，由于少数民法学者对法官采取的绝对无效理论持批评态度，法国最高法院不再一味坚持违反终生债务禁止原则的所有合同均为绝对无效的规则，而是根据案件的不同情况，或者宣告整个合同绝对无效，或者仅仅宣告规定终生债务的合同条款无效，或者将合同规定的债务期限从终生缩短为法定最长期限。法国最高法院的这些做法最终"寿终正寝"于 2016 年，因为，通过 2016 年 2 月 10 日的债法改

---

[1] Cour de Cassation, Chambre civile 3, du 31 janvier 2001, 98 – 12.895, https://www.legifrance.goufr/juri/id/JURITEXT000007421247/.

[2] 1re Ci, 13 novembre 2002, pourvoi no 99 – 21.816, Bull. 2002, I, no 270.

[3] Raymond-Théodore Troplong, Le Droit Civil Expliqué Suivant l'Ordre Du Code, De l'échange et du louage Tome Second, Troisième Édition, Paris, Charles Hingray, 1859, p. 289; G. P. Lubenoff, Louage de services en droit romain dans l'ancien droit français et dans le droit moderne, Thèse, Université de Genève, Genève, Imprimerie Jules Carey, 1886, p. 139.

革法令，法国政府对违反此种禁止原则的合同所遭受的法律制裁采取了第四种方法：终生合同嬗变为一种有不确定期限的合同，任何一方当事人均有权根据有不确定期限的合同的规则随时终止自己与对方当事人之间的终生合同。

一、20世纪初期之前的规则：终生合同绝对无效的规则

从19世纪初期开始一直到20世纪初期，法官和民法学者均认为，终生债务的禁止原则属于公共秩序性质的规则，当事人不得违反，一旦他们之间的合同违反了此种禁止原则，则他们之间的合同绝对无效，任何一方当事人均有权向法院起诉，要求法官宣告他们之间的整个终生合同无效，包括劳务租赁合同的出租人即仆人、雇员、承揽人和主人、雇主和委托人。

在1826年6月20日的案件当中，巴黎皇室法院的法官首次适用1804年的《法国民法典》第1780条的规定，认定当事人之间签订的终生雇佣合同违反了该条所规定的终生债务的禁止原则而绝对无效。1821年之前，Delaubespine与Doucet签订了雇佣合同，根据该合同，Doucet夫妻作为仆人已经为作为主人的Delaubespine连续服务了14年。1821年，75岁高龄的主人与其仆人重新签订了终生雇佣合同，根据该合同，作为仆人的夫妻终生为其主人提供服务，直到主人死亡时止，而主人则每一年支付300法郎的工资和终生年金。1825年，因为主人无法支付终生雇佣合同所规定的年金，仆人向法院起诉，要求法官解除他们与其主人之间的雇佣合同并因此责令其主人赔偿自己20000法郎的损害赔偿金。在一审法院做出判决之后，主人不服一审法院的判决，向巴黎皇室法院提出上诉，要求法官宣告自己与这一对夫妻之间的终生合同无效，因为他认为，他们之间的合同限制了自己的个人自由。

巴黎皇室法院采纳了主人的意见，认为当事人之间的终生雇佣合同违反了1804年的《法国民法典》第1780条所规定的禁止原则而无效。它指出，鉴于《法国民法典》第1780条仅仅允许当事人之间承担持续一定时间或者从事某种确定事务的债务，因此，我们可以得出这样的结论：主人无需受到自己与仆人之间无法解除的终生债务的约束，终生债务不仅仅限制了仆人的个人自由，而且也限制了主人的个人自由，因此，除了仆人不能够承担终生服务主人的债务之外，主人也不能够承担终生照顾其仆人的债务。①

在1827年1月23日的案件当中，波尔多上诉法院再一次适用这样的规则，宣告当事人之间的终生雇佣合同因为违反了1804年的《法国民法典》第1780条的规定而绝对无效。在该案当中，Jeanne Bernard与Jean de Gorce签订了终生雇佣合同，根据他们之间的合同，Bernard终生为Gorce和他的两个女儿提供服务，如果不能够同时服务于父女，则首先服务于Gorce，在父亲Gorce死亡之后，继续服务于他的两个女儿，并且由两个女儿对Bernard提供所需要的衣食住行。在父亲死亡之后，Bernard继续依约对两个女儿提供服务。不过，两个女儿不愿意继续履行父亲与Bernard签订的终生雇佣合同，向法院起诉，要求法官宣告他们之间的合同无效。波尔多上诉法院认定，当事人之间的

---

① Bordeaux, 23 janvier 1827, S. 27.2.92；Raymond-Théodore Troplong, Le Droit Civil Expliqué Suivant l'Ordre Du Code, De l'échange et du louage Tome Second, Troisième Édition, Paris, Charles Hingray, 1859, p.293.

合同是绝对无效的，因为他们之间的合同在性质上是非法的，直接违反了1804年的《法国民法典》第1780条所规定的终生债务的禁止原则，任何一方当事人均有权主张此种无效，并且任何一方当事人在合同被宣告无效时均不需对对方当事人承担损害赔偿责任。①

在1860年12月19日的案件当中，法国最高法院认定，即便当事人之间的合同所规定的债务不是有生之年承担的债务，如债务人承担的债务持续时间过长，并因此等同于有生之年所承担的债务，则他们之间的合同也因为违反了第1780条所规定的终生债务的禁止原则而绝对无效，合同的任何一方当事人均有权主张合同无效，无论他们是仆人、工人还是主人、老板。② 在1863年5月4日和1867年12月19日的两个案件当中，里昂法院也采取了法国最高法院的此种做法，认为如果当事人之间的合同期限太长，则他们之间的合同也因为违反第1780条的禁止原则而绝对无效。③

在这些地方司法判例和自己司法判例的基础上，法国最高法院在1887年6月28日的著名案件当中不仅正式承认了终生债务的禁止原则，而且还认为，违反终生债务禁止原则的合同在性质上是绝对无效的合同，因为此类合同过度限制了债务人的个人自由（les libertés individuelles），当事人之间的合同等同于一方当事人对另外一方当事人进行的终生奴役。④

在该案当中，一个主人与自己雇请的仆人之间签订了终生雇佣合同，合同让仆人终生对其主人承担服务债务，而除了对仆人提供衣食住行之外，主人不对仆人支付任何工资报酬。后来，仆人向法院起诉，要求法官责令主人支付自己多年来以来应当获得的工资报酬共计1950法郎（每一年应当支付250法郎）。一审法院责令主人支付这一笔工资报酬给其仆人，主人不服并且上诉至上诉法院，上诉法院将赔偿的数额从1950法郎减到1300法郎。主人不服，上诉到法国最高法院，要求法官宣告他与其仆人之间的终生雇佣合同无效并因此无需赔偿对方的工资报酬损失。⑤ 法国最高法院认定，当事人之间的终生合同绝对无效，它指出："根据《法国民法典》第1780条的规定，如果一方当事人与另外一方当事人签订的合同规定，一方当事人在对另外一方当事人承担终生债务的情况下除了获得衣食住行之外不会获得任何报酬，则他们之间的合同是无效的。"⑥

除了19世纪的法官普遍认为违反终生债务禁止原则的合同完全无效之外，19世纪的大多数民法学者也认为当事人之间违反此种原则的合同绝对无效，例如，巴黎大学民

---

① Paris, 20 juin 1826, J. Palais, t, 20, p. 594, D., 27, 2, 9, S., 27, 2, 33; Raymond-Théodore Troplong, Le Droit Civil Expliqué Suivant l'Ordre Du Code, De l'échange et du louage Tome Second, Troisième Édition, Paris, Charles Hingray, 1859, pp. 296–297.

② Cour de cassation, 19 décembre 1860, Dalloz, 1861, 1, 115; Cour de Lyon, 19 décembre 1867, Sirey, 1868, 2, 253.

③ Lyon, 4 mai 1863, S. 66.2.191; Lyon, 19 décembre 1867, S. 68.2.253; Pandectes françaises, Recueil mensuel de jurisprudence et de législation, publié sous la direction de MM. André Weiss, Paul Louis-Lucas, Librairie A. Marescq ainé, Tome Quatorzième, 1899, p. 161.

④ Cass. ci, 28 juin 1887, S. 1887, 1, p. 380.

⑤ Cass. ci, 28 juin 1887, S. 1887, 1, p. 380.

⑥ Cass. ci, 28 juin 1887, S. 1887, 1, p. 380.

法教授 Alexandre Duranton①（1785—1866 年）、德国海德堡大学民法教授 Karl Salomo Zachariä②（1769—1843 年）、巴黎最高法院律师、法学家 Jean-Baptiste Duvergier③（1792—1877 年）、法国最高法院律师、法学家 Napoléon Victor Marcadé④（1810—1854 年）以及法国 19 世纪中后期最著名的两位民法学家之一、鼎盛时期法条注释法学派的核心人物、斯特拉斯堡大学民法教授和法国最高法院法官的 Charles Aubry（1803—1883 年）和 Charles Rau⑤（1803—1877 年）等人，无论是对于主人、雇主而还是对仆人、雇员而言均是如此。⑥

例如，在 1838 年的《法国民法》当中，Toullier 明确指出，违反终生债务禁止原则的合同是绝对无效的，因为此种合同违反了公共秩序。他指出："无论当事人之间的合同是直接违反了此种禁止原则，还是当事人试图在自己的合同当中规避此种原则，合同当事人均能够要求法官宣告他们之间的合同无效，不仅那些转让自己自由的人有权提出此种请求，而且那些购买此种自由的人也能够提出此种主张，此种无效是公共秩序性质的和绝对的。"⑦

在 1886 年的《罗马法、法国旧法和现代法当中的服务租赁》当中，Grégoire P. Lubenoff 也认为，违反终生债务的禁止原则的合同是绝对无效的，因为《法国民法典》第 1780 条的规定属于公共秩序性质的规定，他指出，虽然民法学者之间在终生债务是否会导致合同绝对无效的问题上存在相对无效和绝对无效的不同看法，但是，大多数民法学者持后一种看法，实际上，"这是一种更好的法律看法，因为我们知道，《法国民法典》第 1108 条规定，仅仅在具备合法原因时，合同才是有效的，根据第 1131 条的规定，如果没有原因或者仅仅具有非法原因，则合同不会产生法律效力。在合同规定终生债务时，合同规定的此种债务是非法的，因此，合同也是绝对无效的，任何当事人均能够主张。虽然我们的法律也规定例外情形下的合同相对无效，但是，合同相对无效以制定法明确规定为基础，而第 1780 条的规定不符合此种要求。"⑧

不过，在 19 世纪，并非所有的法官和民法学者均认为，终生债务会引起终生合同

---

① Alexandre Duranton，https://data.bnf.fr/fr/13482346/alexandre_duranton/.
② Karl Salomo Zachariä，https://fr.wikipedia.org/wiki/Karl_Salomo_Zachariä.
③ Jean-Baptiste Duvergier，https://fr.wikipedia.org/wiki/Jean–Baptiste_Duvergier.
④ Napoléon Victor Marcadé，https://fr.wikipedia.org/wiki/Victor–Napoléon_Marcadé.
⑤ Charles Aubry；https://fr.wikipedia.org/wiki/Charles_Aubry；Charles-Frédéric Rau，Charles-Frédéric Rau，https://fr.wikipedia.org/wiki/Charles–Frédéric_Rau；张民安：《法国民法总论（上）》，清华大学出版社 2017 年版，第 332 页。
⑥ Raymond-Théodore Troplong, Le Droit Civil Expliqué Suivant l'Ordre Du Code, De l'échange et du louage Tome Second, Troisième Édition, Paris, Charles Hingray, 1859, p. 293; G. P. Lubenoff, Louage de services en droit romain dans l'ancien droit français et dans le droit moderne, Thèse, Université de Genève, Genève, Imprimerie Jules Carey, 1886, pp. 143–145; Pandectes françaises, Recueil mensuel de jurisprudence et de législation, publié sous la direction de MM. André Weiss Paul Louis-Lucas, Librairie A. Marescq ainé, Tome Quatorzième, 1899, p. 161.
⑦ C. B. M. Toullier, Jean-Baptiste Duvergier, Le Droit civil francais suivant l'ordre du code, t. 19, éd. Renouard, Paris, 1838, p. 331.
⑧ G. P. Lubenoff, Louage de services en droit romain dans l'ancien droit français et dans le droit moderne, Thèse, Université de Genève, Genève, Imprimerie Jules Carey, 1886, pp. 144–145.

的绝对无效,他们认为,终生债务也仅仅引起合同的相对无效,因为他们认为,终生债务的无效只能够由作为债务人的仆人、雇员等人主张,作为债权人的主人、雇主是不能够主张的。例如,法国里昂上诉法院就采取此种看法,在就《法国民法典(草案)》发表自己的评论时,里昂上诉法院指出:如果一个自由人与另外一个人签订合同并因此对对方承担终生劳动债务,则人们在任何情况下均不能够强制该人履行其所承担的此种债务。如果该人不履行其所承担的此种债务,一切均减缩为损害赔偿。① 再例如,在1859年的《法国民法》当中,Troplong 也采取此种看法。

Troplong 承认《法国民法典》是基于个人自由权的维护规定了终生债务的禁止原则,他指出:"《法国民法典》第1780条之所以禁止终生债务,其目的在于保护个人自由免受轻率债务的侵犯。它担心,在终身租赁的幌子之下,债务人可能沦落为被奴役的一方,并且它也让人忆起 Papinien 所发表的卓越论断:自由权是不得侵犯的(Jus libertatis non debet infringi)。正是基于此种思维,作为1793年宪法序言的权利宣言第15条规定:所有人能够在一定期限和服务内承担债务,但是,他们不能够出卖自己也不能够被出卖,他们的人身不是能够转让的所有物。服务租赁也罢,物的租赁也罢,均不能够是终生的,他们只能够是持续一定期限的。"②

不过,Troplong 反对包括 Toullier 等人在内的大多数民法学者和法官的意见,认为终生债务只能够引起合同的相对无效,不应当引起合同的绝对无效,因为1804年的《法国民法典》第1780条仅仅是为了仆人、雇员的利益,不是为了主人、雇主的利益。他认为,人们不能够单纯说终生债务就一定会限制个人自由。例如,当大学教授获得终生教席或者当法官获得终生的职位时,他们难道不是承担终生债务吗,人们能够说他们承担的终生债务限制了他们的个人自由吗?因为,如果法律明确规定,当承担终生债务的人能够随时要求法官解除他们与对方当事人之间的合同时,则人们不能够说,终生债务侵犯了债务人的个人自由。虽然《法国民法典》规定1780条的目的的确是为了维护个人自由,但是,它的目的也仅仅是为了维护债务人的个人自由。因此,也只有他们能够主张终生债务的无效。③

Troplong 认为,法官和大多数民法学者之所以认定终生债务会导致当事人之间的合同绝对无效,完全是因为在终生债务的法律效力方面,他们受到了巴黎皇室法院在1826年6月20日的案件当中的做法的影响。换言之,他认为,巴黎皇室法院的案件判决是错误的:虽然终生债务侵犯了个人自由,但是,它们也仅仅侵犯了本案当中仆人的个人自由,因为也仅仅是仆人要根据雇佣合同对其主人终生承担做出这样或者那样行为

---

① Raymond-Théodore Troplong, Le Droit Civil Expliqué Suivant l'Ordre Du Code, De l'échange et du louage Tome Second, Troisième Édition, Paris, Charles Hingray, 1859, p. 289; G. P. Lubenoff, Louage de services en droit romain dans l'ancien droit français et dans le droit moderne, Thèse, Université de Genève, Genève, Imprimerie Jules Carey, 1886, p. 139.

② Raymond-Théodore Troplong, Le Droit Civil Expliqué Suivant l'Ordre Du Code, De l'échange et du louage Tome Second, Troisième Édition, Paris, Charles Hingray, 1859, p. 288.

③ Raymond-Théodore Troplong, Le Droit Civil Expliqué Suivant l'Ordre Du Code, De l'échange et du louage Tome Second, Troisième Édition, Paris, Charles Hingray, 1859, pp. 294 – 296.

的债务，根本没有侵犯本案当中的主人的个人自由，因为，除了要对仆人支付报酬之外，主人根本不需要终生对其仆人承担做出此种或者比种行为的债务，如果主人不希望履行终生支付报酬的债务，他们可以随时通过支付赔偿金的方式解除自己承担的此种债务。①

二、法国最高法院在 2016 年之前对终生合同采取的三种不同法律制裁措施

自 20 世纪 60 年代以来一直到 2016 年之前，在终生合同的法律效力问题方面，法国最高法院不再坚持它在 19 世纪所采取的单一做法，不再认为终生债务仅仅会导致整个合同的绝对无效，而是根据案件的具体情况分别采取了三种不同的方法：在某些案件当中，它认为终生合同绝对无效；在某些案件当中，它认为，仅规定终生债务的合同条款无效，整个合同仍然有效；而在某些案件当中，它则认为，既不是整个合同无效，也不是合同部分无效，而是将合同规定的终生债务消减为制定法所规定的法定最长期限（maximum légal）。②

（一）终生合同的第一种法律制裁措施：整个合同绝对无效

在 2016 年之前，法国最高法院在某些案件当中采取了它在 19 世纪的做法，这就是，一旦当事人之间的合同规定了终生债务，则终生债务会导致整个合同绝对无效，这就是它在自己的司法判例当中对终生合同所施加的第一种法律制裁（première sanction）即完全无效（la nullité totale）的法律制裁，它是 19 世纪的经典法律制裁在当今社会的延续。

在 1973 年 7 月 3 日的案件当中，法国最高法院民一庭就采取此种方法。在该案当中，几个股东成立公司，公司章程规定公司的持续期限为 99 年，并且规定所有的公司股东在 99 年的期限内均不得从公司退出。原告决定退出公司，公司不同意，原告为此向法院起诉，要求法官责令被告让自己退出公司。法国最高法院民一庭认为，只要股东认为合适，他们就能够行使退出公司的权利，因为这样理解才能够与股东个人自由的受尊重保持一致，被告的章程对公司施加了不受限制的、长达 99 年的期限，该种期限超过了人的寿命极限，因此构成终生债务。为此，它认定该合同因为侵犯了股东享有的个人自由而无效。③

在 2000 年 1 月 18 日的案件当中，法国最高法院民一庭也采取此种方法。在该案当

---

① Raymond-Théodore Troplong, Le Droit Civil Expliqué Suivant l'Ordre Du Code, De l'échange et du louage Tome Second, Troisième Édition, Paris, Charles Hingray, 1859, pp. 296 – 297.

② Aurélien Bamdé, La prohibition des engagements perpétuels, in Droit des contrats, Droit des obligations, Effets du contrat, Force obligatoire, Posted Juil 8, 2017, https://aurelienbamde.com/2017/07/08/la-prohibition-des-engagements-perpetuels/; François Terré, Philippe Simler, Yves Lequette, François Chénedé, Droit civil, Les obligations, 12e édition, Dalloz, 2018, p. 733.

③ Cour de Cassation, Chambre civile 1, du 3 juillet 1973, 72 10.001, https://www.legifrance.goufr/juri/id/JU-RITEXT000006989883.

中，被告的父亲于1966年与一家农业合作社（la Société coopérative agricole）签订合同，当事人之间的合同规定，从该合作社成立之日即1966年起一直到合作社到期解散时止即2002年，被告的父亲均不得离开合作社。1991年，被告继承了父亲的农业经营活动并因此继承了父亲在该合作社所具有的成员资格。从1994年开始，被告不再履行对合作社承担的债务，并因此被合作社起诉到法院，被要求对合作社承担损害赔偿责任。①

被告不服，认为自己无需对合作社承担赔偿责任，因为，他认为，自己与合作社之间的合同绝对无效：他根据该合同承担的债务属于侵犯了自己享有的个人自由的终生债务。法国最高法院宣告他们之间的合同绝对无效，它指出："在本案当中，债务人承担的债务从1966年开始一直到2002年才到期，上诉法院已经作出裁判：该种债务没有尊重合同当事人的个人自由，合同所规定的债务期限或者等于或者高于农业经营者从事职业活动时的一般期限。"②

（二）终生合同的第二种法律制裁措施：仅规定终生债务的合同条款无效

为了缓和上述第一种法律制裁引起的严厉后果，在某些案件当中，法国最高法院认为，如果当事人之间的合同规定了终生债务条款并仅规定了终生债务的合同条款无效，那么，当事人之间的合同并不因此无效，这就是法国最高法院在自己的司法判例当中对终生合同所施加的第二种法律制裁（deuxième sanction）即部分无效（la nullité partiell）的法律制裁，它是法国最高法院在当今采取的一种新的法律制裁措施。

在2006年3月7日的案件当中，法国最高法院采取此种做法。在该案当中，旅行社协会（l'Association professionnelle de solidarité du tourisme）根据1992年7月13日的制定法当中的第4-1条的要求与一家旅行社签订了旅游合同，根据该合同，旅行社协会授权该旅行社从事旅游业务，但是，旅行社应当提供1400000法郎的担保金，以便对自己的旅游业务活动进行担保。不过，当事人之间的旅游合同没有对旅行社所承担的债务期限做出规定。在当事人之间就该种旅游合同是否有效的问题发生争议时，上诉法院认定，因为当事人之间的旅游合同当中所规定的担保债务属于终生债务，因此，他们之间的整个旅游合同均无效。当事人不服，上诉至法国最高法院。法国最高法院认为，上诉法院的判决违反了《法国民法典》第1134条（新的第1103条）的规定，因为该条规定，依法成立的合同对于当事人而言具有制定法的效力，当事人不得借口其中的债务担保条款属于终生债务条款而主张整个旅游合同无效，他们只能够主张其中的终生担保债务条款无效。③

不过，终生合同的部分无效也是有条件的，这就是，终生合同当中的终生债务条款

---

① Cour de Cassation, Chambre civile 1, du 18 janvier 2000, 98 – 10.378, https://www.legifrance.goufr/juri/id/JURITEXT000007041793.

② Cour de Cassation, Chambre civile 1, du 18 janvier 2000, 98 – 10.378, https://www.legifrance.goufr/juri/id/JURITEXT000007041793.

③ Cour de Cassation, Chambre civile 1, du 7 mars 2006, 04 – 12.914, https://www.legifrance.goufr/juri/id/JURITEXT000007050787/.

在当事人之间的合同成立当中没有发挥决定性的作用（déterminante）、强有力的推动作用（impulsive），换言之，在当事人作出缔结合同的意思表示时，终生债务条款并没有成为决定性的原因（cause déterminante）、强有力的推动原因（cause impulsive）。如果在合同的成立当中，终生债务条款起到了决定性的、强有力的推动作用，换言之，在作出缔结合同的意思表示时，如果终生债务条款成为决定性的原因、强有力的推动原因，则法官不得仅仅宣告终生债务条款无效，而应当宣告包括终生债务条款在内的整个合同无效。在1971年6月24日的案件当中，法国最高法院民三庭对此种规则做出了明确说明。①

（三）终生合同的第三种法律制裁措施：将终生债务减少到法定最大期限的债务

在终生合同所遭受的法律制裁措施问题上，除了上述两种不同的制裁措施之外，法国最高法院还采取第三种做法，这就是，如果当事人之间的合同规定了终生债务，它既不会让当事人之间的整个合同无效，也不会仅仅让当事人之间的终生债务条款无效，而是将合同规定的终生债务从终生减少到制定法尤其是《法国民法典》所允许的法定最长期限内，换言之，当合同所规定的债务属于终生债务时，法官认为他们之间的债务期限应当是制定法所规定的合同能够容许的最长期限。这就是法国最高法院在自己的司法判例当中对终生合同所施加的第三种法律制裁（troisième sanction）即将债务人承担的债务期限从终生减少到合同的法定最长期限（la réduction de la durée du contrat au maximum légal）的法律制裁。

根据意思自治和合同自由原则，当事人之间的合同究竟持续多长时间，换言之，债务人对债权人承担的债务究竟持续多长时间，完全由当事人自由约定。一旦他们在自己的合同当中对合同持续的期限做出了规定，则他们之间的自由约定在原则上是有效的。不过，他们关于合同期限约定的有效以他们所规定的期限没有超过制定法所规定的合同的法定最长期限（la durée du contrat au maximum légal）作为条件，因为，除了《法国民法典》对某些具体合同的法定最长期限做出了规定之外，其他制定法也对某些具体合同的法定最长期限做出了规定，这些制定法关于合同的法定最长期限的规定属于强制性的规定，是对意思自治和合同自由原则的限制（limite maximale impérative）。

例如，《法国民法典》第1838条和《法国商法典》第L. 210-2条规定，民事公司和商事公司（les sociétés civiles et commerciales）的法定最长期限为99年。《法国环境法典》第L. 581-25条规定，户外公共广告牌租赁合同的期限不得超过6年。问题在于，如果当事人之间的合同规定了超过这些法律条款所规定的法定最长期限的债务履行期限，他们之间的合同究竟是有效的还是无效的？对此问题，法国最高法院认为，法官既不应当因为终生债务的条款而让整个合同无效，也不应当仅仅宣告终生债务条款本身无效，他们应当采取第三种做法：将合同条款所规定的终生债务从终生减少到法定最长

---

① Cour de Cassation, Chambre civile 3, du 24 juin 1971, 70-11.730, https://www.legifrance.goufr/juri/id/JU-RITEXT000006985910.

期限。

在 1998 年 5 月 27 日的案件当中，法国最高法院就采取此种做法，在该案当中，一家从事农业活动的公司为了从事农业经营活动而与另外一方当事人签订了土地租赁合同，他们之间的租赁合同规定，在公司解散之前，公司一直承租出租人的土地。后来双方就租赁合同问题发生争议。法国最高法院认定，当事人之间的租赁合同实质上构成终生合同。不过，他们之间的终生合同既非全部无效，也非部分无效，人们应当做的工作是，将他们之间的不动产租赁合同的期限从终生期限减少到法定最长期限即 99 年，即便《法国民法典》没有对不动产租赁合同的法定最长期限做出明确规定。①

在 2002 年 11 月 13 日的案件当中，法国最高法院也采取此种方法，它指出，如果当事人之间签订的户外广告牌租赁合同的期限超过了 6 年，甚至构成终生债务，法官不能够宣告当事人之间的租赁合同全部无效或者部分无效，他们仅仅需要将超过 6 年的期限或者终生期限减少到法定最长期限即 6 年。②

三、法国最高法院放弃终生合同绝对无效的规则而采取上述三种不同方法的原因

在 2016 年之前，法国最高法院之所以放弃它在 19 世纪采取的终生合同绝对无效的规则并且分别不同情况而采取上述三种不同的方法，是因为自 20 世纪 60 年代以来，少数民法学者对法国最高法院在 19 世纪所采取的终生合同绝对无效的规则持严厉的批评态度，尤其是，其中的某些民法学者对终生合同的禁止和绝对无效的规则表示质疑。

1969 年，Ph. Simler 出版了自己的博士学位论文《法律行为的部分无效》，在该文当中，他认为，一旦当事人之间的合同违反了终生债务的禁止原则，他们所遭受的法律制裁究竟是整个合同无效还是仅仅规定了终生债务的条款无效，实在法是不确定的，实际上，在终生合同的法律效力方面，人们既不应当采取完全无效规则，也不应当采取部分无效规则，而应当采取将终生合同视为一种可以由任何一方当事人随时单方面终止的有不确定期限的合同。③ 在 2001 年的博士学位论文《民法当中的过度行为》当中，David Bakouche 也采取类似的看法。④

1995 年，Rémy Libchaber 发表了《终生债务和公司期限反思》的文章，对终生合同的绝对无效规则做出批评，他认为，人们不能够仅仅因为当事人之间的合同是终生合同就认定他们之间的合同无效，即便是终生合同，他们之间的合同也应当根据情况的不同而分别认定其效力：如果合同的终生性威胁到当事人的个人自由，则他们之间的合同应当无效，反之，如果合同的终生性不会威胁到当事人之间的个人自由，则禁止终生合同的原则就应当减缓；即便均是终生合同，如果是法人之间的合同，则它们之间的终生

---

① 3e Ci, 27 mai 1998, pourvoi no 96 – 15.774, Bull. 1998, III, no 110.
② 1re Ci, 13 novembre 2002, pourvoi no 99 – 21.816, Bull. 2002, I, no 270.
③ Philippe Simler, La Nullité partielle des actes juridiques, Paris, LGDJ, 1969, n°220 et s; François Terré, Philippe Simler, Yves Lequette, François Chénédé, Droit civil, Les obligations, 12e édition, Dalloz, 2018, p.733.
④ David Bakouche, L'excès en droit civil, thèse, Paris II, éd. 2001, n°220 et s; François Terré, Philippe Simler, Yves Lequette, François Chénédé, Droit civil, Les obligations, 12e édition, Dalloz, 2018, p.733.

合同很少会威胁个人自由，因此，基于法人功效性的发挥，人们应当认为法人之间的终生合同是有效的。①

1999 年，Jacques Ghestin 发表了《法国实在法当中存在终生合同的禁止原则吗?》，在该文当中，他认为，法国实在法当中并不存在一般民法学者所谓的终生合同的禁止原则，虽然法国实在法禁止终生合同，但是，它仅仅在某些确定合同当中禁止债务的终生性、恒久性，在这些确定合同之外，法国实在法没有建立一般意义上的终生合同的禁止原则。虽然法官在自己的司法判例当中适用终生债务的禁止规则，但是，他们从来没有在自己的司法判例当中明确承认终生债务禁止的一般原则。因为这样的原因，人们不能够说终生合同一律是绝对无效的。②

四、《法国民法典》新的第 1210（2）条关于终生合同法律效力的新规则

在 2016 年 2 月 10 日的债法改革法令当中，法国政府仍然坚持终生债务的禁止原则，但是，在终生债务的法律效力方面，它没有采取法国最高法院在 2016 年之前采取的上述三种做法当中的任何一种，而是另辟蹊径，采取了第四种做法，这就是，一旦债务人承担的债务在性质上属于终生债务，则当事人之间的合同就从终生合同嬗变为有不确定期限的合同并因此适用《法国民法典》有关有不确定期限合同的法律规则。法国政府的此种态度体现在现行《法国民法典》当中，这就是新的第 1210（2）条，已如前述。

根据《法国民法典》新的第 1210（2）条的规定，结合《法国民法典》新的第 1211 条的规定，如果当事人之间的合同在性质上属于终生合同，则任何一方当事人均能够随时单方面终止自己与对方当事人之间的合同，一旦他们做出了终止合同的决定，他们应当将自己的此种决定及时告知对方当事人：如果终生合同对通知期限（délai de préavis）做出了明确规定，他们应当在合同规定的期限内将自己的决定通知对方当事人，如果终生合同没有对通知期限做出明确规定，他们应当在合理期限内将自己的决定通知对方当事人。终生合同的终止仅仅产生向将来消灭合同的法律效力，当事人之间已经履行的部分仍然有效，换言之，他们之间的终生合同不会溯及既往地消灭。至于说终生合同的终止是否会产生损害赔偿的责任，取决于不同的情况：在终生合同的终止行为构成权利滥用时，或者在终止合同的通知不适当时，终止合同的一方当事人应当赔偿对方当事人的损害；在权利滥用欠缺或者不适当的通知欠缺时，该方当事人是否应当赔偿对方的损害，仍然有待法国最高法院做出说明。

当然，在 2016 年之前，法国最高法院并非完全没有采取新的第 1210（2）条所规定的此种做法。事实上，在 2016 年之前，在终生合同的法律效力方面，虽然法国最高

---

① Rémy Libchaber, Réflexions sur les engagements perpétuels et la durée des sociétés, Revue des Sociétés, Dalloz, 1995, pp. 437–443.

② J. Ghestin, Existe-t-il en droit positif français un principe de prohibition des contrats perpétuels?, in Mélanges D. Tallon, SLC 1999. 250.

法院主要采取上述三种不同的做法，但是，它也在极端个别的案件当中采取新的第1210条规定的此种做法。例如，在1983年11月20日的案件当中，它就采取此种做法。在该案当中，当事人之间的合同规定了终生债务条款。法国最高法院认为，当事人之间的合同并非完全无效，虽然其中的终生债务条款是非法的，但是，人们仅需宣告该条款无效并因此让当事人之间的合同嬗变为任何一方当事人均有权单方面终止的有不确定期限的合同。①

《法国民法典》新的第1210（2）条的规定与法国最高法院在2016年之前采取的态度既存在共同点，也存在差异。它们之间的共同点是，它们均认为终生合同在性质上是非法的，是被明确禁止的，换言之，它们均承认终生合同的禁止原则。它们之间的差异是，它们对待终生合同法律效力的态度是不同的：法国最高法院认为，当事人违反终生合同的禁止原则所签订的合同或者是完全无效的，或者是部分无效的，或者是将当事人的债务从终生期限减少到法定最长期限，已如前述；而《法国民法典》新的第1210（2）条则不同，它认为，终生合同既不是完全无效的，也不是部分无效的，更不是将债务期限从终生期限减少到法定最长期限，而是嬗变为一种合法合同即有不确定期限的合同并因此适用此种合法合同的规则。

在2016年之前，如果当事人之间就终生合同的法律效力发生了纠纷，法官根据案件的不同情况分别采取三种不同的做法，已如前述：如果当事人之间的终生劳动合同违反了1804年的《法国民法典》第1780条的规定，则他们之间的整个合同无效；如果当事人之间的终生担保合同违反了终生债务的禁止原则，则他们之间的合同部分无效；如果当事人之间的公司合同和户外广告牌租赁合同分别违反了《法国民法典》第1838条、《法国商法典》第L.210-2条和《法国环境法典》第L.581-25条的规定，则他们之间的合同债务从终生债务缩减到法定最长期限的债务，已如前述。

问题在于，在2016年2月10日的债法改革法令生效之后，也就是，在《法国民法典》新的第1210（2）条规定生效之后，如果当事人之间的劳动合同违反了1804年的《法国民法典》第1780条的规定，法官是适用第1780条的规定并因此让他们之间的劳动合同整个无效，还是适用新的第1210（2）条的规定，让当事人之间的劳动合同成为有不确定期限的合同？同样，在《法国民法典》新的第1210（2）条规定之后，如果当事人之间的公司合同和户外广告牌租赁合同分别违反了《法国民法典》第1838条、《法国商法典》第L.210-2条和《法国环境法典》第L.581-25条的规定，法官是适用这些法律条款的规定，将他们之间的终生公司合同和广告牌租赁合同从终生缩减到这些法律条款所规定的法定最长期限，还是适用新的第1210（2）条的规定，让当事人之间的公司合同、广告租赁合同嬗变为一种有不确定期限的合同？

在2016年之后出版的债法著作当中，民法学者没有对这样的问题做出明确说明，虽然他们普遍认为，在2016年2月10日之后，对终生债务的制裁不再是合同无效，而是任何一方当事人所享有的能够随时终止他们之间的终生合同的可能性，也就是将终生

---

① 3e, 30 no 1983, Bull. ciIII. no 249.

合同视为一种有不确定期限的合同。① 在 2017 年 2 月 8 日的案件当中，法国最高法院商事庭对这样的问题做出了明确的回答，它指出，如果当事人违反 1804 年的《法国民法典》第 1780 条的规定而签订了终生合同，法官不应当适用第 1780 条的规定并因此宣告他们之间的合同无效，法官应当适用《法国民法典》新的第 1210（2）条的规定并因此将他们之间的终生合同嬗变为一种可以随时终止的有不确定期限的合同。②

在该案当中，Christian Lacroix 先生与 CHRISTIAN LACROIX 公司签订了一份家庭姓氏授权使用合同，根据该合同，Lacroix 先生授权 LACROIX 公司使用其家庭姓氏作为商标，以便让该公司利用自己的姓氏作为从事商事经营活动的手段。不过，当事人之间的合同没有对合同持续的期限做出规定，也就是，合同没有对 Lacroix 先生承担债务的期限做出明确规定。在认定 Lacroix 先生承担的债务属于终生债务之后，上诉法院根据 1804 年的《法国民法典》第 1780 条的规定认定当事人之间的合同完全无效，当事人不服，上诉至法国最高法院商事庭。法国最高法院商事庭明确指出，虽然当事人之间的债务的确属于终生债务，但是，在 2016 年 2 月 10 日的债法改革法令之后，在处理终生债务的法律效力纠纷时，法官不应当再适用第 1780 条的规定，而应当以新的第 1210（2）条作为指导，并因此将当事人之间的此种授权合同视为一种有不确定期限的合同，并因此让其中的任何一方当事人享有随时终止此种合同的权利。③

在法国，2017 年 2 月 8 日的案件究竟是仅仅适用于当事人之间违反第 1780 条的规定而签订的终生合同，还是可以适用于当事人之间违反其他制定法的规定而签订的终生合同？例如，如果当事人之间的终生合同违反了《法国民法典》第 1838 条、《法国商法典》第 L.210 - 2 条和《法国环境法典》第 L.581 - 25 条的规定，法官是否也应当适用《法国民法典》新的第 1210（2）条的规定，认定当事人之间的合同从终生合同嬗变为可以随时被终止的有不确定期限的合同，而不是适用这些法律条款的规定，将当事人之间的公司合同或者户外广告合同的期限从终生期限缩减为这些法律条款所规定的法定最长期限？迄今为止，法国最高法院没有在任何案件当中做出说明。

不过，答案似乎是肯定的。一方面，《法国民法典》新的第 1210（2）条的规定在性质上属于共同合同法的规定，除了能够在制定法之外的终生合同当中予以适用之外，它也能够在制定法规定的具体终生合同当中适用。另一方面，该条的规定是在 2016 年 2 月 10 日之后才出现的，而包括第 1780 条的规定在内，其他关于终生合同规定的法律条款均是在 2016 年之前规定的。不过，此种问题仍然是不定性的，因为，在终生合同的法律效力方面，法国最高法院采取实用主义的态度，究竟引起纠纷的终生合同会产生何种法律效力，完全取决于法官的判断，法官根据每一个案件的不同情况分别决定它们所遭受的法律制裁是什么。

---

① Dimitri Houtcieff, Droit des contrats, Larcier, 2e édition, 2016, pp. 414 - 415; Muriel Fabre-Magnan, Droit des obligations, Tome 1, Contrat et engagement unilatéral, 4e édition, puf, 2016, pp. 651 - 659; Virginie Larribau-Terneyre, Droit civil, Les obligations, 15e édition, Dalloz, 2017, pp. 553 - 554; François Terré, Philippe Simler, Yves Lequette, François Chénedé, Droit civil, Les obligations, 12e édition, Dalloz, 2018, pp. 733 - 737.
② Cass. com. 8 février 2017, n°14 - 28.232.
③ Cass. com. 8 février 2017, n°14 - 28.232.

此外，现行《法国民法典》新的第1210（2）条的规定也并非没有任何问题，与法国最高法院在2016年之前所采取的上述第三种做法相比，它的规定不利于维持当事人之间的合同安全和交易稳定。例如，如果出租人与承租人签订了为期7年的户外广告牌租赁合同，则根据第1210（2）条的规定，任何一方当事人均可以借口他们之间的租赁合同在性质上属于终生合同而随时终止此种合同，无论是对于出租人而言还是对于承租人而言，此种做法均有百害而无一利：如果承租人因为广告位的效果不理想而主张随时终止合同，则出租人的预期利益会遭受损害，在承租人终止合同之后，他们将不得不再一次寻找客户并因此将自己的广告位出租给新的客户；反之，如果出租人借口广告位的租金太低而主张随时终止合同，则承租人的预期利益会遭受侵犯，因为，在出租人终止租赁合同之后，为了给自己的产品或者服务做广告，他们不得不继续寻找出租人。相比于此种做法，法国最高法院在2016年之前采取的做法更加合理，因为，它能够有效地维护当事人的预期利益。

第六节　终生债务的禁止原则的例外：婚姻合同的终生性

在法国，终生债务的禁止原则是否适用于当事人之间的婚姻合同？对此问题，无论是19世纪初期的立法者还是今时今日的民法学者均做出了否定性的回答，他们认为，终生债务的禁止原则不适用于婚姻合同，因为，虽然当事人享有婚姻自由，但是，他们之间的婚姻合同在性质上既不能够是有确定期限的合同，也不能够是有不确定期限的合同，只能够是终生合同，任何一方当事人对对方当事人承担的债务在性质上均为终生债务。

一、婚姻的合同性质

无论是1804年的《法国民法典》还是现行的《法国民法典》均明确规定，婚姻是当事人之间的一种合同（un contrat），就像1804年的《法国民法典》第1780条明确规定物的租赁和服务的租赁是当事人之间的一种合同一样。不过，除了对婚姻成立的条件和法律效力做出了规定之外，无论是1804年的《法国民法典》还是现行《法国民法典》均没有对婚姻一词做出明确的界定。在2013年5月17日的第2013-404号法律对同性婚姻做出明确规定之前，民法学者在对婚姻做出界定时强调，婚姻是异性之间的一种其设立条件和法律效果均由制定法予以强制性规定的合同和法律行为。例如，在2011年的《家庭法》当中，Terré和Fenouillet就采取此种方法界定婚姻，他们指出：所谓婚姻，是指一个男人和一个女人建立共同体并且民事制定法对其条件、效果和解除予以强制性规范的一种法律行为。[1] 在2013年5月17日的第2013-404号法律正式承认了同性婚姻之后，民法学者开始对婚姻做出新的界定，以便将同性和异性之间的婚姻均包含在其中。例如，在2013年的《家庭法》当中，Patrick Courbe 和 Adeline Goutte-

---

[1] François Terré, Dominique Fenouillet, Droit civil La famille, 8e édition, Dalloz, 2011, pp. 61–62.

noire 就采取此种新方法界定婚姻，他们指出：所谓婚姻，是指两个不同性别或者相同性别的人之间的一种庄重的法律行为，根据该种法律行为，他们决定加入已婚人的法定身份行列。①

笔者认为，所谓婚姻，是指两个异性或者两个同性之间为了建立生活共同体而按照制定法所规定的严格条件、庄重程序所实施的一种法律行为或者一种合同。因此，婚姻是两方当事人之间的一种法律行为或者合同，其中的两方当事人既可以是异性，也可以是同性；婚姻是两方当事人为了建立共同生活体而实施的法律行为或者合同；虽然婚姻这种法律行为或者合同要遵循意思自治和合同自由原则的要求，但是，婚姻这种法律行为或者合同受到了制定法的大面积限制，制定法对此种法律行为或者合同的成立条件、程序和法律效果均做出了强制性的规定并因此要求当事人予以尊重和遵守。②

具体来说，1804 年的《法国民法典》明确规定婚姻是当事人之间的一种合同，因为它以众多的法律条款对此种合同所具备的有效条件做出了规定。例如，1804 年的《法国民法典》第 144 条对签订此种合同的当事人的性别和年龄做出了说明，认为婚姻合同的当事人只能够是达到一定年龄的异性，它规定：未满 18 岁的男人和未满 15 岁的女人不能够签订婚姻合同。再例如，1804 年的《法国民法典》第 146 条对当事人之间的同意要件做出了说明，认为婚姻合同以当事人之间的意思表示一致作为条件，它规定：仅仅在当事人同意的情况下他们之间的婚姻才存在。③

1804 年的《法国民法典》之所以将婚姻视为一种合同，其主要原因有二。

第一，它受到了教会法的影响。教会法将婚姻视为一种合同，教会法的此种观念对包括民法学者在内的 18 世纪的学者产生了重大的影响并因此被他们所采纳。例如，受到教会法的影响，法国启蒙时代思想家、哲学家、文学家、启蒙运动公认的领袖和导师、被称为"法兰西思想之父"的 Voltaire 即伏尔泰④（1694—1778 年）和政治思想家、法哲学家和法国启蒙运动作家 Montesquieu 即孟德斯鸠⑤（1689—1755 年）均将婚姻视为一种合同，以便强调个人意图、个人意志在婚姻成立当中所起到的核心作用，Voltaire 指出：婚姻是国际法上的一种合同。Montesquieu 也指出：在世界上的所有国家，婚姻均是能够通过协议建立的一种合同。⑥

由于受到教会法的影响，在 1768 年的著名民法著作《婚姻合同专论》当中，Pothier 不仅明确将婚姻视为一种合同，而且还将婚姻视为所有合同当中最卓尔不凡（le plus excellent）、最古老（le plus ancien）的一种合同。他指出："婚姻之所以是所有合同当

---

① Patrick Courbe, Adeline Gouttenoire, Droit de la famille, 6e édition, Dalloz, 2013, p. 20.
② 张民安：《法国民法》，清华大学出版社 2015 年版，第 209 页。
③ Articles 144 et 146, Code civil des Français 1804/Livre I, Titre V, https://fr.wikisource.org/wiki/Code_civil_des_Français_1804/Livre_ I,_Titre_.
④ Voltaire, https://fr.wikipedia.org/wiki/Voltaire.
⑤ Montesquieu, https://fr.wikipedia.org/wiki/Montesquieu.
⑥ J. Gaudemet, Le marriage, un contrat? Resc. morales et politiques, 1995, pp. 161 e s; Jean Carbonnier, Droit civil, Volume I, Introduction Les personnes la famille, l'enfant, le couple, puf, 2004, pp. 1140 – 1141; François Terré, Dominique Fenouillet, Droit civil La famille, 8e édition, Dalloz, 2011, p. 69; Philippe Malaurie, Hugues Fulchiron, La Famille, 5e édition, LGDJ, pp. 81 – 82.

中最卓尔不凡的合同，是因为即便仅仅在民事秩序范围内考虑，婚姻也是民事社会当中与人们利益最攸关的合同。婚姻之所以是所有合同当中最古老的合同，是因为此种合同是人类签订的第一份合同：当上帝创造了亚当和夏娃并且让他们结为夫妇时，我们最早的两个父母签订了婚姻合同。"①

第二，它受到了法国大革命时期合同自由原则和政教分离原则的影响，不再将婚姻视为一种宗教制度，而是将其视为一种民事合同（contrat civil），以便确保当事人在结婚和离婚方面享有自由。《1791 年的法国宪法》第二编第 7 条对婚姻的此种性质做出了说明，它规定：制定法仅仅将婚姻视为一种民事合同。②

在今时今日，《法国民法典》仍然一如既往地承认婚姻的合同性质，因为它仍然对婚姻合同的成立条件做出了规定，包括当事人的性别、年龄和同意等。现行《法国民法典》第 143 条规定：婚姻合同能够由两个异性或者两个同性缔结；第 144 条规定：在 18 岁之前，当事人不得缔结婚姻合同。第 146 条规定：仅仅在当事人同意的情况下他们之间的婚姻才存在。③

不过，在婚姻的性质问题上，民法学者的看法不完全同于《法国民法典》，因为某些民法学者完全否定婚姻的合同性质，他们仅仅将婚姻视为一种法律制度（institution juridiques）。所谓法律制度，是指由一系列具有共同目的、对社会生活进行规范和调整的法律规范结合在一起所形成的一个有机整体。法律制度多种多样，除了公法制度之外还包括各种各样的私法制度，例如，家庭制度、婚姻制度和所有权制度，等等。此外，法律当中还存在制度当中的制度，因为某些主要制度、复杂制度当中还包括不同的次要制度、简单制度，例如，家庭制度当中就包括婚姻制度、亲权制度、夫妻财产制度等。④

在 1902 年的《婚姻是一种合同吗》当中，Ch. Lefebvre 就采取此种看法，他指出，虽然我们的民事婚姻仅仅是一种合同，但是，即便是在今时今日，婚姻也不是一种合同性质的法律制度而是一种法律制度。一方面，夫妻之间的关系不应当被理解为一种真正的合同关系，他们所承担的债务不应当被归结为合同债务的有机整体。另一方面，为了让夫妻一方对另外一方承担债务，当事人意图之外的众多因素所发挥的作用要比他们之间的意图所发挥的作用更大。实际上，夫妻之间的关系仅仅是制定法所规定的一种身份关系，也就是制定法所规定的一种法律制度。⑤

在今时今日，民法学者普遍采取折中的看法，他们认为，婚姻既不能够被视为单纯的合同，也不能够被视为单纯的法律制度，它们是合同和法律制度的结合体。一方面，

---

① M. Bugnet, Œuvres de Pothier, annotées et mises en corrélation avec le Code civil et la legislation actuelle, Tome VI, Paris, Henzri Plon Gosse et Marchal, 1861, p. 1.

② Article 7, Constitution de 1791, https://www.conseil－constitutionnel.fr/les－constitutions－dans－l－histoire/constitution－de－1791.

③ Articles 143、144 et 146, Code civil, Version en vigueur au 08 juin 2021, https://www.legifrance.goufr/codes/section_ lc/LEGITEXT000006070721/LEGISCTA000006117710/#LEGISCTA000006117710.

④ Paul Roubier, Théorie générale du droit, 2e édition, Librairie du Recueil Sirey, 1951, pp. 19－20.

⑤ Ch. Lefebvre, Le mariage civil n'est-il qu'un contrat? Nouvelle revue historique de droit français et étranger, 1902, Vol. 26, pp. 300－334.

婚姻是当事人之间的一种合同，因此，当事人之间是否结婚、结婚之后是否离婚，由当事人通过婚姻自由原则自由决定。另一方面，婚姻又不仅仅是一种完全由当事人的意图自由决定的问题，因为制定法对婚姻当事人强加了各种各样的债务，当事人不能够通过自己的意图排除、规避或者限缩制定法对其强加的债务，否则，他们之间的排除条款、规避条款、限缩条款会因为违反了公共秩序而无效，制定法关于他们之间的债务的强制性规定或者禁止性规定自动适用于他们，这就是婚姻的法律制度理论。①

Terré 和 Fenouillet 对婚姻的双重性质做出了说明，他们指出："虽然婚姻合同理论和婚姻制度理论这两种不同的理论在部分方面是准确的，但是，其中的每一种理论均是不完全的，实际上，人们能够同时保留这两种不同的理论，并且让每一种理论均能够找到自己的位置。婚姻是一种合同，或者说婚姻是一种法律行为，因为两方当事人的意图在婚姻的成立和婚姻的解除方面发挥作用。婚姻也是一种制度，因为，除了在婚姻的成立和婚姻的解除即离婚方面发挥作用之外，公权力机构也会在婚姻制度当中发挥强制性的作用。"②

Patrick Courbe 和 Adeline Gouttenoire 也对婚姻的双重性质做出了说明，他们指出："在今时今日，人们之间已经在婚姻的性质方面达成了一致看法，因为他们普遍认为，民事婚姻同时构成一种合同和法律制度。一方面，婚姻是一种合同，因为，当事人的意图在婚姻的成立当中和婚姻的解除当中发挥着核心的作用，就婚姻的解除而言，自 1975 年 7 月 11 日的法律以来，法律承认当事人可以通过双方的合意离婚，这些均是婚姻所具有的合同特征。另一方面，婚姻也是一种制度，因为，除了公权力机构有必要对婚姻进行干预之外，当事人之间的合同也创设了一种被称为持久存在的人的结合体。此外，婚姻产生的权利和义务也不能够被当事人的私人意图予以规避。"③

二、1804 年的《法国民法典》起草者 Portalis 对婚姻合同终生性的明确承认

虽然罗马法禁止终生合同的存在，但是，此种禁止不适用于当事人之间的婚姻，因为它没有将婚姻视为一种像租赁一样的合同，而是将其视为一种同时受到人法和神法规范和调整的制度。虽然如此，罗马法认为，作为一种制度，婚姻是没有期限性的，婚姻当事人不能够对自己承担债务的期限做出限定，因为婚姻当事人之间的债务期限是终生

---

① Henri et Léon Mazeaud, Jean Mazeaud, François Chabas, Lecons de DROIT CIVIL, Tome I/Troisième Volume, La famille, 7 édition par Laurent Leveneur, Montchrestien, 1995, pp. 50 – 52; Jean Carbonnier, Droit civil, Volume I, Introduction Les personnes la famille, l'enfant, le couple, puf, 2004, pp. 1140 – 1141; Corinne Renault-Brahinsky, Droit des personnes et de la famille, 3e édition, Gualino, 2008, p. 234; François Terré, Dominique Fenouillet, Droit civil La famille, 8e édition, Dalloz, 2011, p. 69; Patrick Courbe, Adeline Gouttenoire, Droit de la famille, 6e édition, Dalloz, 2013, pp. 23 – 24; Dominique Fenouillet, Droit de la famille, 3e édition, Dalloz, 2013, pp. 48 – 49; Bernard Beignier, Jean-René Binet, Droit des personnes et de la famille, LGDJ, 2013, p. 225; Philippe Malaurie, Hugues Fulchiron, La Famille, 5e édition, LGDJ, 2016, pp. 81 – 82; 张民安：《法国民法》，清华大学出版社 2015 年版，第 209 页。

② François Terré, Dominique Fenouillet, Droit civil La famille, 8e édition, Dalloz, 2011, p. 69.

③ Patrick Courbe, Adeline Gouttenoire, Droit de la famille, 6e édition, Dalloz, 2013, p. 23.

的。3 世纪的著名民法学家、被 426 年的东罗马帝国皇帝狄奥多西二世①（Théodose II）（401—450）通过所公布的引证法②（Loi des citations）圈定的经典罗马法时期的五大法学家之一、可能是法学教授的 Modestin③（出生和死亡时间不详）对婚姻的这一性质做出了明确说明，他指出：所谓婚姻，是指一个男人和一个女人之间的结合体（l'union），它是应当终生持续的一种共同生活体（la communauté）、一种社会（la société），它是人法（droit humain）和神法（droit divin）共同规范和调整的产物。④"虽然 Modestin 对婚姻做出的此种界定含糊不清，但是，这些界定表明，婚姻是一种法律制度，该种法律制度承认婚姻具有终生性。"⑤

在 18 世纪，Pothier 不仅明确承认婚姻的合同性质，而且还明确承认婚姻合同是一种终生合同，因为当事人之间所承担的债务是终生债务，因为在对婚姻做出界定时，他明确强调婚姻是一个男人和女人之间所签订的彼此对对方承担终生债务的合同，他指出：所谓婚姻，是指具有签订合同资格的一个男人和一个女人之间所签订的、其形式由制定法加以规定的一种合同，在该种合同当中，夫妻双方不仅在共同体当中成为夫妻，而且彼此均应当对对方承担终生债务。⑥

在法国大革命期间，人们不仅承认婚姻的合同性质，而且还承认婚姻合同的终身性。1792 年 9 月 20 日的制定法不仅明确承认了婚姻的合同性质，而且还明确承认了此种合同的终生性，它规定：婚姻是一种民事合同，因此，它应当具备的基本条件是，两个配偶为了终生生活而同意结婚。在 1790 年关于婚姻草案的检讨当中，Ph. Samary 指出：无论如何，作为一种状态，婚姻会终生持续的。在 1799 年关于结婚和离婚的讨论当中，A. J. B. Chapuis 也明确承认婚姻合同的终生性，他指出：总的说来，人们不会怀疑，根据制定法和公共观念，婚姻是终生的。⑦

不过，在民法历史上，既承认婚姻是一种合同同时也承认该种合同具有终生性的民法学者非拿破仑执政府时期的律师、政治家、法学家、法哲学家、法兰西学院院士、1804 年的《法国民法典》最主要的起草人 Jean-Étienne-Marie Portalis⑧（1746—1807）莫属。在就起草的《法国民法典（草案）》做出说明时，他多次强调婚姻合同的终

---

① Théodose II, https://fr.wikipedia.org/wiki/Théodose_ II.
② Loi des citations, https://fr.wikipedia.org/wiki/Loi_ des_ citations.
③ Modestin, https://fr.wikipedia.org/wiki/Modestin.
④ Digeste, 23, 2, 1; François Terré Dominique Fenouillet, Droit civil La famille, 8e édition, Dalloz, 2011, p.61; Bernard Beignier, Jean-René Binet, Droit des personnes et de la famille, LGDJ, 2013, p.225; Philippe Malauries, Hugues Fulchiron, La Famille, 5e édition, LGDJ, 2016, p.72.
⑤ François Terré, Dominique Fenouillet, Droit civil La famille, 8e édition, Dalloz, 2011, p.61.
⑥ M. Bugnet, Œuvres de Pothier, annotées et mises en corrélation avec le Code civil et la legislation actuelle, Tome VI, Paris, Henzri Plon Gosse et Marchal, 1861, p.2.
⑦ la loi du 20 septembre 1792; Ph. Samary, Examen du rapport sur le projet de décret concernant les mariages, Impr. de Crapart, Paris, 1790, p.4; A. J. B. Chapuis, Du mariage et du divorce considérés sous le rapport de la nature, de la religion et des mœurs, discours prononcé dans plusieurs temples de théophilanthropes, Ch. Pankoucke, Paris, an VII, p.4; Sylvain Bloquet, Le mariage, un《contrat perpétuel par sa destination》(Portalis)》, La Fondation Napoléon, Napoleonica, La Revue, 2012/2 N° 14, p.76,
⑧ Jean-Étienne-Marie Portalis, https://fr.wikipedia.org/wiki/Jean – Étienne – Marie_Portalis.

生性。

首先，Portalis 对婚姻做出了界定，由于受到 Modestin 对婚姻做出的上述界定的影响，他对婚姻做出了自己的界定，认为婚姻是男人和女人之间为了生儿育女、传宗接代而建立的一种社会，他指出："如果抛开所有的民事法律和教会法律，婚姻本身的含义是什么？所谓婚姻，是指男人和女人之间为了世世代代延续人类、为了相互协助、相互救助以便承受生活的重负和分担彼此的共同命运而结合在一起所形成的社会。"①"虽然婚姻是一种社会，但是，婚姻是最自然的社会、最神圣的社会、是最不可侵犯的社会；婚姻是必要的，而社会的其他合同则不是必要的。"②

其次，Portalis 对婚姻的性质做出了说明，认为婚姻属于自然法当中的一种自然行为、自然合同，立法者所规定的合同仅仅是将自然法当中的自然行为、自然合同上升为一种民事行为、民事合同。他指出："也仅仅到了最近，人们才对婚姻产生了准确的看法。他们认为婚姻是一种民事制度和宗教制度的聚合物。不过，此种看法模糊了婚姻的最初观念。神学家仅仅在婚姻当中看到了神圣的仪式，大多数民法学家仅仅在婚姻当中看到了民事合同，某些学者认为，婚姻是一种混合行为，同时包含了民事合同和宗教合同。在第一种理论当中，自然法完全被人们所考虑，而婚姻实际上是自然法当中最伟大的一种行为。"③"我们令人信服地证明，婚姻既不是一种民事行为，也不是一种宗教行为，而是一种自然行为，它引起了立法者和宗教法的注意并因此对其做出了规定或者承认。"④

Portalis 认为，既然婚姻是一种自然法当中的行为、自然法当中的一种自然合同，则婚姻当事人自然享有自由，包括缔结合同的自由和解除合同的自由。"离婚是一种明智的制度，因为它建立在自然、理性、正义的基础上，建立在配偶享有的个人自由权的基础上。"⑤"离婚可以基于配偶之间的相互同意而发生，其理论根据在于，虽然婚姻是一种社会，但是，婚姻并不是一种永恒的社会。"⑥

最后，Portalis 认为，婚姻是一种终生合同。虽然婚姻是一种合同，但是，婚姻合同不同于其他合同，因为其他合同在性质上不是也不能够是终生合同，债务人不是也不能够对债权人承担终生债务，而婚姻合同不同，因为婚姻"天生就是一种终生合同"（contrat perpétuel par sa destination），当事人缔结婚姻合同的目的就是让彼此之间承担

---

① P. A. Fenet, Recueil complet des travaux préparatoires du Code civil, Tome IX, Paris, Marchand du Breuil, 1827, p.140.
② P. A. Fenet, Recueil complet des travaux préparatoires du Code civil, Tome I, Paris, Marchand du Breuil, 1856, p.495.
③ P. A. Fenet, Recueil complet des travaux préparatoires du Code civil, Tome I, Paris, Marchand du Breuil, 1856, p.482.
④ P. A. Fenet, Recueil complet des travaux préparatoires du Code civil, Tome I, Paris, Marchand du Breuil, 1856, p.483.
⑤ P. A. Fenet, Recueil complet des travaux préparatoires du Code civil, Tome I, Paris, Marchand du Breuil, 1856, p.158.
⑥ P. A. Fenet, Recueil complet des travaux préparatoires du Code civil, Tome I, Paris, Marchand du Breuil, 1856, p.494.

终生债务。在就《法国民法典（草案）》做出说明时，他多次强调了婚姻合同的终生性。在讨论婚姻的自然自由和合同性质时，他明确认定"婚姻天生就是一种终生合同"，他指出："如果仅仅考虑婚姻本身和婚姻的自然效果，则婚姻是独立于任何实在法的，它不仅给我们提供了严格意义上的合同的基本观念，还给我们提供了天生就是终生合同的基本观念。"①"因此，我们认为，婚姻天生就是一种终生合同。"②

Portalis 认为，婚姻之所以在性质上是一种终生合同，其主要原因有二。

第一，婚姻是社会的基础，社会是由婚姻这一基础开始的，因此，维护婚姻的终生性是符合社会利益要求的。他对此种原因做出了说明，指出："终生性是婚姻的本质，而婚姻则是社会的基础，因为社会的运行取决于婚姻这一基础，因此，社会允许婚姻终生性的存在，而不是摧毁婚姻这一本质。"③ 换言之，"婚姻终生性的誓言是自然本身的誓言。"④

第二，婚姻合同的终生性是当事人意图的体现。"根据我们做出的观察，除了受到所有人均承担的债务的约束之外，当事人之间的婚姻合同也让配偶相互之间承担债务。"⑤ 换言之，"婚姻仅仅是两个人之间的债务。"⑥ 配偶根据他们之间的婚姻合同所承担的债务在性质上是终生债务，因为，根据"普遍承认的原则"（principe universellement reconnu），他们具有让彼此对对方承担终生债务的意图。⑦《法国民法典（草案）》第 3 条明确规定："根据配偶的意图，婚姻是一种合同，其持续期限是一个配偶的有生之年。不过，在配偶死亡之前，此种合同仍然可以根据制定法确定的情形和原因予以解除。"在就《法国民法典（草案）》第 3 条的规定做出评论时，Réal 对第 3 条的规定做出了这样的评论："十分真实的是，根据配偶的意图，婚姻合同的持续期限是一个配偶的有生之年。"⑧

三、19 世纪的民法学者对婚姻合同终生性的明确承认

虽然 1804 年的《法国民法典》第一卷第五编第 144 条至第 228 条对婚姻合同涉及

---

① P. A. Fenet, Recueil complet des travaux préparatoires du Code civil, Tome I, Paris, Marchand du Breuil, 1856, p. 485.
② P. A. Fenet, Recueil complet des travaux préparatoires du Code civil, Tome V, Paris, Marchand du Breuil, 1827, p. 416.
③ P. A. Fenet, Recueil complet des travaux préparatoires du Code civil, Tome V, Paris, Marchand du Breuil, 1827, p. 416.
④ P. A. Fenet, Recueil complet des travaux préparatoires du Code civil, Tome V, Paris, Marchand du Breuil, 1827, p. 419.
⑤ P. A. Fenet, Recueil complet des travaux préparatoires du Code civil, Tome I, Paris, Marchand du Breuil, 1856, pp. 485 – 486.
⑥ P. A. Fenet, Recueil complet des travaux préparatoires du Code civil, Tome I, Paris, Marchand du Breuil, 1856, p. 484.
⑦ Sylvain Bloquet, Le mariage, un《contrat perpétuel par sa destination》（Portalis）》, La Fondation Napoléon, Napoleonica, La Revue, 2012/2 N° 14, p. 76.
⑧ P. A. Fenet, Recueil complet des travaux préparatoires du Code civil, Tome IX, Paris, Marchand du Breuil, 1827, p. 4.

到的方方面面做出了详细的规定，包括婚姻合同对夫妻双方产生的债务，但是，这些法律条款没有明确规定夫妻之间的婚姻合同所具有的终生性。① 不过，人们不能够仅仅因为 1804 年的《法国民法典》没有将婚姻合同明确规定为一种终生合同就认定婚姻合同在性质上不是一种终生合同。因为，基于《法国民法典》的重要起草人 Portalis 的上述说明，19 世纪的民法学者也普遍承认，婚姻合同在性质上是一种终生合同，当事人之间在有生之年均应当对对方承担债务。

在 1835 年的《法国民法教程》当中，Duranton 就明确承认婚姻合同的终生性，他指出："从自然关系和民事关系的角度来看，婚姻是男人和女人之间的合法结合体，总的说来，当事人建立此种结合体的目的是世世代代延续人类并且分担彼此之间的共同命运。根据缔结婚姻合同当事人的意图，他们之间的此种结合体应当一直持续进行下去，直到两方当事人当中的一方当事人死亡时为止，这是当事人意图的体现。当然，情况并非一直如此，因为在符合制定法所规定的情形和原因时，当事人之间的婚姻能够解除。"②

在 1838 年的《法国民法》当中，Toullier 就明确指出，作为一种最自然的合同，婚姻合同具有终生性，当事人彼此均对对方承担终生债务，他指出："婚姻是男人和女人之间的一种结合体或者社会，他们之间建立这个结合体或者社会，是为了世世代代延续人类、相互协助、相互救助以便承受生活的重负和分担彼此的共同命运，包括降临在彼此身上的幸运和不幸。这是一种应当持续一生的合同，这既是当事人意图的体现，也是夫妻双方共同的心愿，当然，在符合制定法规定的情形和原因的情况下，他们之间的此种终生合同也是可以解除的。"③

在 1904 年的《民法专论》当中，Marcel Planiol 也对婚姻合同的终身性做出了说明，他指出："婚姻是两个配偶之间的结合体，它是其中的任何一个配偶均不能够随意解除的结合体，因为婚姻的性质决定了该种结合体应当是终生持续的。当人们结婚时，他们会在法律上联系在一起，他们彼此要承担债务。现代婚姻是一种'合同'，制定法应当对当事人之间的合同予以尊重，它不允许人们中断此种合同，并且对此种合同予以承认。"④

四、今时今日的民法学者对婚姻合同终生性的承认

（一）婚姻合同的终生性

在今时今日，法国民法学者仍然承认婚姻合同的终生性，认为夫妻之间承担的债务在性质上属于终生债务。例如，在 1996 年的《伴侣之间的法律关系是合同关系？》

---

① Articles 144 à 228, https://fr.wikisource.org/wiki/Code_civil_des_Français_1804/Livre_I,_Titre_.
② M. A. Duranton, Cours de Droit civil français, suivant le Code civil, Tome I, 3e édition, Brussels Libraire De Jurisprudence De H. Tarlier, 1835, p. 187.
③ C. B. M. Toullier, Le Droit civil francais suivant l'ordre du code, Tome I, éd. Renouard, Paris, 1838, p. 413.
④ Marcel Planiol, Traité élémentaire de droit civil, 3e édition, Tome I, Librairie Cotillon, F. Pichon successeur, 1904, p. 244.

当中，Xavier Labbée 就承认婚姻合同的终生性并指出："所有的有不确定期限的合同均能够由任何一方当事人予以单方面终止，如果他们在单方面终止合同时遵守了所要求的通知要件的话。此种原则是终生债务的禁止原则所产生的一种后果。当我们将婚姻视为一种法律制度时，我们认为，婚姻不适用此种原则：一旦人们结了婚，则他们就要承担终生债务。"①

在2015年的《家庭法》当中，Philippe Malaurie 和 Hugues Fulchiron 也对婚姻合同的终生性做出了说明，他们认为，婚姻除了是一种自由之外也是一种债务，"是一种三重终生债务"（un triple engagement pour la vie）：父母对其未成年子女承担的终生债务，家庭成员之间承担的终生债务，以及夫妻彼此之间所承担的终生债务。② 他们指出："本质上，婚姻是每一个配偶对对方承担的债务：他们承担共同生活的债务，承担忠实债务，承担物质上和精神上的协助债务。不过，他们承担的这些债务是终生债务：婚姻具有永恒的使命。当然，在实践当中，基于配偶一方或者双方的请求或者决定，婚姻也能够中断。不过，一旦婚姻缔结，则当事人承诺彼此对对方承担终生债务。"③

（二）某些外国法律承认暂时婚姻合同的有效性

在法国，作为一种终生合同，当事人之间的婚姻合同在性质上当然属于一种连续给付合同，因为从当事人结婚之日起一直到一方当事人死亡或者双方离婚之日，任何一方当事人均应当对对方多次、反复履行给付债务。问题在于，如果当事人在签订婚姻合同时明确规定，他们之间的婚姻仅仅持续一定时期，换言之，如果他们在自己的婚姻合同当中将自己的婚姻合同规定为有确定期限的婚姻合同，他们之间的此种合同是否有效？如果当事人在签订婚姻合同时没有规定婚姻的持续期限，人们是否能够将他们之间的婚姻合同等同于有不确定期限的合同？对此问题，法国民法学者几乎没有做出任何具体说明，虽然在讨论婚姻合同的性质时，他们坚持婚姻的终生性。

在今时今日，实行穆斯林法律的（lois islamiques）某些阿拉伯国家承认有确定期限的婚姻合同的合法性，例如，伊朗和黎巴嫩，因为它们认为，婚姻分为终生婚姻和暂时婚姻，其中的终生婚姻就是终生婚姻合同，而其中的暂时婚姻也就是暂时婚姻合同、有确定期限的婚姻合同，它在阿拉伯国家的称谓是快乐婚姻。这些国家或者地区之所以承认有确定期限的婚姻合同的合法性，是因为《古兰经》（le Coran）明确承认此种婚姻的有效性。④

在墨西哥城，鉴于离婚诉讼的程序缓慢、离婚的费用高企，大量的民众在婚姻破裂

---

① Xavier Labbée, Les Rapports juridiques dans le couple sont-ils contractuels? Presses universitaires du Septentrion, 1996, p. 92.
② Philippe Malaurie, Hugues Fulchiron, La Famille, 5e édition, LGDJ, 2016, pp. 80 – 81.
③ Philippe Malaurie, Hugues Fulchiron, La Famille, 5e édition, LGDJ, 2016, p. 81.
④ Mut'a, https://fr.wikipedia.org/wiki/Mut%27a; Le Mariage A Durée Déterminée, https://www.sibtayn.com/fr/index.php?option=com_content&view=article&id=844;le – mariage – a – durdrmin&catid = 173&Itemid = 613; Bientôt un mariage a durée déterminée? Gleeden, https://fr.gleeden.com/news/bientot – un – mariage – a – duree – determinee_805.html.

的情况下放弃了离婚诉讼请求权，而在保有婚姻身份的情况下，他们寻求与配偶之外的人建立家庭，为了解决离婚难、不离婚而组建新的家庭的问题，在2011年9月30日所举行的联邦议会会议期间，墨西哥左翼民主革命党（Parti de la révolution démocratique）的两位议员Carlos Torres和Lizbeth Rosas提出立法建议，要求墨西哥城的立法者制定法律，明确承认有确定期限的婚姻合同的合法性，允许婚姻当事人预先签订协议，对他们之间的夫妻关系规定最低不少于2年的期限，在所规定的期限届满时，当事人之间的婚姻合同自动终止，任何一方当事人均无需向婚姻登记机关申请离婚登记，也无需向法院起诉，要求法官判决双方离婚。①

不过，这些议员的立法建议遭到了Hugo Valdemar的反对，Valdemar认为，对于信奉天主教的墨西哥人而言，此种立法建议是"荒谬的"，因为，"虽然当事人之间的婚姻是一种合同，但是，他们之间的婚姻并不是一种商事合同：婚姻是两个人之间为了生活大计而签订的合同，他们的目的是成立家庭。"此外，在2007年，德国立法者Gabriele Paulli也提出了类似的立法建议，不过，他的建议也被拒绝了。②

（三）法国民法在保留婚姻合同终生性时承认其他家庭的合法存在

墨西哥城的这些议员提出的此种建议引起了法国人的关注，因为法国人也讨论有确定期限的婚姻合同在法国民法当中的可能性并且他们做出了否定性的回答，认为《法国民法典》不可能承认有确定期限的婚姻合同。例如，《法国民法典》第211条规定，配偶之间应当相互尊重、忠实、救助和协助。虽然该条没有明确规定这些债务属于终生债务，但是，从结婚之日起一直到死亡或者离婚时，配偶之间均应当承担该条所规定的这些债务，换言之，该条规定的这些债务在性质上属于终生债务。③

《法国民法典》之所以不可能明确承认有确定期限的婚姻合同，是因为在今时今日，它除了承认婚姻之外还承认其他家庭形式，包括第515-1条至第515-8条所规定的两类家庭形式：连带民事协约（pacte civil de solidarité）和非婚同居（concubinage）。虽然非婚同居被视为一种事实上的结合体（union de fait）而非像婚姻一样的合同，但是，该种家庭的有效性以当事人之间的结合体建立在持续的、稳定的共同生活的基础

---

① Louise Couvelaire, Mexico invente le mariage à durée déterminée, Le Monde, publié le 07 octobre 2011 à 11h33 - Mis à jour le 07 octobre 2011 à 11h33, https://www.lemonde.fr/m-styles/article/2011/10/07/mexico-invente-le-mariage-a-duree-determinee_1583384_4497319.html; Bientôt un mariage a duree determinee? Gleeden, https://fr.gleeden.com/news/bientot-un-mariage-a-duree-determinee_805.html.

② Louise Couvelaire, Mexico invente le mariage à durée déterminée, Le Monde, publié le 07 octobre 2011 à 11h33 - Mis à jour le 07 octobre 2011 à 11h33, https://www.lemonde.fr/m-styles/article/2011/10/07/mexico-invente-le-mariage-a-duree-determinee_1583384_4497319.html; Bientôt un mariage a duree determinee? Gleeden, https://fr.gleeden.com/news/bientot-un-mariage-a-duree-determinee_805.html.

③ Est-ce possible de contracter un mariage à durée déterminée? Article mis à jour le 19/11/2012, droitissimo, https://www.droitissimo.com/famille/mariage/est-ce-possible-contracter-mariage-duree-determinee#google_vignette.

上，换言之，以他们之间的共同生活持续相当长的一段时间作为必要条件。①

而连带民事协约则是像婚姻一样的合同，它与婚姻合同之间的一个主要差异是：婚姻只能够是两方当事人之间的终生合同，它既不能够是一种有确定期限的合同，也不能够是一种有不确定期限的合同，因为，如果婚姻是一种有不确定期限的合同，则意味着任何一方当事人均能够随时自由地终止他们与对方当事人之间的婚姻关系，而实际上，他们并不享有此种自由权；而连带民事协约则不同，它既可以是两方当事人之间的有确定期限的合同，也可以是两方当事人之间的有不确定期限的合同，因为任何一方当事人均能够随时自由终止自己与对方当事人之间的家庭关系。②

《法国民法典》当中的非婚同居和连带民事协约实质上等同于其他国家法律当中的有确定期限的婚姻合同，是这些婚姻合同的两种不同替代方式。

---

① Articles 515 – 1 à 515 – 8，Code civil，Version en vigueur au 14 juin 2021，https://www.legifrance.goufr/codes/section_ lc/LEGITEXT000006070721/LEGISCTA000006118360/#LEGISCTA000006118360；张民安：《法国民法》，清华大学出版社 2015 年版，第 208—242 页。

② Articles 515 – 1 à 515 – 8，Code civil，Version en vigueur au 14 juin 2021，https://www.legifrance.goufr/codes/section_ lc/LEGITEXT000006070721/LEGISCTA000006118360/#LEGISCTA000006118360；张民安：《法国民法》，清华大学出版社 2015 年版，第 208—242 页。

第三章 法国债法与债法的现代化

第一节 债法的界定、债法总论的重要性和债法的特征

一、债法的界定

在法国，虽然民法学者普遍在自己的债法著作当中对债的一般理论和一般制度即债法总论、债法总则做出了讨论，但是，他们几乎均不对债法（le droit des obligations）做出界定。仅少数几个民法学者在自己的债法著作当中对债法做出了界定，诸如 Aubert、Savaux、Grynbaum 和 Larroumet 等人，并且即便是这几个人，他们对债法做出的界定也存在差异，最主要的差异是，某些民法学者从规范对象的角度对债法做出界定，而另外一些学者则从法律科学即研究的角度对债法做出界定。

在其《民法总论》当中，Aubert 和 Savaux 从法律规范的角度对债法做出了界定，他们指出："所谓债法，也称债的一般理论，是指对债的产生、债的法律效果和债的制度（债的转移、债的限制或者债的消灭）予以规范和调整的所有法律规范的有机整体。债法的规范具有一般性的适用范围：除了对所有类型的合同甚至所有类型的协议进行规范和调整之外，债法也对所有的民事责任进行规范和调整。"[①] 在其《债》当中，Grynbaum 也从法律规范的角度对债法做出了界定，他指出："所谓债法，是指调整一方当事人即债务人与另外一方当事人即债权人之间所形成的法律关系的所有规范的有机整体，在此种法律关系当中，债务人应当对债权人实施某种给付行为。"[②]

而在其《债》当中，Christian Larroumet 则不同，他不是从规范对象的角度而是从法律科学即研究的角度对债法做出了界定，他指出："债是一种将债权人和债务人连接在一起的法律关系，在该种关系当中，债务人应当对债权人实施某种给付行为，而债权人则有权要求债务人实施该种给付行为。所谓债法，则是对这两个人之间的此种法律关系进行研究的法律。债法要确定债的渊源、债的效果、债的限定方式、债的转让和债的消灭的不同方式。换言之，此种法律关系的研究对象是债的产生、债的生活和债的消灭。"[③]

在上述两种不同理论当中，笔者采取第一种理论。不过，当我们从法律规范的角度对债法做出界定时，我们可以有两种不同的界定方法：或者从法律关系的角度界定债

---

① Jean-Luc Aubert, Éric Savaux, Introduction au droit et thèmes foudamentaux du droit civil, 17e édition, Dalloz, 2018, pp. 295 – 296.
② Luc Grynbaum, Droit civil, Les obligations, 2e édition, Hachette, 2005, p. 8.
③ Christian Larroumet, Droit civil, Les obligations, le Contrat, Tome Ⅲ, 2e partie: Effets, 6e édition, Economica, 2007, pp. 5 – 6.

法，或者从主观权利的角度界定债法。当我们从法律关系的角度界定债法时，我们认为，所谓债法，是指对债权人和债务人之间的债权债务关系进行规范和调整的所有法律规范的有机整体，当法律规范对债权人和债务人之间的法律关系进行规范和调整时，这些法律规范的有机整体即为债法。而当我们从主观权利的角度界定债法时，我们认为，所谓债法，是指对债权人所享有的要求债务人做出或者不做出某种行为的主观权利即债权进行规范和调整的所有法律规范的有机整体，当法律规范对债权人享有的主观权利即债权进行规范和调整时，这些法律规范的有机整体即为债法。

这两种界定之间当然存在差异：前一种理论将债权人和债务人之间的法律关系视为作为一个有机整体的法律规范的调整对象，而后一种理论则将债权人享有的债权视为法律规范的调整对象。不过，它们之间的差异仅为形式上的而非实质性的。一方面，它们均认为，债法是所有债法规范的有机整体，因为债法的渊源多种多样，不同的债法渊源结合在一起就形成一个有机整体；另一方面，虽然债权债务关系既包括债权也包括债务，但是，在债的关系当中，债权才是核心，因为债权是目的，而债务则是实现此种目的的手段。

二、债法总论在整个法律当中的核心地位

除了具有自己的具体理论之外，债法还具有自己的一般理论。所谓债法的一般理论（théorie générale），也被称为债法总论、债法总则，是指能够在整个债法制度当中共同适用、普遍适用的理论。所谓债法的具体理论（théorie spécifique），也被称为债法分论、债法分则，是指仅能在某一个具体制度当中适用的理论。例如，意思自治和合同自由的理论就属于债法的一般理论，因为它能够适用于所有的合同。而买卖合同的理论则属于债法的具体理论，因为该种理论仅仅适用于一种合同即买卖合同。再例如，合同的合意主义理论也属于债法的一般理论，因为它能够适用于所有合同。同样，行为人就其实施的致害行为对他人承担侵权责任的理论也属于债法的一般理论，因为它能够在整个债法领域适用。

债法的一般理论和债法的具体理论结合在一起就形成了作为一个有机整体的债法。在债法当中，债法的一般理论具有异乎寻常的重要性，因为，除了适用于整个民法之外，它还从民法当中延伸到整个私法领域，从整个私法领域延伸到整个公法领域，并因此成为支配整个法律的重要理论。

（一）债法总论是具有优越地位的法律

在法国，债法当然属于民法的组成部分，而民法则属于与公法（le droit public）处于对立地位的私法（le droit privé）的组成部分。所谓私法，是指对私人之间的法律关系或者私人享有的主观权利进行规范和调整的所有法律规范结合在一起所形成的一个有机整体，民法和商法在性质上属于私法。所谓公法，则是指对国家、公权力机关之间以及它们与私人之间的关系进行规范和调整的所有法律规范结合在一起所形成的一个有机整体，宪法和行政法等在性质上属于公法。这就是法律部门的两分法理论。近些年来，法国民法学者在私法和公法之外主张第三类法律部门的存在，这就是混合法（droits mixtes)。所谓混合法,是指既具有私法性质也具有公法性质的所有法律规范结合在一起所形成的一个有机整体,刑法和社会法等属于混合法。①

作为一种私法,民法所包含的内容众多,除了债法之外,民法还包括人法、物权法、担保法、家庭法和继承法等。虽然均为民法的组成部分,但是,债法具有不同于其他内容的性质,因为,除了在债权人和债务人之间适用之外,债法还进入民法的其他内容当中,例如,债法进入家庭法和继承法当中,再例如,债法进入担保法当中。除了进入整个民法领域之外,债法还进入商法领域并因此成为支配商法的重要规范。不仅如此,债法还越过了私法的"藩篱"而将自己的"触角"深入到原本独立于私法的公法和混合法当中并因此成为左右这些法律部门的重要规则。因为债法已经进入了包括私法、公法和混合法在内的所有法律部门并因此成为支配这些法律部门的重要规范,因此,在今时今日,债法成为一种"具有优越地位的法律"(droit prepondérant)。② 这就是债法在民法、私法和整个法律当中所具有的独一无二的核心地位。

在法国,民法学者普遍承认债法所具有的核心地位。Larroumet 认为,债法是民法的核心,他指出:"债法支配着民法。"③ Légier 认为,债法是整个私法的核心,他指出:"债法是私法的基本组成部分。"④ Malaurie、Aynés 和 Stoffel-Munck 认为,债法不仅是私法的核心,而且还是公法的核心,换言之,债法是整个法律的核心⑤,他们指出:"债法支配着整个法律领域,因为债是社会成员之间最常见的法律关系类型。"⑥ Marty 和 Raynaud 指出:"债法的原则已经进入到所有的法律领域。"⑦ Rémy Cabrillac 也认为,债法是包括私法和公法在内的整个法律的核心,他指出:"债法是法律的基本法,因为债法构成一般理论,是人们时时刻刻所关注的中心。"⑧

(二)法国民法学者在债法总论所具有的重要性问题上所存在的争议

在法国,鉴于债法在民法、私法和整个法律当中所具有的核心地位,因此,民法学者普遍认为,债法是非常重要的。至于说债法为何非常重要,法国民法学者做出的回答存在一定的差异,至少是表面上的差异,有三种不同的看法。大多数民法学者认为,债法之所以非常重要,一方面是因为它具有理论上的重要性,另一方面则是因为债法具有实践上的重要性。在讨论债法所具有的理论方面的重要性时,他们并不讨论债法所具有

---

① Paul Roubier, Théorie générale du droit, 2e édition, Librairie du Recueil Sirey, 1951, pp. 304 – 312;;Hénri et Léon Mazeaud, Jean Mazeaud, François Chabas, Lecons de DROIT CIVIL, Tome Premier, Introduction à l'étude du droit, 12e édition, Montchrestien, 2000, p. 61;Henri Roland, Laurent Boyer, Introduction au droit, Litec, 2002, pp. 103 – 108;Philippe Malaurie, Patrick Morvan, Introduction au droit, 4e édition, Defrénois, 2012, pp. 61 – 62;张民安:《法国民法》,清华大学出版社 2015 年版,第 14—15 页。
② Philippe Malaurie, Laurent Aynès, Philippe Stoffel-Munck, Droit des obligations, 8e édition, LGDJ, 2016, p. 15.
③ Christian Larroumet, Droit Civil, Les obligations, le Contrat, 6e édition, Economica, 2007, p. 7.
④ Gérard Légier, Les obligations, 17e édition, Dalloz, 2001, p. 1.
⑤ Philippe Malaurie, Laurent Aynès, Philippe Stoffel-Munck, Les obligations, 4e édition, Defrenois, 2009, p. 3.
⑥ Philippe Malaurie, Laurent Aynès, Philippe Stoffel-Munck, Les obligations, 4e édition, Defrenois, 2009, p. 3.
⑦ Gabriel Marty, Pierre Raynaud, Droit Civil, Les obligations, Tome 1, Les sources, 2e édition, Sirey, 1988, p. 7.
⑧ Rémy Cabrillac, Droit des obligations, 12e édition, Dalloz, 2016, p. 4.

的普适性。① Marty 和 Raynaud 对债法所具有的这两种重要性做出了说明，他们指出："债法具有非常重要的意义，无论是从实践方面还是理论方面看均是如此。"②

某些民法学者虽然认为，债法同时具有实践方面和理论方面的重要性，但是，在讨论债法所具有的理论方面的重要性时，他们将债法所具有的普适性看作债法所具有的理论方面的重要性的组成部分。Malinvaud、Fenouillet 和 Larribau-Terneyre 采取此种看法。③ 某些民法学者认为，除了具有理论上和实践上的重要性之外，债法的重要性还体现在第三个方面，这就是社会方面的重要性。Flour、Aubert 和 Savaux 采取此种看法，他们指出："债法具有三个方面的重要性：实践方面的重要性，理论方面的重要性和社会方面的重要性。"④ 所谓社会方面的重要性，是指债法所具有的普适性特征。⑤

因此，在债法的重要性方面，Flour、Aubert、Savaux 与 Malinvaud、Fenouillet 和 Larribau-Terneyre 之间的差异仅仅是形式上的：他们均认为，债法的普适性是债法的重要性的表现，但是，Flour、Aubert 和 Savaux 将债法的普适性视为理论重要性之外的一个重要性体现，而 Malinvaud、Fenouillet 和 Larribau-Terneyre 则将普适性视为理论重要性的组成部分。关于债法的普适性问题，笔者将在债法的特征当中做出讨论，此处从略。

笔者认为，债法在民法、整个私法和整个法律当中均具有至关重要的地位，这种重要地位表现在实践层面和理论层面，它们结合在一起就决定了债法在整个法律当中处于优越地位、优势地位。

（三）债法总论在实践方面的重要性

债法之所以处于优越地位、优势地位，是因为从实际生活的角度来看，债法渗透到人们日常生活的方方面面，贯穿于他们毕生的时时刻刻，是人们须臾无法离开的法律。Légier 对债法具有的实践方面的重要性做出了说明，他指出："在实际生活领域，大量的债或者源于当事人所实施的某种法律行为，或者源于所发生的某种事件。基于这样的原因，某些债是经常会发生的：民事合同、商事合同、劳动合同以及导致他人损害发生的致害行为等。在这些债当中，合同债尤其成为经济关系在法律上的表现形式（例如货物交换或者劳务提供等）。"⑥

---

① Gabriel Marty, Pierre Raynaud, Droit Civil, Les obligations, Tome 1, Les sources, 2e édition, Sirey, 1988, pp. 7 – 8; Gérard Légier, les obligations, 17e édition, Dalloz, 2001, p. 1; Philippe Malinvaud, Dominique Fenouillet, Droit des obligations, 11e édition, Litec, 2010, pp. 18 – 19; Philippe Malaurie, Laurent Aynès, Philippe Stoffel-Munck, Droit des obligations, 8e édition, LGDJ, 2016, p. 15; Rémy Cabrillac, Droit des obligations, 12e édition, Dalloz, 2016, pp. 4 – 6.

② Gabriel Marty, Pierre Raynaud, Droit Civil, Les obligations, Tome 1, Les sources, 2e édition, Sirey, 1988, p. 7.

③ Philippe Malinvaud, Dominique Fenouillet, Droit des obligations, 11e édition, Litec, 2010, pp. 18 – 20; Virginie Larribau-Terneyre, Droit civil, Les obligations, 15e édition, Dalloz, 2017, pp. 5 – 6.

④ Jacques Flour, Jean-Luc Aubert, Éric Savaux, Les obligations, 1. L'acte juridique, 15e édition, Dalloz, 2012, p. 41.

⑤ Jacques Flour, Jean-Luc Aubert, Éric Savaux, Les obligations, 1. L'acte juridique, 15e édition, Dalloz, 2012, pp. 41 – 45.

⑥ Gérard Légier, les obligations, 17e édition, Dalloz, 2001, p. 1.

Virginie Larribau-Terneyre 也对债法具有的实践方面的重要性做出了说明，他指出："债法在实际生活当中的重要性是显而易见的。实际上，债法是人们在日常生活或者商事生活（la vie des affaires）当中所建立的各种经济关系在法律上的表现形式。尤其值得注意的是，债法是调整所有合同的法律规范的有机整体，无论被债法所调整的合同究竟是什么合同。这一点，同调整特定的合同的规则形成鲜明对比（人们将其称为特殊合同法）。除了一般合同法是债法之外，对民事责任问题进行调整的规范也是债法。基于个人安全维护的需要，此类债法在今天也十分重要。除了在合同领域和民事责任领域得到适用之外，债法还在其他领域得到适用：债法对家庭关系的适用，并因此产生了抚养债或者扶养债（例如夫妻双方因为婚姻而产生的扶养义务）。总之，没有任何日常生活领域能够离开债法的规范和调整。"①

首先，在人的一生当中，人们可能会避开家庭法的适用，因为，如果他们选择不结婚，则有关结婚和离婚的规则、有关收养的规则或者有关监护的规则当然无法适用于他们。同样，对于大多数人而言，有关亲子关系方面的法律规范也可能不会适用于他们。但是，在人的一生当中，即便他们过着最简单、最平庸、最单调的生活，他们也必然会涉及合同或者合同法的规定：为了生活，他们可能会购买或者承租住所；为了一日三餐，他们必须购买衣物和日常生活用品；为了获得收入，他们不得不为别人从事劳动或者为自己从事劳动，等等。在19世纪，法国诗人、诺贝尔文学奖获得者Sully Prudhomme②（1839—1907）指出："当生活于世时，没有任何人敢自吹自擂，说自己能够避开合同。"③

其次，如果人们不仅仅满足于过着最简单、最平庸、最单调的日常生活，而是选择作为商人从事商事经营活动，则他们同样是每时每刻都必须适用合同法：为了从事产品的生产，他们必须与别人签订租赁合同，用承租来的场所作为生产车间；为了出卖产品，他们必须与销售商签订产品出卖合同；为了从事生产，他们必须与供应商签订供应合同；为了从事保险活动，他们必须与被保险人签订保险合同；为了对消费者提供服务，他们必须与消费者签订服务合同；等等。这就是商人所实施的绝对商事行为，实际上就是各种各样的商事合同。④ 此外，为了从事商事经营活动，商人可能会出卖、抵押或者出租自己的商事营业资产并因此与别人签订商事营业资产的买卖合同、抵押合同和租赁合同。⑤

---

① Virginie Larribau-Terneyre, Droit civil, Les obligations, 15e édition, Dalloz, 2017, p.5.

② Sully Prudhomme, https://fr.wikipedia.org/wiki/Sully_Prudhomme.

③ Jacques Flour, Jean-Luc Aubert, Éric Savaux, Les obligations, 1. L'acte juridique, 15e édition, Dalloz, 2012, p.41.

④ Gabriel Marty, Pierre Raynaud, Droit Civil, Les obligations, Tome 1, Les sources, 2e édition, Sirey, 1988, p.7; Virginie Larribau-Terneyre, Droit civil, Les obligations, 15e édition, Dalloz, 2017, p.5; Michel de Juglart, Benjamin Ipp olito, Cours de droit commercial, Premier Volume/Onziéme édition, Montchrestien, 1995, pp.120 – 137; Georges Ripert, René Roblot, Traité de droit commercial, Tome I, quinzième édition par Philippe Delebecque et Michel Germain, LGDJ, 1996, pp.585 – 847；张民安：《商法总则制度研究》，法律出版社2007年版，第290—303页。

⑤ Michel de Juglart, Benjamin Ipp olito, Cours de droit commercial, Premier Volume/Onziéme édition, Montchrestien, 1995, pp.352 – 558；张民安：《商法总则制度研究》，法律出版社2007年版，第344—402页。

最后，民事责任法也会获得广泛的适用，因为当人们生活于社会时，即便他们一生谨小慎微，不会引起他人损害的发生，他们也很难保证自己不会遭受飞来横祸：他们既可能会因为交通事故而遭受损害，也可能会因为产品的缺陷而遭受损害，还可能会因为建筑物的坍塌而遭受损害，等等。此时，他们将不得不向法院起诉，要求法官责令行为人就其实施的致害行为引起的损害对自己承担侵权责任。[1]

（四）债法总论在理论方面的重要性

债法之所以具有优越地位、优势地位，是因为从理论层面来看，债法不仅在合同领域、侵权责任领域和无因管理、不当得利领域得到广泛适用，而且债法的一般理论已经从传统的债法领域渗透到整个民法领域；债法的一般理论不仅从传统的民法领域渗透到了商法领域，而且还渗透到了国内公法甚至国际公法领域，成为整个民法、商法、公法有效建构和有效运行的重要保障。

Flour、Aubert 和 Savaux 对债法具有的理论意义做出了说明，他们指出："在法律的理论层面，债法已经锻造了法律的基本观念和基本原则；债法的基本观念和基本原则具有一般性的适用范围，它们是人们理解债法之外的其他法律部门的必要。"[2]

Virginie Larribau-Terneyre 也对债法所具有的理论方面的重要性做出了说明，他指出："债法在理论上也是重要的。债法所建构的一般理论（债法所构建的协调一致、和谐统一的法律规范有机整体尤其是一般原则）已经根深蒂固，成为民法当中的必要的、技术性的概念；债法所建构的这些必要的、技术性的概念显然已经越过民法的界限，深入到其他法律领域，包括商法、劳动法、合同行政法以及责任法等。法国国家行政法院和法国宪法法院都认可债法的一般原则，它们在履行职责的时候均明确论及债法的这些原则尤其是其中的合同自由原则。"[3]

首先，债法的一般理论和一般制度从传统的债法领域延伸到整个民法领域，让债法成为支配整个民法的重要法律制度，如果没有债法的支撑，民法的其他部分无法独立存在和有效适用。例如，债法已经延伸到家庭法当中，因为在家庭法当中，家庭成员之间要承担抚养、扶养和赡养的义务：配偶之间的扶养义务，父母与其未成年子女之间的抚养义务，监护人对被监护人承担的义务等。此外，合同也适用于夫妻之间的财产制度。[4] 再例如，债法也延伸到物权法当中，因为，不动产相邻人之间所承担的义务、用益权人对其虚所有权人承担的义务等也属于债法。[5] 现行《法国民法典》第579 条就明

---

[1] Philippe Malinvaud, Dominique Fenouillet, Droit des obligations, 11e édition, Litec, 2010, p. 18；Jacques Flour, Jean-Luc Aubert, Éric Savaux, Les obligations, 1. L'acte juridique, 15e édition, Dalloz 2012, p.41；Rémy Cabrillac, Droit des obligations, 12e édition, Dalloz, 2016, p.5.

[2] Jacques Flour, Jean-Luc Aubert, Éric Savaux, Les obligations, 1. L'acte juridique, 15 édition, Dalloz, 2012, p.42.

[3] Virginie Larribau-Terneyre, Droit civil, Les obligations, 15e édition, Dalloz 2017, p.5.

[4] Gabriel Marty, Pierre Raynaud, Droit Civil, Les obligations, Tome 1, Les sources, 2e édition, Sirey, 1988, pp.7–8；Rémy Cabrillac, Droit des obligations, 12e édition, Dalloz, 2016, p.4；张民安：《法国民法》，清华大学出版社2015 年版，第161—163 页。

[5] Gabriel Marty, Pierre Raynaud, Droit Civil, Les obligations, Tome 1, Les sources, 2e édition, Sirey, 1988, p.8；张民安：《法国民法》，清华大学出版社2015 年版，第484—488 页。

确承认用益权可以通过当事人之间的合同设立,该条规定:用益权既可以通过制定法设立,也可以通过人的意图建立。①

其次,债法的一般理论和一般制度从传统的民法领域渗透到整个私法领域,换言之,债法从民法领域渗透到商法领域并因此成为支撑商法存在和有效适用的重要力量:如果没有债法做出支撑,商法既无法存在,也无法适用。Légier 指出:"从理论层面来看,债法是非常重要的,因为对债进行规范和调整的那些基本原则能够在所有的私法部门予以适用。"② Marty 和 Raynaud 指出:"在相当大的范围内,商法是债法的一个部门。"③ Flour、Aubert 和 Savaux 也指出:"债法的原则不仅仅支配整个民法,而且还支配整个私法,尤其是商法、商事经营法,因为商法不过是合同持续不断缔结的表现而已。因此,当人们说到债法时,债法也可以理解为商法。"④

再次,债法的一般理论和一般制度从传统的私法领域渗透到公法当中,并因此成为支撑公法存在和适用的重要力量,如果没有债法,除了无法建立之外,公法也无法运行。Marty 和 Raynaud 指出:"人们对公法当中的债法并不陌生。"⑤ Légier 也指出:"债法也渗透到公法领域并因此形成了特定的规则(公权力机关所承担的民事责任规则或者行政合同);同样,债法甚至渗透到国际公法领域(在对国际公法的规定进行解释时采取合同的解释方法)。"⑥ 笔者仅以行政法与债法之间的关系为例对此做出简要的说明。

长久以来,行政法从民法当中尤其是债法当中吸取了大量的灵感源泉,尤其是在行政合同领域和公权力机构的法律责任领域,行政法更是依赖债法当中的合同和侵权责任。⑦ 但是,到了 19 世纪末期,由于受到法国行政法学家、社会学家、图卢兹大学公法教授 Maurice Hauriou⑧(1856—1929 年)所主张的行政法独立于民法的观念的影响,在 1873 年 2 月 10 日的案件⑨当中,法国行政法院开始拒绝在行政法当中适用债法的规定,它认定,在责令国家就其公职人员实施的侵害行为对私人遭受的损害承担赔偿责任时,法官不得适用债法关于侵权责任的规定。⑩

不过,鉴于法国行政法没有对行政合同或者国家就其公职人员的侵权行为承担的侵权责任做出规定,法国行政法院不可能不依赖债法关于合同的规定和侵权责任的规定,它只不过采取了一种迂回的方式:将债法关于合同的规定和侵权责任的规定升华为能够

---

① Article 579, Code civil, https://www. legifrance. goufr/codes/section _ lc/LEGITEXT000006070721/LEGISC-TA000006117905/#LEGISCTA000006117905.

② Gérard Légier, les obligations, 17e édition, Dalloz, 2001, p.1.

③ Gabriel Marty, Pierre Raynaud, Droit Civil, Les obligations, Tome 1, Les sources, 2e édition, Sirey, 1988, p.8.

④ Jacques Flour, Jean-Luc Aubert, Éric Savaux, Les obligations, 1. L'acte juridique, 15e édition, Dalloz, 2012, p.42.

⑤ Gabriel Marty, Pierre Raynaud, Droit Civil, Les obligations, Tome 1, Les sources, 2e édition, Sirey, 1988, p.8.

⑥ Gérard Légier, les obligations, 17e édition, Dalloz, 2001, p.1.

⑦ Philippe Malaurie, Laurent Aynès, Philippe Stoffel-Munck, Droit des obligations, 8e édition, LGDJ, 2016, p.15.

⑧ Maurice Hauriou, https://fr. wikipedia. org/wiki/Maurice_ Hauriou.

⑨ CE, Blanco, 10 fé 1873.

⑩ Paleerat Sriwannapruek, Principes généraux du droit administratif francais et thalandais, THESE, Université d'Auvergne-Clermont-Ferrand I, 2010, pp.212 – 213.

在行政法当中适用的"法律的一般原则",之后,它再根据该原则做出判决。例如,在1886年7月6日的案件①和1931年5月8日的案件②当中,法国行政法院就采取了此种做法,它首先将债法的规定升华为"法律的一般原则",之后再根据该原则做出判决。

在今时今日,法国行政法院仍然采取此种做法,在行政合同发生纠纷时,或者在国家公权力机构侵犯公民的权利而产生侵权责任时,它仍然借助于从债法当中升华出来的"法律的一般理论"处理这些法律纠纷。这就是债法对行政法的侵入,也是债法所具有的理论意义的体现。③ Malinvaud 和 Fenouillet 对此做出了说明,他们指出:"债法的这些原则同样能够适用于公法,更具体地说,适用于行政法。虽然法国行政法院不再适用《法国民法典》,但是,它仍然从法律的一般原则当中找到灵感源泉,而法律的一般原则则是从《法国民法典》当中提炼出来的。"④ Cabrillac 也指出:"行政合同和行政责任大规模地从债法当中获得灵感源泉。"⑤

最后,债法的一般理论和一般制度从传统的私法领域渗透到混合法领域。例如,债法当然能够在作为混合法的劳动法(droit du travail)当中适用,因为,劳动法所规范和调整的一项重要内容是雇主(employeurs)与其雇员(salariés)之间所签订的劳动合同(Le contrat de travail),在劳动合同当中,除了雇主对其雇员享有权利和承担义务之外,雇员也对其雇主承担义务和享有权利,他们之间的权利义务关系就属于劳动合同。《法国劳动法典》第 L1221-1 条对劳动合同与债法当中的普通合同之间的关系做出了说明,认为劳动合同适用于债法当中有关合同的一般规定,该条规定:劳动合同受到共同法律规范的约束。⑥

总之,在今时今日,债法已经渗透到所有法律领域,除了整个民法领域受制于债法的约束之外,整个私法领域、公法领域和混合法领域均受制于债法的约束。如果没有债法,除了民法无法存在和有效运行之外,私法、公法或者混合法均无法存在和有效运行。因此,"无论人们从事什么领域的法学研究,即便他们是一个完全不了解民法的'商法学家'或者'公法学家',他们也不可能忽视债法的存在。"⑦

在今时今日,债法为何能够从合同法、侵权责任法和准合同法领域进入整个民法、私法、公法和混合法当中并因此成为左右这些法律运行和适用的基础?答案有二。

第一,在今时今日,债法的一般理论在性质上属于整个法律的共同法,除了适用于

---

① B. Genevois, Principes généraux du droit: Rép. Contentieux administratif, Dalloz, t. III, 2004, p. 7, § 6; Pierre de Montalivet, Principes généraux du droit, LexisNexis SA, p. 4.

② CE, sect. 8 mai 1931, Roux: Rec. CE 1931, p. 510; Pierre de Montalivet, Principes généraux du droit, LexisNexis SA, p. 4.

③ Philippe Malinvaud, Dominique Fenouillet, Droit des obligations, 11e édition, Litec, 2010, pp. 18 - 19; Philippe Malaurie, Laurent Aynès, Philippe Stoffel-Munck, Droit des obligations, 8e édition, LGDJ, 2016, p. 15.

④ Philippe Malinvaud, Dominique Fenouillet, Droit des obligations, 11e édition, Litec, 2010, pp. 18 - 19.

⑤ Rémy Cabrillac, Droit des obligations, 12e édition, Dalloz, 2016, p. 4.

⑥ Article L1221-1, Code du travail, Version en vigueur au 03 octobre 2020, https://www.legifrance.goufr/codes/section_lc/LEGITEXT000006072050/LEGISCTA000006145393?etatTexte = VIGUEUR&etatTexte = VIGUEUR _ DIFF# LEGISCTA000006145393.

⑦ Jacques Flour, Jean-Luc Aubert, Éric Savaux, Les obligations, 1. L'acte juridique, 15e édition, Dalloz, 2012, p. 42.

传统债法当中的所有债之外,它也适用于人法、家庭法、物权法、担保法、商法、行政法、刑法和劳动法等,并因此成为所有法律部门共同适用的一般理论,法国民法学者或者将适用于所有法律部门的债法的一般理论称为整个法律、所有法律部门的共同法(le droit commun),或者称为整个法律所有法律部门的基本原则(principes fondamentaux du droit)。① Malinvaud 和 Fenouillet 对此种原因做出了说明,他们指出,债法是"所有基本原则的汇集",构成整个私法和公法的"共同法"②。Cabrillac 也对此种原因做出了说明,他指出:"债法之所以构成一般理论,是因为债法是共同法……作为一般理论,债法对整个法律进行浇灌,它超越了私法和公法区分的界限。"③

第二,债法一直受到民法学家的关注,通过世世代代不同民法学者的打磨,除了已经形成了一种具体技术性和科学性特征的法律之外,债法也浸润着哲学的、道德的、社会的和政治的观念,构成最稳定的一种社会文明。基于此种原因,债法具有普适性的特征,关于这一点,笔者将在下面的内容当中做出详细的讨论,此处从略。④

Marty 和 Raynaud 对此种原因做出了说明,他们指出:"债法具有特别突出的科学特征。债法自始至终一直强有力地浸透着哲学观念、道德观念、社会观念和政治观念,基于此种原因,债法代表着观念和文明的一般变革。"⑤ Flour、Aubert 和 Savaux 也对此种原因做出了说明,他们指出:"在任何地方和任何时候,债法同时依赖一定的事实状态和一定的观念状态,它是政治制度、主流道德、政治经济结构的映射,它体现了一定的社会生活哲学。"⑥

三、债法的特征

所谓债法的特征,是指在民法大家庭当中,债法与民法的其他组成部分相比所具有的特点。在法国,正如在其他国家一样,民法是由不同的组成部分构成的,它们结合在一起就形成了作为一个有机整体的民法。诸如人法、家庭法、物权法、家庭法、继承法、担保法以及债法。⑦ 同民法当中其他的法律制度相比,债法有哪些特征?对此问题,民法学者做出的回答基本上是相同的,因为他们均认为,债法具有确定性和发展性

---

① Philippe Malinvaud, Dominique Fenouillet, Droit des obligations, 11e édition, Litec, 2010, pp. 18 – 19; Jacques Flour, Jean-Luc Aubert, Éric Savaux, Les obligations, 1. L'acte juridique, 15e édition, Dalloz, 2012, p. 42; Rémy Cabrillac, Droit des obligations, 12e édition, Dalloz, 2016, pp. 4 – 5; Virginie Larribau-Terneyre, Droit civil, Les obligations, 15e édition, Dalloz, 2017, pp. 5 – 6.

② Philippe Malinvaud, Dominique Fenouillet, Droit des obligations, 11e édition, Litec, 2010, p. 18.

③ Rémy Cabrillac, Droit des obligations, 12e édition, Dalloz, 2016, p. 4.

④ Gabriel Marty, Pierre Raynaud, Droit Civil, Les obligations, Tome 1, Les sources, 2e édition, Sirey, 1988, p. 8; Jacques Flour, Jean-Luc Aubert, Éric Savaux, Les obligations, 1. L'acte juridique, 15e édition, Dalloz, 2012, p. 42; Virginie Larribau-Terneyre, Droit civil, Les obligations, 15e édition, Dalloz, 2017, pp. 5 – 6.

⑤ Gabriel Marty, Pierre Raynaud, Droit Civil, Les obligations, Tome 1, Les sources, 2e édition, Sirey, 1988, p. 8.

⑥ Jacques Flour, Jean-Luc Aubert, Éric Savaux, Les obligations, 1. L'acte juridique, 15e édition, Dalloz, 2012, p. 42.

⑦ Christian Larroumet, Droit Civil, Les Obligations, le Contrat, Tome III, 1re partie, 6e édition, Economica, 2007, pp. 7 – 11; Jean-Luc Aubert, Éric Savaux, Introduction au droit et thèmes fondamentaux du droit civil, 17e édition, Dalloz, 2018, pp. 293 – 325.

的两个主要特征。

在其《债法》当中，Gabriel Marty 和 Pierre Raynaud 采取此种理论，认为债法的主要特征是其稳定性和变动性。他们指出："债法同时具有相当的稳定性和相当的变动性。债法的稳定性在于它持续不断地受到罗马法的影响，并因此让债法具有鲜明的特征。而债法的变动性则表现在它受到法律变革的各种因素的影响。"① 在其《债法》当中，Philippe Malaurie、Laurent Aynès 和 Philippe Stoffel-Munck 也采取此种理论，认为稳定性和变动性是债法的两个主要特征，他们指出："对于《法国民法典》的起草者而言，债法已经表现出恒久不变的性质，至少就合同法而言是如此。债法仍然处于变动当中，而这种变动性影响人的制度，债法的变动性尤其关乎债法的渊源和债法的内容。"②

笔者采取三分法的理论，认为相对于民法的其他组成部分而言，债法具有四个主要特征：债法具有稳定性，债法具有普适性，债法具有复杂性，债法具有变动性。关于债法的变动性，笔者将在下面的内容当中做出详细的讨论，此处从略。

(一) 债法的稳定性

债法的第一个主要特征是债法具有稳定性。所谓债法的稳定性，是指债法的内容很少会随着时代的变化而发生变化，一旦立法者对债法做出了规定，他们很少会对自己制定的债法做出修改、补充或者废除。

作为一个独立的法律部门，民法所包含的内容众多，除了债法之外还包括其他法律，诸如人法、家庭法、继承法等。在民法所包含的这些法律当中，某些法律更容易发生变化、发生变化更快，包括人法、家庭法和继承法。例如，现行《法国民法典》所规定的人法就不同于 1804 年的《法国民法典》所规定的人法。再例如，现行《法国民法典》所规定的家庭法不同于 1804 年的《法国民法典》。而在民法所包含的这些法律当中，某些法律的变动要比其他法律更少、更慢，例如债法。因为从 1804 年至 2016 年，《法国民法典》所规定的所有债法制度几乎没有发生任何变化，立法者在长达 200 多年的时间内没有对其做出修改、补充或者废除，这就是债法的稳定性。

在其《债》当中，Malaurie、Aynés 和 Stoffel-Munck 对债法的此种稳定性做出了说明，他们指出："债法要比民法当中的其他部门法更稳当，并且债法仍然保留了最初的罗马法的特征。对于《法国民法典》的起草者而言，《法国民法典》关于债法的规定几乎是恒久不变的，至少他们关于合同债的规定是如此。"在其《债》当中，Malinvaud 和 Fenouillet 也对债法的稳定性做出了说明，他们指出："相对于其他法律部门，债法变革得更加缓慢、更加少了翻天覆地性。"③

债法的稳定性表现在两个方面。一方面，后世债法均受到了罗马法的影响，罗马法成为 19 世纪和今时今日债法的最重要的渊源。在罗马法时代，除了将债界定为债权人和债务人之间的一种法律关系之外，债法规定了债的几种渊源，诸如合同渊源、侵权和

---

① Gabriel Marty, Pierre Raynaud, Droit Civil, Les obligations, Tome 1, Les sources, 2e édition, Sirey, 1988, p.8.
② Philippe Malaurie, Laurent Aynès, Philippe Stoffel-Munck, Droit des obligations, 8e édition, LGDJ, 2016, p.16.
③ Philippe Malinvaud, Dominique Fenouillet, Droit des obligations, 11e édition, Litec, 2010, p.19.

准侵权渊源以及准合同渊源，包括不当得利产生的渊源和无因管理产生的渊源。另一方面，除了对债的效力做出规定之外，罗马法还对债的转让和债的消灭做出了规定。罗马法使用的这些债法概念和所建立的这些债法制度既被后世民法学者所使用和采纳，也被1804年的《法国民法典》所使用和规定。①

在其《债》当中，Gabriel Marty 和 Pierre Raynaud 对罗马法的此种影响做出了说明，他们指出："罗马法的影响仍然是非常深刻的。罗马法学家对债的法律关系进行了引人注目的分析，认为债是债权人和债务人之间的关系。通过对罗马法进行评注的 Pothier，《法国民法典》的起草者已经对债法的技术性了如指掌并因此从中找到了大量的灵感源泉。"② 在其《债》当中，Malaurie、Aynés 和 Stoffel-Munck 也对罗马法的此种影响做出了说明，他们指出："法国债法仍然具有鲜明的罗马法的特征。"③

例如，在1821年的著名债法著作《债法专论》当中，Pothier 完全使用了罗马法当中的这些债法概念：除了像《查士丁尼法学阶梯》一样界定债之外，他也像罗马法那样将债分为合同债、准合同债、侵权债和准合同债，除了像罗马法那样界定债的客体之外，他也像罗马法那样根据债的客体的不同将债分为转移所有权的债、作为债和不作为债，等等。④ 再例如，在1804年的《法国民法典》当中，法国立法者将罗马法的这些概念规定在他们制定的债法当中，并因此让罗马法嬗变为法国债法。在第三卷即人们取得财产所有权的不同方式当中，法国立法者将罗马法当中的三种不同类型的债规定在民法典当中：转移所有权的债、作为债和不作为债，这就是第1136条至第1145条。⑤ 在第三卷当中，法国立法者将罗马法当中的准合同、侵权和准侵权规定在民法典当中，这就是第1370条至第1386条。⑥

另一方面，1804年的《法国民法典》关于债法的规定几乎原封不动地适用到今时今日。在法国，1804年的《法国民法典》自1804年开始一直适用到今时今日。其中关于债法的规定从1804年适用到2016年，在长达200多年的时期内，虽然法国立法者对《法国民法典》进行了大大小小不计其数的修改、补充或者废除，但是，他们始终没有对债法的规定进行大的修改、补充或者废除，让债法几乎被原封不动地保持到2016年。⑦

在其《债》当中，Terré、Simler 和 Lequette 也对债法的此种稳定性做出了说明，他们指出："几百年以来，1804年的《法国民法典》所规定的债法经受住了时代的考验。甚至到了今天，1804年的《法国民法典》关于债法的大多数规定都没有得到修改。其

---

① Paul Frédéric Girard, Manuel élémentaire de droit romain, 8e édition, Dalloz, 2003, pp. 415 – 783; Jean Gaudemet, Emmanuelle Chevreau, Droit privé romain, 3e édition, Montchrestien, 2009, pp. 251 – 296.
② Gabriel Marty, Pierre Raynaud, Droit Civil, Les obligations, Tome 1, Les sources, 2e édition, Sirey, 1988, p. 8.
③ Philippe Malaurie, Laurent Aynès, Philippe Stoffel-Munck, Droit des obligations, 8e édition, LGDJ, 2016, p. 17.
④ Robert-Joseph Pothier, Traité des obligations, Dalloz, 2011, pp. 1 – 457.
⑤ Code civil des Français, édition originale et seule officielle, A Paris, de l'Imprimerie de la République, An XII 1804, http://www. assemblee – nationale. fr/evenements/code – civil/cc1804 – l3t03. pdf.
⑥ Code civil des Français, édition originale et seule officielle, A Paris, de l'Imprimerie de la République, An XII 1804, http://www. assemblee – nationale. fr/evenements/code – civil/cc1804 – l3t04. pdf.
⑦ Philippe Malaurie, Laurent Aynès, Philippe Stoffel-Munck, Les obligations, 4e édition, Defrenois, 2009, p. 4.

结果就是,如果一个没有丝毫成见的人如果在今天阅读法国 1804 年的《法国民法典》关于债法的条文的话,他一定会认为,1804 年的《法国民法典》没有发生什么变化。"①

(二) 债法的普适性

1. 债法普适性的界定

债法的第二个特征是债法具有普适性(universalisme)。所谓债法的普适性,是指作为建立在法律逻辑基础上的一种准科学,债法不仅具有恒久性而且还能够在任何时期和任何地方得到适用。② 债法的普适性表现在两个方面:债法在时间方面的恒久性(permanence dans le temps)和债法在空间方面的统一性(uniformité dans l'espace)。所谓债法在时间方面的恒久性,是指从古罗马时代开始一直到今时今日,债法不仅均存在,而且债法的内容基本上是相同的,今时今日的债法仍然是古罗马时期债法的延续和发展。所谓债法在空间方面的统一性,是指不同地区、不同国家的债法所规定的内容是相同的、几乎是没有什么差异的。③

不过,同债法的其他特征相比,债法的普适性是否存在,民法学者之间存在不同意见。某些民法学者主张此种理论,而另外一些民法学者则反对此种理论。

2. 主张债法普适性的民法学者

在民法上,债法的普适性的理论源于 17 世纪,它是由法国 17 世纪最著名的民法学家、自然法学家、被誉为《法国民法典》之祖父的 Jean Domat④(1625—1696 年)提出来的。在其 17 世纪出版的著名民法著作《自然秩序当中的民法》当中,他一方面认为,作为民法的罗马法在性质上是一种"完美的理性""恒久法",是能够在"任何国家、任何时候和任何情况下能够当适用"的自然法、"成文性质的理性",⑤ 另一方面又认为,在讨论民法的内容时,人们应当首先讨论债法的内容,因为社会秩序从人与人之间的债开始,债在所有地方均存在,从债开始讨论民法的内容,是以"符合自然秩序的方式来安排民法的所有内容"⑥。

在 19 世纪和 20 世纪初,由于受到 18 世纪自然法学家所主张的理性哲学的影响和 19 世纪的科学主义(scientisme)的影响,在其 1890 年出版的第一版《债的一般理论研

---

① François Terré, Philippe Simler, Yves Lequette, Droit civil, Les obligations, 12e édition, Dalloz, 2009, p.17.
② Philippe Malinvaud, Dominique Fenouillet, Droit des obligations, 11e édition, Litec, 2010, pp.19 – 20; Jacques Flour, Jean-Luc Aubert, Éric Savaux, Les obligations, 1. L'acte juridique, 15e édition, Dalloz, 2012, pp.42 – 44; Virginie Larribau-Terneyre, Droit civil, Les obligations, 15e édition, Dalloz, 2017, p.6.
③ Philippe Malinvaud, Dominique Fenouillet, Droit des obligations, 11e édition, Litec, 2010, pp.19 – 20; Jacques Flour, Jean-Luc Aubert, Éric Savaux, Les obligations, 1. L'acte juridique, 15e édition, Dalloz, 2012, pp.42 – 44; Virginie Larribau-Terneyre, Droit civil, Les obligations, 15e édition, Dalloz, 2017, p.6.
④ 张民安:《法国民法》,清华大学出版社 2015 年版,第 117 页。
⑤ Jean Gaudemet, les naissances du droit, 4e édition, Montchrestien, 2006, pp.355 – 356;张民安:《法国民法总论(上)》,清华大学出版社 2017 年版,第 119 页。
⑥ Jean Domat, Œuvres complètes de J. Domat, Nouvelle édition par Joseph Rémy, tome I, Paris, Firmin Didot Père et fils, 1829, p.69;张民安:《法国民法总论(上)》,清华大学出版社 2017 年版,第 121 页。

究》当中，著名民法学家、巴黎大学民法教授 Raymond Saleilles[①]（1855—1912）采取了 Domat 的理论，认为债法具有普适性。[②]

Saleilles 指出："在所有的制定法当中，债的内容几乎在本质上均构成理论性的和抽象性的部分。实际上，债法在很大的程度上是对人们在合同领域进行意思表示的不同方式做出规定的法律，是对意思表示产生的法律效果进行研究的法律。因此，说债法是符合理性和逻辑要求的，似乎也不为过。正是在此种意义上，人们说债法是一部具有理性特征的法律，是比民法的其他部分更具有科学性的法律。更进一步而言，在民法的所有制度当中，债法也是最统一的法律制度：人的意志所产生的法律效果要么是完全相同的，要么具有相同的法律上的必要性，并且最终产生了相同或者类似的合同。受最初的合同形式主义和不同地方的影响，在现代制定法当中，债的内容被视为法律逻辑的一种理想表达，该种表达与合同自由的绝对受尊重的最高原则协调一致、和谐统一。"[③]

3. 法国当今民法学者对债法普适性理论的反对

在今时今日，并非所有的民法学者均像 Domat 和 Saleilles 那样承认或者完全承认债法的普适性，Flour、Aubert、Savaux、Malinvaud、Fenouillet 和 Larribau-Terneyre 就明确反对此种理论。Flour、Aubert Savaux 指出："债法的普适性理论是不准确的，因为债法的普适性理论在两个方面是虚假的。"[④] Malinvaud 和 Fenouillet 也指出："过去，人们相信债法具有完美的普适性，因为他们认为，债法是建立在逻辑基础上的一门准科学……不过，经验表明，债法并非具有普适性。"[⑤]

这些民法学者认为，债法具有时间方面的恒久性的讲法是虚假的，换言之，债法不具有时间方面的恒久性。因为，即便今时今日的债法与罗马法具有相同点，它们之间的共同点也仅仅表现在形式方面，它们在实质方面是存在差异的。"从历史的角度，人们发现了罗马法与现时的债法之间存在相似之处，尤其是形式上的相似之处。《法国民法典》将这些相似之处规定了下来，这些相似之处包括：债的类型，债的分类，债的术语，以及推理的范围，简而言之，《法国民法典》保留了罗马法的技术性内容。对于债法的实质性内容而言，《法国民法典》与罗马法之间的差异多种多样，并且它们之间的大多数精神是完全相反的。"[⑥]

例如，在合同的成立方面，《法国民法典》的规定不同于罗马法，因为罗马法在合同成立方面采取形式主义的法律，如果当事人要承担债务，他们必须遵循严格的仪式。而《法国民法典》则采取合意主义理论，当事人仅仅在做出同意的情况下就应当承担债务。再例如，在侵权责任方面，罗马法采取单一的过错侵权责任制度，而《法国民

---

① Raymond Saleilles, https://fr.wikipedia.org/wiki/Raymond_Saleilles.
② Jacques Flour, Jean-Luc Aubert, Éric Savaux, Les obligations, 1. L'acte juridique, 15e édition, Dalloz, 2012, pp. 42 – 43.
③ Raymond Saleilles, Étude sur la théorie générale de l'obligation d'après le premier projet de Code civil pour l'Empire allemand, 2e édition, Paris, Librairie Générale de Droit et de Jurisprudence1914, p. 1.
④ Jacques Flour, Jean-Luc Aubert, Éric Savaux, Les obligations, 1. L'acte juridique, 15e édition, Dalloz, 2012, p. 43.
⑤ Philippe Malinvaud, Dominique Fenouillet, Droit des obligations, 11e édition, Litec, 2010, p. 19.
⑥ Jacques Flour, Jean-Luc Aubert, Éric Savaux, Les obligations, 1. L'acte juridique, 15e édition, Dalloz, 2012, p. 43.

法典》则不同，除了承认过错侵权责任之外，它还承认无过错侵权责任。①

这些学者还认为，债法具有空间方面的统一性的讲法更加不准确，因为并非所有地方的债法均是相同的，不存在所有地方的债法均是统一的问题。例如，自由国家与集体国家之间的合同法是不同的。再例如，大陆法系国家的债法与英美法系国家的债法存在差异。甚至在欧盟内部，不同国家的合同法也存在差异，成为欧盟实现单一市场的障碍。基于这样的原因，无论是在理论研究当中，还是在国内法的债法改革草案当中，甚至在法官采取的司法判例当中，比较法的地位越来越重要。②

4．笔者的意见

在民法上，债法当然具有普适性，它们构成人类历史当中最长久存在、最稳定的内容，并且虽然不同国家、不同时期的债法会发生大大小小的变化，但是，从罗马法时代开始一直到今时今日，债法的核心观念在所有地区、所有国家、所有阶段均是相同的、均是不变的。在合同法当中、侵权责任法当中还是准合同法当中均是如此。

笔者仅以合同法当中的合意主义理论为例对此做出简要说明，因为在反对债法的普适性时，Flour、Aubert、Savaux、Malinvaud 和 Fenouillet 以罗马法实行形式主义的合同理论而《法国民法典》实行合意主义理论作为范例。所谓形式主义的合同（Contrat formaliste），是指合同要在当事人之间产生法律效力必须以当事人遵循所要求的某种形式作为必要条件，如果当事人不遵循所要求的形式，则他们之间的合同将会无效。所谓合意主义的合同（contrat consensuel），是指合同在当事人之间产生法律效力仅仅以双方当事人之间达成意思表示的一致作为必要条件，不以他们之间遵循某种形式的要求作为必要条件。③

虽然合同法涉及的内容形形色色，但是，合同法的核心观念是意思自治和合同自由，因为合同法的其他内容均是源自这一核心观念，是这一核心观念所派生出来的结果。就此而言，合同法既具有时间方面的恒久性，也具有空间方面的统一性。

1804 年的和现行的《法国民法典》所规定的合意主义合同理论源自罗马法，是罗马法当中合同法所贯彻的统一核心概念在 19 世纪和现今的延续。因为，罗马法既承认形式主义的合同理论，也承认合意主义的合同理论，即便在当时，合意主义的合同理论还不发达。在其著名民法教科书《盖尤斯法学阶梯》当中，盖尤斯明确承认合意主义合同的存在，他指出："债或者源于当事人之间的交付财产的合同，或者源于当事人之间的口头承诺，或者源自当事人之间的书面规定，或者源自当事人之间的同意。"④

根据盖尤斯的此种论述，罗马法将合同分为两类：第一类合同是形式主义的合同，

---

① Philippe Malinvaud, Dominique Fenouillet, Droit des obligations, 11e édition, Litec, 2010, p. 19; Jacques Flour, Jean-Luc Aubert, Éric Savaux, Les obligations, 1. L'acte juridique, 15e édition, Dalloz, 2012, p. 43; Virginie Larribau-Terneyre, Droit civil, Les obligations, 15e édition, Dalloz, 2017, p. 6.

② Philippe Malinvaud, Dominique Fenouillet, Droit des obligations, 11e édition, Litec, 2010, p. 19; Jacques Flour, Jean-Luc Aubert, Éric Savaux, Les obligations, 1. L'acte juridique, 15e édition, Dalloz, 2012, pp. 43 – 44; Virginie Larribau-Terneyre, Droit civil, Les obligations, 15e édition, Dalloz, 2017, p. 6.

③ Minh Hang Nguyen, Vente internationale et droit vietnamien de la vente, Presses universitaires François-Rabelais, 2010, p. 119, https://books. open édition. org/pufr/2999.

④ Jean Gaudemet, Emmanuelle Chevreau, Droit privé romain, 3e édition, Montchrestien, 2009, p. 261.

是指盖尤斯的四种类型的合同当中的前三种：交付财产的合同，口头合同和书面合同；第二类，合意主义的合同，是指盖尤斯的四种合同当中的最后一种合同即合意合同。罗马法之所以区分这两类不同的合同，是因为在合同的法律效力方面，它们之间存在差异：第一类合同在当事人之间产生法律效力以当事人遵循严格的形式作为条件，不遵循所要求的不同形式，则他们之间的合同无效，而第二类合同则不要求当事人之间实施某种形式，只要当事人之间达成了意思表示的一致，他们之间的合同就产生法律效力。①

罗马法认为，合同的合意主义理论应当由三个不同要素构成：合同当事人之间的同意，也就是当事人之间的意思表示的一致；合同的客体，即转移财产所有权的行为，做出或者不做出某种行为；合同的原因。② 罗马法关于合意主义的合同理论对后世民法学家产生了重大影响，在罗马法学家所阐述的合意主义合同理论的基础上，1804 年的和现行的《法国民法典》最终建立并且规定了合意主义的合同。

罗马法所规定的合意主义的合同理论除了被《法国民法典》所规定之外也被世界上大多数国家的合同法所规定，至少被世界上大多数工业化的国家所规定。因为不同国家的国内法大都规定了这一原则，所以，联合国在自己颁布的《联合国国际货物销售合同公约》当中对此种理论做出了明确规定，这就是该公约的第 11 条，该条规定：当事人之间的销售合同既不需要以任何书面方式加以证明，也无须受制于任何其他形式上的条件。当事人能够以包括证人在内的一切方式证明销售合同的存在。③

（三）债法的复杂性

债法的第三个主要特征是债法具有复杂性。所谓债法的复杂性，是指同民法的其他部门法相比，债法的内容是最多的，债法的适用是最纷纭复杂的。Malaurie、Aynès 和 Stoffel-Munck 对债法的复杂性特征做出了明确说明，他们指出："就债法的内容而言，债法是民法当中最复杂、最多样化和最集中化的法律。"④

债法复杂性的第一个主要表现是，立法者关于债法的规定是民法当中最多的。在制定法尤其是民法典的国家，立法者往往会制定法律尤其是民法典，对包括债法在内的所有或者几乎所有内容均做出规定。虽然如此，他们对民法的不同内容做出规定的法律条款数量是不同的，其中关于债法规定的法律条款数量是最多的，在其他国家是如此，在法国亦是如此。

现行《法国民法典》对人法、家庭法、继承法、担保法和债法均做出了规定，但是，在规定这些内容时，它使用的法律条款数量是不同的，总的说来，用于规定债法的法律条款数量是最多的。例如，《法国民法典》第二卷"物和财产所有权的不同限制"

---

① Jean Gaudemet, Emmanuelle Chevreau, Droit privé romain, 3e édition, Montchrestien, 2009, p. 261.
② Paul Frédéric Girard, Manuel élémentaire de droit romain, 8e édition, Dalloz, 2003, pp. 566 – 624; Jean Gaudemet, Emmanuelle Chevreau, Droit privé romain, 3e édition, Montchrestien, 2009, pp. 262 – 264.
③ Minh Hang Nguyen, Vente internationale et droit vietnamien de la vente, Presses universitaires François-Rabelais, 2010, p. 119, https://books. open édition. org/pufr/2999.
④ Philippe Malaurie, Laurent Aynès, Philippe Stoffel-Munck, Droit des obligations, 8e édition, LGDJ, 2016, p. 16.

用了大约 196 条规定了物权，这就是第 515 – 14 条至第 710 – 1 条。① 再例如，《法国民法典》第四卷"担保"用了大约 205 条规定了担保法，这就是第 2284 条至第 2488 – 12 条。②

《法国民法典》第三卷"人们取得财产所有权的不同方式"至少用了 1000 条规定了债法的内容。除了债法之外，《法国民法典》第三卷还规定了继承法和家庭法，这些内容加在一起，法律条款数量多达 1568 条，这就是第 711 条至第 2278 条，其中关于继承法方面的法律条款数量大约有 373 条，而关于家庭法方面的法律条款数量大约 195 条，除了这些法律条款之外，其他法律条款均为债法方面的，其数量大约 1000 条。③ 换言之，在《法国民法典》当中，有关债法方面的法律条款数量是有关物权法和担保权方面的法律条款数量的 5 倍，是有关继承法方面的法律条款数量的将近 3 倍。

债法复杂性的第二个主要表现是，债法涉及的法律制度是民法所有制度当中最多的。《法国民法典》关于债法规定的法律条款数量为何远远超过了其他方面的法律条款数量？答案在于，相对于民法的其他内容而言，债法的内容是最多的。在法国，正如在其他国家，物权法所涉及的内容相对较少，因为物权法仅仅规范和调整所有权、从所有权当中肢解出来的用益权、用益物权以及占有。④ 在法国，正如在其他国家，担保法涉及的内容相对不多，因为除了人的担保和物的担保之外，担保法没有其他内容。⑤

而在法国，正如在其他国家，债法的内容则不同，除了作为债法分论、债法分则存在的合同法、侵权责任法和准合同法之外，债法还包括债法总论、债法总则。在债法分论、债法分则当中，除了合同法同时包括合同法的一般制度和具体制度之外，侵权责任法和准合同法也同时包括一般制度和具体制度，这就是债法分论、债法分则内容的多样性。除了债法分论、债法分则内容具有多样性之外，债法总论、债法总则的内容同样具有多样性，诸如：债的限定（Les modalités de l'obligation），债的交易（Les opérations sur obligations），以及债的消灭（L'extinction de l'obligation），等等。⑥

债法复杂性的第三个主要表现是，债法的适用更加困难，因为债法的规则更加模棱两可。虽然所有民法的适用均存在困难的地方，但是，相对于民法的其他内容而言，债

---

① Code civil, Version en vigueur au 01 octobre 2020, https：//www. legifrance. goufr/codes/section _ lc/LEGI-TEXT000006070721/LEGISCTA000006090204/#LEGISCTA000006090204.

② Code civil, Version en vigueur au 01 octobre 2020, https：//www. legifrance. goufr/codes/section _ lc/LEGI-TEXT000006070721/LEGISCTA000006091495/#LEGISCTA000006091495.

③ Code civil, Version en vigueur au 01 octobre 2020, https：//www. legifrance. goufr/codes/section _ lc/LEGI-TEXT000006070721/LEGISCTA000006090271/#LEGISCTA000006090271.

④ Code civil, Version en vigueur au 01 octobre 2020, https：//www. legifrance. goufr/codes/section _ lc/LEGI-TEXT000006070721/LEGISCTA000006090204/#LEGISCTA000006090204；张民安：《法国民法》，清华大学出版社 2015 年版，第 451—493 页。

⑤ Code civil, Version en vigueur au 01 octobre 2020, https：//www. legifrance. goufr/codes/section _ lc/LEGI-TEXT000006070721/LEGISCTA000006091495/#LEGISCTA000006091495；张民安：《法国民法》，清华大学出版社 2015 年版，第 494—542 页。

⑥ Code civil, Version en vigueur au 01 octobre 2020, https：//www. legifrance. goufr/codes/section _ lc/LEGI-TEXT000006070721/LEGISCTA000006090271/#LEGISCTA000006090271；张民安：《法国民法》，清华大学出版社 2015 年版，第 257—450 页。

法的适用是最困难的。例如，物权法的适用相对简单，因为物权的类型和每一类物权的效力均由立法者预先做出了规定，这就是物权法定规则。在处理当事人之间的物权纠纷时，法官有明确、肯定和清晰的制定法加以适用。再例如，家庭法的适用同样相对简单，因为立法者对结婚和离婚的法律效力做出了规定。在处理当事人之间的婚姻争议时，法官同样能够找到可供适用的制定法作为根据。而债法则不同，在处理当事人之间的债务纠纷时，法官往往面临他们在处理当事人之间的物权或者家庭权纠纷时所不会面临的问题。这就是在处理当事人之间的债务纠纷时，即便法官能够在制定法尤其是民法典当中找到可供适用的法律根据，他们找到的这些法律根据可能是含糊不清的。笔者仅以现行《法国民法典》第1104条的规定为例对此做出简要的说明。

《法国民法典》第1104条规定：无论是合同的谈判、合同的成立还是合同的履行均应当以善意为之；本条的规定是公共秩序性质的。① 该条当中的两个关键词语是模棱两可、含糊不清并因此影响法官对案件的裁判：其一，善意（bonne foi）。在合同当中，当事人的善意究竟是主观的还是客观的，人们以什么样的标准判断当事人在谈判、成立或者履行合同时是否履行了该条所规定的善意义务？这些问题晦涩难懂，不同的法官有不同的理解，其最终结果会影响他们对案件的裁判。其二，公共秩序（ordre public）。在合同法当中，甚至在整个民法当中，什么样的秩序属于公共秩序，什么样的秩序属于私人秩序？判断一种法律秩序究竟是公共秩序还是私人秩序的标准是什么？这些问题同样令人费解，不同的人有不同的看法，其最终结果仍然影响法官对案件做出的裁判。

第二节　债法的变动性

一、债法变动性的界定

债法的第四个主要特征是，债法具有变动性。所谓债法的变动性，也称为债法的发展性，是指债法也会随着社会的发展、变化而发展、变化。在今时今日，虽然债法仍然维持了罗马法当中的债法理论和债法制度，仍然使用了罗马法当中的债法概念，但是，债法并非完全停留在罗马法的阶段。由于受到道德、经济和社会等多种因素的影响，债法也不会一成不变，它也会随着道德、经济或者社会等因素的发展和变化而处于不断的发展和变化当中，使债法在保持稳定性的基础上也能够适用社会的当前需要，这就是债法的变动性。②

在其《债》当中，Cabrillac对债法的变动性做出了说明，他指出："虽然基于罗马法当中的一系列债法制度的继承而让债法具有表面上的稳定性，虽然《法国民法典》关于债法的规定几乎原封不动，但是，债法也处于恒久的发展当中，因为债法贯穿于人

---

① Article 1104, Code civil, Version en vigueur au 01 octobre 2020, https://www.legifrance.goufr/codes/section_lc/LEGITEXT000006070721/LEGISCTA000006118032/#LEGISCTA000032040794.

② Henri et Léon Mazeaud, Jean Mazeaud, François Chabas, Obligations, 9e édition, Montchrestien, 1998, p. 23.

们生活的核心。"① 在其《债》当中，Mazeaud 和 Chabas 等人也对债法的变动性做出了说明，他们认为，虽然现代债法仍然保有罗马法的制度，但是，现代债法仅仅保留了罗马法的技术性，它的精神（esprit）已经发生了重大变化。

Mazeaud 和 Chabas 等人指出："现代债法是在一步一个脚印当中慢慢发展起来的，因此，了解债法的基本特征是有益的。就像所有制度一样，在道德观念、社会条件和经济环境的影响下，债法也会发生改变。没有任何伟大的法典会阻止法律的发展，无论是查士丁尼皇帝的法典还是拿破仑的法典，均是如此。在债法领域，虽然人们普遍承认，罗马法一劳永逸地建立了债法的原则，并且人们的此种宣称并非完全是虚假的，但是，仅仅在论及债的技术性规范时，此种讲法才是有价值的。在今时今日，虽然罗马法所建立的债法结构还得到部分保留，但是，债法的精神已经发生了重大变化。无论是在罗马法的发展过程当中，还是在中世纪的债法发展过程当中，还是在1804年的《法国民法典》发展过程当中，均是如此。一方面，为了满足社会和经济的需要，立法者改变了债法的精神，另一方面，为了让道德以最深入的方式进入债法，法官也会改变债法的精神。"②

二、债法变动性的表现

在债法领域，虽然债法的变动性同时表现在合同法、侵权责任法和准合同法当中，但是，债法的变动性主要体现在合同法和侵权责任法当中。

在合同法当中，相对于1804年的《法国民法典》，现行《法国民法典》在众多方面均发生了重大的变化，包括篇章结构方面的变化、精神方面的变化和所规定的内容的变化。

首先，篇章结构方面的重大变化。在1804年的《法国民法典》当中，合同法总则与债法总则不分，合同法总则等同于债法总则，除了对合同的一般理论和一般制度做出规定之外，它也在合同总则当中对债的一般理论和一般制度做出规定，这就是1804年的《法国民法典》第三卷第三编，该编的标题为"合同或者协议债总则"（Des contrats ou des obligations conventionnelles en général）。③ 现行《法国民法典》放弃了此种做法，它正式区分合同法总则和债法总则，不再将债法总则的内容置于合同法总则当中：在第三卷第三编第一分编当中，它规定了作为债的渊源（Des sources d'obligations）表现形式的合同；④ 而在第三卷第四编当中，它规定了债法总则（Du régime général des obliga-

---

① Rémy Cabrillac, Droit des obligations, 9e édition, Dalloz, p. 4.
② Henri et Léon Mazeaud, Jean Mazeaud, François Chabas, Obligations, 9e édition, Montchrestien, 1998, p. 21.
③ Code civil des Français, édition originale et seule officielle, A Paris, de l'Imprimerie de la République, An XII 1804, http://www.assemblee-nationale.fr/evenements/code-civil/cc1804-l3t03.pdf；http://www.assemblee-nationale.fr/evenements/code-civil/cc1804-l3t03c4.pdf；http://www.assemblee-nationale.fr/evenements/code-civil/cc1804-l3t03c5.pdf；http://www.assemblee-nationale.fr/evenements/code-civil/cc1804-l3t03c6.pdf.
④ Code civil, Version en vigueur au 27 septembre 2020, https://www.legifrance.goufr/codes/section_lc/LEGITEXT000006070721/LEGISCTA000032006712/#LEGISCTA000032006712.

tions）。①

其次，合同法精神方面的重大变化。在 1804 年的《法国民法典》当中，合同法贯彻了严格意义上的个人主义精神，它将合同的效力完全建立在合同当事人意图的基础上，认为他们的个人意图具有高于和优于制定法的效力，除了当事人应当尊重自己的意图之外，立法者和法官也应当尊重他们的意图：立法者不能够制定法律干预当事人的意图，法官不能够借口任何理由解除或者宣告他们之间的合同无效。而在现行的《法国民法典》当中，虽然合同法仍然尊重当事人的意图，但是，它对当事人的意图实施限制，因为它认为，除了应当受到公共秩序方面的制定法的约束之外，他们的意图也应当受到法官的审查，基于公共秩序和良好道德原则的考虑，法官有权宣告当事人之间的合同无效，这就是合同法的社会化，它让个人主义的合同法为社会化的合同法所取代。②

合同法的社会化现象几乎在所有的合同领域均存在，笔者仅以一个范例为例对此做出简要的说明。在法国，无论是 1804 年的《法国民法典》还是今时今日的《法国民法典》均规定了合同自由的原则，但是，它们所规定的合同自由原则已经发生了重大变化：合同自由原则从 19 世纪的完全不受限制到今时今日受到大量的限制，导致合同当事人在今时今日所享有的合同自由权远远不及他们在 19 世纪享有的合同自由权。

在 19 世纪初期，1804 年的《法国民法典》没有直接规定合同自由原则。虽然如此，后世民法学者普遍认为，1804 年的《法国民法典》仍然间接规定了这一原则，因为这一原则体现在第 1134 条和第 1165 条等法律条款当中。③ 在规定合同自由原则时，1804 年的《法国民法典》也对合同当事人享有的合同自由权施加了限制，因为《法国民法典》第 6 条规定：人们不能够通过具体合同违反与公共秩序和良好道德有关的制定法。④

不过，人们不能够因此认定，在 19 世纪，《法国民法典》第 6 条所规定的公共秩序和良好道德原则会限制合同当事人之间的合同，因为在整个 19 世纪，该条的规定处以冬眠状态，法官几乎不会适用该条的规定而宣告当事人之间的合同无效。在整个 19 世纪，法官之所以冻结该条的规定，是因为在 19 世纪，法官所贯彻的公共秩序是千方百计、不顾一切地维持合同自由原则，以便让当事人之间的合同自由在最大程度上得以

---

① Code civil, Version en vigueur au 27 septembre 2020, https://www.legifrance.goufr/codes/section_lc/LEGITEXT000006070721/LEGISCTA000006118073/#LEGISCTA000032041884.

② Henri et Léon Mazeaud, Jean Mazeaud, François Chabas, Obligations, 9e édition, Montchrestien, 1998, pp. 22–23；Philippe Malaurie, Laurent Aynès, Philippe Stoffel-Munck, Droit des obligations, 8e édition, LGDJ, 2016, p. 16；张民安：《法国民法》，清华大学出版社 2015 年版，第 348—354 页。张民安：《法国民法》，清华大学出版社 2015 年版，第 33—34 页。

③ Jacques Ghestin, Grégoire Loiseau, Yves-Marie Serinet, La Formation Du Contrat, Tome 1：Le contrat-Le consentement, 4e édition, LGDJ, 2013, pp. 155–158.

④ Article 6, Code civil des Français, édition originale et seule officielle, A Paris, de l'Imprimerie de la République, An XII 1804, http://www.assemblee-nationale.fr/evenements/code-civil/cc1804-lpt01.pdf.

实现。①

在今时今日,《法国民法典》不仅直接规定了合同自由原则,还明确限定这一原则,因为一方面,它明确将合同自由限定在制定法所规定的限制范围内,另一方面,它也明确规定,合同自由不能够违反公共秩序方面的法律规范,这就是《法国民法典》新的第 1102 条,该条规定:在制定法所确定的限制内,任何人均享有签订或者不签订合同的自由,享有选择合同当事人的自由,享有确定合同内容和形式的自由;合同自由不允许当事人违反与公共秩序有利害关系的规范。②

最后,当今的合同法规定了新的内容。虽然 1804 年的《法国民法典》以最大数量的法律条款对合同法做出了最全面的规定,包括对合同法总则和合同法分则做出了规定,但是,它仍然欠缺对某些重要内容的规定。最典型的体现是,它仅仅规定了合同有效的条件,没有规定合同的成立条件。③ 而现行《法国民法典》则不同,除了对合同的有效条件做出了规定之外,它也对合同的缔结(La conclusion du contrat)做出了规定,包含对当事人之间的谈判(Les négociations)、要约(L'offre)和承诺(l'acceptation)、单方允诺(la promesse unilatérale)以及通过电子方式缔结合同(contrat conclu par voie électronique)等做出了规定。④

在侵权责任法当中,相对于 1804 年的《法国民法典》,现行《法国民法典》关于侵权责任的规定已经变得面目全非:除了法律条款的编号已经改变之外,除了某些法律术语已经消失之外,它们所规定的侵权责任的性质也发生了实质性的变化。在 1804 年的《法国民法典》当中,有关侵权责任方面的法律条款是第 1382 条至第 1386 条,它们所规定的所有侵权责任制度在性质上均为过错侵权责任,均以行为人在行为时存在过错作为必要条件,如果行为人实施的行为引起他人损害的发生,在他们没有过错的情况下,他们不能够被责令对他人承担侵权责任,虽然 1804 年的《法国民法典》没有对过错究竟是主观过错还是客观过错做出规定,但是,在 20 世纪 60 年代之前,法国民法学者普遍认为,过错是主观的而非客观的,以行为人在行为时具有识别能力、判断能力和认知能力作为条件;过错侵权包括故意侵权和过失侵权,其中的故意侵权被称为"侵

---

① Henri Roland, Laurent Boyer, Droit Civil, Obligations, 2. Contrat, 3e édition, litec, 1989, p. 225; Philippe Malaurie, Laurent Aynès, Philippe Stoffel-Munck, Les obligations, 4e édition defrenois, 2009, p. 325; Jacques Flour Jean-Luc Aubert, Éric Savaux, Droit civil, Les obligations, 3. Le rapport d'obligation, 7e édition, Dalloz, 2011, p. 258; 张民安:《法国民法总论(上)》,清华大学出版社 2017 年版,第 576—577 页。

② Article 1102, Code civil, Version en vigueur au 27 septembre 2020, https://www.legifrance.goufr/codes/section_lc/LEGITEXT000006070721/LEGISCTA000006118032/#LEGISCTA000032040794.

③ Code civil des Français, édition originale et seule officielle, A Paris, de l'Imprimerie de la République, An XII 1804, http://www.assemblee-nationale.fr/evenements/code-civil/cc1804-l3t03.pdf; http://www.assemblee-nationale.fr/evenements/code-civil/cc1804-l3t03c4.pdf; http://www.assemblee-nationale.fr/evenements/code-civil/cc1804-l3t03c5.pdf; http://www.assemblee-nationale.fr/evenements/code-civil/cc1804-l3t03c6.pdf.

④ Code civil, Version en vigueur au 27 septembre 2020, https://www.legifrance.goufr/codes/section_lc/LEGITEXT000006070721/LEGISCTA000032006712/#LEGISCTA000032006712; 张民安:《法国合同法总论》,中山大学出版社 2021 年版,第 102—120 页。

权"，而过失侵权则被称为"准侵权"。①

在今时今日，1804 年的《法国民法典》所规定的这些侵权责任不仅发生了变化，而且变化得让人无从识别，成为现行《法国民法典》当中最引人注目的重大变化之一。

首先，法律条款编号的变化。现行《法国民法典》关于侵权责任规定的法律条款不再是曾经著名的第 1382 条至第 1386 条，而是新的第 1240 条至新的第 1252 条。

其次，现行《法国民法典》已经放弃了"侵权和准侵权"这样的术语并且以"侵权责任"（La responsabilité extracontractuelle）一词取而代之。②

再次，现行《法国民法典》所规定的侵权责任制度不再限于过错侵权责任，除了过错侵权责任之外，它还规定了其他侵权责任制度。法国民法学者普遍认为，现行《法国民法典》规定了三类六种侵权责任。第一类，行为人就其本人的行为对他人承担的侵权责任，该类侵权责任又分为两种：行为人就其本人的行为对他人承担的一般侵权责任和行为人就其本人的行为对他人承担的特殊侵权责任，实际上就是一般过错侵权责任和特殊过错侵权责任；第二类，行为人就别人的行为对他人承担的侵权责任，该类侵权责任也分为两种：行为人就别人的行为对他人承担的一般侵权责任和行为人就别人的行为对他人承担的特殊侵权责任；第三类，行为人就其物的行为对他人承担的侵权责任，该类侵权责任也分为两种：行为人就其物的行为对他人承担的一般侵权责任和行为人就其物的行为对他人承担的特殊侵权责任。③

复次，从 20 世纪 60 年代开始尤其是 80 年代开始，法国民法学者和法官普遍放弃了主观过错理论而改采客观过错理论，他们认为，行为人的行为是否构成过错，不再以他们是否具有识别能力、判断能力、认识能力作为条件，即便是精神病人和婴幼儿也应当被责令承担过错侵权责任，如果他们在行为时违反了所承担的某种注意义务的话。除了过错从主观过错嬗变为客观过错之外，法国侵权责任法还将行为人承担的侵权责任建立在危险或者担保的基础上，认为行为人在没有过错的情况下仍然应当对他人承担侵权责任。"简而言之，行为人承担侵权责任的根据已经发生了彻底的改变。"④

最后，现行《法国民法典》规定了两种新的侵权责任制度，这就是缺陷产品（produits défectueux）引起的侵权责任和生态损害的赔偿责任（préjudice écologique），它们

---

① Article 1282－1386, Code civil des Français, édition originale et seule officielle, A Paris, de l'Imprimerie de la République, An XII 1804, http://www.assemblee-nationale.fr/evenements/code-civil/cc1804-l3t04.pdf；张民安：《现代法国侵权责任制度研究》，法律出版社 2007 年版，第 82—88 页；张民安：《法国民法》，清华大学出版社 2015 年版，第 370—374 页。

② Article 1240－1252, Code civil, Version en vigueur au 27 septembre 2020, https://www.legifrance.goufr/codes/section_lc/LEGITEXT000006070721/LEGISCTA000032021486/#LEGISCTA000032021486.

③ Article 1240－1252, Code civil, Version en vigueur au 27 septembre 2020, https://www.legifrance.goufr/codes/section_lc/LEGITEXT000006070721/LEGISCTA000032021486/#LEGISCTA000032021486；张民安：《现代法国侵权责任制度研究》，法律出版社 2007 年版，第 163—266 页；张民安：《法国民法》，清华大学出版社 2015 年版，第 378—413 页；张民安：《法国合同法总论》，中山大学出版社 2021 年版，第 570—574 页。

④ Philippe Malinvaud, Dominique Fenouillet, Droit des obligations, 11e édition, Litec, 2010, p. 19；张民安：《现代法国侵权责任制度研究》，法律出版社 2007 年版，第 113—120 页；张民安：《法国民法》，清华大学出版社 2015 年版，第 393—398 页。

由《法国民法典》新的第1246条至新的第1252条规定。①

当然，除了合同法和侵权责任法所发生的这些重大变革之外，《法国民法典》在准合同法领域也存在一些变化，最主要的变化是，1804年的《法国民法典》仅仅规定了两种具体的准合同即不应清偿债（Le paiement de l'indu）和无因管理债（La gestion d'affaires），没有在这两种具体的准合同债之外规定作为一般准合同债的不当得利债（L'enrichissement injustifié）。② 现行《法国民法典》则不同，除了对不应清偿债和无因管理债做出了规定之外，它还对作为一般准合同的不当得利债做出了规定。③

三、债法变动性的原因

债法在保有稳定性的同时，债法为何会发生变化？对此问题，法国著名民法学家、政治家、民法教授、巴黎大学法学院院长Georges Ripert④在一系列的法律专论当中做出了回答。在其《法律的产生力量》当中，他对引起法律发展和变革的多种因素做出了讨论，诸如科技因素、社会因素、宗教和道德因素、经济因素和政治因素。⑤ 在其《民事债当中的道德规范》当中，他对引起债法发展和变革的道德因素做出了说明。⑥ 在其《民主制度与现代民法》当中，他对引起包括债法在内的民法发展和变革的政治因素做出了说明。⑦ 而在其《现代资本主义的法律方面》当中，他对推动包括债法在内的民法甚至整个法律发展和变革的经济因素做出了讨论。⑧

Ripert的这些著作影响巨大、深远，因为在讨论债法所具有的变动性特征时，民法学家普遍采纳他的这些看法。⑨ 不过，在债法发展和变革的因素究竟有哪些的问题上，民法学家之间仍然存在差异。Flour、Aubert和Savaux采取三因素说，认为影响债法发展和变革的因素有三种：道德因素、经济因素和政治因素。⑩ 某些民法学者采取四因素理论，认为影响债法发展和变革的因素有四个，不过，究竟是哪四个，他们之间也存在不同的看法。

Marty和Raynaud认为，影响债法发展和变革的四种因素是：道德因素，经济因素，

---

① Article 1240 – 1252, Code civil, Version en vigueur au 27 septembre 2020, https://www.legifrance.goufr/codes/section_ lc/LEGITEXT000006070721/LEGISCTA000032021486/#LEGISCTA000032021486.

② Code civil des Français, édition originale et seule officielle, A Paris, de l'Imprimerie de la République, An XII 1804, http://www.assemblee – nationale.fr/evenements/code – civil/cc1804 – l3t04.pdf.

③ Code civil, Version en vigueur au 27 septembre 2020, https://www.legifrance.goufr/codes/section_ lc/LEGITEXT000006070721/LEGISCTA000032023804/#LEGISCTA000032023804.

④ Georges Ripert, https://fr.wikipedia.org/wiki/Georges_ Ripert.

⑤ Georges Ripert, Les Forces Créatrices du Droit, 2e édition, LGDJ, 1955, pp. 1 – 423.

⑥ Georges Ripert, la règles morales dans Les obligations civiles, LGDJ, 2013, pp. 1 – 424.

⑦ Georges Ripert, Le Régime démocratique et le droit civil moderne, LGDJ, 1936, pp. 1 – 461.

⑧ Georges Ripert, Aspects Juridiques du Capitalisme Moderne, LGDJ, 1946, pp. 1 – 354.

⑨ Gabriel Marty, Pierre Raynaud, Droit Civil, Les obligations, Tome 1, Les sources, 2e édition, Sirey, 1988, pp. 9 – 10; Henri et Léon Mazeaud, Jean Mazeaud, François Chabas, Obligations, 9e édition, Montchrestien, 1998, pp. 23 – 33; Philippe Malinvaud, Dominique Fenouillet, Droit des obligations, 11e édition, Litec, 2010, pp. 20 – 30; Jacques Flour, Jean-Luc Aubert, Éric Savaux, Les obligations, 1. L'acte juridique, 14e édition, Dalloz, 2010, pp. 45 – 50.

⑩ Jacques Flour, Jean-Luc Aubert, Éric Savaux, Les obligations, 1. L'acte juridique, 15e édition, Dalloz, 2012, pp. 45 – 50.

政治因素和社会因素。① Malinvaud 和 Fenouillet 则不同，他们认为，影响债法发展和变革的四种因素是：道德因素，经济因素、政治因素和欧洲因素。② Mazeaud 和 Chabas 等人采取五因素说，认为影响债法发展和变革的因素有五种：道德因素，社会因素，政治因素，经济因素以及消费者保护的一个新因素。③

这些学者之间之所以在债法发展和变革的因素方面存在差异，是因为他们在区分不同因素时所采取的方法不同。Marty、Raynaud、Mazeaud 和 Chabas 将社会因素视为一个独立的因素，没有将该种因素置于经济因素当中，而 Flour、Aubert、Savaux、Malinvaud 和 Fenouillet 则不同，他们否定社会因素的独立性，将该种因素置于经济因素当中。

将社会因素视为经济因素组成部分的看法当然具有一定的合理性，因为强者和弱者、经营者和消费者等的不同阶层、不同力量当然是经济领域的不同阶层、不同力量。不过，此种理论也存在致命的问题，因为，社会因素既影响合同法的发展和变革，也影响侵权责任法的发展和变革，而经济因素则不同，它主要影响合同法的发展和变革，很少影响侵权责任法的发展和变革。基于这样的原因，笔者将社会因素视为影响债法发展和变革的一个独立因素。在债法领域，社会因素对合同法和侵权责任法的发展和变革均产生了重大影响。因此，笔者将影响债法的因素分为四种：道德因素（facteurs moraux），社会因素（facteurs sociaux），经济因素（facteurs économiques）和政治因素（facteurs politiques）。

（一）影响债法发展和变革的第一个因素：道德因素

在法国，推定债法发展和变革的第一个主要因素是道德，尤其是其中的基督教道德（morale chrétienne）。所谓道德因素，是指人们所信奉的包括宗教道德尤其是其中的基督教道德在内的道德规范（a règle morale）对债法的影响。④

在法国，民法学者普遍承认，作为社会规范大家庭当中的两个重要成员，法律规范（la règle de droit）不同于道德规范，因为，无论是它们的渊源、特征还是目的均存在差异，其中最主要的差异是，法律规范具有国家强制性，而道德规范则欠缺国家强制性。⑤ 虽然如此，法国民法学者也普遍认为，道德、道德规范对民法、法律规范产生了重大影响。Marty 和 Raynaud 对道德的影响做出了说明，他们指出："除了商法对道德

---

① Gabriel Marty, Pierre Raynaud, Droit Civil, Les obligations, Tome 1, Les sources, 2e édition, Sirey, 1988, pp. 9 – 10.
② Philippe Malinvaud, Dominique Fenouillet, Droit des obligations, 11e édition, Litec, 2010, pp. 20 – 30.
③ Henri et Léon Mazeaud, Jean Mazeaud, François Chabas, Obligations, 9e édition, Montchrestien, 1998, pp. 23 – 33.
④ Gabriel Marty, Pierre Raynaud, Droit Civil, Les obligations, Tome 1, Les sources, 2e édition, Sirey, 1988, p. 9; Henri et Léon Mazeaud, Jean Mazeaud, François Chabasd, Obligations, 9e édition, Montchrestien, 1998, pp. 23 – 24; Philippe Malinvaud, Dominique Fenouillet, Droit des obligations, 11e édition, Litec, 2010, pp. 21 – 22; Jacques Flour, Jean-Luc Aubert, Éric Savaux, Les obligations, 1. L'acte juridique, 14e édition, Dalloz, 2010, pp. 45 – 48.
⑤ Henri et Léon Mazeaud, Jean Mazeaud, François Chabasd, Lecons de Droit Civil, Tome Premier, Introduction à l'étude du droit, 12e édition, Montchrestien, 2000, pp. 21 – 28; Henri Roland, Laurent Boyer, Introduction au droit, Litec, 2002, pp. 7 – 12; Gérard Cornu, Droit civil, Introduction au droit, 13e édition, Montchrestien, 2007, pp. 17 – 25; Philippe Malaurie, Patrick Morvan, Introduction au droit, 4e édition, Defrénois, 2012, pp. 22 – 26.

并不陌生之外，我们的民法也受到了基督教道德的影响。"① Malinvaud 和 Fenouillet 也对道德的影响做出了说明，他们指出："总的说来，债法不会忽视道德的存在。实际上，大量的法国法律规范仅仅是道德规范的表现而已。"② 虽然道德对整个民法均产生影响，但是，道德对民法产生的影响尤其体现在债法领域。

在民法的历史上，"道德对债法的影响早在1804年的《法国民法典》之前就已经存在。"③ 在古罗马时期，罗马法就承认道德对民法的影响，这样的范例众多，诸如：《查士丁尼潘德克吞》第50卷第17编第184段承认了不当得利的返还责任；罗马法规定，正义是指符合自然法的要求；罗马合同法当中渗透着诚实观念；欺诈是应当受到制裁的；诚实之诉（les actions de bonne foi）在程序当中占据非常重要的地位；主观过错是民事责任的一个条件；等等。④

不过，道德对债法的影响在教会法、神法当中的表现更加明显，因为教会法学家（cannoistes）和神学家（théologien）倡导口头诺言必须遵守和履行的道德规范，强烈谴责行为人违反诺言的行为，将行为人不履行自己诺言的行为视为一种谎言和罪恶；为了让合同道德化，教会法学家试图探寻当事人签订合同的动机，在当事人签订合同的原因不道德、非法时，他们会宣告当事人之间的合同无效。⑤

由于受到罗马法的影响，法国17世纪和18世纪的两个著名民法学家Domat和Pothier也承认道德对民法的影响。一个主要的体现是，他们均对过错采取道德观念，认为过错仅仅在行为人有识别能力、判断能力和认知能力的情况下才存在，没有识别能力的人是没有过错的，因此，也不能够被责令承担侵权责任。⑥ 由于受到Domat和Pothier的道德观念影响，尤其是，由于18世纪的学者倡导个人主义法学观念，因此，1804年的《法国民法典》对大量的具有道德因素的法律条款做出了规定。例如，1804年的《法国民法典》第1134（3）条规定：合同应当以诚实的方式予以履行。再例如，1804年的《法国民法典》第6条规定，当事人之间的合同不得违反良好道德。⑦ 在今时今日，"道德因素既影响合同，也影响准合同，还影响民事责任，换言之，道德因素渗透到所有的债法渊源当中。"⑧

首先，在今时今日，道德仍然对合同法产生影响。例如，合同法之所以要求债务人履行他们对债权人承担的义务，是因为他们对债权人义务的履行是口头诺言必须受到尊

---

① Gabriel Marty, Pierre Raynaud, Droit Civil, Les obligations, Tome 1, Les sources, 2e édition, Sirey, 1988, p. 21.
② Philippe Malaurie, Patrick Morvan, Introduction au droit, 4e édition, Defrénois, 2012, p. 21.
③ Henri et Léon Mazeaud, Jean Mazeaud, François Chabas, Obligations, 9e édition, Montchrestien, 1998, p. 23.
④ Henri et Léon Mazeaud, Jean Mazeaud, François Chabas, Obligations, 9e édition, Montchrestien, 1998, p. 23.
⑤ Henri et Léon Mazeaud, Jean Mazeaud, François Chabas, Obligations, 9e édition, Montchrestien, 1998, pp. 23-24; Jacques Flour, Jean-Luc Aubert, Éric Savaux, Les obligations, 1. L'acte juridique, 14e édition, Dalloz, 2010, p. 46.
⑥ Henri et Léon Mazeaud, Jean Mazeaud, François Chabas, Obligations, 9e édition, Montchrestien, 1998, p. 24.
⑦ Henri et Léon Mazeaud, Jean Mazeaud, François Chabas, Obligations, 9e édition, Montchrestien, 1998, p. 24. Philippe Malinvaud, Dominique Fenouillet, Droit des obligations, 11e édition, Litec, 2010, p. 21.
⑧ Jacques Flour, Jean-Luc Aubert, Éric Savaux, Les obligations, 1. L'acte juridique, 14e édition, Dalloz, 2010, p. 45.

重的道德义务的体现。再例如，欺诈和胁迫之所以会导致当事人之间的合同被撤销或者被宣告无效，是因为此种法律规范源自一个道德规范并且是该种道德规范的体现：在合同谈判期间，当事人之间彼此承担诚实的道德义务。①

其次，在今时今日，道德仍然对侵权责任法产生影响。在今时今日，道德对侵权责任法的影响已经远不及它在20世纪60年代之前尤其是20世纪80年代之前的影响，因为在今时今日，虽然行为人仍然被责令对他人承担过错侵权责任，但是，他们承担的过错侵权责任不再具有道德的意蕴，责令行为人对他人承担过错侵权责任的目的不再在于对有识别能力、判断能力、认知能力的行为人予以惩罚、教育，而在于对遭受损害的他人予以补偿。不过，在今时今日，道德仍然左右侵权责任法。因为，行为人之所以被责令对他人遭受的损害承担赔偿责任，是因为该种规则源自任何人均不得损害他人利益的道德义务。②

最后，在今时今日，道德对准合同法也产生了影响。一方面，在今时今日，《法国民法典》第1300条至第1302-3条明确规定了不应清偿债和无因管理债，而这两种债均是建立在任何人不能够以牺牲他人利益作为代价的道德义务的基础上，是该种道德义务在这两个领域的具体体现。另一方面，除了明确规定了不应清偿债和无因管理债之外，《法国民法典》第1303条至第1303-4条还将支配不应清偿债和无因管理债的此种道德义务上升为法定义务，这就是这几个法律条款所规定的不当得利债。③

（二）影响债法发展和变革的第二个因素：社会因素

在法国，正如在其他国家，推动债法发展和变革的第二个主要因素是社会因素。所谓社会因素，是指社会生活当中的不同阶层、不同力量，例如强者和弱者，经营者和消费者，企业主和工人，等等。基于这些不同阶层、不同力量相互作用和人们所采取的哲学观念的变革，债法也因此发生了变化，这就是影响债法发展和变革的社会因素。④

一方面，社会因素影响合同法的发展和变革。在19世纪末期之前，由于个人主义哲学理论支配《法国民法典》，因此，借助于合同领域所贯彻的意思自治和合同自由，工人与企业主之间的合同被认为是公平正义的，在工人与企业主签订合同之后，如果工人认为其中的某些法律条款明显违反了公共秩序、良好道德或者构成不公平的条款而向法院起诉，要求法官宣告自己与企业主之间的合同无效或者合同条款无效，法官也不会因此而宣告当事人之间的合同或者合同条款无效。因为他们认为，这些合同是工人与企业主面对面谈判之后所签订的，除了双方处于平等地位之外，这些合同也是他们真实意

---

① Jacques Flour, Jean-Luc Aubert, Éric Savaux, Les obligations, 1. L'acte juridique, 14e édition, Dalloz, 2010, p.45.
② Jacques Flour, Jean-Luc Aubert, Éric Savaux, Les obligations, 1. L'acte juridique, 14e édition, Dalloz, 2010, p.46.
③ Articles 1300 à 1303-4, Code civil, Version en vigueur au 29 septembre 2020, https://www.legifrance.gouf.fr/codes/section_ lc/LEGITEXT000006070721/LEGISCTA000032023804/#LEGISCTA000032023804.
④ Gabriel Marty, Pierre Raynaud, Droit Civil, Les obligations, Tome 1, Les sources, 2e édition, Sirey, 1988, pp.9-10；Henri et Léon Mazeaud, Jean Mazeaud, François Chabasd, Obligations, 9e édition, Montchrestien, 1998, pp.24-33；Philippe Malinvaud, Dominique Fenouillet, Droit des obligations, 11e édition, Litec, 2010, p.22；Jacques Flour, Jean-Luc Aubert, Éric Savaux, Les obligations, 1. L'acte juridique, 14e édition, Dalloz, 2010, pp.48-49；张民安：《现代法国侵权责任制度研究》，法律出版社2007年版，第88—91页。

思表示的结果。20世纪以来，随着企业主的经营规模越来越大，所雇佣的工人人数越来越多，企业主不再采取19世纪末期之前所采取的与每一个工人面对面签订合同的方式，而是采取预先单方面将合同的所有条款拟定好并且让工人在两种选择当中做出一种选择的方式：他们要么一字不改、一字不加、一字不删地在企业主拟定的合同上签字并因此让他们之间的合同有效成立，要么选择拒绝签订合同并因此失去劳动岗位。在债法上，企业主预先单方面拟定好的此种合同被称为附合合同（les contrats d'adhésion）。因为企业主与工人之间在签订合同方面的地位相差悬殊：其中的企业主是强者，而其中的工人则是弱者，面对饭碗不保的风险，他们只能够对企业主拟定好的合同当中的不公平条款睁一只眼闭一只眼。为了对附合合同当中的弱者即工人提供保护，防止企业主借助于自己的强势地位和所谓的合同自由原则将不公平的合同条款强加给工人，法国立法者不得不制定法律，对作为弱者的工人提供保护。除了适用于企业主和工人之间的合同之外，此种保护方法也适用于其他弱者，包括：对承运合同当中旅客的保护，因为相对于承运人的强势地位而言，旅客处于弱势地位；对保险合同当中被保险人的保护，因为相对于保险公司的强势地位而言，被保险人处于弱势地位；对买卖合同或者服务合同当中消费者的保护，因为相对于经销者或者服务商的强势地位，买卖合同或者服务合同当中的消费者处于弱势地位，容易因为当事人之间的身份地位悬殊而遭受不公平合同条款的损害，等等。[1]

另一方面，社会因素也会影响侵权责任法的发展和变革。在19世纪末期之前，由于科技较为落后，经济不发达，因此，工业事故很少发生，即便发生，遭受损害的人数也不会很多。在此种情况下，如果某一个工人因为工业事故而遭受损害，当他们向法院起诉要求法官责令企业主对自己遭受的损害承担赔偿责任时，他们很少能够获得损害赔偿，因为法官适用1804年的《法国民法典》第1382条所规定的一般过错侵权责任，要求该工人承担举证责任，证明企业主对工业事故的发生存在过错。虽然工人遭受了损害，但是，他们很难证明企业主存在过错，相反，企业主则很容易证明工人有过错。[2]到了19世纪末期和20世纪初期，此种情况发生了重大改变，因为随着工业事故的频繁发生，大量的工人因为工业事故而遭受人身伤害。在起诉时，他们认为仅仅因为自己无法证明企业主存在过错而不责令企业主承担赔偿责任是不公平的，因为自己遭受的损害是由企业主的行为引起的，企业主应当用赚到的大量利润当中的一部分来赔偿自己所遭受的损害，即便他们在行为时没有过错。因为大量工人的不断主张，尤其是，因为组织起来的工人已经形成了一股能够与企业主抗衡的力量，从19世纪末期开始一直到20世纪30年代，法国法官开始在工业事故领域放弃过去一直适用的《法国民法典》第1382条所规定的过错侵权责任，而改采无过错侵权责任，他们根据《法国民法典》第1384（1）条责令企业主对工人承担侵权责任，这就是法国最高法院在20世纪30年代确立

---

[1] Gabriel Marty, Pierre Raynaud, Droit Civil, Les obligations, Tome 1, Les sources, 2e édition, Sirey, 1988, pp. 9 – 10；Henri et Léon Mazeaud, Jean Mazeaud, François Chabasd, Obligations, 9e édition, Montchrestien, 1998, pp. 24 – 33.

[2] 张民安：《现代法国侵权责任制度研究》，法律出版社2007年版，第88—92页。

的一种新的侵权责任：行为人就其物的行为对他人承担的一般侵权责任。①

在今时今日，行为人就其物的行为对他人承担的一般侵权责任仍然存在。不过，与 19 世纪 30 年代相比，此种侵权责任发生了两个方面的变化：其一，它的责任根据不再是《法国民法典》第 1384（1）条，而是新的第 1242（1）条。② 其二，在今时今日，如果工人遭受工伤事故，他们不能够再根据《法国民法典》规定的侵权责任制度要求企业主承担侵权责任，因为他们的损害由社会保障部门赔偿。③

（三）影响债法发展和变革的第三个因素：经济因素

在法国，正如在其他国家，推动债法发展和变革的第三个主要因素是经济因素。所谓经济因素，是指经济能够推动债法的发展和变革，就像道德和社会能够推动债法的发展和变革一样。不过，虽然民法学者普遍承认推动债法发展和变革的此种因素，但是，在经济因素推动哪些债法发展和变革的问题上，他们之间仍然存在不同看法。少数民法学者认为，除了推动合同法的发展和变革之外，经济因素也推动侵权责任法的发展和变革。④ 而大多数民法学者则认为，经济因素仅仅影响合同法的发展和变革，既不会影响侵权责任法的发展和变革，也不会影响准合同法的发展和变革。⑤

经济因素之所以能够对合同法产生影响，一方面是因为，经济领域包含财富的交换和财富的流通，而合同法正是人们进行财富交换和财富流通的手段；另一方面是因为，在不同时期，人们在经济领域采取不同的政策，而这些政策直接影响到人们在合同法当中所享有的合同自由的限度。在 19 世纪末 20 世纪初之前，人们在经济领域采取了自由竞争和自由经济的理论，认为所有人均有从事经济竞争和经济活动的自由，包括政府在内，所有人均应当尊重人们在经济领域所享有的此种自由，不能够对他们的自由竞争和自由经济活动施加限制。经济领域的此种自由竞争和自由从事经济活动的原则体现在合同法当中就是合同法所贯彻的意思自治和合同自由。⑥

根据 1804 年的《法国民法典》所贯彻的意思自治和合同自由原则，是否签订合同，与什么人签订合同，签订什么内容的合同，完全由当事人自由约定，一旦当事人做

---

① 张民安：《现代法国侵权责任制度研究》，法律出版社 2007 年版，第 88—92 页；张民安：《法国民法》，清华大学出版社 2015 年版，第 378—380 页。

② Article 1242, Code civil, Version en vigueur au 29 septembre 2020, https://www.legifrance.goufr/codes/section _lc/LEGITEXT000006070721/LEGISCTA000032021486/#LEGISCTA000032021486.

③ 张民安：《过错侵权责任制度研究》，中国政法大学出版社 2002 年版，第 120—121 页。

④ Jacques Flour, Jean-Luc Aubert, Éric Savaux, Les obligations, 1. L'acte juridique, 14e édition, Dalloz, 2010, p. 49.

⑤ Gabriel Marty, Pierre Raynaud, Droit Civil, Les obligations, Tome 1, Les sources, 2e édition, Sirey, 1988, p. 9; Henri et Léon Mazeaud, Jean Mazeaud, François Chabasd, Obligations, 9e édition, Montchrestien, 1998, p. 27; Philippe Malinvaud, Dominique Fenouillet, Droit des obligations, 11e édition, Litec, 2010, pp. 22 – 23; Jacques Flour, Jean-Luc Aubert, Éric Savaux, Les obligations, 1. L'acte juridique, 14e édition, Dalloz, 2010, pp. 48 – 49.

⑥ Gabriel Marty, Pierre Raynaud, Droit Civil, Les obligations, Tome 1, Les sources, 2e édition, Sirey, 1988, p. 9; Henri et Léon Mazeaud, Jean Mazeaud, François Chabasd, Obligations, 9e édition, Montchrestien, 1998, p. 27; Philippe Malinvaud, Dominique Fenouillet, Droit des obligations, 11e édition, Litec, 2010, pp. 22 – 23; Jacques Flour, Jean-Luc Aubert, Éric Savaux, Les obligations, 1. L'acte juridique, 14e édition, Dalloz, 2010, pp. 48 – 49.

出了约定，则他们的合同完全按照自己的意志发挥效力。在 1804 年的《法国民法典》当中，法国立法者之所以贯彻了此种原则，是因为他们认为：其一，自由是调整个人利益的最好手段，因为，通过当事人之间的讨价还价，合同能够让个人之间的关系达致公平；其二，自由也是实现一般利益的最好手段，因为一般利益是由不同的个人利益结合在一起所形成的整体利益。①

到了 20 世纪初期，人们逐渐发现自由经济和自由竞争所带来的各种各样的恶果，其中就包括牺牲了诸如工人、被保险者等人利益的恶果。为了减少和防止自由经济和自由竞争所带来的恶果，从 1914 年开始尤其是从第二次世界大战开始，包括法国在内，西方国家开始改变不对经济活动进行干预的政策，通过立法者制定的各种各样的法律，它们开始对经济活动进行干预，并因此让 19 世纪以来的自由经济、自由竞争的经济政策被现行的指导经济、管理经济（économie dirigée）所取代。在指导经济和管理经济的新政策影响下，合同当事人享有的合同自由受到限制，除了不能够违反立法者规定的涉及公共秩序方面的法律规定之外，他们之间的合同条款也不能够构成不公平的合同条款；否则，他们之间的合同或者合同条款会因为违法而无效。②

（四）影响债法发展和变革的第四个因素：政治因素

在法国，正如在其他国家，推动债法发展和变革的第四个主要因素是政治因素。所谓政治因素，是指政治能够推动债法的发展和变革。作为一种推动债法发展和变革的因素，政治因素究竟是什么含义，民法学者之间存在不同的意见。某些民法学者认为，对弱者提供保护也是一种政治因素，另外一些学者则认为，对弱者提供保护仅仅是一种社会因素或者经济因素。某些学者认为，对经济不进行干预或者进行干预的政策也是一种政治因素，这就是所谓的政治经济学，而另外一些学者则认为，对经济的干预或者不干预仅仅是一种经济因素，不属于政治因素的范畴。③

虽然对弱者提供保护当然可以视为政治因素的组成部分，但是，鉴于笔者区分社会因素和政治因素，因此，在讨论影响债法发展和变革的政治因素时，笔者仅仅采取狭义的政治观念，仅仅将政治因素限定在民主政治的领域。在民主政治当中，政治因素也能

---

① Gabriel Marty, Pierre Raynaud, Droit Civil, Les obligations, Tome 1, Les sources, 2e édition, Sirey, 1988, p. 9; Henri et Léon Mazeaud, Jean Mazeaud, François Chabasd, Obligations, 9e édition, Montchrestien, 1998, p. 27; Philippe Malinvaud, Dominique Fenouillet, Droit des obligations, 11e édition, Litec, 2010, pp. 22 – 23; Jacques Flour, Jean-Luc Aubert, Éric Savaux, Les obligations, 1. L'acte juridique, 14e édition, Dalloz, 2010, pp. 48 – 49; 张民安：《法国合同法总论》，中山大学出版社 2021 年版，第 23—37 页。

② Gabriel Marty, Pierre Raynaud, Droit Civil, Les obligations, Tome 1, Les sources, 2e édition, Sirey, 1988, p. 9; Henri et Léon Mazeaud, Jean Mazeaud, François Chabasd, Obligations, 9e édition, Montchrestien, 1998, p. 27; Philippe Malinvaud, Dominique Fenouillet, Droit des obligations, 11e édition, Litec, 2010, pp. 22 – 23; Jacques Flour, Jean-Luc Aubert, Éric Savaux, Les obligations, 1. L'acte juridique, 14e édition, Dalloz, 2010, pp. 48 – 49; 张民安：《法国合同法总论》，中山大学出版社 2021 年版，第 37—43 页。

③ Gabriel Marty, Pierre Raynaud, Droit Civil, Les obligations, Tome 1, Les sources, 2e édition, Sirey, 1988, pp. 9 – 10; Henri et Léon Mazeaud, Jean Mazeaud, François Chabasd, Obligations, 9e édition, Montchrestien, 1998, pp. 26 – 27; Philippe Malinvaud, Dominique Fenouillet, Droit des obligations, 11e édition, Litec, 2010, pp. 22 – 23; Jacques Flour, Jean-Luc Aubert, Éric Savaux, Les obligations, 1. L'acte juridique, 14e édition, Dalloz, 2010, pp. 49 – 50.

够推动债法的发展和变革,尤其是能够推动合同法的发展和变革。最典型的体现有二。

第一,在人格权领域,政治因素推动合同法的发展和变革。虽然法国民法学者普遍认为,人格权在性质上属于一种非财产权,具有所有非财产权所具有的不得转让性的特征①,但是,由于受到美国学者和法官所主张的公开权(right of publicity)理论的影响②,20世纪80年代以来,法国民法学者和法官也开始主张人格权的财产权化,他们认为,权利主体享有的诸如姓名权和肖像权等人格权既具有非财产权的性质也具有财产权的性质,这就是公开权的双重性质,根据该种双重性质理论,权利主体尤其是其中的影视明星和体育明星有权与广告商签订姓名和肖像使用合同并因此取得所支付的使用费。③

不过,在法国,正如在其他国家,即便权利主体享有的姓名权和肖像权能够成为合同的客体,他们享有的某些人格权是不能够成为合同的客体的,如果权利主体与别人签订的合同涉及这些人格权客体,则他们之间的合同因为违反公共秩序而无效,这就是政治因素对合同法的限制,该种限制表现在,政治因素能够对合同当事人之间的合同施加限制。现行《法国民法典》对此种规则做出了规定。

《法国民法典》第16-1条规定:任何人均享有身体的受尊重权,自然人的身体是不可侵犯的。自然人的身体、身体的组成部分和身体的产物不能够成为某种财产权的客体。④ 根据该条的规定,自然人不能够与别人签订身体、身体器官或者身体提取物的买卖合同,将自己的身体、身体器官或者身体产物出卖给别人,否则,他们之间的买卖合同无效。《法国民法典》第16-5条对此种规则做出了说明,该条规定:赋予自然人的身体、身体组成部分或者身体产物以财产价值的合同无效。⑤《法国民法典》第16-7条规定:行为人与他人签订的为他人代孕的所有合同均无效。⑥

为何合同当事人之间所签订的身体、身体器官、身体产物或者代孕方面的合同无

---

① 张民安:《法国民法总论(Ⅱ)》,清华大学出版社2020年版,第139—147页、第309—310页。
② Haelan Laboratories, Inc. Topp. s Chewing Gum, Inc, 202 F. 2d 866 (2d Cir. 1953); Melville B. Nimmer, The Right of Publicity, (1954) 19 Law and Contemporary Problems, pp. 203 – 223;张民安:《公开权侵权责任制度研究——无形人格权财产性理论的认可》,张民安主编:《公开权侵权责任研究:肖像、隐私及其他人格特征侵权》,中山大学出版社2010年版,第26—27页;张民安:《无形人格侵权责任研究》,北京大学出版社2012年版,第63—64页;张民安:《法国民法总论(Ⅱ)》,清华大学出版社2020年版,第139—147页、第315—320页。
③ Emmanuel Gaillard, La double nature du droit à l'image et ses conséquences en droit positif français, D1984. Chr. 161; D. Acquarone, L'ambiguïté du droit à l'image, D. 1985, chr. p. 133; G. Goubeaux, Traité de Droit Civil. Les personnes, LGDJ, 1989, n°285 et n°315; Grégoire Loiseau, Le nom, objet d'un contrat, Paris, LGDJ, 1997, p. 334; Grégoire Loiseau, Des droit patrimoniaux de la personnalité en droit français, McGill Law Journal, 1997, vol. 42, pp. 319 – 353;张民安:《公开权侵权责任制度研究——无形人格权财产性理论的认可》,张民安主编:《公开权侵权责任研究:肖像、隐私及其他人格特征侵权》,中山大学出版社2010年版,第11—19页;张民安:《法国民法总论(Ⅱ)》,清华大学出版社2020年版,第139—147页、第320—322页。
④ Article 16 – 1, Code civil, Version en vigueur au 29 septembre 2020, https://www.legifrance.goufr/codes/section_ lc/LEGITEXT000006070721/LEGISCTA000006136059/#LEGISCTA000006136059.
⑤ Article 16 – 5, Code civil, Version en vigueur au 29 septembre 2020, https://www.legifrance.goufr/codes/section_ lc/LEGITEXT000006070721/LEGISCTA000006136059/#LEGISCTA000006136059.
⑥ Article 16 – 7, Code civil, Version en vigueur au 29 septembre 2020, https://www.legifrance.goufr/codes/section_ lc/LEGITEXT000006070721/LEGISCTA000006136059/#LEGISCTA000006136059.

效?《法国民法典》做出了明确回答,因为它认为,自然人的身体、身体器官、身体产物和代孕关乎公共秩序、公共利益,是民主政治的重要组成部分。《法国民法典》第16-9条规定:本章的规定是公共秩序方面的规定。①

第二,在人权领域,政治因素推动合同法的发展和变革。在今时今日,所有人均享有基本权利(droits fondamentaux)和基本自由(libertés fondamentaux),包括自然人和法人。他们享有的这些基本权利和基本自由被称为人权(droit de l'homme)。1948年,联合国在其通过的《世界人权宣言》当中对人享有的各种各样的基本权利和基本自由做出了规定。1950年,欧洲理事会在其通过的《欧洲人权和基本自由保护公约》(简称《欧洲人权公约》)当中也对人享有的各种各样的基本权利和基本自由做出了规定。根据它们的规定,人所享有的基本权利和基本自由多种多样,包括但是不限于以下权利和自由:生命权,自由权,人格受尊重权,言论自由权,出版自由权,劳动权,免于恐惧的权利,私人生活和家庭生活受尊重权,等等。这些权利和自由被视为自然权利、天赋权利。②

在今时今日,人享有的基本权利和基本自由当然是一种政治因素,因为在民主政治当中,人权的承认、拓展和保护是民主政府所承担的最主要的、最重要的职责。③ 不过,虽然人权在性质上属于公法的范畴,但是,人权对民法的影响非常巨大。例如,人权法对人格权法产生了重大的影响,其中的一个表现是,通过人权法,民法承认了法人所享有的人格权。④ 除了对民法当中的人格权法产生了重大影响之外,人权法也对合同法产生了重大影响并因此推动合同法的发展和变革,这种影响表现在:当事人之间的合同不能够侵犯一方当事人享有的基本权利或者基本自由,如果他们之间的合同侵犯一方当事人享有的这些权利或者自由,则他们之间的合同无效。⑤ 换言之,就像权利主体享有的某些人格权能够对当事人之间的合同自由施加限制一样,权利主体享有的基本自由和基本权利也能够限制当事人之间的合同自由。法国民法学者将此种理论称为合同法的基本权利化。在2015年的有关债法改革草案当中,人们对合同法的基本权利化做出了规定:合同自由不能够违反同公共秩序有利害关系的法律规范,不能够损害在私人关系

---

① Article 16 – 9, Code civil, Version en vigueur au 29 septembre 2020, https://www.legifrance.goufr/codes/section_ lc/LEGITEXT000006070721/LEGISCTA000006136059/#LEGISCTA000006136059.

② La Déclaration universelle des droits de l'homme, http://www.un.org/fr/universal – declaration – human – rights/; Convention européenne des droits de l'homme, https://www.echr.coe.int/Documents/Convention_ FRA.pdf; Kouamé Hubert Koki, Les droits fondamentaux des personnes morales dans la convention européenne des droits de l'homme, Thèse de doctorat en Droit, Université de La Rochelle, 2011, pp.243 – 292;张民安:《法国民法总论(上)》,清华大学出版社2017年版,第606—609页;张民安、林泰松:《人格权在民法典当中的独立地位》,中山大学出版社2019年版,第168—171页。

③ Jacques Flour, Jean-Luc Aubert, Éric Savaux, Les obligations, 1. L'acte juridique, 14e édition, Dalloz, 2010, pp.49 – 50.

④ 张民安、林泰松:《人格权在民法典当中的独立地位》,中山大学出版社2019年版,第168—171页。

⑤ Jacques Flour, Jean-Luc Aubert, Éric Savaux, Les obligations, 1. L'acte juridique, 14e édition, Dalloz, 2010, pp.49 – 50; Julien Raynaud, IMPACT DES DROITS FONDAMENTAUX SUR LE CONTRAT DANS LES MANUELS DE DROIT DES OBLIGATIONS, RDLF 2019, chron. n° 01, http://www.revuedlf.com/droit – civil – patrimonial/limpact – des – droits – fondamentaux – sur – le – contrat – dans – les – manuels – de – droit – des – obligations/.

当中适用的法律文本所规定的基本权利和基本自由。① 在最终通过的法律文本当中，法国立法者将该条做出了修改，这就是新的第1102（2）条，该条规定：合同自由不能够违反与公共秩序有利害关系的法律规范。② 虽然《法国民法典》第1102（2）条没有保留基本权利和基本自由的概念，但是，该条所规定的公共秩序当中当然包含了合同不得侵犯一方当事人所享有的基本权利和基本自由的内容，因为法国民法学者在自己的民法著作当中普遍承认这一点。③

第三节　法国当代债法的改革和现代化

一、在《法国民法典》诞生200年之际债法改革的全方位展开

（一）法国债法的改革和现代化进程

自1804年的《法国民法典》对债法做出全面规定以来，为了适应社会、道德、政治和经济变革的需要，法国债法也处于持续不断的发展和变革当中。然而，法国债法的发展和变革并不是法国立法者通过自己的制定法完成的，而主要是由法官尤其是最高法院的法官借助于自己的司法判例完成的，通过采取"旧瓶装新酒"的方式，法官对不适应社会发展需要的制定法做出新的解释，除了让《法国民法典》当中有关债法的规定具有新的含义之外，他们的做法也推动了法国债法的变革。

例如，通过对1804年的《法国民法典》第1384（1）条做出的解释，法国最高法院在19世纪末期和20世纪30年代之前建立了行为人就其物的行为引起的损害对他人承担的一般侵权责任。然而，通过司法判例的方式对债法进行改革存在致命的问题，因为它的改革只能够是片面的、局部的，不可能是全面的、全方位的，除了能够赋予《法国民法典》当中的某一个法律条款以新的含义之外，此种改革方式无法达成让法国债法全面现代化的目标。

在《法国民法典》诞生200年之际，法国官方和民法学者通力合作，开始对债法进行大刀阔斧的、全方面的、一揽子式的改革。2005年，Catala教授公开了自己小组的

---

① Julien Raynaud, IMPACT DES DROITS FONDAMENTAUX SUR LE CONTRAT DANS LES MANUELS DE DROIT DES OBLIGATIONS, RDLF 2019, chron. n° 01, http://www.revuedlf.com/droit－civil－patrimonial/limpact－des－droits－fondamentaux－sur－le－contrat－dans－les－manuels－de－droit－des－obligations/.

② Article 1102, Code civil, Version en vigueur au 29 septembre 2020, https://www.legifrance.goufr/codes/section_lc/LEGITEXT000006070721/LEGISCTA000006118032/#LEGISCTA000032040794.

③ Ph. Delebecque, F. J. Pansier, Droit des obligations, contrat et quasi-contrat, 7e édition, LexisNexis, 2016, n° 189s, spéc. n° 199; D. Houtcieff, Droit des contrats, Bruylant, 3e éd. 2017, n° 464, F. Terré, Ph. Simler, Y. Lequette et Fr. Chénedé, Droit civil, Les obligations, Dalloz, 12e éd. 2018, n° 501s; Julien Raynaud, L'impact des droits fondamentaux sur le contrat… dans les manuels de droit des obligations, RDLF 2019, chron. n° 01, http://www.revuedlf.com/droit－civil－patrimonial/limpact－des－droits－fondamentaux－sur－le－contrat－dans－les－manuels－de－droit－des－obligations/.

《债法改革草案》；2008 年、2010 年和 2013 年，Terré 教授分别公开了自己小组的《合同法改革草案》《民事责任法改革草案》和《债的一般制度的改革草案》。

2008 年 6 月 17 日，通过 2008 年 6 月 17 日的法律①，法国立法者对民事领域的时效制度进行了改革。该法共两章计 26 条，主要内容包括：其一，修改、废除《法国民法典》当中有关消灭时效和取得时效的条款规定，或者在《法国民法典》当中建立有关消灭时效和取得时效方面的新条款。其二，对《法国民法典》之外的其他法律所规定的时效制度进行修改，诸如对《法国商法典》《法国消费者法》《法国环境法》和《法国保险法》所规定的时效制度做出修改。基于该法的规定，《法国民法典》第三卷第二十编关于"消灭时效"（De la prescription extinctive）②和第二十一编关于"占有和取得时效"（De la possession et de la prescription acquisitive）的规定均被修改并因此被现代化了。③

2008 年，法国司法部公开了自己的《合同法改革草案》。2013 年，司法部公开了自己的《债法改革草案》。2015 年，司法部公布了自己的《关于合同法、债的制度和债的证明改革法令草案》。2016 年 2 月 10 日，法国政府颁布了第 2016 – 131 号法令即《关于合同法、债的一般制度和债的证明的改革法令》，完成了《法国民法典》当中除了民事责任法之外的整个债法的改革和现代化，包括合同法、准合同法、债的一般制度和债的证明的改革和现代化。

2016 年 4 月 29 日，司法部公开了自己的《民事责任改革草案》。2017 年 3 月 13 日，司法部公开了经过修改之后的《民事责任改革草案》。从 2017 年开始一直到今时今日，司法部没有再公开新的民事责任法改革草案。2020 年 7 月 22 日，Jacques Bigot 参议员和 André Reichardt 参议员提交了自己的报告即《民事责任：成功落实已经宣布的改革所必要的 23 条法律草案》，要求法国政府继续推动民事责任法改革和现代化的进程；2020 年 7 月 29 日，法国参议院公开了自己起草的提案即《民事责任法改革提案》，要求法国完成整个债法改革当中仍然悬而未决的民事责任法改革。

（二）法国政府对债法进行大规模改革的主要原因

在《法国民法典》200 周年之际，法国官方之所以对债法进行改革，最主要的原因有五：

第一，《法国民法典》关于债法的规定过于老化、残缺不全，无法满足当今社会发展的需要。在 2016 年之前，虽然法国立法者对《法国民法典》当中的家庭法、继承法和担保法等做出了重大的、实质性的修改，但是，他们几乎没有采取任何措施修改债法，《法国民法典》关于债法的规定在 200 年内几乎原封不动，即便其中的许多法律条

---

① LOI n° 2008 – 561 du 17 juin 2008 portant réforme de la prescription en matière civile, https://www.legifrance.goufr/jorf/id/JORFTEXT000019013696/.

② Code civil, Version en vigueur au 05 octobre 2020, https://www.legifrance.goufr/codes/section_lc/LEGITEXT000006070721/LEGISCTA000006118187/#LEGISCTA000019017130.

③ Code civil, Version en vigueur au 05 octobre 2020, https://www.legifrance.goufr/codes/section_lc/LEGITEXT000006070721/LEGISCTA000019015324/#LEGISCTA000019017155.

款已经老化或者残缺不全,即便《法国民法典》在债法方面存在大量的法律漏洞。通过改革,除了《法国民法典》当中已经老化的法律条款被清除并且被新的法律条款所取代之外,除了让《法国民法典》当中残缺不全的法律条款变得完全、完整之外,也让《法国民法典》当中所存在的法律漏洞得以填补。①

第二,《法国民法典》关于债法的规定过于复杂,除了体系存在不合理的地方之外,其规定也欠缺清晰性。一方面,在 2016 年之前,《法国民法典》采取了合同独大的理论,除了以最多的法律条款对合同的一般理论和合同的具体制度做出了规定之外,它还混淆合同总论、合同总则和债法总论、债法总则,将合同总论、合同总则等同于债法总论、债法总则,因为它将债法总论、债法总则规定在合同总论、合同总则当中。必须通过债法改革和债法现代化将债法总论、债法总则与合同总论、合同总则区分开来。另一方面,在 2016 年之前,除了极度轻视侵权责任制度和准合同之外,《法国民法典》也不明确区分这两种不同的债法渊源。必须通过债法改革和债法现代化将侵权责任和准合同区分开来。

第三,在《法国民法典》所规定的债法之外还存在作为债法渊源的司法判例。在法国,因为债法的规定自 1804 年以来一直到 2016 年之前甚至到今时今日均没有发生过变化,为了满足社会发展和变化的需要,通过对《法国民法典》关于债法的规定做出新的解释并且赋予它们以不同含义、不同目的的方式,法官尤其是法国最高法院的法官已经在制定法之外建立了一种新的债法渊源即作为司法判例的债法渊源。因为这些债法渊源没有被规定在《法国民法典》当中,因此,人们无法了解它们,通过债法改革,将法官通过司法判例确立的债法制度规定在《法国民法典》当中。

第四,《法国民法典》关于债法的规定在国际层面逐渐丧失了吸引力。在 1804 年的《法国民法典》横空出世之后,世界上许多国家的立法者以该法典作为范本制定了本国的民法典,其中也包括以《法国民法典》作为范本规定本国的债法。不过,随着社会的不断发展和变革,某些法式民法典的国家采取措施,对源自《法国民法典》的债法进行修改并因此让自己的债法现代化了,因为他们发现,《法国民法典》关于债法的规定过于古老,无法满足现今社会的需要。为了维持甚至增加《法国民法典》的国际吸引力,人们必须对法国债法进行改革。②

第五,《法国民法典》必须满足欧盟债法的要求。作为欧盟的重要成员国,法国有义务和责任让自己的债法与欧盟的债法保持一致,包括让自己的侵权责任法和合同法与欧盟的侵权责任法和合同法保持一致。欧盟债法对法国债法的影响表现在多个方面,并因此成为推动法国官方进行债法改革和债法现代化的重要力量。③ 笔者仅以两个范例对此做出简要的说明。

在 2016 年之前,《法国民法典》没有对环境侵权引起的生态损害赔偿做出规定,

---

① Virginie Larribau-Terneyre, Droit civil, Les obligations, 15e édition, Dalloz, 2017, p. 16.
② Virginie Larribau-Terneyre, Droit civil, Les obligations, 15e édition, Dalloz, 2017, p. 16.
③ Virginie Larribau-Terneyre, Droit civil, Les obligations, 15e édition, Dalloz, 2017, pp. 11 – 16; François Terré, Philippe Simler, Yves Lequette, François Chénedé, Droit civil, Les obligations, 12e édition, Dalloz, 2018, pp. 16 – 18.

而欧盟则在 2004 年颁布了有关环境侵权和生态损害赔偿方面的指令。为了将此种指令规定在《法国民法典》当中，法国官方必须修改自己的债法，增加环境侵权和生态损害赔偿方面的规定。① 在 2016 年之前，《法国民法典》没有对电子合同问题做出规定，而欧盟则在 2000 年和 2004 年颁布法律，对电子合同问题做出了规定。为了落实欧盟所颁布的这些法律，增加电子合同方面的内容，法国官方必须修改自己的债法，增加电子合同方面的内容。②

（三）法国债法改革和现代化的目标

从 2005 年开始一直到今时今日，法国政府基于什么样的目标（objectifs）对债法进行改革？它基于什么样的精神（esprit）对法国债法进行改革？在 2016 年 2 月 11 日的《就关于合同法、债的一般制度和债的证明的第 2016－131 号法令向共和国总统提交的报告》（以下简称 2016 年的《向共和国总统提交的报告》）当中，法国司法部就合同法、债的一般制度和债的证明的改革目标做出了说明。③

虽然它的说明仅仅针对合同法、债的一般制度和债的证明的改革，但是，它的说明能够适用于整个债法的改革，包括适用于目前还没有完成、正在进行之中的民事责任法的改革。因为，自 2005 年开始一直到今时今日，所有的债法改革草案，包括民法学者提交的债法改革草案、司法部提交的改革草案和参议院提交的债法改革草案，包括已经通过的债法改革草案和没有通过的债法改革草案，均是基于相同的目标和相同的精神，它们之间存在真正的连续性，构成一脉相承的关系。④

1. 债法改革的总目标

在 2016 年法国司法部的《向共和国总统提交的报告》当中，它就合同法、债的一般制度和债的证明的改革目标做出了说明，它指出，之所以要对合同法、债的一般制度和债的证明进行改革，其目的是"让合同的共同法、债的制度和债的证明现代化，简化合同共同法、债的制度和债的证明，改进合同共同法、债的制度和债的证明的可阅读性（la lisibilité），强化合同共同法、债的制度和债的证明的可获取性（accessibilité），确保法律规范所具有的法律安全性（la sécurité juridique）和适用的效力性（efficacité）"⑤。

司法部对合同法、债的一般制度和债的证明的改革目标做出的说明完全能够适用于整个债法，因为从 2005 年开始一直到今时今日，包括已经完成的和没有完成的债法改革，均遵循同样的改革目标。这就是法国债法改革的总目标（les objectifs généraux）：

---

① Virginie Larribau-Terneyre, Droit civil, Les obligations, 15e édition, Dalloz, 2017, p. 12.
② Virginie Larribau-Terneyre, Droit civil, Les obligations, 15e édition, Dalloz, 2017, p. 12.
③ Rapport au Président de la République relatif à l'ordonnance no 2016－131 du 10 février 2016 portant réforme du droit des contrats, du régime général et de la preuve des obligations, Journal officiel électronique authentifié n° 0035 du 11/02/2016, https://www.legifrance.goufr/download/pdf?id=uNpE2icpAZrhs7GxvVHBoXF6KtYbqBeEYEm09DL2olU=.
④ Virginie Larribau-Terneyre, Droit civil, Les obligations, 15e édition, Dalloz, 2017, pp. 31－36.
⑤ Rapport au Président de la République relatif à l'ordonnance no 2016－131 du 10 février 2016 portant réforme du droit des contrats, du régime général et de la preuve des obligations, Journal officiel électronique authentifié n° 0035 du 11/02/2016, https://www.legifrance.goufr/download/pdf?id=uNpE2icpAZrhs7GxvVHBoXF6KtYbqBeEYEm09DL2olU=.

简化、重组《法国民法典》关于债法的规定，填补《法国民法典》关于债法规定方面所存在的法律漏洞，以现代化的方式重新撰写《法国民法典》有关债法的规定，将法官创设的司法判例规定在《法国民法典》当中，以便让《法国民法典》关于债法的规定呈现出清晰性、完整性和贴切性，让社会公众尤其是其中的法律实务人员能够更方便地、更准确地、更快速地找寻、阅读、理解和适用《法国民法典》关于债法的规定，增强《法国民法典》关于债法规范的法律安全性和债法规范的有效适用性。[1]

2. 法国债法改革的第一个具体目标：确保债法规范所具有的法律安全性的目标

法国债法改革所追求的第一个目标是，确保债法规范所具有的法律安全性。在2016年的《向共和国总统提交的报告》当中，法国司法部对债法改革的此种目标做出了说明，它指出："本法令所追求的第一个目标是法律的安全性。"[2] 法律安全性的目标主要体现在两个方面。[3]

一方面，通过债法的改革，让《法国民法典》的债法规范具有最强的可阅读性和最强的可获取性：通过重新撰写《法国民法典》关于债法的规定，让债法的规定更加简化、更加明朗和更加准确，并因此让它们与当代的社会需要保持一致；废除《法国民法典》当中已经过时的一些规定，例如，废除了作为债、不作为债和转移所有权的债的三分法区分理论，增加社会公众尤其是法律实务人员所要求的新内容，例如，增加了合同当事人的单方允诺（la promesse unilatérale de contrat）的规定。

它成功地重构了《法国民法典》当中关于债法的某些篇章结构。最典型的体现是，它废除了《法国民法典》第三卷第三编"合同和合同债总则"，在以"债的渊源"取而代之时，它以最符合教义学的编制体例和篇章结构（un plan plus pédagogique）重构了该编的篇章结构：第一分编为合同，第二分编为侵权责任，第三分编为债的其他渊源。[4] 此外，法国司法部和参议院在它们起草的民事责任法改革草案当中准备重构第三卷第三编当中的第二分编：以"民事责任"取代现行的"侵权责任"。关于这一点，笔者将在下面的内容当中做出详细的讨论，此处从略。

另一方面，通过债法的改革，将法官尤其是法国最高法院的法官在长达2个世纪的时间内所做出的司法判例规定在《法国民法典》当中，这就是司法判例的法典化

---

[1] Rapport au Président de la République relatif à l'ordonnance no 2016 - 131 du 10 février 2016 portant réforme du droit des contrats, du régime général et de la preuve des obligations, Journal officiel électronique authentifié n° 0035 du 11/02/2016, https://www.legifrance.goufr/download/pdf?id = uNpE2icpAZrhs7GxvVHBoXF6KtYbqBeEYEm09DL2olU = ; Virginie Larribau-Terneyre, Droit civil, Les obligations, 15e édition, Dalloz, 2017, pp. 31 - 36.

[2] Rapport au Président de la République relatif à l'ordonnance no 2016 - 131 du 10 février 2016 portant réforme du droit des contrats, du régime général et de la preuve des obligations, Journal officiel électronique authentifié n° 0035 du 11/02/2016, https://www.legifrance.goufr/download/pdf?id = uNpE2icpAZrhs7GxvVHBoXF6KtYbqBeEYEm09DL2olU = ; Virginie Larribau-Terneyre, Droit civil, Les obligations, 15e édition, Dalloz, 2017, p.32.

[3] Rapport au Président de la République relatif à l'ordonnance no 2016 - 131 du 10 février 2016 portant réforme du droit des contrats, du régime général et de la preuve des obligations, Journal officiel électronique authentifié n° 0035 du 11/02/2016, https://www.legifrance.goufr/download/pdf?id = uNpE2icpAZrhs7GxvVHBoXF6KtYbqBeEYEm09DL2olU = ; Virginie Larribau-Terneyre, Droit civil, Les obligations, 15e édition, Dalloz, 2017, p.32.

[4] Code civil, Version en vigueur au 09 octobre 2020, https://www.legifrance.goufr/codes/section_lc/LEGITEXT000006070721/LEGISCTA000006118032/#LEGISCTA000032040794.

（codification de la jurisprudence）。在长达 200 年的时间内，为了适应社会发展和变革的需要，法官尤其是最高法院的法官确立了众多的司法判例。虽然司法判例也像制定法一样构成实在法的组成部分，但是，司法判例不属于制定法，除了影响社会公众的获取性之外，司法判例也影响债法的法律安全性，因为在法典化的社会，法律的安全性源自制定法尤其是其中的法典。通过修改债法，将司法判例规定在《法国民法典》当中，确保债法具有法律上的安全性。①

例如，在 2016 年之前，《法国民法典》没有对不当得利债做出规定。为了弥补制定法所存在的此种漏洞，从 1892 年开始，法国最高法院通过众多的司法判例确立了准合同当中的不当得利债。② 通过 2016 年《关于合同法、债的一般制度和债的证明的改革法令》，《法国民法典》将法官通过司法判例确立的不当得利债规定下来并因此确立了不当得利债的安全性，这就是《法国民法典》第三卷第三编第三分编当中的第三章"不当得利"③。

3. 法国债法改革的第二个具体目标：强化法国债法的国际吸引力

法国债法改革的第二个具体目标是，强化法国债法在国际上的吸引力。在 2016 年的《向共和国总统提交的报告》当中，法国司法部对债法改革的此种目标做出了说明，它指出："本法令所追求的第二个目标是强化法国法的吸引力，包括政治层面的吸引力、文化方面的吸引力和经济层面的吸引力。"④

在债法领域，债法所具有的法律安全性与债法的国际吸引力虽然是债法改革的两个主要目标，但是，这两个目标之间是相互补充、彼此联系的。债法的改革让法国的债法具有法律上的安全性，而债法在法律上的安全性则有助于法国债法的国际吸引力：在国际交流当中，人们会更加方便地援引和适用法国的债法，因为合同法是经济交流的基础。例如，为了强化法国债法的国际吸引力，法国放弃了合同法当中的合同原因（cause）理论，因为，除了英美法系国家的合同法不承认合同的原因理论之外，欧盟的合同法也不再承认这一理论。再例如，为了强化法国债法的国际吸引力，除了简化债权转让的形式之外，法国还增加了两种新的债的交易：合同转让和债务转让。通过这些改革，法国债法建立了一个准确的、协调一致的债的交易制度：债权转让、债务转让和合同转让。同样，为了强化法国债法的国际吸引力，法国承认了对当事人尤其是处于弱势

---

① Rapport au Président de la République relatif à l'ordonnance no 2016 – 131 du 10 février 2016 portant réforme du droit des contrats, du régime général et de la preuve des obligations, Journal officiel électronique authentifié n° 0035 du 11/02/2016, https://www. legifrance. goufr/download/pdf? id = uNpE2icpAZrhs7GxvVHBoXF6KtYbqBeEYEm09DL2olU = ; Virginie Larribau-Terneyre, Droit civil, Les obligations, 15e édition, Dalloz, 2017, p.32.

② 张民安：《法国民法》，清华大学出版社 2015 年版，第 442—443 页。

③ Code civil, Version en vigueur au 09 octobre 2020, https://www. legifrance. goufr/codes/section_lc/LEGITEXT000006070721/LEGISCTA000032023810/#LEGISCTA000032023810.

④ Rapport au Président de la République relatif à l'ordonnance no 2016 – 131 du 10 février 2016 portant réforme du droit des contrats, du régime général et de la preuve des obligations, Journal officiel électronique authentifié n° 0035 du 11/02/2016, https://www. legifrance. goufr/download/pdf? id = uNpE2icpAZrhs7GxvVHBoXF6KtYbqBeEYEm09DL2olU = ; Virginie Larribau-Terneyre, Droit civil, Les obligations, 15e édition, Dalloz, 2017, pp. 32 – 33.

地位的当事人的保护,以便确保当事人之间的一定平衡。①

4. 法国债法改革的第三个具体目标:强化债法适用的效力性

法国债法改革的第三个具体目标是,强化债法的效力性。所谓强化债法的效力性,是指通过债法的改革,让债法更加具有经济上的效力。

法国债法改革的一个主要目标是,在当事人之间发生债权债务关系纠纷时,法国债法赋予合同当事人以新的特权(nouvelles prérogatives),以便让合同当事人凭借所享有的新特权阻止争议的发生,或者在没有必要求助于法官的情况下解决他们之间的争议。例如,法国增加了一种合同解决方式:通过通知方式单方面解除合同。再例如,法国增加了另外一种新的合同解决方式:在债务人实施不完全给付(prestation imparfaite)的情况下,债权人在接受债务人的不完全给付时享有单方面减价的权利。②

5. 法国债法改革的精神

作为个人主义时代的杰作,1804年的《法国民法典》在债法领域贯彻了自由原则,除了承认合同当事人能够按照自己的个人意志签订合同并且他们所签订的合同能够按照自己的意志发生法律效力之外,③它也认为,行为人仅仅就自己的过错行为引起的损害对他人承担侵权责任,而行为人的过错行为以他们在行为时具有认识能力、识别能力和判断能力作为条件,如果行为人在行为时没有自己的意志,则他们不承担侵权责任。④

在今时今日,法国债法改革仍然坚守了1804年的《法国民法典》所规定的自由原则,因为法国合同法仍然固守合同自由原则。不过,在坚守合同自由原则的基础上,通过债法改革,法国合同法也规定了两个新的原则:合同正义原则(principe de justice contractuelle)和诚实信用原则(principe de bonne foi)。根据前一个原则,合同当事人之间应当维持一种平衡的关系,合同法应当对合同当事人当中处于弱势地位的一方提供保护。而根据诚实信用原则,无论是在进行合同谈判期间、合同成立期间还是合同履行期间,任何一方当事人均应当履行诚实义务。⑤

在今时今日,法国民事责任法仍然固守1804年的《法国民法典》所规定的过错侵权责任,因为它仍然认为,行为人仅在有过错的情况下才被责令对他人承担侵权责任。不过,即便法国民事责任法的改革还处于进行当中,法国侵权责任法也对此种原则做出

---

① Rapport au Président de la République relatif à l'ordonnance no 2016-131 du 10 février 2016 portant réforme du droit des contrats, du régime général et de la preuve des obligations, Journal officiel électronique authentifié n° 0035 du 11/02/2016, https://www.legifrance.goufr/download/pdf?id=uNpE2icpAZrhs7GxvVHBoXF6KtYbqBeEYEm09DL2olU=; Virginie Larribau-Terneyre, Droit civil, Les obligations, 15e édition, Dalloz, 2017, pp. 32-33.

② Rapport au Président de la République relatif à l'ordonnance no 2016-131 du 10 février 2016 portant réforme du droit des contrats, du régime général et de la preuve des obligations, Journal officiel électronique authentifié n° 0035 du 11/02/2016, https://www.legifrance.goufr/download/pdf?id=uNpE2icpAZrhs7GxvVHBoXF6KtYbqBeEYEm09DL2olU=; Virginie Larribau-Terneyre, Droit civil, Les obligations, 15e édition, Dalloz, 2017, p. 33;张民安:《法国合同法总论》,中山大学出版社2021年版,第309—313页。

③ 张民安:《法国民法》,清华大学出版社2015年版,第28—29页;张民安:《法国民法总论(上)》,清华大学出版社2017年版,第574—577页;Virginie Larribau-Terneyre, Droit civil, Les obligations, 15e édition, Dalloz, 2017, p. 7.

④ Virginie Larribau-Terneyre, Droit civil, Les obligations, 15e édition, Dalloz, 2017, p. 7.

⑤ Virginie Larribau-Terneyre, Droit civil, Les obligations, 15e édition, Dalloz, 2017, pp. 34-35.

了修改。一方面，除了明确规定了过错侵权责任之外，法国侵权责任法也承认无过错侵权责任，并且无过错侵权责任也像过错侵权责任一样构成一般原则。另一方面，过错已经不再建立在行为人的意志的基础上，即便行为人没有识别能力、判断能力、认识能力，他们仍然应当被责令对他人承担侵权责任。

二、法国民法学者所起草的不同版本的债法改革草案

2005 年，巴黎第二大学的 Pierre Catala 教授组织和领导的债法改革小组公开了自己起草的《债法改革草案》，正式拉开了法国债法改革的序幕，他的小组起草的《债法改革草案》被称为 Catala 草案。① 2003 年，在法国 Capitant 协会（l'Association Capitant）支持下，Catala 教授成立了债法和时效改革小组，负责起草债法方面的草案。

Catala 教授领导的小组由 37 名有关法国债法方面的专家所组成，其中既有法国著名的大学债法教授，也有法国最高法院的杰出法官。其目标是对《法国民法典》当中有关债法的规定进行修改、补充和完善，而不是为了废除《法国民法典》关于债法的规定。Catala 对成立债法改革小组的目的做出了明确说明，他指出："起草债法草案的目的不是为了要废除《法国民法典》关于债法的规定，而是要对《法国民法典》关于债法的规定进行调整。目的在于仔细审查《法国民法典》第三卷第三编和第四编，以便确定其中所没有规定的债法内容有哪些，确定已经生效的条款当中的哪些条款应当予以保留，哪些条款应当予以重写，哪些条款应当予以完全放弃。"②

在法国，Catala 的《债法改革草案》涉及整个债法的一揽子式改革。为了对这些方面的内容做出仔细的检讨，债法改革小组分为两个分组：其一，Catala 和巴黎第二大学的民法教授 Gérard Cornu 领导的分组，其任务是对债的一般理论和合同进行检讨，并且负责起草有关债的一般理论和合同方面的草案。其二，巴黎第一大学的民法教授 Geneviève Viney 和兰斯大学的民法教授 Georges Durry 领导的分组，其任务是对包括合同责任和侵权责任在内的民事责任进行检讨，并且负责起草有关民事责任方面的草案。经过 2 年左右的努力，Pierre Catala 领导的债法改革小组完成了有关债法方面的起草工作，该小组最终在 2005 年 9 月 22 日将其起草的债法草案提交给了法国司法部部长（garde des Sceaux）。③

Catala 的《债法改革草案》涉及《法国民法典》第三卷"债"和二十卷"时效和占有"。除了序章（chapitre préliminaire）对债的三类渊源即法律行为、法律事实和制定法的单纯权威性做出了规定之外，Catala 的《债法改革草案》当中的第三卷分为三分编：第一分编为"合同和合同债总则"，所规定的内容包括三个方面：其一，合同总

---

① Rapport sur l'avant-projet de réforme du Droit des obligations（Articles 1101 à 1386 du Code civil）et du droit de la prescription（Articles 2234 à 2281 du Code civil），Rapp. ort à Monsieur Pascal Clément，Garde des Sceaux，Ministre de la Justice，22 Septembre 2005，pp. 1 – 184.

② Virginie Larribau-Terneyre，Droit civil，Les obligations，12e édition，Dalloz，2010，p. 35.

③ Rapport sur l'avant-projet de réforme du Droit des obligations（Articles 1101 à 1386 du Code civil）et du droit de la prescription（Articles 2234 à 2281 du Code civil），Rapp. ort à Monsieur Pascal Clément，Garde des Sceaux，Ministre de la Justice，22 Septembre 2005，pp. 1 – 184.

则，诸如合同的界定、合同的类型、合同的成立、合同的有效条件、合同的效果等；其二，债的一般制度，包括债的各种限定方式、债的各种消灭原因以及债的交易方式等内容；其三，债的证明，包括一般规定、法律行为的证明方式以及债的推定等内容。① 第二分编为"准合同"，除了对准合同做出了界定之外，该分编对三类准合同做出了规定：无因管理，不应清偿和不当得利。② 第三分编为"民事责任"，对包括合同责任和侵权责任在内的民事责任做出了规定，包括民事责任的条件、民事责任的效果和主要的特殊民事责任制度。③

除了对合同总则、债的一般制度、债的证明、准合同和民事责任进行改革之外，Catala 的《债法改革草案》也对时效制度做出改革，这就是《债法改革草案》当中的第二十编"时效和占有"，它对时效和占有的一般规定、时效的中断和中止、取得时效和消灭时效以及时效期间等内容做出了规定。④

2008 年，在法兰西人文科学院（l'Académie des sciences morales et politiques）的支持下，巴黎第二大学民法教授、法兰西人文科学院院士、院长 François Terré 组织和领导的债法改革小组公开了自己起草了的《合同法改革草案》，该草案被称为 Terré 草案，也被称为法兰西人文科学院草案。同 Catala 的《债法改革草案》不同，Terré 的《合同法改革草案》仅仅涉及合同法的改革，没有涉及准合同、债的一般制度、民事责任或者时效的改革。Terré 的《合同法改革草案》完全放弃了《法国民法典》关于合同债的规定，它基于法律的经济分析理论所主张的效率理论来起草有关合同法方面的内容。2008 年，Terré 的《合同法改革草案》也提交给了法国司法部部长。⑤

Terré 的《合同法改革草案》涉及的主要内容：合同法的一般原则；合同的缔结程序，合同当事人的同意（le consentement），合同当事人缔约能力的欠缺（Les incapacités），合同的内容，合同的形式，合同在当事人之间产生的效力，合同对第三人产生的效力，合同的履行和不履行，违约损害赔偿，减价，合同的解除，合同的解释，以及合同的证明等。⑥

2010 年，Terré 教授组织和领导的债法改革小组公开了自己起草的《民事责任法改革草案》，该草案仅一章 69 条，所规定的内容包括：非法行为的停止（la cessation de

---

① Rapport sur l'avant-projet de réforme du Droit des obligations（Articles 1101 à 1386 du Code civil）et du droit de la prescription（Articles 2234 à 2281 du Code civil），Rapp. ort à Monsieur Pascal Clément，Garde des Sceaux，Ministre de la Justice，22 Septembre 2005，pp. 67 – 136.

② Rapport sur l'avant-projet de réforme du Droit des obligations（Articles 1101 à 1386 du Code civil）et du droit de la prescription（Articles 2234 à 2281 du Code civil），Rapp. ort à Monsieur Pascal Clément，Garde des Sceaux，Ministre de la Justice，22 Septembre 2005，pp. 137 – 140.

③ Rapport sur l'avant-projet de réforme du Droit des obligations（Articles 1101 à 1386 du Code civil）et du droit de la prescription（Articles 2234 à 2281 du Code civil），Rapp. ort à Monsieur Pascal Clément，Garde des Sceaux，Ministre de la Justice，22 Septembre 2005，pp. 141 – 170.

④ Rapport sur l'avant-projet de réforme du Droit des obligations（Articles 1101 à 1386 du Code civil）et du droit de la prescription（Articles 2234 à 2281 du Code civil），Rapp. ort à Monsieur Pascal Clément，Garde des Sceaux，Ministre de la Justice，22 Septembre 2005，pp. 171 – 184.

⑤ Virginie Larribau-Terneyre，Droit civil，Les obligations，12e édition，Dalloz，2010，p. 35.

⑥ Pour une réforme du droit des contrats，F. Terré（dir.），Dalloz，2009，pp. 1 – 310.

l'illicite）过错的界定，没有识别能力的人所承担的责任，法人所承担的过错责任，损害，因果关系，行为人就别人的行为引起的损害对他人承担的责任，雇主和雇员的责任，主要的特殊侵权责任，民事责任排除或者免除的原因，损害赔偿和道德损害。在同一年，Terré 的《民事责任法改革草案》也被提交给了法国司法部部长。①

Terré 的《民事责任法改革草案》所具有的创新观念是：为了消除民事责任债所存在的不断增加的不确定性，它在民事责任法的改革草案当中采取了三种新的区分理论：民事责任的共同规范（règles communes）和特殊规范（règles communes）的区分，事实上的损害（dommages）和法律上的损害（préjudices）的区分，以及人身损害（préjudices corporels）和物质损害（dommages matériels）或者经济损害（dommages économiques）的区分。②

2013 年，Terré 教授组织和领导的债法改革小组公开了自己起草的《债的一般制度的改革草案》。虽然该草案的标题为"债的一般制度"，但是，除了严格意义上的"债的一般制度"之外，该草案还包括两个方面的内容：其一，合同和民事责任之外的其他的债的渊源，也就是无因管理、不应清偿和不当得利产生的债；其二，债的证明。所谓严格意义上的债的一般制度，是指债的限定方式，诸如附条件的债和附期限的债，债权、债务和合同的转让，以及债的消灭等。Terré 的《债的一般制度的改革草案》所具有的一个特点是，它放弃了《法国民法典》使用的"准合同"一词，因为它认为，"准合同"一词含义太过含糊不清。在同一年，Terré 的《债的一般制度的改革草案》也提交给了法国司法部部长。③

三、法国已经完成的债法改革内容：法国政府 2016 年 2 月 10 日债法改革法令的颁布和施行

在法国，除了民法学者试图通过自己起草的债法改革草案推动债法的改革和现代化之外，法国官方也通过多种途径推动法国债法的改革和现代化进程。

（一）法国司法部在 2013 年之前所采取的债法改革思路

在法国，除了民法学者积极从事债法的改革活动之外，法国的官方机构司法部（ministère de la Justice）所属民事和国玺局（Direction des Affaires civiles et du Sceau）也积极参与债法改革和现代化的活动。因为，为了推动债法的改革，法国司法部在自己的民事和国玺局设立了一个专门的办公室即"债法办公室"（Bureau du droit de la obligations），具体负责债法的改革和现代化工作。2013 年之前，法国司法部对债法改革采取的方案是，同时对整个债法进行一揽子式的改革，包括同时对合同法、准合同法、债的一般制度、债的证明和民事责任法进行改革，为此，在 2008 年至 2012 年之间，它先后公开了三部债法改革草案。

---

① Pour une réforme du droit de la responsabilité civile, F. Terré (dir.), Dalloz, 2011, pp. 1-224.
② Pour une réforme du droit de la responsabilité civile, F. Terré (dir.), Dalloz, 2011, pp. 1-224.
③ Pour une réforme du régime général des obligations, F. Terré (dir.), Dalloz, 2013, pp. 1-152.

2008 年 7 月，法国司法部公开了自己起草的《合同法改革草案》，它的草案被称为"司法部长草案"（projet de la Chancellerie）。① 2009 年，法国司法部起草了一个新版本的《合同法改革草案》，不过，它没有对社会公众公开这一版本的合同法草案。② 除了序章之外，法国司法部 2008 年的《合同法改革草案》共 11 章 194 条，除了对债的渊源做出了规定之外，它仅仅规定了合同总则的内容。

具体而言，法国司法部 2008 年的《合同法改革草案》主要包括如下内容：其一，合同的一般原则，诸如合同自由、公共秩序原则等。其二，合同的成立，包括的主要内容有：要约与承诺、谈判、同意、当事人的缔约能力、合同的内容、合同的形式、电子合同、合同无效和合同撤销等。其三，合同的法律效力，包括合同对当事人的法律效力和合同对第三人的法律效力。其中合同对当事人的法律效力包括的内容有：合同的不履行、合同不履行的例外、代物履行、价格的减少、合同的解除以及损害赔偿。而合同对第三人的法律效力则主要包括：为第三人利益的合同、债权人的代位权和债权人的撤销权等。其四，合同的解释。其五，合同的证明等。

2011 年，法国司法部起草了有关债的制度和准合同方面的改革草案即《债的制度和准合同改革草案》。该草案包含两个方面的内容：第一部分，债的一般制度方面的内容，所规定的主要内容包括：其一，债的限定，对诸如附条件的债、附期限的债、多客体债和多主体债做出了规定；其二，债的消灭，对诸如清偿、债的免除、抵销和混同等内容做出了规定；其三，债的转让，对诸如债权转让、代位权和债的更新等内容做出了规定；其四，债的证明，对诸如不同的证明方式和证明方式的可采信等内容做出了规定。第二部分，准合同，除了对准合同做出了界定之外，该部分还对三种准合同做出了规定：无因管理，不应清偿，以及不当得利。③

2012 年，法国司法部起草了有关民事责任法方面的改革草案即《民事责任改革草案》，遗憾的是，该草案没有对社会公众公开。④

（二）法国司法部在 2013 年之后所采取的债法改革思路

2013 年，在债法的改革问题上，法国司法部决定放弃 Catala 草案所采取的一揽子改革方案，不再将合同法、债的一般制度、准合同法和民事责任法的改革捆绑在一起，而是采取两步走的方法，这就是，将民事责任法的改革与合同法、准合同法、债的一般制度的改革分开，先完成合同法、准合同法、债的一般制度的改革和债的证据的改革，之后再完成民事责任法的改革。

为此，2013 年 10 月 27 日，法国司法部向法国参议院（Sénat）提交了自己起草的《债法改革草案》（avant-projet de réforme du droit des obligations），该草案完全排除了民

---

① Projet de réforme du droit des contrats, Juillet 2008, Ministre de la justice, pp. 1–41; Virginie Larribau-Terneyre, Droit civil, Les obligations, 12e édition, Dalloz, 2010, p.7.
② Virginie Larribau-Terneyre, Droit civil, Les obligations, 15e édition, Dalloz, 2017, p.22.
③ Réforme du régime des obligations et des quasi-contrats, http://www.textes.justice.goufr/textes–soumis–a–concertation–10179/reforme–du–regime–des–obligations–et–des–quasi–contrats–22199.html.
④ Virginie Larribau-Terneyre, Droit civil, Les obligations, 15e édition, Dalloz, 2017, p.22.

事责任法的改革内容,而仅仅涉及合同法、准合同法、债的一般制度和债的证明四个方面的改革内容。① 虽然法国参议院和部分学者反对法国政府的此种做法,但是,法国国民议会(Assemblee nationale)则明确支持法国政府的此种做法。

2015 年,法国国会颁布了有关法律和程序的现代化(la modernisation)和简化(simplification)方面的法律,这就是 2015 年 2 月 16 日的第 2015 - 177 号法律(LOI no 2015 - 177),除了对其他的问题做出了规定之外,该法第 8 条也明确授权法国政府通过法令(L'ordonnance)的方式对法国债法进行两步走的改革:先完成民事责任法之外的其他所有债法的改革,之后再完成民事责任法的改革。② 2015 年 2 月 16 日的第 2015 - 177 号法律第 8 条规定:根据《宪法》第 38 条所规定的条件,国会授权政府在制定法的领域通过法令的方式采取必要措施,修改《法国民法典》第三卷的结构和内容。③

在对 2013 年的《债法改革草案》进行了长达一年的大范围修改之后,2015 年 2 月 25 日,法国司法部公布了自己起草的《关于合同法、债的制度和债的证明改革法令草案》④,根据该《法令草案》第 2 条的规定,《法国民法典》第三卷第三编的标题"合同或者合同债总则"被废除并且被新的标题"债的渊源"所取代;新的第三编"债的渊源"分为三分编,分别规定债产生的三类渊源:第一分编为"合同",共四章,分别对合同法的原则和合同的类型、合同的处理、合同的解释和合同对当事人和第三人产生的效力做出了规定;第二分编为"侵权责任",分别取代《法国民法典》第 1382 条至第 1386 - 18 条;第三分编为"债的其他渊源",除了明确界定了准合同之外,它还分别规定了三种准合同:无因管理,不应清偿和不当得利。⑤

根据该《法令草案》第 3 条的规定,《法国民法典》第三卷第四编(上)的标题"非合同产生的债"被废除并且新的标题"债的一般制度"所取代,新的第四编"债的一般制度"共五章,分别对债的各种限定方式、债的各种消灭原因、债权人享有的诉权、债的关系的变更以及原物或者替代价值的返还等内容做出了规定。⑥ 根据该《法令草案》第 4 条的规定,《法国民法典》第三卷第四编(下)(Le titre IV bis)的标题"缺陷产品的行为引起的责任"被废除并且被新的标题"债的证明"所取代。新的第四编(下)共 3 章,分别对债的证明的一般规定、证明方式的允许(admissibilité)和不

---

① Virginie Larribau-Terneyre, Droit civil, Les obligations, 15e édition, Dalloz, 2017, p. 23; Marjorie Brusorio Aillaud, Droit des obligations, 8e édition, bruylant, 2017, p. 12.

② Loi n° 2015 - 177 du 16 février 2015 relative à la modernisation et à la simplification du droit et des procédures dans les domaines de la justice et des affaires intérieures.

③ Article 8, Loi n° 2015 - 177 du 16 février 2015 relative à la modernisation et à la simplification du droit et des procédures dans les domaines de la justice et des affaires intérieures.

④ PROJET D'ORDONNANCE n° du portant réforme du droit des contrats, du régime général et de la preuve des obligations, pp. 1 - 49, http://www.justice.goufr/publication/j21_ projet_ ord_ reforme_ contrats_ 2015. pdf.

⑤ Article 2, PROJET D'ORDONNANCE n° du portant réforme du droit des contrats, du régime général et de la preuve des obligations, pp. 2 - 25, http://www.justice.goufr/publication/j21_ projet_ ord_ reforme_ contrats_ 2015. pdf.

⑥ Article 3, PROJET D'ORDONNANCE n° du portant réforme du droit des contrats, du régime général et de la preuve des obligations, pp. 26 - 41, http://www.justice.goufr/publication/j21_ projet_ ord_ reforme_ contrats_ 2015. pdf.

同的证明方式做出了规定。①

（三）2016 年《关于合同法、债的一般制度和债的证明的改革法令》

在 2015 年 2 月 25 日公开《关于合同法、债的一般制度和债的证明改革法令草案》（以下简称《改革法令草案》）时，法国司法部展开了为期 2 个月的公众咨询期，在公众咨询期内，任何对债法享有利害关系的人均被邀请将自己对《改革法令草案》的修改意见反馈给司法部长。社会公众对司法部的《改革法令草案》反响热烈，超过 300 家的大学法学院、法院和律师事务所纷纷将自己的修改意见反馈给法国司法部。②

在收到这些法律人士的修改意见之后，法国司法部用了大约 10 个月的时间对其《改革法令草案》做出了全面修改。2016 年 2 月 10 日，法国政府颁布了 2016 年 2 月 10 日的第 2016 – 131 号法令，这就是《关于合同法、债的一般制度和债的证明的改革法令》，正式通过了除了民事责任法之外的整个债法的改革，包括合同法的改革、准合同法的改革、债的一般制度的改革和债的证明的改革。2016 年 2 月 10 日的第 2016 – 131 号法令共 10 条，其中的第 1 条规定：《法国民法典》第三卷第三编的标题为"债的渊源"，包含的法律条款是第 1100 条至第 1303 – 4 条，《法国民法典》第三卷第四编（上）的标题为"债的一般制度"，包含的法律条款是 1304 条至第 1352 – 9 条，《法国民法典》第三卷第四编（下）的标题为"债的证明"，包含的法律条款是第 1353 条至第 1386 – 1 条。③

《关于合同法、债的一般制度和债的证明的改革法令》第 2 条对《法国民法典》第三卷第三编即"债的渊源"做出了规定，根据该条的规定，第三卷第三编"债的渊源"共三分编，分别规定了债的三类渊源：合同，侵权责任和债的其他渊源。《关于合同法、债的一般制度和债的证明的改革法令》第 3 条对《法国民法典》第三卷第四编（上）即"债的一般制度"做出了规定，根据该条的规定，第三卷第四编（上）共五章，分别对债的限定、债的交易、债权人享有的诉权、债的消灭以及原物返还做出了规定。《关于合同法、债的一般制度和债的证明的改革法令》第 4 条对《法国民法典》第三卷第四编（下）即"债的证明"做出了规定，根据该条的规定，第三卷第四编（下）共三章，分别对债的证明的一般规定、证明方式的允许和不同的证明方式做出了规定。④

《关于合同法、债的一般制度和债的证明的改革法令》第 9 条规定：本法令的规定自 2016 年 10 月 1 日起生效；在 2016 年 10 月 1 日之前缔结的合同仍然适用旧的制定法；在本制定法生效之前，一审案件的裁判根据旧的制定法做出，上诉审和终审案件的

---

① Article 3, PROJET D'ORDONNANCE n° du portant réforme du droit des contrats, du régime général et de la preuve des obligations, pp. 42 – 48, http://www.justice.goufr/publication/j21_projet_ord_reforme_contrats_2015.pdf.

② http://www.justice.goufr/le-garde-des-sceaux-10016/reforme-du-droit-des-contrats-28738.html.

③ Ordonnance n° 2016 – 131 du 10 février 2016 portant réforme du droit des contrats, du régime général et de la preuve des obligations, https://www.legifrance.goufr/jorf/id/JORFTEXT000032004939?r=XRKpFORxxD.

④ Ordonnance n° 2016 – 131 du 10 février 2016 portant réforme du droit des contrats, du régime général et de la preuve des obligations, https://www.legifrance.goufr/jorf/id/JORFTEXT000032004939?r=XRKpFORxxD.

判决也适用旧的制定法。①

四、法国正在进行当中的债法改革：陷入停滞状态的民事责任法改革

2016年，通过《关于合同法、债的一般制度和债的证明的改革法令》，法国政府完成了《法国民法典》当中有关合同总则、准合同、债的一般制度和债的证明四个方面的改革和现代化，已如前述。在进行这些债法内容的改革和现代化过程当中，法国政府也没有忘记对民事责任法进行改革，因为从2012年开始一直到今时今日，法国司法部先后公开了不同版本的《民事责任改革草案》。

2012年，法国司法部公开了自己起草的《民事责任改革草案》，实际上就是第一版的《民事责任改革草案》，遗憾的是，该草案没有公开，已如前述。在2012年至2016年2月之前，鉴于法国司法部的重点是对民事责任法之外的整个债法进行改革和现代化，因此，法国司法部没有时间顾及民事责任法的改革。随着《关于合同法、债的一般制度和债的证明的改革法令》在2016年2月10日的颁布，民事责任法之外的整个债法改革和现代化的任务已经完成，司法部开始将注意力集中到民事责任法的改革和现代化方面。为此，从2016年初开始一直到今时今日，法国司法部先后公开了几个不同版本的《民事责任改革草案》。除了司法部的《民事责任改革草案》之外，法国参议院也在2020年公开了自己版本的民事责任法改革草案。遗憾的是，迄今为止，它们均没有获得正式通过。

（一）法国司法部于2016年4月29日公开的《民事责任改革草案》

2016年4月29日，法国司法部公开了《民事责任改革草案》并展开为期3个月的社会公众咨询期，公开征求社会公众尤其是民法学家、法官和律师对其起草的《民事责任改革草案》的意见。② 在其新闻简报当中，法国司法部对改革和现代化民事责任法的目的做出了说明，它指出，得益于法国的司法判例和民法学说，《法国民法典》关于民事责任法的规定经受住了时间的考验，适应了社会发展和变迁的需要。③

然而，在民事责任领域，大量的法律规定并不是由《法国民法典》规定的，在处理当事人之间的民事责任纠纷时，法官基本上无法适用《法国民法典》的规定，因为自1804年以来，《法国民法典》关于民事责任的规定几乎一字未改，其中的许多内容欠缺规定。因此，需要通过修改《法国民法典》关于民事责任法的规定，将《法国民法典》没有规定的民事责任引入《法国民法典》当中。另一方面，《法国民法典》关于

---

① Ordonnance n° 2016 – 131 du 10 février 2016 portant réforme du droit des contrats, du régime général et de la preuve des obligations, https://www.legifrance.goufr/jorf/id/JORFTEXT000032004939?r = XRKpFORxxD.

② Avant-projet de loi reforme de la responsabilite civile, Lancement de la consultation sur l'avant-projet de loi par le garde des Sceaux, le vendredi 29 avril 2016, pp. 1 – 17, http://www.textes.justice.goufr/art_pix/avpjl – responsabilite – civile.pdf.

③ Avant-projet de loi de réforme de la responsabilité civile, https://encyclopedie.avocats.fr/GED_BWZ/100758092893/CNB – RP2016 – 07 – 01_TXT_Reforme – responsabilite – civile – avant – projet – loi_Lafont[P][K].pdf.

民事责任法的规定存在无法让人理解和阅读的地方，通过改革和现代化，澄清了有关民事责任方面的法律规范的含义，在民事责任法当中规定更加具有可阅读性和可获取性的法律规范，这一点同整个债法改革和现代化的目的相同。①

根据2016年版《民事责任改革草案》的规定，《法国民法典》第三卷第三编"债的渊源"第二分编的标题"侵权责任"将被废除并且被新的标题"民事责任"所取代。新的第二分编"民事责任"共4章72条，所包含的法律条款编号是第1232条至第1299-4条：第一章，初步规定，第二章，民事责任的条件，第三章，免除或者排除民事责任的原因，第四章，民事责任的效果，第五章，主要的特殊民事责任制度。②

（二）法国司法部于2017年3月13日公开的《民事责任改革草案》

经过3个月的公众咨询期，法国司法部收到了100多个利害关系人、厚达1000多页高质量的修改意见。根据社会公众提出的修改意见和建议，法国司法部用了9个月的时间对2016年的《民事责任改革草案》进行了修改，并因此形成了新版本的《民事责任改革草案》。2017年3月13日，法国司法部将经过修改后的《民事责任改革草案》对社会公众公开，征求社会公众的修改意见，这就是2017年版的《民事责任改革草案》。③

在新闻简报当中，司法部对民事责任法改革的必要性做出了最简要的说明，它认为，自1804年以来一直到今时今日，法国的民事责任法已经超过了200年，《法国民法典》所规定的民事责任规范基本上还是《拿破仑民法典》当中的规定。虽然法国的司法判例能够证明，《法国民法典》关于民事责任法的规定具有显著的适应能力，但是，现在是时候通过债法的现代化方法让滞后的《法国民法典》现代化了，尤其是在债法的改革已经从2016年10月1日开始生效之后，更是如此。④

2017年版的《民事责任改革草案》取代《法国民法典》第三卷第三编第二分编，其标题为"民事责任"，共6章83条，所包含的法律条款编号为第1232条至第1299-3条：第一章为初步规定对合同责任和侵权责任之间的关系做出了规定，根据这些规定，在合同债务人不履行对合同债权人所承担的合同义务的情况下，无论是债权人还是债务人均能够做出自己的选择：或者选择适用合同责任的法律规范，或者选择适用侵权责任的法律规范。如果债务人不履行合同义务的行为引起了债权人人身损害的发生，债

---

① Avant-projet de loi de réforme de la responsabilité civile, https://encyclopedie.avocats.fr/GED_BWZ/100758092893/CNB-RP2016-07-01_TXT_Reforme-responsabilite-civile-avant-projet-loi_Lafont[P][K].pdf.

② Avant-projet de loi reforme de la responsabilite civile, Lancement de la consultation sur l'avant-projet de loi par le garde des Sceaux, le vendredi 29 avril 2016, pp. 1-17, http://www.textes.justice.goufr/art_pix/avpjl-responsabilite-civile.pdf.

③ Projet de réforme du droit de la responsabilité civile, 13 mars 2017, http://www.textes.justice.goufr/textes-soumis-a-concertation-10179/projet-de-reforme-du-droit-de-la-responsabilite-civile-29782.html.

④ Projet de réforme du droit de la responsabilité civile, 13 mars 2017, http://www.textes.justice.goufr/textes-soumis-a-concertation-10179/projet-de-reforme-du-droit-de-la-responsabilite-civile-29782.html.

权人只能够基于侵权责任规范要求债务人承担责任。①

第二章为责任的条件,根据该章的规定,无论是合同责任还是侵权责任均应当具备两个共同的必要条件:可予赔偿的损害(le préjudice réparable)和因果关系(le lien de causalité)。除了这两个共同构成要素之外,侵权责任的承担还应当具备自身的一个要素,这就是引起民事责任的某种致害行为(le fait générateur),包括四种致害行为:过错(la faute),物的行为(le fait des choses),相邻者的异常滋扰(Les troubles anormaux de voisinage),以及别人的行为。除了这两个共同构成要素之外,合同责任还应当具备自身的一个构成要素:不履行合同的一切行为(Toute inexécution du contrat)。②

第三章为免除或者排除责任的原因,根据该章的规定,不可抗力(force majeure)能够免除行为人或者合同债务人所承担的侵权责任和合同责任;受害人不履行义务的行为或者过错能够部分免除行为人或者合同债务人所承担的合同责任或者侵权责任,不过,没有识别能力的行为人仍然应当承担侵权责任;如果受害人同意,则行为人的民事责任被排除;如果具备《法国刑法典》第122-4条至第122-7条所规定的情形之一,则行为人的责任被排除。③

第四章为责任的效果,根据该章的规定,损害赔偿的目标是让受害人尽可能回复到致害行为没有发生之前的状态,受害人既不会因为损害赔偿而遭受损失也不会因此获得利益,这就是损害的完全赔偿(la réparation intégrale)原则。损害赔偿或者是金钱赔偿(réparation de dommages et intérêts)或者是代物赔偿(réparation en nature),为了确保完全损害赔偿原则得以贯彻,金钱赔偿和代物赔偿可以合并实行,不过,代物赔偿不能够适用于受害人。此外,在侵权责任领域,当行为人即将或者正在实施可能引起他人损害发生的某种致害行为时,基于他人的请求,法官能够采取一切合理措施,阻止行为人实施或者继续实施其即将或者正在实施的致害行为,这就是停止侵害行为(La cessation de l'illicite)的措施。④

第五章为有关责任的条款,根据该章的规定,原则上,排除或者限制民事责任的条款是有效的,无论是在合同领域还是侵权责任领域,均是如此。不过,在人身损害领域,行为人承担的侵权责任不能够通过合同予以限制或者排除。在合同领域,限制或者排除责任的条款在债务人有重大过错或者故意的情况下不会产生法律效力;在合同条款剥夺了债务人所承担的基本债务时,合同条款被视为没有规定;在侵权责任领域,人们不能够排除或者限制行为人承担的过错责任。⑤

---

① Projet de réforme du droit de la responsabilité civile, 13 mars 2017, http://www.textes.justice.goufr/textes-soumis-a-concertation-10179/projet-de-reforme-du-droit-de-la-responsabilite-civile-29782.html.

② Projet de réforme du droit de la responsabilité civile, 13 mars 2017, http://www.textes.justice.goufr/textes-soumis-a-concertation-10179/projet-de-reforme-du-droit-de-la-responsabilite-civile-29782.html.

③ Projet de réforme du droit de la responsabilité civile, 13 mars 2017, http://www.textes.justice.goufr/textes-soumis-a-concertation-10179/projet-de-reforme-du-droit-de-la-responsabilite-civile-29782.html.

④ Projet de réforme du droit de la responsabilité civile, 13 mars 2017, http://www.textes.justice.goufr/textes-soumis-a-concertation-10179/projet-de-reforme-du-droit-de-la-responsabilite-civile-29782.html.

⑤ Projet de réforme du droit de la responsabilité civile, 13 mars 2017, http://www.textes.justice.goufr/textes-soumis-a-concertation-10179/projet-de-reforme-du-droit-de-la-responsabilite-civile-29782.html.

第六章为主要的特殊责任制度，根据该章的规定，一旦机动车、挂车或者半挂车引起了交通事故的发生，机动车、挂车、半挂车的司机或者管理者应当对交通事故引起的损害承担完全责任，即便受害人是运输合同的当事人，亦是如此，此种规定在性质上属于公共秩序性的；一旦生产商生产的缺陷产品引起他人损害的发生，生产商应当就其产品的缺陷引起的损害对他人承担完全责任，即便受害人与生产商之间存在合同关系，亦是如此，此种规定属于公共秩序性的。[1]

在公布了2017年版本的《民事责任改革草案》之后，法国司法部没有再采取任何措施，进一步推进法国民事责任法的改革和现代化工作，在长达3年多的时间内，它既没有公布新版本的《民事责任改革草案》，更没有像2015年那样向法国参议院或者国民议会提交政府版本的《关于民事责任改革法令草案》。法国司法部之所以在民事责任法的改革面前止步不前，是因为在它的《法令草案》公开之后，民法学家、法官、律师和其他利害关系人对民事责任法的改革所涉及的内容存在极大的争议。

例如，在合同责任领域是否应当规定惩罚性条款的问题上，他们之间存在不同意见，某些人认为应当做出规定，而另外一些人则认为不应当做出规定。再例如，在民事责任法当中是否应当规定道路交通事故方面的侵权责任问题上，他们之间也存在不同的意见：某些人认为，鉴于1985年的Badinter法（loi Badinter）即《法国道路交通法》[2]已经对机动车事故引起的侵权责任做出了规定，民事责任法当中不应当再规定机动车事故引起的侵权责任，而另外一些人则认为，民事责任法当中仍然应当规定此种特殊的侵权责任。[3]

（三）法国参议院2020年7月29日的《民事责任法改革提案》

在法国，除了民法学者和法国司法部积极从事债法的改革和现代化的工作之外，参议院同样积极推动债法的改革和现代化工作，这一点尤其体现在民事责任法的改革方面。2009年7月15日，参议院的两个参议员Alain Anziani和Laurent Béteille以法律委员会的名义发表了自己的报告即《民事责任：变革的需要》。[4] 在发表报告的同时，他们也以参议院法律委员会的名义对法国民事责任法的改革和修改提出了28条立法建议，以便在维持现有民事责任法架构的情况下实现民事责任法内部的和谐一致性、民事责任

---

[1] Projet de reforme de la responsabilite civile, Mars 2017, présenté le 13 mars 2017, par Jean-Jacques Urvoas, garde des sceaux, ministre de la justice suite à la consultation publique menée d'avril à juillet 2016, http://www.justice.goufr/publication/Projet_ de_ reforme_ de_ la_ responsabilite_ civile_ 13032017.pdf.

[2] 张民安：《现代法国侵权责任制度研究》，法律出版社2007年版，第267—298页。

[3] Responsabilité civile：23 propositions pour faire aboutir une réforme annoncée, Commission des lois, Rapp. ort n° 663（2019－2020）de Jacques Bigot et André Reichardt, déposé le 22 juillet 2020, http://www.senat.fr/rap/r19－663/r19－663－syn.pdf.

[4] Responsabilité civile：des évolutions nécessaires, Rapp. ort d'information n° 558（2008－2009）de Alain Anziani et Laurent Béteille, fait au nom de la commission des lois, déposé le 15 juillet 2009, https://www.senat.fr/rap/r08－558/r08－558－syn.pdf.

法的可阅读性和民事责任法的可获取性。①

2010 年 7 月 9 日，法国参议院的 Laurent Béteille 向参议院提交了自己起草的《民事责任法改革草案》，这就是 2009－2010 年的第 657 号法律草案（Proposition de loi n° 657）。Laurent Béteille 对民事责任法改革的必要性做出了说明，他指出，在今时今日，民事责任的共同法（le droit commun）几乎是由法官通过一个又一个的司法判例确立的，《法国民法典》所规定的共同法极其有限，导致人们无法获得民事责任的共同法。考虑到欧盟和邻国所建立的新的债法制度，法国有必要巩固、澄清和革新自己的民事责任法。②

Béteille 起草的《民事责任法改革草案》建议将《法国民法典》第三卷第四编的标题从"非合同产生的债"改为"通过合同和责任产生的债"，其中第二章的标题从"侵权和准侵权"改为"责任"，共 4 节：第一节初步规定，对损害赔偿的一般理论做出了规定，认为一旦行为人实施的某种行为或者不履行合同义务的行为引起他人损害的发生，他们就应当对他人承担赔偿责任；第二节为责任条件，规定了合同责任和侵权责任的两个共同条件、侵权责任的特殊条件和合同责任的特殊条件；第三节为责任效果，对赔偿方式即金钱赔偿和代物赔偿和赔偿的约定条款做出了规定；第四节为某些特殊的责任制度，对缺陷产品引起的损害赔偿责任和道路交通事故引起的损害赔偿责任做出了规定。③

2020 年 7 月 22 日，法国参议院的两个参议员 Jacques Bigot 和 André Reichardt 以法律委员会的名义（la commission des lois）向参议院提交了标题为《民事责任：成功落实已经宣布的改革所必要的 23 条法律草案》的报告。在该报告当中，两位参议员指出，要在反思过去 20 年改革经验的基础上采取必要措施，将民事责任法的改革进行到底，因为民事责任法的改革是有益的：作为债法全面改革的组成部分，民事责任法的改革既能够强化民事责任法的可获得性，也能够强化民事责任法的法律安全性，还能够确保民事责任法在对待受害人方面实现更好的协调一致性。④

他们还指出，在人们对司法部 2017 年版本的《民事责任改革草案》所规定的改革内容存在极大争议的情况下，避开他们之间的争议，将人们已经达成共识的内容提炼出来并且尽快予以通过，让它们成为《法国民法典》的组成部分，而将人们之间存在重

---

① 28 recommandations du groupe de travail pour la responsabilité civile, https://www.senat.fr/rap/r08－558/r08－5581.pdf.

② Proposition de loi n° 657（2009－2010）portant réforme de la responsabilité civile, présentée par M. Laurent Béteille, https://www.senat.fr/leg/pp.109—657.html.

③ Proposition de loi n° 657（2009－2010）portant réforme de la responsabilité civile, présentée par M. Laurent Béteille, https://www.senat.fr/leg/pp.109—657.html.

④ Responsabilité civile：23 propositions pour faire aboutir une réforme annoncée, Commission des lois, Rapp. ort n° 663（2019－2020）de Jacques Bigot et André Reichardt, déposé le 22 juillet 2020, http://www.senat.fr/rap/r19－663/r19－663－syn.pdf.

大争议的内容排除掉,以便减少民事责任法改革和现代化所遭遇的阻力。①

2020年7月29日,以法国司法部2017年版本的《民事责任改革草案》作为基础,法国参议院提出了参议院版本的民事责任法改革草案,这就是参议院的《民事责任法改革提案》。② 参议院的《民事责任法改革提案》共五章56条。第一章为初步规定,对合同责任和侵权责任之间的关系做出了规定;③ 第二章为责任条件,对侵权责任和合同责任的两个共同条件即可予赔偿的损害和因果关系做出了规定,对侵权责任自身的一个条件即致害行为做出了规定,根据它的规定,能够引起侵权责任产生的致害行为包括四种:过错,物的行为,别人的行为,以及相邻者的异常滋扰行为;对合同责任独有的一个条件即不履行合同的行为做出了规定,其中包括迟延履行行为。④

第三章为责任的免除和排除原因,对责任的免除和排除原因做出了规定,根据其规定,不可抗力、受害人的不履行行为或者过错可以全部或者部分免除行为人的责任,根据制定法的规定实施的行为和正当防卫行为能够排除行为人的责任。⑤ 第四章为责任效果,所规定的内容多种多样,包括:完全损害赔偿原则,赔偿的两种方式即金钱赔偿和代物赔偿,多数责任人时责任的承担,损害的预防和非法行为的停止,以及某些类型的损害赔偿的特殊规则:人身损害赔偿的特殊规则,物质损害赔偿的特殊规则,迟延支付一定数额的金钱的特殊赔偿规则。⑥ 第五章为责任方面的条款,对责任的排除条款、责任的限制条款和责任的加重条款做出了规定。⑦

虽然参议院版本的《民事责任法改革提案》仅五章,没有规定缺陷产品引起的侵权责任和生态损害的赔偿责任,但是,它仍然承认这两种侵权责任,因为在其说明当中,参议院认为,改革后的《法国民法典》第三卷第三编第二分编除了包含所建议的这五章之外,还包括另外两章,这就是现行《法国民法典》第三卷第三编第二分编当中的第二章"缺陷产品引起的责任"和第三章"生态损害的赔偿",它们在民事责任法改革之后仍然被保留,一字不改,所不同的是,在民事责任法改革之后,除了法律条款的号码发生改变之外,它们的章节也发生了改变:"缺陷产品引起的损害"从现在的第二章变为第六章,其法律条款号码也从现在的第1245条至第1245-17条变为从第1288

---

① Responsabilité civile:23 propositions pour faire aboutir une réforme annoncée, Commission des lois, Rapp. ort n° 663 (2019-2020) de Jacques Bigot et André Reichardt, déposé le 22 juillet 2020, http://www.senat.fr/rap/r19-663/r19-663-syn.pdf.

② Proposition de loi n° 678 portant réforme de la responsabilité civile, Sénat Deuxième session extraordinaire de 2019-2020, Enregistré à la Présidence du Sénat le 29 juillet 2020, p.5, http://www.senat.fr/leg/pp.l19—678.html.

③ Proposition de loi n° 678 portant réforme de la responsabilité civile, Sénat Deuxième session extraordinaire de 2019-2020, Enregistré à la Présidence du Sénat le 29 juillet 2020, p.5, http://www.senat.fr/leg/pp.l19—678.html.

④ Proposition de loi n° 678 portant réforme de la responsabilité civile, Sénat Deuxième session extraordinaire de 2019-2020, Enregistré à la Présidence du Sénat le 29 juillet 2020, p.5, http://www.senat.fr/leg/pp.l19—678.html.

⑤ Proposition de loi n° 678 portant réforme de la responsabilité civile, Sénat Deuxième session extraordinaire de 2019-2020, Enregistré à la Présidence du Sénat le 29 juillet 2020, p.5, http://www.senat.fr/leg/pp.l19—678.html.

⑥ Proposition de loi n° 678 portant réforme de la responsabilité civile, Sénat Deuxième session extraordinaire de 2019-2020, Enregistré à la Présidence du Sénat le 29 juillet 2020, p.5, http://www.senat.fr/leg/pp.l19—678.html.

⑦ Proposition de loi n° 678 portant réforme de la responsabilité civile, Sénat Deuxième session extraordinaire de 2019-2020, Enregistré à la Présidence du Sénat le 29 juillet 2020, p.5, http://www.senat.fr/leg/pp.l19—678.html.

条至第 1288 - 17 条，而"生态损害的赔偿"则从现在的第三章变为第七章，其法律条款号码也从现在的第 1246 条至第 1252 条变为从第 1289 条至第 1295 条。①

第四节 债法的渊源

一、债法渊源的类型

虽然民法学者广泛使用"渊源"（les sources）这一词语，但是，"渊源"这一词语并没有确定的含义，不同的民法学者在不同的含义上使用这一词语，导致该词语引起了极大的争议。② 虽然如此，民法学者主要在三种意义上使用"渊源"一词：其一，作为推动法律产生和发展的因素或者力量的"渊源"，是指导致、引起、推动法律尤其是民法产生和发展的各种因素或者力量，诸如经济因素、社会因素、政治因素、心理因素、学者的学术观点、新的境况的出现以及新的事件的发生，等等，民法学者将此种渊源称为"法律的创造力"（les forces créatrices du droit）；其二，作为法律关系或者主观权利产生原因的"渊源"，也就是法律事实，是指能够引起法律关系或者主观权利产生、变更、限制或者消灭的法律行为、法律事件和单纯的制定法；其三，作为法律具体表现形式的"渊源"，是指能够作为法官裁判案件根据的、具体法律效力的法律的具体表现形式。③

当我们讨论债的渊源时，我们是在第二种含义上使用"渊源"一词，关于这一点，笔者将在下面的内容当中做出详细的讨论，此处从略。而当我们讨论债法的渊源时，我们则是在第三种含义上使用"渊源"一词。因此，我们不应当混淆债法的渊源与债的渊源。④

所谓债法的渊源（souces du droit des obligations），是指债法的表现形式，也就是指对债的法律关系、债权人享有的债权或者债务人承担的债务进行规范和调整的所有法律规范的有机整体。债法的渊源属于民法渊源的组成部分。所谓民法渊源，是指对权利主体享有的主观权利进行规范和调整的所有法律规范的有机整体（l'ensemble des règles juridiques）。⑤

在法国，民法学者之间关于债法渊源的说明基本上是相同的，因为他们均认为，根据债法表现为国内法还是国际法的不同，债法的渊源分为两类，这就是债法的国内渊源

---

① Proposition de loi n° 678 portant réforme de la responsabilité civile, Sénat Deuxième session extraordinaire de 2019 - 2020, Enregistré à la Présidence du Sénat le 29 juillet 2020, p. 5, http://www.senat.fr/leg/pp.l19—678.html.

② François Terré, Introduction générale au droit, 9e édition, Dalloz, 2012, p. 195.

③ 张民安：《法国民法》，清华大学出版社 2015 年版，第 37—38 页；张民安：《法国人格权法（上）》，清华大学出版社 2016 年版，第 439—440 页；张民安：《〈民法总则〉第 10 条的成功与不足——我国民法渊源五分法理论的确立》，《法治研究》2017 年第 3 期，第 22—23 页。

④ Virginie Larribau-Terneyre, Droit civil, Les obligations, 15e édition, Dalloz, 2017, p. 9.

⑤ 张民安：《〈民法总则〉第 10 条的成功与不足——我国民法渊源五分法理论的确立》，《法治研究》2017 年第 3 期，第 22—23 页。

（sources nationales）和债法的国际渊源（是 ources internationales）。无论是其中的国内渊源还是国际渊源均可以做更进一步的分类。所不同的是，不同的民法学者所做出的分类未必完全相同。①

二、债法的国内渊源

所谓债法的国内渊源，是指债法的国内表现形式。在法国，对于债法的国内渊源究竟有哪些表现形式，民法学者所做出的说明存在差异。Terré、Simler 和 Lequette 等人认为，债法的国内渊源主要有三种：《法国民法典》、习惯和司法判例。② Larribau-Terneyre 认为，债法的国内渊源有四种：《法国民法典》、习惯、司法判例及《法国民法典》之外的特别制定法。③ Aillaud 认为，债法的国内渊源包括四种：道德箴言（préceptes moraux）、《法国民法典》、司法判例和《法国民法典》之外的特别制定法。④ 虽然法国民法学者在债法国内渊源的类型方面存在不同的看法，但是，所有民法学者均承认，虽然债法的渊源众多，但是《法国民法典》是最重要的债法渊源。除此之外，债法渊源还包括司法判例、习惯、《法国民法典》之外的特别制定法等。

（一）债法的首要渊源：《法国民法典》

在法国，债法的第一种国内渊源是《法国民法典》，因为，无论是在1804年还是在今时今日，《法国民法典》均是法国债法的最主要、最重要的国内渊源，这就是《法国民法典》在债法渊源方面所具有的至尊无上的地位，债法的其他渊源均无从挑战这一地位。Terré、Simler 和 Lequette 等人指出："在民法典的时代，债法的基本渊源是制定法。对于合同而言，《法国民法典》的立法者普遍规定，合同当事人享有签订合同的极大自由，《法国民法典》关于合同方面的大多数规定均具有补充性合同当事人意思表示的特征。对于非合同债，《法国民法典》也同样做出了规定，因此，非合同债的渊源也是制定法。"⑤ Larribau-Terneyre 也指出："在民法典的时代，债法的渊源本质上是制定法，更准确地说，债法的渊源本质上是《法国民法典》。"⑥

除了关于各种具体合同的规定之外，1804年的《法国民法典》第三卷第三编和第

---

① Philippe Malinvaud, Dominique Fenouillet, Droit des obligations, 11e édition, Litec, 2010, pp. 30 – 34；Jacques Flour, Jean-Luc Aubert, Éric Savaux, Les obligations, 1. L'acte juridique, 15e édition, Dalloz, 2012, pp. 51 – 60；Marjorie Brusorio-Aillaud, Droit des obligations, 8e édition, bruylant, 2017, pp. 11 – 12；Virginie Larribau-Terneyre, Droit civil, Les obligations, 15e édition, Dalloz, 2017, pp. 9 – 16；François Terré, Philippe Simler, Yves Lequette, François Chénedé, Droit civil, Les obligations, 12e édition, Dalloz, 2018, pp. 13 – 21.

② François Terré, Philippe Simler, Yves Lequette, François Chénedé, Droit Civil, les Obligations, 12e édition, Dalloz, 2018, pp. 13 – 16.

③ Virginie Larribau-Terneyre, Droit civil, Les obligations, 15e édition, Dalloz, 2017, pp. 9 – 11.

④ Marjorie Brusorio-Aillaud, Droit des obligations, 8e édition, bruylant, 2017, pp. 11 – 12.

⑤ Francois Terré, Philippe Simler, Yves Lequette, Droit civil, Les obligations, 12e édition, Dalloz, 2009, p. 13.

⑥ Virginie Larribau-Terneyre, Droit civil, Les obligations, 15e édition, Dalloz, 2017, p. 9.

四编分别对"合同或者合同债总则"① 和"非合同产生的债"② 做出了规定，它们构成法国债法的最重要的渊源。这些规定一直从 1804 年保留到 2016 年。通过 2016 年 2 月 10 日的法令，法国政府彻底重构了《法国民法典》关于债法的规定。在今时今日，除了关于各种具有合同的规定没有发生变更之外，《法国民法典》关于债法的规定已经变得面目全非。具体而言，在今时今日，《法国民法典》关于债法的规定包括三编：《法国民法典》第三卷第三编，《法国民法典》第三卷第四编（上）和《法国民法典》第三卷第四编（下）。

《法国民法典》第三卷第三编为"债的渊源"，由新的第 1100 条至新的第 1303 – 4 条组成，共三分编：第一分编为合同，共四章，分别对合同的初步规定、合同的成立、合同的解释和合同的效力做出了规定；第二分编为侵权责任，共三章，分别对侵权责任总则、缺陷产品引起的侵权责任和生态损害赔偿做出了规定；第三分编为债的其他渊源，共三章，分别对无因管理、不应清偿和不当得利产生的债做出了规定。③

《法国民法典》第三卷第四编（上）为"债的一般制度"，由新的第 1304 条至新的第 1352 – 9 条组成，共五章，分别对债的限定（Les modalités）、债的交易（Les opérations）、债权人享有的诉权（Les actions）、债的消灭以及原物和替代价值的返还（Les restitutions）做出了规定。④《法国民法典》第三卷第四编（下）为"债的证明"，由新的第 1353 条至新的第 1386 – 1 条组成，共三章，分别对债的证明的一般规定、证明方式的允许（L'admissibilité）以及不同的证明方式做出了规定。⑤

（二）《法国民法典》之外的特别制定法

在法国，债法的第二种国内渊源是法国立法者在《法国民法典》之外所制定的对债权债务关系进行规范和调整的法律，因为，除了通过《法国民法典》规范和调整债权债务关系之外，法国立法者也通过其他制定法规范和调整债权债务关系。例如，在合同领域，法国立法者制定的消费法（droit de la consommation）和竞争法（droit de la concurrence）对合同债进行规范和调整。再例如，在侵权责任领域，法国立法者制定的道路交通事故法对机动车司机承担的赔偿责任进行规范和调整。它们与《法国民法典》之间的关系是：《法国民法典》是对债权债务关系进行规范和调整的共同法、普通法、

---

① Code civil des Français, édition originale et seule officielle, A Paris, de l'Imprimerie de la République, An XII 1804, http://www.assemblee – nationale.fr/evenements/code – civil/cc1804 – l3t03.pdf.

② Code civil des Français, édition originale et seule officielle, A Paris, de l'Imprimerie de la République, An XII 1804, http://www.assemblee – nationale.fr/evenements/code – civil/cc1804 – l3t04.pdf.

③ Code civil, Version en vigueur au 04 octobre 2020, https://www.legifrance.goufr/codes/section_ lc/LEGI-TEXT000006070721/LEGISCTA000006118032/#LEGISCTA000032040794.

④ Code civil, Version en vigueur au 04 octobre 2020, https://www.legifrance.goufr/codes/section_ lc/LEGI-TEXT000006070721/LEGISCTA000006118073/#LEGISCTA000032041884.

⑤ Code civil, Version en vigueur au 04 octobre 2020, https://www.legifrance.goufr/codes/section_ lc/LEGI-TEXT000006070721/LEGISCTA000006118074/#LEGISCTA000032042346.

一般法，而这些制定法则是对债权债务关系进行规范和调整的特别法。①

所谓消费法，是指所有以保护消费者利益为目的的法律规范的有机整体。在消费者（consommateurs）与职业人士（professionnels）签订合同时，鉴于消费者与职业人士之间处于不平等的地位，为了对消费者提供保护，确保消费者在与职业人士签订合同时享有知情权、人身安全权和其他权利，防止职业人士通过不公平的合同条款损害消费者的利益，从20世纪70年代开始，法国立法者制定了一系列分散的法律。1993年，这些分散的制定法被汇编在一起并因此形成了一部独立的法典即1993年的《法国消费法典》。消费法关于合同的规定与《法国民法典》关于合同的规定之间的关系是，《法国民法典》关于合同的规定属于共同法、一般法，而消费法关于合同的规定则属于特别法。②

所谓竞争法，是指对职业人士之间的关系进行规范和调整的所有法律规范的有机整体。如果说消费法涉及消费者与职业人士之间的合同的话，则竞争法涉及职业人士之间的合同。基于从商自由的维持，不同的职业人士之间当然享有签订合同的自由，但是，为了维持职业人士之间的自由竞争，从第二次世界大战开始一直到今时今日，法国立法者也制定法律，限制职业人士之间的合同自由，禁止职业人士之间从事某些实践活动，例如禁止职业人士之间签订拒绝出卖的合同，禁止职业人士之间签订滥用自己支配地位的合同，或者禁止职业人士之间签订具有歧视性的合同，等等。竞争法关于合同的规定与《法国民法典》关于合同规定之间的关系是，《法国民法典》关于合同的规定属于一般法，而竞争法关于合同的规定则属于特别法。③

在1982年之前，如果他人因为交通事故而遭受人身损害，在他人起诉要求法官责令机动车司机对自己遭受的损害承担赔偿责任的情况下，法官仅仅适用《法国民法典》所规定的一般过错侵权责任：如果机动车司机有过错，则法官会根据第1382条责令他们对他人承担赔偿责任，如果机动车司机没有过错，则法官会拒绝责令他们对他人承担侵权责任。此种做法被认为对他人不公平。④

为了对遭受机动车事故损害的他人提供公平的保护，防止机动车司机借口自己没有过错而拒绝承担赔偿责任，在1982年的著名案件即 Arrêt Desmares 一案⑤当中，法国最

---

① Philippe Malinvaud, Dominique Fenouillet, Droit des obligations, 11e édition, Litec, 2010, p. 31; Jacques Flour, Jean-Luc Aubert, Éric Savaux, Les obligations, 1. L'acte juridique, 15e édition, Dalloz, 2012, p. 52; Virginie Larribau-Terneyre, Droit civil, Les obligations, 15e édition, Dalloz, 2017, pp. 10 – 11.

② Philippe Malinvaud, Dominique Fenouillet, Droit des obligations, 11e édition, Litec, 2010, pp. 31 – 32; Jacques Flour, Jean-Luc Aubert, Éric Savaux, Les obligations, 1. L'acte juridique, 15e édition, Dalloz, 2012, p. 52; Virginie Larribau-Terneyre, Droit civil, Les obligations, 15e édition, Dalloz, 2017, p. 10; Code de la consommation, Version en vigueur au 11 octobre 2020, https://www.legifrance.goufr/codes/texte_lc/LEGITEXT000006069565?etatTexte = VIGUEUR&etatTexte = VIGUEUR_ DIFF.

③ Philippe Malinvaud, Dominique Fenouillet, Droit des obligations, 11e édition, Litec, 2010, p. 31; Jacques Flour, Jean-Luc Aubert, Éric Savaux, Les obligations, 1. L'acte juridique, 15e édition, Dalloz, 2012, p. 52; Virginie Larribau-Terneyre, Droit civil, Les obligations, 15e édition, Dalloz, 2017, pp. 10 – 11.

④ 张民安：《现代法国侵权责任制度研究》，法律出版社2007年版，第267—268页。

⑤ l'arrêt Desmares, 27, la deuxième Chambre civile de la Cour de 2ème ci, 21 juillet 1982: D. 1982, jur. p.449, concl. Charbonnier, note Ch. Larroumet.

高法院最终在机动车事故领域放弃了过错侵权责任规则而将机动车司机所承担的侵权责任建立在第1384（1）条所规定的物的行为引起的侵权责任的基础上，根据该种侵权责任，即便机动车司机没有过错，他们仍然应当对他人遭受的损害承担赔偿责任。不过，法国最高法院在此案当中的做法也遭受人们的批判，他们认为，此案的规则过分保护他人的利益，对机动车司机欠缺公平。①

为了在机动车司机和遭受机动车事故损害的他人之间实现妥当的平衡，法国立法者在1985年颁布了1985年7月5日的第85-677号法律即《旨在改善交通事故受害人的状况和加快赔偿程序的法律》，该法被称为《法国 Badinter 法》。《法国 Badinter 法》共四章49条，分别对机动车事故受害人的赔偿、支付赔偿的第三人对引起交通事故发生的人所享有的追偿权、担保基金的赔偿和时效等内容做出了规定。②《法国 Badinter 法》所规定的交通事故赔偿责任与《法国民法典》所规定的侵权责任之间的关系是，《法国民法典》所规定的侵权责任属于物的行为引起的一般侵权责任，而《法国 Badinter 法》所规定的侵权责任则属于物的行为引起的特殊侵权责任。③

在法国民事责任法改革当中，法国立法者所面临的一个主要问题是：因为道路交通事故引发的侵权责任究竟是作为一种物的行为引起的特殊侵权责任被编入《法国民法典》当中，还是让其仍然以《法国 Badinter 法》的形式独立存在。因为此种争议和民事责任法的其他争议，法国民事责任法的改革仍然处于僵持状态，已如前述。

（三）司法判例

在法国，债法的第三种国内渊源是法官尤其是法国最高法院的法官通过自己的判决所确立的司法判例。所谓司法判例（la jurisprudence），是指法官在一定时期内就某种债法问题做出的持续一致的所有判决。④ 作为一种重要的债法渊源，司法判例既是合同法的渊源，也是侵权责任法的渊源，还是准合同法的渊源。换言之，司法判例是整个债法的渊源。

法国民法学者普遍认为，法官的司法判例构成法国债法的重要渊源。⑤ Terré、Simler 和 Lequette 等人就明确承认司法判例是债法的渊源，他们指出："在让法律规范适应社会需要的方面，司法判例同样发挥了重大作用。"⑥ Larribau-Terneyre 也明确承认司法

---

① 张民安：《现代法国侵权责任制度研究》，法律出版社2007年版，第268页。

② Loi n° 85-677 du 5 juillet 1985 tendant à l'amélioration de la situation des victimes d'accidents de la circulation et à l'accélération des procédures d'indemnisation, Version en vigueur au 11 octobre 2020, https://www.legifrance.goufr/loda/id/LEGITEXT000006068902/2020-10-11/.

③ 张民安：《法国民法》，清华大学出版社2015年版，第406—413页。

④ 张民安：《法国民法》，清华大学出版社2015年版，第46页。

⑤ Philippe Malinvaud, Dominique Fenouillet, Droit des obligations, 11e édition, Litec, 2010, pp. 30-31; Jacques Flour, Jean-Luc Aubert, Éric Savaux, Les obligations, 1. L'acte juridique, 15e édition, Dalloz, 2012, p. 51, pp. 52-54; Virginie Larribau-Terneyre, Droit civil, Les obligations, 15e édition, Dalloz, 2017, pp. 9-10; François Terré, Philippe Simler, Yves Lequette, François Chénedé, Droit civil, Les obligations, 12e édition, Dalloz, 2018, p. 16.

⑥ François Terré, Philippe Simler, Yves Lequette, François Chénedé, Droit Civil, les Obligations, 12e édition, Dalloz, 2018, p. 16.

判例是债法的一个重要渊源,他指出:"在债法当中,司法判例是必不可少的。实际上,司法判例是债法所有部分的渊源,尤其是民事责任法的渊源。"①

司法判例之所以成为债法的渊源,其主要原因有三。

第一,《法国民法典》的某些规定过于模糊、内容不确定,在适用这些规定解决当事人之间的债权债务纠纷时,法官需要通过自己的司法判例确定这些规定的准确内容。例如,在2016年之前,《法国民法典》第1131条规定:没有原因的债、虚假的债、或者具有非法原因的债是不会产生任何效力的。② 第1131条所规定的"原因"(cause)是指什么,原因是指签订合同的目的还是动机,目的和动机之间是否存在、存在什么差异,它究竟是主观的还是客观的,立法者均没有做出规定,为了明确该条所规定的"原因",法官必须通过司法判例做出明确回答。③

第二,《法国民法典》在债法领域存在漏洞,在填补债法漏洞时,法官必须求助于司法判例。最典型的体现是,在2016年之前,《法国民法典》仅规定了两种具体形式的准合同即无因管理和不应清偿,为了弥补《法国民法典》没有规定一般准合同的漏洞,法官从19世纪末期开始通过自己的司法判例确立了不当得利债,已如前述。通过2016年的债法改革法令,法国政府将法官通过司法判例确立的不当得利规定在《法国民法典》当中,已如前述。

第三,《法国民法典》的法律规定无法满足社会发展的需要,通过一系列的司法判例,法官确立了众多影响深远的债法规范。最典型的体现是,从19世纪末期开始一直到1991年时止,法官通过一系列的司法判例对《法国民法典》第1384(1)条做出新的解释,除了认定该条是行为人就其物的行为引起的损害对他人承担的一般侵权责任之外,他们还认为,该条也是行为人就别人的行为引起的损害对他人承担的一般侵权责任。④

通过众多具有影响力的司法判例,法官将《法国民法典》第1382条至第1386条所规定的单一侵权责任即过错侵权责任发展和演变成今时今日的三类六种侵权责任:行为人就其本人的行为对他人承担侵权责任,包括一般侵权责任和特殊侵权责任;行为人就别人的行为对他人承担的侵权责任,包括一般侵权责任和特殊侵权责任;行为人就其物的行为对他人承担的侵权责任,包括一般侵权责任和特殊侵权责任。⑤

在法国,除了源自普通法院尤其是最高法院的法官之外,能够对债法产生影响的司法判例也源自法国宪法法院(le Conseil constitutionnel)的法官,换言之,宪法领域的司法判例也能够成为债法的渊源。宪法原本与债法距离较远,因为宪法在性质上属于公

---

① Virginie Larribau-Terneyre, Droit civil, Les obligations, 15e édition, Dalloz, 2017, p.9.

② Article 1131, Code civil des Français, édition originale et seule officielle, A Paris, de l'Imprimerie de la République, An XII 1804, http://www.assemblee-nationale.fr/evenements/code-civil/cc1804-l3t03.pdf.

③ Jacques Flour, Jean-Luc Aubert, Éric Savaux, Les obligations, 1. L'acte juridique, 15e édition, Dalloz, 2012, p.51, pp.247-266;张民安:《法国民法》,清华大学出版社2015年版,第342—343页。

④ Virginie Larribau-Terneyre, Droit civil, Les obligations, 15e édition, Dalloz, 2017, pp.9-10;François Terré, Philippe Simler, Yves Lequette, François Chénedé, Droit civil, Les obligations, 12e édition, Dalloz, 2018, p.16;张民安:《法国民法》,清华大学出版社2015年版,第378—381页。

⑤ 张民安:《法国民法》,清华大学出版社2015年版,第381—382页。

法，而债法在性质上则属于私法。不过，随着法国宪法法院对制定法的宪法性控制的加强，宪法与债法之间的距离也在日渐缩短，其中的一个突出体现是，法国宪法法院所确立的"共和国的制定法所承认的基本原则"在债法领域的适用。法国某些民法学者将宪法法院在债法领域所适用的此种司法判例称为债法的新渊源。①

所谓"共和国的制定法所承认的基本原则"（principes fondamentaux reconnus par les lois de la République），是指即便法国宪法没有明确规定，法兰西共和国的制定法也承认的某些基本原则（fondamentaux reconnus），这些基本原则具有宪法价值（valeur constitutionnelle），立法者的制定法不能够违反这些基本原则，否则，他们制定的法律因为违反了共和国的制定法所承认的这些基本原则而无效。究竟什么样的原则是具有宪法价值的原则，由法国宪法法院在自己的司法判例当中确定。例如，法国宪法法院认定，结社自由权、信仰自由权和大学教授独立权是共和国制定法所承认的基本原则。②

"共和国的制定法所承认的基本原则"是否能够在债法领域适用？法国宪法法院在合同领域做出了否定回答。例如，在其司法判例当中，法国宪法法院认定，在合同领域，制定法不具有溯及既往的效力的规则并不是"共和国的制定法所承认的基本原则"。同样，在其司法判例当中，法国宪法法院认定，合同自由原则并不是"共和国的制定法所承认的基本原则"，虽然法国宪法法院仍然保护合同自由，但是，它没有将此种保护建立在"共和国的制定法所承认的基本原则"的基础上，而是建立在《1789年的人权和公民权宣言》第4条的基础上。③

不过，到了最近，在民事责任领域，法国宪法法院则做出了肯定回答。一方面，它认为，任何人均不得被剥夺所享有的要求行为人就其过错行为引起的损害对自己承担侵权责任的权利的规定属于"共和国的制定法所承认的基本原则"。另一方面，它认为，任何人均不能够完全免除自己的个人侵权责任的规则属于"共和国的制定法所承认的基本原则"。④

（四）惯例

在法国，债法的第四种国内渊源是习惯（l'usage）。所谓习惯，是指人们在实践当

---

① Philippe Malinvaud, Dominique Fenouillet, Droit des obligations, 11e édition, Litec, 2010, pp. 30 – 31; Jacques Flour, Jean-Luc Aubert, Éric Savaux, Les obligations, 1. L'acte juridique, 15e édition, Dalloz, 2012, p. 51, pp. 52 – 54; François Terré, Philippe Simler, Yves Lequette, François Chénedé, Droit civil, Les obligations, 12e édition, Dalloz, 2018, pp. 13 – 15.

② Principes fondamentaux reconnus par les lois de la République, https://fr.wikipedia.org/wiki/Principes_fondamentaux_reconnus_par_les_lois_de_la_Républiqu.

③ Philippe Malinvaud, Dominique Fenouillet, Droit des obligations, 11e édition, Litec, 2010, pp. 30 – 31; Jacques Flour, Jean-Luc Aubert, Éric Savaux, Les obligations, 1. L'acte juridique, 15e édition, Dalloz, 2012, p. 51, pp. 52 – 54; François Terré, Philippe Simler, Yves Lequette, François Chénedé, Droit civil, Les obligations, 12e édition, Dalloz, 2018, pp. 13 – 15.

④ Philippe Malinvaud, Dominique Fenouillet, Droit des obligations, 11e édition, Litec, 2010, pp. 30 – 31; Jacques Flour, Jean-Luc Aubert, Éric Savaux, Les obligations, 1. L'acte juridique, 15e édition, Dalloz, 2012, p. 51, pp. 52 – 54; François Terré, Philippe Simler, Yves Lequette, François Chénedé, Droit civil, Les obligations, 12e édition, Dalloz, 2018, pp. 13 – 15.

中所普遍遵循的、社会公众普遍相信其具有法律约束力和强制力的做法。① Terré、Simler 和 Lequette 等人明确承认，惯例能够成为债法的渊源，他们指出："《法国民法典》的起草者并没有忽视法律之外的债法渊源的重要性。惯例和道德风俗的多样性在合同领域是不能够被忽视的。因为这样的原因，《法国民法典》明确规定，惯例能够用来解释和补充当事人之间的合同。"② Larribau-Terneyre 也承认惯例是债法的渊源，他指出："惯例在商事领域变动越来越重要，并因此成为职业性质的渊源。商人的商事实践会导致他们经常签订《法国民法典》不承认的新合同（例如特许经营合同、家具租赁合同或者搬家合同等）。"③

在法国，虽然惯例能够成为债法的渊源，但是，惯例主要是合同法的渊源。在 2016 年之前，《法国民法典》第 1135 条对合同领域的惯例做出了说明，该条规定：协议不仅对当事人所明确表示的内容产生约束力，而且还对公平、惯例和制定法根据其性质所赋予的所有后果均产生约束力。④ 在 2016 年的债法改革之后，《法国民法典》新的第 1194 条对作为合同法渊源的惯例做出了说明，该条规定：合同不仅对当事人所明确表示的内容产生约束力，而且还对公平、惯例或者制定法所赋予的所有后果产生约束力。⑤

根据《法国民法典》新的第 1194 条的规定，合同当事人之间的合同性惯例是特定的职业领域的从业者或者特定区域的人在从事特定的活动时所遵守的惯例。一旦合同当事人之间签订了合同，惯例就会自动对他们予以适用。因此，惯例实际上也是合同当事人所规定的合同条款，虽然这些条款没有被当事人明确规定，但是鉴于合同当事人没有在他们的合同当中对于惯例予以明确的排除，因此，法官就会认定合同当事人实际上已经默示同意这些条款。⑥

三、债法的国际渊源

（一）国际法是法国债法必不可少的一种渊源

在法国，除了国内法是债法的渊源之外，国际法也构成债法的渊源。不过，构成债法渊源的国际法仅仅是指地区性的国际法，要么是指《欧盟人权公约》，要么是指欧盟法，它们结合在一起就形成了法国债法的国际渊源，法国民法学者普遍承认这一点。

例如，Malinvaud 和 Fenouillet 对债法的国际渊源做出了说明，他们指出："在 1804

---

① 张民安：《法国民法》，清华大学出版社 2015 年版，第 49—50 页。
② François Terré, Philippe Simler, Yves Lequette, François Chénedé, Droit Civil, les Obligations, 12e édition, Dalloz, 2018, p.16.
③ Virginie Larribau-Terneyre, Droit civil, Les obligations, 15e édition, Dalloz, 2017, p.9.
④ Article 1135, Code civil des Français, édition originale et seule officielle, A Paris, de l'Imprimerie de la République, An XII 1804, http://www.assemblee-nationale.fr/evenements/code-civil/cc1804-l3t03.pdf
⑤ Article 1194, Code civil, Version en vigueur au 11 octobre 2020, https://www.legifrance.goufr/codes/section_lc/LEGITEXT000006070721/LEGISCTA000006150249/#LEGISCTA000032041319.
⑥ François Terré, Philippe Simler, Yves Lequette, François Chénedé, Droit Civil, les Obligations, 12e édition, Dalloz, 2018, p.16.

年的《法国民法典》时代,债法的国际渊源的想法是不适当的。而在今时今日,债法的国际渊源则是债法的核心内容。"① 再例如,Flour、Aubert 和 Savaux 也对债法的欧盟渊源做出了说明,他们指出:"欧盟渊源的发展构成当代法律的一个主要现象,它同样对债法产生了影响。不过,基于所涉及的欧盟渊源究竟是《欧洲人权公约》还是欧盟法的不同,欧盟渊源对债法产生的后果是不同的。"② 同样,Larribau-Terneyre 也明确承认法国债法的国际渊源,他指出:"在 1804 年的《法国民法典》时代,债法的国际渊源是不存在的,而在今时今日,债法的国际渊源则是必不可少的。"③

(二) 法国债法的第一种国际渊源:《欧盟人权公约》

在法国,债法的第一种国际渊源是《欧洲人权公约》。《欧洲人权公约》(*Convention européenne des droits de l'homme*),它由欧洲理事会于 1950 年 11 月 4 日在罗马通过并且于 1953 年 9 月生效,它是世界上第一个为了执行《世界人权宣言》(*la Déclaration Universelle des Droits de l'Homme*)所规定的人权和基本自由而制定的地区性的人权公约。自其于 1950 年通过以来,该公约已经被多次修订并因此增加了众多新的人权和基本自由。④ 在今时今日,它对包括自然人和法人在内的所有人享有的人权和基本自由做出了全面规定,诸如:生命权,自由权和安全权,言论自由权、出版自由权以及结社自由权,等等。⑤

表面上看,《欧洲人权公约》似乎与债法风马牛不相及,因为它的目的在于确认和保护人所享有的人权和基本自由免受国家的侵犯,并不涉及私人之间的债权债务关系。然而,此种表面上的印象与真实的情况相去甚远,因为,《欧洲人权公约》能够成为债法的国际渊源。法国民法学者普遍承认这一点。⑥ Malinvaud 和 Fenouillet 明确指出:"《欧洲人权公约》是债法的渊源。"⑦ Terré、Simler 和 Lequette 也指出,无论是《欧洲人权公约》还是欧洲人权法院的司法判例均对法国债法产生了"重大影响"。⑧

《欧洲人权公约》之所以能够成为债法的渊源,是因为《欧洲人权公约》能够从纵向(vertical)和横向(horizontal)两个方面对债法产生影响(emprise)。

---

① Philippe Malinvaud, Dominique Fenouillet, Droit des obligations, 11e édition, Litec, 2010, p. 32.
② Jacques Flour, Jean-Luc Aubert, Éric Savaux, Les obligations, 1. L'acte juridique, 15e édition, Dalloz, 2012, p. 54.
③ Virginie Larribau-Terneyre, Droit civil, Les obligations, 15e édition, Dalloz, 2017, p. 11.
④ Convention européenne des droits de l'homme, https://www.echr.coe.int/Pages/home.aspx?p=basictexts&c=fre;张民安:《法国民法总论(上)》,清华大学出版社 2017 年版,第 606—607 页。
⑤ Convention européenne des droits de l'homme, https://www.echr.coe.int/Documents/Convention_FRA.pdf;张民安:《法国民法总论(上)》,清华大学出版社 2017 年版,第 606—607 页。
⑥ Philippe Malinvaud, Dominique Fenouillet, Droit des obligations, 11e édition, Litec, 2010, p. 34; Jacques Flour, Jean-Luc Aubert, Éric Savaux, Les obligations, 1. L'acte juridique, 15e édition, Dalloz, 2012, pp. 54 – 55; Marjorie Brusorio-Aillaud, Droit des obligations, 8e édition, bruylant, 2017, p. 12; François Terré, Philippe Simler, Yves Lequette, François Chénedé, Droit civil, Les obligations, 12e édition, Dalloz, 2018, pp. 17 – 18.
⑦ Philippe Malinvaud, Dominique Fenouillet, Droit des obligations, 11e édition, Litec, 2010, p. 34.
⑧ François Terré, Philippe Simler, Yves Lequette, François Chénedé, Droit Civil, les Obligations, 12e édition, Dalloz, 2018, p. 17.

一方面,《欧洲人权公约》能够从纵向方面对侵权责任法产生影响,此种影响表现在,在制定债法时,法国的立法者应当尊重《欧洲人权公约》赋予所有人享有的人权和基本自由,不得侵犯人所享有的人权和基本自由,如果他们制定的债法违反了《欧洲人权公约》并因此侵犯了人所享有的人权和基本自由,则他们制定的债法会因此无效。立法者制定的债法是否违反了《欧洲人权公约》的规定,由欧洲人权法院予以控制。因此,如果立法者制定有关输血感染引起的损害赔偿责任方面的法律,或者如果立法者制定有关医疗机构就其诊断错误对残疾儿童或者残疾儿童的父母承担损害赔偿责任方面的法律,则他们制定的这些法律均应当尊重《欧洲人权公约》的规定。①

另一方面,《欧洲人权公约》能够从横向方面对合同法产生影响。此种影响表现在,凭借合同自由原则,虽然合同当事人能够按照自己的意志规定合同的内容,但是,他们在自己的合同当中所规定的内容不得违反《欧洲人权公约》的规定,不得侵犯合同一方当事人依据公约所享有的某种人权或者基本自由,否则,欧洲人权法院甚至法国最高法院会认定合同当中违反《欧洲人权公约》的条款是没有规定的条款。换言之,以人权和基本权利的名义,人权法院的法官也是合同法的法官和合同法官。在1996年的一个案件当中,法国最高法院依据《欧洲人权公约》第8(1)的规定认定,如果出租人与承租人签订的住房租赁合同规定,承租人不得在承租屋内留宿自己的近亲属,则他们之间的此种条款不产生法律效力,因为它违反了第8(1)条的规定。②

(三) 法国债法的第二种国际渊源:欧盟法

在法国,债法的第二种国际渊源是欧盟法,所谓欧盟法(droit de l'Union européenne),是指在欧盟范围内所适用的所有法律规范的有机整体,包括实体性的法律规范和程序性的法律规范。欧盟法的渊源多种多样,诸如条约(traités)、指令(directives)、规章(règlements)、司法判例(jurisprudence)和建议(recommandations),等等。③ 法国民法学者普遍承认这一点。④ Malinvaud 和 Fenouillet 明确指出:"欧盟法是债法的渊源。"⑤ Terré、Simler 和 Lequette 也指出,无论是《欧洲人权公约》还是欧洲

---

① Jacques Flour, Jean-Luc Aubert, Éric Savaux, Les obligations, 1. L'acte juridique, 15e édition, Dalloz, 2012, pp. 54 – 55; Marjorie Brusorio-Aillaud, Droit des obligations, 8e édition, bruylant, 2017, p. 12; François Terré, Philippe Simler, Yves Lequette, François Chénedé, Droit civil, Les obligations, 12e édition, Dalloz, 2018, pp. 17 – 18.

② Jacques Flour, Jean-Luc Aubert, Éric Savaux, Les obligations, 1. L'acte juridique, 15e édition, Dalloz, 2012, pp. 54 – 55; Marjorie Brusorio-Aillaud, Droit des obligations, 8e édition, bruylant, 2017, p. 12; François Terré, Philippe Simler, Yves Lequette, François Chénedé, Droit civil, Les obligations, 12e édition, Dalloz, 2018, pp. 17 – 18.

③ Droit de l'Union européenne, https://fr.wikipedia.org/wiki/Droit_de_l%27Union_européenne.

④ Philippe Malinvaud, Dominique Fenouillet, Droit des obligations, 11e édition, Litec, 2010, pp. 32 – 34; Jacques Flour, Jean-Luc Aubert, Éric Savaux, Les obligations, 1. L'acte juridique, 15e édition, Dalloz, 2012, pp. 55 – 58; Marjorie Brusorio-Aillaud, Droit des obligations, 8e édition, bruylant, 2017, p. 12; Virginie Larribau-Terneyre, Droit civil, Les obligations, 15e édition, Dalloz, 2017, pp. 11 – 13; François Terré, Philippe Simler, Yves Lequette, François Chénedé, Droit civil, Les obligations, 12e édition, Dalloz, 2018, pp. 16 – 17.

⑤ Philippe Malinvaud, Dominique Fenouillet, Droit des obligations, 11e édition, Litec, 2010, p. 32.

人权法院的司法判例均对法国债法产生了"重大影响"。①Brusorio-Aillaud 也指出:"债法应当越来越多地考虑到欧盟法。"②

虽然欧盟法的表现形式多种多样,但是,并非所有的欧盟法均对债法产生影响,对债法产生影响的欧盟法要么是规章,要么是指令,甚至还包括建议。这些能够影响法国债法的欧盟法被称为派生法(droit dérivé)或者欧盟派生法(le droit européen dérivé ou droit communautaire dérivé)。它们之间的差异是:如果欧盟法表现为规章,则它们能够直接在包括法国在内的所有欧盟成员国的国内法律秩序当中适用;如果欧盟法表现为指令,则它们无法直接在包括法国在内的所有欧盟成员国的国内法律秩序当中适用,如果要在国内法律秩序当中适用,必须由国内立法者通过自己制定的法律将欧盟颁布的指令规定在国内法当中。③ 无论是通过哪一种派生法对债法产生影响,欧盟法对债法的影响既表现在侵权责任领域也表现在合同领域。

一方面,欧盟法对法国的侵权责任法产生了影响,最典型的体现是,基于欧盟有关产品责任的指令,法国立法者制定了有关产品责任方面的法律。1985 年 7 月 25 日,欧盟颁布了有关缺陷产品引起的侵权责任方面的指令,除了对生产商就其缺陷产品引起的损害对消费者承担的赔偿责任做出了规定之外,该指令还要求欧盟各成员国要在 1988 年 7 月 30 日之前采取措施,将该指令所规定的内容规定在自己的国内法当中。法国当然有义务和责任在这一指令所规定的限期前采取措施,以便落实指令的内容。④ 不过,法国迟延了 10 年才落实这一指令,因为,直到 1998 年,法国立法者才通过 1998 年 5 月 19 日的制定法来落实这一指令。1998 年 5 月 19 日的制定法被编入《法国民法典》当中,这就是 2016 年之前的第 1386-1 条至第 1386-18 条。⑤ 通过 2016 年 2 月 10 日的债法改革,这些法律条款被《法国民法典》当中的新法律条款即新的 1245 条至新的第 1245-17 条所取代。⑥

另一方面,欧盟法对法国合同法也产生了影响,并且欧盟法对法国合同法产生的影响力要远远大于它对法国侵权责任法产生的影响力。因为,欧盟在合同法领域颁布的指令很多,它们从各个不同方面影响法国合同法,包括但是不限于以下指令:1993 年 4 月 5 日,欧盟颁布了有关消费者与职业人士之间的合同当中所规定的不公平合同条款方面的指令;1997 年 5 月 20 日,欧盟颁布了有关消费者与职业人士之间所签订的远距离合同(contrat à distance)当中消费者保护的指令;1999 年 12 月 13 日和 2000 年 6 月 8 日,欧盟颁布了有关电子签名和电子商务方面的指令,等等。为了贯彻这些指令,法国

---

① François Terré, Philippe Simler, Yves Lequette, François Chénedé, Droit Civil, les Obligations, 12e édition, Dalloz, 2018, p.17.

② Marjorie Brusorio-Aillaud, Droit des obligations, 8e édition, bruylant, 2017, p.12.

③ Virginie Larribau-Terneyre, Droit civil, Les obligations, 15e édition, Dalloz, 2017, p.11.

④ Philippe Malinvaud, Dominique Fenouillet, Droit des obligations, 11e édition, Litec, 2010, pp.32-33;张民安:《现代法国侵权责任制度研究》,法律出版社 2007 年版,第 261—264 页。

⑤ Loi n° 98-389 du 19 mai 1998 relative à la responsabilité du fait des produits défectueux, https://www.legifrance.goufr/loda/id/LEGIARTI000006284587/1998-05-21/

⑥ Code civil, Version en vigueur au 12 octobre 2020, https://www.legifrance.goufr/codes/section_lc/LEGITEXT000006070721/LEGISCTA000032021490/#LEGISCTA000032021490.

立法者或者采取措施，将这些指令所规定的内容规定在《法国民法典》当中，或者将这些指令所规定的内容规定在《法国民法典》之外的制定法当中，例如规定在《法国消费法典》当中。①

---

① Philippe Malinvaud, Dominique Fenouillet, Droit des obligations, 11e édition, Litec, 2010, pp. 32 – 33; Jacques Flour, Jean-Luc Aubert, Éric Savaux, Les obligations, 1. L'acte juridique, 15e édition, Dalloz, 2012, p. 56; Virginie Larribau-Terneyre, Droit civil, Les obligations, 15e édition, Dalloz, 2017, pp. 12 – 13; François Terré, Philippe Simler, Yves Lequette, François Chénedé, Droit civil, Les obligations, 12e édition, Dalloz, 2018, p. 17.

第二编
债的类型、限定方式和渊源

第四章 债的类型

第一节 债的不同分类标准和不同类型

一、债的分类和限定的界定

所谓债的分类（classification des obligations），是指根据一定的标准将债分为不同的类型，以便突出不同类型的债所具有的性质和特点。所谓债的限定（Les modalités de l'obligation），是指合同当事人根据合同自由的原则对他们之间的合同所施加的某种具体限制，并因此让合同债权人不能够即刻要求合同债务人履行对自己所承担的合同义务。

法国民法学者普遍区分债的分类和债的限定，因为他们在债的观念当中讨论债的分类，而在债的一般制度当中讨论债的限定。债的限定在性质上属于债的分类，因为债的限定在本质上属于一种复杂债，而该种复杂债则是相对于简单债而言的。基于这样的原因，笔者将复杂债和简单债作为一种债的类型。不过，笔者也像法国民法学者那样区分债的分类和债的限定，在本章讨论债的分类，而在下一章即债的限定方式当中讨论债的限定。

对债做出不同的分类并不是一种单纯的学术兴趣，在教义学的层面，它至少能够产生两个方面的利益：其一，它能够将抽象的债具体化。虽然所有的债均是债权人和债务人之间的一种法律关系，但是，基于债的客体的差异、渊源的差异、效力的差异或者其他方面的差异，一种债与另外一种债之间是不同的，基于债的分类，人们能够将抽象的债分解为不同的债并因此让债具体化、多样化。其二，便于人们对债的法律规范的适用。虽然所有的债均是债权人与债务人之间的一种法律关系，但是，不同类型的债所实行的法律规范是不同的。通过债的分类，人们能够了解每一类债所具有的独特法律规范，这对他们适用债法处理当事人之间的债权债务纠纷是非常重要的。[①]

二、债的分类标准和具体类型的差异

在法国，在债的分类问题上，民法学者之间存在不同意见，不同的学者有不同的看法，在2016年的债法改革之前是如此，在2016年的债法改革之后仍然是如此。他们之间的差异主要体现在两个方面：其一，债的分类标准之间的差异。在法国，债的分类标准是什么？不同的民法学者做出的回答未必完全相同，这就导致他们在分类标准方面有不同看法；其二，债的具体类型之间的差异。在法国，债应当分为哪几类？即便是采取同一分类标准的民法学者，他们做出的回答也未必相同，这就导致他们在债的具体类型

[①] Philippe Malinvaud, Dominique Fenouillet, Droit des obligations, 11e édition, Litec, 2010, p.5.

方面存在不同看法。

在2016年的债法改革之前，法国民法学者之间在债的分类标准和债的具体类型方面存在不同看法。例如，Mazeaud和Chabas等人认为，应当根据两种不同的标准对债做出不同的分类：其一，根据债的渊源的不同对债做出分类。他们认为，根据债产生的渊源究竟是合同、准合同、侵权还是准侵权的不同，债可以分为合同债、准合同债、侵权债和准侵权债。此外，某些民法学者也认为，应当增加一种新的类型的债，这就是单方债。① 其二，根据债的客体的不同对债做出分类。他们认为，根据债的客体的不同对债进行分类是一种新的分类方法。根据此种分类标准，债可以分为：转移所有权的债、作为债和不作为债，积极债和消极债，确定债（obligation déterminées）（结果债）或者谨慎勤勉的一般债（手段债），要物债（obligation réeles）和普通债，财产债和非财产债，道德债和法律债，民事债和自然债。②

而Légier则不同，他认为应当根据三种不同的标准对债做出不同的分类：其一，根据债的客体的不同对债做出分类。他认为，根据债的客体的不同，债可以分为：转移所有权的债、作为债和不作为债，金钱债和代物债，结果债和手段债。其二，根据债的限定方式的不同对债做出分类。他认为，《法国民法典》根据债的限定方式的不同，将债分为简单债和附条件的债。其三，根据债的渊源不同对债做出分类。《法国民法典》将债分为合同债、准合同债、侵权债、准侵权债和制定法所产生的债。不过，他也认为，此种分类并不科学，应当根据法律行为和法律事实的不同对债做出分类，这就是法律行为产生的债和法律事实产生的债。③

在2016年的债法改革之后，法国民法学者之间在债的分类标准和债的分类方面仍然存在不同意见。例如，Terré、Simler和Lequette等人认为，应当根据三种不同的标准对债做出不同的分类：其一，根据《法国民法典》传统上采取的区分标准即客体的不同，债可以分为转移所有权的债、作为债和不作为债；其二，根据学者在19世纪初期提出并且之后被司法判例所采纳的区分标准，债可以分为手段债和结果债；其三，根据在20世纪经常发生并且为Jean Carbonnier教授所主张是否产生货币波动的（les fluctuations monetaires）不同，债可以分为金钱债和代物债。④ 而Malaurie、Aynès和Stoffel-Munck则不同，他们认为，应当根据两种不同的标准对债做出不同的分类：其一，根据债的渊源不同，债可以分为法律行为、法律事实和制定法。⑤ 其二，根据债的客体的不同，债可以分为转移所有权的债、作为债和不作为债、担保债、金钱债和代物债、结果债和手段债。⑥

---

① Henri et Léon Mazeaud, Jean Mazeaud, François Chabasd, Obligations, 9e édition, Montchrestien, 1998, pp. 11 – 12.
② Henri et Léon Mazeaud, Jean Mazeaud, François Chabasd, Obligations, 9e édition, Montchrestien, 1998, pp. 12 – 16.
③ Gérard Légier, les obligations, 17e édition, Dalloz, 2001, pp. 3 – 6.
④ François Terré, Philippe Simler, Yves Lequette, François Chénedé, Droit Civil, les Obligations, 12e édition, Dalloz, 2018, pp. 7 – 9.
⑤ Philippe Malaurie, Laurent Aynès, Philippe Stoffel-Munck, Droit des obligations, 8e édition, LGDJ, 2016, pp. 17 – 18.
⑥ Philippe Malaurie, Laurent Aynès, Philippe Stoffel-Munck, Droit des obligations, 8e édition, LGDJ, 2016, p. 14.

因此，虽然法国民法学者普遍承认结果债和手段债的分类，但是，该种分类是根据什么标准做出的，民法学者之间存在不同看法。某些民法学者认为，此种分类是根据债的客体不同做出的，例如 Malinvaud 和 Fenouillet 就采取此种看法。① 而某些学者则认为，此种分类并不是根据债的客体做出的，而是根据债的效果不同做出的，例如 Larribau-Terneyre。② 同样，虽然法国民法学者均承认金钱债和代物债的分类，但是，该种分类是根据什么标准做出的，民法学者之间存在不同看法。某些民法学者认为，此种分类是根据债的客体不同做出的，例如 Malinvaud 和 Fenouillet 就采取此种看法。③ 而某些民法学者则认为，该种分类并不是根据债的客体不同做出的，而是根据是否存在货币波动的不同做出的，例如 Terré、Simler 和 Lequette 等人，已如前述。

虽然民法学者之间在债的分类标准和具体类型方面存在不同看法，但是，法国大多数民法学者均认为，债可以根据多种多样的标准做出分类：债可以根据客体的不同做出分不同分类，债可以根据产生渊源的不同做出不同分类，债可以根据效果的不同做出不同分类，债可以根据是否受到限定的不同做出不同的分类，等等。④

在法国，民法学者普遍根据债产生渊源的不同对债做出不同分类，因为他们认为，债的渊源不同，它们所产生的债也不同。因此，当合同成为债的渊源时，因为该种渊源所产生的债就是合同债。当准合同成为债的渊源时，因为该种渊源所产生的债就是准合同债。当侵权或准侵权产生债时，因为侵权或者准侵权所产生的债就是侵权债和准侵权债。2016 年之前，《法国民法典》根据债的渊源不同将债分为合同债和准合同债、侵权债和准侵权债以及制定法所规定的债。在 2016 年 2 月 10 日的债法改革之后，《法国民法典》根据债的渊源不同将债分为法律行为债、法律事实债和单纯的制定法上的债。

Mazeaud 和 Chabas 等人认为，根据债的渊源的不同对债做出这样的分类是最基本的、最重要的分类，该种分类自罗马法时代起就一直被民法学者所主张，他们指出："根据债的渊源的不同将债分为合同债、侵权债、准侵权债和准合同债，自罗马法时代以来一直被看作债的基本分类，该种分类是建立在债的成立是否需要具备当事人的意志的基础上的。正如合同当事人的意志能够产生债一样，当事人所实施的非法行为（侵权和准侵权行为）或者准合同行为也能够在产生债，即便这些行为不是当事人意志之外的行为。"⑤

关于根据债的渊源对债所做出的不同分类，笔者将在债的渊源当中做出详细的讨论，此处从略，笔者仅仅在此处讨论债的其他分类。

---

① Philippe Malinvaud, Dominique Fenouillet, Droit des obligations, 11e édition, Litec, 2010, pp. 5 – 10.
② Virginie Larribau-Terneyre, Droit civil, Les obligations, 15e édition, Dalloz, 2017, pp. 59 – 60.
③ Philippe Malinvaud, Dominique Fenouillet, Droit des obligations, 11e édition, Litec, 2010, pp. 10 – 11.
④ Philippe Malinvaud, Dominique Fenouillet, Droit des obligations, 11e édition, Litec, 2010, pp. 5 – 18; Jacques Flour, Jean-Luc Aubert, Éric Savaux, Les obligations, 1. L'acte juridique, 15e édition, Dalloz, 2012, pp. 28 – 41; Philippe Malaurie, Laurent Aynès, Philippe Stoffel-Munck, Droit des obligations, 8e édition, LGDJ, 2016, pp. 14 – 18; Marjorie Brusorio-Aillaud, Droit des obligations, 8e édition, bruylant, 2017, pp. 13 – 15; Virginie Larribau-Terneyre, Droit civil, Les obligations, 15e édition, Dalloz, 2017, pp. 57 – 64; François Terré, Philippe Simler, Yves Lequette, François Chénedé, Droit civil, Les obligations, 12e édition, Dalloz, 2018, pp. 7 – 9.
⑤ Henri et Léon Mazeaud, Jean Mazeaud, François Chabasd, Obligations, 9e édition, Montchrestien, 1998, pp. 11 – 12.

三、转移所有权的债、作为债和不作为债

2016年之前,法国民法学者普遍认为,根据债的客体的不同,债可以分为三种:转移所有权的债(les obligations de donner)、作为债(les obligations de faire)和不作为债(les obligations de ne pas faire),这就是债的三分法的区分理论。除了法国民法学者普遍承认三分法的区分理论之外,2016年之前的《法国民法典》也明确规定了三分法的区分理论。因为,此种分类被视为债的最主要的、基本的、最经典的分类。在2016年2月10日的债法改革之后,《法国民法典》放弃了此种理论。虽然如此,在今时今日,法国民法学者仍然一如既往地承认此种分类。

(一) 转移所有权的债、作为债和不作为债的界定

1. 转移所有权的债

在法国,转移所有权的债的法文词语是"les obligations de donner"。该词语的通常意义或者日常含义是指"交付财产的债"(les obligations de livre la chose)。不过,法国民法学者普遍不会按照该种词语的通常意义来理解这一词语,因为如果按照其通常的含义来理解,则该种债将会等同于"作为债",而实际上,在法国,"作为债"并不是该种债,而是三分法的分类理论当中的第二种债。在法国,民法学者普遍认为,"les obligations de donner"这一词语应当按照其特别的意义或者技术性的含义来理解,这就是,它是转移所有权的债。所谓转移所有权的债,是指债务人所承担的将其财产所有权转移给债权人的债。①

2. 作为债

所谓作为债(les obligations de faire),是指债务人所承担的积极做出某种行为的债。② 在法国,作为债的种类繁多,例如,承运人所承担的将乘客从一个地方运输到另外一个地方的债,雇员所承担的为其雇主劳动的债,等等。在法国,作为债不应当包括债务人所承担的将其财产所有权转移给债权人的债,即便债务人在履行此种债的时候也有对债权人做出某种积极的行为,但是,作为债并不包括转移所有权的债,因为转移所有权的债属于作为债之外的一种独立债,已如前述。当然,也基于此种原因,法国某些民法学者对此种三分法的债的分类理论提出批判,认为此种分类并不科学。

3. 不作为债

所谓不作为债(les obligations de ne pas faire),是指债务人所承担的消极地不做出某种行为的债,换言之,所谓不作为债,是指债务人所承担的抑制自己行为的债。例如,医师所承担的不泄露其病患者秘密的债务,债务人所承担的不同其债权人开展竞争的债务,以及当商事营业资产的出卖人将其商事营业资产出卖给了买受人之后,他们对

---

① Henri et Léon Mazeaud, Jean Mazeaud, François Chabas, Obligations, 9e édition, Montchrestien, 1998, p.12.
② Henri et Léon Mazeaud, Jean Mazeaud, François Chabas, Obligations, 9e édition, Montchrestien, 1998, p.13; Gérard Légier, les obligations, 17e édition, Dalloz, 2001, p.4; Rémy Cabrillac, Droit des obligations, 9e édition, Dalloz, p.3.

买受人所承担的不再在同一个区域开始商事经营活动的债务，均为不作为债。①

（二）2016 年之前的《法国民法典》对债的类型的三分法理论的明确规定

在民法上，债的类型的三分法理论历史非常悠久，因为罗马法已经明确区分三种不同类型的合同：交付财产的合同（dare）、做出某种行为（facere）的合同和不做出某种行为（non facere praestare）的合同。② 罗马法的此种分类被法国 18 世纪著名的民法学家 Pothier 所继承，在其著名的《债法专论》当中，他明确将债分为转移所有权的债、作为债和不作为债。③

受到罗马法尤其是 Pothier 的影响，1804 年的《法国民法典》以大量的法律条款对这三类债做出了规定。一方面，1804 年的《法国民法典》第 1101 条以此种分类作为界定合同的方法，它规定：所谓合同，是指一方当事人同另外一方当事人之间所达成的一种协议，根据该种协议，一个或者几个人应当对另外一个或者几个人承担转移所有权、做出某种行为或者不做出某种的债。④ 另一方面，除了明确使用了"转移所有权的债、作为债和不作为债"的名称之外，1804 年的《法国民法典》第 1136 条至第 1145 条还对债务人不履行这些债时所承担的责任做出了规定。⑤ 这些法律条款从 1804 年被原封不动地保留到 2016 年之前，直到 2016 年 2 月 10 日的法令生效时止。

在 2016 年的法令生效之前，法国的民法学者普遍承认债的类型的三分法理论。例如，Mazeaud 和 Chabas 等人就承认此种分类，他们指出："根据债的客体的不同，债可以分为转移所有权的债、作为债和不作为债。"⑥ 再例如，Flour、Aubert 和 Savaux 也承认此种分类，他们指出："债的客体是指债务人应当对债权人的所作所为。根据《法国民法典》的规定，债的客体可能是转移财产所有权、做出某种行为或者不做出某种行为。"⑦ 因此，根据债的客体的不同，债分为"转移所有权的债、作为债和不作为债。"⑧

（三）法国民法学者在今时今日对债的分类的三分法理论的坚持

在 2005 年之前，虽然《法国民法典》和大多数民法学者坚守债的分类的三分法理

---

① Henri et Léon Mazeaud, Jean Mazeaud, François Chabas, Obligations, 9e édition, Montchrestien, 1998, p. 13; Gérard Légier, les obligations, 17e édition, Dalloz, 2001, p. 4; Rémy Cabrillac, Droit des obligations, 9e édition, Dalloz, p. 3.

② Jean Gaudemet, Emmanuelle Chevreau, Droit privé romain, 3e édition, Montchrestien, p. 263.

③ Robert-Joseph Pothier, Traité des obligations, Dalloz, 2011, pp. 61 – 64.

④ Article 1101, Code civil des Français, édition originale et seule officielle, A Paris, de l'Imprimerie de la République, An XII 1804, http://www.assemblee – nationale.fr/evenements/code – civil/cc1804 – l3t03.pdf.

⑤ Article 1136 à 1145, Code civil des Français, édition originale et seule officielle, A Paris, de l'Imprimerie de la République, An XII 1804, http://www.assemblee – nationale.fr/evenements/code – civil/cc1804 – l3t03.pdf.

⑥ Henri et Léon Mazeaud, Jean Mazeaud, François Chabas, Obligations, 9e édition, Montchrestien, 1998, p. 12.

⑦ Jacques Flour, Jean-Luc Aubert, Éric Savaux, Les obligations, 1. L'acte juridique, 15e édition, Dalloz, 2012, p. 29.

⑧ Jacques Flour, Jean-Luc Aubert, Éric Savaux, Les obligations, 1. L'acte juridique, 15e édition, Dalloz, 2012, p. 29.

论，但是，不少学者也对此种理论提出批评，因为他们认为，此种理论是不科学的、没有任何用处的、是不可能构成一种独立的债的。

一方面，转移所有权的债是不存在的，因为在法国，财产所有权的转移原则上在合同成立时通过双方意思表示的合意就已经完成。另一方面，即便存在少数转移所有权的债，这些转移所有权的债在性质上也属于一种作为债，例如，附保留所有权条款的买卖当然属于一种转移所有权的债，但是该种债属于作为债的组成部分。换言之，债法领域仅仅存在作为债和不作为债，在这两种债之外不存在转移所有权的债。①

某些民法学者走得更远，他们认为，除了转移所有权、作为债和不作为债的三分法理论是不科学的之外，作为债和不作为债的区分也是不科学的，因为不作为最终仍然来自作为：不作为是作为的否定形式，其反面仍然是作为，因此，债法当中仅仅存在一种债即作为债。在法国，Carbonnier 采取此种理论，在其著名的民法教科书当中，他对《法国民法典》所采取的区分转移所有权、作为债和不作为债的做法提出了批判，认为它所规定的三种债可以归结为一种债即作为债，他指出："如果人们仍然坚持《法国民法典》的规定的话，则它所规定的这三种不同的债可以缩减为一种债，这就是作为债（所谓不作为，仍然是一种作为）。因为债的客体本质上是一种服务，是债务人的精神服务和物质服务。"②

虽然遭遇民法学者的批评，在 2005 年的《债法改革草案》当中，Catala 不仅没有废除此种分类，而且还在这三种类型的基础上增加了一种新的类型即返还债（obligation de restitution），这就是他的草案当中的第 1121-1127 条。在 2008 年的《合同法改革草案》当中，法国司法部仍然采取了此种做法，继续坚持转移所有权、作为债和不作为债的三分法理论。然而，在没有公开的 2009 年版本的《合同法改革草案》当中，它不再承认转移所有权的债，仅仅规定了作为债和不作为债。③

在 2016 年 2 月 16 日的债法改革法令当中，法国政府最终抛弃了转移所有权、作为债和不作为债的传统法律。因为这样的原因，现行《法国民法典》不再规定债的分类的三分法理论。一方面，现行《法国民法典》第 1101 条在界定合同时不再将合同视为当事人之间的一种以转移所有权、做出或者不做出某种行为的债，而是将其视为当事人之间的一种以建立、变更、转让或者消灭债为目的的合意。另一方面，《法国民法典》对转移所有权、作为债和不作为债做出规定的旧的第 1136 条至第 1145 条也消失了。因为这些法律条款对合同法当中的其他内容做出了规定。④

虽然 2016 年的债法改革最终放弃了转移所有权的债、作为债和不作为债的区分理

---

① C. Saint-Alary-Houin, Réflexions sur le transfert différé de la propriété. immobilière, in Mélanges Pierre Raynaud, Dalloz, p. 733; Muriel Fabre-Magnan, Le mythe de l'obligation de donner, RTD ci 1996. 85; Marjorie Brusorio-Aillaud, Droit des obligations, 8e édition, bruylant, 2017, pp. 13 – 14.
② Jean Carbonnier, Droit civil, Volume II, Les biens, Les obligations, puf, 2004, p. 1926.
③ Virginie Larribau-Terneyre, Droit civil, Les obligations, 15e édition, Dalloz, 2017, pp. 58 – 59.
④ Virginie Larribau-Terneyre, Droit civil, Les obligations, 15e édition, Dalloz, 2017, p. 59.

论，但是，在今时今日，法国民法学者仍然在自己的著作当中对此种区分理论做出了介绍。①

四、金钱债、代物债和时值债

在法国，民法学者普遍认为，根据债的性质的不同，债可以分为金钱债（les obligations de sommes d'argent）和代物债（les obligations en nature）两种，这就是二分法的债的区分理论。② 例如，Malinvaud 和 Fenouillet 就明确承认此种区分理论，他们指出："根据债务人所为的给付究竟是金钱还是金钱之外的东西的不同，债可以分为金钱债和代物债。"③ 再例如，Malaurie、Aynès 和 Stoffel-Munck 也承认此种区分理论，他们指出："一种更当代的区分是代物债和金钱债。"④

在法国，某些民法学者认为，除了金钱债和代物债之外，债还包括第三种即时值债（dette de valeur），这就是三分法的债的区分理论。Flour、Aubert 和 Savaux 采取此种理论，他们根据债的客体的不同将债分为代物债、金钱债和时值债三种。⑤ 应当注意的是，Malinvaud 和 Fenouillet 虽然承认时值债，但是，他们将时值债视为金钱债的一种表现形式，因为他们认为，金钱债要么表示债产生时的金钱，要么表示债履行时的金钱，而在后一种情况下的金钱债就是时值债。⑥

（一）金钱债、代物债和时值债的界定

所谓金钱债，也称为货币债（obligation monétaire）或者狭义的经济债（les obligations pécuniaires），是指债务人所承担的支付一定数额的金钱的债，当债务人因为某种原因而将一定数额的金钱支付给债权人时，他们所承担的此种债就属于金钱债。换句话说，在金钱债当中，债的客体是债务人支付一定数额的金钱或者货币给债权人。在民法中，金钱债虽然主要是一种合同债，但是金钱债也可以是非合同债，因为金钱债除了可以因为当事人之间的合同规定而产生之外，也可以因为法律的规定而产生。Larroumet 对此做出了说明，他指出："支付一定数额的金钱债或者经济债既可以是合同债，也可

---

① Philippe Malaurie, Laurent Aynès, Philippe Stoffel-Munck, Droit des obligations, 8e édition, LGDJ, 2016, p. 14; Marjorie Brusorio-Aillaud, Droit des obligations, 8e édition, bruylant, 2017, pp. 13 – 14; Virginie Larribau-Terneyre, Droit civil, Les obligations, 15e édition, Dalloz, 2017, pp. 58 – 59; François Terré, Philippe Simler, Yves Lequette, François Chénedé, Droit civil, Les obligations, 12e édition, Dalloz, 2018, p. 7.

② Jean Carbonnier, Droit civil, Volume II, Les biens, Les obligations, puf, 2004, pp. 1926 – 1928; Philippe Malinvaud, Dominique Fenouillet, Droit des obligations, 11e édition, Litec, 2010, pp. 10 – 11; Philippe Malaurie, Laurent Aynès, Philippe Stoffel-Munck, Droit des obligations, 8e édition, LGDJ, 2016, p. 14; Marjorie Brusorio-Aillaud, Droit des obligations, 8e édition, bruylant, 2017, p. 14; Virginie Larribau-Terneyre, Droit civil, Les obligations, 15e édition, Dalloz, 2017, pp. 57 – 58; François Terré, Philippe Simler, Yves Lequette, François Chénedé, Droit civil, Les obligations, 12e édition, Dalloz, 2018, pp. 8 – 9.

③ Philippe Malinvaud, Dominique Fenouillet, Droit des obligations, 11e édition, Litec, 2010, p. 10.

④ Philippe Malaurie, Laurent Aynès, Philippe Stoffel-Munck, Droit des obligations, 8e édition, LGDJ, 2016, p. 14.

⑤ Jacques Flour, Jean-Luc Aubert, Éric Savaux, Les obligations, 1. L'acte juridique, 15e édition, Dalloz, 2012, pp. 32 – 34.

⑥ Philippe Malinvaud, Dominique Fenouillet, Droit des obligations, 11e édition, Litec, 2010, pp. 10 – 11.

以是非合同债。"①

所谓代物债,是指债务人所承担的除了金钱债之外的所有其他债。任何债,只要它们在性质上不属于上述所谓的金钱债、货币债,则它们就属于代物债。代物债包括的范围十分广泛,既包括转移所有权的债,也包括作为债和不作为债。Légier 对代物债的范围做出了说明,他指出:"代物债是指金钱债之外的所有债,金钱债被称为一种转移所有权的债,其客体是转让一定数额的金钱给债权人。"② Flour、Aubert 和 Savaux 对代物债的范围做出了说明,他指出:"从否定的意义上来界定,所谓代物债,是指凡是其客体不是支付一定数额的金钱的债。代物债包括三种:转移财产所有权的债,无论是转移特定物所有权的债还是转移种类物所有权的债,但是金钱债除外;所有的作为债;所有的不作为债。"③

所谓时值债,是指介于金钱债和代物债中间的一种债,是指债务人所承担的按照债务人履行债务的时候所确定的最终数额支付金钱给债权人的债。在该种债当中,债务人承担的债务虽然仍然是支付一定数额的金钱给债权人,但是,债务人究竟应当支付多少数额的金钱给债权人,在债产生的时候并不确定,仅在债务人履行该种债的时候才最终确定。在法国,时值债的理论并非法国民法学者最先主张的理论,该种理论最初仅为德国的民法学者所主张,直到近年来才被引入到法国,并且为某些法国民法学者所主张。④

法国民法学者认为,最典型的时值债包括债务人承担的抚养债和侵权损害赔偿债。在抚养债当中,债务人虽然要对债权人承担抚养义务,但是,债务人究竟要支付多少抚养费给债权人,在抚养债产生的时候并不确定,其具体数额仅在债务人具体履行该种债的时候才确定,它取决于债权人的需要,取决于生活成本等不同的因素。在侵权损害赔偿债当中,虽然债务人对债权人所承担的损害赔偿责任在债务人或者债务人对其行为负责的人实施致害行为时就已经确立,但是,债务人究竟应当赔偿债权人多少数额的金钱并不确定,他们承担的损害赔偿数额只能在法官做出裁判时确定。⑤

(二) 金钱债和代物债区分理论的确立

在法国,金钱债、代物债和时值债的区分理论的建立时间非常短暂,因为,它最早

---

① Christian Larroumet, Droit Civil, Les obligations, le Contrat, 6e édition, Economica, 2007, p. 47.
② Gérard Légier, les obligations, 17e édition, Dalloz, 2001, p. 4.
③ Jacques Flour, Jean-Luc Aubert, Éric Savaux, Les obligations, 1. L'acte juridique, Quatorzième édition, Dalloz, 2010, p. 33.
④ Jacques Flour, Jean-Luc Aubert, Éric Savaux, Les obligations, 1. L'acte juridique, Quatorzième édition, Dalloz, 2010, p. 33; Philippe Malinvaud, Dominique Fenouillet, Droit des obligations, 11e édition, Litec, 2010, p. 11; François Terré, Philippe Simler, Yves Lequette, François Chénedé, Droit civil, Les obligations, 12e édition, Dalloz, 2018, p. 1543.
⑤ Jacques Flour, Jean-Luc Aubert, Éric Savaux, Les obligations, 1. L'acte juridique, Quatorzième édition, Dalloz, 2010, p. 33; Philippe Malinvaud, Dominique Fenouillet, Droit des obligations, 11e édition, Litec, 2010, p. 11; François Terré, Philippe Simler, Yves Lequette, François Chénedé, Droit civil, Les obligations, 12e édition, Dalloz, 2018, p. 1543.

由法国著名民法教授 Carbonnier 所主张,在其 20 世纪 50 年代的著名教科书《债》当中,在批评《法国民法典》所采取的将债分为转移所有权的债、作为债和不作为债的区分理论时,他别出心裁地提出了根据债的客体的不同将债分为金钱债和代物债的区分理论,他指出:"我们应当根据债的客体的不同对债做出另外的分类,这就是将金钱债与所有其他类型的债予以对比,金钱债之外的所有其他类型的债为代物债,也就是将金钱经济和代物经济予以对比。"① Carbonnier 认为,同代物债相比,"金钱债"属于一种"卓越债"(obligation par excellence)。②

虽然从 20 世纪 50 年代开始一直到今时今日均主张此种区分理论,但是,仅仅到了 20 世纪 80 年代,民法学者才开始承认此种区分理论。1982 年,G. Sousi 发表了《金钱债的法律特殊性》的学术论文,开始讨论金钱债所具有的特殊性质。③ 1984 年,巴黎第二大学的法学博士 Ch. Bruneau 公开了自己的博士学位论文,这就是《金钱债和代物债之间的区分——客体确定的尝试》,它试图对金钱债和代物债进行系统性的研究。④ 1992 年,Rémy Libchaber 出版了自己的专著《私法当中的金钱研究》,其中也对金钱债和代物债之间的关系做出了分析,包括金钱债的界定、金钱债的价值、金钱债的功效以及金钱债的清偿等,试图将金钱债的理论系统化。⑤ 2005 年,Louis-Frédéric Pignarre 公开了自己的博士学位论文《私法当中的代物债和金钱债——从区分开始理论化》,在该论文当中,他试图将代物债和金钱债的区分理论予以系统化,因为他认为,此种区分理论在当代社会具有重要意义。⑥

(三) 区分金钱债和代物债的理由

在今时今日,法国民法学者普遍承认金钱债和代物债之间的区分理论,无论是在 2016 年的债法改革之前还是之后,均是如此,已如前述。法国民法学者之所以普遍区分金钱债和代物债,其主要原因有二。

第一,金钱债和代物债的客体是否会发生货币贬值的不同。虽然均为债的客体,代物债的客体是债务人支付金钱之外的作为行为或者不作为行为,它们不会面临货币贬值的问题,而金钱债的客体则不同,它是债务人所支付的一笔数额的金钱,该金钱存在货币贬值的问题,因为,虽然均为一元钱,但是,今天的一元钱既不同于昨天的一元钱,也不同于明天的一元钱。虽然金钱存在贬值的问题,但是,一旦债务人与债权人之间的合同对债务人应当支付的金钱数额做出了约定,债务人仅仅按照合同规定的数额支付金钱给债权人,合同记载的数额是多少,债务人就支付多少,他们不因为货币贬值或者升

---

① Jean Carbonnier, Droit civil, Les biens, Les obligations, puf, 2004, p. 1926.
② Jean Carbonnier, Droit civil, Les biens, Les obligations, puf, 2004, p. 1926.
③ G. Sousi, La spécificité juridique de l'obligation de somme d'argent, RTD ci, 1982, p. 514.
④ Ch. Bruneau, La distinction entre Les obligations monétaires et Les obligations en nature, Essai de détermination de l'objet, thèse Paris 2, 1984.
⑤ Rémy Libchaber, Recherches sur la monnaie en droit privé, LGDJ, 1992, pp. 178 – 384.
⑥ Louis-Frédéric Pignarre, Les obligations en nature et de somme d'argent en droit privé, Essai de théorisation à partir d'une distinction, Thèse de doctorat en Droit privé à Montpellier 1en 2005, https://www.theses.fr/2005MON10068.

值而多付或者少付，他们支付的数额刚好等同于合同所规定的数额，这就是金钱债的重要规则即金钱的维名原则（nominalisme）。当然，货币贬值的问题在时值债当中是不存在的，因为时值债当中债务人支付的金钱数额并不是在债产生时确定，而是在债履行时确定，已如前述。①

第二，债务人不履行债务时债权人是否能够要求法官强制履行的不同。如果债务人承担的债在性质上属于金钱债，在债务人不履行债务的情况下，基于债权人的请求，法官能够对有清偿能力的债务人的财产采取强制执行措施，通过拍卖或者变卖债务人的财产，从拍卖或者变卖价款当中支付债务人拖欠债权人的金钱。而如果债务人承担的债在性质上是代物债，在债务人不履行债务时，债权人是否有权向法院起诉，要求法官对债务人采取强制执行措施，取决于代物债的类型：如果债务人不履行转移财产所有权的债，则法官有权采取强制执行措施，要求债务人继续交付并且转移财产的所有权；如果债务人不履行转移所有权之外的作为债或者不作为债，则法官不得强制执行，要求债务人继续履行所承担的债务。此时，法官只能够责令债务人就其不履行债务的行为对债权人承担损害赔偿责任。此时，代物债就嬗变为金钱债。②

第二节 手段债和结果债

在法国，所有民法学者均认为，应当根据债的强度、债的效力、债的范围或者债的客体的不同将债分为手段债（les obligations de moyens）和结果债（les obligations de résultat），这就是二分法的债的区分理论。③ 例如，Larribau-Terneyre 就明确承认此种区

---

① Rémy Libchaber, Recherches sur la monnaie en droit privé, LGDJ, 1992, pp. 210 – 242; Jean Carbonnier, Droit civil, Volume II, Les biens, Les obligations, puf, 2004, pp. 1927 – 1928; Philippe Malinvaud, Dominique Fenouillet, Droit des obligations, 11e édition, Litec, 2010, p. 11; Jacques Flour, Jean-Luc Aubert, Éric Savaux, Les obligations, 1. L'acte juridique, 15e édition, Dalloz, 2012, p. 33; Virginie Larribau-Terneyre, Droit civil, Les obligations, 15e édition, Dalloz, 2017, p. 58; François Terré, Philippe Simler, Yves Lequette, François Chénedé, Droit civil, Les obligations, 12e édition, Dalloz, 2018, pp. 8 – 9.

② Rémy Libchaber, Recherches sur la monnaie en droit privé, LGDJ, 1992, pp. 210 – 242; Jean Carbonnier, Droit civil, Volume II, Les biens, Les obligations, puf, 2004, pp. 1927 – 1928; Philippe Malinvaud, Dominique Fenouillet, Droit des obligations, 11e édition, Litec, 2010, p. 11; Jacques Flour, Jean-Luc Aubert, Éric Savaux, Les obligations, 1. L'acte juridique, 15e édition, Dalloz, 2012, p. 33; Virginie Larribau-Terneyre, Droit civil, Les obligations, 15e édition, Dalloz, 2017, p. 58; François Terré, Philippe Simler, Yves Lequette, François Chénedé, Droit civil, Les obligations, 12e édition, Dalloz, 2018, pp. 8 – 9.

③ Geneviève Viney, Patric Jourdain, Traité de Droit Civil, Les conditions de la responsabilité, 3e édition, LGDJ, 2006, pp. 512 – 513; Philippe Malinvaud, Dominique Fenouillet, Droit des obligations, 11e édition, Litec, 2010, pp. 8 – 10; Jacques Flour, Jean-Luc Aubert, Éric Savaux, Les obligations, 1. L'acte juridique, 15e édition, Dalloz, 2012, pp. 31 – 32; Philippe Malaurie, Laurent Aynès, Philippe Stoffel-Munck, Droit des obligations, 8e édition, LGDJ, 2016, pp. 535 – 542; Marjorie Brusorio-Aillaud, Droit des obligations, 8e édition, bruylant, 2017, p. 14; Virginie Larribau-Terneyre, Droit civil, Les obligations, 15e édition, Dalloz, 2017, pp. 59 – 60; François Terré, Philippe Simler, Yves Lequette, François Chénedé, Droit civil, Les obligations, 12e édition, Dalloz, 2018, pp. 7 – 8, pp. 905 – 908.

分理论，他指出："根据债的效果的不同，人们可以将债分为手段债和结果债。"① 再例如，Malinvaud 和 Fenouillet 也承认此种区分理论，他们指出："债要么是手段债，要么是结果债。此种区分并不是源于制定法的规定，它是民法学说提出来的一种区分理论并且得到了司法判例的承认。"② 当然，并非所有的民法学者均承认此种区分理论。例如，Carbonnier 在讨论债的类型时就没有承认此种区分理论。③

一、手段债和结果债的界定

在法国，因为《法国民法典》并没有明确规定手段债和结果债的区分理论，因此，它并没有对手段债和结果债做出界定。虽然法国民法学者对这两个术语做出了界定，但是，他们做出的界定并不完全相同。Brusorio-Aillaud 对两个术语做出了自己的界定，他指出："所谓手段债，是指债务人所承担的通过一切手段成功取得某种结果的债……所谓结果债，则是指债务人所承担的取得某种准确结果的债。"④ Terré、Simler 和 Lequette 等人对这两个术语做出的界定与 Brusorio-Aillaud 不同，他们指出："就像这两个术语所表明的那样，所谓结果债，是指以某种确定结果作为客体的债……所谓手段债，则是指债务人所承担的仅仅使用适当的手段、表现出谨慎和勤勉的方式完成某种任务的债，以便让债权人能够获得所希望的结果。"⑤

笔者结合大多数民法学者的看法，对手段债和结果债做出如下界定：所谓手段债，也称一般的谨慎和勤勉债（les obligations generals de prudence et diligence），是指债务人所承担的尽到一般人在同样情况或者类似情况下所能够尽到的谨慎和勤勉行为的债。例如，医师对其病患者所承担的债在性质上是手段债，因为医师在诊疗病患者的时候仅需尽到其他医师在同样或者类似情况下所能够尽到的谨慎或者勤勉义务即可，他们不承担一定要将病患者的疾病治好的债务。再例如，律师对其委托人承担的债在性质上属于手段债，因为他们在为委托人打官司时仅需尽力而为，不需要达到特定的结果即赢官司。

所谓结果债，也称为确定债（les obligations determineées），是指债务人所承担的达到某种确定效果或者取得某种准确结果的债。例如，承运人对其乘客所承担的债在性质上是结果债，因为承运人应当按照其承诺将乘客运送到目的地，如果承运人已经按照其承诺的结果将乘客运送到目的地，则他们就履行了所承担的债务，否则，就没有履行所承担的债务。再例如，家具供应商对其购买者承担的交付家具的债务在性质上属于结果债，因为，他们承诺在哪一天交付家具给购买者，则他们应当在该天将家具交付到购买者的手中。

---

① Virginie Larribau-Terneyre, Droit civil, Les obligations, 15e édition, Dalloz, 2017, p.59.
② Philippe Malinvaud, Dominique Fenouillet, Droit des obligations, 11e édition, Litec, 2010, p.8.
③ Jean Carbonnier, Droit civil, Volume II, Les biens, Les obligations, puf, 2004, pp.1926 – 1931.
④ Marjorie Brusorio-Aillaud, Droit des obligations, 8e édition, bruylant, 2017, p.14.
⑤ François Terré, Philippe Simler, Yves Lequette, François Chénedé, Droit Civil, les Obligations, 12e édition, Dalloz, 2018, p.7.

二、手段债和结果债之间的区分理论的产生和发展

(一) Demogue 在 1925 年首次提出的区分理论

就像金钱债和代物债的区分理论历史相对短暂一样,手段债和结果债的区分理论历史也相对不长。在法国,手段债和结果债的区分理论始于 1925 年,它是由 René Demogue 在自己的著名著作《债法总论专著》当中最先提出来的。

Demogue 生于 1872 年,卒于 1938 年,是法国 19 世纪末期至 20 世纪前半期与 François Gény、Marcel Planiol 和 Louis Josserand 等伟大民法学家齐名的著名学者、伟大的法学家。1898 年,他凭借其论文《侵权的民事赔偿》获得法学博士学位之后进入法国 Lille 大学(Université de Lille)法学院任教,从事民法的教学和研究工作,在 1903 年,他同样凭借该博士学位论文获得教授职位。在该大学任教期间,他稳固地建立起自己在法国学术界的地位,成为对法国民法学界有重大影响的学者。1914 年,他离开了法国 Lille 大学并且进入法国巴黎大学法学院从事民法的教学与研究工作,并且一直担任教授职位,直到他去世时止。[①]

作为法国 20 世纪初期的著名民法学家,Demogue 的著作众多,其中最为著名的著作是他的多达七卷的《债法总论专著》。在 1925 年出版的两卷即第 5 卷和第 6 卷的《债法总论专论》当中,Demogue 提出了我们应当在债法领域同时区分两种性质不同的债即结果债和手段债的理论。在第 5 卷的《债法总论专论》当中,他明确指出:"债务人承担的债务并不总是相同的,它或者是一种结果债,或者是一种手段债。"[②]

Demogue 指出,如果债务人承诺会取得某种结果的话,则他们承担的债务在性质上就是结果债。因此,受托人受托实施某种单方面法律行为的债、承运人运送包裹的债以及建造者建造建筑物的债在性质上是结果债。如果这些结果没有实现,则债务人就没有履行自己所承担的债务,债权人就有权向法院起诉,要求法官责令债务人对自己承担合同责任,除非债务人能够证明,债务的不履行是因为不可抗力引起的,否则,债务人应当就自己不履行债务的行为对债权人承担合同责任。[③]

Demogue 指出,如果债务人没有承诺会取得某种结果而仅仅承诺会采取某些措施,这些措施通常会引起某种结果的发生,则他们承担的债在性质上就属于手段债。因此,当顾客将自己的证券放在银行的保管箱当中时,银行对其顾客所承担的保管债务在性质上属于手段债。如果保管箱当中的证券被别人盗窃了,银行原则上不会对顾客承担法律责任,除非顾客能够证明银行在保管证券时没有履行自己所承担的义务,因为银行并没有对其顾客承诺不会让别人盗窃其证券,它们仅仅承诺会采取合理措施监控进入保管室的人。同样,承运人运送随身携带包裹的旅客的债务在性质上属于手段债,在旅客的包

[①] René Demogue, https://data.bnf.fr/fr/10892921/rene_demogue/;张民安:《法国民法总论(上)》,清华大学出版社 2017 年版,第 343—344 页。

[②] R. Demogue, Traite de obligation en general, Tome V, Paris, Rousseau, 1925, p.538.

[③] R. Demogue, Traite de obligation en general, Tome V, Paris, Rousseau, 1925, pp.538–539.

裹丢失时，承运人不对旅客承担法律责任，除非旅客能够证明承运人有过错。基于同样理由医师不承担将病患者治愈的债务，他们仅仅承担尽力医治的债务。①

在第 6 卷的《债法总论专论》当中，Demogue 再一次强调了结果债和手段债的区分理论，他指出："在这里，我们应当再一次提及手段债和结果债的区分。如果债务人允诺取得某种结果，例如，如果他们允诺归还所出借或者存放的财物，除非他们能够证明存在不可抗力，否则，如果结果没有取得，他们应当对债权人承担责任。但是，如果债务人仅仅允诺采取某种手段，例如，银行仅仅承诺采取措施防止保管箱当中的财物不会被盗窃。在我放在银行保管箱当中的财物被盗的情况下，如果我要求银行赔偿我的损失，我应当证明银行采取它们没有采取的预防措施。"②

Demogue 之所以提出结果债和手段债的区分理论，是因为他认为，结果债和手段债所实行的证明规则不同。在 1925 年之前，法国大多数民法学者认为，虽然合同责任和侵权责任均实行过错责任原则，但是，合同责任当中的过错和侵权责任当中的过错是存在差异的：在侵权责任当中，受害人应当承担举证责任，证明行为人有过错，而在合同责任当中，债务人的过错是推定的，一旦债务人不履行合同债务，则推定他们有过错，并且他们的过错只能够通过外在原因即不可抗力的证据予以推翻。③

在自己的《债法总论专论》当中，Demogue 对主流学者的此种看法提出了批判并因此提出了结果债和手段债的区分理论。Demogue 指出，合同责任和侵权责任之间的此种区别是不存在的，对于侵权过错和合同过错而言，过错的证明制度是相同的，因为，除了损害之外，受害人均应当承担举证责任：除了要证明被告对自己承担某种债务和被告不履行所承担的此种债务之外，他们还应当证明，被告不履行债务的行为与自己遭受的损害之间存在某种因果关系。Demogue 指出，过错证明之间的真正差异表现在债务人所承担的两种性质不同的债务方面：如果债务人承担的债务在性质上属于结果债，受害人只要证明债务人没有获得相应的结果，他们就证明了债务人的过错；相反，如果债务人承担的债务在性质上属于手段债，则受害人不应当证明债务人没有获得相应的结果，而应当证明债务人在履行债务时存在不谨慎或者过失的行为。④

（二）法国民法学者在 20 世纪 60 年代之前对 Demogue 区分理论的支持

Demogue 的此种理论提出来之后影响巨大，从 20 世纪 30 年代开始，不同的民法学者纷纷主张他所提出来的此种理论。1935 年，法国民法学者 G. Marton 发表了自己的文章即《结果债和手段债》，对 Demogue 提出来的此种区分理论做出了讨论。⑤ 1936 年，法国民法学者 H. Mazeaud 发表了自己的文章即《债的类型化的尝试：合同债和侵权债：

---

① R. Demogue, Traite de obligation en general, Tome V, Paris, Rousseau, 1925, pp. 539 - 540.
② R. Demogue, Traite de obligation en general, Tome VI, Paris, Rousseau, 1925, p. 644.
③ R. Demogue, Traite de obligation en general, Tome V, Paris, Rousseau, 1925, pp. 536 - 537; Geneviève Viney, Patric Jourdain, Traité de Droit Civil, Les conditions de la responsabilité, 3e édition, LGDJ, 2006, p. 507.
④ R. Demogue, Traite de obligation en general, Tome V, Paris, Rousseau, 1925, pp. 538 - 539; Geneviève Viney, Patric Jourdain, Traité de Droit Civil, Les conditions de la responsabilité, 3e édition, LGDJ, 2006, p. 507.
⑤ G. Marton, Obligations de résultat et obligations de moyens, RTD civ. 1935, pp. 499 - 543.

确定债与一般谨慎和勤勉债》，在该文当中，除了明确承认 Demogue 所提出的结果债和手段债的区分理论之外，他还提出以确定债与一般谨慎和勤勉债的术语取代结果债和手段债的术语。① 因为他的此种用语，法国当今民法学者在结果债和手段债的区分理论方面存在用语的不一致性：某些民法学者使用 Demogue 的用语，而另外一些民法学者则使用 Mazeaud 的术语，已如前述。

1937 年，法国民法学者 C. Thomas 发表了《手段债和结果债之间的区分》一文，承认结果债和手段债的区分理论。② 1945 年，A. Tunc 发表了《结果债与谨慎债的区分》一文，也承认此种区分理论。③ 1965 年，里昂大学法学院的 J. Frossard 出版了自己的博士学位论文《手段债和结果债的区分》，该著作厚达 319 页，对手段债和结果债的区分理论做出了全面、系统的研究，构成结果债和手段债的区分理论当中的第一部专著。④

在 20 世纪 60 年代之前，这些民法学者之所以赞成 Demogue 提出的结果债和手段债的区分理论，其主要原因有二：其一，他们认为结果债和手段债的区分理论等同于当事人的精神状态，因为，虽然当事人之间的债具有形形色色的范围，但是，所有的债要么是债务人对债权人提供某种结果的债，要么是债务人仅仅满足于对债权人做出努力以便能够满足债权人要求的债。⑤ 其二，他们认为结果债和手段债的区分理论具有相当的效用，因为它能够为法国实在法在合同责任当中采取的途径做出解释和系统化。根据法国法的规定，如果合同债务人不履行对合同债权人承担的债务，则他们应当对债权人承担合同责任。问题在于，合同债务人承担的合同责任和他们所承担的债务之间的关系如何。

这些民法学者认为，得益于结果债和手段债的区分理论，我们现在能够对这一问题做出清晰的界定和解释：虽然债务人对债权人承担债务，但是，合同债务人承担的债务并不是完全相同的。有时，合同债务人承担的债务仅仅是对债权人提供某种结果，当他们没有对债权人提供所承诺的结果时，他们就没有履行所承担的债务，就应当对债权人承担合同责任。而有时，合同债务人承担的债务仅仅是对债权人实施一定的行为，如果合同债权人要求债务人对自己承担合同责任，他们应当证明，债务人在行为时存在不谨慎或者过失行为。⑥

在结果债和手段债的区分理论问题上，Demogue 虽然认为该种理论同时适用于合同责任和侵权责任，但是，他仅仅将该种理论限定在过错的证明方面，也就是将该种理论限定在合同过错和侵权过错的证明制度（le système de preuve）方面，没有将它拓展到

---

① H. Mazeaud, Essai de classification des obligations: obligations contractuelles et extra-contractuelles: obligations déterminées et obligation générale de prudence et diligence, (1936) 35 RTDC, pp. 1 ets.

② C. Thomas, La distinction des obligations de moyens et des obligations de résultat, Re crit. de legisl. et de jurisp. 1937, p. 638.

③ A. Tunc, La distinction des obligations de result et des obligations de diligence, JCP. 1945. I. 449.

④ J. Frossard, La distinction des obligations de moyens et des obligations de résultat, LGDJ, 1965, pp. 1 – 319.

⑤ Geneviève Viney, Patric Jourdain, Traité de Droit Civil, Les conditions de la responsabilité, 3e édition, LGDJ. 2006, p. 508.

⑥ Geneviève Viney, Patric Jourdain, Traité de Droit Civil, Les conditions de la responsabilité, 3e édition, LGDJ. 2006, p. 508.

证明制度之外的整个债法领域。在承认 Demogue 所主张的此种区分理论时，除了像 Demogue 一样在证明制度当中讨论此种区分理论之外，这些民法学者还将此种区分理论从证明制度当中拓展到整个债法制度当中，认为结果债和手段债的区分理论构成债法总论的有机组成部分。H. Mazeaud 认为，结果债和手段债的区分理论属于合同债和侵权债的基本区分，除了在合同债当中适用之外也在侵权债当中适用。①

（三）法国民法学者在 20 世纪 60 年代之前对区分理论的反对

在 20 世纪 60 年代之前，虽然 Demogue 的上述理论被自己的一些虔诚门徒所信奉，但是，他的此种理论并没有获得法国所有民法学者的拥戴，因为某些民法学者对他的区分理论提出批评，诸如 P. Esmein、G. Marton 和 P. Wigny 等人。

从 1929 年到 1939 年之间，Paul Esmein 连续发表了三篇文章，对 Demogue 主张的结果债和手段债之间的区分理论提出批评。1929 年，他发表了自己的第一篇文章《债和合同责任》；② 1933 年，他发表了自己的第二篇文章《合同责任等同于侵权责任的根据》；③ 1939 年，他发表了自己的第三篇文章《评债的新分类》。④ Esmein 的主张获得了少数民法学者的回响，因为在他之后，这些民法学者也反对 Demogue 的区分理论。1935 年，G. Marton 和 P. Wigny 分别发表了自己的论文《结果债和手段债》和《合同责任和不可抗力》，继续反对区分理论，成为继 Esmein 之后第二个和第三个反对 Demogue 的区分理论的民法学者。⑤ 此后，法国民法学者 A. Breton 和 J. Brunet 分别在 1937 年和 1950 年的案例评注当中也反对结果债和手段债之间的区分理论。⑥

在这些文章当中，这些民法学者认为，结果债和手段债之间的区分理论要么是不准确的，要么是专断的，因此是没有实际效用的，法国债法不应当承认结果债和手段债的分类。一方面，他们认为，Demogue 的区分理论是不准确的，仅仅反映了现实的虚假看法，人们不可能完全区分结果债和手段债。最典型的范例是，虽然 Demogue 认为医师对其病患者承担的债务在性质上属于一种卓越的手段债，但是，人们不能说医师承担的所有债均为手段债，他们承担的某些债也是结果债。例如，当医师与其病患者签订改善病患者身体状况的合同时，医师承担的债务就是结果债。某些民法学者认为，债法当中根本就不存在结果债和手段债之间的区分，因为所有的债均是结果债。⑦ 另一方面，Demogue 的区分理论是专断的。因为，手段债和结果债之间的区分并非清晰的、泾渭分

---

① Geneviève Viney, Patric Jourdain, Traité de Droit Civil, Les conditions de la responsabilité, 3e édition, LGDJ, 2006, p. 508.

② P. Esmein, L'obligation et la responsabilité contractuelle, Études offertes à Georges Ripert, R. Pichon et R. Durand-Auzias, tome II, 1929, p. 101 et s.

③ P. Esmein, Le fondement de la responsabilité contractuelle rapp. rochée de la délictuelle, RTD ci 1933, p. 633.

④ P. Esmein, Remarques sur de nouvelles classifications des obligations, in Mélanges H. Capitant, Dalloz, 1939, p. 235.

⑤ G. Marton, Obligations de résultat et obligations de moyens, RTD ci 1935, pp. 499 – 543; P. Wigny, Responsabilité contractuelle et force majeure, Re trim. dr. ci, 1935, pp. 19 – 95.

⑥ A. Breton, note au S. 1937, p. 321; J. Brunet, nota au JCP, 1950, II, 5716.

⑦ Geneviève Viney, Patric Jourdain, Traité de Droit Civil, Les conditions de la responsabilité, 3e édition, LGDJ, 2006, p. 509.

明的，债务人承担的债务究竟是结果债还是手段债，取决于人们对债务持严格或者宽松的态度：如果人们对所谓的手段债当中的手段持严格的要求，则所谓的手段债等同于结果债。相反，如果人们对所谓的结果债当中的结果持宽泛的看法，则所谓的结果债就等同于手段债。

这些学者认为，就所谓的手段债而言，虽然债务人承担的债务是谨慎和勤勉行为的债务，但是，债的性质不同，则债务人的谨慎和勤勉的要求也不同：有时，人们仅仅要求他们尽到最小的谨慎和勤勉义务，而有时，人们则要求他们尽到更大的谨慎和勤勉义务。如果人们要求债务人尽到非常严格的谨慎和勤勉义务，难道他们不能够说债务人承担的债务等同于结果债？就所谓的结果债而言，虽然债务人承担的债务是要为债权人取得某种确定的结果，但实际上，所谓确定的结果也不是完全一样的，债的性质不同，确定的结果也不同：有时，当事人之间的债要求债务人提供精准的结果，而有时，他们之间的债仅仅要求债务人提供大致的结果。当人们对结果采取宽泛的看法时，难道人们不能够说债务人承担的结果债等同于手段债？①

三、当代民法学者对手段债和结果债之间的区分理论的普遍接受

无论是在2016年之前还是之后，法国大多数民法学者和法官均承认手段债和结果债的区分理论。② 在2004年的《民法》当中，Carbonnier就明确承认此种区分理论，他指出，债务人承担合同责任的一个条件是债务人实施的合同过错行为，也就是债务不履行行为。合同过错的证明取决于合同过错的性质，也就是取决于债的客体。③ 从这一角度，法官的判决通常区分手段债和结果债，并且"这一区分是具有启示性价值的"④。在2017年的《债》当中，Brusorio-Aillaud也明确承认此种区分理论，他指出，Demogue提出的手段债和结果债的区分理论不仅已经被民法学说和司法判例极大地发展起来，而且还被打磨成一种精密的理论。在合同法的改革当中，该种区分理论虽然没有被法国政府所采用，但是，该种理论被人们抛弃的可能性几乎是微乎其微的。⑤

不仅如此，在今时今日，除了普遍承认结果债和手段债的区分理论之外，法国大多数民法学者均赋予该种理论以教义学和启示性的价值，在法官面临合同债的范围确定的精细问题时，结果债和手段债的区分理论还能够对他们解释合同提供有益的指导。⑥

---

① Geneviève Viney, Patric Jourdain, Traité de Droit Civil, Les conditions de la responsabilité, 3e édition, LGDJ, 2006, pp. 509 – 510.

② Dimitri Houtcieff, Droit des contrats, Larcier, 2e édition, 2016, pp. 530 – 535；Muriel Fabre-Magnan, Droit des obligations, Tome 1, Contrat et engagement unilatéral, 4e édition, puf, 2016, pp. 541 – 543；Rémy Cabrillac, Droit des Obligations, 12e édition, Dalloz, 2016, pp. 153 – 155；Marjorie Brusorio-Aillaud, Droit des obligations, 8e édition, bruylant, 2017, pp. 278 – 280；Virginie Larribau-Terneyre, Droit civil Les obligations, 15e édition, Dalloz, 2017, pp. 609 – 612；François Terré, Philippe Simler, Yves Lequette, François Chénedé, Droit civil, Les obligations, 12e édition, Dalloz, 2018, pp. 905 – 925.

③ Jean Carbonnier, Droit civil, Volume Ⅱ, Les biens, les obligations, puf, 2004, p. 2190.

④ Jean Carbonnier, Droit civil, Volume Ⅱ, Les biens, les obligations, puf, 2004, p. 2190.

⑤ Marjorie Brusorio-Aillaud, Droit des obligations, 8e édition, bruylant, 2017, p. 279.

⑥ Geneviève Viney, Patric Jourdain, Traité de Droit Civil, Les conditions de la responsabilité, 3e édition, LGDJ, 2006, p. 512.

不过，无论是在2016年之前还是在2016年之后，虽然大多数民法学者均承认了手段债和结果债之间的区分理论，虽然法官每天都在自己的司法判例当中适用这一区分理论，但是，这一区分理论仍然遭到不少民法学者的批评，包括：P. Esmein，J. Frossard，Jean Bellissent 和 Philippe Malaurie 等人。这些民法学者之所以批评手段债和结果债的区分理论，是因为他们认为，此种区分理论存在三个方面的问题：区分手段债和结果债的标准是不确定的，也就是，判断债务人承担的债务究竟是手段债还是结果债的标准是不确定的；在所有的合同当中均同时存在手段债和结果债，并因此让手段债和结果债交织在一起；债务人承担的债务性质问题时常是一个程度的问题。某些民法学者更加极端，他们认为，手段债和结果债之间的区分理论完全是人们臆造的，不仅是一种虚假的理论，而且还是一种错误的理论。①

由于法国大多数民法学者和法官普遍承认手段债和结果债的区分理论，因此，民法学者起草的某些债法改革草案明确规定了此种区分理论。一方面，在2005年的《债法改革草案》当中，Catala 领导的债法改革小组规定了此种区分理论，这就是《债法改革草案》当中的第1149条，该条规定：所谓结果债，是指债务人所承担的让其债权人获得所承诺的结果的债务。因此，债务人仅仅因为自己没有成功地实现所确定的目的的单一事实就要对债权人承担责任，除非存在不可抗力的情形。所谓手段债，是指债务人所承担的为实现某种确定的目的应当尽到的必要的关心和谨慎，因此，债务人承担的责任以债权人能够证明他们欠缺谨慎或者勤勉作为条件。②另一方面，《债法改革草案》也对合同责任领域的结果债和手段债做出了规定，根据它的规定，如果债务人承担的债务是取得某种结果，则他们不履行债务的行为只需通过一个事实加以证明，这就是结果没有取得，除非债务人能够证明，债务的不履行系不可抗力或者其他外在原因引起的，否则，他们应当对债权人承担合同责任。在其他情况下，仅仅在债务人没有尽到必要的谨慎或者勤勉的情况下，债权人才能够要求债务人对其承担合同责任。③

由于法国少数民法学者对手段债和结果债的区分理论做出严厉的批评，因此，在2008年的《债法改革草案》当中，Terré 领导的债法改革小组没有对此种区分理论做出规定，此种区分理论的欠缺说明该小组对此种区分理论的不信任。④

在2016年2月10日的债法改革法令当中，法国政府是否对手段债和结果债的区分

---

① P. Esmein, L'obligation et la responsabilité contractuelle, LGDJ, 1950, tome II, pp. 101 – 115; J. Frossard, La distinction des obligations de moyens et des obligations de résultat, préf. R. Nerson, LGDJ, 1965, pp. 1 – 429; Jean Bellissent, Contribution à l'analyse de la distinction des obligations de moyens et des obligations de résultat: à propos de l'évolution des ordres de responsabilité civile, LGDJ, 2001, pp. 1 – 521; Philippe Malaurie, Laurent Aynès, Philippe Stoffel-Munck, Droit Des Obligations, 8e édition, LGDJ, 2016, pp. 538 – 540; François Terré, Philippe Simler, Yves Lequette, François Chénedé, Droit civil, Les obligations, 12e édition, Dalloz, 2018, pp. 923 – 925.

② Rapp. ort sur l'avant-projet de réforme du droit des obligations (Articles 1101 à 1386 du Code civil) et du droit de la prescription (Articles 2234 à 2281 du Code civil), Rapp. ort à Monsieur Pascal Clément, Garde des Sceaux, Ministre de la Justice, 22 Septembre 2005, p. 89.

③ Virginie Larribau-Terneyre, Droit civil, Les obligations, 15e édition, Dalloz, 2017, p. 60.

④ Virginie Larribau-Terneyre, Droit civil Les obligations, 15e édition, Dalloz, 2017, p. 603; François Terré, Philippe Simler, Yves Lequette, François Chénedé, Droit civil, Les obligations, 12e édition, Dalloz, 2018, pp. 924 – 925.

理论做出了规定？换言之，通过 2016 年 2 月 10 日的债法改革法令，现行《法国民法典》是否对此种区分理论做出了规定？对此问题，法国民法学者之间存在不同看法。某些民法学者认为，现行《法国民法典》没有对此种区分理论做出规定，它对此种区分理论的忽视说明它已经放弃了此种区分理论。① 而另外一些民法学者则持相反的看法，他们认为，2016 年 2 月 10 日的债法改革法令规定了此种区分理论。②

笔者采取后一种看法，认为现行《法国民法典》仍然承认结果债和手段债的区分理论，即便它没有像上述草案一样对结果债和手段债做出明确界定。因为《法国民法典》新的第 1231－1 条建立在结果债的基础上，而《法国民法典》新的第 1197 条则建立在手段债的基础上。③《法国民法典》新的第 1231－1 条规定：如果不能够证明债务的履行是因为不可抗力阻止的话，在债务人不履行债务或者迟延履行债务时，他们应当被责令支付赔偿金。④《法国民法典》新的第 1197 条规定：交付财物的债包含了在交付之前的保管债，此时，债务人应当尽到一个有理性的人所能够尽到的注意。⑤

四、民法学者普遍承认手段债和结果债之间的区分理论的原因

（一）民法学者和法官承认区分理论的两种原因

在当今法国，民法学者和法官之所以普遍承认手段债和结果债的区分理论，其主要原因有二：其一，债务人不履行债务的判断标准在结果债和手段债当中存在差异。在法国，民法学者和法官之所以普遍承认结果债和手段债的区分理论，第一个主要原因是，判断债务人不履行债务的标准是不同的。其二，结果债和手段债的证明方式存在差异。在法国，民法学者和法官之所以普遍承认结果债和手段债的区分理论，第二个主要原因是，在要求债务人就其不履行债务的行为对自己承担民事责任时，结果债和手段债所采取的证明规则是不同的。

（二）债务人过错的判断标准

在债法上，尤其是在合同法当中，无论是什么性质的债，债务人均应当履行自己对债权人所承担的债务，如果他们不履行所承担的债务，则他们应当对债权人承担合同责任或者侵权责任，除非他们能够证明自己具有拒绝承担民事责任的某种正当事由。

---

① François Terré, Philippe Simler, Yves Lequette, François Chénedé, Droit Civil, les Obligations, 12e édition, Dalloz, 2018, p. 925.

② Dimitri Houtcieff, Droit des contrats, Larcier, 2e édition, 2016, pp. 531－532; Philippe Malaurie, Laurent Aynès, Philippe Stoffel-Munck, Droit Des Obligations, 8e édition, LGDJ, 2016, p. 536; Virginie Larribau-Terneyre, Droit civil Les obligations, 15e édition, Dalloz, 2017, pp. 602－603.

③ Virginie Larribau-Terneyre, Droit civil, Les obligations, 15e édition, Dalloz, 2017, p. 60; Philippe Malaurie, Laurent Aynès, Philippe Stoffel-Munck, Droit des obligations, 8e édition, LGDJ, 2016, p. 536.

④ Article 1231－1, Code civil, Version en vigueur au 15 octobre 2020, https://www.legifrance.goufr/codes/section_lc/LEGITEXT000006070721/LEGISCTA000032009929/#LEGISCTA000032009929.

⑤ Article 1197, Code civil, Version en vigueur au 15 octobre 2020, https://www.legifrance.goufr/codes/section_lc/LEGITEXT000006070721/LEGISCTA000006150249/#LEGISCTA000032041319.

问题在于，如何判断债务人的行为构成不履行债务的行为？对此问题，法国民法学者认为，债务人不履行债务一行为的判断标准取决于他们所承担的债务性质：如果他们承担的债务在性质上属于手段债，则他们承担的此种债务仅仅要债务人在行为的时候尽力而为，不要求债务人做出的行为一定要达到某种确定的效果或者取得某种确定的结果，而结果债则不同，它们并不关注债务人在行为时是否尽力而为，它们要求债务人通过自己实施的行为为债权人达到某种确定的效果或者取得某种确定的结果。

所谓尽力而为，是指债务人在行为时达到了一个善良家父（bon père de famille ou bonus pater familias）在同样或者类似的情况下所达到的行为标准，也就是达到了英美法系国家的法律当中所规定的一个有理性的人（the reasonable man）在同样或者类似情况下所达到的行为标准：如果债务人在行为时已经达到了一个有理性的人所达到的标准，则他们就履行了自己所承担的债务，他们就无须承担民事责任，因为他们在行为时没有过错，反之，如果债务人在行为时没有达到一个有理性的人所达到的行为标准，则他们没有履行自己的债务，他们就应当对债权人承担民事责任，因为他们在行为时存在过错。这就是过错的客观判断标准（appréciation in abstracto）。①

换言之，在手段债当中，判断债务人是否履行了债务的标准原则上是抽象的客观判断标准，根据该种标准，在法官应当将债务人的行为与一个外在的行为标准即善良家父的标准进行比较，看一看他们是否尽到了善良家父所尽到的注意和勤勉义务。不过，在例外情况下，人们也采取主观标准判断债务人是否尽到了善良家父的行为标准。所谓主观判断标准，是指将债务人的行为与他们习惯上采取的行为加以对比，看一看他们在行为时是否尽到了他们在同样或者类似的情况下所习惯性达到的行为标准：如果他们在行为时达到了习惯上达到的行为标准，则他们没有过错，无须对债权人承担民事责任，反之，则有过错，应当对债权人承担民事责任，这就是过错的主观判断标准（appréciation in concreto）。《法国民法典》第1927条对无偿保管人所承担的债务采取主观判断标准，该条规定：在保管保管物时，保管人应当尽到保管自己财物时同样的注意。②

所谓通过自己实施的行为为债权人实现某种确定的效果或者取得某种确定的结果，是指通过债务人实施的行为，债权人获得了合同所规定的或者法律所规定的某种准确的效果或者结果：如果债权人获得了合同所规定的或者法律所规定的某种准确的效果或者结果，则债务人履行了自己对债权人所承担的债务，他们无须承担民事责任；反之，如果债权人没有获得合同所规定的或者法律所规定的某种准确的效果或者结果，则债务人没有履行自己对债权人所承担的债务，他们应当对债权人承担民事责任。

Mazeaud 和 Chabas 等人对人们承认结果债和手段债的此种原因做出了说明，他们指出："债可以分为确定债（或者结果债）和一般谨慎与勤勉债（手段债）两种。此种分类是建立在这样的理据基础上的：有时，债务人要承担完成某种确定行为的债，债务人

---

① Philippe Malaurie, Laurent Aynès, Philippe Stoffel-Munck, Droit des obligations, 8e édition, LGDJ, 2016, p.537.

② Philippe Malaurie, Laurent Aynès, Philippe Stoffel-Munck, Droit des obligations, 8e édition, LGDJ, 2016, p.537.

所承担的此种债是被严格加以规定的，此时，债务人应当取得此种结果。相反，在某些情况下，债务人仅仅承担谨慎行为的债务，承担以谨慎的方式试图实现所预想的结果的债务。例如，承运人所承担的按照其运输合同规定的时间和地点交付货物的债就是确定债，而医师所承担的以谨慎和勤勉的方式诊疗病患者的债则是一般谨慎和勤勉的债。"①

Malaurie、Aynès 和 Stoffel-Munck 也对人们区分结果债和手段债的此种理由做出了说明，他们指出："在某些情况下，为了取得债权人所希望的结果，债务人仅仅承担使用一切手段的债务，他们并不会承诺一定会通过自己的手段让债权人取得所希望的结果。他们承诺会实施某种行为，但是，此种行为所取得的结果是不确定的。……在债这一词语的技术含义上，所有的债均以某种确定的或者能够确定的具体客体的存在作为前提。债务人允诺会给债权人取得所希望取得的准确结果。没有让债权人取得此种准确结果的单纯事实就构成债务的不履行行为，换言之，债务人的过错就确立了并因此让他们对债权人承担合同责任，除非债务的不履行是因为不可抗力、债权人或者第三人的行为引起的。"②

（三）债务人过错的证明和推定

如果债务人承担的债务在性质上属于结果债，则债务人不履行债务的行为是法律推定的，换言之，债务人的过错是法律推定的：只要债权人能够证明债务人没有让自己获得所希望的结果，债务人就应当对债权人承担民事责任，除非债务人能够证明自己没有履行债务的行为是因为某种外在原因引起的。

如果债务人承担的债务在性质上属于手段债，则债权人应当承担举证责任，证明债务人在行为时没有尽到一个善良家父在同样或者类似的情况下所能够尽到的行为标准，换言之，债权人应当证明债务人在行为时有过错，如果他们无法证明债务人在行为时有过错，则他们不得要求债务人对自己承担民事责任。因此，如果债权人仅仅证明债务人没有让自己取得所希望的结果，他们无法要求债务人对自己承担民事责任。

Malinvaud 和 Fenouillet 对人们区分结果债和手段债的此种理由做出了说明，他们指出："人们区分结果债和手段债的利益在于，债权人在要求债务人承担民事责任时的证明是存在差异的。如果是结果债，在所允诺的结果没有实现的情况下，债务人被推定承担民事责任。因此，在要求债务人承担民事责任时，债权人仅仅证明所允诺的结果没有实现就足以让债务人承担完全责任。仅在债务人证明债务的不履行源自不可抗力时，他们才能够避免此种民事责任的承担。相反，如果是手段债，在债权人认为债务人没有履行自己的债务时，他们应当承担举证责任，证明债务人没有使用必要的手段。"③

Larribau-Terneyre 也对人们区分结果债和手段债的此种原因做出了说明，他指出："结果债和手段债的区分理论是重要的，因为它关系到民事责任承担时的债务不履行和

---

① Henri et Léon Mazeaud, Jean Mazeaud, François Chabas, Obligations, 9e édition, Montchrestien, 1998, p. 13.
② Philippe Malaurie, Laurent Aynès, Philippe Stoffel-Munck, Droit des obligations, 8e édition, LGDJ, 2016, pp. 536–537.
③ Philippe Malinvaud, Dominique Fenouillet, Droit des obligations, 11e édition, Litec, 2010, p. 9.

后果问题。实际上，如果债属于结果债，债权人仅仅承担举证责任，证明债务人没有实现所希望的结果：如果没有实现结果，则人们可以推定债务人没有履行债务；此时，如果债务人要逃避所承担的责任，他们应当承担举证责任，证明债务的不履行是一种不可抗力。相反，在不履行手段债的情况下，债权人应当承担举证责任，证明债务人存在不谨慎或者过失，这些不谨慎或者过失表明债务人没有履行自己的债务。"①

五、判断债务人承担的债务是手段债还是结果债的标准②

在确定债务人承担的哪些债务属于手段债和结果债时，人们应当考虑多种多样的因素，包括合同当事人的意图、债的客体、合同当事人预期结果的偶然特征、债权人所起到的作用是消极的还是积极的，等等。这就是区分债务人承担的合同债究竟是手段债还是结果债的标准（critères de la distinction）。《国际商事合同原则》不仅接受了此种区分理论，而且其第 5.1.5 条还对这些区分标准做出了说明，该条规定：为了确定债务人承担的债务究竟是手段债还是结果债，人们尤其应当考虑以下因素：①当事人在合同当中对债务人的债务做出表示的方式；②合同的价格和其他因素；③在实现合同所规定的结果时，当事人通常会面临的偶然性的程度；④一方当事人对另外一方当事人履行债务所施加的影响。③

在判断债务人承担的合同债务究竟是手段债还是结果债时，法官应当考虑的第一个并且也是最重要的因素是当事人的意图，这就是当事人意图的判断标准（le critere de volonté des parties），根据这一判断标准，债务人承担的债务究竟是手段债还是结果债取决于当事人在他们的合同当中的规定，也就是取决于当事人的共同意图：如果合同规定，债务人应当对债权人实施某种准确的给付行为则他们承担的债务属于结果债；如果合同规定，债务人仅仅尽力而为，则他们承担的债务属于手段债。④

在判断债务人承担的债务究竟是手段债还是结果债时，法官应当考虑的第二个主要因素是债的客体，这就是债的客体的判断标准（le critere d'objet de l'obligation）。所谓债的客体，是指债务人所实施的给付行为。根据债务人实施的给付行为的不同，债的客体或者是做出某种行为，这就是作为债，或者是不做出某种行为，这就是不作为债。其中的作为债既包括转让财产所有权的债，也包括支付一定数量的金钱债，还包括其他类型

---

① Virginie Larribau-Terneyre, Droit civil, Les obligations, 15e édition, Dalloz, 2017, p.60.
② 张民安：《法国合同法总论》，中山大学出版社 2021 年版，第 455—458 页。
③ Article 5.1.5. Principes d'UNIDROIT 2010, p.432, https://www.unidroit.org/french/principles/contracts/principles2010/integralversionprinciples2010 – f. pdf.
④ Jacques Flour, Jean-Luc Aubert, Éric Savaux, Droit civil, Les Obligations, 3. Le rapport d'obligation, 7e édition, Dalloz, 2011, p.180; Marjorie Brusorio-Aillaud, Droit des obligations, 8e édition, bruylant, 2017, p.279; Virginie Larribau-Terneyre, Droit civil Les obligations, 15e édition, Dalloz, 2017, p.609; François Terré, Philippe Simler, Yves Lequette, François Chénedé, Droit civil, Les obligations, 12e édition, Dalloz, 2018, p.913.

的作为债。债的客体不同，则债务人承担的债务的性质也不同。①

总的说来，债务人承担的任何不作为债均为结果债，至于说他们承担的作为债究竟是手段债还是结果债，不能一概而论，因为，他们承担的某些作为债属于手段债，而他们承担的另外一些作为债则属于结果债。例如，作为一种作为债，医师对其病患者所承担的治疗债务属于手段债而非结果债，而同样是一种作为债，出卖人对买受人承担的交付出卖物的债务则属于结果债而非手段债。在判断作为债究竟属于手段债还是结果债时，法官要考虑多种多样的因素，诸如合同的功能、合同的性质和合同当事人在合同当中所做出的规定等。

在判断债务人承担的债务究竟是手段债还是结果债时，法官应当考虑的第三个主要因素是预期结果的偶然特征，这就是偶然特征的判断标准（le critere de l'aléa），根据这一标准，如果债务的实现伴随着极大程度的偶然性，换言之，如果债务人实施给付行为所带来的结果具有一定程度的偶然性，则他们承担的债务在性质上属于手段债；反之，如果债务的实现不会伴随着此种程度的偶然性，换言之，如果债务人实施给付行为所带来的结果不会伴随着一定程度的偶然性，则他们承担的债务在性质上就属于结果债。②

在判断债务人承担的债务究竟是手段债还是结果债时，法官应当考虑的第四个主要因素是债权人所起到的作用究竟是消极作用还是积极作用，这就是债权人作用的判断标准（le critère du rôle actif ou passif du créancier），根据这一标准，在债务人履行债务时，如果债权人积极参与了、干预了债务人债务的履行活动。换言之，如果债权人在债务的履行过程当中发挥了积极作用，则债务人承担的债务是手段债；反之，在债务人履行债务时，如果债权人没有积极参与、干预债务人债务的履行活动。换言之，如果债权人没有在债务的履行过程当中发挥积极作用，没有对债务的履行施加任何控制，而完全是消极被动地听凭债务人债务的履行，则债务人承担的债务在性质上就属于结果债。③

---

① Jacques Flour, Jean-Luc Aubert, Éric Savaux, Droit civil, Les Obligations, 3. Le rapport d'obligation, 7e édition, Dalloz, 2011, pp. 180 – 181; Marjorie Brusorio-Aillaud, Droit des obligations, 8e édition, bruylant, 2017, p. 279; Virginie Larribau-Terneyre, Droit civil Les obligations, 15e édition, Dalloz, 2017, p. 609; François Terré, Philippe Simler, Yves Lequette, François Chénedé, Droit civil, Les obligations, 12e édition, Dalloz, 2018, pp. 913 – 916.

② Jacques Flour, Jean-Luc Aubert, Éric Savaux, Droit civil, Les Obligations, 3. Le rapport d'obligation, 7e édition, Dalloz, 2011, p. 181; Muriel Fabre-Magnan, Droit des obligations, Tome 1, Contrat et engagement unilatéral, 4e édition, puf, 2016, p. 542; Marjorie Brusorio-Aillaud, Droit des obligations, 8e édition, bruylant, 2017, p. 279; Virginie Larribau-Terneyre, Droit civil Les obligations, 15e édition, Dalloz, 2017, p. 609; François Terré, Philippe Simler, Yves Lequette, François Chénedé, Droit civil, Les obligations, 12e édition, Dalloz, 2018, pp. 912 – 913.

③ Jacques Flour, Jean-Luc Aubert, Éric Savaux, Droit civil, Les Obligations, 3. Le rapport d'obligation, 7e édition, Dalloz, 2011, p. 181; Muriel Fabre-Magnan, Droit des obligations, Tome 1, Contrat et engagement unilatéral, 4e édition, puf, 2016, p. 542; Marjorie Brusorio-Aillaud, Droit des obligations, 8e édition, bruylant, 2017, p. 279; Virginie Larribau-Terneyre, Droit civil Les obligations, 15e édition, Dalloz, 2017, p. 609; François Terré, Philippe Simler, Yves Lequette, François Chénedé, Droit civil, Les obligations, 12e édition, Dalloz, 2018, p. 913.

第三节　民事债和自然债

在法国，民法学者普遍根据债的强制执行力的不同或者效力的不同将债分为民事债和自然债，这就是民事债和自然债的区分理论。[1]

一、民事债和自然债的界定

所谓民事债（les obligations civiles），是指具有强制执行力的债，换言之，所谓民事债，是指当债务人不履行其对债权人所承担的债务时，债权人有权向法院起诉，要求法官责令债务人就其不履行债务的行为对其承担民事责任的债。所谓自然债（les obligations naturelles），是指仍然对债务人有约束力但是不具有强制执行力的债，换言之，所谓自然债，是指债务人在违反对债权人所承担的债务之后虽然仍然应当履行他们对债权人所承担的债务，但是债权人无权向法院起诉并且要求法官责令债务人就其不履行债务的行为对其承担民事责任的债。

民事债和自然债之间的区分理论始于罗马法。在罗马法时期，Julien 宣称，自然债与民事债的根据是相同的，自然债虽然是一种民事债，但是，因为某种原因的存在，尤其是，因为债务人是无行为能力的人的原因，债权人不能够要求法官责令债务人对其承担责任。不过，他也认为，自然债仍然会产生某些法律效果，而不会像民事债一样产生所有的法律效果。[2] 在 17 世纪的著名民法著作《自然秩序当中的民法》当中，Domat 接受了罗马法当中的自然债的观念。[3]

在 18 世纪，"《法国民法典》之父"Pothier 在自己著名的债法著作《债法专论》当中将民事债和自然债的区分理论视为债的众多类型当中的第一种类型。在强调法国法当中的自然债与罗马法当中的自然债所存在的差异时，他明确指出，自然债具有唯一的一个法律效力，这就是，如果债务人自愿履行债，则债务人的清偿行为是有效的，债务人不得以不应清偿为由要求债权人予以返还。[4] 由于受到 Pothier 的此种观念的影响，1804 年的《法国民法典》仅仅在第 1235 条当中对自然债的此种效力做出了规定，该条规定：所有的清偿均以某种债的存在作为前提，如果受清偿者在没有应当清偿的债的情

---

[1] Henri et Léon Mazeaud, Jean Mazeaud, François Chabas, Obligations, 9e édition, Montchrestien, 1998, pp. 16；Gérard Légier, Les obligations, 17e édition, Dalloz, 2001, pp. 2 – 3；Jean Carbonnier, Droit civil, Les biens, Les obligations, puf, 2004, pp. 1918 – 1920；Christian Larroumet, Droit Civil, Les obligations, le Contrat, 6e édition, Economica, 2007, p. 34；Philippe Malinvaud, Dominique Fenouillet, Droit des obligations, 11e édition, Litec, 2010, pp. 15 – 18；Jacques Flour, Jean-Luc Aubert, Éric Savaux, Droit civil, Les obligations, 3. Le rapport d'obligation, 7e édition, Dalloz, 2011, pp. 57 – 62；Jacques Flour, Jean-Luc Aubert, Éric Savaux, Les obligations, 1. L'acte juridique, 15 édition, Dalloz, 2012, pp. 28 – 29；Georges Ripert, la règles morales dans Les obligations civiles, LGDJ, 2013, pp. 363 – 395.

[2] Dig. XV, I, fr. 41；Georges Ripert, la règles morales dans Les obligations civiles, LGDJ, 2013, p. 365.

[3] Lois Civilles, LiI. tit. 1, Georges Ripert, la règles morales dans Les obligations civiles, LGDJ, 2013, p. 365.

[4] Robert-Joseph Pothier, Traité des Obligations, Dalloz, 2011, pp. 82 – 84.

况下被清偿,则应当将其清偿返还给清偿者;基于自愿清偿自然债时,受清偿者的返还不予承认。①

《法国民法典》的此种做法一直从 1804 年延续到 2016 年。在 2016 年之前,鉴于《法国民法典》没有对自然债做出一般性的规定,为了确定自然债的一般理论,法国民法学者和法官通过自己的民法学说和司法判例塑造出自然债的一般理论,包括自然债的概念、自然债的范围(le domaine)以及自然债的效力等理论。在其 1949 年的著名著作《民事债当中的道德规范》当中,Georges Ripert 将自然债称为道德债(devoir moral)。而在 1959 年 10 月 6 日和 1969 年 4 月 16 日的案件当中,法国最高法院均将自然债称为良心债(devoir de conscience)。②

受到民法学者尤其是法官此种做法的影响,Catala 在 2005 年起草的《债法改革草案》当中将自然债称为良心债,这就是该草案当中的第 1151 条,该条规定:自然债依赖良心债。自然债可以予以自愿履行,一旦履行或者承诺履行,则自然债消灭,债务人不得要求债权人返还。③ 2016 年 2 月 10 日的债法改革法令对自然债做出了规定,认为自然债在性质上是一种良心债。这就是现行《法国民法典》新的第 1302 条和新的第 1100 条。《法国民法典》新的第 1302 条规定:所有的清偿均以某种债的存在作为前提,如果受清偿者在没有应当清偿的债的情况下被清偿,则应当将其清偿返还给清偿者;基于自愿清偿自然债时,受清偿者的返还不予承认。④《法国民法典》新的第 1100 条也对自然债做出了规定,虽然它没有明确使用自然债一词,该条规定:债源自法律行为、法律事实或者制定法的单纯权威性;债同样源自行为人对他人承担的某种良心债的自愿履行或者承诺履行。⑤

二、民事债和自然债之间的共同点和不同点

民事债和自然债的共同点是,它们在性质上均属于法律债(les obligations juridiques),不属于道德债(les obligations morales),因为它们均具有法律上的约束力,债务人均应当履行自己对债权人所承担的债务。Carbonnier 对两种债所具有的此种共同点做出了说明,他指出:"法律债是指那些能够产生经由国家和法官予以保证的效力的债。不过,法律债所产生的此种效力并非总是完全的。此时,人们应当区分两种类型的债:民事债和自然债。无论是民事债还是自然债均是法律债,因为它们均能够产生法律效力,不同的是,自然债所产生的法律效力要比民事债产生的法律效力少,因为该种债

---

① Article 1235, Code civil des Français, édition originale et seule officielle, A Paris, de l'Imprimerie de la République, An XII 1804. http://www.assemblee-nationale.fr/evenements/code-civil/cc1804-l3t03c5.pdf.

② Philippe Malinvaud, Dominique Fenouillet, Droit des obligations, 11e édition, Litec, 2010, p.16.

③ Avant-projet de reforme du droit des obligations (Articles 1101 à 1386 du Code civil) ET DU DROIT DE LA PRESCRIPTION (Articles 2234 à 2281 du Code civil), Rapp. ort à Monsieur Pascal Clément, Garde des Sceaux, Ministre de la Justice, 22 Septembre 2005, p.89.

④ Article 1302, Code civil, Version en vigueur au 20 octobre 2020, https://www.legifrance.goufr/codes/section_lc/LEGITEXT000006070721/LEGISCTA000032023808/#LEGISCTA000032023808.

⑤ Article 1100, Code civil, Version en vigueur au 20 octobre 2020, https://www.legifrance.goufr/codes/section_lc/LEGITEXT000006070721/LEGISCTA000006118032/#LEGISCTA000032040794.

欠缺诉讼请求权。"① Mazeaud 和 Chabas 等人也对两种债所具有的此种共同点做出了说明，他们指出："在法律债当中，人们区分民事债和自然债。无论是民事债还是自然债均为真正的债，因为债务人履行他们所承担的债务的方式均为债务的清偿或者给付。"②

民事债和自然债的差异在于，民事债具有强制执行力，当债务人拒绝履行自己对债权人所承担的债务时，基于债权人的要求，法官会采取强制执行措施，责令债务人对债权人承担民事责任。而自然债则不同，它不具有强制执行力，当债务人拒绝履行自己对债权人承担的债务时，法官不得采取强制执行措施，责令债务人对债权人承担民事责任。基于这样的原因，法国民法学者将自然债称为不完全债（obligation imparfaites）。

Mazeaud 和 Chabas 等人对两种债之间的此种差异做出了说明，他们指出："民事债受到强制执行措施的约束，当债务人不履行所承担的债务时，他们的债务不履行行为会导致债务的强制执行。而自然债仅仅取决于债务人的自愿履行。当债务人所承担的债仅为自然债时，如果债务人不履行自己对债权人所承担的债，债务人不对债权人承担民事责任，因为自然债是没有强制执行力的债。在法律上，自然债仅仅是法律债的一种例外，因为自然债的类型非常少。"③

Larroumet 也对两种债之间的此种差异做出了说明，他指出："在自然债当中，债务人对债权人所承担的义务的履行完全取决于债务人的自愿，债权人不得向法院起诉，要求法官强制债务人履行所承担的债务。换言之，自然债不得成为法官强制制裁的对象。与自然债形成对比的是民事债，在该种债当中，如果债务人拒绝履行自己对债权人承担的义务，则债权人能够向法院起诉，要求法官强制债务人履行所承担的债务。"④

三、自然债适用的范围

《法国民法典》没有对自然债的适用范围做出规定。究竟自然债在哪些情况下存在，由法国民法学者和法官在自己的民法学说和司法判例当中加以说明和确定。总的说来，自然债的类型有限，主要包括三类：因为民事债蜕化而成的自然债；因为道德债转化成的自然债；因为赌博而产生的自然债。⑤

（一）民事债蜕化而成的自然债

在法国，自然债的第一种类型是民事债蜕化而成的自然债。所谓民事债蜕化而成的自然债（obligation civiles dégénérées），是指当事人之间原本存在民事债，由于某种原因的存在，他们之间的民事债丧失了效力，当债务人自愿履行丧失了效力的债时，他们所承担的债就嬗变为自然债，这就是民事债蜕化而成的自然债。例如，民事债出于某种原

---

① Jean Carbonnier, Droit civil, Les biens, Les obligations, puf, 2004, p.1918.
② Henri et Léon Mazeaud, Jean Mazeaud, François Chabas, Obligations, 9e édition, Montchrestien, 1998, p.13.
③ Henri et Léon Mazeaud, Jean Mazeaud, François Chabas, Obligations, 9e édition, Montchrestien, 1998, p.13.
④ Christian Larroumet, Droit Civil, Les obligations, le Contrat, 6e édition, Economica, 2007, p.34.
⑤ Jean Carbonnier, Droit civil, Les biens, Les obligations, puf, 2004, pp.1918 – 1919; Philippe Malinvaud, Dominique Fenouillet, Droit des obligations, 11e édition, Litec, 2010, pp.16 – 17; Jacques Flour, Jean-Luc Aubert, Éric Savaux, Droit civil, Les obligations, 3. Le rapport d'obligation, 7e édition, Dalloz, 2011, p.59.

因而无效，或者民事债在债权人没有获得清偿的情况下消灭了。在民事债成为无效债之后，或者在民事债消灭之后，如果债务人自愿履行了所承担的债务，则他们所承担的债就嬗变为自然债。

不过，从民事债蜕化而成的最典型的自然债是消灭时效经过之后所形成的自然债。《法国民法典》对消灭时效做出了规定，根据它的规定，如果债务人不履行所承担的民事债，则债权人应当在民法典所规定的时效期间内向法院起诉，要求法官责令债务人对自己承担民事责任。如果债权人没有在时效期间内向法院起诉，则他们的诉权消灭，此时，债务人的债从民事债蜕化为自然债。

（二）道德债转化成的自然债

在法国，自然债的第二种类型是道德债转化成的自然债。所谓道德债转化而成的自然债，是指如果债务人对债权人承担某种道德债、良心债，当他们自愿履行了所承担的此种道德债、良心债之后，他们所承担的道德债、良心债就嬗变为自然债。此类自然债在婚姻和家庭关系中大量存在。因此，如果兄弟姐妹之间基于自愿而履行了他们所承担的道德上的、良心上的扶养或者抚养义务，则他们之间的道德债、良心债就嬗变为自然债。

如果父母自愿对自己没有被承认的非婚生子女给予经济上的帮助，当他们自愿实施了此种帮助行为时，他们所承担的道德债、良心债就嬗变为自然债。如果前妻或者前夫自愿在经济上接济对方，在接济行为实施之后，他们之间的道德债、良心债就嬗变为自然债。如果行为人在不符合侵权损害赔偿责任构成要素的情况下自愿赔偿他人所遭受的损害，在他们支付了他人所遭受的损害之后，他们对他人承担的道德债、良心债就嬗变为自然债。

（三）射幸合同当中的自然债

在法国，自然债的第三种类型是赌博债（dettes d'honneur）。根据《法国民法典》第 1965 条和第 1967 条的规定，当债权人基于射幸合同而对债务人产生债权时，债权人不得向法院起诉，要求法官责令债务人支付赌资。但是，一旦债务人自愿支付赌资，则他们所承担的债就嬗变为自然债。

四、自然债的法律效力

虽然自然债的债权人在债务人不履行其债务的时候无权向法院起诉，要求法官责令债务人对自己承担民事责任，但是，自然债仍然具有法律上的效力，表现在以下三个方面。[1]

---

[1] Gérard Légier, les obligations, 17e édition, Dalloz, 2001, pp. 2 - 3; Jean Carbonnier, Droit civil, Les biens, Les obligations, puf, 2004, pp. 1219 - 1220; Philippe Malinvaud, Dominique Fenouillet, Droit des obligations, 11e édition, Litec, 2010, pp. 17 - 18; Jacques Flour, Jean-Luc Aubert, Éric Savaux, Droit civil, Les obligations, 3. Le rapport d'obligation, 7e édition, Dalloz, 2011, pp. 60 - 62.

第一，债务人仍然应当对债权人履行债务，债权人仍然有权请求债务人对自己履行债务，债务人仍然应当履行自己对债权人所承担的债务，在符合债的抵销条件的情况下，债权人的债务能够与债务人的债务抵销，一旦抵销，在抵销的范围内，债权人对其债务人承担的债消失。

第二，债务人仍然可以基于自愿履行自己对债权人所承担的债务，当债务人自愿履行自己对债权人所承担的债务时，他们所为的债务履行行为仍然能够产生债的消灭后果，债权人仍然有权受领债务人所为的给付行为，债权人受领债务人的给付之后所获得的利益不构成不当得利，债务人无权以债权人获得了不当利益为由对其主张不当得利返还请求权。

第三，如果自然债的债务人明确承诺会履行自己对债权人所承担的债务，则自然债就转化为民事债，当债务人拒绝按照自己的承诺履行对债权人所承担的债务时，债权人有权向法院起诉，要求法官责令债务人对自己承担民事责任。法国民法学者将此种效力称为自然债向民事债的嬗变、转化，或者自然债的更新。

第四节　限定债和简单债

在法国，民法学者普遍认为，债可以根据是否受到限制或者所受到的限定的不同而分为限定债（obligation à modalitié）和简单债（obligation simple）。在法国，在如何界定限定债的问题上，民法学者有三种不同的理论。

一、广义的限定债和简单债

在法国，大多数民法学者对限定债作广义的界定，认为限定债等同于复杂债（obligations complexes），复杂债等同于限定债，两者不仅在性质上是相同的，而且在范围上也是相同的。根据这些民法学者的意见，所谓限定债，也称为债的限定或者债的限定方式（les modalités des obligations），是指对债的履行要求（exigibilité）、债的存续期限（durée）、债本身的存在（existence méme）、债的客体（objet）或者债的主体（sujets）实施或者施加限制的债。换言之，根据广义理论，限定债除了包括附条件的债和附期限的债之外，还包括非单一性的债或者多数债（obligations plurales），其中的非单一性的债或者多数债既包括债的客体的非单一性或者多数性，也包括债的主体的非单一性或者多数性。

如果对限定债作广义的界定，则与广义的限定债相对立的简单债也应当作广义的界定，这就是，所谓简单债，也被称为单纯债（obligation pure）、单纯和简单债（obligation pure et simple），是指对债的履行要求、债的存续期限、债本身的存在、债的客体或者债的主体没有施加限制的债。因此，相对于附条件的债而言，没有附条件的债就属于简单债。相对于附期限的债而言，没有附期限的债也属于简单债。相对于有两个或者两个以上的客体或者主体的债而言，仅有一个客体的债或者仅一个债权人和一个债务人的债就属于简单债。

例如，Légier 采取广义的理论，认为限定债除了包括附条件的债和附期限的债之外还包括有多个客体和多个主体的债，他指出："债或者是单纯和简单的，或者是受到特定限制的。其一，债的某些限制体现在时间方面，它将债的命运同某种未来的事件联系在一起，该种未来的事件既可能是确定的（这就是期限），也可能是不确定的（这就是条件）。其二，债的某些限制体现在债的数量方面，因为债既可能会有多个客体，也可能会有多个主体，人们将这些限定债称为非单一性的债或者多数债。"①

再例如，Virginie Larribau-Terneyre 也采取广义的理论，认为限定债同时包含附条件的债、附期限的债、包含多个客体和多个主体的债。他指出："在债产生的时候，债可能是单纯和简单的，但是，它同样也可能是受到限制的、复杂的，因为债要么受到诸如期限或者条件限制的影响，要么是非单一性的或者多数的，也就是说，债或者包含多个客体，或者包含多个主体。其中的第一种类型的限定方式体现在债的时间方面，它将债的命运同某种未来的事件联系在一起，这就是期限或者条件。其中的第二种限定方式则是建立在债的数量方面，这就是客体的多样性和主体的多样性。"②

同样，Terré、Simler 和 Lequette 也采取广义的理论，认为限定债包括上述四个方面的内容，他们指出："'债的限定'一词是指对债的下列方面施加的限制：其一，对债的履行要求施加的限制：债能够规定期限；其二，对债本身的存在施加的限制：债能够规定条件；其三，对债的客体施加的限制：债的客体或者是并列的、选择的或者随意的；最后，对债的主体施加的限制：债或者是共同的，或者是连带的，甚至是不可分的。"③

二、狭义的限定债和简单债

在法国，某些民法学者对限定债作狭义的界定，他们明确区分限定债和复杂债，并且仅仅将复杂债限制在非单一性的债或者多数债的范围内，不会将附条件的债或者附期限的债看作复杂债。Voirin、Goubeaux、Flour、Aubert 和 Savaux 等人采取此种理论，他们一方面对限定债采取狭义的理论，他们认为，所谓限定债，仅仅是指债的履行要求、债的持续期限或者债本身的存在受到限制的债，不包括债的客体或者债的主体受到限制的债。换言之，根据狭义理论，限定债仅仅包括附条件的债和附期限的债，并不包括非单一性的债或者复数债。他们另一方面又对复杂债采取狭义的理论，明确将复杂债限定在非单一性的债或者多数债的范围内，不认为限定债在性质上属于复杂债。与他们主张的狭义的复杂债相对应，他们认为，所谓简单债，是指一个债权人与一个债务人之间所形成的、仅有一个客体的债。

Voirin 和 Goubeaux 对此种理论做出了明确说明，他们指出："当债受到了期限或者条件的约束之后，债会因为这些限定方式而受到影响，如果债没有受到期限或者条件的约束，则人们将这些没有受到限定的债称为简单和单纯债。当债包括多个客体或者多个

---

① Gérard Légier, les obligations, 17e édition, Dalloz, 2001, p.210.
② Virginie Larribau-Terneyre, Droit civil, Les obligations, 12e édition, Dalloz, 2010, p.61.
③ François Terré, Philippe Simler, Yves Lequette, Droit civil, Les obligations, 12e édition, Dalloz, 2009, p.1187.

主体时，人们就将其称为复杂债。"①

同样，Flour、Aubert 和 Savaux 也对此种理论做出了说明，他们指出："所谓限定债，是指其履行要求、持续期限甚至其存在均受到特殊调整的债。对债做出限定的方式就是所谓的条件和期限。无论是对债做出限定的条件还是期限均是一种未来的事件，但是，作为期限的事件是确定的事件，而作为条件的事件则是不确定的事件。在债的两种限定方式当中，期限左右或者支配（commander）着债的履行要求或者债的持续期限，而条件则影响到债本身的存在。"②

"从最简单的形式来看，债的关系是一个债权人与一个债务人之间所形成的债，该种债仅有一个客体，例如做出某种给付行为，不做出某种行为，或者支付一定数额的金钱，等等。一旦存在下列某种情况，则债的关系就具有复杂性：其一，当事人之间的债可能要求债务人做出多种给付行为，或者从多种给付行为当中为一种给付行为；其二，当事人之间的债或者让多个债务人对债权人承担债务，或者让债务人对多个债权人承担债务，或者让多个债务人对多个债权人承担债务。在上述第一种情况下所形成的复杂债是复杂客体债（obligations à objet complexe），而在上述第二种情况下所形成的复杂债则是多数主体债（obligations à sujets multiples）。"③

三、复杂债同时包含限定债和复数债

在法国，少数民法学者采取的理论既不同于上述第一种民法学者所采取的理论，也不同于上述第二种民法学者所采取的理论，因为他们一方面明确区分限定债和非单一性的债，另一方面又同时将限定债和非单一性的债看作复杂债，认为复杂债既包括限定债，也包括非单一性的债。在法国，Mazeaud 和 Chabas 等人采取此种理论，他们认为，某些债并没有遵循债履行的一般规则，其履行规则受到了特别的规范和调整，这些债除了包括自然债和双务合同之外还包括限定债和复数债，其中的限定债仅仅包括附期限的债和附条件的债，而复数债则包括客体的复数债和主体的复数债。不过，他们虽然明确区分限定债和复数债，但是，他们却认为，限定债和复数债均为复杂债，他们指出："债的复杂性或者源于某种限定方式的存在，或者源于债的客体的非单一性和债的主体的非单一性，其中的限定方式是指，哪些简单债受到了期限或者条件的影响。"④

在法国，无论民法学者对限定债、复杂债采取上述哪一种理论，他们实际上均会讨论四种特殊的债：附期限的债，附条件的债，债的客体为两个或者两个以上的债和债的主体为两个或者两个以上的债，其中债的客体为两个或者两个以上的债包括并列债、选

---

① Pierre Voirin, Gilles Goubeaux, Droit civil, tome 1, Introduction au droit, personnes-famille, personnes protégées, biens-obligations, sûretés, 33e édition, LGDJ, 2011, p. 671.
② Jacques Flour, Jean-Luc Aubert, Éric Savaux, Les obligations, 3. Le rapport d'obligation, 7e édition, Dalloz, 2011, p. 257.
③ Jacques Flour, Jean-Luc Aubert, Éric Savaux, Les obligations, 3. Le rapport d'obligation, 7e édition, Dalloz, 2011, p. 285.
④ Henri et Léon Mazeaud, Jean Mazeaud, François Chabas, Obligations, 9e édition, Montchrestien, 1998, p. 1081.

择债和随意债三种,而债的主体为两个或者两个以上的债则包括共同债、连带债、连带责任债等。相对于没有附加期限、没有附加条件或者仅有一个客体或者一个债权人与一个债务人的债而言,这些类型的债无疑均属于复杂债。

关于限定债和复杂债,笔者将在债的限定方式当中做出详细的讨论,此处从略。

第五章 债的不同限定方式

第一节 复杂客体债：并列债、选择债和随意债

根据债的客体是简单明了还是纷繁复杂的不同，法国民法学者将债分为简单债和复杂债两种，其中的简单债是指仅有一个确定客体的债，而复杂债也被称为"复杂客体债"（obligation à objet complexe）或者"多数客体债"（les obligations plurals d'objets），以便与"复杂主体债"相对应，是指同时具有两个或者多个客体的债。Terré、Simler和Lequette等人对此做出了说明，他们指出："如果债习惯上仅有一个确定的客体、一个积极主体（债权人）和一个消极主体（债务人），可能发生的一种情况是，同一债具有多个客体。"[1]

复杂债包括并列债、选择债和随意债三种，这就是"复杂客体债"的三分法理论。Mazeaud和Chabas等人对"复杂客体债"的三分法理论做出了说明，他们指出："复杂客体债包括三种：并列债、选择债和随意债。"[2] Voirin和Goubeaux对"复杂客体债"的三分法理论做出了明确说明，他们指出："人们将复杂客体债分为三类：并列债、选择债和随意债。"[3] Virginie Larribau-Terneyre也对复杂客体债的三分法理论做出了说明，他指出："债的客体的多数性有三种具体情况：并列债、选择债和随意债。"[4]

在2016年之前，《法国民法典》仅仅对选择债做出了规定，没有对其他两种复杂债做出明确规定，虽然如此，民法学者和法官普遍在他们的民法学说和司法判例当中承认这两种没有规定的复杂债的存在。[5] 2016年2月10日的债法改革法令对复杂客体债进行了改进并因此建立了系统化的、组织化的复杂客体债制度，除了规定了选择债之外，它也规定了并列债和随意债，这就是现行《法国民法典》当中的新的第1306条至新的第1308条，其中的新的第1306条对并列债做出了规定并将其称为累积债，新的第1307条至新的第1307-5条对选择债做出了规定，而新的第1308条则对随意债做出了规定。[6]

---

[1] François Terré, Philippe Simler, Yves Lequette, François Chénedé, Droit Civil, les Obligations, 12e édition, Dalloz, 2018, p.1447.

[2] Henri et Léon Mazeaud, Jean Mazeaud, François Chabas, Obligations, 9e édition, Montchrestien, 1998, p.1102.

[3] Pierre Voirin, Gilles Goubeaux, Droit civil, tome 1, Introduction au droit, personnes-famille, personnes protégées, biens-obligations, sûretés, 33e édition, LGDJ, 2011, p.683.

[4] Virginie Larribau-Terneyre, Droit civil Les obligations, 15e édition, Dalloz, 2017, p.101.

[5] Virginie Larribau-Terneyre, Droit civil Les obligations, 15e édition, Dalloz, 2017, p.101.

[6] Articles 1306 à 1308, Code civil, Version en vigueur au 12 novembre 2021, https://www.legifrance.gouv.fr/codes/section_lc/LEGITEXT000006070721/LEGISCTA000032030689/#LEGISCTA000032030689.

一、并列债

第一种类型的复杂债是并列债。在 2016 年之前,《法国民法典》没有对并列债做出规定①,虽然如此,在 2016 年之前,民法学者普遍对并列债做出了界定。例如,在 1998 年的《债》当中,Mazeaud 和 Chabas 等人对并列债做出了界定,他们指出:"所谓并列债,是指债务人为了了结其与债权人之间的债而应当实施几种给付行为的债。"② 再例如,在 2011 年的《民法》当中,Voirin 和 Goubeaux 也对并列债做出了明确界定,他们指出:"所谓并列债,是指那些同时责令债务人实施几种给付行为的债。例如,债务人应当交付一定数额的金钱和确定的财产,他们应当实施这两种给付行为,并且只有他实施了这两种给付行为时,他们所承担的债才被了结。"③

通过 2016 年 2 月 10 日的债法改革法令,虽然现行《法国民法典》新的第 1306 条规定了并列债,但是,它没有使用民法学者之前普遍使用的"并列债"的术语,而是使用了一个新的术语即累积债,该条规定:所谓累积债,是指有几个给付客体并且仅仅在所有的给付被履行时才能够让债务人承担的债务消灭的债。④ 此种界定被 2016 年之后的民法学者所普遍采用。⑤ 根据该条的规定,所谓累积债(obligation cumulative),也称为并列债(obligation conjonctive),是指债的给付客体有两个或者两个以上并且债务人应当同时实施两个或者两个以上的所有给付行为才能够让自己对债权人承担的债务消灭的债。

在并列债当中,债务人的给付行为至少有两个或者两个以上,并且他们应当同时实施这些累计的给付行为。只有当债务人实施了两个或者两个以上的所有给付行为时,他们才履行了自己对债权人所承担的债务;如果债务人仅仅履行其中的一个或者几个给付行为而没有履行全部的给付行为,则债务人没有履行自己所承担的债务,应当对债权人承担民事责任。在复杂债当中,并列债属于最重要的债,因为大多数复杂债都是并列债。Terré、Simler 和 Lequette 对此做出了说明,他们指出:"在包含多数客体的债当中,并列债属于通常的债。在此种债当中,债务人应当根据同一债同时对同一债权人实施几个给付行为。"⑥

---

① Rémy Cabrillac, Droit des obligations, 12e édition, Dalloz, 2016, pp. 323 – 324; Virginie Larribau-Terneyre, Droit civil, Les obligations, 15e édition, Dalloz, 2017, pp. 101 – 102; François Terré, Philippe Simler, Yves Lequette, François Chénedé, Droit civil, Les obligations, 12e édition, Dalloz, 2018, pp. 1447 – 1448.

② Henri et Léon Mazeaud, Jean Mazeaud, François Chabas, Obligations, 9e édition, Montchrestien, 1998, p. 1102.

③ Pierre Voirin, Gilles Goubeaux, Droit civil, tome 1, Introduction au droit, personnes-famille, personnes protégées, biens-obligations, sûretés, 33e édition, LGDJ, 2011, p. 683.

④ Article 1306, Code civil, Version en vigueur au 12 novembre 2021, https://www.legifrance.gouv.fr/codes/section_lc/LEGITEXT000006070721/LEGISCTA000032030689/#LEGISCTA000032030689

⑤ Marjorie Brusorio-Aillaud, Droit des obligations, 8e édition, bruylant, 2017, p. 312; Virginie Larribau-Terneyre, Droit civil, Les obligations, 15e édition, Dalloz, 2017, p. 101; François Terré, Philippe Simler, Yves Lequette, François Chénedé, Droit civil, Les obligations, 12e édition, Dalloz, 2018, p. 1447.

⑥ François Terré, Philippe Simler, Yves Lequette, Droit civil, Les obligations, 12e édition, Dalloz, 2009, p. 1223.

例如，甲方的单车价值 200 元，当他用自己的价值仅有 200 元的单车交换乙方价值 300 元的手机时，甲方除了要将其价值 200 元的单车转让给乙方之外，还应当补齐其单车价值同乙方手机价值的差额部分即 100 元的金钱给乙方，此时，甲方的给付行为包括两个：其一，将其单车转让给乙方；其二，支付 100 元的补足金（soulte）给乙方。甲方与乙方之间的物物交换合同就是并列债，因为此种债有两个客体，并且这两个给付行为均应当被履行。

再例如，当商事营业资产的出卖人将其商事营业资产出卖给买受人时，他们不仅应当交付其有形财产给买受人，而且也应当交付其无形财产给买受人。此时，商事营业资产的买卖合同包含了两个客体：其一，转让有形财产；其二，转让无形财产。

二、选择债

（一）选择债的界定

第二种类型的复杂客体债是选择债。在 2016 年之前，《法国民法典》第 1189 条至第 1196 条对选择债做出了规定。① 除了制定法做出了规定之外，在 2016 年之前，民法学者也对选择债做出了说明，尤其是对选择债做出了界定。例如，在 1998 年的《债》当中，Mazeaud 和 Chabas 等人对选择债做出了界定，他们指出："所谓选择债，是指债务人能够通过从所规定的众多给付行为当中选择一个给付行为来实施并因此了结自己对债权人承担的债务的债。在此种类型的债当中，债的客体有多个。虽然债务人所承担的债建立在两个给付行为的基础上，但是，债务人无需实施两个给付行为，一旦他实施了其中的一个给付行为，则他与债权人之间的债即消灭。"② 再例如，在 2011 年的《民法》当中，Voirin 和 Goubeaux 也对选择债做出了明确界定，他们指出："所谓选择债，是指债的客体虽然有多个给付行为，但是，债务人有权通过实施其中的一个给付行为的方式来了结自己对债权人承担的债务的债。"③

经过 2016 年 2 月 10 日的债法改革法令，《法国民法典》新的第 1307 条至新的第 1307-5 对选择债做出了规定，这些规定涉及选择债的界定、选择债当中选择权的归属以及选择债的法律效力等内容，其中的新的第 1307 条对选择债的定义做出了说明，该条规定：所谓选择债，是指具有几个给付客体并且履行其中的一个给付就会让债务人对债权人承担的债务消灭的债。④ 在 2016 年之后，民法学者普遍根据该条的规定界定选

---

① Articles 1189 à 1196, Code civil, Version en vigueur au 09 février 2016, https://www.legifrance.gouv.fr/codes/section_ lc/LEGITEXT000006070721/LEGISCTA000006150252/2016-02-09/#LEGISCTA000006150252.

② Henri et Léon Mazeaud, Jean Mazeaud, François Chabas, Obligations, 9e édition, Montchrestien, 1998, p. 1102.

③ Pierre Voirin, Gilles Goubeaux, Droit civil, tome 1, Introduction au droit, personnes-famille, personnes protégées, biens-obligations, sûretés, 33e édition, LGDJ, 2011, p. 683.

④ Articles 1307 à 1307-5, Code civil, Version en vigueur au 12 novembre 2021, https://www.legifrance.gouv.fr/codes/section_ lc/LEGITEXT000006070721/LEGISCTA000032030689/#LEGISCTA000032030689.

择债。① 根据该条的规定，所谓选择债（obligation alternative obligation disjonctive），是指债的给付客体虽然有两个或者两个以上但是债务人仅仅需要实施其中的一个给付行为就能够让自己对债权人承担的债务消灭的债。

例如，甲方同乙方签订运输合同，规定承运人甲方或者通过陆上运输方式或者通过航空运输方式将乙方委托其运输的货物运送到目的地。此种货物运输合同就是选择债，因为在此种债当中，承运人甲方履行货物运输的方式有两种：其一，通过陆上运输方式运送货物；其二，通过航空运输方式运送货物。甲方可以从这两种方式当中选择一种方式来进行货物运输。再例如，甲方同乙方签订货物买卖合同，明确规定乙方支付货款的币种或者是美元，或者是英镑，或者是欧元，则此种货物买卖合同就是选择债，因为在此种买卖合同当中，虽然乙方支付货款的币种包括三种，但是，乙方可以从这三种币种当中选择任何一种币种来支付甲方的货款。

选择债的选择对象可谓形形色色，包括但是不限于对象：其一，给付性质的选择，包括金钱的给付、劳务的给付、交付财产的给付、不作为给付等；其二，给付标的物的选择，包括给付特定物、给付种类物等；其三，给付手段的选择，包括给付欧元、外币或者给付支票、本票或者汇票等；其四，给付方式的选择，包括航空运输、汽车运输、火车运输或者海洋运输等；其五，其他内容的选择，包括给付时间、地点、数额等。

（二）选择债的选择权

原则上，选择债的选择权属于债务人，在例外情况下，选择债的选择权也可以由债权人行使。所谓例外情况是指：其一，法律明确规定选择债的选择权属于债权人。其二，合同当事人之间的合同明确规定选择债的选择权属于债权人。《法国民法典》新的第 1307－1 条对此种规则做出了明确说明，它规定：在给付当中做出选择的权利属于债务人；如果债务人没有在约定期限或者合理期限内做出选择，则在经过催告之后，对方或者行使选择权或者解除合同。②

《法国民法典》明确规定，选择权应当由债权人行使，债务人不能够行使选择权。例如，《法国民法典》第 1681 条规定，选择债的选择权属于债权人，该条规定，当出卖人因为显失公平的买卖而遭受不当损失时，如果出卖人向法院起诉，要求法官撤销他们与买受人之间签订的买卖合同，买受人在法官同意撤销买卖合同的情况下享有选择权：他们或者选择撤销所从事的买卖合同，或者选择维持买卖合同而支付公平合理的价款给出卖人。再例如，《法国民法典》第 1644 条规定，选择债的选择权属于债权人，该条规定：当出卖人将有缺陷的产品或者建筑物出卖给买受人时，买受人对于所购买的缺陷产品或者建筑物享有选择权：或者将有缺陷的产品或者建筑物返还给出卖人，或者

---

① Marjorie Brusorio-Aillaud, Droit des obligations, 8e édition, bruylant, 2017, p. 312; Virginie Larribau-Terneyre, Droit civil, Les obligations, 15e édition, Dalloz, 2017, p. 102; François Terré, Philippe Simler, Yves Lequette, François Chénedé, Droit civil, Les obligations, 12e édition, Dalloz, 2018, p. 1448.

② Article 1307－1, Code civil, Version en vigueur au 20 octobre 2020, https://www.legifrance.goufr/codes/section_lc/LEGITEXT000006070721/LEGISCTA000032030689/#LEGISCTA000032030689.

保留有缺陷的产品或者建筑物而要求出卖人返还部分价款给自己。①

（三）有关选择债方面的法律规则

第一，当债的给付有两个或者两个以上时，债务人有权自由决定选择哪一个给付，债权人不得强制债务人选择其中的某一个给付行为，也不得要求债务人分别为两个或者两个以上的给付当中的部分给付。不过，法律要求债务人在做出自由选择的时候，应当是善意的。②

第二，如果债务人应当从两个或者两个以上的给付当中做出选择而拒绝做出选择，基于债权人的请求，法官有权责令债务人做出选择；如果债务人仍然拒绝做出选择，法官既不得为债务人做出选择，也不得授权债权人做出选择；法官此时仅能够判决解除当事人之间的合同并因此责令债务人对债权人承担损害赔偿责任。③

第三，一旦债务人从两个或者两个以上的给付当中选择了一个给付行为，则债务人只能实施该种给付行为，不得再选择其他给付行为；债权人也仅能要求债务人实施所选择的此种给付行为，不得要求债务人实施其他给付行为。此时，选择债就变成了简单债，这就是所谓的选择权的不得撤回性。④《法国民法典》新的第 1307 – 1（3）条对此种规则做出了说明，该条规定：选择权的行使是最终的并因此让当事人之间的债丧失了可选择性的特征。⑤

第四，如果债的给付有两个或者两个以上，当其中的一个或者几个给付由于不可抗力、非法、债务人的原因或者其他原因而无法实施时，该种债究竟是选择债还是简单债，取决于能够实施的给付的数额：如果两个或者两个以上的给付当中仅有一个给付是能够实施的，则该种债在性质上就不再属于选择债，而属于简单债；如果两个以上的给付当中仍然有两个或者两个以上的给付是能够实施的，则该种债在性质上仍然属于选择债，当事人仍然可以从中进行给付选择；一旦当事人做出了选择，该种债就从选择债变成了简单债。⑥《法国民法典》新的第 1307 – 3 条和新的第 1307 – 4 条对这些规则做出了说明，其中的新的第 1307 – 3 条规定：在债务人做出选择之前，如果其中的一个给付不可能实施，债务人履行另外一个给付。新的第 1307 – 4 条规定：在债权人做出选择之前，如果其中的一个给付因为不可抗力的原因而无法履行，则债权人应当满足于另外一个给付的履行。⑦

第五，如果债务人选择的给付行为因为不可抗力无法履行，则不可抗力引起的履行

---

① François Terré, Philippe Simler, Yves Lequette, Droit civil, Les obligations, 12e édition, Dalloz, 2009, p.1224.
② Rémy Cabrillac, Droit des obligations, 9e édition, Dalloz, p.279.
③ Virginie Larribau-Terneyre, Droit civil, Les obligations, 12e édition, Dalloz, 2010, p.74.
④ Rémy Cabrillac, Droit des obligations, 9e édition, Dalloz, p.279.
⑤ Article 1307 – 1, Code civil, Version en vigueur au 12 novembre 2021, https://www.legifrance.gouv.fr/codes/section_lc/LEGITEXT000006070721/LEGISCTA000032030689/#LEGISCTA000032030689.
⑥ Virginie Larribau-Terneyre, Droit civil, Les obligations, 12e édition, Dalloz, 2010, p.74.
⑦ Articles 1307 – 3 et 1307 – 4, Code civil, Version en vigueur au 12 novembre 2021, https://www.legifrance.gouv.fr/codes/section_lc/LEGITEXT000006070721/LEGISCTA000032030689/#LEGISCTA000032030689.

不能让债务人对债权人承担的债务消灭。《法国民法典》新的第1307-2条对此种规则做出了说明，该条规定：如果债务人所选择的给付不可能实施，在该种不可能实施源于不可抗力时，所选择的给付的履行不能会免除债务人所承担的债务。①

第六，如果两个或者两个以上的给付都因为不可抗力的原因而无法实施，则债务人不再履行对债权人的债务，并且无需就其不履行债的行为对债权人承担民事责任；如果由于债务人的原因导致所有的给付都无法实施，债权人有权请求债务人对其承担民事责任。《法国民法典》新的第1307-5条对此种规则做出了说明，该条规定：如果给付变得不可能，仅仅在不可能对于每一方当事人而言均源自不可抗力时，债务人对债权人承担的债务才会被免除。②

三、随意债

（一）随意债的界定

第三种类型的复杂客体债是随意债。在2016年之前，《法国民法典》没有对随意债做出规定。虽然如此，在2016年之前，民法学者普遍承认此种复杂客体债，并因此对其做出了界定。例如，在1998年的《债》当中，Mazeaud和Chabas等人就对随意债做出了界定，他们指出："所谓随意债，是指债务人虽然仅需为一种债务实施给付行为，但是，他们有权通过实施其他给付行为的方式来让自己与债权人之间的债消灭的债。"③ 在2011年的《民法》当中，Voirin和Goubeaux也对随意债做出了明确界定，他们指出："所谓随意债，是指债的客体虽然仅有一个，但是，允许债务人通过实施其他的给付行为的方式来了结其债的债。"④

通过2016年2月10日的债法改革法令，《法国民法典》新的第1308（1）条对随意债做出了规定，该条规定：所谓随意债，是指仅有一个确定给付客体但是债务人为了让自己承担的债务消灭而有资格提供另外一种给付的债。⑤ 在2016年之后，民法学者普遍根据该条的规定界定随意债。⑥ 根据该条的规定，所谓随意债（obligation facultative），是指债的客体虽然仅有一个，但是债务人可以不为该种给付行为而随意、自由地为另外一个给付行为的债。

---

① Article 1307-2, Code civil, Version en vigueur au 12 novembre 2021, https://www.legifrance.gouv.fr/codes/section_lc/LEGITEXT000006070721/LEGISCTA000032030689/#LEGISCTA000032030689.

② Article 1307-5, Code civil, Version en vigueur au 12 novembre 2021, https://www.legifrance.gouv.fr/codes/section_lc/LEGITEXT000006070721/LEGISCTA000032030689/#LEGISCTA000032030689.

③ Henri et Léon Mazeaud, Jean Mazeaud, François Chabas, Obligations, 9e édition, Montchrestien, 1998, pp. 1102-1103.

④ Pierre Voirin, Gilles Goubeaux, Droit civil, tome 1, Introduction au droit, personnes-famille, personnes protégées, biens-obligations, sûretés, 33e édition, LGDJ, 2011, p. 683.

⑤ Article 1308, Code civil, Version en vigueur au 12 novembre 2021, https://www.legifrance.gouv.fr/codes/section_lc/LEGITEXT000006070721/LEGISCTA000032030689/#LEGISCTA000032030689.

⑥ Marjorie Brusorio-Aillaud, Droit des obligations, 8e édition, bruylant, 2017, p. 313; Virginie Larribau-Terneyre, Droit civil, Les obligations, 15e édition, Dalloz, 2017, p. 103; François Terré, Philippe Simler, Yves Lequette, François Chénedé, Droit civil, Les obligations, 12e édition, Dalloz, 2018, p. 1450.

例如，甲方和乙方签订的合同规定，甲方应当将一定数量的财产交付给乙方。此种债的客体仅有一个，这就是甲方交付一定数量的财产给乙方。在此种债当中，甲方虽然应当履行所承担的交付一定数量的财产的义务，但是，甲方可以不履行此种义务，他可以基于自己的选择，以支付一定数量的金钱给乙方的方式来清偿他对乙方所承担的债务。一旦甲方将一定数额的金钱支付给了乙方，他同乙方之间的债就消除。

再例如，甲方同乙方签订了赠与合同，明确规定甲方要将一栋房屋赠送给乙方。此种赠与合同的客体仅有一个，这就是甲方赠送一栋房屋给乙方。基于自己的选择，甲方可以不履行房屋赠送的义务，他可以支付乙方一笔与该房屋价值相等的金钱来替代其原本应当履行的债务。一旦甲方将这样的一笔金钱支付给了乙方，则甲方对乙方承担的债务就已经履行，他同乙方之间的债的法律关系就消灭。

（二）随意债的构成

在随意债当中，债的客体仅有一个，债务人也仅仅实施此种单一的给付行为。但是，如果债务人愿意，他们可以不实施此种单一给付行为，可以随意实施另外一个给付行为；当债务人实施了另外一个给付行为时，他们同债权人之间的债的法律关系就消灭。在随意债当中，债的单一客体被认为是主要客体，债务人所为的此种给付行为被认为是主给付行为；而债务人随意所为的另外一个客体被认为是次要客体，他们随意所为的另外一个给付行为被认为是次给付行为。在随意债当中，债务人所为的主给付行为可谓形形色色，不一而足，但是，他们随意所为的次要给付行为往往是金钱支付行为，这就是支付一定数额的金钱替代其主给付行为，当然，他们也可以约定金钱支付之外的次要给付行为，例如交付另外一种财产等。①

（三）随意债的特殊性

在随意债当中，仅债务人有权不实施主给付行为而以次给付行为替代；债权人只能要求债务人对其实施主给付行为，他们不得要求债务人放弃主给付行为而对其实施次给付行为。换言之，选择以另外一种给付行为取代最初给付行为的权利属于债务人，债权人没有此种权利。债务人所享有的此种选择权或者源自当事人实施的法律行为，即当事人之间的合同或者立遗嘱人所立下的遗嘱，或者源自制定法的明确规定，有时也源自法官的司法判例。例如，《法国民法典》明确规定，如果当事人之间的合同显失公平，则除了因为显失公平的一方当事人能够选择撤销他们与对方当事人之间的合同债务，因为显失公平的合同而获得利益的人也可以选择将公平合理的差价补齐给对方之后维持他们

---

① Henri et Léon Mazeaud, Jean Mazeaud, François Chabas, Obligations, 9e édition, Montchrestien, 1998, pp. 1102 – 1103; Jacques Ghestin, Marc Billiau, Grégoire Loiseau, Traité de Droit Civil, Le régime des créances et des dettes, LGDJ, 2005, p. 242; Jacques Flour, Jean-Luc Aubert, Éric Savaux, Droit civil, Les Obligations, 3. Le rapport d'obligation, 7e édition, Dalloz, 2011, pp. 65 – 87, pp. 285 – 286; Marjorie Brusorio-Aillaud, Droit des obligations, 8e édition, bruylant, 2017, p. 313; Virginie Larribau-Terneyre, Droit civil, Les obligations, 15e édition, Dalloz, 2017, p. 103; François Terré, Philippe Simler, Yves Lequette, François Chénedé, Droit civil, Les obligations, 12e édition, Dalloz, 2018, p. 1450.

之间的合同。① 在随意债当中，如果债务人的主给付行为无效或者因为不可抗力而无法履行，则债务人同债权人之间的债的法律关系消灭。《法国民法典》新的第1308（2）条对此种规则做出了规定，该条规定：如果合同约定的最初给付的履行因为不可抗力的原因而不得变得不可能，则随意债消灭。②

四、人们区分并列债、选择债和随意债的原因

《法国民法典》之所以将并列债、选择债和随意债视为三种不同的复杂客体债，是因为它们之间既存在共同点，也存在差异，它们之间的共同点在于：三种不同的债均有两个或者两个以上的给付行为，换言之，它们的客体均不是单一的而是复杂的。它们之间的差异众多。在并列债当中，债务人必须将两个或者两个以上的所有给付行为实施完毕才能够让自己承担的债务消灭，而在选择债当中，债务人仅需实施多个给付当中的一个给付行为就足以让自己承担的债务消灭。并列债和选择债不同于随意债的地方在于，在前两种债当中，债务人实施的给付行为有两个或者两个以上，而在随意债当中，债务人实施的给付行为虽然仅有一个，但是，他们可以放弃实施这一个给付行为而以另外一个给付行为取代该给付行为。③

虽然选择债和随意债均面临选择权的问题，但是，选择债当中的债权人也能够在例外情况下享有选择权，而在随意债当中，债权人在任何情况下均不享有选择以另外一种给付取代最初给付的权利，因为选择权专属于债务人。在选择债当中，如果一种给付行为非法或者因为不可抗力的原因不可能履行，债务人还应当履行另外一种给付；而在随意债当中，如果主债务、最初的债务非法或者因为不可抗力不可能履行，则债务人承担的债务消灭。④

---

① Henri et Léon Mazeaud, Jean Mazeaud, François Chabas, Obligations, 9e édition, Montchrestien, 1998, pp. 1102 – 1103; Jacques Ghestin, Marc Billiau, Grégoire Loiseau, Traité de Droit Civil, Le régime des créances et des dettes, LGDJ, 2005, p. 242; Jacques Flour, Jean-Luc Aubert, Éric Savaux, Droit civil, Les Obligations, 3. Le rapport d'obligation, 7e édition, Dalloz, 2011, pp. 65 – 87, pp. 285 – 286; Marjorie Brusorio-Aillaud, Droit des obligations, 8e édition, bruylant, 2017, p. 313; Virginie Larribau-Terneyre, Droit civil, Les obligations, 15e édition, Dalloz, 2017, p. 103; François Terré, Philippe Simler, Yves Lequette, François Chénedé, Droit civil, Les obligations, 12e édition, Dalloz, 2018, p. 1450.

② Article 1308, Code civil, Version en vigueur au 12 novembre 2021, https://www.legifrance.gouv.fr/codes/section_ lc/LEGITEXT000006070721/LEGISCTA000032030689/#LEGISCTA000032030689.

③ Jacques Flour, Jean-Luc Aubert, Éric Savaux, Droit civil, Les Obligations, 3. Le rapport d'obligation, 7e édition, Dalloz, 2011, pp. 65 – 87, pp. 285 – 286.

④ Jacques Flour, Jean-Luc Aubert, Éric Savaux, Droit civil, Les Obligations, 3. Le rapport d'obligation, 7e édition, Dalloz, 2011, pp. 65 – 87, pp. 285 – 286.

第二节　复杂主体债：按份债、连带债、连带责任债、可分债和不可分债

一、复杂主体债的三分法或者四分法理论

在法国，除了附期限的债、附条件的债和复杂客体债之外，限定债还包括第四种类型的债，这就是复杂主体债（les obligatons à sujets complexe）。在法国，民法学者普遍根据债的主体的不同将其债分为简单债和复杂债。所谓简单债，是指债的主体即债权人和债务人仅有一个人的债。此种债简单明了，债权人与债务人之间的关系并不复杂。所谓复杂债，是指债的主体有两个或者两个以上的债，它或者指债权人有两个或者两个以上的债，或者是指债务人有两个或者两个以上的债，或者同时是指债权人和债务人均为两个或者两个以上的债。因此，复杂债也被称为复杂主体债或者多数主体债（les obligationsà sujets multiples）。

Terré、Simler 和 Lequette 等人对复杂主体债做出了说明，他们指出："如果同一债可能有多个客体的话，则同一债也经常会有多个主体：有时是因为当事人在他们的合同当中如此规定的，有时则是因为制定法明确做出这样规定的，有时则是因为情况要求采取此种做法。"① Malaurie、Aynès 和 Stoffel-Munck 也对复杂主体债做出了说明，他们指出："当债有多个债权人或者多个债务人时，则债就是具有多数主体的债。"②

在法国，复杂主体债包括哪些类型？民法学者做出的回答在表面上存在差异。某些民法学者认为，复杂主体债包括三种：按份债、连带债和不可分债。这就是复杂主体债的三分法理论。Mazeaud 和 Chabas 等人采取此种理论，他们指出："有时，人们所看见的债是那种仅有一个债权人和一个债务人的债。此类债是实践当中最经常存在的债。不过，有时，人们所看见的债则有多数积极主体，或者多数消极主体，也就是多数债权人或者多数债务人。此类债可以分为三种：按份债、连带债和不可分债。"③ Cabrillac 也采取此种理论，他指出："债可能有几个债权人，也可能有几个债务人。此种主体的多样性可以分为三种：按份债、连带债和不可分债。"④

某些民法学者则认为，复杂主体债包括四种：按份债、不可分债、连带债和连带责

---

① François Terré, Philippe Simler, Yves Lequette, François Chénedé, Droit Civil, les Obligations, 12e édition, Dalloz, 2018, p.1451.
② Philippe Malaurie, Laurent Aynès, Philippe Stoffel-Munck, Droit des obligations, 8e édition, LGDJ, 2016, p.747.
③ Henri et Léon Mazeaud, Jean Mazeaud, François Chabas, Obligations, 9e édition, Montchrestien, 1998, p.1103.
④ Rémy Cabrillac, Droit des obligations, 9e édition, Dalloz, p.280.

任债，这是"复杂主体债"的四分法理论。法国大多数民法学者采取此种理论。① Virginie Larribau-Terneyre 对复杂主体债的四分法理论做出了说明，他指出："债的主体的多数性是最复杂的。当一个债的债务人或者债权人有几个时，他们之间所形成的债就是主体的复杂债。原则上，债是按份债，因为这种债能够在多数债权人或者多数债务人之间进行分割。但是，并非所有的债均是可以分割的债。如果债的客体是无法分割的客体，则此种债就是不可分债。债既可以是连带债，也可以是连带责任债，如果将不同的债权人或者不同的债务人之间的关系结合在一起的话，并且如果每一个人的债就是所有人的债的话。"② Flour、Aubert 和 Savaux 也对复杂主体债的四分法理论做出了说明，他们指出："债可能会有多个债权人，或者会有多个债务人，或者在某些情况下，债同时具有多个债权人和多个债务人。复杂主体债或者是按份债，或者是连带债，或者是连带责任债，或者是不可分债，其中的按份债构成普通法，而后三种则属于特殊法。"③

无论是按份债、连带债、连带责任债还是不可分债，它们均具有两个共同点：其一，债的主体有两个或者两个以上。在某些情况下，仅债权人有两个或者两个以上。在某些情况下，仅债务人有两个或者两个以上。在某些情况下，债权人和债务人均同时有两个或者两个以上。在债法上，如果债权人有两个或者两个以上，则该种主体被称为积极主体（sujets actifs），如果债务人有两个或者两个以上，则该种多数主体被称为消极主体（sujets passifs）。其二，债的主体之间的关系错综复杂。在某些情况下，多数债权人或者多数债务人之间的债权或者债务是可以分割的。而在某些情况下，多数债权人或者多数债务人之间的债权或者债务则是不可分割的。

实际上，复杂主体债的三分法理论和四分法理论之间并没有实质性的差异，因为，三分法的理论将四分法理论当中的连带责任债放在连带债当中，认为它属于连带债的组成部分，而四分法的理论则将连带责任债看作连带债之外的独立债。在 2016 年之前，《法国民法典》虽然也对复杂主体债做出了规定，但是，它的规定属于传统的规定，并因此受到法国民法学者的批评。2016 年 2 月 10 日的债法改革法令根据民法学者的意见对复杂主体债进行了创新并且予以系统化和组织化，这就是现行《法国民法典》当中的第 1309 条至第 1320 条，它们分别对连带债和不可分债做出了规定。④ 在今时今日，法国民法学者普遍对复数主体债做出了说明。⑤

---

① Gérard Légier, les obligations, 17e édition, Dalloz, 2001, pp. 220 – 227; François Terré, Philippe Simler, Yves Lequette, Droit civil, Les obligations, 12e édition, Dalloz, 2009, p. 1227; Virginie Larribau-Terneyre, Droit civil, Les obligations, 12e édition, Dalloz, 2010, p. 75.

② Virginie Larribau-Terneyre, Droit civil, Les obligations, 12e édition, Dalloz, 2010, p. 75.

③ Jacques Flour, Jean-Luc Aubert, Éric Savaux, Les obligations, 3. Le rapport d'obligation, 7e édition, Dalloz, 2011, p. 287.

④ Articles 1309 à 1320, Code civil, Version en vigueur au 20 octobre 2020, https://www.legifrance.goufr/codes/section_ lc/LEGITEXT000006070721/LEGISCTA000032031312/#LEGISCTA000032031312.

⑤ Philippe Malaurie, Laurent Aynès, Philippe Stoffel-Munck, Droit des obligations, 8e édition, LGDJ, 2016, pp. 747 – 769; Rémy Cabrillac, Droit des obligations, 12e édition, Dalloz, 2016, pp. 326 – 335; Marjorie-Brusorio Aillaud, Droit des obligations, 8e édition, bruylant, 2017, pp. 313 – 319; Virginie Larribau-Terneyre, Droit civil, Les obligations, 15e édition, Dalloz, 2017, pp. 103 – 117; François Terré, Philippe Simler, Yves Lequette, François Chénedé, Droit civil, Les obligations, 12e édition, Dalloz, 2018, pp. 1451 – 1487.

二、按份债

（一）按份债的界定

所谓按份债（obligations conjointes obligations disjointe），是指以同一可分割的给付为客体，复数债权人或复数债务人分别按照确定的债权份额或者债务份额享有债权或承担债务的债。按份债的一个主要特征是，无论是债权还是债务均可在复数债权人或者复数债务人之间进行分割并因此形成不同的债权份额或者债务份额：债权人仅仅在其债权份额内对其债务人享有权利，这就是所谓的按份债权、积极债权；债务人也仅仅在其债务份额内对其债权人承担债务，这就是所谓的按份债务、消极债务。他们之间因此形成的债权和债务关系就是所谓的按份债。

Mazeaud 和 Chabas 等人对按份债做出了界定，他们指出："按份债，是指能够在不同的积极主体或者消极主体之间进行分割的债。如果债权人有多个，则每一个债权人只能够在其债权份额内要求债务人对其履行债务；如果债务人有多个，则每一个债务人也仅仅在其债务份额内对债权人承担债务，他们不得被责令超出其债务份额的范围对债权人承担债务。"[1] Terré、Simler 和 Lequette 等人也对按份债做出了界定，他们指出："按份债是指那些包含了复数债权人或者复数债务人并且复数债权人或者复数债务人对债权或者债务进行积极或者消极分割的债，其结果就是，每一个债权人只能够主张自己份额内的债权而每一个债务人也仅需履行自己份额内的债务。"[2]

通过 2016 年 2 月 10 日的债法改革法令，现行《法国民法典》新的第 1309 条对此种债做出了明确规定，该条规定：将几个债权人或者几个债务人约束在一起的债在法律上完全能够在他们之间进行分割。此种分割能够在他们的继承人之间发生。即便他们之间的债是连带的。除非制定法另有不同的规定或者除非合同另有不同的约定，否则，债应当在他们之间分割成平等的份额。每一个债权人仅能够获得自己在共同债权当中的份额；每一个债务人也仅仅承担自己在共同债务当中的份额。在债权人和债务人之间的关系当中，如果债是连带的或者如果应当实施的给付是不可分割的，则情况另当别论。[3]

例如，如果甲方和乙方共欠下丙方 1000 元，当甲方和乙方对丙方所承担的债是按份债和可分债时，这 1000 元的债应当在甲方和乙方之间进行分割，除非甲方和乙方对 1000 元的欠款规定了不平等的分割方法，否则，这 1000 元的债务应当在甲方和乙方之间进行平均分割，甲方应当偿还其中的 500 元给丙方，乙方应当偿还另外的 500 元给丙方；丙方也只能要求甲方偿还 500 元的欠款，并仅能要求乙方偿还另外的 500 元的欠款。

---

[1] Henri et Léon Mazeaud, Jean Mazeaud, François Chabas, Obligations, 9e édition, Montchrestien, 1998, pp. 1102 – 1103.

[2] François Terré, Philippe Simler, Yves Lequette, François Chénedé, Droit Civil, les Obligations, 12e édition, Dalloz, 2018, pp. 1452 – 1453.

[3] Article 1309, Code civil, Version en vigueur au 12 novembre 2021, https://www.legifrance.gouv.fr/codes/section_lc/LEGITEXT000006070721/LEGISCTA000032031312/#LEGISCTA000032031312.

(二) 按份债在债法当中的普通法地位

虽然民法学者普遍将复数主体债、多数主体债分为按份债和连带债，但是他们也认为，按份债和连带债在债法当中的地位并不是相同的，这就是，在复数主体债或者多数主体债当中，按份债是主要的，在债法当中居于主导地位、普通法的地位，而连带债则是次要的，在债法当中居于补充地位、特别法的地位，因为他们认为，除了法律明确规定或者当事人明确约定他们之间的复数主体债或者多数主体债是连带债，否则，所有的复数主体债或者多数主体债均是按份债。

Malaurie、Aynès 和 Stoffel-Munck 对按份债的此种地位做出了说明，他们指出："按份债是有关复数债方面的普通法，因为连带债不得被推定。"[①] Larribau-Terneyre 对按份债的普通法地位做出了说明，他指出："将几个债权人或者几个债务人约束在一起的债在法律上完全能够在他们之间进行分割，每一个债权人仅能够获得自己在共同债权当中的份额；每一个债务人也仅仅承担自己在共同债务当中的份额。这就是《法国民法典》新的第1309条所规定的原则，不过，该种原则在之前就已经在实在法当中获得了承认，根据这一原则，所有债权或者所有债务均能够在不同的债权人或者不同的债务人之间进行分割并且原则上进行平等分割。"[②] 同样，Terré、Simler 和 Lequette 等人也对按份债的此种地位做出了说明，他们指出："按份债代表着复数主体债的常态，因为，除非某种债的客体的性质本身使该种债成为不可分债，或者除非合同当事人做出相反的约定，或者除非法律或者司法判例做出相反的规定，否则，只要某种债的债权人是复数，或者债务人是复数，该种债就会被看作按份债。"[③]

(三) 按份债的法律效力

在民法上，债权人究竟享有多少份额的债权，债务人究竟承担多少份额的债务，取决于合同当事人之间的约定或者法律的直接规定：如果合同当事人或者法律对债权或者债务份额做出了约定或者规定，则他们将会按照约定或者法律规定的份额享有债权或者承担债务；如果当事人之间没有对债权人享有的债权份额或者债务人承担的债务份额做出约定，则法律采取平均享有债权或者平均分担债务的原则：如果复数债权人没有对债权人享有的债权份额做出约定，则每一个债权人享有的债权是平等的，也就是债权总额除以所有债权人之后的得数；如果复数债务人没有对债务人承担债务的份额做出明确约定，则每一个债务人承担的债务也是平等的，也就是债务总额除以所有债务人之后的得数。Terré、Simler 和 Lequette 等人对此做出了说明，他们指出："某一个按份债权人仅仅能够对其债务人主张自己在债权当中的那一部分债权份额；与之相对应，债务人也仅仅对其债权人承担自己在债务当中的那一部分债务份额；除非法律做出相反的规定或者

[①] Philippe Malaurie, Laurent Aynès, Philippe Stoffel-Munck, Droit Des Obligations, 8e édition, LGDJ, 2016, p.747.
[②] Virginie Larribau-Terneyre, Droit civil Les obligations, 15e édition, Dalloz, 2017, p.104.
[③] François Terré, Philippe Simler, Yves Lequette, François Chénedé, Droit Civil, les Obligations, 12e édition, Dalloz, 2018, p.1453.

当事人做出相反的约定，债务人所承担的债务份额应当是平均的，也就是应当是平等的。"①

按份债虽然包含了多种债，但是按份债当中的多种债都是独立的债，其中的一种债同其中的另一种债之间没有任何法律关系，对任何债权人或任何债务人所发生的事项也仅仅对该债权人或者其他债务人产生法律上的效力，不会对其他债权人或者债务人产生法律上的效力。具体来说：当复数债务人当中的一个债务人因为资不抵债而破产时，债权人只能够自认倒霉，他们不得要求其他债务人替代该破产的债务人对其承担债务；当某一个债权人免除某一个债务人的债务时，债权人对债务的免除也仅仅对被免除债务的债务人产生法律效力，对其他债务人不会产生法律效力，其他债务人仍然应当对债权人承担债务；② 债权人对某一个债务人所为的债务履行催告也仅仅对被催告的债务人产生法律效力，不会对其他债务人产生法律效力；当某一个债务人对某一个债权人主张其合同无效时，该种合同无效的主张也仅仅对该合同债务人和债权人产生法律效力，不会对其他债权人或者债务人产生法律效力；如果某一个债务人所承担的债务由于履行或者其他原因而消灭时，该种债的消灭也仅仅对该债务人和与之相对应的债权人产生法律效力，不会对其他债权人或者债务人发生法律效力；当法官就某一个债权人与债务人之间的债权纠纷做出裁判时，该裁判仅仅对这两个特定的债权人和债务人产生法律效力，不对其他债权人或者债务人产生法律效力。③

三、连带债

（一）连带债的界定

所谓连带债（obligations solidaires），是指以同一不可分割的给付为客体，复数债权人或复数债务人均得请求债务人履行全部债务或均应履行全部债务的债。连带债的一个主要特征是，无论是复数债权人享有的债权还是复数债务人承担的债务都是没有办法像可分债、按份债那样予以分割，并因此形成相同或者不同的债权份额或者债务份额，无论是复数的债权人还是复数的债务人均需连带享有债权或者连带承担债务。如果复数债权人连带享有债权，则他们享有的债权就被称为连带债权、积极连带（solidarité active），如果复数债务人连带承担债务，则他们所承担的债务就被称为连带债务、消极连带（solidarité passive），他们之间因此形成的债权和债务关系就是所谓的连带债。

Légier 对连带债做出了界定，他指出："如果复数债权人或者复数债务人之间的债

---

① François Terré, Philippe Simler, Yves Lequette, François Chénedé, Droit Civil, les Obligations, 12e édition, Dalloz, 2018, p. 1454.
② Rémy Cabrillac, Droit des Obligations, 12e édition, Dalloz, 2016, p. 326; Marjorie-Brusorio Aillaud, Droit des obligations, 8e édition, bruylant, 2017, p. 313; Philippe Malaurie, Laurent Aynès, Philippe Stoffel-Munck, Droit Des Obligations, 8e édition, LGDJ, 2016, pp. 747 – 748; François Terré, Philippe Simler, Yves Lequette, François Chénedé, Droit civil, Les obligations, 12e édition, Dalloz, 2018, p. 1454.
③ François Terré, Philippe Simler, Yves Lequette, François Chénedé, Droit Civil, les Obligations, 12e édition, Dalloz, 2018, p. 1454.

根据当事人的意愿或者法律的规定是无法进行分割的，则该种债就是所谓的连带债，即便该种债在性质上是可以分割的。"① Larribau-Terneyre 也对连带债做出了界定，他指出："所谓连带债，是指那些在不同的积极主体或者不同的消极主体之间无法进行分割的债，此种债通过特定的连带方式将债权人与债务人联系在一起，也就是通过所谓的积极连带和消极连带将债权人与债务人联系在一起，即便债的客体是完全能够予以分割的。"② 连带债的主要目的是防止同一债权在复数债权人之间进行分割，或者防止同一债务在复数债务人之间进行分割。③

例如，当甲方和乙方所设立的合伙组织向银行借贷 10 万元时，甲方和乙方就此 10 万元的贷款所承担的债就是典型的连带债，无论是甲方还是乙方都应当首先偿还这 10 万元的债务，因为甲方和乙方所承担的此种债是不得予以分割的。再例如，当甲方和乙方故意侵害丙方的名誉权时，甲方和乙方应当共同对丙方所遭受的财产损害或者非财产损害承担赔偿责任，此种赔偿责任就是典型的连带债，因为在此种连带债当中，不仅甲方应当赔偿丙方所遭受的所有损害，而且乙方也应当赔偿丙方所遭受的全部损害，甲方或者乙方所承担的赔偿责任不得予以分割。

（二）连带债在债法当中的例外地位

同按份债的普通法地位相比，连带债在债法当中仅仅居于次要地位，仅仅构成债法的特别法或者例外法，这就是，连带债仅仅在合同当事人有明确的合同规定或者制定法有明确的、特别的条文规定的情况下才承担，如果合同当事人没有明确规定一方当事人对其另外一方当事人承担连带债，或者如果制定法没有明确规定债务人在某种特殊情况下对债权人承担连带债，则债务人不得被责令对债权人承担连带债，此时，他们也仅仅对债权人承担按份债、可分债。《法国民法典》新的第 1310 条对此规则做出了说明，该条规定：连带债要么是法定的要么是约定的；连带债不得被推定。④

所谓连带债不得推定，是指连带仅仅在合同当事人有明确的条款规定和制定法有明确规定的情况下存在，不得通过当事人的行为推定他们承担连带债。因此，如果债权人主张债务人所承担的债在性质上属于连带债，则他们应当承担举证责任，或者证明债务人所承担的连带债是合同明确规定的，或者证明债务人承担的连带债是制定法明确规定的。如果他们无法证明连带债的这两种渊源，则他们不得要求债务人对自己承担连带债。连带债的问题是一个法律问题，由法国最高法院的法官予以控制，在合同规定或者制定法明确规定之外，如果地方法院的法官责令债务人承担连带责任，则他们的判决将会遭受最高法院的审查。⑤

---

① Gérard Légier, les obligations, 17e édition, 2001, Dalloz, 2001, p. 222.
② Virginie Larribau-Terneyre, Droit civil Les obligations, 15e édition, Dalloz, 2017, p.109.
③ Frauçois Terré, Philippe Simler, Yves Lequette, Droit civil, Les obligations, 12e édition, Dalloz, 2009, p.1227.
④ Article 1310, Code civil, Version en vigueur au 21 octobre 2020, https://www.legifrance.goufr/codes/section_lc/LEGITEXT000006070721/LEGISCTA000032031314/#LEGISCTA000032031314.
⑤ François Terré, Philippe Simler, Yves Lequette, François Chénedé, Droit Civil, les Obligations, 12e édition, Dalloz, 2018, pp. 1458 – 1459.

民法之所以将连带债限定在合同当事人有明确约定或者制定法有特别规定的场合，是因为连带债虽然对债权人极端有利，但是对复数债务人极端不利，它可能会使债务人承担的债务或者责任过重。

（三）连带债产生的渊源

根据《法国民法典》新的第1310条的规定，连带债产生的渊源仅两种：合同的明确规定和制定法的明确规定，如果欠缺合同的明确规定或者制定法的明确规定，债务人不承担连带债。合同当事人明确规定的连带债被称为约定连带债（solidarité conventionnelle），而制定法明确规定的连带债则被称为法定连带债（solidarité légale）。①

根据意思自治和合同自由原则，如果合同当事人在自己的合同当中明确约定债务人对债权人承担的债务是连带债，则合同债务人所承担的债在性质上当然属于连带债，因为他们所承担的此类债源自他们的主观意图，是其真实的意思表示，这就是所谓的约定连带债。不过，约定连带债并不限于当事人之间的合同，因为除了合同能够产生连带债之外，行为人实施的其他法律行为也能够产生连带债，包括行为人所立下的遗嘱、遗赠，因为在这些法律行为当中，行为人也能够将连带债强加给继承人和受遗赠人。

法国民法学者之所以将合同、遗嘱和遗赠产生的连带债均称为约定连带债，是因为"约定"一词在此处是广义的，并不仅仅指合同当事人之间的约定，还包括当事人的意图。② 无论是合同当事人的意思表示还是立遗嘱人、立遗赠人的意思表示均应当是明确的、肯定的、清楚的意思表示，默示意思表示无法产生连带债，因为连带债不得推定。

除了当事人的意图能够产生连带债之外，立法者的制定法也能够产生连带债。法国制定法所规定的连带债多种多样，除了《法国民法典》之外，《法国商法典》《法国刑法典》以及《法国劳动法典》等均对连带债做出了规定。③ 例如，基于2016年2月10日的债法改革法令，《法国民法典》新的第1242（4）条对父母和未成年子女之间所承担的连带责任做出了规定，该条规定：在父母对其未成年子女行使亲权时，如果与他们居住在一起的未成年子女引起他人损害的发生，他们应当与其未成年子女一起对他人承担连带责任。④ 再例如，《法国民法典》第1245－7条对两种缺陷产品的生产商所承担的连带债做出了规定，该条规定：在一个生产商的缺陷产品被另外一个生产商组装在自己的产品当中时，如果被组装的产品缺陷引起了他人损害的发生，则缺陷产品的生产商

---

① Philippe Malaurie, Laurent Aynès, Philippe Stoffel-Munck, Droit des obligations, 8e édition, LGDJ, 2016, pp. 752－754; François Terré, Philippe Simler, Yves Lequette, François Chénedé, Droit civil, Les obligations, 12e édition, Dalloz, 2018, pp. 1458－1463.

② Philippe Malaurie, Laurent Aynès, Philippe Stoffel-Munck, Droit des obligations, 8e édition, LGDJ, 2016, pp. 752－753; François Terré, Philippe Simler, Yves Lequette, François Chénedé, Droit civil, Les obligations, 12e édition, Dalloz, 2018, p. 1460.

③ Philippe Malaurie, Laurent Aynès, Philippe Stoffel-Munck, Droit des obligations, 8e édition, LGDJ, 2016, pp. 753－754; François Terré, Philippe Simler, Yves Lequette, François Chénedé, Droit civil, Les obligations, 12e édition, Dalloz, 2018, pp. 1460－1463.

④ Article 1242, Code civil, Version en vigueur au 20 octobre 2020, https://www.legifrance.goufr/codes/section_lc/LEGITEXT000006070721/LEGISCTA000032021488/#LEGISCTA000032021488.

和组装商应当对他人遭受的损害承担连带责任。①

（四）连带债的法律效力

连带债产生的法律效力包括主要法律效力和次要法律效力，主要法律效力包括三个方面：债的客体的统一性（unité d'objet），以及债的法律关系的多样性（pluralité de liens），债务人能够主张的抗辩权的多样性。

1. 连带债的主要法律效力：客体的统一性

连带债的一个基本特征是，债的客体只有一个，这一个客体不能像按份债那样在债权人或者债务人之间进行分割。在民法上，人们将连带债的此种特征称为客体的统一性或者债务的统一性（unité de dette）。债的客体的统一性被认为是连带债的第一个也是最重要的特征。基于债的客体的统一性，连带债同时产生三个方面的主要法律效力。②

（1）债权人能够要求复数债务人当中的任何一个债务人清偿全部债务。在债法上，即便连带债的债务人有两个或者两个以上，债权人也有权根据自己的选择仅仅要求其中的某一个债务人对自己履行全部债务，被债权人要求清偿其债务的此种债务人也应当清偿全部债务，不得以存在其他债务人作为拒绝清偿全部债务的理由。

（2）复数债权人当中的某一个债权人受领债务人所为的全部给付行为使其他债权人享有的债权消灭。在债法上，如果债权人是复数债权人，一旦其中的某一个债权人受领了债务人所为的全部债务给付，则其他债权人对所有债务人享有的债权均消灭，他们不得再受领债务人所为的债务给付，否则，将构成不当得利，应当返还给债务人。

（3）一旦复数债务人当中的某一个债务人履行了对债权人所承担的全部债务，则不仅该债务人对债权人所承担的债务得以消灭，而且所有其他债务人对债权人所承担的债务也都得以消灭。

现行《法国民法典》新的第1311条对连带债产生的此种主要法律效力做出了说明，该条规定：债权人之间的连带允许每一个债权人要求债务人清偿所有债权和接受所有债权的清偿。对其中的一个债权人所为的债权清偿也应当被视为是对所有其他债权人的债权清偿并因此让债务人对所有债权人承担的债务消灭。只要债务人没有被连带债权人当中的一个债权人起诉，债务人能够对连带债权人当中的一个债权人或者另外一个债权人清偿自己的债务。③

2. 连带债的主要法律效力：债的法律关系的多样性

所谓债的法律关系的多样性，是指连带债所产生的债的法律关系多种多样，除了包

---

① Article 1245 – 7, Code civil, Version en vigueur au 20 octobre 2020, https://www.legifrance.goufr/codes/section_lc/LEGITEXT000006070721/LEGISCTA000032021490/#LEGISCTA000032021490.

② Jacques Flour, Jean-Luc Aubert, Éric Savaux, Droit civil, Les obligations, 3. Le rapport d'obligation, 7e édition, Dalloz, 2011, pp. 294 – 296；Philippe Malaurie, Laurent Aynès, Philippe Stoffel-Munck, Droit des obligations, 8e édition, LGDJ, 2016, pp. 754 – 759；François Terré, Philippe Simler, Yves Lequette, François Chénedé, Droit civil, Les obligations, 12e édition, Dalloz, 2018, pp. 1463 – 1468.

③ Article 1311, Code civil, Version en vigueur au 13 novembre 2021, https://www.legifrance.gouv.fr/codes/section_lc/LEGITEXT000006070721/LEGISCTA000032031314/#LEGISCTA000032031314.

括债权人与债务人之间的法律关系之外，还包括复数债务人之间的法律关系。①

（1）债权人与债务人之间的法律关系。在债法上，债的法律关系的多样性表现在，为了获得债权的全部清偿，债权人能够同时或者先后向法院起诉所有的复数债务人，要求法官责令债务人对其承担赔偿责任。此时，债权人可以根据民事诉讼法的规定，在不同的法院起诉不同的债务人。债权人对某一债务人提起的诉讼不得被视为是对另外债务人诉权的放弃；法院对债权人所提起的某一诉讼的拒绝受理并不会妨碍债权人对其他债务人的起诉；一旦债权人通过诉讼从某一债务人那儿获得部分给付，他们从其他债务人那儿所获得的给付数额就会相应减少，直到他们的债权全部获得清偿为止。②

（2）复数债务人之间的按份债的法律关系。在复数债务人内部，无论他们是否已经清偿了债权人的全部债权，他们之间的法律关系都是按份债的法律关系，也就是，他们仅仅根据自己的债务在整个债务总额当中的比例或者份额来分担债务，他们不会超出自己的份额来分担债务。至于说复数债务人所承担的债务份额究竟是多少，取决于合同当事人之间的约定或者法律的明确规定。一旦合同当事人之间约定了或者一旦法律明确规定了复数债务人所承担的债务份额，则复数债务人所承担的债务份额将是合同所约定的或者法律所规定的份额。如果合同当事人之间没有约定，或者法律没有明确规定，则复数债务人所承担的债务份额将是平均份额、平等份额，这一点同前述按份债是完全一样的。不同的是，在前述按份债当中，每一个按份债的复数债务人仅仅履行自己所承担的债务，而在连带债当中，复数债务人当中的任何一个债务人都应当清偿所有的债务。一旦一个连带债务人清偿了所有的债务，其他债务人对债权人所承担的债务就消灭。此时，清偿债务的那一个债务人就同其他没有清偿债务的债务人之间形成了新的债权债务关系：其中清偿债务的那一个债务人相对于没有清偿债务的那些债务人而言已经变成了债权人，其他没有清偿债务的那些复数债务人已经变成了债人，已经清偿了债务的那一个债务人有权要求没有清偿债务的那些复数债务人在他们各自承担的债务份额内对自己清偿债务；如果其他债务人拒绝清偿自己所承担的按份债，则已经清偿债务的那一个债务人能够向法院起诉，要求法官责令他们对自己承担民事责任。

3. 连带债的主要法律效力：债务人能够主张的抗辩权的多样性

在债权人要求复数债务人当中的某一个债务人清偿自己的所有债务时，债务人并非一定要按照债权人的要求清偿所有的债务，如果他们具有拒绝履行债务的某种正当事由，则他们有权以该种正当事由对抗债权人，这就是连带债当中债务人所享有的抗辩权。现行《法国民法典》新的第1315条对债务人的抗辩权做出了说明，该条规定：当连带债务人被债权人起诉时，连带债务人既能够以所有共同债务人所共有的抗辩事由对

---

① Jacques Flour, Jean-Luc Aubert, Éric Savaux, Droit civil, Les obligations, 3. Le rapport d'obligation, 7e édition, Dalloz, 2011, pp. 294 – 296; Philippe Malaurie, Laurent Aynès, Philippe Stoffel-Munck, Droit des obligations, 8e édition, LGDJ, 2016, pp. 754 – 759; François Terré, Philippe Simler, Yves Lequette, François Chénedé, Droit civil, Les obligations, 12e édition, Dalloz, 2018, pp. 1463 – 1468.

② Françcois Terré, Philippe Simler, Yves Lequette, Droit civil, Les obligations, 12e édition, Dalloz, 2009, p. 1238.

抗债权人，诸如无效或者解除等，也能够以自己特有的个人抗辩事由对抗债权人。①

根据该条的规定，债务人能够对抗债权人请求的抗辩权分为两类：其一，所有债务人的共同抗辩事由；其二，债务人的个人抗辩事由。所有债务人的共同抗辩事由，是指所有债务人均享有的涉及到债的同一客体的抗辩事由，例如，一个债务人已经清偿了所有债的抗辩事由，债已经被更新的抗辩事由，债被全部免除的抗辩事由，再例如，合同被宣告无效的抗辩事由，或者合同被解除的抗辩事由等。②

所谓债务人的个人抗辩事由，或者是指单纯的个人抗辩事由，或者是指简单的个人抗辩事由。所谓单纯的个人抗辩事由，是指仅为某一个债务人能够主张的抗辩事由，例如，合同债务人当中的某一个债务人欠缺缔约能力，他的意思表示有瑕疵，或者他的债务是附期限或者附条件的债等，此时，仅该债务人能够对抗债权人，其他债务人不能够以这些理由对抗债权人。所谓简单的个人抗辩事由，是指虽然在性质上属于某一个债务人的但是能够为其他债务人所主张的抗辩事由。例如，当债权人全部或者部分免除了某一个债务人的债务时，其他债务人能够主张此种抗辩，其结果是，其他债务人仅仅在被免除的债务范围内对债权人为债务清偿。③

4. 连带债的次要法律效力

除了会产生主要法律效力之外，连带债还会产生次要法律效力。所谓连带债的次要法律效力，是指债务人对债权人做出的或者债权人对债务人做出的某种行为除了会对做出该种行为的债务人或者债权人产生法律效力之外，还会对没有做出该种行为的债务人或者债权人产生法律效力。换言之，连带债的任何一个债务人或者任何一个债权人所做出的行为均被视为对所有债务人或者所有债权人做出的行为。

为何一个债务人或者一个债权人做出的行为能够对所有债务人或者所有债权人产生效力？对此问题，民法学者之间有两种不同的理论。传统民法理论采取相互代理的理论（représentations mutuelle），根据该种理论，在连带债当中，除了所有债务人互为代理人之外，所有债权人也互为代理人，他们的所作所为被视为代表其他债务人或者债权人的所作所为。现代民法则采取债权人诉权的简化理论（simplification de l'action du créancier），根据该种理论，与其让债权人对共同债务人当中的每一个债务人提起诉讼，人们应当让债权人仅仅对共同债务人当中的某一个债务人提起诉讼。④

---

① Article 1315, Code civil, Version en vigueur au 13 novembre 2021, https://www.legifrance.gouv.fr/codes/section_lc/LEGITEXT000006070721/LEGISCTA000032031314/#LEGISCTA000032031314.

② Philippe Malaurie, Laurent Aynès, Philippe Stoffel-Munck, Droit des obligations, 8e édition, LGDJ, 2016, pp. 756 – 757; Virginie Larribau-Terneyre, Droit civil Les obligations, 15e édition, Dalloz, 2017, pp. 112 – 113; François Terré, Philippe Simler, Yves Lequette, François Chénedé, Droit civil, Les obligations, 12e édition, Dalloz, 2018, pp. 1464 –1465.

③ Philippe Malaurie, Laurent Aynès, Philippe Stoffel-Munck, Droit des obligations, 8e édition, LGDJ, 2016, pp. 756 – 757; Virginie Larribau-Terneyre, Droit civil Les obligations, 15e édition, Dalloz, 2017, pp. 112 – 113; François Terré, Philippe Simler, Yves Lequette, François Chénedé, Droit civil, Les obligations, 12e édition, Dalloz, 2018, pp. 1464 –1465.

④ Philippe Malaurie, Laurent Aynès, Philippe Stoffel-Munck, Droit des obligations, 8e édition, LGDJ, 2016, pp. 759 –760.

根据民法学者的说明，连带债的次要法律效力主要包括①：其一，债权人对复数债务人当中的某一个债务人所为的债务履行的催告对所有复数债务人均产生法律效力。其二，当债权人针对某一个债务人采取的行为导致诉讼时效中断时，该种诉讼时效中断适用于所有的债务人。例如，一旦债权人向法院起诉某一个连带债务人，则从债权人对该债务人起诉时诉讼时效中断，该种诉讼时效中断不仅适用于被债权人起诉的这个债务人，而且适用于没有被债权人起诉的所有其他债务人，债权人也能够对没有被起诉的其他债务人主张诉讼时效中断。其三，债权人对某一个债务人提出的要求其支付延迟利息的请求不仅对该债务人产生法律效力，而且还对其他没有被提出此种请求的债务人产生法律效力。其四，法官对复数债务人当中的某一个债务人做出的判决能够适用于所有的复数债务人。

四、连带责任债

（一）连带责任债的界定

在法国，第三种类型的复杂主体债是连带责任债。同法国民法学者普遍在他们的民法或者债法著作当中对按份债、连带债做出的明确界定不同，法国民法学者很少会在自己的民法或者债法著作当中对连带责任债做出界定。法国民法学者之所以没有对此种类型的复杂主体债做出界定，是因为此种界定极其困难。不过，少数民法学者仍然对连带责任债做出了界定并且他们所做出的界定也是不同的。

Flour、Aubert 和 Savaux 对连带债做出了界定，他们指出："所谓连带责任债，也称为不完全连带债，是指在债务人没有意图承担连带债或者制定法没有明确规定承担连带债的情况下所承担的连带债。" Malaurie、Aynès 和 Stoffel-Munck 对连带责任债做出了界定，他们指出："所谓连带责任债，是指几个独立的并且源自不同渊源的债务人对同一债权人的债权予以清偿的债。"②

笔者对连带责任债做出如下界定：所谓连带责任债（obligations solidum），也称为不完全的连带债（obligations imparfaite），是指相对于"严格意义上的连带债"（obligations solidaires stricto sensu）或者"完全连带债"而言的一种债，它是指法官在制定法或者合同之外通过司法判例所确立的一种高度类似于但是又不完全等同于连带债的一种复杂主体债。所谓"严格意义上的连带债"或者"完全连带债"，是指债务人所承担的连带债，也就是指制定法明确规定或者合同当事人明确约定的连带债，已如前述。

连带责任债与连带债之间的主要差异是：连带债的两个或者多个债务人之间存在关联性（solidarité），两个或者两个以上的债务人对同一债权人所承担的债务属于同一债

---

① Jacques Flour, Jean-Luc Aubert, Éric Savaux, Droit civil, Les obligations, 3. Le rapport d'obligation, 7e édition, Dalloz, 2011, pp. 296 – 297；Philippe Malaurie, Laurent Aynès, Philippe Stoffel-Munck, Droit des obligations, 8e édition, LGDJ, 2016, pp. 759 – 762；François Terré, Philippe Simler, Yves Lequette, François Chénedé, Droit civil, Les obligations, 12e édition, Dalloz, 2018, p. 1468.

② Philippe Malaurie, Laurent Aynès, Philippe Stoffel-Munck, Droit des obligations, 8e édition, LGDJ, 2016, p. 763.

务。而连带责任债则不同，连带责任债的两个债务人之间没有关联性，他们虽然均对债权人承担债务，但是，他们各自承担自己的不同债务。换言之，连带债源自同一渊源（例如，同一合同所规定），因此，连带债具有同一客体；相反，连带责任债源自不同的渊源，因此，它们未必有同一客体。①

最典型的范例能够说明连带责任债与连带债之间的差异。虽然父母应当抚养自己的未成年子女，但是，父亲的抚养义务独立于母亲的抚养义务。虽然父母承担的抚养义务是两个独立的义务，但是，为了维护未成年女子的健康成长，在制定法没有规定父母要对未成年子女承担连带抚养义务的情况下，法官责令父母承担连带抚养责任。

（二）连带责任债的历史

在债法上，连带责任债的历史就像连带债的历史一样久远，因为它们均源自古罗马时期。在古罗马时期，罗马法既对连带债做出了规定，也对连带责任债做出了规定。因为它明确规定，如果两个行为人实施的共同过错行为（faute commune）引起了他人损害的发生，在无法区分每一个行为人引起的损害的情况下，所有的行为人均应当对他人遭受的所有损害承担赔偿责任。在中世纪至法国大革命之前的旧法时期，罗马法的此种规则也被民法学者和法官所坚持，除了承认连带债之外，他们也在民事责任领域承认连带责任债。②

1804年的《法国民法典》完全不承认连带责任债，因为它仅仅承认连带债，除了将连带债限定在制定法明确规定和合同当事人明确约定的范围内之外，它还明确规定连带债不得推定。1804年的《法国民法典》第1202条规定：连带债不得被推定，它或者源自当事人的明确规定，或者源自制定法的明确规定。③ 因此，1804年的《法国民法典》没有在侵权责任领域规定连带侵权责任，行为人承担的所有侵权责任均不是连带责任。例如，虽然1804年的《法国民法典》第1384条规定了父母应当就其未成年子女实施的侵权行为对他人承担侵权责任，虽然它也规定了雇主应当就其雇员实施的侵权行为对他人承担侵权责任，但是它并没有规定，父母或者雇主应当与其未成年子女或者雇员一起对他人承担连带责任。

到了19世纪末20世纪初期，为了对侵权案件当中的受害人提供保护，民法学者和法官开始对《法国民法典》不让父母与其未成年子一起、雇主与其雇员一起承担连带责任的侵权责任制度提出批判，认为在未成年子女、雇员实施致害行为时，法官应当责令父母与其未成年子女、雇主与其雇员共同对他人承担连带责任，即便《法国民法典》明确禁止在制定法和合同之外责令债务人承担连带责任，亦是如此。

为此，从19世纪末期开始一直到今时今日，法官均通过自己的司法判例责令两个

---

① Philippe Malaurie, Laurent Aynès, Philippe Stoffel-Munck, Droit des obligations, 8e édition, LGDJ, 2016, p. 768.

② Rémy Cabrillac, Droit des obligations, 12e édition, Dalloz, 2016, p. 332; Virginie Larribau-Terneyre, Droit civil, Les obligations, 15e édition, Dalloz, 2017, p. 115.

③ Article 1202, Code civil des Français, édition originale et seule officielle, A Paris, de l'Imprimerie de la République, An XII 1804, http://www.assemblee-nationale.fr/evenements/code-civil/cc1804-l3t03c4.pdf.

或者多个共同行为人就其中的一个人所实施的致害行为对他人承担连带责任,这就是所谓的连带责任债。在确立连带责任债时,这些法官既将自己的裁判建立在罗马法规定的基础上,也将自己的裁判建立在法国旧法时期法官所践行的实践的基础上。①

Catala 领导的债法改革小组在 2005 年的《债法改革草案》当中明确废除了连带责任债和连带债之间的区分理论,除了在第 1373(1)条当中明确规定"同一损害的所有责任人均应当承担连带损害赔偿责任"之外,它还在自己的脚注当中明确指出,维持连带债和连带责任债之间的区分理论是没有用处的。② 2016 年的债法改革法令也废除了连带债和连带责任债之间的区分理论,因为它仍然像 1804 年的《法国民法典》第 1202 条一样规定,连带债仅限于制定法和约定的范围,连带债既不得被推定,也不得在制定法和约定之外被强加,已如前述。虽然如此,法国民法学者仍然认为,连带责任债与连带债之间的区分理论应当得到维持。③

(三) 连带责任债的类型

在法国,虽然连带责任债的类型多种多样,但是,民法学者最普遍承认的连带责任债有三类:连带合同责任债、连带侵权责任债和连带抚养债。④

1. 连带合同责任债

连带责任债的第一种主要类型是连带合同责任债,根据该种连带责任债,即便制定法没有明确规定,即便两个或者两个以上的债务人之间没有合同规定,当两个或者两个以上的合同债务人实施的债务不履行行为引起同一合同债权人损害的发生时,法官仍然会责令这些合同债务人对合同债权人承担连带责任,即便合同债务人并不是基于同一个合同对合同债权人承担债务。例如,虽然建筑物和工程师并非根据同一个合同对工程的所有权人承担合同义务,但是,当他们建造的工程引起工程所有权人的损害时,他们仍然被责令对工程的所有权人承担连带合同责任。

2. 连带侵权责任债

连带责任债的第二种主要类型是连带侵权责任债,根据该种连带责任债,即便立法

---

① Rémy Cabrillac, Droit des obligations, 12e édition, Dalloz, 2016, p. 332; Virginie Larribau-Terneyre, Droit civil, Les obligations, 15e édition, Dalloz, 2017, p. 115; François Terré, Philippe Simler, Yves Lequette, François Chénedé, Droit civil, Les obligations, 12e édition, Dalloz, 2018, pp. 1476 – 1477.

② Art. 1378, AVANT-PROJET DE REFORME DU DROIT DES OBLIGATIONS (Articles 1101 à 1386 du Code civil) ET DU DROIT DE LA PRESCRIPTION (Articles 2234 à 2281 du Code civil), Rapp. ort à Monsieur Pascal Clément, Garde des Sceaux, Ministre de la Justice, 22 Septembre 2005, p. 162.

③ Philippe Malaurie, Laurent Aynès, Philippe Stoffel-Munck, Droit des obligations, 8e édition, LGDJ, 2016, pp. 763 – 769; Rémy Cabrillac, Droit des obligations, 12e édition, Dalloz, 2016, pp. 332 – 333; Virginie Larribau-Terneyre, Droit civil, Les obligations, 15e édition, Dalloz, 2017, pp. 115 – 117; François Terré, Philippe Simler, Yves Lequette, François Chénedé, Droit civil, Les obligations, 12e édition, Dalloz, 2018, pp. 1476 – 1482.

④ Jacques Flour, Jean-Luc Aubert, Éric Savaux, Droit civil, Les obligations, 3. Le rapport d'obligation, 7e édition, Dalloz, 2011, pp. 300 – 301; Philippe Malaurie, Laurent Aynès, Philippe Stoffel-Munck, Droit des obligations, 8e édition, LGDJ, 2016, pp. 763 – 765; Rémy Cabrillac, Droit des obligations, 12e édition, Dalloz, 2016, pp. 332 – 333; Virginie Larribau-Terneyre, Droit civil, Les obligations, 15e édition, Dalloz, 2017, pp. 116 – 117; François Terré, Philippe Simler, Yves Lequette, François Chénedé, Droit civil, Les obligations, 12e édition, Dalloz, 2018, pp. 1477 – 1479.

者没有明确规定,如果两个或者两个以上的行为人实施的行为引起了他人损害的发生,这些行为人应当对他人遭受的同一损害承担连带赔偿责任,无论这些行为人所实施的行为是故意行为还是过失行为,均是如此。因此,虽然《法国民法典》旧的第1384条(新的第1242条)没有规定,雇主应当就其雇员实施的行为对他人承担连带侵权责任,但是,法国最高法院在众多的司法判例当中均责令雇主与其雇员一起对他人承担连带赔偿责任。

在过去,虽然《法国民法典》旧的第1384条(新的第1242条)没有规定,父母应当与其未成年子女一起对他人遭受的损害承担赔偿责任,但是,法国最高法院仍然明确责令父母与其未成年子女一起对他人承担连带赔偿责任。在今时今日,《法国民法典》新的第1242(4)条则明确规定,在未成年子女实施致害行为时,父母应当与其未成年子女一起对他人承担连带赔偿责任。①

3. 连带抚养债

连带责任债的第三种主要类型是连带抚养债,根据该种连带责任债,即便制定法没有明确规定,即便当事人没有明确约定,父母双方应当对自己的未成年子女承担连带抚养义务,任何一方均应当支付自己的未成年子女所必要的所有抚养费的义务。同样,即便制定法没有规定,即便当事人没有明确约定,在父母有需要赡养的时候,所有的子女均应当对自己的父母承担连带赡养的义务,任何一方均有支付父母全部赡养费的义务。

(四) 连带责任债的理论根据和效力

在制定法没有规定或者合同没有约定的情况下,法官和民法学者为何仍然责令两个或者两个以上没有关联性的债务人对同一债权人承担连带责任?对此问题,民法学者之间存在三种不同的理论:不完全连带债理论,事物的性质理论(la nature des choses),以及受害人的担保理论(garantie de la victime)。②

长期以来,尤其是在19世纪,数不胜数的民法学者在解释连带责任债的理论根据时求助于不完全连带理论。根据该种理论,连带责任债在性质上并不是连带债之外的一种独立债,它仅仅是连带债的一种形式而已:连带债有时是完全的连带债,它们同时具有主要法律效力和次要法律效力,而连带债有时则是不完全的,它们仅仅具有完全连带债的主要法律效力而欠缺完全连带债的次要法律效力。根据这些民法学者的意见,并非所有的连带债均被视为债务人之间的默示代理关系,在某些关系当中,复数债务人之间的默示代理仅仅限于连带债的主要法律效力方面,在连带债的次要法律效力方面,他们之间不存在默示代理。换言之,连带责任债是欠缺次要法律效力的连带债,这就是不完全连带债理论。

---

① Article 1242, Code civil, Version en vigueur au 22 octobre 2020, https://www.legifrance.goufr/codes/section_lc/LEGITEXT000006070721/LEGISCTA000032021488/#LEGISCTA000032021488.

② Jacques Flour, Jean-Luc Aubert, Éric Savaux, Droit civil, Les obligations, 3. Le rapport d'obligation, 7e édition, Dalloz, 2011, p. 300; Philippe Malaurie, Laurent Aynès, Philippe Stoffel-Munck, Droit des obligations, 8e édition, LGDJ, 2016, pp. 768 – 769; François Terré, Philippe Simler, Yves Lequette, François Chénedé, Droit civil, Les obligations, 12e édition, Dalloz, 2018, pp. 1481 – 1482.

某些民法学者认为，连带责任债的理论根据是事物的性质，根据该种理论，连带债和连带责任债之所以要加以区分，是因为连带债仅仅是债的一种限定方式，它并不是源自事物的性质：制定法和合同之所以在某些情况下强加债务人以连带债，其目的在于恩泽债权人。而连带责任债则不同，它并不是源自制定法或者合同的规定，它源自事物的性质，能够在制定法或者合同之外存在。因此，即便制定法没有规定，即便当事人没有约定，事物的性质仍然要求所有债务人对债权人承担完全损害赔偿责任：如果两个或者两个以上的行为人引起的损害属于同一损害，在每一个行为人究竟引起了多少损害难以确定的情况下，则引起同一损害发生的每一个行为人均应当对他人遭受的全部损害承担赔偿责任。

在今时今日，大多数民法学者既不采取不完整连带债的理论，也不采取事物的性质的理论，而是采取了受害人的担保理论。根据该种理论，每一个共同债务人不仅是自己份额的债务人，而且还是其他债务人份额的债务人。换言之，连带责任债的目的在于对债权人提供保护，防止债权人因为债务的分割或者债务人的资不抵债而遭受债权无法实现或者完全实现的危险。这一点，让连带责任债的目的与连带债的目的相同，也让人们放弃了连带责任债是不完全连带债的说法。此外，法国最高法院最终放弃了连带债和连带责任债的区分理论，并因此让连带责任债与连带债成为统一制度。

连带责任债同连带债之间的共同点是，凡是连带债所产生的主要法律效力，连带责任债均会产生。首先，债权人有权要求任何一个债务人清偿全部债务，任何一个债务人均有清偿全部债务的义务；一个债务人清偿了所有债务，则所有债务人与债权人之间的债权债务关系消灭。其次，在债权人要求一个债务人清偿全部债务时，除了能够行使自己对债权人享有的抗辩权之外，该债务人也能够行使其他债务人或者所有债务人均共同享有的抗辩权。最后，一旦一个债务人清偿了全部债务，则该债务人与其他债务人之间就产生了按份债，他能够行使代位权并因此要求其他债务人对自己承担偿还责任。连带责任债同连带债的最主要的差异在于，连带责任债不会产生连带债所产生的次要法律效力。[①]

五、可分债和不可分债

（一）可分债和不可分债的界定

在法国，第四种类型的复杂主体债是不可分债（l'obligation indivisible）。在债法上，不可分债是相对于可分债而言的。在债法上，债的可分性或者债的不可分性的区分理论在简单债当中并没有实际意义，它仅在复杂债当中才具有实际意义，因为债的可分性或者不可分性是指债权或者债务是否能够在多个债权人或者多个债务人之间进行分割，如

[①] Jacques Flour, Jean-Luc Aubert, Éric Savaux, Droit civil, Les obligations, 3. Le rapport d'obligation, 7e édition, Dalloz, 2011, pp. 301 – 302；Philippe Malaurie, Laurent Aynès, Philippe Stoffel-Munck, Droit des obligations, 8e édition, LGDJ, 2016, pp. 765 – 768；Rémy Cabrillac, Droit des obligations, 12e édition, Dalloz, 2016, p. 333；Virginie Larribau-Terneyre, Droit civil, Les obligations, 15e édition, Dalloz, 2017, p. 117；François Terré, Philippe Simler, Yves Lequette, François Chénedé, Droit civil, Les obligations, 12e édition, Dalloz, 2018, pp. 1479 – 1481.

果仅有一个债权人和一个债务人,则无所谓债权或者债务的分割了,因为在仅有一个债权人和一个债务人的债当中,债权人完全有权拒绝债务人的部分履行,债务人也不应当部分履行自己的债务,他们应当一次性履行自己承担的全部债务。①

所谓可分债(l'obligation divisible),是指债的客体能够在多个债务人或者多个债权人之间进行分割的债。在债法上,除了按份债属于最典型的可分债之外,金钱债和转移财产所有权的债也属于可分债。转移财产所有权的债之所以在性质上属于可分债,是因为财产的共有权人有权将自己享有的财产份额转让给买受人。

所谓不可分之债,则是指债的客体不能够在多个债务人或者多个债权人之间进行分割的债。法国民法学者普遍对不可分债做出了界定,并且他们做出的界定没有实质性的差异。

例如,Voirin 和 Goubeaux 对不可分债做出了界定,他们指出:"所谓不可分债,是指债的客体应当予以整体履行的复杂主体债,此种债的客体之所以要予以整体履行,是因为债的客体的性质要求、制定法规定或者合同当事人反对债务的分割履行。"② Flour、Aubert 和 Savaux 也对不可分债做出了界定,他们指出:"如果从同义反复的立场来看,不可分债的界定简单明了:所谓不可分债,是指债的客体不会进行分割的债。因此,不可分债是不可能部分履行的债,换言之,所谓不可分债,是指应当一次性、全部履行的债。"③

(二) 不可分债的特点

1804 年的《法国民法典》对可分债和不可分债做出了明确规定,这就是第 1217 条至第 1225 条,除了直接使用了可分债和不可分债的术语之外,这些法律条款还对可分债和不可分债做出了界定,对可分债和不可分债的类型以及所产生的法律效果做出了规定。这些法律条款一直从 1804 年保留到 2016 年,直到 2016 年 2 月 10 日的债法改革法令将它们废除为止。④ 虽然 2016 年 2 月 10 日的债法改革法令也对不可分债做出了规定,但是,除了没有再使用可分债和不可分债的术语之外,它也仅仅用了一个法律条款对不可分债做出了规定,这就是现行《法国民法典》当中的新的第 1320 条。除了将不可分债改为"不可分的给付债"(l'obligation à prestation indivisible)之外,该条还对不可分债产生的渊源和法律效力做出了规定。⑤ 除了《法国民法典》对不可分债做出了规定之

---

① Philippe Malaurie, Laurent Aynès, Philippe Stoffel-Munck, Droit des obligations, 8e édition, LGDJ, 2016, p. 748.

② Pierre Voirin Gilles Goubeaux, Droit civil, tome 1, Introduction au droit, personnes-famille, personnes protégées, biens-obligations, sûretés, 33e édition, LGDJ, 2011, p. 686.

③ Jacques Flour, Jean-Luc Aubert, Éric Savaux, Les obligations, 3. Le rapport d'obligation, 7e édition, Dalloz, 2011, p. 302.

④ Articles 1217 à 1225, Code civil, Version en vigueur au 21 octobre 2015, https://www.legifrance.goufr/codes/section_lc/LEGITEXT000006070721/LEGISCTA000006150254/2015 - 10 - 21/#LEGISCTA000006150254.

⑤ Article 1320, Code civil, Version en vigueur au 22 octobre 2020, https://www.legifrance.goufr/codes/section_lc/LEGITEXT000006070721/LEGISCTA000032031696/#LEGISCTA000032031696.

外，法国民法学者也普遍对不可分债做出了说明。①

不可分债的主要特点有三：其一，不可分债的客体具有不可分割性，人们无法在客观上将债的客体在多个债权人或者多个债务人之间进行分割，或者人们虽然能够在客观上进行分割，但是，合同当事人明确约定不得进行分割。其二，在不可分债当中，债权人需一次性要求债务人履行其全部债务，不得要求债务人多次或者部分履行其债务；债务人也应当一次性全部履行其债务，不得分多次、部分履行其对债权人承担的债务。其三，在正常情况下，不可分债的法律效力等同于连带债的法律效力；在极端例外的情况下，不可分债的法律效力在极少数方面不同于连带债的法律效力。

（三）不可分债的渊源

在债法上，不可分债既包括积极的不可分债，也包括消极的不可分债。所谓积极的不可分债，是指多个债权人所享有的不可分割的债权。所谓消极的不可分债，则是指多个债务人所承担的不可分割的债务，这一点同连带债是完全相同的。因为不可分债在性质上几乎就等同于连带债，包括连带债权和连带债务。在债法当中，不可分债也分为客观的不可分债和主观的不可分债。这是根据不可分债产生的渊源不同所做出的分类，因为除了《法国民法典》第1320条明确规定不可分债源于客体的性质和合同之外，法国民法学者也普遍认为，不可分债的客体源自这两个方面。

1. 因为债的客体的性质所产生的不可分债

在法国，不可分债的第一种渊源是债的客体的性质，当债的客体的性质决定了债是不可分债时，此类债就被称为客观不可分债。所谓客观不可分债，也称为性质上的不可分债，是指具有客观的不可分性（indivisibilité objective）的债，所谓客观不可分性，是指债的客体的性质本身决定了债的客体无法在多个债务人或者多个债权人之间进行分割。在债法上，客观不可分债形形色色，诸如：几个出卖人交付某一个具体财物的债就是客观不可分债。再例如，出租人交付活体动物的债也属于客观不可分债。

除了债务人承担的这些作为债在性质上属于客观不可分债之外，债务人承担的不作为债在性质上也属于客观不可分债。例如，商事营业资产的出卖人对买受人所承担的不与买受人从事商事竞争的债务在性质上就属于客观的不可分债。

2. 因为合同当事人的明确规定而产生的不可分债

在法国，不可分债的第二种渊源是合同当事人的主观意图，当他们在自己合同当中明确或者默示规定债的客体不可分时，他们的债被称为主观不可分债。所谓主观不可分债，也称为约定不可分债，是指具有主观的不可分性（indivisibilité subjective）的债。所谓主观的不可分性，是指由于合同当事人的约定而导致债的客体无法在多个债务人或

---

① Jacques Flour, Jean-Luc Aubert, Éric Savaux, Droit civil, Les obligations, 3. Le rapport d'obligation, 7e édition, Dalloz, 2011, pp. 302 – 304；Philippe Malaurie, Laurent Aynès, Philippe Stoffel-Munck, Droit des obligations, 8e édition, LGDJ, 2016, pp. 749 – 750；Rémy Cabrillac, Droit des obligations, 12e édition, Dalloz, 2016, pp. 334 – 335；Virginie Larribau-Terneyre, Droit civil, Les obligations, 15e édition, Dalloz, 2017, pp. 105 – 108；François Terré, Philippe Simler, Yves Lequette, François Chénedé, Droit civil, Les obligations, 12e édition, Dalloz, 2018, pp. 1482 – 1487.

者多个债权人之间进行分割的债。在债法上,即便债的客体的性质决定了债的客体能够在多个债务人或者多个债权人之间进行分割,如果合同当事人明确约定不得对此类客体进行分割,则当事人之间的债也属于不可分债。如果不可分债因为合同当事人的意思表示而产生,能够引起不可分债的意图可以是明示意思表示,也可以是默示意思表示。

(四) 不可分债的法律效力

在债法上,不可分债的法律效力基本上等同于连带债的法律效力,它们之间的差异主要表现在两个方面。

第一,连带债除了会产生主要法律效力之外,还会产生次要法律效力,已如前述。而不可分债仅仅产生连带债所产生的主要法律效力,不会产生连带债所产生的次要法律效力。换言之,有关连带债所产生的主要法律效力的规则均自动适用于不可分债。因此,如果不可分债的债权人有多个,则每一个债权人均享有要求债务人全部履行其债务的权利,一旦债务人对其中的某一个债权人履行了全部债务,则他同债权人之间的债就消灭了,获得全部清偿的债权人应当将其获得的清偿交付给其他债权人。如果不可分债的债务人有多个,则每一个债务人均应当全部履行其债务,一旦他履行了全部债务,他就有权要求其他债务人偿还自己的债务。

第二,连带债能够在债务人的多个继承人之间进行分割,而不可分债则不得在债务人的多个继承人之间进行分割。如果承担连带债的债务人死亡,债务人的每一个继承人仅仅在其所继承的遗产份额内对债权人承担债务,不会对债权人承担全部债务。反之,如果承担不可分债的债务人死亡,债务人的每一个继承人均应当对债权人承担全部债务,不得按照其继承的遗产份额来对债权人承担债务。

第三节 附期限的债

除了连带债、选择债等属于限定债之外,附期限的债和附条件的债也属于限定债,因为通过期限和条件,当事人能够自由控制他们之间的债的产生和消灭:当事人之间的债何时产生,或者当事人之间的债何时消灭,完全由当事人在法律行为尤其是合同当中约定。关于附条件的债,笔者将在下面的内容当中做出详细的讨论,此处从略。

所谓附期限的债(obligation à terme),是指债的履行要求或者债的存续期限受到某种未来的、确定的事件影响的债。例如,当合同当事人在其合同当中约定,如果一方当事人死亡,另外一方当事人会将其埋葬,则当事人之间的此种合同就属于附期限的债。再例如,当出租人与承租人之间的租赁合同规定,租赁合同的有效期限为3个月时,他们之间的为期3个月的租赁合同所产生的债就属于附期限的债。不过,应当注意的是,除了附约定期限的债之外,法国民法上的附期限的债还包括立法者通过制定法所规定的附期限的债和法官通过裁判所确定的附期限的债。

在 2016 年之前，《法国民法典》第 1185 条至第 1188 条对附期限的债做出了规定。① 虽然法国政府在 2016 年 2 月 10 日对法国债法进行了改革，但是，现行《法国民法典》关于附期限的债的规定并不统一。一方面，现行《法国民法典》在第三卷第四编当中对附期限债当中的延缓期限做出了规定，这就是新的第 1305 条至新的第 1305 – 5 条的规定。② 另一方面，现行《法国民法典》在第三卷第三编当中对附期限债当中的解除期限做出了规定，这就是新的第 1210 条至新的第 1215 条的规定。③ 此外，现行《法国民法典》还在新的第 1343 – 5 条当中对"恩泽期限"（term de gráce）做出了规定。④ 它们结合在一起就形成了作为一个有机整体的附期限的债。除了《法国民法典》对附条件的债做出了明确规定之外，法国民法学者也普遍对附条件的债做出了说明。⑤

一、期限的界定

在法国，附期限的债当中的期限如何界定，法官民法学者做出的回答基本上是相同的，因为他们均认为，所谓期限，是指决定着债的履行要求或者债的存续期限的某种未来的、确定性的事件。换言之，所谓期限，是指决定着债的履行要求或者债的消灭的某种未来的、确定性的事件。例如，Légier 对期限做出了类似的界定，他指出："所谓期限，是指某种未来的、确定的并且决定着债的履行要求或者债的存续期限的事件。"⑥ 再例如，Larribau-Terneyre 也对期限做出了类似的界定，他指出："所谓期限，是指某种未来的、确定的、决定着债的履行要求或者债的消灭的事件。"⑦ 同样，Terré、Simler 和 Lequette 等人也对期限做出了类似的界定，他们指出："期限是一种未来的、确定的、决定着债的或者合同的履行要求或者债的或者合同的消灭的事件，其中的确定性要素同条件形成明显对比。"⑧

根据这些民法学者的界定，期限应当同时符合三个条件：首先，期限是一种未来的事件。所谓未来的事件，是指在债产生的时候，该种事件还没有发生，如果在债产生的时候，该种事件已经发生了，则该种事件不是未来的事件。其次，期限是一种确定的事

---

① Articles 1185 à 1188, Code civil, Version en vigueur au 21 octobre 2015, https://www.legifrance.goufr/codes/section_lc/LEGITEXT000006070721/LEGISCTA000006150250/2015 – 10 – 21/#LEGISCTA000006150250.

② Articles 1305 à 1305 – 5, Code civil, Version en vigueur au 20 octobre 2020, https://www.legifrance.goufr/codes/section_lc/LEGITEXT000006070721/LEGISCTA000032030675/#LEGISCTA000032030675.

③ Articles 1210 à 1215, Code civil, Version en vigueur au 20 octobre 2020, https://www.legifrance.goufr/codes/section_lc/LEGITEXT000006070721/LEGISCTA000006150252/#LEGISCTA000032041417.

④ Article 1343 – 5, Code civil, Version en vigueur au 20 octobre 2020, https://www.legifrance.goufr/codes/section_lc/LEGITEXT000006070721/LEGISCTA000032035257/#LEGISCTA000032035257.

⑤ Philippe Malaurie, Laurent Aynès, Philippe Stoffel-Munck, Droit des obligations, 8e édition, LGDJ, 2016, pp. 723 – 726; Rémy Cabrillac, Droit des obligations, 12e édition, Dalloz, 2016, pp. 345 – 349; Marjorie Brusorio-Aillaud, Droit des obligations, 8e édition, bruylant, 2017, pp. 303 – 306; Virginie Larribau-Terneyre, Droit civil, Les obligations, 15e édition, Dalloz, 2017, pp. 97 – 101; François Terré, Philippe Simler, Yves Lequette, François Chénedé, Droit civil, Les obligations, 12e édition, Dalloz, 2018, pp. 1430 – 1336.

⑥ Gérard Légier, les obligations, 17e édition, Dalloz, 2001, p. 211.

⑦ Virginie Larribau-Terneyre, Droit civil, Les obligations, 15e édition, Dalloz, 2017, p. 97.

⑧ François Terré, Philippe Simler, Yves Lequette, François Chénedé, Droit Civil, les Obligations, 12e édition, Dalloz, 2018, p. 1430.

件。所谓确定的事件，是指该种事件一定会发生、终究会发生、迟早会发生，不存在可能发生或者不可能发生的情况。最后，期限决定着债的履行要求或者债的存续期限。所谓期限决定着债的履行要求，是指在债产生的时候，债权人不能够即刻要求债务人对其履行债务，他们必须等到事件发生即期限到来时才能够要求债务人对其承担债务，这就是所谓的延缓期限。所谓期限决定着债的存续期限，是指在期限到来时，债权人与债务人之间的债即消灭，这就是所谓的消灭期限。[1]

二、期限的分类

期限可以从不同的角度作多种多样的分类，除了从期限的效力角度将期限分为延缓期限和消灭期限之外，期限还可以根据不同的标准做如下分类。

（一）约定期限、法定期限和裁判期限

根据期限产生的渊源不同，期限可以分为约定期限（term conventionnel）、法定期限（term légal）和裁判期限（term judiciaire）。所谓约定期限，是指合同当事人通过其合同自由规定的期限。所谓法定期限，是指立法者通过其制定法所规定的期限。所谓裁判期限，是指法官通过其判决所确定的期限。法国民法学者普遍将约定期限称为"权利期限"（term de droit），因为该种期限对于合同的债务人而言在性质上属于一种权利，他们普遍将法定期限或者裁判期限称为"恩泽期限"（term de gráce），因为这法定期限或者裁判期限是立法者或者法官给予债务人的恩惠（faveur）。[2]

在法国，约定期限是大量存在的，因为合同当事人往往会在自己的合同当中对期限做出规定，与此相反，法定期限或者裁判期限则很少，立法者或者法官很少会通过其制定法或者裁判规定法定期限或者裁判期限。[3]

（二）确定期限和不确定期限

根据事件是否会在某一个确定的日期发生的不同，期限可以分为确定期限（term certain）和不确定期限（term incertain）。在法国，期限在性质上均为确定的事件，因为，作为期限的事件迟早都会发生的。不过，某些事件会在某一个确定的日期发生，而另外一些事件则不会在某一个确定的日期发生。当某一个事件会在某一个确定的日期发生时，该种期限就构成确定期限。当某一个事件不会在某一个确定的日期发生时，则该种期限就构成不确定期限。例如，死亡就是最典型的不确定期限，因为，虽然所有人均

---

[1] Françcois Terré, Philippe Simler, Yves Lequette, Droit civil, Les obligations, 12e édition, Dalloz, 2009, p. 1188.

[2] Guy Raymond, Droit Civil, 2e édition, Litec, 1993, pp. 356–357；Pierre Voirin, Gilles Goubeaux, Droit civil, tome 1, Introduction au droit, personnes-famille, personnes protégées, biens-obligations, sûretés, 33e édition, LGDJ, 2011, p. 673; Gérard Légier, les obligations, 17e édition, Dalloz, 2001, p. 211; Virginie Larribau-Terneyre, Droit civil, Les obligations, 12e édition, Dalloz, 2010, p. 70; Françcois Terré, Philippe Simler, Yves Lequette, Droit civil, Les obligations, 12e édition, Dalloz, 2009, p. 1191.

[3] Henri et Léon Mazeaud, Jean Mazeaud, François Chabas, Obligations, 9e édition, Montchrestien, 1998, p. 1081.

会死亡，但是，每一个人死亡的日期是不确定的。

（三）明示期限和默示期限

根据合同当事人是否在其合同当中规定了明确的期限的不同，约定期限可以分为明示期限（terme exprés）和默示期限（terme tacite）。例如，Raymond 对此种分类做出了说明，他指出："当合同当事人之间的合意规定了期限时，人们将他们的合意所规定的期限称为约定期限。此种期限可能是明示的（当事人以精确的方式规定了日期），也可能是默示的（习惯所规定的期限）。"① 再例如，Mazeaud 和 Chabas 等人也对此种分类做出了说明，他们指出："合同当事人能够规定债的履行期限，包括债履行的明示期限和默示期限，诸如买受人支付价款的期限，出卖人交付财产的期限等。"② 同样，Flour、Aubert 和 Savaux 也对此种分类做出了说明，他们指出："最经常存在的期限不是法定期限而是约定期限，包括明示期限和默示期限。"③

所谓明示期限，是指合同当事人在其合同当中所明确规定的期限，例如，出卖人与买受人之间的买卖合同明确规定，出卖人将在2022年12月1日交付货物，买卖双方当事人所规定的此种交付日期即为明示期限。所谓默示期限，是指合同当事人没有明确规定但是合同当事人应当按照惯例、习惯的要求履行其债务的期限。即便合同当事人没有在其合同当中规定债务人履行债务的确定期限，债务人也应当按照习惯、惯例所规定的期限履行他们所承担的债务，他们履行债务时此种期限即为默示期限。

（四）为了债务人的利益的期限、为了债权人的利益的期限和为了债权人和债务人的共同利益的期限

在法国，如果合同当事人在自己的合同当中规定了期限，或者如果立法者甚至法官在例外情况下规定了期限，他们所规定的期限究竟是为了谁的利益？是为了债务人的利益、债权人的利益还是为了双方当事人的共同利益？对此问题，法国民法学者做出的回答是完全相同的，这就是，除非合同当事人或者制定法明确规定，合同或者制定法所规定的期限是为了债权人的利益，或者为了双方当事人的共同利益，否则，合同当事人在其合同当中所规定的期限也罢，制定法所规定的期限也罢，或者法官确定的期限也罢，均是为了债务人的利益。因此，法国民法学者普遍认为，虽然根据期限究竟是为了谁的利益的不同，期限可以分为为了债务人的利益的期限、为了债权人的利益的期限和为了债务人与债权人双方的共同利益的期限，但是在大多数情况下，期限仅仅是为了债务人的利益：合同当事人是为了债务人的利益而在其合同当中规定期限，制定法是为了债务人的利益而规定期限，法官也是为了债务人的利益而规定期限的。

例如，Raymond 对此种理论做出了说明，他指出："当合同当事人在其合同当中规

---

① Guy Raymond, Droit Civil, 2e édition, Litec, 1993, p.356.
② Henri et Léon Mazeaud, Jean Mazeaud, François Chabas, Obligations, 9e édition, Montchrestien, 1998, p.1081.
③ Jacques Flour, Jean-Luc Aubert, Éric Savaux, Les obligations, 3. Le rapport d'obligation, 7e édition, Dalloz, 2011, p.260.

定了期限时，他们在其合同当中所规定的期限总是被推定为是为了债务人的利益做出规定的，不过，期限也可以是为了债权人的利益而做出规定的，或者是为了合同的双方当事人的利益做出规定的，例如有偿借贷合同当中所规定的期限就是为了出借人和借贷人双方的利益做出规定的。"① 再例如，Larribau-Terneyre 也对此种理论做出了说明，他指出："当事人之所以规定期限，其目的或者是为了一方当事人的利益，或者是为了另外一方当事人的利益，甚至是为了双方当事人的共同利益。"② 同样，Flour、Aubert 和 Savaux 也对此种理论做出了说明，他们指出："原则上，延缓期限被认为是为了债务人的利益做出规定的，除非合同当事人在其合同当中做出相反的规定，或者除非客观情况表明，期限的规定不是为了债务人的利益。不过，期限的规定有时也仅仅是为了债权人利益：例如寄存合同所规定的期限。此外，期限的规定可能是为了当事人的共同利益，这尤其表现在有偿借贷当中。"③

根据法国民法学者做出的说明和《法国民法典》的规定，首先，在通常情况下，期限的规定被认为是为了债务人的利益。因此，债务人能够放弃所规定的期限而提前履行他们对债权人所承担的债务。其次，在某些情况下，期限的规定被认为是为了债权人的利益。例如，《法国民法典》第 1944 条对此种规则做出了明确规定，它认为即便寄存合同的当事人对寄存物的返还期限做出了明确约定，在寄存合同规定的返还期限到来之前的任何时候，保管人基于寄存人的请求均应当承担返还寄存物的义务，因为该条所规定的期限是为了债权人即寄存人的利益。该条规定：即便寄存合同所规定的返还期限还没有到来，如果寄存人要求保管人返还其寄存物的话，保管人也应当将其保管的寄存物返还给寄存人。最后，在某些情况下，期限的规定被认为是为了债务人与债权人的共同利益。例如，借贷合同当中所规定的债务人还款期限既是为了债权人的利益，也为了债务人的利益。

（五）延缓期限和消灭期限

在法国，无论民法学者怎样对期限做出分类，他们一定会根据期限的效力的不同将期限分为延缓期限和消灭期限。

所谓延缓期限（terme suspensif），是指决定着债的履行要求的期限，换言之，所谓延缓期限，是指让债务的履行推迟的期限。在法国，民法学者普遍在自己的民法著作当中对延缓期限出了类似的界定。例如，Cabrillac 对延缓期限做出了类似的界定，他指出："所谓延缓期限，是指让债的正常履行要求得以延缓的期限，例如，信用买卖当中的期限就是延缓期限，因为在信用买卖当中，出卖人延期支付价款（例如，我在 6 个月内付款）。"④ 再例如，Virginie Larribau-Terneyre 也对延缓期限做出了类似的界定，他

---

① Guy Raymond, Droit Civil, 2e édition, Litec, 1993, p.357.
② Virginie Larribau-Terneyre, Droit civil, Les obligations, 12e édition, Dalloz, 2010, p.70.
③ Jacques Flour, Jean-Luc Aubert, Éric Savaux, Les obligations, 3. Le rapport d'obligation, 7e édition, Dalloz, 2011, p.260.
④ Rémy Cabrillac, Droit des obligations, 9e édition, Dalloz, p.301.

指出:"当期限让债务的履行得到推迟时,该种期限就是延缓期限。"① 同样,Mazeaud 和 Chabas 等人也对延缓期限做出了类似的界定,他们指出:"延缓期限影响到债务的履行。所谓延缓期限,是指某种未来的、确定的、能够使债务的履行得以推迟的事件。"②

所谓消灭期限(terme extinctif),是指决定着债的存续期限的期限,换言之,所谓消灭期限,是指让当事人之间的债得以最终消灭的期限。例如,Cabrillac 对消灭期限做出了类似的界定,他指出:"所谓消灭期限,是指决定着债务不再履行的期限。"③ 再例如,Virginie Larribau-Terneyre 也对消灭期限做出了类似的界定,他指出:"当某种期限让债消灭时,该种期限即为消灭期限。"④ 同样,Mazeaud 和 Chabas 等人也对消灭期限做出了类似的界定,他们指出:"所谓消灭期限,是指某种未来的、确定的、导致债在没有溯及既往的情况下消灭的事件。"⑤

三、期限的效力

期限的效力主要表现在两个方面:其一,期限决定债的履行要求,这是延缓期限所产生的效力。其二,期限决定债的存续期限或者债的消灭,这是消灭期限所产生的效力。

(一) 延缓期限的效力

延缓期限所产生的效力是,一旦债权人与债务人之间的债由于某种原因而产生,则债权人与债务人之间的债就存在,但是,在期限到来之前,该种债还没有在债权人与债务人之间产生法律效力,债权人还不能够依据该种债的规定要求债务人对其履行债务,债务人也无需依据该种债的规定对债权人履行债务。但是,一旦债所规定的期限到来,则债权人与债务人之间的债就开始产生法律效力,债权人就能够要求债务人对其承担债务,债务人也应当对债权人承担债务。换言之,在期限到来之前,债权人与债务人之间的债虽然存在,但是,债权人不得要求债务人对其履行债务;一旦期限到来,则债权人与债务人之间的债就变为简单债,债权人就能够要求债务人对其履行债务。

在法国,民法学者普遍对延缓期限所产生的此种法律效力做出了说明。例如,Légier 对延缓期限所产生的此种法律效力做出了明确说明,他指出:"延缓期限是一种事件,当该种事件发生时,债权人就能够要求债务人对其履行债务。而在期限到来之前,债权人与债务人之间的债虽然存在,但是,债权人不得要求债务人对其履行债务。例如,购买人承诺会在购买一个月之后对出卖人付款。"⑥ 再例如,Mazeaud 和 Chabas

---

① Virginie Larribau-Terneyre, Droit civil, Les obligations, 12e édition, Dalloz, 2010, p. 71.
② Henri et Léon Mazeaud, Jean Mazeaud, François Chabas, Obligations, 9e édition, Montchrestien, 1998, p. 1082.
③ Rémy Cabrillac, Droit des obligations, 9e édition, Dalloz, p. 300.
④ Virginie Larribau-Terneyre, Droit civil, Les obligations, 12e édition, Dalloz, 2010, p. 71.
⑤ Henri et Léon Mazeaud, Jean Mazeaud, François Chabas, Obligations, 9e édition, Montchrestien, 1998, p. 1081.
⑥ Gérard Légier, les obligations, 17e édition, Dalloz, 2001, p. 210.

等人也对延缓期限所产生的此种法律效力做出了明确说明,他们指出:"延缓期限所产生的最主要的法律效力是有关债务履行方面的效力,这就是,在期限到来之前,债务人所承担的债是不能够要求履行的,人们将债务人所承担的此种债称为未到期的债。除非期限到来,否则,债权人不能够要求债务人对其清偿债务,更不能够对债务人采取强制执行措施。"① 同样,Terré、Simler 和 Lequette 也对延缓期限所产生的此种法律效力做出了说明,他们指出:"延缓期限所产生的法律效力是,虽然债权人与债务人之间的债是存在的,但是,在期限到来之前,债权人是不能够要求债务人对其履行债务的。"②

(二) 消灭期限的效力

消灭期限所产生的效力是,一旦债权人与债务人之间的债由于某种原因而产生,则他们之间的债从产生那一刻开始就产生法律效力,债权人有权请求债务人按照债的规定对其履行债务,债务人应当按照债的规定对债权人履行债务,就像他们之间的债是一种简单债一样。但是,一旦期限到来,则债权人与债务人之间的债就开始失效,债权人此后不能够再要求债务人对其履行债务,债务人此后也不再对债权人承担债务。换言之,在期限到来之前,债权人与债务人之间的债一直持续有效,债权人有权要求债务人对其履行债务;一旦期限到来,则债权人与债务人之间的债的关系就终止,债权人不得继续要求债务人对其履行债务。

在法国,民法学者普遍对消灭期限所产生的此种法律效力做出了说明。例如,Légier 对消灭期限所产生的此种法律效力做出了明确说明,他指出:"消灭期限是一种事件,该种事件的发生会导致债的消灭。例如,继续履行合同因为期限到来而终止。此种期限是债消灭的原因之一。"③ 再例如,Virginie Larribau-Terneyre 也对消灭期限所产生的法律效果做出了说明,他指出:"对于消灭期限而言,在期限到来之前,当事人之间的债仅仅是一种简单债。不过,该种债的消灭取决于期限的到来,这就是,一旦期限到来,则当事人之间的债就消灭,并且是没有溯及既往的消灭。"④ 同样,Terré、Simler 和 Lequette 也对消灭期限所产生的此种法律效力做出了说明,他们指出:"消灭期限同延缓期限之间是存在基本差异的,这就是,根据消灭期限,在期限到来之前,债务人对债权人所承担的债务是能够主张履行的,但是,一旦期限到来,当事人之间的债就消灭了,并且是没有溯及既往的消灭。"⑤

---

① Henri et Léon Mazeaud, Jean Mazeaud, François Chabas, Obligations, 9e édition, Montchrestien, 1998, p.1083.
② Françcois Terré, Philippe Simler, Yves Lequette, Droit civil, Les obligations, 12e édition, Dalloz, 2009, p.1196.
③ Gérard Légier, les obligations, 17e édition, Dalloz, 2001, p.210.
④ Virginie Larribau-Terneyre, Droit civil, Les obligations, 12e édition, Dalloz, 2010, p.71.
⑤ Françcois Terré, Philippe Simler, Yves Lequette, Droit civil, Les obligations, 12e édition, Dalloz, 2009, p.1188.

第四节　附条件的债

除了能够在自己的法律行为尤其是合同当中对债务人履行债务的期限做出明确规定之外，当事人也能够在自己的法律行为尤其是合同当中对债务人履行债务的条件做出规定，在当事人所规定的条件成立时，债务人或者开始履行自己对债权人所承担的债务，或者不再对债权人履行自己所承担的债务，这就是附条件的债（obligation conditionnelles）。所谓附条件的债，是指债的存在或者债的消灭受到某种未来的、不确定的事件影响的债。Terré、Simler 和 Lequette 等人对附条件的债做出了界定，他们指出："所谓附条件的债，是指其效力受到某种未来的但是不确定事件约束的债务。"[1]

例如，当合同当事人在其合同当中约定，如果一方当事人结婚，另外一方当事人会对其赠送礼物，则当事人之间的此种合同就属于附条件的债，因为该种合同债受到了一方当事人结婚事件的影响。再例如，当出租人与承租人之间的租赁合同规定，如果出租人将来要自住的话，承租人会及时将其承租的房屋返还给出租人，则当事人之间的此种房屋租赁合同就属于附条件的债，因为该种租赁合同受到了出租人可能会自住的事件的影响。

在 2016 年之前，《法国民法典》用了 17 个法律条款对附条件的债做出了规定，这就是第 1168 条至第 1184 条，它们对附条件的债的定义、条件的类型、延缓条件和解除条件产生的法律效果做出了规定。[2] 虽然 2016 年 2 月 10 日的债法改革法令仍然规定了附条件的债，但是，它将法律条款的数量从 17 条减少到了 8 条，这就是现行《法国民法典》当中的新的第 1304 条至新的第 1304 - 7 条，它们对附条件的债所涉及的方方面面的内容做出了规定，包括：附条件债的界定，条件应当具备的要素，条件的成就或者不成就，延缓条件和解除条件所产生的法律效力等。[3] 除了《法国民法典》对附条件的债做出了明确规定之外，法国民法学者也普遍对附条件的债做出了说明。[4]

一、条件的界定

在法国，条件（la condition）一词的含义多种多样，无论是在日常生活当中还是在

---

[1] François Terré, Philippe Simler, Yves Lequette, François Chénedé, Droit Civil, les Obligations, 12e édition, Dalloz, 2018, p.1405.

[2] Articles 1168 à 1184, Code civil, Version en vigueur au 21 octobre 2015, https://www.legifrance.goufr/codes/section_ lc/LEGITEXT000006070721/LEGISCTA000006150249/2015 - 10 - 21/#LEGISCTA000006150249.

[3] Articles 1304 à 1304 - 7, Code civil, Version en vigueur au 24 octobre 2020, https://www.legifrance.goufr/codes/section_ lc/LEGITEXT000006070721/LEGISCTA000032028608/#LEGISCTA000032028608.

[4] Philippe Malaurie, Laurent Aynès, Philippe Stoffel-Munck, Droit des obligations, 8e édition, LGDJ, 2016, pp.726 - 741; Rémy Cabrillac, Droit des obligations, 12e édition, Dalloz, 2016, pp.336 - 344; Virginie Larribau-Terneyre, Droit civil, Les obligations, 15e édition, Dalloz, 2017, pp.88 - 97; François Terré, Philippe Simler, Yves Lequette, François Chénedé, Droit civil, Les obligations, 12e édition, Dalloz, 2018, pp.1405 - 1429.

法律生活当中均是如此。① 例如，在讨论法律行为成立的时候，人们论及法律行为应当具备的条件。再例如，在论及结婚的时候，人们讨论结婚所应当具备的条件。在讨论某些合同的成立需要获得行政机关允许的时候，人们也将行政机关的允许称为合同的条件。

附条件的债当中的条件不同于上述第一种含义上的条件，因为上述第一种含义上的条件是指法律行为所应当具备的基本要素：当事人所实施的行为要构成法律行为，应当具备一些基本要素，如果具备了这些基本要素，他们实施的行为将构成法律行为，能够按照意思自治原则产生法律效力，否则，他们所实施的行为将不构成法律行为，无法按照意思自治原则产生法律效力。

附条件的债当中的条件也不同于上第二种含义上的条件，因为上述第二种含义上的条件是指制定法所规定的条件：立法者为了规制结婚行为而对结婚所应当具备的条件做出了规定，如果行为人符合立法者所规定的有关结婚的条件，则他们与他人之间产生的关系就会受到法律的保护，否则，就不会受到法律的保护；附条件的债当中的条件还不同上述第三种意义上的条件，因为上述第三种意义上的条件或者是为了让合同产生法律效力，或者对合同提出更高的、更严厉的要求。

在法国，附条件的债当中的"条件"如何界定，民法学者做出的回答基本上是相同的，因为他们均认为，所谓条件，是指决定着债的存在或者债的消灭的某种未来的、不确定的事件。Légier 对条件做出了类似的界定，他指出："所谓条件，是指某种未来的（就像期限一样）但是不确定的（不同于期限）并且决定着债本身存在的事件。"② Virginie Larribau-Terneyre 也对条件做出了类似的界定，他指出："所谓条件，是指决定着债的存在、债的产生或者债的解除的某种未来的、不确定的事件，其中决定着债的存在或者债的产生的未来、不确定的事件就是延缓条件，而决定着债的解除的未来的、不确定的事件则是解除条件。"③

二、条件的特征

在法国，条件有哪些特征，民法学者做出的回答并不完全相同。Raymond 认为，条件的特征有二：条件应当是可能的、合法的和符合道德的④。Mazeaud 和 Chabas 等人认为，条件有两个特征：条件是未来的和不确定的事件；条件是法律关系之外的事件。⑤ Malaurie、Aynès 和 Stoffel-Munck 认为，条件的特征有三：条件是一种未来和不确定的事件；条件不应当是随意的；条件不应当是非法的。⑥ Virginie Larribau-Terneyre 认为，

---

① Philippe Malaurie, Laurent Aynès, Philippe Stoffel-Munck, Les obligations, 4e édition, Defrenois, 2009, p.696; Frannçois Terré, Philippe Simler, Yves Lequette, Droit civil, Les obligations, 12e édition, Dalloz, 2009, pp.1204 – 1205.
② Gérard Légier, les obligations, 17e édition, Dalloz, 2001, p.215.
③ Virginie Larribau-Terneyre, Droit civil, Les obligations, 12e édition, Dalloz, 2010, p.61.
④ Guy Raymond, Droit Civil, 2e édition, Litec, 1993, p.364.
⑤ Henri et Léon Mazeaud, Jean Mazeaud, François Chabas, Obligations, 9e édition, Montchrestien, 1998, p.1092.
⑥ Philippe Malaurie, Laurent Aynès, Philippe Stoffel-Munck, Les obligations, 4e édition, Defrenois, 2009, p.697.

条件的特征有四：事件应当是未来的和不确定的；事件应当是法律关系之外的事件；条件原则上应当依赖人的意思表示；条件应当是可能的、合法的和符合公共政策和良好道德要求的。①

法国民法学者对条件的特征做出的说明之所以不同，一个主要原因在于，某些民法学者不区分条件的特征与条件的有效要素，他们将条件的有效要素等同于条件的特征，而某些民法学者则明确区分条件的特征和条件的有效要素，认为条件的特征不同于条件的有效要素。笔者采取明确区分条件的特征和条件的有效要素的做法，因此，笔者认为，条件的特征有五：条件是一种未来的事件；条件是一种不确定的事件；条件是一种外在性的事件；条件是一种对债本身的存在施加限定的事件；条件是一种仅为合同当事人通过合同明确约定的事件。

（一）条件是一种未来的事件

条件的第一个特征是，条件仅仅是一种未来的事件。所谓未来的事件，是指合同成立的时候，当事人在其合同当中所规定的作为条件的事件还没有发生。如果在合同成立的时候，作为条件的事件已经发生或者正在发生，则该种事件不构成条件。条件所具有的此种特征使条件同期限之间存在相同性，因为，正如条件是一种未来的事件一样，期限也是一种未来的事件，已如前述。法国民法学者普遍认可条件所具有的此种特征。②

Terré、Simler 和 Lequette 对条件所具有的此种特征做出了说明，他们指出："实际上，作为条件的事件应当是某种未来的事件，如果事件已经发生，或者如果事件确定会发生，即便当事人不知道，无论该种事件是否已经发生，均无所谓作为条件的债，此时，根据情况的不同，当事人之间或者已经存在某种实在债，或者根本就不会产生债。"③

（二）条件是一种不确定的事件

条件的第二个特征是，条件不仅是一种未来的事件，而且还是一种不确定的事件。所谓不确定的事件，是指作为条件的某种事件有可能在未来发生，也可能在未来不会发生，该种事件在未来存在发生或者不发生的两种可能性。如果该种事件在未来一定会发生，或者如果该种事件在未来一定不会发生，则该种事件不能够作为条件。在法国，民法学者普遍认可条件所具有的此种特征，此种特征使作为条件的事件与作为期限的事件形成强烈的对比，也是条件区别于期限的重要标志，因为作为期限的条件是一定会发生

---

① Virginie Larribau-Terneyre, Droit civil, Les obligations, 12e édition, Dalloz, 2010, pp. 64 – 65.
② Henri et Léon Mazeaud, Jean Mazeaud, François Chabas, Obligations, 9e édition, Montchrestien, 1998, p. 1085; Jacques Flour, Jean-Luc Aubert, Éric Savaux, Les obligations, 3. Le rapport d'obligation, 7e édition, Dalloz, 2011, p. 265; Françcois Terré, Philippe Simler, Yves Lequette, Droit civil, Les obligations, 12e édition, Dalloz, 2009, p. 1203.
③ Françcois Terré, Philippe Simler, Yves Lequette, Droit civil, Les obligations, 12e édition, Dalloz, 2009, p. 1203.

的事件,已如前述。①

Terré、Simler 和 Lequette 对条件所具有的此种特征做出了说明,他们指出:"条件最为重要的特征是,该种事件具有不确定性。实际上,事件的确定性与不确定性是区分期限和条件的标准。如果当事人将其某种确定的事件作为条件,例如,将一个人的死亡作为条件,他们之间的债的存在并不会依赖该种确定性的事件,而仅仅是该种债的履行或者持续期限依赖该种确定性的事件,实际上,他们此时所规定的事件不是条件而仅仅是期限,这就是不确定的期限。"②

(三) 条件是一种外在性的事件

条件的第三个特征是,条件仅仅是法律关系之外的一种事件,不是法律关系本身所包含的内在事件。换言之,条件具有外在性而不具有内在性,这就是条件的外在性特征。

在附条件的债当中,作为条件的事件是合同当事人在其合同当中所规定的用来限制其法律关系的事件,该种条件虽然被规定在合同当中,但该种条件独立于合同当事人之间的合同或者法律关系,不是合同当事人之间的合同或者法律关系本身的构成条件,即便没有该种条件,合同当事人之间的合同或者法律关系仍然存在,该种条件被称为外在性(extrinsèque)的条件,它不同于内在性(intrinsèque)的条件。法国某些民法学者将条件所具有的此种特征称为条件的附属特征。③

所谓条件的外在性,是指合同当事人在其合同当中所规定的用来限制其合同的条件是当事人之间的合同、法律关系之外的条件,不是合同当事人之间的合同、法律关系本身有效成立的基本构成条件。所谓条件的内在性,是指合同当事人之间的合同或者法律关系本身有效成立所应当具备的基本条件,如果不具备这些基本条件,则合同当事人之间的合同或者法律关系就无法有效成立。

Virginie Larribau-Terneyre 也对条件所具有的此种特征做出了说明,他指出:"条件的一个特征是,作为条件的事件应当是法律关系之外的事件,也就是说,当事人之间的合同在没有条件的情况下仍然能够存在。合同所应当具备的基本要素不可能构成条件。因此,当买卖双方当事人在其合同当中规定了一方当事人对另外一方当事人支付价款的

---

① Henri et Léon Mazeaud, Jean Mazeaud, François Chabas, Obligations, 9e édition, Montchrestien, 1998, p. 1085; Jacques Flour, Jean-Luc Aubert, Éric Savaux, Les obligations, 3. Le rapport d'obligation, 7e édition, Dalloz, 2011, p. 265; Fronçois Terré, Philippe Simler, Yves Lequette, Droit civil, Les obligations, 12e édition, Dalloz, 2009, p. 1203.

② Fronçois Terré, Philippe Simler, Yves Lequette, Droit civil, Les obligations, 12e édition, Dalloz, 2009, p. 1203.

③ Henri et Léon Mazeaud, Jean Mazeaud, François Chabas, Obligations, 9e édition, Montchrestien, 1998, p. 1093; Jacques Flour, Jean-Luc Aubert, Éric Savaux, Les obligations, 3. Le rapport d'obligation, 7e édition, Dalloz, 2011, p. 275; Philippe Malaurie, Laurent Aynès, Philippe Stoffel-Munck, Les obligations, 4e edition, Defrenois, 2009, pp. 696 – 697; Fronçois Terré, Philippe Simler, Yves Lequette, Droit civil, Les obligations, 12e édition, Dalloz, 2009, p. 1204.

条件时，他们之间的买卖合同不是附条件的买卖合同。"①

（四）条件是一种对债本身的存在施加限定的事件

条件的第四个特征是，条件是一种对债本身的存在施加限定的事件。在债法上，虽然条件和期限均会对债施加限制，但是，条件和期限对债施加的限制是存在差异的，这就是，条件对债本身的存在施加限制，当作为条件的事件发生时，当事人之间的债即存在，反之，当作为条件的事件没有发生时，则当事人之间的债即不存在。而期限则不同，期限不会影响债的存在，无论期限是延缓期限还是消灭期限，当事人之间的债均存在。实际上，期限或者影响债的履行要求，或者影响债的存续期限，已如前述。

Flour、Aubert 和 Savaux 对条件所具有的此种特征做出了说明，他们指出："条件影响着债本身的存在，这一点使条件与期限形成强烈的对比，因为期限仅仅关乎债的履行要求，它让债权人对债务人的债务履行请求得以延迟。"② Malinvaud 和 Fenouillet 也对条件所具有的此种特征做出了明确说明，他们指出："期限仅仅影响合同的存续期限，因为它明确规定了合同的始期和终期，无论合同的存续期限是什么，合同均存在。与此不同，条件仅仅决定着合同本身的存在：根据条件是否实现的不同，当事人所缔结的合同要么存在，要么从来就不存在。"③

（五）条件是一种仅为合同当事人通过合同明确约定的事件

条件的第五个特征是，条件是一种仅为合同当事人通过合同约定的事件，它既不是立法者通过其制定法所规定的事件，也不是法官通过其裁判所确定的事件，换言之，条件的渊源仅有一种，这就是合同当事人之间的约定。在合同当事人的约定之外，无所谓条件的存在。条件所具有的此种特征使条件与期限形成鲜明的对比，因为，期限除了会因为当事人的意思表示或者合同而产生之外，还会因为制定法的规定或法官的确定而产生，这就是所谓的法定期限和裁判期限，已如前述。Mazeaud 和 Chabas 等人对条件与期限之间所存在的此种差异做出了明确说明，他们指出："虽然期限包括约定期限和法定期限，但是，条件总是因为当事人的意思而产生。"④

三、附条件的债当中条件的类型

（一）条件的二分法理论

在法国，民法学者普遍从条件所产生的不同效力的角度将条件分为延缓条件和解除条件两种，这就是条件的二分法理论。例如，Carbonnier 对条件的二分法理论做出了说

---

① Virginie Larribau-Terneyre, Droit civil, Les obligations, 12e édition, Dalloz, 2010, p. 64.
② Jacques Flour, Jean-Luc Aubert, Éric Savaux, Les obligations, 3. Le rapport d'obligation, 7e édition, Dalloz, 2011, p. 265.
③ Philippe Malinvaud, Dominique Fenouillet, Droit des obligations, 11e édition, Litec, 2010, p. 339.
④ Henri et Léon Mazeaud, Jean Mazeaud, François Chabas, Obligations, 9e édition, Montchrestien, 1998, p. 1085.

明，他指出："在讨论条件所产生的法律效果时，人们应当区分两种类型的条件即延缓条件和解除条件。"① 再例如，Virginie Larribau-Terneyre 也对条件的二分法理论做出了说明，他指出："为了对条件的效力做出讨论，我们必须区分两种条件即延缓条件和解除条件。"②

无论是延缓条件还是解除条件，既可能是积极条件，也可能是消极条件，既可能是确定条件，也可能是不确定的条件。

（二）延缓条件和解除条件

所谓延缓条件（condition suspensive），是指决定着债产生的条件。当合同当事人在其合同当中所规定的条件实现时，合同当事人之间的债开始产生，合同债权人有权要求债务人对其履行债务，债务人也应当对债权人履行债务。反之，当合同当事人在其合同当中所规定的条件还没有实现时，合同当事人之间的债并没有产生，债权人不得要求债务人对其履行债务，债务人也无需对债权人履行债务。换言之，所谓延缓条件，是指让合同当事人之间的债的法律效力处于停滞状态、延缓状态的条件。

例如，当合同当事人约定，"如果我定居在巴黎，我会将我的房屋卖给你，"则合同当事人在其房屋买卖合同当中所规定的条件就是延缓条件，因为该种条件让合同当事人之间的房屋买卖合同的法律效力处于停滞状态、延缓状态，直到合同当事人在其合同当中所规定的条件实现为止，也就是，直到"我定居在巴黎"为止。再例如，当合同当事人约定，"如果你结婚，我会将我的小汽车送给你"，则合同当事人在其汽车赠与合同当中所规定的此种条件即为延缓条件，因为该种条件让合同当事人之间的汽车赠与合同的法律效力处于停滞状况、延缓状态，直到合同当事人在其合同当中所规定的条件实现为止，也就是，直到"你结婚"为止。

所谓解除条件（la condition résolutoire），是指决定着债消灭的条件，当合同当事人在其合同当中所规定的条件实现时，合同当事人之间的债即消灭，债权人不得再继续要求债务人对其履行债务，债务人也无需继续对债权人履行债务；而当合同当事人在其合同当中所规定的条件没有实现时，合同当事人之间的债一直持续进行，债权人有权要求债务人对其履行债务，债务人也应当对债权人履行所承担的债务。换言之，所谓解除条件，是指让合同当事人之间的既存债权债务关系终止的条件。③

例如，当合同当事人约定，"如果你比我先死，我会解除我对你的房屋捐赠合同"，则合同当事人在其房屋捐赠合同当中所规定的条件就属于解除条件，因为一旦你即受赠人比我即捐赠人先死，则我们之间的房屋捐赠合同就会因此消灭。再例如，当合同当事人约定，"一旦我从巴黎回来，你就要将我出租给你的房屋返还给我"，则合同当事人在其房屋租赁合同当中所规定的此种条件就是解除条件，因为一旦我即出租人从巴黎回

---

① Jean Carbonnier, Droit civil, Les biens Les obligations, puf, 2004, p. 2157.
② Virginie Larribau-Terneyre, Droit civil, Les obligations, 12e édition, Dalloz, 2010, p. 65.
③ Guy Raymond, Droit Civil, 2e édition, Litec, 1993, p. 365; Virginie Larribau-Terneyre, Droit civil, Les obligations, 12e édition, Dalloz, 2010, p. 64; Françoois Terré, Philippe Simler, Yves Lequette, Droit civil, Les obligations, 12e édition, Dalloz, 2009, p. 1205.

来，你即承租人就应当将所承租的房屋返还给我，我们之间的房屋租赁合同就要终止。

（三）积极条件与消极条件

所谓积极条件（la condition positive），是指合同当事人在其合同当中将某种事件的发生作为条件的条件。当合同当事人在其合同当中将某种事件的发生作为条件时，他们在其合同当中所规定的此种条件就是积极条件。例如，"如果你结婚"或者"如果你搬到巴黎来住"的条件等就是积极条件。

所谓消极条件（la condition négative），是指合同当事人在其合同当中将某种事件的不发生作为条件的条件。当合同当事人在其合同当中将某种事件的不发生作为条件时，他们在其合同当中所规定的条件就是消极条件。例如，"如果你不结婚"或者"如果你不搬到巴黎来住"的条件等就是消极条件。积极条件或者消极条件在法律效力上可能是延缓条件，也可能是解除条件。

债法之所以区分积极条件和消极条件，是因为这些条件的实现或者不实现存在差异。

第一，如果合同当事人在其合同当中所规定的条件是积极条件，当他们在其合同当中所规定的作为条件的事件发生时，合同所规定的条件就实现了；反之，当他们在其合同当中所规定的事件没有发生时，合同所规定的条件就没有实现。

第二，如果合同当事人在其合同当中所规定的条件是消极条件，当他们在其合同当中所规定的作为条件的事件确定不会发生时，合同所规定的条件就实现了；反之，当他们在其合同当中所规定的作为条件的事件发生时，合同所规定的条件就没有实现。

（四）有确定期限的条件和无确定期限的条件

所谓有确定期限的条件，是指受到某种确定期限限制的条件。当合同当事人在其合同当中将作为条件的事件的发生或者不发生限定在某种确定的期限内时，合同当事人在其合同当中所规定的条件就是有确定期限的条件。例如，"如果你在三个月内结婚"的条件，或者"如果你在三个月内不结婚"的条件，就是有确定期限的条件。所谓无确定期限的条件，是指没有受到任何确定期限限制的条件。如果合同当事人在其合同当中规定条件而没有将该种条件限制在某种确定的期限内时，则合同当事人在其合同当中所规定的条件就是无确定期限的条件。例如，"如果你结婚"或者"如果你不结婚"的条件，就是无确定期限的条件。

在债法上，有确定期限的条件或者无确定期限的条件在法律效力上既可能是延缓条件，也可能是解除条件。例如，当合同当事人约定，"如果你在三个月内结婚，我会将我的房屋卖给你"，则合同所规定的条件就属于有确定期限的条件，并且此种有确定期限的条件在法律效力上属于延缓条件。反之，当合同当事人约定，"如果你在三个月内结婚，我会收回我的房屋"，则合同所规定的条件虽然也属于有确定期限的条件，但是，该种条件在法律效力上属于解除条件。

债法之所以区分有确定期限的条件和无确定期限的条件，是因为这些条件的实现方式是不同的。

第一，在合同所规定的条件是有确定期限的条件的情况下，如果作为条件的事件在合同所规定的确定期限届满之前发生，或者说，如果作为条件的事件发生在合同所规定的确定期限内，则合同所规定的条件就实现了；反之，如果作为条件的事件在合同所规定的确定期限届满之前没有发生，或者说，如果作为条件的事件发生在合同所规定的确定期限之外，则合同所规定的条件就没有实现。例如，当合同当事人约定，"如果你在三个月内结婚，我会将我的房屋卖给你"，则合同当事人之间的房屋买卖合同所规定的条件就是有确定期限的条件。如果你在"三个月"内"结了婚"，则房屋买卖合同所规定的条件就实现了，我就要将我的房屋卖给你，反之，如果你在"三个月"内"没有结婚"，则房屋买卖合同所规定的条件就没有实现，我无需将我的房屋卖给你。

第二，在合同所规定的条件是无确定期限的条件的情况下，条件是否实现无需受到确定期限的限制，在任何时候，作为条件的事件发生了，则合同所规定的条件就实现了；反之，在任何时候，只要作为条件的事件没有发生，则合同所规定的条件就没有实现。例如，当合同当事人约定，"你如果结婚，我会将我的房屋卖给你"，则合同当事人之间的房屋买卖合同所规定的条件就是无确定期限的条件。在任何时候，只要你结婚了，则合同当事人之间的房屋买卖合同所规定的条件就实现了，我就应当将我的房屋卖给你。而在任何时候，只要你不结婚，则合同当事人之间的房屋买卖合同所规定的条件就没有实现，我就无需将我的房屋卖给你。

四、条件的有效性

（一）条件应当具备的两个构成要素

在债法上，并非合同当事人在其合同当中所规定的所有条件均是有效的，只有符合条件有效性的要求，合同当事人在其合同当中所规定的条件才是有效条件；否则，他们在其合同当中所规定的条件就是无效条件。所谓条件的有效性，是指条件要产生法律效力所应当具备的必要条件、必要因素，只有具备了所要求的必要条件、必要因素，合同当事人之间的合同才能够产生法律效力，否则，他们之间的条件无法产生法律效力。

法国民法学说普遍认为，条件应当具备的两个要素是，条件应当是可能的、合法的和道德的，如果合同当事人在其合同当中所规定的条件是可能的、合法的和符合道德要求的，则他们所规定的条件将是有效的，反之，如果合同当事人在其合同当中所规定的条件是不可能的、不合法的或者不道德的，则除了这些条件无效之外，他们之间的合同也因此无效。

（二）条件的可能性

在债法上，条件应当具备的第一个必要条件是，条件应当是可能的（possible），这就是条件的可能性。

在债法上，条件的可能如何理解，民法学者之间存在不同的意见。某些民法学者对条件的可能采取广义的理论，认为条件的可能除了包括事实上的可能之外还包括法律上的可能。Raymond、Voirin 和 Goubeaux 等人采取此种理论。① 某些民法学者则采取狭义的理论,认为条件的可能仅指事实上的可能,不包括法律上的可能。Roland、Boyer、Légier、Carbonnier、Flour、Aubert 和 Savaux 等人采取此种理论。② 笔者采取 Roland、Boyer、Légier、Carbonnier、Flour、Aubert 和 Savaux 等人的理论,认为条件的可能也仅仅是指狭义的可能,这就是事实上的可能,不包括法律上的可能;与之相对应,条件的不可能也仅仅是指狭义的不可能,这就是事实上的不可能,不包括法律上的不可能。

据此,笔者对条件的可能做出如下界定:所谓条件的可能,是指合同当事人在其合同当中所规定的作为条件的事件在事实上是可能发生的。如果合同当事人在其合同当中所规定的作为条件的事件在事实上是可能发生的,则他们在其合同当中所规定的此种条件就是可能的条件,这就是事实上的可能条件。反之,如果合同当事人在其合同当中作为条件的事件在事实上是不可能发生的,则他们在其合同当中所规定的条件就是不可能的条件,这就是事实上的不可能条件。

因此,如果合同当事人在其合同当中将"下雨""下雪""发洪水"或者"一方当事人比另外一方当事人先死"等事件作为条件,则这些条件就是事实上的可能条件,因为"下雨""下雪""发洪水"或者"一方当事人比另外一方当事人先死"等事件在事实上是可能发生的。反之,如果合同当事人在其合同当中将"用手指触摸天空""将巴黎的埃菲尔铁塔搬迁到里昂"等事件作为条件,则这些条件就是事实上的不可能条件,因为"用手指触摸天空""将巴黎的埃菲尔铁塔搬到里昂"在事实上是不可能发生的。

在债法上,合同当事人在其合同当中所规定的条件究竟是不是可能的条件,应当以合同当事人在缔结合同的时候为准:在合同缔结时,如果合同规定的条件在事实上是可能的,则他们之间的合同是有效的;在合同缔结时,如果合同规定的条件在事实上是不可能的,则他们之间的合同是无效的。③ 不过,虽然不可能的条件会导致合同当事人之间的合同无效,但是,该种无效也仅仅适用于转移所有权的债、作为债,不适用于不作为债。④

(三) 条件的合法性和道德性

在债法上,条件应当具备的第二个必要条件是,条件应当是合法的、道德的,这就是条件的合法性和道德性。

---

① Guy Raymond, Droit Civil, 2e édition, Litec, 1993, p. 354; Pierre Voirin Gilles Goubeaux, Droit civil, tome 1, Introduction au droit, personnes-famille, personnes protégées, biens-obligations, sûretés, 33e édition, LGDJ, 2011, p. 681.

② Gérard Légier, les obligations, 17e édition, Dalloz, 2001, p. 215; Jean Carbonnier, Droit civil, Les biens Les obligations, puf, 2004, p. 2156; Jacques Flour, Jean-Luc Aubert, Éric Savaux, Les obligations, 3. Le rapport d'obligation, 7e édition, Dalloz, 2011, p. 282.

③ Gérard Légier, les obligations, 17e édition, Dalloz, 2001, p. 215; François Terré, Philippe Simler, Yves Lequette, Droit civil, Les obligations, 12e édition, Dalloz, 2009, pp. 1209 – 1210; Philippe Malaurie, Laurent Aynès, Philippe Stoffel-Munck, Les obligations, 4e édition, Defrenois, 2009, p. 703.

④ Henri Roland et Laurent Boyer, Contrat, 3e édition, Litec, pp. 438 – 439.

所谓条件的合法性，是指合同当事人在其合同当中所规定的条件不违反制定法的禁止性规定或者强制性规定，换言之，所谓条件的合法性，是指合同当事人在其合同当中所规定的条件不违反公共秩序，因为制定法的禁止性规定或者强制性规定是为了维护社会的公共秩序。如果合同当事人在其合同当中所规定的条件没有违反制定法的禁止性规定或者强制性规定，换言之，如果合同当事人在其合同当中所规定的条件不违反公共秩序，则他们在其合同当中所规定的条件就是合法条件；否则，如果合同当事人在其合同当中所规定的条件违反了制定法的禁止性规定或者强制性规定，换言之，如果合同当事人在其合同当中所规定的条件违反了公共秩序，则他们在其合同当中所规定的条件就是非法条件。

所谓条件的道德性，是指合同当事人在其合同当中所规定的条件应当符合良好道德规范的要求。所谓良好道德，是指社会公众普遍认可的道德。如果合同当事人在其合同当中所规定的条件符合良好道德规范的要求，则他们所规定的条件是有效的，这就是所谓的道德条件。反之，如果合同当事人在其合同当中所规定的条件违反了良好道德规范的要求，则他们所规定的条件就是无效的，这就是所谓的不道德条件。Flour、Aubert 和 Savaux 对不道德条件做出了界定，他们指出："所谓违反良好道德的条件，或者所谓不道德条件，是指那些严重违反社会公众普遍认为属于个人行为规范或者社会行为规范的条件，这些个人行为规范或者社会行为规范是社会所必要的规范。"[①]

在债法上，合同当事人在其合同当中所规定的条件是否违反了法律的禁止或者强制性规定，是否违反了公共秩序，由法官在具体案件当中予以判断。例如，法官普遍认为，如果合同当事人在其合同当中将"如果你实施犯罪行为"或者"如果你离婚"作为条件，则这样的条件被认为是违反了公共秩序。但是，当一方当事人同另外一方当事人签订的合同规定，如果一方当事人对另外一方当事人支付一定数额的金钱，该方当事人有权解除他们之间的婚约，则他们之间的合同所规定的此种条件并没有违反公共秩序。[②]

在债法上，合同当事人在其合同当中所规定的条件是否是不道德的条件，也取决于法官的自由裁量，法官在对此种问题做出判断的时候应当考虑案件的具体情况。例如，当合同当事人规定，"如果你不结婚，我就会将我的房屋赠送给你"，则合同当事人之间的此种房屋赠与合同所规定的条件可能被法官看作是不道德的条件，因为该种条件有可能损害他人所享有的基本自由权即结婚权。但是，当前夫与其前妻离婚的时候规定，"如果你不结婚，我会把我的房屋让给你住"，则合同当事人之间的此种房屋居住合同所规定的条件可能会被法官看作道德条件，因为该种条件可能并没有损害他人所享有的基本自由权即结婚权，因为如果其前妻同别人结了婚，她就会同其丈夫居住在一起，无需继续居住在其前夫的房屋内。

---

① Jacques Flour, Jean-Luc Aubert, Éric Savaux, Les obligations, 3. Le rapport d'obligation, 7e édition, Dalloz, 2011, p. 282.

② Henri Roland, Laurent Boyer, Contrat, 3e édition, Litec, p. 439.

五、条件的实现或者不实现

如果合同当事人在其合同当中所规定的条件被认为是有效的条件,他们在其合同当中所规定的条件将会产生什么样的法律效力?对此问题,法国民法学者做出的回答是完全一致的,这就是,应当根据合同所规定的条件在效力上是延缓条件还是解除条件的不同来讨论条件所产生的法律效力。

(一)条件实现或者不实现的界定

所谓条件的实现(accomplissement de la condition réalization de la condition),或者是指作为条件的事件的发生(la survenance),或者是指作为条件的事件的确定不发生。所谓条件的不实现(défaillance de la condition),或者是指作为条件的事件的确定不会发生或者没有发生,或者是指作为条件的事件的发生。

因此,当合同当事人在其房屋租赁合同当中规定,"如果你结婚,我会将我的房屋租给你",则合同当事人在其房屋租赁合同当中所规定的条件就属于延缓条件,该种条件的实现或者不实现会产生法律效力:如果你结了婚,则此种房屋租赁合同规定的条件就实现了,我应当将我的房屋租给你;反之,如果你没有结婚,则此种房屋租赁合同所规定的条件就没有实现,我无需将房屋租给你。

(二)合同当事人的真实意图对条件实现与否的决定意义

在某些情况下,合同当事人在其合同当中所规定的条件是否已经实现,其判断简单明了,因为,在这些情况下,合同当事人所规定的作为条件的事件是否发生,人们非常容易判断。例如"如果你考上法国巴黎第二大学"或者"如果里昂发生地震"的条件等。在第一种情形,条件是否实现了,可以通过入学通知书来判断:如果你拿到了法国巴黎第二大学的入学通知书,合同所规定的条件就实现了;如果你没有拿到入学通知书,则合同所规定的条件就没有实现。而在第二种情形,条件是否实现,可以通过官方或者新闻媒体的报道来判断:如果官方或者新闻媒体报道里昂发生了地震,无论是什么级别的地震,则合同所规定的条件就实现了;反之,如果官方或者新闻媒体没有报道里昂发生了地震,则合同所规定的条件就没有实现。

而在某些情况下,合同当事人在其合同当中所规定的条件是否已经实现,其判断十分复杂,因为在这些情况下,合同当事人所规定的作为条件的事件是否发生,如果发生,所发生的事件是不是合同当事人在其合同当中所规定的事件,往往难以判断。例如,"如果明天下雨"或者"如果你结婚"的条件等。在第一种情形,条件是否实现面临事实上的判断困难:"下雨"是指滂沱大雨、零星下雨、三两滴雨?第二天是否下了雨,是以气象预报的为准,还是以肉眼的观察为准?如果以气象预报的为准,是以什么机构的气象预报为准,是地方的气象预报机构、省级气象预报机构还是中央的气象预报机构的预报为准?如果是凭肉眼观察,是凭合同当事人一方当事人的肉眼观察、双方当事人的肉眼观察还是第三人的肉眼观察为准?"下雨"是指什么范围内的"下雨",是合同当事人所居住的区县、地市、全省范围内或者全国范围内?在第二种情形下,条件是否实现面临法律上的困难："结婚"究竟是仅指登记婚，还是同时包括指宗教婚、事实婚？"结婚"究竟是仅指与异性结婚，还是同时包含与同性结婚？

在债法上，当合同当事人就他们之间的合同所规定的条件是否实现的问题发生争议时，如果合同的一方当事人主张合同所规定的条件已经实现，而另外一方当事人则主张合同所规定的条件没有实现，则合同所规定的条件是否已经实现，由法官做出具体的判断，法官在就这样的问题做出判断时享有自由裁量权，案件的具体情况不同，法官得出的结论也可能不同。这样的问题之所以应当由法官自由裁量，是因为在债法上，合同所规定的条件是否已经实现的问题并不是一个法律问题，而仅仅是一个事实问题。那些认为合同所规定的条件已经实现并进而要求附条件的债务人根据合同的规定对其承担债务的人应当承担举证责任，证明合同所规定的条件已经实现，因为条件的实现而要对债权人履行债务的人无需承担举证责任，证明合同所规定的条件已经实现。①

Terré、Simler 和 Lequette 对此种规则做出了说明，他们指出："在对合同当事人所规定的条件是否已经实现做出解释时，法官应当探寻合同当事人的意图，就像他们在对法律行为做出解释时那样。实际上，合同当事人所规定的条件是否已经实现，是由法官自由裁量的问题。"② 同样，Flour、Aubert 和 Savaux 也对此种规则做出了说明，他们指出："当合同当事人在其合同当中所规定的事件发生时，则合同当事人所规定的条件就实现了。合同所规定的条件是否实现，仅仅是一个事实问题。那些认为合同所规定的条件已经实现了的人应当承担举证责任，证明合同所规定的条件已经实现了。实际上，合同所规定的条件是否已经实现，是由审判案件的法官自由裁量的问题。《法国民法典》规定，法官在确定合同当事人所规定的条件是否已经实现时，应当考虑合同当事人的意志。"③

不过，即便法官享有自由裁量权，法官在对这样的问题做出判断的时候，也应当考虑合同当事人规定条件的目的，要尊重合同当事人规定合同条件的真实意图，要完全按照合同当事人的真实意图来理解合同所规定的条件的含义。换言之，在解决合同当事人之间所发生的此种争议时，法官应当对他们之间的合同所规定的条件进行解释，以便最终决定他们之间的合同所规定的条件是否实现。法官在对合同所规定的条件做出解释时，应当遵循合同或者一般法律行为的解释方式，要探寻合同当事人规定条件的真正意志，并且按照他们规定条件的真实意志来决定条件是否已经实现。

Carbonnier 对此种规则做出了说明，他指出："人们何时能够说合同当事人在其合同当中所规定的条件没有实现或者已经实现？实际上，这样的问题仅仅是关于合同当事人意图的解释问题，并且制定法对这样的问题规定了某些规范。"④ 再例如，Terré、Simler 和 Lequette 也对此种规则做出了明确说明，他们指出："在决定合同当事人在其

---

① Ci, 17 avr. 1947, D. 1947, p.345, note P. – L. S.1948, 1. p.125, note Houin.

② Françcois Terré, Philippe Simler, Yves Lequette, Droit civil, Les obligations, 12e édition, Dalloz, 2009, p.1205.

③ Jacques Flour, Jean-Luc Aubert, Éric Savaux, Les obligations, 3. Le rapport d'obligation, 7e édition, Dalloz, 2011, p.270.

④ Jean Carbonnier, Droit civil, Les biens Les obligations, puf, 2004, p.2158.

合同当中所规定的条件是否实现的时候，法官应当采取尊重合同当事人意图的原则，因为条件是合同当事人意志的产物，因此，条件本身的存在，条件的证明，以及条件的解释等均应当遵循一般合同法的规则。因此，在决定合同所规定的条件是否实现时，当然要考虑合同当事人的意志：所有的条件均应当按照合同当事人的真正意愿和理解的方式实现。"①

（三）条件实现与否的拟制

一旦合同当事人在其合同当中规定了条件，无论他们所规定的条件是延缓条件还是解除条件，在合同所规定的条件是否能够实现处于不确定的时期，合同的任何一方当事人均应当承担忠实义务（devoir de loyauté），该种忠实义务要求合同当事人抑制自己的两种行为，包括以下方面。②

第一，不应当采取措施阻碍条件的实现。在条件可能会实现的情况下，合同的任何一方当事人均不得采取措施阻碍条件的实现。如果合同一方当事人故意或者过失实施的行为导致原本可能实现的条件最终没有实现，则为了保护对方当事人的利益，法律会认定合同当事人之间的条件已经实现了，并且使合同当事人之间的合同产生条件实现时原本会产生的法律效果。

第二，采取措施让原本可能不会实现的条件实现。在条件可能不会实现的情况下，合同的任何一方当事人均不得采取措施促成条件的实现。如果合同一方当事人故意或者过失实施的行为导致原本可能不会实现的条件实现了，为了保护对方当事人的利益，法律会认定合同当事人之间的条件没有实现，并且让合同当事人之间的合同产生条件无法实现时原本会产生的法律效力。

六、延缓条件的法律效力

在债法上，如果合同当事人在其合同当中所规定的条件是延缓条件，则该种延缓条件的法律效力应当分别从三个阶段来讨论：其一，在合同当事人所规定的延缓条件是否能够实现还不确定的时候，延缓条件所产生的法律效力；其二，在合同所规定的延缓条件最终不能够实现的时候，延缓条件所产生的法律效力；其三，在合同所规定的延缓条件最终实现的时候，延缓条件所产生的法律效力。

（一）延缓条件是否能够实现时的法律效力

在合同所规定的延缓条件是否能够实现还无法确定的期间（pendente conditione），债权人与债务人之间的债已经成立了，因为他们之间已经就附条件的合同达成了合意，

---

① Franççois Terré, Philippe Simler, Yves Lequette, Droit civil, Les obligations, 12e édition, Dalloz, 2009, p. 1205.

② Henri et Léon Mazeaud, Jean Mazeaud, François Chabasd, Obligations, 9e édition, Montchrestien, p. 1091；Virginie Larribau-Terneyre, Droit civil, Les obligations, 12e édition, Dalloz, 2010, p. 66；Jacques Flour, Jean-Luc Aubert, Éric Savaux, Les obligations, 3. Le rapport d'obligation, 7e édition, Dalloz, 2011, pp. 270 – 271；Franççois Terré, Philippe Simler, Yves Lequette, Droit civil, Les obligations, 12e édition, Dalloz, 2009, pp. 1212 – 1213.

但是，他们之间所成立的此种债还不能够产生法律效力，债权人还不能够要求债务人对其履行债务，债务人也还不用对债权人承担债务。换言之，在这一阶段，合同当事人之间的债还不存在：债权人享有的债权还不存在，债务人承担的债务也还不存在。这一点同附延缓期限的债形成鲜明的对比，因为根据附延缓期限的债，在合同所规定的延缓期限是否能够到来还不确定的时候，债务人对债权人承担的债务是存在的。[①] 既然在延缓条件是否能够实现还不确定的时期，债权人与债务人之间的债还不存在，则在债务人基于误解而对债权人实施债务给付行为时，债务人可基于不应清偿返还请求权要求债权人将其所获得的不应清偿返还给自己；债权人还不能够要求债务人对其履行债务，无论要求债务人自愿对其履行债务，还是向法院起诉，要求法官责令债务人对其履行债务；因为债权人还无权要求债务人对其履行债务，因此，消灭时效还不得对债权人主张；在附延缓条件的财产买卖合同当中，出卖人的财产所有权并不会转移给买受人，出卖人仍然是其出卖财产的所有权人，应当承担出卖财产的意外灭失的风险责任；因为债务人与债权人之间的债还不存在，所以，他们之间的债也无法适用债的抵销而消灭。[②]

在延缓条件是否能够实现还不确定的时期，债权人虽然并不能够对债务人主张债务的履行，但债权人并非不享有任何权利。实际上，基于债权人利益的维护，即便在延缓条件是否能够实现还不确定的时候，债权人仍然享有一些重要的权利，民法学者将债权人享有的此种权利称为"或然权"（le droit éventuel）、"可能权"（le droit potential le droit en puissance）、"不完全权"（le droit imparfaites）、"处于萌芽状态的权利"（le droit en germe）或者附条件的权利（le droit conditionnel）。所谓"或然权"，是指权利主体所享有的某种权利在最初产生的时候其有效性不及普通权利或者一般权利的权利，换言之，所谓"或然权"，是指其法律效力要比普通权利或者一般权利弱一些的权利。[③]

具体说来，在延缓条件是否能够实现还不确定的期间，债权人所享有的附条件的权利虽然多种多样，但主要包括以下七种权利。

第一，债权的保全权。在延缓条件是否能够实现还不确定的期间，债权人享有债权

---

① Philippe Malaurie, Laurent Aynès, Philippe Stoffel-Munck, Les obligations, 4e édition, Defrenois, 2009, p. 705；Jean Carbonnier, Droit civil, Les biens Les obligations, puf, 2004, p. 2157；Virginie Larribau-Terneyre, Droit civil, Les obligations, 12e édition, Dalloz, 2010, p. 65；Jacques Flour, Jean-Luc Aubert, Éric Savaux, Les obligations, 3. Le rapport d'obligation, 7e édition, Dalloz, 2011, p. 267.

② Henri et Léon Mazeaud, Jean Mazeaud, François Chabasd, Obligations, 9e édition, Montchrestien, pp. 1086 – 1087；Jean Carbonnier, Droit civil, Les biens Les obligations, puf, 2004, p. 2157；Virginie Larribau-Terneyre, Droit civil, Les obligations, 12e édition, Dalloz, 2010, p. 65；Françcois Terré, Philippe Simler, Yves Lequette, Droit civil, Les obligations, 12e édition, Dalloz, 2009, pp. 1210 – 1211.

③ Jean-Maurice Verdier, Les droits éventuels, contribution à l'étude de la formation successive des droits, Paris, Rousseau & Cie, 1955, pp. 1 – 353；R. Demogue, Des droits éventuels et des hypothèses où ils prennent naissance, Librairie de la Société du Recueil J. – B. Sirey et du journal du palais, 1906, pp. 1 – 159；Jean Carbonnier, Droit civil, Les biens Les obligations, puf, 2004, p. 2157；Philippe Malaurie, Laurent Aynès, Philippe Stoffel-Munck, Les obligations, 4e edition, Defrenois, 2009, p. 705；Jacques Flour, Jean-Luc Aubert, Éric Savaux, Les obligations, 3. Le rapport d'obligation, 7e édition, Dalloz, 2011, p. 268.

保全权，他们能够采取一切保全措施防止其权利免遭不测。①

第二，担保权。在延缓条件是否能够实现还不确定的期间，债权人享有担保权，他们能够将其债权供作担保，包括将其债权用来保证、抵押或者质押，等等，如果他们符合保证、抵押或者质押的必要条件的话。②

第三，债权的转移权。在附延缓条件是否能够实现还不确定的期间，如果债权人死亡，他们所享有的"处于萌芽状态的权利"能够作为他们的遗产转移给其继承人继承，继承人就像继承被继承人的其他遗产那样继续债权人身前所享有的处于萌芽状况的此种权利。③

第四，债权的转让权。在延缓条件是否能够实现还不确定的期间，债权人有权将其享有的债权转让给第三人，由第三人获得债权人所转让的债权。④

第五，债权人享有进行不动产公示的权利。在延缓条件是否能够实现还不确定的期间，债权人有权实施不动产的公示行为，如果他们与债务人之间的合同涉及不动产所有权转移的话。⑤

第六，债权的申报权。在延缓条件是否能够实现还不确定的期间，如果债务人因为资不抵债而陷入破产清算程序当中，债权人有权按照有关破产清算程序的规定申报自己的债权。⑥

第七，债权的受尊重权。在延缓条件是否能够实现还不确定的期间，债权人有权要求债务人尊重其债权，不得恶意阻挠延缓条件的实现，如果因为债务人的恶意阻挠导致延缓条件无法实现，则债务人仍然应当对债权人承担合同责任。⑦

（二）延缓条件不能够实现时的法律效力

如果合同当事人在其合同当中所规定的作为条件的事件没有发生，则合同当事人所规定的条件就没有实现，这就是所谓的条件的不实现（défaillance de la condition）。根

---

① Henri et Léon Mazeaud, Jean Mazeaud, François Chabas, Obligations, 9e édition, Montchrestien, 1998, p. 1089; Franççois Terré, Philippe Simler, Yves Lequette, Droit civil, Les obligations, 12e édition, Dalloz, 2009, p. 1215.

② Henri et Léon Mazeaud, Jean Mazeaud, François Chabas, Obligations, 9e édition, Montchrestien, 1998, pp. 1087 – 1088; Franççois Terré, Philippe Simler, Yves Lequette, Droit civil, Les obligations, 12e édition, Dalloz, 2009, p. 1215.

③ Henri et Léon Mazeaud, Jean Mazeaud, François Chabas, Obligations, 9e édition, Montchrestien, 1998, p. 1088; Franççois Terré, Philippe Simler, Yves Lequette, Droit civil, Les obligations, 12e édition, Dalloz, 2009, p. 1215.

④ Henri et Léon Mazeaud, Jean Mazeaud, François Chabas, Obligations, 9e édition, Montchrestien, 1998, p. 1088; Franççois Terré, Philippe Simler, Yves Lequette, Droit civil, Les obligations, 12e édition, Dalloz, 2009, p. 1215.

⑤ Franççois Terré, Philippe Simler, Yves Lequette, Droit civil, Les obligations, 12e édition, Dalloz, 2009, p. 1215.

⑥ Franççois Terré, Philippe Simler, Yves Lequette, Droit civil, Les obligations, 12e édition, Dalloz, 2009, p. 1215.

⑦ Henri et Léon Mazeaud, Jean Mazeaud, François Chabas, Obligations, 9e édition, Montchrestien, 1998, p. 1088; Virginie Larribau-Terneyre, Droit civil, Les obligations, 12e édition, Dalloz, 2010, p. 65.

据上述理论，当合同当事人在其合同当中明确规定，作为条件的事件应当在某一个确定的期限内发生，如果作为条件的事件在合同所规定的确定期限届满时还没有发生，则合同所规定的条件就没有实现；即便合同所规定的确定期限还没有届满，如果作为条件的事件确定不会发生，则合同所规定的条件也没有实现。如果合同当事人在其合同当中没有对作为条件事件的发生规定确定期限，则仅在合同所规定的作为条件的事件确定不会发生的时候，合同所规定的条件才构成不能够实现的条件。已如前述。

问题在于，如果合同当事人所规定的延缓条件不能够实现，合同当事人之间的合同会产生什么样的法律效果？对此问题，虽然民法学者做出的回答并不完全相同，但是，主要有两种不同的理论：合同或者债的溯及既往的消灭理论（effacment rétroactif）和合同或者债的失效（la caducité des obligations contractuelles）理论。

合同或者债的溯及既往的消灭理论认为，如果合同所规定的延缓条件不能够实现，则合同当事人之间的债或者合同被认为从来就不曾存在过，不仅债权人的债权不存在，而且债务人的债务也不存在，就像他们之间从来就没有签订过任何合同、他们之间从来就没有产生过任何法律关系一样；如果债权人或者债务人已经预先根据附延缓条件的合同做出了任何行为，他们所实施的这些行为也均消灭，他们所实施的一切行为均应当回复到合同签订之前的状态。

换言之，根据此种理论，一旦合同当事人在其合同当中所规定的延缓条件无法实现，则合同当事人之间的一切关系均溯及既往地消灭，也就是，他们之间的关系不是从合同所规定的条件不能够实现的时候向将来消灭，而是回溯到合同当事人最初缔结合同的时候，从合同最初缔结的时候就消灭了。在法国，此种理论既为经典的民法理论所采取，也为当今法国的大多数民法学者所采取，属于法国民法学者的主流理论。①

合同或者债的失效理论认为，即便合同当事人在其合同当中所规定的延缓条件无法实现，合同当事人之间的合同或者债虽然会因此消灭，但是，该种消灭也仅仅是从条件确定不能够实现的时候起向将来生效，不会回溯到合同当事人最初缔结合同的时候，在合同缔结之后到条件不能够最终实现之前合同当事人所为的法律行为仍然有效，不会因为条件最终无法实现而消灭，就像他们之间的有效合同被解除一样。

在法国，Malaurie、Aynès和Stoffel-Munck采取此种理论，他们指出："当人们确信作为条件的事件不会发生时，合同所规定的条件就无法实现。此时，债权人的权利从来就不曾存在过，并且还会产生这样的后果：如果合同已经产生了效果的话，这些所产生的效果应当予以消灭，除非合同当事人决定维持这些效果，这就是经典民法理论所主张的合同或者债的溯及既往的消灭理论。不过，今天的法国民法学者不再主张此种理论，因为他们在今天主张合同的失效理论。并且合同的失效可以由合同的两方当事人予以主张。"②

---

① Guy Raymond, Droit Civil, 2e édition, Litec, 1993, p. 355; Henri et Léon Mazeaud, Jean Mazeaud, François Chabasd, Obligations, 9e édition, Montchrestien, 1998, p. 1090; Jean Carbonnier, Droit civil, Les biens Les obligations, puf, 2004, p. 2158.

② Philippe Malaurie, Laurent Aynès, Philippe Stoffel-Munck, Les obligations, 4e édition, Defrenois, 2009, p. 705.

在法国，虽然大多数民法学者均主张合同或者债的溯及既往的消灭理论，但是，他们所主张的此种理论同法国最高法院长期以来所采取的立场不符，因为法国最高法院长期以来都认为，即便合同当事人所规定的条件无法实现，合同当事人之间的合同也未必一定要溯及既往地消灭，在某些情况下，他们之间的合同也仅仅从条件不能够实现的时候起向将来失效。① 例如，在 1999 年的案例当中，法国最高法院认为，虽然合同当事人规定的条件并没有实现，但是，他们之间的合同并不会因为条件的不实现而要溯及往地消灭，他们之间的合同也仅仅从条件没有实现之日起向将来失效。② 再例如，在 2005 年的案件当中，法国最高法院仍然采取了该种理论，仍然认为条件的不实现未必一定会导致当事人之间的合同溯及既往地消灭。③

（三）延缓条件实现时所产生的法律效力

如果合同当事人在其合同当中所规定的延缓条件实现了，则合同当事人之间的合同当然就会对合同当事人产生法律上的效力，就像合同当事人之间的合同根本就没有规定延缓条件一样，债权人能够随时要求债务人对其承担债务，债务人也随时要对债权人承担债务。

问题在于，当合同当事人所规定的条件实现时，合同当事人之间的合同究竟是从条件实现之日起向将来生效，还是从合同缔结之日起开始生效？换言之，当合同所规定的条件实现时，合同是否能够产生溯及既往的法律效力？

在当今法国，大多数民法学者认为，当合同所规定的延缓条件实现时，合同当事人之间的合同会产生溯及既往的法律效力，合同当事人之间的合同在条件实现时会从合同缔结之日起开始生效，不是从条件实现之日起向将来生效，因为他们普遍认为，当合同当事人在其合同当中所规定的延缓条件实现时，合同当事人之间的合同就从附延缓条件的合同嬗变为单纯和简单的合同，就像他们之间的合同根本就没有规定延缓条件一样，除非合同当事人另有约定，否则，合同当事人之间的合同溯及既往地产生法律效果，除了债权人能够要求债务人对其履行债务之外，债务人也应当对债权人履行其债务。④

七、解除条件的法律效力

如果合同当事人在其合同当中规定的条件属于解除条件，在讨论该种条件所产生的法律效力时，人们仍然像在讨论延缓条件所产生的法律效力那样区分三个不同的阶段：其一，在解除条件是否能够实现处于不确定的时期，解除条件所产生的法律效力；其二，在条件没有实现时，解除条件所产生的法律效力；其三，在条件实现时，解除条件所产生的法律效力。

---

① Virginie Larribau-Terneyre, Droit civil, Les obligations, 12e édition, Dalloz, 2010, p. 66.
② Ci3e, 13 juill. 1999, Defrenois 1999. art. 37079, p/1331, obs. D. Mazeaud.
③ Ci3e, 31 mas 2005, JCP2005. II. 10157, note H. Kenfack.
④ Jean Carbonnier, Droit civil, Les biens Les obligations, puf, 2004, p. 2158；Philippe Malaurie, Laurent Aynès, Philippe Stoffel-Munck, Les obligations, 4e édition, Defrenois, 2009, pp. 705 – 706；Jacques Flour, Jean-Luc Aubert, Éric Savaux, Les obligations, 3. Le rapport d'obligation, 7e édition, Dalloz, 2011, p. 271.

（一）解除条件是否能够实现不确定时的法律效力

同延缓条件不同，在合同当事人所规定的解除条件是否能够实现处于不确定的时期，合同当事人之间的债权债务关系已经存在，并且从合同缔结之日起就开始对合同当事人产生法律效力，就像合同当事人之间的合同是单纯和简单的合同一样。其产生的法律效力包括[①]：其一，除了债权人能够即刻要求债务人对其履行合同所规定的债务之外，债务人也应当即刻对债权人承担债务。其二，如果合同当事人之间的附解除条件的合同属于买卖合同，则附条件的买受人从合同缔结之日起就成为出卖人所出卖的财产的所有权人，能够以财产所有权人的身份对出卖人所出卖的财产行使权利，即便财产的出卖人还没有将其出卖物交付给买受人；而财产的出卖人则从合同缔结之日起丧失其财产所有权。其三，附解除条件的买受人应当承担出卖物意外灭失的风险责任。

（二）解除条件没有实现时所产生的法律效力

同延缓条件不同，在合同当事人所规定的延缓条件没有实现时，合同当事人之间的债溯及既往地存在和持续有效，就像他们之间的合同债没有受到任何条件的限制一样，也就是，就像他们之间的债是单纯和简单的债一样，债权人仍然有权要求债务人对其履行债务，债务人也仍然要对债权人履行债务。

Mazeaud 和 Chabas 等人对此种规则做出了说明，他们指出："如果合同当事人在其合同当中所规定的解除条件没有实现，则合同当事人之间的债就像没有受到任何条件限制的债那样产生了，就像他们之间的债是一种单纯和简单的债一样；合同溯及既往地有效，自买卖合同缔结之日起，买受人就成了所有权人，并且仍然还是所有权人。"[②] Carbonnier 也对此种规则做出了说明，他也指出："如果合同当事人所规定的解除条件没有实现，则他们之间的债从一开始就被视为单纯和简单的债。合同已经产生的法律效果是确定的。"[③]

（三）解除条件实现时所产生的法律效果

同延缓条件不同，如果合同当事人在其合同当中所规定的解除条件实现了，则合同当事人之间的债将会溯及既往地消灭，当事人之间的合同就像从来不曾缔结过一样，当事人之间的债就像从来不曾存在过一样，合同当事人之间的一切关系均恢复到合同缔结之前的状况。因此，如果合同当事人在其买卖合同当中所规定的解除条件实现了，则出卖人应当将其获得的价款返还给买受人，而买受人则应当将其购买的财产返还给出卖人。

Mazeaud 和 Chabas 等人对此种规则做出了说明，他们指出："如果合同当事人在其

---

① Henri et Léon Mazeaud, Jean Mazeaud, François Chabas, Obligations, 9e édition, Montchrestien, 1998, p. 1091; Jean Carbonnier, Droit civil, Les biens Les obligations, puf, 2004, pp. 2158 – 2159.

② Henri et Léon Mazeaud, Jean Mazeaud, François Chabas, Obligations, 9e édition, Montchrestien, 1998, p. 1092.

③ Jean Carbonnier, Droit civil, Les biens Les obligations, puf, 2004, pp. 2158 – 2159.

合同当中所规定的作为解除条件的事件发生了，则条件的实现会产生让合同溯及既往地灭失的法律效果……这就是，合同当事人之间的债被视为从来就不存在，他们之间的合同被视为从来就没有缔结过，他们之间的债被视为溯及既往地消灭。出卖人应当将其价款返还给买受人，而买受人则应当将其获得的财产返还给出卖人。其导致的结果是，买受人在其购买的财产之上所享有的所有权利均溯及既往的消灭。"①

Carbonnier 也对此种规则做出了说明，他指出："一旦合同当事人在其合同当中所规定的解除条件实现了，则合同不仅不会再产生新的法律效果，而且在条件处于不确定时已经产生的法律效果均失效。就像合同当事人之间从来就不存在债一样，就像他们之间从来就没有缔结过合同一样。从一定的意义上说，这也是条件所产生的溯及力。合同当事人应当采取措施，让他们之间的关系恢复到合同缔结之前的状态。"②

---

① Henri et Léon Mazeaud, Jean Mazeaud, François Chabas, Obligations, 9e édition, Montchrestien, 1998, p. 1091.

② Jean Carbonnier, Droit civil, Les biens, Les obligations, puf, 2004, p. 215.

第六章 债的渊源

第一节 债的渊源的独立性

一、债的渊源的界定

在今时今日，虽然《法国民法典》对债的渊源做出了规定，但是，它并没有对债的渊源（les sources des obligations）一词做出明确的界定，因此，债的渊源一词的界定就由民法学者所完成。不过，虽然民法学者普遍承认债的渊源，但是，他们几乎没有对债的渊源该词做出界定。从20世纪初期一直到今时今日，仅少数民法学者对一词做出了自己的界定。

在20世纪初期，Marcel Planiol、Ambroise Colin 和 Henryi Capitant 在自己的民法著作当中对债的渊源一词做出了界定。在1902年的《民法专论》当中，Marcel Planiol 对债的渊源做出了界定，他指出："所谓债的'渊源'，是指能够让债产生的行为或者事件（le fait）。因此，当买卖、借贷或者租赁等行为产生债时，人们将这些债产生的渊源称为合同。同样，当某种非法行为和引起他人损害的赔偿债的产生，人们将债产生的此种渊源称为侵权。"① 在1932年的《法国民法基础教程》当中，Ambroise Colin 和 Henryi Capitant 也对债的渊源做出了界定，他们指出："所谓债的渊源，是指能够让债产生的法律事实。"②

在今时今日，Malaurie、Malinvaud 和 Flour 等人对债的渊源一词做出了最简略的界定，并且他们做出的界定基本上是一致的，因为他们均认为，债的渊源是指能够引起债产生的事实。在2009年的《债法》当中，Malaurie、Aynès、Stoffel-Munck 对债的渊源做出了非正式的界定，他们指出："渊源这个词语是指起因或者产生。在此种意义上，人们论及'债的渊源'。例如，债来源于某种合同，如果债因为买卖或者借贷而产生的话；债来源于某种侵权行为，如果他人因为行为人的过失遭受损害的话：此时的债不是建立在自愿基础上的。"③

在2010年的《债法》当中，Malinvaud 和 Fenouillet 也对债的渊源做出了界定，他们指出："所有债的渊源，是指能够引起债产生的事件。因此，承租人要对其出租人支付租金，因为他们之间的合同是这样规定的。同样，在机动车引起的交通事故引起行人

---

① Marcel Planiol, Traité élémentaire de droit civil, Tome II, 2e édition, Paris, Librairie Cotillon, F. Pichon successeur éditeur, 1902, p. 246.

② Ambroise Colin, Henri Capitant, Cours élémentaire de droit civil français, Tome, 7e édition, Paris, Dalloz, 1932, p. 6.

③ Philippe Malaurie, Laurent Aynès, Philippe Stoffel-Munck, Les obligations, 4e édition, Defrenois, 2009, p. 16.

损害发生时，机动车司机应当赔偿行人遭受的损害。"① 在 2012 年的《债》当中，Flour、Aubert 和 Savaux 也对债的渊源做出了界定，他们指出："人们将导致债产生的那些事件称为债的渊源。借用人应当根据自己同意的时间将所借贷的钱款还给出借人：此种债产生的渊源是借用人与出借人之间签订的合同；机动车司机应当赔偿被其撞伤的行人的损失：此种债产生的渊源是机动车司机引起的交通事故。"②

笔者认为，债的渊源可以从两个方面加以界定，这就是，从法律关系的一般理论方面和主观权利的一般理论方面。根据法律关系的一般理论，除了物权、人格权和家庭权等属于法律关系之外，债也是一种法律关系，该种法律关系属于整个法律关系的组成部分。③ 因此，人们能够从法律关系的角度对债的渊源做出界定，根据该种界定：所谓债的渊源，是指能够引起债的法律关系产生、变更、限定、转让或者消灭的所有法律事实。任何法律事实，只要能够引起债权人和债务人之间的债权债务关系的产生、变更、限定或者消灭，均为债的渊源。因为买卖合同能够在买卖双方之间产生债权债务关系，所以买卖合同是债的渊源。因为行为人打伤他人之后会让行为人与他人之间产生损害赔偿的债权债务关系，所以，行为人打伤他人的行为也是债的渊源。

根据主观权利的一般理论，除了物权、人格权和家庭权等属于主观权利之外，债权也是一种主观权利，该种权利属于整个主观权利的有机组成部分。④ 因此，人们也能够从主观权利的角度对债的渊源做出界定，根据该种界定：所谓债的渊源，是指能够引起债权或者债务的产生、变更、限定、转让和消灭的所有法律事实。任何法律事实，只要能够引起债权、债务的产生、变更、限定、转让或者消灭，就均为债的渊源。因为婴幼儿的出生能够让他们对自己的父母享有要求抚养的债权，因此，出生是债的渊源。因为行为人以牺牲他人利益作为代价而获得了不当利益，他人对行为人享有要求其返还不当利益的债权。因此，行为人不当利益的获得也是一种债的渊源。

二、债的渊源独立于债法的渊源

在债法上，除了讨论债的渊源之外，人们也会讨论债法的渊源，已如前述。问题在于，债的渊源与债法的渊源之间的关系是什么？债的渊源属于债法渊源的组成部分吗？对此问题，民法学者之间有两种不同的意见，即债的渊源属于债法渊源的组成部分的理论和债的渊源独立于债法渊源的理论。

（一）债的渊源属于债法渊源组成部分的理论

债的渊源属于债法渊源组成部分的理论认为，除了制定法、司法判例和民法学说属

---

① Philippe Malinvaud, Dominique Fenouillet, Droit des obligations, 11e édition, Litec, 2010, p.12.
② Jacques Flour, Jean-Luc Aubert, Éric Savaux, Les obligations, 1. L'acte juridique, 15e édition, Dalloz, 2012, p.35.
③ 张民安：《法国人格权法（上）》，清华大学出版社 2016 年版，第 144—146 页；张民安：《法国民法总论（上）》，清华大学出版社 2017 年版，第 449—460 页。
④ 张民安：《法国民法》，清华大学出版社 2015 年版，第 5—8 页、第 59—125 页；张民安：《法国民法总论（上）》，清华大学出版社 2017 年版，第 463—472 页、第 544—561 页；张民安：《法国民法总论（Ⅱ）》，清华大学出版社 2020 年版，第 1—330 页。

于债法的渊源之外，行为人实施的个人合法行为和非法行为也属于债法的渊源，诸如合同当事人签订的合同，行为人实施的侵权行为等。换言之，此种理论认为，债的渊源没有独立性，它属于债法渊源的组成部分。此种理论最初为公法学家尤其是为著名公法学家 Hans Kelsen 所主张。① 在其著名的法理学著作《规范的一般理论》当中，Kelsen 对法律规范做最广义的理解，认为除了实在法和自然法属于法律规范之外，行为人实施的个人行为也属于法律规范。②

不过，Kelsen 的此种理论并非他独创，而是源自法国 19 世纪末期和 20 世纪初期的著名公法学家 Léon Duguit，因为在讨论作为民法和整个法律的两个核心构成因素即客观法律（Droit objectif）和主观权利（droits subjectifs）之间的关系时，Duguit 明确否定主观权利的存在，认为主观权利包含在客观法律当中。因为合同和侵权等被称为法律事实的个人行为属于主观权利的组成部分，因此，Duguit 也否定债的渊源的存在，认为债的渊源属于债法渊源的组成部分。③

受到这些公法学家的影响，法国少数民法学者也不区分债的渊源和债法的渊源，包括 Jean Brethe de La Gressaye、Marcel Laborde-Lacoste 和 Philippe Jestaz 等人。在 1947 年的《民法总论》当中，Jean Brethe de La Gressaye 和 Marcel Laborde-Lacoste 就采取此种看法，他们不区分合同、遗嘱等个人实施的法律行为与国家立法者制定的法律、习惯和司法判例，认为它们均属于法律的渊源。他们指出，除了制定法、习惯、法律的一般原则、学说和司法判例等属于法律的渊源之外，个人实施的法律行为也属于法律渊源。④ 他们指出，作为法律渊源，个人实施的法律行为多种多样，既包括政府的公职人员实施的法律行为，也包括私人实施的法律行为，还包括法官实施的法律行为，其中政府公职人员实施的法律行为被称为"规范行为"（les actes-règles），法官实施的法律行为被称为"司法行为"（les actes juridictionnel），而私人实施的法律行为则被称为"主观行为"（les actes subjectifs），因为他们实施的法律行为能够产生权利，例如合同当事人签订的合同，立遗嘱人所立下的遗嘱等。在合同当事人签订合同的情况下，他们之间的合同之所以在性质上属于一种债法渊源，是因为"通过合同，两方当事人原则上能够自由确定他们之间的债，通过双方意思表示的合意，他们能够确定应当遵守的规范。在这一方面，合同债不同于制定法上的债，因为制定法上的债是由立法者规定的，所有债务人均应当统一遵守"⑤。

在 2015 年的《法律渊源》当中，Philippe Jestaz 也采取同样的做法，在对传统的法律渊源做出批评时，他认为，仅仅将制定法、习惯、司法判例和学说视为四种法律渊源

---

① Gabriel Marty, Pierre Raynaud, Droit Civil, Les obligations, Tome 1, Les sources, 2e édition, Sirey, 1988, p.13.

② Hans Kelsen, Théorie générale des norms, 1ère éd, Presses Universitaires de France, 1996, pp. 23 – 38.

③ Jean Brethe de La Gressaye, Marcel Laborde-Lacoste, Introduction générale à l'étude du droit, Librairie du Recueil Sirey, 1947, pp. 171 – 172；张民安：《法国民法总论（上）》，清华大学出版社 2017 年版，第 466—469 页；张民安：《法国民法总论（Ⅱ）》，清华大学出版社 2020 年版，序言、第 5—9 页。

④ Jean Brethe de La Gressaye, Marcel Laborde-Lacoste, Introduction générale à l'étude du droit, Librairie du Recueil Sirey, 1947, pp. 169 – 183.

⑤ Jean Brethe de La Gressaye, Marcel Laborde-Lacoste, Introduction générale à l'étude du droit, Librairie du Recueil Sirey, 1947, pp. 169 – 183.

的传统法律渊源理论所存在的一个大问题是，它既忽视了神的启示在法律渊源当中的地位，也忽视了个人实施的法律行为在法律渊源当中的地位。① 基于这样的原因，他认为，除了制定法、神的启示、法官的裁判和学说属于法律的渊源之外，个人实施的法律行为也属于法律的渊源。② 他指出"法律行为本身就是法律的渊源"，③ 尤其是，合同当事人签订的合同属于债法的渊源。他认为，合同之所以是债法的渊源，是因为合同并不是合同当事人之间的单纯个人意志，虽然人们普遍认为，合同是按照意思自治和合同自由的原则产生法律效力的，但是，此种看法是非常不准确的，因为合同属于一种法律制度，就像所有其他法律制度均是立法者所组织的一样，合同也是立法者组织的一种法律制度，它们只能够在制定法所规定的范围内产生法律效力。换言之，合同就是制定法，即便它是立法者制定的一个"小法"（petit loi）。④

（二）债的渊源独立于债法渊源的理论

在法国，大多数民法学者均明确区分债的渊源和债法的渊源，即便他们很少在自己的债法当中对此种问题做出明确说明，但是，他们仍然承认这一区分理论。法国民法学者之所以区分债的渊源和债法渊源，是因为他们在民法总论当中明确区分客观法律和主观权利，其中的客观法律除了包含物权法、人格权法、家庭法和继承法等法律渊源之外还包括债法，而其中的主观权利除了包括物权、人格权、家庭权和继承权等权利之外也包括债权。这就是法国民法学者在民法总论当中所普遍承认的区分理论：客观法律和主观权利之间的区分理论（La distinction entre droit objectif et droits subjectifs）。⑤

在其著名的民法教科书《民法》当中，Carbonnier 对此种区分理论做出了说明，他指出："民法总论要么关乎客观法律，要么关乎主观权利。虽然客观法律和主观权利之间的区分是人们做出的，但是，此种区分理论也可以说是无意识的，因为它们等同于'droit'一词所具有的两种完全不同的含义：如果（客观）法律允许我从事某种活动，则我有权（主观的）从事该种活动。根据最经典的理论，客观法律是法律规范的有机整体，而主观权利则是法律规范所承认的个人即权利主体所享有的做出某种行为的权力。"⑥

在其著名的民法教科书《民法总论》当中，Malaurie 和 Morvan 也对此种区分理论做出了说明，他们指出："'droit'一词有两种明显不同的含义：一方面，它是指客观法律，也就是对社会生活进行规范和调整的法律规范的有机整体；另一方面，它是指主观权利，也就是为了满足个人的利益需要，客观法律承认个人所享有的特权。这两个术

---

① Philippe Jestaz, Les sources du droit, 2e édition, Dalloz, 2015, pp. 1–15.
② Philippe Jestaz, Les sources du droit, 2e édition, Dalloz, 2015, pp. 1–183.
③ Philippe Jestaz, Les sources du droit, 2e édition, Dalloz, 2015, p. 121.
④ Philippe Jestaz, Les sources du droit, 2e édition, Dalloz, 2015, pp. 115–128.
⑤ 张民安：《法国民法》，清华大学出版社 2015 年版，第 4—12 页；张民安：《法国民法总论（上）》，清华大学出版社 2017 年版，第 529—617 页；张民安：《法国民法总论（Ⅱ）》，清华大学出版社 2020 年版，序言、第 3—14 页。
⑥ Jean Carbonnier, Droit civil, Volume I, Introduction Les personnes la famille, l'enfant, le couple, puf, 2004, p. 1867.

语体现了它们之间的基本区别,因为,它们将一般的、抽象的法律规范与权利主体所享有的具体的、个体的特权相对应。"①

虽然大多数民法学者仅仅在民法总论当中对区分法律渊源和主观权利,但是,少数民法学者仍然对债的渊源与债法渊源之间的区分理论做出了明确说明。Marty 和 Raynaud 就是如此。在其《债》当中,他们明确承认"债的渊源的独立性理论"②。

一方面,债法具有不同于债权的特点,这就是,作为客观法律的有机组成部分,债法像所有客观法律一样具有一般性、普遍性的特征,而作为一种主观权利,虽然债权能够产生法律效力,但是,债权所产生的法律效力仅仅具有特定性、个人性的特征,没有债法所具有的一般性、普遍性的特征。③

另一方面,如果行为人实施的能够引起债权产生的行为或者事件有时也能够创设一般性的法律规范并因此同时构成作为债法的渊源和债的渊源的话,此种现象仅仅是一种例外,在大多数情况下和在大多数时期,除了会引起债权人或者债务人具体状况、个人权利的产生之外,行为人实施的行为或者事件并不会引起法律规范的产生。因此,债的渊源与债法的渊源之间保有相对独立性。④

(三) 债的渊源与债法渊源之间的关系

笔者认为,债的渊源与债法渊源之间的关系可以归结为两个方面:债的渊源独立于债法的渊源,它们之间具有重要的差异;债的渊源和债法的渊源之间的独立性是相对的,它们之间存在重要的联系。

具体来说,债的渊源独立于债法的渊源,它们是两种不同的法律制度。

一方面,债的渊源和债法的渊源所关注的问题存在差异。总的说来,债的渊源关注能够引起债的关系产生、变更、限定、转让和消灭的原因有哪些,而债法的渊源则关注能够对债的关系进行规范和调整的法律规范有哪些。在债法上,人们之所以研究债的渊源,是因为他们要讨论能够引起债的关系或者债权产生的原因有哪些,在找到了债的渊源之后,他们如何对这些渊源予以类型化并因此形成科学的债的渊源体系。而在债法上,人们之所以研究债法的渊源,是因为他们要讨论哪些客观法律能够对债的关系或者债权进行规范和调整,在找到这些客观法律之后,人们如何对它们进行类型化并因此形成科学的债法渊源体系。

另一方面,债的渊源具有个人性,而债法的渊源则具有普遍性。在大多数情况下,债的渊源究竟有多少,每一种债的法律效果如何,往往并不是由立法者的制定法做出规定,而是由当事人的主观意图加以决定的。因为,虽然债的渊源多种多样,但是最主要的、最重要的渊源是行为人实施的各种各样的法律行为,尤其是他们签订的合同:当事人究竟签订什么样的合同,每一种合同的内容是什么,每一种合同的法律效果如何,因

---

① Philippe Malaurie, Patrick Morvan, Introduction au droit, 4e édition, Defrénois, 2012, p. 13.
② Gabriel Marty, Pierre Raynaud, Droit Civil, Les obligations, Tome 1, Les sources, 2e édition, Sirey, 1988, p. 13.
③ Gabriel Marty, Pierre Raynaud, Droit Civil, Les obligations, Tome 1, Les sources, 2e édition, Sirey, 1988, p. 13.
④ Gabriel Marty, Pierre Raynaud, Droit Civil, Les obligations, Tome 1, Les sources, 2e édition, Sirey, 1988, pp. 13 – 14.

人而异，不同的人签订的合同性质不同、内容不同、法律效果不同。而债法则不同，作为具有普遍性的客观法律，所有的债法均具有一般性的特征。立法者关于债法的规定是完全相同的，是对所有债权人和债务人同等适用的，这就是制定法面前人人平等原则在债法领域的贯彻和要求。

不过，虽然债的渊源独立于债法的渊源，它们之间的独立性并不是绝对的而是相对的，因为它们之间存在重大联系。

首先，债的渊源和债法的渊源是债的生活当中两个缺一不可的组成部分。虽然债权人享有的债的生活丰富多彩，但是，他们的所有债的生活均同时包含两个缺一不可的内容：债的关系或者债权和对债的关系、债权进行规范和调整的债法，缺失其中任何一个构成因素，债的生活均无法存在。因为债的关系、债权属于债的生活的内容，而债法的渊源则属于债的生活的形式。债的生活就是由债的内容和债的形式结合在一起所形成的一个有机整体。

其次，债法的渊源依赖债的渊源。债法的渊源之所以依赖债的渊源，是因为债的关系、债权是债法所规范和调整的对象，构成债法的内容、债法的灵魂，如果没有债的关系、债权的存在，则债法也因为没有自己的调整对象而无法存在。例如，如果没有行为人实施的过错侵权行为，则过错侵权责任法将无法存在。如果没有行为人实施的不应清偿，则对不应清偿进行规范和调整的准合同法也将无法存在。

最后，债的渊源也依赖债法的渊源。债的渊源之所以依赖债法的渊源，一方面是因为，除了行为人实施的法律行为和法律事实能够产生债之外，立法者的制定法也能够产生债，这就是制定法上的债，制定法上的债以立法者的明确规定作为前提，如果欠缺制定法的明确规定，则这些债不会产生。另一方面是因为，除了自然债无法借助于债法予以保障之外，债的所有关系、债权人享有的所有债权均必须借助于债法予以保障，如果欠缺了债法的保障，则债的关系、债权与道德关系、道德权利无异。

三、法国民法学者对待债的渊源的方式

在法国，民法学者对待债的渊源的方式有两个特点：其一，在债的类型当中，他们根据债的渊源不同对债做出各种各样的分类。其二，在具体讨论债的渊源时，他们既讨论作为债的渊源的合同，也讨论作为债的渊源的侵权责任、准合同。

在讨论债的类型时，大多数民法学者根据债的渊源的不同对债做出不同的分类。在对债做出分类时，除了采用其他标准，法国民法学者还采取一种分类标准，这就是根据债的渊源对债做出分类。① 例如，Malaurie、Aynès 和 Stoffel-Munck 采取此种分类标准对债的分类做出了说明，他们指出："人们可以根据债的渊源、债的客体和债的范围将债

---

① Jean Carbonnier, Droit civil, Volume Ⅱ, Les biens, Les obligations, puf, 2004, pp. 1928 – 1931; Christian Larroumet, Droit Civil, Les Obligations, le Contrat, Tome III, 1re partie, 6e édition, Economica, 2007, pp. 37 – 44; Philippe Malinvaud, Dominique Fenouillet, Droit des obligations, 11e édition, Litec, 2010, pp. 12 – 15; Jacques Flour, Jean-Luc Aubert, Éric Savaux, Les obligations, 1. L'acte juridique, 15e édition, Dalloz, 2012, pp. 35 – 41; Virginie Larribau-Terneyre, Droit civil, Les obligations, 15e édition, Dalloz, 2017, pp. 61 – 64.

分为三类。"① 他们认为，根据债的渊源不同，人们可以将债分为合同债和侵权债等。再例如，Larribau-Terneyre 也采取此种分类标准对债的类型做出了说明，他指出："对债的分类还存在其他的方式，这就是根据债的渊源对债进行分类。"② 他认为，根据此种分类债或者分为合同债、非合同债和制定法所规定的债，或者分为法律行为产生的债和法律事件产生的债。

在 2016 年 2 月 10 日的债法改革法令颁布之前，法国民法学者一方面普遍根据《法国民法典》关于债的渊源的规定对债做出分类，认为债的渊源包括合同、侵权、准侵权、准合同和制定法五类，这就是《法国民法典》所规定的债的渊源的五分法理论，另一方面又对《法国民法典》所规定的债的渊源五分法理论做出批评，认为它关于债的渊源的规定存在各种各样的问题，应当被废除并因此被新的分类所取代，这就是将债的渊源分为法律行为和法律事实两大类。

法国民法学者的此种批评声获得了法国政府的回响，因为通过 2016 年 2 月 10 日的债法改革法令，法国政府废除了《法国民法典》所采取的债的渊源的五分法理论，将债的渊源分为三类：法律行为、法律事实和制定法的单纯权威性。在今时今日，法国民法学者普遍在自己的债法著作当中将债的渊源分为法律行为和法律事实两大类。在讨论作为法律行为的债的渊源时，他们主要讨论合同，而在讨论作为法律事实的债的渊源时，他们主要讨论侵权责任和准合同。

第二节　债的渊源的历史发展

一、罗马法当中的债的渊源

（一）前经典罗马法时期债的渊源的二分法理论

在前经典罗马法时期，债的渊源仅有两种，这就是因为合同产生的债和因为侵权所产生的债，其中的侵权（délit）是狭义的，是指行为人实施的故意侵权行为，并不包括行为人实施的过失侵权行为，因为过失侵权行为被称为准侵权（quasi-délit）。除此之外，债不会因为其他的渊源而产生，因此，无所谓因为准合同或者准侵权所产生的债的问题，这就是债的渊源的二分法理论。

Malaurie、Aynès 和 Stoffel-Munck 对前经典罗马法时期债的渊源的二分法理论做出了说明，他们指出："在最初的时候，准合同的理论在罗马法当中是不存在的。最初的罗马法原则上只认可两种类型的债的原因：其一，非法行为，人们将其称为侵权；其二，合法行为，它们虽然能够产生债，但是，它们在产生债的时候要遵循一定的形式主

---

① Philippe Malaurie, Laurent Aynès, Philippe Stoffel-Munck, Les obligations, 4e édition, Defrénois, 2009, p.5.
② Virginie Larribau-Terneyre, Droit civil, Les obligations, 15e édition, Dalloz, 2017, p.61.

义的要求。"① 同样，Terré、Simler 和 Lequette 等人也对前经典罗马法时期债的渊源的二分法理论做出了说明，他们指出："最初的时候，罗马法仅认可债的两种渊源：其一，合同，是合法行为；其二，侵权，是非法行为。"②

（二）经典罗马法时期的因为"类似的各种各样的原因"而产生的债

随着罗马社会的发展，人们逐渐意识到，除了合同所产生的债和侵权所产生的债之外，社会生活当中还存在某些债，这些债既不是因为合同所产生的，也不是因为侵权所产生的。当一个人在没有获得另外一个人的委托的情况下为了另外一个人的利益而自愿、自发实施某种行为时，人们发现，该人要对另外一个人承担债务。当一个人在没有权利获得另外一个人所为的给付情况下接受另外一个人所为的给付时，人们也发现，该人也要对另外一个人承担债务。同样，当一个人对另外一个人实施了引起另外一个人损害发生的行为时，即便该人实施的致害行为并不是故意行为，该人也被责令对另外一个人遭受的损失承担赔偿责任。

这些原因产生的债是什么性质的债？它们是前经典罗马法时期的合同债和侵权债吗？在经典罗马法时期，民法学家并不认为它们是合同债或者侵权债，因为合同债需要当事人之间有合意，而侵权债则需要行为人在行为时有故意。在这些债当中，当事人之间或者没有合意或者行为人在行为时没有故意。它们将合同和侵权之外所产生的债称为因为"类似的各种各样的原因"（les variae causarum figurae）产生的债。

在经典罗马法时期，"les variae causarum figurae"一词由以下两个部分组成。③

第一，"les variae causarum"，它的含义是"各种各样的渊源、各种各样的原因"（causes variées），它是用来说明当时罗马法当中所存在的一种客观、真实情况：除了早期罗马法所认可的合同和新近出现的一种新合同即"合意合同"能够产生债之外，除了早期罗马法所认可的故意侵权能够产生债之外，债还可以因为合同、故意侵权之外的其他大量的、形形色色的原因而产生。

第二，"figurae"，它的含义是"类似于""接近于"，是指虽然合同、侵权之外所存在的大量、形形色色的渊源不是合同、侵权，但是，它们同能够产生债的合同或者侵权非常类似、非常接近。换言之，民法学家使用该词语的目的是将合同、侵权之外能够引起债产生的大量、形形色色的渊源与能够引起债产生的合同、侵权进行比较，将它们与能够引起债产生的合同、侵权看作类似的、近似的东西，让合同、侵权之外能够引起债产生的这些渊源能够产生合同、侵权所产生的法律效果。

因此，在经典罗马法时期，大多数民法学者均认为，债的渊源有三种：合同，侵权和类似的各种各样的原因，其中的侵权仍然是狭义的，仅仅是指行为人实施的故意侵权，并不包括过失侵权。也基于这样的原因，在经典罗马法时期，债也分为三类：合同

---

① Philippe Malaurie, Laurent Aynès, Philippe Stoffel-Munck, Droit des obligations, 8e édition, LGDJ, 2016, p. 595.
② François Terré, Philippe Simler, Yves Lequette, François Chénedé, Droit Civil, les Obligations, 12e édition, Dalloz, 2018, p. 25.
③ Jean-Philippe Lévy, André Castaldo, Histoire du droit civil, 2e édition, Dalloz, 2010, p. 833.

债，侵权债和因为类似的各种各样的原因而产生的债。所谓类似的各种各样的原因而产生的债，是指因为无因管理而产生的债，因为不应清偿产生的债，因为不当得利产生的债，以及因为过失行为产生的侵权债。这些债之所以被称为因为类似的各种各样的原因而产生的债，是因为经典罗马法时期的民法学者认为，虽然引起债的这些原因不是合同或者侵权，但是，它们与能够引起债产生的合同和侵权类似：无因管理、不应清偿和不当得利类似于合同当中的委托合同，而过失行为类似于故意侵权。①

（三）盖尤斯和查士丁尼皇帝《法学阶梯》所采取的四分法的债的渊源理论

在经典罗马法时期，盖尤斯分别在不同的著作当中对债的渊源做出了不同说明，因为他有时认为，债的渊源仅两种，他有时又认为，债的渊源有三种和四种，这就是债的渊源的二分法、三分法和四分法的理论。在其著名的民法教科书《法学阶梯》当中，盖尤斯明确将债产生的渊源分为两种，这就是因为合同产生的债和因为侵权所产生的债，因为他在其《法学阶梯》当中明确指出，所有的债或者因为合同而产生，或者因为侵权而产生。②

在其《日常法律实务》（les Res cottidianae）和《法学金典》（les Aurei）当中，盖尤斯则采取了三分法和四分法的债的渊源理论。根据三分法的债的渊源理论，除了合同和侵权能够产生债之外，还有大量的其他的"类似的各种各样的原因"也能够产生债，诸如因为监护产生的债、因为不应清偿产生的债、因为继承产生的债、因为导致他人的动物或者财物遭受损害的非法行为所产生的债等。③ 根据他的四分法的债的渊源理论，债的渊源可以分为四种：因为合同产生的债、因为侵权产生的债、因为就像合同一样的原因产生的债（quasi ex contractu teneri videntur），以及因为就像侵权一样的原因产生的债（quasi ex maleficio tenentur）。④

在盖尤斯的四分法的债的渊源理论当中，他所谓的"就像合同一样的原因产生的债"（comme d'contrat）被后世的民法学者称为"准合同产生的债""准合同债""债务人就像合同债务人一样承担债务的债"。在盖尤斯的四分法的债的渊源理论当中，他所谓的"就像侵权一样的原因产生的债"（comme d'délit）被后世民法学者称为"准侵权

---

① Paul Frédéric Girard, Manuel élémentaire de droit romain, Dalloz, 2003, pp. 417 – 418; Philippe Malaurie, Laurent Aynès, Philippe Stoffel-Munck, Droit des obligations, 8e édition, LGDJ, 2016, p. 596; François Terré, Philippe Simler, Yves Lequette, François Chénedé, Droit civil, Les obligations, 12e édition, Dalloz, 2018, p. 25.

② Henri et Léon Mazeaud, Jean Mazeaud, François Chabas, Obligations, 9e édition, Montchrestien, 1998, p. 45; Jean-Philippe Lévy, André Castaldo, Histoire du droit civil, 2e édition, Dalloz, 2010, p. 679; Jean Gaudemet, Emmanuelle Chevreau, Droit privé romain, 3e édition, Montchrestien, 2009, p. 56.

③ Henri et Léon Mazeaud, Jean Mazeaud, François Chabas, Obligations, 9e édition, Montchrestien, 1998, p. 45; Jean-Philippe Lévy, André Castaldo, Histoire du droit civil, 2e édition, Dalloz, 2010, p. 679; Philippe Malaurie, Laurent Aynès, Philippe Stoffel-Munck, Droit des obligations, 8e édition, LGDJ, 2016, p. 595.

④ Henri et Léon Mazeaud, Jean Mazeaud, François Chabas, Obligations, 9e édition, Montchrestien, 1998, p. 45; Paul Frédéric Girard, Manuel élémentaire de droit romain, Dalloz, 2003, p. 418.

产生的债""准侵权债""债务人就像侵权债务人一样承担的债"。① 因此，在后世民法学者的眼中，盖尤斯已经在自己的民法著作当中建立了著名的债的渊源的四分法理论，根据该种理论，债的渊源分为四种：合同、准合同、侵权和准侵权。因为合同和准合同产生的债被称为合同债和准合同债，因为侵权和准侵权产生的债被称为侵权债和准侵权债。

公元6世纪，查士丁尼皇帝组织法学家编纂了自己的供学生学习民法的教科书即查士丁尼的《法学阶梯》（也称《查士丁尼法学阶梯》）。查士丁尼的《法学阶梯》关于债的渊源的说明完全是从盖尤斯的《日常法律实务》当中借用而来的，因为，查士丁尼在其《法学阶梯》当中对债产生的渊源做出的说明同盖尤斯在其《日常法律实务》当中对债的渊源做出的说明是完全一致的。具体来说，查士丁尼的《法学阶梯》也将债的渊源分为四种：因为合同产生的债、因为侵权产生的债、因为就像合同一样的原因产生的债，以及因为就像侵权一样的原因产生的债。② 就像对待盖尤斯的债的渊源的四分法理论一样，后世民法学者也普遍认为，查士丁尼皇帝的《法学阶梯》将债的渊源分为四类：合同、准合同、侵权和准侵权。因为合同和准合同产生的债也被称为合同债和准合同债，因为侵权和准侵权产生的债也被称为侵权债和准侵权债。

二、中世纪的民法学家对四分法的债的渊源理论的打造

在中世纪，民法学家一如既往地坚持查士丁尼皇帝的《法学阶梯》所采取的做法，认为债的渊源分为四种。在对查士丁尼的《法学阶梯》所规定的债的渊源的四分法做出注释时，某些民法学家坚守查士丁尼在其《法学阶梯》当中所规定的债的渊源的四分法理论，认为债或者因为合同而产生，或者因为侵权而产生，或者因为准合同而产生，或者因为准侵权而产生，除此之外，债不会因为其他的渊源而产生。③

而在对查士丁尼的《法学阶梯》做出注释时，除了认可查士丁尼的《法学阶梯》所规定的四分法的债的渊源理论之外，某些民法学者还增加了一种新的渊源并因此形成了所谓的五分法的债的渊源理论，这就是，他们也将盖尤斯的著作当中所规定的"类似的各种各样的原因"看作债产生的渊源。在《法典大全》（la Summa codicis）当中，Rogerius 就采取了此种做法，他指出：债或者因为合同而产生，或者因为准合同而产生，或者因为侵权而产生，或者因为准侵权而产生，或者因为"类似的各种各样的原因"而产生。④

在债的渊源的类型化、体系化和一般化的发展过程当中，中世纪的民法学家占据非常重要的地位，发挥了其他民法学者所不能够发挥的独特作用，其中最突出的表现有二。

---

① Jean-Philippe Lévy, André Castaldo, Histoire du droit civil, 2e édition, Dalloz, 2010, p. 833.
② Paul Frédéric Girard, Manuel élémentaire de droit romain, Dalloz, 2003, p. 418.
③ MOR (C.G.), Lex romana canonice compta, Pavia, Tip. cooperativa, 1927; Bartolus de Saxoferrato, Opera, Lyon, J. Sacon et N. Benedictis, 1504–1511; J. de Mayno, Lectura praeclarissima, Lugduni, p. 1525.
④ Rogerius, Summa codicis, Lib. IV, Tit. XII: De obligationibus; Teixeira Cédric, La classification des sources des obligations du droit romain à nos jours, p. 56.

其一，它消除了查士丁尼的《法学阶梯》在债的渊源问题上的模棱两可的态度，再一次以确定无疑的、清晰可见的方式说明，债不仅仅会因为合同和侵权而产生，还会因为准合同和准侵权而产生，使查士丁尼在其《法学阶梯》当中所采取的债的渊源的四分法理论得以最终确立，因为无论民法学者是否承认查士丁尼在其《法学阶梯》当中对债的渊源采取了四分法的理论，他们也都同意，中世纪的注释法学派在对查士丁尼的《法学阶梯》做出注释时清楚无误地、不言自明地采取了债的渊源的四分法理论，或者虽然某些民法学者采取了债的渊源的五分法理论，但是，他们的五分法理论当中的四分法理论是最主要的、最重要的理论。

其二，它以确定无疑的"准合同"和"准侵权"的称谓、术语、用语取代了查士丁尼《法学阶梯》当中所使用的让人遐想连绵的、争议不断的"就像合同一样的原因产生的债"和"就像侵权一样的原因产生的债"的称谓、术语、用语，并且最终让备受争议的、漂浮不定的、处于"合同"和"侵权"附属地位的"准合同"和"准侵权"一跃成为与能够与"合同"和"侵权"平起平坐的、独立的、能够引起债产生的第三种和第四种渊源。自从他们创造性地使用了因为"准合同产生的债""准合同债"和因为"准侵权产生的债""准侵权债"这些术语之后，这些术语就成为民法学者反复不断使用的民法术语，并且最终被近代甚至现代民法典所规定。

三、Pothier 在 18 世纪中后期所采取的五分法的债的渊源理论

（一）人文主义法学家在 16 世纪对四分法的债的渊源的信守

在债的渊源问题上，囿于传统和习惯势力，16 世纪的人文主义法学家坚持债的渊源的四分法理论，将债分为因为合同、侵权、准合同和准侵权产生的债，包括 Jacques Cujas（1522—1590 年）、François Hotman（1524—1590 年）和 Étienne Pasquier（1529—1615 年）等人。在其著名的民法著作《民法大全》当中，Cujas 明确指出，债的渊源是合同和侵权，除此之外，还包括就像合同一样的原因和就像侵权一样的原因。[①] 在 1599 年的著名著作 Opera 当中，Hotman 也对债的渊源采取了四分法的理论，他指出：能够产生债的渊原因包括合同、准合同、侵权和准侵权。[②] 同样，在《查士丁尼法学阶梯解释》当中，Pasquier 也对债的渊源四分法理论做出了说明，他指出，人们普遍将债分为合同债、准合同债、侵权债和准侵权债。[③]

（二）Domat 在 17 世纪所建立的二分法的债的渊源理论

在债的渊源的类型化问题上，第一个影响 1804 年的《法国民法典》的著名学者是 17 世纪的 Jean Domat。Domat 生于 1625 年，卒于 1696 年，是法国 17 世纪的著名法学家，是法国 16 世纪著名人文主义学者 Hugues Doneau 的得意门生，自然法学派的主要

---

① Jacques Cujas, Opera priora, Paris, Fabrot, 1658, T. I, li IV, ch. 6, p.247.
② François hotman, Opera, 1599, T. II, lib. III, tit. 1.
③ Étienne Pasquier, L'interprétation des Institutes de Justinian, Paris, A. Durand, 1847, p.522.

代表人物之一,他毕生致力于法律研究,是法国 17 世纪理性主义运动的领导者,对于推动法国 17 世纪的理性主义运动的发展起到了决定性的作用。他精通罗马法、寺院法、私法和公法。他之所以被誉为"《法国民法典》之祖父",是因为 1804 年的《法国民法典》受到他的著作的影响,包括所规定的内容和所采取的编制体例方面。其中的一个影响就是债的渊源的分类问题。①

在研究法律的时候,Domat 希望将法国当时所存在的各种各样的法律、全部的法律予以系统化(systématiser)、理性化(rationaliser),包括法国当时存在的罗马法、习惯法,自然法与"专横法""私法""公法",等等。在试图将法国的各种各样的法律、全部的法律予以系统化、理性化的时候,他所采取的方式是对它们予以对比研究,包括将私法与公法对比研究,将"恒久法"与"自然法"进行比较研究。②

在对债的渊源问题进行研究时,他也采取了这样的方式,这就是,将基于"双方自愿产生的债"(les engagements volontaires et mutuels)和基于"非合同产生的债"予以对比研究。其中"基于双方自愿产生的债"也被称为"基于合同产生的债"。基于这样的原因,民法学者普遍认为,Domat 在其《民法》当中所采取的二分法理论是:基于合同产生的债和基于非合同产生的债,其中的基于合同产生的债也被某些民法学者简称为"合同债"(engagements conventionnels),其中基于非合同产生的债也被某些民法学者简称为"非合同债"(engagements non-conventionnels)。该种分类标准以合同为核心,将所有因为合同产生的债归为一类而将所有不是因为合同的原因所产生的债归为另一类。③

Domat 认为,所谓合同,是指基于两个或者两个以上的人的互相同意所成立的并且能够在他们之间得到法律的强制执行的债。能够产生债的合同多种多样,包括但是不限于买卖合同、租赁合同、互易合同、赠与合同、借用合同、保管合同,等等。④ Domat 认为基于非合同产生的债同样是多种多样的,包括:因为监护所产生的债,因为对未成年人或者精神病人的财产进行管理所产生的债(la curatelle),因为履行公共职能所产生的债,因为无因管理所产生的债,因为共有关系所产生的债,因为相邻关系所产生的债,因为不应清偿产生的债,因为动物、建筑物坍塌等非法行为引起的损害赔偿债,以及因为意外事件产生的债等。Domat 认为,虽然这些原因所产生的债存在这样或者那样的特殊性,但是,它们均具备一个共同特征,这就是,这些债的成立均不需要当事人

---

① 张民安:《法国民法》,清华大学出版社 2015 年版,第 20 页;张民安:《法国民法总论(上)》,清华大学出版社 2017 年版,第 117—120 页。

② 张民安:《法国民法》,清华大学出版社 2015 年版,第 20 页;张民安:《法国民法总论(上)》,清华大学出版社 2017 年版,第 117—118 页。

③ Benoît Moore, La classification des sources des obligations: courte histoire d'une valse-hésitation, (2002) 36 R. J. T. 275, p.281; Teixeira Cédric, La classification des sources des obligations du droit romain à nos jours, these, Lyon III, 2011, p.91.

④ Joseph Rémy, Œuvres complètes de J. Domat, Nouvelle édition, Tome 1, Paris, Firmin Didot Père et fils, 1828, pp.121–399.

之间存在合同，不需要双方当事人对债做出同意。①

（三）Pothier 在 18 世纪采取的五分法的债的渊源理论

在债的渊源的类型化问题上，第二个影响 1804 年的《法国民法典》的著名学者是 18 世纪的 Robert-Joseph Pothier。Pothier 生于 1699 年，卒于 1772 年，是法国 18 世纪最伟大的法学家，自然法学派的主要代表人物之一，曾经担任过法国奥尔良法院的法官，在 1749 年被任命为法国奥尔良大学教授，他既精通罗马法，也精通自然法，既精通成文法，也精通习惯法，既精通法国法，也精通其他国家的法律。他之所以被誉为《法国民法典》之父，是因为 1804 年的《法国民法典》受到他的著作的影响，包括所规定的内容和所采取的编制体例方面，其中的一个影响就是债的渊源的分类问题。②

1821 年，Pothier 出版了自己的著名民法著作《债法专论》，此后，该著作分别在 1821 年、1861 年重版过两次，2011 年，法国著名出版社 Dalloz 出版社重印了该著作。③ 它对债的渊源问题做出的说明和对债的类型问题做出的说明不仅对法国当时和现代债法理论产生了非常重要的影响，而且还对 1804 年的《法国民法典》关于债的渊源的规定产生了重大的影响，也因为该种影响和其他影响，Pothier 才被称为《法国民法典》之父。

在法国，虽然 Pothier 和 Domat 一样均受到罗马法的影响，但是，在债的渊源的理论问题方面，他们之间存在重大的差异，因为 Domat 在对债的渊源问题做出说明时几乎完全抛弃了罗马法时代查士丁尼皇帝的《法学阶梯》对债的渊源所做出的四分法的规定，几乎完全放弃了自中世纪以来注释法学派或者其他学派对债的渊源所主张的四分法理论，已如前述。而 Pothier 则不同，在对债的渊源问题做出说明时，Pothier 仍然尊重查士丁尼皇帝《法学阶梯》对债的渊源采取的四分法的理论，仍然尊重自中世纪以来注释法学派或者其他学派对债的渊源所主张的四分法理论，因为在其《债法专论》当中，他仍然认为，债的渊源既包括因为合同、侵权所产生的债，也包括因为准合同和准侵权产生的债。

不过，由于受到自然法学派尤其是 Heineccius 有关法律是债产生的唯一渊源理论的影响，也由于受到了 Domat 有关上帝的意志也就是法律能够产生债的理论的影响，在讨论债的渊源时，Pothier 在罗马法的四分法理论的基础上增加了一种新的债的渊源：法律或者单纯的公平所产生的债。这就是 Pothier 在其《债法专论》当中对债的渊源所采取的五分法理论。在其《债法专论》当中，Pothier 对他所主张的债的渊源的五分法理论做出了明确说明，他指出："债产生的原因是合同、准合同、侵权、准合同，有时也包括制定法或者单纯的公平。"④ 虽然 Pothier 认为债的渊源包括五类，但是，他也明确

---

① Joseph Rémy, Œuvres complètes de J. Domat, Nouvelle édition, Tome 1, Paris, Firmin Didot Père et fils, 1828, pp. 461 - 501.
② 张民安：《法国民法》，清华大学出版社 2015 年版，第 20—21 页；张民安：《法国民法总论（上）》，清华大学出版社 2017 年版，第 157—168 页。
③ Robert-Joseph Pothier, Traité des obligations, Dalloz, 2011, pp. 1 - 457.
④ Robert-Joseph Pothier, Traité des obligations, Dalloz, 2011, p. 4.

指出，合同是债产生的最常见的原因，因此，在讨论债的渊源是，他先讨论合同债①，之后再讨论债的其他原因。②

四、1804 年的《法国民法典》所规定的五分法的债的渊源

在 19 世纪初期，1804 年的《法国民法典》用了两编对债的渊源做出了明确规定，这就是《法国民法典》第三卷"财产和人们取得财产所有权的不同方式"当中的第三编和第四编。

（一）1804 年的《法国民法典》第三卷第三编和第四编对债的渊源做出的规定

1804 年的《法国民法典》第三卷第三编的标题为"合同或者合同债总则"，对能够产生债的合同总则做出了规定，也就是对合同总则做出了规定，该编共六章，由第1101 条至第 1369 条组成。第一章为初步规定，对合同的界定、合同的类型做出了规定；第二章为协议有效的必要条件，认为合同应当具备四个必要条件才能够产生法律效力，包括：合同当事人的同意（le consentement），也就是当事人意思表示的合意；当事人的缔约能力（capacité de contracter）；形成债的内容的某种确定客体（objet certain）；以及债的某种合法原因（cause licite）。③

第三章为债的效果，该章就合同对当事人双方和第三人产生的法律效力做出了规定，对三类著名的债即转移所有权的债、作为债和不作为债做出了详细的规定，对合同的解释做出了规定。第四章为形形色色的债，对附条件的债、附期限的债、选择债、连带债、可分债和不可分债做出了详细的规定。第五章为债的消灭，对债消灭的原因做出了详细的规定，包括：清偿，更新，自愿免除，抵销，混同，物的丧失（la perte de la chose），无效或者被解除，因为解除条件成就，因为时效的经过。第六章为债的证明和清偿的证明，对债的各种各样的证明方式和债的清偿的证明方式做出了详细的规定。④

1804 年的《法国民法典》第三卷第四编的标题为"非合同形成的债"，对合同之外能够产生债的原因做出了规定，除了著名的第 1370 条之外，该编共两章，由第 1370 条至第 1386 条组成。第一章为准合同，除了对准合同做出了明确界定之外，该章对两种具体的准合同产生的债即无因管理产生的债和不应清偿产生的债做出了规定。第二章为侵权和准侵权，对一般故意侵权责任、一般过失侵权责任和几种具体的过错侵权责任做出了规定。⑤

---

① Robert-Joseph Pothier, Traité des obligations, Dalloz, 2011, pp. 4 – 52:
② Robert-Joseph Pothier, Traité des obligations, Dalloz, 2011, pp. 52 – 55.
③ Code civil des Français 1804/Livre III, Titre III, https://fr.wikisource.org/wiki//Code_ civil_ des_ Français_ 1804/Livre_ III,_ Titre_ III.
④ Code civil des Français 1804/Livre III, Titre III, https://fr.wikisource.org/wiki/Code_ civil_ des_ Français_ 1804/Livre_ III,_ Titre_ III.
⑤ Code civil des Français 1804/Livre III, Titre IV, https://fr.wikisource.org/wiki/Code_ civil_ des_ Français_ 1804/Livre_III,_Titre_I.

(二) 1804 年的《法国民法典》采取了五分法的债的渊源理论

在债的渊源的问题上,1804 年的《法国民法典》受到了 Domat 的影响,因为它将 Domat 主张的两分法的债的渊源理论规定在第三卷第三编和第四编当中:第三编对因为合同产生的债做出了规定,第四编对因为合同之外的原因产生的债做出了规定,而合同债和非合同债的区分理论则直接源自 Domat,已如前述。

在债的渊源的问题上,1804 年的《法国民法典》也受到了 Pothier 的影响,因为它直接将 Pothier 主张的债的渊源的五分法理论规定在第三卷第三编和第四编当中,这就是《法国民法典》第三卷第三编和第四编所规定的五分法的债的渊源理论,根据该种理论,债的渊源包括五类:合同(contrat)、准合同(quasi-contrat)、侵权(délit)、准侵权(quasi-délit)和制定法(loi)。①

1804 年的《法国民法典》第三卷第三编对能够产生债的一种渊源即合同做出了规定,而 1804 年的《法国民法典》第三卷第四编则对合同之外能够产生债的四种原因做出了规定,包括制定法、准合同、侵权和准侵权。1804 年的《法国民法典》第 1370 条对合同之外的这四种渊源做出了明确说明,该条规定:①某些债的成立是不需要债务人和债权人之间存在任何协议的。②其中的一类债源自制定法的单纯权威性,另外的一类债则源自债务人所实施的某种个人行为。③第一类债是在债务人非自愿的情况下所形成的债,诸如不动产相邻人之间的债,监护人对被监护人所承担的债,以及其他管理者所承担的不得拒绝履行的债。④因为债务人的个人行为产生的债或者源自准合同,或者源自侵权或者准侵权。②

基于这样的原因,法国民法学者普遍承认,1804 年的《法国民法典》采取了五分法的债的渊源理论。Marcel Planiol 对《法国民法典》所规定的五分法的债的渊源理论做出了说明,他指出:"我们几乎所有人均认为,《法国民法典》所规定的债的渊源有五种:合同、准合同、侵权、准侵权和法律。"③ Malaurie、Aynès 和 Stoffel-Munck 也指出:"《法国民法典》已经区分五类债的渊源,其中的四类在罗马法当中就已经存在,这就是合同,准合同,侵权和准侵权,它在四类的基础上增加了一类即对某些人强加债的制定法,例如父母被强加的抚养债。"④

(三) 1804 年的《法国民法典》关于债的渊源的规定所具有的两个主要特征

1804 年的《法国民法典》关于债的渊源规定的一个主要特点是,合同在债的渊源

---

① Jean Carbonnier, Droit civil, Volume Ⅱ, Les biens, Les obligations, puf, 2004, p.1929.
② Article 1370, Code civil des Français 1804/Livre Ⅲ, Titre Ⅳ, https://fr.wikisource.org/wiki/Code_civil_des_Français_1804/Livre_III,_Titre_I.
③ Marcel Planiol, L, Classification des sources des obligations, Revue critique de législation et jurisprudence, 1904, p.224.
④ Philippe Malaurie, Laurent Aynès, Philippe Stoffel-Munck, Droit des obligations, 8e édition, LGDJ, 2016, p.17.

当中处于优势地位。在1804年的《法国民法典》当中，虽然债的渊源多种多样，但是，它们在债的渊源当中的地位是不同的，其中合同在债的渊源当中处于优势地位，而合同之外的其他债的渊源则在债的渊源当中居于劣势地位。《法国民法典》之所以采取这样的做法，显然是基于这样的考虑：合同是债的最主要渊源，将合同债放在债的一般制度当中当然是公平正义的。同时，《法国民法典》的起草者这样做也符合自然法学派的哲学理论，因为自然法学派认为，合同是债法的核心人物。①

1804年的《法国民法典》关于债的渊源规定的另外一个主要特点是，在《法国民法典》所规定的五种类型的债的渊源当中，债的渊源之间存在对称性：其一，合同和准合同具有一个共同特征，这就是，它们均是行为人实施的合法行为；而这一点使它们同侵权和准侵权形成对比，因为侵权和准侵权均为行为人实施的非法行为。其二，合同和侵权也具有一个共同特征，这就是，它们均是行为人所实施的故意行为：当事人有建立债的关系的故意；行为人故意引起他人损害的发生；与此形成对比的是，准合同和准侵权则具有非故意的特征，它们均不是行为人通过故意实施的行为。②

五、1804年的《法国民法典》所规定的五类债的渊源

（一）合同

1804年的《法国民法典》所规定的第一类债的渊源是合同（des contrats），当一方当事人与另外一方当事人签订合同时，他们之间的合同能够产生债，这就是合同债。根据《法国民法典》第1101条的界定，所谓合同，是指一个或者几个人对另外一个或者几个人承担转移财产所有权、做出或者不做出某种行为的协议。③ 根据第1108条的规定，合同应当具备四个必要条件才能够有效：承担债务的一方当事人的同意；当事人有缔约能力；具有能够形成债的内容的某种确定客体；债具有某种合法原因。④

根据第1134条和第1135条的规定，当事人之间的合同等同于他们之间的制定法，除非当事人相互同意或者基于制定法授权的某种理由，否则，任何一方当事人均不得解除合同；除了当事人明确约定的内容对他们产生约束力之外，公平、习惯和制定法根据债的性质所赋予的后果也对当事人产生约束力；债务人应当善意履行所承担的债务。⑤

（二）准合同

1804年的《法国民法典》所规定的第二类债的渊源是准合同（des quasi-contrats），

---

① Gabriel Baudry-Lacantinerie, L. Barde, Traité théorique et pratique de droit civil, Des obligations, Tome 1, 3e éditons, Société du Recueil Sirey et du Journal du Palais, 1906, p. 3; Virginie Larribau-Terneyre, Droit civil, Les obligations, 12e édition, Dalloz, p. 27; Rémy Cabrillac, Droit des obligations, 9e édition, Dalloz, 2010, p. 10.
② Jean Carbonnier, Droit civil, Les biens Les obligations, puf, 2004, p. 1229; Virginie Larribau-Terneyre, Droit civil, Les obligations, 12e édition, Dalloz, 2010, p. 20.
③ Article 1101, https://fr.wikisource.org/wiki/Code_civil_des_Français_1804/Livre_III,_Titre_III.
④ Article 1108, https://fr.wikisource.org/wiki/Code_civil_des_Français_1804/Livre_III,_Titre_III.
⑤ Articles 1134 et 1135, https://fr.wikisource.org/wiki/Code_civil_des_Français_1804/Livre_III,_Titre_III.

当行为人实施某种个人行为时，他们所实施的此种个人行为或者让他们对他人承担债务或者让他人对自己承担债务，他们之间所产生的此种债就是准合同债。根据《法国民法典》第1371条的规定，所谓准合同，是指行为人所实施的单纯自愿行为，该种行为使行为人对他人承担某种债务，或者使行为人与他人之间相互承担某种债务。行为人实施的准合同行为包括两种：无因管理行为和不应清偿行为，它们均能够产生债，这就是无因管理债和不应清偿债。①

（三）侵权和准侵权

1804年的《法国民法典》所规定的第三类和第四类债的渊源分别是侵权（délits）和准侵权（quasi-délits）。同《法国民法典》对作为债的渊源的合同和准合同做出了明确界定不同，《法国民法典》没有对作为债的渊源的侵权或者准侵权做出明确的界定。

在法国，侵权（délits）一词有一般的含义和特殊的含义之分。所谓一般的含义，是指行为人所实施的能够让他们对他人承担侵权责任的非法致害行为，无论是他们实施的故意行为还是过失行为。换言之，一般意义上的侵权同时包括了特殊含义当中的侵权和准侵权。所谓特殊的含义，则是指1804年的《法国民法典》第1382条所规定的含义，以便区分第1383条的规定，这就是，作为债的渊源的侵权，是指行为人故意实施的引起他人损害发生的行为，它为1804年的《法国民法典》第1382条所规定，因为该条对一般故意侵权行为引起的侵权责任做出了规定。此种含义上的侵权与作为债的渊源的准侵权相对应，所谓准侵权，则是指行为人过失实施的引起他人损害发生的行为，它为1804年的《法国民法典》第1383条所规定，因为该条对一般过失行为引起的侵权责任做出了规定。②

Légier对侵权和准侵权的含义做出了界定，他指出："所谓侵权，是指行为人所实施的引起他人损害发生的自愿行为和非法行为；所谓准侵权，是指行为人所实施的非法但是非故意引起他人损害发生的行为（不谨慎行为）。"③ Carbonnier也对侵权和准侵权做出了界定，他指出："在讨论侵权的时候，人们会将其同《法国民法典》第1382条的规定联系起来。所谓侵权，是指行为人所实施的一种非法行为、自愿行为和故意行为，是行为人基于引起他人损害的故意而实施的引起他人损害发生的行为。在讨论准侵权的时候，人们则会将其同《法国民法典》第1383条的规定联系在一起。所谓准侵权，是指行为人所实施的行为虽然构成非法行为、自愿行为（在此种意义上而言：人们能够将该种行为看作具有意志的人所实施的行为），但是，它并不是行为人实施的故意行为（因为行为人主观上不希望通过其行为引起他人损害的发生）。"④

一旦行为人实施的故意侵权行为和过失侵权行为引起他人损害的发生，在符合一般过错侵权责任构成要素的情况下，行为人应当对他人遭受的损害承担赔偿责任，他人有

---

① Article 1371, https://fr.wikisource.org/wiki/Code_civil_des_Français_1804/Livre_III,_Titre_I.
② Gérard Cornu, Vocabulaire juridique, 10e édition, puf, 2014, p.318, p.838.
③ Gérard Légier, les obligations, 17e édition, Dalloz, 2001, p.5.
④ Jean Carbonnier, Droit civil, Les biens, Les obligations, puf, 2004, p.1229.

权要求法官责令行为人赔偿自己所遭受的损害，行为人与他人之间因此产生了侵权责任债，这就是因为侵权和准侵权所产生的债。

（四）制定法

1804 年的《法国民法典》所规定的第五类也是最后一类债的渊源是立法者的制定法（la loi）。因为立法者可能会制定法律，明确强加行为人对他人承担某种债。此时，无论行为人是否愿意，他们均应当根据制定法的规定对他人承担债务，这就是制定法产生的债，也被称为制定法上的债。1804 年的《法国民法典》第 1370 条将该类债称为因为"制定法的单纯权威性"产生的债，虽然此类债多种多样，但是，该条也对制定法上的债做出了例示性的说明，因为它认为，不动产相邻人之间所承担的债、监护人对被监护人所承担的债等属于制定法上的债，已如前述。

第三节　现行《法国民法典》所规定的债的渊源

1804 年的《法国民法典》关于债的渊源的五分法理论从 1804 年一直适用到 2016 年，因为在 200 多年的时间内，法国立法者没有对《法国民法典》第三卷第三编和第四编做出任何修改、补充。换言之，《法国民法典》第三卷第三编和第四编被原封不动地从 1804 年保留到 2016 年。2016 年 2 月 10 日，法国政府的债法改革法令除了正式废除了第三卷第三编和第四编所规定的内容，还废除了债的渊源的五分法理论并且以债的渊源的三分法理论取而代之，根据此种理论，债的渊源分为法律行为、法律事实和制定法。

现行《法国民法典》之所以废除了债的渊源的五分法理论，是因为在债的渊源的五分法理论确立之后，该种理论遭受民法学者的普遍批判，除了认为五分法的债的渊源理论存在各种各样的问题之外，他们也认为，应当以法律行为和法律事实的两分法理论取而代之。法国民法学者的这些意见被法国政府所采纳，所不同的是，在民法学者所主张的这两种渊源之外，法国政府增加了一种新的债的渊源，这就是制定法所规定的债。

一、法国民法学者对《法国民法典》所规定的五分法的债的渊源理论的批判

正如 19 世纪的法国民法学者认为 1804 年的《法国民法典》关于债的渊源的规定存在这样或者那样的问题一样，法国 20 世纪以来的民法学者也认为，法国民法典关于债的渊源的规定存在这样或者那样的问题。因此，对法国民法典关于债的渊源的规定做出批判，是法国 19 世纪的民法学者和 20 世纪以来的民法学者的共同做法。不同的是，在 19 世纪，法国民法学者对 1804 年的《法国民法典》关于债的渊源的规定所做出的批判往往是局部的、小规模的，并且也仅有少数人这样做。而在 20 世纪和 21 世纪，法国民法学者对法国民法典关于债的渊源的规定所做出的批判则是全面的、大规模的，并且几乎所有的民法学者均这样做。换言之，在 19 世纪，仅有少数民法学者对 1804 年的

《法国民法典》关于债的渊源的少数规定感到不满,而在20世纪以来尤其是21世纪,几乎所有的民法学者均对法国民法典关于债的渊源的所有规定感到不满。

(一)《法国民法典》关于债的渊源的规定轻视制定法在债的渊源当中的地位

在法国,民法学者对《法国民法典》关于债的渊源规定所做出的第一个主要批判是,它关于制定法的规定存在问题。《法国民法典》将制定法作为一种独立类型的债的渊源,并因此与合同、准合同、侵权和准侵权相并列,已如前述。

法国民法学者对此种做法提出批评,他们认为此种做法轻视了制定法在债的渊源当中的地位,因为他们认为,《法国民法典》仅仅将制定法看作债产生的次要渊源,没有看到制定法是所有债产生的渊源。这些民法学者认为,不仅父母子女之间的债是因为制定法的规定所产生的债,且不仅不动产相邻人之间的债是因为制定法的规定所产生的债,就是合同债、准合同债、侵权债和准侵权债也均是因为制定法的规定所产生的债,这就是法国现代民法学者所采取的一分法的债的渊源理论。①

(二)《法国民法典》关于债的渊源的规定不完全

在法国,民法学者对《法国民法典》关于债的渊源规定所做出的第二个主要批判是,《法国民法典》关于债的渊源的规定是不完全的,没有将债产生的某些渊源规定在民法典当中,也就是没有将单方法律行为规定在民法典当中。

《法国民法典》对合同产生的债做出了规定,认为合同债是最重要的债,已如前述。不过,它没有对合同之外的其他法律行为做出规定,尤其是没有对单方法律行为做出规定。法国民法学者认为,虽然单方法律行为也像《法国民法典》所规定的合同一样是当事人的意思表示的组成部分,虽然单方法律行为也像合同那样基于行为人的意思表示而产生债,但是,《法国民法典》仅仅规定了合同而没有规定单方法律行为,使《法国民法典》关于债的渊源的规定不完全,遗漏了同样属于法律行为组成部分的单方法律行为。②

(三)《法国民法典》关于侵权和准侵权的规定存在诸多问题

在法国,民法学者对《法国民法典》关于债的渊源规定所做出的第三个主要批判是,《法国民法典》关于侵权债、准侵权债的规定存在诸多的问题。

首先,《法国民法典》关于侵权债、准侵权债的规定没有真实体现侵权债和准侵权债在债的渊源当中的重要地位。《法国民法典》虽然规定了五种类型的债的渊源,但是,它最重视的债的渊源是合同,侵权和准侵权无法与合同相提并论,已如前述。此种

---

① Christian Larroumet, Les Obligations, le Contrat tome III, 1re partie, Economica, pp. 39 – 40.
② Christian Larroumet, Les Obligations, le Contrat tome III, 1re partie, Economica, pp. 38 – 39; Jacques Flour, Jean-Luc Aubert, Éric Savaux, Les obligations, 1. L'acte juridique, 15e édition, Dalloz, 2012, p. 37; Philippe Malinvaud, Dominique Fenouillet, Droit des obligations, 11e éditon, Litec, p. 13.

做法受到民法学者的批评。这些民法学者认为,在 1804 年时,《法国民法典》轻视侵权债和准侵权债是具有正当性的,因为在那时,侵权债和准侵权债的确很少发生。

而在今时今日,仍然将侵权债和准侵权债视为债的次要渊源则是没有道理的。一方面,合同债也不再具有不可一世的地位,另一方面,侵权债和准侵权债也不再是可有可无的债,它们是社会生活当中最经常发生的债,具有非常重要的地位。十分遗憾的是,现行《法国民法典》关于债的渊源的规定仍然保持了 19 世纪的原貌,即便因为侵权、准侵权所产生的债的适用日复一日地引起了人们的争议,立法者也没有对此做些修改。①

其次,《法国民法典》关于侵权和准侵权的区分是没有任何实际意义的。在采取五分法的债的渊源理论时,《法国民法典》将侵权和准侵权视为其中的两类独立的债的渊源,已如前述。民法学者对此种做法提出批评,他们认为,区分侵权、准侵权并且将它们予以对比规定是没有意义的,因为,无论是侵权还是准侵权,它们均会引起行为人对他人遭受的损害所承担的赔偿责任,并且行为人在这两种情况下所承担的赔偿责任没有任何差异。②

最后,《法国民法典》关于侵权和准侵权的规定没有反映司法判例所确立的当然责任理论。在 19 世纪末 20 世纪初之前,《法国民法典》关于侵权责任的所有规定在性质上均属于过错侵权责任,因此,它将行为人承担的所有侵权责任分为因为侵权和准侵权所产生的侵权责任具有合理性。但是,从 19 世纪末 20 世纪初开始一直到今时今日,法官开始对《法国民法典》第 1384 条、第 1385 条和第 1386 条所规定的侵权责任做出解释,认为这些法律条款所规定的侵权责任不再是过错侵权责任,而是当然责任(responsabilité de plein droit),行为人根据这些法律条款的规定对他人承担赔偿责任既不需要他们有故意也不需要他们有过失,因此,这些法律条款所规定的侵权责任不再是侵权或者准侵权引起的债。《法国民法典》没有反映此种变化,仍然将所有的侵权责任视为侵权和准侵权产生的债。③

(四)《法国民法典》关于准侵权的规定存在诸多问题

在法国,民法学者对《法国民法典》关于债的渊源规定所做出的第四个主要批判是,《法国民法典》关于准合同债的规定存在诸多的问题。

在 1904 年的《债的渊源的类型化》一文当中,Planiol 对《法国民法典》关于准合同的规定做出了批判,他认为《法国民法典》关于准合同的界定是不准确的,它将准合同等同于合同的做法是不对的,并且《法国民法典》关于准合同的规定是无用的。④

---

① Josserand (L.), Cours de droit civil, 3e édition, Paris, Sirey, 1939, p. 6.
② Christian Larroumet, Les Obligations, le Contrat tome III, 1re partie, Economica, p. 42; Philippe Malinvaud, Dominique Fenouillet, Droit des obligations, 11e édtiton, Litec, p. 13; Jacques Flour, Jean-Luc Aubert, Eric Savaux, Les obligations, tome 1, L'acte juridique, 14e édtiton, Dalloz, p. 38.
③ Christian Larroumet, Les Obligations, le Contrat tome III, 1re partie, Economica, pp. 42 – 43.
④ Marcel Planiol, L, Classification des sources des obligations, Revue critique de législation et jurisprudence, 1904, pp. 227 – 228.

在1912年的《准合同理论》当中，Henri Vizioz 认为，《法国民法典》所规定的准合同在历史上是虚假的，其适用是不理性的和无用的。① 在1932年的《法国民法基本教程》当中，Ambroise Colin 和 Henri Capitant 也对《法国民法典》关于准合同的规定做出了批判，认为该种规定在实际生活当中是没有什么功效的。② 在1939年出版的《民法教程》当中，Josserand 也对《法国民法典》关于准合同的规定做出了批判，认为《法国民法典》对准合同做出的界定从来就是不准确的、不精确的。③

除了20世纪的民法学者对《法国民法典》第1371条所规定的准合同予以批判之外，法国当今民法学者也一如既往地对《法国民法典》第1371条所规定的准合同理论予以批判，并且他们所做出的批判同20世纪的民法学者所做出的批判大同小异，因为在20世纪的民法学者对《法国民法典》所规定的准合同做出批判之后，法国的立法者并没有对《法国民法典》关于准合同的规定做出修改。因为法国民法学者对《法国民法典》所规定的准合同理论所做出的此类批判，法国某些民法学者不再将准合同看作债产生的渊源，而将准合同所产生的债看作基于法律的单纯规定所产生的法定债。④

二、法国民法学者在2016年之前对债的渊源做出的分类

（一）法国民法学者在债的渊源问题上的差异看法

在2016年的债法改革法令颁布之前，《法国民法典》关于债的渊源的五分法理论受到法国民法学者的广泛批判，他们认为《法国民法典》所规定的五分法理论存在这样或者那样的问题，应当被抛弃并且以新的类型取而代之。至于说应当采取什么样的分类，民法学者之间的意见并不统一，不同的学者有不同的意见。主要包括五种：一分法的债的渊源理论、二分法的债的渊源理论、三分法的债的渊源理论、四分法的债的渊源理论和五分法的债的渊源理论。

（二）不同的民法学者所主张的不同理论

在法国，某些学者认为，鉴于《法国民法典》关于债的渊源的规定存在各种各样的问题，人们应当废除它所规定的五分法的债的渊源理论并且以一分法的债的渊源理论取而代之，根据此种理论，债的渊源只有制定法一种，债的所有其他渊源均属于制定法的组成部分，因为它们均是制定法规定的。Larroumet 对此种理论做出了说明，他指出："制定法是所有债的关系产生的渊源，因为，仅仅在获得客观法律允许的情况下，尤其是，仅仅在获得法国法律制度当中处于首要地位的制定法允许的情况下，法律行为、准

---

① Henri Vizioz, La notion de quasi-contrat, Etude historique et critique, thèse, Bordeaux, Impr. Y. Cadoret, 1912, pp. 1 - 376.
② Ambroise Colin, Henri Capitant, Cours élémentaire de droit civil français, tome 2, 7e édition, Paris, Dalloz, 1932, p. 8.
③ Josserand (L.), Cours de droit civil, 3e édition, Paris, Sirey, 1939, p. 6.
④ Jean Carbonnier, Droit civil, Les biens Les obligations, puf, 2004, p. 2419; Philippe Malinvaud, Dominique Fenouillet, Droit des obligations, 11e édtiton, Litec, p. 13.

合同、侵权或者准侵权才能够成为债的关系产生的渊源。"①

在法国，某些民法学者认为，鉴于《法国民法典》关于债的渊源的规定存在各种各样的问题，人们应当废除它所规定的五分法的债的渊源理论并且以二分法的债的渊源理论取而代之。至于说债的渊源应当分为哪两类，民法学者之间存在不同的意见。大多数民法学者分为，债的渊源应当分为法律行为和法律事实两类，关于这一点，笔者将在下面的内容当中做出详细的讨论，此处从略。而少数民法学者则采取其他的理论，其中最著名的是 Planiol。Planiol 认为，债的两类渊源分别是合同和制定法，其中的合同被他称为债权人与债务人之间的意思表示的合意，而其中的制定法则被他称为制定法的意志，他认为，除了其他的债在性质上属于制定法上的债之外，《法国民法典》第 1370 条所规定的准合同债、侵权债和准侵权债也均属于制定法上的债。②

在法国，某些民法学者认为，鉴于《法国民法典》关于债的渊源的规定存在各种各样的问题，人们应当废除它所规定的五分法的债的渊源理论并且以三分法的债的渊源理论取而代之，根据此种理论，债的渊源应当分为三种，至于说应当分为哪三种，民法学者之间有不同的意见。Cabrillac 认为债的渊源包括：法律行为，准合同，以及侵权和准侵权。他指出："人们可以区分三类不同的债的渊源：第一类债的渊源是行为人的意思表示，这就是，除了合同之外还包括范围更广泛的法律行为；第二类债的渊源是准合同，第三类债的渊源是侵权和准侵权，也就是侵权民事责任。"③ Malaurie、Aynès 和 Stoffel-Munck 则认为，债的渊源包括：法律行为（主要是合同）、法律事实（准合同、侵权和准侵权）以及身份（le statua）（次要渊源），其中的所谓身份，主要是指家庭成员之间的身份，因为父母子女之间的身份能够让他们之间产生债。④

在法国，某些民法学者认为，鉴于《法国民法典》关于债的渊源的五分法理论备受人们的批评，因此，人们应当放弃五分法的债的渊源理论并且以四分法的债的渊源理论取而代之，根据此种理论，债的渊源应当分为侵权债、准侵权债、合同债和其他渊源四种。⑤ Roland 和 Boyer 采取此种理论，他们指出，债的渊源有四种：侵权、准侵权、合同或者协议，以及其他的渊源，其中"其他的渊源"并没有共同的名称，由各种各样的制度组成，诸如无因管理、不当得利和自然债等。⑥

在法国，某些民法学者认为，鉴于《法国民法典》关于债的渊源的五分法理论备受人们的批评，因此，人们应当放弃五分法的债的渊源理论并且以新的五分法的债的渊源理论取而代之，根据此种理论，债的渊源应当分为五种，至于说应当分为哪五种，民法学者之间存在不同的意见。Colin-Morandiere 认为，债的渊源包括：合同，单方法律

---

① Christian Larroumet, Droit Civil, Les Obligations, le Contrat, Tome III, 1re partie, 6e édition, Economica, 2007, p. 39.
② Marcel Planiol, L, Classification des sources des obligations, Revue critique de législation et jurisprudence, 1904, p. 225.
③ Rémy Cabrillac, Droit des obligations, 9e édition, Dalloz, p. 12.
④ Philippe Malaurie, Laurent Aynès, Philippe Stoffel-Munck, Les obligations, 4e édition, Defrenois, 2009, p. 5.
⑤ Henri Roland, Laurent Boyer, Responsabilité délictuelle, 3e édition, 1988, Litec, p. 3.
⑥ Henri Roland, Laurent Boyer, Responsabilité délictuelle, 3e édition, 1988, Litec, p. 4.

行为，非法行为，不当得利，以及无因管理。① Savatier 则认为，债的渊源包括：意思自治（法律行为），意思自治的等同物（不当得利，准合同），行为人实施的过错行为，行为人实施的异常危险行为，社会利益（诸如相邻关系、监护关系和家庭关系）。②

（三）大多数民法学者所主张的二分法的债的渊源理论

在 2016 年之前，虽然法国民法学者在债的渊源的类型化方面存在上述差异，但是，大多数民法学者认为，在废除《法国民法典》所规定的五分法的债的渊源理论时，人们应当采取二分法的债的渊源理论，这就是，将能够引起债产生的所有渊源均分为两类：法律行为和法律事实，其中的法律行为既包括合同也包括单方法律行为，而其中的法律事实除了包括制定法之外还包括准合同、侵权和准侵权。③

Virginie Larribau-Terneyre 对此种二分法的债的渊源理论做出了说明，他指出："鉴于《法国民法典》对债的渊源做出的分类很少被人们所使用，现代民法学者以一种新类型的债的渊源取而代之，这就是法律行为和法律事实的分类。"④ Larroumet 也对此种二分法的债的渊源理论做出了说明，他指出："人们可以根据人的意志是否在债的关系的产生当中发挥作用的不同将《法国民法典》所规定的三类债的渊源重新组合成两类：其一，因为法律行为（合同和单方法律行为）所产生的债。在该种类型的债当中，人的意志在债的关系产生当中发挥了作用。其二，因为法律事实（侵权责任和侵权责任之外的某种法律事实）所产生的债。在该种类型的债当中，人的意志在债的关系的产生当中没有发挥作用。此种区分理论为所有现代民法学者所承认。"⑤

三、2016 年之后的《法国民法典》所采取的债的渊源的三分法理论

在 2016 年之前，由于法国民法学者普遍抱怨《法国民法典》所规定的债的渊源的五分法理论，因此，在 2016 年之前所起草的债法改革草案当中，无论是法国民法学者还是法国政府均放弃了《法国民法典》所规定的五分法理论并且以新的类型取而代之。所不同的是，这些债法改革草案并没有完全按照上述主流学者的意见行事，因为除了承认法律行为和法律事实是债的两种渊源之外，它们还保留了《法国民法典》所规定的五类渊源当中的一类即制定法。在 2016 年的债法改革法令当中，法国政府采取了债的渊源的四分法理论。

---

① Colin-Morandiere, II, no. 11; Jean Carbonnier, Les obligations, 17e édition, puf, 1993, p. 33.

② Savatier, II, no. 86; Jean Carbonnier, Les obligations, 17e édition, puf, 1993, p. 33.

③ Gabriel Marty, Pierre Raynaud, Droit Civil, Les obligations, Tome 1, Les sources, 2e édition, Sirey, 1988, p. 19; Jean Carbonnier, Droit civil, Volume II, Les biens, Les obligations, puf, 2004, pp. 1930–1931; Christian Larroumet, Droit Civil, Les obligations, le Contrat, 6e édition, Economica, 2007, pp. 43–44; Virginie Larribau-Terneyre, Droit civil, Les obligations, 12e édition, Dalloz, 2010, p. 21; Jacques Flour, Jean-Luc Aubert, Éric Savaux, Les obligations, 1. L'acte juridique, 15e édition, Dalloz, 2012, pp. 39–41.

④ Virginie Larribau-Terneyre, Droit civil, Les obligations, 12e édition, Dalloz, 2010, p. 21.

⑤ Christian Larroumet, Droit Civil, Les obligations, le Contrat, 6e édition, Economica, 2007, pp. 43–44.

（一）2016 年之前的不同债法改革草案所规定的债的渊源

在 2005 年的《债法改革草案》当中，Catala 领导的债法改革小组放弃了《法国民法典》所采取的五分法的债的渊源理论，并且以三分法的债的渊源理论取而代之，因为，除了将法律行为和法律事实视为债的两类渊源之外，它仍然保留了《法国民法典》五分法当中的一种债的渊源即制定法。不过，在债的渊源的类型方面，虽然它没有像法国大多数民法学者所主张的那样仅仅将债的渊源分为两类，但是，它也认为，在三类渊源当中，法律行为和法律事实属于最主要的渊源，因此它构成最主要的分类（la division majeure）。[①]

Catala 的《债法改革草案》第 1101 条、第 1101 - 1 条和第 1101 - 2 条对这三类债的渊源做出了规定。《债法改革草案》第 1101 条规定：①债源自法律行为或者法律事实；②某些债同样源自制定法的单纯权威性，例如，不动产相邻人之间的债和监护人对被监护人承担的公共职责等。根据《债法改革草案》第 1101 - 1 条的规定，作为债的渊源，法律行为分为三种：协议法律行为（l'acte juridique conventionnel），单方法律行为（l'acte juridique unilatéral），以及集体法律行为（l'acte juridique collectif）。根据《债法改革草案》第 1101 - 2 条的规定，作为债的渊源，法律事实分为两种：让他人获得利益的行为和引起他人损害的行为，其中让他人获得利益的行为是指准合同，而引起他人损害的行为则是指致害行为（les faits dommageables），也就是指民事责任。[②]

在 2008 年的《合同法改革草案》当中，法国司法部在抛弃《法国民法典》所规定的债的渊源的五分法理论时也以三分法的债的渊源理论取而代之，因为它也认为，债的渊源分为法律行为、法律事实和制定法三类，这就是司法部长草案当中的第 1 条至第 3 条。《合同法改革草案》第 1 条规定：债源自法律行为、法律事实或者制定法的单纯权威性。根据《合同法改革草案》第 2 条的规定，法律行为分为两种：协议法律行为和单方法律行为。而根据《合同法改革草案》第 3 条的规定，法律事实则分为两种：让他人获得利益的行为和引起他人损害的行为，其中让他人获得利益的行为是指准合同，而引起他人损害的行为则是指民事责任。[③]

（二）2016 年 2 月 10 日的债法改革法令所规定的债的渊源

2016 年 2 月 10 日，法国政府颁布了债法改革法令，正式废弃了《法国民法典》所规定的五分法的债的渊源理论。不过，它既没有采取法国民法学者普遍承认的法律行为和法律事实的二分法理论，也没有采取 Catala 或者法国司法部在 2005 年和 2008 年的债

[①] Avant-projet de reforme du droit des obligations（Articles 1101 à 1386 du Code civil）ET DU DROIT DE LA PRESCRIPTION（Articles 2234 à 2281 du Code, civil），Rapp. ort à Monsieur Pascal Clément, Garde des Sceaux, Ministre de la Justice, 22 Septembre 2005, pp. 65 - 66.

[②] Avant-projet de reforme du droit des obligations（Articles 1101 à 1386 du Code civil）ET DU DROIT DE LA PRESCRIPTION（Articles 2234 à 2281 du Code civil），Rapp. ort à Monsieur Pascal Clément, Garde des Sceaux, Ministre de la Justice, 22 Septembre 2005, pp. 65 - 66.

[③] Projet de réforme du droit des contrats, Juillet 2008, Ministre de la justice, p. 8.

法改革草案当中所采取的三分法的理论,而是采取了四分法的债的渊源理论,它认为,除了法律行为、法律事实和制定法能够成为债的渊源之外,债务人对其自然债的单方面履行或者允诺履行也能够产生债。这些规定被编入《法国民法典》当中,这就是现行《法国民法典》新的第1100条、新的第1100-1条和新的第1100-2条所规定。

《法国民法典》新的第1100条规定:(1)债或者源自法律行为,或者源自法律事实,或者源自制定法的单纯权威性。(2)债也源自债务人对他人承担的某种良心债的自愿履行或者履行允诺。根据《法国民法典》新的第1100-1条的规定,作为债的渊源,法律行为分为两种:协议法律行为和单方法律行为。而根据《法国民法典》新的第1100-2条的规定,作为债的渊源,法律事实也分为两种:侵权责任和债的其他渊源,所谓债的其他渊源,是指准合同。[1]

在这些法律条款对四种债的渊源做出了简略规定之后,现行《法国民法典》第三卷第三编即"债的渊源"分别对三类债的渊源做出了详细的规定,这就是现行《法国民法典》当中新的第1100条至新的第1303-4条。具体来说,《法国民法典》第三卷第三编共三分编,每一分编对一种类型的债的渊源做出了规定:第一分编对债的第一类渊源即合同(le contrat)做出了规定,该分编共四章,分别涉及合同的定义和合同的类型、合同的成立、合同的解释和合同的效力,所包含的法律条款是新的第1101条至新的第1231-7条;[2] 第二分编对债的第二类渊源即侵权责任做出了规定,该分编共三章,分别涉及侵权责任总则、因为缺陷产品引起的侵权责任和生态损害的赔偿,所包含的法律条款是新的第1240条至新的第1252条;[3] 第三分编对债的第三类渊源即准合同做出了规定,该分编共三章,分别涉及无因管理、不应清偿和不当得利,所包含的法律条款是新的第1300条至新的第1303-4条。[4]

(三)2016年的债法改革法令之后法国民法学者对债的渊源做出的说明

在2016年2月10日的债法改革法令颁布之后,也就是在《法国民法典》正式规定了债的渊源的四分法理论之后,法国民法学者在讨论债的渊源时是否发生了重大的变化?换言之,在讨论债的渊源时,他们采取的分类方法是否与2016年之前的民法学者有本质的不同?答案完全出乎人们的意料,因为在今时今日,民法学者对债的渊源的讨论与2016年之前并没有本质上的差异。

在今时今日,在讨论债的渊源时,虽然民法学者普遍承认,现行《法国民法典》将债的渊源分为法律行为、法律事实、制定法和自然债的自愿履行四类,但是,他们仍

---

[1] Code civil, Version en vigueur au 29 octobre 2020, https://www.legifrance.goufr/codes/section_lc/LEGI-TEXT000006070721/LEGISCTA000006118032/#LEGISCTA000032040794.

[2] Code civil, Version en vigueur au 30 octobre 2020, https://www.legifrance.goufr/codes/section_lc/LEGI-TEXT000006070721/LEGISCTA000032006712/#LEGISCTA000032006712.

[3] Code civil, Version en vigueur au 30 octobre 2020, https://www.legifrance.goufr/codes/section_lc/LEGI-TEXT000006070721/LEGISCTA000032021486/#LEGISCTA000032021486.

[4] Code civil, Version en vigueur au 30 octobre 2020, https://www.legifrance.goufr/codes/section_lc/LEGI-TEXT000006070721/LEGISCTA000032023804/#LEGISCTA000032023804.

然认为，在《法国民法典》所规定的这四类债的渊源当中，最主要的、最重要的渊源仍然是法律行为和法律事实，其他两类的影响力和地位远远不及这两类债的渊源。基于这样的原因，除了对法律行为当中的合同做出详细讨论之外，他们仍然像过去那样重点讨论侵权责任债和准合同债，对其他两类债的讨论几乎完全被忽略。①

关于作为债的渊源的法律行为和法律事实，笔者将在下面的内容当中做出详细的讨论，此处从略，笔者仅在此处对另外两类债的渊源做出简要的说明。现行《法国民法典》第1100条保留了2016年之前第1370条所规定的一种债的渊源，这就是"制定法的单纯权威性"（l'autorité seule de la loi），当债因为制定法的单纯权威性而产生时，它所产生的债被称为制定法的单纯权威性产生的债，也被称为单纯的法定债（obligation légales）。

所谓制定法的单纯权威性产生的债，是指当立法者在自己制定的法律当中对债务人承担的债务做出强制性的规定时，无论债务人是否愿意，他们均应当按照制定法的规定对债权人承担债务，当事人不能够通过相反的协议将制定法所规定的这些债务予以排除、减缩或者限定。制定法的单纯权威性产生的债形形色色、各不相同，包括但是不限于以下债：监护人对被监护人承担的债，不动产相邻人之间承担的债，父母对其未成年子女承担的债，以及中小学教师对其中小学生承担的债，等等。②

除了规定了制定法的单纯权威性所产生的债之外，现行《法国民法典》新的第1100条也规定了因为良心债（devoir de conscience）的自愿履行（'exécution volontaire）或者承诺履行（la promesse d'exécution）而产生的债。这是现行《法国民法典》新规定的一种债的渊源，根据该条的规定，如果债务人对债权人承担某种良心债，当债务人自愿履行所承担的此种良心债时，则他们的履行债务的行为即让债权人与债务人之间的债权债务关系消灭，即便债务人没有履行所承担的此种良心债，如果债务人承诺会履行该种债，则债务人对债权人承担的债就从良心债嬗变为民事债，如果债务人不履行所承担的债，基于债权人的请求，法官能够对债务人采取强制执行措施。所谓良心债，实际上就是自然债，因此，笔者关于自然债和民事债的理论自动适用于该条所规定的良心债。

四、民法学者和现行《法国民法典》承认法律行为和法律事实的区分理论的原因

在今时今日，法国民法学者和《法国民法典》之所以普遍将债的渊源分为法律行为和法律事实两类，是因为在债的渊源问题上，他们受到了1896年《德国民法典》的影响。因为1896年的《德国民法典》不仅将合同和单方法律行为视为一个范围更加广

---

① Philippe Malaurie, Laurent Aynès, Philippe Stoffel-Munck, Droit des obligations, 8e édition, LGDJ, 2016, pp. 17 – 18；Rémy Cabrillac, Droit des obligations, 12e édition, Dalloz, 2016, pp. 12 – 13；Virginie Larribau-Terneyre, Droit civil, Les obligations, 15e édition, Dalloz, 2017, pp. 62 – 64；Marjorie Brusorio-Aillaud, Droit des obligations, 8e édition, bruylant, 2017, p. 15；François Terré, Philippe Simler, Yves Lequette, François Chénedé, Droit civil, Les obligations, 12e édition, Dalloz, 2018, pp. 26 – 27.

② Christian Larroumet, Droit Civil, Les Obligations, le Contrat, Tome III, 1re partie, 6e édition, Economica, 2007, p. 40；Marjorie Brusorio-Aillaud, Droit des obligations, 8e édition, bruylant, 2017, p. 15.

泛的一个法律概念即法律行为当中，而且还将法律行为视为一般法律关系或者一般主观权利产生的渊源。不过，《德国民法典》的此种做法并非德国立法者的独创，因为，将法律行为视为法律关系或者主观权利渊源的做法源自德国19世纪的民法学者。德国立法者仅仅是将德国民法学者的此种做法从学术领域移植到制定法领域，并因此让其从单纯的学说嬗变为制定法所规定的法律制度。

（一）1896年的《德国民法典》关于法律行为的规定

为了将民法的形形色色的内容打造成条理清晰、结构合理的一个有机整体，在1838年的《潘德克吞法教程》当中，德国19世纪初期的著名民法学家、柏林大学民法教授Georg Friedrich Puchta①（1769—1845年）不仅第一次建构了民法总论和民法分论的区分理论，而且还将主观权利视为民法总论的核心内容，这就是他建立的主观权利的一般理论。作为主观权利一般理论的组成部分，Puchta正式将法律行为一词引入民法总论当中，认为法律行为能够引起主观权利的产生、变更和消灭，根据意思表示的不同，法律行为或者是双方法律行为或者是单方法律行为。换言之，Puchta首次将法律行为视为主观权利的渊源。②

Puchta的此种做法影响非常深远，因为除了F. C. von Savigny在自己的著名民法著作《罗马法专论》当中采取了民法总论和民法分论的区分理论之外，德国19世纪中后期的民法学者几乎均采取他的此种做法。他们与Puchta的区别可能仅仅在于，他们没有像Puchta那样将主观权利的一般理论视为民法总论的核心内容，而是将法律关系的一般理论视为民法总论的核心内容。无论是以主观权利的一般理论作为民法总论的核心内容还是以法律关系的一般理论作为民法总论的核心，他们均承认，法律行为和法律事实是主观权利或者法律关系的渊源。③

德国19世纪的民法学者所采取的这些理论对德国立法者产生了重大影响，因为，在制定《德国民法典》时，他们也采取了民法总则和民法分则的区分理论；在规定民法总则的内容时，他们明确区分法律关系或者主观权利的两种渊源即法律行为和法律事实。1887年12月27日，第一届民法典起草委员会完成了《德国民法典（第一草案）》的起草工作并且将其提交给了德国总理。德国总理收到草案之后将该草案和立法理由书向社会公众公开。《德国民法典（第一草案）》共五卷2164条，其中的第一卷为总则，第二卷为债法，第三卷为物权，第四卷为家庭法，第五卷为继承。④

---

① 张民安：《法国民法总论（上）》，清华大学出版社2017年版，第403—404页。

② Georg Friedrich Puchta, Lehrbuch der Pandekten, Leipzig, Verlag von Johann Ambrosius Barth, 1838, pp. 41 - 48；张民安：《法国民法总论（Ⅱ）》，清华大学出版社2020年版，第18—21页。

③ 张民安：《法国人格权法（上）》，清华大学出版社2016年版，第131—190页；张民安：《法国民法总论（上）》，清华大学出版社2017年版，第398—408页；张民安：《法国民法总论（Ⅱ）》，清华大学出版社2020年版，第1—23页。

④ Projet de Code civil allemand, traduit avec introduction par Raoul de la Grasserie, Paris, A. Durand et Pedone-Lauriel, Editeurs, Libraires de la Cours de la Cour d'appel et de l'Ordre des Avocats. G. Pedone-Lauriel, successeur, 1893, pp. 1 - 484；张民安、林泰松：《人格权在民法典当中的独立地位》，中山大学出版社2019年版，第522—524页。

《德国民法典（第一草案）》的总则卷所规定的内容众多，除了法律渊源、过错和错误、期间的计算、时效、裁判、证明、自我防卫权和担保之外，该卷还对法律行为做出了详细的规定，包括法律能力、意思表示、合同的缔结、法律行为的形式、意思表示的瑕疵、非法的法律行为即无效的法律行为、可撤销的法律行为、法律行为的代理、法律行为的授权和追认、附条件和附期限的法律行为等。①

1895 年，德国第二届民法典起草委员会对《德国民法典（第一草案）》进行了修改、补充和完善并因此形成了《德国民法典（第二草案）》并且对社会公众予以公开。随后，民法典起草委员会根据社会公众提供的意见对《德国民法典（第二草案）》进行修改并因此形成了《德国民法典（第三草案）》。1896 年 7 月 1 日，德国联邦国会表决通过了该草案并因此成为正式的《德国民法典》，自 1900 年 1 月 1 日施行。1896 年的《德国民法典》采取了著名的五卷制：第一卷为总则卷，第二卷为债法卷，第三卷为物权卷，第四卷为家庭法卷，第五版为继承卷。其中的第一卷除了对其他内容做出了规定之外，也对法律行为的一般理论和一般制度做出了规定。②

从 19 世纪末 20 世纪初开始，随着 1896 年的《德国民法典》对法律行为的规定，随着《德国民法典》所规定的法律行为理论在法国的逐渐传播，除了认为应当将法律行为和法律事实的区分理论引入《法国民法总论》当中并因此成为法律关系或者主观权利的渊源之外，法国民法学者也认为，应当将法律行为和法律事实的区分理论引入法国债法当中，并因此成为债的渊源。因为他们认为，法律行为的概念比《法国民法典》所规定的合同的概念要广泛，除了合同之外，法律行为还包括单方允诺行为，也就是单方法律行为。

（二）法国民法学者在 20 世纪初期将法律行为理论引入《法国民法总论》当中

德国民法学者尤其是《德国民法典》将主观权利或者法律关系的渊源分为法律行为和法律事实的做法对 19 世纪末 20 世纪初的法国民法学者产生了重大的影响，因为受到德国民法学说和《德国民法典》的影响，法国 19 世纪末 20 世纪初的民法学者开始在民法总论当中引入德国民法当中的法律行为和法律事实的区分理论，认为它们是法律关系或者主观权利产生的两种渊源，最典型的代表是 Henri Capitant。

由于受到德国 19 世纪中后期民法学者所主张的一般法律关系理论的影响，在 1898 年的《民法总论》当中，巴黎大学的民法教授 Henri Capitant 不仅将法律关系的一般理

---

① Projet de Code civil allemand, traduit avec introduction par Raoul de la Grasserie, Paris, A. Durand et Pedone-Lauriel, Editeurs, Libraires de la Cours de la Cour d'appel et de l'Ordre des Avocats. G. Pedone-Lauriel, successeur, 1893, pp. 13 – 30.

② Raoule De La Grasserie, Code Civil Allemande, 2e édition, PARIS A. PEDONE, Éditeur, 1901, Introduction, pp. XIV-XVII; Raymond Saleilles, Introduction à l'étude du droit civil allemand, Paris F. Pichon, 1904, pp. 24 – 37；张民安：《法国民法总论（上）》，清华大学出版社 2017 年版，第 409 页；张民安：《论〈担保法〉在我国未来〈民法典〉当中的独立地位》，《学术论坛》2018 年第 3 期，第 27 页；张民安、林泰松：《人格权在民法典当中的独立地位》，中山大学出版社 2019 年版，第 524—525 页。

论视为民法总论的核心内容，而且还将法律行为和法律事实视为法律关系产生的两类渊源。Capitant 认为，除了应当具备主体、客体和诉权这三个构成因素之外，法律关系还应当具备第四个构成因素，这就是法律事实。所谓法律事实，是指能够引起法律关系产生、变更或者消灭的某种事实。法律事实包括两类：行为人基于主观意志实施的行为，包括合同、准合同、侵权和准侵权等；意外事件，也就是不依赖行为人的主观意志的事件。在讨论权利产生和消灭时，他认为权利产生和消灭的渊源分为法律行为和非法行为两种，认为它们结合在一起就构成法律事实。①

由于主观权利的一般理论的影响力巨大，在 1929 年第五版的《民法总论》当中，Capitant 放弃了法律关系的一般理论，并且以主观权利的一般理论取而代之。② 在讨论主观权利的渊源时，他明确指出，能够让主观权利产生、转让、变更和消灭的原因是法律事实，所有的法律事实要么是不依赖人的意志的事实即法律事实，要么是依赖人的意志的事实即意志行为，其中的法律事实包括自然事件和社会事件，而其中的意志行为除了法律行为之外还包括侵权、准侵权和准合同。③

在今时今日，法国民法学者普遍承认，法律行为和法律事实是主观权利的两类渊源。④ 例如，在其《民法总论》当中，Roland 和 Boyer 明确指出："主观权利或者源自某种法律行为，或者源自某种法律事实的发生。"⑤ 再例如，在其《民法总论》当中，Malinvaud 也明确指出："虽然引起主观权利发生的事实多种多样，但是，所有的法律事实均源自两大类当中的这一类或者那一类：法律行为和法律事实。"⑥

（三）法国民法学者在 20 世纪初期将法律行为理论引入法国债法当中

在 20 世纪中期之前，将包括合同和单方行为在内的法律行为看作债的渊源的法国民法学者包括 Raymond Saleilles、René Demogue、Ambroise Colin、Henri Capitant 以及 Louis Josserand 等。虽然他们关于债的渊源的理论可能存在这样或者那样的不同，但是，他们的共同点是，由于受到《德国民法典》所规定的法律行为的影响，他们在讨论债的渊源时均将法律行为看作债的渊源。

由于受到《德国民法典（草案）》所规定的法律行为理论的影响，在 1890 年出版的第一版的《债的一般理论研究》当中，Saleilles 开始将债的渊源分为三类：法律行为、侵权和准合同，他指出："本著作将讨论三类债的渊源：其一，作为债的渊源的法律行为；其二，作为债的渊源的侵权；其三，作为债的渊源的准合同。"⑦ 由于受到

---

① Henri Capitant, Introduction à l'étude du droit civil, Pedone, Paris, A. Pedone, Éditeur, 1898, pp. 11 – 12, pp. 205 – 320；张民安：《法国民法总论（上）》，清华大学出版社 2017 年版，第 458—460 页。

② Henri Capitant, Introduction à l'étude du droit civil, Paris, A. Pedone, Éditeur, 1929, pp. 23 – 407.

③ Henri Capitant, Introduction à l'étude du droit civil, Paris, A. Pedone, Éditeur, 1929, pp. 272 – 275.

④ 张民安：《法国民法》，清华大学出版社 2015 年版，第 105—125 页；张民安：《法国民法总论（上）》，清华大学出版社 2017 年版，第 559—560 页；张民安：《法国民法总论（II）》，清华大学出版社 2020 年版，第 40—43 页。

⑤ Henri Roland, Laurent Boyer, Introuduction au droit, Litec, 2002, p. 539.

⑥ Philippe Malinvaud, Introuduction à l'étude du droit, 15e édition, Lexis Nexis, 2015, p. 395.

⑦ Raymond Saleilles, Etudes sur la théorie générale de l'obligation d'après le premier projet de Code civil pour l'empire allemand, Paris, LGDJ. 1914, 3e édition, p. 140.

《德国民法典》所规定的法律行为理论的影响，在 1923 年出版的《债法总论专论》① 当中，René Demogue 将债的渊源分为五类：合同、单方法律行为、非法行为、准合同以及能够产生债的简单事件。②

由于受到《德国民法典》所规定的法律行为理论的影响，在 1932 年的《法国民法基础教程》当中，Ambroise Colin 和 Henryi Capitant 认为债的渊源包括五类：合同、单方债务、非法行为、不当得利以及无因管理，他们指出："我们不会按照法国民法典的规定对债的渊源做出分类，而是按照最近颁布的民法典或者民法典草案对债的渊源做出分类，为此，我们将债的渊源分为如下五类：其一，合同；其二，单方债务；其三，非法行为；其四，不当得利；其五，无因管理。"③

由于受到《德国民法典》所规定的法律行为理论的影响，在 1939 年的《法国民法教程》当中，Louis Josserand 认为债的渊源包括四类：法律行为，非法行为、不当得利和法律，他指出："对法国民法典所做出的此种批判性的说明使我们区分四种不同的债的渊源：其一，法律行为，它可以继续分为合同和单方债务（单方意思成立的行为）；其二，非法行为（侵权和准侵权）；其三，不当得利；其四，法律。"④

法国 20 世纪初期民法学者的这些做法被法国 20 世纪 50 年代之后的民法学者尤其是被今时今日的法国民法学者所采纳。因为法国民法学者普遍承认法律行为和法律事实的区分理论，因此，除了法国民法学者起草的债法改革草案将它们规定为债的两类渊源之外，法国政府在 2016 年 2 月 10 日的法令当中也将它们视为债的两类主要渊源，已如前述。在今时今日，虽然现行《法国民法典》规定了四类债的渊源，但是，这四类债的渊源在债的法律关系或者债权产生当中的地位并非一样，其中居于核心地位的两类渊源是法律行为和法律事实，已如前述。作为两类最重要的债的渊源，除了对法律行为和法律事实均做出了明确界定之外，《法国民法典》也对法律行为和法律事实的类型做出了明确列举。除了《法国民法典》做出了规定和列举之外，法国民法学者也普遍对作为债的渊源的法律行为和法律事实做出了说明。

五、作为债的渊源的法律行为

（一）法律行为的界定

在法国，法律行为是债产生的最主要的、最重要的渊源，因为债权人享有的绝大多数债权均源自他们实施的某种法律行为，尤其是源自他们实施的某种合同。在 2016 年的债法改革法令颁布之前，虽然民法学者对作为债的渊源的法律行为做出了明确界定，但是，《法国民法典》没有对法律行为做出界定。2016 年的债法改革法令反映了民法学

---

① René Demogue, Traité des obligations en général, Source des obligations, tome 1, Paris, Rousseau et Cie, 1923.
② René Demogue, Traité des obligations en général, Source des obligations, tome 1, Paris, Rousseau et Cie, 1923, p.45.
③ Ambroise Colin, Henri Capitant, Cours élémentaire de droit civil français, tome 2, 7 édition, Paris, Dalloz, 1932, p.8.
④ Louis Josserand, Cours de droit civil, Paris, Sirey, 1939, 3e édition, p.8.

者的看法，对法律行为做出了界定。

某些民法学者认为，所谓法律行为，是指当事人为了产生某种法律效果而根据客观法律的规定所实施的意思表示行为，例如 Flour、Aubert 和 Savaux 就采取此种界定方式，他们指出："所谓法律行为，是指当事人为了产生法律效果而按照客观法律规定的条件所实施的某种自愿行为、具体行为，在此种行为当中，法律效果的性质和范围是当事人本人所意图实现的。"①

另外一些民法学者认为，所谓法律行为，是指当事人为了产生法律效果所故意实施的意思表示行为。例如 Larribau-Terneyre 就采取此种界定方式，他指出："所谓法律行为，是指当事人为了产生法律效果而实施的故意意思表示行为。这是一种经典界定方式，它被《法国民法典》第 1100 - 1 条所承认。这些法律效果可能是创设、限制、转让或者消灭某种权利。"② 还有一些民法学者认为，所谓法律行为，是指当事人为了产生某种法律效果而实施的意思表示行为。例如 Malinvaud 和 Fenouillet 就采取此种界定方式，他们指出："所谓法律行为，是指当事人为了产生某种法律效果而实施的意思表示行为。"③ 在法国，此种界定方式为大多数法学者所采纳。④

在 2005 年的《债法改革草案》当中，Catala 教授领导的小组对法律行为一词做出了界定，这就是该草案当中的第 1101 - 1 条，该条规定：所谓法律行为，是指当事人为了产生法律效果而实施的意思行为。⑤ 在 2008 年的《合同法改革草案》当中，法国司法部也对法律行为做出了界定，这就是其中的第 2 条，该条规定：所谓法律行为，是指当事人为了产生法律效果而实施的意思表示行为，它们既可以是协议行为，也可以是单方行为。⑥ 通过 2016 年的债法改革法令，现行《法国民法典》第 1100 - 1（1）条对法律行为一词做出了界定，该条规定：所谓法律行为，是指当事人为了产生法律效果而实施的意思表示行为，它们既可以是协议行为，也可以是单方行为。⑦

（二）法律行为的构成条件

根据《法国民法典》第 1100 - 1（1）条的界定，作为债的渊源，法律行为应当同

---

① Jacques Flour, Jean-Luc Aubert, Éric Savaux, Les obligations, 1. L'acte juridique, 15e édition, Dalloz, 2012, p.40.
② Virginie Larribau-Terneyre, Droit civil, Les obligations, 15e édition, Dalloz, 2017, p.63.
③ Philippe Malinvaud, Dominique Fenouillet, Droit des obligations, 11e édition, Litec, 2010, p.14.
④ Gérard Légier, les obligations, 17e édition, Dalloz, 2001, p.8; Jean Carbonnier, Droit civil, Les biens Les obligations, puf, 2004, p. 1930; Rémy Cabrillac, Droit des obligations, 12e édition, Dalloz, 2016, p. 15; François Terré, Philippe Simler, Yves Lequette, François Chénedé, Droit civil, Les obligations, 12e édition, Dalloz, 2018, p.27.
⑤ Article 1100 - 1, AVANT-PROJET DE REFORME DU DROIT DES OBLIGATIONS (Articles 1101 à 1386 du Code civil) ET DU DROIT DE LA PRESCRIPTION (Articles 2234 à 2281 du Code civil), Rapp. ort à Monsieur Pascal Clément, Garde des Sceaux, Ministre de la Justice, 22 Septembre 2005, p.65.
⑥ Art. 2, Projet de réforme du droit des contrats, Juillet 2008, Ministre de la justice, p.9.
⑦ Article 1100 - 1, Code civil, Version en vigueur au 31 octobre 2020, https://www.legifrance.goufr/codes/section_lc/LEGITEXT000006070721/LEGISCTA000006118032/#LEGISCTA000032040794.

时具备三个必要因素。①

第一，意思表示（manifestations de volonté），是指当事人将自己所具有的产生某种法律效果的意志、意图以某种外在方式表示出来，既包括以明示的方式表示出来（de manière expresse），也包括以默示方式表示出来（de manière tacite）。

第二，法律效果（effets de droit），所谓法律效果应当做广义的理解，是指当事人进行意思表示所实现的各种各样的目的：创设某种主观权利，宣示某种主观权利，转让某种主观权利，限定某种主观权利，变更某种主观权利，以及消灭某种主观权利。

第三，意思表示和法律效果之间所存在的关联性（corrélation），这就是，当事人实施意思表示的目的是实现某种法律效果，法律效果是当事人意思表示的目的，换言之，意思表示是法律行为的手段，而法律效果则是法律行为的目的。

（三）法律行为的不同类型

在2016年的债法改革之前，虽然《法国民法典》没有对法律行为的类型做出规定，但是，法国民法学者普遍对法律行为的类型做出了说明。虽然2016年的债法改革法令对法律行为的类型做出了规定，但是，它的规定引起了民法学者的批评，认为它没有规定单方法律行为和协议法律行为之外的集体法律行为。

1. 法国民法学者关于法律行为的不同分类

在法国，在法律行为的类型方面，民法学者之间存在不同看法，有二分法的法律行为理论和三分法的法律行为理论。二分法的法律行为理论认为，所有的法律行为均分为单方法律行为和双方法律行为（多方法律行为）两类。Carbonnier 采取此种理论，他指出："因为意图是法律行为的支配者，所以，人们也会根据意图的不同而对法律行为进行不同的分类，根据法律行为究竟是因为一方当事人的意思还是两方当事人（或者多方当事人）的意思产生的不同，人们将法律行为分为单方法律行为和双方法律行为（多方法律行为）。"② Malinvaud 和 Fenouillet 也采取此种理论，他们也指出："法律行为既可以是单方面的即单方法律行为，也可以是协议性质的即协议法律行为。"③

三分法的法律行为理论则认为，法律行为不应当分为单方法律行为和双方（或者多方）法律行为两类，因为除了这两类之外，法律行为还包括第三类即集体法律行为。Légier 采取此种理论，他指出："法律行为可以分为三类：单方法律行为、双方法律行为和集体法律行为，其中的双方法律行为也被称为合同或者协议。"④ Flour、Aubert 和 Savaux 也采取此种理论，他们指出："法律行为……并非仅有一种类型。例如，合同是一种法律行为。不过，也存在其他类型的法律行为，这就是单方法律行为和集体法律行

---

① Réforme du droit des contrats, du régime général et de la preuve des obligations, Sources d'obligations, http://www.tendancedroit.fr/reforme-du-droit-des-contrats-du-regime-general-et-de-la-preuve-des-obligations-sources-dobligations/.
② Jean Carbonnier, Droit civil, Les biens Les obligations, puf, 2004, p.1939.
③ Philippe Malinvaud, Dominique Fenouillet, Droit des obligations, 11e édition, Litec, 2010, p.41.
④ Gérard Légier, les obligations, 17e édition, Dalloz, 2001, p.9.

为。"① Cabrillac 也采取此种理论，他指出，除了合同之外，法律行为还包括单方法律行为和集体法律行为。②

2. 《法国民法典》关于法律行为的不同分类

在 2005 年的《债法改革草案》当中，Catala 教授领导的小组对法律行为做出了分类，认为法律行为可以分为三类：协议法律行为，单方法律行为和集体法律行为，其中的协议法律行为就是合同，这就是《债法改革草案》当中的第 1101-1 条。③ 在 2008 年的《合同法改革草案》当中，法国司法部也对法律行为做出了分类，它认为，法律行为分为两类：协议法律行为和单方法律行为，这就是其中的第 2 条。④

在 2016 年的债法改革法令当中，法国政府仅仅承认协议法律行为和单方法律行为，不承认集体法律行为。这就是现行《法国民法典》第 1100-1 条，该条规定：法律行为既可能是协议性的，也可能是单方面的。无论是什么性质的法律行为，如果它们要有效成立并且产生法律效果，则它们均要遵循对合同予以规范和调整的规范的约束。其中协议性的法律行为就是合同，而其中的单方面的法律行为就是单方法律行为。⑤

3. 《法国民法典》忽视集体法律行为的存在

在今时今日，虽然法国大多数民法学者均承认集体法律行为的存在，但是，现行《法国民法典》在将法律行为作为债的渊源加以规定时没有对集体法律行为做出规定，让集体法律行为的观念仍然处于不确定的状态。基于这样的原因，法国民法学者对《法国民法典》做出批评，认为它不应当无视此类法律行为的存在。⑥

总之，在今时今日，即便《法国民法典》没有对集体法律行为做出明确规定，作为债的渊源的法律行为仍然包括三类：合同、单方法律行为和集体法律行为，不过，关于集体法律行为与合同之间的关系，民法学者之间存在不同看法。

第四节 作为债的渊源的合同

合同是所有法律行为当中最主要的、最重要的法律行为。⑦ 换言之，在法律行为和

---

① Jacques Flour, Jean-Luc Aubert, Éric Savaux, Les obligations, 1. L'acte juridique, 15e édition, Dalloz, 2012, p.65.

② Rémy Cabrillac, Droit des obligations, 12e édition, Dalloz, 2016, p.183.

③ Article 1100-1, AVANT-PROJET DE REFORME DU DROIT DES OBLIGATIONS (Articles 1101 à 1386 du Code civil) ET DU DROIT DE LA PRESCRIPTION (Articles 2234 à 2281 du Code civil), Rapp. ort à Monsieur Pascal Clément, Garde des Sceaux, Ministre de la Justice, 22 Septembre 2005, p.65.

④ Art. 2, Projet de réforme du droit des contrats, Juillet 2008, Ministre de la justice, p.9.

⑤ Article 1100-1, Code civil, Version en vigueur au 31 octobre 2020, https://www.legifrance.goufr/codes/section_lc/LEGITEXT000006070721/LEGISCTA000006118032/#LEGISCTA000032040794.

⑥ Rémy Cabrillac, Droit des obligations, 12e édition, Dalloz, 2016, pp.187-188; Virginie Larribau-Terneyre, Droit civil, Les obligations, 15e édition, Dalloz, 2017, pp.63-64.

⑦ 关于合同的一般理论和一般制度的最详尽阐述，请参见张民安：《法国合同法总论》，中山大学出版社 2021 年版，第 2—654 页。

债的渊源当中，合同处于核心地位。① Larribau-Terneyre 对合同在法律行为当中的核心地位做出了说明，他指出："合同代表最重要的一类法律行为，合同是人们构建债法的起始之地。它们构成一种基本的工具和手段，无论是在理论层面还是在经济层面，均是如此。"② Terré、Simler 和 Lequette 等人也对合同在法律行为和债的渊源当中的核心地位做出了说明，他们指出："合同构成社会生活的一个基本齿轮，这一点完全无需法学家们来证明，除了法律实务人员成天忙着处理当事人之间的合同纠纷之外，每个人的生活也都是由合同编织在一起的。"③

一、合同的界定

在民法上，合同一词的法文表述是 contrat，该词源自拉丁文 contrahere 一词和 contractus 一词，在拉丁文当中，这两个术语的含义是指集结、集中、归到一起（rassembler）、使集结、使集中、使归到一起（réunir）或者缔结、达成或者商定（conclure）。④ 在今时今日，contrat 一词的含义众多，虽然如此，它或者被视为一种协议，或者完全等同于协议，或者被视为当事人之间的一种合同。⑤

在 2016 年之前，《法国民法典》第 1101 条对合同做出了界定，该条规定：合同是一种协议，根据该协议，一个人或者几个人对另外一个人或者几个人承担转移财产所有权、做出或者不做出某种行为的债。⑥ 该条对合同做出的界定具有两个主要特征：其一，它明确区分合同和协议（convention），它认为协议的范围要比合同的范围大很多，因为合同仅仅是当事人之间所达成的众多协议当中的一种：当事人之间既可以达成建立债的关系的协议，也可以达成变更、转让、限定或者消灭债的关系的协议，除了当事人之间所达成的建立债的关系的协议构成合同之外，他们之间达成的所有其他形式的协议均不构成合同。其二，它将合同的定义与债的类型捆绑在一起，认为当事人之间仅仅为了建立三种债的关系而达成的协议才构成合同：转移财产所有权的协议，做出某种行为的协议和不做出某种行为的协议，这就是三种基本类型的债：转移所有权的债，作为债

---

① Philippe Malaurie, Laurent Aynès, Philippe Stoffel-Munck, Droit Des Obligations, 8e édition, LGDJ, 2016, p. 195; Virginie Larribau-Terneyre, Droit civil Les obligations, 15e édition, Dalloz, 2017, pp. 261 – 262; François Terré, Philippe Simler, Yves Lequette, François Chénedé, Droit civil, Les obligations, 12e édition, Dalloz, 2018, pp. 29 – 30; 张民安：《法国合同法总论》，中山大学出版社 2021 年版，序言、第 1—2 页。

② Virginie Larribau-Terneyre, Droit civil Les obligations, 15e édition, Dalloz, 2017, p. 261.

③ François Terré, Philippe Simler, Yves Lequette, François Chénedé, Droit Civil, les Obligations, 12e édition, Dalloz, 2018, p. 29.

④ Jacques Ghestin, Loiseau Grégoire, Yves-Marie Serinet, La Formation Du Contrat, Tome 1: Le contrat-Le consentement, 4e édition, LGDJ, 2013, p. 31; Frédéric Zenati-Castaing, Thierry Revet, Cours de droit civil, Contrats, Théorie générale-Quasi-contrats, 1e édition, puf, 2014, p. 19; Vocabulaire juridique, 10e édition, sous la direction de Gérard Cornu, puf, 2014, p. 259; Le Petit Robert de la Langue Française, 2019 édition, Le Robert, 2018, p. 529.

⑤ Vocabulaire juridique, 10e édition, sous la direction de Gérard Cornu, puf, 2014, p. 259; Le Petit Robert de la Langue Française, 2019 édition, Le Robert, 2018, p. 529; 张民安：《法国合同法总论》，中山大学出版社 2021 年版，第 2 页。

⑥ Article 1101, Code civil, Version en vigueur au 09 février 2016, https://www.legifrance.gouv.fr/codes/section_lc/LEGITEXT000006070721/LEGISCTA000006118032/2016 – 02 – 09/#LEGISCTA000006118032.

和不作为债,已如前述。①

因为民法学者普遍对旧的第 1101 条关于合同的界定表达不满,因此,通过 2016 年 2 月 10 日的债法改革法令,现行《法国民法典》新的第 1101 条对合同做出了新界定,该条规定:所谓合同,是指两个或者更多的人之间为了建立、限制、转让或者消灭债而达成的合意。② 根据该条的规定,合同不仅是两个或者更多的人之间的一种意思表示,而且还是他们之间的意思表示的一致,这就是新的第 1101 条所谓的合意(accord de volontés)。所谓合意,是指当事人之间的意图、意志或者意思表示的交汇(la rencontre des volontés)。

所谓当事人之间的意图、意志或者意思表示的交汇,也被称为当事人之间同意的交换(l'échange des consentements),是指一方当事人的意图、意志或者意思表示获得了另外一方当事人的同意(Le consentement),两方当事人的意图、意志或者意思表示一致。根据该条的规定,除了两个或者两个以上的当事人之间为了建立债的关系而达成的协议构成合同之外,两个或者两个以上的当事人为了其他目的而达成的协议同样构成合同,包括:为了限定债的关系而达成的协议,为了转让债权、债务甚至合同本身所达成的协议,为了消灭债的关系而达成的协议。因此,该条不再明确区分合同和协议,因为它将包括建立债的关系在内的所有协议均视为合同。此外,它也不再将合同的界定与债的类型捆绑在一起。③

二、合同的类型

在 2016 年之前,《法国民法典》第 1102 条至第 1107 条分别对不同类型的合同做出了规定:第 1102 条对双务合同做出了规定,第 1103 条对单务合同做出了规定,第 1104 条对实定合同和射幸合同做出了规定,第 1105 条对无偿合同做出了规定,第 1106 条对有偿合同做出了规定,而第 1107 条则对有名合同和无名合同做出了规定。④ 通过 2016 年 2 月 10 日的债法改革法令,现行《法国民法典》新的第 1106 条至新的第 1111 - 1 条对不同类型的合同做出了规定:新的第 1106 条对双务合同和单务合同做出了规定,新的第 1107 条对有偿合同和无偿合同做出了规定,新的第 1108 条对实定合同和射幸合同做出了规定,新的第 1109 条对合意合同、形式合同和要物合同做出了规定,新的第 1110 条对谈判合同和附合合同做出了规定,新的第 1111 条对框架合同和应用合同做出了规定,而新的第 1111 - 1 条对即时履行合同和连续履行合同做出了规定。⑤

---

① 张民安:《法国合同法总论》,中山大学出版社 2021 年版,第 4—5 页。

② Article 1101, Code civil, Version en vigueur au 13 novembre 2021, https://www.legifrance.gouv.fr/codes/section_lc/LEGITEXT000006070721/LEGISCTA000032006712/#LEGISCTA000032006712.

③ Muriel Fabre-Magnan, Droit des obligations, Tome 1, Contrat et engagement unilatéral, 4e édition, puf, 2016, pp. 171 - 172;张民安:《法国合同法总论》,中山大学出版社 2021 年版,第 10—17 页。

④ Articles 1101 à 1107, Code civil, Version en vigueur au 09 février 2016, https://www.legifrance.gouv.fr/codes/section_lc/LEGITEXT000006070721/LEGISCTA000006118032/2016 - 02 - 09/#LEGISCTA000006118032.

⑤ Articles 1106 à 1111 - 1, Code civil, Version en vigueur au 13 novembre 2021, https://www.legifrance.gouv.fr/codes/section_lc/LEGITEXT000006070721/LEGISCTA000032006712/#LEGISCTA000032006712.

(一) 双务合同和单务合同

《法国民法典》新的第 1106 条对双务合同（contrats synallagmatiques contrats bilatéral）和单务合同（contrats unilatéraux）做出了界定，该条规定：所谓双务合同，是指合同的一方当事人和另外一方当事人之间相互承担债务的合同。所谓单务合同，则是指一个或者几个人对另外一个或者几个人承担债务而另外一个或者几个人不对对方承担相互债务的合同。① 买卖合同和租赁合同等大多数合同均属于双务合同，而赠与合同则属于单务合同。《法国民法典》之所以区分双务合同和单务合同，最重要的原因在于，双务合同是当事人之间的相互合同，双务合同的不履行会产生三个具体的法律规范，而这三个具体的法律规范在单务合同当中是不适用的：债务不履行的抗辩规则（L'exception d'inexécution）；合同的解除规则（La résolution du contrat）；以及风险理论（théorie du risque）。②

(二) 有偿合同和无偿合同

《法国民法典》新的第 1107 条对有偿合同（contrats à titre onéreux）和无偿合同（contrats à titre gratuit）做出了界定，该条规定：所谓有偿合同，是指合同的每一方当事人在从对方那里接受某种利益时会向对方提供交换物的合同。所谓无偿合同，是指合同的一方当事人在让对方获得某种利益时不会预期或者接受对方提供的交换物的合同。③ 诸如买卖合同、租赁合同等大多数合同均为有偿合同，而无偿合同主要为赠与合同。民法之所以区分有偿合同和无偿合同，其原因多种多样：无偿合同受到当事人之间的人际关系的影响，而有偿合同则不会受到此种因素的影响；在有偿合同当中，债务人承担的债务要比无偿合同当中的债务人所承担的债务要重；法律对待有偿合同的态度宽松，而法律对待无偿合同的态度则十分严格：《法国民法典》尤其对赠与合同的条件、形式和内容做出了强制性的规定，要求赠与合同的当事人严格遵循，否则，他们之间的合同可能会因此无效。④

(三) 实定合同和射幸合同

《法国民法典》新的第 1108 条对实定合同（contrats communtatifs）和射幸合同（contrats aléatoires）做出了界定，该条规定：所谓实定合同，是合同的每一方当事人在获得对方给予的某种利益时所承担的给予对方被视为等价物的利益的债务的合同。所谓射幸合同，则是指当事人同意让他们之间的合同的法律效力、所获得的利益或者所遭受

---

① Article 1106, Code civil, Version en vigueur au 13 novembre 2021, https://www.legifrance.gouv.fr/codes/section_lc/LEGITEXT000006070721/LEGISCTA000032006712/#LEGISCTA000032006712.
② 张民安：《法国合同法总论》，中山大学出版社 2021 年版，第 82—85 页。
③ Article 1107, Code civil, Version en vigueur au 13 novembre 2021, https://www.legifrance.gouv.fr/codes/section_lc/LEGITEXT000006070721/LEGISCTA000032006712/#LEGISCTA000032006712.
④ 张民安：《法国合同法总论》，中山大学出版社 2021 年版，第 85—87 页。

的损失取决于某种不确定事件的合同。① 民法上的大多数合同在性质上均是实定合同，诸如买卖合同和租赁合同等，而射幸合同则数量有限，保险合同和赌博性游戏合同属于最主要的、最典型的两种射幸合同。民法之所以区分实定合同和射幸合同，其原因有二：显失公平理论仅在实定合同当中适用，不在射幸合同当中适用；情势变更的理论能够在实定合同当中适用，但是，不能够在射幸合同当中适用。②

（四）即时履行合同和连续履行合同

《法国民法典》新的第1111-1条对即时履行合同（contrats instantanés，le contrat à exécution instantanée）和连续履行合同（contrats successfs Le contrat à exécution successive）做出了界定，该条规定：所谓即时履行合同，是指债务人能够通过一次性给付履行债务的合同。所谓连续履行合同，是指当事人的债或者至少部分债在一定时期内分几次履行的合同。③ 买卖合同属于典型的即时履行合同，而诸如劳动合同、合伙合同、租赁合同、保管合同以及仓储合同等则属于连续履行合同。民法之所以区分即时履行合同和连续履行合同，其原因多种多样：合同无效时合同溯及既往消灭的法律效力理论在即时履行合同当中适用，但是，不会在连续履行合同当中适用；即时合同被解除时产生溯及既往消灭的效力，而连续履行合同被解除时仅仅产生向将来失效的效力；情势变更规则即不可预见性规则不得在即时履行合同当中适用，但是可以在连续履行合同当中适用。④

（五）合意合同、形式合同以及要物合同

《法国民法典》新的第1109条对合意合同（contrats consensuels）、形式合同（contrats solennels）和要物合同（contrats réels）做出了界定，该条规定：所谓合意合同，是指仅仅通过同意的交换所成立的合同，无论其表达方式是什么。所谓形式合同，是指其有效性受到制定法确定的形式约束的合同。所谓要物合同，是指其成立受到了某种物的交付约束的合同。⑤ 买卖合同是最典型的合意合同，赠与合同、婚姻合同、保证合同、质押合同和抵押合同等在性质上属于形式合同，消费借用合同、保管合同和质押合同等则属于要物合同。

民法之所以区分这三种不同的合同，最主要的原因是它们的成立条件不同：合意合同仅凭当事人之间的意思表示一致就能够成立；形式合同除了要求意思表示的合意之外还要求当事人采取特定形式，如果当事人没有采取特定形式，则他们之间的合同无效。

---

① Article 1108, Code civil, Version en vigueur au 13 novembre 2021, https://www.legifrance.gouv.fr/codes/section_lc/LEGITEXT000006070721/LEGISCTA000032006712/#LEGISCTA000032006712.
② 张民安：《法国合同法总论》，中山大学出版社2021年版，第87—90页。
③ Article 1111-1, Code civil, Version en vigueur au 13 novembre 2021, https://www.legifrance.gouv.fr/codes/section_lc/LEGITEXT000006070721/LEGISCTA000032006712/#LEGISCTA000032006712.
④ 张民安：《法国合同法总论》，中山大学出版社2021年版，第90—93页。
⑤ Article 1109, Code civil, Version en vigueur au 13 novembre 2021, https://www.legifrance.gouv.fr/codes/section_lc/LEGITEXT000006070721/LEGISCTA000032006712/#LEGISCTA000032006712.

要物合同除了要求当事人之间的意思表示合意之外还要求一方交付具体的财产，如果不交付具体的财产，合同也无法产生法律效力。①

（六）谈判合同和附合合同

《法国民法典》新的第 1110 条对谈判合同（contrats gré à gré contrats négociés）和附合合同（contrats d'adhésion）做出了界定，该条规定：所谓谈判合同，是指其条款是由当事人之间通过讨价还价予以确定的合同。所谓附合合同，是指包含了所有不是经过讨价还价的、由一方当事人预先确定的条款的合同。② 民法之所以区分谈判合同和附合合同，最主要的原因是，在谈判合同当中，当事人之间的状况被视为是平衡的，而在附合合同当中，当事人之间的状况被视为是失衡的，因为一方当事人被视为弱者，而另外一方当事人则被视为强者，为了防止强者借口附合合同将不公平的合同条款强加给弱者，立法者和法官会通过制定法和司法判例对他们之间的合同关系进行干预，以便保护弱者免遭强者的侵害。③

（七）框架合同和应用合同

《法国民法典》新的第 1111 条对框架合同（Le contrat cadre）和应用合同（contrats d'application）做出了规定，该条规定：所谓框架合同，是指当事人之间就他们未来合同关系的一般特征所做出的意思表示的一致。所谓应用合同，是指当事人之间就他们履行框架合同的方式做出准确规定的合同。④ 例如，石油公司与其分销商之间所签订的框架合同，其中对双方当事人之间的未来合同关系所涉及的内容做出规定，包括：排序性的分销条款，石油价格的确定等。在石油公司与分销商签订了石油分销方面的框架合同之后，为了落实框架合同所规定的精神，当事人之间签订了石油买卖合同，对石油买卖涉及的所有内容做出详尽的规定，他们之间签订的石油买卖合同就属于应用合同。民法之所以区分框架合同和应用合同，是因为应用合同与框架合同之间存在补充关系：框架合同是应用合同的基础，应用合同是框架合同落实的具体手段。⑤

三、合同的有效条件

在 2016 年之前，《法国民法典》第 1108 条对合同有效（la validité des conventions）的必要条件（conditions essentielles）做出了规定，该条规定：合同的有效应当具备四个基本条件：承担债务的当事人的同意；承担债务的当事人具有缔约能力；形成债的内容

---

① 张民安：《法国合同法总论》，中山大学出版社 2021 年版，第 94—96 页。
② Article 1110, Code civil, Version en vigueur au 13 novembre 2021, https://www.legifrance.gouv.fr/codes/section_lc/LEGITEXT000006070721/LEGISCTA000032006712/#LEGISCTA000032006712.
③ 张民安：《法国合同法总论》，中山大学出版社 2021 年版，第 96—98 页。
④ Article 1111, Code civil, Version en vigueur au 13 novembre 2021, https://www.legifrance.gouv.fr/codes/section_lc/LEGITEXT000006070721/LEGISCTA000032006712/#LEGISCTA000032006712.
⑤ 张民安：《法国合同法总论》，中山大学出版社 2021 年版，第 98—99 页。

的某种确定客体（Un objet certain）；债的某种合法原因（Une cause licite）。① 通过2016年2月10日的债法改革法令，现行《法国民法典》新的第1128条对合同的有效条件做出了新的说明，该条规定：合同的有效应当具备的要素是：当事人的同意，当事人的缔约能力，某种合法和肯定的内容。② 同2016年之前旧的第1108条相比，《法国民法典》新的第1128条关于合同有效条件的规定有两个重大变化：其一，它将作为合同有效条件的合同客体改为合同内容。其二，它抛弃了作为合同有效条件的合同原因，不再将合同原因视为合同的有效条件。③

（一）合同当事人的同意

根据《法国民法典》新的第1128条的规定，合同有效的第一个必要构成要素是，合同当事人的同意（consentment），如果合同当事人不同意，则合同既无法产生，也无法产生法律效力。

所谓同意有两个方面的含义：其一，它是指合同的每一方当事人就合同的成立所做出的意思表示，也就是，合同的每一方当事人对合同的性质、合同的内容和合同的条件所做出的承认或者接受表示，也就是"同意的交换"（l'échang des consentments）。其二，它是指合同当事人之间的意图、意志、意思的一致（l'accord des volontés）。所谓当事人之间的意图、意志、意思的一致，是指两方当事人的意图、意志、意思的交汇，也就是，一方当事人即债务人的意图、意志、意思和另外一方当事人即债权人的意图、意志、意思的一致。④

当事人的意思表示或者是明示的或者是默示的。所谓明示意思表示（manifestations de volonté expresses），是指合同的一方当事人为了让对方当事人了解、知道自己具有签订合同的意图、意志、意思而实施的某种行为。明示意思表示多种多样，诸如：电子方式尤其是其中的电子邮件，信函，传真，报纸杂志当中的公告，等等。⑤ 所谓默示意思表示（manifestations de volonté tacites），是指虽然合同当事人不是为了让对方当事人了解、知道自己具有签订合同的意图、意志、意思而实施某种行为，但是，人们能够从中合理推论出他们具有签订合同的意图、意志、意思的行为。因此，虽然出租车司机没有明确表示会搭载乘客，但是，当他们将出租车停靠在出租车停靠点的边界前面时，人们可以合理推定，出租车司机具有搭载乘客的意图、意志、意思。

虽然合同的成立需要合同当事人的同意，但是，仅仅存在合同当事人之间的同意还

---

① Article 1108, Code civil, Version en vigueur au 09 février 2016, https://www.legifrance.gouv.fr/codes/section_lc/LEGITEXT000006070721/LEGISCTA000006118032/2016-02-09/#LEGISCTA000006118032.

② Article 1128, Code civil, Version en vigueur au 13 novembre 2021, https://www.legifrance.gouv.fr/codes/section_lc/LEGITEXT000006070721/LEGISCTA000032006712/#LEGISCTA000032006712.

③ 张民安：《法国合同法总论》，中山大学出版社2021年版，第121—130页。

④ Vocabulaire juridique, 10e édition, sous la direction de Gérard Cornu, puf, 2014, pp. 244 – 245；François Terré, Philippe Simler, Yves Lequette, François Chénedé, Droit civil, Les obligations, 12e édition, Dalloz, 2018, pp. 182 – 183；张民安：《法国合同法总论》，中山大学出版社2021年版，第130—131页。

⑤ Jean Carbonnier, Droit civil, Les biens les obligations, puf, 2004, pp. 1974 – 1975；Virginie Larribau-Terneyre, Droit civil Les obligations, 15e édition, Dalloz, 2017, pp. 322 – 323.

不能够让合同有效成立。如果合同要有效成立，除了应当具备当事人的同意之外，还应当具备三个要素。首先，合同的有效以当事人在做出同意时具有健全的精神作为必要条件，所谓健全的精神，是指合同当事人在签订合同时知道自己要对对方承担债务的事实和知道自己要对对方承担债务的理由。其次，合同的有效以当事人的同意是真正的（réelle）和严肃的（sérieuse）作为必要条件，如果他们在合同成立时做出的同意是虚假的（fictives）、玩世不恭的（plaisanterie），则他们的合同无效。最后，合同的有效以当事人的同意是自由的（libre）和清楚明白的（éclairée）作为必要条件。所谓当事人的同意是自由的，是指当事人在没有遭受胁迫的情况下做出的同意。如果当事人在做出同意时遭遇胁迫，则他们做出的同意就是不自由的，他们与对方当事人之间的合同相对无效。所谓当事人的同意是清楚明白的，是指当事人在不存在错误或者欺诈的情况下做出的同意，如果当事人基于错误或者欺诈而做出同意，则他们的同意就构成不清不楚的同意，他们与对方当事人之间的合同相对无效。①

（二）合同当事人的缔约能力

根据《法国民法典》新的第1128条的规定，合同有效的第二个必要构成要素是，合同当事人具有缔约能力，如果合同当事人没有缔约能力，则他们缔结的合同也不能够有效成立。所谓缔约能力（la capacité de contracter），是指一方当事人所具有的与另外一方当事人签订合同的法律资格，包括权利能力和行为能力。仅仅在两方当事人均具有能力的情况下，他们才能够签订有效合同，如果一方当事人甚至双方当事人均欠缺缔约能力，则他们所签订的合同不能够有效成立。所谓欠缺缔约能力，是指一方当事人甚至双方当事人没有签订合同的法律资格，换言之，所谓欠缺缔约能力，是指一方当事人甚至双方当事人均没有缔约能力。②

（三）合同内容合法和肯定

根据《法国民法典》新的第1128条的规定，合同有效的第三个必要构成要素是，合同的内容合法和肯定，如果合同的内容非法或者不肯定，则他们缔结的合同也不能够有效成立。所谓合同的内容（Le contenu du contrat），是指合同的条款和这些条款所规定的内容，合同条款包括明示条款和默示条款，因此，合同内容也包括明示条款和默示条款所规定的内容。依据合同自由原则，合同条款有哪些，这些条款规定哪些内容，完全由合同当事人自由约定。基于这样的原因，不同性质的合同所规定的内容是不同的。③

---

① Muriel Fabre-Magnan, Droit des obligations, Tome 1, Contrat et engagement unilatéral, 4e édition, puf, 2016, p. 363；Philippe Malaurie, Laurent Aynès, Philippe Stoffel-Munck, Droit Des Obligations, 8e édition, LGDJ, 2016, p. 282；Rémy Cabrillac, Droit des Obligations, 12e édition, Dalloz, 2016, pp. 62 – 63；François Terré, Philippe Simler, Yves Lequette, François Chénedé, Droit civil, Les obligations, 12e édition, Dalloz, 2018, p. 306；张民安：《法国合同法总论》，中山大学出版社2021年版，第130—172页。

② 张民安：《法国合同法总论》，中山大学出版社2021年版，第172—182页。

③ 张民安：《法国合同法总论》，中山大学出版社2021年版，第182—199页。

所谓合同内容的合法性，也称为合同的合法性（La licéité du contrat），是指合同自身的规定或者合同的目的应当尊重公共秩序的要求，不得违反公共秩序。现行《法国民法典》新的第1162条对此种要件做出了说明，该条规定：合同自身的规定或者合同的目的不得违反公共秩序，无论其目的是否为所有当事人所知悉。① 除了新的第1162条对此种要件做出了规定之外，《法国民法典》第6条也对此种要件做出了说明，该条规定：人们不能够通过具体合同违反与公共秩序和良好道德有利害关系的制定法。②

所谓合同内容的肯定性，是指在合同成立时，合同的给付客体（objet de la prestation）是存在的，或者至少是可以存在的。所谓在合同成立时合同的给付客体是存在的，是指在合同成立时，合同的给付客体就已经现实存在，此种意义上的给付客体被称为现有的给付客体（objet de la prestation présent）。例如，在签订房屋买卖合同时，出卖人所出卖的房屋已经建成。所谓在合同成立时合同的给付客体是可以存在的，是指在合同成立时，虽然合同的给付客体还没有现实存在，但是，在债务履行时，合同的给付客体是现实存在的。例如，在签订房屋买卖合同时，出卖人所出卖的房屋还没有建成，但是，到出卖人交付房屋时，出卖人所交付的房屋已经建成。此种意义上的给付客体被称为未来给付客体（objet de la prestation future）。③ 现行《法国民法典》新的第1163（1）条对此种条件做出了说明，该条规定：债的给付客体或者是现有的，或者是未来的。④

四、合同的效力

在2016年之前，虽然《法国民法典》第1134条至第1167条对合同效力（Les effets du contrat）做出了规定，但是，这些法律条款没有使用"合同效力"一词而是使用了另外一个术语即"债的效力"（l'effet des obligations）一词。⑤ 通过2016年2月10日的债法改革法令，现行《法国民法典》新的第1193条至新的第1231-7条不仅正式使用了"合同效力"一词，而且还对合同产生的所有法律效力做出了明确规定，包括：合同对当事人产生的法律效力（Les effets du contrat entre les parties），合同对第三人产

---

① Article 1162, Code civil, Version en vigueur au 13 novembre 2021, https://www.legifrance.gouv.fr/codes/section_lc/LEGITEXT000006070721/LEGISCTA000032006712/#LEGISCTA000032006712.

② Article 6, Code civil, Version en vigueur au 13 novembre 2021, https://www.legifrance.gouv.fr/codes/section_lc/LEGITEXT000006070721/LEGISCTA000006089696/#LEGISCTA000006089696.

③ Dimitri Houtcieff, Droit des contrats, Larcier, 2e édition, 2016, pp. 208-210; Muriel Fabre-Magnan, Droit des obligations, Tome 1, Contrat et engagement unilatéral, 4e édition, puf, 2016, pp. 423-425; Philippe Malaurie, Laurent Aynès, Philippe Stoffel-Munck, Droit Des Obligations, 8e édition, LGDJ, 2016, pp. 340-341; Rémy Cabrillac, Droit des Obligations, 12e édition, Dalloz, 2016, p. 80; Marjorie Brusorio Aillaud, Droit des obligations, 8e édition, bruylant, 2017, p. 200; Virginie Larribau-Terneyre, Droit civil Les obligations, 15e édition, Dalloz, 2017, pp. 419-420; François Terré, Philippe Simler, Yves Lequette, François Chénedé, Droit civil, Les obligations, 12e édition, Dalloz, 2018, pp. 402-405; 张民安：《法国合同法总论》，中山大学出版社2021年版，第183—185页。

④ Article 1163, Code civil, Version en vigueur au 20 décembre 2020, https://www.legifrance.gouv.fr/codes/section_lc/LEGITEXT000006070721/LEGISCTA000032008690/#LEGISCTA000032008690.

⑤ Articles 1134 à 1167, Code civil, Version en vigueur au 09 février 2016, https://www.legifrance.gouv.fr/codes/section_lc/LEGITEXT000006070721/LEGISCTA000006136342/2016-02-09/#LEGISCTA000006136342.

生的法律效力（Les effets du contrat à l'égard des tiers），合同转让（La cession de contrat），合同期限（La durée du contrat）以及合同的不履行（L'inexécution du contrat）。①关于合同期限，笔者已经在前面的内容当中做出了阐述，关于合同转让，笔者将在下面的内容当中做出详细的讨论，此处从略。笔者仅在此处简要地说明合同产生的其他法律效力。

（一）合同对当事人产生的法律效力

一旦当事人之间的合同有效成立，则他们之间的合同对当事人产生约束力，任何一方当事人均应当履行自己所承担的债务，除非获得双方当事人的同意或者除非存在制定法的授权，否则，任何当事人均不得变更或者解除他们与对方当事人之间的合同，这就是合同对当事人产生的约束力，简称为合同的约束力（la force obligatoire de contrat），该种约束力也被称为合同的约束力原则（le principe de la force obligatoire de contrat）。②

在 2016 年之前，《法国民法典》第 1134 条对合同产生的约束力做出了说明，该条规定：依法成立的合同等同于合同当事人之间的制定法。除非合同当事人相互同意，或者除非具备制定法所授权的原因，否则，合同不得被解除。合同应当以诚实方式履行。③ 2016 年之后，现行《法国民法典》新的第 1103 条和新的第 1193 条对合同的约束力做出了说明。新的第 1103 条规定：依法成立的合同等同于合同当事人之间的制定法。④ 新的第 1193 条规定：除非合同当事人相互同意，或者除非具备制定法所授权的原因，否则，合同不得被变更或者被解除。⑤

合同的约束力不仅仅要求债务人对债权人履行合同所规定的债务，即便合同没有规定某种债务，如果习惯、公平或者诚实要求债务人承担该种债务，债务人仍然应当承担此种债务，因此，除了合同明确规定的债务即明示债务对当事人有约束力之外，合同没有明确规定的债务即默示债务也对当事人有约束力。在 2016 年之前，《法国民法典》第 1135 条对此种规则做出了说明，该条规定：合同不仅对当事人明确规定的内容产生约束力，而且还对公平、习惯或者制定法根据合同的性质所赋予的所有后果产生约束力。⑥ 在 2016 年之后，《法国民法典》新的第 1194 条对此种规则做出了说明，该条规定：合同不仅对当事人明确规定的内容产生约束力，而且还对公平、习惯或者制定法所

---

① Articles 1193 à 1231 – 7, Code civil, Version en vigueur au 14 novembre 2021, https://www. legifrance. gouv. fr/codes/section_ lc/LEGITEXT000006070721/LEGISCTA000006136343/#LEGISCTA000032041321.
② 张民安：《法国合同法总论》，中山大学出版社 2021 年版，第 241—243 页。
③ Article 1134, Code civil, Version en vigueur au 09 février 2016, https://www. legifrance. gouv. fr/codes/section_ lc/LEGITEXT000006070721/LEGISCTA000006136342/2016 – 02 – 09/#LEGISCTA000006136342.
④ Article 1103, Code civil, Version en vigueur au 14 novembre 2021, https://www. legifrance. gouv. fr/codes/section_ lc/LEGITEXT000006070721/LEGISCTA000006136343/#LEGISCTA000032041321.
⑤ Article 1193, Code civil, Version en vigueur au 14 novembre 2021, https://www. legifrance. gouv. fr/codes/section_ lc/LEGITEXT000006070721/LEGISCTA000006136343/#LEGISCTA000032041321.
⑥ Article 1135, Code civil, Version en vigueur au 09 février 2016, https://www. legifrance. gouv. fr/codes/section_ lc/LEGITEXT000006070721/LEGISCTA000006136342/2016 – 02 – 09/#LEGISCTA000006136342.

赋予的所有后果产生约束力。①

所谓明示债务（obligations expresses），也称为合同当事人明确规定的债务、合同当事人自愿规定、自愿承担的债务（Les obligations volontaires），是指合同当事人在自己的合同当中明确约定会对当事人产生约束力的债务。换言之，所谓明示债务，是指合同当事人在自己的明示合同条款当中所规定的债务。明示债务多种多样，合同的性质不同，当事人承担的明示债务也不同。因此，买卖合同当中当事人承担的明示债务不同于租赁合同当中当事人所承担的明示债务。承揽合同当中当事人承担的明示债务不同于运输合同当中当事人所承担的明示债务。②

所谓默示债务（Les obligations implicites），也称为被强加的债务（Les obligations imposées）、暗含债务（Les obligations tacites），是指当事人虽然没有在自己的合同当中明确规定但是仍然应当承担的债务。在2016年之前，《法国民法典》第1134条和第1135条对默示债务产生的四种渊源做出了规定，这就是第1134条所规定的诚实原则和第1135条所规定的公平原则、习惯和制定法，已如前述。在2016年之后，《法国民法典》新的第1104条和新的第1194条对默示债务产生的四种渊源做出了规定，这就是新的第1104条所规定的诚实原则和新的第1194条所规定的公平原则、习惯和制定法，已如前述。换言之，无论是在2016年之前还是之后，《法国民法典》所规定的默示债务产生的渊源均为四种：公平、诚实、习惯和制定法。③

（二）合同对第三人产生的法律效力

虽然合同具有相对性，但是，合同在例外情况下也会对第三人产生法律效力。所谓合同的相对性（relativité du contrat），是指合同当事人所缔结的合同仅仅对他们自己产生约束力，也就是，只有合同的债权人有权要求合同的债务人对自己承担和履行债务，仅合同的债务人才能够对合同债权人承担和履行自己的债务，第三人既不能够享有合同所规定的权利，也不能够承担合同所规定的债务。不过，在例外情况下，合同也能够对第三人产生法律效力。

在2016年之前，《法国民法典》第1165条对合同的相对性和例外做出了说明，该条规定：合同仅仅在合同的当事人之间产生效力，合同既不能够损害第三人的利益，也不能够让第三人获得利益，但是，第1121条规定的除外。④ 根据这一条款的规定，仅仅在一种例外情况下，合同才能够对第三人产生法律效力，这就是第1121条所规定的为第三人利益的合同，该条规定：就像人们能够在合同当中规定为自己利益的条款或者规定对别人进行捐赠的条款一样，人们也能够在合同当中规定为第三人利益的条款。一旦当事人已经表达了接受合同所规定的利益的意图，则规定此种条款的人不能够撤销该

---

① Article 1194, Code civil, Version en vigueur au 14 novembre 2021, https://www.legifrance.gouv.fr/codes/section_lc/LEGITEXT000006070721/LEGISCTA000006136343/#LEGISCTA000032041321.
② 张民安：《法国合同法总论》，中山大学出版社2021年版，第416—421页。
③ 张民安：《法国合同法总论》，中山大学出版社2021年版，第421—444页。
④ Article 1165, Code civil, Version en vigueur au 09 février 2016, https://www.legifrance.gouv.fr/codes/section_lc/LEGITEXT000006070721/LEGISCTA000006136342/2016-02-09/#LEGISCTA000006136342.

条款。①

通过 2016 年 2 月 10 日的债法改革法令，现行《法国民法典》新的第 1199 条对合同的相对效力和例外情况对第三人产生的法律效力做出了说明，该条规定：合同仅仅在当事人之间产生债。第三人既不能够要求债务人履行债务，也不能够强制债务人履行，但是，本节或者第四编第三章另有规定的除外。② 根据该条的规定，在几种例外情况下，当事人之间的合同仍然能够对第三人产生法律效力：新的第 1341 条至新的第 1341-3 条所规定的债权人代位权和债权人撤销权；新的第 1200 条至新的第 1209 条所规定的为第三人利益的合同和允诺第三人会实施某种行为的合同（porte-fort）。关于债权人代位权和债权人撤销权，笔者将在下面的内容当中做出详细的讨论，此处从略。

所谓为第三人利益的合同（la stipulation pour autrui），是指合同的一方当事人即订约者（le stipulant）与另外一方当事人即允诺者（le promettant）所签订的一种合同，在该种合同当中，他们规定了有利于第三人的条款（la stipulation），根据这一条款，允诺者对订约者做出承诺，会为第三人的利益实施某种给付行为，其中的第三人被称为受益人（le bénéficiaire）、利益第三人（le tiers bénéficiaire）。简而言之，所谓为第三人利益的合同，是指两方当事人在其中规定了有利于第三人条款的合同。③《法国民法典》新的第 1205 条对为第三人利益的合同做出了界定，该条规定：人们能够规定为别人利益的合同条款。合同的一方当事人即订约者能够让合同的另外一方当事人即允诺者做出会为了第三人即受益人的利益实施某种给付行为的承诺。虽然受益人可以是未来的每一个人，但是，该人应当被准确地指明，或者在允诺履行时能够被确定。④

所谓允诺第三人会实施某种行为的合同（porte-fort），也称为第三人做出允诺（La promesse pour autrui）的合同、担保允诺合同（La promesse de porte-fort）或者担保条款（La clause de porte-fort），是指合同的一方当事人即允诺者与合同的另外一方当事人即受益人所签订的合同，在该种合同当中，允诺者对受益人做出第三人会实施某种行为的允诺、担保。例如，出卖人与买受人签订的买卖合同规定，除了应当将自己享有共有权的某一个财产出卖给买受人之外，出卖人还对买受人做出允诺、担保，他们之间的买卖合同会取得其他共有权人的同意或者批准。⑤《法国民法典》新的第 1204 条对允诺第三人会实施某种行为的合同做出了说明，该条规定：人们能够做出担保，允诺第三人会实

---

① Article 1121, Code civil, Version en vigueur au 09 février 2016, https://www.legifrance.gouv.fr/codes/section_lc/LEGITEXT000006070721/LEGISCTA000006150236/2016-02-09/#LEGISCTA000006150236.

② Article 1199, Code civil, Version en vigueur au 14 novembre 2021, https://www.legifrance.gouv.fr/codes/section_lc/LEGITEXT000006070721/LEGISCTA000006136343/#LEGISCTA000032041321.

③ Dimitri Houtcieff, Droit des contrats, Larcier, 2e édition, 2016, p. 474；Philippe Malaurie, Laurent Aynès, Philippe Stoffel-Munck, Droit Des Obligations, 8e édition, LGDJ, 2016, p. 447；Virginie Larribau-Terneyre, Droit civil Les obligations, 15e édition, Dalloz, 2017, p. 528；François Terré, Philippe Simler, Yves Lequette, François Chénedé, Droit civil, Les obligations, 12e édition, Dalloz, 2018, p. 776；张民安：《法国合同法总论》，中山大学出版社 2021 年版，第 283—290 页。

④ Article 1205, Code civil, Version en vigueur au 14 novembre 2021, https://www.legifrance.gouv.fr/codes/section_lc/LEGITEXT000006070721/LEGISCTA000006136343/#LEGISCTA000032041321.

⑤ 张民安：《法国合同法总论》，中山大学出版社 2021 年版，第 290—293 页。

施某种行为。①

在允诺第三人会实施某种行为的合同当中，允诺者对受益人承担的债务是，允诺、担保、保证第三人会实施某种行为。第三人实施的行为可以是某种事实行为（fait matériel），例如，允诺者允诺会让一个拳击手参加拳击比赛，也可以是某种法律行为（acte juridique），例如，允诺者允诺会让第三人批准某种行为。根据允诺者允诺第三人实施的行为的类型不同，允诺第三人会实施某种行为的合同可以分为三类：允诺第三人会批准某种行为的合同；允诺第三人会实施某种法律行为的合同；允诺第三人会履行某种合同的合同。②

（三）合同不履行所遭受的各种法律制裁

一旦债务人对债权人承担债务，则他们应当履行所承担的债务，如果债务人不履行或者不适当履行所承担的债务，则他们应当遭受制裁。在2016年之前，《法国民法典》仅仅对债务人不履行债务的一种主要制裁即损害赔偿做出了规定，没有对其他制裁做出规定。通过2016年2月10日的债法改革法令，现行《法国民法典》新的第1217条至新的第1231-7条对不履行合同（l'inexécution du contrat）所引发的五种法律制裁做出了创新的规定。③

《法国民法典》新的第1217条对这五种法律制裁做出了明确列举，该条规定：在一方当事人对另外一方当事人承担债务的情况下，如果一方当事人没有履行自己的债务，或者虽然履行但是履行得不完全，另外一方当事人能够：拒绝履行或者延期履行自己的债务，要求法官责令债务人强制代物履行债务，获得减价，主张解除合同，要求赔偿不履行债务引起的后果。在能够兼容的情况下，这些法律制裁措施能够同时适用并且总是附加损害赔偿。④ 所谓拒绝履行或者延期履行自己的债务，是指债务不履行的抗辩，关于这一抗辩，笔者将在下面的内容当中做出说明，此处从略。关于强制代物履行，笔者将在下面的内容当中做出详细的讨论，此处从略。

所谓减价（la réduction du prix），是指在债务人不完全履行自己对债权人承担的债务时，债权人所享有的单方面减少合同所规定的产品或者服务价格的权利。《法国民法典》新的第1223条对合同债务不履行时所遭受的此种法律制裁做出了说明，该条规定：

---

① Article 1204, Code civil, Version en vigueur au 14 novembre 2021, https://www.legifrance.gouv.fr/codes/section_lc/LEGITEXT000006070721/LEGISCTA000006136343/#LEGISCTA000032041321.

② Muriel Fabre-Magnan, Droit des obligations, Tome 1, Contrat et engagement unilatéral, 4e édition, puf, 2016, pp.593-596；Philippe Malaurie, Laurent Aynès, Philippe Stoffel-Munck, Droit Des Obligations, 8e édition, LGDJ, 2016, pp.456-457；Marjorie Brusorio-Aillaud, Droit des obligations, 8e édition, bruylant, 2017, pp.257-258；Virginie Larribau-Terneyre, Droit civil Les obligations, 15e édition, Dalloz, 2017, pp.538-540；François Terré, Philippe Simler, Yves Lequette, François Chénedé, Droit civil, Les obligations, 12e édition, Dalloz, 2018, pp.772-774；张民安：《法国合同法总论》，中山大学出版社2021年版，第290—293页。

③ Articles 1217 à 1231-7, Code civil, Version en vigueur au 14 novembre 2021, https://www.legifrance.gouv.fr/codes/section_lc/LEGITEXT000006070721/LEGISCTA000006136343/#LEGISCTA000032041321.

④ Article 1217, Code civil, Version en vigueur au 14 novembre 2021, https://www.legifrance.gouv.fr/codes/section_lc/LEGITEXT000006070721/LEGISCTA000006136343/#LEGISCTA000032041321.

在给付不完全履行的情形，在对债务人做出催告之后，并且如果债权人还没有全部或者部分支付债务人的给付价款，债权人能够将自己做出的按照比例减少价格的决定尽快通知债务人。债务人应当以书面形式接受债权人做出的减价决定。如果债权人已经将全部价款支付给了债务人，在当事人之间无法达成减价的意思表示合意时，债权人有权要求法官做出减价的判决。①

所谓合同解除（La résolution du contrat），是指合同的终止，在当事人之间的合同被解除时，他们之间原本存在的合同关系、债权债务关系终止、中断，彼此之间的债务不再履行，已经履行的债务是否恢复原状，取决于合同当事人之间的合同性质和当事人之间的合同规定。② 根据合同解除原因的不同，合同解除分为三种：协议解除，债权人单方面解除，司法解除。《法国民法典》新的第 1224 条对三分法的合同解除做出了说明，该条规定：合同的解除或者源于合同当中的某种解除条款的适用，在严重的债务不履行行为存在时，源自债权人对债务人的解约通知，或者源自法官的判决。③

所谓协议解除（résolution conventionnelle），或者是指在合同有效成立之后合同履行期间，债权人与债务人之间就合同的解除所达成的一种新协议，根据该新协议，他们同意终止彼此之间的合同。④ 所谓合同的单方解除（la résolution unilatérale du contrat），也称为通过通知解除（la résolution par notification）、通过通知单方解除（la résolution unilatérale par notification），是指合同债权人仅凭自己的个人意图、个人意志、个人意思就能够让自己与合同债务人之间的合同被解除。⑤ 所谓合同的司法解除（la résolution judiciaire du contrat），是指基于债权人的诉讼请求，法官所享有的通过自己的判决宣告债权人与债务人之间的合同终止的一种合同解除权。⑥

如果债务人不履行自己所承担的债务，除了应当遭受诸如减价和合同解除等法律制裁之外，他们还应当被责令赔偿合同债权人因为其不履行债务所遭受的损害后果，如果他们符合合同责任的三个必要条件的话：债务人不履行债务的行为，也就是债务人实施的过错行为；债权人遭受的损害；债务人不履行债务的行为与债权人损害之间存在因果关系。⑦ 除了《法国民法典》新的第 1217 条对此种法律制裁措施做出了简要的列举之外，《法国民法典》新的 1231 条至新的 1231-7 条也对此种法律制裁措施做出了具体说明。除了应当赔偿债权人遭受的财产损害和道德损害之外，他们还应当赔偿债权人遭受的人身损害，因为人身损害既包括直接受害人和间接受害人所遭受的财产损害，也包括直接受害人和间接受害人所遭受的道德损害⑧，除非债务人具有拒绝承担合同责任的某

---

① Article 1223, Code civil, Version en vigueur au 14 novembre 2021, https://www.legifrance.gouv.fr/codes/section_lc/LEGITEXT000006070721/LEGISCTA000006136343/#LEGISCTA000032041321.
② 张民安：《法国合同法总论》，中山大学出版社 2021 年版，第 332 页。
③ Article 1224, Code civil, Version en vigueur au 14 novembre 2021, https://www.legifrance.gouv.fr/codes/section_lc/LEGITEXT000006070721/LEGISCTA000006136343/#LEGISCTA000032041321.
④ 张民安：《法国合同法总论》，中山大学出版社 2021 年版，第 339—344 页。
⑤ 张民安：《法国合同法总论》，中山大学出版社 2021 年版，第 344—349 页。
⑥ 张民安：《法国合同法总论》，中山大学出版社 2021 年版，第 349—355 页。
⑦ 张民安：《法国合同法总论》，中山大学出版社 2021 年版，第 388—391 页。
⑧ 张民安：《法国合同法总论》，中山大学出版社 2021 年版，第 498—518 页。

种约定或者法定免责或者限责事由，诸如不可抗力、正当防卫、紧急避险、制定法所规定的职责履行以及免除合同责任的条款。①

第五节　作为债的渊源的单方法律行为

一、单方法律行为的界定

在法国，作为债的重要渊源，法律行为的第二种类型是单方法律行为（L'acte juridique unilatéral）。在2005年的《债法改革草案》当中，Catala领导的小组对作为债的渊源的单方法律行为做出了界定，这就是其《债法改革草案》当中的第1101-1（3）条，该条规定：所谓单方法律行为，是指一个人或者基于同一利益的考虑而联合在一起的几个人为了在制定法或者习惯所承认的情形当中产生法律效果而实施的行为。② 虽然2016年2月10日的债法改革法令明确将单方法律行为视为法律行为的组成部分，但是，该法令没有对单方法律行为做出界定。换言之，现行《法国民法典》没有对单方法律行为做出界定，即便它明确规定单方法律行为是法律行为的组成部分。

虽然《法国民法典》没有对单方法律行为做出界定，但是，法国民法学者普遍对该种法律行为做出了界定，并且他们做出的界定几乎没有任何差异，因为他们均认为，所谓单方法律行为，是指一方当事人为了产生某种法律效果而实施的意思表示行为。Cabrillac对单方法律行为做出了类似的界定，他指出："所谓单方法律行为，是指一方当事人为了产生法律效果而实施的意思表示行为。"③ Carbonnier也对单方法律行为做出了类似的界定，他指出："所谓单方法律行为，是指一方当事人仅凭其自己一个人就能够决定法律效果的意思表示行为，该种法律行为或者让该人对别人承担债务，或者让该人获得某种利益。"④ Terré、Simler和Lequette等人也对单方法律行为做出了类似的界定，他们指出："所谓单方法律行为，是指源自一个人的并且能够在不需要另外一个人的意思表示协助的情况下产生某些法律效果的意思表示。"⑤

作为一种法律行为，单方法律行为与合同之间存在诸多的共同点：它们均是法律行为的表现形式，均以意思表示作为必要构成因素，均能够成为债的渊源。并且就像合同能够引起债的产生、限制、转让和消灭的后果一样，单方法律行为也能够引起债的产生、限制、转让和消灭的后果。此外，合同的有效条件和合同的法律效果的规则同样适

---

① 张民安：《法国合同法总论》，中山大学出版社2021年版，第641—652页。
② Article 1100-1, Avant-projet de reforme du oroit des obligations（Articles 1101 à 1386 du Code civil）ET DU DROIT DE LA PRESCRIPTION（Articles 2234 à 2281 du Code civil），Rapp. ort à Monsieur Pascal Clément, Garde des Sceaux, Ministre de la Justice, 22 Septembre 2005, p. 65.
③ Rémy Cabrillac, Droit des obligations, 12e édition, Dalloz, 2016, p. 185.
④ Jean Carbonnier, Droit civil, Les biens Les obligations, puf, 2004, p. 1939.
⑤ François Terré, Philippe Simler, Yves Lequette, François Chénedé, Droit Civil, les Obligations, 12e édition, Dalloz, 2018, p. 93.

用于单方法律行为。

作为两种法律行为，单方法律行为与合同之间的主要差异有三。

第一，合同不仅有两方或者多方的意思表示，而且他们的意思表示应当一致，而单方法律行为则不同，它们仅仅是债务人一方的意思表示。

第二，在合同当中，合同当事人可能同时承担债务和享有债权并因此同时成为债务人和债权人，而在单方法律行为当中，实施单方法律行为的人只能够是债务人，他们仅仅承担债务，不能够成为债权人并因此享有债权。

第三，在合同当中，人们对合同的形式要求没有他们对单方法律行为的形式要求严格，因为，合同原则上可以采取任何方式，但是，制定法有时对单方法律行为的形式要求做出了特别规定，尤其是，制定法要求它们采取书面形式。

单方法律行为多种多样，其中的某些是由制定法加以明确规定的，另外一些是由法官在自己的司法判例当中承认的，还有一些则是由民法学者所主张的，包括但是不限于以下的法律行为：遗嘱，债务清偿的书面承诺，基金会的设立，包括继承权、用益权和地役权在内的权利放弃行为，包括租赁合同的解除行为、承揽工程的接受行为、可选择债当中可选择权的选择行为以及委托代理当中的授权和追认行为在内的附属性决定，为第三人利益的合同规定，非婚生子女的自愿承认行为，未成年人监护权的解除行为，无因管理行为，要约，悬赏广告，公开招股，一人有限公司的设立行为，以及自然债的履行行为或者承诺履行行为，等等。①

虽然单方法律行为多种多样，但是，根据单方法律行为是否具有财产性质的不同，所有的单方法律行为均可以分为两类：其一，非财产性质的法律行为（les actes extra-patrimoniaux）。所谓非财产性质的法律行为，是指没有财产价值、人们无法以金钱方式确定其价值大小的单方法律行为，例如非婚生子女的自愿承认和未成年人监护权的解除在性质上就属于非财产性质的法律行为；其二，财产性质的法律行为（les actes patri-moniaux）。所谓财产性质的法律行为，是指具有经济价值、人们能够以金钱方式确定其价值大小的单方法律行为。例如，遗嘱、一人有限公司的设立和继承权、用益权和地役权的放弃等在性质上均属于财产性质的法律行为。②

二、民法学者关于单方法律行为是否能够成为债的渊源的争议

作为法律行为的组成部分，协议法律行为即合同当然能够成为债的渊源，因为合同能够让一方当事人与另外一方当事人之间产生债并因此让他们之间产生债权债务关系。问题在于，作为法律行为的组成部分，行为人实施的单方法律行为是否能够像合同一样

---

① Gérard Légier, les obligations, 17e édition, Dalloz, 2001, pp. 9 – 10；Jean Carbonnier, Droit civil, Volume II, Les biens, Les obligations, puf, 2004, pp. 1940 – 1941；Christian Larroumet, Droit Civil, Les Obligations, le Contrat, Tome III, 1re partie, 6e édition, Economica, 2007, pp. 78 – 87；Jacques Flour, Jean-Luc Aubert, Éric Savaux, Les obligations, 1. L'acte juridique, 15e édition, Dalloz, 2012, pp. 489 – 491；François Terré, Philippe Simler, Yves Lequette, François Chénedé, Droit civil, Les obligations, 12e édition, Dalloz, 2018, pp. 94 – 95.

② Jacques Flour, Jean-Luc Aubert, Éric Savaux, Les obligations, 1. L'acte juridique, 15e édition, Dalloz, 2012, pp. 461 – 462.

成为债的渊源？德国 19 世纪的民法学者做出了肯定的回答，认为单方法律行为也像合同一样是债的渊源，因为，就像合同债源自合同当事人的意图、意志和意思表示一样，单方法律行为所产生的债同样源自一方当事人的意图、意志和意思表示。①

受到德国民法学者所主张的此种理论的影响，1896 年的《德国民法典》也规定了单方法律行为。例如，其第 111 条规定，如果未成年人实施的单方法律行为没有获得其法定代理人的必要授权，则他们实施的单方法律行为无效。② 再例如，《德国民法典》第 657 条也规定，一旦失主发布公告，承诺会对将失物返还自己的人予以补偿，则在拾得遗失物的债权人将失物返还给失主时，失主应当对将失物返还自己的债权人承担补偿债务，即便债权人在将失物返还给失主时不知道失主的承诺，亦是如此。③

（一）民法学者对单方法律行为是否能够成为债的渊源的不同看法

由于受到德国民法学说和《德国民法典》的影响，在 19 世纪末 20 世纪初，法国不少民法学者将单方法律行为视为像合同一样的债的渊源，诸如 Saleilles、Demogue、Josserand 和 Capitant 等，已如前述。不过，在这些民法学者承认单方法律行为是债的渊源的同时，另外一些民法学者则强烈反对他们的此种看法，他们认为，虽然合同能够成为债的渊源，但是，行为人实施的单方法律行为无法成为债的渊源。④ 除了 19 世纪末 20 世纪初的法国民法学者对单方法律行为是否能够成为债的渊源存在争议之外，在今时今日，民法学家之间仍然就此种问题存在争议。

（二）19 世纪末 20 世纪初的民法学者对单方法律行为是否能够成为债的渊源的不同看法

在 19 世纪末期和 20 世纪前半期，法国民法学者对单方法律行为是否能够成为债的渊源的看法完全对立。某些民法学者持绝对肯定的看法，他们认为，只要债务人一个人具有意思表示，即便他们的意思表示没有获得债权人的接受，他们单独的意思表示仍然能够产生法律效果并因此让债务人对债权人承担债务，此时，债务人承担的债务仅仅因为他们单方面做出的允诺而产生。这些民法学者还认为，凡是能够产生债的法律行为在性质上均是单方法律行为，包括合同和集体法律行为，因为合同也罢，集体法律行为也罢，它们不过是两个或者两个以上的单方意思表示结合在一起的结果而已，这就是完全肯定理论。⑤

而另外一些民法学者则持绝对否定的看法，他们认为，将单方法律行为视为像合同

---

① Gabriel Marty, Pierre Raynaud, Droit Civil, Les obligations, Tome 1, Les sources, 2e édition, Sirey, 1988, p.367；Christian Larroumet, Droit Civil, Les Obligations, le Contrat, Tome III, 1re partie, 6e édition, Economica, 2007, p.74；Jacques Flour, Jean-Luc Aubert, Éric Savaux, Les obligations, 1. L'acte juridique, 15e édition, Dalloz, 2012, p.492.
② Raoule De La Grasserie, Code Civil Allemande, 2e édition, PARIS A. PEDONE, Éditeur, 1901, pp.24–25.
③ Raoule De La Grasserie, Code Civil Allemande, 2e édition, PARIS A. PEDONE, Éditeur, 1901, p.140.
④ Gabriel Marty, Pierre Raynaud, Droit Civil, Les obligations, Tome 1, Les sources, 2e édition, Sirey, 1988, p.367.
⑤ Gabriel Marty, Pierre Raynaud, Droit Civil, Les obligations, Tome 1, Les sources, 2e édition, Sirey, 1988, p.367.

一样的债的渊源的看法是"不准确的、违反逻辑的、自相矛盾的、与社会共识是背道而驰的"①。

一方面,从理论的角度,单方法律行为不可能成为债的渊源。合同之所以能够成为债的渊源,是因为合同能够将债权人与债务人连接在一起并因此建立债权债务关系。而单方法律行为则不同,它们仅仅是一方当事人的意思表示,他们的单方意思表示无法让自己与债权人之间建立债权债务关系:如果债务人做出了某种单方意思表示,他们完全有权撤销自己的意思表示,认为债务人做出的意思表示无法撤回的看法是不符合逻辑的;即便债务人不自愿撤回自己的单方意思表示,他们做出的单方意思表示也无法约束债权人,无法让债权人与债务人之间建立债权债务关系。②

另一方面,从单方法律行为所产生的实际功效来看,单方法律行为能够成为债的渊源的观念也是难以成立的,因为,除了法官似乎很少在自己的司法判例当中适用此种理论之外,单方意思表示所产生的债的理论也无法像合同债那样形成一般理论,即便实践当中存在因为单方意思表示所引起的少数债,这些债也仅仅是实在法所承认的例外,无法获得广泛的、普遍的适用。③

(三) 当今大多数法国民法学者对单方法律行为能够作为债的渊源的肯定看法

除了20世纪50年代之前的民法学者对单方法律行为是否能够成为债的渊源存在争议之外,在今时今日,法国民法学者之间在单方法律行为是否能够成为债的渊源的问题上仍然存在不同的看法,某些民法学者认为,单方法律行为不能够成为债的渊源,而另外一些民法学者则认为,单方法律行为能够成为债的渊源。④

在1988年的《债》当中,Marty 和 Raynaud 采取反对看法,认为人们很难将单方法律行为视为债的渊源,他们指出:"单方法律行为的一般理论是很难建构的,至少在他们构建此种法律行为的法律制度时是如此。一方面,虽然民法学家承认单方法律行为能够产生债,但是,在哪些单方法律行为能够产生债的问题上,这些民法学家并没有提供清单,并且他们所建构的一般理论随着所建构的因素的不同而各不相同。另一方面,如果债法当中存在因为单方意志产生的债,能够产生债的单方法律行为也应当是例外的并且它们均应当是有名的法律行为。"⑤

在2010年的《债》当中,Malinvaud 和 Fenouillet 也采取反对看法,他们认为,原则上,人们所谓的单方法律行为仅仅存在于制定法当中和司法判例当中,这些单方法律行为虽然会产生债法上的效果,但是,它们的法律效果源自制定法或者司法判例而不是源自实施单方法律行为的行为人的个人意图、个人意志或者个人意思。他们指出:"制

---

① Gabriel Marty, Pierre Raynaud, Droit Civil, Les obligations, Tome 1, Les sources, 2e édition, Sirey, 1988, p. 368.
② Gabriel Marty, Pierre Raynaud, Droit Civil, Les obligations, Tome 1, Les sources, 2e édition, Sirey, 1988, p. 368.
③ Gabriel Marty, Pierre Raynaud, Droit Civil, Les obligations, Tome 1, Les sources, 2e édition, Sirey, 1988, p. 369.
④ François Terré, Philippe Simler, Yves Lequette, François Chénedé, Droit Civil, les Obligations, 12e édition, Dalloz, 2018, pp. 95 - 99.
⑤ Gabriel Marty, Pierre Raynaud, Droit Civil, Les obligations, Tome 1, Les sources, 2e édition, Sirey, 1988, p. 372.

定法本身建构、规范和调整大量的单方法律行为，不过，制定法所规定的这些单方法律行为并不是债的渊源的创设者……除了制定法和司法判例所规定和确定的能够作为债产生渊源的单方法律行为之外，人们很难发现能够作为债的渊源的单方法律行为。"①

Malinvaud 和 Fenouillet 认为，在大多数情况下，人们所谓的单方法律行为均无法按照当事人的意图产生法律效力，而是按照制定法的规定产生法律效力。例如，虽然遗嘱是一种单方法律行为，但是，遗嘱并不是按照立遗嘱者的单方意志、意图或者意思产生法律效力：虽然立遗嘱者立下遗嘱，他们所立下的遗嘱对自己并没有约束力，因为他们可以随心所欲地修改、变更甚至撤回自己的遗嘱。同样，虽然非婚生子女的自愿承认是一种单方法律行为，但是，它所产生的法律效力并不是源自做出此种承认的人，而是源自制定法的直接规定，因此，它属于制定法上的债，而不属于法律行为引起的债。②

Malinvaud 和 Fenouillet 认为，仅仅在少数情况下，人们所谓的单方法律行为能够成为债的渊源。例如，承诺履行自然债的行为属于单方法律行为，一旦债务人做出此种承诺，则他们做出的承诺会让债务人对债权人承担的自然债嬗变为民事债，已如前述。再例如，签订合同的要约，如果一方当事人向另外一方当事人发出与其签订合同的要约，则他们发出的要约也属于单方法律行为，也会让自己与另外一方当事人之间产生债。③

不过，在今时今日，大多数民法学者普遍持肯定态度，他们认为，就像合同能够成为债的渊源一样，单方法律行为也能够成为债的渊源。④ 例如，Carbonnier 就采取此种看法，他指出："所谓单方法律行为，是指仅凭一方当事人的意思表示行为就能够确定法律效果的行为，该种法律效果要么是让该方当事人自身承担某种债务，要么是让自己获得某种利益。人们在《法国民法典》当中发现众多的等同于此种界定的单方法律行为（传统的法律行为）。不过，在制定法所规定的单方法律行为之外，现代民法学者建议赋予单方法律行为的一般观念以价值。"⑤

Flour、Aubert 和 Savaux 也采取此种看法，他们指出："单方法律行为能够产生债的同一观念并不是自相矛盾的，并且证据表明，实在法毫无疑问承认这一观念的某些适用，无论是制定法还是司法判例。民法学者真正的争议并不是是否应当承认单方法律行为是不是债的渊源，他们之间的真正争议是，作为债的渊源，单方法律行为所适用的范围究竟是什么。"⑥

---

① Philippe Malinvaud, Dominique Fenouillet, Droit des obligations, 11e édition, Litec, 2010, p.42.
② Philippe Malinvaud, Dominique Fenouillet, Droit des obligations, 11e édition, Litec, 2010, p.42.
③ Philippe Malinvaud, Dominique Fenouillet, Droit des obligations, 11e édition, Litec, 2010, p.44.
④ Gérard Légier, les obligations, 17e édition, Dalloz, 2001, pp. 9 – 10; Christian Larroumet, Droit Civil, Les obligations, le Contrat, 6e édition, Economica, 2007, pp.74 – 88; Jean Carbonnier, Droit civil, Les biens Les obligations, puf, 2004, pp.1939 – 1941; Jacques Flour, Jean-Luc Aubert, Éric Savaux, Les obligations, 1. L'acte juridique, Quatorzième édition, Dalloz, 2010, pp. 461 – 474; Rémy Cabrillac, Droit des obligations, 12e édition, Dalloz, 2016, pp.185 – 186; Muriel Fabre-Magnan, Droit des obligations, Tome 1, Contrat et engagement unilatéral, 4e édition, puf, 2016, pp.811 – 818.
⑤ Jean Carbonnier, Droit civil, Volume II, Les biens, Les obligations, puf, 2004, pp.1939 – 1940.
⑥ Jacques Flour, Jean-Luc Aubert, Éric Savaux, Les obligations, 1. L'acte juridique, 15e édition, Dalloz, 2012, p.492.

三、当今民法学者承认单方法律行为构成债的渊源的原因

在今时今日,法国大多数民法学者之所以肯定单方法律行为是债的渊源,其主要原因有几个。①

首先,在债务人实施让自己对债权人承担债务的某种单方法律行为时,即便债权人不知道或者还无法确定,但是,只要在实行债务时,债权人能够最终确定即可。换言之,债权人享有的债权在他们还不知道自己享有的债权之前就已经存在,在他们还没有接受债务人的给付行为之前,他们就享有债权。例如,当失主承诺将会对捡到自己实物并且将其交还自己的人予以补偿时,他们所做出的此种承诺就构成单方法律行为。虽然在失主做出承诺时债权人还不确定,但是,到债权人将所捡到的实物交还自己时,债权人就确定了。

其次,如果债务人单方面做出某种行为,则他们应当受到自己意思表示的约束,不过,如果他们愿意,他们也有权撤回或者撤销自己的意思表示。再次,虽然法官过去的确对单方法律行为能够产生债的看法存在抗拒性,不愿意采取单方法律行为的分析方法,而更愿意采取默示合同的分析方法,但是,近些年来,法官在不少案件当中采取了单方法律行为的分析方法,认为债务人单方面的意思表示能够让他们与债权人之间产生债。

最后,在承认单方法律行为总体上能够产生债的情况下,民法学者也试图建立单方债的一般理论和一般制度。有时,他们通过既存的机制建立单方债的一般理论和一般制度,有时,他们则通过新的机制建立单方债的一般理论和一般制度。②

所谓通过既存的机制建立单方债的一般理论和一般制度,是指通过《法国民法典》当中已经规定的某种制度建立单方债的一般理论和一般制度。例如,《法国民法典》对无因管理债做出了规定,通过无因管理债,民法学者试图建立单方债的一般理论和一般制度:在无因管理债当中,仅管理者一方的意思表示就让管理者和被管理者之间产生了债。再例如,《法国民法典》对为第三人为利益的合同做出了规定,通过为第三人利益的合同所产生的债,民法学者试图建立单方债的一般理论和一般制度:在为第三人利益的合同当中,合同的一方当事人单方面表示会为了第三人的利益而履行某种给付义务。③

所谓通过新的机制建立单方债的一般理论和一般制度,是指在《法国民法典》所规定的法律制度之外建立单方债的一般理论和一般制度,根据此种新的机制,人们认

---

① Gérard Légier, les obligations, 17e édition, Dalloz, 2001, pp. 9 – 10; Christian Larroumet, Droit Civil, Les obligations, le Contrat, 6e édition, Economica, 2007, pp. 74 – 88; Jean Carbonnier, Droit civil, Les biens Les obligations, puf, 2004, pp. 1939 – 1941; Jacques Flour, Jean-Luc Aubert, Éric Savaux, Les obligations, 1. L'acte juridique, Quatorzième édition, Dalloz, 2010, pp. 461 – 474; Rémy Cabrillac, Droit des obligations, 12e édition, Dalloz, 2016, pp. 185 – 186.

② Jean Carbonnier, Droit civil, Les biens Les obligations, puf, 2004, p. 1941.

③ Jean Carbonnier, Droit civil, Les biens Les obligations, puf, 2004, p. 1941; Christian Larroumet, Droit Civil, Les obligations, le Contrat, 6e édition, Economica, 2007, pp. 78 – 79.

为，一旦债务人做出单方面的意思表示，他们的意思表示就让自己对债权人承担债务，即便债权人还不确定，即便债权人还没有接受债务人的给付行为，债务人与债权人之间的债就已经存在，因为一旦债务人做出单方面的允诺，则在他们的允诺所规定的期限内，或者在他们的允诺做出之后的一个合理期限内，他们不能够撤回或者撤销自己的意思表示。最典型的体现是：合同的要约被视为一种单方法律行为，一旦要约人对特定的债权人发出了与其签订合同的要约，则他们应当受到自己要约的限制，不得随意撤回自己的要约。①

因为法国大多数民法学者承认单方法律行为的存在，因此，在 2005 年的《债法改革草案》当中，Catala 领导的债法改革小组明确承认单方法律行为的存在，认为它们像合同和集体法律行为一样属于作为债的渊源的法律行为的组成部分，这就是其《债法改革草案》当中的第 1101-1（3）条，已如前述。不过，因为少数民法学者仍然无法肯定单方法律行为是否能够成为债的渊源，因此，无论是在 2008 年的《合同法改革草案》还是在 2015 年的《关于合同法、债的制度和债的证明的改革法草案》当中，Terré 领导的债法改革小组和法国司法部领导的债法改革小组均没有对单方法律行为做出明确的规定，在单方法律行为是否能够成为债的渊源的问题上，它们均不约而同地保持缄默。②

虽然迫于压力，在 2016 年的债法改革法令当中，法国政府对单方法律行为做出了规定，但是，在债的渊源的问题上，它仅仅规定了能够产生债的一种渊源：履行或者承诺履行对债权人所承担的某种良心债，已如前述。法国政府之所以采取此种做法，是因为虽然单方法律行为能够产生众多的法律效果，但是，它们究竟能够产生哪些债，民法学者之间仍然心存疑虑。③

四、单方债的一般制度

当合同产生债时，它们产生的债被称为协议债、合同债，而当单方法律行为产生债时，它们所产生的债被称为单方债。无论是在 2016 年的债法改革之前还是改革之后，《法国民法典》均对合同债的一般制度做出了规定，包括合同债的成立条件和合同债的法律效果等，而无论是在 2016 年的债法改革之前还是改革之后，《法国民法典》均没有对单方债的一般制度做出规定，因为除了规定单方法律行为属于法律行为的组成部分之外，它也仅仅简单地规定，包括单方法律行为和协议法律行为在内的所有法律行为均适用有关合同有效方面和效力方面的规定，已如前述。

《法国民法典》没有对单方法律行为的有效条件做出明确规定，但是，它对合同的有效条件做出了规定，这就是新的第 1128 条，根据该条的规定，合同的有效应当同时

---

① Jean Carbonnier, Droit civil, Les biens Les obligations, puf, 2004, p.1941; Christian Larroumet, Droit Civil, Les obligations, le Contrat, 6e édition, Economica, 2007, pp.80–83.
② François Terré, Philippe Simler, Yves Lequette, François Chénedé, Droit Civil, les Obligations, 12e édition, Dalloz, 2018, p.99.
③ François Terré, Philippe Simler, Yves Lequette, François Chénedé, Droit Civil, les Obligations, 12e édition, Dalloz, 2018, pp.99–101.

具备三个必要条件：其一，当事人的同意；其二，当事人的缔约能力；其三，合法和肯定的内容。①

根据《法国民法典》新的第 1100 – 1 条的规定，第 1128 条所规定的这些有效条件也适用于单方法律行为。因此，在法国，如果债务人实施的单方法律行为要产生法律效果，它们也应当具备三个必要条件：其一，债务人单方面做出了没有瑕疵的意思表示；其二，债务人具有行为能力；其三，债务人的意思表示具有某种确定的、合法的内容。

所谓做出了没有瑕疵的意思表示，是指债务人在没有受到欺诈、胁迫或者误解的情况下做出的意思表示，这一点与合同的有效条件是完全一致的。如果债务人在做出意思表示时受到了欺诈、胁迫或者存在误解，则他们的法律行为在性质上属于相对无效的行为。② 所谓行为能力，是指债务人所具有的实施有效法律行为的资格。根据《法国民法典》第 1145 条、第 1146 条和第 1147 条的规定，除非自然人属于没有解除监护关系的未成年人或者受制定法保护的成年人，否则，所有自然人均具有行为能力，除了能够签订合同之外也能够实施单方法律行为，而法人的行为能力则受到每一种不同法人自身的规范的限制。如果行为人欠缺行为能力，则他们实施的法律行为相对无效。③

《法国民法典》没有对单方法律行为的形式要素做出具体规定，因此，有关合同的形式要素方面的规则同样适用于单方法律行为，根据合同的形式要素理论，合同原则上不要求任何形式，在例外情况下，合同则要采取制定法所规定的特殊形式。此种规则同样适用于单方法律行为，因此，原则上，单方法律行为可以采取任何形式，包括明示的形式也默示的形式，例外情况下，如果制定法有特别要求，则单方法律行为应当采取制定法规定的特殊形式。④

不过，除了应当具备合同的一般有效条件之外，单方债还应当具备自己的特殊有效条件，包括：其一，债务人的意思表示应当是明示的允诺，默示的允诺无法产生单方债的效力；其二，债务人在法律上有受到自己明示允诺约束的意图；其三，债务人的单方允诺包含了会让债权人获得某种利益的内容，换言之，单方法律行为所包含的内容是，通过债务人单方面做出的允诺，债权人即受益人能够从中获得某种利益；其四，债权人对债务人的明示允诺具有合理的信赖（croyance légitime）。⑤

---

① Article 1128, Code civil, Version en vigueur au 02 novembre 2020, https://www. legifrance. goufr/codes/section_lc/LEGITEXT000006070721/LEGISCTA000006150237/#LEGISCTA000032040930.

② Gabriel Marty, Pierre Raynaud, Droit Civil, Les obligations, Tome 1, Les sources, 2e édition, Sirey, 1988, pp. 373 – 375；Jacques Flour, Jean-Luc Aubert, Éric Savaux, Les obligations, 1. L'acte juridique, 15e édition, Dalloz, 2012, pp. 463 – 464.

③ Articles 1145 à 1147, Code civil, Version en vigueur au 02 novembre 2020, https://www. legifrance. goufr/codes/section_lc/LEGITEXT000006070721/LEGISCTA000006136341/#LEGISCTA000032040812.

④ Gabriel Marty, Pierre Raynaud, Droit Civil, Les obligations, Tome 1, Les sources, 2e édition, Sirey, 1988, p. 374；Jacques Flour, Jean-Luc Aubert, Éric Savaux, Les obligations, 1. L'acte juridique, 15e édition, Dalloz, 2012, pp. 487 – 489.

⑤ Muriel Fabre-Magnan, Droit des obligations, Tome 1, Contrat et engagement unilatéral, 4e édition, puf, 2016, pp. 815 – 818.

五、单方法律行为产生的法律效果

虽然单方法律行为多种多样，但是，并非所有的单方法律行为均能够成为债的渊源。在债法上，大量的单方法律行为无法成为债的渊源，因为它们仅仅会引起债的产生之外的其他法律效果，包括：①权利消灭的效果。例如，继承权的放弃行为会导致权利主体原本享有的继承权丧失；②权利转让或者转移的效果。例如，遗嘱会让立遗嘱人生前的财产转移给遗嘱继承人；③宣示效果。例如，非婚生的未成年子女的承认会让父母与其未成年子女之间的亲子关系得以宣示。①

在债法上，某些单方法律行为能够产生债并因此成为债的渊源，能够引起债产生的单方法律行为主要包括：①债务人履行或者承诺履行自然债的行为：一旦自然债的债务人自愿履行或者承诺履行他们对债权人所承担的债务，则他们的自愿履行或者承诺履行行为就让自己对债权人承担债务。②一人有限公司的设立行为，一旦一个股东自愿设立有限责任公司，则他对所设立的一人公司承担出资和缴付资本的债务。③雇主承诺在一定期限内限制解雇雇员数量的承诺行为。如果雇主自愿做出在一定期限内限制解除雇员数量的承诺，则他们应当承担不超过所承诺的数量解除雇员的债务。④要约。一旦债务人对某一个特定的人发出了与其签订合同的要约，在要约所规定的期限内或者合理期限内，债务人既要承担不得与第三人再发出同样要约的债务，也要承担在被要约人承诺的情况下与其签订合同的债务。②

无论能够成为债的渊源的单方法律行为是什么，一旦符合合同有效的一般构成因素和单方法律行为有效的特殊构成因素，则能够成为债的渊源的所有单方法律行为均会对债务人产生约束力，就像合同会对当事人产生约束力一样，债务人应当按照自己单方面的允诺履行自己对债权人所承担的债务：如果债务人履行了自己对债权人所承担的债务，他们与债权人之间的债会因此消灭，相反，如果债务人不履行自己对债权人所承担的债务，则应当遭受法律制裁，并且他们所遭受的法律制裁同债务人不履行所有债务时所遭受的法律制裁是完全一样的：基于合同责任的根据，法官或者强制债务人继续履行自己所承担的债务，或者对债权人遭受的损害承担赔偿责任。③

还应当注意的是，就像合同能够转让一样，单方债也能够转让，因此，在雇主的法律状况发生改变的情况下，如果雇主将自己的企业转让给新的雇主，则旧雇主对其劳动者所做出的单方面允诺也对新的雇主有效。④

---

① Gérard Légier, les obligations, 17e édition, Dalloz, 2001, pp. 9 – 10; Jean Carbonnier, Droit civil, Volume II, Les biens, Les obligations, puf, 2004, pp. 1940 – 1941; Christian Larroumet, Droit Civil, Les Obligations, le Contrat, Tome III, 1re partie, 6e édition, Economica, 2007, pp. 78 – 87; Jacques Flour, Jean-Luc Aubert, Éric Savaux, Les obligations, 1. L'acte juridique, 15e édition, Dalloz, 2012, pp. 489 – 491.

② Christian Larroumet, Droit Civil, Les Obligations, le Contrat, Tome III, 1re partie, 6e édition, Economica, 2007, pp. 78 – 87; Philippe Malinvaud, Dominique Fenouillet, Droit des obligations, 11e édition, Litec, 2010, p. 44.

③ Muriel Fabre-Magnan, Droit des obligations, Tome 1, Contrat et engagement unilatéral, 4e édition, puf, 2016, pp. 815 – 818.

④ Muriel Fabre-Magnan, Droit des obligations, Tome 1, Contrat et engagement unilatéral, 4e édition, puf, 2016, p. 818.

第六节　作为债的渊源的集体法律行为

作为一种债的渊源，法律行为除了包括合同和单方法律行为之外还包括集体法律行为。不过，虽然法国大多数民法学者均承认集体法律行为的存在，但是，少数民法学者否定集体法律行为的存在，因为，在采取法律行为的二分法时，他们或者将集体法律行为视为一种合同，或者完全无视集体法律行为的存在。虽然法国民法学者起草的债法改革草案承认了集体法律行为的独立存在，但是，法国政府在2016年的债法改革法令当中没有承认该类法律行为的存在，因此，现行《法国民法典》没有对集体法律行为做出规定。

一、集体法律行为的界定

在法国，集体法律行为（l'acte juridique collectif）也被称为集体行为（les actes collectifs），至于说该种行为如何界定，法国民法学者做出的说明存在差异，有两种不同的界定方式。

Gabriel Roujou de Boubée 在其写于1961年的博士学位论文《集体法律行为研究》当中，对集体法律行为做出了自己的界定，他指出：所谓集体法律行为，是指多个当事人为了同一目的而实施的多个意思表示的协同行为。例如，股东大会当中的大多数股东所做出的决议就属于集体法律行为。① Gabriel Roujou de Boubée 的此种界定被 Catala 的《债法改革草案》所采纳，其第1101-1条规定：所谓集体法律行为，是指某一个集体组织的成员通过集中的方式所做出的决议。② 不过，此种界定方式所存在的一个主要问题是，它仅仅承认一种集体法律行为即集体组织通过成员大会所做出的决议，没有将其他集体法律行为包含在内，例如，它没有将劳动集体协议包含在内。

在其写于2006年的博士学位论文《法国私法当中的集体法律行为》当中，Anne-Laure Pastré-Boyer 对集体法律行为做出了界定，他指出：所谓集体行为，是指其法律效果旨在对某种抽象的集体组织的法律状况进行规范和调整的一种法律行为，包括对参与该种法律行为和没有参与该种法律行为的个人进行规范和调整，该种法律行为在性质上或者是协议法律行为或者是单方法律行为。③ Pastré-Boyer 的此种界定所具有的一个优点是，它能够确切地解释劳动集体协议，但是，它无法准确地解释其他的集体法律行为，

---

① Gabriel Roujou de Boubée, Essai sur l'acte juridique collectif. Paris, Librairie générale de droit et de jurisprudence, 1961; Rémy Cabrillac, Droit des obligations, 12e édition, Dalloz, 2016, p. 187.

② Art. 1101-1, avant-projet de reforme du droit des obligations (Articles 1101 à 1386 du Code civil) ET DU DROIT DE LA PRESCRIPTION (Articles 2234 à 2281 du Code civil), Rapp. ort à Monsieur Pascal Clément, Garde des Sceaux, Ministre de la Justice, 22 Septembre 2005, p. 65.

③ Anne-Laure Pastré-Boyer, L'acte juridique collectif en droit privé français, Presses Universitaires d'Aix – Marseille, 2006, p. 246.

此种界定所存在的问题是，它无法包含所有类型的集体法律行为。①

在1988年的《债法》当中，Marty和Raynaud对集体法律行为做出了界定，他们指出：所谓集体法律行为，是指以两个或者两个以上的意思表示的合意作为基础并且所有的意思表示均具有相同的内容和实现同一目的的法律行为。②笔者认为，就像所有的法律行为均是建立在意思表示的基础上一样，集体法律行为也是建立在意思表示的基础上，所不同的是，集体法律行为的意思表示是通过集体方式进行的，无论是哪一种集体法律行为均是如此；集体法律行为的行为人所意图实现的法律效果是一致的、相同的。基于这样的理解，笔者对集体法律行为做出如下界定：所谓集体法律行为，是指两个或者两个以上的行为人为了实现某种相同的、一致的法律效果而通过集体的方式做出的意思表示行为。

作为一种法律行为，集体法律行为与合同和单方法律行为具有共同点：它们均是由意思表示构成的，没有意思表示当然就没有集体法律行为；行为人实施意思表示的目的在于实现某种法律效果；意思表示与其意图实现的法律效果之间存在关联性。集体法律行为与合同之间还存在一个共同点，这就是，当事人均是两个或者两个以上，一个行为人无法实施集体法律行为，这一点让集体法律行为区分于单方法律行为，因为单方法律行为仅一个行为人进行意思表示，已如前述。集体法律行为与合同和单方法律行为之间的差异有二。

第一，意思表示的方式不同。无论是合同还是双方法律行为，行为人做出意思表示均不采取集体的方式，而集体法律行为则不同，在做出意思表示时，行为人采取集体方式。所谓以集体方式做出意思表示，或者是指集体组织的成员通过召开会议的方式进行意思表示，或者是指设立集体组织的发起人、设立人以集体方式决定集体组织的章程，或者是指行为人众多的一方通过集体方式推选出自己的代表人并且代表所有的行为人与另外一个行为人签订协议。

第二，法律效果的内容不同。虽然集体法律行为和合同均需两个或者两个以上的意思表示的存在，但是，行为人实施集体法律行为和合同所追求的法律效果是存在差异的。总的说来，合同当事人所追求的法律效果并不是一致的、相同的。例如，买卖合同的当事人所追求的法律效果存在差异：出卖人的目的在于获得买受人支付的价款，而买受人的目的则在于获得出卖人交付的货物。而集体法律行为所追求的法律效果则是一致的、相同的。例如，通过召开股东大会的方式做出分红的决议，其目的在于满足所有股东的同一目的：获得投资回报。

二、集体法律行为在法律行为当中的地位

在法国，在集体法律行为是否属于一种独立的法律行为的问题上，民法学者之间存在三种不同的看法。

---

① Anne-Laure Pastré-Boyer, L'acte juridique collectif en droit privé français, Presses Universitaires d'Aix-Marseille, 2006, p. 246.

② Gabriel Marty, Pierre Raynaud, Droit Civil, Les obligations, Tome 1, Les sources, 2e édition, Sirey, 1988, p. 378.

某些民法学者完全不论及集体法律行为的问题，因为在讨论债的渊源时，他们仅仅讨论两种法律行为即合同和单方法律行为。采取此种做法的民法学者以 Carbonnier 为代表。在讨论作为债的渊源的法律行为时，Carbonnier 仅仅将法律行为分为两类：单方法律行为和双方法律行为（或者多方法律行为）。在讨论双方法律行为时，他直接将其等同于合同，并且他所谓的合同也仅仅是指 2016 年的债法改革之前《法国民法典》第1102 条至第1106 条所规定的传统合同，诸如双务合同和单务合同、有偿合同和无偿合同等，并不包括一般民法学者所谓的集体合同。①

虽然某些民法学者论及了集体法律行为的问题，但是，他们既不使用集体法律行为的概念，也否认集体法律行为的独立存在，因为在讨论作为债的渊源的法律行为时，他们将集体法律行为视为一种合同即集体合同，认为它们仅仅是一种合同，并不是合同之外与单方法律行为和双方法律行为并行的一种独立法律行为。② 采取此种做法的民法学者以 Roland、Mazeaud、Chabas、Malinvaud 和 Fenouillet 等学者为代表。

根据这些民法学者的意见，作为债的渊源，法律行为分为单方法律行为和合同两类，无论是单方法律行为还是合同均是当事人的意思表示，这就是他们在法律行为的类型方面所采取的二分法的法律行为理论。所谓个人合同，是指那些仅仅对通过自己或者其代理人表示同意、做出意思表示的人产生约束力的合同。而所谓集体合同，则是指那些不需要组织成员对其表示同意、做出意思表示就能够对组织产生约束力的合同。集体合同与个人合同之间的一个最主要的差异是，个人合同尊重合同的相对效力规则，而集体合同则违反合同的相对效力规则。《法国民法典》仅仅关注个人合同而没有关注集体合同，因为集体合同是在当代的社会革命当中产生的。③

这些民法学者之所以将合同分为个人合同（contrats individuels）和集体合同（contrats collectifs）两类，是因为他们认为，个人合同代表着普通法，遵循着合同法最基本的相对效力规则，合同仅仅对进行意思表示的人产生约束力，而集体合同则代表着例外法，如果他们违反了合同法的最基本规则，即便没有对合同进行意思表示，集体合同仍然对他们产生约束力。

除了上述两类民法学者之外，法国大多数民法学者均采取第三种看法，认为能够作为债的渊源的法律行为既包括合同和单方法律行为，也包括集体法律行为，其中的集体法律行为是合同之外的第三类法律行为，独立于作为法律行为组成部分的合同，这就是他们在法律行为的问题上所采取的三分法的理论。采取此种理论的民法学者包括 Marty、

---

① Jean Carbonnier, Droit civil, Volume Ⅱ, Les biens, Les obligations, puf, 2004, pp. 1939 – 1945.
② Henri Roland, Laurent Boyer, Contrat, 3e édition, Litec, 1989, pp. 45 – 48; Henri et Léon Mazeaud, Jean Mazeaud, François Chabasd, Obligations, 9e édition, Montchrestien, 1998, pp. 85 – 87; Philippe Malinvaud, Dominique Fenouillet, Droit des obligations, 11e édition, Litec, 2010, pp. 51 – 52; Christian Larroumet, Droit Civil, Les obligations, le Contrat, 6e édition, Economica, 2007, p. 67; Philippe Malaurie, Laurent Aynès, Philippe Stoffel-Munck, Droit des obligations, 8e édition, LGDJ, 2016, pp. 459 – 461.
③ Henri et Léon Mazeaud, Jean Mazeaud, François Chabas, Obligations, 9e édition, Montchrestien, 1998, pp. 44 – 46; Philippe Malinvaud, Dominique Fenouillet, Droit des obligations, 11e édition, Litec, 2010, pp. 40 – 48; Christian Larroumet, Droit Civil, Les obligations, le Contrat, 6e édition, Economica, 2007, pp. 65 – 88; Philippe Malaurie, Laurent Aynès, Philippe Stoffel-Munck, Droit des obligations, 8e édition, LGDJ, 2016, pp. 229 – 232.

Raynaud、Cabrillac、Terré 和 Simler 等人。①

因为法国大多数民法学者均承认集体法律行为的存在，所以，在 2005 年的《债法改革草案》当中，Catala 领导的债法改革小组采取了法律行为的三分法理论，除了对法律行为、法律行为当中的合同和单方法律行为做出了界定之外，其第 1101-1 条规定也对集体法律行为做出了界定，已如前述。在 2008 年的《合同法改革草案》当中，法国司法部采取了法律行为的二分法，除了规定了协议法律行为和单方法律行为之外，它没有规定集体法律行为，这就是该草案当中的第 2 条。②

在 2016 年 2 月 10 日的债法改革法令当中，法国政府采纳了司法部的方案而放弃了 Catala 的方案，因为，虽然该法令将法律行为视为债的渊源，但是，它仅仅规定了两类法律行为即合同和单方法律行为，没有规定集体法律行为：它所规定的合同仅仅是传统的合同，并不包括所谓的集体合同。换言之，现行《法国民法典》完全忽视了集体法律行为的存在，除了没有明确列明集体法律行为是一种法律行为之外，它也没有对集体法律行为所涉及到的一般制度做出规定。③

现行《法国民法典》之所以没有对集体法律行为做出规定，一个重要的原因在于，虽然大多数民法学者均承认集体法律行为的独立性，但是，集体法律行为仍然遭到众多学者的反对。Cabrillac 指出："被 2016 年 2 月 10 日的法令所忽视的集体行为观念是比单方法律行为的观念更模糊不清的观念。"④ Larribau-Terneyre 也指出："集体法律行为并不是实在法真正承认的一类法律行为，2016 年的法令没有明确承认该类法律行为。"⑤ Terré、Simler 和 Lequette 等人也明确指出："集体法律行为的观念是很难勾勒其清晰轮廓的。"⑥

三、集体法律行为的类型

在法国，承认集体法律行为的民法学者普遍认为，作为一种债的渊源，集体法律行为并非是单一的而是形形色色的，因为除了在民法当中存在之外，集体法律行为也在其

---

① André Rouast, Essai sur la notion juridique de contrat collectif dans le Droit des obligations, Thèse pour le doctorat, A. Rousseau, 1909, pp.1-434; Gabriel Roujou de Boubée, Essai sur l'acte juridique collectif. Paris, Librairie générale de droit et de jurisprudence, 1961, pp.1-328; Gabriel Marty, Pierre Raynaud, Droit Civil, Les obligations, Tome 1, Les sources, 2e édition, Sirey, 1988, pp.20-21; Gérard Légier, les obligations, 17e édition, Dalloz, 2001, pp.8-12; Anne-Laure Pastré-Boyer, L'acte juridique collectif en droit privé français, Presses Universitaires d'Aix-Marseille, 2006, pp.15-418; Jacques Flour, Jean-Luc Aubert, Éric Savaux, Les obligations, 1. L'acte juridique, 15e édition, Dalloz, 2012, pp.65-506; Rémy Cabrillac, Droit des obligations, 12e édition, Dalloz, 2016, pp.185-188; François Terré, Philippe Simler, Yves Lequette, François Chénedé, Droit civil, Les obligations, 12e édition, Dalloz, 2018, pp.92-106.

② Projet de réforme du droit des contrats, Juillet, 2008, Ministre de la justice, p.9.

③ Rémy Cabrillac, Droit des obligations, 12e édition, Dalloz, 2016, p.187; Virginie Larribau-Terneyre, Droit civil, Les obligations, 15e édition, Dalloz, 2017, p.269; François Terré, Philippe Simler, Yves Lequette, François Chénedé, Droit civil, Les obligations, 12e édition, Dalloz, 2018, p.104.

④ Rémy Cabrillac, Droit des obligations, 12e édition, Dalloz, 2016, p.187.

⑤ Virginie Larribau-Terneyre, Droit civil, Les obligations, 15e édition, Dalloz, 2017, p.268.

⑥ François Terré, Philippe Simler, Yves Lequette, François Chénedé, Droit Civil, les Obligations, 12e édition, Dalloz, 2018, p.104.

他私法甚至混合法当中存在，例如，公司法当中存在集体法律行为，再例如，劳动法当中也存在集体法律行为。不过，无论集体法律行为有哪些，民法学者普遍将集体法律行为分为两类，其中的每一类又可以做出进一步的分类，即单方集体行为（les actes unilateral collectif）和集体协议（conventions collectives）。①

所谓单方集体行为，是指仅凭某一个集体组织的个人意图、意志或者意思表示就能够产生法律效力的集体法律行为。单方集体行为具有单方法律行为的特征，因为它们的法律效果的产生仅仅建立在一方当事人意思表示的基础上，不需要两个或者两个以上的意思表示的合意，单方集体行为也具有集体法律行为的特征，因为它们的意思表示是通过集体的方式做出的。单方集体行为主要有两种表现形式。

第一，集体组织的成员通过全体成员大会就集体组织的事项所做出决议。最典型的表现是公司股东大会就公司事务做出的决议。原则上讲，公司股东大会就公司事务做出决议实行简单多数规则，这就是，只要有表决权的所有股东当中的51%的股东同意，即便有表决权的所有股东当中的49%的股东反对，公司的决议仍然生效。

第二，法人组织设立章程。最典型的表现仍然是公司的设立章程。"某些法律行为，即便被立法者限定为合同，仍然属于单方具体行为，例如，立法者规定的'社会团体合同'和'公司合同'，实际上，这些被立法者称为合同的行为并不是真正的合同，因为它们并不是处于对立地位的利害关系人或者至少不同的人之间的意思表示的合意，所有行为人均是为了追求同一利益和实现共同的目的。"②

所谓集体协议，是指虽然由两方当事人签订但是除了对签订协议的人产生约束力之外也对没有签订协议的人产生约束力的协议。在法国，集体协议与合同之间存在共同点：它们均是两方当事人之间的意思表示，并且两方当事人之间的意思表示均是对立的。这一点令集体协议与合同相似。不过，集体协议不同于合同，因为合同仅仅对做出意思表示的人产生约束力，不会对没有做出意思表示的人产生约束力，而集体协议则不同，除了对做出意思表示的人产生约束力之外，它们也对没有做出意思表示的人产生约束力。虽然集体协议类型众多，但是，最典型的集体协议是劳动集体协议。

所谓劳动集体协议，是指由劳动者所形成的一个职业组织辛迪加（syndicat）与雇主之间展开谈判，在经过讨价还价之后，它们与雇主之间签订的协议，对所有劳动者的劳动条件、争端的解决方式以及其他重大事项做出规定。辛迪加与雇主之间所签订的协议除了对加入辛迪加的所有劳动者产生约束力之外，也对没有参加辛迪加的劳动者产生约束力。在今时今日，劳动集体协议已经成为立法者所规范和调整的对象。不过，在立

---

① Gabriel Marty, Pierre Raynaud, Droit Civil, Les obligations, Tome 1, Les sources, 2e édition, Sirey, 1988, pp. 378 – 387; Gérard Légier, les obligations, 17e édition, Dalloz, 2001, pp. 11 – 12; Anne-Laure Pastré-Boyer, L'acte juridique collectif en droit privé français, Presses Universitaires d'Aix-Marseille, 2006, pp. 39 – 80; Jacques Flour, Jean-Luc Aubert, Éric Savaux, Les obligations, 1. L'acte juridique, 15e édition, Dalloz, 2012, pp. 499 – 504; François Terré, Philippe Simler, Yves Lequette, François Chénedé, Droit civil, Les obligations, 12e édition, Dalloz, 2018, pp. 104 – 106.

② Gabriel Marty, Pierre Raynaud, Droit Civil, Les obligations, Tome 1, Les sources, 2e édition, Sirey, 1988, pp. 379 – 380.

法者通过制定法规范和调整劳动集体协议之前，民法学者对劳动集体协议的性质做出了探讨，在认定劳动集体协议有效时，他们求助于债的一般理论尤其是合同的一般理论，诸如默示代理理论、无因管理理论和为第三人利益的合同理论等。①

四、集体法律行为制度

因为集体法律行为类型众多，并且不同的集体法律行为受到不同法律制度的规范和调整，所以，集体法律行为没有受到同一法律制度的约束，这一点不同于合同，因为合同除了具有特殊制度之外还具有一般制度，这就是合同总论、合同总则。尤其应当注意的是，《法国民法典》没有对集体法律行为做出任何规定，因此，它没有对集体法律行为的一般制度做出规定。基于这样的原因，集体法律行为的一般制度是由民法学者在自己的民法著作当中建构的。②

（一）集体法律行为的实质性有效条件

虽然《法国民法典》没有对包括单方法律行为和集体法律行为在内的所有法律行为的有效条件做出明确规定，但是，它对合同的有效条件做出了规定，这就是新的第1128条，已如前述。除了能够适用于单方法律行为之外，它关于合同有效条件的规定也能够适用于集体法律行为，包括单方集体行为和集体协议。根据《法国民法典》新的第1128条的规定，无论是单方集体行为还是集体协议，如果要产生法律效果，均应当具备三个有效条件。

第一，当事人的同意（le consentement）。就像合同的有效一样，如果集体法律行为要产生法律效果，它们应当具备的第一个有效条件是，当事人不仅对集体法律行为做出了同意的意思表示，而且他们做出的同意表示应当是完全自愿的，不存在同意的瑕疵（les vices du consentement），诸如误解、欺诈或者胁迫等。如果当事人基于误解、欺诈或者胁迫做出同意表示，则集体法律行为在性质上就成为相对无效的法律行为。

第二，当事人有完全的行为能力。就像合同的有效一样，如果集体法律行为要产生法律效果，它们应当具备的第二个有效条件是，当事人具有完全的行为能力，除非制定法明确规定当事人无行为能力，否则，他们均被视为完全行为能力人，有权实施集体法律行为。

第三，集体法律行为的内容合法和确定。就像合同的有效一样，集体法律行为应当具备的第三个有效条件是，集体法律行为的内容应当是合法的、确定的。如果集体法律行为的内容不合法、不确定，则他们实施的集体法律行为无效。

---

① Gabriel Marty, Pierre Raynaud, Droit Civil, Les obligations, Tome 1, Les sources, 2e édition, Sirey, 1988, p.384.

② Gabriel Marty, Pierre Raynaud, Droit Civil, Les obligations, Tome 1, Les sources, 2e édition, Sirey, 1988, pp. 380 – 381; Anne-Laure Pastré-Boyer, L'acte juridique collectif en droit privé français, Presses Universitaires d'Aix-Marseille, 2006, pp. 80 – 101; Jacques Flour, Jean-Luc Aubert, Éric Savaux, Les obligations, 1. L'acte juridique, 15e édition, Dalloz, 2012, pp. 504 – 505.

(二) 集体法律行为的形式要素

就像合同和单方法律行为应当具备一定的形式要件一样，集体法律行为也应当具备一定的形式要件。不过，与合同当事人能够采取任何形式的要求不同，集体法律行为不仅应当采取书面形式，而且还要遵循制定法所规定的严格程序要求。因为立法者在他们的制定法当中对集体法律行为应当采取的形式、所规定的内容和遵循的程序均做出了详细的规定。例如《法国商法典》第 L210-2 条不仅要求公司章程（les statuts de la société）采取书面形式，而且还对公司章程所要规定的内容做出了强制性的规定，根据该条的规定，公司章程应当规定的内容包括：公司的形式，公司存续期限，公司名称，公司地址，公司的目的和公司的资本数额等。①

(三) 集体法律行为的法律效果

就像单方法律行为和合同会产生法律效果一样，集体法律行为也会产生法律效果，所不同的是，集体法律行为所产生的法律效果不同于其他两类法律行为。原则上，单方法律行为仅仅会对做出单方意思表示的债务人产生约束力，合同仅仅会对做出意思表示的两方或者多方当事人产生约束力，而集体法律行为则不同，因为，除了对做出意思表示的人产生约束力之外，集体法律行为也对没有做出意思表示的人产生约束力。

因此，如果集体法律行为是公司的股东大会做出的决议，除了对同意决议的大多数股东产生约束力之外，公司做出的决议也对反对此种决议的小股东产生约束力，除非大股东滥用自己的表决权。② 换言之，原则上，公司的大股东做出的决议对公司本身产生约束力。如果集体法律行为是公司的章程，除了对在章程上签名盖章的股东产生约束力之外，公司章程也对没有在章程上签名盖章的股东产生约束力。如果集体法律行为是劳动集体协议，除了对辛迪加组织的劳动者产生约束力之外，劳动集体协议也对没有加入辛迪加组织的劳动者产生约束力。

第七节 作为债的渊源的法律事实

一、法律事实的界定

除了法律行为是债的重要渊源之外，法律事实（les faits juridiques）也是债的重要渊源。在 2016 年之前，虽然《法国民法典》对作为债的渊源的某些法律事实做出了规定，但是，它没有对法律事实做出一般规定，包括没有对其做出界定和没有对其类型做

---

① Article L210-2, Code de commerce, Version en vigueur au 05 novembre 2020, https://www.legifrance.goufr/codes/section_ lc/LEGITEXT000005634379/LEGISCTA000006133175?etatTexte = VIGUEUR&etatTexte = VIGUEUR _DIFF#LEGISCTA000006133175.

② Anne-Laure Pastré-Boyer, L'acte juridique collectif en droit privé français, Presses Universitaires d'Aix-Marseille, 2006, pp. 171-173.

出规定。在 2005 年的《债法改革草案》当中，Catala 领导的债法改革小组对法律事实做出了一般规定，因为，其中的第 1102-2 条不仅对法律事实做出了界定，而且还对法律事实的类型做出了说明。①

在 2008 年的《合同法改革草案》当中，法国司法部也对法律事实的一般理论做出了规定，因为其中的第 3 条不仅对法律事实做出了界定，而且还对法律事实的类型做出了规定。② 受到 Catala 和司法部所采取的此种做法的影响，法国政府在 2016 年 2 月 10 日的债法改革法令当中对法律事实做出了一般性的规定，这就是现行《法国民法典》当中新的第 1100-2 条，该条除了对法律事实做出了界定之外也对法律事实的类型做出了规定。

在 2016 年的债法改革之前，法国民法学者对法律事实做出了自己的界定。在 2010 年的《债法》当中，Malinvaud 和 Fenouillet 对法律事实做出了界定，他们指出："所谓法律事实，是指制定法赋予其法律效果的事件，法律事实所产生的法律效果独立于从法律效果当中享受权利或者承担债务的人的意思表示。"③ 在 2012 年的《债法》当中，Flour、Aubert 和 Savaux 也对法律事实做出了界定，他们指出："所谓法律事实，是指能够在利害关系人的意思表示之外产生法律效果的事件，无论该种事件是否是利害关系人意图实施的行为。"④

2005 年的《债法改革草案》第 1102-2 条对法律事实做出了界定，它规定：所谓法律事实，是指制定法赋予其法律效果的行为或者事件。当事实让他人获得无权获得的某种利益时，该种事实就构成准合同，此类债由准合同分编加以规范和调整；在欠缺权利的情况下，如果行为人实施的行为引起了他人损害的发生，则行为人应当对他人承担损害赔偿债。此类债由民事责任分编予以规范和调整。⑤ 2008 年的《合同法改革草案》第 3 条也对法律事实做出了类似的界定。⑥ 现行《法国民法典》新的第 1100-2 条对法律事实做出了界定，它规定：所谓法律事实，是指制定法赋予其法律效果的行为或者事件。根据情形的不同，因为某种法律事实所产生的债或者由有关侵权责任方面的分编做出规定，或者由有关债的其他渊源方面的分编做出规范和调整。⑦

在 2016 年的债法改革之后，法国民法学者仍然对法律事实做出了界定。其中的某些民法学者完全按照《法国民法典》第 1100-2 条的规定界定法律事实，例如 Aillaud、

---

① Art. 1101-2, avant-projet de reforme du droit des obligations (Articles 1101 à 1386 du Code civil) et du droit de la prescription (Articles 2234 à 2281 du Code civil), Rapp. ort à Monsieur Pascal Clément, Garde des Sceaux, Ministre de la Justice, 22 Septembre 2005, p.65.

② Art. 3, Projet de réforme du droit des contrats, Juillet 2008, Ministre de la justice, p.9.

③ Philippe Malinvaud, Dominique Fenouillet, Droit des obligations, 11e édition, Litec, 2010, p.14.

④ Jacques Flour, Jean-Luc Aubert, Éric Savaux, Les obligations, 1. L'acte juridique, 15 édition, Dalloz, 2012, p.40.

⑤ Art. 1101-2, avant-projet de reforme du droit des obligations (Articles 1101 à 1386 du Code civil) et du droit de la prescription (Articles 2234 à 2281 du Code civil), Rapp. ort à Monsieur Pascal Clément, Garde des Sceaux, Ministre de la Justice, 22 Septembre 2005, p.65.

⑥ Art. 3, Projet de réforme du droit des contrats, Juillet 2008, Ministre de la justice, p.9.

⑦ Article 1100-2, Code civil, Version en vigueur au 06 novembre 2020, https://www.legifrance.goufr/codes/section_lc/LEGITEXT000006070721/LEGISCTA000006118032/#LEGISCTA000032040794.

Terré 和 Yves 等人，他们指出："所谓法律事实，是指制定法赋予其法律效果的行为或者事件。"① 而另外一些民法学者则没有按照该条的规定界定法律事实，例如 Larribau-Terneyre。在 2017 年的《债法》当中，Larribau-Terneyre 对法律事实做出了自己的界定，他指出："所谓法律事实，是指在法律行为引起的法律效果之外能够引起法律效果的所有其他行为或者事件，因为在法律行为当中，意图对法律效果的产生起到基本的作用。"②

笔者对法律事实做出如下界定：所谓法律事实，是指制定法赋予其法律效果的所有行为或者事件。任何行为或者事件，只要它们的法律效果是由制定法赋予的，则它们在性质上均属于法律事实。因此，法律事实与法律行为之间是存在差异的，因为法律行为的法律效果是由当事人决定的，而法律事实的法律效果则是由制定法决定的。③ 作为债的渊源，法律事实有哪些，法律事实如何分类？对此问题，《法国民法典》和法国民法学者做出了简要的规定和说明。

《法国民法典》第 1100-2 条规定，法律事实分为两类：其一，侵权责任，也就是指行为人就其侵犯他人利益的行为对他人所承担的赔偿责任；其二，准合同，也就是让他人获得某种利益的行为，包括无因管理、不应清偿和不当得利，已如前述。不过，《法国民法典》的此种规定并不完全，因为，它仅仅规定了与当事人的意图有关系的行为引起的债，没有规定同当事人的意图、意志没有关系的事件所引起的债。出于这样的原因，法国民法学者认为，应当按照法律事实是否与当事人的意图、意志有关的不同将法律事实分为两类：单纯的物质事件和当事人自愿实施的事实行为。④

二、单纯的物质事件

作为债的渊源，法律事实的第一种类型是单纯的物质事件（événement pure matériel）。所谓单纯的物质事件，也称为单纯的物质事实（faits pure matériel），是指完全独立于当事人的意图、意志的所有法律事实。任何法律事实，只要能够成为债的渊源，并且与当事人的意图、意志没有任何关系，则为单纯的物质事件。单纯的物质事件多种多样，包括但是不限于出生、死亡、不可抗力以及引起侵权责任发生的各种事故等。它们之所以在性质上属于单纯的物质事件，一方面是因为它们能够引起债的产生或者消灭，另一方面是因为它们完全同当事人的意图、意志没有丝毫的关系。⑤

Malinvaud 和 Fenouillet 对此种类型的法律事实做出了说明，他们指出："法律事实

---

① Marjorie Brusorio-Aillaud, Droit des obligations, 8e édition, bruylant, 2017, p. 15; François Terré, Philippe Simler, Yves Lequette, François Chénedé, Droit civil, Les obligations, 12e édition, Dalloz, 2018, p. 27.
② Virginie Larribau-Terneyre, Droit civil, Les obligations, 15e édition, Dalloz, 2017, p. 64.
③ 张民安：《法国民法》，清华大学出版社 2015 年版，第 119—120 页。
④ Jean Carbonnier, Droit civil, Volume Ⅱ, Les biens, Les obligations, puf, 2004, p. 1930; Philippe Malinvaud, Dominique Fenouillet, Droit des obligations, 11e édition, Litec, 2010, pp. 14 – 15; Virginie Larribau-Terneyre, Droit civil, Les obligations, 15e édition, Dalloz, 2017, p. 64.
⑤ Jean Carbonnier, Droit civil, Volume Ⅱ, Les biens, Les obligations, puf, 2004, p. 1930; Philippe Malinvaud, Dominique Fenouillet, Droit des obligations, 11e édition, Litec, 2010, pp. 14 – 15; Virginie Larribau-Terneyre, Droit civil, Les obligations, 15e édition, Dalloz, 2017, p. 64.

并不具有统一性。它们包括单纯的物质事件，在这些事件当中，当事人的意图、意志没有发挥一丝一毫的作用。因此，他人的死亡会引起他人继承人所享有的继承权的开启。他人的出生会伴随着他人与其父母之间的权利和义务的产生。"① Virginie Larribau-Terneyre 对此种类型的法律事实做出了说明，他指出："法律事实或者是独立于人的意图、意志的事件，例如死亡、出生、不可抗力和引起民事责任产生的事故等。虽然这些法律事实会产生法律效果，但是，这些法律效果并不是直接源自当事人的意图、意志。"②

因此，未成年子女的出生会在他们与自己的父母之间产生法律效果：父母对其未成年子女承担抚养义务。不可抗力的发生会在合同当事人之间产生法律效果：债务人无须就其不履行债务的行为对他人承担合同责任。交通事故的发生会在机动车司机与受害人之间产生法律效果：机动车司机应当就其机动车引发的交通事故对受害人遭受的损害承担赔偿责任。

三、当事人自愿实施的事实行为

（一）当事人自愿实施的事实行为的界定

作为债的渊源，法律事实的第二种类型是当事人自愿实施的事实行为（faits volontaires）。所谓当事人自愿实施的事实行为，也被称为意志支配下的物质事实，是指当事人在自己的意图、意志支配下所实施的法律行为之外的所有能够作为债的渊源的行为。任何行为，只要是在行为人的意图、意志支配之下实施的，并且在性质上不属于法律行为，均为当事人自愿实施的事实行为。除了当事人故意实施的行为之外，当事人过失实施的行为也属于当事人自愿实施的事实行为。因为无论是故意实施的行为还是过失实施的行为均是在当事人的意图、意志支配下所实施的行为。③

Malinvaud 和 Fenouillet 对此种类型的法律事实做出了说明，他们指出："除了单纯的物质事件之外，法律事实还包括行为人的意图、意志在其中发挥隐蔽作用的物质行为。例如，当行为人实施了不当引起他人损害发生的行为时，他们应当就其行为引起的损害对他人承担赔偿债（这就是民事责任）。同样，当行为人获得某种不当利益时，他们应当对他人承担补偿债（这就是准合同理论）。在这些情况下，虽然行为人具有实施这些行为的意图、意志，但是，他们的行为引起的债则不是由其意图、意志决定的。"④

Larribau-Terneyre 也对此种类型的法律事实做出了说明，他指出："法律事实或者是当事人自愿实施但是又不构成法律行为的行为，因为在自愿实施这些行为时，当事人的意图、意志并不是为了产生法律效果。例如杀人、盗窃行为，也就是侵权行为，再例如，不谨慎行为或者过失行为（机动车司机的超速驾驶行为），也就是准侵权行为，它

---

① Philippe Malinvaud, Dominique Fenouillet, Droit des obligations, 11e édition, Litec, 2010, p.14.
② Virginie Larribau-Terneyre, Droit civil, Les obligations, 15e édition, Dalloz, 2017, p.64.
③ Jean Carbonnier, Droit civil, Volume Ⅱ, Les biens, Les obligations, puf, 2004, p.1930; Philippe Malinvaud, Dominique Fenouillet, Droit des obligations, 11e édition, Litec, 2010, pp.14 – 15; Virginie Larribau-Terneyre, Droit civil, Les obligations, 15e édition, Dalloz, 2017, p.64.
④ Philippe Malinvaud, Dominique Fenouillet, Droit des obligations, 11e édition, Litec, 2010, p.14.

们是民事责任的渊源。"①

因此，故意侵权行为是行为人自愿实施的行为，当他们实施的此种行为引起他人损害的发生时，他们与他人之间就产生了债：他们应当赔偿他人遭受的损害，他人有权要求他们对自己承担赔偿责任。同样，不应清偿行为是给付者自愿实施的行为，当他们实施此种行为并因此让接受者获得了不应当获得的给付时，他们与接受者之间就产生了债：他们有权要求接受者返还，而接受者则应当予以返还。

（二）当事人自愿实施的事实行为与法律行为之间的关系

当事人自愿实施的事实行为与法律行为之间既存在共同点，也存在差异。它们之间的共同点有二。

第一，它们均是当事人意图、意志作用的结果，如果没有当事人的意图、意志在其中发挥作用，它们均无法产生。因为，买卖合同是当事人意图、意志作用的结果，故意毁损他人名誉的侵权行为也是当事人意图、意志作用的结果。

第二，它们均能够产生法律效果，也就是，无论是当事人自愿实施的事实行为还是法律行为均是债的渊源，均能够产生法律效果。

它们之间的主要差异有四。

第一，是否要求行为能力的不同。总的说来，法律行为要求当事人具有行为能力，如果当事人没有行为能力，则他们实施的法律行为无效，而当事人自愿实施的事实行为则不要求当事人有行为能力，即便他们是无行为能力的人，甚至是有幼儿，他们自愿实施的行为仍然能够产生债。

第二，意图、意志的含义存在差异。虽然法律行为和当事人自愿实施的事实行为均是当事人的意图、意志作用的结果，但是，在法律行为和当事人自愿实施的事实行为当中，意图、意志的含义是不同的。在法律行为当中，当事人的意图、意志仅仅是指当事人的故意，并不包括当事人的过失，而在当事人自愿实施的事实行为当中，当事人的意图、意志既指他们的故意，也指他们的过失。

第三，是否存在统一性的不同。作为债的渊源，虽然法律行为类型众多，包括单方法律行为、合同和集体行为，但是，所有的法律行为均建立在共同的法律制度的基础上，因为所有的法律行为均具备最低限度的有效条件，这就是法律行为的统一性。而当事人自愿实施的事实行为则不同，除了类型多种多样之外，不同的行为实行不同的法律制度，它们之间不存在共同适用的法律制度，这就是事实行为的分散性。

第四，法律效果是否取决于当事人意图、意志的不同。虽然法律行为和当事人自愿实施的事实行为均会发生法律效果，但是，法律行为的法律效果取决于当事人的意图、意志，而不是制定法的规定，而当事人自愿实施的事实行为则不同，它们的法律效果取决于制定法的规定，同当事人的意图、意志没有一丝一毫的关系。因此，买卖合同的法律效果是由买卖双方当事人的意图、意志确定的，而不当得利产生的法律效果则是由制定法规定的。

---

① Virginie Larribau-Terneyre, Droit civil, Les obligations, 15e édition, Dalloz, 2017, p. 64.

(三) 当事人自愿实施的事实行为的类型

2016年2月10日之前，《法国民法典》将当事人自愿实施的事实行为分为三种：侵权、准侵权和准合同，其中的侵权是指故意侵权，而准侵权则是指过失侵权，而准合同则是指不应清偿和无因管理，这就是三分法的理论。2016年2月10日的债法改革法令废除了三分法的理论并且以二分法的理论取而代之：民事责任和债的其他渊源，因为，在废除侵权和准侵权的区分理论时，它以侵权责任取而代之；在废除准合同的同时，它以"债的其他渊源"取而代之，这就是现行《法国民法典》第三卷第三编当中的第二分编和第三分编：第二分编为"侵权责任"①，而第三分编则为"债的其他渊源"，包括无因管理、不应清偿和不当得利。②

因为债的其他渊源当中的无因管理、不应清偿和无因管理在性质上均属于准合同，因此，现行《法国民法典》实际上将当事人自愿实施的事实行为分为两类：侵权责任和准合同。实际上，《法国民法典》的此种做法与法国民法学者的做法完全一致，因为，在讨论债的渊源时，法国民法学者普遍讨论三类债的渊源：合同、侵权责任和准合同，其中的合同在性质上属于法律行为，而其中的侵权责任和准合同在性质上则是当事人自愿实施的事实行为，它们结合在一起就形成作为一个有机整体的债的渊源制度。

四、作为债的渊源的民事侵权责任

(一) 责任和法律责任的界定

侵权责任属于责任当中的一种，因为除了侵权责任之外，法律尤其是民法当中存在众多的责任。所谓责任（La responsabilité），是指对自己的行为负责的一种债。当行为人实施某种行为时，他们应当对自己实施的行为负责，这就是所谓的责任。人们经常在法律之外论及责任，诸如政治责任和道德责任。所谓政治责任（la responsabilité politique），是指政府就自己实施的行为对国会负责。所谓道德责任（la responsabilité morale），是指个人就自己实施的行为对其良心负责。③

不过，人们也在法律领域论及责任，这就是法律责任（la responsabilité juridique）。所谓法律责任，是指当行为人实施某种致害行为时，他们应当就自己实施的此种致害行为而遭受某种法律制裁。法律责任可以分为三类：行政责任、刑事责任和民事责任。所谓行政责任（la responsabilité administrative），是指行政机关就其实施的致害行为引起的损害负责的债。换言之，所谓行政责任，是指行政机关就其实施的非法行政行为引起的

---

① Code civil, Version en vigueur au 07 novembre 2020, https://www.legifrance.goufr/codes/section_lc/LEGITEXT000006070721/LEGISCTA000032021486/#LEGISCTA000032021486.

② Code civil, Version en vigueur au 07 novembre 2020, https://www.legifrance.goufr/codes/section_lc/LEGITEXT000006070721/LEGISCTA000032023804/#LEGISCTA000032023804.

③ Virginie Larribau-Terneyre, Droit civil Les obligations, 15e édition, Dalloz, 2017, pp. 667 – 683; Rémy Cabrillac, Droit des Obligations, 12e édition, Dalloz, 2016, pp. 211 – 215; Marjorie Brusorio-Aillaud, Droit des obligations, 8e édition, bruylant, 2017, pp. 19 – 25.

损害对他人承担的损害赔偿责任。所谓刑事责任（la responsabilité pénale），是指行为人就其实施的犯罪行为负责的债。换言之，所谓刑事责任，是指犯罪分子就其实施的犯罪行为所遭受的刑事制裁。①

所谓民事责任（la responsabilité civile），是指行为人就其实施的致害行为引起的损害对他人负责的债；换言之，所谓民事责任，是指行为人就其实施的致害行为引起的损害所遭受的民事制裁。当行为人实施某种行为时，如果他们的行为引起了他人损害的发生，他们应当就自己实施的引起他人损害的行为对他人负责，换言之，他们应当因为自己实施的致害行为而遭受某种民事制裁，这就是民事责任。民事责任与行政责任之间存在共同点，它们均是行为人就其实施的致害行为引起的损害对他人承担的赔偿责任，并且行政责任与作为民事责任组成部分的侵权责任的构成要件完全一样，它们均应当具备致害行为、损害和因果关系的构成条件。不过，民事责任仍然独立于行政责任，因为民事责任是民事主体根据私法的规定所承担的赔偿责任，而行政责任则是行政机关根据公法的规定所承担的赔偿责任。②

民事责任与刑事责任之间存在共同点：凡是引起他人损害发生的犯罪行为均构成侵权行为，并且犯罪行为在性质上也是过错行为，除了应当承担刑事责任之外，行为人也应当承担侵权责任。不过，民事责任仍然独立于刑事责任：民事责任的目的在于赔偿他人遭受的损害，而刑事责任的目的则在于惩罚、制裁犯罪分子的犯罪行为；民事责任的主要方式在于损害赔偿，而刑事责任的方式则是诸如监禁和刑事罚金等刑罚；某些犯罪行为仅仅会遭受刑事制裁，不会引起损害赔偿责任的发生，因为它们没有引起他人损害的发生，例如，犯罪未遂和犯罪中止等。③

（二）侵权责任与合同责任之间的区别和共同点

民事责任分为两种：合同责任和侵权责任。所谓合同责任（la responsabilité contractuelle），是指合同债务人就其不履行合同债务或者迟延履行合同债务的行为引起的损害对合同债权人承担的损害赔偿责任。现行《法国民法典》新的第1231-1条对合同责任做出了说明，该条规定：除非债务人能够证明，他们不履行或者迟延履行债务的行为是由不可抗力引起的；否则，在债务人不履行债务或者迟延履行债务时，他们应当被责令赔偿合同债权人的损害。④ 所谓侵权责任（la responsabilité extracontractuelle），是指行

---

① Rémy Cabrillac, Droit des Obligations, 12e édition, Dalloz, 2016, pp. 211 – 215; Marjorie Brusorio-Aillaud, Droit des obligations, 8e édition, bruylant, 2017, pp. 19 – 25; Virginie Larribau-Terneyre, Droit civil Les obligations, 15e édition, Dalloz, 2017, pp. 667 – 683.

② Rémy Cabrillac, Droit des Obligations, 12e édition, Dalloz, 2016, pp. 211 – 215; Marjorie Brusorio-Aillaud, Droit des obligations, 8e édition, bruylant, 2017, pp. 19 – 25; Virginie Larribau-Terneyre, Droit civil Les obligations, 15e édition, Dalloz, 2017, pp. 667 – 683.

③ Rémy Cabrillac, Droit des Obligations, 12e édition, Dalloz, 2016, pp. 211 – 215; Marjorie Brusorio-Aillaud, Droit des obligations, 8e édition, bruylant, 2017, pp. 19 – 25; Virginie Larribau-Terneyre, Droit civil Les obligations, 15e édition, Dalloz, 2017, pp. 667 – 683.

④ Article 1231 – 1, Code civil, Version en vigueur au 14 novembre 2021, https://www.legifrance.gouv.fr/codes/section_lc/Legitext000006070721/Legiscta000032009929/#Legiscta000032009929.

为人就其本人的行为、别人的行为和所管理的物的行为引起的损害对他人承担的损害赔偿责任。①

传统理论认为，侵权责任和合同责任之间存在差异：合同责任以债务人不履行合同或者迟延履行合同债务作为必要条件，而侵权责任则以行为人在合同之外实施某种致害行为作为必要条件；合同责任以当事人之间存在有效合同作为必要条件，而侵权责任则不存在此种条件；合同责任以债务人有行为能力作为必要条件，而侵权责任则不需要行为人有行为能力。基于这些原因，传统民法承认侵权责任和合同责任之间的非竞合规则（non-cumul des responsabilités），根据这一规则，即便合同债务人不履行或者迟延履行债务的行为也构成侵权责任当中的过错行为，过错侵权责任原则也不再在合同责任当中适用。②

不过，传统民法所采取的此种做法受到了某些民法学者的批评，他们认为，虽然侵权责任和合同责任之间的确存在一定的差异，但是，它们之间的共同点大于它们之间的差异：①它们的构成条件是相同的，因为它们均以致害行为、损害和因果关系的存在作为承担责任的条件。②侵权责任和合同责任的类型是相同的，它们均可以分为三类六种民事责任：行为人就其本人的行为对他人承担一般和特殊民事责任，包括侵权责任和合同责任；行为人就别人的行为对他人承担的一般和特殊民事责任，包括侵权责任和合同责任；行为人就其物的行为对他人承担的一般和特殊民事责任，包括侵权责任和合同责任。③它们的免责事由是相同的，均包括正当防卫、紧急避险和不可抗力等；④它们的法律效果是相同的，侵权责任和合同责任均是损害赔偿责任，并且所赔偿的范围和性质是一致的、一样的。③

（三）现行《法国民法典》所规定的三类六种侵权责任

迄今为止，《法国民法典》仍然明确区分侵权责任和合同责任。因为它明确将侵权责任和合同责任规定在不同的篇章当中。一方面，它将合同责任规定在第三卷第三编第一分编合同第四章即合同的效力当中，这就是第五节"合同的不履行"，也就是新的第1217条至新的第1231-7条所规定的合同的不履行，已如前述。另一方面，它将侵权责任规定在第三卷第三编第二分编即侵权责任当中，这就是新的1240条至新的第1252条，该分编由三章组成：第一章对侵权责任总则做出了规定，第二章对缺陷产品引起的

---

① Rémy Cabrillac, Droit des Obligations, 12e édition, Dalloz, 2016, pp. 211 – 215; Marjorie Brusorio-Aillaud, Droit des obligations, 8e édition, bruylant, 2017, pp. 19 – 25; Virginie Larribau-Terneyre, Droit civil Les obligations, 15e édition, Dalloz, 2017, pp. 667 – 683.

② Rémy Cabrillac, Droit des Obligations, 12e édition, Dalloz, 2016, pp. 211 – 215; Marjorie Brusorio-Aillaud, Droit des obligations, 8e édition, bruylant, 2017, pp. 19 – 25; Virginie Larribau-Terneyre, Droit civil Les obligations, 15e édition, Dalloz, 2017, pp. 667 – 683.

③ Virginie Larribau-Terneyre, Droit civil Les obligations, 15e édition, Dalloz, 2017, pp. 667 – 683; Rémy Cabrillac, Droit des Obligations, 12e édition, Dalloz, 2016, pp. 211 – 215; Marjorie Brusorio-Aillaud, Droit des obligations, 8e édition, bruylant, 2017, pp. 19 – 25; 张民安：《法国合同法总论》，中山大学出版社2021年版，第370—654页。

责任做出了规定，第三章则对生态损害的赔偿做出了规定。①

这些法律条款所规定的侵权责任被分为三类。

第一，行为人就其本人的行为（le fait personnel）引起的损害对他人承担的一般侵权责任和特殊侵权责任。所谓行为人本人的行为，是指行为人实施的过错行为，包括故意行为和过失行为，当他们实施的这些行为引起他人损害的发生时，他们应当赔偿他人所遭受的损害。行为人就其本人的行为对他人承担的侵权责任分为一般侵权责任和特殊侵权责任，其中的一般过错侵权责任是指行为人根据《法国民法典》新的第 1240 条（旧的第 1382 条）的规定对他人承担的侵权责任，而其中的特殊过错侵权责任则是指医师和行为人就其实施的医疗过失或者滥用权利的行为引起的损害对他人承担的侵权责任。在判断行为人是否有过错时，法官仅仅考虑行为人在行为时是否尽到了一般理性人在同样或者类似情况所能够尽到的注意程度，不会考虑行为人的年龄大小、识别能力等主观因素。②

第二，行为人就别人的行为（le fait d'autrui）引起的损害对他人承担的一般侵权责任和特殊侵权责任。所谓别人的行为，是指行为人对其行为负责任的人的行为，例如，父母对其行为负责任的未成年子女的行为，雇主对其行为负责任的雇员等。当行为人就其行为负责任的人实施的致害行为引起他人损害的发生时，行为人应当就这些人引起的损害对他人承担侵权责任，此种侵权责任或者是一般侵权责任，或者是特殊侵权责任。其中的一般侵权责任是指行为人根据《法国民法典》新的第 1242（1）条［旧的第 1384（1）条］的规定所承担的侵权责任，而特殊的侵权责任则是指父母就其未成年子女、雇主就其雇员的行为引起的损害对他人承担的侵权责任。行为人承担的此种侵权责任究竟是过错责任还是当然责任，民法学者之间存在不同的看法。不过，该种责任当然是一种过错侵权责任：如果行为人对其行为负责任的人有过错，行为人就应当承担侵权责任，反之，如果行为人对其行为负责任的人没有过错，行为人无需应当承担侵权责任。③

第三，行为人就其物的行为（le fait des choses）引起的损害对他人承担的一般侵权责任和特殊侵权责任。所谓物的行为，是指行为人所拥有的、所管理的或者所控制的物引起了他人损害的发生。当行为人拥有的、管理的或者控制的物引起了他人损害的发生时，他们应当赔偿他人所遭受的损害，除非他们具备诸如不可抗力的免责事由。例如，物主的建筑物坍塌引起了他人损害的发生，动物的管理者所管理的动物逃逸引起了他人损害的发生等。此种侵权责任或者是一般侵权责任，或者是特殊侵权责任。所谓一般侵权责任，是指行为人根据《法国民法典》新的第 1242（1）［旧的第 1384（1）条］的规定所承担的侵权责任，所谓特殊侵权责任则是指建筑物的主人就其建筑物因为欠缺维

---

① Articles 1240 à 1252, Code civil, Version en vigueur au 14 novembre 2021, https://www.legifrance.gouv.fr/codes/section_ lc/Legitext000006070721/Legiscta000032021486/#Legiscta000032021486.

② 张民安：《现代法国侵权责任制度研究》，法律出版社 2007 年版，第 163—201 页；张民安：《法国民法》，清华大学出版社 2015 年版，第 391—400 页；张民安：《法国合同法总论》，中山大学出版社 2021 年版，第 572 页。

③ 张民安：《现代法国侵权责任制度研究》，法律出版社 2007 年版，第 202—222 页；张民安：《法国民法》，清华大学出版社 2015 年版，第 400—406 页；张民安：《法国合同法总论》，中山大学出版社 2021 年版，第 573 页。

修而坍塌、机动车司机就其机动车引发的交通事故对他人承担的侵权责任等。行为人承担的此种责任属于当然责任,即便行为人在管理、控制物时没有过错,他们仍然应当承担侵权责任。不过,他们也可以借口不可抗力等理由拒绝承担侵权责任。①

无论行为人承担的侵权责任是哪一类,所有的侵权责任均应当具备最低限度的三个条件:其一,行为人实施的某种致害行为,所谓致害行为,是指行为人或者行为人对其行为负责任的人所实施的引起了他人损害的发生的行为,致害行为或者是行为人本人的行为,或者是行为人对其行为负责任的人行为,或者是物的管理、控制行为,已如前述。其二,他人遭受了某种可予赔偿的损害。所谓可予赔偿的损害,是指他人所遭受的损害是能够在法律上要求行为人加以赔偿的损害,如果他人遭受的损害是在法律上不能够要求行为人加以赔偿的损害,则他人不能够要求法官责令行为人予以赔偿。其三,行为人的致害行为与他人遭受的损害之间存在某种因果关系。② 一旦符合这些条件,行为人就应当赔偿他人遭受的全部损害(财产损害,道德损害和人身损害),这就是完全损害赔偿原则(le principe de la réparation intégrale du préjudice):他人遭受多少损害,行为人就赔偿多少损害,行为人赔偿的范围等同于他人遭受的损害范围,除非行为人具备某种拒绝承担赔偿责任的正当理由。③

(四)侵权责任与合同责任未来可能统一到民事责任当中

不过,在不久的将来,法国政府或者立法者极有可能会采取新的做法,这就是,将《法国民法典》当中的合同责任与侵权责任合并在一起,并因此形成一种新的债的渊源即统一的民事责任制度。换言之,未来的《法国民法典》不会存在作为独立渊源存在的侵权责任,因为侵权责任将被统一的民事责任所吸收和所包含。一方面,在2017年3月13日的《民事责任法改革草案》当中,法国司法部采取此种做法,在该《草案》中,法国司法部明确规定,未来《法国民法典》第三卷第三编即债的渊源不再是合同、侵权责任和债的其他渊源,而是合同、民事责任和债的其他渊源,换言之,未来的《法国民法典》当中的侵权责任会被民事责任所取代。另一方面,在2020年7月29日的《民事责任法改革提案》当中,法国参议院也采取此种做法,在该《提案》当中,法国参议院也规定,现行《法国民法典》第三卷第三编即债的渊源当中的第二分编即侵权责任将会被民事责任所取代,被取代的民事责任既包括合同责任的内容,也包括侵

---

① 张民安:《现代法国侵权责任制度研究》,法律出版社2007年版,第223—266页;张民安:《法国民法》,清华大学出版社2015年版,第406—413页;张民安:《法国合同法总论》,中山大学出版社2021年版,第573页。

② 张民安:《现代法国侵权责任制度研究》,法律出版社2007年版,第124—151页;张民安:《法国民法》,清华大学出版社2015年版,第382—391页;张民安:《法国合同法总论》,中山大学出版社2021年版,第574页。

③ 张民安:《现代法国侵权责任制度研究》,法律出版社2007年版,第152—162页;张民安:《法国民法》,清华大学出版社2015年版,第418—421页;张民安:《法国合同法总论》,中山大学出版社2021年版,第10—11页。

权责任的内容。①

五、作为债的渊源的准合同

（一）准合同的概念和类型

在 2016 年之前，《法国民法典》第 1371 条至第 1381 条对准合同（les quasi-contrats）制度做出了规定，除了其中的第 1371 条对准合同做出了明确界定之外，这些法律条款也对两种类型的准合同做出了明确规定，这就是无因管理和不应清偿。② 通过 2016 年 2 月 10 日的债法改革法令，现行《法国民法典》新的第 1300 条至新的第 1303 – 4 条对准合同制度做出了规定，除了其中的第 1300 条对准合同做出了界定之外，其他的一些法律条款则对三种类型的准合同做出了规定：无因管理、不应清偿和不当得利。③

在 2016 年之前，《法国民法典》第 1371 条对准合同做出了界定，该条规定：所谓准合同，是指行为人所实施的单纯自愿行为，这些行为或者使他人对行为人承担债务，或者使行为人与他人之间互相承担某种债务。④ 在 2016 年之后，现行《法国民法典》新的第 1300 条对准合同的概念和类型做出了说明，该条规定：所谓准合同，是指行为人所实施的单纯自愿行为，这些行为让他人在不对行为人享有权利的情况下对行为人承担债务，并且有时也让行为人对他人承担债务。由本分编所规范的准合同是无因管理、不应清偿和不当得利。⑤

（二）无因管理产生的债

根据《法国民法典》新的第 1301 条至新的 1301 – 5 条的规定，所谓无因管理（la gestion de l'affaire），是指在不对他人承担任何法定义务或者任何约定义务的情况下，行为人为了他人的利益而自愿实施的管理他人事务的行为或者为他人提供服务的行为。其中，对他人事务进行管理的行为人被称为管理者（gérant），他人被称为被管理者（géré）或者本人（maitre）。

一旦管理者对被管理者的事务进行了管理或者提供了服务，则管理者的无因管理行为会导致管理者与被管理者之间债的产生，他们之间产生的债等同于委托人和被委托人

---

① Projet de réforme du droit de la responsabilité civile，13 mars 2017，http：//www. textes. justice. gouv. fr/textes-soumis-a-concertation-10179/projet-de-reforme-du-droit-de-la-responsabilite-civile – 29782. html；Proposition de loi n° 678 portant réforme de la responsabilité civile，Sénat Deuxième session extraordinaire de 2019 – 2020，Enregistré à la Présidence du Sénat le 29 juillet 2020，p. 5，http：//www. senat. fr/leg/pp. l19—678. html；张民安：《法国合同法总论》，中山大学出版社 2021 年版，序言、第 9—13 页。

② Articles 1371 à 1381，Code civil，Version en vigueur au 09 février 2016，https：//www. legifrance. gouv. fr/codes/section_ lc/LEGITEXT000006070721/LEGISCTA000006118073/2016 – 02 – 09/#LEGISCTA000006118073.

③ Articles 1300 à 1303 – 4，Code civil，Version en vigueur au 15 novembre 2021，https：//www. legifrance. gouv. fr/codes/section_ lc/LEGITEXT000006070721/LEGISCTA000032023804/#LEGISCTA000032023804.

④ Article 1371，Code civil，Version en vigueur au 09 février 2016，https：//www. legifrance. gouv. fr/codes/section_ lc/LEGITEXT000006070721/LEGISCTA000006118073/2016 – 02 – 09/#LEGISCTA000006118073.

⑤ Article 1300，Code civil，Version en vigueur au 15 novembre 2021，https：//www. legifrance. gouv. fr/codes/section_ lc/LEGITEXT000006070721/LEGISCTA000032023804/#LEGISCTA000032023804.

之间产生的债，其中的管理者承担的债务等同于被委托人承担的债务：其一，合理管理的债务。管理者在管理他人事务时应当尽到一个有理性的人在同样或者类似的情况下所能够尽到的注意程度；否则，他们的管理行为构成过错，应当赔偿被管理者所遭受的损害。不过，法官有权对管理者承担的损害赔偿责任范围进行调整。其二，继续管理的债务。一旦管理者对被管理者的事务进行了管理，则他们应当继续管理，直到被管理者本人能够亲自管理时为止。而被管理者承担的债务等同于委托人承担的债务：当管理者为了管理被管理者的事务而支付了必要的、有益的费用时，甚至遭受损失时，被管理者承担支付这些费用和赔偿这些损失的债务，这就是无因管理产生的债。①

（三）不应清偿引起的债

根据《法国民法典》新的第 1302 条至新的 1302 – 3 条的规定，所谓不应清偿（le paiement de l'indu），是指在不对他人承担债务的情况下，债务人因为误解或者过错而对他人实施了债务的清偿行为，并因此让他人获得了自己对其实施的给付。其中，基于误解或者过错而对他人实施债务清偿的行为人被称为清偿者（solvens），接受清偿者清偿的他人被称为受领者（accipiens）。一旦清偿者对受领者实施了原本不存在的债务清偿行为，如果受领者因为错误或者明知自己不应当接受清偿而接受了或者仍然接受了清偿者的清偿，受领者应当承担将所获得的利益返还给清偿者的债务，这就是不应给付所产生的返还债务。受领者返还的范围取决于他们的善意或恶意：在善意的情况下，受领者仅仅返还所接受的财产；在恶意的情况下，除了返还所接受的财产之外，受领者还应当返还利息或者收益。如果清偿者在实施清偿时有过错，受领者的返还范围可以减少。②

（四）不当得利产生的债

根据《法国民法典》新的第 1303 条至新的 1303 – 4 条的规定，所谓不当得利（l'enrichissement injustifié），是指在无因管理或者不应清偿之外，行为人以牺牲他人利益作为代价获得不应当获得利益的行为。所谓不应当获得的利益，是指行为人在没有任何正当理由的情况下以牺牲他人利益作为代价所获得的利益，例如，他们在没有制定法规定的情况下获得了利益，他们在没有合同规定的情况下获得了利益，或者他们在他人

---

① Articles 1301 à 1301 – 5, Code civil, Version en vigueur au 15 novembre 2021, https://www.legifrance.gouv.fr/codes/section_lc/LEGITEXT000006070721/LEGISCTA000032023804/# LEGISCTA000032023804; Philippe Malaurie, Laurent Aynès, Philippe Stoffel-Munck, Droit Des Obligations, 8e édition, LGDJ, 2016, pp. 604 – 605; Rémy Cabrillac, Droit des Obligations, 12e édition, Dalloz, 2016, pp. 195 – 197; Marjorie Brusorio-Aillaud, Droit des obligations, 8e édition, bruylant, 2017, pp. 135 – 136; Virginie Larribau-Terneyre, Droit civil Les obligations, 15e édition, Dalloz, 2017, pp. 633 – 635; 张民安：《法国民法》，清华大学出版社 2015 年版，第 437—439 页。

② Articles 1302 à 1302 – 3, Code civil, Version en vigueur au 15 novembre 2021, https://www.legifrance.gouv.fr/codes/section_lc/LEGITEXT000006070721/LEGISCTA000032023804/# LEGISCTA000032023804; Philippe Malaurie, Laurent Aynès, Philippe Stoffel-Munck, Droit Des Obligations, 8e édition, LGDJ, 2016, pp. 607 – 612; Rémy Cabrillac, Droit des Obligations, 12e édition, Dalloz, 2016, pp. 198 – 202; Marjorie Brusorio-Aillaud, Droit des obligations, 8e édition, bruylant, 2017, pp. 141 – 143; Virginie Larribau-Terneyre, Droit civil Les obligations, 15e édition, Dalloz, 2017, pp. 647 – 656; 张民安：《法国民法》，清华大学出版社 2015 年版，第 442—447 页。

致贫的情况下获得了利益等。其中,以牺牲他人利益作为代价而获得不当利益的行为人被称为受益者(accipiens)或者致富者(enrichi),而利益被牺牲的他人则被称为受损者(solvens)或者致贫者(appauvri)。一旦受益者以牺牲受损者的利益作为代价获得了不当利益,则他们应当赔偿受损者所遭受的损害,受损者有权获得损害赔偿:在受益者所获得的利益与受损者所遭受的损失之间不相等时,受损者获得的赔偿应当与所得利益和所受损失当中数额较少的一个价值相等,这就是不当得利所产生的损害赔偿债务。①

---

① Articles 1303 à 1303-4, Code civil, Version en vigueur au 15 novembre 2021, https://www.legifrance.gouv.fr/codes/section_lc/LEGITEXT000006070721/LEGISCTA000032023804/# LEGISCTA000032023804; Philippe Malaurie, Laurent Aynès, Philippe Stoffel-Munck, Droit Des Obligations, 8e édition, LGDJ, 2016, pp. 613 – 622; Rémy Cabrillac, Droit des Obligations, 12e édition, Dalloz, 2016, pp. 203 – 209; Marjorie Brusorio-Aillaud, Droit des obligations, 8e édition, bruylant, 2017, pp. 137 – 139; Virginie Larribau-Terneyre, Droit civil Les obligations, 15e édition, Dalloz, 2017, pp. 639 – 644;张民安:《法国民法》,清华大学出版社 2015 年版,第 439—442 页。

第三编
债的效力（一）：债的自愿履行

第七章 债的单纯履行

第一节 债的清偿的界定、地位和性质

在 2016 年 2 月 10 日的债法改革法令实行之前,《法国民法典》在合同总则当中对债的清偿（le paiement）做出了规定，这就是第三卷第三编第五章当中的第一节，由第 1235 条至第 1264 条组成，该节共由五个分节，对债的清偿所涉及的五个方面的内容做出了规定，包括：债的清偿总则，代为清偿，债的清偿的列入、债的清偿的提出和提存以及财产转让。① 通过 2016 年 2 月 10 日的债法改革法令，现行《法国民法典》第三卷第四编（上）第四章第一节对债的清偿做出了规定，由新的第 1342 条至新的第 1346 - 5 条组成，该节共由四个分节，包括：债的清偿的一般规定、有关金钱债的特别规定（dispositions particulières）、催告（la mise en demeure）（包括对债务人和债权人进行的催告）以及代位清偿。②

无论是在 2016 年之前③还是之后④，民法学者普遍对债的清偿做出了说明，并且他们做出的说明未必一定与《法国民法典》做出的规定相一致。一方面，虽然某些民法学者像《法国民法典》一样在债的消灭当中讨论债的清偿，但是，也有民法学者没有采取《法国民法典》的做法，他们在债的履行当中讨论债的清偿。另一方面，除了像《法国民法典》一样讨论债的自愿清偿之外，他们也讨论债的强制清偿，包括讨论一般担保权、债权人代位权和债权人撤销权等内容，而《法国民法典》没有在债的清偿当中规定这些内容。笔者像法国某些民法学者一样，在讨论债的清偿时不区分债的清偿与

---

① Articles 1235 à 1264, Code civil, Version en vigueur au 09 février 2016, https://www.legifrance.gouv.fr/codes/section_ lc/Legitext000006070721/Legiscta000006150257/2016 - 02 - 09/#Legiscta000006150257.

② Articles 1342 à 1346 - 5, Code civil, Version en vigueur au 14 septembre 2021, https://www.legifrance.gouv.fr/codes/section_ lc/LEGITEXT000006070721/LEGISCTA000032035233/#LEGISCTA000032035233.

③ Henri et Léon Mazeaud, Jean Mazeaud, François Chabas, Obligations, 9e édition, Montchrestien, 1998, pp. 841 - 1071; Jean Carbonnier, Droit civil, Volume II, Les biens, les obligations, puf, 2004, pp. 2471 - 1485; Jacques Ghestin, Marc Billiau, Grégoire Loiseau, Traité de Droit Civil, Le régime des créances et des dettes, LGDJ, 2005, pp. 583 - 817; Philippe Malinvaud, Dominique Fenouillet, Droit des obligations, 11e édition, Litec, 2010, pp. 639 - 683; Jacques Flour, Jean-Luc Aubert, Éric Savaux, Droit civil, Les Obligations, 3. Le rapport d'obligation, 7e édition, Dalloz, 2011, pp. 89 - 117.

④ Muriel Fabre-Magnan, Droit des obligations, Tome 1, Contrat et engagement unilatéral, 4e édition, puf, 2016, pp. 671 - 686; Philippe Malaurie, Laurent Aynès, Philippe Stoffel-Munck, Droit Des Obligations, 8e édition, LGDJ, 2016, pp. 627 - 681; Rémy Cabrillac, Droit des Obligations, 12e édition, Dalloz, 2016, pp. 377 - 412; Marjorie Brusorio-Aillaud, Droit des obligations, 8e édition, bruylant, 2017, pp. 334 - 347; Virginie Larribau-Terneyre, Droit civil Les obligations, 15e édition, Dalloz, 2017, pp. 181 - 219; Jérôme François, Les obligations, Régime general, Tome 4, 4e édition, Economica, 2017, pp. 10 - 61; François Terré, Philippe Simler, Yves Lequette, François Chénedé, Droit civil, Les obligations, 12e édition, Dalloz, 2018, pp. 1491 - 1686.

债的履行，认为债的清偿与债的履行属于同一制度，该种制度可以分为：①债的单纯清偿，也就是债的单纯履行；②债的代为清偿，也就是债的代位履行；③债的强制清偿，也就是债的强制履行。

所谓债的单纯清偿（le paiement pur et simple），也称为债的单纯履行，是指有关债的清偿的一般制度，所涉及到的主要内容包括：债的清偿的界定，债的清偿的性质，债的清偿的当事人，债的清偿的客体，债的清偿的时间、地点，债的清偿的证据，债的清偿的列入，债的清偿的催告，债的清偿的提存等。

一、债的清偿的界定

（一）paiement 一词的两种不同含义

在法国，债的清偿一词的法文表述是 paiement，该词是 payer 一词的派生词语，它源自拉丁文 pacare 一词，该词在拉丁文当中的含义是指让人得到平静、缓和和满足。在日常生活当中，清偿一词是指债务人为了履行自己对债权人所承担的金钱债而将一笔数额的金钱支付给债权人的行为。例如，买受人在购买了出卖人的出卖物之后将购物款支付给出卖人的行为就是日常生活当中的清偿行为，也就是购物款的清偿。而在技术的意义上，清偿一词则是指债务人对债权人实施债务的履行行为，无论债的客体是什么，当债务人根据债的客体的具体情况对债权人履行所承担的债务时，他们所实施的此种债务的履行行为就是债的清偿。例如，支付金钱给债权人，交付财产或者文件给债权人，或者对债权人提供其他给付行为，等等。① 因此，清偿的技术含义要比日常生活当中的含义广泛得多，它是指债务人实施的所有债务履行行为（exécution），除了债务人实施的金钱履行行为之外还包括其他的履行行为。

（二）《法国民法典》和民法学者对债的清偿做出的界定

在 2016 年之前，《法国民法典》虽然对债的清偿做出了详尽的规定，但是，它没有对债的清偿做出界定。而通过 2016 年 2 月 10 日的债法改革法令，现行《法国民法典》新的第 1342（1）条对债的清偿做出了界定，该条规定：所谓债的清偿，是指债务人自愿履行原本应当履行的给付行为。②

在 2016 年之前，虽然《法国民法典》没有对债的清偿做出界定，但是，民法学者普遍对债的清偿做出了界定，并且他们做出的界定基本上是一致的，因为他们均认为债的清偿是指债务人履行债务的行为。在 1993 年的《民法》当中，Raymond 指出："在法国，清偿是由《法国民法典》第 1235 条所规范和调整的。在日常语言当中，人们在使用清偿一词时，他们也仅仅是指以一定数额的金钱来消灭债，而在法律语言当中，清

---

① Gérard Cornu, Vocabulaire juridique, 10e édition, puf, 2014, p.728.
② Article 1342, Code civil, Version en vigueur au 14 septembre 2021, https://www.legifrance.gouv.fr/codes/section_lc/LEGITEXT000006070721/LEGISCTA000032035233/#LEGISCTA000032035233.

偿一词的含义则是指债务人实施的所有债的履行行为，无论债的客体是什么。"① 在2011年的《民法》当中，Voirin 和 Goubeaux 也指出："在日常语言当中，清偿是指债务人将一定数额的金钱支付给债权人，而在法律语言当中，清偿的含义要比日常语言当中的含义宽泛得多：所谓清偿，是指行为人实施的债的履行行为，无论债的客体是什么，均是如此。"②

在2016年之后，鉴于《法国民法典》新的第1342条对债的清偿做出了界定，民法学者普遍根据该条的规定对债的清偿做出界定。在2017年的《债的一般制度》当中，François 就根据《法国民法典》的规定界定债的清偿，他指出："就像民法学者乐于强调的那样，在法律语言当中，'清偿'一词的含义要比日常语言当中的含义广泛得多。对于非法学家而言，清偿一词仅仅是指金钱债的债务人将一笔数额的金钱交付给债权人的行为。而对于法学家而言，债的清偿则是指最一般意义上的债务的自愿履行行为，无论债的客体是什么（金钱债、作为债或者不作为债）。《法国民法典》第1342（1）条采取了此种界定方式，它仅仅抽象地规定：'所谓债的清偿，是指债务人自愿履行原本应当履行的给付行为。'"③

在2018年的《债》当中，Terré、Simler 和 Lequette 等人也根据《法国民法典》的规定对债的清偿做出了界定，他们指出："作为所有债消灭的自然方式，所谓清偿，仅仅是指债务人自愿履行原本应当履行的给付行为。这是《法国民法典》新的第1342条对债的清偿做出的界定。因此，法律语言当中的清偿一词要比日常语言当中清偿一词的含义广泛得多。"④

（三）笔者对债的清偿做出的界定

笔者认为，无论是《法国民法典》新的第1342（1）条还是民法学者对债的清偿做出的界定均存在范围过于狭窄的问题，因为，它仅仅强调了债务的自愿履行（l'exécution volontaire）性，忽视了债务的非自愿履行性，在债务人没有自觉自愿地履行债务时，基于债权人的请求，法官也有权要求债务人履行所承担的债务。因此，对债的清偿做出的界定应当同时涵盖自愿履行和非自愿履行两个方面，应当同时涵盖债务人履行和第三人代位履行的不同情况。基于此种考虑，笔者对债的清偿做出如下界定：所谓债的清偿，是指债务人甚至债务人之外的第三人为了消灭债务人与债权人之间的某种债的关系而对债权人实施原本应当履行的给付行为，无论他们是基于自愿还是基于法官的强制。

首先，债的清偿是指债务人或者债务人之外的第三人对债权人为某种原本应当履行的给付行为（la prestation due）。所谓原本应当履行的给付行为，是指债务人对债权人

---

① Guy Raymond, Droit Civil, 2e édition, Litec, 1993, p. 363.
② Pierre Voirin, Gilles Goubeaux, Droit civil, tome 1, Introduction au droit, personnes-famille, personnes protégées, biens-obligations, sûretés, 33e édition, LGDJ, 2011, p. 653.
③ Jérôme François, Les obligations, Régime general, Tome 4, 4e édition, Economica, 2017, p. 10.
④ François Terré, Philippe Simler, Yves Lequette, François Chénedé, Droit Civil, les Obligations, 12e édition, Dalloz, 2018, p. 1491.

承担什么债务，他们就应当履行什么债务，他们原则上不能够以其他债务的履行替换原本应当履行的债务，这就是清偿的客体，关于这一点，笔者将在下面的内容当中做出详细的讨论，此处从略。其次，债的清偿既包括债的自愿清偿，也包括债的强制清偿。虽然大多数债的清偿均建立在债务人自觉自愿地履行债务的基础上，但是，某些债的清偿也建立在法官判决的基础上。最后，债的清偿以消灭当事人之间的债权债务关系作为目的。无论是债务人还是第三人对债权人为原本应当履行的给付行为，他们的主观目的均在于通过实施给付行为让债务人对债权人承担的债务消灭，因此，债的清偿会产生让债务人承担的债务消灭的后果。

二、债的清偿的地位

所谓债的清偿的地位，或者是指债的清偿究竟是一种债的消灭方式还是一种履行方式，它究竟应当是规定在债的消灭当中还是应当规定在债的履行当中，或者是指如果被规定在债的消灭当中，作为一种消灭手段，债的清偿与债消灭的其他原因之间的关系。关于第一个问题，民法学者之间存在不同意见，而关于第二个问题，民法学者的意见则惊人地一致。

（一）债的清偿属于债消灭的最重要方式

在法国，大多数民法学者均认为，就像债的抵销和债的免除在性质上是一种债的消灭方式并因此应当置于债的消灭当中加以讨论一样，债的清偿在性质上也属于一种债的消灭方式并因此应当在债的消灭当中加以讨论。例如，在 2004 年的《民法》当中，Carbonnier 就采取此种看法，他指出，在《法国民法典》第 1234 条所列明的几种债的消灭原因当中，人们将债的清偿置于一端并因此与其他债的消灭原因相对立。基于此种理由，他将债的清偿与债消灭的其他原因放在一起加以讨论。[①] 同样，在 2017 年的《债的一般制度》当中，François 也采取此种方法，他指出，除了其他原因能够导致债的消灭之外，债的清偿也能够导致债的消灭，因此，他也将债的清偿置于债的消灭当中加以讨论。[②]

这些民法学者所采取的此种做法与《法国民法典》的规定完全一致，因为《法国民法典》在将债的清偿作为债的消灭方式加以规定时也在债的消灭当中对债的清偿做出了全面的规定，已如前述。在普遍承认债的清偿属于一种债的消灭方式时，这些民法学者也明确区分债的消灭与债消灭的其他原因，他们普遍认为，债的清偿在债消灭的原因当中居于核心地位，而债消灭的其他原因也仅仅在债的消灭当中居于次要的、附属的地位，换言之，债的清偿是债消灭的最基本的、最正常的、最重要的方式，而债消灭的其他原因则是债消灭的非正常的、无法预料的原因，因为，在大多数情况下，债的关系均会因为此种原因而消灭。

Carbonnier 对债的清偿在债的消灭当中的核心地位做出了明确说明，他指出："相

---

① Jean Carbonnier, Droit civil, Volume Ⅱ, Les biens, Les obligations, puf, 2004, pp. 2471 – 2524.
② Jérôme François, Les obligations, Régime general, Tome 4, 4e édition, Economica, 2017, pp. 8 – 9.

对于其他形式的债的消灭所具有的意外特征和无法预见的特征而言，清偿是债消灭的通常方式和理想方式，当债务人的债务得以履行时，债的关系即因此而消灭，因为债的目的已经实现了。"Ghestin、Billiau 和 Loiseau 也对债的清偿在债的消灭当中的重要地位做出了说明，他们指出："虽然债消灭的原因多种多样，但是，债的清偿是债消灭的通常原因，它实际上等同于债务人对其债务的准确履行，以便因此让债权人与债务人之间的债的关系消灭。"① Malaurie、Aynès 和 Stoffel-Munck 也对债的清偿在债的消灭当中的重要地位做出了说明，他们也指出："对于《法国民法典》而言（第 1342 条至第 1343 – 5 条），债的清偿不同于债消灭的其他方式，因为该种消灭方式是债消灭的正常方式，是债权人和债务人均萦绕心间的一种债的消灭方式。"②

（二）债的清偿属于债的一种履行方式

由于受到《瑞士民法典》的影响，法国少数民法学者不赞同《法国民法典》或者大多数民法学者所采取的看法，他们认为，虽然债的清偿的确会引起债的消灭，但是，与其说债的清偿在性质上属于债的消灭方式，毋宁说它属于债的履行方式。因此，人们应当在债的履行当中讨论债的清偿，不应当在债的消灭当中讨论债的清偿。虽然《瑞士民法典》在性质上属于法式民法典的重要组成部分③，但是，在债的消灭问题上，《瑞士民法典》没有采取《法国民法典》的做法。因为，在债法总则卷即第一卷当中，《瑞士民法典》没有将债的清偿规定在债的消灭当中，而是将其规定在债的效力当中。

具体来说，《瑞士债法典》第一卷第三编为债的消灭，由第 114 条至第 142 条组成，它们对债消灭的几种原因做出了规定：约定免除（remise conventionnelle）、债的更新、债的混同、债的履行不能、债的抵销和时效。④《瑞士债法典》第一卷第二编为债的效力，由第 68 条至第 113 条组成，除了对债产生的其他法律效力做出了规定之外，它们尤其对债的履行做出了规定，这就是该编当中的第一章，该章的标题为债的履行，由第 68 条至第 96 条组成，分别对债的履行即债的清偿所涉及的内容做出了全面规定，包括：债的履行的一般原则，债的履行地点、时间，清偿的货币、清偿的客体、清偿的列入，等等。⑤

在 2016 年之前，Mazeaud、Chabas、Flour、Aubert 和 Savaux 等人采取此种做法，而在 2016 年之后，Terré、Simler 和 Lequette 等人也采取此种做法。在 1998 年的《债》当中，Mazeaud 和 Chabas 等人没有采取《法国民法典》的做法，因为他们在债的履行当中讨论债的清偿，没有在债的消灭当中讨论债的清偿，他们指出："《法国民法典》的

---

① Jacques Ghestin, Marc Billiau, Grégoire Loiseau, Traité de Droit Civil, Le régime des créances et des dettes, LGDJ, 2005, p.582.
② Philippe Malaurie, Laurent Aynès, Philippe Stoffel-Munck, Droit Des Obligations, 8e édition, LGDJ, 2016, pp.627 – 717；Rémy Cabrillac, Droit des Obligations, 12e édition, Dalloz, 2016, p.627.
③ 张民安：《法国民法总论（上）》，清华大学出版社 2017 年版，第 289—297 页。
④ Articles 114 à 142, Loi fédérale complétant le Code civil suisse, Livre cinquième：Droit des obligations du 30 mars 1911, Etat le 1er juillet 2021, https://www.fedlex.admin.ch/eli/cc/27/317_ 321_ 377/fr.
⑤ Articles 68 à 96, Loi fédérale complétant le Code civil suisse, Livre cinquième：Droit des obligations du 30 mars 1911, Etat le 1er juillet 2021, https://www.fedlex.admin.ch/eli/cc/27/317_ 321_ 377/fr.

起草者在第 1235 条至第 1270 条当中规定债的清偿，认为它们属于债的消灭的组成部分。债的清偿包含了债的消灭，不过，明确区分债的清偿和债的消灭的做法是更加符合逻辑的做法，就像《瑞士民法典》的起草者所做的那样，因为，债的清偿是债的履行，而债的消灭仅仅是债的清偿引起的后果：债之所以消灭，是因为债被履行了。此种区分也也是最有必要的，因为债能够在没有履行的情况下消灭。"①

在 2011 年的《债的关系》当中，Flour、Aubert 和 Savaux 也明确反对《法国民法典》的做法，没有在债的消灭当中讨论债的清偿，而是在债的一般效力（les effets général des obligations）当中讨论债的清偿，他们认为，债的一般效力表现在四个方面：债权的保护方法即债权人代位权和债权人撤销权、债的迟延履行即金钱损害赔偿、债的强制履行，以及债的自愿履行，其中的自愿履行就是债的清偿。② 他们认为，债的清偿当然会引起债的消灭，正是因为债的清偿引起此种效果，因此，《法国民法典》才将债的清偿作为债消灭的一种方式规定在债的消灭当中。不过，除了成为债消灭的一种方式之外，债的清偿也成为债的履行方式。此外，仅仅在单纯清偿当中，债的清偿才会同时引起债的履行和债的消灭的两种后果，而在代为清偿当中，债的清偿仅仅是债的一种履行方式，而不是债消灭的一种方式。因为这些原因，债的清偿应当置于债的一般效力当中。③

在 2018 年的《债》当中，Terré、Simler 和 Lequette 等人也没有采取《法国民法典》的做法，因为他们明确区分债的清偿和债的消灭，他们认为，债的清偿应当被规定在债的履行当中，他们指出："就像债一词所表示的一样，债是一种法律关系。根据该种法律关系，债务人应当对债权人承担债务。此种法律关系的消灭通常通过债务人实施已经到期的给付的方式，也就是通过清偿的方式。因此，在讨论债的清偿时，无论是债的清偿的限定条件还是其法律效力，我们均没有像 2016 年之前和之后的《法国民法典》那样将其置于债的消灭的标签当中。债的履行的自然后果当然是债的消灭，但是，仅仅在债务人本人亲自实施给付行为时才会如此。债的履行行为本身就能够让其成为同样存在的制度，应当被置于此种制度的核心地位，而债消灭的其他原因则另当别论。"④

（三）笔者的做法：债的清偿是债的履行方式

在上述两种不同的做法当中，笔者采取少数民法学者所采取的做法，不会在债的消灭当中讨论债的清偿问题，而仅仅在债的履行当中讨论债的清偿，并且在讨论债的清偿时，笔者并不刻意区分这两个术语，在大多数情况下，笔者倾向于使用债的履行的术

---

① Henri et Léon Mazeaud, Jean Mazeaud, François Chabas, Obligations, 9e édition, Montchrestien, 1998, p.841.

② Jacques Flour, Jean-Luc Aubert, Éric Savaux, Droit civil, Les Obligations, 3. Le rapport d'obligation, 7e édition, Dalloz, 2011, pp.65–139.

③ Jacques Flour, Jean-Luc Aubert, Éric Savaux, Droit civil, Les Obligations, 3. Le rapport d'obligation, 7e édition, Dalloz, 2011, p.90.

④ François Terré, Philippe Simler, Yves Lequette, François Chénedé, Droit Civil, les Obligations, 12e édition, Dalloz, 2018, p.1489.

语，而不是债的清偿。笔者之所以采取此种做法，是因为债的消灭属于债的最后阶段，而债的履行则是债产生之后的履行阶段：在当事人之间的债成立之后，基于债的约束力的要求，债务人应当履行所承担的债务，并因此让债权人的预期利益得以实现。因此，债的履行是债的效力实现的表现。

债的履行是债的清偿的核心，没有债的履行就没有债的清偿，反之亦然，没有债的清偿也就没有债的履行，因为债的履行是债清偿的手段，通过该手段，当事人之间原本有约束力的关系消灭了。因此，如果债是通过履行之外的方式消灭的，则无所谓债的清偿的存在。因此，虽然某些民法学者认为，债的抵销在性质上构成缩减版的双重清偿，但实际上，它并不构成真正意义上的债的清偿，因为在债的抵销当中，债务人没有对债权人实施债务的履行行为。债的履行是债的清偿的本质特征，如果没有这一特征，即便能够消灭当事人之间的债，债消灭的任何方式均不构成债的清偿。①

三、债的履行的法律性质

当债务人为了消灭自己与债权人之间的债而实施债的履行行为时，他们实施的履行行为是法律行为还是法律事件？如果是法律行为，他们实施的法律行为究竟是双方法律行为还是单方法律行为？对此问题，法国民法学者之间存在极大的争议。

（一）法律行为理论

在法国，某些民法学者认为，债的清偿在性质上属于一种法律行为，因为它不仅是当事人的一种意思表示，而且还是当事人为了消灭债所进行的一种意思表示。Mazeaud 和 Chabas 等人对债的清偿所具有的此种性质做出了说明，他们指出："作为消灭合同债或者侵权债的方式，债的清偿是一种法律行为。"② 在承认债的清偿在性质上属于一种法律行为的情况下，他们之间也就该种法律行为究竟是双方法律行为还是单方法律行为的问题存在三种不同的看法：双方法律行为理论即合同理论，单方法律行为理论和特殊法律行为理论。

1. 债的清偿在性质上属于一种合同

大多数民法学者认为，债的清偿在性质上属于一种双方法律行为，更具体地说，债的清偿在法律性质上属于一种合同，该种法律行为就像一般的法律行为那样是由债务与债权人之间的意思表示构成的：债务人有清偿自己对债权人承担债务的意思表示，而债权人则有接受债务人清偿的意思表示，当债务人的意思表示和债权人的意思表示达成合意时，债务人与债权人之间的法律行为即合同就成立了，当债务人按照其意思表示对债权人履行所承担的债务时，债务人与债权人之间的债就因为债务的履行消灭。Malaurie、Aynès 和 Stoffel-Munck 对法国经典民法理论所采取的此种看法做出了说

---

① Jacques Ghestin, Marc Billiau, Grégoire Loiseau, Traité de Droit Civil, Le régime des créances et des dettes, LGDJ, 2005, p. 583.

② Henri et Léon Mazeaud, Jean Mazeaud, François Chabas, Obligations, 9e édition, Montchrestien, 1998, p. 1259, p. 1012.

明，他们指出："在经典民法理论方面，人们将债的清偿看作债务人和债权人之间的一种法律行为、一种合同；其中的一方当事人对另外一方当事人提出实施某种给付行为的要约，而另外一方当事人则承诺将对方当事人所为的给付行为看作债权的实现行为，两方当事人之间所为的债的接受和债的放弃实际上就构成了一种法律行为、一种合同，该种法律行为、合同因此让债务人对债权人承担的债务消灭。"①

Ghestin、Billiau 和 Loiseau 也对此种理论做出了说明，他们指出："无论是在习惯上还是在今时今日，人们均将债的清偿视为一种法律行为，从一方当事人到另外一方当事人，他们之间的意图似乎表明真的能够产生法律效力：为了消灭自己承担的债务，债务人有履行自己债务的意图，为了让债务人对自己承担的债务得以消灭，债权人有接受债务人履行债务的意图。当事人之间的意图源自合同当事人之间的意思表示的一致：清偿人提出履行自己债务的要约，受领人则做出接受其要约的承诺。"②

在 2016 年的债法改革之后，Terré、Simler 和 Lequette 等人也采取此种理论，他们指出："非常奇怪的是，虽然债的清偿是人们日复一日地进行的基本交易，但是，关于它的法律性质问题，人们之间仍然存在争议：对于某些人而言，它是法律行为，该种法律行为的目的在于消灭债，因此需要获得债权人的合意；对于另外一些人而言，它则是法律事件，仅仅需要履行债务的因素，也就是，仅仅需要与债的客体相符的履行行为就足够了。此种争议还没有结束，虽然如此，债的清偿的合同特征的经典理论仍然被大多数民法学者所主张……十分真实并且也是最经常发生的情形是，债的清偿的实现归入合同领域：债务人提出履行的要约，而债权人做出接受其履行的承诺。"③

2. 债的清偿仅仅是一种单方法律行为

在承认债的清偿属于一种法律行为时，少数民法学者认为，债的清偿在性质上并不像大多数民法学者所言的那样属于双方法律行为即合同，而仅仅是一种单方法律行为，因为债的清偿仅仅需要债务人的意思表示，不需要债权人的意思表示与其达成清偿的合意。在法国，Alain Bénabent 采取此种看法。一方面，他明确否定债的清偿在性质上是一种合同的看法，他指出："实际上，清偿在性质上肯定不会是一种合同，它不会要求债权人意思表示的合意，因为债权人不能够拒绝单纯债的清偿行为。"④ 另一方面，他又明确指出，债的清偿也仅仅是一种单方法律行为，他指出："但是，人们不应当将合同与法律行为混淆，即便不是一种合同，债的清偿仍然是一种法律行为，也就是，它仍然是一种能够产生法律后果的行为。债务的清偿人永远需要具有消灭债的意图，他们永远具有消灭债的意愿。……从债务人的角度，债的清偿毫无疑问是一种法律行为，并且此种性质让清偿行为受到法律行为所要求具备的能力、同意和证据的条件的约束。"⑤

---

① Philippe Malaurie, Laurent Aynès, Philippe Stoffel-Munck, Les obligations, 4e édition, Defrenois, 2009, p.591.
② Jacques Ghestin, Marc Billiau, Grégoire Loiseau, Traité de Droit Civil, Le régime des créances et des dettes, LGDJ, 2005, p.584.
③ François Terré, Philippe Simler, Yves Lequette, François Chénedé, Droit Civil, les Obligations, 12e édition, Dalloz, 2018, pp.1491–1492.
④ Alain Bénabent, Droit des obligatios, 13e édition, Montchrestien, 2012, p.562.
⑤ Alain Bénabent, Droit des obligatios, 13e édition, Montchrestien, 2012, pp.562–563.

3. 特殊性质的法律行为理论

除了上述两种不同的理论之外，还有某些民法学者认为，虽然债的清偿在性质上属于法律行为，但是，该种法律行为并不是一种一般意义上的法律行为，而是一种特殊性质的法律行为，因为，除非债务人根据合同所规定的内容履行所承担的债务，否则，债务人的意图是无法让他们承担的债务消灭的。在法国，Flour、Aubert 和 Savaux 主张此种理论，他们指出，在债的清偿的性质问题上，民法学家之间存在法律行为和法律事件之间的不同理论，但是，在这两种不同的理论当中，法律行为理论在实在法当中占据主导地位。因此，如果债的清偿有效，它应当具备法律行为的有效条件，如两方当事人应当具有缔约能力。"不过，债的清偿是一种特殊性质的法律行为：除非债务人按照合同规定的内容履行所承担的债务，否则，当事人的意图是不能够让债务人承担的债务消灭的。"①

（三）债的履行和债的清偿的区分理论

在法国，由于受到意大利民法学者的影响，Nicole Catala 在其 1961 年出版的博士学位论文《债的清偿的法律性质》当中，开始对上述经典理论提出批评，他认为，在债的清偿问题上，人们应当区分两种意义上的债的清偿：债的履行意义上的清偿和债的消灭意义上的清偿，因为清偿的意义不同，其法律性质也存在差异。

一方面，如果债的清偿是债的履行方式，则债的清偿的性质因为债的客体的不同而不同。总的说来，如果债务人承担的债务是作为债或者不作为债，则债务人履行债务的行为即清偿行为在性质上属于一种事实，也就是一种事实行为相反，如果债务人承担的债务是转移所有权的债务，则他们履行此种债务的行为即清偿行为在性质上属于法律行为，需要双方当事人之间的意思表示的一致。②

另一方面，如果债的清偿是债消灭的方式，则债的清偿仅仅是一种法律事实而不是法律行为，无论债务人所实施的给付行为是什么。因为他认为，债务人的清偿行为所产生的让债权人的债权得以满足并因此让债务人承担的债务消灭的法律效果并不是源自当事人之间的意思表示的一致，而是源自制定法的规定，这就是，根据制定法的规定，仅仅在债务人按照债的内容实施客观的给付行为时，他们的给付行为才能够让债务人对债权人承担的债务消灭。③

（四）复杂行为理论

复杂行为理论认为，债的清偿既不是单纯的法律行为、合同，也不是单纯的法律事实，而是法律行为和法律事实相结合的一种复杂行为。在法国，Malaurie、Aynès 和

---

① Jacques Flour, Jean-Luc Aubert, Éric Savaux, Les obligations, 3. Le rapport d'obligation, 7e édition, Dalloz, 2011, p. 89.
② Nicole Catala, La nature juridique du payement, LGDJ, 1961, pp. 21 – 106; Jacques Ghestin, Marc Billiau, Grégoire Loiseau, Traité de Droit Civil, Le régime des créances et des dettes, LGDJ, 2005, p. 585.
③ Nicole Catala, La nature juridique du payement, LGDJ, 1961, pp. 157 – 195; Jacques Ghestin, Marc Billiau, Grégoire Loiseau, Traité de Droit Civil, Le régime des créances et des dettes, LGDJ, 2005, p. 586.

Stoffel-Munck 采取此种理论，他们指出："实际上，债的清偿关乎一种复杂行为，同时具有合同和法律事实的性质。习惯上，债的清偿构成一种合同：债务人自觉地履行所承担的债务，而债权人则确认债务的履行让自己的债权得以实现。因此，债的清偿存在两个意图、意志、意思的交汇。不过，当事人的意图并不能够真正让债务人与债权人之间的债消灭，债务人应当履行的债取决于债的客体：如果债权人获得了与债的客体一致的给付，则他们的债权应当获得清偿。因此，就债的习惯性消灭而言，清偿并非一种像其他法律行为一样的法律行为。"①

（五）转移所有权的债的清偿属于法律行为而作为债和不作为债的清偿则属于法律事实的区分理论

在法国，某些民法学者认为，Nicole Catala 的上述理论是存在问题的，因为，债的清偿并不能够区分为履行意义上的清偿和消灭意义上的清偿，因为作为一种行为，债的清偿本质上就是一种债的履行行为：当债务人根据债的内容履行了所承担的债务时，他们的履行行为就是清偿行为，会产生让债务人承担的债务消灭的后果。在将债的清偿理解为一种履行行为之后，这些民法学者认为，人们应当对作为履行行为的清偿的性质予以界定，根据此种界定，债的清偿性质并不是单一的法律行为或者单一的法律事件，它的性质究竟是法律行为还是法律事件，取决于债务人所清偿的债务的性质：如果债务人所履行的债务在性质上属于转移所有权的债务，则他们实施的清偿行为在性质上属于法律行为，如果他们履行的债务在性质上属于作为债或者不作为债，则他们实施的清偿行为在性质上属于法律事件，也就是事实行为。

在其 1955 年的博士学位论文《无偿行为一般理论研究》当中，J. J. Dupeyroux 就采取此种理论，他指出，如果债务人承担的债务属于转移所有权的债务，则他们实施的清偿行为具有合同的性质，因为该种清偿行为需要清偿人和受领人之间的意思表示的一致，而如果债务人履行的债务属于作为债和不作为债，则他们的清偿行为在性质上仅仅是一种单纯的事实，不需要清偿人和受领人之间意思表示的一致。② 在 2005 年的《债权和债务制度》当中，Ghestin、Billiau 和 Loiseau 也采取此种看法，他们也指出："债的清偿有时是法律行为，而有时则是法律事实……债务人清偿所承担的转移所有权的债的行为属于法律行为，而他们清偿所承担的作为债务和不作为债的行为则属于法律事实。此种区分理论，也被司法判例所承认。"③

（六）单一法律事实理论

在法国，某些民法学者认为，虽然在 2016 年之前，民法学者之间关于债的清偿的

---

① Philippe Malaurie, Laurent Aynès, Philippe Stoffel-Munck, Les obligations, 4e édition, Defrenois, 2009, pp. 591 – 592.

② Jean-Jacques Dupeyroux, Contribution à la théorie générale de l'acte à titre gratuit, LGDJ, 1955, pp. 279; Jacques Ghestin, Marc Billiau, Grégoire Loiseau, Traité de Droit Civil, Le régime des créances et des dettes, LGDJ, 2005, p. 588.

③ Jacques Ghestin, Marc Billiau, Grégoire Loiseau, Traité de Droit Civil, Le régime des créances et des dettes, LGDJ, 2005, p. 588.

性质问题存在争议，但是，在 2016 年之后，鉴于《法国民法典》新的第 1342 - 8 条对证据规则的规定，法国立法者实际上已经在两种不同的理论当中做出了选择，认为债的清偿行为在性质上不是法律行为，而仅仅是一种法律事实。

在法国，人们明确区分法律行为和法律事实的证明方式，根据此种方式，如果当事人之间的纠纷源自他们之间的法律行为，则证明当事人之间存在此种法律行为的方式应当受到限制，而如果当事人之间的纠纷源自他们之间的法律事实，则证明他们之间存在此种事实的方式不会受让任何方式，当事人能够通过一切方式、采取一切手段加以证明。① 通过 2016 年 2 月 10 日的债法改革法令，现行《法国民法典》新的第 1342 - 8 条明确规定：债的清偿能够通过各种手段加以证明。② 在 2016 年之后出版的债法著作当中，Terré、Simler 和 Lequette 等人并没有因为新的第 1342 - 8 条的规定而改变自己的看法，他们仍然认为，即便存在此条的规定，债的清偿行为在性质上仍然属于法律行为，不能够因此认定债的清偿行为在性质上属于法律事实，已如前述。

而另外一些民法学者则不同，他们基于新的第 1342 - 8 条的规定而认为债的清偿在性质上不是法律行为，而仅仅是一种法律事实，例如 Brusorio-Aillaud 和 Larribau-Terneyre 就基于此种唯一的原因而认定所有债的清偿行为在性质上均属于单纯的法律事实。Brusorio-Aillaud 指出："在 2016 年的债法改革法令之前，清偿被视为一种法律行为而非一种法律事实……相反，司法判例从 2004 年开始就认定债的清偿属于一种法律事实，因为它们认为，当事人能够以一切手段加以证明。自 2016 年的债法改革法令以来，《法国民法典》第 1342 - 8 条明确规定，债的清偿能够通过一切手段加以证明。"③ Larribau-Terneyre 也指出："虽然 2016 年的债法改革法令没有直接对债的清偿的法律性质做出规定，但是，它对能够通过一切手段证明债的清偿的原则做出了规定，因此，它实际上将债的清偿规定为一种法律事实。"④

（七）笔者的意见

笔者认为，债的履行、债的清偿在性质上属于一种法律行为，因为，除了债务人和债权人具有通过债务的履行和接受履行而消灭他们彼此之间债的关系的意图、意志、意思之外，债务人和债权人在实施给付行为和接受给付时均应当具有行为能力，无论债务人履行的债务是合同债还是其他债。

首先，一切债的履行行为均以债务人和债权人之间存在主观意图作为必要条件，这就是，不仅债务人在对债权人实施给付行为时知道实施此种行为的目的是消灭自己与债

---

① Henri et Léon Mazeaud, Jean Mazeaud, François Chabas, Obligations, 9e édition, Montchrestien, 1998, p. 1259, p. 1012；Françcois Terré, Philippe Simler, Yves Lequette, Droit civil, Les obligations, 12e édition, Dalloz, 2009, p. 1308；Jacques Flour, Jean-Luc Aubert, Éric Savaux, Les obligations, 3. Le rapport d'obligation, 7e édition, Dalloz, 2011, p. 89.

② Article 1342 - 8, Code civil, Version en vigueur au 15 septembre 2021, https://www.legifrance.gouv.fr/codes/section_lc/LEGITEXT000006070721/LEGISCTA000032035233/#LEGISCTA000032035233.

③ Marjorie Brusorio-Aillaud, Droit des obligations, 8e édition, bruylant, 2017, p. 338；Virginie Larribau-Terneyre, Droit civil Les obligations, 15e édition, Dalloz, 2017, pp. 196 - 197.

④ Virginie Larribau-Terneyre, Droit civil Les obligations, 15e édition, Dalloz, 2017, p. 197.

权人之间的债,而且债权人也知道自己是基于消灭债的目的而接受对方的给付。

其次,如果债务人根据合同的约定对债权人实施给付行为,如果债权人根据合同的约定接受对方当事人的给付,他们之间的履行和接受履行的行为当然属于法律行为,因为他们实施的这些给付和接受给付的行为属于合同约定的一部分,等同于合同自身,是合同所规定的意图、意志、意思的具体要求和体现。

最后,即便债务人履行的债务属于因为侵权行为产生的损害赔偿债务,他们履行损害赔偿债务时也应当具有主观意图、意志、意思:债务人支付赔偿金给债权人时本着消灭债的目的,债权人接受债务人的赔偿金时也是基于消灭债的目的,无论是未成年人还是成年人,是转让人还是法人,均是如此,即便婴幼儿在实施侵权行为时没有识别能力、判断能力。

四、债的履行的分类

根据不同的标准,债的履行可以做出不同的分类,换言之,根据不同的标准,债的清偿可以做出不同的分类。

(一) 债的自愿履行和债的强制履行

根据债务人对债务的履行是否受到法官强制的不同,债的履行可以分为自愿履行和强制履行。[①] 所谓自愿履行(exécution volontaire),也称为自愿清偿(le paiement volontaire),是指债务人根据债的内容自觉地、自发地(spontanément)或者基于债权人的要求实施原本应当履行的给付行为,换言之,所谓自愿履行,是指债务人在没有受到法官强制执行的情况下自发地或者基于债权人的请求而实施原本应当履行的给付行为。例如,当租赁合同对承租人交付租金的期限做出规定时,承租人根据合同规定的期限自觉地、自发地将租金支付给出租人的行为,他们实施的此种支付行为就属于债的自愿履行行为、债的自愿清偿行为。同样,当债务人因为过错导致他人遭受伤害时,他们自觉地、自发地或者基于债权人的请求将他人因为治病所支付的医疗费、医药费支付给他人,他们实施的此种支付行为就是自愿履行行为、自愿清偿行为。债的自愿履行包括债的单纯履行、金钱债的特殊履行、债的代位履行和债的抵偿履行。

所谓强制履行(le paiement non volontaire volontaire forcée),也称为债的强制清偿(le paiement forcée) 行为,是指基于债权人的起诉,法官通过自己做出的判决责令债务人对债权人履行所承担的债务或者承担民事责任,基于法官的判决,如果债务人对债权人履行债务或者承担民事责任,则他们履行债务或者承担民事责任的行为就构成强制履行或者强制清偿。债的强制履行的内容多种多样,诸如债的一般担保权、债权人代位权和撤销权,以及债权人的直接权。这些内容将在后面章节中详细阐述。

[①] Henri et Léon Mazeaud, Jean Mazeaud, François Chabas, Obligations, 9e édition, Montchrestien, 1998, p. 841.

(二) 债务人履行和第三人履行

根据实施履行行为的人是否是债务人的不同，换言之，根据实施清偿行为的清偿人是否是债务人的不同，债的履行可以分为债务人本人的履行和债务人之外的第三人的履行。原则上，仅债务人对债权人履行所承担的债务，因为作为债的约束力理论，债仅仅对当事人产生约束力，一旦债务人与债权人之间存在某种债的关系，如果债务人要让自己与对方当事人之间的债消灭，他们应当按照债的内容履行所承担的债务，这就是债务人本人的履行，也就是债务人实施清偿行为。在例外情况下，即便不是债务人，他们也能够为债务人履行债务并因此让债权人与债务人之间的债得以消灭。例如，虽然担保人不是合同的当事人，但是，在债务人不履行债务时，他们能够对债权人履行债务人所承担的债务，并且一旦他们履行了债务人所承担的债务，则债务人对债权人所承担的债务消灭。关于第三人的履行，也就是关于第三人作为清偿人的问题，笔者将在下面的内容当中做出详细的讨论，此处从略。

(三) 直接履行和间接履行

在法国，某些民法学者认为，根据债的消灭是通过直接履行还是通过直接履行之外的其他方式消灭的不同，债的清偿分为直接清偿和间接清偿。所谓直接清偿，是指通过债务人所实施的与债的内容一致的履行行为让债消灭的清偿。所谓间接清偿，则是指通过直接履行债务之外的其他方式让债消灭的清偿。例如，通过抵销让债消灭，因此债的抵销就属于债的间接清偿，已如前述。笔者认为，此种看法扭曲了债的履行的本质，将债的履行与债消灭之外的其他原因混淆，除了矮化了债的清偿的地位之外，还拔高了债消灭的其他原因。实际上，债的清偿仅仅是指债务的适当履行行为，也就是指债务人或者债务人之外的第三人根据债的内容履行债并因此消灭债的给付行为，已如前述。

第二节 债的履行的当事人

一、债的履行当事人的界定

债的履行应当具备的第一个条件是，债的履行应当具有当事人，也就是履行债务和接受债务履行的人，民法学者普遍称他们为债的清偿当事人（les parties au paiement）。原则上，债的清偿当事人仅仅是债务人和债权人，因为他们是债的关系的当事人。不过，在债的清偿当中，人们往往不会将他们称为当事人、债权人或者债务人，而是以另外的名称称呼他们，这就是 le solvens 和 l'accipiens，其中第一个术语是指履行债务、实施清偿行为的人即清偿者，而第二个术语则是指接受履行、接受清偿的人即受领者。

二、债务的履行者

(一) 一般规则

作为债的履行的一方当事人，le solvens 一词被称为清偿者，所谓清偿者，是指为了消灭债的关系而对债权人为给付行为的人，笔者将其称为债务履行者，所谓债务履行者，是指为了让债务人对债权人承担的债务消灭而根据债的内容对债权人实施某种给付行为的人。原则上，债务履行者是债务人或者债务人的代理人，因为，当他们根据合同或者其他原因对债权人承担债务时，为了消灭他们对债权人承担的此种债务，他们或者他们的代理人履行所承担的此种债务并因此让债务人与债权人之间的债消灭。例外情况下，债务履行者也可以是债务人之外的第三人，无论第三人是否对债的消灭具有利害关系，他们均能够履行债务。①

一方面，如果第三人对债的消灭具有经济上的利害关系，则他们能够履行债务人对债权人承担的债务。对债务的消灭具有利害关系的第三人众，诸如保证人、抵押人、质押人、共同连带债务人等。这些人之所以对债的消灭具有利害关系，是因为如果债务人对债权人承担的债务没有履行，则债权人会要求他们履行债务或者承担债务，或者对他们供作担保的财产采取强制执行措施。为了防止自己供作担保的财产被强制执行，他们可能会履行债务人对债权人承担的债务，当他们履行了债务时，债务人与债权人之间的债消灭，他们供作担保的财产就得以保留，因为作为从债的担保债会随着主债的消灭而消灭。

另一方面，即便第三人对债的消灭没有经济上的利害关系，他们也能够履行债务人对债权人承担的债务。例如，当第三人希望对债务人为赠与行为时，他们为债务人履行对债权人所承担的债务。不过，此种规则也存在例外，在例外情况下，第三人履行债务的行为应当获得债权人的同意，否则，他们不能够履行债务人所承担的债务。通过2016 年的债法改革法令，现行《法国民法典》新的第 1342 - 1 条对此种例外做出了说明，它规定：除非债权人合理拒绝，否则，债的清偿也可以由没有受到债约束的实施。②

根据该条的规定，原则上，债权人应当接受债务人之外的任何第三人的履行，他们不得以债务的履行不是由债务人实施的作为借口拒绝受领第三人的给付，因为，对于债

---

① Henri et Léon Mazeaud, Jean Mazeaud, François Chabas, Obligations, 9e édition, Montchrestien, 1998, pp. 941 - 942; Jean Carbonnier, Droit civil, Les biens, Les obligations, puf, 2004, p. 2473; Jacques Ghestin, Marc Billiau, Grégoire Loiseau, Traité de Droit Civil, Le régime des créances et des dettes, LGDJ, 2005, pp. 592 - 596; Jacques Flour, Jean-Luc Aubert, Éric Savaux, Les obligations, 3. Le rapport d'obligation, 7e édition, Dalloz, 2011, pp. 90 - 91; Philippe Malaurie, Laurent Aynès, Philippe Stoffel-Munck, Droit Des Obligations, 8e édition, LGDJ, 2016, pp. 629 - 630; Jérôme François, Les obligations, Régime general, Tome 4, 4e édition, Economica, 2017, pp. 14 - 17; François Terré, Philippe Simler, Yves Lequette, François Chénedé, Droit civil, Les obligations, 12e édition, Dalloz, 2018, pp. 1493 - 1496.

② Article 1342 - 1, Code civil, Version en vigueur au 15 septembre 2021, https://www.legifrance.gouv.fr/codes/section_lc/LEGITEXT000006070721/LEGISCTA000032035233/#LEGISCTA000032035233.

权人而言，债权获得实现才是核心，至于说债权的实现是经由债务人履行还是债务人之外的第三人的履行则无关紧要。但是，如果具有合理的理由，他们有权拒绝受领第三人的履行行为。这就是该条所规定的合理拒绝（refus légitime）的例外。所谓具有合理理由，是指如果债权人与债务人之间的关系是建立在相互信任、信赖的基础上，彼此之间存在亲密的人身关系，则债务人应当亲自履行所承担的债务，不得由第三人代为履行。

（二）转移所有权的债的清偿所受到的特殊限制

在2016年之前，《法国民法典》第1238条对债务履行者应当具备的两个条件做出了说明，这就是，如果债务人承担的债务是转让所有权的债务，除了清偿者应当用其来清偿债的财产的所有权人之外，他们还应当具有转让所有权的能力。该条规定：要实施有效的清偿行为，债务人应当是用来清偿债务的财产所有权人并且具有转让所有权的能力。不过，如果债的清偿是由不是财产的所有权人或者没有转让能力的人实施，则在债权人善意消费掉之后，清偿者不得对债权人提出索偿请求，如果清偿者是以金钱或者可消费物履行债务的话。[1]

根据该条的规定，如果债务人承担的债务在性质上属于转移财产所有权的债务，当债务人为了履行所承担的此种债务而将某种财产转让给债权人时，他们应当是该种财产的所有权人，他们不能够用自己不享有所有权的财产来履行所承担的债务，换言之，他们不能够用别人的财产来履行所承担的债务，否则，债务人履行债的行为无效，无论是清偿者还是受领者均能够主张无效。当清偿者主张无效时，受领者不得以自己是善意的作为拒绝返还的抗辩。但是，如果受领者获得的清偿是金钱或者可消费物的话，则他们可以拒绝返还。根据该条的规定，如果债务人承担的债务在性质上属于转移财产所有权的债务，当债务人为了履行所承担的此种债务而将某种财产转让给债权人时，他们应当具有转让该种财产的能力。如果清偿者没有能力，则他们所为的履行行为无效，此种无效仅仅能够为清偿者主张，受领者不能够主张。[2]

在2016年的债法改革法令颁布之后，《法国民法典》旧的第1238条的规定被废除并且也没有被新的法律条款所取代。因此，人们面临的问题是，此种规则是否仍然适用于清偿者？当清偿者为履行所承担的转让所有权的债而将别人的财产转让给受领者时，或者当他们将自己的财产转让给受让人时，如果他们欠缺转让财产所有权的能力，他们的行为是否有效？对此问题，少数民法学者做出了回答，他们认为，虽然该条被废除，但是，该条所规定的规则仍然有效，因为它建立在债法的共同法和物权法的原则的基

---

[1] Article 1238, Code civil, Version en vigueur au 09 février 2016, https://www.legifrance.gouv.fr/codes/section_lc/LEGITEXT000006070721/LEGISCTA000006150257/2016-02-09/#LEGISCTA000006150257.

[2] Jacques Ghestin, Marc Billiau, Grégoire Loiseau, Traité de Droit Civil, Le régime des créances et des dettes, LGDJ, 2005, pp. 596 – 599; Jacques Flour, Jean-Luc Aubert, Éric Savaux, Droit civil, Les Obligations, 3. Le rapport d'obligation, 7e édition, Dalloz, 2011, p. 91; Rémy Cabrillac, Droit des Obligations, 12e édition, Dalloz, 2016, pp. 378 – 379; François Terré, Philippe Simler, Yves Lequette, François Chénedé, Droit civil, Les obligations, 12e édition, Dalloz, 2018, pp. 1495 – 1496.

础上。①

（三）第三人的代位求偿权

无论是由债务人亲自履行自己对债权人承担的债务，还是由有利害关系或者没有利害关系的第三人履行债务人对债权人承担的债务，他们实施的履行行为均产生让债务人对债权人承担的债消灭的法律效力，因为，对于受领人而言，第三人实施的履行行为与债务人本人实施的履行行为产生的效力是一样的。问题在于，当第三人履行了债务人对债权人承担的债务时，他们是否能够以代位债权人的身份对债务人提出履行债务的请求：原本债务人应当履行债务，因为第三人替债务人履行了债务，除了让债务人获得了利益之外，第三人也让自己遭受了损失。他们是否能够以债权人的身份对债务人提出赔偿请求吗？

对此问题，人们应当区分两种不同的情况：如果第三人是对债的清偿有利害关系的第三人，则在他们履行了债务之后，他们对债务人享有代位求偿权。因此，如果保证人、抵押人、质押人或者共同连带债务人实施了债务履行行为，他们有权要求债务人对自己承担债务；反之，如果第三人是对债的清偿没有利害关系的人，则在他们履行了债务之后，他们不能对债务人主张代位求偿权，例如，如果第三人是基于对债务人实施赠与行为而实施债的清偿行为的话，他们不能够对债务人主张代位求偿权。②

三、给付受领者

作为债的履行的一方当事人，l'accipiens 被称为受领者。所谓受领者（l'accipiens），是指接受债务人或者第三人所实施的已经到期的债务给付行为的人。在债务人对债权人承担某种债务时，如果债务人或者第三人按照债的内容履行债务，他们应当对债权人实施履行债务，债权人有权接受债务人的给付行为并因此让债权人与债务人之间的债消灭。除了债权人有权接受债务人或者第三人的给付之外，债权人指定的人也有权接受债务人或者第三人的给付行为。

在 2016 年之前，《法国民法典》第 1239 条对此种规则做出了说明，该条规定：债的清偿应当对债权人为之，或者对债权人授权的人为之，或者对司法或者制定法所授权为其接受清偿的人为之。对没有权力为债权人接受清偿的人实施清偿行为是有效的，如果债权人批准或者从清偿当中获得利益的话。③ 在 2016 年之后，现行《法国民法典》新的第 1332 - 2 条也对此种规则做出了说明，该条规定：债的清偿应当对债权人为之，或者对被指定接受给付的人为之。仅仅在债权人批准或者从中获得利益的情况下，对没

---

① François Terré, Philippe Simler, Yves Lequette, François Chénedé, Droit Civil, les Obligations, 12e édition, Dalloz, 2018, p.1496.

② Jacques Ghestin, Marc Billiau, Grégoire Loiseau, Traité de Droit Civil, Le régime des créances et des dettes, LGDJ, 2005, pp.593 - 594; Jacques Flour, Jean-Luc Aubert, Éric Savaux, Les obligations, 3. Le rapport d'obligation, 7e édition, Dalloz, 2011, p.90.

③ Article 1240, Code civil, Version en vigueur au 09 février 2016, https://www.legifrance.gouv.fr/codes/section_lc/LEGITEXT000006070721/LEGISCTA000006150257/2016 - 02 - 09/#LEGISCTA000006150257.

有接受资格的人所为的债的清偿才是有效的。除非债的清偿有利于没有缔约能力的债权人，否则，对没有缔约能力的债权人所为的债的清偿无效。①

（一）一般规则

原则上，债务人或者债务人之外的第三人应当对债权人本人实施给付行为，在债权人死亡时，债务履行者应当对债权人的继承人实施给付行为，因为继承人被视为债权人的人格延续。"债的清偿仅仅在对债权人实施的情况下才有效，在债权人死亡时，债的清偿仅仅在对债权人的继承人实施的情况下才有效，因为在债权人死亡时，其继承人变成了债权人，继承人是债权人人身的持续。"② "不同于正常情况下无关紧要的清偿者，受领者具有非常重要的地位：原则上，债的清偿应当对债权人为之，债权人是指实际债权人，他们可能不同于最初的债权人，例如，他们可能是最初债权人的继承人或者债权人的受让人。"③

作为一种合同，除了要求清偿人具有清偿能力之外，债的清偿也要求接受清偿的债权人具有接受清偿的能力（capacité de recevoir）。仅仅在他们对有接受清偿能力的债权人为债的清偿时，他们所为的债的清偿才有效，如果债务人对没有接受清偿能力的债权人为清偿，则他们所为的清偿无效，不过，此种无效仅仅是相对无效，而不是绝对无效，因为它的此种要求并不是为了公共秩序。"债的清偿的有效性建立在债权人有接受清偿能力的基础上，对没有接受清偿能力的债权人所为的债的清偿无效，除非债务人能够证明他们所为的债的清偿有利于债权人。"④ 在2016年之前，《法国民法典》第1241条对此种规则做出了说明，该条规定：如果债权人没有接受债的清偿能力，则对债权人所为的债的清偿无效，除非债务人能够证明，他们对债权人所为的给付有利于债权人。⑤ 在2016年之后，《法国民法典》新的第1342-2（3）条也对此种规则做出了规定，已如前述。

在2016年之前，《法国民法典》没有对接受清偿的能力究竟是什么能力做出明确规定，民法学者普遍认为，该种能力不是指缔约能力，而是指比缔约能力更加严格的一种能力即处分能力，因为他们认为，债的清偿会引起债的消灭，因此，接受清偿的能力类似于他们所享有的处分权，因为凭借所享有的处分权，他们能够实施处分行为。⑥ 不

---

① Article 1342-1, Code civil, Version en vigueur au 15 septembre 2021, https://www.legifrance.gouv.fr/codes/section_lc/LEGITEXT000006070721/LEGISCTA000032035233/#LEGISCTA000032035233.

② Henri et Léon Mazeaud, Jean Mazeaud, François Chabas, Obligations, 9e édition, Montchrestien, 1998, p.939.

③ Jacques Flour, Jean-Luc Aubert, Éric Savaux, Droit civil, Les Obligations, 3. Le rapport d'obligation, 7e édition, Dalloz, 2011, p.92.

④ Jacques Flour, Jean-Luc Aubert, Éric Savaux, Droit civil, Les Obligations, 3. Le rapport d'obligation, 7e édition, Dalloz, 2011, p.92.

⑤ Article 1241, Code civil, Version en vigueur au 09 février 2016, https://www.legifrance.gouv.fr/codes/section_lc/LEGITEXT000006070721/LEGISCTA000006150257/2016-02-09/#LEGISCTA000006150257.

⑥ Jacques Ghestin, Marc Billiau, Grégoire Loiseau, Traité de Droit Civil, Le régime des créances et des dettes, LGDJ, 2005, pp.600-601; Jacques Flour, Jean-Luc Aubert, Éric Savaux, Droit civil, Les Obligations, 3. Le rapport d'obligation, 7e édition, Dalloz, 2011, p.92.

过，2016 年之后的《法国民法典》似乎没有采取这些民法学者的看法，因为新的第 1332-2 条明确使用了"缔约能力"（l'incapacité de contracter）一词，说明它仅仅认为，债权人所具有的接受清偿的能力仅仅是指缔约能力：只要债权人具有缔约能力，他们就具有接受清偿的能力。此种规定具有合理性，因为，债务人对其进行清偿的债务大多数源自合同，他们既是合同的缔约者，也是合同所规定的债务的履行者，受领者既是合同的缔约者，也是给付的接受者。如果人们认为接受清偿的能力要高于缔约能力，他们的此种看法显然与此种理论相冲突。

除了对债权人本人为债的清偿之外，债务履行者也能够对债权人之外的第三人实施给付行为，对第三人所实施的给付行为视为对债权人本人实施的给付行为，如果债权人之外的第三人享有代表债权人接受给付的权力的话。在债法上，享有代表债权人接受给付的此种第三人被称为债权人的代表人，实际上就是债权人的代理人。根据《法国民法典》新的第 1332-2 条的规定，债权人的代表人、代理人享有的此种权力源于三个方面：制定法的规定，法官在司法判例当中所赋予的，以及债权人与他们之间的合同所规定的。[1]

当他们的权力源自制定法的规定时，他们所享有的权力被称为法定权力，他们也因此被称为法定代表人、法定代理人，当他们的权力源自法官在司法判例当中的赋予时，他们享有的权力被称为司法权力，他们也因此被称为司法代表人、司法代理人，而当他们享有的权力源自债权人与他们之间的委托合同时，则他们享有的权力被称为约定权力，他们也因此被称为约定代表人、约定代理人。因此，未成年人的亲权人或者财产管理者、处于监护当中的成年人的财产管理者享有代表未成年人或者成年人接受清偿的权力，他们享有的此种权力被称为法定代理权。当夫妻一方在诉讼当中处于无法进行意思表示的状态时，有意思表示能力的另外一方享有代表对方接受债务清偿的权力，他们享有的此种权力被称为司法权，当债权人通过明示或者明示方式将代理权授予第三人时，第三人就享有代表债权人接受债务给付的权力，他们享有的此种权力就是约定权。[2]

（二）表面债权人所接受的给付

在债法上，债务人或者第三人应当对债权人履行所承担的债务，当他们对债权人履行了所承担的债务时，他们的履行行为是有效的。问题在于，如果债务人对表面债权人履行所承担的债务，他们所为的履行行为是否有效？对此问题，《法国民法典》做出了

---

[1] Jacques Ghestin, Marc Billiau, Grégoire Loiseau, Traité de Droit Civil, Le régime des créances et des dettes, LGDJ, 2005, pp. 601-602; Virginie Larribau-Terneyre, Droit civil Les obligations, 15e édition, Dalloz, 2017, pp. 199-120; Jérôme François, Les obligations, Régime general, Tome 4, 4e édition, Economica, 2017, pp. 17-19; François Terré, Philippe Simler, Yves Lequette, François Chénedé, Droit civil, Les obligations, 12e édition, Dalloz, 2018, pp. 1496-1499.

[2] Jacques Ghestin, Marc Billiau, Grégoire Loiseau, Traité de Droit Civil, Le régime des créances et des dettes, LGDJ, 2005, pp. 601-602; Virginie Larribau-Terneyre, Droit civil Les obligations, 15e édition, Dalloz, 2017, pp. 199-120; Jérôme François, Les obligations, Régime general, Tome 4, 4e édition, Economica, 2017, pp. 17-19; François Terré, Philippe Simler, Yves Lequette, François Chénedé, Droit civil, Les obligations, 12e édition, Dalloz, 2018, pp. 1496-1499.

肯定回答，认为他们所实施的履行行为是有效的。在2016年之前，《法国民法典》第1240条规定：对占有债权的人所实施的善意给付是有效的，即便占有人此后被剥夺了债权的占有，亦是如此。① 在2016年之后，《法国民法典》新的第1342-3条规定：对表面债权人所实施的善意给付是有效的。②

所谓表面债权人（créancier apparent），是指真正债权人（véritable créancier）之外占有债权的人，换言之，所谓表面债权人，是指债权的占有人，它不仅仅是指债权凭证的持有人，而是指在所有人眼中均被视为真正债权人的人。最典型的表面债权人是，当债权人将自己的债权转让给受让人之后，受让人因为受让债权而成为真正债权人，债务人原本应当对作为受让人的真正债权人履行债务，但是，因为不知道债权已经转让，他们仍然对最初的债权人履行了债务。当他们对最初的债权人履行了债务时，最初债权人就是表面债权人，他们对表面债权人所为的给付行为仍然有效，如果他们在为给付时是善意的话。再例如，在最初债权人死亡之后，如果债务人对其表面继承人实施了给付行为，他们所为的给付行为也是有效的，即便最初债权人生前与受赠人之间签订了遗赠协议，将自己对债务人享有的债权遗赠给受遗赠人。③

因为债务人对表面债权人所为的给付行为有效，所以，他们不再对真正的债权人为债务的清偿行为，真正的债权人不能够要求债务人对自己履行债务，否则，他们会就同一债务分别对两个债权人为两次清偿行为。不过，真正债权人有权向法院起诉，要求法官责令表面债权人将所获得的给付返还给自己，他们提出此种返还请求权的根据是不当得利，因为表面债权人在不需要获得清偿的情况获得了清偿，其获得清偿的行为构成不当得利的行为。④

（三）例外情况下没有接受给付权力的第三人所接受的给付仍然有效

如果债务人对没有权力代表债权人接受债务履行的第三人实施债务履行行为，他们实施的履行行为原则上是无效的，他们仍然应当对债权人实施债务的履行行为，因此，就同一债务，他们会实施两次履行行为，这就是债法上的著名格言："不当履行债务者，履行两次债务也"（Qui paye mal, paye deux fois）。不过，在例外情况下，即便他们对没有权力代表债权人接受给付的第三人实施给付行为，他们的给付行为仍然是有效

---

① Article 1240, Code civil, Version en vigueur au 09 février 2016, https://www.legifrance.gouv.fr/codes/section_lc/LEGITEXT000006070721/LEGISCTA000006150257/2016-02-09/#LEGISCTA000006150257.

② Article 1342-3, Code civil, Version en vigueur au 16 septembre 2021, https://www.legifrance.gouv.fr/codes/section_ lc/LEGITEXT000006070721/LEGISCTA000032035231/#LEGISCTA000032035231.

③ Jacques Flour, Jean-Luc Aubert, Éric Savaux, Droit civil, Les Obligations, 3. Le rapport d'obligation, 7e édition, Dalloz, 2011, pp. 92-93; Jérôme François, Les obligations, Régime general, Tome 4, 4e édition, Economica, 2017, pp. 18-19; François Terré, Philippe Simler, Yves Lequette, François Chénedé, Droit civil, Les obligations, 12e édition, Dalloz, 2018, pp. 1498-1499.

④ Jacques Flour, Jean-Luc Aubert, Éric Savaux, Droit civil, Les Obligations, 3. Le rapport d'obligation, 7e édition, Dalloz, 2011, pp. 92-93; Jacques Ghestin, Marc Billiau, Grégoire Loiseau, Traité de Droit Civil, Le régime des créances et des dettes, LGDJ, 2005, pp. 603-604; Jérôme François, Les obligations, Régime general, Tome 4, 4e édition, Economica, 2017, pp. 18-19; François Terré, Philippe Simler, Yves Lequette, François Chénedé, Droit civil, Les obligations, 12e édition, Dalloz, 2018, pp. 1498-1499.

的，他们对债权人承担的债务仍然因此消灭。①

根据《法国民法典》旧的第1239（2）条和新的第1342-2条的规定，此种例外有二。②

第一，如果债权人批准了债务人对第三人实施的债务履行行为，则债务人对第三人实施的清偿行为有效，会产生让自己对债权人承担的债务消灭的后果，因为，债权人的批准让债的清偿所存在的瑕疵清除。债权人的批准既可以是明示的，也可以是默示的。

第二，如果债权人从债的清偿当中获得利益。如果债务人对债权人之外的第三人为债的清偿，即便第三人是不享有接受清偿的权力的人，如果第三人在接受给付之后将所接受的给付交付给了债权人，则债权人不能够再要求债务人对自己履行所承担的债务。因此，如果债权人的代理人超越了自己享有的代理权范围接受债务人的清偿，当他们将所接受的清偿全部返还给了债权人时，债务人对该代理人的清偿是有利于债权人的并因此是有效的。同样，如果债务人对第三人的清偿是用来清偿债权人对该第三人承担的债务，则债务人的清偿也因为有利于债权人而有效。

第三节　债的履行客体

一、债的履行客体的两个原则

债的履行应当具备的第二个条件是，债的清偿应当具有自己的客体，这就是债的清偿客体，所谓债的清偿客体（objet du paiemnet），是指债务人对债权人实施原本应当实施的给付行为（la prestation due）。在法国，给付一词的法文表述是 prestation，该词源自拉丁文 praestatio，而 praestatio 一词则源自拉丁文 praestare，在拉丁文当中，这两个术语的含义是指担保、使确保、让获得或者提供。

在今时今日，人们普遍在债的客体当中使用这一术语，根据他们的看法，给付是指提供住所或者出卖物的行为，这就是代物给付行为（prestation en nature），支付一定数额的金钱的行为，这就是金钱给付行为（prestation en espèces prestation en argent）。③ 不过，除了在债的客体当中使用这一术语之外，人们也普遍在债的清偿当中使用这一术

---

① Henri et Léon Mazeaud, Jean Mazeaud, François Chabas, Obligations, 9e édition, Montchrestien, 1998, pp. 939-940；Jacques Ghestin, Marc Billiau, Grégoire Loiseau, Traité de Droit Civil, Le régime des créances et des dettes, LGDJ, 2005, pp. 604-606；Jérôme François, Les obligations, Régime general, Tome 4, 4e édition, Economica, 2017, p. 18；François Terré, Philippe Simler, Yves Lequette, François Chénedé, Droit civil, Les obligations, 12e édition, Dalloz, 2018, p. 1497.

② Henri et Léon Mazeaud, Jean Mazeaud, François Chabas, Obligations, 9e édition, Montchrestien, 1998, pp. 939-940；Jacques Ghestin, Marc Billiau, Grégoire Loiseau, Traité de Droit Civil, Le régime des créances et des dettes, LGDJ, 2005, pp. 604-606；Jérôme François, Les obligations, Régime general, Tome 4, 4e édition, Economica, 2017, p. 18；François Terré, Philippe Simler, Yves Lequette, François Chénedé, Droit civil, Les obligations, 12e édition, Dalloz, 2018, p. 1497.

③ Gérard Cornu, Vocabulaire juridique, 10e édition, puf, 2014, p. 796.

语，虽然如此，人们很少在债的清偿当中对这一术语做出界定。人们之所以很少在债的清偿当中对给付一词做出界定，是因为债的清偿当中的给付与债的客体当中的给付含义一致，均是指债务人对债权人实施某种行为，诸如交付财产的行为、支付租金的行为等。

债的清偿当中的给付之所以与债的客体当中的给付含义一致，是因为债的清偿与债的客体是完全一致的、相同的、等同的：债的客体是什么，债的清偿就是什么，因为债的清偿是指债务人履行原本应当履行的债务，实施原本应当实施的给付行为，这就是债的清偿当中所谓的原本应当实施的给付行为（la prestation due）。因此，所谓债的清偿客体，也称为债的履行客体，是指债务人对债权人实施原本应当实施的某种给付行为、履行原本应当履行的某种债务行为。《法国民法典》旧的第1243条和新的第1342-4条对此种要求做出了明确说明，这两个法律条款所规定的规则被称为清偿客体的不变规则（l'immutabilité de l'objet du paiement）。

不过，即便债的清偿符合这两个法律条款所规定的债的清偿客体的不变性规则的要求，债务人实施的清偿行为未必一定会让他们对债权人承担的债务消灭，除非在实施给付行为时，他们能够一次性清偿债权人的全部债务，这就是债的清偿、债的履行所贯彻的两个原则：债的客体的不变原则和清偿全部债的原则，其中的全部清偿债的原则也称为债的清偿客体的不可分割原则。法国民法学者普遍对债的清偿、债的履行所贯彻的这两个原则做出了说明。

Ghestin、Billiau 和 Loiseau 对这两个原则做出了说明，他们指出："作为通过债的履行消灭债的一种方式，债的清偿在性质上会让债权人试图获得的利益获得满足。但是，债的清偿应当尊重债的关系的最初主旨，债务人应当以整体性的方式实施原本应当实施的给付行为。这就是人们传统上从两个立论来表达债的清偿的原因：一方面，债权人应当准确地获得他们原本应当获得的给付，另一方面，债务人应当全部清偿他们原本应当清偿的债务。"[1] François 也对这两个原则做出了说明，他指出："所谓债的清偿客体，是指债务人实施原本应当实施的给付行为。为了让自己承担的债务消灭，债务人应当对债权人准确地实施给付行为。更准确地说，人们从《法国民法典》新的第1342-4条（旧的第1243条和旧的第1244条）当中推论出两个原则：债的清偿客体的不变原则和债的清偿的不可分原则。"[2]

二、债的履行客体的不变原则

（一）一般原则

债的清偿客体的第一个原则是，债务人实施的清偿行为应当等同于他们原本应当履行的债务行为，债务人对债权人实施的给付行为应当与他们对债权人承担的债务完全一

---

[1] Jacques Ghestin, Marc Billiau, Grégoire Loiseau, Traité de Droit Civil, Le régime des créances et des dettes, LGDJ, 2005, p.606.

[2] Jérôme François, Les obligations, Régime general, Tome 4, 4e édition, Economica, 2017, p.20.

致，换言之，他们之间的债的清偿客体与债的客体是相同的，债务人不能够以清偿客体之外的其他给付行为替换他们原本应当实施的给付行为。这就是债的客体的不变原则。无论是在2016年之前还是之后，《法国民法典》均对此种原则做出了说明。在2016年之前，《法国民法典》第1243条对此种原则做出了说明，该条规定：债权人不得被强制接受他们原本应当获得的给付之外的其他给付，即便其他给付的价值等于甚至高于他们原本应当获得的给付，亦是如此。① 在2016年之后，《法国民法典》新的第1342-4（2）条也对此种原则做出了说明，该条规定：债权人能够接受他们原本应当获得的给付之外的其他给付。② 当然，根据该条的规定，如果债权人不愿意接受他们原本应当获得的给付之外的其他给付，债务人不能够强制他们接受。

除了《法国民法典》明确规定此种原则之外，民法学者也普遍承认此种原则。Flour、Aubert和Savaux对此种原则做出了说明，他们指出："债的清偿客体方面的第一个法律规则是，债的清偿客体应当是债务人原本应当履行的债务，债的清偿客体与债的客体是同一客体，债务人不能够强制债权人接受不同的客体，即便不同客体的价值高于债的客体价值。"③ Larribau-Terneyre也对此种原则做出了说明，他指出："债务人的清偿应当与他们原本应当履行的债务完全一致，他们的给付既不应当少于原本应当履行的债务，也不应当多于原本应当履行的债务。"④

债的清偿客体的不变原则的理论根据在于债的约束力：作为一种法律关系，债对债权人和债务人均具有约束力，该种约束力要求债务人按照债的内容实施给付行为，以便债权人的预期利益能够实现，如果债务人能够以债的清偿客体之外的其他客体替换，则除了构成对债权人的强制之外，他们的此种行为也让债权人的预期利益无法实现。"债的不变原则是债的关系的强制性特征引起的结果，因为债的关系是债的清偿的渊源。因此，债权人只能够要求并且能够全部要求他们原本能够获得的给付，仅仅通过对债权人提供构成债的客体的给付行为，债务人才能够让自己与债权人之间的关系消灭。"⑤

（二）作为债、不作为债的履行或者清偿

如果债务人承担的债务是不作为债务，他们履行债务的给付行为就是不作为行为：一旦他们没有实施积极行为，则他们的债务就履行了，债权人的债权就获得了实现。因此，不作为债的履行方式是约束自己的行为，不积极实施与不作为债务相反的积极行为。换言之，如果劳动者对其雇主承担不与雇主展开竞争的债务，当劳动者没有实施任何与其雇主有竞争的作为行为时，他们就履行了自己的债务。如果债务人承担的债务是

---

① Article 1243, Code civil, Version en vigueur au 09 février 2016, https://www.legifrance.gouv.fr/codes/section_lc/LEGITEXT000006070721/LEGISCTA000006150257/2016-02-09/#LEGISCTA000006150257.

② Article 1342-4, Code civil, Version en vigueur au 16 septembre 2021, https://www.legifrance.gouv.fr/codes/section_lc/LEGITEXT000006070721/LEGISCTA000032035231/#LEGISCTA000032035231.

③ Jacques Flour, Jean-Luc Aubert, Éric Savaux, Les obligations, 3. Le rapport d'obligation, 7e édition, Dalloz, 2011, p.93.

④ Virginie Larribau-Terneyre, Droit civil Les obligations, 15e édition, Dalloz, 2017, p.200.

⑤ François Terré, Philippe Simler, Yves Lequette, François Chénedé, Droit Civil, les Obligations, 12e édition, Dalloz, 2018, p.1500.

转移所有权或者其他物权之外的其他作为债务，当他们积极做出为该种债务所要求的行为时，他们做出的积极行为就构成债的履行，也就是构成债的给付行为、清偿行为。因此，如果买受人承担的债务是支付货款给出卖人，当他们将货款支付给了出卖人时，他们的债务就得以履行。同样，当承揽人承担完成委托人所委托建造的工程时，如果他们合格地完成工程的建造并且将其交付给委托人，则他们承担的债务就得以履行。因此，这些债务的履行较为简单，很少会面临困难。①

（三）转移财产所有权的债的履行或者清偿

如果债务人承担的债务是转移财产所有权并且交付所有物给债权人的债务，则在履行债务时或者为债务的清偿时，他们的履行行为或者清偿行为会面临一些困难。为此，《法国民法典》对债务人承担的此类作为债务的履行或者清偿做出了清楚的说明，无论是在 2016 年之前还是之后，均是如此，根据它们的规定，在履行转移所有权或者其他物权的债务时，人们应当区分两种不同的情形：转让所有权的债究竟是特定物债还是种类物债。

如果债务人应当转移所有权的有体物是某种特定物（corps certain），则他们对债权人承担的债务就属于特定物债。在履行所承担的此种债务时，债务人所交付的物应当是履行交付债务时该物所处的现状，对于合同签订之后至交付债务履行期间该特定物的损坏，债务人不负责任，除非该特定物的损坏是因为债务人或者债务人对其行为负责任的人的行为或者过错引起的，或者除非债务人迟延履行交付该种财产的债务。②

在 2016 年之前，《法国民法典》第 1245 条对此种规则做出了说明，该条规定：如果债务人将交付时所处状态当中的某种特定和确定的物交付给债权人，则他们对债权人承担的债务消灭，如果该物的损坏不是因为他们或者他们对其行为负责任的人的行为或者过错引起的话，或者在这些损坏发生之前，他们没有延迟交付的话。③ 在 2016 年之后，现行《法国民法典》新的 1342 - 5 条对此种规则做出了说明，该条规定：债务人所承担的交付某种特定物的债务在他们将处于正常状态当中的物交付给债权人时得以消灭，除非债权人能够证明，在特定物损坏的情况下，特定物的损坏是由于债务人或者债务人对其行为负责任的人的行为引起的。④

如果债务人应当转移所有权的有体物是某种种类物（chose de genre），则他们对债

---

① Henri et Léon Mazeaud, Jean Mazeaud, François Chabas, Obligations, 9e édition, Montchrestien, 1998, p. 963；Jacques Ghestin, Marc Billiau, Grégoire Loiseau, Traité de Droit Civil, Le régime des créances et des dettes, LGDJ, 2005, p. 606.

② Henri et Léon Mazeaud, Jean Mazeaud, François Chabas, Obligations, 9e édition, Montchrestien, 1998, p. 964；Jacques Ghestin, Marc Billiau, Grégoire Loiseau, Traité de Droit Civil, Le régime des créances et des dettes, LGDJ, 2005, pp. 606 - 607；François Terré, Philippe Simler, Yves Lequette, François Chénedé, Droit civil, Les obligations, 12e édition, Dalloz, 2018, pp. 1500 - 1501.

③ Article 1245, Code civil, Version en vigueur au 09 février 2016, https://www.legifrance.gouv.fr/codes/section_lc/LEGITEXT000006070721/LEGISCTA000006150257/2016 - 02 - 09/#LEGISCTA000006150257.

④ Article 1342 - 5, Code civil, Version en vigueur au 16 septembre 2021, https://www.legifrance.gouv.fr/codes/section_lc/LEGITEXT000006070721/LEGISCTA000032035231/#LEGISCTA000032035231.

权人承担的债务就属于支付金钱之外的种类物债。在履行所承担的此种债务时，如果当事人对债务人交付的种类物的质量做出明确约定，在交付符合约定的质量的物时，债务人承担的债务得以履行，他们所承担的债务消灭。如果当事人没有对交付的物的质量做出明确约定，债务人所交付的物既不应当是质量最好的物，也不应当是质量最差的物，而是中等质量的物。① 在 2016 年之前，《法国民法典》第 1246 条对此种规则做出了说明，该条规定：如果债务人承担的债务是将某种种类物交付给债权人，为了让自己承担的此种债务消灭，他们不需要交付质量最好的种类物，不过，他们也不能够交付质量最差的种类物。② 在 2016 年之后，《法国民法典》没有再对此种规则做出明确规定。虽然如此，民法学者认为，此时应当适用《法国民法典》新的第 1166 条的规定，根据该条的规定，如果当事人没有对债务人的给付做出明确规定，则债务人提供的给付应当符合债权人的合理期待，在判断债权人的合理期待时，要考虑合同的性质、习惯、债权人支付对价的数额等因素。③

三、债的履行客体的不可分割原则

（一）一般原则

债的清偿客体的第二个原则是，债务人应当一次性全部履行他们对债权人所承担的给付债务，他们不得分期、分批履行所承担的给付债务，债权人有权要求债务人一次性全部履行所有的给付债务，他们有权拒绝债务人的分期、分批履行，无论债的客体是可以分割的客体还是不可以分割的客体，均是如此。换言之，债务人不能够对债权人实施部分给付，他们应当对债权人实施全部给付，这就是债的履行客体的不可分割原则。

无论是在 2016 年之前还是之后，《法国民法典》均对此种原则做出了说明。在 2016 年之前，《法国民法典》第 1244 条对此种原则做出了说明，该条规定：债务人不能够强制债权人接受其债务的部分清偿，即便他们承担的债务属于可分债，亦是如此。④ 在 2016 年之后，《法国民法典》新的第 1342 - 4（1）条也对此种原则做出了说明，该条规定：即便给付是可分的，债权人也能够拒绝债务的部分清偿。⑤

除了《法国民法典》明确规定此种原则之外，民法学者也普遍承认此种原则。

---

① Henri et Léon Mazeaud, Jean Mazeaud, François Chabas, Obligations, 9e édition, Montchrestien, 1998, p. 964; Jacques Ghestin, Marc Billiau, Grégoire Loiseau, Traité de Droit Civil, Le régime des créances et des dettes, LGDJ, 2005, pp. 606 - 607; François Terré, Philippe Simler, Yves Lequette, François Chénedé, Droit civil, Les obligations, 12e édition, Dalloz, 2018, pp. 1500 - 1501.

② Article 1245, Code civil, Version en vigueur au 09 février 2016, https://www. legifrance. gouv. fr/codes/section _ lc/LEGITEXT000006070721/LEGISCTA000006150257/2016 - 02 - 09/#LEGISCTA000006150257.

③ Marjorie Brusorio-Aillaud, Droit des obligations, 8e édition, bruylant, 2017, p. 335; François Terré, Philippe Simler, Yves Lequette, François Chénedé, Droit civil, Les obligations, 12e édition, Dalloz, 2018, pp. 1500 - 1501.

④ Article 1243, Code civil, Version en vigueur au 09 février 2016, https://www. legifrance. gouv. fr/codes/section _ lc/LEGITEXT000006070721/LEGISCTA000006150257/2016 - 02 - 09/#LEGISCTA000006150257.

⑤ Article 1342 - 4, Code civil, Version en vigueur au 16 septembre 2021, https://www. legifrance. gouv. fr/codes/section_ lc/LEGITEXT000006070721/LEGISCTA000032035231/#LEGISCTA000032035231.

Flour、Aubert 和 Savaux 对此种原则做出了说明，他们指出：“债的清偿客体方面的第二个法律规则是，债的清偿应当包含债务人原本应当清偿的所有给付。这就是清偿的不可分割性：债的清偿者不得强制债权人接受他们实施的部分清偿，即便他们原本应当实施的给付行为是能够完美地加以分割的，亦是如此，例如，一定数额的金钱。”① Ghestin、Billiau 和 Loiseau 也对这个原则做出了说明，他们指出：“如果债权人有权要求债务人实施原本应当实施的给付行为的话，他们同样有权要求债务人一次性清偿原本应当清偿的所有债务。此种原则为《法国民法典》第1244条所清楚地表达出来，该条规定：债务人不能够强制债权人接受其债务的部分清偿，即便他们承担的债务属于可分债，亦是如此。”②

（二）债法坚持债的清偿的不可分割原则的理由

在债法上，债务人承担的某些债务在性质上属于不可分债，例如，债务人承担的不作为债，在履行此种债时，债务人当然无法将所承担的此类债分割为不同的部分并因此进行部分履行。换言之，不作为债不会面临部分履行和全部履行的问题。因此，《法国民法典》新的第1342-4（1）条的禁止性规定显然不是针对不作为债的履行问题。因为该条的禁止性规定仅仅针对作为债尤其是金钱债的履行问题。③

首先，如果债务人承担的债在性质上属于作为债，则他们应当一次性全部履行完所承担的债务，他们不能够将所承担的此类债务予以分割并因此进行部分履行。因此，运输者不能够强制发货人仅仅发出部分货物。承揽人不能够强制工程主人接受部分完成的工程。④

其次，如果债务人应当对债权人支付1万欧元的赔偿金，他们应当一次性支付1万欧元给债权人，他们不能够将1万欧元的债务予以分割并因此多次支付这一笔赔偿金。

最后，即便债务人承担的债务在性质上是可分债，他们所承担的此种债务的履行、清偿也应当是一次性全部履行、一次性全部清偿，换言之，可分债的履行、清偿同样具有不可分割性。"在此种意义上讲即债务能够在共同债务人之间进行分割，债原则上是可分的，每一个人仅仅按照自己承担的债务份额履行所承担的债务……但是，即便债能够在共同债务人之间分割，债的履行也是不可以分割的，这就意味着如果债务人要消灭自己对债权人承担的债务，他们应当一次性履行原本应当履行的所有债务，他们不能够强制债权人接受债务的分割履行。"⑤

债法之所以要求债务人一次性全部履行所承担的债务，其原因有三：其一，债务的

---

① Jacques Flour, Jean-Luc Aubert, Éric Savaux, Les obligations, 3. Le rapport d'obligation, 7e édition, Dalloz, 2011, p. 94.
② Jacques Ghestin, Marc Billiau, Grégoire Loiseau, Traité de Droit Civil, Le régime des créances et des dettes, LGDJ, 2005, p. 608.
③ Jérôme François, Les obligations, Régime general, Tome 4, 4e édition, Economica, 2017, pp. 20 – 21.
④ Jérôme François, Les obligations, Régime general, Tome 4, 4e édition, Economica, 2017, pp. 20 – 21.
⑤ Henri et Léon Mazeaud, Jean Mazeaud, François Chabas, Obligations, 9e édition, Montchrestien, 1998, p. 987.

分期履行不符合债权人的利益,与他们的预期利益相冲突。其二,影响债权人的有效投资,因为,当债务人一次性将债务履行完毕之后,债权人能够将所获得的全部金钱进行整体的投资,而如果他们分期、分批获得清偿,则不利于他们进行整体投资。其三,虽然债务履行的成本原则上由债务人承担,但是,分期、分批接受债务人的给付也会给债权人带来不方便。①

(三) 债的清偿的不可分割原则的例外

虽然《法国民法典》禁止债务人对债权人进行债务的部分履行,但是,债的清偿的不可分割原则并不是一种强制性的规则,因为它的目的不在于维护公共利益、公共政策,而在于维护债权人的利益,已如前述。因此,如果债权人明示或者默示同意债务人进行债务的部分履行或者分期、分批履行,则债务人也能够对债务进行分割履行。此外,即便债权人不同意,如果制定法或者法官允许债务人分期分批履行所承担的债务,则债务人也能够不一次性履行所承担的全部债务。这就是债的清偿的不可分割原则的例外。

1. 合同所规定的例外

如果债权人与债务人在自己的合同当中明确规定,债务人能够进行部分履行、分期分批履行债务,或者虽然没有明确约定这样的条款,在债务人提出部分履行、分期分批履行的请求时,如果债权人同意债务人的请求,则债务人能够进行部分履行、分期分批履行。

Ghestin、Billiau 和 Loiseau 对此种例外做出了说明,他们指出:"债的清偿的不可分割原则存在一些重要的例外,这些例外减缓了该原则所具有的严厉性。一方面,此种规则并不是公共秩序性的,当事人享有完全的合同自由,他们能够在自己的合同当中约定,当债务人部分履行债务时,他们承担的债务消灭……另一方面,即便当事人没有在合同当中对此做出明确约定,债权人也能够自由放弃债的履行的不可分割原则并且接受债务人所提出的部分履行的请求。"② Terré、Simler 和 Lequette 等人也对此种例外做出了说明,他们也指出:"债权人总是能够自由接受债务的部分履行、分期分批履行。……合同也能够规定债务的部分履行、分期分批履行。"③

2. 制定法所规定的例外

如果制定法明确规定,债务人能够部分履行、分期分批履行债务,则债务人也能够在例外情况下部分履行、分期分批履行自己承担的债务。例如,《法国民法典》新的第1309 条(旧的第 1220 条)明确规定,如果债务人的继承人有两个或者两个以上,其中的任何一个继承人仅仅对债权人承担个人债务:仅仅在他们所继承的遗产份额内,他们

---

① Henri et Léon Mazeaud, Jean Mazeaud, François Chabas, Obligations, 9e édition, Montchrestien, 1998, p. 987; Jérôme François, Les obligations, Régime general, Tome 4, 4e édition, Economica, 2017, p. 21.

② Jacques Ghestin, Marc Billiau, Grégoire Loiseau, Traité de Droit Civil, Le régime des créances et des dettes, LGDJ, 2005, p. 609.

③ François Terré, Philippe Simler, Yves Lequette, François Chénedé, Droit Civil, les Obligations, 12e édition, Dalloz, 2018, p. 1505.

对债权人承担债务,换言之,继承人所承担的债务不仅是可分债,而且债的清偿客体也是可分的,债权人不能够要求一个继承人清偿被继承人生前所承担的所有债务。①

3. 法官在司法判例当中所确立的例外

在法国,制定法有时明确规定,在某些特殊情况下,法官有权根据案件的具体情况责令债务人对债权人进行分期分批履行债务,当法官根据这些制定法的规定做出此种判决时,债务人就无须一次性全部履行所承担的债务,而是按照法官规定的期限分期分批履行所承担的债务。当然,法官也不会让债务人无休无止地分期分批履行所承担的债务,他们通常会给予债务人以一定的期限限制,即 2 年的期限,这就是所谓的宽限期(délai de grâce)。所谓宽限期,是指在考虑案件当事人的具体情况之后,法官依照职权给予到期无法履行自己金钱债的债务人以一定的期限,让他们在所规定的期限内暂缓履行对债权人所承担的金钱债。例如,根据《法国商法典》的有关规定,在企业重整期间,如果债务人因为过度欠债而无法一次性全部清偿他们对债权人承担的所有债务,法官可以做出判决,责令债务人分期分批或者部分履行所承担的债务。②

第四节 债的履行情况:地点、时间、列入、费用和证据

债的履行并非仅仅涉及债务人对债权人实施清偿行为的客体问题,它还涉及债的清偿的情况问题。所谓债的清偿的情况(lkes circonstance du payement),也被称为债的履行的情况,是指债的清偿、债的履行所涉及的地点、时间、列入、费用和证据:债务人在什么时候履行自己所承担的债务,他们在什么地点履行所承担的债务,如果债务人对债权人承担多种不同的债务,他们履行的债务究竟应当是履行他们承担的众多债务当中的哪一个债务,这就是债的履行、债的清偿的列入问题;债务履行的费用究竟是由债务人还是债权人承担,究竟是债权人还是债务人应当承担举证责任,证明债务的履行。在这些问题当中,债务履行的时间和地点被视为债的履行情况的最主要的内容。"债务在什么地方和什么时候履行的问题并非无关紧要的问题。为了让自己对债权人承担的债务得以消灭,债的清偿应当考虑某些特殊的情况,这些特殊的情况同时涉及合同当事人所约定的债务履行地点和时间。"③"债务人应当实施他们原本应当实施的给付。不过,他们在什么时候和在什么地方实施此种给付,这是需要予以准确回答的两个问题。"④

---

① Jacques Ghestin, Marc Billiau, Grégoire Loiseau, Traité de Droit Civil, Le régime des créances et des dettes, LGDJ, 2005, p. 610; François Terré, Philippe Simler, Yves Lequette, François Chénedé, Droit civil, Les obligations, 12e édition, Dalloz, 2018, p. 1505.

② Jacques Ghestin, Marc Billiau, Grégoire Loiseau, Traité de Droit Civil, Le régime des créances et des dettes, LGDJ, 2005, p. 609; François Terré, Philippe Simler, Yves Lequette, François Chénedé, Droit civil, Les obligations, 12e édition, Dalloz, 2018, p. 1505.

③ Jacques Ghestin, Marc Billiau, Grégoire Loiseau, Traité de Droit Civil, Le régime des créances et des dettes, LGDJ, 2005, p. 611.

④ Henri et Léon Mazeaud, Jean Mazeaud, François Chabas, Obligations, 9e édition, Montchrestien, 1998, p. 999.

一、债的履行地点

(一) 债的履行地点具有的重要意义

债的履行涉及的第一个具体情况是,债务人履行债务的地点在哪里,这就是债的清偿地点或者债务履行的地点(le lieu du paiement)。所谓债的履行地点,是指债务人为了消灭自己对债权人承担的债务而在某一个地方对债权人实施原本应当履行的给付行为。

在债法上,债的履行地点的确定具有三个方面的意义。首先,债的履行费用由谁负担的问题。如果债务人在自己的地方履行债务,则债权人应当在债务人履行债务的地方接受其给付,因此,债权人应当承担履行费用,反之,如果债务人在债权人的地方履行债务,则他们自己承担履行债务的费用。其次,债的履行地点关乎债的纠纷的管辖权问题:原则上,当事人之间的债的纠纷应当由债的履行地的法院管辖。最后,在国际层面,债的履行地点关乎支付货币问题,除非当事人另外有相反的意思表示,否则,债务人被推定以债务履行地的货币支付自己的债务。[①]

(二) 当事人对债务履行地的约定

在债法上,债的履行地的问题并不属于公共秩序的问题,因此,当事人能够根据意思自治和合同自由的原则在他们之间的合同当中对债务履行地做出约定,他们可以根据具体情况或者约定在债务人所在地履行债务,或者在债权人所在地履行债务,或者在第三人所在地履行债务。在2016年之前,《法国民法典》第1247(1)条对此种规则做出了说明,该条规定:债的清偿应当在合同所指明的地点实施。[②] 一旦当事人做出了此种约定,则债务人按照合同约定的地点履行所承担的债务。当事人之间的此种约定既可以是明示的,也可以是默示的。因此,当事人往往在自己的合同当中约定,如果债务人承担的债务是经由公证文书证明的债务,则债务人往往在接受公证文书的一方当事人所在地履行债务,如果商人承担的债务是交付货物的债,则当事人往往在合同当中规定,债务的履行地点是交付货物的地点。[③]

一旦当事人对债务履行地做出了规定,则债务履行地被强加给了双方当事人以及债权或者债务的受让人。首先,在当事人之间没有就债的履行地达成新的合意之前,任何一方当事人均不能够要求在合同约定之外的地点履行债务。其次,如果债务人在合同约定之外的地方履行债务,则他们的债务履行行为不能够让其对债权人承担的债务消灭。最后,在债权或者债务转让时,债务履行地仍然被强加给新的债权人或者新的债务人,

---

① Jacques Ghestin, Marc Billiau, Grégoire Loiseau, Traité de Droit Civil, Le régime des créances et des dettes, LGDJ, 2005, p. 611.

② Article 1247, Code civil, Version en vigueur au 09 février 2016, https://www.legifrance.gouv.fr/codes/section_lc/LEGITEXT000006070721/LEGISCTA000006150257/2016-02-09/#LEGISCTA000006150257.

③ Jacques Ghestin, Marc Billiau, Grégoire Loiseau, Traité de Droit Civil, Le régime des créances et des dettes, LGDJ, 2005, p. 612.

他们不能够要求或者不能够在最初合同约定之外的地方要求实施债务的履行行为，因为，作为受让人，他们享有的权利或者承担的债务不应当大于转让人。①

如果债务的履行不是由合同债务人实施，而是由债务人之外的第三人实施，则第三人可以不受合同当事人约定的履行地的限制。但是，如果第三人不是在合同约定的地方履行，债权人可能会具有合理的理由拒绝接受第三人的履行，因为债务履行场所的变更可能会危及债权人的利益。②

（三）约定之外债务的履行原则：债权人上门收取债权

如果当事人没有在自己的合同当中对债务履行地做出约定，或者如果当事人之间没有就债务履行地的问题达成协议，则债务履行地的问题由《法国民法典》做出规定。无论是在2016年之前还是之后，《法国民法典》均明确规定，债务履行地原则上是债务人的所在地，适用于此种规则的债务在性质上往往属于金钱债之外的作为债。在2016年之前，《法国民法典》第1247（3）条对此种规则做出了说明，该条规定：在这些情形之外，债的清偿应当在债务人的住所地实施。③ 在2016年之后，《法国民法典》新的第1342-6条也对此种原则做出了说明，该条规定：在制定法、合同或者法官没有规定或者指定其他履行地的情况下，债的清偿应当在债务人的住所地实施。④

《法国民法典》旧的第1247（3）条和新的第1342-6条所规定的此种原则被称为债务人在家履行债务的原则或者债权人上门收取债权的原则（dettes querables），根据这一原则，债务人仅仅在自己的家中即自己的住所当中履行对债权人承担的债务，他们不应当跑到债权人的家中即债权人的住所当中履行自己承担的债务，债权人应当亲自到债务人的家中收取自己的债权。Ghestin、Billiau和Loiseau对此种原则做出了说明，他们指出："债权人上门收取债权的规则源于《法国民法典》第1247（3）条，根据该条的规定，原则上，债的清偿是在家清偿而不是上门清偿，也就是说，债权人应当到债务人家中收取债权，而不是债务人到债权人的家中清偿自己的债务。"⑤ Terré、Simler和Lequette等人也对此种原则出了说明，他们指出："债务人承担的债务被称为在家履行的债务而不是上门履行的债务，根据该种债务，债权人应当到债务人的家中收取债权，而不是债务人到债权人家中清偿债务。"⑥

---

① Jacques Ghestin, Marc Billiau, Grégoire Loiseau, Traité de Droit Civil, Le régime des créances et des dettes, LGDJ, 2005, p.612.

② Jacques Ghestin, Marc Billiau, Grégoire Loiseau, Traité de Droit Civil, Le régime des créances et des dettes, LGDJ, 2005, p.612.

③ Article 1247, Code civil, Version en vigueur au 09 février 2016, https://www.legifrance.gouv.fr/codes/section_lc/LEGITEXT000006070721/LEGISCTA000006150257/2016-02-09/#LEGISCTA000006150257.

④ Article 1342-6, Code civil, Version en vigueur au 16 septembre 2021, https://www.legifrance.gouv.fr/codes/section_lc/LEGITEXT000006070721/LEGISCTA000032035231/#LEGISCTA000032035231.

⑤ Jacques Ghestin, Marc Billiau, Grégoire Loiseau, Traité de Droit Civil, Le régime des créances et des dettes, LGDJ, 2005, p.614.

⑥ François Terré, Philippe Simler, Yves Lequette, François Chénedé, Droit Civil, les Obligations, 12e édition, Dalloz, 2018, p.1506.

(四) 约定之外债务履行原则的例外：债权人在自己家中收取债权

在当事人没有对债的履行地做出约定的情况下，债务人原则上仅仅在自己的家中履行债务。不过，在例外情况下，债务人也应当在债权人所在地履行自己所承担的债务。此种例外或者源自制定法的明确规定，或者源自法官的指定。无论是在 2016 年之前还是之后，《法国民法典》均明确规定，在例外情况下，债务履行地是债权人的所在地，适用于此种例外的债务在性质上往往属于金钱债。在 2016 年之前，《法国民法典》第 1247（1）和第 1247（2）条对此种例外做出了说明，它们规定：如果合同没有对债务履行地做出规定，在债务涉及特定物时，债的清偿应当在特定物所在地实施。除非法官另外做出相反的判决，否则，债务人根据法官判决应当支付的抚养费、赡养费、扶养费应当在接受此种费用的人住所或者居所支付。[①] 在 2016 年之后的《法国民法典》没有再对此种内容做出明确规定。

在 2016 年之后，《法国民法典》也承认此种例外。一方面，新的第 1342 - 6 条明确规定，在债务人所在地履行债务的原则仅仅在制定法、合同或者法官没有规定或者指定其他履行地的情况下适用，其反面解释是：如果制定法、法官明确规定，债务的履行不再是债务人所在地，则债务的履行往往会在债权人的所在地。另一方面，《法国民法典》新的第 1343 - 4 条规定：在制定法、合同或者法官没有规定或者指定其他履行地的情况下，金钱债的履行地是债权人的住所。[②]

《法国民法典》旧的第 1247 条和新的第 1343 - 4 条所规定的例外规则被称为债务人上门履行债务的例外或者债权人在家收取债权的例外（dettes portables），根据这一例外，债务人不能够在自己的家中履行对债权人承担的债务，他们应当跑到债权人的家中履行自己承担的债务，债权人无须亲自跑到债务人的家中收取自己的债权，他们仅仅在自己的家中收取债权。

二、债的履行时间

债的履行涉及的第二个具体情况是，债务人何时履行自己对债权人承担的债务，这就是债的清偿时间或者债的履行时间（le temps du paiement）。所谓债的履行时间，是指债务人履行自己对债权人承担债务的具体日期，也就是指债权人所享有的要求债务人对自己实施他们原本应当实施的给付行为的日期。

(一) 债的履行时间的一般原则：债从可主张履行时开始履行

无论债务人对债权人承担的债务是什么性质，如果债权人不能够要求债务人对自己履行债务，则债务人无须履行自己对债权人所承担的债务，仅仅在债权人能够要求债务

---

① Article 1247, Code civil, Version en vigueur au 09 février 2016, https://www.legifrance.gouv.fr/codes/section_lc/LEGITEXT000006070721/LEGISCTA000006150257/2016 - 02 - 09/#LEGISCTA000006150257.

② Article 1343 - 4, Code civil, Version en vigueur au 16 septembre 2021, https://www.legifrance.gouv.fr/codes/section_lc/LEGITEXT000006070721/LEGISCTA000032035231/#LEGISCTA000032035231.

人对自己履行债务时，债权人只能够要求债务人对自己实施他们原本应当实施的给付行为，在债权人还不能够主张债务的履行时，如果债权人要求债务人对自己实施给付行为，则债务人有权拒绝，这就是债从可主张履行时开始履行的原则（principe d'exigibilité l'exigibilité de la dette）。

在2016年之前，《法国民法典》没有对此种原则做出明确规定，虽然如此，民法学者承认这一原则的存在。在2012年的《债法》当中，Bénabent对债的履行所遵循的此种原则做出了说明，他指出："一旦债务人承担的债务具有可主张履行性，债务人就应当实施清偿行为。对于因为合同产生的债而言，它们能够被即刻要求予以履行，除非合同对债务的履行期限做出了规定，此时，债仅仅在合同规定的期限届满时具有可主张履行性。"① 在2016年之后，《法国民法典》新的第1342（2）条对此种原则做出了说明，该条规定：一旦债务具有可主张履行性，债务人就应当履行自己所承担的债务。②

虽然债务在可主张履行时开始履行，但是，如何判断债务的可主张履行性，则应当考虑两种不同的情况：其一，如果债务人承担的债务受到履行期限的限制，债的可主张履行性的确定问题；其二，如果债务人承担的债务没有受到履行期限的限制，债的可主张履行性的确定问题。

（二）附期限债的履行时间：期限届满时履行规则

如果当事人对债务履行的期限做出了规定，债务人仅仅在合同规定的履行期限届满时才开始履行债务，在履行期限没有届满之前，债务人无须对债权人为原本应当实施的给付行为，债权人也不能够要求债务人对自己实施此种给付行为，这就是债务到期履行、债务到期清偿的规则。现行《法国民法典》新的第1305-2条对此种规则做出了说明，该条规定：如果债务的履行受到期限的限制，在期限届满之前，债权人不能够要求债务人履行债务。③

除了《法国民法典》对此种规则做出了规定之外，民法学者也普遍承认这一规则。Ghestin、Billiau和Loiseau对此种规则做出了说明，他们指出："就像债的履行地点由当事人自由确定一样，债务履行时间的确定原则上取决于当事人的意图、意志、意思。因为他们具有完全的合同自由，通过该种合同，他们不仅对债务履行期限做出了规定，而且还决定，仅仅到了合同规定的期限届满时，债务才具有可主张履行性：仅仅在期限届满时，债权人只能够要求债务人履行债务。"④ Terré、Simler和Lequette等人也对此种规则出了说明，他们指出："如果债包含了延缓期限，则债仅仅在期限届满时才能够得

---

① Alain Bénabent, Droit des obligatios, 13e édition Montchrestien, 2012, p. 577.
② Article 1342, Code civil, Version en vigueur au 16 septembre 2021, https://www.legifrance.gouv.fr/codes/section_lc/LEGITEXT000006070721/LEGISCTA000032035231/#LEGISCTA000032035231.
③ Article 1305-2, Code civil, Version en vigueur au 17 septembre 2021, https://www.legifrance.gouv.fr/codes/section_lc/LEGITEXT000006070721/LEGISCTA000032030675/#LEGISCTA000032030675.
④ Jacques Ghestin, Marc Billiau, Grégoire Loiseau, Traité de Droit Civil, Le régime des créances et des dettes, LGDJ, 2005, pp. 617-618.

到履行：一旦债务具有可主张履行性，债务人就应当履行所承担的债务。"①

如果合同对债务人履行债务的期限做出了明确规定，在期限届满之前，债务人不能够履行自己所承担的债务，如果债务人一意孤行，要求提前履行所承担的债务，债权人享有拒绝接受其履行的权利，但是，如果当事人规定履行期限的目的仅仅是为了债务人的利益，则债务人能够提前履行自己所承担的债务。换言之，如果合同当事人规定债务履行期限的目的仅仅是为了债权人的利益，或者同时是为了维护债权人和债务人的利益，则债务人不能够提前履行自己的债务。但是，即便合同所规定的期限是为了债权人或者债权人与债务人的共同利益，如果制定法在例外情况下允许债务人提前履行，则债务人也能够提前履行自己的债务。②

《法国民法典》新的第1305-3条（旧的第1187条）规定：除非制定法、当事人的意图或者具体情况已经表明，合同所规定的期限是为了债权人或者两方当事人的利益，否则，合同所规定的期限是为了债务人的利益。③ 根据该条的规定，原则上，如果合同当事人在自己的合同当中对债务人履行债务的期限做出了规定，则他们所规定的债务履行期限被视为是为了债务人的利益，因此，债务人能够提前履行所承担的债务，债权人不能够拒绝接受债务人的履行，如果债务人不是部分履行而是一次性全部履行所承担的债务的话。

在三种例外情况下，债务人不能够提前履行自己的债务，因为在这些情况下，合同所规定的债务履行期限被视为是为了债权人或者双方当事人的利益：其一，制定法明确规定，某种合同所规定的期限是为了债权人或者双方当事人的利益，则债务人不能够提前履行所承担的债务。其二，如果合同当事人在自己的合同当中明确规定，他们的合同所规定的债务履行期限是为了债权人或者双方当事人的债务，则债务人不能够提前履行所承担的债务。其三，即便制定法没有规定，即便合同当事人没有明确规定，如果案件的具体情况表明，合同所规定的债务履行期限是为了债权人或者双方当事人的利益，则债务人不能够提前履行所承担的债务。

在债务人提前履行债务时，如果债权人明确拒绝，则债务人不能够通过提前履行债务而让他们对债权人承担的债务消灭。不过，如果债权人拒绝债务人的提前履行，他们应当承担举证责任，证明他们与债务人之间的合同所规定的债务履行期限是为了债权人或者双方当事人的利益。基层法院的法官有权根据案件的具体情况确定，合同所规定的债务履行期限究竟是为了债权人的利益、债务人的利益还是为了双方当事人的利益。例如，法官往往会认定，如果当事人之间的合同规定了借贷利率，则他们之间的合同所规

---

① François Terré, Philippe Simler, Yves Lequette, François Chénedé, Droit Civil, les Obligations, 12e édition, Dalloz, 2018, p. 1505.

② Henri et Léon Mazeaud, Jean Mazeaud, François Chabas, Obligations, 9e édition, Montchrestien, 1998, pp. 1006-1007; Jacques Ghestin, Marc Billiau, Grégoire Loiseau, Traité de Droit Civil, Le régime des créances et des dettes, LGDJ, 2005, pp. 619-620; François Terré, Philippe Simler, Yves Lequette, François Chénedé, Droit civil, Les obligations, 12e édition, Dalloz, 2018, p. 1506.

③ Article 1305-3, Code civil, Version en vigueur au 18 septembre 2021, https://www.legifrance.gouv.fr/codes/section_lc/LEGITEXT000006070721/LEGISCTA000032030675/#LEGISCTA000032030675.

定的债务履行期限是为了双方当事人的利益。当然，即便合同所规定的债务履行期限是为了债权人或者双方当事人的利益，如果债务人提前履行债务，债权人也能够放弃合同所规定的期限利益，并且接受债务人的提前履行。①

（三）没有附期限的债的履行：即刻、立即履行规则

除非合同当事人对债务人履行债务的期限做出了明确规定，否则，债务人对债权人承担的债务应当在他们承担的债务产生时履行，换言之，他们的债务产生之日即为他们的债务履行之时，债务的产生与债务的履行同时发生，债务人承担的此种债务被称为即时履行债务（obligation à exécution immédiate）。所谓即时履行债务，是指在债务人承担的债务产生时债务人就应当即刻、毫不延缓地加以履行的债务。②

Mazeaud 和 Chabas 等人对此种规则做出了说明，他们指出："如果在债务产生时债权人就能够主张债务人对债务的清偿，则债务人承担的债务就是即时履行债务。……原则上，债务人承担的债务是即时履行债务。"③ Ghestin、Billiau 和 Loiseau 也对此种规则做出了说明，他们指出："如果合同当事人没有对债的履行期限做出规定，则一旦债产生，债权人就能够主张债务的可清偿性，这就是债的即刻履行。"④

因此，一旦出卖人与买受人之间就财产的买卖达成了合意，出卖人就应当即刻履行将其出卖物交付给买受人的债务，买受人也应当即刻履行其支付价款的债务，一旦出卖人与买受人即刻履行了他们之间所承担的这些义务，他们之间的债即因此消灭。同样，一旦行为人对他人实施了侵权行为，他们应当即刻对他人遭受的损害承担赔偿责任，一旦他们即刻赔偿了他人所遭受的损害，则他们与他人之间的债就消灭了。⑤

三、债的履行的列入

（一）《法国民法典》新的第 1342 - 10 条对债的清偿的列入所做出的新规定

债的履行涉及的第三个具体情况是，在债务人对同一债权人承担同一性质的多个债

---

① Henri et Léon Mazeaud, Jean Mazeaud, François Chabas, Obligations, 9e édition, Montchrestien, 1998, pp. 1006 - 1007; Jacques Ghestin, Marc Billiau, Grégoire Loiseau, Traité de Droit Civil, Le régime des créances et des dettes, LGDJ, 2005, pp. 619 - 620; François Terré, Philippe Simler, Yves Lequette, François Chénedé, Droit civil, Les obligations, 12e édition, Dalloz, 2018, p. 1506.

② Henri et Léon Mazeaud, Jean Mazeaud, François Chabas, Obligations, 9e édition, Montchrestien, 1998, p. 999.

③ Henri et Léon Mazeaud, Jean Mazeaud, François Chabas, Obligations, 9e édition, Montchrestien, 1998, p. 999; Gérard Légier, les obligations, 17e édition, 2001, Dalloz, 2001, p. 239; Jean Carbonnier, Droit civil, Les biens, Les obligations, puf, 2004, p. 2474; Virginie Larribau-Terneyre, Droit civil, Les obligations, 12e édition, Dalloz, 2010, p. 172.

④ Jacques Ghestin, Marc Billiau, Grégoire Loiseau, Traité de Droit Civil, Le régime des créances et des dettes, LGDJ, 2005, p. 618.

⑤ Henri et Léon Mazeaud, Jean Mazeaud, François Chabas, Obligations, 9e édition, Montchrestien, 1998, p. 999.

务时，如果债务人不能够同时履行所承担的所有债务，他们应当首先清偿所承担的多个债务当中的哪一个债务，这就是债的清偿的列入、计入问题（l'imputation des paiements），也就是债的履行的列入、计入问题。因此，债的履行的列入应当具备几个重要条件：其一，债权人和债务人是同一的。其二，同一债务人对同一债权人承担两个或者两个以上的独立债。其三，债务人对债权人承担的多个债属于同一性质的债，往往是金钱债。其四，债务人无法同时清偿自己对债权人承担的所有债务，他们只能够清偿其中的一个或者几个债务。

在债法上，债的履行的列入、计入问题并不是一个可有可无的问题，而是一个至关重要的问题，因为债务人承担的债务涉及不同的情形：某些债务已经到期而另外一些债务没有到期，某些债务是有利息的债务而另外一些债务可能是没有利息的债务，某些债务是利息高的债务，而另外一些债务可能是利息低的债务，列入、计入到不同的债务当中既关乎债务人的利益也关乎债权人的利益。因此，1804 年的《法国民法典》第 1253 条至第 1256 条对债的清偿的列入问题做出了规定，这些规定一直从 1804 年原封不动地保留到 2016 年。① 通过 2016 年 2 月 10 日的债法改革法令，现行《法国民法典》新的 1342－10 条对债的清偿的列入问题做出了规定。②

Mazeaud 和 Chabas 等人对债的清偿的列入问题做出了说明，他们指出："如果债务人应当对同一债权人履行同一性质的多个债务，债权人不能够要求债务人一次性履行所承担的所有这些债务，他们应当接受债务人对这些债务当中的每一个债务的单独清偿。在当事人没有做出准确规定的情况下，人们有时很难确定，清偿者究竟清偿其中的哪一个债务。这就是债的清偿的列入问题。"③

Flour、Aubert 和 Savaux 也对此种问题做出了说明，他们指出："在债务人应当对他们的债权人承担同一性质的多个债务时，如果债务人实施的某一个清偿行为不足以消灭他们承担的所有债务，则债的清偿的列入问题就产生了。此时，人们应当知道，债务人的清偿行为应当列入他们所承担的哪一笔债务当中，换言之，人们应当知道，债务人的清偿行为所消灭的债是哪一笔债。债的清偿的列入具有重大的实践意义，因为某些债会产生利息而另外一些债则不会产生利息，虽然均会产生债，但是，不同的债所规定的利率是不同的，或者某种债被担保而另外一些债则没有被担保。"④

现行《法国民法典》新的第 1342－10 条规定：承担多个债务的债务人在进行债务的清偿时能够指定他们拟清偿的债务是哪一笔债务。如果债务人在清偿时没有指定所清偿的债务是哪一笔债务，债的清偿的列入按照以下顺序进行：首先，债的清偿列入已经

---

① Articles 1253 à 1256, Code civil, Version en vigueur au 09 février 2016, https://www.legifrance.gouv.fr/codes/section_ lc/LEGITEXT000006070721/LEGISCTA000006165591/2016－02－09/#LEGISCTA000006165591.

② Article 1342－10, Code civil, Version en vigueur au 18 septembre 2021, https://www.legifrance.gouv.fr/codes/section_ lc/LEGITEXT000006070721/LEGISCTA000032035235/#LEGISCTA000032035235.

③ Henri et Léon Mazeaud, Jean Mazeaud, François Chabas, Obligations, 9e édition, Montchrestien, 1998, p. 988.

④ Jacques Flour, Jean-Luc Aubert, Éric Savaux, Droit civil, Les Obligations, 3. Le rapport d'obligation, 7e édition, Dalloz, 2011, p. 116.

到期的债务当中，如果已经到期的债务有两笔或者多笔债务，债的清偿列入债务人有最多利害关系要偿还的那一笔债务当中；其次，如果多笔债务的利害关系是相等的，则债的清偿列入最早发生的债务当中，在所有条件均相等时，则债的清偿按照不同债各自所占有的比例列入。①

在债务人对同一债权人承担性质相同的多个债务时，如果债务人与债权人之间就债的清偿所消灭的债的范围达成了意思表示的合意，则债的清偿的列入按照当事人的意思表示进行。如果当事人之间没有或者无法就债的清偿的列入达成协议，则适用《法国民法典》新的第1342-10条所规定的两个规则：由债务人在履行债务时指定（indiquer）所清偿的债务计入哪一笔债当中；根据制定法规定的顺序列入债的清偿。《法国民法典》新的第1342-10条的规定与2016年之前第1253条至第1256条的规定既存在共同点，也存在不同点。

它们之间的共同点是，它们均承认这两种形式的列入方式，它们之间的最大不同点在于，在2016年之前，除了承认新的第1342-10条规定的两种列入方式之外，《法国民法典》第1255条还规定了第三种列入形式，即债权人决定债务人的清偿应当列入债务人所承担的哪一笔债务当中，根据该条的规定，如果债务人没有清楚地指定他们的清偿行为应当列入哪一笔债务当中，债权人有权决定债务人的清偿所应当列入债务人承担的哪一笔债务当中。一旦债权人做出了选择，债务人的清偿行为就只能够列入债权人选择的那一笔债务当中。在债权人没有做出选择时，债的清偿所列入的债务范围适用法定顺序。② 2016年的债法改革法令废除这一规则，仅仅保留其中的两个规则即债务人单方面指定和欠缺指定时适用制定法所规定的规则。

（二）债的清偿的列入：债务人指定债的清偿所列入的债务范围

根据《法国民法典》新的第1342-10（1）条的规定，当债务人清偿债务时，他们所清偿的债务究竟应当列入自己对债权人所承担的哪一笔债务当中，完全由债务人单方面指定（indiquer），一旦债务人做出了指定，则他们所清偿的债务就列入所指定的那一笔债务当中并因此让该笔债务消灭。债权人不享有此种权利，他们无权决定债务人实施的清偿应当列入那一笔债务当中，已如前述。债务人的指定既可以是明示的，也可以是默示的。如果债务人做出了明示指定，则他们所清偿的债务原则上应当计入他们所指定的债务。如果他们没有做出明示指定，则基层法院的法官应当探寻债务人的意图，以便确定他们的默示意图，此时，法官可以考虑债务人清偿的具体情况，看一看其中是否存

---

① Article 1342 – 10, Code civil, Version en vigueur au 19 septembre 2021, https://www.legifrance.gouv.fr/codes/section_ lc/LEGITEXT000006070721/LEGISCTA000032035235/#LEGISCTA000032035235.
② Henri et Léon Mazeaud, Jean Mazeaud, François Chabas, Obligations, 9e édition, Montchrestien, 1998, pp. 988 – 989；Jacques Flour, Jean-Luc Aubert, Éric Savaux, Droit civil, Les Obligations, 3. Le rapport d'obligation, 7e édition, Dalloz, 2011, pp. 116 – 117.

在某些能够确定无疑的表明他们意图的因素。①

因此，当债务人对债权人有两笔均已经到期的借贷债，其中的一笔借贷利息为10%，而另外一笔借贷利息则为5%，如果债务人在对债权人还债时明确指明自己的还债应当列入利息为10%的债务当中，或者应当列入利息为5%的债务当中，则他们的此种做法均是有效的。此时，他们的还债或者列入第一笔债务当中，或者列入第二笔债务当中。不过，债务人的指定并不是没有限制的，在实施债务的清偿时，他们应当遵守一定的规则。

首先，如果存在已经到期和没有到期的债务，他们只能够指定已经到期的债务，不能够指定没有到期的债务，因为债权人没有义务接受他们的提前清偿，除非债务期限的规定是为了单纯的债务人的利益，已如前述。其次，即便两笔债务均是到期债务，如果两笔债务的数额是不平等的，债务人的清偿只能够列入能够让其消灭的一笔债务当中，不能够列入无法让其消灭的债务当中。此种规则源于《法国民法典》新的第1342-4条所确立的债的清偿的不可分割原则，已如前述。即便债权人接受债务人的部分履行，债务人的清偿也应当优先列入债务的利息当中，而不是本金当中，此种规则为《法国民法典》新的第1343-1条所规定。最后，在单方面决定自己的清偿应当列入所承担的哪一笔债务当中时，债务人应当具有合理的目的，他们在做出此种决定时不能够基于损害债权人利益的目的，否则，他们的行为构成权利滥用。②

（三）债的清偿的列入：债的清偿的法定列入顺序

根据《法国民法典》新的第1342-10（2）条的规定，在债务人没有指定所清偿的债务应当列入哪一笔债务当中时，他们所清偿的债务应当列入哪一笔债务当中，适用以下几个规则。③

首先，如果债务人要清偿的债务既包括已经到期的债务（les dettes échues）和没有到期的债务（les dettes non échues），债务人的清偿应当首先计入他们所承担的已经到期的债务，即便没有到期的债务对债务人而言更加沉重一些，亦是如此。

其次，如果债务人承担的两个或者两个以上的债务均是已经到期的债务，债务的清偿应当列入债务人对其具有更多或者最多利害关系的债当中。例如，如果债务人承担的两笔债均是有利息的债务，当其中的一笔债的利息要比另外一笔债的利息要高时，债的清偿应当列入利息更高的哪一笔债务当中。同样，如果债务人承担的两笔债均存在担保，当其中的一种债的担保要比另外一种债的担保更加沉重时，债的清偿要列入担保责

---

① Marjorie Brusorio-Aillaud, Droit des obligations, 8e édition, bruylant, 2017, pp. 339-340; Jérôme François, Les obligations, Régime general, Tome 4, 4e édition, Economica, 2017, pp. 32-34; François Terré, Philippe Simler, Yves Lequette, François Chénedé, Droit civil, Les obligations, 12e édition, Dalloz, 2018, pp. 1549-1551.

② Jérôme François, Les obligations, Régime general, Tome 4, 4e édition, Economica, 2017, pp. 32-34; François Terré, Philippe Simler, Yves Lequette, François Chénedé, Droit civil, Les obligations, 12e édition, Dalloz, 2018, pp. 1549-1551.

③ Marjorie Brusorio-Aillaud, Droit des obligations, 8e édition, bruylant, 2017, pp. 339-340; Jérôme François, Les obligations, Régime general, Tome 4, 4e édition, Economica, 2017, pp. 32-34; François Terré, Philippe Simler, Yves Lequette, François Chénedé, Droit civil, Les obligations, 12e édition, Dalloz, 2018, pp. 1549-1551.

任更重的哪一笔债务当中。换言之，当债务人承担多种已到期债务时，他们具有清偿负担最重的债务的利害关系。虽然保证人不是主债务人，但是，他们在同等条件下享有主债务人所享有的此种特权。

再次，如果债务人对多个债务的清偿具有同等利害关系，则债的清偿应当列入最先发生的债务当中，这就是，如果债务人承担的多个债发生的时间不同，其中的一种债发生的时间要早于另外一种债务，则债的清偿应当优先列入最先（la plus ancienne）发生的债务当中，而不应当列入后发生的债当中。

最后，如果债务人对债权人承担的多个债是完全相等的债务（toutes choses égales），则债的清偿应当同时列入所有债务当中：因为债的清偿不能够同时清偿所有的债务，所以，应按照每一个债务在所有债务当中所占有的份额、比例列入（proportionnellement）。

四、债的履行费用

债的履行涉及的第四个具体情况是，当债务人履行债务时，他们履行债务的费用究竟是由债务人自己承担还是由债权人承担。对此种问题，《法国民法典》做出了明确说明，根据它的说明，债的履行费用应当由债务人承担。在2016年之前，《法国民法典》第1248条对此种规则做出了说明，该条规定：债的清偿费用由债务人承担。① 在2016年之后，《法国民法典》新的第1342-7条也重复了旧的第1248条的规定，该条规定：债的清偿费用由债务人承担。②

应当注意的是，《法国民法典》旧的第1248条和新的第1342-7条的此种规定在性质上也仅仅是一种补充性的规定，仅仅在当事人之间没有就债的履行费用达成协议时适用，如果当事人之间就债的履行费用达成了协议，则债的履行费用由合同规定的一方当事人甚至双方当事人承担：合同规定费用怎样承担，当事人就按照合同规定的方式承担。此外，债务履行费用的承担也取决于债务人承担债务的性质：如果债务人承担的债务属于在家履行的债务，则债权人应当承担债务履行的费用，因为他们应当上门收取债权，相反，如果债务人承担的债务在性质上属于上门履行的债务，则债务人应当承担债务的履行费用。③

五、债的履行的证据

债的履行涉及的第五个具体情况是，债的清偿的证明责任和证明方式。所谓债的清

---

① Article 1248, Code civil, Version en vigueur au 09 février 2016, https://www.legifrance.gouv.fr/codes/section_lc/LEGITEXT000006070721/LEGISCTA000006150257/2016-02-09/#LEGISCTA000006150257.

② Article 1342-7, Code civil, Version en vigueur au 16 septembre 2021, https://www.legifrance.gouv.fr/codes/section_lc/LEGITEXT000006070721/LEGISCTA000032035231/#LEGISCTA000032035231.

③ Henri et Léon Mazeaud, Jean Mazeaud, François Chabas, Obligations, 9e édition, Montchrestien, 1998, p. 987; Jacques Ghestin, Marc Billiau, Grégoire Loiseau, Traité de Droit Civil, Le régime des créances et des dettes, LGDJ, 2005, p. 610; Virginie Larribau-Terneyre, Droit civil Les obligations, 15e édition, Dalloz, 2017, p. 204; Jérôme François, Les obligations, Régime general, Tome 4, 4e édition, Economica, 2017, p. 23.

偿的证明责任（charge de preuve），是指当债务人声称自己已经履行了对债权人所承担的债务时，他们应当承担举证责任，证明自己已经履行所承担的债务。因此，证明债务已经履行的举证责任由债务人承担，债权人不承担举证责任，证明债务人已经履行了对自己承担的债务。① 在 2016 年之前，《法国民法典》第 1315 条对此种规则做出了规定②，它的规定被 2016 年之后新的 1353 条原封不动地予以保留，该条规定：那些宣称履行了债务的人应当证明自己已经履行了债务。相应地，那些宣称自己承担的债务已经消灭的人应当证明那些会产生让债消灭后果的清偿或者事实的存在。③

不过，《法国民法典》在坚持债务人承担举证责任的一般原则时也对这一原则设立了例外，根据《法国民法典》新的第 1342-9 条的规定，当债务人的债务被私人签名的正本或者副本所记载时，如果债权人自愿免除债务人承担的债务，则自愿免除就构成债务人债务免除的单纯推定（présomption simple de libération）。如果债权人免除共同连带债务人当中某一个债务人的债务，他们的免除行为对所有债务人产生同样的效果。④

所谓债的清偿的证明方式（modes de preuve），是指当债务人在证明自己对债权人承担的债务已经履行时，他们应当提供证据，以便证明自己的主张成立。在法国，债务清偿的证明方式取决于债的清偿的性质，因为债的清偿的性质不同，证明方式也存在差异。无论是在 2016 年之前还是之后，民法学者关于债的清偿的性质均存在不同的看法，某些民法学者认为，债的清偿在性质上是一种法律行为，而另外一些民法学者则认为，债的清偿在性质上是一种法律事件、法律事实，已如前述，此种看法直接影响到债的履行的证明问题。因为，如果债的履行在性质上属于法律行为，无论它们是单方法律行为还是多方法律行为，当债的金额超过了 1500 欧元时，债务人应当使用书面形式加以证明。而如果债的清偿仅仅属于法律事实，则债务人能够以一切手段、一切方式加以证明。⑤

在 2016 年之后，《法国民法典》新的的 1342-8 条对债的清偿的证明方式做出了说

---

① Henri et Léon Mazeaud, Jean Mazeaud, François Chabas, Obligations, 9e édition, Montchrestien, 1998, pp. 1010 – 1012；Jacques Ghestin, Marc Billiau, Grégoire Loiseau, Traité de Droit Civil, Le régime des créances et des dettes, LGDJ, 2005, pp. 668 – 672；Jacques Flour, Jean-Luc Aubert, Éric Savaux, Droit civil, Les Obligations, 3. Le rapport d'obligation, 7e édition, Dalloz, 2011, p. 112；Marjorie Brusorio-Aillaud, Droit des obligations, 8e édition, bruylant, 2017, p. 338；Philippe Malaurie, Laurent Aynès, Philippe Stoffel-Munck, Droit Des Obligations, 8e édition, LGDJ, 2016, p. 637；Jérôme François, Les obligations, Régime general, Tome 4, 4e édition, Economica, 2017, p. 23.

② Article 1315, Code civil, Version en vigueur au 09 février 2016, https://www. legifrance. gouv. fr/codes/section_ lc/LEGITEXT000006070721/LEGISCTA000006136349/2016 – 02 – 09/#LEGISCTA000006136349.

③ Article 1353, Code civil, Version en vigueur au 19 septembre 2021, https://www. legifrance. gouv. fr/codes/section_ lc/LEGITEXT000006070721/LEGISCTA000006118074/#LEGISCTA000032042346.

④ Article 1342 – 9, Code civil, Version en vigueur au 18 septembre 2021, https://www. legifrance. gouv. fr/codes/section_ lc/LEGITEXT000006070721/LEGISCTA000032035235/#LEGISCTA000032035235.

⑤ Henri et Léon Mazeaud, Jean Mazeaud, François Chabas, Obligations, 9e édition, Montchrestien, 1998, pp. 1012 – 1014；Jacques Ghestin, Marc Billiau, Grégoire Loiseau, Traité de Droit Civil, Le régime des créances et des dettes, LGDJ, 2005, pp. 673 – 683；Jacques Flour, Jean-Luc Aubert, Éric Savaux, Droit civil, Les Obligations, 3. Le rapport d'obligation, 7e édition, Dalloz, 2011, pp. 112 – 114.

明，该条规定：债的清偿可能通过一切方式加以证明。① 既然新的第 1342－8 条已经明确规定债的清偿能够通过一切手段加以证明，是否意味着该条将债的清偿的性质界定为一种法律事实并因此终结了 2016 年之前民法学者关于法律行为和法律事实之间的争议？对此问题，在 2016 年之后，民法学者做出的回答存在争议，不同的人有不同的看法②，已如前述。

第五节　债的履行引起的三种事端

一、债的履行的效力和引发的事端

在正常情况下，如果债务人在当事人所约定的时间和地点履行所承担的债务，当他们的清偿被债权人接受时，他们的履行会产生让自己对债权人承担的债务消灭的后果，债务人此后不再对债权人承担债务，债权人此后也不能够再要求债务人对自己履行债务，更不能够要求法官责令债务人对自己承担法律责任，并因此对债务人采取强制执行措施，这就是债的清偿引起的法律效果。基于此种原因，《法国民法典》将债的清偿视为债消灭的一种原因，无论是在 2016 年之前还是之后，均是如此。现行《法国民法典》新的第 1342（3）条对债的清偿引起的此种法律效力做出了说明；该条规定：债的清偿既让债务人与债权人之间的关系消灭，也让债务人承担的债务消灭。③

除了《法国民法典》明确规定了债的清偿引起的此种效果之外，民法学者也普遍对债的清偿引起的此种效果做出了说明。Carbonnier 对债的清偿引起的此种法律效力做出了说明，他指出："债的清偿是债消灭的正常和理想的方式：具有约束力的债因为债务被清偿、因为债完成了自己的目的而消灭。"④ Malaurie、Aynès 和 Stoffel-Munck 也对债的清偿引起的此种法律效力做出了说明，他们指出："债的清偿是指债务人自愿履行他们原本应当履行的债务，对于《法国民法典》而言，它构成一种不同于债消灭的其他方式的一种消灭方式。因为它构成债的履行，是债正常的消灭方式……债务人通过实施债的行为满足了债权人的需要。虽然人们有时会坚持债的清偿的双重性质，认为债的清偿同时构成债的消灭和债的履行，我们能够将这两种统一起来：债的清偿是通过债的履行消灭债的方式。"⑤

---

① Article 1342－8, Code civil, Version en vigueur au 16 septembre 2021, https://www.legifrance.gouv.fr/codes/section_ lc/LEGITEXT000006070721/LEGISCTA000032035231/#LEGISCTA000032035231.

② Marjorie Brusorio-Aillaud, Droit des obligations, 8e édition, bruylant, 2017, p. 338; Philippe Malaurie, Laurent Aynès, Philippe Stoffel-Munck, Droit Des Obligations, 8e édition, LGDJ, 2016, p. 637; Jérôme François, Les obligations, Régime general, Tome 4, 4e édition, Economica, 2017, pp. 23－31; François Terré, Philippe Simler, Yves Lequette, François Chénedé, Droit civil, Les obligations, 12e édition, Dalloz, 2018, pp. 1525－1528.

③ Article 1342, Code civil, Version en vigueur au 18 septembre 2021, https://www.legifrance.gouv.fr/codes/section_ lc/LEGITEXT000006070721/LEGISCTA000032035235/#LEGISCTA000032035235

④ Jean Carbonnier, Droit civil, Volume II, Les biens, les obligations, puf, 2004, p. 2471.

⑤ Philippe Malaurie, Laurent Aynès, Philippe Stoffel-Munck, Droit Des Obligations, 8e édition, LGDJ, 2016, p. 627,

不过，债的清偿未必一定会如此顺畅。首先，债务人可能在应当履行时没有履行自己所承担的债务，并因此让当事人之间的债因为更新而无法消灭。其次，即便债务人自觉自愿地履行债务，他们的履行也可能被债权人拒绝，债权人或者下落不明，或者避而不见，导致债务人无法对债权人履行所承担的债务。最后，即便债务人能够自觉自愿地履行所承担的债务，且即便债权人能够爽快地接受债务人的履行，如果债权人和债务人之外的第三人尤其是债权人的债权人反对债务人对债权人实施的履行行为，债务人的债务履行也会出现问题。这就是债的清偿引起的事端（les incidents du payement）。

无论是在2016年之前还是之后，民法学者普遍对债的清偿过程当中所引发的事端做出了说明。Ghestin、Billiau和Loiseau对债的清偿引起的事端做出了说明，他们指出："即便债务人在合同约定的时间和地点正常履行所承担的债务，在债务人履行债务的过程当中，仍然可能会产生两个事端：一方面，债的清偿可能会被债权人拒绝；另一方面，债的清偿可能会遭受第三人的反对。"① Larribau-Terneyre也对债的清偿引起的事端做出了说明，他指出："债的清偿可能会引起某种事端：或者因为债务人到期不履行自己所承担的债务，或者相反，当债务人意图清偿自己承担的债务时，他们的清偿行为遭遇债权人的阻碍，或者因为债权人不明确、不确定，或者因为债权人拒绝接受债务人的清偿即债权人与债务人之间意思表示不一致，他们担心债务的清偿可能会危及自己的利益。对于这两种情形，2016年2月10日的法令规定了一种特殊的手段即催告。债的清偿引起的另外一种事端是，第三人对债的清偿的反对。"②

二、债务人不履行债务：债权人对债务人的催告

在债的清偿过程当中出现的第一种事端是，在债务人应当履行所承担的债务时不履行所承担的债务。无论债务人承担的债务是否受到履行期限的限制，一旦债务人承担的债务具有可主张履行性，债务人就应当履行所承担的债务：如果债务受到期限的限制，在期限届满时，债务人应当履行自己的债务；如果债务没有受到期限的限制，债务产生时就应当即时履行所承担的债务，已如前述。如果债务人应当履行自己的债务而没有履行所承担的债务，债权人应当对债务人做出债务履行的催告，并且债权人对债务人做出的此种催告会产生两种重要的利益：催告之后，债权人能够获得债务人支付的迟延履行利息（l'intérêt moratoire）；因为迟延履行债务引起的风险（les risques）由债务人承担。在2016年之后，此种规则为《法国民法典》新的第1344条、新的1344-1和新的第1344-2条所规定，这就是这几个法律条款针对第一种事端所规定的解决方法："对债务人做出催告"的方法（la mise en demeure du débiteur）。③

---

① Jacques Ghestin, Marc Billiau, Grégoire Loiseau, Traité de Droit Civil, Le régime des créances et des dettes, LGDJ, 2005, p.651.
② Virginie Larribau-Terneyre, Droit civil Les obligations, 15e édition, Dalloz, 2017, p.209.
③ Articles 1344 à 1344-2, Code civil, Version en vigueur au 18 septembre 2021, https://www.legifrance.gouv.fr/codes/section_ lc/LEGITEXT000006070721/LEGISCTA000032035235/#LEGISCTA000032035235.

（一）债权人对债务人做出催告的三种形式

《法国民法典》新的第 1344 条规定：对债务人的清偿催告或者通过传票、具有充分督促性的文书进行，在合同做出明确规定的情况下，也可以通过单纯的债务履行请求进行。① 根据该条的规定，如果债务人应当履行自己的债务而没有履行自己所承担的债务，债权人应当对债务人做出债务履行催告，以便督促债务人履行所承担的债务。他们的催告可以采取三种不同的形式：其一，传票（sommation）。所谓传票，是指债权人通过法院执达员（huissier de Justice）向债务人发出的要求其对债权人履行债务的正式法律文书。其二，具有充分督促性的文书（acte portant interpellation suffisante）。所谓具有充分督促性的文书，是指债权人向债务人发出的要求债务人履行所承担的某种债务的明确的、毫不含糊的法律文书。其三，单纯的债务履行请求（la seule exigibilité de l'obligation）。如果合同当事人预先在自己的合同当中约定，在债务人迟延履行债务时，债权人能够通过单纯的要求债务人履行债务的方式进行催告，则在债务人迟延履行债务时，债权人无须通过传票或者具有充分督促性的文书对债权人进行催告，他们也仅仅按照合同的约定对债务人提出履行债务的请求即可。②

（二）催告产生的第一个重要后果：债务人对债权人承担迟延履行利息

《法国民法典》新的第 1344 – 1 条规定：对金钱债履行的催告会导致按照法定利率计算的迟延履行利息的产生，债权人在要求债务人赔偿这一损害时无需证明这一损害的存在。③ 根据该条的规定，如果债务人对债权人承担的债务在性质上属于金钱债，一旦债务人迟延履行所承担的此种债务，在债权人对债务人进行了债务履行的催告之后，债务人就应当赔偿债权人遭受的一种损害（préjudice）即迟延履行利息（l'intérêt moratoire）的损害，债权人在要求债务人赔偿此种损害时无须承担举证责任，证明自己遭受了此种损害。④

根据该条的规定，债权人遭受的迟延履行利息的计算适用法定利率（taux légal），而不适用约定利率。在法国，法定利率在不同的年份针对不同的人是有差异的：在 2021 年的上半年（semestr），如果债权人是个人，适用于他们的法定利率为 3.14%，而如果债权人是公司或者职业人士等，则适用于他们的法定利率为 0.79%；而在 2021 年的下半年，如果债权人是个人，适用于他们的法定利率为 3.142%，而如果债权人是公司或者职业人士等，则适用于他们的法定利率为 0.76%。⑤

---

① Articles 1344, Code civil, Version en vigueur au 18 septembre 2021, https://www.legifrance.gouv.fr/codes/section_lc/LEGITEXT000006070721/LEGISCTA000032035235/#LEGISCTA000032035235.

② Muriel Fabre-Magnan, Droit des obligations, Tome 1, Contrat et engagement unilatéral, 4e édition, puf, 2016, p.678；Virginie Larribau-Terneyre, Droit civil Les obligations, 15e édition, Dalloz, 2017, pp.209 – 210.

③ Article 1344 – 1, Code civil, Version en vigueur au 18 septembre 2021, https://www.legifrance.gouv.fr/codes/section_lc/LEGITEXT000006070721/LEGISCTA000032035235/#LEGISCTA000032035235.

④ Muriel Fabre-Magnan, Droit des obligations, Tome 1, Contrat et engagement unilatéral, 4e édition, puf, 2016, p.678；Virginie Larribau-Terneyre, Droit civil Les obligations, 15e édition, Dalloz, 2017, pp.209 – 210.

⑤ Calcul de l'intérêt légal, https://www.service-public.fr/particuliers/vosdroits/F783.

（三）催告产生的第二个重要后果：债务人承担物的灭失引起的风险

《法国民法典》新的第1344-2条规定：对交付财产债履行的催告会将该种财产的风险强加在债务人身上，如果财产的风险还没有转让给债权人的话。① 根据该条的规定，当债务人承担的债务是将某一个有形财产交付给买受人时，如果债务人迟延履行交付该财产的债务，当迟延履行期间发生的意外事故、不可抗力引起原本应当交付的此种财产毁损灭失时，债务人应当承担此种意外风险，如果此种意外风险没有从债务人转让给债权人的话。② 不过，根据《法国民法典》第1351-1条的规定，即便债务人迟延交付，如果他们能够证明，即便他们已经履行了物的交付债务，物同样会发生毁损灭失的情况，则他们不承担物的风险，而由债权人承担物的风险。③

三、债权人拒绝接受或者不能接受债务的履行：债务人对债权人的催告

（一）债务人由于债权人的原因而无法正常履行债务时能够采取消灭债的方式

在债的清偿过程当中出现的第二种事端是，在债务人自愿履行所承担的债务时，因为债权人的拒绝接受，债务人不能够通过履行所承担的债务的方式让自己承担的债务消灭。立法者必须规定某种方式，让债务人通过该种方式消灭自己对债权人承担的债务，否则，债务人将无法摆脱自己与债权人之间的债权债务关系的约束。

在债务人积极履行债务的过程当中，债务人可能会面临无法履行债务的情况。一方面，当他们对债权人实施给付行为时，他们可能会发现债权人失踪、下落不明或者不确定，此时，他们无法通过正常的清偿方式消灭自己的债。例如，最初的债权人死亡，债权人的继承人正在就遗产继承问题产生纠纷。另一方面，即便不存在债权人失踪、下落不明或者不确定的情况，如果债权人以各种各样的理由拒绝接受债务人的履行，债务人也无法通过正常的清偿方式让自己承担的债务消灭：债权人可能借口债务人提供的货物重量不合格、不符合约定而拒绝其履行，他们可能会借口债务人支付的数额与债权的数额不符而拒绝其履行，他们可能尤其会担心，当他们接受债权人的部分履行时，他们的接受行为被视为对其他没有接受的部分所享有的债权的放弃。④

---

① Article 1344-2, Code civil, Version en vigueur au 18 septembre 2021, https://www.legifrance.gouv.fr/codes/section_lc/LEGITEXT000006070721/LEGISCTA000032035235/#LEGISCTA000032035235.

② Muriel Fabre-Magnan, Droit des obligations, Tome 1, Contrat et engagement unilatéral, 4e édition, puf, 2016, p. 678；Virginie Larribau-Terneyre, Droit civil Les obligations, 15e édition, Dalloz, 2017, p. 209.

③ Muriel Fabre-Magnan, Droit des obligations, Tome 1, Contrat et engagement unilatéral, 4e édition, puf, 2016, p. 544；Dimitri Houtcieff, Droit des contrats, Larcier, 2e édition, 2016, p. 341；Virginie Larribau-Terneyre, Droit civil Les obligations, 15e édition, Dalloz, 2017, pp. 493-494.

④ Jean Carbonnier, Droit civil, Volume Ⅱ, Les biens, les obligations, puf, 2004, p. 2475；François Terré, Philippe Simler, Yves Lequette, François Chénedé, Droit civil, Les obligations, 12e édition, Dalloz, 2018, pp. 1520-1521.

(二) 2016 年之后的《法国民法典》对债务人消灭债的方式做出的新规定

在这两种情况下，尤其是在债权人拒绝接受债务履行的情况下，债务人通过什么方式让自己对债权人承担的债务消灭？在 2016 年之前，《法国民法典》第 1257 条至第 1264 条规定①，在债务人积极履行债务时，如果是由于债权人自身的某种原因而导致债权人拒绝接受其履行，则债务人应当根据这些法律条款的规定先后采取两个程序才能够让自己承担的债务消灭，这两个程序是：其一，对债权人提出清偿债的要约（offres de paiement）。在债权人拒绝接受其给付时，债务人首要要向债权人提出接受其给付的要约。不过，他们不是直接向债权人提出此种要约，而是通过官方机构即法院的执达官或者公证员（notaire）向债权人提出，在执达官或者公证员将债务人的要约传达给债权人之后，如果债权人接受了债务人的债务履行，则债务人与债权人之间的关系终止，债务人对债权人承担的债务消灭。如果债权人仍然拒绝，债务人有权要求法官认定自己的要约有效，如果法官认定债务人的要约"良好和有效"，则债务人对债权人的债务被消灭，债权人应当承担诉讼费用。债务人对债权人提出的此种要约被称为真正的要约（offres réelles）。其二，提存（la consignation）。②

通过 2016 年 2 月 10 日的债法改革法令，现行《法国民法典》新的第 1345 条至新的第 1345-3 条对债权人拒绝接受债务履行时债务人能够采取的措施做出了新规定，这就是它们所规定的一种程序即债务人对债权人做出的催告（la mise en demeure du créancier）。根据此种程序，如果债权人拒绝接受债务人实施的债务清偿行为，或者虽然没有拒绝接受，但是，因为他们自身的事件（fait）而导致债务的清偿受到阻滞（l'empêche），债务人能够对债权人做出催告。一旦他们做出了催告，他们的催告会产生一定的法律效力，包括停止利息的计算、物的风险发生转移以及债务的提存等。③

虽然《法国民法典》新的第 1345 条至新的第 1345-3 条规定了针对债权人的催告程序，但是，它们没有对催告的方式做出规定。虽然如此，《法国民法典》新的第 1344 条规定的三种催告方式完全适用于对债权人做出的催告，换言之，如果债务人对债权人做出接受债务履行的催告，他们的催告既可以采取传票的方式，也可以采取具有充分督

---

① Articles 1257 à 1264, Code civil, Version en vigueur au 09 février 2016, https://www.legifrance.gouv.fr/codes/section_lc/LEGITEXT000006070721/LEGISCTA000006150257/2016-02-09/#LEGISCTA000006150257.

② Henri et Léon Mazeaud, Jean Mazeaud, François Chabas, Obligations, 9e édition, Montchrestien, 1998, p.942; Jean Carbonnier, Droit civil, Volume II, Les biens, les obligations, puf, 2004, pp.2475-2476; Jacques Ghestin, Marc Billiau, Grégoire Loiseau, Traité de Droit Civil, Le régime des créances et des dettes, LGDJ, 2005, pp.651-666; Jacques Ghestin, Marc Billiau, Grégoire Loiseau, Traité de Droit Civil, Le régime des créances et des dettes, LGDJ, 2005, pp.114-115; François Terré, Philippe Simler, Yves Lequette, François Chénedé, Droit civil, Les obligations, 12e édition, Dalloz, 2018, pp.1521-1522.

③ Articles 1345 à 1345-3, Code civil, Version en vigueur au 20 septembre 2021, https://www.legifrance.gouv.fr/codes/section_lc/LEGITEXT000006070721/LEGISCTA000032035233/#LEGISCTA000032035233.

促性的文书的方式，还可以采取单纯的债务履行请求的方式。①

（三）对债权人的催告产生的两个主要法律效力

《法国民法典》新的第1345条规定：在债务履行期届满时，如果债权人没有合法理由拒绝接受他们原本应当接受的债的清偿，或者因为债权人自身的行为导致他们无法接受债的清偿，债务人能够对债权人进行催告，以便债权人接受和运行债务人对其履行所承担的债务。对债权人做出的催告会中止债务人应当支付的利息期间，将物的风险转由债权人负担，如果物的风险还没有发生转移的话，除非债务人有重大或者故意过错。对债权人的催告不会中断对时效的计算。②

根据该条的规定，一旦债务人对债权人做出了督促其接受自己的债务履行的催告，则他们所为的催告会产生三个方面的法律效果。③

第一，从催告之日起，债务人不再支付利息。虽然债务人应当对债权人支付利息，但是，他们支付的利息以债务人应当对债权人承担债务作为基础，如果债务人能够通过正常履行债务的方式消灭自己的债务，则在债务履行之后，他们原本就不会再支付利息。因为债权人拒绝接受其债务履行或者因为债权人而导致债的履行受到阻滞，因此，债务人在对债权人做出了催告之后就不用对债权人支付利息。

第二，从催告之日起，债权人承担物的毁损灭失的意外风险。当债务人对债权人履行交付某种财产的债务时，如果债权人拒绝接受或者因为债权人而导致债务人无法交付该种财产，则他们应当承担该种财产意外毁损灭失的风险。不过，此种规则也存在一种例外，在此种例外情况下，该种财产的意外毁损灭失风险仍然应当由债务人承担，这就是，对于该物的毁损灭失，债务人具有重大过错（faute lourde）甚至存在欺诈过错（faute lourde ou dolosive）。

第三，催告不会引起消灭时效的中断。一旦债务人对债权人做出了接受其债务履行的催告，虽然他们的催告会引起上述两个后果，但是，不会引起消灭时效的中断，消灭时效期间仍然持续进行，以便保护债务人的利益。

（四）金钱债的提存、交付财产债的托管和其他债在法定期限内消灭

在债务人对债权人作出了接受其债务履行的催告之后，如果债权人接受了债务人债务的履行，则债务人与债权人之间的债的关系松开，债务人对债权人承担的债务消灭。如果债权人仍然不愿意或者无法接受债务的履行，则在进行催告之后的两个月内，债务人能够根据债务清偿客体的不同分别将自己原本应当对债权人所为的给付提存到、托管

---

① François Terré, Philippe Simler, Yves Lequette, François Chénedé, Droit Civil, les Obligations, 12e édition, Dalloz, 2018, p. 1522.

② Article 1345, Code civil, Version en vigueur au 20 septembre 2021, https://www.legifrance.gouv.fr/codes/section_lc/LEGITEXT000006070721/LEGISCTA000032035233/#LEGISCTA000032035233.

③ Marjorie Brusorio-Aillaud, Droit des obligations, 8e édition, bruylant, 2017, p. 338; Jérôme François, Les obligations, Régime general, Tome 4, 4e édition, Economica, 2017, p. 38; François Terré, Philippe Simler, Yves Lequette, François Chénedé, Droit civil, Les obligations, 12e édition, Dalloz, 2018, p. 1523.

到相应的机构并因此消灭自己的债，这些提存程序（consignations）、托管程序（séquestre）为《法国民法典》新的第1345-1条、新的第1345-3条和新的第1345-3条所规定。

根据《法国民法典》新的1345-1条的规定，如果债务人对债权人履行的债务在性质上是支付一笔数额的金钱债，在债权人拒绝或者无法接受债务人所支付的该笔金钱时，在将该笔数额的金钱提存到法国存托局（la Caisse des dépôts et consignations）之后，债务人与债权人之间债的关系松绑，债务人对债权人承担的债务消灭。如果债务人对债权人履行的债务在性质上属于交付某种有形财产的债，在债权人拒绝或者无法接受债务人所交付的该种财产时，在将该种财产提存到某一个专业保管者（gardien professionnel）保管（séquestre）之后，债务人与债权人之间债的关系松绑，债务人对债权人承担的债务消灭。①

不过，如果债务人提存的有形财产是不可能进行保管的，或者虽然能够保管但是保管费用过高（trop onéreux），法官可以授权对该种有形财产采取措施：或者由当事人之间达成友好出卖协议（a vente amiable），将债务人提存的财产出卖给买受人，或者委托给拍卖行，由它们进行公开拍卖（enchères publiques）。在扣除出卖或者拍卖费用之后，该提存物所剩余的价款提存到法国存托局。无论是通过提存方式还是通过保管方式，债务人对债权人承担的债务从对债权人做出通知时开始消灭。②

根据《法国民法典》新的第1345-2条的规定，如果债务人承担的债务在性质上既不是金钱债也不是交付财产的债，而是这两种债之外的其他债，当债务人向债权人履行债务时，如果债权人拒绝接受其履行或者不可能接受其履行，在催告之后的两个月内，如果债务履行的障碍（l'obstruction）没有停止，则债务人对债权人承担的债务消灭。例如，如果债务人对债权人承担的债务是提供某种服务，当债权人拒绝接受债务人提供的服务时，如果债务人对债权人进行催告之后的二个月内仍然无法履行，则他们承担的债务消灭。根据《法国民法典》新的第1345-3条的规定，当债务人对债权人作出催告、提存其应当交付的金钱或者托管其应当交付的财产时，他们因此支出的费用应

---

① Article 1345-1, Code civil, Version en vigueur au 20 septembre 2021, https://www.legifrance.gouv.fr/codes/section_lc/LEGITEXT000006070721/LEGISCTA000032035233/#LEGISCTA000032035233; Marjorie Brusorio-Aillaud, Droit des obligations, 8e édition, bruylant, 2017, p. 338; Jérôme François, Les obligations, Régime general, Tome 4, 4e édition, Economica, 2017, p. 38; François Terré, Philippe Simler, Yves Lequette, François Chénedé, Droit civil, Les obligations, 12e édition, Dalloz, 2018, p. 1523.

② Article 1345-1, Code civil, Version en vigueur au 20 septembre 2021, https://www.legifrance.gouv.fr/codes/section_lc/LEGITEXT000006070721/LEGISCTA000032035233/#LEGISCTA000032035233; Marjorie Brusorio-Aillaud, Droit des obligations, 8e édition, bruylant, 2017, p. 338; Jérôme François, Les obligations, Régime general, Tome 4, 4e édition, Economica, 2017, p. 38; François Terré, Philippe Simler, Yves Lequette, François Chénedé, Droit civil, Les obligations, 12e édition, Dalloz, 2018, p. 1523.

当由债权人承担。①

四、第三人对债务履行的反对：对债务人清偿客体的假扣押

在债的清偿过程当中出现的第三种事端是，在债务人自觉自愿地履行所承担的债务时，他们的履行行为可能会遭遇某些第三人的反对，因为，这些第三人对债务人的清偿客体享有利害关系，如果债务人对债权人为此种客体的清偿，则他们的利益会遭受债务人所实施的此种清偿行为的损害，这就是第三人对债的清偿的反对，也就是第三人对债的履行的反对，简称为债的清偿的反对或者债的履行的反对。

所谓第三人对债的清偿的反对（opposition au paiement），或者是指当债务人对自己的债权人实施债务的清偿行为时，他们的清偿行为被债权人和债务人之外的第三人加以禁止的行为，或者是指当债务人对其他债权人为债务的清偿时，债权人对自己的债务人所为的清偿做出的反对。因此，第三人对债的清偿的反对有多种表现形式：其一，债权人对其债务人实施的给付行为的反对。其二，债务人的债权人对其债务人实施的清偿行为的反对。其三，债权人的债权人对债务人所为的清偿行为的反对。

首先，当债务人对债权人之外的第三人实施清偿行为时，他们实施的清偿行为可能会遭受债权人本人的反对，因为债权人可能对债务人实施的清偿行为享有利害关系。最典型的范例是，债权人享有的某种能够自由转让的债券丢失或者被盗，当债务人对捡到或者盗窃该债券的人实施清偿行为时，债权人会对债务人的清偿行为表示反对，这就是债权人本人对债务人实施的清偿行为的反对。②

其次，当债务人对债权人实施清偿行为时，他们实施的清偿行为可能会遭受同一债务人的其他债权人的反对，因为其他债权人对债务人的清偿行为享有利害关系。在债法上，如果债务人同时对两个或者两个以上的债权人承担债务，无论这些债权发生的时间是在先、在后还是同时，债务人均有权自由决定清偿不同债权的先后顺序，并且原则上，他们按照自己决定的先后顺序所进行的清偿是有效的。不过，在例外情况下，如果债务人的所有资产不能够清偿所有债权人的全部债务，当他们对其中的一个债权人清偿所有债务时，则他们的清偿行为可能会遭遇其他债权人的反对，因为他们的清偿行为会损害其他债权人的利益：此时，债务人的所有资产应当用来清偿所有债权人的债权，每一个债权人有权按照自己的债权比例获得平等清偿，这就是同一债务人的其他债权人对

---

① Article 1345 – 2 et Article 1345 – 3, Code civil, Version en vigueur au 20 septembre 2021, https://www.legifrance.gouv.fr/codes/section_lc/LEGITEXT000006070721/LEGISCTA000032035233/#LEGISCTA000032035233；Marjorie Brusorio-Aillaud, Droit des obligations, 8e édition, bruylant, 2017, p. 338；Jérôme François, Les obligations, Régime general, Tome 3, 4e édition, Economica, 2017, p. 38；François Terré, Philippe Simler, Yves Lequette, François Chénedé, Droit civil, Les obligations, 12e édition, Dalloz, 2018, p. 1523.

② Jacques Ghestin, Marc Billiau, Grégoire Loiseau, Traité de Droit Civil, Le régime des créances et des dettes, LGDJ, 2005, pp. 666 – 668；Jacques Flour, Jean-Luc Aubert, Éric Savaux, Droit civil, Les Obligations, 3. Le rapport d'obligation, 7e édition, Dalloz, 2011, p. 115；Virginie Larribau-Terneyre, Droit civil Les obligations, 15e édition, Dalloz, 2017, François Terré, Philippe Simler, Yves Lequette, François Chénedé, Droit civil, Les obligations, 12e édition, Dalloz, 2018, p. 1523.

债务人实施的清偿行为的反对。①

最后，当债务人对自己的债权人实施清偿行为时，他们的清偿行为可能会遭遇债权人的反对，因为，债权人的债权人也可能会对债务人的清偿行为享有利害关系。例如，当商事营业资产的所有权人将自己的商事营业资产出卖给买受人时，买受人应当对出卖人承担支付商事营业资产价款的债务，但是，如果出卖人的债权人反对买受人对出卖支付价款，在他们的反对理由是正当的、有根有据的时候，买受人应当将出卖价款支付给债权人，由债权人协商如何分配所获得的款项，如果债权人之间无法达成协议，则由法官适用简易程序进行分配。反之，如果出卖人的债权人提出的反对理由不足或者不正当，法官有权撤销他们的反对行为，并因此让买受人将商事营业资产的出卖款项支付给出卖人。②

---

① Jacques Ghestin, Marc Billiau, Grégoire Loiseau, Traité de Droit Civil, Le régime des créances et des dettes, LGDJ, 2005, pp. 666 – 668; Jacques Flour, Jean-Luc Aubert, Éric Savaux, Droit civil, Les Obligations, 3. Le rapport d'obligation, 7e édition, Dalloz, 2011, p. 115; François Terré, Philippe Simler, Yves Lequette, François Chénedé, Droit civil, Les obligations, 12e édition, Dalloz, 2018, p. 1523.

② Jacques Ghestin, Marc Billiau, Grégoire Loiseau, Traité de Droit Civil, Le régime des créances et des dettes, LGDJ, 2005, p. 667; 张民安：《商法总则制度研究》，法律出版社 2007 年版，第 356—358 页。

第八章　金钱债的特殊履行

现行《法国民法典》新的第 1342 条至新的第 1342 – 10 条关于债的履行的一般规定并不适用于债务人所承担的金钱债的履行，因为金钱债的履行具有自己的特殊性。为了满足债务人对金钱债履行的具体需要，除了对债的履行的一般规则做出了规定之外，法国政府也对金钱债履行的特殊规则做出了规定，这就是现行《法国民法典》新的第 1343 条至新的第 1343 – 5 条的规定。

第一节　现行《法国民法典》对金钱债履行规则做出的系统性规定

一、"货币"一词的来源

"货币"一词的法文表述为 monnaie，该词源自拉丁文 moneta，而拉丁文 moneta 一词则源自罗马女神（la déesse romaine）Juno Moneta 的名字，换言之，罗马人将罗马女神 Juno Moneta 的名字称为货币。罗马人之所以将货币命名为 monnaie，是因为在供奉该女神的神庙的附属建筑物当中，罗马人架设了作坊，专门铸造能够在罗马帝国作为财产交换手段并且能够流通的银币（les deniers de l'Empire）。[①]

在人类社会的早期，虽然人们会从事交易，但是，他们仅仅采取以物易物、以货易货的交易方式。鉴于以物易物、以货易货存在不方便、笨拙等问题，人们逐渐使用货币进行交易，这就是，买受人在购买出卖人的货物时不再将自己的货物交付给出卖人，而是将货币交付给买受人，以便替换原本应当交付的货物。最初的时候，货币仅仅是一种财产，它们通常是一些贵重金属，因为它们极端罕见，所以人们乐于接受此种手段和方式。当出卖人将自己的家畜出卖给买受人时，买受人不再以交付自己的另外一种家畜作为交换，而是以自己拥有的贵重金属交付给出卖人，以便替换自己原本应当作为交换的家畜，当他们将贵重金属交付给出卖人时，他们就履行了对出卖人承担的金钱债。因此，早期的货币不仅是一种货物，而且还是一种可替换的货物，它们仅仅具有让债务人承担的金钱债绝对消灭的清偿功能。[②]

在人类社会早期，作为清偿债务人承担债务的一种手段，货币是一种有形财产，它们的发行在性质上并不属于国家的特权。当人们因为故意或者意外获得某种贵重金属

[①] Gérard Cornu, Vocabulaire juridique, 10e édition, puf, 2014, p.665; Le Petit Larousse, Illustré 2018, Editions Larousse, 2017, p.750; Le Petit Robert de la Langue Française, 2019 édition, Le Robert, 2018, p.1625.

[②] Jacques Ghestin, Marc Billiau, Grégoire Loiseau, Traité de Droit Civil, Le régime des créances et des dettes, LGDJ, 2005, p.684; Rémy Cabrillac, Droit des Obligations, 12e édition, Dalloz, 2016, p.382.

时，他们就有权使用自己所发现的贵重金属作为交易手段并因此积累财富。随着国家的诞生，国家开始控制货币的发行权，当国王或者皇帝当政时，他们就利用自己的权力确定所发行的货币的尺寸和形式。自此之后一直到今时今日，货币成为政治权力的代表，通过它们，国家或者统治国家的人就能够控制人们之间所进行的交易。[1]

二、货币所具有的清偿功能

在今时今日，货币在财产关系尤其是债的关系当中发挥着重要的作用，如果没有货币，除了正常的经济活动无法开展之外，正常的法律活动也无法展开，因为经济活动也罢，法律活动也罢，均涉及到债务人以一定数额的金钱履行他们对债权人所承担的债务，而当债务人以金钱方式履行自己所承担的债务时，他们的履行行为无法适用一般债务履行的规则，它们具有自身的特有规则。

Flour、Aubert 和 Savaux 对货币的重要地位做出了说明，他们指出："金钱债的重要性可以通过这样的事实而得到证明即几乎所有的法律活动均表现为货币的清偿活动。货币不是一种商品，它是一种具有自身复杂性和非常特殊性质的财产：货币的价值不是源自自身的物理特征或者内在质量，而是源自国家的权威和它所引起的人们对其具有的信赖。"[2] Malaurie、Aynès 和 Stoffel-Munck 也对货币的重要性做出了说明，他们也指出："货币在财产关系尤其是债的关系当中发挥着至尊无上的作用。毫无疑问，并非所有的债均为金钱债，债法当中也存在同样构成共同法的代物债。但是，金钱债的数量是数不胜数的，并且受到自身规则的约束。"[3]

在债法当中，货币之所以发挥着独特的作用，是因为货币在债法当中能够发挥两个重要的作用。

第一，货币的评估和确定功能。当债务人对债权人转移和交付财产时，或者当债务人对债权人提供服务时，他们所转移和交付的财产、所提供的服务有多大的价值，是否与债权人对债务人实施的给付行为价值相等，人们必须借助于货币对其进行评估和确定，如果没有货币，除了财产的价值无法确定之外，服务的价值也无从评估。当人们借助于货币对财产或者服务进行价值评估和确定时，他们所进行的此种活动被称为金钱价值的评估和确定。[4]

第二，货币的清偿功能。所谓货币的清偿功能，是指当债务人对债权人承担的债务在性质上属于金钱债时，通过对债权人支付一定数额的单位货币，债务人能够消灭自己对债权人承担的债务。Carbonnier 对货币的清偿功能做出了说明，他指出："在实践当中，金钱债构成最重要的一种债：它是一种借助于货币的方式加以清偿的债。更准确地

---

[1] Jacques Ghestin, Marc Billiau, Grégoire Loiseau, Traité de Droit Civil, Le régime des créances et des dettes, LGDJ, 2005, pp. 684 – 685.

[2] Jacques Flour, Jean-Luc Aubert, Éric Savaux, Droit civil, Les Obligations, 3. Le rapport d'obligation, 7e édition, Dalloz, 2011, p. 94.

[3] Philippe Malaurie, Laurent Aynès, Philippe Stoffel-Munck, Droit Des Obligations, 8e édition, LGDJ, 2016, p. 639.

[4] Jean Carbonnier, Droit civil, Volume II, Les biens, les obligations, puf, 2004, p. 1571; François Terré, Philippe Simler, Yves Lequette, François Chénedé, Droit civil, Les obligations, 12e édition, Dalloz, 2018, p. 1531.

说,当债的客体是支付某种具体数量的货币单位时,为了消灭自己所承担的此种债务,债务人将代表该种数量的货币单位的货币所有权转让给所有权人。"[1] Terré、Simler 和 Lequette 等人也对货币所具有的此种功能做出了说明,他们指出:"货币也是一种卓越的清偿工具……作为一种清偿工具,货币构成债消灭的最寻常的方式。"[2]

三、现行《法国民法典》首次在债法总则当中规定了金钱债自身的履行规则

当债务人对债权人承担的债务在性质上属于金钱债时,为了消灭自己与债权人之间的债务,债务人应当履行自己所承担的此种债务,这就是,将一定数额的金钱交付给债权人。当债务人将该笔数额的金钱交付给债权人时,他们与债权人之间的债权债务关系消灭。而当债务人没有将该笔数额的金钱交付给债权人时,则他们与债权人之间的债权债务关系不会消灭,除了应当承担民事责任之外,他们还应当继续履行自己所承担的此种债务,直到他们的此种金钱债消灭时止。

(一) 债务人以货币方式履行金钱债时所面临的两个特殊问题

当债务人为了消灭自己对债权人承担的金钱债务而将一笔数额的金钱交付给债权人时,人们面临的问题有二:债务人以什么货币形式交付该笔金钱,他们在什么单位范围内即什么数额内交付该笔金钱。对于第一个问题,人们做出的回答是,债务人原则上应当以货币即现金方式履行自己的金钱债,在例外情况下,债务人也可以以货币工具履行自己所承担的债务,这就是金钱债的第一个履行原则:以货币或者货币工具履行金钱债的原则。对于第二个问题,人们做出的回答是:原则上,债务人仅仅按照自己与债权人之间签订的合同所规定的具体数额履行自己的债务,无论货币是贬值还是升值,债务人支付的具体数额均等同于合同所规定的金钱数额。在例外情况下,如果当事人之间的合同规定了某种货币条款,则债务人支付的货币数额或者高于或者低于合同所规定的具体数额,这就是金钱债履行当中的第二个原则和例外:货币维名论和货币维名论的例外。

(二) 2016 年之前的《法国民法典》没有对金钱债的货币履行所贯彻的两个原则做出规定

金钱债的履行所面临的这两个特殊问题是无法通过债的一般履行规则来解决的,因为它们是金钱债的履行所特有的问题,必须通过金钱债自身的履行规则来解决,已如前述。在 2016 年之前,《法国民法典》没有对金钱债自身的履行规则做出明确的或者完整的规定。不过,人们不能够说在 2016 年之前,法国民法当中不存在金钱债自身的履行规则。

---

[1] Jean Carbonnier, Droit civil, Volume Ⅱ, Les biens, les obligations, puf, 2004, p.1561; François Terré, Philippe Simler, Yves Lequette, François Chénedé, Droit civil, Les obligations, 12e édition, Dalloz, 2018, pp. 1568 – 1571.

[2] François Terré, Philippe Simler, Yves Lequette, François Chénedé, Droit Civil, les Obligations, 12e édition, Dalloz, 2018, p.1531.

一方面，在 2016 年之前，有关金钱债自身的法定规则是存在的，只不过有关这一方面的规定过于分散，其中的某些内容被 2016 年之前的《法国民法典》所规定，另外一些内容则被其他制定法所规定，尤其是被《法国货币和金融法典》（Code monétaire et financier）所规定。①

　　另一方面，在 2016 年之前，即便《法国民法典》仅仅在极个别法律条款当中规定了金钱债自身的履行规则，但是，民法学者普遍在自己的债法著作当中建立了具有完整体系和全面内容的金钱债的履行规则。② 例如，在 2004 年的《民法》当中，Carbonnier 就明确区分债的清偿的共同法和金钱债清偿的特殊规则。③ 再例如，在 2011 年的《债的关系》当中，Flour、Aubert 和 Savaux 在讨论债的清偿客体时也明确区分清偿的一般规则和金钱债的特有规则。④

（三）2016 年 2 月 10 日的债法改革法令对金钱债自身履行规则做出的明确和系统性规定

　　在 2016 年之前，虽然民法学者已经普遍区分债的履行的一般规则和金钱债履行的特殊规则，但是，在 2005 年的《债法改革草案》当中，Catala 领导的债法改革小组并没有采取民法学者普遍采取的方式，因为，在规定作为债消灭原因的清偿时，它没有将金钱债的履行规则与一般债的履行规则区分开来，而是将金钱债的履行规则与一般债的履行规则混杂在一起，这就是该《草案》当中的第 1225 条至第 1226 条，它们对金钱债履行时的维名论、维名论的例外以及以法定货币清偿金钱债的规则做出了规定。⑤

　　在 2011 年的《债法和准合同法改革草案》当中，法国司法部也采取 Catala 领导的债法改革小组的做法，虽然它对金钱债履行的上述两个重要的规则做出了规定，但是，它没有将金钱债的履行规则与债的一般履行规则区分开来，这就是该《草案》当中的第 58 条至第 60 条。⑥ 在 2015 年的《合同法、债的一般制度和债的证明的改革法令草案》当中，法国司法部放弃了之前的做法，开始明确区分一般债的履行规则和金钱债的履行规则，因为在该《法令草案》当中，它在债的清偿当中分为两分节，其中的第一分节为债清偿的一般规则，而第二分节则为金钱债清偿的特殊规则，这就是该《法

---

　　① Virginie Larribau-Terneyre, Droit civil Les obligations, 15e édition, Dalloz, 2017, p. 204.

　　② Henri et Léon Mazeaud, Jean Mazeaud, François Chabas, Obligations, 9e édition, Montchrestien, 1998, pp. 963 – 982; Jean Carbonnier, Droit civil, Volume II, Les biens, les obligations, puf, 2004, pp. 2477 – 2478; Jacques Ghestin, Marc Billiau, Grégoire Loiseau, Traité de Droit Civil, Le régime des créances et des dettes, LGDJ, 2005, pp. 695 – 738; Jacques Flour, Jean-Luc Aubert, Éric Savaux, Droit civil, Les Obligations, 3. Le rapport d'obligation, 7e édition, Dalloz, 2011, pp. 94 – 111.

　　③ Jean Carbonnier, Droit civil, Volume II, Les biens, Les Obligations, puf, 2004, pp. 2472 – 2478.

　　④ Jacques Flour, Jean-Luc Aubert, Éric Savaux, Droit civil, Les Obligations, 3. Le rapport d'obligation, 7e édition, Dalloz, 2011, pp. 93 – 111.

　　⑤ Avant – Projet de Reforme du Droit des Obligations (Articles 1101 À 1386 Du Code Civil) et du Droit de la Prescription (Articles 2234 à 2281 du Code Civil), Rapport à Monsieur Pascal Clément, Garde des Sceaux, Ministre de la Justice, 22 Septembre 2005, p. 111.

　　⑥ Réforme du régime des obligations et des quasi-contrats, 09 mai 2011, http://www.textes.justice.gouv.fr/art_pix/avant_projet_regime_obligations.pdf.

令草案》当中的第 1321 条至第 1321 - 5 条。①

　　法国司法部的此种做法最终被法国政府所采用，通过 2016 年 2 月 10 日的债法改革法令，法国政府不仅将之前零散的规定整合在一起并因此将它们作为一个有机整体规定在《法国民法典》当中，而且还将它们置于债法总则、债法共同法当中，作为债的一般履行之外的一种特殊履行、特殊清偿方式。② 这就是现行《法国民法典》新的第 1343 条至新的第 1345 - 5 条，它们对金钱债的履行做出了明确规定，这些规定被称为"有关金钱债的特别规则"，除了对金钱债的履行方式（les moyens d'exécution）或者清偿方式（les moyens de paiement）做出了明确规定之外，它们也对金钱债的履行数额（montant d'exécution）或者清偿数额（montant du paiement）做出了规定，也就是对货币的维名论、维名论原则和该原则的例外做出了规定。③

四、金钱债履行的必要条件

　　当然，债务人清偿自己对债权人承担的金钱债也是有条件的，这些条件与一般债务的清偿条件是一致的，主要包括三个条件。④

　　第一，债权人对债务人享有的金钱债权应当具有肯定性，换言之，金钱债的债权人所享有的金钱债权应当是肯定债权。所谓债权具有肯定性，是指债权人对债务人享有的金钱债权应当是已经确定的。因此，如果债权人要求债务人履行对自己承担的损害赔偿责任，则法官应当已经确定了债权人所遭受的损害赔偿数额。

　　第二，债权人对债务人享有的金钱债权同样应当具有确实性，换言之，金钱债的债权人所享有的金钱债权应当是确实债权。所谓金钱债权应当是确实债权，是指债权人的债权应当是已经存在的债权。因此，如果债权人享有的债权还仅仅是一种或然债权、附条件的债权或者附期限的债权，则他们的金钱债权是不能够要求债务人予以履行的。

　　第三，债权人对债务人享有的金钱债权是能够要求债务人履行的债权，也就是，债务人对债权人承担的金钱债已经到了履行期限，债权人有权要求债务人履行所承担的金钱债。

---

① Projet d'ordonnance n° du portant réforme du droit des contrats, du régime général et de la preuve des obligations, pp. 30 - 31, http://www.justice.gouv.fr/publication/j21_ projet_ ord_ reforme_ contrats_ 2015. pdf.

② Virginie Larribau-Terneyre, Droit civil Les obligations, 15e édition, Dalloz, 2017, p. 204.

③ Articles 1343 à 1343 - 5, Code civil, Version en vigueur au 08 octobre 2021, https://www. legifrance. gouv. fr/codes/section_ lc/LEGITEXT000006070721/LEGISCTA000032035257/#LEGISCTA000032035257.

④ Henri et Léon Mazeaud, Jean Mazeaud, François Chabas, Obligations, 9e édition, Montchrestien, 1998, pp. 964 - 965.

第二节　金钱债的履行原则：金钱债的货币履行

一、《法国民法典》新的第 1343-3 条对金钱债货币履行原则所做出的明确规定

通过 2016 年 2 月 10 日的债法改革法令并且经过 2018 年 4 月 20 日的制定法修改之后，现行《法国民法典》新的第的 1343-3 条对金钱债履行的第一个原则即债务人以货币履行自己承担的金钱债的原则做出了说明，该条规定：在法国，金钱债的清偿以欧元实施。如果金钱债源自具有国际特征的交易或者源自外国法院的判决，则金钱债的清偿也可以以其他货币实施。双方当事人可以约定，如果交易发生在职业人员之间，当有关交易使用外币被普遍接受时，金钱债将以外币清偿。[1]《法国民法典》新的第 1343-3 条的规定并没有什么新意，因为在 2016 年之前，该条所规定的这些规则就已经得到了制定法、司法判例和民法学说的普遍承认，该条仅仅是对之前已经被普遍承认的这些规则所做出的系统性的确认。[2]

根据该条的规定，当债务人对债权人承担金钱债时，为了消灭自己对债权人承担的此种债务，他们应当将一定数额的金钱交付给债权人。至于说他们交付什么性质的金钱给债权人，取决于他们之间的交易性质：如果是国内交易，债务人原则上以欧元（en euros）清偿自己对债权人承担的债务；如果是国际交易（opération à caractère international）或者因为外国法院判决（un jugement étranger）产生的交易（opération d'un jugement étranger），债务人能够以欧元之外的其他货币（autre monnaie）清偿自己对债权人承担的债务；如果职业人士之间通过合同约定，并且如果他们之间的合同约定符合相关交易领域的惯例，则债务人也能够以外币（devise）清偿自己对债权人承担的债务。

二、金钱债履行的一般原则：债务人以欧元履行所承担的金钱债

根据《法国民法典》新的第 1343-3（1）条的规定，原则上，债务人应当以法国法定货币和强制货币作为清偿手段，他们不能够以法定货币或者强制货币之外的其他币或者外币履行所承担的金钱债。在 2002 年 1 月 1 日之前，法国的法定货币（le cours légal）和强制货币（le cours forcé）是法郎，从 2002 年 1 月 1 日开始，法国的法定货币

---

[1] Article 1343-3, Code civil, Version en vigueur au 08 octobre 2021, https://www.legifrance.gouv.fr/codes/section_lc/LEGITEXT000006070721/LEGISCTA000032035257/#LEGISCTA000032035257.

[2] Henri et Léon Mazeaud, Jean Mazeaud, François Chabas, Obligations, 9e édition, Montchrestien, 1998, pp. 963-982; Jean Carbonnier, Droit civil, Volume II, Les biens, les obligations, puf, 2004, pp. 2477-2478; Jacques Ghestin, Marc Billiau, Grégoire Loiseau, Traité de Droit Civil, Le régime des créances et des dettes, LGDJ, 2005, pp. 687-695; Jacques Flour, Jean-Luc Aubert, Éric Savaux, Droit civil, Les Obligations, 3. Le rapport d'obligation, 7e édition, Dalloz, 2011, pp. 94-111.

和强制货币从法郎嬗变为欧元。①

（一）以法郎履行所承担的金钱债

1803 年，法国立法者通过了 1803 年 3 月 28 日的制定法，将法郎规定为法国的法定货币。自此之后一直到 2002 年时止，债务人均以法郎履行自己所承担的金钱债。② 法郎是由法国银行（la Banque de France）所发行的法定货币和强制货币。③ 在 19 世纪末期之前，法郎与贵重金属挂钩，因为人们认为，法郎代表着一定数量的贵重金属，人们不仅习惯上以法郎作为清偿自己所承担的债务的手段，而且他们还能够让自己手中的法郎与法国银行发行的金币或者银币自由兑换。不过，在采用法郎进行交易时，当事人也能够使用其他的货币进行交易和履行自己所承担的债务。④

1870 年，法国立法者颁布了 1870 年 8 月 10 日的法律，正式废除了自由货币制度，开始在法国采用法定货币制度，除了将法郎视为法定货币之外，它还规定，当债务人对债权人承担金钱债时，债务人应当使用法定货币履行所承担的债务；除了债务人之外，债权人也应当接受法定货币的清偿，他们不能够接受其他法定货币的清偿，当债务人使用法定货币清偿所承担的债务时，他们与债权人之间的债消灭。⑤

1936 年，法国立法者制定了 1936 年 10 月 1 日的法律，在法定货币之外，它规定了强制货币制度，根据该制度，除了不能够再以法郎兑付法国银行发行的金币或者银币之外，人们也不能够在自己的国内合同当中约定以法郎之外的任何其他方式履行所承担的金钱债的条款，诸如债务人以黄金履行金钱债的条款，以黄金市价履行金钱债的条款，以外国货币履行金钱债的条款，或者以外国货币的市价履行金钱债的条款等。不过，这些规则不适用于国际交易当中债务人所承担的金钱债。该法所规定的这些规则一直从 1936 年适用到现在，并且被现行《法国民法典》新的第的 1343 - 3 条所确认。⑥

（二）以欧元履行所承担的金钱债

欧元（l'euro）是欧盟内部经济和货币共同体的唯一法定货币，由总部设在法兰克福的欧洲中央银行（ECB）和各欧元区国家的中央银行组成的欧洲中央银行系统负责管理。作为独立的中央银行，欧洲央行是唯一有权为整个欧元区制定货币政策的机构，欧元区国家的中央银行参与欧元纸币和欧元硬币的印刷、铸造与发行，并负责欧元区支付系统的运作。⑦ 为了将欧元引入法国并且取代作为法定货币的法郎，法国立法者在

---

① Jacques Flour, Jean-Luc Aubert, Éric Savaux, Droit civil, Les Obligations, 3. Le rapport d'obligation, 7e édition, Dalloz, 2011, p. 95.
② Jacques Flour, Jean-Luc Aubert, Éric Savaux, Droit civil, Les Obligations, 3. Le rapport d'obligation, 7e édition, Dalloz, 2011, p. 95.
③ Henri et Léon Mazeaud, Jean Mazeaud, François Chabas, Obligations, 9e édition, Montchrestien, 1998, p. 967.
④ Rémy Cabrillac, Droit des Obligations, 12e édition, Dalloz, 2016, p. 382.
⑤ Rémy Cabrillac, Droit des Obligations, 12e édition, Dalloz, 2016, p. 382.
⑥ Rémy Cabrillac, Droit des Obligations, 12e édition, Dalloz, 2016, pp. 382 - 383.
⑦ Euro, https://fr.wikipedia.org/wiki/Euro.

1999 年通过了 1999 年 1 月 1 日的制定法,该制定法明确规定,法国的货币是欧元。同时该法也规定,法郎仍然可以在法国流通,一直到到 2002 年 1 月 1 日时止。从 2002 年开始,欧元正式和完全取代了法郎成为新的货币。2016 年之前,《法国货币和金融法典》第 L. 111 - 1 条就已经明确规定:法国的货币是欧元。① 通过 2016 年 2 月 10 日的债法改革法令,现行《法国民法典》将 1999 年 1 月 1 日的制定法和《法国货币和金融法典》第 L. 111 - 1 条所规定的此种清偿方式确认下来,这就是新的第 1343 - 3 条,已如前述。

(三) 以现金、非现金和电子方式履行所承担的金钱债

在今时今日,债务人对债权人履行所承担的金钱债应当以欧元方式履行。所不同的是,他们支付欧元的方式是以现金、非现金和电子方式履行所承担的金钱债。

所谓现金清偿方式(le paiement en espèces),是指债务人将欧洲中央银行发行的代表一定数额的欧元钞票交付给债权人的行为,包括纸币或者硬币,当他们将与自己承担的金钱债数额相等的欧元钞票交付给债权人时,他们所承担的债务就消灭。在债法上,银行发行的钞票具有不受限制的清偿债务的能力:债务人承担的一切金钱债,债务人均能够通过钞票予以清偿并因此让自己承担的债务消灭。② 不过,鉴于现金清偿债务所存在的固有风险,《法国货币和金融法典》第 L. 112 - 6 条也对债务人以现金方式履行自己债务的行为施加了限制,它规定,以现金支付自己债务的人,他们所支付的金额不得超过 1000 欧元,当然,它也规定,此种限制不适用于没有从事职业活动的转让人之间的债务清偿。③

所谓非现金清偿方式(monnaie scripturale),也就是活期存折清偿方式、通过银行清偿方式,是指债务人借助于自己在银行所开设的活期账户所进行的债务清偿,根据该种方式,当债务人对债权人承担某种数额的金钱债务时,他们不是通过将现金交付给债权人手中的方式清偿自己的债务,而是通过自己开设活期账户的银行将该笔数额的金钱从自己的账号当中转移到债权人在同一或者不同的银行所开设的活期账户当中的方式清偿自己的债权。非现金方式具有不同的表现形式,例如,通过支票、汇票等方式履行自己所承担的债务,再例如,通过信用卡的方式履行所承担的债务,通过银行转账的方式履行所承担的金钱债等。不过,在通过支票清偿金钱债时,债务人的清偿行为是否能够让债务人承担的债务消灭,人们持普遍的怀疑态度,因为,如果债务人签发的支票无法兑付,则债权人的金钱债权无法获得实现。因此,人们普遍认为,仅仅在债务人签发的

---

① Rémy Cabrillac, Droit des Obligations, 12e édition, Dalloz, 2016, pp. 382 - 383.
② Jacques Flour, Jean-Luc Aubert, Éric Savaux, Droit civil, Les Obligations, 3. Le rapport d'obligation, 7e édition, Dalloz, 2011, p. 96.
③ Henri et Léon Mazeaud, Jean Mazeaud, François Chabas, Obligations, 9e édition, Montchrestien, 1998, p. 966; Rémy Cabrillac, Droit des Obligations, 12e édition, Dalloz, 2016, p. 383; Jérôme François, Les obligations, Régime general, Tome 4, 4e édition, Economica, 2017, pp. 57 - 61; François Terré, Philippe Simler, Yves Lequette, François Chénedé, Droit civil, Les obligations, 12e édition, Dalloz, 2018, pp. 1545 - 1546.

支票被兑付之日，债务人对债权人承担的债务才消灭。①

随着互联网的发展和广泛应用，人们在上述两种不同清偿方式的基础上发展出第三类清偿方式，这就是电子清偿（Le paiement électronique）。所谓电子清偿，也称为互联网支付（paiement sur Internet）、电子货币支付（monnaie électronique）、在线支付（paiement en ligne），是指借助于互联网，债务人将自己应当偿还的一定数额的金钱即刻从自己的银行账号当中转移到债权人的银行账号当中。②

三、金钱债履行原则的例外：债务人以欧元之外的其他货币或者外币履行金钱债

在2018年之前，通过2016年2月10日的债法改革法令，除了规定债务人应当以欧元清偿自己承担的金钱债的一般原则之外，《法国民法典》新的第1343－3条还规定了两种例外情况，在这两种例外情况下，债务人能够以欧元之外的其他货币即外币清偿自己承担的债务，这就是，如果金钱债源自国际合同（contrat international）或者源自外国法院的判决（jugement étranger），则债务人能够以欧元之外的外币履行自己的债务，该条规定：在法国，金钱债的清偿以欧元实施。如果金钱债源自国际合同或者源自外国法院的判决，则金钱债的清偿也可以以其他货币实施。③

由于该条的规定被法国民法学者所批评，因此，通过2018年4月20日的第2018－287号制定法，法国立法者对该条做出了修改并因此形成了现在的新的第1343－3条，已如前述。与修改之前的第1343－3条相比，修改之后的第1343－3条有两个重要的变化：其一，将之前所规定的"国际合同"改为现在的"具有国际特征的交易"。其二，在之前的两种例外情形的基础上，它增加了第三种例外，这就是，合同当事人能够在一定的条件下通过合同约定以欧元之外的货币履行所承担的债务。④

根据现行《法国民法典》新的第1343－3条的规定，债务人能够在三种例外情况下以欧元之外的货币履行自己所承担的金钱债：

第一，如果债务人所承担的金钱债是具有国际特征的交易（une opération à caractère international）所产生的债务，则他们可以以欧元之外的货币履行自己对债权人所承担的债务。所谓具有国际特征的交易，除了指当事人之间所签订的国际合同之外，还包括两

---

① Henri et Léon Mazeaud, Jean Mazeaud, François Chabas, Obligations, 9e édition, Montchrestien, 1998, pp. 965－966；Rémy Cabrillac, Droit des Obligations, 12e édition, Dalloz, 2016, pp. 382－383；Jérôme François, Les obligations, Régime general, Tome 4, 4e édition, Economica, 2017, pp. 57－61；François Terré, Philippe Simler, Yves Lequette, François Chénedé, Droit civil, Les obligations, 12e édition, Dalloz, 2018, pp. 1546－1547.

② Jérôme François, Les obligations, Régime general, Tome 4, 4e édition, Economica, 2017, pp. 60－61；François Terré, Philippe Simler, Yves Lequette, François Chénedé, Droit civil, Les obligations, 12e édition, Dalloz, 2018, pp. 1547－1548.

③ L'article 1343－3, Code civil, Version en vigueur au 10 octobre 2016, https://www.legifrance.gouv.fr/codes/section_lc/LEGITEXT000006070721/LEGISCTA000032035257/2016－10－10/#LEGISCTA000032035257.

④ La réforme du droit des contrats-Les principaux éléments à retenir de la Loi de Ratification, Allen & Overy, 16 avril 2018, https://www.allenovery.com/fr-fr/global/news-and-insights/publications/la-reforme-du-droit-des-contrats－－－les-principaux-elements-a-retenir-de-la-loi-de-ratification.

个法国人所签订的具有国际因素的财务交易合同（opérations financières），当债务人根据这两类合同对债权人承担金钱债时，他们能够以欧元之外的货币履行所承担的债务。①

第二，如果债务人所承担的金钱债源自外国法院做出的判决，则债务人能够以欧元之外的货币履行法官判决所认定的金钱债。

第三，合同当事人自由约定以欧元之外的货币履行债务。如果商人之间所从事的某种交易普遍以欧元之外的货币清偿，基于债权人和债务人之间的合同约定，债务人也能够以此种外币履行自己对债权人承担的金钱债，如果债权人和债务人之间的交易涉及到该种交易的话。

第三节　金钱债的履行原则：货币唯名论和唯名论的例外

在 2016 年之前，虽然《法国民法典》没有在债法总则当中对金钱债履行的唯名论做出明确规定，但是，它的确在借贷合同当中对这一规则做出了说明，这就是第 1895 条，该条规定：因为借贷合同产生的债始终是合同当中所列明的数额。在清偿之前，如果货币升值或者贬值了，债务人仅仅偿还所借贷的数额，并且仅仅以清偿时法定货币的数额加以偿还。② 在 2016 年之前，民法学说普遍承认这一原则，③ 就像他们在之前普遍承认上述第一个清偿原则一样，已如前述。通过 2016 年 2 月 10 日的债法改革法令，现行《法国民法典》新的第的 1343 条对金钱债履行的第二个原则即债务人仅仅按照合同所规定的具体数额履行自己所承担的金钱债的原则即货币唯名论原则和该原则的例外做出了说明，该条规定：金钱债的债务人通过支付名义上数额的方式让自己承担的债务消灭。债务人应当给付的金钱数额因为所规定的指数而不同于名义上的数额。④

一、金钱债履行的原则：货币唯名论

根据《法国民法典》新的第 1343（1）条的规定，一旦债务人对债权人承担的债务属于金钱债，他们仅仅需要将合同上面所明确记载的具体数额的金钱支付给债权人即可，一旦他们按照双方当事人之间的合同所规定的具体数额将金钱支付给债权人，他们

---

① La réforme du droit des contrats – Les principaux éléments à retenir de la Loi de Ratification, Allen & Overy, 16 avril 2018, https://www.allenovery.com/fr-fr/global/news-and-insights/publications/la-reforme-du-droit-des-contrats---les-principaux-elements-a-retenir-de-la-loi-de-ratification.

② Articles 1895, Code civil, Version en vigueur au 09 février 2016, https://www.legifrance.gouv.fr/codes/section_lc/LEGITEXT000006070721/LEGISCTA000006150311/2016-02-09/#LEGISCTA000006150311.

③ Henri et Léon Mazeaud, Jean Mazeaud, François Chabas, Obligations, 9e édition, Montchrestien, 1998, pp. 966–982; Jacques Ghestin, Marc Billiau, Grégoire Loiseau, Traité de Droit Civil, Le régime des créances et des dettes, LGDJ, 2005, pp. 695–738; Jacques Flour, Jean-Luc Aubert, Éric Savaux, Droit civil, Les Obligations, 3. Le rapport d'obligation, 7e édition, Dalloz, 2011, pp. 95–111.

④ Article 1343, Code civil, Version en vigueur au 10 octobre 2021, https://www.legifrance.gouv.fr/codes/section_lc/LEGITEXT000006070721/LEGISCTA000032035257/#LEGISCTA000032035257.

对债权人承担的债务消灭，合同所规定的金钱数额被称为名义上的数额（montant nominal）。该条所规定的按照名义上的数额清偿自己金钱债的规则被称为维名论（nominalisme）或者货币维名论（nominalisme monétaire）。

所谓维名论，也被称为货币维名论，是指无论法定货币和强制货币的真正价值是多少，换言之，无论法定货币和强制货币的购买力是否会因为社会动荡和金融状况不稳定而发生贬值或者升值，法定货币和强制货币的清偿能力总是相同的，债务人仅仅根据他们与债权人之间的合同所规定的金钱数额以法定货币和强制货币履行自己所承担的债务，债权人也只能够要求债务人按照合同约定的名义上的数额对自己履行金钱债，当债务人按照合同约定的名义上的数额对债权人进行了金钱支付时，他们的支付行为让自己与债权人之间的债的关系消灭。[1]

换言之，根据维名论，无论社会状况发生了怎样的变化，无论货币的真实价值是下跌了还是上升了，无论货币发生贬值还是升值，换言之，无论同一货币单位的购买力（pouvoir d'achet）是上升了还是下降了，昨天、今天和明天的一法郎等于一法郎、一欧元等于一欧元，10年之前、20年之前和今天的一法郎等于一法郎、一欧元等于一欧元，即便是10年之前的10000元欧元的债务，债务人在今时今日也仅仅偿还10000欧元的数额给债权人。[2]

二、货币维名论所存在的问题

在债法当中，金钱债领域的货币维名论所存在的一个主要问题是，如果货币处于不稳定的时期，则当事人之间的合同所规定的金钱债会产生贬值或者升值的问题，也就是，会产生购买力上升或者下降的问题：同一笔数额的金钱，因为货币的不稳定而在不同时期所具有的真正价值不同。问题在于，当货币发生升值或者贬值时，如果债权人要求债务人按照货币发生变化之后的状态对自己履行金钱债的偿还债务，他们的请求是否能够获得法官的采纳？

对此问题，法国法官一直以来坚持金钱债的维名论，认为无论货币发生了怎样的状况，货币的升值或者贬值均不会对债务人所承担的金钱债的履行产生任何影响：如果债务人按照合同的约定仅仅偿还1000法郎或者1000欧元给债权人，他们仅仅偿还1000法郎或者1000欧元给债权人，他们不会因为货币的贬值而支付超过1000法郎或者1000欧元的数额给债权人，也不会因为货币的升值而支付少于1000法郎或者1000欧元的数

---

[1] Philippe Malaurie, Laurent Aynès, Philippe Stoffel-Munck, Droit Des Obligations, 8e édition, LGDJ, 2016, pp. 642–643；Rémy Cabrillac, Droit des Obligations, 12e édition, Dalloz, 2016, pp. 383–384；Marjorie Brusorio-Aillaud, Droit des obligations, 8e édition, bruylant, 2017, p. 336；Virginie Larribau-Terneyre, Droit civil Les obligations, 15e édition, Dalloz, 2017, p. 205；Jérôme François, Les obligations, Régime general, Tome 4, 4e édition, Economica, 2017, pp. 39–40.

[2] Philippe Malaurie, Laurent Aynès, Philippe Stoffel-Munck, Droit Des Obligations, 8e édition, LGDJ, 2016, pp. 642–643；Rémy Cabrillac, Droit des Obligations, 12e édition, Dalloz, 2016, pp. 383–384；Marjorie Brusorio-Aillaud, Droit des obligations, 8e édition, bruylant, 2017, p. 336；Virginie Larribau-Terneyre, Droit civil Les obligations, 15e édition, Dalloz, 2017, p. 205；Jérôme François, Les obligations, Régime general, Tome 4, 4e édition, Economica, 2017, pp. 39–40.

额给债权人：从合同成立之日起一直到金钱债履行之日时止，无论社会状况发生了多么严重的状况，即便是发生了经济危机而导致货币大贬值，债务人支付的金钱数额既不高于也不低于合同当初规定的具体数额。①

金钱债的维名论在发生经济危机和货币贬值时会导致债权人遭受损害，因为，当他们在经济危机或者货币贬值之前将一定数额的金钱出借给债务人时，他们所出借的该笔金钱具有更高的购买力，在经济危机或者货币贬值期间，如果债务人按照合同约定的数额偿还该笔数额的金钱给债权人，债权人收到的这一笔数额相同的金钱的购买力已经下降了，其购买力甚至远远低于合同签订时同一笔数额的金钱所具有的购买力。

因此，如果买卖合同的当事人约定，出卖人在 1 月 1 日将自己的财产以 1000 欧元的价格出卖给买受人，而买受人则在同年 6 月 30 日支付 1000 欧元给出卖人，在这一段时间，如果欧元发生了 10% 的贬值，则到了 6 月 30 日买受人支付价款给出卖人时，买受人所支付的 1000 欧元已经少于所购买的财产的价值，如果他们所支付的价款要与所购买的财产价值相等，他们应当多支付 100 欧元给债权人。不过，按照金钱债履行的维名论，他们无需支付 1100 欧元给出卖人，仅需支付买卖合同所规定的名义上的数额即 1000 欧元给债权人。②

同样，如果债权人在 1914 年将 100000 旧法郎出借给债务人，即便到了 1990 年，债权人也只能够要求法官责令债务人偿还 100000 旧法郎的数额，债务人也仅仅偿还当初的借贷合同所规定的这一笔数额，即便到了 1990 年，这一笔数额的金钱的购买力仅仅等同于 1914 年 1000 法郎的购买力，亦是如此。③

三、金钱债维名论的规避条款：合同所规定的各种货币条款

在经济平稳发展和货币稳定期间，合同当事人没有通过合同条款防备货币贬值所带来风险的严重利害关系，但是，在经济危机和货币波动期间，合同当事人尤其是债权人则具有通过合同所规定的货币条款来规避货币贬值所带来的风险的严重的利害关系。此种严重的利害关系尤其是在当事人之间所签订的合同属于连续给付合同时更是如此，因为这些合同的期限较长，为了防止在合同签订之后所出现的经济危机或者货币波动影响合同所规定的货币购买力的下降，合同当事人在签订这类合同时往往会在自己的合同当中规定某种货币条款，以便规避金钱债履行的第二个原则即维名论的适用，确保债务人支付给自己的金钱数额不再是合同规定的名义上的数额，而是根据合同规定的条件予以调整之后的不同数额，例如租赁合同和借贷合同等。

---

① Henri et Léon Mazeaud, Jean Mazeaud, François Chabas, Obligations, 9e édition, Montchrestien, 1998, p. 966; Jacques Ghestin, Marc Billiau, Grégoire Loiseau, Traité de Droit Civil, Le régime des créances et des dettes, LGDJ, 2005, pp. 695 – 696; Jacques Flour, Jean-Luc Aubert, Éric Savaux, Droit civil, Les Obligations, 3. Le rapport d'obligation, 7e édition, Dalloz, 2011, pp. 95 – 96.

② Jacques Ghestin, Marc Billiau, Grégoire Loiseau, Traité de Droit Civil, Le régime des créances et des dettes, LGDJ, 2005, p. 696.

③ Henri et Léon Mazeaud, Jean Mazeaud, François Chabas, Obligations, 9e édition, Montchrestien, 1998, p. 966.

所谓合同所规定的货币条款（les clauses monétaire），是指为了提防和规避金钱债的维名论，合同当事人在自己的合同当中所规定的条款，根据这一条款，债务人对债权人承担的金钱债的数额在不需要双方当事人进行新的意思表示的合意时根据合同所规定的条件自动发生变化。货币条款的特征有四：其一，当事人规定货币条款的目的在于规避金钱债履行时所实行的第二个原则即维名论。其二，债务人对债权人承担的金钱债的数额不再是合同明确规定的名义上的数额，它或者高于或者低于合同明确规定的数额。其三，债务人对债权人承担的金钱债的数额多少取决于合同当事人所约定的条件或者事件。其四，货币条款让债务人承担的金钱数额根据当事人所规定的条件或者事件自动发生变化。债务人究竟支付多少数额的金钱给债权人，取决于债务到期时所发生的条件和事件。

当事人在其合同当中所规定的货币条款多种多样，不一而足，大致可以分为三类。

第一，当事人选择以法定货币之外的其他货币作为清偿货币，属于这一类的条款包括两种：黄金条款（clause or），根据这一条款，债务人不用法定货币而直接以黄金清偿自己对债权人承担的债务；外国货币条款（clause monnaie étrangère），根据这一条款，债务人不用法定货币而直接以合同约定的某一种外币清偿自己所承担的金钱债。①

第二，以结算货币所计算出来的数额履行所承担的债务。如果合同当事人约定，虽然债务人应当以法定货币和强制货币履行所承担的金钱债，但是，债务人究竟承担多少数额的金钱债，应当用合同约定的某种货币计算，债务人根据此种货币计算出来的数额进行债务的清偿（monnaie de compte），属于这一类的货币条款也包括两种：①黄金价格结算条款（clause valeur-or），是指债务人虽然以法定货币和强制货币履行自己对债权人承担的金钱债，但是，他们承担的金钱债务的数额根据清偿日时的黄金价格确定；②外国货币结算条款（La clause valeur monnaie étrangère），根据这一条款，债务人仍然以法定货币和强制货币履行自己对债权人承担的金钱债；但是，他们承担的此种金钱债的具体数额根据清偿日时合同所规定的某一种外国货币的价格确定，实际上就是根据某种汇率确定债务人承担的金钱债的数额，因为此种原因，此种货币条款也被称为汇兑担保条款（le clause de garantie d'échange）。②

第三，指数条款（le clause d'indexation），也被称为浮动比例条款（clause d'échelle mobile），根据这一条款，债务人仍然以法定货币和强制货币履行自己对债权人承担的金钱债，但是，他们承担的此种金钱债的具体数额根据清偿日时合同所规定的某种指数确定，诸如根据货物的批发价格指数或者货物的零售价格指数确定买受人应当支付的价

---

① Henri et Léon Mazeaud, Jean Mazeaud, François Chabas, Obligations, 9e édition, Montchrestien, 1998, pp. 968-969; Jacques Flour, Jean-Luc Aubert, Éric Savaux, Droit civil, Les Obligations, 3. Le rapport d'obligation, 7e édition, Dalloz, 2011, pp. 98-99.

② Henri et Léon Mazeaud, Jean Mazeaud, François Chabas, Obligations, 9e édition, Montchrestien, 1998, pp. 968-969; Jacques Flour, Jean-Luc Aubert, Éric Savaux, Droit civil, Les Obligations, 3. Le rapport d'obligation, 7e édition, Dalloz, 2011, pp. 98-99.

款数额。①

四、从货币条款的无效到货币条款的有效

（一）从区分国内债务和国际债务的清偿到不再区分两种不同的金钱债的清偿

当债权人与债务人在他们之间的合同当中约定不同的货币条款时，他们之间的合同所规定的这些货币条款是否有效？在 2016 年之前，《法国民法典》没有做出明确规定，不过，在具体处理当事人之间的此种合同纠纷时，法国最高法院对明确区分两种不同的情况即国际金钱债的清偿和国内金钱债的清偿而做出了不同的回答：国际交易当中的这些货币条款有效，而国内交易当中的这些货币条款则原则上是无效的。通过 2016 年 2 月 10 日的债法改革法令，现行《法国民法典》废除了此种区分做法，它认为，无论是国内交易还是国际交易当中的这些货币条款均是有效的，从新的第 1343（2）条和新的 1343 - 3（2）条的规定当中能够得出这样的结论。

（二）国际交易当中货币条款的有效性

从 20 世纪初期开始一直到 2016 年之前，虽然《法国民法典》没有对国际合同当中所规定的货币条款是否有效的问题做出明确规定，但是，法国最高法院一直认为，当合同当事人在他们之间的国际合同当中对各种各样的货币条款做出规定时，他们之间的合同所规定的这些货币条款均是有效的，诸如他们之间的合同所规定的黄金条款、外国货币条款以及指数条款等。法国最高法院之所以一直承认国际合同当中货币条款的有效性，是基于鼓励国际商事交易活动的目的，尤其是，基于鼓励外国供应商对法国人提供货物出口积极性的目的，允许合同的当事人尤其是外国人通过规定货币条款防范法令贬值的风险。

具体而言，法国最高法院做出此种判决的主要理由有二：其一，允许出口货物到法国的外国人在与法国进口商签订进出口合同时选择以本国的货币作为清偿货币，或者选择以某种稳定的外国货币作为清偿货币，如果强制他们选择法郎作为清偿货币，则外国人出口货物到法国的积极性将会遭受打击。其二，反之，如果债务人不是法国人而是外国人，当他们与作为债权人的法国人签订规定以外币作为清偿货币的合同时，法国也从所获得的外币当中获得利益，因为法国经济的发展仰仗所获得和拥有的外币的数额。不过，在允许国际合同当事人在合同当中规定货币条款时，法国立法者也制定了汇兑法，在明确规定法国与外国人之间的财务自由和汇兑自由时，该法也对例外情况下的汇兑自由做出了限制。通过制定法所规定的这些限制，法国最高法院也能够实现对这些货币条

---

① Henri et Léon Mazeaud, Jean Mazeaud, François Chabas, Obligations, 9e édition, Montchrestien, 1998, pp. 968 - 969；Jacques Flour, Jean-Luc Aubert, Éric Savaux, Droit civil, Les Obligations, 3. Le rapport d'obligation, 7e édition, Dalloz, 2011, pp. 98 - 99.

款的有效控制。①

法国最高法院一直以来所采取的此种做法被法国政府所采纳,在2016年2月10日的债法改革法令当中,它在《法国民法典》新的第1343-3(2)条当中明确规定,在具有国际特征的交易当中,债务人能够以外币履行自己的债务,已如前述。Terré、Simler 和 Lequette 等人对国际交易当中的货币条款的有效性做出了说明,他们指出:"在具有国际特征的交易当中,人们坚持货币条款有效的原则,因为,无论是在过去还是在今时今日……国际市场需要将国家在货币条款当中所采取的干预主义大范围地排除出去。"② 因此,虽然当事人之间的外国货币条款、黄金条款违反了法定货币和强制货币的制度,但是,"在国际交易当中,它们总是有效的。"③

(三) 国内交易当中的货币条款效力:从无效到有效

1. 1873年至1950年:一切货币条款均绝对无效

1873年2月11日,法国最高法院首次对国内交易当中货币条款的法律效力做出了说明,它认为,当事人在自己的合同当中规定货币条款时,他们之间的此种货币条款是无效的。在第一次世界大战期间,也就是从1914年至1918年,法国最高法院坚持了它在1873年的案件当中所采取的做法,认为当国内合同当事人在自己的合同当中规定黄金条款、黄金价格结算条款、外国货币条款、外国货币结算条款或者指数条款时,他们在合同当中所规定的所有这些货币条款均是绝对无效的,因为它认为,当事人之间的这些货币条款违反了立法者关于法定货币和强制货币的规定,而这些规定在性质上属于公共秩序性质的规定,当事人在自己的合同当中规定这些货币条款时,他们的目的在于规避国家货币的清偿制度,试图防范货币波动和贬值所存在的风险。此种做法一直从20世纪初期延续到20世纪50年代初期。④

2. 从20世纪50年代一直到今时今日:指数条款的有效性

到了20世纪50年代初期,法国最高法院开始软化这一严厉的规则,它开始采取区分做法,换言之,它将货币条款当中的指数条款与所有其他条款区分开来,它认为,如果合同当事人在自己的合同当中规定指数条款之外的其他货币条款,他们所规定的这些

---

① Henri et Léon Mazeaud, Jean Mazeaud, François Chabas, Obligations, 9e édition, Montchrestien, 1998, pp. 980 – 982; Jacques Ghestin, Marc Billiau, Grégoire Loiseau, Traité de Droit Civil, Le régime des créances et des dettes, LGDJ, 2005, pp. 727 – 732; Jacques Flour, Jean-Luc Aubert, Éric Savaux, Droit civil, Les Obligations, 3. Le rapport d'obligation, 7e édition, Dalloz, 2011, pp. 109 – 110.

② François Terré, Philippe Simler, Yves Lequette, François Chénedé, Droit Civil, les Obligations, 12e édition, Dalloz, 2018, p. 1525.

③ François Terré, Philippe Simler, Yves Lequette, François Chénedé, Droit Civil, les Obligations, 12e édition, Dalloz, 2018, p. 1525.

④ Henri et Léon Mazeaud, Jean Mazeaud, François Chabas, Obligations, 9e édition, Montchrestien, 1998, pp. 970 – 980; Jacques Flour, Jean-Luc Aubert, Éric Savaux, Droit civil, Les Obligations, 3. Le rapport d'obligation, 7e édition, Dalloz, 2011, pp. 98 – 105; Virginie Larribau-Terneyre, Droit civil Les obligations, 15e édition, Dalloz, 2017, pp. 206 – 208; Jérôme François, Les obligations, Régime general, Tome 4, 4e édition, Economica, 2017, pp. 42 – 54; François Terré, Philippe Simler, Yves Lequette, François Chénedé, Droit civil, Les obligations, 12e édition, Dalloz, 2018, pp. 1536 – 1543.

货币条款仍然是无效的，但是，如果他们在自己的合同当中规定了指数条款，则他们的指数条款未必一定无效，是否无效，取决于他们规定此种条款的目的：如果他们规定指数条款的目的在于规避经济波动，则他们的指数条款是合法有效的，反之，如果他们规定指数条款的目的在于规避货币的波动，则他们的指数条款是非法无效的。为了判断当事人规定指数条款的目的究竟是什么，法官要考虑多种多样的因素：合同的条款，合同缔结的背景，以及当事人选择的指数的性质等。①

不过，到了1957年，法国最高法院决定放弃此种做法，在1957年6月27日的案件当中，它首次认为，无论合同当事人规定指数条款的目的是什么，他们规定的指数条款均是有效的，在对《法国民法典》第1895条做出解释时，它认为，该条所规定的货币唯名原则并不属于公共秩序性质，当事人能够通过指数条款违反该条的规定。在1958年3月18日的案件当中，它再一次确认了这一一般性的规则。鉴于法国最高法院所采取的此种一般原则，法国政府在1958年制定了1958年12月30日的法令，对法国最高法院通过判例所建立的指数条款有效的一般原则施加限制，根据它的规定，合同当事人之间的合同不能够规定工资指数条款，虽然当事人之间能够在合同当中规定财产指数条款、产品指数条款或者服务指数条款，但是，这些条款应当与当事人之间的身份、合同的客体或者当事人从事的活动有关系。②

经过修改之后，法国政府在1958年12月30日的法令当中所规定的这些禁止性的内容被纳入《法国货币和金融法典》当中，这就是该《法典》当中的第L.112-2条。总的说来，在今时今日，在指数条款的问题上，《法国民法典》采取意思自治和合同自由原则，根据这一原则，除非当事人违反了制定法的明确禁止，否则，当事人在自己的合同当中规定的指数条款是合法有效的。现行《法国民法典》新的第1343（2）条对此种原则做出了确认，因为它明确规定，债务人应当支付的金钱数额可以因为指数的适用而发生不同的变化，已如前述。③

不过，在享有自由规定指数条款的权利时，合同当事人也应当遵守《法国货币和金融法典》第L.112-2条的规定，根据这一条款的规定，除非存在例外情况，否则，

---

① Henri et Léon Mazeaud, Jean Mazeaud, François Chabas, Obligations, 9e édition, Montchrestien, 1998, pp. 970 – 980; Jacques Flour, Jean-Luc Aubert, Éric Savaux, Droit civil, Les Obligations, 3. Le rapport d'obligation, 7e édition, Dalloz, 2011, pp. 98 – 105; Virginie Larribau-Terneyre, Droit civil Les obligations, 15e édition, Dalloz, 2017, pp. 206 – 208; Jérôme François, Les obligations, Régime general, Tome 4, 4e édition, Economica, 2017, pp. 42 – 54; François Terré, Philippe Simler, Yves Lequette, François Chénedé, Droit civil, Les obligations, 12e édition, Dalloz, 2018, pp. 1536 – 1543.

② Henri et Léon Mazeaud, Jean Mazeaud, François Chabas, Obligations, 9e édition, Montchrestien, 1998, pp. 970 – 980; Jacques Flour, Jean-Luc Aubert, Éric Savaux, Droit civil, Les Obligations, 3. Le rapport d'obligation, 7e édition, Dalloz, 2011, pp. 98 – 105; Virginie Larribau-Terneyre, Droit civil Les obligations, 15e édition, Dalloz, 2017, pp. 206 – 208; Jérôme François, Les obligations, Régime general, Tome 4, 4e édition, Economica, 2017, pp. 42 – 54; François Terré, Philippe Simler, Yves Lequette, François Chénedé, Droit civil, Les obligations, 12e édition, Dalloz, 2018, pp. 1536 – 1543.

③ Virginie Larribau-Terneyre, Droit civil Les obligations, 15e édition, Dalloz, 2017, pp. 206 – 208; Jérôme François, Les obligations, Régime general, Tome 4, 4e édition, Economica, 2017, pp. 42 – 54; François Terré, Philippe Simler, Yves Lequette, François Chénedé, Droit civil, Les obligations, 12e édition, Dalloz, 2018, pp. 1536 – 1543.

当事人不能够在自己的合同当中规定一般指数，即便是能够规定有关财产、产品或者服务价格方面的指数条款，他们所规定的这些指数条款也应当与合同的客体或者合同的一方当事人所从事的合同有直接关系。为了弱化这一条款所规定严厉条件，法官也会在具体案件当中采取灵活的对策，以便承认当事人所规定的某些指数条款，他们认为，即便合同所规定的指数条款与当事人之前从事的活动有关，或者与当事人从事的次要活动有关，或者与合同的客体有间接关系，合同所规定的这些指数条款也是有效的。①

此外，为了避免当事人所规定的指数条款无效，法官也能够依照职权采取一些补救措施。一方面，在当事人所规定的指数由于某种原因不再存在时，法官能够借口双方当事人意图的尊重而用另外一个指数替换不复存在的指数，现行《法国民法典》新的第1167条直接赋予法官以此种权利。另一方面，如果当事人所选择的指数无效，法官也能够依照职权为他们选择可供适用的一种指数。②

3. 从20世纪60年代开始至今：其他货币条款的有效性

在20世纪60年代之前，法国某些地方法院在自己的裁判当中认定，如果合同当事人在自己的合同当中规定指数条款之外的其他货币条款，他们的此种规定是合法有效的，因为他们认为，合同自由意味着他们享有规定货币条款的自由。例如，在1955年12月13日的案件当中，巴黎一家地方法院就采取此种做法。不过，它们的这些判决均没有逃脱被法国最高法院审核并且被撤销的命运。在1958年11月4日的案件当中，法国最高法院商事庭就撤销了巴黎地方法院在1955年的案件当中所做出的此种判决，它认为，合同所规定的指数条款之外的其他货币条款是无效的。③

到了20世纪60年代，法国最高法院决定放弃它从20世纪初期一直到20世纪50年代末期之间所采取的做法，在1962年12月4日的案件当中，法国最高法院民一庭认定，基于合同自由原则的坚持，当事人在其合同当中所规定的黄金条款或者外国货币条款是有效的。在1963年11月26日的案件当中，它重复了自己在1962年的案件当中的同一做法，不再认定合同当中所规定的这些货币条款无效，至少在当事人将这些货币条款规定在借贷合同当中时是如此。在1966年5月10日的案件当中，法国最高法院第三次确认，即便是国内交易当中的货币条款也是有效的，人们不能够仅仅因为规定货币条款的当事人是法国人就认定他们之间的合同条款无效。④

---

① Rémy Cabrillac, Droit des Obligations, 12e édition, Dalloz, 2016, p. 384；Philippe Malaurie, Laurent Aynès, Philippe Stoffel-Munck, Droit Des Obligations, 8e édition, LGDJ, 2016, pp. 644 – 646；Jérôme François, Les obligations, Régime general, Tome 4, 4e édition, Economica, 2017, pp. 45 – 48；François Terré, Philippe Simler, Yves Lequette, François Chénedé, Droit civil, Les obligations, 12e édition, Dalloz, 2018, pp. 1538 – 1543.

② Rémy Cabrillac, Droit des Obligations, 12e édition, Dalloz, 2016, p. 384；Philippe Malaurie, Laurent Aynès, Philippe Stoffel-Munck, Droit Des Obligations, 8e édition, LGDJ, 2016, pp. 644 – 646；Jérôme François, Les obligations, Régime general, Tome 4, 4e édition, Economica, 2017, pp. 45 – 48；François Terré, Philippe Simler, Yves Lequette, François Chénedé, Droit civil, Les obligations, 12e édition, Dalloz, 2018, pp. 1538 – 1543.

③ Henri et Léon Mazeaud, Jean Mazeaud, François Chabas, Obligations, 9e édition, Montchrestien, 1998, pp. 972 – 973.

④ Henri et Léon Mazeaud, Jean Mazeaud, François Chabas, Obligations, 9e édition, Montchrestien, 1998, pp. 972 – 973.

自此之后一直到今时今日，法国最高法院均坚持它在这些案件当中所确立的规则，根据这一规则，除非当事人在其合同当中规定的指数条款之外的其他货币条款违反了1958年12月30日的法令或者现在的《法国货币和金融法典》，否则，他们在其合同当中规定的这些货币条款均是合法有效的，虽然现行《法国民法典》新的第1343（2）条没有对这一规则做出明确规定，因为，货币维名原则在性质上并不是公共秩序性质的原则，当事人能够通过合同约定规避这一原则，并因此让债务人支付的金钱数额或者多于或者少于合同所规定的数额。①

第四节 金钱债的其他履行规则

通过2016年2月10日的债法改革法令，除了对金钱债的上述两个履行原则即以欧元履行所承担的金钱债和按照合同规定的名义上的数额履行所承担的金钱债做出了规定之外，现行《法国民法典》还对金钱债的其他履行规则做出了明确规定，包括金钱债的履行地点，清偿的范围、计入和利息，金钱债的宽限期，利息的资本化，以及时值债的履行规则等。

一、金钱债的履行地点

《法国民法典》新的第1343-4条对金钱债的履行地点做出了说明，该条规定：除非制定法、合同或者法官另外不同规定或者指定，否则，金钱债的清偿地点是债权人的住所。② 根据该条的规定，当债务人履行自己所承担的金钱债时，他们应当在债权人的住所地将金钱交付给债权人，债权人无需上门收取债务人应当交付的金钱债。换言之，如果你向银行借钱，你应当到银行的营业地还钱。不过，此种原则也存在三种例外，在这三种例外的情况下，债务人无需在债权人的住所地履行金钱债：其一，如果制定法对债务人承担的金钱债的履行地点做出了明确规定，则债务人仅仅在制定法规定的地点履行债务。其二，如果当事人在合同当中对债务人履行债务的地点做出了规定，债务人按照合同约定的履行地点履行。其三，如果法官在自己的判决当中指定了金钱债的履行地点，则债务人应当在判决指定的地点履行。

二、金钱债履行的范围、列入和利息的类型

通过2016年2月10日的债法改革法令，现行《法国民法典》新的第1343-1条对金钱债清偿的范围、列入规则和利息做出了说明，该条规定：如果金钱债附加利息，债务人通过支付本金和利息消灭自己所承担的金钱债。如果债务人仅仅部分清偿自己的金

---

① Henri et Léon Mazeaud, Jean Mazeaud, François Chabas, Obligations, 9e édition, Montchrestien, 1998, pp. 972–973；Marjorie Brusorio-Aillaud, Droit des obligations, 8e édition, bruylant, 2017, p. 336.

② Article 1343-4, Code civil, Version en vigueur au 10 octobre 2021, https://www.legifrance.gouv.fr/codes/section_lc/LEGITEXT000006070721/LEGISCTA000032035257/#LEGISCTA000032035257.

钱债，则他们的部分清偿列入利息当中。利息由制定法规定或合同约定。约定利息的利率应当通过书面方式规定。如果合同没有规定，则推定为按年利率计算。①

根据新的第1343-1（1）条的规定，如果债务人承担的金钱债是附加利息的债务，除了应当清偿本金之外，债务人还应当清偿利息，只有同时清偿了本金和利息，债务人对债权人承担的金钱债才会消灭，如果仅仅清偿了本金或者利息，则债务人承担的金钱债还没有消灭。如果债务人不能够一次性全部清偿所承担的本金和利息，而要采取分期履行金钱债的方法，则他们支付的金钱应当列入利息当中，不能够首先列入本金当中。

根据新的第1343-1（2）条的规定，如果债务人承担的金钱债是附加了利息的债务，在当事人对利息和利率做出明确规定时，适用他们之间的合同所规定的利息和利率，这就是约定利息（l'intérêt conventionnel）和约定利率（Le taux de l'intérêt conventionnel）。当事人应当采用书面形式规定利率，如果当事人没有对利率做出明确规定，则推定为适用年利率。如果合同没有明确规定，则适用制定法所规定的利息和利率，这就是法定利息（intérêt légal）和法定利率（taux d'intérêt légal）。该条将2016年之前《法国民法典》仅仅在借贷合同当中所规定的同一规则即第1907条所规定的利息和利率规则从借贷合同当中拓展到整个债法总论当中，并因此让其成为债法的一般规则。②

三、债务人履行金钱债的宽限期

（一）宽限期的历史

如果合同当事人对债务履行期限做出了规定，在合同规定的履行期限届满时，债务人就应当履行对债权人承担的债务，如果债务人承担的债务没有受到履行期限的限制，则他们的债产生之日即为债务履行之时，已如前述。如果债务人在期限届满或者债务产生时不履行债务，债权人有权向法院起诉，要求法官责令债务人对自己承担合同责任或者侵权责任，为了确保债权人的利益获得实现，法官能够对债务人采取强制执行措施。不过，法官并非在任何情况下均会采取此种强制执行措施。因为，《法国民法典》赋予法官一定的自由裁量权，以便他们能够根据案件的具体情况给予债务人以一定期限，让债务人在所给予的期限内履行自己的债务，法官给予债务人履行债务的这一期限被称为宽限期（délai de grâce）。③

在债务人不能够履行自己的债务时，法官根据案件的具体情况赋予债务人以一定的宽限期的做法始于前经典罗马法时期，因为《十二铜表法》明确规定，在债务人不履

---

① Article 1343-1, Code civil, Version en vigueur au 10 octobre 2021, https://www.legifrance.gouv.fr/codes/section_lc/LEGITEXT000006070721/LEGISCTA000032035257/#LEGISCTA000032035257.

② Muriel Fabre-Magnan, Droit des obligations, Tome 1, Contrat et engagement unilatéral, 4e édition, puf, 2016, pp. 676-677; Virginie Larribau-Terneyre, Droit civil Les obligations, 15e édition, Dalloz, 2017, p. 208.

③ Henri et Léon Mazeaud, Jean Mazeaud, François Chabas, Obligations, 9e édition, Montchrestien, 1998, pp. 1000-1005; Jacques Ghestin, Marc Billiau, Grégoire Loiseau, Traité de Droit Civil, Le régime des créances et des dettes, LGDJ, 2005, pp. 624-625; Muriel Fabre-Magnan, Droit des obligations, Tome 1, Contrat et engagement unilatéral, 4e édition, puf, 2016, p. 675; Virginie Larribau-Terneyre, Droit civil Les obligations, 15e édition, Dalloz, 2017, pp. 154-155.

行债务时，如果不能够让债务人被处死的话，则法官可以给予债务人以30天的宽限期，以便让他们在这一期限内履行所承担的债务。在法国旧法时期，如果债务人没有履行自己的债务，国王能够给予债务人以一定的宽限期，1561年，国王通过自己的法令将此种权力授予给了法官，因此，法官也能够在具体案件当中行使所享有的此种权力。①

1804年的《法国民法典》的第1244条对法官享有的此种权力做出了规定，不过，它对法官享有的此种权力施加了限制，因为它明确规定，法官在行使这一权力并且赋予债务人以宽限期时应当极度谨慎。法国立法者之所以对此种权力施加限制，是因为他们担心，法官享有的此种权力与意思自治和合同自由原则冲突，会减少合同效力规则的严格适用。为了满足20世纪前半期社会的需要，法国立法者对该条做出了修改。到了1992年，法国立法者废除了第1244条，并且在第1244-1条当中对宽限期做出了规定。②

（二）现行《法国民法典》新的第1343-5条对宽限期做出的新规定

《法国民法典》第1244-1条的规定从1992年适用到2016年，直到2016年2月10日的债法改革法令将宽限期规定到新的第1343-5条当中，该条规定：在考虑债务人的状况和债权人的需要之后，法官能够在2年的期限内让债务人延迟或者分期支付他们原本应当支付的金额给债权人。通过特别的和合理的判决，法官可以颁发命令，将债务人已经到期没有偿还的金钱数额当中的约定利息减少到法定利息的范围内，或者将债务人的清偿首先列入本金当中。在颁发这些措施时，法官能够责令债务人实施某些行为，以便于或者担保他们所承担的金钱债的清偿。法官做出的此种判决会暂时中止由债权人提起的要求法官采取的强制执行程序。在法官确定的宽限期内，合同所规定的迟延履行时利息会上涨的条款或者会遭受惩罚性的条款不会适用。合同当中所规定的所有相反条款均被视为没有关系。本条的这些规定不适用于抚养债（扶养债或者赡养债）。③

（三）《法国民法典》新的第1343-5条解读

1. 宽限期最长不超过2年

根据《法国民法典》新的第1343-5（1）条的规定，如果债务人无法一次性支付所有数额的金钱给债权人，在考虑案件的具体情况之后，尤其是在考虑了债务人的状况和债权人的需要之后，法官可以责令债务人延迟支付这一笔数额的金钱，或者分期分批支付这一笔数额的金钱。不过，在债务人不履行债务时，法官是否赋予他们以宽限期，完全由基层法院的法官自由裁量，他们根据案件的具体情况，充分考虑债务人的实际情

---

① Henri et Léon Mazeaud, Jean Mazeaud, François Chabas, Obligations, 9e édition, Montchrestien, 1998, p. 1000.

② Henri et Léon Mazeaud, Jean Mazeaud, François Chabas, Obligations, 9e édition, Montchrestien, 1998, p. 1000.

③ Article 1342-5, Code civil, Version en vigueur au 12 octobre 2021, https://www.legifrance.gouv.fr/codes/section_lc/Legitext000006070721/Legiscta000032035257/#Legiscta000032035257.

况和债权人的具体情形,以便决定是否赋予债务人以 2 年的宽限期。[①] 即便法官决定给予债务人以宽限期,债务人的迟延履行或者分期分批履行也不是毫无限制的,而是会受到一定期限约束的,因为,此种延迟或者分期分批支付的宽限期最长为 2 年;否则,等于放纵债务人不履行债务的行为。

2. 法官在给予宽限期时能够对债务人颁布的保护措施

根据《法国民法典》新的第 1343 – 5（2）条的规定,在决定给予债务人以最长不超过 2 年的宽限期时,法官还能够颁发两种重要的保护措施,以便保护债务人的利益:其一,如果当事人在其合同当中规定了约定利息,在宽限期内,法官凭职权将合同规定的约定利息减缩为法定利息,换言之,债务人应当偿还的金钱数额不再是本金加上约定利息之后的总额,而是本金加上法定利息之后的总额。其二,当债务人对债权人为部分金钱债的清偿时,他们实施的部分清偿原本应当列入利息当中,但是,为了减轻债务人的负担,在宽限期内,法官颁布命令,将债务人的部分清偿列入到本金当中而非原本的利息当中。

根据《法国民法典》新的第 1343 – 5（3）条的规定,法官采取这些措施保护债务人也是有条件的,这就是,法官在采取这两种措施时会责令债务人实施某些行为,以便担保债务人对债权人债务的履行,或者便利债务人对债权人债务的履行。

3. 强制执行程序、利息上涨或者迟延罚金条款的中止

根据《法国民法典》新的第 1343 – 5（4）条的规定,一旦法官做出给予债务人以宽限期的判决,则他们做出的此种判决就自动产生两个方面的法律效力:其一,强制执行程序暂时中止。在债务人迟延履行所承担的金钱债之后,如果债权人已经向法院起诉,要求法官对债务人采取强制执行程序,一旦法官做出给予债务人以宽限期的判决,则在法官给予的宽限期内,债权人开启的这一强制执行程序就自动中止,法官不能够按照债权人的要求对债务人的财产采取强制执行措施。其二,利息上涨条款或者惩罚性条款不执行。如果当事人在他们之间的合同当中规定了迟延履行时的利息上涨条款（Les majorations d'intérêts）或者惩罚性条款（les pénalités）,在法官给予债务人的宽限期内,合同所规定的利息上涨条款或者惩罚性条款不执行,债务人无需根据合同的约定对债权人支付合同规定的上涨利息或者罚金。

根据《法国民法典》新的第 1343 – 5（5）条的规定,《法国民法典》新的第 1343 – 5（4）条的规定在性质上属于公共秩序性质的,即便当事人在合同当中规定了与该条规定相冲突的内容,他们所规定的内容也被视为没有规定。换言之,当事人不能够在自己的合同当中规避新的第 1343 – 5（4）条所规定的上述内容,否则,将视为没有规定。

[①] Henri et Léon Mazeaud, Jean Mazeaud, François Chabas, Obligations, 9e édition, Montchrestien, 1998, pp. 1000 – 1005; Jacques Ghestin, Marc Billiau, Grégoire Loiseau, Traité de Droit Civil, Le régime des créances et des dettes, LGDJ, 2005, pp. 624 – 625; Muriel Fabre-Magnan, Droit des obligations, Tome 1, Contrat et engagement unilatéral, 4e édition, puf, 2016, p. 675; Virginie Larribau-Terneyre, Droit civil Les obligations, 15e édition, Dalloz, 2017, pp. 154 – 155.

4. 抚养债、扶养债或者赠养债不适用于宽限期

根据《法国民法典》新的第 1343-5（6）条的规定，宽限期不适用于债务人对债权人承担的抚养债、扶养债、赠养债（以下统称为抚养债）。抚养债之所以不适用于宽限期，是因为被抚养者对抚养费用的需要是刻不容缓的，债务人应当及时履行所承担的这些债务，否则，债权人将会面临无法生活的人道危机和灾难。

四、复利有条件的合法化

通过 2016 年 2 月 10 日的债法改革法令，现行《法国民法典》新的第 1343-2 条对复利的合法化做出了说明，该条规定：如果合同已经明确规定或者如果法官的判决已经确定，则债务人应当支付的已经到期利息能够产生利息，如果债务人迟延履行利息已经超过了一整年的话。① 根据该条的规定，仅仅在一定的条件下，复利（anatocisme）才是合法的。所谓复利，是指利息的资本化，也就是，将债务人到期没有支付的利息计入本金当中并因此以计入了该笔利息的本金作为基数计算债务人应当支付的金钱数额，也就是所谓的利滚利。利息的资本化是极度危险的，因为它会加重债务人承担的债务范围。②

为了防止此种危险的发生，现行《法国民法典》新的第 1343-2 条对利息的资本化做出了严格的限制，认为它应当符合两个必要条件。一方面，利息的资本化应当以合同当事人已经预先在自己的合同当中对复利做出了明确规定作为条件，或者以法官在其判决当中已经做出了明确确认作为条件，如果合同当事人没有预先约定，或者如果法官没有通过判决明确确认，则利息不能够资本化。另一方面，即便符合上述第一个条件，复利也只能够按照年度来计算（la capitalisation pour une année entière），不能够按季度计算（la capitalisation trimestrielle）或者按照半年来计算（la capitalisation semestrielle）。此外，即便债务人到期没有清偿自己的债务，如果法官给予他们以宽限期，在宽限期内，债务人没有支付的利息不会产生利息，仅仅过了宽限期之后，他们的利息才会产生利息。③

五、时值债的履行规则

在 2016 年之前，《法国民法典》没有对时值债的履行规则做出明确规定，通过 2016 年 2 月 10 日的债法改革法令，现行《法国民法典》新的第 1343（3）条对时值债的履行规则做出了说明，该条规定：时值债的债务人通过支付债务数额确定时的金钱数

---

① Article 1343-2, Code civil, Version en vigueur au 10 octobre 2021, https://www.legifrance.gouv.fr/codes/section_lc/LEGITEXT000006070721/LEGISCTA000032035257/#LEGISCTA000032035257.

② Muriel Fabre-Magnan, Droit des obligations, Tome 1, Contrat et engagement unilatéral, 4e édition, puf, 2016, p.677; Virginie Larribau-Terneyre, Droit civil Les obligations, 15e édition, Dalloz, 2017, p.208.

③ Muriel Fabre-Magnan, Droit des obligations, Tome 1, Contrat et engagement unilatéral, 4e édition, puf, 2016, p.677; Virginie Larribau-Terneyre, Droit civil Les obligations, 15e édition, Dalloz, 2017, p.208.

额而让自己承担的债务消灭。① 根据该条的规定，如果债务人对债权人承担的债务在性质上属于时值债，则他们履行该种债务时不受维名论的影响，因为，他们究竟支付多少数额的金钱债，并不是在该种金钱债产生时就确定的，而是在债务到期时经过法官的评估才确定，当债务人按照法官判决所确定的实际数额履行所承担的债务时，他们的清偿行为让自己承担的债务消灭。②

时值债的履行规则与金钱债的履行规则所存在的两个主要差异是：其一，除非当事人在合同当中规定了某种货币条款，否则，金钱债在当事人之间的债产生时就已经确定，债务人仅仅按照合同约定的表面上的数额清偿自己的债务，合同规定的数额是多少，债务人就清偿多少，这就是维名论，已如前述。而时值债的清偿则不同，它不存在维名论的问题，因为在当事人之间的债产生时，债务人承担的债务数额是不确定的，仅仅到了法官通过裁判确定了债务人的金钱数额时，他们承担的债务才是确定的，他们根据法官判处的数额实施清偿行为。其二，在金钱债的清偿当中会产生货币波动尤其是货币贬值的问题，因此，当事人为了防范此种风险往往会在合同当中规定不同的货币条款，已如前述。而在时值债的清偿当中则不存在此种问题，所以，当事人也不会在自己的合同当中规定这些货币条款。

---

① Article 1343, Code civil, Version en vigueur au 10 octobre 2021, https://www.legifrance.gouv.fr/codes/section_lc/LEGITEXT000006070721/LEGISCTA000032035257/#LEGISCTA000032035257.

② Henri et Léon Mazeaud, Jean Mazeaud, François Chabasd, Obligations, 9e édition, Montchrestien, 1998, pp. 966–967; Virginie Larribau-Terneyre, Droit civil Les obligations, 15e édition, Dalloz, 2017, p. 208; François Terré, Philippe Simler, Yves Lequette, François Chénedé, Droit civil, Les obligations, 12e édition, Dalloz, 2018, pp. 1543–1545.

第九章 债的代位履行

第一节 债的代位履行的界定、性质和功能

一、第三人对债务人债务的履行或者清偿

在正常情况下，债务的履行或者清偿是由债务人本人实施的，不过，债务的履行或者清偿未必一定会由债务人亲自实施，即便债的关系发生在债务人与债权人之间，即便在该种关系当中，仅债务人对债权人承担债务，因为在许多情况下，债务人承担的债务是由债务人之外的第三人履行或者清偿的，无论第三人是否对债务人债务的履行或者清偿具有利害关系。原则上，当第三人对债权人履行或者清偿债务人对其承担的债务时，债权人必须接受第三人对其实施的履行或者清偿行为，他们不得借口债务不是由债务人本人履行或者清偿而拒绝接受，除非他们与债务人之间的债的关系是具有密切人身关系的，已如前述。

因此，当主债务人对其债权人承担债务时，保证人能够对债权人履行主债务人原本应当履行或者清偿的债务，当保证人履行主债务人承担的债务时，债权人应当接受保证人的履行；同样，当一个共同连带债务人履行对债权人承担的所有债务时，债权人当然也应当接受该共同连带债务人实施的债务履行或者清偿行为。问题在于，当第三人为债务人履行了他们原本应当对债权人承担的债务时，他们的履行行为是否能够让债务人承担的债务消灭？

对此问题，人们做出了这样的回答：除非第三人在为债务人清偿债务时让债务人对债权人和自己承担的债务均消灭，否则，第三人履行债务的行为仅仅会让债务人对债权人承担的债务消灭，他们的清偿行为不会让债务人对自己承担的债务消灭，在免除对债权人承担的债务的同时，债务人应当对自己承担债务，因为第三人在此时取代了债权人成为新的债权人，他们有权以新债权人的身份要求债务人对自己履行债务，就像最初的债权人有权要求债务人对其履行债务一样。如果债务人拒绝对自己履行债务，他们有权向法院起诉，要求法官责令债务人对自己履行债务或者承担民事责任，他们所享有的此种权利被称为追偿权（recours）。[①]

在对债务人行使追偿权时，第三人的身份存在差异：

[①] Henri et Léon Mazeaud, Jean Mazeaud, François Chabas, Obligations, 9e édition, Montchrestien, 1998, p.943; Jacques Flour, Jean-Luc Aubert, Éric Savaux, Droit civil, Les Obligations, 3. Le rapport d'obligation, 7e édition, Dalloz, 2011, p.338; François Terré, Philippe Simler, Yves Lequette, François Chénedé, Droit civil, Les obligations, 12e édition, Dalloz, 2018, p.1552.

其一，以普遍债权人的身份对债务人行使追偿权。在不符合代位追偿权条件的情况下，为债务人履行或者清偿债务的第三人能够向法院起诉，要求法官责令债务人对自己履行债务或者承担责任，他们此时的身份或者是代理人的身份，或者是无因管理者的身份：如果第三人基于委托而履行债务人对债权人承担的债务，则他们以代理人的身份对主债务人行使追偿权，如果第三人自发地履行债务人对债权人承担的债务，则他们以无因管理者的身份对主债务人行使追偿权。例如，现行《法国民法典》第 2305 条就明确规定，当保证人为主债务人履行了他们原本应当履行的债务时，他们就对主债务人享有追偿权，有权要求法官责令主债务人对自己承担责任，他们行使追偿权的身份就属于代理人的身份。如果不符合代理或者无因管理的要求，第三人仍然能够对主债务人行使追偿权，此时，他们以不当得利作为要求法官责令主债务人对其承担履行债务或者承担责任的根据。①

其二，以债权已经获得实现的债权人的代位权人的身份对债务人行使追偿权。在第三人履行债务人对债权人承担的债务时，虽然第三人能够通过代理人、无因管理者或者利益受损人的身份对债务人行使追偿权，但是，此种追偿权存在的一个最致命的问题是，他们仅仅是债务人的普通债权人，在债务人清偿能力不足甚至资不抵债履行时，他们只能够沦落为与债务人的其他债权人同样的身份，对于自己享有的债权没有优先受偿权。为了保护为债务人履行债务的第三人的利益，《法国民法典》规定了另外一种代位求偿权，这就是，在符合代位清偿或者代位履行所要求的条件时，如果第三人为债务人履行了他们对债权人承担的债务，在所履行或者清偿的债权范围内，他们能够代替债权已经被自己清偿的债权人的身份而对债务人行使追偿权。此种追偿权不同于上述第一种追偿权，因为它能够让第三人享有最初债权人所享有的担保权，让自己对债务人享有的债权成为能够优先于债务人的其他债权人获得清偿的债权。②

二、债的代位履行的界定

无论是在 2016 年之前还是之后，《法国民法典》均明确规定了代为清偿制度。虽然如此，它没有对代位清偿一词做出明确的界定。代位清偿一词的法文表述为 paiement avec subrogation，该词是由两个不同的术语组成的，除了其中的 paiement 一词为清偿之外，另外一个词语即 subrogation 才是关键，因为代为清偿不同于一般的清偿，因此，决定该种清偿定义、性质或者功能的并不是第一个术语，而是第二个术语。

---

① Henri et Léon Mazeaud, Jean Mazeaud, François Chabas, Obligations, 9e édition, Montchrestien, 1998, p. 943；Jacques Flour, Jean-Luc Aubert, Éric Savaux, Droit civil, Les Obligations, 3. Le rapport d'obligation, 7e édition, Dalloz, 2011, p. 338；Philippe Malaurie, Laurent Aynès, Philippe Stoffel-Munck, Droit Des Obligations, 8e édition, LGDJ, 2016, pp. 777-778；François Terré, Philippe Simler, Yves Lequette, François Chénedé, Droit civil, Les obligations, 12e édition, Dalloz, 2018, p. 1552.

② Henri et Léon Mazeaud, Jean Mazeaud, François Chabas, Obligations, 9e édition, Montchrestien, 1998, p. 943；Jacques Flour, Jean-Luc Aubert, Éric Savaux, Droit civil, Les Obligations, 3. Le rapport d'obligation, 7e édition, Dalloz, 2011, p. 338；Philippe Malaurie, Laurent Aynès, Philippe Stoffel-Munck, Droit Des Obligations, 8e édition, LGDJ, 2016, pp. 777-778；François Terré, Philippe Simler, Yves Lequette, François Chénedé, Droit civil, Les obligations, 12e édition, Dalloz, 2018, p. 1552.

(一) subrogation 一词的含义

subrogation 一词源自拉丁文 subrogatio，而 subrogatio 一词则源自拉丁文 subrogare 一词或者 surrogaren 一词，在拉丁文当中，这两个词语的含义均是指通过替换的方式进行清除，选择某一个人以便代替、替换另外一个人。在今时今日，该词的同义词为 substitution 和 remplacement，它既具有广义的含义也具有狭义的含义。[1] 所谓广义的 subrogation 一词，是指人们以一种物替换、取代另外一种物，或者用一个人替换、取代另外一个人。当人们用一种物替换、取代另外一种物时，或者当他们以一个人替换、取代另外一个人时，他们实施的这些行为均被称为 subrogation。[2]

(二) 民法当中的物的替换和人的替换

在民法当中，人们同时在物权法和债权法当中使用 subrogation 一词，当他们在物权法当中使用这一术语时，他们是指物的代位（la subrogation réelle la subrogation de choses）。所谓物的代位，是指在物权领域，人们以一种物替换另外一种物。例如，在保险财产供作债权人的债权担保时，如果保险财产因为意外事故而毁损灭失，所有权人获得的保险损害赔偿金将会取代保险财产作为债权人债权的担保。再例如，当抵押物毁损灭失时，抵押人以另外一种财产供作债权人债权的担保，他们用作担保的此种财产也属于物的代位。民法学者普遍不会在债法当中讨论物的代位，他们往往在物权法当中讨论这一代位制度。[3]

当人们在债法当中使用这一术语时，他们是指人的代位（la subrogation personnelle）。人的代位有广义和狭义之分。所谓广义的人的代位，是指在法律关系当中，人们以一个人替换另外一个人，以便让第一个人能够行使第二个人享有的全部或者部分权利。所谓狭义的人的代位，则是指《法国民法典》旧的第 1249 条至旧的第 1252 条和新的第 1346 条至新的 1346 - 5 条所规定的代位清偿。换言之，代位清偿也仅仅是人的代位的一种情形。[4] 也就是指笔者在本章当中所讨论的代位履行。

(三) 债的代位履行的界定

在法国，虽然民法学者普遍对物的代位和人的代位做出了界定，但是，他们并没有

---

[1] Gérard Cornu, Vocabulaire juridique, 10e édition, puf, 2014, p. 991.
[2] Daniel de Folleville, Des caractères distinctifs du paiement avec subrogation (art. 1249—1252.), Paris, Ernest Thorin, 1871, pp. 5 - 6; Gérard Cornu, Vocabulaire juridique, 10e édition, puf, 2014, pp. 991 - 992; Henri et Léon Mazeaud, Jean Mazeaud, François Chabasd, Obligations, 9e édition, Montchrestien, 1998, p. 943; Muriel Fabre-Magnan, Droit des obligations, Tome 1, Contrat et engagement unilatéral, 4e édition, puf, 2016, p. 680; Virginie Larribau-Terneyre, Droit civil Les obligations, 15e édition, Dalloz, 2017, p. 211.
[3] Henri et Léon Mazeaud, Jean Mazeaud, François Chabas, Obligations, 9e édition, Montchrestien, 1998, p. 943; Gérard Cornu, Vocabulaire juridique, 10e édition, puf, 2014, pp. 991 - 992; Jérôme François, Les obligations, Régime general, Tome 4, 4e édition, Economica, 2017, p. 517.
[4] Henri et Léon Mazeaud, Jean Mazeaud, François Chabas, Obligations, 9e édition, Montchrestien, 1998, p. 943; Gérard Cornu, Vocabulaire juridique, 10e édition, puf, 2014, pp. 991 - 992; Jérôme François, Les obligations, Régime general, Tome 4, 4e édition, Economica, 2017, p. 517.

普遍对代位清偿做出自己的界定，因为，仅少数民法学者对代位清偿做出了自己的界定。Ghestin、Billiau 和 Loiseau 对代位清偿做出了界定，他们指出："根据 Mestre 的说法，所谓债的代位履行，是指第一个人因为有效清偿了债务人对第二个人所承担的债务，第一个人替换了第二个人而享有第二个人对其债务人所享有的与债权有关系的权利。"① Malaurie、Aynès 和 Stoffel-Munck 也对代位清偿做出了界定，他们指出："所谓个人代位，是指那些清偿债权人债权的人取代了债权人而享有债权人的权利，换言之，所谓个人代位，是指通过债的清偿作为基础的债权转移。"② 这些民法学者的界定均存在含糊不清的地方，既没有将代位履行产生的渊源揭示出来，也没有将所涉及的当事人清晰地表达出来。

为了实现这样的目的，笔者对代位清偿做出如下界定：所谓债的代位清偿（paiement avec subrogation），也称为债的代位履行（exécution avec subrogation），是指基于制定法的明确规定或者基于当事人之间的意思自治和合同自由原则，当债务人对债权人承担债务时，如果债务人之外的第三人替债务人履行了或者清偿了债务人对债权人所承担的债务，在让债务人对债权人承担的债务消灭的同时，第三人在所清偿的债权范围内取代债权人的地位并因此享有债权人原本对其债务人享有的权利和诉权，在他们要求债务人履行所承担的债务时，债务人应当对第三人履行他们原本应当对债权人履行的债务。

因此，债的代位履行涉及三方当事人：其一，最初的债权人和最初的债务人，其中的债权人有权要求债务人对自己履行债务，债务人也应当对债权人履行债务。其二，债权人和债务人之外的第三人，他们或者对当事人之间的债务履行具有利害关系，或者对当事人之间的债务履行没有利害关系。在债权人或者债务人同意的情况下，或者在制定法明确规定的情况下，在替债务人履行他们对债权人承担的债务之后，第三人取代了债权已经消灭的债权人而成为对最初债务人享有债权的新债权人。其中的最初债权人被称为被代位者、被代位人（le subrogeant）、旧债权人或者被代位债权人（créancier subrogeant），第三人则被称为代位者、代位人（le subrogataire le subrogé）、新债权人或者代位债权人（créancier subrogé）。③

根据此种界定，债的代位履行是一种三方当事人之间的交易，该种交易产生的原因或者是制定法的明确规定，或者是当事人之间的合同约定。当债的代位履行源自制定法的明确规定时，它们被称为法定代位履行、法定代位（subrogation légale）；除了《法国民法典》对法定代位履行做出了明确规定之外，其他制定法也对某些特殊的代位履行做出了规定，关于法定代位履行，笔者将在下面的内容当中做出详细的讨论，此处从略。当债的代位履行源自当事人之间的合同时，它们被称为约定代位履行、约定代位（la subrogation conventionnelle），因为情况的不同，约定代位履行也可以分为不同的类型：经过债权人同意时的约定代位履行和经过债务人同意时的约定代位履行，关于约定

---

① Jacques Ghestin, Marc Billiau, Grégoire Loiseau, Traité de Droit Civil, Le régime des créances et des dettes, LGDJ, 2005, p.387.
② Philippe Malaurie, Laurent Aynès, Philippe Stoffel-Munck, Droit Des Obligations, 8e édition, LGDJ, 2016, p.777.
③ Serge Braudo, Définition de Subrogation, DICTIONNAIRE DU DROIT PRIVÉ, https://www.dictionnaire--juridique.com/definition/subrogation.php.

代位履行，笔者将在下面的内容当中做出详细的讨论，此处从略。

根据此种界定，当代位者替债务人履行了对被代位者的债务时，债务人对被代位者承担的债务消灭，债权人因为自己的债权被代位者清偿而不能够再要求债务人对自己履行债务。不过，债务人承担的债务并没有消灭，他们所承担的债务从对被代位者承担而转由对代位者承担，代位者有权要求他们履行对自己承担的债务，他们也应当对代位者履行所承担的债务。

三、债的代位履行的性质

问题在于，债的代位履行的性质是什么？它在性质上是一种债的清偿行为，还是一种债权转让行为，或者是其他行为？对此问题，民法学者之间存在不同看法。

（一）债的代位履行在性质上仅仅属于一种债的清偿行为

某些民法学者认为，债的代位清偿在性质上仅仅是一种债的清偿方式，它不是也不应当同时被视为一种债权转让的方式。Fabre-Magnan 主张此种理论，他指出："在《法国民法典》当中，个人代位被视为一种债的清偿方式，即便它也能够将债权人享有的债权转让给第三人。就像法国总统在就第 2016 年 2 月 10 日的债法改革法令所提交的报告当中所指出的那样，毫无争议的是，债的代位清偿是同第三人实施的清偿有关，它让债务人对其债权人承担的债务消灭——要么是全部消灭要么是部分消灭。因此，它不是一种独立的债权转让方式，而仅仅是一种债的清偿方式。"[①]

Daniel de Folleville 也主张此种理论，他认为，债的代位履行是一种自成一体的、独立的交易，它完全独立于《法国民法典》所规定的债权转让。因为，《法国民法典》旧的第 1249 条至旧的第 1252 条（新的 1346 条至新的第 1346－5 条）所规定的代位清偿就像所有其他的债的清偿一样能够消灭债务人承担的最初的债务；仅仅基于制定法的拟制（une fiction de la loi），为了清偿债务人的第三人的利益，人们维持了与新债权有关系的担保债权，以便确保债务人能够履行所承担的债务。[②] 此外，Philippe-Antoine Merlin 和 Pierre Joseph Grappe 也采取同样的看法，认为债的代位履行在性质上仅仅是一种债的清偿方式。[③]

这些民法学者之所以认定债的代位履行在性质上仅仅属于一种债的清偿行为，其主要原因有二：其一，立法者的明确规定，这些民法学者认为，债的代位履行之所以在性质上属于单一的债的清偿行为，一方面是因为立法者明确将债的代位履行规定在《法国民法典》的债的清偿当中，通过立法者所放置的位置，人们可以清楚地看出立法者的意图，另一方面是因为，在将债的代位履行规则置于债的清偿当中时，立法者还将包括代位清偿在内的清偿行为规定在债的消灭当中，足见他们不仅将债的代位履行视为债

---

① Muriel Fabre-Magnan, Droit des obligations, Tome 1, Contrat et engagement unilatéral, 4e édition, puf, 2016, p. 680.
② Daniel de Folleville, Des caractères distinctifs du paiement avec subrogation (art. 1249–1252.), Paris, Ernest Thorin, 1871, pp. 18–19.
③ Antoine-Louis Pillet, Thèse pour la licence, Grenoble, Typographie et lithographie Allier frères, 1878, pp. 33–34.

的一种消灭方式，而且还认为它是通过清偿消灭债的方式。其二，将债的代位履行视为一种债权转让，此种看法没有认识到债权转让的目的和特征，将债的代位履行的目的和特征与债权转让的目的和特征混淆。①

（二）债的代位履行在性质上仅仅属于一种真正的债权转让

某些民法学者认为，无论是法定代位履行还是约定代位履行，无论是经过债权人同意的还是经过债务人同意的约定代位履行，所有的代位履行在性质上均是真正的债权转让，它们均不是债的清偿方式，因为，无论是哪一种原因引起的债的代位履行，它们仅仅是债权人之间的变更，债务人承担的债务并没有消灭。

Joseph-André Rogron 主张此种理论。他指出：" 所谓债的代位履行，是指将债权人享有的权利转移给第三人的一种方式，换言之，所谓债的代位履行，是指在不消灭债的情况下对债权人进行的一种变更。如果债的代位履行是建立在债权人同意的基础上，则它所具有的债权转让的性质一目了然。如果债的代位履行建立在债务人同意或者制定法规定的基础上，则它们所具有的债权转让的性质建立在制定法拟制的基础上。"② Antoine-Louis Pillet 也主张此种理论，他指出：" 对于我们而言，债的代位履行仅仅是一种权利转移方式，它不仅仅转让债权的从权利，而且还转让获得了担保的债权本身。"③

这些民法学者之所以认为债的代位履行在性质上属于真正的债权转让，最主要的原因有二：其一，罗马法采取此种做法。这些民法学者认为，罗马法当中存在大量的法律文本没有将代位履行视为债的清偿方式，而是将其视为债权转让的方式。其二，法国旧法时期的民法学者尤其是 Pothier 的主张。这些民法学者认为，罗马法的此种主张被法国旧法时期的一些著名习惯法学家和民法学家所采纳并且被他们所主张，这些学者包括：16 世纪的习惯法学家 Charles Dumoulin④（1500—1566 年）、17 世纪的民法学家 Philippe de Renusson⑤（1632—1699 年）和在 18 世纪的 Pothier。⑥

（三）债的代位履行的区分性质

针对上述两种不同的理论，某些民法学者采取了第三种看法，他们认为，债的代位履行究竟是什么性质，人们不能够一概而论，而应当做出区分，因为，债的代位履行的

---

① Daniel de Folleville, Des caractères distinctifs du paiement avec subrogation (art. 1249 - 1252.), Paris, Ernest Thorin, 1871, pp. 18 - 19; Antoine-Louis Pillet, Thèse pour la licence, Grenoble, Typographie et lithographie Allier frères, 1878, pp. 33 - 34.

② Joseph-André Rogron, Code civil, expliqué par ses motifs, par des exemples et par la jurisprudence, Paris, Thorel, 1850, pp. 1086 - 1094; Daniel de Folleville, Des caractères distinctifs du paiement avec subrogation (art. 1249 - 1252.), Paris, Ernest Thorin, 1871, p. 12.

③ Antoine-Louis Pillet, Thèse pour la licence, Grenoble, Typographie et lithographie Allier frères, 1878, pp. 33 - 34.

④ Charles Dumoulin, https://data.bnf.fr/fr/12198126/charles_du_moulin/; 张民安：《法国民法总论（上）》，清华大学出版社 2017 年版，第 95 页。

⑤ Philippe de Renusson, https://data.bnf.fr/fr/15540349/philippe_de_renusson/.

⑥ Daniel de Folleville, Des caractères distinctifs du paiement avec subrogation (art. 1249 - 1252.), Paris, Ernest Thorin, 1871, pp. 12 - 13; Antoine-Louis Pillet, Thèse pour la licence, Grenoble, Typographie et lithographie Allier frères, 1878, pp. 35 - 36.

类型不同，它们的性质也不同，其中的某些代位履行属于债的清偿方式，而另外一些类型的代位履行则属于债权转让方式。不过，这些民法学者之间的意见并非完全一致。

Lucas Championnière 和 Paul Rigaud 认为，在债的代位履行的性质问题上，人们应当区分两种不同性质的代位履行：约定代位履行是真正的债权转让，相反，法定代位履行则不是债权转让而仅仅是一种债的清偿，因为他们认为，在第一种情况下，新债权人取得了旧债权人的同一债权，而在第二种情况下，最初的债权因为履行消灭，为了让新债权人享有针对债务人的担保权，制定法拟制性地保留了最初债权当中作为从债权的担保权。[1]

C. B. M. Toullier 认为，法定代位履行和约定代位履行的性质和法律效果是存在差异的。他指出，如果约定代位履行是基于债权人同意，则债的代位履行在性质上属于真正的债权转让，反之，如果约定代位履行是基于债务人的同意或者基于单纯的制定法的授权，则债的代位履行在性质上属于一种债的清偿：除了最初的债权消灭之外，从债权也随之消灭。在这两种情况下，新债权人虽然获得了类似于旧债权人享有的旧债权，但是，他们享有的新债权也仅仅是旧债权人享有的同一等级和同等效力的担保权。[2]

（四）债的代位履行的复合性质

无论是在 19 世纪还是在今时今日，大多数民法学者既不主张上述第一种或者第二种看法，也没有采纳上述第三种看法，他们认为，代位清偿既不是一种单纯的债权转让，也不是一种单纯的债的清偿，它是这两种不同制度的混合体（opération mixte），因为此种交易的进行既需要债权转让作为其基础，也需要债的清偿作为其根据：相对于最初的债权人而言，债的代位履行构成一种债的清偿，它让最初债务人对最初债权人所承担的债务消灭；而相对于新债权人而言，债的代位履行构成一种债权转让，新债权人的债权和担保债权仍然存在，他们享有债权转让当中真正受让人享有的权利，这就是债的代位清偿所具有的双重性质理论或双重特征理论。[3]

此种理论与上述第三种理论的区别在于，在讨论债的代位履行的性质时，它没有区分不同类型的债的代位履行，它认为，无论是哪一种类型的债的代位履行均同时具有复合性。在 2016 年之前，Carbonnier 采取此种看法，认为债的代位清偿同时具有双重性，

---

[1] Championnière et Rigaud, Nouveau dictionnaire des droits d'enregistrement, Tome V, Paris, Charles Hingray, 1841, pp. 444 – 448; Daniel de Folleville, Des caractères distinctifs du paiement avec subrogation (art. 1249 – 1252.), Paris, Ernest Thorin, 1871, p.9.

[2] C. B. M. Toullier, Le Droit civil francais suivant l'ordre du code, Tome IV, troisième édition, A PARIS, Chez B. WARÉE, 1821, n°97, n°118 et ss; Daniel de Folleville, Des caractères distinctifs du paiement avec subrogation (art. 1249 – 1252.), Paris, Ernest Thorin, 1871, p. 10.

[3] Daniel de Folleville, Des caractères distinctifs du paiement avec subrogation (art. 1249 – 1252.), Paris, Ernest Thorin, 1871, p. 16; Jean Carbonnier, Droit civil, Volume II, Les biens, les obligations, puf, 2004, p. 2481; Jacques Flour, Jean-Luc Aubert, Éric Savaux, Droit civil, Les Obligations, 3. Le rapport d'obligation, 7e édition, Dalloz, 2011, p. 338; Philippe Malaurie, Laurent Aynès, Philippe Stoffel-Munck, Droit Des Obligations, 8e édition, LGDJ, 2016, p. 777; Virginie Larribau-Terneyre, Droit civil Les obligations, 15e édition, Dalloz, 2017, p. 211; Jérôme François, Les obligations, Régime general, Tome 4, 4e édition, Economica, 2017, pp. 519 – 520; François Terré, Philippe Simler, Yves Lequette, François Chénedé, Droit civil, Les obligations, 12e édition, Dalloz, 2018, p. 1554.

他指出："当债务人本人用自己的金钱对债权人实施债的清偿行为时，他们的清偿行为让债务人承担的债务完全消灭；如果债的清偿是由第三人实施的，或者由债务人用从第三人那里借来的金钱实施的，则他们的清偿行为能够消灭债权已经获得清偿的债权人的债权，并且将债权人的债权转让给提供资金清偿债权人债权的第三人。通过债的代位履行，第三人即清偿人因为清偿了债务人对债权人承担的债务而取得了债权。因此，债的代位清偿具有看上去相互矛盾的两个方面：它同时是一种债的清偿方式和债权转让的一种方式。"①

在 2016 年之后，François、Terré、Simler 和 Lequette 等人也采取此种看法。François 指出："人的代位是一种复合制度，它同时构成一种债的清偿和债权转让。……债的代位清偿原本应当与单纯的债的清偿处于同一层面。不过，人们宁愿从债的代位清偿当中归纳出债权转让的效果，因为他们将债的代位清偿视为债权转让的一种方式。"②

Terré、Simler 和 Lequette 等人也指出，从有关人员的角度，人的代位显然是一个人对另外一个人的替换，那些已经清偿了债权人债权的人能够从清偿当中获得利益。不过，它也同时构成债权人的债权转让方式，因为，债权人享有的既存债权被转让给了作为清偿者的代位人。这就是我们也在债的转让方式当中讨论人的代位问题的原因。

笔者采取大多数民法学者所采取的看法，认为债的代位履行同时具有债的清偿性质和债权转让的性质。一方面，债的代位履行当然具有债的清偿的性质，因为它会像一般债的清偿那样让债务人对债权人承担的债务消灭，虽然债务的清偿并不是由债务人本人实施的，而是由作为代位人的第三人实施的，但是，一旦第三人替债务人履行了他们对债权人承担的债务，则他们的履行无疑让债务人对债权人承担的债务消灭，就像债务人自身履行了所承担的债务一样。因此，一般的债务清偿并不要求债务的履行者一定是债务人，已如前述。另一方面，债的代位履行又不是单纯的、普通的债的履行，它是制定法或者当事人为了第三人的利益而规定或者实施的一种有别于一般意义的债的清偿：当第三人替债务人清偿了对债权人承担的债务时，根据制定法的规定或者当事人的意图，第三人能够取代债权已经消灭的债权人成为新的债权人，并因此对债务人主张最初债权人能够主张的债权和诉权。

四、债的代位履行与一般履行和债权转让之间的关系

虽然债的代位履行同时具有债的清偿和债权转让的性质，但是，债的代位履行既区别于一般的债务清偿，也不同于债权转让，即便它们之间存在某些共同点。

（一）债的代位履行与一般债务履行之间的共同点和区别

作为一种履行方式，代位履行与债的一般履行之间存在共同点：债权人享有的债权因为债务的履行而消灭，因为债务的履行，债务人承担的债务消灭，债务的履行均是按照债务的客体履行。因为债的代位履行与债的一般履行之间所存在的这些联系，所以，

---

① Jean Carbonnier, Droit civil, Volume Ⅱ, Les biens, les obligations, puf, 2004, p.2481.
② Jérôme François, Les obligations, Régime general, Tome 4, 4e édition, Economica, 2017, p.519.

《法国民法典》将债的代位履行规定在债的清偿当中，已如前述。

债的代位履行与一般履行之间的差异则非常明显，主要表现在两个方面：一方面，一般的债务履行是由债务人亲自履行，而债的代位履行则不同，它是由债务人之外的第三人履行原本要由债务人履行的债务。另一方面，即便一般的债务履行也能够由债务人之外的第三人履行，但是，第三人履行的法律效果也不同于债的代位履行：在一般的债务履行当中，第三人对债务的履行不仅让债务人对自己的债权人所承担的债务消灭，而且还不会让债务人对自己承担债务。因此，不存在债务人在不对自己的债权人承担债务时要对第三人承担同一债务的问题，已如前述。而在债的代位履行当中，第三人对债务的履行仅仅让债务人对最初债权人承担的债务消灭，在第三人代位履行的债务范围内，债务人仍然应当对第三人承担债务。因为债的代位履行与一般履行之间所存在的这些差异，现行《法国民法典》在债的清偿当中将债的代位履行分离出来，作为独立的一分节，已如前述。

（二）债的代位履行与债权转让之间的共同点

虽然债的代位履行具有债权转让的性质，但是，债的代位履行独立于债权转让，即便它们之间的确存在众多的共同点。① 这一点从《法国民法典》的规定当中能够得到清晰的证明。在现行《法国民法典》当中，债权转让属于一种"债的交易"（Les opérations sur obligations）被立法者规定在第三卷第四编第二章第一节当中，已如前述，而债的代位履行则属于一种"债的消灭"（L'extinction de l'obligation）被立法者规定在第三卷第四编第四章第一节第四分节当中，也就是被规定在债的清偿当中，已如前述。

债的代位履行与债权转让之间的共同点有四个：

第一，无论是债的代位履行还是债权转让均会产生债权转让的法律效力。债权转让的唯一目的是产生债权转让的效力：通过债权转让合同，转让人将自己对债务人享有的债权转让给受让人，并因此由受让人取得和对被让债务人行使自己的债权关于这一点，笔者将在后面的内容加以说明，此处从略。虽然民法学者之间存在不同的看法，但是，债的代位履行仅仅消灭最初债务人对最初债权人承担的债务，换言之，仅仅被代位者的债权消灭，在被代位者的债权消灭的同时，债的代位履行将最初债权人享有的债权转让给了代位者，并因此让代位者对最初债务人享有和行使自己的债权。

第二，基于债的代位履行具有债权的转让效力，债的代位履行与债权转让之间还存在其他几个方面的共同点：一方面，债权人发生了变更。债权转让是以新债权人取代旧债权人作为基础，因此，债权转让当然产生了一个债权人取代另外一个人债权人的现象。同样的景象也发生在债的代位履行当中，通过履行最初债务人对最初债权人所承担的债务的方式，代位者取得了原本属于被代位者享有的债权，换言之，作为新债权人的代位者取代了作为旧债权人的被代位者。另一方面，债权均没有发生变更。债权转让以受让债权人取得转让人所转让的全部或者部分债权作为必要条件，受让人所受让的债权

---

① Jacques Flour, Jean-Luc Aubert, Éric Savaux, Droit civil, Les Obligations, 3. Le rapport d'obligation, 7e édition, Dalloz, 2011, pp. 355 – 356.

与转让人所转让的债权属于同一债权,已如前述。同样的情况也在债的代位履行当中出现:代位履行之后的债权与代位履行之前的债权也属于同一债权,该种债权也像债权转让当中的债权一样要么是全部债权,要么是部分债权。

第三,从债权均随着主债权的转让而转让。在债权转让当中,转让人享有的主债权和从债权一并转让给受让人,除了取得主债权之外,受让债权人也取得从债权,在被让债务人不履行债务时,受让人也有权要求担保人履行债务或者承担责任。此种规则同样适用于债的代位履行:当代位者取得被代位者的债权时,附加在该债权基础上的从债权也被他们取得。

第四,抗辩的可对抗性规则均适用于债的代位履行和债权转让。在债权转让当中,被让债务人能够对抗转让人的抗辩事由同样能够对抗受让人,当受让人要求他们履行所承担的债务时,他们能够以原本可以对抗转让人的抗辩事由对抗受让人。同样的规则也在债的代位履行当中适用:在代位者要求最初债务人履行对自己承担的债务时,最初债务人能够以他们原本可以对抗被代位者的抗辩事由对抗代位者,关于债的代位履行当中的抗辩的可对抗性规则,笔者将在下面的内容当中做出详细的讨论,此处从略。

(三)债的代位履行与债权转让之间的差异

债的代位履行与债权转让之间的差异主要体现在四个方面:其一,债权转让和债的代位履行的性质不同。其二,它们之间的实质性条件存在差异。其三,它们之间的形式条件存在差异。其四,它们之间的法律效力存在差异。

首先,它们的性质存在差异。传统上,债的代位履行的性质被认为不同于债权转让的性质:债权转让在性质上属于一种投机交易,而债的代位履行在性质上则是一种债的清偿行为、善良的替换行为(bon office)。① 此种理论认为,转让人之所以转让自己享有的债权,是因为他们希望在债权到期之前实现自己的债权,并且他们也担心债权到期之后债务人可能面临资不抵债的情形;在债权的实现存在风险的情况下,受让人之所以仍然愿意受让转让人所转让的债权,是因为他们能够从中获得利益:他们能够以更低的价格和更有利于自己的其他条件获得转让人所转让的债权。而债的代位履行不同,它是建立在友情的基础上,在债务人面临困境时,债务人的亲朋好友基于公平原则(les règles de l'équité)、自然公平(l'équité naturelle)替他们偿还对债权人承担的债务。虽然债务人的亲朋好友能够对债务人主张追偿权,但是,他们不会从中获得利益,因为他们只能够在自己的清偿范围内主张追偿权。当然,此种看法在历史上也许是有说服力的,在今时今日,此种区分很难被人信服,因为,在今时今日,债的代位履行往往由职

---

① Frédéric Mourlon, Traité théorique et pratique des subrogations personnelles, Paris, Joubert, 1848, pp. 185 - 186; Daniel de Folleville, Des caractères distinctifs du paiement avec subrogation (art. 1249 - 1252.), Paris, Ernest Thorin, 1871, pp. 20 - 21; Antoine-Louis Pillet, Thèse pour la licence, Grenoble, Typographie et lithographie Allier frères, 1878, p. 37; Jean Carbonnier, Droit civil, Volume II, Les biens, les obligations, puf, 2004, p. 2485; Jacques Flour, Jean-Luc Aubert, Éric Savaux, Droit civil, Les Obligations, 3. Le rapport d'obligation, 7e édition, Dalloz, 2011, p. 356; Philippe Malaurie, Laurent Aynès, Philippe Stoffel-Munck, Droit Des Obligations, 8e édition, LGDJ, 2016, p. 788.

业性质的保理机构实施,关于这一点,笔者将在下面的内容当中做出详细的讨论,此处从略。

其次,是否需要债权人同意的不同。债权转让需要获得债权人的同意,否则,债权不能够转让。债的代位履行则不同,法定代位履行的法律效力完全依据制定法的明确规定而发生,不需要债权人做出同意的意思表示。虽然基于债权人同意的约定代位履行需要获得债权人的同意,但是,基于债务人同意的约定代位履行则不需要获得债权人的同意。换言之,在三种代位履行当中,有两种代位履行不需要获得债权人的同意,它们是在债权人的意思表示之外产生法律效力的。① 关于债的代位履行的条件,笔者将在下面的内容当中做出详细的讨论,此处从略。

再次,是否需要采取某种形式或者公示性的要求不同。债权转让应当采取书面形式,如果要对被让债务人产生法律效力,它们应当采取某种公示方式,诸如通知债务人或者债务人已经知道了债权转让的发生。而债的代位履行则不同,除了基于债务人同意的约定代位履行需要当事人采取某种形式之外,其他两种代位履行都不要求当事人采取书面形式。此外,所有债的代位履行均没有要求债权转让当中的公示方式。②

最后,法律效力不同。虽然债的代位履行和债权转让均会产生将债权从一个债权人转让给另外一个债权人的法律效力,但是,它们所产生的此种转让效力的范围是不同的。总的说来,在债权转让当中,债权的受让人所取得的债权是债权人所转让的名义上的债权数额。而在债的代位履行当中,代位者所取得的债权数额仅仅是他们替债务人清偿的债务数额。在债权转让当中,如果转让人仅仅将部分债权转让给受让人,则转让人和受让人均能够平等地要求债务人支付与自己债权数额相同的数额给自己。③

在债的代位履行当中,如果代位者仅仅替债务人清偿部分债务,则代位者和被代位者在各自享有的债权范围内有权要求债务人履行所承担的债务:除非存在相反的协议,否则,被代位者对债务人享有的债权优先于代位者对同一债务人享有的债权。在债权转让当中,如果债权转让是有偿转让,则转让人至少应当对受让人承担一种担保债务即担保债权的存在,已如前述,而在债的代位履行当中,被代位者即最初的债权人不对代位者承担此种法定担保债务,如果债权不存在,代位者仍然能够对被代位者提出不当得利

---

① Jacques Flour, Jean-Luc Aubert, Éric Savaux, Droit civil, Les Obligations, 3. Le rapport d'obligation, 7e édition, Dalloz, 2011, pp. 355 – 356; François Terré, Philippe Simler, Yves Lequette, François Chénedé, Droit civil, Les obligations, 12e édition, Dalloz, 2018, pp. 1576 – 1577.

② Jacques Flour, Jean-Luc Aubert, Éric Savaux, Droit civil, Les Obligations, 3. Le rapport d'obligation, 7e édition, Dalloz, 2011, pp. 355 – 356; François Terré, Philippe Simler, Yves Lequette, François Chénedé, Droit civil, Les obligations, 12e édition, Dalloz, 2018, pp. 1576 – 1577.

③ Henri et Léon Mazeaud, Jean Mazeaud, François Chabas, Obligations, 9e édition, Montchrestien, 1998, pp. 957 – 958; Jacques Flour, Jean-Luc Aubert, Éric Savaux, Droit civil, Les Obligations, 3. Le rapport d'obligation, 7e édition, Dalloz, 2011, pp. 355 – 356; Virginie Larribau-Terneyre, Droit civil Les obligations, 15e édition, Dalloz, 2017, p. 218; François Terré, Philippe Simler, Yves Lequette, François Chénedé, Droit civil, Les obligations, 12e édition, Dalloz, 2018, p. 1577.

返还请求权，要求法官责令被代位者将自己所为的清偿返还给自己。①

五、债的代位履行所涉及的利益

在债务人对债权人承担债务时，第三人为何愿意替债务人清偿他们对债权人承担的债务？债权人为何接受第三人替债务人实施的履行行为？债务人为何愿意第三人替他们履行自己对债权人所承担的债务？这些问题涉及到债的代位履行所涉及到的利益：除了有利于债务人和债权人之外，债的代位履行尤其有利于第三人。

（一）债的代位履行对债务人的利益

对于债务人而言，似乎债的代位履行对他们没有任何实际利益，因为，债的代位履行并没有消灭他们所承担的债务，仅仅让他们承担的债务从一个债权人即被代位者转移到另外一个债权人即代位者，换言之，债的代位履行既没有加重债务人承担的债务，也没有减轻债务人承担的债务。实际情况并非如此，债的代位履行仍然对债务人存在两个方面的实际利益。

一方面，如果没有代位履行，他们可能会被自己的债权人即刻提起诉讼，并且被法官采取强制执行措施，通过第三人的代位履行，他们所面临的此种风险消散。

另一方面，在基于债务人同意所产生的约定代位履行当中，债的代位履行能够让债务人从第三人那里获得信用：为了偿还自己对债权人承担的金钱债，他们在向第三人即代位者借贷时无需额外对第三人提供担保，因为，第三人在将金钱借贷给债务人时，他们会取代最初的债权人的地位并因此对债务人享有债权，而他们取得的此种债权本身就包含了担保权的存在。换言之，在债的代位履行当中，债务人无需提供担保就能够获得第三人的信用，这就是债的代位履行所具有的获取信用的功能。②

（二）债的代位履行对被代位者的利益

对于被代位者即最初的债权人而言，债的代位清偿所具有的利益是：如果债务人因为信用不佳甚至资不抵债而无法清偿自己对债权人承担的债务，则债权人的债权面临无法实现的风险，通过第三人的代位履行，债权人的债权所面临的此种风险消灭，因为第三人的代位履行让债权人享有的债权获得了实现。在损害赔偿债当中，此种利益得到最佳的阐述：如果他人因为行为人实施的侵权行为而遭受人身或者财产损害，他人当然有

---

① Henri et Léon Mazeaud, Jean Mazeaud, François Chabas, Obligations, 9e édition, Montchrestien, 1998, pp. 957–958; Jacques Flour, Jean-Luc Aubert, Éric Savaux, Droit civil, Les Obligations, 3. Le rapport d'obligation, 7e édition, Dalloz, 2011, pp. 355–356; Virginie Larribau-Terneyre, Droit civil Les obligations, 15e édition, Dalloz, 2017, p. 218; François Terré, Philippe Simler, Yves Lequette, François Chénedé, Droit civil, Les obligations, 12e édition, Dalloz, 2018, p. 1577.

② Henri et Léon Mazeaud, Jean Mazeaud, François Chabas, Obligations, 9e édition, Montchrestien, 1998, pp. 943–944; Jacques Flour, Jean-Luc Aubert, Éric Savaux, Droit civil, Les Obligations, 3. Le rapport d'obligation, 7e édition, Dalloz, 2011, p. 338; Marjorie Brusorio-Aillaud, Droit des obligations, 8e édition, bruylant, 2017, pp. 340–341; François Terré, Philippe Simler, Yves Lequette, François Chénedé, Droit civil, Les obligations, 12e édition, Dalloz, 2018, pp. 1554–1555.

权向法院起诉，要求法官责令行为人对自己遭受的损害承担赔偿责任，但是，如果行为人欠缺清偿能力，则他人的债权面临无法实现的风险。通过保险公司或者社会保障部门的代位履行，他人遭受的损害获得了赔偿，并因此让自己享有的债权获得了实现，这就是债的代位履行所具有的担保功能，此种担保功能确保最初债权人的债权能够通过第三人的代位履行获得实现。①

（三）债的代位履行对代位者的利益

债的代位履行最核心的人物既不是债务人也不是最初的债权人，而是替债务人履行债务的第三人即代位者。在原本不对最初债权人承担债务的情况下，第三人为何履行原本应当由债务人亲自履行的债务？答案在于，在某些情况下，第三人基于制定法的要求而代位履行债务人的债务，例如，共同连带债务人。而在另外一些情况下，第三人则是完全基于自愿而代位履行债务人所承担的债务。在制定法没有强制规定的情况下，第三人之所以愿意代位履行债务人的债务，是因为代位履行债务人的债务会给代位者带来两个方面的利益。

一方面，债的代位履行会让代位者享有追偿权，这就是，当第三人替债务人履行了他们对债权人承担的债务时，他们能够取代债权被清偿的债权人的地位而要求债务人对自己履行债务：除了有权要求债务人在自己所清偿的范围内对支付金钱给自己之外，他们还有权要求债务人支付有关费用，在例外情况下，如果存在损害赔偿，他们也有权要求债务人支付损害赔偿金。此种追偿权也被称为基于代位履行所产生的诉权。因此，在一个共同连带债务人清偿了全部债务之后，他对其他连带债务人享有追偿权，有权要求其他债务人在各种的范围内清偿自己对他们享有的债权。②

另一方面，债的代位履行会让代位者享有另外一项重要的、有时甚至是决定性的重大利益，这就是，除了取得被代位者享有的主债权之外，他们还取得了被代位者享有的从债权，诸如保证和抵押权等。如果最初债权人对其债务人享有的债权是有担保权的债权，当代位者替债务人履行了对最初债权人承担的债务时，他们就取得了最初债权人享有的所有债权，除了主债权当然也包括从债权。在债务人不履行债务时，债权人能够对担保人提起诉讼，要求法官对他们的财产采取强制执行措施，此时，代位者享有的债权具有优先于其他债权人而获得清偿的效力，这让代位者处于更好的境地，也是代位者愿意替债务人清偿债务的最主要原因。③

代位者享有的这两种利益并不是相互排斥的，根据债务人的状况和代位者所享有的

---

① Henri et Léon Mazeaud, Jean Mazeaud, François Chabas, Obligations, 9e édition, Montchrestien, 1998, pp. 943 – 944; Jacques Flour, Jean-Luc Aubert, Éric Savaux, Droit civil, Les Obligations, 3. Le rapport d'obligation, 7e édition, Dalloz, 2011, p. 338; Marjorie Brusorio-Aillaud, Droit des obligations, 8e édition, bruylant, 2017, pp. 340 – 341; François Terré, Philippe Simler, Yves Lequette, François Chénedé, Droit civil, Les obligations, 12e édition, Dalloz, 2018, pp. 1554 – 1555.

② François Terré, Philippe Simler, Yves Lequette, François Chénedé, Droit Civil, les Obligations, 12e édition, Dalloz, 2018, p. 1554.

③ François Terré, Philippe Simler, Yves Lequette, François Chénedé, Droit Civil, les Obligations, 12e édition, Dalloz, 2018, pp. 1554 – 1555.

追偿权是否成功的不同,代位者可以选择行使他们所享有的这两种诉讼当中的一种。①

第二节 债的代位履行的历史

就像债的清偿源自罗马法一样,债的代位履行也源自罗马法,不过,如果说罗马法当中存在清偿一词的话,则罗马法当中既不存在代位(subrogation)一词,更没有所谓的代位清偿或者代位履行一词,因为 subrogation 是法国旧法时期的民法学家最先使用的一种术语。而人们之所以仍然认为债的代位履行源自罗马法,是因为罗马法上的两种不同制度为法国旧法时期的习惯法学家和民法学家铸造这一制度提供了材料,这就是诉权转让(cession des actions)和抵押权顺位提升(succession in locum creditoris)。②

换言之,借助于罗马法上的诉权转让和抵押权顺位提升,法国 18 世纪末期之前的习惯法学家和民法学家建构了债的代位履行制度,并且他们所建构的此种制度被 1804 年的《法国民法典》所采纳,因为法国立法者将他们所建构的此种制度作为一种特殊的债的清偿规定在债的消灭当中。这就是 1804 年的《法国民法典》当中的第 1249 条至第 1252 条,③ 这些法律条款一直从 1804 年保留到 2016 年④,直到 2016 年 2 月 10 日的债法改革法令以新的法律条款取代它们时止,这就是现行《法国民法典》当中新的第 1346 条至新的第 1346-5 条。⑤ 虽然《法国民法典》已经在债的代位履行的性质上做出了明确的选择,但是,民法学者仍然对其性质存在争议:债的代位履行仅仅是一种债的清偿方式还是一种债的交易方式,民法学者之间仍然存在争议,无论是在 2016 年之前还是之后,均是如此。

一、罗马法当中处于萌芽状态的债的代位履行

虽然当今债法上的大多数理论均源自罗马法,但是,债的代位履行并不是由罗马法规定的,因为罗马法没有建立一般意义上的债的代位履行制度。不过,债的代位履行制度的两个"种子"则播撒在罗马法当中,这就是罗马法当中的诉权转让和抵押权的顺

---

① François Terré, Philippe Simler, Yves Lequette, François Chénedé, Droit Civil, les Obligations, 12e édition, Dalloz, 2018, p.1555.

② Frédéric Mourlon, Traité théorique et pratique des subrogations personnelles, Paris, Joubert, 1848, pp.1-623; Antoine-Louis Pillet, Thèse pour la licence, Grenoble, Typographie et lithographie Allier frères, 1878, pp.27-64; Daniel de Folleville, Des caractères distinctifs du paiement avec subrogation (art. 1249-1252.), Paris, Ernest Thorin, 1871, pp.5-32; Jean Carbonnier, Droit civil, Volume II, Les biens, les obligations, puf, 2004, p.2485; Jérôme François, Les obligations, Régime general, Tome 4, 4e édition, Economica, 2017, pp.520-521; François Terré, Philippe Simler, Yves Lequette, François Chénedé, Droit civil, Les obligations, 12e édition, Dalloz, 2018, pp.1555-1556.

③ Articles 1249 à 1252, Code civil des Français, édition originale et seule officielle, A Paris, de l'Imprimerie de la République, An XII 1804, https://www.assemblee-nationale.fr/evenements/code-civil/cc1804-l3t03c5.pdf.

④ Articles 1249 à 1252, Code civil, Version en vigueur au 09 février 2016, https://www.legifrance.gouv.fr/codes/section_lc/LEGITEXT000006070721/LEGISCTA000006165590/2016-02-09/#LEGISCTA000006165590.

⑤ Articles 1346 à 1346-5, Code civil, Version en vigueur au 12 octobre 2021, https://www.legifrance.gouv.fr/codes/section_lc/LEGITEXT000006070721/LEGISCTA000032035285/#LEGISCTA000032035285.

序提升。

　　罗马法的债法理论认为，债是债权人和债务人之间的一种严格性质的个人关系，无论是债权人还是债务人均不能够将自己享有的债权或者承担的债务转让给第三人并因此由第三人取代债权人或者债务人而成为最初债的关系的当事人。因此，罗马法的债法禁止真正意义上的债权转让，导致债的关系当中不会出现一个人替换、取代另外一个人现象的发生。不过，在坚持此种一般规则时，为了保护保证人和共同连带债务人的利益，罗马法也对此种规则设立了一个例外，根据这个例外，如果主债务人没有履行对债权人承担的债务，债权人当然有权要求保证人或者其他连带债务人履行担保或者连带债务，但是，在保证人和其他连带债务人履行了主债务人对债权人承担的债务时，他们能够代替债权人并因此取得债权人对债务人享有的所有诉权。[1]

　　此种理论当然与债的清偿会导致债的消灭的理论冲突，因为，根据债的清偿理论，当债务人对债权人承担的债务被清偿时，债务人承担的债务消灭，债权人享有的债权也消灭，但是，根据此种理论，在债务被清偿之后，债权人的债权仍然存在。为了对此种理论做出解释，罗马法时代的民法学家采取了法律上的拟制方式，根据此种拟制方法，当保证人或者其他连带债务人替主债务人清偿了他们对债权人承担的债务时，保证人或者其他连带债务人实际上从债权人那里购买了他们对债务人享有的诉权，他们能够凭借所取得的此种诉权向法院起诉，要求主债务人对自己承担债务或者责任，这就是罗马法当中的诉权转让理论。[2]

　　除了诉权转让理论之外，罗马法还规定了另外一种制度，根据该种制度，如果债权人享有的债权在性质上属于有抵押的债权，当债务人不能够履行所承担的债务时，在取得债务人同意的情况下，第三人能够将一笔数额的金钱借贷给债务人，由债务人用该笔金钱清偿有抵押权的债权人的债权。不过，他们之间的此种借贷附加了一个条件，这就是，在用自己的金钱替债务人清偿了他们对有抵押权的债权人所承担的债务之后，第三人能够继承或者取得债权人在抵押权顺位当中的更好顺位。因此，对债务人提供贷款供债务人偿还债务的第三人是像债权人一样享有抵押权的债权人；但是，他们的抵押权顺位较后，在债务人资不抵债时，他们通过抵押物获得清偿的机会没有债权人高，为了提升自己获得清偿的机会，他们替债务人清偿了对债权人承担的债务之后就能够获得顺位

---

[1] Frédéric Mourlon, Traité théorique et pratique des subrogations personnelles, Paris, Joubert, 1848, pp. 1 – 623; Antoine-Louis Pillet, Thèse pour la licence, Grenoble, Typographie et lithographie Allier frères, 1878, pp. 27 – 64; Daniel de Folleville, Des caractères distinctifs du paiement avec subrogation (art. 1249 – 1252.), Paris, Ernest Thorin, 1871, pp. 5 – 32; Jean Carbonnier, Droit civil, Volume II, Les biens, les obligations, puf, 2004, p. 2485; Jérôme François, Les obligations, Régime general, Tome 4, 4e édition, Economica, 2017, pp. 520 – 521; François Terré, Philippe Simler, Yves Lequette, François Chénedé, Droit civil, Les obligations, 12e édition, Dalloz, 2018, pp. 1555 – 1556.

[2] Frédéric Mourlon, Traité théorique et pratique des subrogations personnelles, Paris, Joubert, 1848, pp. 1 – 623; Antoine-Louis Pillett, Thèse pour la licence, Grenoble, Typographie et lithographie Allier frères, 1878, pp. 27 – 64; Daniel de Folleville, Des caractères distinctifs du paiement avec subrogation (art. 1249 – 1252.), Paris, Ernest Thorin, 1871, pp. 5 – 32; Jean Carbonnier, Droit civil, Volume II, Les biens, les obligations, puf, 2004, p. 2485; Jérôme François, Les obligations, Régime general, Tome 4, 4e édition, Economica, 2017, pp. 520 – 521; François Terré, Philippe Simler, Yves Lequette, François Chénedé, Droit civil, Les obligations, 12e édition, Dalloz, 2018, pp. 1555 – 1556.

在前的债权人的顺位。这就是罗马法当中的提升抵押权顺位的清偿制度。①

二、法国旧法时期的习惯法学家和民法学家建造了一般意义上的债的代位履行的理论

在罗马法所规定的诉权转让和抵押权顺位提升的基础上，法国旧法时期的习惯法学家和民法学家构造了一般意义上的债的代位履行制度，不过，除了罗马法的影响之外，法国旧法时期的学者也受到了教会法的影响。基于这两个灵感源泉，他们将罗马法当中的这两个不同的制度合二为一，这就是统一的债的代位履行制度。②

（一）Cujas 和 Dumoulin 在 16 世纪就债的代位履行展开的争论

在 16 世纪，在对罗马法的上述两种不同制度做出解释时，虽然罗马法学家 Cujas 和习惯法学家 Dumoulin 均将其归结为统一的代位履行制度，但是，他们之间就此种制度的方方面面均存在截然相反的、完全对立的两极：债的代位履行是源自当事人之间的意愿还是源自制定法的规定，如果源自当事人的意愿，它是源自债权人的意愿还是债务人的意愿？换言之，债的代位履行究竟是基于债权人的同意还是债务人的同意才开启的？债的代位履行在性质上是一种将旧债权的主债权和从债权一并转让给代位者的制度，还是仅仅将旧债权的担保权转让给代位者的制度？债的代位履行的基础是什么，债的代位履行适用于哪些具体情形，它们的条件有哪些，它们产生的法律效力是什么，均被他们做出了广泛的讨论并产生了重大的争议。③

在就这些问题展开争论时，每一方均穷尽自己的力量，除了提出自己的主张能够成立的各种理由之外，他们竭尽全力提出围剿对方看法的不同理由。基于此种原因，在 16 世纪，除了承认债的代位履行的存在之外，他们之间没有在债的代位履行的任何方面达成一致的看法，没有建立债的代位履行方面的一般原则，因为他们之间的看法是没有办法调和的，没有任何一方愿意牺牲自己的看法而迁就对方的看法。④

（二）法国国王亨利四世在 1609 年颁布承认基于债务人的同意所产生的约定代位履行

在 16 世纪，虽然民法学家之间存在这些重大的争议，但是，习惯法和罗马法均承认，基于债权人的同意，债的代位履行是能够实施和发生法律效力的，不过，在约定债

---

① Frédéric Mourlon, Traité théorique et pratique des subrogations personnelles, Paris, Joubert, 1848, pp. 1 – 623; Antoine-Louis Pillet, Thèse pour la licence, Grenoble, Typographie et lithographie Allier frères, 1878, pp. 27 – 64; Daniel de Folleville, Des caractères distinctifs du paiement avec subrogation (art. 1249 – 1252.), Paris, Ernest Thorin, 1871, pp. 5 – 32; Jean Carbonnier, Droit civil, Volume II, Les biens, les obligations, puf, 2004, p. 2485; Jérôme François, Les obligations, Régime general, Tome 4, 4e édition, Economica, 2017, pp. 520 – 521; François Terré, Philippe Simler, Yves Lequette, François Chénedé, Droit civil, Les obligations, 12e édition, Dalloz, 2018, pp. 1555 – 1556.

② François Terré, Philippe Simler, Yves Lequette, François Chénedé, Droit Civil, les Obligations, 12e édition, Dalloz, 2018, p. 1555.

③ Frédéric Mourlon, Traité théorique et pratique des subrogations personnelles, Paris, Joubert, 1848, p. 7.

④ Frédéric Mourlon, Traité théorique et pratique des subrogations personnelles, Paris, Joubert, 1848, p. 7.

的代位履行当中，债务人的同意是否能够导致债的代位履行的实施和发生法律效力，这些法律没有规定，民法学者和习惯法学家之间存在不同的看法。为了平息 Cujas 和 Dumoulin 之间的纷争，尤其是，为了满足 17 世纪初期经济发展的需要，法国国王亨利四世（roi Henri IV）在 1609 年 5 月颁布了著名的敕令、诏书（édit），该敕令明确规定，除了债权人的同意能够产生债的代位履行之外，债务人的同意也能够产生债的代位履行，因为它规定，当第三人为了让债务人消灭自己对债权人承担的债务而对其提供资本时，债权已经被消灭的债权人的债权能够转让给第三人。①

在 17 世纪初期，亨利四世的此种敕令让债的代位履行领域确立了两种类型的约定代位履行：基于债权人同意的代位履行和基于债务人同意的代位履行。除了基于平息纷争的目的颁布此种敕令之外，亨利四世颁布此种敕令的另外一个目的在于保护债务人的利益，减轻他们所承担的沉重负担。从 1562 年到 1598 年，法国发生了著名的战争即宗教战争（Les guerres de religion）。② 在宗教战争期间，金钱的利率飞涨，法律禁止人们从事有息借贷。为了逃避法律的禁止，人们将金钱借贷改头换面为附加终生年金的投资方式。③

根据这一投资方式，债权人将自己的资本交给债务人，债务人获得了资本之后既不需要偿还本金也不需要支付利息，但是，除了每一年对债权人支付年金之外，在当事人之间的交易终止时，债务人应当将债权人的投资返还给债权人。随着亨利四世统治下经济的繁荣和安全的出现，让债务人负担加重。为了减轻自己的负担，债务人希望从第三人那里获得信用以便购回自己的终生年金合同，当他们的此种做法遭到债权人的反对时，亨利四世决定支持债务人的做法，通过 1609 年的敕令正式承认了基于债务人的同意所产生的约定代位履行。④

（三）Philippe de Renusson 在 17 世纪末期对一般意义上的债的代位履行的正式和完整建构

虽然《法国民法典》被视为 Domat 和 Pothier 的杰作，但是，在债的代位履行的问题上，《法国民法典》很少受到 Domat 或者 Pothier 的影响，即便受到其中的 Pothier 的影响，Pothier 的影响也是有限的，因为 Pothier 对债的代位履行所做出的说明相对于 Philippe de Renusson 而言要简略得多，关于这一点，笔者将在下面的内容当中做出详细的讨论，此处从略。实际上，在债的代位履行的体系化、完善化的道路上，起到核心作用的民法学者是法国 17 世纪末期的著名学者、法学家 Philippe de Renusson。⑤

---

① Frédéric Mourlon, Traité théorique et pratique des subrogations personnelles, Paris, Joubert, 1848, p.7; Henri et Léon Mazeaud, Jean Mazeaud, François Chabasd, Obligations, 9e édition, Montchrestien, 1998, p.948.

② Guerres de Religion (France), https://fr.wikipedia.org/wiki/Guerres_de_Religion_(France).

③ Henri et Léon Mazeaud, Jean Mazeaud, François Chabas, Obligations, 9e édition, Montchrestien, 1998, p.948.

④ Henri et Léon Mazeaud, Jean Mazeaud, François Chabas, Obligations, 9e édition, Montchrestien, 1998, p.948.

⑤ Jean Carbonnier, Droit civil, Volume Ⅱ, Les biens, les obligations, puf, 2004, p.2485.

Philippe de Renusson 生于 1632 年，卒于 1699 年，他虽然是巴黎最高法院（parlement de Paris）的律师，但是，他以自己的一系列民法著作而名扬四海，这些著作自出版之日起就一直被人们不停地再版到 18 世纪末期，其中就包括与本主题息息相关的一部著作。1685 年，他出版了债的代位履行领域的第一部专著即《债的代位履行专论》。1723 年，Charles de Fourcroy 再版了该著作并且加上了自己的评注，1732 年和 1742 年，该著作被人们再版。

《债的代位履行专论》共 16 章，除了对债的代位履行的一般理论和一般制度做出了详尽的阐述之外，它也对各种具体类型的债的代位履行做出详尽的分析。① 在第一章即"债的代位履行总论"当中，他明确区分两种性质不同的代位即人的代位和物的代位，他指出："我们首先要谈到人的代位和物的代位。所谓人的代位，是指当一个人被另外一个人所取代，换言之，所谓人的代位，是指一个人取代另外一个人的地位而行使另外一个人的权利和诉权，包括行使另外一个人的债权和物权。所谓物的代位，是指一个物被另外一个物所取代，换言之，所谓物的代位，是指一个物取代另外一个物的位置，如果两个物的性质、质量相同并且如果均属于同一个人的话。"②

他明确将债的代位履行分为两类：基于制定法的规定所产生的债的代位履行和基于合同所产生的债的代位履行，他指出："债的代位履行或者源自制定法或者源自当事人之间的合同。罗马制定法（les Loix Romaines）已经确定了几种情形，在这些情形当中，它们建立了当然发生法律效力的代位履行并且包含了明确的规定。我们的法国法已经批准了这些法定的情形，1609 年的亨利令四世法令就明确说到，它批准了罗马法在这一领域的观点，并且它是基于理性和公平的理由才做出这样规定的。在制定法明确规定的情形之外，债的代位履行是不存在的，除非合同当事人在他们的合同当中明确约定，代位者清偿债务人的债务之后能够取得被代位者的地位。"③

他认为，无论是什么性质的债的代位履行，代位者通过履行债务人债务的方式所获得的代位债权包括三类：个人性质的债权（les creanciers personnels）、受抵押权担保的债权（les creanciers hypothecaires）和具有优先性的债权（Les creanciers privilegiez）。其中的个人性质的债权，是指最初债权人能够要求债务人对其履行的债权，所谓受抵押权担保的债权，是指最初债权人对债务人享有的债权是受到某种有形财产的抵押担保的债权，而所谓具有优先性的债权，则是指最初债权人在与同一债务人的其他债权人的债权冲突时能够优先于其他债权获得清偿的债权。在代位者替债务人履行对债权人承担的债务时，他们能够取得最初债权人享有的这些债权。④

除了对债的代位履行的一般理论做出了详尽的阐述之外，他还对债的代位履行的各种具体情形做出了详尽的阐述。他认为，在决定债的代位履行所适用的情形时，人们应当区分两种不同的情况：非陌生人替债务人履行债务和陌生人替债务人履行债务。所谓

---

① Philippe de Renusson, Traité de la Subrogation, A Paris, Chez Nicolas Le Gras, 1685, pp. 9 – 525.
② Philippe de Renusson, Traité de la Subrogation, A Paris, Chez Nicolas Le Gras, 1685, p. 10.
③ Philippe de Renusson, Traité de la Subrogation, A Paris, Chez Nicolas Le Gras, 1685, p. 92.
④ Philippe de Renusson, Traité de la Subrogation, A Paris, Chez Nicolas Le Gras, 1685, p. 46.

非陌生人，是指与当事人之间的债的履行具有利害关系的第三人，诸如其他共同连带债务人、其他继承人或者保证人。当他们替债务人履行债务时，债的代位履行当然发生法律效力。因此，如果一个连带债务人或者一个共同继承人偿还了对债权人承担的所有债务，他们能够取代债权人的身份而对其他连带债务人和共同继承人享有追偿权。① 同样，如果保证人替主债务人履行了他们对债权人承担的债务，则保证人取得债权人的身份并因此能够对主债务人享有追偿权。②

所谓陌生人，则是指同当事人之间的债的履行没有利害关系的第三人，换言之，所谓陌生人，是指共同连带债务人、共同继承人或者保证人等之外的人。Renusson 认为，人们之所以将陌生人与非陌生人区分开来，是因为非陌生人的代位履行属于法定代位履行，以制定法的明确规定作为根据，而陌生人的代位履行在性质上属于约定代位履行，以当事人之间存在此种代位履行的明确约定作为条件，不过，他也认为，当事人的同意并非一定是指债权人的同意，债务人的同意就足以让债的代位履行成立和产生法律效力。③

Renusson 还认为，基于债务人的同意，如果陌生人将一笔金钱借贷给债务人供债务人偿还自己对债权人所承担的债务，在债务人用该笔贷款偿还了债权人的债权之后，陌生人将代位取得债权人的地位而对债务人享有债权，则他们之间的此种合同约定是合法有效的，陌生人能够在所借贷的金钱数额内对债务人享有追偿权。④ 在此种情况下，债的代位履行不仅对从陌生人那里借贷并且同意债的代位履行的债务人本人产生约束力，而且还对没有从陌生人那里借贷并且没有同意债的代位履行的保证人或者连带债务人等人产生约束力。⑤

（四）Pothier 在 18 世纪对债的代位履行做出的简略说明

在 18 世纪，Pothier 分别在自己的两部著作当中对债的代位履行做出了简要的阐述，其中的一部著作是《债法专论》，而另外一部著作则是《奥尔良习惯》（*Coutume d'Orléans*）。

在其《债法专论》当中，Pothier 对债的代位履行做出了简单说明。他指出，债的代位履行在性质上属于一种真正的债的清偿行为，它不是一种债权转让行为，因为，通过代位者的履行行为，债务人承担的债务消灭了。不过，为了代位者的利益，人们认为债权人的债权仍然存在，代位者对债务人享有的诉权仅仅是一种"权利的拟制"（fiction de droit）。Pothier 还认为，作为债的清偿的一种方式，债的代位履行既可以是全部履行，也可以是部分履行：如果第三人替债务人履行了全部债务，他们能够取代债权人的身份而对债务人主张全部债权的追偿权，反之，如果他们仅仅替债务人履行了部分债

---

① Philippe de Renusson, Traité de la Subrogation, A Paris, Chez Nicolas Le Gras, 1685, pp. 167–243.
② Philippe de Renusson, Traité de la Subrogation, A Paris, Chez Nicolas Le Gras, 1685, pp. 244–243.
③ Philippe de Renusson, Traité de la Subrogation, A Paris, Chez Nicolas Le Gras, 1685, pp. 244–320.
④ Philippe de Renusson, Traité de la Subrogation, A Paris, Chez Nicolas Le Gras, 1685, pp. 321–353.
⑤ Philippe de Renusson, Traité de la Subrogation, A Paris, Chez Nicolas Le Gras, 1685, pp. 395–439.

务，在所履行的部分债务范围内，他们能够对债务人主张部分债权的追偿权。① 而在其《奥尔良习惯》当中，Pothier 对债的代位履行做出的说明则要详细一些。

首先，他对债的代位履行的概念和性质做出了说明，他指出，所谓债的代位履行是指一种权利的拟制，根据该种拟制，债权人被认为将自己享有的权利、诉权、抵押权和优先权转让给了对其实施债务履行行为的人。债的代位履行是一种真正的债的清偿行为，不过，为了对债权人实施债务履行行为的人的利益，法律拟制该人代位债权人并且购买了债权人对债务人所享有的债权。②

其次，他对债的代位履行产生的渊源即类型做出了简要的说明，他认为，债的代位履行产生的渊源分为四种：单纯的制定法（a loi seule），对债权人提出的要求（la réquisition），与债权人缔结的合同，以及与债务人缔结的合同。所谓单纯的制定法，是指在制定法明确规定能够产生债的代位履行的情形，债的代位履行当然会发生。所谓对债权人提出的要求，是指在替债务人履行了对债权人承担的债务之后，共同债务人、保证人、抵押物的所有权人对债权人提出的代位取得他们享有针对债务人主张的权利、诉权、抵押权和优先权的请求。③ 所谓与债权人缔结的合同，是指陌生人与债权人签订的一种合同，根据该种合同，在替债务人履行了对债权人承担的债务之后，陌生人替代债权人取得其针对债务人享有的权利、诉权、抵押权和优先权。所谓与债务人缔结的合同，是指陌生人与债务人签订的一种合同，根据该种合同，在替债务人履行了对债权人承担的债务之后，陌生人替代债权人取得其针对自己享有的权利、诉权、抵押权和优先权。④ 不过，他的此种四分法也可以视为二分法：制定法所规定的债的代位履行和制定法规定之外的代位履行，因为他指出，所谓制定法所规定的债的代位履行，是指基于单纯的制定法的规定所产生的代位履行，其他三种均属于制定法规定之外的债的代位履行。之所以做出这样的区分，是因为制定法所规定的债的代位履行当然发生法律效力，而其他三种则不会产生当然的法律效力。⑤

最后，他对债的代位履行产生的法律效力做出了简要阐述，他认为，债的代位履行的法律效力遵从三个原则：第一原则（premier principe）、第二原则（second principe）和第三原则（troisième principe）。

所谓第一原则，是指如果债务人清偿了自己应当实施的给付行为，债权人权利的代位取得仅仅在他们能够就自己所为的清偿对某一个人享有追偿权时才会有用和有效。根据这一原则，如果保证人履行了主债务人对债权人承担的债务，他们能够代位享有债权

---

① M. Bugnet, Œuvres de Pothier, annotées et mises en corrélation avec le Code civil et la legislation actuelle, Tome II, Paris, Henzri Plon Gosse et Marchal, 1861, pp. 299–300.

② M. Bugnet, Œuvres de Pothier, annotées et mises en corrélation avec le Code civil et la legislation actuelle, Tome VII, Paris, Henzri Plon Gosse et Marchal, 1861, p. 489.

③ M. Bugnet, Œuvres de Pothier, annotées et mises en corrélation avec le Code civil et la legislation actuelle, Tome VII, Paris, Henzri Plon Gosse et Marchal, 1861, pp. 489–492.

④ M. Bugnet, Œuvres de Pothier, annotées et mises en corrélation avec le Code civil et la legislation actuelle, Tome VII, Paris, Henzri Plon Gosse et Marchal, 1861, pp. 489–492.

⑤ M. Bugnet, Œuvres de Pothier, annotées et mises en corrélation avec le Code civil et la legislation actuelle, Tome VII, Paris, Henzri Plon Gosse et Marchal, 1861, pp. 489–492.

人的权利，因为针对自己所为的清偿，他们能够对主债务人行使追偿权。相反，如果主债务人清偿了自己原本应当实施的给付行为，则他们代位取得债权人的权利的行为是没有用处的，因为，针对他们自己实施的清偿行为，他们不享有追偿权。①

所谓第二原则，是指虽然新债权人即代位者能够取得旧债权人即被代位者的权利、诉权、抵押权和优先权等，但是，他们所取代的这些权利并非总是等于旧债权人享有的权利范围，因为他们仅仅在自己清偿的范围内才享有这些权利。

所谓第三人原则，是指如果新债权人仅仅代位取得旧债权人享有的部分债权，在他们享有的债权与同一债务人的其他债权人的债权冲突时，他们享有的代位债权具有优先于其他债权获得清偿的效力。②

三、19 世纪的法国民法学者对债的代位履行所做出的说明

Philippe de Renusson 在 17 世纪的《债的代位履行专论》体系严密、内容丰富、观点鲜明，为法国立法者提供了最清晰的、最全面的蓝图，在制定 1804 年的《法国民法典》时，他们所能够做的不外乎将他的著作当中的精要摘抄到《法国民法典》当中，就像他们在制定同一法典时将 Pothier 的民法著作当中的精要摘抄到该法典当中一样，这就是第 1249 条至第 1252 条。

1804 年的《法国民法典》第 1249 条对债的代位履行的类型做出了规定，根据它的规定，债的代位履行分为法定代位履行和约定代位履行。第 1250 条对约定代位履行的条件和法律效力做出了规定，尤其是对第三人提供贷款给债务人还债时的约定代位履行做出了规定。第 1251 条对法定代位履行的具体情形做出了规定，认为在五种具体情况下，债的代位履行自动生效、当然产生法律效力。第 1252 条对债的代位履行所涉及的一种法律效力即代位者享有的权利除了能够对债务人主张之外还能够对保证人予以主张。③

在 19 世纪，虽然民法学家普遍根据《法国民法典》第 1249 条至第 1252 条的规定对债的代位履行做出解释，但是，在债的代位履行的问题上，他们之间并没有取得完全一致的看法。首先，在 19 世纪，民法学家普遍根据《法国民法典》的规定对债的代位履行做出解释。例如，在 1821 年的《法国民法》当中，Toullier 就根据《法国民法典》的这些法律条款的规定对债的代位履行做出了阐述，包括债的代位履行的概念、类型、债权人能够代位行使的两种权利即债权和物权、制定法所规定的代位履行的类型和法律效力以及合同规定的代位履行的条件和法律效力等。④ 其次，在 19 世纪中期，少数民

---

① M. Bugnet, Œuvres de Pothier, annotées et mises en corrélation avec le Code civil et la legislation actuelle, Tome VII, Paris, Henzri Plon Gosse et Marchal, 1861, pp. 492 – 494.

② M. Bugnet, Œuvres de Pothier, annotées et mises en corrélation avec le Code civil et la legislation actuelle, Tome VII, Paris, Henzri Plon Gosse et Marchal, 1861, pp. 492 – 494.

③ Articles 1249 à 1252, Code civil, Version en vigueur au 09 février 2016, https://www.legifrance.gouv.fr/codes/section_ lc/LEGITEXT000006070721/LEGISCTA000006165590/2016 – 02 – 09/#LEGISCTA000006165590.

④ C. B. M. Toullier, Le Droit civil francais suivant l'ordre du code, Tome I, troisième édition, A PARIS, Chez B. WARÉE, oncle, Libraire de la Cour royale, 1821, pp. 93 – 202.

法学者出版了有关债的代位履行方面的专著,包括 Frédéric Mourlon 在 1848 年出版的《个人代位的理论和实践专论》和 Antoine Gauthier 在 1853 年出版的《人的代位专论》,对债的代位履行做出全面、系统和深入的研究。① 最后,虽然在大多数方面,19 世纪的民法学家均是相同的,但是,在债的代位履行的性质方面,他们之间则存在重大的争议。例如,Toullier 的说明就明显区别于 Championnière 和 Rigaud 的说明,已如前述。

四、2016 年之前和之后的法国民法学者对债的代位履行所存在的不同看法

(一) 法国民法学者就债的代位履行的性质所产生的三个方面的争议

1804 年的《法国民法典》第 1249 条至第 1252 条一直从 1804 年保留到 2016 年。通过 2016 年 2 月 10 日的债法改革法令,现行《法国民法典》仍然像 2016 年之前的《法国民法典》一样将债的代位履行视为一种债的消灭方式,这就是新的第 1346 条至新的第 1346 - 5 条。

《法国民法典》新的第 1346 条对法定代位履行做出了规定,新的第 1346 - 1 条对第一种约定代位履行即基于债权人同意所产生的约定代位履行做出了规定,新的第 1346 - 2 条对第二种约定代位履行即基于债务人的同意产生的约定代位履行尤其是通过出借用于还债的金钱的方式所产生的约定代位履行做出了规定,新的第 1346 - 3 条至新的第 1346 - 5 条对债的代位履行产生的法律效力做出了规定,它们结合在一起就形成了作为一个有机整体的债的代位履行制度。② 关于这些法律条款的规定,笔者将在下面的内容当中做出详细的讨论,此处从略。

虽然 2016 年之前和之后的《法国民法典》均将债的代位履行视为单一的债的清偿方式,认为它在性质上仅仅是债消灭的一种方式,但是,迄今为止,它的此种做法并没有将民法学者之间关于债的代位履行性质的争议浇灭:除了就债的代位履行究竟是一种单纯的债的清偿行为、单纯的债权转让行为还是这两种性质的混合体产生不同的看法之外,民法学者之间还存在另外两种不同的看法:债的代位履行究竟是一种债权转移方式还是一种债的消灭方式? 债的代位履行究竟是一种朋友之间的行为还是一种像债权转让一样的投机行为? 关于第一种争议,笔者已经在前面的内容当中做出了说明,笔者仅在此处就其他两个方面的争议做出说明。

(二) 债的代位履行在性质上究竟是一种债权转移方式还是一种债的消灭方式

无论是在 2016 年之前还是之后,在债的代位履行究竟是一种债权转移方式还是一

---

① Frédéric Mourlon, Traité théorique et pratique des subrogations personnelles, Paris, Joubert, 1848, pp. 1 - 623; Antoine Gauthier, Traité de la subrogation de personnes ou Du paiement avec subrogation, Paris, Cotillon, éditeur, 1853, pp. 1 - 636.

② Articles 1346 à 1346 - 5, Code civil, Version en vigueur au 16 octobre 2021, https://www.legifrance.gouv.fr/codes/section_lc/LEGITEXT000006070721/LEGISCTA000032035285/#LEGISCTA000032035285.

种债的消灭方式的问题上，民法学者之间存在不同的看法。某些民法学者认为，债的代位履行在性质上仅仅属于债的消灭方式，不属于债权转移的方式。例如，Fabre-Magnan，已如前述。另外一些民法学者认为，债的代位履行既为一种债权转移方式，也为一种债的消灭方式；例如，Terré、Simler 和 Lequette 等人，已如前述。

不过，不少民法学者认为，债的代位履行仅仅是一种债的交易方式，就像债权转让和债务转让在性质上属于债的交易方式一样，因为他们认为，债的代位履行属于一种债权转移方式。在2005年的《债法改革草案》当中，Catala 领导的债法改革小组就采取此种做法，它认为，作为一种创新方式，《债法改革草案》没有像《法国民法典》那样将债的代位履行和债的更新作为债消灭的两种方式规定在债的消灭当中，而是将其规定在债权的交易（les opérations sur créances）当中，这就是该《草案》当中的第1258 A 条至第1264-2条。① 它之所以将债的代位履行从债的清偿当中排除掉并且规定在债权交易当中，是基于两个方面的原因：一方面，债的代位履行仅仅产生债权转移的效力，不会产生债的消灭效力；另一方面，与债的清偿相比，债的代位履行更加接近于债权交易的观念。②

在2011年的《债的关系》当中，Flour、Aubert 和 Savaux 也采取此种看法，他们认为，除了经典的债权转让属于债权的转移方式之外，个人代位也属于债权的转移方式，这就是他们所谓的"债权转移的两种方式"，他们指出："债权转移最经典的方式是债权转让。最初，它是《法国民法典》规定的唯一方式。债权人权利的代位或者说个人代位，仅仅被《法国民法典》视为一种单纯的债的清偿方式，构成债的消灭效力的例外。然而，深刻的社会变革已经对个人代位产生了影响，该种影响允许人们将个人代位视为更加准确的债权转移方式，该种方式借助于债的清偿的根据获得实现。"③

在2016年之后，即便法国政府在权衡了不同的理论和看法之后做出了将债的代位履行作为一种债的消灭方式规定在债的清偿当中的最终决定，它的此种决定仍然没有终止民法学者之间的争议，因为，在今时今日，不少民法学者仍然坚持自己的不同看法，仍然认为债的代位履行在性质上属于一种债权转移方式、债权交易方式而不是债的消灭方式。在2016年的《债》当中，Malaurie、Aynès 和 Stoffel-Munck 就采取此种看法，他们指出，债的转移包括个人代位，债权转让和债务转让等。④ 在2017年的《债的一般制度》当中，François 也采取此种看法，他将债的代位履行视为一种债权转移方式：债权转让属于一般形式的债权转移方式，而债的代位履行和可流通证券在性质上则属于两

---

① Avant-Projet de Reforme du Droit des Obligations（Articles 1101 A 1386 Du Code Civil）et du Droit de la Prescription（Articles 2234 à 2281 du Code Civil），Rapport à Monsieur Pascal Clément，Garde des Sceaux，Ministre de la Justice，22 Septembre 2005，pp. 119 – 121.

② Avant-Projet de Reforme du Droit des Obligations（Articles 1101 A 1386 Du Code Civil）et du Droit de la Prescription（Articles 2234 à 2281 du Code Civil），Rapport à Monsieur Pascal Clément，Garde des Sceaux，Ministre de la Justice，22 Septembre 2005，p. 55.

③ Jacques Flour，Jean-Luc Aubert，Éric Savaux，Droit civil，Les Obligations，3. Le rapport d'obligation，7e édition，Dalloz，2011，p. 309.

④ Philippe Malaurie，Laurent Aynès，Philippe Stoffel-Munck，Droit Des Obligations，8e édition，LGDJ，2016，p. 775.

种特殊形式的债权转移形式。①

当然，这些民法学者的看法不无道理，因为，与其说债的代位履行是一种消灭债的方式，毋宁说它是一种债权的交易方式。一方面，债的代位履行并没有消灭债务人承担的债务：通过代位者的履行行为，虽然债务人对债权人承担的债务消灭了，但是，他们仍然要对代位者承担债务，因此，债的代位履行仅仅是让债务人对其承担债务的债权人发生了变更。另一方面，在今时今日，随着保理人的出现和广泛运用，债的代位履行不再是属于朋友之间的事情，而是一种像债权转让和债务转让一样的商事活动了，换言之，在今时今日，债的代位履行是一种像债权转让和债务转让一样的投机行为，关于这一点，笔者将在下面的内容当中做出详细的讨论，此处从略。

（三）债的代位履行究竟是一种单纯的朋友代位履行行为还是一种职业投机行为

无论是在 2016 年之前还是之后，在债的代位履行究竟是一种单纯的朋友帮助行为（aide）还是一种职业投机行为（acte de spéculation）的问题上，民法学者之间也存在不同的看法。

在 1685 年的《债的代位履行专论》当中，Renusson 从投机行为的角度对此种制度做出解释，他认为，第三人之所以愿意替债务人履行他们对债权人承担的债务，其目的在于获得经济利益和促进资本的流动，因为，在代位行使债权人的权利时，第三人能够从中获得更大的利益。② 在 18 世纪的《奥尔良习惯》当中，Pothier 则没有从经济利益、资本流动或者投机的角度阐释债的代位履行，他认为，债的代位履行并不是建立在经济功效的基础上，而是建立在公平的基础上，因为，债的代位履行源自近亲属之间的友情：在债务人不能够履行对债权人承担的债务时，债权人的近亲属替债务人履行了他们对债权人承担的债务之后取代债权人的地位而对债务人行使债权人能够行使的权利、诉权。③

在 19 世纪，Merlin 和 Grappe 认为，债的代位履行完全没有投机性，代位者不是基于投机的目的替债务人履行债务并因此取得被代位者的身份，因为他们认为，债的代位履行在性质上属于一种债的清偿行为：众所周知，在代位者履行了债务人对债权人承担的债务之后，他们仅仅在自己清偿的债务范围内行使追偿权，他们通过追偿权的行使所获得的利益不会多于他们因为清偿债务所支付的利益。④

无论债的代位履行在历史上是不是由亲朋好友实施，在今时今日，债的代位履行不是或者不再是由亲朋好友实施，而是由专业的机构实施，换言之，在今时今日，代位者不再是自然人而是法人，它们是基于投机的目的实施债的代位履行。

一方面，在法定代位履行领域，社会保障部门、保险公司已经取代自然人成为代位

---

① Jérôme François, Les obligations, Régime general, Tome 4, 4e édition, Economica, 2017, pp. 445 – 566.
② Jean Carbonnier, Droit civil, Volume Ⅱ, Les biens, les obligations, puf, 2004, p. 2485.
③ Jean Carbonnier, Droit civil, Volume Ⅱ, Les biens, les obligations, puf, 2004, p. 2485.
④ Antoine-Louis Pillet, Thèse pour la licence, Grenoble, Typographie et lithographie Allier frères, 1878, p. 33.

者，在自然人遭受人身损害或者财产损害时，这些法定机构在替实施致害行为的行为人对受害人承担了损害赔偿责任之后能够代位这些受害人而对行为人主张追偿权。① 如果说社会保障部门不是基于投机目的实施代位清偿的话，保险公司当然是基于投机的目的实施代位履行行为，因为，此种活动属于其商事经营活动的组成部分。

另一方面，在约定代位履行领域，保理人显然是基于投机目的实施债的代位履行。在今时今日，债的约定代位履行已经发展到职业性的活动，这就是保理人从事的保理活动（matière d'affacturag），因为保理合同的基础就是债的代位履行，这就是保理当中债的代位履行、保理当中债的代位清偿（La subrogation dans l'affacturage）。保理人的代位履行之所以具有投机性，是因为保理人实施代位履行行为的目的在于获得债权人所支付的佣金，关于保理领域债的代位履行，笔者将在下面的内容当中做出详细的讨论，此处从略。

五、债的代位履行渊源的二分法

所谓债的代位履行的渊源（les sources de la subrogation dans le paiement），是指能够引起债的代位履行发生的原因。当某种原因能够引起债的代位履行的发生并因此让债的代位履行产生法律效力时，该种原因就是债的代位履行的渊源。

债的代位履行当然因为制定法的明确规定而产生，因此，制定法属于引起债的代位履行发生的一种原因。除了《法国民法典》能够成为债的代位履行的渊源之外，其他制定法也能够成为债的代位履行的渊源，因为其他制定法也对特殊情况下的债的代位履行做出了规定。当制定法对债的代位履行做出了规定时，它们所规定的债的代位履行被称为法定代位履行。

除了制定法能够产生债的代位履行之外，当事人之间的合同也能够产生债的代位履行，当合同当事人通过自己的合同约定规定债的代位履行时，它们所规定的代位履行被称为约定代位履行（La subrogation conventionnelle），这是合同自由原则在债的代位履行领域的适用。不过，能够产生债的代位履行的合同或者是债权人与第三人签订的合同，这就是基于债权人的同意所产生的约定代位履行，或者是债务人与第三人签订的合同，这就是基于债务人的同意所产生的约定代位履行。

债的代位履行的产生有两个渊源：制定法规定和合同约定。在2016年之前，《法国民法典》第1249条对债的代位履行的这两个渊源做出了说明，该条规定：当第三人支付债务人对债权人承担的债务时，他们对债权人债权的代位或者是约定的或者是法定的。② 通过2016年2月10日的债法改革法令，虽然旧的第1249条没有被保留，但是，该条将债的代位履行分为法定和约定两类的做法仍然被现行《法国民法典》所采纳，因为它分别对这两类不同的代位履行做出了明确规定：新的第1346条对法定代位履行

---

① Jean Carbonnier, Droit civil, Volume Ⅱ, Les biens, les obligations, puf, 2004, p. 2485; François Terré, Philippe Simler, Yves Lequette, François Chénedé, Droit civil, Les obligations, 12e édition, Dalloz, 2018, pp. 1555 – 1556.

② Article 1249, Code civil, Version en vigueur au 09 février 2016, https://www. legifrance. gouv. fr/codes/section_lc/LEGITEXT000006070721/LEGISCTA000006165590/2016 – 02 – 09/#LEGISCTA000006165590.

做出了规定，新的第 1346 - 1 条和新的第 1346 - 2 条分别对两种约定代位履行做出了规定。①

除了《法国民法典》对债的代位履行的两个渊源做出了明确规定之外，民法学者也普遍承认债的代位履行渊源的二分法理论，无论是在 2016 年之前还是之后。例如，在 2011 年的《债的关系》当中，Flour、Aubert 和 Savaux 就指出："法律所实行的原则是：债的代位履行不会仅仅因为第三人实施了债务清偿行为而自动发生。如果第三人要从债的履行当中获得利益，他们实施的清偿行为要么通过合同赋予他们以代位权，这就是约定代位，要么符合制定法明确规定的情形，在这些情形下，债的代位当然发生，这就是法定代位。"② 在 2017 的《债》当中，Larribau-Terneyre 也指出："根据渊源的不同，人们区分两类不同的债的代位履行：法定代位履行（第 1346 条）和约定代位履行（第 1346 - 1 条）。"③

第三节　债的法定代位履行

一、债的法定代位履行的界定和特征

所谓债的法定代位履行（La subrogation légale），是指仅仅在制定法明确规定的具体情形才适用的代位履行。法定代位履行源自法国 16 世纪的习惯法学家 Dumoulin，在罗马法的诉权转让和抵押权顺位提升的基础上，他将这两种不同的制度合并在一起并因此形成了债的法定代位履行的制度。④ 他的此种制度被法国立法者所采用，在 1804 年的《法国民法典》当中，立法者对法定代位履行适用的五种具体情形做出了明确规定，这就是第 1251 条，该条被适用到 2016 年，直到 2016 年 2 月 10 日的债法改革法令将其废除并且以新的法律条款即现行《法国民法典》当中的新的第 1346 条对其做出新规定时止。《法国民法典》新的第 1346 条没有再像旧的第 1251 条那样对法定代位履行适用的具体情形做出明确列举，而是采取了一般性规定的方式。

法定代位履行具有三个方面的主要特征：其一，它们源自制定法的明确规定，当制定法明确规定在哪些情况下会产生债的代位履行时，债的代位履行就在制定法所规定的具体情形产生，在制定法没有规定的情况下，法定代位履行就不会产生。换言之，制定法关于债的法定代位履行的规定在性质上属于强制性的规定，其目的在于对替债务人履行债务的代位者提供保护。其二，它们与当事人的意图没有任何关系。债的法定代位履

---

① Articles 1346 à 1346-3, Code civil, Version en vigueur au 17 octobre 2021, https://www.legifrance.gouv.fr/codes/section_lc/LEGITEXT000006070721/LEGISCTA000032035285/#LEGISCTA000032035285.
② Jacques Flour, Jean-Luc Aubert, Éric Savaux, Droit civil, Les Obligations, 3. Le rapport d'obligation, 7e édition, Dalloz, 2011, p.339.
③ Virginie Larribau-Terneyre, Droit civil Les obligations, 15e édition, Dalloz, 2017, p.212.
④ Henri et Léon Mazeaud, Jean Mazeaud, François Chabas, Obligations, 9e édition, Montchrestien, 1998, p.950.

行完全与合同当事人的意图无关,既同债权人的意图没有关系,也同债务人的意图没有关系,它们在当事人的意图之外基于制定法的规定而产生,这就是债的法定代位履行的当然效力。其三,从2016年之前《法国民法典》的明确列举到2016年之后《法国民法典》的一般规定。虽然2016年之前和之后的《法国民法典》均对法定代位履行做出了规定,但是,它的规定方式存在差异:在2016年之前,它采取明确列举法定代位履行的方式,而在2016年之后,它则放弃了此种方式,对法定代位履行采取了一般规定的方式。不过,除了《法国民法典》所规定的法定代位履行之外,法定代位履行还源自其他制定法的明确规定。①

二、2016年之前的《法国民法典》第1251条对债的法定代位履行所做出的明确限定

(一)《法国民法典》第1251条所规定的五种具体情形的再分类

在2016年之前,《法国民法典》第1251条对债的法定代位履行做出了明确规定,根据它的规定,法定代位履行限于该条所规定的五种具体情形,该条规定:债的代位在以下五种情况下当然发生:①当同样是债权人的人对其他因为其优先权或者抵押权而优先于自己获得清偿的债权人实施债的清偿行为时,该债权人享有代位权。②当不动产的买主购买了已经被抵押给债权人的不动产时,如果该买主用取得该不动产的价格清偿了享有不动产抵押权的债权人的债权,则该买主享有代位权。③当债务人对债务的清偿有利害关系并且应当与别人一起或者为别人清偿债务时,如果该债务人已经清偿了债务,则该人享有代位权。④当继承人同意继承被继承人遗留的净资产时,如果一个继承人用自己的金钱清偿了所继承的债务,则该继承人享有代位权。⑤当继承人或者受遗赠人为了继承而用自己的金钱清偿丧葬费时,该人享有代位权。②

根据这一条款的规定,法国民法学者将其分为不同的类型,所不同的是,他们做出的分类是存在差异的。某些民法学者根据是否能够加以普遍适用的不同将第1251条所规定的五种不同情形分为两类:其一,仅能够加以具体适用的情形,是指《法国民法典》第1251(1)条、第1251(2)条、第1251(4)条和第1251(5)条,其二,能够作为一般原则予以适用的情形,是指《法国民法典》第1251(3)条。③ 而另外一些民法学者则认为,该条所规定的五种具体情形可以分为三组(group):第一组是,为债

---

① Henri et Léon Mazeaud, Jean Mazeaud, François Chabas, Obligations, 9e édition, Montchrestien, 1998, p. 950; Jacques Flour, Jean-Luc Aubert, Éric Savaux, Droit civil, Les Obligations, 3. Le rapport d'obligation, 7e édition, Dalloz, 2011, p. 343; Virginie Larribau-Terneyre, Droit civil Les obligations, 15e édition, Dalloz, 2017, p. 212; François Terré, Philippe Simler, Yves Lequette, François Chénedé, Droit civil, Les obligations, 12e édition, Dalloz, 2018, pp. 1556 – 1557.

② Article 1251, Code civil, Version en vigueur au 09 février 2016, https://www.legifrance.gouv.fr/codes/section_lc/LEGITEXT000006070721/LEGISCTA000006165590/2016 – 02 – 09/#LEGISCTA000006165590.

③ Jacques Flour, Jean-Luc Aubert, Éric Savaux, Droit civil, Les Obligations, 3. Le rapport d'obligation, 7e édition, Dalloz, 2011, pp. 344 – 348; Philippe Malaurie, Laurent Aynès, Philippe Stoffel-Munck, Droit Des Obligations, 8e édition, LGDJ, 2016, pp. 782 – 784.

务人清偿债务的清偿者本身也对债权人承担债务，该组以《法国民法典》第 1251（3）条作为根据。第二组是，为债务人清偿债务的清偿者本身不对债权人承担债务，该组以《法国民法典》第 1251（1）条作为根据；第三组是，法官对《法国民法典》第 1251（3）条所适用的范围做出的拓展。①

笔者采取第一种做法，将该条规定的五种具体情形分为两类：一是仅仅在具体情形当中适用的法定代位履行，也就是《法国民法典》第 1251（1）条、第 1251（2）条、第 1251（4）条和第 1251（5）条的严格限定适用；二是能够加以一般适用的法定代位履行，也就是《法国民法典》第 1251（3）条的拓展适用。

（二）《法国民法典》第 1251 条的严格限定适用

在《法国民法典》第 1251 条所规定的五种情形当中，四种情形仅仅适用于它们所规定的具体情形，法官不能够也无法将其适用范围予以拓展，以便适用到制定法没有规定的具体情形，这四种严格适用的具体情形是第 1251（1）条、第 1251（2）条、第 1251（4）条和第 1251（5）条所规定的情形。②

根据《法国民法典》第 1251（1）条的规定，如果同一债务人有两个或者两个以上的债权人，当这些债权人均对同一债务人享有优先权（privilèges）或者抵押权（hypothèques）时，如果债务人不能够同时清偿这些债权人的债权，则顺位在先的债权优先于顺位在后的债权而获得清偿。如果顺位在后的一个债权人替债务人清偿了顺位在先的一个债权人的债权，在让顺位在先的债权人对债务人享有的债权消灭的同时，该债权人也代位顺位在先的债权人的身份而对债务人享有债权、优先权或者抵押权，能够对债务人主张追偿权、优先权或者抵押权。

根据《法国民法典》第 1251（2）条的规定，当不动产的所有权人将自己的不动产抵押给了债权人时，如果他们将自己已经设定了抵押权的不动产出卖给买受人，在债务人不履行债务时，债权人能够对买受人已经取得的不动产采取强制执行措施，以便从中优先清偿自己的债权。为了逃避债权人所采取的此种强制执行措施，如果买受人替债务人清偿了他们对债权人承担的债务，在债权人享有的债权消灭的同时，买受人也代位取得债权人的身份而对债务人享有债权和抵押权，能够对债务人行使追偿权和抵押权。

根据《法国民法典》第 1251（4）条的规定，当被继承人死亡时，如果两个或者两个以上的继承人同意继承被继承人生前所留下的净资产（l'actif net），则在所继承的净资产的范围内，他们应当偿还被继承人生前所留下的债务（dettes de la succession）。

---

① François Terré, Philippe Simler, Yves Lequette, François Chénedé, Droit Civil, les Obligations, 12e édition, Dalloz, 2018, pp. 1556 – 1560.

② Henri et Léon Mazeaud, Jean Mazeaud, François Chabas, Obligations, 9e édition, Montchrestien, 1998, pp. 950 – 952; Jacques Flour, Jean-Luc Aubert, Éric Savaux, Droit civil, Les Obligations, 3. Le rapport d'obligation, 7e édition, Dalloz, 2011, pp. 344 – 345; Virginie Larribau-Terneyre, Droit civil Les obligations, 15e édition, Dalloz, 2017, pp. 212 – 213; Jérôme François, Les obligations, Régime general, Tome 4, 4e édition, Economica, 2017, pp. 522 – 533; François Terré, Philippe Simler, Yves Lequette, François Chénedé, Droit civil, Les obligations, 12e édition, Dalloz, 2018, pp. 1556 – 1560.

当其中的一个继承人偿还了被继承人生前所承担的与净资产范围一致的债务时,在消灭其他继承人对债权人承担的债务时,该继承人代位取得债权人的身份并因此对其他继承人享有债权、诉权,能够对其他继承人主张追偿权。

根据《法国民法典》第1251(5)条的规定,在被继承人死亡时,如果继承人或者受遗赠人有两个或者两个以上,他们均应当承担用自己的金钱将被继承人予以安葬的债务,当其中的一个继承人或者受遗赠人用自己的金钱支付了债权人花费的丧葬费(les frais funéraires)时,在消灭其他继承人或者受遗赠人对债权人承担的债务时,他们代位取得债权人的身份并因此对其他继承人或者受遗赠人享有债权,能够对其他继承人或者受遗赠人主张追偿权。

(三)《法国民法典》第1251条的拓展适用和一般适用

根据《法国民法典》第1251(3)条的规定,如果债务人与其他债务人一起对债权人承担债务,或者如果债务人为别人承担债务,在债务人自身对债务的清偿存在利害关系时,如果债务人替其他债务人或者替别人履行了对债权人承担的债务,在消灭债权人享有的债权的同时,债务人代位取得债权已经被清偿的债权人的权利,能够对其他债务人或者别人行使追偿权,要求他们在自己的债务范围内对自己履行债务。

根据《法国民法典》第1251(3)条的规定,此种意义上的法定代位履行应当同时具备三个条件:其一,债务人自身就是债务人,他们本身应当对债权人承担债务;其二,债务人与其他债务人共同对债权人承担债务(tenu avec d'autres)或者为别人对债权人承担债务(pour d'autres);其三,债务人对债务的清偿有利害关系(intérêt de l'acquitter)。不过,为了拓展该条所规定的适用范围,法国最高法院在自己的司法判例当中认为,上述第三个构成条件包含在第一个条件当中,因此,在司法判例当中,这一法定代位履行仅仅需要两个条件。①

根据《法国民法典》第1251(3)条的规定,当债务人与其他债务人共同对债权人承担债务时,如果债务人替其他债务人履行了对债权人承担的债务,则他们取得债权人的身份并因此对其他债务人享有追偿权。根据法国立法者原本的意图,该条仅仅适用一种情形即合同领域所存在的共同连带债务:当两个或者两个以上的债务人对债权人承担连带债务时,其中的任何一个债务人均应当全部清偿债权人的债权并因此让所有债务人对债权人承担的债务消灭。在其中的一个债务人履行了对债权人承担的全部债务时,该债务人取得债权人的身份而对其他没有清偿债务的债务人享有追偿权。为了拓展该条的适用范围,除了在合同领域适用这一规则之外,法国最高法院也在侵权责任领域适用

---

① Henri et Léon Mazeaud, Jean Mazeaud, François Chabas, Obligations, 9e édition, Montchrestien, 1998, pp. 950 – 952; Jacques Flour, Jean-Luc Aubert, Éric Savaux, Droit civil, Les Obligations, 3. Le rapport d'obligation, 7e édition, Dalloz, 2011, pp. 345 – 348; François Terré, Philippe Simler, Yves Lequette, François Chénedé, Droit civil, Les obligations, 12e édition, Dalloz, 2018, pp. 1558 – 1560.

这一规则。①

其中最典型的范例是，法国最高法院在自己的司法判例当中认定，当两个或者两个以上的行为人共同实施引起他人损害发生的致害行为时，其中的任何一个行为人均应当对他人遭受的全部损害承担赔偿责任，因为他们所承担的侵权责任在性质上属于连带责任，在其中的一个行为人赔偿了他人遭受的全部损害时，该行为人取代债权人的地位而对其他行为人享有追偿权，这就是侵权责任领域的连带责任债。② 这一点尤其值得关注，因为长久以来，《法国民法典》仅仅对侵权责任当中的个人责任做出了规定，没有规定连带责任，为了对债权人提供保护，法国最高法院通过自己的司法判例确立了连带责任债，已如前述。

根据《法国民法典》第1251（3）条的规定，当债务人为别人履行债务时，除了让别人对债权人承担的债务消灭之外，债务人也能够取得债权人的地位而对别人行使追偿权。根据法国立法者原本的意图，该条仅仅适用一种情形：在履行了主债务人对债权人承担的债务之后，保证人能够取代债权人的地位而对主债务人行使追偿权。在20世纪初期之前，法国最高法院对该条的适用范围施加严格的限制，它在不少案件当中认定，当行为人实施了引起他人损害发生的致害行为时，如果保险公司替行为人赔偿了他人所遭受的损害，保险公司不能够代位他人的债权人地位而对行为人享有追偿权，因为它认为，保险公司仅仅是清偿自己承担的债务而不是清偿别人的债务，它们的代位追偿权的主张不符合第1251（3）条的规定。基于此种原因，法国立法者在1930年制定了1930年7月13日的制定法，它明确规定，在此种情况下，保险公司在替行为人履行了赔偿债务之后能够取得他人债权人的身份并因此对行为人主张追偿权。③

到了20世纪50年代，法国立法者开始放弃之前的保守态度，在1953年10月21日的案件当中，它确立了这样的一般原则：任何人，一旦他们为别人承担债务，当他们履行了别人对债权人承担的债务时，他们就取代债权人的身份而对别人享有追偿权。因此，当抵押人或者其他担保人替主债务人履行了他们对债权人承担的债务时，他们取代债权人的身份而对主债务人享有追偿权，当担保人根据独立担保（la garantie auto-

---

① Henri et Léon Mazeaud, Jean Mazeaud, François Chabas, Obligations, 9e édition, Montchrestien, 1998, pp. 950 – 952; Jacques Flour, Jean-Luc Aubert, Éric Savaux, Droit civil, Les Obligations, 3. Le rapport d'obligation, 7e édition, Dalloz, 2011, pp. 345 – 348; François Terré, Philippe Simler, Yves Lequette, François Chénedé, Droit civil, Les obligations, 12e édition, Dalloz, 2018, pp. 1558 – 1560.

② Henri et Léon Mazeaud, Jean Mazeaud, François Chabas, Obligations, 9e édition, Montchrestien, 1998, pp. 950 – 952; Jacques Flour, Jean-Luc Aubert, Éric Savaux, Droit civil, Les Obligations, 3. Le rapport d'obligation, 7e édition, Dalloz, 2011, pp. 345 – 348; François Terré, Philippe Simler, Yves Lequette, François Chénedé, Droit civil, Les obligations, 12e édition, Dalloz, 2018, pp. 1558 – 1560.

③ Henri et Léon Mazeaud, Jean Mazeaud, François Chabas, Obligations, 9e édition, Montchrestien, 1998, pp. 950 – 952; Jacques Flour, Jean-Luc Aubert, Éric Savaux, Droit civil, Les Obligations, 3. Le rapport d'obligation, 7e édition, Dalloz, 2011, pp. 345 – 348; François Terré, Philippe Simler, Yves Lequette, François Chénedé, Droit civil, Les obligations, 12e édition, Dalloz, 2018, pp. 1558 – 1560.

nome)① 或者意向函（La lettre d'intention）② 的规定履行了主债务人对债权人承担的债务时，他们也自动取代债权人的身份而对主债务人享有追偿权。③

此外，如果代理人为了被代理人的利益而实施某种行为，他们在行为时当然应当对相对人即债权人承担有关债务，代理人承担的债务是否属于《法国民法典》第1251(3)条所规定的与别人一起承担债务或者为别人承担债务的范围？法国最高法院认定，虽然代理人承担的债务既不属于该条所规定的与别人一起承担债务，也不属于该条所规定的为别人承担债务，但是，代理人和被代理人仍然可以被视为该条所规定的共同连带债务人，在代理人履行了被代理人对债权人承担的债务之后，他们取得债权人的地位而对被代理人享有追偿权。④

总之，通过法国最高法院的司法判例，在2016年之前，《法国民法典》第1251(3)条的适用范围得到惊人的扩张并因此成为能够加以普遍适用的一般规则。

三、现行《法国民法典》新的第1346条对债的法定代位履行做出的新规定

（一）《法国民法典》新的第1346条对债的法定代位履行做出的规定

通过2016年2月10日的债法改革法令，现行《法国民法典》放弃了旧的第1251条所采取的对法定代位履行做出明确列举和限定的做法，而采取了对债的法定代位履行做出一般性规定的方式，这就是新的第1346条，该条规定：在他人享有合法利害关系的情况下，如果他人替最终承担全部或者部分债务的债务人履行了对债权人承担的债务并因此让该人承担的债务消灭，则他人仅仅基于制定法的单纯效力而享有代位追偿权。⑤ 根据该条的规定，任何第三人，只要他们对最终承担债务的人的债务履行具有利害关系，当他们替该债务人履行了对债权人承担的全部或者部分债务时，在所履行的债务范围内，他们取代债权人的身份并因此对该债务人享有追偿权。

---

① 独立担保也被称为第一请求担保（garantie à première demande）、担保函（Les Lettres de garantie），是指担保人为了保证债务人对债权人所承担的债务得以履行而同债权人所签订的在债权人对其提出第一次请求时就会对债权人支付一笔数额的金钱的合同。张民安：《法国民法》，清华大学出版社2015年版，第510页。

② 意向函也被称为"安抚函"（lette de confort）或者庇护函（les lettres de patronage），是指担保人为了支持、帮助某一个债务人履行他们对其债权人所承担的债务而承诺会做出或者不做出某种行为的债务。张民安：《法国民法》，清华大学出版社2015年版，第514页。

③ Henri et Léon Mazeaud, Jean Mazeaud, François Chabas, Obligations, 9e édition, Montchrestien, 1998, pp. 950 – 952; Jacques Flour, Jean-Luc Aubert, Éric Savaux, Droit civil, Les Obligations, 3. Le rapport d'obligation, 7e édition, Dalloz, 2011, pp. 345 – 348; François Terré, Philippe Simler, Yves Lequette, François Chénedé, Droit civil, Les obligations, 12e édition, Dalloz, 2018, pp. 1558 – 1560.

④ Henri et Léon Mazeaud, Jean Mazeaud, François Chabas, Obligations, 9e édition, Montchrestien, 1998, p. 951.

⑤ Article 1346, Code civil, Version en vigueur au 18 octobre 2021, https://www. legifrance. gouv. fr/codes/section_lc/LEGITEXT000006070721/LEGISCTA000032035285/#LEGISCTA000032035285.

(二) 债的法定代位履行应当具备的条件

根据该条的规定,债的法定代位履行应当具备四个必要条件:其一,第三人替债务人履行了他们对债权人承担的全部或者部分债务,这就是,当债务人对债权人承担债务时,在债务人没有履行该种债务时,第三人替债务人履行了对债权人承担的债务并因此让债权人享有的债权全部或者部分消灭。其二,第三人替债务人履行债务的目的不是为了消灭债务人承担的债务,而仅仅是为了让债务人将其对债权人承担的债务转为对自己承担,换言之,第三人不是为了对债务人实施间接赠与行为而履行他们对债权人承担的债务,而是为了代位债权人的目的而履行债务人的债务。其三,第三人不是基于误解而替债务人履行他们对债权人承担的债务。① 其四,也是最重要的一个条件是,第三人对债务人债务的履行具有某种合法的利害关系(intérêt légitime)。如果第三人对债务人债务的履行没有任何合法的利害关系,则他们不能够通过清偿债务人债务的方式取得代位追偿权。②

(三) 具有合法利害关系的核心条件

作为债的法定代位履行的核心构成条件,何为具有合法的利害关系,除了《法国民法典》没有做出明确说明之外,法国民法学者也普遍没有做出说明。实际上,具有合法的利害关系应当是指2016年之前法国最高法院通过司法判例所确立的广义的与其他人共同承担债务的人或者为其他债务人承担债务的人:当第三人像其他债务人一样对债权人承担债务时,或者当第三人为债务人承担债务时,第三人就对债务人债务的履行具有合法的利害关系。因此,除了《法国民法典》旧的第1251(1)条、旧的第1251(2)条、旧的第1251(4)条和旧的第1251(5)条所规定的四种情形属于第三人享有合法利害关系的情形之外,保险公司、社会保障部门也对债务人债务的履行具有合法利害关系;当运输公司违反运输合同的规定而导致旅客遭受人身或者财产损害时,旅行社对运输公司承担的赔偿债务具有合法的利害关系,当他们替运输公司赔偿了旅客的损害时,他们当然能够根据新的第1346条的规定取得债权人的身份并因此能够对运输公司主张追偿权。

虽然法国民法学者普遍没有对新的第1346条所规定的具有合法的利害关系做出清晰的界定和说明,但是,他们普遍认为,法国政府之所以在新的第1346条当中将这一条件作为债的法定代位履行的核心要件,其目的在于防止同债务履行完全没有利害关系的陌生人基于恶意替债务人履行债务并因此代位取得债权人对债务人享有的追偿权。例如,如果第三人是与债务人有竞争关系的人,为了打击竞争对手,他们替债务人履行了

---

① Jérôme François, Les obligations, Régime general, Tome 4, 4e édition, Economica, 2017, pp. 532 – 533.

② Philippe Malaurie, Laurent Aynès, Philippe Stoffel-Munck, Droit Des Obligations, 8e édition, LGDJ, 2016, p. 784; Virginie Larribau-Terneyre, Droit civil Les obligations, 15e édition, Dalloz, 2017, p. 213; Marjorie Brusorio-Aillaud, Droit des obligations, 8e édition, bruylant, 2017, p. 341; Jérôme François, Les obligations, Régime general, Tome 4, 4e édition, Economica, 2017, p. 532; François Terré, Philippe Simler, Yves Lequette, François Chénedé, Droit civil, Les obligations, 12e édition, Dalloz, 2018, p. 1560.

对债权人承担的债务之后代位债权人而对与自己有竞争关系的债务人主张追偿权，要求债务人履行对自己承担的债务。①

四、其他制定法所规定的债的法定代位履行

除了《法国民法典》旧的第 1251 条和新的第 1346 条对债的法定代位履行做出了规定之外，立法者制定的其他法律也对特殊情形的法定代位履行做出了规定。

首先，《法国保险法典》第 L. 121 - 12（1）条对保险人所享有的法定代位追偿权做出了说明，该条规定：当行为人实施的致害行为引起了保险责任的发生时，在替行为人支付了赔偿金给投保人之后，在所支付的赔偿金范围内，保险人取代投保人享有针对行为人的权利和诉权。根据该条的规定，当行为人实施的致害行为引起他人损害的发生时，他们应当赔偿他人所遭受的损害，在保险人替行为人承担了损害赔偿责任之后，保险人代位他人的债权人身份而对行为人享有代位追偿权。②

其次，《法国社会保障法典》第 L. 376 - 1 条对社会保障部门享有的法定代位追偿权做出了说明，根据该条的规定，当行为人实施的致害行为引起他人损害的发生时，如果社会保障部门替行为人赔偿了他人遭受的损害，在所支付的赔偿金范围内，社会保障部门取代他人的债权人身份并因此对行为人享有代位追偿权。③

再次，《法国公共健康法典》第 L. 1142 - 17 条对国家官员享有的法定代位追偿权做出了说明，根据该条的规定，在医师或者医疗机构实施的医疗事故引起病患者损害的发生时，如果官方替医师或者医疗机构赔偿了病患者遭受的损害，在所支付的赔偿金数额内，官方取得病患者的债权人身份并因此对医师或者医疗机构享有代位追偿权。④

最后，法国 1985 年 7 月 25 日的制定法即《法国道路交通事故法》第 28 条和其他法律条款也规定，在机动车引起的交通事故给他人的人身造成损害时，如果社会保障部门或者其他机构替机动车司机赔偿了他人遭受的人身损害，在所赔偿的数额范围内，这些部门或者其他机构取得他人的债权人身份并因此对机动车司机享有追偿权。⑤

---

① Philippe Malaurie, Laurent Aynès, Philippe Stoffel-Munck, Droit Des Obligations, 8e édition, LGDJ, 2016, p. 784；Virginie Larribau-Terneyre, Droit civil Les obligations, 15e édition, Dalloz, 2017, p. 213；Marjorie Brusorio-Aillaud, Droit des obligations, 8e édition, bruylant, 2017, p. 341；Jérôme François, Les obligations, Régime general, Tome 4, 4e édition, Economica, 2017, p. 532；François Terré, Philippe Simler, Yves Lequette, François Chénedé, Droit civil, Les obligations, 12e édition, Dalloz, 2018, p. 1560.

② Article L. 121 - 12, Code des assurances, Version en vigueur au 18 octobre 2021, https://www. legifrance. gouv. fr/codes/section_ lc/LEGITEXT000006073984/LEGISCTA000006142679？etatTexte = VIGUEUR&etatTexte = VIGUEUR_ DIFF&anchor = LEGISCTA000024376800#LEGISCTA000024376800.

③ Article L. 376 - 1, Code de la sécurité sociale, Version en vigueur au 18 octobre 2021, https://www. legifrance. gouv. fr/codes/section_ lc/LEGITEXT000006073189/LEGISCTA000006156106？etatTexte = VIGUEUR&etatTexte = VIGUEUR_ DIFF&anchor = LEGISCTA000006156106#LEGISCTA000006156106.

④ Article L. 1142 - 17, Code de la santé publique, Version en vigueur au 18 octobre 2021, https://www. legifrance. gouv. fr/codes/section_ lc/LEGITEXT000006072665/LEGISCTA000006171014？etatTexte = VIGUEUR&etatTexte = VIGUEUR_ DIFF&anchor = LEGISCTA000006171014#LEGISCTA000006171014.

⑤ Jérôme François, Les obligations, Régime general, Tome 4, 4e édition, Economica, 2017, pp. 535 -536.

第四节 债的约定代位履行

一、债的约定代位履行的界定和类型

所谓约定代位履行（La subrogation conventionnelle），是指基于当事人之间意思表示一致所产生的代位履行。与法定代位履行源自立法者的制定法即制定法的单纯法律效力不同，约定代位履行源自当事人之间的意思表示：当第三人希望替债务人履行对债权人承担的债务并因此取代债权被消灭的债权人的身份而对债务人行使追偿权时，如果他们与债权人或者债务人达成此种协议，则他们之间的此种协议能够产生债的代位履行并因此让第三人凭借其取代的债权人身份而对债务人行使追偿权。

因此，债的约定代位履行是一种合同，该种合同建立在意思自治和合同自由原则的基础上。根据合同当事人的不同，《法国民法典》将债的约定代位履行分为两类。

第一，债权人同意的约定代位履行（subrogation ex parte creditoris subrogation consentie par le créancier）。所谓债权人同意的约定代位履行，是指债权人与债务人之外的第三人签订的合同，根据该种合同，当第三人替债务人清偿对债权人承担的债务时，债权人同意让第三人取得自己的债权人身份并因此对债务人行使代位追偿权。在2016年之前，《法国民法典》第1250（1）条对此种约定代位履行做出了规定。通过2016年2月10日的债法改革法令，现行《法国民法典》新的第1346-1条对此种约定代位履行做出了规定。

第二，债务人同意的约定代位履行（subrogation ex parte debitoris subrogation consentie par le débiteur）。所谓债务人同意的代位履行，是指债务人与债权人之外的第三人签订的合同，根据该种合同，当第三人替债务人清偿对债权人承担的债务时，债务人同意第三人取代债权人的身份并因此对自己行使代位追偿权。在2016年之前，《法国民法典》第1250（2）条对此种类型的约定代位履行做出了规定。通过2016年2月10日的债法改革法令，现行《法国民法典》新的第1346-2条对此种约定代位履行做出了规定。

二、债权人同意的债的约定代位履行

（一）债权人同意的债的约定代位履行的法律根据

在2016年之前，《法国民法典》第1250（1）条对债权人同意的代位履行做出了说明，该条规定：当债权人接受了第三人的清偿时，如果债权人让第三人代位行使自己对债务人享有的权利、诉权、优先权或者抵押权，则他们之间就产生了约定代位履行：此

种约定代位履行应当是明示的并且应当与清偿同时进行。①

在 2016 年之后，现行《法国民法典》新的第 1346-1 条取代旧的第 1250（1）条对债权人同意的代位履行做出了说明，该条规定：当债权人接受了第三人的清偿时，如果债权人让第三人代位行使自己对债务人享有的权利，则约定代位履行即因为债权人的发动而产生法律效力。此种代位履行应当是明示的。除非在先前的行为当中，债权人的合同相对人已经明确表示在第三人清偿债务时债的代位履行发生，否则，债的代位履行应当与清偿同时发生。债的代位履行和清偿的同时发生能够通过各种方式加以证明。②

《法国民法典》新的第 1346-1 条存在一个不同于旧的第 1250（1）条的地方：旧的第 1250（1）条严格要求债的代位履行应当在债的清偿时发生，不能够提前，但是，新的第 1346-1 条则规定了一个例外，认为在例外情况下，债的代位履行可以不在债的清偿时发生。

（二）债权人同意的债的约定代位履行的必要条件

根据这两个法律条款尤其是其中的新的第 1346-1 条的规定，如果债权人同意第三人替债务人履行对自己承担的债务，在符合以下三个必要条件的情况下，第三人能够代位债权人的身份并因此能够对债务人主张代位追偿权。

第一，第三人替债务人履行债务。债权人同意的债的约定代位履行应当具备的第一个必要条件是，在债务人对债权人承担债务时，债务人之外的第三人替债务人履行了对债权人承担的债务，他们的履行行为让债权人享有的债权消灭。如果债的履行是由债务人亲自实施的，则不存在债权人同意的约定代位履行，因为债权人同意的约定代位履行以第三人（或者第三人的代理人）直接将金钱支付给债权人作为必要条件。如果债务人向第三人借钱清偿自己对债权人承担的债务，第三人不能够仅凭债务清偿收据（la quittance）上面所记载的资金来源于自己这一事实而主张自己已经取得债权人的身份并因此能够对债务人主张追偿权。因此，在清偿自己的债务时，债务人究竟是用自己的金钱还是用从第三人那里借来的金钱无关紧要。不过，第三人可以是完全的陌生人，他们可以不对债务的履行享有任何利害关系，这一点让债权人同意的代位履行区别于法定代位履行，因为法定代位履行要求第三人同债务的履行有某种利害关系。③

第二，债权人对第三人代位履行债务做出的明示同意。债权人同意的债的约定代位

---

① Article 1250, Code civil, Version en vigueur au 09 février 2016, https://www. legifrance. gouv. fr/codes/section_lc/Legitext000006070721/Legiscta000006165590/2016-02-09/#Legiscta000006165590.

② Article 1346-1, Code civil, Version en vigueur au 19 octobre 2021, https://www. legifrance. gouv. fr/codes/section_lc/LEGITEXT000006070721/LEGISCTA000032035285/#LEGISCTA000032035285.

③ Henri et Léon Mazeaud, Jean Mazeaud, François Chabas, Obligations, 9e édition, Montchrestien, 1998, pp. 945-948; Jacques Ghestin, Marc Billiau, Grégoire Loiseau, Traité de Droit Civil, Le régime des créances et des dettes, LGDJ, 2005, pp. 389-393; Jacques Flour, Jean-Luc Aubert, Éric Savaux, Droit civil, Les Obligations, 3. Le rapport d'obligation, 7e édition, Dalloz, 2011, pp. 339-342; Philippe Malaurie, Laurent Aynès, Philippe Stoffel-Munck, Droit Des Obligations, 8e édition, LGDJ, 2016, pp. 779-781; Jérôme François, Les obligations, Régime general, Tome 4, 4e édition, Economica, 2017, pp. 539-544; François Terré, Philippe Simler, Yves Lequette, François Chénedé, Droit civil, Les obligations, 12e édition, Dalloz, 2018, pp. 1561-1563.

履行应当具备的第二个必要条件是，债权人对第三人的债务履行行为做出了同意的意思表示，如果债权人没有同意第三人履行原本应当由债务人履行的债务，则他们之间不能够产生债权人同意的代位履行，因为第三人不能够强迫债权人接受其履行行为。实际上，债权人同意的约定代位履行是债权人和第三人之间的一种合同，就像所有其他合同一样，它是债权人和第三人之间意思表示一致的结果。并且，他们之间的此种合同既不需要取得债务人的同意，也不需要采取任何形式，因为他们之间的合同属于非形式主义的合同。不过，债权人做出的同意应当是明示的，不能够是默示的，债权人应当以某种方式将其同意的意思清晰地表达出来。当然，债权人是否具有明示的同意，由法官在具体案件当中确定，法官会考虑案件的各种具体因素，此时，他们享有非常大的自由裁量权。[1]

第三，债权人对第三人代位履行债务的同意应当在债的清偿时做出。债权人同意的约定代位履行应当具备的第三个必要条件是，债的代位履行应当在债的清偿时发生（concomitante au paiement），债的代位履行既不能够在债的清偿之前发生，也不能够在债的清偿之后发生，无论是在2016年之前还是在2016年之后，《法国民法典》均明确规定了这一点，已如前述。不过，在2016年之后，《法国民法典》对此种严厉的规则设立了一个例外，在例外情况下，债的代位履行能够在债的清偿之前发生。

仅仅在债的清偿时债权人同意第三人替代自己的地位而对债务人主张追偿权时，债权人的同意才能够产生债的约定代位履行，这一点让债的约定代位履行区别于债权转让，已如前述。因此，债的代位履行不能够在债的清偿之后产生，因为，在债务人履行了债务之后，除了债权人的债权消灭之外，债务人的债务也消灭，完全不存在代位履行债务的基础，人们不能够为了实现代位履行而让债权人的债权复活。在债务清偿之前，如果债权人同意第三人通过债务清偿方式取得自己的债权人身份，他们的同意被视为一种债权转让行为，不会被视为债的约定代位履行。[2]

如果合同当事人预先在自己的合同当中规定了债的代位履行条款，在符合合同条款规定的条件时，第三人的履行行为是否构成债的代位履行？在2016年之前，法官之间存在争议。某些法官认为，当事人之间的此种规定不能够产生债的代位履行，因为他们

---

[1] Henri et Léon Mazeaud, Jean Mazeaud, François Chabas, Obligations, 9e édition, Montchrestien, 1998, pp. 945-948; Jacques Ghestin, Marc Billiau, Grégoire Loiseau, Traité de Droit Civil, Le régime des créances et des dettes, LGDJ, 2005, pp. 389-393; Jacques Flour, Jean-Luc Aubert, Éric Savaux, Droit civil, Les Obligations, 3. Le rapport d'obligation, 7e édition, Dalloz, 2011, pp. 339-342; Philippe Malaurie, Laurent Aynès, Philippe Stoffel-Munck, Droit Des Obligations, 8e édition, LGDJ, 2016, pp. 779-781; Jérôme François, Les obligations, Régime general, Tome 4, 4e édition, Economica, 2017, pp. 539-544; François Terré, Philippe Simler, Yves Lequette, François Chénedé, Droit civil, Les obligations, 12e édition, Dalloz, 2018, pp. 1561-1563.

[2] Henri et Léon Mazeaud, Jean Mazeaud, François Chabas, Obligations, 9e édition, Montchrestien, 1998, pp. 945-948; Jacques Ghestin, Marc Billiau, Grégoire Loiseau, Traité de Droit Civil, Le régime des créances et des dettes, LGDJ, 2005, pp. 389-393; Jacques Flour, Jean-Luc Aubert, Éric Savaux, Droit civil, Les Obligations, 3. Le rapport d'obligation, 7e édition, Dalloz, 2011, pp. 339-342; Philippe Malaurie, Laurent Aynès, Philippe Stoffel-Munck, Droit Des Obligations, 8e édition, LGDJ, 2016, pp. 779-781; Jérôme François, Les obligations, Régime general, Tome 4, 4e édition, Economica, 2017, pp. 539-544; François Terré, Philippe Simler, Yves Lequette, François Chénedé, Droit civil, Les obligations, 12e édition, Dalloz, 2018, pp. 1561-1563.

认为，债的代位履行仅仅在债的清偿时发生，不会在当事人之间达成代位履行协议时产生，当事人之间的此种交易仅仅构成或然债权的转让行为。而另外一些法官则认为，在此种情况下，当事人之间的此种交易仍然构成债的代位履行，而不构成债权转让。通过2016年2月10日的债法改革法令，法官的后一种看法被法国政府所采纳，《法国民法典》新的第1346-1（3）条对此种规则做出了明确规定，认为它是债的代位履行应当在债的清偿时进行的一般规则的例外，已如前述。①

（三）债权人同意的债的约定代位履行在保理当中的适用

所谓保理（L'affacturage factoring），也称为保理合同（contrat d'affacturage），是指债权人与作为保理人（factor affactureur）的信用机构（établissement de crédit）或者财务机构（établissement financière）之间所签订的一种合同，根据该种合同，当债权人对债务人享有商事债权（créances commerciales）时，信用机构或者财务机构在替债务人清偿了他们对债权人承担的商事债权之后取得债权人的身份并因此对债务人行使追偿权。信用机构之所以与债权人签订约定代位履行合同，其目的在于获得债权人对其支付的佣金（le paiement d'une commission）。②

保理制度源自英美法系国家，它被引入法国之后与法国传统债法当中的债的代位履行产生了融合，因为人们认为，保理的理论根据和具体运作与债权人同意的债的约定代位履行完全一致，因此，在今时今日，除了在其他领域适用之外，债权人同意的债的约定代位履行主要在保理领域适用。当然，作为一种典型的债权人同意的约定代位履行，保理人在获得债权人支付的佣金时也要承担风险：当他们代位债权人的身份而对债务人行使追偿权时，他们可能面临自己的债权无法获得清偿的风险。③

三、债务人同意的债的约定代位履行

（一）债务人同意的债的债的约定代位履行的法律根据

在2016年之前，《法国民法典》第1250（2）条对债务人同意的债的约定代位履行做出了说明，该条规定：当债务人从出借人那里借贷一笔数额的金钱用于清偿自己对债

---

① Henri et Léon Mazeaud, Jean Mazeaud, François Chabas, Obligations, 9e édition, Montchrestien, 1998, pp. 945-948；Jacques Ghestin, Marc Billiau, Grégoire Loiseau, Traité de Droit Civil, Le régime des créances et des dettes, LGDJ, 2005, pp. 389-393；Jacques Flour, Jean-Luc Aubert, Éric Savaux, Droit civil, Les Obligations, 3. Le rapport d'obligation, 7e édition, Dalloz, 2011, pp. 339-342；Jérôme François, Les obligations, Régime general, Tome 4, 4e édition, Economica, 2017, pp. 539-544；François Terré, Philippe Simler, Yves Lequette, François Chénedé, Droit civil, Les obligations, 12e édition, Dalloz, 2018, pp. 1561-1563.

② Henri et Léon Mazeaud, Jean Mazeaud, François Chabasd, Obligations, 9e édition, Montchrestien, 1998, p. 947；Philippe Malaurie, Laurent Aynès, Philippe Stoffel-Munck, Droit Des Obligations, 8e édition, LGDJ, 2016, pp. 789-790；Jérôme François, Les obligations, Régime general, Tome 4, 4e édition, Economica, 2017, pp. 538-539；François Terré, Philippe Simler, Yves Lequette, François Chénedé, Droit civil, Les obligations, 12e édition, Dalloz, 2018, pp. 1563-1564.

③ François Terré, Philippe Simler, Yves Lequette, François Chénedé, Droit Civil, les Obligations, 12e édition, Dalloz, 2018, pp. 1563-1564.

权人承担的债务时,如果他们让出借人取代债权人而享有其权利,则他们之间就产生了约定代位履行。为了让此种约定代位履行有效,借贷合同和清偿收据应当在公证员面前获得通过;借贷合同当中应当明确宣告,债务人所借贷的金钱是为了用于债务清偿的,清偿收据当中应当明确宣告,债权人的债权已经用新债权人提供的金钱进行了清偿。此种代位履行在不需要债权人的合意的情况下发生。①

在 2016 年之后,现行《法国民法典》新的第 1346-2 条取代旧的第 1250(2)条对债务人同意的约定代位履行做出了说明,该条规定:当债务人从出借人那里借贷一笔数额的金钱用于清偿自己对债权人承担的债务时,如果他们在取得债权人的合意时让出借人取代债权人而享有其权利,则代位履行同样产生。在此种情况下,债的代位履行应当是明示的并且清偿收据应当指出用于偿还债务的金钱的来源。债的代位履行同样能够在不需要获得债权人合意时基于债务人的同意而产生,但是,它应当受到此种条件的限制即债务已经到了清偿期或者债务的履行期限是为了债务人的利益。借贷合同和清偿收据应当在公证员面前获得通过;借贷合同当中应当明确宣告,债务人所借贷的金钱是为了用于债务清偿的,清偿收据当中应当明确宣告,债权人的债权已经用新债权人提供的金钱进行了清偿。②

《法国民法典》新的第 1346-2 条存在一个不同于旧的第 1250(2)条的地方:旧的第 1250(2)条仅仅规定了一种情形的债务人同意的约定代位履行,这就是不需要获得债权人同意时的债务人同意的约定代位履行。除了保留了此种债务人同意的约定代位履行之外,新的第 1346-2 条也增加了一种新类型的债务人同意的约定代位履行:在获得债权人同意时债务人同意的约定代位履行,换言之,除了获得了债务人同意之外,债的代位履行也获得了债权人的同意。

在历史上,债务人同意的债的约定代位履行在实践当中极少被人们使用,因为它仅仅是历史的产物。不过,在今时今日,它已经变得十分活跃,即便它的重要性无法与债权人同意的约定代位履行相提并论。因为在今时今日,人们通过此种交易方式进行商事营业资产或者不动产的交易。③ 例如,如果买受人以 100000 欧元购买出卖人出卖的商事营业资产,当他支付 30000 欧元给出卖人之后,出卖人同意买受人余下的欠款 70000 欧元转为借款,该笔价款的年利率为 14%,买受人以自己取得的商事营业资产作为该笔借款的担保,以便出卖人能够对该商事营业资产享有优先权。为了清偿自己对出卖人承担的该笔债务,买受人以 10% 的年利率向第三人借贷 70000 欧元的金钱用于偿还自己对出卖人承担的债务。虽然第三人同意将该笔贷款出借给买受人,但是,他要求代位取得出卖人享有的优先权。即便出卖人拒绝同意第三人主张的此种代位追偿权,买受人仍然能够与第三人签订此种合同,让第三人即出借人代位行使出卖人享有的权利。④

---

① Article 1250, Code civil, Version en vigueur au 09 février 2016, https://www.legifrance.gouv.fr/codes/section_lc/LEGITEXT000006070721/LEGISCTA000006165590/2016-02-09/#LEGISCTA000006165590.

② Article 1346-2, Code civil, Version en vigueur au 19 octobre 2021, https://www.legifrance.gouv.fr/codes/section_lc/LEGITEXT000006070721/LEGISCTA000032035285/#LEGISCTA000032035285.

③ Philippe Malaurie, Laurent Aynès, Philippe Stoffel-Munck, Droit Des Obligations, 8e édition, LGDJ, 2016, p.781.

④ Philippe Malaurie, Laurent Aynès, Philippe Stoffel-Munck, Droit Des Obligations, 8e édition, LGDJ, 2016, p.781.

（二）在没有获得债权人同意时债务人同意的债的约定代位履行应当具备的条件

根据《法国民法典》旧的第 1250（2）条和新的第 1346-2（2）条的规定，在没有获得债权人同意时，如果债务人与第三人签订代位履行债务的合同，仅仅在具备以下四个条件的情况下，他们之间的合同才能够产生法律效力。①

第一，债务人与第三人之间签订借贷合同，由第三人将一笔数额的金钱出借给债务人。

第二，债务人与第三人签订借贷合同目的的异常明确。债务人之所以与第三人签订借贷合同，其目的有二：让债务人用第三人所出借的金钱偿还自己对债权人承担的债务；让第三人取得债权已经消灭的债权人的身份并因此对债务人行使追偿权。

第三，债务人的确已经用第三人提供的该笔金钱清偿了自己对债权人承担的债务，如果第三人没有对债务人提供该笔金钱，或者如果债务人没有用第三人提供的金钱清偿自己承担的债务，则代位履行不会发生法律效力。

第四，除了借贷合同和债权人提供的债权清偿证据（la quittance）应当在公证员面前实施之外，以及除了借贷合同应当明确宣告第三人出借金钱给债务人的目的在于让债务人用该笔金钱清偿债权人的债权之外，债权已经获得清偿的债权人所出具的债权清偿证据也应当明确宣告，他们对债务人享有的债权的确是用第三人出借给债务人的那一笔金钱加以清偿的。换言之，无论是借贷合同还是债权清偿证据均应当采取公证文书的方式，如果当事人采取任何其他方式，他们之间不会产生债的代位追偿权的问题。

《法国民法典》之所以对债务人同意的债的约定代位履行施加这些严格的条件的限制，其目的在于防止债务人对第三人实施欺诈行为。正常情况下，在没有获得债权人同意时，债务人同意的约定代位履行仅仅在债务人对债权人承担的债务已经到期时产生，如果债务人对债权人承担的债务还没有到期，即便债务人与第三人之间达成了代位履行债务的合同，他们之间的合同也不能够产生法律效力。但是，《法国民法典》新的第 1346-2（2）条对此种规则设立了一个例外，这就是，即便债务人对债权人承担的债务还没有到期，如果当事人之间的合同所规定的期限仅仅是为了债务人的利益，则债务人与第三人之间的代位履行债务的合同会产生法律效力，因为债务人的此种行为表明他们已经放弃了合同期限对其提供的保护。因此，如果当事人之间的合同所规定的期限是为了债权人的利益，或者是为了债权人和债务人双方的共同利益，则在合同规定的期限届满之前，债务人与第三人之间的代位履行债务的合同不能够产生法律效力。

---

① Henri et Léon Mazeaud, Jean Mazeaud, François Chabas, Obligations, 9e édition, Montchrestien, 1998, pp. 948-949; Jacques Ghestin, Marc Billiau, Grégoire Loiseau, Traité de Droit Civil, Le régime des créances et des dettes, LGDJ, 2005, pp. 395-396; Jacques Flour, Jean-Luc Aubert, Éric Savaux, Droit civil, Les Obligations, 3. Le rapport d'obligation, 7e édition, Dalloz, 2011, p. 343; Philippe Malaurie, Laurent Aynès, Philippe Stoffel-Munck, Droit Des Obligations, 8e édition, LGDJ, 2016, p. 782; Jérôme François, Les obligations, Régime general, Tome 4, 4e édition, Economica, 2017, pp. 546-549; François Terré, Philippe Simler, Yves Lequette, François Chénedé, Droit civil, Les obligations, 12e édition, Dalloz, 2018, p. 1566.

（三）在获得债权人同意时债务人同意的债的约定代位履行应当具备的条件

根据《法国民法典》新的第1346-2（1）条的规定，债务人同意的债的约定代位履行还存在一种新类型，该种新类型是通过2016年2月10日的债法改革法令加以规定的，2016年之前是没有的：除了获得了债务人的同意，第三人替债务人履行债务并且取得债权人身份的代位履行也获得了债权人的同意。因为债的代位履行已经获得了债权人的同意，因此，该条规定的约定代位履行的条件要宽松很多，根据该条的规定，它应当具备三个条件：其一，债务人与第三人签订了借贷合同，债务人用第三人提供的金钱来偿还自己对债权人承担的债务。其二，除了债务人和第三人同意第三人取代债权人的地位而对债务人享有追偿权之外，债权人也同意债务人用第三人的金钱清偿自己的债权之后能够代位自己的债权人身份。其三，债务人与第三人之间的代位履行合同不需要采取公证文书的方式，甚至不需要采取任何书面方式，只要他们有明示的意思表示即可，因此，默示不能够产生代位履行债务的效力。债权人提供的债权清偿证据也不需要采取公证文书的方式，仅仅采取书面形式就足够了，因为，它应当明确指出用来偿还自己债权的金钱的来源。[①]

第五节 债的代位履行的法律效力

一旦具备债的代位履行所要求的条件，则债的代位履行就会产生法律效力。虽然《法国民法典》明确区分法定代位履行、约定代位履行、债权人同意的约定代位履行和债务人同意的约定代位履行，但是，这些代位履行产生的法律效力是完全一致的、相同的，既不存在法定代位履行的法律效力区别于约定代位履行的法律效力的问题，也不存在债权人同意的约定代位履行的法律效力不同于债务人同意的约定代位履行的问题。换言之，无论债的代位履行的渊源是什么，债的代位履行产生的法律效力均是相同的，这些法律效力包括：代位者能够基于自己的代位债权人身份而对债务人主张代位权；代位者在所履行的债务范围内取得主债权、从债权和诉权；债的代位履行也能够产生可对抗性的效力：债务人有时能够凭借自己的债务履行行为对抗代位者的追偿权，有时则能够以债的固有抗辩和个人抗辩对抗代位者的追偿权；代位者也能够凭借自己的债权人身份对抗第三人的债权主张。

一、代位者对债务人享有的追偿权

（一）债的代位履行产生的债权转移效力

债的代位履行产生的法律效力因人而异：当代位者替债务人履行了对债权人承担的

[①] Jérôme François, Les obligations, Régime general, Tome 4, 4e édition, Economica, 2017, pp. 549-550.

债务时，在所履行的债务范围内，他们的履行行为让债务人对债权人即被代位者承担的债务消灭，债权人不能够再要求债务人对自己履行债务，债务人也无需再对债权人承担债务，因为他们之间的债权债务关系因为代位者的履行行为而消灭；但是，代位者的债务履行行为并没有消灭债务人对代位者承担的债务，在代位者清偿的债务范围内，债务人仍然应当对代位者承担债务，代位者仍然有权要求债务人对自己履行债务，如果债务人不履行对自己承担的债务，代位者有权向法院起诉，要求法官责令债务人履行债务或者承担民事责任。

因为，当代位者替债务人履行了对债权人承担的债务之后，他们就取代了债权已经消灭的债权人的身份并因此成为对债务人享有追偿权的新债权人，就像债权转让当中的受让人因为债权转让而成为新的债权人一样，当他们要求债务人履行债务时，他们是在行使自己所享有的追偿权（recours du solvens subrogé）。换言之，债的代位履行在代位者清偿了债务人对债权人承担的债务时开始生效：从代位者清偿了债务人债务之日起，原本由被代位者享有的债权脱离被代位者之手而进入代位者的手中并因此成为代位者的债权。① 民法学者普遍将债的代位履行所产生的此种法律效力称为债的代位所产生的债权转移效力（effet translatif de la subrogation）。

Flour、Aubert 和 Savaux 对债的代位履行产生的转移效力做出了说明，他们指出："债的代位履行的本质存在于它所产生的转移效力当中：被代位者（即最初债权人）享有的债权被转移给了代位者（即新债权人）。此种法律效力在清偿之日产生。代位者没有获得新的权利，他们仅仅取代了没有发生变化的债的关系当中被代位者的身份。"② Aillaud 也对债的代位履行产生的转移效力做出了说明，他指出："就像在债权转让当中一样，虽然债务人对被代位者承担的债务消灭，但是，他们仍然要对代位者承担债务。为了让所转移的债权获得清偿，代位者对债务人享有追偿权。"③

(二) 债的代位履行产生的债权转移效力不同于赠与

在行使自己对债务人享有的追偿权时，作为清偿者的第三人应当具有这样的主观意图：通过清偿债务人对债权人承担的债务的方式，在让债权人对债务人享有的债权消灭时，自己会取代债权人的身份和享有债权人原本对债务人享有的债权。如果清偿者替债务人清偿他们对债权人承担的债务的目的在于让债务人对自己承担的债务消灭，换言之，如果他们不是为了替换债权人的身份而对债务人为债务的清偿，则在清偿了债务人的债务之后，他们不能够对债务人主张追偿权。因为在此种情况下，清偿者对债务人债务的清偿行为被视为是一种赠与行为。在1982年5月12日的案件和1987年11月17日的两个案件当中，法国最高法院民一庭明确确认了此种规则。在这两个案件当中，非婚同居的一方当事人以保证人的身份替另外一方当事人清偿了他对第三人承担的债务，

---

① Virginie Larribau-Terneyre, Droit civil Les obligations, 15e édition, Dalloz, 2017, p.217; François Terré, Philippe Simler, Yves Lequette, François Chénedé, Droit civil, Les obligations, 12e édition, Dalloz, 2018, p.1575.

② Jacques Flour, Jean-Luc Aubert, Éric Savaux, Droit civil, Les Obligations, 3. Le rapport d'obligation, 7e édition, Dalloz, 2011, p.349.

③ Marjorie Brusorio-Aillaud, Droit des obligations, 8e édition, bruylant, 2017, p.343.

法官认为,该方当事人的意图不是为了取代第三人的债权人身份而对对方当事人主张追偿权。①

(三) 代位者能够主张的两种不同追偿权

在替债务人履行了对债权人承担的债务之后,代位者能够主张的追偿权可以分为两类。

第一,如果代位者是为别人履行债务(pour d'autres),也就是,如果代位者是为主债务人履行债务,在履行了主债务人承担的债务之后,他们能够取代债权人的身份而对主债务人行使追偿权,要求法官责令主债务人清偿自己的全部债权。最典型的为别人履行债务的代位者是担保人,包括保证人、抵押人、质押人等,在债务人对债权人承担债务时,他们就债务的履行对债权人做出了人的担保或者物的担保,已如前述。如果主债务人有两个或者两个以上,这些担保人有权要求其中的每一个主债务人清偿自己的全部债权。② 因此,当主债务人A应当支付10000欧元给债权人B时,如果保证人C替主债务人A偿还了10000欧元的债务,则A对B承担的债务消灭,因为C替主债务人A清偿B的债务的目的在于取代债权人B的地位,因此,C能够取代B的地位而对主债务人A主张10000欧元的追偿权,有权要求法官责令主债务人支付10000欧元给自己。

第二,如果代位者是与别人一起对债权人承担债务,也就是,如果代位者是与其他共同连带债务人一起对债权人承担债务,当代位者履行了共同债务人对债权人承担的全部债务时,他们对所有其他债务人均享有追偿权。不过,他们此时不能够要求其他共同债务人当中的任何一个人清偿自己的全部债权,他们只能够分别要求其中的每一个债务人在各自承担的债务份额或者比例内清偿自己的债权。③ 因此,当A、B和C三个连带债务人应当支付12000欧元的赔偿金给债权人D时,如果其中的A将该笔赔偿金支付给了D,则除了A对D承担的债务消灭之外,B和C对D承担的债务也消灭。因为A替B和C履行了对D承担的债务,因此,他取代债权人D的身份而对B和C主张追偿权,有权分别要求B和C各自支付4000欧元的赔偿金给自己。

二、债的代位履行所转移的权利范围

(一) 代位者在所清偿的债务范围内等同于被代位者

当代位者替债务人履行了他们对被代位者承担的债务时,他们取得了被代位者的地位而成为新的债权人。问题在于,作为新的债权人,他们从旧债权人那里获得什么范围内的权利?换言之,债的代位履行究竟将旧债权人享有的哪些权利转让给了新债权人?

---

① François Terré, Philippe Simler, Yves Lequette, François Chénedé, Droit Civil, les Obligations, 12e édition, Dalloz, 2018, p.1575.
② François Terré, Philippe Simler, Yves Lequette, François Chénedé, Droit Civil, les Obligations, 12e édition, Dalloz, 2018, pp.1575–1576.
③ François Terré, Philippe Simler, Yves Lequette, François Chénedé, Droit Civil, les Obligations, 12e édition, Dalloz, 2018, p.1576.

对此问题，民法学者之间存在不同看法。在1804年的《法国民法典》颁布之后不久，某些民法学者认为，当代位者替债务人履行了对被代位者承担的债务时，他们的履行行为仅仅会让自己取得被代位者所享有的担保权，尤其是取得被代位者所享有的抵押权和优先权，不会让自己取得被代位者的债权，因为他们认为，被代位者享有的债权因为债的履行而真正消灭了，仅担保权仍然存在。在今时今日，少数民法学者仍然主张此种看法。不过，在今时今日，除了《法国民法典》没有采取此种看法之外，大多数民法学者也都放弃了此种看法，他们认为，债的代位履行不仅让代位者取得被代位者享有的担保权，而且还让他们取得被代位者享有的债权。[1]

一方面，《法国民法典》新的第1346-4（1）条就采取此种看法，该条规定：在代位者所清偿的债务范围内，债的代位履行将债权人享有的债权和从债权转移给受益人，但是，与债权人的人身密不可分的权利除外。[2] 另一方面，在今时今日，民法学者普遍承认采取此种看法。[3] 例如，Mazeaud 和 Chabas 等人就采取此种看法，他们指出："十分肯定的是，代位者能够获得债权的所有从权利、所有的担保权，即最初，这是代位履行的唯一法律效力；在今时今日，它仍然是债的代位履行的主要利益。但是，债的代位履行的法律效力是最完全的效力：除了能够取得所清偿的债权之外，代位者还能够取得所有现在和未来的利益和从权利。"[4]

Malaurie、Aynès 和 Stoffel-Munck 也采取此种看法，他们指出："债的代位履行产生的最明显的法律效力是将被代位者享有的债权的担保权转移给代位者。但是，与人们所设想的不同，债的代位履行不仅仅将被代位者的担保权转让给代位者，它还将被代位者享有的最初债权转移给代位者，这就是代位者享有的新债权。代位者享有的新债权与被代位者享有的旧债权是同一债权。"[5] 同样，Terré、Simler 和 Lequette 等人也采取此种看法，他们指出："原则上，债的代位履行含有清偿者替代接受者而享有接受者的权利，无论是法定代位履行还是约定代位履行，均是如此。换言之，他们不仅取得接受者的债权，而且还取得附加在债权身上的所有从债权，诸如担保权、诉权和所有类型的优

---

[1] Henri et Léon Mazeaud, Jean Mazeaud, François Chabas, Obligations, 9e édition, Montchrestien, 1998, pp. 955-956; Jacques Flour, Jean-Luc Aubert, Éric Savaux, Droit civil, Les Obligations, 3. Le rapport d'obligation, 7e édition, Dalloz, 2011, pp. 349-350; Philippe Malaurie, Laurent Aynès, Philippe Stoffel-Munck, Droit Des Obligations, 8e édition, LGDJ, 2016, pp. 785-786; Jérôme François, Les obligations, Régime general, Tome 4, 4e édition, Economica, 2017, p. 553; François Terré, Philippe Simler, Yves Lequette, François Chénedé, Droit civil, Les obligations, 12e édition, Dalloz, 2018, pp. 1569-1570.

[2] Article 1346-4, Code civil, Version en vigueur au 20 octobre 2021, https://www.legifrance.gouv.fr/codes/section_lc/LEGITEXT000006070721/LEGISCTA000032035285/#LEGISCTA000032035285.

[3] Henri et Léon Mazeaud, Jean Mazeaud, François Chabas, Obligations, 9e édition, Montchrestien, 1998, pp. 955-956; Jacques Flour, Jean-Luc Aubert, Éric Savaux, Droit civil, Les Obligations, 3. Le rapport d'obligation, 7e édition, Dalloz, 2011, pp. 349-350; Philippe Malaurie, Laurent Aynès, Philippe Stoffel-Munck, Droit Des Obligations, 8e édition, LGDJ, 2016, pp. 785-786; Jérôme François, Les obligations, Régime general, Tome 4, 4e édition, Economica, 2017, p. 553; François Terré, Philippe Simler, Yves Lequette, François Chénedé, Droit civil, Les obligations, 12e édition, Dalloz, 2018, pp. 1572-1574.

[4] Henri et Léon Mazeaud, Jean Mazeaud, François Chabas, Obligations, 9e édition, Montchrestien, 1998, p. 955.

[5] Philippe Malaurie, Laurent Aynès, Philippe Stoffel-Munck, Droit Des Obligations, 8e édition, LGDJ, 2016, p. 785.

先权。就像债权转让一样，债的代位履行将接受清偿者的所有从债权均转移给了清偿者。"①

（二）债的代位履行将被代位者享有的债权转移给了代位者

在代位者的债务清偿范围内，代位者取得的债权与被代位者享有的债权属于同一债权，因为代位者通过债的代位履行取得了被代位者的债权人身份，他们享有的债权是从被代位者那里转移过来的，他们享有的债权性质、特征、日期、合同条款、时效期间、案件管辖条款、仲裁条款、和解条款等内容与被代位者享有的债权是完全一致的，这就是债的代位履行所产生的第一个主要转移效力：将被代位者被代位之前享有的债权转移给了代位者，代位者取得的债权与被代位者转移的债权是同一债权。

因此，如果被代位者的债权在性质上属于民事债权，则代位者取得的债权在性质上也是民事债权，因为，代位履行将被代位者享有的民事债权转移给了代位者；如果被代位者的债权在性质上属于商事债权，则代位者取得的债权在性质上也是商事债权，因为，代位履行将被代位者享有的商事债权转移给了代位者。如果被代位者的债权是附加了所有权保留条款或者留置权条款的债权，则代位者取得的债权也是附加了所有权保留条款或者留置权条款的债权，因为，代位履行将被代位者享有的附加了此类条款的合同债权转移给了代位者。

如果被代位者的债权是附加了复利条款或者指数条款的债权，则代位者取得的债权也是规定了复利或者指数条款的债权，因为，代位履行将被代位者享有的附加了这些条款的合同债权转移给了代位者。如果被代位者的债权是附加了管辖法院的条款、仲裁条款、和解条款的债权，则代位者取得的债权也是附加了这些条款的债权，因为代位履行将被代位者享有的附加了这些条款的合同债权转移给了代位者。如果被代位者的债权是已经开始了诉讼时效期间的债权，则代位者取得的债权也是开始了时效期间计算的债权，因为代位履行将被代位者已经开始了时效期间计算的债权转移给了代位者，代位者不能够主张重新计算时效期间。②

当然，根据《法国民法典》新的第1346-4（1）条的规定，并非所有的债权均可以因为债的代位履行而由被代位者转移给代位者，能够发生转移的债权在性质上应当属于具有可自由转让的债权，这一点同债权转让当中的可自由转让的债权是一样的：如果债权人享有的债权是与其自身的人身不能够分离的债权，则他们享有的此类债权不具有自由转让性，除了不能够成为债权转让的客体之外，这些债权也不能够从被代位者转移给代位者。此种规则在2016年之前是没有被规定在《法国民法典》当中的，但是，基于理性的要求，法国最高法院通过自己的司法判例确认了这一规则，它所确立的此种规

---

① François Terré, Philippe Simler, Yves Lequette, François Chénedé, Droit Civil, les Obligations, 12e édition, Dalloz, 2018, p.1572.

② Henri et Léon Mazeaud, Jean Mazeaud, François Chabas, Obligations, 9e édition, Montchrestien, 1998, pp. 955 – 956; Philippe Malaurie, Laurent Aynès, Philippe Stoffel-Munck, Droit Des Obligations, 8e édition, LGDJ, 2016, pp. 785 – 786; François Terré, Philippe Simler, Yves Lequette, François Chénedé, Droit civil, Les obligations, 12e édition, Dalloz, 2018, pp. 1572 – 1573.

则最终被法国政府所采用。①

（三）债的代位履行将被代位者享有的从债权尤其是担保权转移给了代位者

除了将被代位者被代位之前享有的债权转移给了代位者之外，债的代位履行也将被代位者被代位之前享有的从债权尤其是其中的担保权转移给了代位者。在代位履行之前，债权人享有哪些担保权，在代位履行之后，他们享有的这些担保权均转移给了代位者，在债务人不履行债务时，代位者能够要求担保人履行债务，或者能够要求法官对担保物采取强制执行措施。因此，如果被代位者享有的债权是建立在第三人供做担保的抵押物的基础上，在代位履行发生之后，他们享有的抵押权也转移给了代位者，如果被代位者享有的债权建立在质押人提供的质物的基础上，在代位履行发生之后，他们享有的质权也转移给了代位者。Terré、Simler 和 Lequette 等人对此种规则做出了说明，他们指出，代位者能够享有严格意义上的担保权，诸如抵押权、质权、优先权、保证和其他个人担保等。②

（四）债的代位履行将被代位者享有的诉权转移给了代位者

除了主债权和从债权能够转移给代位者之外，债的代位履行同样能够将被代位者享有的诉权转移给代位者享有，这一点毫无疑问，因为，如果欠缺诉权，则代位者享有的债权或者从债权也就没有意义，他们享有的追偿权根本无法行使。在一定的意义上讲，追偿权等同于诉权：在债务人不履行对自己承担的债务时，债权人能够要求法官责令债务人履行债务或者承担法律责任。

Malaurie、Aynès 和 Stoffel-Munck 对此种规则做出了说明，他们指出："法国最高法院已经拓展了债的代位履行所产生的转移效力的范围，它认定，债的代位履行将债权赋予代位者，凭借该种债权，代位者能够行使被代位者在清偿之前所享有的一切与其债权紧密联系在一起的诉权，包括合同解除的诉权。"③ Terré、Simler 和 Lequette 等人也对此种规则做出了说明，他们指出，债的代位履行也将被代位者享有的各种诉权转移给了代位者，包括合同解除诉权，保罗诉权，损害赔偿请求权等。④

不过，当代位者替债务人清偿他们对债权人承担的债务时，除了获得基于代位履行所产生的属于追偿权组成部分的诉权之外，代位者还能够基于不同的情形对债务人主张自身享有的诉权，诸如无因管理诉权，不当得利诉权，委托代理诉权，以及借贷方面的

---

① François Terré, Philippe Simler, Yves Lequette, François Chénedé, Droit Civil, les Obligations, 12e édition, Dalloz, 2018, p.1574.
② François Terré, Philippe Simler, Yves Lequette, François Chénedé, Droit Civil, les Obligations, 12e édition, Dalloz, 2018, p.1572.
③ Philippe Malaurie, Laurent Aynès, Philippe Stoffel-Munck, Droit Des Obligations, 8e édition, LGDJ, 2016, p.786.
④ François Terré, Philippe Simler, Yves Lequette, François Chénedé, Droit Civil, les Obligations, 12e édition, Dalloz, 2018, p.1572.

诉权等，这就是代位者能够主张的双重诉权理论。① "在实施清偿之后，代位者对债务人保有自身的诉权：根据清偿涉及到的具体情形不同，他们就有不同的诉权，诸如委托代理方面的诉权、借贷方面的诉权以及无因管理方面的诉权。的确，代位者不能够同时获得债务人的两次清偿，但是，他们能够享有形形色色的手段，以便要求债务人就自己实施的债务履行行为予以赔偿。"②

（五）代位者享有的要求债务人对自己支付法定利息的权利

当代位者替被代位者履行了债务时，在所清偿的债务范围内，代位者有权要求债务人对自己履行所承担的债务，在债务人不履行债务时，债权人应当对债务人进行债务履行催告。在代位者做出了催告之后，如果债务人仍然不履行债务，则代位者有权要求法官责令债务人对自己支付迟延履行利息，除非代位者与债务人之间达成了让债务人支付约定利息的协议。现行《法国民法典》新的 1346 - 4（2）条对此种规则做出了说明，该条规定：如果代位者没有与债务人签订规定新利息的协议，则从代位者对债务人进行催告之日起，代位者仅仅享有获得法定利息的权利。此种利息由附加在债权身上的担保权予以担保，如果担保是由第三人设立的，第三人的担保仅限于他们最初对被代位者所承诺担保的范围。③

三、债的代位履行所转移的权利限制

（一）债权转移所受到个两个方面的限制

虽然债的代位履行会让代位者取得被代位者享有的权利，但是，他们享有的权利范围未必一定等于被代位者享有的权利范围，因为，虽然他们享有的权利范围不会大于被代位者享有的权利范围，但是，他们享有的权利范围可能会小于被代位者享有的权利范围，这就是债的代位履行所产生的债权转移的限制，该种限制让代位者通过代位履行取得的权利范围可能会小于被代位者享有的权利范围。法国民法学者将此种理论称为代位者的债务清偿范围决定着他们代位取得的权利范围。具体而言，债的代位履行所产生的债权转移效力受到两个方面的限制：其一，代位者仅仅在代位清偿的债务范围内享有代位债权。其二，在部分清偿债务人的债务时，代位者仅仅在所清偿的这一部分债权范围内享有债权。

---

① Henri et Léon Mazeaud, Jean Mazeaud, François Chabas, Obligations, 9e édition, Montchrestien, 1998, p. 957；Jacques Flour, Jean-Luc Aubert, Éric Savaux, Droit civil, Les Obligations, 3. Le rapport d'obligation, 7e édition, Dalloz, 2011, p. 353；Philippe Malaurie, Laurent Aynès, Philippe Stoffel-Munck, Droit Des Obligations, 8e édition, LGDJ, 2016, p. 786.

② Henri et Léon Mazeaud, Jean Mazeaud, François Chabas, Obligations, 9e édition, Montchrestien, 1998, p. 957.

③ Article 1346 - 4, Code civil, Version en vigueur au 20 octobre 2021, https://www.legifrance.gouv.fr/codes/section_lc/LEGITEXT000006070721/LEGISCTA000032035285/#LEGISCTA000032035285.

(二) 债权转移受到的第一个限制：债的清偿范围决定了代位债权的范围

债的代位履行受到的第一个限制是，当代位者在替债务人履行他们对债权人承担的债务时，他们清偿了债务人多少债务，他们就在所清偿的债务范围内取代债权人享有多大范围内的债权：如果代位者替债务人全部履行了他们对债权人承担的债务，在所清偿的全部债务范围内，他们对债务人享有追偿权；如果仅仅替债务人履行了部分债务，则在所履行的部分债务范围内，他们对债务人享有追偿权，这就是债的清偿范围决定了代位债权范围的一般原则，法国民法学者普遍承认这一原则。

Mazeaud 和 Chabas 等人对此种限制做出了说明，他们指出："代位者仅仅取代了债权人的地位，因此，仅仅在他们实际清偿的债务范围内，他们才对债务人享有追偿权。"[①] Flour、Aubert 和 Savaux 也对此种限制做出了说明，他们指出："原则上，清偿者实施的清偿行为确定了债的代位履行所转移给他们的权利范围：仅仅在他们支付给被代位者的金钱数额范围内，他们才能够对债务人行使追偿权。"[②]

债的代位履行所具有的此种特征让债的代位履行区别于债权转让，因为在债权转让当中，即便受让人支付给转让人的价格要低于债权名义上的数额，受让人仍然有权要求债务人偿还全部债权，换言之，受让人取得的债权范围要大于他们对转让人支付的对价范围。而债的代位履行则不同，除了一种情况之外，代位者所获得的债权范围不可能大于被代位者享有的债权范围，这一种例外情况是，根据《法国民法典》新的第 1346 - 4 条的规定，通过取得该条所规定的法定利息的方式，代位者取得的债权范围可能会大于被代位者转移的债权范围。[③]

因此，如果被代位者对债务人享有 1000 欧元的债权，当代位者替债务人清偿了全部债务即 1000 欧元的债务时，他们在所履行的整个债务范围内即 1000 欧元的范围内对债务人享有追偿权。但是，如果他们仅仅履行了其中的 500 欧元的债务，则他们不能够在全部债务范围即 1000 欧元的范围内对债务人主张追偿权，他们只能够在自己实际清偿的债务范围内即 500 欧元的范围内对债务人主张追偿权。[④]

(三) 债权转移受到的第二个限制：被代位者享有的债权优先于代位者享有的债权

债的代位履行受到的第二个限制是，当代位者在替债务人履行对债权人承担的债务时，如果他们仅仅履行了债务人承担的部分债务，则他们仅仅在自己履行的部分债务范围内对债务人享有追偿权。实际上，此种限制是上述第一个限制的组成部分，已如前

[①] Henri et Léon Mazeaud, Jean Mazeaud, François Chabas, Obligations, 9e édition, Montchrestien, 1998, p.957.

[②] Jacques Flour, Jean-Luc Aubert, Éric Savaux, Droit civil, Les Obligations, 3. Le rapport d'obligation, 7e édition, Dalloz, 2011, p.350.

[③] Philippe Malaurie, Laurent Aynès, Philippe Stoffel-Munck, Droit Des Obligations, 8e édition, LGDJ, 2016, p.786.

[④] Marjorie Brusorio-Aillaud, Droit des obligations, 8e édition, bruylant, 2017, p.343.

述。不过，它仍然面临两个方面的问题。

一方面，如果代位者仅仅履行了部分债务，则被代位者在没有履行的债务范围内仍然对债务人享有债权，他们仍然有权要求债务人对自己履行代位者没有清偿的那一部分债务。此时，除了代位者能够就所清偿的部分要求债务人对自己履行债务之外，最初的债权人也能够对债务人主张债务的履行。①

另一方面，如果代位者仅仅履行了部分债务，当他们在自己履行的债务范围内要求债务人对自己履行债务时，如果他们享有的债权与被代位者即最初债权人享有的债权冲突，法律如何处理他们与被代位者之间的此种权利冲突？所谓代位者的债权与被代位者的债权之间的冲突，是指债务人不能够同时清偿他们对代位者和被代位者承担的债务。对于此种问题，现行《法国民法典》新的第1346-3条做出了明确回答，该条规定：在代位者仅仅部分履行债务时，债的代位履行不能够损害债权人的利益。在此种情况下，就自己应当获得清偿的部分债权，债权人享有优先于对其做出了部分清偿的债权人的债权而获得清偿的权利。②

根据《法国民法典》新的第1346-3条的规定，当代位者仅仅清偿债务人承担的部分债务时，债务人既应当清偿自己对代位者承担的债务，也应当清偿自己对被代位者承担的债务。在债务人不能够同时清偿代位者和被代位者享有的债权时，债务人应当优先清偿被代位者享有的债权，仅仅在清偿完被代位者享有的债权之后，他们才清偿代位者享有的债权。例如，如果债权人对债务人享有的债权是由债务人用自己的不动产加以抵押担保的100000欧元债权，当代位者替债务人偿还了其中的50000欧元时，如果代位者和被代位者同时要求债务人履行对自己承担的债务，当抵押物的价值仅为80000欧元时，债务人无法同时清偿代位者和被代位者享有的债权，此时，债务人应当将80000欧元当中的50000欧元偿还给被代位者，剩余的30000欧元用来偿还代位者的债权，代位者还有20000欧元无法通过抵押物的价款予以清偿。③

四、债的代位履行所产生的可对抗性

除了将被代位者享有的债权转移给了代位者并因此让代位者能够对债务人主张追偿权之外，债的代位履行还会产生一个法律效力，这就是，它会产生可对抗性（opposabilité）。现行《法国民法典》新的第1346-5条对债的代位履行产生的此种法律效力做出了说明，该条规定：一旦债务人知道债的代位履行，他们就能够援引该种代位履行，但是，仅仅在他们已经得到了通知或者已经注意到债的代位履行时，债的代位履行才能够对抗他们。从债的清偿之日起，债的代位履行能够对抗第三人。债务人能够以债务固有的抗辩对抗代位债权人，诸如无效抗辩、债务不履行的抗辩、解除抗辩或者相

---

① François Terré, Philippe Simler, Yves Lequette, François Chénedé, Droit Civil, les Obligations, 12e édition, Dalloz, 2018, p. 1567.

② Article 1346-3, Code civil, Version en vigueur au 20 octobre 2021, https://www.legifrance.gouv.fr/codes/section_lc/LEGITEXT000006070721/LEGISCTA000032035285/#LEGISCTA000032035285.

③ Jacques Flour, Jean-Luc Aubert, Éric Savaux, Droit civil, Les Obligations, 3. Le rapport d'obligation, 7e édition, Dalloz, 2011, p. 352.

关债务的抵销抗辩等。债务人同样能够以债的代位履行发生之前因为与被代位者之间的关系而产生的抗辩对抗代位债权人，诸如期限允许的抗辩、债务免除的抗辩或者非相关债务抵销的抗辩。①

根据该条的规定，债的代位履行产生的可对抗性表现在三个方面：债务人能够以自己的清偿行为对抗代位者的追偿权；代位者能够以债的代位履行对抗第三人；债务人能够以债的固有抗辩和个人抗辩对抗代位者的追偿权。

（一）债务人能够以自己的清偿行为对抗代位者

根据《法国民法典》新的第 1346-5（1）条的规定，如果代位者或者被代位者已经将债的代位履行的事实通知了债务人，或者虽然没有通知，但是，债务人已经注意到债的代位履行的发生，则债务人不能够再对被代位者履行他们原本应当履行的债务，他们应当对代位者履行所承担的债务。如果他们此时对被代位者履行了所承担的债务，基于代位者追偿权的行使，他们仍然应当对代位者履行债务。

反之，如果债务人没有得到债的代位履行的通知或者没有注意到债的代位履行的发生，在他们对被代位者履行了原本应当履行的债务时，他们的履行是有效的，除了消灭了自己对被代位者承担的债务之外，也消灭了自己对代位者承担的债务，代位者不能够再对他们对主张追偿权，因为，他们能够以自己的债务履行对抗代位者。当然，该条规定不适用于《法国民法典》新的第 1346-2 条所规定的债的代位履行，也就是，不适用于债务人同意的代位履行，因为在此种情况下，债务人自己同意代位者代位履行债务，不需要适用新的第 1346-5（1）条所规定的通知或者注意到的程序条件。②

（二）代位者能够以债的代位履行对抗第三人

根据《法国民法典》新的第 1346-5（2）条的规定，从代位者履行了债务人对债权人承担的债务时开始，换言之，一旦代位者清偿了被代位者的债权，则从被代位者的债权被清偿之时起，代位者即自动取得被代位者的债权，被代位者即自动丧失自己的债权：在债权被清偿之后，如果最初债权人将自己对债务人享有的债权转让给第三人，则代位者能够以自己的债权对抗第三人。

因此，如果债权人将自己的债权转让给了受让人，在债权转让对债务人做出通知之前，如果代位者替债务人清偿了他们对债权人承担的债务，则代位者享有的债权与受让人享有的债权之间就存在冲突，此时，代位者能够以自己的债权对抗受让人。在代位者替债务人清偿了债务人对债权人承担的债务时，换言之，一旦发生了债的代位履行，则代位者即取得了最初债权人的债权，最初债权人不得再与债务人之间进行债的抵销，因

---

① Article 1346-5, Code civil, Version en vigueur au 21 octobre 2021, https://www.legifrance.gouv.fr/codes/section_lc/LEGITEXT000006070721/LEGISCTA000032035285/#LEGISCTA000032035285.
② Philippe Malaurie, Laurent Aynès, Philippe Stoffel-Munck, Droit Des Obligations, 8e édition, LGDJ, 2016, pp. 784-785; Jérôme François, Les obligations, Régime general, Tome 4, 4e édition, Economica, 2017, pp. 552-553; François Terré, Philippe Simler, Yves Lequette, François Chénedé, Droit civil, Les obligations, 12e édition, Dalloz, 2018, p. 1571.

为代位者能够以其债权对抗作为第三人的债务人。同样，一旦发生了债的代位履行，则最初债权人的债权人不能够再对最初债权人的债权采取强制执行措施，因为代位者能够以自己取得的债权对抗被代位者的债权人。①

（三）债务人能够以两类抗辩对抗代位者的追偿权

根据《法国民法典》新的第1346-5（3）条的规定，在代位者以债权人的身份对债务人主张追偿权时，债务人能够以两类不同性质的抗辩对抗债权人的追偿权，这就是抗辩的可对抗性（opposabilité des exceptions）：其一，所有债务的固有抗辩，诸如：无效抗辩，债务不履行的抗辩，解除抗辩，或者相关债务的抵销抗辩等。其二，在债的代位履行发生之前，债务人基于与债权人之间的个人关系而产生的抗辩，也就是个人抗辩。

在债的代位履行发生之前，如果债务人因为与债权人之间的个人关系而享有某种个人性质的抗辩，在债的代位履行发生之后，债务人仍然能够以他们之前原本能够对被代位者主张的抗辩对抗代位者的追偿权，因为代位者取得的债权身份和所享有的债权等同于被代位者，至少在代位者清偿的债务范围内，已如前述。这些个人抗辩包括但是不限于期限允许的抗辩、债务免除的抗辩或者非相关债务抵销的抗辩。债的代位履行当中债务人能够主张的这些抗辩与债权转让当中债务人能够对受让人主张的抗辩是一致的，关于这些形式的抗辩，笔者将在债权转让当中做出详细说明，此处从略。

---

① Jérôme François, Les obligations, Régime general, Tome 4, 4e édition, Economica, 2017, pp. 551-552; François Terré, Philippe Simler, Yves Lequette, François Chénedé, Droit civil, Les obligations, 12e édition, Dalloz, 2018, pp. 1570-1571.

第十章　债的抵债履行

　　无论是在 2016 年之前还是之后，虽然《法国民法典》均对债的清偿即债的履行做出了界定，但是，它没有对抵债清偿即抵债履行做出规定，虽然它的确对债消灭的此种方式做出了自己的暗示。

　　一方面，在 2016 年之前，《法国民法典》第 1243 条就明确暗示债消灭的此种原因的存在，该条规定：债权人不得被强制接受他们原本有权接受的给付之外的其他给付，无论债务人所提议的其他给付的价值等同于甚至大于债权人原本应当获得的给付的价值。① 该条所规定的债权人原本应当获得的给付之外的其他给付即为抵债履行，如果债权人同意债务人以此种给付履行自己所承担的债务的话。

　　另一方面，在 2016 年之后，通过 2016 年 2 月 10 日的债法改革法令，现行《法国民法典》新的第 1342 - 4（2）条同样对抵债清偿或者抵债履行做出了暗示，该条规定：债权人能够接受他们原本应当接受的给付之外的其他给付。② 这两个法律条款的含义均是一致的，虽然它们的表达方式一个是禁止性的而另外一个则是授权性的：除非获得债权人的同意，否则，债务人不能够为了消灭他们对债权人所承担的债务而对债权人为他们原本应当实施的给付之外的给付。当然，在获得债权人同意时，他们则可以对债权人实施其他给付或者实施其他的履行行为，以便替换他们原本应当实施的给付或者原本应当实施的履行行为，这就是债务人履行债务的一种方式即抵债履行（dation en paiemnet），它也构成债消灭的一种方式，因为通过以其他方式的履行替换最初的履行，债务人承担的债务消灭了。

第一节　抵债履行的界定

一、狭义和广义的抵债履行理论

　　因为《法国民法典》没有对抵债履行这一消灭债的方式做出规定，所以，它也没有对抵债履行做出界定。不过，《法国民法典》的此种漏洞丝毫没有影响民法学者的积极性，因为，民法学者普遍均在自己的著作当中对抵债履行做出了自己的界定，无论是

---

　　① Article 1243, Code civil, Version en vigueur au 09 février 2016, https://www.legifrance.gouv.fr/codes/section_lc/LEGITEXT000006070721/LEGISCTA000006165589/2016-02-09/#LEGISCTA000006165589.
　　② Article 1342-4, Code civil, Version en vigueur au 02 octobre 2021, https://www.legifrance.gouv.fr/codes/section_lc/LEGITEXT000006070721/LEGISCTA000032035233/#LEGISCTA000032035233.

在 2016 年之前①还是之后②。所不同的是，他们对抵债履行做出的界定是存在差异的，有两种不同的界定方式即狭义的界定方式和广义的界定方式。③

二、抵债履行的狭义界定

狭义的抵债履行理论认为，所谓抵债履行，是指为了消灭债务人对债权人所承担的债务，在获得债权人同意的情况下，债务人以转移和交付有形财产所有权的方式替代他们原本应当对债权人实施的给付。换言之，在债务人原本应当实施某种交付的情况下，债务人不实施该种给付，而是以另外一种唯一的给付作为替换该种交付的给付，这就是转移和交付某种财产所有权给债权人，让债权人通过获得所转移和交付的财产所有权的方式消灭债务人对其承担的债务。

在今时今日，Mazeaud 和 Chabas 等人采取此种狭义的理论，他们指出："债权人不得被强制接受他们原本有权接受的给付之外的其他给付，不过，如果他们愿意接受，法律并不禁止。所谓抵债履行，是指债权人和债务人之间的一种交易，根据该种交易，当债务人将某种财产的所有权转让给债权人以便替换他们原本应当对债权人所实施的给付时，债权人同意并且接受债务人所为的此种给付。"④

Flour、Aubert 和 Savaux 似乎也采取此种理论，他们指出："当债务人为了消灭自己的债务而为原本应当实施的给付之外的其他给付时，他们所为的给付行为就构成抵债履行。因此，当债务人欠债权人 1000 欧元时，如果他们给付债权人一个同等价值的动产，则他们之间的此种交易构成抵债……虽然抵债履行以债务人为原本应当实施的给付之外的给付作为必要条件，但是，如果他们清偿的客体全部或者部分等同于履行客体，则他们的行为不构成抵债。因此，如果债务人以土地的转让替换原本的公寓交付，或者如果债务人以另外一辆机动车替换他们原本应当出卖给买受人的二手车，则他们之间的此种交易就不构成抵债履行。"⑤

三、抵债履行的广义界定

广义的抵债履行理论认为，所为抵债履行，是指为了消灭债务人对债权人所承担的

---

① Henri et Léon Mazeaud, Jean Mazeaud, François Chabas, Obligations, 9e édition, Montchrestien, 1998, pp. 989 – 994；Jacques Ghestin, Marc Billiau, Grégoire Loiseau, Traité de Droit Civil, Le régime des créances et des dettes, LGDJ, 2005, pp. 987 – 1004；Jacques Flour, Jean-Luc Aubert, Éric Savaux, Droit civil, Les Obligations, 3. Le rapport d'obligation, 7e édition, Dalloz, 2011, pp. 411 – 414.

② Philippe Malaurie, Laurent Aynès, Philippe Stoffel-Munck, Droit Des Obligations, 8e édition, LGDJ, 2016, pp. 690 – 691；Rémy Cabrillac, Droit des Obligations, 12e édition, Dalloz, 2016, p. 414；Marjorie Brusorio-Aillaud, Droit des obligations, 8e édition, bruylant, 2017, p. 353；Jérôme François, Les obligations, Régime general, Tome 4, 4e édition, Economica, 2017, pp. 126 – 134；François Terré, Philippe Simler, Yves Lequette, François Chénedé, Droit civil, Les obligations, 12e édition, Dalloz, 2018, pp. 1501 – 1504.

③ Jérôme François, Les obligations, Régime general, Tome 4, 4e édition, Economica, 2017, pp. 126 – 129.

④ Henri et Léon Mazeaud, Jean Mazeaud, François Chabas, Obligations, 9e édition, Montchrestien, 1998, pp. 989 – 990.

⑤ Jacques Flour, Jean-Luc Aubert, Éric Savaux, Droit civil, Les Obligations, 3. Le rapport d'obligation, 7e édition, Dalloz, 2011, pp. 411 – 414.

债务，在获得债权人同意的情况下，债务人以另外一种不同的给付替代他们原本应当对债权人实施的给付。债务人实施的任何给付，包括转移和交付财产所有权给债权人的给付，只要不是他们原本应当对债权人实施的给付，均构成抵债履行，均能够产生消灭债务人对债权人承担的债务的效力。在今时今日，大多数民法学者均采取此种理论。①

Ghestin、Billiau 和 Loiseau 对广义的抵债履行做出了界定，他们指出："所谓抵债，是指债权人和债务人之间的一种合同，根据该种合同，为了让债务人对债权人承担的债务消灭，债权人接受债务人所为的不同于他们原本应当所为的物或者服务的给付，如果这些物和给付的服务与原本应当所为的给付具有同等价值的话。"② François 也对广义的抵债履行做出了界定，他指出："所谓抵债履行，通常被界定为债权人与债务人之间的一种合同，根据该种合同，债权人接受债务人以不同于最初规定的给付的给付对自己清偿债务。"③

François 指出，在狭义的抵债履行和广义的抵债履行理论当中，人们应当采取广义的抵债履行理论，因为，是否构成抵债履行，其标准是债权人接受债务人以不同于最初给付的给付清偿自己的债务；至于说不同于最初给付的给付究竟是不是转移和交付财产所有权，François 认为，以转移和交付财产的方式替换债务人原本应当实施的给付当然构成抵债履行，以另外一种服务替换最初的给付同样也构成抵债履行。④

笔者采取广义的抵债履行理论。笔者认为，所谓抵债履行，也称为抵债清偿，是指在获得债权人同意的情况下，债务人以不同于最初给付的任何给付对债权人所为的债务清偿、债务履行。因此，如果债权人同意债务人以完成某种劳务的方式替换他们原本应当支付的金钱债，他们之间的此种交易构成抵债履行。如果债权人同意债务人以交付一定数量的土地替换他们原本应当交付的公寓，他们之间的此种交易也构成抵债履行。判断债务人的履行行为是否构成抵债履行，其标准不在于债务人是否以转移或者交付财产所有权的方式替换他们原本应当履行的债务，其标准在于，债务人实施的债务履行行为不同于他们最初、原本应当对债权人实施的债务履行行为。

第二节 抵债履行的历史发展

就像债的清偿源自罗马法一样，作为债消灭的一种方式，抵债履行同样源自罗马

---

① Jacques Ghestin, Marc Billiau, Grégoire Loiseau, Traité de Droit Civil, Le régime des créances et des dettes, LGDJ, 2005, pp. 987–988; Philippe Malaurie, Laurent Aynès, Philippe Stoffel-Munck, Droit Des Obligations, 8e édition, LGDJ, 2016, pp. 690–691; Rémy Cabrillac, Droit des Obligations, 12e édition, Dalloz, 2016, p. 414; Marjorie Brusorio-Aillaud, Droit des obligations, 8e édition, bruylant, 2017, p. 353; Jérôme François, Les obligations, Régime general, Tome 4, 4e édition, Economica, 2017, pp. 126–134; François Terré, Philippe Simler, Yves Lequette, François Chénedé, Droit civil, Les obligations, 12e édition, Dalloz, 2018, pp. 1501–1504.

② Jacques Ghestin, Marc Billiau, Grégoire Loiseau, Traité de Droit Civil, Le régime des créances et des dettes, LGDJ, 2005, pp. 987–988.

③ Jérôme François, Les obligations, Régime general, Tome 4, 4e édition, Economica, 2017, p. 126.

④ Jérôme François, Les obligations, Régime general, Tome 4, 4e édition, Economica, 2017, pp. 128–129.

法。虽然罗马法的抵债履行被法国旧法时期的某些民法学者所主张，但是，在1804年的《法国民法典》当中，立法者没有对抵债履行做出任何规定。2016年之前，虽然民法学者普遍承认抵债履行的存在，某些民法学者甚至认为，抵债履行是债消灭的一种独立方式，但是，2016年的债法改革法令没有规定这一消灭方式。换言之，现行《法国民法典》没有规定抵债履行。虽然如此，在2016年之后，民法学者同样普遍承认抵债履行的存在。

一、罗马法当中的抵债履行

罗马法将抵债履行（datio in solutum）分为自愿抵债履行（dation en paiement volontaire）和强制抵债履行（dation en paiement forcée）两种。所谓自愿抵债履行，是指在取得债权人同意时所产生的抵债履行。自愿抵债履行在性质上属于债权人和债务人之间的一种有偿合同，除了双方当事人之间具有抵债履行的意图和缔约能力之外，他们还应当具备转让财产尤其是所有权的能力。所谓强制抵债履行，是指在不需要取得债权人同意时所产生的抵债履行。根据强制抵债履行，在债务人对债权人承担随意债时，如果债务人实施原本应当给付之外的给付，即便债权人不同意，债务人也能够采取此种抵债履行方式消灭他们与债权人之间的债。在这两种抵债履行当中，自愿抵债履行属于原则，而强制抵债履行则属于例外。[1]

在罗马法时期，民法学者对抵债履行的性质存在不同的看法。经典罗马法时期，Sabiniens学派（les Sabiniens, École sabinienne）[2]认为，作为债消灭的一种方式，抵债履行在性质上是一种债的清偿。他们认为，无论是对债权人为最初的给付还是为最初给付之外的给付，债务人的给付均获得了债权人的同意，均导致债的消灭，因此，抵债就像最初债的给付一样。而其反对学派即Proculiens学派（Les Proculiens École proculienne）[3]则认为，抵债履行在性质上不是一种债的清偿，它是债权人与债务人之间的一种买卖：债务人以交付所有权的方式替换他们原本应当对债权人交付的金钱，他们之间的此种交易等同于买卖合同当事人之间的交易。[4]

在符合抵债所要求的条件时，抵债会消灭债务人对债权人承担的债务。如果债务人以转移和交付某种有形财产的所有权作为替换他们原本应当实施的给付行为，他们应当对债权人承担物的瑕疵担保债务（la garantie des vices de la chose），就像出卖人应当就其出卖物对买受人承担同一债务一样。[5]

---

[1] André Bisson, Dation en paiement, en droit romain et en droit français, thèse, Paris, imp. Bourloton, 1885, pp. 34 – 48.

[2] École sabinienne, https://fr.wikipedia.org/wiki/École_sabinienne.

[3] École proculienne, https://fr.wikipedia.org/wiki/École_proculienne.

[4] André Bisson, Dation en paiement, en droit romain et en droit français, thèse, Paris, imp. Bourloton, 1885, pp. 74 – 77.

[5] André Bisson, Dation en paiement, en droit romain et en droit français, thèse, Paris, imp. Bourloton, 1885, pp. 43 – 74.

二、法国民法学者在 17 世纪和 18 世纪对抵债履行做出的说明

在法国旧法时期，不少民法学者对抵债履行做出了讨论，并且在讨论抵债履行时，他们也会受到罗马法的影响，这些民法学者包括16世纪的 Cujas、17世纪的 Domat 和 18 世纪的 Pothier 等。① 在 16 世纪，Cujas 反对将抵债履行视为一种债的清偿行为，因为他认为，抵债履行仅仅是一种买卖合同。换言之，在抵债履行的性质方面，他采用经典罗马法时期 Proculiens 学派的主张而反对 Sabiniens 学派的主张。②

在 17 世纪，Domat 虽然没有将抵债履行作为像清偿一样独立的债的消灭原因，但是，在讨论债务人以转移和交付所有权的方式替换他们原本应当做出的给付时，他认为，抵债履行在性质上也仅仅是一种买卖，他指出："如果债权人享有的债权在性质上是金钱债，当他们同意接受债务人以土地或者其他财产所为的清偿时，他们之间的此种交易是一种买卖，其中的金钱就是价款。"③ Domat 认为，如果债务人以土地或者其他财产抵债履行，则他们应当对用来抵债履行的土地和其他财产承担担保债务，防止债权人在获得这些财产之后被第三人侵夺所有权。如果债权人获得的土地或者其他财产被第三人侵夺了一部分，则债权人有权要求债务人取回剩余的部分。④

在 18 世纪，虽然 Pothier 对债消灭的各种原因做出了详尽的说明，但是，他没有将抵债履行看作债消灭的一种原因，在讨论真正的清偿时，他仅仅认为，债的清偿客体就是债的客体，没有讨论债务人以债的客体之外的其他给付替换债的客体的问题，已如前述。不过，Pothier 的确对抵债履行做出了较为详细的说明，因为在其《买卖合同专论》当中，除了对买卖合同做出了详尽的阐述之外，他也讨论了与买卖合同类似的其他法律行为或者其他合同，其中就包括抵债履行合同。Pothier 指出，所谓抵债，是指债务人与债权人之间的一种法律行为，根据该种法律行为，为了清偿自己对债权人所承担的金钱债或者其他债，债务人将某种财产交付给债权人，以便替换原本应当履行的金钱债或者其他债务，而债权人同意接受债务人以该种财产替换他们原本应当清偿的金钱债或者其他债。⑤

Pothier 认为，抵债履行在性质上不是买卖合同，因为它与买卖合同之间存在众多的差异，其中的一个最主要的差异是，买卖合同是一种合意合同，一旦双方当事人达成了合意，出卖物的所有权就发生了转移，不需要出卖人进行具体的交付。而抵债履行合同则不同，它的有效以债务人转移和交付用来抵债履行的财产所有权给债权人作为必要

---

① André Bisson, Dation en paiement, en droit romain et en droit français, thèse, Paris, imp. Bourloton, 1885, p. 11; Henri et Léon Mazeaud, Jean Mazeaud, François Chabasd, Obligations, 9e édition, Montchrestien, 1998, p. 990.

② André Bisson, Dation en paiement, en droit romain et en droit français, thèse, Paris, imp. Bourloton, 1885, p. 29.

③ Joseph Rémy, Œuvres complètes de J. Domat, Nouvelle édition, Tome II, Paris, Firmin Didot Père et fils, 1829, p. 240.

④ Joseph Rémy, Œuvres complètes de J. Domat, Nouvelle édition, Tome II, Paris, Firmin Didot Père et fils, 1829, pp. 240 – 241.

⑤ M. Bugnet, Œuvres de Pothier, annotées et mises en corrélation avec le Code civil et la legislation actuelle, Tome III, Traité du Contrat de Vente, Paris, Henzri Plon Gosse et Marchal, 1861, pp. 238 – 241.

条件，仅仅在债务人将用来抵债履行的财产所有权转移和交付给债权人之后，抵债履行才会产生法律效力。不过，抵债履行虽然在性质上不同于买卖合同，但是，它们之间存在极大的相似性：人们可以将债务人用来抵债履行的财产视为出卖人所出卖的财产，可以将债务人原本应当实施的清偿行为即交付一定数额的金钱或者其他给付视为买受人所支付的价款。①

Pothier 认为，抵债履行与买卖合同之间的相似性表现在三个方面：首先，就像出卖人应当对买受人承担防止出卖物被第三人所侵夺一样，债务人也应当对债权人承担担保责任，防止他们用来抵债履行的财产被第三人侵夺。其次，就像出卖人应当对买受人承担物的瑕疵担保责任一样，债务人也应当对债权人承担物的瑕疵担保责任，要担保他们用来抵债履行的财产不会存在瑕疵。最后，就像出卖人应当对买受人承担善意债务一样，在用财产抵债履行时，债务人也应当对债权人承担出卖人所承担的善意债务。例如，他们不能够欺诈债权人，他们用来抵债履行的财产的价格应当是公平合理的价格等。②

三、19 世纪的法国民法学者对抵债履行做出的说明

（一）19 世纪的法国民法学者关于抵债履行性质的不同说明

1804 年的《法国民法典》虽然对债消灭的众多原因做出了规定，尤其是，虽然它对债消灭的最主要原因即债的清偿做出了详尽的规定，但是，它没有对抵债履行做出规定，因为第 1234 条所列举的各种债消灭的原因当中并不包括抵债。不过，1804 年的《法国民法典》并非没有提及抵债履行的存在，至少它暗含地说到了抵债履行的存在，这就是 1804 年的《法国民法典》第 1243 条，该条规定：债权人不得被强制接受他们原本有权接受的给付之外的其他给付，无论债务人所提议的其他给付的价值等同于甚至大于债权人原本应当获得的给付的价值。③ 该条所规定的其他给付即为抵债给付、抵债履行。1804 年的《法国民法典》第 1243 条一直从 1804 年适用到 2016 年，直到 2016 年的债法改革法令以新的法律条款即新的第 1342－4（2）条取代它时止，已如前述。

在 19 世纪，法国民法学者对抵债履行做出了说明，不过，他们之间的说明存在相当大的差异，其中的一个最主要的差异是他们关于抵债履行性质的说明不同，不同的民法学者有不同的看法，主要有三种不同的看法。大多数民法学者均认为，抵债履行在性质上不属于债的清偿，而属于债的更新，这些民法学者认为，当债务人以另外一个不同的新债务替换原本应当履行的债务时，最初的债务因为债的更新而消灭，而新债务则因

---

① M. Bugnet, Œuvres de Pothier, annotées et mises en corrélation avec le Code civil et la legislation actuelle, Tome III, Traité du Contrat de Vente, Paris, Henzri Plon Gosse et Marchal, 1861, pp. 238－241.

② M. Bugnet, Œuvres de Pothier, annotées et mises en corrélation avec le Code civil et la legislation actuelle, Tome III, Traité du Contrat de Vente, Paris, Henzri Plon Gosse et Marchal, 1861, pp. 238－241.

③ Article 1243, Code civil des Français, édition originale et seule officielle, A Paris, de l'Imprimerie de la République, An XII 1804, https://www.assemblee－nationale.fr/evenements/code－civil/cc1804－l3t03c5.pdf.

为债务人的清偿而消灭。Toullier、Demolombe、Aubry 和 Rau 等人采取此种看法。[1] 而另外一些民法学者则认为，抵债履行在性质上并不是一种债的更新，而是一种买卖合同，法国最高法院院长、著名民法学家 Raymond-Théodore Troplong[2]（1795—1869）和比利时民法学家 François Laurent[3]（1810—1887）等人采取此种看法。[4] 还有一些民法学者既不同意将抵债履行视为一种债的更新，也不同意将抵债履行视为一种买卖合同，他们认为，抵债履行属于一种债的清偿方式，例如，André Bisson 就主张此种理论。

（二）抵债履行在性质上属于一种债的更新

在 1821 年的《法国民法》当中，Toullier 对抵债履行做出的界定不仅与 Pothier 做出的界定是一致的，而且他也像 Pothier 一样认为，抵债履行合同与买卖合同非常类似：除了将债务人用以抵债履行的财产视为出卖物之外，他也将债务人原本应当履行的金钱债或者其他债视为价款，因为他也认为，买卖合同当中的众多规则能够适用于抵债履行。[5] 同 Pothier 没有明确抵债履行合同的性质不同，Toullier 多次明确指出，抵债履行在性质上并不是买卖合同，而是一种债的更新合同。他指出："在债权人自愿接受的情况下，抵债履行产生债的更新的法律效力：在消灭债务人承担的旧债的同时，它也消灭保证人承担的保证债。"[6] "毫无疑问，抵债履行会产生债的更新的法律效力。"[7] 他认为，抵债履行在性质上属于一种客体的变更：债务人以新债消灭之前的债的客体，他指出："抵债履行产生债的更新的法律效力，它的法律效力的发生必须以新债的客体发生变更作为必要条件，虽然此种意义上的更新存在默示的成分。"[8]

在 1877 年的《拿破仑法典教程》当中，Demolombe 也认为，抵债履行在性质上属于一种债的更新，他指出："抵债履行产生债的更新的法律效力，债的更新消灭第一个债，该种债被第二个债所替换。因此，我不再根据第一个债的要求履行所承担的债务，因为它被消灭了，我仅仅根据第二个债的要求履行所承担的债务，因为它已经替换了第一个债务。我们认为，此种结论是建立在良好推演基础上的。"[9]

---

[1] André Bisson, Dation en paiement, en droit romain et en droit français, thèse, Paris, Imprimeries Réunies, 1885, pp. 89 – 90.

[2] Raymond-Théodore Troplong, https://fr. wikipedia. org/wiki/Raymond – Théodore_ Troplong.

[3] François Laurent, https://fr. wikipedia. org/wiki/François_ Laurent.

[4] André Bisson, Dation en paiement, en droit romain et en droit français, thèse, Paris, Imprimeries Réunies, 1885, p. 95.

[5] C. B. M. Toullier, Le Droit civil francais suivant l'ordre du code, Troisieme edition, Tome VII, Bruxelles, Chez la Ve. Ad. Stapleaux, 1821, pp. 254 – 255.

[6] C. B. M. Toullier, Le Droit civil francais suivant l'ordre du code, Troisieme edition, Tome VII, Bruxelles, Chez la Ve. Ad. Stapleaux, 1821, p. 299.

[7] C. B. M. Toullier, Le Droit civil francais suivant l'ordre du code, Troisieme edition, Tome VII, Bruxelles, Chez la Ve. Ad. Stapleaux, 1821, p. 299.

[8] C. B. M. Toullier, Le Droit civil francais suivant l'ordre du code, Troisieme edition, Tome VII, Bruxelles, Chez la Ve. Ad. Stapleaux, 1821, p. 285.

[9] Charles Demolombe, Cours de Code Napoléon, Tome XXVIII, Traité des Contrats ou des Obligations Conventionnelles en Général, Tome cinquième, Paris Auguste Durand Libraire L. Hachette et Cie Libraire1877, p. 197.

在1902年的《法国民法教程》当中，Aubry和Rau在对《法国民法典》第1243条做出解释时也明确指出，当债权人同意债务人以原本履行之外的其他方式履行所承担的债务时，债务人的履行在性质上不属于债的清偿，而仅仅属于一种债的更新，他们指出："当债权人自愿接受构成债的内容之外的其他给付时，债务人所为的此种清偿被冠以抵债履行（datio in solutum）的名称。抵债履行以当事人之间的明示或者默示更新作为发挥效力的必要条件，根据该种更新，债务人最初的给付被另外一种给付所取代，这就是抵债的性质和法律效力。"① 他们将以抵债履行方式进行的交易称为通过抵债履行所进行的债的更新。②

（三）抵债履行在性质上属于一种买卖合同

在19世纪，由于受到Pothier的上述看法的影响，某些民法学者主张，抵债履行在性质上并不是一种债的更新，而是极端类似于买卖合同的一种合同，或者说抵债履行是一种变性的买卖合同。

在1844年的《民法》当中，Troplong就采取此种看法，他认为，在民法领域，当事人之间的某些合同虽然没有使用买卖合同的名称，但是，它们与买卖合同具有非常大的相似性，其中的第一种没有买卖合同之名但是具有买卖合同之实的合同是抵债履行。他指出，就像买卖合同需要具备三个条件一样，抵债履行合同也需要具备三个条件：当事人的同意，用来作为抵债履行的物，以及价款。他还指出，虽然抵债履行与严格意义上的买卖合同还是存在某些差异，但是，剔除其中的某些差异，抵债履行与买卖合同产生同样的法律效果，因为它们均要求债务人对交付给债权人的财产承担担保债务，否则，应当承担损害赔偿责任。③

由于受到Pothier和Troplong的影响，在1877年的《法国民法原理》当中，Laurent也将抵债履行视为一种买卖合同，除了根据Pothier的上述定义对抵债履行做出了界定之外，他也像这两位民法学者那样认为，抵债履行等同于一种买卖合同。他指出："抵债履行与买卖合同之间存在非常大的雷同……抵债履行这种合同类似于买卖合同，关于这一点，罗马法说得清楚明白：当债务人以转移所有权的方式履行债务时，他们所为的此种行为就是买卖合同。"④ Laurent还认为，将抵债履行等同于买卖合同并不是没有制定法上的根据的，因为《法国民法典》第1595条就采取此种做法，它明确禁止夫妻之间进行买卖，除非他们之间的买卖符合该条所规定的三种例外情形，而这三种例外情形实际上就是抵债履行。⑤

---

① MM. Aubry et Rau, Cours de droit civil français: d'après la méthode de Zachariae, 5e édition, TomeIV, revue et mise au courant de la législation et de la jurisprudence, parMM. G. Rau、Ch. Falgimaigne et M. Gault, Paris, Imprimerie et Librairie générale de jurisprudence, 1902, p.258.

② MM. Aubry et Rau, Cours de droit civil français: d'après la méthode de Zachariae, 5e édition, TomeIV, revue et mise au courant de la législation et de la jurisprudence, parMM. G. Rau、Ch. Falgimaigne et M. Gault, Paris, Imprimerie et Librairie générale de jurisprudence, 1902, p.366.

③ Troplong, Le droit civil expliqué suivant l'ordre du Code, Bruxelles, Société typographique belge, pp.18–19.

④ François Laurent, Principes de droit civil français, Tome XXIV, Paris, A. Durand et Pedone-Lauriel, 1877, p.153.

⑤ François Laurent, Principes de droit civil français, Tome XXIV, Paris, A. Durand et Pedone-Lauriel, 1877, p.154.

(四) 抵债履行属于一种债的清偿

在1885年的博士学位论文《罗马法和法国法当中的抵债履行》当中，André Bisson 既反对上述大多数民法学者的意见，也不同意上述少数民法学者的意见，因为他认为，抵债履行既不同于债的更新，也独立于买卖合同，人们不能够将抵债履行与债的更新或者买卖合同混淆。既然抵债履行既不是债的更新，也不是买卖合同，那它的法律性质是什么？他认为，抵债履行在性质上是一种债的清偿，他指出："当我们将抵债履行等同于债的清偿时，我们就能够逃过我们对其加以反对的两种理论所存在的问题。我们认为，在法国法当中，抵债履行已经保有罗马法赋予它所具有的特征，这就是，抵债履行是一种消灭债的方式，这一点让抵债履行与债的清偿之间存在最大的可类比性。在当事人之间进行抵债履行时，他们没有像债的更新或者买卖合同的当事人那样具有创设新债的意图，他们仅仅具有消灭债的单纯意图。在债务人对债权人交付他们原本应当履行之外的其他给付时，如果债权人认为有利于自己，他们同意债务人的行为。对于债务人而言，他们的抵债履行会让自己以更好的条件消灭自己所承担的债务，一切就像债权人真的获得了他们原本能够获得的清偿一样。"[①]

四、现行《法国民法典》和法国民法学者对待抵债履行的不同态度

（一）学者和法官对待抵债履行的态度

在2016年之前，《法国民法典》仅仅在一些分散的法律条款当中对抵债履行做出了规定，没有在这些法律条款的基础上建立一般意义上的抵债履行制度。在就债法进行改革时，法国民法学者甚至官方均有对抵债履行做出一般性规定的意图，不过，法国政府最终放弃了此种做法。

在2005年的《债法改革草案》（以下简称《草案》）当中，Catala领导的债法改革小组试图在《法国民法典》所规定的这些零散的基础上建立一般意义上的抵债履行制度。这就是其《草案》当中的第1223条，该条规定：债权人不得被强制接受他们原本有权接受的给付之外的其他给付，无论债务人所提议的其他给付的价值等于甚至大于债权人原本应当获得的给付的价值。但是，当事人能够达成协议，以不同给付的抵债履行来进行债的清偿。[②] 在对《草案》当中规定抵债履行的一般规则做出说明时，该小组明确承认，它做出这样的安排是欠缺法律文本支持的，它指出："关于清偿的客体，本《草案》在第1223条、第1224条和第1224-1条当中保留了《法国民法典》当中的第1243条、第1244条和第1220条的规定。在今时今日，虽然欠缺法律文本的支持，本

---

① André Bisson, Dation en paiement, en droit romain et en droit français, thèse, Paris, Imprimeries Réunies, 1885, p.99.

② Avant-Projet de Reforme du Droit des Obligations (Articles 1101 A 1386 Du Code Civil) et du Droit de la Prescription (Articles 2234 à 2281 du Code Civil), Rapport à Monsieur Pascal Clément, Garde des Sceaux, Ministre de la Justice, 22 Septembre 2005, p.110.

《草案》仍然在第 1223（2）条当中增加了抵债履行。"①

在 2011 年的《债法和准合同法改革草案》当中，法国司法部也采取了类似于 Catala 领导的债法改革小组所采取的方法，因为在规定债的清偿时，它也在第 55 条当中规定了同样的规则，该条规定：债权人不得被强制接受他们原本有权接受的给付之外的其他给付，无论债务人所提议的其他给付的价值等同于甚至大于债权人原本应当获得的给付的价值。但是，当事人能够达成协议，以不同给付的方式来进行债的清偿。② 法国司法部的《草案》与 Catala 领导的债法改革小组的《草案》之间的差异是，它没有使用"抵债履行"一词，而后者则明确使用了这一术语。

在 2015 年的《合同法、债的一般制度和债的证明的改革法令草案》当中，法国司法部采取了不同于它在 2011 年的《草案》当中所采取的方式，没有再对抵债履行做出一般性的规定，其第 1320-4 条规定：即便给付是可分的，债权人也能够拒绝部分清偿。债权人能够接受原本应当实施的给付之外的其他给付作为清偿。③ 在最终通过的 2016 年 2 月 10 日的债法改革法令当中，法国政府坚持了司法部在 2015 年的《草案》当中的做法，没有再对抵债履行做出一般性规定，仅仅在新的第 1342-4 条当中规定，债权人能够接受以其他方式实施的给付，它没有使用抵债履行一词，已如前述。

（二）现行《法国民法典》对抵债履行做出的零散规定

自 2016 年以来一直到今时今日，《法国民法典》仍然没有对抵债履行做出一般性的、原则性的规定，虽然它在一些零零散散的法律条款当中对抵债履行做出了规定。首先，《法国民法典》新的 1342-4 条（旧的第 1243 条）明确规定，在获得债权人同意时，债务人能够对债权人为他们原本应当实施的给付之外的给付并因此消灭自己对债权人承担的债务。其次，《法国民法典》第 1581（3）条明确规定，夫妻双方能够缔结协议，在一方对另外一方享有要求分配共同所得的债权时（créance de participation），如果一方能够证明，以抵债履行方式清偿此种债权对其具有实质性的利益（intérêt essentiel），则该方也能够要求对方以抵债履行方式清偿自己所承担的债务。④ 再次，《法国民法典》第 1576 条也明确规定，当夫妻一方应当对另外一方承担分配共同所得的债务时，该方当事人原则上应当以金钱方式履行对对方承担的债务，但是，在例外情况下，如果该方当事人证明自己遭受严重的困难并因此阻止自己以金钱方式履行对对方所承担的债务，基于夫妻双方的同意或基于法官的判决，该方当事人也能够以代物方式（règlement

---

① Avant-Projet de Reforme du Droit des Obligations (Articles 1101 A 1386 Du Code Civil) et du Droit de la Prescription (Articles 2234 à 2281 du Code Civil), Rapport à Monsieur Pascal Clément, Garde des Sceaux, Ministre de la Justice, 22 Septembre 2005, p. 56.

② Réforme du régime des obligations et des quasi-contrats, 09 mai 2011, http://www.textes.justice.gouv.fr/art_pix/avant_projet_regime_obligations.pdf.

③ PROJET D'ORDONNANCE n° du portant réforme du droit des contrats, du régime général et de la preuve des obligations, p. 31, http://www.justice.gouv.fr/publication/j21_projet_ord_reforme_contrats_2015.pdf.

④ Article 1581, Code civil, Version en vigueur au 05 octobre 2021, https://www.legifrance.gouv.fr/codes/section_lc/LEGITEXT000006070721/LEGISCTA000006136376/#LEGISCTA000006136376.

en nature）履行所承担的债务。① 该条所规定的以代物方式履行也就是指作为债务人的夫妻一方以抵债履行方式履行他原本应当以金钱方式履行的债务。② 最后，《法国民法典》第1595条明确规定，夫妻之间被禁止签订买卖合同，但是，如果符合该条所规定的三种例外情况，则一方当事人能够以抵债履行方式对另外一方当事人为清偿。不过，该条被1985年12月23日的制定法所废除。③

（三）当今法国民法学者对待抵债履行的态度

虽然《法国民法典》没有对抵债履行做出明确的规定，但是，它的此种态度完全没有影响到当今的法国民法学者，因为，无论是在2016年之前④还是之后⑤，除了普遍承认抵债履行的存在之外，他们还普遍对抵债履行做出了详尽或者较为详尽的阐述，即便他们仍然在抵债履行的性质方面存在不同的看法，但是，他们均对抵债履行的概念、抵债履行的性质、抵债履行的构成要素以及抵债履行的法律效力等内容做出了阐述并因此让抵债履行成为像一般履行一样的完整制度。因此，在2005年的《债权和债务制度》当中，Ghestin、Billiau 和 Loiseau 就对抵债履行做出了详尽的阐述，除了对抵债履行的观念、抵债履行在《法国民法典》和其他制定法当中的零碎法律根据以及抵债履行的性质做出了分析之外，他们还对抵债履行的有效条件和抵债履行的法律效力做出了分析。⑥ 同样，在2011年的《债的关系》当中，Flour、Aubert 和 Savaux 也对抵债履行的概念、抵债履行的性质和抵债履行的制度做出了较为详尽的阐述。⑦

在今时今日，民法学者对抵债履行做出的说明不同于19世纪的民法学者做出的说明。一方面，在今时今日，民法学者普遍在债法总论或者债法总则当中讨论抵债履行，而在19世纪，大多数民法学者均像 Pothier 一样在买卖合同当中讨论这一制度，已如前述。另一方面，在今时今日，民法学者讨论的内容远比19世纪的民法学者讨论的内容

---

① Article 1576, Code civil, Version en vigueur au 05 octobre 2021, https://www.legifrance.gouv.fr/codes/section_lc/LEGITEXT000006070721/LEGISCTA000006136376/#LEGISCTA000006136376.

② Jacques Ghestin, Marc Billiau, Grégoire Loiseau, Traité de Droit Civil, Le régime des créances et des dettes, LGDJ, 2005, p. 988.

③ Jacques Ghestin, Marc Billiau, Grégoire Loiseau, Traité de Droit Civil, Le régime des créances et des dettes, LGDJ, 2005, p. 989.

④ Henri et Léon Mazeaud, Jean Mazeaud, François Chabas, Obligations, 9e édition, Montchrestien, 1998, pp. 989–994; Jacques Ghestin, Marc Billiau, Grégoire Loiseau, Traité de Droit Civil, Le régime des créances et des dettes, LGDJ, 2005, pp. 987–1004; Jacques Flour, Jean-Luc Aubert, Éric Savaux, Droit civil, Les Obligations, 3. Le rapport d'obligation, 7e édition, Dalloz, 2011, pp. 411–414.

⑤ Philippe Malaurie, Laurent Aynès, Philippe Stoffel-Munck, Droit Des Obligations, 8e édition, LGDJ, 2016, pp. 690–691; Rémy Cabrillac, Droit des Obligations, 12e édition, Dalloz, 2016, p. 414; Marjorie Brusorio-Aillaud, Droit des obligations, 8e édition, bruylant, 2017, p. 353; Jérôme François, Les obligations, Régime general, Tome 4, 4e édition, Economica, 2017, pp. 126–134; François Terré, Philippe Simler, Yves Lequette, François Chénedé, Droit civil, Les obligations, 12e édition, Dalloz, 2018, pp. 1501–1504.

⑥ Jacques Ghestin, Marc Billiau, Grégoire Loiseau, Traité de Droit Civil, Le régime des créances et des dettes, LGDJ, 2005, pp. 987–1004.

⑦ Jacques Flour, Jean-Luc Aubert, Éric Savaux, Droit civil, Les Obligations, 3. Le rapport d'obligation, 7e édition, Dalloz, 2011, pp. 411–414.

丰富，因为 19 世纪的民法学者往往只讨论抵债履行与买卖合同之间的差异和相同点，而在今时今日，此种内容仅为他们所讨论的其中一个内容及其性质当中的内容，除了在抵债履行性质当中讨论抵债履行与买卖合同之间的关系之外，他们还讨论有关抵债履行的其他理论。除了讨论抵债履行的性质之外，他们还讨论抵债履行的构成要素和抵债履行的法律效果，已如前述。

第三节 抵债履行的法律性质

自罗马法时代开始一直到 19 世纪末期，法国民法学者均对抵债履行的性质做出了不同的说明，这些学说形形色色，不一而足，诸如债的清偿说、买卖合同说、债的更新说以及独立说，已如前述。虽然这些民法学者提出了不同的学说，但是，他们均具有一个共同点，这就是，他们仅仅主张其中的一种理论，不会同时主张其中的两种甚至三种理论，认为抵债履行是由其中的两种甚至三种不同的理论结合在一起所形成的一种混合体，笔者将其称为抵债履行的单一性理论。

在今时今日，虽然民法学者普遍承认抵债履行的存在，但是，在抵债履行的法律性质方面，他们之间仍然存在重大差异，不同的民法学者有不同的看法并因此展开了前所未有的争议，并且迄今为止，此种争议并没有消退的迹象。Flour、Aubert 和 Savaux 对此种现象做出了说明，他们指出："抵债履行的法律性质已经成为众人讨论的对象，并且此种现象并没有完全消灭。"① 在今时今日，虽然某些民法学者主张抵债履行的单一理论，但是，某些民法学者则拒绝此种理论，因为他们认为，单凭一种理论是不能够令人信服地解释抵债履行的，要对抵债履行做出合理的解释，人们必须借助于传统民法当中已经存在的两种甚至更多的理论，这就是抵债履行的复合理论，这是当今法国民法学者在抵债履行性质方面不同于 19 世纪末期之前的民法学者的地方。

一、当今法国民法学者关于抵债履行性质的不同学说

（一）抵债履行的复合性：抵债履行是由不同的制度结合在一起的产物

在今时今日，某些民法学者明确认定，抵债履行的性质不是单一的，因为，通过某种单一的制度是无法对抵债履行做出让人满意的解释的，必须借助于多种已有的制度才能够对抵债履行做出合理的解释。不过，在抵债履行究竟由哪几种不同的制度组成的问题上，民法学者之间仍然存在不同看法。

Brusorio-Aillaud 认为，抵债履行是两种不同制度的结合体，这就是债的更新和债的清偿，他指出："对于抵债履行而言，它构成一种债的更新（以一种新债替换旧债）和

---

① Jacques Flour, Jean-Luc Aubert, Éric Savaux, Droit civil, Les Obligations, 3. Le rapport d'obligation, 7e édition, Dalloz, 2011, p. 413.

债的清偿（消灭主债和从债）。"① Malaurie、Aynès 和 Stoffel-Munck 认为，抵债履行是三种不同制度的结合体，这就是债的清偿、买卖和债的更新，他们指出："抵债履行具有复合性质，因为它源自三个制度：债的清偿，买卖合同，以及债的更新。"② Ghestin、Billiau 和 Loiseau 采取同样的看法，他们也认为，抵债履行具有复合性质，是债的清偿、债的更新和买卖合同的混杂物。

在债的法律性质方面，某些民法学者认为，抵债履行在性质上属于一种通过债的客体的变更所进行的债的更新。另外一些民法学者认为，抵债履行类似于买卖合同。还有第三种看法认为，抵债履行是一种通过客体变更所进行的债的清偿。在对抵债履行的性质做出分析时，人们不能够将其认定为这三种理论当中的任何一种单独理论，而必须将其同时视为这三种不同的理论，因为，对抵债履行的分析同时借助于这三种不同的理论，每一种理论均不能够对抵债履行做出完全的分析，通过这三种不同的理论分析抵债履行的不同方面，并且最终形成一种混合理论。该种混合理论虽然存在不能够完全令人满意的地方，但是，也存在一些优点。③ 一言以蔽之，"抵债履行的法律行为不能够减缩为债消灭的其他任何一个或者几个方式"④，必须同时借助于债的更新、买卖和债的清偿理论才能够让抵债履行产生消灭债的法律效果。

（二）抵债履行的单一性：抵债履行是一种独立的制度

某些法国民法学者认为，抵债履行在性质上既不是一种债的更新，也不是一种买卖合同，更不是一种特殊的债的清偿，而是债的更新、买卖合同或者债的清偿之外消灭债的一种独立方式。在其 2003 年的博士学位论文《抵债履行》当中，Frédéric Bicheron 采取此种看法，它对抵债履行做出了与众不同的界定，他指出："所谓抵债履行，是指通过履行不同于最初应当履行的给付方式消灭债的一种独立方式。"在讨论抵债履行所引起的债的消灭时，人们无需借助于其他的制度，诸如买卖、债的更新等，因为抵债履行在消灭债时既没有变更或者改变债的客体，也没有建立独立于买卖合同的法律关系，更没有创设新的债务。⑤ Bicheron 的此种看法被少数民法学者所采纳。

由于受到 Bicheron 的影响，Flour、Aubert 和 Savaux 也采取此种看法，他们指出："在抵债履行的性质问题上，人们应当做出这样的决定：抵债履行是一种独立的制度，是一种自成一体的制度。"⑥ Cabrillac 也受到了 Bicheron 的影响，他指出："抵债履行的法律性质是民法学者之间争议非常激烈的问题，人们有时将其分析为一种买卖合同，有

---

① Marjorie Brusorio-Aillaud, Droit des obligations, 8e édition, bruylant, 2017, p. 353.
② Philippe Malaurie, Laurent Aynès, Philippe Stoffel-Munck, Droit Des Obligations, 8e édition, LGDJ, 2016, p. 690.
③ Jacques Ghestin, Marc Billiau, Grégoire Loiseau, Traité de Droit Civil, Le régime des créances et des dettes, LGDJ, 2005, pp. 989 – 991.
④ Jacques Ghestin, Marc Billiau, Grégoire Loiseau, Traité de Droit Civil, Le régime des créances et des dettes, LGDJ, 2005, p. 989.
⑤ Frédéric Bicheron, La dation en paiement, thèse, 2003, n°14 et n° 19; Jacques Ghestin, Marc Billiau, Grégoire Loiseau, Traité de Droit Civil, Le régime des créances et des dettes, LGDJ, 2005, pp. 989 – 134.
⑥ Jacques Flour, Jean-Luc Aubert, Éric Savaux, Droit civil, Les Obligations, 3. Le rapport d'obligation, 7e édition, Dalloz, 2011, p. 414.

时则将其分析为一种通过债的客体变更所进行的债的更新。这些争议基本上均是理论性的，抵债履行构成一种自成一体的制度。"①

(三) 抵债履行的单一性：特殊清偿理论

某种民法学者认为，抵债履行并不是由债的更新、买卖合同和债的清偿结合在一起所形成的一个混合制度，它在性质上属于一种特殊的债的清偿制度。在1998年的《债》当中，Mazeaud和Chabas等人采取此种看法，他们指出："如果当事人达成抵债履行协议，则他们具有消灭债的意图，但是，他们采取一种特定的债的清偿方式，该种清偿方式不是正常的债务清偿方式……与我们旧法的传统保持一致，《法国民法典》的立法者们将抵债视为一种例外情况下的债的清偿（第1243条）。如果人们接受此种观点，他们就会承认，一种唯一的债存在并且通过交付作为抵债履行的财产后该种债就消灭了。"② 一句话，"抵债履行是一种特定的债的清偿。"③

在2018年的《债》当中，Terré、Simler和Lequette等人也采取此种看法，他们指出："抵债履行的法律性质已经引起了大量民法学者的争议……人们无法证明，抵债履行要么是这种性质，要么是那种性质，他们更没有成功证明抵债履行是多种制度的混合体。实际上，抵债履行是债清偿的特定方式，是一种不寻常的方式，甚至是一种'反常'的方式。不过，此种方式是合法的，其足够的根据在于合同自由，因为它必须建立在清偿当事人之间的意思表示的合意的基础上。"④

二、抵债履行独立于债的更新

在法国，17世纪和18世纪的民法学者没有将抵债履行视为一种债的更新，仅仅到了19世纪，由于受到德国法律的影响，法国民法学者才将抵债履行视为一种债的更新：通过债的客体的改变所进行的债的更新，根据该种理论，债的更新是通过创设一种新债以便消灭旧债，换言之，所谓债的更新是指以一种债替换另外一种债。在变更债的客体时，虽然债权人和债务人仍然是相同的，但是，他们之间的债已经发生了更新。⑤

在对抵债履行做出分析时，民法学者借助于债的更新，认为抵债履行不仅属于债的

---

① Rémy Cabrillac, Droit des Obligations, 12e édition, Dalloz, 2016, p. 414.
② Henri et Léon Mazeaud, Jean Mazeaud, François Chabas, Obligations, 9e édition, Montchrestien, 1998, pp. 991 – 993.
③ Henri et Léon Mazeaud, Jean Mazeaud, François Chabas, Obligations, 9e édition, Montchrestien, 1998, p. 993.
④ François Terré, Philippe Simler, Yves Lequette, François Chénedé, Droit Civil, les Obligations, 12e édition, Dalloz, 2018, pp. 1503 – 1504.
⑤ Henri et Léon Mazeaud, Jean Mazeaud, François Chabas, Obligations, 9e édition, Montchrestien, 1998, p. 992; Jacques Ghestin, Marc Billiau, Grégoire Loiseau, Traité de Droit Civil, Le régime des créances et des dettes, LGDJ, 2005, pp. 989 – 990; Jacques Flour, Jean-Luc Aubert, Éric Savaux, Droit civil, Les Obligations, 3. Le rapport d'obligation, 7e édition, Dalloz, 2011, p. 412; Philippe Malaurie, Laurent Aynès, Philippe Stoffel-Munck, Droit Des Obligations, 8e édition, LGDJ, 2016, p. 691; Jérôme François, Les obligations, Régime general, Tome 4, 4e édition, Economica, 2017, pp. 131 – 133; François Terré, Philippe Simler, Yves Lequette, François Chénedé, Droit civil, Les obligations, 12e édition, Dalloz, 2018, pp. 1503.

更新，而且还属于通过债的客体的变更所进行的更新：当债权人对债务人享有100000法郎的债权时，债务人原本应当支付100000法郎的金钱给债权人才能够消灭他们对债务人承担的债务，在获得债权人同意的情况下，债务人不支付这一笔金钱，而是以价值等同于100000法郎的珠宝清偿，此时，债务人对债权人承担的债务也消灭，债务人的此种清偿就是抵债履行。债务人承担的此种抵债之所以在性质上是债的更新，是因为债务人通过创设了交付珠宝的新债以便消灭之前对债权人承担的100000法郎的旧债。①

在今时今日，支持抵债履行在性质上属于债的更新的民法学者认为，《法国民法典》第2038条（新的第2315条）是此种理论的证据，该条规定：如果债权人自愿接受债务人以某种不动产或者某种票据清偿其主债务，则他们的自愿接受行为让保证人承担的债务消灭，即便债权人所取得的这些不动产或者票据可能被侵夺，亦是如此。② Malaurie、Aynès 和 Stoffel-Munck 认为，抵债履行之所以在性质上类似于债的更新，是因为抵债履行以另外一种客体替换债的客体。③

将抵债履行视为一种债的更新是否具有合理性？答案是否定的，抵债履行不是也不可能是债的更新。

一方面，抵债履行的目的不同于债的更新。债的更新以新债的创设作为消灭旧债的手段，当事人在进行债的更新时必须具有此种意图、目的，否则，他们之间的交易不会构成债的更新，关于这一点，笔者将在债的更新当中做出详尽的讨论，此处从略。而抵债履行则不具备债的更新所要求的此种主观要件，因为，虽然抵债履行以一种给付替换另外一种给付，但是，债务人的目的不是借助于此种替换建立一种新债，他们的唯一目的是通过履行第二个债让第一个债消灭，不存在一个债的消灭以另外一个债的创设作为前提或者目的的问题。

另一方面，抵债履行的实行也不同于债的更新。在进行债的更新时，被当事人所创设的新债是否即刻履行，取决于当事人之间的合同约定，如果当事人之间的合同约定，债务人在新债产生之时即刻履行债务，则他们之间的债务消灭，但是，如果他们之间的合同约定，债务人承担的新债并不在债的更新时履行，则债务人承担的债务不会即时履行。而抵债履行则不同，一旦当事人之间达成了以其他方式清偿债的协议，则债务人应当即刻履行所承担的新债务。换言之，在债的更新的情形，债务人承担的新债未必会在更新协议达成时即刻履行；但是，在抵债履行的情形，债务人承担的新债必须在抵债履行协议达成时即刻履行。因此，如果债务人承担的第二个债务同样是转移或者交付财产所有权的债务，则在债的更新场合，此种债务既可以即刻履行，也可以不即刻履行，何时履行取决于当事人之间的合同约定，但是，在抵债履行的场合，此种债务必须即刻履行。

---

① Henri et Léon Mazeaud, Jean Mazeaud, François Chabas, Obligations, 9e édition, Montchrestien, 1998, p. 992.

② Jacques Ghestin, Marc Billiau, Grégoire Loiseau, Traité de Droit Civil, Le régime des créances et des dettes, LGDJ, 2005, p. 989；Jérôme François, Les obligations, Régime general, Tome 4, 4e édition, Economica, 2017, pp. 131 - 132.

③ Philippe Malaurie, Laurent Aynès, Philippe Stoffel-Munck, Droit Des Obligations, 8e édition, LGDJ, 2016, p. 690.

三、抵债履行独立于买卖合同

在 17 世纪和 18 世纪，民法学者将抵债履行视为一种买卖合同。在 19 世纪，某些民法学者仍然主张此种理论。在今时今日，那些采取抵债履行的复合性理论的民法学者仍然承认此种理论，已如前述。Malaurie、Aynès 和 Stoffel-Munck 就明确承认抵债履行的买卖合同性质，他们指出："当债务人最初承担的债务是金钱债时，如果债务人以即刻转移财产所有权的方式替换最初的金钱债，则他们之间的此种抵债履行也类似于买卖。"①

所谓买卖合同，是指出卖人与买受人之间所签订的合同，根据该种合同，除非当事人之间另有不同的约定，否则，除了出卖人应当即刻将自己出卖物的所有权转移和交付给买受人之外，买受人也应当即刻将购买物的价款交付给出卖人。在对抵债履行做出分析时，人们借助于买卖合同，认为抵债履行在性质上类似于买卖合同，根据此种理论，当债务人以转移和交付财产所有权的方式替换他们原本承担的金钱债时，债务人与债权人之间的此种交易等同于买卖合同当事人之间的交易：出卖人用来抵债履行的财产被他们出卖给了买受人，在购买了债务人所出卖的此种财产时，债权人应当对出卖人支付价款，不过，债权人对债务人承担的此种价款债务与债务人对债权人承担的最初债务即金钱债抵销。因此，抵债履行的买卖合同理论是与债的抵债理论相伴随的。②

民法学者之所以将抵债履行等同于买卖合同，是因为如果债务人以转移和交付财产所有权的方式来抵偿他们之间的金钱债，则借助于买卖合同当中的众多法律规范，法官能够解决抵债履行当中债权人所面临的众多问题：在买卖合同当中，出卖人应当对买受人承担权利瑕疵或者物理瑕疵的担保责任，应当担保买受人所获得的财产不会被第三人主张所有权，或者不会存在危及人身或者财产安全的隐蔽瑕疵；在买卖合同当中，出卖人应当具有转让财产的能力，买受人应当具有接受财产转让的能力；一旦当事人之间达成了财产买卖合同，则出卖物的所有权从当事人合意达成之日起发生转移，即便出卖物还没有交付，除非当事人另有不同的约定。因为抵债履行是以债务人转移和交付财产所有权给债权人的方式进行，因此，将其界定为一种买卖合同，就能够让买卖合同当中已

---

① Philippe Malaurie, Laurent Aynès, Philippe Stoffel-Munck, Droit Des Obligations, 8e édition, LGDJ, 2016, p.690.
② Henri et Léon Mazeaud, Jean Mazeaud, François Chabas, Obligations, 9e édition, Montchrestien, 1998, pp. 992 – 993；Jacques Ghestin, Marc Billiau, Grégoire Loiseau, Traité de Droit Civil, Le régime des créances et des dettes, LGDJ, 2005, pp. 990 – 991；Jacques Flour, Jean-Luc Aubert, Éric Savaux, Droit civil, Les Obligations, 3. Le rapport d'obligation, 7e édition, Dalloz, 2011, p.412；Philippe Malaurie, Laurent Aynès, Philippe Stoffel-Munck, Droit Des Obligations, 8e édition, LGDJ, 2016, p. 690；Jérôme François, Les obligations, Régime general, Tome 4, 4e édition, Economica, 2017, pp. 129 – 130；François Terré, Philippe Simler, Yves Lequette, François Chénedé, Droit civil, Les obligations, 12e édition, Dalloz, 2018, pp. 1503.

经建立的这些规则在抵债履行当中适用。①

不过，将抵债履行等同于买卖合同是完全不合理的。

首先，将抵债履行等同于买卖合同的做法过分限缩了抵债履行的适用范围。买卖合同当然是建立在财产所有权的转移和交付基础上的合同，这一点是非常肯定的。但是，抵债履行未必一定建立在财产所有权的转移或者交付的基础上，因为，在今时今日，除了以转移和交付所有权作为抵债履行的手段之外，债务人还会使用其他的抵债履行手段，诸如以劳务给付抵债履行等，已如前述。因此，将抵债履行等同于买卖合同，过分限缩了抵债履行的适用范围。

其次，将抵债履行等同于买卖合同的做法非常牵强，除了背离了买卖合同的真实生活之外，此种做法也让抵债履行从相对简单的程序嬗变为一个复杂的程序。抵债履行实际上并不复杂，因为，它仅仅是指在获得债权人同意的情况下债务人以别的给付替换他们原本应当实施的给付。然而，当人们将抵债履行等同于买卖合同时，他们的此种做法就将抵债履行复杂化了，因为根据此种理论，人们应当进行三个方面的拟制：先将债务人用来抵债履行的所有物拟制为出卖人出卖的出卖物，认为当债务人将抵债物转移和交付给债权人时，债权人就取得了出卖物的所有权人；再无中生有地拟制出债权人对债务人承担的金钱支付债务：在取得了债务人的财产所有权时，债权人应当对债务人承担支付价款的债务；最后拟制出一个债的抵销：因为债权人对债务人承担金钱债，他们对债务人承担的金钱债与债务人对债权人承担的原本的金钱债抵销，债权人不用对债务人履行债务，债务人也不用对债权人履行原本应当履行的交付金钱的债务。

再次，即便是在以所有权的转移和交付作为抵债履行方式时，抵债履行也不同于买卖合同。作为一种合意合同，根据现行《法国民法典》新的第1196条（旧的第1138条）和第1583条的规定，虽然买卖合同当中出卖物的所有权在合同成立时即刻转移给买受人，但是，债务人未必在此时将所有物交付给债权人；如果当事人在买卖合同当中对所有物的转移或者交付时间做出了规定，则出卖物的所有权按照合同约定的时间和条件转移和交付。② 而抵债履行则不同，当债务人与债权人达成了以转移和交付所有权的方式抵偿债务人对债权人承担的债务时，用来抵债履行的此种财产所有权不仅应当即刻转移，而且还应当即刻交付。

最后，人们不能够仅仅因为买卖合同的规则在抵债履行当中的适用就认定抵债履行

---

① Henri et Léon Mazeaud, Jean Mazeaud, François Chabas, Obligations, 9e édition, Montchrestien, 1998, pp. 992 – 993; Jacques Ghestin, Marc Billiau, Grégoire Loiseau, Traité de Droit Civil, Le régime des créances et des dettes, LGDJ, 2005, pp. 990 – 991; Jacques Flour, Jean-Luc Aubert, Éric Savaux, Droit civil, Les Obligations, 3. Le rapport d'obligation, 7e édition, Dalloz, 2011, p.412; Philippe Malaurie, Laurent Aynès, Philippe Stoffel-Munck, Droit Des Obligations, 8e édition, LGDJ, 2016, p. 690; Jérôme François, Les obligations, Régime general, Tome 4, 4e édition, Economica, 2017, pp. 129 – 130; François Terré, Philippe Simler, Yves Lequette, François Chénedé, Droit civil, Les obligations, 12e édition, Dalloz, 2018, pp. 1503.

② Muriel Fabre-Magnan, Droit des obligations, Tome 1, Contrat et engagement unilatéral, 4e édition, puf, 2016, p. 544; Dimitri Houtcieff, Droit des contrats, Larcier, 2e édition, 2016, pp. 340 – 341; Virginie Larribau-Terneyre, Droit civil Les obligations, 15e édition, Dalloz, 2017, p.493; 张民安：《法国合同法总论》，中山大学出版社2021年版，第244—250页。

在性质上是一种买卖合同。当债务人以转移和交付所有权的方式抵偿债权人的债权时，买卖合同的上述规则当然应当适用于抵债履行，不过，人们不能够基于此种理由就认定抵债履行在性质上属于买卖合同。因为，买卖合同的上述规则也适用于互易合同、赠与合同甚至租赁合同，人们能否借口此种理由而认定这三种合同也丧失独立性并因此成为一种买卖合同？答案是否定的，虽然买卖合同的上述规则适用于互易合同、赠与合同甚至租赁合同，但是，人们仍然承认它们是四种不同的合同，否则，《法国民法典》不会同时将买卖合同、互易合同、赠与合同和租赁合同同时规定为四种不同的具体合同。基于同样的理由，人们不能够单凭买卖合同的众多规则在买卖合同当中的适用就认定抵债履行属于买卖合同。

四、抵债履行的真正性质：一种特殊形式的债的履行或者清偿

如果抵债履行在性质上既不是一种债的更新，也不是一种买卖合同，它究竟是一种什么性质的合同？笔者认为，抵债履行在性质上虽然属于一种债的履行合同、债的清偿合同，但是，它不是一般意义上的债的履行、债的清偿合同，而是一种特殊形式的债的履行合同或者特殊形式的债的清偿合同。换言之，抵债履行是一种特殊性质的债的履行行为、一种具有特殊性质的债的清偿行为。

（一）抵债履行与一般意义上的债的清偿之间的差异

抵债履行并不是一般意义上的债的清偿行为。所谓一般意义上的债的清偿行为，是指债务人根据他们原本对债权人承担的债务实施给付行为，当他们原本对债权人承担什么债务时，他们就按照该种债的内容和要求实施给付行为。因此，一般意义上的债的清偿行为也就是《法国民法典》新的第1342条至第1342-10条等法律条款所规定的债的清偿行为，也就是笔者在前面的内容当中所讨论的债的履行，已如前述。

抵债履行与一般意义上的债的清偿之间存在两个方面的差异[①]：其一，债务人履行的债务性质不同。在一般意义上的履行或者清偿当中，债务人实施的履行行为完全与他们承担的债务相符，履行客体、清偿客体等同于债的客体：债的客体是什么，债务人就实施什么给付行为，他们不能够实施债的客体之外的给付行为。而抵债履行则不同，债务人实施的给付行为不是债的客体要求的给付行为，而是债的客体之外的其他给付行为。其二，是否要求获得债权人同意的不同。在一般意义上的履行或者清偿当中，债务人在履行自己的债务时并不需要获得债权人的同意，因为，根据《法国民法典》新的第1342（2）条的规定，一旦债务人承担的债务具有可予履行性，他们就应当履行所承担的债务，已如前述。而在抵债履行当中，当债务人以其他给付抵偿他们对债权人承担的最初债务时，他们应当获得债权人的同意，这就是《法国民法典》新的第1342-4

---

① Henri et Léon Mazeaud, Jean Mazeaud, François Chabas, Obligations, 9e édition, Montchrestien, 1998, pp. 991-993; Philippe Malaurie, Laurent Aynès, Philippe Stoffel-Munck, Droit Des Obligations, 8e édition, LGDJ, 2016, p.690; Jérôme François, Les obligations, Régime general, Tome 4, 4e édition, Economica, 2017, pp. 130-131; François Terré, Philippe Simler, Yves Lequette, François Chénedé, Droit civil, Les obligations, 12e édition, Dalloz, 2018, pp.1503.

条的规定，已如前述。

(二) 抵债履行与一般意义上的债的清偿之间的共同点

不过，我们不能够借口抵债履行与一般意义上的债的清偿之间所存在的这些差异就否定抵债履行的清偿性质，因为，抵债履行与一般意义上的债的清偿之间存在重大的联系和相似性，这些联系和相似性足以证明抵债履行在性质上属于一种债的履行行为、一种债的清偿行为。抵债履行之所以在性质上属于一种履行行为、一种清偿行为，是指因为当债务人对债权人承担债务时，他们通过实施其他的履行行为让债权人享有的债权得以实现、满足，在债权人的债权获得实现、满足时，他们对债权人承担的债务也因此消灭。

首先，抵债履行具有债的清偿所具有的目的性。债务人履行债务的目的在于消灭他们对债权人承担的债务。虽然债务人以其他方式履行债务，但是，他们履行其他债务的目的也在于消灭自己与债权人之间的最初债务。

其次，抵债履行具有债的清偿所具有的通过履行行为满足债权人债权的特征。为了实现消灭债的目的，债务人对债权人实施了其他的履行行为、其他的清偿行为，让债权人的债权借助于该种不同的履行、不同的清偿而获得实现、满足，就像债务人通过最初的履行行为、最初的清偿行为实现同一目的一样。这让抵债区别于抵销或者债的混同，因为在后两种情况下，债务人没有履行债务，债权人的债权不是借助于履行行为实现的，关于这一点，笔者将在抵债和债的混同当中做出详细的阐述，此处从略。

最后，除了上述两个重要的共同点之外，抵债履行与债的清偿之间还存在两个最主要的共同点，这就是，抵债履行的有效条件和抵债履行产生的法律效力与债的清偿的有效条件和产生的法律效力也是相同的。关于这一点，笔者将在下面的内容当中做出详细的讨论，此处从略。

(三) 抵债履行属于一种特殊性质的债的清偿

因为抵债履行与债的清偿之间的极端相似性，因此，与其将抵债履行归入到诸如债的更新或者买卖合同当中，毋宁将其归入到债的清偿当中。不过，因为抵债履行与债的清偿之间所存在的上述差异具有相当的分量。因此，人们又不能够将抵债履行视为一般意义上的债的清偿。因为此种原因，抵债履行应当被视为一种特殊性质的债的清偿，也就是，抵债履行应当被视为一种特殊性质的债的履行。

相对于抵债履行的其他理论而言，将抵债履行视为一种特殊性质的债的清偿所具有的正当性和合理性是不言而喻的，因为相对于其他的理论而言，抵债履行是与债的清偿最接近的一种制度。不过，除了具有此种正当性和合理性之外，将抵债履行视为一种债的清偿方式、债的一种履行方式也符合《法国民法典》的立法者所具有的意图，此种意图在 2016 年之前通过第 1343 条所体现，而在 2016 年之后，则通过新的 1342 - 4 (2) 条所体现，尤其是，新的 1342 - 4 (2) 条明确规定，债权人能够接受他们原本应当接受的清偿之外的清偿，已如前述。

当然，如果要真正将抵债履行视为一种特殊性质的债的清偿，法国立法者必须对债的清偿做出新的界定，因为现行《法国民法典》新的第 1342 条对债的清偿做出的界定范围过窄，仅仅将清偿视为债务人自愿履行原本应当履行的给付行为，没有涵盖抵债履行所要求的其他给付行为。实际上，《法国民法典》新的第 1342 条关于债的清偿的规定与新的 1342 - 4（2）条的规定存在矛盾，因为新的 1342 - 4（2）条也将原本应当实施的给付之外的给付视为债的清偿，已如前述。为了让这两个法律条款之间的矛盾得以解决，立法者应当重新界定新的第 1342 条所规定的债的清偿，以便将抵债履行涵盖在其中。

第四节　抵债履行的有效条件

由于迄今为止《法国民法典》没有对抵债履行做出明确规定，因此，作为债权人与债务人之间的一种合同，抵债履行应当具备哪些条件才能够产生法律效力，人们无法从《法国民法典》当中找到答案。在对抵债履行做出讨论时，某些民法学者完全忽视抵债履行的有效条件的存在，没有对抵债履行的有效条件做出任何说明。① 另外一些民法学者则简单地宣称，抵债履行的有效条件等同于债的清偿的有效条件。②

不过，还是有一些民法学者对抵债履行的有效条件做出了较为详细的说明，虽然他们做出的说明并不相同。Mazeaud 和 Chabas 等人认为，抵债履行应当具备两个条款：其一，作为抵债履行的所有物即刻转移和交付给债权人，其二，欠缺集中程序，也就是，在法官宣告清算程序之后，债务人不能够再以其他方式抵偿他们承担的债务。③ Ghestin、Billiau 和 Loiseau 则认为，抵债履行应当具备的条件是：其一，应当存在能够被消灭的债务；其二，债务人用来消灭最初债务的替换债务。④ Flour、Aubert 和 Savaux 则认为，抵债履行的有效条件多种多样，除了应当具备一般合同的有效条件之外，抵债履行还应当具备自己特殊的条件，此外，抵债履行还应当具备才从其他制度当中借用过来的条件。例如，它应当具备买卖合同当中的某些条件。⑤

一、抵债履行应当具备一般合同的有效条件和特殊条件

作为一种合同，抵债履行是债权人与债务人之间就债的履行、债的清偿所达成的协

---

① Marjorie Brusorio-Aillaud, Droit des obligations, 8e édition, bruylant, 2017, pp. 352 - 353; Virginie Larribau-Terneyre, Droit civil Les obligations, 15e édition, Dalloz, 2017, p. 201; Jérôme François, Les obligations, Régime general, Tome 4, 4e édition, Economica, 2017, pp. 129 - 130.

② Rémy Cabrillac, Droit des Obligations, 12e édition, Dalloz, 2016, p. 414; François Terré, Philippe Simler, Yves Lequette, François Chénedé, Droit civil, Les obligations, 12e édition, Dalloz, 2018, pp. 1501 - 1504.

③ Henri et Léon Mazeaud, Jean Mazeaud, François Chabas, Obligations, 9e édition, Montchrestien, 1998, pp. 990 - 991.

④ Jacques Ghestin, Marc Billiau, Grégoire Loiseau, Traité de Droit Civil, Le régime des créances et des dettes, LGDJ, 2005, pp. 992 - 998.

⑤ Jacques Flour, Jean-Luc Aubert, Éric Savaux, Droit civil, Les Obligations, 3. Le rapport d'obligation, 7e édition, Dalloz, 2011, pp. 412 - 413.

议，根据该协议，债权人同意债务人以其他的给付行为替换他们原本应当实施的给付行为。因此，抵债履行应当具备所有合同均有效的条件才能够产生法律效力。在 2016 年之前，抵债履行应当符合《法国民法典》第 1108 条所规定的四个条件：债务人的同意；有缔约能力；客体具有确实性；债的原因合法，已如前述。在 2016 年之后，抵债履行应当符合《法国民法典》新的第 1128 条所规定的三个条件：当事人的同意；当事人有缔约能力；合同的内容是合法的和确实的，已如前述。

根据这两个法律条款的规定，如果要在债权人和债务人之间产生法律效力，抵债履行应当获得债务人和债权人的同意，他们对抵债履行做出的同意可以是明示的，也可以是默示的。因此，如果债权人的同意是建立在被欺诈、被胁迫或者被误解的基础上，甚至建立在显失公平的基础上，则债权人有权向法院起诉，要求法官宣告他们之间的抵债履行合同无效或者可撤销。不过，被替换的最初债并不要求是肯定债（les obligations liquides），作为抵债履行产生的原因，被替换的最初债只要是存在的并且能够被确定的，则当事人之间的抵债履行合同仍然有效。①

不过，仅仅具备一般合同的这些有效条件还不足够，因为，就像债的清偿需要具备特殊的有效条件一样，抵债履行也需要债权人和债务人具有债的清偿当中的双方当事人所具有的特殊条件：一方面，作为清偿者和受领者，债务人和债权人主观上具有以其他给付消灭他们之间最初债的意图。另一方面，如果债务人以转移和交付财产所有权的方式作为抵债履行的方式，则他们应当具备特殊的能力：作为清偿者，债务人具有财产的处分能力，而作为受领者，债权人则具有接受此种财产的能力。如果其中任何一方欠缺此种能力，他们之间的此种抵债合同无效。这一点同债的清偿当中清偿者和受领者的有效条件是完全一致的。②

二、被替换债和替换债

作为一种合同，如果抵债履行要在债权人与债务人之间产生法律效力，它还应当具备另外一个条件，这就是，债务人在履行债务时能够不履行最初的债务，而是以新债务的履行替换最初的债务。换言之，债务人能够对债权人实施他们原本应当实施的给付行为之外的给付行为，以便消灭他们与债权人之间的债的关系。问题在于，债务人承担的哪些债务能够被替换，他们能够以哪些债务替换最初承担的债务？

（一）被替换债和替换债的界定

抵债履行是债权人和债务人之间的一种合同，根据该种合同，债务人原本应当履行

---

① Frédéric Bicheron, La dation en paiement, thèse, 2003, n°399 et s; Jacques Flour, Jean-Luc Aubert, Éric Savaux, Droit civil, Les Obligations, 3. Le rapport d'obligation, 7e édition, Dalloz, 2011, p. 412; Philippe Malaurie, Laurent Aynès, Philippe Stoffel-Munck, Droit Des Obligations, 8e édition, LGDJ, 2016, p.689.

② Jacques Flour, Jean-Luc Aubert, Éric Savaux, Droit civil, Les Obligations, 3. Le rapport d'obligation, 7e édition, Dalloz, 2011, p. 412; Philippe Malaurie, Laurent Aynès, Philippe Stoffel-Munck, Droit Des Obligations, 8e édition, LGDJ, 2016, p.689; François Terré, Philippe Simler, Yves Lequette, François Chénedé, Droit civil, Les obligations, 12e édition, Dalloz, 2018, p.1502.

对债权人承担的某种债务，经过债权人的同意，债务人不履行原本应当履行的债务，而是履行一种新的债务，当债务人对债权人履行了新的债务时，他们与债权人之间的债的关系消灭，就像他们对债权人履行了最初的债务一样。在债的履行当中，债务人原本应当履行的债务被称为要消灭的债、最初债、旧债、被替换债，如果他们对债权人履行此种债务，则他们实施的给付行为被称为应当实施的给付行为（la prestation due），这就是债的清偿行为、一般意义上的债的清偿行为，也就是债的单纯改造，已如前述。

在债的履行当中，如果债务人不履行对债权人承担的最初债务、旧债务，而是履行经过债权人同意的另外一种不同的债务，以便替换他们原本应当履行的最初债务、旧债务，则他们所承担的另外一种不同债务被称为替换债、新债务，当他们对债权人履行此种新债务时，他们的履行行为就构成抵债履行，也就是债务人应当实施的给付行为之外的给付行为（autre chose que ce qui lui est dû）。

（二）被替换债的条件和类型

当债务人与债权人之间达成抵债履行协议时，债务人能够放弃最初债务的履行，而以新的债务履行替换最初债务的履行。问题在于，抵债履行当中能够被替换的最初债应当具备什么条件？是不是债务人承担的任何最初债均能够被新债替换？对此问题，除了 Ghestin、Billiau 和 Loiseau 之外，几乎所有民法学者均没有做出说明。Ghestin、Billiau 和 Loiseau 认为，抵债履行之所以有效，是因为抵债履行要消灭的最初债务不仅应当是存在的，而且还应当是有效的。不过，要通过替换债消灭的旧债应当是民事债，自然债是被排除在外的，因为自然债欠缺强制执行力。无论民事债是合同性质的债务还是侵权性质的债务，无论是简单债还是附条件的债、附期限的债，均能够成为被新债替换的债务。[①]

（三）替换债的条件和类型

抵债履行除了涉及被替换债之外还涉及替换债，因为抵债履行是让债务人以某种新债的履行、新债的给付替换最初债务的履行或者给付，已如前述。问题在于，替换债应当具备什么条件？对此问题，民法学者之间存在极大的争议，某些人主张狭义的理论，而另外一些人则主张广义的理论。

少数民法学者认为，能够用来抵债履行的债务只能够是转移和交易某种财产所有权的债务，除此之外，债务人不能够以任何其他债务抵债履行。换言之，他们认为，作为消灭债的一种合同，抵债履行在性质上仅仅是一种物权合同（contrat réel）。Mazeaud 和 Chabas 等人采取此种狭义的看法，他们指出："抵债履行并不是指以一种债替换另外一种债，而是指债务人以交付财产给债权人的方式替换他们原本应当实施的给付行为……

[①] Jacques Ghestin, Marc Billiau, Grégoire Loiseau, Traité de Droit Civil, Le régime des créances et des dettes, LGDJ, 2005, p.992.

因此，抵债履行以债务人即刻转移和交付用来抵债履行的财产所有权和财产作为必要条件。"①

大多数民法学者认为，除了转移和交付财产所有权的债务能够抵债履行之外，债务人还能够以任何其他债务作为替换债务，只要其他债务是存在的和有效的、是不同于债务人最初承担的债的。② Terré、Simler 和 Lequette 等人采取此种广义的看法，他们指出："抵债履行不能够被强加给债权人。但是，当债权人对债务人享有的债权属于金钱债权时，他们也能够通过债务人的等价代物给付方式获得债权的清偿并因此让自己享有的债权消灭。反之亦然。当债权人享有的债权在性质上属于代物债权时，他们的此种债权还可以通过债务人实施的另外一种代物给付行为获得满足并因此让自己的债权消灭。"③

根据上述两种不同的看法，替换债只能够是现在能够即刻主张履行的债，未来债是不能够作为替换债的，因此，附条件的债或者附期限的债均不能够作为替换债。而根据大多数民法学者的意见，作为替换最初债的债务，替换债既可以是现在债，也可以是未来债，包括附条件和附期限的债，因为，在最初的债务被新债务替换之后，被替换的债务何时履行取决于当事人之间的约定。当然，这两种不同的看法并非不可兼容，因为，在大多数情况下，被替换的债均不是在抵债履行协议达成时履行；但是，如果是转移和交付财产的债务，则债务人应当在抵债履行协议达成时即刻履行所承担的此种新给付，一旦他们履行了此种新给付，则最初的债务消灭。

在上述两种不同的意见当中，大多数民法学者的意见符合法国立法者的意图，因为，《法国民法典》新的 1342-4 (2) 条明确规定，债权人能够接受他们原本能够接受的给付之外的给付，该条的意图显而易见：债务人实施的所有其他给付行为均能够消灭自己对债权人承担的最初债务，他们能够以其他债务替换自己最初承担的债务，包括转移财产所有权的债务、作为债务甚至不作为债务，如果他们的行为获得了债权人的同意的话。换言之，作为一种合同，抵债履行既可以是一种物权合同，也可以是一种债务合同，既可以是一种作为合同，还可以是一种不作为合同。

因此，当债务人对债权人承担金钱债时，他们能够不履行所承担的此种债务，而以交付某种货物或者财产给债权人的方式消灭自己承担的此种债务。反之亦然，当债务人对债权人承担交付某种货物或者财产的债务时，他们能够不履行所承担的此种债务，而以支付一定数额的金钱的方式消灭所承担的此种债务。如果一个顾客拖欠一个酒楼的饭

---

① Henri et Léon Mazeaud, Jean Mazeaud, François Chabas, Obligations, 9e édition, Montchrestien, 1998, p. 990.

② Jacques Ghestin, Marc Billiau, Grégoire Loiseau, Traité de Droit Civil, Le régime des créances et des dettes, LGDJ, 2005, pp. 993 – 996; Jacques Flour, Jean-Luc Aubert, Éric Savaux, Droit civil, Les Obligations, 3. Le rapport d'obligation, 7e édition, Dalloz, 2011, pp. 412 – 413; Philippe Malaurie, Laurent Aynès, Philippe Stoffel-Munck, Droit Des Obligations, 8e édition, LGDJ, 2016, p. 690; Jérôme François, Les obligations, Régime general, Tome 4, 4e édition, Economica, 2017, pp. 128 – 129; François Terré, Philippe Simler, Yves Lequette, François Chénedé, Droit civil, Les obligations, 12e édition, Dalloz, 2018, pp. 1501 – 1502.

③ François Terré, Philippe Simler, Yves Lequette, François Chénedé, Droit Civil, les Obligations, 12e édition, Dalloz, 2018, pp. 1501 – 1502.

钱，为了消灭他与该酒店之间的债，该顾客可以通过给酒店洗碗或者给酒店打扫卫生等劳务提供方式消灭他对酒楼承担的此种金钱债。

三、替换债的等价性

如果债务人以一种新的给付行为替换他们最初应当对债权人所为的给付行为，则他们实施的新的给付行为应当与原本应当实施的给付行为在价值上是相等的，既不能够低于原本应当实施的给付行为的价值，也不应当高于原本应当实施的给付行为的价值，这就是替换债的等价原则，也就是替换给付的等价原则（principe d'équivalence）。[①] 因此，如果债务人对债权人承担的金钱债是10000欧元，当债务人以转移和交付财产的所有权作为消灭该种金钱债的手段时，债务人所转移和交付作为抵债履行的财产应当在价值上等同于10000欧元，既不能够多于也不能够少于10000欧元。同样，当顾客在酒楼吃饭拖欠酒楼100欧元时，如果他们以帮助酒楼洗碗或者打扫卫生作为抵债履行的手段，他们对酒楼提供的劳务服务价格应当等于100欧元。

如果用来抵债履行的财产或者劳务服务的价值大于或者少于债务人承担的最初债务的价值，当事人之间的关系如何处理？Ghestin、Billiau 和 Loiseau 认为，在这些情况下，当事人之间的债仍然消灭，因为，当事人的此种行为或者被视为一种债务免除行为，或者被视为一种赠与行为。当债务人对债权人承担1000欧元的金钱债务时，如果债务人为了消灭自己承担的债务而以价值200欧元的财产抵债履行，当债权人接受债务人的此种替换给付时，他们与债务人之间的债务消灭，因为，他们的行为被视为一种免除行为和赠与行为：债权人免除了债务人多余的800欧元的债务，以便对债务人做出赠与。相反，在债务人对债权人承担1000欧元的金钱债务时，如果债务人为了消灭自己对债权人承担的此种债务而以价值2000欧元的财产抵债履行，就多余的1000欧元而言，他们的行为被视为是对债权人所做出的赠与。[②]

不过，笔者认为，此种规则以债权人和债务人均知道用来抵债履行的财产的真实价值作为前提，如果债权人或者债务人不知道用来抵债履行的财产的真实价值，导致用来抵债履行的财产价值与债务人承担的最初债务的价值之间严重偏离，则此种规则不应当予以适用。首先，如果债务人用来抵债履行的财产的价值严重低于债权人对其享有的债权的价值，债权人有权向法院起诉，要求法官撤销自己与债务人之间的此种抵债履行合同，至少在涉及用不动产财产抵债履行时是如此。其次，在相反的情况下，如果债务人用来抵债履行的财产价值远远大于债权人对其享有的债权价值，债务人也有权向法院起诉，要求法官以显失公平为由撤销他们之间的抵债履行行为，至少在涉及用不动产抵债履行时是如此。最后，如果债务人或者债权人对用来抵债履行的财产的性质发生了错

[①] Jacques Ghestin, Marc Billiau, Grégoire Loiseau, Traité de Droit Civil, Le régime des créances et des dettes, LGDJ, 2005, pp. 997–998.

[②] Jacques Ghestin, Marc Billiau, Grégoire Loiseau, Traité de Droit Civil, Le régime des créances et des dettes, LGDJ, 2005, pp. 992–998.

误，则他们也有权向法院起诉，要求法官宣告他们之间的抵债履行合同无效。①

第五节　抵债履行的法律效力

一、抵债履行所产生的两种法律效力

在债权人与债务人之间达成了以一种债务取代另外一种债务的协议时，债务人什么时候履行所承担的新债务？对此问题，人们应当区分两种不同的情况。

第一，如果当事人之间达成了以转移和交付财产所有权替换最初债务的协议，则债务人在抵债履行协议成立时即应当履行此种债务，应当将用来抵债履行的财产转移和交付给债权人，一旦债务人实施了转移和交付行为，他们对债权人承担的债务消灭，这就是抵债履行的即刻履行规则。②

第二，如果当事人之间达成了以转移和交付财产所有权之外的其他方式替换最初债务的协议，则债务人何时履行债务，取决于当事人之间的合同约定。总的说来，抵债履行合同约定的履行期限到来时，也就是，在被替换债具有可主张履行性时，债务人就应当实施抵债履行所规定的其他给付行为，一旦他们实施了其他给付行为，则他们与债权人之间的最初债和被替换债均消灭。应当注意的是，就像一般的清偿能够由债务人之外的第三人实施一样，抵债履行也能够由第三人实施，第三人根据替换债的要求实施的给付行为与债务人本人实施的给付行为性质一样，所产生的法律效果也是相同的。③

无论债务人履行替换债的时间是在抵债履行合同成立时还是在抵债履行合同所规定的具体时间，一旦他们根据替换债的要求实施了给付行为，则他们实施的给付行为也会产生法律效力。至于说抵债履行产生的法律效力是什么，迄今为止，《法国民法典》没有做出任何规定，因为除了暗含抵债履行的存在之外，它没有对抵债履行做出任何规定，已如前述。法国民法学者普遍对抵债履行的法律效力做出了说明，所不同的是，其中的某些人做出的说明非常简单，他们仅仅简单的宣称，抵债履行产生的法律效力与债的清偿产生的法律效力完全相同。④ 而其中的另外一些人则做出了较为详细的说明。⑤

---

① Jacques Flour, Jean-Luc Aubert, Éric Savaux, Droit civil, Les Obligations, 3. Le rapport d'obligation, 7e édition, Dalloz, 2011, p. 412.

② Henri et Léon Mazeaud, Jean Mazeaud, François Chabas, Obligations, 9e édition, Montchrestien, 1998, pp. 990 – 991.

③ Jacques Ghestin, Marc Billiau, Grégoire Loiseau, Traité de Droit Civil, Le régime des créances et des dettes, LGDJ, 2005, pp. 999 – 1000.

④ Rémy Cabrillac, Droit des Obligations, 12e édition, Dalloz, 2016, p. 414; Marjorie Brusorio-Aillaud, Droit des obligations, 8e édition, bruylant, 2017, p. 353; François Terré, Philippe Simler, Yves Lequette, François Chénedé, Droit civil, Les obligations, 12e édition, Dalloz, 2018, pp. 1502 – 1503.

⑤ Henri et Léon Mazeaud, Jean Mazeaud, François Chabas, Obligations, 9e édition, Montchrestien, 1998, pp. 993 – 995; Jacques Ghestin, Marc Billiau, Grégoire Loiseau, Traité de Droit Civil, Le régime des créances et des dettes, LGDJ, 2005, pp. 999 – 1004; Jacques Flour, Jean-Luc Aubert, Éric Savaux, Droit civil, Les Obligations, 3. Le rapport d'obligation, 7e édition, Dalloz, 2011, p. 413.

笔者认为，作为一种债务履行方式，抵债履行与一般意义上的债的清偿产生的法律效力是相同的，因此，有关债的清偿产生的法律效力完全适用于抵债履行。不过，鉴于抵债履行是一种特殊性质的债的清偿，尤其是，鉴于抵债履行所存在的复杂性，抵债履行也会产生债的清偿所不会产生的法律效力。

二、抵债履行产生债的清偿所产生的同样法律效力

作为一种债的清偿方式，抵债履行当然会产生与债的清偿一样的法律效力，这就是，通过以一种不同的给付替换最初给付的方式，除了让债务人与债权人之间的主债消灭之外，抵债履行也让他们之间的从债消灭。Cabrillac 对抵债履行所产生的此种法律效力做出了说明，他指出："抵债履行也产生与债的清偿同样的法律效力：主债和从债均消灭，包括保证债和抵押债。"① Terré、Simler 和 Lequette 等人也对抵债履行产生的此种效力做出了说明，他们也指出："相应地，抵债履行也产生与债的清偿同样的法律效果：主债和从债消灭，诸如保证债和抵押债。"② 因此，笔者关于债的单纯清偿、债的单纯履行所产生的法律效力的说明完全适用于抵债履行，由于笔者已经在前面的内容当中对债的清偿产生的这些法律效力做出了说明，笔者不再在此处对抵债履行产生的这些法律效力做出说明。

三、抵债履行产生的特殊法律效力

作为一种特殊性质的清偿方式，除了产生一般意义上的债的清偿所产生的上述效力之外，抵债履行还会产生自己特有的法律效力。所谓抵债履行产生的特殊法律效力，是指抵债履行能够产生一般意义上的债的清偿不会产生的法律效力，因为，虽然抵债履行在性质上也属于一种清偿，但是，它还会产生一般的清偿不会产生的法律效力。抵债履行所产生的特殊法律效力包括三个方面：其一，抵债履行无效时最初债的恢复履行。其二，抵债履行能够产生买卖合同当中的瑕疵担保债务。其三，抵债履行能够适用于债权人撤销权（l'qction paulienne）。

（一）抵债履行无效时最初债务和担保债的恢复履行

在一般的清偿当中，一旦债务人履行了自己对债权人所承担的债务，债务人的履行行为不能够被宣告无效，因为债务的履行行为所产生的消灭债的法律效力是确定无疑的和不可以撤销的。但是，抵债履行则不同，虽然债务人以其他给付替换他们原本应当实施的给付行为；但是，他们的给付行为可能会被撤销。因为，如果当事人之间的抵债履行无效，则债务人实施的替代给付行为也无效。此时，债务人与债权人之间的法律关系恢复到抵债履行合同生效之前的状态：除了债务人应当对债权人履行债务之外，担保人

---

① Rémy Cabrillac, Droit des Obligations, 12e édition, Dalloz, 2016, p.414.
② François Terré, Philippe Simler, Yves Lequette, François Chénedé, Droit Civil, les Obligations, 12e édition, Dalloz, 2018, pp.1502 – 1503.

也应当对债权人承担担保债,就像他们之间没有发生抵债履行一样。①

(二) 债务人就其作为抵债履行的所有物对债权人承担瑕疵担保债务

如果债务人以转移和交付财产所有权的方式替换他们原本应当履行的债务,在他们将作为抵债履行的所有物交付给债权人时,他们对债权人承担的债务并没有完全消灭。首先,他们应当对债权人做出权利瑕疵的担保,这就是,他们交付给债权人的财产是自己享有所有权的财产,不是别人的财产,他们应当担保所交付的财产不会被第三人对债权人主张所有权的返还请求权,这就是债务人对债权人承担的防止所有权被第三人侵夺的债务,已如前述。其次,他们应当对债权人承担物的物理瑕疵担保债务,这就是,他们交付给债权人作为抵债履行的所有物应当具备债务人所声称的质量,不会存在影响该种质量的瑕疵。最后,如果债务人违反了所承担的这两种担保债务,导致债权人所获得的所有物被第三人侵夺或者质量存在瑕疵,除了恢复他们之间的原本债权债务关系之外,债权人还可以采取其他措施或者要求债务人承担合同责任或者侵权责任。②

(三) 债权人撤销权的行使

在债的清偿当中,如果债务人对债权人实施了清偿行为,当债权人取得了债务人实施的给付之后,债务人的其他债权人不能够向法院起诉,要求法官撤销债务人对债权人实施的清偿行为。换言之,债权人撤销权不能够在一般的债的清偿当中适用,即便符合债权人代位权的有效条件,亦是如此。而抵债履行则不同,当债务人以其他给付替换最初的给付时,在符合债权人撤销权的必要条件时,债务人的其他债权人有权向法院起诉,要求法官撤销债务人对其债权人实施的给付行为。换言之,债权人撤销权能够在抵债履行当中适用。③

---

① Henri et Léon Mazeaud, Jean Mazeaud, François Chabas, Obligations, 9e édition, Montchrestien, 1998, pp. 993 – 995; Jacques Ghestin, Marc Billiau, Grégoire Loiseau, Traité de Droit Civil, Le régime des créances et des dettes, LGDJ, 2005, pp. 999 – 1004; Jacques Flour, Jean-Luc Aubert, Éric Savaux, Droit civil, Les Obligations, 3. Le rapport d'obligation, 7e édition, Dalloz, 2011, p. 413.

② Henri et Léon Mazeaud, Jean Mazeaud, François Chabas, Obligations, 9e édition, Montchrestien, 1998, pp. 993 – 995; Jacques Ghestin, Marc Billiau, Grégoire Loiseau, Traité de Droit Civil, Le régime des créances et des dettes, LGDJ, 2005, pp. 999 – 1004; Jacques Flour, Jean-Luc Aubert, Éric Savaux, Droit civil, Les Obligations, 3. Le rapport d'obligation, 7e édition, Dalloz, 2011, p. 413.

③ Henri et Léon Mazeaud, Jean Mazeaud, François Chabas, Obligations, 9e édition, Montchrestien, 1998, pp. 993 – 995; Jacques Ghestin, Marc Billiau, Grégoire Loiseau, Traité de Droit Civil, Le régime des créances et des dettes, LGDJ, 2005, pp. 999 – 1004; Jacques Flour, Jean-Luc Aubert, Éric Savaux, Droit civil, Les Obligations, 3. Le rapport d'obligation, 7e édition, Dalloz, 2011, p. 413.

第四编
债的效力（二）：债的强制履行

第十一章　债的一般担保权

　　无论债务人对债权人承担的债是如何产生的，一旦他们对债权人承担的债务到了履行期，他们就应当履行自己所承担的债务，如果他们自愿履行了对债权人所承担的债务，则他们与债权人之间的债的关系消灭，债权人不能够再请求他们对自己履行债务，即便不是他们亲自履行债务，如果第三人为他们履行了所承担的债务，他们与债权人之间的债的关系同样消灭。如果债务人到期不履行债务，在经过债权人的催告之后，他们仍然我行我素，没有履行所承担的债务，则债权人有权向法院起诉，要求法官责令债务人对自己履行债务，法官应当做出判决，或者责令债务人履行所承担的债务，或者责令债务人对债权人承担民事责任，如果债务人不履行法官的生效判决，债权人有权要求法官采取强制执行措施，以便让债权人的债权获得实现，这就是债的强制履行（L'exécution forcée），也就是债的强制清偿（paiement forcée），债权人享有的此种权利被称为强制履行权或者强制执行权（le droit à l'exécution）。

　　在债法上，债的强制履行是相对于债的自愿履行而言的。所谓债的自愿履行（L'exécution volontaire），也称为债的自愿清偿（volontaire），是指为了消灭债务人与债权人之间的关系，债务人甚至债务人之外的第三人对债权人自觉自愿实施的给付行为，既包括债务人和债务人之外的第三人按照债的客体实施的给付行为，也包括债务人或者债务人之外的第三人在债的客体之外实施的给付行为，还包括债务人对代位者实施的给付行为。换言之，债的自愿履行同时包括一般意义上的债的履行行为、抵债履行行为和代位履行行为，已如前述。所谓债的强制履行，则是指在债务人不履行债务时，基于债权人的诉讼请求，法官对债务人采取各种强制措施，以便让债权人对债务人享有的债权获得实现，他们借助于法官所采取的各种强制措施以实现自己债权的权利就是强制履行权。

　　"无论债的渊源和特征是什么，债权人均享有强制履行权。强制履行权是受到实在法保障的一种基本权利。正如我们所指出的那样，债的一个特征是，它同时是一种义务和强制，因此，如果债务人不自觉履行所允诺的债务，他们应当被强制履行所允诺的债务。债的强制履行权从债产生之日起就已经存在，即便在债权产生时，债权人还不能够要求债务人履行自己承担的债务：它包含在债的关系当中，构成债的本质。但是，从债产生之日起一直到债履行之时止，中间存在或长或短的一段期限：债可能附加了期限或者规定了条件，或者债务人可能延期履行所承担的债务。不过，无论持续期间有多长，债的关系均赋予债权人以特别的权利，以便确保自己对债权的享有。"[1]

　　在 2016 年之前，《法国民法典》没有对债权人享有的强制执行权做出明确规定。通过 2016 年 2 月 10 日的债法改革法令，《法国民法典》新的第 1341 条对债权人享有的此种权利做出了说明，该条规定：债权人享有债权的强制执行权；他们能够根据制定法

---

[1] Virginie Larribau-Terneyre, Droit civil Les obligations, 15e édition, Dalloz, 2017, p.129.

所规定的条件强制债务人履行债务。① 除了《法国民法典》对债权人享有的强制执行权做出了明确规定之外，现行《法国民事执行程序法典》第 L111-1（1）条也对债权人享有的强制执行权做出了说明，该条规定：在符合制定法所规定的条件时，所有债权人均能够强制不履行自己债务的债务人对自己履行所承担的债务。② 此外，基于对《欧洲人权公约》第 6（1）条和《欧洲人权公约附加议定书》（Protocole additionnel）第 1 条规定所做出的解释，欧洲人权法院也承认，债权人享有的强制执行权属于一项基本权利。③

在债务人不履行所承担的债务时，为了实现债权人享有的强制执行权，《法国民法典》分别赋予债权人以四种不同的诉权：债权人直接向法院起诉，要求法官责令债务人履行债务，如果债务人拒绝履行债务，法官有权对债务人的财产采取强制执行措施，这就是债权人对债务人享有的一般担保权；当债务人与第三人实施的某种行为危及债权人享有的一般担保权时，债权人有权向法院起诉，要求法官撤销债务人与第三人之间实施的此种行为，这就是债权人所享有的撤销权；当债务人对第三人享有某种债权时，为了加强债务人的一般担保能力，债权人有权向法院起诉，要求法官责令第三人对债务人履行所承担的债务，这就是债权人所享有的代位权；当债务人与第三人之间存在债的关系时，为了实现自己的债权，债权人有权向法院起诉，要求第三人直接对自己履行他们原本应当对债务人履行的债务，这就是债权人享有的直接权。

虽然现行《法国民法典》对债权人实现其强制执行权的四种方式做出了明确规定，但是，它将这些内容分散规定在不同的卷编当中。通过 2006 年 3 月 26 日的担保法改革法令，现行《法国民法典》新的第 2284 条和新的第 2285 条对债权人享有的一般担保权做出了明确规定，换言之，《法国民法典》在新第四卷即担保卷当中规定了一般担保权。④ 在 2016 年之前，《法国民法典》仅仅对债权人享有的两种诉权即债权人代位权和债权人撤销权作出了规定，其中的债权人代位权为第 1166 条所规定，而其中的债权人撤销权则为第 1167 条所规定。这些规定的一个特点是，它们将债权人代位权和债权人撤销权规定在合同法总则当中，被认为是"合同对第三人所产生的法律效力"（l'effet des conventions à l'égard des tiers）的组成部分。⑤ 2016 年之前，虽然《法国民法典》在一些分散的法律条款当中对债权人享有的第三种诉权即债权人直接权作出了规定，但是，它没有在这些分散的法律条款的基础上规定一般意义上的直接权。

---

① Article 1341, Code civil, Version en vigueur au 22 octobre 2021, https://www.legifrance.gouv.fr/codes/section_lc/LEGITEXT000006070721/LEGISCTA000032035223/#LEGISCTA000032035223.

② Article L111-1, Code des procédures civiles d'exécution, Version en vigueur au 22 octobre 2021, https://www.legifrance.gouv.fr/codes/section_lc/LEGITEXT000025024948/LEGISCTA000025025636?etatTexte=VIGUEUR&etatTexte=VIGUEUR_DIFF&anchor=LEGISCTA000025026755#LEGISCTA000025026755；Virginie Larribau-Terneyre, Droit civil Les obligations, 15e édition, Dalloz, 2017, pp.129-130.

③ Virginie Larribau-Terneyre, Droit civil Les obligations, 15e édition, Dalloz, 2017, p.129.

④ Articles 2284 et 2285, Code civil, Version en vigueur au 22 octobre 2021, https://www.legifrance.gouv.fr/codes/section_lc/LEGITEXT000006070721/LEGISCTA000006091495/#LEGISCTA000006091495.

⑤ Articles 1166 à 1167, Code civil, Version en vigueur au 09 février 2016, https://www.legifrance.gouv.fr/codes/section_lc/LEGITEXT000006070721/LEGISCTA000006150248/2016-02-09/#LEGISCTA000006150248.

通过 2016 年 2 月 10 日的债法改革法令，除了对债权人代位权和债权人撤销权做出了规定之外，现行《法国民法典》也对债权人直接权做出了规定，这就是新的第 1341-1 条至新的第 1341-3 条的规定，其中的第 1341-1 条规定了债权人代位权，新的第 1341-2 条规定了债权人撤销权，而新的第 1341-3 条则规定了债权人直接权。① 这些规定的一个特点是，它们没有再将这三种诉权规定在合同法总则当中，而是将其规定在债法总则当中，被认为是"债权人能够主张的诉权"（Les actions ouvertes au créancier）。这说明，《法国民法典》将债权人代位权、债权人撤销权和债权人直接权视为三种诉权。②

第一节　一般担保权的界定和法律根据

一、一般担保权的界定

所谓一般担保权（le droit de gage général），是指债权人所享有的能够通过债务人的所有财产让自己享有的债权获得清偿的一般权利、担保权。在法国，虽然一般担保权"gage général"当中的"gage"一词原本是指物的担保当中的动产质押担保，也就是现行《法国民法典》新的第 2333 条所规定的物的担保，但是，在论及一般担保权时，"gage"一词的含义并不是指第 2333 条所规定的动产质押当中的质押一词，而仅仅是指在债务人不履行债务时，在不享有优先权的情况下，普通债权人能够对债务人的全部财产所享有的权利：他们能够要求法官扣押债务人的全部财产，能够要求法官拍卖、变卖债务人的全部财产并且用所拍卖、变卖的价款清偿债务人对自己承担的债务。③

因此，根据一般担保权，当债务人对债权人承担债务时，他们的所有财产均构成其对债权人承担的债务的担保，当他们不履行对债权人承担的债务时，债权人能够向法院起诉，要求法官对债务人的所有财产予以拍卖或者变卖并因此用所拍卖或者变卖的财产的价款清偿自己的债权。换言之，债务人的所有财产均构成债权人债权的共同担保（le gage commun）。对债务人的所有财产享有一般担保权的债权人被称为普通债权人（créancier ordinaire）、没有担保的债权人（créancier chirographaire），这些债权人区别于另外一种债权人即有担保的债权人（créancier privilégié），基于担保权的形式不同，有担保权的债权人或者是抵押权人、质押权人、留置权人等。④

---

① Articles 1341-1 à 1341-3, Code civil, Version en vigueur au 27 octobre 2021, https://www.legifrance.gouv.fr/codes/section_lc/LEGITEXT000006070721/LEGISCTA000032035223/#LEGISCTA000032035223.
② Articles 1166 à 1167, Code civil, Version en vigueur au 09 février 2016, https://www.legifrance.gouv.fr/codes/section_lc/LEGITEXT000006070721/LEGISCTA000006150248/2016-02-09/#LEGISCTA000006150248.
③ Virginie Larribau-Terneyre, Droit civil Les obligations, 15e édition, Dalloz, 2017, p.133.
④ François Terré, Philippe Simler, Yves Lequette, François Chénedé, Droit Civil, les Obligations, 12e édition, Dalloz, 2018, p.1586.

二、享有一般担保权的债权人与享有真正担保权的债权人

所谓普通债权人，是指其债权没有被债务人或者债务人之外的第三人以某种具体、特定财产加以担保的债权人，包括没有用具体、特定的动产或者不动产加以担保的债权人，换言之，普通债权人享有的债权属于没有担保的债权。虽然普通债权人对债务人的所有财产享有一般担保权，但是，因为债务人的普通债权人众多，因此，在债务人不能够同时清偿所有债权人的债权时，所有债权人均能够向法院起诉，要求法官对同一债务人的所有财产采取强制执行措施，导致所有债权人的债权均面临无法获得清偿的危险。

所谓有担保的债权人，是指其债权被债务人或者债务人之外的第三人以某种具体、特定财产加以担保的债权人，包括用具体、特定的动产或者不动产加以担保的债权人。换言之，有担保的债权人所享有的债权是有担保的债权。当债务人或者第三人用自己的手机对债权人的债权提供担保时，债权人的债权是有担保的债权，这就是动产质权，当债务人用自己的房屋对债权人的债权提供担保时，债权人的债权也是有担保的债权，这就是不动产抵押权。在这两种担保权当中，当债务人不履行债务时，债权人不仅能够对债务人或者第三人供做担保的手机或者房屋采取强制执行措施，而且还能够享有优先于其他债权人获得清偿的权利即优先权、优先受偿权。因为此种原因，这些担保权被称为物的担保权、真正的担保权。[1]

三、2006 年之后的《法国民法典》对一般担保权做出的新规定

2006 年之前，《法国民法典》第 2092 条和第 2093 条对一般担保权做出了说明。其中的第 2092 条规定：任何对债权人承担个人债务的人均应当用自己的所有动产财产和不动产财产履行自己的债务，无论这些财产是现有财产还是未来财产。第 2093 条规定：债务人的财产是债权人的共同担保；除非债权人具备享有优先权的合理原因，否则，债务人的财产所出卖的价款应当在债权人之间按比例分配。[2]

通过 2006 年 3 月 23 日的担保法改革法令，这两个旧的法律条款被两个新的法律条款所取代，这就是现行《法国民法典》当中新的第 2284 条和新的第 2285 条，它们原封不动地重复了旧的第 2092 条和旧的第 2093 条的规定。现行《法国民法典》新的第 2284 条规定：任何对债权人承担个人债务的人均应当用自己的所有动产财产和不动产财产履行自己的债务，无论这些财产是现有财产还是未来财产。现行《法国民法典》新的第 2285 条规定：债务人的财产是债权人的共同担保；除非债权人具备享有优先权

---

[1] Philippe Malaurie, Laurent Aynès, Philippe Stoffel-Munck, Droit Des Obligations, 8e édition, LGDJ, 2016, pp. 665 – 667; Rémy Cabrillac, Droit des Obligations, 12e édition, Dalloz, 2016, pp. 392 – 393; Marjorie Brusorio-Aillaud, Droit des obligations, 8e édition, bruylant, 2017, pp. 344 – 347; Virginie Larribau-Terneyre, Droit civil Les obligations, 15e édition, Dalloz, 2017, pp. 132 – 134; François Terré, Philippe Simler, Yves Lequette, François Chénedé, Droit civil, Les obligations, 12e édition, Dalloz, 2018, pp. 1586 – 1593.

[2] Articles 2092 et 2093, Code civil, Version en vigueur au 22 mars 2006, https://www.legifrance.gouv.fr/codes/section_lc/LEGITEXT000006070721/LEGISCTA000006136422/2006 – 03 – 22/#LEGISCTA000006136422.

的合理原因，否则，债务人的财产所出卖的价款应当在债权人之间按比例分配。①

根据《法国民法典》新的第 2285 条的规定，一般担保权的法律效力是：在债务人不履行对债权人承担的债务时，债权人有权向法院起诉，或者要求法官对债务人的财产采取保全措施，或者要求法官对债务人的财产采取强制执行措施，包括间接执行措施和直接执行措施，其中的间接执行措施是指法官责令债务人支付罚金，而直接强制执行措施则是指法官责令债务人积极实施某种行为或者禁止他们实施某种行为，尤其是指法官对债务人的财产予以拍卖、变卖，并且从拍卖、变卖的价款当中清偿债权人的债权。

四、一般担保权的性质和特征

虽然一般担保权也被视为像物的担保权一样的担保权，但是，相比于物的担保权，一般担保权的效力远远弱于物的担保权。因为，相对于《法国民法典》所规定的物的担保权而言，债权人享有的一般担保权具有三个特征：其一，它在性质上仅仅是一种债权而不是一种物权。其二，一般担保权欠缺优先性；其三，一般担保权欠缺追及性。②

（一）一般担保权仅仅是一种债权

一般担保权的第一个主要性质和特征是，它是一种债权，而不是一种物权或者物的担保权。通过 2006 年 3 月 23 日的担保法改革法令，虽然现行《法国民法典》已经正式将担保权作为独立的一卷即新的第四卷规定了下来③，但是，法国民法学者仍然普遍认为，担保权并没有独立性，因为其中的物的担保权被他们视为一种物权，这就是他们所谓的担保物权。④ 虽然一般担保权也是像物的担保权一样的担保权，但是，它们之间的差异是非常明显的，因为他们认为，一般担保权在性质上是一种债权，而物的担保权在性质上则是一种物权。因为债权人对债务人享有的一般担保权在性质上仅仅是一种债权，所以，除非债权人已经向法院起诉，要求法官对债务人的财产采取强制措施；否则，作为自己财产的所有权人，债务人仍然能够对自己的财产享有和行使包括处分权在内的各种权利。换言之，债务人享有的这些权利不会受到债权人所享有的一般担保权的影响。

Malaurie、Aynès 和 Stoffel-Munck 对一般担保权所具有的此种性质和特征做出了说明，他们指出："虽然债权人的债权具有担保，但是，他们债权的担保仅仅是债务人的财产。也就是说，债权人不会对债务人的财产享有直接的权利，例如，他们不会对债务人的财产行使扣押权。财产的所有权人仍然是债务人，当他们实施财产的转让、取得或

---

① Articles 2284 et 2285, Code civil, Version en vigueur au 22 octobre 2021, https://www.legifrance.gouv.fr/codes/section_ lc/LEGITEXT000006070721/LEGISCTA000006091495/#LEGISCTA000006091495.

② Philippe Malaurie, Laurent Aynès, Philippe Stoffel-Munck, Droit Des Obligations, 8e édition, LGDJ, 2016, pp. 665–667; François Terré, Philippe Simler, Yves Lequette, François Chénedé, Droit civil, Les obligations, 12e édition, Dalloz, 2018, pp. 1587–1588.

③ 张民安：《法国民法》，清华大学出版社 2015 年版，第 495—497 页。

④ 张民安：《法国民法总论（Ⅱ）》，清华大学出版社 2020 年版，第 239—240 页。

者创设新债的行为时,他们实施的这些行为仍然能够对抗普通债权人。"① Terré、Simler 和 Lequette 等人也对一般担保权的此种性质和特征做出了说明,他们指出:"即便所有的债权均赋予债权人对其债务人的财产享有权利,作为一般规则,此种权利也仅仅是债权而非物权,这是一般担保权与真正的担保权、物的担保权之间的基本区别。此种权利既不会剥夺债务人对自己财产的占有,也不会减缩债务人对自己财产享有的权利范围,没有包括保全措施在内的任何措施会限制债务人对自己的财产享有的这些权利。"②

与一般担保权的此种性质和特征不同,当债权人享有的债权建立在债务人或者第三人供做担保的某种动产或者不动产基础上时,债权人能够对债务人或者第三人供做担保的具体财产、特定财产施加控制,防止他们进行处分;如果债务人或者第三人将自己供做担保的动产甚至不动产转移给债权人占有,则他们很难再处分该种财产,因为债权人对所占有的担保物享有留置权,即便债务人或者第三人没有将供做担保的财产转移给债权人占有,债权人仍然能够通过诸如公示等手段对担保物享有拟制留置权等。③

(二) 一般担保权不是一种优先权

一般担保权的第二个主要性质和特征是,一般担保权没有优先性,它不是一种优先权(droit de préférence),这一点让一般担保权区别于物的担保权,因为物的担保权具有优先性、是一种优先权。因为一般担保权没有优先性,因此,在债务人不能够履行对所有债权人承担的债务时,任何一个债权人的债权均不会优先于其他债权人的债权获得清偿,除非他们属于有担保的债权人。因为,在债务人不能够清偿所有普通债权人的债权时,所有普通债权人的债权均应当根据他们享有的债权比例获得平等的、一视同仁的清偿,除了《法国民法典》新的第 2285 条对此种规则做出了说明之外,民法学者也普遍承认这一点。④

Terré、Simler 和 Lequette 等人对一般担保权的此种性质和特征做出了说明,他们指出:"一般担保权是欠缺优先权的一种权利,此种论断是前一个论断即一般担保权欠缺物权性质的结果:债权人对债务人的财产并不享有物权或者物的担保权,基于他们所享有的债权,他们被置于平等的地位……债务人财产的出卖价款的分配并不是根据债权人债权产生的先后;对于没有优先权的债权人而言,债权产生的先后顺序不会让债权在先的人优先于债权在后的人获得清偿。"⑤

---

① Philippe Malaurie, Laurent Aynès, Philippe Stoffel-Munck, Droit Des Obligations, 8e édition, LGDJ, 2016, pp. 665 – 666.
② François Terré, Philippe Simler, Yves Lequette, François Chénedé, Droit Civil, les Obligations, 12e édition, Dalloz, 2018, p. 1587.
③ 张民安:《法国民法》,清华大学出版社 2015 年版,第 521—523 页。
④ Philippe Malaurie, Laurent Aynès, Philippe Stoffel-Munck, Droit Des Obligations, 8e édition, LGDJ, 2016, p. 666; Rémy Cabrillac, Droit des Obligations, 12e édition, Dalloz, 2016, pp. 392 – 393; François Terré, Philippe Simler, Yves Lequette, François Chénedé, Droit civil, Les obligations, 12e édition, Dalloz, 2018, p. 1588; 张民安:《法国民法总论(Ⅱ)》,清华大学出版社 2020 年版,第 244—246 页。
⑤ François Terré, Philippe Simler, Yves Lequette, François Chénedé, Droit Civil, les Obligations, 12e édition, Dalloz, 2018, p. 1588.

（三）一般担保权没有追及性

一般担保权的第三个主要性质和特征是，一般担保权没有追及性，它不是一种追及权（droit de suite），这一点让一般担保权区别于物的担保权，因为物的担保权具有追及性、是一种追及权。因为一般担保权没有追及性，因此，在债权产生之后，即便债务人处分自己的财产，他们的处分行为仍然有效，债权人不能够对第三人从债务人那里取得的财产采取强制执行措施。①

Malaurie、Aynès 和 Stoffel-Munck 对一般担保权所具有的此种性质和特征做出了说明，他们指出："在债权人的债权产生之后，如果债务人的财产被分离出去，他们不能够对从债务人的财产当中分离出去的财产行使任何权利，因为他们没有追及权。"② Terré、Simler 和 Lequette 等人也对一般担保权的此种性质和特征做出了说明，他们指出："在没有任何扣押的情况下，一般担保权既不会剥夺债务人对自己财产的占有权，也不会剥夺债务人对自己财产的处分权。在债务人的债权产生之后，即便债务人的财产被分离出去，普通债权人也不能够对被分离出去的财产采取任何行动，至少在债务人的行为不会对他们的权利构成欺诈时是如此。"③

第二节　一般担保权的效力（一）：财产保全措施的实施

一、采取财产保全措施的目的

一般担保权产生的第一个主要法律效力是，债权人有权要求法官对债务人的财产采取某种保全措施（mesures conservatoires），以便确保自己的权利能够获得实现的保障（sauvegarde）。现行《法国民事执行程序法典》第 L111-1（2）条对债权人享有的此种权利做出了说明，该条规定：所有债权人均能够采取保全措施以确保自己的权利获得保障。④ 除了制定法对债权人享有的此种权利做出了明确规定之外，民法学者也普遍承

---

① Philippe Malaurie, Laurent Aynès, Philippe Stoffel-Munck, Droit Des Obligations, 8e édition, LGDJ, 2016, p. 666; Rémy Cabrillac, Droit des Obligations, 12e édition, Dalloz, 2016, pp. 392–393; Marjorie Brusorio-Aillaud, Droit des obligations, 8e édition, bruylant, 2017, p. 346; François Terré, Philippe Simler, Yves Lequette, François Chénedé, Droit civil, Les obligations, 12e édition, Dalloz, 2018, p. 1588; 张民安：《法国民法总论（Ⅱ）》，清华大学出版社 2020 年版，第 246—249 页。

② Philippe Malaurie, Laurent Aynès, Philippe Stoffel-Munck, Droit Des Obligations, 8e édition, LGDJ, 2016, p.666.

③ François Terré, Philippe Simler, Yves Lequette, François Chénedé, Droit Civil, les Obligations, 12e édition, Dalloz, 2018, p.1588.

④ Article L111-1, Code des procédures civiles d'exécution, Version en vigueur au 22 octobre 2021, https://www.legifrance.gouv.fr/codes/section_lc/LEGITEXT000025024948/LEGISCTA000025025636?etatTexte=VIGUEUR&etatTexte=VIGUEUR_DIFF&anchor=LEGISCTA000025026755#LEGISCTA000025026755; Virginie Larribau-Terneyre, Droit civil Les obligations, 15e édition, Dalloz, 2017, pp.129–130.

认债权人依据一般担保权所享有的此种权利。①

债权人之所以要对债务人的财产采取保全措施，是因为债权人可能会担心，当他们向法院起诉、要求法官责令债务人对自己履行债务或者承担责任时，债务人可能会故意或者过失实施某些让其作为一般担保权基础的财产消灭或者减少的行为，并且最终让法官做出的不利于他们的判决无法得到强制执行，诸如债务人大肆挥霍自己财产的行为、转移、变卖、隐藏自己财产的行为等。为了防止债务人在他们起诉前或者起诉之后实施这些行为，债权人要求法官对债务人的财产采取查封或者扣押等措施，以防止债务人实施让他们的财产消失或者减少的行为。

二、采取财产保全措施的条件

根据《法国民事执行程序法典》第 L511 - 1 条和其他法律条款的规定，当债权人要求法官对债务人的财产采取保全措施时，他们应当具备三个条件：②

第一，债权人对债务人享有的债权已经产生（en son principe）并且存在不能清偿的危险。即便债权人对债务人享有的债权还是不能够予以主张的、不确实的或者不肯定的，只要他们的债权已经产生并且面临无法获得清偿的风险，他们就能够要求法官采取保全措施。不过，债权人应当证明，他们享有的债权面临不能够实现的危险。

第二，债权人的申请获得了执行法官的同意（l'autorisation）。因为财产的保全措施会涉及对债务人的财产所采取的强制措施，因此，原则上，保全措施的采取以债权人向法院提出申请并且获得一审法院执行法官的同意作为必要条件。债权人申请保全措施时应当提供担保。不过，例外情况下则不需要获得法官的同意，例如，如果债权人持有具有强制执行力的凭证（titre exécutoire）、还没有被债务人履行的已经生效的法官判决等，则他们的申请不需要法官予以审查之后做出同意，法官应当即时采取保全措施。

第三，如果执行法官同意了债权人的申请，则从法官颁布财产保全令之日起的 3 个月内，债权人应当获得具有强制执行力的凭证，以便法官根据该凭证对债务人已经被保全的财产采取强制执行措施；否则，法官颁发的财产保全令会失效。因此，财产保全措施仅仅具有临时性、暂时性。

三、财产保全措施的类型

根据《法国民事执行程序法典》的规定，财产保全措施分为两类：③

---

① Rémy Cabrillac, Droit des Obligations, 12e édition, Dalloz, 2016, pp. 393 - 394; Marjorie Brusorio-Aillaud, Droit des obligations, 8e édition, bruylant, 2017, p. 346; Virginie Larribau-Terneyre, Droit civil Les obligations, 15e édition, Dalloz, 2017, pp. 133 - 134; François Terré, Philippe Simler, Yves Lequette, François Chénedé, Droit civil, Les obligations, 12e édition, Dalloz, 2018, pp. 1593 - 1595.

② Rémy Cabrillac, Droit des Obligations, 12e édition, Dalloz, 2016, pp. 392 - 393; François Terré, Philippe Simler, Yves Lequette, François Chénedé, Droit civil, Les obligations, 12e édition, Dalloz, 2018, pp. 1593 - 1594.

③ Rémy Cabrillac, Droit des Obligations, 12e édition, Dalloz, 2016, pp. 394 - 395; Marjorie Brusorio-Aillaud, Droit des obligations, 8e édition, bruylant, 2017, p. 346; Virginie Larribau-Terneyre, Droit civil Les obligations, 15e édition, Dalloz, 2017, pp. 133 - 134; François Terré, Philippe Simler, Yves Lequette, François Chénedé, Droit civil, Les obligations, 12e édition, Dalloz, 2018, pp. 1594 - 1595.

其一，保全性的扣押措施（Les saisies conservatoires）。所谓保全性的扣押措施，是指为了防止债务人处分自己的动产财产，法官对债务人的所有动产财产所采取的临时性扣押措施，包括对有形动产和无形动产所采取的扣押措施。《法国民事执行程序法典》第 L521-1 条对此种保全措施做出了说明，该条规定：保全性的扣押能够建立在所有动产财产的基础上，包括属于债务人的有形动产或者无形动产。它让债务人的动产财产不能够被处分。[1]

其二，司法担保措施（Les sûretés judiciaires）。所谓司法担保，或者是指基于法官的判决所产生的担保，或者是指其实行受到法官控制的担保。当债权人要求法官采取保全措施时，除了能够对债务人的动产采取临时性的扣押行为之外，法官也能够在债务人的某些财产上面建立让债权人享有优先权的担保，能够建立司法担保权的财产是债务人的不动产（les immeubles）、商事营业资产（les fonds de commerce）、股权（les actions）、股份（parts sociales）或者有价证券（valeurs mobilières）。《法国民事执行程序法典》第 L531-1 条对此种保全措施做出了说明，该条规定：司法担保能够以保全的名义在不动产、商事营业资产、股权、股份或者有价证券上面设立。[2]

第三节 一般担保权的效力（二）：强制执行措施总论

一般担保权产生的第二个主要法律效力是，基于债权人的请求，法官对债务人采取各种各样的强制执行措施，以便通过这些强制手段让债权人获得在债务人正常履行债务时原本能够获得的给付。

一、强制执行措施的类型

根据《法国民法典》新的第 1341 条的规定，债权人享有强制执行权，在他们享有的债权无法实现时，他们有权要求法官采取强制执行措施，以便让债务人履行所承担的债务。为了让债权人获得他们原本应当获得的给付，法官能够采取各种各样的强制执行措施，这些措施可以分为直接强制履行、强制等价履行和间接强制履行。[3]

第一，所谓直接强制履行（l'exécution forcée directe），也称为代物履行（exécution en nature）、强制代物履行（L'exécution forcée en nature）是指在债务人没有履行或者没有适当履行所承担的债务时，法官通过强制手段责令他们实施原本应当实施的给付行

---

[1] Article L521-1, Code des procédures civiles d'exécution, Version en vigueur au 22 octobre 2021, https://www.legifrance.gouv.fr/codes/section_lc/LEGITEXT000025024948/LEGISCTA000025026118/#LEGISCTA000025026403.

[2] Article L531-1, Code des procédures civiles d'exécution, Version en vigueur au 22 octobre 2021, https://www.legifrance.gouv.fr/codes/section_lc/LEGITEXT000025024948/LEGISCTA000025026150/#LEGISCTA000025026380.

[3] Philippe Malaurie, Laurent Aynès, Philippe Stoffel-Munck, Droit Des Obligations, 8e édition, LGDJ, 2016, pp. 657-658; Virginie Larribau-Terneyre, Droit civil Les obligations, 15e édition, Dalloz, 2017, p. 147; Jérôme François, Les obligations, Régime general, Tome 4, 4e édition, Economica, 2017, pp. 332-333; François Terré, Philippe Simler, Yves Lequette, François Chénedé, Droit civil, Les obligations, 12e édition, Dalloz, 2018, pp. 1595-1595.

为，以便债权人能够获得他们原本应当获得的给付行为。换言之，所谓直接强制履行，是指法官通过强制手段让债务人履行债的客体所要求他们实施的同一给付行为。直接强制履行与债务人自愿履行债务的共同点是：它们均是债务人实施债的客体的给付行为，它们之间的差异是：直接强制履行是债务人基于法官的强制手段而实施的给付行为，而自愿履行则不是基于法官的强制手段而实施的给付行为。因此，如果债务人没有履行建造工程的债务，基于法官的强制，他们将没有建造完成的工程完成了，则债务人完成工程建造的行为就属于直接强制履行。

第二，所谓强制等价履行（L'exécution forcée en équivalent），是指在债务人不履行所承担的债务时，如果债权人无法获得代物履行或者如果他们不愿意获得代物履行，他们所享有的要求法官责令债务人以与债务人的给付价值相等的金钱方式对自己实施给付行为，以便消灭他们与债务人之间的债。换言之，所谓强制等价履行，是指法官强制债务人以金钱损害赔偿的方式替换他们原本应当实施的给付行为。因此，在债务人没有完成工程建造的情况下，如果债权人不希望让债务人继续完成工程建造，则他们有权向法院起诉，要求法官责令债务人赔偿一笔数额的金钱给自己，以便替换债务人原本应当完成的工程。当法官责令债务人支付这一笔数额的金钱给债权人时，债务人的履行就是强制等价履行。在债务人不履行债务时，究竟是强制债务人实施直接代物履行还是实施等价履行，完全由债权人自由选择，他们可以根据自身的不同考虑，分别从这两种强制履行方式当中选择一种方式。[1]

第三，所谓间接强制履行，也称为通过对债务人施加压力的方式强制债务人履行所承担的债务。民法学者普遍认为，间接强制履行主要是指司法罚金，但是，某些民法学者认为，除了此种强制方式之外，间接强制履行还包括其他方式：留置权和债务不履行的抗辩。根据此种说明，当债权人要求法官对债务人采取强制执行措施时，债务人能够以债权人没有履行自己所承担的债务为由拒绝履行对债权人承担的债务。当债务人不履行自己的债务时，债权人有权留置自己所占有的、原本应当返还给债务人的财产，以便督促债务人履行所承担的债务。[2]

二、执达官借助于国家和公权力机构具体负责债的强制执行

在法国，负责对债务人采取强制执行措施的人是法国基层法院的执达官（huissiers de justice）。《法国民事执行程序法典》第 L122-1 条规定，只有负责执行的执达官才能够采取强制执行措施和扣押性的保全措施，原则上，他们应当履行自己所承担的此种职责，除非债权人要求强制执行的债权具有非法特征或者要求强制执行的债权数额显然超过了债权人债权的数额。[3]

---

[1] Jérôme François, Les obligations, Régime general, Tome 4, 4e édition, Economica, 2017, p. 344；François Terré, Philippe Simler, Yves Lequette, François Chénedé, Droit civil, Les obligations, 12e édition, Dalloz, 2018, pp. 1617-1618.

[2] Virginie Larribau-Terneyre, Droit civil Les obligations, 15e édition, Dalloz, 2017, pp. 147-150.

[3] Article L122-1, Code des procédures civiles d'exécution, Version en vigueur au 22 octobre 2021, https://www.legifrance.gouv.fr/codes/section_ lc/LEGITEXT000025024948/LEGISCTA000025025697/#LEGISCTA000025026711.

在采取强制执行措施时,执达官也需要借助于国家或者公权力的协助,国家或者公权力机构有义务协助执达官采取强制执行措施。《法国民事执行程序法典》第 L153 – 1 条和第 L153 – 2 条对此种规则做出了说明,第 L153 – 1 条规定:国家应当协助执行法院的判决或者其他具有强制执行力的凭证,如果国家拒绝协助执行,则债权人有权要求国家承担赔偿责任。第 L153 – 2 条规定:在履行执行职责时,执达官能够要求公权力机关提供协助。①

三、强制债务人履行债务的条件

根据《法国民法典》新的第 1341 条的规定,只有在符合制定法所规定的条件的情况下,债权人才能够要求法官采取强制执行措施,并因此强制债务人履行所承担的债务,已如前述。制定法所规定的条件有三:①债权人预先对债务人进行债务履行催告;②债权人获得了某种具有强制执行力的凭证;③善意履行。

第一,如果债权人要求法官对债务人采取强制执行措施,他们应当具备的第一个条件是,在要求法官强制债务人履行债务之前,他们已经对债务人进行了催告,要求债务人自愿履行债务,如果他们没有预先采取此种措施,则法官不会对债务人采取强制执行措施。仅仅在债权人履行了此种前置性的程序之后,法官才能够采取强制措施,责令债务人履行债务。《法国民法典》对债权人的催告做出了明确规定,已如前述。②

第二,如果债权人要求法官对债务人采取强制执行措施,他们应当具备的第二个条件是,他们已经获得了某种具有强制执行力的凭证(titre exécutoire)。仅仅在债权人获得了该种凭证时,他们才能够凭借该凭证要求法官采取强制执行措施,责令债务人履行所承担的债务,如果欠缺该种凭证,他们的强制履行请求不会获得法官的采纳。③《法国民事执行程序法典》第 L111 – 3 条对具有强制执行力的凭证的类型做出了明确规定,根据它的规定,已经生效的本国或者外国法院判决、法院赋予其强制执行力的协议(les accords)、已经生效的仲裁裁决、由法官和当事人签字的和解协议摘要、具有执行效力的公证书等均为具有强制执行力的凭证。债权人获得的具有强制执行力的凭证所具有的作用是:证明他们享有的债权是肯定的和能够要求履行的债权。《法国民事执行程序法典》第 L111 – 2 条对此种作用做出了说明,根据它的说明,如果债权人获得的具有强制执行力的凭证证实了他们的肯定债权和可要求履行的债权的存在,则他们能够要

---

① Article L153 – 1 et Article L153 – 2, Code des procédures civiles d'exécution, Version en vigueur au 22 octobre 2021, https://www.legifrance.gouv.fr/codes/section_lc/LEGITEXT000025024948/LEGISCTA000025025772/#LEGISC-TA000025026657.

② Virginie Larribau-Terneyre, Droit civil Les obligations, 15e édition, Dalloz, 2017, pp. 151 – 152; François Terré, Philippe Simler, Yves Lequette, François Chénedé, Droit civil, Les obligations, 12e édition, Dalloz, 2018, pp. 1581 – 1582.

③ Virginie Larribau-Terneyre, Droit civil Les obligations, 15e édition, Dalloz, 2017, pp. 152 – 153; François Terré, Philippe Simler, Yves Lequette, François Chénedé, Droit civil, Les obligations, 12e édition, Dalloz, 2018, pp. 1582 – 1583.

求法官根据每一种执行措施自身的条件对债务人的财产采取强制执行措施。①

如果债权人对债务人享有的债权在性质上是一种金钱债权，当债权人没有获得具有强制执行力的凭证时，他们可以通过《法国民事诉讼法典》第1405条至第1425条所规定的特殊程序获得具有强制执行力的凭证，至少在债务人没有对该种债务提出异议时是如此。根据该种程序，如果债权人证明他们对债务人享有的金钱债权对肯定债权和能够产生履行的债权，基层法院的法官会基于债权人的要求而对债务人签发支付令（injonction de payer），在法官将支付令送达给债务人之后的一个月内，如果债务人没有提出异议，则债权人有权要求法官根据支付令强制债务人履行金钱债务。②

第三，如果债权人要求法官对债务人采取强制执行措施，他们应当具备的第三个条件是，债权人在要求法官责令债务人履行债务时是善意的。2016年之前，《法国民法典》第1134（3）条明确规定，债务人应当善意履行债务。通过2016年2月10日的债法改革法令，善意履行原则的范围已经拓展到合同的谈判阶段、缔约阶段和履行阶段。此种规则在强制履行当中也获得适用，因为，如果债权人要求法官对债务人采取强制执行措施，在他们的强制履行要求违反善意原则时，法官可能会拒绝采取强制执行措施。因此，在债务人的负担与债权人获得的利益之间不成比例性时，法官可能会拒绝对债务人采取强制执行措施。③

四、强制执行的障碍

即便同时具备上述三个条件，法官也未必一定会对债务人采取强制执行措施，即便法官要采取强制执行措施，他们的强制执行也未必一定会获得国家或者公权力机关的协助。因为，如果具备某种正当理由，法官、国家或者公权力机关也会拒绝执行或者拒绝协助执行执达官的强制执行措施，这就是强制履行、强制执行所存在的障碍（obstacles à l'exécution forcée）。

一方面，即便符合强制执行的上述条件，国家或者公权力机构也可能会拒绝协助法官采取强制执行措施，如果他们有拒绝协助执行的某种正当理由的话。早在1923年11月30日的案件当中，法官就在自己的判决当中认为，如果国家协助执行法官的判决会危及公共秩序和公共和平，则国家可以拒绝协助执行法官的判决。在今时今日，此案的判决不仅已经成为司法判例，而且还被法国立法者所规定，这就是《法国民事执行程序法典》第L153-1条，该条规定，如果国家拒绝协助执行，则债权人有权要求国家

---

① Article L111-3 et Article L111-2, Code des procédures civiles d'exécution, Version en vigueur au 22 octobre 2021, https://www.legifrance.gouv.fr/codes/section_lc/LEGITEXT000025024948/LEGISCTA000025025638/#LEGISCTA000025026753.

② Virginie Larribau-Terneyre, Droit civil Les obligations, 15e édition, Dalloz, 2017, p. 153; François Terré, Philippe Simler, Yves Lequette, François Chénedé, Droit civil, Les obligations, 12e édition, Dalloz, 2018, pp. 1583-1584.

③ François Terré, Philippe Simler, Yves Lequette, François Chénedé, Droit Civil, les Obligations, 12e édition, Dalloz, 2018, pp. 1584-1585.

赔偿自己的损失,已如前述。①

另一方面,即便符合强制执行的上述条件,法官也未必一定会采取强制执行措施,并因此责令债务人履行所承担的债务。因为,《法国民法典》明确规定,如果法官基于债务人的请求或者依照职权决定给予债务人以履行债务的宽限期,则在法官所给予的宽限期内,法官不会对债务人采取强制执行措施。当然,是否给予和给予多长的宽限期,由法官结合案件的具体情况自由决定;不过,最长期限不能够超过2年,已如前述。②

第四节 一般担保权的效力(三):作为间接强制履行措施的司法罚金

一、司法罚金的界定

在债务人不履行或者迟延履行自己对债权人承担的债务时,基于债权人的强制执行请求,法官能够责令债务人支付一定数额的金钱给债权人,直到债务人履行了所承担的债务时为止,或者直到债务人确定无疑地无法履行自己的债务时为止。该种数额的金钱或者是总括性的,但是,更多的时候则是按照债务人迟延一天、一周、一个月等支付多少比例的金钱给债权人的方式,这就是法官对债务人所采取的一种间接强制执行措施:司法罚金(l'astreinte)。司法罚金在债务人不履行作为债、不作为债或者转移财产所有权的债当中均适用。③

在法国,司法罚金不同于约定罚金(l'astreinte conventionnelle)和法定罚金(l'astreinte légale)。所谓约定罚金,也称为迟延罚金(pénalité de retard),是指当事人在违反了合同当中约定的条款时,需要缴纳的罚金。根据该条款,如果债务人迟延履行债务,他们应当按照每迟延一天、一周或者一个月等支付一定比例的金钱给债权人。所谓法定罚金,则是指制定法所规定的应当纳入国库的民事或者税负方面的罚金。④

---

① Philippe Malaurie, Laurent Aynès, Philippe Stoffel-Munck, Droit Des Obligations, 8e édition, LGDJ, 2016, p. 652; François Terré, Philippe Simler, Yves Lequette, François Chénedé, Droit civil, Les obligations, 12e édition, Dalloz, 2018, pp. 1596 – 1597.

② Philippe Malaurie, Laurent Aynès, Philippe Stoffel-Munck, Droit Des Obligations, 8e édition, LGDJ, 2016, pp. 652 – 654; Virginie Larribau-Terneyre, Droit civil Les obligations, 15e édition, Dalloz, 2017, pp. 154 – 155; Jérôme François, Les obligations, Régime general, Tome 4, 4e édition, Economica, 2017, pp. 345 – 348.

③ Jacques Flour, Jean-Luc Aubert, Éric Savaux, Droit civil, Les Obligations, 3. Le rapport d'obligation, 7e édition, Dalloz, 2011, pp. 134 – 139; Philippe Malaurie, Laurent Aynès, Philippe Stoffel-Munck, Droit Des Obligations, 8e édition, LGDJ, 2016, pp. 659 – 662; Virginie Larribau-Terneyre, Droit civil Les obligations, 15e édition, Dalloz, 2017, pp. 148 – 149; Jérôme François, Les obligations, Régime general, Tome 4, 4e édition, Economica, 2017, pp. 335 – 343; François Terré, Philippe Simler, Yves Lequette, François Chénedé, Droit civil, Les obligations, 12e édition, Dalloz, 2018, pp. 1606 – 1617.

④ Philippe Malaurie, Laurent Aynès, Philippe Stoffel-Munck, Droit Des Obligations, 8e édition, LGDJ, 2016, p. 660; François Terré, Philippe Simler, Yves Lequette, François Chénedé, Droit civil, Les obligations, 12e édition, Dalloz, 2018, pp. 1606 – 1607.

司法罚金与这两种不同的罚金之间的主要差异是：约定罚金源自合同当事人之间的自由约定，法定罚金源自立法者的制定法，而司法罚金则源自法官的判决；包括执行法官在内，所有法官均能够依职权责令债务人支付司法罚金给债权人；在做出判决时，法官可能会在自己的判决书当中规定迟延履行债务时的司法罚金；如果法官没有在自己的判决书当中规定此种内容，在执行阶段，执行法官即执达官也能够根据案件的不同情况将司法罚金的内容强加到法官的判决书当中。

《法国民事执行程序法典》第 L131-1 条对此种规则做出了说明，该条规定：所有法官均能够依职权颁发司法罚金令，以便确保其判决得以执行。如果情况要求，执行法官能够在别的法官所做出的判决当中加入司法罚金。① 在债法上，是否责令债务人支付司法罚金、支付什么比例的司法罚金、是按照迟延一天、一周还是一个月的间隔计算司法罚金，完全由法官根据案件的具体情况自由裁量。虽然司法罚金不同于约定罚金和法定罚金，但是，它的目的与这些罚金的目的是一致的，因为所有罚金的目的均是合法胁迫债务人履行所承担的债务。关于这一点，笔者将在下面的内容当中做出讨论，此处从略。

二、司法罚金的历史

1804 年的《法国民法典》没有对司法罚金制度做出明确规定。在 1834 年 1 月 29 日的案件当中，法国最高法院首次通过自己的案件确立了此种制度。在 19 世纪末期和 20 世纪初期，法官通过司法判例所确立的此种制度受到民法学者的广泛关注，民法学者对其展开了激烈的争议。因为民法学者之间持有不同的看法，因此，法官在他们的司法判例当中表现出犹豫不决的态度。民法学者之间争议的一个主要问题是，司法罚金与损害赔偿之间的关系，他们争议的另外一个问题是，司法罚金的性质。②

因为此种原因，一直到 1972 年之前，法国立法者均没有制定任何对该种制度做出规定的法律。虽然法官仍然适用此种制度，但是，他们适用的此种制度仅仅是一种司法创设的制度。而法官之所以创设并且总的说来坚持此种制度，其目的在于给债务人造成心理压力和确保自己的判决能够获得有效的执行。1972 年 7 月 5 日，法国立法者制定的法律，首次将司法判例所确立的此种制度上升为制定法。根据它的规定，法官可以依照职权责令债务人支付司法罚金给债权人。1991 年 7 月 9 日，立法者制定的法律，除了废除了 1972 年的制定法之外，该法也对 1972 年的制定法所规定的司法罚金做出了修改。这一制定法被编入《法国民事执行程序法典》当中，这就是《法国民事执行程序

---

① Article L131-1, Code des procédures civiles d'exécution, Version en vigueur au 25 octobre 2021, https://www.legifrance.gouv.fr/codes/section_lc/LEGITEXT000025024948/LEGISCTA000025025715/#LEGISCTA000025026698.

② Jacques Flour, Jean-Luc Aubert, Éric Savaux, Droit civil, Les Obligations, 3. Le rapport d'obligation, 7e édition, Dalloz, 2011, p. 135; Philippe Malaurie, Laurent Aynès, Philippe Stoffel-Munck, Droit Des Obligations, 8e édition, LGDJ, 2016, pp. 659-661; François Terré, Philippe Simler, Yves Lequette, François Chénedé, Droit civil, Les obligations, 12e édition, Dalloz, 2018, pp. 1607-1608.

法典》当中的第 L131-1 条至第 L131-4 条所规定的司法罚金制度。①

三、司法罚金的性质

司法罚金的性质有三：胁迫性、独立性和私人惩罚性。

（一）司法罚金的胁迫性

所谓司法罚金的胁迫性，是指司法罚金本身并不是一种直接的强制履行方式，它仅仅是逼迫债务人自愿履行债务的一种方式，它的目的在于通过支付一定比例的金钱给债权人的方式给债务人造成心理上的、经济上的压力，并且让他们基于此种压力自觉自愿地履行所承担的债务，以避免法官对他们采取直接的强制执行措施。换言之，法官之所以责令迟延履行债务的人对债权人支付司法罚金，其目的在于通过此种合法方式胁迫债务人积极履行债务：除非债务人履行了所承担的债务，或者除非债务人最终不能够履行债务，否则，他们承担的罚金数额会越来越多，他们的负担会越来越重，并且可能会超过他们因为不履行债务所获得的利益。②

（二）司法罚金的独立性

所谓司法罚金的独立性，是指司法罚金不是损害赔偿金（dommages-intérêts），它独立于债务人对债权人所支付的损害赔偿金。如果债务人不履行债务的行为引起了债权人损害的发生，他们应当赔偿债权人所遭受的损害，包括财产损害和非财产损害，无论债权人遭受的损害是合同损害还是侵权损害，均是如此。虽然法官和民法学者曾经在司法罚金和损害赔偿金之间的关系问题上纠缠不清，但是，在今时今日，除了司法判例、民法学者普遍承认，司法罚金独立于损害赔偿金之外，《法国民事执行程序法典》第 L131-2（1）条也明确承认其独立性，该条规定：司法罚金独立于损害赔偿金。③

司法罚金与损害赔偿金之间的差异是：即便债权人没有因为债务人的债务不履行行为而遭受任何损害，如果债务人迟延履行自己的债务，法官可能仍然会责令债务人支付司法罚金给债权人；原则上，损害赔偿金的多少取决于债权人遭受的损害范围，法官应

---

① Philippe Malaurie, Laurent Aynès, Philippe Stoffel-Munck, Droit Des Obligations, 8e édition, LGDJ, 2016, pp. 659-661; François Terré, Philippe Simler, Yves Lequette, François Chénedé, Droit civil, Les obligations, 12e édition, Dalloz, 2018, pp. 1607-1608; Articles L131-1 à L131-4, Code des procédures civiles d'exécution, Version en vigueur au 22 octobre 2021, https://www.legifrance.gouv.fr/codes/section_lc/LEGITEXT000025024948/LEGISCTA000025025715/#LEGISCTA000025026698.

② Henri et Léon Mazeaud, Jean Mazeaud, François Chabas, Obligations, 9e édition, Montchrestien, 1998, pp. 1029-1030; Jacques Flour, Jean-Luc Aubert, Éric Savaux, Droit civil, Les Obligations, 3. Le rapport d'obligation, 7e édition, Dalloz, 2011, pp. 135-136; Philippe Malaurie, Laurent Aynès, Philippe Stoffel-Munck, Droit Des Obligations, 8e édition, LGDJ, 2016, pp. 659-662; Virginie Larribau-Terneyre, Droit civil Les obligations, 15e édition, Dalloz, 2017, pp. 148-149; Jérôme François, Les obligations, Régime general, Tome 4, 4e édition, Economica, 2017, pp. 335-343; François Terré, Philippe Simler, Yves Lequette, François Chénedé, Droit civil, Les obligations, 12e édition, Dalloz, 2018, pp. 1606-1617.

③ Article L131-2, Code des procédures civiles d'exécution, Version en vigueur au 25 octobre 2021, https://www.legifrance.gouv.fr/codes/section_lc/LEGITEXT000025024948/LEGISCTA000025025715/#LEGISCTA000025026698.

当在债权人遭受的损害范围内责令债务人予以赔偿，而司法罚金则不同，它完全是由法官自由裁量的，法官不会考虑债权人遭受的损害范围。

（三）司法罚金的私人惩罚性

所谓司法罚金的私人惩罚性（peine privée），是指法官责令债务人支付司法罚金的目的不是为了赔偿债权人遭受的损害，而是对债务人不履行债务的行为所施加的惩罚。司法罚金之所以在性质上是一种惩罚，是因为司法罚金的数额究竟是多少，完全取决于法官的判决，法官不是根据债权人遭受损害的范围确定债务人应当支付的具体罚金数额，已如前述。

四、司法罚金的适用范围和限制

在历史上，司法罚金仅仅是一种次要的强制手段，因为法官在自己的司法判例当中承认，仅仅在没有其他有效手段获得债权清偿的情况下，法官才会适用司法罚金的手段让债权人的债权获得清偿。在今时今日，司法罚金不再是一种次要手段，因为司法罚金不仅被所有的法官普遍采用，而且适用范围非常广泛，无论债务人承担的债务是转移所有权的债务、作为债务还是不作为债务，无论他们承担的债务在性质上是合同债还是侵权债，无论他们承担的债务是金钱债还是代物债，在债务人不履行或者迟延履行债务时，法官均能够对他们处以司法罚金，以便胁迫他们履行所承担的债务，无论他们不履行债务的行为是否严重，均是如此。[①]

当然，此种间接强制手段也受到限制，在两种例外情况下，法官不能够对债务人科以司法罚金：其一，债务履行不能，无论是因为债务人个人的过错引起的债务履行不能，还是因为不可抗力引起的债务履行不能，法官均不能够责令债务人支付司法罚金。其二，债务人承担的债务在性质上属于具有密切人身性质的债务，因为这些债务涉及债务人的个人自由。因此，如果画家不能够履行交付画作的债务，如果妻子不履行与自己的丈夫在一起居住的债务，法官不能够责令画家或者妻子支付司法罚金。

五、司法罚金的法律效力：临时司法罚金和最终司法罚金

所谓司法罚金的结算（liquidation），是指执行法官即执达官对债务人应当支付给债权人的罚金的准确数额所进行的确定。《法国民事执行程序法典》第 L131-3 条对司法罚金的计算做出了说明，该条规定：除非执行法官颁发继续执行有关的案件或者明确表达保有继续执行司法罚金的权力，否则，包括最终的司法罚金在内，司法罚金应当由执

[①] Henri et Léon Mazeaud, Jean Mazeaud, François Chabas, Obligations, 9e édition, Montchrestien, 1998, pp. 1031-1032; Jacques Ghestin, Marc Billiau, Grégoire Loiseau, Traité de Droit Civil, Le régime des créances et des dettes, LGDJ, 2005, pp. 745-746; Rémy Cabrillac, Droit des Obligations, 12e édition, Dalloz, 2016, pp. 395-396; Philippe Malaurie, Laurent Aynès, Philippe Stoffel-Munck, Droit Des Obligations, 8e édition, LGDJ, 2016, p. 660; Jérôme François, Les obligations, Régime general, Tome 4, 4e édition, Economica, 2017, pp. 340-341; François Terré, Philippe Simler, Yves Lequette, François Chénedé, Droit civil, Les obligations, 12e édition, Dalloz, 2018, pp. 1610-1611.

行法官予以结算。①

司法罚金的结算在两种情况下发生：其一，债务人已经履行了所承担的债务。其二，债务人已经确定无疑不能够履行自己所承担的债务。司法罚金的结算因为司法罚金的性质不同而存在差异：临时司法罚金（l'astreinte provisoire）和最终司法罚金（l'astreinte définitive）。所谓临时司法罚金，是指法官没有明确在自己的判决当中宣告为最终司法罚金、能够由法官加以变更的司法罚金。所谓最终司法罚金，是指法官在其判决当中所宣告的属于最后的、不能够加以变更的司法罚金。②

临时司法罚金和最终司法罚金之间的一个最主要的差异是，法官的自由度存在差异：如果是临时司法罚金，在进行结算时，法官可以对债务人支付给债权人的罚金数额进行变更，因为他们可以考虑债务人的行为和债务人在履行债务时所遇到的困难，而如果是最终司法罚金，则在进行结算时，法官不再考虑这些因素，他们不能够再变更债务人应当支付给债权人的金钱数额。《法国民事执行程序法典》第L131-4条对两种司法罚金的结算之间所存在的此种差异做出了说明，该条规定：临时司法罚金的数额的确定要考虑法官对其发出执行令的人的行为和他们在履行债务时所面临的困难。在清算期间，最终司法罚金的比率是不能够加以变更的。③

根据《法国民事执行程序法典》第L131-4（3）条的规定，在法官颁发执行债务的指令之后，如果有证据证明，债务人迟延履行债务的原因全部或者部分源自某种外在原因（cause étrangère），则临时司法罚金或者最终司法罚金可以全部或者部分废除。④

第五节　一般担保权的效力（四）：直接强制代物履行

在债务人不履行债务时，基于债权人的请求，法官会直接采取某种强制执行措施，让债权人的债权得以实现。法官能够采取的直接强制执行措施多种多样，因为债务人不履行债务的性质不同，他们所采取的直接强制执行措施也可能不同。

---

① Article L131-3, Code des procédures civiles d'exécution, Version en vigueur au 25 octobre 2021, https://www.legifrance.gouv.fr/codes/section_ lc/LEGITEXT000025024948/LEGISCTA000025025715/#LEGISCTA000025026698.

② Henri et Léon Mazeaud, Jean Mazeaud, François Chabas, Obligations, 9e édition, Montchrestien, 1998, pp. 1032 – 1033；Rémy Cabrillac, Droit des Obligations, 12e édition, Dalloz, 2016, p. 396；Philippe Malaurie, Laurent Aynès, Philippe Stoffel-Munck, Droit Des Obligations, 8e édition, LGDJ, 2016, pp. 660 – 662；Jérôme François, Les obligations, Régime general, Tome 4, 4e édition, Economica, 2017, pp. 341 – 343；François Terré, Philippe Simler, Yves Lequette, François Chénedé, Droit civil, Les obligations, 12e édition, Dalloz, 2018, pp. 1613 – 1617.

③ Article L131-4, Code des procédures civiles d'exécution, Version en vigueur au 25 octobre 2021, https://www.legifrance.gouv.fr/codes/section_ lc/LEGITEXT000025024948/LEGISCTA000025025715/#LEGISCTA000025026698.

④ Article L131-4, Code des procédures civiles d'exécution, Version en vigueur au 25 octobre 2021, https://www.legifrance.gouv.fr/codes/section_ lc/LEGITEXT000025024948/LEGISCTA000025025715/#LEGISCTA000025026698.

一、2016 年之前和之后的《法国民法典》关于直接强制执行的不同规定

在 2016 年之前,《法国民法典》明确区分三种不同类型的债务的强制履行:转移财产所有权的债务的强制履行、作为债务和不作为债务的强制履行,因为它将债务分为转移所有权的债务、作为债务和不作为债务。其中的转移所有权的债务不会涉及强制履行的问题,因为所有权从双方当事人意思表示一致时就发生了转移。因此,债的强制履行似乎仅仅在作为债和不作为债当中适用。

不过,实际情况则完全不同,当债务人不履行所承担的作为债务或者不作为债务时,人们原则上不能够对债务人采取直接强制执行措施,他们只能够要求债务人对自己承担金钱损害赔偿责任,因为 2016 年之前的《法国民法典》第 1142 条对此种一般原则做出了说明,该条规定:在债务人不履行债务时,所有作为债或者不作为债均通过损害赔偿金的方式解决。此外,第 1145 条也明确规定:如果债务人承担的债务是不作为债务,仅仅在他们违反该种债务时,债权人就应当获得损害赔偿金。①

在坚持不能够对债务人不履行作为债或者不作为债采取强制执行措施的一般原则时,2016 年之前的《法国民法典》第 1143 条和第 1144 条也对此种原则的例外做出了规定,根据这两条规定的例外,在债务人不履行所承担的债务时,债权人有权要求法官对债务人采取强制执行措施。第 1143 条规定:当债务人违反所承担的债务时,债权人有权要求法官责令债务人将自己的所作所为予以拆毁;除了有权要求债务人赔偿所遭受的损害之外,债权人也能够授权第三人将债务人的所作所为拆毁,其拆毁费用由债务人承担。第 1144 条规定:在债务人不履行债务的情况下,法官也可以授权债权人自己完成债务人原本应当完成的债务,其费用由债务人负担。法官能够责令债务人提前支付债权人履行此种债务的费用。②

2016 年之前,《法国民法典》第 1142 条之所以禁止法官对不履行作为债务和不作为债务的债务人采取强制执行措施,是因为 1804 年的《法国民法典》的起草者担心,对债务人不履行作为债务或者不作为债务的行为采取强制执行措施会违反当事人的意愿,会像法国旧法时期的法律那样将各种劳役、重负强加在债务人的身上,会违反对人的尊重原则。为了对债务人提供保护,法国立法者将民法上的一个著名法律格言,即任何人均不得被强制实施某种行为(Nemo potest praecise cogi ad factum)规定在他们起草的民法典当中,这就是 1804 年《法国民法典》当中的第 1142 条,该条一直从 1804 年

---

① Articles 1142 et 1145, Code civil, Version en vigueur au 09 février 2016, https://www.legifrance.gouv.fr/codes/section_lc/LEGITEXT000006070721/LEGISCTA000006150243/2016-02-09/#LEGISCTA000006150243.

② Articles 1143 et 1144, Code civil, Version en vigueur au 09 février 2016, https://www.legifrance.gouv.fr/codes/section_lc/LEGITEXT000006070721/LEGISCTA000006150243/2016-02-09/#LEGISCTA000006150243.

适用到 2016 年，直到法国政府通过 2016 年 2 月 10 日的债法改革法令将其废除为止。①

如果按照《法国民法典》第 1142 条的规定，在债务人不履行自己的作为债务或者不作为债务时，除了能够要求法官强制债务人采取等价履行的方式之外，债权人几乎不能够要求法官责令债务人采取任何强制性的代物履行方式。不过，在司法实践当中，法官没有严格遵循该条的规定，他对该条的规定做出限缩性解释，认为仅仅在债务人承担的作为债务或者不作为债务在性质上属于具有私人性质的、人身性质的债务时，法官才不能够对他们采取直接的强制执行措施，例如，如果演员不履行债务或者画家不履行债务，则法官只能够根据该条的规定强制他们赔偿债权人遭受的损害，不能够强制他们继续演出或者继续为委托人画画。反之，如果债务人承担的作为债务或者不作为债务在性质上不属于具有私人性质的、人身性质的债务，则法官能够适用第 1143 条和第 1144 条的规定，对债务人采取强制执行措施，以便满足债权人的要求。②

鉴于 2016 年之前的规定范围过于狭窄，通过 2016 年 2 月 10 日的债法改革法令，现行《法国民法典》放弃了旧的第 1142 条的规定，而采取了与该条规定完全相反的规则：原则上，当债务人不履行所承担的作为债务和不作为债务时，债权人有权要求法官对债务人采取直接的强制执行措施，在例外情况下，债权人则不得要求法官对债务人采取直接的强制执行措施。这就是现行《法国民法典》当中的新第 1221 条，该条规定：在进行催告之后，债权人有权要求法官对债务人采取代物履行方式，除非债务的履行是不可能的，或者除非善意债务人的履行费用与债权人获得的利益之间明显的不成比例。③

为了与新的第 1221 条的规定相对应，新的第 1341 条明确规定，债权人享有强制债务人履行债务的权利，已如前述。此外，现行《法国民法典》新的第 1222 条保留了旧的第 1143 条和第 1144 条的规定，它规定：在进行催告之后，债权人也能够在合理的期限内以合理的费用自己履行债务，或者在法官预先同意的情况下将债务人违反债务时的所作所为拆毁。他们有权要求法官责令债务人支付为此支出的费用。他们也有权要求法官责令债务人预先支付为履行债务或者为拆毁所必要的费用。④

---

① Henri et Léon Mazeaud, Jean Mazeaud, François Chabas, Obligations, 9e édition, Montchrestien, 1998, p. 1020; Muriel Fabre-Magnan, Droit des obligations, Tome 1, Contrat et engagement unilatéral, 4e édition, puf, 2016, p. 727; Rémy Cabrillac, Droit des Obligations, 12e édition, Dalloz, 2016, p. 397; François Terré, Philippe Simler, Yves Lequette, François Chénedé, Droit civil, Les obligations, 12e édition, Dalloz, 2018, pp. 832 – 833.

② Henri et Léon Mazeaud, Jean Mazeaud, François Chabas, Obligations, 9e édition, Montchrestien, 1998, pp. 1020 – 1026; Jacques Flour, Jean-Luc Aubert, Éric Savaux, Droit civil, Les Obligations, 3. Le rapport d'obligation, 7e édition, Dalloz, 2011, pp. 131 – 134; Rémy Cabrillac, Droit des Obligations, 12e édition, Dalloz, 2016, pp. 397 – 398; François Terré, Philippe Simler, Yves Lequette, François Chénedé, Droit civil, Les obligations, 12e édition, Dalloz, 2018, pp. 1599 – 1603.

③ Article 1221, Code civil, Version en vigueur au 26 octobre 2021, https://www.legifrance.gouv.fr/codes/section_lc/LEGITEXT000006070721/LEGISCTA000032009923/#LEGISCTA000032009923.

④ Article 1222, Code civil, Version en vigueur au 26 octobre 2021, https://www.legifrance.gouv.fr/codes/section_lc/LEGITEXT000006070721/LEGISCTA000032009923/#LEGISCTA000032009923.

二、转移所有权的债务不会面临强制履行的问题

无论是在 2016 年之前还是之后，债务人均应当对债权人承担转移财产所有权的债务：出卖人、互易人、赠与人将出卖物、互易物或者赠与物的所有权转移给买受人、另外一个互易人和受赠人所有。问题在于，债务人承担的此种债务是否面临强制执行的可能？对此问题，无论是在 2016 年之前还是之后，民法学者均承认，债务人承担的此种债务几乎不会面临强制执行的问题，因为债务人所承担的此种债务在他们与债权人达成买卖合同、互易合同或者赠与合同时就已经履行完毕，不存在债务人没有履行债务并因此需要借助于强制执行措施让其履行的问题。

根据此种理论，一旦当事人之间签订这些合同，从双方当事人的意思表示一致时，出卖人、互易人和赠与人就丧失了出卖物、互易物和赠与物的所有权，而买受人、另外一个互易人和受赠人就取得了出卖物、互易物和赠与物的所有权，这就是是财产所有权转让当中的合意主义理论（consensualisme en matière de transfert de propriété）、单纯合意主义的转让理论（le transfert solo consensus）、单纯合意主义的转让原则（Le principe du transfert solo consensu）。①

根据此种理论，如果债务人所承担的此种债务是转移特定物（corp certain）的所有权，他们所承担的此种债务在双方当事人之间达成合意时就自动履行了，不存在强制履行的可能。如果债务人所承担的此种债务是转移种类物（chose de genre）的所有权，或者如果合同当事人在自己的合同当中规定了财产所有权保留的条款，人们是否适用同样的规则，民法学者之间存在不同看法，某些民法学者认为，在此种情况下，人们仍然适用转移特定物所有权时的规则：一旦种类物具体化了，或者一旦债务人支付了价款，则从种类物具体化或者从价款支付之日起，债务人的种类物的所有权就自动转让给债权人，不存在需要强制执行的问题。而另外一些民法学者则认为，在这些情况下，不存在所有权自动转移给债权人的问题，债务人仍然需要履行交付财产的债务，此种债务在性质上不再属于转移所有权的债务，而属于一种作为债，仍然面临需要法官采取强制执行的问题。在这两种不同的理论当中，似乎第一种理论属于主流理论。②

根据此种理论，即便合同当事人在他们的合同条款当中对债务人转移所有权的条件

---

① Henri et Léon Mazeaud, Jean Mazeaud, François Chabas, Obligations, 9e édition, Montchrestien, 1998, p. 1020; Jacques Flour, Jean-Luc Aubert, Éric Savaux, Droit civil, Les Obligations, 3. Le rapport d'obligation, 7e édition, Dalloz, 2011, pp. 130 – 131; Rémy Cabrillac, Droit des Obligations, 12e édition, Dalloz, 2016, p. 395; Jérôme François, Les obligations, Régime general, Tome 4, 4e édition, Economica, 2017, pp. 333 – 334; François Terré, Philippe Simler, Yves Lequette, François Chénedé, Droit civil, Les obligations, 12e édition, Dalloz, 2018, pp. 1600 – 1601.

② Henri et Léon Mazeaud, Jean Mazeaud, François Chabas, Obligations, 9e édition, Montchrestien, 1998, p. 1020; Jacques Flour, Jean-Luc Aubert, Éric Savaux, Droit civil, Les Obligations, 3. Le rapport d'obligation, 7e édition, Dalloz, 2011, pp. 130 – 131; Rémy Cabrillac, Droit des Obligations, 12e édition, Dalloz, 2016, p. 395; Jérôme François, Les obligations, Régime general, Tome 4, 4e édition, Economica, 2017, pp. 333 – 334; François Terré, Philippe Simler, Yves Lequette, François Chénedé, Droit civil, Les obligations, 12e édition, Dalloz, 2018, pp. 1600 – 1601.

或者期限做出了规定，债务人仅仅在合同规定的条件成就或者期限到来时才履行所承担的此种债务，同样的规则仍然适用，因为他们认为，一旦合同约定的条件或者期限成就或者到来，债务人就自动丧失自己的所有物的所有权，而债权人则自动取得债务人的财产的所有权。不过，这些民法学者认为，如果在双方当事人之间达成合意时债务人没有交付财产给债权人，则债务人仍然应当对债权人承担交付财产给债权人的债务；虽然此种债务与转移所有权的债务关系密切，但是，它在性质上不是转移所有权的债务，而是一种作为债务，而作为债务则面临被强制执行的问题。① 关于这一点，笔者将在下面的内容当中做出详细的讨论，此处从略。

三、金钱债的强制履行

如果债务人承担的债务在性质上属于金钱债，则他们承担的此种债务总是存在被法官强制履行的可能：如果他们没有履行此种债务，基于债权人的请求，法官能够对债务人采取强制执行措施；并且，与其他能够被强制执行的债务不同，金钱债不存在不能履行的问题，因为，即便发生了不可抗力，债务人仍然应当被强制履行所承担的此种债务。

虽然强制债务人履行金钱债的方法众多，但是，强制债务人履行金钱债的传统方法是由执行法官对债务人的所有能够予以强制执行的财产所采取的强制执行措施，无论这些财产是在债务人的手中还是在第三人的手中：扣押债务人的所有财产，在将所扣押的财产予以强制拍卖、变卖之后，用强制拍卖或者变卖款项清偿债权人的金钱债权。② 所谓能够强制执行的财产（les biens saissables），是指除了制定法所规定的不能强制执行的财产（les biens insaisissables）之外所有属于债务人的财产，无论是动产还是不动产，是有形财产还是无形财产。所谓不能够强制执行的财产，是指为债务人的个人生活所必要的财产，诸如债务人的衣服、床单、家具、洗衣机、熨斗、家庭取暖所需的器具、允许一家人一起用餐的桌椅，债务人享有的某些债权，诸如抚养权、抚恤金、债务人的部分工资，残疾人用具，等等。③

在法国，如果债务人是商人，当他们的所有财产不足以清偿他们对债权人承担的债务时，则他们所承担的金钱债按照《法国商法典》所规定的司法清算程序（liquidation

---

① Henri et Léon Mazeaud, Jean Mazeaud, François Chabas, Obligations, 9e édition, Montchrestien, 1998, p. 1020; Jacques Flour, Jean-Luc Aubert, Éric Savaux, Droit civil, Les Obligations, 3. Le rapport d'obligation, 7e édition, Dalloz, 2011, pp. 130 – 131; Rémy Cabrillac, Droit des Obligations, 12e édition, Dalloz, 2016, p. 395; Jérôme François, Les obligations, Régime général, Tome 4, 4e édition, Economica, 2017, pp. 333 – 334; François Terré, Philippe Simler, Yves Lequette, François Chénedé, Droit civil, Les obligations, 12e édition, Dalloz, 2018, pp. 1600 – 1601.

② Rémy Cabrillac, Droit des Obligations, 12e édition, Dalloz, 2016, pp. 400 – 402; Virginie Larribau-Terneyre, Droit civil Les obligations, 15e édition, Dalloz, 2017, pp. 153 – 154; Jérôme François, Les obligations, Régime général, Tome 4, 4e édition, Economica, 2017, p. 333; François Terré, Philippe Simler, Yves Lequette, François Chénedé, Droit civil, Les obligations, 12e édition, Dalloz, 2018, pp. 1597 – 1599.

③ François Terré, Philippe Simler, Yves Lequette, François Chénedé, Droit Civil, les Obligations, 12e édition, Dalloz, 2018, pp. 1589 – 1593.

judiciaire）进行清算，也就是按照破产程序进行清算。除了适用于作为商人的债务人之外，《法国商法典》所规定的破产清算程序被拓展，对手工业者、农业经营者、独立从事职业活动的人、自由职业者和所有的私法人均适用。不过，它所规定的此种程序并不适用于没有从事这些职业活动的单纯的自然人。

通过2003年8月1日的制定法，现行《法国消费法典》第L.741-1条至第L741-9条对没有清偿能力的债务人的债务问题做出了规定：在不进行司法清偿的情况下对债务人的个人债务进行个人重整（rétablissement personnel），根据它的规定，如果债务人还存在一些财产，法官可以指定清偿人对债务人的财产进行清算，用债务人的积极财产清偿债权人的债权；如果债务人没有财产，则法官宣告个人重整程序结束，让债权人宣告自己对债务人享有的债权无法获得实现并因此让债务人对债权人承担的债务消灭，仅仅保留债务人对债权人承担的诸如抚养债（扶养债、赡养债）、罚金和金钱损害赔债。换言之，迄今为止，法国制定法仅仅承认商人的破产，不承认单纯的没有从事职业活动的自然人的破产。[1]

根据《法国民法典》新的第2285条的规定，如果债务人的款项不足以支付所有债权人的债权，则首先清偿享有优先权的债权人的债权，在清偿了享有优先权的债权人的债权之后，再清偿普通债权人的债权；如果普通债权人有两个或者两个以上，则按照每一个债权人在整个普通债权当中所占有的比例清偿。

四、作为债务和不作为债务的强制履行

根据《法国民法典》新的第1221条的规定，在今时今日，无论债务人承担的债务在性质上是作为债务还是不作为债务，在他们不履行所承担的这些债务时，基于债权人的请求，法官均能够采取直接的代物强制履行措施，以便强制债务人履行所承担的这些债务。

（一）作为债务的强制履行

如果债务人承担的债务在性质上属于作为债务，在他们不履行所承担的债务时，基于债权人的请求，法官能够对债务人采取强制执行措施。

首先，如果债务人承担的债务是交付财产的债务，在债务人不履行此种债务时，基于债权人的请求，借助于公权力机构的协助，法官有权强制债务人履行所承担的此种债务。因此，如果出卖人没有履行交付出卖物给买受人的债务，法官有权采取强制执行措施，责令债务人将出卖物交付给买受人。如果出租人没有履行将租赁物交付给承租人的债务，法官有权对出租人采取强制执行措施，责令出租人将租赁物交付给承租人，如果出借人没有将金钱借贷给债权人，法官有权对债务人采取强制执行措施，责令他们将合

---

[1] Articles L741-1 à L741-9，Code de la consommation，Version en vigueur au 26 octobre 2021，https://www.legifrance.gouv.fr/codes/section_lc/LEGITEXT000006069565/LEGISCTA000032223739?etatTexte=VIGUEUR&etatTexte=VIGUEUR_DIFF&anchor=LEGISCTA000033461124#LEGISCTA000033461124.

同约定的金钱交付给债权人。①

其次，在租赁合同或者出卖合同到期之后，如果承租人或者出卖人不履行将承租物或者出卖物交付给出租人或者购买人的债务，基于出租人或者买受人的请求，借助于公权力机构的协助，法官有权采取驱逐方式，将承租人或者出卖人从所侵占的财产之内或者财产之上驱逐出去并因此恢复出租人、买受人对其财产的占有，这就是法官所采取的一种强制执行措施：驱逐债务人的方法。《法国民事执行程序法典》第L411-1条至第L412-8条对此种强制执行措施做出了规定，根据它的规定，如果法官要采取此种强制执行措施，他们应当具备一些条件：债权人要有具有强制执行力的凭证；公权力机构对占有场所的债务人进行搬出通知；如果是主要居住场所，法官应当给予债务人两个月的搬出期限；等等。② 不过，关于此种强制执行措施的具体适用，法国民法学者之间存在不同看法。某些民法学者认为，此种强制执行措施在实践当中被法官适用的机会很少。一方面，它涉及承租人所享有的一种基本权利即居住权（le droit au logement），此种方式存在侵犯承租人所享有的此种基本权利的倾向。另一方面，它也涉及自然人的人身自由的问题，驱逐可能涉及侵犯债务人的个人人身自由的可能。因此，法官通常在债务人不离开所占用的动产财产时才会采用此种方式。而另外一些民法学者则不同意此种看法，他们认为，此种强制执行措施不仅被法官普遍适用，而且还被法官适用于所有的场所当中，包括承租人拒绝返还所承租的主要住所的案件当中，因为他们认为，个人自由、基本权利的尊重不能够以牺牲所有权人对其所有物的占有作为代价，基于财产所有权的保护，法官应当采取此种强制方式，即便它构成对个人自由的限制、个人权利的侵犯，亦是如此。③

再次，如果债务人承担的债务是与债权人实施某种法律行为或者签订某种合同的债务，当他们不履行该种债务时，法官可以对债务人采取强制执行措施：通过自己的司法判决确认此种法律行为或者合同的存在，这就是法律行为的司法确认（constatation judiciaire）。例如，如果出卖人与买受人之间签订了不动产买卖合同，除了应当采取书面形式之外，出卖人还应当协助买受人到登记机构办理不动产买卖登记程序，以便将他们之间的不动产买卖予以公示。如果出卖人拒绝协助买受人办理不动产买卖的登记程序，则买受人有权要求法官对出卖人采取此种强制执行措施：法官通过自己的判决确认出卖人与买受人之间的买卖合同的存在，登记机关基于法官的确认判决办理不动产买卖的

---

① Jacques Flour, Jean-Luc Aubert, Éric Savaux, Droit civil, Les Obligations, 3. Le rapport d'obligation, 7e édition, Dalloz, 2011, p. 132; Rémy Cabrillac, Droit des Obligations, 12e édition, Dalloz, 2016, p. 399.

② Articles L411-1 à L412-8, Code des procédures civiles d'exécution, Version en vigueur au 25 octobre 2021, https://www. legifrance. gouv. fr/codes/section _ lc/LEGITEXT000025024948/LEGISCTA000025026024/# LEGISCTA000025026476.

③ Jacques Flour, Jean-Luc Aubert, Éric Savaux, Droit civil, Les Obligations, 3. Le rapport d'obligation, 7e édition, Dalloz, 2011, p. 132; Virginie Larribau-Terneyre, Droit civil Les obligations, 15e édition, Dalloz, 2017, p. 154; François Terré, Philippe Simler, Yves Lequette, François Chénedé, Droit civil, Les obligations, 12e édition, Dalloz, 2018, p. 1604.

登记。①

最后，如果债务人不履行所承担的作为债务，基于债权人的请求，法官可以对债务人颁发作为令（injonction de faire）。受到支付令的启发，法国政府在1988年3月4日颁布了法令，该法令被编入《法国民事诉讼法典》当中，这就是第1425-1条至第1425-9条所规定的作为令，根据这些法律条款的规定，如果消费者对商人承担的债务不超过10000欧元，基于商人的请求，法官有权对作为债务人的消费者颁布支付令，要求债务人履行对债权人承担的债务。不过，支付令的意义有限，因为，如果债务人不履行法官的支付令，他们不会遭受任何制裁。②

（二）不作为债务的强制履行

如果债务人不履行他们所承担的不作为债务，基于债权人的请求，法官是否能够对债务人不履行不作为债务的行为采取强制执行措施？答案是完全肯定的，因为现行《法国民法典》新的第1221条在规定强制执行措施时没有明确区分债务人所承担的债务究竟是作为债务还是不作为债务，已如前述。

2016年之前，《法国民法典》第1143条规定，如果债务人违反了不作为债务而实施某种作为行为，基于债权人的请求，法官有权对债务人采取强制执行措施：将债务人的作为行为予以拆毁或者拔除，2016年之后，《法国民法典》新的第1222条做出了同样的规定。因此，如果债务人违反了不建造建筑物的地役权规定，基于债权人的请求，法官有权责令债务人将建造的建筑物拆毁。如果债务人违反了合同所规定的不与债权人展开竞争的债务，基于债权人的请求，法官有权责令债务人关闭自己所从事的商事营业活动。③

如果债务人所承担的不作为债务是不与第三人签订某种合同，当他们违反所承担的此种债务而与第三人签订合同时，法官是否能够对债务人采取强制执行措施？对此问题，法官之间存在不同的看法。在2006年5月4日的案件当中，法国最高法院民三庭认定，当债务人违反了合同所规定的排他性条款而与第三人签订合同时，基于债权人的请求，法官能够中断债务人与第三人之间签订的合同。不过，在2009年11月8日的案件当中，法国最高法院社会庭则采取相反的态度，它认为，即便债务人违反了不作为债务与第三人签订合同，法官也不能够中断债务人与第三人之间的合同，他们只能够责令债务人赔偿债权人所遭受的损害。④

---

① Rémy Cabrillac, Droit des Obligations, 12e édition, Dalloz, 2016, p. 399; François Terré, Philippe Simler, Yves Lequette, François Chénedé, Droit civil, Les obligations, 12e édition, Dalloz, 2018, pp. 1603-1604.

② Rémy Cabrillac, Droit des Obligations, 12e édition, Dalloz, 2016, p. 399; François Terré, Philippe Simler, Yves Lequette, François Chénedé, Droit civil, Les obligations, 12e édition, Dalloz, 2018, pp. 1603-1604.

③ Jacques Flour, Jean-Luc Aubert, Éric Savaux, Droit civil, Les Obligations, 3. Le rapport d'obligation, 7e édition, Dalloz, 2011, pp. 133-134; François Terré, Philippe Simler, Yves Lequette, François Chénedé, Droit civil, Les obligations, 12e édition, Dalloz, 2018, pp. 1605-1606.

④ Jacques Flour, Jean-Luc Aubert, Éric Savaux, Droit civil, Les Obligations, 3. Le rapport d'obligation, 7e édition, Dalloz, 2011, pp. 133-134; François Terré, Philippe Simler, Yves Lequette, François Chénedé, Droit civil, Les obligations, 12e édition, Dalloz, 2018, pp. 1605-1606.

除了法官有不同看法之外，民法学者之间也存在不同看法。某些民法学者认为，法官不能够对债务人采取强制执行措施，法官不能够中断债务人与第三人之间的合同，因为第三人不是合同的当事人，而另外一些民法学者则认为，法官能够对债务人采取强制执行措施，他们能够中断债务人与第三人之间的合同，即便此种做法涉及第三人的利益，亦是如此。① 笔者认为，根据现行《法国民法典》新的第1221条的精神，法国最高法院民三庭在2006年的案件当中所采取的做法是更加恰当的，否则，债务人承担的不作为债务将形同虚设：当他们不履行不作为债务时，他们与第三人之间签订的合同应当被中断，他们应当就合同的中断对第三人承担损害赔偿责任。

如果债务人不履行不泄露债权人秘密的债务，法官是否能够对债务人采取直接强制执行措施？某些民法学者认为，答案是否定的，因为他们认为，当债权人的制造秘密被泄露出去之后就会产生不可逆转的状况，此时，法官只能够责令债务人对债权人承担赔偿责任。② 此种看法显然不具有足够的说服力，因为，即便债权人的制造秘密被泄露，任何人均不能够使用所泄露的制造秘密并因此生产与债权人的产品相同或者相似的产品，否则，基于债权人的请求，法官应当关闭它们的生产活动。

（三）作为债务的强制替代履行

如果债务人承担的债务在性质上属于作为债务，当债务人不履行所承担的此种债务时，债权人本人也能够履行债务人所承担的债务，当他们履行了债务人所承担的债务时，他们履行债务的费用由债务人承担。债权人也有权要求法官责令债务人预先支付自己履行债务所必要的费用。2016年之前，《法国民法典》第1144条规定了此种规则，2016年之后，《法国民法典》新的第1222条规定了同样的规则。新的第1222条与旧的第1144条之间的一个最主要差异是：旧的第1144条要求获得法官的授权，而新的第1222条则没有要求获得法官的授权。不过，根据《法国民法典》新的第1222条的规定，如果债权人自己履行债务人所承担的债务，他们应当在合理期限内实施履行行为，并且履行债务的费用应当是合理的。③

五、强制代物履行的限制

根据现行《法国民法典》新的第1221条的规定，原则上，当债务人不履行自己所承担的任何债务时，债权人均有权要求法官对债务人采取强制执行措施，法官也应当采取强制执行措施，无论他们所承担的债务是作为债务还是不作为债务，是金钱债务还是代物债务，均是如此，已如前述。不过，根据该条的规定，在两种例外情况下，法官不

---

① Jacques Flour, Jean-Luc Aubert, Éric Savaux, Droit civil, Les Obligations, 3. Le rapport d'obligation, 7e édition, Dalloz, 2011, pp. 133 – 134；François Terré, Philippe Simler, Yves Lequette, François Chénedé, Droit civil, Les obligations, 12e édition, Dalloz, 2018, pp. 1605 – 1606.

② Jacques Flour, Jean-Luc Aubert, Éric Savaux, Droit civil, Les Obligations, 3. Le rapport d'obligation, 7e édition, Dalloz, 2011, p. 133.

③ François Terré, Philippe Simler, Yves Lequette, François Chénedé, Droit Civil, les Obligations, 12e édition, Dalloz, 2018, pp. 1602 – 1603.

得对债务人采取强制执行措施,这就是强制代物履行的限制:

第一,债务的强制履行是不可能的(impossible)。所谓债务的强制履行是不可能的,是指债务人所承担的债务在事实上、法律上或者道德上是不可能履行的。因为债务人的债务不能够履行,因此,法官不能够对债务人采取直接的强制执行措施。如果债务人应当将自己的某种特定财产交付给债权人,当此种财产灭失时,债务人不能够履行自己的债务,这就是事实上的履行不能。当债务人应当将自己的特定财产交付给债务人时,如果他们将此种财产转让并且交付给了善意第三人,他们不能够履行自己的债务,这就是法律上的履行不能。① 当债务人对债权人承担的债务在性质上具有人身性质时,如果债务人不履行自己承担的债务,他们的不履行就是道德上的履行不能,即便他们承担的债务在事实上和法律上均能够履行,法官也不能够强制他们履行所承担的债务,此时,法官只能够采取金钱代物履行方式,责令债务人赔偿债权人的损害。当工人没有履行所承担的为雇主提供劳动的债务时,法官不能够强制工人完成自己的劳动;当艺术家没有履行所承担的为顾客画画的债务时,法官不能够强制他们完成顾客的画作;当承揽人没有履行为顾客建造工程的债务时,法官不能够强制他们完成工程的建造;等等。换言之,从最一般的意义上讲,当债务人所承担的债务是为债权人提供服务的给付债务时,如果他们没有对债权人提供服务,则法官只能够责令债务人赔偿债权人遭受的损害,他们不能够对债务人采取强制执行措施,责令债务人继续履行所承担的债务。②

第二,虽然债务的强制履行是可能的,但是,如果债务的强制履行会导致债务人支付的费用与债权人获得的利益明显不成比例(disproportion manifeste),则法官不得对债务人采取强制执行措施。因此,如果责令债务人强制执行债务的费用与债权人从强制执行当中所获得的利益明显成比例(proportion manifeste),则法官应当对债务人采取强制执行措施。

责令债务人强制履行债务的费用与债权人从中获得的利益是否明显不成比例,完全由法官在具体案件当中加以考虑:如果强制债务人履行债务时的成本不会明显过高、付出的代价不会明显过重,而债权人从中获得的利益是实质性的,则两者之间明显成比例,法官应当对债务人采取强制执行措施;如果强制债务人履行债务时的成本明显过高、付出的代价明显过重,而债权人从中所获得的利益并不是实质性的,甚至没有获得真正的利益,则两者之间明显不成比例,法官不应当对债务人采取强制执行措施。③

---

① Jacques Flour, Jean-Luc Aubert, Éric Savaux, Droit civil, Les Obligations, 3. Le rapport d'obligation, 7e édition, Dalloz, 2011, pp. 132 – 133; Rémy Cabrillac, Droit des Obligations, 12e édition, Dalloz, 2016, p. 400; François Terré, Philippe Simler, Yves Lequette, François Chénedé, Droit civil, Les obligations, 12e édition, Dalloz, 2018, pp. 1601 – 1602.

② Jacques Flour, Jean-Luc Aubert, Éric Savaux, Droit civil, Les Obligations, 3. Le rapport d'obligation, 7e édition, Dalloz, 2011, pp. 132 – 133; Rémy Cabrillac, Droit des Obligations, 12e édition, Dalloz, 2016, p. 400; François Terré, Philippe Simler, Yves Lequette, François Chénedé, Droit civil, Les obligations, 12e édition, Dalloz, 2018, pp. 1601 – 1602.

③ Dimitri Houtcieff, Droit des contrats, Larcier, 2e édition, 2016, pp. 494 – 495; Muriel Fabre-Magnan, Droit des obligations, Tome 1, Contrat et engagement unilatéral, 4e édition, puf, 2016, pp. 729 – 731; François Terré, Philippe Simler, Yves Lequette, François Chénedé, Droit civil, Les obligations, 12e édition, Dalloz, 2018, pp. 834 – 838; 张民安:《法国合同法总论》,中山大学出版社 2021 年版,第 335—329 页。

第十二章 债权人的代位权

第一节 债权人代位权的界定、历史和性质

一、债权人代位权的界定

《法国民法典》所规定的债权人能够主张的第一种诉权被称为债权人代位权（L'action oblique）。债权人代位权也被称为间接诉权、债权人享有的间接诉权（L'action indirecte），因为"L'action oblique"一词当中的"oblique"一词是指间接的，因此，债权人代位权直接对应于债权人直接权（L'action directe）、债权人享有的直接诉权。所谓债权人代位权，是指在债务人资不抵债履行时，如果债务人不主张自己对第三人享有的债权，为了维护自己对债务人的财产所享有的一般担保权，债权人以债务人的名义向法院起诉，要求法官责令第三人履行对债务人承担的债务，并因此让债务人因为第三人的债务履行而获得债权的清偿。①

因此，在债务人资不抵债时，如果债务人对第三人享有的一笔1000欧元的金钱债权已经到期，在债务人不积极要求第三人偿还的情况下，债权人能够向法院起诉，要求法官责令第三人将这一笔数额的金钱偿还给债务人。同样，在债务人资不抵债时，债权人有权向法院起诉，要求法官责令第三人将所租借的机动车返还给债务人。

在债法上，债务人的全部财产均构成债权人债权的一般担保，当债务人以债权人的身份对第三人享有债权时，在符合债权行使条件的情况下，他们应当对第三人行使自己的债权，要求第三人对自己履行所承担的债务。如果债务人消极无为，在符合一定条件的情况下，债权人有权以债务人的名义向法院起诉，要求第三人履行对债务人承担的债务，这就是债权人代位权。因此，债权人代位权涉及三方当事人：债权人，债务人，以及第三人。

债权人代位权涉及两个不同的法律关系：债权人与债务人之间的关系，在该种法律关系当中，债务人应当履行对债权人承担的债务；债务人与第三人之间的关系，在这一关系当中，债务人是债权人，他们对第三人享有债权，而第三人则是债务人，他们应当履行对债务人承担的债务。在符合所要求的条件时，第一个法律关系当中的债权人能够以自己债务人的名义向法院起诉，要求第二个法律关系当中的债务人履行自己对债务人所承担的债务。因为此种原因，债权人代位权属于债对第三人所产生的一种法律关系，已如前述。

---

① Jacques Flour, Jean-Luc Aubert, Éric Savaux, Droit civil, Les Obligations, 3. Le rapport d'obligation, 7e édition, Dalloz, 2011, pp. 65 – 87, p. 66.

二、债权人代位权的历史

虽然债权人代位权的历史源自法国旧法时期,但是,它的"种子"则可以溯源到罗马法时期。在罗马法当中,如果债务人因为资不抵债而陷入破产当中,则债权人可以采取一种民事破产清偿程序,这就是 la venditio bonorum。根据这一程序,当债务人陷入资不抵债时,为了全体债权人的利益,除了能够代表债务人将债务人的全部财产出卖给买受人并因此将所出卖的价款在所有债权人之间进行分配之外,债权人选出的代表人还能够以债务人的名义享有和行使债务人原本能够享有和行使的所有权利和诉权,凭借这些权利和诉权,他们有权对第三人主张权利和诉权。在法国旧法时期,罗马法上的此种破产清算程序消灭,取而代之的是此种清算程序当中对债权人提供保护的方式:债权人能够捍卫债务人的财产,债权人所享有的捍卫债务人财产的此种权利被视为是对他们自身债权的一种担保。基于此种考虑,法国旧法时期的民法学家认为,在债务人对第三人享有诉权时,如果他们没有行使自己的诉权,人们应当赋予债权人以诉权,让他们以债务人的名义向法院起诉,要求法官责令第三人履行对债务人承担的债务。[①]

1804 年,法国立法者将法国旧法时期的此种理论规定在他们制定的 1804 年的《法国民法典》当中,这就是该法典当中的第 1166 条。1804 年的《法国民法典》第 1166 条一直从 1804 年适用到 2016 年,直到 2016 年的债法改革法令以新的法律条款取代它时为止。2016 年之前,《法国民法典》第 1166 条规定:债权人能够行使自己的债务人所享有的所有权利和诉权,但是,他们不能够行使与债务人的人身有密切关系的权利和诉权。[②] 2016 年之前,民法学者普遍对第 1166 条所规定的债权人代位权表达不满。[③]

一方面,该条将债权人代位权规定在合同法总则当中,认为它仅仅在合同债权当中适用,而实际上,除了能够在合同债权当中适用之外,债权人代位权也能够侵权性质的债权当中适用,因为,除了允许债权人代位行使债务人对第三人享有的合同债权之外,它也允许债权人代位行使债务人对第三人享有的非合同性的债权。换言之,第 1166 条过分限制了债权人代位权的适用范围。[④]

另一方面,该条没有对债权人代位权的适用条件做出规定:债权人以什么名义行使自己债务人的权利和诉权,他们是为了自己的利益还是为了债务人的利益行使债务人的权利和诉权?对于此种问题,民法学者之间存在不同看法。某些民法学者认为,在行使自己债务人的权利和诉权时,债权人仅仅是一种法定代理人、强制代理人,他们仅仅是

[①] Henri et Léon Mazeaud, Jean Mazeaud, François Chabas, Obligations, 9e édition, Montchrestien, 1998, p.1041; Jacques Ghestin, Marc Billiau, Grégoire Loiseau, Traité de Droit Civil, Le régime des créances et des dettes, LGDJ, 2005, p.766; François Terré, Philippe Simler, Yves Lequette, François Chénedé, Droit civil, Les obligations, 12e édition, Dalloz, 2018, p.1630.

[②] Article 1166, Code civil, Version en vigueur au 09 février 2016, https://www.legifrance.gouv.fr/codes/section_lc/LEGITEXT000006070721/LEGISCTA000006150248/2016-02-09/#LEGISCTA000006150248.

[③] Jérôme François, Les obligations, Régime general, Tome 4, 4e édition, Economica, 2017, pp.380-381; François Terré, Philippe Simler, Yves Lequette, François Chénedé, Droit civil, Les obligations, 12e édition, Dalloz, 2018, p.1629.

[④] Jérôme François, Les obligations, Régime general, Tome 4, 4e édition, Economica, 2017, p.380.

为了被代理人即债务人的利益而行使债务人的权利和诉权。而另外一些民法学者则不同意此种看法,他们认为,债权人是为了自己的利益行使债务人对第三人享有的权利和诉权的。①

因为民法学者普遍对《法国民法典》第1166条的规定表达不满,因此,通过2016年2月10日的债法改革法令,法国政府对其做出了改革,这就是现行《法国民法典》当中新的第1341-1条,该条规定:如果债务人没有行使自己具有财产特征的权利和诉权的行为会损害债权人的权利,债权人能够为了债务人的利益而行使债务人享有的权利和诉权,但是,他们不能够行使与债务人的人身有密切关系的权利和诉权。② 相对于旧的第1166条,新的第1341-1条具有两个主要特征:其一,它没有再将债权人代位权视为一种合同制度,因为它将此种制度置于债法总则当中,已如前述。其二,它对债权人代位权的某些条件做出了规定,例如,它明确规定,债权人只能够行使债务人享有的具有财产性质的权利和诉权(droits et actions à caractère patrimonial),他们是为了债务人的利益(le compte de son débiteur)而行使债务人所享有的权利和诉权。

三、债权人代位权的法律性质

虽然《法国民法典》早在1804年就已经明确规定了债权人代位权制度,但是,在19世纪,对此种制度的法律性质认识方面,法国民法学者之间仍然存在重大差异。某些民法学者认为,债权人代位权在性质上属于一种财产保全措施,因为债权人代位行使债务人权利和诉权的目的在于保全债务人的财产。另外一些民法学者则认为,债权人代位权在性质上不属于一种财产保全措施,而仅仅属于一种强制执行措施,因为借助于代位权的行使,债权人是在要求法官对债务人的财产采取强制执行措施。这就是法国民法学者之间关于债权人代位权的两种性质的不同看法:保全措施理论和强制执行措施理论,主张这两种不同理论的民法学者之间展开了长期的、非常热烈的争议。③

在今时今日,民法学者之间对此仍然存在不同看法。Mazeaud 和 Chabas 等人采取折中理论,他们认为,债权人代位权具有复合性(nature mixte),它既是一种财产保全措施,也是一种强制执行措施,他们指出:"最初的时候,债权人代位权仅仅是一种财产保全措施……但是,法官的司法判例已经将债权人代位权等同于强制执行措施。"④ 而其他民法学者则认为,债权人代位权既不是一种财产保全措施,也不是一种强制执行措施。例如,Ghestin、Billiau、Loiseau、Terré、Simler 和 Lequette 等人就采取此种看法。

Ghestin、Billiau 和 Loiseau 指出:"虽然人们习惯于将债权人代位权等同于保全措施和执行措施,但是,准确地说,债权人代位权既不能够与保全措施混淆,也不能够与强

---

① Jérôme François, Les obligations, Régime general, Tome 4, 4e édition, Economica, 2017, p.381.
② Article 1341-1, Code civil, Version en vigueur au 27 octobre 2021, https://www.legifrance.gouv.fr/codes/section_lc/LEGITEXT000006070721/LEGISCTA000032035223/#LEGISCTA000032035223.
③ François Terré, Philippe Simler, Yves Lequette, François Chénedé, Droit Civil, les Obligations, 12e édition, Dalloz, 2018, p.1630.
④ Henri et Léon Mazeaud, Jean Mazeaud, François Chabas, Obligations, 9e édition, Montchrestien, 1998, p.1048.

制执行措施混同。"① Terré、Simler 和 Lequette 等人也指出："债权人代位权是一种财产保全措施还是一种强制执行措施？此种问题在民法学者之间存在激烈的争议。十分明显，在今时今日，人们已经达成了这样的共识：债权人代位权不能够准确地等同于这两种类型当中的任何一种。"②

债权人代位权当然不同于财产保全措施。一方面，即便债权人行使债务人的权利和诉权，法官也不会对债务人或者第三人的财产采取保全性质的扣押措施，另一方面，债权人代位权要求债权人对债务人享有的债权是确实的、肯定的和可以对债务人主张的，而财产保全措施则不要求债权人的债权具有这些特征。债权人代位权在性质上也不是强制执行措施。一方面，债权人行使债务人权利的目的并不是为了消灭债务人对自己承担的债务，法官也不会责令债务人将债权人通过诉权取得的财产用于清偿债权人的债权，另一方面，债权人代位权的行使既不要求债权人获得具有强制执行力的凭证，也不要求债权人对债务人做出预先的催告。③

在提起代位权诉讼时，虽然债权人也许会同时提起强制执行申请，要求法官责令债务人用自己通过代位权的方式从第三人那里追回来的财产清偿自己的债权，人们也不能够因此认为，债权人代位权的目的在于强制执行债权人的债权，因为，债权人同时提起的此种诉权不同于他们提起的代位权诉讼。债权人代位权属于一种独立的制度，债权人之所以主张此种诉权，其目的在于维护自己对债务人享有的一般担保权，防止债务人的消极行为导致他们没有获得原本应当获得的财产。不过，债权人代位权与财产保全措施和债的强制执行措施之间也存在密切联系，因为，债权人行使代位权是他们行使财产保全措施和强制执行措施的基础：在行使了代位权之后或者同时，债权人行使财产保全权或者强制执行权。因为这样的原因，人们将债权人代位权视为财产保全权和强制执行权的预备阶段。④

除了不是财产保全措施或者强制执行措施之外，债权人代位权是不是一种补充性的权利（droit subsidiaire）、是不是具有补充性的特征（caractére subsidiaire）？所谓补充性的权利，是指仅仅在不能够行使其他权利时债权人才能够行使债权人代位权。如果债权人仅仅在不能够行使其他权利时才能够行使代位权，则代位权具有补充性的特征。民法学者普遍认为，债权人代位权并不是一种补充性的权利，换言之，该种权利没有补充性的特征，因为他们认为，即便债权人能够行使其他权利，他们仍然能够对债务人行使代位权。所谓债权人能够行使其他权利，是指债权人能够为了个人利益和以个人名义向法院起诉，要求法官责令债务人清偿自己的债权。换言之，在提起代位权诉讼时，债权人

---

① Jacques Ghestin, Marc Billiau, Grégoire Loiseau, Traité de Droit Civil, Le régime des créances et des dettes, LGDJ, 2005, p. 770.
② François Terré, Philippe Simler, Yves Lequette, François Chénedé, Droit Civil, les Obligations, 12e édition, Dalloz, 2018, p. 1630.
③ Jacques Ghestin, Marc Billiau, Grégoire Loiseau, Traité de Droit Civil, Le régime des créances et des dettes, LGDJ, 2005, pp. 775 – 778.
④ Jacques Ghestin, Marc Billiau, Grégoire Loiseau, Traité de Droit Civil, Le régime des créances et des dettes, LGDJ, 2005, pp. 770 – 771; François Terré, Philippe Simler, Yves Lequette, François Chénedé, Droit civil, Les obligations, 12e édition, Dalloz, 2018, pp. 1630 – 1631.

能够同时提起个人诉讼。①

四、债权人代位权的实际效用

在债权人能够对债务人行使其他权利时，他们是否还能够行使债权人代位权？对此问题，法国最高法院和民法学者普遍认为，债权人代位权与债权人对债务人享有的其他权利之间不存在冲突，人们不能够仅仅因为债权人能够对债务人主张其他权利而拒绝他们行使债权人代位权。在存在其他权利可以行使时，债权人究竟是行使其他权利还是行使债权人代位权，完全由债权人自由做出选择，他们甚至能够同时选择行使自己享有的两种不同权利；因为，债权人以自己名义和为了自己的利益所提起的诉讼不同于他们以债务人的名义和为了债务人的利益而提起的代位权诉讼。②

在法国，债权人代位权的实际效用如何？对此问题，民法学者之间存在不同看法。某些民法学者认为，债权人代位权的实际效用极低，因为，在实践当中，几乎没有什么债权人会行使此种代位权。Mazeaud 和 Chabas 等人采取此种看法，他们指出："债权人代位权几乎没有什么人会采用。"③ 而另外一些民法学者则认为，债权人代位权仍然是一种富有活力的制度，其适用范围被扩大或者被更新了，Ghestin、Billiau 和 Loiseau 采取此种看法，他们指出："虽然此种制度已经丧失了其适用的范围，但是，司法判例仍然在实践当中坚持此种制度，并赋予它以增加的或者新的适用范围。因此，它仍然是一种活力四射的制度。"④

Ghestin、Billiau 和 Loiseau 指出，债权人代位权之所以有活力，一方面是因为法官认为，在同一案件当中，债权人在提起债权人代位权的同时也能够要求法官责令债务人履行对自己承担的债务。另一方面是因为法官认为，债权人代位权不仅仅是为了消极不行使自己权利的债务人的利益，而且也是为了保护债权人自身的合法权利。⑤ Ghestin、Billiau 和 Loiseau 的此种看法存在两个问题：其一，它混淆了债权人提起的债权人代位权和债权人提起的个人诉权，将两个虽然关系密切但是仍然不同的诉权混淆在一起；其二，它与现行《法国民法典》新的第 1341-1 条的规定直接冲突，因为该条明确规定，债权人是为了债务人的利益而行使代位权，已如前述。

虽然民法学者存在不同的看法，但实际上，债权人代位权的实际效用的确大打折

---

① Henri et Léon Mazeaud, Jean Mazeaud, François Chabas, Obligations, 9e édition, Montchrestien, 1998, p. 1049；Jacques Ghestin, Marc Billiau, Grégoire Loiseau, Traité de Droit Civil, Le régime des créances et des dettes, LGDJ, 2005, pp. 769-770.

② Henri et Léon Mazeaud, Jean Mazeaud, François Chabas, Obligations, 9e édition, Montchrestien, 1998, p. 1049；Jacques Ghestin, Marc Billiau, Grégoire Loiseau, Traité de Droit Civil, Le régime des créances et des dettes, LGDJ, 2005, pp. 769-770.

③ Henri et Léon Mazeaud, Jean Mazeaud, François Chabas, Obligations, 9e édition, Montchrestien, 1998, p. 1049.

④ Jacques Ghestin, Marc Billiau, Grégoire Loiseau, Traité de Droit Civil, Le régime des créances et des dettes, LGDJ, 2005, p. 767.

⑤ Jacques Ghestin, Marc Billiau, Grégoire Loiseau, Traité de Droit Civil, Le régime des créances et des dettes, LGDJ, 2005, p. 767.

扣。一方面，即便债权人通过代位权获得了第三人的给付，第三人的给付也不会用来清偿债权人的债权，因为第三人的给付应当是对债务人做出的，因此，属于债务人财产的组成部分，债权人既不能够让法官对第三人的给付采取保全措施，更不能够让法官对第三人的给付采取强制执行措施。另一方面，债权人代位权的行使最终也仅仅是让自己享有的一般担保权获得了维持或者巩固，如果债权人要法官强制执行债务人的包括自己通过代位权追回来的财产，在债务人的财产资不抵债时，债权人并没有优先获得清偿的权利，他们只能够与其他普通债权人一起按照债权比例获得清偿，已如前述。① 可见，虽然从1804年开始一直到今时今日，《法国民法典》均对债权人代位权做出了规定，但是，"债权人代位权没有任何实际效用"②。

第二节 债权人代位权的适用范围

一、一般原则：债务人的具有财产性质的权利和诉权

无论是在2016年之前的第1166条还是2016年之后新的第1341-1条均规定，债权人能够代位行使债务人的"权利和诉权"（droits et actions de leur débiteur），这是它们的共同点，它们之间的差异是，旧的第1166条规定，债权人能够行使除了专属于债务人自身的权利和诉权之外的"所有权利和诉权"，而新的第1341-1条则对债权人代位权适用的权利和诉权范围做出了更进一步的限缩，它规定，债权人能够行使除了专属于债务人自身的权利和诉权之外的"具有财产特征的权利和诉权"（droits et actions à caractère patrimonial），已如前述。这就是《法国民法典》关于债权人代位权适用范围的一般原则：代位权仅仅适用于债务人所享有的具有财产特征的权利和诉权，如果这些权利和诉权没有专属性的话。③

Terré、Simler 和 Lequette 等人对债权人代位权适用范围的一般原则做出了说明，他们指出："原则上，所有债权没有获得清偿的债权人均能够通过间接方式行使自己债务人的权利和诉权，如果他们债务人的权利和诉权在性质上属于财产权的话。代位权仅仅是债权人享有的一般担保权引起的结果，仅仅在权利和财产能够回归债务人的财产当中并且如果债务人能够谨慎行为则债权人能够对其采取强制执行措施时，债权人代位权才会适用于这些权利和财产。因此，债权人不能够通过代位方式行使债务人享有的道德权

---

① Henri et Léon Mazeaud, Jean Mazeaud, François Chabas, Obligations, 9e édition, Montchrestien, 1998, pp. 1049 – 1050.

② Henri et Léon Mazeaud, Jean Mazeaud, François Chabas, Obligations, 9e édition, Montchrestien, 1998, p. 1050.

③ Henri et Léon Mazeaud, Jean Mazeaud, François Chabas, Obligations, 9e édition, Montchrestien, 1998, pp. 1041 – 1045；Philippe Malaurie, Laurent Aynès, Philippe Stoffel-Munck, Droit Des Obligations, 8e édition, LGDJ, 2016, pp. 676 – 677；Jérôme François, Les obligations, Régime general, Tome 4, 4e édition, Economica, 2017, pp. 389 – 390；François Terré, Philippe Simler, Yves Lequette, François Chénedé, Droit civil, Les obligations, 12e édition, Dalloz, 2018, pp. 1631 – 1636.

利或者家庭权（人格权、身份权、离婚权或者婚姻无效权），即便这些权利、诉讼同样会引起财产后果，亦是如此。"①

二、债权人代位权能够适用的权利和诉讼

根据《法国民法典》新的第1341-1条和旧的第1166条的规定，债权人代位权能够适用的范围是债务人享有的具有财产性质的权利，因此，仅仅在某种财产权利的主体是债务人时，债权人才能够代位行使该种财产权：如果债务人对第三人享有某种债权，在债务人疏于行使时，债权人能够代位行使债务人享有的此种债权。同样，如果债务人对其享有财产所有权的某种财产被第三人占有，在债务人疏于行使所有权返还请求权时，债权人能够代位行使债务人的此种财产权。②

除了能够适用于债务人享有的具有财产性质的权利之外，如果债务人对第三人享有某种具有财产性质的诉讼，债权人代位权也能够适用于债务人对第三人享有的诉讼。"债务人享有的诉讼的行使是间接方式适用的真正范围。原则上，债权人能够行使债务人疏于行使的所有诉讼。"③ 换言之，"在有关诉讼的适用范围问题上，此种原则的一般性是真实的。除了例外情况下所受到的限制之外，债权人能够行使债务人的所有具有财产特征的诉讼：无效诉讼，解除诉讼，原物返还诉讼，担保诉讼，强制履行诉讼，损害赔偿诉讼，共同分享债权的诉讼，等等。"④

不过，债权人不能够借口代位权的行使而干预债务人对其财产实施的处分或者管理行为。作为财产的所有权人，债务人是否与别人签订合同，是否出卖自己的财产，是否购买别人的财产，是否将自己的财产出租给别人，或者是否承租别人的财产，总之，债务人是否与别人实施会让自己享有某种权利或者承担某种债务的法律行为，完全由债务人自身做出决定，债权人不能够借口代位权的行使干预债务人实施的这些法律活动，因为，虽然债务人实施的这些行为可能会让自己对第三人享有某种权利，但是，他们所从事的这些活动还不构成代位权能够适用的"权利"，他们所从事的这些活动仅仅构成一种单纯的资格（facultés）。⑤ "总之，债权人既不能够以债务人的名义实施处分行为、出卖行为、购买行为、互易行为、出版文学作品的行为，也不能够以债务人的名义实施管

---

① François Terré, Philippe Simler, Yves Lequette, François Chénedé, Droit Civil, les Obligations, 12e édition, Dalloz, 2018, p. 1630.
② Henri et Léon Mazeaud, Jean Mazeaud, François Chabas, Obligations, 9e édition, Montchrestien, 1998, p. 1041.
③ Henri et Léon Mazeaud, Jean Mazeaud, François Chabas, Obligations, 9e édition, Montchrestien, 1998, p. 1043.
④ François Terré, Philippe Simler, Yves Lequette, François Chénedé, Droit Civil, les Obligations, 12e édition, Dalloz, 2018, pp. 1631-1632.
⑤ Henri et Léon Mazeaud, Jean Mazeaud, François Chabas, Obligations, 9e édition, Montchrestien, 1998, pp. 1041-1042；Philippe Malaurie, Laurent Aynès, Philippe Stoffel-Munck, Droit Des Obligations, 8e édition, LGDJ, 2016, pp. 676-677；Jérôme François, Les obligations, Régime general, Tome 3, 4e édition, Economica, 2017, pp. 392-393；François Terré, Philippe Simler, Yves Lequette, François Chénedé, Droit civil, Les obligations, 12e édition, Dalloz, 2018, p. 1633.

理行为，例如，将债务人的不动产予以出租，或者将债务人的土地投入耕作等。"①

除了不适用于债务人对自己财产实施的处分或者管理行为之外，债权人代位权也不适用于债务人所享有的选择权（options）：在被继承人死亡时，继承人享有接受继承或者拒绝继承的权利，他们所享有的是否接受继承的权利就是选择权；在遗赠人对受遗赠人做出遗赠时，受遗赠人也享有是否接受遗赠的权利，他们享有的此种权利也属于选择权。虽然民法学者在选择权是否适用于代位权的问题上存在不同看法，但是，主流理论认为，选择权不适用于代位权，因为选择权的行使是对债务人权利的改变行为，只能够由债务人亲自决定。②

三、债权人代位权不能够适用的权利和诉权

（一）现行《法国民法典》新的第1341-1条规定所存在的不足

在2016年之前，《法国民法典》第1166条规定，专属于债权人自身的权利或者诉权不能够被代位行使。因此，它的此种规定所禁止的范围广泛：除了道德权利、家庭权和基于这些权利产生的诉权不能够代位行使之外，专属于债务人的财产权或者诉权也不能够行使。通过2016年的债法改革法令，现行《法国民法典》新的第1341-1条限缩了此种权利的适用范围，因为它仅仅规定，专属于债务人的具有财产特征的权利和诉权不能够代位行使，没有将非财产权和非财产性质的诉权涵盖其中，已如前述。实际上，新的第1341-1条的规定是不充分的，因为"它没有概括规定所有不能够适用于代位权的权利或者诉权：除了非财产权不能够被代位行使之外，一系列的财产权和诉权也专属于债务人"③。因为此种原因，人们将不能够代位行使的权利和诉权分为：不能够代位行使的非财产权和不能够代位行使的财产权；不能够代位行使的诉权。

（二）专属于债务人的非财产权和财产权

如果债务人享有的权利在性质上属于专属于债务人自身的权利，无论它们是非财产权（les droits extrapatrimoniales）还是财产权（les droits patrimoniales），债权人均不能够代位行使债务人享有的这些权利。因此，不能够通过代位方式行使的专属权包括两类：

第一，债务人对第三人享有的道德权利或者家庭权。如果债务人对第三人享有的权利在性质上属于一种道德权利或者一种家庭权，即便这些道德权利或者家庭权的行使会产生财产方面的后果，债权人也不能够代位行使债务人享有的这些非财产权。因此，如果债务人对第三人享有抚养权、扶养权或者赡养权，债权人不能够代位行使这些权利。

---

① Henri et Léon Mazeaud, Jean Mazeaud, François Chabas, Obligations, 9e édition, Montchrestien, 1998, p. 1042.

② Henri et Léon Mazeaud, Jean Mazeaud, François Chabas, Obligations, 9e édition, Montchrestien, 1998, p. 1042; Jérôme François, Les obligations, Régime general, Tome 4, 4e édition, Economica, 2017, pp. 392-393; François Terré, Philippe Simler, Yves Lequette, François Chénedé, Droit civil, Les obligations, 12e édition, Dalloz, 2018, p. 1633.

③ Philippe Malaurie, Laurent Aynès, Philippe Stoffel-Munck, Droit Des Obligations, 8e édition, LGDJ, 2016, p.676.

如果夫妻一方对另外一方享有财产的分配权，或者如果受赠人对赠与人享有要求交付赠与物的权利，债权人也不能够代位债务人行使这些权利。①

第二，具有专属性的财产权。即便债务人对第三人享有的权利在性质上属于一种财产权，如果他们享有的财产权在性质上属于专属于债务人的权利，债权人也不能够代位行使此种财产权。在债法上，凡是债权人享有的财产权属于不能够被强制执行的财产权，换言之，如果他们享有的财产是不能够被强制执行的财产，则债权人不能够代位行使债务人享有的这些财产权。因此，如果债务人对雇主享有工资支付权，债权人不能够代位行使此种财产权，如果债务人对国家社会保障部门享有抚恤权，债权人不能够代位行使债务人享有的此种财产权。②

（三）专属于债务人的诉权

如果债务人对第三人享有的诉权在性质上属于专属于债务人自身的诉权，无论它们是非财产性质的诉权（les actions patrimoniales）还是财产性质的诉权（les actions extra-patrimoniales），债权人均不能够代位行使这些诉权。因此，专属于债权人的诉权也分为两类：

第一，非财产性的诉权。所谓非财产性的诉权，是指债务人基于自身的非财产权所享有的诉权，当债务人基于自身享有的某种非财产权而对第三人享有诉权时，他们享有的此种诉权就是非财产性的诉权。因此，非财产性诉权是指债务人基于自身的道德权利和家庭权所产生的诉权。债务人享有的这些诉权专属于不能够被代位行使的诉权，不是因为这些诉权当中没有财产的内容，而是因为这些诉权专属于债务人自身：这些诉权是否行使，完全由债务人自由决定。③ 一方面，如果债务人对第三人享有的诉权建立在他们享有的家庭权的基础上，则债权人不能够代位行使这些诉权：债权人不能够行使夫妻一方对另外一方享有的离婚诉权或者分居诉权，债权人不能够行使一方对另外一方享有的亲子确认诉权，等等。另一方面，如果债务人对第三人享有的诉权建立在道德权利的基础上，债权人也不能够代位行使这些诉权。因此，当第三人毁损债务人的名誉或者泄露债务人的隐私时，债权人不能够代债务人对第三人主张道德损害的赔偿责任，当第三人导致债务人受到伤害时，债权人不能够代债务人要求第三人赔偿债务人遭受的肉体疼

---

① Henri et Léon Mazeaud, Jean Mazeaud, François Chabas, Obligations, 9e édition, Montchrestien, 1998, pp. 1044 – 1045；Philippe Malaurie, Laurent Aynès, Philippe Stoffel-Munck, Droit Des Obligations, 8e édition, LGDJ, 2016, p. 676；Rémy Cabrillac, Droit des Obligations, 12e édition, Dalloz, 2016, p. 404；François Terré, Philippe Simler, Yves Lequette, François Chénedé, Droit civil, Les obligations, 12e édition, Dalloz, 2018, p. 1634.

② Henri et Léon Mazeaud, Jean Mazeaud, François Chabas, Obligations, 9e édition, Montchrestien, 1998, pp. 1044 – 1045；Philippe Malaurie, Laurent Aynès, Philippe Stoffel-Munck, Droit Des Obligations, 8e édition, LGDJ, 2016, p. 676；Rémy Cabrillac, Droit des Obligations, 12e édition, Dalloz, 2016, p. 404；François Terré, Philippe Simler, Yves Lequette, François Chénedé, Droit civil, Les obligations, 12e édition, Dalloz, 2018, p. 1634.

③ Henri et Léon Mazeaud, Jean Mazeaud, François Chabas, Obligations, 9e édition, Montchrestien, 1998, pp. 1043 – 1044；Philippe Malaurie, Laurent Aynès, Philippe Stoffel-Munck, Droit Des Obligations, 8e édition, LGDJ, 2016, p. 677；Rémy Cabrillac, Droit des Obligations, 12e édition, Dalloz, 2016, p. 404；François Terré, Philippe Simler, Yves Lequette, François Chénedé, Droit civil, Les obligations, 12e édition, Dalloz, 2018, pp. 1633 – 1636.

痛或者精神痛苦等道德损害。①

第二，财产性的诉权。所谓财产性的诉权，是指债务人基于自身享有的财产权所享有的诉权。当债务人享有的财产性诉权具有专属性时，债权人不能够代位行使他们享有的诉权。因此，债权人不能够行使债务人对第三人享有的抚养、扶养、赡养诉权；债权人不能够行使赠与人对受赠人享有的赠与合同的解除权，尤其是夫妻之间的赠与合同解除权。当第三人侵犯债务人的财产时，债权人能够代位债务人要求第三人对债务人承担赔偿责任，当第三人侵犯债务人的身体完整权时，债权人是否能够代位债务人对第三人提起损害赔偿之诉，法国过去的司法判例采取否定的态度，认为债权人不能够代位行使此种诉权，而现在的司法判例则采取肯定态度，认为债权人能够代位行使此种诉权，民法学者之间也存在不同看法。某些学者认为，债权人能够代位行使债务人对第三人享有的人身损害赔偿请求权，而另外一些民法学者则认为，应当区分不同情况：债务人遭受的诸如肉体疼痛和精神痛苦，债权人不能够代位行使，而债务人遭受的诸如因为残疾不能够工作等财产损害，债权人能够代位行使。②

第三节 债权人代位权的行使条件

在债法当中，所有债权人均能够主张代位权，无论他们是普通债权人还是有担保的债权人，是合同债权人还是非合同债权人，他们均能够对自己债务人的债务人即第三人主张代位权③，如果他们具备所要求的条件的话。在2016年之前，虽然《法国民法典》第1166条对债权人代位权做出了规定，但是，它没有对债权人行使代位权的条件做出任何规定。虽然如此，经过司法判例和民法学说的努力，在2016年之前，债权人行使代位权的条件已经获得了完全的建立。通过2016年2月10日的债法改革法令，现行《法国民法典》对债权人行使代位权的某些尤其是其中的一些重要条件做出了说明。在今时今日，民法学者关于债权人代位权行使条件的说明基本上是相同的，因为他们大都从四个方面说明债权人代位权行使的条件：有关债权人的条件，有关债权的条件，有关

---

① Henri et Léon Mazeaud, Jean Mazeaud, François Chabas, Obligations, 9e édition, Montchrestien, 1998, pp. 1043 – 1044；Philippe Malaurie, Laurent Aynès, Philippe Stoffel-Munck, Droit Des Obligations, 8e édition, LGDJ, 2016, p. 677；Rémy Cabrillac, Droit des Obligations, 12e édition, Dalloz, 2016, p. 404；François Terré, Philippe Simler, Yves Lequette, François Chénedé, Droit civil, Les obligations, 12e édition, Dalloz, 2018, pp. 1633 – 1636.

② Henri et Léon Mazeaud, Jean Mazeaud, François Chabas, Obligations, 9e édition, Montchrestien, 1998, pp. 1043 – 1044；Philippe Malaurie, Laurent Aynès, Philippe Stoffel-Munck, Droit Des Obligations, 8e édition, LGDJ, 2016, p. 677；Rémy Cabrillac, Droit des Obligations, 12e édition, Dalloz, 2016, p. 404；François Terré, Philippe Simler, Yves Lequette, François Chénedé, Droit civil, Les obligations, 12e édition, Dalloz, 2018, pp. 1633 – 1636.

③ Jacques Ghestin, Marc Billiau, Grégoire Loiseau, Traité de Droit Civil, Le régime des créances et des dettes, LGDJ, 2005, pp. 771 – 775.

债务人的条件,以及有关代位权行使的方式等。①

一、有关债权人方面的条件:债权人具有行使代位权的利害关系

债权人行使代位权的第一个必要条件是,他们对代位权的行使具有利害关系。任何诉讼的提起均建立在提起诉讼的人对所起诉的事项享有利害关系的基础上,如果起诉者对所起诉的事项没有任何利害关系,则他们不能够向法院起诉,这就是没有利害关系就没有诉权的一般规则,该种规则也可以从正面阐述:有利害关系才有诉权的一般规则。作为债权人享有的一种诉权,债权人主张代位权时当然也应当符合此种规则:他们对代位行使债务人对第三人享有的权利具有利害关系,如果他们对代位行使债务人的诉权没有任何利害关系,则他们不能够行使代位权。②

2016 年之前,《法国民法典》第 1166 条没有对这一条件做出明确规定,虽然如此,司法判例和民法学说普遍承认这一规则。2016 年之后,新的第 1341 - 1 条则对此种条件做出了说明,这就是该条所规定的债权人享有的权利会受到债务人不作为行为的损害。不过,该条没有对债务人的哪些不作为行为会损害债权人的权利做出说明。无论是 2016 年之前还是之后,民法学者普遍认为,真正会损害债权人权利的行为并不是债务人的不作为行为,而是他们的资不抵债行为:债务人的所有财产不足以清偿他们对债权人承担的债务,或者至少债务人的所有财产存在不足以清偿债权人债权的风险、极大的可能性。换言之,仅仅在债务人资不抵债或者面临资不抵债的风险时,债权人才能够行使债务人对第三人享有的权利和诉权,因为也仅仅到了此时,他们才对代位权的行使享有利害关系;在债务人的资产足以清偿债权人的债权时,债权人不能够代位债务人对第三人主张诉权,因为他们此时对代位权的行使没有利害关系。③

Mazeaud 和 Chabas 等人对此种条件做出了说明,他们指出:"如果制定法允许债权人通过间接方式干预债务人的事务的话,那是因为债权人能够通过此种方式保护自己的利益。因此,债权人应当具有利害关系才能够行使代位权:没有利害关系就没有诉权。

---

① Henri et Léon Mazeaud, Jean Mazeaud, François Chabas, Obligations, 9e édition, Montchrestien, 1998, pp. 1045 - 1048; Jacques Ghestin, Marc Billiau, Grégoire Loiseau, Traité de Droit Civil, Le régime des créances et des dettes, LGDJ, 2005, pp. 780 - 784; Jérôme François, Les obligations, Régime général, Tome 4, 4e édition, Economica, 2017, pp. 385 - 388; François Terré, Philippe Simler, Yves Lequette, François Chénedé, Droit civil, Les obligations, 12e édition, Dalloz, 2018, pp. 1638 - 1639.

② Henri et Léon Mazeaud, Jean Mazeaud, François Chabas, Obligations, 9e édition, Montchrestien, 1998, pp. 1045 - 1046; Jacques Ghestin, Marc Billiau, Grégoire Loiseau, Traité de Droit Civil, Le régime des créances et des dettes, LGDJ, 2005, pp. 771 - 784; Jacques Flour, Jean-Luc Aubert, Éric Savaux, Droit civil, Les Obligations, 3. Le rapport d'obligation, 7e édition, Dalloz, 2011, pp. 66 - 71; Jérôme François, Les obligations, Régime général, Tome 4, 4e édition, Economica, 2017, pp. 382 - 389; François Terré, Philippe Simler, Yves Lequette, François Chénedé, Droit civil, Les obligations, 12e édition, Dalloz, 2018, pp. 1636 - 1640.

③ Henri et Léon Mazeaud, Jean Mazeaud, François Chabas, Obligations, 9e édition, Montchrestien, 1998, pp. 1045 - 1046; Jacques Ghestin, Marc Billiau, Grégoire Loiseau, Traité de Droit Civil, Le régime des créances et des dettes, LGDJ, 2005, pp. 771 - 784; Jacques Flour, Jean-Luc Aubert, Éric Savaux, Droit civil, Les Obligations, 3. Le rapport d'obligation, 7e édition, Dalloz, 2011, pp. 66 - 71; Jérôme François, Les obligations, Régime général, Tome 4, 4e édition, Economica, 2017, pp. 382 - 389; François Terré, Philippe Simler, Yves Lequette, François Chénedé, Droit civil, Les obligations, 12e édition, Dalloz, 2018, pp. 1636 - 1640.

债权人行使代位权是为了自己的个人利益,即便他们以债务人的名义为之。因此,当第三人被债权人对其主张代位权时,他们能够以债权人欠缺利害关系为由对其予以抗辩。如果债务人具有清偿能力,债权人不得行使代位权,因为他们欠缺利害关系……仅仅在债务人资不抵债时,债权人才能够行使代位权,因此,债务人资不抵债的条件对债权人的代位权施加了极大的限制。"①

Terré、Simler 和 Lequette 等人此种条件做出了说明,他们指出:"所有诉权均以具有起诉的利害关系作为前提。对于债权人代位权而言,债权人所具有的此种利害关系表现在债务人处于资不抵债之中,这是最通常发生的情形。在例外情况下,此种利害关系也表现在债务人存在资不抵债的威胁或者让债权人的债权处于无法清偿的危险当中。针对有清偿能力的债务人行使代位权不仅不具有正当性,而且还构成对债务人的事务所进行的没有益处的、不受人欢迎的干预行为。"②

二、有关债权方面的条件:债权应当是确实的、肯定的和可予行使的

债权人行使代位权的第二个必要条件是,债权人对债务人享有的债权是确实的(certaines)、肯定的(liquides)和可予行使的(exigibles)。仅仅在债权人对债务人享有的债权是确实的、肯定的和可予行使时,债权人才可以行使代位权。如果不具备其中的任何一个条件,则债权人不能够主张代位权。③

无论是 2016 年之前的《法国民法典》第 1166 条还是 2016 年之后新的 1341-1 条均没有对此种条件做出明确规定,已如前述。虽然如此,无论是司法判例还是民法学说均认为,债权人行使代位权时应当具备这些条件。一方面,法国最高法院在自己的司法判例当中坚持这一条件。早在 1924 年 3 月 25 日的案件当中,法国最高法院就明确指出:仅仅在债权人证明了自己的债权是确实的、肯定的和可予行使时,他们才能够代位行使债务人对第三人享有的权利。此后,法国最高法院分别在 1936 年 11 月 24 日的案件、1958 年 10 月 21 日的案件和 2007 年 9 月 26 日的案件当中均强调了这一条件的必要性。④

另一方面,无论是在 2016 年之前还是之后,民法学者均承认这一条件的必要性。⑤

---

① Henri et Léon Mazeaud, Jean Mazeaud, François Chabas, Obligations, 9e édition, Montchrestien, 1998, p.1045.

② François Terré, Philippe Simler, Yves Lequette, François Chénedé, Droit Civil, les Obligations, 12e édition, Dalloz, 2018, p.1638.

③ Juris. constante depuis Req. 25mars1924, DH 1924.282.

④ Cass. Req. 25 mars 1924, DH 1924, p.282; S. 1924, 1, p.67; Cass. civ. 24 novembre 1936, Gaz. Pal. 1937, 1, p.187; Cass. 1re civ. 21 octobre 1958, Bull. civ. I, n° 439; Cass. 1re civ. 26 septembre 2007, n° 05-14.020, inédit.

⑤ Henri et Léon Mazeaud, Jean Mazeaud, François Chabas, Obligations, 9e édition, Montchrestien, 1998, pp.1046-1047; Jacques Ghestin, Marc Billiau, Grégoire Loiseau, Traité de Droit Civil, Le régime des créances et des dettes, LGDJ, 2005, pp.775-776; Jacques Flour, Jean-Luc Aubert, Éric Savaux, Droit civil, Les Obligations, 3. Le rapport d'obligation, 7e édition, Dalloz, 2011, p.68; Jérôme François, Les obligations, Régime general, Tome 4, 4e édition, Economica, 2017, pp.383-384; François Terré, Philippe Simler, Yves Lequette, François Chénedé, Droit civil, Les obligations, 12e édition, Dalloz, 2018, pp.1637-1638.

例如，在 2005 年的《债权和债务制度》当中，Ghestin、Billiau 和 Loiseau 就承认此种条件的必要，他们指出："司法判例要求，债权人的代位权应当建立在他们所享有的某种确实债权、肯定债权和可予行使的债权的基础上。"① 换言之，"债权原则上应当是确实的、肯定的和可予行使的。"② 再例如，在 2017 年的《债的一般制度》当中，Francois 也承认此种条件的必要，他指出："能够行使代位权的债权人所享有的债权也应当具备某些特性：……债权应当是确实的、肯定的和可予行使的。"③

所谓债权是确实的，也被称为债权的确实性，是指债权人对债务人享有的债权在债权人行使代位权时是的确存在的。因此，如果债权人享有的债权是或然债权，他们不能够行使代位权。所谓债权是肯定的，也称为债权的肯定性，是指债权人对债务人享有的债权的具体数额在债权人行使代位权时是明确的、肯定的和清楚的。因此，即便行为人的过错行为已经被确定了，如果事故的受害人所遭受损害的具体数额还没有被法官确定，则他们不能够行使代位权。所谓债权是可予行使的，也被称为债权的可予行使性、可予主张性，是指债权人在法律上能够要求债务人履行对自己所承担的债务。因此，如果债权人对债务人享有的债权是附期限的债权、附条件的债权，在期限届满或者条件成就之前，债权人不能够行使代位权，仅仅在期限届满和条件成就时，他们才能够行使代位权。④

三、有关债务人方面的条件：债务人没有行使自己的权利和诉权

债权人行使代位权的第三个必要条件是，债务人没有行使自己对第三人享有的权利。2016 年之前，《法国民法典》第 1166 条没有对此种条件做出明确规定，2016 年之后，《法国民法典》新的第 1341-1 条则对此种条件做出了规定，这就是该条当中的"债务人没有行使自己具有财产特征的权利和诉权"，已如前述。

所谓债务人没有（la carence）行使自己的权利和诉权，是指在能够行使对第三人享有的权利和诉权的情况下，债务人没有采取措施，对第三人主张自己的权利或者诉权。仅仅在债务人能够对第三人采取措施而没有采取措施的情况下，债权人才能够行使代位权。如果债务人已经对第三人采取了措施，则债权人不能够行使代位权。不过，债务人没有行使自己权利和诉权的行为仅仅是债权人行使代位权的必要条件而非充分条件，因为，如果债务人能够清偿自己对债权人承担的债务，即便债务人没有行使自己对

---

① Jacques Ghestin, Marc Billiau, Grégoire Loiseau, Traité de Droit Civil, Le régime des créances et des dettes, LGDJ, 2005, p.775.

② Jacques Ghestin, Marc Billiau, Grégoire Loiseau, Traité de Droit Civil, Le régime des créances et des dettes, LGDJ, 2005, p.775.

③ Jérôme François, Les obligations, Régime general, Tome 4, 4e édition, Economica, 2017, pp.383-384.

④ Henri et Léon Mazeaud, Jean Mazeaud, François Chabas, Obligations, 9e édition, Montchrestien, 1998, pp.1046-1047; Jacques Ghestin, Marc Billiau, Grégoire Loiseau, Traité de Droit Civil, Le régime des créances et des dettes, LGDJ, 2005, pp.775-776; Jacques Flour, Jean-Luc Aubert, Éric Savaux, Droit civil, Les Obligations, 3. Le rapport d'obligation, 7e édition, Dalloz, 2011, p.68; Jérôme François, Les obligations, Régime general, Tome 4, 4e édition, Economica, 2017, pp.383-384; François Terré, Philippe Simler, Yves Lequette, François Chénedé, Droit civil, Les obligations, 12e édition, Dalloz, 2018, pp.1637-1638.

第三人享有的权利和诉权,债权人也不能够行使代位权,仅仅在债务人已经陷入资不抵债或者至少已经存在资不抵债的风险时,债权人才能够行使代位权,已如前述。

除了《法国民法典》新的第1341-1条对此种条件做出了明确规定之外,民法学者也普遍承认这一条件。① 例如,Ghestin、Billiau和Loiseau就承认此种条件的必要,他们指出:"因为债权人代位权的行使是在干预债务人的事务,因此,仅仅在债务人因为疏忽或者拒绝自己行使对第三人享有的权利和诉权时,债权人行使代位权的行为才是可以接受的。"② 再例如,Terré、Simler和Lequette等人也承认此种条件,他们指出:"仅仅在债务人自己没有对其债务人采取措施时,代位权的行使才是有理由的。"③

根据《法国民法典》新的第1341-1条的规定,只要债务人能够行使对第三人享有的权利或者诉权而没有行使,则在具备其他条件时,债权人就能够行使代位权,不论债务人有没有行使自己权利或者诉权的原因是主观的还是客观的。首先,如果债务人基于损害债权人利益的目的而不行使自己享有的权利或者诉权,债权人能够行使代位权。其次,即便债务人不是故意的,如果他们因为过失、疏忽或者遗忘而没有行使自己的权利或者诉权,债权人也能够行使代位权。最后,即便债务人因为家庭的、爱情的或者其他合理理由而没有行使自己的权利或者诉权,债权人也能够行使代位权。当然,债务人的行为是否构成不行使权利或者诉权的行为,由基层法院的法官根据案件的具体情况予以自由裁量。④

在债务人不行使自己的权利和诉权时,债权人为何能够行使代位权?答案在于,在债务人资不抵债时,他们的所有财产均构成债权人债权的一般担保,债务人有义务和责任管理好自己的包括对第三人享有的权利和诉权在内的所有财产:如果债务人积极行使自己对第三人享有的权利和诉权,则他们在履行对债权人承担的此种债务,否则,如果消极不作为,则他们没有履行对债权人承担的此种债务。

四、债权人行使代位权的方式:不需要采取任何特定的形式

在法国,仅仅具备了上述三个必要条件,债权人就能够行使代位权,他们在行使此

---

① Henri et Léon Mazeaud, Jean Mazeaud, François Chabas, Obligations, 9e édition, Montchrestien, 1998, p.1045; Jacques Ghestin, Marc Billiau, Grégoire Loiseau, Traité de Droit Civil, Le régime des créances et des dettes, LGDJ, 2005, pp.778-780; Jacques Flour, Jean-Luc Aubert, Éric Savaux, Droit civil, Les Obligations, 3. Le rapport d'obligation, 7e édition, Dalloz, 2011, p.68; François Terré, Philippe Simler, Yves Lequette, François Chénedé, Droit civil, Les obligations, 12e édition, Dalloz, 2018, pp.1639-1640.

② Jacques Ghestin, Marc Billiau, Grégoire Loiseau, Traité de Droit Civil, Le régime des créances et des dettes, LGDJ, 2005, p.779.

③ François Terré, Philippe Simler, Yves Lequette, François Chénedé, Droit Civil, les Obligations, 12e édition, Dalloz, 2018, p.1639.

④ Jacques Ghestin, Marc Billiau, Grégoire Loiseau, Traité de Droit Civil, Le régime des créances et des dettes, LGDJ, 2005, pp.779-780; François Terré, Philippe Simler, Yves Lequette, François Chénedé, Droit civil, Les obligations, 12e édition, Dalloz, 2018, pp.1639-1640.

种权利时不需要遵循任何具体的形式要求。①

首先，根据法国最高法院的司法判例，在行使代位权时，债权人不需要获得具有强制执行力的任何凭证。因为法国最高法院认定，债权人代位权的行使并不是一种强制执行措施，不需要具备强制执行措施所需要的这一条件。其次，债权人行使代位权时不需要对债务人进行催告。再次，债权人行使代位权时也不需要获得法官的同意，这一点让法国现代债法区别于旧法时期的债法：在法国旧法时期，债权人行使代位权应当获得债务人的同意，如果债务人不同意，他们应当获得法官的同意。复次，债权人代位权并不要求债权人的债权要发生在他们代位行使的权利之前，因为，债权产生的日期对于债权人行使代位权没有任何影响，这一点让代位权区别于债权人撤销权，因为撤销权要求债权人享有的债权应当发生在他们要求法官撤销的行为之前。最后，虽然在行使代位权时，债权人常常会将债务人起诉到法庭，但是，法国最高法院认为，在向基层法院提起代位权诉讼时，债权人不需要同时让债务人出庭，因为它认为，债权人代位权仅仅关乎债权人和第三人之间的关系，他们之间的诉权同债务人无关。不过，它也认为，至少在一种情况下，债务人应当涉讼：在同一法庭和同一诉讼当中，在主张代位权的同时，债权人也要求法官责令债务人用自己通过代位权的行使所收回来的金钱清偿自己的债权。

第四节　债权人代位权的法律效果

一、债权人代位权的具体行使

2016 年之前，《法国民法典》第 1166 条没有对债权人行使代位权的名义和目的做出任何规定。2016 年之后，虽然《法国民法典》新的 1341 - 1 条明确规定，债权人是为了债务人的利益（pour le compte de son débiteur）行使代位权，但是，它没有规定，债权人是以什么人的名义行使代位权，已如前述。虽然如此，民法学说和司法判例普遍认为，债权人在行使代位权时只能以债务人的名义行为，不得以自己的名义为之，因为，代位权是为了债务人的利益，债权人代位权不是直接诉权而是间接诉讼权。②

Ghestin、Billiau 和 Loiseau 就采取此种看法，他们指出："十分肯定的是，正确地说，债权人并不是债务人的代表人……债权人在行使代位权时是以自己债务人的名义和为了自己债务人的利益。《法国民法典》第 1166 条这一点上是毫无疑义的，因为它宣

---

① Henri et Léon Mazeaud, Jean Mazeaud, François Chabas, Obligations, 9e édition, Montchrestien, 1998, pp. 1047 - 1048；Jacques Ghestin, Marc Billiau, Grégoire Loiseau, Traité de Droit Civil, Le régime des créances et des dettes, LGDJ, 2005, pp. 777 - 778；Jérôme François, Les obligations, Régime general, Tome 4, 4e édition, Economica, 2017, pp. 388 - 389.

② Henri et Léon Mazeaud, Jean Mazeaud, François Chabas, Obligations, 9e édition, Montchrestien, 1998, p. 1048；Jacques Ghestin, Marc Billiau, Grégoire Loiseau, Traité de Droit Civil, Le régime des créances et des dettes, LGDJ, 2005, pp. 809 - 810；Jacques Flour, Jean-Luc Aubert, Éric Savaux, Droit civil, Les Obligations, 3. Le rapport d'obligation, 7e édition, Dalloz, 2011, p. 71.

告债权人能够行使债务人的权利和诉权。"① Flour、Aubert 和 Savaux 也采取此种看法,他们指出:"债权人代位权的基本观念是,债权人并不是以自己的名义行使代位权,而是以自己债务人的名义行使代位权。他们所行使的权利是自己债务人的权利,而不是自己的权利。"②

在以债务人的名义行使代位权时,债权人是原告,债务人的债务人即第三人是被告。虽然法国最高法院认定,代位权的行使不需要牵连债务人、债务人不需要被债权人告上法庭,但是,在实践当中,债权人往往将债务人告上法庭并因此让债务人出庭应诉。在以债务人的名义将第三人告上法庭时,债权人的身份是什么?民法学者之间存在不同看法。某些民法学者认为,债权人是债务人的法定代理人、法定代表人。而另外一些民法学者则认为,虽然债权人的身份与法定代理人、法定代表人的身份类似,但是,他们并不是债务人的代理人或者代表人。③ 因为债权人仅仅是为了债务人的利益并且仅仅是以债务人的名义行使代位权,因此,当他们行使代位权时,他们的代位权行使行为会产生三个方面的法律效力:对债务人的法律效力;对债权人和债务人的其他债权人的法律效力;以及对第三人的法律效力。

二、债权人代位权对债务人产生的法律效力

债权人代位权的行使是由债权人发动的,债权人所发动的此种诉讼不会影响没有行使自己对第三人享有的权利和诉权的债务人的法律状况:在诉讼过程当中,债务人仍然是债权人代位行使的权利和诉权的权利主体,他们仍然能够对第三人行使这些权利和诉权,他们仍然对自己享有的这些权利和诉权具有处分权。因此,如果债务人与第三人之间达成和解协议甚至债务免除协议,他们与第三人之间所达成的这些协议原则上是有效的,第三人能够以这些协议对抗行使代位权的债权人,此时,这些协议产生让债权人提起的代位权诉讼终止的法律效力。不过,如果债务人与第三人之间的这些协议构成欺诈,在符合撤销权的条件时,债权人能够行使债权人撤销权,要求法官撤销债务人与第三人之间的这些协议。④

问题在于,当法官就债权人提起的代位权诉讼做出判决时,法官做出的生效判决是否对债务人产生法律效力?对此问题,民法学者做出的回答是区分两种不同的情况:如果债务人出庭参与了诉讼,则法官针对债权人与第三人之间的代位权诉讼做出的判决对

---

① Jacques Ghestin, Marc Billiau, Grégoire Loiseau, Traité de Droit Civil, Le régime des créances et des dettes, LGDJ, 2005, p.810.

② Jacques Flour, Jean-Luc Aubert, Éric Savaux, Droit civil, Les Obligations, 3. Le rapport d'obligation, 7e édition, Dalloz, 2011, p.71.

③ Jacques Ghestin, Marc Billiau, Grégoire Loiseau, Traité de Droit Civil, Le régime des créances et des dettes, LGDJ, 2005, pp.809 – 810.

④ Henri et Léon Mazeaud, Jean Mazeaud, François Chabas, Obligations, 9e édition, Montchrestien, 1998, pp.1048 – 1049; Jacques Flour, Jean-Luc Aubert, Éric Savaux, Droit civil, Les Obligations, 3. Le rapport d'obligation, 7e édition, Dalloz, 2011, pp.71 – 72; Jérôme François, Les obligations, Régime general, Tome 4, 4e édition, Economica, 2017, pp.399 – 400; François Terré, Philippe Simler, Yves Lequette, François Chénedé, Droit civil, Les obligations, 12e édition, Dalloz, 2018, p.1642.

第三人产生约束力。如果债务人没有出庭参与诉讼,法官的生效判决是否对债务人产生约束力,民法学者之间存在不同看法。某些民法学者认为,法官的判决应当对债务人产生约束力,而另外一些民法学者则认为,法官的判决对债务人没有约束力。不过,此种争议仅仅具有理论意义而没有实践意义,因为在实践当中,债权人往往会把债务人和第三人同时告上法庭,即便债权人没有同时将债务人告上法庭,第三人也会要求法官让债务人参加诉讼。[1]

三、债权人代位权对债权人和其他债权人产生的法律效力

如果行使代位权的债权人成功提起了代位权诉讼,则他们的诉讼所获得的成果即第三人所为的支付属于债务人财产的组成部分,构成包括提起代位权诉权的债权人在内的所有债权人的一般担保权的基础,债权人对第三人所为的给付并没有优先受偿权,因为,他们既不能够要求法官对第三人实施的给付采取保全措施,也不能够要求法官对第三人实施的给付采取强制执行措施。换言之,虽然代位权仅仅是由债权人一个人提起的,但是,除了提起代位权的债权人能够从中获得利益之外,同一债务人的所有其他债权人也均能够从中获得利益。所谓同一债务人的所有债权人均能够从代位权当中获得利益,是指当一个债权人行使了代位权时,他们通过该种方式所获得的属于债务人的财产应当在所有债权人之间按照比例分配,提起代位权的债权人并没有因为自己的诉权而享有优先于其他债权人获得清偿的权利,因为债务人已经陷入资不抵债的状态,他们的财产不足以清偿所有债权人的债权。[2]

Ghestin、Billiau 和 Loiseau 对此种法律效力做出了说明,他们指出:"在以债务人的名义和为了债务人的利益而行使代位权时,虽然代位权仅为债权人一个人所行使,但是,他们并不是为了自己一个人的利益而行使代位权……其结果是,所有债权人均能够从一般担保权的改善当中获得利益,债权人就诉权所获得的利益没有任何优先权。"[3] Flour、Aubert 和 Savaux 也对此种法律效力做出了说明,他们指出:"当债权人行使代位权时,代位权的获利者并不是债权人个人:债务人的所有债权人均是代位权的共同获利

---

[1] Henri et Léon Mazeaud, Jean Mazeaud, François Chabas, Obligations, 9e édition, Montchrestien, 1998, pp. 1048 – 1049; Jacques Flour, Jean-Luc Aubert, Éric Savaux, Droit civil, Les Obligations, 3. Le rapport d'obligation, 7e édition, Dalloz, 2011, pp. 71 – 72; Jérôme François, Les obligations, Régime general, Tome 4, 4e édition, Economica, 2017, pp. 399 – 400; François Terré, Philippe Simler, Yves Lequette, François Chénedé, Droit civil, Les obligations, 12e édition, Dalloz, 2018, p. 1642.

[2] Henri et Léon Mazeaud, Jean Mazeaud, François Chabas, Obligations, 9e édition, Montchrestien, 1998, pp. 1048 – 1049; Jacques Ghestin, Marc Billiau, Grégoire Loiseau, Traité de Droit Civil, Le régime des créances et des dettes, LGDJ, 2005, pp. 813 – 815; Jacques Flour, Jean-Luc Aubert, Éric Savaux, Droit civil, Les Obligations, 3. Le rapport d'obligation, 7e édition, Dalloz, 2011, p. 72; Jérôme François, Les obligations, Régime general, Tome 4, 4e édition, Economica, 2017, pp. 396 – 398; François Terré, Philippe Simler, Yves Lequette, François Chénedé, Droit civil, Les obligations, 12e édition, Dalloz, 2018, pp. 1640 – 1643.

[3] Jacques Ghestin, Marc Billiau, Grégoire Loiseau, Traité de Droit Civil, Le régime des créances et des dettes, LGDJ, 2005, p. 813.

者……一言以蔽之，行使代位权的债权人并没有任何优先权。"①

如果债务人拖欠债权人 50 欧元的债务，而债务人对第三人享有 100 欧元的债权，在债权人对第三人主张债权时，他们是在自己的债权范围内即 50 欧元的范围内还是在债务人对第三人享有的债权范围内即 100 欧元的范围内主张代位权？对此问题，民法学者之间存在不同看法。某些民法学者认为，债权人只能够在自己对债务人享有的债权范围内主张代位权，他们不能够超过自己的债权范围主张代位权。换言之，在本案当中，债权人只能够要求第三人偿还 50 欧元的债务。这些民法学者认为，此种结论源自没有利害关系即没有诉权的一般规则：债权人仅仅在 50 欧元的债权范围内享有利害关系，在另外 50 欧元的范围内则没有利害关系。②

而另外一些民法学者则认为，债权人能够超过自己的债权范围行使代位权，换言之，债权人能够在债务人对第三人享有的债权范围内行使代位权，如果债务人对第三人享有的债权大于债权人对债务人享有的债权的话。换言之，在本案当中，债权人能够要求第三人偿还 100 欧元的债务，因为他们认为，债权人代位权并不仅仅是为了满足提起代位权的债权人的需要，它是为了满足包括行使代位权在内的所有债权人的共同需要。③

四、第三人的抗辩权

对于第三人而言，他们的法律地位不应因为债权人行使代位权而受到影响，因为，无论是债权人代位行使诉权还是债务人亲自行使诉权，他们在诉讼当中的地位是完全一致的：如果债务人要求法官责令第三人对自己履行债务，第三人能够以各种各样的抗辩对抗债务人的请求，包括债务的固有抗辩和个人抗辩。当债权人对第三人行使代位权时，第三人原本能够用来对抗债务人的这些固有抗辩或者个人抗辩也均能够用来对抗债权人。因此，第三可以用债的免除、债的抵销、债的无效或者债的解除等抗辩事由对抗债权人的代位权，无论这些抗辩权是指债权人行使代位权时产生的还是在债权人行使代位权之后产生的，均在所不问。④

---

① Jacques Flour, Jean-Luc Aubert, Éric Savaux, Droit civil, Les Obligations, 3. Le rapport d'obligation, 7e édition, Dalloz, 2011, p. 72.

② Henri et Léon Mazeaud, Jean Mazeaud, François Chabas, Obligations, 9e édition, Montchrestien, 1998, p. 1046.

③ François Terré, Philippe Simler, Yves Lequette, François Chénedé, Droit Civil, les Obligations, 12e édition, Dalloz, 2018, p. 1641.

④ Henri et Léon Mazeaud, Jean Mazeaud, François Chabas, Obligations, 9e édition, Montchrestien, 1998, pp. 1048 – 1049；Jacques Ghestin, Marc Billiau, Grégoire Loiseau, Traité de Droit Civil, Le régime des créances et des dettes, LGDJ, 2005, pp. 810 – 813；Jacques Flour, Jean-Luc Aubert, Éric Savaux, Droit civil, Les Obligations, 3. Le rapport d'obligation, 7e édition, Dalloz, 2011, p. 71；Jérôme François, Les obligations, Régime general, Tome 4, 4e édition, Economica, 2017, pp. 398 – 399；François Terré, Philippe Simler, Yves Lequette, François Chénedé, Droit civil, Les obligations, 12e édition, Dalloz, 2018, p. 1641.

第十三章 债权人的撤销权

第一节 债权人撤销权的界定、历史和性质

一、债权人撤销权的界定

债权人撤销权又称为保罗诉权（l'action paulienne）、可撤销权或者可撤销诉权（l'action révocatoire），该名称源自罗马法，因为在创设这一制度时，罗马法官要么以经典罗马法时期的著名民法学家Paul的名称命名他们所创设的此种制度，要么根据Paul的法律文本对他们所创设的这一制度做出了解释。[1] 在今时今日，虽然《法国民法典》对债权人撤销权做出了规定，但是，它没有对债权人撤销权做出界定。不过，法国民法学者则不同，他们对债权人撤销权做出了界定，并且他们的界定并不完全相同。

（一）债权人撤销权，是指债权人所享有的要求法官宣告欺诈行为无效的权利、诉权

某些民法学者认为，所谓债权人撤销权，是指债权人所享有的要求法官宣告债务人与第三人之间所实施的欺诈行为无效的权利。Carbonnier采取此种方法界定债权人撤销权，他指出："根据《法国民法典》第1167条的规定，所谓债权人撤销权，是指债权人所享有的要求法官宣告债务人与第三人之间所实施的行为无效的权利，如果他们享有的权利被这些行为欺诈的话。"[2] Cabrillac也采取此种界定，他指出："所谓债权人撤销权，是指当资不抵债的债务人实施了导致他们的财产减少的行为时，债权人所享有的要求法官撤销债务人所实施的这些行为的诉权，如果债务人实施的这些行为欺诈了债权人的权利的话。"[3]

（二）债权人撤销权，是指债权人所享有的要求法官保护自己免受债务人实施的财产减少行为损害的权利、诉权

另外一些民法学者则没有从法律行为被宣告无效或者被撤销的角度界定债权人撤销权，而是从保护债权人免受债务人实施的导致自身财产减少行为损害的角度界定债权人撤销权，他们认为，所谓债权人撤销权，是指债权人所享有的能够保护自己免受债务人所实施的财产减少行为损害的权利。Mazeaud 和 Chabas 等人采取此种方法界定债权人

---

[1] Rémy Cabrillac, Droit des Obligations, 12e édition, Dalloz, 2016, p.407.
[2] Jean Carbonnier, Droit civil, Volume II, Les biens, les obligations, puf, 2004, p.2531.
[3] Rémy Cabrillac, Droit des Obligations, 12e édition, Dalloz, 2016, p.407.

撤销权，他们指出："所谓债权人撤销权，是指债权人所享有的保护自己免受债务人所实施的欺诈行为损害的权利，如果债务人减少自己的财产或者如果债务人以一种更容易逃避债权人追索的财产取代另外一种能够轻易执行的财产的话。"① Malaurie、Aynès 和 Stoffel-Munck 也采取此种界定方式，他们指出："所谓债权人撤销权，是指赋予债权人以保护自己免受债务人减少自己财产的欺诈行为损害的权利，该种权利允许债权人撤销债务人实施的这些行为。"②

（三）债权人撤销权，是指债权人所享有的要求法官宣告债务人实施的欺诈行为不得对抗自己的权利、诉权

上述两种界定当中，第一种界定似乎更符合债权人撤销权的本质，与该种权利的名称高度一致：在债务人与第三人之间实施对债权人的债权构成欺诈的某种行为时，债权人能够根据所享有的此种撤销权要求法官宣告债务人与第三人之间的欺诈行为无效，或者要求法官撤销债务人与第三人之间的欺诈行为。不过，此种界定与债权人撤销权的真正效力不符，因为在今时今日，即便债权人享有撤销权或者相对无效请求权，但是，他们的撤销权或者无效请求权并不会产生让债务人与第三人之间的欺诈行为无效或者被撤销的法律效果，债务人与第三人之间的法律行为仍然有效，他们的撤销权仅仅产生不能够对抗的法律效力：第三人不能够以自己与债务人之间的合同相对性对抗债权人，此种规则为 2016 年之后的《法国民法典》所规定，这就是新的第 1341-2 条，关于这一条款的规定所产生的不能够对抗性（inopposables），笔者将在下面的内容当中做出详细的讨论，此处从略。

因为此种原因，笔者对债权人撤销权做出如下界定：所谓债权人撤销权，是指在债务人与第三人之间实施对债权人的债权具有欺诈性的法律行为时，在符合所要求的条件下，债权人所享有的要求法官宣告债务人与第三人之间的法律行为不能够对抗自己的权利。因此，在债务人资不抵债时，如果债务人将自己的小汽车赠与给受让人，则债权人有权向法院起诉，要求法官宣告债务人与第三人之间的赠与合同不能够对抗自己，他们享有的此种权利就是债权人撤销权。同样，在债务人资不抵债时，如果债务人免除第三人的债务，债权人有权向法院起诉，要求法官宣告债务人与第三人之间的债务免除协议不能够对抗自己，则他们享有的此种权利就是债权人撤销权。因为此种原因，在今时今日，与其将债权人享有的此种权利称为债权人撤销权，毋宁将该种权利称为债权人的非对抗权（inopposabilité）。

二、债权人撤销权的历史

与债权人代位权的历史不同，债权人撤销权源自罗马法，经过法国旧法时期的承认，1804 年的《法国民法典》第 1167 条对此种权利做出了规定，此种规定一直以 1804

---

① Henri et Léon Mazeaud, Jean Mazeaud, François Chabas, Obligations, 9e édition, Montchrestien, 1998, p.1053.

② Philippe Malaurie, Laurent Aynès, Philippe Stoffel-Munck, Droit Des Obligations, 8e édition, LGDJ, 2016, p.667.

年保留到 2016 年,直到 2016 年 2 月 10 日的债法改革法令以新的法律条款取代它时为止,这就是现行《法国民法典》当中的新的第 1341-2 条。虽然 2016 年之前的《法国民法典》第 1167 条没有对债权人撤销权的条件、适用范围和法律效力做出明确规定,但是,借助于法官的司法判例,民法学者普遍对这些方面的内容做出了说明。现行《法国民法典》新的第 1341-2 条对这些方面的内容做出了规定。

(一) 罗马法对债权人撤销权做出的规定

虽然民法学者普遍认为,债权人撤销权源自罗马法,但是,关于债权人撤销权在罗马法当中是如何产生的,人们至今仍然无法做出清晰的说明。① 不过,民法学者也普遍认为,至少在前经典罗马法时期的早期或者中期,罗马法是不会承认债权人撤销权的,因为在那时,罗马法根本不需要借助于债权人撤销权这一方式对债权人提供保护,以防止债务人与第三人之间实施有损债权人的欺诈行为。在那时,罗马法之所以完全不需要此种制度保护债权人免受债务人实施的欺诈行为的损害,是因为罗马制定法尤其是其中的《十二铜表法》对债务人不清偿债务的行为采取了最严厉的强制执行措施:即便债务人没有与第三人串通实施有害债权人的欺诈行为,在债务人不能够清偿自己所承担的债务时,债权人有权先将债务人贬为奴隶,如果被贬为奴隶之后的债务人仍然不清偿自己的债务,则债权人能够直接将债务人杀死或者将其出卖,这就是前经典罗马法时期罗马法所采取的人身强制执行措施,已如前述。②

因此,仅仅到了前经典罗马法时期的末期,也就是罗马共和时期的末期,随着人身强制执行措施的废除,罗马法才有通过此种方式保护债权人免受债务人实施欺诈行为损害的必要,为了满足这一需要,在罗马制定法没有规定这一制度的情况下,法官通过自己的司法判例建立了此种制度,换言之,仅仅到了前经典罗马法时期,法官法即法官的司法判例才承认了这一诉权制度。不过,他们所创设的此种制度何时、被什么人以什么理由冠名为 Paul 诉权,后世民法学者仍然不得而知。其中的一个解释是,因为查士丁尼皇帝的《学说汇纂》收录了 Paul 关于此种制度的法律文本,在根据他的这些法律文本做出解释时,法官将他们早在 Paul 之前就已经建立的此种制度命名为 Paul 诉权。③

当然,虽然民法学者在债权人撤销权产生的问题上存在争议,但是,至少到了经典罗马法时期,罗马法就完全承认了债权人撤销权制度,因为在经典罗马法时期,Paul

---

① François Terré, Philippe Simler, Yves Lequette, François Chénedé, Droit Civil, les Obligations, 12e édition, Dalloz, 2018, p. 1643.

② Charles Gatineau, De l'action paulienne, thèse, Caen, Imprimerie de F. Poisson, 1858, pp. 5-46; Jules Rome, De l'action paulienne en droit romain et en droit français, Paris, Retaux frères, 1866, pp. 9-88; Henri et Léon Mazeaud, Jean Mazeaud, François Chabasd, Obligations, 9e édition, Montchrestien, 1998, pp. 1055-1056; François Terré, Philippe Simler, Yves Lequette, François Chénedé, Droit civil, Les obligations, 12e édition, Dalloz, 2018, p. 1643.

③ Charles Gatineau, De l'action paulienne, thèse, Caen, Imprimerie de F. Poisson, 1858, pp. 5-8; Jules Rome, De l'action paulienne en droit romain et en droit français, Paris, Retaux frères, 1866, pp. 9-12; Henri et Léon Mazeaud, Jean Mazeaud, François Chabasd, Obligations, 9e édition, Montchrestien, 1998, p. 1054; François Terré, Philippe Simler, Yves Lequette, François Chénedé, Droit civil, Les obligations, 12e édition, Dalloz, 2018, p. 1643.

就此种制度做出了不少说明,也因为此种原因,此种制度被称为 Paul 诉权,已如前述,到了后经典罗马法时期,除了查士丁尼的《法学阶梯》第四卷第六编第六章承认了此种诉权之外,查士丁尼的《法典》第七卷第七十五编和《学说汇纂》第四十二卷第八编也规定了此种诉权,其中的某些规定认为,债权人撤销权属于物权性质的诉权(L'action réelle),另外的一些规定则认为,债权人撤销权属于债权性质的诉权(L'action personnelle)。其中的物权性质的诉权仅仅针对债务人实施的财产转让行为,而债权性质的诉权则针对财产转让行为之外的其他欺诈行为。①

罗马法当中的债权人撤销权在性质上属于刑事诉权而非民事诉权,当债务人与第三人实施欺诈债权人债权的行为时,他们实施的行为构成犯罪,债权人通过提起刑事诉讼的方式制裁债务人的行为,这就是罗马法当中的撤销权所具有的第一个主要特征即撤销权的刑事性质(le caractère pénal)。欺诈有两个构成因素:债务人实施的行为引起了债权人损害的发生(eventus damnile préjudice causé);债务人有引起债权人损害发生的应当受到责难的意图(consilium fraudis l'intention coupable)。除了要求债务人有故意、恶意之外,最初的罗马法也要求第三人具有故意、恶意,因为第三人被称为共同欺诈者、共谋者,不过,后期的罗马法则认为,如果债务人与第三人之间实施的欺诈行为在性质上属于无偿行为,则债权人撤销权不需要第三人有故意、恶意。②

根据罗马法的规定,如果债务人将自己的财产转让给第三人,在宣告债务人与第三人之间的财产转让行为无效时,法官会责令第三人将从债务人那里获得的财产和因为该财产产生的利润、附属物等返还给债权人,这就是返还原物的法律救济措施。如果第三人无法返还原物给债权人,则法官会责令第三人赔偿一笔与该财产价值相等的金钱给债权人,此时,法官会对不能够返还的财产的价值进行评估和确定,这就是罗马法当中的撤销权所具有的第二个主要特征即撤销权的随意特征、专断特征(le caractère arbitraire)。根据罗马法的规定,债权人撤销权仅仅在债务人已经陷入资不抵债履行时才能够主张,这一点与债权人代位权是一样的。不过,根据罗马法的规定,能够主张撤销权的人并不是某一个单个的债权人,而是由所有债权人组成的一个类似于现在的清算组织向法院起诉:所有的债权人推荐自己的代表人以所有债权人的名义向法院起诉(curator bonorum),这就是罗马法当中的撤销权所具有的第三个主要特征:撤销权由所有债权人

---

① Charles Gatineau, De l'action paulienne, thèse, Caen, Imprimerie de F. Poisson, 1858, pp. 13 – 14; Jules Rome, De l'action paulienne en droit romain et en droit français, Paris, Retaux frères, 1866, pp. 49 – 53.

② Charles Gatineau, De l'action paulienne, thèse, Caen, Imprimerie de F. Poisson, 1858, pp. 5 – 46; Jules Rome, De l'action paulienne en droit romain et en droit français, Paris, Retaux frères, 1866, pp. 9 – 88; Henri et Léon Mazeaud, Jean Mazeaud, François Chabasd, Obligations, 9e édition, Montchrestien, 1998, pp. 1055 – 1056; François Terré, Philippe Simler, Yves Lequette, François Chénedé, Droit civil, Les obligations, 12e édition, Dalloz, 2018, p. 1643.

集体行使的特征（le caractère collectif）。①

（二）法国旧法时期的债权人撤销权

法国旧法时期的法律继承了罗马法当中的债权人撤销权制度。在17世纪，Domat 专门在自己的《自然秩序当中的民法》当中设立一章，对债权人撤销权做出了系统性的研究，他指出，当债务人通过财产转让行为或者其他处分行为欺诈自己的债权人时，债权人均可以要求法官根据案件的具体情况撤销他们所实施的行为。② 在18世纪，虽然 Pothier 没有像 Domat 一样专门设立一章讨论债权人撤销权制度，但是，他也在不少段落当中对此种制度做出了说明，例如，在其《债法专论》当中，他就明确指出，如果债务人应当对我承担转移财产所有权的债务，当不能够清偿自己债务的债务人与第三人签订协议并且将应当交付给我的财产交付给第三人时，我有理由将第三人告上法庭，要求法官撤销债务人与第三人之间的财产转让行为，如果第三人是有偿取得财产的所有权并且如果第三人具有欺诈的话，而如果第三人是无偿取得财产的所有权的话，则他们无须具备欺诈的要求。③

不过，在继承罗马法当中的撤销权制度时，法国旧法也对其做出了重大的改革，主要表现在两个方面。一方面，法国旧法时期的法律放弃了罗马法当中撤销权所具有的刑事性质，当债务人实施欺诈债权人的行为时，法律对债务人实施的欺诈行为所施加的制裁不再是刑事性质的而仅仅是民事性质的。另一方面，法国旧法时期的法律也放弃了罗马法当中撤销权所具有的集体性质，它认为，在符合所要求的条件时，仅单个的债权人能够主张撤销权，债权人无须通过集体程序共同行使撤销权，因为罗马法当中的破产程序在法国旧法当中消失了。换言之，在法国旧法时期，债权人不再是为了所有债权人的共同利益而行使撤销权，他们仅仅是为了自己的个人利益和以自己的个人名义行使撤销权。④

在法国旧法时期，债权人撤销权是否具有重要性，民法学者之间存在不同看法。某些民法学者认为，在法国旧法时期，债权人撤销权的地位可谓差强人意，因为债权人几乎不需要通过此种方式保护自己享有的债权：债权人与债务人之间的几乎所有合同或者

---

① Charles Gatineau, De l'action paulienne, thèse, Caen, Imprimerie de F. Poisson, 1858, pp. 5 – 46; Jules Rome, De l'action paulienne en droit romain et en droit français, Paris, Retaux frères, 1866, pp. 9 – 88; Henri et Léon Mazeaud, Jean Mazeaud, François Chabasd, Obligations, 9e édition, Montchrestien, 1998, pp. 1055 – 1056; François Terré, Philippe Simler, Yves Lequette, François Chénedé, Droit civil, Les obligations, 12e édition, Dalloz, 2018, p. 1643.

② Charles Gatineau, De l'action paulienne, thèse, Caen, Imprimerie de F. Poisson, 1858, p. 48; Jules Rome, De l'action paulienne en droit romain et en droit français, Paris, Retaux frères, 1866, p. 96.

③ Charles Gatineau, De l'action paulienne, thèse, Caen, Imprimerie de F. Poisson, 1858, p. 48; Jules Rome, De l'action paulienne en droit romain et en droit français, Paris, Retaux frères, 1866, p. 96.

④ Charles Gatineau, De l'action paulienne, thèse, Caen, Imprimerie de F. Poisson, 1858, pp. 46 – 52; Jules Rome, De l'action paulienne en droit romain et en droit français, Paris, Retaux frères, 1866, pp. 95 – 98; Henri et Léon Mazeaud, Jean Mazeaud, François Chabasd, Obligations, 9e édition, Montchrestien, 1998, pp. 1055 – 1056; François Terré, Philippe Simler, Yves Lequette, François Chénedé, Droit civil, Les obligations, 12e édition, Dalloz, 2018, p. 1643.

法律行为均在公证员面前签订，并且债权人享有的债权几乎均通过债务人或者第三人提供的不动产予以抵押担保。不过，某些民法学者认为，债权人撤销权在法国旧法时期的地位并非一直如此，因为，随着商事经济的发展，尤其是随着附加在公证文书上面的不动产抵押的消灭，债务人所拥有的动产财产尤其是无形财产的日益增加，债权人对债权人撤销权的需要不断强化并因此导致了此种制度的地位的日益上升。①

（三）1804 年以来的《法国民法典》关于债权人撤销权的规定

受到罗马法尤其是法国旧法时期民法学家的影响，法国立法者在 1804 年的《法国民法典》当中对债权人撤销权做出了明确规定，这就是第 1167 条，该条规定：（1）债权人也能够以自己的名义对债务人实施的欺诈其权利的行为所具有的效力提出异议。（2）不过，对于继承一编和婚姻合同和夫妻财产制度一编所规定的他们所享有的权利而言，他们应当遵守这些编所规定的法律规范。②

第 1167（1）条对债权人撤销权的一般原则做出了规定，认为当债务人实施的行为欺诈债权人的债权时，债权人能够向法院起诉，要求法官撤销债务人实施的行为。第 1167（2）条则对一般原则的例外做出了规定，根据它的规定，债权人撤销权不适用于继承人或者夫妻之间的法律行为，因为他们之间的这些行为由继承法和家庭法予以明确规定。1804 年的《法国民法典》第 1167 条废除了法国旧法时期的附加在公证文书上面的不动产抵押制度，允许当事人之间通过私证文书的方式实施法律行为，这是它的优点；它的缺点是，规定过于原则，没有对撤销权的条件和所遭受的法律制裁等具体内容做出明确规定。③

1804 年的《法国民法典》第 1167 条一直从 1804 年适用到 2016 年。鉴于这一法律条款的规定过于原则、抽象，在长达 200 多年的历史当中，民法学者对这一条款所面临的问题做出了探讨，甚至产生争议：债权人撤销权的性质是什么？债权人撤销权行使的条件有哪些？债权人撤销权能够适用哪些法律行为，债权人撤销权不能够适用于哪些法律行为？债权人撤销权的法律效力是什么？例如，在 19 世纪，民法学者之间就该条规定的撤销权的性质展开了争论：该条所规定的撤销权究竟是物权性质的诉权，还是债权性质的诉权？民法学者之间做出了不同的回答。

通过司法判例的帮助，在 2016 年之前，民法学者对这些问题均做出了完整的回答，

---

① Henri et Léon Mazeaud, Jean Mazeaud, François Chabas, Obligations, 9e édition, Montchrestien, 1998, p. 1056；François Terré, Philippe Simler, Yves Lequette, François Chénedé, Droit civil, Les obligations, 12e édition, Dalloz, 2018, pp. 1643 – 1644.

② Article 1167, https://fr.wikisource.org/wiki/Code_civil_des_Français_1804/Livre_III,_Titre_III.

③ Henri et Léon Mazeaud, Jean Mazeaud, François Chabas, Obligations, 9e édition, Montchrestien, 1998, p. 1056；François Terré, Philippe Simler, Yves Lequette, François Chénedé, Droit civil, Les obligations, 12e édition, Dalloz, 2018, p. 1644.

并因此让债权人撤销权的地位、性质、适用条件和法律效力丰满起来。① 在这些成果的基础上,法国政府通过 2016 年 2 月 10 日对债权人撤销权做出了新的规定,这就是现行《法国民法典》新的第 1341 - 2 条,该条规定:债权人也能够以自己的名义向法院起诉,要求法官宣告自己的债务人所实施的欺诈自己债权的行为不能够对抗自己,如果债务人实施的行为是有偿行为的话,则债权人应当证明作为合同相对人的第三人已经知道欺诈的存在。② 相对于旧的 1167 条而言,新的第 1341 - 2 条更加具有可操作性一些,因为除了对撤销权的一些重要条件做出了规定之外,它也对债权人撤销权的法律效力做出了规定,认为债务人与第三人之间实施的欺诈行为不能够对抗自己,这就是不得对抗性的新规则。

三、债权人撤销权的地位和性质

(一) 债权人撤销权独立于债权人代位权

在今时今日,债权人撤销权是对债权人所享有的一般担保权提供保护的一种手段,就像债权人代位权也是为了保护一般担保权一样。就像债权人代位权不是一种补充性的权利、不具有补充性一样,债权人撤销权也不是一种补充性的权利,也不具有补充性,因为,即便债权人能够对债务人行使其他权利,他们仍然能够对债务人行使撤销权。换言之,债权人撤销权具有独立性,它独立于债权人享有的其他权利、诉权,③ 尤其是独立于债权人的代位权。

债权人撤销权与债权人代位权具体共同点:它们均是为了保护债权人享有的一般担保权免受债务人实施的行为的影响,因为债权人行使这些权利的目的均在于维持或者强化债务人的财产;它们均涉及三方当事人:债权人,债务人和第三人;它们均是一种诉权,因为无论是撤销权还是代位权均以债权人向法院起诉的方式行使,其中的原告均是债权人,被告均是第三人,而第三人在法律上没有必要涉及当事人之间的诉讼,虽然在实践当中,他们几乎均参与诉讼;它们均以债务人资不抵债作为必要条件,如果债务人能够清偿自己对债权人承担的债务,则债权人无须行使撤销权或者代位权。

债权人撤销权与债权人代位权之间的差异明显:债权人撤销权是以债权人的个人名义起诉,而债权人代位权则是以债务人的名义起诉,已如前述;债权人撤销权仅仅关乎提起诉讼的债权人的利益,同债务人的其他债权人没有任何关系,换言之,债权人撤销

---

① Charles Gatineau, De l'action paulienne, thèse, Caen, Imprimerie de F. Poisson, 1858, pp. 53 - 103; Jules Rome, De l'action paulienne en droit romain et en droit français, Paris, Retaux frères, 1866, pp. 98 - 197; Henri et Léon Mazeaud, Jean Mazeaud, François Chabasd, Obligations, 9e édition, Montchrestien, 1998, pp. 1055 - 1072; Jean Carbonnier, Droit civil, Volume II, Les biens, les obligations, puf, 2004, pp. 2531 - 2532; Jacques Flour, Jean-Luc Aubert, Éric Savaux, Droit civil, Les Obligations, 3. Le rapport d'obligation, 7e édition, Dalloz, 2011, pp. 65 - 87, pp. 73 - 84.

② Article 1341 - 2, Code civil, Code civil, https://www.legifrance.gouv.fr/codes/section_lc/LEGITEXT000006070721/LEGISCTA000032035223/#LEGISCTA000032035223.

③ Henri et Léon Mazeaud, Jean Mazeaud, François Chabas, Obligations, 9e édition, Montchrestien, 1998, p. 1068.

权的受益人仅为起诉的债权人,而债权人代位权的受益人则是包括起诉的债权人在内的所有债权人,已如前述;债权人撤销权以债务人积极实施欺诈行为作为必要条件,如果债务人消极不作为,则债权人不能够行使撤销权,而债权人代位权则不同,它以债务人消极不作为作为必要条件,已如前述;债权人撤销权以债务人实施故意欺诈作为必要条件,过失不足以产生撤销权,而债权人代位权则不同,它并不要求债务人存在过错,只要债务人在客观上没有行使自己的权利,债权人就能够行使代位权,已如前述。债权人撤销权以债务人实施的欺诈行为发生在债权人的债权之后作为原则要求,而债权人代位权则没有此种要求,已如前述。①

(二) 债权人撤销权不是一种权利滥用或者民事责任

虽然债权人撤销权的历史悠久,但是,在这一权利的性质方面,民法学者之间存在极大的争议,尤其是,在对债权人撤销权做出解释时,民法学家倾向于将此种制度等同于其他已经获得普遍承认的制度。某些民法学者认为,债权人撤销权仅仅是权利滥用的一种具体适用,因为他们认为,就像权利滥用一样,债权人撤销权同样制裁债务人实施的在客观上是合法的但是主观上具有损害债权人意图的行为。而另外一些民法学者则认为,虽然债权人撤销权与权利滥用之间存在相似性,但是,撤销权不是一种权利滥用,因为,撤销权除了针对滥用自己权利的债务人之外也针对第三人。②

某些民法学者认为,当债权人主张撤销权时,他们实际上是在主张侵权责任诉权,此种侵权责任有时建立在债务人或者第三人的过错的基础上,有时则建立在他们的行为所带来的危险的基础上。而另外一些民法学者则反对此种看法,他们认为,债权人撤销权在性质上不属于侵权责任诉权。首先,债权人撤销权的目的不在于赔偿债权人所遭受的损害,而侵权责任的目的则在于赔偿债权人遭受的损害:债权人撤销权的目的在于原状恢复和规避民事责任的对象。其次,如果债务人与第三人之间实施的法律行为是无偿行为,即便第三人没有过错,债权人仍然能够要求第三人采取恢复原状的方法,而侵权责任在第三人没有过错时则不能够成立。最后,即便债权人在主张撤销权时也能够同时提起侵权责任之诉,但是,他们提起的侵权责任之诉与撤销权之诉是两个独立的、性质不同的诉讼。③

(三) 债权人撤销权的性质:原则上的债权性质例外情况下的物权性质

当债权人行使撤销权时,他们是在主张诉权,因为他们是通过向法院起诉的方式行使自己的撤销权。问题在于,他们所行使的撤销权究竟是一种物权性质的诉权

---

① Jérôme François, Les obligations, Régime general, Tome 4, 4e édition, Economica, 2017, p. 401.
② François Terré, Philippe Simler, Yves Lequette, François Chénedé, Droit Civil, les Obligations, 12e édition, Dalloz, 2018, p. 1645.
③ Henri et Léon Mazeaud, Jean Mazeaud, François Chabas, Obligations, 9e édition, Montchrestien, 1998, p. 1068; Jérôme François, Les obligations, Régime general, Tome 4, 4e édition, Economica, 2017, pp. 434 – 435; François Terré, Philippe Simler, Yves Lequette, François Chénedé, Droit civil, Les obligations, 12e édition, Dalloz, 2018, p. 1645.

（L'action réelle）还是一种债权性质的诉权（L'action personnelle）？关于此种问题，民法学者在历史上就存在不同的看法，已如前述。在今时今日，民法学者之间仍然存在不同的看法。

Mazeaud 和 Chabas 等人认为，原则上，债权人撤销权属于债权性质的诉权，因为它的目的在于规避债务人与第三人之间实施的法律行为所产生的债。例外情况下，如果债务人与第三人之间所实施的欺诈行为在于转移财产的所有权，则债权人主张的撤销权具有复合性：它既是一种债权性质的诉权，也是一种物权性质的诉权，因为此时涉及第三人取得的财物的原物返还。① 而 Terré、Simler 和 Lequette 等人则不同，他们认为，无论是针对债务人与第三人之间实施的转移所有权的欺诈行为还是针对债务人与第三人之间实施的所有其他欺诈行为，债权人所提起的撤销权之诉在性质上均属于债权之诉，不存在物权性质的诉权问题，这就是他们主张的单一债权之诉的理论。② 在这两种不同的理论当中，后一种理论为主流理论，因为包括 Francois 在内，大多数民法学者和法官均采取此种理论。③

（四）债权人撤销权是一种不能够对抗债权人的诉权

当债务人实施欺诈债权人的行为时，债权人行使的撤销权是不是要求法官宣告债务人与第三人之间的法律行为无效？对于此种问题，人们在不同时期做出的回答存在差异。罗马法认为，债权人撤销权在性质上属于一种撤销性的诉权：一旦法官撤销了债务人与第三人之间实施的法律行为，则法官的撤销行为对所有人均产生法律效力。罗马法之所以采取此种看法，是因为罗马法仅仅允许所有债权人行使撤销权，已如前述。

在 2016 年之前，民法学者对此种理论提出批评，他们认为，我们最好不要将债权人撤销权视为一种无效诉权，因为，虽然债权人有权要求法官宣告债务人与第三人之间的法律行为无效，但是，债务人与第三人之间的法律行为并非无效，他们之间的法律行为仍然是有效的，债务人仍然应当对第三人承担债务，第三人也仍然应当对债务人承担债务；实际上，所谓的债权人撤销权在法律效力上并不会产生无效的后果，它仅仅会产生不能够对抗的法律效力：第三人不能够以他们与债务人之间的法律行为对抗债权人，这就是不能够对抗性之诉（action en inopposabilité）。④

换言之，"债权人撤销权仅仅是一种不能够对抗债权人的诉权。法律行为能够对抗作为合同当事人的债权人。而债权人撤销权则是规避此种对抗性效力的一种手段。其结果是，债权人撤销权仅仅有利于行使该种诉权的债权人，被债权人要求撤销的法律行为

---

① Henri et Léon Mazeaud, Jean Mazeaud, François Chabas, Obligations, 9e édition, Montchrestien, 1998, p. 1068.
② François Terré, Philippe Simler, Yves Lequette, François Chénedé, Droit Civil, les Obligations, 12e édition, Dalloz, 2018, p. 1648.
③ Jérôme François, Les obligations, Régime general, Tome 4, 4e édition, Economica, 2017, p. 435.
④ Henri et Léon Mazeaud, Jean Mazeaud, François Chabas, Obligations, 9e édition, Montchrestien, 1998, p. 1068.

仍然能够对抗所有其他人。"① 通过2016年2月10日的债法改革法令，现行《法国民法典》新的第1341-2条采纳了此种看法，它明确规定，债权人撤销权仅仅产生不能够对抗债权人的法律效力，已如前述。2016年之后，民法学者也承认这一性质。当然，即便债权人撤销权仅仅产生不能够对抗债权人的法律效力，该种法律效力并不排除债务人与第三人之间实施的某种法律行为被完全剥夺法律效力的情形的存在。②

第二节　债权人撤销权的适用范围

如果债务人与第三人之间实施某种法律行为，在他们实施的此种法律行为具有欺诈性并因此损害债权人的利益时，债权人是否能够向法院起诉，或者要求法官撤销他们之间的此种法律效力，或者宣告他们之间实施的此种法律效力不能够对抗自己？现行《法国民法典》新的1341-2条似乎做出了完全肯定的回答，因为该条规定，一旦债务人实施的行为损害债权人享有的债权，债权人就能够以自己的名义向法院起诉，要求法官宣告债务人实施的行为不能够对抗自己，已如前述。不过，实际情况并非如此，即便债务人与第三人之间实施的行为具有欺诈性，债权人并非在任何情况下均能够行使撤销权，因为虽然在大多数情况下，债权人能够行使撤销权，但是，在某些例外情况下，即便债务人与第三人之间的行为具有欺诈性，他们也不能够主张撤销或者主张不能够对抗性。

一、原则：撤销权适用于积极法律行为和消极法律行为

债权人的撤销权原则上只能够适用于债务人与第三人之间所实施的法律行为（actes juridiques），如果债务人与第三人之间所实施的行为是侵权行为或者事实行为，则债权人撤销权不能够适用于他们之间所实施的这些行为。问题在于，能够适用于债权人撤销权的法律行为究竟是指积极法律行为还是指消极法律行为。所谓积极法律行为，也称为作为法律行为，是指债务人为了产生法律效力而积极主动地进行意思表示的行为。例如，当债务人将自己的房屋出卖给作为第三人的买受人时，他们实施的买卖行为就属于积极法律行为。所谓消极法律行为，也称为不作为法律行为、权利放弃行为，是指债务人通过自己默示性的不作为方式所进行的意思表示行为。例如，当债务人在诉讼时效期限内享有要求第三人对自己承担民事责任时，如果他们在诉讼时效期限内不积极行使自己享有的此种诉权，则他们不行使诉权的行为就构成一种消极法律行为。

民法学者普遍认为，债权人撤销权既适用于债务人实施的积极法律行为，也适用于债务人实施的消极法律行为。这就是债权人撤销权适用范围的原则：债权人撤销权仅仅

---

① Henri et Léon Mazeaud, Jean Mazeaud, François Chabas, Obligations, 9e édition, Montchrestien, 1998, pp. 1068-1069.

② François Terré, Philippe Simler, Yves Lequette, François Chénedé, Droit Civil, les Obligations, 12e édition, Dalloz, 2018, pp. 1646-1647.

适用于法律行为的原则，债权人撤销权既适用于积极法律行为也适用于消极法律行为的原则。在 2016 年之前，Mazeaud 和 Chabas 等人对撤销权适用的此种原则做出了说明，他们指出："如果债务人财产的改变源自他们的意图之外的原因，则债权人撤销权不会适用这些原因，因为债权人撤销权所针对的行为是具有欺诈性的，债权人撤销权仅仅建立在债务人实施的意志行为的基础上。十分肯定的是，因为侵权或者准侵权产生的非合同性质的债是不会受到第 1167 条约束的。因此，债权人撤销权的适用范围仅限于债务人实施的法律行为。"①

除了适用于债务人实施的积极法律行为之外，他们也认为，债权人撤销权适用于消极法律行为是非常公平的，他们指出："人们之间存在争议的一个问题是，债权人撤销权是否适用于债务人的不作为行为，此时，债务人权利的丧失不是源自他们实施的某种作为法律行为，而是源自他们实施的具有欺诈性的不作为行为：债务人自愿将自己的财产留在第三人的手中。罗马法承认，此种情形适用于债权人撤销权。此种途径是公平的：因为在法律上，此种条件下的权利丧失应当被视为一种权利的自愿放弃行为，而不应当被视为一种时效，因此，它也是一种法律行为。"②

在 2016 年之后，Terré、Simler 和 Lequette 等人也对此种原则做出了说明，他们指出："债权人撤销权以某种欺诈的存在作为必要条件。它要求债务人要进行意思表示，因此，债务人只能够在法律行为的范围内实现自己的意思表示。根据《法国民法典》新的和旧的法律条款的规定，债权人能够对其提出挑战的行为是债务人实施的欺诈债权人的行为。债务人实施的其他意图损害债权人利益的行为仅仅是《法国民法典》新的第 1240 条和第 1241 条所规定的侵权行为，它们是损害赔偿债产生的渊源，不能够适用于债权人撤销权。"③

除了适用于债务人实施的积极法律行为之外，他们也认为，债权人撤销权还适用于债务人实施的消极法律行为，他们指出："还应当指出的是，欺诈不仅仅能够通过积极实施某种法律行为的方式进行，而且还可以通过不实施法律行为的方式进行，如果他们的不作为行为构成一种默示放弃权利或者财产的意思表示的话。在时效期限内，债务人不行使他们所享有的要求法官宣告合同无效或者要求法官责令第三人返还财产的行为也证明了债权人撤销权对其适用的正当性。《法国民法典》第 779 条规定，当继承人不同意接受继承时，债权人撤销权能够适用于继承人的此种不作为行为则是另外一个范例。"④

---

① Henri et Léon Mazeaud, Jean Mazeaud, François Chabas, Obligations, 9e édition, Montchrestien, 1998, p. 1056.

② Henri et Léon Mazeaud, Jean Mazeaud, François Chabas, Obligations, 9e édition, Montchrestien, 1998, p. 1056.

③ François Terré, Philippe Simler, Yves Lequette, François Chénedé, Droit Civil, les Obligations, 12e édition, Dalloz, 2018, p. 1648.

④ François Terré, Philippe Simler, Yves Lequette, François Chénedé, Droit Civil, les Obligations, 12e édition, Dalloz, 2018, p. 1649.

二、债权人撤销权能够适用的法律行为

债权人撤销权所适用的法律行为形形色色、多种多样,除了例外情况下不能够适用的法律行为之外,债权人撤销权能够适用于债务人实施的所有性质的法律行为、所有类型的法律行为,这就是债权人撤销权适用范围的广泛性。① Mazeaud 和 Chabas 等人对债权人撤销权适用范围的广泛性做出了说明,他们指出:"《法国民法典》第 1167 条所规定的债权人撤销权适用于所有性质的法律行为,包括:单务法律行为和合同;放弃行为,例如,放弃用益权的行为;权利的创设行为和转移行为;有偿法律行为和无偿法律行为;创设由债务人承担新的债务的行为、处分行为或者债务免除行为。"②

Terré、Simler 和 Lequette 等人也对债权人撤销权适用范围的广泛性做出了说明,他们指出:"除了下面所介绍的不适用的法律行为之外,所有类型的法律行为均能够适用于债权人撤销权:有偿法律行为和无偿法律行为,单务法律行为和单务合同,放弃权利的法律行为和消灭权利的法律行为,转让权利的法律行为和设立新权利的法律行为,个人行为和集体行为,能够产生债的法律行为,以及转让既存权利或者财产的行为等。"③

人们似乎很难说债权人撤销权适用于债务人实施的有偿法律行为,因为,如果他们将自己的房屋出卖给买受人之后所获得的价款等于所出卖的房屋的真实价值,则他们的出卖行为并没有削弱债权人的一般担保权,因为债务人的财产价值并没有减少。不过,真实情况是,当债权人实施此种法律行为时,他们实施的有偿法律行为仍然能够适用于债权人撤销权,因为,虽然出卖人获得的价款等同于出卖之前的房屋价值,但是,出卖之前的房屋更容易被债权人识别,债务人隐藏的难度更高,而债务人出卖房屋之后所获得的价款更容易被隐藏,债权人更难识别债务人所拥有的这一财产。因此,在具备债权人撤销权的条件时,债权人也能够撤销债务人与第三人之间的此种买卖合同或者主张他们之间的此种买卖合同不能够对抗自己。④

三、债权人撤销权不能够适用的法律行为

在某些情况下和基于各种不同的理由,债权人撤销权不能够适用于债务人实施的某些法律行为。

(一) 债权人撤销权不能够适用于与非财产权有关系的法律行为

如果债务人实施的法律行为是关乎他们所享有的某种非财产权的行为,则债权人撤

---

① Henri et Léon Mazeaud, Jean Mazeaud, François Chabas, Obligations, 9e édition, Montchrestien, 1998, p. 1057; Rémy Cabrillac, Droit des Obligations, 12e édition, Dalloz, 2016, p. 407; François Terré, Philippe Simler, Yves Lequette, François Chénedé, Droit civil, Les obligations, 12e édition, Dalloz, 2018, pp. 1648 – 1650.

② Henri et Léon Mazeaud, Jean Mazeaud, François Chabas, Obligations, 9e édition, Montchrestien, 1998, p. 1057.

③ François Terré, Philippe Simler, Yves Lequette, François Chénedé, Droit Civil, les Obligations, 12e édition, Dalloz, 2018, p. 1649.

④ François Terré, Philippe Simler, Yves Lequette, François Chénedé, Droit Civil, les Obligations, 12e édition, Dalloz, 2018, p. 1650.

销权不能够适用于债务人实施的此类法律行为。债权人撤销权之所以不能够适用于债务人实施的这些法律行为，是因为债务人享有的这些权利在性质上并不属于财产，不能够构成债权人债权的一般担保：这些权利属于非财产性质的权利，虽然它们可能会引起财产后果，但是，人们主要从道德方面、个人方面考虑这些权利的性质。因此，如果夫妻之间签订了婚姻合同、离婚合同，即便在签订这些合同时一方当事人会给付另外一方当事人一定的财产，债权人也不能够要求法官撤销他们之间的这些合同并因此认定他们之间的合同不能够对抗自己。同样，如果父母承认自己的非婚生子女或者如果与第三人之间签订收养合同，他们之间的这些合同也不能够适用于债权人撤销权。①

（二）债权人撤销权不能够适用于与财产权有关系的某些法律行为

如果债务人实施的法律行为仅仅关乎他们所享有的财产权，则债权人撤销权原则上是能够适用于他们所实施的此种法律行为的。不过，此种原则也存在一个例外，这就是，如果与财产权有关系的法律行为在性质上属于与债务人的人身有关系的法律行为，则债权人撤销权不能够适用于他们所实施的此类法律行为。

虽然现行《法国民法典》新的1341-2条没有对撤销权领域的此种例外做出规定，但是，新的1341-1条则对债权人代位权当中的此种例外做出了规定，已如前述。虽然如此，民法学者普遍认为，新的1341-1条的规定也应当在债权人撤销权当中适用。一方面，债权人撤销权与债权人代位权的目的是一样的，因为它们的目的均在于保护一般担保权免受债务人行为的侵害。另一方面，在撤销权当中，债务人实施的行为要比代位权当中债务人实施的行为更加具有责难性。因此，如果债务人放弃要求第三人给付道德损害赔偿、人身损害赔偿的权利，如果债务人放弃要求第三人给予抚养费、扶养费或者赡养费的权利，如果债务人放弃要求行为人就其实施的假冒自己商标的行为对自己所承担的损害赔偿责任，债权人均不能够主张撤销权。不过，如果侵权行为人或者承担抚养债的债务人与第三人签订过度对第三人承担债务的合同，则债权人撤销权能够适用于债务人实施的此类欺诈行为。②

（三）债权人撤销权不能够适用于家庭成员之间的财产或者遗产分割协议

如果夫妻之间或者其他家庭成员之间在分割财产或者遗产时存在欺诈行为，债权人是否能够向法院起诉，要求法官宣告他们之间的分割行为无效或者不能够对抗自己，换言之，债权人撤销权是否适用于夫妻之间或者其他家庭成员之间所实施的财产分割行

---

① Henri et Léon Mazeaud, Jean Mazeaud, François Chabas, Obligations, 9e édition, Montchrestien, 1998, p. 1057; Jérôme François, Les obligations, Régime general, Tome 4, 4e édition, Economica, 2017, pp. 412 – 413; Rémy Cabrillac, Droit des Obligations, 12e édition, Dalloz, 2016, p. 408; François Terré, Philippe Simler, Yves Lequette, François Chénedé, Droit civil, Les obligations, 12e édition, Dalloz, 2018, p. 1650.

② Henri et Léon Mazeaud, Jean Mazeaud, François Chabas, Obligations, 9e édition, Montchrestien, 1998, p. 1057; Rémy Cabrillac, Droit des Obligations, 12e édition, Dalloz, 2016, p. 408; François Terré, Philippe Simler, Yves Lequette, François Chénedé, Droit civil, Les obligations, 12e édition, Dalloz, 2018, p. 1651.

为？2016 年之前，《法国民法典》第 1167（2）条对此种问题做出了说明。根据它的说明，在这些情况下，债权人撤销权不能够适用于这些财产或者遗产分割行为，即便这些行为存在欺诈债权人的因素，亦是如此，已如前述。2016 年之后，《法国民法典》新的第 1341-2 条没有再像旧的第 1167（2）条一样对此种问题做出规定，已如前述。

不过，无论是在 2016 年之前还是之后，民法学者均做出了肯定的回答。他们认为，债权人撤销权不适用于夫妻之间或者其他家庭成员之间的财产分割协议，即便他们之间的协议涉及欺诈债权人的因素。债权人撤销权之所以不适用于夫妻之间或者其他家庭成员之间的财产或者遗产分割协议，是因为《法国民法典》通过其他方式保护债权人的利益，防止债权人遭受夫妻或者其他家庭成员之间的财产分割协议的损害。例如，《法国民法典》第 882 条规定，在债权人不在现场的情况下，如果财产被分割，则债权人有权对当事人之间的财产分割行为表示反对。① 不过，最典型的体现是《法国民法典》第 887 条至第 888 条的规定，根据这些规定，在分割财产时，如果存在欺诈、胁迫、误解或者共有人没有参与，则受到欺诈、胁迫或者没有参与分配活动的共有人有权向法院起诉，要求法官宣告财产分配行为无效。②

（四）债权人撤销权不能够适用于债的履行行为或者抵债履行行为

虽然 2016 年之前或者之后的《法国民法典》均没有做出明确规定，但是，传统上认为，当债务人对第三人实施债的清偿行为时，债权人撤销权不能够适用于债务人所实施的清偿行为，因为，在债务人对第三人承担债务时，他们清偿自己的债务实属理所当然，而第三人接受债务人的债务履行也同样无可厚非，因为民法当中不存在任何破产清偿的集体程序，不存在同一债务人的所有债权人应当获得平等清偿的问题，当第三人先于其他债权人获得清偿时，即便第三人的受偿行为损害了其他债权人的利益，他们也不能够向法院起诉，要求法官撤销债务人与第三人之间的清偿行为或者要求法官宣告他们之间的清偿行为不能够对抗自己。因为此种原因，人们说清偿是赛跑的代价。基于同样的考虑，当债务人对第三人实施代物清偿行为时，债权人也不能够主张撤销权，不能够要求法官撤销或者认定当事人之间的代物清偿行为不能够对抗自己。③

不过，此种规则以债务人对第三人承担债务并且债务人所承担的债务已经到期作为必要条件，如果债务人不对第三人承担债务，或者虽然承担债务，但是，他们承担的债务还没有到期，则当债务人对第三人实施清偿时，债权人撤销权能够适用于他们实施的

---

① Henri et Léon Mazeaud, Jean Mazeaud, François Chabas, Obligations, 9e édition, Montchrestien, 1998, pp. 1057-1058; Rémy Cabrillac, Droit des Obligations, 12e édition, Dalloz, 2016, p. 408; Jérôme François, Les obligations, Régime general, Tome 4, 4e édition, Economica, 2017, pp. 413-414; François Terré, Philippe Simler, Yves Lequette, François Chénedé, Droit civil, Les obligations, 12e édition, Dalloz, 2018, pp. 1652-1653.

② Articles 887 à 888, Code civil, Version en vigueur au 01 novembre 2021, https://www.legifrance.gouv.fr/codes/section_lc/LEGITEXT000006070721/LEGISCTA000006150167/#LEGISCTA000006150167.

③ Henri et Léon Mazeaud, Jean Mazeaud, François Chabas, Obligations, 9e édition, Montchrestien, 1998, pp. 1058-1060; Rémy Cabrillac, Droit des Obligations, 12e édition, Dalloz, 2016, p. 407; Jérôme François, Les obligations, Régime general, Tome 4, 4e édition, Economica, 2017, pp. 411-412; François Terré, Philippe Simler, Yves Lequette François Chénedé, Droit civil, Les obligations, 12e édition, Dalloz, 2018, pp. 1653-1654.

这些清偿行为。如果债务人承担的债务是自然债，当他们清偿所承担的此种债务时，债权人撤销权仍然能够适用于他们实施的此种清偿行为。如果债务人采取的代物清偿方式有害于债权人，债权人也能够主张撤销权。①

（五）债权人撤销权不能够适用于法官的判决

法官做出的判决在性质上属于一种法律行为，如果债务人是以欺诈债权人权利的方式取得的，人们能够排除法官做出的判决。不过，他们不能够通过债权人撤销权的方式予以排除，换言之，债权人撤销权不适用于法官做出的判决，即便法官做出的判决是债务人实施欺诈的结果。不过，法官的判决不适用于撤销权的原因既不是因为债权人不需要保护，也不是因为债务人没有实施欺诈行为，而是因为当债务人通过欺诈债权人的方式获得判决时，债权人应当通过制定法所规定的一种程序和方式加以救济，这就是第三人的反对（la tierce opposition）。根据《法国民事诉讼法典》第582条和其他法律条款的规定，此种救济方式能够适用于法官做出的所有判决。②

第三节　债权人撤销权的行使条件

所谓债权人撤消权的行使条件（conditions d'exercice），也称为债权人撤销权的条件（conditions de l'action paulienne），是指债权人向法院起诉要求法官撤销债务人与第三人之间所实施的欺诈行为或者要求法官宣告他们之间的欺诈行为不能够对抗自己的条件，只有符合所要求的严格条件，债权人才能行使撤销权，如果不符合所要求的任何一个条件，债权人均不得行使撤销权，这些条件包括：有关债权方面的条件，有关债务人行为方面的条件，有关债务人和第三人欺诈方面的条件。

一、有关债权方面的条件：债权的确实性、肯定性、可予行使性和先发生性

债权人行使撤销权的第一个必要条件是，债权人对债务人享有的债权不仅是确实的（certaines）、肯定的（liquides）和可予行使的（exigibles），而且还是发生在债务人实施的欺诈行为之前的，这就是债权人的债权所具有的四个特征：确实性、肯定性、可予行使性和先发生性。

---

① Henri et Léon Mazeaud, Jean Mazeaud, François Chabas, Obligations, 9e édition, Montchrestien, 1998, pp. 1058 – 1060；Rémy Cabrillac, Droit des Obligations, 12e édition, Dalloz, 2016, p. 407；Jérôme François, Les obligations, Régime general, Tome 4, 4e édition, Economica, 2017, pp. 411 – 412；François Terré, Philippe Simler, Yves Lequette, François Chénedé, Droit civil, Les obligations, 12e édition, Dalloz, 2018, pp. 1653 – 1654.

② Rémy Cabrillac, Droit des Obligations, 12e édition, Dalloz, 2016, p. 408；Jérôme François, Les obligations, Régime general, Tome 4, 4e édition, Economica, 2017, p. 415；François Terré, Philippe Simler, Yves Lequette, François Chénedé, Droit civil, Les obligations, 12e édition, Dalloz, 2018, pp. 1654 – 1655.

（一）民法学者之间就债权的确实性、肯定性和可予行使性所存在的争议

在债权人的债权是否应当具备确实性、肯定性和可予行使性的问题上，《法国民法典》新的1341-2条或者旧的第1167条并没有做出明确说明，民法学者之间存在不同看法。某些民法学者认为，只有同时具备这三个必要条件，债权人才能够行使撤销权。Flour、Aubert 和 Savaux 采取此种理论，他们指出："就像债权人行使代位权时一样，当债权人行使撤销权时，他们应当具备的条件是，他们享有某种确实、肯定和可予行使的债权。"①

某些民法学者认为，确实性、肯定性或者可予行使性完全不是债权人行使撤销权的条件，因为，只要债权人的债权已经处于萌芽之中，他们就能够行使撤销权，Malaurie、Aynès 和 Stoffel-Munck 采取此种看法，他们指出，因为债权人撤销权是一种保全措施，是强制执行的序曲，因此，仅仅在债权人的债权开始产生时债权人就能够行使撤销权。② 某些民法学者的说明既不同于上述第一种看法，也不同于上述第二种看法，不过，他们之间的看法也存在差异。Larribau-Terneyre 指出，虽然某些民法学者认为，债权人行使撤销权时，他们享有的债权应当是确实的和可予行使的，但真实情况是，除非是金钱债权，否则，债权人行使撤销权是不需要具备肯定性的。换言之，仅仅金钱债权人行使撤销权时需要同时具备这三个条件，其他债权人行使撤销权时仅需要具有其中的两个条件。③

（二）在行使撤销权时债权人的债权应当具有确实性、肯定性和可予行使性

虽然存在不同的看法，但是，他们之间的看法并没有本质的差异，因为，他们均是根据法国最高法院的司法判例所做出的解释。根据此种解释，在债务人实施欺诈行为时，债权人仅仅需要具备一个条件即债权人对债务人享有的债权已经存在、具有确实性，不需要具备另外两个条件即债权的肯定性或者可予行使性，但是，在具体行使撤销权时，债权人在正常情况下应当同时具备这三个条件：债权的确实性、肯定性和可予行使性。④ 因为此种原因，说债权人撤销权就像债权人代位权一样应当具备确实性、肯定性和可予行使性不仅是能够成立的，而且也是具有合理性的。

首先，债权人撤销权也是对债务人个人事务的一种干预，如果废除债权所应当具备

---

① Jacques Flour, Jean-Luc Aubert, Éric Savaux, Droit civil, Les Obligations, 3. Le rapport d'obligation, 7e édition, Dalloz, 2011, p. 78.

② Philippe Malaurie, Laurent Aynès, Philippe Stoffel-Munck, Droit Des Obligations, 8e édition, LGDJ, 2016, pp. 668 – 669.

③ Virginie Larribau-Terneyre, Droit civil Les obligations, 15e édition, Dalloz, 2017, p. 142.

④ Henri et Léon Mazeaud, Jean Mazeaud, François Chabas, Obligations, 9e édition, Montchrestien, 1998, pp. 1061 – 1062; Jacques Flour, Jean-Luc Aubert, Éric Savaux, Droit civil, Les Obligations, 3. Le rapport d'obligation, 7e édition, Dalloz, 2011, pp. 78 – 79; François Terré, Philippe Simler, Yves Lequette, François Chénedé, Droit civil, Les obligations, 12e édition, Dalloz, 2018, pp. 1658 – 1659.

这些条件，债权人就能够更加轻易地干预债务人的事务。其次，债权人撤销权与债权人代位权的性质相同，它们均是保护债权人一般担保权的方式，其目的均在于放弃债务人实施减少自己财产的行为。既然性质相同，人们没有理由将债权的这三种性质强加给代位权而不强加给债权人撤销权。最后，虽然 Malaurie、Aynès 和 Stoffel-Munck 认为，债权人撤销权在性质上是一种保全措施，但实际上，它既不是一种财产保全措施，也不是一种强制执行措施，它仅仅是保全措施或者强制执行措施的准备阶段、预备阶段。这一点与债权人代位权的性质是一样的，已如前述。①

（三）债权人的债权原则上应当发生在债务人实施的欺诈行为之前

仅仅具备债权的确实性、肯定性和可予行使性还不够，如果债权人要主张撤销权，他们享有的债权还应当发生在债务人实施的欺诈行为之前。虽然民法学者之间在债权应当具备的性质或者特征方面存在不同看法，但是，他们普遍承认，仅仅在债权人享有的债权发生在债务人实施的欺诈行为之前，债权人只能够主张撤销权，如果债权人享有的债权发生在债务人实施的欺诈行为之后，则即便债务人实施的欺诈行为损害债权人的利益，债权人也不能够行使撤销权，因为，仅仅在债权人享有债权之后债务人实施了欺诈行为，人们才能够说债权人是债务人实施的欺诈行为的受害人。②

Mazeaud 和 Chabas 等人对此种规则做出了说明，他们指出："仅仅债权人的债权发生在他们对其加以攻击的行为之前，债权人才能够获得撤销权的利益，因为也仅仅在此时他们才会遭受损害。"③ Terré、Simler 和 Lequette 等人也对此种规则做出了说明，他们指出："只有其权利发生在被制裁的行为之前，债权人才能够行使撤销权。实际上，也仅仅在此时，债权人才是债务人实施的欺诈行为的受害人。"④ 此种规则将债权发生之前债务人实施的欺诈行为从撤销权当中排除掉了，即便债务人实施的欺诈行为削弱了债权的一般担保，债务人也不能够主张撤销权。因为，在与债务人产生债权债务关系时，债权人应该对债务人的履行能力进行充分的评估，应当了解债务人的一般担保财产状态，若在这种情况下允许债权人行使撤销权，则债的安定性将会无从实现。⑤

不过，此种规则也存在例外情形，在例外情况下，即便债权人的债权发生在债务人实施的欺诈行为之后，债权人仍然能够行使撤销权：如果债务人提前实施对未来债权人

---

① François Terré, Philippe Simler, Yves Lequette, François Chénedé, Droit Civil, les Obligations, 12e édition, Dalloz, 2018, p.1658.

② Henri et Léon Mazeaud, Jean Mazeaud, François Chabas, Obligations, 9e édition, Montchrestien, 1998, pp.1061-1062; Jacques Flour, Jean-Luc Aubert, Éric Savaux, Droit civil, Les Obligations, 3. Le rapport d'obligation, 7e édition, Dalloz, 2011, p.7879; Jérôme François, Les obligations, Régime general, Tome 4, 4e édition, Economica, 2017, pp.415-417; François Terré, Philippe Simler, Yves Lequette, François Chénedé, Droit civil, Les obligations, 12e édition, Dalloz, 2018, pp.1657-1658.

③ Henri et Léon Mazeaud, Jean Mazeaud, François Chabas, Obligations, 9e édition, Montchrestien, 1998, p.1061.

④ François Terré, Philippe Simler, Yves Lequette, François Chénedé, Droit Civil, les Obligations, 12e édition, Dalloz, 2018, p.1657.

⑤ Guy Raymond, Droit Civil, 2e edition, litec, 1993, p.575.

的债权具有欺诈性的行为，则债权人有权行使撤销权。在针对债务人实施的此种欺诈行为主张撤销权时，债权人应当承担举证责任，证明债务人具有此种欺诈意图。①

二、有关债务人行为方面的条件：债务人实施的致贫行为引起了自身资不抵债的发生

债权人行使撤销权的第二个必要条件是，债务人实施的某种致贫行为（Les actes d'appauvrissement）或者例外情况下的拒绝致富行为让自己陷入资不抵债之中，并因此损害了债权人的利益。

（一）债务人实施的欺诈行为对债权人利益造成的损害

债权人撤销权的有效行使以债务人实施的欺诈行为有害于债权人作为必要条件，虽然《法国民法典》新的第1341-2条或者旧的第1167条均没有对此种条件做出明确规定，但是，《法国民法典》第622条和第779条则对这一条件做出了明确规定，而这两个法律条款的规定是新的第1341-2条或者旧的第1167条所规定的一般原则的具体适用。②《法国民法典》第622条规定：当用益权人放弃用益权的行为损害债权人的利益时，债权人有权要求法官宣告用益权人的放弃行为无效。③《法国民法典》第779条规定：如果作为债务人的继承人不接受继承或者放弃继承的行为损害了他们的债权人的利益，债权人有权向法院起诉，要求法官责令债务人接受继承。债务人对继承的同意仅仅为了债权人的利益并且仅仅在债权人的债权数额内有效，它不会对继承人产生其他的法律效力。④

十分明显的是，即便债务人实施了欺诈行为，如果他们的欺诈行为并没有损害债权人的利益，则债权人不会也没有必要主张撤销权。因为没有利害关系就没有诉权。因此，如果债务人将自己的已经设定了抵押权的不动产出卖给第三人，在该种不动产的价值大于债权人的债权数额时，普通债权人不会也没有必要向法院起诉，要求法官撤销债务人与第三人之间的不动产买卖合同，因为，即便法官宣告撤销债务人与第三人之间的此种买卖合同，在债务人不履行所承担的债务时，如果法官对债务人的不动产采取强制执行措施，普通债权人的债权没有可能先于有抵押权的债权而获得清偿。同样，如果债务人有清偿能力，即便他们实施欺诈行为，债权人不会也没有必要主张撤销权。仅仅在债务人实施的欺诈行为损害债权人的权利时，债权人才能够主张撤销权。"被债权人攻击的行为应当已经引起了债权人利益损害的发生，这些行为引起或者加重了债务人的

---

① Henri et Léon Mazeaud, Jean Mazeaud, François Chabas, Obligations, 9e édition, Montchrestien, 1998, pp. 1061-1062.

② François Terré, Philippe Simler, Yves Lequette, François Chénedé, Droit Civil, les Obligations, 12e édition, Dalloz, 2018, p. 1659.

③ Article 622, Code civil, Version en vigueur au 02 novembre 2021, https://www.legifrance.gouv.fr/codes/section_lc/LEGITEXT000006070721/LEGISCTA000006136246/#LEGISCTA000006136246.

④ Article 779, Code civil, Version en vigueur au 02 novembre 2021, https://www.legifrance.gouv.fr/codes/section_lc/LEGITEXT000006070721/LEGISCTA000006150534/#LEGISCTA000006150534.

资不抵债履行的发生。"①

严格来说，在具备两个条件时，债权人因为债务人实施的欺诈行为而遭受了损害：其一，债务人实施了某种致贫行为；其二，债务人实施的致贫行为或者拒绝致富行为引起了债务人的资不抵债的发生，致贫行为或者拒绝致富行为是债务人资不抵债的原因，而债务人的资不抵债履行则是其致贫行为引起的结果，它们之间存在因果关系。② 因为债务人实施的致贫行为或者拒绝致富行为引起了债务人的资不抵债的发生，因此，债权人的债权无法获得充分的、完全的实现，这就是债权人所遭受的损害。

（二）债务人实施的致贫行为和例外情况下的拒绝致富行为

1. 债权人撤销权能够适用于债务人实施的致贫行为

仅仅给债权人的利益造成损害还不足以让债权人主张撤销权，如果债权人要主张撤销权，他们应当证明自己所遭受的损害源自债务人实施的某种致贫行为。所谓致贫行为是相对于致富行为而言的，是指债务人所实施的导致自己的积极财产减少或者价值降低的行为。当债务人实施的某种行为引起自己积极财产的减少或者价值的降低时，他们所实施的此种行为就是致贫行为。所谓致富行为，则是指债务人所实施的导致自己的积极财产增加或者价值上涨的行为。

当债务人实施致富行为时，债权人当然不会也没有必要主张撤销权，因为致富行为没有损害债权人的利益，它让债权人享有的一般担保权更加稳固。而当债务人实施致贫行为时，债权人有主张撤销权的必要，因为致贫行为损害了债权人的利益，它让债权人享有的一般担保权受到削弱。在今时今日，债务人实施的致贫行为多种多样。

首先，债务人实施的没有对等物的财产转让行为、财产处分行为属于最典型的致贫行为，包括无偿赠与行为、以象征性的价格出卖自己财产的行为或者以低于真正价值的价格出卖自己财产的行为。

其次，虽然债务人实施的某种行为在性质上不属于转让行为、处分行为，但是，他们实施的这些行为让自己的财产贬值，诸如债务免除行为、权利放弃行为、减少租金数额的行为等。③

最后，债务人以一种财产替换另外一种财产的行为。当债务人拥有的某种财产更加难以隐藏、更加难以实现、更加容易被债权人识别和更加容易被法官强制扣押时，如果债务人与第三人达成了某种协议，同意用自己的此种财产交换第三人的另外一种更加容

---

① Henri et Léon Mazeaud, Jean Mazeaud, François Chabas, Obligations, 9e édition, Montchrestien, 1998, p. 1061.

② François Terré, Philippe Simler, Yves Lequette, François Chénedé, Droit Civil, les Obligations, 12e édition, Dalloz, 2018, p. 1659.

③ Henri et Léon Mazeaud, Jean Mazeaud, François Chabas, Obligations, 9e édition, Montchrestien, 1998, pp. 1062 – 1063；Jacques Flour, Jean-Luc Aubert, Éric Savaux, Droit civil, Les Obligations, 3. Le rapport d'obligation, 7e édition, Dalloz, 2011, pp. 74 – 76；Philippe Malaurie, Laurent Aynès, Philippe Stoffel-Munck, Droit Des Obligations, 8e édition, LGDJ, 2016, pp. 670 – 671；Jérôme François, Les obligations, Régime general, Tome 4, 4e édition, Economica, 2017, pp. 402 – 406；François Terré, Philippe Simler, Yves Lequette, François Chénedé, Droit civil, Les obligations, 12e édition, Dalloz, 2018, pp. 1659 – 1660.

易隐藏、更加容易实现、债权人更加难以识别和法官更加难以强制扣押的财产时，虽然用来交换的两种财产之间的价值相等，债务人实施的此种行为仍然被视为致贫行为，虽然它并不是真正的致贫行为，但是，债权人仍然能够对债务人实施的此种行为主张撤销权或者主张不能够对抗权。①

最典型的范例是，虽然债务人将自己的房屋以正常价格出卖给买受人，但是，相对于房屋的难以隐藏性而言，债务人能够轻易隐藏自己出卖房屋的金钱，因此，债权人能够主张此种房屋买卖合同无效或者不能够对抗自己。同样，虽然债务人将自己的不动产作为出资并因此获得了公司的股份，但是，相对于不动产的难以隐藏性而言，公司股份则能够轻易被隐藏，因此，债权人也能够对债务人实施的此种行为主张撤销权或者不得对抗权。

某些民法学者认为，即便债务人实施的行为具有欺诈性并因此导致债务人资不抵债的发生，如果债务人实施的行为是与第三人签订合同并因此让对第三人承担新的债务，债权人也不能够针对债务人实施的让自己承担新债务的行为主张撤销权或者不得对抗权。因为他们认为，债务人实施的此种行为并不是致贫行为，他们的行为并没有导致债务人的积极财产减少或者导致债务人的财产贬值，他们的行为仅仅增加了能够对债务人主张债权的债权人的数量的增加。不过，其他民法学者对这些民法学者的此种看法表示异议，他们认为，债务人增加新债的行为也可能构成致贫行为，因为他们之间的交易可能存在欺诈，可能会削弱债权人债权的一般担保。因此，债务人实施的让自己承担新债的行为仍然能够构成撤销权对其予以适用的致贫行为。②

2. 债权人撤销权原则上不能够适用于债务人实施的拒绝致富行为

如果债务人面临某种致富的机会，当他们拒绝抓住此种机会而没有致富时，债权人是否能够针对债务人拒绝致富（refus d'enrichissement）的行为主张撤销权？例如，当赠与人对债务人做出财产赠与时，如果债务人拒绝接受赠与，债权人是否能够要求法官撤销债务人所做出的拒绝赠与行为并因此强制债务人接受赠与人的财产赠与？对于此种问题，自罗马法以来一直到今时今日，人们均做出了明确的回答：原则上，债权人撤销权不能够适用于债务人的拒绝致富行为，例外情况下，债权人撤销权则能够适用于债务人

---

① Henri et Léon Mazeaud, Jean Mazeaud, François Chabas, Obligations, 9e édition, Montchrestien, 1998, pp. 1062 – 1063; Jacques Flour, Jean-Luc Aubert, Éric Savaux, Droit civil, Les Obligations, 3. Le rapport d'obligation, 7e édition, Dalloz, 2011, pp. 74 – 76; Philippe Malaurie, Laurent Aynès, Philippe Stoffel-Munck, Droit Des Obligations, 8e édition, LGDJ, 2016, pp. 670 – 671; Jérôme François, Les obligations, Régime general, Tome 4, 4e édition, Economica, 2017, pp. 402 – 406; François Terré, Philippe Simler, Yves Lequette, François Chénedé, Droit civil, Les obligations, 12e édition, Dalloz, 2018, pp. 1659 – 1660.

② Jacques Flour, Jean-Luc Aubert, Éric Savaux, Droit civil, Les Obligations, 3. Le rapport d'obligation, 7e édition, Dalloz, 2011, p. 75; Jérôme François, Les obligations, Régime general, Tome 4, 4e édition, Economica, 2017, p. 406.

的拒绝致富行为。①

在债务人面临某种致富行为时,如果债务人不实施该种致害行为,即便他们的不作为行为构成欺诈行为并因此引起了自己资不抵债的发生,债权人也不能够要求法官责令债务人实施该种致富行为,这就是撤销权不适用于拒绝致富的一般原则。"自罗马法以来,人们只能够针对债务人实施的致贫行为主张撤销权,他们不能够针对债务人的不致富行为主张撤销权。事实上,只有致贫行为才会减少债务人的财产并且会引起债务人损害的发生。因此,即便是欺诈性的,如果债务人拒绝接受赠与,债权人也不能够主张撤销权,因为,债务人的行为构成拒绝致富行为。"②

在能够致富的情况下,债权人撤销权为何不适用于债务人的拒绝致富行为?对此问题,人们做出了不同回答。其一,债权人的预期。此种理论认为,虽然债权人能够合理预见到债务人会实施让自己致贫的行为,但是,他们很难合理预见到债务人会因为某种原因而致富。其二,债权人的利害关系。此种理论认为,虽然债权人对债务人实施的致贫行为享有利害关系,但是,他们对债务人实施的拒绝致富行为没有利害关系。其三,拒绝致富没有真正让债务人致贫。此种理论认为,能够引起撤销权发生的行为仅为债务人的致贫行为,而拒绝致富行为在性质上不属于致贫行为。其四,接受赠与仅仅是一种单纯的资格。此种理论认为,在赠与人对债务人实施财产赠与时,是否接受赠与人的赠与仅仅是一种单纯的资格,该种资格专属于债务人,是否接受完全由债务人自由决定,债务人之外的任何第三人均不能够干预。③

3. 债权人撤销权例外情况下能够适用于债务人实施的拒绝致富行为

在制定法有特别规定的情况下,债务人拒绝致富的行为也能够适用于撤销权。④ 一方面,如果继承人放弃继承权的行为侵害了债权人的利益,债权人能够针对继承人的拒绝致富行为主张撤销权。此种规则为现行《法国民法典》第779条所明确规定,已如前述。另一方面,如果债务人放弃自己享有的时效援引权的行为损害了债权人的利益,债权人也能够针对债务人拒绝致富的行为主张撤销权。此种规则为《法国民法典》第2253条所规定,该条规定:一旦债权人或者其他人对债务人已经取得的时效具有利害关系,在债务人放弃援引已经取得的时效时,债权人或者其他人能够对债务人的行为加

---

① Henri et Léon Mazeaud, Jean Mazeaud, François Chabas, Obligations, 9e édition, Montchrestien, 1998, pp. 1062 – 1063; Jacques Flour, Jean-Luc Aubert, Éric Savaux, Droit civil, Les Obligations, 3. Le rapport d'obligation, 7e édition, Dalloz, 2011, pp. 74 – 76; Philippe Malaurie, Laurent Aynès, Philippe Stoffel-Munck, Droit Des Obligations, 8e édition, LGDJ, 2016, pp. 670 – 671; Jérôme François, Les obligations, Régime général, Tome 4, 4e édition, Economica, 2017, pp. 402 – 406; François Terré, Philippe Simler, Yves Lequette, François Chénedé, Droit civil, Les obligations, 12e édition, Dalloz, 2018, pp. 1659 – 1660.

② Philippe Malaurie, Laurent Aynès, Philippe Stoffel-Munck, Droit Des Obligations, 8e édition, LGDJ, 2016, p. 670.

③ Jacques Flour, Jean-Luc Aubert, Éric Savaux, Droit civil, Les Obligations, 3. Le rapport d'obligation, 7e édition, Dalloz, 2011, pp. 74 – 76; Jérôme François, Les obligations, Régime général, Tome 4, 4e édition, Economica, 2017, pp. 404 – 405.

④ Henri et Léon Mazeaud, Jean Mazeaud, François Chabas, Obligations, 9e édition, Montchrestien, 1998, pp. 1062 – 1063; François Terré, Philippe Simler, Yves Lequette, François Chénedé, Droit civil, Les obligations, 12e édition, Dalloz, 2018, pp. 1659 – 1660.

以反对或者援引时效。① 根据这一条款的规定，一旦债务人能够主张取得时效或者消灭时效而拒绝主张，在他们的拒绝主张行为损害债权人的利益时，债权人能够对他们的行为主张撤销权。

（三）债务人的致贫行为引起或者加重了他们资不抵债的发生

仅仅实施了致贫行为还不足以让债权人对债务人实施的欺诈行为主张撤销权，如果债权人要对债务人实施的致贫行为主张撤销权，他们还应当具备一个条件：债务人实施的致贫行为引起或者加重了债务人资不抵债的发生。换言之，债权人能够对其行为主张撤销权的债务人应当是已经陷入资不抵债状态当中的债务人，并且债务人的资不抵债是因为他们自身实施的致贫行为引起的，他们的致贫行为与自己的资不抵债之间存在因果关系：他们实施了致贫行为，因此，他们陷入了资不抵债的状态当中，他们之所以陷入资不抵债的状况之中，是因为他们实施了致贫行为。因为，只有在债务人自己实施的致贫行为导致他们陷入资不抵债的状态时，他们实施的致贫行为才会损害债权人的利益，否则，即便债务人实施了致贫行为，如果他们的致贫行为没有引起自己的资不抵债，债权人的利益并没有遭受损害，不需要主张撤销权。②

Malaurie、Aynès 和 Stoffel-Munck 对此种条件做出了说明，他们指出："债务人实施的致贫行为应当引起了债权人损害的发生，此种条件是债权人能够提起诉讼的利害关系。在狭义的理论当中，债权人所遭受的损害源于债务人的资不抵债。例如，因为债务人所实施的赠与或者因为债务人实施的以异常低的价格所实施的出卖行为，债务人陷入资不抵债之中。"③ Terré、Simler 和 Lequette 等人也对此种条件做出了说明，他们指出："致贫行为应当已经引起或者加重了债务人资不抵债的发生。在债务人仍然有清偿能力时，债权人没有权力要求法官撤销债务人对自己的财产所进行的管理行为。"④

作为债权人主张撤销权的一个条件，债务人的资不抵债既应当在债务人实施引起争议的致贫行为时存在，也应当在债权人向法院起诉要求法官撤销致贫行为时存在。一方面，资不抵债是债务人实施的致贫行为存在欺诈的必要，只有在债务人实施的引起争议的致贫行为时存在，债权人才能够证明债务人存在欺诈；另一方面，资不抵债是债权人能够向法院起诉的必要，只有在债权人主张撤销权时存在，债权人才能够具备起诉所要求的利害关系。债权人应当承担举证责任，证明债务人已经陷入资不抵债当中，此时，他们能够使用一切手段和方法加以证明。债务人也能够提出相反的证据，证明自己拥有

---

① Article 2253, Code civil, Version en vigueur au 02 novembre 2021, https://www.legifrance.gouv.fr/codes/section_lc/LEGITEXT000006070721/LEGISCTA000006150352/#LEGISCTA000019017076.

② Jacques Flour, Jean-Luc Aubert, Éric Savaux, Droit civil, Les Obligations, 3. Le rapport d'obligation, 7e édition, Dalloz, 2011, pp. 76–78；Philippe Malaurie, Laurent Aynès, Philippe Stoffel-Munck, Droit Des Obligations, 8e édition, LGDJ, 2016, pp. 671–672；Jérôme François, Les obligations, Régime général, Tome 4, 4e édition, Economica, 2017, pp. 406–410；François Terré, Philippe Simler, Yves Lequette, François Chénedé, Droit civil, Les obligations, 12e édition, Dalloz, 2018, pp. 1661–1662.

③ Philippe Malaurie, Laurent Aynès, Philippe Stoffel-Munck, Droit Des Obligations, 8e édition, LGDJ, 2016, p. 671.

④ François Terré, Philippe Simler, Yves Lequette, François Chénedé, Droit Civil, les Obligations, 12e édition, Dalloz, 2018, p. 1657.

其价值与自己所承担的债务相等的财产。此外，第三人也能够提供相反的证据，证明债务人有清偿债权人债权的能力。①

（四）致贫行为或者资不抵债条件的弱化

虽然债权人撤销权以债务人实施了引起自己资不抵债的致贫行为作为必要条件，但是，在众多的案件当中，法国最高法院并没有一以贯之地坚持这一条件，因为在这些案件当中，它认为，即便债务人实施的行为并不构成致贫行为，即便他们实施的行为并没有引起或者加重债务人资不抵债的发生，债权人仍然能够主张撤销权，他们仍然有权要求法官撤销债务人与第三人之间所实施的行为，虽然2016年之前和之后的《法国民法典》在此种问题上三缄其口。

一方面，如果债务人以一种更加容易隐藏、更加容易实现的财产替换另外一种更加难以隐藏、更加难以实现的财产，则无论债务人的财产替换行为是否构成致贫行为，无论他们实施的财产替换行为是否导致债务人自身资不抵债的发生，债权人均能够对他们实施的财产替换行为主张撤销权，已如前述。另一方面，当债权人对债务人的某种财产享有某种"具体权利"或者"特别债权"时，如果债务人实施的行为尤其是财产处分行为让债权人享有的此种具体权利或者特别债权的行使变得不可能或者低效力，则即便债务人实施的行为不构成致贫行为，即便他们实施的行为没有引起债务人资不抵债的发生，债权人也有权针对债务人实施的这些行为主张撤销权。②

因此，当债务人将自己的不动产抵押给债权人之后，如果债务人出卖自己作为抵押物的不动产，债权人也能够行使撤销权，要求法官撤销债务人与第三人之间的不动产买卖行为，如果该种不动产买卖行为会让债权人实现自己的优先权异常困难的话。同样，当不动产出租人将自己的不动产出租给承租人时，如果出租人将自己的不动产出卖给买受人的行为会影响承租人享有的续租权，则承租人有权向法院起诉，要求法官撤销当事人之间的买卖合同。当然，法国最高法院的这些做法是否妥当，民法学者之间存在不同看法，某些民法学者对最高法院的此种做法提出批评，认为它的做法过分拓展了债权人撤销权的适用范围，而另外一些民法学者则认为，法国最高法院的此种做法并无不妥。

三、有关债务人欺诈方面的条件：债务人知道或者意识到自己的行为会引起债权人损害的发生

即便债务人实施的行为在性质上属于致贫行为，即便他们实施的致贫行为引起了自己资不抵债的发生并因此让债权人遭受了损害，债权人也不能够行使撤销权，除非债务

---

① François Terré, Philippe Simler, Yves Lequette, François Chénedé, Droit Civil, les Obligations, 12e édition, Dalloz, 2018, pp. 1660 – 1661.

② Jacques Flour, Jean-Luc Aubert, Éric Savaux, Droit civil, Les Obligations, 3. Le rapport d'obligation, 7e édition, Dalloz, 2011, pp. 76 – 78；Philippe Malaurie, Laurent Aynès, Philippe Stoffel-Munck, Droit Des Obligations, 8e édition, LGDJ, 2016, pp. 671 – 672；Jérôme François, Les obligations, Régime general, Tome 4, 4e édition, Economica, 2017, pp. 406 – 410；François Terré, Philippe Simler, Yves Lequette, François Chénedé, Droit civil, Les obligations, 12e édition, Dalloz, 2018, p. 1660.

人实施的致贫行为在性质上构成欺诈行为：债务人基于欺诈债权人的目的而实施致贫行为。此种条件早在罗马法时期就得到承认，因为它源自罗马法当中撤销权的刑法性质。在今时今日，它不仅成为债权人撤销权的构成条件，而且还成为债权人撤销权的核心条件。① 因为，即便具有其他条件，如果没有债务人的欺诈，则债权人不能够行使撤销权；债权人之所以能够通过撤销权对债务人实施的行为进行干预，最重要的原因是，债务人基于欺诈债权人权利的目的实施法律行为，这就是今时今日的债法仍然坚持这一要件的正当性。②

作为债权人撤销权的一个重要构成条件，债务人的欺诈如何界定？对此问题，民法学者之间存在争议，至少在20世纪80年代之前是如此，因为在20世纪80年代之前，他们之间有两种不同的看法：③

第一，损害债权人的意图（intention de nuire）。所谓损害债权人的意图，是指债务人所具有的通过自己实施的法律行为引起债权人损害发生的故意。此种理论认为，如果债务人以一种更加容易隐藏、更加容易实现的财产替换另外一种更加难以隐藏、更加难以实现的财产，仅仅在债务人具有损害债权人的意图时，债权人才能够主张撤销权，如果债务人没有损害债权人利益的意图，则债权人不能够主张撤销权。换言之，如果债务人实施的法律行为在性质上属于有偿行为，则债权人仅仅在债务人具有损害债权人的意图时才能够行使撤销权，此种欺诈理论被称为狭义的欺诈理论。

第二，对自己行为引起损害的单纯知悉（simple connaissance simple conscience）。所谓对自己行为引起损害的单纯知悉，是指在实施致贫行为时，债务人并不需要具有通过自己的行为损害债权人权利的故意，只要他们知道或者意识到自己的行为会导致自己陷入资不抵债当中或者加重自己资不抵债的状况。此种理论认为，如果债务人无偿转让自己的财产给第三人，或者如果债务人以象征性的价格转让自己的财产给第三人，则在债务人知道或者意识到自己实施的这些行为会引起债权人损害的发生时，债权人就能够主张撤销权，即便债务人没有损害债权人的意图，亦是如此。换言之，如果债务人实施的法律行为在性质上属于无偿行为，则债权人能够在债务人知道或者意识到自己的行为会引起债权人损害的发生时主张撤销权，此种欺诈理论被称为广义的欺诈理论。

20世纪80年代之前，法国民法学者之所以采取此种区分理论，是因为在20世纪80年代之前，法国最高法院区分这两种不同的情形而分别确认了不同的欺诈形式。不过，从1979年开始，法国最高法院放弃了此种区分做法。在1979年10月17日的案件当中，法国最高法院民一庭正式废弃了之前所采取的欺诈的两分法理论，它正式确认了

---

① François Terré, Philippe Simler, Yves Lequette, François Chénedé, Droit Civil, les Obligations, 12e édition, Dalloz, 2018, pp. 1662 – 1663.

② Henri et Léon Mazeaud, Jean Mazeaud, François Chabas, Obligations, 9e édition, Montchrestien, 1998, pp. 1063 – 1064; Jérôme François, Les obligations, Régime general, Tome 4, 4e édition, Economica, 2017, pp. 420 – 422; François Terré, Philippe Simler, Yves Lequette, François Chénedé, Droit civil, Les obligations, 12e édition, Dalloz, 2018, pp. 1662 – 1664.

③ Henri et Léon Mazeaud, Jean Mazeaud, François Chabas, Obligations, 9e édition, Montchrestien, 1998, pp. 1063 – 1064.

欺诈的同一性理论，它认为，无论债务人实施的法律行为是以一种财产取代另外一种财产的行为还是无偿转让行为，如果债务人在实施这些行为时知道或者意识到自己实施的这些行为会引起债权人损害的发生，也就是，如果他们知道或者意识到自己实施的这些行为会导致自己陷入资不抵债当中或者加重自己资不抵债的发生，则债权人均能够主张撤销权。它指出："债权人撤销权并不必然要求债务人具有损害债权人的意图。债权人撤销权仅仅源自债务人知道自己实施的行为会引起债权人损害发生的事实。"在1981年2月25日、1983年11月4日和1984年3月14日的案件当中，法国最高法院民一庭和商事庭均重复了1979年一案的规则。①

在今时今日，除了法国最高法院仍然坚持此种广义的欺诈理论之外，民法学者也普遍采取广义的理论，因为他们认为，作为债权人撤销权条件的欺诈仅仅是指债务人知道或者意识到自己实施的行为会导致债权人遭受损害，尤其是会导致债务人资不抵债的发生。例如，Malaurie、Aynès和Stoffel-Munck就采取此种理论，他们指出："欺诈面临的主要问题是它的定义问题。长久以来，人们认为，欺诈是指债务人具有损害债权人的意图。不过，在今时今日，欺诈仅仅是债务人指知道自己实施的行为会损害债权人的利益：他们实施的行为让自己陷入资不抵债或者加重了资不抵债的发生。"②

司法判例和民法学说之所以放弃狭义的欺诈理论而采用广义的欺诈理论，一个最主要的原因在于，狭义的欺诈理论难以证明，而广义的理论则要容易证明一些：通过案件的具体情况，人们可以更加容易地推论出债务人意识到或者知道自己的行为会引起债权人损害的发生。债务人的欺诈意图应当在债务人实施的引起争议的致贫行为时就已经存在，债权人应当承担举证责任，证明债务人在实施欺诈行为时知道或者意识到自己的行为会引起债权人损害的发生。此外，债务人也能够提供相反的证据，以便摧毁债权人提供的欺诈证据并因此证明自己实施的行为是具有正当性的。③

四、有关第三人欺诈方面的条件：第三人的善意或者恶意

（一）有关第三人欺诈方面的条件，现行《法国民法典》新的1341-2条将司法判例的做法做了规定

债权人撤销权只能够针对债权人认为对其权利造成损害的法律行为。因此，虽然债务人与第三人之间实施的法律行为有害于债权人，但是，债权人所主张的撤销权并不是针对债务人，而是针对债务人之外的第三人，在大多数情况下，他们的撤销权是针对从

---

① Henri et Léon Mazeaud, Jean Mazeaud, François Chabas, Obligations, 9e édition, Montchrestien, 1998, pp. 1063-1064.

② Philippe Malaurie, Laurent Aynès, Philippe Stoffel-Munck, Droit Des Obligations, 8e édition, LGDJ, 2016, pp. 672-673.

③ Jacques Flour, Jean-Luc Aubert, Éric Savaux, Droit civil, Les Obligations, 3. Le rapport d'obligation, 7e édition, Dalloz, 2011, p. 80; Jérôme François, Les obligations, Régime general, Tome 4, 4e édition, Economica, 2017, pp. 420-422; François Terré, Philippe Simler, Yves Lequette, François Chénedé, Droit civil, Les obligations, 12e édition, Dalloz, 2018, pp. 1664-1665.

债务人那里购买财产或者受赠财产的购买者和受赠者。问题在于，在针对第三人主张撤销权时，第三人是否应当具备欺诈的条件？如果要具备欺诈的条件，作为条件的欺诈应当如何理解？

2016年之前，虽然《法国民法典》第1167条没有对此种问题做出规定，但是，法国最高法院在自己的司法判例当中做出了说明。通过2016年2月10日的债法改革法令，现行《法国民法典》新的1341-2条将最高法院的司法判例规定了下来。不过，无论是在2016年之前还是之后，法国民法学者均对这些问题做出了说明，并且他们的说明与法国最高法院的司法判例惊人地一致，因为他们均是按照法国最高法院的司法判例做出的说明。根据《法国民法典》新的1341-2条、司法判例和民法学说的规定和普遍看法，在主张债权人撤销权时，第三人是否应当具备欺诈的条件，取决于第三人与债务人之间所实施的法律行为在性质上是有偿法律行为还是无偿法律行为。

（二）第三人实施有偿法律行为时的欺诈：知道自己的行为会引起或者加重债务人资不抵债的发生

2016年之前，法国最高法院对待有偿法律行为当中第三人的欺诈的看法是存在差异的。1994年之前，法国最高法院虽然认定第三人的欺诈共谋是债权人主张撤销权的条件，但是，在认定欺诈共谋时，它明确区分两种不同的情况：如果第三人与债务人实施的有偿法律行为是等价的，换言之，如果债务人以正常的价格将自己的财产出卖给第三人，仅仅在第三人具有协助债务人实施欺诈债权人的故意时，债权人才能够主张撤销权，仅仅知道债务人具有欺诈债权人的意图还不足以让债权人主张撤销权；如果第三人与债务人实施的有偿法律行为是不对等的，换言之，如果债务人将自己的财产以象征性的价格或者低价出卖给第三人，只要第三人应当已经知道债务人的资不抵债履行、知道自己与债务人实施的行为会让债务人陷入资不抵债之中或者加重其资不抵债的发生，债权人就能够主张撤销权。[①]

在1994年3月1日的案件当中，法国最高法院最终放弃了此种区分理论，它认为，只要第三人与债务人之间实施的法律行为是有偿法律行为，无论他们之间的法律行为是否等价，一旦第三人知道自己与债务人之间的此种法律行为会引起债务人的资不抵债或者加重债务人的资不抵债的发生，债权人就能够主张撤销权。[②] 从1994年开始一直到今时今日，法国最高法院均采取此种做法，它认为，第三人的欺诈仅仅是指他们在与债务人实施有偿法律行为时知道或者意识到他们与债务人之间的有偿法律行为会导致或者加重债务人资不抵债的发生。通过2016年2月10日的债法改革法令，现行《法国民法典》新的第1341-2条将司法判例所采取的此种区分理论规定了下来，因为该条明确规定，如果第三人知道债务人的欺诈，则债权人能够主张撤销权，已如前述。

---

① Henri et Léon Mazeaud, Jean Mazeaud, François Chabas, Obligations, 9e édition, Montchrestien, 1998, pp. 1065-1066.

② Henri et Léon Mazeaud, Jean Mazeaud, François Chabas, Obligations, 9e édition, Montchrestien, 1998, pp. 1065-1066.

根据《法国民法典》新的第 1341-2 条的规定，在债务人实施欺诈时，如果第三人知道债务人实施的欺诈，则他们是恶意的（mauvaise foi），反之，在债务人实施欺诈时，如果第三人不知道债务人实施的欺诈，则他们是善意的（la bonne foi）。因此，如果第三人基于恶意而与债务人实施法律行为，则他们构成欺诈的共谋者，他们通过法律行为获得的利益不应当获得保护，债权人能够主张撤销权，反之，如果第三人基于善意而与债务人实施法律行为，则他们没有构成欺诈的共谋者，他们通过法律行为获得的利益应当获得保护，债权人不能够主张撤销权。

2016 年以来，民法学者普遍承认此种规则。[①] 例如，Malaurie、Aynès 和 Stoffel-Munck 就承认此种规则，他们指出："如果第三人实施的行为是有偿行为，在第三人是善意时，人们不能够剥夺第三人所取得的利益：债权人应当证明，第三人基于欺诈共谋实施了有偿行为。"[②] Terré、Simler 和 Lequette 也承认此种规则，他们指出："当第三人与债务人基于善意签订合同时，他们应当获得保护。仅仅在原告证明被告是对自己的权利进行欺诈的共谋者时，也就是，仅仅在原告证明被告是恶意行为时，原告才能够行使撤销权。"[③]

（三）第三人实施无偿法律行为时的欺诈：恶意或者善意均不影响债权人撤销权的行使

在 2016 年之前，法国最高法院认为，如果第三人与债务人之间实施的法律行为是无偿法律行为，换言之，如果债务人将自己的财产赠与第三人，则无论第三人在接受债务人的财产赠与时是恶意的还是善意的，债权人均能够主张撤销权。所谓第三人的恶意，是指第三人在与债务人实施无偿法律行为时知道或者意识到自己实施的法律行为会导致或者加重债务人资不抵债的发生。所谓第三人的善意，则是指第三人不知道或者没有意识到自己与债务人实施的行为会导致或者加重债务人资不抵债的发生。换言之，在与债务人实施引起或者加重债务人资不抵债的无偿法律行为时，即便第三人不知道或者没有意识到他们实施的行为会引起有害于债权人的后果，债权人也能够主张撤销权。[④]

---

① Philippe Malaurie, Laurent Aynès, Philippe Stoffel-Munck, Droit Des Obligations, 8e édition, LGDJ, 2016, p. 673; Jérôme François, Les obligations, Régime general, Tome 4, 4e édition, Economica, 2017, pp. 422 – 424; François Terré, Philippe Simler, Yves Lequette, François Chénedé, Droit civil, Les obligations, 12e édition, Dalloz, 2018, pp. 1665 – 1668.

② Philippe Malaurie, Laurent Aynès, Philippe Stoffel-Munck, Droit Des Obligations, 8e édition, LGDJ, 2016, pp. 672 – 673.

③ François Terré, Philippe Simler, Yves Lequette, François Chénedé, Droit Civil, les Obligations, 12e édition, Dalloz, 2018, p. 1666.

④ Henri et Léon Mazeaud, Jean Mazeaud, François Chabas, Obligations, 9e édition, Montchrestien, 1998, pp. 1065 – 1066; Jacques Flour, Jean-Luc Aubert, Éric Savaux, Droit civil, Les Obligations, 3. Le rapport d'obligation, 7e édition, Dalloz, 2011, p. 81.

2016 年以来，民法学者普遍承认此种规则。① 例如，Malaurie、Aynès 和 Stoffel-Munck 就承认此种规则，他们指出："如果第三人实施的行为是无偿行为，债权人不需要证明第三人存在欺诈共谋，无论第三人是否已经知道债务人的资不抵债均不影响债权人撤销权的行使。"② Terré、Simler 和 Lequette 也承认此种规则，他们指出："如果第三人实施的法律行为是无偿行为，则受益人的善意特征是无关紧要的。"③

在第三人实施无偿法律行为时，债法之所以不需要他们具有恶意，是因为债法认为，与通过有偿法律行为获得利益的第三人不同，在获得债务人给付的利益时，第三人完全没有支付任何代价尤其是等价物，债权人行使撤销权仅仅让他们获得的利益丧失，他们并没有遭受真正的损失，而通过有偿法律行为取得利益的第三人则不同，他们在取得利益时对债务人支付了代价尤其是等价物，如果不要求第三人具备欺诈的共谋条件，则他们的利益将会遭受重大损害，因此，基于第三人利益和债权人利益之间冲突的平衡和考量，人们认为，如果他们在从债务人那里取得利益时是善意的，则债法会认为，第三人享有的利益应当优先于债权人的利益而获得保护。④

五、再获得者的状况

当债务人将自己的财产转让给第三人时，如果第三人将所获得的财产转让给其他人，债权人是否针对其他人主张撤销权？在债法上，第三人被称为最初取得者（premier acquéreurs acquéreurs originaire），而从最初取得者那里受让其财产的其他人则被称为再获得者（sous-acquéreurs）？对于此种问题，人们应当区分两种不同的情况：

第一，如果债权人不能够针对第三人即最初取得者主张撤销权，则他们当然不能够针对再取得者主张撤销权。如果不具备所要求的条件，当债务人将自己的财产转让给第三人时，债权人不能够针对第三人主张撤销权，例如，如果第三人通过有偿法律行为取得并且是善意取得的，则债权人不能够针对第三人的行为主张撤销权，已如前述。因为第三人已经确定无疑地获得了债务人所转让的财产，因此，无论他们是通过有偿方式还是通过无偿方式将自己取得的财产转让给再取得者，再取得者均确定无疑地获得了取得

---

① Philippe Malaurie, Laurent Aynès, Philippe Stoffel-Munck, Droit Des Obligations, 8e édition, LGDJ, 2016, p.673; Jérôme François, Les obligations, Régime general, Tome 4, 4e édition, Economica, 2017, pp. 422 – 424; François Terré, Philippe Simler, Yves Lequette, François Chénedé, Droit civil, Les obligations, 12e édition, Dalloz, 2018，pp.1665 – 1668.

② Philippe Malaurie, Laurent Aynès, Philippe Stoffel-Munck, Droit Des Obligations, 8e édition, LGDJ, 2016, pp.672 – 673.

③ François Terré, Philippe Simler, Yves Lequette, François Chénedé, Droit Civil, les Obligations, 12e édition, Dalloz, 2018, p.1667.

④ Henri et Léon Mazeaud, Jean Mazeaud, François Chabas, Obligations, 9e édition, Montchrestien, 1998, pp.1065 – 1066; Jacques Flour, Jean-Luc Aubert, Éric Savaux, Droit civil, Les Obligations, 3. Le rapport d'obligation, 7e édition, Dalloz, 2011, p.81.

者所转让的财产，债权人不能够针对再取得者主张撤销权。①

第二，如果债权人能够针对第三人即最初取得者主张撤销权，他们是否能够针对再取得者主张撤销权？在债权人能够主张撤销权的情况下，如果第三人将自己从债务人那里获得的财产转让给了再取得者，债权人是否能够针对再取得者实施的法律行为主张撤销权？此种问题要比上述第一个问题更加复杂，因为在此种情况下，债权人有时能够而有时则不能够针对再取得者的行为主张撤销权。

不过，债权人是否能够针对再取得者与取得者之间实施的法律行为主张撤销权，取决于再取得者与取得者之间所实施的法律行为性质：如果再取得者是通过无偿法律行为从取得者那里取得财产的，则无论再取得者是善意的还是恶意的，债权人均能够主张撤销权；如果再取得者是通过有偿法律行为从取得者那里取得财产的，则债权人是否能够针对他们实施的法律行为主张撤销权，取决于再取得者是善意的还是恶意的：如果再取得者是恶意的，债权人能够主张撤销权；反之，如果再取得者是善意的，则债权人不能够主张撤销权。换言之，债权人是否能够针对再取得者主张撤销权，同他们是否能够针对取得者即第三人主张撤销权的条件是完全一致的。②

第四节　债权人撤销权的法律效力

一、债权人撤销权的具体行使：为了自己的利益以个人名义行使撤销权

根据《法国民法典》新的第 1341-2 条和旧的第 1167 条的规定，债权人撤销权是债权人个人行使的权利，因为，他们是为了自己的个人利益和以自己的个人名义主张撤销权的。在罗马法时代，债权人撤销权同时针对第三人和债务人，不过，因为债务人已经资不抵债，因此，针对债务人的诉讼实际上是没有任何意义的。而在今时今日，债权人撤销权仅仅针对第三人和例外情况下的再取得者，已如前述。因此，主张撤销权的债权人是原告，而第三人甚至再取得者是被告，因为债权人或者要求法官撤销第三人与债务人之间的法律行为，或者要求法官宣告他们之间的法律行为对自己没有对抗性。这一

---

① Henri et Léon Mazeaud, Jean Mazeaud, François Chabas, Obligations, 9e édition, Montchrestien, 1998, pp. 1066 – 1067; Jacques Flour, Jean-Luc Aubert, Éric Savaux, Droit civil, Les Obligations, 3. Le rapport d'obligation, 7e édition, Dalloz, 2011, p. 81; Philippe Malaurie, Laurent Aynès, Philippe Stoffel-Munck, Droit Des Obligations, 8e édition, LGDJ, 2016, p. 673; Jérôme François, Les obligations, Régime general, Tome 4, 4e édition, Economica, 2017, pp. 424 – 425; François Terré, Philippe Simler, Yves Lequette, François Chénedé, Droit civil, Les obligations, 12e édition, Dalloz, 2018, pp. 1668 – 1669.

② Henri et Léon Mazeaud, Jean Mazeaud, François Chabas, Obligations, 9e édition, Montchrestien, 1998, pp. 1066 – 1067; Jacques Flour, Jean-Luc Aubert, Éric Savaux, Droit civil, Les Obligations, 3. Le rapport d'obligation, 7e édition, Dalloz, 2011, p. 81; Philippe Malaurie, Laurent Aynès, Philippe Stoffel-Munck, Droit Des Obligations, 8e édition, LGDJ, 2016, p. 673; Jérôme François, Les obligations, Régime general, Tome 4, 4e édition, Economica, 2017, pp. 424 – 425; François Terré, Philippe Simler, Yves Lequette, François Chénedé, Droit civil, Les obligations, 12e édition, Dalloz, 2018, pp. 1668 – 1669.

点让债权人撤销权区别于债权人代位权,因为债权人代位权是债权人以债务人的名义为了包括自己在内的所有债权人的利益而行使的权利,已如前述。不过,同债权人代位权一样,在行使撤销权时,虽然债权人在法律上并不承担要让债务人参加他们所提起的诉讼的债务,但实际上,基于现实的要求,尤其是为了让法官做出的判决对债务人产生法律效力,债务人往往也参与了债权人与第三人之间的撤销权诉讼。①

二、债权人撤销权在债权人与第三人之间产生的法律效力

(一) 债权人撤销权产生的一般效力:欺诈行为的不得对抗性

在罗马法当中,债权人撤销权是名副其实的撤销权,因为,它认为,一旦第三人与债务人之间实施的法律行为构成欺诈行为,基于债权人的请求,法官宣告第三人与债务人之间法律行为无效,此种无效对所有人均产生法律效力,第三人应当将根据被撤销、被宣告无效的法律行为所取得的财产返还给债权人。而在当今法律当中,虽然人们仍然将债权人撤销权视为撤销权,但实际上,债权人享有的此种权利并不是要求法官撤销第三人与债务人之间的法律行为或者要求法官宣告他们之间的法律行为无效,而仅仅是要求法官他们之间的法律行为不能够对抗自己,当事人之间的法律行为仍然有效,第三人无需将根据欺诈行为获得的财产返还给债务人,债务人也无需将自己所获得的财产返还给第三人,如果他们之间的法律行为是有偿法律行为的话。因为此种原因,在今时今日,人们应当将债权人撤销权视为不能够对抗权,债权人享有的撤销权应当是不能够对抗诉权。②

根据不能够对抗性的理论,虽然债务人将自己的财产以有偿方式或者无偿方式转让给了第三人,虽然第三人获得了债务人所转让的财产所有权或者债权,但是,他们之间的此种交易仅仅对双方当事人产生法律效力,不会对主张撤销权的第三人产生法律效力,其中的第三人不能够以自己与债务人之间的法律行为对抗债权人,就像他们之间的法律行为从来就没有发生、根本就不存在一样,这就是债权人撤销权在债权人与第三人之间所产生的法律效力。一旦法官认定债务人与第三人之间的欺诈行为不能够对抗债权人,则他们之间的欺诈行为就产生溯及既往的法律效力:从他们之间的欺诈行为产生之日起,他们之间的欺诈行为不能够对抗债权人。

(二) 欺诈行为的不得对抗性的适用

虽然2016年之前《法国民法典》第1167条没有对此种法律效力做出规定,但是,

---

① Henri et Léon Mazeaud, Jean Mazeaud, François Chabas, Obligations, 9e édition, Montchrestien, 1998, p. 1067; François Terré, Philippe Simler, Yves Lequette, François Chénedé, Droit civil, Les obligations, 12e édition, Dalloz, 2018, pp. 1665 – 1666.

② Henri et Léon Mazeaud, Jean Mazeaud, François Chabas, Obligations, 9e édition, Montchrestien, 1998, p. 1068.

法国民法学者普遍承认这一法律效力。① 通过 2016 年 2 月 10 日的债法改革法令,现行《法国民法典》新的第 1341-2 条对此种法律效力做出了明确规定,已如前述。2016 年之后,民法学者也普遍承认撤销权所具有的此种规则。② Mazeaud 和 Chabas 等人对此种法律效力做出了说明,他们指出:"债权人撤销权显然能够在提起诉讼的债权人与第三人之间产生法律效力:第三人不能够以被债权人攻击的法律行为对抗债权人。"③ Malaurie、Aynès 和 Stoffel-Munck 也对此种法律效力做出了说明,他们指出:"债权人撤销权是一种不能够对抗性的诉讼,而不是一种无效诉讼。债务人的欺诈行为仅仅在债权人的利益范围内不能够对抗债权人,它们在债务人与第三人之间仍然是有效的。"④

虽然债权人撤销权的行使不会导致债务人与第三人之间的法律行为无效或者被撤销,但是,此种权利的行使会导致一个结果即恢复原状:在债权人享有的债权范围内,第三人应当将自己通过欺诈法律行为获得的财产或者其他利益返还给债务人,如果无法返还财产或者其他利益,他们应当返还财产或者其他利益的价值。第三人所返还的这些财产或者其他利益再一次成为债务人的财产或者利益,债权人能够通过法官对债务人的这些财产或者利益采取强制执行措施并因此消灭债务人对自己承担的债务。⑤

因此,如果债务人与第三人之间签订了租赁协议,基于撤销权的行使,债权人能够通过法官扣押第三人手中的租赁物,就像他们之间的租赁合同没有签订一样。如果债务人将自己的财产转让给了第三人,债权人也有权要求法官扣押第三人手中的财产,就像债务人仍然是该种财产的所有权人一样。在这些情况下,虽然债务人与第三人之间的租赁合同和转让合同仍然有效、没有被撤销或者被宣告无效,但是,他们之间的这些合同不能够对抗债权人。同样,如果债务人对第三人放弃了自己享有的某种权利或者免除了第三人承担的某种债务,基于原状恢复的要求,法官能够责令第三人对债务人实施原本应当实施的给付行为。在这些情况下,虽然他们之间的放弃行为或者免除行为仍然有效、没有被撤销或宣告无效,但是,他们之间的这些行为不能够对抗债权人。⑥

---

① Henri et Léon Mazeaud, Jean Mazeaud, François Chabas, Obligations, 9e édition, Montchrestien, 1998, p. 1068, p. 1070; Jacques Flour, Jean-Luc Aubert, Éric Savaux, Droit civil, Les Obligations, 3. Le rapport d'obligation, 7e édition, Dalloz, 2011, pp. 81-82.

② Philippe Malaurie, Laurent Aynès, Philippe Stoffel-Munck, Droit Des Obligations, 8e édition, LGDJ, 2016, p. 674; Virginie Larribau-Terneyre, Droit civil Les obligations, 15e édition, Dalloz, 2017, pp. 147-147; Jérôme François, Les obligations, Régime general, Tome 4, 4e édition, Economica, 2017, pp. 426-430; François Terré, Philippe Simler, Yves Lequette, François Chénedé, Droit civil, Les obligations, 12e édition, Dalloz, 2018, pp. 1669-1671.

③ Henri et Léon Mazeaud, Jean Mazeaud, François Chabas, Obligations, 9e édition, Montchrestien, 1998, p. 1070.

④ Philippe Malaurie, Laurent Aynès, Philippe Stoffel-Munck, Droit Des Obligations, 8e édition, LGDJ, 2016, p. 674.

⑤ Henri et Léon Mazeaud, Jean Mazeaud, François Chabas, Obligations, 9e édition, Montchrestien, 1998, p. 1069; Virginie Larribau-Terneyre, Droit civil Les obligations, 15e édition, Dalloz, 2017, p. 146.

⑥ Jacques Flour, Jean-Luc Aubert, Éric Savaux, Droit civil, Les Obligations, 3. Le rapport d'obligation, 7e édition, Dalloz, 2011, p. 82; Jérôme François, Les obligations, Régime general, Tome 4, 4e édition, Economica, 2017, pp. 426-430; François Terré, Philippe Simler, Yves Lequette, François Chénedé, Droit civil, Les obligations, 12e édition, Dalloz, 2018, pp. 1669-1671.

(三) 例外情况下的金钱支付和损害赔偿

在某些情况下，债权人要求对第三人手中的财产采取代物扣押的方式是不可能的，因为，在取得债务人的财产之后，第三人可能会将自己取得的财产再出卖或者赠与再获得者。

具体而言，如果第三人将自己取得的财产以有偿方式转让给了善意再取得者，则债权人不能够要求法官对再取得者手中的财产采取强制扣押措施。此时，债权人只能够要求法官责令第三人赔偿自己遭受的损害：如果第三人是恶意的，他们应当将与财产的实际价值相等的一笔金钱支付给债权人；如果第三人是善意的，他们仅仅将自己从再获得者那里获得的价款支付给债权人。①

如果第三人以无偿方式从债务人那里获得债务人所转让的财产，当他们将所获得的财产出卖给再取得者时，法官也不能够责令再取得者将所购买的财产返还给债权人，他们只能够责令第三人支付一笔数额的金钱给债权人：如果第三人在从债务人那里获得财产时是善意的，他们仅仅将出卖财产获得的价款支付给债权人；如果第三人在从债务人那里获得财产时是恶意的，则他们应当将与财产的实际价值相等的一笔金钱支付给债权人。不过，第三人所支付的这一笔金钱的根据是什么，民法学者少有说明。某些民法学者认为，第三人是根据《法国民法典》所规定的不应清偿对债权人支付这一笔金钱。不过，他们似乎对此也不太确定。②

在第三人因为自己的过错而导致所取得的财产毁损灭失时，债权人当然也无法要求法官对第三人手中的财产采取强制扣押措施，此时，他们只能够要求法官责令第三人赔偿自己所遭受的损害，债权人所提起的此种诉讼属于民事责任诉讼，它遵循民事责任的一般原则，除了应当证明自己遭受了损害之外，他们还应当证明第三人对所获得的财产的毁损灭失存在过错。因此，此种民事责任诉讼只能够针对有欺诈共谋的第三人或者再获得者。③

(四) 债权人只能够在债权人的债权范围内主张撤销权

不过，债权人只能够在自己对债务人享有的债权范围内主张撤销权或者不得对抗权，他们不能够超越自己的债权范围主张撤销权或者不得对抗权。换言之，超过债权人债权数额的法律行为仍然持续存在。这一点让债权人撤销权区别于债权人代位权，因为在代位权当中，债权人能够超过自己的债权范围主张代位权，已如前述。此外，为了避免债权人对自己主张撤销权，第三人可能会替债务人履行对债权人承担的债务，至少在第三人不会担心其他债权人会对自己主张撤销权时是如此：一旦第三人在债权人的债权

---

① Henri et Léon Mazeaud, Jean Mazeaud, François Chabas, Obligations, 9e édition, Montchrestien, 1998, p. 1071; Jérôme François, Les obligations, Régime general, Tome 4, 4e édition, Economica, 2017, pp. 429 – 430.

② Henri et Léon Mazeaud, Jean Mazeaud, François Chabas, Obligations, 9e édition, Montchrestien, 1998, p. 1071; Jérôme François, Les obligations, Régime general, Tome 4, 4e édition, Economica, 2017, pp. 429 – 430.

③ Henri et Léon Mazeaud, Jean Mazeaud, François Chabas, Obligations, 9e édition, Montchrestien, 1998, p. 1071; Jérôme François, Les obligations, Régime general, Tome 4, 4e édition, Economica, 2017, pp. 429 – 430.

范围内履行了债务人承担的债务，则债权人对第三人的撤销权就终止，第三人就最终获得债务人所转让的财产。①

三、债权人撤销权在债务人与第三人之间产生的法律效力

债权人撤销权的本质是通过撤销权的行使让债务人通过自己实施的欺诈行为所减少的财产得以恢复，以便确保债权人对其财产所享有的一般担保权免受债务人实施的欺诈行为的影响。因此，当债务人与第三人实施将自己的财产出卖或者赠与第三人的法律行为时，债务人不能够以自己实施的这些法律行为对抗债权人。从债权人的角度而言，债务人与第三人之间实施的法律行为被视为无效、不存在，就像他们之间从来就不曾存在过、发生过一样。②

不过，根据可对抗性理论，债务人与第三人之间的法律行为并非真正无效、真正没有发生过，他们之间的法律行为不仅存在，而且仍然对双方具有约束力，债务人仍然应当履行对第三人承担的债务，第三人仍然有权要求债务人履行所承担的债务，即便他们之间的法律行为受到债权人的攻击，债权人的攻击并不会影响到他们之间的法律行为所产生的约束力。因此，即便债权人行使撤销权，他们所行使的此种诉权对债务人丝毫不会产生影响，换言之，债权人撤销权根本不会对债务人产生任何法律效力。③

首先，如果债务人转让给第三人的财产被债权人通过撤销权所侵夺，则第三人有权向法院起诉，要求法官责令债务人对自己承担法律责任，这就是第三人对债务人享有的追偿权。当然，此种追偿权理论上是可行的，但实际效用则是大打折扣的，甚至是完全无用的，因为债务人已经陷入资不抵债之中，他们无法赔偿第三人所遭受的损害。当然，债务人也许哪一天会发达起来，并因此让第三人的追偿权能够获得实现。其次，债权人仅仅能够在自己的债权范围内主张撤销权或者不得对抗权，因此，如果第三人从债务人那里获得的财产价值大于债权人的债权，第三人仍然保有多余的价值。最后，为了避免自己从债务人那里获得的财产被债权人侵夺，第三人可以清偿债务人对债权人承担的债务，当他们清偿了债务人对债权人所承担的债务时，他们所获得的财产就不能够被法官强制扣押。④

---

① Henri et Léon Mazeaud, Jean Mazeaud, François Chabas, Obligations, 9e édition, Montchrestien, 1998, p. 1070; Jérôme François, Les obligations, Régime general, Tome 4, 4e édition, Economica, 2017, p. 429.
② Virginie Larribau-Terneyre, Droit civil Les obligations, 15e édition, Dalloz, 2017, p. 146.
③ Henri et Léon Mazeaud, Jean Mazeaud, François Chabas, Obligations, 9e édition, Montchrestien, 1998, pp. 1069 – 1070; Jacques Flour, Jean-Luc Aubert, Éric Savaux, Droit civil, Les Obligations, 3. Le rapport d'obligation, 7e édition, Dalloz, 2011, p. 82; Jérôme François, Les obligations, Régime general, Tome 4, 4e édition, Economica, 2017, pp. 430 – 431.
④ Henri et Léon Mazeaud, Jean Mazeaud, François Chabas, Obligations, 9e édition, Montchrestien, 1998, pp. 1069 – 1070; Jacques Flour, Jean-Luc Aubert, Éric Savaux, Droit civil, Les Obligations, 3. Le rapport d'obligation, 7e édition, Dalloz, 2011, p. 82; Jérôme François, Les obligations, Régime general, Tome 4, 4e édition, Economica, 2017, pp. 430 – 431.

四、债权人撤销权在主张撤销权的债权人与其他债权人之间所产生的法律效力

除了主张撤销权的债权人之外，债务人还可能存在其他债权人。问题在于，在债权人主张撤销权时，他们是为了自己的利益还是为了包括自己在内的所有债权人的利益主张此种权利？在2016年之前，《法国民法典》第1167条没有对此种问题做出明确规定，虽然它明确规定，债权人是以自己的个人名义主张撤销权。不过，从20世纪初期开始一直到2016年之前，法国最高法院在一系列的案件当中认定，当债权人主张撤销权时，仅仅行使撤销权的债权人能够从所主张的撤销权当中获得利益，其他债权人不能够从该债权人所行使的撤销权当中获得利益：虽然债务人与第三人之间的有偿法律行为或者无偿法律行为不能够对抗主张撤销权的债权人，但是，他们之间的这些法律行为仍然能够对抗没有行使撤销权的其他债权人；对于其他债权人而言，债务人与第三人之间的法律行为就像从来没有被攻击过一样：他们之间的法律行为是有效的，债务人所转让的财产确定无疑地从债务人的财产当中脱离并因此成为第三人财产的组成部分。[①]

通过2016年2月10日的债法改革法令，虽然现行《法国民法典》新的第1341 - 2条取代了旧的第1167条，但是，该条也仅仅像旧的第1167条那样规定债权人是以自己的名义行使撤销权，它也没有规定撤销权的受益人究竟是行使撤销权的债权人还是包括其他债权人。不过，在今时今日，民法学者普遍认为，法国最高法院在2016年之前所采取的上述规则仍然适用。因为他们认为，债权人撤销权不仅仅是以债权人的个人名义起诉的，而且还是为了自己的个人利益起诉的，他们并不是为了其他债权人的利益而主张撤销权的话。债权人撤销权的这一特征让撤销权区别于债权人代位权，因为在行使代位权时，债权人是以债务人的名义和为了所有债权人的利益，已如前述。当然，如果其他债权人也是债务人实施的欺诈行为的受害人，他们也能够以自己的名义和为了自己的利益行使债权人撤销权。此时，他们也能够主张债务人与第三人之间的欺诈行为不能够对抗自己。他们之间的此种诉讼是一种新的、独立的诉讼。[②]

五、债权人撤销权对第三人的债权人产生的法律效力

如果债权人向法院起诉，要求法官责令第三人将从债务人那里取得的财产返还给债务人以作为强制执行的对象，他们行使撤销权的行为当然会与第三人的其他债权人产生冲突：如果第三人按照债权人的要求将所获得的财产返还给债权人，则他们的返还行为会导致自己财产的减少并因此危及其他债权人对自己的财产所享有的一般担保权。在主

---

① Henri et Léon Mazeaud, Jean Mazeaud, François Chabas, Obligations, 9e édition, Montchrestien, 1998, p. 1070; Jacques Flour, Jean-Luc Aubert, Éric Savaux, Droit civil, Les Obligations, 3. Le rapport d'obligation, 7e édition, Dalloz, 2011, p. 83.

② Rémy Cabrillac, Droit des Obligations, 12e édition, Dalloz, 2016, p. 411; Philippe Malaurie, Laurent Aynès, Philippe Stoffel-Munck, Droit Des Obligations, 8e édition, LGDJ, 2016, p. 674; Virginie Larribau-Terneyre, Droit civil Les obligations, 15e édition, Dalloz, 2017, p. 147; François Terré, Philippe Simler, Yves Lequette, François Chénedé, Droit civil, Les obligations, 12e édition, Dalloz, 2018, pp. 1671 - 1673.

张撤销权的债权人与其他债权人之间的利益存在冲突时,人们如何解决他们之间的利益冲突?对此问题,人们认为,应当区分两种不同的情况加以说明:其他债权人究竟是有担保权的债权人还是普通债权人。

当第三人从债务人那里获得了某种财产之后,如果他们将自己所获得的此种财产供作债权人债权的担保,诸如抵押给抵押权人或者质押给质押权人等,则债权人对债务人通过欺诈方式获得的财产就享有优先权、担保权,并因此成为有担保权的债权人。当主张撤销权的债权人要求法官责令第三人将已经供作担保的财产返还债务人并且采取强制执行措施时,他们的主张当然与有担保权的债权人冲突。此时,他们之间的冲突如何解决?人们认为,在主张撤销权的债权人与享有担保权的债权人之间的利益产生冲突时,人们应当将主张撤销权的债权人与通过有偿方式获得财产的再获得者之间的上述规则适用于他们之间的关系:除非主张撤销权的债权人能够证明有担保权的债权人在与第三人设立担保合同时存在欺诈共谋,否则,他们享有的债权不能够对抗享有担保权人的债权,相反,享有担保权的债权人能够以自己的优先债权对抗主张撤销权的债权人的债权。①

如果第三人的其他债权人在性质上仅仅是普通债权人,当主张撤销权的债权人的利益与第三人的普通债权人的利益冲突时,人们也应当区分两种不同的情况:②

第一,如果主张撤销权的债权人要求法官责令第三人将其通过欺诈方式取得的财产返还给债务人并且供清偿自己的债权之用,他们的债权能够对抗第三人的其他普通债权人。因为人们认为,当第三人通过欺诈方式从债务人那里获得财产时,在主张撤销权的债权人所享有的债权范围内,第三人获得的财产从来就不会被视为他们自己的财产,第三人的其他普通债权人对此种财产不享有权利。

第二,如果主张撤销权的债权人要求法官责令第三人将通过欺诈方式获得的金钱返还给债务人并且供自己债权的清偿之用,他们的债权不能够对抗第三人的其他普通债权人,此时,主张撤销权的债权人应当与其他普通债权人按照各自债权比例分享这一笔具体数额的金钱。当然,某些民法学者也认为,此种做法是不准确的,因为就像第三人通过欺诈获得的财产不属于第三人个人财产的组成部分一样,第三人通过欺诈方式获得的金钱也不属于第三人个人财产的组成部分,其他债权人无权与主张撤销权的债权人共同分享这一笔金钱。

---

① Jérôme François, Les obligations, Régime general, Tome 4, 4e édition, Economica, 2017, p. 430; François Terré, Philippe Simler, Yves Lequette, François Chénedé, Droit civil, Les obligations, 12e édition, Dalloz, 2018, p. 1672.

② Henri et Léon Mazeaud, Jean Mazeaud, François Chabas, Obligations, 9e édition, Montchrestien, 1998, pp. 1070 – 1071; Jérôme François, Les obligations, Régime general, Tome 4, 4e édition, Economica, 2017, p. 430; François Terré, Philippe Simler, Yves Lequette, François Chénedé, Droit civil, Les obligations, 12e édition, Dalloz, 2018, p. 1672.

第十四章　债权人的直接权

第一节　债权人直接权的界定、历史、特征和性质

一、债权人直接权的界定

2016 年之前，虽然《法国民法典》在众多分散的法律条款当中对不同类型的直接权做出了规定，但是，它没有在这些分散的法律条款的基础上规定一般意义上的债权人直接权，因此，它也没有对债权人直接权做出明确的界定。通过 2016 年 2 月 10 日的债法改革法令，现行《法国民法典》新的第 1341 - 3 条对债权人直接权做出了明确界定，该条规定：在制定法规定的确定情形，债权人能够直接采取行动要求自己债务人的债务人清偿自己的债权。①

根据新的第 1341 - 3 条的规定，所谓债权人直接权（l'actions directe），是指在制定法做出具体规定的情形（les cas déterminés）下，债权人能够为了自己的利益和以自己的名义直接向法院起诉，要求法官责令自己债务人的债务人清偿自己的债权。当债权人对债务人享有债权时，他们当然有权要求法官责令自己的债务人实施清偿行为，以便消灭自己对债务人享有的债权。在债务人没有履行或者不能够履行所承担的债务时，债权人是否能够要求法官责令债务人的债务人对自己履行债务？如果制定法有明确规定，债权人有权要求法官直接责令债务人的债务人清偿自己的债权并因此让债权人对自己债务人承担的债务消灭，这就是债权人直接权。

除了《法国民法典》新的第 1341 - 3 条对债权人直接权做出了明确界定之外，民法学者也普遍对债权人直接权做出了界定，无论是在 2016 年之前还是之后，均是如此。② 例如，Flour、Aubert 和 Savaux 就对债权人直接权做出了界定，他们指出："所谓债权人直接权，是指一种机制，根据该种机制，债权人能够以自己的名义和仅仅为了自己的利益对第三人即债务人的债务人行使权利，他们所行使的此种权利与自己的债务人对第三人享有的债权相等。"③ 再例如，Francois 也对债权人直接权做出了界定，他们指

---

① Article 1341 - 3, Code civil, Version en vigueur au 04 novembre 2021, https://www.legifrance.gouv.fr/codes/section_lc/LEGITEXT000006070721/LEGISCTA000032035223/#LEGISCTA000032035223.

② Jacques Flour, Jean-Luc Aubert, Éric Savaux, Droit civil, Les Obligations, 3. Le rapport d'obligation, 7e édition, Dalloz, 2011, p. 84; Rémy Cabrillac, Droit des Obligations, 12e édition, Dalloz, 2016, p. 405; Jérôme François, Les obligations, Régime general, Tome 4, 4e édition, Economica, 2017, p. 436; François Terré, Philippe Simler, Yves Lequette, François Chénedé, Droit civil, Les obligations, 12e édition, Dalloz, 2018, p. 1674.

③ Jacques Flour, Jean-Luc Aubert, Éric Savaux, Droit civil, Les Obligations, 3. Le rapport d'obligation, 7e édition, Dalloz, 2011, p. 84.

出:"所谓债权人直接权,是指允许债权人根据自己对其债务人享有的权利向法院起诉,要求法官责令其债务人的债务人清偿自己的债权。"①

债权人直接权与债权人代位权和撤销权之间存在共同点:它们均是债权人保护自己享有的一般担保权的方式,其目的均在于避免债务人的资不抵债所导致的债权无法实现的风险;它们均是债权人在面临债权不能够实现的风险时所能够主张的三种诉权。不过,作为一种独立的诉权,债权人直接权区别于债权人代位权和债权人撤销权。

首先,债权人直接权是债权人以自己的名义和为了自己的利益而主张的一种权利,这一点与债权人撤销权相同而区别于债权人代位权,因为债权人撤销权也是债权人为了自己的利益和以自己的名义行使的诉权,而债权人代位权则不同,它是债权人以债务人的名义和为了所有债权人的利益而行使的诉权,已如前述。

其次,债权人直接权并不要求自己的债务人陷入资不抵债当中,更不需要债务人存在欺诈因素,而债权人代位权和撤销权均要求债务人已经陷入资不抵债当中,债权人撤销权还要求债务人甚至第三人存在欺诈因素,已如前述。

再次,在主张直接权时,债权人应当受到双重限制:他们对自己的债务人享有的债权限制和自己的债务人对第三人享有的债权限制,仅仅在两个限制范围内,他们才能够要求第三人清偿自己的债权,而债权人代位权和撤销权则不同:债权人能够超出自己的债权范围主张代位权,而债权人只能够在自己的债权范围内行使撤销权,已如前述。

最后,在主张直接权时,债权人能够直接从第三人实施的给付行为当中获得清偿,第三人的清偿不需要首先进入债务人的财产范围,之后或者同时由法官对其采取强制执行措施,而债权人代位权和撤销权则不同,债权人通过这两种诉权所获得的给付应当首先进入债务人的财产范围,之后或者同时由法官对其采取强制执行措施,已如前述。因为此种原因,通过直接权获得的利益,债权人能够优先于债务人的其他债权人而获得清偿,而通过代位权或者撤销权所获得的利益则不同:在代位权的情形,债权人应当与其他债权人平等分享所获得的利益,在撤销权的情形,如果所获得的利益是金钱的话,债权人也应当与其他债权人平等分享所获得的利益,已如前述。②

二、债权人直接权的历史

除了第 1798 条规定了真正意义上的债权人直接权之外,1804 年的《法国民法典》没有对此种权利做出任何规定。③ 1804 年的《法国民法典》第 1798 条规定:当泥瓦匠、木匠和其他工人受雇建造建筑物和其他工程时,他们能够对工程的主人提起诉讼,要求法官责令工程主人在承揽人对其承担的债务范围内清偿自己的债权。④ 因为 1804 年的《法国民法典》没有对债权人直接权做出规定,因此从 1804 年开始一直到 2016 年之前,《法国民法典》没有使用"直接权"(l'actions directe)一词。借助于 2016 年 2 月 10 日

---

① Jérôme François, Les obligations, Régime general, Tome 4, 4e édition, Economica, 2017, p. 436.
② Virginie Larribau-Terneyre, Droit civil Les obligations, 15e édition, Dalloz, 2017, p. 140.
③ Philippe Malaurie, Laurent Aynès, Philippe Stoffel-Munck, Droit Des Obligations, 8e édition, LGDJ, 2016, p. 679.
④ Article 1798, https://fr.wikisource.org/wiki/Code_civil_des_Français_1804/Livre_III,_Titre_VIII.

的债法改革法令,法国政府首次将这一术语规定在《法国民法典》当中,这就是新的第 1341-3 条的规定,已如前述。①

不过,从 19 世纪初期开始,法官和民法学者开始对 1804 年的《法国民法典》当中的某些法律条款做出解释,他们认为,这些法律条款承认了债权人享有的直接权。例如,他们对 1804 年的《法国民法典》第 1994 条做出解释,认为该条规定了被代理人对再代理人享有的直接权。不过,在 20 世纪初期之前,债权人直接权的理论并不成熟,因为对此种理论做出研究的学者几乎不存在。从 20 世纪初期开始,民法学者将注意力集中到此种理论方面并因此出版了不少具有深远影响力的著作。②

1914 年,Henry Solus 出版了自己的博士学位论文《债权人的直接权和〈法国民法典〉第 1753 条、第 1798 条和第 1994 条解释》,通过对这几个法律条款做出的解释,他认为《法国民法典》已经建立了债权人直接权的一般理论。1935 年,A. Plancqueel 出版了自己的博士学位论文《债权人的直接权研究》,对债权人直接权做出了系统性的研究。1969 年,M. Cozian 出版了《债权人的直接权》的著作,也对债权人享有的直接权做出了系统研究。1991 年,Ch. Jamin 也出版了自己的博士学位论文《债权人的直接权观念》,除了承认制定法所规定的直接权之外,他也认为,人们应当承认司法判例所创设的直接权。2011 年,Ph. Briand 发表了《债权人直接权》的文章,主张将债权人直接权作为债的一般制度规定在债法总则当中。③

在这些民法学说的影响下,Catala 领导的债法改革小组在 2005 年起草的《债法改革草案》(以下称《草案》)当中首次对债权人直接权做出了规定,这就是该《草案》当中的第 1168 条,该条规定:在两个债权的限制范围内,某些债权人基于制定法的规定而享有直接采取行动要求债务人的债务人清偿自己债权的权利。考虑到合同之间的联系,为了避免债权人的不当致贫,债权人同样能够主张债权人直接权。④ 该《草案》的一个主要特征是,除了承认了制定法所规定的直接权之外,它也承认了司法判例在合同群和合同链当中所确立的直接权。换言之,除了承认了基于制定法的规定产生的直接权之外,它也承认了基于合同产生的直接权。

Catala 领导的债法改革小组所采取的此种做法被法国政府有所保留地采用了。因为

---

① François Terré, Philippe Simler, Yves Lequette, François Chénedé, Droit Civil, les Obligations, 12e édition, Dalloz, 2018, p.1677.

② Jérôme François, Les obligations, Régime general, Tome 4, 4e édition, Economica, 2017, p.436; François Terré, Philippe Simler, Yves Lequette, François Chénedé, Droit civil, Les obligations, 12e édition, Dalloz, 2018, p.1677.

③ Henry Solus, L'action directe et l'interprétation des articles 1753, 1798, 1994 du Code Civil, Paris, Librairie de la Société du Recueil Sirey, 1914; A. Plancqueel, Contribution à l'étude des actions directes, thèse Lille, 1935; M. Cozian, L'Action Directe, Paris, LGDJ, 1969; Christophe Jamin, La notion d'action directe, thèses, Paris I, LGDJ, 1991; Ph. Briand, L'action directe, La réforme du régime général des obligations, Dalloz, 2011, p.33; Jérôme François, Les obligations, Régime general, Tome 4, 4e édition, Economica, 2017, p.436; François Terré, Philippe Simler, Yves Lequette, François Chénedé, Droit civil, Les obligations, 12e édition, Dalloz, 2018, p.1674.

④ Avant-Projet de Reforme du Droit des Obligations (Articles 1101 A 1386 Du Code Civil) et du Droit de la Prescription (Articles 2234 à 2281 du Code Civil), Rapport à Monsieur Pascal Clément, Garde des Sceaux, Ministre de la Justice, 22 Septembre 2005, p.98.

在 2016 年 2 月 10 日的债法改革法令当中,它承认了制定法所规定的直接权而放弃了合同领域的直接权,这就是现行《法国民法典》新的第 1341 - 3 条,已如前述。

三、债权人直接权的性质

就像债权人代位权和债权人撤销权涉及债权人、债务人和第三人一样,债权人直接权也涉及债权人、债务人和第三人,其中的债权人对债务人享有债权,债务人对债权人承担债务,债权人原本有权要求债务人对自己履行债务并因此消灭他们之间的债权债务关系。而其中的第三人则是债务人的债务人,他们与债务人之间存在债权债务关系:债务人是该种法律关系当中的债权人,他们对第三人享有债权,而第三人则是该种法律关系当中的债务人,他们对债务人承担债务。因此,债权人、债务人和第三人之间存在两种法律关系:债权人与债务人之间的法律关系;债务人与第三人之间的法律关系。①

虽然在理论上这两个法律关系是相对独立的,但是,它们之间也存在联系,因为这两个不同的法律关系均通过一个人即债务人连接在一起:在前一个法律关系当中,债务人是对其债权人承担债务的债务人,而在后一个法律关系当中,债务人的身份则是债权人,他们对第三人即债务人享有债权。因为这两个法律关系通过债务人联系在一起,因此,当第一个法律关系当中的债权人不能够或者没有从自己的债务人那里获得债权的清偿时,基于制定法的明确规定,他们有权要求第二个法律关系当中的第三人替第一个法律关系当中的债务人清偿其对债权人承担的债务,第二个法律关系当中的第三人也应当替第一个法律关系当中的债务人清偿其对第一个法律关系当中的债权人承担的债务,否则,基于第一个法律关系当中债权人的起诉,法官会直接责令第二个法律关系当中的债务人替第一个法律关系当中的债务人清偿债权,这就是债权人享有的直接权。

民法学者将债权人的债务人称为主债务人(débiteurs principal)、最初债务人(débiteurs originaire)、中间债务人(débiteurs intermédiaire),而将第三人称为债务人的债务人(débiteur de son débiteur)、第二债务人(second débiteur)、分债务人(sous-débiteurs)等。基于此种分析,债权人直接权具有五个主要性质:法定性,债务的特殊强制履行性;直接清偿性和规避债权平等原则的适用性,诉权和权利的双重性,非相对性。

(一)法定性

债权人直接权的第一个主要性质是其法定性。所谓债权人直接权的法定性,是指仅仅在制定法明确规定债权人享有直接权的情况下,债权人才能够要求法官责令债务人的债务人清偿自己的债权,在制定法没有明确规定的情况下,债权人不享有直接权。《法国民法典》新的第 1341 - 3 条就采取此种理论,已如前述,民法学者将该条所规定的直接权称为狭义的直接权,以便区别于广义的直接权。狭义的直接权理论源自民法上的一个著名格言:"没有法律文本就没有优先权"(pas de privilège sans texte)。所谓广义的

---

① Philippe Malaurie, Laurent Aynès, Philippe Stoffel-Munck, Droit Des Obligations, 8e édition, LGDJ, 2016, pp. 679 - 680.

直接权，是指除了制定法明确规定的直接权之外，还包括法官在制定法之外所确认的直接权。换言之，广义的直接权认为，即便制定法没有明确规定，法官也能够通过自己的司法判例建立债权人直接权。①

今时今日，虽然《法国民法典》新的第1341-3条明确将直接权限定在制定法所规定的范围内，但是，民法学者对它的此种做法存在不同的看法。

一方面，在1804年的《法国民法典》没有对债权人直接权做出明确规定的情况下，是法官通过自己的司法判例建立了此种制度，因为，在对《法国民法典》所规定的某些法律条款做出解释时，他们采取自由解释的方法并且最终承认了此种权利，当法国政府将司法判例所确立的此种权利规定在《法国民法典》当中，它却阻断了法官通过司法判例创设债权人直接权的道路，实在于情于理都说不过去。②

另一方面，出于某种社会发展的需要，尤其是，为了应对合同群和合同链的大量出现，法官在制定法之外承认了合同群和合同链当中的直接权。为了固守直接权只能够通过制定法创设的一般理论，某些民法学者认为，法官在合同群和合同链当中所承认的直接权并不是真正的直接权，而是虚假的直接权。不过，这些民法学者的看法没有获得另外一些民法学者的支持，因为他们认为，法官在合同群和合同链当中所创设的直接权仍然属于债权人直接权的组成部分。③

（二）特殊履行性

债权人直接权的第二个主要性质是其特殊履行性。虽然民法学者对债权人代位权和撤销权的性质存在不同看法，但是，它们在性质上既不是两种财产保全措施，也不是两种强制执行措施，而仅仅是为采取这些措施所做出的准备，已如前述。而债权人直接权则不同，它虽然不是一种财产保全措施，但是，它不仅是一种真正的强制履行措施、强制执行措施，而且还是一种特殊的强制履行措施、强制执行措施。

一方面，债权人直接权在性质上属于一种真正的债的履行方式：在债务人没有履行所承担的债务时，债权人将债务人之外的第三人嬗变为自己的债务人并因此要求第三人履行债务人原本应当履行的债务。另一方面，债权人直接权在性质上属于一种特殊的债的履行方式：通过法官强制第三人履行原本应当由债务人履行的债务；在第三人履行债务时，债权人能够优先于债务人的其他债权人而直接从第三人的履行当中获得清偿。④

---

① Jacques Flour, Jean-Luc Aubert, Éric Savaux, Droit civil, Les Obligations, 3. Le rapport d'obligation, 7e édition, Dalloz, 2011, p. 84; Rémy Cabrillac, Droit des Obligations, 12e édition, Dalloz, 2016, p. 405; Virginie Larribau-Terneyre, Droit civil Les obligations, 15e édition, Dalloz, 2017, p. 138; Jérôme François, Les obligations, Régime general, Tome 4, 4e édition, Economica, 2017, pp. 437–438; François Terré, Philippe Simler, Yves Lequette, François Chénedé, Droit civil, Les obligations, 12e édition, Dalloz, 2018, pp. 1680–1681.

② Jérôme François, Les obligations, Régime general, Tome 4, 4e édition, Economica, 2017, pp. 437–438.

③ 张民安：《法国合同法总论》，中山大学出版社2021年版，第293–303页。

④ Jacques Flour, Jean-Luc Aubert, Éric Savaux, Droit civil, Les Obligations, 3. Le rapport d'obligation, 7e édition, Dalloz, 2011, p. 86.

(三) 直接清偿性和规避债权平等原则的适用性

债权人直接权的第三个主要性质是债权的直接清偿性和规避债权平等原则的适用性。所谓债权的直接清偿性，是指当债务人的债权人有两个或者两个以上时，如果其中的一个债权人对债务人之外的第三人提起诉讼，要求该第三人替债务人清偿自己的债权，在自己享有的债权范围内，债权人的债权能够直接从第三人的清偿当中获得实现，在债务人陷入资不抵债当中时，他们不需要与债务人的其他债权人展开竞争，无需按照集体程序与其他债权人一起按照债权的比例平等获得清偿。

换言之，第三人对债权人的清偿不属于债务人的财产范围，不纳入集体清算程序当中。这一点让债权人直接权区别于债权人代位权和撤销权，因为在后两种权利当中，债权人通过代位权和撤销权所获得的利益属于债务人财产的组成部分，已如前述。债权人通过直接权所获得的此种直接清偿效力等同于有担保权人的债权所获得的担保。某些民法学者甚至认为，债权人直接权赋予债权人以法定担保权：虽然他们对自己的债务人享有债权，但是，他们的此种债权获得了第二个债务人的个人担保。①

(四) 诉权和权利的双重性

债权人直接权的第四个主要性质是诉权和权利的双重性。所谓诉权和权利的双重性，是指债权人享有的直接权既是一种诉权，也是一种权利——实质性权利。一方面，债权人直接权在性质上当然属于一种诉权，因为，在符合所规定的条件时，债权人能够向法院起诉，要求法官责令第三人清偿债务人对自己承担的债务，法官也有权基于债权人的要求而责令第三人实施清偿行为。这一点让债权人直接权与债权人代位权和撤销权一致，因为后两种权利要求债务人通过诉讼的方式行使，已如前述。另一方面，债权人直接权在性质上属于一种权利，因为，债权人也可以通过诉讼之外的方式行使此种权利：在制定法明确规定的情形，债权人有权直接对第三人提出请求，要求第三人履行债务人对自己承担的债务。如果第三人履行了债务，则债权人无须向法院起诉。因为此种原因，某些民法学者甚至认为，"与其说债权人直接权是一种诉权，毋宁说它是一种权利。"这一点让直接权区别于代位权或者撤销权，因为债权人不能够通过诉讼之外的方式行使后两种权利，已如前述。②

(五) 债权人直接权的非相对性

债权人直接权的第五个主要性质是非相对性。所谓债权人直接权的非相对性，是指债权人虽然能够对第三人主张债务的清偿，但是，他们与第三人之间并没有债权债务关

---

① Jérôme François, Les obligations, Régime general, Tome 4, 4e édition, Economica, 2017, p. 436; François Terré, Philippe Simler, Yves Lequette, François Chénedé, Droit civil, Les obligations, 12e édition, Dalloz, 2018, pp. 1674 – 1675.

② Jérôme François, Les obligations, Régime general, Tome 4, 4e édition, Economica, 2017, p. 436; François Terré, Philippe Simler, Yves Lequette, François Chénedé, Droit civil, Les obligations, 12e édition, Dalloz, 2018, p. 1675.

系，换言之，他们并不是合同当事人，因为此种原因，债权人直接权违反了《法国民法典》新的第1199条（旧的第1165条）所规定的合同相对性规则，根据这两个法律条款，合同原则上仅仅对当事人产生约束力。① 债权人直接权之所以违反了作为共同法组成部分的合同相对性规则，是因为它让两个没有合同关系的当事人之间产生了约束力：第二个合同当中的债务人应当对第一个合同当中的债权人清偿第一个合同当中的债务人承担的债务。②

四、债权人直接权的理论基础

在严格坚持合同的相对性原则和普通债权人之间的平等清偿原则时，《法国民法典》为何规定与这两个重要的原则直接冲突的债权人直接权？民法学者将此种问题称为债权人直接权的理论根据、理论基础（fondements）。对此问题，民法学者或者从一般意义上或者从具体意义上做出了回答。

民法学者认为，《法国民法典》之所以规定了债权人直接权，是因为它希望通过该种权利的规定实现公平和正义的目的：虽然《法国民法典》坚持合同的相对性原则和普通债权人之间的平等清偿原则，但是，如果严格坚持这两个原则，则产生一个严厉的后果即会导致债权人的债权无法获得实现。为了纠正这两个原则的严格适用所造成的此种不公平、不正义的现象，人们承认了债权人直接权这一例外，在这一例外情况下，即便债权人与第三人之间不存在合同关系，第三人也应当对债权人承担债务，就像他们之间存在具有相对性效力的合同一样；即便债权人与同一债务人的其他债权人均属于普通债权人，在第三人替债务人清偿债权人的债权时，第三人的清偿也不会纳入债务人的一般担保权当中并因此按照债权人平等原则予以分配，而是直接用来清偿债权人的债权。③

不过，某些民法学者更愿意从具体的方面来讨论债权人直接权的理论根据。他们认为，制定法或者司法判例之所以规定或者承认债权人直接权，其原因是多种多样的，不同直接权的理论根据是不同的，理由如下：

第一，不当获利的禁止。制定法或者司法判例之所以规定或者确认债权人享有的某些直接权，是因为它们认为，如果不让第三人直接对债权人履行债务，则第三人会获得类似于不当得利债当中不当得利者所获得的不当利益，为了防止第三人获得不当利益，人们应当承认债权人享有的直接权。例如，如果不规定工人、分包人对工程主人享有的

---

① Article 1199, Code civil, Version en vigueur au 05 janvier 2021, https://www.legifrance.gouv.fr/codes/section_lc/LEGITEXT000006070721/LEGISCTA000006150250/#LEGISCTA000032041383；张民安：《法国合同法总论》，中山大学出版社2021年版，第271–272页。

② Jacques Flour, Jean-Luc Aubert, Éric Savaux, Droit civil, Les Obligations, 3. Le rapport d'obligation, 7e édition, Dalloz, 2011, p.84; François Terré, Philippe Simler, Yves Lequette, François Chénedé, Droit civil, Les obligations, 12e édition, Dalloz, 2018, p.1674.

③ Christophe Jamin, La notion d'action directe, thèses, Paris I, LGDJ, 1991; Jérôme François, Les obligations, Régime general, Tome 4, 4e édition, Economica, 2017, pp.437–438; François Terré, Philippe Simler, Yves Lequette, François Chénedé, Droit civil, Les obligations, 12e édition, Dalloz, 2018, p.1682.

直接权，则工程主人就会获得不当利益。①

第二，债权人损害赔偿的保护。制定法或者司法判例之所以规定或者确认债权人享有的某些直接权，是因为它们认为，如果不让第三人直接对债权人履行债务，则在债权人遭受损害时，他们将会无法获得损害赔偿。为了让债权人能够获得损害赔偿，人们应当承认债权人享有的直接权。例如，不规定或者承认他人对行为人的保险人所享有的直接权，或者如果不承认再购买人对最初出卖人享有的直接权，则在他人或者再购买者遭受损害时，他们可能无法获得损害赔偿。②

第三，债权清偿的担保。制定法或者司法判例之所以规定或者确认债权人享有的某些直接权，是因为它们认为，如果不让第三人直接对债权人履行债务，则债权人的债权将无法获得清偿。为了担保债权人的债权获得清偿，人们应当赋予债权人以直接权。例如，享有抚养权的债权人之所以能够对自己债务人的债务人享有直接权，其目的在于确保债权人享有的抚养权获得清偿和实现。③

第二节 债权人直接权的类型

除了根据直接权产生的根据不同将债权人直接权分为制定法所规定的直接权和司法判例所确认的直接权之外，民法学者还根据其他标准将债权人直接权分为不同的类型。关于制定法所规定的直接权和司法判例所确认的直接权，笔者将在下面的内容当中做出详细的讨论，此处从略。

一、具体直接权和一般直接权

根据债权人直接权所适用的债权范围是否明确、肯定的不同，人们将债权人直接权分为具体直接权（actions directs spéciaux）和一般直接权（actions directs généraux）。④

所谓具体直接权，也称为特殊直接权，是指仅仅允许债权人通过该种权利实现自己享有的某种确定债权的直接权，换言之，所谓具体直接权，是指债权人为了实现自己享有的某种确定的债权而行使的直接权。

所谓一般直接权，则是指允许债权人实现自己享有的所有债权的直接权，换言之，所谓一般直接权，是指债权人为了实现自己享有的所有债权而行使的直接权。债权人享有的大多数直接权在性质上均属于具体直接权，仅少数直接权在性质上属于一般直接

---

① François Terré, Philippe Simler, Yves Lequette, François Chénedé, Droit Civil, les Obligations, 12e édition, Dalloz, 2018, p.1682.

② François Terré, Philippe Simler, Yves Lequette, François Chénedé, Droit Civil, les Obligations, 12e édition, Dalloz, 2018, p.1682.

③ François Terré, Philippe Simler, Yves Lequette, François Chénedé, Droit Civil, les Obligations, 12e édition, Dalloz, 2018, p.1682.

④ M. Cozian, L'Action Directe, Paris, LGDJ, 1969, n°119 s; Jérôme François, Les obligations, Régime general, Tome 4, 4e édition, Economica, 2017, p.440; François Terré, Philippe Simler, Yves Lequette, François Chénedé, Droit civil, Les obligations, 12e édition, Dalloz, 2018, p.1679.

权。例如,《法国民法典》第 1753 条所规定的出租人享有要求分租人对其支付租金的权利就属于具体直接权。而《法国民事执行程序法典》第 L. 213-1 条规定的抚养、赡养、扶养债的债权人对自己债务人的债务人享有的直接权则属于一般直接权。

二、清偿性的直接权和责任性的直接权

根据债权人对第三人行使直接权的目的不同,人们将债权人直接权分为清偿性的直接权(actions directs en paiement)和责任性的直接权(actions directs en responsabilité)。[1]

所谓清偿性的直接权,是指债权人基于要求债务人之外的第三人清偿自己对债务人享有的债权的目的而行使的直接权。当债权人将直接权的行使作为责令债务人之外的第三人清偿自己债权的手段时,他们基于此种目的所行使的直接权就是清偿性的直接权。

所谓责任性的直接权,是指债权人基于要求债务人之外的第三人对自己承担损害赔偿责任的目的而行使的直接权,当债权人将直接权的行使作为责令债务人之外的第三人赔偿自己遭受损害的手段时,他们基于此种目的所行使的直接权就是责任性的直接权。除了法官通过司法判例在合同群或者合同链当中所确认的担保性直接权属于责任性的直接权之外,债权人享有的其他直接权均属于清偿性的直接权,例如,《法国民法典》规定的三种具体直接权就属于清偿性的直接权。关于这一点,笔者将在下面的内容当中做出说明,此处从略。

三、完全性的直接权和不完全性的直接权

根据直接权的产生是不是自动产生的不同,债权人直接权可以分为完全性的直接权(actions directs parfaites)和不完全性的直接权(actions directs imparfaites)。在这两种不同的直接权当中,完全性的直接权既是最有效的一种直接权,而且也是一种最成功的直接权,而不完全的直接权则是一种效力更弱的直接权。[2]

(一)完全性的直接权的界定

所谓完全性的直接权,是指从债权人对债务人享有的债权产生之日起,他们就自动地、排他性地、完全地对第三人享有直接权。换言之,所谓完全性的直接权,是指从债权人的债权产生之日起,在不需要债权人对第三人提出请求的情况下,债务人之外的第三人就应当替债务人清偿债权人债权的直接权。完全性的直接权的最典型范例是《法国保险法典》第 L. 124-3 条所规定的直接权,根据该条的规定,一旦行为人实施的侵权行为引起了他人损害的发生,他人就有权要求保险人赔偿自己遭受的全部或者部分损害,如果作为投保人的行为人没有赔偿他人所遭受的全部或者部分损害的话。也就是

---

[1] François Terré, Philippe Simler, Yves Lequette, François Chénedé, Droit Civil, les Obligations, 12e édition, Dalloz, 2018, pp. 1680 – 1681.

[2] A. Plancqueel, Contribution à l'étude des actions directes, thèse Lille, 1935, pp. 97; Philippe Malaurie, Laurent Aynès, Philippe Stoffel-Munck, Droit Des Obligations, 8e édition, LGDJ, 2016, pp. 680 – 681; Jérôme François, Les obligations, Régime general, Tome 4, 4e édition, Economica, 2017, pp. 439 – 440; François Terré, Philippe Simler, Yves Lequette, François Chénedé, Droit civil, Les obligations, 12e édition, Dalloz, 2018, pp. 1679 – 1680.

说，《法国保险法典》第 L.124-3 条的规定，从他人对行为人享有的损害赔偿权利产生之日起，保险人应当支付的损害赔偿金就被固定在他人的财产当中，用来排他性地清偿行为人对他人承担的赔偿债务。

（二）不完全性的直接权的界定

所谓不完全性的直接权，是指债权人对第三人享有的直接权并不是从债权人对债务人享有的债权产生之日起自动地、排他性地、完全地享有，而是从债权人对第三人提出履行请求时才开始享有的直接权。根据不完全性的直接权，虽然债权人对其债务人享有的债权已经产生了，但是，在他们享有的此种债权产生时，他们并不对第三人享有直接权，仅仅在债权人直接向第三人提出让他们替债务人履行所承担的债务的请求时，他们对第三人享有的直接权才会产生。在债权人对第三人提出此种请求之前，债务人对第三人享有债权的处分权和接受第三人清偿的权利，一旦债务人免除了第三人所承担的债务或者与第三人实施了债的抵销，或者一旦债务人接受了第三人实施的债务清偿行为，则债权人不能够对第三人行使直接权。

《法国民法典》所规定的几种直接权均属于不完全性的直接权：虽然不动产的出租人对不动产的分租人享有直接权，但是，他们享有的此种直接权是不完全的：如果分租人已经将租金支付给了承租人，则出租人不能够对分租人行使直接权；虽然工人对工程主人享有直接权，但是，他们享有的此种直接权是不完全的：如果工程主人已经将工程款项支付给了承揽人或者工人的雇主，则他们不能够再对工程主人行使直接权。

（三）完全性的直接权与不完全性的直接权之间的差异

完全性的直接权与不完全性的直接权之间的差异表现在以下方面：

第一，直接权产生的时间不同。在完全性的直接权当中，债权人对第三人享有的直接权与他们对自己的债务人享有的债权同时产生：一旦他们对自己的债务人享有债权，他们就自动对第三人享有直接权。而在不完全性的直接权当中，债权人对第三人享有的直接权与他们对自己的债务人享有的债权不会同时产生，他们享有的债权先于直接权而产生。

第二，是否需要对第三人提出履行的请求不同。在完全性的直接权当中，债权人对第三人享有的直接权是自动产生的、当然产生的，不需要以债权人对第三人提出清偿债务的请求作为产生的条件。而在不完全的直接权当中，债权人的直接权并不是自动、当然产生的，而是以债权人对第三人提出清偿债务的请求作为产生的条件，如果债权人没有提出请求，则第三人不会清偿债权人的债权。

第三节 债权人直接权适用的范围

根据《法国民法典》新的第 1341-3 条的规定，债权人直接权仅仅在制定法所规定的具体情形才适用，在制定法没有具体规定的情形下，债权人不能够主张直接权。在今时今日，除了《法国民法典》规定了一些具体情形的债权人直接权之外，其他制定法也规定了一些具体情形的债权人直接权，它们结合在一起就形成了制定法当中的直接权。不过，此种做法与现实不符，因为现实情况是，除了制定法所明确规定的情形之外，法官也在自己的司法判例当中确认了某些直接权，尤其是，他们在合同群和合同链当中确认了债权人享有的直接权。

一、《法国民法典》明确规定的债权人直接权

除了通过新的第 1341-3 条对债权人直接权做出了一般性的规定之外，现行《法国民法典》还规定了三种具体情形下的直接权。①

（一）不动产的出租人对不动产的分租人享有的直接权

根据《法国民法典》第 1753 条的规定，当不动产的所有权人将自己的不动产出租给承租人时，如果承租人将所承租的不动产再出租给分租人，则不动产的出租人有权要求分租人在分租人支付给承租人的租金范围内支付承租人应当支付给自己的租金。

（二）工人对工程主人享有的直接权

根据《法国民法典》第 1798 条的规定，当工程主人将自己的工程发包给建筑工程公司或者建筑工程承揽人建造时，如果建筑工人在受雇建筑工程之后没有拿到自己的工资，他们有权要求工程主人支付自己的雇主原本应当支付的工资。《法国劳动法典》第 L.3253-23 条也规定了同样的直接权。

（三）被代理人对再代理人享有的直接权

根据《法国民法典》第 1994（2）条的规定，当被代理人将代理自己行为的权利授予给代理人时，如果代理人将被代理人委托的事务委托给了再代理人，被代理人有权直接要求再代理人就其实施的行为对自己承担债务。在 1960 年 12 月 27 日的案件当中，法国最高法院民一庭对这一条款做出了解释，认为该条也允许再代理人对被代理人享有直接权：如果代理人没有支付再代理人的报酬或者其他费用，再代理人有权要求被代理人支付自己的报酬和其他费用。

二、《法国民法典》之外的其他制定法所规定的债权人直接权

除了《法国民法典》对三种具体情形下的债权人直接权做出明确规定之外，法国立法者还在自己制定的众多法律当中对某些具体情形的直接权做出了规定，这些规定

---

① Jacques Flour, Jean-Luc Aubert, Éric Savaux, Droit civil, Les Obligations, 3. Le rapport d'obligation, 7e édition, Dalloz, 2011, pp. 84-85; Philippe Malaurie, Laurent Aynès, Philippe Stoffel-Munck, Droit Des Obligations, 8e édition, LGDJ, 2016, p. 679; Rémy Cabrillac, Droit des Obligations, 12e édition, Dalloz, 2016, pp. 405-406; Virginie Larribau-Terneyre, Droit civil Les obligations, 15e édition, Dalloz, 2017, pp. 138-139; Jérôme François, Les obligations, Régime general, Tome 4, 4e édition, Economica, 2017, pp. 438-439; François Terré, Philippe Simler, Yves Lequette, François Chénedé, Droit civil, Les obligations, 12e édition, Dalloz, 2018, pp. 1677-1679.

众多,包括但是不限于以下情形:①

（一）侵权行为的受害人对行为人的保险人所享有的直接权

根据《法国保险法典》第 L.124 - 3 条的规定,当行为人实施的侵权行为引起他人损害的发生时,在行为人就自己实施的侵权行为进行了投保时,他人作为受害人有权要求保险人赔偿行为人实施的行为给自己造成的损害。

（二）抚养、扶养、赡养债务的债权人对自己债务人的债务人享有的直接权

根据《法国民事执行程序法典》第 L.213 - 1 条的规定,当债务人对债权人承担抚养、扶养、赡养债务时,在债务人不履行所承担的这些债务时,享有抚养、扶养、赡养债务的债权人也有权要求债务人的债务人履行原本应当由债务人履行的这些债务。

（三）分包人对工程主人享有的直接权

根据1975 年 12 月 31 日的制定法第 12 条和其他条款的规定,当工程主人将自己的工程发包给承包人时,如果承包人将所承包的工程转包给分包人,在承包人不支付工程款时,分包人能够要求工程主人支付原本应当由承包人支付的工程款。

（四）海上船舶的出租人对船舶的分租人享有的直接权

根据1966 年 7 月 18 日的制定法第 14 条的规定,当海上船舶的所有权人将自己的船舶出租给承租人时,如果承租人将所承租的船舶再出租给分租人,在承租人不支付租金时,出租人有权要求分租人支付原本应当由承租人支付的租金给自己。

（五）雇主对行为人和保险人享有的直接权

当雇员遭受劳动事故的侵害时,如果雇主对其雇员遭受的损害进行了赔偿,他们有权直接要求行为人或者保险人支付原本应当由行为人或者保险人所支付的赔偿金给自己。

（六）对保险财产享有担保权的人对保险人享有的直接权

根据《法国保险法典》第 L.121 - 13 条的规定,当保险财产供作债权人债权的担保时,无论是抵押、质押,在保险财产因为意外事故而毁损灭失时,对该种财产享有担保权的债权人有权直接要求保险公司赔偿自己遭受的损害。

---

① Jacques Flour, Jean-Luc Aubert, Éric Savaux, Droit civil, Les Obligations, 3. Le rapport d'obligation, 7e édition, Dalloz, 2011, pp. 84 - 85; Philippe Malaurie, Laurent Aynès, Philippe Stoffel-Munck, Droit Des Obligations, 8e édition, LGDJ, 2016, p. 679; Rémy Cabrillac, Droit des Obligations, 12e édition, Dalloz, 2016, pp. 405 - 406; Virginie Larribau-Terneyre, Droit civil Les obligations, 15e édition, Dalloz, 2017, pp. 138 - 139; Jérôme François, Les obligations, Régime general, Tome 4, 4e édition, Economica, 2017, pp. 438 - 439; François Terré, Philippe Simler, Yves Lequette, François Chénedé, Droit civil, Les obligations, 12e édition, Dalloz, 2018, pp. 1677 - 1679.

三、法国最高法院在合同链和合同群当中创设的债权人直接权

在法国，基于制定法明确规定所产生的直接权在性质上当然属于债权人直接权，这一点毫无疑问。问题在于，当法官通过司法判例创设直接权时，他们所创设的直接权是否属于债权人直接权？对于此种问题，民法学者之间存在不同看法。某些民法学者认为，债权人直接权仅限于制定法的明确规定，法官在司法判例当中所确认的直接权是虚假的直接权，而另外一些民法学者则认为，基于公平的考虑，除了立法者的意图能够产生直接权之外，法官的意图也能够产生直接权。

在今时今日，在讨论司法判例是否能够创设债权人直接权时，民法学者所争论的焦点是：法国最高法院在合同群和合同链当中所创设的担保性质的直接权（l'action directe en garantie）、民事责任性质的直接权（l'action directe en responsabilité civile）、责任性质的直接权（l'action directe en responsabilité）是否属于真正的债权人直接权。

François 采取否定理论，他认为，担保性质的直接权或者民事责任性质的直接权在性质上不属于真正的债权人直接权。他指出，真正的债权人直接权以债权人与第三人之间欠缺预先存在的某种债的关系作为必要条件，而在合同群或者合同链当中，债权人与第三人之间则存在此种预先的债的关系，另一方面，合同群或者合同链当中的直接权在性质上属于合同性质的直接权，而真正意义上的直接权则源自立法者的意图，与当事人之间的意图无关。① 而 Terré、Simler 和 Lequette 等人则采取肯定理论，他们认为，就像清偿性的直接权在性质上属于债权人直接权一样，责任性的直接权也属于债权人直接权，而责任性的直接权则是指在合同群或者合同链当中的直接权：诸如买受人对第一个买卖合同当中的出卖人所享有的直接权、不动产的所有权人对不动产的建造者或者承揽者所享有的直接权等。②

笔者采取 Terré、Simler 和 Lequette 等人的看法，认为合同群或者合同链当中的直接权在性质上也属于债权人直接权，因为它们是由法官在自己的司法判例当中所确认的直接权。所谓合同群（les groupes de contrats），是指由表面上具有独立性但实质上具有非常紧密联系的几个合同结合在一起所形成的一个有机整体。③ 所谓合同链（les chaînes de contrat），是指一个合同与另外一个合同之间不仅存在先后缔结顺序并且这两个具有先后缔结顺序的合同均是建立在同一对象（même objet）或者同一目的（ou même but）的基础上。④ 关于合同群与合同链之间的关系问题，民法学者之间存在不同看法：某些民法学者仅仅承认合同群，他们将合同链视为合同群的组成部分，而另外一些民法学者则明确区分合同群和合同链。

不过，在债权人直接权的问题上，笔者并不区分它们，认为它们在性质上属于同一个制度。因为，无论是合同群还是合同链均是由一系列的合同组成的，这些合同在表面

---

① Jérôme François, Les obligations, Régime general, Tome 4, 4e édition, Economica, 2017, pp. 436–437.
② François Terré, Philippe Simler, Yves Lequette, François Chénedé, Droit Civil, les Obligations, 12e édition, Dalloz, 2018, pp. 1680–1681.
③ 张民安：《法国合同法总论》，中山大学出版社 2021 年版，第 297 页。
④ 张民安：《法国合同法总论》，中山大学出版社 2021 年版，第 293 页。

上是相互对立、互不相同的，它们在各自的领域产生法律效力。不过，它们实质上则是非常紧密地联系在一起并且作为一个有机整体在发挥自己的法律效力。因为这样的原因，法国最高法院在自己的司法判例中认为，即便第一个合同的当事人与第二个合同的当事人之间不存在合同关系，第二个合同的债权人有权要求法官责令第一个合同的债务人对自己履行他们原本应当对第一个合同的债权人履行的债务。

此种理论主要在存在瑕疵的两个买卖合同当中适用，根据此种理论，如果出卖人将其有瑕疵的出卖物出卖给买受人，在买受人将其购买的财产再出卖给新的买受人时，第一个出卖人被称为最初出卖人（vendeur initial），第二个出卖人被称为中间出卖人（vendeur intermédiaire），而新的买受人则被称为再购买人（le sous-acquéreur）。如果最初出卖人所出卖的财产存在瑕疵并因此引起再购买人损害的发生，再购买人是否有权要求法官责令最初出卖人对自己承担合同责任？①

在 1825 年 1 月 5 日的案件当中，法国最高法院首次做出了肯定回答，认为再购买人有权直接对最初出卖人提起诉讼，要求法官责令他们对自己承担瑕疵担保责任。在 1884 年 11 月 12 日的案件当中，法国最高法院再一次重复了此种做法。在 1963 年 2 月 4 日的案件和 1972 年 1 月 5 日的两个案件当中，法国最高法院民一庭仍然采取了它在 1825 年和 1884 年的做法，允许再购买人直接要求最初出卖人对自己遭受的损害承担合同责任。②

在这些案件当中，法国最高法院认为，在不存在合同关系的情况下，再购买人之所以享有合同性质的诉权，是因为物的出卖并不仅仅涉及有体物的出卖，还包括与物有关系的附属内容的出卖，尤其是中间出卖人原本享有的能够对最初出卖人提起诉讼的权利的出卖。换言之，当最初出卖人将其有瑕疵的有体物出卖给第一个买受人时，第一个买受人就取得了对最初出卖人享有的诉权。当第一个买受人将其购买的有体物再出卖给再购买人时，除了取得第一个购买者所出卖的有体物之外，再购买人也取得了第一个购买者对最初出卖人享有的诉权，他们能够依据所取得的此种直接诉权起诉最初出卖人。这就是法国最高法院在合同群或者合同链当中所确立的可转移的瑕疵担保责任（transfert de garantie des vices cachés.）、可转移的合同权利（transfert des actions contractuelle）、担保性质的直接权（l'action directe en garantie）、责任性质的直接权、民事责任性质的直接权。③

---

① Civ. 5 janvier 1825，S. 1820. 1. 213；Cass. civ. 12 novembre 1884，D. 1885. 1. 357；Cass. 1re civ. 4 févr. 1963；Cass. 1re civ. 5 janvier 1972；张民安：《法国合同法总论》，中山大学出版社 2021 年版，第 294 - 295 页。

② Civ. 5 janvier 1825，S. 1820. 1. 213；Cass. civ. 12 novembre 1884，D. 1885. 1. 357；Cass. 1re civ. 4 févr. 1963；Cass. 1re civ. 5 janvier 1972；张民安：《法国合同法总论》，中山大学出版社 2021 年版，第 294 - 295 页。

③ 张民安：《可转移的瑕疵担保责任——法国民法的新学说》，《中外法学》1997 年第 2 期，第 112 - 115 页；张民安：《现代法国侵权责任制度研究》，法律出版社 2007 年版，第 35 - 44 页；张民安：《法国合同法总论》，中山大学出版社 2021 年版，第 294 - 295 页。

第四节　债权人直接权的行使条件

《法国民法典》新的第1341－3条在规定直接权时没有对债权人行使此种权利的条件做出说明。虽然少数民法学者对债权人行使直接权的条件做出了说明，但是，他们的说明非常简单，完全无法与他们针对债权人代位权和撤销权的行使条件所做出的详尽说明相提并论。此外，他们的说明也并非完全相同。

在1914年的博士学位论文《债权人的直接权和〈法国民法典〉第1753条、第1798条和第1994条解释》当中，Henry Solus认为，债权人直接权的行使应当具备三个条件：债权人有行使直接权的利害关系；债权人的债权应当是可予行使的债权；对第三人享有权利的债务人消极不作为。[1] 而在2017年的《债》当中，Larribau-Terneyre则认为，债权人直接权行使的条件有两个：债权人的债权是可予行使的债权；除了他人对行为人的保险人所主张的直接权之外，债务人应当没有行使自己对第三人的债权并且已经陷入资不抵债当中。[2]

笔者认为，债权人直接权的行使应当具备四个条件：债权人对第三人行使直接权具有利害关系；债权人的债权应当是确实的、肯定的和可予行使的；债务人对第三人享有的债权也应当是确实的、肯定的和可予行使的；债务人原则上已经陷入资不抵债之中，并且没有积极行使自己对第三人享有的债权。

一、债权人对直接权的行使具有利害关系

债权人行使直接权应当具备的第一个条件是，他们对行使直接权具有利害关系，这一点与他们行使代位权和撤销权的条件是一致的，这同样是"没有利害关系就没有诉权"（Pas d'intérêt, pas d'action）的一般原则、法律格言的要求。所谓债权人对直接权具有利害关系，是指债权人对债务人享有的债权没有获得清偿，因为债务人没有或者不能够履行对债权人承担的债务。换言之，仅仅在债权人对债务人享有的债权没有获得清偿的情况下，债权人才能够对债务人之外的第三人主张债权的清偿，如果债权人的债权因为债务人的清偿行为而获得了实现，则他们不得对第三人行使直接权。在对第三人行使直接权时，债权人无须首先对没有或者不能够履行自己债务的债务人行使诉权，他们有权在不起诉或者不同时起诉债务人的情况下直接起诉第三人，要求法官责令第三人替债务人履行对自己承担的债务。[3]

---

[1] Henry Solus, L'action directe et l'interprétation des articles 1753, 1798, 1994 du Code Civil, Paris, Librairie de la Société du Recueil Sirey, 1914, pp. 77 – 83.

[2] Virginie Larribau-Terneyre, Droit civil Les obligations, 15e édition, Dalloz, 2017, p. 139.

[3] Henry Solus, L'action directe et l'interprétation des articles 1753, 1798, 1994 du Code Civil, Paris, Librairie de la Société du Recueil Sirey, 1914, pp. 77 – 83.

二、债权人的债权应当是确实的、肯定的和可予行使的

债权人行使直接权应当具备的第二个条件是,行使直接权的债权人对债务人享有的债权应当是确实的、肯定的和可予行使的。

当债权人对第三人行使直接权时,他们应当对自己的债务人享有债权,并且他们所享有的债权还因为债务人的没有履行而存在。问题在于,债权人享有的债权是否应当同时具备确实性、肯定性和可予行使性? 对此问题,民法学者之间的说明存在差异。Solus 认为,仅仅具备债权的可予行使性,债权人就能够行使直接权,至于说债权人的债权是否需要具备确实性、肯定性,他没有做出明确说明。[1] Francois 认为,当债权人行使直接权时,他们对债务人享有的债权应当具有可予行使性,但是,无须具备肯定性。[2] 而 Terré、Simler 和 Lequette 等人则认为,在行使直接权时,债权人的债权应当是确实的,但是,他们的债权没有必要是肯定的或者可予行使的。[3] 不过,这些民法学者均认为,在行使直接权时,债权人享有的债权无须通过某种具有强制执行力的凭证加以证明。

实际上,民法学者之间的这些看法均存在问题,因为,如果行使直接权,债权人享有的债权应当同时具有确实性、肯定性和可予行使性,因为债权人行使直接权的目的在于通过第三人履行债务的方式实现自己的债权,就像所有债务人通过履行债务的方式消灭债权人的债权一样,当债权人要求第三人履行债务时,他们对债务人享有的债权应当是确实的、肯定的和可予行使的。

三、债务人对第三人享有的债权也应当是确实的、肯定的和可予行使的

债权人行使直接权应当具备的第三个条件是,债务人对第三人享有的债权也应当是确实的、肯定的和可予行使的。虽然民法学者很少做出说明,但是,当债权人对第三人享有直接权时,他们应当具备一个必要条件:债务人不仅对第三人享有债权,而且他们对第三人享有的债权也应当是确实的、肯定的和可予行使的,因为债权人的直接权以债务人对第三人享有债权和能够行使债权作为基础。如果第三人不对债务人承担债务,或者如果第三人已经对债务人履行了所承担的债务,债权人不能够对第三人行使直接权。

四、债务人原则上已经陷入资不抵债的状态并且没有积极行使对第三人享有的债权

除非制定法另有不同的规定,否则,债权人行使直接权应当具备的第四个条件是,债务人因为陷入资不抵债的状态当中而不能够履行对债权人承担的债务,而且他们也没有积极行使对第三人享有的债权。如果债务人履行了对债权人承担的债务,则债权人享

---

[1] Henry Solus, L'action directe et l'interprétation des articles 1753, 1798, 1994 du Code Civil, Paris, Librairie de la Société du Recueil Sirey, 1914, pp. 80 – 81.

[2] Virginie Larribau-Terneyre, Droit civil Les obligations, 15e édition, Dalloz, 2017, p. 139.

[3] François Terré, Philippe Simler, Yves Lequette, François Chénedé, Droit Civil, les Obligations, 12e édition, Dalloz, 2018, p. 1683.

有的债权就因为债务人的清偿行为而消灭,他们无需再要求第三人对自己履行债务。仅仅在债务人没有履行债务时,债权人只能够对第三人行使直接权。不过,债权人不能仅仅因为债务人不履行债务而对第三人主张直接权,因为,如果债务人有清偿能力,则债权人应当向法院起诉,要求法官对债务人采取强制执行措施,以便自己对债务人享有的债权得以清偿。原则上,仅仅在债务人已经陷入了资不抵债的状况当中时,债权人才能够行使直接权,因为,也仅仅到了此时,债权人才有对第三人行使直接权的利害关系。①

即便债务人已经陷入了资不抵债的状态,债权人也不能够行使直接权,因为,如果债务人自己积极有效地行使对第三人享有的权利,债权人也不能要求第三人对自己履行债务,仅仅在债务人不积极行使自己对第三人享有的债权时,债权人才能够对第三人主张直接权。这一点同债权人代位权的要求是完全一样的,因为代位权也以债务人没有积极行使自己对第三人享有的权利作为条件,已如前述。在例外情况下,如果制定法明确规定,债权人行使直接权不以债务人已经陷入资不抵债的状态和不以债务人不积极行使权利作为条件,债权人也能够在债务人有清偿能力时行使直接权。最典型的体现是,《法国保险法典》就明确规定,一旦他人因为行为人实施的侵权行为而遭受损害,他人就能够向法院起诉,要求保险公司赔偿自己因为行为人实施的侵权行为而遭受的损害,无论行为人是否具有清偿能力、是否已经陷入资不抵债的状态均在所不问。②

第五节　债权人直接权的法律效力

一、债权人行使直接权的双重限制

当债务人没有或者不能够履行对债权人承担的债务时,债权人有权向法院起诉,要求法官责令债务人之外的第三人履行原本应当由债务人履行的债务。因此,在行使直接权时,债权人是原告,第三人是被告,其中的原告要求被告清偿自己的债权,而被告则应当清偿原告的债权。就像在债权人代位权和债权人撤销权当中一样,在债权人提起要求第三人实施清偿行为的诉讼时,债务人在理论上无须参与诉讼,不过,在实践当中,他们往往参与了诉讼,因为只有在他们参与诉讼时,法官针对债权人和第三人之间的诉讼判决才能够对债务人产生法律效力。③

---

① Henry Solus, L'action directe et l'interprétation des articles 1753, 1798, 1994 du Code Civil, Paris, Librairie de la Société du Recueil Sirey, 1914, pp.79-80, pp.81-82; Virginie Larribau-Terneyre, Droit civil Les obligations, 15e édition, Dalloz, 2017, p.139.

② Henry Solus, L'action directe et l'interprétation des articles 1753, 1798, 1994 du Code Civil, Paris, Librairie de la Société du Recueil Sirey, 1914, pp.79-80, pp.81-82; Virginie Larribau-Terneyre, Droit civil Les obligations, 15e édition, Dalloz, 2017, p.139.

③ Virginie Larribau-Terneyre, Droit civil Les obligations, 15e édition, Dalloz, 2017, p.139; François Terré, Philippe Simler, Yves Lequette, François Chénedé, Droit civil, Les obligations, 12e édition, Dalloz, 2018, p.1684.

在主张直接权时，债权人是为了谁的利益和以谁的名义起诉？对此问题，《法国民法典》新的第1341-3条在规定直接权时没有做出明确说明。民法学者普遍认为，债权人是以自己的名义和为了自己的利益而行使直接权，他们既不是为了债务人或者债务人的所有其他债权人的利益行使此种权利，也不是以债务人的名义行使直接权。① 这从民法学者对债权人直接权的界定当中可窥一斑，已如前述。不过，在对第三人行使直接权时，债权人应当受到双重限制：②

第一，在对第三人行使直接权时，债权人应当受到自己对债务人享有的债权的限制。凭借直接权，虽然债权人有权要求法官责令第三人清偿自己的债权，但是，他们要求第三人清偿的债权范围不得超过他们对自己的债务人所享有的债权范围。因此，出租人虽然能够要求分租人支付债务人拖欠自己的租金，但是，他们也只能够要求分租人在出租人原本应当支付给自己的租金范围内支付自己的租金。同样，虽然他人作为受害人有权要求行为人的保险人支付自己遭受的损害赔偿，但是，他们也只能够在行为人原本应当赔偿自己的损害范围内要求保险人赔偿自己遭受的损害。

第二，在对第三人行使直接权时，债权人应当受到债务人对第三人享有的债权范围限制。凭借直接权，虽然债权人有权要求法官责令第三人清偿自己的债权，但是，第三人仅仅在债务人对自己享有的债权范围内清偿债权人的债权。换言之，第三人仅仅在自己对债务人承担的债务范围内清偿债权人的债权，他们清偿的债权范围不得超过债务人对自己享有的债权范围。因此，出租人虽然能够要求分租人支付承租人拖欠自己的租金，但是，他们也只能够要求分租人在原本应当支付给承租人的租金范围内支付自己的租金。同样，虽然他人作为受害人有权要求行为人的保险人支付自己遭受的损害赔偿，但是，他们也只能够在保险人支付给被保险人即行为人的赔偿金数额内要求保险人赔偿自己遭受的损害。

二、在第三人清偿的范围内债务人对债权人承担的债务消灭

虽然《法国民法典》新的第1341-3条对债权人直接权做出了规定，但是，它没有对债权人直接权产生的法律效力做出规定。虽然如此，该条将债权人直接权视为一种特殊形式的强制履行措施，因此，它能够产生一般债的清偿所产生的法律效力：当第三人履行了债务人对债权人承担的债务时，在所履行的债务范围内，除了债务人对债权人承担的债务消灭之外，第三人对债务人承担的债务也消灭。③ 因此，当A将自己的房屋以10000欧元出租给承租人B时，如果承租人B将所承租的房屋以11000欧元再出租给

---

① Henri et Léon Mazeaud, Jean Mazeaud, François Chabas, Obligations, 9e édition, Montchrestien, 1998, p.85; François Terré, Philippe Simler, Yves Lequette, François Chénedé, Droit civil, Les obligations, 12e édition, Dalloz, 2018, p.1674.

② Henri et Léon Mazeaud, Jean Mazeaud, François Chabas, Obligations, 9e édition, Montchrestien, 1998, p.85; Jacques Flour, Jean-Luc Aubert, Éric Savaux, Droit civil, Les Obligations, 3. Le rapport d'obligation, 7e édition, Dalloz, 2011, p.85; Philippe Malaurie, Laurent Aynès, Philippe Stoffel-Munck, Droit Des Obligations, 8e édition, LGDJ, 2016, p.680; Virginie Larribau-Terneyre, Droit civil Les obligations, 15e édition, Dalloz, 2017, p.140.

③ Rémy Cabrillac, Droit des Obligations, 12e édition, Dalloz, 2016, p.406; François Terré, Philippe Simler, Yves Lequette, François Chénedé, Droit civil, Les obligations, 12e édition, Dalloz, 2018, p.1685.

分租人 C，当 B 不能够支付 10000 欧元的租金给 A 时，A 要求 C 清偿 B 应当清偿的 10000 欧元租金债务。当 C 将 10000 欧元的租金支付给 A 时，除了 B 对 A 承担的 10000 欧元债务消灭之外，C 对 B 承担的 10000 欧元的租金债务也消灭，不过，C 对 B 承担的 1000 欧元的债务仍然有效。

三、债务人对第三人享有的债权的固定化

在符合债权人直接权的条件时，虽然第三人应当对债权人履行债务，但是，第三人对债权人履行债务的时间因为直接权的性质不同而不同。

总的说来，如果债权人对第三人享有的直接权是完全性的直接权，从债权人对债务人享有的债权产生之日起，第三人就应当清偿债务人对债权人承担的债务，因为，一旦债权人对债务人享有的债权产生，债务人对第三人享有的债权就被用来供作债权人债权的清偿之用。因此，一旦他人作为受害人遭受了作为被保险人的行为人的侵害，从他人遭受侵害之日起，保险人就应当赔偿他人遭受的损害。因为，从他人遭受损害之日起，被保险人对保险人享有的损害赔偿就用来赔偿他人遭受的损害。

如果债权人对第三人享有的直接权是不完全性的直接权，第三人并不是从债权人对债务人享有的债权产生之日起清偿债权人的债权，而是从债权人对他们提出清偿请求之日起清偿债权人的债权：即便债权人对债务人享有的债权产生了，如果债权人没有对第三人提出清偿请求，第三人不负责清偿债务人对债权人承担的债务，仅仅在他们收到了债权人的清偿请求时，他们才负责清偿债权人的债权。因此，当出租人将其房屋出租给承租人时，他们就对其承租人享有租金支付债权。但是，在出租人享有的租金债权产生时，分租人无须清偿出租人的租金债权；仅仅在出租人对分租人提出让分租人将原本应当支付给承租人的租金支付给自己时，分租人才负有将租金支付给出租人的债务。

法国民法学者将此种规则称为债务人对第三人所享有的债权的固定化（immobilisée immobilisation）。因此，如果债权人对第三人享有的直接权在性质上属于完全性的直接权，则从债权人对债务人享有的债权产生之日起，债务人对第三人享有的债权就固定化；反之，如果债权人对第三人享有的直接权在性质上属于不完全性的直接权，则从债权人对第三人提出清偿请求之日起，债务人对第三人享有的债权固定化。

民法学者之所以区分固定化的时间，是因为固定化的时间直接关系到债务人与第三人之间所实施的行为的法律效力：在债务人对第三人的债权固定化之前，债务人有权与第三人之间实施让债务人对第三人享有的债权消灭的各种行为，例如，债务人可以免除第三人对自己的债务，债务人可以转让自己对第三人享有的债权，第三人可以清偿自己对债务人承担的债务，债务人可以让法官对第三人的财产采取强制执行措施，债务人可以与第三人之间达成债务抵销协议等，在这些情况下，债务人对第三人享有的债权消灭

了，因为他们之间实施的这些行为是合法有效的。①

而一旦债务人对第三人的债权固定化，则他们之间就不能够再实施这些行为，如果债务人与第三人仍然实施这些行为，则他们实施的这些行为不能够对抗行使直接权的债权人，第三人仍然应当清偿债权人的债权，就像他们对债务人承担的债务没有被清偿、免除、抵销或者转让一样。根据此种规则，如果债权人享有的直接权属于完全性的直接权，则从债权人对债务人享有的债权产生之日起，债务人与第三人之间就不能够实施这些行为，而如果债权人享有的直接权属于不完全性的直接权，则在债权人对第三人提出清偿请求之日起，债务人与第三人之间不能够再实施这些行为，也因为此种原因，民法学者普遍认为，完全性的直接权是最有效的一种手段。②

四、第三人对债权人享有的抗辩权

当债权人向法院起诉，要求法官责令第三人履行债务人原本应当履行的债务时，第三人并非一定会被法官责令履行债务人所承担的债务，因为，如果第三人享有抗辩权并且行使所享有的抗辩权的话，法官会拒绝责令第三人对债权人履行债务。当债务人要求第三人对自己履行债务时，如果第三人能够以某种抗辩对抗债务人的请求，当债权人要求法官责令第三人履行债务时，第三人也能够以他们原本能够对抗债务人的抗辩对抗债权人的履行请求。因此，当他人作为受害人要求保险人替行为人对自己承担损害赔偿责任时，保险人能够以保险合同无效作为拒绝履行此种债务的抗辩，因为他们能够以此种抗辩对抗作为行为人的被保险人。③

如果债权人享有的直接权在性质上属于不完全性的直接权，当债权人要求第三人对自己履行债务时，第三人是否能够以自己与债务人之间实施的行为对抗债权人的请求？答案在于，在债务人对第三人享有的债权固定化之前，如果第三人与债务人之间实施了某种行为，他们能够以这些行为对抗债权人。因此，在债权固定化之前，如果债务人免除了第三人的债务，或者如果债务人将自己对第三人享有的债权转让给了别人，或者如果第三人已经清偿了债务人的债权，则当债权人要求第三人履行债务时，第三人能够以固定化之前的这些行为对抗债权人，但是，如果债务人与第三人之间实施的这些行为发

---

① Philippe Malaurie, Laurent Aynès, Philippe Stoffel-Munck, Droit Des Obligations, 8e édition, LGDJ, 2016, pp. 680 – 681；Rémy Cabrillac, Droit des Obligations, 12e édition, Dalloz, 2016, pp. 406 – 407；Jérôme François, Les obligations, Régime general, Tome 4, 4e édition, Economica, 2017, pp. 439 – 440；François Terré, Philippe Simler, Yves Lequette, François Chénedé, Droit civil, Les obligations, 12e édition, Dalloz, 2018, pp. 1684 – 1685.

② Philippe Malaurie, Laurent Aynès, Philippe Stoffel-Munck, Droit Des Obligations, 8e édition, LGDJ, 2016, pp. 680 – 681；Rémy Cabrillac, Droit des Obligations, 12e édition, Dalloz, 2016, pp. 406 – 407；Jérôme François, Les obligations, Régime general, Tome 4, 4e édition, Economica, 2017, pp. 439 – 440；François Terré, Philippe Simler, Yves Lequette, François Chénedé, Droit civil, Les obligations, 12e édition, Dalloz, 2018, pp. 1684 – 1685.

③ Jacques Flour, Jean-Luc Aubert, Éric Savaux, Droit civil, Les Obligations, 3. Le rapport d'obligation, 7e édition, Dalloz, 2011, p. 85.

生在债权固定化之后,则第三人不能够以这些行为对抗债权人。①

五、债权人直接权让债权人享有优先权

一旦债务人对第三人享有的债权被固定化,则债务人对第三人享有的债权就自动成为债权人债权的排他性担保。所谓自动成为债权人债权的排他性担保,是指当第三人实施清偿行为时,他们是直接对债权人本人实施清偿行为,债权人既能够优先于债务人的其他普通债权人从第三人的清偿当中获得债权的清偿,也能够优先于债务人的有担保的债权人从第三人的清偿当中获得债权的清偿。

民法学者将债权人直接权所产生的此种法律效力称为优先权（droit de préférence）并且认为它是债权人直接权最大的优势。根据此种优先权,债务人对第三人享有的债权不会成为债务人的个人财产的组成部分并因此让主张直接权的债权人与债务人的其他债权人按照集体规则予以平等清偿,这一点让债权人直接权区别于代位权,因为通过代位权取得的成果成为债务人财产的组成部分并且供所有债权人按照比例分配,已如前述。②

---

① Jacques Flour, Jean-Luc Aubert, Éric Savaux, Droit civil, Les Obligations, 3. Le rapport d'obligation, 7e édition, Dalloz, 2011, pp. 85 – 86; Philippe Malaurie, Laurent Aynès, Philippe Stoffel-Munck, Droit Des Obligations, 8e édition, LGDJ, 2016, pp. 680 – 681; Rémy Cabrillac, Droit des Obligations, 12e édition, Dalloz, 2016, pp. 406 – 407; Jérôme François, Les obligations, Régime general, Tome 4, 4e édition, Economica, 2017, pp. 439 – 440; François Terré, Philippe Simler, Yves Lequette, François Chénedé, Droit civil, Les obligations, 12e édition, Dalloz, 2018, pp. 1684 – 1685.

② Rémy Cabrillac, Droit des Obligations, 12e édition, Dalloz, 2016, p. 407; Virginie Larribau-Terneyre, Droit civil Les obligations, 15e édition, Dalloz, 2017, p. 140; François Terré, Philippe Simler, Yves Lequette, François Chénedé, Droit civil, Les obligations, 12e édition, Dalloz, 2018, pp. 1685 – 1686.

第五编
债的交易

第十五章 债的转让的一般理论

第一节 债的转让所涉及的当事人

一、三人间的交易

债一旦产生即成为债权人和债务人之间的法律关系,其中的债权人对债务人享有债权,而债务人则对债权人承担债务。不过,作为一种财产,债也能够进行积极或者消极的流通,并因此让债成为三人间的一种交易。所谓三人间的交易(opération à trois personne),是指一种法律状况,在该种法律状况当中,三方当事人之间建立了法律关系。根据情况的不同,三人间的交易包括两类不同的情形。①

有时,三人间的交易是指在债最初产生时就涉及三方当事人,也就是多方当事人之间的法律行为、多方当事人之间的合同。法律行为或者合同的当事人往往是两方当事人。例如,买卖合同和租赁合同的当事人分别是买方和买方、出租人和出租人,在买方和卖方、出租人和承租人之外没有第三方当事人。不过,某些法律行为、某些合同则涉及三方当事人,其中的每一方当事人所发挥的作用是不同的。例如,货物运输合同涉及三方当事人:发货人、承运人和收货人。再例如,为第三人利益的合同(la stipulation pour autrui)也涉及三方当事人:允诺者(promettant)、订约者(le stipulant)和受益人(le bénéficiaire)。同样,消极连带和积极连带当中也涉及三方当事人,已如前述。②

有时,三人间的交易并不是指在债最初产生时就涉及三方第三人,因为在债最初产生时,当事人之间的双务债仅仅涉及两方当事人,但是,在债产生之后的存续期间,当事人之间的债由两方当事人嬗变为三方当事人。在债存续期间,两方当事人之间的债之所以能够嬗变为三人间的交易,是因为在债存续期间,债的一方当事人或者求助于第三人履行自己对另外一方当事人所承担的全部或者部分债务,此时,原本为两方当事人的债嬗变为三方当事人之间的交易。采取此种交易方式的合同多种多样,诸如:分合同(sous-contrat),债务的指令承担(délégation);或者将自己享有的债权转让给第三人(债权转让),或者将自己承担的债务转让给第三人(转让转让),甚至将自己的整个合同身份转让给第三人(合同转让)。③

---

① Philippe Malaurie, Laurent Aynès, Philippe Stoffel-Munck, Droit des obligations, 8e édition, LGDJ, 2016, p. 771.
② Philippe Malaurie, Laurent Aynès, Philippe Stoffel-Munck, Droit des obligations, 8e édition, LGDJ, 2016, p. 771.
③ Philippe Malaurie, Laurent Aynès, Philippe Stoffel-Munck, Droit des obligations, 8e édition, LGDJ, 2016, p. 771.

在上述两种不同的情形中，第一种情形是债在产生时就涉及三方当事人。而第二种情形，债在产生时仅仅涉及两方当事人，在债存续期间，它嬗变为三方当事人之间的关系。人们普遍将最后一种情形称为三人间的交易。换言之，人们通常将债的转让称为三人间的交易。①

二、债的转让的界定

虽然法国民法学者普遍承认债的转让，但是，仅少数民法学者对债的转让做出了界定，并且他们对债的转让做出的界定大同小异，因为他们认为，债的转让是指债权和债务的转让。例如，Carbonnier 对债的转让做出了这样的界定，他指出："所谓债的转让，是指债的转移（从转让人那里转移到受让人那里）。债的转移或者是积极的（债权转让），或者是消极的（债务转让）。"②

Flour、Aubert 和 Savaux 也对债的转让做出了这样的界定，他们指出："所谓债的转让，是指原债权人或者原债务人将其享有的债权或者承担的债务转移给新的债权人或者新的债务人，以便让新的债权人或者新的债务人取代原债权人或者原债务人。当原债权人或者原债务人将其债权或者债务转移给新的债权人或者新的债务人之后，他们享有的债权或者承担的债务同原债权人或者原债务人享有的债权或者承担的债务是完全相同的。换言之，所谓债的转让，是指在债的内容保持不变的情况下债的主体发生的变更。"③

这些界定所存在的问题是，它们仅仅将债的转让限定在债权转让和债务转让的范围内，没有将合同的转让涵盖其中，与 2016 年以来《法国民法典》的规定不符，因为，通过 2016 年 2 月 10 日的债法改革法令，在规定债的转让时，现行《法国民法典》既承认债权转让和债务转让，也承认合同转让，关于这一点，笔者将在下面的内容当中做出详细的讨论，此处从略。基于此种考虑，笔者对债的转让做出如下界定：所谓债的转让（cessions des obligations），也称为债的流通（la circulation des obligations）、债的主体的变更（changgement de sujet）甚至债的转移（la transmission des obligations），是指债的一方当事人将其对另外一方当事人享有的债权、承担的债务或者合同身份通过转让合同的方式转让给受让人，由受让人取代自己而成为新的债权人、新的债务人或者新的合同当事人。

债的转让是否应当区别于债的转移？所谓债的转移，是指债权人或者债务人死亡时，他们生前享有的债权或者承担的债务作为遗产转移给自己的继承人继续，由继承人取得死者生前的债权或者债务并因此成为新的债权人或者新的债务人。当然，在讨论债的转让时，某些民法学者也将这一术语用于此种含义之外，换言之，他们也将此种含义等同于债的转让。虽然民法学者认为，债权或者债务作为遗产可以转移给继承人继承的

---

① Philippe Malaurie, Laurent Aynès, Philippe Stoffel-Munck, Droit des obligations, 8e édition, LGDJ, 2016, p.771.
② Jean Carbonnier, Droit civil, Les biens Les obligations, puf, 2004, p.2449.
③ Jacques Flour, Jean-Luc Aubert, Éric Savaux, Les obligations, 3. Le rapport d'obligation, 7e édition, Dalloz, 2011, p.305.

制度也属于一种债的转让制度，不过，该种制度属于一种遗产继承制度，因此，他们普遍不会在债的转让当中加以讨论。换言之，在债的转让当中，法国民法学者所讨论的债的转让制度属于一种合同制度，是合同当事人根据意思自治和合同自由的原则将自己的债权、债务或者合同投入流通的一种制度。①

三、债的转让合同所涉及的三方当事人

作为真正的三人间的交易，债的转让合同涉及三方当事人：转让人、受让人和第三人。无论是转让人、受让人还是第三人均可以是自然人或者法人。因为法国民法仅仅承认两种权利主体或者义务主体，这就是自然人和法人。②

所谓转让人（cedant），是指将自己对另外一方当事人享有的债权、承担的债务或者合同身份转让给受让人的人，根据所转让的客体的不同，转让人有三种：债权转让人、债务转让人和合同转让人。所谓债权转让人，是指将自己对债务人享有的债权转让给受让人的人。所谓债务转让人，是指将自己对债权人承担的债务转让给受让人的人。所谓合同转让人，是指将自己在某一合同当中的身份转让给受让人的人。

所谓受让人（cessionnaire），是指从转让人那里获得其转让的债权、债务或者合同身份并因此成为新的债权人、新的债务人或者新的合同当事人的人。根据所受让的客体的不同，受让人也可以分为债权受让人、债务受让人和合同受让人。所谓债权受让人，是指从债权转让人那里获得其转让的债权并因此成为新的债权人的人。所谓债务受让人，是指从债务转让人那里获得其转让的债务并因此成为新的债务人的人。所谓合同受让人，是指从合同当事人那里获得其转让的合同身份并因此成为新的合同当事人的人。

所谓第三人，根据转让情况的不同，或者是指被让债务人（débiteur cédé），或者是指被让债权人（creancier cédé），或者是指被让合同当事人（contractant cédé）。所谓被让债务人，是指债权转让当中的债务人：债权人与债务人之间存在债权债务关系，债权人将自己对债务人享有的债权转让给受让人，其中的债务人的身份和地位不会发生改变，在获得通知之后对新的债权人履行原本应当对转让人承担的债务，该债务人被称为被让债务人。所谓被让债权人，是指债务转让当中的债权人：债务人与债权人之间存在债权债务关系，当债务人将自己对债权人承担的债务转让给受让人时，在获得债权人同意的情况，受让人对债权人承担债务，其中的债权人被称为被让债权人。所谓被让合同当事人，是指合同转让当中没有转让自己合同身份的一方当事人。当甲方与乙方签订合同之后，如果甲方将自己与乙方签订的合同转让给丙方，则乙方被称为被让合同当事人。

---

① Philippe Malaurie, Laurent Aynès, Philippe Stoffel-Munck, Droit des obligations, 8e édition, LGDJ, 2016, pp. 771 – 837；Rémy Cabrillac, Droit des obligations, 12e édition, Dalloz, 2016, pp. 351 – 374；Marjorie Brusorio-Aillaud, Droit des obligations, 8e édition, bruylant, 2017, pp. 321 – 331；Virginie Larribau-Terneyre, Droit civil, Les obligations, 15e édition, Dalloz, 2017, pp. 161 – 186；Jérôme François, Les obligations, Régime general, Tome 4, 4e édition, Economica, 2017, pp. 443 – 613；François Terré, Philippe Simler, Yves Lequette, François Chénedé, Droit civil, Les obligations, 12e édition, Dalloz, 2018, pp. 1687 – 1745.

② 张民安：《法国民法》，清华大学出版社 2015 年版，第 129—131 页；张民安：《法国民法总论（Ⅱ）》，清华大学出版社 2020 年版，第 104—133 页。

第二节 债的转让的历史发展

一、罗马法当中债的转让制度

在早期的罗马法当中，法律完全禁止债的转移或者转让。一方面，早期的罗马法禁止债权人或者债务人的继承人继承债权人或者债务人生前的债权或者债务。因为罗马法认为，无论是债权人还是债务人死亡，他们生前的债权或者债务均已被消灭，不能够作为遗产转由自己的继承人继承。另一方面，早期的罗马法也认为，在生前，债权人或者债务人均不得与受让人签订合同，将自己享有的债权或者承担的债务转让给受让人。[1]

早期的罗马法之所以禁止债的转移或者转让，是因为它完全将债看作是债权人与债务人之间的一种法律关系，看作是他们之间在高度信任的基础上所建立的一种法律关系，该种法律关系需要遵循各种各样的复杂、特别的仪式才能够建立和发生法律效力，如果不遵循这些复杂的、特别的仪式，则他们之间的法律关系也无法产生。而一旦他们遵循了法律所规定的这些复杂、特别的仪式之后，他们之间的法律关系就对他们产生了法律上的约束力，任何一方当事人均应当尊重他们之间所建立的此种法律关系，任何一方当事人均不得将其享有的债权或者承担的债务转让给第三人，否则，其转让行为等同于终止他们之间的法律关系。[2]

不过，鉴于此种规则过分严厉、僵化，无法满足社会发展和变化的需要，在此后的发展过程当中，此种规则逐渐被打破，罗马法逐渐认可特定情况下债的转移或者债的转让的可能性。最初的时候，罗马法认为，当债权人或者债务人死亡时，他们生前享有的债权或者生前承担的债务能够作为遗产转移给自己的继承人继承，这就是因为死亡引起的债的转移（le transfert mortis causa）。罗马法之所以承认此种例外，其原因有二：其一，死者的继承人实际上是死者人格的持续；其二，合同的任何当事人所签订的任何合同均被暗含地视为是为自己的继承人所签订的合同，合同当事人的继承人被视为合同的受益人，除非当事人在自己的合同当中明确排除这一点。[3]

随着经济的发展和交易的频繁发生，从经典罗马法时期开始，也就是从罗马共和时

---

[1] Jacques Flour, Jean-Luc Aubert, Éric Savaux, Les obligations, 3. Le rapport d'obligation, 7e édition, Dalloz, 2011, p.307; David Deroussin, Histoire du Droit des obligations, 2e édition, Economica, 2012, pp.41-45; Philippe Malaurie, Laurent Aynès, Philippe Stoffel-Munck, Droit des obligations, 8e édition, LGDJ, 2016, p.793; Jérôme François, Les obligations, Régime general, Tome 4, 4e édition, Economica, 2017, pp.445-448; François Terré, Philippe Simler, Yves Lequette, François Chénedé, Droit civil, Les obligations, 12e édition, Dalloz, 2018, pp.1689-1691.

[2] G. Lepointe et R. Monier, Les obligations en droit romain et dans l'ancien droit français, Sirey, 1954, pp.103-104; Aurel Constantin, Transfert des créances en droit français et en droit anglais, thèse, Université Jean Moulin Lyon 3, Lyon, 2007, pp.24-25; David Deroussin, Histoire du Droit des obligations, 2e édition, Economica, 2012, p.42.

[3] G. Lepointe et R. Monier, Les obligations en droit romain et dans l'ancien droit français, Sirey, 1954, pp.103-104; Aurel Constantin, Transfert des créances en droit français et en droit anglais, thèse, Université Jean Moulin Lyon 3, Lyon, 2007, pp.24-25; David Deroussin, Histoire du Droit des obligations, 2e édition, Economica, 2012, p.42.

期（la République）开始，罗马法学家逐渐从债权人的立场将债权人享有的债权视为一种财产、一种真正的财富，在罗马法禁止债权转让的情况下，他们提出了几种替代方案，允许债权人通过他们提出的这些替代方案实现债权转让的目的，这就是债权转让的间接方法，这些间接方法包括：其一，债的更新（novatio），根据此种更新，如果债权人与债务人通过神圣的形式表示，让一个新的债权人取代最初的债权人，则债权人可以将自己享有的债权转让给受让人。其二，债的代理制度（procuratio in rem suam），也称为司法代理制度（le mandat judiciaire），根据该种代理制度，债权人赋予第三人以代理权，让他们以自己代理人的身份对债务人主张债权人享有的债权。①

到了后经典罗马法时期，尤其是到了查士丁尼皇帝时期，在这几种间接方式的基础上，罗马法增加了两种新的方法，通过这些新的方法，债权人能够将自己的债权转让给受让人：其一，有益诉权（l'actio utilis）。所谓有益诉权，是指在债权人将自己的债权以债权人的代理制度的方式转让给受让人时，如果债务人不对受让人履行所承担的债务，受让人有权直接向法院起诉，要求法官责令债务人履行对自己承担的债务。其二，对债务人的通知（denuntiatio），所谓对债务人的通知，是指在债权人将自己的债权以债权人的代理制度的方式转让给受让人时，如果债权人已经将此种代理通知了债务人，则债务人不得再对转让人履行债务，他们只能够对受让人履行债务。②

在这些发展的基础上，我们能否说，到了查士丁尼皇帝时期，罗马法已经建立了债的转让制度？对此问题，民法学者之间存在不同看法。Aurel Constantin 做出了否定回答，他指出："罗马法当中并不存在真正意义上的债的转让制度。"③ 而 Jérôme François 则做出了肯定回答，他指出："随着合同形式主义理论的消退，罗马帝国时期的罗马法最终承认了债权转让制度。"④

笔者认为第一种看法更加客观。一方面，即便是到了查士丁尼皇帝时期，罗马法完全禁止债务的转让，债务人不能够以任何方式将自己承担的债务转让给受让人。另一方面，即便到了查士丁尼皇帝时期，罗马法虽然承认了债的更新制度、债的代理制度、有益诉权制度和对债务人的通知制度，人们也不能够说罗马法完全承认了一般意义上的债权转让制度，因为，罗马法所承认的这些制度均不是债权的直接转让制度，而仅仅是债权的间接转让制度，它们目的不在于废除债权的不得转让性的原则，而在于对这一原则设立例外，以便债权人能够通过这些例外制度转让自己的债权。

---

① G. Lepointe et R. Monier, Les obligations en droit romain et dans l'ancien droit français, Sirey, 1954, pp. 386 – 398; Aurel Constantin, Transfert des créances en droit français et en droit anglais, thèse, Université Jean Moulin Lyon 3, Lyon, 2007, pp. 26 – 27; David Deroussin, Histoire du Droit des obligations, 2e édition, Economica, 2012, pp. 43 – 45; Jérôme François, Les obligations, Régime general, Tome 4, 4e édition, Economica, 2017, pp. 445 – 446, p. 567.

② G. Lepointe et R. Monier, Les obligations en droit romain et dans l'ancien droit français, Sirey, 1954, pp. 398 – 399; R. Monier, Manuel élémentaire de droit romain, Réimpression de la 6e ed. 1947, Domat Montchrestien, 1970, p. 264; Aurel Constantin, Transfert des créances en droit français et en droit anglais, thèse, Université Jean Moulin Lyon 3, Lyon, 2007, pp. 27 – 28.

③ Aurel Constantin, Transfert des créances en droit français et en droit anglais, thèse, Université Jean Moulin Lyon 3, Lyon, 2007, p. 24.

④ Jérôme François, Les obligations, Régime general, Tome 4, 4e édition, Economica, 2017, p. 446.

二、法国旧法时期债的转让制度

在法国旧法时期，也就是从中世纪一直到 18 世纪末期之间的时期，法国旧法完全承认债权或者债务的可转移性，这就是，一旦债权人或者债务人死亡，他们生前的债权或者债务可以作为遗产转由自己的继承人继承，包括全部继承和部分继承。法国 18 世纪的著名民法学家 Pothier 在自己的著作当中对这一点做出了清晰的说明，他指出，个人死亡会将其债权人或者债务人的身份转移给自己的继承人继承。①

在法国旧法时期，法国旧法仍然坚持罗马法的规则，禁止债务人通过协议的方式将自己对债权人承担的债务转让给受让人。② 在债权转让的问题上，法国不同时期的旧法所采取的态度是不同的。总的说来，在 13 世纪之前，法国不同地区对待债权转让的态度迥异：在北方，债权转让是被禁止的，而在南方，债权的间接转让则是被允许的，因为人们承认一种间接转让方式即与罗马法当中的代理制度极端类似的代理制度。从 13 世纪开始，整个法国地区均承认了债权的间接转让制度，无论是北部地区还是南部地区，均是如此。这一点完全可以从法国国王在 1344 年颁布的法令（ordonnance de 1344）当中看得一清二楚：根据该法令，大量的债权转让发生在当时设立的香槟集市（les foires de Champagne）。③

在法国旧法时期，习惯法或者旧法在债权转让的问题上所持的态度要比罗马法更开放。一方面，某些地方的法律认为，债权人能够按照买卖合同的方式将自己的债权出卖给买受人，此时，他们仅仅遵循买卖合同的规范。另一方面，某些地方的习惯法对债权的转让做出规定。根据它们的规定，如果债权人要求自己的债务人对另外一个人履行债务，则债务人应当对另外一个人履行债务，如果债权人通过信函将自己享有的债权转让给受让人，则他们能够将自己的债权转让给受让人。④ 例如，无论是 1580 年版本还是 1605 年版本的《巴黎习惯》（*La Coutume de Paris*）⑤ 均明确规定，在不需要借助于代理

---

① David Deroussin, Histoire du Droit des obligations, 2e édition, Economica, 2012, pp.45 – 46.
② Jérôme François, Les obligations, Régime general, Tome 4, 4e édition, Economica, 2017, p.567.
③ J. Brissaud, Cours d'histoire générale du droit français public et privé, A. Fontemoing, 1904, p.485；J.-Ph. Lévy A. Castaldo, Histoire du droit civil, Dalloz, 2e édition, Dalloz, p.1051；Aurel Constantin, Transfert des créances en droit français et en droit anglais, thèse, Université Jean Moulin Lyon 3, Lyon, 2007, p.30.
④ David Deroussin, Histoire du Droit des obligations, 2e édition, Economica, 2012, p.45.
⑤ 在法国巴黎地区，人们在 1510 年完成了这一地区习惯的收集并且将其汇编在一起出版，这就是《巴黎习惯》。在 1580 年和 1605 年，人们分别对《巴黎习惯》进行过两次修订。修订之后的《巴黎习惯》共 16 编 362 条，《巴黎习惯》在性质上是巴黎地区民事法律的汇编（le recueil des lois civiles），它所规定的所有内容均为民事法律方面的内容（les matières civiles），既不包含公法的内容，也不包括刑法的内容。《巴黎习惯》所汇编的习惯属于巴黎地区的一般法律规范，除了能够在巴黎地区适用之外，有时也能够在法国其他地区得到补充适用，这就是，如果其他地区不存在某种习惯，则巴黎地区的习惯能够在这些地区适用。在法国"共同习惯法"形成的过程当中，甚至在 1804 年的《法国民法典》形成过程当中，《巴黎习惯》均起到了重要作用。在法国，自汇编出版之日起，《巴黎习惯》就受到习惯法学家的高度重视，无论是 16 世纪的习惯法学家还是 17 世纪、18 世纪的习惯法学家均对其做出过评注（commentaires）。张民安：《法国民法总论（上）》，清华大学出版社 2017 年版，第 87—89 页。

制度的情况下，债权人能够以单纯的、简单的方式将自己的债权转让给受让人。①

在法国，至少从 12 世纪末期开始，人们就开始承认债权的可转让性，到了 17 世纪，此种观念已经获得了充分的发展。② 因为，至少有两个民法学者承认，当事人是可以自由买卖债权的，出卖人有权不经过债务人的同意就将自己的债权出卖给第三人。一方面，法国蒙彼利埃的律师和法学家 Antoine d'Espeisses（1594—1658 年）③ 在自己的著作当中承认债权转让的存在，认为当事人能够买卖自己享有的债权，他指出："债权人对债务人享有的债权是能够出卖的，无论是即时债权还是附条件的债权均是如此，无需债务人在场，甚至能够违反他们的意图。"④ 另一方面，在自己的著名民法著作《自然秩序当中的民法》当中，著名民法学家 Domat 也承认，债权是能够自由买卖的，他指出："人们不能够出卖有体物、动产和不动产，诸如动物和水果，而且还能够出卖无体物，诸如债权、继承权、地役权和所有其他权利。"⑤

在 18 世纪，虽然著名民法学家 Pothier 在自己的著名民法著作《买卖合同专论》当中对债权转让问题做出了说明，但是，他的说明似乎存在自相矛盾的地方。一方面，他明确承认，买卖双方能够自由买卖债权。他指出："买卖合同的出卖物并非一定要是有体物，人们也能够出卖无体物、道德存在、债权和权利等。"⑥ 另一方面，他又指出，鉴于债是债权人和债务人之间的一种个人关系，尤其是，鉴于债权是债权人固有的权利，债权人不能够将自己享有的债权转让给第三人。

他指出："债权是债权人所享有的个人权利，是债权人自身的固有权利，如果仅仅考虑权利的微妙（la subtilité du droit）之处，债权人不能够将自己的债权转让给另外一个人，也不能够通过出卖方式将自己的债权出卖给买受人。债权人当然能够将自己的债权转移给自己的继承人，因为继承人是债权人的继承者，是死者私人权利的继承者，但是，基于权利的微妙之处，他们不能够将自己的债权转让给第三人，因为债务人仅仅对确定的债权人承担债务，当债权人将自己的债权转让给第三人时，他们不对第三人承担

---

① G. Lepointe et R. Monier, Les obligations en droit romain et dans l'ancien droit français, Sirey, 1954, p. 486; Aurel Constantin, Transfert des créances en droit français et en droit anglais, thèse, Université Jean Moulin Lyon 3, Lyon, 2007, pp. 30 – 31.

② A Constantin, Transfert des créances en droit français et en droit anglais, Université Jean Moulin Lyon 3, Lyon, 2007, p. 30, n° 25.

③ Antoine Despeisses (1594 – 1658), https://data.bnf.fr/fr/10015243/antoine_despeisses/.

④ Jacques Ghestin, Marc Billiau, Grégoire Loiseau, Traité de Droit Civil, Le régime des créances et des dettes, LGDJ, 2005, p. 304.

⑤ Joseph Rémy, Œuvres complètes de J. Domat, Nouvelle édition, Tome 1, Paris, Firmin Didot Père et fils, 1828, p. 166; Jacques Ghestin, Marc Billiau, Grégoire Loiseau, Traité de Droit Civil, Le régime des créances et des dettes, LGDJ, 2005, p. 304.

⑥ M. Bugnet, Œuvres de Pothier, annotées et mises en corrélation avec le Code civil et la legislation actuelle, Tome III, Traité du Contrat de Vente, Traité des Retraits, Traité du Contrat de Constitution de Rente, Paris, Henzri Plon Gosse et Marchal, 1861, p. 4; Jacques Ghestin, Marc Billiau, Grégoire Loiseau, Traité de Droit Civil, Le régime des créances et des dettes, LGDJ, 2005, p. 304.

债务，因为转让行为不是债务人自身实施的行为。"①

不过，Pothier 并不认为他的上述说明是相互矛盾的，因为他认为，虽然债权人不能够通过转让协议或者买卖合同将自己的债权转让给或者出卖给受让人，但是，他们可以通过法学家们所设计的一种制度实现债权转让的目的：在将自己享有的债权转让给受让人时，他们与受让人签订代理合同，让受让人以自己代理人的名义要求债务人对自己履行债务：如果债权人不会从代理人那里获得任何利益，则债权转让构成赠与合同，如果债务人会从代理人那里获得利益，则债权转让构成买卖合同。就是因为此种代理制度的存在，人们在实践当中认定，债权是可以转让的，包括通过赠与合同和买卖合同进行转让。②

三、1804 年的《法国民法典》对待债的转让的态度

1804 年的《法国民法典》基本上保留了罗马法尤其是法国旧法的做法。一方面，它没有对债务是否能够转让的问题作出规定，因为它仅仅对债权是否能够转让的问题作出规定。另一方面，虽然 1804 年的《法国民法典》对债权是否能够转让的问题作出了规定，但是，它并没有将债权的转让当中一个独立的问题加以规定，因为，它采取了法国旧法的做法，将债权的转让作为一种特殊形式的买卖。换言之，它将债权转让合同视为一种买卖合同。1804 年的《法国民法典》之所以采取此种方式，当然是受到了 Domat 和 Pothier 上述主张的影响。

1804 年的《法国民法典》第三卷第六编为买卖，除了对有形财产的买卖做出了规定之外，它也对无形财产权（droits incorporels）的买卖做出了规定，其中的无形财产权既包括债权也包括其他无形财产权。换言之，除了有形财产的买卖之外，当事人也可以买卖债权和其他无形财产权，这就是该编当中的第八章，该章由第 1689 条至第 1701 条组成，根据这些法律条款的规定，债权人有权将自己对债务人享有的债权出卖给买受人即受让人，在转让人将自己的债权转让给受让人时，如果受让人要求法官责令被让债务人对自己履行债务，则他们应当将债权转让的事实通知债务人，或者虽然没有通知债务人，但是，他们能够提供证据，证明债务人已经在公证文书当中同意债权的转让；除非债权人明确承诺担保债务人有清偿能力，否则，当转让人将其债权转让给受让人时，他们不对受让人担保债务人的清偿能力。③

1804 年的《法国民法典》对待债的转让的此种态度一直从 1804 年延续到 2016 年 2 月 10 日之前，换言之，直到 2016 年 2 月 10 日的债法改革法令之前，《法国民法典》仅仅对债权转让做出了规定，没有对债务转让做出明确规定，并且它仍然将债权转让视为

---

① M. Bugnet, Œuvres de Pothier, annotées et mises en corrélation avec le Code civil et la legislation actuelle, Tome III, Traité du Contrat de Vente, Traité des Retraits, Traité du Contrat de Constitution de Rente, Paris, Henzri Plon Gosse et Marchal, 1861, pp. 217 – 218.

② M. Bugnet, Œuvres de Pothier, annotées et mises en corrélation avec le Code civil et la legislation actuelle, Tome III, Traité du Contrat de Vente, Traité des Retraits, Traité du Contrat de Constitution de Rente, Paris, Henzri Plon Gosse et Marchal, 1861, pp. 217 – 218.

③ Articles 1689 à 17011, Code civil des Français 1804/Livre III, Titre VI.

一种买卖合同，而不是一种独立的合同。① 与 2016 年之前的《法国民法典》对待债务转让的态度不同，无论是 1896 年的《德国民法典》还是 1911 年的《瑞士民法典》均对债权转让和债务转让做出了规定。1896 年的《德国民法典》第二卷即债法的第三编和第四编分别对债权转让和债务转让做出了规定，这就是第 398 条至第 419 条的规定。② 1911 年的《瑞士民法典》第五编对债权转让和债务承担（la reprise de dette）做出了规定，这就是第 164 条至第 183 条的规定。③

四、2016 年之后现行《法国民法典》对债的转让做出的新规定

（一）债法改革草案对债的转让做出的规定

基于债权、债务和合同商事交易的需要，在《法国民法典》颁布 200 年之际，法国民法学者和政府开始采取措施，试图将债法现代化，其中的一个重要内容就是在《法国民法典》当中规定债的交易（Les opérations sur obligations）制度。所谓债的交易，实际上就是债权、债务和合同的自由转让制度，根据该种转让制度，如果债权人、债务人享有某种债权、承担某种债务或者具有某种合同身份，在他们的债权、债务或者合同具有财产价值的情况下，他们能够将自己的债权、债务或者合同身份投入流通领域，让这些无形财产能够像他们的有形财产一样在不同的人之间自由流转。

在 2005 年的《债法改革草案》当中，Catala 领导的债法改革小组首次采取措施，试图将《法国民法典》当中有关债的转让的分散规定集中起来并因此形成独立的一章。该小组指出，2005 年之前的《法国民法典》将有关债的转让的制度分散规定在不同的地方：作为一种买卖方式，债权转让被规定在买卖合同当中，这就是第 1689 条和其他法律条款；作为一种清偿（paiement）手段，个人代位求偿权（la subrogation personnelle）被规定在债的清偿当中，这就是第 1249 条和其他法律条款；作为债的消灭方式，债的更新（la novation）被规定在债的消灭原因当中，这就是第 1271 条和其他法律条款；在债的更新当中，它也提及债务的指令承担（délégation），这就是第 1275 条和第 1276 条。④

该小组指出，从经济的角度看，《法国民法典》规定的这些交易制度之间存在密切关系（liens de parenté étroits），其中均涉及债权，而债权被视为一种积极因素（élément d'actif），构成一种新的债的关系的建立，人们能够将其投入流通领域并因此让债成为一种合法的商事活动。在对《法国民法典》进行修改时，人们应当以更加统一的方式对

---

① Henri et Léon Mazeaud, Jean Mazeaud, François Chabas, Obligations, 9e édition, Montchrestien, 1998, p. 1274.
② Raoule De La Grasserie, Code Civil Allemande, 2e édition, Paris, A. Pedone, Éditeur, 1901, pp. 86–91.
③ Virgile Rossel, Code Civil Suisse y Compris le Code Fédéral des Obligations, I, Code Civil Suisse, 3e édition, Librairie Payot & Cie, 1921, pp. 44–48.
④ AVANT-PROJET DE REFORME DU DROIT DES OBLIGATIONS（Articles 1101 à 1386 du Code civil）ET DU DROIT DE LA PRESCRIPTION（Articles 2234 à 2281 du Code civil），Rapport à Monsieur Pascal Clément, Garde des Sceaux, Ministre de la Justice, 22 Septembre 2005, pp. 58–60.

这些合法的商事活动予以组织化、系统化和统一化。① 基于这些理据，Catala 领导的债法改革小组在自己起草的《债法改革草案》当中专门用了一章即第五章对债权的交易做出了规定，该章的标题为"债权交易"，共四节，分别对债权转让、个人代位求偿权、债务的指令承担以及债的更新做出了规定。②

不过，该小组过于忠实于法国法的传统，仅仅承认债权的可转让性，不承认债务的可转让性，因为它没有在自己的《债法改革草案》当中对债务转让做出规定。它之所以没有规定债务的转让，是因为它认为，在债务人具有清偿能力的情况下，人们很难想象债权人会同意让另外一个没有清偿能力或者清偿能力不足的债务人取代原债务人对自己履行债务。③

在 2011 年的《债的制度和准合同改革草案》当中，法国司法部也对债的转让做出了规定，这就是第三章"债的转让"，该章共四节，分别对四种不同的债的转让制度做出了规定：债权转让和诉讼的撤销（le retrait litigieux）、代位求偿权、债的更新以及债务的指令承担。因此，就像 Catala 领导的债法改革小组一样，法国司法部也仅仅对债权交易做出了规定，没有对债务交易做出规定。④

（二）2016 年的债法改革法令所建立的债的转让制度

不过，这些草案对《法国民法典》的影响有限，因为通过 2016 年 2 月 10 日的债法改革法令，现行《法国民法典》不仅对债权转让做出了规定，而且还对债务转让做出了规定；不仅对债的更新和债务的指令承担做出了规定，而且还对合同的转让做出了规定。这些规定结合在一起就形成了作为一个有机整体的债的转让即债的交易制度。

具体来说，一方面，通过 2016 年 2 月 10 日的债法改革法令，现行《法国民法典》第三卷第四编（上）第二章对债的交易做出了规定，该章共四节，由新的第 1321 条至新的第 1340 条组成，规定了四种不同的债的交易制度：债权转让，债务转让，债的更新，以及债务的指令承担。⑤ 另一方面，通过 2016 年 2 月 10 日的债法改革法令，现行《法国民法典》第三卷第三编债的渊源第一分编合同第四章合同的效力对合同的转让做出了规定，由新的第 1216 条至新的第 1216 - 3 条组成。⑥ 总之，根据现行《法国民法典》的规定，债的交易涉及五种不同的法律制度：债权转让，债务转让，合同转让，

---

① AVANT-PROJET DE REFORME DU DROIT DES OBLIGATIONS（Articles 1101 à 1386 du Code civil）ET DU DROIT DE LA PRESCRIPTION（Articles 2234 à 2281 du Code civil），Rapport à Monsieur Pascal Clément, Garde des Sceaux, Ministre de la Justice, 22 Septembre 2005, pp. 58 - 60.

② Articles 1251 à 1282, AVANT-PROJET DE REFORME DU DROIT DES OBLIGATIONS（Articles 1101 à 1386 du Code civil）ET DU DROIT DE LA PRESCRIPTION（Articles 2234 à 2281 du Code civil），Rapport à Monsieur Pascal Clément, Garde des Sceaux, Ministre de la Justice, 22 Septembre 2005, pp. 117 - 124.

③ Virginie Larribau-Terneyre, Droit civil, Les obligations, 15e édition, Dalloz, 2017, p. 162.

④ Réforme du régime des obligations et des quasi-contrats, http://www.textes.justice.gouf/textes - soumis - a - concertation - 10179/reforme - du - regime - des - obligations - et - des - quasi - contrats - 22199.html.

⑤ Articles 1321 à 1340, Code civil, Version en vigueur au 25 mars 2021, https://www.legifrance.goufr/codes/section_lc/LEGITEXT000006070721/LEGISCTA000032032398/#LEGISCTA000032032398.

⑥ Articles 1216 à 1216 - 3, Code civil, Version en vigueur au 25 mars 2021, https://www.legifrance.goufr/codes/section_lc/LEGITEXT000006070721/LEGISCTA000006150253/#LEGISCTA000032041424.

债的更新，以及债务的指令承担。

（三）现行《法国民法典》对债的转让施加的条件限制

作为一种合同，债的转让要产生法律效力，除了应当符合现行《法国民法典》新的第1128条至新的第1171条的规定之外，还应当符合现行《法国民法典》新的1321条至新的1340条以及新的1216条至新的1216-3条的规定。

通过2016年2月10日的债法改革法令，现行《法国民法典》新的第1128条至新的第1171条对所有合同均应当具备的有效条件做出了一般性的规定，除了适用于其他合同之外，这些规定当然也适用于当事人之间所达成的债的转让合同，根据新的第1128条的规定，合同的有效应当具备的要素是：当事人的同意，当事人的缔约能力，某种合法和肯定的内容。① 根据新的第1128条的规定，如果债的转让合同要产生法律效力，它们应当具备的一般条件有三：①转让人和受让人均具有缔约能力；②转让人和受让人就债的转让所做出的同意表示不存在瑕疵，他们不是基于错误、欺诈或者胁迫而做出债的转让的同意表示；③转让合同所规定的内容是可能的、确定的和合法的。

除了应当具备现行《法国民法典》新的第1128条至新的第1171条所规定的一般条件之外，债的转让合同还应当具备现行《法国民法典》所规定的特殊条件；否则，仅仅具有所有合同均应当具备的一般条件还不能够产生法律效力，换言之，只有同时具备现行《法国民法典》所规定的一般条件和特殊条件，债的转让才能够产生法律效力。

一方面，通过2016年2月10日的债法改革法令，现行《法国民法典》新的第1321条至新的第1340条对债权转让、债务转让和其他有关债的交易合同应当具备的有效条件做出了规定，如果不符合这些法律条款的规定，当事人之间的债的交易也不能够产生法律效力。例如，新的第1327条对债务转让的两个必要条件做出了规定，这就是债权人的同意和书面形式，如果当事人之间的债务转让没有采取书面形式，则他们之间的债务转让合同无效。② 关于这些法律条款所规定的条件，笔者将在下面的内容当中做出详细的讨论，此处从略。另一方面，通过2016年2月10日的债法改革法令，现行《法国民法典》新的第1216条至新的第1216-3条对合同转让的有效条件做出了规定，如果不符合这些法律条款的规定，当事人之间的合同转让合同也不能够产生法律效力。例如，新的第1216条明确规定，合同转让合同应当采取书面方式，否则，当事人之间的合同转让合同无效。③ 关于这些法律条款所规定的条件，笔者将在下面的内容当中做出详细的讨论，此处从略。

---

① Article 1128, Code civil, Version en vigueur au 04 décembre 2020, https://www.legifrance.goufr/codes/section_lc/LEGITEXT000006070721/LEGISCTA000006150237/#LEGISCTA000032040930.

② Articles 1321 à 1340, Code civil, Version en vigueur au 25 mars 2021, https://www.legifrance.goufr/codes/section_lc/LEGITEXT000006070721/LEGISCTA000032032398/#LEGISCTA000032032398.

③ Articles 1216 à 1216-3, Code civil, Version en vigueur au 25 mars 2021, https://www.legifrance.goufr/codes/section_lc/LEGITEXT000006070721/LEGISCTA000006150253/#LEGISCTA000032041424.

第三节 债的转让的类型

在法国，如果债法当中存在债的转让制度或者债的交易制度，债的转让制度有哪些类型？对此问题，无论是在2016年2月10日的债法改革法令颁布之前还是之后，法国民法学者做出的回答既存在共同点，也存在差异，他们之间的共同点在于：他们均承认债的概括转让和特定转让、债的全部转让和债的部分转让、债的有偿转让和无偿转让。他们之间的差异在于，即便2016年之后的《法国民法典》已经对债的转让制度即债的交易制度的类型做出了规定，他们之间仍然存在不同的看法，因为，在债的转让和债的消灭问题上，他们之间存在不同看法。

一、债的概括转让和债的特定转让

根据债的转让所涉及的范围不同，债的转让可以分为债的概括转让和债的特定转让两种。[①]

所谓债的概括转让（la transmission universel la transmission à titre universel），也称为债的概括转移，是指因为某种原因的发生，债权人或者债务人的债权、债务转让给新的债权人或者新的债务人，并因此由新的债权人或者新的债务人取代原先的债权人或者债务人。债的概括转让主要因为两类原因发生：其一，债权人或者债务人死亡，他们生前的债权或者债务作为遗产由自己的继承人继承，继承人继承了债权和债务之后就成为新的债权人和新的债务人，或者对最初的债务人享有债权，或者对最初的债务人享有债权。其二，公司合并、分立时，合并或者分立之前的公司享有的债权和承担的债务一并转让给合并之后的公司或者分立之后的公司：新公司或者取得最初公司的债权并因此对最初的债务人享有债权，或者成为新的债务人并因此对最初的债权人承担债务。

所谓债的特定转让（la transmission à titre particulier），也称为债的特定转移，是指债权人、债务人或者合同的一方当事人将自己享有的某一项债权、承担的某一项债务或者合同身份转让给受让人，并因此让受让人取得所转让的债权、债务或者合同身份而成为新的债权人、新的债务人或者新的合同当事人。债的特定转让属于严格意义上的债的转让，也就是笔者在本章当中所讨论的债的转让。

二、债的全部转让和债的部分转让

根据债的转让是全部转让还是部分转让的不同，债的转让可以分为债的全部转让和债的部分转让。

---

① Henri et Léon Mazeaud, Jean Mazeaud, François Chabasd, Obligations, 9e édition, Montchrestien, 1998, p.1255; Gérard Légier, les obligations, 17e édition, 2001, Dalloz, 2001, p.228; Jean Carbonnier, Droit civil, Volume II, Les biens, Les obligations, puf, 2004, p.2449; Pierre Voirin, Gilles Goubeaux, Droit civil, tome 1, Introduction au droit, personnes-famille, personnes protégées, biens-obligations, sûretés, 33e édition, LGDJ, 2011, p.635; François Terré, Philippe Simler, Yves Lequette, François Chénedé, Droit civil, Les obligations, 12e édition, Dalloz, 2018, pp.1691 – 1692.

所谓债的全部转让（cession totale），是指债权人、债务人或者合同的一方当事人将自己享有的所有债权、承担的所有债务或者合同当中的所有身份转让给受让人享有或者承担，在受让的全部债权、债务或者合同范围内，受让人成为完全债权人、完全债务人或者完全当事人。债的全部转让既包括债权的全部转让（cession totale de la créance），也包括债务的全部转让（cession totale de dette），还包括合同的全部转让（cession totale de contrat）。

所谓债的部分转让（cession partielle），是指债权人、债务人或者合同的一方当事人仅仅将自己享有的部分债权、部分债务或者部分合同转让给受让人并因此让受让人在所受让的部分范围内成为新的债权人、新的债务人或者新的合同当事人的转让。债的部分转让既包括债权的部分转让（cession partielle de la créance），也包括债务的部分转让（cession partielle de dette），还包括合同的部分转让（cession partielle de contrat）。

虽然法国民法学者很少对此种分类做出具体的阐述，但是，此种分类不会存在任何问题。一方面，通过2016年2月10日的债法改革法令，现行《法国民法典》新的第1321条明确承认，债权转让既可以是全部转让，也可以是部分转让。关于这一条款，笔者将在债权转让当中做出介绍，此处从略。另一方面，法国最高法院在自己的司法判例当中认为，虽然劳动合同可以全部转让，但是，劳动合同也可以部分转让，因为劳动合同是一种可分合同，这就是劳动合同的可分性理论（la divisibilité du contrat de travail）：如果雇主将自己的全部业务转让给新的雇主，则原雇主的全部雇员一并转让给新的雇主，如果雇主仅仅将自己的部分业务转让给新的雇主，当一个雇员在所转让的部分业务部门劳动时，则该雇员应当随着所转让的部分业务而转让给新的雇主。①

三、债的有偿转让和债的无偿转让

根据转让人在将自己的债权、债务或者合同身份转让给受让人时是否获得受让人支付的价款的不同，债的转让可以分为有偿转让和无偿转让。

所谓有偿转让（la transmission à titre onéreux），是指债权人、债务人或者合同当事人在将自己享有的债权、承担的债务或者合同身份转让给受让人时从受让人那里获得价款的转让。因此，有偿转让包括债权的有偿转让、债务的有偿转让和合同的有偿转让。所谓无偿转让（la transmission à titre gratuit），是指债权人、债务人或者合同当事人在将自己享有的债权、承担的债务或者合同身份转让给受让人时不会从受让人那里获得价款的转让。

在2016年之前，虽然《法国民法典》第1689条至第1695条对债权转让做出了规定，但是，它们仅仅将债权转让看作一种买卖合同，认为它是一种有偿转让。《法国民法典》的此种规定受到学者的批判，认为它的规定存在不合理性，因为，虽然债权转让在大多数情况是有偿的，但是，债权转让并非在任何情况下均是有偿的。在某些情况下，债权转让也构成赠与合同，因为，虽然受让人获得了债权，但是，他们并不支付价

---

① Cass. soc. 22 juin 1993, n° 90 – 44.705; Cass. soc. 2 mai 2001, n° 99 – 41.960.

款给转让人。①

2016 年之后,《法国民法典》新的 1321 条放弃了此种做法,它明确规定,债权转让既可以是有偿的,也可以是无偿的。② 债的转让究竟是有偿的还是无偿的,往往取决于转让人与受让人之间的具体约定,如果转让人与受让人之间的转让协议规定,他们之间的债的转让是有偿的,则他们之间的债的转让就是有偿转让,否则,就是无偿转让。

四、债的直接转让和债的间接转让

根据债的转让实现的方式不同,债的转让可以分为直接转让和间接转让。所谓债的直接转让(cession directe de obligation),也被称为债的直接流通(circulation directe)、债的转让性交易(opération translatives),是指转让人直接将其享有的债权、承担的债务或者合同身份转让给受让人的一种转让方式。换言之,债的直接转让是指债权转让、债务转让和合同转让。所谓债的间接转让(cession indirecte de obligation),也被称为债的间接流通(circulation indirecte)、债的创设性交易(opération créatrices),是指转让人不是通过直接方式将自己的债权、债务转让给受让人,而是通过某种间接的方式、创设一种新的债的方式确保债的转让、债的间接流通。③

在法国,债的直接转让获得民法学者的普遍承认,不过,债的间接转让是否存在,民法学者之间存在不同看法。某些民法学者认为,债的间接转让是存在的。例如,Mazeaud 和 Chabas 等人就采取此种看法,他们认为,除了直接转让之外,债的转让还包括间接转让。他们认为,债的直接转让包括债权转让和债务转让,而债的间接转让则是指债务的指令承担。④ 再例如,Jérôme François 也采取此种看法,他也认为,债的转让包括直接转让和间接转让。根据他的看法,债的直接转让包括三种:债权转让、债的代位履行和债务转让;而债的间接转让则包括两种:债的主观性更新和债务的指令承担。⑤

而另外一些民法学者则认为,债的转让仅仅是指直接转让,并不包括债的间接转让。例如,Gérard Légier 就采取此种看法,他认为,债的转让仅仅是直接转让,包括债权转让和债务转让。⑥ 再例如,Terré、Simler 和 Lequette 等人也采取此种看法,他们也认为,债的转让仅仅是指债权转让、债务转让和合同转让,并不包括债的更新或者债务

---

① Henri et Léon Mazeaud, Jean Mazeaud, François Chabas, Obligations, 9e édition, Montchrestien, 1998, p. 1276; Jean Carbonnier, Droit civil, Les biens Les obligations, puf, 2004, p. 2450.

② Article 1321, Code civil, Version en vigueur au 26 mars 2021, https://www. legifrance. goufr/codes/section_ lc/LEGITEXT000006070721/LEGISCTA000032032400/#LEGISCTA000032032400.

③ Henri et Léon Mazeaud, Jean Mazeaud, François Chabas, Obligations, 9e édition, Montchrestien, 1998, pp. 1255 – 1287; Philippe Malaurie, Laurent Aynès, Philippe Stoffel-Munck, Droit des obligations, 8e édition, LGDJ, 2016, pp. 771 – 837; Virginie Larribau-Terneyre, Droit civil, Les obligations, 15e édition, Dalloz, 2017, pp. 161 – 186; Jérôme François, Les obligations, Régime general, Tome 4, 4e édition, Economica, 2017, pp. 441 – 613.

④ Henri et Léon Mazeaud, Jean Mazeaud, François Chabas, Obligations, 9e édition, Montchrestien, 1998, pp. 1255 – 1287.

⑤ Jérôme François, Les obligations, Régime general, Tome 4, 4e édition, Economica, 2017, pp. 441 – 613.

⑥ Gérard Légier, les obligations, 17e édition, 2001, Dalloz, 2001, pp. 228 – 234.

的指令承担。①

在债的转让问题上，民法学者之间之所以存在上述不同的看法，是因为在债的更新和债务的指令承担的性质方面，他们之间看法不同。承认债的间接转让的民法学者认为，债的更新和债务的指令承担在性质上属于债的转让方式，借助于这些方式，转让人能够将自己的债转让给受让人，即便这些转让方式仅仅是间接的而非直接的。而否定债的间接转让的民法学者则认为，债的更新和债务的指令承担在性质上属于债的消灭方式，而不属于债的转让方式，因为通过这两种方式，旧的债消灭了而新的债产生了。

笔者采纳上述第一种看法，认为债的转让包括直接转让和间接转让两类，并且无论是其中的哪一类均可以分为不同类型。具体而言，债的直接转让分为三种：债权转让，债务转让，以及合同转让。而债的间接转让则分为三种：债的更新、债务的指令承担，以及债的代位履行。笔者之所以采纳此种看法，最主要的原因是，此种看法与2016年以来的现行《法国民法典》的规定基本上保持一致。

一方面，通过2016年2月10日的债法改革法令，现行《法国民法典》将债的更新和债务的指令承担规定为债的转让的两种方式，没有将它们规定为债的消灭的两种原因。另一方面，通过2016年2月10日的债法改革法令，现行《法国民法典》关于债的交易的规定和关于债的消灭原因的规定属于已经完成的债法改革内，即便它的做法受到了包括Terré、Simler和Lequette等人在内的民法学者的反对，法国政府在短期内不会对这些规定做出修改。换言之，在今后一个相当长的时期内，债的更新和债务的指令承担不会从债的交易制度嬗变为债的消灭的制度。

第四节 债的转让的理论根据

一、债的财产性质决定着债具有可转让性的特征

在法国，如果财产所有权人拥有某种有形财产，他们当然有权自由处分该种财产，或者将其拥有的此种有形财产出卖给买受人，或者赠与给受赠人，或者与他人进行互易，或者以任何其他方式转让自己拥有的此种有形财产。《法国民法典》第544条对财产所有权人享有的此种自由转让权做出了说明，该条规定：所谓财产所有权，是指人们所享有的以最绝对的方式使用自己的物、从物的使用当中获得利益和处分自己的物的权利，如果他们没有以制定法或者规章所禁止的方式使用自己的物的话。②

《法国民法典》第544条为法国立法者在1804年所规定，经过200多年，一直从1804年被原封不动地保留到现在。根据该条的规定，除了享有所有物的使用权和收益

---

① François Terré, Philippe Simler, Yves Lequette, François Chénedé, Droit Civil, les Obligations, 12e édition, Dalloz, 2018, pp. 1688–1689.

② Article 544, Code civil, Version en vigueur au 26 mars 2021, https://www.legifrance.goufr/codes/section_lc/LEGITEXT000006070721/LEGISCTA000006117904/#LEGISCTA000006117904.

权之外，所有权人还享有所有物的处分权，包括所有物的保留权、改变权、放弃权、毁坏权和转让权。① 所有权人之所以能够转让自己的所有物，是因为所有物（choses）在性质上是人们能够以金钱方式对其价值加以评估和确定的一种财产（les bien），所有权人所拥有的所有物能够与所有人分离。②

问题在于，债权人享有的债权、债务人承担的债务或者合同当事人在合同当中的身份是否是像所有物一样的财产？人们是否能够以金钱方式对债权、债务或者合同身份的价值进行评估和确定？对此问题，法国民法学者长久以来一直持否定的回答。他们认为，包括债权和债务在内，债并不是一种像所有物一样的财产，人们无法像对所有物进行价值评估和确定一样对债权、债务进行金钱上的评估和确定。因为他们认为，债仅仅是人与人之间的一种法律关系，是债权人与债务人之间的一种债权债务关系，人们不能够将自己的债权债务关系转让给受让人。

不过，由于受到德国 19 世纪末期的民法学说的影响，从 19 世纪末期和 20 世纪初期开始，少数民法学者也将债视为一种可以通过金钱方式评估和确定其价值的财产，并因此认定当事人之间的债也能够像所有物一样自由流通、自由处分和自由转让。在今时今日，民法学者普遍持此种看法，认为债不仅是一种能够像所有物一样的财产，而且债的财产性质决定了债能够像所有物一样自由流通、自由转让。关于这一点，笔者将在下面的内容当中做出详细的讨论，此处从略。

作为决定债是否具有可自由转让性的标准，"财产"一词的含义是什么？虽然《法国民法典》第 516 条至第 543 条对财产做出了分类，认为所有财产（Tous les biens）要么是动产财产（meubles）要么是不动产财产（immeubles）；但是，它们均没有对"财产"一词做出界定。③ 在 1896 年的《民法理论和实践专论》当中，波尔多大学民法教授 Gabriel Baudry-Lacantinerie（1837—1913 年）④ 和雷恩大学民法教授 Maxime Chauveau（1862— 1946 年）⑤ 对"财产"一词做出了界定，他们指出："所谓财产，是指人们能够从中获得某种用处并且能够将其据为己有的所有物。"⑥ 在 2005 年的《债权和债务制度》当中，Jacques Ghestin、Marc Billiau 和 Grégoire Loiseau 也对财产做出了界定，他们指出："所有财产，是指客观法律所承认的能够被据为己有的、具有市场价值的所有有体物或者无体物，无论是无生命的物还是有生命的物。"⑦

---

① 张民安：《法国民法》，清华大学出版社 2015 年版，第 458 页，第 474—476 页；张民安：《法国民法总论（上）》，清华大学出版社 2017 年版，第 577—578 页；张民安：《法国民法总论（Ⅱ）》，清华大学出版社 2020 年版，第 182 页。

② Jean Carbonnier, Droit civil, Volume Ⅱ, Les biens, Les obligations, puf, 2004, p.2449.

③ Articles 516 à 543, Code civil, Version en vigueur au 26 mars 2021, https://www.legifrance.goufr/codes/section_lc/LEGITEXT000006070721/LECISCTA000006117894/#LEGISCTA000006117894.

④ Gabriel Baudry-Lacantinerie（1837—1913）, https://data.bnf.fr/fr/12163529/gabriel_baudry-lacantinerie/#header.

⑤ Chauveau, Maxime（1862—1946）, https://www.idref.fr/092008542.

⑥ Gabriel Baudry-Lacantinerie, M. Chauveau, Traité théorique et pratique de droit civil, Des biens, 1e édition, Paris, Librairie de la Société du recueil général des lois et arrêts et du Journal du palais, 1896, p.11.

⑦ Jacques Ghestin, Marc Billiau, Grégoire Loiseau, Traité de Droit Civil, Le régime des créances et des dettes, LGDJ, 2005, p.7.

财产与物（choses）之间的关系是：所有财产均是物，但是，并非所有的物均是财产，因为财产是法律上的概念，而物则是一种自然的存在，只有能够被人们据为己有的、能够为人们所利用的物才是法律上的财产，不能够被人们据为己有、无法被人们所利用的物不是法律上的财产。因此，太阳、空气和月球均是物；但是，它们不是财产。因为它们不能够被人们据为己有，人们无法占有它们。① 财产具有三个特征：其一，财产不是人，人不是财产，因为财产是人所拥有的。其二，财产具有经济特征，因为财产能够为人所利用，人能够从财产的使用当中获得某种用处。其三，财产具有法律特征，因为财产是人能够据为己有的物。这三个特征结合在一起就能够界定财产的存在和范围。②

根据法国著名的法律词典 *Vocabulaire juridique*，财产的范围有狭义和广义之分：其一，狭义的财产仅仅是指所有能够据为己有的有形物、有体物，此时，财产一词等同于有形财产（bien corporel），并因此与权利相对应。其二，广义的财产则是相对于人而言的，是指人的动产要素和不动产要素，它们组成人的广义财产（patrimoine）：除了他人的有形财产之外，还包括人享有的除所有权之外的其他权利，所有权之外的其他权利也被称为无形财产（bien incorporel）。③

二、作为法律关系的债不具有可转让性

无论是在罗马法时期、法国旧法时期、19 世纪还是在今时今日，民法学者普遍将债视为一种法律关系，认为债是债权人与债务人之间的一种债权债务关系，在该种法律关系当中，债权人有权要求债务人对自己承担债务，而债务人则应当对债权人履行自己所承担的债务，否则，他们会遭受法律制裁，已如前述。

问题在于，如果债仅仅是一种人与人之间的法律关系，债权人或者债务人是否能够将自己与对方之间的法律关系转让给第三人？换言之，作为一种法律关系的债是否具有可转让性？对此问题，民法学者普遍做出了否定的回答。他们认为，如果仅仅将债视为一种法律关系，则该种法律关系没有可转让性，无论是债权人还是债务人均不能够将自己与对方之间的债权债务关系转让给第三人，这就是作为法律关系的债所具有的不得转让性的特征。

Carbonnier 也对作为法律关系的债所具有的不得转让性的特征做出了说明，他指出："如果债仍然被视为两个人之间的一种单纯关系，则在想象债的可转让性时，人们会面临心理上的困难：如果物权是能够转让的话，这是因为物权是权利主体对其物享有的权利，其中的物与权利主体的人格分离。"④ Cabrillac 对作为法律关系的债所具有的

---

① Gabriel Baudry-Lacantinerie, M. Chauveau, Traité théorique et pratique de droit civil, Des biens, 1e édition, Paris, Librairie de la Société du recueil général des lois et arrêts et du Journal du palais, 1896, p. 11; M. Planiol et G. Ripert, Traité pratique de droit civil français, Tome III, Les Biens, avec le concours de Maurice Picard, LGDJ, 1926, p. 57.

② Jacques Ghestin, Marc Billiau, Grégoire Loiseau, Traité de Droit Civil, Le régime des créances et des dettes, LGDJ, 2005, pp. 6 – 7.

③ Gérard Cornu, Vocabulaire juridique, 10e édition, puf, 2014, p. 127.

④ Jean Carbonnier, Droit civil, Volume II, Les biens, Les obligations, puf, 2004, p. 2449.

不得转让性的特征做出了说明，他指出："对于传统的债法理论而言，债的流通是无法想象的，因为传统的债法理论将债视为一种法律关系。"①

作为法律关系的债之所以是不能够转让的，是因为债具有相对性：债权人与债务人之间的法律关系是特定的个人关系，他们或者基于合同或者基于其他债的渊源而建立了债权债务关系，该种法律关系仅仅存在于特定的债权人和特定的债务人之间。当债权人将其与债务人之间的法律关系转让给受让人时，债权人与债务人之间的原本债权债务关系就消灭了。虽然受让人与其债务人之间存在债权债务关系，但是，他们之间的债权债务关系被视为新的法律关系，而不是转让人与其债务人之间的法律关系。②

三、作为财产的债在19世纪末期和20世纪初期开始获得例外承认

在19世纪末期和20世纪初期之前，所有物是能够转让的，所有权人有权与受让人签订合同，将自己的所有物转让给别人，因为《法国民法典》第544条明确规定，所有权人能够处分自己的所有物，已如前述。问题在于，在19世纪末期和20世纪初期之前，债权人甚至债务人是否能够像所有权人那样自由处分自己享有的债权、债务，能够像所有权人那样与别人签订合同，将自己享有的债权、承担的债务转让给受让人？这取决于人们是否能够将债权、债务视为像所有物一样的财产：如果债权、债务能够被视为像所有物一样的财产，则它们具有可转让性，反之，如果债权、债务不能够被视为像所有物一样的财产，则它们不具有可转让性。

问题在于，债权、债务是否能够被视为像所有物一样的财产？从19世纪70年代开始，少数民法学者做出了肯定回答，认为债权不仅仅是一种法律关系，而且也是一种财产，就像椅子和房屋是一种财产一样。1871年，Aubry和Rau持此种看法，在自己的著名民法教科书《法国民法教程》当中，他们指出，在讨论债权时，人们不再仅仅从债权自身和债权自身的性质出发将债权视为债权人和债务人之间的一种法律关系，他们也将债权视为一种财产，也就是，他们也将债权视为财产的一种构成要素。③

1874年，德国民法学者、潘德克吞学派重要人物、图宾根大学和慕尼黑大学教授Alois von Brinz（1820—1887年）④采取了此种看法。在对罗马法当中的债做出分析时，Brinz认为，罗马法当中的债并不仅仅是指债权人与债务人之间的一种有约束力的、严格意义上的法律关系，除了具有法律关系的含义之外，罗马法当中的债还具有第二个方面的含义即具有经济价值的债：债代表一种价值、一种经济价值，构成债权人或者债务人积极财产和消极财产的组成部分，他将债的第一种含义即法律关系称为Haftung，而将债所具有的第二种含义称为Schuld，这就是他所采取的Haftung区分于Schuld的理

---

① Rémy Cabrillac, Droit des obligations, 12e édition, Dalloz, 2016, p.351.
② Eugène Gaudemet, Etude sur le transport de dettes à titre particulier, Nouvelle de droit et de jurisprudence, 1898, éditions Panthéon-Assas, rééd. 2014, pp.28-29; Anabel Riano Saad, La cession de créance en droit français et en droit colombien, Thèse, Paris II, 2017, p.16.
③ MM C. Aubry et C. Rau, Cours de droit civil français D'après Lla Méthode De Zachariae, Tome Ⅳ, 4e édition Paris, Imprimerie et librairie générale de jurisprudence Marchal et Billard, 1871, pp.426-427.
④ Alois von Brinz, https://pt.wikipedia.org/wiki/Alois_von_Brinz.

论。债被视为一种具有经济价值的财产,因此,无论是债权人享有的债权还是债务人承担的债务均可以作为交易的客体,他们能够根据自己的意图以合同的方式将自己的债权、债务转让给受让人。①

在19世纪末期和20世纪初期,由于受到Aubry、Rau尤其是Brinz主张的区分理论的影响,尤其是,受到1896年的《德国民法典》所规定的债权转让和债务转让制度的影响,法国两位民法学者Saleilles和Gaudemet也开始主张债的区分理论,除了将债视为债权人和债务人之间的一种法律关系之外,他们还将债视为一种财产,其中的债权被视为积极财产,或者财产的积极组成部分,而其中的债务则被称为消极财产,或者财产的消极组成部分。后世民法学者将这两种理论当中的第一种理论即法律关系理论称为债的主观理论(conception subjective de l'obligation),而将后一种理论即财产理论称为债的客观理论(conception objective de l'obligation)。②

在1890年的《债的一般理论研究》当中,Saleilles就采取此种区分理论,他认为,就像财产所有权能够流通一样,债权和债务也能够流通,债权人和债务人也能够像所有权人那样自由处分其债权或者债务,他们也能够将自己享有的债权或者承担的债务转让给受让人。Saleilles认为,债权和债务之所以具有可自由转让性,一个重要的原因是,除了在性质上属于一种不能够自由转让的法律关系之外,债也构成一种财产。他指出:"债是由当事人所允诺的事实构成的,对于当事人所允诺的事实,人们能够从金钱价值的角度对其进行评估。从这一角度考虑,债与由债权人和债务人这两个术语构成的当事人的人格分离,并因此成为具有金钱价值的一种法律关系,而该种关系独立于在他们之间存在该种关系的人。因此,就像Doneau已经指出的那样,债是一种财产,是一种交易对象,是能够加以转让的财产价值。"③

Saleilles指出,作为像其他财产一样的财产,债有两个不同方面:积极方面(le côté actif)和消极方面(le côté passif),积极方面是指债权人享有的债权,而消极方面则是指债务人承担的债务,但无论是从积极方面还是消极方面看,债在性质上均属于财产,他指出:"债是由两个因素构成的,也就是,债有两个可能的关系,这就是债的积极方面和消极方面,人们能够将这两个因素当中的每一个因素视为财产的组成部分:债权是债权人积极财产的构成因素,而债务则是债务人消极财产的构成因素。因此,人们能够像对待所有其他财产一样对待这两种财产。"④

在1898年的《债的特定转让研究》当中,法国民法学家、第戎大学民法教授

---

① Jean Carbonnier, Droit civil, Volume Ⅱ, Les biens, Les obligations, puf, 2004, p. 2446; David Deroussin, Histoire du Droit des obligations, 2e édition, Economica, 2012, p.47; Philippe Malaurie, Laurent Aynès, Philippe Stoffel-Munck, Droit des obligations, 8e édition, LGDJ, 2016, p. 772; François Terré, Philippe Simler, Yves Lequette, François Chénedé, Droit civil, Les obligations, 12e édition, Dalloz, 2018, p.1687.
② Virginie Larribau-Terneyre, Droit civil, Les obligations, 15e édition, Dalloz, 2017, p.51.
③ Raymond Saleilles, Étude sur la théorie générale de l'obligation d'après le premier projet de Code civil pour l'Empire allemand, Paris, Librairie Cotillon, 1890, p.68.
④ Raymond Saleilles, Étude sur la théorie générale de l'obligation d'après le premier projet de Code civil pour l'Empire allemand, Paris, Librairie Cotillon, 1890, p.70.

Eugène Gaudemet（1872—1933 年）① 也认为，债具有双重性：它们既是法律关系也是财产，它们究竟是一种法律关系还是一种财产，取决于人们在不同时期的看法并且他们的不同看法直接影响债是否具有可自由转让性：如果债仅仅是一种法律关系，则债不能够转让，反之，如果债是一种财产，则债能够自由转让。他指出："债具有双重特征，一方面，它是债权人和债务人之间的一种个人关系，另一方面，它同时也是财产的一种构成因素：对于债权人而言，债构成积极价值，而对于债务人而言，债则构成消极负担。如果债仅仅是一种私人之间的关系，则人的变更会导致债消灭，人们应当以一种新的关系替换旧的关系。相反，如果债仅仅是一部分财产，则在不对债做出变更的情况下，它能够从一个债权人转让给另外一个债权人，或者从一个债务人转让给另外一个债务人。换言之，在不变更债的情况下，债能够像所有权一样处于流通之中。如果说这两种理论是对立的理论的话，则第一种理论是罗马法的理论，并且也可能是所有旧的制定法采取的理论，而第二种理论则是现代法律所采取的一种理论。"②

Gaudemet 认为，因为现代法律将债视为一种财产，所以，债同诸如所有权在内的其他财产并没有实质性的差异，因为所有的财产均能够自由转让，他指出："我们可以用一句话概括债的两种特征：在最初的时候，债是人与人之间的关系，而在今时今日，债则是一个人的财产与另外一个人的财产之间的关系。债权不再是对人身享有的权利，而是对财产享有的权利，债权与物权之间的唯一差异是，债权不是一个人剥夺另外一个人的某一个确定财产，而是一个人剥夺另外一个人的整个财产。债权人和债务人仅仅是他们财产的法定代表人。债的观念（从一种法律关系的观念）变成了一种经济的观念和单纯的客观观念。在债务不履行的情况下，当事人之间的自行履行的债嬗变为金钱债。因为此种原因，人们认为债真正重要的不再是债权人和债务人之间的关系，而是债的财产价值，债权人或者债务人的人格无关紧要。"③

在 19 世纪末期和 20 世纪初期，除了 Saleilles 和 Gaudemet 基于财产的自由转让而主张债也是一种财产之外，Paul Lerebours-Pigeonnière 也主张此种理论。在 1914 年的文章当中，他指出，客观意义的债意味着，债不再被视为是一种个人的给付行为，而意味着一种自愿服务的允诺，因此，在一般情况下，债务能够不加区别地予以承担，无论是哪一个债务人承担，也无论是为了哪一个债权人的利益，均无关紧要。④

不过，这些民法学者的这些主张并没有获得很大的成功。一方面，他们的主张并没有获得法官尤其是法国最高法院法官的支持。在 1946 年 3 月 12 日的案件当中，法国最高法院认定，虽然债权人能够自由转让自己享有的债权，但是，债务人不能够自由转让自己的债务。另一方面，他们的主张也没有获得大多数民法学者的支持，因为他们认为，即便《德国民法典》和《瑞士债法典》均规定了债务转让制度，但是，当债务人将其债务转让给受让人时，他们均应当获得债权人的同意，否则，他们的债务转让对债

---

① Eugène Gaudemet, https://fr. wikipedia. org/wiki/Eugène_ Gaudemet.
② Eugène Gaudemet, Étude sur le transport de dettes à titre particulier, Paris, Rousseau, 1898, pp. 27 - 28.
③ Eugène Gaudemet, Étude sur le transport de dettes à titre particulier, Paris, Rousseau, 1898, pp. 30 - 31.
④ Paul Lerebours-Pigeonnière, La contribution essentielle de R. Saleilles à la théorie générale de l'obligation et à la théorie de la déclaration de volonté, in L'œuvre juridique de Raymond Saleilles, Paris 1914, p. 402.

权人无效。①

四、当今民法学者对债的双重性的普遍承认

在 19 世纪末期和 20 世纪初期，民法学者之所以主张债也是一种财产，其目的除了是促进债的流通和转让，更是在于迎合第二次工业革命和商事经济发展的需要。因为在这一时期，第二次工业革命在欧洲如火如荼地展开，商事公司如雨后春笋般地涌现，除了商人的动产和不动产财产大量增加之外，商人也因此获得了新的财富、新的财产，这就是知识权、债券、股票和债权等。为了对商人拥有的这些新财富、新财产做出解释，这些民法学者不得不放弃传统民法所坚持的仅动产和不动产是财产、能够流通和转让的观念，将这些新的财富、新的财产纳入传统民法的财产范围并因此让它们成为能够像动产、不动产一样流通、转让的财产。②

从 20 世纪初期开始，债也是一种可以流通和转让的财产的观念逐渐被法国民法学者所接受。例如，在 1925 年的《法国民法实践专论》当中，M. Planiol、G. Ripert 和 Maurice Picard 就持此种看法，他们认为，虽然民法最初将财产一词限定在有形客体即动产和不动产的范围内，但是，法律生活的进步和发展要求我们从此种狭隘的观念当中走出来。在今天，人们对财产做出最广义的界定，认为财产是指所有能够为个人或者法人组织所据为己有的、具有财富因素的东西。"在最广义的意义上，财产一词涵盖范围最分散的物：房屋，土地，动产，债权，租金，职位，著作权，以及发明权，等等。"③

在今时今日，法国民法学者普遍认为，债不再仅仅是一种法律关系，除了是债权人和债务人之间的一种法律关系之外，债还是一种能够流通和转让的财产，这就是债的双重性理论。④ Mazeaud 和 Chabas 等人对债的双重性理论做出了明确说明，他们指出："债具有两个方面。一方面，债是两个或者几个人之间的个人关系，该种关系确定他们之间的相互关系。另一方面，债是财产的一种构成因素，在债权人的财产当中，它构成积极要素，而在债务人的财产当中，它构成消极要素。债权是财富的构成因素，是资本的组成部分，等同于动产和不动产债权。"⑤

他们还指出："仅仅在人们从第二个方面看待债权时，债的转让性才存在：如果人们从第一个方面看待债，也就是，如果人们仅仅将债视为一种个人关系，则债无法与受

---

① Philippe Malaurie, Laurent Aynès, Philippe Stoffel-Munck, Les obligations, 4e édition defrenois, 2009, p. 757.
② David Deroussin, Histoire du Droit des obligations, 2e édition, Economica, 2012, p. 47.
③ M. Planiol et G. Ripert, Traité pratique de droit civil français, Tome III, Les Biens, avec le concours de Maurice Picard, LGDJ, 1926, p. 57.
④ Henri et Léon Mazeaud, Jean Mazeaud, François Chabas, Obligations, 9e édition, Montchrestien, 1998, p. 1255; Jacques Flour, Jean-Luc Aubert, Éric Savaux, Les obligations, 3. Le rapport d'obligation, 7e édition, Dalloz, 2011, p. 307; Philippe Malaurie, Laurent Aynès, Philippe Stoffel-Munck, Droit des obligations, 8e édition, LGDJ, 2016, pp. 771 – 772; Jérôme François, Les obligations, Régime general, Tome 4, 4e édition, Economica, 2017, pp. 441 – 442; François Terré, Philippe Simler, Yves Lequette, François Chénedé, Droit civil, Les obligations, 12e édition, Dalloz, 2018, pp. 1687 – 1688.
⑤ Henri et Léon Mazeaud, Jean Mazeaud, François Chabas, Obligations, 9e édition, Montchrestien, 1998, p. 1255.

债约束的人分离，此时，债是不能够转让的。如果将债视为财产的构成因素，则债的权利主体能够像处分所有财产一样处分自己的债：他们能够转让自己的债（出卖或者赠与）。此种领域的发展表明，在今时今日，虽然债仍然有两个方面的含义，但是，第二个方面的含义具有优势地位，即便债所具有的个人关系方面阻止债的转让，至少阻止消极债的转让，亦是如此。"①

Terré、Simler 和 Lequette 等人也对债的双重性理论根据做出了说明，他们指出："债的观念包含两个不同方面。债既是两个人之间的法律关系，也是债权和债务，如果人们分别从债权人和债务人的角度看待债的话。因为此种原因，债构成债权人和债务人财产的积极方面和消极方面。有关债的一般制度的发展大都集中在债的第一个方面，包括债的关系所具有的约束力理论、债的限定方式和债的消灭。而作为财产的组成部分，债是可以转让的、可以转移的。"②

应当注意的是，在今时今日，虽然大多数民法学者承认债具有双重性，但是，少数民法学者仍然坚持传统民法的理论，认为债、民事债并不是一种财产，而仅仅是一种法律关系。在 2005 年的《债权和债务制度》当中，Jacques Ghestin、Marc Billiau 和 Grégoire Loiseau 就采取此种看法，他们认为，"民事债不是一种财产"，"'财产'的观念与'债的观念'格格不入、相互排斥"，因为，债仅仅是两个或者两个以上的确定的人之间的关系，是一个人对另外一个人所享有的权利。③

在坚持债不是财产的基础上，他们也例外地承认，债的预期履行所产生的结果可能是经济结果，该种经济结果或多或少独立于当事人之间的债权债务关系，换言之，他们认为，如果债是一种财产的话，仅仅债权能够成为一种财产，该种财产具有自己特殊的性质，不同于一般财产所具有的性质。"所有的债均构成一种财富，因为它具有经济的对应性。从这一角度，债可能会产生一种财产。例如，在买卖当中，出卖人会获得一定数额的金钱，而买受人则会获得所需要的作为客体的物，该种物本身能够以金钱方式确定其价值大小。出卖人与买受人之间的关系让每一方当事人均能够要求对方履行自己所承担的债务，其引起的客观结果是，每一方当事人将具有价值的财产转让给对方。"④

---

① Henri et Léon Mazeaud, Jean Mazeaud, François Chabas, Obligations, 9e édition, Montchrestien, 1998, p. 1255.

② François Terré, Philippe Simler, Yves Lequette, François Chénedé, Droit Civil, les Obligations, 12e édition, Dalloz, 2018, p. 1687.

③ Jacques Ghestin, Marc Billiau, Grégoire Loiseau, Traité de Droit Civil, Le régime des créances et des dettes, LGDJ, 2005, pp. 6 – 7.

④ Jacques Ghestin, Marc Billiau, Grégoire Loiseau, Traité de Droit Civil, Le régime des créances et des dettes, LGDJ, 2005, pp. 7 – 8.

第十六章 债权转让

第一节 现行《法国民法典》对债权转让做出的新规定

一、《法国民法典》新的第 1321 条至新的 1326 条对债权转让做出的创新性规定

1804 年的《法国民法典》第 1689 条和其他法律条款虽然对债权转让做出了规定，但是，它们仅仅将债权转让作为一种特殊合同形式规定在买卖合同当中。此种做法一直从 1804 年适用到 2016 年之前。长期以来，人们对此种做法表达强烈不满，因为他们认为，并非所有的债权转让均是有偿的，某些债权的转让可能是有偿的，而另外一些债权的转让则可能是无偿的。例如，如果债权人将自己的债权赠与给受让人，则他们与受让人之间的转让合同不再是买卖合同，而仅仅是一种赠与合同。①

通过 2016 年 2 月 10 日的债法改革法令，现行《法国民法典》新的第 1321 条至新的 1326 条对债权转让做出了三个方面的创新性规定：其一，它不再将债权转让视为一种特殊的买卖合同，而是将其视为债的一般制度的组成部分，换言之，它将债权转让视为债法总则、债法总论的组成部分。其二，它对债权转让采取形式主义理论，认为债权转让合同不能够单凭当事人之间的意思表示合意就生效，除了意思表示的合意之外，他们之间的转让合同还应当采取书面形式。其三，它极大地简化了债权转让的实行程序，让债权转让简便易行：在 2016 年之前，债权转让的通知需要通过执达令（huissier）的方式进行，新的规定废除了这一做法。②

除了对债权转让做出了界定之外，现行《法国民法典》新的第 1321 条至新的 1326 条还对债权转让的条件和法律效力做出了规定。除了现行《法国民法典》对债权转让的一般制度做出了规定之外，民法学者也普遍对债权转让的一般理论、一般制度做出了详尽的阐述，包括债权转让的定义、债权转让的功能、债权转让的条件和债权转让的法

---

① Rémy Cabrillac, Droit des obligations, 12e édition, Dalloz, 2016, p. 356.
② François Terré, Philippe Simler, Yves Lequette, François Chénedé, Droit Civil, les Obligations, 12e édition, Dalloz, 2018, p. 1695.

律效力等，无论是在 2016 年之前①还是之后②，均是如此。

二、2016 年之前民法学者对债权转让做出的界定

在 2016 年之前，虽然《法国民法典》没有对债权转让做出界定，但是，大多数民法学者均在自己的民法著作当中对债权转让做出了自己的界定。在 1998 年的《债法》当中，Mazeaud 和 Chabas 等人对债权转让做出了自己的界定，他们指出："所谓债权转让，是指转让人与受让人之间的一种合同，根据此种合同，债权人（转让人）将其对自己的债务人（被让人）享有的债权转移给另外一个人（受让人）。虽然此种转让活动会涉及三方当事人，但实际上仅有两方当事人的意志在此种活动当中发挥作用，这就是转让人与受让人。在债权转让当中，作为被让人的债务人仅仅是消极的，债权转让无须获得他们的同意，相对于债权转让而言，债务人仅仅是一种第三人。"③

在 2005 年的《债权和债务制度》当中，Ghestin、Billiau 和 Loiseau 也对债权转让做出了自己的界定，他们指出："债权转让，最初也被称为'积极债'，能够被普遍界定为一种合同，根据该种合同，一方当事人即转让人将自己对第三人即自己的债务人所享有的债权转让给第二个人即受让人。"④ 在 2011 年的《债的法律关系》当中，Flour、Aubert 和 Savaux 也对债权转让做出了自己的界定，他们指出："所谓债权转让，也称为债权转移，是指被称为转让人的债权人与被称为受让人的合同当事人之间的一种合同，根据此种合同，债权人将其享有的债权转移给受让人。在债权转让当中，债务人被称为被让债务人，或者直接被称为被让人。"⑤

三、《法国民法典》新的第 1321（1）条对债权转让做出的界定

通过 2016 年 2 月 10 日的债法改革法令，《法国民法典》新的第 1321（1）条对债权转让做出了界定，该条规定：所谓债权转让，是指被称为转让人的债权人与被称为受让人的第三人之间的一种合同，根据该种合同，转让人将自己对被转让债务人享有的全

---

① Henri et Léon Mazeaud, Jean Mazeaud, François Chabas, Obligations, 9e édition, Montchrestien, 1998, p.1259, pp.1274－1287；Jean Carbonnier, Droit civil, Volume II, Les biens, Les obligations, puf, 2004, pp.2449－2455；Jacques Ghestin, Marc Billiau, Grégoire Loiseau, Traité de Droit Civil, Le régime des créances et des dettes, LGDJ, 2005, pp.303－343；Jacques Flour, Jean-Luc Aubert, Éric Savaux, Droit civil, Les obligations, 3. Le rapport d'obligation, 7e édition, Dalloz, 2011, pp.309－332.

② Philippe Malaurie, Laurent Aynès, Philippe Stoffel-Munck, Droit des obligations, 8e édition, LGDJ, 2016, pp.793－806；Rémy Cabrillac, Droit des obligations, 12e édition, Dalloz, 2016, pp.356－363；Marjorie Brusorio-Aillaud, Droit des obligations, 8e édition, bruylant, 2017, pp.321－328；Virginie Larribau-Terneyre, Droit civil, Les obligations, 15e édition, Dalloz, 2017, pp.172－179；Jérôme François, Les obligations, Régime général, Tome 4, 4e édition, Economica, 2017, pp.445－484；François Terré, Philippe Simler, Yves Lequette, François Chénedé, Droit civil, Les obligations, 12e édition, Dalloz, 2018, pp.1693－1714.

③ Henri et Léon Mazeaud, Jean Mazeaud, François Chabas, Obligations, 9e édition, Montchrestien, 1998, p.1259, p.1274.

④ Jacques Ghestin, Marc Billiau, Grégoire Loiseau, Traité de Droit Civil, Le régime des créances et des dettes, LGDJ, 2005, p.303.

⑤ Jacques Flour, Jean-Luc Aubert, Éric Savaux, Les obligations, 3. Le rapport d'obligation, 7e édition, Dalloz, 2011, p.308.

部或者部分债权以有偿或者无偿的方式转让给受让人。① 现行《法国民法典》新的第1321（1）条对债权转让做出的此种界定被法国民法学者普遍遵循，因为在 2016 年之后，民法学者普遍根据该条的规定界定债权转让。②

笔者对债权转让做出如下界定：所谓债权转让（la cession de créance），是指债权人与第三人之间的合同，根据此种合同，债权人将自己对债务人享有的全部或者部分债权转让人给第三人，由第三人在所受让的债权范围内对债务人享有债权，其中的债权人被称为转让人（cédant），第三人被称为受让人（cessionnaire），转让人对其享有债权的债务人被称为被让债务人（débiteur cédé），转让人转让给受让人的债权被称为被让债权（la créance cédée）。

所谓转让人，也称最初债权人、原债权人（le créancier originaire），是指将其对债务人享有的债权转移给受让人的债权人。当债权人对债务人享有债权时，他们原则上能够将其享有的债权转移给受让人，因为他们享有的债权被看作一种财产，看作一种具有经济价值的财产，已如前述。一旦他们将其对债务人享有的债权转移给受让人，则他们就被称为转让人。所谓受让人，是指从转让人那里获得其转移的全部或者部分债权的人。当债权人将其对债务人享有的债权全部或者部分转移给受让人时，受让人即取代转让人的债权人地位而成为新债权人。

所谓被让债务人，也被称为被让人（cédé），是指债权转让之前和债权转让之后均应当履行所承担的债务的债务人。债权的转让并不会影响被让债务人的利益，因此，债权转让无需获得他们的同意。不同的是，在债权转让之前，债务人需要对原债权人承担债务，而在债权转让之后，债务人则需要对新债权人承担债务，如果他们已经获得了债权转让通知的话，或者至少已经知道债权转让的事实的话。所谓被让债权，是指受让人从转让人那里受让的债权。

债权转让在性质上是否属于三人间的交易？民法学者之间存在不同看法。某些学者认为，即便债权转让不需要获得被让债务人的同意，债权转让仍然属于三人间的交易，而另外一些民法学者则认为，鉴于债权转让仅仅需要转让人和受让人之间的意思表示的一致，被让债务人的意思表示对债权转让不会产生影响，因此，债权转让仅仅属于两方当事人之间的交易，不是三方当事人之间的交易。在这两种不同看法当中，第一种看法更加合理，因为，虽然债权转让的成立不需要获得被让债务人的同意，但是，债权转让的效力则取决于被让债务人的行为：如果他们在不知情的情况下对转让人履行债务，转让人不能够以自己的债权转让对抗被让债务人。

四、债权转让的类型

根据现行《法国民法典》新的第 1321（1）条的规定，债权转让可以分为有偿转

---

① Article 1321, Code civil, Version en vigueur au 29 mars 2021, https://www.legifrance.goufr/codes/section_lc/LEGITEXT000006070721/LEGISCTA000032032400/#LEGISCTA000032032400.

② Rémy Cabrillac, Droit des obligations, 12e édition, Dalloz, 2016, p. 356; Marjorie Brusorio-Aillaud, Droit des obligations, 8e édition, bruylant, 2017, p. 321; Virginie Larribau-Terneyre, Droit civil, Les obligations, 15e édition, Dalloz, 2017, p. 173; Jérôme François, Les obligations, Régime general, Tome 4, 4e édition, Economica, 2017, p. 446.

让和无偿转让、全部转让和部分转让四种,已如前述。除了《法国民法典》新的第1321(1)条所规定的这些债权转让类型之外,民法学者还对债权转让做出了其他分类,诸如债权的直接转让和间接转让,民事债权的转让和商事债权的转让。

(一) 债权的有偿转让和无偿转让

根据债权的转让是否以受让人支付对等物、交换物作为必要条件的不同,债权转让可以分为债权的有偿转让和债权的无偿转让。所谓债权的有偿转让(la cession de créance à titre onéreux),是指转让人与受让人之间的一种合同,根据该种合同,转让人在将自己对被让债务人享有的债权转让给受让人时会从受让人那里接受其支付的对等物、交换物(contrepartie)。换言之,所谓债权的有偿转让,是指转让人以从受让人那里获得对等物、交换物作为将自己的债权转让给受让人条件的债权转让。债权的有偿转让可以通过多种多样的合同方式表示出来,诸如买卖、贴现(escompte)、清偿和担保等,这就是债权转让所具有的买卖目的、贴现目的、清偿目的和担保目的。[①]

所谓债权的无偿转让(la cession de créance à titre gratuit),是指转让人与受让人之间的一种合同,根据该种合同,转让人在将自己对被让债务人享有的债权转让给受让人时不会从受让人那里接受其支付的对等物、交换物。换言之,所谓债权的无偿转让,是指转让人不以从受让人那里获得对等物、交换物作为将自己的债权转让给受让人条件的债权转让。债权的无偿转让或者表现为债权的赠与,或者表现为无偿借贷,这就是债权转让所实现的赠与目的、借贷目的。[②]

(二) 债权的全部转让和部分转让

根据债权人转让的债权范围不同,债权转让可以分为债权的全部转让和债权的部分转让。所谓债权的全部转让,是指转让人与受让人之间的一种合同,根据该种合同,债权人将自己对被让债务人享有的全部债权转让给受让人,受让人在所受让的全部债权范围内成为新的债权人。所谓债权的部分转让,是指转让人与受让人之间的一种合同,根据该种合同,债权人将自己对被让债务人享有的一部分债权转让给受让人,受让人在所受让的部分债权范围内成为新的债权人。

无论是全部转让还是部分转让,既可以是有偿的,也可以是无偿的,究竟是全部转让还是部分转让、有偿转让还是无偿转让,完全取决于转让人与受让人之间的意思表示。

(三) 债权的直接转让和间接转让

根据债权人转让债权的方式不同,债权转让可以分为直接转让和间接转让两种。所谓债权的直接转让,也称为严格意义上的债权转让,是指债权人与第三人签订合同,直接将自己对被让债务人享有的债权转让给第三人。笔者在此处讨论的债权转让就是直接

---

① Jérôme François, Les obligations, Régime general, Tome 4, 4e édition, Economica, 2017, pp. 447-448.
② Jérôme François, Les obligations, Régime general, Tome 4, 4e édition, Economica, 2017, pp. 448-453.

转让。所谓债权的间接转让，也称为非严格意义上的债权转让，是指债权人不是通过受让人直接签订转让合同的方式将自己享有的债权转让给受让人，而是通过直接转让合同之外的其他方式将自己享有的债权转让给受让人。例如，罗马法时期和法国旧法时期的债的更新和债的代理制度就属于债权的间接转让。在今时今日，债的更新和债的代位履行就属于债权的间接转让。①

（四）民事债权和商事债权的转让

根据债权转让所转让的债权的性质不同，债权转让可以分为民事债权的转让和商事债权的转让。民法学者之所以将债权转让分为民事债权的转让和商事债权的转让，是因为民法与商法实行的原则存在差异：商法采取简便性、快速性和安全性的原则，而民法则不实行这些原则。为了实现商法所贯彻的这些原则，人们对商事债权的转让做出了不同于民事债权转让的规定，以方便商人快速、安全地转让自己的债权。②

1. 民事债权转让的界定

所谓民事债权的转让（la cession de créance civiles），也称为共同法、普通法当中的债权转让（la cession de créance de droit commun），是指债权人根据民事法律尤其是《法国民法典》的规定所进行的债权转让。《法国民法典》对民事债权的转让条件、程序和转让效力做出了规定，当债权人根据它所规定的条件、程序进行债权转让时，他们所进行的债权转让就是民事债权的转让。根据民事法律所进行的债权转让之所以被称为共同法、普通法当中的债权转让，是因为相对于商法而言，民法在性质上属于普通法、共同法，而商法则属于特别法、特殊法。

2. 商事债权转让的界定

所谓商事债权的转让（la cession de creance commerciales），也称为债权转让的简化方式（les modes simplifiée）、债权转让的特殊方式（les modes spéciaux）、受例外制度约束的债权转让（la cession soumises à un régime dérogatoire）、特别法当中的债权转让（la cession de créance de droit spécial），是指债权人按照商事法尤其是《法国商法典》的规定所进行的债权转让。立法者的商事制定法尤其是《法国商法典》对商事债权的转让条件、转让程序和转让效力做出了规定，当商人根据商事制定法的规定转让自己的债权时，他们所进行的债权转让就是商事债权的转让。在法国，商事债权的转让分为两类：可流通证券（titres négociables）的转让和 Dailly 性质的债权转让（une cession Dailly）。

---

① Virginie Larribau-Terneyre, Droit civil, Les obligations, 15e édition, Dalloz, 2017, p. 172.
② Jacques Flour, Jean-Luc Aubert, Éric Savaux, Les obligations, 3. Le rapport d'obligation, 7e édition, Dalloz, 2011, pp. 311 – 337；Philippe Malaurie, Laurent Aynès, Philippe Stoffel-Munck, Droit des obligations, 8e édition, LGDJ, 2016, pp. 793 – 811；Jérôme François, Les obligations, Régime general, Tome 4, 4e édition, Economica, 2017, pp. 446 – 516；François Terré, Philippe Simler, Yves Lequette, François Chénedé, Droit civil, Les obligations, 12e édition, Dalloz, 2018, pp. 1695 – 1726.

3. 可流通证券①的转让

所谓可流通证券，是指以证券方式所记载的能够予以流通的债权。虽然可流通证券在性质上属于一种债权，但是，它们并不是民事债权而是商事债权，债权人能够快速、方便地转让自己享有的此种债权。可流通证券分为三种：不记名证券（les titres au porteur）、记名证券（les titre nominatifs）和指示证券（les titres à l'ordre）。所谓不记名证券，是指不会记载持有人姓名、身份的证券。所谓记名证券，是指记载了持有人姓名、身份的证券。所谓指示证券，是指记载了按照命令支付条款的证券。

证券的性质不同，债权人转让的要求也不同。总的来说，不记名证券的转让最简便，债权人仅仅将自己的证券凭证交付给受让人，受让人就成为新的债权人，不需要任何其他程序或者条件。记名证券的转让程序最复杂，与民事债权的转让类似，因为除了要有转让合意之外，他们之间的债权转让还应当进行登记：证券发行者是谁，债权转让就应当到发行者那里进行登记，否则，债权转让不能够对抗第三人。指示证券的转让介于不记名证券和记名证券之间，因为指示证券通过简单的背书方式加以转让。

4. Dailly 性质的债权转让②

所谓 Dailly 性质的债权转让，也称为职业债权的转让（la cession de créances professionnelles）、通过 Dailly 清单（par bordereau Dailly）、所进行的职业债权转让（la cession de créances professionnelles）、通过职业债权清单所进行的转让（la cession par bordereau de créances professionnelles），是指企业、商人根据参议院 Étienne Dailly 最初主张并且被制定法所明确规定的方式进行的债权转让。

为了鼓励企业、商人更容易获得信用，加速债权的动产化，经过法国参议院参议员 Étienne Dailly 的最初提议，法国参议院于 1981 年 1 月 2 月制定了职业债权转让方面的法律。法国立法者在 1984 年通过 1984 年 1 月 24 日的银行法对其做出了修改。目前，这一制定法被编入《法国货币和金融法典》当中，这就是其中的第 L. 313 - 23 条和其他法律条款。

根据《法国货币和金融法典》第 L. 313 - 23 条的规定，如果私法人（personne morale de droit privé）、公法人（personne morale de droit public）或者自然人（personne physique）在从事职业活动时（activité professionnelle）需要获得信用机构（établissement de crédit）的信用贷款，当他们对任何第三人享有债权时，如果他们将自己对第三人享有的债权转让给信用机构或者用作信用机构的贷款质押（nantissement），则在他们对第三

---

① Jacques Flour, Jean-Luc Aubert, Éric Savaux, Les obligations, 3. Le rapport d'obligation, 7e édition, Dalloz, 2011, pp. 332 - 335; Philippe Malaurie, Laurent Aynès, Philippe Stoffel-Munck, Droit des obligations, 8e édition, LGDJ, 2016, pp. 807 - 808; Jérôme François, Les obligations, Régime general, Tome 4, 4e édition, Economica, 2017, pp. 485 - 487; François Terré, Philippe Simler, Yves Lequette, François Chénedé, Droit civil, Les obligations, 12e édition, Dalloz, 2018, pp. 1718 - 1720.

② Jacques Flour, Jean-Luc Aubert, Éric Savaux, Les obligations, 3. Le rapport d'obligation, 7e édition, Dalloz, 2011, pp. 335 - 337; Philippe Malaurie, Laurent Aynès, Philippe Stoffel-Munck, Droit des obligations, 8e édition, LGDJ, 2016, pp. 808 - 811; Jérôme François, Les obligations, Régime general, Tome 4, 4e édition, Economica, 2017, pp. 487 - 515; François Terré, Philippe Simler, Yves Lequette, François Chénedé, Droit civil, Les obligations, 12e édition, Dalloz, 2018, pp. 1720 - 1726.

人享有的债权清单交付给信用机构之后,他们就能够获得信用机构的贷款。①

根据《法国货币和金融法典》第 L. 313 – 23 条的规定,如果商人需要获得信用机构的信用贷款,他们可以将自己对债务人享有的债权转让给信用机构,并且转让时,他们仅仅采取一种简单方便的方式:将对债务人享有的债权清单交付给信用机构。当然,根据《法国货币和金融法典》第 L. 313 – 23 条的规定,他们交付给信用机构的债权清单也应当载明某些重要的事项(énonciations),诸如职业债权转让文书(acte de cession de créances professionnelles)、转让人的名称、姓名、地址或者住所,信用机构的名称、地址,债务人的名称、地址、债权的数额、清偿地址等。②

根据《法国货币和金融法典》第 L. 313 – 23 条的规定,职业债权的转让应当具备三个条件,并因此让职业债权的转让区别于普通法当中的债权转让:③

第一,职业债权转让的当事人。职业债权的转让也是转让人与受让人之间的债权转让合同,这一点是它与普通法当中的债权转让一致的地方,它们之间的差异在于,职业债权转让的当事人是受到制定法严格限制的:职业债权的转让人要么是法人,要么是自然人,其中的法人既包括私法人,也包括公法人。不过,无论是法人还是自然人均应当是商人,因为制定法要求他们在从事职业活动,也就是在从事商事经营活动。职业债权的受让人仅为一种人即信用机构或者财务公司。

第二,被转让的债权性质。并非转让人对债务人享有的任何债权均是可以通过债权清单加以转让的。例如,虽然转让人对自己的消费者享有债权,但是,他们不能够以债权清单的方式将自己享有的此种债权转让给信用机构。因为根据《法国货币和金融法典》第 L. 313 – 23 条的规定,如果转让人对从事商事活动的私法人、公法人或者自然人享有债权,他们可以将对这些债务人享有的债权转让给信用机构,无论他们对这些债务人享有的债权是民事债权还是商事债权、已经到期、能够即刻主张的债权还是没有到期仍然无法主张的债权、是现有债权还是未来债权均无关紧要。

第三,职业债权转让的原因。根据《法国货币和金融法典》第 L. 313 – 23 条的规定,转让人将自己对债务人享有的职业债权转让给信用机构,其唯一的目的是获得信用机构的信用贷款。首先,为了进行贴现交易,转让人可能会将自己的职业债权转让给信用机构;其次,为了清偿信用机构对转让人提供的信用贷款,转让人可能会将自己的职业债权转让给信用机构;最后,为了担保信用机构对转让人提供的信贷能够偿还,转让人可能会将自己享有的职业债权转让给信用机构。

---

① Articles L. 313 – 23, Code monétaire et financier, Version en vigueur au 31 mars 2021, https://www.legifrance.goufr/codes/article_ lc/LEGIARTI000035726622/.

② Articles L. 313 – 23, Code monétaire et financier, Version en vigueur au 31 mars 2021, https://www.legifrance.goufr/codes/article_ lc/LEGIARTI000035726622/.

③ Jérôme François, Les obligations, Régime general, Tome 4, 4e édition, Economica, 2017, pp. 488 – 491.

第二节 债权转让的功能

一、债权转让功能的界定和种类

在享有债权的情况下，债权人为何愿意将自己对被让债务人享有的债权转让给受让人？在不享有债权的情况下，受让人为何愿意受让债权人转让的债权而成为对被让债务人享有债权的新的债权人？答案在于，债权人之所以愿意转让自己的债权，受让人之所以愿意受让转让人所转让的债权，是因为债权转让或者债权受让能够满足、实现他们的某种目的，此种目的就是债权转让的功能。所谓债权转让的功能（fonctions），也称为债权转让的经济效用（les utilités économique）、债权转让的实际利益、债权转让的效用或者债权转让的利益，是指债权人或者受让人转让或者受让债权的目的（objectifs）、原因或者实现的利益。问题在于，债权转让的功能有哪些？对此问题，民法学者做出的回答存在差异。

Ghestin、Billiau 和 Loiseau 认为，债权转让有三个功能：首先，它具有让债权人获得信用的功能；其次，它具有债务清偿的功能；最后，它具有担保的功能。① Flour、Aubert、Savaux 和 Cabrillac 认为，债的转让具有三个功能：一是具有让债权人的债权"流通起来"（mobilise）和让受让人获得有利投资的功能；二是能够用作债务清偿的手段；三是能够起到担保的作用。②

Malaurie、Aynès 和 Stoffel-Munck 认为，债权转让的三个功能是：权利的转移功能、清偿功能，以及担保功能。他们指出："债权转让的理由有三个：其一，它能够让债权人实现债权转移的目的，这是债权转让的最初和自然功能。其二，它能够让债权人实现债务清偿的目的，这是它的新功能，是偏离它正常功能的一种功能。其三，它能够让债权人设立担保，这是它最近才出现的功能，并且也是最具独创性的功能。"③

除了上述不同看法之外，Aillaud、Terré、Simler 和 Lequette 等人认为，债权转让的功能形形色色：充当买卖、贴现、互易和公司出资的功能，充当赠与、遗赠（legs）、无偿借贷的功能，作为清偿手段，以及起到担保的作用。Aillaud 指出："在实践当中，债权转让能够被视为一种买卖、一种赠与方式、一种债务清偿手段以及一种被迫的担保手段。对于债权转让的最后一个功能，司法判例存在犹疑不决的地方。"④

---

① Jacques Ghestin, Marc Billiau, Grégoire Loiseau, Traité de Droit Civil, Le régime des créances et des dettes, LGDJ, 2005, pp. 304 – 305.

② Jacques Flour, Jean-Luc Aubert, Éric Savaux, Les obligations, 3. Le rapport d'obligation, 7e édition, Dalloz, 2011, pp. 309 – 310; Rémy Cabrillac, Droit des obligations, 12e édition, Dalloz, 2016, pp. 356 – 357.

③ Philippe Malaurie, Laurent Aynès, Philippe Stoffel-Munck, Droit des obligations, 8e édition, LGDJ, 2016, p. 793.

④ Marjorie Brusorio-Aillaud, Droit des obligations, 8e édition, bruylant, 2017, p. 321.

Terré、Simler 和 Lequette 等人指出："债权转让的功能多种多样。"① 首先，债权转让能够实现买卖的目的，"如果债权是一种财产，是一种商品，则债权转让仅仅是一种特殊形式的买卖，因为转让人以一定的价格将自己享有的债权出卖给买受人。"② 其次，债权转让还能够实现赠与、遗赠等目的。"如果债权能够以有偿方式转让的话，债权也能够成为赠与、遗赠、互易和股份出资的对象。债权转让也能够起到消灭债的目的并因此构成一种清偿手段。"③ 最后，债权转让也能够发挥担保的功能，"就像其他财产能够作为担保一样，债权也能够作为担保，此时，它表现为受托债权。"④

虽然民法学者关于债权转让功能的说明存在差异，但是，他们之间的差异仅仅是表达方面的、形式上的，而不是实质性的，因为在对债权转让的功能做出说明时，虽然他们使用的术语未必完全相同，但是他们的精神是高度一致的，因为他们均同意，债权转让实际上具有三个重要的功能：债权转让具有有偿或者无偿转移债权的功能；债权转让具有让债权人清偿对自己的债务人所承担的债务并因此终结他们之间的债权债务关系的功能；债权转让具有担保第三人对债权人享有的债权获得实现的功能。

二、债权转让的转移功能

（一）债权转让的转移功能的界定

债权转让的第一个主要功能是债权的转移功能（fonction translative fonction de transmission）。所谓债权转让的转移功能，是指债权转让是为了让债权人将其对被让债务人享有的债权转移给受让人享有，并因此让受让人获得转让人所转移的债权并因此成为新的债权人。虽然并不是所有的民法学者均使用债权转让的转移功能的术语，但是，几乎所有民法学者均承认债权转让所具有的此种功能，因为无论是 Ghestin、Billiau 和 Loiseau 所谓的获得信用的功能，Flour、Aubert、Savaux 和 Cabrillac 所谓的让债权"流通起来"（mobilise）的功能，还是 Aillaud、Terré、Simler 和 Lequette 等人所谓的充当买卖、贴现、互易、公司出资和赠与、遗赠的功能，均是指债权转让所具有的债权转移功能，已如前述。

在民法上，债权转让的转移功能属于权利转让（la transfer d'un droit）、主观权利转让（droits subjectifs）所具有的转移功能的组成部分，因为债权转让属于权利转让、主观权利转让的组成部分。所谓权利转让，也称为主观权利的转让，是指一个权利主体将其享有的某种权利、主观权利转让给另外一个人，由另外一个人获得其转让的权利并因

---

① François Terré, Philippe Simler, Yves Lequette, François Chénedé, Droit Civil, les Obligations, 12e édition, Dalloz, 2018, p.1693.
② François Terré, Philippe Simler, Yves Lequette, François Chénedé, Droit Civil, les Obligations, 12e édition, Dalloz, 2018, p.1693.
③ François Terré, Philippe Simler, Yves Lequette, François Chénedé, Droit Civil, les Obligations, 12e édition, Dalloz, 2018, p.1694.
④ François Terré, Philippe Simler, Yves Lequette, François Chénedé, Droit Civil, les Obligations, 12e édition, Dalloz, 2018, p.1694.

此成为新的权利主体。因此，权利转让的功能是将转让人享有的某种主观权利转移给受让人。

传统民法认为，并非所有的权利均能够被转让，转让人只能够将自己享有的某些主观权利转让给受让人，他们不得将自己享有的另外一些主观权利转让给受让人，不能够转让的主观权利被称为非财产权（les droit extrapatrimoniaux），包括人格权和家庭权等，[①] 能够转让的主观权利被称为财产权（les droit patrimoniaux），除了物权、担保权和知识权之外还包括债权。[②] 当然，并非所有的债权均是可以转让的，转让人享有的某些债权是不能够转让的，关于这一点，笔者将在下面的内容当中做出详细的讨论，此处从略。

在债法上，债权转让的转移功能可以通过多种方式实现，包括：买卖，贴现，互易，赠与，无偿借用，股权出资等。根据现行《法国民法典》新的1321条的规定，这些方式可以分为两类即有偿转让方式和无偿转让方式，已如前述。所谓有偿转让方式，也称为债权的有偿转让，是指在将自己享有的债权转让给受让人时，转让人从受让人那里获得其支付的等价物的转让。债权的买卖、债权的互易、债权的出资等属于债权的有偿转让方式。所谓债权的无偿转让方式，也称为债权的无偿转让，是指在将自己享有的债权转让给受让人时，转让人不会从受让人那里获得其支付的等价物的转让，例如债权的赠与、债权的遗赠协议等就属于债权的无偿转让。[③] 关于债权转让的这些方式，笔者将在下面的内容当中做出详细的讨论，此处从略。

（二）债权转让对转让人和受让人带来的好处

1. 附期限的债权转让的利弊

在享有债权的情况下，债权人为何要将自己享有的债权转让给受让人？在转让人转让债权的情况下，受让人为何愿意受让转让人所转让的债权？答案在于，对于转让人而言，虽然债权转让可能会在某些方面不利于转让人，但是，债权转让在另外一些方面则能够满足转让人的特别需要；而对于受让人而言，虽然他们受让债权可能存在某些风险，但是，受让债权也会给他们带来某些让他们无法抵挡的利益。换言之，无论是对于转让人而言还是对于受让人而言，债权转让既存在不利的地方，也存在有利的地方，基于利弊的仔细考量之后，转让人与受让人之间达成了债权转让合同，并因此实现了将转让人享有的债权转让给受让人的目的。

在讨论债权转让所具有的转移功能时，民法学者普遍讨论的债权是附期限的债权（créance à terme）：债权人将自己享有的附期限的债权转让给受让人，受让人所受让的

[①] 张民安：《法国民法》，清华大学出版社2015年版，第70—73页；张民安：《法国民法总论（上）》，清华大学出版社2017年版，第557—561页；张民安：《法国民法总论（Ⅱ）》，清华大学出版社2020年版，第172页。

[②] 张民安：《法国民法》，清华大学出版社2015年版，第60—63页；张民安：《法国民法总论（上）》，清华大学出版社2017年版，第557—561页；张民安：《法国民法总论（Ⅱ）》，清华大学出版社2020年版，第172页。

[③] Marjorie Brusorio-Aillaud, Droit des obligations, 8e édition, bruylant, 2017, pp. 321 – 322；Jérôme François, Les obligations, Régime general, Tome 4, 4e édition, Economica, 2017, pp. 447 – 449；François Terré, Philippe Simler, Yves Lequette, François Chénedé, Droit civil, Les obligations, 12e édition, Dalloz, 2018, p.1694.

债权是附期限的债权。所谓附期限的债权，是指虽然债权人对其债务人享有某种债权，但是，他们享有的债权不是能够即刻对债务人主张（l'exigibilité）的债权，而是要等合同所规定的期限到来或者未来的、确定的事件（un événement futur et certain）发生时才能够对债务人主张的债权。

换言之，债权人与债务人之间的债在性质上不属于简单债、单纯债（l'obligation pure et simple），而属于一种限定债（modalité de l'obligation）即附期限的债（L'obligation à terme），其中的债权人享有的债权属于附期限的债权，享有此种性质的债权的人被称为附期限的债权人（le créancier à terme），而债务人承担的债务则属于附期限的债务，承担此种性质的债务的人被称为附期限的债务人（le débiteur à terme）。所谓附期限的债务，是指债务人虽然要对债权人承担合同债务，但是，他们并非在合同成立或者合同生效时即刻履行所承担的债务，而是要等到合同所规定的履行期限到来或者未来的、确定的事件发生时才履行所承担的债务。

2. 附期限的债权转让对转让人带来的利益

在享有附期限的债权时，债权转让可能会不利于作为债权人的转让人，表现在这两个方面：一方面，如果他们将自己享有的附期限的债权转让给受让人，则他们可能会丧失原本能够获得的到期利息。另一方面，他们可能不得不以低于债权真正价值的价格将自己的债权转让给受让人。在面临这两种不利条件时，债权人之所以仍然将自己的债权转让给受让人，是因为债权转让能够满足债权人的两种重要利益，能够对债权人带来两种好处：其一，让债权人的债权能够提前实现；其二，让债权人通过债权转让实现获得信用的目的。①

一方面，债权转让能够让债权人的债权获得提前实现。虽然债权人对债务人享有债权，但是，他们享有的债权属于附期限的债权，在债权人将其转让给受让人时，他们对被让债务人享有的债权还不能够获得清偿，如果他们不转让自己的债权，他们必须等到合同规定的期限来临或者确定事件发生才能够要求债务人履行所承担的债务。通过转让债权，他们让自己的债权在期限届满之前获得即时的清偿，不必等到合同规定的期限来临时才获得清偿。

另一方面，转让债权能够让债权人获得信用机构提供的信用贷款。例如，如果承揽人是工程主人的债权人，如果他们与主人之间的承揽合同规定，仅仅在工程建筑完毕之后，工程主人才对他们支付工程款项。如果作为债权人的承揽人在承揽合同规定的付款期限届至之前需要获得建设资金，他们可以将自己对工程主人享有的债权转让给银行或

---

① Henri et Léon Mazeaud, Jean Mazeaud, François Chabas, Obligations, 9e édition, Montchrestien, 1998, p. 1275; Jacques Ghestin, Marc Billiau, Grégoire Loiseau, Traité de Droit Civil, Le régime des créances et des dettes, LGDJ, 2005, pp. 304 – 305; Jacques Flour, Jean-Luc Aubert, Éric Savaux, Les obligations, 3. Le rapport d'obligation, 7e édition, Dalloz, 2011, p. 310; Philippe Malaurie, Laurent Aynès, Philippe Stoffel-Munck, Droit des obligations, 8e édition, LGDJ, 2016, p. 794; Rémy Cabrillac, Droit des obligations, 12e édition, Dalloz, 2016, p. 356; Marjorie Brusorio-Aillaud, Droit des obligations, 8e édition, bruylant, 2017, pp. 321 – 322; Virginie Larribau-Terneyre, Droit civil, Les obligations, 15e édition, Dalloz, 2017, p. 173.

者金融机构,以便银行或者金融机构对其提供为完成工程所需要的建设款项。[1]

3. 附期限的债权转让对受让人带来的利益

对于受让人而言,他们受让债权之后也面临两种不利条件,他们所面临的这两种不利条件刚好与债权转让对转让人所带来的两种利益相对应:

第一,受让人获得的债权是无法获得即时实现的债权。虽然受让人受让了转让人所转让的债权,但是,在受让之时,他们无法要求被让债务人即时履行对自己承担的债务,因为受让债权在性质上属于附期限的债权,在合同规定的履行期限来临或者确定事件发生之前,被让债务人无需对受让人履行债务。

第二,受让人要承受债权可能无法实现的风险。任何债权均面临无法获得清偿的风险,因为债权的实现最终取决于债务人的清偿能力:如果债务人的资财充足,则他们具有足够的清偿能力,债权人的债权能够获得完全的实现;反之,如果债务人的资财不足,则他们欠缺足够的清偿能力,债权人的债权面临无法实现或者完全实现的风险。在转让之前,转让人承受此种风险,在转让之后,转让人将此种风险转让给受让人,由受让人承受此种风险。因为,除非转让人与受让人之间的债权转让合同明确规定,转让人要担保被让债务人的清偿能力,否则,转让人不担保受让人受让的债权一定会获得清偿。

在面临上述两种不利条件时,受让人之所以仍然愿意甘冒风险而受让债权,是因为受让人能够从所受让的债权当中获得两种重大的利益:[2] 其一,受让人能够获得合同所规定的债权的表面价值。当债权人将自己享有的附期限的债权转让给受让人时,他们的转让价格往往会低于合同所规定的债权的名义价值。当合同规定的履行期限或者确定事件发生时,他们有权要求债务人按照合同规定的债权的名义上的价值实施给付行为,此时,他们从债权转让当中获得的利益大于受让债权时所支付的利益。其二,受让人还能够获得利息。在合同规定的期限来临或者确定事件发生时,除了能够获得合同规定的债权的表面上的价值之外,受让人还能够获得合同所规定的利息。换言之,除了有权要求债务人支付本金给自己之外,受让人还有权要求债务人支付利息给自己。

4. 民法学者对债权转让所存在利弊的普遍承认

在法国,民法学者普遍对债权转让所具有的这些利弊做出了说明,包括对转让人的利弊和对受让人的利弊。Mazeaud 和 Chabas 等人对债权转让所具有的这些利弊做出了说明,他们指出:"在债务人具有强有力的清偿能力期间,债务的履行是确定的,此时,债权人对债务人享有的债权属于一种具有经济价值的财产。但是,此种价值要获得有效

---

[1] Jacques Ghestin, Marc Billiau, Grégoire Loiseau, Traité de Droit Civil, Le régime des créances et des dettes, LGDJ, 2005, p. 304.

[2] Henri et Léon Mazeaud, Jean Mazeaud, François Chabas, Obligations, 9e édition, Montchrestien, 1998, p. 1275; Jacques Ghestin, Marc Billiau, Grégoire Loiseau, Traité de Droit Civil, Le régime des créances et des dettes, LGDJ, 2005, pp. 304 – 305; Jacques Flour, Jean-Luc Aubert, Éric Savaux, Les obligations, 3. Le rapport d'obligation, 7e édition, Dalloz, 2011, p. 310; Philippe Malaurie, Laurent Aynès, Philippe Stoffel-Munck, Droit des obligations, 8e édition, LGDJ, 2016, p. 794; Rémy Cabrillac, Droit des obligations, 12e édition, Dalloz, 2016, p. 356; Marjorie Brusorio-Aillaud, Droit des obligations, 8e édition, bruylant, 2017, pp. 321 – 322; Virginie Larribau-Terneyre, Droit civil, Les obligations, 15e édition, Dalloz, 2017, p. 173.

的实现，必须以债权人在债权期限到来之前对其债权享有处分权作为前提，就像他们能够处分其他的财产构成要素一样。在实际生活当中，他人拥有的财富基本上是由债权构成，包括他人对国家享有的债权，他人对公共机构或者国家机构享有的债权，以及他人对公司享有的债权。这些债权在性质上均属于附期限债权。对于这些债权人而言，他们可能需要对这些债权进行即刻的处分。对于购买者而言，他们所购买的债权应当是能够转让的债权，因为在债权所规定的期限到来之前，他们能够出卖所购买的债权。"①

Flour、Aubert 和 Savaux 对债权转让的这些利弊做出了说明，他们指出："债权转让所带来的利益是显而易见的。当转让人所享有的债权是附期限的债权时，在合同所规定的期限到来之前，债权人能够通过债权转让实现其债权，因为当他们将其债权转移给受让人时，受让人会将购买债权的价款支付给转让人。人们将债权人通过此种方式实现其债权的方式称为债权的'流通性'。对于受让人而言，如果他们所受让的债权获得了强有力的担保的话，尤其是能够产生利息的话，则他们通过受让债权之后所获得的利益要大于他们购买债权时所支付的价款。对于转让人而言，他们常常基于投机的目的实施债权转让行为：他们对债务人的清偿能力持不信任的态度，因此，虽然他们出卖了自己享有的债权，但是，他们所出卖的价格往往会低于债权名义上的价值。而受让人之所以受让债权人所转让的债权，是因为他们对债务人的清偿能力抱有信心，他们会认为，在债权期限来临时，他们的债权能够获得完全的清偿，至少能够获得大部分的清偿。"②

（三）债权转移功能的有偿实现方式

在法国，买卖合同、贴现合同、股权出资合同和互易合同是转让人有偿转让自己债权的四种主要方式，通过这些方式，在将自己享有的债权转让给受让人时，他们从受让人那里获得等价物。

1. 买卖

在债法上，债权有偿转让的转移功能主要是通过债权买卖的方式实现的，这就是说，转让人与受让人之间签订债权买卖合同，转让人根据买卖合同规定的条件将自己享有的债权转让给受让人，受让人在支付买卖合同所规定的购买款之后获得转让人所转让的债权。债权转让之所以能够通过买卖方式进行，是因为债权转让可以采取买卖的方式，换言之，人们可以将债权转让视为一种像房屋买卖或者汽车买卖一样的买卖方式。

债权买卖与一般买卖之间的主要差异是，一般买卖的对象是有体物、有形财产，也就是像房屋和汽车一样的财产，而债权买卖的对象则是无体物、无形财产，也就是转让人享有的债权。由于此种原因，1804 年的《法国民法典》仅仅在买卖合同当中对债权转让做出了规定，此种做法一直坚持到 2016 年之前。虽然 2016 年之后，《法国民法典》不再将债权转让规定在买卖合同当中，但是，债权转让仍然可以视为一种特殊形式的买

---

① Henri et Léon Mazeaud, Jean Mazeaud, François Chabas, Obligations, 9e édition, Montchrestien, 1998, p. 1275.

② Jacques Flour, Jean-Luc Aubert, Éric Savaux, Les obligations, 3. Le rapport d'obligation, 7e édition, Dalloz, 2011, p. 310.

卖合同，至少民法学者是这样主张的，已如前述。

因此，当 A 对 B 享有 1000 欧元的债权时，如果 A 将自己对 B 享有的此种债权以 900 欧元的价格转让给 C，则 A 与 C 之间的此种债权转让就被视为一种买卖。A 之所以将自己对 B 享有的此种债权出卖给 C，是基于以下两个方面的考虑：一方面，A 对 B 享有的此种债权是附期限的债权，鉴于此种债权还有一个月的履行期限，A 无法要求 B 及时履行对自己承担的债务，而 A 某种急迫的原因急需让自己享有的债权获得清偿；即便 A 对 B 享有的债权已经到了清偿期，B 可能会拒绝履行自己所承担的支付债务，此时，A 将不得不向法院起诉，要求法官责令 B 强制履行对自己承担的债务。① 通过将自己享有的债权转让给 C 的方式，A 和 C 均获得了自己的利益。对于 A 而言，通过将自己对 B 享有的债权出卖给 C 的方式，A 既能够实现让自己的债权获得快速清偿并因此解除自己的燃眉之急，也能够免除烦人的诉讼之苦。对于 C 而言，通过受让 A 转让的债权，C 既能够实现对 B 提供服务的目的，也能够实现以低于债权表面价值的价格即 900 欧元购买债权的目的。

受让价格 900 欧元与债权价值 1000 欧元之间的价格差异 100 欧元代表着转让人 A 对受让人 C 受让其还差 1 个月才到期的债权的补偿，也是受让人 C 冒着被让债务人可能欠缺清偿能力的风险而能够获得的投资利益，因为，A 并不对 C 承担保证责任，确保被让债务人 B 有清偿能力。C 受让的债权是否能够实现取决于 B 的清偿能力，如果 B 欠缺清偿能力，则 C 将会承受此种风险。当然，B 的清偿能力越有保障，则 C 获得的投资收益越低，反之，B 的清偿能力越没保障，则 C 获得的投资收益则越高。总之，A 与 C 之间的债权买卖对转让人即出卖人 A 和受让人即买受人 C 而言均是有利可图的：对于 A 而言，他通过此种交易即刻、不费吹灰之力获得了急需的 900 欧元的现金，让自己的 1000 欧元债权得以实现；对于 C 而言，在一个月之内，他通过支付 900 欧元的价格就获得了 1000 欧元，并因此赚了 100 欧元的投资利益。②

2. 贴现

除了能够借助于买卖合同实现债权有偿转让的目的之外，转让人和受让人还能够借助于贴现方式（escompte）实现债权有偿转让的目的。所谓贴现，是指银行与企业或者商人之间的一种信用交易（opération de crédit），根据该种信用交易，企业或者商人将自己对债务人享有的附期限的债权转让给银行，在根据所受让的债权的票面金额扣去自交易发生日至债权到期日之间的利息（intérêts）和佣金（commissions）之后，银行将剩余金额支付给转让人。通过此种交易，转让人能够及时获得银行提供的贷款，以解除自己所面临的急需资金的燃眉之急，而银行既获得了债权票面上的金额，也获得了利息。③

以贴现方式进行的债权转让与以买卖方式进行的债权转让之间存在两个方面的差异：其一，债权买卖存在投机性，而债权贴现则不具有债权买卖所具有的投机性质。其

---

① Marjorie Brusorio-Aillaud, Droit des obligations, 8e édition, bruylant, 2017, pp. 321 – 322.
② Marjorie Brusorio-Aillaud, Droit des obligations, 8e édition, bruylant, 2017, pp. 321 – 322.
③ Jérôme François, Les obligations, Régime general, Tome 4, 4e édition, Economica, 2017, pp. 448 – 449.

二，债权买卖的转让人和受让人未必一定是企业、商人和银行等金融机构，除了这些人之间进行债权买卖之外，其他人之间也可能会进行债权买卖。而债权贴现则不同，它是企业、商人与银行之间的一种交易，转让人是企业、商人，而受让人则是银行，它是企业、商人获得银行提供信贷的一种方式。①

作为债权转让的一种方式，债权贴现在性质上不仅属于一种商事债权的转让，而且还属于一种 Dailly 性质的债权转让。根据企业、商人与银行之间的贴现合同的不同规定，企业、商人、银行与被让债务人之间的关系有两种：其一，在银行受让的债权到期时，如果银行要求被让债务人履行对自己承担的债务，当他们的要求无法实现时，他们有权要求转让人对自己承担责任。因为贴现合同明确规定，转让人应当对受让人担保所转让的债权是能够获得实现的债权。其二，在银行受让的债权到期时，如果银行要求被让债务人履行对自己承担的债务，当他们的要求无法实现时，他们无权要求转让人对自己承担责任，因为贴现合同明确规定，转让人不对受让人担保所转让的债权是能够获得实现的债权。②

3. 股权出资

除了能够借助于买卖合同和贴现合同实现债权有偿转让的目的之外，转让人和受让人还能够借助于公司股权出资（apport en societe）的方式实现债权有偿转让的目的。③《法国民法典》第 1832 条对公司做出了规定，认为在正常情况下公司是两个或者两个以上的人之间签订的合同，根据该种合同，为了获得利益，他们将自己的财产（biens）或者技能（industrie）提供给他们之间共同设立的企业（entreprise），而在例外情况下，基于制定法的明确限定，公司也可以借助于一个人的意志行为而设立。除了分享公司的利益之外，公司股东（les associés）也应当分担公司的损失。④

《法国民法典》第 1843－3 条规定，股东对公司的出资方式要么是现金（en numéraire），要么是实物（en nature），要么是技能（en industrie），说明第 1832 条所规定的财产除了现金之外还包括实物。⑤ 所谓实物，是指股东用来出资的动产和不动产，包括有形财产、有体物和无形财产、无体物，其中的无形财产、无体物除了包括诸如知识产权、商事营业资产等其他权利之外也包括债权。当然，包括债权在内，无论公司以什么样的实物或者财产出资，他们的出资均应当进行价值评估，以便确定股东用来出资的债权的价值究竟是多少。⑥

---

① Jérôme François, Les obligations, Régime general, Tome 4, 4e édition, Economica, 2017, pp. 448－449.
② L'escompte et les cessions Dailly, ⓒ Banque de France － V15/11/2016 1｜4, https://entreprises. banque-france. fr/sites/default/files/bdf_ reffin_ chap4_ 421. pdf.
③ François Terré, Philippe Simler, Yves Lequette, François Chénedé, Droit Civil, les Obligations, 12e édition, Dalloz, 2018, p. 1694.
④ Article 1832, Code civil, Version en vigueur au 09 avril 2021, https://www. legifrance. goufr/codes/section_ lc/Legitext000006070721/Legiscta000006118123/#Legiscta000006118123.
⑤ Article 1843－3, Code civil, Version en vigueur au 09 avril 2021, https://www. legifrance. goufr/codes/section_ lc/Legitext000006070721/Legiscta000006118123/#Legiscta000006118123.
⑥ 张民安：《公司法的现代化》，中山大学出版社 2006 年版，第 186—198 页。

4. 互易

除了借助于上述三种主要形式实现债权有偿转让的目的之外，转让人还可以借助于另外一种合同形式实现债权的有偿转让，这就是借助于互易合同（contrat d'échange）的方式实现债权的有偿转让。①《法国民法典》第 1702 至第 1707 条对互易合同做出了规定。根据这些法律条款的规定，所谓互易，是指当事人各自将自己所有物的所有权转让给对方以换取对方将自己所有物的所有权转让给自己的合同。互易合同就像买卖合同一样仅凭当事人双方之间的意思表示一致就产生约束力，有关买卖合同的规定完全适用于互易合同。②

因为这些法律条款是由 1804 年的《法国民法典》的立法者规定的，而 1804 年的《法国民法典》明确规定，债权转让属于一种特殊形式的买卖合同，因此，除了能够通过买卖合同的方式进行债权的有偿转让之外，转让人也可以通过互易合同进行债权的有偿转让。在今时今日，虽然《法国民法典》不再将债权转让规定在买卖合同当中，但是，民法学者仍然普遍认为，债权转让仍然可以被视为一种买卖合同。既然债权转让属于买卖合同，而互易合同完全适用于买卖合同的情况，因此，债权转让也可以采取互易合同的方式，这就是一方当事人将自己对债务人享有的债权转让给受让人，以便换取受让人将自己享有的财产所有权甚至债权转让给自己。

（四）债权转移功能的无偿实现方式

在法国，赠与合同和无偿借贷合同是转让人无偿转让自己债权的两种主要方式，通过这两种不同方式，在将自己享有的债权转让给受让人时，转让人不会从受让人那里获得对等物。

1. 赠与

在法国，转让人实现债权无偿转让的最主要方式是与受让人签订赠与合同（donation），根据该合同，转让人将自己享有的债权转让给受让人，受让人在受让债权时无须支付任何对等物。例如，在 A 对 C 享有 1000 欧元债权的情况下，A 与 B 签订赠与合同，将自己对 C 享有的 1000 欧元债权转让给受让人 B，B 在受让 1000 欧元债权时无需支付任何对等物。"实际上，这等于说 A 将 1000 欧元的'所有权转让'给 B。"③

如果当事人之间的债权转让合同要产生让转让人享有的债权转让给受让人享有的法律效力，它们应当具备《法国民法典》第 931 条至第 966 条所规定的有效条件，诸如他们应当通过公证文书的方式签订合同，否则，债权赠与合同无效。不过，如果当事人将他们之间的债权赠与合同伪装成公开的买卖合同，他们之间的赠与合同并不要求具备这些法律条款所规定的条件，在欠缺这些法律条款所规定的条件的情况下，他们之间所伪装的债权赠与合同仍然有效，既不会因为所伪装的赠与合同是隐蔽合同而无效，也不

---

① François Terré, Philippe Simler, Yves Lequette, François Chénedé, Droit Civil, les Obligations, 12e édition, Dalloz, 2018, p. 1694.

② Articles 1702 à 1707, Code civil, Version en vigueur au 09 avril 2021, https://www.legifrance.goufr/codes/section_ lc/LEGITEXT000006070721/LEGISCTA000006118108/#LEGISCTA000006118108.

③ Marjorie Brusorio-Aillaud, Droit des obligations, 8e édition, bruylant, 2017, p. 322.

会因为所伪装的赠与合同不具备这些法律条款规定的条件而无效。①《法国民法典》新的第 1201 条对此种规则作出了说明，它规定：如果当事人之间缔结的表面合同掩盖了他们之间的隐蔽合同，他们之间的隐蔽合同仍然在当事人之间产生效力。②

2. 借贷

除了通过赠与合同实现债权的无偿转让之外，转让人还可以通过借款合同（prêt）的方式将自己享有的债权无偿转让给受让人。根据该合同，转让人将自己对被让债务人享有的债权作为借款转让给受让人，在受让债权之后的一段时期内，受让人不附加利息地将所受让的债权数额返还给转让人。当然，转让人与受让人之间的此种债权转让在性质上并不属于直接借贷，而被视为一种间接借贷。如果转让人与受让人在借贷合同当中约定，受让人未来除了返还本金之外还应当附加一定的利息，则他们之间的借贷合同就从无偿方式转为有偿方式，这就是有偿借贷合同。③

三、债权转让的清偿功能

（一）债权转让清偿功能的界定

在债法上，债权转让的第二个主要功能是债务清偿功能（fonction de paiement）。所谓债务清偿功能，也称为简化法律关系的功能（simplification des relations juridiques），是指转让人能够将转让债权作为清偿自己对受让人承担的债务的一种手段，根据该种手段，如果转让人对受让人承担某种债务，为了清偿此种债务，转让人与受让人达成债权转让协议，由转让人将自己对被让债务人享有的某种债权转让给受让人，以便代替转让人原本在未来应当履行的债务。例如，如果 A 对 B 承担 1000 欧元的债务，而 C 则对 A 承担 1000 欧元的债务，为了清偿对 B 承担的 1000 欧元债务，A 与 B 达成协议，决定由 A 将其对 C 享有的 1000 欧元的债权转让给 B，以作为 A 清偿对 B 承担的 1000 欧元债务的手段，A 与 B 之间达成的债权转让协议就是具有清偿功能的债权转让。④

在债法上，如果债务人对债权人承担债务，他们当然应当履行自己对债权人承担的债务，一旦他们履行所承担的债务，则他们与债权人之间的法律关系消灭。因此，债务的自愿履行是债务消灭的最主要条件。不过，除了自愿履行能够消灭债之外，债的消灭还有其他原因，诸如债的抵销和债的免除等。无论是自愿履行、债的抵销还是债的免除均属于债的正常清偿方式（paiement normal）。除了通过这些正常方式清偿债之外，债务人还可以通过非正常方式清偿（paiement anormal）自己的债务，这就是债权转让方式。在法国，作为一种清偿手段，转让债权尤其是能够在商人的破产清算程序当中适用，根据该种程序，如果处于破产清算当中的债务人对第三人享有某种债权，为了清偿

---

① Jérôme François, Les obligations, Régime general, Tome 4, 4e édition, Economica, 2017, p. 447.
② Article 1201, Code civil, Version en vigueur au 12 janvier 2021, https://www.legifrance.goufr/codes/section_lc/LEGITEXT000006070721/LEGISCTA000006150250/#LEGISCTA000032041383.
③ Jérôme François, Les obligations, Régime general, Tome 4, 4e édition, Economica, 2017, pp. 447-448.
④ Marjorie Brusorio-Aillaud, Droit des obligations, 8e édition, bruylant, 2017, p. 322.

对自己的债权人所承担的债务,他们将自己对第三人享有的债权转让给受让人。[1]

在法国,民法学者普遍承认债权转让所具有的债务清偿功能。[2] Flour、Aubert 和 Savaux 也对债权转让所具有的此种功能做出了说明,他们指出:"债权转让能够充当债务履行的手段,因为为了消灭自己对受让人承担的债务,当转让人对第三人享有某种债权时,他们能够将其对第三人享有的债权转让给自己的债权人。"[3] Malaurie、Aynes 和 Stoffel-Munck 对债权转让所具有的此种功能做出了说明,他们指出:"债权转让也具有债务清偿功能,因为债权转让的目的在于消灭转让人和受让人之间的债。"[4] Terré、Simler 和 Lequette 也对债权转让所具有的此种功能做出了说明,他们指出:"债权转让也具有消灭债的目的并且构成一种债务清偿行为。"[5]

(二) 债权转让产生的两种不同法律效力

作为一种债务清偿手段,除了应当具备一般合同的构成要件之外,债权转让尤其应当具备三个特殊要件:其一,转让人对受让人承担某种债务;其二,转让人对被让债务人享有某种债权;其三,转让人与受让人达成协议,同意以债权转让作为消灭转让人对受让人承担的债务的方式。问题在于,当转让人将其债权转让给受让人时,转让人对受让人承担的债务何时消灭,是在债权转让给受让人之时消灭,还是在被让债务人履行了对受让人承担的债务之时消灭?

对此问题,民法学者和法国的司法判例做出的回答明确和肯定:除非转让人与受让人达成的债权转让合同明确规定,转让人对受让人承担的债务从债权转让给受让人之日起消灭;否则,转让债权仅仅在被让债务人履行了对受让人承担的债务之日起产生消灭债的效力。

在债法上,当转让人通过转让债权的方式消灭他们对受让人承担的债务时,如果他们承担的债务从债权转让之时产生消灭债的法律效力,则此种债务清偿被称为即时清偿(paiement immédiat),如果债务不是从债权转让之时消灭,而是从被让债务人对受让人

---

[1] Philippe Malaurie, Laurent Aynès, Philippe Stoffel-Munck, Droit des obligations, 8e édition, LGDJ, 2016, pp. 794 – 795.

[2] Jacques Ghestin, Marc Billiau, Grégoire Loiseau, Traité de Droit Civil, Le régime des créances et des dettes, LGDJ, 2005, p. 305; Jacques Flour, Jean-Luc Aubert, Éric Savaux, Les obligations, 3. Le rapport d'obligation, 7e édition, Dalloz, 2011, p. 310; Philippe Malaurie, Laurent Aynès, Philippe Stoffel-Munck, Droit des obligations, 8e édition, LGDJ, 2016, p. 794; Rémy Cabrillac, Droit des obligations, 12e édition, Dalloz, 2016, p. 356; Marjorie Brusorio-Aillaud, Droit des obligations, 8e édition, bruylant, 2017, p. 322; Jérôme François, Les obligations, Régime général, Tome 4, 4e édition, Economica, 2017, pp. 450 – 451; François Terré, Philippe Simler, Yves Lequette, François Chénedé, Droit civil, Les obligations, 12e édition, Dalloz, 2018, p. 1694.

[3] Jacques Flour, Jean-Luc Aubert, Éric Savaux, Les obligations, 3. Le rapport d'obligation, 7e édition, Dalloz, 2011, p. 310.

[4] Philippe Malaurie, Laurent Aynès, Philippe Stoffel-Munck, Droit des obligations, 8e édition, LGDJ, 2016, p. 794.

[5] François Terré, Philippe Simler, Yves Lequette, François Chénedé, Droit Civil, les Obligations, 12e édition, Dalloz, 2018, p. 1694.

履行了债务之时消灭,则此种债务清偿被称为迟延清偿(paiement différe)。①

换言之,如果债权转让能够产生债务清偿效力的话,它原则上仅仅产生迟延清偿债务的法律效力,在例外情况下,它才产生即时清偿债务的法律效力。在 1992 年 6 月 23 日的案件当中,法国最高法院商事庭对此种规则做出了说明,它指出:"债权转让本身不会产生让转让人对受让人承担的债务消灭的效果。"② Malaurie、Aynes 和 Stoffel-Muncky 也对此种规则做出了说明,他们指出:"除非存在相反的协议,否则,债权转让产生的消灭债的效力不会即刻产生,仅仅到了被让债务人履行了对受让人承担的债务时,债权转让才产生债的消灭效力。"③

(三) 债权转让产生的第一种法律效力:即时清偿债务的法律效力

根据合同自由原则,如果转让人与受让人之间的债权转让合同明确规定,自债权从转让人转让给受让人之日起,转让人对受让人承担的债务消灭,则债权转让能够产生即时消灭债的法律效力,这就是债权转让产生的第一种法律效力:债务的即时清偿效力,也就是即时清偿性质的债权转让(la cession de creance à titre de paiement immédiat)。④

当事人之间的此种合同规定之所以有效,是因为债权转让从什么时间产生消灭债的法律效力的问题并不是一个关乎公共秩序的问题,而是一个关乎转让人和受让人私人利益的问题,完全能够由当事人通过自己的意思表示予以确定。Jérôme François 对此种规则作出了说明,他指出:"转让人与受让人能够约定,债权转让能够导致转让人对受让人承担的既存债务的即刻清偿,一旦他们做出此种约定,则转让人对受让人承担的债务会根据他们之间的此种约定被清偿。"⑤

(四) 债权转让产生的第二种法律效力:迟延清偿债务的法律效力

根据合同自由原则,如果转让人与受让人之间的债权转让合同明确规定,债权转让不会产生即刻消灭债的法律效力,则仅仅到被让债务人清偿对受让人承担的债务时,债权转让才产生让转让人对受让人承担的债务消灭的法律效力,这就是债权转让产生的第二种法律效力:债务的延迟清偿效力,也就是延迟清偿性质的债权转让(la cession de creance à titre de paiement différe)。

Jérôme François 对此种规则做出了说明,他指出:"转让人与受让人能够约定,债权转让不能够导致转让人对受让人承担的既存债务的即刻清偿,转让人对受让人承担的既存债务仅仅在被让债务人履行了对受让人承担的债务时才消灭。人们将此种情形下的

---

① Cour de Cassation, Chambre commerciale, du 23 juin 1992, 88 – 15.763; Philippe Malaurie, Laurent Aynès, Philippe Stoffel-Munck, Droit des obligations, 8e édition, LGDJ, 2016, p. 794; Jérôme François, Les obligations, Régime general, Tome 4, 4e édition, Economica, 2017, pp. 450 – 451.
② Cour de Cassation, Chambre commerciale, du 23 juin 1992, 88 – 15.763.
③ Philippe Malaurie, Laurent Aynès, Philippe Stoffel-Munck, Droit des obligations, 8e édition, LGDJ, 2016, p. 794.
④ Jérôme François, Les obligations, Régime general, Tome 4, 4e édition, Economica, 2017, p. 450.
⑤ Jérôme François, Les obligations, Régime general, Tome 4, 4e édition, Economica, 2017, p. 450.

债权转让称为延迟清偿性质的债权转让,因为,仅仅到了被让债务人履行了对受让人承担的债务时,转让人对受让人承担的债务才能够被视为已经获得了清偿。转让人与受让人之间的债权转让交易的结束也取决于被让债务人的态度,如果被让债务人履行了对受让人承担的债务,则转让人对受让人承担的债务也履行了。"①

如果被让债务人没有履行对受让人承担的债务,除了有权要求被让债务人承担合同责任或者要求法官责令被让债务人继续履行债务之外,受让人也有权要求转让人对自己承担合同责任;转让人应当根据他们与受让人之间的转让合同的规定承担合同责任,因为债权转让合同不会导致转让人对受让人承担的最初债务的即刻消灭,仅仅在被让债务人履行了对受让人承担的债务时,转让人对受让人承担的最初债务才会消灭。②

当然,如果转让人与受让人之间的债权转让合同没有明确规定,债权转让究竟是即时清偿性质的还是延迟清偿性质的债权转让,法官和民法学者均作出了明确的回答:除非当事人之间的转让合同明确规定,他们之间的债权转让在性质上属于即时清偿性质的,否则,他们之间的债权转让在性质上属于延迟清偿性质的,已如前述。他们之所以采取此种规则,其目的在于对受让人提供保护,确保受让人不会因为被让债务人信用不佳、清偿能力不足而遭受受让债权无法清偿的风险。

四、债权转让的担保功能

除了具有债权的转移功能和债务的清偿功能之外,债权转让还具有第三个功能,这就是担保功能(fonction de sûreté)。所谓债权转让的担保功能,是指债权转让所具有的担保转让人对受让人所承担的某种债务能够获得清偿的功能。

(一)担保功能的界定

当转让人对受让人承担某种债务时,为了担保自己对受让人承担的此种债务得以履行,转让人与受让人达成转让协议,根据该协议,转让人将自己对被让债务人享有的债权暂时地(à titre temporaire)、不需要对等物地(sans contrepartie)转让给受让人享有,如果转让人履行了对受让人承担的债务,受让人将所受让的债权返还给转让人,如果转让人没有履行对受让人承担的债务,受让人则最终取得转让人所转让的债权并因此成为债权人,能够要求被让债务人清偿对自己承担的债务。基于担保目的所进行的此种债权转让或者被称为具有担保性质的债权转让(la cession de créance à titre de garantie),或者被称为债权的信托转让(a cession fiduciaire de créance)、信托转让(cession fiduciaire)。

例如,如果 A 对 B 享有 1000 欧元的债权,当 A 向 C 借贷 1000 欧元的债务时,如果 A 与 C 达成协议,根据该协议,A 将其对 B 享有的 1000 欧元的债权转让给 C,由 C 以债权人的身份持有对 B 的债权,以便担保 A 对 C 承担的 1000 欧元的债务能够得到履行,则 A 基于此种目的所为的债权转让就是具有担保性质的债权转让。如果 A 偿还了

---

① Jérôme François, Les obligations, Régime general, Tome 4, 4e édition, Economica, 2017, pp. 450-451.
② Jérôme François, Les obligations, Régime general, Tome 4, 4e édition, Economica, 2017, p. 450.

对 C 的债务,则 C 应当将其对 B 享有的债权返还给 A,否则,C 有权基于债权人的身份直接要求 B 履行其承担的债务并因此让自己的债权得以实现。

在债法上,债权转让的担保功能既独立于债权转让的转移功能,也独立于债权转让的清偿功能,属于债权转让的第三种功能,与其他两种功能相比,债权转让的担保功能具有的一个最主要的特征是,债权的转让仅仅是暂时的,而不是恒久的。无论是为了实现债权转让的转移功能还是清偿功能,转让人对受让人进行的债权转让均是恒久的而非暂时的,受让人受让了转让人所转让的债权之后成为真正的债权人,而债权转让的担保功能则不同,受让人仅仅是暂时受让转让人所转让的债权,在债务履行之后,他们应当将受让的债权转让给转让人并因此丧失债权人的身份、资格。

在今时今日,民法学者普遍承认债权转让所具有的担保功能,无论是在 2016 年的债法改革法令之前还是之后,均是如此。① Flour、Aubert 和 Savaux 对债权转让所具有的此种功能做出了说明,他们指出:"债权转让能够发挥一种担保的作用:债务人将自己对第三人享有的债权暂时和没有对等物地转让给自己的债权人,在债务履行期限到来时,根据债务人是否履行所承担的债务的不同,受让人或者将所受让的债权返还给转让人,或者取得所受让的债权。"②

Malaurie、Aynes 和 Stoffel-Munck 对债权转让所具有的此种功能做出了说明,他们指出:"债权转让同样具有担保功能,它也构成债权的信托转让。根据此种转让,债务人将自己对第三人享有的债权转让给自己的债权人:此种转让是不需要受让人支付价款的,因此,它不构成债权的买卖;转让人没有清偿自己债务的意图,因此,它也不构成债权的赠与;它唯一的目的是担保转让人对受让人承担的债务得以履行。"③ Terré、Simler 和 Lequette 也对债权转让所具有的此种功能做出了说明,他们指出:"作为一种信托转让,债权转让也能够构成一种担保方式,就像其他的财产能够成为一种担保形式一样。"④

(二) 立法者在《法国民法典》和其他制定法当中对担保功能做出的特别规定

1981 年之前,法国立法者并没有对债权转让所具有的担保功能做出明确规定,无

---

① Jacques Flour, Jean-Luc Aubert, Éric Savaux, Les obligations, 3. Le rapport d'obligation, 7e édition, Dalloz, 2011, p. 310; Philippe Malaurie, Laurent Aynès, Philippe Stoffel-Munck, Droit des obligations, 8e édition, LGDJ, 2016, p. 795; Rémy Cabrillac, Droit des obligations, 12e édition, Dalloz, 2016, pp. 356 – 357; Marjorie Brusorio-Aillaud, Droit des obligations, 8e édition, bruylant, 2017, p. 322; Jérôme François, Les obligations, Régime general, Tome 4, 4e édition, Economica, 2017, pp. 451 – 453; Philippe Van Steenlandt, La généralisation de la cession fiduciaire de créance, LGDJ, 2017, pp. 1 – 468; François Terré, Philippe Simler, Yves Lequette, François Chénedé, Droit civil, Les obligations, 12e édition, Dalloz, 2018, p. 1694.

② Jacques Flour, Jean-Luc Aubert, Éric Savaux, Les obligations, 3. Le rapport d'obligation, 7e édition, Dalloz, 2011, p. 310.

③ Philippe Malaurie, Laurent Aynès, Philippe Stoffel-Munck, Droit des obligations, 8e édition, LGDJ, 2016, p. 795.

④ François Terré, Philippe Simler, Yves Lequette, François Chénedé, Droit Civil, les Obligations, 12e édition, Dalloz, 2018, p. 1694.

论是《法国民法典》还是其他制定法均是如此。1981 年，法国立法者制定了 1981 年 1 月 2 日的法律，也就是关于通过 Dailly 清单所进行的职业债权转让的制定法。在该法当中，立法者首次明确规定，转让人能够将自己对第三人享有的职业债权转让给受让人，以便担保自己对受让人的债务能够得到履行，这就是 Dailly 清单性质的债权转让所具有的担保功能，它最重要的特征是，此种担保功能通过债权的信托转让方式实现。①

1981 年的制定法被编入《法国货币和金融法典》当中，因此，《法国货币和金融法典》也规定了具有担保功能的债权转让，这就是该法当中的第 L313 – 23 条至第 L313 – 29 – 2 条，除了对 职业债权的质押（nantissement des créances professionnelles）做出了规定之外，它们还对具有担保功能的职业债权的转让（Cession des créances profession-nelles）做出了规定；其中的第 L.313 – 24 条规定：如果转让人以担保的名义和不需要受让人支付价格的方式将自己的债权转让给受让人，则债权转让会将被让债权的所有权转让给受让人。② 该条规定的具有担保功能的债权转让也是通过信托转让方式实现的。③

2007 年 2 月 19 日，法国立法者制定了第 2007 – 211 号法律，除了规定其他方面的内容之外，它也在《法国民法典》当中规定一种类型的具体合同、特殊合同即信托合同（contrat de fiducie）④，这就是现行《法国民法典》当中的第 2011 条至第 2030 条，它们对信托合同涉及的具体理论和具体制度做出了详尽的规定，并因此让英美法系国家的信托理论和信托制度第一次进入大陆法系国家的民法典当中。根据第 2011 条的规定，信托合同是设立人（constituants）与受托人（fiduciaires）之间的合同，其中的设立人将自己的一部分财产、权利、担保或者所有财产、权利和担保转让给受托人，包括现有财产和未来财产，受托人在合同所规定的确定目的范围内为了某一个或者几个受益人（bénéficiaires）的利益而管理和使用这些财产、权利、担保或者所有的财产、权利和担保。⑤

除了对信托合同做出了规定之外，现行《法国民法典》第 2372 – 1 条至第 2372 – 5 条也对一种形式的担保制度做出了规定，这就是动产所有权让与担保（la propriété cédée à titre de garantie）。所谓所有权让与担保，是指为了担保自己的债务能够得到履行，债务人将自己享有的某种所有权转让给债权人，由债权人获得债务人转让的所有权。不过，这些法律条款所规定的动产所有权的担保不能够作狭义理解，而应当作广义

---

① François Terré, Philippe Simler, Yves Lequette, François Chénedé, Droit Civil, les Obligations, 12e édition, Dalloz, 2018, p.1694.

② Articles L313 – 23 à L313 – 29 – 2, Code monétaire et financier, Version en vigueur au 12 avril 2021, https://www. legifrance. goufr/codes/section_ lc/LEGITEXT000006072026/LEGISCTA000006184682?etatTexte = VIGUEUR&etatTexte = VIGUEUR_ DIFF#LEGISCTA000006184682.

③ Philippe Malaurie, Laurent Aynès, Philippe Stoffel-Munck, Droit des obligations, 8e édition, LGDJ, 2016, p.795.

④ Loi n° 2007 – 211 du 19 février 2007 instituant la fiducie, https://www. legifrance. goufr/loda/id/LEGIARTI000006523247/2007 – 02 – 21/.

⑤ Articles 2011 à 2030, Code civil, Version en vigueur au 14 avril 2021, https://www. legifrance. goufr/codes/section_ lc/LEGITEXT000006070721/LEGISCTA000006118476/#LEGISCTA000006118476；张民安：《法国民法》，清华大学出版社 2015 年版，第 540 页。

理解,除了指一般意义上有形动产的所有权之外,动产所有权还包括权利所有权。

因为权利所有权能够作为动产所有权的让与担保形式,因此,债权所有权人能够将自己对债务人享有的债权转让给受让人,以便担保自己对受让人承担的债务得以履行。《法国民法典》第2372-1条至第2372-5条所规定的所有权让与制度本质上是一种信托制度,第2372-1条对此种本质做出了说明,该条规定:为了担保债的履行,所有权人能够根据第2011条至第2030条规定的信托合同将其享有的动产财产所有权或者某种权利所有权转让给受让人所有。①

(三) 法国法官和民法学者对待债权转让的担保功能的不同态度

在《法国民法典》和其他制定法明确规定债权转让具有担保功能的情况下,债权转让当然具有担保债务履行的功能,这一点是确定无疑的。问题在于,在制定法规定之外,债权转让是否具有担保功能?对此问题,法官和民法学者做出的回答存在差异。

就法国最高法院而言,民一庭、民二庭和商事庭之间存在不同的看法。法国最高法院民一庭和民二庭对债权转让的担保功能持开放态度,它们认为,即便制定法没有规定,如果合同当事人在自己的合同当中明确规定他们之间的债权转让具有担保功能,则他们之间的债权转让仍然具有担保功能。换言之,法国最高法院民一庭和民二庭认为,即便制定法没有规定,当事人之间的债权转让合同仍然属于信托合同。②

在2001年3月20日的案件当中,法国最高法院民一庭采取了此种态度进行审理。在该案当中,设立人与贷款人之间签订的合同明确规定,为了确保贷款人对设立人提供的贷款能够获得优先清偿,设立人将自己从不动产承租人那里获得的所有未来租金转让给贷款人。③ 因为设立人进入破产清算程序而无法及时偿还贷款,贷款人开始从承租人那里收取其支付的租金。设立人不服,认为它并没有与贷款人之间签订信托合同,贷款人无权以所有权人的名义直接要求承租人对其支付租金。上诉法院认为,鉴于设立人转让的债权是未来债权,在转让合同签订时是无法确定的债权,因此,当事人之间的债权转让合同无效。

法国最高法院民一庭认为,虽然当事人之间的合同没有明确规定,他们之间的债权转让合同在性质上属于具有担保功能的信托合同,但是,通过合同的条款的解释,人们能够认定,他们之间的合同条款所规定的内容是未来租金债权(créances de loyers futurs)的担保,这一点是清晰的、准确的。此外,未来的、可能的债权也能够成为合同的客体,只要它们具有足够的确定性即可。因为此种原因,他们之间的此种担保合同有

---

① Articles 2372-1 à 2372-5, Code civil, Version en vigueur au 14 avril 2021, https://www.legifrance.goufr/codes/section_ lc/LEGITEXT000006070721/LEGISCTA000020186084/#LEGISCTA000020192974;张民安:《法国民法》,清华大学出版社2015年版,第540—542页。

② Laurent Aynès, Une discrète consécration de la cession de créances futures à titre de garantie, D. 2001, p.3110; I. Goaziou, Validité conditionnelle des cessions de créances éventuelles consenties à titre de garantie, JCP G, n° 31, juill. 2002, p. 1462; Philippe Malaurie, Laurent Aynès, Philippe Stoffel-Munck, Droit des obligations, 8e édition, LGDJ, 2016, p.795.

③ Cour de Cassation, Chambre civile 1, du 20 mars 2001, 99-14.982.

效，贷款人有权以所有权人的名义要求不动产的承租人对自己支付租金。①

法国最高法院民一庭的此种做法获得了民二庭的支持，在2002年5月22日的案件当中，民二庭也认为，转让人与受让人之间的债权转让合同在性质上属于具有担保功能的信托合同。该案与民一庭处理的案件一模一样，转让人与受让人之间的担保合同明确规定，转让人将其对不动产承租人享有的租金收取权转让、转移给受让人。上诉法院认为，合同的这些规定清楚地表明，转让人与受让人之间的担保合同是债权转让合同。受让人不服，法国最高法院民二庭认为，上诉法院对当事人之间的担保合同的认定是准确的。②

不过，法国最高法院民一庭的上述做法遭到法国最高法院商事庭的反对。在2006年12月19日的案件当中，商事庭认为，仅仅在制定法特别规定的情况下，当事人之间具有担保功能的债权转让才构成信托担保，在制定法之外，当事人之间具有担保功能的债权转让合同不能够被视为信托担保合同，而只能够被视为一般的债权质押合同（nantissement）。③ 所谓债权质押合同（nantissement de créance），是指一方当事人为了担保对另外一方当事人承担的债务得以履行而将自己对第三人享有的现在或者未来的债权供作担保的合同。现行《法国民法典》第2355条至第2366条对包括债权质押在内的无形财产质押（nantissement de meubles incorporels）做出了规定，根据它们的规定，除了司法质押（le nantissement judiciaire）之外，无形财产质押还包括约定质押（le nantissement conventionnel），也就是合同质押。④

2006年12月19日的案件与法国最高法院民一庭在2001年3月20日裁判的案件完全一样：一方当事人对第三人享有不动产租赁权，能够依据自己与第三人之间的不动产租赁合同要求第三人对自己支付合同约定的租金。为了融资，它与另外一方当事人即一家银行签订了贷款合同，由银行将一笔数额的资金出借给它。为了担保该笔贷款能够偿还，它与银行签订了转让债权的合同，将自己对第三人享有的不动产租金债权供作担保。

因为转让人无法履行借贷合同的规定，导致受让人的本金和利息无法获得赔偿，受让人开始以债权所有权人的身份收取被让债务人支付的租金，因为它认为，它与转让人之间的担保合同在性质上属于信托合同。转让人不服，认为它与受让人之间的担保合同并不属于信托担保方式。上诉法院认为，转让人与受让人之间的担保合同属于信托合同，因此，受让人依据该合同获得了受让债权的所有权，能够以债权所有权人的身份收

---

① Cour de Cassation, Chambre civile 1, du 20 mars 2001, 99 – 14.982.
② Cass. 2ème Ci, 22 mai 2002 n°99 – 11.052, Non publié.
③ Philippe Malaurie, Laurent Aynès, Philippe Stoffel-Munck, Droit des obligations, 8e édition, LGDJ, 2016, pp. 795 – 796; Jérôme François, Les obligations, Régime general, Tome 4, 4e édition, Economica, 2017, p. 452; François Terré, Philippe Simler, Yves Lequette, François Chénedé, Droit civil, Les obligations, 12e édition, Dalloz, 2018, p. 1694.
④ Articles 2355 à 2366, Code civil, Version en vigueur au 14 avril 2021, https://www.legifrance.goufr/codes/section_ lc/LEGITEXT000006070721/LEGISCTA000006150366/#LEGISCTA000006150366；张民安：《法国民法》，清华大学出版社2015年版，第523—525页。

取被让债务人支付的租金。①

法国最高法院商事庭不支持上诉法院的此种看法,它认为,仅仅在制定法有特别规定的情况下,当事人之间具有担保功能的债权转让合同才能够被视为信托合同;否则,在制定法特别规定的情形之外,当事人之间具有担保功能的债权转让合同并不是信托合同,而是普通性质的债权质押合同。它指出:"在制定法规定的情形之外,虽然转让人与受让人之间以担保名义签订的债权转让合同能够将转让人对被让债务人享有的债权转让给受让人,但是,它们之间的此种合同构成一种债权质押合同。"② 在 2010 年 5 月 26 日的案件当中,法国最高法院商事庭重复了自己在 2006 年的案件当中所采取的做法,并再一次认为,在制定法规定之外,当事人之间为了担保债的履行而签订的债权转让合同在性质上不是信托合同,而仅仅是一种债券质押合同。③

在上述两种不同的司法判例当中,第一种司法判例获得了民法学者的普遍支持,而第二种司法判例则几乎受到所有民法学者的一致反对,他们认为,最高法院商事庭采取的上述做法存在严重的不公平问题,是不适当的做法。④

(四) 债权转让担保合同的法律效力

如果转让人与受让人之间签订了具有担保功能的债权转让合同,在符合一般合同的有效条件时,他们之间的债权转让合同是有效的:在转让人不存在债务的不履行行为时,转让人暂时丧失了被让债权的所有权,而受让人则暂时获得了被让债权的所有权。如果转让人或者转让人之外的第三人准时履行了对受让人承担的债务,受让人应当将自己暂时享有的债权所有权转让给转让人。根据法国最高法院的司法判例,如果受让人转让给转让人的债权所有权是职业性质的债权所有权,则受让人在返还债权所有权时无需遵循任何具体的形式,它完全是一种自动返还。⑤

如果转让人存在债务的不履行行为,则受让人确定无疑地获得了受让债权的所有权并因此成为确定无疑的债权所有权人,除了能够以债权所有权人的身份要求被让债务人对自己履行债务之外,他们还享有对被让债权的自由处分权。因为《法国民法典》第 2372 - 3 (1) 条规定,除非当事人之间的信托合同做出相反的规定,否则,在转让人不履行担保债时,受让人作为债权的所有权人能够"自由处分以担保名义存在的被让权利。"⑥

---

① Cour de cassation, civile, Chambre commerciale, 19 décembre 2006, 05 - 16.395.
② Cour de cassation, civile, Chambre commerciale, 19 décembre 2006, 05 - 16.395.
③ Cass. Com. 26 mai 2010 n°09 - 13.388, Bull. ciIV n°94.
④ Philippe Malaurie, Laurent Aynès, Philippe Stoffel-Munck, Droit des obligations, 8e édition, LGDJ, 2016, p.796.
⑤ Philippe Malaurie, Laurent Aynès, Philippe Stoffel-Munck, Droit des obligations, 8e édition, LGDJ, 2016, p.795; Jérôme François, Les obligations, Régime general, Tome 4, 4e édition, Economica, 2017, p.453.
⑥ Philippe Malaurie, Laurent Aynès, Philippe Stoffel-Munck, Droit des obligations, 8e édition, LGDJ, 2016, p.795; Jérôme François, Les obligations, Régime general, Tome 4, 4e édition, Economica, 2017, p.453.

第三节 债权转让的有效条件(一)

如果要产生法律效果,债权转让应当具备一定的条件;如果不具备所要求的条件,则债权转让将不会产生法律效力。问题在于,债权转让应当具备哪些条件。对此问题,法国民法学者做出的回答虽然存在形式上的差异,但是,他们关于债权转让条件的说明实质上是完全相同的。债权转让的条件包括:其一,债权转让应当具备所有合同均应当具备的实质条件;其二,债权转让还应当具备自身特有的实质条件即债权具有可转让性;其三,债权转让应当具备形式条件;其四,债权转让无需获得债务人的同意。

一、债权转让应当具备所有合同均应当具备的有效条件

债权转让应当具备的第一个实质性条件(les conditions de fond)是,债权转让应当具备所有合同均应当具备的有效条件。所谓所有合同均应当具备的有效条件,是指共同合同法、普通法(droit commun)所规定的合同的有效条件,它们属于所有合同均应当具备的实质性条件。如果当事人之间的合同不具备共同合同法、普通法所规定的实质性条件,则他们之间的合同不会产生约束力。

在法国,债权转让不仅是一种合同,而且还是两方当事人之间的合同,不是三方当事人之间的合同,其中的一方当事人是转让人,另外一方当事人则是受让人,其中的转让人将自己对第三人享有的债权转让给受让人,而受让人则受让转让人所转让的债权并因此成为对被让债务人享有债权的债权人。受让债权转让涉及被让债务人,但是,被让债务人并不是债权转让合同的当事人,他们仅仅是债权转让当中的第三人,因为债权转让并不需要获得他们的同意,如果转让人将债权转让的事实通知了被让债务人,则被让债务人应当对受让人承担债务。①

作为一种合同,债权转让应当具备所有合同均应当具备的有效条件,否则,即便具备债权转让所特有的条件,债权转让也无法在当事人之间产生法律效力。Voirin 和 Goubeaux 对债权转让应当具备的此种实质性条件做出了说明,他们指出:"为了能够产生法律效力,债权转让首先应当是有效的,这就是,转让人(转让自己债权的人)与受让人(获得所转让的债权的人)之间所达成的协议不应当受到合同无效原因的影响。在这一主旨上,债权转让并没有丝毫的特殊性,它应当具备合同有效的一般条件。"② Francois 对债权转让应当具备的此种实质性条件做出了说明,他指出:"在实质性条件方面,债权转让合同自然要受到所有合同有效条件的约束。"③ Terré、Simler 和 Lequette 等人也对债权转让应当具备的此种实质性条件做出了说明,他们指出:"债权转让也仅

---

① Virginie Larribau-Terneyre, Droit civil, Les obligations, 15e édition, Dalloz, 2017, p. 173; Jérôme François, Les obligations, Régime general, Tome 4, 4e édition, Economica, 2017, p. 454.

② Pierre Voirin, Gilles Goubeaux, Droit civil, tome 1, Introduction au droit, personnes-famille, personnes protégées, biens-obligations, sûretés, 33e édition, LGDJ, 2011, p. 638.

③ Jérôme François, Les obligations, Régime general, Tome 4, 4e édition, Economica, 2017, p. 454.

仅是权利转让合同当中的一种合同。因为债权转让属于一种合同,因此,债权转让应当受到合同有效的一般条件的约束:当事人的同意,缔约能力,客体,过去所要求的原因,今天所要求的合法内容和非虚假的、非损害性的对等物。"①

2016 年之前和之后,《法国民法典》对所有合同均应当具备的有效条件做出的规定是存在差异的。2016 年之前,《法国民法典》第 1108 条对合同有效应当具备的四个基本条件(conditions essentielles)做出了规定,根据该条的规定,合同有效应当具备的四个条件是:受到约束的当事人的同意;缔约能力;形成债的内容的某种肯定客体;以及债的合法原因。② 通过 2016 年 2 月 10 日的债法改革法令,现行《法国民法典》新的第 1128 条取代了旧的第 1108 条对合同有效的必要条件做出了规定,根据该条的规定,合同有效的三个必要条件(conditions nécessaires)是:当事人的同意,当事人的缔约能力,某种合法和肯定的内容。③

根据《法国民法典》新的第 1128 条的规定,合同有效的第一个必要构成要素是,合同当事人的同意(consentement),如果合同当事人不同意,则合同既无法产生,也无法产生法律效力。新的第 1128 条所规定的"同意"不仅是指合同的每一方当事人就合同的成立所做出的意思表示,也就是,合同的每一方当事人对合同的性质、合同的内容和合同的条件所做出的承认或者接受表示,而且还是指合同当事人之间的意图、意志、意思的合意(l'accord des volontés),也就是,一方当事人即债务人的意图、意志、意思和另外一方当事人即债权人的意图、意志、意思的一致。④ 如果债权转让合同要产生法律效力,它们也应当具备这一必要条件:转让人和受让人不仅具有转让债权和受让债权的意图、意志、意思,而且他们之间的意图、意志、意思一致。

根据《法国民法典》新的第 1128 条的规定,合同有效的第二个必要构成要素是,合同当事人具有缔约能力(la capacité de contracter),如果合同当事人没有缔约能力,则他们缔结的合同也不能够有效成立。所谓缔约能力,是指一方当事人所具有的与另外一方当事人签订合同的法律资格。仅仅在两方当事人均具有能力的情况下,他们才能够签订有效合同,根据现行《法国民法典》新的第 1145 条的规定,缔约能力既包括自然人(personne physique)的缔约能力,也包括法人(personnes morales)的缔约能力。⑤ 如果债权转让合同要产生法律效力,它们也应当具备这一必要条件:无论是转让人还是受让人均具有缔约能力,能够签订债权转让合同。

根据《法国民法典》新的第 1128 条的规定,合同有效的第三个必要构成要素是,

---

① François Terré, Philippe Simler, Yves Lequette, François Chénedé, Droit Civil, les Obligations, 12e édition, Dalloz, 2018, pp.1695 – 1696.
② Article 1108, Code civil, Version en vigueur au 09 février 2016, https://www.legifrance.goufr/codes/section_lc/LEGITEXT000006070721/LEGISCTA000006136341/2016 – 02 – 09/#LEGISCTA000006136341.
③ Article 1128, Code civil, Version en vigueur au 04 décembre 2020, https://www.legifrance.goufr/codes/section_lc/LEGITEXT000006070721/LEGISCTA000006150237/#LEGISCTA000032040930.
④ Vocabulaire juridique, 10e édition, sous la direction de Gérard Cornu, puf, 2014, pp.244 – 245; François Terré, Philippe Simler, Yves Lequette, François Chénedé, Droit civil, Les obligations, 12e édition, Dalloz, 2018, pp.182 – 183.
⑤ Article 1145, Code civil, Version en vigueur au 17 décembre 2020, https://www.legifrance.goufr/codes/section_lc/LEGITEXT000006070721/LEGISCTA000032008380/#LEGISCTA000032008380.

合同的内容（Le contenu du contrat）是合法的（licite）和肯定的（certain），如果合同的内容非法或者不肯定，则他们缔结的合同也不能够有效成立，这是2016年2月10日的债法改革法令首次规定的一种有效条件，并且其中的"合同的内容"一词也是首次使用的。所谓合同的内容（Le contenu du contrat），是指合同的条款和这些条款所规定的内容，合同条款包括明示条款和默示条款，因此，合同内容也包括明示条款和默示条款所规定的内容。虽然不同的合同涉及的条款和内容存在差异，但是，所有的合同均涉及一些共同条款和共同内容，包括：债的客体，给付客体，价格或者价款，履行期限、履行地点，质量和数量以及免责条款、限责条款等。

所谓合同内容的肯定性，是指在合同成立时，合同的给付客体（objet de la prestation）是存在的，或者至少是可以存在的。所谓合同内容的合法性，也称为合同的合法性（la licéité du contrat），是指合同自身的规定或者合同的目的（but）应当遵循公共秩序的要求，不得违反公共秩序。《法国民法典》新的第1162条对此种要件做出了说明，该条规定：合同自身的规定或者合同的目的不得违反公共秩序，无论其目的是否为所有当事人所知悉与否。[①] 如果债权转让要产生法律效力，它们也应当具备这一必要条件：债权转让合同的内容是合法的和肯定的。

二、债权转让的客体具有可转让性

（一）债权转让客体的可转让性的界定

债权转让应当具备的第二个实质性条件是，除了应当具备所有合同均要具备的有效条件之外，债权转让还应当具备自己所特有的有效条件，因为，如果欠缺债权转让所特有的有效条件，即便具备所有合同均具备的有效条件，债权转让也无法产生法律效力。所谓债权转让所特有的有效条件，是指债权转让所涉及的债权的有效条件：债权转让合同所涉及的客体即债权应当是能够自由转让的债权，换言之，债权转让的客体即债权具有可转让性；如果债权转让的客体即债权不具有可转让性，则他们之间的债权转让也不会产生法律效力。

在债法上，即便债权转让在性质上属于一种合同，该种合同也具有自己的特殊性，就像所有的特殊合同、具体合同均具有自己的特殊性一样，这就是，债权转让合同的客体（objet）仅仅是一种债权，也就是，转让人对其债务人所享有的要求其做出或者不做出某种行为的权利，债权转让合同的有效以债权能够自由转让作为必要条件。所谓债权的自由转让，是指转让人能够按照自己的意图、意志、意思将自己对第三人享有的债权以有偿或者无偿的方式转移给受让人并因此让受让人成为新的债权人。

如果债权人享有的债权能够通过自由转让的方式转移给受让人，则债权人享有的债权被称为可以转让的债权（créances cessibles），这就是债权转让合同的客体所具有的可转让性，也就是债权的可转让性。反之，如果债权人享有的债权不得通过自由转让的方

[①] Article 1162, Code civil, Version en vigueur au 21 décembre 2020, https://www. legifrance. goufr/codes/section_lc/LEGITEXT000006070721/LEGISCTA000032008690/#LEGISCTA000032008690.

式转移给受让人,则他们享有的债权就被称为不得转让的债权(créances incessibles),这就是债权转让合同的客体所具有的不可转让性,也就是债权的不可转让性。债权的可转让性是债权转让所具有的权利转移功能的具体体现和表现形式,因为,借助于债权的自由转让,债权转让实现了将转让人享有的债权转移给受让人所有的目的,已如前述。

(二)债权的自由转让原则和例外

法国民法学者普遍认为,债权人享有的绝大多数债权均具有可转让性、可转移性,债权人能够自由转让所享有的这些债权,无论他们享有的债权在性质上是不是金钱债权,均是如此。在例外情况下,基于制定法的明确禁止或者基于债权人与债务人之间的自由约定,债权人享有的债权是不能够自由转让的,这就是债权的自由转让原则和自由转让原则的例外。

所谓债权的自由转让原则(le principe de la libre cession des créances),也称为债权的可转让性原则(le principe de cessibilité des créance),是指除非制定法明确禁止,或者除非债权人与债务人之间的合同明确禁止,否则,债权人能够将自己对债务人享有的任何债权的全部或者部分、有偿或者无偿转让给受让人并因此让受让人享有转让人原本对被让债务人享有的债权。①

所谓债权自由转让的例外(exceptions),也称为债权自由转让原则的限制(limites),是指债权人在例外情况下不能够将自己的债权转让给受让人享有。如果制定法明确禁止债权人将自己享有的某种债权转让给受让人,则债权人不能够自由转让其债权,这就是债权自由转让的法定限制(limites légales)、债权自由转让原则的法定例外(exceptions légales)或者债权的法定不得转让性(incessibilité légales)。如果当事人之间对债权的转让做出了禁止性的规定,他们之间的此种规定是有效的,债权人不能够将合同禁止转让的债权转让给受让人享有,这就是债权自由转让原则的约定限制(limites conventionnelle)、债权自由转让原则的约定例外(exceptions conventionnelle)或者债权的约定不得转让性(incessibilité conventionnelle)。②

除了 2016 年 2 月 10 日通过的债法改革法令,现行《法国民法典》新的第 1321 条对债权的自由转让原则做出了明确规定。根据该条的规定,债权人能够将自己享有的债权全部或者部分,有偿或者无偿地转让给受让人享有,债权转让能够建立在一个或者几个现有债权或者未来债权、已确定债权和可予确定债权的基础上,债权转让拓展到从债权身上。③ 除了《法国民法典》对债权的自由转让原则做出了明确规定之外,民法学者

---

① Henri et Léon Mazeaud, Jean Mazeaud, François Chabas, Obligations, 9e édition, Montchrestien, 1998, p. 1259, pp. 1276 – 1277; François Terré, Philippe Simler, Yves Lequette, François Chénedé, Droit civil, Les obligations, 12e édition, Dalloz, 2018, pp. 1696 – 1699.

② Henri et Léon Mazeaud, Jean Mazeaud, François Chabas, Obligations, 9e édition, Montchrestien, 1998, p. 1259, pp. 1276 – 1277; François Terré, Philippe Simler, Yves Lequette, François Chénedé, Droit civil, Les obligations, 12e édition, Dalloz, 2018, pp. 1696 – 1699.

③ Article 1321, Code civil, Version en vigueur au 17 avril 2021, https://www.legifrance.goufr/codes/section_ lc/LEGITEXT000006070721/LEGISCTA000032032400/#LEGISCTA000032032400.

也普遍承认债权的自由转让原则,无论是在 2016 年的债法改革法令之前①还是之后②,因为他们普遍认为,债权人享有的绝大多数债权均是可以自由转让的,除了金钱债权之外,其他债权也均能够自由转让。

例如,Malaurie、Aynes 和 Stoffel-Munck 对债权自由转让原则做出了说明,他们指出:"作为一般规则,所有债权均是能够转让的:现有债权和未来债权,确定债权和可予确定的债权,已经到期的债权以及附期限的债权和附条件的债权。"③ 再例如,Aillau 也对债权自由转让原则做出了说明,他指出:"原则上,所有债权均是可以转让的,无论它们是金钱债权还是服务给付债权,无论它们是现实债权还是未来债权,无论它们是已经确定的债权还是有待确定的债权,是可以即时主张的债权还是不能够即时主张的债权,甚至是发生诉讼争议的债权(例如对债权的存在或者有效性发生诉讼争议的债权)。"④

同样,Terré、Simler 和 Lequette 等人也对此种原则做出了说明,他们指出:"原则上,所有债权,无论它们的性质或者客体是什么(种类物或者其他给付物),无论它们是受到限制还是没有受到限制的债权(单纯和简单债权,附条件债权或者附期限债权),无论它们是可以即刻主张的债权还是不能够即刻主张的债权,无论它们是现在债权、未来债权甚至或然债权,也无论它们是单独债权或者整体债权,均是可以转让的,包括全部转让和部分转让。"⑤

(三) 能够自由转让的债权类型

根据法国民法学者的意见,能够自由转让的债权包括:现有债权(créances présentes)、未来债权(créances futures)和或然债权(créances éventuelles),能够即刻主张的债权(créances exigible)和不能够即刻主张的债权(créances non exigible),已确定债权(créances déterminées)和可予确定债权(créances déterminables),金钱债权(créances d'une somme d'argent)和代物债权(les créances en nature),作为债权(créances résultant des obligations de faire)、不作为债权(créances résultant des obligations de ne pas faire)和转移财产所有权的债权(créance de donner),简单债权(créances

---

① Henri et Léon Mazeaud, Jean Mazeaud, François Chabas, Obligations, 9e édition, Montchrestien, 1998, p. 1259, pp. 1276 – 1277; Philippe Malinvaud, Dominique Fenouillet, Droit des obligations, 11e édition, Litec, 2010, pp. 618 – 619; Jacques Flour, Jean-Luc Aubert, Éric Savaux, Les obligations, 3. Le rapport d'obligation, 7e édition, Dalloz, 2011, p. 311.

② Philippe Malaurie, Laurent Aynès, Philippe Stoffel-Munck, Droit des obligations, 8e édition, LGDJ, 2016, pp. 796 – 797; Rémy Cabrillac, Droit des obligations, 12e édition, Dalloz, 2016, p. 358; Marjorie Brusorio-Aillaud, Droit des obligations, 8e édition, bruylant, 2017, pp. 322 – 323; Virginie Larribau-Terneyre, Droit civil, Les obligations, 15e édition, Dalloz, 2017, p. 175; François Terré, Philippe Simler, Yves Lequette, François Chénedé, Droit civil, Les obligations, 12e édition, Dalloz, 2018, pp. 1696 – 1697.

③ Philippe Malaurie, Laurent Aynès, Philippe Stoffel-Munck, Droit des obligations, 8e édition, LGDJ, 2016, p. 796.

④ Marjorie Brusorio-Aillaud, Droit des obligations, 8e édition, bruylant, 2017, pp. 322 – 323.

⑤ François Terré, Philippe Simler, Yves Lequette, François Chénedé, Droit Civil, les Obligations, 12e édition, Dalloz, 2018, pp. 1696 – 1697.

pure et simple）和限定债权（les modalités de créance），甚至处于诉讼争议当中的债权（créances litigieux），主债权（créances principale）和从债权（créances accessoire accessoires de la créance）等。在这些能够转让的债权当中，能够即刻主张的债权是指简单债权，而不能够即刻主张的债权则是指附条件的债权和附期限的债权，也就是受限债权。关于这些债权，笔者将在下面的内容当中做出详细的讨论，此处从略。

所谓处于诉讼争议当中的债权，是指在将自己对被让债务人享有的债权转让给受让人时，作为转让人的债权人与被让债务人之间就他们之间的债权是否存在、债权是否有效等方面存在争议并因此诉诸法庭的债权。虽然处于诉讼争议当中的债权可能存在不能够获得或者不能够获得完全清偿的风险，但是，无论是在2016年之前还是2016年之后，《法国民法典》均承认处于诉讼争议当中的债权具有可自由转让性：在2016年之前，《法国民法典》旧的第1689条至第1701条对包括此种债权在内的债权的自由转让做出了规定。①

通过2016年2月10日的债法改革法令，这些法律条款或者被废除，或者被修改，或者被增加。虽然如此，它们仍然明确规定，处于诉讼争议当中的债权是能够自由转让的。不过，为了保护被让债务人的利益，这些法律条款也规定，债务人对处于诉讼争议当中的债权也享有一种权利即争议债权的撤回权（le retrait litigieux）：通过支付债权价格给债权人的方式，被让债务人有权让自己对转让人承担的债务得以清偿并因此让自己与债权人之间的债权债务关系消灭。②

除了处于诉讼争议当中的债权具有可以自由转让性之外，债权人享有的主债权和从债权也具有可自由转让性。所谓主债权，是指被诸如保证、质押或者抵押所担保的债权，当债权人对债务人享有某种债权时，如果他们对债务人享有的债权获得了债务人或者第三人的保证、质押或者抵押的担保，则他们对其债务人享有的债权就属于主债权。所谓从债权，是有担保的债权人对担保人享有的债权，当债权人对债务人享有债权时，如果保证人、债务人或者第三人以自己的信用或者某种特定的动产、不动产对债权人的债权做出保证、质押或者抵押，则债权人对保证人、质押人或者抵押人享有的债权就属于从债权。③

无论是债权人享有的主债权还是从债权均具有可自由转让性，债权人均能够将自己享有的这些债权转让给受让人。在2016年之前，《法国民法典》第1692条对此种规则做出了说明，该条规定：债权的出卖或者转让也包括从债权的转让，诸如保证债权、优先权和抵押权等。通过2016年2月10日的债法改革法令，现行《法国民法典》废除了第1692条。④ 第1692条的明确废除并不意味着现行《法国民法典》不再承认主债权和

---

① Articles 1689 à 1701, Code civil, Version en vigueur au 09 février 2016, https://www.legifrance.goufr/codes/section_lc/LEGITEXT000006070721/LEGISCTA000006136385/2016-02-09/#LEGISCTA000006136385.

② Articles 1689 à 1701-1, Code civil, Version en vigueur au 08 juillet 2021, https://www.legifrance.goufr/codes/section_lc/LEGITEXT000006070721/LEGISCTA000006136385/#LEGISCTA000032293322.

③ 张民安：《法国民法》，清华大学出版社2015年版，第503、第517、第528、第533页。

④ Article 1692, Code civil, Version en vigueur au 08 juillet 2021, https://www.legifrance.goufr/codes/section_lc/LEGITEXT000006070721/LEGISCTA000006136385/#LEGISCTA000032293322.

从债权的可自由转让性。一方面,《法国民法典》在新设立的第四卷即担保卷（Des sûretés）当中对主债权和从债权的自由转让性做出了规定。例如,《法国民法典》第2424条对抵押当中的主债权和从债权的转让做出了说明,该条规定:抵押权随着被担保的债权的转让而转让。其中的被担保的债权就是主债权,而抵押权则是从债权。① 另一方面,《法国民法典》新的第1321（3）条也对从债权的转让做出了说明,该条规定:债权转让拓展到从债权。②

不过,虽然从债权也具有可自由转让性,但是,从债权的转让应当与主债权的转让一并转让,债权人不能够保留自己的主债权而单独转让自己享有的从债权,也不能够保留自己的从债权而单独转让自己的主债权:在将自己享有的主债权转让给受让人时,他们享有的从债权也当然（de plein droit）转让给受让人,这就是法律领域的著名原则、法律格言（l'adage）:从随主（l'accessoire suit le principal）。除了在其他领域适用之外,这一原则、法律格言也在债权尤其是担保权当中适用:当债权人将其债权转让给受让人时,如果他们的债权建立在保证人担保的基础上,则他们对保证人享有的保证债权一并转让给受让人,如果他们享有的债权建立在债务人或者第三人供做担保的动产或者不动产的质押或者抵押的基础上,则他们对质押人、抵押人享有的质押权、抵押权也一并转让给受让人。③

三、债权转让的形式要素

在法国,债权转让的有效性所应当具备的第三个实质性条件是,转让人与受让人之间的债权转让应当采取书面形式（écrit）,否则,他们之间的债权转让合同无效,因为此种原因,民法学者认为,2016年以来的《法国民法典》改变了之前的债法,把债权转让合同从2016年之前的合意主义的合同嬗变为2016年之后的形式主义的合同。

在2016年之前,《法国民法典》没有对债权转让施加形式主义的要求,因为它在买卖合同当中对债权转让合同做出了规定,而买卖合同在性质上则是一种合意主义的合同,不是一种形式主义的合同,这就是2016年之前的第1689条至第1701条,已如前述。不过,在2016年之前,法国民法学者也认为,如果债权人不是将自己的债权出卖给受让人而是赠与受让人,则他们与受让人之间的债权转让合同在性质上是一种形式主义的合同,而不再是一种合意主义的合同,他们之间的债权转让合同不仅应当采取书面形式,而且还应当采取《法国民法典》第931条所明确规定的公证文书形式,否则,他们之间的债权转让合同无效。④

---

① Article 2424, Code civil, Version en vigueur au 08 juillet 2021, https://www.legifrance.goufr/codes/section_lc/LEGITEXT000006070721/LEGISCTA000006165681/#LEGISCTA00000616568.

② Article 1321, Code civil, Version en vigueur au 09 juillet 2021, https://www.legifrance.goufr/codes/section_lc/LEGITEXT000006070721/LEGISCTA000032032400/#LEGISCTA000032032400.

③ Article 2424, Code civil, Version en vigueur au 08 juillet 2021, https://www.legifrance.goufr/codes/section_lc/LEGITEXT000006070721/LEGISCTA000006165681/#LEGISCTA00000616568；张民安:《法国民法》,清华大学出版社2015年版,第503、第517、第528、第533页。

④ Jacques Flour, Jean-Luc Aubert, Éric Savaux, Les obligations, 3. Le rapport d'obligation, 7e édition, Dalloz, 2011, p.313.

在 1998 年的《债》当中，Mazeaud 和 Chabas 等人对此种规则做出了说明，他们指出："如果债权转让是有偿的，则债权转让无需具备任何形式上的要求，一旦转让人与受让人之间就债权转让达成了合意，债权转让就在他们之间产生法律效力。"①"如果债权转让是无偿的，则债权转让直接构成一种赠与行为，此时，债权转让应当具备赠与合同所要求的条件。"② 在 2001 年的《债》当中，Légier 也对此种规则做出了说明，他指出："根据合意主义原则，债权转让无需遵循任何形式要素就能够有效成立，不过，如果债权转让涉及赠与的话，则债权转让就应当遵循一般赠与合同的形式要求。"③ 在 2011 年的《债的关系》当中，Flour、Aubert 和 Savaux 也对此种规则做出了说明，他们指出："如果债权转让构成一种买卖，一旦转让人与受让人之间就债权转让达成了合意，他们之间的债权转让就产生法律效力，因为买卖合同是一种合意主义的合同……如果债权转让构成一种赠与，则债权转让应当具备法律所规定的形式要素，这就是，原则上，债权转让应当采取公证文书的方式。"④

在 2005 年的《债法改革草案》当中，Catala 领导的债法改革小组放弃了《法国民法典》的规定，不再将债权转让合同视为一种合意主义的合同，而是将其视为一种形式主义的合同，认为转让人与受让人之间的债权转让合同应当采取书面形式，否则，他们之间的债权转让合同无效，这就是该《草案》当中的第 1253 条，该条规定：在不损害《法国民法典》对合同所采取的公证文书要求的情况下，债权转让应当以书面形式予以确认；否则，债权转让合同无效。⑤ Catala 领导的债法改革小组所采取的此种做法对法国政府产生了直接的影响，因为在 2016 年 2 月 10 日的债法改革法令当中，它采取了此种做法，在《法国民法典》新的第 1322 条当中对债权转让的形式主义要求做出了说明，该条规定：债权转让应当以书面形式予以确认，否则，债权转让合同无效。⑥

《法国民法典》新的第 1322 条将债权转让合同从 2016 年之前的合意主义合同嬗变为一种形式主义的合同，根据该条的规定，转让人与受让人仅仅就债权转让达成合意还不能够让他们之间的债权转让合同有效，如果他们之间的债权转让要产生法律效力，除了当事人之间要达成合意之外，他们之间还必须采取某种具体形式，否则，他们之间的合同无效。如果当事人之间的债权转让合同采取公证文书或者私证文书的方式，则他们之间的债权转让合同当然符合《法国民法典》新的第 1322 条的要求，如果没有采取公

---

① Henri et Léon Mazeaud, Jean Mazeaud, François Chabas, Obligations, 9e édition, Montchrestien, 1998, p. 1259, p. 1277.

② Henri et Léon Mazeaud, Jean Mazeaud, François Chabas, Obligations, 9e édition, Montchrestien, 1998, p. 1259, p. 1278.

③ Gérard Légier, les obligations, 17e édition, 2001, Dalloz, 2001, p. 229.

④ Jacques Flour, Jean-Luc Aubert, Éric Savaux, Les obligations, 3. Le rapport d'obligation, 7e édition, Dalloz, 2011, p. 313.

⑤ Art. 1253, Avant-Projet de Reforme du Droit des Obligations (Articles 1101 A 1386 Du Code Civil) et du Droit de la Prescription (Articles 2234 à 2281 du Code Civil), Rapport à Monsieur Pascal Clément, Garde des Sceaux, Ministre de la Justice, 22 Septembre 2005, p. 117.

⑥ Article 1322, Code civil, Version en vigueur au 09 juillet 2021, https://www.legifrance.goufr/codes/section_lc/LEGITEXT000006070721/LEGISCTA000032032400/#LEGISCTA000032032400.

证或者私证文书方式,而仅仅采取由当事人在上面签字盖章的书面形式,他们之间的债权转让合同仍然符合该条的规定,仍然构成有效合同。①

如果当事人违反了《法国民法典》新的第1322条的规定,没有对自己的债权转让合同采取书面形式,他们之间的债权转让合同无效。问题在于,此种无效究竟是绝对无效还是相对无效?除了《法国民法典》新的第1322条没有做出具体说明之外,在2016年之后出版的债法著作当中,民法学者也少有说明。② 不过,此种无效应当是相对无效而非绝对无效,因为绝对无效以当事人之间的合同违反了公共秩序作为根据,而相对无效则以当事人之间的合同违反了私人秩序作为根据。换言之,如果合同违反了公共秩序或者侵犯了公共利益,则当事人之间的合同绝对无效;反之,如果合同仅仅违反了私人秩序或者仅仅侵犯了私人利益,则当事人之间的合同仅仅相对无效。③ 如果当事人之间的债权转让合同没有采取新的第1322条所要求的书面形式,当事人之间的合同并没有违反公共秩序、没有侵犯公共利益,因此,他们之间的合同不会绝对无效,而仅会相对无效。④

2016年以来,法国民法学者普遍反对《法国民法典》新的第1322条的规定,他们对该条改变传统规则的做法表示不理解,认为此种做法完全是多此一举。Jérôme François指出:"将债权转让合同从合意主义合同改为形式主义合同的理由是模棱两可的。"⑤ Terré、Simler和Lequette等人则指出,人们对《法国民法典》新的第1322条采取的新规则是否妥当持怀疑态度。⑥ 根据他们的看法,《法国民法典》新的第1322条所规定的新规则之所以是不适当的,是因为该条的目的是什么,是为了保护谁的利益,人们不得而知。

四、债权转让无须获得被让债务人的同意

在债法上,债权转让是否需要获得债务人的同意?如果债务人不同意,债权人是否能够将其享有的债权转让给受让人?对此问题,早期的罗马法做出了肯定的回答,它认为,债权转让除了要获得转让人与受让人的同意之外还应当获得被让债务人的同意,如

---

① Philippe Malaurie, Laurent Aynès, Philippe Stoffel-Munck, Droit des obligations, 8e édition, LGDJ, 2016, p. 802; Jérôme François, Les obligations, Régime general, Tome 4, 4e édition, Economica, 2017, pp. 458–459; François Terré, Philippe Simler, Yves Lequette, François Chénedé, Droit civil, Les obligations, 12e édition, Dalloz, 2018, pp. 1699–1700.

② Rémy Cabrillac, Droit des obligations, 12e édition, Dalloz, 2016, pp. 357–358; Marjorie Brusorio-Aillaud, Droit des obligations, édition, bruylant, 2017, p. 322; Philippe Malaurie, Laurent Aynès, Philippe Stoffel-Munck, Droit des obligations, 8e édition, LGDJ, 2016, p. 802; Jérôme François, Les obligations, Régime general, Tome 4, 4e édition, Economica, 2017, pp. 458–459; François Terré, Philippe Simler, Yves Lequette, François Chénedé, Droit civil, Les obligations, 12e édition, Dalloz, 2018, pp. 1699–1700.

③ 张民安:《法国民法》,清华大学出版社2015年版,第343—345页。

④ François Terré, Philippe Simler, Yves Lequette, François Chénedé, Droit Civil, les Obligations, 12e édition, Dalloz, 2018, p. 1700.

⑤ Jérôme François, Les obligations, Régime general, Tome 4, 4e édition, Economica, 2017, p. 459.

⑥ François Terré, Philippe Simler, Yves Lequette, François Chénedé, Droit Civil, les Obligations, 12e édition, Dalloz, 2018, p. 1699.

果被让债务人不同意，则债权转让不能够产生法律效力。不过，查士丁尼时代的罗马法则废除了此种理论，它认为债权转让无须获得被让债务人的同意就能够产生法律效力。①

法国1804年的《法国民法典》继承了罗马法的此种做法，认为债权转让无须债务人的同意。2016年之前，《法国民法典》仍然坚持此种精神，认为债权转让不需要被让债务人的同意。在2016年的债法改革之前，民法学者普遍承认此种规则。例如，Raymond对此种规则做出了说明，他指出："债权转让无需获得被让债务人的同意。"② 再例如，Mazeaud和Chabas等人也对此种规则做出了说明，他们指出："债权转让无需被让债务人的同意，债权人的变更是债务人意志之外的事情。"③ 同样，Légier也对此种规则做出了说明，他指出："债权转让是不需要债务人同意的，因为债务人并不是债权转让的一方当事人。"④

通过2016年2月10日的债法改革法令，现行《法国民法典》新的第1321（4）条明确规定了此种规则，它规定：债务人的同意是不必要的，至少在合同没有明确规定债权是不能够转让时是如此。⑤ 根据这一条款的规定，原则上，债权人的债权是能够自由转让的，在例外情况下，债权人的债权则是不能够自由转让的，其中的一种例外是，如果债权人与其债务人在自己的书面合同当中明确规定，债权人不得转让自己享有的债权，则债权人享有的债权就是不能够自由转让的债权。除了现行《法国民法典》明确规定这一规则之外，2016年之后的法国民法学者也普遍承认这一规则。例如，Aillaud就承认这一规则，他指出："债权转让合同是一种庄重的形式合同。被让债务人并不是合同的一方当事人，他的同意是不需要的，如果当事人没有明确规定债权是不能够转让的话。"⑥ 再例如，Jérôme François也承认这一规则，他也指出："债权转让是不需要获得债务人同意的。"⑦

债权转让之所以无需获得被让债务人的同意，一方面是因为被让债务人并不是债权转让的当事人，他们仅仅是债权转让合同所涉及的第三人，因为债权转让合同的当事人是转让人和受让人，已如前述。另一方面则是因为，债权转让不会涉及被让债务人的利益：无论债权是否转让，被让债务人均应当承担和履行自己的债务，他们既不会因为债权的转让而多承担或者多履行债务，也不会因为债权的没有转让而少承担或者少履行债务。

---

① Philippe Malaurie, Laurent Aynès, Philippe Stoffel-Munck, Les obligations, 4e édition defrenois, 2009, p. 762.
② Guy Raymond, Droit Civil, 2e édition, Litec, 1993, p. 497.
③ Henri et Léon Mazeaud, Jean Mazeaud, François Chabas, Obligations, 9e édition, Montchrestien, 1998, p. 1259, p. 1277.
④ Gérard Légier, les obligations, 17e édition, 2001, Dalloz, 2001, p. 229.
⑤ Article 1321, Code civil, Version en vigueur au 09 juillet 2021, https://www.legifrance.goufr/codes/section_lc/LEGITEXT000006070721/LEGISCTA000032032400/#LEGISCTA000032032400.
⑥ Marjorie Brusorio-Aillaud, Droit des obligations, 8e édition, bruylant, 2017, p. 322.
⑦ Jérôme François, Les obligations, Régime general, Tome 4, 4e édition, Economica, 2017, p. 456.

第四节　债权转让的有效条件（二）

一、金钱债权和代物债权的可自由转让性

（一）金钱债权和代物债权的界定

根据债权人享有的债权性质的不同，债权可以分为金钱债权和代物债权。债权的此种分类与人们根据债的性质不同将债分为金钱债和代物债是一致的，因为金钱债务是相对于金钱债权而言的，而代物债权则是相对于代物债务而言的：在金钱债当中，债务人对债权人承担的债务是金钱债务，而债权人对债务人享有的债权则是金钱债权；在代物债当中，债务人对债权人承担的债务属于代物债务，而债权人对债务人享有的债权则属于代物债权。

所谓金钱债权，是指债权人所享有的要求债务人对自己支付一定数额的金钱的债权。例如，出卖人享有的要求买受人支付价款的债权、出租人享有的要求承租人支付租金的债权以及承揽人享有的要求工程主人支付工程款的债权等均为金钱债权。所谓代物债权，也称为提供服务的债权（créances d'un service），是指债权人所享有的要求债务人对其实施金钱给付之外的某种行为的债权。例如，买受人享有的要求出卖人对自己进行技术培训的债权、承租人享有的要求出租人对其出租的不动产进行修缮的债权以及工程主人享有的要求承揽人及时完成工程建造的债权等均为提供服务的债权。

（二）民法学者就金钱债权和代物债权是否具有可自由转让性展开的争议

在债法上，是不是债权人享有的所有性质的债权均可以自由转让？对此问题，民法学者之间存在不同看法。大多数民法学者认为，包括金钱债权和代物债权在内，所有性质的债权均是可以自由转让的债权，已如前述。例如，Malinvaud 和 Fenouillet 就明确承认这一点，他们指出："转让人与受让人之间的债权交易能够建立在所有类型的债权基础上，因此，人们能够转让金钱债权，能够转让供应债权，能够转让服务债权，能够转让公司的股份，等等。"[①] 再例如，Flour、Aubert 和 Savaux 也明确承认这一点，他们指出："原则上，所有债权均具有可转让性的特征，人们不会区分金钱债权和建立在其他客体基础上的债权，不会区分源于合同的债权和源自其他渊源的债权，不会区分能够即刻主张的债权、附期限和附条件的债权。"[②]

而少数民法学者则认为，大多数民法学者的此种看法是错误的，因为他们认为，仅

---

① Philippe Malinvaud, Dominique Fenouillet, Droit des obligations, 11e édition, Litec, 2010, p.619.
② Jacques Flour, Jean-Luc Aubert, Éric Savaux, Droit civil, Les Obligations, 3. Le rapport d'obligation, 7e édition, Dalloz, 2011, p.311.

金钱债权能够自由转让，代物债权不能够以单纯的债权转让的名义自由转让。在法国，反对代物债权能够自由转让的民法学者主要是 Ghestin、Billiau、Loiseau 和 Francois 等人。

在 2005 年的《债权和债务制度》当中，Ghestin、Billiau、Loiseau 认为，虽然大多数民法学者均认为，债权人享有的大多数债权均是可以自由转让的，但实际上，能够转让的债权仅有一种，这就是债权人享有的金钱债权，金钱债权之外的其他债权是不能够作为单纯的债权加以自由转让的，因此，虽然工程主人对其承揽人享有债权，虽然他们对其承揽人享有的债权是能够以金钱方式评估其价值的，但是，他们享有的此种债权是不能够转让的。换言之，仅金钱债权才是可以自由转让的债权，金钱债权之外的其他债权是不能够作为单纯债权转让的。①

在 2017 年的《债的一般制度》当中，Francois 也采取此种看法，他将金钱债权称为非典型性的债权（créances non caractéristique），而将金钱债权之外的代物债权称为典型债权（créances caractéristique）。他指出，虽然《法国民法典》新的第 1321 条对债权转让做出广义的理解，认为能够转让的债权既包括金钱债权也包括以其他给付作为客体的债权，但是，此种广义的界定是无法让人信服的，因为，如果出租人将其对承租人享有的租金债权转让给受让人，则转让人与受让人之间的转让本质上并不是新的第 1321 条所规定的金钱债权的转让，而是《法国民法典》新的第 1216 条所规定的一种合同转让，因为受让人同样取代了转让人在租赁合同当中的债务人的身份。

换言之，"债权转让仅仅关乎非典型的债权"，也就是，债权转让仅仅关乎金钱债权，不关乎典型债权，也就是不关乎代物债权，因为代物债权本质上属于一种合同转让：除了转让转让人的债权人身份之外，它也转让转让人的债务人的身份。②

（三）金钱债权和代物债权的可自由转让性

上述两种理论之间的差异是，大多数民法学者认为，无论是金钱债权的转让还是代物债权的转让在性质上均是一种独立于合同转让的债权转让，当工程主人将其对承揽人享有的债权转让给受让人时，或者当出租人将其对承租人享有的租金债权转让给受让人时，他们所作出的转让在性质上不是合同转让，而是单纯和简单的债权转让，该种转让独立于合同转让。而少数民法学者则认为，仅金钱债权属于单纯的和简单的债权转让，代物债权的转让本质上不是债权转让，而是一种合同转让。换言之，大多数民法学者认为，代物债权能够以债权转让的身份进行转让；而少数民法学者则认为，代物债权只能够以合同转让的身份进行转让。

笔者采取大多数民法学者的意见，认为债权转让包括金钱债权的转让和代物债权的转让，代物债权的转让仅仅是一种单纯的和简单的债权转让，就像金钱债权一样。笔者之所以采取此种看法，是因为代物债权的转让并没有将转让人的债务转让给受让人，它

---

① Jacques Ghestin, Marc Billiau, Grégoire Loiseau, Traité de Droit Civil, Le régime des créances et des dettes, LGDJ, 2005, pp. 306 – 309；Jérôme François, Les obligations, Régime general, Tome 4, 4e édition, Economica, 2017, p. 456.

② Jérôme François, Les obligations, Régime general, Tome 4, 4e édition, Economica, 2017, p. 456.

仅仅将转让人享有的债权转让给了受让人。因此，如果租赁合同的出租人将自己对承租人享有的租金收取权转让给了受让人，受让人也仅仅取得了要求承租人支付租金的债权，他们并没有取得出租人的身份，换言之，他们并不是租赁合同的当事人，租赁合同的当事人仍然是转让人和承租人。因此，如果要对承租人履行诸如修缮租赁物的债务，这些债务仍然由转让人承担，受让人并不承担这些债务。

二、作为债权和不作为债权的可自由转让性

（一）作为债权和不作为债权的界定

根据债权客体的不同，债权或者可以分为作为债权和不作为债权两类，或者可以分为作为债权、不作为债权和转移所有权的债权。债权的此种分类与人们根据债的客体不同或者将债务分为作为债和不作为债或者分为作为债、不作为债和转移所有权的债的做法是一致的：在2016年之前，民法学者普遍根据《法国民法典》的规定将债分为作为债、不作为债和转移所有权的债，这就是债的三分法理论，已如前述。而在2016年之后，他们不再采取此种三分法的区分理论，而是采取了二分法的区分理论，他们根据债的客体的不同将债分为作为债和不作为债，已如前述。

因为债既包括债务也包括债权，因此，站在债务人的角度，根据债的客体不同，债可以分为作为债务、不作为债务和转移所有权的债务；而站在债权人的角度，根据债的客体的不同，债权可以分为作为债权、不作为债权和转移所有权的债权。虽然通过2016年2月10日的债法改革法令，现行《法国民法典》没有再规定三分法的债的分类，但是，民法学者仍然普遍承认作为债和不作为债的区分理论，因为他们认为，转移所有权的债属于作为债的组成部分。因为这样的原因，笔者根据债的客体的不同，将债权分为作为债权和不作为债权。

所谓作为债权，是指债务人所享有的要求债务人积极实施某种行为、积极对自己提供某种服务或者积极对自己实施某种给付行为的债权。例如，出租人享有的要求承租人支付租金的债权、买受人享有的要求出卖人交付财产的债权、工程主人享有的要求承揽人及时完成工程建造的债权等均属于作为债权，因为债权人享有的这些债权均是建立在债务人积极实施某种作为行为的基础上。作为债权包括转移财产所有权的债权和交付财产的债权。

所谓转移财产所有权的债权，是指债权人所享有的要求债务人将某种财产的所有权转让给自己的债权。例如，买卖合同当中的买受人所享有的要求出卖人将出卖物的所有权转移给自己的债权就属于转移财产所有权的债权。所谓交付财产的债权，是指债权人所享有的要求债务人将自己已经获得所有权的财产交付给自己的债权。例如，买受人所享有的要求出卖人将所有权已经转移给自己但是仍然被出卖人占有的出卖物交付给自己的债权。

根据现行《法国民法典》新的第1196条（旧的第1138条）的规定，一旦合同当事人之间就财产所有权的转让达成了意思表示的合意，受让方就成为财产所有权人，即便他们还没有现实地占有所转让的财产，而转让方则丧失财产所有权，即便他们还没有

将所转让的财产交付给受让方,这就是财产所有权转让当中的合意主义理论(consensualisme en matière de transfert de propriété)。① 因为此种原因,如果出卖人在将所有权转让给买受人之后仍然占有出卖物,他们应当对买受人承担交付财产的债务,而买受人则对出卖人享有要求交付财产的债权。

所谓不作为债权,是指债权人享有的要求债务人消极地不实施某种行为的债权。例如,商事营业资产的买受人所享有的要求出卖人不与自己召开竞争的债权、特许合同当中特许者对被特许者所享有的要求其不泄露商业秘密的债权,以及医疗合同当中病患者享有的要求其医师不泄露自己隐私、医疗信息的债权就属于不作为债权。

(二) 民法学者就作为债权和不作为债权是否具有可自由转让展开的争议

在债法上,是不是建立在任何客体基础上的债权均是可以自由转让的债权,换言之,是不是债权人享有的作为债权和不作为债权均是能够自由转让的债权?对此问题,大多数民法学者均没有做出说明,虽然他们言之凿凿地说,除了不能够转让的债权之外,所有的债权均是能够自由转让的债权。仅少数民法学者对这样的问题作出了非常简略的说明,包括 Terré、Simler、Lequette、Ghestin、Billiau 和 Loiseau 等。不过,即便是这几个寥寥可数的学者,他们的看法也存在差异,其中的 Terré、Simler、Lequette 等人采取肯定理论,认为不作为债权就像作为债权一样具有可自由转让性;而 Ghestin、Billiau 和 Loiseau 则采取否定理论,认为不作为债权是不能够自由转让的。

在 2009 年版的《债》当中,Terré、Simler 和 Lequette 认为,不作为债权是可以自由转让的,他们指出,无论债权的客体是作为行为、不作为行为还是转让所有权的行为,建立在所有客体基础上的债权均是可以自由转让的。② 在 2018 年版的《债法》当中,他们再一次以最简单的方式重申:无论是什么客体的债权均是可以自由转让的债权。③ 虽然他们没有像在 2009 年版的《债》当中那样明确指出,能够自由转让的债权客体是什么;但是,在讨论债的分类时,他们明确指出,根据债的客体的不同,债可以做多种分类:结果债和手段债,金钱债和代物债,作为债、不作为债和转移所有权的债。④ 结合他们的这些说明,除了认为结果债权和手段债权、金钱债权和代物债权、作为债权和转移所有权的债权能够自由转让之外,不作为债权也能够自由转让。

在 2006 年的《债权和债务制度》当中,Ghestin、Billiau 和 Loiseau 认为,不作为债权是不能够自由转让的。一方面,他们认为,除了金钱债权在性质上属于可转让的债权

---

① Jean Carbonnier, Droit civil, Volume Ⅱ, Les biens, Les obligations, puf, 2004, pp. 1698 – 1699; Dimitri Houtcieff, Droit des contrats, Larcier, 2e édition, 2016, p.339; Virginie Larribau-Terneyre, Droit civil, Les obligations, 15e édition, Dalloz, 2017, p.492.

② François Terré, Philippe Simler, Yves Lequette, Droit civil, Les obligations, 10e édition, Dalloz, 2009, p.1266.

③ François Terré, Philippe Simler, Yves Lequette, François Chénedé, Droit Civil, les Obligations, 12e édition, Dalloz, 2018, p.7.

④ François Terré, Philippe Simler, Yves Lequette, François Chénedé, Droit Civil, les Obligations, 12e édition, Dalloz, 2018, p.1696.

之外，所有其他作为债权均不能够作为单纯的债权自由转让，即便它们能够自由转让，它们也只能够以合同转让的名义转让，已如前述。另一方面，即便不作为债权具有经济价值，不作为债权也不能够以独立的名义自由转让，因为不作为债权具有专属性，无法与债权人自身分离。因此，虽然商事营业资产的出卖人应当对买受人承担不与买受人展开竞争的债务，虽然此种不竞争的债务是为了买受人的利益，以便维持买受人所购买的商事营业资产的价值，但是，鉴于此种类型的债权并不是财产，债权人不能够将自己享有的此种不作为债权转让给受让人：此种不作为债权的价值无法与债权人的人身分离。①

（三）作为债权和不作为债权均具有可自由转让性

在债法上，作为债权当然具有可自由转让性，除非制定法明确禁止和当事人明确约定不得转让；否则，债权人享有的任何作为债权均能够自由转让。这一点毫无疑问。有问题的是，不作为债权是否能够转让？笔者认为，虽然不作为债权能够自由转让，但是，它们不能够被单独加以转让，它们必须与债权人享有的主债权一并转让：在债权人将自己享有的主债权转让给受让人时，他们一并将自己享有的作为从债权的不作为债权转让给受让人，让受让人同时享有所受让的主债权和从债权。在债法上，除了担保权、诉权、强制执行权和仲裁权等债权属于从债权之外，从债权还包括不作为债权和其他次要债权。关于担保权等从债权的一并转让问题，笔者将在下面的内容当中做出详细的讨论，此处从略。

不作为债权在性质上之所以属于从债权，是因为不作为债权主要是为主债权服务的，其目的在于确保债权人享有的主债权能够得以更好地实现。因此，商事营业资产的买受人之所以享有要求出卖人不与自己召开竞争的从债权，是因为此种从债权能够确保他们享有的主债权得以有效实现，他们所享有的主债权是：要求出卖人转移商事营业资产的所有权和交付商事营业资产的债权，以便在取得商事营业资产的所有权之后能够利用商事营业资产从事商事经营活动。② 如果买受人不享有要求出卖人不与自己展开竞争的不作为债权，则即便他们与出卖人签订商事营业资产买卖合同并因此对出卖人享有主债权，他们签订的此种合同和享有的这些主债权将变得毫无价值。③

一方面，对于转让人而言，只有同时转让主债权和作为从债权的不作为债权，他们的债权转让才具有意义，无论是仅仅转让主债权而保留不作为债权，还是仅仅保留不作为债权而转让主债权，他们的债权转让均没有意义。因为他们享有的不作为债权是为主债权服务的，当主债权被转让时，不作为债权因为没有服务的对象而变得毫无价值；因为他们享有的主债权需要借助于不作为债权加以担保，在不作为债权被转让时，即便他们仍然享有主债权，在欠缺不作为债权的担保时，他们的主债权也是没有保障的。

---

① Jacques Ghestin, Marc Billiau, Grégoire Loiseau, Traité de Droit Civil, Le régime des créances et des dettes, LGDJ, 2005, p.307.
② 张民安：《商法总则制度研究》，法律出版社2007年版，第361—362页。
③ 张民安：《商法总则制度研究》，法律出版社2007年版，第383—365页。

另一方面，对于受让人而言，只有同时受让转让人转让的主债权和作为从债权的不作为债权，他们的债权转让才具有意义。无论是仅仅受让主债权而不受让不作为债权，还是仅仅受让不作为债权而不受让主债权，他们的债权受让也均没有意义：如果受让人仅仅从转让人那里受让不作为债权，而没有同时从受让人那样受让主债权，则他们受让不作为债权的行为完全是一种疯狂的举动，没有任何实际意义。虽然受让人能够受让转让人所转让的主债权，但是，如果他们没有受让不作为债权，则他们受让的主债权也无法获得有效的保障。例如，如果买受人将其对出卖人享有的商事营业资产的所有权和交付商事营业资产的主债权转让给受让人而保留禁止出卖人与自己展开禁止的不作为债权，则受让人受让的主债权可能没有价值，因为，虽然最初的出卖人要对转让人承担不作为债务，但是，他们不对受让人承担此种债务，在受让人利用受让的商事营业资产从事经营活动时，如果最初的出卖人也从事同样或者类似的经营活动，则受让人将会面临与最初出卖人展开竞争的问题。为了防止最初的出卖人不与自己展开不正当竞争，受让人在从转让人那里受让其主债权时也应当同时受让从债权，以防止最初出卖人与自己展开竞争并因此损害自己的利益。

三、简单债权和受限债权的可自由转让性

无论是《法国民法典》还是法国民法学者均认为，根据债是否受到限制的不同，债可以分为简单债和受到限制的债，已如前述。因为债同时指债务和债权，因此，站在债务人的立场，根据债务是否受到限制的不同，债务可以分为简单债务和受限债务；而站在债务人的立场，根据债权是否受到限制的不同，债权可以分为简单债权和受限债权。

（一）简单债权和受限债权的界定

所谓简单债权，也称为简单和单纯债权、能够即刻主张的债权，是指债权人所享有的没有受到任何限制的债权，包括没有受到条件限制的债权和没有受到期限限制的债权。简单债权之所以被称为能够即刻主张的债权，是因为一旦债权人与债务人之间的合同或者法律行为成立，债权人就能够立即要求债务人履行合同或者法律行为所规定的给付债务，债务人也应当立即履行所承担的给付债务。

所谓受限债权，也称为受到限制的债权、不能够即刻主张的债权，是指债权人所享有的受到限制的债权，包括受到条件限制的债权和受到期限限制的债权。在附条件的合同或者法律行为当中，如果债权人对债务人享有的债权是受到合同或者法律行为所规定的某种条件的限制，则债权人享有的债权就属于受到条件限制的债权，简称为附条件债权（créances conditionnell）。在附期限的合同或者法律行为当中，如果债权人对债务人享有的债权是受到合同或者法律行为所规定的某种期限的限制，则债权人享有的债权就属于受到期限限制的债权，简称为附期限的债权（créances à term）。

附条件的债权和附期限的债权之所以被称为不能够即刻主张的债权，是因为债权人虽然享有债权，但是在合同或者法律行为成立时，他们还不能够要求债务人履行所承担的给付债务，仅仅在合同或者法律行为所规定的条件成就或者期限到来时，他们才能够

要求债务人履行所承担的给付债务。一旦合同或者法律行为规定的条件成就或者期限到来，则当事人之间的债就从限定债嬗变为简单债，债权人对债务人享有的债权也从受限债权嬗变为简单债权。

在债法上，简单债权和受限债权之间的区分并不是绝对的，因为受限债权也能够嬗变为简单债权：如果附期限的合同或者法律行为所规定的期限已经到来，则债权人享有的附期限债权就嬗变为简单债权；同样，如果附延缓条件的合同或者法律行为所规定的延缓条件已经成就，则债权人享有的附条件债权就嬗变为简单债权。在这两种情况下，债权人享有的债权就从不能够即刻主张的债权变为能够即刻主张的债权。

（二）民法学者就受限债权是否具有可转让性所展开的争议

在债法上，简单债权当然具有可转让性，债权人能够将自己享有的简单债权转让给受让人，换言之，转让人能够将自己享有的能够即刻主张的债权转让给受让人。这一点毫无疑问，民法学者普遍承认这一点，包括 Flour、Aubert、Savaux、Terré 和 Simler 等人，已如前述。Flour、Aubert 和 Savaux 认为，虽然简单债权能够自由转让，但是，简单债权的转让是极其罕见的，主要是职业债权的转让。此外，即便能够即刻主张的债权还不确定，转让人也能够自由转让自己的能够即刻转让的债权。①

问题在于，受限债权是否具有可转让性？换言之，附条件债权和附期限债权是否具有可转让性？对此问题，法官和民法学者做出的回答存在一定的差异：从 19 世纪中期开始一直到到今时今日，法官一直在自己的司法判例当中持肯定态度，而民法学者则不同，在今时今日，他们之间存在不同的看法。

早在 1875 年 1 月 27 日的案件和 1877 年 6 月 18 日的案件当中，法国最高法院均明确承认，附期限的债权具有自由转让性，当转让人与受让人之间签订的债权转让合同涉及附期限的债权时，他们之间的债权转让合同是有效的，人们不能够借口所转让的债权是附期限的债权而主张其无效，因为它认为，无论附期限的合同所规定的期限是否已经到期或没有到期，人们能够不加区分地予以转让。除了 19 世纪中后期的司法判例承认这一原则之外，19 世纪中后期的民法学者也承认这一原则。在今时今日，法官仍然在自己的司法判例当中承认附期限债权的可自由转让性。例如，在 2001 年 3 月 20 日的案件当中，法国最高法院就明确承认，附期限的债权是可以自由转让的。②

早在 1850 年 6 月 12 日的案件当中，法国最高法院就明确承认，附条件的债权是能够自由转让的。在 1886 年 5 月 26 日的案件当中，法国最高法院重复了这一原则。在 1891 年 3 月 17 日的案件当中，法国最高法院也重复了这一原则，它认为，附条件的债

---

① Jacques Flour, Jean-Luc Aubert, Éric Savaux, Droit civil, Les Obligations, 3. Le rapport d'obligation, 7e édition, Dalloz, 2011, p. 311.

② Cass. ci, 18 juin 1877, DP1877.1.368；Cass. 27 jan1875, S. 1876.1.12, P. 1876.16；Cass. ci, 20 mars 2001；C. L. Jessionesse et, Journal du palais: recueil le plus ancien et le plus complet de la jurisprudence, Paris, L. Larose, 1896, p. 489；Philippe Malaurie, Laurent Aynès, Philippe Stoffel-Munck, Droit des obligations, 8e édition, LGDJ, 2016, p. 796；François Terré, Philippe Simler, Yves Lequette, François Chénedé, Droit civil, Les obligations, 12e édition, Dalloz, 2018, p. 1696.

权具有自由转让性,当转让人与受让人之间签订的债权转让合同涉及附条件的债权时,他们之间的债权转让合同是有效的,人们同样不能够借口所转让的债权是附条件的债权而主张其无效。在今时今日,法官仍然在自己的司法判例当中承认附条件债权的可自由转让性。例如,在2012年10月9日的案件当中,法国最高法院商事庭就明确承认,附条件的债权是可以自由转让的。①

在19世纪末期和20世纪初期之前,法国民法学者明确承认,附条件债权和附期限债权是可以自由转让的债权,就像它们是能够被强制执行的债权一样。例如,在1896年的著作《palais杂志:最古老和最全面的司法判例汇编》当中,Jessionesse等人就明确承认这一点,他们认为,未到期债权和附条件债权是能够被强制执行的,人们也同样认为,附期限债权和附条件债权是能够被有效转让的。②

在今时今日,民法学者之间则存在不同看法。大多数民法学者采取肯定的态度,认为附条件的债权和附期限的债权均是可以自由转让的。③ 例如,Mazeaud和Chabas等人就采取此种看法,他们指出:"原则上,债权是能够像其他财产一样加以转让的。债权转让当然能够建立在未来债权和附条件债权的基础上;人们也准确地指出,附期限债权的转让会带来利益的。"④ 再例如,Francois也采取同样的看法,他指出:"关于债权的特征,《法国民法典》第1321条做出了说明,根据它的说明,债权转让能够建立在一个或者几个现有债权和未来债权、确定债权和可予确定的债权的基础上。因此,除了已经到了清偿期的债权能够转让之外,附期限的债权和附条件的债权也能够转让。"⑤

而少数民法学者则有不同的看法,例如,Ghestin、Billiau和Loiseau认为,在讨论受限债权是否具有可转让性时,人们不应当将附条件债权和附期限债权相提并论,因为,虽然附期限债权是可以自由转让的,但是,附条件债权未必是能够自由转让的,在附条件的合同或者附条件的法律行为当中的条件不成就时,人们至少应当怀疑附条件债权的可转让性。他们指出,根据债权确实性、可靠性(certitude)程度的不同,人们可以将债权分为不同的类型:已届清偿期的债权(créances échues)、附期限债权、未来

---

① Cass. ci, 12 juin 1850, DP1850. 195; Cass. ci, 26 mai 1886, DP1886. 1. 281, S. 1886. 1. 256; Cass. 17 mars 1891, S. 1895. 1. 444, P. 1895. 1. 414; Cass. Com. 9 octobre 2012 n° 11/21528; C. L. Jessionesse et, Journal du palais: recueil le plus ancien et le plus complet de la jurisprudence, Paris, L. Larose, 1896, p. 489; Philippe Malaurie, Laurent Aynès, Philippe Stoffel-Munck, Droit des obligations, 8e édition, LGDJ, 2016, p. 796; François Terré, Philippe Simler, Yves Lequette, François Chénedé, Droit civil, Les obligations, 12e édition, Dalloz, 2018, p. 1696.

② C. L. Jessionesse et, Journal du palais: recueil le plus ancien et le plus complet de la jurisprudence, Paris, L. Larose, 1896, p. 489.

③ Henri et Léon Mazeaud, Jean Mazeaud, François Chabas, Obligations, 9e édition, Montchrestien, 1998, p. 1276; Jacques Flour, Jean-Luc Aubert, Éric Savaux, Droit civil, Les obligations, 3. Le rapport d'obligation, 7e édition, Dalloz, 2011, p. 311; Philippe Malaurie, Laurent Aynès, Philippe Stoffel-Munck, Droit des obligations, 8e édition, LGDJ, 2016, p. 796; Jérôme François, Les obligations, Régime general, Tome 4, 4e édition, Economica, 2017, p. 455; François Terré, Philippe Simler, Yves Lequette, François Chénedé, Droit civil, Les obligations, 12e édition, Dalloz, 2018, p. 1696.

④ Henri et Léon Mazeaud, Jean Mazeaud, François Chabas, Obligations, 9e édition, Montchrestien, 1998, p. 1276.

⑤ Jérôme François, Les obligations, Régime general, Tome 4, 4e édition, Economica, 2017, pp. 454 – 455.

债权、或然债权以及附条件的债权。① 虽然附条件债权和附期限债权均属于限定债权，但是，它们之间存在确实性、可靠性的差异，因为，附期限债权具有确实性、可靠性，而附条件债权则欠缺确实性、可靠性。

一方面，附期限债权是具有确实性、可靠性的债权，"对于附期限债权而言，这一点毫无困难，因为，即便它们还无法获得清偿，但是，它们还是存在的。"② 另一方面，附条件债权的确实性、可靠性要明显逊色不少，因为"条件的不成熟不仅会引起合同溯及既往地消灭，而且也因此引起债权溯及既往地消灭。对于众多的作者而言，此种状况的债权仍然能够转让。然而，如果人们能够有效地承认附条件债权的可转让性原则，在合同规定的条件不成就时，人们则应当怀疑此种债权转让的有效性。因为合同所附条件所产生的溯及既往效力，因此，债权也被视为从来不存在，其结果就是，受让人预期获得的对等物也不存在。"③

(三) 简单债权和受限债权均具有可自由转让性

在债法上，虽然附条件债权和附期限债权均属于受限债权，但是，它们之间仍然存在一定的差异：附期限的债权一定会从受限债权嬗变为简单债权，因为合同或者法律行为当中所规定的期限一定会到来，即便是不确定的期限也一定会到来，一旦期限到来，债权人享有的债权就从受限债权嬗变为简单债权。因此，如果受让人受让附期限的债权，他们能够实现自己受让的债权。

而附条件的债权则未必一定会从受限债权嬗变为简单债权，因为合同或者法律行为当中所规定的条件未必一定会成就：如果条件成就，债权人享有的债权就从受限债权嬗变为简单债权，而如果条件不成就，则债权人享有的债权就会溯及既往地消灭，因为在条件不成就时，条件的不成就会引起当事人之间的合同或者法律行为溯及既往地消灭。④ 因此，如果受让人受让附条件的债权，他们可能是竹篮子打水一场空：因为条件不成就，他们受让的债权溯及既往地消灭，这是附条件债权所存在的固有风险。

问题在于，我们能否像 Ghestin、Billiau 和 Loiseau 那样借口附条件的债权可能溯及既往地消灭而否定该种债权的可自由转让性？笔者认为，附条件的债权所存在的此种风险不是也不应当是附条件的债权不能够转让的理由。

首先，如果此种理由成立，则转让人也没有必要享有此种债权，因为，虽然债权人对债务人享有债权，但是，他们享有的此种债权也可能是竹篮子打水一场空。

其次，附条件的债权也并非在任何情况下均无法实现，因为，如果附条件的合同或

---

① Jacques Ghestin, Marc Billiau, Grégoire Loiseau, Traité de Droit Civil, Le régime des créances et des dettes, LGDJ, 2005, p.311.
② Jacques Ghestin, Marc Billiau, Grégoire Loiseau, Traité de Droit Civil, Le régime des créances et des dettes, LGDJ, 2005, p.311.
③ Jacques Ghestin, Marc Billiau, Grégoire Loiseau, Traité de Droit Civil, Le régime des créances et des dettes, LGDJ, 2005, p.314.
④ Jacques Ghestin, Marc Billiau, Grégoire Loiseau, Traité de Droit Civil, Le régime des créances et des dettes, LGDJ, 2005, p.314.

者法律行为所规定的条件成就,则受让人仍然享有并且实现所享有的债权。

再次,债权转让未必一定是有偿转让,如果转让人将自己对债务人享有的附条件的债权无偿转让给受让人,即便受让人获得债权之后因为合同或者法律行为规定的条件不成就而无法实现自己对被让债务人享有的债权,他们也没有遭受任何损失。

最后,如果转让人与受让人之间的债权转让是有偿的,他们之间的转让条件会反映附条件的债权所存在的风险,因为作为有理性的人,在就附条件的债权达成转让协议时,转让人和受让人完全能够对转让和受让的债权所存在的风险做出客观的评估,并且根据所评估的风险决定他们之间的交易条件,包括转让和受让的价格:债权不能够实现的风险越大,则转让价格越低,反之,债权不能够实现的风险越小,则他们之间的转让价格越高。换言之,附条件债权所存在的固有风险应当通过当事人之间的交易条件予以消化,不应当通过禁止附条件的债权的自由转让的方式予以消化。

四、现有债权、未来债权和或然债权的可自由转让性

《法国民法典》新的第1321(2)条仅仅明确规定,债权转让既可以建立在一个或者几个现有债权或者未来债权的基础上,也可以建立在一个或者几个确定债权或者可予确定债权的基础上,它既没有对这些概念做出界定,也没有对这些债权之间的关系做出说明,已如前述。即便是在2016年2月10日的债法改革法令之后出版的债法著作当中,民法学者也很少对这些概念和它们之间的关系做出说明,虽然在讨论债权的自由转让原则时,他们均援引了新的第1321(2)条的规定,已如前述。

此外,某些民法学者似乎仅仅将确定债权和可予确定债权视为未来债权的组成部分,认为债权的确定性和可予确定性仅仅是未来债权可以转让的必要条件。例如,Ghestin、Billiau 和 Loiseau 似乎就采取此种看法,在讨论债权的确实性、可靠性时,他们明确指出,未来债权是指在债权转让时还不存在的债权。① 再例如,Terré、Simler 和 Lequette 等人似乎也采取此种看法,他们指出:"如果涉及未来债权的转让,则债权应当具有足够的确定性或者可予确定性。"②

笔者认为,虽然债权的确定性和可予确定性主要发生在未来债权或者或然债权当中,但是,现有债权当中也可能存在债权的确定性和可予确定性的问题。因为,即便债权人已经对债务人享有某种债权,他们享有的债权数额或者是否能够主张在债权转让时可能还是不明确、不肯定或者不清楚的,例如,在将自己对承租人享有的租金债权转让给受让人时,如果出租人对承租人享有的租金数额还不确定,尤其是,如果出租人是否能够对承租人主张租金请求权取决于租赁合同所规定的条件是否成就,则当出租人将自己享有的租金请求权转让给受让人时,他们所转让的债权就是不确定的,已如前述。可见,无论是现有债权、未来债权还是或然债权均涉及到债权的确定性和可予确定性的

---

① Jacques Ghestin, Marc Billiau, Grégoire Loiseau, Traité de Droit Civil, Le régime des créances et des dettes, LGDJ, 2005, p. 311.
② François Terré, Philippe Simler, Yves Lequette, François Chénedé, Droit Civil, les Obligations, 12e édition, Dalloz, 2018, p. 1697.

问题。

虽然确定债权和可予确定债权能够不加区别地适用于现有债权、未来债权和或然债权，但是，它们主要适用于未来债权和或然债权。因为，在大多数情况下，现有债权是明确的、肯定的和清楚的，而在大多数情况下，未来债权或者或然债权则是不明确、不肯定或者不清楚的。在具体讨论现有债权、未来债权和或然债权之前，笔者先对确定债权和可予确定债权做出界定。所谓确定债权（créances déterminées），也称为债权的确定性，是指债权的性质（nature）、债权的原因（cause）尤其是债权的数额（montant）是明确、肯定和清楚的。所谓可予确定债权（créances déterminables），也称为债权的可予确定性，是指虽然债权的性质、债权的原因尤其是债权的数额是不明确、不肯定或者不清楚的，但是，人们尤其是法官能够相对容易地确定债权的性质、债权的原因尤其是债权的数额。

在2016年之前，《法国民法典》没有规定现有债权和未来债权，因此，它没有对这两种债权做出明确界定，通过2016年2月10日的债法改革法令，虽然现行《法国民法典》新的第1321条明确规定，现有债权和未来债权均能够自由转让，但是，它也没有对这两种债权做出界定。除了《法国民法典》没有对这两种债权做出界定之外，法国民法学者也普遍没有对它们做出界定。法国民法学者之所以普遍没有对这两种债权做出界定，是因为在现有债权和未来债权的概念问题上，他们之间存在不同看法。

在法国，少数民法学者对现有债权和未来债权做出了界定，并且他们做出的界定是存在差异的，笔者将他们做出的界定分为四类：其一，从债权转让时所转让的债权是否已经实际成为转让人财产组成部分的不同对现有债权和未来债权做出界定；其二，从债权转让时所转让的债权是否具有可主张性的不同界定现有债权和未来债权；其三，从债权转让时引起债权产生的法律事实是否存在的不同对现有债权和未来债权做出界定；其四，从债权转让时引起债权产生的法律事实是否已经存在还是处于萌芽状态的不同对现有债权和未来债权做出界定。

除了在现有债权和未来债权的界定方面存在不同看法之外，法国民法学者还在其他方面存在不同看法，主要包括两个方面：

第一，除了现有债权和未来债权之外，债法当中是否还存在另外一种债权即或然债权？如果债法当中存在或然债权，或然债权与未来债权之间的关系如何：它究竟是现有债权和未来债权之外的第三种债权，还仅仅是未来债权当中的一种债权？或然债权的性质是什么，它是不是一种附条件的债权？如果或然债权是现有债权和未来债权之外的独立债权，或然债权是否能够像现有债权一样自由转让？关于这些问题，民法学者之间存在不同的看法。[①]

---

① Corgas Cristina, La cession de créances futures à titre de garantie, Revue juridique de l'Ouest, 2002 - 4, pp. 471 - 472; Jacques Ghestin, Marc Billiau, Grégoire Loiseau, Traité de Droit Civil, Le régime des créances et des dettes, LGDJ, 2005, pp. 311 - 314; Jacques Flour, Jean-Luc Aubert, Éric Savaux, Droit civil, Les obligations, 3. Le rapport d'obligation, 7e édition, Dalloz, 2011, p. 312; François Terré, Philippe Simler, Yves Lequette, François Chénedé, Droit civil, Les obligations, 12e édition, Dalloz, 2018, pp. 1696 - 1697; Anabel Riano Saad, La cession de créance en droit français et en droit colombien, Thèse, Paris II, 2017, pp. 449 - 451.

第二，在债法上，债权人享有的现有债权当然能够自由转让，除非制定法或者合同明确禁止。问题在于，未来债权尤其是或然债权是否具有可自由转让性：债权人是否能够像转让自己的现有债权一样自由转让自己的未来债权或者或然债权。关于这些问题，司法判例和民法学说存在不同看法。

（一）现有债权、未来债权和或然债权的界定

1. 法国民法学者对现有债权、未来债权的界定

在法国，某些民法学者以债权转让时所转让的债权是否已经实际成为债权人财产当中的财产作为界定现有债权和未来债权的标准，根据此种标准，所谓现有债权，是指在债权转让时已经实际进入债权人财产当中的债权，而所谓未来债权，则是指在债权转让时虽然还没有实际进入债权人的财产当中但是以后应当或者能够进入债权人财产当中的债权。在1896年的著作《palais杂志：最古老和最全面的司法判例汇编》当中，C.L. Jessionesse等人采取此种界定方式，他们指出："所谓未来债权，是指（在债权转让时）虽然尚未实际成为但是以后应当或者可能成为债权人财产当中的财产的债权。"① 所谓在债权转让时尚未实际成为债权人财产当中的财产的债权，是指在债权转让时，未来债权根本就不存在，也就是，未来债权是指没有处于萌芽状态当中的债权。②

在法国，某些民法学者以债权转让时债权人是否能够主张债权的不同作为界定现有债权和未来债权的标准。根据此种标准，所谓未来债权，是指其可主张性（exigibilité）在债权转让时还不肯定的债权；所谓现有债权，则是指其可主张性在债权转让时已经肯定的债权，现有债权包括附条件的债权和附期限的债权。在法国，Michel Attal采取此种界定方式界定未来债权。在2005年的《以担保名义进行的未来债权转让的有效性和功效性》一文当中，他指出："正如法国最高法院所准确指出的那样，当债权的可主张性还不能够确定时，债权人享有的债权应当被视为未来债权"。③

在法国，根据法律事实发生的事件不同界定现有债权和未来债权的民法学者包括Ghestin、Billiau、Loiseau和Francois等人。在2006年的《债权和债务制度》当中，Ghestin、Billiau和Loiseau认为，从债权的客体来看，债权本质上是一种预期利益（anticipation），因为债权的存在和实现取决于产生债权的合同是否存在，这就是他们所谓的债权的确实性、可靠性，已如前述。根据他们的说明，在转让人与受让人意图达成债权转让协议时，如果引起债权产生的合同是存在的，则债权人享有的债权就是现有债权；反之，在转让人与受让人意图达成债权转让协议时，如果引起债权产生的合同是不存在的，则债权人享有的债权就是未来债权。他们还认为，未来债权不是或然债权，因为单

---

① C. L. Jessionesse et, Journal du palais: recueil le plus ancien et le plus complet de la jurisprudence, Paris, L. Larose, 1896, p.185.

② C. L. Jessionesse et, Journal du palais: recueil le plus ancien et le plus complet de la jurisprudence, Paris, L. Larose, 1896, p.185.

③ Michel Attal, De la validité et des utilités de la cession de créance future à titre de garantie, Droit & patrimoine, mai 2005, n° 137, p.37; Anabel Riano Saad, La cession de créance en droit français et en droit colombien, Thèse, Paris II, 2017, p.447.

纯的或然债权是不能够自由转让的，而未来债权则是可以自由转让的。①

在2017年的《债的一般制度》当中，Francois也采取此种做法，他认为，应当根据债权转让时引起债权产生的法律事实是否已经实际发挥作用的不同对现有债权和未来债权做出界定。根据此种界定，在债权转让时，如果法律事实已经对所转让的债权发挥了作用，则债权人享有的债权就是现有债权；反之，在债权转让时，如果法律事实还没有对所转让的债权发挥任何作用，则债权人享有的债权就是未来债权。他指出："从最一般的方式上来说，债权从产生之时起就能够转让，所谓债权产生之时，是指行为或者事件对债权的产生已经发挥了作用。不过，立法者同样承认……即便债权还没有产生，如果行为在未来会对债权的产生发挥作用，未来行为引起的债权也能够转移。"② 在现有债权和未来债权之外是否还存在或然债权，他没有做出说明，因此，或然债权的地位是什么，他也没有做出回答。

Francois的此种界定是与法国最高法院近些年来所采取的广义未来债权概念（conception extensive）相一致的，因为在1992年12月13日的案件和1999年2月15日的案件当中，巴黎上诉法院和法国最高法院商事庭均认为，所谓未来债权，是指在债权转让时债权人所转让的债权还不存在的债权。因此，根据它们的界定，在债权转让时，如果债权人所转让的债权已经存在，即便已经处于萌芽状态，则他们享有的债权就属于现有债权。③

在法国，某些民法学者反对Francois的此种界定方法，他们认为，在债权转让时，如果所转让的债权是完全不存在的，则无所谓未来债权；如果未来债权存在并且可以转让的话，则在债权转让时，所转让债权的存在至少应当已经处于萌芽状态（en germe），如果萌芽状态的存在都没有，则转让人与受让人之间的债权转让行为无效。因此，根据此种意见，所谓未来债权，是指其存在处于萌芽状态的债权，所谓现有债权，是指已经存在的债权。

在法国，Terré、Simler和Lequette等人采取此种理论，在2018年的《债法》当中，他们认为，债权转让当中的债权既包括现有债，也包括未来债权，甚至还包括或然债权。④

他们指出："未来债权的存在至少应当处于萌芽状态，并且至少应当具有足够的可识别性。如果债权人享有的权利源自还没有同意的合同，则他们不得转让自己享有的此种权利。而一旦合同被签订，则该合同就产生了权利，债权人就能够转让所享有的权

---

① Jacques Ghestin, Marc Billiau, Grégoire Loiseau, Traité de Droit Civil, Le régime des créances et des dettes, LGDJ, 2005, pp. 311 – 312.

② Jérôme François, Les obligations, Régime general, Tome 4, 4e édition, Economica, 2017, p. 455; Anabel Riano Saad, La cession de créance en droit français et en droit colombien, Thèse, Paris II, 2017, pp. 447 – 448.

③ Cass. com, 13 décembre 1992, JCP 1993, éd. E, II, 395, note J. Stoufflet; CA Paris, 15 février 1999, JCP, éd. E, 1999, pan. 597; Corgas Cristina, La cession de créances futures à titre de garantie, Revue juridique de l'Ouest, 2002 – 4, p. 470.

④ François Terré, Philippe Simler, Yves Lequette, François Chénedé, Droit Civil, les Obligations, 12e édition, Dalloz, 2018, pp. 1696 – 1697.

利,即便他们享有的权利属于单纯的或然权利,亦是如此。"① Terré、Simler 和 Lequette 等人的此种界定是与法国最高法院在过去所采取的狭义未来债权概念(conception restrictive)相一致的,因为在 1875 年 1 月 27 日、1877 年 7 月 18 日和 1891 年 3 月 17 日等案件当中,法国最高法院采取此种态度。②

2. 法国民法学者对或然债权的界定

除了现有债权和未来债权之外,法国民法学者和法官也普遍使用另外一个术语,这就是或然债权。不过,他们普遍没有对这一术语做出界定。例如,虽然 Jessionesse 等人早在 1896 年就使用了这一术语,但是,他们没有界定这一术语,已如前述。同样,虽然 Terré、Simler 和 Lequette 等人在 2018 年使用了这一术语,但是,他们也没有对这一术语做出界定,已如前述。事实上,迄今为止,法国大多数民法学者均没有对这一术语做出界定。仅少数学者对这一术语做出了界定,包括 Laurent Aynès、Victoire Lasbordes 和 Koffi Agbenoto 等人。

在 2001 年的《具有担保功能的债权转让的司法承认》当中,Aynès 对或然债权做出了界定。在 2002 年的《债权转让的现实要求》当中,Lasbordes 也对或然债权做出了界定,并且他们做出的界定基本上是一致的。根据他们的界定,所谓或然债权,是指引起债权产生的法律事实在债权转让时完全不存在的债权,所谓未来债权,则是指引起债权产生的法律事实在债权转让时已经处于萌芽状态之中的债权。③ Victoire Lasbordes 指出:"基层法院的司法判例似乎对未来债权的转让没有敌意,所谓未来债权,是指在债权转让时引起其产生的法律事实存在的债权。……所谓或然债权,则是指能够因为某种法律事实而产生但是在债权转让时该种法律事实当中的任何构成因素均不存在的债权。"④

在 2016 年的《强制执行财产》当中,Ch. Lefort 和 L. Boudour 对未来债权和或然债权做出了界定。根据他们的界定,所谓未来债权,也称为处于萌芽状态当中的债权,是指在法律事实实施时就已经产生但是仍然不完全的债权;而所谓或然债权,则是指在引起债权产生的法律事实实施时还没有产生的债权。他们指出:"处于萌芽状态当中的债权具有两个构成因素:一方面,它们因为将主债务人和自己的债务人结合在一起的法律关系事实而存在,另一方面,它们是一种处于变化当中的债权,是一种潜在性的债权。简单而言,所谓处于萌芽状态当中的债权,是指欠缺某些能够将其孵化出来并因此让其达到确定债权的完全成熟阶段的某些构成因素的债权……从理论层面来说,或然债权显

---

① François Terré, Philippe Simler, Yves Lequette, François Chénedé, Droit Civil, les Obligations, 12e édition, Dalloz, 2018, p.1697.

② Cass. Req. 27 jan 1875, S. 1876, 1, 12; Cass. Req. 18 juillet 1877, S. 1878, 1, 53; Cass. Ci 16 mai 1886, S. 1886, 1, 256; Cass. Req. 17 mars 1891, S. 1895, 1, 444; Corgas Cristina, La cession de créances futures à titre de garantie, Revue juridique de l'Ouest, 2002-4, p.470.

③ Laurent Aynès, Une discrète consécration de la cession de créances futures à titre de garantie, D. 2001, p.3110, spéc. n°10; Victoire Lasbordes, L'actualité de la cession de créance, LPA 14 nov. 2002, n° 228, spéc. 4; Anabel Riano Saad, La cession de créance en droit français et en droit colombien, Thèse, Paris II, 2017, p.449.

④ Victoire Lasbordes, L'actualité de la cession de créance, LPA 14 nov. 2002, n° 228, spéc. 4; Anabel Riano Saad, La cession de créance en droit français et en droit colombien, Thèse, Paris II, 2017, p.449.

然区别于处于萌芽状态当中的债权,因为或然债权是指那些还没有产生的债权。"①

在 2019 年的《未来债权》当中,Koffi Agbenoto 对或然债权做出了不同于 Aynès 或者 Lasbordes 的界定,因为,他并不是从债权转让时引起债权产生的法律事实是否处于萌芽状态出发界定或然债权,而是从所预想债权(créances préconçues)是否具有最低限度的可识别性(identifiables)或者可个体化(individualisables)出发界定或然债权,根据此种界定,所谓或然债权,是指在债权转让时具有最低限度的可识别性或者可个体化的预想债权、可能债权(créances probables)。一方面,或然债权是一种预想债权、可能债权,另一方面,或然债权是具有最大限度的可识别性或者可个体化的债权。②

3. 笔者对现有债权、未来债权和或然债权的界定

笔者结合 Terré、Simler、Lequette、Aynès、Lasbordes 和 Agbenoto 等人的意见,根据债权转让时引起债权产生的法律事实尤其是其中的合同是否已经存在的不同对现有债权、未来债权和或然债权做出界定。所谓现有债权,是指在债权转让时引起债权产生的法律事实尤其是其中的合同已经现实存在的债权;所谓未来债权,是指在债权转让时引起债权产生的法律事实尤其是其中的合同虽然还没有现实存在但是已经处于萌芽状态当中的债权;所谓或然债权,则是指在债权转让时引起债权产生的法律事实尤其是其中的合同完全不存在的债权。

因此,同样是出租人将其对承租人享有的租金债权转让给受让人,在转让合同成立时,如果出租人与承租人之间已经签订了租赁合同并且根据租赁合同对承租人享有租金支付请求权,则出租人对承租人享有的租金债权就是现有债权。出租人在此种情况下享有的租金债权之所以在性质上属于现有债权,是因为在出租人将其对承租人享有的租金债权转让给受让人时,引起所转让的债权发生的法律行为即租赁合同已经存在并且对当事人产生了约束力。

在转让合同成立时,虽然出租人与承租人之间还没有签订租赁合同,但是,如果他们之间正在就不动产租赁合同进行磋商、谈判并且极有可能签订租赁合同,则出租人对承租人享有的租金债权就是未来债权。出租人在此种情况下享有的租金债权之所以在性质上属于未来债权,是因为在出租人将其对承租人享有的租金债权转让给受让人时,引起所转让的债权发生的法律行为即租赁合同虽然还不存在但是已经处于萌芽状态。

在转让合同成立时,虽然出租人与承租人之间还没有签订租赁合同,虽然他们之间连租赁合同的磋商、谈判都没有展开,但是,鉴于出租人与承租人之间的密切合作关系,他们之间极有可能会签订不动产的租赁合同并因此让出租人对承租人享有租金债权。出租人在此种情况下享有的租金债权之所以在性质上属于或然债权,是因为在出租人将其对承租人享有的租金债权转让给受让人时,引起所转让的债权发生的法律行为即租赁合同根本不存在,不存在该种合同已经处于萌芽状态的事实,更谈不上已经现实存

---

① Ch. Lefort L. Boudour, Saisie-attribution, Répertoire de procédure civile, f2016, n°122 – 123; Anabel Riano Saad, La cession de créance en droit français et en droit colombien, Thèse, Paris II, 2017, p.450.

② Koffi Agbenoto, Les créances futures, publié le 28/11/2019, n°38 à n°58, https://www.actu – juridique.fr/civil/les – creances – futures/.

在的情况。

笔者之所以以引起债权发生的法律事实尤其是其中的合同在债权转让时是否存在和处于萌芽状态作为界定现有债权、未来债权和或然债权的标准，是因为在债法上，作为一种主观权利（droits subjectifs），债权人享有的债权并不是从天上掉下来的，而是因为某种行为或者事件引起的，尤其是因为合同引起的。引起债权产生的此种行为或者事件就是法律行为或者法律事件，就像引起他人享有的其他主观权利的行为或者事件也是一种法律行为或者法律事件一样，这就是主观权利的渊源理论。引起包括债权在内的所有主观权利产生的这些法律行为或者法律事件被称为法律事实（fait générateur）或者广义的法律事实，已如前述。①

除了能够引起包括债权在内的各种主观权利的产生、变更、限定和消灭之外，法律事实尤其是其中的合同也对债权的分类产生了影响，因为，在讨论哪些债权具有可自由转让性时，人们普遍认为，应当根据债权转让时引起债权产生的法律事实是否存在的不同来界定现有债权、未来债权和或然债权，已如前述。根据此种界定，或然债权在性质上属于一种预想债权、可能债权。所谓预想债权、可能债权，是指在债权转让之前债权人所预见到会对债务人享有的债权。不过，或然债权又不仅仅是一种预想债权、可能债权，它们具有最低限度的可识别性、可个体化。所谓最低限度的可识别性、可个体化，是指或然债权不应当是一种单纯的或然性的债权（Les créances purement éventuelles），完全建立在假设（purement hypothétique）的基础上，而是应当建立在某些准确数据的基础上（donnée précise）、具有极大可能性的债权。②

（二）未来债权和或然债权之间的关系和性质

在法国，未来债权和或然债权之间是什么关系？民法学者做出的回答存在差异，某些民法学者认为，或然债权是未来债权之外的一种独立债权，彼此互不隶属；而另外一些民法学者则认为，或然债权并不是一种独立的债权，它隶属于未来债权，构成未来债权的有机组成部分。除了在或然债权和未来债权之间的关系方面存在不同看法之外，民法学者在或然债权的性质方面也存在不同看法，因为某些民法学者认为，或然债权属于一种附条件债权；而另外一些民法学者则认为，或然债权并不是一种附条件债权。不过，虽然存在异议，但是，民法学者也普遍认为，或然债权在性质上属于一种或然权。

1. 未来债权和或然债权之间的关系：或然债权独立于未来债权

在法国，某些民法学者并不承认或然债权是现有债权和未来债权之外的第三种债权，因为他们仅仅认可现有债权和未来债权的存在，这就是二分法的债权理论。采取此

---

① Henri Roland Laurent Boyer, Introduction au droit, Litec, 2002, pp. 539 – 567; Christian Larroumet Augustin Aynès, Introduction à l'étude du droit, 6e édition, Economica, 2013, pp. 381 – 385; François Terré, Introduction générale au droit, 10e édition, Dalloz, 2015, pp. 170 – 181; Philippe Malinvaud, Introduction à l'étude du droit, 15e édition, Lexis Nexis, 2015, pp. 397 – 409; 张民安：《法国民法》，清华大学出版社2015年版，第105—125页；张民安：《法国民法总论（Ⅱ）》，清华大学出版社2020年版，第40—43页。

② Koffi Agbenoto, Les créances futures, publié le 28/11/2019, n°38 à n°58, https://www.actu-juridique.fr/civil/les-creances-futures/.

种做法的民法学者包括 Jessionesse 和 Attal 等人。在讨论未来债权是否能够自由转让时，虽然 Jessionesse 等人也使用了或然债权一词，但是，他们既不认为或然债权是与现有债权和未来债权并行的第三种债权，也没有将或然债权等同于未来债权。① Attal 认为，或然债权既不是与现有债权和未来债权并行的第三种债权，也不等同于未来债权，因为未来债权具有最低限度的可辨别性，而或然债权完全没有任何限度的可辨别性。②

在法国，某些民法学者明确区分现有债权、未来债权和或然债权，他们既不会认为或然债权与未来债权是等同的，更不会认为或然债权是未来债权的组成部分，这就是三分法的债权区分理论。例如，Terré、Simler 和 Lequette 等人就采取此种做法，已如前述。在法国，虽然某些民法学者同时承认现有债权、未来债权和或然债权的独立存在，但是，他们并没有过分区分其中的未来债权和或然债权，因为他们认为这两种债权具有高度的相似性，完全可以等同。

例如，Corgas Cristina 就采取此种做法，在讨论未来债权所具有的担保功能时，他将具有担保功能的未来债权与或然债权相提并论。③ 他指出："未来债权和或然债权之间的区别是微不足道的，因此，虽然民法学者建议区别未来债权和或然债权，但是，他们的理由并不能够令人信服。因此，应当认为它们是两个同义词。"④ 再例如，Flour、Aubert 和 Savaux 也采取此种做法，在承认现有债权、未来债权和或然债权三足鼎立时，他们认为未来债权与或然债权基本上遵循同样的原则。⑤ 在 2001 年 3 月 20 日的司法判例当中，法国最高法院民一庭也采取此种做法，将未来债权与或然债权等同，因为它指出："未来或者或然债权能够成为合同的客体。"⑥

在法国，某些民法学者认为，债权仅仅包括现有债权和未来债权，因为或然债权属于未来债权的组成部分，它不属于与现有债权和未来债权并行的一种独立债权，R. Feltkamp 和 Koffi Agbenoto 采取此种理论。R. Feltkamp 指出，未来债权包括三类：第一类未来债权是指还没有产生的债权，因为在债权转让时，引起未来债权产生的合同还没有缔结；第二类未来债权是指虽然已经存在但是还没有转让给转让人并因此成为其财产组成部分的债权，例如，转让人所转让的债权是第三人的债权，在转让人与受让人签订转让合同时，第三人还没有将自己享有的债权转让给转让人；第三类未来债权是或然债

---

① C. L. Jessionesse et, Journal du palais: recueil le plus ancien et le plus complet de la jurisprudence, Paris, L. Larose, 1896, p. 185.

② Michel Attal, De la validité et des utilités de la cession de créance future à titre de garantie, Droit & patrimoine, mai 2005, n° 137, pp. 34–39; Anabel Riano Saad, La cession de créance en droit français et en droit colombien, Thèse, Paris II, 2017, p. 447.

③ Corgas Cristina, La cession de créances futures à titre de garantie, Revue juridique de l'Ouest, 2002–4, pp. 467–478.

④ Corgas Cristina, La cession de créances futures à titre de garantie, Revue juridique de l'Ouest, 2002–4, p. 471.

⑤ Jacques Flour, Jean-Luc Aubert, Éric Savaux, Droit civil, Les obligations, 3. Le rapport d'obligation, 7e édition, Dalloz, 2011, p. 312.

⑥ Cour de Cassation, 1ère chambre civile, 20 mars 2001, Bull. ci, I, n°76, p. 48.

权，因为该种债权的产生依赖某种不确定的事件。①

Koffi Agbenoto 认为，"未来债权具有双重身份"（La double identité），其中的一种身份是指"正在形成的债权"（créances en formation），另外的一种身份则是指"预想债权或者或然债权。"② 他指出："在实在法当中，虽然未来债权的规定应当越来越系统化，但是，在未来债权的观念方面，制定法的规定仍然过于简略。十分明显的是，迄今为止，有关未来债权的含义仍然是含糊不清的。为了避免陷入法律语言的封闭性陷阱当中而迷失自我，为了避免陷入真实或者虚假的法律术语的滥用泥沼当中而不能够自拔，尤其是，为了促进司法实践的有效运行，我们应当澄清未来债权的观念，以便方便当事人之间就未来债权所进行的法律交易活动。被理解为一种有待产生的债权，未来债权应当细分为两种不同的债权：正在形成当中的债权和预想债权或者或然债权。"③

笔者采取 Cristin、Flour、Aubert 和 Savaux 等人的看法，一方面承认三分法的债权区分理论，另一方面又不过分区分未来债权和或然债权。笔者之所以区分现有债权、未来债权和或然债权，是因为在债权转让时它们的确实性、可靠性不同。具体来说，在债权转让时，现有债权的确实性、可靠性最强，它们已经成为债权人财产的有机组成部分，因为，引起债权产生的法律事实尤其是其中的合同不仅已经产生，而且所有的构成因素、构成要件均已经具备。在债权转让时，或然债权的确实性、可靠性最差，因为在转让债权时，不仅引起债权产生的法律事实尤其是其中的合同不存在，而且其中的任何一个构成要件、构成因素均没有出现。

在债权转让时，未来债权的确实性、可靠性介入现有债权和或然债权之间，因为，在债权转让时，虽然引起债权产生的法律事实尤其是其中的合同还没有完全存在，但是，其中的某些构成因素、构成要件已经产生。④

虽然未来债权和或然债权之间的确存在确实性、可靠性的差异，但是，此种差异不足以让人们将未来债权和或然债权截然分开。一方面，无论是未来债权还是或然债权均可以成为转让合同的客体，债权人均可以自由转让自己享有的未来债权和或然债权，关于这一点，笔者将在下面的内容当中做出详细的讨论，此处从略。另一方面，作为意思自治和合同自由原则的体现，债权转让体现了转让人和受让人的真实意思表示，即便或然债权存在风险，但是，此种风险的消化不应当以立法者明确禁止此种交易作为手段，而应当以当事人之间的交易条件作为手段，已如前述。

---

① R. Feltkamp, De overdracht van schuldvorderingen-Naar een meer eenvormige tegenwerpbaarheidsregeling voor overdrachten in de burgerrechtlijke en handelsrechtelike sfeer? Anvers-Oxford, Intersentia, 2005, p. 142; Marjorie Hagelsteens, Conclusion et opposabilité de la cession de créance, Droit belge et aspects comparés, Année académique 2015 – 2016, p. 22.

② Koffi Agbenoto, Les créances futures, publié le 28/11/2019, n°21 à n°58, https://www.actu – juridique.fr/civil/les – creances – futures/.

③ Koffi Agbenoto, Les créances futures, publié le 28/11/2019, n°21, https://www.actu – juridique.fr/civil/les – creances – futures/.

④ Koffi Agbenoto, Les créances futures, publié le 28/11/2019, n°58, https://www.actu – juridique.fr/civil/les – creances – futures/.

2. 未来债权和或然债权的性质：未来债权和或然债权与附条件债权之间的差异

如果债法当中存在与现有债权并行的未来债权尤其是或然债权，未来债权或者或然债权的性质是什么？对此问题，民法学者做出的回答存在差异。某些民法学者认为，或然债权在性质上属于附条件债权，因为附条件的债权受到合同所规定的作为条件的未来、不确定的事件的影响，Jessionesse、Roland、Boyer、Ch. Lefort 和 L. Boudour 等人采取此种看法。

Jessionesse 等人认为，或然债权不同于未来债权，因为未来债权是指在债权转让时还不存在、还没有成为转让人财产组成部分的债权，而或然债权则是指附条件的债权，他们指出："与附条件或者或然债权不同，未来债权是不存在的，即便它们也像附条件或者或然债权那样受到某种未来或者不确定的事件的约束。"[1] 他们认为，如果转让人与受让人之间的债权转让涉及附期限的债权，则他们之间的债权转让合同是有效的，问题在于："同样的原则是否适用于附条件或者或然债权的转让？"[2]

Ch. Lefort 和 L. Boudour 也采取此种看法，在区分未来债权和或然债权的同时，他们认为未来债权即处于萌芽状态当中的债权在性质上属于一种附条件债权，因为在债权转让合同签订时，转让人所转让的债权虽然已经产生但是仍然欠缺某些让其最终孵化成确定债权的构成因素，随着构成因素最终完全，处于萌芽状态的债权最终嬗变为确定债权。他们指出："从这个角度来看，处于萌芽状态当中的债权几乎无法与附条件债权区分。"[3] 在 1999 年的《债法总论》当中，Roland 和 Boyer 也采取此种看法，他们也将或然债权等同于附条件的债权。[4]

某些民法学者认为，未来债权或者或然债权在性质上并不是一种附条件的债权。例如，Attal 就采取此种看法。在明确区分未来债权和或然债权时，他指出，未来债权既不是附期限的债权，也不是附条件的债权。[5] 再例如，R. Feltkamp 也采取此种看法，在将或然债权视为一种未来债权时，他明确指出，或然债权不是附条件债权，附条件债权在性质上属于现有债权，因为在债权转让时，附条件债权已经存在；而或然债权则不同，它仅仅是一种未来债权，因为在债权转让时，或然债权还不存在。他指出，或然债

---

[1] C. L. Jessionesse et, Journal du palais: recueil le plus ancien et le plus complet de la jurisprudence, Paris, L. Larose, 1896, p.185.

[2] C. L. Jessionesse et, Journal du palais: recueil le plus ancien et le plus complet de la jurisprudence, Paris, L. Larose, 1896, p.489.

[3] Ch. Lefort L. Boudour, Saisie-attribution, Répertoire de procédure civile, fé 2016, n° 122 – 123; Anabel Riano Saad, La cession de créance en droit français et en droit colombien, Thèse, Paris II, 2017, p.450.

[4] B. Starck H. Roland L. Boyer, Droit civil, Les obligations, t. III, Régime général, 6e éd. Litec, 1999, p.10; Anabel Riano Saad, La cession de créance en droit français et en droit colombien, Thèse, Paris II, 2017, p.450.

[5] Michel Attal, De la validité et des utilités de la cession de créance future à titre de garantie, Droit & patrimoine, mai 2005, n° 137, pp.34 – 39; Anabel Riano Saad, La cession de créance en droit français et en droit colombien, Thèse, Paris II, 2017, p.447.

权不应当与附条件债权相混淆,因为附条件债权是既存债权。①

在上述两种不同的理论当中,笔者采纳后一种理论,认为未来债权或者或然债权在性质上并不属于附条件债权,因为附条件的债权像附期限的债权一样在性质上属于现有债权。在债法上,附条件的债权与未来债权或者或然债权之间存在共同点:其一,无论是附条件的债权还是未来债权、或然债权均受到某种未来的、不确定的事件的影响,该种未来的、不确定的事件均对债权产生影响。其二,无论是附条件的债权还是未来债权、或然债权均具有可自由转让性,债权人均能够根据转让合同将自己享有的这些债权转让给受让人。

不过,未来债权或者或然债权不是也不可能是附条件的债权,它们是性质不同的债权:附条件的债权在性质上属于现有债权的组成部分,而未来债权或者或然债权则不是现有债权的组成部分,而是与现有债权并列的两种独立债权。现有债权与未来债权和或然债权之间的差异体现在:

首先,引起债权产生的法律事实存在差异。总的说来,附条件的债权仅仅因为法律行为也就是合同而产生,它们不会因为法律事件而产生;而未来债权和或然债权则不同,除了因为法律行为尤其是其中的合同产生之外,它们也可以因为法律事件而产生。

其次,引起债权产生的法律事实在债权转让时是否存在的不同。总的说来,就附条件的债权而言,在债权转让时,引起债权产生的法律行为即合同不仅已经存在,而且所有的构成因素均已经齐备,无论附条件的合同是附延缓条件的合同还是附解除条件的合同。就未来债权而言,在债权转让时,引起债权产生的法律事实仅仅处于萌芽状态,虽然其中的某些构成因素已经存在,但是,其他构成因素还不存在,已如前述。就或然债权而言,在债权转让时,引起债权产生的法律事实完全不存在,就连萌芽状态都不存在,已如前述。换一个角度而言:在债权转让时,附条件的债权是完全债权、完整债权,未来债权是妊娠债权(créances en gestation)、胚胎债权(créances en embryonnaires)、即将出生的债权(créances à naître)②,而或然债权则是具有最低限度的可识别性的可能债权:在债权转让时,虽然该种债权还属于未妊娠债权,但是,在引起债权产生的法律事实当中的某一个构成因素产生时,它们会从未妊娠债权嬗变为妊娠债权。

最后,未来、不确定的事件引起的法律后果存在差异。虽然附条件债权、未来债权和或然债权均受到某种未来的和不确定的事件的影响,但是,它们产生的影响力是不同的。总的说来,就附条件的债权而言,在债权转让时,在解除条件成就之前,则债权人享有的债权不仅已经存在,而且还产生了完全的法律效力,债权人能够完全、充分地行使合同所规定的债权,债务人也应当及时地履行自己对债权人承担的债务,直到合同或者法律行为所规定的解除条件成就时为止;在延缓条件成就之前,债权人不能够要求债

---

① R. Feltkamp, De overdracht van schuldvorderingen-Naar een meer eenvormige tegenwerpbaarheidsregeling voor overdrachten in de burgerrechtlijke en handelsrechtelike sfeer? Anvers-Oxford, Intersentia, 2005, p. 11; Marjorie Hagelsteens, Conclusion et opposabilité de la cession de créance, Droit belge et aspects comparés, Année académique 2015 – 2016, p. 22.

② Koffi Agbenoto, Les créances futures, publié le 28/11/2019, n°58, https://www.actu – juridique.fr/civil/les – creances – futures/.

务人履行债务,债务人也无需对债权人履行债务,而一旦延缓条件成就,则当事人之间的合同溯及既往地产生法律效力。①

对于未来债权或者或然债权而言,虽然在债权转让时,债权人已经享有这些债权,但是,仅仅到引起这些债权产生的法律事实已经产生时,也就是,仅仅到引起债权产生的法律事实的所应当具备的所有构成因素均完全具备时,债权人才能够行使自己的债权;一旦引起债权产生的法律事实的所有构成因素均齐备,从所有构成因素均齐备之日起,债权人开始行使自己的债权,构成因素的齐备不会让债权人溯及既往地享有债权,这一点让未来债权和或然债权区别于附条件的债权。②

3. 未来债权和或然债权的性质:未来债权和或然债权在性质上是不是一种或然权有不同看法

在债法上,在讨论附延缓条件的合同时,某些民法学者将延缓条件持续期间债权人对债务人享有的债权称为或然权,虽然他们认为,在延缓条件期间,当事人之间的债是不存在的,已如前述。问题在于,未来债权或者或然债权在性质上是否是一种或然权?对此问题,大多数民法学者均没有做出明确回答,不过,少数民法学者则做出了肯定的回答,认为未来债权和或然债权在性质上属于一种或然权。例如,在1989年的《债法总论》当中,Gabriel Marty、Pierre Raynaud 和 Philippe Jestaz 就采取此种看法,他们认为未来债权在性质上等同于或然权。③

再例如,Corgas Cristina 也采取此种看法,他指出,虽然民法学者很少就或然债权是否等同于或然权的问题做出清晰的说明,但是,未来债权和或然债权显然属于或然权的组成部分。他指出,未来债权和或然债权之所以在性质上属于一种或然权,是因为在转让人与受让人签订债权转让合同时,受让人在这样的意义上享有或然权:当事件的实现让自己的债权确定时,受让人的债权就从不完全债权嬗变为完全债权。④

笔者认为,未来债权和或然债权在性质上并不属于或然权,除非我们对或然权做出广义的解释,否则,未来债权和或然债权在性质上不属于狭义的或然权。所谓狭义的或然权,是指在附延缓条件的合同或者附延缓条件的法律行为当中,债权人在延缓条件实现之前所享有的债权,已如前述。未来债权和或然债权之所以不属于狭义的或然权,是因为未来债权和或然债权不属于附条件的债权,已如前述。

附延缓条件的债权之所以被称为或然权,是因为在延缓条件是否成就期间,债权人虽然还不享有债权,但是,一旦延缓条件成就,则他们就开始享有完全债权,而一旦延缓条件不成就,他们则确定无疑地不享有债权。因此,或然权是一种既可能享有完全债

---

① C. L. Jessionesse et, Journal du palais: recueil le plus ancien et le plus complet de la jurisprudence, Paris, L. Larose, 1896, p.489.

② C. L. Jessionesse et, Journal du palais: recueil le plus ancien et le plus complet de la jurisprudence, Paris, L. Larose, 1896, p.489.

③ Gabriel Marty, Pierre Raynaud, Philippe Jestaz, Droit civil, Les obligations, t. II, Le régime, 2e éd. Sirey, 1989, n°348, p.316; E. Putman, La formation des créances, Thèse Aix-en-Provence, 1987, p.378; Corgas Cristina, La cession de créances futures à titre de garantie, Revue juridique de l'Ouest, 2002 - 4, p.471; Anabel Riano Saad, La cession de créance en droit français et en droit colombien, Thèse, Paris II, 2017, p.449.

④ Corgas Cristina, La cession de créances futures à titre de garantie, Revue juridique de l'Ouest, 2002 - 4, p.471.

权也可能根本就不享有债权的两可状态，究竟是哪一种状态，取决于合同或者法律行为所规定的未来的、不确定的事件是否会发生。而未来债权和或然债权之所以不属于此种含义上的或然权，是因为在债权转让时，转让人所转让的债权或者还没有产生，或者仅仅处于萌芽状态。而无论是还没有产生还是处于萌芽状态，未来债权和或然债权所具有的此种法律效力均不是因为转让合同当中所规定的延缓条件引起的，而是因为转让人与被让债务人之间的行为引起的：虽然转让人与被让债务人之间有签订某种合同并因此让转让人据此享有债权的意志、意图、意思，但是，到债权转让时为止，他们还没有将此种意志、意图、意思付诸实施或者仅仅开始付诸实施。在将对被让债务人享有的未来债权或者或然债权转让给受让人之后，转让人会与被让债务人签订合同，将他们之间的意图、意志、意思付诸实施；在他们之间签订了合同之后，受让人就能够对被让债务人主张所受让的债权。

因此，如果不动产的出租人与承租人签订的租赁合同约定，在自己与另外一个承租人的不动产租赁合同到期时，如果另外一个承租人不续展租赁合同，出租人就会将自己的不动产出租给承租人，则出租人与承租人之间的租赁合同就属于附条件的租赁合同，其中的承租人享有的承租权就属于所谓的或然权。但是，如果不动产的出租人与承租人签订的租赁合同规定，在自己的不动产建造完成之后，出租人会将自己建造完成的不动产出租给承租人，如果出租人将自己对承租人享有的此种债权转让给受让人即银行享有，以便担保银行对其提供的贷款，则出租人对其承租人享有的此种债权就属于未来债权。即便不动产的所有权人还没有与任何承租人签订不动产租赁合同，如果出租人准备在自己的不动产建造完成之后将其不动产出租给某一个承租人，他们对该承租人享有的债权就属于或然债权，为了向银行融资以便完成不动产的建造，他们有权将此种债权转让给银行，以便担保银行的贷款。

（三）未来债权和或然债权的可自由转让性

在债法上，包括附条件的债权和附期限的债权在内，现有债权的转让不会产生任何问题，因为债权人完全能够自由转让所享有的债权，除非制定法或者当事人之间的合同明确禁止，否则，他们享有的任何现有债权均能够自由转让，已如前述。问题在于，债权人享有的未来债权或者或然债权是否能够自由转让。对此问题，法官和民法学者在不同时期甚至在同一时期做出的回答存在差异。

就法官而言，在19世纪末期之前的司法判例当中，他们明确区分未来债权和或然债权。根据他们所采取的此种区分理论，在债权转让时，如果被转让的债权已经处于萌芽状态当中，也就是，如果债权人享有的债权属于未来债权，则他们与受让人之间的债权转让合同有效；反之，在债权转让时，如果被转让的债权还没有处于萌芽状态之中，也就是，如果债权人享有的债权属于或然债权，则他们与受让人之间的债权转让合同无效。在1854年11月27日的案件当中，巴黎一家地方法院的法官认定，即便作家还没有创作著作，当他们与一家出版者签订了出版合同时，他们能够将自己对出版者享有的债权转让给受让人，他们与受让人之间的债权转让合同有效。①

在1838年6月15日的案件当中，法国艾克斯一家地方法院的法官认定，如果承揽人没有与工程主人签订承揽合同，当他们将自己对工程主人享有的工程价款债权转让给受让人时，他们与受让人之间的债权转让合同无效。② 在1854年1月31日的案件当中，巴黎一家地方法院的法官认为，如果作家的著作还没有创作，在他们没有与任何出版者签订出版合同时，他们不能够将自己对出版者享有的债权转让给受让人，他们之间的转让合同无效。③ 在1895年2月21日的案件当中，法国蒙彼利埃的一家地方法院法官认定，在债权转让合同成立时，如果被转让的债权还不存在、被让债务人还不知道是谁，则转让人与受让人之间的债权转让合同无效。④

在19世纪末期之前，除了法国的地方法官明确区分未来债权和或然债权之外，法国最高法院的法官也明确区分这两种不同的债权，因为他们也像地方法院的法官一样认为，如果在债权转让时，被转让的债权处于萌芽状态之中，则此类债权能够有效转让，当事人之间的债权转让合同有效；如果被转让的债权完全不存在，则此类债权不能够有效转让，当事人之间的债权转让合同无效。

在1875年1月27日的案件当中，法国最高法院的法官认定，债权人将自己享有的未来债权转让给受让人的合同是有效的，因为此种债权至少已经处于萌芽状态。在1877年7月18日的案件当中，法国最高法院的法官认定，转让人将自己在未来享有的租金收取权转让给受让人的合同是有效的，因为该种租金收取权至少处于萌芽状态当中。在1886年5月16日的案件当中，法国最高法院的法官认为，当转让人将自己享有的出卖物拍卖价格债权转让给受让人时，他们之间的转让合同有效，因为转让人的债权至少已经处于萌芽状态。在1891年3月17日的案件当中，法国最高法院的法官认定，当转让人将自己享有的保险金赔偿请求权转让给受让人时，他们与受让人之间的转让合同有效，即便该保险合同还没有缔结，因为，该种债权至少已经处于萌芽状态。⑤

在法国，司法判例所采取的此种方法一直从20世纪初延续到20世纪90年代，直到法官开始在某些案件当中承认，即便所转让的债权在转让时还不存在，债权人仍然能够转让自己所享有的未来债权或者或然债权，只要在转让时，所转让的债权具有确定性或者具有可予确定性。在1992年12月13日的案件中，法国最高法院率先采取此种方

---

① Paris, 27 no 1854, S. 1856. 2. 47, P. 1855. 2. 384; C. L. Jessionesse et, Journal du palais: recueil le plus ancien et le plus complet de la jurisprudence, Paris, L. Larose, 1896, p. 185.

② Aix, 15 juin 1838, S. 1839. 2. 93, P. 1838. 2. 591; C. L. Jessionesse et, Journal du palais: recueil le plus ancien et le plus complet de la jurisprudence, Paris, L. Larose, 1896, p. 185.

③ Paris, 31 jan 1854, S. 1854. 2. 734, P. 1854. 1. 342; C. L. Jessionesse et, Journal du palais: recueil le plus ancien et le plus complet de la jurisprudence, Paris, L. Larose, 1896, p. 185.

④ Montpellier 21 février 1895; C. L. Jessionesse et, Journal du palais: recueil le plus ancien et le plus complet de la jurisprudence, Paris, L. Larose, 1896, p. 185.

⑤ Cass. Req. 27 jan 1875, S. 1876, 1, 12; Cass. Req. 18 juillet 1877, S. 1878, 1, 53; Cass. Ci 16 mai 1886, S. 1886, 1, 256; Cass. Req. 17 mars 1891, S. 1895, 1, 444; Corgas Cristina, La cession de créances futures à titre de garantie, Revue juridique de l'Ouest, 2002 – 4, p.470.

法，认为或然债权也能够成为债权转让的客体。① 在 1999 年 2 月 15 日的案件当中，巴黎上诉法院也采取此种方法，认为即便在转让债权时所转让的债权还不存在，债权人仍然能够转让自己的或然债权。②

在 2001 年 3 月 20 日的案件当中，法国最高法院民一庭正式宣告放弃自 19 世纪初期以来一直到 20 世纪 90 年代之前所采取的保守做法，除了承认未来债权具有可自由转让性之外，它也承认或然债权具有可自由转让性，换言之，除了像过去那样认为，处于萌芽状态当中的债权具有可转让性之外，即便还不存在的债权也具有可转让性，只要未来债权和或然债权具有确定性或者可予确定性即可。③

在该案当中，一家公司取得了大量的房地产项目，为了融资，它向一家银行借贷，为了担保自己的借款能够得以偿还，该家公司以自己房地产的租金收取权作为担保。后来，因为这一家银行陷入司法清算程序当中，它将自己对这一家公司现有的租金收取权转让给了受让人并且通知了这一家公司。因为该公司无法履行对受让人承担的还款债务，受让人开始通知承租人对自己支付租金。这家公司不服，认为受让人无权收取租金，因为它与转让人之间的租金担保条款无效。④

首先，在该合同签订时，虽然合同规定了以租金收取权作为担保，但是，它并没有与任何承租人签订不动产租赁合同，它是在与转让人签订借贷合同和担保合同之后才与承租人签订不动产租赁合同。其次，它与受让人签订的合同仅仅规定 "租金的委托收取"（délégation de loyers），它没有将租金收取权转让给受让人所有的主观意图、意志、意思，因此，受让人并不能够取得合同所规定的租金债权的所有权。最后，借贷合同当中所规定的租金担保条款仅仅是一般性的规定，欠缺确定性，因为它既没有关于租赁场所的规定，也没有关于租金数额的规定，尤其是没有关于被让债权数额的确定。⑤

法国最高法院认定，通过这家公司与受让人之间的贷款合同的条款，人们能够认为，这家公司将自己享有的租金债权转让给了受让人并因此让受让人成为租金债权的所有权人，这一点是非常清楚的、十分准确的。换言之，法国最高法院认为，转让人与受让人之间的债权转让合同有效，人们不能够借口债权转让合同签订时所转让的债权还不存在而主张转让合同无效，因为无论是未来债权还是或然债权均能够成为合同的客体，只要所转让的债权具有确定性或者可予确定性即可。法国最高法院指出："未来债权或者或然债权能够成为合同的客体，只要它们具有足够的可识别性。"⑥

---

① Cass. com, 13 décembre 1992, JCP 1993, éd. E, II, 395, note J. Stoufflet.
② CA Paris, 15 février 1999, JCP, éd. E, 1999, pan. 597.
③ Cour de Cassation, Chambre civile 1, du 20 mars 2001, 99 – 14.982, https://www.legifrance.goufr/juri/id/JURITEXT000007042602/.
④ Cour de Cassation, Chambre civile 1, du 20 mars 2001, 99 – 14.982, https://www.legifrance.goufr/juri/id/JURITEXT000007042602/.
⑤ Cour de Cassation, Chambre civile 1, du 20 mars 2001, 99 – 14.982, https://www.legifrance.goufr/juri/id/JURITEXT000007042602/.
⑥ Cour de Cassation, Chambre civile 1, du 20 mars 2001, 99 – 14.982, https://www.legifrance.goufr/juri/id/JURITEXT000007042602/.

(四) 未来债权和或然债权转让的必要条件：未来债权和或然债权的确定性和可予确定性

在法国，如果作为转让人的债权人要将自己享有的未来债权或者或然债权转让给受让人，除了应当符合一般债权转让的所有条件之外，他们还应当具备一个特殊条件：所转让的未来债权或者或然债权应当是确定债权或者至少应当是可予确定债权，如果他们转让的债权是不确定债权或者不能够予以确定的债权，则他们与受让人之间的债权转让无效。此种规则完全由法官通过自己的司法判例所确立的。

在 1907 年之前，在承认未来债权具有可自由转让性时，法官不会使用确定债权或者可予确定债权的术语对其自由转让施加限制，因为他们使用了 19 世纪末期之前法官普遍使用的另外一个术语即"处于萌芽状态当中的债权"对其自由转让施加限制：在债权转让时，如果被转让的债权已经处于萌芽状态，则当事人之间的债权转让是有效的；否则，他们之间的转让债权是无效的，已如前述。① 在 1907 年 12 月 5 日的案件当中，法官放弃了"处于萌芽状态当中的债权"一词，并且代之以另外一个术语即"确定债权"作为对未来债权的自由转让所施加的限制。根据这一限制条件，在债权转让时，如果所转让的债权是确定债权，则当事人之间的未来债权的转让是有效的；反之，如果所转让的债权不是确定债权，则当事人之间的未来债权的转让是无效的。②

在 1959 年 4 月 9 日的案件当中，法官放弃了他们在 1907 年的案件当中所采取的判断标准，认为在债权转让时，即便所转让的债权还不是确定债权，只要他们之间的债权是可予确定的债权，则他们之间的未来债权的转让也是有效的。法官指出：未来债权是能够被转让的，不过，此种债权的转让仅仅在债权是确定的或者可以确定时才有效，并且此种条件应当在债权转让时就已经实现了。③

在 2001 年 3 月 20 日的案件当中，法国最高法院对此种限定条件做出了说明，已如前述。在 2014 年 11 月 4 日的案件当中，法国最高法院商事庭再一次对此限定条件做出了说明，它指出，在债权转让合同缔结时，即便所转让的未来债权的具体数额是不确定的，人们也不能够以此种理由主张转让合同无效，因为，如果转让合同当中所包含的内容足以让他们确定未来债权的确定数额，则人们可以通过合同所包含的这些内容确定所转让的债权数额。④

债权人转让的债权是否属于可予确定债权，由基层法院的法官根据案件的具体情况予以评估和确定，法国最高法院没有做出任何清晰的指引。在进行此种评估和确定时，

---

① Marjorie Hagelsteens, Conclusion et opposabilité de la cession de créance, Droit belge et aspects comparés, Année académique 2015 – 2016, p. 23.

② Cass. 5 décembre 1907, Pas. 1908, p. 5; Marjorie Hagelsteens, Conclusion et opposabilité de la cession de créance, Droit belge et aspects comparés, Année académique 2015 – 2016, p. 23.

③ Cass, 9 avril 1959, R. C. J. B. 1961, p. 36, note J. Heenen; Marjorie Hagelsteens, Conclusion et opposabilité de la cession de créance, Droit belge et aspects comparés, Année académique 2015 – 2016, p. 23.

④ Cour de cassation, civile, Chambre commerciale, 4 novembre 2014, 13 – 24. 270, https://www.legifrance.gou-fr/juri/id/JURITEXT000029741655/.

基层法院的法官要考虑案件涉及的各种具体情况,包括但是不限于以下因素:引起债权产生的法律事实,被让债务人的身份,债权的数额,或者债权最初产生的情况,等等。①

五、不能够自由转让的债权类型

(一) 不能够自由转让的债权分类

无论是在 2016 年之前还是之后,虽然债法认可债权的可自由转让原则,但是,债法也对此种原则规定了例外,在例外情况下,债权人虽然享有债权,但是他们不得将其债权转让给受让人,否则,他们与受让人之间的债权转让合同无效,这就是不得转让的债权,也就是例外情况下债权的不得转让性。在法国,虽然所有民法学者均对例外情况下债权的不得转让性做出了说明,但是,除了对不能够自由转让的债权做出了具体列举之外,某些民法学者没有对这些不能够自由转让的债权进行分类。② 而另外一些民法学者则不同,他们对不能够自由转让的债权做出了分类,不过,他们做出的分类是存在差异的。③

Mazeaud 和 Chabas 等人认为,虽然不能够自由转让的债权类型不少,但是,所有不能够自由转让的债权均可以分为两类:其一,基于人道目的(motifs d'humanité),人们禁止债权的自由转让;其二,基于公共秩序维护的理由,制定法禁止债权的自由转让。④ Malaurie、Aynès 和 Stoffel-Munck 认为,所有不能够自由转让的债权可以分为两类:其一,制定法为了保护债权人免受自己实施的转让行为的损害而禁止他们转让自己享有的债权;其二,基于当事人之间的合同禁止,债权人不能够转让自己享有的债权。⑤ 而 Jérôme François、Terré、Simler 和 Lequette 等人则认为,所有不能够自由转让的债权分为:不能够强制执行的债权、合同明确规定需要获得债务人同意时才能够转让的

---

① Corgas Cristina, La cession de créances futures à titre de garantie, Revue juridique de l'Ouest, 2002 - 4, p. 472.
② Jacques Ghestin, Marc Billiau, Grégoire Loiseau, Traité de Droit Civil, Le régime des créances et des dettes, LGDJ, 2005, pp. 308 - 311; Rémy Cabrillac, Droit des obligations, 12e édition, Dalloz, 2016, p. 358; Marjorie Brusorio-Aillaud, Droit des obligations, 8e édition, bruylant, 2017, p. 323; Virginie Larribau-Terneyre, Droit civil, Les obligations, 15e édition, Dalloz, 2017, p. 175.
③ Henri et Léon Mazeaud, Jean Mazeaud, François Chabas, Obligations, 9e édition, Montchrestien, 1998, pp. 1276 - 1277; Jacques Flour, Jean-Luc Aubert, Éric Savaux, Droit civil, Les Obligations, 3. Le rapport d'obligation, 7e édition, Dalloz, 2011, pp. 312 - 313; Philippe Malaurie, Laurent Aynès, Philippe Stoffel-Munck, Droit des obligations, 8e édition, LGDJ, 2016, p. 797; Jérôme François, Les obligations, Régime général, Tome 4, 4e édition, Economica, 2017, pp. 456 - 457; François Terré, Philippe Simler, Yves Lequette, François Chénedé, Droit civil, Les obligations, 12e édition, Dalloz, 2018, pp. 1697 - 1698.
④ Henri et Léon Mazeaud, Jean Mazeaud, François Chabas, Obligations, 9e édition, Montchrestien, 1998, p. 1259, pp. 1276 - 1277.
⑤ Philippe Malaurie, Laurent Aynès, Philippe Stoffel-Munck, Droit des obligations, 8e édition, LGDJ, 2016, p. 797.

债权。①

笔者认为，虽然这些民法学者所做的分类存在差异，但是，他们之间的差异仅仅是表面的，因为他们均承认，不能够自由转让的债权或者源自制定法的明确规定，或者源自法官的司法判例，或者源自当事人之间的自由约定。因为此种理由，笔者将不能够自由转让的债权分为三类：制定法明确禁止自由转让的债权；法官通过司法判例禁止自由转让的债权；当事人通过自己的合同禁止自由转让的债权。无论是哪一种形式的禁止转让，不能够自由转让的债权要么是整个债权的不能够自由转让，要么仅仅是部分债权的不能够自由转让。例如，抚养债权的不能够自由转让是指整个债权的不能够自由转让，而工资债权的不能够自由转让则可能仅仅是部分债权的不能够自由转让，在部分债权不能够转让的情况下，债权人仍然能够自由转让其他部分的工资债权。②

（二）制定法明确禁止自由转让的债权

1. 两种意义上的制定法

如果制定法明确禁止债权人转让自己享有的某种债权，即便债权人有转让其享有的此种债权的主观意图，他们也不能够与受让人签订债权转让合同，将自己对被让债务人享有的债权转让给受让人。制定法之所以禁止债权人将自己享有的债权转让给受让人，其目的并不完全相同：有时，它们的目的在于保护债权人自身的利益，而有时，它们的目的在于保护公共秩序、公共利益。

2. 制定法为了保护债权人的私人利益而禁止债权的自由转让

在债法上，债权人转让自己享有的某种债权的行为可能仅仅会危及他们自身的利益，因为他们享有的这些债权是其安身立命之本，是其维持基本生活的依靠，如果他们将自己享有的此类债权转让给受让人，则他们的安身立命之本将会受到削弱，他们甚至无法维持基本生活。为了防止债权的转让导致债权人陷入生计困难之中，为了维持债权人的基本生活，以便确保他们能够在社会当中安身立命，立法者在自己的制定法当中做出了强制性规定，即便债务人无法履行对自己的债权人所承担的债务，法官也不能够对债权人享有的某些债权采取强制执行措施，法官不能够对其采取强制执行措施的债权被称为不能够被强制执行的债权。在债法上，凡是债权人所享有的不能够被强制执行的债权均属于不能够自由转让的债权。

在法国，不能够被强制执行的债权主要包括三种：

第一，家庭成员之间享有的抚养债权、扶养债权和赡养债权（créances alimentaires）。所谓抚养债权，是指未成年子女对其父母享有的要求他们对其支付抚养费的债权。所谓扶养债权，是指夫妻一方所享有的要求另外一方对自己支付扶养费用的债权。所谓赡养债权，是指父母所享有的要求其子女尤其是成年子女对自己支付赡养费用的债

---

① Jérôme François, Les obligations, Régime general, Tome 4, 4e édition, Economica, 2017, pp. 456 – 457; François Terré, Philippe Simler, Yves Lequette, François Chénedé, Droit civil, Les obligations, 12e édition, Dalloz, 2018, pp. 1697 – 1698.

② Jacques Ghestin, Marc Billiau, Grégoire Loiseau, Traité de Droit Civil, Le régime des créances et des dettes, LGDJ, 2005, p. 308; Marjorie Brusorio-Aillaud, Droit des obligations, 8e édition, bruylant, 2017, p. 323.

权。基于叙述的方便，笔者将这三种债权统称为抚养债权。在父母生下未成年子女时，他们应当对其未成年子女承担抚养债务，未成年子女对其父母享有抚养债权，未成年子女享有的此种抚养债权是不能够强制执行的债权，因此，也属于不能够自由转让的债权。在一方当事人与另外一方当事人结婚之后，夫妻双方相互承担扶养债务和享有扶养债权，他们享有的此种债权也属于不能够强制执行的债权，因此，也属于不能够自由转让的债权。在父母因为年迈体衰而无法独立生活时，成年子女应当对其父母承担赡养债务，父母对其子女享有的赡养债权也是不能够强制执行的债权，因此，也属于不得转让的债权。

《法国民法典》对家庭成员之间享有的这些债权做出了规定，虽然它主要是从债务承担的角度做出的。例如，《法国民法典》第 212 条对夫妻之间的扶养义务做出了说明，该条规定：配偶应当相互承担扶养义务。从债权的角度，该条实际上规定了夫妻之间相互享有扶养权。① 再例如，《法国民法典》第 371 - 2 条对父母承担的抚养义务做出了说明，该条规定：父母双方均应当支付未成年子女的教育费和抚养费，其支付的比例取决于双方收入的多少和未成年子女需要的多少。从未成年子女的角度，他们对父母享有要求其支付教育费和生活费的债权。②

第二，家庭成员享有的家庭福利债权（les prestations familiales）。所谓家庭成员享有的家庭福利债权，是指家庭成员对国家社会保障部门所享有的要求其支付各种各样的家庭津贴的债权。《法国社会保障法》第 L553 - 4 条对家庭成员享有的各种各样的家庭福利债权做出了规定，认为在一定的情况下，家庭成员尤其是父母对国家社会保障部门享有要求它们对自己支付各种各样的津贴的债权，包括：支付基本津贴的债权，支付未成年子女教育津贴的债权，支付家庭津贴、家庭补助、返校津贴、家庭支持津贴以及残疾儿童的教育津贴等债权。不仅如此，该条还明确规定，家庭成员享有的这些社会福利债权是不能够转让的和不能够强制执行的，除非家庭成员是通过欺诈方式或者虚假申报方式获得的。③

第三，劳动者的工资债权（créances des salaires）。所谓劳动者的工资债权，是指劳动者对其雇主所享有的要求其对自己支付工资、劳动报酬的债权。劳动者的工资债权是否能够被强制执行？对此问题，《法国劳动法典》做出了明确回答，根据第 L. 3252 - 2 条和第 L. 3252 - 3 条等条款的规定，在合理的数额范围内，劳动者的工资债权是可以被强制执行的，超过合理的数额范围，则他们的工资债权是不能够被强制执行的。在确定多少数额的工资债权是不能够被强制执行的债权时，法官应当考虑劳动者的工资扣除社

---

① Article 212, Code civil, Version en vigueur au 09 juillet 2021, https://www.legifrance.goufr/codes/section_lc/LEGITEXT000006070721/LEGISCTA000006136137/#LEGISCTA000006136137；张民安：《法国民法》，清华大学出版社 2015 年版，第 219 页。

② Article 371 - 2, Code civil, Version en vigueur au 09 juillet 2021, https://www.legifrance.goufr/codes/section_lc/LEGITEXT000006070721/LEGISCTA000006136194/#LEGISCTA000006136194；张民安：《法国民法》，清华大学出版社 2015 年版，第 163 页。

③ Article L553 - 4, Code de la sécurité sociale, Version en vigueur au 09 juillet 2021, https://www.legifrance.goufr/codes/section_lc/LEGITEXT000006073189/LEGISCTA000006156182?etatTexte = VIGUEUR&etatTexte = VIGUEUR_DIFF&anchor = LEGISCTA000006156182#LEGISCTA000006156182。

会保障金和税负之后劳动者实际获得的报酬数额、津贴和实物福利（avantages en nature）的价值。①

因为不能够强制执行的工资债权等同于不能够自由转让的工资债权，因此，劳动者的工资债权是否能够被自由转让，取决于劳动者的工资债权是否能够被强制执行：凡是工资债权当中能够被强制执行的部分均属于能够自由转让的部分，凡是工资债权当中不能够被强制执行的部分均属于不能够自由转让的债权。

在 2016 年之前，法国民法学者普遍承认此种例外规则。例如，在 1998 年的《债法》当中，Mazeaud 和 Chabas 等人对此种例外规则做出了说明，他们指出："为了不至于剥夺债权人生存所需要的东西，人们决定，基于人道的考虑，债权人享有的某种债权是不能够转让的债权，就像它们是不能够强制执行的债权一样。例如，法定抚养债权、法定扶养债权或者工资债权等。"② 再例如，在 2011 年的《债的关系》当中，Flour、Aubert 和 Savaux 也对此种例外规则做出了说明，他们指出："在例外情况下，不能够强制执行的债权是不能够转让的债权，因为这些债权是债权人生存所必需的。这些债权尤其包括抚养债权、劳动报酬债权及社会保障金债权等。"③

在 2016 年的债法改革法令颁布之后，民法学者仍然普遍承认这一例外规则。例如，在 2017 年的《债的一般制度》当中，Jérôme François 对此种例外情况做出了说明，他指出："为了对债权人提供保护，不能够强制执行的债权同样是不能够转让的债权。此类债权最典型的情形包括：超过一定数额的工资债权，抚恤金债权或者家庭福利债权等。"④ 再例如，在 2018 年的《债法》当中，Terré、Simler 和 Lequette 等人也对此种例外规则做出了说明，他们指出："某些数量有限的债权是违反债权自由转让原则的，它们是不能够强制执行的债权，因为它们是不能够强制执行的债权，因此，它们也成为不能够转让的债权，其主要情形包括：其一，抚养债权和某些家庭福利债权，前者如抚恤金，而后者如家庭补助。其二，工资债权、薪金债权或者等同于工资债权或者薪金债权的债权，至少在不能够强制执行的数额范围内的是如此，例如等同于工资债权的替换债权或者退休金等。"⑤

3. 制定法为了保护公共秩序的目的而禁止债权的自由转让

除了会基于债权人个人利益维护的考虑而禁止债权人转让他们享有的某些债权之外，制定法也会基于公共秩序维护的目的禁止债权人转让他们享有的某些债权。如果债权人违反制定法的规定而擅自转让自己享有的债权，则他们与受让人之间的债权转让合

---

① Article L3252-2 et Article L3252-3, Code du travail, Version en vigueur au 10 juillet 2021, https://www.legifrance.goufr/codes/section_ lc/LEGITEXT000006072050/LEGISCTA000006178032? etatTexte = VIGUEUR&etatTexte = VIGUEUR_ DIFF&anchor = LEGISCTA000006178032#LEGISCTA000006178032.

② Henri et Léon Mazeaud, Jean Mazeaud, François Chabas, Obligations, 9e édition, Montchrestien, 1998, pp. 1276–1277.

③ Jacques Flour, Jean-Luc Aubert, Éric Savaux, Les obligations, 3. Le rapport d'obligation, 7e édition, Dalloz, 2011, p. 312.

④ Jérôme François, Les obligations, Régime general, Tome 4, 4e édition, Economica, 2017, p. 456.

⑤ François Terré, Philippe Simler, Yves Lequette, François Chénedé, Droit Civil, les Obligations, 12e édition, Dalloz, 2018, p. 1697.

同绝对无效。①

因此，当债权人因为行为人发动的战争而遭受人身或者财产损害时，虽然他们享有要求行为人对其遭受的损害承担赔偿责任的债权，但是，他们享有的此种战争损害赔偿（dommages de guerre）债权是不能够自由转让的，因为制定法基于公共秩序的目的禁止他们转让自己享有的此种债权。②虽然《法国农村和海洋渔业法典》允许农业经营者与农村土地的所有权人签订不动产租赁合同，但是，第L.411-35条不仅原则上禁止承租人将自己享有的不动产租赁债权转让给受让人，而且还明确规定，此种禁止是公共秩序性质的。③同样，虽然法国1975年12月31日的制定法允许工程总包人在承揽工程之后将自己所承揽的工程分包给分包人，但是，该法第13-1条原则上禁止总包人将自己对工程主人享有的债权转让给受让人。④

（三）法官在其司法判例当中明确禁止债权人转让的债权

除了制定法能够明确规定不能够自由转让的债权之外，法官也能够通过自己的司法判例确定不能够自由转让的债权，当法官通过自己的判决禁止债权人转让自己享有的某种债权时，债权人享有的债权也是不能够自由转让的。Ghestin、Billiau和Loiseau对此种规则做出了说明，他们指出："即便没有任何法定条款禁止抚养债权的转让，司法判例也能够认定，此类债权是不能够自由处分的，因为此类债权是与债权人自身的人身紧密联系在一起的，无法与债权人的人身分离。"⑤Malinvaud和Fenouillet也对此种规则做出了说明，他们指出："法官在最近的司法判例当中认定，在制定法规定的范围之外，债权人享有的某种债权也是不能够转让的。"⑥

在法国，制定法可能对债权人享有的某种债权做出了规定，但是，它们没有对该种债权是否能够自由转让做出规定。通过自己的司法判例，法官对制定法所存在的漏洞做出填补，并因此明确了该种债权的不得自由转让性。最典型的体现是，虽然《法国民法典》对家庭成员之间承担和享有的诸如抚养、扶养和赡养债务或者债权做出了规定，但是，它没有对这些债权是否能够自由转让做出规定，已如前述；为了填补《法国民法典》所存在的此种漏洞，法官通过自己的司法判例确认，《法国民法典》所规定的这些债权是不能够自由转让的。

---

① Henri et Léon Mazeaud, Jean Mazeaud, François Chabas, Obligations, 9e édition, Montchrestien, 1998, p. 1277.

② Henri et Léon Mazeaud, Jean Mazeaud, François Chabas, Obligations, 9e édition, Montchrestien, 1998, p. 1277.

③ Article L411-35, Code rural et de la pêche maritime, Version en vigueur au 10 juillet 2021, https://www.legifrance.goufr/codes/section_ lc/LEGITEXT000006071367/LEGISCTA000006121422?etatTexte = VIGUEUR&etatTexte = VIGUEUR_ DIFF&anchor = LEGISCTA000006121422#LEGISCTA000006121422.

④ Article 13-1, Loi n° 75-1334 du 31 décembre 1975 relative à la sous-traitance, https://www.legifrance.goufr/loda/id/JORFTEXT000000889241/.

⑤ Jacques Ghestin, Marc Billiau, Grégoire Loiseau, Traité de Droit Civil, Le régime des créances et des dettes, LGDJ, 2005, p.308.

⑥ Philippe Malinvaud, Dominique Fenouillet, Droit des obligations, 11e édition, Litec, 2010, p.619

例如，虽然《法国民法典》第 205 条对父母享有的赡养债权做出了规定，但是，它没有对此种债权是否能够自由转让做出规定。该条规定：在有需要的情况下，未成年子女应当赡养自己的父母或者其他直系尊亲属。① 根据该条的规定，在父母或者其他直系尊亲属有需要时，未成年子女应当履行赡养义务，如果未成年子女不履行此种债务，则父母或者其他直系尊亲属有权要求法官责令未成年子女履行此种债务，这就是父母或者其他直系尊亲属对其未成年子女或者孙子女所享有的赡养债权。问题在于，在享有此种债权的情况下，父母是否能够将自己享有的此种债权转让给受让人？在 1927 年 1 月 11 日的案件当中，法国最高法院认定，《法国民法典》第 205 条所规定的赡养债权在性质上属于公共秩序性质的债权，父母或者其他直系尊亲属不能够将自己对其未成年子女或者孙子女享有的此种债权转让给受让人。②

在法国，制定法可能完全没有对债权人享有的某种债权做出明确规定，更没有对债权人享有的此种债权是否能够自由转让做出说明。此时，债权人享有的此种债权是否能够自由转让，完全由法官在他们的司法判例当中做出说明。例如，虽然《法国民法典》对抵押债权和质押债权等担保债权的转让做出了规定，但是，它没有对债权人享有的应收款债权的转让做出规定。在 2006 年 12 月 19 日的案件当中，法国最高法院商事庭对此种问题做出了回答，它认为，当债权人享有某种担保债权时，如果他们享有的担保债权是制定法完全没有规定的债权，债权人享有的担保债权是不能够自由转让的，受让人没有取得所受让的债权，它仅仅取得了被质押的债权，已如前述。③ 再例如，虽然《法国民法典》新的第 1240 条至新的第 1244 条（旧的第 1382 条至旧的第 1386）对行为人承担的三类六种侵权责任做出了规定，但是，这些法律条款没有对他人享有的损害赔偿债权（créance de réparation）是否能够自由转让做出明确规定。④ 在法国，无论是民法学者还是法官均认为，如果他人对行为人享有的损害赔偿债权在性质上属于单纯的财产损害赔偿债权，则除了能够作为遗产由他人的继承人继承之外，他人也能够与受让人签订债权转让合同，将自己对行为人享有的赔偿债权转让给受让人。⑤

不过，在他人对行为人享有的损害赔偿债权属于单纯的道德损害赔偿债权或者人身损害赔偿债权的情况下，他人享有的此类债权是否具有可继承性或者可自由转让性，民法学者采取区分理论，认为他人享有的此类债权在他人死亡时能够作为遗产转移给自己

---

① Article 205, Code civil, Version en vigueur au 09 juillet 2021, https://www.legifrance.goufr/codes/section_lc/LEGITEXT000006070721/LEGISCTA000006136137/#LEGISCTA000006136137.

② Cass. ci, 11 janvier 1927, D. 1927, 1, 129, note H. Captant.

③ Cour de cassation, civile, Chambre commerciale, 19 décembre 2006, 05-16.395, https://www.legifrance.goufr/juri/id/JURITEXT000007054391/.

④ Articles 1240 à 1244, Code civil, Version en vigueur au 10 juillet 2021, https://www.legifrance.goufr/codes/section_lc/LEGITEXT000006070721/LEGISCTA000032021488/#LEGISCTA000032021488；张民安：《法国民法》，清华大学出版社 2015 年版，第 378—391 页。

⑤ Jacques Ghestin, Marc Billiau, Grégoire Loiseau, Traité de Droit Civil, Le régime des créances et des dettes, LGDJ, 2005, p. 308; Muriel Fabre-Magnan, Droit des obligations, Tome 2, Responsabilité civile et quasi-contrats, 3e édition, puf, 2007, pp. 438-448; Geneviève Viney, Patric Jourdain, Traité de Droit Civil, les effets de la responsabilité, 2e édition, LGDJ, 2001, pp. 322-340; Mireille Bacach-Gibeili, Les obligations la responsabilité civile extracontractuelle, 2e édition, Econnomica, 2012, pp. 605-608.

的继承人继承,但是,他人享有的此类债权不具有可自由转让性,他人生前不能够与受让人签订债权转让合同,将自己享有的此类债权转让给受让人享有。因为他们认为,此类债权与他人的人身关系密不可分,除了由他人亲自享有和主张之外,受让人是不能够享有或者行使的。迄今为止,法国最高法院很少有机会就此类赔偿债权是否具有可自由转让性做出说明。当然,少数民法学者认为,即便是单纯的道德损害赔偿债权和人身损害赔偿债权,他人也能够与受让人签订合同,将自己享有的此类债权转让给受让人,因为他们认为,无论是单纯的道德损害赔偿债权还是人身损害赔偿债权,它们最终均表现为一种金钱损害赔偿债权,而金钱损害赔偿债权是具有可自由转让的债权。[①]

(四)当事人在其合同当中明确禁止债权人转让的债权

除了制定法和司法判例会禁止债权的自由转让之外,当事人之间的合同也可能禁止债权人将自己享有的债权转让给受让人。此时,如果债权人违反合同的禁止性规定,将自己享有的债权转让给受让人,他们之间的债权转让合同是否有效?

根据意思自治和合同自由原则,当事人当然能够在自己的合同当中规定任何他们意图规定的条款,并且除非他们所规定的条款被视为违反了公共秩序,否则,他们的合同条款是有效的,是对当事人有约束力的。因此,如果当事人在自己的合同当中明确禁止一方当事人将自己享有的债权转让给受让人,或者如果当事人之间的合同明确规定,一方当事人将自己享有的债权转让给受让人时,他们应当获得另外一方当事人的同意,则当事人之间的此种合同条款是有效的,除非他们之间的此种合同条款被视为违反了公共秩序,这就是合同所禁止的债权转让。

在2016年的债法改革之前,《法国民法典》没有对此种问题做出明确规定。在2001年之前,虽然外国民法学者对此种问题做出了广泛性讨论,但是,法国民法学者很少对这一问题加以关注。自2001年开始,法国民法学者才开始广泛关注合同对债权转让的禁止问题。[②] 在2016年之前,民法学者普遍承认,禁止债权转让的合同条款原则上是有效的。例如,在2005年的《债权和债务制度》当中,Ghestin、Billiau 和 Loiseau 对此种规则做出了说明,他们认为,当事人的意图能够对债权的转让性产生影响。此种影响表现在,如果当事人让自己的债权具有不可转让性的特征,则他们的意图能够剥夺债权所具有的可自由转让性。[③] 再例如,在2009年的《债》当中,Malaurie、Aynes 和 Stoffel-Munck 也对此种规则做出了说明,他们指出:"一旦合同当事人在其合同当中明确约定,债权人不得转让其债权,或者如果合同当事人在其合同当中明确规

---

① Jacques Ghestin, Marc Billiau, Grégoire Loiseau, Traité de Droit Civil, Le régime des créances et des dettes, LGDJ, 2005, p. 308; Muriel Fabre-Magnan, Droit des obligations, Tome 2, Responsabilité civile et quasi-contrats, 3e édition, puf, 2007, pp. 438 – 448; Geneviève Viney, Patric Jourdain, Traité de Droit Civil, les effets de la responsabilité, 2e édition, LGDJ, 2001, pp. 322 – 340; Mireille Bacach-Gibeili, Les obligations la responsabilité civile extracontractuelle, 2e édition, Ecconnomica, 2012, pp. 605 – 608.

② François Terré, Philippe Simler, Yves Lequette, François Chénedé, Droit Civil, les Obligations, 12e édition, Dalloz, 2018, p. 1698.

③ Jacques Ghestin, Marc Billiau, Grégoire Loiseau, Traité de Droit Civil, Le régime des créances et des dettes, LGDJ, 2005, p. 309.

定,债权转让要获得债务人的同意,则他们在其合同当中所规定的债权也是不得转让的债权。"①

通过 2016 年 2 月 10 日的债法改革法令,现行《法国民法典》新的第 1321(4)条对合同禁止债权转让的有效性做出了规定。根据该条的规定,如果合同明确约定,债权的转让需要获得债务人的同意,则债权人在转让自己的债权时应当获得债务人的同意,已如前述。在 2016 年之后,民法学者仍然普遍承认,禁止债权转让的合同条款是有效的。除了 Malaurie、Aynes 和 Stoffel-Munck 在 2016 年的《债法》当中原封不动地重复了他们在 2009 年的《债》当中所做出的上述陈述之外。② 其他民法学者也承认,禁止债权转让的合同条款是有效的。

例如,在 2017 年的《债的一般制度》当中,Francois 承认这一规则,他指出:"债权转让可能因为合同约定而无法转让。此种规则源自《法国民法典》第 1321(4)条,它规定,如果合同规定债权是不能够转让的,则债权的转让应当获得债务人的同意,此种规定违反了债权转让不需要债务人同意的规则。"③ 再例如,在 2018 年的《债》当中,Terré、Simler 和 Lequette 等人也对此种规则做出了说明,他们指出:"除了制定法所规定的债权不得转让性之外,人们也不会反对当事人在产生债权的合同当中约定,债权人享有的债权是不能够转让的债权……因为 2016 年 2 月 10 日的法令而产生的《法国民法典》第 1321 条确认,禁止债权转让的合同条款是有效的。"④

问题在于,在合同明确规定债权的转让被禁止的情况下,如果债权人违反合同的禁止性规定,将其享有的债权转让给受让人,转让人与受让人之间的债权转让合同是否因为违反了合同的禁止性规定而无效?在 2016 年的债法改革法令之前,法国最高法院商事庭在 2002 年 10 月 22 日的案件当中对此种问题做出了回答,它指出,如果转让人违反合同的禁止性规定,将自己不能够转让的债权转让给受让人,则当受让人对被让债务人主张债权时,被让债务人能够以自己与转让人之间的个人关系对抗受让人的主张,即便受让人是善意的,亦是如此。这就是法国最高法院商事庭在该案当中确立的以合同所规定的禁止转让条款对抗被让债务人的规则,根据这一规则,在与作为债权人的转让人签订债权转让合同之前,受让人应当采取措施,看一看转让人与被让债务人之间的合同是否存在禁止债权转让的合同条款。⑤

在 2017 年的《债的一般制度》当中,Francois 明确指出,即便当事人在自己的合同当中禁止债权的转让,如果债权人违反了合同的禁止性规定,在没有获得被让债务人同意的情况下与受让人签订债权转让合同,将自己享有的债权转让给受让人,他们之间

---

① Philippe Malaurie, Laurent Aynès, Philippe Stoffel-Munck, Les obligations, 4e édition, Defrénois, 2009, p. 761.
② Philippe Malaurie, Laurent Aynès, Philippe Stoffel-Munck, Droit des obligations, 8e édition, LGDJ, 2016, p. 797.
③ Jérôme François, Les obligations, Régime general, Tome 4, 4e édition, Economica, 2017, p. 456.
④ François Terré, Philippe Simler, Yves Lequette, François Chénedé, Droit Civil, les Obligations, 12e édition, Dalloz, 2018, p. 1698.
⑤ Cass com. 22 octobre 2002, non pub. Bull, pourvoi N° 99-14793;Jérôme François, Les obligations, Régime general, Tome 4, 4e édition, Economica, 2017, p. 457.

的债权转让合同仍然有效：因为受让人无法获得所受让的债权，因此，作为转让人的债权人应当对受让人承担合同责任。①

虽然当事人之间的债权转让合同在大多数情况下均是有效的，但是，如果立法者明确禁止当事人在自己的合同当中规定禁止债权转让的条款，则当事人之间的合同所规定的禁止债权转让的合同条款绝对无效，债权人仍然有权与受让人签订债权转让合同，将自己的债权转让给受让人，此时，被让债务人不得再主张上述抗辩权。为了鼓励商事领域债权的流通，防止当事人之间借口合同条款限制债权的自由转让，法国立法者在2001年制定了2001年5月15日的NRE法律。所谓NRE法律，是指有关新经济规范方面的法律（Loi relative aux nouvelles régulations économiques），除了规定其他内容之外，它还特别规定，在商事领域，商人之间的合同不得规定债权转让的禁止条款。根据它的规定，虽然生产商、商人、工业家或者艺术家等人能够与其合同相对人签订合同，但是，他们之间的合同不得禁止合同相对人将自己享有的债权转让给受让人，否则，他们之间的合同所规定的此种禁止条款无效。②

第五节　债权转让的公示与债权转让的对抗力

所谓债权转让的公示（publicité），是指债权转让的当事人应当通过一定的方式将其进行的债权转让行为予以公开，以便同债权转让有利害关系的第三人能够知悉、了解债权转让行为的存在，并因此保护自己的利益免受债权转让行为的危害。因为，如果债权转让以某种方式公示了，则转让人或者受让人能够以债权转让对抗第三人，反之，如果债权转让没有以某种方式公示，则转让人或者受让人不能够以债权转让对抗第三人，这就是债权转让对第三人的对抗性、对抗物（opposabilité）。

在债法上，除了涉及转让人与受让人之间的利益之外，债权转让还涉及转让人与受让人之外的第三人的利益。问题在于，同债权转让有利害关系的第三人有哪些？法律如何保护他们的利益？对此问题，法国民法学者做出了一致的回答。他们普遍认为，在债法上，同债权转让有利害关系的第三人除了包括被让债务人之外，还包括其他第三人。因为此种原因，债权转让的对抗性可以分为两类：债权转让对被让债务人的对抗性（opposabilité au débiteur cédé）；债权转让对其他第三人的对抗性（opposabilité au autre tiers）。

从1804年开始一直到2016年之前，《法国民法典》第1690条对债权转让的公示做出了说明，即如果受让人要以自己的债权转让对抗第三人，他们应当按照该条的规定将债权转让予以公示。不过，鉴于该条所规定的公示方式存在不合理的地方。因此，民法

---

① Jérôme François, Les obligations, Régime general, Tome 4, 4e édition, Economica, 2017, p.457.
② Loi n° 2001 - 420 du 15 mai 2001 relative aux nouvelles régulations économiques, https://www.legifrance.goufr/loda/id/JORFTEXT000000223114/; Philippe Malaurie, Laurent Aynès, Philippe Stoffel-Munck, Droit des obligations, 8e édition, LGDJ, 2016, p.797; Jérôme François, Les obligations, Régime general, Tome 4, 4e édition, Economica, 2017, p.457.

学者普遍不满该条规定的公示方式。针对第 1690 条所规定的公示方式存在的问题，法国民法学者在他们起草的债法改革草案当中对债权转让的公示方式做出了重大修改。在 2016 年 2 月 10 日的债法改革法令当中，法国政府最终放弃了第 1690 条所规定的债权转让的公示方式，并且以新的公示方式取而代之，这就是《法国民法典》新的第 1324（1）条。鉴于 2016 年之后出版的法国债法著作仍然普遍对《法国民法典》旧的第 1690 条所规定的公示方式做出说明，笔者采取他们的同一做法，除了对新的第 1324（1）条所规定的公示方式做出说明之外，笔者也对旧的第 1690 条所规定的公示方式做出说明。

一、同债权转让有利害关系的第三人

所谓同债权转让有利害关系的第三人，是指债权转让当事人之外的所有同债权转让有利害关系的人。任何人，如果他们不是债权转让的转让人或者受让人而又同债权转让有利害关系的话，则他们在性质上就属于第三人。

同债权转让有利害关系的第三人应当同时符合三个必要条件：其一，第三人不是债权转让的当事人，不会直接享有债权转让合同所规定的权利，也不会直接承担债权转让合同所规定的义务或者责任。其二，第三人同债权转让有某种利害关系，此种利害关系或者表现为，债权转让直接影响到其债务的履行，例如被让债务人；或者直接影响到债权的最终归属，例如其他受让人；或者直接影响到利益的实现，例如，转让人的有担保的债权人。这些利害关系最终均可以归纳为一种利害关系，即债权转让的受让人是否能够凭借其债权对抗第三人：如果债权转让按照法律规定的方式做出了公示，则受让人有权凭借其受让的债权对抗第三人，否则，他们不能够凭借其受让的债权对抗第三人。其三，第三人不包括债权转让合同当事人的继承人，无论他们是法定继承人还是遗嘱继承人。

法国民法学者普遍认可此种规则。例如，Mazeaud 和 Chabas 等人对此种规则做出了说明，他们指出："受让人能够凭借《法国民法典》第 1690 条所规定的公示程序对其加以对抗的第三人，是指所有同受让人所转让的债权有利害关系而又不是债权转让合同当事人或者合同当事人的法定继承人或者遗嘱继承人的人。"① 再例如，Terré、Simler 和 Lequette 也此种例外规则做出了说明，他们指出："《法国民法典》第 1690 条所规定的程序起到了债权转让的公示功能，其目的是保护同债权转让有利害关系的第三人的利益。第一个同债权转让有利害关系的第三人显然是被让债务人，在这方面，第 1690 条所规定的公示制度当然首先是为了保护此类第三人的利益。除此之外，债权转让还可能会对其他的第三人带来不利影响，包括：同一债权人的其他受让人，转让人的有担保的债权人，或者转让人的债权人。"②

同样，Flour、Aubert 和 Savaux 也对此种规则做出了说明，他们指出："债权转让虽

---

① Henri et Léon Mazeaud, Jean Mazeaud, François Chabas, Obligations, 9e édition, Montchrestien, 1998, p. 1259, pp. 1278 – 1279.

② François Terré, Philippe Simler, Yves Lequette, Droit civil, Les obligations, 12e édition, Dalloz, 2009, p. 1272.

然仅仅导致债权人的变更，但是，债权转让实际上也影响到第三人的利益。首先，债权转让会影响到被让债务人的利益，因为被让债务人也仅仅是债权转让合同之外的第三人。其次，债权转让还会影响到转让人的债权人的利益，因为他们可能从此无法强制执行被转让人所转让的债权。最后，债权转让还会影响到其他受让人的利益，因为其他受让人可能遭遇受让人已经获得受让的债权的风险。总之，对这些第三人而言，债权转让应当让他们知道，否则，受让人不能够以其债权转让行为对抗这些第三人。"①

在债法上，同债权转让有利害关系的第三人究竟分为几种？不同的民法学者有不同的意见。某些民法学者认为，同债权转让有利害关系的第三人包括两种：被让债务人和其他第三人，这就是二分法的第三人理论。例如，Mazeaud 和 Chabas 等人采取此种理论。② 某些民法学者认为，同债权转让有利害关系的第三人包括三种：被让债务人、其他受让人以及转让人的债权人，这就是三分法的第三人理论。除了 Flour、Aubert 和 Savaux 采取此种理论之外，Légier 也采取此种理论。③ 某些民法学者则认为，同债权转让有利害关系的第三人包括四种：债务人、第二个受让人、转让人的有担保的债权人和转让人的普通债权人，这就是四分法的第三人理论。除了 Terré、Simler 和 Lequette 采取此种理论之外，Voirin 和 Goubeaux 也采取此种理论。④

实际上，二分法的第三人理论、三分法的第三人理论和四分法的第三人理论之间的差异也仅仅是形式上的，不是实质性的，因为采取二分法的民法学者在第二种类型的第三人即"其他第三人"当中将其他第三人分为其他受让人和转让人的债权人两种，因此，所谓的二分法的第三人理论实质上等同于所谓的三分法的第三人的理论。例如，Mazeaud 和 Chabas 等人就采取此种做法，他们虽然认为同债权转让有利害关系的第三人包括被让债务人和其他的第三人两种，但是，他们也认为，其他的第三人也包括其他受让人和转让人的债权人两种。⑤ 而三分法和四分法的第三人理论的主要区别在于，三分法的第三人理论或者不论及有转让人的有担保的债权人的地位，或者同时论及转让人的有担保的债权人和普通债权人；而四分法的第三人理论则明确将其转让人的债权人分为有担保的债权人和普通债权人两类。基于此种考虑，笔者将同债权转让有利害关系的第三人分为四种：被让债务人、其他受让人、转让人的有担保的债权人和转让人的普通债权人。

---

① Jacques Flour, Jean-Luc Aubert, Éric Savaux, Les obligations, 3. Le rapport d'obligation, 7e édition, Dalloz, 2011, p. 314.
② Henri et Léon Mazeaud, Jean Mazeaud, François Chabas, Obligations, 9e édition, Montchrestien, 1998, p. 1279.
③ Gérard Légier, les obligations, 17e édition, 2001, Dalloz, 2001, p. 229.
④ Pierre Voirin, Gilles Goubeaux, Droit civil, tome 1, Introduction au droit, personnes-famille, personnes protégées, biens-obligations, sûretés, 33e édition, LGDJ, 2011, p. 638.
⑤ Henri et Léon Mazeaud, Jean Mazeaud, François Chabas, Obligations, 9e édition, Montchrestien, 1998, pp. 1279 – 1280.

二、债权转让的公示方式：从《法国民法典》旧的第 1690 条到新的第 1324 (1) 条

虽然债权转让在转让人与受让人之间是有效的，但是，如果债权转让要对第三人产生对抗力，债权转让也应当通过制定法所规定的某种方式予以公示；如果债权转让没有按照制定法规定的方式予以公示，则债权转让无法对抗第三人。问题在于，债权转让应当如何公示？对此问题，《法国民法典》在 2016 年之前和之后做出的回答存在重大差异，因为在 2016 年之前，第 1690 条对债权转让的公示方式做出了规定，而通过 2016 年 2 月 10 日的债法改革法令，《法国民法典》新的第 1324 (1) 条放弃了《法国民法典》旧的第 1690 条所规定的公示方式，并且以新的公示方式取而代之。2016 年之后的《法国民法典》之所以采取新的公示方式，是因为旧的第 1690 条所规定的公示方式存在各种各样的问题并因此引发潮水般的批评之声。

（一）2016 年之前的《法国民法典》第 1690 条所规定的统一公示方式

1804 年的《法国民法典》第 1690 条对债权转让的公示方式做出了规定。该条规定：对于第三人而言，只有在债权转让对债务人做出了通知的时候，受让人才获得所受让的债权；然而，对于第三人而言，如果债务人通过公证文书知悉了债权转让的存在，受让人同样能够获得所受让的债权。①该条一直从 1804 年被原封不动地保留到 2016 年，直到 2016 年 2 月 10 日的债法改革法令将其废除并且以新的法律条款取而代之为止。②根据该条的规定，债权转让的公示方式有两种：其一，通知方式（la signification）；其二，债务人知悉（acceptation）的方式。

一方面，《法国民法典》第 1690 条所规定的通知方式是神圣的、严肃的和正式的，因为该条所规定的通知方式并不是简简单单、随随便便的，以债权人或者受让人口头通知或者书面通知债务人作为表现形式，而是要通过执达员的执达文书（acte d'huissier exploit d'huissier）方式通知债务人，让他们知道债权转让的事实。根据此种通知方式，一旦债权人将其债权转让给受让人，债权人或者受让人就应当向执达员提出请求，让他们通过执达文书方式将其债权转让的事实通知债务人。如果执达员同意债权人或者受让人的请求，他们就会制作执达文书，执达文书上除了要记载债权转让的事实之外，还应当记载债权转让的当事人对债务人所提出的精确要求。③

另一方面，《法国民法典》第 1690 条所规定的知悉方式也是神圣的、严肃的和正

---

① Article 1690, Code civil des Français 1804/Livre III, Titre VI, https://fr.wikisource.org/wiki/Code_civil_des_Français_1804/Livre_III,_Titre_VI.

② Article 1690, Code civil, Version en vigueur au 09 février 2016, https://www.legifrance.goufr/codes/section_lc/Legitext000006070721/Legiscta000006136385/2016 – 02 – 09/#Legiscta000006136385.

③ Philippe Malaurie, Laurent Aynès, Philippe Stoffel-Munck, Les obligations, 4e édition, Defrénois, 2009, p. 761; Henri et Léon Mazeaud, Jean Mazeaud, François Chabasd, Obligations, 9e édition, Montchrestien, 1998, p. 1259, p. 1278; Françcois Terré, Philippe Simler, Yves Lequette, Droit civil, Les obligations, 12e édition, Dalloz, 2009, p. 1269.

式的，因为该条所规定的让债务人知悉债权转让的方式也不是简简单单、随随便便的；它是不能够以私证文书方式作为表现形式的，而是要以公证文书（acte authentique）的方式进行。所谓要以公证文书的方式，并不是指转让人、受让人分别与被让债务人之间就债权转让行为进行公证，而是指当转让人与受让人通过公证文书进行债权转让时，他们让被让债务人作为债权转让公证的见证人，让其亲自见证债权人与受让人之间的债权转让。在通常情况下，除了由转让人与受让人签字或者盖章之外，债权转让的公证文书也让被让债务人签字或者盖章。不过，让被让债务人在债权转让的公证文书上签字，其目的并不是为了获得债务人对债权转让的同意，而仅仅是为了表明，被让债务人已经知悉了债权人与受让人之间所进行的债权转让行为。①

1804 年的《法国民法典》之所以将通知方式和通过公证文书的知悉方式作为债权转让的公示手段，其主要原因有二：

第一，立法者在规定债权转让的公示制度时受到了罗马法公示制度的影响。在罗马法时代，法律虽然允许债权人在不需要经过债务人同意的情况下将其债权转让给受让人，但是，为了保护第三人尤其是作为被让债务人的第三人，罗马法对债权转让的公示制度做出了明确规定，它认为，债权转让或者要通过通知债务人（denuntiatio au débiteur）的方式予以公开，或者要通过让债务人知悉（acceptation au débiteur）的方式予以公开。法国立法者对罗马法所规定的这两种公示方式进行了改良之后将其规定在 1804 年的《法国民法典》当中，这就是法国 1804 年《法国民法典》第 1690 条。②

第二，这是合同相对论原则的必然要求和具体适用。所谓合同的相对性原则，是指一旦合同当事人缔结了合同，他们所缔结的合同也仅仅对合同当事人产生法律上的效力，对合同当事人之外的第三人不产生法律上的效力。既然债权转让仅仅是债权人与受让人之间所缔结的合同，该种合同也仅仅对转让人与受让人产生约束力，不对包括被让债务人在内的第三人产生约束力。为了能够让被让债务人对受让人履行债务，1804 年的《法国民法典》对债权转让的程序做出了神圣的、严肃的规定，要求债权转让的当事人在进行债权转让时要正式通知债务人。③

（二）民法学者对《法国民法典》第 1690 条所规定的公示方式提出的批评

1804 年的《法国民法典》第 1690 条关于债权转让公示方式的规定一直从 1804 年适用到 2016 年 2 月 10 日之前。因此，在 2016 年之前，《法国民法典》关于债权转让的公示制度仍然是通过上述两种神圣的、严肃的和正式的方式进行的。不过，在 2016 年

---

① Henri et Léon Mazeaud, Jean Mazeaud, François Chabas, Obligations, 9e édition, Montchrestien, 1998, p. 1259, p. 1278; François Terré, Philippe Simler, Yves Lequette, Droit civil, Les obligations, 12e édition, Dalloz, 2009, p. 1270.

② Henri et Léon Mazeaud, Jean Mazeaud, François Chabas, Obligations, 9e édition, Montchrestien, 1998, p. 1278.

③ Philippe Malaurie, Laurent Aynès, Philippe Stoffel-Munck, Les obligations, 4e édition, Defrénois, 2009, p. 762; Françcois Terré, Philippe Simler, Yves Lequette, Droit civil, Les obligations, 12e édition, Dalloz, 2009, pp. 1268 – 1269.

之前，法国民法学者对《法国民法典》第 1690 条所规定的这两种公示方式表示强烈的不满，认为它所规定的这两种公示方式是不合理的，是存在严重问题的，主要表现在三个方面：其一，它的规定过于刻板、僵硬，无法满足当今社会变化和发展的要求；其二，它所规定的这两种公示方式程序烦琐，成本高昂，使债权转让难于快速、有效的进行；其三，它可能适宜于对被让债务人的法律保护，但是，不适宜于对其他第三人的法律保护。①

为了缓解《法国民法典》第 1690 条所规定的两种公示方式对债权转让所造成的不利影响，法官长期以来均通过各种各样的司法手段来软化第 1690 条的要求，以便让债权转让的公示制度能够与时俱进，并因此满足社会变化和发展的要求。例如，法官在其司法判例当中认为，虽然第 1690 所规定的公示方式严格；但是，它的唯一目的就是让被让债务人或者其他第三人得到债权转让的通知，因此，无论是什么样的方式，只要能够在客观上、事实上让第三人尤其是当中的被让债务人知道债权转让的事实，均构成债权转让的公示手段，这就是法官在其司法判例当中所采取的等同于通知的理论（equivalents de la signification）。② 因此，法官在其司法判例当中认为，即便债权转让不是通过公证文书的方式让债务人知悉债权转让的存在，而是通过私证文书的方式让债务人知悉债权转让的存在，该种知悉方式也产生债权转让的公示效力。同样，法官也在其司法判例当中认为，债务人对债权转让的知悉未必一定是明示知悉，单纯的默示知悉（acceptation simplement tacite）也构成第 1690 条所规定的知悉方式，也能够产生债权转让的公示效力。③

应当注意的是，在债权转让的公示问题上，虽然法官通过多种手段缓解第 1690 条所规定的公示手段的严厉性、僵硬性；但是，他们也仅仅在被让债务人的利益保护问题上采取此种宽松的态度，在其他第三人的利益保护问题上，他们并没有采取此种宽松的态度，因为，在其他第三人利益的保护问题上，他们仍然坚持第 1690 条所规定的严格程序。换言之，在被让债务人的利益保护问题上，1690 条所规定的两种公示方式可以灵活多样，无需固守严格的公示方式。而在其他第三人利益的保护问题上，法官既不得通过等同于通知的方式进行公示，也不得通过私证文书的方式或者默示知悉的方式予以公示；否则，债权转让的公示行为将构成欺诈行为，受让人无权以其公示手段对抗其他

---

① Henri et Léon Mazeaud, Jean Mazeaud, François Chabas, Obligations, 9e édition, Montchrestien, 1998, p. 1281 Jacques Flour, Jean-Luc Aubert, Éric Savaux, Les obligations, 3. Le rapport d'obligation, 7e édition, Dalloz, 2011, pp. 315 – 317; Philippe Malaurie, Laurent Aynès, Philippe Stoffel-Munck, Droit des obligations, 8e édition, LGDJ, 2016, pp. 797 – 802; Jérôme François, Les obligations, Régime general, Tome 4, 4e édition, Economica, 2017, pp. 459 – 461; François Terré, Philippe Simler, Yves Lequette, François Chénédé, Droit civil, Les obligations, 12e édition, Dalloz, 2018, pp. 1700 – 1702.

② Guy Raymond, Droit Civil, 2e édition, Litec, 1993, p. 373; Jacques Flour, Jean-Luc Aubert, Éric Savaux, Les obligations, 3. Le rapport d'obligation, 7e édition, Dalloz, 2011, p. 315.

③ Françoois Terré, Philippe Simler, Yves Lequette, Droit civil, Les obligations, 12e édition, Dalloz, 2009, p. 1270; Jacques Flour, Jean-Luc Aubert, Éric Savaux, Les obligations, 3. Le rapport d'obligation, 7e édition, Dalloz, 2011, p. 315.

受让人。①

（三）2016 年之后的《法国民法典》所规定的债权转让公示制度

1. 现行《法国民法典》明确区分两种不同的债权转让公示方式

鉴于民法学者和法官普遍对《法国民法典》第 1690 条所规定的债权转让公示方式表示不满，在 2016 年之前的债法改革草案当中，民法学者试图建立新的债权转让公示方式。在 2005 年的《债法改革草案》当中，Catala 领导的债法改革小组对债权转让的公示方式做出了说明，认为债权转让的公示方式是在债权人与受让人之间达成债权转让协议时，他们应当将债权转让通知（notification）被让债务人，包括以书面方式或者电子方式通知被让债务人，否则，他们之间的债权转让不得对抗被让债务人，这就是该《草案》当中的第 1254-2 条，该条规定：仅仅在转让人或者受让人以通知方式将债权转让告知债务人时，债权转让才能够对抗债务人，无论是通过纸质通知还是电子通知。②

通过 2016 年 2 月 10 日的债法改革法令，现行《法国民法典》明确区分两种不同的第三人：被让债务人和其他第三人，因为它不再像 2016 年之前那样对这两种不同的第三人建立统一适用的债权转让公示制度，而是采取区分这两种不同的第三人并且分别建立不同的公示方式的态度：《法国民法典》新的第 1324（1）条针对被让债务人规定了债权转让的公示制度，而《法国民法典》新的第 1323（2）条则针对被让债务人之外的第三人规定了债权转让的公示制度。

2.《法国民法典》新的第 1324（1）条针对被让债务人规定的债权转让公示方式

通过 2016 年 2 月 10 日的债法改革法令，现行《法国民法典》对债权转让的第一种公示方式做出了规定，这就是新的第 1324（1）条，该条规定：仅仅在债务人已经同意债权转让的情况下，或者债务人已经得到了债权转让通知的情况下，或者债务人已经注意到债权转让的情况下，债权转让才能够对抗债务人。③

根据该条的规定，债权转让的公示采取三种不同形式即被让债务人的同意、债权转让的通知以及债务人注意到债权的转让。一旦债权转让采取了这三种不同公示形式当中的任何一种形式，则转让人或者受让人均能够以他们之间的债权转让对抗被让债务人；如果他们没有采取这三种不同形式当中的任何一种公示形式，则他们之间的债权转让不

---

① Philippe Malaurie, Laurent Aynès, Philippe Stoffel-Munck, Les obligations, 4e édition, Defrénois, 2009, pp. 764-765; Françoois Terré, Philippe Simler, Yves Lequette, Droit civil, Les obligations, 12e édition, Dalloz, 2009, p.1270; Jacques Flour, Jean-Luc Aubert, Éric Savaux, Les obligations, 3. Le rapport d'obligation, 7e édition, Dalloz, 2011, pp. 315-316.

② Art. 1254-2, Avant-Projet de Reforme du Droit des Obligations (Articles 1101 A 1386 Du Code Civil) et du Droit de la Prescription (Articles 2234 à 2281 du Code Civil), Rapport à Monsieur Pascal Clément, Garde des Sceaux, Ministre de la Justice, 22 Septembre 2005, p.118.

③ Article 1324, Code civil, Version en vigueur au 11 juillet 2021, https://www.legifrance.goufr/codes/section_lc/LEGITEXT000006070721/LEGISCTA000032032400/#LEGISCTA000032032400.

能够对抗被让债务人，这就是债权转让的公示对被让债务人产生的对抗力。①

第一，被让债务人的同意（consentement）。根据《法国民法典》新的第1324（1）条的规定，如果被让债务人已经明确同意债权人将自己享有的债权转让给受让人，则债务人的同意就构成债权转让的一种公示方式，转让人或者受让人就能够凭借此种公示方式以债权转让对抗被让债务人。因此，即便合同当事人已经在他们的合同当中规定了债权转让的禁止条款，在债权人违反合同的禁止条款而将自己享有的债权转让给受让人时，如果债务人同意转让人与受让人之间的此种债权转让，则债权转让仍然能够对抗被让债务人，这就是《法国民法典》新的第1321（4）条所做出的新规定，已如前述。

第二，债权转让的通知（notification）。根据《法国民法典》新的第1324（1）条的规定，债权转让的第二种公示方式是，转让人或者受让人对被让债务人做出了债权转让的通知，一旦转让人或者受让人将债权转让的事实通知被让债务人，则债权转让就进行了公示，转让人或者受让人就能够以债权转让对抗被让债务人。转让人或者受让人对被让债务人所进行的债权转让通知可以采取一切手段，只要在引起争议时，他们能够提供证据证明已经对被让债务人进行了通知即可。因此，如果转让人或者受让人以单纯信函的方式将债权转让的事实通知被让债务人，他们采取的此种方式足以产生对抗力。此外，2016年之后，法官在2016年之前采取的等同于通知的理论仍然能够继续适用。

第三，债务人注意到债权的转让（prendre acte）。根据《法国民法典》新的第1324（1）条的规定，债权转让的第三种公示方式是，债务人注意到债权的转让。所谓债务人注意到债权的转让，是指债务人承认转让人或者受让人已经将债权转让的事实通知了自己，自己因为得到了债权转让的通知而已经知道了债权转让的事实。该种公示方式实际上是旧的第1690条所规定的上述第二种方式的替换方式，所不同的是，该种公示方式不再求助于公证文书的方式，而是可以通过各种各样的方式予以表示，例如，当被让债务人对受让人进行了债务的部分履行时，或者当被让债务人对受让人提出了延期履行债务的请求时，则被让债务人实际上已经注意到了债权的转让，当事人之间的债权转让当然能够对抗被让债务人了。因为这样的原因，债务人对债权转让的承认既可以是明示的，也可以是默示的，也因为此种原因，法官在2016年之前所确立的单纯默示知悉理论仍然能够在今时今日予以适用。

3.《法国民法典》新的第1323（2）条针对其他第三人规定的债权转让公示方式

通过2016年2月10日的债法改革法令，现行《法国民法典》对债权转让的第二种公示方式做出了规定，这就是新的第1323条。该条规定：在当事人之间，债权从债权转让合同成立之时发生转移。从这一刻开始，债权转让能够对抗第三人。在发生争议时，受让人应当承担举证责任，证明债权转让的日期，此时，他们能够通过一切手段予以证明。但是，未来债权的转让仅仅在债权诞生时发生转移，无论是在当事人之间还是

---

① Marjorie Brusorio-Aillaud, Droit des obligations, 8e édition, bruylant, 2017, p. 323; Jérôme François, Les obligations, Régime general, Tome 4, 4e édition, Economica, 2017, pp. 465 – 467; François Terré, Philippe Simler, Yves Lequette, François Chénedé, Droit civil, Les obligations, 12e édition, Dalloz, 2018, p. 1702.

与第三人之间。①

《法国民法典》新的第1323条不仅规定了债权转移的日期和债权转让的公示方式，而且还将债权转移的日期与债权转让的公示方式联系在一起，因为它规定，债权转移（le transfert de la créance）是债权转让的公示方式：一旦转让人将自己享有的债权转移给了受让人，受让人就能够凭借所受让的债权对抗被让债务人之外的所有其他第三人，这就是债权转让的公示对被让债务人之外的第三人产生的对抗力。

根据《法国民法典》新的第1323（1）条和第1323（2）的规定，如果转让人与受让人之间所转让的债权是现有债权，从债权转让合同成立之时，转让人就将自己享有的债权转移给了受让人，受让人就已经取代了转让人成为新的债权人，受让人能够凭借自己享有的债权对抗被让债务人之外的第三人。根据《法国民法典》新的第1323（3）条的规定，如果转让人与受让人之间所转让的债权是未来债权，一旦未来债权诞生（sanaissance），转让人就将自己享有的债权转移给了受让人，受让人就取代转让人成为新的债权人，受让人能够凭借自己享有的债权对抗被让债务人之外的第三人。②

（四）债权转让的特殊公示方式

在某些特殊情况下，债权人与受让人之间的债权转让并不适用《法国民法典》新的第1324（1）条（旧的第1690条）所规定的上述公示制度，因为这些债权转让是通过其他公示方式公开的，是通过其他公示制度来对有利害关系的第三人进行保护的，主要包括③：

第一，如果制定法对某种特定债权转让的公示制度做出了明确规定，则上述公示方式不予适用。例如，法国制定法规定，如果债权人将其享有的不动产资产转让给转让人，当其转让的债权期限不少于三年时，则该种债权的转让将不适用上述公示方式，而是直接适用于有关不动产公示制度的规定。

第二，如果债权人转让的债权是有价证券，则该种性质的债权转让也不适用上述债权转让方式。在法国，有价证券被称为简化债权，其转让所采取的公示方式不同于一般的债权转让所采取的公示方式，例如，债权人将其持有的有价证券直接交付给受让人，他们之间的债权转让即完成，交付即成为债权转让的公示方式。

---

① Article 1323, Code civil, Version en vigueur au 12 juillet 2021, https://www.legifrance.goufr/codes/section_lc/LEGITEXT000006070721/LEGISCTA000032032400/#LEGISCTA000032032400.

② Rémy Cabrillac, Droit des obligations, 12e édition, Dalloz, 2016, pp. 359 – 360; Marjorie Brusorio-Aillaud, Droit des obligations, 8e édition, bruylant, 2017, p. 159; Virginie Larribau-Terneyre, Droit civil, Les obligations, 15e édition, Dalloz, 2017, p. 176; Jérôme François, Les obligations, Régime general, Tome 4, 4e édition, Economica, 2017, p.461.

③ Henri et Léon Mazeaud, Jean Mazeaud, François Chabas, Obligations, 9e édition, Montchrestien, 1998, p.1259, pp. 1281 – 1287; Pierre Voirin, Gilles Goubeaux, Droit civil, tome 1, Introduction au droit, personnes-famille, personnes protégées, biens-obligations, sûretés, 33e édition, LGDJ, 2011, p. 639; Frânççois Terré, Philippe Simler, Yves Lequette, Droit civil, Les obligations, 12e édition, Dalloz, 2009, pp. 1285 – 1292;. Jacques Flour, Jean-Luc Aubert, Éric Savaux, Les obligations, 3. Le rapport d'obligation, 7e édition, Dalloz, 2011, pp. 332 – 337; François Terré, Philippe Simler, Yves Lequette, François Chénedé, Droit civil, Les obligations, 12e édition, Dalloz, 2018, pp. 1717 – 1726.

第三，如果职业人士将其职业债权转让给受让人，他们之间的债权转让也不适用上述公示方式，而是适用法国1981年1月2日的制定法即 loi Dailly 所规定的公示方式，已如前述。

三、债权转让公示的范围（一）：债权转让公示对被让债务人的对抗力

在债法上，同债权转让有利害关系的第一种第三人是被让债务人。相对于债权转让当中的转让人和受让人而言，被让债务人也仅仅是债权转让当中的第三人。一方面，被让债务人并不是债权转让合同的当事人，他们既不享有债权转让合同所规定的权利，也不承担债权转让合同所规定的义务，因此，债权转让根本不需要获得他们的同意，已如前述；另一方面，被让债务人同债权转让有一定的利害关系，债权转让会直接影响到他们的利益。

债权转让与被让债务人之间的利害关系因为债权转让是否公示的不同而不同。如果债权转让没有按照《法国民法典》所规定的上述方式予以公示，被让债务人仅仅是转让人的债务人，而不是受让人的债务人，他们仅仅对转让人承担债务，而不对受让人承担债务：如果转让人要求他们对其履行合同所规定的债务，他们不得拒绝履行所承担的债务；如果受让人要求他们对其履行所承担的债务，他们有权拒绝对受让人履行债务；一旦他们对转让人履行了债务，受让人不得再要求被让债务人对自己履行债务，因为在此种情况下，被让债务人所承担的债务已经了结。不过，根据法国最高法院的判决，如果被让债务人对受让人履行了债务，他们的债务履行行为被认为是有效的，因为受让人已经是被履行的债务的债权人。[①]

如果债权转让已经按照《法国民法典》所规定的上述方式予以公示，则被让债务人不再是转让人的债务人，而是受让人的债务人，他们不再对转让人承担债务，而是按照最初的合同规定对受让人承担债务：当转让人要求被让债务人对其承担债务时，他们应当拒绝履行所承担的债务；而当受让人要求被让债务人对其承担债务时，他们应当对受让人承担债务，否则，他们应当就其拒绝履行债务的行为对受让人承担合同责任。因为，一旦债权转让进行了公示，则受让人取代转让人成为新的、唯一的债权人，他们能够凭借自己的债权对被让债务人提出债务履行的要求，这就是债权转让的公示对被让债

---

① Henri et Léon Mazeaud, Jean Mazeaud, François Chabas, Obligations, 9e édition, Montchrestien, 1998, pp. 1279 – 1280; Gérard Légier, les obligations, 17e édition, 2001, Dalloz, 2001, p. 230; Pierre Voirin, Gilles Goubeaux, Droit civil, tome 1, Introduction au droit, personnes-famille, personnes protégées, biens-obligations, sûretés, 33e édition, LGDJ, 2011, p. 638; Philippe Malaurie, Laurent Aynès, Philippe Stoffel-Munck, Les obligations, 4e édition, Defrénois, 2009, p. 763; Rémy Cabrillac, Droit des obligations, 12e édition, Dalloz, 2016, p. 360; Marjorie Brusorio-Aillaud, Droit des obligations, 8e édition, bruylant, 2017, p. 326; François Terré, Philippe Simler, Yves Lequette, François Chénedé, Droit civil, Les obligations, 12e édition, Dalloz, 2018, pp. 1704 – 1705.

务人产生的对抗力。①

当然,在受让人要求被让债务人履行债务时,被让债务人也能够对受让人主张他们原本能够主张的各种各样的履行抗辩。关于这一点,笔者将在下面的内容当中做出详细的讨论,此处从略。总之,在债权转让公示之前,债权转让是不能够对抗被让债务人的,受让人不得要求被让债务人对自己履行债务;而一旦债权转让被公示,则债权转让能够对抗被让债务人,受让人有权要求被让债务人对自己履行债务。

在 2016 年的债法改革法令之前,民法学者对债权转让的公示所产生的此种对抗力做出了说明。Légie 对此种规则做出了明确说明,他指出:"关于债权转让的公示对被让债务人所产生的法律效力问题,法律采取的规则是:在公示之前,被让债务人应当对转让人为债务清偿;但是,在公示之后,被让债务人就成为受让人的债务人,如果他们此时仍然对转让人进行债务清偿,他们对受让人承担的债务并没有终止,他们仍然要对受让人为债务的清偿行为。"② Voirin 和 Goubeaux 对此种规则做出了明确说明,他们指出:"如果债务人不知道债权转让的存在,则他们能够通过向转让人履行债务的方式来终止其债的关系,此时,受让人不得要求债务人对其承担债务。"③

在 2016 年的债法改革法令之后,民法学者仍然重复了此种规则。Cabrillac 指出:"如果债权转让的公示程序没有完成,被让债务人仍然是债权转让的第三人,他们仍然是转让人的债务人……而一旦债权转让的公示程序完成,则债权人的变更会产生完全不同的法律效力:被让债务人仅仅是受让人的债务人,债务的履行仅仅对受让人实施,并且一旦对受让人履行了债务,被让债务人承担的债务清偿完毕。"④ Terré、Simler 和 Lequette 等人也此种规则做出了说明,他们指出:"即便转让人将其享有的债权转让给了受让人,如果该种债权转让没有根据《法国民法典》所规定的方式公示——过去通过执达文书方式进行通知和今时今日通过普通方式进行的通知,则债务人在法律上能够无视债权转让的存在,并因此仍然将转让人一直视为自己的债权人。"⑤

---

① Henri et Léon Mazeaud, Jean Mazeaud, François Chabas, Obligations, 9e édition, Montchrestien, 1998, pp. 1279 –1280; Gérard Légier, les obligations, 17e édition, 2001, Dalloz, 2001, p. 230; Pierre Voirin, Gilles Goubeaux, Droit civil, tome 1, Introduction au droit, personnes-famille, personnes protégées, biens-obligations, sûretés, 33e édition, LGDJ, 2011, p. 638; Philippe Malaurie, Laurent Aynès, Philippe Stoffel-Munck, Les obligations, 4e édition, Defrénois, 2009, p. 763; Rémy Cabrillac, Droit des obligations, 12e édition, Dalloz, 2016, p. 360; Marjorie Brusorio-Aillaud, Droit des obligations, 8e édition, bruylant, 2017, p. 326; François Terré, Philippe Simler, Yves Lequette, François Chénedé, Droit civil, Les obligations, 12e édition, Dalloz, 2018, pp. 1704 –1705.

② Gérard Légier, les obligations, 17e édition, 2001, Dalloz, 2001, p. 230.

③ Pierre Voirin, Gilles Goubeaux, Droit civil, tome 1, Introduction au droit, personnes-famille, personnes protégées, biens-obligations, sûretés, 33e édition, LGDJ, 2011, p. 638.

④ Rémy Cabrillac, Droit des obligations, 12e édition, Dalloz, 2016, p. 360.

⑤ François Terré, Philippe Simler, Yves Lequette, Droit civil, Les obligations, 12e édition, Dalloz, 2009, p. 1273.

四、债权转让公示的范围（二）：债权转让公示对其他受让人产生的对抗力

（一）债权转让公示在两个相互冲突的受让人之间产生的对抗力

在债法上，同债权转让有利害关系的第二种第三人是其他受让人。所谓其他受让人（un autre cessionnaire autres cessionnaires），也称为第二受让人（un deuxième cessionnaire）或者连续受让人（cessionnaires successifs），是指第一个受让人（第一受让人）之后相继从转让人那里受让其转让的债权的人。当债权人将其对债务人享有的债权转让给第一个受让人之后，如果他们又将其对同一债务人享有的同一债权转让给第二个甚至第三个受让人，则从债权人那里受让其转移的同一债权的第二个人或者第三个人就是所谓的其他受让人。实际上，债权转让领域的其他受让人同权利转让领域的其他受让人是一样的，它们均是同一权利主体将其享有的同一权利转移给两个或两个以上的受让人。例如，出卖人将其小汽车出卖给了两个或者两个以上的买受人。

在债法上，其他受让人不是转让人与第一受让人之间的债权转让合同的当事人，相对于转让人与第一受让人之间的债权转让合同而言，其他受让人也仅仅是第三人，因为，一方面，他们不能够享有转让人与第一受让人之间的债权转让合同所规定的权利，也不能够承担转让人与第一受让人之间的债权转让合同所规定的义务；另一方面，他们同转让人与第一受让人之间的债权转让有利害关系，此种利害关系表现在：当转让人将其享有的同一债权分别转让给第一受让人和自己时，究竟是第一受让人还是自己最终获得所转让的债权。如果第一受让人获得所转移的债权，他们将无法获得转让人所受让的债权；反之，如果他们获得了转让人所转移的债权，则第一受让人将无法获得转让人所转让的债权。

例如，当债权人A将其对B享有的债权转让给C时，如果债权人也将其对B享有的同一债权转让给了D，则A的同一债权就有两个受让人，即C和D。在此种情况下，究竟是C还是D最终成为受让人而获得A对B享有的债权？相对于受让人C而言，D即为债权转让当中的第三人；相对于D而言，C即为债权转让当中的第三人。债权转让之所以对C或者D有利害关系，是因为，如果C最终获得了A转让的债权，则D将无法获得此种债权，反之亦然。因此，当A将其同一债权转让给C和D时，C和D之间就产生了权利冲突，因为仅有其中的一个人能够最终获得A所转让的债权。

当债权人将其对债务人享有的同一债权分别转让给两个或者两个以上的受让人时，究竟是哪一个受让人能够最终成为所受让的债权人？对此问题，《法国民法典》在2016年之前和之后所做出的回答是存在差异的。

（二）2016年之前《法国民法典》采取的规则：先履行第1690条所规定的公示程序的受让人能够以自己的受让债权对抗后履行此种程序的受让人

在2016年之前，《法国民法典》所做出的回答是，当债权人分别将其享有的同一

债权转让给两个或者两个以上的受让人时，如果两个受让人之间的权利直接产生了冲突，究竟哪一个受让人能够最终成为债权人，取决于哪一个受让人最先履行了《法国民法典》第1690条所规定的债权转让的公示程序：当第一受让人最先履行该条所规定的债权转让的公示程序时，他们就最终成为所受让的债权的债权人，他们就能够凭借其债权人的身份对抗其他受让人。这就是债权转让的公示制度对第一受让人所提供的法律保护。

换言之，当两个或者两个以上的受让人均对转让人转让的同一债权享有权利时，最先履行了《法国民法典》第1690条所规定的公示程序的受让人享有优先权，他们能够优先于其他受让人获得所转让的债权。这一点，同有形动产或者不动产的公示程序所产生的法律效力是完全一样的：如果动产或者不动产的所有权人将其同一有形动产或者不动产转让给两个或两个以上的受让人，在多个受让人之间的权利产生冲突的情况下，法律认为最先履行了公示程序的受让人的权利优先于其他受让人，并最终成为所转让的动产或者不动产的所有权人。

Légie 对此种规则做出了明确说明，他指出："如果转让人将其债权转让给两个受让人，则两个受让人之间就存在权利冲突。在此种情况下，第一个履行了能够产生对抗效力的公示程序的人将会优先于第二个受让人取得债权。"① Voirin 和 Goubeaux 也对此种规则做出了明确说明，他们指出："当债权人将其享有的债权转让给两个受让人时，如果第一受让人没有将其债权转让予以公开，则第二受让人将无法知悉第一次债权转让的存在。当两个受让人之间的利益产生冲突时，第一个满足了公示要求的受让人优先于第二受让人获得所转移的债权。"②

Terré、Simler 和 Lequette 也对此种例外规则做出了说明，他们指出："可以想象的是，债权人同时将其同一债权转让给两个不同的受让人……就像财产所有权人会将其动产和不动产同时转让给两个或者两个以上的受让人一样。此时，在同一债权之上存在着两个竞合的权利主体，并且他们之间的权利存在冲突。在此种情况下，人们要严格按照《法国民法典》第1690条所规定的公示程序来决定他们之间的权利冲突。如果债权人将其同一债权同时转移给了两个受让人，他们之间的权利冲突将会根据第1690条所规定的公示先后顺序来解决：最先履行第1690条所规定的通知或者知悉程序的受让人优先于后履行该条所规定的同样程序的受让人而获得所转让的债权，就像不动产公示制度所产生的法律效力一样。对于债务人而言，第一个履行了公示程序的人是债权的受让人。"③

不过，应当注意的是，即便法国的司法判例逐渐对《法国民法典》第1690条所规定的公示程序采取宽松的态度，逐渐放松该条所规定的通知或者知悉方式的要求，但是，在第一受让人与其他受让人的权利孰先孰后的问题上，人们应当采取严格的方式来

---

① Gérard Légier, les obligations, 17e édition, 2001, Dalloz, 2001, p.230.
② Pierre Voirin, Gilles Goubeaux, Droit civil, tome 1, Introduction au droit, personnes-famille, personnes protégées, biens-obligations, sûretés, 33e édition, LGDJ, 2011, p.638.
③ François Terré, Philippe Simler, Yves Lequette, Droit civil, Les obligations, 12e édition, Dalloz, 2009, p.1274.

看待第 1690 条所规定的通知或者知悉方式,不应当采取宽松的态度来理解该条所规定的公示方式:如果第一受让人最先通过第 1690 条所规定的执达文书方式通知债务人,或者如果第一受让人最先通过该条所规定的公证文书的方式让债务人知悉,则他们享有优先于其他受让人的权利;如果他们仅仅以私证文书或者仅仅通过默示的方式让债务人知悉,则他们并不享有优先于其他受让人的权利。① 换言之,在涉及两个或者两个以上的受让人之间的权利冲突时,如果第一受让人要以其公示方式对抗第二受让人,则他们所谓的公示方式必须是严格意义上的公示方式,而不是宽松意义上的公示方式:如果公示采取通知方式,则该种通知必须是以执达文书方式为之;如果公示方式采取知悉方式,则该种知悉方式必须是以公证文书为之。

(三) 2016 年之后的《法国民法典》新的第 1325 条的规定

通过 2016 年 2 月 10 日的债法改革法令,《法国民法典》新的第 1325 条放弃了旧的第 1690 条的做法,不再将该条所规定的公示制度作为债权转让对其他受让人产生对抗力的手段,而是采取了一种新的公示方式,因为它以转让人与两个受让人之间成立债权转让合同的先后顺序作为公示方式,该条规定:如果债权的两个先后受让人之间产生了竞合,则此种竞合以有利于第一个与转让人成立债权转让合同的受让人的方式解决;如果债务人已经对第一个受让人之后的其他受让人实施了清偿行为,则第一个受让人对其他受让人享有追偿权。②

根据《法国民法典》新的第 1325(1)条的规定,如果转让人将自己享有的债权先后转让给两个或者两个以上的受让人,第一个与转让人成立债权转让合同的受让人取得所受让的债权,他们能够凭借自己享有的债权对抗第二个受让人或者第三个受让人,他们有权要求被让债务人对自己履行债务,被让债务人也应当对第一个受让人履行所承担的债务,一旦被让债务人履行了对第一个受让人承担的债务,则他们与受让人之间的债权债务关系终止。③

同《法国民法典》旧的第 1690 条所规定的债权转让公示方式相比,新的第 1325(1)条所规定的债权转让公示方式更加不利于被让债务人:按照旧的第 1690 条的规定,如果转让人将自己享有的债权先后转让给了两个不同的受让人,最先履行了债权转让通知的受让人有权要求被让债务人履行债务,已如前述。而根据新的第 1325(1)条的规定,在债权人将自己的债权转让给两个或者两个以上的受让人时,为了减轻自己的责任,尤其是,为了防止被责令对两个受让人履行两次债务,被让债务人在履行债务之

---

① François Terré, Philippe Simler, Yves Lequette, Droit civil, Les obligations, 12e édition, Dalloz, 2009, pp. 1273 – 1274.

② Article 1325, Code civil, Version en vigueur au 12 juillet 2021, https://www.legifrance.goufr/codes/section_lc/LEGITEXT000006070721/LEGISCTA000032032400/#LEGISCTA000032032400.

③ Rémy Cabrillac, Droit des obligations, 12e édition, Dalloz, 2016, p.361; Marjorie Brusorio-Aillaud, Droit des obligations, 8e édition, bruylant, 2017, p. 327; Virginie Larribau-Terneyre, Droit civil, Les obligations, 15e édition, Dalloz, 2017, pp. 178 – 179; Jérôme François, Les obligations, Régime general, Tome 4, 4e édition, Economica, 2017, pp, 469 – 473.

前需要确认，第一个要求其履行债务的受让人是不是第一个与转让人成立债权转让合同的受让人。①

根据新的第 1325（2）条的规定，在转让人将自己享有的债权转让给两个或者两个以上的受让人时，如果被让债务人对第二个或者第三个受让人履行了所承担的债务，第一个受让人有权对接受给付的第二个甚至第三个受让人行使追偿权（recours），要求第二个或者第三个受让人将所受让的给付返还给自己。② 在被让债务人对第二个或者第三个受让人为债务给付时，第一个受让人之所以有权对他们主张追偿权，一方面是因为第二个或者第三个受让人获得了不应清偿（paiment indu），另一方面则是因为第一个受让人才是受让债权的真正权利人，他们能够以真正权利人的身份对其他受让人主张自己的权利。③

虽然被让债务人实施的给付行为构成不应清偿行为，但是，他们几乎没有任何动力或者积极性对第二个或者第三个受让人主张不应清偿的返还请求权，因为根据新的第 1325（2）条和新的第 1342-3 条的规定，一旦他们对第二个或者第三个受让人履行了自己的给付债务，则他们的给付行为产生了让自己承担的合同债务消灭的法律效力，第一个受让人不能够再要求他们对自己第二次履行同一债务，因为第二个受让人或者第三个受让人属于表面债权人（créancier apparent）。《法国民法典》新的第 1342-3 条规定：对表面债权人所为的善意给付行为是有效的。④ 此时，仅第一个受让人有动力、积极性对第二个或者第三个受让人行使直接请求权，要求他们将其获得的不应清偿返还自己。⑤

不过，并非在任何情况下，第一个受让人均不能够要求被让债务人对自己履行第二次给付债务，因为，《法国民法典》新的第 1325（2）条所规定的上述规则应当以被让债务人是善意的作为条件，如果被让债务人在对第二个或者第三个受让人为债务给付行为时是恶意的（mauvaise foi）的，则在被让债务人对第二个或者第三个受让人实施了债务给付行为时，他们仍然应当对第一个受让人履行所承担的债务，此时，他们可能会就同一债务分别对两个受让人实施两次给付行为。当然，在对第一个受让人履行债务时，他们也能够对第二个或者第三个受让人主张不应清偿返还请求权，要求他们将所获得的给付返还给自己。⑥

---

① Jérôme François, Les obligations, Régime general, Tome 4, 4e édition, Economica, 2017, p.470.
② Rémy Cabrillac, Droit des obligations, 12e édition, Dalloz, 2016, p.361; Marjorie Brusorio-Aillaud, Droit des obligations, 8e édition, bruylant, 2017, p.327; Virginie Larribau-Terneyre, Droit civil, Les obligations, 15e édition, Dalloz, 2017, pp.178-179; Jérôme François, Les obligations, Régime general, Tome 4, 4e édition, Economica, 2017, pp.469-473.
③ Jérôme François, Les obligations, Régime general, Tome 4, 4e édition, Economica, 2017, p.470.
④ Article 1342-3, Code civil, Version en vigueur au 13 juillet 2021, https://www.legifrance.goufr/codes/section_lc/LEGITEXT000006070721/LEGISCTA000032035231/#LEGISCTA000032035231.
⑤ Jérôme François, Les obligations, Régime general, Tome 4, 4e édition, Economica, 2017, p.470.
⑥ Jérôme François, Les obligations, Régime general, Tome 4, 4e édition, Economica, 2017, p.471.

五、债权转让公示的范围（三）：债权转让公示对转让人的有担保的债权人的对抗力

在债法上，同债权转让有利害关系的第三种第三人是转让人的有担保的债权人（créanciers garanties du cédant）。所谓转让人的有担保的债权人，是指转让人在转让自己的债权之前将其享有的债权质押给了第三人，以便担保自己对该第三人承担的债务能够得以履行，第三人因为转让人所为的此种质押而对其债权享有质押权。因此，转让人的有担保的债权人实际上就是转让人的有质押的债权人（créances nanties du cédant）。

如果转让人所转让的债权是被质押给质押权人的债权，转让人当然有权将其享有的此种债权转让给受让人。受让人在受让了转让人所转让的此种债权之后，他们享有的债权就同质押权人对该种债权享有的质押权产生冲突：在同一债权之上同时存在受让人和质押权人的情况下，如果受让人能够借口其债权人的身份来对抗质押权人，则质押权人的担保权将会落空；反之，如果质押权人能够借口其质押权人的身份来对抗受让人，则受让人的利益将会遭受损害。在此种情况下，债权的受让人能够凭借自己享有的受让债权对抗质押权人享有的质押权吗？

无论是在2016年之前还是之后，《法国民法典》旧的第1690条或者新的第1323条均没有对此种问题做出明确规定。这两个法律条款之所以没有对此种问题做出规定，是因为被质押债权的转让问题属于担保法所规范和调整的问题。① 通过2006年3月23日的担保法改革法令，现行《法国民法典》第四卷第二编第二分编第三章对"无形动产的质押"（nantissement de meubles incorporels）做出了规定，除了包括其他的无形财产的质押之外，该章还对债权质押（nantissement de créance）做出了规定，包括债权质押的构成要件、债权质押在当事人之间产生的法律效力和对第三人的对抗力。②

《法国民法典》第2356条对债权质押的构成要件做出了规定，根据该条的规定，除了债权质押所担保的债权应当在债权质押合同当中做出明确说明之外，债权质押还应当采取书面方式（par écrit），否则，债权质押无效。③《法国民法典》第2361条对债权质押产生效力和对抗力的公示方式做出了说明，该条规定：在质押合同成立时，债权质押合同既对当事人产生效力，也能够对抗第三人，无论是现有债权还是未来债权，均是如此。④

根据《法国民法典》第2361条的规定，一旦质押人与质押权人之间就债权质押达成了书面合同，除了质押合同能够在质押人和质押权人之间产生法律效力之外，质押合

---

① Jacques Flour, Jean-Luc Aubert, Éric Savaux, Droit civil, Les Obligations, 3. Le rapport d'obligation, 7e édition, Dalloz, 2011, p.331.

② Articles 2355 à 2366, Code civil, Version en vigueur au 13 juillet 2021, https://www.legifrance.goufr/codes/section_lc/LEGITEXT000006070721/LEGISCTA000006150366/#LEGISCTA000006150366.

③ Article 1325, Code civil, Version en vigueur au 12 juillet 2021, https://www.legifrance.goufr/codes/section_lc/LEGITEXT000006070721/LEGISCTA000032032400/#LEGISCTA000032032400；张民安：《法国民法》，清华大学出版社2015年版，第524—525页。

④ Article 2361, Code civil, Version en vigueur au 12 juillet 2021, https://www.legifrance.goufr/codes/section_lc/LEGITEXT000006070721/LEGISCTA000032032400/#LEGISCTA000032032400.

同也能够对抗第三人。质押合同能够对其加以对抗的第三人就是被质押债权的受让人：当转让人将其享有的被质押的债权转让给受让人时，质押权人能够以自己的质押权对抗受让人，如果债务人没有履行对质押权人承担的债务，质押权人有权向法院起诉，要求法官对受让人享有的债权采取强制执行措施，就像转让人没有转让自己债权时，质押权人有权要求法官对其享有的同一债权采取强制执行措施一样。

总之，无论债权转让是否采取了《法国民法典》旧的第1690条或者新的第1323条所规定的公示方式，受让人享有的债权均是没有对抗力的，他们不能够凭借自己享有的债权对抗质押权人；相反，质押权人能够凭借自己享有的债权质押权对抗受让人，如果质押权人享有的质押权完全满足了《法国民法典》所规定的各种条件和程序的话。Voirin 和 Goubeaux 对此种规则做出了明确说明，他们指出："如果转让人的债权人在债权转让之前已经对自然人转让的债权享有质押权，在转让人将其债权转让给受让人之后，无论债权转让是否已经公示，转让人的债权人均能够成功地对抗债权的受让人，如果转让人的债权人遵守了债权质押的形式要求的话。"①

Flour、Aubert 和 Savaux 也对此种规则做出了说明，他们指出："债权质押合同成立的日期应当被视为解决债权的受让人与被质押债权人之间的冲突的公示方法。根据此种方式，人们能够得出两种解决途径：如果债权转让发生在质押合同成立之前，则被质押的债权人不会取得任何权利，而受让人则取得了债权。相反，如果质押合同发生在债权转让之前……被质押的债权人取得了对债权享有的权利，受让人仅仅在被质押的债权人的债权获得实现之后才能够获得债务的清偿，如果被质押的债权人的债权实现之后还剩下多余财产的话。"②

六、债权转让公示的范围（四）：债权转让公示对普通债权人的对抗力

在债法上，同债权转让有利害关系的第四种第三人是转让人的普通债权人（créanciers chirographaires du cédant）。所谓转让人的普通债权人，是指在债权转让之前因为某种原因的发生而对转让人的财产享有一般担保权的债权人。虽然转让人的普通债权人不是债权转让合同的当事人，但是，债权转让同他们有直接的利害关系，因为转让人所转让的债权在没有转让之前构成转让人广义财产的组成部分，而转让人所有的广义财产均属于其普通债权人债权的一般担保，转让人的普通债权人对其包括所转让的债权在内的所有财产均享有一般担保权。当转让人将其属于广义财产组成部分的债权转让给受让人时，转让人的普通债权人的债权担保基础就会减弱，甚至直接危及其债权的实现。基于这样的理由，转让人的普通债权人是债权转让所涉及的第三人。③

既然转让人的普通债权人属于债权转让当中的第三人，法律如何对他们的利益加以

---

① Pierre Voirin, Gilles Goubeaux, Droit civil, tome 1, Introduction au droit, personnes-famille, personnes protégées, biens-obligations, sûretés, 33e édition, LGDJ, 2011, p. 638.
② Jacques Flour, Jean-Luc Aubert, Éric Savaux, Droit civil, Les Obligations, 3. Le rapport d'obligation, 7e édition, Dalloz, 2011, p. 331.
③ Jacques Flour, Jean-Luc Aubert, Éric Savaux, Droit civil, Les Obligations, 3. Le rapport d'obligation, 7e édition, Dalloz, 2011, p. 330；Rémy Cabrillac, Droit des obligations, 12e édition, Dalloz, 2016, p. 361.

保护？对此问题，民法学者做出的普遍回答是，如果债权转让通过《法国民法典》旧的第1690条或者新的第1323条所规定的方式公示了，则转让人所转让的债权就不再属于转让人的广义财产的组成部分，不再属于转让人的普通债权人债权实现的一般担保，如果转让人不能够履行其对债权人承担的债务，则转让人的普通债权人不能够再强制执行转让人所转让的债权。反之，如果债权转让没有按照这两个法律条款规定的方式进行公示，则即便转让人已经将其债权转让给了受让人，其转让的债权仍然被视为转让人广义财产的组成部分，仍然属于转让人的普通债权人所享有的一般担保权的组成部分，在转让人不履行其债务时，转让人的普通债权人仍然有权强制执行所转让的债权，以便实现其债权。换言之，如果债权转让没有进行公示，则转让人的普通债权人有权凭借其债权对抗受让人，能够强制执行受让人所转让的债权；反之，如果债权转让已经进行了公示，则转让人的普通债权人就不能够再凭借其普通债权对抗受让人，不能够强制执行所受让的债权。

在2016年之前，法国民法学者普遍对此种规则做出了说明。在1998年的《债》当中，Mazeaud和Chabas等人对此种规则做出了说明，他们指出："相对于债权转让而言，转让人的债权人被视为第三人，其结果就是，如果债权转让没有公示，则他们有权认为转让人所转让的债权从来就没有从转让人的财产当中流出。因此，其转让的债权仍然属于其债权的一般担保。当转让人进入破产清算程序时，此种规则同样适用。但是，如果债权转让进行了公示，则转让人所转让的债权不再构成其普通债权人债权的一般担保。"① 在2011年的《民法》当中，Voirin和Goubeaux也对此种规则做出了明确说明，他们指出："对于转让人的普通债权人而言，如果债权转让没有公示的话，则转让人所转让的债权一直被视为转让人财产的组成部分，其结果就是，在债权转让公示之前，转让人的普通债权人是能够对所转让的债权进行强制执行的。"②

在2016年的债法改革法令之后，民法学者同样对此种规则做出了说明。在2017年的《债法》当中，Aillaud对此种规则做出了说明，他指出："如果债权转让的公示程序没有实施，转让人的债权人能够认为，所转让的债权仍然是债务人的财产，因此能够对该债权采取强制执行措施。在债权转让公示程序实施之后，这些债权人不能够再对被转让的债权实施强制执行措施。"③ 在2017年的《债》当中，Larribau-Terneyre也对此种规则做出了说明，他指出："相对于债权转让而言，转让人的普通债权人也是第三人。自2016年2月10日的法令以来，债权转让从债权转让合同成立之日起能够对抗普通债权人，此种对抗不再建立在之前的对第三人通知的基础上。因此，从这一刻开始，被让债权脱离了转让人财产的范围，其普通债权人既不能够再要求转让人实施给付行为，也不能够要求法官强制执行该债权。"④

---

① Henri et Léon Mazeaud, Jean Mazeaud, François Chabas, Obligations, 9e édition, Montchrestien, 1998, p. 128.
② Pierre Voirin, Gilles Goubeaux, Droit civil, tome 1, Introduction au droit, personnes-famille, personnes protégées, biens-obligations, sûretés, 33e édition, LGDJ, 2011, p. 638.
③ Marjorie Brusorio-Aillaud, Droit des obligations, 8e édition, Bruylant, 2017, p. 327.
④ Virginie Larribau-Terneyre, Droit civil, Les obligations, 15e édition, Dalloz, 2017, p. 179.

第六节　债权转让在当事人之间产生的法律效力

一、债权转让的两种具体法律效力

一旦符合债权转让的上述条件和程序，则债权转让即产生法律效力。问题在于，债权转让所发生的法律效力有哪些？对此问题，民法学者做出的回答并不完全相同，有三种不同的看法。某些民法学者认为，债权转让的效力仅仅是指债权转让在当事人之间的法律效力，也就是指债权转让在转让人和受让人之间的法律效力，债权转让的效力并不包括债权转让对第三人的效力。在2016年之前，Raymond、Voirin和Goubeaux等人采取此种理论，他们仅仅将债权转让所产生的法律效力限定在转让人与受让人之间。[1] 在2016年2月10日的债法改革法令之后，Francois、Terré、Simler和Lequette等人采取此种看法。[2]

另外一些民法学者认为，除了转让人和受让人之间的法律效力属于债权转让效力的组成部分之外，债权转让对第三人的效力也属于债权转让效力的组成部分。在2016年之前，Flour、Aubert和Savaux采取此种理论，他们指出："对于债权转让的效力而言，我们应当分别讨论债权转让对转让的当事人所产生的效力和对第三人所产生的效力。"[3] 在2016年2月10日的债法改革法令之后，Aillaud和Larribau-Terneyre等人采取此种看法。[4]

除了上述两种不同的看法之外，少数民法学者还存在第三种看法。例如，在讨论债权转让的法律效力时，除了将当事人之间的法律效力视为债权转让法律效力的组成部分之外，Cabrillac还将引起争议的债权的转让视为债权转让法律效力的组成部分。[5]

在上述三种不同理论当中，第一种和第二种理论属于主流的理论。虽然它们之间存在差异，但是，它们这种差异仅仅是形式上的，因为，虽然采取上述第一种理论的民法学者没有将债权转让对第三人产生的对抗力视为债权转让的法律效力，但是，他们在债权转让的法律效力之外对其做出了讨论；而采取上述第二种理论的民法学者则在债权转让的法律效力当中讨论债权转让对第三人的法律效力，没有在法律效力之外讨论债权转

---

[1] Guy Raymond, Droit Civil, 2e édition, Litec, 1993, p.374; Pierre Voirin, Gilles Goubeaux, Droit civil, tome 1, Introduction au droit, personnes-famille, personnes protégées, biens-obligations, sûretés, 33e édition, LGDJ, 2011, pp.639－640.

[2] Jérôme François, Les obligations, Régime general, Tome 4, 4e édition, Economica, 2017, pp.473－484; François Terré, Philippe Simler, Yves Lequette, François Chénedé, Droit civil, Les obligations, 12e édition, Dalloz, 2018, pp.1707－1714.

[3] Jacques Flour, Jean-Luc Aubert, Éric Savaux, Les obligations, 3. Le rapport d'obligation, 7e édition, Dalloz, 2011, p.317.

[4] Marjorie Brusorio-Aillaud, Droit des obligations, 8e édition, bruylant, 2017, pp.324－327; Virginie Larribau-Terneyre, Droit civil, Les obligations, 15e édition, Dalloz, 2017, pp.177－179.

[5] Rémy Cabrillac, Droit des obligations, 12e édition, Dalloz, 2016, pp.361－363.

让的公示所产生的对抗力问题。由于笔者已经在前面的内容当中就债权转让对第三人产生的对抗力做出了讨论，笔者仅在此处讨论债权转让在转让人和受让人之间产生的法律效力。

在法国，债权转让对合同当事人产生哪些法律效力？对此问题，民法学者做出的回答几乎是完全相同的，因为他们普遍认为，债权转让在当事人之间产生两种法律效力，这就是债权转让所产生的转移效力和债权转让所产生的担保效力。在 2016 年之前，Raymond 对此种规则做出了说明，他指出："债权转让被视作一种买卖合同，因此，债权转让所产生的法律效果有二：债权的转移和转让人的担保。"① 在 2016 年之后，民法学者也普遍承认此种规则。Cabrillac 对此种规则做出了说明，他指出："债权转让引起债权的转移和转让人所承担的担保债。"② Terré、Simler 和 Lequette 等人也对此种规则做出了说明，他们指出："债权转让产生的法律效力一方面关乎严格意义上的转移效力，另一方面则关乎转让人所承担的担保债。"③

二、债权转让所产生的转移效力

（一）债权转让的转移效力的界定

在债法上，债权转让在当事人之间所产生的第一个法律效力是转移效力（l'effet translatif）。所谓债权转让的转移效力，是指债权转让在当事人之间所产生的让受让人取得转让人原本享有的债权并因此成为新的债权人的法律效力。当受让人通过债权转让合同取得了转让人所转移的债权之后，他们就能够凭借自己债权人的身份要求被让债务人对自己履行债务，被让债务人也应当对受让人履行所承担的债务，这就是债权转让对被让债务人产生的对抗力，已如前述。

在 2016 年之前，民法学者普遍对债权转让所产生的此种转移效力做出了说明，例如，Voirin 和 Goubeaux 对债权转让产生的此种转移效力做出了说明，他们指出："债权转让所产生的法律效力是，受让人获得了债权，其所获得的债权成为其广义财产的组成部分，他们能够对其广义的财产采取任何行为，就像转让人对其广义的财产能够采取任何行为一样。"④ 在 2016 年之后，民法学者也普遍对债权转让所产生的此种转移效力做出了说明，例如，Terré、Simler 和 Lequett 等人对债权转让产生的此种转移效力做出了说明，他们指出："债权转让永远被视为一种特定形式的买卖（或者赠与、互易或者公司股权出资等），因此，它是一种权利转移行为。"⑤

---

① Guy Raymond, Droit Civil, 2e édition, Litec, 1993, p. 374.
② Rémy Cabrillac, Droit des obligations, 12e édition, Dalloz, 2016, p. 361.
③ François Terré, Philippe Simler, Yves Lequette, François Chénedé, Droit Civil, les Obligations, 12e édition, Dalloz, 2018, p. 1708.
④ Pierre Voirin, Gilles Goubeaux, Droit civil, tome 1, Introduction au droit, personnes-famille, personnes protégées, biens-obligations, sûretés, 33e édition, LGDJ, 2011, p. 639.
⑤ François Terré, Philippe Simler, Yves Lequette, François Chénedé, Droit Civil, les Obligations, 12e édition, Dalloz, 2018, p. 1707.

债权转让的基本法律效力是,它将属于转让人的债权转移给受让人,受让人获得的债权是转让人转移的最初债权而非新债权,受让人所获得的债权刚好等同于转让人所转移的债权,他们获得的债权既不比转让人所转移的债权多,也不比转让人所转移的债权少。债权转让仅仅产生了债权人的变更,而没有产生债权的变更,这让债权转让合同区别于债务的指令承担(délégation)。在取得了所转让的债权之后,受让人取得了转让人与受让人之间的合同所规定的名义上的债权数额(montant nominal),无论他们在受让债权时所支付的价格是多少,这让债权转让区别于个人代位求偿权(la subrogation personnelle)。债权转让在当事人之间所产生的此种转移效力适用于所有形式的债权转让,无论无偿还是有偿的债权转让,是现有的债权转让还是未来的债权转让,均是如此。①

(二) 债权转移的时间

当转让人将其对被让债务人享有的债权转移给受让人时,受让人何时取代转让人成为受让债权的债权人?这就是债权转移的时间问题(moment du transfert)。所谓债权转移的时间问题,是指转让人所转让的债权何时从转让人转移给受让人的问题,就像出卖物的所有权何时从出卖人转移给买受人的问题一样。对于此种问题,《法国民法典》用了两个法律条款做出了回答,这就是新的第1196条和新的第1323(1)条。

《法国民法典》新的第1196条规定:如果合同的目的在于转移所有权或者转让其他权利,则所有权或者其他权利在合同缔结时发生转移。② 根据该条的规定,一旦合同当事人之间就财产所有权或者其他主观权利的转让达成了意思表示的合意,也就是,一旦合同当事人就财产所有权或者其他主观权利的转让缔结了合同,一方当事人就取得了另外一方当事人的所有权或者其他主观权利并因此成为新的权利主体,而另外一方当事人则丧失所有权或者其他主观权利,这就是主观权利转让当中的合意主义理论(consensualisme),该种合意主义理论也被称为"单纯合意主义的转让"理论(le transfert solo consensus),或者被称为"单纯合意主义的转让原则"(le principe du transfert solo consensu)。③

根据《法国民法典》新的第1196条的规定,除了财产所有权从当事人之间的合同成立时发生转移之外,其他主观权利也从当事人之间的合同成立时发生转移。除了用益权、质权和抵押权属于该条所规定的其他权利之外,债权当然也属于该条所规定的权利范围。为了对债权转移的时间做出明确说明,《法国民法典》新的第1323(1)条对债权转移的时间做出了明确规定,该条规定:在当事人之间,债权从转让合同成立时发生

---

① Philippe Malinvaud, Dominique Fenouillet, Droit des obligations, 11e édition, Litec, 2010, pp. 620 – 621; Jacques Flour, Jean-Luc Aubert, Éric Savaux, Les obligations, 3. Le rapport d'obligation, 7e édition, Dalloz, 2011, p. 317; Rémy Cabrillac, Droit des obligations, 12e édition, Dalloz, 2016, p. 361; Philippe Malaurie, Laurent Aynès, Philippe Stoffel-Munck, Droit des obligations, 8e édition, LGDJ, 2016, p. 803.

② Article 1196, Code civil, Version en vigueur au 14 juillet 2021, https://www.legifrance.goufr/codes/section_lc/LEGITEXT000006070721/LEGISCTA000032009284/#LEGISCTA000032009284.

③ Jean Carbonnier, Droit civil, Volume Ⅱ, Les biens, les obligations, puf, 2004, pp. 1698 – 1699; Dimitri Houtcieff, Droit des contrats, Larcier, 2e édition, 2016, p. 339; Virginie Larribau-Terneyre, Droit civil, Les obligations, 15e édition, Dalloz, 2017, p. 492; 张民安:《法国合同法总论》,中山大学出版社2021年版,第244—252页。

转移，已如前述。

在法国，债权的转移主要是通过买卖合同、赠与合同、互易合同等实现的，就像所有权的转移也是通过这些合同实现的一样，因为这些合同在性质上属于以转移所有权或者其他主观权利为目的的合同。因此，当转让人与受让人之间签订了债权买卖合同时，在买卖合同成立时，出卖人的债权就转移给了买受人，买受人就称为新的债权人并因此能够以自己的债权对抗被让债务人；当转让人与受让人之间签订了债权赠与合同，在赠与合同成立时，赠与人的债权就转移给了受赠人，受赠人就成为新的债权人并因此能够以自己的债权对抗被让债务人。同样，当转让人与受让人之间签订了互易合同时，在互易合同成立时，一个互易人就取得另外一个互易人所转移的债权，并因此成为新的债权人，能够以自己的债权对抗被让债务人。

不过，在例外情况下，债权并不是从当事人之间的合同成立时发生转移，而是从债权诞生时发生转移，这就是《法国民法典》新的第1323（3）条。该条规定，如果转让人与受让人所转让的债权属于未来债权，则债权从未来债权诞生时发生转移，而不是从转让合同成立时发生转移，已如前述。

（三）债权转移效力的范围

所谓债权转移效力的范围（étendue），也称为债权的转移对象（objet），是指转让人通过债权转让合同所转移给受让人的债权类型。①

1. 债权转移效力的范围：主债权和从债权一并转移

在债法上，债权转让既将转让人享有的债权本身（la creanece elle-même）即主债权转移给受让人，也将转让人享有的从债权（accessoires de la creanece）转移给受让人，使受让人既成为主债权的权利主体，也成为从债权的权利主体。在债法上，债权转让所转移的债权既可以是民事性质的债权，也可以是商事性质的债权，既可以是简单和单纯的债权，也可以是受到限制的债权，例如，附期限的债权、附条件的债权或者不可分债权等。在债法上，债权转让所转移的从债权同样多种多样，诸如担保权、利息权、诉权（actions en justice）以及具有强制执行力的凭证（titre exécutoire）等。

在2016年之前，民法学者普遍承认这一规则。例如，Flour、Aubert和Savaux对此种规则做出了说明，他们也指出：“根据《法国民法典》第1692条的规定，债权转让除了会将债权转移给受让人之外还会将从债权转移给受让人。”② 在2016年之后，民法学者也普遍承认这一点，例如，Malaurie、Aynès和Stoffel-Munck对此种规则做出了说明，他们指出：“除了转移各种性质的债权（商事性质的和民事性质的）之外，债权转让也转移所有类型的从债权（诸如担保权、利息权、提起诉讼的权利以及强制执行的

---

① Jérôme François, Les obligations, Régime general, Tome 4, 4e édition, Economica, 2017, pp. 474 – 477; François Terré, Philippe Simler, Yves Lequette, François Chénedé, Droit civil, Les obligations, 12e édition, Dalloz, 2018, pp. 1709 – 1710.

② Jacques Flour, Jean-Luc Aubert, Éric Savaux, Les obligations, 3. Le rapport d'obligation, 7e édition, Dalloz, 2011, p.319.

权利等等）和有关争议的解决相关条款（仲裁条款）。"①

2016 年之前，《法国民法典》第 1692 条对此种规则做出了说明，该条规定：债权的出卖或者转让也包括从债权，诸如保证、优先权和抵押权等。② 2016 年之后，通过 2016 年 2 月 10 日的债法改革法令，《法国民法典》新的第 1321（3）条也对此种规则做出了说明，该条规定：债权转让也拓展到从债权当中。③

2. 债权转移的范围：主债权

债权转让将转让人享有的债权转移给了受让人，受让人基于所受让的债权而成为债权人，有权要求被让债务人对其履行全部债务，支付所有的债权总额，即便受让人在受让债权的时候所支付的价款要少于债权总额，被让债务人也应当在债权总额的范围内清偿其债务。

在 2016 年之前，民法学者普遍承认这一规则。例如，Flour、Aubert 和 Savaux 对此种规则做出了说明。他们指出："债权转让所产生的转移效力首先适用于债权本身，这一点是确定无疑的……受让人在受让债权之后就成为债权总额的债权人，他们有权要求被让债务人对其清偿全部债务，无论受让人在受让债权的时候所支付的价款是多少。这一点，使债权转让区别于债的代位履行，因为在债的代位履行当中，代位权人仅仅在其清偿债务的范围内享有债权。"④

2016 年之后，法国民法学者也普遍承认这一规则。例如，Terré、Simler 和 Lequette 等人对此种规则做出了说明，他们指出："债权转让将转让人享有的最初债权转移给了受让人……受让人因此对所转让的债权总额享有债权，无论受让人获得债权时所支付的价格是多少（这一点使债权转让区别于代位权的转让）。通常而言，受让人获得债权时所支付的价款要低于债权总额，它们之间的差异一方面代表了时间成本，如果受让人所受让的债权是附期限的债权的话；另一方面也代表了债务人所存在的或多或少会资不抵债的风险。因此，债务人应当对受让人清偿全部债务。"⑤

应当注意的是，如果转让人将其享有的债权转移给两个或者两个以上的受让人，则每一个受让人均对被让债务人享有要求其清偿自己债权的权利，不过，他们也仅仅在自己所受让的债权份额范围内享有要求被让债务人对其履行债务的权利，并且除非合同当事人之间的合同做出相反的规定，否则，每一个受让人所获得的债权份额应当是相等的。⑥ 还应当注意的是，如果债权转让不是全部转让而仅为部分转让，则即便转让人将

---

① Philippe Malaurie, Laurent Aynès, Philippe Stoffel-Munck, Droit des obligations, 8e édition, LGDJ, 2016, pp. 803 – 804.

② Article 1692, Code civil, Version en vigueur au 09 février 2016, https://www.legifrance.goufr/codes/section_lc/LEGITEXT000006070721/LEGISCTA000006136385/2016 – 02 – 09/#LEGISCTA000006136385.

③ Article 1321, Code civil.

④ Jacques Flour, Jean-Luc Aubert, Éric Savaux, Les obligations, 3. Le rapport d'obligation, 7e édition, Dalloz, 2011, p. 317.

⑤ François Terré, Philippe Simler, Yves Lequette, François Chénedé, Droit Civil, les Obligations, 12e édition, Dalloz, 2018, p. 1709.

⑥ Jacques Flour, Jean-Luc Aubert, Éric Savaux, Les obligations, 3. Le rapport d'obligation, 7e édition, Dalloz, 2011, p. 317.

其债权转移给了受让人，他们仍然对其没有转移的部分债权享有权利，仍然能够在其债权范围内对债务人主张债权，因为在此种情况下，同一债务人对其承担债务的债权人不再是转让之前的一个债权人，而是两个债权人，这两个债权人虽然享有平等的权利，但是，他们也只能够按照其债权比例要求债务人对其履行债务。①

3. 从债权的一并转移

除了将转让人享有的主债权转移给受让人之外，债权转让也将从债权一并转移给受让人，并因此让受让人能够凭借其从债权对抗被让债务人。在债法上，虽然随同主债权一并转移的从债权多种多样，但主要包括担保权、诉权及其他权利（强制执行权和仲裁权）。其中最主要的、最重要的从债权是担保权。

（1）担保权。如果债权人对债务人享有的债权是有担保的债权，则除了对债务人享有债权之外，债权人也对担保人享有担保权：如果债务人本人对债权人的债权提供担保，则债权人同时对债务人享有债权和担保权；如果债务人之外的第三人对债权人的债权提供担保，除了对债务人享有债权之外，债权人还对第三人享有担保权。当债权人将其对债务人享有的债权转让给受让人时，除了获得转让人所转移的主债权之外，受让人也同时获得转让人所转移的担保权。

在被让债务人不履行债务的情况下，除了有权要求债务人履行债务之外，受让人还有权要求担保人对其承担担保责任，就像担保人在债务人不履行债务的情况下，转让人有权要求其对自己承担担保责任一样。随同债权转移的担保权类型多样，既包括人的担保权，例如第三人的保证，也包括物的担保权，例如抵押权和质押权，还包括财产权的担保，例如财产所有权保留担保。

2016年之前，民法学者普遍对此种规则做出了明确说明。例如，Flour、Aubert和Savaux对此种规则做出了说明。他们指出："根据《法国民法典》第1692条的规定，当债权转让给受让人时，建立在该种债权基础上的担保权也随之转移给受让人，这一点毫无疑问。因为该条明确规定，伴随着债权转让的从债权包括保证权、优先权和抵押权。因此，当受让人所受让的债权是有抵押担保或者优先权担保的债权时，受让人当然能够基于此条的规定而获得担保权。当受让人所受让的债权是建立在连带保证的基础上时，连带保证权当然也随着所担保的债权的转移而转移了。如果所受让的债权是建立在《法国民法典》第2367条所规定的所有权保留担保的基础上，该种担保权当然也会随着债权的转让而一并转移给受让人。"②

2016年之后，民法学者也普遍承认这一规则。例如，Terré、Simler和Lequette等人对此种规则做出了说明，他们指出："相对于其他的法律机制而言，债权转让的最主要利益在于，当转让人将其债权转移给受让人时，随同债权转移的还包括从债权，最基本

---

① Philippe Malaurie, Laurent Aynès, Philippe Stoffel-Munck, Les obligations, 4e édition, Defrénois, 2009, p.768; Franççois Terré, Philippe Simler, Yves Lequette, Droit civil, Les obligations, 12e édition, Dalloz, 2009, p.1277; Jacques Flour, Jean-Luc Aubert, Éric Savaux, Les obligations, 3. Le rapport d'obligation, 7e édition, Dalloz, 2011, p.317.

② Jacques Flour, Jean-Luc Aubert, Éric Savaux, Les obligations, 3. Le rapport d'obligation, 7e édition, Dalloz, 2011, pp.319-320.

的从债权是因为债权而产生的担保权。"①

(2) 诉权。在债权转让之前,转让人作为最初的债权人当然对其债务人享有各种各样的诉权。当债务人不履行其债务时,最初的债权人有权向法院起诉,要求法官责令债务人对其承担合同责任,这就是最初的债权人所享有的要求债务人承担合同责任的诉权;如果合同存在违反公共秩序的地方,最初的债权人有权向法院起诉,要求法官宣告自己与债务人之间的合同绝对无效,这就是最初的债权人所享有的要求法官宣告合同绝对无效的诉权;如果合同存在欺诈、胁迫、误解的地方,最初的债权人有权向法院起诉,要求宣告自己与债务人之间的合同相对无效,这就是最初债权人享有的要求法官宣告合同相对无效的诉权。

如果当事人之间的合同存在显失公平(le lésion)的地方,在制定法有特别规定的情况下,最初的债权人也有权向法院起诉,要求法官撤销他们与对方当事人之间的合同,这就是最初的合同债权人所享有的要求法官撤销合同的诉权。如果符合合同所规定的解除条件或者符合法律所规定的解除条件,最初的债权人有权向法院起诉,要求法官解除其与债务人之间的合同,这就是最初的债权人所享有的要求法官解除合同的诉权。此外,在符合所要求的条件时,最初的债权人还可能会行使债权人代位权和债权人撤销权。

问题在于,当转让人将其债权转让给受让人之后,他们转让之前所享有的这些诉权是否会随同债权的转移一并转移给受让人?对此问题,法国司法判例和民法学者普遍认为,当债权转让发生时,转让人对被让债务人所享有的要求被让债务人对其承担合同责任的诉权当然一并转移给受让人,当被让债务人不对其履行债务时,受让人有权向法院起诉,要求法官责令被让债务人对其承担合同责任。此外,如果转让人对债务人享有要求其承担侵权责任的诉权,当债权转让发生时,此种侵权性质的诉讼请求权也随同债权转让一并转移给受让人。②

除了要求被让债务人对其承担合同责任或者侵权责任的诉权能够随同债权的转移而一并转移之外,转让人享有的上述其他诉权是否也随同主债权的转移而一并转移给受让人?对此问题,法官的司法判例并没有做出清晰的说明,民法学者做出的回答并非完全相同,总的来说,有四种不同的理论。

某些民法学者认为,随着债权转移的从债权应当是转让人转让之前享有的所有诉权:在债权转让之前,转让人享有哪些诉权,在债权转让之后,转让人享有的所有诉权均不加区分地转让给了受让人,因此,除了享有要求被让债务人承担合同责任和侵权责任的诉权之外,受让人还享有债权人代位权、债权人撤销权、合同无效诉权、合同被撤

---

① François Terré, Philippe Simler, Yves Lequette, François Chénedé, Droit Civil, les Obligations, 12e édition, Dalloz, 2018, p. 1709.

② Jacques Ghestin, Marc Billiau, Grégoire Loiseau, Traité de Droit Civil, Le régime des créances et des dettes, LGDJ, 2005, pp. 338 – 339; Philippe Malaurie, Laurent Aynès, Philippe Stoffel-Munck, Les obligations, 4e édition, Defrénois, 2009, p. 768; François Terré, Philippe Simler, Yves Lequette, Droit civil, Les obligations, 12e édition, Dalloz, 2009, p. 1278; Jacques Flour, Jean-Luc Aubert, Éric Savaux, Les obligations, 3. Le rapport d'obligation, 7e édition, Dalloz, 2011, p. 320.

销诉权以及合同被解除诉权等。① 例如，Terré、Simler 和 Lequette 等人就采取此种理论，他们指出："除了担保权属于从债权之外，强制执行权和与被让债权有关系的诉权（解除合同的诉权、宣告合同无效的诉权、撤销合同的诉权、损害赔偿诉讼也属于从债权）。在诉权是否能够作为从债权一并转移的问题上，民法学者之间存在争议，某些学者甚至怀有敌意，因为他们认为，这些诉权是无法与当事人的身份分离的，因此，受让人不能够取得这些诉权……认为债权转让产生较少法律效力的看法既是相当不可理喻的，也是与司法判例的精神相悖的，因为司法判例非常清楚地表明，受让人获得了所有的从债权。"②

某些民法学者认为，应当区分两种不同的情况：如果转让人享有的诉权是为了确保债权得以执行的诉权，或者是为了保护债权人权利的诉权，则他们享有的这些诉权可以随着主债权的转让而一并转让给受让人，因此，请求履行债务的诉权、要求担保人履行担保责任的诉权、债权人代位权和债权人撤销权是可以转让的诉权。对于无效诉权、可撤销诉权以及合同解除诉权而言，人们应当加以区分：无效诉权和可撤销诉权不能够转让给受让人，受让人不能够行使这两种诉权，因为它们会导致债权的消灭：此种结果与同一债权之间是冲突的，而合同解除权则是可以转让的，受让人能够主张该种诉权，因为该种诉权是受让人逼迫被让债务人的一种手段。在法国，Gabriel Marty、Pierre Raynaud 和 Philippe Jestaz 采取此种理论。③

某些民法学者认为，除了合同无效诉权和合同解除诉权不能够随着债权的转让而转移给受让人之外，债权人享有的所有其他诉权均能够一并转让给受让人。换言之，即便最初的合同在成立时存在瑕疵，即便被让债务人不履行合同所规定的债务，受让人也不能够向法院起诉，要求法官宣告合同无效，或者要求法官解除受让人与被让债务人之间的合同，因为这两种诉权仅仅为具有合同当事人身份的人即转让人享有，没有合同当事人身份的受让人是不能够享有的。

在法国，Flour、Aubert 和 Savaux 主张此种理论。他们指出："根据现代理论，债权转让不仅仅将债权人的合法利益转让给了受让人，而且还将债权人的身份转让给了受让人。因此，受让人享有与此种身份紧密联系在一起的所有诉权，包括：请求履行给付债务的诉权，债权人代位权和债权人撤销权，要求担保人承担担保责任的诉权和要求被让债务人承担合同责任的诉权，它们均是债权人权利保护的手段。但是，债权的受让人不会取得合同当事人的身份，而该种身份产生了债权，这一点让债权转让不同于合同转让。因此，他们被禁止行使两种诉权：为了当事人的利益而制裁合同成立当中的瑕疵的

---

① Jacques Flour, Jean-Luc Aubert, Éric Savaux, Les obligations, 3. Le rapport d'obligation, 7e édition, Dalloz, 2011, p. 319.
② François Terré, Philippe Simler, Yves Lequette, François Chénedé, Droit Civil, les Obligations, 12e édition, Dalloz, 2018, pp. 1709 – 1710.
③ Gabriel Marty, Pierre Raynaud, Philippe Jestaz, Droit civil, les obligations, Tome 2, Le régime, Sirey, 1989, n°361; Jacques Flour, Jean-Luc Aubert, Éric Savaux, Les obligations, 3. Le rapport d'obligation, 7e édition, Dalloz, 2011, pp. 320 – 321.

诉权，这就是合同无效诉权；制裁合同不履行的诉权，这就是合同解除诉权。"①

在法国，某些民法学者认为，在债权转让涉及的诉权转让问题上，人们要讨论的诉权仅仅涉及三种：合同无效诉权，因为显失公平引起的可撤销诉权，以及因为债务的不履行所产生的合同解除权，因为其他诉权均具有可转移性，当转让人将其债权转让给受让人时，其他诉权随之转移给受让人。他们认为，在这三种诉权当中，无效诉权和可撤销诉权是不能够转移给受让人的，因为这两种诉权是无法与合同当事人的身份分离的，仅仅为转让人所享有，而关于第三种诉权是否可以转移给受让人的问题，人们应当区分两种不同的情形来决定：

在债权转让时，如果转让人在将债权转让给受让人之后不再对被让债务人承担债务，则受让人有权行使合同解除权并因此要求被让债务人将所获得的财产返还给自己，除非债权转让合同另有相反的规定。例如，在出卖人将其对买受人享有的价款债权转让给受让人时，转让人已经履行了自己对被让债务人承担的债务。相反，在债权转让时，如果转让人在将债权转让给受让人之后仍然对被让债务人承担债务，则受让人无权行使合同解除权，仅转让人有权行使该种合同解除权。例如，在将自己对承租人享有的租金债权转让给受让人之后，转让人仍然对被让债务人承担债务。在法国，Francois 主张此种理论。②

笔者采纳上述第一种理论，认为债权转让将转让人享有的所有诉权一并转移给了受让人，除了其他诉权之外还包括合同无效诉权、合同可撤销诉权以及合同解除权等，人们不能够借口这些诉权是专属于合同当事人享有的诉权而否定受让人享有这些诉权。

首先，此种规则与法国最高法院商事庭在 2013 年 10 月 8 日的司法判例保持一致。在法国，在债权转让所涉及的诉权范围方面，法官做出的判决几乎没有。在 1811 年 11 月 27 日的案件当中，一家法院的法官对此种问题做出了说明。他指出，除非当事人之间的合同做出明示规定，否则，债权转让并不包括转移合同无效诉权、合同解除诉权。③ 不过，在 2013 年 10 月 8 日的案件当中，法国最高法院商事庭第一次明确指出，转让人享有的所有诉权均能够随着主债权的转移而一并转移，虽然该案针对的内容是债权人撤销权（action paulienne），它指出："受让人享有债权转让之前属于转让人的并且与此种债权紧密结合在一起的所有诉权。"④

其次，此种规则与 2016 年之后的《法国民法典》新的 1321（3）条的规定一致。在 2016 年之前，虽然《法国民法典》第 1692 条承认债权转让包括从债权，但是，在制定此种规则时，该条例规定了从债权的范例，认为优先权和抵押权等担保权属于该条所

---

① Jacques Flour, Jean-Luc Aubert, Éric Savaux, Les obligations, 3. Le rapport d'obligation, 7e édition, Dalloz, 2011, p. 321.

② Jérôme François, Les obligations, Régime general, Tome 4, 4e édition, Economica, 2017, pp. 476-477.

③ Limoges, 27 n°1811; Jacques Flour, Jean-Luc Aubert, Éric Savaux, Les obligations, 3. Le rapport d'obligation, 7e édition, Dalloz, 2011, p. 320.

④ Cour de cassation, civile, Chambre commerciale, 8 octobre 2013, 12-21.435, https://www.legifrance.goufr/juri/id/JURITEXT000028064542; François Terré, Philippe Simler, Yves Lequette, François Chénedé, Droit civil, Les obligations, 12e édition, Dalloz, 2018, p. 1710.

规定的从债权，已如前述。通过 2016 年 2 月 10 日的债法改革法令，现行《法国民法典》新的第 1321（3）条没有再采取此种做法，因为它仅仅规定，债权转让也包含从债权，没有再规定从债权的范围。因为从债权既包含担保权也包括诉权，因此，除了转让人享有的所有担保权均转移给受让人之外，转让人的债权转让之前享有的所有诉权也均转移给受让人享有。

再次，此种规则符合债法将受让人等同于转让人的一般原则。在债法上，在所受让的债权范围内，受让人的地位不应当低于转让人的地位，因为受让人在所受让的债权范围内等同于转让人。因此，虽然受让人享有的权利不应当多于转让人享有的权利，但是，他们所享有的权利也不应当少于转让人享有的权利，这是民法尤其是债法所贯彻的一个重要原则，已如前述。当人们借口某些诉权专属于转让人的合同当事人身份而无法转移给受让人时，他们的此种看法违反了民法所贯彻的这一基本原则。

最后，此种规则符合保护受让人利益和鼓励债权转让交易的基本精神。上述其他理论之所以具有不合理性，是因为除了会损害受让人的利益之外，它们也不利于债权转让交易的进行，同人们所持有的鼓励债权转让交易的政策背道而驰。而采取此种理论除了能有力地维护受让人的利益之外，此种规则还能够实现鼓励债权转让交易的目的。例如，在出租人将自己对承租人享有的租金收取权转让给受让人时，如果承租人不履行交付租金的债务，相比于转让人，受让人更需要享有和行使合同解除权：因为租金收取权已经转让给了受让人，因此，在债务人不履行主要债务时，转让人并没有积极性或者动力主张合同解除权；而受让人则不同，他们必须借助于合同解除权维护自己的利益，这就是，在承租人拒绝交付租金时，通过及时解除合同的方式，他们能够寻求更加具有信用和实力的承租人并因此实现受让租金债权的目的。

（3）其他权利。除了担保权和诉权会随同主债权的转移而一并转移给受让人之外，转让人享有的其他权利也会随着主债权的转移而一并转移给受让人；其他权利包括强制执行权和仲裁权。在债法上，如果最初债权人对债务人享有强制执行权，当最初的债权人将其债权转移给受让人时，除了受让转让人所转移的债权之外，受让人也受让其转移的强制执行权，他们有权凭借其享有的强制执行权要求法官采取强制执行措施，以便保障自己的债权获得实现。①

在债法上，如果最初债权人与其债务人之间的合同规定了仲裁条款，规定一旦他们之间就合同的问题发生纠纷，他们将会通过国内仲裁或者国际仲裁解决，则最初债权人对其合同纠纷的解决享有仲裁权。当最初债权人将其债权转让给受让人时，除了债权本身会转移给受让人之外，仲裁权也会随同主债权一并转移给受让人。当受让人与被让债务人之间因为合同发生纠纷而需要通过某种方式解决时，受让人也有权要求通过仲裁方式解决自己与被让债务人之间的纠纷，包括通过国内仲裁和国际仲裁的方式。②

---

① Philippe Malaurie, Laurent Aynès, Philippe Stoffel-Munck, Les obligations, 4e édition, Defrénois, 2009, p. 768; François Terré, Philippe Simler, Yves Lequette, Droit civil, Les obligations, 12e édition, Dalloz, 2009, p. 1278; Jacques Flour, Jean-Luc Aubert, Éric Savaux, Les obligations, 3. Le rapport d'obligation, 7e édition, Dalloz, 2011, p. 320.

② Philippe Malaurie, Laurent Aynès, Philippe Stoffel-Munck, Les obligations, 4e édition, Defrénois, 2009, p. 768; Jacques Flour, Jean-Luc Aubert, Éric Savaux, Les obligations, 3. Le rapport d'obligation, 7e édition, Dalloz, 2011, p. 320.

三、债权转让效力的限制：被让债务人能够对受让人主张的各种抗辩

（一）《法国民法典》新的第1324（2）条对被让债务人能够主张的抗辩权做出的规定

在债法上，即便债权人有权要求债务人对其履行债务，债务人也未必一定要对债权人履行自己的债务，他们不履行债务的行为也未必一定构成过错行为并因此要对债权人承担合同责任，因为在债法上，债务人能够以各种各样的正当理由来拒绝履行自己对债权人承担的债务，一旦他们所主张的正当事由得到法官的认可，他们就无须对债权人履行债务，更不需要对债权人承担合同责任，债务人能够主张的这些正当理由被称为抗辩手段。

因此，当债权人要求债务人履行债务时，债务人有权以他们之间的合同是无效合同或者可撤销合同作为拒绝履行自己债务的抗辩，这就是无效的抗辩和可撤销的抗辩。当债权人要求债务人履行债务时，债务人有权以他们之间的合同所规定的期限没有届满或者条件没有发生作为拒绝承担自己债务的抗辩理由，这就是附期限和附条件的抗辩。

问题在于，当债权人将其享有的债权转移给受让人时，如果受让人要求被让债务人对自己履行债务，被让债务人是否有权用其原本能够对抗转让人的各种抗辩手段对抗受让人？2016年之前，虽然《法国民法典》对此种问题没有做出回答，但是，民法学者普遍做出了肯定的回答，他们认为，如果受让人要求被让债务人对自己履行债务，被让债务人能够以各种抗辩对抗受让人，这就是抗辩的对抗原则（le principe de l'opposabilité des exceptions）。

在2011年的《民法》当中，Voirin和Goubeaux对此种原则做出了说明，他们指出："债权转让所产生的第三个结果是，受让人应当忍受被让债务人对其主张的一切抗辩。在债权转让之前，如果债权人要求债务人对其履行债务，债务人有权对其债务履行主张各种各样的抗辩，在债权转移给受让人之后，如果受让人要求被让债务人对其履行债务，被让债务人也能够对受让人主张其原本能够对转让人所主张的各种抗辩手段。"[①]

在2011年的《债的关系》当中，Flour、Aubert和Savaux也对此种原则做出了说明，他们也指出："虽然债权转让将转让人享有的债权转移给了受让人，但是，受让人所受让的债权同转让人所转移的债权是同一债权，因此，当债权被转移给受让人时，对债权造成影响的所有缺陷也随同债权一并转移给了受让人。被让债务人能够对受让人主张其原本能够对转让人主张的所有抗辩事由。更具体地说，在债务人有权拒绝对债权人履行债务的所有情况下，被让债务人也有权拒绝对受让人履行债务。这就是抗辩的对抗性规则……因此，为了拒绝履行债务，债务人既能够对受让人主张合同的无效，也有权对受让人主张消灭时效的存在。为了拒绝履行债务，债务人也能够对受让人主张债务不

---

① Pierre Voirin, Gilles Goubeaux, Droit civil, tome 1, Introduction au droit, personnes-famille, personnes protégées, biens-obligations, sûretés, 33e édition, LGDJ, 2011, p.640.

履行的抗辩、合同解除的抗辩以及既判力的抗辩等。"①

通过2016年2月10日的债法改革法令,现行《法国民法典》新的第1324（2）条对抗辩的对抗原则做出了说明,该条规定：债务人能够以债务的固有抗辩对抗受让人,诸如无效抗辩、债务不履行抗辩、解除抗辩以及相关债务的抵销抗辩。他们同样能够以债权转让之前自己因为与转让人之间的关系而产生的抗辩对抗受让人,诸如期限的允许、债务的免除或者非相关债务的抵销。② 在明确承认抗辩的对抗原则时,该条还对被让债务人能够对抗受让人的抗辩手段做出了分类,根据它的分类,在受让人要求被让债务人对自己履行债务时,被让债务人能够主张的抗辩分为两类。

在2016年之后出版的债法著作当中,除了普遍对抗辩的对抗原则做出了说明之外,民法学者也普遍根据新的第1324（2）条的规定将被让债务人能够主张的抗辩分为这两类。③

（二）被让债务人能够对抗受让人的第一类抗辩：债务的共同抗辩

在受让人要求被让债务人履行所承担的债务时,被让债务人能够主张的第一类抗辩是债务的固有抗辩。所谓债务固有的抗辩,也称为共同抗辩（l'exception commune）,是指债务人在因为一般合同的规定而对债权人承担债务时,无论当事人之间的合同所规定的内容是什么,在债权人要求债务人履行合同所规定的债务时,债务人均能够拒绝履行自己债务的抗辩。换言之,所谓债务固有的抗辩,是指所有合同债务人均能够针对合同债权人主张的抗辩,他们能够主张的抗辩与当事人之间的具体合同没有关系。④

除了对此类抗辩做出了明确规定之外,《法国民法典》新的第1324（2）条也对此类抗辩做出了例示性的列举。根据它的列举,无效抗辩、债务不履行的抗辩、解除抗辩以及相关债务的抵销抗辩属于此类抗辩的组成部分。不过,此种列举没有穷尽债务固有的所有抗辩,因为除了所例示的这四种抗辩之外,债务固有的抗辩还包括其他类型的抗辩,例如,时效的抗辩等。⑤ 因为这些抗辩是一般债务人所固有的。因此,在转让人转让自己的债权之前,债务人能够以这些抗辩对抗转让人,在转让人将自己的债权转让给受让人时,被让债务人仍然有权以这些抗辩对抗受让人。

所谓无效抗辩（l'exception de nullité）,是指当债权人要求债务人履行合同所规定的

---

① Jacques Flour, Jean-Luc Aubert, Éric Savaux, Les obligations, 3. Le rapport d'obligation, 7e édition, Dalloz, 2011, pp. 326 – 327.

② Article 1324, Code civil, Version en vigueur au 15 juillet 2021, https://www.legifrance.goufr/codes/section_lc/LEGITEXT000006070721/LEGISCTA000032032400/#LEGISCTA000032032400.

③ Philippe Malaurie, Laurent Aynès, Philippe Stoffel-Munck, Droit des obligations, 8e édition, LGDJ, 2016, pp. 804 – 805；Rémy Cabrillac, Droit des obligations, 12e édition, Dalloz, 2016, p. 362；Virginie Larribau-Terneyre, Droit civil, Les obligations, 15e édition, Dalloz, 2017, pp. 177 – 178；Jérôme François, Les obligations, Régime general, Tome 4, 4e édition, Economica, 2017, pp. 477 – 482；François Terré, Philippe Simler, Yves Lequette, François Chénédé, Droit civil, Les obligations, 12e édition, Dalloz, 2018, pp. 1710 – 1711.

④ Philippe Malaurie, Laurent Aynès, Philippe Stoffel-Munck, Droit des obligations, 8e édition, LGDJ, 2016, p. 804；Virginie Larribau-Terneyre, Droit civil, Les obligations, 15e édition, Dalloz, 2017, p. 178, pp. 112 – 113.

⑤ Jérôme François, Les obligations, Régime general, Tome 4, 4e édition, Economica, 2017, p. 478.

债务时，债务人有权借口他们与债权人之间的合同无效而拒绝履行自己对债权人承担的债务。所谓合同债务不履行的抗辩（l'exception d'inexécution du contrat），是指在双务合同当中，如果合同没有对债务履行先后顺序做出规定，在一方当事人要求另外一方当事人对自己履行债务时，另外一方当事人有权借口对方当事人没有履行自己的债务而拒绝履行自己承担的债务。① 《法国民法典》新的第 1219 条对债务不履行的抗辩做出了界定，该条规定：如果合同的对方当事人没有履行自己的债务，并且如果其不履行债务的行为足够严重，则合同的一方当事人能够拒绝履行自己的债务，即便自己所承担的债务是可以要求立即履行的，亦是如此。②

所谓解除抗辩（l'exception de résolution），是指当债权人要求债务人履行合同所规定的债务时，债务人有权借口他们之间的合同应当解除而拒绝履行自己的债务。所谓相关债务的抵销抗辩（l'exception de compensation des dettes connexes），是指当债权人要求债务人对其自己履行合同所规定的债务时，在符合相关债务（dettes connexes）抵销（compensation）条件的情况下，债务人有权借口他们之间的相关债务应当予以抵销而拒绝履行自己的债务。③ 根据法国最高法院的司法判例，所谓相关债务，也称为债务的相关性（connexité），是指能够抵销的债务之间是存在关联性的，也就是，一个债务与另外一个债务是联系在一起的。根据法国最高法院的司法判例，除了双务合同当中的债务人所承担的债务属于相关债务之外，框架合同（convention cadre）当中的两个不同的债务人所承担的债务也属于相关债务。④

所谓时效抗辩（l'exception de prescription），是指在债务人不履行债务时，如果债权人没有在制定法所规定的期限内向法院起诉，要求法官责令债务人对自己承担合同责任，当债权人在法定期限经过之后再要求债务人履行债务时，债务人有权以超过时限期间为由拒绝履行自己的债务。⑤

（三）被让债务人能够对抗受让人的第二类抗辩：债务的个人抗辩

除了对债务固有的抗辩做出了规定之外，《法国民法典》新的第 1324（2）条也对被让债务人能够主张的第二类抗辩做出了规定，它将此类抗辩称为被让债务人在债权转让之前因为与转让人之间的关系而产生的抗辩，已如前述。不过，民法学者未必一定使用这样的术语，他们根据自己的理解使用了不同的替代术语。例如，Malaurie、Aynès、

---

① Philippe Malaurie, Laurent Aynès, Philippe Stoffel-Munck, Droit Des Obligations, 8e édition, LGDJ, 2016, p. 693; François Terré, Philippe Simler, Yves Lequette, François Chénedé, Droit civil, Les obligations, 12e édition, Dalloz, 2018, p. 822.

② Article 1219, Code civil, Version en vigueur au 15 juillet 2021, https://www.legifrance.goufr/codes/section_lc/LEGITEXT000006070721/LEGISCTA000032009921/#LEGISCTA000032009921.

③ Jérôme François, Les obligations, Régime general, Tome 4, 4e édition, Economica, 2017, p. 478.

④ Cass. 1ère ci 11 juill. 1958; Cass. com., 9 mai 1995; Cass. com. 19 avr. 2005; Aurélien Bamdé, Le paiement par compensation de dettes connexes: exception au principe d'interdiction des paiements, https://aurelienbamde.com/2017/11/09/le-paiement-par-compensation-de-dettes-connexes-exception-au-principe-dinterdiction-des-paiements/.

⑤ Jérôme François, Les obligations, Régime general, Tome 4, 4e édition, Economica, 2017, p. 478.

Stoffel-Munck 和 Larribau-Terneyre 将此种抗辩称为"个人抗辩"（Les exceptions personnelles）①，而 Francois 则将此类抗辩称为债权的外在抗辩（Les exceptions extérieures à la créance）。② 笔者采取 Malaurie 等人的称谓，将被让债务人的此类抗辩称为债务的个人抗辩。

所谓债务的个人抗辩，是相对于债务的固有抗辩、共同抗辩而言的一类抗辩，是指在债权转让之前，基于债务人与债权人之间的个人关系而产生的让债务人能够对抗债权人履行请求的抗辩。在债权转让之前，如果债权人对债务人实施某种行为，在债权人要求债务人履行债务时，债务人能够以债权人实施的此种行为对抗债权人，这就是债务的个人抗辩。除了对此类抗辩做出了明确规定之外，《法国民法典》新的第 1324（2）条也对此类抗辩做出了例示性的说明，根据它的说明，期限允许的抗辩、债务免除的抗辩以及非相关债务的抵销属于此类抗辩的组成部分。③

所谓期限允许的抗辩（l'octroi d'un terme），是指在债权转让之前，债权人对债务人履行债务的期限所做出的变更，换言之，债权人对债务人履行债务的期限做出了修改，让债务人在延长之后的期限内履行债务。在债权人将其债权转让给受让人时，如果受让人要求被让债务人按照最初的合同约定履行自己的债务，被让债务人有权以债务履行期限已经延长作为抗辩，这就是期限允许的抗辩。

所谓债务免除的抗辩（la remise de dette），是指在债权转让之前，债权人与债务人之间达成了债务免除协议，债权人同意根据该协议免除债务人承担的部分债务。在债权人将其债权转让给受让人时，如果受让人要求被让债务人在整个债务范围内对自己履行给付债务，被让债务人有权以债务已经被部分免除作为抗辩的理由，这就是债务免除的抗辩。

所谓非相关债务抵销的抗辩（la compensation de dettes non connexes），是指在债权转让之前，虽然债权人与债务人之间的债务既不是相互债务也不是框架合同当中的债务，但是，债权人与债务人之间达成相互抵销各自债务的协议。在债权人将其债权转让给受让人时，如果受让人要求被让债务人按照没有抵销之前的债务范围对自己承担债务，被让债务人有权以自己与转让人之间的债务抵销作为抗辩。

（四）被让债务人能够对受让人主张各种抗辩的理由

在债法上，在债权转让给受让人之后，被让债务人为何能够以上述不同的抗辩事由对抗受让人的债务履行请求？换言之，《法国民法典》新的第 1324（2）条规定抗辩对抗原则的理论根据是什么？无论是在 2016 年之前还是 2016 年之后，民法学者做出的回答均是相同的，他们认为，被让债务人之所以能够以上述抗辩事由对抗受让人的债务履

---

① Philippe Malaurie, Laurent Aynès, Philippe Stoffel-Munck, Droit des obligations, 8e édition, LGDJ, 2016, pp. 804 – 805；Virginie Larribau-Terneyre, Droit civil, Les obligations, 15e édition, Dalloz, 2017, p. 178, pp. 112 – 114.

② Jérôme François, Les obligations, Régime general, Tome 4, 4e édition, Economica, 2017, p. 478.

③ Philippe Malaurie, Laurent Aynès, Philippe Stoffel-Munck, Droit des obligations, 8e édition, LGDJ, 2016, p. 805；Jérôme François, Les obligations, Régime general, Tome 4, 4e édition, Economica, 2017, pp. 478 – 480.

行请求，是因为此种抗辩对抗原则是民法上一个更大原则适用的需要，是该更大原则在债权转让领域的具体适用，这个更大的原则是：任何人均不能够将比自己的权利更多的权利转移给别人的原则（Nemo dat quod non habet Nemo plus iuris ad alium transferre potest quam ipse habet）。①

根据这一原则，虽然权利主体有权将自己享有的权利转让给受让人，但是，他们也只能够将自己享有的权利转移给受让人，他们既不能够将自己不享有的权利转移给受让人，也不能够将比自己原本更多的权利转移给受让人。换言之，虽然受让人有权受让转让人所转移的权利，但是，他们所受让的权利范围不得超过转让人享有权利的范围。民法之所以实行这样的原则，是因为它认为，虽然权利主体有权转让自己的权利，但是，他们转让权利的行为不得让债务人的境况更差，债务人原本能够对抗转让人的各种抗辩手段也能够对抗权利的受让人，否则，权利转让将会使债务人在权利转让之后的地位差于权利转让之前。除了能够在有形财产的转让当中适用之外，此种原则也能够在债权转让当中适用。

Terré、Simler 和 Lequette 对此种原因做出了说明，他们指出："虽然受让人能够获得转让人所享有的权利，但是，他们获得的权利不会超过转让人所享有的权利范围。虽然债务人要对受让人履行自己的债务，但是，他们也仅仅履行自己最初所承担的债务，其对受让人承担的债务既具有最初所承担的债务的特征，也具有最初所承担的债务的限制，因此，凡是债务人能够对抗转让人的抗辩手段，债务人均能够对抗受让人：债务履行受到了条件或者期限限制的抗辩；合同无效的抗辩，债务不履行的抗辩，给付的抗辩，合同解除的抗辩（司法解除或者约定解除），债务的抵销抗辩，债的担保抗辩以及裁判的既判力抗辩，等等，如果这些抗辩手段是在《法国民法典》第 1690 条所规定的公示程序进行之前就产生的话。虽然债权人有权将其债权转让给受让人，但是，债权转让不得让债务人的地位恶化，这就是'任何人均不能够将比自己的权利更多的权利转移给别人'的原则。"②

Flour、Aubert 和 Savaux 也对此种原因做出了说明，他们指出："抗辩的对抗规则仅仅是一个原则的具体适用，该原则通过经典的法律格言的方式予以表示：任何人均不能够将比自己的权利更多的权利转移给别人的原则，它禁止转让人将比自己享有的权利更多的权利转让给受让人。在民法当中，此种原则包含了抗辩的对抗规则，该种规则规范和调整债权转让对债务人的对抗力问题。"③

除了上述理由之外，债法承认抗辩的对抗原则还有第二个理由，这就是合同的约束

---

① Jacques Flour, Jean-Luc Aubert, Éric Savaux, Les obligations, 3. Le rapport d'obligation, 7e édition, Dalloz, 2011, pp. 326 – 327；François Terré, Philippe Simler Yves Lequette, Droit civil, Les obligations, 12e édition, Dalloz, 2009, pp. 1278 – 1279；Philippe Malaurie, Laurent Aynès, Philippe Stoffel-Munck, Droit des obligations, 8e édition, LGDJ, 2016, p. 804；Rémy Cabrillac, Droit des obligations, 12e édition, Dalloz, 2016, p. 362.

② François Terré, Philippe Simler, Yves Lequette, Droit civil, Les obligations, 12e édition, Dalloz, 2009, pp. 1278 – 1279.

③ Jacques Flour, Jean-Luc Aubert, Éric Savaux, Les obligations, 3. Le rapport d'obligation, 7e édition, Dalloz, 2011, pp. 326 – 327.

力（force obligatoire du contrat）。所谓合同的约束力（la force obligatoire de contrat），是指依法成立的合同对合同当事人所产生的法律效果，根据该种法律效果，合同的一方当事人享有要求合同的另外一方当事人对其做出或者不做出某种给付行为的权利，而另外一方当事人则应当对对方当事人承担做出或者不做出某种给付行为的债务。法国民法学者将合同的约束力称为"合同的约束力原则"（le principe de la force obligatoire de contrat）。①

合同的约束力之所以是抗辩的对抗原则的理论根据，是因为抗辩的对抗原则以转让人与被让债务人之间的合同有效作为条件：在债权转让之后，受让人之所以仍然能够要求被让债务人履行债务，被让债务人之所以仍然能够以各种各样的抗辩事由对抗受让人的履行请求，完全是因为转让人与受让人之间的合同仍然有效，这些抗辩是当事人之间的合同具有约束力的具体体现。Malaurie、Aynès 和 Stoffel-Munck 对此种理由做出了说明，他们指出，在对债务的固有抗辩和个人抗辩做出解释时，虽然人们倾向求助于任何人均不能够将比自己的权利更多的权利转移给别人的原则，但是，"与此种理由相比，人们更应当求助于另外一个理由，这就是通过合同的约束力对这些抗辩做出解释：仅仅在让债权产生的合同仍然具有约束力时，被让债务人才对受让人承担债务，其结果是：如果合同的约束力消失（合同解除或者合同无效），则受让人享有的权利也因此消灭"②。

四、债权转让所产生的担保效力

（一）债权转让所产生的法定担保和约定担保效力

在债法上，债权转让所产生的第二个法律效力是其担保效力（garantie due par le cédant）。在 2016 年之前，《法国民法典》第 1693 条至第 1695 条对债权转让的担保效力做出了规定，③ 通过 2016 年 2 月 10 日的债法改革法令，现行《法国民法典》废除了这些法律条款并且以新的法律条款即新的第 1326 条对债权转让的担保效力做出了明确规定。④ 除了《法国民法典》对债权转让的担保效力做出了明确规定之外，无论是在

---

① 张民安：《法国合同法总论》，中山大学出版社 2021 年版，第 241—243 页。
② Philippe Malaurie, Laurent Aynès, Philippe Stoffel-Munck, Droit des obligations, 8e édition, LGDJ, 2016, pp. 804 – 805.
③ Articles 1693 à 1695, Code civil, Version en vigueur au 09 février 2016, https://www.legifrance.goufr/codes/section_ lc/LEGITEXT000006070721/LEGISCTA000006136385/2016 – 02 – 09/#LEGISCTA000006136385.
④ Article 1326, Code civil, Version en vigueur au 15 juillet 2021, https://www.legifrance.goufr/codes/section_ lc/LEGITEXT000006070721/LEGISCTA000032032400/#LEGISCTA000032032400.

2016 年之前①还是在 2016 年之后②，民法学者普遍对债权转让产生的担保效力做出了讨论。

所谓担保效力，是指当转让人将其对债务人享有的债权转让给受让人时，他们应当保证所转让的债权是存在的，甚至担保被让债务人是有清偿能力的，其中前一种担保就是所谓的法定担保，而后一种担保则是所谓约定担保。

1. 法定担保的界定和法律根据

所谓法定担保（garantie légale），也称为法律担保（garantie de droit），是指转让人基于制定法的明确规定所承担的担保责任。换言之，所谓法定担保，是指转让人仅仅对受让人担保所转移的债权存在的担保。2016 年之前，《法国民法典》第 1693 条对转让人承担的法定担保做出了说明，该条规定：当出卖人将自己的债权或者其他无形权出卖给买受人时，他们应当担保在转让时所出卖的债权或者其他无形权的存在，即便所转让的债权或者其他无形权是没有担保的。③ 通过 2016 年 2 月 10 日的债法改革法令，《法国民法典》新的 1326（1）条也对转让人承担的法定担保做出了说明，该条规定：除非受让人以自担风险、自甘冒险的方式获得债权，或者除非受让人已经知道债权所具有的不确定特征，否则，以有偿方式转让自己债权的人应当担保债权和从债权的存在。④

2. 约定担保的界定和法律根据

所谓约定担保（garantie conventionnelle），也称为行为担保（garantie de fait），是指转让人与受让人通过其转让合同所明确约定的担保，约定担保虽然多种多样，但最主要的约定担保是转让人担保被让债务人是有清偿能力的。在 2016 年之前，《法国民法典》第 1695 条对转让人承担的约定担保做出了说明，该条规定：如果转让人允诺担保债务人的清偿能力，他们仅仅担保债务人的当前清偿能力，除非转让人明确约定，否则，他们不会担保债务人的未来清偿能力。⑤ 通过 2016 年 2 月 10 日的债法改革法令，《法国民法典》新的 1326（2）条和第 1326（3）条也对转让人承担的约定担保做出了说明，它们规定：仅仅在做出明确承诺时，转让人才对债务人的清偿能力负责，并且转让人要

---

① Jacques Flour, Jean-Luc Aubert, Éric Savaux, Les obligations, 3. Le rapport d'obligation, 7e édition, Dalloz, 2011, pp. 321 – 323; Philippe Malaurie, Laurent Aynès, Philippe Stoffel-Munck, Les obligations, 4e édition, Defrénois, 2009, pp. 770 – 771; Françcois Terré, Philippe Simler, Yves Lequette, Droit civil, Les obligations, 12e édition, Dalloz, 2009, pp. 1280 – 1282; Philippe Malinvaud, Dominique Fenouillet, Droit des obligations, 11e édition, Litec, 2010, pp. 620 – 622.

② Philippe Malaurie, Laurent Aynès, Philippe Stoffel-Munck, Droit des obligations, 8e édition, LGDJ, 2016, pp. 805 – 806; Rémy Cabrillac, Droit des obligations, 12e édition, Dalloz, 2016, pp. 362 – 363; Marjorie Brusorio-Aillaud, Droit des obligations, 8e édition, bruylant, 2017, p. 325; Virginie Larribau-Terneyre, Droit civil, Les obligations, 15e édition, Dalloz, 2017, p. 178; Jérôme François, Les obligations, Régime general, Tome 4, 4e édition, Economica, 2017, pp. 482 – 484; François Terré, Philippe Simler, Yves Lequette, François Chénedé, Droit civil, Les obligations, 12e édition, Dalloz, 2018, pp. 1712 – 1714..

③ Article 1693, Code civil, Version en vigueur au 09 février 2016, https://www.legifrance.goufr/codes/section_lc/LEGITEXT000006070721/LEGISCTA000006136385/2016 – 02 – 09/#LEGISCTA000006136385.

④ Article 1326, Code civil, Version en vigueur au 16 juillet 2021, https://www.legifrance.goufr/codes/section_lc/LEGITEXT000006070721/LEGISCTA000032032400/#LEGISCTA000032032400.

⑤ Article 1695, Code civil, Version en vigueur au 09 février 2016, https://www.legifrance.goufr/codes/section_lc/LEGITEXT000006070721/LEGISCTA000006136385/2016 – 02 – 09/#LEGISCTA000006136385.

确保受让人能够收回债权转让所支付的价款。如果转让人担保债务人的清偿能力,他们仅仅担保债务人的当前清偿能力,如果转让人已经明确做出了规定,他们也能够担保债务人的未来清偿能力。①

3. 民法学者对债权转让所产生的两种担保效力的普遍承认

无论是在 2016 年之前还是之后,除了《法国民法典》对债权转让所产生的两种担保效力做出了规定之外,民法学者也普遍对债权转让所产生的两种担保效力做出了说明。

在 2016 年之前,Flour、Aubert 和 Savaux 债权转让产生的两种担保效力做出了说明,他们指出:"转让人对受让人所承担的担保内容由制定法确定,人们将此种担保称为法定担保或者法律担保。但是,此种担保也能够经由合同当事人予以限制,人们将合同当事人通过合同所规定的担保称为约定担保或者行为担保。"②

在 2016 年之后,Malaurie、Aynès 和 Stoffel-Munck 对债权转让的两种担保效力做出了同样的说明。他们指出:"一旦债权转让采取有偿形式,则它们均会引起担保的发生,这就是,如果受让人所获得的债权是无效的,则转让人应当对受让人遭受的损失予以赔偿……制定法对法定担保做出了规定,人们有时也将法定担保称为法律担保,该种担保仅仅在合同当事人之间没有对担保做出约定的情况下适用。如果当事人在其合同当中就此种担保做出了约定,则他们通过合同规定的担保虽然有时被称为行为担保,但是,人们更经常将其称为约定担保。"③

债权转让产生的两种担保效力是存在差异的:在法定担保当中,转让人仅仅对受让人担保所转让的主债权和从债权是存在的,他们不担保债务人有清偿能力,能够清偿对受让人承担的债务,而在约定担保当中,转让人不仅仅担保所转让的主债权和从债权是存在的,而且还要担保被让债务人有清偿能力,能够清偿对受让人承担的债务。不过,法定担保和约定担保也具有共同点,这就是,无论是法定担保还是约定担保均可以通过合同约定予以明确排除或者限制,当事人排除或者限制转让人承担的法定担保和约定担保的合同规定均是有效的,因为债权转让所产生的担保效力问题仅仅属于私人秩序性质的问题,并不属于公共秩序性质的问题。④

(二) 法定担保的范围

在债法上,转让人虽然要对受让人承担法定担保责任,但是,他们也仅仅对受让人承担较轻的担保责任,就是仅仅担保他们转移给受让人的债权是存在的;不对受让人担

---

① Article 1326, Code civil, Version en vigueur au 16 juillet 2021, https://www.legifrance.goufr/codes/section_lc/LEGITEXT000006070721/LEGISCTA000032032400/#LEGISCTA000032032400.

② Jacques Flour, Jean-Luc Aubert, Éric Savaux, Les obligations, 3. Le rapport d'obligation, 7e édition, Dalloz, 2011, p.321.

③ Philippe Malaurie, Laurent Aynès, Philippe Stoffel-Munck, Droit des obligations, 8e édition, LGDJ, 2016, p.805.

④ Guy Raymond, Droit Civil, 2e édition, Litec, 1993, p.374; Marjorie Brusorio-Aillaud, Droit des obligations, 8e édition, bruylant, 2017, p.325; Jérôme François, Les obligations, Régime general, Tome 4, 4e édition, Economica, 2017, p.484.

保较重的担保责任,就是不会担保被让债务人是有清偿能力的,是能够清偿受让人对被让债务人享有的债权的。

在 2016 年之前,法国民法学者普遍认可此种规则。例如,Voirin 和 Goubeaux 对此种规则做出了说明。他们指出:"当转让人将其债权转让给受让人时,转让人应当对受让人承担担保责任,此种权利担保在债权的出卖或者债权的赠与当中所遵循的规则是相同的,如果债权转让采取有偿转让或者无偿转让的方式的话。因此,如果债权转让采取有偿方式,则债权转让就是债权的出卖。此时,转让人应当担保债权的存在,但是,他们并不担保债务人有清偿能力。"① 再例如,Flour、Aubert 和 Savaux 也对此种规则做出了说明,他们也指出:"通过法定担保,转让人要担保所转移的债权的实际存在,但是,他们并不担保债务人有清偿能力。因此,如果在债权转让之前,转让人所转移的债权因为某种无效的原因或者债的消灭的原因而不存在,债务人就有拒绝对受让人履行债务的正当抗辩事由。"②

在 2016 年之后,民法学者也普遍承认这一规则。例如,Malaurie、Aynès 和 Stoffel-Munck 对此种规则做出了说明,他们指出:"转让人在法律上要担保转移给受让人的债权在债权转让的时候是存在的:在债权转让的时候,转让人要担保他们是被让债务人的债权人,他们对被让债务人享有的债权是有效的,其对被让债务人享有的债权是没有消灭的,被让债务人没有抗辩手段来让其债权主张失效的。转让人所承担的此种担保拓展到从债权领域,例如,担保权等。不过,转让人也仅仅担保所转让的债权的当前存在,如果受让人受让的权利因为转让之后的状况消灭,他们不会负责,尤其是转让人不担保债务人有债务的清偿能力。"③

所谓转让人仅仅担保自己转移给受让人的债权是存在的,是指转让人仅仅担保自己所转移的债权是转让人本人的债权而不是第三人的债权,转让人转移给受让人的债权是有效的债权而不是无效的债权,转让人转移给受让人的债权是没有消灭的债权而不是已经消灭的债权。如果转让人所转移的债权是其本人的债权,是有效的债权,是还没有消灭的债权,他们就履行了对受让人所承担的法定担保责任。反之,如果转让人转移给受让人的债权是不存在的债权,也就是,如果转让人所转移的债权是第三人的债权,或者是无效的债权,或者是已经消灭的债权,则他们没有履行对受让人所承担的法定担保责任。

在债法上,转让人对受让人所承担的债权存在的法定担保责任除了适用于转让人所转移的主债权之外,还适用于从债权,尤其是其中的担保权,如果转让人转移给受让人的债权之上存在从债权的话,尤其是,如果债权之上存在人的担保权或者物的担保权的话,转让人也担保从债权的存在:从债权是有效的而不是无效的,从债权是没有消灭的

---

① Pierre Voirin, Gilles Goubeaux, Droit civil, tome 1, Introduction au droit, personnes-famille, personnes protégées, biens-obligations, sûretés, 33e édition, LGDJ, 2011, p.640.

② Jacques Flour, Jean-Luc Aubert, Éric Savaux, Les obligations, 3. Le rapport d'obligation, 7e édition, Dalloz, 2011, p.321.

③ Philippe Malaurie, Laurent Aynès, Philippe Stoffel-Munck, Droit des obligations, 8e édition, LGDJ, 2016, pp.805 – 806.

而不是已经消灭的，已如前述。

虽然转让人要对受让人承担债权或者从债权是存在的法定担保责任，但是，在判断转让人是否履行了他们对受让人所承担的此种法定担保责任时，法律采取的判断标准是：如果在债权转让时，转让人转移给受让人的债权或者从债权是存在的，则转让人就履行了他们对受让人所承担的此种法定担保责任，他们无须对受让人承担民事责任，即便受让人此后因为债务人没有清偿能力而无法获得债权的实现，他们也不得要求转让人对其承担民事责任。Flour、Aubert 和 Savaux 对此种规则做出了说明。他们也指出："转让人虽然应当担保债权和从债权的存在，但是，决定他们所担保的债权或者附带债权是否存在的期限是债权转让的时候。因此，如果转让人所转移的债权或者从债权在债权转让之后因为某些原因而消灭，则转让人并不对受让人承担担保责任。"①

如果在债权转让时，转让人转移给受让人的债权或者从债权是不存在的，则转让人就没有履行自己对受让人所承担的此种法定担保责任，他们就应当就其违反法定担保责任的行为对受让人承担民事责任。此种民事责任包括两个方面：一方面，当转让人违反其承担的法定担保责任并因此导致受让人享有的债权无法实现时，受让人有权要求转让人将其获得的转让价款返还给自己；另一方面，当转让人违反其法定担保责任的行为导致受让人遭受损失或者损害时，转让人应当对受让人遭受的损害承担赔偿责任。因此，只要在债权转让时转让人所转移的债权或者从债权是存在的，即便在债权或者从债权转移给受让人之后，受让人享有的债权或者从债权因为某种原因的发生而不再存在，受让人均不得要求转让人其承担上述两种民事责任。

Terré、Simler 和 Lequette 对此种规则做出了说明。他们指出："如果转让人所转移的债权是某种不存在的债权，尤其是，如果转让人所转移的债权是无效的债权，已经消灭的债权，或者如果转让人所转移的债权并不是其本人的债权，则转让人除了要将其从受让人那里获得的转让价款返还给受让人之外，还应当对受让人因此遭受的损失或者损害承担赔偿责任，这一点同普通法当中关于出卖人违反了所承担的权利不为第三人所侵夺的担保责任是完全相同的。"② Flour、Aubert 和 Savaux 也对此种规则做出了说明，他们也指出："在转让人违反所承担的法定担保责任的情况下，债权的受让人首先有权要求转让人将其支付的债权价款返还给自己。除此之外，债权的受让人也有权要求转让人对其承担损害赔偿责任，其目的是让受让人在获得所支付的价款之外还能够获得损害赔偿。"③

在债法上，转让人并不对受让人承担被让债务人有债务清偿能力的担保责任，即便在债权转让时，转让人就不对受让人承担此种担保责任，更不用说在债权转移给了受让人之后了，除非转让人与受让人之间通过合同对此做出了明确约定。因此，只要在债权

---

① Jacques Flour, Jean-Luc Aubert, Éric Savaux, Les obligations, 3. Le rapport d'obligation, 7e édition, Dalloz, 2011，p. 321.

② François Terré, Philippe Simler, Yves Lequette, Droit civil, Les obligations, 12e édition, Dalloz, 2009, p. 1280.

③ Jacques Flour, Jean-Luc Aubert, Éric Savaux, Les obligations, 3. Le rapport d'obligation, 7e édition, Dalloz, 2011，p. 322.

转让时，转让人所转移的债权或者从债权是存在的，无论被让债务人在此时是否有清偿能力，转让人均履行了自己对受让人所承担的法定担保责任，即便此后受让人因为被让债务人丧失了债务清偿能力而无法要求被让债务人对其履行债务，他们也无权要求转让人对其承担赔偿责任。因此，债权转让合同是一种应当由受让人承担债务无法获得清偿的风险的合同。

转让人之所以不会对受让人承担被让债务人有清偿能力的法定担保责任，其主要原因有三：

第一，转让人无法担保被让债务人有债务清偿能力。在债法上，转让人转移给受让人的债权有时是能够即刻要求被让债务人予以履行的债权，有时则不是能够即刻要求被让债务人予以履行的债权，例如，转让人将其享有的附期限的债权或者附条件的债权转移给了受让人。受让人在受让转让人所转移的此类债权时无法即刻对被让债务人行使其享有的债权，因为此类债权仅在期限界至或者条件实现时才能够行使。即便在此类债权转让时被让债务人有清偿能力，也许到期限界至或者条件实现时，被让债务人可能已经丧失了债务清偿能力，无法清偿对受让人承担的债务。

第二，债权转让是一种有风险的买卖或者交易，暗含大量的投机因素。即便被让债务人在债权转让的时候没有债务清偿能力，他们在债务的具体履行时可能有债务的清偿能力；反之，即便在债权转让的时候被让债务人有债务清偿能力，他们在债务的具体履行时可能丧失了债务的清偿能力。

第三，债权转让的风险直接影响到受让人支付给转让人的价款的多少。在债法上，被让债务人履行债务的可能性越大，则受让人支付给转让人的价款可能就越多；反之，被让债务人履行债务的可能性越小，则受让人支付给转让人的价款可能就越少。既然被让债务人是否具有债务清偿能力直接决定着转让人与受让人之间的交易成本，则被让债务人是否具有债务清偿能力的风险当然就应当由受让人来承担。

既然转让人不担保被让债务人的债务清偿能力，他们也不担保担保人有承担担保责任的能力，如果担保人没有足够的担保能力并因此导致受让人所受让的债权无法实现，受让人也不得要求转让人对其承担民事责任。这一点同转让人并不担保被让债务人有清偿能力是一样的。Terré、Simler 和 Lequette 对此种规则做出了说明。他们指出："转让人不仅应当担保主债权的存在，而且也要担保从债权的存在。对于受让人而言，其受让的债权之上所存在的担保权构成其广义财产的组成部分。不过，正如转让人不担保债务人有清偿能力一样，转让人也不担保所转让的债权的附带担保是能够发挥功效的。"① Flour、Aubert 和 Savaux 也对此种规则做出了说明，他们也指出："债权转让包括债权的所有从债权，其中尤其包括担保权，因此，转让人对受让人所承担的法定担保责任除了包括担保债权的存在之外，也包括担保债权的担保权的存在。不过，就像转让人并不担保债务人有清偿能力一样，转让人也不担保担保人有担保能力，例如，他们并不担保保

---

① François Terré, Philippe Simler, Yves Lequette, Droit civil, Les obligations, 12e édition, Dalloz, 2009, p. 1280.

证人有保证能力。"①

(三) 债权转让所产生的约定担保

虽然制定法对转让人所承担的法定担保做出了明确规定,但是,制定法也允许当事人通过合同对转让人所承担的担保责任做出约定,并且一旦他们之间就转让人承担的担保问题做出了约定,则他们之间的担保具有优先于法定担保的效力。换言之,在有约定担保和法定担保的情况下,转让人仅仅按照合同的规定承担担保责任,不按照制定法的规定对受让人承担担保责任。在债法上,约定担保的目的有三:或者完全排除转让人对受让人承担的所有担保责任,或者限制转让人对受让人所承担的法定担保责任范围,或者拓展转让人对受让人所承担的法定担保责任范围。②

1. 完全排除担保责任的合同条款

约定担保的目的可能是为了完全排除转让人对受让人所承担的任何担保责任。根据合同自由和意思自治原则,债权转让合同的当事人当然有权在其合同当中规定排除条款(les clause exclusive),以便完全免除转让人对受让人所承担的所有担保责任,既包括排除债权存在的担保责任,也包括排除从债权存在的担保责任,还包括排除被让债务人有清偿能力的担保责任。当然,完全排除转让人担保责任的条款也受到一定的限制,包括两个方面的限制:其一,即便转让人不对受让人承担任何担保责任,如果受让人因为债权转让遭受了损害,虽然转让人并不对受让人遭受的损害承担赔偿责任,但是,转让人仍然应当将其接受的转让价款返还给受让人,至少在受让人不知道所受让的债权存在被第三人侵夺危险的情况下或者没有论及所受让的债权风险遇危险的情况下是应当这样做的。其二,转让人仍然应当就其个人行为对受让人承担担保责任,也就是,如果债务人对受让人所承担的债务因为债务人对转让人实施了给付行为而消灭,则转让人仍然应当对受让人承担责任。

Voirin 和 Goubeaux 对此种原则做出了明确说明。他们指出:"债权转让合同能够有效排除转让人所承担的所有担保责任,在此种情况下,债权转让合同属于一种全凭运气的合同。"③ Flour、Aubert 和 Savaux 也对此种规则做出了说明。他们也指出:"如果转让人与受让人在其债权转让合同当中规定了担保责任的排除条款,则该种条款将让转让人承担的所有担保责任均消灭,因此,转让人并不担保所转移的债权的存在……不过,合同当事人之间的此种合同条款也应当受到两种限制,这两种限制是从买卖合同当中移

---

① Jacques Flour, Jean-Luc Aubert, Éric Savaux, Les obligations, 3. Le rapport d'obligation, 7e édition, Dalloz, 2011, p.322.

② Jacques Flour, Jean-Luc Aubert, Éric Savaux, Les obligations, 3. Le rapport d'obligation, 7e édition, Dalloz, 2011, p. 322; Philippe Malaurie, Laurent Aynès, Philippe Stoffel-Munck, Droit des obligations, 8e édition, LGDJ, 2016, p.806; Rémy Cabrillac, Droit des obligations, 12e édition, Dalloz, 2016, p. 363; Marjorie Brusorio-Aillaud, Droit des obligations, 8e édition, bruylant, 2017, p.325; Jérôme François, Les obligations, Régime general, Tome 4, 4e édition, Economica, 2017, p.484; François Terré, Philippe Simler, Yves Lequette, François Chénedé, Droit civil, Les obligations, 12e édition, Dalloz, 2018, pp.1713 – 1714.

③ Pierre Voirin, Gilles Goubeaux, Droit civil, tome 1, Introduction au droit, personnes-famille, personnes protégées, biens-obligations, sûretés, 33e édition, LGDJ, 2011, p.640.

植到债权转让当中的:一方面,合同当事人所规定的不担保条款也仅仅能够免除转让人对受让人承担的损害赔偿责任,不能够免除转让人对受让人承担的价款返还责任,至少在受让人受让债权的时候不知道其债权存在被第三人侵夺的危险时是如此,或者没有论及债权所存在的危险或者风险时是如此;另一方面,转让人仍然应当对其本人实施的行为承担担保责任,也就是,如果债权的消灭是因为转让人的原因引起的,尤其是,如果转让人因为接受了债务人的给付行为而导致债权的消灭,更是如此。"①

2. 限制担保责任范围的合同条款

其次,约定担保的目的可能仅仅是限制转让人所承担的法定担保责任的范围。根据合同自由和意思自治原则,债权转让合同的当事人当然有权在其合同当中规定限制条款(les clause restrictives),以便限制转让人对受让人所承担的法定担保责任范围。在债法上,虽然制定法对转让人所承担的担保责任范围做出了规定,认为转让人应当担保所转移的主债权和从债权的存在,但是,制定法所规定的此种法定担保范围并不是公共秩序上的要求,立法者允许合同当事人通过其合同对法定担保范围做些限定,以便让转让人在所限定的范围内对受让人承担担保责任。原则上,凡是转让人所承担的法定担保责任范围内的担保事项,合同当事人均可以施加限制,例如,合同当事人可以通过合同条款约定,转让人仅仅担保债权的存在,不担保从债权的存在;或者反之,合同当事人通过其合同条款约定,转让人仅仅担保从债权的存在,而不担保债权的存在。不过,在通常情况下,合同当事人往往仅在其合同当中限制转让人所承担的担保权,以便免除转让人所承担的担保权存在的债务。法国民法学者普遍对此种规则做出了说明。例如,Malaurie、Aynès和Stoffel-Munck对此种规则做出了说明,他们指出:"合同当事人之间的合同能够限制转让人所承担的担保责任范围,例如,合同当事人可以在其合同条款当中约定,转让人不担保债权的存在。在此种情况下,受让人明知转让人所转移的债权存在被人侵夺的危险而仍然购买其债权,当然应当承担该种债权所存在的风险或者危险。"② 再例如,Terré、Simler和Lequette也对此种规则做出了说明,他们指出:"合同当事人之间的限制条款可能仅仅是单纯和简单地排除转让人所承担的担保责任,并且法律并不会禁止合同当事人做出这样的约定,不过,更常见的情况是,合同当事人往往在其合同当中仅仅排除转让人对受让人所承担的担保附带担保权存在的责任。"③ 同样,Flour、Aubert和Savaux也对此种规则做出了说明,他们指出:"合同当事人之所以在其合同当中规定限制转让人所承担的担保责任范围的条款,其目的是限制转让人通常所承担的担保责任范围。在过去的司法判例当中,法官通过对合同当事人意思表示做出解释后认为,如果合同当事人在其合同当中约定,'转让人并不担保所转移的债权是存在的,该

---

① Jacques Flour, Jean-Luc Aubert, Éric Savaux, Les obligations, 3. Le rapport d'obligation, 7e édition, Dalloz, 2011, pp. 322 – 323.
② Philippe Malaurie, Laurent Aynès, Philippe Stoffel-Munck, Les obligations, 4e édition, Defrenois, 2009, p. 770.
③ François Terré, Philippe Simler, Yves Lequette, Droit civil, Les obligations, 12e édition, Dalloz, 2009, p. 1281.

种担保也排除了转让人对受让人所承担的担保权的担保。"[1]

3. 拓展担保责任范围的合同条款

约定担保的目的可能是拓展转让人对受让人所承担的法定担保责任的范围。根据合同自由和意思自治原则，债权转让合同的当事人当然有权在其合同当中规定扩张条款（les clause extensive），以便拓展转让人对受让人所承担的法定担保责任范围。在债法上，虽然立法者对转让人承担的法定担保责任做出了约定，但是，立法者也认为，制定法关于法定担保责任的规定并不是公共秩序方面的规定，合同当事人有权通过其合同规定更严格的担保责任，以便让转让人承担的担保责任范围超过制定法所规定的法定担保责任范围。

在通常情况下，合同当事人拓展转让人所承担的担保责任的方式是让转让人担保被让债务人有债务清偿能力：合同当事人既可以约定，转让人担保被让债务人在债权转让时是有清偿能力的，这就是被让债务人在现在是有清偿能力的担保；他们也可以约定，转让人担保被让债务人在债权到期时是有清偿能力的，这就是被让债务人在将来是有清偿能力的担保。如果合同当事人仅仅约定，转让人担保被让债务人是有清偿能力的，则转让人所承担的此种担保责任是指他们担保被让债务人在现在是有清偿能力的，不是指他们担保被让债务人在未来是有清偿能力的。换言之，被让债务人在未来是有清偿能力的担保必须建立在合同当事人的明确约定的基础上，如果合同当事人之间没有明确约定，转让人要担保被让债务人在未来是有清偿能力的，则他们也仅仅担保被让债务人在现在是有清偿能力的。

如果转让人对受让人担保被让债务人是有清偿能力的，无论是担保债务人是在现在有清偿能力还是在未来有清偿能力，当被让债务人欠缺转让人所担保的清偿能力而导致受让人的债权无法实现时，转让人无需对受让人遭受的损害承担赔偿责任，他们也仅仅承担将其所接受的价款返还给受让人的责任。法国民法之所以实行这样的规则，一个主要的目的是反对受让人通过受让债权而获得暴利：如果受让人在受让债权的时候知道其受让的债权是没有可能实现的债权，他们往往会以非常低的价款从转让人那里获得债权；当被让债务人最终因为没有清偿能力清偿受让人的债权时，如果受让人既有权要求转让人对其遭受的损害承担赔偿责任，也有权要求转让人将其接受的转让价款返还给自己，则受让人将会因此获得了暴利。为了防止受让人通过此种方式获得暴利，法国民法明确规定，即便转让人对受让人明确担保，被让债务人是有债务清偿能力的，在被让债务人没有清偿能力的时候，转让人也仅仅将其从受让人那里获得的出卖价款返还给受让人，无须赔偿受让人因此遭受的损害。

在法国，民法学者普遍认可此种规则。Voirin 和 Goubeaux 对此种规则做出了明确说明。他们指出："合同当事人当然也有权加重转让人所承担的法定担保责任。并且，转让人能够担保债务人是有清偿能力的。一旦转让人明确担保债务人有清偿能力，则人们往往认为，债务人的清偿能力也仅仅是指现实的清偿能力（该种清偿能力在债权转

---

[1] Jacques Flour, Jean-Luc Aubert, Éric Savaux, Les obligations, 3. Le rapport d'obligation, 7e édition, Dalloz, 2011, p. 322.

让时予以确定），至少在合同没有明确约定债务人的清偿能力是关于债权到期时的清偿能力时是如此。"①

Malaurie、Aynès 和 Stoffel-Munck 也对此种规则做出了说明，他们指出："最经常的情况是，合同当事人之间的合同会扩张转让人对受让人所承担的担保责任范围，以便让转让人担保债务人在现在甚至在未来是有清偿能力的。人们将此种条款称为'开发和利用条款'。为了反对受让人通过受让债权获得暴利行为，法律也对合同当事人之间的合同所规定的拓展条款施加了限制：暴利者明知道转让人所转移的债权是无法实现的债权而仍然以极端低的价款受让债权。在此种情况下，即便合同当事人之间的合同规定了此种拓展条款，在被让债务人没有债务清偿能力的情况下，受让人也只能够要求转让人将其接受的价款返还给自己。此种规则属于公共秩序性质的规则。"②

---

① Pierre Voirin, Gilles Goubeaux, Droit civil, tome 1, Introduction au droit, personnes-famille, personnes protégées, biens-obligations, sûretés, 33e édition, LGDJ, 2011, pp. 640 – 641.

② Philippe Malaurie, Laurent Aynès, Philippe Stoffel-Munck, Les obligations, 4e édition, Defrénois, 2009, pp. 770 – 771.

第十七章 债务转让

第一节 债务转让的界定、类型和功能

债务的转让不同于债权的转让，因为债务的转让不像债权转让一样具有统一的含义。至少在 2016 年 2 月 10 日的债法改革法令实行之前是如此，因为人们在不同的状况下讨论债务的转让问题。所谓债务转让（la cession de dette），是指债务人与第三人之间的合同，根据此种合同，在取得债权人同意的情况下，债务人将自己对债权人承担的全部或者部分债务转让给第三人，由第三人在所受让的债务范围内对债权人承担债务，其中的债务人被称为转让人（cédant），第三人被称为受让人（cessionnaire），受让人对其承担债务的债权人被称为被让债权人（créancier cédé），转让人转让给受让人的债务被称为被让债务（dette cédée）。根据债务转让的不同情况，债务转让可以分为：全部债务转让和特定债务转让，主要债务转让和次要的债务转让，直接债务转让和间接债务转让，完全的债务转让和不完全的债务转让，其中主要的债务转让和直接债务转让也被称为独立债务转让。

一、全部债务转让和特定债务转让

根据转让人转让债务时所转让的债务是所有债务还是所有债务当中的某一种具体债务的不同，债务转让可以分为全部债务转让和特定债务转让。

所谓全部债务转让（la cession de dettes à titre universalité la transmission universelle），是相对于特定债务转让而言的一种债务转让，是指债务人将自己承担的所有债务、全部债务一次性转让给受让人的一种债务转让。在自然人死亡或者法人因为合并和分立消失时，他们生前或者消失之前所承担的所有债务均转移给自己的继承人继承，包括自然人的继承人和法人的继承人。[①]

全部债务转让发生在三种不同的情形。首先，当作为债务人的自然人死亡时，他们生前对债权人承担的所有债务均转让给自己的法定继承人继承，在所继承的净资产范围内，他们应当承担被继承人生前对债权人承担的债务。其次，当作为债务人的自然人死亡时，如果他们生前以遗嘱或者遗赠的方式将自己的所有遗产转移给了遗嘱继承人或者受遗赠人，在所继承或者所受赠的净资产的范围内，遗嘱继承人或者受遗赠人应当履行

[①] François Terré, Philippe Simler, Yves Lequette, Droit civil, Les obligations, 10e édition, Dalloz, 2009, p.1294; Jacques Flour, Jean-Luc Aubert, Éric Savaux, Droit civil, Les Obligations, 3. Le rapport d'obligation, 7e édition, Dalloz, 2011, p.357; Philippe Malaurie, Laurent Aynès, Philippe Stoffel-Munck, Droit des obligations, 8e édition, LGDJ, 2016, p.813; Virginie Larribau-Terneyre, Droit civil, Les obligations, 15e édition, Dalloz, 2017, p.163.

死者生前对债权人承担的债务。最后,当一个公司与另外一个公司合并时,或者当一个公司分立为两个公司时,合并或者分立之后的公司应当继承合并或者分立之前的公司所承担的债务。在这三种情况下,债务人的债务之所以能够转移给自己的继承人或者合并之后的法人,是因为法定继承人、遗嘱继承人和合并之后的法人是死者和合并之前的两个公司人格的延续。

所谓特定债务转让(la cession de dettes à titre particulier),也称为特别债务转让、具体债务转让,是指转让人仅仅将自己承担的某一种确定债务(dette déterminée)转让给受让人的债务转让。根据债务的特定转让,虽然债务人承担众多的债务,但是,他们仅仅将其中的某一种明确、肯定和清楚的债务转让给受让人,受让人仅仅受让转让人所转让的此种债务,不会受让其他债务,更不会受让所有债务。除了全部债务转让之外,转让人实施的所有其他债务转让均为特定债务转让,因此,主要债务转让和次要债务转让属于特定债务转让,直接债务转让和间接债务转让也属于特定作为债务。

二、主要债务转让和次要债务转让

根据债务转让在转让人与受让人之间的交易当中所占据的重要程度或者地位高低的不同,债务转让可以分为主要债务转让和次要债务转让。

所谓主要债务转让(cession de dette à titre principal),是相对于次要债务转让而言的一种债务转让,是指转让人与受让人之间进行交易的主要目的甚至唯一目的就是将转让人承担的债务转移给受让人承担的债务转让。在主要债务转让当中,当事人之间的交易目的不是为了别的,而是为了实现债务的转移。在债法上,主要债务转让实际上就是直接债务转让,因为直接债务转让的主要目的甚至唯一目的就是实现债务的转移。关于直接债务转让,笔者将在下面的内容当中做出详细的讨论,此处从略。

所谓次要债务转让(la cession de dettes à titre accessoire),是指当转让人将自己拥有或者享有的某种财产或者权利转让给受让人时,除了将自己的此种财产或者权利转让给受让人之外,他们也将附加在该种财产或者权利上的债务转让给受让人。除了获得所受让的财产和权利之外,受让人也受让转让人所转让的债务,他们应当像转让人那样对被让债权人承担债务。此种债务转让之所以被称为次要债务转让,是因为债务转让并不是当事人之间从事交易的目的或者主要目的,而仅仅是他们从事的交易引起的后果。次要债务转让情形众多,其中的某些情形是由制定法规定的,这就是因为制定法的规定引起的债务转让;而另外一些情形是由当事人通过私人意图规定的,这就是因为私人意图引起的债务转让;还有某些情形则是由法官通过自己的司法判例确立的,这就是因为司法判例所引起的债务转让。①

根据《法国民法典》第1743条的规定,如果不动产的所有权人将自己的不动产出

---

① Jean Carbonnier, Droit civil, Les biens Les obligations, puf, 2004, pp. 2463 – 2464; Françcois Terré, Philippe Simler, Yves Lequette, Droit civil, Les obligations, 10e édition, Dalloz, 2009, pp. 1296 – 1297; Virginie Larribau-Terneyre, Droit civil, Les obligations, 12e édition, Dalloz, 2010, pp. 140 – 141; Jacques Flour, Jean-Luc Aubert, Éric Savaux, Droit civil, Les Obligations, 3. Le rapport d'obligation, 7e édition, Dalloz, 2011, p. 357.

租给承租人,则他们应当按照租赁合同对承租人承担债务,当他们将自己的不动产出卖给买受人时,除了将不动产的所有权转让给了买受人时,他们也将附加在该不动产之上的债务转让给了买受人:在转让人与承租人之间的租赁合同有效期内,买受人除了应当尊重此种租赁合同之外,还应当履行租赁合同当中原本由出租人承担的债务。

根据《法国保险法典》第 L. 121-10 条的规定,当被保险人与保险人签订财产保险合同时,被保险人应当对保险人承担保险合同所规定的诸如按期缴付保费和风险增加告知债务在内的各种债务;当被保险人将自己已经获得保险的财产出卖给买受人时,除了将自己的财产所有权转让给了买受人之外,他们也将对保险人承担的这些债务转让给了买受人,买受人应当履行对保险人所承担的这些债务。

即便制定法没有明确规定,法官也可以在自己的司法判例当中确认,当转让人将自己享有的财产或者权利转让给受让人时,附加在该种财产或者权利基础上的债务也随着转移给受让人。在 1931 年 2 月 17 日和 1996 年 12 月 3 日的两个案件当中,法国最高法院认定,如果商事营业资产当中的供应条款、排他性条款或者非竞争条款对商事营业资产的所有权人规定了供应债务、排他性债务或者非竞争债务,当商事营业资产的所有权人将自己的商事营业资产出卖给买受人时,这些条款所规定的债务也转让给买受人,买受人也应当对被让债权人承担这些债务。[1]

即便制定法没有规定,法官也在自己的司法判例当中认为,当所有权人与用益权人签订财产的使用和收益合同时,除了对用益权人享有权利之外,虚所有权人也对用益权人承担债务。当用益权人将其用益权转让给受让人时,虚所有权人仍然应当对受让人承担债务,因为他们对用益权人承担的债务也一并转让给了受让人。[2]

此外,即便制定法没有规定,或者法官没有在司法判例当中认定,如果当事人在自己的合同当中做了明确规定,则当转让人将自己的财产或者权利转让给受让人时,附加在该种财产或者权利之上的债务也一并转让给受让人。例如,如果出卖人与买受人约定,当出卖人将附加了某种作为债务或者不作为债务的财产出卖给买受人时,买受人将承担所购买的此种财产之上的此种债务,则买受人在购买了此种财产时应当承担此种财产上的债务。

三、直接债务转让和间接债务转让

根据转让人是否能够直接将自己承担的债务以转让合同的方式转让给受让人的不同,债务转让可以分为直接债务转让和间接债务转让。

所谓直接债务转让(cession de dette directie),是相对于间接债务转让的一种方式,是指转让人直接与受让人签订债务转让合同,将自己承担的债务转让给受让人并且由受让人取代自己对债权人承担债务的一种债务转让。实际上,直接债务转让就是所谓的主

---

[1] Req. 17 févr. 1931, D. 1931.1.41; Ci1re, 3 dé. 1996, JCP. II. 22799; Virginie Larribau-Terneyre, Droit civil, Les obligations, 12e édition, Dalloz, 20100, p.140; Françoois Terré, Philippe Simler, Yves Lequette, Droit civil, Les obligations, 10e édition, Dalloz, 2009, p.1297.

[2] François Terré, Philippe Simler, Yves Lequette, Droit civil, Les obligations, 10e édition, Dalloz, 2009, pp. 1296 – 1297.

要债务转让、独立债务转让。关于独立债务转让，笔者将在下面的内容当中做出详细的讨论，此处从略。

所谓间接债务转让（cession de dette indirectie），是指债务人以直接债务转让之外的某种迂回方式将自己承担的债务转让给受让人承担的债务转让。在2016年2月10日的债法改革法令之前，鉴于《法国民法典》没有对直接债务转让做出明确规定的事实，在普遍坚持债务的不得自由转让原则的情况下，民法学者也对债务人能够将其债务投入流通的各种可能途径、方法、技术做出了讨论并因此提出了各种各样的不同理论，包括德国民法学者提出的三种债务承担（reprises de dette）理论和法国民法学者提出的与债务承担类似的各种理论，诸如指定清偿理论（indication de paiement）、债务更新理论（novation）、债务的指令承担（délégation）理论等。当债务人通过民法学者所提出的这些可能途径、方法、技术将自己承担的债务转让给受让人时，他们所进行的债务转让就是间接债务转让。

债务人通过这些可能途径、方法、技术所进行的债务转让之所以被称为间接债务转让，是因为民法学者认为，仅直接债务转让是真正的债务转让、独立性的债务转让，而间接债务转让并不是真正的债务转让、并不是独立的债务转让，在否定直接债务转让、真正的债务转让或者独立债务转让的情况下，它们仅仅是用来替换直接债务转让的各种曲折迂回的方式（substituts）罢了。在2016年2月10日的债法改革法令颁布之前，法国民法学者普遍承认此类债务转让。① 在2016年2月10日的债法改革法令颁布之后，某些民法学者仍然承认此类债务转让。② 关于间接债务转让，笔者将在下面的内容当中做出详细的讨论，此处从略。

四、完全债务转让和不完全债务转让

根据转让人在将自己承担的债务转让给受让人之后的地位不同，民法学者普遍将债务转让分为完全债务转让和不完全债务转让。

所谓完全债务转让（la cession parfaite de dette），是指当债务人将其对债权人承担的债务转让给受让人时，除了转让人和受让人之间的债务转让获得了被让债权人的同意之外，转让人对被让债权人承担的最初债务也被解除。从债务转让合同生效之日起，转让人不再对被让债权人承担债务，仅受让人对被让债权人承担债务；在受让人不承担债务时，被让债权人只能够要求受让人继续履行债务或者承担合同责任，他们不能够再要求转让人对自己履行债务或者承担合同责任。

所谓不完全债务转让（la cession imparfaite de dette），是指当债务人将其对债权人

---

① Jean Carbonnier, Droit civil, Les biens Les obligations, puf, 2004, pp. 2461 - 2463; Philippe Malaurie, Laurent Aynès, Philippe Stoffel-Munck, Les obligations, 4e édition, Defrénois, 2009, pp. 781 - 783; François Terré, Philippe Simler, Yves Lequette, Droit civil, Les obligations, 12e édition, Dalloz, 2009, pp. 1294 - 1298; Jacques Flour, Jean-Luc Aubert, Éric Savaux, Les obligations, 1. L'acte juridique, Quatorzième édition, Dalloz, 2010, pp. 359 - 361.

② Philippe Malaurie, Laurent Aynès, Philippe Stoffel-Munck, Droit des obligations, 8e édition, LGDJ, 2016, pp. 815 - 817; Rémy Cabrillac, Droit des obligations, 12e édition, Dalloz, 2016, pp. 367 - 369; Virginie Larribau-Terneyre, Droit civil, Les obligations, 15e édition, Dalloz, 2017, pp. 166 - 172.

承担的债务转让给受让人时，无论他们之间的债务转让合同是否获得了被让债权人的同意，转让人对被让债权人承担的债务均不会解除；在受让人不履行对被让债权人承担的债务时，无论被让债权人是否能够要求受让人对自己履行债务或者承担合同责任，被让债权人均有权要求转让人对自己履行债务或者承担合同责任。

在2016年之前，民法学者普遍不承认完全债务转让的存在，因为他们大都不承认直接债务转让的存在或者合法性，认为直接债务转让仅仅是指在无须获得被让债权人同意时的债务转让。不过，少数民法学者仍然承认完全债务转让的存在，因为他们认为，在获得债权人同意时，转让人与受让人之间的债务转让不仅是存在的、合法的，而且还是能够免除转让人所承担的最初债务的。关于这一点，笔者将在下面的内容当中做出详细的讨论，此处从略。在2016年之前，民法学者之所以普遍承认不完全债务转让的存在，是因为他们认为，在直接债务转让不存在、不合法的情况下，人们能够透过众多的迂回手段间接转让自己所承担的债务，这就是间接债务转让。关于这一点，笔者将在下面的内容当中做出详细的讨论，此处从略。

完全债务转让和不完全债务转让之间的最主要差异是，在完全债务转让当中，当事人之间的债务转让能够产生让转让人承担的最初债务解除的法律效力，被让债权人不能够再要求转让人承担债务，这就是债务转让合同所产生的完全法律效力。而在不完全债务转让当中，当事人之间的债务转让不能够产生让转让人承担的最初债务解除的法律效力，被让债权人仍然能够要求转让人对自己承担债务，这就是债务转让合同产生的不完全的法律效力。此外，它们之间还可能存在一个差异：完全债务转让一定需要获得被让债权人的同意，而不完全债务转让则不同，某些不完全债务转让不需要获得被让债权人的同意，例如内部转让，而另外一些不完全债务转让则需要获得债权人的同意，例如累积转让。

虽然某些民法学者可能存在相反的看法，但是，大多数民法学者认为，不完全债务转让在性质上等同于间接债务转让，因为直接债务转让在性质上属于完全债务转让。根据具体情况的不同，不完全债务转让大致可以分为两种情形：

第一，当转让人与受让人之间签订债务转让合同时，他们之间的转让合同没有获得被让债权人的同意。因此，他们之间的债务转让合同仅仅具有对内的法律约束力，如果受让人依约履行了对被让债权人承担的债务，则被让债权人与转让人之间的合同终止；如果受让人没有履行债务，被让债权人只能够要求转让人承担债务，不能够要求受让人承担债务，这就是所谓的内部转让。关于这一点，笔者将在下面的内容当中做出详细的讨论，此处从略。

第二，当转让人与受让人之间签订债务转让合同时，他们之间的转让合同获得了被让债权人的同意，但是，被让债权人与转让人、受让人约定，除了受让人对被让债权人承担债务之外，转让人仍然要对被让债权人承担债务，例如，累积转让和通过为第三人利益合同的方式实现的债务转让就属于此种情形。关于这两种间接债务转让，笔者将在下面的内容当中做出详细的讨论，此处从略。

五、独立债务转让

(一) 独立债务转让的界定

所谓独立债务转让（la cession de dette à titre autonome cession de dette autonome），简称为债务转让，也称为直接债务转让（cession de dette directie）、真正债务转让（veritable cession de dette），以便区别于所谓的间接债务转让（cession de dette indirectie）、非真正债务转让、非独立债务转让，至于说其具体含义是什么，无论是 2016 年之前还是之后的《法国民法典》均没有对其做出明确的界定：在 2016 年之前，《法国民法典》没有对独立债务转让做出任何规定，因此，它没有可能对其做出界定。在 2016 年之后，虽然通过 2016 年 2 月 10 日的债法改革法令，《法国民法典》新的第 1327 条至第 1328-1 条对此种债务转让制度做出了规定，但是，这些法律条款也没有对此种债务转让做出明确界定。[①]

无论是在 2016 年之前还是之后，少数民法学者均对债务转让做出了界定。例如，在 2016 年之前，Légier、Ghestin、Billiau 和 Loiseau 对债务转让做出了自己的界定。在 2001 年的《债》当中，Légier 对债务转让做出了界定，他指出："在理论上，债务转让类似于债权转让，所谓债务转让，是指债务人在未经被让债权人同意的情况下将其债务转移给受让人。其结果就是，转让人不再对债权人承担债务，而受让人则成了债权人的债务人。"[②] 在 2005 年的《债权和债务制度》当中，Ghestin、Billiau 和 Loiseau 也对债务转让做出了界定，他们指出："所谓债务转让，是指作为债务人的转让人与作为受让人的第二个之间所签订的一种合同，根据该合同，转让人在未经债权人同意的情况下将其对债权人承担的债务转让给受让人。换言之，所谓债务转让，是指在同一债的关系当中，以新的债务人取代原债务人的一种制度。"[③]

在 2016 年 2 月 10 日的债法改革法令之后，少数民法学者也对债务转让做出了界定，例如 Aillaud 和 Francois。在 2017 年的《债法》当中，Aillaud 对债务转让做出了界定，他指出："所谓债务转让，是指债务人（转让人）与第三人（受让人）之间的一种交易，根据该种交易，债务人将自己对债权人（被让人）承担的债务转移给受让人。债务转让实际上是以一个债务人取代另外一个债务人。"[④] 在 2017 年的《债的一般制度》当中，Francois 也对债务转让做出了界定，他指出："所谓债务转让，是指债的最初债务人即转让人与债的承受人即受让人之间所达成的一种债务转移协议，该种协议的目的在于以受让人取代转让人对被让债权人承担债务，因为被让债权人被要求变更债

---

① Articles 1327 à 1328 – 1, Code civil, Version en vigueur au 18 juillet 2021, https://www.legifrance.goufr/codes/section_ lc/LEGITEXT000006070721/LEGISCTA000032034723/#LEGISCTA000032034723.

② Gérard Légier, les obligations, 17e édition, 2001, Dalloz, p.232.

③ Jacques Ghestin, Marc Billiau, Grégoire Loiseau, TRAITÉ DE DROIT CIVIL, le regime des créances et des dettes L. G. D. J. 2005, p.407.

④ Marjorie Brusorio-Aillaud, Droit des obligations, 8e édition, bruylant, 2017, p.328.

务人。"①

虽然 2016 年之前和之后的民法学者对债务转让做出了界定，但是，他们所做出的上述界定是存在差异的。他们之间的界定所存在的最主要区别是，2016 年之前，民法学者在界定债务转让时均强调债务转让是没有获得债权人同意的；而 2016 年之后，民法学者在界定债务转让时不再强调这一点，已如前述。2016 年之前，为何民法学者强调这一因素，而到了 2016 年之后，民法学者不再强调这一点？答案在于，2016 年之前，民法学者之所以强调这一点，是因为他们的出发点在于强调债务的不得自由转让性，并因此与债权转让区分开来；而 2016 年之后，民法学者之所以不再强调这一点，是因为他们的出发点在于强调债务的可自由转让性。关于这一点，笔者将在下面的内容当中做出详细的讨论，此处从略。

笔者采取 2016 年之后的法国民法学者所采取的方法界定债务转让。笔者认为，所谓债务转让，是指转让人与受让人之间所缔结的一种转移合同，根据该种转移合同，转让人将其对债权人承担的债务转移给受让人，由受让人取代转让人的债务人地位并因此成为新的债务人。实际上，债务转让是在保持债的内容不变的情况下变更债的债务人，也就是，以新的债务人取代原债务人，让新债务人履行原债务人对债权人承担的债务。此种意义上的债务转让属于主要债务转让、真正债务转让和独立债务转让。此种意义上的债务转让之所以被称为主要债务转让，是因为当事人签订转移合同的主要目的、甚至唯一的目的就是将原债务人承担的债务转移给新债务人，让新债务人取代原债务人对债权人承担债务。此种意义上的债务转让之所以被称为真正债务转让，是因为转让人直接通过债务转移合同将自己承担的债务转移给受让人，他们之间的交易不是通过某种迂回的方式进行的。此种意义上的债务转让之所以被称为独立债务转让，是因为此种债务转让独立于当事人之间所进行的财产转移或者其他权利的转移行为，不是当事人之间进行财产转移或者其他权利转移所引起的附属后果，已如前述。在下面的内容当中，除非另外做出说明，否则，笔者所谓的债务转让仅仅是指此种含义上的债务转让，也就是指独立债务转让。

（二）债务转让所涉及的三方当事人

就像债权转让存在三方当事人一样，债务转让也存在三方当事人：其一，转让人（cédant）。所谓转让人，也称最初债务人、原债务人（le débiteur originaire），是指将自己对债权人承担的债务转移给受让人的债务人。其二，受让人（cessionnaire）。所谓受让人，是指从转让人那里受让其转移的债务的人。当最初债务人将其对债权人承担的债务转移给受让人时，受让人即取代转让人的债务人地位而成为新债务人。相对于受让人的新债务人地位而言，转让人被称为原债务人或者最初债务人，已如前述。其三，被让债权人（créancier cédé）。在债务转让当中，仅债务人发生了变更，这就是，原债务人被新债务人所取代，债权人并没有发生变更，无论是在债务转让之前还是之后，债权人均是同一债权人。在债法当中，债权人被称为被让债权人，

---

① Jérôme François, Les obligations, Régime general, Tome 4, 4e édition, Economica, 2017, p.567.

或者被直接称为被让人（cédé）。

（三）《法国民法典》在不同时期对待债务转让的态度

在债法上，如果债权人对债务人享有债权，他们生前当然能够与受让人签订合同，将自己享有的债权转让给受让人，因为从1804年开始一直到今时今日，《法国民法典》均对债权的可自由转让性做出了明确规定，已如前述。问题在于，当债务人对债权人承担债务时，他们生前是否能够与受让人签订合同，将自己对债权人承担的债务转让给受让人？对此种问题，从1804年开始一直到2016年之前，《法国民法典》均没有做出明确回答，因为在长达200多年的时间内，它没有对债务转让做出任何规定，这一点同它对待债权转让的态度完全不同，因为从1804年开始一直到今时今日，它均对独立的债权转让做出了规定，已如前述。

在2016年之前，法国民法学者对《法国民法典》的沉默不语（silence）做出了两种截然相反的解读：某些民法学者认为，《法国民法典》的此种沉默不语表明，法国实在法不承认债务转让，债务人不能够与受让人签订合同，将自己对债权人承担的债务转让给受让人。而另外一些民法学者则认为，《法国民法典》的此种沉默不语表明，法国实在法并不禁止债务转让，债务人生前仍然能够与受让人签订合同，将自己承担的债务转让给受让人。①

由于民法学者对待债务转让的不同态度，所以，在2016年之前民法学者所起草的不同债法改革草案当中，民法学者也采取了不同的态度，某些学者在自己的草案当中采取了2016年之前的《法国民法典》的缄默不语的态度，而另外一些学者则在自己的草案当中采取了其他大陆法系国家民法典的态度，对债务转让做出了规定。通过2016年2月10日的债法改革法令，现行《法国民法典》新的第1327条至新的第1328-1条对债务转让做出了明确规定，正式承认了债务转让的存在。

在2016年之前，虽然少数民法学者承认债务转让的独立性，但是，大多数民法学者不承认债务转让，因为他们认为，除非经过债权人的同意；否则，债务人承担的债务是无法转让给受让人的，这就是债务的不得转让原则（principe d'incessibilité des dettes）。② 在坚持债务的不得转让原则的同时，法国民法学者也试图通过多种不同的方式弱化此种原则的适用，以便让当事人之间能够实现债务的转让，这些方式可以分为两类：其一，德国民法学说所提出的债务承担方式；其二，法国民法学者所提出的类似于债务承担的方式。③ 不过，无论是德国民法学者所提出的债务承担还是法国民法学者提出的类似于债务承担的方式，这些方式均为间接债务转让，不属于真正债务转让（véritable cession de dette）。

---

① Jacques Ghestin, Marc Billiau, Grégoire Loiseau, Traité de Droit Civil, Le régime des créances et des dettes, LGDJ, 2005, pp. 407 – 408.
② Philippe Malaurie, Laurent Aynès, Philippe Stoffel-Munck, Droit des obligations, 8e édition, LGDJ, 2016, p. 814.
③ Philippe Malaurie, Laurent Aynès, Philippe Stoffel-Munck, Droit des obligations, 8e édition, LGDJ, 2016, pp. 815 – 817；Virginie Larribau-Terneyre, Droit civil, Les obligations, 15e édition, Dalloz, 2017, pp. 162 – 163.

虽然2016年之后的《法国民法典》已经对债务转让做出了明确规定，但是，民法学者仍然对债务转让的问题存在不同看法：某些民法学者认为，《法国民法典》新的第1327条至新的第1328-1条关于债务转让的规定属于基本的创新，它们建立了真正的债务转让制度。① 而某些民法学者则认为，这些法律条款所采取的步伐太大、太急，认为这些法律条款规定了债务转让的可自由转让性为时过早，人们应当及时刹车，不应当在承认债务的可自由转让方面越走越远。②

六、债务转让的功能

就像债权转让能够实现一定的目的和发挥一定的作用一样，债务转让也能够实现一定的目的和发挥一定的作用，债务转让所实现的目的和发挥的作用被称为债务转让的功能或者债务转让的功效。不过，大多数民法学者均没有对债务转让的功能做出说明，仅少数民法学者对债务转让的功能做出了简略说明。根据他们的说明，解除转让人承担的债务、强化债权实现的基础以及简化债务的清偿等是债务转让的几个功能。③

首先，债务转让的首要功能是让最初债务人对被让债权人承担的债务消灭。根据此种功能，当债务人对债权人承担某种债务时，如果他们希望不再对债权人承担债务，他们可以与受让人签订合同，将自己对被让债权人承担的债务转让给受让人，由受让人取代自己对被让债权人履行债务。当他们将自己的债务转让给受让人时，他们所承担的债务消灭，他们与债权人之间的债权债务关系消灭，他们不再是债权人的债务人，债权人不得再要求他们对自己承担债务。不过，通过此种方式实现债务消灭的目的并不容易，因为债务人的信用、清偿能力和商事经营能力直接影响到债权人债权的实现。因此，债权人不会轻易让自己的债务人通过此种方式逃脱所承担的债务。根据2016年之后的《法国民法典》的规定，如果债务人希望通过此种方式彻底解除自己对债权人承担的债务，他们应当具备两个必要条件：既要获得债权人对其债务转让的同意，更要取得债权人对其债务转让之后不再履行被让债务的明确同意；否则，即便他们已经将债务转让给了受让人，他们仍然应当与受让人一起对被让债权人承担连带债务，关于这一点，笔者将在下面的内容当中做出详细的讨论，此处从略。

其次，债务转让能够实现强化债权实现的功能。在债务转让之前，仅转让人对债权人承担债务，而在债务转让之后，除了受让人要对被让债权人承担债务之外，转让人也有可能要对被让债权人承担债务。因为根据《法国民法典》的规定，除非被让债权人明确免除转让人所承担的债务，否则，在债务转让之后，债务人仍然要与受让人一起对

---

① Virginie Larribau-Terneyre, Droit civil, Les obligations, 15e édition, Dalloz, 2017, p.163.
② François Terré, Philippe Simler, Yves Lequette, François Chénedé, Droit Civil, les Obligations, 12e édition, Dalloz, 2018, pp.1716–1729.
③ Jacques Ghestin, Marc Billiau, Grégoire Loiseau, Traité de Droit Civil, Le régime des créances et des dettes, LGDJ, 2005, pp.410–411; Jacques Flour, Jean-Luc Aubert, Éric Savaux, Droit civil, Les Obligations, 3. Le rapport d'obligation, 7e édition, Dalloz, 2011, p.358; Philippe Malaurie, Laurent Aynès, Philippe Stoffel-Munck, Droit Des Obligations, 8e édition, LGDJ, 2016, p.814; Jérôme François, Les obligations, Régime general, Tome 4, 4e édition, Economica, 2017, p.571.

被让债权人承担连带债务。对于被让债权人而言，他们的债权获得了双重保障，在受让人不履行债务时，除了有权对受让人的财产采取强制执行措施之外，他们还能够继续对转让人的财产采取此措施。关于这一点，笔者将在下面的内容当中做出详细的讨论，此处从略。

再次，债务转让也能够起到简化交易的功能。这就是，当转让人对债权人承担债务时，如果受让人对转让人承担债务，通过将转让人承担的债务转让给受让人的方式，转让人对债权人承担的债务将由受让人予以履行；当受让人履行了对被让债权人所承担的债务时，除了转让人与债权人之间的债务得以清偿之外，受让人与转让人之间的债务也得以清偿。

最后，人们最近发现了债务转让的一种新功能，这就是，它具有让公司进行分拆的功能。根据该种功能，当某一个公司承担的债务过重时，它可以将一个公司分拆为两个或者两个以上的公司，并且将分拆之前公司所承担的债务转让给其他的公司。

第二节 从债务的不得转让原则到债务的可转让原则

在法国，虽然1804年的《法国民法典》对债权转让做出了明确规定，认为债权人有权在未经债务人同意的情况下将其债权转移给受让人，但是，它没有对债务转让做出任何规定。在19世纪末期，基于对罗马法精神的维护，民法学者普遍否定债务的自由转让性，他们认为，债务人不得将自己对债权人承担的债务转让给受让人。鉴于1896年的《德国民法典》和1911年的《瑞士债法典》对债务转让做出了明确规定，在19世纪末期和20世纪初期，法国少数民法学者开始主张，法国民法应当借鉴德国民法的经验，明确认可债务转让的合法性。不过，这些民法学者的意见并没有引起法国大多数民法学者的重视，因为在2016年之前，虽然《德国民法典》《瑞士债法典》《国际商事合同原则》（*Principes d' Unidroit*）和《欧洲合同法原则》（*Principes du droit européen du contrat*）均明确承认和规定了债务转让制度，但是，除了大多数民法学者否认债务转让的独立存在之外，《法国民法典》也没有对债务转让做出明确规定。

在2016年之前，法国民法学者之所以普遍不承认债务转让的独立存在，是因为他们认为，除非经过被让债权人的同意，否则，债务人不可能将其债务转让给受让人，这就是债务的不得转让原则。不过，鉴于大陆法系国家的民法典普遍对债务转让做出了规定，尤其是，鉴于《国际商事合同原则》和《欧洲合同法原则》也对债务转让做出了规定，在强大外力之下，法国政府不得不改变法国立法者之前所采取的消极态度，通过2016年2月10日的债法改革法令，它在《法国民法典》当中规定了债务转让制度。虽然2016年以来的《法国民法典》已经对债务转让制度做出了明确规定，但是，在债务转让的问题上，民法学者之间仍然存在不同看法。换言之，在现行《法国民法典》是否规定了债务的可自由转让原则问题上，不同的民法学者之间仍然存在不同的看法。

一、Saleilles 和 Gaudemet 在 19 世纪末期和 20 世纪初期对债务转让的承认

从 1804 年开始一直到 19 世纪末期和 20 世纪初期之前，在整整 100 年的时间内，民法学者均承认，当债务人对债权人承担债务时，在未经债权人同意的情况下，他们不得将自己的债务转让给受让人，否则，他们与受让人之间的债务转让是非法的、无效的，这就是债务的不得转让性原则（principe d'incessibilité des dettes）。在 1877 年的著名民法教科书《法国民法原理》当中，比利时著名民法学家、司法大臣、历史学家和根特大学（l'université de Gand）民法教授 François Laurent（1880—1887 年）① 对此种原则做出了明确说明。

在第 25 卷的《法国民法原理》当中，他指出："虽然人们能够转让自己享有的债权，但是，他们不能够转让自己承担的债务。"② 在第 14 卷的《法国民法原理》当中，他也指出："与罗马法不同，《法国民法典》承认，源自债的权利是能够被转让的，就像所有的处于流通当中的财产能够被转让一样，但是，《法国民法典》并没有承认债务是能够转让的；债务人应当受到自己与其债权人之间的法律关系的约束，他们不能够摆脱自己与债权人之间的此种法律关系，他们应当履行自己签订的合同所规定的债务。"③

从 1804 年开始一直到 19 世纪末期和 20 世纪初期，在坚持了债务的不得转让性原则长达 100 年之后，法国两位民法学者即 Saleilles 和 Gaudemet 开始反对债务的不得转让性原则，他们认为，就像债权能够直接转让一样，债务人也能够将自己承担的债务直接转让给受让人，这就是他们所主张的债务的可自由转让原则。他们之所以主张债务的可自由转让原则，是因为他们认为，债在性质上是一种财产，无论是其中的积极财产还是其中的消极财产均能够像所有其他财产一样自由转让，已如前述。

在 1890 年的《债的总则研究》当中，Saleilles 对债务的自由转让原则做出了说明，他指出："作为财产的积极和消极构成因素，债的两个因素当中的每一个因素均能够自由流通并因此产生法律效力。"④ 换言之，"债的消极方面即债务也具有可转移性。"⑤ Saleilles 认为，虽然债务的转让对债权人的利益影响巨大，但是，在债务人将自己承担的债务转让给受让人时，如果债权人同意此种转让，则人们没有任何理由反对新的债务人对债权人承担债务，就像新的债权人取代最初的债权人对债务人主张债权没有引起债的变更一样，新的债务人取代最初的债务人履行对债权人承担的债务也没有引起债的变更。换言之，无论是债权转让还是债务转让在性质上均为同一性质的债：债务人变更之

---

① François Laurent, https://fr.wikipedia.org/wiki/François_Laurent.

② F. Laurent, Principes de droit civil français, Tome XXV, 3e éd. Paris, A. Durand et Pedone Lauriel, Bruxelles, Bruylant-Christophe & Compagnie, 1877, p. 239, n° 211.

③ F. Laurent, Principes de droit civil français, Tome XXIV, 3e éd. Paris, A. Durand et Pedone Lauriel, Bruxelles, Bruylant-Christophe & Compagnie, 1877, pp. 524–525, n° 529.

④ Raymond Saleilles, Étude sur la théorie générale de l'obligation d'après le premier projet de Code civil pour l'Empire allemand, Paris, Librairie Cotillon, 1890, p. 70.

⑤ Raymond Saleilles, Étude sur la théorie générale de l'obligation d'après le premier projet de Code civil pour l'Empire allemand, Paris, Librairie Cotillon, 1890, p. 68.

前的债与债务人变更之后的债属于同一债。①

Saleilles 认为，虽然《法国民法典》没有规定真正的债务转让，但是，人们不能够因此认为，转让人和受让人之间不能够签订真正的债务转让合同，因为，《法国民法典》当中没有任何一个法律条款明确禁止当事人之间签订此种转让合同。因为《法国民法典》在真正的债务转让方面存在漏洞（lacunes），因此，民法学者和法官应当引入新的理论并借此让制定法所存在的此种漏洞得以填补（combler）。

Saleilles 指出："《法国民法典》忽视债务转让的存在，这一点是确凿无疑的、无可争辩的事实。问题是，当事人是否能够根据合同自由原则签订真正的债务转让合同？这是另外一个问题。我们认为，当事人能够签订真正的债务转让合同，因为《法国民法典》当中没有任何一个条款反对当事人这样做。人们不能够援引《法国民法典》当中的第 1278 条反对当事人签订此种合同，因为该条的规定也仅仅在债的更新当中适用，而当事人之间的债务转让合同不属于债的更新的范围。人们唯一能够提出的反对理由是，《法国民法典》的立法者关于债的理论是反对此种真正的债务转让的。不过，立法者的此种理论对我们有约束力吗？答案是，他们的理论对我们是没有约束力的，因为，法律科学总是允许我们引入并且有待司法实践接受的一种新原则即债务的可转移性原则，虽然该种原则不能够变更制定法所规定的法律条件，但是，它应当能够导致制定法存在的漏洞得以填补。"②

在 1898 年的博士学位论文《特定债务转让研究》当中，Gaudemet 认为，虽然《法国民法典》没有对债务转让做出明确规定，但是，为了满足社会发展和进步的需要，尤其是，为了克服人们所提出的各种各样的间接债务转让理论所存在的不完美的实践效果，人们应当明确承认独立债务转让制度。他指出："因此，我们有权从此次讨论当中得出这样的结论：特定债务转让不仅在实际上是可取的，而且在逻辑上是可能的。"③

Gaudemet 认为，作为一种单纯的经济观念和客观观念，原则上，所有的债权和债务均能够自由转让，例外情况下，某些债权或者债务则不能够自由转让，因为这些债权和债务具有人身性质。"原则上，所有的债均具有财产价值，因此，均能够成为交易对象，均在性质上具有可转移性。毫无疑问，在今时今日，当事人之间的某些合同债是关乎他们之间私人关系的，因此，也具有不得转让性，人们在租赁或者承揽合同理论（《法国民法典》第 1795 条）、委托合同理论（《法国民法典》第 2003（4）条）和公司合同理论（《法国民法典》第 1865 条）当中发现这样的范例。但是，这些法律条款的规定仅仅是债的不得转让性的例外。"④

Gaudemet 认为，一旦转让人与受让人之间达成了债务转让合同，则他们之间的合同对当事人产生约束力，人们不能够借口《法国民法典》没有规定此种转让就认定他

---

① Raymond Saleilles, Étude sur la théorie générale de l'obligation d'après le premier projet de Code civil pour l'Empire allemand, Paris, Librairie Cotillon, 1890, p. 71.

② Raymond Saleilles, Étude sur la théorie générale de l'obligation d'après le premier projet de Code civil pour l'Empire allemand, Paris, Librairie Cotillon, 1890, p. 72.

③ Eugène Gaudemet, Étude sur le transport de dettes à titre particulier, Paris, Rousseau, 1898, pp. 324 – 325.

④ Eugène Gaudemet, Étude sur le transport de dettes à titre particulier, Paris, Rousseau, 1898, pp. 31 – 32.

们之间的转让合同无效,因为他们之间的债务转让合同并不违反公共秩序,这就是所谓的债务内部转让(cession interne)。在债权人对转让人和受让人之间的债务转让合同进行干预时,也就是,当债权人同意转让人和受让人之间的债务转让合同时,当事人之间的债务转让合同就对债权人产生法律效力:转让人对债权人的债务被解放,债权人只能够要求受让人对自己履行债务。《法国民法典》应当像《德国民法典》一样对此种债务转让做出明确的规定,以便满足经济发展的需要。①

Gaudemet 指出,在今时今日,债权和债务之所以能够自由转让,最主要的原因有二:其一,经过几个世纪的发展,在今时今日,债务不能够自由转让的最初理由先后消灭:合同自由取代了历史上的合同形式主义要求;债务人的人身不能够再作为他们对债权人承担的债务的担保。其二,在经济关系发展的影响下,法学家和经济学家越来越多地寻求便捷的交易手段:在今时今日,人们最关注的一个科学就是经济学(la science économique),其中的一种学派被称为交易学(la science des échanges)。作为交易的手段,债的理论卷入这一场运动当中,并因此让债也成为商事交易的对象。②

二、大多数民法学者在 2016 年之前所主张的债务不得转让的原则

(一) Saleilles 和 Gaudemet 的主张对 2016 年之前的民法学者影响几乎可以忽略不计

虽然 Saleilles 和 Gaudemet 早在 19 世纪末期和 20 世纪初期就开始主张债务的可自由转让性,但是,2016 年之前,除了没有获得法国立法者的支持之外,他们的观点也没有获得民法学者的普遍支持。因为,除了 2016 年之前的《法国民法典》仍然像 1804 年一样不对债务转让做出明确规定之外,法国大多数民法学者也均否定债务的可自由转让性。

在 2008 年的《债》当中,Malaurie、Aynès 和 Stoffel-Munck 对 Saleilles 和 Gaudemet 的上述理论所产生的微不足道的影响力做出了说明,他们指出:"债务转让显然是不可能的,其原因在于债法所坚持的债务的不得转让性原则,该种原则虽然经常得到民法学者的认可,但是,民法学者很少对该种原则做出解释。此种原则有几个方面的含义。从 19 世纪末期以来一直到今天,人们一直对债务转让的问题深感不安,因为他们认为,从技术方面来说,法国民法并没有规定像债权转让一样的债务转让制度,使人们无法转让自己对债权人承担的债务。而与法国民法形成鲜明不同的是,某些最近的法律(例如《德国民法典》或者《瑞士债法典》)则规定了债务转让制度。这些民法学者主张,要克服法国民法所存在的技术方面的障碍,人们就应当将《德国民法典》所规定的债务转让制度引入到法国民法当中。不过,这些民法学者的主张并没有获得太大的成功,因为在今天,法国民法没有规定债务转让的原因不是技术方面的,而是实质方面的:债

---

① Eugène Gaudemet, Étude sur le transport de dettes à titre particulier, Paris, Rousseau, 1898, pp. 537–539.
② Eugène Gaudemet, Étude sur le transport de dettes à titre particulier, Paris, Rousseau, 1898, p. 32.

务的性质本身决定了债务不能够成为转移的客体。"①

(二) 在2016年之前主张债务不得转让原则的民法学者

2016年之前，反对债务的可自由转让的民法学者包括但是不限于以下民法学者：Ghestin、Billiau Loiseau、Malaurie、Aynès、Stoffel-Munck、Terré、Simler、Lequette、Larribau-Terneyre、Cabrillac、Flour、Aubert 和 Savaux 等。② 这些民法学者普遍认为，迄今为止，法国民法当中没有所谓的债务转让的存在。在未经债权人同意的情况下，债务人不得擅自将其对债权人承担的债务转移给受让人，如果转让人在未经债权人同意的情况下将其承担的债务转移给了第三人，转让人同债权人之间的债权债务关系并没有终止，债务人仍然应当对债权人承担债务。这就是法国民法所坚持的原则：债务的不得转让原则（principle d'incessibilité des dettes），某些民法学者也将其称为债务转让的排除原则（principle de l'exclusion de cession de dettes）。

在2010年的《债》当中，Cabrillac 明确承认"债务的不得转让原则"，他认为，虽然某些民法学者借口《法国民法典》对债务转让缄默不语和其他国家的法律对债务转让所做出的规定而主张债务转让在法国法当中是可能的，但是，真正的观点应当是，法国法坚持"债务的不得转让原则"，如果当事人之间进行债务转让，则他们之间的转让行为应当是无效的。③ "在法国，人们应当坚持债务转让无效的原则，根据这一原则，任何人均不能够强制债权人变更债务人：仅仅在考虑债务人的清偿能力之后，债权人才会接受债务人的债务履行，通过以受让人取得最初债务的方式，人们不能够将可能没有清偿能力的债务人强加给债权人。"④

在2010年的《债》当中，Virginie Larribau-Terneyre 将此种原则称为"债务转让的排除原则"，他指出："债务转让要比债权转让难一些：原则上，作为一种直接手段，债务转让在我们的法律当中是不承认的……一种真正的、直接的、在没有获得债权人或者保证人同意的情况下会产生效力的债务转让在法国的实在法当中是没有获得承认的，并且一直到今时今日均被视为是不可能的。"⑤

2016年之前，民法学者在讨论债务转让时往往将债务转让与债权转让进行对比，根据此种对比，他们认为，债务转让与债权转让是不可能对称的、对应的（l'impossible symétrie），因为法国民法在承认债权转让的同时没有承认债务转让，换言之，法国民法

---

① Philippe Malaurie, Laurent Aynès, Philippe Stoffel-Munck, Les obligations, 4e édition, Defrénois, 2009, pp. 780 – 781.
② Jacques Ghestin, Marc Billiau, Grégoire Loiseau, Traité de Droit Civil, Le régime des créances et des dettes, LGDJ, 2005, pp. 407 – 410; Philippe Malaurie, Laurent Aynès, Philippe Stoffel-Munck, Les obligations, 4e édition, Defrenois, 2009, pp. 780 – 784; Françoiss Terré, Philippe Simler, Yves Lequette, Droit civil, Les obligations, 12e édition, Dalloz, 2009, pp. 1293 – 1298; Virginie Larribau-Terneyre, Droit civil, Les obligations, 12e édition, Dalloz, 2010, p. 138; Rémy Cabrillac, Droit des obligations, 12e édition, Dalloz, 2016, pp. 319 – 321; Jacques Flour, Jean-Luc Aubert, Éric Savaux, Les obligations, 3. Le rapport d'obligation, 7e édition, Dalloz, 2011, p. 359.
③ Rémy Cabrillac, Droit des obligations, 12e édition, Dalloz, 2016, pp. 319 – 320.
④ Rémy Cabrillac, Droit des obligations, 12e édition, Dalloz, 2016, p. 320.
⑤ Virginie Larribau-Terneyre, Droit civil, Les obligations, 12e édition, Dalloz, 2010, p. 138.

在承认债权的自由转让原则时并没有同时承认债务的可自由转让性。这些民法学者之所以认为债权能够自由转让而债务则不能够自由转让，是因为他们认为，债权的转让不需要获得债务人的同意，转让人与受让人之间能够按照合同自由原则签订债权转让合同；而债务的转让则不同，债务的转让必须取得债权人的同意，否则，转让人与受让人之间的债务转让合同无效。换言之，2016年之前，民法学者普遍均将债权人的同意作为拦路虎，认为这一因素决定了债务的不得转让性。

在2009年的《债》当中，Terré、Simler和Lequette对此种决定性因素做出了明确说明。他们指出："如果债权是可以转让的，为什么债务不能够像债权一样转让？……无论是《法国民法典》还是其他的一般条款均没有明确规定债务转让的可能性，这一点并不会让人吃惊。当我们说法国民法不承认债务转让时，我们所谓的债务转让是指，作为转让人的债务人与受让人之间所签订的合同，根据此种合同，转让人在未经债权人同意的情况下将其对被让债权人承担的债务转移给受让人，将其债务的所有特性或者债务的附带债一并转移给受让人。法国民法学者也普遍认为，《法国民法典》并没有对此种意义上的债务转让做出规定。"① 在2005年的《债权和债务制度》当中，Ghestin、Billiau和Loiseau也对此种决定性的因素做出了说明，他们指出："在债权人同意欠缺的情况下，转让人和受让人之间的债务转让是无效的。"② 在2011年的《债的关系》当中，Flour、Aubert和Savaux也对此种决定性因素做出了说明。他们也指出："在未经债权人同意的情况下，真正意义上的债务转让是被排除的。"③

（三）民法学者在2016年之前主张债务不得转让原则的原因

2016年之前，法国民法学者为何普遍主张债务的不得转让性的原则？对此问题，不同的民法学者做出了不同的回答。④

1. 债务在性质上不属于能够自由转让的财产的组成部分

在法国，某些民法学者认为，债权人之所以能够将其对债务人享有的债权转移给受让人，是因为债权人所转让的债权在性质上属于财产，具有财产所具有的自由转让性；而债务人之所以不能够将其对债权人承担的债务转移给受让人，是因为债务人承担的债务在性质上不属于财产，没有财产所具有的自由转让性，债务人无法将自己承担的债务转让给受让人，即便获得了债权人的同意，亦是如此。在法国，以此种理由坚持债务的不得转让原则的民法学者包括 Alain Seriaux 和 Billiau。

---

① François Terré, Philippe Simler, Yves Lequette, Droit civil, Les obligations, 12e édition, Dalloz, 2009, pp. 1293 – 1294.

② Jacques Ghestin, Marc Billiau, Grégoire Loiseau, Traité de Droit Civil, Le régime des créances et des dettes, LGDJ, 2005, p. 406.

③ Jacques Flour, Jean-Luc Aubert, Éric Savaux, Les obligations, 3. Le rapport d'obligation, 7e édition, Dalloz, 2011, p. 359.

④ Jacques Ghestin, Marc Billiau, Grégoire Loiseau, Traité de Droit Civil, Le régime des créances et des dettes, LGDJ, 2005, pp. 409 – 410; Jacques Flour, Jean-Luc Aubert, Éric Savaux, Les obligations, 3. Le rapport d'obligation, 7e édition, Dalloz, 2011, pp. 358 – 359; SENE Pape Demba, La notion de novation, Thèse pour le doctorat en sciences juridiques de droit privé, Université de Reims, 2006, pp. 125 – 126.

在 1998 年的《债法》当中，Seriaux 在主张债务的不得转让性原则时对债务不能够转让的此种理由做出了说明，他指出："坦率地说，债务是不能够转移的，因为它什么都不是。人们不能够转移子虚乌有的东西。我们认为，我们应当重新习惯此种简单明了的观念即债务并不是财产的一种构成要素。它不是等同于严格意义上的积极财产的一种消极财产，它仅仅是债务人以自己的财产来进行清偿的债。如果债权是能够转移的话，这仅仅是因为它构成一种财产，构成人们能够获得的一种价值，至少构成一种可能的财产。而债务则不同，它本身并不是财产，相反，它是非财产。因此，转让一种债务是没有意义的。"①

在 2002 年的《债权和债权转让》当中，Billiau 在主张债务的不得自由转让原则时也对债务不得转让的此种原因做出了说明，他指出："最令人信服的一种理论是财产理论，根据此种理论，债务并不是一种财产，它没有赋予当事人使用财产的权力。"②

2. 债务不能够与债务人分离

在法国，某些民法学者认为，债权人之所以能够将其对债务人享有的债权转移给受让人，是因为债权人享有的债权能够同债权人分离，而债务人之所以不能够将其对债权人承担的债务转移给受让人，是因为债务人承担的债务专属于债务人自身，是不能够同债务人分离的，债务人的变更实际上就是债的变更，反之，债的变更也就是债务人的变更。在法国，Charles Demolombe 和 Frédéric Rouvière 等人采取此种理论。

在 1877 年的《拿破仑法典教程》当中，Charles Demolombe 在否定债务的自由转让时也对此种理由做出了说明，因为他将债务的转让视为一种债的更新，当债务人将其债务转让给受让人时，转让人与受让人之间的旧债已经变更为受让人与债权人之间的新债。他指出："在我们的法律当中，债务人的变更，也必然就是债的变更，因为新的债务人并不是旧的债务人在法律上的持续。"③ 在 2011 年的文章《作为担保的债》当中，Rouvière 在否定债务的自由转让时也将债务转让视为一种像 Demolombe 一样的债的更新。他指出，债务的转让是不能够的，因为债务的转让仅仅是一种通过变更债务人的更新；当债务人将自己承担的债务转让给受让人时，它意味着债权人享有的权利的变更和债务人承担的债务的变更。④

3. 债务的原因同债务的不可分性

在法国，某些民法学者认为，债权人之所以能够将其享有的债权转让给受让人，是因为债权的原因能够同债权进行分离；而债务人之所以不能够将其承担的债务转让给受让人，是因为债务的原因同债务是不能够分离的，这就是债的原因理论。根据此种理论，债务人对债权人承担债务是为了实现某种目的，该种目的构成债务人对债权人承担债务的组成部分。当转让人将其对被让债权人承担的债务转移给受让人时，如果受让人

---

① Alain Seriaux, Droit des obligations, 2ème éd. 1998, PUF, pp. 655–656.
② Marc Billiau, La transmission des créances et des dettes, LGDJ, 2002, p. 105.
③ Charles Demolombe, Cours de Code Napoléon, Tome XXVIII, Traité des Contrats ou des Obligations Conventionnelles en Général, Tome cinquième, Paris Auguste Durand Libraire L. Hachette et Cie Libraire 1877, pp. 216–217; Jacques Ghestin, Marc Billiau, Grégoire Loiseau, Traité de Droit Civil, Le régime des créances et des dettes, LGDJ, 2005, p. 409.
④ Frédéric Rouvière, L'obligation comme garantie, RTDci2011, p. 1.

对被让债权人承担债务,则受让人所承担的债务并不是原债务人对债权人承担的债务,而是受让人所承担的新债务。此种新债务的承担要求受让人与债权人之间存在意思表示的合意。在法国,Malaurie、Aynès 和 Stoffel-Munck 采取此种理论。

从 1804 年开始一直到 2016 年之前,除了在第 1108 条当中将债的合法原因(une cause licite dans l'obligation)视为合同有效的条件之外,[1]《法国民法典》还在第 1131 条至第 1133 条当中对此种有效条件做出了明确规定。[2] 根据这些法律条款的规定,当事人之间的合同要产生法律效力,除了应当具备其他必要条件之外还应当具备一个有效条件,这就是债的合法原因:如果债的原因合法,则当事人之间的合同有效;如果债的原因不合法,则当事人之间的合同无效。

在 1984 年的《合同责任和三人间的法律交易》当中,Aynès 对债务不能够转让的此种理由做出了说明。他指出:"债务是不能够与自己的原因分开的。"[3] 换言之,"债务之所以是不能够转让的,是因为新的债务人所追求的目的不是最初债务人所追求的目的。……实际上,债务的不得转让性仅仅是《法国民法典》第 1108(4)条和第 1131 条规定的债的原因引起的后果:债务本身不存在法律上的存在,它仅仅是一种职能,它仅仅通过自己所实现的目的才能够存在。"[4]

在 2009 年的《债》当中,Malaurie、Aynès 和 Stoffel-Munck 基于此种理由反对债务的可转让性,他们指出:"因为一种经常被人们确认但是很少被人们解释的原则的原因即债务的不得转让性原则,债务转让显然是不可能的。"[5] 他们认为,虽然某些民法学者主张借鉴《德国民法典》和《瑞士民法典》的经验,在法国民法当中引入债务转让的制度,但是,他们的努力没有取得很大的成功,因为"在今时今日,债务不能够转让的障碍并不是技术性障碍而是根本性的障碍:因为债务本身的性质决定了债务不能够成为转移的对象"[6]。他们认为,所谓债务转让的根本障碍是指债的原因决定了债务不能够像债权一样自由转让:"与债权能够同债权的原因分离不同,债务是不能够与自己的原因(《法国民法典》第 1108 条和的 1131 条)分离的。仅仅在考虑了某种目的之后,债务人才对债权人承担债务,而此种目的以债的客体的同一名义构成债务人所承担的债务的组成部分。"[7]

4. 债务在性质上仅仅是指债务人与债权人之间的一种有约束力的法律关系

在法国,某些民法学者认为,债权人之所以能够在未经债务人同意的情况下将其享

---

[1] Article 1108, Code civil, Version en vigueur au 09 février 2016, https://www.legifrance.goufr/codes/section_lc/LEGITEXT000006070721/LEGISCTA000006136341/2016 – 02 – 09/#LEGISCTA000006136341.

[2] Articles 1131 à 1133, Code civil, Version en vigueur au 09 février 2016, https://www.legifrance.goufr/codes/section_ lc/LEGITEXT000006070721/LEGISCTA000006150239/2016 – 02 – 09/#LEGISCTA000006150239.

[3] Laurent Aynès, La cession de contrat et les opérations juridiques à trois personnes, Economica, 1984, p. 61; SENE Pape Demba, La notion de novation, Thèse pour le doctorat en sciences juridiques de droit privé, Université de Reims, 2006, pp. 125 – 126; Jacques Flour, Jean-Luc Aubert, Éric Savaux, Droit civil, Les Obligations, 3. Le rapport d'obligation, 7e édition, Dalloz, 2011, pp. 358 – 359.

[4] Laurent Aynès, La cession de contrat et les opérations juridiques à trois personnes, Economica, 1984, p.61.

[5] Philippe Malaurie, Laurent Aynès, Philippe Stoffel-Munck, Les obligations, 4e édition, Defrénois, 2009, p. 780.

[6] Philippe Malaurie, Laurent Aynès, Philippe Stoffel-Munck, Les obligations, 4e édition, Defrénois, 2009, p. 781.

[7] Philippe Malaurie, Laurent Aynès, Philippe Stoffel-Munck, Les obligations, 4e édition, Defrenois, 2009, p. 783.

有的债权转让给受让人,是因为债权和债务的性质存在差异,这就是,债权在性质上是一种财产,具有财产所具有的可自由转让性;而债务则不同,它在性质上不是一种财产,而是一种有约束力的法律关系,债务人不能够将自己与债权人之间的法律关系转让给受让人。在法国,Terré、Simler、Lequette、Flour、Aubert 和 Savaux 等人采取此种理论。

在 2009 年的《债》当中,Terré、Simler、Lequette 对债务不能够自由转让的此种理由做出了说明,他们指出:"债权是一种可予转让的财产。总的说来,对于债务人而言,究竟是对这个债权人承担债务还是对那个债权人承担债务是无关紧要的。相反,债务人的人身、债务人的资格、债务人的行为、债务人的财产对于债权人而言均是具有决定性的因素,当债权人选择了一个债务人对自己履行债务时,人们不能够因为债务转让而将另外一个债务人强加给债权人。……总之,如果从积极的角度审视,债权完全是一种可予转让的财产,而如果从消极的角度审视,人们应当优先将债务视为两个人之间的具有约束力的法律关系。实际上,债权人对确定债务人享有的债权是一种能够加以评估的价值,而债务人对债权人承担的债务仅仅是债务人的价值。"[①]

在 2011 年的《债的关系》当中,Flour、Aubert 和 Savaux 也基于此种理由反对债务的可转让性。他们指出,在没有获得债务人同意时,债权是能够自由转让的;而在没有获得债权人同意时,债务则是不能够自由转让的,因为"人们知道,债的关系的客观性仅仅关乎真正的债权转让。在不经过债务人同意时,债权能够积极地流通,因为,原则上,债务的履行不依赖债权人的人身。相反,债务的履行依赖债务人的人身(债务人的清偿能力、才干、商事资格等)。基于债务人的人身考虑,债权人同意让债务人对自己承担债务,因此,人们不能够强制债权人接受债务人的变更"[②]。

三、大多数民法学者在 2016 年之后对债务可转让原则的明确承认

(一)从不承认债务的可转让到几乎完全承认债务的可转让

2016 年之前,民法学者所提出的上述反对债务转让的理由是否具有说服力、能否站得住脚?仅少数民法学者对此种问题做出了回答。在 2005 年的《债权和债务制度》当中,Ghestin、Billiau 和 Loiseau 认为,上述第一种理论和第二种理论是具有说服力的、能够站得住脚的。因为他们指出,上述两种理由当中的任何一种理由均足以表明,在没有获得债权人同意时,债务人对债权人承担的债务是不能够解放的。[③] 在 2011 年的《债的关系》当中,Flour、Aubert 和 Savaux 在主张最后一种理论时对上述第一种和第三

---

① François Terré, Philippe Simler, Yves Lequette, Droit civil, Les obligations, 12e édition, Dalloz, 2009, p. 1293.

② Jacques Flour, Jean-Luc Aubert, Éric Savaux, Les obligations, 3. Le rapport d'obligation, 7e édition, Dalloz, 2011, p. 359.

③ Jacques Ghestin, Marc Billiau, Grégoire Loiseau, Traité de Droit Civil, Le régime des créances et des dettes, LGDJ, 2005, pp. 409 – 410.

种理论提出了批评，认为这两种理由均没有说服力、均站不住脚。①

笔者认为，首先，上述第一种理论当然是没有说服力的，因为，作为债的组成部分，除了债权在性质上属于财产之外，债务在性质上也属于财产，这就是债的财产理论，已如前述。其次，上述第二种和第四种理论也是没有说服力的，因为，一方面，除了债权能够与债权人分离之外，债务也能够与债务人分离。另一方面，除了债权可能是一种法律关系也可以是一种财产之外，债务也可能是一种法律关系和一种财产。究竟是法律关系还是财产，取决于人们以何种方式、何种视角对待债务，这就是债的性质，已如前述。最后，上述第三种理论也是没有说服力的。在债法上，作为合同有效成立的债的原因既包括债务的原因，也包括债权的原因：如果因为债务的原因而阻止债务的转让，为何由于债权的原因又不阻止债权的转让？因为此种原因，即便是在法国，Malaurie、Aynès 和 Stoffel-Munck 主张的原因理论也是没有市场的，大多数民法学者均不信服他们的此种看法。②

因为阻止债务转让的上述理由没有说服力、站不住脚，因此，在 2016 年之前，只有少数民法学者主张债务的可转让性。也因为阻止债务转让的上述理由欠缺说服力，因此，法国政府通过 2016 年 2 月 10 日的债法改革法令，最终在《法国民法典》当中规定了债务转让制度。在 2016 年之后的民法著作当中，大多数民法学者均放弃了之前的反对债务转让的理论，正式承认了债务的可转让性，虽然少数民法学者仍然对债务转让持否定的意见。

（二）2016 年之前承认债务的可转让原则的少数民法学者

在 2016 年之前，少数民法学者赞成债务的转让，认为债务人能够将其对债权人承担的债务转让给受让人。在 2017 年的博士学位论文《法国法和哥伦比亚法当中的债权转让》当中，Anabel Riano Saad 认为，Mazeaud 和 Chabas 等人在 2016 年之前承认债务的可转让性。③ 此种看法是不真实的，因为，与其说他们主张债务的可转让性，不如说他们反对债务的可转让性。

在 1998 年的《债》当中，Mazeaud 和 Chabas 等人在讨论真正的债务转让时所做出的说明似乎是矛盾的。一方面，他们明确承认，至少在逻辑上，债务转让是能够得到法律承认的。他们指出："债务转让是债权转让的对等物，从逻辑层面，似乎没有任何东西会反对法律对债务转让的承认。"④ 另一方面，他们也明确承认，"法国实在法排除债务转让"⑤。他们指出，法国法律没有承认债权人没有同意时的债务转让，这一点非常

---

① Jacques Flour, Jean-Luc Aubert, Éric Savaux, Les obligations, 3. Le rapport d'obligation, 7e édition, Dalloz, 2011, pp. 358 – 359.

② Jérôme François, Les obligations, Régime general, Tome 4, 4e édition, Economica, 2017, p. 569.

③ Anabel Riano Saad, La cession de créance en droit français et en droit colombien, Thèse, Paris II, 2017, p. 41.

④ Henri et Léon Mazeaud, Jean Mazeaud, François Chabas, Obligations, 9e édition, Montchrestien, 1998, p. 1297.

⑤ Henri et Léon Mazeaud, Jean Mazeaud, François Chabas, Obligations, 9e édition, Montchrestien, 1998, p. 1299.

肯定。问题在于，法国法律是否可能像外国法律那样，承认通过订立合同取得债权人同意的债务转让？对于此种问题，"人们应当做出否定的回答：《法国民法典》的起草者之所以不规定债务转让，是因为他们故意不规定。"①

表面上看，他们的这两种论断是矛盾的，不过，如果仔细分析，他们之间的这些论断并不矛盾。一方面，在主张法律可能承认债务转让时，他们仅仅从"逻辑层面"主张此种可能性：因为债权转让和债务转让是两个对等物，既然立法者已经规定了债权转让，则他们也可能规定债务转让。另一方面，在承认此种逻辑上的可能性之后，他们接着指出，因为各种各样的原因，人们反对债务转让，诸如技术方面的原因、债务人的信用、清偿能力和处理商事活动的智识等。② 因为这些原因，"没有任何制定法承认真正的直接债务转让，即便是《法国民法典》所规定的债务转让也是不完美的债务转让，因为它要求获得债权人的同意"③。

在 2016 年之前，承认真正意义上的债务转让的民法学者主要包括 Carbonnier 和 Larroumet。在 2004 年的《民法》当中，Carbonnier 完全承认债务的自由转让原则，因为他认为，根据意思自治原则，当事人能够确定什么是能够做的和什么是不能够做的。因此，在债务转让问题上，人们可以在理论上想象三种形式的债务转让：债务的内部转让（cession interne），债务的累积转让（cesson cumulative）和债务的完全转让（cession parfaite）。其中的累积转让包括非完全性的指力承担（délégation imparfaite）和为第三人利益的合同，它们实际上是两种债务的间接转让。关于这两种间接转让，笔者将在下面的内容当中做出详细的讨论，此处从略。④

Carbonnier 认为，在债务完全转让的情形中，因为转让人与受让人之间的债务转让获得了债权人的同意，因此，债权人在丧失对第一个债务人的债权时取得了对第二个债务人的债权，除了要求第二个债务人对自己履行债务之外，债权人不得再要求第一个债务人对自己履行债务。"仅仅在债权人本人有同意的意思表示时，完全转让才是可能的，因为人们坚守任何人均不能够强制债权人接受债务人的变更原则。"⑤ Carbonnier 还认为，即便债务转让没有获得被让债权人的同意，转让人与受让人之间的债务转让合同仍然有效，受让人仍然应当替代转让人履行对被让债权人的债务，虽然被让债权人不能够要求受让人对自己承担债务，这就是债务的内部转让。⑥

在 2006 年的《合同法》当中，Larroumet 也承认债务的可自由转让性。他认为，虽然《法国民法典》没有对债务转让做出规定，但是，我们不能够像某些民法学者那样认为，《法国民法典》所存在的此种漏洞不仅确认，法国法是无视债务转让的存在的，

---

① Henri et Léon Mazeaud, Jean Mazeaud, François Chabas, Obligations, 9e édition, Montchrestien, 1998, p. 1299.

② Henri et Léon Mazeaud, Jean Mazeaud, François Chabas, Obligations, 9e édition, Montchrestien, 1998, pp. 1297 – 1298.

③ Henri et Léon Mazeaud, Jean Mazeaud, François Chabas, Obligations, 9e édition, Montchrestien, 1998, p. 1298.

④ Jean Carbonnier, Droit civil, Volume II, Les biens, les obligations, puf, 2004, pp. 2461 – 2463.

⑤ Jean Carbonnier, Droit civil, Volume II, Les biens, les obligations, puf, 2004, pp. 2462 – 2463.

⑥ Jean Carbonnier, Droit civil, Volume II, Les biens, les obligations, puf, 2004, p. 2462.

而且还确认,法国法是禁止债务转让这一交易的。"一方面。人们不能够从《法国民法典》的此种漏洞当中推论出我们的法律禁止债务转让的进行。另一方面,此种看法也是不符合逻辑的,因为债是一种财产:除了证明债权转让的正当性之外,它也证明了债务转让的正当性。"①

Larroumet 认为,债务之所以能够自由转让,其原因与债权能够自由转让的原因相同,因为债务就像债权一样属于能够自由转让的财产,这就是债的客观理论,该种理论没有将债视为一个主体与另外一个主体之间的法律关系,而是将债视为一种具有价值的财产,构成债权人和债务人财产的组成部分:债权构成债权人的积极财产,债务则构成债务人消极财产,无论是积极财产还是消极财产均具有可自由转让性,并且它们的转让均是合法的。②

(三) 法国 2016 年的债法改革法令最终规定了债务转让

在 2016 年之前,虽然大多数民法学者均反对债务的可转让性原则,但是,他们的此种看法显然不利于法国民法的发展,并因此让《法国民法典》陷入孤立之中——因为除了《德国民法典》和《瑞士民法典》明确规定了债务的自由转让原则之外,《国际商事合同原则》和《欧洲合同法原则》也均规定了债务的自由转让原则,它们对法国民法构成强大的压力。③

2016 年之前,除了在第 398 条至第 413 条当中规定了债权转让(übertragung einer forderung)之外,《德国民法典》也在第 414 条至第 418 条当中对债务转让即债务承担(schuldübernahme)做出了规定。《德国民法典》第 414 条规定:第三人可以与债权人签订合同,规定由第三人取代最初的债务人对债权人承担债务;《德国民法典》第 415 条规定:如果债务转让是债务人和第三人之间的合同引起的结果,则债务转让应当获得债权人的批准,如果债权人拒绝批准,则债务转让视为没有发生。④

2016 年之前,《瑞士民法典》既在第 164 条至第 174 条当中规定了债权转让,也在第 175 条至第 179 条当中规定了债务转让。其中的第 175 条规定:一旦受让人对债务人做出会受让其债务的允诺,则受让人要么通过对债权人清偿债务的方式解除债务人承担的债务,要么在获得债权人同意的情况下通过债务的履行解除债务人承担的债务。⑤

---

① Christian Larroumet, Droit Civil, Les Obligations, le Contrat, Tome III, 1re partie: Conditions de formation, 6e édition, ECONOMICA, 2007, p. 28.

② Christian Larroumet, Droit Civil, Les Obligations, le Contrat, Tome III, 1re partie: Conditions de formation, 6e édition, Economica, 2007, pp. 26 – 28.

③ Philippe Malaurie, Laurent Aynès, Philippe Stoffel-Munck, Droit des obligations, 8e édition, LGDJ, 2016, p. 814; Rémy Cabrillac, Droit des obligations, 12e édition, Dalloz, 2016, p. 368; Jérôme François, Les obligations, Régime general, Tome 4, 4e édition, Economica, 2017, pp. 568 – 569; Virginie Larribau-Terneyre, Droit civil, Les obligations, 15e édition, Dalloz, 2017, p.164.

④ Bürgerliches Gesetzbuch (BGB), Bürgerliches Gesetzbuch in der Fassung der Bekanntmachung vom 2. Januar 2002 (BGBl. I S. 42, 2909; 2003 I S. 738), das zuletzt durch Artikel 1 des Gesetzes vom 25. Juni 2021 (BGBl. I S. 2133) geändert worden ist, https://www.gesetze-im-internet.de/bgb/Bjnr001950896.html#Bjnr001950896Bjng003702377.

⑤ Loi fédérale complétant le Code civil suisse (Livre cinquième: Droit des obligations) du 30 mars 1911 (Etat le 1er juillet 2021), https://www.fedlex.admin.ch/eli/cc/27/317_321_377/fr.

《国际商事合同原则》第九章除了对债权转让做出了规定之外,也对债务转让做出了规定。其中,第9.1.1条至第9.1.15条对债权转让做出了详细的规定,包括债权转让的界定、债权转让的排除、非金钱债权的可转让性、未来债权的转让、对债务人的通知以及各种抗辩和抵销手段的适用等。① 而第9.2.1条至第9.2.8条则对债务转让做出了规定,包括债务转让的方式、债务转让的排除、被让债权人的同意、最初债务人所承担的债务的免除以及各种抗辩手段和抵销的适用等。②

《国际商事合同原则》第9.2.1条规定:一个人(最初债务人)可以将自己承担的支付金钱的债务或者履行其他给付的债务转让给另外一个人(新债务人):①或者通过最初债务人与新债务人签订合同的方式;②或者通过由债权人与新债务人签订由新债务人承担债务的合同方式。第9.2.3条规定:通过最初债务人与新债务人签订合同的方式进行的债务转让需要获得债权人的同意。③

《欧洲合同法原则》第11章为"合同的变更",除了第11:101条至第11:117条对债权转让做出了规定之外,第11:201条和第11:202条也对债务转让做出了规定。其中,关于债权转让的规定主要包括:能够转让的合同债权、债权的部分转让、债权转让的形式、债权转让在转让人和受让人之间产生的效力、债权转让在受让人与被让债务人之间产生的效力等内容。④ 而关于债务转让的规定则相对简略得多,包括债务转让的构成要件、债务转让的法律效力以及能够适用的各种抗辩和抵销手段,它们将债务转让称为"债务人的替换"(Substitution de débiteur)⑤,其中的第11:201条规定:经过债务人和债权人的同意,第三人能够取代债务人对债权人承担债务,此时,债务人对债权人承担的债务因此解除。债权人能够提前对未来债务人的替换做出同意。除非存在滥用,否则,当新债务人在与最初债务人签订债务转让合同时将自己的同意通知最初债务人时,债务人的替换产生法律效力。⑥

在2016年之前,Catala领导的债法改革小组对待债务转让的态度不同于Terré领导的债法改革小组。虽然Catala领导的债法改革小组在自己起草的债法改革草案当中对债权转让做出了规定,但是,它没有对债务转让做出规定。⑦ 而Terré领导的债法改革小

---

① Principes d'Unidroit 2010,pp. 309 – 333,https://www.unidroit.org/french/principles/contracts/principles2010/integralversionprinciples2010 – f. pdf.

② Principes d'Unidroit 2016,pp. 334 – 347,https://www.unidroit.org/french/principles/contracts/principles2010/integralversionprinciples2010 – f. pdf.

③ Principes d'Unidroit 2016,pp. 334 – 337,https://www.unidroit.org/french/principles/contracts/principles2010/integralversionprinciples2010 – f. pdf.

④ PRINCIPES DU DROIT EUROPÉEN DU CONTRAT:TEXTES PROPOSÉS,pp. 832 – 837,https://www.legiscompare.fr/web/IMG/pdf/Textes_ proposes_ synthese. pdf.

⑤ PRINCIPES DU DROIT EUROPÉEN DU CONTRAT:TEXTES PROPOSÉS,p. 837,https://www.legiscompare.fr/web/IMG/pdf/Textes_ proposes_ synthese. pdf.

⑥ PRINCIPES DU DROIT EUROPÉEN DU CONTRAT:TEXTES PROPOSÉS,p. 837,https://www.legiscompare.fr/web/IMG/pdf/Textes_ proposes_ synthese. pdf.

⑦ Rapport sur l'avant-projet de réforme du droit des obligations (Articles 1101 à 1386 du Code civil) et du droit de la prescription (Articles 2234 à 2281 du Code civil),Rapport à Monsieur Pascal Clément,Garde des Sceaux,Ministre de la Justice,22 Septembre 2005,pp. 117 – 119.

组则不同，除了对债权转让做出了规定之外，它也对债务转让做出了规定。① 在 2011 年的《债和准合同制度的改革草案》当中，法国司法部采取了 Catala 领导的债法改革小组的做法，因为，除了对债权转让做出了规定之外，它没有对债务转让做出规定。②

到了 2015 年，法国政府放弃了它在 2011 年的做法。在 2015 年的《合同法、债的一般制度和债的证明的改革法令草案》当中，它采纳了 Terré 领导的债法改革小组的做法，除了规定了债权转让之外，它也规定了债务转让：第 1332 条至第 1337 条对债权转让做出了规定，而第 1338 条至第 1339 – 1 条则对债务转让做出了规定。③ 在 2016 年 2 月 10 日的债法改革法令当中，法国政府最终采取了法国司法部在 2015 年的《法令草案》当中的做法，既规定了债权转让，也规定了债务转让。其中，债权转让由《法国民法典》新的第 1321 条至新的第 1326 条所规定，而债务转让则由《法国民法典》新的第 1327 条至新的第 1328 – 1 条所规定，已如前述。

（四）2016 年之后民法学者对债务可转让原则的普遍承认

鉴于 2016 年 2 月 10 日的债法改革法令第一次明确规定了债务转让，因此，在 2016 年之后的债法著作当中，大多数民法学者均放弃了他们之前对待债务转让的消极态度，不再否定债务的可转让性，而是正式承认了债务的可转让性。④

在 2009 年版即第 10 版的《债》当中，Terré、Simler 和 Lequette 明确反对债务的可转让性，认为债务在性质上是一种无法转让的法律关系，已如前述。在 2016 年 2 月 10 日的债法改革法令颁布之后，他们在第 12 版的《债》当中放弃了之前的主张，认为《法国民法典》正式确认了"债务的可转让性"，因为它不再坚持传统的仅仅将债务视为不得转让的法律关系的理论，而是采取了将债务视为像债权一样能够交易和转让的财产理论。⑤

在 2010 年版即第 9 版的《债》当中，Cabrillac 明确主张债务的不得转让原则，已如前述。在 2016 年 2 月 10 日的债法改革法令颁布之后，他在第 12 版的《债》当中不再承认债务的不得转让原则，而是改为承认债务的可转让原则。一方面，他虽然仍然讨论债务的不得转让原则，但是，他将该原则称为以前的原则。⑥ 另一方面，在明确承认"债务转让得到承认"之后，他指出："2016 年 2 月 10 日的法令正式推翻了债务的不得

---

① Pour une réforme du régime général des obligations, F. Terré (dir.), Dalloz, 2013, pp. 123 – 132.

② Réforme du régime des obligations et des quasi-contrats, 09 mai 2011, http://www.textes.justice.goufr/art_pix/avant_projet_regime_obligations.pdf.

③ PROJET D'ORDONNANCE n° du portant réforme du droit des contrats, du régime général et de la preuve des obligations, pp. 36 – 38, http://www.justice.goufr/publication/j21_projet_ord_reforme_contrats_2015.pdf.

④ Rémy Cabrillac, Droit des obligations, 12e édition, Dalloz, 2016, p. 369; Marjorie Brusorio-Aillaud, Droit des obligations, 8e édition, bruylant, 2017, p. 28; Virginie Larribau-Terneyre, Droit civil, Les obligations, 15e édition, Dalloz, 2017, pp. 163 – 164; Jérôme François, Les obligations, Régime general, Tome 4, 4e édition, Economica, 2017, pp. 569570; François Terré, Philippe Simler, Yves Lequette, François Chénedé, Droit civil, Les obligations, 12e édition, Dalloz, 2018, pp. 1727 – 1728.

⑤ François Terré, Philippe Simler, Yves Lequette, François Chénedé, Droit Civil, les Obligations, 12e édition, Dalloz, 2018, pp. 1727 – 1728.

⑥ Rémy Cabrillac, Droit des obligations, 12e édition, Dalloz, 2016, pp. 367 – 369.

转让原则，并且承认了债务转让。"①

在 2010 年版即第 12 版的《债》当中，Larribau-Terneyre 坚守"债务转让的排除原则"，认为法国实在法不仅没有而且也不可能承认真正的、直接的债务转让，已如前述。在 2016 年 2 月 10 日的债法改革法令颁布之后，他在新版即第 15 版的《债》当中放弃了之前的看法，除了正式承认了真正的、直接的债务转让之外，他还认为，《法国民法典》对债务转让的正式规定属于基本的创新。他指出："自 2016 年的法令以来，债务转让出现在《法国民法典》当中，这就是第 1327 条至第 1328 - 1 条。它被视为一种基本创新，其目的在于建立真正的直接债务转让。"②

在 2016 年之后，虽然《法国民法典》已经正式规定了债务转让，但是，某些民法学者仍然采取 2016 年之前的看法，最典型的民法学者是 Malaurie、Aynès 和 Stoffel-Munck。在 2009 年版即第 4 版的《债》当中，他们不仅强烈反对债务的可转让性，而且还认为，此种不得转让性并不是因为债务的转让面临技术难题，而是因为债务的转让面临基本障碍，已如前述。在 2016 年 2 月 10 日的债法改革法令颁布之后，他们在新版即第 8 版的《债》当中基本上原封不动地重复了这些看法，换言之，在 2016 年之后，在承认《法国民法典》正式规定了债务转让的合法性时，他们仍然反对债务的可自由转让性。

首先，他们承认，虽然 2016 年 2 月 10 日的债法改革法令已经将债务转让规定在《法国民法典》当中，但是，基于债务自身的性质，债务是不能够转让的。③ 其次，他们仍然认为，债务转让面临基本障碍，因为转让人对债权人承担债务的原因不同于受让人对债权人承担债务的原因。④ 最后，他们指出，虽然 2016 年 2 月 10 日的债法改革法令以一节的篇幅对债务转让做出了规定；但是，它的规定所带来的实际利益还不如之前的间接转让方式即债务承担。⑤

还应当注意的是，虽然 Terré、Simler 和 Lequette 等人在 2016 年之后承认了债务的可转让性，但是，他们仍然对债务转让持歧视的态度，因为他们指出，即便 2016 年之后的《法国民法典》分别用了两节对债权转让和债务转让做出了规定，人们也不应当并且也不能够将债务转让与债权转让相提并论，认为它们是两种对称、对应的债的转让制度。⑥ 他们的此种看法并没有获得其他民法学者的认同，因为其他民法学者认为，通过对债务转让的规定，《法国民法典》已经将债务转让和债权转让置于对称、对应当中。Aillaud 指出："通过 2016 年的债法改革法令，作为债权转让的对称物、对等物，

---

① Rémy Cabrillac, Droit des obligations, 12e édition, Dalloz, 2016, p. 369.
② Virginie Larribau-Terneyre, Droit civil, Les obligations, 15e édition, Dalloz, 2017, p. 163.
③ Philippe Malaurie, Laurent Aynès, Philippe Stoffel-Munck, Droit des obligations, 8e édition, LGDJ, 2016, p. 814.
④ Philippe Malaurie, Laurent Aynès, Philippe Stoffel-Munck, Droit des obligations, 8e édition, LGDJ, 2016, pp. 817 - 818.
⑤ Philippe Malaurie, Laurent Aynès, Philippe Stoffel-Munck, Droit des obligations, 8e édition, LGDJ, 2016, p. 818.
⑥ François Terré, Philippe Simler, Yves Lequette, François Chénedé, Droit Civil, les Obligations, 12e édition, Dalloz, 2018, pp. 1728 - 1729.

债务转让被规定在《法国民法典》当中。"①

笔者认为，在债法上，债务人承担的债务之所以能够转让，其根本的原因是，债务人承担的债务仍然是一种财产，仍然具有金钱价值，人们仍然能够以金钱方式对其进行评估。这一点同债权能够自由转让的原因一样。因为，当我们说债是一种财产时，是财产的债不仅仅是指债权人享有的债权，也包括债务人承担的债务，已如前述。作为一种财产，债务与债权之间的最主要差异并不是它们是不是财产的区别，而是它们之间的两种形式上的差异：债权属于一种积极财产，而债务则是一种消极财产；债权是一种更受人欢迎的财产，而债务则是一种更不受人欢迎的财产。因为此种原因，债权的转让要比债务的转让更加容易、范围更加广泛，而债务的转让则更加困难、范围更加狭小。

四、《法国民法典》新的第1327条至新的1328-1条对债务转让做出的规定

通过2016年2月10日的债法改革法令，《法国民法典》新的第1327条至新的1328-1条对债务转让做出了规定。在这些法律条款当中，新的第1327条和新的第1327-1条对债务转让的有效条件做出了规定，根据这些规定，债务转让需要获得债权人的同意并且需要采取书面形式，在一定情况下，转让人或者受让人应当将债务转让通知债权人。新的第1327-2条对债权人同意的方式和效力做出了规定，新的第1328条和新的第1328-1条对债务转让产生的法律效力做出了规定，它们结合在一起就构成《法国民法典》所规定的债务转让制度。②

法国政府之所以在2016年2月10日的债法改革法令当中对债务转让制度做出规定，其主要原因有三：填补《法国民法典》在债务转让方面所存在的漏洞，让2016年之前没有规定债务转让的《法国民法典》从此规定了此种债务转让制度；让《法国民法典》能够像其他大陆法系国家的民法典一样对债务转让制度做出规定；满足社会公众对债务转让制度的需要，因为在《法国民法典》规定此种制度之前，人们在经济生活当中实行此种交易制度并因此让此种制度显得像债权转让一样重要。在2016年就法国债法改革法令所提交的报告当中，法国总统对《法国民法典》规定债务转让制度的这些理由做出了说明。他指出："虽然《法国民法典》没有规定债务转让，但是，它已经由人们在实践当中建立起来并且允许一个债务人通过将自己对债权人承担的债务转让给另外一个债务人的方式免除自己承担的债务。考虑到此种交易对人们的实践活动的重要性，考虑到数不胜数的外国制定法已经规定了债务转让，同时考虑到法国国内司法判例已经承认债务转让，因此，十分明显的是，人们应当将其规定在《法国民法典》当中。"③

---

① Marjorie Brusorio-Aillaud, Droit des obligations, 8e édition, bruylant, 2017, p.328.

② Articles 1327 à 1328 – 1, Code civil, Version en vigueur au 25 juillet 2021, https://www.legifrance.goufr/codes/section_lc/LEGITEXT000006070721/LEGISCTA000032034723/#LEGISCTA000032034723.

③ Rapport au Président de la République relatif à l'ordonnance n° 2016 – 131 du 10 février 2016 portant réforme du droit des contrats, du régime général et de la preuve des obligations, https://www.legifrance.goufr/jorf/article_jo/JORFARTI000032004765.

2018 年 4 月 20 日，法国立法者颁布了第 2018 – 287 号制定法，也就是《关于批准有关合同法、债的一般制度和债的证明即有关 2016 年 2 月 10 日的债法改革法令的法律》。① 除了正式批准法国政府在 2016 年 2 月 10 日所颁布的债法改革法令之外，法国立法者也对其中的几个法律条款做出了修改，包括对新的第 1327 条、第 1327 – 1 条和第 1328 – 1 条做出了修改。②

第三节　间接债务转让的各种方式

一、两类间接债务转让

（一）民法学者在 2016 年之前对间接债务转让的普遍承认

在《法国民法典》规定直接债务转让之前，民法学者普遍承认间接债务转让的存在，因为他们认为，在直接债务转让不存在或者不应当存在的情况下，如果人们要进行债务交易，他们能够采取各种各样的类似于直接债务转让的交易方式。③ 在普遍承认间接债务转让的情况下，民法学者的观点之间也存在不同的地方。主要表现在两个方面：

第一，他们使用的名称存在差异。在 2016 年之前，虽然民法学者普遍承认，在直接债务转让不存在时，债务人能够以多种多样的方式将自己的债务转让给受让人，但是，在讨论这些方式时，他们使用的称谓五花八门，几乎不存在共同的名称，诸如"替代途径"（solutions de substitut）④、"债务转让的替代方式"⑤、某人与《法国民法典》所规定的债务承担类似的"困难技术"⑥、"累积转让"（cession cumulative）⑦ 以及

---

① LOI n° 2018 – 287 du 20 avril 2018 ratifiant l'ordonnance n° 2016 – 131 du 10 février 2016 portant réforme du droit des contrats, du régime général et de la preuve des obligations, https://www. legifrance. goufr/loda/id/LEGIAR-TI000036828138/2018 – 10 – 01/.

② Articles 1327 à 1328 – 1, Code civil, Version en vigueur au 25 juillet 2021, https://www. legifrance. goufr/codes/section_ lc/LEGITEXT000006070721/LEGISCTA000032034723/#LEGISCTA000032034723.

③ Henri et Léon Mazeaud, Jean Mazeaud, François Chabas, Obligations, 9e édition, Montchrestien, 1998, pp. 1299 – 1300; Jean Carbonnier, Droit civil, Les biens Les obligations, puf, 2004, pp. 2461 – 2463; Jacques Ghestin, Marc Billiau, Grégoire Loiseau, Traité de Droit Civil, Le régime des créances et des dettes, LGDJ, 2005, pp. 411 – 413; Philippe Malaurie, Laurent Aynès, Philippe Stoffel-Munck, Les obligations, 4e édition, Defrénois, 2009, pp. 781 – 783; Françcois Terré, Philippe Simler, Yves Lequette, Droit civil, Les obligations, 12e édition, Dalloz, 2009, pp. 1294 – 1298; Rémy Cabrillac, Droit des obligations, 12e édition, Dalloz, 2016, pp. 320 – 321; Virginie Larribau-Terneyre, Droit civil, Les obligations, 12e édition, Dalloz, 2010, pp. 141 – 144; Jacques Flour, Jean-Luc Aubert, Éric Savaux, Droit civil, Les Obligations, 3. Le rapport d'obligation, 7e édition, Dalloz, 2011, pp. 359 – 361.

④ François Terré, Philippe Simler, Yves Lequette, Droit civil, Les obligations, 12e édition, Dalloz, 2009, p. 1294.

⑤ Jacques Flour, Jean-Luc Aubert, Éric Savaux, Droit civil, Les Obligations, 3. Le rapport d'obligation, 7e édition, Dalloz, 2011, p. 359.

⑥ Philippe Malaurie, Laurent Aynès, Philippe Stoffel-Munck, Les obligations, 4e édition, Defrénois, 2009, p. 781.

⑦ Jean Carbonnier, Droit civil, Les biens Les obligations, puf, 2004, p. 2462.

间接方法（procédés indirects）等。① 笔者将这些转让方式称为"间接债务转让""非真正债务转让"，以便与2016年之后《法国民法典》所规定的直接债务转让和真正债务转让相对应。

第二，他们所讨论的间接债务转让类型存在差异。在2016年之前，虽然民法学者普遍承认，在直接债务转让不存在时，债务人能够以多种多样的方式将自己的债务转让给受让人，但是，在债务人究竟能够采取哪种方式转让自己的债务问题上，他们之间也存在重大差异。Carbonnier认为，间接债务转让即他所谓的累计转让包括两种：非完全性债务指令承担和为别人利益的合同。②

Malaurie、Aynès和Stoffel-Munck认为，间接债务转让即与《德国民法典》所规定的债务承担的"困难技术"包括expromissio-adpromissio，也就是，在不需要最初债务人合意的情况下，通过新债务人与债权人达成债务转让合同的方式，指定清偿人（indication de paiement），通过变更债务人所进行的更新，债务的指令承担，以及为别人利益的合同。③ Malaurie、Aynès和Stoffel-Munck的分类为众多的民法学者所采用，因为在2016年之前，这些民法学者对间接债务转让的类型做出的说明与他们的分类相似。④

（二）民法学者在2016年之后对间接债务转让的承认

2016年之后，鉴于《法国民法典》已经对直接债务转让做出了明确规定，因此，大多数民法学者不再讨论民法学者在2016年之前所讨论的间接债务转让，因为他们仅仅在自己的债法著作当中讨论《法国民法典》所规定的直接债务转让制度。⑤ 例如，在2009年版即第10版的《债》当中，Terré、Simler和Lequette对各种各样的间接债务转让方式做出了介绍。⑥ 而在2016年的债法改革法令通过之后所出版的第12版的《债》当中，他们完全放弃了2009年版的《债》当中所讨论的内容，仅仅讨论《法国民法典》所规定的债务转让制度。⑦

这些民法学者的此种做法似乎是无可挑剔、理所当然的。因为，在《法国民法典》

---

① Henri et Léon Mazeaud, Jean Mazeaud, François Chabas, Obligations, 9e édition, Montchrestien, 1998, p.1299.

② Jean Carbonnier, Droit civil, Les biens Les obligations, puf, 2004, p.2462.

③ Philippe Malaurie, Laurent Aynès, Philippe Stoffel-Munck, Les obligations, 4e édition, Defrénois, 2009, pp.781-783.

④ François Terré, Philippe Simler, Yves Lequette, Droit civil, Les obligations, 12e édition, Dalloz, 2009, pp.1294-1296; Jacques Flour, Jean-Luc Aubert, Éric Savaux, Droit civil, Les Obligations, 3. Le rapport d'obligation, 7e édition, Dalloz, 2011, pp.359-361.

⑤ Rémy Cabrillac, Droit des obligations, 12e édition, Dalloz, 2016, pp.367-369; Marjorie Brusorio-Aillaud, Droit des obligations, 8e édition, bruylant, 2017, pp.328-329; Jérôme François, Les obligations, Régime general, Tome 4, 4e édition, Economica, 2017, pp.567-580; François Terré, Philippe Simler, Yves Lequette, François Chénedé, Droit civil, Les obligations, 12e édition, Dalloz, 2018, pp.1727-1735.

⑥ François Terré, Philippe Simler, Yves Lequette, Droit civil, Les obligations, 12e édition, Dalloz, 2009, pp.1294-1296.

⑦ François Terré, Philippe Simler, Yves Lequette, François Chénedé, Droit Civil, les Obligations, 12e édition, Dalloz, 2018, pp.1727-1735.

规定直接债务转让之前，人们必须求助于他们所建议的这些迂回的方式进行债务交易，而当《法国民法典》明确规定了直接债务转让制度时，人们仅仅使用它所规定的债务转让制度，无需再婉转求助于之前的"困难技术。"

（三）德国民法当中的债务承担和法国民法当中与债务承担类似的间接债务转让

不过，2016 年之后，在讨论《法国民法典》所规定的直接债务转让制度时，少数民法学者仍然像 2016 年之前一样讨论间接债务转让制度，包括 Malaurie、Aynès、Stoffel-Munck 和 Larribau-Terneyre 等人。在 2016 年之前的著作当中，他们详细地讨论了间接债务转让制度；2016 年之后，他们仍然保留了这些内容，没有像 Terré、Simler 和 Lequette 等人那样将这一部分内容予以删除。①

笔者采纳这些民法学者的做法，除了对《法国民法典》新规定的直接债务转让制度做出详细讨论之外，笔者也对间接债务转让制度做出简要的介绍。笔者根据 Malaurie、Aynès、Stoffel-Munck 的做法，先讨论《德国民法典》所规定的三种债务承担制度，之后再讨论法国民法学者在 2016 年之前所提出的与《德国民法典》所规定的债务承担类似的间接债务转让制度。

二、德国民法当中的三种债务承担

同 1804 年和 2016 年之前的《法国民法典》没有规定债务转让制度不同，无论是 1896 年的《德国民法典》还是今时今日的《德国民法典》均对债务转让制度做出了规定。不过，在规定债务转让制度时，《德国民法典》没有使用"债务转让"一词，而是使用了"债务承担"（Schuldübernahme reprises de dette）一词。所谓债务承担，是指当债务人对债权人承担债务时，基于合同的规定或者基于制定法的明确规定，最初的债务人对债权人承担的债务将会由新的债务人对债权人承担。在德国，债务承担分为三种：债务的内部承担（reprise interne）、债务的累积承担（reprise cumulative）和债务的完全承担（reprise parfaite）。②

（一）内部债务承担

德国民法当中的第一种债务承担是内部债务承担。所谓债务的内部承担，是指当债务人对债权人承担债务时，在没有获得债权人同意时，债务人与第三人签订合同，规定第三人将为债务人履行对债权人承担的债务。其中的债务人被称为最初债务人，而第三人则被称为新债务人。因此，如果最初债务人 B 对债权人 A 承担债务，在没有获得债权人 A 同意的情况下，新债务人 C 与最初债务人 B 签订合同，合同规定由新债务人 C

---

① Philippe Malaurie, Laurent Aynès, Philippe Stoffel-Munck, Droit des obligations, 8e édition, LGDJ, 2016, pp. 815 – 817; Virginie Larribau-Terneyre, Droit civil, Les obligations, 15e édition, Dalloz, 2017, pp. 162 – 172.

② Philippe Malaurie, Laurent Aynès, Philippe Stoffel-Munck, Les obligations, 4e édition, Defrénois, 2009, p. 781; Malaurie Laurent, Aynès Philippe, Stoffel-Munck, Droit des obligations, 8e édition, LGDJ, 2016, p. 815.

履行原本由最初债务人 B 对债权人 A 承担的债务，当新债务人 C 根据与最初债务人 B 之间的此种合同规定履行对债权人 A 承担的债务时，新债务人 C 对最初债务人 B 的债务的履行就被称为债务的内部承担。①

在债务的内部承担当中，合同的两方当事人是新债务人和最初债务人，债权人不是内部债务承担的当事人。因此，新债务人和最初债务人之间的合同对债权人没有约束力，债权人不能够请求新债务人对自己履行债务，他们仍然只能够请求最初债务人对自己履行债务。不过，新债务人应当对最初债务人承担债务：他们应当根据合同的规定履行最初债务人对债权人承担的债务，一旦新债务人履行了最初债务人对债权人承担的债务，则最初债务人对债权人承担的债务消灭；而如果新债务人没有履行最初债务人对债权人承担的债务，则他们应当对最初债务人承担合同责任，债权人此时不能够要求新债务人对自己承担合同责任，他们只能够要求最初债务人对自己承担合同责任。②

根据合同的规定，最初债务人承担的债务最终由新债务人承担。债务的内部承担将最初债务人承担的债务转由新债务人承担，因此，在经济上，债务的内部承担是一种债务转让。不过，在法律上，债务的内部承担不属于债务转让，因为，一方面，主要的利害关系人即债权人不能够利用此种债务承担要求新债务人对自己履行债务；另一方面，新债务人或者最初债务人均不能够利用债务的内部承担对抗债权人。③

（二）累积债务承担

德国民法当中的第二种债务承担是累积债务承担。所谓累积债务承担，是指当债务人对债权人承担债务时，在取得债权人同意的情况下，虽然最初债务人与新债务人签订合同，规定由新债务人替代最初债务人履行对债权人所承担的债务，但是，在债务转让发生之后，债权人在要求受让人对自己承担债务时仍然有权要求最初债务人对自己承担债务。因此，如果最初债务人 B 对债权人 A 承担债务，在获得债权人 A 同意的情况下，新债务人 C 与最初债务人 B 签订合同，合同规定由新债务人 C 履行原本由最初债务人 B 对债权人 A 承担的债务，因为由新债务人 C 取代最初债务人 B 履行对债权人 A 承担的债务获得了债权人 A 的同意，因此，除了有权要求新债务人 C 履行对自己的债务之外，债权人也有权要求最初债务人 B 履行所承担的债务，这就是所谓的累积债务承担。不过，《德国民法典》没有规定累积债务承担，因此，该种债务承担完全是因为合同自由的产物。④

累积债务承担与内部债务承担的第一个主要区别是，累积债务承担以债权人同意债

---

① Philippe Malaurie, Laurent Aynès, Philippe Stoffel-Munck, Les obligations, 4e édition, Defrénois, 2009, p.781; Philippe Malaurie, Laurent Aynès, Philippe Stoffel-Munck, Droit des obligations, 8e édition, LGDJ, 2016, p.815.
② Philippe Malaurie, Laurent Aynès, Philippe Stoffel-Munck, Les obligations, 4e édition, Defrénois, 2009, p.781; Philippe Malaurie, Laurent Aynès, Philippe Stoffel-Munck, Droit des obligations, 8e édition, LGDJ, 2016, p.815.
③ Philippe Malaurie, Laurent Aynès, Philippe Stoffel-Munck, Les obligations, 4e édition, Defrénois, 2009, p.781; Philippe Malaurie, Laurent Aynès, Philippe Stoffel-Munck, Droit des obligations, 8e édition, LGDJ, 2016, p.815.
④ Philippe Malaurie, Laurent Aynès, Philippe Stoffel-Munck, Les obligations, 4e édition, Defrénois, 2009, p.781; Philippe Malaurie, Laurent Aynès, Philippe Stoffel-Munck, Droit des obligations, 8e édition, LGDJ, 2016, p.815.

务承担作为必要条件，而内部债务承担则以债权人没有同意债务承担作为条件。它与内部债务承担的第二个主要差异是，在内部债务承担当中，债权人只能够要求最初债务人履行债务或者承担合同责任，不能够要求新债务人履行债务或者承担合同责任；而在累积债务承担当中，债权人一方面有权要求新债务人对自己履行最初的债务，另一方面又有权要求最初债务人对自己履行最初的债务，因为新债务人债务的承担不会解除最初债务人的债务承担：新债务人被视为主要债务人，应当履行最初债务人对债权人承担的债务，而最初债务人被视为次要债务人，他们仅仅是一种担保人或者保证人，仅仅在新债务人即主要债务人资不抵债履行时，债权人才能够要求最初债务人即次要债务人对自己履行债务或者承担合同责任。①

根据累积债务承担，虽然最初债务人与新债务人之间的债务承担需要获得债权人的同意，但是，债权人并不是从自己做出同意表示时才对新债务人享有权利，而是从新债务人与最初债务人达成债务承担协议时开始对新债务人享有权利。如果新债务人因为资不抵债或者丧失清偿能力而无法履行对债权人承担的债务，则债权人有权要求最初债务人履行最初的债务。在最初债务人履行了债务之后，他们对新债务人享有求偿权，有权要求新债务人对自己承担赔偿责任。②

（三）完全债务承担

德国民法当中的第三种债务承担是完全债务承担。所谓完全债务承担，是指当债务人对债权人承担债务时，在没有取得债权人同意的情况下，最初债务人对债权人承担的债务不仅转由新债务人承担，而且他们对债权人承担的最初债务也因此被解除。因此，如果最初债务人 B 对债权人 A 承担债务，在获得债权人 A 同意的情况下，新债务人 C 取代最初债务人 B 对债权人 A 承担债务：除了有权要求新债务人 C 对自己履行最初债务人 B 对自己承担的最初债务或者合同责任之外，债权人 A 不得要求最初债务人 B 对自己履行债务或者承担合同责任，因为在新债务人 C 取代了最初债务人 B 履行最初的债务之后，最初债务人 B 不再是合同的当事人，不再对债权人 A 承担原本应当承担的债务。③

因为新债务人对最初债务的承担让最初债务人从债务约束当中解放出来，因此，此种债务承担被称为完全债务承担，而在上述两种债务承担当中，虽然最初债务人承担的债务转由新债务人承担，但是，他们对债权人承担的最初债务没有被解放。换言之，他们仍然应当履行所承担的债务，因此，内部债务承担和累积债务承担属于不完全的债务承担（reprise imparfaite）。

某些民法学者认为，完全债务承担仅仅需要两个债务人即新债务人和最初债务人之

---

① Philippe Malaurie, Laurent Aynès, Philippe Stoffel-Munck, Les obligations, 4e édition, Defrénois, 2009, p.781; Philippe Malaurie, Laurent Aynès, Philippe Stoffel-Munck, Droit des obligations, 8e édition, LGDJ, 2016, p.815.

② Philippe Malaurie, Laurent Aynès, Philippe Stoffel-Munck, Les obligations, 4e édition, Defrénois, 2009, p.781; Philippe Malaurie, Laurent Aynès, Philippe Stoffel-Munck, Droit des obligations, 8e édition, LGDJ, 2016, p.815.

③ Philippe Malaurie, Laurent Aynès, Philippe Stoffel-Munck, Les obligations, 4e édition, Defrénois, 2009, p.781; Philippe Malaurie, Laurent Aynès, Philippe Stoffel-Munck, Droit des obligations, 8e édition, LGDJ, 2016, p.815.

间的意思表示一致就能够产生法律效力。此种看法是不适当的，因为，在债权人不同意的情况下，两个债务人之间的意思表示不会产生让最初债务人对债权人承担的债务被免除的法律效力，否则，债权人的利益将会面临灭顶之灾。如果两个债务人之间的合同能够产生此种法律效力，除了要有两个债务人之间的意思表示一致之外，还应当由制定法做出明确规定。换言之，完全债务承担仅仅在制定法明确规定的情形才会发生。① 实际上就是笔者在前面的内容当中所讨论的债务转让：当某种财产或者权利被转让时，附加在该种财产或者权利基础上的债务尤其是担保债务也随之转让。

三、法国民法当中的间接债务转让

在19世纪末期和20世纪初期，通过Saleilles的《债的一般理论研究》和Gaudemet的《特定债务转让研究》著作，德国民法当中的债务承担理论被引入法国，除了让法国民法学者承认债务承担的存在之外，也让法国民法学者提出了各种不同的间接债务转让方式。

一方面，在2016年之前，在普遍反对直接债务转让存在的情况下，某些民法学者也将德国民法当中的债务承担视为法国民法当中的间接债务转让。由于受到德国民法当中的债务承担理论的影响，在2004年的《民法》当中，Carbonnier至少将德国三种债务承担当中的一种承担方式引入法国，认为当事人可以通过内部转让的方式进行债务转让，而所谓的内部转让实际上就是德国民法当中的内部债务承担。② 由于受到德国民法当中的债务承担理论的影响，在2009年的《债》当中，Terré、Simler和Lequette至少将德国三种债务承担当中的两种承担方式引起法国，认为在直接债务转让不存在的情况下，当事人至少可以通过内部承担和累积承担的方式间接实现债务的转让。③

另一方面，由于受到德国民法所承认的这三种不同的债务承担方式的影响，法国民法学者也提出了与德国民法当中的债务承担方式类似的间接债务转让方式。至于说有哪些不同的间接方式，不同的民法学者所做出的说明是不同的，已如前述。笔者认为，间接债务转让的方式多种多样，至少包括以下六种不同的方式：通过债的更新方式实现的债务转让；通过债务的指令承担所实现的债务转让；通过expromissio-adpromissio方式实现的债务转让；通过三方当事人意思表示的合意进行的债务转让；通过为第三人利益的合同进行的债务转让；以及通过指定债务清偿人的方式进行的债务转让。关于债的更新和债务的指令承担，笔者将在下面的内容当中做出详细的讨论，此处从略。

（一）通过adpromissio方式实现的间接债务转让

在2016年之前，民法学者所承认的第一种间接债务转让方式是通过adpromissio方

---

① Philippe Malaurie, Laurent Aynès, Philippe Stoffel-Munck, Les obligations, 4e édition, Defrenois, 2009, p. 781; Philippe Malaurie, Laurent Aynès, Philippe Stoffel-Munck, Droit des obligations, 8e édition, LGDJ, 2016, p. 815.

② Jean Carbonnier, Droit civil, Les biens Les obligations, puf, 2004, p. 2462.

③ François Terré, Philippe Simler, Yves Lequette, Droit civil, Les obligations, 12e édition, Dalloz, 2009, pp. 1294 – 1295.

式实现的债务转让。

所谓 adpromissio 方式，也称为 l'adpromission 方式，是指在没有获得最初债务人同意的情况下，新的债务人与债权人达成合意，在不解除最初债务人对债权人承担的债务的情况下，由新债务人替最初债务人履行对债权人所承担的最初债务。根据此种转让方式，在新债务人与债权人签订了由新债务人替最初债务人履行债务的合同之后，在要求新债务人对自己履行债务时，债权人也有权要求最初债务人对自己履行债务。①

例如，如果 Primus 欠 Secundus 1000 元，在知道这笔债务会让他的朋友 Primus 难堪时，如果 Tertius 在向 Secundus 允诺会替 Primus 偿还这一笔债务时没有附加 Primus 不再对 Secundus 履行偿还债务的条件，则 Primus 对 Secundus 承担的 1000 元债务就转让给了 Tertius，这就是所谓的 adpromissio 转让方式。此时，Secundus 既可以要求 Tertius 偿还 1000 元的债务，也有权要求 Primus 偿还 1000 元的债务。②

（二）通过三方当事人之间的意思表示一致所进行的间接债务转让

在 2016 年之前，民法学者所承认的第二种间接债务转让方式是通过三方当事人之间的意思表示一致所进行的债务转让。所谓通过三方当事人之间的意思表示一致所进行的间接债务转让，是指当债务人对债权人承担债务时，经过转让人、受让人和债权人三方的合意，债务人将其对债权人承担的债务转让给受让人，实际上就是在获得债权人同意时债务人将自己的债务转让给受让人的一种债务转让。

虽然在 2016 年之后，民法学者普遍将此种债务转让称为直接债务转让，但是，在 2016 年之前，民法学者对于此种债务转让的性质存在不同意见。Mazeaud 和 Chabas 认为，当事人之间的此种债务转让不属于真正的债务转让，因为人们通过此种方式转让债务是非法的③；Ghestin、Billiau 和 Loiseau 认为，此种债务转让不属于真正的债务转让，因为它仅仅属于一种债的更新，他们指出："因此，如果债权人接受债务人的更换，则他们实际上同意了一种债务更新。"④

Carbonnier、Terré、Simler 和 Lequette 认为，当事人之间的此种债务转让属于真正的债务转让，因为他们要么完全承认真正的债务转让，要么在例外情况下承认真正的债务转让。Carbonnier 将其视为一种真正的债务转让方式，而 Terré、Simler 和 Lequette 则不同，他们仅仅将其视为例外情况下的真正债务转让，因为他们认为，原则上，债务仅仅是一种不能够转让的法律关系，已如前述。他们将三方当事人之间的此种债务转让称

---

① Philippe Malaurie, Laurent Aynès, Philippe Stoffel-Munck, Les obligations, 4e édition, Defrénois, 2009, p. 782; Philippe Malaurie, Laurent Aynès, Philippe Stoffel-Munck, Droit des obligations, 8e édition, LGDJ, 2016, p. 816.

② Philippe Malaurie, Laurent Aynès, Philippe Stoffel-Munck, Les obligations, 4e édition, Defrénois, 2009, p. 782; Philippe Malaurie, Laurent Aynès, Philippe Stoffel-Munck, Droit des obligations, 8e édition, LGDJ, 2016, p. 816.

③ Henri et Léon Mazeaud, Jean Mazeaud, François Chabas, Obligations, 9e édition, Montchrestien, 1998, p. 1299.

④ Jacques Ghestin, Marc Billiau, Grégoire Loiseau, Traité de Droit Civil, Le régime des créances et des dettes, LGDJ, 2005, p. 415.

为完全转让,以便区别于没有获得债权人同意的不完全转让。①

Flour、Aubert 和 Savaux 的意见与众不同。一方面,他们承认此种债务转让方式,认为当事人能够通过此种方式进行债务交易。另一方面,他们又认为,此种债务转让方式并不是直接债务转让,而是一种间接债务转让,因为他们认为,真正的债务转让仅仅是指不需要获得债权人同意时的债务转让,就像真正的债权转让是不需要获得债务人同意一样,已如前述。②

(三) 通过为第三人利益的合同所进行的间接债务转让

在 2016 年之前甚至之后,民法学者所承认的第三种间接债务转让方式是通过为第三人利益的合同所进行的债务间接转让。所谓为了第三人利益的合同 (la stipulation pour autrui),是指合同的一方当事人即订约者 (le stipulant) 与另外一方当事人即允诺者 (le promettant) 所签订的一种合同。在该种合同当中,他们规定了有利于第三人的条款 (la stipulation),根据这一条款,允诺者对订约者做出承诺,会为第三人的利益实施某种给付行为,其中的第三人被称为受益人 (le bénéficiaire)、利益第三人 (le tiers bénéficiaire)。简而言之,所谓为第三人利益的合同,是指两方当事人在其中规定了有利于第三人条款的合同。③

2016 年之前,《法国民法典》第 1121 条对为第三人利益的合同做出了规定。2016 年之后,《法国民法典》新的第 1205 条对为第三人利益的合同做出了界定,该条规定:人们能够规定为别人利益的合同条款。合同的一方当事人即订约者能够让合同的另外一方当事人即允诺者做出会为了第三人即受益人的利益实施某种给付行为的承诺。虽然受益人可以是未来的某一个人,但是,该人应当被准确地指明,或者在允诺履行时能够被确定。④ 当最初债务人与受让人之间达成债务转让合同时,人们能够将他们之间所达成的此种债务转让合同视为《法国民法典》旧的第 1121 条或者新的第 1205 条所规定的为第三人利益的合同:在该种债务转让合同当中,最初债务人即转让人属于订约者,受让人属于允诺者,而债权人则属于利益第三人。

根据此种为第三人利益的合同,当受让人作为允诺者允诺为利益第三人即债权人的利益履行债务时,除了能够直接要求订约者即最初债务人对自己履行债务之外,利益第

---

① Jean Carbonnier, Droit civil, Les biens Les obligations, puf, 2004, pp. 2462 – 2463; Françcois Terré, Philippe Simler, Yves Lequette, Droit civil, Les obligations, 12e édition, Dalloz, 2009, p. 1297; Jacques Flour, Jean-Luc Aubert, Éric Savaux, Les obligations, 3. Le rapport d'obligation, 7e édition, Dalloz, 2011, p. 359.

② Jacques Flour, Jean-Luc Aubert, Éric Savaux, Les obligations, 3. Le rapport d'obligation, 7e édition, Dalloz, 2011, pp. 359 – 360.

③ Dimitri Houtcieff, Droit des contrats, Larcier, 2e édition, 2016, p. 474; Philippe Malaurie, Laurent Aynès, Philippe Stoffel-Munck, Droit Des Obligations, 8e édition, LGDJ, 2016, p.447; Virginie Larribau-Terneyre, Droit civil, Les obligations, 15e édition, Dalloz, 2017, p. 528; François Terré, Philippe Simler, Yves Lequette, François Chénedé, Droit civil, Les obligations, 12e édition, Dalloz, 2018, p.776; 张民安:《法国合同法总论》,中山大学出版社 2021 年版,第 283—290 页。

④ Article 1205, Code civil, Version en vigueur au 25 juillet 2021, https://www. legifrance. goufr/codes/section_lc/LEGITEXT000006070721/LEGISCTA000032009463/#LEGISCTA000032009463

三人即债权人还有权直接要求允诺者即受让人对自己履行债务。因此，如果 P 欠 T 10000 元的债务，当 S 与 P 约定，他将替 P 偿还对 T 的 10000 元的债务时，则在保有要求 P 偿还 10000 元债务的权利时，T 也有权要求 S 偿还 10000 元的债务。①

不过，通过为第三人利益的合同所实现的债务转让并不是真正的债务转让，因为真正的债务转让仅有一个债务人即受让人，而在为第三人利益的合同当中，则有两个债务人即转让人和受让人，转让人并不会因为将其承担的债务转让给了受让人而不再对债权人承担债务，当债权人要求转让人对其承担债务时，转让人仍然应当对债权人承担债务。在 2016 年之前，民法学者普遍承认此种间接债务转让形式。② 在 2016 年之后，少数民法学者仍然承认此种间接债务转让形式。③

（四）通过指定债务清偿人的方式所进行的间接债务转让

在 2016 年之前甚至之后，民法学者所承认的第四种间接债务转让方式是通过指定债务清偿人（indication de paiement）的方式进行的债务转让。根据《法国民法典》旧的第 1277（1）和新的第 1340 条的规定，在债务人对债权人承担债务之后，如果债务人指定了对债权人履行债务的第三人，则被债务人指定的第三人即能够取代转让人履行原本应当由债务人履行的债务。当被债务人指定的清偿人按照债务人的要求履行了对债权人承担的债务时，除了债权人与债务人之间的债消灭之外，转让人也成功地实现了将自己承担的债务转让给清偿人的目的，这就是通过指定债务清偿人的方式所进行的间接债务转让。④

不过，债务人对清偿人的指定并不能够解除债务人对债权人承担的债务。一方面，如果具备合法的拒绝理由，债权人有权拒绝债务人指定的债务人对自己履行债务。例如，如果债务人的人格是债务履行的基本条件，则债务人必须亲自履行债务，不能够指定清偿人履行债务。另一方面，如果被债务人指定的清偿人不履行债务，债权人不能够要求清偿人履行债务，或者要求他们承担合同责任，他们只能够要求债务人履行债务或者承担合同责任。因为此种原因，此种债务转让方式也不是一种真正的债务转让方式，而仅仅是一种间接债务转让方式。

---

① Jean Carbonnier, Droit civil, Les biens Les obligations, puf, 2004, p.2462.
② Gérard Légier, les obligations, 17e édition, 2001, Dalloz, 2001 p.233; Jean Carbonnier, Droit civil, Les biens Les obligations, puf, 2004, p.2462; François Terré, Philippe Simler, Yves Lequette, Droit civil, Les obligations, 12e édition, Dalloz, 2009, p.1295; Jacques Flour, Jean-Luc Aubert, Éric Savaux, Les obligations, 3. Le rapport d'obligation, 7e édition, Dalloz, 2011, p.360; Philippe Malaurie, Laurent Aynès, Philippe Stoffel-Munck, Droit des obligations, 8e édition, LGDJ, 2016, p.817.
③ Philippe Malaurie, Laurent Aynès, Philippe Stoffel-Munck, Droit des obligations, 8e édition, LGDJ, 2016, p.817.
④ François Terré, Philippe Simler, Yves Lequette, Droit civil, Les obligations, 12e édition, Dalloz, 2009, p.1295; Jacques Flour, Jean-Luc Aubert, Éric Savaux, Les obligations, 3. Le rapport d'obligation, 7e édition, Dalloz, 2011, pp.360 – 361; Philippe Malaurie, Laurent Aynès, Philippe Stoffel-Munck, Les obligations, 4e édition, Defrénois, 2009, p.782; Philippe Malaurie, Laurent Aynès, Philippe Stoffel-Munck, Droit des obligations, 8e édition, LGDJ, 2016, p.817.

第四节　债务转让的有效条件

就像债权转让应当具备一定的条件才能够产生法律效力一样，如果债务转让要产生法律效力，它们也应当具备一定的法律条件。问题在于，债务转让应当具备哪些能够让其产生法律效力的条件？对此问题，现行《法国民法典》规定了债务转让应当具备的某些条件，例如债权人的同意和书面形式的要求，但是，它没有对其他的构成要件做出规定，例如，哪些债务能够成为债务转让的对象或者客体。

虽然 2016 年以来的民法学者普遍对债务转让做出了说明，但是，他们极度轻视债务转让的条件问题，这一点同他们对待债权转让条件的态度形成鲜明的对比：一方面，某些民法学者几乎不讨论债务转让的条件问题；① 另一方面，即便某些民法学者讨论债务转让的条件问题，也是挂一漏万、蜻蜓点水，没有全面、深入和详尽地讨论债务转让应当具备的所有条件。② 笔者认为，债务转让应当具备四个条件：具备一般合同的有效条件，债务人转让的债务在性质上属于具有自由转让性的债务，债务转让应当采取书面形式，债权人对债务转让的同意。

一、债务转让应当具备一般合同的有效条件

债务转让是一种合同，该种合同的当事人是转让人和受让人。这一点同债权转让合同是一样的。如果当事人之间的债务转让要产生法律效力，他们之间的债务转让合同也应当具备所有合同均应当具备的一般构成要件，即便《法国民法典》没有明确债务转让应当具备的这些条件，即便民法学者完全没有对这些条件做出说明，这一点仍毋庸置疑。因为，债务转让是最初债务人与新债务人之间的一种债务转移合同，作为一种合同，当事人之间的债务转移合同应当像包括债权转让在内的所有其他合同一样具备最低限度的有效条件，否则，当事人之间的债务转让合同不能够产生法律效力。

在 2016 年之前，债务转让合同的转让人和受让人均应当具备《法国民法典》第 1108 条所规定的合同有效的四个基本构成要件：合同当事人的同意；合同当事人具有缔约能力，包括缔约权利能力和行为能力，合同具有某种确定的客体，合同具备某种合法原因（une cause licite）。③ 如果当事人之间的债务转让合同不具备这一条款所规定的

---

① Rémy Cabrillac, Droit des obligations, 12e édition, Dalloz, 2016, p. 369; Marjorie Brusorio-Aillaud, Droit des obligations, 8e édition, bruylant, 2017, p. 329; Virginie Larribau-Terneyre, Droit civil, Les obligations, 15e édition, Dalloz, 2017, p. 164.

② Philippe Malaurie, Laurent Aynès, Philippe Stoffel-Munck, Droit des obligations, 8e édition, LGDJ, 2016, pp. 818 – 819; Jérôme François, Les obligations, Régime general, Tome 4, 4e édition, Economica, 2017, pp. 572 – 575; François Terré, Philippe Simler, Yves Lequette, François Chénedé, Droit civil, Les obligations, 12e édition, Dalloz, 2018, pp. 1729 – 1732.

③ Article 1108, Code civil, Version en vigueur au 09 février 2016, https://www.legifrance.goufr/codes/section_lc/LEGITEXT000006070721/LEGISCTA000006136341/2016 – 02 – 09/#Legiscta000006136341；张民安：《法国合同法总论》，中山大学出版社 2021 年版，第 121—130 页。

四个构成要件，则他们之间的债务转让合同无效。在 2016 年之后，债务转让合同的转让人和受让人均应当具备《法国民法典》新的第 1128 条所规定的合同有效的三个必要条件：当事人的同意、当事人的缔约能力，以及合法和确定的内容。① 如果不具备这些条件，则转让人和受让人之间的债务转让合同也无效。

二、债务转让合同的对象具有可自由转让性

债务转让应当具备的一个有效条件是，转让人所转让的对象、客体即被让债务应当具有可转让性。如果债务人所转让的客体是不具有可转让性的债务，则他们与受让人之间的债务转让合同无效。这一点与债权转让是一样的。问题在于，哪些债务在性质上属于可自由转让的债务，而哪些债务在性质上又属于不得自由转让的债务？对此问题，除了 Francois 做出了回答之外，绝大多数民法学者均没有做出说明。

在讨论债务转让的对象或者客体时，Francois 认为，虽然《法国民法典》新的第 1327 条没有区别不同的债务，但是，人们应当对债务转让当中的债务做狭义理解，认为债务转让当中的债务并不包括非金钱债务而只能够是金钱债务。换言之，能够自由转让的债务仅限于金钱债务，非金钱债务不能够成为债务转让的对象、客体。一方面，非金钱债务的转让在性质上属于合同转让的组成部分，另一方面，当民法学者讨论债务转让所具有的经济功能时，具有经济功能的债务转让也仅限于金钱债务。② Francois 的此种看法与他就债权转让的对象、客体作出的说明完全一致，已如前述。笔者认为，Francois 的此种看法是存在问题的。

首先，他的此种看法与现行《法国民法典》新的第 1327（1）的规定冲突。《法国民法典》新的第 1327 条规定：在债权人同意时，债务人能够转让自己的债务。③ 该条仅仅简单地规定债务人能够转让自己的"债务"，没有对能够转让的"债务"做任何限制，尤其是，它没有将债务人能够转让的"债务"限定在金钱债务的范围内，说明法国政府和立法者没有意图限定可自由转让的债务范围。既然法国政府和立法者没有限定债务转让的对象、客体的意图，则人们没有必要对债务转让的对象、客体采取最狭义的看法。

其次，他的此种看法也与《国际商事合同原则》关于债务转让客体、对象的规定不一致。《国际商事合同原则》第 9.2.1 条明确规定，除了支付一定数额的金钱债务（une obligation de payer une somme d'argent）能够从最初债务人转让给新债务人之外，履行其他给付的债务（une obligation de exécuter une autre prestation）也能够从最初债务人

---

① Article 1128, Code civil, Version en vigueur au 26 juillet 2021, https://www.legifrance.goufr/codes/section_lc/LEGITEXT000006070721/LEGISCTA000006150237/#LEGISCTA000032040930；张民安：《法国合同法总论》，中山大学出版社 2021 年版，第 121—130 页。
② Jérôme François, Les obligations, Régime general, Tome 4, 4e édition, Economica, 2017, pp. 570 - 571.
③ Article 1327, Code civil, Version en vigueur au 25 juillet 2021, https://www.legifrance.goufr/codes/section_lc/LEGITEXT000006070721/LEGISCTA000032034723/#LEGISCTA000032034723.

转移给新债务人。① 在对该条做出评论时，评论者明确指出，债务转让的对象、客体既包括支付一定数额的金钱债务，也包括债务人承担的履行其他给付行为的债务。他们指出："本条没有将债务转让的范围限定在支付金钱债的范围内，它也同样将有关其他形式的给付债务包含在内，例如提供服务的债务等。能够转移的债务不再仅仅限于合同性质的债务，例如，因为侵权责任产生的债务或者因为司法判决所产生的债务同样也受到本条的规范和调整。"②

最后，此种看法与债权转让的广义范围是冲突的。在债法上，虽然债务与债权未必一定是相互的，但是，在大多数情况下，债务人承担的债务和债权人享有的债权往往是相互的，因为债务人承担的某种债务就是债权人享有的某种债权，反之亦然，债权人享有的某种债权就是债务人承担的某种债务。例如，在买卖合同当中，出卖人承担的转移出卖物所有权和交付出卖物的债务就是买受人享有的要求出卖人转移出卖物所有权和交付出卖物的债权。再例如，在租赁合同当中，出租人承担的交付出租屋的债务就是承租人享有的要求出租人交付出租屋的债权。从债务转让和债权转让的角度，如果人们对债务转让的对象、客体做狭义理解，则他们的此种看法无法与债权转让当中广义的对象、客体协调一致，导致债权转让的范围与债务转让的范围不一致的现象的发生。

为了让债权转让的范围与债务转让的范围一致，我们也应当对债务转让的对象、客体采取广义的理论，认为除非制定法明确禁止债务人承担的某种债务的转让，或者除非合同当事人明确禁止债务人将其对债权人承担的债务转让给受让人，否则，债务人承担的所有性质、所有类型的债务均具有可自由转让性，只要符合债务转让的其他必要条件，他们均能够将自己承担的所有性质、所有类型的债务转让给受让人，包括：金钱债务和代物债务，作为债务和不作为债务，简单债务和受限债务，也就是债务人所承担的受到合同所规定的条件和期限限制的债务，现有债务和未来债务，因为合同产生的债务和因为侵权责任产生的债务，主债务和从债务——当债务人将其承担的主要债务转让给受让人时，他们之间的债务转让也将从债务一并转让给受让人。笔者关于债权转让的对象、客体的论述完全适用于债务转让当中的债务。

在两种例外情况下，债务人承担的债务是不能够自由转让的，即便获得了债权人的同意，亦是如此。一方面，如果制定法明确规定，债务人承担的债务在性质上属于强制性的、公共秩序性质的，则他们承担的债务是不能够自由转让的。因此，父母对其未成年子女所承担的赡养债务、夫妻彼此承担的扶养债务以及子女对其父母承担的赡养债务均属于不能够自由转让的债务，他们均不能够将所承担的这些债务转让给受让人。因为这些债务在性质上"是个人性质的债务、相互债务和公共秩序性质的债务"，因此，它们在性质上既是不能够强制执行的债务，也是不能够自由转让的债务。③ 同样，夫妻之间承担的共同生活债务、相互尊重债务、忠实债务和协助债务在性质上均属于个人性质

---

① ARTICLE 9.2.1，Principes d'UNIDROIT 2010，p. https://www.unidroit.org/french/principles/contracts/principles2010/integralversionprinciples2010 – f. pdf.

② COMMENTAIRE，Principes d'UNIDROIT 2010，p. 335，https://www.unidroit.org/french/principles/contracts/principles2010/integralversionprinciples2010 – f. pdf.

③ Patrick Courbe，Adeline Gouttenoire，Droit de la famille，6e édition，Dalloz，2013，pp. 547 – 548.

的债务、相互债务和公共秩序性质的债务，因此，除了不能够被强制执行之外，这些债务也不能够自由转让，否则，当事人之间的债务转让合同无效，已如前述。另一方面，如果债务人与债权人之间的合同明确约定，债务人不能够将自己承担的债务转让给受让人，则债务人承担的债务不能够转让，否则，当事人之间的债务转让不能够对抗债权人，债权人仍然有权要求转让人对自己承担债务。当然，如果当事人之间的合同禁止债务人转让自己的债务，但是，如果债权人事后同意债务人将自己承担的债务转让给受让人，则转让人与受让人之间的转让合同有效。

三、债务转让应当采取书面形式

虽然2016年2月10日的债法改革法令同时对债权转让、合同转让和债务转让做出了规定，但是，它对待这些转让合同的形式主义要求是存在差异的。因为，在《法国民法典》新的第1322条和新的第1216（3）条当中，它对债权转让和合同转让采取形式主义的理论，认为当事人之间的债权转让和合同转让必须采取书面形式，否则，他们之间的转让合同无效；而在新的第1327条当中，它则没有要求当事人之间的债务转让合同要采取形式主义理论。①

因此，在债务转让究竟是采取形式主义理论还是合意主义理论的问题上，民法学者认为《法国民法典》是采取合意主义理论，根据此种理论，一旦转让人与受让人之间就债务转让达成了意思表示一致，他们之间的合同就发生债务转移的法律效力，他们之间的债务转让合同不需要采取任何书面形式。不过，民法学者也认为，将债务转让与债权转让和合同转让区分开来的此种做法是没有正当理由的，在债务转让的形式方面，人们应当采取一视同仁的态度：既然《法国民法典》在债权转让和合同转让方面采取了形式主义理论，则它也应当在债务转让方面采取形式主义理论。

民法学者的此种看法获得了法国立法者的认同，在通过2018年4月20日的制定法批准2016年2月10日的债法改革法令时，法国立法者在《法国民法典》新的第1327条当中增加了一款，这就是第1327（2）条。该条规定：债务转让应当以书面形式予以确认，否则，债务转让合同无效。② 根据该条的规定，债务转让应当采取并且也仅仅应当书面形式，公证文书、私证文书固然符合该条的要求，当事人仅仅在书面合同上签名盖章也符合该条的要求。根据该条的规定，合同的书面形式是合同有效的必要条件，如果当事人之间的债务转让合同没有采取书面形式，则他们之间的合同无效。虽然《法国民法典》没有规定，违反该条规定的形式主义要求的合同究竟是相对无效还是绝对无效，但是，此处所谓的无效应当是相对无效，而不是绝对无效，因为债务转让并不关乎公共秩序、公共利益，这一点与债权转让没有采取书面形式时的无效是一样的，已如前述。

---

① Jérôme François, Les obligations, Régime general, Tome 4, 4e édition, Economica, 2017, p. 572；François Terré, Philippe Simler, Yves Lequette, François Chénedé, Droit civil, Les obligations, 12e édition, Dalloz, 2018, p. 1729.

② Articles 1327, Code civil, Version en vigueur au 25 juillet 2021, https://www.legifrance.goufr/codes/section_lc/LEGITEXT000006070721/LEGISCTA000032034723/#LEGISCTA000032034723.

当然，某些民法学者也对此种修改表示不同看法，因为他们认为，就像债权转让应当采取合意主义理论一样，债务转让也应当采取合意主义理论。①

四、债权人对债务转让的同意

（一）债权人的同意是债务转让的强制性要求

即便转让人和受让人之间的债务转让合同已经采取了书面形式，或者已经具备一般合同均应当具备的有效条件，当事人之间的债务转让合同仍然无法产生法律效力，因为《法国民法典》新的第1327（1）条对债务转让规定了一个新条件，这就是，需经债权人的同意（l'accord du créancier）。该条规定：经债权人的同意，债务人能够转让自己的债务。② 如果转让人和受让人之间达成的债务转让合同没有取得债权人的同意，他们之间的转让合同是否因为违反该条的规定而无效？换言之，在现行《法国民法典》是否承认债务的内部转让？对此问题，《法国民法典》没有做出规定。

不过，答案似乎是肯定的，至少某些民法学者是如此认为的，尤其是 Aillaud、Terré、Simler 和 Lequette 等人。根据他们的看法，如果当事人之间的债务转让没有获得债权人的同意，则他们之间的转让合同无效，换言之，在没有获得债权人同意的情况下，转让人和受让人之间的内部转让合同对转让人和受让人也无效。Aillaud 认为，新的第1327（1）条关于获得债权人同意的规定在性质上属于强制性的规定。③ Terré、Simler 和 Lequette 等人认为，新的第1327（1）条的字面含义清晰可见：债权人的同意是债务转让的必要条件、有效条件，欠缺这一条件，则债务转让无效，这就是债务转让和债权转让之间的一个基本区别：债权转让不需要获得被让债务人的同意，而债务转让则必须获得被让债权人的同意。④ 基于《法国民法典》新的第1327（1）条的字面含义，人们可以得出让人倍感遗憾的一种后果：如果没有获得被让债权人的同意，即便转让人同意转让自己对被让债权人承担的债务，即便受让人同意接受转让人所转让的债务，同意替转让人履行对被让债权人承担的债务，他们之间的内部债务转让合同也是无效的，是对转让人和受让人没有任何约束力。⑤

在对债务转让产生的法律效力做出说明时，他们再一次强调被让债权人同意的重要性，认为在欠缺被让债权人的同意时，除了转让人和受让人之间的债务转让对被让债权人无效之外，转让人和受让人之间的债务转让合同本身也无效。换言之，他们认为，如果欠缺被让债权人的同意，债务转让不会产生内部转让的法律效力。他们指出："如果

---

① François Terré, Philippe Simler, Yves Lequette, François Chénedé, Droit Civil, les Obligations, 12e édition, Dalloz, 2018, pp. 1729 – 1730.

② Articles 1327, Code civil, Version en vigueur au 25 juillet 2021, https://www. legifrance. goufr/codes/section_lc/LEGITEXT000006070721/LEGISCTA000032034723/#LEGISCTA000032034723.

③ Marjorie Brusorio-Aillaud, Droit des obligations, 8e édition, bruylant, 2017, p.329.

④ François Terré, Philippe Simler, Yves Lequette, François Chénedé, Droit Civil, les Obligations, 12e édition, Dalloz, 2018, p.1730.

⑤ François Terré, Philippe Simler, Yves Lequette, François Chénedé, Droit Civil, les Obligations, 12e édition, Dalloz, 2018, p.1730.

债权人没有预先对债务转让表示同意，或者没有干预债务转让，则债务转让不会产生任何效力，即便是在转让人和受让人之间的关系方面亦是如此，因为，就像第1327条所规定的那样，债权人的同意是债权转让的一个有效条件。"①

笔者认为，此种解释显然过于严厉，既违反了转让人和受让人之间的意图，也不符合债务转让的私人利益性质。为了贯彻合同自由理论，我们应当对《法国民法典》新的第1327（1）条做出新的解释：虽然该条将被让债权人的同意视为债务转让的有效条件，但是，被让债权人的同意仅仅是债务转让对债权人产生法律效力的条件，不是债务转让在转让人和受让人之间产生法律效力的条件。根据此种理论，一旦转让人和受让人之间达成了债务转让的合同，在符合合同的一般有效条件的情况下，他们之间的合同对转让人和受让人产生约束力，受让人应当替代转让人履行对债权人承担的债务；在他们之间的债务转让获得被让债权人同意时，他们之间的债务转让合同除了对转让人和受让人产生约束力之外，也对被让债权人产生约束力。

笔者之所以采取此种解释，其主要原因在于：其一，它符合合同自由原则的要求。根据合同自由原则，当债务人对债权人承担债务时，他们当然有权将自己的债务转让给受让人，除非他们转让的债务是不具有可自由转让的债务，否则，他们与受让人之间达成的债务转让合同有效。其二，债务转让不违反公共秩序，人们没有必要否定债务转让在转让人和受让人之间产生的约束力。单纯的债务转让行为仅仅是一种财产性质的转让行为，并不涉及公共秩序、公共利益，而仅仅关乎私人秩序、私人利益。其三，承认内部债务转让的有效性不会危及被让债权人的利益。即便没有获得被让债权人的同意，债务转让的有效性也不会危及债权人的利益，因为在欠缺同意时，债权人仍然有权要求转让人对自己履行债务，即便转让人已经将原本应当承担的债务转让给了受让人。最后，它符合2016年之前民法学者对债务转让所做出的解释。2016年之前，民法学者已经承认，债务转让能够在转让人和受让人之间产生法律效力，此种解释与之前的民法学者的解释一致，已如前述。

（二）债权人的预先同意和事后同意

《法国民法典》新的第1327－1条对债权人做出的一种同意即预先同意（l'accord par avance）做出了规定，所谓预先同意，是相对于事后同意而言的一种同意。所谓提前同意，是指债权人在与自己的债务人签订让债务人对自己承担债务的合同时，债权人在与债务人所签订的合同当中预先规定债务转让条款，让债务人在符合债务转让条款所规定的条件时将自己承担的债务转让给受让人。相对于新的第1327－1条所规定的预先合同而言，《法国民法典》新的第1327（1）条所规定的同意则是事后同意，所谓事后同意，是指债权人在与自己的债务人签订合同时没有在合同当中规定债务转让条款，在合同履行期间，债权人或者通过批准的方式做出的同意，或者通过三方当事人签订债务转让合同的方式做出自己的同意。

---

① François Terré, Philippe Simler, Yves Lequette, François Chénedé, Droit Civil, les Obligations, 12e édition, Dalloz, 2018, p. 1733.

《法国民法典》之所以区分债权人的预先同意和事后同意，是因为预先同意具有自己的特定规则，《法国民法典》新的第 1327-1 条对此种规则做出了说明，该条规定：如果债权人没有预先对债务转让做出自己的同意并且没有对债务转让进行干预，则仅仅在债权人已经得到债务转让的通知之日或者已经注意到债务转让之日，债务转让才能够对抗债权人或者能够被利用。①

根据这一条的规定，如果债权人预先对债务转让做出了同意，当债务人按照合同规定的条款将自己的债务转让给受让人时，如果他们之间的债务转让要对抗债权人，则他们应当将债务转让进行公示：或者对债权人进行债务转让的通知，或者至少以通知之外的其他方式让债权人知道债务转让的事实。一旦转让人和受让人按照要求进行了债务转让的公示，则他们能够以债务转让对抗债权人，否则，他们不能以债务转让对抗债权人；从这一刻开始，债权人也能够利用债务转让：从债权人得到通知或者知道债务转让时开始，债权人有权要求受让人对自己履行债务。如果债权人对债务转让做出的同意不是预先同意而是事后同意，则该条规定的此种规则不适用，已如前述。

（三）债权人事后同意的两种方式：通过批准做出的同意和通过意思表示汇集做出的同意

《法国民法典》新的第 1327（1）条仅仅规定债权人的同意是债务转让的必要条件、有效条件，却没有对债权人同意的方式做出规定。换言之，它虽然对债权人的事后同意做出了规定，但是，它没有对事后同意的方式做出规定。某些民法学者认为，当该条将债权人的同意视为债务转让的必要条件时，该条实际上就将债务转让视为三方当事人之间的合同：转让人、受让人和债权人三方当事人共同签订的合同，缺少其中任何一方当事人的同意，债务转让均无效。② 不过，这些民法学者的理解显然过于狭窄，与人们在实践当中采取的做法不完全相符，因为，除了通过三方当事人签订债务转让合同的方式做出自己的同意之外，债权人也可以通过批准的方式做出自己的同意，这就是事后同意的两种不同形式。

所谓通过批准的方式（autorisation）做出的同意，是指在转让人和受让人之间达成了将转让人对被让债权人承担的债务转移给受让人的合同之后，被让债权人在知道转让人和受让人之间的债务转让合同之后做出同意的意思表示。此时，债务转让合同的当事人仅为转让人和受让人，被让债权人没有参与当事人之间的债务转让交易，他们不是债务转让合同的当事人。在当事人达成了此种转让合意之后，作为第三人的被让债权人仅仅对当事人之间的转让合同表示同意。所谓通过三方当事人签订债务转让合同的方式做出自己的同意，也称为通过债权人的意思表示交汇、汇集（concours）做出的同意，是指转让人、受让人和债权人作为三方当事人共同就债务转让问题进行协商并且最终达成

---

① Articles 1327-1, Code civil, Version en vigueur au 25 juillet 2021, https://www.legifrance.goufr/codes/section_lc/LEGITEXT000006070721/LEGISCTA000032034723/#LEGISCTA000032034723.

② Virginie Larribau-Terneyre, Droit civil, Les obligations, 15e édition, Dalloz, 2017, p.164；François Terré Philippe Simler, Yves Lequette, François Chénedé, Droit civil, Les obligations, 12e édition, Dalloz, 2018, p.1730.

的债务转让协议。①

一旦债权人通过批准的方式或者通过意思表示的交汇、汇集对债务转让做出了同意，则从债权人批准之日或者作为意思表示交汇、汇集之日，债务转让能够对抗债权人，债权人也能够利用债务转让：从这一刻开始，当债权人要求转让人对自己履行债务时，转让人有权以自己已经将被要求履行的债务转让给受让人为由拒绝债权人的履行请求；从这一刻开始，债权人有权利用当事人之间的债务转让要求受让人对自己履行债务，受让人不能够拒绝履行所承担的债务。

第五节　债务转让的法律效力

一、债务转让所产生的完全效力和不完全效力

就像债权转让的目的在于将债权人享有的债权从转让人转移给受让人一样，债务转让的目的也在于将债务人承担的债务从转让人转移给受让人。因此，在符合上述构成要件时，当事人之间的债务转让合同就会产生将转让人承担的债务转让给受让人承担的法律效力。不过，在将债务转让给受让人之后，转让人或者不再对被让债权人承担债务，或者仍然需要对被让债权人承担连带债务，而是否继续承担连带责任，取决于债权人的同意范围，这就是《法国民法典》新的 1327-2 条对债务转让的效力所做出的说明。该条规定：如果债权人明确同意，最初债务人未来的债务履行被免除。如果债权人没有明确做出这样的同意，并且如果没有相反的合同条款规定，则最初债务人应当与受让人一起连带清偿债务。②

根据该条的规定，一旦转让人将自己承担的债务转让给受让人，受让人在任何情况下均应当对被让债权人承担债务，被让债权人在任何情况下均有权要求受让人对自己履行债务；如果他们拒绝履行被让债务，则被让债权人在任何情况下均有权要求受让人对自己承担合同责任。问题在于，在债务转让发生之后，转让人是否仍然应当对被让债权人承担债务或者合同责任？根据该条的规定，答案如下：当债务人将自己对被让债权人承担的债务转让给受让人时，他们在债务转让之后是否仍然应当履行债务，取决于债权人是否明确同意免除转让人的最初债务。

如果债权人不仅同意债务人将自己承担的债务转让给受让人，而且还明确同意(consent expressément) 免除债务人对自己承担的最初债务，则在债务转让发生之后，债务人不再对被让债权人承担债务，被让债权人不能够再要求转让人对自己履行债务或者承担合同责任，这就是该条所规定的债务的完全转让，也就是完全债务转让。换言

---

① Philippe Malaurie, Laurent Aynès, Philippe Stoffel-Munck, Droit Des Obligations, 8e édition, LGDJ, 2016, pp. 818 – 819; Jérôme François, Les obligations, Régime general, Tome 4, 4e édition, Economica, 2017, pp. 573 – 574.

② Article 1327 – 2, Code civil, Version en vigueur au 27 juillet 2021, https://www. legifrance. goufr/codes/section_lc/LEGITEXT000006070721/LEGISCTA000032034723/#LEGISCTA000032034723.

之，如果转让人和受让人之间的债务转让要产生完全的债务转移效力，债权人应当给予两次同意：第一次明确同意债务人将自己的债务转让给受让人，第二次明确同意完全免除转让人所承担的债务。债权人的第二次同意被称为"免除债务的同意"（décharge express）。①

如果债权人仅就债务转让做出了上述第一次同意，没有做出上述第二次同意，则在债务转让发生之后，除了受让人应当对被让债权人承担债务之外，转让人仍然应当对被让债权人承担债务，转让人应当与受让人一起对被让债权人承担连带债务（solidairement）；除了有权要求受让人对自己履行债务或者承担合同责任之外，债权人也有权要求转让人对自己履行债务或者承担合同责任。这就是该条所规定的债务的不完全转让，也就是不完全债务转让。② 不过，根据该条的规定，此种规则也存在例外。在例外情况下，债务转让仍然构成完全债务转让而不构成不完全债务转让：如果转让人与债权人之间的合同所规定的债务转让条款明确规定，债务人在转让债务给受让人之后不再对被让债权人承担债务，则当事人之间的债务转让在性质上属于完全债务转让。③

二、转让人和受让人对被让债权人能够主张的履行抗辩

在转让人将自己承担的债务转让给受让人之后，受让人当然应当履行对被让债权人承担的债务；如果被让债权人没有明确免除转让人所承担的最初债务，转让人仍然应当对被让债权人履行债务，否则，他们应当对被让债权人承担合同责任。不过，此种规则以受让人或者转让人没有可供主张的抗辩作为条件，如果受让人或者转让人有可供主张的抗辩，则当被让债权人要求他们履行债务时，他们有权以能够主张的抗辩对抗被让债权人的请求。《法国民法典》新的第1328条对受让人和转让人能够主张的抗辩制度做出了说明，该条规定：替代债务人和最初债务人能够以债务所固有的各种抗辩对抗债权人，诸如无效抗辩，债务不履行抗辩，合同解除抗辩，以及相关债务的抵销抗辩等。任何一个债务人也均能够以自己个人所具有的抗辩对抗债权人。④

根据该条的规定，在要求受让人或者转让人履行债务时，受让人或者转让人能够对被让债权人主张的抗辩包括两类：其一，债务固有的抗辩（les exceptions inhérentes à la

---

① Philippe Malaurie, Laurent Aynès, Philippe Stoffel-Munck, Droit Des Obligations, 8e édition, LGDJ, 2016, p.819；Virginie Larribau-Terneyre, Droit civil, Les obligations, 15e édition, Dalloz, 2017, p.165；Jérôme François, Les obligations, Régime general, Tome 4, 4e édition, Economica, 2017, p.575；François Terré, Philippe Simler, Yves Lequette, François Chénedé, Droit civil, Les obligations, 12e édition, Dalloz, 2018, p.1731.

② Philippe Malaurie, Laurent Aynès, Philippe Stoffel-Munck, Droit Des Obligations, 8e édition, LGDJ, 2016, p.819；Virginie Larribau-Terneyre, Droit civil, Les obligations, 15e édition, Dalloz, 2017, p.165；Jérôme François, Les obligations, Régime general, Tome 4, 4e édition, Economica, 2017, p.575；François Terré, Philippe Simler, Yves Lequette, François Chénedé, Droit civil, Les obligations, 12e édition, Dalloz, 2018, p.1731.

③ Philippe Malaurie, Laurent Aynès, Philippe Stoffel-Munck, Droit Des Obligations, 8e édition, LGDJ, 2016, p.819；Virginie Larribau-Terneyre, Droit civil, Les obligations, 15e édition, Dalloz, 2017, p.165；Jérôme François, Les obligations, Régime general, Tome 4, 4e édition, Economica, 2017, p.575；François Terré, Philippe Simler, Yves Lequette, François Chénedé, Droit civil, Les obligations, 12e édition, Dalloz, 2018, p.1731.

④ Article 1328, Code civil, Version en vigueur au 27 juillet 2021, https://www.legifrance.goufr/codes/section_lc/LEGITEXT000006070721/LEGISCTA000032034723/#LEGISCTA000032034723.

dette），也就是一切债务均具有的抗辩，诸如合同无效的抗辩、债务不履行的抗辩、合同解除的抗辩，以及相关债务的抵销抗辩，这些抗辩也被称为共同抗辩，因为只要存在债务，所有的债务均含有这些抗辩。关于债务的固有抗辩，笔者已经在债权转让当中做出了详尽的讨论，此处从略。其二，债务的个人抗辩（les exceptions personnelles），就是个人债务抗辩，是指因为受让人或者转让人与被让债权人之间的个人关系而产生的某种特殊的债务履行抗辩，诸如期限允诺的抗辩、债务免除的抗辩以及非相关债务的抵销抗辩。笔者已经在"债权转让"一章当中对这些个人债务抗辩做出了详尽的说明，此处从略。

三、担保人担保债务的存在或者不存在

如果 A 在向 B 借贷 10 万元的借款时用自己的房屋或者其他不动产抵押给 B，以便担保自己的 10 万元债务的偿还，如果 A 之外的第三人 C 对 B 做出保证或者以自己的不动产作为抵押，担保 A 对 B 的 10 万元债务能够得到清偿，当 A 将自己对 B 承担的 10 万元债务转让给受让人 D 时，建立在被让债务基础上的这些物的担保或者人的担保是否随之转移给 D？换言之，在 D 取代了 A 成为被让债权人 B 的债务人时，A 或者 C 做出的物的担保或者人的担保是否仍然有效？

对此问题，现行《法国民法典》新的第 1328-1 条做出了明确回答。该条规定：如果最初债务人对债权人承担的债务没有被债权人明确免除，担保仍然存在。相反，如果最初债务人对债权人承担的债务被债权人明确免除，最初债务人或者第三人同意的担保仅仅在获得他们同意时才继续存在。如果转让人承担的债务被债权人免除，在所免除的债务范围之外，承担连带债务的共同债务人仍然承担债务。① 根据该条的规定，当债务人将自己承担的债务转让给受让人时，建立在该种债务基础上的物的担保或者人的担保（les sûretés）是否继续存在，取决于两个因素：其一，债权人对债务转让所做出的同意范围；其二，担保人是否同意继续担保。②

具体来说，如果债权人在同意债务转让时还明确同意免除最初债务人所承担的债务，当债务人将自己承担的债务转让给受让人时，担保人的担保原则上不再存在，包括人的担保或者物的担保，担保人的这些担保会因为债务的转让而消灭。因此，在受让人不履行对被让债权人承担的债务时，被让债权人只能够要求受让人对自己承担合同责任，他们既不能够要求法官对担保人的抵押物采取强制执行措施，也不能够要求法官责令保证人承担保证责任。相反，如果债权人在同意债务转让时没有明确同意免除最初债务人所承担的债务，当债务人将自己承担的债务转让给受让人时，担保人的担保仍然继续存在，包括人的担保和物的担保，担保人同意的这些担保不会因为债务的转让而消灭。因此，在受让人不履行债务时，除了有权要求转让人承担债务之外，被让债权人仍

---

① Article 1328-1, Code civil, Version en vigueur au 27 juillet 2021, https://www.legifrance.goufr/codes/section_lc/LEGITEXT000006070721/LEGISCTA000032034723/#LEGISCTA000032034723.
② Jérôme François, Les obligations, Régime general, Tome 4, 4e édition, Economica, 2017, pp. 579–580；François Terré, Philippe Simler, Yves Lequette, François Chénedé, Droit civil, Les obligations, 12e édition, Dalloz, 2018，pp. 1733–1735.

然有权要求担保人承担担保责任：他们或者要求法官对抵押物进行拍卖、变卖并以拍卖款、变卖款清偿自己的债务，或者要求法官对保证人的财产采取强制执行措施，以便让自己的债权得以实现。

在例外情况下，如果债权人在同意债务转让时还明确同意免除最初债务人所承担的债务，当债务人将自己承担的债务转让给受让人时，担保人的担保仍然继续存在，担保人在债务转让之后仍然继续担保被让债务的履行，包括人的担保或者物的担保：在债务转让给受让人之后，担保人同意继续为被让债务提供担保。此外，如果被让债权人同意免除转让人所承担的部分债务，在所免除的范围内，受让人作为共同连带债务人仅仅在债务人被免除的债务范围内对被让债权人承担债务。

第十八章 合同转让

第一节 合同转让的定义、类型和功能

在法国，除了债权转让和债务转让之外，债的转让或者债的交易是否还包括合同的转让？如果债法当中包括合同转让，合同转让与债权转让和债务转让之间的关系是什么？在 2016 年 2 月 10 日的债法改革法令颁布之前，《法国民法典》没有对合同转让、债权转让和债务转让之间的关系做出说明，因为，除了规定了债权转让之外，它既没有规定债务转让，也没有规定合同转让。在 2016 年之前，虽然法官在自己的司法判例当中对合同转让问题做出了讨论，但是，他们基本上不承认合同转让的独立性，因为，他们往往将合同转让视为其他形式的债的转让形式。

在 2016 年之前，虽然民法学者对合同转让的问题做出了说明，但是，他们之间的说明可谓形形色色，不同的学者有不同的看法：某些学者认为，合同是不可能转让的，而另外一些学者则认为合同是能够转让的。虽然均反对合同的可转让性，但是，不同的学者提出的反对转让的意见是不同的；虽然均承认合同的可转让性，但是，不同的学者主张合同可自由转让的理由也是不同的。某些学者认为，即便合同转让是存在的，合同转让也不是一种独立的转让方式，而仅仅是债权转让和债务转让的叠加；而另外一些学者则认为，合同转让不是债权转让和债务转让的叠加，而是债权转让和债务转让之外的一种独立转让形式。某些学者认为，合同转让需要获得被让合同当事人的同意；而另外一些民法学者则认为，合同转让不需要获得被让合同当事人的同意。因此，在 2016 年之前，合同转让问题是法国民法学者争议最激烈的问题。

通过 2016 年 2 月 10 日的债法改革法令，现行《法国民法典》不仅规定了债务转让，而且还规定了合同转让，这就是《法国民法典》新的第 1216 条至新的 1216-3 条，它们所规定的合同转让被称为合同的约定转让（la cession conventionnelle de contrat）[1]，以便区别于因为制定法的规定引起的合同转让和因为法官的司法判例引起的合同转让。2016 年以来，虽然民法学者对这些法律条款所规定的合同转让制度做出的说明存在差异，但是，他们普遍认为，这些法律条款所规定的合同转让制度是 2016 年 2 月 10 日的债法改革法令所做出的创新，并且普遍认为，这些法律条款的规定让合同转让成为独立于债权转让和债务转让的一种转让制度。

---

[1] Articles 1216 à 1216-3, Code civil, Version en vigueur au 30 juillet 2021, https://www.legifrance.goufr/codes/section_lc/LEGITEXT000006070721/LEGISCTA000006150253/#LEGISCTA000032041424.

一、合同转让的界定和特征

在 2016 年之前，鉴于《法国民法典》没有对合同转让做出一般规定，因此，它没有也不可能对合同转让（la cession de contrat）做出界定；2016 年之后，虽然《法国民法典》已经对合同转让制度做出了明确规定，但是，它同样没有对合同转让做出界定。由于此种原因，合同转让的定义并不是由立法者解决的问题，而是由民法学者解决的问题。

（一）法国民法学者在 2016 年之前对合同转让做出的两种不同界定

在 2016 年之前，虽然民法学者普遍对合同转让做出了界定，但是，他们做出的界定是存在差异的。某些学者认为，合同转让的对象、客体是合同当事人享有的权利和义务，因此，他们从权利和义务转移的角度界定合同转让。根据此种界定，如果一方当事人与另外一方当事人之间存在某种合同关系并据此合同对另外一方当事人享有债权和承担债务，当他们与第三人签订合同并因此将自己与另外一方当事人之间的法律关系或者所享有的债权和承担的债务转移给第三人时，他们与第三人之间的法律关系的转移合同、债权和债务的转移合同就是合同转让。

在 1968 年的博士学位论文《私法中的三人法律交易》当中，Larroumet 采取此种方式界定合同转让，他指出，所谓合同转让，是指合同的一方当事人与第三人之间的一种合同。根据该种合同，合同的一方当事人将自己与另外一方当事人之间的整个法律关系转移给第三人。换言之，所谓合同转让，是指合同的一方当事人与第三人之间的一种合同，根据该种合同，合同的一方当事人将自己对另外一方当事人享有的债权和承担的债务转移给第三人并因此由第三人享有和承担。[①] 除了 Larroumet 采取此种方式界定合同转让之外，《国际商事合同原则》也采取此种方式界定合同转让，其第 9.3.1 条规定：所谓合同转让，是指一方当事人即转让人与另外一方当事人即受让人之间的一种转移合同。根据该种转移合同，转让人将自己因为与第三人即被让合同当事人之间的合同所产生的权利和义务转移给受让人。[②]

某些民法学者认为，合同转让的对象、客体并不是合同一方当事人与另外一方当事人之间的法律关系，换言之，合同转让的对象、客体并不是一方当事人对另外一方当事人享有的债权和承担的债务，而是其合同当事人的身份、资格或者地位（partie contractante），因此，他们从合同当事人身份、资格或者地位转移的角度界定合同转让。根据此种界定，如果一方当事人与另外一方当事人之间存在合同关系，当他们与第三人签订将自己的合同当事人身份、资格或者地位转移给第三人并因此由第三人取得的合同时，则他们与第三人之间的身份、资格或者地位转移合同就是合同转让。在法国，Marty、Raynaud、Carbonnier、Flour、Aubert 和 Savaux 等人采取此种方式界定合同转让。

---

① Ch. Larroumet, Les opérations juridiques à trois personnes en droit privé, thèse, Bordeaux, 1968, p.9.

② L'article 9.3.1, Principes d'Unidroit 2016, p.357, https://www.unidroit.org/french/principles/contracts/principles2010/integralversionprinciples2010 – f. pdf.

在 1988 年的《债》当中，Marty 和 Raynaud 采取此种方式界定合同转让，他们指出："所谓合同转让，是指合同的一方当事人与第三人之间因为意思表示一致而建立的合同，根据该种合同，第三人将在法律关系当中替代自己。"① 在 2004 年的《民法》当中，Carbonnier 也采取此种界定方式，他指出："从严格意义上讲，所谓合同转让是指一种整体转让，是指合同的一方当事人将自己的同一合同当事人地位转让给受让人的合同。"②

在 2011 年的《债的关系》当中，Flour、Aubert 和 Savaux 同样采取此种界定方式。他们指出："所谓合同转让，是指以第三人取代合同关系当中一方当事人为目的的合同……因此，合同转让将合同当事人的资格以及附加在该种资格之上的所有债权和债务转移给第三人。"③ 此外，《欧洲合同法原则》也采取此种方式界定合同转让，其第 11：301 条规定：一个合同的当事人能够与第三人签订合同，根据该种合同，第三人会取代自己并因此成为合同的当事人。④

（二）2016 年之后民法学者对合同转让做出的界定

在 2016 年 2 月 10 日的债法改革法令之后，法国民法学者对合同转让做出的界定是一致的，因为，他们均从合同当事人身份、资格（qualité de partie）的转移方面界定合同转让。⑤ 从这一刻开始，民法学者之所以在合同转让的定义方面趋同，一方面是因为他们均受到了 2016 年之前上述民法学者的影响，另一方面则是因为，现行《法国民法典》新的第 1216 条明确将合同转让的对象、客体限定在合同当事人的身份、资格方面。

在 2016 年的《合同法》当中，Houtcieff 就采取此种方式界定合同转让，他指出："所谓合同转让，是指一方当事人将其合同当事人的状况和该种状况所包含的债权和债务转移给第三人的合同。"⑥ 在 2016 年的《债》当中，Fabre-Magnan 也采取此种方式界定合同转让，他指出："所谓合同转让，是指以第三人取代合同的一方当事人为对象的法律交易。"⑦ 在 2016 年的《债》当中，Malaurie、Aynès 和 Stoffel-Munck 也采取此种方法界定合同转让，他们指出："所谓合同转让，是指在合同履行期间以第三人替代合同一方当事人为目的的合同，不同于债权转让或者债务转让，合同转让不仅仅将合同当事

---

① Gabriel Marty, Pierre Raynaud, Droit Civil, Les Obligations, Tome 1, Les sources, 2e édition, Sirey, 1988, p. 357.
② Jean Carbonnier, Droit civil, Volume Ⅱ, Les biens les obligations, puf, 2004, p. 2465.
③ Jacques Flour, Jean-Luc Aubert, Éric Savaux, Droit civil, Les Obligations, 3. Le rapport d'obligation, 7e édition, Dalloz, 2011, p. 363.
④ Article 11：301, PRINCIPES DU DROIT EUROPÉEN DU CONTRAT：TEXTES PROPOSÉS, p. 837, https://www.legiscompare.fr/web/IMG/pdf/Textes_ proposes_ synthese. pdf.
⑤ Dimitri Houtcieff, Droit des contrats, Larcier, 2e édition, 2016, p. 457；Muriel Fabre-Magnan, Droit des obligations, Tome 1, Contrat et engagement unilatéral, 4e édition, puf, 2016, p. 623；Philippe Malaurie, Laurent Aynès, Philippe Stoffel-Munck, Droit Des Obligations, 8e édition, LGDJ, 2016, p. 473.
⑥ Dimitri Houtcieff, Droit des contrats, Larcier, 2e édition, 2016, p. 457.
⑦ Muriel Fabre-Magnan, Droit des obligations, Tome 1, Contrat et engagement unilatéral, 4e édition, puf, 2016, p. 623.

人的权利和义务转让给第三人,而且还将当事人的身份赋予第三人。"①

笔者根据2016年之后的民法学者所做出的上述界定对合同转让做出如下界定:所谓合同转让,是指在一方当事人与另外一方当事人之间存在有效合同的情况下,该方当事人与第三人签订合同,将自己所具有的合同身份、合同资格转移给第三人,并因此让第三人取代自己成为另外一方当事人的合同当事人。换言之,所谓合同转让,是指转让人与受让人之间的合同,根据该种合同,转让人将其与对方当事人之间的合同转让给受让人并因此由受让人取代自己的合同身份而对对方当事人享有债权或者承担债务。

正如债权转让或者债务转让涉及三方当事人一样,合同转让也涉及三方当事人:其一,转让人,是指将自己与对方当事人之间的合同、自己所具有的合同身份、合同资格转让给受让人的人。其二,受让人,是指从转让人那里受让其转移的合同、合同身份、合同资格的第三人。其三,被让人(cédé),也称为被让合同当事人(le contractant cédé)、合同的对方当事人(cocontractant),是指在合同转让之前同转让人有合同关系而在合同转让之后则同受让人有合同关系的合同一方当事人。《法国民法典》新的第1216(1)条对这三方当事人作出了说明,该条规定:在取得合同对方当事人即被让人同意时,合同的一方当事人即转让人能够将自己的合同当事人身份转让给第三人即受让人。②

(三) 合同转让的特征

根据此种界定,合同转让的特征有三个方面:

第一,合同转让是转让人与受让人之间的合同,该种合同的目的在于以受让人替代转让人并处以成为合同的新当事人,换言之,合同转让的目的在于将转让人的合同身份、合同资格转让给受让人并因此让受让人获得转让人的合同身份、合同资格。Colliot Julie 对合同转让所具有的此种特征做出了说明,他指出:"《法国民法典》新的第1216条指明了合同转让的对象、客体,根据它的指示,转让人和受让人所转让的对象是'合同当事人身份'。因此,合同转让的对象既不是所转让的合同所规定的债务,也不是所转让的合同的法律效力,而仅仅是合同当事人的身份、资格。"③

第二,合同转让既不会引起最初合同(contrat initial)的消灭,也不会引起新合同(nouveau contrat)的产生,转让之前的合同与转让之后的合同在性质上属于同一个合同,因为合同的内容没有变更,仅仅是合同的当事人发生了变更:受让人取代转让人成为合同的新当事人。Fabre-Magnan 对合同转让的此种特征做出了说明,他指出:"就像这一名称所表明的那样,合同转让引起同一合同的转移,而不再仅仅是债权或者债务的

---

① Philippe Malaurie, Laurent Aynès, Philippe Stoffel-Munck, Droit Des Obligations, 8e édition, LGDJ, 2016, p.473.
② Article 1216, Code civil, Version en vigueur au 31 juillet 2021, https://www.legifrance.goufr/codes/section_lc/LEGITEXT000006070721/LEGISCTA000006150253/#LEGISCTA000032041424.
③ Colliot Julie, La cession de contrat consacrée par le Code civil, Revue juridique de l'Ouest, 2016 - 4, p.39.

转移。既不存在取代旧合同的新合同,也无所谓在旧合同之外增加新的合同。"① Aillaud 也对合同转让所具有的此种特征做出了说明。他指出,合同转让是在不中断合同关系时以第三人取代合同的一方当事人。②

第三,在合同由转让人转让给受让人之后,转让人与受让人之间的合同转让是否对被让合同当事人产生法律效力?如果产生法律效力,是产生完全法律效力还是不完全法律效力?取决于合同转让的性质究竟是法定转让还是约定转让?如果是约定转让取决于被让合同当事人是否同意以及同意的模式?关于这些问题,笔者将在下面的内容当中做出详细的讨论,此处从略。

二、合同转让、债权转让和债务转让之间的差异

在债法上,合同转让既不同于单纯的债权转让,也不同于单纯的债务转让,因为无论是在单纯的债权转让还是在债务转让当中,转让人也仅仅将其享有的债权或者承担的债务转让给受让人,受让人所受让的或者仅仅是债权,或者仅仅是债务。而在合同转让当中,转让人所转让的对象、客体既不是单纯的债权,也不是单纯的债务,而是转让人的合同当事人身份、资格以及该种身份、资格所附加的所有债权或者所有债务。

具体来说,合同转让、债权转让和债务转让之间的主要区别有两个方面。

第一,合同转让的对象、客体不同于债权转让、债务转让的对象、客体。总的说来,债权转让的对象、客体是转让人对被让债务人享有的债权,债务转让的对象是转让人对被让债权人承担的债务,而合同转让的对象、客体既不是转让人对被让合同当事人享有的债权,也不是转让人对被让合同当事人承担的债务,而是转让人对被让合同当事人所具有的合同身份、合同资格。③

在合同法上,甚至在整个债法上,合同当事人的身份、资格除了让他们对合同相对人享有债权之外也让他们对合同相对人承担债务。因此,当转让人将自己的合同当事人身份、资格转让给受让人时,他们同时将自己享有的债权和承担的债务转让给了受让人,这一点让合同转让区别于债权转让或者债务转让。因为,债权转让仅仅将转让人享有的债权转让给了受让人,不会同时将转让人承担的债务转让给受让人,而债务转让仅仅将转让人承担的债务转让给受让人,不会同时将他们享有的债权转让个受让人,已如前述。

第二,合同转让的条件与债权转让的条件存在差异。总的说来,债权转让不需要获得被让债务人的同意,已如前述。而合同转让则不同,它需要获得被让合同当事人的同意。现行《法国民法典》新的第1216(1)条对此种条件做出了明确规定,已如前述。合同转让的这一条件与债务转让的条件是一致的,因为债务转让需要获得被让债权人的同意,已如前述。虽然合同转让仅仅涉及合同当事人的身份、资格的转让,但是,由于

---

① Muriel Fabre-Magnan, Droit des obligations, Tome 1, Contrat et engagement unilatéral, 4e édition, puf, 2016, p.623.
② Marjorie Brusorio-Aillaud, Droit des obligations, 8e édition, bruylant, 2017, p.330.
③ Jean Carbonnier, Droit civil, Les biens, Les obligations, puf, 2004, p.2465; Philippe Malaurie, Laurent Aynès, Philippe Stoffel-Munck, Les obligations, 4e édition, Defrenois, 2009, pp.485 – 486.

该种身份、资格至少既存在债权也存在债务。因此，合同转让当然同时引起了转让人享有的债权和承担的债务的同时转让。由于此种原因，即便在2016年之前，某些民法学者主张合同转让不需要像债务转让一样获得被让人的同意，但是，《法国民法典》新的第1216（1）条没有采取此种看法，因为它明确要求合同转让需要获得被让人的同意，已如前述。

由于此种原因，2016年之前，大多数民法学者认为，合同转让是债权转让和债务转让之外的一种独立转让制度。而2016年之后，民法学者则完全承认这一点，这就是合同转让的独立性。关于合同转让的独立性，笔者将在下面的内容当中做出详细的讨论，此处从略。

三、合同的法定转让、司法转让和约定转让

（一）民法学者关于合同转让分类的不同看法

在法国，民法学者普遍认为，应当根据合同转让的渊源不同对合同转让做出分类。所谓合同转让的渊源（sources de la cession de contrat），是指合同当事人的身份、资格从转让人转移到受让人的某种事实。当一方当事人取得了针对另外一方当事人的合同身份、合同资格时，如果因为某种事实的发生而导致一方当事人的合同身份、资格从该方当事人转移给了另外一方当事人之外的第三人即受让人，则该种事实即为合同转让的渊源。虽然均承认合同转让的渊源会引起合同转让的发生，但是，在合同转让的渊源有哪些问题上，民法学者做出的说明存在差异。

Marty和Raynaud认为，能够引起合同转让的渊源包括三种：制定法的规定，受让人的单方意思表示行为，以及转让人和受让人之间的约定，他们指出："我们将要分析的合同转让或者源自制定法的规定，或者源自受让人的单方意思表示，或者源自转让人和受让人之间的约定。"根据他们的说明，所谓能够引起合同转让的单方意思表示，是指当一方当事人将自己的合同身份、资格转让给另外一方当事人时，如果第三人对转让人所转让的合同享有撤回权或者优先权，基于他们对所享有的撤回权或者优先权的行使，则转让人所转让的合同被撤回，第三人能够受让转让人原本应当转让给自己的合同。[①]

不过，法国大部分民法学者没有采取Marty和Raynaud的此种分类，因为他们普遍将合同转让的渊源分为：制定法的规定，法官的司法判例，以及转让人和受让人之间的

[①] Gabriel Marty, Pierre Raynaud, Droit Civil, Les Obligations, Tome 1, Les sources, 2e édition, Sirey, 1988, pp. 353–357.

约定。① Flour、Aubert 和 Savaux 指出："总之，我们应当确认合同转让是存在的。在今时今日，合同转让以三种形式存在：合同的司法转让，合同的法定转让，以及合同的约定转让。"② 笔者采纳 Marty、Raynaud 和 Flour 等人的看法，将合同转让分为三种：制定法规定的合同转让即合同的法定转让、司法判例确认的合同转让即司法转让，以及转让人和受让人之间通过约定方式产生的合同转让即约定转让。笔者之所以采取此种分类方法，是因为 Marty 和 Raynaud 所谓的源自受让人的单方意思表示的分类本质上仍然属于制定法所规定的合同转让。

（二）合同的法定转让

所谓合同的法定转让（les cessions légales），也称为合同的强制转让（les cessions forcée），是指因为制定法的明确规定所产生的合同转让。在法国，除了《法国民法典》对某些合同的强制转让做出了规定之外，其他制定法也对合同的强制转让做出了规定，诸如《法国劳动法典》和《法国保险法典》等。Marty 和 Raynaud 对此种合同转让做出了说明。他们指出："有时，制定法本身强制或者显然强制合同的转让，它们要求以第三人取代合同关系当中的一方当事人。"③ Christophe Broche 对此种合同转让做出了说明，他指出："在法国法当中，立法者非常早地规定了合同一方当事人被第三人替换时合同的持续存在，规定合同转让的法律文本是数不胜数的。"④ Fabre-Magnan 也对此种合同转让做出了说明，他指出："长久以来，制定法就对某些重要的法定合同转让做出规定。毫无疑问，最著名的规定是《法国劳动法典》新的第 L. 1224 – 1 条［旧的第 L. 122 – 12（2）条］，它强制新的雇主维持仍然在生效的劳动合同。"⑤ 关于法国制定法所规定的合同转让，笔者将在下面的内容当中做出详细的讨论，此处从略。

（三）合同的司法转让

所谓合同的司法转让（la cession judiciaire de contrat），是指法官通过自己的司法判例所承认的合同转让。2016 年之前，虽然《法国民法典》和其他制定法对合同转让做出了大量的规定，但是，它们所规定的合同转让仅仅是特殊的合同转让，以制定法的明确规定作为必要条件。问题在于，在制定法没有规定的情况下，一方当事人是否能够将

---

① François Terré, Philippe Simler, Yves Lequette, Droit civil, Les obligations, 12e édition, Dalloz, 2009, pp. 1298 – 1303; Jacques Flour, Jean-Luc Aubert, Éric Savaux, Les obligations, 3. Le rapport d'obligation, 7e édition, Dalloz, 2011, pp. 368 – 377; Christophe Broche, La cession conventionnelle de contrat existe-t-elle? Revue de la Recherche Juridique, Droit prospectif, Presses Universitaires d'Aix-Marseille, 2012, pp. 1 – 20; Colliot Julie, La cession de contrat consacrée par le Code civil, Revue juridique de l'Ouest, 2016 – 4, pp. 31 – 55; Muriel Fabre-Magnan, Droit des obligations, Tome 1, Contrat et engagement unilatéral, 4e édition, puf, 2016, pp. 623 – 624.

② Jacques Flour, Jean-Luc Aubert, Éric Savaux, Les obligations, 3. Le rapport d'obligation, 7e édition, Dalloz, 2011, p. 308.

③ Gabriel Marty, Pierre Raynaud, Droit Civil, Les Obligations, Tome 1, Les sources, 2e édition, Sirey, 1988, p. 353.

④ Christophe Broche, La cession conventionnelle de contrat existe-t-elle? Revue de la Recherche Juridique, Droit prospectif, Presses Universitaires d'Aix-Marseille, 2012, p. 2.

⑤ Muriel Fabre-Magnan, Droit des obligations, Tome 1, Contrat et engagement unilatéral, 4e édition, puf, 2016, p. 623.

自己对另外一方当事人所享有的合同身份、资格转让给第三人并因此让第三人取代转让人成为新的合同当事人？

对此问题，法国最高法院在众多的司法判例当中做出了否定回答。它认为，在制定法之外不存在真正意义上的合同转让，因为，它或者将当事人之间的合同转让视为《法国民法典》所规定的债权转让，或者视为《法国民法典》规定的债的更新，这就是法国最高法院在2016年之前所采取的不承认一般意义上的合同转让的态度。① 关于这一点，笔者将在下面的内容当中做出详细的讨论，此处从略。

当然，2016年之后，包括法国最高法院的法官在内，所有的法官均放弃了此种做法，因为《法国民法典》已经明确规定了一般意义上的合同转让：即便制定法没有规定，如果合同当事人约定了合同转让，在符合所要求的条件的情况下，法官应当承认当事人之间的合同转让的有效性，不能够再将当事人之间的合同转让视为诸如债权转让或者债的更新等制度，这就是合同的转让独立于债权转让或者其他类似的交易制度。法官所承认的这些合同转让在性质上不再是合同的司法转让，因为它们在性质上属于合同的约定转让，也就是一般意义上的合同转让。

不过，无论法国最高法院是否承认制定法之外的独立的合同转让的存在，法国债法当中均存在一种合同的司法转让制度，这就是《法国商法典》第L.642-7条所规定的合同的司法转让。根据该条的规定，如果企业因为资不抵债而陷入司法破产清算程序当中，除了有权颁发破产企业的转让令之外，法官也有权颁发破产企业的合同转让令，根据法官颁发的企业转让令，破产企业转让给受让人并因此成为受让人的企业或者企业的组成部分，而根据合同转让令，破产企业陷入破产清算程序之前与别人签订的租赁合同、融资租赁公司、供应合同和服务合同一并转让给受让人，因为这些合同是受让人从事经营活动所必要的。②

（四）合同的约定转让

所谓合同的约定转让（la cession conventionnelle de contrat），是指合同的一方当事人与第三人约定，将自己的合同身份、资格转移给第三人并因此让第三人替代自己成为对合同相对人享有债权和承担债务的当事人，其中的一方当事人为转让人，第三人为受让人，转让人与受让人之间达成协议，由转让人将自己针对合同相对人享有的合同身份、资格转移给受让人。

在2016年之前，《法国民法典》没有规定合同的约定转让，即便它对众多的合同

---

① Henri et Léon Mazeaud, Jean Mazeaud, François Chabas, Obligations, 9e édition, Montchrestien, 1998, p.1301; Christophe Broche, La cession conventionnelle de contrat existe-t-elle? Revue de la Recherche Juridique, Droit prospectif, Presses Universitaires d'Aix-Marseille, 2012, pp.3-4.

② Article L642-7, Code de commerce, Version en vigueur au 01 août 2021, https://www.legifrance.goufr/codes/section_lc/LEGITEXT000005634379/LEGISCTA000006146115?etatTexte=VIGUEUR&etatTexte=VIGUEUR_DIFF&anchor=LEGISCTA000006146115#LEGISCTA000006146115; François Terré, Philippe Simler, Yves Lequette, Droit civil, Les obligations, 12e édition, Dalloz, 2009, pp.1302-1303.; Jacques Flour, Jean-Luc Aubert, Éric Savaux, Les obligations, 3. Le rapport d'obligation, 7e édition, Dalloz, 2011, p.368; Muriel Fabre-Magnan, Droit des obligations, Tome 1, Contrat et engagement unilatéral, 4e édition, puf, 2016, p.623.

转让做出了规定，但是，它所规定的合同转让在性质上属于合同的强制转让，已如前述。在2016年之前，法国最高法院不承认合同的约定转让，因为，即便当事人之间签订了合同转让合同，它也将当事人之间的此种合同视为诸如债权转让和债的更新等其他的交易制度，已如前述。在2016年之前，民法学者几乎在合同的约定转让的一切方面均存在不同看法：合同约定转让是否存在，合同约定转让的性质是什么，合同约定转让是否有效，合同约定转让是否需要获得被让合同当事人的同意，合同转让的法律效力是什么，等等。关于民法学者之间的争议，笔者将在下面的内容当中做出详细的讨论，此处从略。通过2016年2月10日的债法改革法令，现行《法国民法典》新的第1216条至新的第1216-3条对合同的约定转让做出了规定，已如前述，自此之后，民法学者开始普遍承认合同的约定转让。

（五）通常意义上的合同转让仅仅是指合同的约定转让

在债法上，合同的约定转让不同于合同的司法转让和合同的法定转让。

一方面，合同的约定转让不同于合同的司法转让。因为合同的约定转让能够在所有或者几乎所有的合同当中适用，而合同的司法转让仅仅在企业破产清偿程序当中适用，并且也仅仅适用于与破产企业有关系的几种合同，诸如租赁合同、融资租赁契约和供应合同等，已如前述。

另一方面，合同的约定转让不同于合同的法定转让，它们之间的主要差异有二：其一，合同的约定转让建立在意思自治和合同自由的基础上，合同当事人的身份、资格是否转让，取决于转让人和受让人的意思表示，任何人不能够强迫他们违反自己的意图、意志进行或者不进行合同的转让，而合同的法定转让则不同，它构成意思自治和合同自由的例外和限制：无论当事人是否愿意，转让人的合同身份、资格均被强制转让给受让人。其二，根据《法国民法典》新的第1216条的规定，合同的约定转让需要获得被让合同当事人的同意，而合同的法定转让则不需要获得被让合同当事人的同意，因为此种原因，法定转让被称为强制转让。

在债法上，合同的约定转让也称为一般意义上的合同转让、通常情况下的合同转让。所谓一般意义上的合同转让、通常情况下的合同转让，是指当人们讨论合同转让时，除非他们另有不同的说明；否则，他们所讨论的合同转让在性质上不是指法定转让或者司法转让，而仅仅是指合同的约定转让。这一点从民法学者的著作当中可以看得一清二楚。在2009年版即第10版的《债》当中，Terré、Simler和Lequette既讨论合同的法定转让，也讨论合同的约定转让，[①] 而在2018年版即第12版的《债》当中，他们主要讨论合同的约定转让，也就是讨论《法国民法典》新规定的合同转让制度，而仅仅对合同的法定转让做出简略说明。[②] 除了Terré、Simler和Lequette等人在2016年之后

[①] François Terré, Philippe Simler, Yves Lequette, Droit civil, Les obligations, 12e édition, Dalloz, 2009, pp. 1298-1303.

[②] François Terré, Philippe Simler, Yves Lequette, François Chénedé, Droit Civil, les Obligations, 12e édition, Dalloz, 2018, pp. 1736-1745.

仍然讨论合同的法定转让之外，2016 年之后的大多数民法学者基本上不再讨论合同的法定转让，而仅仅讨论合同的约定转让，因为他们仅仅将合同的约定转让等同于合同转让。①

四、合同的完全转让和合同的不完全转让

除了从合同转让的渊源方面对合同转让做出分类之外，民法学者也从合同转让的效力方面对合同转让做出分类。根据他们的分类，合同转让可以分为合同的完全转让（la cession imparfait de contrat）和合同的不完全转让（la cession imparfait de contrat）。

所谓合同的完全转让，则是指在转让人与受让人之间达成了合同身份、资格转让合同之后，被让合同当事人不仅同意他们之间的合同转让，而且明确同意免除转让人对自己承担的债务或者合同责任，因为仅仅在符合这两个同意的条件时，合同转让才能够产生完全免除转让人所承担的合同债务或者合同责任的法律效力。2016 年 2 月 10 日的债法改革法令对合同的完全转让所应当具备的这两个条件做出了明确规定。关于这一点，笔者将在下面的内容当中做出详细的讨论，此处从略。②

所谓合同的不完全转让，有两种不同的含义：其一，虽然转让人与受让人签订了合同身份、资格的转让合同，将自己的合同身份、资格转让给了受让人，但是，他们之间的转让合同没有获得被让合同当事人的同意，这就是所谓的合同内部转让（la cession interne de contrat）。其二，在转让人与受让人之间签订了合同身份、资格的转让合同之后，虽然被让合同当事人同意当事人之间的合同转让，但是，他们仅仅同意转让人将自己的当事人身份转让给受让人，没有明确同意转让人转让合同身份之后不再对自己承担债务或者合同责任。此时，除了有权要求受让人对自己履行最初合同所规定的债务之外，被让合同当事人也有权要求转让人对自己履行债务或者承担合同责任。③

五、合同转让的功能

就像债权转让和债务转让能够实现一定的目的和发挥一定的作用一样，合同转让也

---

① Dimitri Houtcieff, Droit des contrats, Larcier, 2e édition, 2016, pp. 457 – 460；Muriel Fabre-Magnan, Droit des obligations, Tome 1, Contrat et engagement unilatéral, 4e édition, puf, 2016, pp. 623 – 630；Rémy Cabrillac, Droit des Obligations, 12e édition, Dalloz, 2016, pp. 353 – 355；Marjorie Brusorio-Aillaud, Droit des obligations, 8e édition, bruylant, 2017, pp. 330 – 331；Virginie Larribau-Terneyre, Droit civil, Les obligations, 15e édition, Dalloz, 2017, pp. 561 – 565.

② Jean Carbonnier, Droit civil, Volume Ⅱ, Les biens, les obligations, puf, 2004, pp. 2465 – 1466；Jacques Flour, Jean-Luc Aubert, Éric Savaux, Les obligations, 3. Le rapport d'obligation, 7e édition, Dalloz, 2011, pp. 364 – 365；Muriel Fabre-Magnan, Droit des obligations, Tome 1, Contrat et engagement unilatéral, 4e édition, puf, 2016, pp. 628 – 629；Marjorie Brusorio-Aillaud, Droit des obligations, 8e édition, bruylant, 2017, p. 331；Virginie Larribau-Terneyre, Droit civil, Les obligations, 15e édition, Dalloz, 2017, p. 564.

③ Jean Carbonnier, Droit civil, Volume Ⅱ, Les biens, les obligations, puf, 2004, pp. 2465 – 1466；Jacques Flour, Jean-Luc Aubert, Éric Savaux, Les obligations, 3. Le rapport d'obligation, 7e édition, Dalloz, 2011, pp. 364 – 365；Muriel Fabre-Magnan, Droit des obligations, Tome 1, Contrat et engagement unilatéral, 4e édition, puf, 2016, pp. 628 – 629；Marjorie Brusorio-Aillaud, Droit des obligations, 8e édition, bruylant, 2017, p. 331；Virginie Larribau-Terneyre, Droit civil, Les obligations, 15e édition, Dalloz, 2017, p. 564.

能够实现一定的目的和发挥一定的作用,这一点毫无疑问,因为如果合同转让不能够实现任何目的或者发挥任何作用,则民法学者无需对此种交易制度做出探讨,法国政府也无须在《法国民法典》当中对此种新的交易做出规定。合同转让所实现的目的和所发挥的作用被称为合同转让的功效(l'utilité)或者功能。问题在于,合同转让有哪些功能?对此问题,几乎所有民法学者均没有做出说明,这同他们对待债权转让的态度形成最强烈的反差,因为,几乎所有的民法学者均对债权转让的功能做出了说明,已如前述。

民法学者为何普遍不对合同转让的功能做出任何说明?笔者认为,最主要的原因有二:其一,相对于债权转让的历史悠久而言,合同转让的历史非常短暂,至少在法国法当中是如此,因为仅仅到了 2016 年,《法国民法典》才正式承认它的存在,而从 1804 年开始一直到今时今日,《法国民法典》一直承认债权转让的合法性。其二,在 2016 年之前,民法学者关注的主要问题不是合同转让的功能问题,而是合同转让是否存在的问题,在将关注点放在合同转让是否存在的问题上时,民法学者不可能讨论合同转让的功能问题,因为合同转让的功能问题以合同转让已经得到承认作为基础。

笔者认为,合同转让的功能主要包括:合同转让具有避免合同消失和让合同继续存在的功能;合同转让具有对处于弱势地位的合同当事人提供保护的功能;合同转让具有增加合同价值的功能;合同转让具有对被让合同当事人提供更加强有力保护的功能;合同转让具有让企业实现自身战略的功能等。

(一) 合同转让能够让没有得到履行的、原本应当解除的合同继续存在

合同转让的第一个主要功能是,避免当事人之间的最初合同因为一方当事人的不履行或者不愿履行而解除,让当事人之间的最初合同通过更换该方当事人的方式予以继续存在。在合同法上,当一方当事人与另外一方当事人签订合同时,任何一方当事人均应当对对方当事人履行自己所承担的合同债务,这既是合同相对性规则的要求,也是合同约束力规则的体现。如果一方当事人不能够履行或者不愿意履行自己承担的债务,在符合合同解除的条件时,另外一方当事人有权行使合同解除权,包括单方面行使合同解除权和司法解除权,让他们之间的合同溯及既往地消灭。[①]

虽然合同解除权的行使能够在一定程度上维护合同债权人的利益,但是,合同解除权的行使未必一定是最符合合同债权人利益的做法,因为,除了让合同债权人签订合同的期待利益落空之外,此种做法也让当事人之间的合同关系溯及既往地消灭。为了实现合同债权人的期待利益,防止已经缔结的、仍然在生效的合同因为一方当事人的不履行而消灭,合同债权人能够采取一种办法,这就是,允许合同债务人将自己的合同身份、合同资格转让给受让人并因此让受让人取代转让人成为同一合同的当事人。这就是合同转让所具有的一种功能:让已经缔结的、仍然有效的合同不因为一方当事人的债务不履行行为而终止的功能,也就是让合同继续存在的功能。

Christophe Broche 对此种功能做出了说明,他指出:"合同转让构成合同持续存在

---

① 张民安:《法国合同法总论》,中山大学出版社 2021 年版,第 332—355 页。

的一种手段，构成合同中断的一种替换方式，因为，只要合同仍然存在，合同当事人的变更是无关要紧的。"① Malaurie、Aynès 和 Stoffel-Munck 也对此种功能做出了说明，他们指出："合同转让能够让合同的一方当事人发生变更之后仍然存在。当一方当事人不能够或者不愿意履行债务时，合同能够被解除。如果该方当事人将自己的合同身份转让给第三人，则他们的此种转让能够与合同相对人与第三人之间的合同持续存在，因为第三人成为合同的当事人。"②

（二）合同转让能够对处于弱势地位的一方当事人提供保护

合同转让的第二个主要功能是，合同转让能够对处于弱势地位的当事人提供保护，防止处于强势地位的受让人借口自己不是最初的合同当事人而拒绝履行最初的合同。虽然合同法坚持和倡导平等原则，但是，合同法所坚持和倡导的平等仅仅是法律上的平等。基于经济上、身体上、智识上或者其他方面的差异，合同当事人之间仍然存在地位上的差异，其中的一方当事人处于弱势地位，而另外一方当事人则处于强势地位。由于这样的原因，立法者制定法律，对合同当中处于弱势地位的一方当事人提供保护，这就是合同法所坚持的公共秩序原则，该种原则对合同自由原则施加限制。③ 例如，虽然雇主与劳动者之间签订了劳动合同，但是，雇主处于强势地位，而劳动者则处于弱势地位，为了保护劳动者免受雇主的侵犯，法国立法者制定了《法国劳动法典》。再例如，虽然房屋的承租人与出租人之间签订了房屋租赁合同，但是，出租人处于强势地位，而承租人则属于弱势地位。为了保护承租人免受出租人的侵犯，法国立法者制定了不动产租赁方面的法律。④

如果雇主、出租人与自己的劳动者、承租人签订了劳动合同、租赁合同之后，将自己的企业或者不动产出卖或者转让给另外一个企业主或者所有权人，为了防止新企业主或者新所有权人借口劳动合同或者租赁合同不是自己所签订、对自己没有约束力而将劳动者、承租人赶走，立法者的制定法对合同的强制转让做出了明确规定：当雇主将自己的企业转让给受让人时，转让人之前与自己的劳动者签订的劳动合同一并转让给受让人，作为雇主的受让人应当受到之前的劳动合同的约束；当房屋的出租人将仍然在出租的房屋出卖给买受人时，出卖人之前与自己的承租人签订的房屋租赁合同一并转让给买受人，买受人仍然应当受到租赁合同的约束。制定法之所以做出这样的规定，当然是为了保护劳动者和承租人，因为，在企业或者房屋出卖给新的雇主或者新的买受人时，新的雇主和新的买受人仍然处于强势地位，他们可能拒绝与之前的劳动者或者承租人签订

---

① Christophe Broche, La cession conventionnelle de contrat existe-t-elle? Revue de la Recherche Juridique, Droit prospectif, Presses Universitaires d'Aix-Marseille, 2012, p. 1.
② Philippe Malaurie, Laurent Aynès, Philippe Stoffel-Munck, Droit Des Obligations, 8e édition, LGDJ, 2016, p. 473.
③ 张民安：《法国合同法总论》，中山大学出版社2021年版，第62—70页。
④ Gabriel Marty, Pierre Raynaud, Droit Civil, Les Obligations, Tome 1, Les sources, 2e édition, Sirey, 1988, pp. 354 – 357；Philippe Malaurie, Laurent Aynès, Philippe Stoffel-Munck, Droit Des Obligations, 8e édition, LGDJ, 2016, pp. 479 – 480.

劳动合同或者租赁合同，并因此损害处于弱势地位的劳动者和承租人。①

（三）合同转让使合同在保有稳定性的同时也保有一定的灵活性

合同转让的第三个主要功能是，在保持合同关系稳定性（la stabilité）的同时使合同关系具有一定的灵活性（la souplesse）。表面上，合同的稳定性和合同的灵活性之间是矛盾的，因为强调合同的稳定性意味着牺牲合同的灵活性，反之，强调合同的灵活性则意味着牺牲合同的稳定性。实际上，这两个目标并不矛盾，因为，合同法在坚守合同稳定性的同时也承认合同的灵活性。除了通过其他方式体现合同的灵活性之外，合同转让也能够体现合同的灵活性，这就是合同转让所具有的让合同保有一定灵活性的功能。换言之，"在今时今日，合同代表一种财产价值，因为它为其保有者提供了一定的稳定性。合同也构成企业战略的因素，让企业能够凭借合同与别人之间建立持久的关系。事实上，合同必须表现出两种相互矛盾但又必不可少的特征：灵活性和稳定性"②。

当事人之间的合同当然具有并且也应当具有稳定性，因为合同是一种预见行为，是当事人之间在深思熟虑之后做出的理性决定。虽然当今时代是一个大变革的时代，但是，合同当事人仍然像所有人一样期待并且坚守合同关系的稳定性，尤其是在商事领域，当事人之间的许多合同关系是长久的、稳定的和持续不断的关系。③ 合同的稳定性通过合同的约束力体现出来。现行《法国民法典》新的第1103条（旧的第1134（1）条）对合同的稳定性做出了最生动的描述。该条规定：依法成立的合同等同于合同当事人之间的制定法。④

不过，仅仅具有稳定性还不够，为了应对复杂多变的时代，合同也应当保有一定的灵活性。例如，在承认合同等同于当事人之间的制定法时，也就是，在承认合同所具有的约束力时，人们应当承认合同的可变更性、合同的可解除性，因为基于主观因素或者客观因素的发生，当事人之间已经成立的合同可能无法按照最初的约定履行，甚至完全不可能履行。⑤ 合同的灵活性也通过合同转让的方式体现出来，因为经济的变更意味着当事人之间的经济交易也必须具有一定的流动性（la fluidité mobilité）：职业的要求或者家庭的要求可能导致最初的合同当事人无法履行或者继续履行最初的合同，此时，他们

---

① Gabriel Marty, Pierre Raynaud, Droit Civil, Les Obligations, Tome 1, Les sources, 2e édition, Sirey, 1988, pp. 354 – 357；Philippe Malaurie, Laurent Aynès, Philippe Stoffel-Munck, Droit Des Obligations, 8e édition, LGDJ, 2016，pp. 479 – 480.

② Cession de contrat en droit français：mécanisme translatif de droit ou créateur de droit? (fr), https://www.lagbd.org/index.php/Cession_de_contrat_en_droit_français:_mécanisme_translatif_de_droit_ou_créateur_de_droit%3F_(fr).

③ Cession de contrat en droit français：mécanisme translatif de droit ou créateur de droit? (fr), https://www.lagbd.org/index.php/Cession_de_contrat_en_droit_français:_mécanisme_translatif_de_droit_ou_créateur_de_droit%3F_(fr)；Christophe Broche, La cession conventionnelle de contrat existe-t-elle? Revue de la Recherche Juridique, Droit prospectif, Presses Universitaires d'Aix-Marseille, 2012，pp. 1 – 2.

④ Article 1103, Code civil, Version en vigueur au 02 août 2021, https://www.legifrance.goufr/codes/section_lc/LEGITEXT000006070721/LEGISCTA000032006712/#LEGISCTA000032006712.

⑤ 张民安：《法国合同法总论》，中山大学出版社2021年版，第332—368页。

需要借助于合同转让方式将自己的合同身份、资格转让给第三人。①

在债法上,合同转让所具有的此种功能主要通过合同所规定的转让条款加以体现,这就是,基于合同自由原则的坚持和贯彻,当事人在签订合同时预先在自己的合同当中规定合同转让条款,对合同转让的条件、程序和法律效力等内容做出约定。当合同约定的转让条件出现时,一方当事人就能够将自己与对方当事人之间的合同转让给受让人。除了能够节省新的合同谈判的成本、加速合同转让的进程之外,此种形式的合同转让也有助于增加合同的价值。

(四)合同转让能够强化被让合同当事人的利益

合同转让的第四个主要功能是,它会强化被让合同当事人的利益。

虽然合同转让被视为合同身份、合同资格的转让,但是,随着合同身份、资格转让的还包括债务的转让。因此,合同转让就像债务转让一样关乎被让人即被让合同当事人的利益。不过,合同转让未必一定会损害被让人的利益,有时,合同转让还会强化被让人利益的保护,让被让合同当事人的地位要优于合同转让之前的地位,这就是合同转让所具有的强化被让合同当事人利益保护的功能。

在一方当事人与另外一方当事人签订合同之后,一方当事人为何愿意将自己的合同身份、合同资格转让给受让人?在一方当事人将自己的合同转让给受让人时,受让人为何愿意承受转让人所转让的合同身份?在转让人与受让人之间达成合同转让协议时,被让合同当事人为何同意他们之间的合同转让?答案在于,合同转让对转让人、受让人和被让合同当事人均有利可图,不过,究竟能够获得多大的利益,取决于具体情况的不同。

对于转让人而言,他们因为合同转让所获得的利益是,当他们与合同相对人之间的长期合同因为情势发生变更而从最初的稳定性、安全性变得异常困难、负担显著加重时,通过转让合同的方式,他们让自己与合同相对人之间的合同关系解除,并因此摆脱合同约束力的束缚。对于受让人而言,他们因为合同转让所获得的利益是,在受让转让人的合同身份、合同资格之后,他们就成为合同的当事人,能够为了自己的利益而享有要求被让合同当事人履行合同所规定的债务的权利。对于被让合同当事人而言,他们因为合同转让所获得的利益是,合同转让能够让他们的合同债权获得更加有利的担保,因为,在合同转让之后,除了有权要求受让人对自己履行债务之外,他们还能够要求转让人对自己履行债务,如果他们没有明确免除转让人对自己承担的债务的话。②

---

① Cession de contrat en droit français: mécanisme translatif de droit ou créateur de droit? (fr), https://www.lagbd.org/index.php/Cession_de_contrat_en_droit_français:_mécanisme_translatif_de_droit_ou_créateur_de_droit%3F_(fr); Christophe Broche, La cession conventionnelle de contrat existe-t-elle? Revue de la Recherche Juridique, Droit prospectif, Presses Universitaires d'Aix-Marseille, 2012, pp. 1-2.

② Christophe Broche, La cession conventionnelle de contrat existe-t-elle? Revue de la Recherche Juridique, Droit prospectif, Presses Universitaires d'Aix-Marseille, 2012, pp. 1-2.

第二节 2016 年之前主张的合同不得自由转让原则

2016 年之前，因为《法国民法典》没有对合同转让做出一般规定，因此，民法学者之间就合同是否具有可自由转让性展开激烈的争论。某些民法学者认为，即便被让合同当事人同意，一方当事人也不能够将自己的合同身份转让给受让人；另外一些民法学者则认为，就像债权能够自由转让一样，合同的一方当事人也能够将自己的合同身份转让给受让人。不过，在此种转让是否需要获得被让合同当事人同意的问题上，这些民法学者之间也存在不同看法。某些民法学者认为，此种转让无需获得被让合同当事人的同意，而另外一些民法学者则认为，此种转让需要获得被让合同当事人的同意。在对包括合同法在内的债法进行改革时，法国政府采纳了最后一派学者的意见，2016 年 2 月 10 日的债法改革法令，除了承认合同的可自由转让性之外，它还明确要求此种转让获得被让合同当事人的同意，这就是，现行《法国民法典》新的第 1216 条至新的第 1216 - 3 条。

2016 年之前，因为《法国民法典》没有对合同转让做出一般性的规定，因此，在制定法的规定之外是否存在独立的合同转让，换言之，在合同的法定转让之外是否存在合同的约定转让，法国最高法院做出的回答存在相互矛盾的地方。因为，在某些司法判例当中，它否定合同转让的存在，而在另外一些司法判例当中，它则承认合同转让的存在，至少某些民法学者是这样理解的。[1]

一、2016 年之前司法判例和民法学者对合同不得自由转让原则的承认

2016 年之前，法国最高法院在某些案件当中认为，在制定法之外，当事人之间是不存在合同转让的。因为它认为，即便当事人在自己的合同当中规定了合同转让的条款，当一方当事人根据合同转让条款将自己的合同转让给受让人时，当事人之间所实施的此种交易在性质上属于合同转让，通过扭曲这些交易的性质的办法，它将当事人之间实施的这些交易定性为《法国民法典》所规定的某种明确交易，诸如债务更新、债务的指令承担、债权转让甚至为第三人利益的合同等。[2]

在 1973 年 4 月 10 日的案件和 1989 年 6 月 7 日的案件当中，法国最高法院民三庭和民一庭均认为，在符合当事人之间的合同转让条款的规定时，一方当事人根据合同转让条款的规定将自己的合同转让给受让人的行为在性质上不属于合同转让行为，而属于为第三人利益的合同。在 2001 年 12 月 12 日的案件当中，法国最高法院民三庭认为，当事人之间的此类合同交易在性质上仅仅是债务的指令承担，应当适用《法国民法典》

---

[1] Henri et Léon Mazeaud, Jean Mazeaud, François Chabas, Obligations, 9e édition, Montchrestien, 1998, pp. 1301 – 1303.

[2] Henri et Léon Mazeaud, Jean Mazeaud, François Chabas, Obligations, 9e édition, Montchrestien, 1998, p. 1301; Christophe Broche, La cession conventionnelle de contrat existe-t-elle? Revue de la Recherche Juridique, Droit prospectif, Presses Universitaires d'Aix-Marseille, 2012, pp. 3 – 4.

第 1275 条关于债务的指令承担的规定，换言之，它将合同转让等同于债务的指令承担。在 2009 年 2 月 5 日的案件当中，法国最高法院商事庭认为，当事人之间的此类合同交易在性质上仅仅是一种债权转让，应当适用《法国民法典》第 1690 条的规定，换言之，它将合同转让等同于债权转让。在 2009 年 4 月 8 日的案件当中，法国最高法院社会庭认为，当一个雇主取代另外一个雇主时，也就是，当劳动合同的一方当事人发生变更时，此种变更并不构成劳动合同的转让，而属于劳动合同的更新。①

在 2016 年之前，除了法国最高法院在某些司法判例当中否定合同转让的存在之外，大多数民法学者均反对合同转让的存在。他们认为，当一方当事人与第三人签订合同时，无论他们之间的合同是否获得另外一方当事人即被让合同当事人的同意，一方当事人均不能够将自己的合同、合同身份或者合同资格转让给受让人，并因此让受让人成为合同的当事人，这就是他们所主张的合同的不得转让原则（le principe d'incessibilité des contrats）。虽然均否定合同的可自由转让原则，但是，不同的民法学者所采取的否定方式并不完全相同。

首先，某些民法学者反对合同转让的方式是，除了讨论债权转让和债务转让之外，他们根本不会讨论合同转让。例如，在 2001 年和 2010 年的《债》当中，Légier 和 Larribau-Terneyre 就采取此种方式否定合同转让的存在：在讨论债的转移时，他们仅仅讨论债权转让和债务转让，没有对合同转让做出讨论；并且在讨论债务转让时，他们明确指出，独立的债务转让即真正的债务转让在法国法当中是不存在的，人们只能够通过间接的、非真正的债务转让方式转让自己的债务，换言之，他们仅仅承认债权的可自由转让性，否定债务的可自由转让性，已如前述。②

其次，某些民法学者反对合同转让的方式是，除了讨论债权转让和债务转让之外，他们虽然也会讨论合同转让，但是，他们仅仅将合同转让限定在制定法所规定的范围内，认为制定法所规定的合同转让属于债务转让的组成部分。他们指出，虽然直接的债务转让是不存在的，但是，如果制定法明确规定了合同转让，则通过合同转让的方式能够实现直接的债务转让。例如，在 2010 年的《债》当中，Malinvaud 和 Fenouillet 就采取此种方法反对合同转让的存在，他们指出，《法国民法典》没有像规定债权转让一样规定对称的债务转让，因此，债务转让原则上是不允许的，除非被让债权人同意，或者除非制定法明确规定某种合同的转让。③ 换言之，"在制定法具体规定的情形之外，制定法没有组织合同转让"④。

---

① Civ. 3e, 10 avril 1973, D. 1974.21；Civ. 1re, 7 juin 1989, R. N. Defrénois1989.1057；Cass. 3ème civ. 12 décembre 2001, n° 00-15627, Bull. civ. 2001, III, n° 153；Cour de cassation, civile, Chambre commerciale, 17 février 2009, 07-20.660；Cour de cassation, civile, Chambre sociale, 8 avril 2009, 07-45.234；Henri et Léon Mazeaud, Jean Mazeaud, François Chabasd, Obligations, 9e édition, Montchrestien, 1998, p.1301；Christophe Broche, La cession conventionnelle de contrat existe-t-elle? Revue de la Recherche Juridique, Droit prospectif, Presses Universitaires d'Aix-Marseille, 2012, pp.3-4.

② Gérard Légier, les obligations, 17e édition, Dalloz, 2001, pp.228-234；Virginie Larribau-Terneyre, Droit civil, Les obligations, 152e édition, Dalloz, 2010, pp.137-150.

③ Philippe Malinvaud, Dominique Fenouillet, Droit des obligations, 11e édition, Litec, 2010, pp.627-628.

④ Philippe Malinvaud, Dominique Fenouillet, Droit des obligations, 11e édition, Litec, 2010, p.628.

最后，某些民法学者不仅明确反对合同转让的存在，还提出了人们应当反对合同转让的不同理由，他们的反对理由主要包括：债务的不得转让性、合同的主观理论、合同的约束力原则和合同的相对性原则，以及新合同理论。在法国，Jacques Ghestin、Christophe Jamin、Marc Billiau 和 Emmanuel Jeuland 等人就采取此种方法反对合同的可自由转让性。①

二、合同转让被禁止的理由之一：债务的不得转让性

2016 年之前，Ghestin、Jamin 和 Billiau 等人之所以反对合同的可自由转让性，第一个主要原因是，他们认为债务人承担的债务是不能够自由转让的，这就是债务的不得转让理论（incessibilité de la dette）。②

长久以来，民法学者之所以否定合同的可自由转让性，一个重要的原因是，合同转让涉及债务转让，而债务在本质上则是根本不可能转让的。反对合同转让的民法学者认为，无论人们如何理解合同转让，合同转让均涉及债权转让和债务转让。虽然债权转让不会面临任何真正的问题，但是债务的转让则会面临真正的问题，其中的某些问题属于技术性的问题，而另外一些问题则属于基本的问题。③ 因为此种原因，在 2016 年之前，大多数民法学者认为，单务合同或者双务合同之所以是不能够转让的，是因为无论是单务合同产生的债务还是双务合同产生的债务均是不能够自由转让的。④

所谓技术问题，一方面是指，如果人们允许债务人将自己承担的债务擅自转让给受让人，则他们的此种做法将会严重损害债权人的利益；另一方面是指，此种做法违反了《法国民法典》的暗含禁止精神，因为立法者故意不对债务转让做出明确规定，他们的此种消极态度表明他们反对债务转让。所谓基本问题，则是指债务在性质上不不同于债权：债权是一种财产，构成财产的一种构成因素；而债务则不同，它不是财产或者财产的构成因素，而仅仅是一种法律关系、具有私人性质的关系，其本身不具有可自由转让性，人们不能够将其投入流通或者进行交易，即便他们的行为获得了被让债权人的同意，亦是如此。关于这些理由，笔者已经在债务转让当中做出了详细的讨论，已如前述。

---

① M. Billiau, Cession de contrat ou《délégation》de contrat? JCP. G. 1994, doctrine 3758; Ch. Jamin, Cession de contrat et consentement du cédé, D. 1995, chron. p.131; E. Jeuland, Proposition de distinction entre la cession de contrat et la substitution de personne, D. 1998, Chron. p.356; Ghestin, Ch. Jamin, M. Billiau, Traité de droit civil. Les effets du contrat, LGDJ, 3e édition, 2001, n°1024 – n°1053; Jacques Flour, Jean-Luc Aubert, Éric Savaux, Droit civil, Les Obligations, 3. Le rapport d'obligation, 7e édition, Dalloz, 2011, pp.366 – 367; Christophe Broche, La cession conventionnelle de contrat existe-t-elle? Revue de la Recherche Juridique, Droit prospectif, Presses Universitaires d'Aix-Marseille, 2012, pp.17 – 18; Colliot Julie, La cession de contrat consacrée par le Code civil, Revue juridique de l'Ouest, 2016 – 4, pp.33 – 36.

② Colliot Julie, La cession de contrat consacrée par le Code civil, Revue juridique de l'Ouest, 2016 – 4, pp.33 – 34.

③ Colliot Julie, La cession de contrat consacrée par le Code civil, Revue juridique de l'Ouest, 2016 – 4, pp.33 – 34.

④ Laurent Aynès, La Cession de contrat et les opérations juridiques à trois personnes, th. Paris XI, Paris, Economica, 1984, p.41; Colliot Julie, La cession de contrat consacrée par le Code civil, Revue juridique de l'Ouest, 2016 – 4, pp.33 – 34.

三、合同转让被禁止的理由之二：合同的主观理论

2016 年之前，Ghestin、Jamin 和 Billiau 等人之所以反对合同的可自由转让性，第二个主要原因是，他们认为合同并不是一种财产，而仅仅是一种法律关系，这就是合同的主观理论（la conception subjective du contrat）。①

Colliot Julie 对此种反对理由做出了说明，他指出："合同转让的第二个障碍是，人们说合同是一种关系而不是一种财产，因此，合同是不能够转让的，实际上，对于部分民法学者而言，合同就像债务一样并没有财产价值。"② Christophe Broche 也对此种反对理由做出了说明，他指出："反对合同的客观理论的民法学者主张合同的主观理论，他们认为，合同本质上是主观的，是当事人之间的一种法律关系，因为此种原因，合同被禁止转让。"③

在 1994 年的文章当中，Marc Billiau 对此种反对理由做出了说明，他指出："在合同履行的过程当中，如果一方当事人抽身而退，则合同是不可能继续存在的，因为合同很难减缩为一种积极或者消极的财产价值，它并不是债务和债权之间的一种叠加。无论人们持怎样的看法，合同仍然是两个或者多个人之间的一种法律关系。"④ Billiau 认为，合同仅仅是两个甚至更多的人之间的一种法律关系。因此，当一方当事人与另外一方当事人签订了合同时，人们不能够允许其中的一方当事人与第三人签订合同身份的转让合同，将自己最初的合同身份转让给第三人，即便他们之间的此种身份转让获得了被让合同当事人的同意，亦是如此。因为，当事人的合同身份本身是不能够转让的：当事人的合同身份是人而不是财产，虽然人们能够将财产投入流通，但是，他们不能够将人投入流通。

Billiau 指出："在最初债的关系当中，一方合同当事人的'取代'不能够引起合同当事人身份的简单和单纯的替换：合同当事人的身份是不能够转让的。因为，考虑到合同当事人之间的人身关系，一方当事人的合同身份是不能够与第三人互换的；否则，第三人与被让合同当事人之间的合同与转让人与被让合同当事人之间的合同并不是同一合同。从最抽象的意义上讲，合同当事人的身份是不能够进入法律流通领域的，因为人本身并不是一种财产。"⑤

在 2001 年的著作《合同的效力》当中，Jacques Ghestin、Christophe Jamin 和 Marc Billiau 重复了这些看法。根据他们的看法，合同当事人的更换并不是合同当事人享有的权利，因为如果人们承认合同当事人享有以第三人取代合同关系当中最初当事人的权

---

① Jacques Flour, Jean-Luc Aubert, Éric Savaux, Droit civil, Les Obligations, 3. Le rapport d'obligation, 7e édition, Dalloz, 2011, p. 366; Christophe Broche, La cession conventionnelle de contrat existe-t-elle? Revue de la Recherche Juridique, Droit prospectif, Presses Universitaires d'Aix-Marseille, 2012, pp. 17 – 18; Colliot Julie, La cession de contrat consacrée par le Code civil, Revue juridique de l'Ouest, 2016 – 4, pp. 34 – 35.

② Colliot Julie, La cession de contrat consacrée par le Code civil, Revue juridique de l'Ouest, 2016 – 4, p. 34.

③ Christophe Broche, La cession conventionnelle de contrat existe-t-elle? Revue de la Recherche Juridique, Droit prospectif, Presses Universitaires d'Aix-Marseille, 2012, p. 18.

④ M. Billiau, Cession de contrat ou «délégation» de contrat? JCP. G. 1994, doctrine 3758.

⑤ M. Billiau, Cession de contrat ou «délégation» de contrat? JCP. G. 1994, doctrine 3758.

利,则他们的此种做法会"导致合同的同一理论被扭曲。"①

四、合同转让被禁止的理由之三:合同的约束力和相对性理论

2016 年之前,Ghestin、Jamin 和 Billiau 等人之所以反对合同的可自由转让性,第三个主要原因是,他们认为,合同的约束力理论(la force obligatoire de contrat)和合同的相对性理论(relativité du contrat)阻止合同的转让,换言之,合同转让与合同的约束力和合同的相对性理论冲突。②

在法国,在坚持合同的主观理论时,Ghestin、Jamin 和 Billiau 等人认为,合同的主观理论并不是他们杜撰出来的一个理论,而是《法国民法典》第 1134(1)条和第 1165 条所明确规定的一种理论,他们将此种主观权利理论称为"合同约束力的主观理论"和"合同相对性的主观理论",而无论是其中的哪一种主观理论均明确反对合同的转让。③

一方面,合同约束力的主观理论反对合同的转让。2016 年之前,《法国民法典》第 1134(1)条(新的第 1103 条)对合同的约束力理论做出了说明,该条规定:依法成立的合同等同于合同当事人之间的制定法。④ Ghestin、Jamin 和 Billiau 等人指出,当制定法明确规定依法成立的合同等同于合同当事人之间的制定法时,制定法的此种规定让我们想到,当事人之间的法律关系将清楚确定的两个人连接在一起,如果其中的一个人未经另外一个人的同意就擅自以第三人取代自己的合同当事人身份,则他们的此种做法损害了合同的约束力,该种约束力由《法国民法典》第 1134(1)条所准确无误地加以规定。⑤

另一方面,合同相对性的主观理论也反对合同的转让。2016 之前,《法国民法典》第 1165 条(新的第 1199 条)对合同的相对效力做出了说明,该条规定:合同仅仅在合同的当事人之间产生效力。⑥ 所谓合同的相对性,也称为合同的相对效力(l'effet relatif des contrats)、合同的相对效力原则(le principe de l'effet relatif des contrats)、合同的相对性原则(le principe de relativité du contrat),是指合同当事人所缔结的合同仅仅对他们自己产生约束力,仅当事人能够享有合同所规定的债权和承担合同所规定的债务,除

---

① Ghestin, Ch. Jamin, M. Billiau, Traité de droit civil. Les effets du contrat, LGDJ, 3e édition, 2001, n°1053

② Jacques Flour, Jean-Luc Aubert, Éric Savaux, Droit civil, Les Obligations, 3. Le rapport d'obligation, 7e édition, Dalloz, 2011, pp. 366 – 367; Christophe Broche, La cession conventionnelle de contrat existe-t-elle? Revue de la Recherche Juridique, Droit prospectif, Presses Universitaires d'Aix-Marseille, 2012, p. 4; Colliot Julie, La cession de contrat consacrée par le Code civil, Revue juridique de l'Ouest, 2016 – 4, p. 35.

③ Ghestin, Ch. Jamin, M. Billiau, Traité de droit civil. Les effets du contrat》, LGDJ, 3e édition, 2001, n°1048; Jacques Flour, Jean-Luc Aubert, Éric Savaux, Droit civil, Les Obligations, 3. Le rapport d'obligation, 7e édition, Dalloz, 2011, pp. 366 – 367; Colliot Julie, La cession de contrat consacrée par le Code civil, Revue juridique de l'Ouest, 2016 – 4, p. 35.

④ Article 1134, Code civil, Version en vigueur au 09 février 2016, https://www.legifrance.gouv.fr/codes/section_lc/LEGITEXT000006070721/LEGISCTA000006150240/2016 – 02 – 09/#Legiscta000006150240.

⑤ Ghestin, Ch. Jamin, M. Billiau, Traité de droit civil. Les effets du contrat, LGDJ, 3e édition, 2001, n°1048.

⑥ Article 1165, Code civil, Version en vigueur au 09 février 2016, https://www.legifrance.gouv.fr/codes/section_lc/LEGITEXT000006070721/LEGISCTA000006150248/2016 – 02 – 09/#LEGISCTA000006150248.

非存在制定法或者司法判例所规定或者确认的例外，否则，第三人既不能够享有合同所规定的债权，也不能够承担合同所规定的债务。①

Ghestin、Jamin 和 Billiau 等人指出，当制定法明确规定合同仅仅在合同的当事人之间产生效力时，制定法的此种规定让我们想到，在没有获得被让合同当事人同意时，制定法禁止受让人与转让人之间签订转让合同，并因此将一个新的合同强加给被让合同当事人。实际上，此种做法等于承认，在没有获得自己同意的情况下，被新合同对被让合同当事人产生法律效力。在没有获得被让合同当事人同意时，转让人与受让人之间的合同转让并不属于真正的合同转让，他们之间的合同也仅仅是内部转让合同或者不完全的转让合同。②

五、合同转让被禁止的理由之四：合同转让建立了新合同

2016 年之前，Ghestin、Jamin 和 Billiau 等人之所以反对合同的可自由转让性，第四个主要原因是，他们认为，在获得被让合同当事人同意的情况下，转让人和受让人之间的合同身份转让构成一个新的合同。③

Ghestin、Jamin 和 Billiau 等人认为，在没有获得被让合同当事人同意时，转让人和受让人之间的合同转让无法产生让转让人对被让人承担的债务消灭的效力，因此，他们之间的合同转让仅仅属于内部转让，该种内部转让在性质上不属于真正的合同转让，已如前述。克服合同转让所存在的此种障碍的唯一方式是获得被让合同当事人的同意。不过，他们认为，如果转让人和受让人之间的合同转让获得了被让合同当事人的同意，人们也不能够说他们之间存在真正的合同转让，因为受让人与被让合同当事人之间的合同并不是转让人与被让合同当事人之间的合同，而是一种新合同，该种新合同不同于转让人与被让合同当事人之间的旧合同：转让人与被让合同当事人之间的最初合同终止，受让人与被让合同当事人之间的新合同因为他们之间的意思表示的合意而产生。当然，他们也认为，这两个独立的、不同的合同之间也存在一定的联系：新合同的客体和原因等同于旧合同的客体和原因。

在 1998 年的文章《关于合同转让和人的替换之间的区分》当中，Emmanuel Jeuland 就以此种理由反对合同的可转让性，他指出："如果人们希望以一个人取代合同当中的另外一个人，则为了实现此种目的，他们要么将合同视为一种财产并因此让其合同转让给当事人，要么缔结一个新合同。"④ 在 2001 年的《合同的效力》当中，Ghestin、Jamin 和 Billiau 也以此种理由反对合同的可转让性，他们指出："如果被让人同意受让

---

① 张民安：《法国合同法总论》，中山大学出版社 2021 年版，第 271—272 页。
② Ghestin, Ch. Jamin, M. Billiau, Traité de droit civil. Les effets du contrat》, LGDJ, 3e édition, 2001, n°1050.
③ Jacques Flour, Jean-Luc Aubert, Éric Savaux, Droit civil, Les Obligations, 3. Le rapport d'obligation, 7e édition, Dalloz, 2011, pp. 366 – 367; Christophe Broche, La cession conventionnelle de contrat existe-t-elle? Revue de la Recherche Juridique, Droit prospectif, Presses Universitaires d'Aix-Marseille, 2012, p. 18; Colliot Julie, La cession de contrat consacrée par le Code civil, Revue juridique de l'Ouest, 2016 – 4, p. 36.
④ E. Jeuland, Proposition de distinction entre la cession de contrat et la substitution de personne, D. 1998, Chron. p. 356.

人利用自己作为合同相对人与转让人签订的被让合同,则我们能够合理地假定,被让人同意受让人与转让人之间所缔结的合同的转让,因为在此种情况下,被让人同意受让人仍然是自己的合同相对人。不过,我们不能够再认为他们之间存在合同转让:同意的交换导致一个新的合同产生,该种新的合同在被让人和受让人之间成立,该种新的合同的特征完全等同于被让合同的特征……被让人与受让人之间的此种新合同的成立仍然适用经典合同成立的方式:受让人对被让人提出要约,被让人对受让人的要约作出承诺,他们之间的意思表示在交汇之后达成了合意,作为判断合同存在的判断标准,他们之间的意思表示合意让他们之间形成了一个新协议。"①

第三节 2016年之前主张的合同自由转让原则

一、法国最高法院在2016年之前的某些案件当中对合同转让的承认

2016年之前,虽然法国最高法院在不少案件当中否定合同转让的独立存在,认为当事人之间的合同转让属于《法国民法典》明确规定的某种交易制度,已如前述,但是,在某些司法判例当中,它有时也承认独立的合同转让的存在,认为在制定法规定之外,当事人之间的合同转让是合法有效的,至少某些民法学者是这样认为的。②

Mazeaud 和 Chabas 等人认为,在法国,最早承认制定法之外合同转让独立存在的案例出现在1982年,这就是法国最高法院民一庭在1982年12月14日的案件当中做出的判决。在该案当中,法国最高法院宣告:"双务合同的转让允许被让合同当事人直接对受让人提起诉讼,因为受让人被认为应当根据被转让的合同对其承担债务。"③ 自此之后,法国最高法院在众多的案件当中重复此案所确立的规则,承认合同转让的独立存在和合法有效,即便《法国民法典》没有明确规定。

Mazeaud 和 Chabas 等人指出:"一种独立存在的、与制定法的任何特别规定没有关系的合同转让观念出现在法国最高法院做出的一个判决当中。在该判决当中,法国最高法院宣告:'双务合同的转让允许被让合同当事人直接对受让人提起诉讼,因为受让人被认为应当根据被转让的合同对其承担债务。'当然,在该案当中,这一判决没有宣告解除转让人对被让合同当事人所承担的债务。从这一判决做出之日起,此种规则被大量适用。因此,合同转让的实践显然已经被司法判例所承认。"④

事实上,从1982年尤其是从1990年开始,法国最高法院不仅通过自己的某些案件

---

① Ghestin, Ch. Jamin, M. Billiau, Traité de droit civil. Les effets du contrat, LGDJ, 3e édition, 2001, n°691.
② Henri et Léon Mazeaud, Jean Mazeaud, François Chabas, Obligations, 9e édition, Montchrestien, 1998, pp. 1301 – 1303.
③ Civ. 1re, 14 déc. 1982, D. 1983. 416, note L. Aynès; Henri et Léon Mazeaud, Jean Mazeaud, François Chabasd, Obligations, 9e édition, Montchrestien, 1998, p. 1301.
④ Civ. 1re, 14 déc. 1982, D. 1983. 416, note L. Aynès; Henri et Léon Mazeaud, Jean Mazeaud, François Chabasd, Obligations, 9e édition, Montchrestien, 1998, pp. 1301 – 1303.

承认了合同转让的独立存在，而且还对逐渐对合同转让的有效条件和法律效力做出了说明，为法国政府最终在 2016 年的债法改革法令当中规定合同转让通过奠定了现实的基础。在 1992 年 1 月 7 日的案件当中，法国最高法院商事庭承认了合同转让的独立存在，它指出，即便是以信任、信赖作为基础的合同（intuitu personae），当事人之间的信任、信赖也不是合同转让的障碍，只要被让合同当事人已经接受了（默示同意）此种合同转让。①

在 1997 年 5 月 6 日的案件当中，法国最高法院商事庭不仅承认了合同转让的独立存在，而且还对合同转让的一个必要条件做出了说明。它指出，如果一方当事人将自己的合同身份转让给第三人，则他们之间的合同转让应当获得被让合同当事人的同意。因为此案的缘故，法国民法学者认为，在 2016 年之前，司法判例将被让合同当事人的同意视为合同转让有效的必要条件。② 在 1988 年 7 月 21 日的案件当中，法国最高法院民三庭认为，除非当事人之间的合同条款做出相反的约定，否则，在转让人将合同转让给受让人之后，转让人不再对被让合同当事人承担债务。③

二、Charles Lapp 在 1950 年首次对合同转让合法性的主张

同法国最高法院承认合同转让的独立性相比，法国民法学者承认合同转让的独立性的时间要早 30 多年，因为从 20 世纪 50 年代开始，由于受到其他大陆法系国家的影响，法国少数民法学者开始主张合同转让的存在。经过半个世纪的努力，他们的主张最终获得了回报，因为除了民法学者在他们起草的债法改革草案当中对合同转让做出了规定之外，法国政府最终也在 2016 年 2 月 10 日的债法改革法令当中将他们的主张规定在《法国民法典》当中。

19 世纪末期和 20 世纪初期，虽然 Saleilles 和 Gaudemet 主张法国民法应当承认债务转让的合法性，但是，他们并没有在此基础上再前进一步，认为法国民法也应当承认合同转让的合法性，虽然《法国民法典》在 1804 年就已经承认了债权转让。④ 在法国，第一个跨出这一步的民法学者是半个世纪之后的 Charles Lapp。由于受到 1942 年的新《意大利民法典》的影响，他对《德国民法典》和《瑞士民法典》做出了创新性的解释，认为这两个国家的民法典也像新《意大利民法典》一样承认了合同转让，虽然这两个国家的民法典或者债务法典并没有直接规定合同转让，但是，它们同时规定了债权

---

① Cour de Cassation, Chambre commerciale, du 7 janvier 1992, 90 - 14.831; Henri et Léon Mazeaud, Jean Mazeaud, François Chabasd, Obligations, 9e édition, Montchrestien, 1998, pp. 1301 - 1303.

② Cass. com, 6 mai 1997, n° 94 - 16.335 et n° 95 - 10.252; Henri et Léon Mazeaud, Jean Mazeaud, François Chabasd, Obligations, 9e édition, Montchrestien, 1998, pp. 1302 - 1303; Christophe Broche, La cession conventionnelle de contrat existe-t-elle? Revue de la Recherche Juridique, Droit prospectif, Presses Universitaires d'Aix-Marseille, 2012, p. 3.

③ Cass. civ 3e, 21 juillet 1988, Rev. trim. dr. com. 1989.217; Henri et Léon Mazeaud, Jean Mazeaud, François Chabasd, Obligations, 9e édition, Montchrestien, 1998, p. 1303.

④ Raymond Saleilles, Étude sur la théorie générale de l'obligation d'après le premier projet de Code civil pour l'Empire allemand, Paris, Librairie Cotillon, 1890; Eugène Gaudemet, Étude sur le transport de dettes à titre particulier, Paris, Rousseau, 1898.

转让和债务转让的可自由转让性。因为他认为，合同转让实际上就是债权转让和债务转让的结合体：当这两个国家的民法典和债务法典同时规定了债权转让和债务转让时，它们当然也就承认合同转让了。这就是他在1950年出版的博士学位论文《双务合同的特定转让研究》。①

Lapp 指出，除了某些具体法律条款对合同转让做出了规定之外，《法国民法典》没有对合同转让做出一般规定。不过，《法国民法典》对合同转让的此种消极态度不能够被理解为它禁止当事人之间的合同转让，因为合同转让所具有的利益是不可否认的。事实上，合同转让在《法国民法典》当中的存在是完全可能的，因为除了新《意大利民法典》明确规定了合同转让之外，德国民法和瑞士民法实际上也规定了此种交易制度的存在。②

Lapp 认为，虽然人们使用"合同转让"一词，但是，合同转让的对象、客体仅仅是合同的效力而不是作为法律行为、法律事实的合同本身，因此，他建议放弃"合同转让"一词并且以"合同关系转让"（cession du rapport contractuel）一词取而代之，因为合同关系一词仅仅包括合同的效力，也就是合同所规定的权利和义务，诸如合同的解除权等。③ Lapp 认为，在具体法律条款规定之外，《法国民法典》是否能够容忍一般意义上的合同转让，取决于人们如何看待债务转让的问题：如果人们认为，法国民法不承认债务转让，则法国民法不会承认合同转让；相反，如果人们认为法国民法承认债务转让，则法国民法会承认合同转让。因为合同转让不过是债权转让和债务转让的结合体而已。④

Lapp 认为，法国民法并不反对债务的转让，因为在今时今日，债务的观念已经变成了一种经济的观念、纯客观的观念，债务能够与其债务人分离并因此能够进行自由流通。因为作为合同转让的两个构成因素的债权和债务均能够转让，因此，合同当然也能够自由流通了。为了让合同能够自由流通，人们应当弱化甚至去掉合同当中人的因素。他指出，虽然某些合同当中人的因素的考虑会减弱，诸如财产保险合同，商事营业资产的供应合同，企业合同，以及劳动合同等，但是总的说来，所有类型的合同均存在人的因素，因为所有的合同均建立在当事人的意图、意志、意思表示的基础上，均以当事人之间有意思表示的合意作为成立条件。如果人们需要让合同当中债务与债务人的身份分

---

① Charles Lapp, Essai sur la cession de contrat synallagmatique à titre particulier, thèse Strasbourg 1950, pp. 1 – 147; Ch. Lapp, Essai sur la cession de contrat synallagmatique à titre particulier, Revue internationale de droit compare, Vol. 4 n°2, Avril-juin 1952. pp. 375 – 377.

② Charles Lapp, Essai sur la cession de contrat synallagmatique à titre particulier, thèse Strasbourg 1950, pp. 1 – 147; Ch. Lapp, Essai sur la cession de contrat synallagmatique à titre particulier, Revue internationale de droit compare, Vol. 4 n°2, Avril-juin 1952. pp. 375 – 377.

③ Charles Lapp, Essai sur la cession de contrat synallagmatique à titre particulier, thèse Strasbourg 1950, pp. 1 – 147; Ch. Lapp, Essai sur la cession de contrat synallagmatique à titre particulier, Revue internationale de droit compare, Vol. 4 n°2, Avril-juin 1952. pp. 375 – 377.

④ Charles Lapp, Essai sur la cession de contrat synallagmatique à titre particulier, thèse Strasbourg 1950, pp. 1 – 147; Ch. Lapp, Essai sur la cession de contrat synallagmatique à titre particulier, Revue internationale de droit compare, Vol. 4 n°2, Avril-juin 1952. pp. 375 – 377.

离并因此让债务具有完全的流动性,则他们需要采取"去人化"(dépersonnalisation)的方式:如果当事人同意他们之间的债务能够自由流通,则债务与债务人之间的身份因素就消失了,他们之间的债务就能够自由转让。①

Lapp 认为,如果人们承认债务也能够像债权一样转让,则合同转让就不会存在任何问题,因为根据合同自由原则,转让人能够与受让人签订合同,让转让人将自己与对方当事人之间的合同关系转让给受让人。除了建立在当事人之间的信任、信赖基础上的合同(Les contrats conclus intuitu personae)不能够转让之外,双务合同的转让总是可能的。具体来说,双务合同的转让有两种不同形式:合同的完全转让,也就是指在获得债权人同意时,转让人对被让债权人承担的债务完全被免除;合同的不完全转让,也就是指在没有获得债权人同意时,除了受让人对债务的履行予以担保之外,转让人仍然是被让债权人的债务人,仍然应当对被让债权人承担债务。②

三、其他民法学者对合同转让的逐渐承认

受到 Lapp 的影响,从 1950 年开始一直到 2000 年,法国不少民法学者开始主张合同转让的合法性,认为法国民法应当像承认债权转让甚至债务转让一样承认合同转让的存在。

1960 年,O. Maira Lamas 出版了自己的博士学位论文《比较法当中的合同转让》,主张法国民法应当像其他大陆法系国家的民法一样承认合同转让的存在。1968 年,Charles Vilar 出版了自己的博士学位论文《法国法当中的合同转让》,主张法国民法对合同转让的承认。1968 年,Christian Larroumet 出版了自己的博士学位论文《私法当中的三人法律交易》,除了主张债权转让和债务转让之外,他也主张合同转让的存在。1976 年,Philippe Malaurie 出版了自己的博士学位论文《合同转让》,主张合同转让在法国民法当中的存在。1984 年,L. Aynés 出版了自己的博士学位论文《合同转让和三人法律交易》,除了像 Larroumet 一样主张债权转让和债务转让之间,他也主张合同转让。③

除了通过自己的上述专著主张法国民法应当承认合同转让之外,Aynés 和 Larroumet 等人还通过自己的文章主张法国民法对合同转让的承认,在这些文章当中,他们或者阐

---

① Charles Lapp, Essai sur la cession de contrat synallagmatique à titre particulier, thèse Strasbourg 1950, pp. 1 – 147; Ch. Lapp, Essai sur la cession de contrat synallagmatique à titre particulier, Revue internationale de droit compare, Vol. 4 n°2, Avril-juin 1952. pp. 375 – 377.

② Charles Lapp, Essai sur la cession de contrat synallagmatique à titre particulier, thèse Strasbourg 1950, pp. 1 – 147; Ch. Lapp, Essai sur la cession de contrat synallagmatique à titre particulier, Revue internationale de droit compare, Vol. 4 n°2, Avril-juin 1952. pp. 375 – 377.

③ Charles Lapp, Essai sur la cession de contrat synallagmatique à titre particulier, thèse, Strasbourg 1950, pp. 1 – 147; O. Maira Lamas, La cession de contrat en droit comparé, thèse, Paris, 1960; Charles Vilar, La cession de contrat en droit français, thèse, Montpellier, 1968, pp. 1 – 264; Christian Larroumet, Les opérations juridiques à trois personnes en droit privé, thèse dactylographiée, Bordeaux, 1968; Philippe Malaurie, La Cession de contrat, thèse, Paris II, 1976, pp. 1 – 248; L. Aynés, La cession de contrat et les opérations juridiques à trois personnes, thèse, Economica, 1984, pp. 1 – 283.

述合同转让的理论,或者对反对合同转让的上述民法学者做出批评,并因此与上述反对合同转让的民法学者展开论战。1990 年,Aynés 发表了《合同流通条款》,对合同当事人在自己的合同当中所规定的允许合同转让的条款做出了研究。1998 年,Aynés 发表了《合同转让:被让人作用的新描述》,对合同转让当中被让合同当事人的同意所发挥的作用做出了讨论。1999 年、2000 年和 2015 年,Aynés 先后分别发表了《合同转让》和《合同流通》的文章,对合同转让和合同流通的问题做出了讨论,认为当事人之间的合同是能够自由转让、自由流通的。1999 年,Larroumet 发表了《合同转让:法国法的倒退》,主张法国法对合同转让做出规定。①

由于受到这些民法学者的影响,2016 年之前,相当一部分民法学者也在自己的债法著作当中承认合同的自由转让的存在,包括 Marty、Raynaud、Carbonnier、Larroumet、Malaurie、Aynès、Stoffel-Munck、Terré、Simler、Lequette、Flour、Aubert 和 Savaux 等人。② 在 1988 年的《债》当中,Marty 和 Raynaud 明确承认合同转让的存在,认为在制定法规定之外,合同的一方当事人能够将自己的合同身份转让给受让人,这就是合同的自由转让原则,他们指出,法律采取的原则是"合同的约定转让是自由的"。③ 根据此种自由原则,"合同转让能够源自合同的一方当事人与第三人之间的合同,在他们之间的合同当中,该方当事人会取代第三人成为合同关系的当事人"④。

在 2007 年的《债》当中,Larroumet 认为,法国民法应当承认合同的可自由转让性,除了制定法具体规定时合同能够转让之外,在制定法之外,合同当事人也能够通过合同转让条款明确允许一方当事人将自己的合同转让给第三人。他指出:"如果债权和债务的转让源自制定法没有规定的合同当事人之间所缔结的合同,则没有任何东西能够阻止一方当事人根据合同的约定将自己的合同转让给第三人,合同自由授权当事人之间在自己的合同当中规定合同转让条款,当合同当事人在自己的合同当中规定了此种条款时,则他们之间的合同遵守合同的共同法:一方当事人享有的债权、承担的债务甚至合同会从一方当事人转移给第三人。"⑤

---

① L. Aynès, Les clauses de circulation du contrat, in Les principales clauses des contrats conclus entre professionnels, P. U. A. M. 1990, p. 131; L. Aynès, Cession de contrat: nouvelles précisions sur le rôle du cédé, D. 1998, p. 25, n° 9; L. Aynès, Cession de contrat, Rev. jurisp. com. 1999, p. 195; L. Aynès, La circulation du contrat, PA 5 mai 2000, p. 62; L. Aynès, Cession de contrat, Droit et part. 2015, p. 249; Ch. Larroumet, La cession de contrat: une régression du droit français, Mélanges M. Cabrillac, Dalloz-Litec 1999, p. 151.

② Gabriel Marty, Pierre Raynaud, Droit Civil, Les Obligations, Tome 1, Les sources, 2e édition, Sirey, 1988, pp. 352 – 365; Jean Carbonnier, Droit civil, Volume II, Les biens, les obligations, puf, 2004, pp. 2465 – 2467; Christian Larroumet, Droit Civil, Les Obligations, le Contrat, Tome III, 2e partie: Effets, 6e édition, Economica, 2007, pp. 934 – 945; Philippe Malaurie, Laurent Aynès, Philippe Stoffel-Munck, les, obligations, 4e édition defrenois, 2009, p. 477 – 488; François Terré, Philippe Simler, Yves Lequette, Droit civil, Les obligations, 10e édition, Dallo, 2009, pp. 1298 – 1303; Jacques Flour, Jean-Luc Aubert, Éric Savaux, Droit civil, Les Obligations, 3. Le rapport d'obligation, 7e édition, Dalloz, 2011, pp. 364 – 377.

③ Gabriel Marty, Pierre Raynaud, Droit Civil, Les Obligations, Tome 1, Les sources, 2e édition, Sirey, 1988, p. 352.

④ Gabriel Marty, Pierre Raynaud, Droit Civil, Les Obligations, Tome 1, Les sources, 2e édition, Sirey, 1988, p. 357.

⑤ Christian Larroumet, Droit Civil, Les Obligations, le Contrat, Tome III, 2e partie: Effets, 6e édition, Economica, 2007, p. 936.

在 2009 年的《债》当中，Malaurie、Aynès 和 Stoffel-Munck 除了承认债权转让和债务转让之外也承认合同转让。他们指出，"原则上，所有合同均是能够自由转让的。"①在 2011 年的《债的关系》当中，Flour、Aubert 和 Savaux 指出，虽然合同的约定转让引起了各种各样的难题和大量的争议：合同转让是否应当被承认，合同转让应当符合哪些条件，合同转让会产生哪些法律效力，但是，总的说来，"合同是可以转让的。"②

根据这些民法学者的意见，在《法国民法典》或者其他制定法所具体规定的情形之外，合同之所以能够自由转让，最主要的原因在于：其一，其他大陆法系国家的民法典或者非官方机构起草的合同法原则明确规定了合同转让；其二，债务能够自由转让，因为债务也像债权一样是一种财产；其三，合同本身在性质上是一种能够自由转让的财产、物，就像债权在性质上是一种财产、物一样；其四，《法国民法典》规定的合同约束力和相对性理论并不会阻止合同转让；其五，合同转让并不会建立新的合同，转让之前的合同与转让之后的合同属于同一合同。

四、民法学者在 2016 年之前主张合同转让的五种主要理由

（一）其他国家的法律和国际法对合同转让做出了规定

2016 年之前，民法学者之所以赞成合同自由转让的第一个主要原因是，其他大陆法系国家的民法典对合同转让做出了规定，如果《法国民法典》不对合同转让做出规定，则《法国民法典》会与其他大陆法系国家的民法典不一致。

在 1950 年的博士学位论文当中，Lapp 对此种理由做出了说明，已如前述。除了 Lapp 之外，其他民法学者也对法国民法应当承认合同转让的这一理由做出了说明。在 2009 年的《债》当中，Malaurie、Aynès 和 Stoffel-Munck 就对此种理由做出了说明，他们指出，"法国法没有以一般的方式组织合同转让，这一点让法国法区别于某些外国法，尤其是让法国法区别于意大利的法律和葡萄牙的法律。法国法之所以在合同转让方面犹疑不决，其原因多样：法国传统的影响、人们对债务转让的反对，以及人们在接受'合同关系转让'观念时所面临的困境。"③

在 2012 年的文章《合同的约定转让存在吗》当中，Christophe Broche 也对此种理由做出了说明。他指出："合同转让在大量的外国制定法当中出现了。因此，除了意大利的制定法和葡萄牙的制定法对合同转让进行了规范和调整之外，瑞士的制定法和德国的制定法也大规模使用合同转让制度，因为它们均将合同转让视为一种一致的和独立的制度。合同转让也是国际法所规范和调整的内容，因为它出现在不同的欧洲和国际草案当中。"④

---

① Philippe Malaurie, Laurent Aynès, Philippe Stoffel-Munck, les, obligations, 4e édition defrenois, 2009, p.486.
② Jacques Flour, Jean-Luc Aubert, Éric Savaux, Droit civil, Les Obligations, 3. Le rapport d'obligation, 7e édition, Dalloz, 2011, p.370.
③ Philippe Malaurie, Laurent Aynès, Philippe Stoffel-Munck, les, obligations, 4e édition defrenois, 2009, p.487.
④ Christophe Broche, La cession conventionnelle de contrat existe-t-elle? Revue de la Recherche Juridique, Droit prospectif, Presses Universitaires d'Aix-Marseille, 2012, p.2.

法国民法学者的此种说明在某些方面是不准确的，而在某些方面则是准确的。他们的说明不准确的地方在于，虽然他们普遍认为《德国民法典》和《瑞士民法典》规定了合同转让，但实际上，除了仅仅明确规定了债权转让和债务转让之外，这两部法典并没有明确规定合同转让。从1896年开始一直到2016年之前，《德国民法典》仅仅规定了债权转让（Übertragung einer Forderung）和债务承担（Schuldübernahme），其中的债权转让为第二卷（Buch 2）债法（Recht der Schuldverhältnisse）第五编（Abschnitt 5）所规定，由第388条至第413条所组成，而其中的债务转让则由第二卷第六编（Abschnitt 6）所规定，由第414条至第419条组成。①

　　从1911年开始一直到2016年之前，《瑞士民法典》也采取了与《德国民法典》一样的编制体例，除了明确规定了债权转让和债务转让之外，它没有对合同转让做出明确规定。具体来说，《瑞士民法典》第一卷（Première partie）即总则（Dispositions générales）第五编（Titre cinquième）对债权转让和债务转让做出了规定，该编的标题为"债权转让和债务承担"（De la cession des créances et de la reprise de dette），其中的第一章为债权转让，由第164条至第174条组成，而其中的第二章为债务承担，由第175条至第183条组成。②

　　2016年之前，虽然《德国民法典》和《瑞士民法典》仅仅规定了债权转让和债务转让，完全没有对合同转让做出明确规定，但是，在讨论合同转让时，某些民法学者之所以认为它们规定了合同转让，是因为在讨论合同转让时，这些民法学者认为，合同转让等于债权转让加上债务转让，既然它们已经对两个被加的因素即债权转让和债务转让做出了明确规定，则它们实际上就规定了这两个因素加在一起之后所形成的制度即合同转让。当然，这些民法学者的此种看法也遭到其他民法学者的批评，因为他们认为，合同转让不等于债权转让和债务转让的简单叠加，合同转让是债权转让和债务转让之外的一种独立转让制度。关于这一点，笔者将在下面的内容当中做出详细的讨论，此处从略。

　　他们的说明准确的地方是，2016年之前，1942年的《意大利民法典》和1966年的《葡萄牙民法典》不仅明确规定了债权转让和债务转让，而且还明确规定了合同转让，让合同转让成为债权转让和债务转让之外的第三种债的转让方式。

1. 1942年的《意大利民法典》同时对债权转让、债务转让和合同转让做出了规定

　　意大利立法者在1865年以1804年的《法国民法典》作为范本制定了自己的民法典即1865年的《意大利民法典》。③ 除了对债权转让做出了明确规定之外，1865年的《意大利民法典》既没有对债务转让做出规定，也没有对合同转让做出明确规定，并且就像1804年的《法国民法典》将债权转让规定在买卖合同当中一样，1865年的《意大

---

①　Bürgerliches Gesetzbuch, https://www.gesetze-im-internet.de/bgb/BJNR001950896.html#BJNR001950896BJNG003702377.

②　Loi fédéralecomplétant le Code civil suisse（Livre cinquième: Droit des obligations）du 30 mars 1911（Etat le 1er juillet 2021）, https://www.fedlex.admin.ch/eli/cc/27/317_321_377/fr.

③　张民安：《法国民法总论（上）》，清华大学出版社2017年版，第286页。

利民法典》也将债权转让规定在买卖合同当中，这就是第 1588 条至第 1598 条所规定的债权和其他权利的买卖。①

1865 年的《意大利民法典》一直从 1865 年适用到 1942 年，直到意大利立法者在 1942 年制定了新的民法典时为止，这就是 1942 年的新《意大利民法典》（Codice Civile Italiano）。② 1942 年的《意大利民法典》一个引人注目的地方是，它不仅同时规定了债权转让（Della cessione dei crediti）、债务转让（dell'accollo）和合同转让（Della cessione del contratto），而且还明确区分债权转让、债务转让和合同转让，因为虽然它均将这三种债的交易制度规定在民法典的第五卷（LIBRO QUARTO）即债（DELLE OBBLIGAZION）当中，但是，它将债权转让和债务转让置于第五卷的第一编即总则编当中，而将合同转让置于第五卷的第二编即合同总则当中。③

具体来说，1942 年的《意大利民法典》第五卷第一编（TITOLO I）为债法总则（DELLE OBBLIGAZIONI IN GENERALE），其中的第五章（CAPO V）为债权的转让（Della cessione dei crediti），由第 1260 条至第 1267 条组成，它们对债权的可自由转让性（Cedibilità dei crediti）、债权可自由转让性的例外即债权转让的禁止（Divieti di cessione）、债权转让的范围以及法律效力等内容做出了明确规定。④ 除了对债务的指令承担（Della delegazione）和代为清偿（dell'espromissione）做出了规定之外，1942 年的《意大利民法典》第五卷第一编第六章（CAPO VI）也对债务承担（dell'accollo）做出了规定，这就是第 1273 条。⑤

1942 年的《意大利民法典》第五卷第二编（TITOLO II）为合同总则（DEI CONTRATTI IN GENERALE），其中的第八章对合同转让做出了规定，这就是第 1406 条至第 1410 条的规定。其中的第 1406 条规定：在获得另外一方当事人同意时，任何一方当事人均能够以第三人取代自己并因此成为合同的当事人，如果当事人之间的合同还未履行的话。根据其他几个法律条款的规定，在某些情况下，转让人在将自己的合同转让给受让人之后不再对被让合同当事人承担债务，被让合同当事人不得再要求转让人对自己承担债务，而在另外的一些情况下，转让人在将自己的合同转让给受让人之后仍然应当对被让合同当事人承担债务。⑥

2. 1966 年的《葡萄牙民法典》同时对债权转让、债务转让和合同转让做出了规定

推动法国政府在 2016 年 2 月 10 日的债法改革法令当中规定合同转让的第二个主要制定法是 1966 年的《葡萄牙民法典》。作为法式民法典的重要组成部分，葡萄牙立法者在 1867 年以 1804 年的《法国民法典》为范本制定了本国的民法典，这就是 1867 年

---

① Henri Prudhomme, Code civil Italien, Paris, A. Pedone, 1896, pp. 347 – 349.
② Barda Ernest, Quelques aspects du nouveau Code civil italien, Revue internationale de droit comparé, Vol. 4 N° 2, Avril-juin 1952, pp. 225 – 255.
③ Il Codice Civile Italiano, http://www.jus.unitn.it/cardozo/Obiter_Dictum/codciv/Lib4.htm.
④ Il Codice Civile Italiano, http://www.jus.unitn.it/cardozo/Obiter_Dictum/codciv/Lib4.htm.
⑤ Il Codice Civile Italiano, http://www.jus.unitn.it/cardozo/Obiter_Dictum/codciv/Lib4.htm.
⑥ Il Codice Civile Italiano, http://www.jus.unitn.it/cardozo/Obiter_Dictum/codciv/Lib4.htm.

的《葡萄牙民法典》。就像1804年的《法国民法典》和1865年的《意大利民法典》仅仅规定了债权转让一样，1867年的《葡萄牙民法典》也仅仅规定了债权转让，它没有也不可能规定债务转让或者合同转让。不过，同1804年的《法国民法典》和1865年的《意大利民法典》将债权转让规定在一种具体合同类型即买卖合同当中不同，1867年的《葡萄牙民法典》没有将债权转让视为一种具体类型的合同，也就是，它没有在买卖合同当中规定债权转让，而是在第二卷债第一编即合同和债法总则当中规定债权转让，这就是该编第九章即合同效力和合同履行当中的第十节，该节的标题为债权转让，由第785条至第795条所组成，它们对债权转让涉及的方方面面均做出了规定。①

1867年的《葡萄牙民法典》从1867年适用到1966年，直到葡萄牙立法者在1966年制定了新的民法典即1966年11月25日的《葡萄牙民法典》。② 与1942年的《意大利民法典》一样，1966年的《葡萄牙民法典》同时规定了债权转让（transmissão de créditos）、债务转让（transmissão de dívidas）和合同转让（cessão de contrato）。

具体来说，1966年的《葡萄牙民法典》在第二卷（Livro II）债法第一编债法总则的第四章当中规定了债权转让和债务转让。其中的第一节对债权转让做出了规定，由第577条至第588条组成，所规定的内容包括：债权转让的可接受性，债权转让所适用的制度，诉权转让的禁止，担保债权和其他从债权的转让，债权转让对被让债务人产生的效力，债务人能够主张的抗辩手段等。③ 而其中的第三节对债务转让做出了规定，它将债务转让称为"债务的单一转让"（transmissão singular de dívidas），由第595条至第600条组成，所规定的内容包括：债务的承担、担保债务和从债务的转让、债权人的同意、债务转让的无效、债务人的抗辩手段，以及新债务人清偿能力的丧失。④

1966年的《葡萄牙民法典》在第二卷第一编第二章债的渊源（fontes das obrigações）第四节当中对合同转让做出了规定，它将合同转让称为"合同身份的转让"（cessão da posição contratual），由第424条至第427条组成，所规定的内容包括：合同转让的概念、合同转让的要件、合同转让制度、对合同身份存在的担保，以及被让合同当事人与受让人之间的关系。⑤

3.《国际商事合同原则》和《欧洲合同法原则》同时对债权转让、债务转让和合同转让做出了规定

推动法国政府在2016年2月10日的债法改革法令当中规定合同转让的第三个主要制定法力量是《国际商事合同原则》和《欧洲合同法原则》。除了大陆法系国家的意大

---

① G. Laneyrie, Joseph Dubois, Code civil portugais du 1er juillet 1867, Paris Imprimerie Nationale, 1896, pp. 248 – 251.

② Código Civil, Decreto-Lei n° 47344, Diário do Governo n° 274/1966, Série I de 1966 – 11 – 25, https://dre.pt/web/guest/legislacao – consolidada/ – /lc/106487514/201703311358/indice.

③ Código Civil, Decreto-Lei n° 47344, Diário do Governo n° 274/1966, Série I de 1966 – 11 – 25, https://dre.pt/web/guest/legislacao – consolidada/ – /lc/106487514/201703311458/73407735/diploma/indice.

④ Código Civil, Decreto-Lei n° 47344, Diário do Governo n° 274/1966, Série I de 1966 – 11 – 25, https://dre.pt/web/guest/legislacao – consolidada/ – /lc/106487514/201703311458/73407735/diploma/indice.

⑤ Código Civil, Decreto-Lei n° 47344, Diário do Governo n° 274/1966, Série I de 1966 – 11 – 25, https://dre.pt/web/guest/legislacao – consolidada/ – /lc/106487514/201703311458/73407551/diploma/indice.

利和葡萄牙民法典同时对债权转让、债务转让和合同转让做出了明确规定之外,《国际商事合同原则》和《欧洲合同法原则》也同时规定了债权转让、债务转让和合同转让,它们均对法国政府构成强大的压力并且最终促使它通过 2016 年的债法改革法令对债务转让尤其是合同转让做出了规定。

《国际商事合同原则》第九章为"债权转让、债务转让和合同转让",其中的第一节即第 9.1.1 条至第 9.1.15 条对债权转让做出了规定;第二节即 9.2.1 条至第 9.2.8 条对债务转让做出了规定,已如前述;而第三节即第 9.3.1 条至第 9.3.7 条对合同转让做出了规定,包括合同转让的界定、合同转让的排除、被让合同当事人的同意、预先同意、转让人债务的免除以及各种抗辩和抵销手段等内容。[1]

《欧洲合同法原则》第十一章为"当事人的变更",其中的第一节即第 11.101 条至第 11.117 条对债权转让做出了规定;第二节即第 11.201 条至第 11.202 条对债务转让即"债务人的替换"做出了规定,已如前述;而第三节即第 11.301 条至第 11.306 条则对合同转让做出了规定,包括合同转让的原则、合同转让的排除、被让合同当事人对合同转让同意的范围、被让合同当事人没有同意合同转让时合同转让的法律效力、债权转让和债务转让规则在合同转让当中的适用等内容。[2]

(二) 债务就像债权一样能够自由转让

在 2016 年之前,民法学者赞成合同自由转让的第二个主要原因是,债务能够自由转让。在法国,某些民法学者认为,合同转让等同于债权转让和债务转让的叠加:如果法国民法同时承认债权的可自由转让性和债务的可自由转让性,则法国民法当然也就承认了合同转让的可自由转让性。此种理论被称为合同转让的二元理论或者分析理论 (le concept dualiste ou analytique de cession de contrat)。在 2016 年之前,虽然《法国民法典》明确规定了债权的可自由转让性,但是,它没有明确规定债务的可自由转让性。如果要让合同能够像债权一样能够自由转让,则人们应当首先让债务能够像债权一样能够自由转让。因为此种原因,在讨论合同转让时,这些民法学者首先讨论债务的自由转让性。[3]

在 1950 年的博士学位论文《双务合同的特定转让研究》当中,Lapp 就采取合同转让的二元理论论证合同的自由转让性,他认为,作为一种客观的、经济的概念,债务就像债权一样也是一种财产,债务人也能够像转让自己的其他财产一样转让自己的债务,已如前述。不过,采取合同转让的二元理论证明合同能够自由转让的最著名民法学者并不是 Lapp,而是 Larroumet。无论是在 1968 年的博士学位论文《私法当中的三人法律交

---

[1] Principes d'Unidroit 2016,pp. 348 – 356,https://www.unidroit.org/french/principles/contracts/principles2010/integralversionprinciples2010 – f. pdf.

[2] PRINCIPES DU DROIT EUROPÉEN DU CONTRAT: TEXTES PROPOSÉS, pp. 837 – 838. https://www.legiscompare.fr/web/IMG/pdf/Textes_ proposes_ synthese. pdf.

[3] Jacques Flour, Jean-Luc Aubert, Éric Savaux, Droit civil, Les Obligations, 3. Le rapport d'obligation, 7e édition,Dalloz,2011,p.365.

易》当中,还是在 2007 年的《债》当中,他均采取此种方法。① 关于这一点,笔者将在下面的内容当中做出详细的讨论,此处从略。

为了证明合同的可自由转让性,Larroumet 也采取了 Lapp 的方法,认为债务就像债权一样在性质上也是一种可以自由转让的财产。他指出,与债的主观理论将债视为两个人之间的法律关系不同,债的客体理论认为债的核心不在于债的主体而在于债的客体,也就是债务人应当履行的给付行为,该种给付行为构成财产的一种因素,代表着财产当中的价值。"从债权人的角度,它构成积极财产;而从债务人的角度,它则构成消极财产……债的此种客观理论认为债权和债务均能够自由转让,就像财产的其他构成因素能够自由转让一样,即便是当事人之间的具体债务转让也是合法的,这一点在罗马法或者法国旧法当中均没有承认。"②

(三) 合同也是一种能够自由转让的财产

在 2016 年之前,民法学者赞成合同自由转让的第三个主要原因是,作为合同转让对象、客体的合同本身也是一种像债权甚至债务一样的财产。在法国,某些民法学者反对将合同转让等同于债权转让和债务转让的叠加,换言之,他们反对合同转让的二元理论,他们认为,合同转让的客体、对象是单一的,这就是合同本身,虽然合同本身包含了债权和债务,但是,合同转让不是债权转让和债务转让的叠加,这就是合同转让的一元理论(le concept moniste de cession de contrat)或者合同转让的统一理论(le concept unitaire de cession de contrat)。关于此种理论,笔者将在下面的内容当中做出详细的讨论,此处从略。

作为合同转让对象、客体的合同为什么能够转让?民法学者认为,合同之所以能够从一方当事人转让给另外一方当事人,是因为合同在性质上也是一种像债权和其他财产一样的财产,代表着财产的价值,这就是客观合同理论,也就是合同的客观理论。它是与主观合同理论相对应、相对立的一种合同理论。所谓合同的主观理论(le théorie subjective du contrat),是指个人主义的合同理论,它认为合同是两个甚至两个以上的当事人之间的意思表示的产物,是当事人之间的一种债权和债务关系。所谓合同的客观理论(le théorie objective du contrat)则是指财产主义理论,它认为,合同不仅仅是两个或者两个以上的当事人之间进行财产交换的手段、方式,合同本身就是一种财产,具有经济价值,人们能够将合同与其合同当事人分离并因此将其投入流通,就像人们能够将其他财产投入流通一样。③

---

① Christian Larroumet, Les opérations juridiques à trois personnes en droit privé, thèse dactylographiée, Bordeaux, 1968, p. 160; Christian Larroumet, Droit Civil, Les Obligations, le Contrat, Tome Ⅲ, 2e partie: Effets, 6e édition, Economica, 2007, pp. 936 – 945.

② Christian Larroumet, Droit Civil, Les Obligations, le Contrat, Tome Ⅲ, 1re partie: Conditions de formation, 6e édition, Economica, 2007, pp. 27 – 28.

③ Virginie Larribau-Terneyre, Droit civil, Les obligations, 12e édition, Dalloz, 2010, pp. 225 – 226; Paul Gaiardo, Les théories objective et subjective du contrat: Étude critique et comparative (droits français et américain), LGDJ, 2020, pp. 1 – 408.

从 1804 年开始一直到今时今日,《法国民法典》均对合同采取主观理论,因为无论是在 2016 年之前还是之后,《法国民法典》均采取主观方法界定合同。在 2016 年之前,《法国民法典》第 1101 条规定:合同是一种协议,根据该种协议,一个或者几个人对另外一个或者几个人承担转移财产所有权、做出或不做出某种行为的债。① 2016 年之后,《法国民法典》新的第 1101 条规定:合同是两个或者多个人之间为了建立、变更、转移或者消灭债而达成的意思表示的合意。② 在 20 世纪 50 年代之前,法国民法学者几乎均采取合同的主观理论。由于受到美国的法律的经济分析(l'analyse économique du droit)理论的影响,从 20 世纪 50 年代开始一直到今时今日,法国民法学者开始主张合同的客观理论,他们认为,合同之所以具有约束力,是因为合同是人们创造财富和流通财富所必要的,合同不再是主观的而是客观的,不再是当事人之间的意思表示的合意,而是当事人之间的一种财产,这就是合同的客观化、财产化。③

因为合同已经客观化为一种财产,因此,合同当事人当然能够像转让自己的其他财产一样转让自己的合同。在 1988 年的《债》当中,Marty 和 Raynaud 就以此种理由主张合同的可自由转让性,他们指出:"因为合同所具有的财产价值,也因为合同所包含的特权,合同转让问题最近呈现出一种新的重要性。因此,租赁合同是一种真正的财产,尤其是相对于承租人而言更是如此,因为承租人能够就该种财产与其他人进行讨价还价以便将该种财产转让给其他希望获得该种财产的人。保险合同也是一种财产,无论是对于被保险人还是保险人而言均是如此,因为,他们当中的任何一方当事人均面临保险合同的转让问题。劳动合同对于劳动者而言也是一种利益,在企业本身被转让时,劳动合同也转让给新的企业主,这是非常重要的。"④

在 1998 年和 2000 年的文章当中,L. Aynés 也以此种理由主张合同的可自由转让性,他指出:"合同的某些精神已经迅速止步并且被人们加以反对,其中的一种为所有人均知道的精神是:合同不是一种物,合同不是一种财产。实际上,为了承认合同的转让,人们没有必要将合同'财产化',他们只要走入合同现象当中就足够了。"⑤ L. Aynés 认为,人们之所以不需要将合同财产化、客观化,是因为合同本质上就是一种物、一种财产,人们根本没有必要采取财产化的方式,他指出:"合同的可转让性、合同流通的资格,是合同的固有身份。"⑥

当然,在今时今日,民法学者普遍认为,合同既是主观的也是客观的,人们既不能够借口合同的客观性否定合同的主观性,也不能够借口合同的主观性而否定其客观性,

---

① Article 1101, Code civil, Version en vigueur au 09 février 2016, https://www.legifrance.gouv.fr/codes/section_lc/LEGITEXT000006070721/LEGISCTA000006136340/2016-02-09/#LEGISCTA000006136340.

② Article 1101, Code civil, Version en vigueur au 08 août 2021, https://www.legifrance.gouv.fr/codes/section_lc/LEGITEXT000006070721/LEGISCTA000032006712/#LEGISCTA000032006712.

③ Jacques Mestre, L'évolution du contrat en droit privé français, in L'évolution contemporaine du Droit des contrats, Journées René Savatier, 1986, PUF, pp. 41-60; Virginie Larribau-Terneyre, Droit civil, Les obligations, 12e édition, Dalloz, 2010, pp. 225-226.

④ Gabriel Marty, Pierre Raynaud, Droit Civil, Les Obligations, Tome 1, Les sources, 2e édition, Sirey, 1988, p. 352.

⑤ L. Aynès, La circulation du contrat, PA 5 mai 2000, p. 62.

⑥ L. Aynès, Cession de contrat: nouvelles précisions sur le rôle du cédé, D. 1998, p. 25.

其中的客观性决定了合同能够像债权和其他财产一样具有可自由转让性。Flour、Aubert 和 Savaux 指出，在今时今日，"人们要面对合同的两种理论：经典理论、主观理论，它将合同视为两个或者两个以上的人之间所特别建立的关系；客观理论，它倾向于将合同视为一种财产，该种财产构成就像财产的所有构成因素一样是能够被转让的"①。Colliot Julie 也指出，当民法学者以合同的主观理论反对合同的可自由转让性时，他们的此种反对理由很容易被击倒，因为，"人们很长时期以来就一直承认，合同构成'主观因素和客观因素之间的炼金术般的微小差异（subtile alchimie）'。换言之，合同可以同时被理解为一种关系和一种财产"②。

（四）合同的约束力和相对性并不会阻止合同的可自由转让性

2016 年之前，民法学者赞成合同自由转让的第四个主要原因是，合同的约束力理论和相对性理论并不会阻止合同的可自由转让性。

在反对合同的自由转让时，Ghestin、Jamin 和 Billiau 等人认为，合同转让之所以应当被禁止，其中的一个原因是，合同转让违反了《法国民法典》所规定的两个重要原则即合同的约束力原则和合同的相对性原则，因为合同仅仅在当事人之间产生约束力，合同不对当事人之外的第三人产生约束力，已如前述。在反驳 Ghestin、Jamin 和 Billiau 等人提出的此种看法并且意图确立合同的自由转让原则时，Malaurie、Aynès 和 Stoffel-Munck 认为，合同转让并没有违反《法国民法典》所规定的这两个重要的原则，因此，人们不能够借口此种理由反对合同的自由转让性。

在 1984 年的博士学位论文《合同转让和三人法律交易》当中，Aynès 将合同的约束力和合同的相对性原则称为"合同殿堂的支柱"（les colonnes du temple contractuel）。他认为，当一方当事人将自己与另外一方当事人之间的合同转让给第三人时，当事人之间的合同转让没有违反《法国民法典》所规定的这两个"作为合同殿堂支柱"的原则。③ 在 2009 年的《债》当中，Malaurie、Aynès 和 Stoffel-Munck 明确指出："原则上，所有的合同均是能够转让的。实际上，合同转让并不违反合同的相对性原则。"④

Malaurie、Aynès 和 Stoffel-Munck 认为，合同转让之所以没有违反合同的约束力和合同的相对性原则，原因是当一方当事人将自己的合同转让给第三人时，第三人并不是合同相对性原则不对其适用的第三人，因为当第三人从转让人那里受让了合同之后，他们就丧失了所谓的第三人的身份，而取代转让人成为合同的当事人：作为取代转让人的合同当事人，转让人与被让合同当事人之间的最初合同对受让人和被让合同当事人仍然具有约束力，受让人仍然应当履行合同所规定的债务，仍然享有合同所规定的债权，就

---

① Jacques Flour, Jean-Luc Aubert, Éric Savaux, Droit civil, Les Obligations, 3. Le rapport d'obligation, 7e édition, Dalloz, 2011, p.367.
② Colliot Julie, La cession de contrat consacrée par le Code civil, Revue juridique de l'Ouest, 2016 - 4, p.35.
③ L. Aynès, La cession de contrat et les opérations juridiques à trois personnes, Economica, 1984, n° 73, et s.; L. Aynès, Les clauses de circulation du contrat, in Les principales clauses des contrats conclus entre les professionnels, PUAM, 1990, p.131.
④ Philippe Malaurie, Laurent Aynès, Philippe Stoffel-Munck, Les obligations, 4e édition, Defrénois, 2009, p.486.

像最初的转让人一样具有合同当事人的身份。①

（五）合同转让并不会建立新的合同

在 2016 年之前，民法学者赞成合同自由转让的第五个主要原因是，合同转让并没有在受让人与被让合同当事人之间建立新合同，他们之间的合同同转让人与被让合同当事人之间的最初合同属于同一合同。

在反对合同的自由转让时，Ghestin、Jamin 和 Billiau 等人认为，合同转让之所以应当被禁止，其中的一个原因是，如果合同转让没有取得被让合同当事人的同意，则转让人与受让人之间的合同转让不构成真正的合同转让；而当它被让合同当事人同意时，受让人与被让合同当事人之间的合同并不是合同转让，而是他们之间通过意思表示的合意所建立的一种新合同，已如前述。在反驳 Ghestin、Jamin 和 Billiau 等人提出的此种看法并且意图确立合同的自由转让原则时，Malaurie、Aynès 和 Stoffel-Munck 认为，合同转让并没有在受让人与被让合同当事人之间建立新的合同，他们之间的合同同转让人与被让合同当事人之间的最初合同属于同一合同。

在反驳 Ghestin、Jamin 和 Billiau 等人提出的此种看法并且意图确立合同的自由转让原则时，Malaurie、Aynès、Stoffel-Munck 和 Larroumet 等人认为，合同转让并没有建立新的合同，所转让的合同与转让之前的合同属于同一个合同，因为此种原因，人们不能够借口此种理由反对合同的自由转让性。他们认为，转让之后的合同之所以与转让之前的合同属于同一个合同，是因为转让之后的合同原因、合同客体与转让之前的合同原因、合同客体是同一原因、同一客体。

2016 年之前，《法国民法典》第 1108 条对合同有效的四个必要条件（conditions essentielles）做出了规定，认为当事人之间的合同要产生约束力应当具备四个条件：当事人有缔约能力，当事人同意，确定的客体（Un objet certain），以及合法原因（Une cause licite）。②虽然人们对作为合同必要条件的客体和原因存在不同看法，但是，主流民法学说认为，合同的客体等同于债的客体，是指债务人所实施的各种给付行为，诸如转移所有权的行为、做出或者不做出某种行为；合同的原因是指合同当事人签订合同的目的、理由或者所希望获得的利益。③

在反驳合同不能够自由转让的主张时，Malaurie、Aynès、Stoffel-Munck 和 Larroumet 等人对该条的规定做出解读，他们认为，当一方当事人与另外一方当事人根据该条的规

---

① L. Aynès, La cession de contrat et les opérations juridiques à trois personnes, Economica, 1984, n°73, et s.；L. Aynès, Les clauses de circulation du contrat, in Les principales clauses des contrats conclus entre les professionnels, PUAM, 1990, p. 131；Philippe Malaurie, Laurent Aynès, Philippe Stoffel-Munck, Les obligations, 4e édition, Defrénois, 2009, p. 486.

② Article 1108, Code civil, Version en vigueur au 09 février 2016, https://www. legifrance. gouv. fr/codes/section _ lc/LEGITEXT000006070721/LEGISCTA000006136341/2016 – 02 – 09?idSecParent = LEGISCTA000006118032#LEGISCTA000006136341.

③ Jean Carbonnier, Droit civil, Volume Ⅱ, Les biens, les obligations, puf, 2004, pp. 2008 – 2024；张民安：《法国民法》，清华大学出版社 2015 年版，第 341—343 页；张民安：《法国合同法总论》，中山大学出版社 2021 年版，第 121 – 130 页。

定签订了合同时，他们之间的合同当然合法有效；当其中的一方当事人将自己与对方当事人之间的合同转让给第三人时，转让人与受让人之间的合同同转让人与被让合同当事人之间的合同并不是两个不同的合同，而是同一个合同。

在2009年的《债》当中，Malaurie、Aynès 和 Stoffel-Munck 对此种理由做出了说明，他们指出："合同转让的目的在于，在合同履行期间，以第三人取代合同的一方当事人。与债权转让或者债务的指令承担不同，合同转让不仅仅将转让人享有的权利和承担的债务转移给第三人，而且还尤其赋予第三人以当事人的身份。合同转让允许合同在一方当事人变更之后继续存在。当合同的当事人不履行或者不愿意履行合同所规定的债务时，当事人之间的合同应当被解除。合同的转让让最初的合同能够因为当事人的受让人而继续存在，因为第三人在受让合同之后成为当事人。"①

在合同被转让之后，为何受让人与被让合同当事人之间的合同同转让人与被让合同当事人之间的合同属于同一合同？在1984年的博士学位论文《合同转让和三人法律交易》当中，通过对《法国民法典》第1108条所规定的合同原因（cause du contrat）做出新的解释，Aynès 做出了回答。他认为，作为合同的构成因素，合同原因不仅仅在合同成立时发挥重要作用，而且在合同成立之后的长时间内均发挥重要作用，因为它能够起到证明合同具有约束力的作用。合同原因在合同转让行为所具有的主观因素和客观因素之间建立了关系，换言之，合同原因既是主观的，也是客观的。所谓合同原因是主观的，是指合同当事人签订合同所追求的主观目的，所谓合同原因是客观的，是指合同让一方当事人与另外一方当事人之间存在法律状况，在该种法律状况当中，每一方当事人均获得了合同身份。

当合同的转让人将自己与合同相对人之间的合同转让给受让人时，受让人与被让合同当事人之间的合同原因同转让人与被让合同当事人之间的合同原因是相同的：一方面，在合同转让之后，受让人取得了转让人的合同身份，基于此种合同身份，他们与被让合同当事人之间存在法律状态，不过，人们不能够认为他们之间的法律状态不同于转让人与被让合同当事人之间的法律状况，它们属于同一法律状况，因为受让人与被让合同当事人之间的此种法律状况是由转让人转让给他们的，这就是他所主张的客观合同原因理论。另一方面，合同转让之后，受让人也能够通过所受让的合同实现自己的合同目的，不过，他们所实现的目的并不是新的，他们实现的目的与转让人通过合同实现的目的是同一目的，因为他们实现的合同目的是转让人所转让的目的，这就是他所主张的主观合同原因理论。

一言以蔽之，Aynès 认为，受让人和被让合同当事人之间的合同之所以不是新合同，而是转让人和被让合同当事人之间的最初合同，是因为受让人和被让合同当事人之间的合同原因与转让人和受让人之间的合同原因是同一原因。在1984年的博士学位论文《合同转让和三人法律交易》当中，Aynès 对此种原因做出了说明，他指出："正如我们所见到的那样，合同原因是转让合同所具有的'客观'因素即法律状态和所具有的'主观'因素即当事人的意图、意志、意思之间的一种关系。相对于一方当事人与

---

① Philippe Malaurie, Laurent Aynès, Philippe Stoffel-Munck, Les obligations, 4e édition, Defrénois, 2009, p. 477.

另外一方当事人之间的法律状况而言，受让人并不是该种法律状况之外的第三人，因为当其中的一方当事人将自己的合同转让给了第三人时，第三人也成为合同当事人并因此与另外一方当事人之间处于相同的法律状况当中；受让人做出了追求与转让人相同的目的意思表示。"①

在 2009 年的《债》当中，Malaurie、Aynès 和 Stoffel-Munck 也对此种原因做出了说明，他们指出："在合同缔结时，与其说被让合同当事人所做出的同意是建立在他们对合同相对人人身性的同意基础上，毋宁说他们做出的同意是建立在对合同成立的客观因素（《法国民法典》第 1108 条所规定的原因和客体）做出的同意的基础上。在合同转让之后，合同的原因和客体仍然存在，因此，人们没有任何正当理由要反对合同转让。"②

五、合同转让的方式：合同转让的二元论和一元论

（一）支持合同转让的民法学者关于合同转让性质的不同学说

在 2016 年之前的法国，除了支持合同转让的民法学者与反对合同转让的民法学者之间展开激烈的论战之外，支持合同转让的民法学者之间也存在不同看法，因为，虽然他们均认为法国民法应当承认合同转让的存在，但是，在合同转让的性质方面，不同的民法学者也存在不同的看法，有两种针锋相对的看法，这就是合同转让的二元理论或者分析理论（Le concept dualiste ou analytique de cession de contrat）与合同转让的一元理论或者统一理论（Le concept moniste ou unitaire de cession de contrat），其中的二元论主要为 Larroumet 所主张，而其中的一元论则主要为 Aynès 所倡导。

（二）合同转让的性质：二元论的合同转让理论

在 2016 年之前，某些民法学者在主张合同的可自由转让性时认为，合同转让并不是债权转让和债务转让之外的一种独立转让制度，它仅仅是将债权转让和债务转让叠加在一起的一种债的交易制度。此种合同转让理论被称为经典的分析方法，也就是著名的二元论，因为在分析合同转让时，它并不会将合同作为一个能够自由转让的整体加以分析，而是分别分析作为合同内容的两个构成因素即债权和债务：如果作为合同构成因素的债权和债务均能够自由转让，则作为这两个因素结合在一起的合同也能够自由转让，如果其中的任何一个因素不能够自由转让，则合同转让也不能够进行。

在 Aynés 于 1984 年主张合同转让的一元论之前，几乎所有主张合同转让的民法学者均采取此种分析方法。在 1950 年的博士学位论文当中，Lapp 首次采取此种分析方法分析合同转让，他认为，作为债权转让和债务转让的结合体，如果合同要能够投入流通，则人们应当重点分析债务是否能够转让，因为《法国民法典》虽然明确承认债权能够自由转让，但是，它没有规定债务是否能够自由转让。基于债务的客观化、财产化

---

① L. Aynès, La cession de contrat et les opérations juridiques à trois personnes, Economica, 1984, n°208, p.152.
② Philippe Malaurie, Laurent Aynès, Philippe Stoffel-Munck, Les obligations, 4e édition, Defrénois, 2009, p.486.

现象的承认，人们应当承认债务的自由转让，因为债权转让和债务转让均得到确立，因此，合同转让自然能够成立，已如前述。Lapp 的此种分析方法被 Maira Lamas、Charles Vilar 尤其是 Larroumet 所采纳，并因此成为具有重要影响力的一种理论。①

在 2016 年之前，这些民法学者之所以在合同转让的性质方面采取此种分析方法，一个最主要的原因是，他们受到了《德国民法典》和《瑞士民法典》的影响：虽然这两个国家的法典仅仅规定了债权转让和债务转让，但是，它们也被认为规定了合同转让，因为债权转让加上债务转让等于合同转让，已如前述。笔者以 Larroumet 在 2007 年的《债》当中所采取的此种分析方法为例对此种分析方法做出简要的说明。在该著作当中，他明确指出，根据合同自由原则，当事人能够在自己的合同当中规定合同的转让条款，一旦他们在合同当中规定了此种条款，则合同自然能够进行转让，已如前述。不过，他也认为，合同转让并不是将合同作为一个单独的客体进行转让，而是借助于两种不同的转让制度来完成的转让即债权转让和债务转让。因此，他将制定法规定之外的合同约定转让称为"源自合同的权利和义务的约定转让"②。

为了确定合同是否能够转让，Larroumet 一方面分析源自合同的债权是否能够自由转让以及如何进行转让，另一方面又分析源自合同的债务是否能够自由转让以及如何进行转让。在对合同转让的这两个要素进行分析时，他采取的方法是一样的：首先分析法官在司法判例当中采取的方式，之后再分析法官在司法判例当中所采取的方式所存在的问题，最后再提出自己的建议。③ 因此，在讨论双务合同的转让时，他就将双务合同的转让等于双务合同当中的债权转让和债务转让：鉴于双务合同当中的权利和债务是相互的，如果转让人将自己因为双务合同享有的债权转让给受让人，他们也将自己因为双务合同产生的债务转让给受让人，人们不能够保留债权而仅仅转让债务；反之，他们也不能够仅仅保留债务而转让自己的债权，否则，就会导致双务合同当中债权和债务之间的相互性分离，而此种分离是与产生债权和债务的双务合同的性质冲突的。④

---

① Charles Lapp, Essai sur la cession de contrat synallagmatique à titre particulier, thèse, Strasbourg 1950, pp. 1 – 147；O. Maira Lamas, La cession de contrat en droit comparé, thèse, Paris, 1960；Charles Vilar, La cession de contrat en droit français, thèse, Montpellier, 1968, pp. 1 – 264；Christian Larroumet, Les opérations juridiques à trois personnes en droit privé, thèse dactylographiée, Bordeaux, 1968；Christian Larroumet, Droit Civil, Les Obligations, le Contrat, Tome III, 2e partie：Effets, 6e édition, Economica, 2007, pp. 936 – 945；Colliot Julie, La cession de contrat consacrée par le Code civil, Revue juridique de l'Ouest, 2016 – 4, p. 42.
Dimitri Houtcieff, Droit des contrats, Larcier, 2e édition, 2016, pp. 457 – 458；Muriel Fabre-Magnan, Droit des obligations, Tome 1, Contrat et engagement unilatéral, 4e édition, puf, 2016, pp. 624 – 625；François Terré, Philippe Simler, Yves Lequette, François Chénedé, Droit civil, Les obligations, 12e édition, Dalloz, 2018, pp. 1738 – 1739.

② Christian Larroumet, Droit Civil, Les Obligations, le Contrat, Tome III, 2e partie：Effets, 6e édition, Economica, 2007, p. 936.

③ Christian Larroumet, Droit Civil, Les Obligations, le Contrat, Tome III, 2e partie：Effets, 6e édition, Economica, 2007, pp. 937 – 945.

④ Christian Larroumet, Droit Civil, Les Obligations, le Contrat, Tome III, 2e partie：Effets, 6e édition, Economica, 2007, p. 944.

(三) 合同转让的性质：一元论的合同转让理论

在 2016 年之前，某些民法学者在主张合同的可自由转让性时认为，合同转让并不是债权转让和债务转让之间的一种简单叠加，因为合同转让并不是同时将转让人享有的债权和承担的债务转让给受让人，而是将包括债权和债务在内的合同当事人身份转让给受让人，换言之，合同转让的对象、客体并不是两个即转让人的债权和债务，而是一个即转让人的合同当事人身份。此种合同转让理论被称为当代分析理论，也就是著名的一元论、统一论。

所谓一元论、统一论，是相对于合同转让的二元论的，是指这些民法学者认为，合同转让的对象、客体并不是分立的，并不是转让人享有的债权和承担的债务，而是统一的、单一的，这就是转让人的合同当事人身份。该种合同身份所包含的内容众多，除了债权和债务之外还包括其他内容，它们结合在一起就形成作为一个有机整体的合同身份。当转让人将包括债权和债务在内的作为一个有机整体的合同身份转让给受让人时，他们与受让人之间的合同身份转让就是合同转让。一言以蔽之，所谓合同转让，是指转让人和受让人之间所缔结的以让受让人取代转让人的合同身份并因此成为合同当事人为目的的合同。①

在法国，主张一元论的民法学者主要是 Aynès。

首先，在 1984 年的博士学位论文《合同转让和三人法律交易》当中，Aynès 认为，合同转让不能够被理解为债权转让和作为债务的叠加，基于合同客观化、财产化的理论，在分析合同转让时，人们应当将合同关系的统一性视为合同转让的对象、客体，因为合同转让也仅仅是指合同关系主体的变更，此种变更表现在以第三人取代合同关系当中的一方当事人。②

其次，在 2015 年的《合同转让》当中，Aynès 再一次强调合同转让的对象、客体并不是债权和债务，而是合同当事人的合同身份，也就是，以第三人取代合同的一方当事人，由转让人将自己的合同身份转让给作为受让人的第三人，他指出："合同在当事人之间建立了一种法律关系。合同转让的目的在于，在不中断法律关系的情况下，允许第三人取代合同的一方当事人。与其说这是一种合同'转让'，毋宁说它是第三人对合同关系当中一方当事人的取代。"③

再次，在 1984 年的博士学位论文《合同转让和三人法律交易》当中，Aynès 对他为什么将合同转让视为一种合同关系的转让而不将其视为债权和债务转让的原因做出了说明。他认为，二元论的合同转让范围过于狭窄，因为，合同转让除了将债权和债务转

---

① Colliot Julie, La cession de contrat consacrée par le Code civil, Revue juridique de l'Ouest, 2016 – 4, pp. 39 – 40; Dimitri Houtcieff, Droit des contrats, Larcier, 2e édition, 2016, pp. 458 – 459; Muriel Fabre-Magnan, Droit des obligations, Tome 1, Contrat et engagement unilatéral, 4e édition, puf, 2016, pp. 625 – 626; Philippe Malaurie, Laurent Aynès, Philippe Stoffel-Munck, Droit Des Obligations, 8e édition, LGDJ, 2016, pp. 473 – 474; François Terré, Philippe Simler, Yves Lequette, François Chénedé, Droit civil, Les obligations, 12e édition, Dalloz, 2018, pp. 1739 – 1740.

② L. Aynès, La cession de contrat et les opérations juridiques à trois personnes, thèse, Economica, 1984, p. 71.

③ L. Aynès, La cession de contrat, Droit et patr. 2015, p. 249.

让给受让人之外，还将转让人享有的"随意权"（droits potestatifs）转让给受让人，债权、债务和随意权结合在一起就形成了合同关系。所谓随意权，是指仅凭合同的一方当事人的意志就能够单方面行使的权利，诸如主张合同无效的权利、主张合同解除的权利、优先权以及合同到期时的合同延展权等。Aynès 指出："合同转让适用于合同关系，适用于一种类型的权利即随意权，随意权包括允许合同的一方当事人基于债的关系所享有的各种权利：债的消灭权（要求解除具有不确定期限的合同的权利）、债的消失权（要求相关合同无效权或者要求解除合同的权利）和债的变更权（选择权、对债务人进行催告的权利以及合同到期之后合同的延展权）。此外，人们还应当增加一种权利，即不动产承租人享有的优先权，因为一位学者最近将该种优先权视为一种随意权。"①

最后，在2015年的《合同转让》当中，Aynès 对一元论的合同转让理论与二元论的合同转让理论之间的差异做出了说明。他认为，合同转让的对象、客体仅仅是一个即合同当事人的身份，不是两个即转让人享有的债权和债务，因为合同当事人的身份所包含的范围广泛，除了转让人享有的合同性特权之外还包括合同性债务。他指出："合同当事人的身份包括合同性特权的行使（主张合同无效的权利、主张合同解除的权利、援引合同解除条款的权利、形式同意的权利、单方面确定价格的权利、要求或者接受合同变更的权利以及转让合同的权利，等等）和合同性债务的履行，尤其是，善意履行合同的债务。"②

Aynès 的此种看法影响巨大，因为就像笔者将在下面的内容当中所讨论的那样，除了法国政府在2016年2月10日的债法改革法令当中采纳了此种观点之外，除了2016年之后的大多数民法学者均在自己的著作当中采取了此种看法之外，2016年之前，他的观点获得了不少民法学者的支持，包括 Marty、Raynaud、Carbonnier、Malaurie、Stoffel-Munck、Flour、Aubert 以及 Savaux 等人，因此，在合同转让的问题上，他们也采取一元论，认为合同转让的对象、客体仅为单纯的合同、合同当事人的身份。③ 在2004年的《民法》当中，Carbonnier 就采取此种理论，他指出，合同转让在性质上属于一种全部转让（cession globale），一方当事人是将自己的同一合同当事人身份转让给受让人。④

在2009年的《债》当中，Malaurie、Aynès 和 Stoffel-Munck 也采取此种理论，他们指出："传统上，人们要么将合同转让视为一种债权转让，要么视为一种债务转让。然而，合同当事人之间的合同转让则不仅仅是单纯的权利和债务的转让：虽然合同的一方当事人已经发生了变更，合同仍然继续存在。实际上，合同转让是合同当事人身份的统

---

① L. Aynès, La cession de contrat et les opérations juridiques à trois personnes, thèse, Economica, 1984, pp. 69–70.
② L. Aynès, La cession de contrat, Droit et patr. 2015, n°260.
③ Gabriel Marty, Pierre Raynaud, Droit Civil, Les Obligations, Tome 1, Les sources, 2e édition, Sirey, 1988, p. 357; Jean Carbonnier, Droit civil, Volume II, Les biens, les obligations, puf, 2004, p. 2465; Philippe Malaurie, Laurent Aynès, Philippe Stoffel-Munck, Les obligations, 4e édition, Defrénois, 2009, pp. 485–486; Jacques Flour, Jean-Luc Aubert, Éric Savaux, Droit civil, Les Obligations, 3. Le rapport d'obligation, 7e édition, Dalloz, 2011, p. 363.
④ Jean Carbonnier, Droit civil, Volume II, Les biens, les obligations, puf, 2004, p. 2465.

一转让、整体转让，合同身份是合同当事人享有的权利、承担的债务以及附加在该种身份上的各种特权结合在一起所形成的一个有机整体，例如因为合同身份享有的解除权、延展权和优先权，法国实在法显然采取了此种分析方法分析合同转让。"①

（四）一元论和二元论的合同转让所存在的优缺点

在 2016 年之前，民法学者就合同转让的性质问题展开了前所未有的论战，他们之间的论战以一元论的完胜和二元论的完败而暂时结束，因为，随着 2016 年 2 月 10 日的债法改革法令的颁布，《法国民法典》采纳了一元论的建议，将合同转让视为合同当事人身份的替换，已如前述。不过，此种争议虽然以一元论的完胜而尘埃落定，但是，就像二元论的合同转让理论存在众多不足一样，一元论的合同转让理论也并非十全十美，它也存在某些不得不面对的问题。

二元论的合同转让理论所存在的主要问题有：其一，此种分析方法否定了合同转让的独立性，矮化了合同转让的地位，将合同转让等同于另外两种独立的债的交易即债权转让和债务转让的附庸，因为它认为，合同转让仅仅是债权转让和债务转让的简单相加。其二，此种分析方法可能会否定合同转让的存在，因为在 2016 年之前，除了《法国民法典》没有承认作为此种转让因素的债务转让之外，法官和民法学者也普遍承认，债务人承担的债务是不能够自由转让的。② 其三，此种分析方法不方便，因为，在分析合同是否能够转让时，人们不是分析作为转让对象、客体的合同本身是否能够转让，而是辗转分析作为合同构成因素的债权和债务是否能够自由转让。其四，此种分析方法仅仅关注转让人在被让合同当中享有的权利和承担的债务，忽视了被让合同的其他因素，因为，转让人所转让给受让人的合同所包含的因素众多，除了其中的债权和债务之外，还包括其他的因素，已如前述。此种分析方法仅仅重视被让合同当中的债权和债务，忽视了被让合同当中的其他因素。③

相对于二元论的合同转让理论而言，一元论的合同转让理论具有不言而喻的优点：其一，它确保了合同转让的独立性，认为合同转让并不是债权转让和债务转让的简单叠加，而是这两种债的交易之外的一种独立交易制度。除了让债的交易制度内容得以丰富之外，此种理论也让合同转让能够与债权转让和债务转让平起平坐。其二，它让合同转让的分析直接明了，避免了在分析合同转让时要辗转迂回地分析令人困惑的债务是否能够转让的问题，因为它仅仅讨论作为合同转让的对象、客体的合同是否具有可自由转让性，不需要在讨论合同转让时首先讨论债权和债务是否能够转让，根据此种理论，因为

---

① Philippe Malaurie, Laurent Aynès, Philippe Stoffel-Munck, Les obligations, 4e édition, Defrénois, 2009, pp. 485 – 486.

② Christophe Broche, La cession conventionnelle de contrat existe-t-elle? Revue de la Recherche Juridique, Droit prospectif, Presses Universitaires d'Aix-Marseille, 2012, pp. 6 – 7; Colliot Julie, La cession de contrat consacrée par le Code civil, Revue juridique de l'Ouest, 2016 – 4, pp. 42 – 43.

③ Christophe Broche, La cession conventionnelle de contrat existe-t-elle? Revue de la Recherche Juridique, Droit prospectif, Presses Universitaires d'Aix-Marseille, 2012, pp. 6 – 7; Colliot Julie, La cession de contrat consacrée par le Code civil, Revue juridique de l'Ouest, 2016 – 4, pp. 42 – 43.

合同是一种财产，因此，合同本身能够自由转让。最后，它能够全面地反映合同转让的真实现状，因为它认为，一旦一方当事人将自己的合同转让给受让人，他们并非像二元论所宣称的那样仅仅将自己的债权和债务转让给受让人，而是将自己作为合同当事人所享有的一切权利和义务均转让给受让人，已如前述。

不过，相对于二元论而言，一元论的合同转让理论也存在问题，最主要的问题是：它没有说明合同当事人的身份为什么能够自由转让。在主张一元论时，民法学者也像二元论的民法学者一样承认合同的客观化、财产化，认为正是因为合同的此种性质才决定了合同的可自由转让性，已如前述。不过，一元论并没有认为，合同转让的对象、客体是合同本身，而是认为合同转让的对象是合同当事人的身份，已如前述。因此，此种理论面临的问题是：合同当事人的身份能够转让吗？合同当事人的身份为什么能够转让？是因为合同当事人的身份等同于合同，而合同又等同于作为财产的合同吗？主张二元论的民法学者没有做出回答。

第四节 2016年之后的《法国民法典》对合同转让做出的新规定

2016年2月10日，法国政府颁布了债法改革法令，决定对《法国民法典》当中关于合同法、债法总则和债的证明方面的规定进行改革。关于合同法的改革内容众多，其中最引人注目的一个改革是借鉴其他大陆法系国家民法典和国际合同法的经验，首次在《法国民法典》当中规定合同转让，这就是现行《法国民法典》当中的新的第1216条至新的第1216-3条。这些法律条款对合同转让的条件、合同转让的模式和合同转让的法律效力做出了规定。除了这些法律条款对合同转让做出了规定之外，2016年之后，民法学者也普遍对合同转让做出了详尽的分析。

一、Catala领导的债法改革小组首次对合同转让做出的规定

迫于外国民法典尤其是《意大利民法典》和《葡萄牙民法典》规定了合同转让的压力，也为了满足当事人之间日益增加的合同交易的实践需要，在2005年的《债法改革草案》当中，Catala领导的债法改革小组首次对合同转让做出了规定，这就是《债法改革草案》的第一分编即合同和约定债总则的第三章即合同效力的第七节即合同对第三人产生的效力。除了对其他的内容做出了规定之外，该节也对"合同当事人的替换和合同转移"（De la substitution de contractant et du transfert du contrat）做出了规定，其中的"合同转移"并不是指一般意义上的合同转让，而是指合同的一方当事人死亡时他们生前的合同能够作为遗产转移给自己的继承人继承，为《债法改革草案》第1165-3条规定，而其中的"合同当事人的替换"才是一般意义上的合同转让，为《债法

改革草案》第 1165 - 4 条和第 1165 - 5 所规定。①

《债法改革草案》第 1165 - 4 条规定：在没有获得合同相对人明示或者默示同意时，当事人不能够将自己的合同当事人身份转让给第三人。《债法改革草案》第 1165 - 5 条规定：在制定法规定的情形，第 1165 - 4 条所规定的原则存在例外。② 因此，2005 年的《债法改革草案》没有采取二元论的合同转让理论，而是采取了一元论的合同转让理论，因为它明确规定，合同转让仅仅是一方当事人的合同身份的转让。当然，在明确规定合同的可自由转让性时，它也明确要求合同转让应当获得被让合同当事人的同意，包括明示同意（l'accord exprès）和默示同意（l'accord tacite）；如果没有获得被让合同当事人的同意，则一方当事人不得将自己的合同当事人身份转让给受让人，除非制定法另有不同的规定。③

二、法国司法部在 2015 年的《合同法、债的一般制度和债的证明的改革法令草案》当中对待合同转让的态度

不过，在 2005 年的《债法改革草案》当中，Catala 领导的债法改革小组虽然对合同转让和债权转让做出了规定，但是，它没有对真正意义上的债务转让做出规定。这一点让它区别于其他大陆法系国家的民法典。在 2008 年的《合同法改革草案》当中，虽然法国司法部也承认合同转让的存在，但是，它仅仅用了一个法律条款对此种转让做出明确规定。这就是《合同法改革草案》当中的第 148 条，该条规定：除非制定法授权，否则，在没有获得合同相对人明示或者默示同意时，当事人不能够将自己的合同当事人身份转让给第三人。④ 因此，在合同转让的性质方面，它也采取了一元论。

法国司法部在 2015 年的《合同法、债的一般制度和债的证明的改革法令草案》（简称《法令草案》）当中，法国政府放弃了 Catala 领导的债法改革小组在其《债法改革草案》当中所采取的做法，而是同时对债权转让、债务转让和合同转让做出了规定，这就是《法令草案》第三卷第四编即"债的一般制度（上）"（Du régime général des obligations）当中的第三章，该章的标题为"债的关系的变更"（LA MODIFICATION DU RAPPORT D'OBLIGATION），由三节组成：第一节为债权转让，由第 1332 条至第 1337 条所组成，它们对债权转让制度做出了规定，包括：债权转让的概念，债权转让适用的范围，债权转让的条件，以及债权转让的法律效力等；第二节为债务转让，由第 1338 条至第 1391 -1 条组成，它们对债务转让制度做出了规定，包括：债务的可自由转让

---

① Avant-Projet de Reforme du Droit des Obligations (Articles 1101 A 1386 Du Code Civil) et du Droit de la Prescription (Articles 2234 à 2281 du Code Civil), Rapport à Monsieur Pascal Clément, Garde des Sceaux, Ministre de la Justice, 22 Septembre 2005, pp. 96 - 97.

② Avant-Projet de Reforme du Droit des Obligations (Articles 1101 A 1386 Du Code Civil) et du Droit de la Prescription (Articles 2234 à 2281 du Code Civil), Rapport à Monsieur Pascal Clément, Garde des Sceaux, Ministre de la Justice, 22 Septembre 2005, pp. 96 - 97.

③ Avant-Projet de Reforme du Droit des Obligations (Articles 1101 A 1386 Du Code Civil) et du Droit de la Prescription (Articles 2234 à 2281 du Code Civil), Rapport à Monsieur Pascal Clément, Garde des Sceaux, Ministre de la Justice, 22 Septembre 2005, pp. 96 - 97.

④ Projet de réforme du droit des contrats, Juillet 2008, Ministre de la justice, p. 33.

性，债务转让的模式，以及债务转让的效力；第三节为合同转让，仅有一个法律条款即第 1340 条，它对合同转让的性质、合同转让的条件、合同转让的效力以及有关债权转让和债务转让规则在合同转让当中的适用。①

相对于 2016 年 2 月 10 日的债法改革法令，法国司法部在 2015 年的《合同法、债的一般制度和债的证明的改革法令草案》关于合同转让的规定具有三个特点：其一，它将合同转让与债权转让和债务转让均规定在债法总则当中，认为合同转让并不是合同总则的组成部分，而仅仅是债法总则的组成部分。其二，它重视债权转让和债务转让而轻视合同转让，这从它的法律条款数量多少就能够一目了然：它用了 6 个法律条款对债权转让做出了规定，用了 3 个法律条款对债务转让做出了规定，而仅仅用了 1 个法律条款对合同转让做出了规定，已如前述。其三，它同时采取一元论和二元论的合同转让理论。一方面，它采取了一元论的合同转让理论，因为第 1340（1）条规定，在取得对方当事人同意时，当事人能够将自己的合同当事人身份转让给第三人。另一方面，它也承认二元论的合同转让理论，因为第 1340（4）条规定，在需要时，债权转让和债务转让的规则能够在合同转让当中适用。②

三、Aynès 对法国司法部在 2015 年的《合同法、债的一般制度和债的证明的改革法令草案》所做出的批评获得积极响应

2015 年的《合同法、债的一般制度和债的证明的改革法令草案》（简称《法令草案》）公开之后随即遭到 Aynès 的批评，在 2015 年 7 月 1 日的文章《合同转让》当中，Aynès 认为法国政府在 2015 年的《法令草案》当中所采取的上述做法是不妥当的，它扭曲了合同转让的性质，否定了合同转让的独立性：合同转让不应当像债权转让和债务转让一样被规定在债法总则当中，作为一般合同法、共同合同法的有机组成部分，它应当被规定在第三卷第三编债的渊源第一分编即合同总则当中；合同转让建立在合同关系的基础上，不是像债权转让和债务转让一样建立在债的关系的基础上；合同转让具有独立性，它既同债权转让没有关系，也同债务转让没有关系。Aynès 认为，作为合同效力的有机组成部分，合同转让不仅应当规定合同效力当中，而且还应当置于"合同期限"和"合同不履行"之间，因为合同转让在法律效力上允许合同持续存在并且构成债务不履行的一种替换方式。③

Aynès 的此种批评对法国政府产生了触动，在 2016 年 2 月 10 日的债法改革法令当中，法国政府放弃了 2015 年的《法令草案》当中的做法，在将债权转让和债务转让留在债法总则当中时，它不仅将合同转让移到合同总则当中，而且还将其放在合同效力当中，这就是现行《法国民法典》第三卷第三编第一分编第四章合同效力当中的第三节，该节由新的第 1216 条至新的第 1216-3 条组成，它们对合同转让的条件、合同转让的

---

① Rojet D'ordonnance n° du portant réforme du droit des contrats, du régime général et de la preuve des obligations, pp. 36 – 38, http://www.justice.gouv.fr/publication/j21_ projet_ ord_ reforme_ contrats_ 2015. pdf.

② ROJET D'ORDONNANCE n° du portant réforme du droit des contrats, du régime général et de la preuve des obligations, pp. 36 – 38, http://www.justice.gouv.fr/publication/j21_ projet_ ord_ reforme_ contrats_ 2015. pdf.

③ L. Aynès, Cession de contrat, Droit et Patrimone, 1er juillet 2015, n°249.

模式和合同转让的法律效力做出了规定。该节的前一节即第三节为"合同期限",而该节的后一节即第五节则为"合同的不履行"。换言之,法国政府完全按照 Aynès 的上述主张安置合同转让的篇章结构。①

在就 2016 年 2 月 10 日的债法改革法令所提交的报告当中,法国总统对法国政府在《法国民法典》当中将合同转让安置在合同期限和合同不履行之间的做法赞不绝口,他指出:"将合同转让规定在合同效力一节当中,并且安排在有关合同期限的法律条款和有关合同不履行的法律条款中间是符合逻辑要求的,因为公正地讲,合同转让的目的在于合同没有履行时让合同得以维持,甚至以此阻却合同不履行的发生。"② 根据《法国民法典》的新规定,合同转让具有两个重要特征:合同转让的独立性和合同转让的一元性。

四、合同转让的独立性

通过 2016 年 2 月 10 日的债法改革法令,现行《法国民法典》正式承认了合同转让的独立性(l'autonomie de la cession de contrat)。一方面,合同转让具有形式上的独立性。作为共同合同法的组成部分,合同转让被规定在《法国民法典》的合同总则当中,而作为债的一般理论和一般制度的组成部分,债权转让和债务转让则被规定在债法总则当中。另一方面,合同转让的适用条件、模式和法律效力均得到完整规定,不再像《法令草案》一样需要求助于有关债权转让和债务转让的法律规范。

Malaurie、Aynès 和 Stoffel-Munck 对合同转让的此种特征做出了说明,他们指出,在 2016 年之前,因为《法国民法典》没有对合同转让的一般规则做出规定,因此,在处理当事人之间的合同转让纠纷时,法官在其司法判例当中适用《法国民法典》关于债权转让的规定,尤其是适用第 1690 条关于债权转让公示的规定。由于 2016 年 2 月 10 日的债法改革法令的颁布,此种做法失效了,因为,在明确区分债权转让、债务转让和合同转让时,"《法国民法典》对合同转让规定了自身的法律规范,有关合同转让的法律规范区别于有关债权转让和债务转让的法律规范,无论是条件还是法律效果方面均是如此"③。

在 2016 年之后,少数民法学者仍然反对一元论的合同转让理论,而仍然主张二元论的合同转让理论。在 2016 年的文章《债权转让、债务转让和合同转让》当中,Simler 就采取此种看法。他认为,将合同转让与债权转让和债务转让分离开来的做法并非像人们所言的那样是非常适当的,因为,即便合同转让不等于债权转让和债务转让的简单叠加,合同转让仍然包含债权和转让这两个因素的转让:仅仅在债权和债务本身能够

---

① Articles 1216 à 1216-3, Code civil, Version en vigueur au 12 août 2021, https://www.legifrance.gouv.fr/codes/section_lc/LEGITEXT000006070721/LEGISCTA000006150253/#LEGISCTA000032041424.

② Rapport au Président de la République relatif à l'ordonnance n° 2016-131 du 10 février 2016 portant réforme du droit des contrats, du régime général et de la preuve des obligations, https://www.legifrance.gouv.fr/jorf/id/JORFTEXT000032004539.

③ Philippe Malaurie, Laurent Aynès, Philippe Stoffel-Munck, Droit Des Obligations, 8e édition, LGDJ, 2016, p.481.

转让时，合同的转让才是可以想象的。因此，从教义学的观念出发，人们在强调合同转让时不可能不会涉及债权转让和债务转让。① 在 2016 年的文章《〈法国民法典〉所规定的合同转让》当中，Colliot Julie 也采取此种看法，他指出："虽然立法者已经正式将合同转让与债权转让和债务转让分开，但是，十分清楚的是，有关合同转让的规则与有关债务转让的规定几乎是完全相同的。"②

五、合同转让的一元论

通过 2016 年 2 月 10 日的债法改革法令，现行《法国民法典》新的第 1216 条正式从制定法上确认了合同转让的一元论，认为合同转让的对象、客体仅仅是合同当事人的身份，已如前述。③ 在就 2016 年 2 月 10 日的债法改革法令所提交的报告当中，法国总统对此种特征做出了说明，他指出："债法改革法令规定了合同转让的一元论，它的目的不是让合同转让建立在债务转让和债权转让之间的简单叠加的基础上，而是在不中断合同关系时允许合同的一方当事人被第三人所替换。"④ 在 2016 年之后出版的民法著作当中，大多数民法学者均放弃了二元论的合同转让理论，而采取了一元论的合同转让理论，因为他们普遍像《法国民法典》新的第 1216 条一样将合同转让视为合同一方当事人身份的转让。⑤

在 2016 年的《债》当中，Fabre-Magnan 就采取此种理论，他指出："合同转让是一种法律交易，该种交易的目的在于以第三人取代合同的一方当事人。"⑥ 在 2017 年的《债》当中，Aillaud 就采取此种理论，他指出："合同转让并不是债务转让和债权转让的叠加，合同转让的目的在于在不中断合同关系时以第三人取代合同履行过程当中的一方当事人。"⑦ 不过，对此种理论阐述得最清晰的民法学者还是 Malaurie、Aynès 和 Stoffel-Munck。在 2016 年的《债》当中，他们仍然坚持在 2009 年的第四版的《债》当中所主张的理论，认为合同转让仅仅是一种合同当事人身份的转让，他们指出："合同转

---

① Ph. Simler, Cession de créance, cession de dette, cession de contrat, Contrats, conc. consom. 2016, dossier 8, n° 5.

② Colliot Julie, La cession de contrat consacrée par le Code civil, Revue juridique de l'Ouest, 2016 - 4, p. 43.

③ Colliot Julie, La cession de contrat consacrée par le Code civil, Revue juridique de l'Ouest, 2016 - 4, p. 42; Muriel Fabre-Magnan, Droit des obligations, Tome 1, Contrat et engagement unilatéral, 4e édition, puf, 2016, pp. 625 - 626; Rémy Cabrillac, Droit des Obligations, 12e édition, Dalloz, 2016, p. 354; Virginie Larribau-Terneyre, Droit civil Les obligations, 15e édition, Dalloz, 2017, p. 562.

④ Rapport au Président de la République relatif à l'ordonnance n° 2016 - 131 du 10 février 2016 portant réforme du droit des contrats, du régime général et de la preuve des obligations, https://www.legifrance.gouv.fr/jorf/id/JORF-TEXT000032004539.

⑤ Dimitri Houtcieff, Droit des contrats, Larcier, 2e édition, 2016, p. 457; Muriel Fabre-Magnan, Droit des obligations, Tome 1, Contrat et engagement unilatéral, 4e édition, puf, 2016, p. 623; Philippe Malaurie, Laurent Aynès, Philippe Stoffel-Munck, Droit Des Obligations, 8e édition, LGDJ, 2016, p. 481; Marjorie Brusorio-Aillaud, Droit des obligations, 8e édition, bruylant, 2017, p. 330.

⑥ Muriel Fabre-Magnan, Droit des obligations, Tome 1, Contrat et engagement unilatéral, 4e édition, puf, 2016, p. 623.

⑦ François Terré, Philippe Simler, Yves Lequette, François Chénedé, Droit Civil, les Obligations, 12e édition, Dalloz, 2018, p. 1740.

让既不是一种债权转让,也不是一种债务转让,更不是债权转让和债务转让的叠加。就像今时今日的大多数民法学者所说的那样,《法国民法典》采取了合同转让的单一理论,因为它规定合同转让的对象、客体是合同当事人的身份(第1216条)。"①

在2016年之后,少数民法学者仍然反对一元论的合同转让理论,认为一元论的合同转让理论将不能够转让的合同当事人身份视为合同转让的对象、客体,这一点让一元论的合同转让理论不如二元论的合同转让理论,因为二元论的合同转让理论将债权和债务视为能够转让的财产并因此证明了债权和债务的可转让性。在2018年的《债》当中,Terré、Simler和Lequette等人就采取此种看法,他们指出,虽然《法国民法典》非常清晰地将合同当事人的身份视为合同转让的对象,但是,合同当事人的身份在性质上不像债权和债务那样在性质上属于可以转让的财产,换言之,合同当事人的身份并不构成财产的因素,具有不能够自由转让性。②

Terré、Simler和Lequette等人的此种批评并非没有正当性,因为,从罗马法时代起一直到今时今日,民法均坚持人和物的区分理论(La distinction juridique entre les personnes et les choses)。根据该种理论,人(personnes)是具有法人格(La personnalité juridique)的权利或者义务主体(sujet de droits),而物(les choses)则是权利或者义务客体(objets)。在今时今日,虽然此种理论面临不少挑战,但是,它仍然构成民法稳如磐石的骨架并因此被民法学者所普遍承认和坚持。实际上,无论是1804年的《法国民法典》还是现行的《法国民法典》均坚持此种区分理论,因为它的第一卷为"人",而第二卷之后的其他几卷均为"物",包括有体物、有形财产和无体物、无形财产。民法之所以长久以来均坚持此种区分理论,一个重要的原因是,人是主体而不是客体,人不是物,没有财产价值,不能够自由转让;而物则是客体,具有财产价值,原则上能够自由转让。③

在债法上,甚至在共同合同法上,合同当事人的身份等同于合同当事人,他们是债权和债务的主体,不是也不可能是债权和债务的客体、物,因此,他们具有一般人所具有的特征即不得自由转让性。当然,公司可能另当别论,因为公司既可以是人,也可以是物:当公司与其股东、董事或者债权人打交道时,它们是人,但是,当它们被出卖、被担保时,它们就同时成为物、客体。在合同当中,绝大多数合同本身就是一种物、财产,因此,就像其他客体、财产、物能够自由转让一样,合同本身也能够自由转让。可见,合同转让的对象、客体并不是合同当事人的身份,而是合同本身,这就是承认合同转让的民法学者在讨论合同性质时对合同采取客观理论、财产理论的缘故,已如前述。

---

① Philippe Malaurie, Laurent Aynès, Philippe Stoffel-Munck, Droit Des Obligations, 8e édition, LGDJ, 2016, p.481.
② Philippe Malaurie, Laurent Aynès, Philippe Stoffel-Munck, Droit Des Obligations, 8e édition, LGDJ, 2016, p.481.
③ 张民安:《法国民法》,清华大学出版社2015年版,第132—134页;张民安:《法国民法总论(Ⅱ)》,清华大学出版社2020年版,第128—133页。

第五节　合同转让的有效条件

一、合同转让的三个有效条件

在法国，合同转让是转让人和受让人之间的一种合同，根据该种合同，转让人将自己的某种合同身份转让给受让人，让受让人取代自己成为合同当事人。就像债权转让合同、债务转让合同和所有其他合同均应当具有所有合同的有效条件一样，当事人之间的合同转让合同也应当具备《法国民法典》新的第1128条所规定的一般合同的三个有效条件：当事人有缔约能力、当事人做出了同意以及合同具有合法的、肯定的内容。①

首先，无论是转让人还是受让人均应当具有缔约能力，包括缔约权利能力和缔约行为能力，如果欠缺缔约能力，除了不能够缔结其他合同之外，他们也不能够缔结合同转让合同。

其次，无论是转让人还是受让人不仅具有进行合同转让和受让的意思表示，而且他们之间的意思表示完全一致，在做出意思表示时，他们之间不存在欺诈、胁迫、误解甚至显失公平，否则，他们之间的合同转让合同无效或者构成可予撤销的合同。

最后，他们之间的合同转让合同所包含的内容应当不违反公共秩序，给付的客体应当是存在的，或者至少应当是存在的。

不过，仅仅具备一般合同的这些有效条件还不能够让当事人之间的合同转让合同有效，如果要让转让人和受让人之间的合同转让合同产生法律效力，合同还应当具备其他构成要件，这就是合同转让合同应当具备的特殊有效条件。《法国民法典》新的第1216条对合同转让合同应当具备的特殊有效条件做出了说明，该条规定：在经过合同相对人即被让人同意时，合同当事人即转让人能够将自己的合同当事人身份转让给第三人即受让人。被让人的同意可以预先做出，尤其是，能够在未来转让人和被让人之间所签订的合同当中做出，在此种情形下，如果转让人与受让人之间缔结的合同被通知了被让人或者被让人已经注意到合同的转让，则合同转让对被让人产生法律效力。合同转让应当以书面形式予以确认，否则，合同转让无效。②

根据新的第1216条的规定，合同转让合同应当具备三个特殊有效条件：其一，转让人和受让人之间的转让合同采取了某种书面形式。其二，转让人和受让人之间的合同转让获得了即被让合同当事人的同意。其三，转让人与受让人之间的合同转让所涉及的合同属于能够自由转让的合同。

---

① Article 1128, Code civil, Version en vigueur au 13 août 2021, https://www.legifrance.gouv.fr/codes/section_lc/LEGITEXT000006070721/LEGISCTA000006150237/#LEGISCTA000032040930.

② Article 1216, Code civil, Version en vigueur au 13 août 2021, https://www.legifrance.gouv.fr/codes/section_lc/LEGITEXT000006070721/LEGISCTA000006150253/#LEGISCTA000032041424.

二、合同转让应当采取书面形式

根据《法国民法典》新的第 1216（3）条的规定，合同转让的第一个有效条件是，转让人和受让人之间的合同转让应当采取某种书面形式，包括公证文书、私证文书以及仅由当事人在上面签字盖章的书面形式，这一点同债权转让和债务转让的形式要求是完全一致的，已如前述。因此，即便当事人之间已经就合同转让达成了意思表示的一致，如果他们没有采取任何书面形式，则他们之间的转让合同无效。换言之，在合同转让的成立方面，《法国民法典》没有采取法国共同合同法作为原则规定的合意主义理论，而是采取了例外情况下的形式主义理论。这一点同它对待债权转让和债务转让的要求是一致的，因为《法国民法典》新的第 1322 条和新的第 1327 条明确规定，债权转让和债务转让均采取书面形式，否则，当事人之间的债权或者债务转让合同无效，已如前述。

在 2016 年之前，虽然民法学者承认合同转让的存在，但是，在讨论合同转让的必要条件时，他们没有将形式主义视为合同转让的必要条件。他们之所以没有将形式主义视为合同转让的必要条件，或许是基于根深蒂固的合意主义理论：除非制定法明确要求当事人之间的合同采取书面形式，否则，当事人之间的所有合同均采取合意主义。① 2016 年之后，民法学者对待新的第 1216（3）条所规定的书面形式要求有不同的看法，某些民法学者认为，该条的形式主义要求是正当的，因为它表明合同转让的重要性。Aillaud 采取此种看法，他指出："与合意主义原则相反，合同转让应当以书面形式予以表达，否则无效。《法国民法典》之所以要求合同转让采取书面转让的形式，是因为合同转让行为是重要的。"②

不过，Malaurie、Aynès、Stoffel-Munck、Terré、Simler 和 Lequette 等人认为，此种要求是欠缺合理性的。首先，就像债权转让和债务转让仅仅关乎私人利益、私人秩序一样，合同转让也不会关乎公共利益、公共秩序，因此，立法者没有必要明确规定，没有采取书面形式的合同转让无效。其次，此种要求过分限制了合同转让的范围，除了明确承认了明示合同转让之外，它实际上否定了默示合同转让的存在。最后，此种规定适用的范围似乎也不确定：除了一般意义上的合同转让应当采取此种形式之外，制定法特别规定的合同转让是否也要采取此种形式要求？如果此种要求不适用于制定法特别规定的合同转让（租赁合同、劳动合同或者保险合同），为什么其他合同转让要采取书面形式？③

---

① Jean Carbonnier, Droit civil, Les biens, Les obligations, puf, 2004, pp. 2465 – 2466；Philippe Malaurie, Laurent Aynès, Philippe Stoffel-Munck, Les obligations, 4e édition, Defrénois, 2009, pp. 486 – 487；Jacques Flour, Jean-Luc Aubert, Éric Savaux, Les obligations, 3. Le rapport d'obligation, 7e édition, Dalloz, 2011, pp. 372 – 373.

② Jean Carbonnier, Droit civil, Les biens, Les obligations, puf, 2004, pp. 2465 – 2466；Philippe Malaurie, Laurent Aynès, Philippe Stoffel-Munck, Les obligations, 4e édition, Defrénois, 2009, pp. 486 – 487；Jacques Flour, Jean-Luc Aubert, Éric Savaux, Les obligations, 3. Le rapport d'obligation, 7e édition, Dalloz, 2011, pp. 372 – 373.

③ Philippe Malaurie, Laurent Aynès, Philippe Stoffel-Munck, Droit Des Obligations, 8e édition, LGDJ, 2016, pp. 483 – 484；François Terré, Philippe Simler, Yves Lequette, François Chénédé, Droit civil, Les obligations, 12e édition, Dalloz, 2018, pp. 1740 – 1741.

三、合同转让应当获得被让合同当事人的同意

根据《法国民法典》新的第 1216 条的规定，合同转让的第二个有效条件是，转让人和受让人之间的合同转让应当获得被让人即被让合同当事人的同意，包括事后同意和预先同意。

（一）2016 年之前司法判例和民法学说对待同意要件的不同态度

2016 年之前，虽然《法国民法典》对合同转让做出了规定，但是它没有对合同转让做出一般性规定，因此，合同转让应当具备什么要件，法官和民法学者之间存在不同看法：某些法官和民法学者认为，合同转让应当具备《法国民法典》第 1690 条所规定的公示条件，因为他们认为，合同转让是债权转让和债务转让的叠加，有关债权转让的条件同样适用于合同转让；而另外一些法官和民法学者则认为，合同转让应当具备的条件并不是第 1690 条所规定的公示手段，而是被让人即被让合同当事人对转让合同的同意，因为他们认为，合同转让独立于债权转让和债务转让，有关债权转让的条件并不适用于合同转让。

2016 年之前，少数法官认为，当合同的一方当事人将其合同转让给受让人时，他们无需根据第 1690 条所规定的程序公开其合同转让，而大多数法官则认为，《法国民法典》第 1690 条所规定的公示程序应当在合同转让当中适用。[①] 在 2016 年之前，Malaurie、Aynès 和 Stoffel-Munck 认为，第 1690 条所规定的公示程序不适用于合同转让，他们指出："关于第 1690 条所规定的程序，合同转让应当不适用，因为，如果合同是可以转让的话，则被让合同当事人没有权利成为合同转让当中的第三人，他们仅仅能够成为第 1690 条所规定的意义上的第三人。"[②] 不过，在否定了第 1690 条的公示程序在合同转让当中的适用之后，他们并没有将被让人的同意视为合同转让的必要条件。

在 2016 年之前，Terré、Simler 和 Lequette 对待第 1690 条所规定的公示程序的态度与 Malaurie 等人相似，他们认为，虽然大多数法官将第 1690 条所规定的公示程序适用到合同转让当中，但是，他们所适用的合同转让仅仅是制定法所规定的不需要获得被让人同意的强制转让。当人们面对约定合同转让时，第 1690 条所规定的通知或者其他方式是不充分的，因为一个真正的合同转让要求被让合同当事人的同意，而一旦法律要求被让合同当事人的同意，则第 1690 条所规定的通知要件就变得多余、没有必要了。不过，他们并没有讨论被让合同当事人同意这一条件。[③]

在 2016 年之前，在合同转让是否需要获得被让人同意的问题上，法官之间存在不同意见。在 1992 年 1 月 7 日的案件当中，法国最高法院商事庭认为，除非当事人之间

[①] François Terré, Philippe Simler, Yves Lequette, Droit civil, Les obligations, 12e édition, Dalloz, 2009, p. 1301.

[②] Philippe Malaurie, Laurent Aynès, Philippe Stoffel-Munck, Les obligations, 4e édition, Defrénois, 2009, p. 487.

[③] François Terré, Philippe Simler, Yves Lequette, Droit civil, Les obligations, 12e édition, Dalloz, 2009, pp. 1301 – 1302.

的合同在性质上属于以信任、信赖作为基础的合同,否则,当一方当事人将自己的合同转让给第三人时,他们之间的合同转让是不需要获得被让合同当事人同意的。不过,到了 1997 年 5 月 6 日的案件当中,法国最高法院商事庭放弃了此种做法,它认为,所有合同的转让均应当获得被让人的同意,无论是以还是不以信任、信赖作为基础的合同均是如此,因为它指出:"所有合同转让均以被让人的同意作为基础。"此外,它也认为,被让人的同意可以预先做出。① 在 2016 年之前,除了法官在司法判例当中存在不同看法之外,在合同转让是否需要获得被让人同意的问题上,民法学者之间也产生了激烈的争议。② 虽然如此,Carbonnier、Malaurie、Aynès、Stoffel-Munck、Flour、Aubert 和 Savaux 等人认为,被让人的同意是合同转让的必要条件,至少法国最高法院是这样主张的。③

(二) 2016 年之后的《法国民法典》所规定的两种同意要件

法国最高法院商事庭和这些民法学者的此种主张被 Catala 领导的债法改革小组所采纳,在 2005 年的《债法改革草案》当中,它将被让人的同意作为合同转让的必要条件,这就是《草案》当中的第 1165 - 4 条,已如前述。在 2015 年的《合同法、债的一般制度和债的证明的改革法令草案》当中,法国政府也将被让人的同意作为合同转让的必要条件,这就是第 1340 条的规定,已如前述。在这些力量的影响下,法国政府最终通过 2016 年 2 月 10 日的债法改革法令将其规定在《法国民法典》新的第 1216 条当中,已如前述。在今时今日,民法学者普遍承认这一条件的存在。④

根据《法国民法典》第 1216(2) 条的规定,被让人对合同转让的同意可以是预先同意。所谓预先同意,是指两方当事人在所签订的合同当中预先对合同转让的条件做出规定,在合同所规定的条件出现时,一方当事人根据合同所规定的条件将自己与对方当事人之间的合同转让第三人。根据该条的规定,一旦转让人根据合同规定的转让条件将合同转让给受让人,他们之间的转让合同并不是从转让合同成立时对被让人产生法律效力,而是从被让人获得合同转让的通知或者被让人知道合同转让的事实时起对被让人产生法律效力。

相对于第 1216(2) 条规定的预先同意而言,《法国民法典》第 1216(1) 条规定

---

① Cour de Cassation, Chambre commerciale, du 7 janvier 1992, 90 - 14.831; Cour de Cassation, Chambre commerciale, du 6 mai 1997, 95 - 10.252; Jacques Flour, Jean-Luc Aubert, Éric Savaux, Les obligations, 3. Le rapport d'obligation, 7e édition, Dalloz, 2011, pp. 372 - 373;

② Jacques Flour, Jean-Luc Aubert, Éric Savaux, Droit civil, Les Obligations, 3. Le rapport d'obligation, 7e édition, Dalloz, 2011, p. 372; Marjorie Brusorio-Aillaud, Droit des obligations, 8e édition, bruylant, 2017, p. 330.

③ Jean Carbonnier, Droit civil, Les biens, Les obligations, puf, 2004, p. 2465; Philippe Malaurie, Laurent Aynès, Philippe Stoffel-Munck, Les obligations, 4e édition, Defrénois, 2009, p. 486; Jacques Flour, Jean-Luc Aubert, Éric Savaux, Les obligations, 3. Le rapport d'obligation, 7e édition, Dalloz, 2011, pp. 372 - 373.

④ Muriel Fabre-Magnan, Droit des obligations, Tome 1, Contrat et engagement unilatéral, 4e édition, puf, 2016, pp. 627 - 628; Philippe Malaurie, Laurent Aynès, Philippe Stoffel-Munck, Droit Des Obligations, 8e édition, LGDJ, 2016, p. 483; Marjorie Brusorio-Aillaud, Droit des obligations, 8e édition, bruylant, 2017, pp. 330 - 331; Virginie Larribau-Terneyre, Droit civil Les obligations, 15e édition, Dalloz, 2017, p. 563; François Terré, Philippe Simler, Yves Lequette, François Chénedé, Droit civil, Les obligations, 12e édition, Dalloz, 2018, pp. 1741 - 1742.

的同意仅为事后同意。所谓事后同意，是指没有预先在所签订的合同当中对合同转让的条件做出明确规定的情况下，被让人在合同签订之后的合同履行期间对转让人与受让人之间的合同转让所做出的同意。

除了预先同意和事后同意之外，现行《法国民法典》还对同意的两种范围或者两种不同模式做出了规定：同意免除转让人对自己承担的合同债务；不同意免除转让人对自己承担的合同债务。关于这两种不同的同意，笔者将在合同转让的法律效力当中做出详细的讨论，此处从略。

（三）民法学者关于事后同意要件的不同意见

无论是在2016年之前还是之后，民法学者之间均就事后同意的方式存在不同看法。① 某些民法学者认为，事后同意只能够是被让人对转让人和受让人之间达成的转让合同的简单批准，例如 Carbonnier、Flour、Aubert 和 Savaux 等人。而另外一些民法学者则认为，事后同意仅仅是指被让人、转让人和受让人三方当事人之间通过意思表示的交汇、汇集所签订的三方合同，例如 Ghestin、Jamin、Billiau 和 Aillaud 等人。

Ghestin、Jamin 和 Billiau 认为，当被让人对转让人和受让人之间的合同转让做出同意时，他们实际上与转让人和受让人之间缔结了一种三方当事人合同。在该种合同当中，除了转让人和受让人是当事人之外，被让人也是合同的当事人，基于他们三方当事人意思表示的交汇，他们之间成立了一个新合同，换言之，他们认为，被让人做出的同意引起了一种新合同的成立。②

Aillaud 也认为，《法国民法典》第1216条所规定的同意仅仅是指被让人、转让人和受让人之间的三方合同，他指出："在2016年之前，人们希望知道的问题是被让合同当事人的同意是不是合同转让的必要条件，关于这一问题，民法学者之间展开了热烈的讨论。在1997年的案件当中，司法判例已经解决了这一争议。在2007年的案件当中，法官再一次确认了它在1997年的案件当中所确立的规则：合同转让以转让人、受让人和被让人之间的意思表示交汇作为条件。《法国民法典》第1216（1）条确认了此种规则，它规定：在经过合同相对人即被让人同意时，合同当事人即转让人能够将自己的合同当事人身份转让给第三人即受让人。第1216（1）条的规定是完全符号逻辑要求的，如果被让人的同意构成一种双方当事人之间的一种合同的话。"③

Carbonnier、Flour、Aubert 和 Savaux 等人则反对 Ghestin、Jamin、Billiau 和 Aillaud 所主张的上述理论。Carbonnier 认为，被让人的事后同意仅仅是对转让人和受让人之间的合同转让做出简单的批准，他指出："要求被让人的同意并不意味着被让人应当与受让人签订合同，此种看法是在否定合同转让的存在，因为合同转让仅仅是指此种合同或

---

① Jacques Flour, Jean-Luc Aubert, Éric Savaux, Droit civil, Les Obligations, 3. Le rapport d'obligation, 7e édition, Dalloz, 2011, p. 374; Colliot Julie, La cession de contrat consacrée par le Code civil, Revue juridique de l'Ouest, 2016-4, pp. 44-45.

② Jacques Ghestin, Christophe Jamin, Marc Billiau, Traité de droit civil, Les effets du contrat, 3e édition, LGDJ, 2001, n°1053.

③ Marjorie Brusorio-Aillaud, Droit des obligations, 8e édition, bruylant, 2017, p. 330.

者比种合同的转移,而不是指合同的更新。此时,被让人对合同转让的同意仅仅是一种批准。"① Flour、Aubert 和 Savaux 也认为,被让人对合同转让的同意仅仅是一种批准,他们指出:"虽然被让人的同意构成合同转让的一个有效条件……但是,此种同意仅仅是一种批准,其目的在于允许合同的转让,它的目的既不在于让被让人成为转让合同的一方当事人,也不在于产生将受让人联系在一起的一种新合同。"②

笔者对《法国民法典》第1216(1)条所规定的同意做出广义的理解,认为它既是指被让人对转让合同的简单批准,也是指被让人与转让人和受让人之间签订的三方当事人合同。关于这两种同意的方式,笔者已经在债务转让的同意当中做出了详细的讨论,此处从略。应当注意的是,《法国民法典》第1216(1)条仅仅将同意作为合同转让的条件,它没有对被让人同意的形式做出更进一步的说明:被让人的同意是明示同意还是默示同意,是书面同意还是口头同意?这些问题至今仍然悬而未决,民法学者少有说明。

在2018年的《债》当中,Terré、Simler 和 Lequette 等人对其中的一个问题做出了回答,他们认为,既然《法国民法典》第1216条将被让人的同意作为合同转让的必要条件,既然该条要求合同转让要采取书面形式,则被让人对合同转让做出的同意理当采取书面形式。③ 如果此种理解适当的话,则被让人的同意应当是明示的和书面的,默示的或者口头的同意则不能够让合同转让对被让人产生法律效力。此外,此种看法也与法国最高法院在2016年之前的某些案件当中采取的做法冲突,因为在这些案件当中,法国最高法院认定,被让人的同意可以是明示的和默示的,已如前述。

(四) 欠缺被让人同意要件时合同转让的法律效力

根据《法国民法典》第1216条的规定,合同转让当然应当获得被让人的同意。问题在于,如果合同转让没有获得被让人的同意,转让人与受让人之间的合同转让是否有效?他们之间的合同转让是产生无效的法律效果还是仅仅产生不得对抗的法律效果?如果产生无效的后果,究竟是绝对无效还是相对无效?对于这些问题,《法国民法典》没有做出明确规定,在2016年之前,法国最高法院有两种不同的裁判。在1998年6月24日的案件当中,法国最高法院民三庭认为,没有取得被让人同意的合同转让并非无效,而仅仅是不能够对抗被让人,这就是对抗理论。④ 而在2007年1月30日的案件当中,法国最高法院民一庭则认为,没有取得被让人同意的合同转让所遭受的法律制裁是转让合同相对无效。⑤

在2016年之后,民法学者也对此种问题存在不同看法。Terré、Simler 和 Lequette

---

① Jean Carbonnier, Droit civil, Les biens, Les obligations, puf, 2004, p.2465.
② Jacques Flour, Jean-Luc Aubert, Éric Savaux, Les obligations, 3. Le rapport d'obligation, 7e édition, Dalloz, 2011, p.372.
③ François Terré, Philippe Simler, Yves Lequette, François Chénedé, Droit Civil, les Obligations, 12e édition, Dalloz, 2018, p.1741.
④ Civ. 3e, 24 juin 1998, D. Affaires 1998.1387.
⑤ Civ. 1re, 30 janvier 2007, pourvoi n°05-19352.

认为，根据《法国民法典》新的第 1216 条规定的字面解释，没有获得被让人同意的合同转让是无效的，而不是不能够对抗的，因为该条将被让人的同意视为合同转让的一个有效条件。当然，他们也认为，相对于旧的判例法所确立的不能够对抗规则而言，法律的此种新规定是一种倒退。① Aillaud 则认为，没有获得被让人同意的合同转让并不是无效的，而仅仅是不能够产生对抗的，因为他指出，如果没有获得被让人的同意，则被让人不是转让合同的三方当事人之一，而仅仅是转让合同的第三人，根据合同的相对性规则，合同转让不能够对抗被让人。②

笔者认为，如果转让人和受让人之间的合同转让没有获得被让人的同意，他们之间的合同转让并非无效，包括绝对无效或者相对无效，而仅仅产生不能够对抗被让人的法律效力：被让人能够忽视转让合同的存在，即便转让人已经将合同转让给受让人，受让人仍然有权要求转让人对自己履行债务，转让人不能够借口合同已经转让给了受让人而拒绝对被让人履行合同所规定的债务。

首先，虽然《法国民法典》新的第 1216 条将被让人的同意视为合同转让的有效条件，但是，人们应当对此种有效条件做出狭义的理解，认为此种条件仅仅是指转让人和受让人之间的合同转让对被让人有效的条件，不是指对转让人和受让人之间转让合同本身的条件：如果转让合同获得了被让人的同意，则转让合同对被让人产生法律效力，否则，转让合同不会对被让人产生法律效力。

其次，根据合同自由原则，即便被让人不同意，转让人仍然能够将自己的合同转让给受让人，此时，转让合同仅仅对转让人和受让人产生法律效力，不会对被让人产生法律效力，这就是所谓的"合同的内部转让"，它属于合同的一种不完全转让形式。③

再次，此种看法与《法国民法典》新的第 1216（2）条的精神一致。因为根据该条的规定，即便转让人与被让人已经预先在他们之间的合同当中规定了合同转让的条件，如果转让人在条件具备时将自己的合同转让给受让人而没有对被让人予以通知或者没有让被让人知道，则转让人和受让人之间的合同转让仍然对他们自己产生法律效力，他们均能够以合同转让对抗被让人。该条规定的说明，被让人的同意不会影响到转让人与受让人之间转让合同的法律效力。④

最后，此种规则在 2016 年之后被法国最高法院所采纳。虽然在 2016 年之前，法国最高法院在同意欠缺所遭受的法律制裁问题上存在两种不同看法，但是，在 2016 年之后的司法判例当中，法国最高法院民三庭重复了它在 1998 年 6 月 24 日的案件当中的做法，认为没有获得被让人同意的合同转让并非无效，而仅仅不能够对抗被让人。在 2017 年 2 月 9 日的案件当中，法国最高法院民三庭明确指出："虽然租赁合同明确要求租赁合同的转让应当预先获得出租人的同意，但是，在没有预先获得出租人同意时，转

---

① François Terré, Philippe Simler, Yves Lequette, François Chénedé, Droit Civil, les Obligations, 12e édition, Dalloz, 2018, p.1742.

② Marjorie Brusorio-Aillaud, Droit des obligations, 8e édition, bruylant, 2017, p.330.

③ Marjorie Brusorio-Aillaud, Droit des obligations, 8e édition, bruylant, 2017, p.330；François Terré Philippe Simler, Yves Lequette, François Chénedé, Droit civil, Les obligations, 12e édition, Dalloz, 2018, p.1742.

④ Philippe Malaurie, Laurent Aynès, Philippe Stoffel-Munck, Droit Des Obligations, 8e édition, LGDJ, 2016, p.483.

让人和受让人之间的商事租赁合同并非无效，而仅仅不能够对抗第三人。"①

四、合同转让的对象即合同具有可自由转让性

（一）合同的转让原则和例外情况下合同的不得自由转让

根据《法国民法典》新的第1216条的规定，合同转让的第三个有效条件是，转让人转让给受让人的合同在性质上属于能够自由转让的合同（contrats cessibles），如果他们之间的转让合同所涉及的合同在性质上属于不能够自由转让的合同（contrats incessibles），则即便具备其他条件，他们之间的转让合同也无效。所谓能够自由转让的合同，也称为合同的可自由转让性，是指当事人能够将其投入流通并且转让给第三人的合同。所谓不能够自由转让的合同，也称为合同的不得自由转让性，是指当事人不能够将其投入流通并且转让给第三人的合同。法国民法学者普遍将能够或者不能够自由转让的合同问题称为合同约定转让的范围（domaine）问题。

通过2016年2月10日的债法改革法令，现行《法国民法典》新的第1216条正式承认了合同的自由转让原则（le principe de libre cessibilité des contrats）。根据这一原则，如果一方当事人与另外一方当事人之间存在某种合同，基于意思自治和合同自由原则，任何一方当事人均能够将自己与对方当事人之间的合同转让给第三人，并因此让第三人取代自己而成为合同当事人。Malaurie、Aynès和Stoffel-Munck对《法国民法典》所规定的此种原则做出了说明，他们指出："当《法国民法典》第1216条规定一方当事人'能够转让自己的合同当事人身份'时，《法国民法典》实际上规定了合同的可转让性原则：原则上，所有的合同均能够成为转让的对象。"② Terré、Simler和Lequette等人也对此种原则做出了说明，他们指出，根据《法国民法典》的新的规定，合同是能够自由转让的。③

虽然2016年之后的《法国民法典》明确规定了合同的可自由转让原则，但是，这一原则并非适用于所有的合同，因为，某些合同是不能够自由转让的，这就是合同自由转让原则的例外。问题在于，哪些合同是不能够自由转让的。对此问题，现行《法国民法典》在规定合同的自由转让原则时没有做出任何规定，民法学者之间存在不同看法。Flour、Aubert和Savaux认为，不能够自由转让的合同分为三类：制定法禁止转让的合同，当事人约定不能够转让的合同，以及合同的性质决定了不能够转让的合同。④ Cabrillac认为，不能够自由转让的合同包括两种：以信任、信赖作为基础的合同和即时

---

① Civ. 3e, 9 févr. 2017, pourvoi n° 15 – 15.428.

② Philippe Malaurie, Laurent Aynès, Philippe Stoffel-Munck, Droit Des Obligations, 8e édition, LGDJ, 2016, p.481.

③ François Terré, Philippe Simler, Yves Lequette, François Chénedé, Droit Civil, les Obligations, 12e édition, Dalloz, 2018, p.1743.

④ Jacques Flour, Jean-Luc Aubert, Éric Savaux, Les obligations, 3. Le rapport d'obligation, 7e édition, Dalloz, 2011, pp. 370 – 372.

合同。① Fabre-Magnan 认为，不能够自由转让的合同仅有一种，这就是制定法禁止转让的合同。②

Malaurie、Aynès 和 Stoffel-Munck 认为，不能够转让的合同有两类：合同性质决定了不能够自由转让的合同。例如，以信任、信赖作为基础的合同，合同当事人预先排除合同转让的合同。他们指出："即便《法国民法典》没有做出明确规定，合同自由转让的原则在两种情况下是应当避免的。一方面，基于合同的性质，如果当事人被第三人取代之后，合同不再存在，则合同不能够自由转让。例如，以信任、信赖为基础的合同，如果一方当事人不能够或者不愿意履行合同。另一方面，如果当事人根据合同性质预先已经将合同的转让排除，则他们之间的合同也不得转让。"③ Terré、Simler 和 Lequette 等人认为，不能够自由转让的合同包括三类：以信任、信赖为基础的合同，制定法禁止转让的合同，以及当事人约定合同不能够转让的合同。④

笔者根据 Flour、Aubert 和 Savaux 等人的上述意见，将不能够自由转让的合同可以分为三类：制定法禁止转让的合同、当事人约定不能够自由转让的合同、合同性质决定了不能够自由转让的合同。

1. 制定法禁止转让的合同

所谓制定法禁止转让的合同，是指立法者在其制定法当中明确禁止当事人将自己的合同转让给受让人的合同。基于意思自治和合同自由原则的尊重，立法者很少会制定法律，禁止当事人转让自己的合同。不过，在例外情况下，立法者也会制定法律，明确禁止合同当事人将自己的某些合同转让给第三人。⑤

例如，《法国农村和海洋渔业法典》第 L.411-35 条就明确禁止农村土地的承租人将自己的不动产租赁合同转让给家庭成员之外的人，该条规定：……任何农村土地租赁合同的转让均是禁止的，但是，如果经过出租人的同意，承租人能够将自己的农村土地租赁合同转让给参与经营活动的配偶、连带民事协约家庭的伴侣以及已经成年或者已经解除了亲权关系的后代。⑥ 再例如，法国立法者在 1989 年 7 月 6 日制定的有关改善租赁关系的法律第 8 条就禁止住房的承租人将自己与出租人之间的住房租赁合同转让给第三人，该条规定：除非经过出租人的同意，否则，承租人既不能够转让租赁合同，也不能

---

① Rémy Cabrillac, Droit des Obligations, 12e édition, Dalloz, 2016, pp. 353-354.
② Muriel Fabre-Magnan, Droit des obligations, Tome 1, Contrat et engagement unilatéral, 4e édition, puf, 2016, pp. 626-627.
③ Philippe Malaurie, Laurent Aynès, Philippe Stoffel-Munck, Droit Des Obligations, 8e édition, LGDJ, 2016, pp. 481-482.
④ François Terré, Philippe Simler, Yves Lequette, François Chénedé, Droit Civil, les Obligations, 12e édition, Dalloz, 2018, pp. 1743-1744.
⑤ Jacques Flour, Jean-Luc Aubert, Éric Savaux, Droit civil, Les Obligations, 3. Le rapport d'obligation, 7e édition, Dalloz, 2011, p. 372; Muriel Fabre-Magnan, Droit des obligations, Tome 1, Contrat et engagement unilatéral, 4e édition, puf, 2016, p. 626; François Terré, Philippe Simler, Yves Lequette, François Chénedé, Droit civil, Les obligations, 12e édition, Dalloz, 2018, p. 1743.
⑥ Article L. 411-35, Code rural et de la pêche maritime, Version en vigueur au 14 août 2021, https://www.legifrance.gouv.fr/codes/section_lc/LEGITEXT000006071367/LEGISCTA000006167757?etatTexte=VIGUEUR&etatTexte=VIGUEUR_DIFF&anchor=LEGISCTA000006167757#LEGISCTA000006167757.

够分租住所。①

2. 当事人约定不能够自由转让的合同

所谓当事人约定不能够自由转让的合同，也称为合同当事人明确禁止转让的合同，是当事人在其中规定了禁止合同转让条款的合同。所谓禁止合同转让的条款，也称为排除合同转让的条款，是指当事人在其合同当中明确禁止、排除将合同转让给第三人的条款。禁止合同转让的条款区别于当事人在其合同当中就合同转让所规定的其他条款：当事人在自己的合同当中规定，一方当事人转让合同时需要获得对方当事人同意，这就是获得转让同意的条款；当事人在自己的合同当中对合同转让的条件做出规定，在符合所规定的条件时，合同可以被转让，这就是合同转让的条件条款。②

禁止合同转让的条款、同意合同转让的条款和合同转让的条件条款之间既存在共同点，也存在差异。它们之间的共同点是，根据意思自治和合同自由原则，它们之间的这些合同条款是有效的，因为一方面，这些条款是当事人之间意思表示的结晶；另一方面，这些条款原则上均不违反公共秩序。它们之间的差异在于，除非制定法明确禁止当事人规定合同转让条款，否则，合同转让的禁止条款确定有效，如果一方当事人违反禁止条款的规定擅自将合同转让给第三人，当另外一方当事人起诉时，法官应当承认禁止转让的条款有效并且宣告合同转让无效。换言之，禁止合同转让的条款不会受到司法控制。③《法国民法典》第 1717 条对此种规则做出了说明，该条规定：承租人享有转租权，甚至享有将其租赁权转让给第三人的权利，如果他们的此种资格没有被禁止的话。此种资格的禁止或者是全部的或者是部分的。此种禁止条款总是有效的。④

如果合同规定一方当事人转让合同需要获得对方当事人的同意，在对方当事人拒绝同意时，基于转让人的起诉，法官应当对对方当事人的拒绝同意做出审查：如果他们认为，对方当事人的拒绝同意确有正当理由，则法官会禁止转让人转让合同；反之，如果法官认为，对方当事人的拒绝同意欠缺任何正当理由，则法官会做出判决，允许转让人转让合同，此时，转让人与受让人之间的合同对被让人有效。换言之，同意合同转让的

---

① Article 8, Loi n° 89-462 du 6 juillet 1989 tendant à améliorer les rapports locatifs et portant modification de la loi n° 86-1290 du 23 décembre 1986, https://www.legifrance.gouv.fr/loda/id/LEGISCTA000006093025.

② Jacques Flour, Jean-Luc Aubert, Éric Savaux, Droit civil, Les Obligations, 3. Le rapport d'obligation, 7e édition, Dalloz, 2011, p. 371; Philippe Malaurie, Laurent Aynès, Philippe Stoffel-Munck, Droit Des Obligations, 8e édition, LGDJ, 2016, p. 482; François Terré, Philippe Simler, Yves Lequette, François Chénedé, Droit civil, Les obligations, 12e édition, Dalloz, 2018, p. 1744.

③ Jacques Flour, Jean-Luc Aubert, Éric Savaux, Droit civil, Les Obligations, 3. Le rapport d'obligation, 7e édition, Dalloz, 2011, p. 371; Philippe Malaurie, Laurent Aynès, Philippe Stoffel-Munck, Droit Des Obligations, 8e édition, LGDJ, 2016, p. 482; François Terré, Philippe Simler, Yves Lequette, François Chénedé, Droit civil, Les obligations, 12e édition, Dalloz, 2018, p. 1744.

④ Article 1717, Code civil, Version en vigueur au 14 août 2021, https://www.legifrance.gouv.fr/codes/section_lc/LEGITEXT000006070721/LEGISCTA000006150285/#LEGISCTA000006150285.

条款会受到司法控制。①

在法国，禁止合同转让的条款原则上是有效的，在例外情况下则是无效的。所谓例外情况下是无效的，是指如果立法者在自己的制定法当中明确禁止当事人在自己的合同当中规定禁止合同转让的条款，则当事人之间的合同所规定的禁止合同转让的条款因为违反制定法的禁止性规定而无效。例如，《法国商法典》第 L. 145 – 16（1）条就明确禁止商事租赁合同的当事人在自己的合同当中规定禁止合同转让的条款，至少在商事租赁合同构成商事营业资产的构成因素时是如此，该条规定：如果商事租赁合同禁止承租人将自己的商事租赁合同或者权利转让给其商事营业资产或者其企业的买受人，则此种禁止协议被视为没有规定，无论其形式是什么。② 同样，《法国商法典》第 L. 642 – 7 条也明确规定，商事融资租赁合同不得规定禁止合同转让的条款。③

3. 合同性质决定了不能够自由转让的合同

所谓合同性质决定了不能够自由转让的合同，是指合同当事人之间关系的性质阻止一方当事人将其合同转让给第三人的合同。即便制定法没有禁止，即便合同当事人之间的合同没有禁止，合同当事人也可能无法将自己的合同转让给第三人，因为他们与对方当事人之间的合同性质阻止他们实施此种转让行为，如果他们一意孤行，则他们与受让人之间的转让合同会被认定为无效，这就是因为合同的性质所决定的不能够自由转让的合同。④ 合同性质决定了不能够自由转让的合同主要体现在三个方面：以信任、信赖作为基础的合同性质决定了此类合同不能够自由转让；单务合同的性质决定了此类合同的不能够自由转让；即时合同的性质决定了此类合同的不能够自由转让。不过，此种规则没有获得民法学者的普遍认同，这就是民法学者在这些合同是否能够自由转让方面所存在的争议。

（二）合同转让是否适用于以信任、信赖作为基础的合同

在合同转让所适用的对象、客体方面，民法学者之间面临的第一个主要争议是，以信任、信赖作为基础的合同是否能够成为合同转让的对象、客体。

---

① Jacques Flour, Jean-Luc Aubert, Éric Savaux, Droit civil, Les Obligations, 3. Le rapport d'obligation, 7e édition, Dalloz, 2011, p. 371; Philippe Malaurie, Laurent Aynès, Philippe Stoffel-Munck, Droit Des Obligations, 8e édition, LGDJ, 2016, p.482; François Terré, Philippe Simler, Yves Lequette, François Chénedé, Droit civil, Les obligations, 12e édition, Dalloz, 2018, p.1744.

② Article L. 145 – 16, Code de commerce, Version en vigueur au 14 août 2021, https://www.legifrance.gouv.fr/codes/section_lc/Legitext000005634379/Legiscta000006161265?etatTexte=Vigueur&etatTexte=Vigueur_Diff&anchor=Legiscta000006161265#LEGISCTA000006161265.

③ Article L. 642 – 7, Code de commerce, Version en vigueur au 14 août 2021, https://www.legifrance.gouv.fr/codes/section_lc/LEGITEXT000005634379/LEGISCTA000006161368?etatTexte=VIGUEUR&etatTexte=VIGUEUR_DIFF&anchor=LEGISCTA000006161368#LEGISCTA000006161368.

④ Jacques Flour, Jean-Luc Aubert, Éric Savaux, Droit civil, Les Obligations, 3. Le rapport d'obligation, 7e édition, Dalloz, 2011, pp. 371 – 372; Muriel Fabre-Magnan, Droit des obligations, Tome 1, Contrat et engagement unilatéral, 4e édition, puf, 2016, p.627; Philippe Malaurie, Laurent Aynès, Philippe Stoffel-Munck, Droit Des Obligations, 8e édition, LGDJ, 2016, pp. 481 – 482; François Terré, Philippe Simler, Yves Lequette, François Chénedé, Droit civil, Les obligations, 12e édition, Dalloz, 2018, pp.1743.

在债法上，以信任、信赖作为基础的合同是相对于不以信任、信赖作为基础的合同而言的一类合同，因为在合同领域，根据合同当事人之间的合同是否需要具备信任和信赖作为根据的不同，合同分为以信任、信赖作为基础的合同和不以信任、信赖作为基础的合同。所谓以信任、信赖作为基础的合同（contrat intuitus personae），也称为以密切的人身关系作为前提的合同，是指其缔结以当事人之间的相互信任、信赖作为条件的合同，如果没有当事人之间的相互信任、信赖作为条件，他们不会缔结对彼此有约束力的合同。所谓不以信任、信赖作为基础的合同，也称不以密切的人身关系作为前提的合同，是指其缔结不会以当事人之间的相互信任、信赖作为条件的合同，即便没有当事人之间的相互信任、信赖，他们仍然会缔结对彼此有约束力的合同。例如，赠与合同、劳动合同等属于以信任、信赖作为基础的合同，而买卖合同则属于不以信任、信赖作为基础的合同。①

人们之所以区分以信任、信赖作为基础的合同和不以信任、信赖作为基础的合同，一个主要的原因在于，这两类合同的性质不同，因此，它们的可自由转让性也不同：因为以信任、信赖作为基础的合同考虑当事人之间的人身关系，因此，当事人不能够将此类合同转让给受让人，这就是以信任、信赖作为基础的合同的不可自由转让性；因为不以信任、信赖作为基础的合同不会考虑当事人之间的人身关系，因此，当事人能够自由转让此类合同，这就是不以信任、信赖作为基础的合同的可自由转让性。

Flour、Aubert 和 Savaux 对此种规则做出了说明，他们指出："以信任、信赖作为基础的合同的转让似乎自然会被禁止。在与债务人签订合同时，债权人因为债务人的职业资格而对其投入信赖，因此，债务人不能够被第三人替换。"② Fabre-Magnan 也对此种规则做出了说明，他指出："人们最严厉反对的一种合同转让是以信任、信赖作为基础的合同的转让。因为，如果这些合同的缔结会考虑当事人的人身性质，则这也仅仅是指，对于这些合同当事人而言，合同当事人的人身是他们同意与其签订合同的基本因素。基于此，似乎很难承认，在一方当事人将自己的合同转让给第三人时，第三人会有新的合同当事人身份。"③

不过，在 2016 年之前，法国最高法院分别在 1992 年 1 月 7 日的案件和 2000 年 6 月 6 日的案件当中承认，即便是以信任、信赖作为基础的合同也能够自由转让，如果转让人与受让人之间的合同转让获得了被让合同当事人的同意，则此类合同的转让仍然有效。④ 因为此种原因，在 2016 年之后，民法学者普遍承认，就像不以信任、信赖作为基础的合同能够自由转让一样，以信任、信赖作为基础的合同也能够自由转让，只要被让合同当事人同意转让人与受让人之间的合同转让即可。因为这些民法学者认为，在 2016 年之后的《法国民法典》没有对此种合同的转让做出明确规定时，法国最高法院

---

① 张民安：《法国合同法总论》，中山大学出版社 2021 年版，第 147—148 页。
② Jacques Flour, Jean-Luc Aubert, Éric Savaux, Droit civil, Les Obligations, 3. Le rapport d'obligation, 7e édition, Dalloz, 2011, p. 372.
③ Muriel Fabre-Magnan, Droit des obligations, Tome 1, Contrat et engagement unilatéral, 4e édition, puf, 2016, p. 627.
④ Cass. com, 7 janvier 1992, Bull. civ. IV. n°3; Cass. civ. 1re, 6 juin 2000, n°97 - 19347.

在2016年之前通过这两个案件所确立的规则仍然是有效的规则。①

不过，如果被让合同当事人不同意，则即便转让人与受让人之间签订了转让合同，他们之间的合同也无效。因为一方面，仅仅在被让合同当事人同意时，此类合同的转让才是有效的；另一方面，被让合同当事人的拒绝同意是客观存在的（invincible），因为在此类合同当中，转让人的信用、资信尤其是清偿能力等人身因素完全建立在合同相对人的评估基础上，是他们在进行仔细评估之后才最终选择了与转让人签订合同的。换言之，一旦被让合同当事人选择了拒绝同意，在转让人或者受让人向法院起诉之后，法官不得对被让合同当事人的拒绝同意做出司法审查，以便确定他们的拒绝同意是否具有正当根据。②

（三）合同转让是否适用于单务合同

在合同转让所适用的对象、客体方面，民法学者之间面临的第二个主要争议是，单务合同是否能够成为合同转让的对象、客体。

在债法上，单务合同是相对于双务合同而言的一类合同。根据合同当事人是否承担相互债务的不同，合同分为双务合同和单务合同。所谓双务合同（contrats synallagmatiques），是指合同的双方当事人均对对方承担相互债务（obligatons réciproques）的合同。所谓单务合同（contrats unilatéraux），则是指仅合同的一方当事人对另外一方当事人承担债务的合同。买卖合同、租赁合同等属于双务合同，而赠与合同和借用合同则属于单务合同。③ 民法学者普遍承认，合同转让当然能够适用于双务合同，问题在于，合同转让是否能够适用于单务合同，民法学者之间存在不同的看法。

Terré、Simler 和 Lequette 等人持否定态度，他们认为，合同转让的对象、客体不能够是单务合同。因为他们认为，即便转让人将自己的单务合同转让给受让人，他们之间的转让在性质上也不是合同转让，而仅仅是债权转让或者债务转让：如果债权人将自己的合同转让给受让人，则他们之间的转让仅仅是债权转让，如果债务人将自己的合同转让给受让人，则他们之间的转让仅仅是债务转让。他们指出："实际上，仅仅在双务合同当中才存在合同转让的可能问题，如果合同是单务的并且仅仅包含一方当事人所承担的债务，例如借用合同，合同转让或者等同于债权转让，如果人们站在出借人立场的话，或者等同于债务转让，如果人们站在借用人的立场的话。"④

---

① Jacques Flour, Jean-Luc Aubert, Éric Savaux, Droit civil, Les Obligations, 3. Le rapport d'obligation, 7e édition, Dalloz, 2011, p.372; Muriel Fabre-Magnan, Droit des obligations, Tome 1, Contrat et engagement unilatéral, 4e édition, puf, 2016, p.627; Philippe Malaurie, Laurent Aynès, Philippe Stoffel-Munck, Droit Des Obligations, 8e édition, LGDJ, 2016, pp.481–482; Rémy Cabrillac, Droit des Obligations, 12e édition, Dalloz, 2016, pp.353–354; François Terré, Philippe Simler, Yves Lequette, François Chénedé, Droit civil, Les obligations, 12e édition, Dalloz, 2018, p.1743.

② Philippe Malaurie, Laurent Aynès, Philippe Stoffel-Munck, Droit Des Obligations, 8e édition, LGDJ, 2016, p.482.

③ 张民安：《法国合同法总论》，中山大学出版社2021年版，第82—85页。

④ François Terré, Philippe Simler, Yves Lequette, François Chénedé, Droit Civil, les Obligations, 12e édition, Dalloz, 2018, p.1738.

其他民法学者反对 Terré、Simler 和 Lequette 等人所持的此种看法，他们认为，除了双务合同能够作为独立的合同转让存在之外，单务合同也能够作为合同转让独立存在，人们不能够借口单务合同仅为一方当事人对另外一方当事人承担债务就认定它们或者是债权转让或者是债务转让。因为他们认为，合同转让的对象即合同、合同当事人的身份不能够减缩为债权转让或者债务转让的对象、客体即债权和债务，这就是 Flour、Aubert、Savaux 和 Fabre-Magnan 等人采取的肯定理论。

Flour、Aubert 和 Savaux 指出："根据某些学者的意见，合同转让只能够适用于双务合同，不能够适用单务合同。根据情形的不同，单务合同的转让或者与债权转让混淆，或者与债务转让混淆。然而，此种看法是值得怀疑的，因为单务合同当中一方当事人的合同身份不应当被减缩为债权人或者债务人的身份，因此，单务合同的转让也不应当等同于债权转让或者债务转让。"①

Fabre-Magnan 也指出："在合同约定转让的范围问题上，人们首先要解决的问题是，合同转让是否能够适用于单务合同。这些合同仅仅让一方当事人承担债务。某些学者因此认为，单务合同的转让根据情形的不同要么构成债权转让，要么构成债务转让。不过，合同当事人的身份不能够归结为债务人或者债权人的身份，况且，单务合同的转让还包括其他的后果，诸如因为合同产生的诉权的转让。"②

在上述两种不同意见当中，笔者采纳后一种意见，认为合同转让既适用于双务合同，也适用于单务合同。合同的单务性质或者双务性质与合同的转让没有直接的关系，因为合同转让的对象、客体是合同、转让人的合同身份，而债权转让和债务转让的对象、客体仅为债权或者债务，这就是合同转让的独立性，该种独立性让合同转让区别于债权转让、债务转让，已如前述。

（四）合同转让是否适用于即时合同

在合同转让所适用的对象、客体方面，民法学者之间面临的第三个主要争议是，即时合同是否能够成为合同转让的对象、客体。

在债法上，即时合同是相对于连续合同而言的一类合同。根据合同当事人债务履行方式的不同，合同分为即时合同和连续合同。所谓连续合同（contrats successfs），也称为连续履行合同（le contrat à exécution successive）。是指当事人的债或者至少部分债在一定时期内分多次履行的合同。所谓即时合同（contrats instantanés），也称为即刻履行合同（le contrat à exécution instantanée），是指债务人能够通过一次性给付履行债务的合同。例如，租赁合同和劳动合同属于连续合同，而买卖合同和互易合同则属于即时合同。③ 民法学者普遍认为，合同转让当然能够适用于连续合同，问题在于，合同转让是否能够适用于即时合同，对此问题，民法学者之间存在不同看法。

---

① Jacques Flour, Jean-Luc Aubert, Éric Savaux, Droit civil, Les Obligations, 3. Le rapport d'obligation, 7e édition, Dalloz, 2011, p.371.

② Muriel Fabre-Magnan, Droit des obligations, Tome 1, Contrat et engagement unilatéral, 4e édition, puf, 2016, p.626.

③ 张民安：《法国合同法总论》，中山大学出版社2021年版，第90—93页。

在 2009 年第四版的《债》当中，Malaurie、Aynès 和 Stoffel-Munck 采取否定理论，他们认为，合同转让虽然能够适用于连续合同，但是，不能够适用于即时合同，他们指出："如果合同不能够产生主要法律效力，则合同不能够转让，因为合同转让意味着合同在第三人成为当事人之后继续存在。……只有连续合同才能够成为合同转让的对象。"①

Malaurie、Aynès 和 Stoffel-Munck 的此种理论遭到其他学者的批评，他们认为，除了连续合同能够成为合同转让的客体之外，即时合同也能够成为合同转让的客体。因为，即便是即时合同，债务人也未必一定准时履行合同，如果债务人迟延履行债务，在迟延履行债务期限，一方当事人也能够将自己的即时合同转让给受让人，这就是 Flour、Aubert、Savaux 和 Fabre-Magnan 等人采取的肯定理论。

Flour、Aubert 和 Savaux 指出："对于即时合同是否能够适用于合同转让，人们可能存在犹豫不决的地方。的确，如果第三人受让合同时因为所转让的合同目的已经实现而不能够实现受让合同的目的，则即时合同显然是不能够转让的。但是，如果受让合同的目的还没有完全实现，则人们能够足够公正地说，即时合同也是能够转让的，例如，因为即时合同的履行陷入迟延。"② Fabre-Magnan 也指出："在实践当中，人们难以想象当事人之间的即时履行合同是能够转让的，其理由简单明了：合同债务在合同成立时即得以履行。然而，在当事人推迟此类合同的履行时，则他们之间的合同也能够转让。"③

在上述两种不同理论当中，笔者采取后一种理论。一方面，《法国民法典》新的第 1216 条没有明确区分任何性质的合同，因此，此种解释附合《法国民法典》的精神。另一方面，虽然即时合同往往在合同成立时合同所规定的债务就得到履行，合同成立的时间和合同履行的时间高度重叠，但是，合同当事人并非在任何情况下均自觉自愿地遵守此种规则，在合同迟延履行时，或者在合同当事人另有不同约定时，即便当事人之间的合同属于即时合同，一方当事人仍然能够将自己的即时合同转让给受让人。

因为这些原因，在 2016 年的第八版的《债》当中，Malaurie、Aynès 和 Stoffel-Munck 不仅删除了上述论断，而且还改变了自己的看法，除了承认连续合同能够转让之外，他们也明确承认即时合同的可自由转让性。他们指出："即便《法国民法典》没有准确地规定，合同转让也意味着合同在履行过程当中，所谓合同在履行过程当中，是指合同的主要效力还没有履行完毕。换言之，合同已经在当事人之间建立了一种持续的关系，在合同转让之后，人们能够想象到合同会继续存在下去。因此，合同转让这一制度的适用范围当然是连续合同（租赁合同、劳动合同、承揽合同、信用合同、融资租赁合同等），尤其是合作合同。不过，合同转让的对象也能够是即时合同，如果即时合同

---

① Philippe Malaurie, Laurent Aynès, Philippe Stoffel-Munck, Les obligations, 4e édition, Defrénois, 2009, p. 487.
② Jacques Flour, Jean-Luc Aubert, Éric Savaux, Droit civil, Les Obligations, 3. Le rapport d'obligation, 7e édition, Dalloz, 2011, p. 371.
③ Muriel Fabre-Magnan, Droit des obligations, Tome 1, Contrat et engagement unilatéral, 4e édition, puf, 2016, p. 626.

的主要法律效力仍然没有实现的话,其中的主要法律效力是指即时合同的转移效力。"①

第六节　合同转让的法律效力

一、现行《法国民法典》对合同转让的法律效力所做出的规定

一旦符合合同转让的一般条件和具体条件,则合同转让即在转让人、受让人和被让人之间产生法律效力。2016 年之前,《法国民法典》没有对一般合同转让的效力做出任何规定,因为它没有对一般合同转让制度做出规定。虽然如此,2016 年之前,承认合同转让的民法学者对合同转让的法律效力做出了说明。② 基于 2016 年 2 月 10 日的债法改革法令,现行《法国民法典》新的 1216 – 1 条、新的第 1216 – 2 条和新的 1216 – 3 条对合同转让的法律效力做出了明确规定:新的 1216 – 1 条对完全合同转让和不完全合同转让做出了规定,新的第 1216 – 2 条对受让人和被让人能够享有的各种各样的抗辩权做出了规定,而新的第 1216 – 3 条则对担保和共同连带人(codébiteurs solidaires)债务的相应扣减做出了规定。③ 2016 年之后,民法学者普遍根据《法国民法典》的规定对合同转让的法律效力做出了说明。④

二、合同转让对受让人产生的法律效力

合同转让是转让人和受让人之间的一种合同。根据该种合同,转让人将自己的合同身份转让给受让人并因此让受让人获得所转让的合同身份;无论合同转让是否获得被让人的同意,合同转让均对转让人和受让人产生约束力,转让人和受让人之间的合同转让并不会因为没有获得被让人的同意而无效,已如前述。

因为合同身份既包括债权的享有和债务的承担,也包括附加在合同身份上的各种特权,因此,合同转让对受让人产生的法律效力是:将转让人享有的债权、承担的债务以及与附加在合同身份上的合同特权和合同义务一并转让给受让人,让受让人获得所转让

---

① Philippe Malaurie, Laurent Aynès, Philippe Stoffel-Munck, Droit Des Obligations, 8e édition, LGDJ, 2016, p. 475.

② Jean Carbonnier, Droit civil, Les biens, Les obligations, puf, 2004, p. 2466; Philippe Malaurie, Laurent Aynès, Philippe Stoffel-Munck, Les obligations, 4e édition, Defrénois, 2009, pp. 487 – 488; Fronçcois Terré, Philippe Simler, Yves Lequette, Droit civil, Les obligations, 12e édition, Dalloz, 2009, p. 1303; Jacques Flour, Jean-Luc Aubert, Éric Savaux, Droit civil, Les Obligations, 3. Le rapport d'obligation, 7e édition, Dalloz, 2011, pp. 374 – 377.

③ Articles 1216 – 1 à 1216 – 3, Code civil, Version en vigueur au 16 août 2021, https://www.legifrance.gouv.fr/codes/section_ lc/LEGITEXT000006070721/LEGISCTA000006150253/#LEGISCTA000032041424.

④ Dimitri Houtcieff, Droit des contrats, Larcier, 2e édition, 2016, pp. 459 – 460; Muriel Fabre-Magnan, Droit des obligations, Tome 1, Contrat et engagement unilatéral, 4e édition, puf, 2016, pp. 628 – 630; Philippe Malaurie, Laurent Aynès, Philippe Stoffel-Munck, Droit Des Obligations, 8e édition, LGDJ, 2016, pp. 484 – 486; Marjorie Brusorio-Aillaud, Droit des obligations, 8e édition, bruylant, 2017, p. 331; Virginie Larribau-Terneyre, Droit civil Les obligations, 15e édition, Dalloz, 2017, pp. 564 – 565; François Terré, Philippe Simler, Yves Lequette, François Chénedé, Droit civil, Les obligations, 12e édition, Dalloz, 2018, pp. 1744 – 1745.

的这些债权、债务和附加在合同身份上的合同债权和义务。不过，合同转让产生的此种法律效力仅仅向将来生效，不会产生溯及既往的法律效力。换言之，从转让合同生效时起，转让人的合同身份转让给受让人，受让人仅仅从合同转让之日起享有债权和承担债务，他们不对合同转让之前转让人没有履行的债务或者没有行使完毕的债权负责或者享有，除非合同当事人在其合同转让当中对此做出相反的规定。

Aillaud 对合同转让产生的此种法律效力做出了说明，他指出："一旦受让人接受了合同转让，则受让人就取代了转让人而成为合同当事人并因此享有和承担所有因此产生的权利和债务。原则上，此种取代仅仅在将来生效，它不会产生溯及既往的效力。"① Terré、Simler 和 Lequette 等人也对合同转让产生的此种法律效力做出了说明，他们指出："合同转让将受让人置于转让人所处的地位上，因此，受让人能够取得转让人所转让的各种各样的权利，尤其是解约权、续约权和优先权……与此同时，受让人也承受转让人所转让的债务。不过，受让人所承受的债务也仅仅在将来生效，除非转让合同做出相反的规定；否则，受让人不承受转让人在转让之前没有履行的债务。"②

具体而言，合同转让将附加在转让人合同身份上的三类因素转移给受让人并因此让受让人以合同当事人的身份拥有这三类因素。

（一）要求被让人履行债务的权利

在合同转让之前，转让人与被让人之间存在合同关系。依据此种合同关系，转让人作为债权人有权要求作为债务人的被让人按照合同的规定或者按照公平原则、诚实原则、习惯或者制定法的规定对自己履行债务，他们享有的此类权利被称为要求被让人履行债务的权利。当转让人将自己的合同身份转让给受让人时，他们作为债权人对被让人享有的此类债权也转让给了受让人，受让人作为债权人也因此获得了要求被让人履行这些债务的权利，这就是受让人对被让人享有的要求被让人履行债务的权利。基于债权人的身份，他们能够对被让人主张的权利包括：要求被让人履行债务的权利，接受被让人债务履行的权利，在被让人不履行债务时要求担保人履行债务或者对担保物采取强制执行措施的权利，以及被让人不履行债务时所享有的诉权。此时，合同转让对受让人产生的法律效果与单纯的债权转让对受让人产生的法律效果是一样的。③

（二）对被让人承担相应的债务

在合同转让之前，转让人与被让人之间存在合同关系。依据此种合同关系，转让人作为债务人应当对作为债权人的被让人承担债务，依据具体情况的不同，他们对被让人承担的债务或者是明示债务（obligations expresses）或者是默示债务（obligations implic-

---

① Marjorie Brusorio-Aillaud, Droit des obligations, 8e édition, bruylant, 2017, p.331.
② François Terré, Philippe Simler, Yves Lequette, François Chénedé, Droit Civil, les Obligations, 12e édition, Dalloz, 2018, p.1744.
③ Philippe Malaurie, Laurent Aynès, Philippe Stoffel-Munck, Droit Des Obligations, 8e édition, LGDJ, 2016, p.484.

ites)。① 在转让人将自己合同身份转让给受让人之后，他们作为债务人所承担的这些债务也转让给了受让人，作为债务人的受让人也应当对作为债权人的被让人履行所承担的这些债务。一方面，他们应当履行转让人与被让人之间的合同所明确约定的债务即默示债务；另一方面，即便转让人与受让人之间的合同没有规定某种债务，如果公平、诚实、习惯或者制定法仍然要求，受让人也应当对被让人承担这些原则、习惯或者法律所强加的债务，这就是所谓的默示债务。基于受让人的此种债务人身份，作为债权人的被让人有权要求受让人对自己履行这些债务，如果受让人不履行这些债务，被让人有权向法院起诉，要求法官责令受让人继续履行债务或者承担合同责任。②

（三）附加在合同当事人身上的合同特权

在合同转让之前，基于与被让人之间的合同关系，除了享有债权和与债权有关的诉权之外，转让人还享有某些合同特权。基于这些合同特权，在被让人不履行债务时，他们能够享有各种各样的权利，诸如解除合同的权利，要求法官宣告合同无效的权利，要求法官以情势变更为由变更甚至解除合同的权利，要求重新展开谈判的权利，以及单方面确定价格的权利，等等。转让人享有的这些权利被称为合同性质的特权（les prèrogatives contractuels）。在转让人将自己的合同身份转让给受让人时，他们享有的这些合同性质的特权也一并转让给受让人，在被让人不履行合同所规定的债务时，他们也能够对被让人行使这些特权。③

三、合同转让对转让人产生的法律效力

在债法上，如果合同转让没有获得被让人的同意，则合同转让仅仅产生相对性的法律效力，不会对被让人产生法律效力，合同转让的任何一方当事人均不得以其合同转让来对抗被让人，已如前述。问题在于，当被让人同意合同转让时，被让人是否还有权要求转让人对自己承担债务？在 2016 年之前，法国民法学者做出的回答并不相同，有两种完全对立的理论。

某些民法学者认为，一旦转让人将其合同转让给受让人，除了有权要求受让人对其履行债务之外，被让人也有权要求转让人对其履行债务。因为他们认为，即便合同转让取得了被让人的同意，合同转让也无法正式让转让人对被让人承担的债务免除，转让人在将其合同转让给受让人之后仍然要对被让人承担债务。在法国，Carbonnier 采取此种理论。他指出："虽然合同转让将转让人承担的债务转移给了受让人，但是，对于债务而言，合同转让并不是完全的：即便受让人已经成为债务人，债权人仍然对转让人享有

---

① Dimitri Houtcieff, Droit des contrats, Larcier, 2e édition, 2016, pp. 343 – 357；Muriel Fabre-Magnan, Droit des obligations, Tome 1, Contrat et engagement unilatéral, 4e édition, puf, 2016, pp. 540 – 543, pp. 545—553；张民安：《法国合同法总论》，中山大学出版社 2021 年版，第 416—445 页。

② Philippe Malaurie, Laurent Aynès, Philippe Stoffel-Munck, Droit Des Obligations, 8e édition, LGDJ, 2016, p. 484.

③ Philippe Malaurie, Laurent Aynès, Philippe Stoffel-Munck, Droit Des Obligations, 8e édition, LGDJ, 2016, pp. 484 – 485.

债权,因为在此种情况下,转让人并没有正式解除其对债权人承担的债务,这是一般性质的原则。"① Malaurie、Aynès 和 Stoffel-Munck 也采取此种理论,他们也指出:"除非制定法做出相反的规定,或者除非合同当事人在其合同当中做出相反的约定,否则,在合同转让之后,对于转让人所承担的债务而言,合同转让不会产生消灭效果。"②

某些民法学者认为,一旦转让人将其合同转让给了受让人,仅受让人对被让人承担债务,转让人不再对被让人承担债务,除了有权要求受让人对其承担债务之外,被让人不得再要求转让人对其承担债务,除非合同当事人对此问题做出相反的规定。换言之,一旦合同转让获得了被让人的同意,则转让人与被让人之间的债的关系即消灭。在法国,Cabrillac 采取此种理论,他指出:"今天的司法判例似乎承认,在合同当事人没有做出相反约定的情况下,如果被让人同意转让人将其合同转让给受让人,则转让人对被让人承担的债务将因此消灭。"③ Flour、Aubert 和 Savaux 也采取此种理论,他们认为,如果被让人同意合同转让,则转让人对被让人承担的债务将会因此消灭,被让人不得再要求转让人对自己承担债务。④

通过 2016 年 2 月 10 日的债法改革法令,现行《法国民法典》终结了民法学者之间所存在的争议,因为它明确规定,在合同转让之后,转让人对被让人承担的债务是否消灭取决于被让人做出同意的方式,这就是新的第 1216 – 1 条,该条规定:如果被让人明确同意,则合同转让向将来免除转让人所承担的债务。如果转让人没有明确同意,并且如果没有相反条款的规定,则转让人应当连带履行合同债务。⑤

根据《法国民法典》新的第 1216 – 1 条的规定,在合同转让之后,转让人对被让人承担的债务是否免除,取决于被让人在同意合同转让时所做出的同意范围或者方式:如果被让人在同意合同转让时明确同意(expressément)免除转让人对自己承担的债务,则在合同转让之后,转让人不再对被让人承担债务,被让人不得再要求转让人对自己履行债务或者承担合同责任,他们只能够要求受让人对其履行债务或者承担合同责任。民法学者将此种同意所产生的合同转让称为完全合同转让或者合同的完全转让(Les cessions parfaites de contrat),因为被让人的此种同意完全将转让人承担的债务免除了。

根据《法国民法典》新的第 1216 – 1 条的规定,如果被让人在同意合同转让时没有明确同意免除转让人承担的债务,则除了受让人应当对被让人承担债务之外,转让人也应当对被让人承担债务:受让人和转让人共同对被让人承担连带债务和连带责任,民法学者将此种同意产生的合同转让称为不完全合同转让或者合同的不完全转让(Les cessions imparfaites de contrat),因为被让人的同意没有完全免除转让人承担的债务。不过,此种规则也存在例外,这就是,如果转让人和被让人在他们之间的最初合同当中不

---

① Jean Carbonnier, Droit civil, Les biens, Les obligations, puf, 2004, p. 2466.
② Philippe Malaurie, Laurent Aynès, Philippe Stoffel-Munck, Les obligations, 4e édition, Defrénois, 2009, p. 487.
③ Rémy Cabrillac, Droit des obligations, 9e édition, Dalloz, p. 308.
④ Jacques Flour, Jean-Luc Aubert, Éric Savaux, Les obligations, 3. Le rapport d'obligation, 7e édition, Dalloz, 2011, p. 377.
⑤ Article 1216 – 1, Code civil, Version en vigueur au 16 août 2021, https://www.legifrance.gouv.fr/codes/section_lc/LEGITEXT000006070721/LEGISCTA000006150253/#LEGISCTA000032041424.

仅规定了合同转让条款，而且合同转让条款明确规定，在合同转让之后，转让人承担的债务免除，则在转让人根据合同的规定转让合同并且将合同转让的情况通知了被让人或者让被让人知道之后，转让人承担的债务也消失。

四、合同转让产生的其他效力

（一）受让人和被让人能够主张的抗辩

当转让人将合同转让给受让人时，受让人取代转让人成为合同的当事人并因此对被让人承担债务和享有权利，已如前述。如果被让人要求受让人对自己履行债务，受让人是否有权以两种不同类型的抗辩即债务的固有抗辩和个人抗辩对抗被让人的履行请求权？《法国民法典》新的第1216-2（1）条做出了回答，该条规定：受让人能够以债务的固有抗辩对抗被让人，诸如无效的抗辩、债务不履行的抗辩、解除的抗辩或者相关债务的抵销抗辩。不过，他们不能够以转让人的个人抗辩对抗被让人。[1] 根据该条的规定，在被让人要求受让人履行债务时，受让人能够以债务固有的抗辩对抗被让人的履行请求，包括以合同无效抗辩、债务不履行的抗辩、合同解除抗辩以及相关债务的抵销抗辩对抗被让人的履行请求，但是，他们不能够以转让人的个人抗辩对抗被让人的履行请求，诸如不能够以期限允许的抗辩、债务免除的抗辩或者非相关债务抵销的抗辩等对抗被让人。关于这些抗辩形式，笔者已经在前面的内容当中做出了详尽的讨论，此处从略。

在合同转让之后，除了被让人有权要求受让人对自己履行债务之外，受让人也有权要求被让人对自己履行债务，当受让人要求被让人履行债务时，被让人也能够以他们原本能够对抗转让人的所有抗辩对抗受让人的履行请求，包括他们原本能够对转让人主张的债务的固有抗辩和个人抗辩对抗受让人，这一点让合同转让区别于债的更新和债务的指令承担。[2]《法国民法典》新的第1216-2（2）条对此种规则做出了说明，该条规定：被让人能够以他们原本能够对转让人主张的所有抗辩对抗受让人。[3]

（二）合同转让对担保产生的法律效力

在转让人与被让人签订合同时，如果转让人或者第三人对转让人承担的债务做出了担保，在转让人将自己的合同转让给受让人之后，转让人或者第三人做出的担保是否仍然有效？对此问题，《法国民法典》新的第1216-3（1）条做出了回答，该条规定：如果转让人承担的债务没有被受让人解除，则转让人或者第三人做出的担保仍然有效；

---

[1] Article 1216-2, Code civil, Version en vigueur au 16 août 2021, https://www.legifrance.gouv.fr/codes/section_lc/LEGITEXT000006070721/LEGISCTA000006150253/#LEGISCTA000032041424.

[2] François Terré, Philippe Simler, Yves Lequette, François Chénédé, Droit Civil, les Obligations, 12e édition, Dalloz, 2018, p.1745.

[3] Article 1216-2, Code civil, Version en vigueur au 16 août 2021, https://www.legifrance.gouv.fr/codes/section_lc/LEGITEXT000006070721/LEGISCTA000006150253/#LEGISCTA000032041424.

在相反的情形，转让人或者第三人做出的担保仅仅在他们同意时才继续存在。①

根据该条的规定，在合同转让之后，担保人在合同转让之前就债务的履行做出的担保是否继续存在，取决于被让人在同意合同转让时所做出同意的范围或者方式：如果被让人在同意合同转让时明确同意免除转让人承担的债务，则担保人做出的担保消失，但是，如果担保人同意继续担保债务，则担保仍然存在；如果被让人在同意合同转让时没有明确同意免除转让人承担的债务，则担保人做出的担保不会消灭，担保人仍然应当履行担保债务或者担保责任。

（三）共同连带债务人承担的债务份额的扣减

如果转让人在合同转让之前有共同连带债务人（codébiteurs solidaires），在转让人将合同转让给受让人之后，转让人的共同连带债务人是否继续对被让人承担债务？如果承担，他们在什么范围内承担债务？对此问题，《法国民法典》新的第 1216 - 3 (2) 条做出了回答，该条规定：如果转让人的债务被免除，则转让人的共同连带债务人仅仅在转让人的债务被免除的范围内承担债务。②

根据该条的规定，在转让人将自己的合同转让给受让人之后，转让人的共同连带债务人仍然应当对被让人承担债务，他们承担的债务范围取决于被让人所做出的同意范围或者方式：如果被让人在同意合同转让时没有明确同意免除转让人的债务，则转让人的共同债务人仍然像合同转让之前一样对被让人的整个债务承担连带债务。换言之，他们承担的债务范围不会因为合同转让而受到影响；如果被让人在同意合同转让时已经明确同意免除转让人承担的债务，则在被让人所免除的债务范围内，转让人的共同连带债务人承担连带债务甚至连带责任。

---

① Article 1216 - 3, Code civil, Version en vigueur au 16 août 2021, https://www.legifrance.gouv.fr/codes/section_lc/LEGITEXT000006070721/LEGISCTA000006150253/#LEGISCTA000032041424.

② Article 1216 - 3, Code civil, Version en vigueur au 16 août 2021, https://www.legifrance.gouv.fr/codes/section_lc/LEGITEXT000006070721/LEGISCTA000006150253/#LEGISCTA000032041424.

第十九章 合同的强制转让

第一节 合同强制转让的类型、不同特征和共同特征

一、合同强制转让的类型

在 2016 年之前和之后，无论《法国民法典》是否对一般意义上的合同转让即合同的约定转让做出明确规定，《法国民法典》和其他制定法均对某些具体、特定的合同转让做出了规定。根据它们的规定，即便被让人不同意，转让人也能够将自己的这些合同转让给受让人并因此由受让人取代转让人而成为合同的当事人。《法国民法典》和其他制定法规定的这些合同转让被称为合同的法定转让、制定法所规定的合同转让、制定法上的合同转让、合同的强制转让，以便区别于合同的约定转让，已如前述。

问题在于，制定法上的合同强制转让有哪些类型？它们有哪些共同特征，有哪些不同特征？对于这些问题，大多数民法学者没有做出明确的回答，因为在讨论合同转让时，大多数民法学者仅仅对合同的强制转让做出最简略的说明，不过，少数民法学者仍然对这些问题做出了较为详尽的回答。[①] Marty 和 Raynaud 认为，制定法上的合同强制转让可以分为五类：其一，因为制定法规定的物的转让引起的合同转让；其二，因为企业的转让引起的合同转让；其三，因为委托合同引起的合同转让；其四，因为撤销权的行使而引起的合同转让；其五，因为优先权的行使引起的合同转让。[②]

Flour、Aubert 和 Savaux 认为，制定法上的合同转让主要分为两类：一是因为制定法所规定的物的转让引起的合同转让；二是因为制定法规定的企业转让引起的合同转让。[③] Alain Bénabent 认为，虽然众多的特定法律文本对合同转让做出了规定，但是，制定法规定的合同转让主要分为三类：其一，支撑合同的物的转让引起的合同转让；其二，撤销权和优先权行使所引起的合同转让；其三，其他情形的合同转让。[④] Terré、

[①] Gabriel Marty, Pierre Raynaud, Droit Civil, Les Obligations, Tome 1, Les sources, 2e édition, Sirey, 1988, pp. 353 – 357; Jacques Flour, Jean-Luc Aubert, Éric Savaux, Les obligations, 3. Le rapport d'obligation, 7e édition, Dalloz, 2011, pp. 368 – 369; Alain Bénabent, Droit des obligatios, 13e édition Montchrestien, 2012, pp. 556 – 557; Philippe Malaurie, Laurent, Aynès, Philippe, Stoffel-Munck, Droit Des Obligations, 8e édition, LGDJ, 2016, pp. 478 – 480; François Terré, Philippe Simler, Yves Lequette, François Chénedé, Droit civil, Les obligations, 12e édition, Dalloz, 2018, pp. 1742 – 1743.

[②] Gabriel Marty, Pierre Raynaud, Droit Civil, Les Obligations, Tome 1, Les sources, 2e édition, Sirey, 1988, pp. 353 – 357.

[③] Jacques Flour, Jean-Luc Aubert, Éric Savaux, Les obligations, 3. Le rapport d'obligation, 7e édition, Dalloz, 2011, pp. 368 – 369.

[④] Alain Bénabent, Droit des obligatios, 13e édition Montchrestien, 2012, pp. 556 – 557.

Simler 和 Lequette 等人则没有对制定法上的合同转让做出具体分类，仅仅对制定法所规定的合同转让做出了简单的、没试图将其穷尽的列举。①

笔者将制定法所规定的合同转让分为：其一，因为制定法所规定的物的转让引起的合同转让；其二，因为行使收回权和优先权引起的合同转让；其三，其他类型的合同强制转让。关于这几类强制转让，笔者将在下面的内容当中做出详细的讨论，此处从略。无论是哪一类的强制合同转让既有自己的共同特征，也有自己的不同特征。

二、制定法上的合同转让所具有的不同特征

在法国，制定法的合同转让具有三个不同特征：有关合同转让的制定法具有极端的分散性；制定法规定每一种合同转让的历史和理由存在差异；制定法规定的合同转让没有遵循相同的法律规范。

（一）有关合同转让的制定法具有极端的分散性

在法国，制定法上的合同转让所具有的第一个不同特征是，虽然均为制定法上的合同转让，但是，对合同转让做出规定的制定法、法律文本并不是统一的、系统性的，而是极端分散的、零零碎碎的。

一方面，对合同转让做出规定的制定法类型众多，除了《法国民法典》对合同的强制转让做出规定之外，其他制定法也对合同的强制转让做出了规定。具体而言，对合同的强制转让做出规定的制定法包括但是不限于以下法典：《法国商法典》（Code de commerce），《法国保险法典》（Code des assurances），《法国建筑和居住法典》（Code de la construction et de l'habitation 简称为 CCH），《法国劳动法典》（Code du travail），《法国农村和海洋渔业法典》（Code rural et de la pêche maritime）以及《法国知识产权法典》（Code de la propriété intellectuelle）等。

另一方面，虽然这些制定法均规定了合同的强制转让，但是，没有任何一部法典设立专章专节规定合同的强制转让，这一点同《法国民法典》对待合同的约定转让形成最鲜明的对比。因为通过2016年2月10日的债法改革，现行《法国民法典》设专章专节对合同的约定转让做出了规定，这就是第三卷第三编第一分编第四章第四节即合同转让，已如前述。

（二）制定法规定每一种合同转让的历史和理由存在差异

在法国，制定法上的合同转让所具有的第二个不同特征是，在今时今日，虽然包括《法国民法典》和《法国商法典》在内的众多制定法均对合同的强制转让做出了规定，但是，它们所规定的每一种合同转让的历史和原因均是不同的，没有任何一种合同转让

---

① François Terré, Philippe Simler, Yves Lequette, François Chénedé, Droit Civil, les Obligations, 12e édition, Dalloz, 2018, pp. 1742 – 1743.

的历史和原因是与另外一种合同转让的历史和原因是相同的。① 例如，虽然法国制定法均承认劳动合同和不动产租赁合同在性质上属于强制合同，但是，它们的历史和理由就存在差异。

在法国，劳动合同的强制转让始于1928年，因为在这一年，法国立法者制定了1928年7月19日的法律，它明确规定，即便企业主出卖自己的企业，企业主与其劳动者签订的劳动合同也一并转让给购买者。立法者之所以做出这样的规定，其目的在于保持职业、就业的稳定性。而在法国，不动产租赁合同的强制转让则始于1804年，因为1804年的《法国民法典》第1743条明确规定，原则上，出租人出卖租赁物之后，买受人不得将承租人驱赶。②

在1945年10月17日，通过第45-2380号法令（Ordonnance n°45-2380 du 17 octobre 1945），法国政府虽然对《法国民法典》第1743条做出了修改，但是，它仍然明确规定，租赁物的出卖会引起租赁合同的强制转让。在颁布这一法令的目的和动力当时，法国政府对规定包括这一条款在内的目的做出了说明，它认为，此种规定的目的在于提升承租人的法律地位（statut juridique du fermage），防止他们因为出租人的出卖行为而被买受人驱逐。③

（三）制定法规定的合同转让没有遵循相同的法律规范

在法国，制定法上的合同转让所具有的第三个不同特征是，合同强制转让所遵循的规则的不相同性。虽然制定法上的合同转让在性质上均是强制性的转让，但是，它们没有遵循完全相同的规则。因此，在将合同转让给受让人之后，转让人是否应当对被让人承担债务的问题，不同的制定法做出的回答就存在差异。例如，《法国保险法典》第L.121-10条的规定就不同于《法国货币和金融法典》（Code monétaire et financier）第L.313-8条的规定。因为第L.121-10条规定，在将自己的保险合同转让给受让人之后，被保险人不再对保险人承担债务，虽然对转让之前的债务，他们仍然应当承担；而第L.313-8条则不同，它规定，在将自己的合同转让给受让人之后，转让人仍然应当对被让人承担债务。④

三、制定法上的合同转让所具有的共同特征

虽然规定合同强制转让的制定法极端分散、零散，虽然不同的合同强制转让具有各

---

① François Terré, Philippe Simler, Yves Lequette, François Chénedé, Droit Civil, les Obligations, 12e édition, Dalloz, 2018, p.1742; Philippe Malaurie, Laurent Aynès, Philippe Stoffel-Munck, Droit Des Obligations, 8e édition, LGDJ, 2016, pp.478-480.

② Article 1743, Code civil des Français, édition originale et seule officielle, A Paris, de l'Imprimerie de la République, An XII 1804, https://www.assemblee-nationale.fr/evenements/code-civil/cc1804-l3t08.pdf.

③ Ordonnance n°45-2380 du 17 octobre 1945 relative au statut juridique du fermage, Journal officiel de la République française. Lois et décrets (version papier numérisée) n°0245 du 18/10/1945, https://www.legifrance.gouv.fr/download/securePrint?token=!HQtNM6yVyWUiBg636xM.

④ Jacques Flour, Jean-Luc Aubert, Éric Savaux, Les obligations, 3. Le rapport d'obligation, 7e édition, Dalloz, 2011, p.402.

自不同的历史、理由，虽然不同的合同强制转让所遵循的法律规范存在差异，但是，作为与合同的约定转让相对应的一类合同转让，所有制定法上的合同转让均具有一些共同特征，包括：合同转让的强制性；合同转让的例外性；合同转让不需要被让人的同意性；合同转让的附属性；合同转让的有利于被让人性。[1]

（一）合同转让的强制性

制定法规定的合同转让所具有的第一个主要特征是，制定法上的合同转让在性质上属于合同的强制转让。在法国，无论合同转让是源自《法国民法典》《法国商法典》还是源自其他制定法，所有合同转让均与转让人和受让人的意图、意志、意思无关，它们均是制定法作用的结果。因为，无论转让人是否愿意或者同意，也无论受让人是否同意，在符合制定法所规定的情形时，转让人的合同自动转让给受让人，受让人自动取代转让人而成为合同的当事人并因此对被让人享有债权和承担债务。因为此种原因，制定法上的合同转让被称为法定转让、强制转让，已如前述。

制定法上的合同转让所具有的此种特征明显区别于一般意义上的合同转让，因为一般意义上的合同转让不仅源自转让人和受让人之间的意图、意志、意思，而且还源于他们之间的意图、意志、意思的一致，是他们根据意思自治和合同自由的原则所成立的合同，如果当事人不同意，任何人均不能够强制他们之间进行合同转让，已如前述。因上，对合同转让做出规定的这些法律、法律文本在性质上属于强制性的法律规定，因为它们的目的在于维护公共利益、公共秩序。当事人应当遵循这些制定法的要求，不得违反它们的规定，如果当事人在自己的合同当中排除或者限制制定法所规定的这些合同的转让，则他们之间的合同所规定的排除条款、限制条款视为没有规定。[2]

（二）合同转让的例外性

制定法规定的合同转让所具有的第二个主要特征是，制定法上的所有合同转让在性质上均属于合同转让的例外。所谓制定法上的所有合同转让在性质上属于合同转让的例外，是指制定法上的合同转让是对一般意义上的合同转让的违反，它没有完全遵循一般意义上的合同转让的规则。Terré、Simler 和 Lequette 等人对制定法上的合同转让所具有的此种特征做出了说明，他们指出："在今时今日，即便制定法已经对合同转让的原则做出了规定，仍然有某些合同转让违反了共同法的规定，因为这些合同转让是由某种明确的法律文本所规定的。"[3]

虽然合同转让分为合同的约定转让和合同的强制转让，但是，合同的约定转让在性质上属于原则，而合同的强制转让在性质上则属于例外。它们之间的关系是：在制定法

---

[1] Jacques Flour, Jean-Luc Aubert, Éric Savaux, Les obligations, 3. Le rapport d'obligation, 7e édition, Dalloz, 2011, pp. 368–369.

[2] Jacques Flour, Jean-Luc Aubert, Éric Savaux, Les obligations, 3. Le rapport d'obligation, 7e édition, Dalloz, 2011, p. 403.

[3] François Terré, Philippe Simler, Yves Lequette, François Chénedé, Droit Civil, les Obligations, 12e édition, Dalloz, 2018, p. 1742.

对合同转让做出特别规定时，人们适用制定法的特别规定，在制定法没有对合同转让做出特别规定时，人们仅仅适用合同的约定转让，无论立法者是否对合同的约定转让做出明确规定，均是如此，因为在立法者规定合同的约定转让之前，人们能够适用意思自治和合同自由原则转让合同，已如前述。换言之，在制定法特别规定之外，人们适用合同的约定转让，因为有关合同约定转让的规定在性质上属于共同合同法的组成部分，已如前述。

（三）合同转让均不需要获得被让人的同意

制定法规定的合同转让所具有的第三个主要特征是，制定法上的合同转让不需要获得被让人的同意。一旦符合制定法所规定的条件，转让人的合同就自动转让给了受让人，无论被让人是否同意，他们的态度均不影响合同的转让。这一点让制定法上的合同转让区别于合同的约定转让，因为，合同的约定转让要取得被让人的同意才能够对被让人产生法律效力，已如前述。Flour、Aubert 和 Savaux 对制定法上的合同转让所具有的此种共同特征做出了说明，他们指出："所有的合同转让均属于强制性转让，该种转让能够在不需要被让人同意的情况下实现。"[1] Terré、Simler 和 Lequette 等人对制定法上的合同转让所具有的此种特征做出了说明，他们指出，制定法上的合同转让是在"不需要合同相对人同意时由制定法允许授权的合同转让"[2]。

（四）合同转让的附属性

制定法规定的合同转让所具有的第四个主要特征是，制定法上的合同转让仅仅是一种附属转让、次要转让（cessions accessoire）。所谓附属转让，也称为次要转让，是指制定法上的合同转让并不是一种主要的转让，当事人之间的合同转让仅仅属于一种次要转让，属于他们之间范围更加广泛的主要交易的组成部分。换言之，制定法上的合同转让是当事人之间所进行的主要交易所引起的次要后果：如果当事人之间从事某种主要的交易，为了完整地实现该种交易，与该种交易有关的合同也一并转让。这一点让制定法上的合同转让区别于合同的约定转让，因为，转让人和受让人之间的约定合同转让不仅是主要目的，而且还是唯一目的。Flour、Aubert 和 Savaux 对制定法上的合同转让所具有的此种共同特征做出了说明，他们指出："合同的法定转让同样均是附属转让，因为它们均发生在某种范围更加广泛的交易场合。"[3]

例如，当不动产的出卖人将自己的出租屋出卖给买受人时，他们之间的房屋买卖构成主要交易，因为此种主要交易引起的租赁合同的转让则属于附属转让，因为租赁合同的转让是租赁物的出卖所引起的后果。同样，当被保险人将自己的被保险财产出卖给买

---

[1] Jacques Flour, Jean-Luc Aubert, Éric Savaux, Les obligations, 3. Le rapport d'obligation, 7e édition, Dalloz, 2011, p. 402.

[2] François Terré, Philippe Simler, Yves Lequette, François Chénedé, Droit Civil, les Obligations, 12e édition, Dalloz, 2018, p. 1742.

[3] Jacques Flour, Jean-Luc Aubert, Éric Savaux, Les obligations, 3. Le rapport d'obligation, 7e édition, Dalloz, 2011, p. 402.

受人时,他们之间的此种财产买卖属于主要交易,因为此种主要交易引起的保险合同的转让则属于附属转让、次要转让,因为保险合同的转让是被保险财产的出卖引起的后果。

(五) 合同转让有利于被让人性

制定法规定的合同转让所具有的第五个主要特征是,制定法上的合同转让均有利于被让人性。所谓制定法上的合同转让均有利于被让人性,是指制定法之所以规定合同的强制转让,其目的在于保护被让人的利益。这一点让制定法上的合同转让区别于合同的约定转让,因为,合同的约定转让既可能是为了转让人的利益,也可能是为了受让人的利益,这就是合同转让的功能,已如前述。Flour、Aubert 和 Savaux 对制定法上的合同转让所具有的此种共同特征做出了说明,他们指出:"合同的强制转让之所以得到制定法的承认,其普遍性的理由是,合同转让是符合被让人利益需要的:如果没有合同的强制转让,则被让人会丧失合同的利益,甚至某种身份,而该种身份对被让人而言构成一种利益。"①

如果一方当事人与另外一方当事人签订了合同,在一方当事人处于强势地位而另外一方当事人处于弱势地位的情况下,如果处于强势地位的一方当事人将自己的企业或者财产出卖给第三人,在欠缺制定法上的强制合同转让时,作为处于弱势地位的一方当事人将会遭受利益损害:企业或者财产的购买者将会终止出卖人与被让人之间的劳动合同或者租赁合同,导致劳动者或者承租人丧失劳动者或者承租人的身份。为了保护劳动者和承租人所面临的此种损害风险,20 世纪以来,法国政府和立法者先后颁布法令和法律,阻止企业和财产的购买者借此终止劳动合同和租赁合同,这就是劳动合同和租赁合同的强制转让,已如前述。

第二节 物的转让引起的合同转让

一、物的转让引起的合同转让的界定

在法国,制定法上的合同转让的第一种主要类型是因为物的转让引起的合同转让。所谓物的转让引起的合同转让,是指当转让人的某种合同与自己的某种财产之间存在密切关系时,如果转让人将自己的此种财产转让给受让人,则他们也将与所转让的物有密切关系的合同转让给受让人。换言之,通过财产转让合同,除了取得所转让的财产之外,受让人也取得了转让人的合同身份。

Marty 和 Raynaud 对此类法定转让做出了说明,他们指出:"在合同与某种财产有关系的情形,如果该种财产本身被转让,则该种财产的转让引起合同的转让,以便让该

---

① Jacques Flour, Jean-Luc Aubert, Éric Savaux, Les obligations, 3. Le rapport d'obligation, 7e édition, Dalloz, 2011, p. 402.

种财产的取得者能够享有合同所规定的权利和承担合同所规定的债务。"① Flour、Aubert 和 Savaux 也对此类强制转让做出了说明,他们指出:"在第一类法定转让当中,制定法在规定某种财产转让时强加了合同的转让,因为合同与该种财产之间存在密切关系。"② 在法国,因为物的转让引起的合同强制转让主要包括三种:①因为出租物的转让引起的租赁合同的强制转让;②因为被保险物的转让引起的财产保险合同的强制转让;③因融资租赁物的转让引起的融资租赁合同的强制转让。③

二、出租物的转让引起的租赁合同的强制转让

在法国,出租物的转让引起的租赁合同的强制转让始于1804年的《法国民法典》,1804年的《法国民法典》第1743条规定:除非租赁合同另外有不同规定,否则,如果出租人出卖租赁物的,买受人不得驱逐农村承租人或者城镇承租人,如果承租人与出租人之间的租赁合同始于公证合同或者属于有确定期限的合同的话。④

根据1804年《法国民法典》第1743条的规定,原则上,如果租赁合同是通过公证方式缔结的合同,或者如果租赁合同是具有确定期限的合同,在租赁合同所规定的期限届满之前,如果出租人出卖自己的租赁物给买受人,则买受人不得借口自己是财产的所有权人而终止租赁合同并且将承租人驱赶,无论承租人是农村承租人(le fermier)还是城镇承租人(le locataire)。不过,此种规则也存在一种例外,在例外情况下,即便租赁合同属于公证合同或者有确定期限的合同,买受人在获得了租赁物之后仍然有权终止租赁合同并且驱赶承租人:如果出租人与承租人之间的租赁合同明确规定了出租人享有此种驱赶权。

基于1945年10月17日的第45-2380号法令,法国政府在1945年对《法国民法典》第1743条做出了修改。修改之后的第1743条规定:如果出租人出卖租赁物,买受人不得驱逐农村承租人或者城镇承租人,如果承租人与出租人之间的租赁合同始于公证合同或者属于有确定期限的合同的话。不过,如果租赁合同保留了驱赶权,则买受人能够驱赶非农村财产的承租人。⑤ 被修改之后的第1743条一直从1945年保留到现在,在此期间,法国立法者在2009年5月12日通过第2009-526号法律对其做出了修改,这就是现行《法国民法典》第1743条。该条规定:如果出租人出卖租赁物,买受人不得

---

① Gabriel Marty, Pierre Raynaud, Droit Civil, Les Obligations, Tome 1, Les sources, 2e édition, Sirey, 1988, p.353.
② Jacques Flour, Jean-Luc Aubert, Éric Savaux, Les obligations, 3. Le rapport d'obligation, 7e édition, Dalloz, 2011, p.308.
③ Gabriel Marty, Pierre Raynaud, Droit Civil, Les Obligations, Tome 1, Les sources, 2e édition, Sirey, 1988, pp.353-354; Jacques Flour, Jean-Luc Aubert, Éric Savaux, Les obligations, 3. Le rapport d'obligation, 7e édition, Dalloz, 2011, p.368; Philippe Malaurie, Laurent Aynès, Philippe Stoffel-Munck, Droit Des Obligations, 8e édition, LGDJ, 2016, p.479; François Terré, Philippe Simler, Yves Lequette, François Chénedé, Droit civil, Les obligations, 12e édition, Dalloz, 2018, pp.1742-1743.
④ Article 1743, Code civil des Français, édition originale et seule officielle, A Paris, de l'Imprimerie de la République, An XII 1804, https://www.assemblee-nationale.fr/evenements/code-civil/cc1804-l3t08.pdf.
⑤ Art. 1743, Ordonnance n° 45-2380 du 17 octobre 1945 relative au statut juridique du fermage, Journal officiel de la République française, Lois et décrets (version papier numérisée) n° 0245 du 18/10/1945, p.6617, https://www.legifrance.gouv.fr/download/securePrint?token=!HQtNM6yVyWUiBg636xM.

驱逐农村承租人、农村分成制佃农、城镇承租人，如果承租人与出租人之间的租赁合同始于公证合同或者属于有确定期限的合同的话。不过，如果租赁合同保留了驱赶权，则买受人能够驱赶非农村财产的承租人。①

根据第 1743 条的规定，一旦出卖人将自己的租赁物出卖给买受人，则建立在租赁物基础上的租赁合同自动转让给买受人，买受人在购买了租赁物之后不得终止与承租人之间的租赁合同并因此驱赶承租人，无论承租人是农村财产的承租人、耕种农村田地的佃农（le métayer）还是城镇财产的承租人，均是如此，如果出卖人与承租人之间的租赁合同是公证合同或者具有确定期限的合同的话。此种规则存在一种例外，这就是，如果出卖人与城镇财产的承租人所签订的租赁合同明确规定了此种驱赶权，则买受人有权终止租赁合同并且驱赶承租人。

三、其他的物的转让引起的合同转让

除了《法国民法典》第 1743 条对物的转让引起的合同转让做出了规定之外，其他制定法也分别对不同物的转让引起的合同转让做出了规定，诸如《法国保险法典》和《法国货币和金融法典》所规定的被保险财产和融资租赁财产的转让引起的合同的强制转让等。

一方面，《法国保险法典》第 L. 121－10（1）条对被保险财产的转让引起的保险合同的转让做出了说明，该条规定：在被保险人死亡或者被保险财产转让时，为了继承人或者买受人的利益，保险合同完全继续，如果继承人或者买受人履行被保险人根据保险合同对保险人承担的所有债务的话。② 根据该条的规定，如果被保险人与保险人之间签订了财产保险合同，当被保险人将自己的保险财产出卖给买受人时，建立在该种保险财产基础上的财产保险合同也随之转让给买受人，买受人因此与保险人之间继续维持出卖人与保险人之间的财产保险合同。不过，此种强制转让也是有条件的，这就是，在购买了出卖人的保险财产之后，买受人履行出卖人与保险人之间的财产保险合同所规定的债务，尤其是履行支付定期保费的债务。

另一方面，《法国货币和金融法典》第 L. 313－8 条对融资租赁财产的出卖引起的融资租赁合同的转让做出了说明，该条规定：在融资租赁合同所规定的期限内，如果包含在融资租赁交易当中的财产发生转让，则受让人应当像转让人一样承担债务，并且转让人仍然担保债务的履行。③ 根据该条的规定，在融资租赁合同有效期间，如果出租人将融资租赁财产转让给受让人，则他们与受让人之间的财产转让也会引起融资租赁合同

---

① Article 1743, Code civil, Version en vigueur au 19 août 2021, https://www. legifrance. gouv. fr/codes/section_ lc/LEGITEXT000006070721/LEGISCTA000006150285/#LEGISCTA000006150285.

② Article L121－10, Code des assurances, Version en vigueur au 19 août 2021, https://www. legifrance. gouv. fr/codes/section_ lc/LEGITEXT000006073984/LEGISCTA000006157222? etatTexte = VIGUEUR&etatTexte = VIGUEUR _ DIFF&anchor = LEGISCTA000006157222#LEGISCTA000006157222.

③ Article L313－8, Code monétaire et financier, Version en vigueur au 19 août 2021, https://www. legifrance. gouv. fr/codes/section_ lc/LEGITEXT000006072026/LEGISCTA000006185109? etatTexte = VIGUEUR&etatTexte = VIGUEUR_ DIFF&anchor = LEGISCTA000006185109#LEGISCTA000006185109.

的转让。不过，融资租赁合同的转让并不会免除转让人对承租人承担的债务，除了受让人应当对承租人承担融资租赁合同所规定的债务之外，转让人仍然应当对债务的履行予以担保。

第三节　行使收回权和优先权而引起的合同转让

在法国，制定法上的合同转让的第二种和第三种主要类型是行使收回权和使优先权而引起的合同转让。

一、收回权和优先权的界定

所谓收回权（les droits de retrait），是指当一方当事人与另外一方当事人之间缔结某种合同时，在符合所要求的条件时，第三人能够凭借制定法的规定以自身替换合同的一方当事人，除了让被替换的合同当事人因此退出合同、放弃合同当事人的身份之外，也让自己取代被替换的一方当事人而成为合同的当事人。[1] 其中的第三人被称为收回者（retrayant）。所谓收回者，是指行使收回权并且以自身取代被收回者的人[2]，也就是合同的受让人。基于制定法的规定，通过单方面行使收回权的方式，他们从被收回者那里受让所转让的合同身份，而被收回者替换的一方当事人则被称为被收回者（retrayé）。所谓被收回者，是指其合同身份被收回者收回并且被收回者替换的人，合同债权和债务的最初享有者和承担者[3]，也就是合同的转让人。基于制定法的规定，他们将自己原本对被让合同当事人享有的合同身份转让给收回者。

所谓优先权（les droits de préemption），是指当转让人准备转让自己的财产或者权利时，基于制定法的规定甚至基于合同的约定，他人能够优先于任何第三人受让转让人所转让的财产或者权利，如果他人在制定法所规定的期限内以不低于转让人意图转让的价格、条件或者以第三人意图受让的价格或者条件受让转让人所转让的财产或者权利的话。[4] 当受让人享有制定法所规定的优先权时，转让人应当先于其他受让人而优先将自己的财产或者权利转让给受让人，如果转让人没有优先将财产或者权利转让给受让人，而是转让给了第三人，则享有优先权的人有权向法院起诉，要求法官让自己取代合同转让当中的受让人并因此成为合同的当事人。因此，受让人优先权的行使也会引起合同的强制转让。

Marty 和 Raynaud 对因为收回权和优先权行使而引起的合同转让做出了说明，他们指出："当受让人行使收回权和优先权时，他们的此种单方行为也会引起合同的转让。"[5]

---

[1] Vocabulaire juridique, 10e édition, sous la direction de Gérard Cornu, puf, 2014, p.924.
[2] Vocabulaire juridique, 10e édition, sous la direction de Gérard Cornu, puf, 2014, p.925.
[3] Vocabulaire juridique, 10e édition, sous la direction de Gérard Cornu, puf, 2014, p.925.
[4] Vocabulaire juridique, 10e édition, sous la direction de Gérard Cornu, puf, 2014, p.786.
[5] Gabriel Marty, Pierre Raynaud, Droit Civil, Les Obligations, Tome 1, Les sources, 2e édition, Sirey, 1988, p.355.

二、从收回权走向优先权

在法国,收回权的历史悠久,至少在 16 世纪,法国习惯法就承认收回权,因为 16 世纪的《奥尔良习惯法》第 363 条至第 405 条对一种收回权即祖产收回权做出了详尽的规定。所谓祖产收回权,也称为祖产回购权(Le droit de retrait lignager),是指当一个家庭成员将其祖先遗留下来的不动产即祖产出卖给一个非家庭成员时,如果另外一个家庭成员希望保留其祖先遗留下来的不动产,则他有权对祖产的出卖人与祖产的买受人之间的祖产买卖合同予以攻击(prendre le marché),并因此让祖产的买受人放弃所购买的祖产的权利。在祖产回购权当中,另外一个家庭成员取代祖产买受人的地位,而祖产买受人则嬗变为祖产的出卖人,他们之间就祖产的买卖再一次达成协议,由另外一个家庭成员从祖产的买受人那里购买其祖产。因此,祖产回购权实际上属于一种特殊的不动产买卖合同。①

1804 年的《法国民法典》对某些收回权做出了明确规定,不过这些规定适用到 20 世纪中后期之后要么被废除了,要么被优先权所取代,因为这些规定与 20 世纪以来的观念不相符。② 例如,1804 年的《法国民法典》第 841 条对继承权人享有的收回权做出了规定,根据该条的规定,如果一个共有继承人(cohéritier)与作为非继承人的第三人签订了转让合同,将自己享有的遗产份额转让给第三人,在将转让价格补偿给第三人时,所有其他共同继承人或者其中的某一个共同继承人能够要求第三人将所获得的遗产份额转让给自己。③ 第 841 条一直从 1804 年适用到 1976 年,直到法国立法者在 1976 年 12 月 31 日制定法律将其完全废除为止并且代之以继承人享有的优先权,这就是现行《法国民法典》当中的第 815 – 14 条。④

三、行使优先权引起的合同转让

在今时今日,优先权在制定法当中占据非常重要的地位,这一点同收回权地位的江河日下完全不同,因为在收回权的适用范围大规模消失并且被优先权日渐取代时,法国立法者在大量的制定法当中对受让人享有的优先权做出了规定,包括《法国民法典》《法国农村和渔业法典》⑤ 以及《法国城市规划法典》(Code de l'urbanisme)等。⑥ 它们所规定的优先权在性质上属于公共秩序性质的,其目的在于维护公共利益。《法国城市

---

① M. Dupin, Œuvres de R. J. Pothier, contenant les traités du droit français, Nouvelle édition, Tome VII, Bruxelles, chez les éditeurs, Jonker, Ode et Wodon, H. Tarlier, Amsterdam, Chez Les Fréres Diederichs, 1823, p. 414;张民安:《法国民法总论(上)》,清华大学出版社 2017 年版,第 207—209 页。
② Gabriel Marty, Pierre Raynaud, Droit Civil, Les Obligations, Tome 1, Les sources, 2e édition, Sirey, 1988, p. 355.
③ Article 841, Code civil des Français 1804, https://fr.wikisource.org/wiki/Code_civil_des_Français_1804/Livre_III,_Titre_I.
④ Gabriel Marty, Pierre Raynaud, Droit Civil, Les Obligations, Tome 1, Les sources, 2e édition, Sirey, 1988, p. 356.
⑤ Gabriel Marty, Pierre Raynaud, Droit Civil, Les Obligations, Tome 1, Les sources, 2e édition, Sirey, 1988, pp. 356 – 357.
⑥ Articles L210 – 1 à L218 – 14, Code de l'urbanisme, Version en vigueur au 20 août 2021, https://www.legifrance.gouv.fr/codes/section_ lc/LEGITEXT000006074075/LEGISCTA000006143285/.

规划法典》第 L.1210-1 条对优先权的此种性质做出了说明,它规定,本编关于优先权的规定是为了维护一般利益。① 无论是什么制定法所规定的优先权,当受让人行使制定法所规定的优先权时,他们的单方面行使行为均会引起合同的强制转让。②

《法国民法典》第 815-14 条对继承人享有的优先权做出了明确规定,根据该条的规定,如果共同继承人(l'indivisaire)当中的某一个继承人意图将自己所继承的包含在共有物当中的所有或者部分权利有偿转让给继承人之外的人,则他应当以非司法行为(acte extrajudiciaire)的方式将转让价格、转让条件、意图获得其权利者的姓名、住所、职业通知其他共同继承人。在接到转让人通知之后的一个月内,所有其他共同继承人均有权以非司法行为方式通知该继承人,他们会以所通知的价格和条件行使优先权。③ 如果某一个共同继承人违反该条的规定,在没有通知其他共同继承人的情况下就将自己的权利转让给非继承人,则通过该条所规定的优先权的行使,他们的行为能够引起合同的强制转让。

1975 年 12 月 31 日的法律第 10 条对承租人或者善意占有人(occupants de bonne foi)享有的优先权做出了规定,根据该条的规定,如果建筑物区分所有权人在将建筑物当中的不同单元出租给他人居住或者作为职业活动场所之后,意图出卖他人居住或者作为职业活动的场所,则他们应当将出卖这些场所的价格和条件以书面信函的方式告知每一个承租人或者善意占有人。在这些承租人或者善意占有人接到出租人的通知之后的两个月内,他们享有优先购买权。④ 如果出租人没有履行通知义务就将承租人或者善意占有人所承租或者占有的场所转让给第三人,在行使该条所规定的优先权时,承租人或者善意占有人的行为也能够引起合同的强制转让。

第四节 其他类型的合同强制转让

除了上述两种原因引起合同的强制转让之外,合同的强制转让还会因为众多的其他原因而产生。⑤

---

① Article L210-1, Code de l'urbanisme, Version en vigueur au 20 août 2021, https://www.legifrance.gouv.fr/codes/section_ lc/LEGITEXT000006074075/LEGISCTA000006143285/.

② Gabriel Marty, Pierre Raynaud, Droit Civil, Les Obligations, Tome 1, Les sources, 2e édition, Sirey, 1988, pp. 356-357.

③ Article 815-14, Code civil, Version en vigueur au 21 août 2021, https://www.legifrance.gouv.fr/codes/section_ lc/LEGITEXT000006070721/LEGISCTA000006150539/#LEGISCTA000006150539.

④ Article 10, Loi n° 75-1351 du 31 décembre 1975 relative à la protection des occupants de locaux à usage d'habitation, https://www.legifrance.gouv.fr/loda/id/JORFTEXT000000889243/2021-08-21/.

⑤ Gabriel Marty, Pierre Raynaud, Droit Civil, Les Obligations, Tome 1, Les sources, 2e édition, Sirey, 1988, p. 354; Jacques Flour, Jean-Luc Aubert, Éric Savaux, Les obligations, 3. Le rapport d'obligation, 7e édition, Dalloz, 2011, pp. 368-369; Philippe Malaurie, Laurent Aynès, Philippe Stoffel-Munck, Droit Des Obligations, 8e édition, LGDJ, 2016, p. 480.

一、因为企业的转让而引起的劳动合同的强制转让

在1928年之前，基于合同的相对性理论，法官在其司法判例当中认为，在从企业的出卖人那里购买了企业之后，企业的买受人有权拒绝继续履行出卖人与其雇员、劳动者签订的仍然在进行当中的劳动合同。因为法官认为，相对于出卖人与其雇员、劳动者签订的劳动合同而言，企业的购买人仅仅是第三人，他们既不能够享有劳动合同所规定的权利，也不能够履行劳动合同所规定的债务，这是合同相对性规则的必然要求和体现。不过，到了20世纪初期，此种司法判例受到人们的批评，他们认为，此种做法存在明显的社会不方便，不利于就业的稳定。①

为了稳定就业，法国立法者在1928年制定了1928年7月19日的法律，正式废除了之前的司法判例所采取的此种规则，认为企业的出卖不会影响出卖人与其雇员、劳动者之间的劳动合同的继续存在，因为企业的购买人自动取代出卖人而成为劳动合同当中的当事人，已如前述。1928年的制定法被编入《法国劳动法典》当中，这就是第1224-1条，该条规定：如果雇主的法律状况发生了变更，尤其是，如果他们的法律状况因为继承、出卖、合并、商事营业资产的变化以及将企业转换为公司等发生变更，则在变更发生之日时仍然在进行当中的所有劳动合同均在新的雇主与企业的人员之间继续存在。②

根据该条的规定，无论企业因为什么原因发生转让，诸如出卖、合并等，企业转让之前的企业主、雇主与自己的雇员、劳动者之间签订的所有仍然在履行当中的劳动合同均自动转让给新企业主、新雇主，新企业主、新雇主因此取代新企业主、旧雇主而成为所受让的劳动合同的当事人，并因此对雇员、劳动者享有劳动合同规定的权利和承担劳动合同规定的债务。在1983年之前，劳动合同的转让仅仅向将来生效，不会溯及既往地有效，因此，新企业主、新雇主仅仅从劳动合同转让之日起对雇员、劳动者承担债务，转让之前的旧债务由旧企业主、旧雇主承担。③

不过，通过1983年6月28日的制定法，法国立法者废弃了此种做法，正式承认劳动合同的转让不仅仅向将来生效，而且还溯及既往，换言之，新企业主、新雇主应当承担旧企业主、旧雇主所承担的债务，这就是现行《法国劳动法典》新的1224-2条。根据该条的规定，除非企业进行保障程序、重组程序或者司法清算程序，或者除非企业主的替换是在新企业主和旧企业主之间没有任何合同的情况所进行的，否则，新雇主应

---

① Philippe Malaurie, Laurent Aynès, Philippe Stoffel-Munck, Droit Des Obligations, 8e édition, LGDJ, 2016, p.480.
② Article L1224-1, Code du travail, Version en vigueur au 19 août 2021, https://www.legifrance.gouv.fr/codes/section_lc/LEGITEXT000006072050/LEGISCTA000006177853?etatTexte=VIGUEUR&etatTexte=VIGUEUR_DIFF&anchor=LEGISCTA000006177853#LEGISCTA000006177853.
③ Philippe Malaurie, Laurent Aynès, Philippe Stoffel-Munck, Droit Des Obligations, 8e édition, LGDJ, 2016, p.480.

当对旧雇主在企业发生变更之前所承担的债务负责。①

此外,有关企业国有化方面的制定法也规定,一旦私营企业被国有化,国有化之前的企业主与其劳动者之间的劳动合同也自动转让给国有化之后的企业,被国有化的企业应当尊重国有化之前订立生效的劳动合同,即便人们建立一个新的企业替换旧的企业,亦是如此。②

二、因为出版者的商事营业资产的转让而引起的出版合同的强制转让

《法国知识产权法典》132-16 条对出版者的商事营业资产的转让所引起的出版合同的强制转让做出了说明,该条规定:除非预先获得作者的授权,否则,出版者不能够独立于商事营业资产而将出版合同的利益转让给第三人,无论是有偿转让、无偿转让还是以投资公司的方式转让,均是如此。在商事营业资产转让的情形,如果商事营业资产的转让在性质上会严重损害作者的物质利益或者道德利益,即便作者因此解除出版合同,他们也能够因此获得损害赔偿。③

根据该条的规定,如果出版者(l'éditeur)将自己的商事营业资产(fonds de commerce)转让给另外一个同样作为出版者的受让人,则他们与作者之间的出版合同(le contrat d'édition)也自动转让给受让人,由受让人取代转让人成为出版合同的当事人,除了因此对作者享有权利之外也因此对作者承担债务,因为出版合同的转让不需要预先获得作者的授权。如果出版者仅仅转让出版合同而没有同时转让商事营业资产,则他们应当预先获得作者的同意,否则,他们不能够将出版合同转让给受让人。此外,在转让自己的商事营业资产时,即便出版者能够在没有获得作者同意时将自己与作者之间的出版合同转让给受让人,如果他们与受让人之间的商事营业资产的转让会严重损害作者享有的物质利益(les intérêts matériels)或者道德利益(les intérêts moraux),除了有权解除与转让人之间的出版合同之外,作者还有权要求转让人对自己遭受的损害承担赔偿责任。

三、因为商事营业资产的转让而引起的商事租赁合同的转让

《法国商法典》第 L.145-16(1)条对因为商事营业资产的转让引起的商事租赁合同的转让做出了说明,该条规定:如果商事租赁合同禁止承租人将自己的商事租赁合同或者权利转让给其商事营业资产或者其企业的买受人,则此种禁止协议被视为没有规定,无论其形式是什么,已如前述。根据该条的规定,一旦作为商人的转让人将自己的

---

① Philippe Malaurie, Laurent Aynès, Philippe Stoffel-Munck, Droit Des Obligations, 8e édition, LGDJ, 2016, p. 480; Article L1224-2, Code du travail, Version en vigueur au 19 août 2021, https://www.legifrance.gouv.fr/codes/section_lc/LEGITEXT000006072050/LEGISCTA000006177853?etatTexte=VIGUEUR&etatTexte=VIGUEUR_DIFF&anchor=LEGISCTA000006177853#LEGISCTA000006177853.

② Gabriel Marty, Pierre Raynaud, Droit Civil, Les Obligations, Tome 1, Les sources, 2e édition, Sirey, 1988, p.354.

③ Article L132-16, Code de la propriété intellectuelle, Version en vigueur au 20 août 2021, https://www.legifrance.gouv.fr/codes/section_lc/LEGITEXT000006069414/LEGISCTA000029751035?etatTexte=VIGUEUR&etatTexte=VIGUEUR_DIFF&anchor=LEGISCTA000029755837#LEGISCTA000029755837.

商事营业资产或者企业转让给另外一个作为商人的受让人,则转让人与自己的不动产所有权人签订的不动产租赁合同自动转让给受让人,由受让人取代转让人成为该合同的当事人,除了对不动产租赁合同的出租人承担债务之外,也根据该合同的规定对出租人享有债权,就像该租赁合同是由受让人与出租人签订的一样。

作为商事营业资产的有机组成部分,商事租赁合同具有天然的可自由转让性,承租人能够在不经出租人同意的情况下将自己的租赁合同转让给受让人,当他们出卖自己的商事营业资产时,其中的不动产租赁合同自动转让给受让人。即便不动产租赁合同的出租人和承租人在租赁合同当中明确禁止不动产租赁合同的自由转让,他们之间的此种租赁合同也随着商事营业资产的转让而自动转让,因为该条禁止当事人之间规定租赁合同的禁止转让条款,已如前述。

《法国商法典》之所以明确规定,商事营业资产或者企业的转让会引起不动产租赁合同的强制转让,一方面是因为,转让人对不动产租赁合同享有的租赁权构成商事营业资产的重要组成部分,如果商事营业资产的转让不会引起不动产租赁合同的转让,则商事营业资产的价值会遭受严重毁损;另一方面则是因为,如果商事营业资产的转让不会自动引起不动产租赁合同的转让,则商事营业资产的转让将会变得困难,因为如果没有不动产租赁合同的转让,受让人受让商事营业资产的积极性将会大打折扣。①

---

① 张民安:《商法总则制度研究》,法律出版社 2007 年版,第 395—396 页。

第二十章 债的更新

第一节 债的更新的界定、特征和地位

无论是在2016年之前还是2016年之后，《法国民法典》均对债的更新做出了规定。在2016年之前，《法国民法典》第1271条至第1281条对债的更新做出了明确规定，包括债的更新的三种不同方式、债的更新所具备的条件以及债的更新所产生的法律效力等。① 通过2016年2月10日的债法改革法令，《法国民法典》新的第1329条至新的第1335条对债的更新做出了规定，包括债的更新的概念、债的更新的类型、债的更新应当具备的条件以及债的更新产生的法律效力。② 无论是在2016年之前③还是2016年④之后，法国民法学者均对债的更新做出了说明。

一、债的更新的界定

在2016年之前，虽然《法国民法典》对债的更新做出了规定，但是，它没有对债的更新做出界定。通过2016年2月10日的债法改革法令，现行《法国民法典》在规定债的更新时也对债的更新做出了界定。无论是在2016年之前还是之后，民法学者普遍对债的更新做出了界定。所不同的是，在2016年之前和之后，他们对债的更新做出的界定存在差异。

2016年之前，法国民法学者不仅普遍对债的更新做出了界定，而且他们的界定非常类似，因为他们普遍认为，所谓债的更新，是指合同当事人通过以新债（obligation

---

① Articles 1271 à 1281, Code civil, Version en vigueur au 09 février 2016, https://www.legifrance.gouv.fr/codes/section_lc/LEGITEXT000006070721/LEGISCTA000006150259/2016-02-09/#LEGISCTA000006150259.

② Articles 1329 à 1335, Code civil, Version en vigueur au 22 août 2021, https://www.legifrance.gouv.fr/codes/section_lc/LEGITEXT000006070721/LEGISCTA000032034970/#LEGISCTA000032034970.

③ Henri et Léon Mazeaud, Jean Mazeaud, François Chabas, Obligations, 9e édition, Montchrestien, 1998, pp. 1243 - 1251; Jean Carbonnier, Droit civil, Volume II, Les biens, les obligations, puf, 2004, pp. 2501 - 2508; Jacques Ghestin, Marc Billiau, Grégoire Loiseau, Traité de Droit Civil, Le régime des créances et des dettes, LGDJ, 2005, pp. 883 - 920; Philippe Malinvaud, Dominique Fenouillet, Droit des obligations, 11e édition, Litec, 2010, pp. 628 - 632; Jacques Flour, Jean-Luc Aubert, Éric Savaux, Droit civil, Les Obligations, 3. Le rapport d'obligation, 7e édition, Dalloz, 2011, pp. 381 - 388.

④ Muriel Fabre-Magnan, Droit des obligations, Tome 1, Contrat et engagement unilatéral, 4e édition, puf, 2016, pp. 693 - 697; Philippe Malaurie, Laurent Aynès, Philippe Stoffel-Munck, Droit Des Obligations, 8e édition, LGDJ, 2016, pp. 823 - 825; Rémy Cabrillac, Droit des Obligations, 12e édition, Dalloz, 2016, pp. 420 - 423; Marjorie Brusorio-Aillaud, Droit des obligations, 8e édition, bruylant, 2017, pp. 347 - 349; Virginie Larribau-Terneyre, Droit civil Les obligations, 15e édition, Dalloz, 2017, pp. 181 - 186; Jérôme François, Les obligations, Régime general, Tome 4, 4e édition, Economica, 2017, pp. 105 - 126, pp. 582 - 585; François Terré, Philippe Simler, Yves Lequette, François Chénedé, Droit civil, Les obligations, 12e édition, Dalloz, 2018, pp. 1781 - 1803.

nouvelle）取代旧债（obligation ancienne）的方式来消灭债的一种法律制度。Carbonnier 对债的更新做出了类似的界定，他指出："所谓债的更新，是指通过创立一种新债取代旧债的方式来让债消灭的制度。"① Voirin 和 Goubeaux 也对债的更新做出了类似的界定，他们也指出："所谓债的更新，是指通过创立一种新债取代最初债的方式来消灭债的制度。"② 同样，Terré、Simler 和 Lequette 也对债的更新做出了类似的界定，他们也指出："所谓债的更新，是指一种法律制度，根据此种法律制度，当事人决定以一种新的债来取代某种既存的债，并因此让该种既存的债消灭。"③

2016 年之前，民法学者对债的更新做出的这些规定均具有一个重要特征，这就是，他们均强调债的更新是债消灭的一种方式：通过以新债取代旧债的方式，债的更新让被取代的旧债消灭。民法学者之所以均从旧债消灭方面对债的更新做出界定，是因为在 2016 年之前，《法国民法典》不仅将债的更新作为债消灭的一种方式，而且还直接将其规定在"债的消灭"（de l'extinction des obligations）当中，让债的更新与债的其他消灭原因结合在一起，共同构成作为一个有机整体的债的消灭制度，诸如债的免除、债的混同或者债的抵销等。

通过 2016 年的债法改革法令，现行《法国民法典》新的第 1329（1）对债的更新做出了界定，它规定，所谓债的更新，是指以创设的一种新债取代让其因此消灭的一种债为目的的合同。④ 根据该条的界定，债的更新是一种合同，该种合同的目的是：通过创设一种新的债来取代之前的旧债，除了让旧的债因此消灭之外也让新的债因此产生。

《法国民法典》新的第 1329 条对债的更新做出的界定与 2016 年之前民法学者做出的界定存在两个主要差异：其一，它明确将债的更新界定为一种合同，因为它认为，债的更新是当事人之间的一种合同，而 2016 年之前的民法学者很少将债的更新界定为一种合同，已如前述。其二，它强调的重点不是旧债的消灭，而是新债（une obligation nouvelle）的产生，因为它指出，作为一种合同，债的更新的目的是以建立的新债取代旧债并因此让旧债消灭。而 2016 年之前的民法学者普遍从旧债消灭的角度界定债的更新，已如前述。

《法国民法典》新的第 1329 条之所以从新债产生的角度界定债的更新，是因为它不再将债的更新视为一种债的消灭方式，没有将其规定在债的消灭制度当中，而是将其视为一种债的交易方式规定在"债的交易"（Les opérations sur obligations）当中，认为它像债权转让和债务转让一样是一种债的交易方式。

虽然现行《法国民法典》新的第 1329（1）条对债的更新做出了界定，但是，它的此种界定并没有被 2016 年之后的所有民法学者所遵循。因为，在界定债的更新时，

---

① Jean Carbonnier, Droit civil, Les biens Les obligations, puf, 2004, p. 2501.
② Pierre Voirin, Gilles Goubeaux, Droit civil, tome 1, Introduction au droit, personnes-famille, personnes protégées, biens-obligations, sûretés, 33e édition, LGDJ, 2011, p. 666.
③ François Terré, Philippe Simler, Yves Lequette, Droit civil, Les obligations, 12e édition, Dalloz, 2009, p. 1259.
④ Article 1329, Code civil, Version en vigueur au 22 août 2021, https://www.legifrance.gouv.fr/codes/section_lc/LEGITEXT000006070721/LEGISCTA000032034970/#LEGISCTA000032034970.

某些民法学者采用新的 1329（1）条的界定，例如 Aillaud 和 Francois 等人。① 而其他数民法学者则不同，他们没有遵循新的第 1329（1）条的界定，而是根据自己的不同理解对债的更新做出界定，他们的界定也可以分为两类：从债的消灭方面界定债的更新和从债的产生的角度界定债的更新。

Fabre-Magnan、Malaurie、Aynès 和 Stoffel-Munck 等人从债消灭的角度界定债的更新。Fabre-Magnan 指出："所谓债的更新，是指伴随着一种新债产生并且取代旧债的一种债的消灭方式。"② Malaurie、Aynès 和 Stoffel-Munck 也指出："根据《法国民法典》第 1329 条（旧的第 1271 条），债的更新的一方当事人的变更是实现债的更新的一种方式，所谓债的更新，是指为了消灭旧债而创设一种新债。"③

Terré、Simler 和 Lequette 等人从债产生的角度界定债的更新，他们指出："所谓债的更新，是指一种法律交易，根据该种交易，当事人决定以一种新的债取代一种既存并因此让其消灭的债。根据此种定义，从一定方面来说，债的消灭效力仅仅是债的更新的次要效力，当事人的主要目的是确保新债的产生。"④

笔者采取 Terré、Simler 和 Lequette 等人的看法，结合《法国民法典》新的第 1329 条的规定，对债的更新做出如下界定：所谓债的更新，是指当事人之间的一种合同，根据该种合同，当事人之间以消灭某种既存的债即旧债的方式在他们之间建立一种新的债。因此，如果甲方欠乙方 10000 欧元，甲方当然应当偿还乙方的 10000 欧元，在甲方偿还这一笔欠款给乙方之前，如果甲方和乙方之间达成了协议，让甲方以每年支付 2000 欧元终生年金的方式偿还 10000 欧元的债务，则他们之间所达成的此种协议就是债的更新。当事人之间的此种协议之所以是一种债的更新，是因为当事人达成此种协议的目的是：通过创设一种新债即每一年支付年金 20000 欧元的债让一次性偿还 10000 欧元的旧债消灭。⑤ 同样，如果一方当事人对另外一方当事人承担某种代物债，当两方当事人达成协议，决定以金钱债替换代物债并因此让代物债消灭时，则当事人之间的此种协议也构成债的更新。⑥

二、债的更新的特征

根据笔者对债的更新做出的上述界定，债的更新具有如下几个特征：债的更新属于一种合同；债的更新同时产生消灭和创设债的效力；债的更新所创设的新债不同于所消

---

① Marjorie Brusorio-Aillaud, Droit des obligations, 8e édition, bruylant, 2017, p. 347；Jérôme François, Les obligations, Régime general, Tome 4, 4e édition, Economica, 2017, p. 105.

② Muriel Fabre-Magnan, Droit des obligations, Tome 1, Contrat et engagement unilatéral, 4e édition, puf, 2016, p. 693.

③ Philippe Malaurie, Laurent Aynès, Philippe Stoffel-Munck, Droit Des Obligations, 8e édition, LGDJ, 2016, p. 823.

④ François Terré, Philippe Simler, Yves Lequette, François Chénedé, Droit Civil, les Obligations, 12e édition, Dalloz, 2018, pp. 1781 – 1782.

⑤ Jacques Flour, Jean-Luc Aubert, Éric Savaux, Droit civil, Les Obligations, 3. Le rapport d'obligation, 7e édition, Dalloz, 2011, p. 381.

⑥ Marjorie Brusorio-Aillaud, Droit des obligations, 8e édition, bruylant, 2017, p. 347.

灭的旧债；新债和旧债之间存在相互依赖性；债的更新的主要目的不在于消灭旧债而在于创设新债。

（一）债的更新在性质上属于一种合同

债的更新的第一个主要特征是，债的更新是一种合同，它是当事人之间的意思表示一致的结果，如果没有当事人之间的以一种创设的新债取代和消灭旧债的意思表示，则债的关系不会更新。换言之，即便《法国民法典》以大量的法律条款对债的更新做出了规定，债的更新也不是一种制定法上的制度，而仅仅是当事人意思表示的产物，完全遵循意思自治和合同自由的原则，人们不能够借口公共秩序或者公共利益而对当事人进行债的更新的意图进行限制。早在1877年的《拿破仑民法典教程》当中，Demolombe 就对债的更新所具有的此种特征做出了说明，他指出："债的更新是一种合同，就像其他的合同一样，无论是它的存在还是它的效力均源自当事人的共同意图。"① Simler 对债的更新所具有的此种特征做出了说明，他指出："没有任何东西能够阻止当事人实现真正的债的更新。"② Terré、Simler 和 Lequette 等人也对债的更新所具有的此种特征做出了说明，他们指出，作为债的更新的主要目的，债的创设"仅源自合同自由原则"③。

（二）债的更新能够同时产生债的消灭和债的产生的双重效力

债的更新的第二个主要特征是，债的更新同时产生两种法律效力即消灭债和创设债的效力。作为一种合同，债的更新不同于一般意义上的合同，因为一般意义上的合同根据具体情况的不同要么产生债的消灭效力，要么产生债的创设效力，很少会同时产生消灭和创设债的双重效力；而债的更新则不同，它同时产生债的消灭和债的创设效力：在消灭旧债时它创设了新债，或者反之，在创设新债时它消灭了旧债。其中的消灭旧债就是债的更新所具有的消灭效力，而同时创设一种新的债则是指它的创设效力。在上述范例当中，通过一个协议，甲乙双方同时消灭了 10000 欧元的债而创设了年金 2000 欧元的债。

Mazeaud 和 Chabas 等人对债的更新所具有的此种特征做出了说明，他们指出："债的更新是一种交易，该种交易通过以另外一个债取代旧债的方式一下子消灭了旧债。因此，债的更新构成一种简单化的交易，它避免了以两种连续的不同的方式进行此种交易：一种债的消灭和另外一种债的产生。"④ Flour、Aubert 和 Savaux 也对债的更新所具有的此种特征做出了说明，他们指出："虽然人们长久以来均认为，债的更新仅仅是一

---

① Charles Demolombe, Cours de Code Napoléon, Tome XXVIII, Traité des Contrats ou des Obligations Conventionnelles en Général, Tome cinquième, Paris Auguste Durand Libraire L. Hachette et Cie Libraire1877, p. 161.

② Simler, J., Cl. Civ. Code, Art. 1271 à 1281, fasc. 10, n° 75; Sene Pape Demba, La notion de novation, Thèse pour le doctorat en sciences juridiques de droit privé, Université de Reims, 2006, p. 148.

③ François Terré, Philippe Simler, Yves Lequette, François Chénedé, Droit Civil, les Obligations, 12e édition, Dalloz, 2018, p. 1782.

④ Henri et Léon Mazeaud, Jean Mazeaud, François Chabas, Obligations, 9e édition, Montchrestien, 1998, p. 1243.

种债的关系的消灭方式,但是,人们在研究债的更新时显然不能够再采取此种看法。实际上,人们不可能将第一种债的消灭和第二种债的创设予以分离,这两种交易是不可分的,通过债的更新,人们进行了债的变换。"①

(三) 债的更新所创设的新债不同于所消灭的旧债

债的更新的第三个主要特征是,债的更新所消灭的债和所产生的债是两个不同的债。虽然债的更新同时让一个债消灭而让另外一个债产生,但是,所消灭的债和所创设的债是两个独立的债,因为所创设的债并不是所消灭的债,反之亦然,所消灭的债也不是所创设的债:所消灭的债和所创设的债是两个独立的、不同的债。在上述范例当中,所消灭的债即10000欧元的债独立于、区别于2000欧元年金债。因为此种理论,人们将债的更新所消灭的债称为旧债,而将债的更新同时创设的债称为新债。

Malinvaud 和 Fenouillet 对债的更新所具有的此种特征做出了说明,他们指出:"债的更新是一种合同,根据该种合同,债权人和债务人决定以一种新债取代最初债并因此让最初债消灭,其中的新债区别于最初的债,因为新债的构成因素不同于最初的债。"② Flour、Aubert 和 Savaux 也对债的更新所具有的此种特征做出了说明,他们指出:"债的更新是通过创设一种旨在取代旧债的新债让旧债消灭……债的更新的本质是,两个债之间存在差异,债的更新这种交易会带来新的东西。"③

(四) 债的更新所消灭的债和所创设的债存在相互依赖性

债的更新的第四个主要特征是,通过债的更新所消灭的债和所创设的债存在相互依赖性。虽然债的更新所消灭的债和所创设的债是两个不同的、相互独立的债,但是,这两个不同的债之间也存在紧密关系:旧债的消灭建立在新债产生的基础上,反之亦然,新债的产生建立在旧债消灭的基础上,没有旧债的消灭就不会有新债的产生,没有新债的产生也就不会有旧债的消灭,两者互为原因、互为因果关系。

Mazeaud 和 Chabas 等人对债的更新所具有的此种特征做出了说明,他们指出:"债的更新意味着旧债和新债之间存在一种依赖关系。"④ Francois 对债的更新所具有的此种特征做出了说明,他指出:"债的更新在相继发生的两个债之间建立了因果关系。一个债的消灭是因为另外一个债的产生,而另外一个债的产生则是因为前面一个债的消灭。"⑤ Terré、Simler 和 Lequette 等人也对债的更新所具有的此种特征做出了说明,他们指出:"债的更新的特殊性在于债的消灭,更具体而言,债的更新的特殊性在于,最初

---

① Jacques Flour, Jean-Luc Aubert, Éric Savaux, Droit civil, Les Obligations, 3. Le rapport d'obligation, 7e édition, Dalloz, 2011, p.381.
② Philippe Malinvaud, Dominique Fenouillet, Droit des obligations, 11e édition, Litec, 2010, p.628.
③ Jacques Flour, Jean-Luc Aubert, Éric Savaux, Droit civil, Les Obligations, 3. Le rapport d'obligation, 7e édition, Dalloz, 2011, p.381.
④ Henri et Léon Mazeaud, Jean Mazeaud, François Chabas, Obligations, 9e édition, Montchrestien, 1998, p.1243.
⑤ Jérôme François, Les obligations, Régime general, Tome 4, 4e édition, Economica, 2017, p.105.

债的消灭与新债的产生之间存在不可分割的关系。"①

（五）债的更新的主要目的在于创设新的债

债的更新的第五个主要特征是，债的更新的主要目的在于创设新的债。债的更新当然同时会产生两种不同的法律效力即消灭一种债的效力和创设另外一种新债的效力。问题在于，这两种不同的效力之间是否存在轻重之分。对此问题，大多数民法学者均没有做出明确的回答，仅 Terré、Simler 和 Lequette 等人做出了明确回答，他们认为，至少在 2016 年之后，债的更新产生的这两种效力之间存在主次之分，其中的创设效力属于主要效力，而消灭效力则属于次要效力，已如前述。笔者认为，在 2016 年之前，《法国民法典》似乎认为，消灭效力是债的更新的主要目的，而创设效力则是债的更新的次要效力，因为它将债的更新规定在债的消灭制度当中。关于这一点，笔者将在下面的内容当中做出详细的讨论，此处从略。而从 2016 年开始，《法国民法典》则似乎采取了不同的态度，它将创设效力视为债的更新的主要效力，而将消灭效力视为债的更新的次要效力，因为它不再将债的更新规定在债的消灭制度当中，而是将其规定在债的交易制度当中。关于这一点，笔者将在下面的内容当中做出详细的讨论，此处从略。

三、债的更新与债的变更

在讨论债的更新时，人们面临的第一个主要问题是，债的更新与债的变更之间的关系。虽然《法国民法典》包含了债的变更的具体适用，但是，它没有对债的变更做出一般性的规定。② 因此，关于什么是债的变更，债的变更与《法国民法典》所规定的债的更新、债权转让、债务转让之间是什么关系，《法国民法典》没有做出具体规定，法国民法学者也少有说明。

（一）债的变更的界定

《法国民法典》没有对债的变更做出明确界定，因为它没有对债的变更的一般理论做出规定。除了制定法没有界定债的变更之外，法国大多数民法学者也均没有对债的变更做出界定，因为，他们大都忽视了债的变更的存在，没有对债的变更的一般理论做出说明。③ 在 2011 年的《债的关系》当中，Flour、Aubert 和 Savaux 对债的变更做出了界定，他们指出："所谓债的变更，是指在不会引起其消灭的情况下影响债的一种构成因素的改变、变化。例如，推迟债务的履行期限、减少利息的数量以及选择一种新的参考

---

① François Terré, Philippe Simler, Yves Lequette, François Chénedé, Droit Civil, les Obligations, 12e édition, Dalloz, 2018, p.1782.
② Jacques Flour, Jean-Luc Aubert, Éric Savaux, Droit civil, Les Obligations, 3. Le rapport d'obligation, 7e édition, Dalloz, 2011, p.405.
③ Jacques Flour, Jean-Luc Aubert, Éric Savaux, Droit civil, Les Obligations, 3. Le rapport d'obligation, 7e édition, Dalloz, 2011, p.405.

指数等均为债的变更。"①

Flour、Aubert 和 Savaux 对债的变更做出的界定当然具有一定的合理性，因为它突出强调了债的变更所存在的一个特征即债的变更不会引起被变更的债的消灭。不过，他们的此种界定也存在不合理的地方，因为他们没有涉及债的变更的渊源以及债的变更与债的更新之间的其他重要区别。基于此种考虑，笔者对债的变更做出如下界定，所谓债的变更（la modification de l'obligation），是指基于当事人的意图、制定法的规定或者法官的司法判例，当事人之间既存的债的一种或者几种构成因素所发生的非实质性的、非重大的改变或者变化。

（二）债的变更的一般理论

在法国，债的变更理论历史非常短暂，因为仅仅到了 1980 年，民法学者 Alain Ghozi 才开始主张债的变更的一般理论。在 1980 年的博士学位论文《当事人意图引起的债的变更》当中，他首先对债的更新观念做出了讨论，除了主张债的变更存在的合理性和必要性之外，他还将债的变更与其他类似的制度区分开来，尤其是将债的变更与债的更新和债的和解（la transaction）区分开来。其次，在制定法尤其是《法国民法典》所规定的各种各样的具体适用的基础上，他根据债的变更的客体的多样性对债的变更做出系统性的分类，并因此形成了不同类型的债的变更，包括：因为债务履行推迟引起的债的变更，因为担保的增加引起的债的变更，因为惩罚条款、履行地点、支付方式、支付货币以及参考指数的变化所引起的债的变更，对一方当事人所实施的单方面给付做出的变更，以及对双务合同当中每一方当事人的给付所做出的变更等。最后，他对债的变更的法律制度做出了具体分析，包括约定变更的条件和法律效力以及被变更的债的身份等。②

虽然 Alain Ghozi 的著作被认为具有极大的价值，并且被视为是债法方面的一种创新理论，但是，他的著作产生的影响极其有限，因为迄今为止，除了 Flour、Aubert 和 Savaux 对债的变更做出了简要的阐述之外，几乎没有任何民法学者对债的变更做出研究。在 2011 年的《债的关系》当中，Flour、Aubert 和 Savaux 对债的变更做出了简要的说明，包括对债的变更的观念、债的变更的渊源以及债的变更的制度做出了说明。③

在法国，债的变更的渊源有三，这就是当事人的意图、制定法的规定以及法官的司法判例。

所谓当事人的意图引起的债的变更，也被为债的约定变更（la modification conventionnelle de l'obligation），是指根据意思自治和合同自由原则，当事人在协商一致的基础

---

① Jacques Flour, Jean-Luc Aubert, Éric Savaux, Droit civil, Les Obligations, 3. Le rapport d'obligation, 7e édition, Dalloz, 2011, p. 405.

② Alain Ghozi, La Modification de l'obligation par la volonté des parties：Étude de droit civil français, LGDJ, 1980, pp. 1 – 274；A. Ghozi, La modification de l'obligation par la volonté des parties, étude de droit civil français, Revue internationale de droit comparé, vol. 33 n°3, Juillet-septembre 1981. pp. 887 – 888.

③ Jacques Flour, Jean-Luc Aubert, Éric Savaux, Droit civil, Les Obligations, 3. Le rapport d'obligation, 7e édition, Dalloz, 2011, p. 405.

上就他们之间的既存的债做出的改变、变化。

所谓制定法的规定引起的债的变更，也称为债的法定变更（la modification légel de l'obligation），是指基于《法国民法典》或者其他制定法的明确规定所引起的债的变更。《法国民法典》新的 1193 条对债的变更的这两种渊源做出了说明，该条规定：除非基于当事人之间的相互同意，或者除非基于制定法授权的理由，否则，合同既不能够变更，也不能够解除。①

所谓法官的司法判例所引起的债的变更，也称为债的司法变更（la modification judiciaire de l'obligation），是指基于一方当事人的变更甚至解除合同的请求，法官通过自己的司法判例对当事人之间引起纷争的某种债所做出的改变、变化。在法国，如果存在情势变更，法官能够借口情势变更对当事人之间的合同做出变更，这就是所谓的司法判例引起的债的变更。《法国民法典》新的第 1195 条明确规定了债的变更的此种渊源，它规定：如果合同缔结时无法预见的情势变更会让没有同意接受此种风险的一方当事人的债务履行成本过高，则该方当事人能够要求合同的对方当事人与其展开合同的重新谈判。在重新谈判期间，该方当事人继续履行自己的债务。在其重新谈判的要求被对方当事人拒绝之后或者谈判失败之后，当事人或者能够以他们自己约定的日期和条件达成合同的解除协议，或者通过双方同意要求法官对他们之间的合同做出调整。如果无法达成要求法官对他们之间的合同做出调整的同意，则基于一方当事人的请求，法官能够以自己确定的日期和条件或者变更合同或者终止合同。②

（三）债的更新与债的变更之间的关系

在法国，债的更新与债的变更之间是否存在差异？如果存在差异，它们之间的差异有哪些？对此问题，民法学者少有说明，即便有说明也是惜字如金，很少有人对它们之间的差异做出详细的讨论。笔者认为，债的更新与债的变更之间的主要差异表现在两个方面：其一，新债和旧债与债的同一性。其二，债的实质性变更和非实质性变更。

具体来说，债的更新与债的变更之间的第一个主要差异是，当债发生变更时，被变更的债与变更之前的债在性质上属于同一债，变更之前的债与变更之后的债不是两个不同的、独立的债，不存在变更之前的债消灭而变更之后的债创设的问题。而债的更新则不同，当债发生了更新时，更新之前的债与更新之后的债在性质上不属于同一债，而属于两个不同的、独立的债，更新之前的债被视为已经消灭并因此被称为旧债，而更新之后的债不属于更新之前的债的延续，而是通过债的更新行为创设的新债。

早在 17 世纪，被誉为"《法国民法典》之祖父"的 Domat 就基于此种原因而明确区分债的更新与债的变更，即便他没有承认债的变更的一般理论，因为他认为，债的更新以第一个债即旧债消灭作为条件，如果债权人和债务人之间实施的某些变更没有引起

---

① Article 1193, Code civil, Version en vigueur au 24 août 2021, https://www.legifrance.gouv.fr/codes/section_lc/LEGITEXT000006070721/LEGISCTA000006150249/#LEGISCTA000032041319.

② Article 1195, Code civil, Version en vigueur au 04 janvier 2021, https://www.legifrance.gouv.fr/codes/section_lc/LEGITEXT000006070721/LEGISCTA000006150249/#LEGISCTA000032041319；张民安：《法国合同法总论》，中山大学出版社 2021 年版，第 355—360 页。

债的消灭,则他们实施的这些变更并不构成债的更新,诸如增加抵押、保证或者其他担保,增减或者减少债的数额等,延长或者缩短债的期限,将简单债改为附条件的债或者将附条件的债改为简单债,"所有这些变更或者类似的其他变更均不是债的更新,因为它们没有消灭第一种债"①。在18世纪,被誉为"《法国民法典》之父"的Pothier也基于此种原因而明确区分债的更新和债的变更,即便他没有对债的变更的一般理论做出阐述,他指出:"如果当事人之间仅仅具有变更、减少或者增加债务数额的意图,而不是为了让他们之间的债消灭而以新的债取代旧债,则人们应当决定他们之间没有实施债的更新。"②

在今时今日,民法学者也承认债的更新与债的变更之间所存在的此种差异。Alain Ghozi对此种区别做出了说明,他指出,与债的更新不同,债的变更不会在消灭一种债的同时创设另外一种债,它仅仅变更并且继续维持同一债。③ Flour、Aubert和Savaux也对此种差异做出了说明,他们指出,债的变更同样区别于债的更新,因为债的变更不会导致被变更的债的消灭,而债的更新则通过创设一种新债而取代被消灭的旧债。④

债的更新与债的变更之间的第二个主要差异是,债的更新是债的构成因素的根本性、重大的改变或者变化,而债的变更则仅仅是债的构成因素的非根本性的、非重大的改变或者变化。当事人之间的债权债务关系是由多种多样的因素构成的,其中的某些构成因素被视为根本性的、重大的构成因素(substantielle),而另外一些构成因素则被视为非根本性的、非重大的构成因素。至于说债的哪些构成因素属于根本性的、重大的,哪些构成因素属于非根本性的、非重大的构成因素,由法官和民法学者在自己的司法判例和民法学说当中做出说明。关于这一点,笔者将在债的更新的条件当中做出详细的讨论,此处从略。

无论如何,如果债的某种构成因素在性质上仅仅属于非根本性的、非重大的因素,当此种因素发生改变或者变化时,此种因素的改变或者变化就是债的变更;而如果债的某种构成因素在性质上属于根本性的、重大的因素,当此种因素发生改变或者变化时,则此种因素的改变或者变化就不再是债的变更,而是债的更新。因此,如果债权人或者债务人发生了改变或者变化,则这些改变或者变化被视为债的更新而不是债的变更;相反,如果仅仅是债的数额的增加或者减少,或者仅仅是支付货币发生了改变或者变化,则这些改变或者变化不被视为债的更新,而被视为债的变更。债权人或者债务人的发生改变或者变化之所以被视为债的更新,是因为这两种构成因素属于债的根本性的、重大的因素;而债的数额的增加或者减少、支付货币的改变或者变化之所以被视为债的变更,是因为这两种因素被视为债的非根本性的、非重大的因素。

---

① Joseph Rémy, Œuvres complètes de J. Domat, Nouvelle édition, Tome II, Paris, Firmin Didot Père et fils, 1829, pp. 253 – 254.

② Robert-Joseph Pothier, Traité des obligations, Dalloz, 2011, p. 291.

③ A. Ghozi, La modification de l'obligation par la volonté des parties, étude de droit civil français, Revue internationale de droit comparé, vol. 33 n°3, Juillet-septembre 1981. p. 887.

④ Jacques Flour, Jean-Luc Aubert, Éric Savaux, Droit civil, Les Obligations, 3. Le rapport d'obligation, 7e édition, Dalloz, 2011, pp. 405 – 406.

Carbonnier 对债的更新与债的变更之间的此种区别做出了说明，他指出："如果从实际结果来看，债的更新非常类似于债的变更。然而，在法律上，债的更新是一种比债的变更更加严重的东西，因为，从一种债变更为另外一种债，两种债之间不存在持续存在性，而是一种新债，该种新债与旧债之间的关系中断了。"① Flour、Aubert 和 Savaux 也对债的更新与债的变更之间的此种差异做出了说明，他们指出："尤其是，法官在其司法判例当中将债的更新的适用范围限定在债的客体的实质性变更方面。"②

（四）不属于债的更新而仅仅属于债的变更的情形

在法国，除了债的客体的改变、债的原因的改变和债的限定方式当中条件的改变属于债的客观更新之外，债的其他构成要素的改变在性质上均不属于债的更新的范畴，而仅仅属于债的变更的组成部分。关于债的客体的改变、债的原因的改变和债的限定方式当中条件的改变所构成的债的更新，笔者将在下面的内容当中做出详细的讨论，此处从略。因此，担保的改变在性质上不属于债的客观更新而仅仅属于债的变更，因为"担保仅仅是债权的从属债权，担保的限定不会影响债的存在，因此，它也不会引起债的更新"③。同样，"债的清偿方式的改变不会构成债的更新，在债的清偿方式发生改变时，债还是同一债，仍然保有自己的所有担保。因此，如果当事人以一种金钱方式替换另外一种金钱方式，他们之间的此种改变不会构成更新"④。

在1875年11月8日的案件当中，法国最高法院明确区分债的更新和债的变更，它指出："增加或者减少债务的数额，确定更长或者更短的期限，增加或者删除抵押或者其他担保，甚至改变债的类型等均不足以构成债的更新，至少在当事人之间没有表示相反的意图时是如此。"⑤ 根据此案确立的规则，原则上，增加或者减少债务数额的行为、确定更长或者更短期限的行为等行为在性质上不属于债的客观更新行为，而仅仅属于债的变更行为；但是，如果当事人在自己的合同当中明确规定，他们实施的这些行为在性质上构成债的客观更新行为，则他们实施的这些行为构成债的更新。换言之，当事人的意图具有将原本不构成债的客观更新的行为嬗变为债的客观更新行为的效力。

到了1967年，法国最高法院民一庭对1875年一案的规则做出了修改，废除了当事人的意图能够将原本不属于债的更新的交易嬗变为债的更新的规则，这就是1967年11月20日的案件。在该案当中，民一庭指出："无论当事人的意图是什么，对债的数额

---

① Jean Carbonnier, Droit civil, Volume Ⅱ, Les biens, les obligations, puf, 2004, p. 2501.
② Jacques Flour, Jean-Luc Aubert, Éric Savaux, Droit civil, Les Obligations, 3. Le rapport d'obligation, 7e édition, Dalloz, 2011, p. 385.
③ Henri et Léon Mazeaud, Jean Mazeaud, François Chabas, Obligations, 9e édition, Montchrestien, 1998, p. 1248.
④ Henri et Léon Mazeaud, Jean Mazeaud, François Chabas, Obligations, 9e édition, Montchrestien, 1998, p. 1248.
⑤ Req. 8 novembre 1875, DP. 1876. I. 438; Jérôme François, Les obligations, Régime general, Tome 4, 4e édition, Economica, 2017, p. 120; François Terré, Philippe Simler, Yves Lequette, François Chénedé, Droit civil, Les obligations, 12e édition, Dalloz, 2018, p. 1791.

的变更均不能够形成债的更新。"① 在今时今日，在债的更新领域，这两个案件所确立的规则显然存在明显的冲突，在当事人明确将他们之间的交易定性为债的更新的情况下，人们究竟是采取1875年一案的规则还是采取1967年的规则？对此问题，民法学者之间存在不同看法，关于这一点，笔者将在下面的内容当中做出详细的讨论，此处从略。

笔者采取1875年一案的规则，根据这一规则，除非当事人有将原本不属于债的更新范围内债的改变嬗变为债的更新的清晰意图，否则，以下债的改变均不构成债的更新，而仅仅构成债的变更。换言之，即便是以下交易行为，如果当事人清晰地将其定性为债的更新，则他们之间原本属于债的变更的交易也应当定性为债的更新：②

第一，改变债的数额的行为。一旦合同对债务人承担的债务数额做出了规定，如果债权人与债务人达成新的协议，对合同最初规定的债务数额做出改变，无论是增加债的数额还是减少债的数额，他们实施的此种行为均不构成债的更新行为，而仅仅构成债的变更行为。

第二，改变清偿货币的行为或者支付手段的行为。一旦合同对债务人履行金钱债务的方式做出了规定，如果债权人和债务人之间达成新的协议，对合同最初规定的金钱履行方式做出改变，无论是将合同规定的欧元改为美元，还是将合同约定的金钱支付改为支票、汇票支付，他们实施的此种改变均不构成债的更新而仅仅构成债的变更。

第三，过程量的增加或者减少。一旦承揽合同对承揽人要完成的工程做出了规定，如果工程主人与承揽人达成新的协议，让承揽人完成某种附加工程，或者减少所规定的工程，他们之间实施的此种改变均不构成债的更新而仅仅构成债的变更。

第四，担保范围的增加或者减少。一旦合同对第三人承担的担保责任做出了规定，如果当事人达成新的协议，增加第三人的担保或者减少其担保范围，则他们之间的此种改变也不构成债的更新，而仅仅构成债的变更。

第五，增加或者取消合同所规定的价格指数条款。一旦合同对价格指数条款（les clauses d'indexation）做出了规定，如果当事人达成取消此种条款的协议，则他们之间的此种协议并不构成债的更新而仅仅构成债的变更。同样，一旦合同没有对价格指数条款做出规定，如果当事人达成增加此种条款的协议，他们之间所达成的此种协议同样不会构成债的更新，而仅仅构成债的变更。所谓价格指数条款，是指合同当事人在自己的合同当中所规定的他们之间的货物或者服务价格根据某种价格指数予以确定的条款。③

第六，债的限定方式的增加或者取消。除了条件的增加或者取消属于债的更新之外，所有其他债的限定方式的增加或者取消均属于债的变更，而不属于债的更新，已如前述。因此，如果当事人对合同所规定的债务期限做出改变，无论是延长其期限还是缩

---

① Cass. Civ. 1re, 20 novembre 1967; Jérôme François, Les obligations, Régime general, Tome 4, 4e édition, Economica, 2017, p. 120.

② Jérôme François, Les obligations, Régime general, Tome 4, 4e édition, Economica, 2017, pp. 120 – 122; François Terré, Philippe Simler, Yves Lequette, François Chénedé, Droit civil, Les obligations, 12e édition, Dalloz, 2018, pp. 1791 – 1793.

③ 张民安：《法国合同法总论》，中山大学出版社2021年版，第215—261页。

短其期限，他们的行为均不构成债的更新，而仅仅构成债的变更。同样，如果当事人对合同所规定的借贷利率做出改变，无论是降低其利率还是提高其利率，他们实施的行为也均不构成债的更新，而仅仅属于债的变更。

第七，劳动合同所规定的事项的改变。在劳动合同签订之后，如果企业主与劳动者达成新的协议，对劳动合同当中所规定的履行条件做出改变，诸如对劳动地点的改变、劳动期限的改变、劳动报酬或者酬金的改变以及任务性质的改变等，则当事人之间的此类改变均不构成债的更新，而仅仅构成债的变更。

第八，其他的情形。责任的承认行为仅仅构成债的变更而不构成债的更新；将民事债嬗变为商事债的行为也仅仅构成债的变更而不构成债的更新；将债权或者债务记账在往来账户当中的行为也仅仅构成债的变更而不构成债的更新；在没有创设新债务时，通过和解终止彼此之间的争议的行为也仅仅构成债的变更而不构成债的更新；在债务人过度负债时，债权人与债务人之间达成的债务重组计划也仅仅构成债的变更而不构成债的更新。

四、债的更新与合同更新之间的关系

在讨论债的更新时，人们面临的第二个主要问题是，债的更新与合同更新之间的关系。

（一）合同更新的界定

无论是在 2016 年之前还是之后，虽然《法国民法典》均规定了债的更新，但是，它没有规定合同更新（novation de contrat）。所谓合同更新，是指当事人之间的一种合同，根据该种合同，当事人之间以消灭某种既存的合同即旧合同的方式在他们之间创设一种新的合同。换言之，所谓合同更新，是指当事人之间以创设一种新合同取代旧合同并因此让旧合同消灭为目的的合同。例如，在当事人之间存在买卖合同的情况下，如果当事人达成协议，将他们之间的买卖合同变更为赠与合同，则他们之间的此种协议就是合同更新，其中的买卖合同被称为旧合同，而其中的赠与合同则被称为新合同，通过当事人之间的同一个协议，他们同时让新合同即赠与合同产生了而让旧合同即买卖合同消灭了。[1]

（二）少数民法学者就合同更新是否存在展开的争议

在法国，合同更新的理论历史极为短暂，因为，一直到了 1989 年，Marty、Raynaud 和 Philippe Jestaz 才开始初步主张合同更新的理论，他们将合同更新称为"合同的替换"（substitution de contrat）。在讨论债的客观更新（la novation objective）时，

---

[1] Gabriel Marty, Pierre Raynaud, Philippe Jestaz, Droit civil, les obligations, Tome 2, Le régime, Sirey, 1989, p. 379; Anne van de Winkele Bazela, La notion de novation, thèse Lille 2, 2001, pp. 237 – 247; Jean Carbonnier, Droit civil, Volume II, Les biens, les obligations, puf, 2004, p. 2508; Jacques Ghestin, Marc Billiau, Grégoire Loiseau, Traité de Droit Civil, Le régime des créances et des dettes, LGDJ, 2005, pp. 884 – 889.

他们认为,除了能够以诸如债的原因、债的客体的替换实现债的更新之外,人们也能够通过合同的替换实现债的更新,他们指出:"在客观性质的债的更新当中……当事人能够发现创设新债的好处。然而,在终止自己的合同时,如果当事人以其他根据为由签订合同,则他们也能够取得同样的结果。"①

Marty、Raynaud 和 PJestaz 认为,在进行债的客观更新时,如果被人们替换的债的因素超过了应有的限度并因此让债的客观因素的替换等同于整个合同的替换,则超过一定限度的债的更新就不应当再视为债的更新,而应当视为债的更新之外的一种独立更新即合同更新。他们指出:"如果超过了一定的限度,则他们之间的新交易不应当再作为债的更新来分析,而应当作为一种合同的替换来分析。"②

他们的理论对法国少数民法学者产生了影响,因为基于他们的理论,这些民法学者开始主张此种理论,例如 Carbonnier 等人;而另外一些民法学者则反对他们主张的此种理论,例如 Anne van de Winkele Bazela、Ghestin、Billiau 和 Loiseau 等人。在 2004 年的《民法》当中,Carbonnier 明确支持合同更新理论,他指出:"如果当事人将他们之间的土地收益分成租赁合同嬗变为租金支付租赁合同,则他们之间的此种嬗变不再是传统的概念:与其说他们之间的此种交易是一种债的更新,毋宁说他们之间的此种交易是一种合同更新。"③

在 2001 年的博士学位论文《债的更新观念》当中,Anne van de Winkele Bazela 明确反对合同更新的理论。一方面,他明确区分债的更新和合同的更新,认为债的更新属于合同内部的更新,而合同的更新则属于合同的外部更新,他指出:"通过合同的更新,当事人将一种合同变为另外一种合同,因此,合同的更新不是一种合同的内部更新,而债的更新则是合同内部一种债向另外一种债的更新。因此,在理论上,区分合同更新与债的更新是再容易不过的,债的更新的利益是为了保有合同的基础。"④ 另一方面,他又明确反对合同更新的理论,他认为,所谓的合同更新并没有债的更新所具有的一个重要特征新债和旧债的依赖性,因为当一个合同被另外一个合同替换时,新合同与旧合同之间没有依赖性:新合同完全是一个独立的、不依赖旧合同的合同,同旧合同没有一丝一毫的关系。他指出新合同不仅发生了变更,而且所发生的变更太大,以至于人们完全无法从新合同当中看出旧合同的任何影子。因为新合同已经变得面目全非,因此,新合同的目的完全偏离了旧合同。当一个合同被另外一个合同所替换时,人们没有必要以与债的更新类似或者相同的方式分析当事人之间的关系,并因此将当事人之间的合同归入合同更新当中,因为,它们之间的关系在性质上不是更新,而是一种废除之前的合同协议(Le mutuus dissensus)。

他指出:"当一种合同被另外一种合同所取代时,新合同与旧合同之间因为合同的

---

① Gabriel Marty, Pierre Raynaud, Philippe Jestaz, Droit civil, les obligations, Tome 2, Le régime, Sirey, 1989, p.378.
② Gabriel Marty, Pierre Raynaud, Philippe Jestaz, Droit civil, les obligations, Tome 2, Le régime, Sirey, 1989, p.379.
③ Jean Carbonnier, Droit civil, Volume II, Les biens, les obligations, puf, 2004, p.2508.
④ Anne van de Winkele Bazela, La notion de novation, thèse Lille 2, 2001, p.237; Jacques Ghestin, Marc Billiau, Grégoire Loiseau, Traité de Droit Civil, Le régime des créances et des dettes, LGDJ, 2005, pp.884 - 885.

变更幅度太大而导致两个合同之间的关系完全变形走样，并因此让两个合同之间的联系完全中断了，新合同对旧合同的可替换性是不完全的，因为合同的目的发生了变更：当事人之间的此种交易仅仅是一种废除之前合同的协议。合同无法承受如此大的变更，当当事人以一种新合同替换旧合同时，他们之间的新合同仅仅是他们之间缔结的一个新合同，换言之，当他们之间缔结一个新合同时，人们没有必要以更新理论来表明，他们之间的新合同是在旧合同的基础上变更而来的。当事人本身愿意缔结一个新合同的同一事实就足够证明了该种新合同的独立性，即便当事人之前就已经存在具有约束力的合同关系。实际上，当事人之间就存在有约束力的合同关系与他们之间所存在的新合同法律制度是无关紧要的，因此，人们没有必要将他们之间的关系冠以合同关系的名义。此时，与其将他们之间的关系视为一种合同更新，不如将他们之间的关系视为一种废除之前合同的协议，此种称谓更加合理一些。新合同完全独立于旧合同，两种没有任何亲缘关系。新合同当中没有任何因素允许人们将其视为旧合同的变更。"①

在2006年的《债权和债务制度》当中，Ghestin、Billiau和Loiseau明确反对合同更新的存在。他们指出，在以一种合同取代另外一种合同时，被取代的合同的消灭并不是建立在意思自治和合同自由的基础上。当合同当事人达成以买卖合同替换他们之间的租赁合同的协议时，即便按照意思自治和合同自由原则的原则，当事人将被消灭的租赁合同与新创设的买卖合同关联起来并且让它们之间产生债的更新当中新债和旧债之间的相互依赖性，当事人之间的此种交易的性质也不同于《法国民法典》第1273条所规定的更新的性质。它们之间的差异在于：在债的更新当中，新债的创设和旧债的消灭均是合同当事人意思表示的结果；而在以一种合同替换另外一种合同当中，虽然新合同的产生是当事人意思表示的结果，但是，旧合同的消灭并不是当事人意思表示的结果：它仅仅是新合同和旧合同不能够兼容、相互矛盾的结果。② 因此，"当租赁合同的当事人决定以买卖合同替代他们之间的租赁合同时，租赁合同的消灭并不是必要的意思表示产生的效力，而仅仅是相继发生的两个合同之间所存在的合理不兼容引起的效果"③。

（三）合同更新与债的更新之间的联系和差异

在债法上，如果债的更新存在的话，则合同更新也存在。合同更新之所以存在，其主要理由有三。

首先，当事人能够以一种性质的合同取代另外一种已经存在的合同。当他们决定以一种新合同取代旧合同时，除了他们之间的新合同生效之外，他们之间的旧合同因为被替换而失效，并且新合同的生效是建立在旧合同失效的基础上，而旧合同的失效则是建立在新合同生效的基础上，两种合同之间的相互依赖性与新债和旧债之间的相互依赖性

---

① Anne van de Winkele Bazela, La notion de novation, thèse Lille 2, 2001, p. 247; Jacques Ghestin, Marc Billiau, Grégoire Loiseau, Traité de Droit Civil, Le régime des créances et des dettes, LGDJ, 2005, p. 885.
② Jacques Ghestin, Marc Billiau, Grégoire Loiseau, Traité de Droit Civil, Le régime des créances et des dettes, LGDJ, 2005, p. 885.
③ Jacques Ghestin, Marc Billiau, Grégoire Loiseau, Traité de Droit Civil, Le régime des créances et des dettes, LGDJ, 2005, p. 885.

是没有差异的。

其次，合同更新是债的更新的必然要求和最终体现。合同与债的关系密切，一方面，合同不仅被视为一种债的渊源，而且还被视为债的一种最主要的、最重要的渊源，因为当事人承担的大多数债均是因为他们之间的合同产生的。另一方面，合同对债务人承担的各种各样的债做出了规定，使合同成为债务人承担债务的最主要根据，诸如转移所有权的债、作为债和不作为债等，已如前述。根据债的更新理论，当事人能够一种新的债务取代他们之间的合同所规定的某种既存债务，当他们采取此种措施时，他们之间的此种交易被视为债的更新。因此，当他们以一个新债务人取代最初的债务人时，他们之间的此种交易属于债的更新，当他们以一个新的债权人替换最初的债权人时，他们之间的此种交易属于债的更新。如果他们以一个新的客体替换最初的客体时，他们之间的此种交易也属于债的更新。问题在于，如果合同当事人同时同意以新的债权人、新的债务人、新的客体和更多的其他新的因素替换最初合同当中的最初债权人、最初债务人、最初的客体和其他更多的最初因素，他们之间同时实施的此种交易还是单纯的债的更新吗？难道他们之间的此种交易不能够被视为合同更新吗？当然可以这样看待，因为合同也仅仅是债权人、债务人、债的客体和其他更多因素结合在一起所形成的一个有机整体，当合同当事人将合同当中构成债的更新的所有或者几乎所有因素均以新的因素取代时，他们之间的交易当然就不适宜再视为债的更新，而应当并且也的确就是合同更新。

最后，法国债法领域存在的废除之前的合同协议本质上就是一种合同更新。所谓废除之前的合同协议，是指当事人之间的一种协议，根据该种协议，所有合同当事人均同意废除他们之间所缔结的合同。自19世纪末期以来，法国民法学者普遍使用这一以拉丁文表达的法律术语（le mutuus dissensus），认为它属于合同法的一种基本观念。经典理论认为，废除之前的合同协议由两个因素构成：其一，当事人之间所达成的解除之前的合同的协议，该种协议属于一种真正的消灭协议（véritable convention extinctive），其目的仅仅在于消灭当事人之间之前所存在的合同，而不在于创设一种与被解除的合同含义相反的新合同。换言之，该种协议仅仅产生消灭效力，不会产生创设新合同的效力，即便当事人约定废除旧合同时签订一个新合同。其二，协议产生的一种具体法律效力（effet de droit spécifique）即当事人之间的合同的解除：从解除协议生效之日起，当事人之间的合同失效。换言之，当事人之间的合同解除仅仅向将来生效，不会产生溯及既往的效力。[1]

不过，此种经典理论未必符合当今社会的需要，因为，如果双方当事人以创设一种新的合同的方式解除他们之间所存在的另外一种合同，则他们之间的此种交易就属于合同更新，其主要目的不在于消灭当事人之间最初的合同，而在于在当事人之间创设新的合同关系。合同更新不同于单纯的合同解除协议，因为合同解除协议仅仅是当事人之间所达成的一种让他们之间原本存在的合同消极消灭的协议，除了让既存的合同消灭之外，他们从事此种行为没有其他目的。而合同的更新则不同，它既具有消灭既存合同的

---

[1] Aurélien Siri, Le mutuus dissensus, Notion-Domaine-Régime, Thèse Presses, Universitaires d'Aix-Marseille, 2015, pp. 1–826.

消极效力，也具有创设新的合同的积极效力，其最主要的目的在于将他们之间的原本合同转换为另外一种新的合同。

因为这些原因，在某些案件当中，法国最高法院明确承认了合同更新的存在。在1988年7月7日的案件当中，法国最高法院社会庭认定，当当事人将他们之间的劳动合同改为委托合同时，他们之间的此种交易属于合同更新。① 在1994年1月26日的案件当中，法国最高法院民三庭认定，当双方当事人之间达成协议，将他们之间最初缔结的一种租赁合同改为另外一种形式的租赁合同时，他们之间的此种交易构成合同更新。②

作为两种更新形式，合同更新与债的更新之间存在共同点，包括：它们均是当事人之间的意思表示的结晶，均贯彻意思自治和合同自由原则，它们均会通过创设新的关系的方式消灭旧的关系。它们之间的主要差异是，债的更新属于合同的一个或者几个构成因素的更新，而合同更新则是指包括债的更新的所有形式在内的合同的整个更新。当然，因为合同更新的理论历史短暂，对其进行深入研究的民法学者几乎凤毛麟角，因此，关于合同更新的理论仍然处于萌芽状态。虽然如此，笔者认为，有关债的更新的理论完全能够在合同更新当中适用。

五、债的更新、债权转让和债务转让之间的关系

在讨论债的更新时，人们面临的第三个主要问题是，债的更新与债权转让和债务转让之间的关系。在债法上，债的更新与债权转让和债务转让之间当然存在共同点，例如，它们均是当事人之间的一种合同，均贯彻意思自治和合同自由的原则，均是当事人之间意思表示一致的结果，若没有当事人之间的意思表示一致，所有这些交易均无法进行。因此，债的更新、债权转让和债务转让均应当具备一般合同的有效条件。不过，债的更新与债权转让和债务转让之间存在的差异要大于它们之间的共同点，因此，2016年之后的《法国民法典》将它们规定为三种独立的债的交易制度。

从历史起源而言，债的更新的历史要早于债权转让和债务转让。一方面，债的更新当然早于债务转让，因为在2016年之前，《法国民法典》没有承认债务转让的存在，而早在1804年，《法国民法典》就已经规定了债的更新。另一方面，债的更新也早于债权转让。虽然债的更新和债权转让均源自罗马法，但是，债的更新仍然早于债权转让，因为罗马法在不承认或者仅仅例外承认债权转让时，就已经承认了债的更新。关于债的更新的历史，笔者将在下面的内容当中做出详细的讨论，此处从略。

从在债的交易当中的地位而言，债的更新在当代呈现出江河日下的趋势。在历史上，尤其是在罗马法当中，债的更新地位崇高，而债权转让和债务转让的地位低下，因为，在债权转让和债务转让不被承认或者例外得到承认的情况下，人们普遍承认债的更

---

① Cour de Cassation, Chambre sociale, du 7 juillet 1988, 86 – 18, 737.
② Cour de Cassation, Chambre civile 3, du 26 janvier 1994, 92 – 13, 436.

新的存在，债的更新被视为人们实现债权转让、债务转让的一种间接手段、迂回手段。① 随着债权转让得到承认，债的更新所起到的实现债权转让的功能早已不复存在。随着2016年之后债务转让得到承认，债的更新所起到的实现债务转让的功能也烟消云散。因此，在今时今日，人们认为，债的更新已经起不到什么作用了。关于这一点，笔者将在债的更新功能当中做出详细的讨论，此处从略。

从法律上来看，债的更新与债权转让或者债务转让之间也存在一些重要的差异，主要表现在三个方面：

第一，债的更新是以新债取代旧债的方式让旧债消灭并且让新债产生，其新债与旧债是相互独立的两个债，新债不是旧债的延续，当债发生更新时，旧债消灭而新债产生。而债权转让和债务转让则不同，受让人受让的债权或者债务与转让人转让的债权或者债务属于同一债权和同一债务，已如前述。

第二，条件存在差异。虽然债的更新、债权转让和债务转让涉及债权人或者债务人的更换，但是，债的更新与债权转让或者债务转让的构成要素不同。在债的更新当中，如果合同当事人以新债权人取代旧债权人，除了新债权人与旧债权人之间达成合意之外，还应当获得债务人的同意，因为债务人对新债权人承担的债务是不同于他们对旧债权人承担的债务。② 而债权转让无须获得债务人的同意，仅需对其予以通知即可，已如前述。在债的更新当中，如果合同当事人以新债务人取代旧债务人，除了新债务人和旧债务人就此更新达成合意之外，还应当获得债权人的同意，换言之，它要求新债务人、旧债务人和债权人三方当事人的意思表示的合意。在债的更新当中，旧债消灭并且被新债所取代；而在债务转让当中，债务人所转移的债务并没有消灭，它为新债务人所受让。③

第三，法律效力不同。在债的更新当中，如果合同当事人以新债权人取代旧债权人，旧债权人享有的担保权消灭，新债权人不享有旧债权人享有的担保权。而在债权转让当中，除了主债权转让给受让人之外，转让人作为债权人享有的担保权也同时转让给受让人，已如前述。在债的更新当中，如果合同当事人以新债权人取代旧债权人，当新的债权人要求债务人履行债务时，债务人不能够以其原本能够对抗旧债权人的各种抗辩权对抗新的债权人，因为新债权人的债权不同于旧债权人的债权。而在债权转让当中，当作为受让人的债权人要求被让债务人履行债务时，被让债务人能够以其原本能够对抗转让人的抗辩权对抗债权人，已如前述。④

---

① François Terré, Philippe Simler, Yves Lequette, François Chénedé, Droit Civil, les Obligations, 12e édition, Dalloz, 2018, p.1782.

② Gérard Légier, les obligations, 17e édition, 2001, Dalloz, 2001, p.246; Franççois Terré, Philippe Simler, Yves Lequette, Droit civil, Les obligations, 12e édition, Dalloz, 2009, p.1400; Jacques Flour, Jean-Luc Aubert, Éric Savaux, Les obligations, 1. L'acte juridique, Quatorzième édition, Dalloz, 2010, p.384.

③ Gérard Légier, les obligations, 17e édition, 2001, Dalloz, 2001, p.247; Franççois Terré, Philippe Simler, Yves Lequette, Droit civil, Les obligations, 12e édition, Dalloz, 2009, p.1401; Jacques Flour, Jean-Luc Aubert, Éric Savaux, Les obligations, 1. L'acte juridique, Quatorzième édition, Dalloz, 2010, p.384.

④ Jacques Flour, Jean-Luc Aubert, Éric Savaux, Les obligations, 1. L'acte juridique, Quatorzième édition, Dalloz, 2010, p.384.

第二节　债的更新的历史发展

债的更新的历史源远流长，在经典罗马法时期得到充分发展之后，此种理论被法国旧法时期的民法学家所普遍承认，尤其是被法国 17 世纪和 18 世纪的著名民法学家 Domat 和 Pothier 所承认，虽然在承认债的更新时，Pothier 对其做出了广义的理解，认为债的更新包括债务的指令承担在内。基于 Pothier 的影响力，1804 年的《法国民法典》对债的更新做出了规定，其中包括债务的指令承担在内，这就是第 1271 条至第 1281 条，这些法律条款从 1804 年一直被原封不动地保留到 2016 年，直到 2016 年 2 月 10 日的债法改革法令以新的法律条款取代它们时止。1804 年的《法国民法典》对待债的更新的此种态度不同于其他大陆法系国家，因为 1896 年的《德国民法典》没有对债的更新做出任何规定。

一、罗马法所规定的债的更新

（一）作为债权转让和债务转让的间接方式获得承认的债的更新

在前经典罗马法时期，虽然人们承认债的存在，但是，他们并不将债视为一种可以像物权一样能够自由转让的财产，而是视为不能够变更、转让的两个人之间的法律关系。在社会变革过程当中，罗马法首先承认了债能够在继承人与被继承人之间发生转移，也就是承认了债的可继承性。在承认了债的可继承性之后，罗马法接着承认，如果债权人对债务人享有的债权到期了，则债权人能够将自己的债权出卖给买受人，但是，如果债权人对债务人享有的债权没有到期，则基于当事人之间的法律关系的维持，债权人不能够将自己的债权出卖给买受人。在债权到期之前，如果债权人要将自己的债权转让给受让人，他们只能够通过包括债的更新和债务的指令承担在内的间接方式。因此，在前经典罗马法时期，债的更新是债权转让的一种间接方式。[①]

除了成为债权转让的间接方式之外，债的更新也是债务转让实现的间接方式，因为在整个罗马法时期，包括前经典罗马法、经典罗马法时期和后经典罗马法时期，罗马法均禁止债务人直接将自己的债务转让给受让人，这就是债务的不得转让性，已如前述。在禁止债务的直接转让时，罗马法也允许债务人通过包括债的更新和债务的指令承担等间接方式将自己承担的债务转让给受让人。[②]

总之，在罗马法时期，债的更新仅仅是债权转让和债务转让的一种间接实现方式。虽然整个罗马法时期均承认债的更新，但是，债的更新的黄金时期并不是前经典罗马

[①] Henri et Léon Mazeaud, Jean Mazeaud, François Chabas, Obligations, 9e édition, Montchrestien, 1998, p. 1243; Jean-Philippe Lévy, André Castaldo, Histoire du droit civil, 2e édition, Dalloz, 2010, pp. 1047 – 1048.

[②] Henri et Léon Mazeaud, Jean Mazeaud, François Chabas, Obligations, 9e édition, Montchrestien, 1998, p. 1243; Jean-Philippe Lévy, André Castaldo, Histoire du droit civil, 2e édition, Dalloz, 2010, pp. 1052 – 1053.

时期，也不是后经典罗马法时期，而是经典罗马法时期。①

一方面，在经典罗马法时期，《盖尤斯法学阶梯》对债的更新做出了明确说明，这就是《盖尤斯法学阶梯》第三卷当中的第 176 段，该段规定：债因为更新而消灭；因此，就像我与 Titius 之间的合同条款规定，Titius 会把你欠我的钱还给我一样；因为新的人的介入既让新的债产生了，也让第一个债消灭了。②

另一方面，在经典罗马法时期，著名民法学家、政治家 Ulpien（170—223 年）③ 对债的更新做出了明确界定，他指出：所谓债的更新，是指之前的一种债移注到、转移到一种新的民事债或者自然债当中，在之前的债消灭时人们建立了一种新债，债的更新的名称源自新的债。④

Ulpien 对债的更新做出的此种界定表达了罗马法当中债的更新的基本规则：两个债即旧债和新债具备相同的客体（idem debitum），换言之，与后经典罗马法不同，经典罗马法不承认债的客体更新，而后经典罗马法倾向于承认债的客体的更新，现代债法则完全承认债的客体更新，这是经典罗马法与后经典罗马法和现代债法之间的一个主要差异。经典罗马法之所以否定债的客体的更新，既不是因为制定法明确禁止当事人之间进行债的客体的更新，也不是因为法官通过自己的司法判例否定这一更新的存在，而完全是经典罗马法时期民法学家通过单纯的逻辑推理出来的结果。⑤

（二）经典罗马法时期的债的更新

经典罗马法时期的民法学家认为，如果两个相同的人相继签订两个合同，当他们愿意将债的客体合并在一起时，则他们的做法不会存在任何问题。但是，即便他们愿意，他们也不能够相继签订两个有同一客体的合同，如果他们一定要相继签订具有同一客体的两个合同，则他们一定要用第二个合同的客体取代第一个合同的同一客体；除了借此让第一个合同的客体消灭之外，也借此让第二个合同的客体产生。换言之，经典罗马法时期的民法学家认为，同一客体不可能同时在两个合同当中存在两个受让人。⑥

在经典罗马法时期，债的更新既可以在相同的人之间存在，这就是相同人之间的债的更新，也可以在不同的人之间存在，这就是不同人之间的债的更新。所谓相同人之间的债的更新（la novation inter easdem personas），是指在债权人和债务人保持不变的情况下，他们之间的旧债当中的某些因素发生了变化，诸如债的履行时间、地点、担保的增加或者减少、条件的增加或者取消。所谓不同的人之间的债的更新（la novation inter novas personas），是指通过债权人的变更和债务人的变更引起的债的更新，也就是，在债的履行时间、地点、担保、条件保持不变的情况下，当事人之间达成的以新的债权人

---

① Jean-Philippe Lévy, André Castaldo, Histoire du droit civil, 2e édition, Dalloz, 2010, pp. 1059 – 1063.
② M. L. Domenget, Institutes De Gaïus, nouvelle édition, Paris, A Marescq Ainé, Libraire-Éditeur, 1866, p. 413.
③ Ulpien, https://fr.wikipedia.org/wiki/Ulpien.
④ Antoine Duplessis, Etude sur la novation et la délégation en romain et en droit français ancien et moderne, Thèse Paris, LGDJ, 1869, p. 5; Jean-Philippe Lévy, André Castaldo, Histoire du droit civil, 2e édition, Dalloz, 2010, p. 1059.
⑤ Jean-Philippe Lévy, André Castaldo, Histoire du droit civil, 2e édition, Dalloz, 2010, p. 1060.
⑥ Jean-Philippe Lévy, André Castaldo, Histoire du droit civil, 2e édition, Dalloz, 2010, p. 1060.

或者新的债务人取代最初债权人、最初债务人的协议。当然,他们有时也通过同时变更债权人和债务人的方式实现债的更新。不过,在这两类债的更新当中,人们更多地使用的债的更新是第一类债的更新,也就是在相同人之间的债的更新,而较少使用的债的更新则是第二类,也就是在不同人之间的债的更新。之所以如此,是因为经典罗马法认为,新债与旧债之间要存在紧密的、物质方面的依赖性。①

在经典罗马法时期,无论债的更新是相同人之间的更新还是不同人之间的更新,所有债的更新均应当同时具备五个必要条件,否则,债的更新无法产生让新债产生和旧债消灭的法律效力,这五个必要条件是②:

第一,旧债的存在(obligation ancienen)。债的更新需要当事人之间通过合同消灭某种既存的债即旧债,包括旧的民事债(obligation civile)和旧的自然债(obligation naturelle)。

第二,源自某种形式主义合同的新债(obligation nouvelle)。债的更新需要当事人之间通过合同创设新债,新债既可以是民事债,也可以是自然债。创设新债的合同应当是书面合同,包括在合同当中规定债的更新的合同条款(stipulation)和书面合同(contrat litteris)。

第三,新债和旧债的客体相同(Idem debitum)。债的更新仅仅限于具有相同客体的旧债和新债之间,如果人们通过变更债的客体的方式进行债的更新,则他们之间的更新是没有法律效力的,因为,经典罗马法不承认债的客体的更新。

第四,新债不同于旧债。因为新债具有某种新的因素(aliquid novi),诸如新的债务人、新的债权人、清偿地点的变更、清偿期限的变更等。

第五,消灭旧债的意图(animus novandi)。当事人应当具有消灭旧债的主观意图,否则,他们之间的行为不构成债的更新。不过,在经典罗马法时期,当事人的此种意图仅仅是暗含的,仅仅建立在客观逻辑和所使用的形式的基础上:一旦当事人在其合同当中使用了债的更新条款或者使用了书面的更新合同,则他们被认为具有此种意图。不过,随着合同形式主义的逐渐衰败,当事人之间是否存在此种意图,取决于人们对当事人的意图所做出的解释:当事人的意图是仅仅将两种债并列起来还是将其中的一种债消灭?如果是前一种意图,则不存在债的更新,而如果是后一种意图,则存在债的更新。

(三)后经典罗马法时期的债的更新

到了后经典罗马法时期,也就是到了查士丁尼皇帝时期,债的更新发生了一些引人注目的变化,表现在以下两个方面:

第一,它开始在小范围内允许债的客体的更新。经典罗马法完全不允许债的客体的更新,到了后经典罗马法时期,罗马法开始对此种严格的限制做出一些例外规定。在例

---

① Paul Frédéric Girard, Manuel élémentaire de droit romain, 8e édition, Dalloz, 2003, pp. 741 – 744; Jean-Philippe Lévy André Castaldo, Histoire du droit civil, 2e édition, Dalloz, 2010, pp. 1062 – 1063.

② Antoine Duplessis, Etude sur la novation et la délégation en romain et en droit français ancien et moderne, Thèse Paris, LGDJ, 1869, pp. 12 – 80; Paul Frédéric Girard, Manuel élémentaire de droit romain, 8e édition, Dalloz, 2003, pp. 738 – 741; Jean-Philippe Lévy, André Castaldo, Histoire du droit civil, 2e édition, Dalloz, 2010, pp. 1060 – 1061.

外情况下，罗马法允许债的客体的更新，例如，当合同当事人对债务人应为的给付数量进行增加或者减少时，他们之间所为的数量增减也构成债的更新，即便此种更新属于债的客体的更新，亦是如此。再例如，当合同当事人以使用权（droit d'usage）取代他们之间的用益权（usufruit）时，他们所为的此种变更也属于一种债的更新，即便此种更新属于债的客体的更新。①

第二，债的更新的意图必须是明示的。虽然后世民法学者认为，经典罗马法将当事人的更新意图视为债的更新的基本构成要件之一，但是，《盖尤斯法学阶梯》没有明确规定这一构成要件。因此，后世民法学者认为，此种意图不需要通过明确的方式表示出来，因为它暗含在当事人所采取的债的更新的形式当中，已如前述。不过，随着经典罗马法时期合同形式主义的逐渐萎缩，当事人可能没有在自己的合同当中规定更新条款，或者没有采取书面合同的方式，在当事人之间就债的更新是否存在发生争议时，人们就会面临证据提供的困难，影响到当事人之间交易的确定性。为此，到了后经典罗马法时期，无论是《查士丁尼学说汇纂》（Digeste）（voy, 1.29, 1.31, §1, De novat., et 1.68, De verb, obligat)、《查士丁尼法典》（Code）（C., 8, 41, 8）还是《查士丁尼法学阶梯》（Inst., 3, 29, 3）均以大量的法律文本对这一构成要素做出了规定，根据它们的规定，当事人更新债的意图应当以明示的方式表示出来。②

二、法国旧法时期的债的更新

（一）14世纪的意大利注释法学派对待债的更新的态度

在法国旧法时期，虽然民法学者普遍承认债的更新，但是，债的更新的地位并不完全相同。总的说来，在14世纪之前，债的更新的地位陷入长期衰退之中。其中的一个主要原因在于，基于《查士丁尼学说汇纂》将债的更新与债务的指令承担规定在一编当中，在对罗马法当中的债的更新做出评注时，14世纪之前的著名法学流派即意大利注释法学派（l'école des glossateurs）③ 不承认债的更新的独立性，他们将债的更新视为

---

① Paul Frédéric Girard, Manuel élémentaire de droit romain, 8e édition, Dalloz, 2003, pp. 740 – 741；Jean-Philippe Lévy, André Castaldo, Histoire du droit civil, 2e édition, Dalloz, 2010, p. 1063.

② Antoine Duplessis, Etude sur la novation et la délégation en romain et en droit français ancien et moderne, Thèse Paris, LGDJ, 1869, pp. 73 – 80；Paul Frédéric Girard, Manuel élémentaire de droit romain, 8e édition, Dalloz, 2003, pp. 739 – 740；Jean-Philippe Lévy, André Castaldo, Histoire du droit civil, 2e édition, Dalloz, 2010, p. 1061.

③ 所谓注释法学派，或者是指民法学者在其民法著作当中对所发现的罗马法文本（textes）做出的注解、评注（exégèse gloses），或者是指为了让自己的学生能够更好地理解罗马法文本所具有的含义，民法学者在自己的学生面前对这些文本所做出的对照、对比（comparer）和所发表的评论、评述（commenter）。基于这样的原因，这些民法学者也被称为注释法学家（glossateurs）。这些民法学者之所以被称为注释法学派，是因为在对所发现的罗马法进行研究和教学时，他们对所发现的罗马法文本采取了注解、评注、对照、对比、评论、评述的方法，这些研究和教学方法被统称为注释法，即通过对所发现的罗马法文本做出注释的方式，除了让人们明确罗马法文本的含义之外，也让法学学生理解罗马法文本的具体意义。注释法学派流行于12世纪至14世纪之间，为意大利的著名学派。Jean Gaudemet, les naissances du droit, 4e édition, Montchrestien, pp. 310 – 311；JeanBart, Histoiren du droit privé, 2e édition, Montchrestien, pp. 116 – 117；张民安：《法国民法总论（上）》，清华大学出版社2017年版，第67—69页。

债务的指令承担的组成部分,因此,他们重点研究债务的指令承担。①

在对《查士丁尼学说汇纂》当中的一编即"债的更新和债务的指令承担"做出解释时,14世纪之前的注释法学派普遍认为,虽然这一编同时规定了债的更新和债务的指令承担,但实际上,债的更新被包含在债务的指令承担当中,因为他们宣称,所有债务的指令承担均能够产生债的更新的法律效力。最典型的体现是,鼎盛时期注释法学派的核心人物Accurse(1181—1259年)②公开宣称:"请注意,通过实施债务的指令承担,它能够产生债的更新。如果《查士丁尼学说汇纂》使用的标题(更新和债务的指令承担)将种和类结合在一起的话,则这一标题主要是讨论通过债务的指令承担所实行的债的更新。"③

(二)14世纪至18世纪的法国民法学者对待债的更新的态度

在法国,从14世纪开始,债的更新理论摆脱了意大利注释法学派的影响并因此出现了勃兴。一方面,从1321年开始,巴黎最高法院(le Châtelet de Paris)开始将债的更新视为巴黎地区的重要习惯之一,④认为它构成巴黎习惯法的重要组成部分并因此在巴黎地区甚至其他实行习惯法的地区予以适用。因为在法国旧法时期,巴黎习惯法具有重要的地位,在其他地区欠缺此习惯法规定时,巴黎习惯能够被引入到其他地区予以适用。⑤另一方面,从14世纪开始,法国民法学者在研究债的更新和债务的指令承担时开始放弃意大利注释法学派的看法。他们认为,在《查士丁尼学说汇纂》所规定的更新和债务的指令承担当中,债的更新不仅没有被债务的指令承担所包含,而且还包含了债务的指令承担。换言之,他们认为,债务的指令承担仅仅是一种类型的债的更新。因为此种原因,他们承认了债的更新的独立性,并因此花费时间和精力研究债的更新。⑥

在16世纪,经典人文主义学派的核心人物、著名法学家、罗马法教授Jacques Cujas(1522—1590年)⑦就采取此种方法,他认为,在债的更新问题上,人们不能够采取注释法学派所采取的看法,认为债的更新是一种债务的指令承担,相反,人们应当采取罗马法的看法,认为债的更新包含了债务的指令承担。Cujas列举了三种主要的债的更新:通过变更债权人的方式实现的债的更新(la novation par changement de créancier),通过变更债务人的方式实现的债的更新(la novation par changement de

---

① Antoine Duplessis, Etude sur la novation et la délégation en romain et en droit français ancien et moderne, Thèse Paris, LGDJ, 1869, pp. 199 – 204.
② Accursius, https://fr.wikipedia.org/wiki/Accursius.
③ Antoine Duplessis, Etude sur la novation et la délégation en romain et en droit français ancien et moderne, Thèse Paris, LGDJ, 1869, p. 200.
④ Jean-Philippe Lévy, André Castaldo, Histoire du droit civil, 2e édition, Dalloz, 2010, p. 1064.
⑤ 张民安:《法国民法总论(上)》,清华大学出版社2017年版,第87—89页。
⑥ Antoine Duplessis, Etude sur la novation et la délégation en romain et en droit français ancien et moderne, Thèse Paris, LGDJ, 1869, pp. 205 – 206; Jean-Philippe Lévy, André Castaldo, Histoire du droit civil, 2e édition, Dalloz, 2010, p. 1064.
⑦ 张民安:《法国民法总论(上)》,清华大学出版社2017年版,第74—75页。

débiteur），以及通过同时变更债权人和债务人的方式实现的债的更新。①

16 世纪，经典人文主义学派的核心人物、著名法学家、罗马法教授 Hugo Donellus（1527—1591 年）也采取与 Cujas 类似的看法，即便在罗马法研究的领域内，他是 Cujas 的死对头。② 在对《查士丁尼学说汇纂》当中的"债的更新和债务的指令承担"的标题做出解释时，他认为，该标题的含义已经不言自明：债务的指令承担也仅仅是一种特殊形式的债的更新。他指出："所谓债务的指令承担，是指我们让他人取代我们的债务人地位，让他们在债务方面取代我们并因此让他们承担的债务被免除。此种效果是通过债的更新方式实现的。这就是为什么债务的指令承担被视为是一种实现此种特殊目的的一种债的更新的原因。……此外，无论是《查士丁尼学说汇纂》还是《查士丁尼法典》使用的有关债的更新的标题也说明了这一点：它们的标题均为'债的更新和债务的指令承担'，这些标题的含义清楚明白地说明，它们是指'债的更新尤其是其中的一种类型的债的更新，该种类型的债的更新被称为债务的指令承担'。"③

应当注意的是，在债的更新与债务的指令承担之间的关系问题上，Domat 采取的看法不同于 Cujas 和 Donellus，而类似于意大利 14 世纪之前的注释法学派，因为在其著名的民法著作《自然秩序当中的民法》当中，他认为，债的更新包含在债务的指令承担当中，而不是债务的指令承担包含在债的更新当中。他指出："所有的债务的指令承担均包含了一种债的更新，因为人们能够以新债取代旧债，但是，并非所有的债的更新均包含着一种债务的指令承担，因为，如果没有获得新债务人的同意，旧债人不能够以新债更新自己承担的债务。"④ 不过，Domat 也认为，如果债务的更新获得了新债务人的同意，则所有的债务的指令承担也均构成债的更新，因为他指出："除非新的债务人已经接受了债务的指令承担，否则，债务的指令承担是没有实施的，也不存在最初债务人承担的债务被真正免除的问题。但是，一旦新债务人接受了债务的指令承担，则债务的指令承担就成了债的更新。"⑤ 由于此种原因，他也宣称："债务的指令承担属于一种债的更新。"⑥

虽然 Domat 对于债的更新与债务的指令承担之间的关系的看法与法国 17 世纪和 18 世纪的主流意见相左，但是，除了对债务的指令承担做出了简要的讨论之外，⑦ 他也对债的更新做出了简略的讨论，包括债的更新的性质、债的更新的效力、能够实施债的更

---

① Antoine Duplessis, Etude sur la novation et la délégation en romain et en droit français ancien et moderne, Thèse Paris, LGDJ, 1869, pp. 206 – 207.

② 张民安：《法国民法总论（上）》，清华大学出版社 2017 年版，第 78—79 页。

③ Antoine Duplessis, Etude sur la novation et la délégation en romain et en droit français ancien et moderne, Thèse Paris, LGDJ, 1869, pp. 207 – 208.

④ Joseph Rémy, Œuvres complètes de J. Domat, Nouvelle édition, Tome II, Paris, Firmin Didot Père et fils, 1829, pp. 256 – 257.

⑤ Joseph Rémy, Œuvres complètes de J. Domat, Nouvelle édition, Tome II, Paris, Firmin Didot Père et fils, 1829, p. 254.

⑥ Joseph Rémy, Œuvres complètes de J. Domat, Nouvelle édition, Tome II, Paris, Firmin Didot Père et fils, 1829, p. 258.

⑦ Joseph Rémy, Œuvres complètes de J. Domat, Nouvelle édition, Tome II, Paris, Firmin Didot Père et fils, 1829, pp. 256 – 258.

新的人以及能够被更新的债。① Domat 对债的更新做出了界定，他指出："所谓债的更新，是指债权人和债务人的变更，根据此种变更，他们以一种债替换另外一种债，其结果是，第一种债不再存在，而债务人仅仅承担第二种债。"② 债的更新应当具备一定的条件，包括：其一，债权人和债务人所具有的变更意图，因为他明确指出，仅仅在债权人和债务人具有消灭第一个债的意图时，他们之间才存在债的更新。③ 其二，实施债的更新的人具有更新能力，因为他明确指出，一切具有缔约能力的人均具有债的更新资格，他们能够对一切债实施更新。④

（三）Pothier 在 18 世纪对债的更新所做出的系统性阐述

在 18 世纪，被誉为"《法国民法典》之父"的 Pothier 继承了 16 世纪的民法学者的看法，在承认债的更新包含债务的指令承担时，他对债的更新做出了说明。在 1748 年至 1752 年出版的罗马法著作《查士丁尼的潘德克吞——学说汇纂的新秩序》⑤ 当中，他明确指出："债务的指令承担也仅仅是一种债的更新"，或者说"债务的指令承担也仅仅是一种类型的债的更新。"⑥ 在 1861 年的著名债法著作即《债法专论》⑦ 当中，他也采取同样的看法，在讨论债的更新时，他承认这一点，他指出："还存在一种特殊类型的债的更新，人们将其称为债务的指令承担，它也时常包含着双重更新。"⑧ 在讨论债务的指令承担时，他同样承认这一点，他指出："债务的指令承担也仅仅是一种债的更新。"⑨

除了对作为债的更新组成部分的债务的指令承担做出了讨论之外，⑩ Pothier 也对债的更新做出了详细的阐述并因此建立起完整的债的更新制度，包括债的更新的定义、债的更新的类型、有必要加以更新的债、能够加以更新的人、债更新的方法也就是债的更新的条件以及债的更新的法律效力。⑪ 他指出，所谓债的更新，是指以一种新债取代旧债，旧债因为合同所规定的替换自己的新债而消灭，这就是债的更新被视为债的消灭的众多方式当中的一种的原因。债的更新能够以三种不同的方式进行并因此形成了三种不

---

① Joseph Rémy, Œuvres complètes de J. Domat, Nouvelle édition, Tome II, Paris, Firmin Didot Père et fils, 1829, pp. 252 – 256.
② Joseph Rémy, Œuvres complètes de J. Domat, Nouvelle édition, Tome II, Paris, Firmin Didot Père et fils, 1829, p. 253.
③ Joseph Rémy, Œuvres complètes de J. Domat, Nouvelle édition, Tome II, Paris, Firmin Didot Père et fils, 1829, p. 253.
④ Joseph Rémy, Œuvres complètes de J. Domat, Nouvelle édition, Tome II, Paris, Firmin Didot Père et fils, 1829, pp. 254 – 256.
⑤ 张民安：《法国民法总论（上）》，清华大学出版社 2017 年版，第 160—164 页。
⑥ Antoine Duplessis, Etude sur la novation et la délégation en romain et en droit français ancien et moderne, Thèse Paris, LGDJ, 1869, pp. 207 – 208.
⑦ 张民安：《法国民法总论（上）》，清华大学出版社 2017 年版，第 176 – 177 页。
⑧ Robert-Joseph Pothier, Traité des obligations, Dalloz, 2011, p. 288.
⑨ Robert-Joseph Pothier, Traité des obligations, Dalloz, 2011, pp. 295 – 299.
⑩ Robert-Joseph Pothier, Traité des obligations, Dalloz, 2011, pp. 287 – 295.
⑪ Robert-Joseph Pothier, Traité des obligations, Dalloz, 2011, p. 295.

同类型的债的更新:"第一类债的的更新被称为单纯的更新,这就是,在没有新的人介入的情况下,债务人与自己的债权人签订合同,在旧债被免除的情况下,债务人对债权人承担新债。第二类债的更新是在新债务人的介入下实施的更新,这就是,他人会取代我作为债务人的地位而对我的债权人履行债务,我的债权人接受他人为自己的债务人并因此免除我承担的债务。第三类债的更新是在新债权人介入下实施的更新,这就是,基于旧债权人的命令,在对旧债权人承担的债务被免除的同时,债务人与新债权人签订合同,对新债权人承担某种债务。"①

Pothier 对债的更新的条件做出了说明,包括债的更新的形式、债的更新的意图、新债与旧债之间所存在的不同的必要性以及债的更新是否需要旧债务人的同意。根据这些说明,虽然罗马法要求当事人以书面形式实施债的更新,但是,在法国法当中,债的更新不需要采取罗马法的形式,当事人仅仅需要使用简单的协议就能够产生法律效力。② 债的更新以当事人具有更新债的意图作为条件,"至少债权人应当具有实施更新的意图,因为更新是不能够予以推定的"③。如果债的更新发生在相同的债权人和相同的债务人之间,没有任何新人介入的话,则债的更新以新债和旧债之间存在某种区别作为必要条件。④ 不过,如果是以新债务人取代旧债务人,则债的更新并不需要获得旧债务人的同意。⑤

三、1804 年的《法国民法典》对债的更新做出的规定

(一) 1804 年的《法国民法典》第 1271 条至第 1281 条对债的更新做出的规定

基于 Domat 尤其是 Pothier 的上述著作的影响,法国立法者在 1804 年的《法国民法典》当中对债的更新做出了规定,这就是《法国民法典》第三卷第三编当中的第五章,该章的标题为"债的消灭",除了对债消灭的其他原因做出了规定之外,它也对债的更新做出了规定,这就是该章的第二节,该节由第 1271 条至第 1281 条组成,它们结合在一起就形成了作为一个有机整体的债的更新制度。⑥

1804 年的《法国民法典》第 1271 条对债的更新的三种不同方式也就是债的更新的三种类型做出了说明,该条规定:债的更新通过以下三种方式实施:(1) 债务人与自己的债权人签订合同,合同规定债务人对其债权人承担新债务,所承担的新债务取代旧债务并因此让旧债务消灭。(2) 旧债务人被新债务人取代,其中的旧债务人所承担的债务被债权人免除。(3) 基于新债务的效力,在新债权人取代了旧债权人之后,债务

---

① Robert-Joseph Pothier, Traité des obligations, Dalloz, 2011, pp. 287 – 288.
② Robert-Joseph Pothier, Traité des obligations, Dalloz, 2011, p. 290.
③ Robert-Joseph Pothier, Traité des obligations, Dalloz, 2011, p. 290.
④ Robert-Joseph Pothier, Traité des obligations, Dalloz, 2011, pp. 293 – 294.
⑤ Robert-Joseph Pothier, Traité des obligations, Dalloz, 2011, p. 294.
⑥ Articles 1271 à 1281, Code civil des Français, édition originale et seule officielle, A Paris, de l'Imprimerie de la République, An XII 1804, https://www. assemblee – nationale. fr/evenements/code – civil/cc1804 – l3t03c5. pdf.

人对旧债权人承担的债务免除。①

1804 年的《法国民法典》第 1272 条至第 1274 条对债的更新应当具备的条件做出了说明，包括能够实施债的更新的人的能力、债的更新的意图以及是否需要获得旧债务人的同意。《法国民法典》第 1272 条规定：债的更新仅仅能够在具有缔约能力的人之间实施。《法国民法典》第 1273 条规定：债的更新不能够推定，实施债的更新的意图应当清晰地源自当事人之间的法律行为。《法国民法典》第 1274 条规定：通过新债务人替换的方式实施的更新能够在不需要获得第一个债务人意思表示的汇聚时实施。②

1804 年的《法国民法典》第 1278 条至第 1281 条对债的更新产生的法律效力做出了说明。《法国民法典》第 1278 条规定：当新债权取代旧债权时，旧债权的优先权和抵押权转让给新债权，至少在债权人没有明确表示保留优先权和抵押权时是如此。《法国民法典》第 1279 条规定：如果通过新债务人替换的方式实施债的更新，债权的最初优先权和抵押权不能够转移到新债务人的财产身上。经过提供财产担保的所有权人的同意，债权的最初优先权和抵押权也能够予以保留，以便担保新债务人的债务得以履行。③

《法国民法典》第 1280 条规定：如果债的更新在债权人和一个连带债务人之间实施，旧债权的优先权和抵押权只能够保留在通过合同承担新债务的人的财产上。第 1281 条规定：如果债的更新在债权人和一个连带债务人之间实施，则连带债务人承担的债务被免除。针对主要债务人的债的更新让保证人承担的保证债务免除。然而，如果债权人在第一种情况下要求其他共同债务人加入债的更新，或者如果债权人在第二种情况下要求保证人加入债的更新，当共同债务人或者保证人拒绝承认新的安排时，则旧债权仍然存在。④

（二）1804 年的《法国民法典》关于债的更新规定所具有的主要特征

1804 年的《法国民法典》关于债的更新的规定具有几个重要特征：债的更新仅仅是消灭债的一种方式；债的更新是广义的，债务的指令承担涵盖在其中；同时受到了 Domat 和 Pothier 的影响。

1. 债的更新仅仅是一种债的消灭方式

1804 年的《法国民法典》关于债的更新所具有的第一个主要特征是，它仅仅将债的更新视为消灭债的一种手段，没有像 2016 年之后的《法国民法典》一样将其视为一种像债权转让和债务转让一样的债的交易手段；因为它认为，就像债的清偿、债的抵销

---

① Article 1271, Code civil des Français, édition originale et seule officielle, A Paris, de l'Imprimerie de la République, An XII 1804, https://www.assemblee-nationale.fr/evenements/code-civil/cc1804-l3t03c5.pdf.

② Articles 1272 à 1274, Code civil des Français, édition originale et seule officielle, A Paris, de l'Imprimerie de la République, An XII 1804, https://www.assemblee-nationale.fr/evenements/code-civil/cc1804-l3t03c5.pdf.

③ Articles 1278 à 1279, Code civil des Français, édition originale et seule officielle, A Paris, de l'Imprimerie de la République, An XII 1804, https://www.assemblee-nationale.fr/evenements/code-civil/cc1804-l3t03c5.pdf.

④ Articles 1280 à 1281, Code civil des Français, édition originale et seule officielle, A Paris, de l'Imprimerie de la République, An XII 1804, https://www.assemblee-nationale.fr/evenements/code-civil/cc1804-l3t03c5.pdf.

和债的免除能够让债务人对债权人承担的债务消灭一样,债的更新也能够让债务人承担的旧债消灭。1804 年的《法国民法典》第 1234 条规定:债可以通过债的更新予以消灭。① 1804 年的《法国民法典》之所以将债的更新视为债的一种消灭手段,是因为此种观念自罗马法时代起一直到 18 世纪时止均被民法学者所坚持。

《盖尤斯法学阶梯》第 176 条明确规定,债可以通过更新予以消灭,已如前述。一位学者在对《盖尤斯法学阶梯》做出评注时明确指出:"债的更新是消灭债的一种方式,而不是取得债的一种方式。"② 在 17 世纪的《自然秩序当中的民法》当中,Domat 也指出:"债的更新的效果就是为了消灭之前所存在的债。"③ 在 18 世纪的《债法专论》当中,Pothier 也指出:"债的更新的效果是,以真正的清偿方式一样的方式让第一个债消灭。"④

2. 债的更新是广义的

1804 年的《法国民法典》关于债的更新所具有的第二个主要特征是,它所规定的债的更新并不是狭义的而是广义的,因为它将债务的指令承担包含在债的更新当中,没有像规定债的更新一样在《法国民法典》当中单独规定债务的指令承担。1804 的《法国民法典》第 1275 条和第 1276 条对债务的指令承担做出了规定,⑤ 而这两个法律条款属于债的更新的组成部分,已如前述。1804 年的《法国民法典》之所以将债务的指令承担视为债的更新的组成部分,当然是受到了 Cujas、Donellus 和 Pothier 的影响,因为他们均对债的更新采取广义的理论,认为债务的指令承担在性质上也属于一种特殊形式的债的更新,已如前述。

3. 债的更新的灵感源自 Domat 和 Pothier

1804 年的《法国民法典》关于债的更新所具有的第三个主要特征是,它所规定的债的更新的灵感既源自 Domat,也源自 Pothier,虽然相较于 Domat,Pothier 的影响力更大一些,因为其中的大多数法律条款均源自 Pothier 的上述著作。具体而言,仅有 1804 年的《法国民法典》第 1272 条的规定源自 Domat,因为,除了该条的规定与 Domat 的上述论断几乎一样之外,Pothier 几乎没有对该条所规定的缔约能力做出任何说明。

《法国民法典》除了第 1272 条之外,其他关于债的更新的大多数规定均源自 Pothier,包括:第 1271 条关于债的更新的三种实施方式的规定直接源自 Pothier 关于债的三种不同更新方式的理论;第 1273 条关于债的更新不得被推定的规定直接源自 Pothier 关于债的更新的意图理论;第 1274 条关于债的更新条件的规定直接源自 Pothier 关于债的更新不需要获得旧债务人同意的理论;第 1279 条至第 1281 条关于债的更新的法律效力

---

① Article 1234, Code civil des Français, édition originale et seule officielle, A Paris, de l'Imprimerie de la République, An XII 1804, https://www.assemblee-nationale.fr/evenements/code-civil/cc1804-l3t03c5.pdf.
② M. L. Domenget, Institutes De Gaïus, nouvelle édition, Paris, A Marescq Aîné, Libraire-Éditeur, 1866, p.140.
③ Joseph Rémy, Œuvres complètes de J. Domat, Nouvelle édition, Tome II, Paris, Firmin Didot Père et fils, 1829, p.254.
④ Robert-Joseph Pothier, Traité des obligations, Dalloz, 2011, p.294.
⑤ Articles 1275 à 1276, Code civil des Français, édition originale et seule officielle, A Paris, de l'Imprimerie de la République, An XII 1804, https://www.assemblee-nationale.fr/evenements/code-civil/cc1804-l3t03c5.pdf.

的规定直接源自 Pothier 关于债的更新效力的说明。①

（三）20 世纪之前的民法学者对债的更新做出的说明

在 19 世纪的大多数时间内，民法学者对债的更新做出的说明没有偏离 1804 年的《法国民法典》对债的更新做出的规定，因为对包括债的更新在内的民法规定做出说明时，他们普遍采取流行于 19 世纪的法条注释方法：按照《法国民法典》的规定，对《法国民法典》的一卷一编、一章一节、一条一款、一段一句做出解释，明确其宗旨、含义，以便人们能够准确理解和适用。采取此种方法的民法学者被称为法条注释法学派。②

在 1821 年的《法国民法》当中，Toullier 就根据 1804 年的《法国民法典》对债的更新做出了解释，包括债的更新的定义、债的更新的性质、债的更新的条件和债的更新的法律效力。③ 他对债的更新做出了界定，他指出："所谓债的更新，是指以一种新债取代会因此被消灭的旧债。如果旧债没有消灭，则不会存在债的更新，这就是《法国民法典》将债的更新规定在债的消灭一章当中的原因。"④ 他认为，债的更新属于合同自由的组成部分，因为只要当事人相互愿意，他们完全能够采取债的更新方式，以一种新债取代旧债并因此让旧债消灭。⑤

在 1871 年的《法国民法教程》当中，C. Aubry 和 C. Rau 也根据《法国民法典》的规定对债的更新做出解释，包括债的更新的定义、债的更新的类型、债的更新存在的必要因素、当事人的更新能力、当事人的同意以及债的更新的法律效力。⑥ 在界定债的更新时，他们将债的更新称为自愿性债的更新（La novation volontaire），他们指出："所谓自愿性债的更新，是指一种债向另外一种债的协议转换，其中的被转换的债取代转换之前的债。"⑦ 在《法国民法典》第 1271 条所规定的三种债的更新的基础上，他们对债的更新做出了新分类，认为债的更新分为两类即债的客观更新和债的主观更新，其中的客观更新为第 1271（1）条规定，而主观更新则为第 1271（2）条和第 1271（3）条所规定。

Aubry 和 Rau 指出："债的更新要么是客观的，要么是主观的。"⑧ "所谓债的客观

---

① Robert-Joseph Pothier, Traité des obligations, Dalloz, 2011, pp. 294 – 285.
② 张民安：《法国民法总论（上）》，清华大学出版社 2017 年版，第 304—342 页。
③ C. -B. -M. Toullier, Le Droit civil francais suivant l'ordre du code, Tome VII, A. Bruxelles, chez AD. Stapleaux, 1821, pp. 270 – 320.
④ C. -B. -M. Toullier, Le Droit civil francais suivant l'ordre du code, Tome VII, A. Bruxelles, chez AD. Stapleaux, 1821, p. 272.
⑤ C. -B. -M. Toullier, Le Droit civil francais suivant l'ordre du code, Tome VII, A. Bruxelles, chez AD. Stapleaux, 1821, p. 272.
⑥ C. Aubry et C. Rau, Cours de droit civil français D'aprèsLla Méthode De Zachariae, Tome I, 4e édition Paris, Imprimerie et librairie générale de jurisprudence Marchal et Billard, 1869, pp. 211 – 224.
⑦ C. Aubry et C. Rau, Cours de droit civil français D'aprèsLla Méthode De Zachariae, Tome I, 4e édition Paris, Imprimerie et librairie générale de jurisprudence Marchal et Billard, 1869, p. 211.
⑧ C. Aubry et C. Rau, Cours de droit civil français D'aprèsLla Méthode De Zachariae, Tome I, 4e édition Paris, Imprimerie et librairie générale de jurisprudence Marchal et Billard, 1869, p. 211.

更新,是指相同当事人之间所达成的让旧债消灭并且被新债取代的协议,这就是《法国民法典》第1271(1)条。所谓债的主观更新,或者是指因为新的债权人取代旧债权人并且债务人对旧债权人承担的债务被免除的更新,这就是第1271(3)条,或者是指新的债务人取代旧债务人对债权人承担债务而旧债务人对债权人承担的债务被免除的更新,这就是第1271(2)条。"①

在1877年的《拿破仑法典教程》当中,Demolombe也采取法条注释法学派所采取的上述方法对《法国民法典》所规定的债的更新做出了更加全面的、深入的分析,包括:债的更新的定义,债的更新的历史,三种形式的债的更新所具有的共同规则,也就是债的更新所应当具备的一般要件,每一种特殊形式的债的更新所具有的特殊规则,以及债的更新的法律效力。②他对债的更新做出了这样的界定:"所谓债的更新,是指一种新债对会因此消灭的旧债的替换。"③

由于受到Aubry和Rau的上述分类的影响,在讨论《法国民法典》第1271条所规定的三类债的更新方式时,他将第1271(1)条所规定的第一类更新即在债权人和债务人不发生变更的情况所实施的变更称为债的客观更新(la novation objective)、真正更新(la novation réelle),而将第1271(2)条和第1271(2)条所规定的第二类更新和第三类更新即以新债务人或者新债权人取代旧债务人或者旧债权人的方式实施的变更称为债的主观更新(la novation subjeclives)、个人更新(la novation personnelles),因为在这两类变更当中,债的更新是通过变更主体(sujets)的方式实现的。④

Aubry、Rau和Demolombe的此种区分理论影响卓著,因为,自此之后一直到今时今日,他们在19世纪中后期所使用的这些术语均被后世民法学者所坚持,在讨论债的更新的类型或者债的更新实现的方式时,他们普遍使用这两个重要的术语。

四、2016年之后的《法国民法典》对债的更新做出的规定

(一) 债的更新在19世纪末期和20世纪初期所遭遇的阻力

在19世纪末期和20世纪初期,除了通过自己的民法教科书对债的更新做出注释之外,少数民法学者也在自己的专著当中讨论债的更新。1869年,Antoine Duplessis出版了自己的博士学位论文《罗马法、法国旧法和现代法当中的债的更新和债务的指令承担研究》,在该著作当中,他对三个时期即罗马法时期、法国旧法时期和法国现代法时期债的更新理论和制度做出了全面的、深入的研究,让债的更新理论不再局限于教科书

---

① C. Aubry et C. Rau, Cours de droit civil français D'aprèsLla Méthode De Zachariae, Tome I, 4e édition Paris, Imprimerie et librairie générale de jurisprudence Marchal et Billard, 1869, p.211.

② Charles Demolombe, Cours de Code Napoléon, Tome XXVIII, Traité des Contrats ou des Obligations Conventionnelles en Général, Tome cinquième, Paris Auguste Durand Libraire L. Hachette et Cie Libraire1877, pp.156-267.

③ Charles Demolombe, Cours de Code Napoléon, Tome XXVIII, Traité des Contrats ou des Obligations Conventionnelles en Général, Tome cinquième, Paris Auguste Durand Libraire L. Hachette et Cie Libraire1877, p.157.

④ Charles Demolombe, Cours de Code Napoléon, Tome XXVIII, Traité des Contrats ou des Obligations Conventionnelles en Général, Tome cinquième, Paris Auguste Durand Libraire L. Hachette et Cie Libraire1877, pp.162-163.

式的叙述。在该著作当中，他分别讨论了债的更新的界定、债的更新的必要构成要素、债的更新能力以及债的更新效力等。①

1879 年，巴黎大学民法教授 Paul Gide 出版了自己的专著《罗马法当中的债的更新和债权转让》，除了对罗马法当中的债权转让做出了系统研究之外，他也对罗马法当中债的更新做出了全面研究，包括罗马法当中的债的更新对现代法当中的债的更新的影响，债的更新的定义、债的更新的形式、债的更新的新因素、债的更新的客体以及债的更新的意图等。②

随着《德国民法典（草案）》尤其是1896 年的《德国民法典》的公开和颁布，债的更新所呈现出的此种欣欣向荣的景象似乎戛然而止了，因为除了《德国民法典（草案）》没有规定债的更新之外，1896 年的《德国民法典》也没有对债的更新做出任何规定。在1896 年之前，德国民法学者也像法国民法学者一样对罗马法当中的债的更新做出讨论，不过，与19 世纪末期之前的法国民法学者普遍支持和赞成债的更新不同，债的更新理论在19 世纪末期之前的德国民法学界没有获得普遍性的支持和赞成，民法学界展开了激烈的争论，某些民法学者支持引入此种理论，而另外一些民法学者则反对引入此种理论。其中最著名的反对学者或许是 Botho von Salpius（1823—1874 年）。③ 1864 年，他在德国出版了《债的更新和债务的指令承担》，在该著作当中，他明确反对将罗马法当中的债的更新引入德国民法当中。④

最终，反对引入此种理论的民法学者尤其是 Salpius 大获全胜，因为最终通过的1896 年的《德国民法典》完全剔除了此种理论和制度，没有对其做出任何规定。1896 年的《德国民法典》之所以无视历史悠久的债的更新制度，是因为它认为，在规定了直接的债权转让尤其是直接的债务转让之后，债的更新理论已经没有必要再规定了，即便社会生活当中可能存在债的更新，但是，它在社会实践当中的适用已经极端罕见。⑤

受到《德国民法典（草案）》和1896 年《德国民法典》的此种态度的影响，在19 世纪末期和20 世纪初期出版的某些债法著作当中，法国某些民法学者开始反思《法国民法典》的规定，除了要求《法国民法典》像《德国民法典》一样规定真正的债务转让之外，他们也对《法国民法典》所规定的债的更新做出批评。在1890 年的《债的一般理论研究》当中，在主张真正的债务转让时，Saleilles 也批评《法国民法典》所规定的债的更新，认为债的更新所存在的最大问题是适用起来简单不方便。⑥ 在1898 年的

---

① Antoine Duplessis, Etude sur la novation et la délégation en romain et en droit français ancien et moderne, Thèse Paris, LGDJ, 1869, pp. 1 – 400.
② Paul Gide, Études sur la novation et le transport des créances en droit romain, Paris, L. Larose, 1879, pp. 1 – 182.
③ Botho von Salpius, https://de.wikipedia.org/wiki/Botho_von_Salpius.
④ Botho von Salpius, Novation und Delegation nach römischem Recht: ein civilistischer Versuch, Verlag der Königlichen Geheimen Ober-Hofbuchdruckerei (R. v. Decker), 1864, $ 66; Paul Gide, Études sur la novation et le transport des créances en droit romain, Paris, L. Larose, 1879, pp. 299 – 300;
⑤ Eugène Gaudemet, Étude sur le transport de dettes à titre particulier, Paris, Rousseau, 1898, p. 232, pp. 299 – 300; Jean-Philippe Lévy André Castaldo, Histoire du droit civil, 2e édition, Dalloz, 2010, p. 1064.
⑥ Raymond Saleilles, Étude sur la théorie générale de l'obligation d'après le premier projet de Code civil pour l'Empire allemand, Paris, Librairie Cotillon, 1890, pp. 62 – 63.

专著《特定债务转让研究》当中，Gaudemet 也批评债的更新，他认为，《德国民法典》废除了债的更新是适当的，不存在某些民法学者所谓的严重法律漏洞。①

（二）2016 年之前民法学者对待债的更新的态度

在 2016 年之前，1804 年的《法国民法典》关于债的更新的规定一直从 1804 年适用到 2016 年，换言之，从 1804 年开始一直到 2016 年时止，在长达 200 多年的时间内，《法国民法典》第 1271 条至第 1281 条被原封不动地得到适用。② 因此，在 2016 年之前，1804 年的《法国民法典》关于债的更新的规定所具有的上述特征仍然存在。因为《德国民法典》的影响，20 世纪 60 年代之前，民法学者普遍忽视债的更新的存在，除了在民法教科书当中对债的更新做出中规中矩的介绍之外，民法学者很少对其予以关注。不过，到了 20 世纪 70 年代，债的更新再一次引起了民法学者的兴趣，因为从 20 世纪 70 年代一直到 2008 年，不少民法学者开始对债的更新进行研究并因此形成了这一方面的不少成果。

1975 年，Michel Dagot 发表了文章《通过更换债务人的方式实现的债的更新和抵押权》，对通过更换债务人的方式实现的债的更新和与抵押权之间的关系做出了讨论。1975 年，Christiane Pactet 发表了文章《债的更新的实现》，对债的更新的实现方式做出了讨论。1999 年，Emmanuel Jeuland 出版了自己的博士学位论文《债的关系当中人的替换研究》，对债的更新做出了系统化的研究。1999 年，Stéphane Piedelièvre 发表了文章《因为债务人的更新引起的保证消灭对连带保证人产生的法律效力》，对债的更新与连带保证（cautions solidaires）之间的关系做出了分析。2001 年和 2006 年，Anne van de Wynckele Bazela 和 Sene Pape Demba 分别出版了自己的博士学位论文《债的更新观念》，对债的更新涉及的一般理论做出了研究。2006 年，Didier Cholet 发表了文章《合同的更新》，对合同关系理论做出了分析。2008 年，L. Gaudin 发表了文章《劳动合同当中的更新》，对劳动合同的更新做出了研究。③

在 2016 年之前所出版的债法著作当中，民法学者普遍对债的更新理论做出了说明，并且他们所做出的说明大同小异，因为他们均涉及债的更新的概念、债的更新的类型、

---

① Eugène Gaudemet, Étude sur le transport de dettes à titre particulier, Paris, Rousseau, 1898, p. 232, p. 301.
② Articles 1271 à 1281, Code civil, Version en vigueur au 09 février 2016, https://www.legifrance.gouv.fr/codes/section_lc/LEGITEXT000006070721/LEGISCTA000006150259/2016 – 02 – 09/#LEGISCTA000006150259.
③ Michel Dagot, La novation par changement de débiteur et le droit hypothécaire. JCP. 1975, I, 2693; Michel Dagot, La novation par changement de débiteur et le droit hypothécaire. JCP. 1975, I, 2693; Christiane Pactet, De la réalisation de la novation, Rev. tr. dr. civ. 1975, 435, 643; Emmanuel Jeuland, Essai sur la substitution de personne dans un rapport d'obligation, Pref. Cadiet, LGDJ. Bib. dr. Privé, t. 318, 1999, pp. 1 – 357; Stéphane Piedelièvre, Effet à l'égard des cautions solidaires de l'extinction du cautionnement par suite de la novation par changement de débiteur, Note sous Com. 7 décembre 1999, Bull. 1999, IV, n° 219, 185; Semaine juridique, 2000, n° 36, 1618; Anne van de Wynckele Bazela, La notion de novation, thèse Lille 2, 2001, pp/1 – 317; Sene Pape Demba, La notion de novation, Thèse pour le doctorat en sciences juridiques de droit privé, Université de Reims, 2006, pp. 1 – 393; Didier Cholet, La novation de contrat, RTDCiv, 2006, pp. 467 et s.; L. Gaudin, La novation en droit du travail, une notion en quête d'utilité?, RDT, 2008, p. 162.

债的更新的条件以及债的更新的效力等。① 例如，在 2005 年的《债权和债务制度》当中，除了对债的更新的概念和功能做出说明之外，Ghestin、Billiau 和 Loiseau 还对债的更新的条件和债的更新的法律效力做出了讨论，在讨论债的更新条件时，他们区分两种情况：其一，债的客观更新或者债的真正更新的条件；其二，债的主观更新的条件。他们使用的这些术语源自 19 世纪中后期的三位民法学家即 Aubry、Rau 和 Demolombe，已如前述，表明他们的理论与 19 世纪的民法学家的理论一脉相承。②

不过，同 19 世纪中后期之前的民法学者关于债的更新的说明相比，2016 年之前的民法学者关于债的更新的说明也存在一些不同的地方，主要表现在三个方面：

第一，债的客观更新的类型明确化和多样化。在 19 世纪中后期之前，虽然民法学者主张债的更新，但是，在债的客观更新的类型方面，他们很少对其做出清晰的列举，并且无论他们明确列举哪些类型的债的更新，他们均不承认通过债的客体的变更所进行的债的更新，已如前述。2016 年之前，基于民法学说的丰富和司法判例的大量增加，民法学者不仅在自己的债法著作当中非常清晰地列明了不同类型的债的客观更新类型，而且均承认债的客体更新。例如，在 2004 年和 2011 年的债法著作当中，Carbonnier、Flour、Aubert 和 Savaux 明确指出，债的客观更新包括三类：通过债的原因的变更引起的债的更新，通过债的限定方式的变更引起的债的更新，以及通过债的客体的变更引起的债的更新。③

第二，债的更新不再包含债务的指令承担。在 19 世纪，民法学者普遍采取广义的债的更新理论，认为债务的指令承担包含其中，已如前述。2016 年之前，民法学者普遍放弃了此种看法，他们认为，虽然《法国民法典》仍然将债务的指令承担规定在债的更新当中，但是，债务的指令承担与债的更新并不是一种制度，而是两种相互独立的制度，因此，他们不再在债的更新当中讨论债务的指令承担，而是将其作为独立的一章或者一节予以讨论。关于这一点，笔者将在债务的指令承担当中做出详细的讨论，此处从略。

第三，债的更新的性质。19 世纪，民法学者普遍将债的更新视为像债的清偿、债的抵销一样的债的消灭方式，已如前述。2016 年之前，民法学者对待债的更新性质的态度存在差异。某些民法学者仍然将其视为债消灭的一种方式并因此在债的消灭制度当

---

① Henri et Léon Mazeaud, Jean Mazeaud, François Chabas, Obligations, 9e édition, Montchrestien, 1998, pp. 1243 – 1251；Jean Carbonnier, Droit civil, Volume II, Les biens, les obligations, puf, 2004, pp. 2501 – 2508；Jacques Ghestin, Marc Billiau, Grégoire Loiseau, Traité de Droit Civil, Le régime des créances et des dettes, LGDJ, 2005, pp. 883 – 920；Philippe Malaurie, Laurent Aynès, Philippe Stoffel-Munck, Les obligations, 4e édition defrenois, 2009, pp. 787 – 789；François Terré, Philippe Simler, Yves Lequette, Droit civil, Les obligations, 10e édition, Dalloz, 2009, pp. 1397 – 1415；Philippe Malinvaud, Dominique Fenouillet, Droit des obligations, 11e édition, Litec, 2010, pp. 628 – 632；Jacques Flour, Jean-Luc Aubert, Éric Savaux, Droit civil, Les Obligations, 3. Le rapport d'obligation, 7e édition, Dalloz, 2011, pp. 381 – 388.

② Jacques Ghestin, Marc Billiau, Grégoire Loiseau, Traité de Droit Civil, Le régime des créances et des dettes, LGDJ, 2005, pp. 883 – 920.

③ Jean Carbonnier, Droit civil, Volume II, Les biens, les obligations, puf, 2004, p. 2503；Jacques Flour, Jean-Luc Aubert, Éric Savaux, Droit civil, Les Obligations, 3. Le rapport d'obligation, 7e édition, Dalloz, 2011, pp. 384 – 386.

中对其加以讨论。① 在 2004 年的《民法》当中，Carbonnier 指出："债的更新是一种债的消灭形式，根据该种形式，一种新债取代旧债并因此让旧债消灭。"② 在 2005 年的《债权和债务制度》当中，Ghestin、Billiau 和 Loiseau 也指出："债的更新，是一种新债对旧债的替换……它本质上就是消灭性质的。"③

另外一些民法学者则不同，他们没有再将债的更新视为债的消灭的一种方式并因此将其置于债的消灭当中加以讨论，而是将其视为债的消灭之外的制度并因此在其他制度当中加以讨论。④ 在 2009 年版的《债》当中，Malaurie、Aynès 和 Stoffel-Munck 就没有将债的更新视为一种债的消灭方式，而是将其视为一种债的流通方式。他们认为，因为现代法律鼓励债的流通，因此，人们建立了众多的流通债的手段，经典理论区分以债的流通为客体的两种合同：允许既存债转让的合同和产生新债并且取代新债的合同，其中的允许既存债转让的合同包括债的代位履行（subrogation personnelle）、债权转让和债务转让，而其中的以创设一种新债的方式进行的债的流通则包括债的更新、债务的指令承担。⑤

在 2011 年的《债的关系》当中，Flour、Aubert 和 Savaux 也没有将债的更新视为一种债的消灭方式并因此在债的消灭当中讨论，他们将债的更新视为一种债的改变、变化（la transformation），他们认为，债的改变、变化包括三种，除了债的变更之外还包括债务的指令承担和债的更新。他们指出，所谓债的改变、变化，是指变换（chang）或者不变换债权人或者债务人的一种机制，或者在任何情况下对债的更新进行变更的机制。根据情况的不同，债的改变、变化或者是指债的更新，或者是指债务的指令承担，或者是指债的更新。⑥

此外，在 2016 年之前，即便某些民法学者将债的更新视为债的消灭的一种手段，但是，他们也对此种看法心存疑虑。在 2004 年的《民法》当中，Carbonnier 就表现出此种犹豫不决的态度。在讨论债的更新的性质时，他指出，根据《法国民法典》第 1234 条所规定的理论，债的更新是债的一种消灭手段，因为就像《查士丁尼学说汇纂》和 Pothier 在其《债法专论》当中所说到的那样，此种理论是将债的更新与债的清偿置

---

① Henri et Léon Mazeaud, Jean Mazeaud, François Chabasd, Obligations, 9e édition, Montchrestien, 1998, pp. 1243-1251; Jean Carbonnier, Droit civil, Volume II, Les biens, les obligations, puf, 2004, pp. 2501-2508; Jacques Ghestin, Marc Billiau, Grégoire Loiseau, Traité de Droit Civil, Le régime des créances et des dettes, LGDJ, 2005, pp. 883-920; François Terré, Philippe Simler, Yves Lequette, Droit civil, Les obligations, 10e édition, Dalloz, 2009, pp. 1397-1415.

② Jean Carbonnier, Droit civil, Volume II, Les biens, les obligations, puf, 2004, pp. 2501-2508.

③ Jacques Ghestin, Marc Billiau, Grégoire Loiseau, Traité de Droit Civil, Le régime des créances et des dettes, LGDJ, 2005, p. 884.

④ Philippe Malaurie, Laurent Aynès, Philippe Stoffel-Munck, Les obligations, 4e édition defrenois, 2009, pp. 787-789; Philippe Malinvaud, Dominique Fenouillet, Droit des obligations, 11e édition, Litec, 2010, pp. 628-632; Jacques Flour, Jean-Luc Aubert, Éric Savaux, Droit civil, Les Obligations, 3. Le rapport d'obligation, 7e édition, Dalloz, 2011, pp. 381-388.

⑤ Philippe Malaurie, Laurent Aynès, Philippe Stoffel-Munck, Les obligations, 4e édition defrenois, 2009, pp. 737-740.

⑥ Jacques Flour, Jean-Luc Aubert, Éric Savaux, Droit civil, Les Obligations, 3. Le rapport d'obligation, 7e édition, Dalloz, 2011, p. 379.

于对比的地步。不过，他也认为，此种解释是虚拟的：当人们以被替换的债务人的新允诺来清偿债权人的债务时，他们的此种做法是一种真正的清偿吗？考虑到旧债的消灭与新债的创设之间的不可分离性，并且，考虑到这两种交易是单一流通的两个时期，人们似乎自然认为，债的更新的目的是改变债的关系，也就是，债的更新实质上是实施债的改变而不是债的消灭。"当然，此种分析很难与消灭效力的真实情况兼容。"① 在2009年版的《债》当中，Terré、Simler 和 Lequette 也采取此种态度，虽然他们将债的更新视为债消灭的一种方式并且在债的消灭当中讨论债的更新，但是，他们也承认，在债的更新的两个目的即消灭旧债和创设新债的目的当中，消灭旧债的目的是次要目的，而创设新债的目的则是主要目的。②

（三）2016 年的债法改革法令对债的更新做出的新规定

因为2016年之前的民法学者反对再将债的更新视为债的消灭方式，因为他们承认债的更新所具有的作为流通手段的作用，因此，在2005年的《债法改革草案》当中，Catala 领导的债法改革小组首次采取了一种折中的方法。一方面，在债的消灭当中，它仍然像2016年之前的《法国民法典》那样将债的更新视为一种债的消灭方式，这就是《债法改革草案》当中的第1218条，除了列举了债消灭的其他原因之外，它也将债的更新列为债消灭原因。③ 实际上，第1218条相当于2016年之前《法国民法典》当中的第1234条，因为该条也像第1218条一样明确列举了债消灭的不同原因，已如前述。另一方面，它没有在"债的消灭"一章即第五章当中对债的更新做出具体规定，因为有关债的更新的具体规定被置于第六章即"债权交易"（DES OPERATIONS SUR CRÉANCES）当中。该章共四节，除了规定了债权转让、债务的指令承担和债的代位履行之外也规定了债的更新，④ 这就是该章当中的第三节，该节由第1265条至第1274条组成，它们分别对债的更新的定义、债的更新的三种方式、债的更新的各种构成要素以及债的更新的法律效力做出了规定。⑤ 该小组之所以将债的更新规定在"债权交易"当中，一个重要原因当然是受到了上述民法学者的影响。因为它对这样规定的原因做出了说明，它指出，"重大的经济现实使债权的交易异常活跃，在财产当中，债权构成一种价值，它们既能够成为所有权的客体，也能够成为担保的渊源，并因此成为金融流通的

---

① Jean Carbonnier, Droit civil, Volume II, Les biens, les obligations, puf, 2004, pp. 2506 – 2507.
② François Terré, Philippe Simler, Yves Lequette, Droit civil, Les obligations, 10e édition, Dalloz, 2009, p. 1397.
③ Avant-Projet de Reforme du Droit des Obligations (Articles 1101 A 1386 Du Code Civil) et du Droit de la Prescription (Articles 2234 à 2281 du Code Civil), Rapport à Monsieur Pascal Clément, Garde des Sceaux, Ministre de la Justice, 22 Septembre 2005, p. 109.
④ Avant-Projet de Reforme du Droit des Obligations (Articles 1101 A 1386 Du Code Civil) et du Droit de la Prescription (Articles 2234 à 2281 du Code Civil), Rapport à Monsieur Pascal Clément, Garde des Sceaux, Ministre de la Justice, 22 Septembre 2005, pp. 117 – 124.
⑤ Avant-Projet de Reforme du Droit des Obligations (Articles 1101 A 1386 Du Code Civil) et du Droit de la Prescription (Articles 2234 à 2281 du Code Civil), Rapport à Monsieur Pascal Clément, Garde des Sceaux, Ministre de la Justice, 22 Septembre 2005, pp. 121 – 123.

内容"①。

在 2015 年的《合同法、债的一般制度和债的证明的改革法令草案》当中，法国政府放弃了 Catala 领导的债法改革小组所采取的上述折中方法，没有再在第二章即"债的消灭"当中列明债的更新是债的消灭方式，而仅仅在第四章即"债的关系的变更"（LA MODIFICATION DU RAPPORT D'OBLIGATION）当中对债的更新做出了规定。该章共五节，除了对债权转让、债务转让、合同转让和债务的指令承担做出了规定之外，其中的第四节也对债的更新做出了规定，这就是第 1341 条至第 1347 条，它们分别对债的更新的定义、债的更新的类型、债的更新的构成因素以及债的更新的法律效力做出了规定。②

2016 年 2 月 10 日，通过债法改革法令，法国政府最终在《法国民法典》当中对债的更新做出了规定，这就是新的第 1329 条至新的第 1335 条，它们分别对债的更新的定义、债的更新的类型、构成因素以及法律效力做出了规定。③ 关于这些法律条款的具体规定和解释，笔者将在下面的内容当中做出详细的讨论，此处从略。同 2016 年之前的规定相比，现行《法国民法典》关于债的更新的规定所具有重要特征是：其一，债的更新不再属于债的消灭方式，因为，现行《法国民法典》第三卷第四编第四章即"债的消灭"没有再将债的更新视为债消灭的一种方式。④ 其二，债的更新仅仅属于一种债的交易方式，就像债权转让和债务转让属于债的交易方式一样，因为，现行《法国民法典》直接将债的更新规定在"债的交易"当中，这就是第三卷第四编当中的第三章，除了对债权转让、债务转让和债务的指令承担做出了规定之外，它也对债的更新做出了规定。⑤

五、债的更新应当具备的特殊条件

无论《法国民法典》是否对债的更新做出明确界定，债的更新在性质上均是一种合同，该种合同的当事人或者是最初合同当中的债权人和债务人，或者是最初合同当中的一方当事人与第三人⑥：该方当事人或者是债权人，或者是债务人，在极端情况下，甚至可以同时是债权人和债务人，他们与第三人达成协议，让第三人替换自己成为最初合同当中的债权人或者债务人。2016 年之前，《法国民法典》第 1272 条对债的更新作

---

① Avant-Projet de Reforme du Droit des Obligations（Articles 1101 A 1386 Du Code Civil）et du Droit de la Prescription（Articles 2234 à 2281 du Code Civil），Rapport à Monsieur Pascal Clément，Garde des Sceaux，Ministre de la Justice，22 Septembre 2005，p. 10.

② PROJET D'ORDONNANCE n° du portant réforme du droit des contrats，du régime général et de la preuve des obligations，pp. 36 – 40，http://www.justice.gouv.fr/publication/j21_ projet_ ord_ reforme_ contrats_ 2015.pdf.

③ Articles 1329 à 1335，Code civil，Version en vigueur au 31 août 2021，https://www.legifrance.gouv.fr/codes/section_ lc/LEGITEXT000006070721/LEGISCTA000032034970/#LEGISCTA000032034970.

④ Articles 1342 à 1351 – 1，Code civil，Version en vigueur au 31 août 2021，https://www.legifrance.gouv.fr/codes/section_ lc/LEGITEXT000006070721/LEGISCTA000032035231/#LEGISCTA000032035231.

⑤ Articles 1321 à 1340，Code civil，Version en vigueur au 31 août 2021，https://www.legifrance.gouv.fr/codes/section_ lc/LEGITEXT000006070721/LEGISCTA000032032398/#LEGISCTA000032032398.

⑥ Jean Carbonnier，Droit civil，Volume Ⅱ，Les biens，les obligations，puf，2004，p.2504.

为一种合同所应当具备的一个条件即缔约能力做出了说明,该条规定:债的更新仅仅在具有缔约能力的两个人之间实施。① 根据这一条款的规定,如果两个当事人实施债的更新行为,他们应当具有缔约能力,包括缔约的权利能力和缔约的行为能力。

通过 2016 年 2 月 10 日的债法改革法令,这一条款不仅被废除了,而且没有新的法律条款取代它。不过,人们不能够因此认为,债的更新不再需要这一条件。实际上,人们没有必要再对这一条款做出规定,因为,作为一种类型的合同,债的更新应当具备所有合同均应当具备的有效条件,在 2016 年之前,这些有效条件被《法国民法典》第 1108 条所规定。② 而在 2016 年之后,这些有效条件则被新的第 1128 条所规定,包括当事人的同意、当事人有缔约能力以及内容合法和确定,这一点与债权转让和债务转让是完全一致的,因为作为合同,债权转让和债务转让也均应当尊重这两个法律条款所规定的一般条件,已如前述。

不过,仅仅具备所有合同均具备的一般条件还不足以让债的更新产生法律效力,如果债的更新要在当事人之间产生法律效力,它还应当具备自己特有的条件,这就是债的更新所具有的特殊条件。无论是在 2016 年之前还是之后,《法国民法典》均对债的更新应当具备的特殊条件做出了明确规定。除了《法国民法典》对债的更新应当具备的特殊条件做出了明确规定之外,民法学者也普遍对债的更新应当具备的特殊条件做出了说明,并且他们之间的说明存在差异,至少存在形式上的差异。

在 1998 年的《债》当中,Mazeaud 和 Chabas 等人认为,债的更新应当具备三个条件:债务人所具有的在两个债之间建立关系的意图;一种债对另外一种债的替换;一种新的因素。③ 在 2010 年的《债》当中,Malinvaud 和 Fenouillet 则认为,债的更新应当具备四个条件:当事人有缔约能力;一种有效的新债对一种有效的旧债的替换;新债应当区别于旧债;当事人有更新的意图。④ 而在 2018 年的《债》当中,Terré、Simler 和 Lequette 等人则认为,债的更新应当具备三个条件:创设一种有效的新债;一种有效的既存的相应债的消灭;有更新债的意思表示。⑤

不过,大多数民法学者做出的说明是相同的,因为他们普遍认为,债的更新应当具备三个条件:两个先后发生的债;两个债之间存在差异;当事人有更新债的意思表

---

① Article 1272, Code civil, Version en vigueur au 09 février 2016, https://www. legifrance. gouv. fr/codes/section _ lc/LEGITEXT000006070721/LEGISCTA000006150259/2016 - 02 - 09/#LEGISCTA000006150259.
② Jacques Flour, Jean-Luc Aubert, Éric Savaux, Droit civil, Les Obligations, 3. Le rapport d'obligation, 7e édition, Dalloz, 2011, p. 382.
③ Henri et Léon Mazeaud, Jean Mazeaud, François Chabas, Obligations, 9e édition, Montchrestien, 1998, pp. 1244 - 1249.
④ Philippe Malinvaud, Dominique Fenouillet, Droit des obligations, 11e édition, Litec, 2010, pp. 629 - 631.
⑤ François Terré, Philippe Simler, Yves Lequette, François Chénedé, Droit Civil, les Obligations, 12e édition, Dalloz, 2018, pp. 1783 - 1797.

示。① Carbonnier 对债的更新的三要素理论做出了说明，他指出："为了实现债的更新，它应当具备三个条件：存在先后两个债，这两个先后债之间存在差异，当事人有更新的意图。"② Francois 也对债的更新的三要素理论做出了说明，他指出："债的更新应当具备三个条件：首先，应当存在先后发生的两个债；其次，当事人有债的更新的意思表示，该种意思表示在旧债的消灭和新债的创设之间建立因果关系；最后，相对于第一个债而言，第二个债必须具有某种新的因素。总之，先后发生的两个债、更新债的意图和新因素的存在是债的更新的三个因素。"③

笔者采取大多数民法学者的此种看法，认为债的更新应当同时具备三个必要条件才能够产生法律效力：其一，相继发生的两个有效债；其二，相继发生的新债和旧债之间存在实质性的、重大的差异；其三，当事人有更新债的主观意图。

第三节 债的更新的有效条件（一）：相继发生的两个有效债

一、相继发生的两个有效债的法律根据

债的更新应当具备的第一个条件是，相继发生的两个债均是有效的债（la succession de deux obligations）。所谓相继发生的两个债，是在当事人之间已经存在某种债的情况下，他们意图以另外一种取代该种债并因此让其消灭的债。当事人之间存在的此种债被称为旧债、第一种债、预先存在的债、既存债、被取代的债以及被消灭的债。而当事人之间意图以另外一种取代旧债、第一种债等并因此让其消灭的债被称为第二种债、新债、所创设的债、所创设的新债等。

所谓相继发生的两个债均是有效债，是指无论是旧债还是新债均应当是有效的债。当事人只能够以一种有效债取代另外一种有效债，无论是要消灭的旧债还是要创设的新债均应当是有效的债。如果旧债或者新债无效，则债的更新也因为旧债或者新债的无效而无效。在 2016 年之前，《法国民法典》没有对此种要素做出任何规定，虽然如此，在 2016 年之前，除了法官在自己的司法判例当中承认这一要素之外，民法学者也普遍承认这一要素。④ 通过 2016 年 2 月 10 日的债法改革法令，现行《法国民法典》新的第 1331 条对此种构成要素做出了说明，该条规定：除非当事人明确表示以一个有效的债

---

① Jean Carbonnier, Droit civil, Volume Ⅱ, Les biens, les obligations, puf, 2004, pp. 2502 – 2504；Jacques Flour, Jean-Luc Aubert, Éric Savaux, Droit civil, Les Obligations, 3. Le rapport d'obligation, 7e édition, Dalloz, 2011, pp. 382 – 387；Muriel Fabre-Magnan, Droit des obligations, Tome 1, Contrat et engagement unilatéral, 4e édition, puf, 2016, pp. 693 – 696；Virginie Larribau-Terneyre, Droit civil Les obligations, 15e édition, Dalloz, 2017, pp. 182 – 184；Jérôme François, Les obligations, Régime general, Tome 4, 4e édition, Economica, 2017, pp. 107 – 123.

② Jean Carbonnier, Droit civil, Volume Ⅱ, Les biens, les obligations, puf, 2004, p. 2502.

③ Jérôme François, Les obligations, Régime general, Tome 4, 4e édition, Economica, 2017, p. 107.

④ Jacques Ghestin, Marc Billiau, Grégoire Loiseau, Traité de Droit Civil, Le régime des créances et des dettes, LGDJ, 2005, pp. 892 – 893.

替换一个受到某种瑕疵影响的债，否则，债的更新仅仅在旧债和新债均有效时发生。①

在 2018 年的《债》当中，Terré、Simler 和 Lequette 等人对此种构成要素做出了说明，他们指出："作为一种复杂的法律交易，债的更新的最大特征在于，当事人意图在所创设的新债和所消灭的旧债之间所建立的关系，法国最高法院已经反复强调了债的更新所具有的此种特征。此种关系的效力在于，债的更新仅仅在新债和旧债有效时才会实施。"②

在法国，债的更新为何要以旧债和新债均为有效作为必要条件？对此问题，民法学者做出的回答存在差异。某些民法学者认为，债的更新之所以要求旧债和新债均为有效的债作为条件，是因为新债和旧债之间存在相互依赖性、互为因果关系，这就是，旧债的消灭是新债创设的原因，新债的创设是旧债消灭的原因，如果其中任何一个债无效，则债的更新也因此受到影响而无效。

在 1877 年的《拿破仑法典教程》当中，Demolombe 认为，债的更新当中旧债的消灭是新债创设的原因。③ Demolombe 的此种看法被不少后世民法学者所采纳并因此成为他们主张此种要素的理由。例如，在 2004 年的《民法》中，Carbonnier 就以此种理由证明这一要素的正当性，他指出："在债的更新当中，旧债的消灭是新债的有效原因，即便新债与旧债之间存在差异，亦是如此。"④ 在 2005 年的《债权和债务制度》当中，Ghestin、Billiau 和 Loiseau 也将此种原因作为此种要素的正当理由，他们指出："要消灭的旧债的有效性也是债的更新的有效条件，因为它构成'原因'，因此，如果被消灭的旧债无效，则债的更新也因此无效。"⑤

在 2018 年的《债》当中，Terré、Simler 和 Lequette 等人则持不同的看法，他们认为，自 2016 年 2 月 10 日的债法改革法令之后，此种理由不再具有说服力，因为通过这一法令，现行《法国民法典》将原因理论废除。在无法将原因作为此种理论根据的情况下，人们可以考虑将当事人的意图、意志、意思作为这一理论的根据，因为具有更新债的意图这一要素能够对整个债的更新起到支配作用。⑥ Terré、Simler 和 Lequette 等人的此种解读具有一定的合理性，因为当债权人和债务人决定以所创设的新债取代他们之间的旧债时，或者当债权人或者债务人与第三人达成协议，让第三人替换自己时，他们的意思表示均以被消灭的旧债和替换旧债的新债有效作为前提。不过，此种解释还不特别明确。实际上，债的更新之所以以新债和旧债均有效作为条件，是因为当事人实施债

---

① Article 1331, Code civil, Version en vigueur au 01 septembre 2021, https://www.legifrance.gouv.fr/codes/section_lc/LEGITEXT000006070721/LEGISCTA000032034970/#LEGISCTA000032034970.
② François Terré, Philippe Simler, Yves Lequette, François Chénedé, Droit Civil, les Obligations, 12e édition, Dalloz, 2018, p. 1784.
③ Charles Demolombe, Cours de Code Napoléon, Tome XXVIII, Traité des Contrats ou des Obligations Conventionnelles en Général, Tome cinquième, Paris Auguste Durand Libraire L. Hachette et Cie Libraire, 1877, p. 165.
④ Jean Carbonnier, Droit civil, Volume II, Les biens, les obligations, puf, 2004, p. 2501.
⑤ Jacques Ghestin, Marc Billiau Grégoire, Loiseau Traité de Droit Civil, Le régime des créances et des dettes, LGDJ, 2005, p. 892.
⑥ François Terré, Philippe Simler, Yves Lequette, François Chénedé, Droit Civil, les Obligations, 12e édition, Dalloz, 2018, pp. 1794 – 1795.

的更新的目的在于进行债的交易：当他们之间的旧债由于某种原因而不能够履行或者不适宜履行时，他们以另外一种新的、能够履行的债取代旧债。这就是笔者在前面的内容当中所讲到的债的更新的主要目的，已如前述。

二、旧债的有效性和能够被替换及被消灭的旧债有哪些

（一）债的更新以旧债的有效性作为必要条件

即便2016年之后的《法国民法典》没有再将债的更新规定在债的消灭当中，债的更新仍然是通过消灭旧债而创设新债的一种交易方式，当当事人实施债的更新时，旧债会因为所创设的新债而消灭。作为旧债消灭的一种方式，债的更新以当事人之间预先存在一种具有约束力的债的关系作为前提条件。因此，如果预先存在的债是一种无效的债，则除了当事人不受该种债约束之外，债的更新也不会发生，新债也无法创设。换言之，债的更新建立在被消灭的旧债是有效债的基础上。2016年之前，法官和民法学者均对此种条件做出了说明，即便《法国民法典》没有对这一要件做出任何规定。通过2016年2月10日的债法改革法令，现行《法国民法典》新的第1331条对此种条件做出了明确规定。

在1995年11月7日的案件当中，在《法国民法典》没有对这一要件做出规定的情况下，通过适用《法国民法典》第1271条和第1131条的规定，法国最高法院民一庭对这一要件做出了说明，它指出："仅仅在新债对其加以替换的旧债有效时债的更新才会发生。如果第一个债即旧债无效，则第二个债即新债就会被剥夺了原因并因此不会产生法律效力。"

①Mazeaud和Chabas对这一要件做出了说明，他们指出："被新债替换的旧债应当是有效的。绝对无效的债是不能够成为债的更新的客体的，实际上，它不能够创设新债。"② Carbonnier也对这一要件做出了说明，他指出："旧债应当是有效的，无效的债是不能够作为新债的创设原因，至少在旧债绝对无效时是如此。"③

（二）旧债的绝对无效和相对无效

在法国，被债的更新所消灭的旧债不应当是绝对无效的债，如果旧债是相对无效的债，债的更新是否能够产生？对此问题，2016年之前的《法国民法典》没有做出明确规定，不过，大多数民法学者均做出了肯定的回答，认为相对无效的债能够作为债的更新的客体，因为他们普遍认为，在知道要消灭的旧债是相对无效的债时，如果当事人仍然同意以新债替换该旧债，则他们的同意实际上等同于承认了相对无效的债的有效性，他们之间的无效债就成为有效债。反之，在进行债的更新时，如果当事人不知道要被替

---

① Cour de Cassation, Chambre civile 1, du 7 novembre 1995, 92 – 16.695.
② Henri et Léon Mazeaud, Jean Mazeaud, François Chabas, Obligations, 9e édition, Montchrestien, 1998, p.1246.
③ Jean Carbonnier, Droit civil, Volume Ⅱ, Les biens, les obligations, puf, 2004, p.2502.

换和消灭的债在性质上是相对无效债,则人们不能够认定当事人承认了相对无效的债的有效性。①

Mazeaud 和 Chabas 对此种观点做出了说明,他们指出:"如果债的无效仅仅是相对无效,人们可以考虑债的更新是有效的,因为,在更新无效的债时,当事人实际上已经确认了无效债的有效性。"② Carbonnier 也对这一观点做出了说明,他指出:"如果无效仅仅是相对的,更新能够是有效的,如果无效的原因在债的更新时已经消灭,因为债的更新行为可以被解释为是对可撤销的债的一种承认。"③

通过 2016 年 2 月 10 日的债法改革法令,现行《法国民法典》新的第 1331 条采纳了这些民法学者的看法,因为该条规定,如果旧债因为某种瑕疵而受到感染(engagement entaché d'un vice),也就是,即便旧债因为某种瑕疵而成为相对无效的债,如果当事人之间的合同明确宣告,他们会以一个有效的债取代该种有瑕疵的债,则当事人之间债的更新仍然有效。2016 年之后的民法学者也普遍持有类似的看法。根据他们的看法,即便要被新债消灭的旧债是相对无效的债,如果当事人在进行债的更新时以明示或者默示的方式承认相对无效的债,则当事人之间的债的更新仍然有效。④

(三) 旧债可以是附条件的、附期限的债和简单债

在法国,民法学者普遍认为,如果要被替换和消灭的债是附条件的债,在条件没有成熟之前,这些被限定的债也能够成为债的更新的客体,无论新债是附条件的债还是简单债,因为,在当事人知道旧债在性质上是具有偶然性质的债的情况下实施债的更新行为,说明他们愿意承担此种交易所存在的风险。⑤

(四) 债的更新不适用于自然债

在债法上,要被替换和消灭的旧债当然可以是民事债,问题在于,自然债是否能够成为债的更新的客体?对此问题,法官和民法学者之间均存在不同看法。在 1987 年 7

---

① Henri et Léon Mazeaud, Jean Mazeaud, François Chabas, Obligations, 9e édition, Montchrestien, 1998, p. 1246; Jean Carbonnier, Droit civil, Volume II, Les biens, les obligations, puf, 2004, p. 2502; Jacques Ghestin, Marc Billiau, Grégoire Loiseau, Traité de Droit Civil, Le régime des créances et des dettes, LGDJ, 2005, p. 893; Jacques Flour, Jean-Luc Aubert, Éric Savaux, Droit civil, Les Obligations, 3. Le rapport d'obligation, 7e édition, Dalloz, 2011, p. 382.

② Henri et Léon Mazeaud, Jean Mazeaud, François Chabas, Obligations, 9e édition, Montchrestien, 1998, p. 1246.

③ Jean Carbonnier, Droit civil, Volume II, Les biens, les obligations, puf, 2004, p. 2502.

④ Muriel Fabre-Magnan, Droit des obligations, Tome 1, Contrat et engagement unilatéral, 4e édition, puf, 2016, pp. 693 – 694; Rémy Cabrillac, Droit des Obligations, 12e édition, Dalloz, 2016, p. 420; Jérôme François, Les obligations, Régime general, Tome 4, 4e édition, Economica, 2017, pp. 107 – 108; pp. 582 – 585; François Terré, Philippe Simler, Yves Lequette, François Chénedé, Droit civil, Les obligations, 12e édition, Dalloz, 2018, p. 1795.

⑤ Henri et Léon Mazeaud, Jean Mazeaud, François Chabas, Obligations, 9e édition, Montchrestien, 1998, p. 1246; Jacques Ghestin, Marc Billiau, Grégoire Loiseau, Traité de Droit Civil, Le régime des créances et des dettes, LGDJ, 2005, pp. 894 – 895; Jacques Flour, Jean-Luc Aubert, Éric Savaux, Droit civil, Les Obligations, 3. Le rapport d'obligation, 7e édition, Dalloz, 2011, p. 382.

月 16 日的案件当中，法国最高法院民一庭采取肯定态度，认为自然债能够被更新为民事债。不过，此种做法受到民法学者的批评，他们认为，债权人能够要求债务的履行和不能够要求债务人债务的履行之间并不存在重大的、实质性的差异，换言之，它们之间不构成新债和旧债的关系，能够要求履行的债和不能够要求履行的债属于同一债。因为此种批评，在 1995 年 10 月 10 日和 2004 年 6 月 22 日的案件当中，法国最高法院民一庭又放弃了此种做法，不再承认自然债能够成为债的更新的客体。因为，它根据单方法律行为分析自然债向民事债的改变。①

在 1877 年的《拿破仑法典教程》当中，Demolombe 采取肯定意见，认为自然债能够成为债的更新的客体，他指出："通过债的更新，自然债能够成为民事债的原因，这是所有时代均已经承认的。"② 在 2005 年的《债权和债务制度》当中，Ghestin、Billiau 和 Loiseau 则采取否定态度，认为自然债不能够成为债的更新的客体，他们指出："自然债是不能够参与债的更新机制的，仅民事债才能够参与债的更新机制。"③ 在 2011 年的《债的关系》当中，Flour、Aubert 和 Savaux 也采取否定看法，他们指出："经典理论但是是错误的理论认为，自然债能够被更新为民事债……仅民事债能够成为债的更新的客体。"④

笔者认为，如果债务人允诺履行自己对债权人承担的自然债，则他们之间的此种关系不需要借助债的更新进行分析，而仅仅借助于意思自治和合同自由原则进行分析：一旦债务人自愿履行所承担的自然债，则他们的自愿履行行为就产生了让自然债嬗变为民事债的效力，债权人就有权要求债务人履行所承担的债务。此种分析方法相比于债的更新的分析方法更直接、简便。此外，根据意思自治和合同自由原则，除了合同债能够成为旧债之外，侵权债也能够成为旧债。⑤

三、新债的有效性

（一）债的更新以新债的有效性作为必要条件

作为债的更新的一个重要条件，除了应当具备旧债的有效条件之外，债的更新还应当具备另外一个条件，即替换旧债和让旧债消灭的新债也应当是有效的。虽然 2016 年

---

① Henri et Léon Mazeaud, Jean Mazeaud, François Chabas, Obligations, 9e édition, Montchrestien, 1998, p.1248；Jacques Ghestin, Marc Billiau, Grégoire Loiseau, Traité de Droit Civil, Le régime des créances et des dettes, LGDJ, 2005, p.892；Jacques Flour, Jean-Luc Aubert, Éric Savaux, Droit civil, Les Obligations, 3. Le rapport d'obligation, 7e édition, Dalloz, 2011, p.382.

② Charles Demolombe, Cours de Code Napoléon, Tome XXVIII, Traité des Contrats ou des Obligations Conventionnelles en Général, Tome cinquième, Paris Auguste Durand Libraire L. Hachette et Cie Libraire, 1877, p.177.

③ Jacques Ghestin, Marc Billiau, Grégoire Loiseau, Traité de Droit Civil, Le régime des créances et des dettes, LGDJ, 2005, p.894.

④ Jacques Flour, Jean-Luc Aubert, Éric Savaux, Droit civil, Les Obligations, 3. Le rapport d'obligation, 7e édition, Dalloz, 2011, p.382.

⑤ Jacques Ghestin, Marc Billiau, Grégoire Loiseau, Traité de Droit Civil, Le régime des créances et des dettes, LGDJ, 2005, p.894.

之前的《法国民法典》没有对此种条件做出明确规定，但是，除了法官在自己的司法判例当中普遍承认这一条件之外，民法学者也普遍承认这一条件。通过 2016 年 2 月 10 日的债法改革法令，《法国民法典》新的第 1331 条对此种条件做出了明确规定，已如前述。

在 1992 年 2 月 4 日的案件当中，法国最高法院商事庭对此种要件做出了说明，它指出："仅仅在替换最初债的债是有效债时，债的更新才会发生。"① 在 1995 年 7 月 8 日的案件当中，法国最高法院民一庭也对此种要件做出了说明，它指出："债的更新以所创设的债有效作为条件。"② 除了法官普遍承认这一要件之外，民法学者也普遍承认这一要件。Mazeaud 和 Chabas 对这一要件做出了说明，他们指出："除非新债因为旧债的消灭产生，否则，债的更新不会产生效力。债的更新的法律效力的产生以所创设的债有效作为条件。"③ Francois 也对这一要件做出了说明，他指出："同旧债应当是有效的债一样，所创设的新债也应当是有效的，这一要件直接源自《法国民法典》新的第 1331 条的规定。"④

（二）新债不能够是相对无效的债

如果新债是相对无效的债，债的更新是否有效？对此问题，民法学者之间存在不同的看法。某些学者认为，如果替换旧债的新债是相对无效的债，则债的更新不能够产生法律效力，而另外一些民法学者则认为，如果当事人在进行债的更新时知道新债是相对无效的债，则债的更新是有效的，因为在知道新债是相对无效的债的情况下仍然同意以存在瑕疵的新债替换旧债，说明当事人已经批准了相对无效的债，相对无效的债因此成为有效的债。⑤

不过，在一系列的司法判例当中，法国最高法院采取了第一种意见，它认为，如果新债在性质上属于相对无效的债，无论当事人在实施债的更新交易时是否已经知道新债是相对无效的债，所有的债的更新均不能够产生法律效力。⑥ 现行《法国民法典》新的第 1331 条明确采纳了此种意见，因为它规定，当事人只能够以一种有效的债（un engagement valable）替换一种存在瑕疵的债（un engagement entaché d'un vice），换言之，它明确规定，旧债可以是存在瑕疵的、相对无效的债，而新债只能够是有效的债，已如前述。

---

① Cour de Cassation, Chambre commerciale, du 4 février 1992, 90 – 12.609.
② Cass. civ. 1, 8 juill. 1997, Bull. civ. I, n° 228.
③ Henri et Léon Mazeaud, Jean Mazeaud, François Chabas, Obligations, 9e édition, Montchrestien, 1998, p. 1246.
④ Jérôme François, Les obligations, Régime general, Tome 4, 4e édition, Economica, 2017, p. 108.
⑤ Henri et Léon Mazeaud, Jean Mazeaud, François Chabas, Obligations, 9e édition, Montchrestien, 1998, p. 1246; Jérôme François, Les obligations, Régime general, Tome 4, 4e édition, Economica, 2017, p. 108.
⑥ Henri et Léon Mazeaud, Jean Mazeaud, François Chabas, Obligations, 9e édition, Montchrestien, 1998, p. 1246; Jérôme François, Les obligations, Régime general, Tome 4, 4e édition, Economica, 2017, p. 108.

(三) 可予解除的债在例外情况下能够成为新债

在债法上，可予解除的债是否能够成为债的更新当中的新债？对此问题，民法学者之间存在不同看法。某些民法学者做出了否定回答，他们认为，新债不能够是可予解除的债，包括通过司法方式解除和通过协商一致解除的债，因为在新债能够被解除的情况下，如果新债被法官或者当事人解除，则被解除的债被视为溯及既往地自始不存在。Mazeaud、Chabas、Flour、Aubert 和 Savaux 采取此种看法。① 而另外一些民法学者则采取肯定态度，认为可予解除的债能够成为新债，Ghestin、Billiau 和 Loiseau 采取此种看法。②

除了民法学者之间存在不同看法之外，法官在自己的司法判例当中也采取了不同的做法。例如，在 1983 年 11 月 30 日的案件当中，法国最高法院商事庭认定，可予解除的债能够成为债的更新当中的新债，即便当事人以可予解除的新债替换旧债，他们之间的债的更新也是有效的。③ 但是，在 1996 年 5 月 14 日的案件当中，法国最高法院商事庭则认为，可予解除的债不能够成为债的更新当中的新债，如果当事人以可予解除的债替换旧债，则他们之间的债的更新无效。④

笔者认为，至少在一种情况下，可予解除的债应当能够成为债的更新当中的新债，这就是，当事人在进行债的更新时知道新债在性质上属于可予解除的债，其理由有二：其一，可予解除的债在被解除之前属于有效债，符合《法国民法典》新的第 1331 条的规定。其二，符合意思自治和合同自由原则的要求。在知道新债属于可予解除的债的情况下，当事人仍然进行债的更新，说明他们有意承担新债被解除的风险。

(四) 新债无效时旧债溯及既往地恢复其效力

如果当事人以绝对无效的新债替换和消灭旧债，则他们之间的债的更新无效，不会在当事人之间产生债的更新的法律效力。此时，当事人之间的旧债和附加在旧债身上的各种从债尤其是其中的担保债自动溯及既往地恢复其效力，就像旧债从来没有被新债替换或者消灭一样。Ghestin、Billiau 和 Loiseau 对此种规则做出了说明，他们指出："仅仅在替换最初债的新债有效时，债的更新才有效。这是因为，新债是替换旧债并因此让旧债消灭的债。其结果就是，如果新债无效，债的更新本身也无效，旧债被视为从来没有

---

① Henri et Léon Mazeaud, Jean Mazeaud, François Chabas, Obligations, 9e édition, Montchrestien, 1998, p.1246; Jacques Flour, Jean-Luc Aubert, Éric Savaux, Les obligations, 1. L'acte juridique, Quatorzième édition, Dalloz, 2010, pp.382 – 383.

② Jacques Ghestin, Marc Billiau, Grégoire Loiseau, Traité de Droit Civil, Le régime des créances et des dettes, LGDJ, 2005, p.899.

③ Jacques Ghestin, Marc Billiau, Grégoire Loiseau, Traité de Droit Civil, Le régime des créances et des dettes, LGDJ, 2005, p.899.

④ Jacques Flour, Jean-Luc Aubert, Éric Savaux, Les obligations, 1. L'acte juridique, Quatorzième édition, Dalloz, 2010, p.383.

被消灭过。"① Terré、Simler 和 Lequette 等人也对此种规则做出了说明,他们指出:"债的更新的消灭效力直接依赖新债的有效性。如果新债因为某种原因而无效,包括因为不符合所要求的形式条件和实质性条件而无效,则旧债被视为溯及既往地存在。"②

在新债无效的情况下,旧债自动溯及既往地存在的规则源自法官的司法判例。早在1939年3月14日的案件当中,法国最高法院民事庭就对此种规则做出了说明,它指出,债的更新以要消灭的债的存在和某种新债的创设作为前提条件,因此,如果通过债的无效诉权的行使,新债被宣告为无效,则当事人之间被视为没有通过合同约定债的更新,旧的债权应当被视为从来没有消灭。③ 此后,在1975年4月30日的案件当中、1986年2月12日的案件当中和1992年2月4日的案件当中,法国最高法院均重复了它在1939年的案件当中所确立的此种规则。根据这些司法判例所确立的规则,一旦新债无效,则旧债被视为溯及既往地存在,就像它们从来没有被替换或者消灭一样,除了旧债存在之外,建立在旧债基础上的所有从债尤其是各种各样的担保债均被视为溯及既往地存在。④

第四节 债的更新的有效条件(二):新债与旧债之间存在重大的实质性差异

一、新债与旧债之间存在重大的实质性差异的界定

债的更新应当具备的第二个条件是,债的当事人之间的新债和旧债之间应当存在重大的、实质性的差异(difference entre les deux obligations),即债的当事人之间的新债应当具有不同于旧债的新构成要素(élément nouveau),民法学者或者将此种要件称为"所创设的债的新颖性"(la nouveauté de l'obligation créée),或者将其称为"债的更新

---

① Jacques Ghestin, Marc Billiau, Grégoire Loiseau, Traité de Droit Civil, Le régime des créances et des dettes, LGDJ, 2005, p. 897.
② François Terré, Philippe Simler, Yves Lequette, François Chénedé, Droit Civil, les Obligations, 12e édition, Dalloz, 2018, p. 1794.
③ Jacques Ghestin, Marc Billiau, Grégoire Loiseau, Traité de Droit Civil, Le régime des créances et des dettes, LGDJ, 2005, pp. 897 - 898.
④ Jacques Ghestin, Marc Billiau, Grégoire Loiseau, Traité de Droit Civil, Le régime des créances et des dettes, LGDJ, 2005, p. 898.

的新要素"（élément nouveau aliquid novi）。①

所谓新债与旧债之间存在重大的实质性的差异，是指用来替换和消灭旧债的新债不仅应当不同于旧债，而且它们之间还存在足以让人们能够将它们明显区分开来并因此视为两个相对独立的、不同的债。因此，债的更新不同于债的变更，因为债的变更不属于重大的、实质性的改变（changement），变更之前的债与变更之后的债被视为同一债；而债的更新则不同，债的更新是重大的、实质性的改变，更新之前的债与更新之后的债被视为两个不同的、独立的债，而不会被视为同一债。因此，区分债的更新与债的变更的主要标准是重大的、实质性改变的标准，根据这一标准，如果债的变更属于重大的、实质性的改变，则它们属于债的更新；反之，如果债的变更不属于重大的、实质性的改变，则它们仅仅属于债的变更。

François 对这一要件做出了说明，他指出："为了构成债的更新，当事人所创设的新债相对于旧债而言应当包含一种新的因素。"② Terré、Simler 和 Lequette 等人也对这一要件做出了说明，他们指出："仅仅在当事人之间的合同创设了一种真正的新债的情况下，他们之间才存在债的更新。……这就是为什么旧债的简单变更不会被视为债的更新的原因：或者是因为债的变更不会影响债的基本构成要素，也就是，债的变更没有影响债的性质，或者是因为当事人没有清晰的表达以一种债取代另外一种债的意图。"③

在债法上，人们面临的一个主要问题是：债的哪些改变被视为重大的、实质性的改变并因此构成债的更新，债的哪些改变仅仅被视为债的变更并因此不构成债的更新？对此问题，民法学者普遍做出了自己的回答，并且他们的回答不存在重大的差异，因为他们均认为，应当区分债的主观更新和债的客观更新的不同：当合同当事人改变债的关系的当事人时，即当债权人或者债务人被另外一个债权人或者债务人替换时，则债的此类改变构成重大的、实质性的改变并因此构成债的更新，这就是债的主观更新（la novation subjective），包括通过改变债权人或者债务人的方式所实施的债的更新。

当合同当事人改变主体之外的某种客观构成要素时，此类债的改变并不均构成债的客观构成要素的重大、实质性改变，其中的一些客观因素的改变仅仅构成一般的、非实质性的改变，这就是债的变更，而另外一些客观因素的改变则构成重大的、实质性的改变，这就是债的更新，也就是债的客观更新（la novation objective）。Flour、Aubert 和 Savaux 对此做出了说明，他们指出："在通过债的改变的方式实现债的更新当中，债的

---

① Henri et Léon Mazeaud, Jean Mazeaud, François Chabas, Obligations, 9e édition, Montchrestien, 1998, pp. 1246 – 1249; Jean Carbonnier, Droit civil, Volume II, Les biens, les obligations, puf, 2004, pp. 2502 – 2503; Jacques Ghestin, Marc Billiau, Grégoire Loiseau, Traité de Droit Civil, Le régime des créances et des dettes, LGDJ, 2005, pp. 900 – 911; Jacques Flour, Jean-Luc Aubert, Éric Savaux, Les obligations, 1. L'acte juridique, Quatorzième édition, Dalloz, 2010, pp. 383 – 386; Muriel Fabre-Magnan, Droit des obligations, Tome 1, Contrat et engagement unilatéral, 4e édition, puf, 2016, pp. 694 – 695; Jérôme François, Les obligations, Régime general, Tome 4, 4e édition, Economica, 2017, pp. 105 – 126, pp. 110 – 123; François Terré, Philippe Simler, Yves Lequette, François Chénedé, Droit civil, Les obligations, 12e édition, Dalloz, 2018, pp. 1785 – 1793.

② Jérôme François, Les obligations, Régime general, Tome 4, 4e édition, Economica, 2017, p. 110.

③ François Terré, Philippe Simler, Yves Lequette, François Chénedé, Droit Civil, les Obligations, 12e édition, Dalloz, 2018, p. 1785.

更新所具有的新颖性不会影响当事人,因为当事人还是更新之前的当事人;它涉及债的一个或者几个因素的改变。人们所面临的困难在于,如何准确地识别能够引起债的更新的债的改变因素是哪些?"① 通常认为,债的客体的改变、债的原因的改变、债的限定方式当中条件的改变属于债的重大的、实质性的改变并因此构成债的更新,债的其他客观构成的改变则仅仅构成债的变更,已如前述。

二、债的客观更新

(一) 一般规则

所谓债的客观更新(la novation objective),是指通过改变债的某一客观构成因素所引起的债的更新,换言之,所谓债的客观更新,是指债权人与债务人之间所达成的一种协议,根据该种新协议,为了消灭债务人对债权人承担的一种旧债,债务人对债权人承担一种新债。债的客观更新所具有的一个重要特征是,虽然债发生了更新,但是,债的当事人没有发生更新,因为更新之前的债权人和债务人与更新之后的债权人和债务人是完全相同的。

2016年之前,《法国民法典》第1271(1)条对此类债的更新做出了说明。该条规定:当债务人与其债权人签订的合同规定,债务人对债权人承担一种新债并因此让旧债消灭时,则他们之间就产生了债的更新。② 2016年的债法改革法令实施之后,《法国民法典》新的1329(2)条对债的客观更新做出了说明。该条规定:债的更新可以通过在相同当事人之间进行债的替换的方式实施。③

虽然《法国民法典》对债的客观更新做出了规定,但是,它没有对哪些债的替换构成债的更新做出具体说明,已如前述。作为一种法律关系,债是由多种多样的客观因素构成的,根据意思自治和合同自由原则,虽然当事人能够对债的客观因素予以改变,但是,他们对债的客观因素的改变并非均构成债的客观更新,因为,如果所进行的改变是轻微的、非实质性的,则他们所为的改变仅为债的变更,仅仅在他们所为的改变是重大的、实质性的并因此构成足够新的因素时,他们的改变才构成债的客观更新,已如前述。

法国民法学者和法官普遍认为,如果合同当事人以一种债的客体、一种债的原因或者一种债的限定方式替换、消灭另外一种债的客体、另外一种债的原因或者另外一种债的限定方式,则债的客体的改变、债的原因的改变和债的限定方式的改变属于债的客观更新。除此之外的其他改变,诸如担保的改变、清偿方式的改变等则不属于债的客观更新,而仅仅属于债的变更。这就是债的客观更新的三种类型:债的客体的更新,债的原

---

① Jacques Flour, Jean-Luc Aubert, Éric Savaux, Les obligations, 1. L'acte juridique, Quatorzième édition, Dalloz, 2010, p.384.
② Article 1271, Code civil, Version en vigueur au 09 février 2016, https://www.legifrance.gouv.fr/codes/section_lc/LEGITEXT000006070721/LEGISCTA000006150259/2016-02-09/#LEGISCTA000006150259.
③ Article 1329, Code civil, Version en vigueur au 05 septembre 2021, https://www.legifrance.gouv.fr/codes/section_lc/LEGITEXT000006070721/LEGISCTA000032034970/#LEGISCTA000032034970.

因的更新，以及债的限定方式的变更。

Carbonnier 对债的客观更新的三分法理论做出了说明，他指出："债的客观更新以债的改变作为必要条件。债的更新包括三种债的改变：债的客体的改变，债的原因的改变，以及债的限定方式的改变。"① Terré、Simler 和 Lequette 等人也对债的更新的三分法理论做出了说明，他们也指出："无论是《法国民法典》旧的还是新的法律条款均没有对构成债的更新的债的改变做出规定。因此，在决定哪些债的改变构成债的更新的决定性因素时，人们不能够不考虑债的改变的重要性、性质和当事人的意图。人们传统上认为，能够构成债的更新的债的改变能够建立在债的客体、债的原因的基础上，在今时今日，还建立在债的'内容'即债的限定方式的基础上。"②

（二）债的客体的更新

1. 债的客体更新的界定

债的客观更新的第一种类型是债的客体的更新（novation par changement d'objet）。③所谓债的客体的更新，也称为通过债的客体的改变所进行的债的更新，是指在不改变合同的双方当事人即债权人和债务人的情况下，当事人之间达成的以一种债的客体替换、消灭他们之间既存的某种债的客体的协议，换言之，所谓债的客体的更新，是指通过改变当事人之间的债的客体的方式所实施的债的更新。具体而言，在当事人之间的合同规定了债务人对债权人实施某种给付的情况下，当事人之间达成了新的协议，根据该新的协议，债权人同意债务人以合同约定的给付之外的某种给付替换并且消灭合同最初规定的给付。④

2. 债的客体更新与债的抵债履行之间的差异

债的更新能够建立在债的客体的改变的基础上，这是现代民法的一个重要成就并因此让现代民法区别于罗马法，因为罗马法不承认债的客体的更新理论，已如前述。在债法上，债的客体的更新不同于抵债履行（dation en paiement）。所谓抵债履行，是指债权人与债务人之间的一种合同，根据该种合同，债务人为了消灭合同所规定的某种给付行为而以另外一种新的给付行为取代合同约定的最初给付行为，已如前述。因此，抵债履行与债的更新具有共同点，它们均是以一种新债取代旧债并因此让旧债消灭的合同。

它们之间的主要差异有二：其一，抵债履行的目的仅仅是消灭合同规定的最初债，

---

① Jean Carbonnier, Droit civil, Volume II, Les biens, les obligations, puf, 2004, p. 2503.
② François Terré, Philippe Simler, Yves Lequette, François Chénedé, Droit Civil, les Obligations, 12e édition, Dalloz, 2018, pp. 1788 – 1789.
③ Henri et Léon Mazeaud, Jean Mazeaud, François Chabas, Obligations, 9e édition, Montchrestien, 1998, p. 1247; Jean Carbonnier, Droit civil, Volume II, Les biens, les obligations, puf, 2004, p. 2503; Jacques Ghestin, Marc Billiau, Grégoire Loiseau, Traité de Droit Civil, Le régime des créances et des dettes, LGDJ, 2005, pp. 900 – 907; Jacques Flour, Jean-Luc Aubert, Éric Savaux, Droit civil, Les Obligations, 3. Le rapport d'obligation, 7e édition, Dalloz, 2011, pp. 384 – 385; Jérôme François, Les obligations, Régime general, Tome 4, 4e édition, Economica, 2017, pp. 114 – 118; François Terré, Philippe Simler, Yves Lequette, François Chénedé, Droit civil, Les obligations, 12e édition, Dalloz, 2018, p. 1789.
④ Jérôme François, Les obligations, Régime general, Tome 4, 4e édition, Economica, 2017, pp. 105 – 126, p. 114.

即便它以某种新的债取代最初的债,当事人也没有通过抵债履行行为同时创设用来抵债履行的新债。而债的更新则不同,当事人之间的合同既是为了消灭最初的债,也是为了同时创设一种用来消灭旧债的新债。在消灭旧债时,他们之间的合同同时创设了一种让该旧债消灭的新债。其二,新债履行的期限不同。总的说来,如果在以另外一种给付行为取代合同最初约定的给付行为时,另外一种给付行为即新债在合同缔结时就得以履行,则当事人之间的此种交易属于抵债履行;反之,在缔结合同时,如果用来消灭旧债的新债没有同时履行,而是在合同缔结之后才履行,则当事人之间的此种交易就属于债的客体的更新。①

3. 债的客体更新的不同学说

因为债的客体的更新与债的客体的变更之间关系模棱两可,因此,虽然民法学者普遍承认债的客体的更新的存在,但是,他们所做出的说明也存在差异。

首先,某些民法学者完全不会说明哪些债的客体的改变会构成债的客体的更新。例如 Carbonnier,在承认债的客体的更新时,他仅仅指出,债的客体的更新与抵债履行非常类似,不过,它并不是抵债履行。② 再例如,Mazeaud 和 Chabas 等人,他们仅仅简单地宣称"债的客体的变更构成确定无疑的一种新因素"③。

其次,某些民法学者同时从消极方面和积极方面论及债的客体的更新范围,例如 Ghestin、Billiau 和 Loiseau。一方面,他们从消极方面排除不是债的客体的更新的交易。他们认为,如果当事人仅仅以一种清偿方式替换另外一种清偿方式,或者如果当事人仅仅以一种债务履行方式替换另外一种履行方式,则他们之间的此类行为不构成债的客体的更新。他们指出:"如果债权人接受一种新的清偿方式,或者接受一种新的债务履行方式,则他们的此种接受行为不会构成能够引起债的更新效果的一种新债的创设行为。"④ 另一方面,他们又从积极方面肯定能够构成债的客体更新的行为。他们认为,判断债的客体的改变是否构成债的客体的更新,应当同时考虑债的客体改变的重要性和当事人意志所起到的作用,根据这一判断标准,如果债的客体的改变是重大的,则该种重大的改变是债的客体的更新;反之,如果债的客体的改变仅仅是微不足道的,则该种改变仅仅是债的客体的变更。不过,如果当事人明确规定,他们之间的某种债的改变在性质上属于债的更新,则他们之间的此种债的改变也属于债的更新。⑤

---

① Jean Carbonnier, Droit civil, Volume Ⅱ, Les biens, les obligations, puf, 2004, p. 2503; Jérôme François, Les obligations, Régime général, Tome 4, 4e édition, Economica, 2017, pp. 105 – 126, p. 114; François Terré, Philippe Simler, Yves Lequette, François Chénedé, Droit civil, Les obligations, 12e édition, Dalloz, 2018, p. 1785.

② Jean Carbonnier, Droit civil, Volume Ⅱ, Les biens, les obligations, puf, 2004, p. 2503.

③ Henri et Léon Mazeaud, Jean Mazeaud, François Chabas, Obligations, 9e édition, Montchrestien, 1998, p. 1247.

④ Jacques Ghestin, Marc Billiau, Grégoire Loiseau, Traité de Droit Civil, Le régime des créances et des dettes, LGDJ, 2005, p. 902.

⑤ Jacques Ghestin, Marc Billiau, Grégoire Loiseau, Traité de Droit Civil, Le régime des créances et des dettes, LGDJ, 2005, pp. 904 – 907.

最后，大多数民法学者仅仅满足于对债的客体更新的范例做出例示性的说明。① 例如，Terré、Simler 和 Lequette 等人就采取此种方法，他们指出："如果债权人接受自己的债务人以一种几乎完全不同于合同最初规定的给付方式履行自己的债务，则当事人之间存在债的客体的更新，如交付某种财产或者某种数量的食品以替换合同最初规定的支付一定数额的金钱，或者反之，支付一定数额的金钱以便替换合同最初规定的交付某种财产或者某种数量的食品。支付年金而不是合同最初规定的本金，或者反之，支付本金而不是合同最初规定的年金也属于债的客体的更新。"②

在法国，当事人之间的哪些客体的改变构成债的更新，他们之间的哪些客体的改变仅仅构成债的变更，是一个很难加以判断的问题，只能由法官在具体案件当中加以判断。在 1908 年的一个案件当中，法官认定，当合同当事人以本金支付取代合同所规定的年金支付时，他们之间的此种改变构成债的客体的更新。而在 2008 年 4 月 4 日的案件当中，法官认定，当当事人将他们之间的合同约定的价格从本金改为年金时，当事人之间的此种改变并不构成债的更新，而仅仅构成债的客体的变更。③

根据法国最高法院民一庭在 1974 年 3 月 19 日的案件当中所做出的说明，如果出租人与承租人之间的租赁合同规定，承租人每月支付租金给出租人，当他们之间达成出租人免费让承租人居住所租赁的住所的新协议时，他们之间的此种新协议被视为债的更新。而在 1959 年 1 月 21 日的案件当中，法国最高法院民一庭则认为，如果出租人与承租人之间签订了承租人对出租人提供膳食的租赁合同，当他们达成新协议，决定以承租人对出租人提供年金的方式替换提供膳食的方式时，则他们之间的此种客体的改变不构成债的更新，而仅仅构成债的客体的变更。④

（三）债的原因的更新

债的客观更新的第二种类型是债的原因的更新（novation par changement de cause）。⑤ 无论是在 2016 年之前还是之后，《法国民法典》均没有对债的原因的更新做出明确规定，因此，债的原因的更新完全由民法学者做出界定。经典民法学说对债的原因的更新做出了界定，根据他们的界定，所谓债的原因的更新，是指同一债务人根据新

---

① Jacques Flour, Jean-Luc Aubert, Éric Savaux, Droit civil, Les Obligations, 3. Le rapport d'obligation, 7e édition, Dalloz, 2011, pp. 384 – 385; Virginie Larribau-Terneyre, Droit civil, Les obligations, 15e édition, Dalloz, 2017, pp. 183 – 184; François Terré, Philippe Simler, Yves Lequette, François Chénedé, Droit civil, Les obligations, 12e édition, Dalloz, 2018, p. 1789.

② François Terré, Philippe Simler, Yves Lequette, François Chénedé, Droit Civil, les Obligations, 12e édition, Dalloz, 2018, p. 1789.

③ Jérôme François, Les obligations, Régime general, Tome 4, 4e édition, Economica, 2017, pp. 105 – 126, p. 118.

④ Jérôme François, Les obligations, Régime general, Tome 4, 4e édition, Economica, 2017, pp. 105 – 126, pp. 117 – 118.

⑤ Henri et Léon Mazeaud, Jean Mazeaud, François Chabasd, Obligations, 9e édition, Montchrestien, 1998, pp. 1247 – 1248; Jean Carbonnier, Droit civil, Volume II, Les biens, les obligations, puf, 2004, p. 2503; Jacques Flour, Jean-Luc Aubert, Éric Savaux, Droit civil, Les Obligations, 3. Le rapport d'obligation, 7e édition, Dalloz, 2011, p. 385; Jérôme François, Les obligations, Régime general, Tome 4, 4e édition, Economica, 2017, pp. 118 – 120; François Terré, Philippe Simler, Yves Lequette, François Chénedé, Droit civil, Les obligations, 12e édition, Dalloz, 2018, pp. 1789 – 1790.

的根据、以新的名义或者新的身份对同一债权人承担同一给付的债务。① 例如，Carbonnier 就采取此种方式界定债的原因的更新，他指出："所谓债的原因的更新，是指虽然同一债务人对同一债权人承担同一客体的债务，但是，债务人以不同身份对债权人承担此种债务。"②

因此，如果出卖人将自己的不动产出卖给买受人，买受人应当对出卖人承担交付出卖物的价款的债务。在买受人没有履行交付出卖物价款的债务时，如果出卖人与买受人达成协议，将买受人应当交付的出卖物的价款改为借款，除了买受人的身份从买受人嬗变为借款人之外，他们承担债务的性质也从支付出卖物的价款到偿还借款，这就是债的原因的更新。因此，所谓债的原因更新当中的原因并不是指当事人签订合同的目的，而是指债务人承担还钱债务的原因，其中当事人签订合同的目的被称为最终原因（cause finale），而债务人承担还钱债务的原因则被称为有效原因（cause efficiente）。换言之，债的原因更新当中的原因并不是指 2016 年之前《法国民法典》所规定的作为合同有效条件的原因，而是指债存在的法律身份（titre juridique）、债存在的不同理由、债产生的一种新渊源和新理由。③

Flour、Aubert 和 Savaux 对债的原因的更新做出了说明，他们指出："比债的客体的更新更复杂的一种更新是债的原因更新，所谓原因是指债存在的法律身份，虽然债务人对债权人承担的债务是相同的，但是，他们基于不同的理由承担自己的债务。"④ Terré、Simler 和 Lequette 等人也对债的原因的更新做出了说明，他们也指出："债的一种更新意味着，虽然债的客体没有改变，但是，债务人以不同的身份对债权人承担某种给付债务。在这里，原因一词并不是指交易的目的（最终原因），而是指引起交易发生的行为（有效原因）。"⑤

除了买卖合同的当事人将买受人应当支付的价款更新为应当偿还的借款属于债的原因的更新之外，租赁合同的当事人将承租人应当支付的租金更新为应当偿还的借款的行为也属于债的原因的更新。根据这一更新，如果出租人与承租人签订了租赁合同，承租人应当按照合同规定的时间将租金支付给出租人。在承租人迟延履行支付租金的情况下，出租人与承租人达成协议，将承租人应当支付的租金更改为应当偿还的借款。⑥

除了这两种主要形式的债的原因的更新之外，债的原因的更新还有众多的具体体

---

① Jérôme François, Les obligations, Régime général, Tome 4, 4e édition, Economica, 2017, p.118.

② Jean Carbonnier, Droit civil, Volume Ⅱ, Les biens, les obligations, puf, 2004, p.2503.

③ Jacques Flour, Jean-Luc Aubert, Éric Savaux, Droit civil, Les Obligations, 3. Le rapport d'obligation, 7e édition, Dalloz, 2011, p.385; Jérôme François, Les obligations, Régime général, Tome 4, 4e édition, Economica, 2017, p.118; François Terré, Philippe Simler, Yves Lequette, François Chénedé, Droit civil, Les obligations, 12e édition, Dalloz, 2018, p.1789.

④ Jacques Flour, Jean-Luc Aubert, Éric Savaux, Droit civil, Les Obligations, 3. Le rapport d'obligation, 7e édition, Dalloz, 2011, p.385.

⑤ François Terré, Philippe Simler, Yves Lequette, François Chénedé, Droit Civil, les Obligations, 12e édition, Dalloz, 2018, p.1789.

⑥ Henri et Léon Mazeaud, Jean Mazeaud, François Chabas, Obligations, 9e édition, Montchrestien, 1998, p.1247; Jacques Flour, Jean-Luc Aubert, Éric Savaux, Droit civil, Les Obligations, 3. Le rapport d'obligation, 7e édition, Dalloz, 2011, p.385.

现：企业主与其劳动者之间存在劳动合同，企业主应当对其劳动者承担支付工资的债务，在工资没有支付的情况下，企业主与其劳动者达成协议，将企业主应当支付的工资改为企业主向劳动者的借款，并因此以借款人的身份偿还该笔金钱。① 在债权人与债务人之间签订了合同之后，如果保证人就债务人的债务履行对债权人承担了保证债务，则他们应当承担保证债务，不过，保证人承担的保证债务在性质上属于从属债务。② 如果债权人与保证人达成协议，让保证人以主债务人的身份对债权人承担债务，则他们之间实施了债的原因的更新。③

表面上看，债的原因的更新似乎欠缺债的更新所要求的新颖性，真实情况则不同，债的原因的更新也像其他债的更新一样存在新颖性：一方面，更新之前和之后债务人承担的债务不同并因此让债的原因的更新具有新颖性。在更新之前，买受人承担的债务是支付价款给出卖人，而债的原因更新之后，买受人的身份嬗变为借款人，所承担的债务是将原本为价款的金钱以借款的名义偿还给原本为出卖人的出借人。同样，在更新之前，承租人承担的债务是租金支付债务，而在债的原因更新之后，承租人的身份嬗变为借款人，应当以借款人的身份承担还钱的债务。另一方面，更新之前和之后所适用的法律规范不同并因此让债的原因的更新具有新颖性。例如，当出租人与承租人签订租赁合同时，出租人享有优先权（privilège du bailleur）：在承租人不履行租金支付债务时，出租人能够就出租屋内所有家具的变卖款项享有优先于其他债权人获得支付的权利，即便出租屋内的家具属于承租人之外的第三人，除非出租人知道其中的家具的来源。④ 在出租人与承租人达成协议，将承租人没有支付的租金改为借款时，则出租人嬗变为借贷合同当中的出借人，他们丧失了租赁合同当中出租人享有的此种优先权。此外，在租金嬗变为借款之前，出租人要求承租人履行租金支付债务的诉讼时效是五年，从每一期支付期限届满时起算，而在将租金嬗变为借款之后，虽然诉讼时效期间仍然是五年，但是，五年的期间从更新之日起算。⑤

---

① François Terré, Philippe Simler, Yves Lequette, François Chénedé, Droit Civil, les Obligations, 12e édition, Dalloz, 2018, p.1790.
② 张民安：《法国民法》，清华大学出版社 2015 年版，第 503 页。
③ François Terré, Philippe Simler, Yves Lequette, François Chénedé, Droit Civil, les Obligations, 12e édition, Dalloz, 2018, p.1790.
④ Cour de cassation, civile, Chambre civile 3, 24 juin 2009, 08-14.357.
⑤ Jacques Flour, Jean-Luc Aubert, Éric Savaux, Droit civil, Les Obligations, 3. Le rapport d'obligation, 7e édition, Dalloz, 2011, p.385.

（四）债的限定方式的更新

债的客观更新的第三种类型是债的限定方式的更新（novation par changement des modalités）。① 所谓债的限定方式的更新，是指在同一债务人对同一债权人承担同一债务的情况下，债权人和债务人达成协议，将他们之间的简单债改变为限定债，或者反之，将他们之间的限定债改变为简单债。

根据意思自治和合同自由原则，当事人能够对债务人承担债务的条件和期限等方式施加限制，让合同的法律效力完全根据所规定的条件和期限产生法律效力，这些受到条件和期限约束的债被称为限定债，除了附条件的债和附期限的债属于限定债之外，其他一些重要的债也属于限定债，例如连带债，已如前述。不过，并非简单债和限定债之间的任何改变均构成债的限定方式的更新，因为债的限定方式的更新当中的"债的限定方式"不同于一般意义上的债的限定方式：一般意义上的债的限定方式是广义的，而债的更新当中的债的限定方式则是最狭义的，因为它仅仅是指简单债被改变为附条件的债，或者反之，附条件的被改为简单债。除此之外的其他限定债的改变均不构成债的更新，而仅仅构成债的变更。

因此，如果当事人将他们之间的附期限的债改为简单债，或者反之，如果当事人将他们之间的简单债改为附期限的债，则他们之间的此种改变不构成债的限定方式的更新，而仅仅构成债的限定方式的变更。法国债法采取的此种最狭义的态度不同于罗马法，因为在罗马法时代，除了在合同当中增加或者删除条件的行为属于债的限定方式的更新之外，当事人在合同当中增加或者删除期限的行为也属于债的限定方式的更新。②

Carbonnier 对狭义的债的限定方式的更新做出了说明，他指出："如果当事人在自己的合同当中插入或者删除某种条件，则债的内容发生了改变并因此构成债的更新，而如果当事人在自己的合同当事人插入或者删除期限，则他们的行为不会引起债的更新后果。"③ Flour、Aubert 和 Savaux 也对狭义的债的限定方式的更新做出了说明，他们指出："人们同样会问，当当事人对债的限定方式做出改变时，他们所做出的此种改变是否构成债的更新。主流学说认为，仅仅在债的限定方式影响到债的同一存在时，债的更新才会存在，也就是说，仅仅在最初的合同当中添加或者减去延缓条件或者解除条件的行为

---

① Henri et Léon Mazeaud, Jean Mazeaud, François Chabas, Obligations, 9e édition, Montchrestien, 1998, p. 1248; Jean Carbonnier, Droit civil, Volume II, Les biens, les obligations, puf, 2004, p. 2503; Jacques Ghestin, Marc Billiau, Grégoire Loiseau, Traité de Droit Civil, Le régime des créances et des dettes, LGDJ, 2005, pp. 120 – 122; Jacques Flour, Jean-Luc Aubert, Éric Savaux, Droit civil, Les Obligations, 3. Le rapport d'obligation, 7e édition, Dalloz, 2011, p. 386; Jérôme François, Les obligations, Régime general, Tome 4, 4e édition, Economica, 2017, pp. 120 – 122; François Terré, Philippe Simler, Yves Lequette, François Chénedé, Droit civil, Les obligations, 12e édition, Dalloz, 2018, pp. 1790 – 1791.

② Henri et Léon Mazeaud, Jean Mazeaud, François Chabas, Obligations, 9e édition, Montchrestien, 1998, p. 1248.

③ Jean Carbonnier, Droit civil, Volume II, Les biens, les obligations, puf, 2004, p. 2503.

才构成债的更新,其他的改变不会构成债的更新。"①

在众多的债的限定方式当中,法国债法为何单单将条件的增加或者删除行为视为债的更新行为?答案在于,仅条件的增加或者删除才被视为一种新的因素并因此让改变之前的债形成旧债和让改变之后的债形成新债:如果当事人之间的合同所规定的债是简单债,当他们将没有条件的债改为有条件的债,则之前的简单债就是旧债,而附加了条件的债则构成新债;反之,如果当事人之间的合同所规定的债是附条件的债,当他们将合同所规定的条件去掉时,则他们之间的债就变成了简单债,其中的附条件的债是旧债,而其中的简单债则是新债。换言之,简单债和附条件的债是具有足够新颖性的两个债,而不是同一债。而其他债的改变则不同,改变之前的债和改变之后的债并没有足够的新颖性并因此让它们之间形成新债和旧债,它们在性质上仍然属于同一债。因此,附期限的债和没有附期限的债并不属于两个独立的债,而是同一债。②

三、债的主观更新

(一) 一般规则

所谓债的主观更新(La novation subjective),也称为通过改变债的法律关系的主体的方式所实施的更新,是指债的关系的一方当事人与第三人之间所达成的协议。根据该协议,第三人替换债的关系当中的一方当事人并因此与对方当事人之间发生债权债务关系,被替换的一方当事人完全退出之前的债的关系。债的主观更新不同于债的客观更新,因为债的客观更新发生在同一债权人和债务人之间,而债的主观更新是发生在债权人、债务人与第三人之间,这就是,第三人或者替换债权人成为新的债权人并因此与债务人之间维持债的关系,或者替换债务人成为新的债务人并因此与债权人之间维持债的关系。当第三人替换债的关系当中的债权人而成为新的债权人时,此种主观更新就是债权人的更新;而当第三人替换债的更新当中的债务人而成为新的债务人时,则此种主观更新就是债务人的更新。因此,债的主观更新分为两种:债权人的更新和债务人的更新。

Francois 对债的主观更新做出了说明,他们指出:"根据债的更新究竟是影响债权人还是债务人的不同,债的更新或者通过债权人的改变实施或者通过债务人的改变而实施。"③ "通过改变债的关系主体的方式实施的债的更新既可以通过债权人改变的方式实施也可以通过债务人改变的方式实施。"④ Larribau-Terneyre 也对债的主观更新做出了说

---

① Jacques Flour, Jean-Luc Aubert, Éric Savaux, Droit civil, Les Obligations, 3. Le rapport d'obligation, 7e édition, Dalloz, 2011, p. 386.

② Henri et Léon Mazeaud, Jean Mazeaud, François Chabas, Obligations, 9e édition, Montchrestien, 1998, p. 1248; Jacques Flour, Jean-Luc Aubert, Éric Savaux, Droit civil, Les Obligations, 3. Le rapport d'obligation, 7e édition, Dalloz, 2011, p. 386; François Terré, Philippe Simler, Yves Lequette, François Chénedé, Droit civil, Les obligations, 12e édition, Dalloz, 2018, pp. 1790 – 1791.

③ Jérôme François, Les obligations, Régime general, Tome 4, 4e édition, Economica, 2017, pp. 110 – 111.

④ Jérôme François, Les obligations, Régime general, Tome 4, 4e édition, Economica, 2017, p. 582.

明,他指出:"当债权人或者债务人发生改变时,则主观更新就产生了。"①

在法国,债的更新的一方当事人的改变之所以能够构成债的更新,换言之,债权人或者债务人的改变之所以能够形成债的更新,是因为债的关系当事人的改变会产生新的债权人或者新的债务人,他们分别取代旧债权人或者旧债务人。因此,债的关系主体的改变本身就足以产生债的更新。早在18世纪的著名债法著作《债法专论》当中,Pothier就对此种原因做出了说明,他指出:"如果债的更新基于新债务人或者新债权人的干预而产生,则债权人或者债务人之间的差异足以让债的更新存在,债的更新的存在不必求助于其他因素。"②

在1877年的《拿破仑法典教程》当中,Demolombe也对此种原因做出了说明,他指出:"新债所规定的给付与旧债所规定的给付类似无关紧要,债务人的改变足以让债的更新发生。实际上,在我们的法律当中,债务人的改变也就必然要求债务的改变。"③在今时今日,民法学者也对此种理由做出了说明。Mazeaud和Chabas等人指出:"毫无疑问,债权人的改变构成一种足以引起债的更新发生的新因素。"④ "同样十分肯定的是,债务人的改变也会引起债的更新。"⑤

不过,债的主观更新必要以当事人之间存在明确的意图作为必要条件,因此,即便当事人决定改变债权人或者债务人,如果他们之间不存在通过此种改变实现债的更新的意图,则他们之间的此种改变也不构成债的更新。

(二) 债权人的更新

债的主观更新的第一种形式是债权人的更新,2016年之前,《法国民法典》第1271(3)条对债权人的更新做出了说明。该条规定:通过新债的效力,一个新债权人替换了旧的债权人,并且债务人对就债权人承担的债务被免除,则债的更新发生了。⑥ 2016年的债法改革法令实施之后,现行《法国民法典》新的1329(2)条对债权人的更新做出了一般性的、更加模棱两可的说明。该条规定:债的更新可以通过债权人的改变而发生。⑦ 在今时今日,虽然民法学者普遍均对债权人的更新做出了说明,但是,几乎没有人对债权人的更新做出明确界定。

笔者根据2016年之前《法国民法典》旧的第1271(3)的规定对债权人的更新做

---

① Virginie Larribau-Terneyre, Droit civil Les obligations, 15e édition, Dalloz, 2017, p.182.
② Robert-Joseph Pothier, Traité des obligations, Dalloz, 2011, p.294.
③ Charles Demolombe, Cours de Code Napoléon, Tome XXVIII, Traité des Contrats ou des Obligations Conventionnelles en Général, Tome cinquième, Paris Auguste Durand Libraire L. Hachette et Cie Libraire, 1877, p.216.
④ Henri et Léon Mazeaud, Jean Mazeaud, François Chabas, Obligations, 9e édition, Montchrestien, 1998, p.1246.
⑤ Henri et Léon Mazeaud, Jean Mazeaud, François Chabas, Obligations, 9e édition, Montchrestien, 1998, p.1247.
⑥ Article 1271, Code civil, Version en vigueur au 09 février 2016, https://www.legifrance.gouv.fr/codes/section_lc/Legitext000006070721/Legiscta000006150259/2016-02-09/#Legiscta000006150259.
⑦ Article 1329, Code civil, Version en vigueur au 05 septembre 2021, https://www.legifrance.gouv.fr/codes/section_lc/Legitext000006070721/Legiscta000032034970/#Legiscta000032034970.

出如下界定：所谓债权人的更新，是指在获得债务人同意的情况下，债权人与第三人之间所达成的协议，根据该种协议，第三人替换债权人成为新的债权人并因此对债务人享有债权，而最初的债权人即旧债权人则免除债务人对自己承担的债务。因此，如果 A 是 B 的债权人，在取得债务人 B 同意的情况下，作为最初债权人的 A 与第三人 C 达成协议，让 C 替换自己成为对 B 享有债权的新债权人，因为 A 作为旧债权人已经免除了 B 对自己承担的债务，则 A 与 C 之间的此种交易就构成债权人的更新：C 作为新的债权人替换了作为旧的债权人 A，在 C 对 B 享有债权的同时 A 对 B 享有的债权消灭。换言之，A 与 C 之间的同一交易既消灭了旧债即 B 对 A 承担的债务，也同时创设了一种新债即 B 对 C 承担的债务。①

一提到债权人的更新，人们自然会情不自禁地想到债权转让②，因为债权人的更新与债权转让之间的相似性是非常突出的、明显的：它们的债务人均没有发生改变，它们的债权人均发生了改变，债务人均对改变之后的新债权人承担债务。③ 不过，债权人的更新与债权转让之间存在重大的、实质性的差异并因此让它们成为两种不同的债的交易制度。

首先，是否要求获得债务人同意的不同。债权转让仅仅是转让人和受让人之间的一种合同，转让人在将自己对被让债务人享有的债权转让给受让人时完全不需要获得债务人的同意，他们仅仅需要对债务人进行债权转让的通知，否则，债权转让不得对抗债务人，已如前述。而债权人的更新则不同，除了需要旧债权人与新债权人之间达成协议之外，还应当获得债务人的同意。此外，债权人的更新要求旧债权人具有明确的免除债务人对自己承担的债务的意思表示。④《法国民法典》新的第 1333 条对此种要件做出了说明。该条规定：债权人的更新需要获得债务人的同意。债务人能够通过指定的方式预先接受新债权人。从更新行为之日起，债的更新能够对抗第三人，如果对更新的日期存在争议，新债权人应当承担举证责任，证明债的更新日期，此时，他们可以使用一切手段。⑤

其次，是否能够主张抗辩的不同。在转让人将自己的债权转让给受让人之后，如果受让人要求债务人履行所承担的债务，债务人能够以自己原本能够对抗转让人的所有抗辩对抗受让人，已如前述。而在债权人的更新当中，如果新债权人要求债务人履行所承

---

① Jacques Flour, Jean-Luc Aubert, Éric Savaux, Droit civil, Les Obligations, 3. Le rapport d'obligation, 7e édition, Dalloz, 2011, p. 383.

② Jean Carbonnier, Droit civil, Volume Ⅱ, Les biens, les obligations, puf, 2004, p. 2502.

③ Jacques Flour, Jean-Luc Aubert, Éric Savaux, Droit civil, Les Obligations, 3. Le rapport d'obligation, 7e édition, Dalloz, 2011, p. 383.

④ Jean Carbonnier, Droit civil, Volume Ⅱ, Les biens, les obligations, puf, 2004, pp. 2502 – 2503；Jacques Flour, Jean-Luc Aubert, Éric Savaux, Droit civil, Les Obligations, 3. Le rapport d'obligation, 7e édition, Dalloz, 2011, pp. 383 – 384；François Terré, Philippe Simler, Yves Lequette, François Chénedé, Droit civil, Les obligations, 12e édition, Dalloz, 2018, pp. 1785 – 1786.

⑤ Article 1333, Code civil, Version en vigueur au 05 septembre 2021, https://www.legifrance.gouv.fr/codes/section_lc/LEGITEXT000006070721/LEGISCTA000032034970/#LEGISCTA000032034970.

担的债务，债务人不能够以他们原本能够对抗旧债权人的抗辩对抗新债权人。①

最后，法律效果方面的差异。在债权转让当中，除了获得转让人所转让的主债权之外，受让人还获得转让人所转让的所有从债权尤其是其中的担保权，诸如抵押权、优先权和保证等，已如前述。而在债权人的更新当中，除了获得所更新的主债权之外，新债权人无法获得从债权尤其是其中的担保权，因为，这些从债权尤其是担保权均因为债权人的更新而消灭，除非当事人明确表示维持这些从债权尤其是担保权。②

这些差异说明，相对于债权转让的完全自由性，债权人的更新具有强制性的甚至危险性的特征，对于更新后的债权人而言，债权人更新的危险是，他们丧失了债权的担保权；对于债务人而言，他们则丧失了原本能够对抗最初债权人即旧债权人的各种抗辩。不过，对于第三人而言，债权人的更新与债权转让的区分是没有任何意义的，因为从更新之日起或者债权转让之日起，这些交易均能够对抗第三人，如果就更新的日期或者债权转让的日期发生争议，新债权人或者受让人均应当承担举证责任，并且他们均能够采取一切手段予以证明。③

（三）债务人的更新

1. 债务人更新的界定

债的主观更新的第二种形式是债务人的更新，2016 年之前，《法国民法典》第 1271（2）条对债务人的更新做出了说明，该条规定：一旦新债务人替换了旧债务人并且旧债务人的债务被债权人免除，则债的更新发生了。④ 2016 年的债法改革法令实施之后，现行《法国民法典》新的 1329（2）条对债务人的更新做出了一般性的、更加模棱两可的说明，该条规定：债的更新可以通过债务人的改变而发生。⑤

在今时今日，虽然民法学者普遍均对债务人的更新做出了说明，但是，几乎没有人对债务人的更新做出明确界定。笔者根据《法国民法典》旧的第 1271（2）的规定对债务人的更新做出如下界定：所谓债务人的更新，也称为通过债务人的改变所进行的债的更新，是指在债权人维持不变的情况下，最初的债务人与第三人达成的一种协议，根据该种协议，在第三人替换最初的债务人成为新债务人并因此对债权人履行债务时，最初的债务人对债权人承担的债务因此被免除。因此，如果 B 是 A 的债务人，B 应当

---

① François Terré, Philippe Simler, Yves Lequette, François Chénedé, Droit Civil, les Obligations, 12e édition, Dalloz, 2018, p.1786.

② Jacques Flour, Jean-Luc Aubert, Éric Savaux, Droit civil, Les Obligations, 3. Le rapport d'obligation, 7e édition, Dalloz, 2011, p.384; François Terré, Philippe Simler, Yves Lequette François Chénedé, Droit civil, Les obligations, 12e édition, Dalloz, 2018, p.1786.

③ Jacques Flour, Jean-Luc Aubert, Éric Savaux, Droit civil, Les Obligations, 3. Le rapport d'obligation, 7e édition, Dalloz, 2011, p.384; François Terré, Philippe Simler, Yves Lequette, François Chénedé, Droit civil, Les obligations, 12e édition, Dalloz, 2018, p.1786.

④ Article 1271, Code civil, Version en vigueur au 09 février 2016, https://www.legifrance.gouv.fr/codes/section_lc/LEGITEXT000006070721/LEGISCTA000006150259/2016-02-09/#LEGISCTA000006150259.

⑤ Article 1329, Code civil, Version en vigueur au 05 septembre 2021, https://www.legifrance.gouv.fr/codes/section_lc/LEGITEXT000006070721/LEGISCTA000032034970/#LEGISCTA000032034970.

偿还 A 1000 欧元，当 C 与 A 达成协议，在 A 免除 B 对 A 承担的 1000 欧元债务时，C 将对 A 承担 1000 欧元的债务，则 A 与 C 之间的此种协议就属于债务人的更新：将最初的债务人即旧债务人 B 替换为新债务人即 C，在债权人 A 免除旧债务人 B 的债务时由新债务人 C 对债权人 A 承担债务。因此，C 与 A 之间的此种交易既消灭了一种旧债即 B 对 A 承担的 1000 元债务，也同时产生了一种新债即 C 对 A 承担的 1000 欧元债务。[①]

2. 债务人的更新与债务转让之间的差异

就像人们一提到债权人的更新就会情不自禁地想到债权转让一样，在提及债务人的更新时，人们也不由自主地会联想到债务转让。在债务转让没有获得正式承认之前，换言之，在 2016 年之前，债务人的更新被视为债务转让的一种间接形式，在实现债务的转让方面起到了核心的作用。[②] 在 2016 年的债法改革法令正式规定了债务转让之后，债务人的更新是否仍然具有存在的价值，民法学者之间存在不同看法。

某些民法学者认为，在债务转让获得承认之后，债务人的更新仍然具有一定的价值，因为他们认为，债务人的更新具有一个优势，这就是，某些债务人的更新不需要获得最初债务人的同意，而债务转让则一律需要获得债务人的同意。[③] 另外一些民法学者认为，在债务转让获得承认之后，债务人的更新已经没有存在的必要，因为相对于债务转让而言，债务人的更新存在极大的不方便性。[④] 当然，无论是债务转让还是债务人的更新均具有自己的市场，人们会根据自己的不同考虑或者适用债务人的更新，或者适用其中的债务转让。

因为债务转让要比债务人的更新更加简便、快捷，因此，在当事人之间的交易究竟是债务人的更新还是债务转让的问题悬而不决时，人们应当将他们之间的交易认定为债务转让而非债务人的更新。之所以采取此种规则，一方面是因为，债务转让是债务的直接转让，而债务人的更新则仅仅是一种债务的间接转让；另一方面则是因为，债务转让是能够被推定的，而债务人的更新就像债权人的更新一样是不能够予以推定的，应当以当事人之间存在明确的、还不含糊的意思表示作为前提。[⑤]

作为两种不同的债的交易制度，债务人的更新与债务转让之间存在差异。首先，所有的债务转让均应当获得债务人的同意，包括明示同意和默示同意；而债务人的更新则不同：某些债务人的更新需要获得债务人的同意，而另外一些债务人的更新则不需要获得债务人的同意。其次，债务转让不仅将转让人承担的主债务转让给受让人，而且还将从债尤其是其中的担保债也转让给受让人，已如前述；而债务人的更新则不同，不仅旧债务人承担的债务被免除，而且旧债务人身上的从债尤其是其中的担保债也消灭。最

[①] Jacques Flour, Jean-Luc Aubert, Éric Savaux, Droit civil, Les Obligations, 3. Le rapport d'obligation, 7e édition, Dalloz, 2011, p.383.

[②] Jean Carbonnier, Droit civil, Volume Ⅱ, Les biens, les obligations, puf, 2004, p.2503；François Terré, Philippe Simler, Yves Lequette, Droit civil, Les obligations, 10e édition, Dalloz, 2009, p.1401.

[③] François Terré, Philippe Simler, Yves Lequette, François Chénedé, Droit Civil, les Obligations, 12e édition, Dalloz, 2018, p.1786.

[④] Jérôme François, Les obligations, Régime general, Tome 4, 4e édition, Economica, 2017, p.584.

[⑤] Jérôme François, Les obligations, Régime general, Tome 4, 4e édition, Economica, 2017, p.584.

后，债务转让仅仅将转让人的债务转让给受让人，受让人获得的债务与转让人转让的债务是同一债务；而债务人的更新则不同，旧债务人承担的债务没有转让给新债务人，因为他们的旧债被消灭了，而新债务人承担的债务则属于新债，是通过更新创设的独立债。①

3. 债务人更新的类型

《法国民法典》对债务人更新的类型做出了规定，根据它的规定，债务人的更新要么是 expromissio 式的债务人更新，要么是更新性债务指令承担（la délégation novatoire）即完全性的债务指令承担（délégation）。这两种类型的更新之间的最主要差异是：expromissio 式的债务人更新不需要旧债务人的同意，它仅仅建立在新债务人与债权人之间所达成的协议的基础上；而更新性的债务指令承担则不同，除了由新债务人与债权人之间达成协议之外，此种债的更新还需要获得旧债务人的同意。②

所谓 expromissio 式的债务人更新，是指在没有获得最初债务人同意的情况下，新债务人与债权人达成合意，由新债务人代为履行最初债务人承担的债务并因此让最初债务人对债权人承担的债务解除。根据此种更新方式，在新债务人与债权人签订了替最初债务人履行债务的合同之后，债权人只能够要求新债务人对自己履行债务和承担合同责任，不能够再要求最初债务人对自己履行债务或者承担合同责任。③

因此，如果 Primus 欠 Secundus 1000 元，在知道这笔债务会让他的朋友 Primus 难堪时，如果 Tertius 向 Secundus 允诺会替 Primus 偿还这一笔债务，条件是 Primus 不再对 Secundus 履行偿还债务，则 Primus 对 Secundus 承担的 1000 元债务就转让给了 Tertius，这就是所谓的 expromissio 转让方式。此时，Secundus 只能够要求 Tertius 偿还 1000 元的债务，不能够再要求 Primus 偿还 1000 元的债务。④《法国民法典》新的第 1332 条（旧的第 1274 条）对此种债务人的更新做出了说明，该条规定：在不需要获得第一债务人意思表示交汇的情况下，债务人的更新能够发生。⑤

所谓更新性债务指令承担，也称为完全性债务指令承担，是指旧债务人要求新债务

---

① Jacques Flour, Jean-Luc Aubert, Éric Savaux, Droit civil, Les Obligations, 3. Le rapport d'obligation, 7e édition, Dalloz, 2011, p. 384; Jérôme François, Les obligations, Régime general, Tome 4, 4e édition, Economica, 2017, p. 584; François Terré, Philippe Simler, Yves Lequette, François Chénedé, Droit civil, Les obligations, 12e édition, Dalloz, 2018, pp. 1786 – 1787.

② Jacques Flour, Jean-Luc Aubert, Éric Savaux, Droit civil, Les Obligations, 3. Le rapport d'obligation, 7e édition, Dalloz, 2011, p. 384; Jérôme François, Les obligations, Régime general, Tome 4, 4e édition, Economica, 2017, pp. 584 – 585; François Terré, Philippe Simler, Yves Lequette, François Chénedé, Droit civil, Les obligations, 12e édition, Dalloz, 2018, p. 1787.

③ Jacques Flour, Jean-Luc Aubert, Éric Savaux, Droit civil, Les Obligations, 3. Le rapport d'obligation, 7e édition, Dalloz, 2011, p. 384; Jérôme François, Les obligations, Régime general, Tome 4, 4e édition, Economica, 2017, pp. 584 – 585; François Terré, Philippe Simler, Yves Lequette, François Chénedé, Droit civil, Les obligations, 12e édition, Dalloz, 2018, p. 1787.

④ Philippe Malaurie, Laurent Aynès, Philippe Stoffel-Munck, Les obligations, 4e édition, Defrénois, 2009, pp. 781 – 782; Philippe Malaurie, Laurent Aynès, Philippe Stoffel-Munck, Droit des obligations, 8e édition, LGDJ, 2016, pp. 815 – 816.

⑤ Article 1332, Code civil, Version en vigueur au 05 septembre 2021, https://www.legifrance.gouv.fr/codes/section_lc/LEGITEXT000006070721/LEGISCTA000032034970/#LEGISCTA000032034970.

人对自己的债权人承担自己原本要承担的债务并因此让自己对债权人承担的债务消灭的一种更新方式。因此，此种债务人的更新以债权人、新债务人和旧债务人均同意作为必要条件：基于债务人的命令或者要求，新债务人（往往是旧债务人的债务人）与债权人达成协议，根据该种协议，他们之间创设一种新债，以便消灭旧债务人与债权人之间的预先存在的某种债，在债权人与旧债务人之间达成以新债务人的新债消灭债权人与旧债务人之间的旧债时，则债务人的更新发生了——旧债务人对债权人承担的旧债消灭，而新债务人对债权人承担的新债产生。①

2016年之前，《法国民法典》第1275条对此种形式的债务人更新做出了明确说明，该条规定：所谓债务的指令承担，是指除非债权人明确宣告免除委托另外一个债务人对自己承担债务的债务人的债务；否则，委托另外一个债务人向债权人履行债务的行为并不构成债的更新。② 通过2016年2月10日的债法改革法令，现行《法国民法典》不再将债务的指令承担视为债的更新的组成部分，而是承认了债务的指令承担的独立性，这就是现行《法国民法典》新的第1336条至第1340条的规定。③ 虽然如此，2016年之后，民法学者仍然将其视为一种类型的债务人的更新。关于更新性的债务指令承担，笔者将在债务的指令承担当中做出详细的讨论，此处从略。

第五节　债的更新的有效条件（三）：债的当事人有更新债的意图

一、债的更新意图的界定

债的更新所应当具备的第三个条件是，债的当事人有更新债的主观意图（l'intention de nover）。所谓更新债的主观意图，是指当事人在进行债的交易时应当具有通过同一交易行为的同时达到既消灭某种旧债也因此建立某种新债的意图、意志、意思并且表示他们之间的此种意图、意志、意思一致，换言之，他们不仅具有创设新债以消灭旧债的意思表示，而且他们之间的此种意思表示一致，这就是债的更新的同意。

在债法上，债的更新实际上是合同当事人之间的一种合同，是合同当事人之间所达成的以新债取代其旧债并因此让旧债消灭的合同。因此，债的更新要产生法律效力，合同当事人当然在主观上要具有更新其债的意思表示，要有以新债取代其旧债并因此让旧

---

① Jacques Flour, Jean-Luc Aubert, Éric Savaux, Droit civil, Les Obligations, 3. Le rapport d'obligation, 7e édition, Dalloz, 2011, p. 384; Jérôme François, Les obligations, Régime general, Tome 4, 4e édition, Economica, 2017, pp. 584 – 585; François Terré, Philippe Simler, Yves Lequette, François Chénedé, Droit civil, Les obligations, 12e édition, Dalloz, 2018, p. 1787.

② Article 1275, Code civil, Version en vigueur au 09 février 2016, https://www.legifrance.gouv.fr/codes/section_lc/LEGITEXT000006070721/LEGISCTA000006150259/2016 – 02 – 09/#LEGISCTA000006150259.

③ Article s1336 à 1340, Code civil, Version en vigueur au 05 septembre 2021, https://www.legifrance.gouv.fr/codes/section_ lc/LEGITEXT000006070721/LEGISCTA000032034972?idSecParent = LEGISCTA000032032398#LEGISCTA000032034972.

债消灭的意思表示。2016 年之前,《法国民法典》第 1273 条对此种要素做出了规定;通过 2016 年 2 月 10 日的债法改革法令,《法国民法典》新的第 1330 条对此种要素做出了说明,该条规定:债的更新不得推定,从事债的更新的意图应当清晰地源自更新行为。①

除了《法国民法典》明确规定了这一构成要素之外,民法学者也普遍承认这一要素。Mazeaud 和 Chabas 等人对这一要素做出了说明,他们指出:"因为债的更新包含了债的消灭和创设,因此,当事人的同意应当建立在此种消灭和此种创设方面。如果两种交易分别实施,类似的同意也存在。为了产生债的更新,当事人的同意应当建立在旧债消灭和新债创设之间的关系方面:当事人应当为了创设一种新债而消灭其旧债,人们将当事人之间的此种要素称为更新意图。"②

Francois 也对债的更新应当具备的这一要素做出了说明,他指出:"仅仅在当事人已经表达了债的更新的意图时,债的更新才存在。所谓债的更新的意图,是指当事人所具有的以同时和不可分割的方式从事一种既存债的消灭和一种新债的创设活动的意图。债的更新的意图因此起到非常重要的作用,因为它对当事人之间的交易予以定性……如果欠缺债的更新的意图,换言之,如果当事人签订合同的目的不是通过创设一种新债而取代他们之间的一种旧债,则人们不能够将当事人之间的交易定性为债的更新,而应当仅仅将他们之间的交易定性为两种债的叠加。"③

二、债的更新意图的清晰性和毫不含糊性

自债的更新产生之日起,债的更新的意图就成为当事人之间的交易构成更新的必要条件。虽然如此,在不同时期,法律对此种要素的说明是存在差异的。在经典罗马法时期,罗马法仅仅要求新债和旧债之间存在自然关系,它并不过分关注当事人之间所具有的建立此种关系的意图,因为它认为,一旦当事人之间采取了罗马法所要求的特定合同形式,则当事人之间的更新意图通过所采取的合同形式得以体现。到了后经典罗马法时期,罗马法对债的更新的意图采取心理的分析方法,当事人应当具有债的替换的意图。在今时今日,《法国民法典》保留了后经典罗马法的此种要求,因为它将当事人之间的更新意图视为债的更新的三个必要条件之一,即便具备另外两个条件,如果当事人没有实施债的更新的主观意图,则他们之间的交易也不能够构成债的更新。④

根据《法国民法典》新的第 1330 条(旧的第 1273 条)的规定,当事人所具有的更新意图不能够加以推定,而应当通过他们之间的合同加以清晰地表达出来。不过,根据法官的司法判例和民法学者的普遍看法,债的更新意图既可以是明示的,也可以是默

---

① Article 1330, Code civil, Version en vigueur au 05 septembre 2021, https://www.legifrance.gouv.fr/codes/section_lc/LEGITEXT000006070721/LEGISCTA000032034970/#LEGISCTA000032034970.
② Henri et Léon Mazeaud, Jean Mazeaud, François Chabas, Obligations, 9e édition, Montchrestien, 1998, pp. 1244 – 1245.
③ Jérôme François, Les obligations, Régime general, Tome 4, 4e édition, Economica, 2017, pp. 108 – 109.
④ Henri et Léon Mazeaud, Jean Mazeaud, François Chabas, Obligations, 9e édition, Montchrestien, 1998, p. 1245.

示的，但是，无论是明示的还是默示的，当事人的此种意图均应当是清晰的、肯定的和不含糊的，也就是说，当事人不仅有明确的消灭旧债的意图，不仅仅有创设新债的意图，而且还有以创设的新债替换和消灭旧债的清晰、肯定的和毫不含糊的意图。除了《法国民法典》新的第1330条（旧的第1273条）对此种要求做出了明确规定之外，民法学者也普遍承认这一点。Mazeaud 和 Chabas 等人对此种要求做出了说明，他们指出："《法国民法典》第1273条所规定的意图应当是确定的和毫不含糊的。"① Flour、Aubert 和 Savaux 也对此种要求做出了说明，他们指出："通过适用第1273条的规定，法官的司法判例认为，债的更新建立在不能够予以推论的更新意图的基础上，不过，与这一条款的规定相适应，法官的司法判例也承认，当事人的清晰意图和毫不含糊的意图足够让他们之间的交易构成债的更新。在当事人的更新意图明确时，此种意图也可以是默示的。"②

在法国，债的更新不能够予以推定的规则属于一个范围更加广泛的一个原则的组成部分，这就是权利的放弃不得推定的原则。根据这一原则，权利主体放弃自己享有的某种权利的意图必须是清晰的、明确的和不含糊的，人们不能够通过权利主体的行为加以推定。对于债的消灭而言，债的更新意味着债权人对自己享有的主债权和从债权尤其是担保权的放弃。③ 如果一方当事人主张债的更新，而另外一方当事人则否定债的更新，则主张债的更新的一方当事人应当承担举证责任，证明债的更新的存在，尤其是，证明当事人之间有实施债的更新的主观意图。债的更新的证明属于法律行为证明的组成部分，因此，有关法律行为的证明规则即能够采取一切手段、一切方式加以证明的规则同样适用于债的更新。当事人是否具有更新的意图，由基层法院的法官根据案件的具体加以评估和确定，不过，他们的评估和确定要受到法国最高法院的控制。④

三、当事人的更新意图是否能够决定他们之间的交易构成债的更新

在法国，当事人的更新意图当然是债的更新的必要条件，因为如果没有此种要件，则当事人之间的交易不能够构成债的更新，此时，他们之间的交易或者被视为两个独立的、叠加的交易，或者被视为债的变更。⑤ 问题在于，当事人之间的更新意图是否构成充分条件？换言之，如果债的某种构成要素并不是重大的、实质性的因素，当合同当事人在自己的合同当中明确规定，他们对此种因素的改变构成债的更新时，他们的更新意

---

① Henri et Léon Mazeaud, Jean Mazeaud, François Chabas, Obligations, 9e édition, Montchrestien, 1998, p. 1245.

② Jacques Flour, Jean-Luc Aubert, Éric Savaux, Droit civil, Les Obligations, 3. Le rapport d'obligation, 7e édition, Dalloz, 2011, p. 387.

③ François Terré, Philippe Simler, Yves Lequette, François Chénedé, Droit Civil, les Obligations, 12e édition, Dalloz, 2018, p. 1796.

④ Henri et Léon Mazeaud, Jean Mazeaud, François Chabas, Obligations, 9e édition, Montchrestien, 1998, p. 1245; Jacques Flour, Jean-Luc Aubert, Éric Savaux, Droit civil, Les Obligations, 3. Le rapport d'obligation, 7e édition, Dalloz, 2011, p. 387; François Terré, Philippe Simler, Yves Lequette, François Chénedé, Droit civil, Les obligations, 12e édition, Dalloz, 2018, pp. 1797 – 1799.

⑤ Jean Carbonnier, Droit civil, Volume Ⅱ, Les biens, les obligations, puf, 2004, p. 2504.

图是否具有让原本不能够构成债的更新的此种因素的改变构成债的更新?

对此问题,法国最高法院在两个案件当中做出了完全相反的回答:在1875年11月8日的案件当中,它做出了肯定回答,认为如果当事人有将债的某些非重大的、非实质性因素的改变视为债的更新,则他们之间的交易也构成债的更新,已如前述。[1] 而在1967年11月20日的案件,它则做出了否定的回答,认为当事人的意图不能够将债的变更嬗变为债的更新,已如前述。[2]

除了法官存在不同看法之外,民法学者之间也存在不同看法。Francois 似乎采取否定的态度,在对法官和民法学者之间的此种争议做出评价时,他采取了和事佬的态度,他认为,此种争议仅仅是纸上谈兵,没有实际意义,因为在实践当中,当事人很少会将他们之间对债的某些无足轻重的因素做出的改变规定为债的更新。不过,他对现状的描述显然与当事人之间的真实做法不符,因为在大量的案件当中,当事人面临的纠纷是,他们之间引起纠纷的交易在性质上是不是债的更新。[3]

Terré、Simler 和 Lequette 等人则采取肯定的态度,认为当事人的更新意图不仅仅是必要条件,而且还是充分条件。他们指出:"债的更新的意图不仅仅是一个必要条件,而且还是一个充分条件。因此,如果当事人已经清晰地表达出了以一种新债替换之前存在的某种旧债……则债的更新应当得到承认。保证提供了一个极佳的范例:如果保证人应当承担一定数额的担保责任,当保证人与被保证人达成协议,以一笔不同数额的金钱替换之前的数额时,则他们之间的此种新行为构成债的更新。"[4] Terré、Simler 和 Lequette 等人认为,此种规则与意思自治和合同自由原则相一致,从出于尊重当事人意图的角度,人们没有必要加以反对。[5]

笔者采取 Terré、Simler 和 Lequette 等人的看法,认为即便在性质上属于债的变更的交易,如果当事人非常明确、清晰、毫不含糊地将其定性为债的更新,则他们之间的交易应当被视为债的更新,而非债的变更。一方面,此种规则符合意思自治和合同自由原则的要求,另一方面,此种性质的改变没有违反公共秩序,因为,是否将当事人之间的交易定性为债的更新,仅仅关乎私人利益、私人秩序,同公共利益、公共秩序没有任何关系。

---

[1] Req. 8 novembre 1875, DP. 1876. I. 438; Jérôme François, Les obligations, Régime general, Tome 4, 4e édition, Economica, 2017, p. 120; François Terré, Philippe Simler, Yves Lequette, François Chénedé, Droit civil, Les obligations, 12e édition, Dalloz, 2018, p. 1791.

[2] Cass. Civ. 1re, 20 novembre 1967; Jérôme François, Les obligations, Régime general, Tome 4, 4e édition, Economica, 2017, p. 120.

[3] Jérôme François, Les obligations, Régime general, Tome 4, 4e édition, Economica, 2017, pp. 120 – 122.

[4] François Terré, Philippe Simler, Yves Lequette, François Chénedé, Droit Civil, les Obligations, 12e édition, Dalloz, 2018, pp. 1796 – 1797.

[5] François Terré, Philippe Simler, Yves Lequette, François Chénedé, Droit Civil, les Obligations, 12e édition, Dalloz, 2018, pp. 1796 – 1797.

第六节 债的更新的法律效力

一、债的更新产生的双重效力：消灭效力和创设效力

一旦符合债的更新所要求的上述条件，则债的更新会在当事人之间产生法律效力。总的说来，债的更新产生的法律效力有两个即债的消灭效力（effet extinctif）和债的创设效力（effet créateur），这就是债的更新的双重法律效力理论（double dffet）。所谓债的更新产生的债的消灭效力，是指债的更新在当事人之间所产生的消灭旧债的效力，因为，一旦债的更新成立，则当事人之间的旧债就消灭了。所谓债的更新产生的创设效力，是指债的更新在当事人之间所产生的创设新债的效力，因为，一旦债的更新成立，则当事人之间就产生了一种独立的、不同于旧债的新债。债的更新产生的这两个法律效力并不是相互独立的，而是相互联系的：一方面，旧债的消灭是新债创设的原因，反之亦然，新债的创设是旧债消灭的原因；另一方面，债的更新同时会产生这两种不同的法律效力。

Carbonnier 对债的更新产生的双重法律效力做出了说明，他指出："债的更新产生两个法律效力：消灭效力（旧债像真正的债务清偿一样消灭）和创设效力（新债就像一种独立的合同一样创设了）。不过，此种交易是一种单一的交易，它的两个法律效力是联系在一起的，每一个法律效力均是另外一个法律效力的原因：第一个债的消灭是因为第二个债的有效创设，第二个债的创设也仅仅是因为第一个债的有效消灭。"[1]

Terré、Simler 和 Lequette 等人也对债的更新产生的双重法律效力做出了说明，他们指出："债的更新产生了创设和消灭的双重法律效力，此种双重法律效力源自债的更新的同一界定：债的更新是指创设一种新债和相应消灭一种既存的债。不过，人们应当强调这两种法律效力之间的联系，这就是，旧债仅仅在新债有效创设时才会消灭。与此相对应，新债的创设以旧债的消灭作为必要。"[2]

作为债的更新引起的两种法律效力，旧债的消灭和新债的创设也会引起一系列的法律后果，包括：对旧债做出的担保因为旧债的消灭而消灭。不过，如果当事人达成协议，旧债消灭不会引起担保的消灭，则担保债仍然存在；旧债的消灭引起与旧债有关的抗辩的消灭；旧债的消灭会引起旧债的一切特征的消灭，以及其他法律后果。

二、担保债的消灭和例外情况下的保留

债的更新的双重法律效力引起的第一个后果是，债的更新除了让旧债消灭之外也让建立在旧债基础上的所有从债尤其是担保债消灭，这就是，在债的更新发生之前，对债

---

[1] Jean Carbonnier, Droit civil, Volume Ⅱ, Les biens, les obligations, puf, 2004, pp. 2504 – 2505.

[2] François Terré, Philippe Simler, Yves Lequette, François Chénedé, Droit Civil, les Obligations, 12e édition, Dalloz, 2018, p. 1797.

务人的旧债提供担保的人当然应当担保债务人对债权人承担的债务得以履行，但是，当债务人的旧债被新债所替换时，则债务人承担的旧债消灭了，以旧债有效存在作为基础的所有担保债也均消灭，包括：保证人对旧债做出的保证消灭，抵押人对旧债做出的抵押担保消灭，质押人对旧债做出的质押消灭。在债的更新发生之后，债权人不能够再要求旧债的担保人对自己承担担保责任，旧债的担保人从债的更新之日起不再对新债权人承担担保债。

不过，债的更新的此种规则并不属于公共秩序性质的规则，因此，如果当事人在进行债的更新时达成相反的协议，规定旧债的消灭并不影响担保债的存在，在旧债消灭之后，担保人仍然对新的债权人承担担保债，则在债的更新之后，对旧债做担保的人仍然对新债做担保，新债权人仍然有权要求担保人就新债做担保。

2016 年之前，《法国民法典》对此种原则和原则的例外做出了说明。第 1281（2）条规定：针对主债务人实施的债的更新会免除保证人承担的保证债务。第 1278 条规定：旧债权的优先权和抵押权并不会转让给替换旧债权的新债权，除非债权人明确表示保留这些权利。① 通过 2016 年 2 月 10 日的债法改革法令，现行《法国民法典》新的第 1334 条对此种规则做出了说明，该条规定：旧债的消灭拓展到所有从债的消灭。例外情况下，如果获得提供担保的第三人的同意，则最初的担保仍然能够加以保留，以便作为新债的担保。②

除了《法国民法典》对此种原则和例外做出了规定之外，民法学者也普遍对此种原则和例外做出了说明。Mazeaud 和 Chabas 等人对此种原则和例外做出了说明，他们指出："最初债的消灭会引起从债、保证的消灭：保证、抵押权，尤其是出卖人和不动产出租人的优先权的消灭。"③ "不过，在一定限度内，旧债仍然能够在新债产生时继续存在。其理由在于，债权人能够在合同条款当中约定，在债的更新发生之后，他们仍然保有优先权、抵押权、保证以及连带共同债务人的担保权。"④

Carbonnier 也对此种原则和例外做出了说明，他指出："原则上，伴随着最初债权的担保是不能够有利于新债权的。这些担保，无论是人的担保（连带和保证）还是物的担保（优先权和抵押权）均因为债的更新而消灭，就像因为真正的清偿而消灭一样。当然，在任何情况下，当事人均可以缔结特殊合同，将针对旧债做出的担保转移到新债身上。不过，此种合同应当获得提供担保的人的同意，诸如连带共同债务人和保证人，以及用自己的财产设定优先权或者抵押权的人等。"⑤

三、抗辩权的消灭

债的更新的双重法律效力引起的第二个后果是，债务人原本能够对抗旧债权人的抗

---

① Articles 1281 et 1278, Code civil, Version en vigueur au 09 février 2016, https://www.legifrance.gouv.fr/codes/section_lc/LEGITEXT000006070721/LEGISCTA000006150259/2016-02-09/#LEGISCTA000006150259.

② Article 1334, Code civil, Version en vigueur au 06 septembre 2021, https://www.legifrance.gouv.fr/codes/section_lc/LEGITEXT000006070721/LEGISCTA000032034970/#LEGISCTA000032034970.

③ Henri et Léon Mazeaud, Jean Mazeaud, François Chabas, Obligations, 9e édition, Montchrestien, 1998, p.1249.

④ Henri et Léon Mazeaud, Jean Mazeaud, François Chabas, Obligations, 9e édition, Montchrestien, 1998, p.1250.

⑤ Jean Carbonnier, Droit civil, Volume Ⅱ, Les biens, les obligations, puf, 2004, p.2505.

辩不能够用来对抗新债权人。在债的更新发生之前，如果债权人要求债务人对自己履行债务，债务人能够以各种各样的抗辩对抗其履行请求，诸如合同的成立存在瑕疵的抗辩，债权人的请求已经超过了时效期间的抗辩等。在债的更新发生之后，新的债权人取代了旧的债权人而对债务人提出债务履行的请求，债务人是否能够以其原本能够对抗旧债权人的抗辩事由对抗新债权人？答案是否定的，债务人不能够以其原本能够对抗旧债权人的抗辩事由对抗新债权人，因为抗辩权随着赖以存在的旧债的消灭而消灭，这就是债务人不得以其原本能够对抗旧债权人的抗辩事由来对抗新债权人（inopposabilité des exceptions）的规则。

无论是在 2016 年之前还是之后，《法国民法典》均没有对此种规则做出规定，虽然如此，民法学者普遍承认这一法律效力。2016 年之前，Carbonnier 和 Flour、Aubert 和 Savaux 等人就明确承认债的更新所引起的此种法律效力。在 2004 年的《民法》当中，Carbonnier 指出："债务人能够对抗旧债权人的所有抗辩、防御手段均不能够对抗新债权人。换言之，影响最初债的瑕疵、无效的动机均因为债的更新而消灭。所有一切均从头再来，第二个法律关系不依赖第一个法律关系，因此，过去的内容不能够对新债权人产生影响。"[①] 在 2011 年的《债的关系》当中，Flour、Aubert 和 Savaux 指出："债的更新引起的第一种法律效力是抗辩的不可对抗性，这就是，当新债权人要求债务人履行所承担的新债务时，无论是同一债务人还是新债务人均能够以他们能够瘫痪旧债的抗辩对抗新债权人。"[②]

在 2016 年 2 月 10 日的债法改革法令生效之后，Fabre-Magnan 和 Larribau-Terneyre 等人也此种法律效力做出了说明。Fabre-Magnan 指出，债的更新引起的一个法律效力是"抗辩的不可对抗性，这就是可能影响第一个债的瑕疵不能够针对第二个债主张。债的更新消除了第一个债所存在的这些瑕疵。"[③] Larribau-Terneyre 也明确承认债的更新引起的此种法律效果，他指出："旧债的消灭也会引起债务人能够对其债权人主张的抗辩的消灭。债的所有瑕疵均随着旧债的消灭而消灭。"[④] 当然，此种规则存在一种例外情况：如果旧债无效，债务人能够以原本能够对抗自己债权人的抗辩对抗新债权人，因为，债的更新仅仅在被消灭的旧债有效时才会产生，至少在旧债绝对无效时如此。如果旧债仅仅是相对无效，在当事人知道相对无效而仍然进行债的更新时，则他们的更新行为等同于承认了债的有效。换言之，在旧债绝对无效时，债务人能够以债的绝对无效对抗旧债权人；在债的更新发生之后，如果新债权人要求债务人履行债务，债务人能够以同样的理由对抗新债权人：因为旧债无效，因此，债的更新也无效，因此，自己无须履行对新

---

① Jean Carbonnier, Droit civil, Volume Ⅱ, Les biens, les obligations, puf, 2004, p.2505.
② Jacques Flour, Jean-Luc Aubert, Éric Savaux, Droit civil, Les Obligations, 3. Le rapport d'obligatiè, 7e édition, Dalloz, 2011, p.388.
③ Muriel Fabre-Magnan, Droit des obligations, Tome 1, Contrat et engagement unilatéral, 4e édition, puf, 2016, p.697.
④ Virginie Larribau-Terneyre, Droit civil Les obligations, 15e édition, Dalloz, 2017, p.185.

债权人承担的债务。①

四、债的更新引起的其他法律效果

债的更新的双重法律效力引起的第三个效果是，除了引起旧债身上的担保债和抗辩权的消灭之外，旧债的消灭还会引起旧债的所有特征的消灭，因为一方面，旧债所具有的这些特征均不会转让给新债；另一方面，作为一种独立的债，新债自产生之日起就具有自己独立的特征。因此，旧债的时效期间不会适用于新债，因为，债的更新不仅仅让旧债的时效期间中断，而且还让新债适用自己的时效期间；在国际私法领域，有关旧债方面的准据法不适用于新债，因为新债有自己的准据法。如果当事人在自己的合同当中规定了合同条款，当这些条款决定旧债的制度时，这些条款不适用于新债。②

除了这些法律效果之外，债的更新还会引起其他的法律效果，现行《法国民法典》新的第 1335 条对这些法律效果做出了说明，该条规定：债权人和一个共同连带债务人达成的更新协议也让其他共同连带债务人承担的债务免除；债权人与保证人达成的更新协议不会免除主债务人的债务。如果债权人与一个保证人达成了债的更新协议，在该保证人所承担的保证债务范围内，债权人也免除了其他保证人所承担的保证债务。③ 新的第 1335 条也仅仅是 2016 年之前《法国民法典》第 1281 条规定的再现，第 1281 条规定：通过债权人与一个共同连带债务人之间的债的更新行为，共同连带债务人承担的债务被免除；与主债务人实施的债的更新会免除保证人承担的保证债务。④

根据《法国民法典》新的第 1335（1）条的规定，如果承担债务的人有两个或者两个以上并且如果他们所承担的债务在性质上属于连带债务，当债权人与其中的一个债务人签订债的更新协议并因此免除该债务人承担的债务时，除了让该债务人承担的债务被免除之外，他们之间的此种更新也让所有其他债务人的债务均被免除。换言之，当债权人与一个共同连带债务人（codébiteurs solidaires）缔结债的更新合同时，他们实际上被视为与所有的债务人缔结债的更新合同，并因此让所有的连带债务人承担的债务均被免除。民法之所以实行这样的规则，一个主要原因是，共同连带债务人承担的债务在性质上属于共同债务。⑤

---

① Jacques Flour, Jean-Luc Aubert, Éric Savaux, Droit civil, Les Obligations, 3. Le rapport d'obligation, 7e édition, Dalloz, 2011, p. 388; Jérôme François, Les obligations, Régime general, Tome 4, 4e édition, Economica, 2017, p.124; François Terré, Philippe Simler, Yves Lequette, François Chénedé, Droit civil, Les obligations, 12e édition, Dalloz, 2018, p. 1800.

② Jérôme François, Les obligations, Régime general, Tome 4, 4e édition, Economica, 2017, p. 124; François Terré, Philippe Simler, Yves Lequette, François Chénedé, Droit civil, Les obligations, 12e édition, Dalloz, 2018, p. 1800.

③ Article 1335, Code civil, Version en vigueur au 07 septembre 2021, https://www.legifrance.gouv.fr/codes/section_lc/LEGITEXT000006070721/LEGISCTA000032034970/#LEGISCTA000032034970.

④ Article 1281, Code civil, Version en vigueur au 09 février 2016, https://www.legifrance.gouv.fr/codes/section_lc/LEGITEXT000006070721/LEGISCTA000006150259/2016-02-09/#LEGISCTA000006150259.

⑤ Jérôme François, Les obligations, Régime general, Tome 4, 4e édition, Economica, 2017, pp. 125 – 126; François Terré, Philippe Simler, Yves Lequette, François Chénedé, Droit civil, Les obligations, 12e édition, Dalloz, 2018, p. 1803.

根据《法国民法典》新的第 1335（2）条第一段的规定，在债权人与债务人之外的保证人签订债的更新合同时，他们之间的债的更新仅仅免除保证人对债权人承担的保证债务，不会影响债务人即主债务人（le débiteur principal）对债权人承担的债务，债务人仍然应当对债权人承担债务，换言之，他们对债权人承担的债务不会因此被免除，这就是主债不会随着从债的消灭而消灭的规则。民法之所以实行这样的规则，其主要原因有二：其一，在债法上，虽然从债依赖主债，但是主债独立于从债，它不会依赖从债。其二，在债法上，债权人有权放弃自己的担保权。①

根据《法国民法典》新的第 1335（2）条第二段的规定，如果保证人有两个或者两个以上，当债权人与其中的一个保证人达成了债的更新协议时，除了免除该保证人所承担的保证债务之外，在该保证人所免除的范围内，当事人之间的债的更新也免除其他保证人所承担的保证债务。民法之所以实行此种规则，是因为当债权人与该保证人签订债的更新合同时，他们之间的此种合同会加重其他保证人所承担的保证债务范围。为了防止债的更新引起的此种效果，该条明确规定，在该保证人免除的债务范围内，其他保证人承担保证债务。②

---

① Jérôme François, Les obligations, Régime general, Tome 4, 4e édition, Economica, 2017, pp. 125 – 126; François Terré, Philippe Simler, Yves Lequette, François Chénedé, Droit civil, Les obligations, 12e édition, Dalloz, 2018, p. 1803.

② François Terré, Philippe Simler, Yves Lequette, François Chénedé, Droit Civil, les Obligations, 12e édition, Dalloz, 2018, p. 1803.

第二十一章 债务的指令承担

第一节 债务的指令承担的界定、类型和功能

一、债务的指令承担的界定

通过 2016 年 2 月 10 日的债法改革法令,现行《法国民法典》新的第 1336（1）条对债务的指令承担做出了明确界定,该条规定:所谓债务的指令承担,是指三方当事人之间的一种交易,根据该种交易,一个被称为指令者的人获得了另外一个被称为被指令者的的同意,对被称为受益人的第三人承担债务并且受益人同意将被指令者当作自己的债务人。[1]

根据该条的规定,债务的指令承担（la délégation）是一种涉及三方当事人之间的交易、合同,根据该种交易、合同,当债务人对债权人承担债务时,他们自己不承担或者履行对债权人承担的债务,而是指令第三人对债权人承担和履行债务,他们的指令除了获得了第三人的同意之外也获得了债权人的同意。在债务的指令承担当中,因为指令第三人对债权人承担和履行债务,所以,债务人被称为指令者（le délégant）、最初债务人（le débiteur original）,因为债务人之外的第三人同意接受债务人的指令而对债权人承担和履行债务,所以,第三人被称为被指令者（le délégué）、新债务人（le nouveau débiteur）,同意接受被指令者对自己承担和履行债务的债权人被称为受益人（le délégataire）。

在债务的指令承担当中,指令者、被指令者和受益人之间往往预先存在两种法律关系,这就是:其一,指令者与受益人之间存在法律关系,在该种法律关系当中,指令者是债务人,应当对受益人履行债务,而受益人则是债权人,有权要求指令者履行债务。其二,指令者与被指令者之间存在法律关系,在该种法律关系中,指令者是债权人,对被指令者享有债权,而被指令者则是债务人,应当对指令者承担债务。虽然这两种法律关系是相互独立的,但是,它们之间也存在一定的联系,因为,它们通过指令者联系在一起:在第一个法律关系当中,指令者是债务人,而在第二个法律关系当中,指令者则是债权人。

原本指令者应当对第一个法律关系当中的债权人实施债务的清偿行为,但是,他们自己不亲自实施债务的履行行为,而是指令应当对自己履行债务的被指令者替自己履行对受益人承担的债务。因为被指令者原本应当履行自己对指令者承担的债务,当他们按

---

[1] Article 1336, Code civil, Version en vigueur au 07 novembre 2021, https://www.legifrance.gouv.fr/codes/section_lc/LEGITEXT000006070721/LEGISCTA000032034972/#LEGISCTA000032034972.

照指令者的要求履行了对受益人承担的债务时，他们对指令者承担的债务消灭。因此，如果 Paul 要偿还 Pierre 1000 欧元的债务，而 Philippe 要偿还 Paul 1000 欧元的债务，当 Paul 指令 Philippe 将原本应当偿还给自己的 1000 欧元偿还给 Pierre 时，如果 Philippe 按照 Paul 的指令将 1000 欧元偿还给了 Pierre，则他们之间的此种交易就是债务指令承担，其中的 Paul 就是指令者，Philippe 是被指令者，而 Pierre 则是受益人。①

当然，债务指令承担未必一定要求被指令者与指令者之间预先存在某种法律关系，因为在今时今日，除了能够指令对自己承担债务的被指令者对受益人承担和履行债务之外，指令者也能够指令不对自己承担债务的被指令者对受益人承担和履行债务。②

二、债务的指令承担的类型

（一）两类四种债务的指令承担

虽然现行《法国民法典》对两种类型的债务的指令承担即完全性的债务的指令承担和非完全性的债务的指令承担做出了明确规定，但是，除了承认它所规定的两种类型的债务的指令承担之外，法国民法学者也普遍承认另外两种不同的债务的指令承担即确定性的债务的指令承担和非确定性的债务的指令承担，这就是民法学者对债务的指令承担所采取的分类方法：两类四种分类方法。

（二）完全性的债务的指令承担和非完全性的债务的指令承担

根据受益人在同意指令者指令被指令者对自己履行债务时是否免除指令者对自己承担的债务不同，人们将债务的指令承担分为完全性的债务指令承担和非完全性的债务指令承担。在完全性的债务指令承担和非完全性的债务指令承担当中，非完全性的债务指令承担占据核心地位，它既是最有效的一种债务的指令承担，也是最有活力的一种债务的指令承担，构成债务的指令承担方面的共同法。③

1. 2016 年之前民法学者对完全性的债务的指令承担和非完全性的债务的指令承担所做出的不同界定

在 2016 年之前，在如何界定完全性的债务指令承担和非完全性的债务指令承担的问题上，民法学者之间存在不同的看法。某些民法学者认为，所谓完全性的债务指令承担，是指在指令者是受益人的债务人的情况下，受益人在同意指令者让被指令者对自己

---

① Guy Raymond, Droit Civil, 2e édition, Litec, 1993, p. 375; Henri et Léon Mazeaud, Jean Mazeaud, François Chabasd, Obligations, 9e édition, Montchrestien, 1998, p. 1258; Rémy Cabrillac, Droit des Obligations, 12e édition, Dalloz, 2016, p. 371; Marjorie Brusorio-Aillaud, Droit des obligations, 8e édition, bruylant, 2017, p. 349.

② Jacques Flour, Jean-Luc Aubert, Éric Savaux, Droit civil, Les Obligations, 3. Le rapport d'obligation, 7e édition, Dalloz, 2011, pp. 65 – 87, pp. 389 – 390; Marjorie Brusorio-Aillaud, Droit des obligations, 8e édition, bruylant, 2017, p. 349; Virginie Larribau-Terneyre, Droit civil Les obligations, 15e édition, Dalloz, 2017, p. 165; François Terré, Philippe Simler, Yves Lequette, François Chénedé, Droit civil, Les obligations, 12e édition, Dalloz, 2018, pp. 1804 – 1805.

③ Rémy Cabrillac, Droit des Obligations, 12e édition, Dalloz, 2016, p. 371; François Terré, Philippe Simler, Yves Lequette, François Chénedé, Droit civil, Les obligations, 12e édition, Dalloz, 2018, p. 1809.

承担债务时免除指令者对自己承担债务的行为。因此，要构成完全性的债务指令承担，应当同时具备两个必要条件：基于指令者预先与受益人之间所存在的法律关系，指令者是受益人的债务人，在同意被指令者对自己承担债务时，受益人同意免除指令者对自己承担的债务。所谓非完全性的债务指令承担，则是指不具备这两个必要条件当中的任何一个条件时的债务的指令承担，换言之，所谓非完全性的债务指令承担，或者是指指令者预先不是受益人的债务人时的债务指令承担，或者是指受益人在同意被指令者对自己承担债务时没有免除指令者债务的债务指令承担。在 1998 年的《债》当中，Mazeaud 和 Chabas 等人采取此种看法。①

另外一些民法学者则认为，在判断债务的指令承担是不是完全性的债务的指令承担时，人们不需要强调指令者与受益人之间预先存在的法律关系，换言之，人们不需要强调指令者是否是受益人的债务人，人们仅仅需要强调第二个要素：在同意被指令者对自己承担债务时，受益人是否免除了指令者对自己承担的债务，如果受益人同意免除指令者承担的个人债务，则他们之间的债务的指令承担就属于完全性的债务的指令承担，否则，如果仍然要求指令者对自己承担债务，则他们之间的债务指令承担就属于非完全性的债务的指令承担。根据此种理论，所谓完全性的债务的指令承担，是指在同意被指令者对自己承担债务时，受益人同意免除指令者对自己承担的债务的指令承担；而所谓不完全性的债务的指令承担，则是指在同意被指令者对自己承担债务时，受益人仍然要求指令者对自己承担债务的指令承担。在 2005 年的《债权和债务制度》和 2011 年的《债的关系》当中，Ghestin、Billiau、Loiseau、Flour、Aubert 和 Savaux 就采取此种看法。②

2. 2016 年之后《法国民法典》对完全性的债务的指令承担和非完全性的债务的指令承担所做出的界定

通过 2016 年 2 月 10 日的《债法改革法令》，现行《法国民法典》采取了前一种理论，这就是新的第 1337（1）条和新的第 1338（1）条的规定，其中的第一个法律条款对完全性的债务的指令承担做出了说明，而其中的第二个法律条款则对非完全性的债务的指令承担做出了说明。《法国民法典》新的第 1337（1）条规定：如果指令者是受益人的债务人，并且如果受益人免除指令者的意图原自明示的行为，则债务的指令承担产生债的更新的法律效力。③ 根据该条的规定，所谓完全性的债务的指令承担（délégation parfait），也称为更新性的债务的指令承担（la délégation novatoire），是指在指令者是受益人的债务人的情况下，在同意被指令者对自己承担债务时，受益人免除指令者对自己

---

① Henri et Léon Mazeaud, Jean Mazeaud, François Chabas, Obligations, 9e édition, Montchrestien, 1998, p.1259.

② Jacques Ghestin, Marc Billiau, Grégoire Loiseau, Traité de Droit Civil, Le régime des créances et des dettes, LGDJ, 2005, p. 924; Jacques Flour, Jean-Luc Aubert, Éric Savaux, Droit civil, Les Obligations, 3. Le rapport d'obligation, 7e édition, Dalloz, 2011, p.392.

③ Article 1337, Code civil, Version en vigueur au 09 novembre 2021, https://www.legifrance.gouv.fr/codes/section_lc/LEGITEXT000006070721/LEGISCTA000032034972/#LEGISCTA000032034972.

所承担的债务的指令承担。①

《法国民法典》新的第 1338（1）条规定：如果指令者是受益人的债务人，并且如果指令者对受益人承担的债务没有解除，则债务的指令承担给予受益人以第二个债务人。② 根据该条的规定，所谓非完全性的债务的指令承担（délégation imparfait），也称为单纯的债务的指令承担（la delegation simple）、非更新性的债务的指令承担（la délégation sans novation），是指在指令者是受益人的债务人的情况下，在同意被指令者对自己承担债务时，受益人仍然要求指令者对自己承担债务的指令承担。

3. 完全性的债务的指令承担和非完全性的债务的指令承担之间的共同点和差异

根据《法国民法典》新的第 1337 条和第 1338 条的规定，完全性的债务指令承担和非完全性的债务指令承担之间存在共同点：其一，它们均以指令者与受益人之间存在预先的法律关系作为基础，也就是，它们均要求指令者是受益人的债务人做出条件，已如前述，其二，它们均以受益人接受被指令者对自己承担债务作为必要，已如前述。

它们之间的差异表现在：完全性的债务指令承担让指令者对受益人承担的债务被免除了，而非完全性的债务指令承担则不同，指令者仍然应当对受益人承担债务。因为此种原因，人们将第一种债务指令承担称为更新性债务的指令承担，认为它不仅属于一种类型的债的更新，而且还是一种双重性质的债的更新：一方面，它属于一种债务人的更新，因为新债务人即被指令者取代了旧债务人即指令者；另一方面，它也属于一种债务更新，因为被指令者承担的债务替代了指令者承担的债务。③

也因为此种原因，除了《法国民法典》明确区分债务的指令承担和债的更新之外，民法学者也普遍区分这两种不同的制度：虽然债务指令承担当中的完全性的债务指令承担属于债的更新的组成部分，但是，债务指令承担当中的非完全性的债务指令承担则不属于债的更新的组成部分，无法被债的更新制度所包含。当然，即便是 2016 年之后，《法国民法典》关于非完全性的债务指令承担的规定也没有被民法学者所普遍遵循，因为在讨论这一制度时，民法学者也没有强调指令者与受益人之间所预先存在的法律关系的必要，关于这一点，笔者将在下面的内容当中做出详细的讨论，此处从略。

（三）确定性的债务指令承担和非确定性的债务指令承担

除了将债务的指令承担分为完全性的债务指令承担和非完全性的债务的指令承担之外，民法学者还根据被指令者承担的债务客体的差异将债务的指令承担分为确定性的债务的指令承担和非确定性的债务的指令承担。

---

① Philippe Malaurie, Laurent Aynès, Philippe Stoffel-Munck, Droit Des Obligations, 8e édition, LGDJ, 2016, p. 828; Jérôme François, Les obligations, Régime general, Tome 4, 4e édition, Economica, 2017, p. 590; François Terré, Philippe Simler, Yves Lequette, François Chénedé, Droit civil, Les obligations, 12e édition, Dalloz, 2018, pp. 1808 - 1809.

② Article 1338, Code civil, Version en vigueur au 09 novembre 2021, https://www.legifrance.gouv.fr/codes/section_lc/LEGITEXT000006070721/LEGISCTA000032034972/#LEGISCTA000032034972.

③ François Terré, Philippe Simler, Yves Lequette, François Chénedé, Droit Civil, les Obligations, 12e édition, Dalloz, 2018, p. 1809.

根据此种区分理论,所谓确定性的债务的指令履行(La délégation certaines La delegation certa),是指被指令者对受益人所承担的债务是由被指令者自己确定的,他们对受益人承担的债务既同指令者对受益人承担的债务无关,也同被指令者对指令者承担的债务没有关系。所谓非确定性的债务的指令履行(La délégation incertaines La delegation incerta),则是指被指令者对受益人所承担的债务并不是由被指令者自己确定的,他们对受益人承担的债务或者与指令者对受益人承担的债务有关,或者同被指令者对指令者承担的债务有关。换言之,所谓确定性的债务的指令承担,或许是指在不存在预先法律关系的情况下被指令者对受益人承担债务的指令承担。所谓非确定性的债务的指令承担,则是指在预先存在法律关系的情况下被指令者对受益人承担债务的指令承担。①

人们之所以区分确定性的债务指令承担和非确定性的债务指令承担,其主要原因有二:其一,被指令者对受益人所承担的债务是否依赖先前的债务的不同。在确定性的债务指令履行当中,被指令者对受益人承担的债务不依赖先前所存在的债务,换言之,他们所承担的债务是独立存在的新债务:指令者对受益人承担的债务或者被指令者对指令者承担的债务均同被指令者对受益人承担的债务无关;而在非确定性的债务指令承担当中,被指令者对受益人承担的债务则依赖先前所存在的债务,换言之,他们承担的债务不是独立存在的新债务:指令者对受益人承担的债务或者被指令者对指令者承担的债务均同被指令者对受益人承担的债务有关。其二,抗辩的可对抗性不同,总的说来,在确定性的债务指令承担当中,如果受益人要求被指令者履行所承担的债务,被指令者不能够以他们原本能够对抗指令者的抗辩事由对抗受益人,而在非确定性的债务的指令承担当中,如果受益人要求被指令者履行所承担的债务,被指令者能够以他们原本能够对抗指令者的抗辩事由对抗受益人。②

三、债务的指令承担的功能

在今时今日,债务的指令承担能够发挥各种各样的功能,它既能够让当事人之间实施某种有偿行为,也能够让当事人之间实施赠与行为。它既能够让既存的两个债务消灭,也能够创设一种新的债务,不过,它最经常发挥的功能或许是简化债的清偿的手段和实现担保的功能。③

---

① Henri et Léon Mazeaud, Jean Mazeaud, François Chabas, Obligations, 9e édition, Montchrestien, 1998, pp. 1266 – 1267; Jacques Flour, Jean-Luc Aubert, Éric Savaux, Droit civil, Les Obligations, 3. Le rapport d'obligation, 7e édition, Dalloz, 2011, pp. 65 – 87, pp. 394 – 395; Philippe Malaurie, Laurent Aynès, Philippe Stoffel-Munck, Droit Des Obligations, 8e édition, LGDJ, 2016, p. 829; Rémy Cabrillac, Droit des obligations, 12e édition, Dalloz, 2016, p. 370; Jérôme François, Les obligations, Régime général, Tome 4, 4e édition, Economica, 2017, p. 590.

② Henri et Léon Mazeaud, Jean Mazeaud, François Chabas, Obligations, 9e édition, Montchrestien, 1998, pp. 1266 – 1267; Jacques Flour, Jean-Luc Aubert, Éric Savaux, Droit civil, Les Obligations, 3. Le rapport d'obligation, 7e édition, Dalloz, 2011, pp. 65 – 87, pp. 394 – 395; Philippe Malaurie, Laurent Aynès, Philippe Stoffel-Munck, Droit Des Obligations, 8e édition, LGDJ, 2016, p. 829; Jérôme François, Les obligations, Régime général, Tome 4, 4e édition, Economica, 2017, p. 590.

③ Philippe Malaurie, Laurent Aynès, Philippe Stoffel-Munck, Droit Des Obligations, 8e édition, LGDJ, 2016, p. 829.

(一) 债务的指令承担的简化功能

债务的指令承担所具有的第一个功能是，简化当事人之间的债务清偿方式，这一点尤其在指令者、被指令者和受益人之间预先存在两个不同的债务关系时是如此。因此，在指令者对受益人承担债务而被指令者也对指令者承担债务的情况下，如果指令者指令被指令者将原本应当对自己实施的给付行为对受益人实施，当被指令者按照指令者的要求对受益人实施了给付行为时，除了让自己与指令者之间的债消灭之外，他们实施的给付行为也让指令者与受益人之间的债消灭。①

(二) 债务的指令承担的担保功能

债务的指令承担所具有的第二个功能是，对受益人享有的债权提供额外和卓有成效的担保。如果债务的指令承担在性质上属于非完全性的债务指令承担，则除了指令者仍然应当对受益人承担债务之外，被指令者也应当对受益人承担债务，除了有权要求最初的债务人即指令者对自己履行债务之外，受益人也有权要求被指令者对自己承担和履行债务。因此，债务指令承担让债权人债权的实现获得了第二个债务人的担保，让其债权实现的可能性大大增加。虽然《法国民法典》明确要求此种担保功能以指令者和被指令者之间存在预先的法律关系作为必要条件，但是，民法学者普遍认为，无论他们之间是否预先存在法律关系，新增加的债务人均成为债权人债权实现的第二个保障。②

(三) 债务的指令承担的融资和获得信用的功能

债务的指令承担所具有的第三个功能是，银行或者金融机构对自己的客户提供借贷或者信用的方式，客户能够凭借债务的指令承担获得借贷或者信用的一种方式。因为通过信用证（Lettres de crédit）、信用卡（carte de crédit）或者商业票据（les effets commercial）等金融交易手段，银行或者金融机构与自己的客户之间以及自己的客户与第三人之间广泛从事着债务的指令承担交易：当我在宾馆住宿时，我当然应当清偿宾馆的住宿费用；在没有资金支付住宿费时，我要求我的开户行通过我持有的信用卡支付；在我作为商人购买了出卖人的货物之后，我当然应当对商人承担支付货款的债务；通过向我的开户行发出命令的方式，银行开出了信用证，承诺会替我清偿对出卖人承担的债务。

---

① Henri et Léon Mazeaud, Jean Mazeaud, François Chabas, Obligations, 9e édition, Montchrestien, 1998, pp. 1258 – 1259.

② Jacques Flour, Jean-Luc Aubert, Éric Savaux, Droit civil, Les Obligations, 3. Le rapport d'obligation, 7e édition, Dalloz, 2011, pp. 65 – 87, p. 391; Philippe Malaurie, Laurent Aynès, Philippe Stoffel-Munck, Droit Des Obligations, 8e édition, LGDJ, 2016, pp. 830 – 831; Jérôme François, Les obligations, Régime general, Tome 4, 4e édition, Economica, 2017, p. 588; François Terré, Philippe Simler, Yves Lequette, François Chénedé, Droit civil, Les obligations, 12e édition, Dalloz, 2018, p. 1804.

在这些交易当中,我是指令者,银行是被指令者,而宾馆和出卖人则是受益人。①

(四) 债务的指令承担的间接赠与功能

债务的指令承担所具有的第四个功能是,被指令者能够通过债务的指令承担对指令者实施间接赠与。在指令者不对受益人承担债务的情况下,如果他们指令被指令者对受益人承担和履行债务,则指令者指令被指令者承担和履行债务的行为被视为是一种间接赠与行为:指令者将某种利益无偿支付给受益人。通常情况下,被指令者往往是指令者的债务人,他们原本应当对指令者承担和履行债务并因此让指令者获得利益;通过指令被指令者将原本应当对自己实施的给付对受益人实施,指令者对受益人实施了间接赠与行为。②

第二节 债务的指令承担的历史发展

一、罗马法和法国旧法时期债务的指令承担属于债的更新

在罗马法时代,债务指令承担并没有独立地位,它被包含在债的更新当中,因为查士丁尼皇帝的《学说汇纂》第 46 卷第 2 编在讨论债的更新和债务指令承担时混淆这两种制度。③ 罗马法的此种做法被法国旧法时期的民法学家所采纳,因为他们也像罗马法一样认为,债务的指令承担属于一种债的更新,债务的指令承担仅仅是实现债的更新的一种方式。④ 在 17 世纪的《自然秩序当中的民法》当中,Domat 明确指出:"债务指令承担属于一种债的更新。"⑤ 在 18 世纪的《债法专论》当中,Pothier 也指出:"债务指令承担是一种类型的债的更新,根据该种债的更新,为了清偿自己对债权人承担的债务,旧的债务人让第三人取代自己而对债权人承担债务。"⑥

---

① Henri et Léon Mazeaud, Jean Mazeaud, François Chabas, Obligations, 9e édition, Montchrestien, 1998, p. 1259; Philippe Malaurie, Laurent Aynès, Philippe Stoffel-Munck, Droit Des Obligations, 8e édition, LGDJ, 2016, p. 831; Jérôme François, Les obligations, Régime général, Tome 4, 4e édition, Economica, 2017, pp. 587 – 588; François Terré, Philippe Simler, Yves Lequette, François Chénedé, Droit civil, Les obligations, 12e édition, Dalloz, 2018, p. 1804.

② Jacques Flour, Jean-Luc Aubert, Éric Savaux, Droit civil, Les Obligations, 3. Le rapport d'obligation, 7e édition, Dalloz, 2011, p. 391; Jérôme François, Les obligations, Régime général, Tome 4, 4e édition, Economica, 2017, p. 588; François Terré, Philippe Simler, Yves Lequette, François Chénedé, Droit civil, Les obligations, 12e édition, Dalloz, 2018, p. 1805.

③ Jean-Philippe Lévy, André Castaldo, Histoire du droit civil, 2e édition, Dalloz, 2010, p. 1063.

④ Jacques Ghestin, Marc Billiau, Grégoire Loiseau, Traité de Droit Civil, Le régime des créances et des dettes, LGDJ, 2005, pp. 922 – 923.

⑤ Joseph Rémy, Œuvres complètes de J. Domat, Nouvelle édition, Tome Ⅱ, Paris, Firmin Didot Père et fils, 1829, p. 258.

⑥ M. Bugnet, Œuvres de Pothier, annotées et mises en corrélation avec le Code civil et la legislation actuelle, Tome I, Paris, Henzri Plon Gosse et Marchal, 1861, p. 319.

二、1804 年的《法国民法典》否定债务的指令承担的独立地位

因为 Domat 和 Pothier 的此种看法,法国立法者在 1804 年的《法国民法典》采取了他们的做法,将债务指令承担规定在债的更新当中,这就是第 1275 条和第 1276 条。第 1275 条对债务的指令承担做出了界定,它规定:所谓债务的指令承担,是指债务人对其债权人提供另外一个对其履行债务的债务人,除非债权人明确宣布他们会因为债务指令承担而免除债务人的债务;否则,债务的指令承担不会产生债的更新的效力。第 1276 条规定:如果债权人因为债务的指令承担而免除了债务人的债务,在被指令者资不抵债履行时,债权人不能够对其债务人主张求偿权,除非法律行为当中对此做出了明确规定,或者除非在债务的指令承担时被指令者已经开启了破产程序或者已经处于资不抵债履行的状态之中。①

1804 年的《法国民法典》所规定的这两个法律条款从 1804 年一直被原封不动地保留到 2016 年 2 月 10 日的债法改革法令将它们废除并且以新的法律条款取代它们时为止。1804 年的《法国民法典》关于债务指令承担的此种规定具有两个重要特征:其一,债务指令承担没有独立地位,它仅仅属于作为一种独立制度的债的更新的组成部分。其二,债务指令承担在性质上属于债消灭的一种原因,因为债的更新被规定在债的消灭当中,已如前述。

从 19 世纪初期开始一直到 19 世纪末期之前,在对《法国民法典》所规定的债的更新做出解释时,民法学者普遍遵循了法国立法者的规定,除了将债务的指令承担视为一种债的更新之外,他们也在债的更新当中讨论债务的指令承担,换言之,他们没有将债务的指令承担与债的更新明确区分开来并因此认定它们是两种不同的制度。笔者仅以 19 世纪初期和 19 世纪中后期的几个著名学者的著作为例对此做出例示性的说明。在 1821 年的《法国民法》当中,Toullier 就采取此种做法,他否定债务的指令承担的独立性,将其视为债的更新的组成部分,他明确指出:"我们会在涉及债的更新的部分说到债务的指令承担。"②

在 1871 年的著名的民法教科书《法国民法教程》当中,C. Aubry 和 C. Rau 也采取此种做法,他们指出,作为债的主观更新的一种形式,"当新债务人取代旧债务人对债权人承担债务时,如果旧债务人对债权人承担的债务被免除,则此种债的更新也构成一种主观更新,如果此类主观更新仅仅在没有获得旧债务人意思表示的交汇时获得实现,则此种主观更新就属于 expromission 引起的更新,如果此类主观更新在获得旧债务人同意时实施,则它属于通过债务的指令承担所实施的债的更新"③。"关于通过债务人的变

---

① Articles 1275 à 1276, Code civil, Version en vigueur au 09 février 2016, https://www.legifrance.gouv.fr/codes/section_ lc/LEGITEXT000006070721/LEGISCTA000006150259/2016-02-09/#LEGISCTA000006150259.

② C.-B.-M. Toullier, Le Droit civil francais suivant l'ordre du code, Tome VII, A. Bruxelles, chez AD. Stapleaux, 1821, p.99.

③ C. Aubry et C. Rau, Cours de droit civil français D'aprèsLla Méthode De Zachariae, Tome I, 4e édition Paris, Imprimerie et librairie générale de jurisprudence Marchal et Billard, 1871, p.211.

更所实现的债的主观更新,人们应当区分 l'expromission 和债务的指令承担。"① 在 1877 年的《拿破仑民法典教程》当中,Demolombe 也采取此种做法,他指出:"正如我们在前面所说到的一样,债务的指令承担是第二种形式的债的更新,该种债的更新通过新债务人的介入而获得实现。"②

三、20 世纪以来民法学者开始区分债务的指令承担与债的更新

从 19 世纪末期开始一直到 2016 年,民法学者开始主张将债务的指令承担与债的更新区分开来,因为他们认为,债务的指令承担并不能够被债的更新所包含。在 1899 年出版的博士学位论文《法国法当中债务的指令承担的一般理论研究》当中,Frédéric Hubert 明确指出,债务指令承担本质上就不是债的更新,债的更新的条件与债务的指令承担的性质完全是风马牛不相及的,因此,债务的指令承担应当与债的更新区分开来。③

不过,20 世纪以来的大多数民法学者并非均像 Hubert 这样走向极端,因为他们认为,并非所有的债务的指令承担均不是债的更新,某些债务的指令承担仍然属于债的更新的组成部分:如果指令者和被指令者之间预先存在某种法律关系,则他们之间的债务的指令承担属于完全性的债务指令承担(la délégation parfait),完全性的债务指令承担属于债的更新的组成部分,这就是更新性债务的指令履行(la délégation novatoire),因为它以新债务人取代了旧债务人;反之,如果指令者和被指令者之间预先并不存在任何法律关系,则他们之间的债务指令承担就属于非完全性的债务指令承担(délégation imparfait),非完全性的债务指令承担不是债的更新,因为指令者和被指令者之间不存在能够加以更新的债。④

最终,在 2016 年之前,大多数民法学者均承认,债务的指令承担与债的更新之间的关系是:在两类债务指令承担当中,仅一类债务的指令承担属于债的更新的组成部分,这就是完全性债务的指令履行,另外一类债务指令承担即非完全性的指令履行则不属于债的更新的组成部分。例如,在 1998 年的《债》当中,Mazeaud 和 Chabas 就对此种区分理论做出了说明,他们指出:"债务指令承担的适用范围要比债的更新的适用范围广泛得多。如果债务指令承担是通过没有通过法律关系约束的两个人之间实施的,则他们之间不存在债的更新的问题,因为他们之间不存在可以更新的债。即便在债务的指令承担之前当事人之间存在法律关系,他们之间的交易也未必一定构成债的更新,在决定他们之间的交易是否构成债的更新时,人们应当区分两种不同的债务的指令承担:完

---

① C. Aubry et C. Rau, Cours de droit civil français D'aprèsLla Méthode De Zachariae, Tome I, 4e édition Paris, Imprimerie et librairie générale de jurisprudence Marchal et Billard, 1871, p. 219.

② Charles Demolombe, Cours de Code Napoléon, Tome XXVIII, Traité des Contrats ou des Obligations Conventionnelles en Général, Tome cinquième, Paris Auguste Durand Libraire L. Hachette et Cie Libraire1877, p. 217.

③ Frédéric Hubert, Essai d'une théorie juridique de la délégation en droit français, Poitiers, these, Société française d'imprimerie, 1899; Jacques Ghestin, Marc Billiau, Grégoire Loiseau, Traité de Droit Civil, Le régime des créances et des dettes, LGDJ, 2005, pp. 922 – 923.

④ Jacques Ghestin, Marc Billiau, Grégoire Loiseau, Traité de Droit Civil, Le régime des créances et des dettes, LGDJ, 2005, pp. 924 – 925.

全性的债务的指令承担和非完全性债务的指令承担。"①

四、2016 年之后的《法国民法典》正式承认债务的指令承担的独立性

鉴于民法学者对债务的指令承担的性质存在不同看法，在 2005 年的《债法改革草案》当中，Catala 领导的债法改革小组决定采取措施，将债务的指令承担与债的更新区分开来，以便确保债务的指令承担的独立性。它将债务的指令承担与债权转让、债的代位履行和债的更新整合在一起并因此形成了独立的一章即"债权交易"，这就是《草案》当中的第 1275 条至第 1282 条。② 在 2011 年的《债法和准合同法改革草案》当中，法国司法部采取的做法与 Catala 领导的债法改革小组相似，它将债务的指令承担与债权转让、债的代位履行和债的更新等内容整合在一起并因此形成了独立的一章即"债的转让"（TRANSPORT DE L'OBLIGATION），这就是该《草案》当中的第 133 条至第 138 条。③

在 2015 年的《合同法、债的一般制度和债的证明的改革法令草案》当中，法国司法部采取的做法与上述两种做法又存在一定的差异：它将债务指令承担与债权转让、债务转让、合同转让和债的更新整合在一起并形成了独立的一章即"债的关系的限定"（LA MODIFICATION DU RAPPORT D'OBLIGATION），这就是《法令草案》当中的第 1348 条至第 1352 条。④ 司法部的此种做法大致被法国政府采纳，在 2016 年 2 月 10 日的债法改革法令当中，法国政府除了将合同转让从债法总则当中移到合同法总则当中之外，它将债务的指令承担与债的更新、债权转让和债务转让作为独立的一章即"债的交易"规定在债法总则当中，这就是现行《法国民法典》当中的新的第 1336 条至新的第 1340 条，已如前述。

与 2016 年之前的《法国民法典》的规定相比，现行《法国民法典》关于债务的指令承担的规定具有两个重要特征：其一，它独立于债的更新。2016 年之前，《法国民法典》将债务的指令承担规定在债的更新当中，已如前述。通过 2016 年 2 月 10 日的债法改革法令，现行《法国民法典》则明确区分债务的指令承担和债的更新：现行《法国民法典》第三卷第四编的第二章即"债的交易"第三节对债的更新做出了规定，这就是现行《法国民法典》当中新的第 1329 条至新的第 1335 条，已如前述。而该章第四节则对债务的指令承担做出了规定，这就是新的第 1336 条至第 1340 条。其二，它不再属于债消灭的原因，而仅仅属于一种像债权转让一样的债的交易。通过 2016 年 2 月 10 日的债法改革法令，除了不再将债的更新视为债消灭的原因之外，现行《法国民法典》

---

① Henri et Léon Mazeaud, Jean Mazeaud, François Chabas, Obligations, 9e édition, Montchrestien, 1998, p. 1259.

② Avant-Projet de Reforme du Droit des Obligations (Articles 1101 A 1386 Du Code Civil) et du Droit de la Prescription (Articles 2234 à 2281 du Code Civil), Rapport à Monsieur Pascal Clément, Garde des Sceaux, Ministre de la Justice, 22 Septembre 2005, pp. 123 – 124.

③ Réforme du régime des obligations et des quasi-contrats, 09 mai 2011, http://www.textes.justice.gouv.fr/art_pix/avant_projet_regime_obligations.pdf.

④ Rojet D'ordonnance n° du portant réforme du droit des contrats, du régime général et de la preuve des obligations, pp. 39 – 40, http://www.justice.gouv.fr/publication/j21_projet_ord_reforme_contrats_2015.pdf.

也不再将债务指令承担视为债消灭的一种一样，因为它仅仅将债务的指令承担视为当事人之间的一种债的交易。这从它所属的该章标题当中可以看得清楚明白。它将债务指令承担视为一种债的交易、视为债指令承担，不仅仅是一种简化了的债的清偿方式，它还能够实现众多的交易功能，关于这一点，笔者将在下面的内容当中做出详细的讨论，此处从略。

第三节　债务的指令承担与其他相似制度之间的关系

在今时今日，债务的指令承担已经成为一种独立的法律制度，虽然该种法律制度与其他的类似制度之间存在一定的共同点，但是，它与其他制度之间仍然存在本质的差异并因此无法被归入其他已有的任何一种制度当中。因此，债务的指令承担既区别于债的更新，也区别于委托代理、债的清偿的单纯指明、为第三人利益的合同，还区别于债权转让或者债务转让，即便在债务转让被《法国民法典》正式承认之前，债务的指令承担还被视为一种间接的债务转让。

一、债务的指令承担独立于债的更新

债务的指令承担与债的更新之间的关系密切。首先，从罗马法时代起一直到1804年的《法国民法典》时止，人们均将债务的指令承担视为债的更新的组成部分；其次，在2016年之前，《法国民法典》明确将债务的指令承担视为债的更新的组成部分；最后，在今时今日，《法国民法典》新的第1337（1）条仍然明确规定，在一种情况下即在完全性的债务指令承担当中，债务的指令承担会产生债的更新所产生的法律效力。换言之，在两种类型的债务的指令承担当中，一种类型的债务的指令承担即完全性的债务指令承担属于债的更新的组成部分，已如前述。

不过，在今时今日，民法学者普遍认为，债务的指令承担和债的更新是两种不同的制度。例如，Malaurie、Aynès和Stoffel-Munck明确指出："债务的指令承担和债的更新是不同的交易，它们之间不仅仅在历史方面存在差异，而且还在实质性方面存在差异。"[1]

首先，债务的指令承担的目的不同于债的更新。因为债的更新的目的在于以新债消灭旧债。而债务的指令承担则不同，被指令者并不是为了消灭指令者对受益人承担的债务而承担债务，因为指令者对受益人承担的债务可能并不存在；被指令者是为了消灭自己对指令者所承担的债务而对受益人承担债务。[2]

其次，债权人的同意是存在差异的。虽然债务的指令承担和债的更新均需要获得债

---

[1] Philippe Malaurie, Laurent Aynès, Philippe Stoffel-Munck, Droit Des Obligations, 8e édition, LGDJ, 2016, p.836.

[2] Philippe Malaurie, Laurent Aynès, Philippe Stoffel-Munck, Droit Des Obligations, 8e édition, LGDJ, 2016, p.836.

权人的同意，但是，有关债权人同意的要求是不同的。根据《法国民法典》新的第1330条（旧的第1273条）的规定，债权人更新债的意图是不能够加以推定的，虽然该种意图可以源自案件的具体情况即默示意图；而根据《法国民法典》新的1337（1）条（旧的第1275条）的规定，如果债权人即受益人要做出免除指令者债务的同意，他们的同意应当是明示的，不能够是默示的。①

最后，旧债的无效是否会引起新债无效的不同。在债的更新当中，旧债的无效会引起新债的无效，而在完全性的债务指令承担当中，旧债的无效不会引起新债的无效。之所以会出现这样的差异，是因为完全性的债务指令承担当中的抗辩的可对抗性不同于债的更新当中的抗辩的可对抗性：在债的更新当中，新债务人能够以旧债务人原本能够对抗债权人的抗辩事由对抗债权人；而在完全性的债务指令承担当中，新债务人不能够以旧债务人原本能够对抗受益人的抗辩事由对抗受益人。② 关于这一点，笔者将在下面的内容当中做出详细的讨论，此处从略。

二、债务的指令承担独立于委托代理

债务的指令承担独立于和区别于委托代理（mandat）。现行《法国民法典》第1984条对委托代理做出了界定，该条规定：所谓委托代理，是指一个人即委托人授权另外一个人即被委托人为了自己的利益和以自己的名义实施某种行为的行为。③ 债务的指令承担与委托代理之间存在共同点，因为它们均是建立一方当事人对另外一方当事人发出最初指令（ordre inital）的基础上，没有该方当事人对另外一方当事人发出的债务履行指令，无论是债务指令承担还是委托均不能够产生：在债务指令承担当中，指令者对被指令者发出债务履行指令，让其对受益人履行债务；而在委托当中，委托人对被委托人发出债务履行指令，让其对受益人履行债务。

不过，债务的指令承担不同于委托，被指令者不是指令者的代理人，它们之间的差异在于：在委托当中，被委托人是为了委托人的利益和以委托人的名义而履行债务，他们不会对受益人承担个人债务，他们实施的行为由委托人负责；而在债务的指令承担当中，被指令者不仅不是为了指令者的利益和以指令者的名义履行债务，而是为了自己的利益和以自己的名义对受益人履行债务。④

三、债务的指令承担独立于债的清偿的单纯指明

债务的指令承担独立于和区别于债的清偿的单纯指明（indication de paiement）。所

---

① Philippe Malaurie, Laurent Aynès, Philippe Stoffel-Munck, Droit Des Obligations, 8e édition, LGDJ, 2016, p. 837.

② Philippe Malaurie, Laurent Aynès, Philippe Stoffel-Munck, Droit Des Obligations, 8e édition, LGDJ, 2016, p. 837.

③ Article 1984, Code civil, Version en vigueur au 08 novembre 2021, https://www.legifrance.gouv.fr/codes/section_lc/Legitext000006070721/Legiscta000006118139/#Legiscta000006118139.

④ Henri et Léon Mazeaud, Jean Mazeaud, François Chabas, Obligations, 9e édition, Montchrestien, 1998, p. 1259; Jacques Ghestin, Marc Billiau, Grégoire Loiseau, Traité de Droit Civil, Le régime des créances et des dettes, LGDJ, 2005, p. 930.

谓债的清偿的单纯指明，是指债务人或者债权人仅仅指定被指定者替自己实施债的清偿行为或者接受债的清偿行为。现行《法国民法典》新的第1340条（旧的第1277条）对它们之间的区别做出了说明，该条规定：债务人单纯指定他人替自己清偿债务的行为既不是债的更新，也不是债务的指令承担。同样，债权人单纯指定他人替自己接受债务人实施的清偿的行为也不是债的更新或者债务的指令承担。①

债的指令承担与债的清偿的单纯指明之间的差异有二：其一，债务的指令承担在性质上并不是一种债的清偿行为，它仅仅是一种让被指令者对受益人承担债务的行为，被指令者并不即刻对受益人履行所承担的债务，受益人并不一定要接受被指令者对其实施的债的清偿行为。其二，债的清偿的单纯指明仅仅是一种单纯的清偿代理行为：第三人或者基于债务人的委托对债权人实施债务的履行行为，或者基于债权人的委托代理债权人接受债务人的实施的给付，它既不会为债务人创设新的债务，也不会让债权人获得新的权利。而债务的指令承担则不同，它或者让被指令者对受益人承担新债务，或者让受益人对被指令者享有新的权利。②

四、债务的指令承担独立于为第三人利益的合同

债务的指令承担独立于和区别于为第三人利益的合同（la stipulation pour autrui）。《法国民法典》新的第1205条（旧的第1121条）对为第三人利益的合同做出了界定，该条规定：人们能够规定为别人利益的合同条款。合同的一方当事人即订约者能够让合同的另外一方当事人即允诺者做出会为了第三人即受益人的利益实施某种给付行为的承诺。虽然受益人可以是未来的某一个人，但是，该人应当被准确地指明，或者在允诺履行时能够被确定。③

债务的指令承担与为第三人利益的合同之间存在共同点：它们均是两方当事人之间为了第三人的利益所实施的行为，债务的指令承担是指令者和被指令者之间为了受益人的利益而实施的行为，为第三人利益的合同也是订约者和允诺者为了受益人的利益而实施的行为。因为它们之间的共同点，人们在实践当中经常将非完全性的债务指令承担与为第三人利益的合同相混淆，并且法官在自己的司法判例当中也并非总是将它们严格区

---

① Article 1340, Code civil, Version en vigueur au 08 novembre 2021, https://www.legifrance.gouv.fr/codes/section_lc/LEGITEXT000006070721/LEGISCTA000032034972/#Legiscta000032034972.
② Henri et Léon Mazeaud, Jean Mazeaud, François Chabas, Obligations, 9e édition, Montchrestien, 1998, p. 1259; Philippe Malaurie, Laurent Aynès, Philippe Stoffel-Munck, Droit Des Obligations, 8e édition, LGDJ, 2016, p. 834; Jérôme François, Les obligations, Régime general, Tome 4, 4e édition, Economica, 2017, pp. 593 – 594; François Terré, Philippe Simler, Yves Lequette, François Chénedé, Droit civil, Les obligations, 12e édition, Dalloz, 2018, pp. 1805 – 1806.
③ Article 1205, Code civil, Version en vigueur au 08 novembre 2021, https://www.legifrance.gouv.fr/codes/section_lc/LEGITEXT000006070721/LEGISCTA000032009463/#LEGISCTA000032009463.

分开来。① 虽然如此，债务的指令承担并不是为第三人利益的合同，它们是两种不同的制度，它们之间的主要差异有三：首先，它们的结构存在差异：为第三人利益的合同仅仅是订约者和允诺者之间的合同，他们之间的合同不需要获得受益人的同意；而债务的指令承担则不同，它是三方当事人之间的交易，除了需要指令者和被指令者的同意之外还需要受益人的同意。其次，在为第三人利益的合同当中，受益人获得的权利源自订约者和允诺者之间的意思表示；而在债务的指令承担当中，受益人对被指令者享有的权利则源自受益人自己的意思表示。最后，在为第三人利益的合同当中，当受益人要求允诺者履行合同所规定的债务时，允诺者能够以自己能够对抗订约者的抗辩事由对抗受益人。而在债务的指令承担当中，当受益人要求被指令者对自己履行债务时，被指令者不能够以他们能够对抗指令者的抗辩事由对抗受益人，因为受益人对被指令者享有的权利独立于指令者和被指令者之间的关系，换言之，被指令者对受益人承担的债务独立于指令者。②

五、债务的指令承担独立于债权转让

债务的指令承担独立于和区别于债权转让。《法国民法典》新的第1321条至新的1326条对债权转让做出了规定，已如前述。债务的指令承担与债权转让之间存在共同点：无论是债务指令承担当中的受益人还是债权转让当中的受让人均能够对债务人采取行动和提起诉讼，因为债务人均对受益人和受让人承担债务：在债务的指令承担当中，受益人能够要求被指令者对自己承担和履行债务；在债权转让当中，受让人能够要求被让人对自己承担和履行债务。

债务的指令承担与债权转让之间的主要差异有四③：其一，债务的指令承担应当同时获得三方当事人的同意，包括指令者、被指令者和受益人的同意，如果被指令者不同意，则债务的指令承担不会产生和有效；而债权转让则不同，它仅仅需要获得转让人和受让人的同意，不需要获得被让债务人的同意，转让人和受让人仅仅需要将债权转让通

---

① Henri et Léon Mazeaud, Jean Mazeaud, François Chabas, Obligations, 9e édition, Montchrestien, 1998, p. 1267; Jacques Flour, Jean-Luc Aubert, Éric Savaux, Droit civil, Les Obligations, 3. Le rapport d'obligation, 7e édition, Dalloz, 2011, p. 391; Philippe Malaurie, Laurent Aynès, Philippe Stoffel-Munck, Droit Des Obligations, 8e édition, LGDJ, 2016, p. 836; Jérôme François, Les obligations, Régime general, Tome 4, 4e édition, Economica, 2017, pp. 596 – 597; François Terré, Philippe Simler, Yves Lequette, François Chénedé, Droit civil, Les obligations, 12e édition, Dalloz, 2018, p. 1806.

② Henri et Léon Mazeaud, Jean Mazeaud, François Chabas, Obligations, 9e édition, Montchrestien, 1998, p. 1267; Jacques Flour, Jean-Luc Aubert, Éric Savaux, Droit civil, Les Obligations, 3. Le rapport d'obligation, 7e édition, Dalloz, 2011, p. 391; Philippe Malaurie, Laurent Aynès, Philippe Stoffel-Munck, Droit Des Obligations, 8e édition, LGDJ, 2016, p. 836; Jérôme François, Les obligations, Régime general, Tome 4, 4e édition, Economica, 2017, pp. 596 – 597; François Terré, Philippe Simler, Yves Lequette, François Chénedé, Droit civil, Les obligations, 12e édition, Dalloz, 2018, p. 1806.

③ Jacques Flour, Jean-Luc Aubert, Éric Savaux, Droit civil, Les Obligations, 3. Le rapport d'obligation, 7e édition, Dalloz, 2011, p. 391; Jérôme François, Les obligations, Régime general, Tome 4, 4e édition, Economica, 2017, p. 591; François Terré, Philippe Simler, Yves Lequette, François Chénedé, Droit civil, Les obligations, 12e édition, Dalloz, 2018, pp. 1806 – 1807.

知被让债务人即可，已如前述。其二，债权转让不会产生新的债务，而债务的指令承担则不同，它会产生新的债务：被指令者基于债务的指令承担而对受益人承担不同于指令者所承担的债务。其三，在债权转让当中，转让人仅仅对受让人担保所转让的债权的存在，他们不会担保债务人有清偿能力，已如前述。债务的指令承担则不同，如果债务的指令承担不是更新性的指令承担，则受益人仍然对指令者享有所有权利。其四，在债权转让当中，被让债务人能够以他们原本能够对抗转让人的抗辩事由对抗受让人；而在债务的指令承担当中，被指令者不能够以他们原本能够对抗指令者的抗辩事由对抗受益人，因为受益人与被指令者之间的法律关系是新的法律关系，独立于指令者与被指令者之间的法律关系。

六、债务的指令承担独立于债务转让

债务的指令承担独立于和区别于债务转让。2016年之前，《法国民法典》没有明确规定债务转让，通过2016年2月10日的债法改革法令，现行《法国民法典》新的第1327条至新的第1328-1条对债务转让做出了规定，已如前述。债务的指令承担与债务转让具有共同点：它们均需要获得债权人的同意：在债务转让当中，债权人的同意是必需的，已如前述，而在债务的指令承担当中，受益人的同意也是应当的。它们之间的差异在于：在债务转让当中，受让人承担的债务是转让人转让之前所承担的同一债务，而在债务的指令承担当中，被指令者所承担的债务不是指令者所承担的债务，而是一种新的债务：在完全性的债务指令承担当中，指令者所承担的债务被认为已经消灭，被指令者所承担的债务则被认为是一种新的债务，是一种同指令者的债务没有关系的债务；在非完全性的债务指令承担当中，虽然指令者所承担的债务与被指令者所承担的债务并存，但是，它们仍然是两种不同的债务，被指令者所承担的是一种新的债务。①

第四节 债务的指令承担的有效条件

一、债务的指令承担所应当具备的条件的分类

如果指令者、被指令者和受益人之间所实施的债务的指令承担要产生法律效力，他们之间的此种交易应当具备必要的条件，否则，他们之间的此种交易不能够产生债务的指令承担所产生的法律效力，而成为该种制度之外的其他制度。2016年之前，《法国民法典》没有对这些条件做出明确规定，不过，法官和民法学者通过自己的司法判例和民法学说对这些条件做出了说明。2016年之后，现行《法国民法典》则对这些条件做出了规定，尤其是其中的新的第1336条对这些条件做出了规定。不过，无论是2016年

---

① Francois Terré, Philippe Simler, Yves Lequette, Droit civil, Les obligations, 12e édition, Dalloz, 2009, p.1295; Jacques Flour, Jean-Luc Aubert, Éric Savaux, Les obligations, 3. Le rapport d'obligation, 7e édition, Dalloz, 2011, p.360.

之前还是之后，在债务的指令承担所应当具备的条件问题上，民法学者之间均存在不同看法，即便是在《法国民法典》已经明确规定了这些条件时，他们仍然反对制定法所规定的条件。笔者将债务的指令承担所具备的条件分为三种：其一，所有类型的债务的指令承担均应当具备的一般条件，也就是三方当事人的同意；其二，受益人在特殊情况下所做出的同意；其三，完全性的债务的指令承担所应当具备的特殊条件，也就是指令者与被指令者之间应当具备法律关系的条件。

二、债务的指令承担应当具备的一般条件

无论是完全性的债务指令承担还是非完全性的债务的指令承担，所有的债务的指令承担均应当具备一个共同条件即指令者、被指令者和受益人均同意他们之间的债务指令交易。

（一）一般条件：三方当事人对债务的指令承担的同意不需要采取任何形式

无论债务的指令承担在性质上是一种完全性的债务指令承担还是一种非完全性的债务的指令承担，所有债务的指令承担均应当具备同一个条件，这就是，三方当事人均同意他们之间的债务指令承担交易：除了指令者和被指令者同意之外，受益人也同意，缺失其中的任何一方当事人的同意，债务的指令承担均不能够产生法律效力。因为同意是三方当事人均应当具备的条件。因此，每一方当事人均应当具有缔约能力，也就是具有承担债务的能力。

一方面，民法学者普遍承认，指令者、被指令者和受益人的同意是完全必要的。[1] Mazeaud 和 Chabas 等人对此种条件做出了说明，他们指出："为了实现债务的指令承担，指令者、被指令者和受益人的三方同意是必要的。……因为每一方当事人均对合同表示同意，因此，他们应当具有承担债务的能力。"[2] Flour、Aubert 和 Savaux 也对此种条件做出了说明，他们也指出："债务的指令履行的实现以所有利害关系人（指令者、被指令者和受益人）之间达成意思表示的一致作为必要条件。他们之间的同意或者在同一个法律行为当中表示，或者在先后实施的两个法律行为当中表达。"[3]

另一方面，现行《法国民法典》新的第1336（1）条明确规定了这一条件，根据这一条款的规定，债务的指令履行享有指令者获得被指令者的同意，因此，它是指令者和被指令者之间的一种合意。同时，根据这一条款的规定，当指令者指令被指令者对受

---

[1] Henri et Léon Mazeaud, Jean Mazeaud, François Chabasd, Obligations, 9e édition, Montchrestien, 1998, p.1261. Jacques Ghestin, Marc Billiau, Grégoire Loiseau, Traité de Droit Civil, Le régime des créances et des dettes, LGDJ, 2005, pp.933 – 940; Jacques Flour, Jean-Luc Aubert, Éric Savaux, Droit civil, Les Obligations, 3. Le rapport d'obligation, 7e édition, Dalloz, 2011, pp.65 – 87, p.392; Virginie Larribau-Terneyre, Droit civil Les obligations, 15e édition, Dalloz, 2017, p.167; Jérôme François, Les obligations, Régime general, Tome 4, 4e édition, Economica, 2017, pp.598 – 599.

[2] Henri et Léon Mazeaud, Jean Mazeaud, François Chabas, Obligations, 9e édition, Montchrestien, 1998, p.1261.

[3] Jacques Flour, Jean-Luc Aubert, Éric Savaux, Droit civil, Les Obligations, 3. Le rapport d'obligation, 7e édition, Dalloz, 2011, p.392.

益人承担债务时，受益人应当接受被指令者成为自己的债务人，因此，受益人对债务的指令承担的同意也是必要条件。①

除了应当具备三方当事人均同意债务的指令承担交易之外，三方当事人所做出的同意均不需要采取任何形式，换言之，债务的指令承担在性质上属于不要式法律行为。"被指令者基于指令者的要求对受益人所承担的新债仅仅建立在合同自由的基础上。他们之间的债务指令承担完全源自三方当事人之间的意思表示的一致。无论是就此种交易的有效性还是就此种交易对第三人产生的对抗性而言，它均没有被强加任何形式主义的要求。同债权转让和债务转让不同，债务的指令承担既不需要采取书面形式，也不需要通知，因为根据定义，它没有转移效力。"②

在实施债务的指令承担时，三方当事人的同意可以通过两种不同的方式：三方当事人在同一个法律行为或者合同当中做出同意；或者在两个分散的法律行为、合同当中做出同意：指令者与被指令者在他们之间的法律行为、合同当中做出同意；被指令者和受益人在他们之间的法律行为、合同当中做出同意。

（二）债务的指令承担需要指令者同意的原因

债务的指令承担应当获得指令者的同意，如果指令者不同意，则债务的指令承担没有可能发生。这一点毋庸置疑，因为虽然债务的指令承担同时涉及指令者、被指令者和受益人，但是，他们之间的此种交易完全是由指令者发起的：是他们对被指令者发出命令，要求被指令者对受益人承担和履行债务，也是他们对受益人提出请求，要求受益人接受被指令者作为新的债务人。如果没有指令者所发布的命令和所提出的请求，则当事人之间的交易仅仅是一种为第三人利益的合同或者仅仅是一种 expromissio。指令者对债务的指令承担的同意完全不受任何条件或者形式的约束，他们的同意既是书面的，也可以是口头的，既可以是明示的，也可以是默示的。③

（三）债务的指令承担需要被指令者同意的原因

债务的指令承担应当获得被指令者的同意，如果被指令者不同意对受益人承担债务，则债务的指令履行是不能够发生的。债务的指令承担之所以应当获得被指令者的同意，是因为此种交易会强加给被指令者以个人性质的、新的债务：基于指令者的命令，他们对受益人承担个人债务，这些个人债务属于新债。在债法上，除非取得债务人的同意，否则，任何人均不能够被强加承担个人债务。此种规则除了适用于其他合同债务人之外也适用于债的指令承担当中的被指令者：除非经过被指令者的同意，否则，受益人不能够要求被指令者对自己承担个人债务。被指令者对新债的承担是将债务的指令承担与债的清偿的单纯指明区分开来的主要标志，因为在债的清偿的单纯指明当中，代理人

---

① Jérôme François, Les obligations, Régime general, Tome 4, 4e édition, Economica, 2017, p.598.
② François Terré, Philippe Simler, Yves Lequette, François Chénedé, Droit Civil, les Obligations, 12e édition, Dalloz, 2018, p.1810.
③ Jacques Ghestin, Marc Billiau, Grégoire Loiseau, Traité de Droit Civil, Le régime des créances et des dettes, LGDJ, 2005, p.933.

并不对债权人承担个人债务。被指令者承担的债务应当是确实的，既可以是单纯的债务，也可以是受到限定的债务。不过，他们也仅仅在自己对指令者所承担的债务范围内对受益人承担债务。就像指令者所做出的同意一样，被指令者对债务的指令承担所做出的同意可以采取任何形式，无论是书面的还是口头的，是明示的还是默示的，均不会影响他们做出的同意的有效性。①

（四）债务的指令承担需要获得受益人同意的原因

除了应当获得指令者和被指令者的同意之外，债务的指令承担也应当同时获得受益人的同意，如果受益人不同意，他们之间的此种交易同样无法实现。不同于被指令者和指令者做出的同意，受益人做出的同意更加复杂一些，因为它涉及受益人是否会免除指令者的个人债务的问题。

三、受益人所做出的同意方式：明示同意或者默示同意

无论是完全性债务的指令承担还是非完全性债务指令承担，所有的债务的指令承担均要求获得受益人的同意，这一点毫无疑问，已如前述。不过，与指令者和被指令者的同意在所有类型的债务指令承担当中完全一样不同，在不同类型的债务的指令承担当中，受益人的同意是存在差异的：在非完全性的债务的指令承担当中，受益人做出的同意与指令者和被指令者做出的同意是完全一致的：无论是明示同意还是默示同意均足以让债务的指令承担有效。②

但是，在完全性的债务指令承担当中，受益人只能够以明示方式表达自己的同意，他们不能够以默示方式表达自己的同意，如果他们同意免除指令者对自己承担的债务的话。2016 年之前，《法国民法典》第 1275 条对此种规则做出了明确规定，已如前述。现行《法国民法典》新的第 1337（1）条明确规定，如果受益人试图通过债务的指令承担免除指令者对自己承担的债务，他们的此种意图应当源自其行为的明确表示，已如前述。

《法国民法典》新的第 1337（1）条（旧的第 1275 条）所规定的明示同意条件被称为消灭旧债的意图（animus novandi）的条件，它原本属于债的更新的一个重要条件，已如前述。这一条件之所以被视为完全性债务指令承担的有效条件，是因为完全性债务指令承担被视为一种双重性质的债的更新：债务的更新和债务人的更新，而其中的债务人的更新则需要债权人有免除旧债务人债务的明示意图，已如前述。根据这一条件，在

---

① Jacques Ghestin, Marc Billiau, Grégoire Loiseau, Traité de Droit Civil, Le régime des créances et des dettes, LGDJ, 2005, pp. 937 – 938；Jacques Flour, Jean-Luc Aubert, Éric Savaux, Droit civil, Les Obligations, 3. Le rapport d'obligation, 7e édition, Dalloz, 2011, p. 393；Jérôme François, Les obligations, Régime general, Tome 4, 4e édition, Economica, 2017, pp. 598 – 599；François Terré, Philippe Simler, Yves Lequette, François Chénedé, Droit civil, Les obligations, 12e édition, Dalloz, 2018, pp. 1810 – 1811.

② Jacques Flour, Jean-Luc Aubert, Éric Savaux, Droit civil, Les Obligations, 3. Le rapport d'obligation, 7e édition, Dalloz, 2011, p. 393；Virginie Larribau-Terneyre, Droit civil Les obligations, 15e édition, Dalloz, 2017, pp. 168 – 169；Jérôme François, Les obligations, Régime general, Tome 4, 4e édition, Economica, 2017, p. 599；François Terré, Philippe Simler, Yves Lequette, François Chénedé, Droit civil, Les obligations, 12e édition, Dalloz, 2018, pp. 1819 – 1820.

完全性的债务指令承担当中,受益人在同意新债务人即被指令者对自己承担债务时应当明确同意免除就债务人即指令者对自己所承担的债务;否则,他们之间的交易就不会构成完全性的债务指令承担。

Mazeaud 和 Chabas 等人对此种必要条件做出了说明,他们指出:"因为完全性的债务指令承担通过债务人的变更而构成债的更新,并因此引起了指令者所承担的债务的消灭,因此,受益人应当具有消灭旧债的意图……《法国民法典》第 1275 条明确规定,作为受益人的债权人应当明确表示此种意图。"① Terré、Simler 和 Lequette 等人也对此种必要条件做出了说明,他们指出:"作为债务的指令承担和债的更新,完全性的债务指令承担需要同时具备这两种制度所具备的条件。虽然不需要任何特定的形式,但是,三方当事人的同意是必要的。作为一种债的更新,受益人应当具有消灭旧债和相应创设新债的意图,并且该种意图应当是明示的。"②

四、指令者与受益人之间是否应当预先存在债的关系

债务的指令承担是否应当具备这样的一个条件即指令者、被指令者和受益人之间预先存在债的关系,并且在这些关系当中,指令者对受益人承担债务并因此成为受益人的债务人,而被指令者则对指令者承担债务?

2016 年之前,《法国民法典》第 1275 条或者第 1276 条没有对此种条件做出明确规定,民法学者之间存在不同的看法。③ 大多数民法学者采取了否定性的看法,他们认为,指令者、被指令者和受益人之间预先关系的存在并不构成债务的指令承担的必要条件,无论债的指令承担是完全性的还是非完全性的债务指令承担,均是如此。④ 而少数民法学者则认为,应当区分不同性质的债务的指令承担,其中以 Mazeaud 和 Chabas 等人为代表,他们认为是否应当具备这一条件,要看债务的指令承担的性质。如果当事人之间的交易要构成完全性的债务指令承担,则他们之间的交易应当具备这一条件。

Mazeaud 和 Chabas 等人指出:"完全性的债务指令承担以指令者和受益人之间已经通过某种法律关系联系在一起作为必要条件。"⑤ 如果当事人之间的交易要构成非完全性的债务指令承担,则他们之间的交易无需具备这一条件。他们指出:"人们将两者不同的情形归入非完全性的债务指令承担:债务的指令承担不会产生更新性的法律效力;指令者不是受益人的债务人,或者虽然是债务人,但是,他们仍然应当对受益人承担债

---

① Henri et Léon Mazeaud, Jean Mazeaud, François Chabas, Obligations, 9e édition, Montchrestien, 1998, pp. 1261 – 1262.
② François Terré, Philippe Simler, Yves Lequette, François Chénedé, Droit Civil, les Obligations, 12e édition, Dalloz, 2018, p. 1819.
③ Virginie Larribau-Terneyre, Droit civil Les obligations, 15e édition, Dalloz, 2017, pp. 167 – 168.
④ Jacques Flour, Jean-Luc Aubert, Éric Savaux, Droit civil, Les Obligations, 3. Le rapport d'obligation, 7e édition, Dalloz, 2011, p. 390.
⑤ Henri et Léon Mazeaud, Jean Mazeaud, François Chabas, Obligations, 9e édition, Montchrestien, 1998, p. 1261.

务，因为受益人没有同意免除他们承担的债务。"①

在 2016 年 2 月 10 日的债法改革法令当中，法国政府既没有采取大多数民法学者的意见，也没有采取少数民法学者的看法，而是采取了第三种不同的做法。它认为，无论是完全性的债务指令承担还是非完全性的债务指令承担，所有的债务指令承担均应当具备这一条件，如果没有这一条件，当事人之间的任何交易均不会构成债务的指令承担。这就是现行《法国民法典》新的第 1337（1）条和新的第 1338（1）条，其中新的第 1337 条是关于完全性的债务指令承担的规定，而新的第 1338 条则是关于非完全性的债务指令承担的规定，它们均认定，如果当事人之间的交易要构成债务的指令承担，则当事人之间的交易应当具备"指令者是受益人的债务人"的条件，已如前述。

虽然现行《法国民法典》已经将此种要件明确了下来，但是，在今时今日，民法学者之间仍然对此种条件存在不同的看法。某些民法学者认为，指令者与受益人之间预先存在的债的关系是所有性质的债务的指令承担的必要条件，包括完全性的债务指令承担和非完全性的债务指令承担。② 而另外一些民法学者则认为，非完全性的债务指令承担不需要具备这一条件，但是，完全性的债务指令承担则需要具备这一条件。③ 实际上，在今时今日，所有民法学者均认为，完全性的债务指令承担当然应当具备指令者是受益人的债务人的必要条件，因为如果没有这一条件，则债的更新无法发生。因此，问题的核心是：非完全性的债务指令承担是否需要具备这一条件？

第五节　债务的指令承担的法律效力

一、债务的指令承担所产生的不同法律效力

一旦具备债务的指令承担所要求的条件，则债务的指令承担就会产生法律效力。就像债务的指令承担的有效条件因为性质的差异而存在不同一样，债务的指令承担所产生的法律效力也并非完全相同的，因为债务的指令承担的性质不同，它们所产生的法律效力也是不同的。就像人们在讨论条件时应当明确区分两种不同性质的债务指令承担一样，在讨论法律效力时，人们仍然应当区分完全性的债务指令承担和非完全性的债务指令承担。

---

① Henri et Léon Mazeaud, Jean Mazeaud, François Chabas, Obligations, 9e édition, Montchrestien, 1998, p. 1265.

② Marjorie Brusorio-Aillaud, Droit des obligations, 8e édition, bruylant, 2017, p. 349.

③ Philippe Malaurie, Laurent Aynès, Philippe Stoffel-Munck, Droit Des Obligations, 8e édition, LGDJ, 2016, pp. 828 – 829; Rémy Cabrillac, Droit des Obligations, 12e édition, Dalloz, 2016, pp. 372 – 373; Virginie Larribau-Terneyre, Droit civil Les obligations, 15e édition, Dalloz, 2017, pp. 167 – 168; François Terré, Philippe Simler, Yves Lequette, François Chénedé, Droit civil, Les obligations, 12e édition, Dalloz, 2018, pp. 1811 – 1812, p. 1819.

二、非完全性的债务的指令承担所产生的法律效力

非完全性的债务的指令承担所产生的主要法律效力是，在受益人即债权人对指令者即最初债务人享有债权的同时，受益人即债权人对第二个债务人即被指令者享有债权，从债务的角度而言，在非完全性的债务的指令承担当中，除了最初的债务人仍然应当对受益人承担债务之外，新的债务人即被指令者也成为债权人的债务人，也应当对债权人承担和履行债务。换言之，通过债务的指令承担，对债权人承担债务的人从一个债务人嬗变为两个债务人：最初的债务人即指令者仍然像债务的指令承担发生之前一样对债权人承担债务，第二个债务人作为新增加的债务人对债权人承担债务。①

（一）《法国民法典》新的第 1338 条所规定的法律效力：指令者或者被指令者的债务履行均让他们对受益人承担的债务消灭

通过债务的指令承担，受益人既与指令者之间建立了债的关系，也与被指令者之间建立了债的关系，他们之间的这两种债的关系是相互独立的，指令者对债权人承担的债务独立于被指令者对债权人承担的债务。债权人既有权要求指令者履行对自己承担的债务，也有权要求被指令者履行对自己承担的债务：对于指令者而言，受益人对其享有的权利没有任何变化，因此，除了有权要求指令者承担债务之外，受益人也有权要求所有的担保人履行担保责任，无论是物的担保人还是人的担保人，受益人当然也有权要求法官对指令者采取强制执行措施，尤其是拍卖、变卖指令者的财产并因此从中清偿自己的债权。②

不过，在债务的指令承担当中，究竟是指令者还是被指令者是对受益人履行债务的主要债务人？民法学者之间存在不同看法。某些民法学者认为，被指令者是主要债务人，指令者仅仅是一个担保人的角色：在被指令者不履行对受益人承担的债务时，指令者才履行。而另外一些民法学者则认为，指令者和被指令者均为主要债务人，他们均应当履行对受益人承担的债务。③ 现行《法国民法典》新的第 1338 条似乎采取了后一种看法。

当被指令者履行了自己对受益人所承担的债务时，在所履行的债务范围内，他们的履行行为除了让自己对受益人承担的债务消灭之外也让指令者对受益人承担的债务消灭；当指令者履行了自己对受益人承担的债务时，在所履行的债务范围内，他们的履行行为同时让自己和被指令者承担的债务消灭。此种规则为现行《法国民法典》新的第 1338 条所承认，该条规定：如果指令者是受益人的债务人，并且如果指令者对受益人

---

① Henri et Léon Mazeaud, Jean Mazeaud, François Chabas, Obligations, 9e édition, Montchrestien, 1998, p. 1266；Rémy Cabrillac, Droit des Obligations, 12e édition, Dalloz, 2016, p. 372；François Terré, Philippe Simler, Yves Lequette, François Chénedé, Droit civil, Les obligations, 12e édition, Dalloz, 2018, pp. 1812 – 1813.

② Rémy Cabrillac, Droit des Obligations, 12e édition, Dalloz, 2016, p. 372；François Terré, Philippe Simler, Yves Lequette, François Chénedé, Droit civil, Les obligations, 12e édition, Dalloz, 2018, pp. 1815 – 1816.

③ François Terré, Philippe Simler, Yves Lequette, François Chénedé, Droit Civil, les Obligations, 12e édition, Dalloz, 2018, pp. 1815 – 1816.

承担的债务没有解除，则债务指令承担给予受益人以第二个债务人。当两个债务人当中的任何一个债务人对受益人实施清偿时，他的清偿行为在所清偿的数额内让另外一个债务人对受益人承担的债务消灭。①

（二）《法国民法典》新的第 1339 条所规定的法律效力：指令者在多余债权范围内仍然有权要求被指令者对自己承担债务

在指令者指令被指令者对受益人履行债务时，如果被指令者对受益人所履行的债务数额少于被指令者对指令者所承担的债务数额，在被指令者所履行的债务数额内，指令者对被指令者享有的债权消灭。但是，在多余的债权数额范围内，指令者仍然对被指令者享有债权，他们仍然有权要求被指令者对自己履行多余的债务。不过，如果受益人免除了指令者所承担的债务，在指令者被免除的债务范围内，被指令者对指令者承担的债务同样被免除。

现行《法国民法典》新的第 1339 条对此种规则做出了说明，该条规定：在指令者是被指令者的债权人时，他们所享有的债权因为被指令者对受益人实施的债务履行行为而在所履行的债务范围内消灭。此时，指令者只能够要求被指令者就超过他们所承担的债务部分对自己实施清偿行为或者接受其清偿。仅仅在指令者履行了自己对受益人承担的债务时，他们才能够对被指令者主张自己的权利。指令者债权的转让或者被扣押在受到这些同样的限制时产生法律效力。但是，如果受益人已经免除了指令者所承担的债务，则在指令者对受益人所承担的债务数额范围内，被指令者对指令者承担的债务免除。②

（三）抗辩事由的不得对抗性

在非完全性债务指令承担当中，作为受益人的债权人既对最初的债务人即指令者享有债权，也对新增加的债务人即被指令者享有债权。他们所享有的这些权利在性质上不仅属于自身的权利、不得撤销的权利，而且还属于两种独立的权利：受益人对指令者享有的债权不同于他们对被指令者享有的权利，反之亦然，他们对被指令者享有的权利也不同于他们对指令者享有的权利。③ 因为，相对于受益人而言，指令者和被指令者是两个独立的债务人，指令者对受益人承担的债务不同于被指令者对受益人承担的债务。

当受益人要求指令者对自己履行所承担的债务时，指令者当然能够以自己作为债务人所享有的各种各样的抗辩事由对抗作为债权人的受益人，这一点毫无疑问，因为他们之间就是一般性质的债权债务关系，有关债务人能够对抗债权人的履行请求的一般规则完全适用于他们之间。同样，当受益人要求被指令者对自己履行所承担的债务时，被指令者同样能够以一般债务人能够对抗债权人的抗辩事由对抗作为债权人的受益人，这一

---

① Article 1338, Code civil, Version en vigueur au 09 novembre 2021, https://www.legifrance.gouv.fr/codes/section_lc/LEGITEXT000006070721/LEGISCTA000032034972/#LEGISCTA000032034972.

② Article 1339, Code civil, Version en vigueur au 09 novembre 2021, https://www.legifrance.gouv.fr/codes/section_lc/LEGITEXT000006070721/LEGISCTA000032034972/#LEGISCTA000032034972.

③ Jérôme François, Les obligations, Régime général, Tome 4, 4e édition, Economica, 2017, pp. 604 – 605.

点也不会存在任何问题。①

　　问题在于，当受益人要求被指令者对自己履行所承担的债务时，被指令者是否能够以他们原本能够对抗指令者的抗辩事由对抗受益人的履行请求，或者以指令者原本能够对抗受益人的抗辩事由对抗受益人的履行请求？对此问题，《法国民法典》新的第1336（2）条做出了明确的回答，该条规定：除非有相反的合同条款规定，否则，被指令者不能够以从自己与指令者之间的关系当中或者从指令者与受益人之间的关系当中所获得的任何抗辩事由对抗受益人。② 根据该条的规定，当受益人要求被指令者履行对自己承担的债务时，被指令者既不能够以自己原本能够对抗指令者的抗辩事由对抗受益人的履行请求，也不能够以指令者原本能够对抗受益人的抗辩事由对抗受益人的履行请求，这就是抗辩事由的不得对抗性原则（inopposabilité des exceptions）。

　　"债务的指令承担被抗辩事由的不得对抗性原则所支配，根据这一原则，被指令者不能够通过援引某种抗辩事由（合同无效、合同解除、债务不履行的抗辩）以规避他们应当对受益人承担的债务的履行，如果该种抗辩事由源自他们与指令者之间的关系的话，或者源自指令者与受益人之间的关系的话。"③ 因此，抗辩事由的不得对抗性原则具有两个方面的表现。一方面，被指令者不得援引因为指令者和被指令者之间的关系所产生的抗辩事由以对抗受益人的债务履行请求。在非完全性债务指令承担当中，指令者与被指令者之间存在预先的关系，其中的被指令者对指令者承担债务，而指令者则对被指令者享有债权。当指令者要求被指令者对自己履行债务时，被指令者能够以债务人所享有的抗辩权对抗指令者的履行请求。不过，他们不能够以这些抗辩事由对抗受益人的履行请求。④ 另一方面，被指令者不得援引因为指令者和受益人之间的债的关系所产生的抗辩事由以对抗受益人的债务履行请求。在非完全性债务指令承担当中，指令者与受益人之间也存在预先的债的关系，其中的指令者对受益人承担债务，而受益人则对指令者享有债权。当受益人要求指令者对自己履行债务时，指令者当然能够以一般债务人享有的抗辩权对抗作为债权人的受益人。当受益人要求被指令者履行债务时，他们不能够以指令者能够对抗受益人的抗辩事由对抗受益人。⑤

　　不过，被指令者也并非在任何情况下均不能够以这些抗辩事由对抗受益人的履行请求。因为，在两种例外情况下，被指令者也能够以他们原本能够对抗指令者或者指令者原本能够对抗受益人的抗辩事由对抗受益人。其一，如果当事人在他们的合同当中明确规定，被指令者能够主张这些抗辩事由，则基于合同自由的原则，他们的合同约定有效，被指令者有权援引这些抗辩事由以对抗受益人的履行请求。此种例外为《法国民

---

① Jérôme François, Les obligations, Régime general, Tome 4, 4e édition, Economica, 2017, p. 605.
② Article 1336, Code civil, Version en vigueur au 12 novembre 2021, https://www.legifrance.gouv.fr/codes/section_lc/LEGITEXT000006070721/LEGISCTA000032034972/#LEGISCTA000032034972.
③ Philippe Malaurie, Laurent Aynès, Philippe Stoffel-Munck, Droit Des Obligations, 8e édition, LGDJ, 2016, p. 833.
④ Philippe Malaurie, Laurent Aynès, Philippe Stoffel-Munck, Droit Des Obligations, 8e édition, LGDJ, 2016, pp. 831 – 832.
⑤ Philippe Malaurie, Laurent Aynès, Philippe Stoffel-Munck, Droit Des Obligations, 8e édition, LGDJ, 2016, pp. 832 – 833.

法典》新的第 1336（2）条所规定，已如前述。其二，如果受益人是恶意的，则被指令者也能够以这些抗辩事由对抗受益人。所谓受益人是恶意的，是指受益人知道影响指令者和被指令者之间的关系的瑕疵的存在，尤其是，如果受益人参与了指令者和被指令者之间所实施的欺诈行为的话。①

三、完全性的债务的指令承担所产生的法律效力

（一）指令者承担的主债和从债消灭

完全性的债务的指令承担免除了指令者对受益人所承担的债务，让指令者对受益人承担的旧债消灭。当指令者、被指令者和受益人进行完全性的债务指令承担交易时，受益人通过自己的明确意思表示免除了指令者对自己承担的旧债，除了指令者不再对受益人承担自己原本应当承担的债务之外，受益人也不能够再要求法官责令指令者对自己实施给付行为。除了消灭指令者对受益人承担的主债务之外，债务的指令承担也消灭了指令者对受益人承担的从债尤其是其中的担保债。不过，应当注意的是，《法国民法典》新的第 1339 条也适用于完全性的债务指令承担当中的指令者和被指令者之间的关系，因为它是适用于所有类型的债务的指令承担的条款。因此，仅仅在被指令者对受益人所履行的债务数额内，指令者对被指令者享有的债权消灭，在多余的债务数额范围内，指令者对被指令者仍然享有债权。②

（二）被指令者和受益人之间新债的建立

完全性的债务的指令承担在被指令者和受益人之间建立了新债。作为一种债的更新方式，完全性的债务的指令承担会产生双重债的更新的法律效力：其一，新债务人取代旧债务人。完全性的债务的指令承担所产生的第一个更新效力是债务人的更新，也就是以新债务人取代旧债务人，其中的新债务人就是被指令者指令对债权人承担债务的被指令者，而旧债务人则是指原本对受益人承担债务的指令者。其二，新债取代旧债。完全性的债务指令承担所产生的第二个更新效力是债务的更新，也就是以新债取代旧债，其中的新债是指被指令者对受益人承担的债务，而所谓的旧债则是指指令者对受益人原本承担的并且已经被消灭的债务。《法国民法典》新的第 1337（1）条对完全性的债务指令承担所产生的此种更新效力做出了说明，已如前述。

---

① Jacques Ghestin, Marc Billiau, Grégoire Loiseau, Traité de Droit Civil, Le régime des créances et des dettes, LGDJ, 2005, pp. 957 – 962; Jacques Flour, Jean-Luc Aubert, Éric Savaux, Droit civil, Les Obligations, 3. Le rapport d'obligation, 7e édition, Dalloz, 2011, pp. 396 – 397; Philippe Malaurie, Laurent Aynès, Philippe Stoffel-Munck, Droit Des Obligations, 8e édition, LGDJ, 2016, pp. 831 – 833; Rémy Cabrillac, Droit des Obligations, 12e édition, Dalloz, 2016, p. 372; Jérôme François, Les obligations, Régime general, Tome 4, 4e édition, Economica, 2017, pp. 607 – 611; François Terré, Philippe Simler, Yves Lequette, François Chénedé, Droit civil, Les obligations, 12e édition, Dalloz, 2018, pp. 1816 – 1817.

② Marjorie Brusorio-Aillaud, Droit des obligations, 8e édition, bruylant, 2017, pp. 349 – 350; Virginie Larribau-Terneyre, Droit civil Les obligations, 15e édition, Dalloz, 2017, pp. 170 – 171; François Terré, Philippe Simler, Yves Lequette, François Chénedé, Droit civil, Les obligations, 12e édition, Dalloz, 2018, pp. 1820 – 1822.

(三) 指令者原则上不担保被指令者的清偿能力

在更新性的债务指令承担当中，除了指令者对受益人承担的债务在当事人之间的交易成立时即时消灭之外，担保人承担的人的担保或者物的担保债务也随之消灭。受益人不再具有两个债务人，他们只能够要求新债务人即被指令者履行债务，不能够再要求旧债务人即指令者履行债务，即便被指令者因为资不抵债而无法清偿自己对受益人所承担的债务，受益人也不能够再要求法官责令指令者或者对指令者的债务提供担保的担保人对自己履行债务或者承担责任。因为指令者并不对受益人承担担保责任，担保被指令者在未来具有清偿债务的能力。[1]

不过，在例外情况下，如果被指令者资不抵债，受益人有权要求指令者对自己承担债务或者责任。所谓例外，或者是指指令者明确承诺会担保被指令者在未来具有清偿能力，或者是指在当事人之间的交易发生时，被指令者已经进入破产清偿程序当中。《法国民法典》新的第1337（2）条此种原则和例外做出了说明，该条规定：但是，如果指令者明确承担担保被指令者具有未来清偿能力的债务，或者在债务的指令承担实施时，如果被指令者被发现根据自己的债务账目已经陷入清偿程序当中，则指令者仍然应当对受益人承担债务。[2]

(四) 抗辩事由的不得对抗性

《法国民法典》新的第1336（2）条关于抗辩事由的不能够对抗性的规定也在更新性的债务指令承担当中适用。在完全性的债务指令承担当中，受益人原则上只能够要求被指令者对自己履行债务，在被要求履行所承担的债务时，被指令者当然能够像所有的债务人一样以自己能够对债权人主张的抗辩事由对抗作为债权人的受益人，这一点毫无疑问。不过，被指令者既不能够以他们原本能够对抗指令者的抗辩事由对抗受益人，也不能够以指令者原本能够对抗受益人的抗辩事由对抗受益人，因为他们对受益人承担的债务既独立于指令者和被指令者之间的关系，也独立于指令者与受益人之间的关系，即便是在两种例外情况下，受益人有权要求指令者对自己履行债务，亦是如此。一句话，除了适用于非完全性的债务指令承担之外，《法国民法典》新的第1336（2）条关于抗辩事由的不得对抗性规则也同样适用于更新性的债务指令承担。[3]

---

[1] Virginie Larribau-Terneyre, Droit civil Les obligations, 15e édition, Dalloz, 2017, pp. 170–171; Jérôme François, Les obligations, Régime général, Tome 4, 4e édition, Economica, 2017, pp. 611–612; François Terré, Philippe Simler, Yves Lequette, François Chénedé, Droit civil, Les obligations, 12e édition, Dalloz, 2018, pp. 1820–1822.

[2] Article 1337, Code civil, Version en vigueur au 12 novembre 2021, https://www.legifrance.gouv.fr/codes/section_lc/LEGITEXT000006070721/LEGISCTA000032034972/#LEGISCTA000032034972.

[3] Rémy Cabrillac, Droit des Obligations, 12e édition, Dalloz, 2016, p.374; Marjorie Brusorio-Aillaud, Droit des obligations, 8e édition, bruylant, 2017, p.350; Virginie Larribau-Terneyre, Droit civil Les obligations, 15e édition, Dalloz, 2017, p.171.

第六编

债的消灭

第二十二章　债的消灭原因的分类

作为一种法律关系，债因为某种原因而产生，也因为某种原因而消灭。当债因为某种原因而产生时，债就在当事人之间产生约束力，任何一方均应当按照债的要求履行自己所承担的债务，否则，他们应当承担法律责任。一旦债务人履行了自己的债务，则他们与债权人之间的债就因为履行而消灭，除了因为债务的履行而导致债消灭之外，债还因为其他原因而消灭，例如，因为债权人的免除而导致债的消灭。在债法上，债务的履行和债权人的免除被称为债的消灭原因。2016年之前，《法国民法典》对债的消灭的原因做出了清晰的列举。不过，它的列举遭到民法学者普遍批评。通过2016年的债法改革法令，现行《法国民法典》对债的消灭做出了新的规定，没有再对债的消灭原因做出明确列举。虽然《法国民法典》在2016年之前和之后均对债消灭的原因做出了规定，但是，民法学者在讨论债的消灭时并没有完全遵循它的规定。

在法国，"债的消灭"的一词的法文表达是 extinction des obligations，其中的"消灭"一词即 extinction 源自拉丁文 exstinctio 一词，而 exstinctio 则源自 exstinguere，其含义是指存在的丧失、消失、消灭。除了用于诸如姓名的消灭、家庭的消灭、大火的扑灭等通常含义之外，该词也在法律当中尤其是民法当中使用。在法律当中，extinction 或者是指因为权利的期限届满而导致权利的丧失。例如，用益权或者诉权的丧失，或者是指某种状况的终止；再例如，一审的终止。不过，在法律当中，extinction 尤其用在债法当中，并因此形成一个重要的法律术语即债的消灭。所谓债的消灭，是指债权人和债务人之间的法律关系的结束（le dénouement），该种结束让债务人从与债权人之间的法律关系当中解脱、解放出来，债权人不能够再要求债务人对其履行债务，债务人也无须再对债权人履行所承担的债务。[1]

就像引起债的产生的原因多种多样一样，引起债消灭的原因同样多种多样，例如，当债务人将借款偿还给债权人时，债权人和债务人之间的债就消灭了，因此，借款的偿还就属于债的消灭的原因，债务人的偿还行为被称为清偿行为或者债务履行行为，它属于最主要的债的消灭原因。再例如，当债务人的欠债被债权人免除时，则债务人与债权人之间的债也消灭，因此，债权人的免除行为也是债消灭的原因。"债本质上是暂时的，因此，它不会无休无止地持续下去，正常情况下，债因为清偿而消灭，但是，例外情况下，它也会因为其他原因而消灭。"[2]

债的消灭的原因同债的产生的原因一样古老，因为，有债的产生就必然有债的消灭，即便是所谓的终生债，当事人之间的法律关系仍然会因为一定的原因而消灭。例如，虽然夫妻之间的债在性质上属于终生债，但是，他们之间的此种债以双方当事人之

---

[1] Gérard Cornu, Vocabulaire juridique, 10e édition, puf, 2014, p.441；Le Petit Robert de la Langue Française, 2019 édition, Le Robert, 2018, p.990.

[2] Jean-Philippe Lévy, André Castaldo, Histoire du droit civil, 2e édition, Dalloz, 2010, p.1054.

间的婚姻关系存在和持续作为基础，如果当事人之间的婚姻关系不复存在，则他们之间的终生债也因此消灭。例如，因为夫妻离婚，他们之间的终生债消灭，再例如，因为一方当事人的死亡，他们之间的终生债也消灭。

第一节　罗马法所规定的债的消灭原因

一、罗马法规定十三种债的消灭原因

作为债法的重要组成部分，罗马法除了对债产生的渊源做出了规定之外也对债消灭的原因做出了说明。相对于1804年的《法国民法典》或者2016年之后的《法国民法典》所规定的债的消灭原因而言，罗马法所规定的债的消灭要多很多，因为它至少承认了十三种债的消灭原因，包括：其一，债的清偿（le payement）；其二，口头形式的拟制清偿即 l'acceptilation；其三，债的更新（la novation）；其四，相互同意（le mutuel consentement）；其五，应当交付的物的灭失（la perte de la chose due）；其六，混同（confusion）；其七，制定法的规定（la loi）；其八，债权人对债务人承担的债务的免除（la remise de l'obligation faite par le créancier）；其九，债权人和债务人之间的设立协约（le pacte de constitut）；其十，抵销（la compensation）；其十一，时效（la prescription）；其十二，宣誓（le serment）；其十三，和解（la transaction）。[1]

在这十三种债消灭的原因当中，前七种是由民法已经预先明确列举的，而后六种则不同，它们并不是由民法规定的，而是由法官在自己的司法判例当中所承认的。[2] 换言之，前七种是制定法所规定的债的消灭原因，债消灭的这些原因被称为制定法所规定的债的消灭（l'extinction ipso jure）；而后六种则是法官法（le droit prétorien）所创设的债的消灭原因，债消灭的这些原因被称为例外情况下债的消灭（l'extinction ope exceptionis），笔者将其称为司法判例所承认的债的消灭。[3]

经典罗马法明确承认这些债的消灭的原因，因为《盖尤斯法学阶梯》对这些形式的债的消灭原因做出了规定，后经典罗马法即查士丁尼皇帝时期的罗马法也明确承认这些债的消灭原因，因为《查士丁尼法学阶梯》也对这些形式的债的消灭原因做出了规定。例如，无论是《盖尤斯法学阶梯》还是《查士丁尼法学阶梯》均对因为债消灭原因的债的更新做出了规定。《盖尤斯法学阶梯》第三卷第176段规定：债可以因为债的

---

[1] M. L. Domenget, Institutes De Gaïus, nouvelle édition, Paris, A Marescq Aîné, Libraire-Éditeur, 1866, p.409.

[2] M. L. Domenget, Institutes De Gaïus, nouvelle édition, Paris, A Marescq Aîné, Libraire-Éditeur, 1866, p.409.

[3] J.-P. Molitor, Les obligations en droit romain avec l'indication des rapports entre la législation romaine et le droit français, Tome III, Gand, L. Hebbelynck, imprimeur et lithographe, éditeur, 1853, pp.177-347; Prosper Rambaud, Explication élémentaire du droit romain, Tome II, Les obligations, la procédure civile, les actions, les exceptions, les interdits; le droit romain et le droit français, Paris, Librairie Marescq aîné, 1893, pp.339-372; Paul Frédéric Girard, Manuel élémentaire de droit romain, 8e édition, Dalloz, 2003, pp.727-728.

更新而消灭。①《查士丁尼法学阶梯》第三卷第三十编第 3 段规定：债可以因为债的更新而消灭。②

同样，无论是《盖尤斯法学阶梯》还是《查士丁尼法学阶梯》均将债的清偿作为债的消灭原因加以规定。《盖尤斯法学阶梯》第三卷第 168 段规定：债主要因为清偿而消灭。人们面临的一个问题是：在经过债权人同意时，债务人以原本应当予以清偿的债之外的其他债清偿，根据民法的规定，他们对债权人承担的债务是否被免除，对此问题，我们的民法大师做出了肯定的回答。③

《查士丁尼法学阶梯》第三卷第三十编规定：所有债均因为债务人清偿了他们应当清偿的内容而消灭，在经过债权人同意时，债务人也能够以另外一种债务的清偿替代他们原本应当实施的清偿行为。人们应当讨论的问题是：债务的清偿究竟应当是由债务人本人实施还是可以由别人为其实施：在获得债务人的同意、在债务人不知道甚至在不顾债务人阻挡的情况下，如果别人为债务人实施了清偿行为，债务人不再对债权人承担债务。如果受到债务约束的主要债务人实施了清偿行为，则主要债务人对其行为负责的人所承担的债务消灭；反之亦然，如果主要债务人对其行为负责任的人实施了清偿行为，则主要债务人承担的债务也消灭。④

二、罗马法当中某些特殊债的消灭方式

在罗马法所规定的债的消灭原因当中，大多数原因均为后世民法学者所承认并因此被 1804 年的《法国民法典》所规定，诸如债的清偿、债的抵销、债的免除和债的更新等。在这些原因当中，笔者已经在前面的内容当中对债的清偿即债的履行和债的更新做出了讨论，有关债的抵销和债的免除等原因，笔者将在下面的内容当中做出详细的讨论，此处从略。笔者仅仅在此处简要地介绍罗马法所规定的其他几种原因，包括：债权人和债务人之间的设立协约，相互同意，应当交付的物的灭失，制定法的规定，宣誓，和解，以及 l'acceptilation。

（一）设立协约引起的债的消灭

所谓通过债权人和债务人之间的设立协约（le pacte de constitut）消灭债，是指在债权人和债务人之间预先存在某种债的情况下，无论他们之间的预先债是什么性质，只要他们之间的此种预先债在性质上属于金钱债或者至少是一种可替换的财产（choses fongibles）债，当事人均可以在所确定的某一个具体日期以另外一种可替换的财产来清

---

① M. L. Domenget, Institutes De Gaïus, nouvelle édition, Paris, A Marescq Ainé, Libraire-Éditeur, 1866, p. 196.
② Les Institutes de l'empereur Justinien, traduites par M. Hulotet suivies d'une Table générale des titres du Digeste et des Institutes par ordre alphabétique tant en français qu'en latin, Metz, Behmer et Lamort, Paris, Rondonneau, 1806, pp. 194–195.
③ M. L. Domenget, Institutes De Gaïus, nouvelle édition, Paris, A Marescq Ainé, Libraire-Éditeur, 1866, p. 408.
④ Les Institutes de l'empereur Justinien, traduites par M. Hulotet suivies d'une Table générale des titres du Digeste et des Institutes par ordre alphabétique tant en français qu'en latin, Metz, Behmer et Lamort, Paris, Rondonneau, 1806, pp. 194–195.

偿最初的债并因此让最初的债消灭。作为一种债的消灭方式，债权人和债务人之间的设立协约与债的更新相似，因为它们均涉及以一种新债替换之前的旧债，但是，它们之间是存在差异的并因此构成两种不同类型的债的消灭方式。首先，债权人和债务人之间的设立协约仅仅涉及到债的变更，不构成债的更新。其次，债权人和债务人之间的设立协约在性质上属于例外情况下的债务消灭，而债的更新则不同，它属于制定法所规定的债的消灭。最后，债权人和债务人之间的设立协约仅仅适用于金钱债或者可替换的财产债，而债的更新则能够适用于所有类型的债。①

（二）相互同意引起的债的消灭

所谓通过相互同意（le mutuel consentement）消灭的债，是指合同当事人通过双方的意思表示的一致消灭他们之间因为合意合同（le contrarius consensus）产生的合意债（obligations consensuelles）。在罗马法当中，合意合同也是一种特殊形式的合同，就像书面合同和口头合同属于两种特殊形式的合同一样，根据该种合同，两方当事人通过单纯的意思表示的合意就能够在他们之间产生债，他们之间所产生的此种债称为合意债。除了通过履行和债的更新等一般消灭方式消灭之外，当事人还可以通过一种特殊的消灭方式消灭此种合意债，这就是，当事人之间达成一个与他们之前的合意相反的合意（le consentement contraire），换言之，当事人达成解除他们之前的合意合同的协议，他们之间的合意合同就根据他们之间的此种解除协议消灭。②

（三）宣誓引起的债的消灭

所谓通过宣誓消灭债，是指当债权人向法院起诉要求法官责令债务人对自己履行所宣称的某一种债务或者违反该种债务所承担的责任时，如果债权人不能够提供证据证明债务人对自己承担的此种债务，当债务人或者共同连带债务人提供了他们做出的非司法性质的（serment extrajudiciaire）宣誓，证明自己或者被起诉的债务人不对债权人承担债务或者证明自己根本就不认识、没有看见过债权人，则债务人对债权人承担的债务消灭，当债权人再一次起诉债务人并要求法官责令债务人对自己承担责任时，法官会拒绝债权人的新诉讼。因此，非司法性质的宣誓具有债的清偿的效力：法官会因为债务人的此种宣誓而认定债务人不对债权人承担债权人所宣称的债务，如果共同连带债务人宣誓，除了该人的债务被消灭之外，其他连带债务人的债务也消灭。③

---

① M. L. Domenget, Institutes De Gaïus, nouvelle édition, Paris, A Marescq Ainé, Libraire-Éditeur, 1866, p. 420; Prosper Rambaud, Explication élémentaire du droit romain, Tome II, Les obligations, la procédure civile, les actions, les exceptions, les interdits; le droit romain et le droit français, Paris, Librairie Marescq aîné, 1893, pp. 609 – 612.

② M. L. Domenget, Institutes De Gaïus, nouvelle édition, Paris, A Marescq Ainé, Libraire-Éditeur, 1866, p. 420; Prosper Rambaud, Explication élémentaire du droit romain, Tome II, Les obligations, la procédure civile, les actions, les exceptions, les interdits; le droit romain et le droit français, Paris, Librairie Marescq aîné, 1893, pp. 358 – 359.

③ M. L. Domenget, Institutes De Gaïus, nouvelle édition, Paris, A Marescq Ainé, Libraire-Éditeur, 1866, p. 423; Prosper Rambaud, Explication élémentaire du droit romain, Tome II, Les obligations, la procédure civile, les actions, les exceptions, les interdits; le droit romain et le droit français, Paris, Librairie Marescq aîné, 1893, pp. 614 – 615.

(四) 特定物的灭失引起的债的消灭

根据罗马法的规定，如果债务人应当根据合同的约定将某种财产交付给债权人，当应当交付的财产因为意外事故（cas fortuit）而灭失时，在一定的条件下，债务人对债权人承担的债务消灭，这就是因为应当交付的物的灭失而导致的债的消灭（la perte de la chose due）。根据罗马法的规定，如果应当交付的物的灭失要引起债务人债务的消灭，它应当具备三个条件：①

其一，债务人应当交付的物在性质上属于特定物（corps certains），如果债务人应当交付的物在性质上属于种类物，则此类物的灭失不会导致债务人承担的债务的消灭。换言之，仅仅在债务人承担的债务在性质上属于特定物债时，此种规则才能够适用，如果债务人承担的债务在性质上属于种类物债，则此种规则不能够适用。其二，引起应当交付的特定物灭失的原因是某种意外事故，债务人对特定物的灭失没有过错，如果特定物的灭失是因为债务人的过错行为引起的，则特定物的灭失不能够让债务人承担的债务消灭。其三，债务人在履行交付特定物的债务时没有延迟。换言之，在履行自己的债务时，债务人没有逾期，因此，即便是意外事故引起了特定物的灭失，如果此种灭失发生在逾期之后，则债务人对债权人承担的债务不能够消灭。

(五) 制定法和和解引起的债的消灭

根据罗马法的规定，如果制定法（loi）有时也能够成为债务人承担的债务消灭的原因，因为，如果制定法明确规定，在某种情况下，债务人对债权人承担的债务消灭，则在符合制定法所规定的条件时，债务人承担的债务消灭，此种规则尤其是在继承法当中适用。根据罗马法的规定，在被继承人死亡时，继承人在继承其遗产时也应当履行将受赠财产交付给受遗赠人的债务，但是，在受遗赠权开始之前，如果受遗赠人已经无偿获得了受遗赠财产，则继承人所承担的此种债务消灭。②

根据罗马法的规定，和解（transiger La transaction）也是消灭债的一种方式，根据该种方式，如果双方当事人之间就权利发生了争议，当双方当事人通过友好协商并且达成了各自分别放弃全部或者部分争议的协议时，则他们之间的此种和解也让他们之间的争议债消灭。和解不需要采取任何书面形式，即便是口头形式也能够产生消灭债的效力。到了阿奎利亚时期，阿奎利亚将和解规定为一种法定形式，虽然如此，它也认为，和解能够消灭当事人之间的纷争。③

---

① M. L. Domenget, Institutes De Gaïus, nouvelle édition, Paris, A Marescq Aîné, Libraire-Éditeur, 1866, pp. 418 – 419；Prosper Rambaud, Explication élémentaire du droit romain, Tome II, Les obligations, la procédure civile, les actions, les exceptions, les interdits；le droit romain et le droit français, Paris, Librairie Marescq aîné, 1893, p. 361.

② M. L. Domenget, Institutes De Gaïus, nouvelle édition, Paris, A Marescq Aîné, Libraire-Éditeur, 1866, pp. 418 – 419；Prosper Rambaud, Explication élémentaire du droit romain, Tome II, Les obligations, la procédure civile, les actions, les exceptions, les interdits；le droit romain et le droit français, Paris, Librairie Marescq aîné, 1893, p. 362.

③ M. L. Domenget, Institutes De Gaïus, nouvelle édition, Paris, A Marescq Aîné, Libraire-Éditeur, 1866, pp. 423 – 424.

三、l'acceptilation 引起的债的消灭

所谓 l'acceptilation 引起的债的消灭，也称为口头形式的拟制清偿（payement fictif paiement imaginaire），是指当债权人与债务人之间缔结口头合同时，他们之间的债通过一种对话方式予以消灭。这种对话方式由一问（interrogation）一答（une réponse）构成，其中，问由债务人完成，而答则由债权人完成。债务人问债权人："我已经对你履行了所允诺的债务，请问你收到我的给付了吗（Quod tibi promisi, habesne acceptum 或者 Accepta facis decem）？"债权人做出这样的回答："是的，我已经收到你的给付了（Habeo 或者 Facio）。"换言之，口头形式的拟制清偿仅仅是因为口头合同产生的债的消灭方式，书面合同或者其他形式主义的合同所产生的债均不适用此种消灭方式。①

在前经典罗马法时期，此种债的消灭方式属于一种真正的债务清偿方式，因为债权人真正获得了债务人的给付。但是，到了盖尤斯的时代，也就是到了经典罗马法时期，此种消灭方式嬗变为拟制清偿方式，因为通过此种形式，当事人表示债务人对债权人承担的债务已经履行了，债务人与债权人之间的关系消灭。《盖尤斯法学阶梯》第三卷第 170 段对此种消灭方式做出了规定：正如我们之前已经提到的那样，此种债的消灭方式仅仅适用于口头债，不适用其他类型的债，因为，显而易见的是，一种口头债也仅需通过其他的口头形式予以消灭。②

到了阿奎利亚时期（Caius Aquilius Gallus），也就是公元前 116 年至公元前 44 年之间，为了消灭 l'acceptilation 式的债务消灭方式在实践当中所存在的不方便性，人们建立了一种新的方式，根据该种方式，当事人之间承担的一切债务均可以归结为一种口头债务，并因此能够通过口头形式的拟制清偿予以消灭，这就是阿奎利亚法所规定的消灭方式（la stipulation Aquilienne）。③ 到了后经典罗马法时期，《查士丁尼法学阶梯》第三卷第三十编第一段也对此种消灭方式做出了规定：债也能够通过 l'acceptilation 消灭。所谓 l'acceptilation，是一种想象的清偿：如果 Titius 与其债务人达成了口头合同，并且根据该合同，他的债务人应当对其承担交付财产的债务。此时，人们允许他的债务人这样说：我已经将所允诺的财产交付给了你，请问你已经收到了我交付的财产吗？如果我回答已经收到了，则债务人的债已经清偿了。在采用 l'acceptilation 的方式消灭债时，当事

---

① M. L. Domenget, Institutes De Gaïus, nouvelle édition, Paris, A Marescq Aîné, Libraire-Éditeur, 1866, pp. 410 – 411; Prosper Rambaud, Explication élémentaire du droit romain, Tome II, Les obligations, la procédure civile, les actions, les exceptions, les interdits; le droit romain et le droit français, Paris, Librairie Marescq aîné, 1893, pp. 355 – 358; Jean-Philippe Lévy, André Castaldo, Histoire du droit civil, 2e édition, Dalloz, 2010, pp. 1057 – 1058.

② M. L. Domenget, Institutes De Gaïus, nouvelle édition, Paris, A Marescq Aîné, Libraire-Éditeur, 1866, pp. 410 – 410.

③ M. L. Domenget, Institutes De Gaïus, nouvelle édition, Paris, A Marescq Aîné, Libraire-Éditeur, 1866, pp. 410 – 411; Prosper Rambaud, Explication élémentaire du droit romain, Tome II, Les obligations, la procédure civile, les actions, les exceptions, les interdits; le droit romain et le droit français, Paris, Librairie Marescq aîné, 1893, pp. 357 – 358; Jean-Philippe Lévy, André Castaldo, Histoire du droit civil, 2e édition, Dalloz, 2010, pp. 1057 – 1058.

人既可以使用希腊文，也可以使用拉丁文。①

作为一种拟制的清偿方式，l'acceptilation 式的债务消灭与债的清偿之间既存在共同点，也存在差异。它们之间的共同点是：它们均是制定法所规定的债的消灭方式，并且到了后经典罗马法时期，此种方式所采取的一问一答的神圣形式也丧失了其严肃性；就像债的清偿能够让所有债务人承担的债务均被消灭之外，l'acceptilation 式的债务消灭也能够让所有债务人承担的债务均消灭；就像债的清偿不能够受到期限或者条件的约束一样，l'acceptilation 式的债务消灭也不能够是有期限的或者有条件的。②

它们之间的差异是：清偿方式只能够是有偿的，而 l'acceptilation 式的债务消灭既可以是有偿的，也可以是无偿的；作为一种法定行为（actus legitimus），当事人不能够在 l'acceptilation 式的债务消灭行为当中规定条件或者期限，但是，此种规则存在例外情形，在例外情况下，条件或者期限也被允许，而在清偿当中则不存在例外情况下的期限或者条件的问题；l'acceptilation 式的债务消灭只能够由债权人和债务人亲自实施，不能够由第三人代理实施，而清偿则能够由第三人代理实施；l'acceptilation 式的债务消灭只能够消灭口头合同产生的债，而债的清偿则能够消灭所有债。③

四、罗马法学家对债的消灭做出的分类

后世民法学者在研究罗马法时均会依据一定的标准对罗马法当中的债的消灭原因做出分类，并且他们做出的分类并不完全相同，主要有三种不同的分类标准：其一，制定法所规定的债的消灭（l'extinction ipso jure）和例外情况下债的消灭（l'extinction ope exceptionis）；其二，债的一般消灭（modes généraux d'extinction）和债的特殊消灭（modes spéciaux d'extinction）；其三，债的自愿消灭（l'extinction volontaire）和债的强制消灭（l'extinction non volontaire）。

（一）制定法上的债的消灭和例外情况下债的消灭

根据债的消灭产生的原因、渊源究竟是罗马法当中的狭义民法还是法官法的不同，人们将债的消灭分为制定法上的债的消灭和例外情况下债的消灭两类。

所谓制定法上的债的消灭，是指根据罗马法当中的狭义民法所规定的原因而导致的债的消灭，当罗马法当中的民法对债的消灭原因做出了规定时，如果债务人承担的债务根据民法的规定而消灭，则此种债的消灭原因被称为制定法上的债的消灭。所谓例外情况下债的消灭，是指在罗马法的狭义民法之外，法官通过适用公平原则（l'équité）在民法之外通过司法判例所确认的债的消灭原因。因为民法所规定的债的消灭原因过于僵硬，在处理当事人之间的债的消灭纠纷时，法官借助于公平原则而承认某些债的消灭原

---

① Les Institutes de l'empereur Justinien, traduites par M. Hulotet suivies d'une Table générale des titres du Digeste et des Institutes par ordre alphabétique tant en français qu'en latin, Metz, Behmer et Lamort, Paris, Rondonneau, 1806, p.195.

② Prosper Rambaud, Explication élémentaire du droit romain, Tome II, Les obligations, la procédure civile, les actions, les exceptions, les interdits; le droit romain et le droit français, Paris, Librairie Marescq aîné, 1893, p.356.

③ Prosper Rambaud, Explication élémentaire du droit romain, Tome II, Les obligations, la procédure civile, les actions, les exceptions, les interdits; le droit romain et le droit français, Paris, Librairie Marescq aîné, 1893, p.357.

因，相对于民法所规定的债的消灭原因，法官通过司法判例所确认的这些消灭原因仅仅在例外情况下才会被法官使用，因此，被称为例外情况下债的消灭原因。①

在法国，J.-P. Molitor 和 Prosper Rambaud 就承认这两种类型的债的消灭原因。在1853 年的《罗马债法》当中，根特大学（l'université de Gand）罗马法教授 Molitor 指出："债消灭的通常方式有两种：制定法所规定的债的消灭方式和例外情况下的债的消灭方式。"② 在1893年的《罗马法基础解释》当中，法国作家、法学博士和罗马法学家 Prosper Rambaud（1837—1908年）③ 也指出："就像债能够根据民法或者法官法形成一样，债同样能够根据民法或者法官法消灭：当债根据民法的规定消灭时，它们被称为制定法上的债的消灭，而当债根据法官法的规定消灭时，则它们被称为例外情况下的债的消灭。"④

制定法上债的消灭和例外情况下债的消灭之间存在一些重要的差异：其一，债消灭的类型不同，已如前述。其二，债消灭的根据不同。制定法上的债的消灭所产生的根据、渊源是制定法即罗马法当中的狭义民法，而例外情况下债的消灭产生的根据、渊源则是公平。其三，制定法上的债的消灭会让债权人和债务人之间的债权债务关系完全消灭、当然消灭，其引起的结果包括：债权人不能够再向法院起诉，要求法官责令债务人对自己承担责任，如果债权人继续起诉，法官应当拒绝他们的诉讼请求；如果有多个债务人，所有债务人承担的债务均消灭；制定法上的债消灭之后不能够重生，如果当事人希望消灭的债重生，他们应当另外签订一个合同并因此创设一种新债。而例外情况下债的消灭则不同，在债消灭之后，它们根据民法的规定仍然存在，因为它仅仅产生瘫痪债的效果的作用，其引起的结果与制定法的债的消灭引起的后果不同：除非当事人通过书面合同做出相反约定，否则，债权人仍然能够起诉债务人，要求债务人承担责任；如果有多个债务人，它不会让所有债务人对债权人承担的债务消灭。⑤

因此，同样是债的消灭原因，债的更新引起的债的消灭就不同于时效引起的债的消灭，因为债的更新是制定法上的债的消灭原因，而时效则是例外情况下的债的消灭原因：根据罗马法的规定，如果债务人与债权人之间达成了以一个新债取代旧债的协议，

---

① J.-P. Molitor, Les obligations en droit romain avec l'indication des rapports entre la législation romaine et le droit français, Tome III, Gand, L. Hebbelynck, imprimeur et lithographe, éditeur, 1853, p. 180；Prosper Rambaud, Explication élémentaire du droit romain, Tome II, Les obligations, la procédure civile, les actions, les exceptions, les interdits; le droit romain et le droit français, Paris, Librairie Marescq aîné, 1893, p. 340.

② J.-P. Molitor, Les obligations en droit romain avec l'indication des rapports entre la législation romaine et le droit français, Tome III, Gand, L. Hebbelynck, imprimeur et lithographe, éditeur, 1853, p. 177.

③ Prosper Rambaud（1837 – 1908），https://data.bnf.fr/fr/13005150/prosper_rambaud/.

④ Prosper Rambaud, Explication élémentaire du droit romain, Tome II, Les obligations, la procédure civile, les actions, les exceptions, les interdits; le droit romain et le droit français, Paris, Librairie Marescq aîné, 1893, p. 339.

⑤ J.-P. Molitor, Les obligations en droit romain avec l'indication des rapports entre la législation romaine et le droit français, Tome III, Gand, L. Hebbelynck, imprimeur et lithographe, éditeur, 1853, pp. 180 – 185；Prosper Rambaud, Explication élémentaire du droit romain, Tome II, Les obligations, la procédure civile, les actions, les exceptions, les interdits; le droit romain et le droit français, Paris, Librairie Marescq aîné, 1893, p. 340.

除了让他们之间的一个新债产生之外,他们之间的此种协议也让他们之间的旧债消灭。① 而根据罗马法的规定,即便时效期间的届满让债务人对债权人承担的债务消灭,此种消灭也并不是完全的消灭,因为,一方面,消灭时效也仅仅让债权人在一定时期内不能够提起诉讼和要求债务人履行债务;另一方面,如果债务人与债权人随后达成了协议,愿意履行所承担的债务,则债权人仍然能够要求债务人履行所承担的债务。②

(二) 债的一般消灭和债的特殊消灭

根据制定法所规定的债的消灭原因是否能够获得普遍性的适用不同,人们将债的消灭分为债的一般消灭和债的特殊消灭。所谓债的一般消灭,也称为债的一般消灭方式,是指能够适用于所有债的消灭方式。如果一种债的消灭方式能够适用于债务人承担的所有类型的债务,则该种消灭方式就属于债的一般消灭方式。所谓债的特殊消灭,也称为债的特殊消灭形式,是指仅仅能够适用于某种特定形式的债的消灭方式。如果一种债的消灭方式不能够适用于所有类型的债,而只能够适用于某一种或者几种类型的债的消灭,则该种消灭方式就属于债的特殊消灭形式。

在 1883 年的博士学位论文《罗马法当中的 l'acceptilation 研究》当中,Victor Hongre 就采取此种分类方法,他认为,某种债的消灭原因能够适用于所有类型的债,这就是债的一般消灭原因、债的普遍消灭原因,例如,债的清偿能够消灭所有类型的债,同样,虽然债的更新最初只能够消灭口头合同产生的债,但是,经过演变之后,它最终也能够适用于所有类型的债并因此嬗变为债的一般消灭原因。如果是口头合同和合意合同产生的债,则它们仅仅适用于自己特有的债的消灭方式:口头合同产生的债仅仅通过 l'acceptilation 方式消灭,而合意合同则通过 contrarius consensus 方式即相互同意(Le mutuel consentement)方式消灭。③

在 1893 年的《罗马法基础解释》当中,Prosper Rambaud 也明确承认此种区分理论,他指出:"我们刚刚讲到的一种分类即制定法所规定的债的消灭和例外情况下债的消灭的分类并不是人们遇到的唯一一种分类。除了此种分类之外,人们还可以对制定法所规定的债的消灭做出更进一步的分类,这就是债的一般消灭和特殊消灭的分类。根据此种分类,所谓债的一般消灭方式,是指能够普遍适用于所有债的消灭的方式,诸如债的清偿和债的更新等,而所谓债的特殊消灭方式,则是指仅仅能够适用于某些债的消灭方式。"④

在罗马法时期,合同采取严格的形式主义的方式成立,不同类型的合同所要求的形

---

① Prosper Rambaud, Explication élémentaire du droit romain, Tome II, Les obligations, la procédure civile, les actions, les exceptions, les interdits; le droit romain et le droit français, Paris, Librairie Marescq aîné, 1893, pp. 346 – 353.
② M. L. Domenget, Institutes De Gaïus, nouvelle édition, Paris, A Marescq Ainé, Libraire-Éditeur, 1866, pp. 422 – 423; Prosper Rambaud, Explication élémentaire du droit romain, Tome II, Les obligations, la procédure civile, les actions, les exceptions, les interdits; le droit romain et le droit français, Paris, Librairie Marescq aîné, 1893, p. 362.
③ Victor Hongre, Étude sur l'acceptilation en droit romain, thèse pour le doctorat Paris, Imprimerie de Moquet, 1883, pp. 6 – 7.
④ Prosper Rambaud, Explication élémentaire du droit romain, Tome II, Les obligations, la procédure civile, les actions, les exceptions, les interdits; le droit romain et le droit français, Paris, Librairie Marescq aîné, 1893, pp. 340 – 342.

式不同。与合同成立的此种严格的形式主义要求相适应，因为不同形式的合同所产生的债也仅仅适用于为该种形式的合同所要求的债的消灭方式，换言之，合同的成立方式采取什么形式，则当事人之间的合同产生的债也通过什么形式消灭。"罗马法学家说，人们以他们缔结合同的同样方式终止他们之间的债，这是再自然不过的了。"① 因此，如果当事人之间的合同是通过口头方式缔结的，则他们之间的口头合同（Le contrat verbis）产生的债也通过口头方式消灭，这就是 l'acceptilation 式的消灭方式，如果当事人之间的合同是通过书面方式缔结的，则他们之间的书面合同（le contrat litteris）所产生的债也通过书面合同形式予以消灭。②

(三) 债的自愿消灭和债的强制消灭

根据债的消灭是否建立在当事人自愿基础上的不同，人们将债的消灭分为两类：债的自愿消灭和债的强制消灭。

所谓债的自愿消灭，是指债根据两方当事人的意思表示甚至其中的一方当事人的意思表示消灭，当合同的双方当事人达成消灭债的一致意思表示时，甚至当一方当事人具有消灭债的主观意图、意志、意思时，他们之间的债能够按照双方甚至一方的意图、意志、意思表示消灭，这就是债的自愿消灭，例如，因为债的更新、抵销引起的债的消灭等。

所谓债的强制消灭，是指债因为当事人意思表示之外的某种原因而消灭。当债的消灭因为当事人意图、意志、意思之外的某种原因引起时，该种原因引起的债的消灭就属于债的强制消灭，例如，因为时效期间经过而导致债的消灭，因为债务人的死亡引起债的消灭等。

在法国，Girard 采取此种理论，他指出："根据债消灭的内在特征的不同，民法学家将罗马法当中债的消灭方式分为两类：债的自愿消灭方式和债的非自愿即强制消灭方式，其中的自愿消灭方式是指通过两方当事人或者一方当事人的意图消灭债，例如，债的清偿、债的更新、抵销和债的免除就属于此类消灭方式，而所谓债的强制消灭，则是指通过当事人意图之外的某些外在事件引起债的消灭，例如，债的履行的不可能性，死亡和期限届满等。"③

---

① L. 35 et 100, De reg. juris; Victor Hongre, Étude sur l'acceptilation en droit romain, thèse pour le doctorat Paris, Imprimerie de Moquet, 1883, p. 1.

② Victor Hongre, Étude sur l'acceptilation en droit romain, thèse pour le doctorat Paris, Imprimerie de Moquet, 1883, pp. 6 – 7; Prosper Rambaud, Explication élémentaire du droit romain, Tome II, Les obligations, la procédure civile, les actions, les exceptions, les interdits; le droit romain et le droit français, Paris, Librairie Marescq aîné, 1893, pp. 341 – 342.

③ Paul Frédéric Girard, Manuel élémentaire de droit romain, 8e édition, Dalloz, 2003, p. 727.

第二节　法国旧法时期债的消灭原因

一、Domat 和 Pothier 在 17 世纪和 18 世纪对债的消灭原因做出的说明

在法国旧法时期，民法学者也对债消灭的原因做出了说明，因为在这一时期，债法至少被某些民法学者认为是民法当中最重要的组成部分。法国 17 世纪的民法学家 Domat 就认为，在讨论民法的内容时，人们应当首先讨论债法的内容，因为他认为，社会秩序从人与人之间的债开始，债不仅在所有地方均存在，而且在所有地方，上帝均让人们承担债务。① 因为债被认为是最重要的民法组成部分，因此，在 17 世纪的著名民法著作《自然秩序当中的民法》当中，除了对债涉及的其他内容做出了详细的阐述之外，Domat 也对债的消灭做出了详尽的阐述。②

除了 Domat 在 17 世纪对债的消灭做出了详尽的阐述之外，Pothier 也在 18 世纪对债的消灭原因做出了详尽的阐述。在 18 世纪的著名债法著作即《债法专论》当中，除了对债的一般理论和一般制度做出了体系化的阐述之外，Pothier 也对债消灭的各种原因做出了系统化的阐述，为 1804 年的《法国民法典》明确规定债的消灭原因提供了智识性的源泉。③

二、Domat 对债的消灭原因做出的分类

在《自然秩序当中的民法》当中，Domat 对债的消灭原因做出了说明，他指出，债的消灭方式主要分为三类。

第一，债务的履行和清偿，包括债务的全部履行、全部清偿和部分履行、部分清偿，这就是债务的清偿引起的债的消灭。不过，Domat 关于债的清偿引起的债的消灭既不同于罗马法也不同于现代法律的规定，因为他认为，债的抵销也属于债的清偿的组成部分，认定它在性质上属于一种"相互清偿"（paiemens réciproques）。"债消灭的第一种方式是债的履行和清偿，或者是全部履行和清偿，例如债务人将全部借款返还给债权人，或者是部分履行和清偿，例如，债务人仅仅偿还扣减之后的借款。"④ 不过，在讨

---

① 张民安：《法国民法总论（上）》，清华大学出版社 2017 年版，第 121 页。
② Joseph Rémy, Œuvres complètes de J. Domat, Nouvelle édition, Tome II, Paris, Firmin Didot Père et fils, 1829, pp. 232－286；张民安：《法国民法总论（上）》，清华大学出版社 2017 年版，第 125—126 页。
③ M. Bugnet, Œuvres de Pothier, annotées et mises en corrélation avec le Code civil et la legislation actuelle, Tome I, Paris, Henzri Plon Gosse et Marchal, 1861, pp. 270－397；张民安：《法国民法总论（上）》，清华大学出版社 2017 年版，第 176—177 页。
④ Joseph Rémy, Œuvres complètes de J. Domat, Nouvelle édition, Tome II, Paris, Firmin Didot Père et fils, 1829, p. 231.

论这一类债的消灭时,他明确区分债的清偿[①]和债的抵销。[②]

第二,债权人向法院起诉,要求法官宣告他们与债务人之间的债无效,并因此要求法官责令债务人将根据债所取得的给付返还给自己,这就是"可撤销和全部返还"(Des rescisions et restitutions en entier)。"债消灭的第二种方式是,让法官通过诉讼方式宣告当事人之间的债无效,或者宣告债务全部无效,例如,对未成年人提供毫无益处的借贷等,或者宣告债务部分无效,例如,如果对未成年的借贷存在部分益处,则要求法官宣告没有任何益处的借贷部分无效。"[③]

Domat认为,可撤销和全部返还的消灭方式不同于所有其他的债的消灭方式,因为,所有其他的债的消灭方式均以当事人之间的债有效作为前提,债的消灭不会影响当事人之间债的有效性;而此种消灭方式则不同,虽然当事人之间的债是有效的,但是,基于当事人的诉讼请求,他们之间的有效债可以被法官宣告为无效,并因此产生了将根据有效的债所获得的给付予以全部返还的后果。当债务人根据被撤销的债而将所获得的给付返还给对方时,则当事人之间的债消灭。因此,当一个未成年子在未成年人期间与一个成年人缔结合同时,无论该合同是否有利于未成年人,未成年人均有权要求法官撤销他们与对方当事人之间所缔结的合同,一旦他们所缔结的合同被法官撤销,在成年人将根据合同所获得的给付返还给未成年人之后,他们之间的债消灭。此种规则适用于因为欺诈、胁迫和显失公平的行为等引起的合同债的消灭,也适用于其他因为非法行为引起的债的消灭。[④]

第三,以第二种债替换第一种债,在第二种债持续存在的同时第一种债消灭。"债消灭的第三种方式是,以第二种债取代第一种债,其结果就是,仅仅第二种债持续存在,而第一种债被消灭。"[⑤] Domat认为,此种类型的债的消灭除了债的更新之外还包括债务的指令承担。[⑥] 在讨论此类债的消灭方式时,他明确区分债的更新和债务的指令承担,因为他明确承认债的更新与债务的指令承担之间是存在差异的。[⑦]

Domat认为,除了上述主要三类债的消灭方式之外,债的消灭还包括其他方式:其一,财产的转让(la cession des biens)。他指出,作为一种债的消灭方式,财产的转让

[①] Joseph Rémy, Œuvres complètes de J. Domat, Nouvelle édition, Tome II, Paris, Firmin Didot Père et fils, 1829, pp. 232-246.

[②] Joseph Rémy, Œuvres complètes de J. Domat, Nouvelle édition, Tome II, Paris, Firmin Didot Père et fils, 1829, pp. 246-252.

[③] Joseph Rémy, Œuvres complètes de J. Domat, Nouvelle édition, Tome II, Paris, Firmin Didot Père et fils, 1829, p. 231.

[④] Joseph Rémy, Œuvres complètes de J. Domat, Nouvelle édition, Tome II, Paris, Firmin Didot Père et fils, 1829, pp. 267-286.

[⑤] Joseph Rémy, Œuvres complètes de J. Domat, Nouvelle édition, Tome II, Paris, Firmin Didot Père et fils, 1829, p. 231.

[⑥] Joseph Rémy, Œuvres complètes de J. Domat, Nouvelle édition, Tome II, Paris, Firmin Didot Père et fils, 1829, p. 231.

[⑦] Joseph Rémy, Œuvres complètes de J. Domat, Nouvelle édition, Tome II, Paris, Firmin Didot Père et fils, 1829, pp. 253-254.

是上述第一种方式和第二种方式的混合体。① 其二，证据、宣誓、时效。他指出，既然证据、宣誓和时效也具有消灭和减少债的效果，因此，也应当列为债消灭或者减少的方式当中，但是，鉴于《自然秩序当中的民法》体系和编制体例的需要，这些内容应当放在别的地方讨论，而没有放在债的消灭方式当中加以讨论。②

因此，实质上来看，Domat 认为，债的消灭方式有九种：其一，债的清偿；其二，债的抵销；其三，债的相对无效；其四，债的更新；其五，债务的指令承担；其六，财产的转让；其七，证据；其八，宣誓；其九，时效。这就是 Domat 在 17 世纪所主张的债的消灭的九原因理论。

三、Pothier 对债的消灭原因做出的分类

在 18 世纪的《债法专论》当中，Pothier 认为，债的消灭原因至少达到九种：其一，真正的清偿（le paiement réel）；其二，提存（la consignation）；其三，抵销；其四，混同；其五，债的更新、债的免除、应当交付的物的灭失；其六，合同所规定的解除条件（condition résolutoire）；其七，债务人或者债权人的死亡；其八，拒绝受理（fins de non-recevoir contre les créances）；其九，适用于债权人的时效（prescriptions contre les créances）。这就是 Pothier 在 18 世纪所主张的债的消灭的九原因理论。

Pothier 对这些原因的债的消灭理论做出了说明，他指出："债能够通过不同方式予以消灭，它或者通过真正的清偿消灭，或者通过提存消灭，或者通过混同消灭，或者通过债的更新消灭，或者通过债的免除消灭，或者通过应当交付的物的灭失消灭，如果当事人缔结的合同规定了解除条件，债因为此种条件的存在而消灭，债因为债务人或者债权人的死亡消灭，我们将分七章对这些不同的消灭方式做出单独的讨论。此外，我们还增加一章即第八章，在该章当中，他们将会讨论拒绝受理和适用于债权人的时效。"③

关于债消灭的其他原因，笔者要么已在前面的内容当中已经作出了说明，例如，应当交付的物的灭失和债的更新，已如前述，要么将在下面的内容当中作出详细的讨论，此处从略，诸如清偿、提存、混同、抵销、债的免除和时效等，笔者仅在此处简要地介绍 Pothier 所说到的其他几种债的消灭原因，包括：合同所规定的解除条件（condition résolutoire），债务人和债权人的死亡，以及拒绝受理（fins de non-recevoir）引起的债的消灭。

Pothier 认为，当事人之间的债可以因为合同所规定的解除条款的适用而消灭。他指出，如果合同当事人在自己的合同当中对债务人承担债务的期限做出了明确规定，例如，他们之间的合同明确规定，债务人仅仅承担债务到某一个时间，或者承担债务直到某一个事件发生，则当事人之间的此种合同所规定的债务就属于附解除条件的债务。一

---

① Joseph Rémy, Œuvres complètes de J. Domat, Nouvelle édition, Tome II, Paris, Firmin Didot Père et fils, 1829, p. 232.

② Joseph Rémy, Œuvres complètes de J. Domat, Nouvelle édition, Tome II, Paris, Firmin Didot Père et fils, 1829, p. 231.

③ M. Bugnet, Œuvres de Pothier, annotées et mises en corrélation avec le Code civil et la legislation actuelle, Tome I, Paris, Henzri Plon Gosse et Marchal, 1861, p. 270.

且合同规定的时间届满或者事件发生，则当事人之间的合同因为解除条件的成就而消灭。①

Pothier 认为，在正常情况下，债权人的死亡不会导致他们生前享有的债权消灭，因为人们认为，当债权人对债务人享有债权时，他们被视为与债务人做出了这样的规定：债权人既是为了自己也是为了自己的继承人签订合同并因此享有债权。基于同样的原因，正常情况下，债务人死亡，他们生前承担的债务也不会消灭。因此，债权人或者债务人死亡之后，他们的继承人既继承债权人的债权也继承其债务。在例外情况下，债权人或者债务人的死亡则会导致他们的债权或者债务消灭。例如，债权人或者债务人生前享有或者承担的债权、债务是与他们的人身具有紧密联系的债权或者债务，则他们的死亡也会导致债权或者债务的消灭。②

Pothier 认为适用于债权人的拒绝受理（fins de non-recevoir contre les créances）也会引起债的消灭。所谓适用于债权人的拒绝受理，是指因为某种原因的存在，债权人不能够向法院起诉，要求法官责令债务人履行所承担的债务或者承担法律责任。当此种原因存在时，债务人对债权人承担的债务消灭。适用于债权人的拒绝受理包括法官判决的既判力（la chose jugée）、时效的经过（laps du temps）即时效等。实际上，Pothier 所谓的适用于债权人的拒绝受理是指债务人所享有的能够对抗债权人履行请求的各种抗辩。③

四、Pothier 与 Domat 之间的分类所存在的差异

在对债的消灭的原因做出分类时，Pothier 和 Domat 之间既存在共同点，也存在差异。他们之间的共同点有：其一，他们均受到了罗马法的影响，因为他们均是罗马法学家，在 17 世纪和 18 世纪研究民法时，他们均不遗余力地研究罗马法。④ 例如，Domat 之所以将宣誓视为债消灭的原因，当然完全是因为罗马法规定了此种消灭原因，已如前述。再例如，Pothier 之所以将应当交付的物的灭失作为债消灭的原因，最直接的原因当然也是罗马法规定了此种消灭原因，已如前述。其二，他们均承认一些典型的债的消灭原因，诸如清偿、抵销、时效和债的更新。

他们之间的主要差异有：Domat 不承认应当交付的物的灭失是债的一种消灭原因，而 Pothier 则不同，他承认此种消灭原因；Domat 承认债的相对无效是债消灭的一种原因，而 Pothier 则不承认此种消灭原因，已如前述；Domat 没有将债务人享有的抗辩视为债消灭的原因，而 Pothier 则承认此种消灭原因。Domat 没有将当事人的死亡视为债消灭

---

① M. Bugnet, Œuvres de Pothier, annotées et mises en corrélation avec le Code civil et la legislation actuelle, Tome I, Paris, Henzri Plon Gosse et Marchal, 1861, p. 368.

② M. Bugnet, Œuvres de Pothier, annotées et mises en corrélation avec le Code civil et la legislation actuelle, Tome I, Paris, Henzri Plon Gosse et Marchal, 1861, pp. 368 – 371.

③ M. Bugnet, Œuvres de Pothier, annotées et mises en corrélation avec le Code civil et la legislation actuelle, Tome I, Paris, Henzri Plon Gosse et Marchal, 1861, pp. 371 – 374.

④ 在《自然秩序当中的民法》当中，Domat 所谓的民法也仅仅是指罗马法，在该著作当中，他运用自然法的方法研究罗马法。Pothier 不仅精通罗马法，而且还对查士丁尼皇帝的《潘德克吞》进行了研究；此外，在一系列民法专论当中，他也像 Domat 一样以自然法的方法研究罗马法。张民安：《法国民法总论（上）》，清华大学出版社 2017 年版，第 119—120 页、第 157—168 页。

的原因，而 Pothier 则承认，当事人的死亡在例外情况下属于债消灭的原因，已如前述。Domat 将证据和宣誓视为债消灭的原因，而 Pothier 则没有将它们视为债的消灭原因，已如前述。Domat 没有将合同所规定的解除条件视为债消灭的原因，而 Pothier 则承认此种消灭原因，已如前述。Domat 没有将混同视为债消灭的原因，而 Pothier 则承认此种消灭原因，已如前述。

此外，即便 Pothier 和 Domat 均承认债的清偿、债的更新等典型的债的消灭方式，但是，他们做出的说明也存在差异，至少存在形式上的差异。例如，Domat 认为抵销属于债的清偿的组成部分，而 Pothier 则认为，抵销不属于真正的债的清偿，而属于清偿之外的一种独立方式，已如前述。再例如，虽然他们均承认债的更新是债的消灭方式，但是，他们对待债的更新与债务的指令承担的态度也存在差异：Domat 明确区分债的更新和债务的指令承担；而 Pothier 则不同，他将债务的指令承担视为债的更新的组成部分，并因此在债的更新当中对其做出说明，已如前述。

第三节　2016 年之前的《法国民法典》对债的消灭原因做出的规定

一、2016 年之前的《法国民法典》第三卷第三编第五章对债的消灭做出的规定

在 Domat 和 Pothier 的双重影响下，1804 年的《法国民法典》对债的消灭原因做出了明确规定。具体来说，1804 年的《法国民法典》第三卷第三编即合同或者合同债总则第五章规定了债的消灭，该章的标题为"债的消灭"，由第 1234 条至第 1314 条组成，除了其中的第 1234 条对债消灭的各种原因做出了明确列举之外，该章共分为七节，分别对债消灭的七种原因做出了详细的规定，它们结合在一起就构成作为一个有机整体的债的消灭制度。

1804 年的《法国民法典》第 1234 条明确列举了债的消灭的九种原因，该条规定：债通过以下方式消灭：通过清偿消灭；通过债的更新消灭；通过自愿免除消灭；通过抵销消灭；通过混同消灭；通过物的灭失消灭，通过无效或者可撤销消灭；通过解除条件消灭，关于这一消灭方式，将会在下面一章当中做出解释；通过时效消灭，关于这一消灭方式，将会在特定的一编当中做出规定。①

第五章第一节为债的清偿（du paiement），由第 1235 条至第 1264 条组成，它们分别对债的清偿总则（du paiement en général）、债的代位清偿（du paiement avec subrogation）、债的清偿的列入（de l'imputation des paiements）、债的清偿的提出（des offres de paiement）和提存（de la consignation）、财产的转让（De la cession de biens）做出了规

---

① Article 1234, Code civil des Français, édition originale et seule officielle, A Paris, de l'Imprimerie de la République, An XII 1804. https://www.assemblee-nationale.fr/evenements/code-civil/cc1804-l3t03c5.pdf.

定,已如前述。① 第二节为债的更新（De la novation）,由第 1271 条至第 1281 条组成,对债更新的三种方式、债的更新应当具备的条件、债的更新产生的法律效力等内容做出了规定,其中包括债务的指令承担②,已如前述。

第三节为债的免除（De la remise de la dette）,由第 1282 条至第 1288 条组成,它们对债务免除的条件和法律效力做出了规定。③ 第四节为债的抵销（De la compensation）,由第 1289 条至第 1299 条组成,它们对债的抵销的类型、债的抵销的条件和债的抵销的法律效力等内容做出了规定。④ 第五节为债的混同（De la confusion）,由第 1300 条至第 1301 条组成,它们对债的混同的条件和法律效力做出了规定。⑤ 第六节为应当交付的物的灭失（De la perte de la chose due）,由第 1302 条至第 1303 条组成,它们对应当交付的物的灭失的条件和法律效力做出了规定。⑥ 第七节为合同无效或者可撤销之诉,由第 1304 条至第 1314 条组成,它们对合同无效或者可撤销引起的返还责任做出了规定。⑦

单纯从 1804 年的《法国民法典》第五章所规定的内容来看,1804 年的《法国民法典》关于债的消灭的规定既受到了 Domat 的上述理论的影响,也同时受到了 Pothier 的上述理论的影响。不过,相比较而言,法国立法者受到 Pother 的影响要比受到 Domat 的影响大得多,因为,在第 1234 条所规定的九种债的消灭原因当中,仅一种消灭原因是直接源自 Domat 的,这就是第五章第七节所规定的合同无效或者可撤销之诉,已如前述。而在该条所规定的九种消灭原因当中,至少好几种债的消灭原因直接源自 Pothier：应当交付的物的灭失、混同和解除条件等。此外,在债的更新方面,法国立法者所采取的做法也直接源自Pothier,因为他将债务的指令承担置于债的更新当中,而 Domat 则将其独立于债的更新,已如前述。

1804 年的《法国民法典》关于债的消灭的这些规定一直从 1804 年适用到 2016 年之前,在长达 200 多年的时间内,法国立法者虽然对其中的某些规定做出任何修改、补充、废除或者增加,但是,大多数法律条款均保持原封不动的状况。⑧

---

① Articles 1235 à 1264, Code civil des Français, édition originale et seule officielle, A Paris, de l'Imprimerie de la République, An XII 1804. https://www.assemblee-nationale.fr/evenements/code-civil/cc1804-l3t03c5.pdf.

② Articles 1271 à 1281, Code civil des Français, édition originale et seule officielle, A Paris, de l'Imprimerie de la République, An XII 1804. https://www.assemblee-nationale.fr/evenements/code-civil/cc1804-l3t03c5.pdf.

③ Articles 1282 à 1288, Code civil des Français, édition originale et seule officielle, A Paris, de l'Imprimerie de la République, An XII 1804. https://www.assemblee-nationale.fr/evenements/code-civil/cc1804-l3t03c5.pdf.

④ Articles 1289 à 1299, Code civil des Français, édition originale et seule officielle, A Paris, de l'Imprimerie de la République, An XII 1804. https://www.assemblee-nationale.fr/evenements/code-civil/cc1804-l3t03c5.pdf.

⑤ Articles 1300 à 1301, Code civil des Français, édition originale et seule officielle, A Paris, de l'Imprimerie de la République, An XII 1804. https://www.assemblee-nationale.fr/evenements/code-civil/cc1804-l3t03c5.pdf.

⑥ Articles 1302 à 1303, Code civil des Français, édition originale et seule officielle, A Paris, de l'Imprimerie de la République, An XII 1804. https://www.assemblee-nationale.fr/evenements/code-civil/cc1804-l3t03c5.pdf.

⑦ Articles 1304 à 1314, Code civil des Français, édition originale et seule officielle, A Paris, de l'Imprimerie de la République, An XII 1804. https://www.assemblee-nationale.fr/evenements/code-civil/cc1804-l3t03c5.pdf.

⑧ Articles 1234 à 1314, Code civil, Version en vigueur au 09 février 2016, https://www.legifrance.gouv.fr/codes/section_lc/LEGITEXT000006070721/LEGISCTA000006136348/2016-02-09/#LEGISCTA000006136348.

二、19 世纪和 20 世纪初期的民法学者对债的消灭原因做出的说明

在 19 世纪,虽然民法学者普遍根据《法国民法典》的规定对债的消灭的原因做出了说明,但是,他们做出的说明也存在一定的差异。笔者仅以 19 世纪前半期、19 世纪中后期和 19 世纪末期和 20 世纪初期的四个民法学者 Toullier、Demolombe、Aubry 和 Rau 做出的说明为例对此做出简要的说明。

(一) Toullier 在 1821 年对债的消灭原因做出的说明

在 1821 年的《法国民法》当中,Toullier 并没有完全按照《法国民法典》第 1234 条的规定讨论债的消灭原因,因为他指出,债的消灭原因要远比《法国民法典》第 1234 条所列举的类型多;① 他认为,债消灭的原因至少包括 11 类,其中的某些类型仅包括一种债消灭的原因,而其他的类型则包括两种甚至两种以上的债的消灭原因。② 债消灭的 11 类原因是:①当事人的相互同意能够消灭债,人们能够将债的免除、和解、债的更新和债务的指令承担归入这一类的消灭原因当中,因为仅仅在当事人相互同意的情况下,他们之间的债才能够消灭。②有时候,仅一方当事人的意图能够消灭债。例如,当一方当事人与另外一方当事人所签订的合同规定,一方当事人甚至双方当事人均能够凭借自己的意图自由中断合同,如果该方当事人自由中断合同,则他们之间的合同债消灭。再例如,因为合同的性质,一方当事人甚至双方当事人均能够自由中断合同,则公司合同、代理合同以及所有具有此种性质的合同等能够因为当事人的意图而消灭。③债务人履行债务或者执行债务,人们将此种债的消灭称为清偿;不过,人们应当将财产转让、抵押权的放弃、财产的抛弃(le déguerpissement)和抵销归入此类债的消灭当中。④以第二种债替换第一种债,其结果是,第二种债存续,而第一种债则消灭,人们应当将债的更新和债务的指令承担归入此类消灭原因当中,虽然此类消灭原因也需要当事人的相互同意,但是,它们具有自己的特殊规则。⑤混同,也就是债权人和债务人的身份统一到同一个人身上。⑥在债务人过错欠缺的情况下,应当交付的财产灭失或者毁坏。⑦宣告当事人之间的债全部或者部分无效或者可撤销的判决或者仲裁裁决,也就是《法国民法典》第五章第七节的规定。⑧债务人做出的宣誓,债务人的证据之所以能够消灭债,是因为证据既能够证明债的存在,也能够证明债的消灭③。⑨合同或者制定法所规定的期限和合同解除条款所规定的事件。⑩债权人或者债务人的死亡。⑪制定法在某些情况下消灭债甚至消灭合同债。

---

① C.-B.-M. Toullier, Le Droit civil francais suivant l'ordre du code, Troisieme edition, Tome VII, Bruxelles, Chez la Ve. Ad. Stapleaux, 1821, p. 2.
② C.-B.-M. Toullier, Le Droit civil francais suivant l'ordre du code, Troisieme edition, Tome VII, Bruxelles, Chez la Ve. Ad. Stapleaux, 1821, pp. 2 – 3.
③ C.-B.-M. Toullier, Le Droit civil francais suivant l'ordre du code, Troisieme edition, Tome VII, Bruxelles, Chez la Ve. Ad. Stapleaux, 1821, p. 2.

（二）Demolombe 在 1872 年对债的消灭原因做出的说明

在 1872 年的《拿破仑法典教程》当中，Demolombe 对债的消灭做出的说明不完全同于 Toullier。在对《法国民法典》第 1234 条所列举的债的消灭原因做出讨论时，他认为人们应当首先解决的一个问题是，该条所规定的债的消灭原因是否完整、完全？对于此种问题，他做出了肯定的回答，认为该条所列明的债的消灭原因是完整的、完全的，因为它所列举的所有债的消灭原因在性质上均属于债消灭的一般原因。"关于这个问题，我们相信，人们能够做出这样的回答：第 1234 条所列举的债的消灭方式是完整的、完全的。我们是在此种意义上讲该条的列举是完整的、完全的：它所列明的所有方式均是债消灭的通常方式，无论要消灭的债是什么债，就如同 Pothier 所言的一样，换言之，根据普通法的规定，它所列明的所有消灭方式均能够适用于一般意义上的债，而排除了所有债消灭的特殊方式。"①

不过，在承认《法国民法典》第 1234 条所规定的债的消灭原因是完整、完全的情况下，Demolombe 也认为，除了该条所规定的消灭原因之外，债法当中还存在其他债消灭的原因，他将该条没有规定的这些债的消灭原因称为债消灭的特殊方式（modes spéciaux），以便区别于他认为第 1234 条所规定的债消灭的一般方式（les modes généraux）。他指出："这并不是说不存在能够消灭债的其他方式。不过，债消灭的其他方式仅仅是债消灭的特殊方式，它们没有第 1234 条所规定的消灭方式所具有的一般性，这就是第 1234 条没有将它们列举在债的消灭方式当中的原因，因为第 1234 条仅仅提及债消灭的一般方式。"②

Demolombe 指出，虽然债消灭的特殊方式多种多样，但是，能够让债消灭的特殊方式尤其包括五种：期限（Le terme），当事人在自己的合同当中所规定的期限届满，他们之间的债消灭；一方当事人的死亡，也就是债务人或者债权人的死亡；当事人的相互同意，有时，仅一方当事人的单方面意思表示（la volonté unilatérale）；当事人欠缺能力；债务履行的不可能（L'impossibilité d'exécution）。③

（三）Aubry 和 Rau 在 1902 年对债的消灭原因做出的说明

在 1902 年的《法国民法教程》当中，Aubry 和 Rau 对债的消灭的原因做出的说明既不完全等同于 Toullier，也不完全等同于 Demolombe。他们指出，根据《法国民法典》第 1234 条的规定，债消灭的原因包括七类：①通过清偿消灭；②通过债的自愿免除消灭；③通过债的更新消灭；④通过让债务的履行变得不可能的阻碍的发生消灭（la survenance d'un empêchement）；⑤通过司法所宣告的无效或者可撤销消灭；⑥通过解除条

---

① Charles Demolombe, Cours de Code Napoléon, Tome XXVII, Traité des Contrats ou des Obligations Conventionnelles en Général, Tome Quatrieme, Paris, Auguste Durand Libraire L. Hachette et Cie Libraire, 1872, p.3.

② Charles Demolombe, Cours de Code Napoléon, Tome XXVII, Traité des Contrats ou des Obligations Conventionnelles en Général, Tome Quatrieme, Paris, Auguste Durand Libraire L. Hachette et Cie Libraire, 1872, pp.3 – 4.

③ Charles Demolombe, Cours de Code Napoléon, Tome XXVII, Traité des Contrats ou des Obligations Conventionnelles en Général, Tome Quatrieme, Paris, Auguste Durand Libraire L. Hachette et Cie Libraire, 1872, pp.4 – 8.

件的效力消灭；⑦通过合同所规定的债的期限的届满消灭。他们认为，债权人或者债务人的死亡不会导致债的消灭，除非制定法规定了某种例外，或者除非因为债务的性质决定了在当事人死亡之后他们的债消灭。此外，时效也不能够导致债的消灭，因为时效仅仅阻碍债权人向法院起诉，要求法官责令债务人对其履行债务，并不会导致债务人的债务消灭。①

三、2016 年之前民法学者对《法国民法典》第 1234 条的规定所提出的批评

（一）《法国民法典》第 1234 条关于债的消灭原因的规定所存在的两个主要问题

在 2016 年之前，法国民法学者对《法国民法典》第 1234 条所规定的债的消灭原因的规定表示出普遍性的不满，因为他们认为，该条对债消灭原因做出的规定要么是不准确的（ni exacte），要么是不完全的（ni complète）。② Ghestin、Billiau 和 Loiseau 对该条所存在的这两个问题做出了说明，他们指出："作为'债的消灭'一章的组成部分，《法国民法典》第 1234 条列明了债消灭的九种原因：清偿，更新，自愿免除，抵销，混同，物的灭失，无效或者可撤销，解除条件，以及时效。此种列举不应当被视为对债的消灭施加的限制，因为它的列举既不完全也不准确。"③ Flour、Aubert 和 Savaux 也对该条所存在的这两个问题做出了说明，他们也指出："虽然《法国民法典》第 1234 条对债消灭的原因做出了列举，但是，它的列举既是不准确的，也是不完全的。"④

（二）《法国民法典》第 1234 条关于债的消灭原因的规定是不准确的

《法国民法典》第 1234 条对债的消灭原因的列举之所以是不准确的，是因为它将那些不是债消灭的真正原因规定为债消灭的原因，包括：债的无效或者被撤销、解除条件以及物的灭失。

首先，该条规定的债的无效或者债的撤销并不是债消灭的真正原因，因为，债的消灭不同于债的无效或者可撤销。它们之间的主要差别是：债的消灭以所消灭的债的存在

---

① MM. Aubry et Rau, Cours de droit civil français d'après la méthode de Zachariae, 5e édition, Tome IV, revue et mise au courant de la législation et de la jurisprudence, par MM. G. Rau, Ch. Falgimaigne et M. Gault, Paris, Imprimerie et Librairie générale de jurisprudence, 1902, pp. 242 – 243.

② Henri et Léon Mazeaud, Jean Mazeaud, François Chabas, Obligations, 9e édition, Montchrestien, 1998, pp. 1134 – 1135; Jacques Ghestin, Marc Billiau, Grégoire Loiseau, Traité de Droit Civil, Le régime des créances et des dettes, LGDJ, 2005, pp. 579 – 581; Rémy Cabrillac, Droit des obligations, 9e édition, Dalloz, p. 327; Françcois Terré, Philippe Simler, Yves Lequette, Droit civil, Les obligations, 12e édition, Dalloz, 2009, p. 1305; Jacques Flour, Jean-Luc Aubert, Éric Savaux, Les obligations, 3. Le rapport d'obligation, 7e édition, Dalloz, 2011, p. 409.

③ Jacques Ghestin, Marc Billiau, Grégoire Loiseau, Traité de Droit Civil, Le régime des créances et des dettes, LGDJ, 2005, p. 579.

④ Jacques Flour, Jean-Luc Aubert, Éric Savaux, Les obligations, 3. Le rapport d'obligation, 7e édition, Dalloz, 2011, p. 409.

和有效作为条件，债的无效不符合债的消灭的此种要求；债的消灭向将来生效，不会产生溯及既往的消灭效力，而债的无效或者被撤销则不同，它们被视为自始不存在、自始没有发生法律效力。Ghestin、Billiau 和 Loiseau 对此种原因做出了说明，他们指出："因为债的瑕疵而引致的债的无效或者可撤销影响到债的渊源的成立。债会溯及既往地消灭，此种后果既排除了债的履行的可能性，也排除了债务不履行所遭受的所有法律制裁的存在。"① Terré、Simler 和 Lequette 也对此种原因做出了说明，他们指出："《法国民法典》第1234条对债的消灭原因做出的规定将某些不是债消灭的真正原因列举在其中，为了能够被消灭，债应当已经存在并且产生了法律效力。而该条所规定的无效或者可撤销的债仅仅会使有瑕疵的法律效力溯及既往地消失：债没有被消灭，它们被视为自始不存在。"②

其次，该条所规定的解除条件也不是债的消灭的真正原因。因为，如果债因为解除条件的成就而解除，则当事人之间的债原则上溯及既往地消灭，而不是像债的消灭一样仅仅向将来消灭。Ghestin、Billiau 和 Loiseau 对此种原因做出了说明，他们指出："对于第1234条所规定的解除条件而言，如果解除条件与债的履行产生关系的话，则它原则上仅仅产生让合同渊源溯及既往消灭的效力，人们应当在合同的不履行所遭受的制裁当中讨论这一问题。"③ Terré、Simler 和 Lequette 也对此种原因做出了说明，他们指出："第1234条所规定的解除条件同样产生让债和所有的法律效力溯及既往地消灭的效力。"④

最后，该条所规定的物的灭失也不是债的消灭的真正原因。因为一方面，即便是因为意外事故或者不可抗力引起物的灭失，物的灭失也仅仅是让债务人的债务处于履行不能当中；另一方面，并非在任何情况下，物的灭失均会让债务人承担的债务消灭，如果债务人对物的灭失有过错，则他们仍然应当对债权人承担民事责任，包括合同责任和侵权责任。Mazeaud 和 Chabas 等人对此种原因做出了说明，他们指出："应当交付的物的灭失并不会让债务人承担的债务消灭，如果所涉及的债是交付可替换物的债的话……相反，如果涉及特定物之债，则应当交付的物的灭失则会让债务处于不能够履行之中。此时，虽然债务人承担的交付财产的债务消灭了，但是，该种债务能够被金钱损害赔偿债务替换吗？答案是肯定的，根据具体情况的不同，债务人应当按照一般民事责任法的规则承担损害赔偿责任，或者是合同责任，或者是侵权责任。"⑤ Flour、Aubert 和 Savaux 也对此种原因做出了说明，他们指出："物的灭失也仅仅是因为意外事故引起的债务不

---

① Jacques Ghestin, Marc Billiau, Grégoire Loiseau, Traité de Droit Civil, Le régime des créances et des dettes, LGDJ, 2005, pp. 580 – 581.

② François Terré, Philippe Simler, Yves Lequette, Droit civil, Les obligations, 12e édition, Dalloz, 2009, p. 1305.

③ Jacques Ghestin, Marc Billiau, Grégoire Loiseau, Traité de Droit Civil, Le régime des créances et des dettes, LGDJ, 2005, p. 581.

④ François Terré, Philippe Simler, Yves Lequette, Droit civil, Les obligations, 12e édition, Dalloz, 2009, p. 1305.

⑤ Henri et Léon Mazeaud, Jean Mazeaud, François Chabas, Obligations, 9e édition, Montchrestien, 1998, p. 1135.

能履行的一种特殊情形,人们应当根据合同责任或者风险理论确定它引起的后果。"①

此外,Ghestin、Billiau 和 Loiseau 还认为,第 1234 条所规定的混同和时效也均不是债消灭的真正原因,他们指出:"在债的消灭原因方面,第 1234 条所规定的最严重的不准确的地方是,它确认债会因为混同和时效而消灭,因为我们会指出,它们并不会真正地引起债的消灭,因为,作为阻止债务履行的方式,他们仅仅产生让债务人的债务不履行的间接效果。"②

（三）《法国民法典》第 1234 条关于债的消灭原因的规定是不完全的

《法国民法典》第 1234 条对债的消灭原因的列举之所以是不完全的,是因为该条并没有将其债消灭的某些真正原因规定下来,导致原本应当规定的原因没有规定下来。2016 年之前,虽然民法学者普遍认为,第 1234 条规定债的消灭原因是不完全的、不足够的,但是,在应当增加哪些新消灭原因的问题上,他们之间也存在不同看法。Ghestin、Billiau 和 Loiseau 认为,第 1234 条应当增加的原因包括:当事人的相互同意,消灭期限,债务的履行不能,以及某些情况下的死亡。③ Terré、Simler 和 Lequette 认为,人们应当增加的原因包括:消灭期限、完全意义上的债务的指令承担（La délégation parfaite）、债务人或者债权人的死亡,以及法定权利的剥夺（déchéances légales）。④ 而 Flour、Aubert 和 Savaux 则认为,人们应当在该条当中增加一种债消灭的原因,这就是抵债履行。⑤

四、2016 年之前民法学者对债的消灭原因做出的分类

2016 年之前,民法学者普遍根据不同的标准对债的消灭原因做出了分类,所不同的是,他们做出的分类并不完全相同,例如 Mazeaud、Carbonnier、Flour 和 Aubert 等人做出的说明就存在明显差异。

Mazeaud 和 Chabas 等人认为,所有债的共同消灭方式可以分为两类:其一,债消灭的法定方式（les modes légaux d'extinction）,该类债的消灭又可以分为债的混同、债的抵销和消灭时效三种。其二,债的消灭的自愿方式（les modes volontaire d'extinction）,该种方式又可以分为两种:债的免除和债的更新。⑥

---

① Jacques Flour, Jean-Luc Aubert, Éric Savaux, Les obligations, 3. Le rapport d'obligation, 7e édition, Dalloz, 2011, p. 409.
② Jacques Ghestin, Marc Billiau, Grégoire Loiseau, Traité de Droit Civil, Le régime des créances et des dettes, LGDJ, 2005, p. 581.
③ Jacques Ghestin, Marc Billiau, Grégoire Loiseau, Traité de Droit Civil, Le régime des créances et des dettes, LGDJ, 2005, p. 581.
④ François Terré, Philippe Simler, Yves Lequette, Droit civil, Les obligations, 12e édition, Dalloz, 2009, pp. 1305 – 1306.
⑤ Henri et Léon Mazeaud, Jean Mazeaud, François Chabas, Obligations, 9e édition, Montchrestien, 1998, p. 1135.
⑥ Henri et Léon Mazeaud, Jean Mazeaud, François Chabas, Obligations, 9e édition, Montchrestien, 1998, pp. 1179 – 1251.

Carbonnier 将债消灭的原因分为三类：其一，清偿，其中包括代位清偿、债的抵销清偿（la paiement par compensation）以及复数主体债的清偿。其二，债的更新。其三，对债务人债务的无偿免除。此类债的消灭原因又可以分为两种：债务的免除和消灭时效。①

Flour、Aubert 和 Savaux 认为，一方面，虽然清偿会导致某种债的消灭，但是，清偿之所以会导致债的消灭，是因为债务人履行了对债权人所承担的债务，因此，关于清偿应当在债的履行当中做出讨论，不应当在债的消灭当中做出讨论；另一方面，债的关系既会导致债的消灭，也会导致债的产生，因此，债的更新也仅仅是一种债的改变、变化形式（une transformation de l'obligtion）。除此之外，真正属于债的消灭的原因包括：代物清偿，债的抵销，债的混同，债的免除以及消灭时效。② 他们将这几种债的消灭原因进行了分类，认为债的这几种消灭原因可以分为两类：其一，通过间接满足债权人的要求的方式来消灭债，此种类型的债的消灭又可以再分为代物清偿、债的抵销和债的混同。③ 其二，通过非满足债权人要求的方式来消灭债，此种类型的债的消灭又可以分为债的免除和消灭时效。④

第四节 2016 年之后的《法国民法典》对债的消灭原因做出的新规定

一、2016 年之前法国民法学者和官方的债法改革草案对债的消灭原因做出的规定

2016 年的债法改革法令最终对债的消灭做出重大改革之前，法国民法学者和法国政府均在自己起草的债法改革草案当中对债的消灭做出了规定。

在 2005 年的《债法改革草案》当中，Catala 领导的债法改革小组采取了《法国民法典》已有的做法，它将债的消灭规定在《法国民法典》第三卷第三编第一分编即合同或者合同债总则第五章即债的消灭当中。该章共四节，分别对债消灭的四种主要原因即债的清偿、债的免除、债的抵销和债的混同做出了规定。⑤ 不过，它并没有采取债的消灭原因的四分法理论，而是采取了债的消灭原因的六分法理论，除了这四种原因之

---

① Jean Carbonnier, Droit civil, Les biens, Les obligations, puf, 2004, pp. 2471 – 2524.
② Jacques Flour, Jean-Luc Aubert, Éric Savaux, Les obligations, 3. Le rapport d'obligation, 7e édition, Dalloz, 2011, p. 409.
③ Jacques Flour, Jean-Luc Aubert, Éric Savaux, Les obligations, 3. Le rapport d'obligation, 7e édition, Dalloz, 2011, p. 411.
④ Jacques Flour, Jean-Luc Aubert, Éric Savaux, Les obligations, 3. Le rapport d'obligation, 7e édition, Dalloz, 2011, p. 429.
⑤ Avant – Projet de Reforme du Droit des Obligations（Articles 1101 A 1386 Du Code Civil）et du Droit de la Prescription（Articles 2234 à 2281 du Code Civil），Rapport à Monsieur Pascal Clément, Garde des Sceaux, Ministre de la Justice, 22 Septembre 2005, pp. 109 – 117.

外，它还承认债消灭的另外两个原因即债的更新和时效，因为就像第 1234 条一样，它也在第 1218 条当中对这六种债消灭的原因做出了列明，该条规定：债通过以下方式消灭：通过债的清偿消灭；通过债的免除消灭；通过债的抵销消灭；通过债的混同消灭；通过债的更新和时效消灭。它们分别构成特殊规定的对象。①

在 2011 年的《债的制度和准合同改革》当中，法国司法部放弃了《法国民法典》和 Catala 领导的债法改革小组的做法，不再将债的消灭置于合同债即合同总则当中，而是将其置于债法总则当中，这就是债的总则当中的第二章即债的消灭。该章分四节，分别对债消灭的四种原因做出了规定：债的清偿，债的免除，债的抵销和债的混同。② 在债的消灭问题上，法国司法部的此种做法与 Catala 领导的债法改革小组在 2005 年的做法存在几个重大差异：其一，债的消灭的位置不同，法国司法部将债的消灭置于债法总则当中，而没有像 Catala 领导的债法改革小组那样将其置于合同总则当中。其二，债消灭的原因数量更少，因为它仅仅承认了四种消灭原因，而 Catala 领导的债法改革小组则规定了六种消灭原因：法国司法部没有像后者一样将债的更新与时效视为债消灭的原因。

法国司法部在 2015 年的《合同法、债的一般制度和债的证明的改革法令草案》当中，法国政府采取了司法部在 2011 年的做法，将债的消灭规定在第三卷第四编即债的总则当中，这就是该编当中的第二章"债的消灭"，该章共五节，由第 1320 条至第 1330 - 1 条组成，分别对债消灭的五种原因做出了规定，包括：债的清偿，债的抵销，债的免除，债的履行不能，以及债的混同。③

法国司法部在 2015 年的《合同法、债的一般制度和债的证明的改革法令草案》与 2011 年司法部的草案之间存在一个共同点，因为，除了对债消灭的不同原因做出详细的规定之外，它们均没有像《法国民法典》第 1234 条或者 2005 年的草案第 1218 条那样以一个单一的条款先对债消灭的原因做出明确列举。它们之间也存在一个差异：2011 年的草案没有将债的履行不能视为债消灭的方式，而《法令草案》则规定了此种消灭原因。《法令草案》与 2005 年的债法改革草案也存在四个重要差异：首先，它将债的消灭作为债的总则内容规定债法总则当中，而 2005 年的债法改革则将债的消灭规定在合同总则当中。其次，它没有规定一个像 1234 条一样的简单列举条款，而 2005 年的债法改革法令则规定了这样的一个条款。再次，它没有将债的更新和时效视为债消灭的两种原因，而 2005 年的债法改革草案则规定了这两种消灭原因。最后，它将债的履行不能规定为债消灭的一种原因，而 2005 年的债法改革草案则没有规定此种消灭原因。

---

① Avant – Projet de Reforme du Droit des Obligations（Articles 1101 A 1386 Du Code Civil）et du Droit de la Prescription（Articles 2234 à 2281 du Code Civil），Rapport à Monsieur Pascal Clément，Garde des Sceaux，Ministre de la Justice，22 Septembre 2005，p. 109.

② Réforme du régime des obligations et des quasi-contrats，09 mai 2011，http://www. textes. justice. gouv. fr/art_pix/avant_ projet_ regime_ obligations. pdf.

③ ROJET D'ORDONNANCE n° du portant réforme du droit des contrats, du régime général et de la preuve des obligations，pp. 30 – 36，http://www. justice. gouv. fr/publication/j21_ projet_ ord_ reforme_ contrats_ 2015. pdf.

二、2016 年 2 月 10 日的债法改革法令最终对债的消灭原因做出的规定

2016 年 2 月 10 日，法国政府最终通过了债法改革法令，除了对其他制度做出了重大修改之外，该法令也对债的消灭的原因做出了重大改革[1]，这就是现行《法国民法典》第三卷第四编（上）。该编的标题为"债的一般制度"（Du régime général des obligations），共分为五章，除了债的限定、债的交易、债权人能够行使的诉权（Les actions ouvertes au créancier）和返还（Les restitutions）之外，该编还包括债的消灭，这就是该编当中的第四章。该章由新的第 1342 条至新的第 1351－1 条组成，共分为五节，分别对五种不同的债的消灭原因做出了规定：[2]

第一节为清偿，由四分节组成，第一分节为一般规定，对债的清偿的定义、构成因素和法律效力等做出了规定；第二分节为有关金钱债的特殊规定，对金钱债的清偿所具有的特殊规则做出了规定；第三分节为催告，分别规定了对债权人的催告和对债务人的催告，第四分节为代位清偿，对第三人实施的代位清偿做出了规定。第二节为债的抵销，共两分节，分别对债的抵销的一般规则（Règles générales）和特殊规则（Règles particulières）做出了规定。第三节为混同，对债的混同的条件和法律效力做出了规定，第四节为债的免除，对债权人免除债务人债务的条件和法律效力做出了规定，第五节为债的履行不能，对债务的不能够履行引起的债的消灭做出了规定。

相对于 2016 年之前《法国民法典》对债的消灭做出的规定，现行《法国民法典》关于债的消灭的规定具有几个重要特征：

第一，债的消灭不再属于合同总则的组成部分，而仅仅属于债法总则的组成部分。从 1804 年开始一直到 2016 年 2 月 10 日之前，债的消灭被规定在合同总则当中，这就是《法国民法典》第三卷第三编即合同或者合同债总则当中的第五章，已如前述。而在今时今日，债的消灭不再属于合同总则的组成部分，而仅仅属于债法总则的组成部分，因为通过 2016 年 2 月 10 日的债法改革，债的消灭被规定在《法国民法典》第四卷"债的一般制度"当中的第五章，已如前述。

第二，它没有在一个法律条款当中对债消灭的所有原因做出清晰地列举。2016 年之前，《法国民法典》用了一个法律条款即第 1234 条对债消灭的所有九种原因做出了清晰地列明；而通过 2016 年 2 月 10 日的债法改革，现行《法国民法典》放弃了此种做法，没有再用一个法律条款对债消灭的所有原因做出列举。

第三，债的消灭原因要比 2016 年之前的规定少很多。2016 年之前，《法国民法典》规定的债的消灭原因至少包括九种，已如前述；而通过 2016 年 2 月 10 日的债法改革法令，现行《法国民法典》仅仅规定了五种，已如前述。因此，根据现行《法国民法典》的规定，物的灭失、债的无效或者可撤销、解除条件和时效已经不再被视为债的消灭原

---

[1] Ordonnance n° 2016－131 du 10 février 2016 portant réforme du droit des contrats, du régime général et de la preuve des obligations, https://www.legifrance.gouv.fr/loda/id/LEGIARTI000032006593/2016－10－01/.

[2] Articles 1342 à 1351－1, Code civil, Version en vigueur au 12 septembre 2021, https://www.legifrance.gouv.fr/codes/section_lc/LEGITEXT000006070721/LEGISCTA000032035231/#LEGISCTA000032035231.

因；而在2016年之前，它们均被视为债消灭的原因，因为第1234条将它们规定为债消灭的原因，已如前述。同样，根据现行《法国民法典》的规定，债的更新或者债务的指令承担不再是债消灭的原因，而在2016年之前，它们则属于债消灭的原因。不同的是，某些人认为债的更新包含了债务的指令承担，而另外一些人则认为，债的更新独立于债务的指令承担，已如前述。

第四，它规定了债消灭的一种新原因。2016年之前，《法国民法典》没有将债的履行不能（l'impossibilité d'exécuter）视为债消灭的原因；而通过2016年2月10日的债法改革法令，现行《法国民法典》则明确规定，它是像债的清偿和债的抵销一样的债的消灭原因，已如前述。

三、2016年之后法国民法学者对债的消灭原因做出的说明

（一）2016年之后法国少数民法学者对《法国民法典》关于债的消灭的新规定做出的评价

在2016年的债法改革法令之后，民法学者普遍对债的消灭做出了讨论，就像在2016年之前他们也对债的消灭问题做出讨论一样。在2016年之前，如果说民法学者普遍对《法国民法典》关于债的消灭的规定表示不满的话，则在2016年之后，除了François、Terré、Simler和Lequette等少数学者之外①，大多数民法学者均对现行《法国民法典》关于债的消灭的规定是否适当、债的消灭的改革是否成功做出了说明。②

在2017年的《债的一般制度》当中，Francois对2016年的债法改革法令关于债的消灭的规定做出了简要的评价，他认为，相对于2016年之前《法国民法典》第1234条所规定的九种债的消灭原因而言，现行《法国民法典》第三卷第四编第四章将债消灭的原因一下子从九种减少到五种，此种做法实际上是一种"病急乱投医"，完全构成一种"病态史的减肥瘦身"，属于治疗过火的表现，因为，它的某些做法是不适当的。③一方面，它将时效从债的消灭原因当中排除掉就不适当，因为，时效仍然能够成为债消灭的一种方式，将时效制度与债的消灭割裂开来的做法是不切实际的。另一方面，它没有将债的更新规定在债的消灭原因当中，而是将其规定在债的交易当中，此种做法也不甚合适，因为债的更新是以新债替换旧债并因此消灭旧债的一种方式，因此，它也应当

---

① Jérôme François, Les obligations, Régime general, Tome 4, 4e édition, Economica, 2017, pp. 7 – 8; François Terré, Philippe Simler, Yves Lequette, François Chénedé, Droit civil, Les obligations, 12e édition, Dalloz, 2018, pp. 1747 – 1748.

② Muriel Fabre-Magnan, Droit des obligations, Tome 1, Contrat et engagement unilatéral, 4e édition, puf, 2016, pp. 671 – 710; Philippe Malaurie, Laurent Aynès, Philippe Stoffel-Munck, Droit Des Obligations, 8e édition, LGDJ, 2016, pp. 627 – 717; Rémy Cabrillac, Droit des Obligations, 12e édition, Dalloz, 2016, pp. 375 – 430; Marjorie Brusorio-Aillaud, Droit des obligations, 8e édition, bruylant, 2017, pp. 333 – 358; Virginie Larribau-Terneyre, Droit civil Les obligations, 15e édition, Dalloz, 2017, pp. 181 – 257; Jérôme François, Les obligations, Régime general, Tome 4, 4e édition, Economica, 2017, pp. 10 – 224; François Terré, Philippe Simler, Yves Lequette, François Chénedé, Droit civil, Les obligations, 12e édition, Dalloz, 2018, pp. 1747 – 1880.

③ Jérôme François, Les obligations, Régime general, Tome 4, 4e édition, Economica, 2017, p. 7.

在债的消灭原因当中占有一席之地。①

不过，Francois 也认为，现行《法国民法典》关于债的消灭的规定也具有一定的合理性。一方面，它将不属于真正的债的消灭制度从债的消灭当中排除掉，因为无效、可撤销和解除条件均不属于债消灭的真正原因，因此，应当从债的消灭原因当中剔除。另一方面，将物的灭失从债的消灭原因当中剔除掉并因此增加一种新原因即债的履行不能显然也是明理的做法，因为它仅仅是不可抗力理论的一种特别适用而已。②

在 2018 年的《债》当中，Terré、Simler 和 Lequette 等人也对现行《法国民法典》关于债的消灭的新规定做出了评价，他们指出，现行《法国民法典》将 2016 年之前的 1234 条所规定的九种债的消灭方式缩减为五种，此种做法并非没有值得批评的地方。首先，它将代位清偿规定在清偿当中是不适当的，因为代位清偿构成债的关系的一种正常结束，因此，债的消灭仅仅是它的后果。其次，它将债的清偿规定在债的消灭当中的做法也是不适当的，因为，它应当将债的清偿视为债的履行的主要方式。再次，它没有将债的更新、债务的指令承担规定在债的消灭当中，而是规定在债的交易当中，此种做法也不是很恰当的，因为在前面的内容当中，他们已经指出，虽然债的更新和债务的指令承担也涉及其他的内容，但是，立法者应当将其规定在债的消灭原因当中。最后，无可置疑的是，时效当然属于债消灭的一种原因，但是，它没有将时效规定在债的消灭方式当中，因此，此种做法也不甚恰当。③

（二）2016 年以来法国民法学者关于债的消灭原因的说明所存在的差异

在 2016 年之后，虽然《法国民法典》对债的消灭的原因做出了新规定，但是，它对债消灭原因做出的规定并没有完全没有获得民法学者的肯定，因为在 2016 年之后所出版的债法著作当中，他们并没有完全按照《法国民法典》的新规定对债的消灭原因做出说明。至于说他们对债的消灭原因做出什么样的说明，不同的民法学者有不同的看法，总的说来，他们之间的差异有二。

第一，债的清偿的地位差异。虽然 2016 年之后的《法国民法典》像之前一样将债的清偿规定在债的消灭当中，但是，它的此种做法并没有获得所有民法学者的支持，因为，无论是在 2016 年之前还是之后，民法学者对待债的清偿的地位均存在差异。在 2016 年之前，虽然大多数民法学者均将债的清偿置于债的消灭当中，但是，少数民法学者明确区分债的清偿和债的消灭，因为他们将债的清偿作为债的履行方式加以讨论。Mazeaud 和 Chabas 就采取此种做法，他们在债的消灭当中讨论诸如混同、抵销等方

---

① Jérôme François, Les obligations, Régime general, Tome 4, 4e édition, Economica, 2017, p.8.
② Jérôme François, Les obligations, Régime general, Tome 4, 4e édition, Economica, 2017, pp.7–8.
③ François Terré, Philippe Simler, Yves Lequette, François Chénedé, Droit Civil, les Obligations, 12e édition, Dalloz, 2018, p.1748.

式①；而在债的履行当中讨论债的清偿。② 2016 年之后，大多数民法学者仍然采取之前的民法学者所采取的做法，同时在债的消灭当中讨论债的清偿和债消灭的其他原因，不会明确区分债的清偿和债的消灭。③ 例如，在 2017 年的《债的一般制度》当中，François 就采取了第一种做法，除了在债的消灭当中讨论债消灭的其他原因之外，他也在债的消灭当中讨论债的清偿。④ 而少数民法学者则不同，他们明确区分债的清偿和债的消灭，即便他们也承认债的清偿会导致债的消灭，但是，他们没有在债的消灭当中讨论债的清偿，而是像 Mazeaud 和 Chabas 等人一样在债的履行当中讨论债的清偿。Terré、Simler 和 Lequette 等人采取此种做法。⑤ 在 2018 年的《债》当中，Terré、Simler 和 Lequette 等人认为，虽然 2016 年 2 月 10 日的债法改革法令将债的清偿规定在债的消灭当中，但是，此种做法存在不妥当的地方，因为它应当将债的清偿规定在债的履行（exécution des obligations），已如前述。为了体现此种精神，他们仅仅在债的消灭当中讨论抵销、混同和债的免除以及时效等方式，没有讨论债的清偿。⑥ 而在债的履行当中，他们则对债的清偿做出了详尽的讨论，包括债的单纯清偿（le paiement pur et simple）、代位清偿和强制履行（exécution forcée）。他们指出，虽然债的履行的自然结果就是债的消灭，但是，人们不应当将其作为债消灭的一种原因而规定在债的消灭当中，而应当将其置于债的履行当中。⑦

第二，债的更新和债务的指令承担地位的差异。2016 年之前，债的更新被规定在债的消灭当中，其中包括债务的指令承担，已如前述。2016 年之后，《法国民法典》将债的更新从债的消灭当中移除，并且与债务的指令承担一起被规定在债的交易当中，已如前述。在 2016 年之后，债的更新和债务的指令承担是否仍然应当作为债的消灭的两种原因并因此应当在债的消灭当中讨论它们？对此问题，民法学者也存在不同的做法。某些民法学者像 2016 年之后的《法国民法典》一样不再将它们视为债消灭的两种方式

---

① Henri et Léon Mazeaud, Jean Mazeaud, François Chabas, Obligations, 9e édition, Montchrestien, 1998, pp. 1134 – 1251.

② Henri et Léon Mazeaud, Jean Mazeaud, François Chabas, Obligations, 9e édition, Montchrestien, 1998, pp. 841 – 1072.

③ Muriel Fabre-Magnan, Droit des obligations, Tome 1, Contrat et engagement unilatéral, 4e édition, puf, 2016, pp. 671 – 710；Philippe Malaurie, Laurent Aynès, Philippe Stoffel-Munck, Droit Des Obligations, 8e édition, LGDJ, 2016, pp. 627 – 717；Rémy Cabrillac, Droit des Obligations, 12e édition, Dalloz, 2016, pp. 375 – 430；Marjorie Brusorio-Aillaud, Droit des obligations, 8e édition, bruylant, 2017, pp. 333 – 358；Virginie Larribau-Terneyre, Droit civil Les obligations, 15e édition, Dalloz, 2017, pp. 181 – 257；Jérôme François, Les obligations, Régime general, Tome 4, 4e édition, Economica, 2017, pp. 7 – 224.

④ Jérôme François, Les obligations, Régime general, Tome 4, 4e édition, Economica, 2017, pp. 7 – 224.

⑤ François Terré, Philippe Simler, Yves Lequette, François Chénedé, Droit Civil, les Obligations, 12e édition, Dalloz, 2018, pp. 1747 – 1880.

⑥ François Terré, Philippe Simler, Yves Lequette, François Chénedé, Droit Civil, les Obligations, 12e édition, Dalloz, 2018, pp. 1747 – 1880.

⑦ François Terré, Philippe Simler, Yves Lequette, François Chénedé, Droit Civil, les Obligations, 12e édition, Dalloz, 2018, pp. 1789 – 1686.

并因此在债的消灭当中对其加以讨论;① 另外一些民法学者则不同,他们仍然将它们视为债消灭的两种原因并因此在债的消灭当中对其予以讨论。② 还有一些民法学者明确区分债的更新和债务的指令承担,因为他们认为,债的更新属于债的消灭方式;③ 而债务的指令承担则属于债的交易方式。④

(三) 2016 年以来法国民法学者对债的消灭原因做出的分类

1. 民法学者对债的消灭原因所采取的两种不同态度

通过 2016 年 2 月 10 日的债法改革法令,现行《法国民法典》在债的消灭原因方面采取了五分法的理论,根据此种理论,债消灭的原因分为五种:债的清偿、债的抵销、债的混同、债的免除、以及债务的履行不能,已如前述。此种分类虽然简单明了,但是,它没有获得法国民法学者的支持,因为在 2016 年之后所出版的债法著作当中,民法学者对债的消灭原因做出了不同的分类,至于说他们究竟做出何种分类,取决于不同民法学者。

总的说来,有两种不同的做法。少数民法学者认为,债的消灭原因应当分为债的自愿清偿、债的强制清偿、以及不需要有效清偿的债的消灭,这就是债的消灭原因的三分法理论。Malaurie、Aynès 和 Stoffel-Munck 采取此种分类方法,他们指出:"债能够因为自愿清偿、强制清偿甚至在有效清偿之外的原因消灭。"⑤ 根据他们的说明,不需要有效清偿就能够消灭债的原因包括:债的免除、抵债履行、债的更新、债的抵销、债的混同,以及消灭时效。⑥

大多数民法学者认为,根据是否通过债的清偿消灭债的不同,债的消灭可以分为两大类,并且每一大类又可以细分为不同的类型:债的清偿和债的清偿之外的其他原因,这就是债的消灭原因的二分法理论。⑦ 根据此种标准,当债务人对债权人履行了所承担的债务时,债权人享有的债权就获得了满足(satisfaction)、实现(accomplissement)、

---

① Philippe Malaurie, Laurent Aynès, Philippe Stoffel-Munck, Droit Des Obligations, 8e édition, LGDJ, 2016, pp. 821 – 837; Virginie Larribau-Terneyre, Droit civil Les obligations, 15e édition, Dalloz, 2017, pp. 166—171, pp. 181 – 186.

② François Terré, Philippe Simler, Yves Lequette, François Chénedé, Droit Civil, les Obligations, 12e édition, Dalloz, 2018, pp. 1781 – 1823.

③ Rémy Cabrillac, Droit des Obligations, 12e édition, Dalloz, 2016, pp. 420 – 422; Jérôme François, Les obligations, Régime général, Tome 4, 4e édition, Economica, 2017, pp. 105 – 125.

④ Rémy Cabrillac, Droit des Obligations, 12e édition, Dalloz, 2016, pp. 370 – 374; Jérôme François, Les obligations, Régime général, Tome 4, 4e édition, Economica, 2017, pp. 586 – 613.

⑤ Philippe Malaurie, Laurent Aynès, Philippe Stoffel-Munck, Droit Des Obligations, 8e édition, LGDJ, 2016, p. 625.

⑥ Philippe Malaurie, Laurent Aynès, Philippe Stoffel-Munck, Droit Des Obligations, 8e édition, LGDJ, 2016, pp. 683 – 717.

⑦ Philippe Malaurie, Laurent Aynès, Philippe Stoffel-Munck, Droit Des Obligations, 8e édition, LGDJ, 2016, p. 625; Rémy Cabrillac, Droit des Obligations, 12e édition, Dalloz, 2016, p. 375; Marjorie Brusorio-Aillaud, Droit des obligations, 8e édition, bruylant, 2017, p. 333; Virginie Larribau-Terneyre, Droit civil Les obligations, 15e édition, Dalloz, 2017, p. 193; Jérôme François, Les obligations, Régime général, Tome 4, 4e édition, Economica, 2017, pp. 8 – 9; François Terré, Philippe Simler, Yves Lequette, François Chénedé, Droit civil, Les obligations, 12e édition, Dalloz, 2018, p. 1748.

债权人与债务人之间的债的关系因为债权的满足、实现而消灭。因为债权的满足是通过债务人直接对债权人履行债务的方式实现的，因此，此种方式也被称为债权的直接满足（satisfaction directe）、债权的直接实现（accomplissement directe），也就是债的直接清偿（le paiement directe）。

因为债权的满足、实现而导致债消灭的此种原因被称为债的清偿，也就是债的履行、债的实现。债的清偿是债消灭的最自然、最重要的方式。不过，除了通过满足债权人债权要求的方式消灭债之外，债权人与债务人之间的债也可以通过非满足债权人债权的方式消灭，这就是，虽然债务人甚至债务人之外的第三人没有履行所承担的债务，但是，基于其他原因的存在，债权人与债务人之间的债的关系也因此消灭。

Aillaud 对债的消灭原因的二分法理论此种做出了说明，他指出："在实践当中，人们从债权人的视角看待债消灭的不同方式，因为债的目的在于让债务人履行对债权人所承担的债务，基于此种视角，债消灭的不同原因可以分为两类：其一，在有清偿的情况下债的消灭，它让债权人的债权得到或多或少的直接满足。其二，在没有清偿的情况下债消灭的方式，它不会让债权人的债权得以满足。"①

François 也对债的消灭原因的二分法理论此种做出了说明，他指出："虽然《法国民法典》第三卷第四编第四章对债消灭的原因做出了列举，但是，它没有提供对所列举的这些原因进行分门别类的任何标准。就此种角度来说，人们应当采取经典的区分理论，这就是，将债消灭的原因分为两类：债的清偿和债消灭的其他原因。在正常情况下，债因为债务人对债权人实施了清偿而消灭，因此，清偿代表着债的履行的最自然方式。但是，同样能够发生的情况是，债也能够在债权人的债权没有获得满足时消灭。"②

应当注意的是，虽然 Larribau-Terneyre 也采取此种分类方法，但是，他对待第一种类型的债的消灭原因的态度不同于其他民法学者，因为他对债的清偿做出了最广义的界定。除了像其他民法学者那样承认单纯的清偿和代为清偿属于债的清偿的组成部分之外，③ 他还认为，债的抵销也属于债的清偿的组成部分，因为他指出："在债消灭的不同方式当中，有一种消灭方式等同于真正的清偿，这就是抵销。"④

2. 民法学者对债的清偿之外原因做出的分类

在法国，虽然所有民法学者均承认债的清偿属于债的消灭的原因，但是，少数民法学者没有在债的消灭当中讨论债的清偿，而是在债的履行当中讨论这一问题，而大多数民法学者在承认这一原因时也在债的消灭当中讨论清偿，已如前述。因此，问题不在于债的清偿是不是债消灭的原因，问题在于，在债权人的债权没有获得清偿的情况下，债能够通过哪些方式消灭？换言之，在上述两类债的消灭当中，第二类债的消灭原因有哪些？对于这样的问题，2016 年之后的民法学者做出的回答存在差异，有三种不同的观点。

---

① Marjorie Brusorio-Aillaud, Droit des obligations, 8e édition, bruylant, 2017, p. 333.
② Jérôme François, Les obligations, Régime general, Tome 4, 4e édition, Economica, 2017, p. 8.
③ Virginie Larribau-Terneyre, Droit civil Les obligations, 15e édition, Dalloz, 2017, pp. 195 – 225.
④ Virginie Larribau-Terneyre, Droit civil Les obligations, 15e édition, Dalloz, 2017, p. 219.

某些民法学者认为，清偿之外债消灭的原因仅仅是指在债权人的债权没有获得清偿的情况下消灭的原因。Larribau-Terneyre 采取此种方法，他认为，在债权人的债权没有获得清偿的情况下，债消灭的原因分为五种：消灭时效、债的混同、债的免除、债的更新，以及债的履行不能。其中的债的更新和消灭时效没有被现行《法国民法典》规定在债的消灭原因当中，因为它或者在债的交易当中规定，或者在专门的一编即时效当中规定。虽然《法国民法典》没有将它们规定在债的消灭当中，但是，它们不仅属于债消灭的原因，而且还属于不需要债的清偿就能够消灭债的原因。①

某些民法学者认为，虽然债的消灭原因可以分为清偿和其他消灭原因两类，但是，他们没有像大多数民法学者一样将清偿称为债权的满足或者直接满足；在讨论清偿之外的其他消灭方式时，他们根据是否满足债权的不同将债消灭的原因分为两类：其一，对债权人提供满足的消灭方式；其二，不需要对债权人提供满足的消灭方式。例如，Cabrillac 就采取此种方式，他指出："债权人的目的在于获得债务人应当提供的给付。在清偿之外，某些债的消灭方式是债务人对债权人提供的满足，而另外一些债的消灭方式则不是债务人对债权人提供的满足。"② 他认为，对债权人提供满足的消灭方式包括：抵债履行，债的抵销，债的混同，以及债的更新。③ 而不需要对债权人提供满足的消灭方式则包括债的免除和时效。④

在法国，Aillaud、Francois、Terré、Simler 和 Lequette 等人采取的方法既不同于上述第一种方法，也不同于上述第二种方法，因为他们认为，清偿之外债消灭的原因可以分为两类。

第一，间接满足债权人债权的消灭方式。所谓间接满足债权人的债权（satisfaction indirecte），也称为间接清偿（le paiement indirecte），是指虽然不是通过债务人直接对债权人履行债务的方式让债权人的债权得以实现，但是，当事人实施的某种行为具有类似于债的清偿所具有的消灭债的效果。Aillaud 认为，间接满足债权人债权的消灭方式包括：债的更新，债务的指令承担，债的抵销，以及抵债履行。⑤ Francois 认为，间接满足债权人债权的消灭方式包括：债的抵销、债的更新、抵债履行和债的混同。⑥ 而 Terré、Simler 和 Lequette 等人则认为，间接满足债权人债权的消灭方式包括：债的抵销，债的混同，债务的指令承担以及债的更新。⑦

第二，在债权没有获得满足的情况下债消灭的原因。在债权人的债权没有得到满足、实现的情况下，无论是在没有获得直接满足、直接实现还是在没有获得间接满足、间接实现的情况下，债权人与债务人之间的债的关系也可以因为某种原因而消灭，这就

---

① Virginie Larribau-Terneyre, Droit civil Les obligations, 15e édition, Dalloz, 2017, pp. 233 – 234.
② Rémy Cabrillac, Droit des Obligations, 12e édition, Dalloz, 2016, p. 413.
③ Rémy Cabrillac, Droit des Obligations, 12e édition, Dalloz, 2016, pp. 413 – 423.
④ Rémy Cabrillac, Droit des Obligations, 12e édition, Dalloz, 2016, pp. 423 – 430.
⑤ Marjorie Brusorio-Aillaud, Droit des obligations, 8e édition, bruylant, 2017, p. 347.
⑥ Jérôme François, Les obligations, Régime general, Tome 4, 4e édition, Economica, 2017, p. 62.
⑦ François Terré, Philippe Simler, Yves Lequette, François Chénedé, Droit Civil, les Obligations, 12e édition, Dalloz, 2018, p. 1748.

是在债权没有获得满足的情况下债消灭的原因。Aillaud 认为，在债权没有获得满足的情况下债消灭的原因包括：债的混同，债的免除，以及消灭时效。① Francois 认为，在债权没有获得满足的情况下债消灭的原因包括：债的免除，债的履行不能，消灭时效。② 而 Terré、Simler 和 Lequette 等人则认为，在债权没有获得满足的情况下债消灭的原因包括：债的免除，消灭时效，和法定权利的剥夺。③

3. 笔者采取的做法

笔者认为，债的清偿在性质上不仅属于债的消灭原因，而且还属于债消灭的最主要的、最重要的原因，因为，当事人之间的大多数债的关系均因为债务人履行了所承担的债务而消灭。不过，仅仅将债的清偿视为债消灭的方式还是不适当的，因为，债的消灭仅仅是债的生活的终结，而债的履行则是债的生活的实现过程。因此此种原因，笔者一方面采取 Mazeaud、Chabas、Terré、Simler 和 Lequette 等人的做法，明确区分债的清偿和债的消灭，认为债的清偿虽然会导致债的消灭，但是，债的清偿属于债的履行的一种制度，另一方面则采取 2016 年之后《法国民法典》对待债的更新和债务的指令承担的态度，认为它们在性质上属于债的两种交易方式，不应当在债的消灭当中加以讨论。由于笔者已经在前面的内容当中对债的清偿、债的履行、债的更新和债务的指令承担做出了详尽的讨论，因此，笔者在此种仅仅讨论债消灭的其他原因，包括债的抵销、债的混同、债的免除等。

第五节 消灭时效引起的债的消灭

2016 年之前，《法国民法典》第 1234 条明确规定，时效（la prescription）是债消灭的一种方式，就像债的清偿、债的抵销等属于债消灭的方式一样，已如前述。通过 2016 年 2 月 10 日的债法改革法令，现行《法国民法典》没有再做出同样或者类似的规定，已如前述。不过，无论《法国民法典》是否明确将时效作为债消灭的一种原因加以规定，法国民法学者普遍承认这一点，他们认为，时效也是债消灭的一种原因，就像

---

① Marjorie Brusorio-Aillaud, Droit des obligations, 8e édition, bruylant, 2017, p.353.
② Jérôme François, Les obligations, Régime general, Tome 4, 4e édition, Economica, 2017, p.143.
③ François Terré, Philippe Simler, Yves Lequette, François Chénedé, Droit Civil, les Obligations, 12e édition, Dalloz, 2018, p.1748.

债的清偿、债的抵销是债消灭的原因一样，无论是在 2016 年之前①还是之后②，均是如此。当然，在将时效作为债消灭的原因时，他们所谓的时效也仅仅是指消灭时效（la prescription extinctive），而不包括取得时效（la prescription acquisitive）。

2016 年之前，Mazeaud 和 Chabas 等人就明确承认这一点，他们指出："时效是债消灭的一种法定方式。《法国民法典》第 2119 条强调时效的制定法特征：就像债的抵销一样，时效在当事人不知道和法官不干预的情况下发挥自己的作用。"③ 2016 年之后，Larribau-Terneyre 也明确承认这一点，他指出："《法国民法典》旧的第 1234 条将时效规定在债消灭的原因当中……2016 年的债法改革法令废除了第 1234 条对债消灭原因所做出的此种列举，没有再将时效规定在债的一般制度当中。虽然如此，2016 年之后的情况与 2016 年之前的情况没有两样，当它涉及消灭时效时，它仍然是债消灭的一种方式。"④

一、时效和消灭时效的界定

《法国民法典》没有对时效（prescription）一词做出界定，民法学者做出的界定存在一定的差异。某些民法学者认为，所谓时效，是指能够发生法律效力的时间经过，当一定的时间经过之后，如果该种经过会引起法律效力，则它就构成时效。⑤ 而另外一些民法学者则认为，所谓时效，是指通过时间的经过对某种法律状况所进行的巩固（consolidation）。⑥ 虽然他们之间的界定存在差异，但是，他们之间的差异仅仅是形式上的，因为他们均强调时效是指一定的时间经过之后会引起一定的法律效果，此种法律效果就是某种法律状况的巩固。

时效的构成因素有三：其一，某种法律状况（situation juridique）的存在。时效的第一个构成因素是某种法律状况的存在，包括两种法律状况：非权利主体占有权利主体的财产或者权利；权利主体不行使自己的权利（l'inaction de son titulaire）。其二，法律状况持续一定时期（l'écoulement d'un certain délai）。时效的第二个构成因素是，某种法

---

① Henri et Léon Mazeaud, Jean Mazeaud, François Chabas, Obligations, 9e édition, Montchrestien, 1998, pp. 1200 – 1216; Jean Carbonnier, Droit civil, Volume II, Les biens, les obligations, puf, 2004, pp. 2512 – 1519; Jacques Ghestin, Marc Billiau, Grégoire Loiseau, Traité de Droit Civil, Le régime des créances et des dettes, LGDJ, 2005, pp. 1129 – 1241; Jacques Flour, Jean-Luc Aubert, Éric Savaux, Droit civil, Les Obligations, 3. Le rapport d'obligation, 7e édition, Dalloz, 2011, pp. 434 – 465.

② Philippe Malaurie, Laurent Aynès, Philippe Stoffel-Munck, Droit Des Obligations, 8e édition, LGDJ, 2016, pp. 705 – 717; Rémy Cabrillac, Droit des Obligations, 12e édition, Dalloz, 2016, pp. 425 – 430; Marjorie Brusorio-Aillaud, Droit des obligations, 8e édition, bruylant, 2017, pp. 354 – 357; Virginie Larribau-Terneyre, Droit civil Les obligations, 15e édition, Dalloz, 2017, pp. 234 – 244; Jérôme François, Les obligations, Régime general, Tome 4, 4e édition, Economica, 2017, pp. 151 – 224; François Terré, Philippe Simler, Yves Lequette, François Chénedé, Droit civil, Les obligations, 12e édition, Dalloz, 2018, pp. 1833 – 1874.

③ Henri et Léon Mazeaud, Jean Mazeaud, François Chabas, Obligations, 9e édition, Montchrestien, 1998, p. 1200.

④ Virginie Larribau-Terneyre, Droit civil Les obligations, 15e édition, Dalloz, 2017, p. 234.

⑤ Virginie Larribau-Terneyre, Droit civil Les obligations, 15e édition, Dalloz, 2017, p. 234.

⑥ Rémy Cabrillac, Droit des Obligations, 12e édition, Dalloz, 2016, p. 425; Marjorie Brusorio-Aillaud, Droit des obligations, 8e édition, bruylant, 2017, p. 354.

律状况持续一定的时期。所谓法律状况持续一定的时期,是指一种法律状况从开始之日起一直持续下去,直到另外一个时间点。其三,法律效力的发生。时效的第三个构成因素是,法律状况持续到一定时期之后就会产生制定法所规定的效果。此种法律效果根据法律状况的不同而不同:当非权利主体占有权利主体的财产或者权利达到法定期限,则他们的占有行为让自己获得了所占有的财产和权利;当权利主体不行使自己的权利达到法定期限时,他们不行使权利的行为会让其丧失权利。因为此种原因,《法国民法典》旧的第2219条明确规定,时效是通过一段时期的经过而获得权利或者丧失权利的一种方式。[1]

上述第一种法律状况引起的法律效果被称为取得时效(la prescription acquisitive)。根据《法国民法典》新的第2258条的规定,所谓取得时效,是指非所有权人、非权利主体因为长期、善意占有所有权人或者权利主体的某种财产或者权利而最终取得所有权人的财产或者权利主体的权利并因此成为所有权人或者权利主体的一种时效制度。[2] 取得时效是非权利主体通过时间的经过取得权利主体的所有权或者其他物权的一种方式,因此,民法学者仅仅在物权法当中讨论这一时效制度。上述第二种法律状况引起的法律效果被称为消灭时效(la prescription extinctive),根据《法国民法典》新的第2219条的规定,所谓取得时效,是指当权利主体在一段时期内(certain laps de temps)不行使其权利时,他们所享有的权利即因为其不行使行为而消灭。[3]

二、2008年6月17日的制定法对时效制度做出的改革

在1804年的《法国民法典》当中,法国立法者将时效规定在第三卷第二十编当中,该编的标题为"时效和占有",由第2219条至第2283条组成,这些规定一直从1804年保留到2008年,直到法国政府通过2008年6月17日的制定法对其做出完全的改革为止。[4] 通过2008年6月17日的制定法,法国立法者对《法国民法典》所规定的这些时效制度做出了根本性的改革,其中最明显的表现是,它将之前第二十编所规定的时效制度一分为二:第三卷第二十编仅仅规定消灭时效,这就是现行《法国民法典》当中新的第2219条至第2254条[5],另外增加新的第二十一编对占有和取得时效做出规定,这就是现行《法国民法典》当中新的第2255条至第2278条。[6]

---

[1] Jérôme François, Les obligations, Régime general, Tome 4, 4e édition, Economica, 2017, p.151.

[2] Article 2258, Code civil, Version en vigueur au 03 octobre 2021, https://www.legifrance.gouv.fr/codes/section_ lc/LEGITEXT000006070721/LEGISCTA000019015324/#LEGISCTA000019017155.

[3] Article 2219, Code civil, Version en vigueur au 03 octobre 2021, https://www.legifrance.gouv.fr/codes/section_ lc/LEGITEXT000006070721/LEGISCTA000006118187/#LEGISCTA000019017130.

[4] Articles 2219 à 2283, Code civilVoir les modifications dans le temps Version en vigueur au 16 juin 2008, https://www.legifrance.gouv.fr/codes/section_ lc/LEGITEXT000006070721/LEGISCTA000006118187/2008-06-16/.

[5] Articles 2219 à 2254, Code civil, Version en vigueur au 03 octobre 2021, https://www.legifrance.gouv.fr/codes/section_ lc/LEGITEXT000006070721/LEGISCTA000006118187/#LEGISCTA000019017130.

[6] Articles 2255 à 2278, Code civil, Version en vigueur au 03 octobre 2021, https://www.legifrance.gouv.fr/codes/section_ lc/LEGITEXT000006070721/LEGISCTA000019015324/#LEGISCTA000019017155.

法国立法者的此种改革目的有三[①]：

第一，将之前的《法国民法典》所规定的时效期间减少和缩短。2008年之前，《法国民法典》所规定的时效期间数量过多、期限过长，通过2008年的制定法，它简化了《法国民法典》所规定的时效期间的数量和缩短时效期间，尤其是，它将之前的普通时效期间从30年缩短为5年，以便与欧盟其他国家的民法典所规定的时效期间保持一致。

第二，简化时效期间方面的规则。2008年之前，《法国民法典》关于消灭时效期间的规定过于复杂，尤其是有关时效期间中断、中止原因方面的规定过于繁琐。通过2008年的制定法，它将之前的这些规定简化。

第三，引入当事人之间的合同调整。2008年之前，《法国民法典》禁止当事人之间就时效问题做出约定，通过2008年的制定法，它允许当事人在自己的合同当中对时效做出自己的约定，此种做法在之前的司法判例当中已经被法官所采用，《法国民法典》第2254条明确规定，消灭时效可以由当事人通过合同约定予以缩短或者延长，但是，他们的此种权利也应当受到两个方面的限制：不能够缩短到少于一年的期限和不能够延长到超过10年的期限。

无论是2008年之前还是之后，立法者之所以在《法国民法典》当中规定时效制度，是因为时效制度具有以下三个方面的重要功能：[②]

第一，基于公共利益的保护。在非权利主体长期占有权利主体的财产或者权利时，如果不对非权利主体拥有的此种法律状况进行保护，则会引起非权利主体与权利主体之间的纠纷并因此引起社会秩序的混乱。为了防止此种纠纷的发生并因此保护社会和平，立法者在《法国民法典》当中规定了包括取得时效和消灭时效在内的时效制度，通过此种制度，非权利主体在取得权利主体的财产或者权利的同时权利主体丧失自己的财产或者权利。

第二，时效是对有过失或者疏忽的债权人所实施的一种制裁。在债务人不履行所承担的债务时，债权人原本能够向法院起诉，要求法官责令债务人对自己承担责任，如果债权人因为过失或者疏忽而长期不行使所享有的此种权利，则他们享有的此种权利不应当再受到法律的保护。

第三，时效也是维护清偿的法律推定的手段。所谓清偿的法律推定（présomption légale de paiement），是指当债权人不要求债务人对自己履行债务或者承担责任时，法律推定这是因为债权人的债权已经通过债务人债务的履行而获得了清偿，换言之，法律推定债务人已经履行了自己所承担的债务，债权人已经通过债务的履行获得了债权的实现，除非债权人能够提供相反的证据推翻法律的此种推定；否则，他们不能够要求法官责令债务人对自己履行债务或者承担责任。

[①] Virginie Larribau-Terneyre, Droit civil Les obligations, 15e édition, Dalloz, 2017, pp. 235 – 237.

[②] Henri et Léon Mazeaud, Jean Mazeaud, François Chabas, Obligations, 9e édition, Montchrestien, 1998, pp. 1201 – 1202；Rémy Cabrillac, Droit des Obligations, 12e édition, Dalloz, 2016, p. 425；Marjorie Brusorio-Aillaud, Droit des obligations, 8e édition, bruylant, 2017, pp. 354 – 355；Virginie Larribau-Terneyre, Droit civil Les obligations, 15e édition, Dalloz, 2017, p. 237；François Terré, Philippe Simler, Yves Lequette, François Chénedé, Droit civil, Les obligations, 12e édition, Dalloz, 2018, pp. 1833 – 1834.

三、现行《法国民法典》新规定的消灭时效的类型

通过 2008 年的时效制度的改革,现行《法国民法典》将消灭时效分为两类:普通法时效(prescription de droit commun)和特别法时效(prescription de droit spécifiques)。

所谓普通法时效,也称为普通时效(prescription commun),是指能够被普遍适用的时效期间,换言之,所谓普通法时效,是指在特别法规定的时效期间之外所适用的时效期间。2008 年之前,《法国民法典》第 2262 条所规定的普通时效期间为 30 年,它是最长的时效期间,在制定法没有规定更短的时效期间时,该条所规定的时效期间就适用。在《德国民法典》的影响下,法国立法者决定通过 2008 年的制定法对普通时效期间做出改革,将普通时效期间从 30 年缩短为 5 年①,这就是《法国民法典》新的第 2224 条,该条规定:无论是个人诉讼还是动产诉讼的时效期限均为 5 年,从权利主体知道或者应当知道允许他们行使权利的事实之日起计算。②

根据《法国民法典》新的第 2224 条的规定,原则上,如果债务人不履行自己对债权人所承担的债务,尤其是,如果当事人之间就动产问题发生了纠纷,债权人应当在 5 年内向法院起诉,要求法官责令债务人对自己履行债务或者承担责任。5 年的时效期间并不是从债务人不履行债务时开始起算,而是从债权人知道或者应当知道自己能够行使诉权时开始起算。此外,合同无效之诉、合同可撤销之诉、合同解除之诉均适用该条所规定的普通时效期间,无论合同无效之诉是绝对无效之诉还是相对无效之诉,不过,此种规则不适用于婚姻无效之诉。因为,婚姻绝对无效之诉的时效期间为 30 年,从当事人结婚之日起算。③

所谓特别法时效,也称为特别时效,是指《法国民法典》或者其他制定法所规定的不适用普通时效的短期或者长期时效。2008 年之前,普通时效是最长的时效期间,特别时效期间均短于普通时效期间。通过 2008 年的时效改革,普通时效期间缩短到 5 年,因此,特别时效期间或者短于普通时效期间,或者长于普通时效期间,而究竟是短于还是长于普通时效期间,取决于制定法的具体规定。特别时效有时由《法国民法典》做出规定,有时则由其他制定法做出规定。例如,《法国商法典》第 L. 110 - 4 条对商事领域的消灭时效做出了特别规定,根据它的规定,商事纠纷的时效期间从过去的 10 年缩短为 5 年。再例如,《法国消费法典》第 218 - 2 条规定,消费者与职业人士之间的消费或者服务纠纷的时效期间为 2 年。④ 因此,现行《法国民法典》新的第 2223 条

---

① Philippe Malaurie, Laurent Aynès, Philippe Stoffel-Munck, Droit Des Obligations, 8e édition, LGDJ, 2016, pp. 707 - 708.

② Article 2224, Code civil, Version en vigueur au 03 octobre 2021, https://www.legifrance.gouv.fr/codes/section_lc/LEGITEXT000006070721/LEGISCTA000006118187/#LEGISCTA000019017130.

③ Philippe Malaurie, Laurent Aynès, Philippe Stoffel-Munck, Droit Des Obligations, 8e édition, LGDJ, 2016, pp. 707 - 708.

④ Philippe Malaurie, Laurent Aynès, Philippe Stoffel-Munck, Droit Des Obligations, 8e édition, LGDJ, 2016, p. 709; François Terré, Philippe Simler, Yves Lequette, François Chénedé, Droit civil, Les obligations, 12e édition, Dalloz, 2018, pp. 1839 - 1850.

规定：本编关于时效的规定不会阻止其他制定法所规定的特别规范的适用。①

特别时效也由《法国民法典》做出规定，因为除了对5年的普通时效期间做出了规定之外，它也对民事领域的特别时效期间做出了规定，这就是《法国民法典》新的2225条至新的第2227条所规定的特别时效，这些时效期间普遍要长于普通时效期间，其中最短的为5年，最长的仍然为30年。具体而言，根据《法国民法典》新的第2225条的规定，当委托人对协助自己从事法庭诉讼活动的人提起要求他们对自己承担责任的诉讼时，包括要求他们就其丢失或者毁灭自己交付给他们的文件对自己承担责任的诉讼，他们的诉讼时效期间为5年，从他们的受托任务结束时起算。②

根据《法国民法典》新的第2226条的规定，当直接受害人（victime directe）或者间接受害人（victime indirecte）因为行为人实施的人身伤害行为而遭受损害时，民事责任诉讼的时效期间为10年，从最初的或者加重的损害愈合（consolidation）之日起算。但因对未成年人实施酷刑、野蛮行为、暴力、性侵犯等行为造成损害的，民事责任诉讼时效为20年。根据第2226-1条的规定，以修复可修复的生态损害为目的的责任诉讼的时效期间为10年，自诉讼权利人知道或应该知道生态损害存在之日起算。根据第2227条的规定，所有权是不适用时效的；但是，如果当事人之间就不动产物权发生了纠纷，则不动产物权纠纷的时效期间为30年，从权利主体知道或者应当知道允许他们行使权利的事实之日起算。③

四、当事人对消灭时效所做出的有限自由约定

2008年之前，《法国民法典》没有对当事人是否能够通过合同约定的方式对他们之间的纠纷所适用的时效期间做出明确规定。在众多的司法判例当中，法国最高法院对此种问题做出了限制性的肯定回答，因为它认为，虽然当事人能够在自己的合同当中规定比立法者规定的时效期间更短的时效期间，但是，他们不能够在自己的合同当中规定比立法者规定的时效期间更长的时效期间。换言之，当事人享有将法定时效期间缩短的合同自由，但是，他们不享有将法定时效期间延长的合同自由。④

法国最高法院之所以做出此种司法判例，是因为它认为，时效是一种保护债务人的制度，如果当事人之间的合同约定的时效期间要短于制定法所规定的时效期间，则债务人承担的债务会更快地得以消灭，他们之间的此种合同自由没有违反立法者规定时效的公共秩序，反之，如果允许当事人之间延长制定法所规定的时效期间，则债务人承担的债务将会比制定法规定的时间更晚得消灭，并因此违反了制定法通过时效保护债务人的

---

① Article 2223, Code civil, Version en vigueur au 03 octobre 2021, https://www.legifrance.gouv.fr/codes/section_lc/LEGITEXT000006070721/LEGISCTA000006118187/#LEGISCTA000019017130.

② Article 2225, Code civil, Version en vigueur au 03 octobre 2021, https://www.legifrance.gouv.fr/codes/section_lc/LEGITEXT000006070721/LEGISCTA000006118187/#LEGISCTA000019017130.

③ Articles 2226 à 2227, Code civil, Version en vigueur au 03 octobre 2021, https://www.legifrance.gouv.fr/codes/section_lc/LEGITEXT000006070721/LEGISCTA000006118187/#LEGISCTA000019017130.

④ François Terré, Philippe Simler, Yves Lequette, François Chénedé, Droit Civil, les Obligations, 12e édition, Dalloz, 2018, pp. 1899 – 1870.

公共秩序。①

　　法国最高法院的此种做法一方面被立法者所采纳，因为在 2008 年的制定法当中，法国立法者一方面允许当事人通过合同约定在他们之间适用的消灭时效；另一方面又被他们所抛弃，因为在 2008 年的制定法当中，法国立法者明确规定，除了能够缩短制定法所规定的时效期间之外，当事人也能够在合同当中延长法定时效期间。不过，在允许当事人缩短或者延长法定时效期间时，立法者均对合同当事人之间的自由约定施加了限制：无论是缩短还是延长，均不能够超过应有的限度，否则，他们的约定无效。

　　这就是现行《法国民法典》新的第 2254 条所规定的"时效的合同调整"（l'aménagement conventionnel de la prescription），该条规定：通过当事人意思表示的合意，时效期间能够缩短或者延长，不过，时效期间不得缩短为 1 年以下或者延长到 10 年以上。通过双方当事人的共同合意，当事人也能够在合同当中增加制定法所规定的时效中止或者中断的理由。前两款规定不适用于支付或追讨工资、年金、赡养费、租金、贷款利息的诉讼，以及一般情况下，支付或追讨应按年或者更短期限支付的任何款项的诉讼。②

　　根据《法国民法典》新的第 2254 条的规定，在时效领域，当事人享有两个方面的自由：其一，缩短或者延长法定时效期间的自由，不过，法定时效期间既不能够被缩短到 1 年以下，也不能够延长到 10 年以上。其二，在《法国民法典》所规定的时效中止和中断原因之外增加中止和中断的原因，一旦当事人在他们的合同当中对中止原因或者中断原因做出了不同于制定法的规定，他们所做出的规定也能够产生时效中止或者中断的效力。

五、消灭时效引起的法律效果：权利消灭还是诉权消灭

（一）消灭时效仅仅消灭债权人享有的诉权

　　消灭时效所产生的法律效果是什么？对此问题，民法学者之间存在争议。某些民法学者认为，消灭时效并不会消灭债权人对债务人享有的债权，它仅仅消灭债权人享有的诉权，这就是程序主义理论。而另外一些民法学者则认为，消灭时效同时消灭债权人享有的债权和诉权，这就是实体主义理论。在这两种理论当中，第二种理论似乎成为主流理论。③

---

①　François Terré, Philippe Simler, Yves Lequette, François Chénedé, Droit Civil, les Obligations, 12e édition, Dalloz, 2018, pp. 1899-1870.

②　Article 2254, Code civil, Version en vigueur au 03 octobre 2021, https://www.legifrance.gouv.fr/codes/section_lc/Legitext000006070721/Legiscta000006118187/#Legiscta000019017130.

③　Philippe Malaurie, Laurent Aynès, Philippe Stoffel-Munck, Droit Des Obligations, 8e édition, LGDJ, 2016, pp. 716-717; Rémy Cabrillac, Droit des Obligations, 12e édition, Dalloz, 2016, p. 430; Marjorie Brusorio-Aillaud, Droit des obligations, 8e édition, bruylant, 2017, p. 358; Virginie Larribau-Terneyre, Droit civil Les obligations, 15e édition, Dalloz, 2017, pp. 234-244; Jérôme François, Les obligations, Régime general, Tome 4, 4e édition, Economica, 2017, pp. 218-214; François Terré, Philippe Simler, Yves Lequette, François Chénedé, Droit civil, Les obligations, 12e édition, Dalloz, 2018, pp. 1871-1874.

Larribau-Terneyre 采取程序主义理论，他指出，如果消灭时效消灭了债权人享有的诉权，则当事人之间的债仍然作为自然债而存在；如果债务人履行自然债，在债权人接受履行之后，债务人不能够要求债权人以不当得利的方式予以返还。① Francois、Terré、Simler 和 Lequette 等人则采取实体主义理论，认为消灭时效同时消灭债权人享有的权利和诉权。因为他们均指出，无论是程序主义理论还是实体主义理论均能够在《法国民法典》当中找到对其做出规定的法律规定。

一方面，《法国民法典》新的第 2224 条、新的第 2225 条和新的第 2227 条均规定，消灭时效消灭了权利主体享有的诉权；此外，《法国民事诉讼法典》第 122 条也规定，原告超过了诉讼时效期间的诉讼请求是不能够被法官受理的。这些法律条款均将消灭时效视为消灭诉权的一种方式。另一方面，2016 年之前，《法国民法典》第 1234 条明确规定，时效是债消灭的一种方法。2008 年之后，《法国民法典》新的第 2219 条也明确规定，除了消灭诉权之外，消灭时效也消灭权利主体享有的权利。此外，消灭债权人享有的债权的时效也同时消灭作为担保权的从债权。②

不过，这些民法学者也普遍认为，消灭时效消灭权利、债权的效力并不是绝对的，因为，除了《法国民法典》明确规定已经取得的时效能够自由放弃之外，法官也在司法判例当中认定，如果时效取得之后，债务人履行了对债权人承担的债务，则他们的履行仍然是有效的，他们与债权人之间的债的关系消灭，他们不能够以不应清偿为由要求债权人返还。③

笔者认为，虽然《法国民法典》新的第 2219 条和新的第 2221 条均明确规定，消灭时效能够消灭债，但实际上，消灭时效并不能够消灭债权人对债务人享有的债权和债务人承担的债务，因为，如果债务人承担的债务消灭，他们还怎么能够履行？债权人还怎么能够接受债务人的债务履行？时效经过之后，债务人之所以仍然能够履行债务，债权人之所以仍然能够接受债务人的履行，是因为他们之间的债权和债务仍然存在，只不过由于时效债权人不能够请求债务人履行债务。换言之，消灭时效仅仅消灭债权人向法院起诉的诉权，它没有也不会产生让债权或者债务消灭的法律效力，因此，消灭时效让债权人和债务人享有和承担的债权和债务从民事债权、民事债务嬗变为自然债，已如前述。《法国民法典》新的第 2249 条对此种规则做出了说明，该条规定：为了消灭债而进行的债的清偿不能够仅仅因为已经过了时效期间而要求返还。④

因此，即便承认消灭时效能够消灭权利或者债权的民法学者也普遍承认，消灭时效不会让债务人承担的债务消灭，它仅仅会让他们承担的民事债嬗变为自然债、道德债。

---

① Virginie Larribau-Terneyre, Droit civil Les obligations, 15e édition, Dalloz, 2017, pp. 234–244.

② Jérôme François, Les obligations, Régime general, Tome 4, 4e édition, Economica, 2017, pp. 219–224; François Terré, Philippe Simler, Yves Lequette, François Chénedé, Droit civil, Les obligations, 12e édition, Dalloz, 2018, pp. 1872–1874.

③ Jérôme François, Les obligations, Régime general, Tome 4, 4e édition, Economica, 2017, pp. 219–224; François Terré, Philippe Simler, Yves Lequette, François Chénedé, Droit civil, Les obligations, 12e édition, Dalloz, 2018, pp. 1872–1874.

④ Article 2249, Code civil, Version en vigueur au 03 octobre 2021, https://www.legifrance.gouv.fr/codes/section_lc/LEGITEXT000006070721/LEGISCTA000006118187/#LEGISCTA000019017130.

Carbonnier 对此种效力做出了说明，他指出："债的消灭产生的消灭效力让债的关系消灭，在债权没有获得实现时，债权人不再享有行使自己债权的任何手段。不过，人们总是应当考虑两种减缓情况：其一，人们传统上认为，消灭时效所消灭的并不是债权人享有的债权本身，而是债权人享有的诉权；其二，时效欠缺自动发生性，已经完成的时效并不会当然发生法律效力。"

Malaurie、Aynès 和 Stoffel-Munck 也对此种效力做出了说明，他们指出："总的说来，消灭时效仅仅会产生消灭效力，例外情况下，基于税负的理由，它有时也会产生转移效力。就像消灭时效这一名称所表明的那样，消灭时效本质上会产生消灭效力，它同时产生消灭权利和诉权的效力。然而，已经过了时效的债如果被清偿，其清偿不会构成不应清偿，债务人不能够要求债权人予以返还，人们以自然债的理论对这一现象做出解释。"①

(二) 时效的援引

虽然《法国民法典》将时效视为一种公共秩序性质的内容，但是，即便完全符合消灭时效的条件，消灭时效也不会当然产生消灭诉权的法律效力，因为，作为一种保护债务人利益的制度，如果消灭时效要产生让债权人的诉权消灭的法律后果，必须以债务人积极援引时效作为条件，以便对抗债权人要求其履行债务的诉讼请求；如果债务人不援引时效对抗债权人的诉讼请求，则法官不能够主动援引消灭时效以便免除债务人对债权人承担的债务，这就是债务人所享有的一种抗辩手段即时效的抗辩（l'exception de prescription）。《法国民法典》新的第 2247 条明确规定，法官不能够依职权主动援引时效这一抗辩手段。②《法国民法典》之所以禁止法官依职权主动援引时效，是因为法官是居于中立地位的，而时效的援引在性质上仅仅是关乎私人利益即被告利益的问题。③

Malaurie、Aynès 和 Stoffel-Munck 对时效产生的此种法律效力做出了说明，他们指出："即便时效期间已经完成，时效并不会当然发生效力。为了让时效产生效力，时效应当被人们行使，这就是，当债权人向法院起诉，要求法官责令债务人对自己承担债务时，债务人以抗辩的方式援引时效，以便对抗债权人的诉讼请求。法官不能够依职权适用时效。"④ Terré、Simler 和 Lequette 等人也对时效产生的此种法律效力做出了说明，他们指出："时效的消灭效力仅仅在债务人表达了利用时效的意图时才会产生法律效力。"⑤

---

① Philippe Malaurie, Laurent Aynès, Philippe Stoffel-Munck, Droit Des Obligations, 8e édition, LGDJ, 2016, pp. 716 – 717.
② Article 2247, Code civil, Version en vigueur au 03 octobre 2021, https://www.legifrance.gouv.fr/codes/section_lc/LEGITEXT000006070721/LEGISCTA000006118187/#LEGISCTA000019017130.
③ Philippe Malaurie, Laurent Aynès, Philippe Stoffel-Munck, Droit Des Obligations, 8e édition, LGDJ, 2016, p. 715.
④ Philippe Malaurie, Laurent Aynès, Philippe Stoffel-Munck, Droit Des Obligations, 8e édition, LGDJ, 2016, p. 715.
⑤ François Terré, Philippe Simler, Yves Lequette, François Chénedé, Droit Civil, les Obligations, 12e édition, Dalloz, 2018, p. 1871.

(三) 时效的放弃

所谓时效的放弃（renonciation à la prescription），是指当债权人向法院起诉，要求法官责令债务人对自己承担债务时，在能够以时效作为对抗债权人诉讼请求的手段时，债务人没有以该种手段对抗债权人的诉讼请求。

2008年之前，《法国民法典》第2220条对时效的不能放弃做出了说明，该条规定：人们不能够预先放弃时效，但是，人们能够放弃已经取得的时效。① 通过2008年的改革，现行《法国民法典》仍然坚持这一规则，认为当事人不能够预先放弃时效。《法国民法典》新的第2250条规定：仅仅已经取得的时效才能够放弃。② 虽然该条没有像旧的第2220条那样明确规定，人们不能够预先放弃时效，但实际上，它的反面就是禁止人们预先放弃时效。法律之所以禁止人们预先放弃时效，是因为消灭时效制度的目的在于保护债务人，如果允许人们预先放弃时效，则债权人可能会在与债务人签订合同时强迫债务人预先放弃时效对其提供的保护。③

根据《法国民法典》新的第2250条和旧的第2220条的规定，人们能够放弃已经取得的时效（prescription acquise）。根据《法国民法典》新的第2229条的规定，所谓已经取得的时效，是指时效期间的最后一天已经完成的时效。换言之，所谓已经取得的时效，是指时效期间已经完成的时效。例如，5年或者10年的时效期间已经届满。因此，如果时效期间还没有开始，当事人已经预先放弃时效，或者如果时效期间已经开始了但是仍然在持续进行当中，当事人放弃时效，他们的放弃行为均无效。④ 仅仅在时效期间已经开始并且已经完成了，当事人才能够放弃时效。

根据《法国民法典》新的第2251条的规定，时效的放弃既可以是明示的，也可以是默示的，尤其是当债务人被起诉到法院时，他们没有援引时效作为抗辩，他们的不作为行为被视为是最典型的默示放弃行为。就像其他权利的放弃不能够通过单纯的推定予以证明之外，时效的放弃也是不能够加以推定的，而应当是明确的、确实的。⑤ 根据《法国民法典》新的第2252条的规定，时效的放弃只能够由享有处分权的人行使，没有财产处分权利的人不能够行使时效的放弃权。⑥

当债务人被债权人起诉要求履行债务或者承担民事责任时，如果债务人能够主张时

---

① Jacques Flour, Jean-Luc Aubert, Éric Savaux, Droit civil, Les Obligations, 3. Le rapport d'obligation, 7e édition, Dalloz, 2011, p. 445.

② Article 2250, Code civil, Version en vigueur au 03 octobre 2021, https://www.legifrance.gouv.fr/codes/section_lc/LEGITEXT000006070721/LEGISCTA000006118187/#LEGISCTA000019017130.

③ Philippe Malaurie, Laurent Aynès, Philippe Stoffel-Munck, Droit Des Obligations, 8e édition, LGDJ, 2016, pp. 715 – 716.

④ Philippe Malaurie, Laurent Aynès, Philippe Stoffel-Munck, Droit Des Obligations, 8e édition, LGDJ, 2016, pp. 715 – 716.

⑤ Article 2251, Code civil, Version en vigueur au 03 octobre 2021, https://www.legifrance.gouv.fr/codes/section_lc/LEGITEXT000006070721/LEGISCTA000006118187/#LEGISCTA000019017130.

⑥ Article 2252, Code civil, Version en vigueur au 03 octobre 2021, https://www.legifrance.gouv.fr/codes/section_lc/LEGITEXT000006070721/LEGISCTA000006118187/#LEGISCTA000019017130.

效的抗辩而拒绝或者没有援引时效作为抗辩，则法官应当责令债务人履行对债权人所承担的债务或者民事责任，因为他们拒绝或者没有以时效作为抗辩的行为表明他们放弃了时效援引权。如果债务人知道自己能够以时效作为抗辩而拒绝抗辩，他们的行为当然属于时效的放弃。即便债务人不知道自己原本能够以时效作为抗辩而没有抗辩，他们的行为仍然属于时效的放弃，因为他们的行为不能够被视为过错。此时，他们与债权人之间的债务从原本的自然债嬗变为具有可强制履行的民事债。① 此外，根据《法国民法典》新的第 2253 条的规定，包括债权人在内，任何人，一旦他们对债务人放弃时效的行为享有利害关系，均能够以债务人的放弃行为作为对抗手段，均能够援引债务人的时效放弃行为。②

第六节 债的履行不能引起的债的消灭

一、债的履行不能的界定

所谓债的履行不能（l'impossibilité d'exécuter），是指因为不可抗力的发生而导致债务人原本能够履行的债务不能够履行。即便债务人希望履行自己对债权人承担的债务，他们有时也无能为力，因为，如果独立于他们意志的某些意外事件即不可抗力阻止他们履行所承担的债务，则他们所承担的债务就嬗变为不能够履行的债务，这就是因为不可抗力引起的债务不能履行。③ 除了让债务人对债权人承担的债务消灭之外，债务的不能履行也让债务人对债权人承担的合同责任或者侵权责任免除。

2016 年之前，《法国民法典》虽然对合同当中的不可抗力引起的一种后果即债务人对债权人承担的合同债务消灭做出了规定，但是，它没有在债法总则当中对此种问题做出规定。通过 2016 年 2 月 10 日的债法改革法令，《法国民法典》新的 1351 条和新的 1351 - 1 条对此种问题做出了规定，根据它们的规定，不可抗力不仅能够引起债的消灭，而且还是一种像债的清偿、债的抵销和债的混同等其他原因一样的债的消灭原因。④ 不过，《法国民法典》新的 1351 条和新的 1351 - 1 条所规定的并不是新内容，而是 2016 年之前《法国民法典》第 1302 条和第 1303 条的极大重复，这两个法律条款对因为应当交付的物的灭失所引起的债的消灭做出了规定，已如前述。

2016 年之前，《法国民法典》没有对不可抗力做出任何界定。通过 2016 年 2 月 10

---

① Alain Bénabent, Droit des obligatios, 13e édition Montchrestien, 2012, p. 660.
② Article 2253, Code civil, Version en vigueur au 03 octobre 2021, https://www.legifrance.gouv.fr/codes/section_lc/LEGITEXT000006070721/LEGISCTA000006118187/#LEGISCTA000019017130.
③ Virginie Larribau-Terneyre, Droit civil Les obligations, 15e édition, Dalloz, 2017, p. 249; Jérôme François, Les obligations, Régime general, Tome 4, 4e édition, Economica, 2017, pp. 149 - 151; François Terré, Philippe Simler, Yves Lequette, François Chénedé, Droit civil, Les obligations, 12e édition, Dalloz, 2018, p. 1875.
④ Articles 1351 à 1351 - 1, Code civil, Version en vigueur au 03 octobre 2021, https://www.legifrance.gouv.fr/codes/section_ lc/LEGITEXT000006070721/LEGISCTA000032035677/#LEGISCTA000032035677.

日的债法改革法令,《法国民法典》新的第 1218 条对合同领域的不可抗力做出了界定,该条规定:在合同领域,当超出债务人控制范围的某种事件阻止了债务人债务的履行时,如果在缔结合同时当事人无法合理预见此种事件的发生并且无法通过采取适当措施避免其发生,则该种事件就是不可抗力。如果阻止是暂时的,债务人的债务暂缓履行,至少在事件引起的迟延履行不能够证明合同的解除是适当的情况下是如此。如果阻止是最终的,当事人之间的合同完全解除,当事人之间的债根据第 1351 条和第 1351 – 1 条所规定的条件免除。①

根据《法国民法典》新的第 1218 条的规定,合同领域的不可抗力具有三个特征:事件的不可预见性,事件的不可抵挡性,以及事件的超出控制性。所谓事件的不可预见性(imprévisibilité),是指在缔结合同时,债务人无法合理预见到某种事件会阻止他们所承担的债务的履行。所谓事件的不可抵挡性(irrésistibilité),是指债务人无法采取合理措施(mesures appropriées)阻挡导致他们无法履行债务的事件的发生。所谓事件的超出控制性,是指引起债务人不履行债务或者迟延履行债务的事件超出了债务人的控制范围(échappant au contrôle du débiteur),是债务人无法控制的事件。如果某种事件的发生是债务人能够加以控制的,则该种事件不属于不可抗力,如果该种事件超出了债务人的控制范围,则该种事件就属于不可抗力。②

二、《法国民法典》新的第 1351 条所规定的债的消灭

《法国民法典》新的第 1351 条规定:当不可抗力引起债务人不能够履行自己的债务时,如果此种不能够履行是确定无疑的、最终的,则债务人对债权人承担的债务消灭,除非合同明确约定债务人仍然承担债务,或者除非债权人已经对债务人做出了债务的履行催告。③ 根据该条的规定,如果因为不可抗力(force majeure)的发生阻止债务人履行自己对债权人所承担的债务,在债务的不能履行(L'impossibilité d'exécuter la prestation)是确定无疑时或者是最终的时(définitive),债务人对债权人承担的债务消灭,债权人不能够再请求债务人对自己履行债务,债务人也无须再对债权人履行原本应当履行的债务。但是,如果不可抗力引起的债务不能履行仅仅是暂时的,在不可抗力消灭之后,债务人仍然能够履行所承担的债务,则他们仍然应当履行自己对债权人承担的债务,债权人仍然有权要求债务人履行所承担的债务,换言之,债务人的债务不会因为不可抗力的发生而消灭,此为该条所规定的一般原则、一般规则。

不过,在规定了此种一般原则、一般规则时,《法国民法典》新的第 1351 条也规

---

① Article 1218, Code civil, Version en vigueur au 03 octobre 2021, https://www.legifrance.gouv.fr/codes/section_lc/LEGITEXT000006070721/LEGISCTA000006150254/#LEGISCTA000032041441.

② Dimitri Houtcieff, Droit des contrats, Larcier, 2e édition, 2016, pp. 517 – 518; Muriel Fabre-Magnan, Droit des obligations, Tome 1, Contrat et engagement unilatéral, 4e édition, puf, 2016, pp. 714 – 715; Virginie Larribau-Terneyre, Droit civil Les obligations, 15e édition, Dalloz, 2017, p. 249; François Terré, Philippe Simler, Yves Lequette, François Chénedé, Droit civil, Les obligations, 12e édition, Dalloz, 2018, pp. 815 – 816; 张民安:《法国合同法总论》, 中山大学出版社 2021 年版, 第 644—647 页。

③ Article 1351, Code civil, Version en vigueur au 03 octobre 2021, https://www.legifrance.gouv.fr/codes/section_lc/LEGITEXT000006070721/LEGISCTA000032035677/#LEGISCTA000032035677.

定了两种例外，在这两种例外情况下，债务人仍然应当对债权人承担债务，他们不能够借口不可抗力的确定无疑性或者最终性而拒绝履行债务，换言之，在两种例外情况下，债务人承担的债务并不会因为不可抗力的确定无疑性或者最终性而消灭。其一，如果合同明确约定，在不可抗力发生之后，债务人仍然应当履行所承担的债务，则不可抗力的发生不能够引起债务人所承担的债务的消灭，债权人仍然有权要求债务人履行债务。其二，如果债务人迟延履行自己所承担的债务，并且已经被债权人进行了债务履行的催告，则债务人对债权人承担的债务不会消灭，债权人仍然有权要求债务人对自己履行债务和承担民事责任。①

三、《法国民法典》新的第1351－1条所规定的债的消灭

《法国民法典》新的第1351－1条规定：如果不能履行源自应当交付的物的灭失，即便债务人已经被债权人进行了催告，如果债务人能够证明，即便他们已经履行了所承担的债务，应当交付的物同样会灭失，则债务人承担的债务仍然消灭。此时，债务人应当将与该物有关系的权利和诉权转让给债权人。②

根据该条的规定，如果债务人对债权人承担的债务是交付某种特定物，当他们将此种特定物交付给债权人时，他们所承担的债务即因为履行而消灭。但是，在交付之前，如果应当交付的物因为不可抗力的发生而灭失，他们对债权人所承担的此种债务消灭，债权人既不能够要求债务人对其履行债务，也不能够要求法官责令债务人对其承担法律责任。如果债务人迟延履行所承担的此种债务，并且如果债权人已经对债务人做出了履行债务的催告，在迟延履行期间所发生的不可抗力引起了应当交付的物的灭失，虽然债务人承担的交付债务因为履行不能而消灭，他们仍然应当对债权人承担民事责任。如果债务人能够证明，即便他们没有迟延履行债务，债权人原本能够取得的特定物仍然会因为不可抗力而消灭，则除了交付特定物的债务消灭之外，他们承担的民事责任也消灭。

在债务人承担的交付特定物的债务和民事责任债务均消灭的情况下，他们仍然应当对债权人承担一种债务：如果债务人因为原本应当交付的物的灭失而对第三人享有某种权利和诉权，他们应当将自己对第三人享有的权利和诉权转让给债权人。例如，如果债务人同保险公司签订了财产保险合同，根据该合同，在该种财产意外毁损灭失时，他们有权要求保险公司进行赔偿，则他们应当将自己对保险公司享有的要求其赔偿损害的权利和诉权转让给债权人。

---

① Virginie Larribau-Terneyre, Droit civil Les obligations, 15e édition, Dalloz, 2017, p. 249；Jérôme François, Les obligations, Régime general, Tome 4, 4e édition, Economica, 2017, pp. 149－151；François Terré, Philippe Simler, Yves Lequette, François Chénedé, Droit civil, Les obligations, 12e édition, Dalloz, 2018, p. 1875.

② Article 1351－1, Code civil, Version en vigueur au 03 octobre 2021, https://www.legifrance.gouv.fr/codes/section_lc/LEGITEXT000006070721/LEGISCTA000032035677/#LEGISCTA000032035677.

第二十三章 债的抵销

无论是在 2016 年之前还是之后,《法国民法典》均对债消灭的一个主要原因即抵销做出了规定。不过,它们之间的规定存在重要差异,因为,2016 年之前,《法国民法典》仅仅对一种类型的抵销做出了规定,这就是债的法定抵销,它既没有对债的约定抵销做出规定,也没有对债的司法抵销做出规定。这就是 2016 年之前《法国民法典》当中的第 1289 条至第 1299 条。① 通过 2016 年 2 月 10 日的债法改革法令,现行《法国民法典》改变了 2016 年之前不对债的约定抵销和债的司法抵销做出规定的消极态度,除了对债的法定抵销做出了规定之外,它也对债的约定抵销和债的司法抵销做出了规定,这就是现行《法国民法典》当中的第 1347 条至第 1348 - 2 条的规定。②

不过,民法学者并没有受 2016 年《法国民法典》的影响,因为,虽然 2016 年之前的《法国民法典》没有对债的约定抵销和债的司法抵销做出规定,但是,除了承认债的法定抵销之外,他们也普遍承认债的法定抵销和债的约定抵销,认为它们也像债的法定抵销一样能够消灭当事人之间的债。③ 2016 年之后,民法学者更是普遍承认债的法定抵销、债的约定抵销和债的司法抵销的存在,这就是债的抵销的三分法理论。④

---

① Articles 1289 à 1299, Code civil, Version en vigueur au 09 février 2016, https://www.legifrance.gouv.fr/codes/section_ lc/LEGITEXT000006070721/LEGISCTA000006150261/2016 - 02 - 09/#LEGISCTA000006150261.

② Articles 1347 à 1348 - 2, Code civil, Version en vigueur au 21 septembre 2021, https://www.legifrance.gouv.fr/codes/section_ lc/LEGITEXT000006070721/LEGISCTA000032035643/#LEGISCTA000032035643.

③ Henri et Léon Mazeaud, Jean Mazeaud, François Chabas, Obligations, 9e édition, Montchrestien, 1998, pp. 1182 - 1195; Jean Carbonnier, Droit civil, Volume II, Les biens, les obligations, puf, 2004, pp. 2486 - 2494; Jacques Ghestin, Marc Billiau, Grégoire Loiseau, Traité de Droit Civil, Le régime des créances et des dettes, LGDJ, 2005, pp. 1007 - 1101; Philippe Malinvaud, Dominique Fenouillet, Droit des obligations, 11e édition, Litec, 2010, pp. 653 - 660; Jacques Flour, Jean-Luc Aubert, Éric Savaux, Droit civil, Les Obligations, 3. Le rapport d'obligation, 7e édition, Dalloz, 2011, pp. 414 - 426.

④ Muriel Fabre-Magnan, Droit des obligations, Tome 1, Contrat et engagement unilatéral, 4e édition, puf, 2016, pp. 686 - 691; Philippe Malaurie, Laurent Aynès, Philippe Stoffel-Munck, Droit Des Obligations, 8e édition, LGDJ, 2016, pp. 695 - 703; Rémy Cabrillac, Droit des Obligations, 12e édition, Dalloz, 2016, pp. 414 - 419; Marjorie Brusorio-Aillaud, Droit des obligations, 8e édition, bruylant, 2017, pp. 350 - 352; Virginie Larribau-Terneyre, Droit civil Les obligations, 15e édition, Dalloz, 2017, pp. 219 - 225; Jérôme François, Les obligations, Régime general, Tome 4, 4e édition, Economica, 2017, pp. 62 - 105; François Terré, Philippe Simler, Yves Lequette, François Chénedé, Droit civil, Les obligations, 12e édition, Dalloz, 2018, pp. 1749 - 1776.

第一节 债的抵销的界定、性质和作用

一、债的抵销的界定

(一) 债的抵销一词含义的演变

债的抵销的法文表述为 compensation,该词源自拉丁文 compensatio,而 compensatio 一词则源自拉丁文 compensare,compensare 一词是由 cum 一词和 pensare 一词结合在一起所形成的一个术语,它的含义是指确保事物处于平衡、抗衡状态。经典罗马法时期的民法学家 Modestin 曾经对这一术语做出了界定,他指出:所谓抵销,是指两方当事人在承担相互债时的一种平衡,根据该种平衡,如果两方当事人均对对方当事人承担债务,则他们无须亲自对对方当事人实施给付行为,在将一方当事人的债务与另外一方当事人之间的债务相减之后,当事人仅仅履行剩余的债务。[①]

(二) 民法学者在 2016 年之前对债的抵销做出的界定

2016 年之前,虽然《法国民法典》以众多的法律条款对债的抵销做出了规定,但是,没有任何一个法律条款对债的抵销做出明确界定。虽然如此,2016 年之前,民法学者没有受到它的影响,因为他们普遍均对债的抵销做出了界定。不过,他们做出的界定存在差异。在 1998 年的《债》当中,Mazeaud 和 Chabas 等对债的抵销做出了界定,他们指出:"所谓债的抵销,是指两个人之间存在的相互债在数额最少的一个债的数额范围内消灭。因此,债的抵销是在法律对两个债所进行的扣减活动。"[②]

在 2004 年的《民法》当中,Carbonnier 对债的抵销做出了界定,他指出:"所谓债的抵销,是指在两个人之间相互存在的同一类型的两个债尤其是两个金钱债的消灭:如果两个债具有相同的数额,则它们完全消灭,如果两个债没有相同的数额,则在两个债当中数额最少的一个债的数额范围内消灭。"[③] 在 2012 年的《债法》当中,Bénabent 对债的抵销做出了界定,他指出:"所谓抵销,是指两个人之间的相互债能够得以方便地消灭的一种智识性方法:如果每一方当事人均对对方当事人履行原本应当履行的债务,则他们之间的此种行为会导致债务的交叉履行,为了避免此种交叉履行,人们采取将这

---

① Joseph Luiz, Elzear Ortolan, Explication historique des Instituts de l'Empereur Justinien, Tome II, 3e édition, Paris, Joubert Librairie de la Cour de CassationJ, 1845, pp. 551 – 552; Henri et Léon Mazeaud, Jean Mazeaud, François Chabasd, Obligations, 9e édition, Montchrestien, 1998, p. 1182; Jean-Philippe Lévy, André Castaldo, Histoire du droit civil, 2e édition, Dalloz, 2010, p. 1064; Gérard Cornu, Vocabulaire juridique, 10e édition, puf, 2014, p. 212.

② Henri et Léon Mazeaud, Jean Mazeaud, François Chabas, Obligations, 9e édition, Montchrestien, 1998, p. 1182.

③ Jean Carbonnier, Droit civil, Volume II, Les biens, les obligations, puf, 2004, p. 2486.

两个人之间的债务数额进行扣减的方式，并且仅仅让他们之间的余额产生债的清偿。"[1]

（三）民法学者在 2016 年之后对债的抵销做出的界定

通过 2016 年 2 月 10 日的债法改革法令，现行《法国民法典》新的第 1347 条对债的抵销做出了界定，该条规定：所谓债的抵销，是指两个人之间所承担的相互债的同时消灭。在被援引的情况下，债的抵销从其条件具备之日起在相等的数额内发生。[2] 2016 年之后，某些民法学者采取《法国民法典》新的第 1347 条的界定。例如 Aillaud、Francois、Terré、Simler 和 Lequette 等人，他们完全采取了该条的规定。[3]

而另外一些民法学者则没有采取该条规定的界定方式，例如 Malaurie、Aynès Stoffel-Munck、Cabrillac 和 Larribau-Terneyre 等人。他们之间的界定也存在差异，Malaurie、Aynès Stoffel-Munck 和 Cabrillac 对债的抵销做出了界定，根据他们的界定，所谓债的抵销，是指两方当事人相互均为债权人并且他们之间的债在数额最少的一个债的数额范围内消灭。[4] Larribau-Terneyre 对债的抵销做出了界定，他指出：所谓债的抵销，是指在两个人之间相互存在的同一性质的两个债的同时消灭，一般而言是金钱债。[5]

（四）笔者对债的抵销做出的界定

在上述不同界定方式当中，Malaurie、Aynès Stoffel-Munck 和 Cabrillac 的界定虽然与《法国民法典》新的第 1347 条和 Aillaud、Francois、Terré、Simler 和 Lequette 等人的界定存在差异，但是，他们之间的界定没有本质上的差异，因为他们均没有将同一性作为债的抵销的概念的组成部分。而 Larribau-Terneyre 对债的抵销做出的界定与 2016 年之前《法国民法典》的规定相符，却与 2016 年之后的《法国民法典》的规定不相符，因为他的确定强调了两个债的同一性质，而 2016 年之后《法国民法典》则没有强调这一性质。因为，如果是债的法定抵销，则债的抵销限定在同一性质的范围内，如果不是债的法定抵销，则债的抵销在不同性质之间也可以进行。

因为现行《法国民法典》同时承认了债的法定抵销、债的约定抵销和债的司法抵销，因此，再将同一性作为债的抵销的概念的组成部分显然是不适当的。基于此种考虑，笔者认为，所谓债的抵销（compensation），是指当一方当事人和另外一方当事人互为债权人和互为债务人时，无论两方当事人所承担的债务是否属于同一性质的债务，在分别符合所要求的不同条件的情况下，两方当事人之间的债在相同价值范围内消灭。因此，如果一方当事人与另外一方当事人之间的债在性质上均属于金钱债，在两个金钱债

---

[1] Alain Bénabent, Droit des obligatios, 13e édition Montchrestien, 2012, p.592.

[2] Articles1347, Code civil, Version en vigueur au 21 septembre 2021, https://www.legifrance.gouv.fr/codes/section_lc/LEGITEXT000006070721/LEGISCTA000032035643/#LEGISCTA000032035643.

[3] Marjorie Brusorio-Aillaud, Droit des obligations, 8e édition, bruylant, 2017, p.62; Jérôme François, Les obligations, Régime general, Tome 4, 4e édition, Economica, 2017, p.350; François Terré, Philippe Simler, Yves Lequette, François Chénedé, Droit civil, Les obligations, 12e édition, Dalloz, 2018, pp.1749 – 1750.

[4] Philippe Malaurie, Laurent Aynès, Philippe Stoffel-Munck, Droit Des Obligations, 8e édition, LGDJ, 2016, p.695; Rémy Cabrillac, Droit des Obligations, 12e édition, Dalloz, 2016, p.414.

[5] Virginie Larribau-Terneyre, Droit civil Les obligations, 15e édition, Dalloz, 2017, p.219.

的相同价值范围内，他们之间的债消灭。如果 X 欠 Y 1000 欧元，而 Y 也欠 X 1000 欧元，则 X 对 Y 承担的债务消灭，Y 对 X 承担的债务也因此消灭，他们之间的债的关系完全消灭。反之，如果 X 欠 Y 1500 欧元，而 Y 仅欠 X 1000 欧元，则 X 与 Y 之间的债务在 1000 欧元的范围内消灭，Y 对 X 的债务消灭，而 X 则对 Y 也仅仅承担 500 欧元的债务。如果一方当事人承担的债是交付财产的债，而另外一方当事人所承担的债则是交付金钱的债，在这两个债的相同价值债的范围内，他们之间的债也能够相互抵销。

首先，债的抵销是债消灭的一种方式，就像债的免除和债的清偿是债的消灭的方式一样，因为通过抵销，当事人之间的债在相同价值范围内消灭。其次，被抵销的债的当事人既是债权人也是债务人，其中的一方对另外一方既享有权利也承担债务，另外一方既对对方承担债务也对对方享有权利。再次，双方当事人被抵销的债既可以是同一性质的债，也可以是不同性质的债，既可以是相关债务（dettes connexes），也可以是非相关债务（dettes non connexes），因为不同形式的抵销所适用的债务是存在差异的，关于这一点，笔者将在下面的内容当中做出详细的讨论，此处从略。最后，债的抵销应当具备所要求的条件，债的抵销的类型不同，所应当具备的条件也存在差异。关于这一点，笔者将在下面的内容当中做出详细的讨论，此处从略。

二、债的抵销的性质：避免债的双重清偿的方式

（一）民法学者对债的抵销的清偿性的普遍承认

在债法领域，债的抵销与债的清偿之间是什么关系？对此问题，民法学者普遍认为，债的抵销不仅在性质上属于一种债的清偿，而且还是一种省略性质的清偿行为。所谓省略性的清偿行为（paiements abrégé），也称为省略性的双重清偿行为（double paiements abrégé）。所谓双重清偿行为，是指当双方当事人互为债务人时，为了消灭自己所承担的债务，每一方当事人在接受对方当事人的给付时均应当对对方当事人实施给付行为。因此，如果甲方欠乙方 1000 欧元，乙方也欠甲方 1000 欧元，在正常情况下，甲方应当对乙方实施 1000 欧元的给付，乙方也应当对甲方同等数额的金钱给付。此时，通过两个相反的债务给付，甲方和乙方之间的债务消灭。当甲方和乙方不通过两次相反的给付消灭他们之间的债时，如果他们通过相互抵销各自债务的方式让彼此之间的债务消灭，他们之间消灭债的方式是否属于债的清偿？法国民法学者普遍认为，他们之间的此种消灭方式仍然属于债的清偿方式，因为他们之间的此种消灭方式属于省略性的双重清偿行为，无论是在 2016 年之前还是之后，均是如此。

一方面，2016 年之前，民法学者普遍认为，债的抵销实质上是一种债的清偿方式，是一种简略性的双重清偿行为。在 1998 年的《债》当中，Mazeaud 和 Chabas 等人就采取此种看法，他们指出："债的抵销简化了债的清偿，它避免了资金、费用和灭失风险的发生，它是一种省略性的双重清偿行为。它在商人之间的关系方面所发挥的经济功能

是巨大的，尤其是商人与其银行之间更是如此。"① 在2005年的《债权和债务制度》当中，Ghestin、Billiau和Loiseau也采取此种看法，他们指出："法国法传统上将债的抵销视为一种双重清偿，这是一种相当不错的看法。通过让两个相互债权获得满足，债的抵销产生了与债的清偿一样的效力，因为在任何情况下，债的抵销或者让一方当事人承担的全部债消灭，并且至少会让另外一方当事人承担的债务部分消灭。"②

另一方面，2016年之后，民法学者仍然普遍承认债的抵销所具有的此种性质。在2017年的《债》当中，Francois就采取此种看法，他认为，债的抵销是一种"简化了的债的消灭方式"，实质上是一种简化了的债的清偿方式，他指出："作为债消灭的一种方式，债的抵销是与债的清偿有近亲关系的，更准确地说，债的抵销是一种简略性的清偿……因为这样的原因，人们说到抵销清偿。"③ 在2017年的《债》当中，Larribau-Terneyre也采取此种观点，他指出："债的抵销是一种双重清偿行为。"④

将债的抵销视为一种债的清偿的做法并不是法国当今民法学者的发明，因为此种观念历史悠久。早在17世纪，Domat在讨论债的抵销的性质时就承认，债的抵销实际上属于债的清偿，他指出："所有债的抵销均实施了两个清偿。"⑤ 在1867年3月4日的案件当中，法官明确指出："债的抵销应当被理解为在所有方面等同于以现金清偿的行为。"⑥ 在1902年的《法国民法教程》当中，Aubry和Rau指出："所有类型的债的抵销均等同于债的清偿，无论是法定抵销、随意抵销还是司法抵销，均是如此。"⑦

（二）债的抵销不是也不可能是债的清偿行为

1. 债的抵销与债的清偿之间的三个主要差异

虽然将债的抵销等同于债的清偿的做法历史悠久并且广为民法学者所支持，但是，此种看法是没有足够说服力的，因为除了扭曲债的清偿理论之外，它也否定了债的抵销的独立性。实际上，作为一种债的消灭方式，债的抵销不同于债的清偿。债的抵销之所以不同于债的清偿，其原因有三：其一，债的抵销不具备债的清偿的核心要素；其二，债的抵销的规则不同于债的清偿的规则；其三，债的抵销具有债的清偿所不具有的担保功能，关于这一点，笔者将在债的抵销的担保功能当中做出详细的讨论，此处从略。

2. 债的抵销不需要债务人履行自己的债务

人们之所以不能够将债的抵销视为一种债的清偿行为，第一个并且也是最重要的原

---

① Henri et Léon Mazeaud, Jean Mazeaud, François Chabas, Obligations, 9e édition, Montchrestien, 1998, p. 1183.
② Jacques Ghestin, Marc Billiau, Grégoire Loiseau, Traité de Droit Civil, Le régime des créances et des dettes, LGDJ, 2005, p. 1008.
③ Jérôme François, Les obligations, Régime general, Tome 4, 4e édition, Economica, 2017, p. 63.
④ Virginie Larribau-Terneyre, Droit civil, Les obligations, 15e édition, Dalloz, 2017, p. 219.
⑤ Joseph Rémy, Œuvres complètes de J. Domat, Nouvelle édition, Tome II, Paris, Firmin Didot Père et fils, 1829, p. 247.
⑥ Req. 4 mars 1867, DP 1867.1.427.
⑦ MM. C. Aubry et C. Rau, Cours de droit civil français d'après la méthode de Zachariae, Tome Ⅳ, 5e édition, Paris, Imprimerie et librairie générale de jurisprudence, Marchal et Billard, 1902, p. 397.

因是，债的抵销不需要债务人履行自己的债务，而债的清偿则需要债务人履行所承担的债务。作为债消灭的一种最主要、最重要的方式，债的清偿仅仅是指债务人按照债的内容履行自己原本应当履行的债务，债的清偿的核心是债务人实施的债务履行行为，无论是转移所有权的债、作为债还是消极债，均是如此：为了消灭债，债务人应当积极地或者消极地履行所承担的债务。

所谓积极履行所承担的债务，是指为了消灭债务人对债权人所承担的债务，债务人或积极地转移财产权或者交付财产给债权人，或者积极地对债权人实施其他的作为行为，诸如建造工程、支付租金和对建筑物进行维修等。所谓消极地履行所承担的债务，是指为了消灭债务人对债权人承担的债务，债务人消极地抑制、约束自己的某种与所承担的不作为债务相反的行为。例如，为了履行对雇主承担的不与其展开不正当竞争的债务，债务人约束自己的行为，在合同所规定的期限和范围，不积极从事与雇主的商事活动有竞争的商事活动。总之，作为债消灭的一种方式，债的清偿以债务人积极或者消极地履行所承担的债务作为手段和必要。没有债务的积极或者消极履行，就无所谓债的清偿已如前述。

债的抵销虽然能够像债的清偿一样消灭债，但是，债的抵销引起的债的消灭后果并不是通过债务人积极或者消极地履行所承担的债务的方式实现的，而仅仅通过制定法、当事人的意图或者法官的裁判实现的。无论债的抵销是通过什么方式消灭债的，所有债务的消灭均不是建立在债务人积极或者消极实施的债务履行行为的基础上。因为债的抵销完全不具备债的清偿所要求的核心要素，因此，债的抵销不是也不可能是债的清偿行为。既然债的抵销不是债的清偿，因此，无所谓债的抵销是省略性的双重清偿：在债的抵销当中，虽然当事人之间的债务消灭了，但是，除了一方当事人没有积极或者消极地对另外一方当事人履行债务之外，另外一方当事人也没有积极或者消极地履行自己对对方当事人承担的债务，至少在两方当事人所承担的债务具有相同价值的情况下是如此。

3. 债的抵销允许债务的部分消灭

人们之所以不能够将债的抵销视为一种债的清偿行为，第二个主要原因是，债的抵销允许债务的部分消灭，而债的清偿则禁止债的部分消灭。如果债务人通过清偿自己债务的方式消灭他们与债权人之间的债务，则他们应当一次性全部清偿所有的债务，除非例外情况下获得债权人或者法官的同意，否则，他们不能够对债权人进行部分债务清偿，已如前述。在债法上，无论是法定抵销、约定抵销还是司法抵销，债的清偿所贯彻的此种规则均不适用，因为，在当事人之间承担的相互债价值相等时，他们之间的债务完全消灭，但是，在他们承担的相互债价值有大有小时，则他们之间的债仅仅在价值最小的范围内消灭，在所超过的范围内，债务人仍然应当为债的清偿。①

（三）债的抵销仅仅是规避债的双重清偿的手段

因为债的抵销并不是借助于债务人实施的清偿行为实现债消灭的目的，因此，债的抵销无论是形式上还是实质上均不是债的清偿行为，债法上不存在简略性的双重清偿行

---

① Jean Carbonnier, Droit civil, Volume Ⅱ, Les biens, les obligations, puf, 2004, p.2492.

为。如果说债的抵销与债的清偿之间的确存在一定关系的话，他们之间的关系可以这样表述：债的抵销是避免债的清偿的一种手段，因为债的清偿尤其是双重清偿手续过于繁琐、代价过于高昂，为了减缓清偿所存在的这些弊端，人们借助于债的抵销实现原本应当通过债的清偿尤其是双重清偿所实现的目的即债的消灭的目的。

在当事人双方相互承担债务的情况下，如果当事人之间的债务在性质上均属于可履行的或者可主张履行性的债务，则任何一方当事人均应当对对方履行自己承担的债务，任何一方也均有权要求对方当事人履行所承担的债务。为了消灭彼此对对方当事人承担的债务，双方当事人均应当各自履行对方当事人承担的债务，这就是所谓的双重清偿、双重履行问题，已如前述。不过，此种双重清偿、双重履行存在众多弊端和风险，诸如：履行债务的程序繁琐、缓慢并因此推高履行代价；如果双方承担的债务均是金钱债，则存在资金的没有必要的流动；如果是转移或者交付财产的债务，双重履行还面临转移或者交付财产的毁损灭失等风险。

为了消灭当事人之间的相互债，他们可以不实行原本应当实行的双重清偿行为，在双方债务的等价范围内，彼此均不对对方当事人履行原本应当履行的债务并因此让他们之间的债消灭，就像他们原本履行了所承担的债务一样。因此，与其说债的抵销是一种简化了的债务清偿行为，毋宁说债的抵销是一种规避债的清偿、债的双重清偿行为的方式[①]：因为债的抵销，债的一方当事人无需履行自己对另外一方当事人所承担的债务；因为债的抵销，另外一方当事人也无需履行自己对对方当事人承担的债务，双方当事人之间的原本应当双重履行的债因此无需履行、没有履行。除了能够节省成本、避免资金的毫无必要的双向流动和转移或者交付财产的毁损灭失之外，债的抵销还具有一个另外的好处，这就是，避免有清偿能力的债务人因为对方当事人丧失清偿能力而遭受损失，这就是债的抵销的功能，关于这一点，笔者将在下面的内容当中做出详细的讨论，此处从略。

三、债的抵销的作用：避免有清偿能力的人遭受没有清偿能力的人的损害

人们之所以不能够将债的抵销视为一种债的清偿行为，第三个主要原因是，债的抵销所发挥的作用不同于债的清偿所发挥的作用。虽然债的抵销和债的清偿一样均能够起到消灭债的作用，但是，除此之外，债的抵销还能够发挥债的清偿所无法发挥的第二个主要作用，这就是，通过债的抵销，每一个债权人均能够确保自己对对方当事人享有的债权具有类似于优先权的权利，并因此防止自己与资不抵债的债务人的其他债权人一起共同对债务人主张权利，这就是债的抵销所具有的担保功能。

在债法中，如果两方当事人互为债务人，则他们也互为债权人，一方当事人在对另外一方当事人承担债务时享有要求另外一方当事人对自己履行债务的债权。一方当事人在履行了自己对对方当事人的债务之后，他们可能会面临对方当事人资不抵债的风险：

[①] François Terré, Philippe Simler, Yves Lequette, François Chénedé, Droit Civil, les Obligations, 12e édition, Dalloz, 2018, p.1750.

如果对方当事人因为资不抵债而无法履行对自己承担的债务，在法官对债务人的财产采取强制执行措施时，他们并不享有优先于债务人的其他债权人而获得有效清偿的权利，除非他们在在性质上属于有担保的债权人；否则，他们只能够与债务人的其他债权人一起按照各自债权所占有的比例获得清偿。

债的清偿所具有的此种风险不适用于债的抵销，这就是，在符合抵销条件的情况下，双方当事人之间的债务因为抵销而消灭。作为相互债权人，任何一方当事人均不会受到对方当事人资不抵债的影响，在一方当事人资不抵债履行时，另外一方当事人无须要求法官对对方当事人采取强制执行措施并因此让自己与债务人的其他债权人一起展开竞争。因为每一方当事人对另外一方当事人享有的债权以另外一方当事人对自己享有同等价值的债权作为基础，每一方当事人对另外一方当事人承担的债务与另外一方当事人对自己承担同等价值的债务作为根据，在债务的同等价值范围内，当他们之间的债务消灭时，彼此之间的债权也同样消灭。

无论是在2016年之前还是之后，民法学者普遍承认债的抵销所具有的此种担保功能。一方面，2016年之前，民法学者普遍承认债的抵销的担保功能。在1998年的《债》当中，Mazeaud 和 Chabas 等人就采取此种看法，他们指出："债的抵销构成债的清偿的一种担保。当一个债权人清偿了自己对另外一个债权人承担的债务之后，他们当然应当接受对方当事人所为的完全清偿。如果他们的债务人陷入资不抵债当中，债的抵销让他们避免了与其他债权人处于竞争之中。"① 在2005年的《债权和债务制度》当中，Ghestin、Billiau 和 Loiseau 也采取此种看法，他们指出："债的抵销同样发挥着一种担保作用。人们普遍认为，债的抵销不仅仅构成债消灭的一种方式，而且同样构成一种担保手段。此种分析方法具有正当性：因为债的抵销让两个债权人当中的任何一个债权人均享有能够对抗其他债权人的等同于优先权的权利。"② 另一方面，在2016年之后，民法学者仍然普遍承认债的抵销所具有的此种性质。在2017年的《债》当中，Francois 就采取此种看法，他指出："作为一种双重制度，债的抵销同样能够发挥自身的担保功能。假定抵销的两方当事人当中的一方当事人资不抵债即不能够清偿自己的债务。通常情况下，有清偿能力的一方当事人应当清偿自己承担的所有债务，在要求没有清偿能力的一方当事人偿还自己的债权时，该方当事人因此与资不抵债的一方当事人的其他债权人处于竞争之中。相反，通过援引债的抵销，该方当事人能够让自己的债权得以清偿，因为，他们将自己的债权数额列入自己的债务当中，并因此避免与没有清偿能力的债务人的其他债权人处于竞争当中。"③

在2018年的《债》当中，Terré、Simler 和 Lequette 等人也采取此种观点，他们指出："债的抵销的第一个法律效果是同时消灭两个相互债。不仅如此，债的抵销还是消灭债务人承担的相互债的最简单也是非常有效的一种方式：对于每一个债务人而言，他

---

① Henri et Léon Mazeaud, Jean Mazeaud, François Chabas, Obligations, 9e édition, Montchrestien, 1998, p. 1183.

② Jacques Ghestin, Marc Billiau, Grégoire Loiseau, Traité de Droit Civil, Le régime des créances et des dettes, LGDJ, 2005, p. 1009.

③ Jérôme François, Les obligations, Régime general, Tome 4, 4e édition, Economica, 2017, p. 63.

们以债权人的身份能够享有等同于非常有效的优先权的权利。因为债的抵销允许每一个债权人将其债务人的债权据为己有，而无须担心会与其债务人的其他债权人处于竞争当中。"①

第二节 债的抵销的历史发展

作为债消灭的一种原因，债的抵销的历史同样源远流长，因为它源自罗马法，经过法国旧法时期民法学者的主张，1804年的《法国民法典》对其做出了规定。不过，鉴于1804年的《法国民法典》对债的抵销采取过于严格的条件限制，尤其是，鉴于它仅仅规定了一种形式的债的抵销即债的法定抵销，因此，民法学者对其规定表达不满。基于2016年2月10日的债法改革法令，现行《法国民法典》对债的抵销做出了新规定，除了对债的法定抵销做出了规定之外，它还对债的约定抵销和债的司法抵销做出了规定。

一、罗马法所规定的债的抵销

虽然罗马法对债的抵销做出了规定，但是，在不同时期，它的规定还是存在差异的。在前经典罗马法时期，罗马法仅仅承认债的约定抵销，它既没有承认债的法定抵销，也没有承认债的司法抵销。前经典罗马法时期之所以不承认法定抵销或者司法抵销，是因为前经典罗马法将抵销视为一个诉讼程序，根据该程序，法官在一个诉讼案件当中只能够审判一个债权纠纷，不能够在同一个程序当中审判两个不同的债权纠纷：当原告向法院起诉，要求法官责令被告对自己履行债务时，被告不能够同时向法院提起要求法官责令本诉的原告对自己履行债务的反诉，因此，即便被告与原告之间承担相互债，法官也无法通过诉讼程序将他们之间的债予以抵销。此种规则隶属于前经典罗马法所贯彻的一个更加一般性的原则，这就是问题的统一性原则（le principe de l'unité des questions）、罗马民事诉讼法的基本观念（l'idée fondamentale de la procédure civile romaine），根据此种原则、观念，一个问题，一个诉讼。因此，前经典罗马法仅仅承认一种抵销方式：如果合同当事人在自己的合同当中对债的抵销做出了明确规定，则符合他们的合同规定条款的情况下，他们之间的债可以根据约定的方式抵销。②

在公元2世纪之前的经典罗马法时期，经典罗马法在坚守问题的统一性原则时开始对这一原则施加有限的、分散的例外，在这些例外情况下，法官能够在司法判例当中承

---

① François Terré, Philippe Simler, Yves Lequette, François Chénedé, Droit Civil, les Obligations, 12e édition, Dalloz, 2018, pp.1750–1751.

② C. Appleton, Histoire de la compensation, en droit romain, Paris, Librairie Arthur Rousseau, 1895, pp. 5–544; Henri et Léon Mazeaud, Jean Mazeaud, François Chabasd, Obligations, 9e édition, Montchrestien, 1998, pp.1192–1193; Jean Carbonnier, Droit civil, Les biens, Les obligations, puf, 2004, p. 2490; Jean-Philippe Lévy, André Castaldo, Histoire du droit civil, 2e édition, Dalloz, 2010, pp.1064–1069; Paul Frédéric Girard, Manuel élémentaire de droit romain, 8e édition, Dalloz, 2003, pp.748–755.

认债的抵销,这就是债的司法抵销的诞生。例如,在诚信诉讼(les actions de bonne foi)当中,法官承认了司法抵销的存在,根据这一诉讼,如果当事人之间就诚信合同发生了纠纷,法官可以将原告的本诉与被告的反诉合并到一个程序当中进行审理,在双方当事人均承担债务的情况下,法官会实行抵销。再例如,在银行与自己的客户之间发生合同纠纷时,法官采取他们在诚信合同当中采取的做法,将当事人之间的两个诉讼合并并因此通过抵销方式让他们彼此之间的债消灭。①

到了罗马皇帝 Marc Aurèle 统治时期(161—180 年),Aurèle 对经典罗马法当中的债的司法抵销做出了重大改革,它认为,除了能够将诚信合同和银行与其顾客之间的合同当中的本诉和反诉合并并因此通过抵销消灭他们之间的纠纷之外,法官能够在所有严格法律意义上的诉讼(les actions de droit strict)当中采取这些做法。所谓严格法律意义上的诉讼,是指所有合同当事人之间就合同争议引发的诉讼。因此,无论当事人之间的合同是什么,只要原告向法院起诉,要求法官责令被告对自己承担债务,当被告反诉要求法官责令原告对自己承担债务时,法官可以通过诉的合并方式对他们之间的纠纷进行审判并因此通过债的抵销消灭他们之间的合同纠纷。②

到了后经典罗马法时期,也就是到了查士丁尼皇帝时期,罗马法对债的抵销进行了系统化并因此形成了一般性的债的抵销,它规定,除了不能够在诸如寄存诉讼和占有返还诉讼当中适用之外,债的抵销能够在所有诉讼当中适用,无论是对物诉讼(les actions réelles)还是对人诉讼(les actions personnelles)。不过,罗马法也规定,法官不能够滥用自己享有的抵销权,如果他们要对原告和被告之间的债务或者债权进行抵销,必要具备一定的条件:被抵销的债权应当是确实的(certain)、可以主张的(exigibles)和肯定的(liquides)。一旦符合所要求的这些条件,债的抵销就能够"依法"生效(ipso iure)。总之,到了后经典罗马法时期,罗马法已经承认了两种形式的抵销:债的约定抵销和债的司法抵销,除非当事人之间通过意思表示的合意明确规定了债的抵销,否则,如果当事人要主张债的抵销,他们应当向法院起诉,要求法官通过判决对他们之间的债务进行抵销。③

---

① C. Appleton, Histoire de la compensation, en droit romain, Paris, Librairie Arthur Rousseau, 1895, pp. 5 – 544; Henri et Léon Mazeaud, Jean Mazeaud, François Chabasd, Obligations, 9e édition, Montchrestien, 1998, pp. 1192 – 1193; Jean Carbonnier, Droit civil, Les biens, Les obligations, puf, 2004, p. 2490; Jean-Philippe Lévy, André Castaldo, Histoire du droit civil, 2e édition, Dalloz, 2010, pp. 1064 – 1069; Paul Frédéric Girard, Manuel élémentaire de droit romain, 8e édition, Dalloz, 2003, pp. 748 – 755.

② C. Appleton, Histoire de la compensation, en droit romain, Paris, Librairie Arthur Rousseau, 1895, pp. 5 – 544; Henri et Léon Mazeaud, Jean Mazeaud, François Chabasd, Obligations, 9e édition, Montchrestien, 1998, pp. 1192 – 1193; Jean Carbonnier, Droit civil, Les biens, Les obligations, puf, 2004, p. 2490; Jean-Philippe Lévy André Castaldo, Histoire du droit civil, 2e édition, Dalloz, 2010, pp. 1064 – 1069; Paul Frédéric Girard, Manuel élémentaire de droit romain, 8e édition, Dalloz, 2003, pp. 748 – 755.

③ C. Appleton, Histoire de la compensation, en droit romain, Paris, Librairie Arthur Rousseau, 1895, pp. 5 – 544; Henri et Léon Mazeaud, Jean Mazeaud, François Chabasd, Obligations, 9e édition, Montchrestien, 1998, pp. 1192 – 1193; Jean Carbonnier, Droit civil, Les biens, Les obligations, puf, 2004, p. 2490; Jean-Philippe Lévy André Castaldo, Histoire du droit civil, 2e édition, Dalloz, 2010, pp. 1064 – 1069; Paul Frédéric Girard, Manuel élémentaire de droit romain, 8e édition, Dalloz, 2003, pp. 748 – 755.

二、法国旧法时期民法学者对债的抵销做出的说明

在中世纪,在对罗马法当中的抵销做出解释时,注释法学派和经典人文主义学派面临的一个核心问题是:后经典罗马法所规定的债的抵销当中 ipso iure 一词究竟是什么含义:它是指债的司法抵销、债务人进行债的抵销的意思表示还是指债的法定抵销?

(一) 注释法学派和后注释法学派对债的抵销的争议

对此问题,在 17 世纪之前,民法学者之间存在极大的争议,有三种不同的看法:

第一,某些民法学者认为,罗马法当中的 ipso iure 一词仅仅是债的司法抵销,此种看法为 Azon 和 Accurse 所采取。Azon 生于 1190 年,卒于 1233 年,是意大利注释法学派('École des glossateurs)的重要成员、博学的意大利法学家。① Accurse 生于 1181 年,死于 1259 年至 1263 年,是意大利 13 世纪的注释法学派的重要成员、法学家、佛罗伦萨大学教授。② 他们忠实于罗马法的解释,认为 ipso iure 一词并不是指债的法定抵销,而仅仅是指债的司法抵销,因为他们认为,抵销只能够在法院主张并且只能够通过法官的判决宣告,法官的宣告能够产生溯及既往的效力。③

第二,某些民法学者认为,罗马法当中的 ipso iure 一词并不是指债的司法抵销,而指债务人有抵销债务的意思表示,此种看法为 Bartole 所采取。Bartole 生于 1313 年,卒于 1356 年,是意大利 14 世纪的著名法学家、法学教授,后注释法学派的核心人物。④ 在对 ipso iure 一词做出解释时,他认为,ipso iure 一词是指债的抵销不需要借助于法官的干预(sine facto judicis),只需要债务人通过非司法方式做出债的抵销的意思表示就足以让当事人之间的债抵销。⑤

第三,某些民法学者认为,罗马法当中的 ipso iure 一词仅仅是指债的法定抵销,此种理论为 Martin Gosia 为所采取。Martin Gosia 也称为 Martinus Gosia,生于 1100 年左右,死于 1166 年或者 1167 年,意大利 12 世纪的著名法学家、博洛尼亚大学的法学教授、注释法学派的重要成员。⑥ 他认为,罗马法当中的 ipso iure 一词既不是指债的司法抵销,也不是指债务人所具有的抵销债务的意图,而是指债的抵销在当事人的意图之外当然发生、自动发生,不管债务人是否知道或者是否有进行抵销的意图,债的抵销均发生

---

① Azon, https://fr.wikipedia.org/wiki/Azon.
② Accursius, https://fr.wikipedia.org/wiki/Accursius.
③ C. Appleton, Histoire de la compensation, en droit romain, Paris, Librairie Arthur Rousseau, 1895, pp. 457 – 461; Henri et Léon Mazeaud, Jean Mazeaud, François Chabasd, Obligations, 9e édition, Montchrestien, 1998, pp. 1192 – 1193; Jean Carbonnier, Droit civil, Les biens, Les obligations, puf, 2004, p. 2490; Jean-Philippe Lévy, André Castaldo, Histoire du droit civil, 2e édition, Dalloz, 2010, pp. 1069 – 1070.
④ Bartole, https://fr.wikipedia.org/wiki/Bartole.
⑤ C. Appleton, Histoire de la compensation, en droit romain, Paris, Librairie Arthur Rousseau, 1895, pp. 457 – 461; Henri et Léon Mazeaud, Jean Mazeaud, François Chabasd, Obligations, 9e édition, Montchrestien, 1998, pp. 1192 – 1193; Jean Carbonnier, Droit civil, Les biens, Les obligations, puf, 2004, p. 2490; Jean-Philippe Lévy, André Castaldo, Histoire du droit civil, 2e édition, Dalloz, 2010, pp. 1069 – 1070.
⑥ Martinus Gosia, https://fr.wikipedia.org/wiki/Martinus_Gosia.

让当事人之间的债消灭的后果。①

(二) 法国民法学者在 16 世纪对债的抵销的说明

16 世纪，法国经典人文主义学派的重要人物、著名法学家、法学教授 Hugues Doneau 试图对上述不同的理论予以调和，他指出，罗马法当中的 ipso iure 一词虽然是指债的抵销当然发生，但是，当然发生并不是指在当事人不知道的情况下发生，而是指债的抵销能够溯及既往地让债务人的债务消灭并因此成为一种省略性质的清偿行为。16 世纪，法国经典人文主义学派的重要人物、著名民法学家 Cujas 采取了 Gosia 的看法，他也认为，债的抵销既不需要当事人有抵销的意思表示，也不需要法官通过判决予以宣告，一旦具备了抵销的条件，当事人之间的债就自动抵销，即便当事人不知道，亦是如此，换言之，他也认为，罗马法当中的 ipso iure 一词仅仅是指法定抵销。②

(三) Domat 和 Pothier 在 17 世纪和 18 世纪对债的抵销做出的说明

由于受到 Cujas 的影响，在 17 世纪的《自然秩序当中的民法》和 18 世纪的《债法专论》当中，Domat 和 Pothier 均认为，罗马法当中的 ipso iure 一词既不是指约定抵销，也不是指司法抵销，而仅仅是指法定抵销。在《自然秩序当中的民法》当中，Domat 对债的抵销做出了界定，他指出："所谓债的抵销，是指当一个人与另外一个人之间互为债务人时，这两个人之间所承担的债务相互消灭。"③ 关于债的抵销的性质，他明确指出，债的抵销仅仅是法定抵销，因为债的抵销是当然发生法律效力的，即便当事人不知道，亦是如此。他指出："作为一种自然的方式，债的抵销自身发生效力、当然发生法律效力，即便哪些能够抵销债的人没有提出抵销的建议，即便一方当事人或者另外一方当事人忽视了原本能够予以抵销的债务的存在，亦是如此。因为，公平和正义认为：当每一方当事人同时成为对方当事人的债权人和债务人时，这些身份就会变得模糊不清并因此消灭。"④

在 18 世纪的《债法专论》当中，Pothier 对债的抵销做出了界定，他指出，所谓债的抵销，是指两个人之间的相互债的消灭，其中的一个人是另外一个人的相互债务人，

---

① C. Appleton, Histoire de la compensation, en droit romain, Paris, Librairie Arthur Rousseau, 1895, pp. 457 – 461; Henri et Léon Mazeaud, Jean Mazeaud, François Chabasd, Obligations, 9e édition, Montchrestien, 1998, pp. 1192 – 1193; Jean Carbonnier, Droit civil, Les biens, Les obligations, puf, 2004, p. 2490; Jean-Philippe Lévy, André Castaldo, Histoire du droit civil, 2e édition, Dalloz, 2010, pp. 1069 – 1070.

② C. Appleton, Histoire de la compensation, en droit romain, Paris, Librairie Arthur Rousseau, 1895, pp. 457 – 461; Henri et Léon Mazeaud, Jean Mazeaud, François Chabasd, Obligations, 9e édition, Montchrestien, 1998, pp. 1192 – 1193; Jean Carbonnier, Droit civil, Les biens, Les obligations, puf, 2004, p. 2490; Jean-Philippe Lévy, André Castaldo, Histoire du droit civil, 2e édition, Dalloz, 2010, pp. 1069 – 1070.

③ Joseph Rémy, Œuvres complètes de J. Domat, Nouvelle édition, Tome II, Paris, Firmin Didot Père et fils, 1829, p. 247.

④ Joseph Rémy, Œuvres complètes de J. Domat, Nouvelle édition, Tome II, Paris, Firmin Didot Père et fils, 1829, p. 248.

而另外一个人则是该人的相互债权人。① 在讨论债的抵销的性质时，他明确承认债的抵销属于一种法定抵销，他指出："债的抵销是当然发生法律效力的……当人们说债的抵销是当然发生法律效力时，他们的此种说法也仅仅是指，债的抵销仅仅是根据制定法的规定方式法律效力的，它的法律效力的发生既不需要法官通过判决予以宣告，也不需要任何一方当事人表示反对。……此种解释是与所有词汇学家在解释 ipso iure 一词的含义时所赋予该词的含义一致的。"②

三、2016 年之前民法学者对债的抵销的三分法的普遍承认

（一）1804 年的《法国民法典》对债的抵销做出的规定

由于受到 Domat 尤其是 Pothier 的上述理论的影响，1804 年的《法国民法典》第 1289 条至第 1299 条当中对债的抵销做出了详尽的规定，包括债的抵销所适用的债务范围、不能够适用债的抵销的债务类型，以及债的抵销的效力等。其中的第 1289 条规定：当两个人互为对方当事人的债务人时，他们之间的能够消灭两个债的抵销方式按照法律条款的规定实行。不过，1804 年的《法国民法典》仅仅规定了法定抵销，没有规定其他形式的抵销，也就是没有规定约定抵销和司法抵销，因为第 1290 条明确规定，债的抵销的法律效力源自制定法，而不是源自当事人之间的意图或者法官的判决。该条规定：债的抵销仅仅因为制定法的权威当然发生法律效力，即便在债务人不知道的情况下，亦是如此；从同时存在之时起，两个债在各种的份额内相互消灭。③ 1804 年的《法国民法典》关于债的抵销的规定从 1804 年一直保留到 2016 年，直到 2016 年 2 月 10 日的债法改革法令将其废除并且以新的法律条款取代他们时为止。④

不过，1804 年的《法国民法典》关于债的抵销的规定显然是存在问题的，因为，它所规定的抵销范围过窄，没有涵盖应当涵盖的其他类型。因此，从 19 世纪前半期开始一直到 2016 年之前，民法学家均主张，除了《法国民法典》所规定的债的法定抵销之外，民法当中还包括其他类型的债的抵销。所不同的是，在 19 世纪末期之前，民法学者所主张的类型与 2016 年之前民法学者所主张的类型在名称方面存在差异。

（二）19 世纪末期之前民法学者对债的抵销的三分法理论的明确承认

19 世纪末期之前，民法学者普遍认为，除了《法国民法典》所规定的法定抵销之外，债的抵销还包括另外两种形式的债的抵销即债的随意抵销（la compensation faculta-

---

① M. Bugnet, Œuvres de Pothier, annotées et mises en corrélation avec le Code civil et la legislation actuelle, Tome I, Paris, Henzri Plon Gosse et Marchal, 1861, p. 334.

② M. Bugnet, Œuvres de Pothier, annotées et mises en corrélation avec le Code civil et la legislation actuelle, Tome I, Paris, Henzri Plon Gosse et Marchal, 1861, p. 345.

③ Articles 1289 à 1299, Code civil, Version en vigueur au 09 février 2016, https://www.legifrance.gouv.fr/codes/section_ lc/LEGITEXT000006070721/LEGISCTA000006150261/2016－02－09/#LEGISCTA000006150261.

④ Articles 1289 à 1299, Code civil, Version en vigueur au 09 février, 2016, https://www.legifrance.gouv.fr/codes/section_ lc/LEGITEXT000006070721/LEGISCTA000006150261/2016－02－09/#LEGISCTA000006150261.

tive）和债的反诉抵销（compensation reconventionnelle），其中的随意抵销也被称为单纯抗辩抵销、通过抗辩发生的抵销（la compensation par la voie de simple exception），而其中的反诉抵销也被称为司法抵销。所谓通过抗辩发生的抵销，是指在当事人之间的债的抵销不符合法定抵销所要求的条件时，基于当事人之间的建议所产生的抵销。所谓反诉抵销，是指在原告向法院起诉要求法官责令被告对自己承担债务时，基于被告反诉的主张，法官所实行的抵销。

早在1821年的《法国民法》当中，Toullier就明确指出，债的抵销或者应当分为两类：其一，法定抵销。其二，其他类型的抵销。他认为，其他类型的抵销则可以继续分为两种不同类型的抵销：单纯抗辩抵销（la compensation par la voie de simple exception）反诉抵销（la compensation par la voie de reconvention）。因此，他的抵销的二分法也可以说是债的抵销的三分法：法定抵销、单纯抗辩抵销以及反诉抵销。①

在1877年的《拿破仑法典教程》当中，Demolombe也采取了债的抵销的三分法理论，他指出："债的抵销能够分为三类：法定抵销、随意抵销和反诉抵销。首先，第一类债的抵销是法定抵销，所谓法定抵销，是指在两个债所必要的条件完全具备时基于制定法的单纯权威性发生的抵销。其次，第二类债的抵销是随意抵销，所谓随意抵销，是指在法定抵销所要求的条件不具备、制定法因此不承认法定抵销的情况下，基于一方当事人的反对或者不反对而发生的抵销。最后，第三类债的抵销是反诉抵销或者司法抵销，所谓反诉抵销或者司法抵销，是指债权因为不具备所要求的条件而无法产生法定抵销时，因为当事人一方的反诉请求，法官通过自己的判决所发生的抵销。"②

在1902年的《法国民法教程》当中，Aubry和Rau也采取债的抵销的三分法理论，他们也指出："债的抵销或者是法定的、随意的或者是司法的。所谓法定抵销，是指通过某些条件的统一，在两种债同时存在时，债的抵销在不需要利害关系人干预的情况下当然发生的抵销。所谓债的随意抵销，是指制定法拒绝承认法定抵销时基于当事人的建议所发生的抵销。所谓司法抵销，是指在法定抵销的所要求的条件没有完全满足时基于反诉请求产生的债的抵销。"③

（三）2016年之前民法学者对债的法定抵销、债的约定抵销和债的司法抵销的普遍承认

在2016年之前，虽然《法国民法典》仅仅规定了债的法定抵销，但是，民法学者普遍承认，除了债的法定抵销之外，债的抵销还包括债的约定抵销和债的司法抵销。在1998年的《债》当中，Mazeaud和Chabas就采取债的抵销的三分法理论，他们指出："一般而言，债的抵销是债消灭的一种法定方式，它在当事人意图之外发生。但是，由

---

① C.-B.-M. Toullier, Le Droit civil francais suivant l'ordre du code, Troisieme edition, Tome VII, Bruxelles, Chez la Ve. Ad. Stapleaux, 1821, pp. 348 – 412.

② Charles Demolombe, Cours de Code Napoléon, Tome XXVIII, Traité des Contrats ou des Obligations Conventionnelles en Général, Tome cinquième, Paris Auguste Durand Libraire L. Hachette et Cie Libraire1877, pp. 349 – 350.

③ MM. C. Aubry et C. Rau, Cours de droit civil français d'après la méthode de Zachariae, Tome Ⅳ, 5e édition, Paris, Imprimerie et librairie générale de jurisprudence, Marchal et Billard, 1902, pp. 371 – 382.

于有关抵销的法定规范仅仅是补充性的规范，当事人完全能够在他们之间组织债的抵销并且对他们之间的债的抵销的条件做出规定，这就是债的约定抵销。"① 除了债的法定抵销和债的约定抵销之外，他们也承认债的司法抵销。② 在 2004 年的《民法》当中，Carbonnier 就明确承认债的抵销的三分法理论，他指出："债的抵销被《法国民法典》视为一种法定机制。然而，在承认法定抵销是一种主要抵销时，人们也认为，债的抵销既可以是债的约定抵销，也可以是债的司法抵销，虽然它们仅仅是两种次要抵销。"③

四、2016 年之后的《法国民法典》正式承认了债的抵销的三分法理论

基于民法学者的普遍主张，从 2005 年开始，民法学者和法官均在自己起草的债法改革草案当中对债的抵销的三种渊源做出了规定。他们的此种做法对法国政府产生了影响，因为在 2016 年 2 月 10 日的债法改革法令当中，法国政府正式承认了债的抵销的三分法理论。在 2016 年的债法改革法令之后，民法学者一如既往地承认债的抵销的三分法理论，认为债的抵销包括债的法定抵销、债的约定抵销和债的司法抵销。

（一）2016 年之前的债法改革草案对债的抵销的三种渊源做出的规定

在 2005 年的《债法改革草案》当中，Catala 领导的债法改革小组就明确指出，它的《债法改革草案》所具有的一个主要创新是，它填补了《法国民法典》仅仅对债的抵销的一种渊源即制定法做出规定的漏洞，同时对债的抵销的三种渊源即制定法、合同约定和司法裁判做出了规定。它指出："本草案在某些方面具有创新性，其中一个大胆的创新是，它承认了债的抵销渊源的三分法：除了将焦点集中在法定抵销的四个必要条件之外，它也让债的司法抵销和债的约定抵销获得了公平的地位。"④ 具体而言，它的《债法改革草案》在 1240 条至第 1247 条当中对债的抵销做出了规定，除了对债的抵销的定义、债的法定抵销的类型、债的法定抵销的适用范围等内容做出了规定之外，它也对相关债务的抵销（la compensation des dettes connexes）做出了规定，其中的第 1241 条对债的抵销的三分法做出了说明，该条规定：债的抵销可以是法定的、司法的或者约定的。⑤

在 2011 年的《债法和准合同法改革草案》当中，法国司法部采取了类似于 Catala 领导的债法改革小组的做法，除了承认了债的抵销的三分法理论之外，它也规定了相关

---

① Henri et Léon Mazeaud, Jean Mazeaud, François Chabas, Obligations, 9e édition, Montchrestien, 1998, p.1182.

② Henri et Léon Mazeaud, Jean Mazeaud, François Chabas, Obligations, 9e édition, Montchrestien, 1998, pp.1188-1189.

③ Jean Carbonnier, Droit civil, Les biens, Les obligations, puf, 2004, p.2486.

④ Avant-Projet de Reforme du Droit des Obligations (Articles 1101 A 1386 Du Code Civil) et du Droit de la Prescription (Articles 2234 à 2281 du Code Civil), Rapport à Monsieur Pascal Clément, Garde des Sceaux, Ministre de la Justice, 22 Septembre 2005, p.11.

⑤ Avant-Projet de Reforme du Droit des Obligations (Articles 1101 A 1386 Du Code Civil) et du Droit de la Prescription (Articles 2234 à 2281 du Code Civil), Rapport à Monsieur Pascal Clément, Garde des Sceaux, Ministre de la Justice, 22 Septembre 2005, pp.115-117.

债务的抵销，这就是该《债法和准合同改革草案》当中的第 87 条至第 101 条。其中的第 88 条规定：债的抵销可以是法定的、司法的或者约定的。① 在 2015 年的《合同法、债的一般制度和债的证明的改革法令草案》（以下简称《草案》）第四编债的一般制度的第二章即债的消灭当中，它对债的抵销做出了规定，这就是该章当中的第二节，该节分为二分节：第一分节为一般规则，对债的法定抵销做出了详细的规定，这就是该《草案》当中的第 1325 条至第 1325 - 8 条。而第二分节为特殊规则，分别对债的司法抵销和债的约定抵销的特殊规则做出了规定，这就是该《草案》当中的第 1326 条至第 1327 条。②

（二）现行《法国民法典》对债的司法抵销和债的约定抵销的新规定

通过 2016 年 2 月 10 日的债法改革法令，现行《法国民法典》对债的抵销做出了新规定，这就是第三卷第四编即债的一般制度当中的第四章。除了对债消灭的其他原因做出了规定之外，该章也对债的抵销做出了规定，这就是该章当中的第二节，该节由新的第 1347 条至新的第 348 - 2 条组成，共分为两分节：第一分节为一般规则（Règles générales），对债的法定抵销做出了详细规定，包括：债的抵销的定义，债的抵销适用的债务所必须具备的条件，债的抵销所不能够适用的债务类型，债的抵销产生的法律效力以及债的抵销对第三人的影响。第二分节为特殊规则（Règles particulières），对债的司法抵销和债的约定抵销所适用的特殊条件做出了规定，其中关于债的司法抵销的规定包含了相关债务的抵销内容。③

在 2016 年之前，《法国民法典》仅仅对法定抵销做出了规定，没有对其他类型的抵销做出规定。虽然此种做法存在众多的问题，但是，最主要的问题有三：其一，它所规定的抵销范围过窄，没有涵盖原本应当涵盖的抵销类型，因为早在经典罗马法时期，罗马法就已经承认了约定抵销和司法抵销，已如前述。其二，它所规定的条件过于严格，导致当事人之间的众多债务无法通过法定抵销予以消灭。其三，它违反了意思自治和合同自由的原则，不允许当事人以合同约定的方式对他们之间的债进行抵销。因此，即便是在《法国民法典》不承认债的约定抵销和债的法定抵销的 19 世纪初期、中期和后期，法国民法学者就普遍承认了债的约定抵销和债的司法抵销，已如前述。基于同样的考虑，在 2016 年之前，民法学者也普遍承认债的约定抵销和债的法定抵销的存在，已如前述。

现行《法国民法典》克服了这些问题，拓展了抵销的适用范围，正式承认了三分法的债的抵销制度。

---

① Réforme du régime des obligations et des quasi-contrats, 09 mai 2011, http://www.textes.justice.gouv.fr/art_pix/avant_projet_regime_obligations.pdf.

② PROJET D'ORDONNANCE n° du portant réforme du droit des contrats, du régime général et de la preuve des obligations, pp. 34 - 35, http://www.justice.gouv.fr/publication/j21_projet_ord_reforme_contrats_2015.pdf.

③ Articles 1347 à 1348 - 2, Code civil, Version en vigueur au 21 septembre 2021, https://www.legifrance.gouv.fr/codes/section_lc/LEGITEXT000006070721/LEGISCTA000032035643/#LEGISCTA000032035643.

(三) 2016 年之后民法学者对债的抵销做出的说明

2016 年之后，民法学者一如既往地承认三种类型的债的抵销。在 2017 年的《债法》当中，Aillaud 明确指出："债的抵销可以是法定的、约定的或者司法性的。"① 在 2018 年的《债》当中，Terré、Simler 和 Lequette 等人就指出，债的抵销是多种多样的，"在符合制定法所规定的条件时，债的抵销包含了债的相互抵销。如果这些条件具备了，则基于一个债务人的要求，债的抵销会当然发生。因此，它构成债消灭的一种法定方式。不过，民法学说和实践总是能够想象出另外两种形式的债的抵销，它们能够在债的法定抵销条件不具备时产生消灭债的效力：这就是约定抵销和司法抵销。"②

在《法国民法典》所规定的三类债的抵销当中，最重要的抵销是债的法定抵销，因此，它将债的法定抵销的规则视为一般规则，而将债的司法抵销和债的约定抵销方面的规则视为特殊规则，已如前述。③ 基于这样的考虑，笔者首先对债的法定抵销做出讨论，之后分别对其他两类债的抵销做出讨论。

第三节 债的法定抵销应当具备的条件

债的抵销的第一种类型是债的法定抵销。所谓债的法定抵销，是指根据制定法的单纯权威性而自动、当然发生的抵销。无论是 2016 年之前还是 2016 年之后，《法国民法典》均对债的法定抵销做出了规定：2016 年之前，它仅仅规定了债的法定抵销；而 2016 年之后，它虽然也规定了其他类型的抵销，但是，它将债的法定抵销视为最主要的、最重要的一类抵销，因为它在债的抵销的一般规则当中规定了此种抵销，已如前述。

债的法定抵销所涉及的问题包括：债的法定抵销应当具备的条件；债的法定抵销所存在的障碍；债的法定抵销所产生的法律效力。它们结合在一起就形成了作为一个有机整体的债的法定抵销制度。无论是 2016 年之前还是之后，《法国民法典》均对这些内容做出了明确规定。

一、债的法定抵销的条件

所谓债的法定抵销条件（conditions），是指能够在法律上加以抵销的债应当具备的积极条件（conditions positives）。虽然当事人之间承担债务，但是，并非他们之间的所有债务均能够通过制定法的规定而予以抵销，如果他们之间的债务要在法律上予以抵销，他们之间的债务应当具备制定法明确规定的条件，这就是债的法定抵销的条件。只

---

① Marjorie Brusorio-Aillaud, Droit des obligations, 8e édition, bruylant, 2017, p.350.
② François Terré, Philippe Simler, Yves Lequette, François Chénedé, Droit Civil, les Obligations, 12e édition, Dalloz, 2018, p.1751.
③ Philippe Malaurie, Laurent Aynès, Philippe Stoffel-Munck, Droit Des Obligations, 8e édition, LGDJ, 2016, p.695; Virginie Larribau-Terneyre, Droit civil Les obligations, 15e édition, Dalloz, 2017, p.219.

有具备了所要求的条件，债的法定抵销才能够发生法律效力，如果不具备所要求的条件，债的法定抵销是不能够发生法律效力的。"如果债的抵销不受任何条件的限制，则所有的法律生活均是不可能的。例如，如果没有条件，则一旦债产生了，双务合同所建立的相互债就会因为抵销而消灭。如果没有条件，当事人无法签订类似的合同。由于这样的原因，立法者应当对债的法定抵销条件做出规定。"①

2016 年之前，《法国民法典》第 1291 条对债的法定抵销所要求的条件做出了规定，该条规定：债的抵销仅仅发生在以金钱作为客体的两个债之间，或者发生在以同类具有可替换性并且同样具有确定性和可予履行性的一定数量的物作为客体的债之间。在没有争议的情况下，如果谷物或者食品的价格能够通过官方的谷物和食品价格予以确定的话，则谷物和食品的给付债务也能够与确定的和可予履行的金钱债抵销。② 2016 年之后，《法国民法典》新的第 1347 – 1（1）条对债的法定抵销条件做出了说明，该条规定：除非下面的分节另有不同的规定，否则，债的抵销仅仅发生在两个可替换的、肯定的、确定的和可主张的债务之间。③ 根据这两个法律条款的规定，债的法定抵销的条件包括：其一，债的相互性；其二，债的可替换性；其三，债的确实性；其四，债的肯定性；其五，债的可予履行性。④

二、债的相互性

债的法定抵销应当具备的第一个条件是，能够抵销的债应当是相互债（obligations réciproques），这就是债的相互性条件（réciprocité）。⑤ 虽然现行《法国民法典》新的第 1347 – 1（1）条没有对此种条件做出规定，但是，在对债的抵销做出界定时，现行《法国民法典》新的第 1347 条则明确强调了这一条件，因为它指出，债的抵销是指两

---

① Henri et Léon Mazeaud, Jean Mazeaud, François Chabas, Obligations, 9e édition, Montchrestien, 1998, p.1184.
② Article 1291, Code civil, Version en vigueur au 09 février 2016, https://www. legifrance. gouv. fr/codes/section_ lc/LEGITEXT000006070721/LEGISCTA000006150261/2016 – 02 – 09/#LEGISCTA000006150261.
③ Article 1347 – 1, Code civil, Version en vigueur au 23 septembre 2021, https://www. legifrance. gouv. fr/codes/section_ lc/LEGITEXT000006070721/LEGISCTA000032035643/#LEGISCTA000032035643.
④ Henri et Léon Mazeaud, Jean Mazeaud, François Chabas, Obligations, 9e édition, Montchrestien, 1998, pp.1184 – 1186; Jean Carbonnier, Droit civil, Volume II, Les biens, les obligations, puf, 2004, pp.2486 – 2487; Jacques Ghestin, Marc Billiau, Grégoire Loiseau, Traité de Droit Civil, Le régime des créances et des dettes, LGDJ, 2005, pp.1012 – 1027; Jacques Flour, Jean-Luc Aubert, Éric Savaux, Droit civil, Les Obligations, 3. Le rapport d'obligation, 7e édition, Dalloz, 2011, pp.415 – 417; Philippe Malaurie, Laurent Aynès, Philippe Stoffel-Munck, Droit Des Obligations, 8e édition, LGDJ, 2016, pp.696 – 697; Marjorie Brusorio-Aillaud, Droit des obligations, 8e édition, bruylant, 2017, pp.350 – 351; Virginie Larribau-Terneyre, Droit civil Les obligations, 15e édition, Dalloz, 2017, pp.219 – 220; Jérôme François, Les obligations, Régime general, Tome 4, 4e édition, Economica, 2017, pp.65 – 70; François Terré, Philippe Simler, Yves Lequette, François Chénedé, Droit civil, Les obligations, 12e édition, Dalloz, 2018, pp.1752 – 1757.
⑤ Henri et Léon Mazeaud, Jean Mazeaud, François Chabas, Obligations, 9e édition, Montchrestien, 1998, p.1185; Jacques Ghestin, Marc Billiau, Grégoire Loiseau, Traité de Droit Civil, Le régime des créances et des dettes, LGDJ, 2005, pp.1012 – 1021; Philippe Malaurie, Laurent Aynès, Philippe Stoffel-Munck, Droit Des Obligations, 8e édition, LGDJ, 2016, p.696; Jérôme François, Les obligations, Régime general, Tome 4, 4e édition, Economica, 2017, pp.65 – 68; François Terré, Philippe Simler, Yves Lequette, François Chénedé, Droit civil, Les obligations, 12e édition, Dalloz, 2018, pp.1752 – 1754.

个人之间的相互债的同时消灭,已如前述。

所谓相互债,也称为债的相互性,是指在同一债权债务关系当中,两方当事人互为对方当事人的债权人和债务人,其中的一方当事人在对另外一方当事人享有债权的同时也对其承担债务,另外一方当事人在对对方当事人承担债务的同时也对其享有债权,他们彼此之间所享有的债权被称为相互债权,他们彼此之间所承担的债务被称为相互债务。因此,债的相互性既包括债权的相互性(réciprocité des créances),也包括债务的相互性(réciprocité des dettes)。

债的相互性意味着债的当事人不仅是相同的,而且仅仅是两方当事人之间的债权和债务:甲乙与一方之间存在债权债务关系,其中的甲方对乙方既享有债权也承担债务,反之,一方也对甲方承担债务和享有债权。换言之,债的相互性既是指发生在两个当事人之间的债,而且也是指发生在具有同样身份的两个当事人之间的两个债。因此,即便存在两个债,如果这两个债不是发生在具有相同身份的两个当事人之间,而是发生在三个人之间,则这两个债也没有相互性,不能够进行债的抵销。换言之,在三方关系当中的债并不属于相互债,相互债仅仅在两方当事人之间发生。

因此,当公司与自己的债务人相互承担债务时,他们之间的债务能够抵销;但是,当公司股东或者董事对公司承担债务时,股东或者董事的债务不能够与第三人对公司承担的债务抵销。同样,当未成年人与自己的债务人之间承担相互债务时,他们之间的债务能够抵销;但是,当未成年人的监护人对未成年人的债务人承担个人债务时,他们对该债务人承担的个人债务不能够与未成年人本人承担的债务抵销。

三、债的可替换性

债的法定抵销应当具备的第二个条件是,能够抵销的两个相互债应当是可替换债(les obligations fongibles),这就是债的可替换性(fongibilité)。[①] 2016 年之前,《法国民法典》第 1291(1)条明确规定了此种条件,已如前述。2016 年之后,《法国民法典》新的 1347-1(1)条也明确了规定此种条件,已如前述。

所谓可替换债,是指能够用来抵销的两个债应当是以可替换物作为客体的债。所谓可替换物(les choses fongibles),是指能够投入流通和进行交换的物,当人们能够将某种物投入流通并因此进行交换时,该种物就是可替换物。如果债务人所承担的债务建立在某种可替换物的基础上,则他们所承担的债务就属于可替换债。因此,牛属于可替换物,以牛作为客体的债务就是可替换债,食品属于可替换物,以食品作为客体的债务也是可替换债,金钱属于可替换物,以金钱作为客体的债也属于可替换债。

问题在于,当一方当事人承担的债务是金钱债,而另外一方当事人所承担的债务是

[①] Henri et Léon Mazeaud, Jean Mazeaud, François Chabas, Obligations, 9e édition, Montchrestien, 1998, p. 1185; Jacques Ghestin, Marc Billiau, Grégoire Loiseau, Traité de Droit Civil, Le régime des créances et des dettes, LGDJ, 2005, pp. 1021 – 1023; Philippe Malaurie, Laurent Aynès, Philippe Stoffel-Munck, Droit Des Obligations, 8e édition, LGDJ, 2016, p. 696; Jérôme François, Les obligations, Régime general, Tome 4, 4e édition, Economica, 2017, pp. 68 – 69; François Terré, Philippe Simler, Yves Lequette, François Chénedé, Droit civil, Les obligations, 12e édition, Dalloz, 2018, pp. 1754 – 1755.

实物债务，或者当两方当事人所承担的债务均是实物债务时，如果他们承担的实物债属于可替换债，在符合其他条件时，他们之间的两个债是否能够通过法定抵销方式予以抵销？2016 年之前，《法国民法典》第 1291（2）条做出了回答，它认为，如果一方当事人所承担的债务是给付谷物和食品的债，在所给付的谷物和食品能够通过官方（les mercuriales）的定价方式确定其价格的话，则他们所承担的债务能够与对方当事人所承担的金钱债抵销，已如前述。

不过，该条的规定在实践当中很少得到适用。在其他情况下，如果当事人主张将他们之间的金钱债和实物债甚至两个实物债进行抵销，法官会明确加以拒绝，因为他们认为，债的法定抵销原则上不属于金钱债和实物债的抵销，更不会适用于两个实物债的抵销。因此，如果当事人主张将他们之间的金钱债和借用债抵销，如果当事人主张将他们之间的金钱债与不记名优惠债抵销，则他们的这些抵销主张均会被法官拒绝，因为法定抵销不能够适用于第 1291（2）条规定之外的其他情形。① 通过 2016 年 2 月 10 日的债法改革法令，现行《法国民法典》新的 1347 - 1（2）条没有再规定同样的内容，不过，它也规定了能够适用于法定抵销的债务，这就是可自由兑换的货币债：任何货币，只要是能够在交易市场自由兑换的货币，均是可替换物，均能够予以抵销。②

总之，通过 2016 年 2 月 10 日的债法改革法令，虽然现行《法国民法典》仍然将债的可替换性作为债的法定抵销的条件，但是，它对作为该种条件的可替换性做出最狭窄的界定，认为债的可替换性仅仅是指一种货币与另外一种货币的替换，并不包括货币与实物之间的替换，更不会包括实物与实物的替换，即便实物在性质上属于可替换物，人们也不能够通过债的法定抵销方式抵销这些可替换债。因此，在今时今日，除了金钱债能够适用于法定抵销之外，当事人之间的其他债务均不能够适用于法定抵销，包括：转移财产所有权或者交付财产的债务、作为债务或者不作为债务，即便它们是相互债或者符合其他条件的要求，它们也不能够适用于债的法定抵销。将债的法定抵销的债务范围限定在金钱债的范围内具有一定的合理性，它是法定抵销与其他类型的抵销之间的一个主要差异。③

四、债的确实性、肯定性和可予履行性

（一）债的确实性

债的法定抵销应当具备的第三个条件是，能够抵销的两个相互债应当是确实债

---

① François Terré, Philippe Simler, Yves Lequette, François Chénedé, Droit Civil, les Obligations, 12e édition, Dalloz, 2018, p. 1755.

② Article 1347 - 1, Code civil, Version en vigueur au 24 septembre 2021, https://www. legifrance. gouv. fr/codes/section_ lc/LEGITEXT000006070721/LEGISCTA000032035643/#LEGISCTA000032035643.

③ Philippe Malaurie, Laurent Aynès, Philippe Stoffel-Munck, Droit Des Obligations, 8e édition, LGDJ, 2016, p. 696; Marjorie Brusorio-Aillaud, Droit des obligations, 8e édition, bruylant, 2017, p. 351; Virginie Larribau-Terneyre, Droit civil Les obligations, 15e édition, Dalloz, 2017, p. 220; Jérôme François, Les obligations, Régime general, Tome 4, 4e édition, Economica, 2017, pp. 68 - 69; François Terré, Philippe Simler, Yves Lequette, François Chénedé, Droit civil, Les obligations, 12e édition, Dalloz, 2018, pp. 1754 - 1755.

(les obligations certaines），这就是债的确实性（certitude）。① 2016 年之前，《法国民法典》第 1291 条没有明确提及此种条件，已如前述。2016 年之后，《法国民法典》新的第 1347－1（1）条则明确规定了此种条件，已如前述。所谓债的确实性，是指债务人承担的债务或者债权人享有的债权应当是已经产生的、其存在是没有任何争议的债，具有确实性的债被称为确实债。如果债务人所承担的债务是还没有产生的债务，或者其是否产生还存在争议的债务，则他们之间的债是不能够加以抵销的。相互债一经产生就具有确实性。所谓一经产生，是指债的构成因素已经没有争议地具备了。债的确实性将或然债或者附条件的债排除在法定抵销之外，因为，它们的产生要么存在争议，要么受到未来的某种事件是否发生的影响，换言之，它们还不具有确实性，不能够通过法定抵销方式予以抵销。

（二）债的肯定性

债的法定抵销应当具备的第四个条件是，能够抵销的两个债应当是肯定债（les obligations liquides），这就是债的肯定性（liquidité）。② 2016 年之前，《法国民法典》第 1291（2）条明确规定了此种条件，已如前述。2016 年之后，《法国民法典》新的第 1347－1（1）条也明确规定了此种条件，已如前述。

所谓债的肯定性，也称为债的确定性，是指债务人承担债务或者债权人享有债权的具体数额、数量是明确的、肯定的和清楚的，具有肯定性的债被称为肯定债。如果债的具体数额、数量是不确定的，则债的法定抵销不会发生。因此，即便是可予确定的债，也是不能够通过法定抵销方式消灭的。所谓可予确定的债，是指需要借助于专家或者法官的具体评估才能够确定其具体数额、数量的债。例如，在他人遭受人身伤害时，如果他人遭受的财产损害的具体数额必须借助于专家、法官或者当事人之间的合意予以确定，则他人的此种债权因为欠缺肯定性而不能够适用法定抵销。不过，如果借助于专家、法官或者当事人之间的合意，他人遭受的损害赔偿数额确定了，则他人的此种债权是可以抵销的。

债的肯定性与债的确实性之间的关系是：如果没有债的确实性就不会有债的肯定性，但是，即便具备了债的确实性，债也未必一定具有肯定性。不过，民法学者有时并不会过分区分这两个条件，因为，他们认为，这两个条件密不可分。

---

① Philippe Malaurie, Laurent Aynès, Philippe Stoffel-Munck, Droit Des Obligations, 8e édition, LGDJ, 2016, p. 697；Jérôme François, Les obligations, Régime general, Tome 4, 4e édition, Economica, 2017, pp. 69－70；François Terré, Philippe Simler, Yves Lequette, François Chénedé, Droit civil, Les obligations, 12e édition, Dalloz, 2018, pp. 1755－1756.

② Henri et Léon Mazeaud, Jean Mazeaud, François Chabas, Obligations, 9e édition, Montchrestien, 1998, p. 1186；Jacques Ghestin, Marc Billiau, Grégoire Loiseau, Traité de Droit Civil, Le régime des créances et des dettes, LGDJ, 2005, pp. 1046－1025；Philippe Malaurie, Laurent Aynès, Philippe Stoffel-Munck, Droit Des Obligations, 8e édition, LGDJ, 2016, p. 697；Jérôme François, Les obligations, Régime general, Tome 4, 4e édition, Economica, 2017, pp. 69－70；François Terré, Philippe Simler, Yves Lequette, François Chénedé, Droit civil, Les obligations, 12e édition, Dalloz, 2018, p. 1756.

（三）债的可履行性

债的法定抵销应当具备的第五个条件是，能够抵销的两个债应当是能够要求履行的债（les obligations exigibles），这就是债务的可履行性（exigibilité）。① 2016 年之前，《法国民法典》第 1291（1）条明确规定了此种条件，已如前述。2016 年之后，《法国民法典》新的第 1347-1（1）条也明确规定了此种条件，已如前述。

所谓债的可予履行性，是指债务人所承担的债务或者债权人所享有的债权是能够履行或者能够要求履行的债，具有可予履行性的债称为可予履行的债或者可予行使的债。一方当事人能够要求另外一方当事人履行对自己承担的债务，另外一方当事人也能够要求对方当事人履行对自己承担的债务，如果其中的任何一方当事人对另外一方当事人所承担的债务还不能够履行，则他们之间的相互债是不适用于债的法定抵销的。因此，如果两方当事人所承担的债务均没有到期，则他们之间的债务不能够抵销；如果一方当事人承担的债务已经到期而另外一方当事人承担的债务还没有到期，他们之间的债务也不能够抵销，仅仅在双方当事人承担的相互债均到期时，他们之间的债务才能够抵销。

除了不适用于未到期的债务之外，债的法定抵销也不适用于自然债、非法债或者无效债，因为这些债没有强制执行力，债权人不能够请求债务人履行这些债务，换言之，因为这些债欠缺可予履行性，它们不能够通过法定抵销予以消灭。此外，如果债权人对债务履行的请求受到第三人决定的限制，在第三人没有做出干预时，债权人享有的此种债权也能够适用法定抵销。

第四节　债的法定抵销的障碍

一、债的法定抵销障碍的界定和目的

即便当事人之间的债在性质上属于相互债、可替换债、确实债、肯定债和可予履行债，他们之间的债也未必一定能够通过法定抵销的方式予以消灭，因为除了应当具备所要求的积极条件之外，债的法定抵销也应当具备所要求的消极条件，这些消极条件被称为法定抵销的障碍。所谓债的法定抵销的障碍（les obstacles à la compensation légale），也称为债的法定抵销的消极条件（conditions négatives），是指债的法定抵销不能够对其加以适用的某些债。无论是 2016 年之前还是之后，《法国民法典》均对债的法定抵销的障碍做出了规定，认为债的法定抵销不能够适用于当事人之间的某些债。因为这些债

---

① Henri et Léon Mazeaud, Jean Mazeaud, François Chabas, Obligations, 9e édition, Montchrestien, 1998, p.1186; Jacques Ghestin, Marc Billiau, Grégoire Loiseau, Traité de Droit Civil, Le régime des créances et des dettes, LGDJ, 2005, pp. 1026-1027; Philippe Malaurie, Laurent Aynès, Philippe Stoffel-Munck, Droit Des Obligations, 8e édition, LGDJ, 2016, p. 697; Jérôme François, Les obligations, Régime general, Tome 4, 4e édition, Economica, 2017, p. 70; François Terré, Philippe Simler, Yves Lequette, François Chénedé, Droit civil, Les obligations, 12e édition, Dalloz, 2018, pp.1756-1757.

或者是为了一方当事人的利益,或者是为了保护当事人之外的第三人的利益,如果允许这些债务适用于法定抵销,则制定法所规定的这些目的将会落空。

Ghestin、Billiau 和 Loiseau 对债的法定抵销障碍的两个目的做出了说明,他们指出:"一旦两个债权具备了所要求的相互性、可替换性、可要求履行性和肯定性,则它们原则上能够通过自动方式进行抵销,然而,为了确保个人的保护,也就是,为了确保债权人或者第三人的保护,实在法也对此种抵销的障碍做出了规定。"[1] Terré、Simler 和 Lequette 等人也对债的法定抵销障碍的两个目的做出了说明,他们也指出:"在某些情况下,抵销是无法发生的,其理由或者是为了保护一方当事人的利益,或者是为了保护第三人的利益。"[2]

二、制定法为了保护当事人的利益而规定的债的法定抵销障碍

(一) 债的法定抵销的三类障碍

《法国民法典》之所以禁止当事人之间的某些相互债适用法定抵销,第一个主要原因是,一方当事人对另外一方当事人所承担的某些债是为了保护另外一方当事人的利益,如果允许他们之间的这些债适用法定抵销,则除了让一方当事人承担的债务消灭之外,此种做法也让原本能够通过该种债权获得利益的人无法获得利益。这就是为了保护一方当事人的利益而存在的法定抵销障碍。

2016 年之前,《法国民法典》第 1293 条对这些债的法定抵销的障碍做出了说明,该条规定,无论债发生的原因是什么,抵销均会发生,但是,以下的情形除外:①因为所有权被不当剥夺产生的所有物返还请求权;②寄存物、保管物或者借用物的返还请求权;③因为抚养、扶养或者赡养而被宣告为不能够强制执行的债。[3] 2016 年之后,现行《法国民法典》新的第 1347 - 2 条也对这些债的法定抵销的障碍做出了说明,该条规定:除非经过债权人的同意;否则,不能够强制执行的债权,因为寄存、保管产生的返还债或者因为所有权被不当剥夺所产生的所有物返还债是不能够抵销的。[4] 根据这两个法律条款的规定,不能够适用债的法定抵销的债包括三类:其一,不能够被强制执行的债权 (les créances insaisissables);其二,因为寄存、保管所产生的要求返还寄存物或者保管物的债权;其三,因为所有权被非法占有而产生的所有物返还债权。

(二) 债的法定抵销不适用于不能够被强制执行的债权

根据《法国民法典》旧的第 1293 条和新的第 1347 - 2 条的规定,债的法定抵销不

---

[1] Jacques Ghestin, Marc Billiau, Grégoire Loiseau, Traité de Droit Civil, Le régime des créances et des dettes, LGDJ, 2005, p. 1027.
[2] François Terré, Philippe Simler, Yves Lequette, François Chénedé, Droit Civil, les Obligations, 12e édition, Dalloz, 2018, p. 1757.
[3] Article 1293, Code civil, Version en vigueur au 09 février 2016, https://www.legifrance.gouv.fr/codes/section_lc/LEGITEXT000006070721/LEGISCTA000006150261/2016-02-09/#LEGISCTA000006150261.
[4] Article 1347-2, Code civil, Version en vigueur au 23 septembre 2021, https://www.legifrance.gouv.fr/codes/section_lc/LEGITEXT000006070721/LEGISCTA000032035643/#LEGISCTA000032035643.

能够适用于不能够被强制执行的债权。所谓不能够强制执行的债权，是指债权人所享有的债权是不能够通过法官采取强制执行措施予以执行的债权。当债权人享有的债权在性质上属于不能够被强制执行的债权时，他们享有的此种债权是不适用法定抵销的；但是，如果债权人自己主张抵销，则他们享有的此种债权也能够被抵销。

不能够被强制执行的债权主要是家庭成员之间所享有的要求支付抚养费、扶养费、赡养费和其他费用的债权：未成年子女要求父母支付抚养费的债权属于不能够被强制执行的债权，妻子与丈夫离婚之后所享有的要求丈夫支付扶养费的债权也属于不能够被强制执行的债权。因此，即便未成年女子对其父母承担债务，或者即便妻子对其丈夫承担债务，换句话说，即便父母对其未成年子女享有债权，或者即便丈夫对其妻子享有债权，父母或者丈夫与其未成年子女或者妻子之间的债权或者债务也不能够自动抵销。除了家庭成员之间享有的债权属于不能够被强制执行的债权之外，劳动者对其雇主享有的债权在性质上也属于不能够被强制执行的债权。因此，即便雇主对其劳动者享有债权，他们享有的债权也不能够与劳动者享有的债权进行自动抵销。

不能够被强制执行的债权之所以不适用于法定抵销，是因为这些债权关乎债权人的生存和生计，如果这些债权能够被自动抵销，则债权人因为无法获得抚养费、扶养费、赡养费或者工资、报酬而无法生活。为了保障人的生存、生活和基本尊严，即便当事人之间的债权或者债务符合法定抵销的积极条件，这些债权或者债务是不能够适用法定抵销的。①

（三）其他几种不适用于债的法定抵销的债权

1. 债的法定抵销不适用于寄存人、委托人享有的寄存物、保管物的返还债权

根据《法国民法典》旧的第1293条和新的第1347-2条的规定，债的法定抵销不能够适用于寄存人、委托人享有的寄存物、保管物的返还债权。当寄存人、委托人与保管人缔结寄存合同、保管合同时，寄存人或者委托人当然享有要求保管人将所保管的财物金还给自己的债权，他们享有的此种返还债权不能够与保管人对寄存人、委托人享有的返钱债权自动抵销，除非获得了寄存人、委托人的同意。虽然，此种返还债权能够在约定抵销当中适用。

2. 债的法定抵销不适用于出借人对其出借物所享有的返还债权

根据《法国民法典》旧的第1293条和新的第1347-2条的规定，债的法定抵销不能够适用于出借人对其出借物所享有的返还债权。当出借人与借用人之间缔结借用合同时，出借人当然对其借用人享有要求其返还出借物的债权。他们所享有的此种债权不能

---

① Jacques Ghestin, Marc Billiau, Grégoire Loiseau, Traité de Droit Civil, Le régime des créances et des dettes, LGDJ, 2005, pp. 1030 – 1031; Jacques Flour, Jean-Luc Aubert, Éric Savaux, Droit civil, Les Obligations, 3. Le rapport d'obligation, 7e édition, Dalloz, 2011, p. 417; Philippe Malaurie, Laurent Aynès, Philippe Stoffel-Munck, Droit Des Obligations, 8e édition, LGDJ, 2016, p. pp. 697 – 798; Virginie Larribau-Terneyre, Droit civil Les obligations, 15e édition, Dalloz, 2017, pp. 20 – 221; Jérôme François, Les obligations, Régime general, Tome 4, 4e édition, Economica, 2017, pp. 70 – 72; François Terré, Philippe Simler, Yves Lequette, François Chénedé, Droit civil, Les obligations, 12e édition, Dalloz, 2018, pp. 1757 – 1759.

够与借用人对出借人享有的债权自动抵销。当然，如果获得了出借人的同意，他们之间的这两种债权也能够抵销，此时，他们之间债的抵销属于约定抵销。

3. 债的法定抵销不适用于所有权人享有的所有物返还债权

根据《法国民法典》旧的第1293条和新的第1347-2条的规定，债的法定抵销不能够适用于所有权人所享有的所有物返还债权。当所有权人享有的所有物被不当剥夺时，他们对不当占有人享有要求返还的债权，不当占有人应当承担返还债务。所有权人享有的所有物的返还债权是不能够与不当占有人对所有权人享有的债权自动抵销的。

寄存人、委托人享有的寄存物、保管物的返还债权、出借人享有的返还债权和所有权人享有的返还债权为何不能够适用法定抵销？这些返还债权之所以不能够适用于债的法定抵销，是因为它们欠缺债的法定抵销所要求具备的两个条件即债的可替换性和债的肯定性：保管人所保管的财物、出借人所出借的财物、不当占有人所占有的所有物均属于特定物而非种类物，它们均不属于可替换物；它们的具体数额均不确定。①

三、制定法为了保护第三人的利益而规定的债的法定抵销障碍

除了基于维护一方当事人利益的目的而禁止当事人之间的某些债被法定抵销之外，《法国民法典》也基于维护当事人之外的第三人利益的目的而禁止某些债的法定抵销，这就是为了保护第三人的利益而产生的债的法定抵销障碍。

2016年之前，《法国民法典》第1298条对此种规则做出了说明，该条规定：债的抵销不得损害第三人已经取得的权利。因此，如果债务人对第三人享有债权，从扣押第三人手中的债权令颁发之日起，债务人不能够以债的抵销对抗扣押权人，因为它有害于扣押权人。② 2016年之后，现行《法国民法典》新的第1347-7条也对此种规则做出了说明，该条规定：债的抵销不能够损害第三人获得的权利。③

（一）债的抵销不适用于受让人已经获得的债权

在债权转让之前，如果债权人与债务人之间的债符合债的法定抵销所要求的条件，则他们之间的债能够自动抵销；如果债权人要求债务人履行对自己承担的债务，债务人能够以他们之间的债自动抵销对抗债权人的履行请求。问题在于，如果债权人将自己对债务人享有的债权转让给了受让人，在受让人要求被让债务人对自己履行债务时，被让

---

① Jacques Ghestin, Marc Billiau, Grégoire Loiseau, Traité de Droit Civil, Le régime des créances et des dettes, LGDJ, 2005, pp. 1028 – 1030; Jacques Flour, Jean-Luc Aubert, Éric Savaux, Droit civil, Les Obligations, 3. Le rapport d'obligation, 7e édition, Dalloz, 2011, p. 417; Philippe Malaurie, Laurent Aynès, Philippe Stoffel-Munck, Droit Des Obligations, 8e édition, LGDJ, 2016, p. pp. 697 – 798; Virginie Larribau-Terneyre, Droit civil Les obligations, 15e édition, Dalloz, 2017, pp. 20 – 221; Jérôme François, Les obligations, Régime general, Tome 4, 4e édition, Economica, 2017, pp. 70 – 72; François Terré, Philippe Simler, Yves Lequette, François Chénedé, Droit civil, Les obligations, 12e édition, Dalloz, 2018, pp. 1757 – 1759.

② Article 1298, Code civil, Version en vigueur au 09 février 2016, https://www.legifrance.gouv.fr/codes/section_lc/LEGITEXT000006070721/LEGISCTA000006150261/2016 – 02 – 09/#LEGISCTA000006150261.

③ Article 1347 – 7, Code civil, Version en vigueur au 23 septembre 2021, https://www.legifrance.gouv.fr/codes/section_ lc/LEGITEXT000006070721/LEGISCTA000032035643/#LEGISCTA000032035643.

债务人是否能够以他们原本能够对抗转让人的债的抵销对抗受让人的债务履行请求？对此问题，2016 年之后的《法国民法典》新的第 1347-5 条做出了明确的回答，该条规定：一旦债务人已经毫无保留地注意到债权转让的存在，他们就不能够以原本能够对抗转让人的抵销对抗受让人。①

根据新的第 1347-5 条的规定，债务人是否能够以债的抵销对抗债权的受让人，取决于他们是否毫无保留地注意到（pris acte sans réserve）债权转让的发生：一旦他们没有毫无保留地注意到债权转让的发生，则他们能够以自己原本能够对转让人主张的抵销对抗受让人并因此让自己承担的债务消灭，而当他们已经毫无保留地注意到债权转让的发生，则他们不能够以自己原本能够对抗转让人的抵销对抗受让人。

（二）债的抵销不能够适用于已经被强制执行的债权

2016 年之前，《法国民法典》第 1298 条第二段明确规定，债的抵销不能够适用于已经被强制扣押的财产。当债务人对债权人承担的债务没有得到履行时，基于法官的判决，债权人有权要求法官对债务人的财产采取强制执行措施，通过扣押债务人财产的方式让债权人的债权得到强制执行。当债务人对第三人享有债权时，法官当然也能够强制执行第三人手中的财产，因为债务人对他们享有的债权在性质上也属于财产，能够纳入强制执行的财产范围。

问题在于，如果债务人与第三人之间的债权属于相互债，当法官强制执行第三人手中的债权时，债务人是否能够对该第三人主张债的抵销并因此自己对该第三人享有的债权消灭？如果债务人能够对第三人主张债的抵销，则法官无法对第三人手中的债权采取强制执行措施并因此无法实现债权人的债权，反之，如果债务人不能够对第三人手中的债权进行抵销，则法官能够对第三人手中的债权采取强制执行措施，并因此让债权人的债权获得满足。

为了保护要求法官采取强制执行措施的债权人（saisissant）的利益，防止法官在对第三人手中的债权采取强制执行措施时债务人通过主张债的抵销而消灭他们对第三人享有的债权，《法国民法典》旧的第 1298 条规定，一旦法官对第三人手中的债权采取了扣押措施（la saisie），从扣押之日起，债务人不能够再对第三人主张债的抵销，他们不能够再借口债的抵销来消灭自己对第三人享有的债权。换言之，在法官对第三人手中的债权采取扣押措施之前，债务人仍然能够对第三人主张债的抵销并因此让自己与第三人之间的债权债务关系消灭。

虽然 2016 年之后的《法国民法典》新的第 1347-7 条没有再规定此种内容，但是，2016 年之后的民法学者仍然普遍承认此种规则，他们将此种规则视为对第三人利益的一种保护规则。不过，他们所谓的第三人并不是笔者在此处所谓的第三人，而是指笔者在此处所谓的债权人，因为相对于债务人与第三人之间的债权债务关系而言，债权人属

---

① Article 1347-5，Code civil，Version en vigueur au 23 septembre 2021，https：//www.legifrance.gouv.fr/codes/section_lc/LEGITEXT000006070721/LEGISCTA000032035643/#LEGISCTA000032035643.

于第三人。①

（三）债的抵销不适用于清算程序开始之后的债权

如果债权人与债务人之间的债完全符合上述积极条件的要求，则他们之间的债自动抵销。但是，如果一方当事人因为经营困难（en difficulté）甚至资不抵债而进入某种集中程序（procédure collective），则该方当事人享有的债权不能够自动抵销，即便他们享有的债权完全符合法定抵销所要求的条件，亦是如此。所谓集中程序，是指当企业因为经营困难甚至资不抵债而无法清偿自己对债务人承担的所有债务时，企业必须在法院的控制之下与所有的债权人一起采取共同措施，企业不得分别与其中的一个或者几个债权人采取单独措施。集中程序的目的或者是进行企业重整，以便让困难企业通过重组摆脱困境，或者是进行企业清算，以便确保企业的债权人能够获得平等的受偿权。

为了确保困难企业尤其是资不抵债企业的债权人能够获得平等的受偿权，除了禁止企业实施其他危及所有债权人利益的行为之外，法国制定法也禁止法定抵销适用于企业与其债权人之间的债权：虽然企业与其债权人之间的债权或者债务完全符合法定抵销所要求的上述条件，但是，一旦法官颁布了集中程序令，从集中程序开启之日起，企业与其债权人之间的债权、债务均不再适用法定抵销。《法国商法典》第 L.622-7 条对此种规则做出了明确规定。②

第五节　债的法定抵销的法律效果

即便符合债的法定抵销的上述条件，两个当事人之间的债也未必一定会相互抵销，因为，根据《法国民法典》新的第 1347 条的规定，仅仅在一方当事人援引抵销的情况下，他们之间的债才会溯及既往地消灭。并且，即便他们之间的债会因为抵销的援引而溯及既往的消灭，债的抵销所消灭的债也仅仅当事人之间的两个数额相等的债，如果他们之间的两个债数额不相等，则数额最多的一方当事人仍然有权要求数额最少的一方当事人对自己履行债务。此外，债的法定抵销也会涉及当事人之外的第三人的利益。这就

---

① Jacques Ghestin, Marc Billiau, Grégoire Loiseau, Traité de Droit Civil, Le régime des créances et des dettes, LGDJ, 2005, pp. 1038-1039; Jacques Flour, Jean-Luc Aubert, Éric Savaux, Droit civil, Les Obligations, 3. Le rapport d'obligation, 7e édition, Dalloz, 2011, p. 419; Virginie Larribau-Terneyre, Droit civil Les obligations, 15e édition, Dalloz, 2017, p. 221; Jérôme François, Les obligations, Régime general, Tome 4, 4e édition, Economica, 2017, p. 73; François Terré, Philippe Simler, Yves Lequette, François Chénedé, Droit civil, Les obligations, 12e édition, Dalloz, 2018, p. 1760.

② Henri et Léon Mazeaud, Jean Mazeaud, François Chabas, Obligations, 9e édition, Montchrestien, 1998, pp. 1189-1191; Jacques Ghestin, Marc Billiau, Grégoire Loiseau, Traité de Droit Civil, Le régime des créances et des dettes, LGDJ, 2005, pp. 1045-1047; Jacques Flour, Jean-Luc Aubert, Éric Savaux, Droit civil, Les Obligations, 3. Le rapport d'obligation, 7e édition, Dalloz, 2011, p. 419; Jérôme François, Les obligations, Régime general, Tome 4, 4e édition, Economica, 2017, pp. 73-76; François Terré, Philippe Simler, Yves Lequette, François Chénedé, Droit civil, Les obligations, 12e édition, Dalloz, 2018, pp. 1760-1762.

是债的法定抵销所产生的法律效果。

一、从当然抵销到援引时才抵销

虽然2016年之前和2016年之后的《法国民法典》均对债的法定抵销的法律效力做出了规定,但是,2016之前和2016年之后的《法国民法典》对债的法定抵销的效力做出的规定并不完全相同,其中的一个最主要的差异是:在2016年之前,《法国民法典》规定,债的法定抵销在性质上属于当然抵销(la compensation s'opère de plein droit);而2016年之后,《法国民法典》则放弃了此种规则,认为债的法定抵销必须经由当事人予以援引才能够产生法律效力,否则,则视为放弃。

(一)2016年之前的《法国民法典》对当然抵销做出的规定

所谓当然抵销,是指一旦具备了所要求的所有条件,则两方当事人之间的相互债在既不需要任何一方当事人也不需要法官加以干预的情况下完全根据制定法的单纯权威性发生。一方面,法定抵销的法律效力同当事人的意图、意志、意思无关,无论债权人是否起诉债务人,也无论债务人是否在诉讼当中援引抵销以便对抗债权人,他们之间的债均消灭。另一方面,债的法定抵销的法律效力与法官的意图、意志、意思无关,无论法官是否做出判决,当事人之间的债自动消灭。因此,当然抵销也被民法学者称为自动抵销(compensation automatique)、抵销的自动性(automatisme de compensation)。因为法国民法学者普遍将债的法定抵销等同于债的清偿,因此,他们也将当然抵销称为强制清偿(paiement forcée)。①

2016年之前,《法国民法典》第1290条对债的法定抵销的当然抵销做出了明确说明,该条第一段明确规定,债的抵销仅仅根据制定法的权威性发生,即便在债务人不知道时亦是如此,已如前述。在2016年之前,民法学者普遍承认对第1290条所规定的当然抵销做出了说明。Mazeaud和Chabas等人认为,法定抵销在性质上属于一种强制清偿,因为法定抵销完全是依据制定法的规定产生法律效力,他们指出:"债的抵销当然发生:一旦债的法定抵销的条件具备,法定抵销就在当事人或者法官不干预的情况下消灭两个债。……虽然清偿意味着当事人之间的意思表示行为,意味着当事人要具有缔约能力,但是,债的抵销则不同,它是自动的,在债务人甚至债权人不知情的情况下发生效力。"② Carbonnier指出:"债的法定抵销最大的特征是其自动性,该种特征由第1290条所规定,当然,自动性是原则,该种原则也受到各种例外的限制。……抵销在债权人

---

① Henri et Léon Mazeaud, Jean Mazeaud, François Chabas, Obligations, 9e édition, Montchrestien, 1998, pp. 1192 – 1194; Jean Carbonnier, Droit civil, Volume II, Les biens, les obligations, puf, 2004, pp. 2488 – 2489; Jacques Ghestin, Marc Billiau, Grégoire Loiseau, Traité de Droit Civil, Le régime des créances et des dettes, LGDJ, 2005, pp. 1048 – 1053; Jacques Flour, Jean-Luc Aubert, Éric Savaux, Droit civil, Les Obligations, 3. Le rapport d'obligation, 7e édition, Dalloz, 2011, pp. 419 – 421.

② Henri et Léon Mazeaud, Jean Mazeaud, François Chabas, Obligations, 9e édition, Montchrestien, 1998, pp. 1192 – 1193.

和债务人的意图之外发生,即便他们完全不知道,亦是如此。"①

(二) 2016 年之后的《法国民法典》对当然抵销的放弃

通过 2106 年 2 月 10 日的债法改革法令,现行《法国民法典》放弃了旧的第 1290 条所规定的当然抵销规则,因为它认为,除非当事人援引债的抵销,否则,债的抵销不会当然、自动发生法律效力。这就是现行《法国民法典》当中新的第 1347 条,该条规定,抵销的法律效力的发生以债的抵销被援引作为条件,已如前述。2016 年之后,在《法国民法典》新的第 1347 条是否放弃了当然抵销、自动抵销的法律效力问题上,民法学者之间存在三种不同的看法。

某些民法学者认为,2016 年之后,《法国民法典》仍然坚持之前的当然抵销、自动抵销的规则。Fabre-Magnan 和 Cabrillac 等人采取此种看法。Fabre-Magnan 指出:"在所有条件具备时,债的抵销原则上是自动的。"② Cabrillac 也指出:"一旦两个债同时存在,在各自应付的同等数额范围内,两个债消灭。此种法律效果是当然发生的,因此,抵销是一种自动清偿,既强加给了当事人,也强加给了法官。"③

另外一些民法学者则刚好相反,他们认为,2016 年之后,《法国民法典》放弃了之前的当然抵销、自动抵销的规则,因为它坚持债的抵销必须被援引的新规则。Francois、Terré、Simler 和 Lequette 等人采取此种看法。Francois 指出:"《法国民法典》旧的第 1290 条对债的抵销的机制做出了说明……根据它的说明,债的抵销的机制是自动发动的,也就是,债的抵销仅仅因为因为一个事实即抵销的法定条件具备而发动,不需要当事人的干预。《法国民法典》新的第 1347 (2) 条则相反,它规定,债的抵销从条件具备之日起在应当偿还的相等数额内经由援引才会发生。因此,根据该条的规定,法定抵销由当事人的意图、意志、意思发动。"④

Terré、Simler 和 Lequette 等人也指出:"《法国民法典》旧的第 1290 条规定了债的法定抵销的自动理论,该条的字面含义表明,债能够在债务人和债权人不知道的情况下消灭。此种规则引起了一些困惑。此种规则之所以产生,是因为人们对罗马法的一个法律文本做出了错误解释。……《法国民法典》新的第 1347 条规定,债的抵销从条件具备之日起在应当偿还的相等数额内经由援引才会发生……根据它的规定,仅仅在当事人愿意做出债的抵销时,债的抵销才会产生消灭债的法律效力。"⑤ 一言以蔽之,"债的抵销必须被当事人援引"⑥。

还有一些民法学者认为,虽然《法国民法典》新的第 1347 条明确规定,债的抵销

---

① Jean Carbonnier, Droit civil, Volume Ⅱ, Les biens, les obligations, puf, 2004, p.2488.
② Muriel Fabre-Magnan, Droit des obligations, Tome 1, Contrat et engagement unilatéral, 4e édition, puf, 2016, p.689.
③ Rémy Cabrillac, Droit des Obligations, 12e édition, Dalloz, 2016, p.418.
④ Jérôme François, Les obligations, Régime general, Tome 4, 4e édition, Economica, 2017, p.76.
⑤ François Terré, Philippe Simler, Yves Lequette, François Chénedé, Droit Civil, les Obligations, 12e édition, Dalloz, 2018, p.1762.
⑥ François Terré, Philippe Simler, Yves Lequette, François Chénedé, Droit Civil, les Obligations, 12e édition, Dalloz, 2018, p.1762.

需要建立在当事人援引的基础上，但是，《法国民法典》新的第1347条并没有改变之前旧的第1290条所规定的抵销的自动性、当然性规则。Malaurie、Aynès、Stoffel-Munck 和 Larribau-Terneyre 等人采取此种看法。Malaurie、Aynès 和 Stoffel-Munck 试图调和上述两种不同的看法，他们指出："一旦债的抵销被当事人援引，则债的抵销当然产生法律效力。"① Larribau-Terneyre 指出："虽然《法国民法典》新的第1347条明确规定，债的抵销从条件具备之日起在应当偿还的相等数额内经由援引才会发生，但是此种规定没有实质性地改变之前的自动抵销规则。"② 因此，即便到了2016年之后，"抵销仍然是自动的。"③

（三）《法国民法典》新的第1347条放弃当然抵销、自动抵销理论的原因

在上述三种不同的看法当中，笔者采取 Francois、Terré、Simler 和 Lequette 等人的看法，认为《法国民法典》新的第1347条完全放弃了旧的第1290条所规定的当然抵销、自动抵销的理论，而采取了意义重大的债的抵销必须予以援引的理论。所谓债的抵销必要援引的理论，是指即便满足了法定抵销所要求的所有条件，如果债的抵销要产生让两个相互债在应当给付的等额范围内消灭的后果，则必须以一方当事人主动援引债的抵销作为前提；如果该方当事人不主动援引法定抵销作为消灭自己与对方当事人之间债的根据，则法定抵销不会让当事人之间的债消灭。

问题在于，债的抵销的援引者是谁？因为法定抵销以当事人之间的相互债作为必要，因此，双方当事人同时为对方当事人的债权人和债务人。当其中的一方当事人向法院起诉，要求法官责令另外一方当事人对自己履行债务或者承担法律责任时，另外一方当事人能够援引法定抵销，以便对抗对方当事人的履行请求权即债权。一旦该方当事人主张法定抵销，则在双方当事人应当履行的同等数额内，该方当事人与对方当事人之间的债消灭。④ 除了产生消灭债的后果之后，该方当事人援引债的法定抵销之后还会产生另外两个后果：其一，即便债的法定抵销的条件已经完全具备，如果该方当事人不主张适用法定抵销，则法官不会也不应当依照职权主动适用法定抵销，以便让当事人之间的债的关系消灭。其二，如果该方当事人不援引债的法定抵销以对抗对方当事人的诉讼请求，则其不援引的行为被视为对抵销的明示或者默示放弃。所谓明示放弃，是指在知道自己与对方当事人之间的债完全符合债的法定抵销的条件时，该方当事人明确表示自己不援引抵销的抗辩。所谓默示放弃，则是指在原本能够主张抵销时没有主张该种抵销。就像所有的权利放弃一样，抵销权的放弃应当是确定无疑的，是不能够加以推定的。此时，该方当事人不仅应当承担主债务，而且还应当承担从债务，因为债没有被抵销，因

---

① Philippe Malaurie, Laurent Aynès, Philippe Stoffel-Munck, Droit Des Obligations, 8e édition, LGDJ, 2016, p. 698.
② Virginie Larribau-Terneyre, Droit civil Les obligations, 15e édition, Dalloz, 2017, p. 222.
③ Virginie Larribau-Terneyre, Droit civil Les obligations, 15e édition, Dalloz, 2017, p. 222.
④ Philippe Malaurie, Laurent Aynès, Philippe Stoffel-Munck, Droit Des Obligations, 8e édition, LGDJ, 2016, p. 699.

此,主债务和从债务均为应当履行的债务。①

2016 年之后的《法国民法典》为何放弃了之前的当然抵销、自动抵销规则而改为被援引之后才会产生抵销的理论? 笔者认为,答案有三:

第一,经由援引之后才会发生抵销的规则与其他大陆法系国家的民法典保持一致。在其他大陆法系国家的民法典,尤其是在《德国民法典》和《瑞士民法典》当中,法定抵销不会产生当然抵销、自动抵销的法律效力,而仅仅在被当事人援引之后才会产生债消灭的后果。《德国民法典》第 388 条和《瑞士民法典》第 124 条规定了此种规则。2016 年之前的《法国民法典》第 1290 条的规定与这些大陆法系国家的民法典的规定冲突。经过 2016 年的债法改革法令之后,现行《法国民法典》新的第 1347 条所规定的规则与这些国家的民法典所规定的规则相似。②

第二,《法国民法典》新的第 1347 条所规定的规则是对 2016 年之前法官采取的做法的确认。2016 年之前,虽然《法国民法典》第 1290 条规定,债的法定抵销在性质上属于当然抵销、自动抵销,但是,法官在自己的司法判例当中普遍不会遵循该条规定的原则。他们认为,在符合债的法定抵销的条件下,如果有权援引法定抵销的一方当事人不援引该种抗辩,则当事人之间的债并不会当然、自动消灭,因为他们不援引的行为等同于放弃该种权利的行为,仅仅在他们积极援引抵销时,抵销才会产生让他们之间的债消灭的后果。法官在 2016 年之前所采取的此种做法最终被法国政府所采纳并因此规定在《法国民法典》当中,这就是新的第 1347 条所规定的规则。③

第三、债的法定抵销规则并不属于公共秩序性质的规定。2016 年之前,虽然《法国民法典》第 1290 条对抵销的条件和法律效力均做出了明确规定,但是,它所规定的债的法定抵销并不属于公共秩序性质的,而仅仅属于私人秩序性质的。当该条将债的法定抵销的效力预先设定为当然发生效力、自动发生法律效力时,它的此种做法等同于将债的法定抵销规定为公共秩序性质的,因为它完全排除了当事人的意图、意志、意思对其法律效力的干预。正是为了纠正此种错误,法官在司法判例当中没有遵循该条的规定,因为他们仅仅将债的法定抵销的效力建立在当事人主动、积极援引的基础上,已如

---

① Philippe Malaurie, Laurent Aynès, Philippe Stoffel-Munck, Droit Des Obligations, 8e édition, LGDJ, 2016, p. 699; Jérôme François, Les obligations, Régime general, Tome 4, 4e édition, Economica, 2017, pp. 78 – 79; François Terré, Philippe Simler, Yves Lequette, François Chénedé, Droit civil, Les obligations, 12e édition, Dalloz, 2018, p. 1766.

② Philippe Malaurie, Laurent Aynès, Philippe Stoffel-Munck, Droit Des Obligations, 8e édition, LGDJ, 2016, p. 698.

③ Henri et Léon Mazeaud, Jean Mazeaud, François Chabas, Obligations, 9e édition, Montchrestien, 1998, pp. 1193 – 1194; Jean Carbonnier, Droit civil, Volume II, Les biens, les obligations, puf, 2004, p. 2489; Jacques Ghestin, Marc Billiau, Grégoire Loiseau, Traité de Droit Civil, Le régime des créances et des dettes, LGDJ, 2005, pp. 1050 – 1051; Jacques Flour, Jean-Luc Aubert, Éric Savaux, Droit civil, Les Obligations, 3. Le rapport d'obligation, 7e édition, Dalloz, 2011, pp. 420 – 421.

前述。① 为了恢复债的法定抵销的私人秩序性质，现行《法国民法典》新的第 1347 条采取了与此种秩序一致的做法，排除了法定抵销不需要当事人的干预的规则。

二、债的法定抵销所消灭的债的范围和所消灭的债的时间

2016 年之前，《法国民法典》第 1290 条第二段对债的法定抵销所消灭的债的范围和时间做出了说明，该条规定：从同时存在之时起，两个债在各自的份额内相互消灭，已如前述。2016 年之后，现行《法国民法典》新的第 1347（2）条也对债的法定抵销所消灭的债的范围和时间做出了说明，该条规定：在被援引的情况下，债的抵销从其条件具备之日起在相等的数额内发生，已如前述。

（一）债的法定抵销让债或者完全消灭或者部分消灭

在债的法定抵销所消灭的债的范围问题上，《法国民法典》旧的第 1290 条和新的第 1347（2）条所使用的术语存在差异，因为第 1290 条明确规定，债的法定抵销让两个相互债"在各自的份额内"（à concurrence de leurs quotités respectives）消灭，而新的第 1347（2）条则规定，债的法定抵销让两个相互债"在相等的数额内"（à due concurrence）消灭，已如前述。虽然表述不同；但是，它们的含义则是完全相同的，这就是，当两方当事人之间的相互债在数额上相等时，则债的法定抵销让两方当事人之间的两个相互债均全部消灭，不存在一部分消灭而另外一部分没有消灭的状况，这就是债的完全消灭。

当两方当事人之间的相互债在数额上不相等时，也就是，当其中一方当事人的债权数额要比另外一方当事人的债权数额高或者低时，在当事人之间的相等数额内，他们之间的债消灭。换言之，在两方当事人当中债权数额最低的一方当事人的数额范围内，当事人之间的债消灭；将数额最高的一方当事人的数额减掉了数额最低的一方当事人的数额之后，数额最高的一方当事人在余额内仍然有权要求数额最低的一方当事人履行给付债务，这就是债的部分消灭。

François 对债的法定抵销产生的此种效力做出了说明，他指出："一旦当事人援引债的抵销，额债的抵销在两个债权的各自相等的数额内产生消灭效力。如果两个债权的数额有区别，数额最小的债权完全消灭，而数额最多的债权仅仅部分消灭。这一方面，债的法定抵销不适用债的清偿的不可分规则，根据这一规则，债务人不能够强制自己的债权人接受其部分履行。"② Terré、Simler 和 Lequette 等人也对债的法定抵销产生的此种效力做出了说明，他们也指出："如果两个债权人之间的债权数额是不相等的，其中的一个债权数额要比另外一个债权数额低，则抵销产生的债权消灭仅仅是部分消灭。根据《法国民法典》新的第 1347 条的规定，这两个债权仅仅在等额范围内消灭。债的抵

---

① Henri et Léon Mazeaud, Jean Mazeaud, François Chabas, Obligations, 9e édition, Montchrestien, 1998, p. 1193; Jean Carbonnier, Droit civil, Volume II, Les biens, les obligations, puf, 2004, p. 2489; Jacques Ghestin, Marc Billiau, Grégoire Loiseau, Traité de Droit Civil, Le régime des créances et des dettes, LGDJ, 2005, pp. 1051 – 1053.

② Jérôme François, Les obligations, Régime general, Tome 4, 4e édition, Economica, 2017, p. 83.

销应当违反了债的清偿规则,因为根据债的清偿规则,债权人有权拒绝债务的部分履行。"①

《法国民法典》新的第1347-3条规定:宽限期不会构成抵销的障碍。② 根据该条的规定,在债务人不履行债务时,如果法官给予债务人以宽限期(Le délai de grâce),在法官给予的宽限期内,在符合法定抵销的条件时,债务人仍然能够援引法定抵销并因此让自己承担的债务与债权人对自己承担的债务消灭。③

(二)债的法定抵销消灭主债、从债和时效

债的法定抵销所消灭的债既包括当事人之间所承担的主债,也包括他们之间所承担的从债,诸如保证债、抵押债或者质押债。2016年之前,民法学者普遍承认这一效力。在1998年的《债》当中,Mazeaud 和 Chabas 等人承认抵销产生的此种效力,他们指出:"抵销产生双重清偿的效力,一切就像每一方当事人的债务均获得了清偿一样。在主债务消灭的同时,从债务也被消灭了。《法国民法典》第1294(1)条规定,保证人承担的保证债务消灭。"④ 2016年之后,民法学者仍然承认这一效力。在2016年的《债》当中,Malaurie、Aynès 和 Stoffel-Munck 也承认抵销产生的此种效力,他们也指出:"债的抵销消灭主债和所有的从债,尤其是对债权人予以担保的担保债。"⑤

除了让当事人之间的利息不再支付之外,债的法定抵销也让原本在当事人之间适用的消灭时效中断。不过,时效中断并不是从债的法定抵销的条件具备时开始,而是从一方当事人援引债的法定抵销时中断:在两方当事人之间承担的债务数额不相等时,如果一方当事人承担的债务数额减掉另外一方当事人承担的债务数额之后仍然存在多余的数额,适用于该方当事人的消灭时效仍然中断。虽然2016年之前和之后的《法国民法典》均没有对此种规则做出明确规定,但是,除了法官在司法判例当中承认这一效力之外,民法学者也普遍承认这一效力。

在2016年之前,民法学者普遍承认这一点。在1998年的《债》当中,Mazeaud 和 Chabas 等人承认抵销的此种效力,他们指出:"法官的司法判例认定,仅仅在抵销被援引时,时效才会中断;因此,时效的中断效力不会当然发生,而清偿的中断效力则会当然发生。"⑥ 在2011年的《债的关系》当中,Flour、Aubert 和 Savaux 也承认抵销产生的此种效力,他们也指出:"债的抵销就像债的清偿一样会中断时效,不过,仅仅在债

---

① François Terré, Philippe Simler, Yves Lequette, François Chénedé, Droit Civil, les Obligations, 12e édition, Dalloz, 2018, p.1764.

② Article 1347-3, Code civil, Version en vigueur au 25 septembre 2021, https://www.legifrance.gouv.fr/codes/section_lc/LEGITEXT000006070721/LEGISCTA000032035643/#LEGISCTA000032035643.

③ Jérôme François, Les obligations, Régime general, Tome 4, 4e édition, Economica, 2017, p.83.

④ Henri et Léon Mazeaud, Jean Mazeaud, François Chabas, Obligations, 9e édition, Montchrestien, 1998, p.1192.

⑤ Philippe Malaurie, Laurent Aynès, Philippe Stoffel-Munck, Droit Des Obligations, 8e édition, LGDJ, 2016, p.698.

⑥ Henri et Léon Mazeaud, Jean Mazeaud, François Chabas, Obligations, 9e édition, Montchrestien, 1998, p.1193.

务人援引抵销时，抵销才会产生中断时效的效力。"① 2016 年之后，民法学者也普遍承认这一效力。在 2016 年的《债》当中，Malaurie、Aynès 和 Stoffel-Munck 指出："如果两个债的数额是不相等的，债的抵销也让适用于数额最大的那个债的时效中断，即便该债当中的余额仍然存在。"②

（三）符合债的法定抵销条件的多个债之间的抵销顺序

根据《法国民法典》新的第 1347-4 条的规定，如果两方当事人之间符合债的法定抵销条件的债有多个，则这些债抵销的先后顺序适用（transposables）《法国民法典》新的第 1342-10 条关于债的清偿的列入（imputation des paiements）规则，该条规定：如果能够抵销的债有多个，则适用有关债的清偿的列入规则。具体而言，如果已经到期的债务有两笔或者多笔债务，首先抵销债务人有最多利害关系要偿还的那一笔债务；如果多笔债务的利害关系对于债务人而言是相等的，则抵销最早发生的债务；在所有条件均相等时，则按照不同债各自所占有的比例抵销。

（四）债的法定抵销让当事人之间的债溯及既往地消灭

在债务人援引法定抵销以对抗债权人的债务履行请求时，法定抵销并不是从债务人援引法定抵销时产生消灭相互债的效力，而是溯及当事人之间的相互债符合法定抵销条件那一刻：一旦债务人援引法定抵销以对抗债权人的履行请求，则他们之间的相互债从法定抵销的所有条件具备那一刻开始消灭，这就是债的法定抵销所产生的让债溯及既往消灭的法律效力。这一法律效力源自《法国民法典》旧的第 1290 条和新的第 1347（2）条，因为这两个法律条款均规定，从法定抵销的条件具备之日起，法定抵销让当事人之间的相互债消灭，已如前述。

Larribau-Terneyre 对债的法定抵销产生的此种效力做出了说明，他指出："一旦抵销被一个债务人所援引，即便另外一个债务人反对，债的抵销也会产生法律效力，并且债的抵销溯及到相互债权同时存在并且符合抵销所需要的条件时发生消灭债的消灭。"③ Francois 也对法定抵销产生的此种效力做出了说明，他指出："根据《法国民法典》新的第 1347（2）条的规定，一旦抵销被当事人所援引，则抵销从所要求的条件具备时发生法律效力。换言之，抵销溯及两个债同时存在并且均具备所要求的条件时生效。"④

三、债的法定抵销对第三人的法律效力

除了对当事人产生法律效力之外，债的法定抵销还会对当事人之外的第三人产生法律效力。法定抵销之所以能够对当事人之外的第三人产生法律效力，是因为当事人之外

---

① Jacques Flour, Jean-Luc Aubert, Éric Savaux, Droit civil, Les Obligations, 3. Le rapport d'obligation, 7e édition, Dalloz, 2011, p.419.
② Philippe Malaurie, Laurent Aynès, Philippe Stoffel-Munck, Droit Des Obligations, 8e édition, LGDJ, 2016, pp.698-699.
③ Virginie Larribau-Terneyre, Droit civil Les obligations, 15e édition, Dalloz, 2017, p.222.
④ Jérôme François, Les obligations, Régime general, Tome 4, 4e édition, Economica, 2017, p.82.

的第三人也对债的法定抵销具有利害关系。① 此种利害关系表现在两个方面：

第一，如果当事人援引债的法定抵销以消灭自己承担的债务，他们的援引行为可能会损害第三人的利益。最典型的范例是，当债权人将自己的债权转让给受让人时，如果被让债务人对受让人主张法定抵销，则受让人的利益会遭受损害。为了防止当事人不当援引法定抵销以损害第三人的利益，除了设立了一般规则之外，《法国民法典》还专门针对债权转让当中的受让人利益保护做出具体规定。一方面，《法国民法典》新的第1347-7条对第三人利益的保护规定了一般规则，该条规定，债的抵销不能够损害第三人已经取得的权利，已如前述。另一方面，《法国民法典》新的第1347-5条针对债权受让人利益的保护做出了具体规定，该条规定，当债权人将自己的债权转让给受让人之后，如果债务人已经注意到了转让人和受让人之间的债权转让，则他们不能够以原本能够对抗转让人的抵销对抗受让人。换言之，在受让人要求被让债务人对其履行债务时，被让债务人不能够对作为受让人的债权人主张债的抵销，已如前述。

第二，某些第三人在性质上类似于当事人，他们必须借助于债的法定抵销的援引才能够维护自己的利益，因为，在债务人不履行对债权人承担的债务时，债权人可能会要求他们履行债务或者承担责任。这样的第三人主要是指保证人和共同连带债务人。为了维护这两种第三人的利益，无论是2016年之前还是之后的《法国民法典》均明确规定，他们能够援引当事人原本能够援引的法定抵销以便对抗债权人的请求。

2016年之前，《法国民法典》第1294条就抵销对这两种第三人的保护做出了说明，该条规定：保证人能够以主债务人原本能够对抗债权人的抵销对抗债权人，但是，主债务人不能够以保证人原本能够对抗债权人的抵销对抗债权人；连带债务人也能够以共同债务人原本能够对抗自己债权人的抵销对抗债权人。② 2016年之后，现行《法国民法典》新的第1347-6条就抵销对这两种第三人的保护做出了说明，该条规定：保证人能够以主债务人原本能够对抗债权人的抵销对抗债权人。当某一个共同连带债务人能够对债权人主张债务抵销时，其他连带债务人能够利用该连带债务人原本能够对债权人主张的抵销以便从整个债务当中减掉该连带债务人承担的债务数额。③

根据《法国民法典》旧的第1294（1）条和新的第1347-6（1）条的规定，当债权人与其主债务人之间的相互债符合法定抵销的条件时，如果债权人要求主债务人履行对自己承担的债务，则主债务人能够援引抵销以便消灭他们之间的债的关系。在债务人没有主张抵销时，若债权人要求保证人对自己履行担保责任，保证人能够援引债务人原本能够对债权人援引的抵销对抗其债权请求权，并因此让自己承担的担保责任消灭。根

---

① Jacques Ghestin, Marc Billiau, Grégoire Loiseau, Traité de Droit Civil, Le régime des créances et des dettes, LGDJ, 2005, pp. 1054-1055; Virginie Larribau-Terneyre, Droit civil Les obligations, 15e édition, Dalloz, 2017, pp. 222-233; Jérôme François, Les obligations, Régime general, Tome 4, 4e édition, Economica, 2017, pp. 79-81; Virginie Larribau-Terneyre, Droit civil Les obligations, 15e édition, Dalloz, 2017, pp. 1764-1767.

② Article 1294, Code civil, Version en vigueur au 09 février 2016, https://www.legifrance.gouv.fr/codes/section_lc/LEGITEXT000006070721/LEGISCTA000006150261/2016-02-09/#LEGISCTA000006150261.

③ Article 1347-6, Code civil, Version en vigueur au 26 septembre 2021, https://www.legifrance.gouv.fr/codes/section_lc/LEGITEXT000006070721/LEGISCTA000032035643/#LEGISCTA000032035643.

据《法国民法典》旧的第 1294（3）条和新的第 1347-6（2）条的规定，如果对债权人承担连带债务的共同债务人有多个，当其中的一个债务人能够对债权人主张抵销时，如果债权人要求其他连带债务人对自己的所有债务均承担连带责任，则其他连带债务人能够以该债务人能够原本主张的抵销对抗债权人，并因此从整个债务当中扣减掉该债务人原本能够抵销的数额。

第六节 债的司法抵销

一、债的司法抵销的界定和类型

所谓债的司法抵销，也称为债的反诉抵销或债的裁判抵销，简称司法抵销。这是指在诉讼程序当中基于作为被告的债务人的反诉主张，在不符合法定抵销所要求的条件的情况下，经由法官通过判决所实行的抵销。当债务人对债权人承担债务时，如果债权人向法院起诉，要求法官责令债务人对自己履行债务或者责任，法官未必一定会责令债务人对债权人履行债务或者承担责任。因为，如果债务人在诉讼过程当中提出反诉主张（demande reconventionnelle），认为虽然自己的确应当对债权人履行债务或者承担责任，但是，债权人也应当对自己履行某种债务或者承担某种责任，他们会要求法官将债权人对自己的债务与自己对债权人承担的债务抵销并因此在抵销的范围内消灭他们之间的债的关系。如果法官认可债务人的反诉主张，并且通过所做出的判决，让两个当事人之间的债通过抵销消灭，则法官通过裁判所做出的抵销就属于债的司法抵销。

2016 年之前，《法国民法典》没有对债的司法抵销做出任何规定。虽然如此，《法国民事诉讼法典》第 70 条和第 564 条能够作为此种抵销的根据。这两个法律条款对法官受理债务人提出的反诉请求的条件做出了规定，根据它们的规定，仅仅在与本诉之间存在充分关系（lien suffisant）时，债务人的反诉请求才是可以受理的，但是，即便欠缺反诉所要求的此种充分关系，债务人所提出的抵销请求同样是可以受理的。通过 2016 年 2 月 10 日的债法改革法令，现行《法国民法典》新的第 1348 条和新的第 1348-1 条对债的司法抵销做出了明确说明。①

《法国民法典》新的第 1348 条规定：即便两个债当中的一个债仍然是不确实的或者不能够主张履行的，只要该种债具有一定的确实性，法官就能够通过判决宣告抵销。除非判决另外不同的规定，否则，抵销从判决做出之日起生效。《法国民法典》新的第 1348-1 条规定：法官不得仅仅因为两个债当中的一个债是不确实债或者不能够主张履行的债而拒绝抵销相关债务。在此种情况下，自两个债当中的第一个债能够主张履行之

---

① Jacques Flour, Jean-Luc Aubert, Éric Savaux, Les obligations, 3. Le rapport d'obligation, 7e édition, Dalloz, 2011, pp. 424-425; Jérôme François, Les obligations, Régime general, Tome 4, 4e édition, Economica, 2017, pp. 86-87; François Terré, Philippe Simler, Yves Lequette, François Chénedé, Droit civil, Les obligations, 12e édition, Dalloz, 2018, p. 1773.

日起，抵销被视为发生了效力。在同样的情况下，当第三人对一个债务人获得了权利时，他们所获得的权利不能够阻止债务人对抵销的反对。①

《法国民法典》新规定的债的司法抵销可以分为两种：其一，非相关债务的司法抵销，它由《法国民法典》新的第 1348 条所规定。其二，相关债务的司法抵销，它由《法国民法典》新的第 1348 – 1 条所规定。不过，在《法国民法典》对这两种司法抵销做出明确规定之前，法官已经在自己的司法判例当中承认了这两种不同类型的债的司法抵销。

二、债的司法抵销与债的法定抵销之间的差异

在法国，债的司法抵销与债的法定抵销之间的关系如何，民法学者之间存在争议。Francois 采取否定理论，他认为，虽然承认司法抵销具有众多的利益，但是，与其将债的司法抵销视为一种独立的抵销，不如将其视为一种预先债的法定抵销（compensation Légale anticipée）。所谓预先债的法定抵销，是指一旦作为被告的债务人在诉讼当中提出抵销的主张，则他们的此种主张就预示着他们的抵销实际上已经满足了债的法定抵销的条件。不过，他也承认，他的此种看法与司法判例所采取的原则是不符的。②

而 Ghestin、Billiau、Loiseau、Terré、Simler 和 Lequette 等人则认为，鉴于债的司法抵销与债的法定抵销之间存在众多的差异，因此，人们应当将债的司法抵销视为债的法定抵销之外的一种独立抵销制度。Ghestin、Billiau 和 Loiseau 指出，债的司法抵销与法定抵销之间的最大差异有二：其一，形式上的差异，因为债的法定抵销不需要借助于债务人的反诉主张，而债的司法抵销则必须借助于债务人的反诉主张。其二，事实上的差异，因为即便法官在诉讼当中也会审理法定抵销和司法抵销，但是，法官在两种抵销当中的作用不同。③

笔者认为，债的司法抵销当然独立于债的法定抵销，就像债的约定抵销独立于债的法定抵销一样，因为它们之间存在众多的足以让债的司法抵销区别于债的法定抵销的地方，包括但是不限于以下四个方面：

第一，债的司法抵销的条件不同于法定抵销，无论是在积极条件还是消极条件方面，它们之间均存在差异。一方面，债的司法抵销仅仅需要具备法定抵销当中的三个条件：债的相互性，确实性和可替换性，不需要具备债的法定抵销的另外两个条件即肯定性和可予履行性。而债的法定抵销则必须同时具备这五个条件，已如前述。另一方面，债的司法抵销能够在法定抵销不能够适用的债当中适用。换言之，债的法定抵销的消极条件在债的司法抵销当中不适用。关于债的司法抵销所适用的积极和消极条件，笔者将在下面的内容当中做出详细的讨论，此处从略。

---

① Articles 1348 à 1348 – 1, Code civil, Version en vigueur au 26 septembre 2021, https://www.legifrance.gouv.fr/codes/section_ lc/LEGITEXT000006070721/LEGISCTA000032035643/#LEGISCTA000032035643.
② Jérôme François, Les obligations, Régime general, Tome 4, 4e édition, Economica, 2017, pp. 90 – 92.
③ Jacques Ghestin, Marc Billiau, Grégoire Loiseau, Traité de Droit Civil, Le régime des créances et des dettes, LGDJ, 2005, pp. 1062 – 1063；François Terré, Philippe Simler, Yves Lequette François Chénedé, Droit civil, Les obligations, 12e édition, Dalloz, 2018, pp. 1774 – 1775.

第二,债的司法抵销只能够在反诉当中适用,而债的法定抵销则没有这一条件的限制,因为此种原因,债的司法抵销被称为反诉抵销。"从形式上看,通过反诉请求主张抵销的形式让债的司法抵销最令人信服地区别于法定抵销。"①

第三,债的司法抵销的生效时间不同于法定抵销。债的司法抵销的生效时间取决于债的司法抵销的性质:因为非相关债务的债的司法抵销和相关债务的债的司法抵销的生效时间是不同的。例如,债的司法抵销可能从法官做出判决时起生效,也可能从法官明确规定的时间生效。关于这一点,笔者将在下面的内容当中做出详细的讨论,此处从略。而债的法定抵销则不同,它从法定抵销的所有条件均具备时生效,已如前述。

第四,法官在债的司法抵销和债的法定抵销当中的作用不同。虽然债的司法抵销和债的法定抵销均会在诉讼当中发生,但是,在面临抵销的主张时,法官在债的司法抵销和债的法定抵销当中的作用是不同的。总的来说,在债的司法抵销当中,如果当事人主张抵销,他们的此种主张未必一定会获得法官的同意,是否同意当事人的此种主张取决于基层法院法官的评估和确定:如果法官认为,当事人的此种抵销请求是公平的、合理的,他们会满足其主张并因此作出抵销的判决;否则,他们会拒绝做出抵销判决。而在债的法定抵销当中,法官不能够对当事人的抵销主张进行评估和确定并因此作出是否同意抵销的判决,他们仅仅审查当事人之间的债是否具备债的法定抵销所要求具备的所有积极条件和消极条件,一旦符合债的法定抵销的条件,当事人之间的债就会产生抵销的效力,法官不能够拒绝做出抵销判决。

三、非相关债务的抵销:《法国民法典》新的第1348条规定的债的司法抵销

(一) 非相关债务和非相关债务的债的司法抵销的界定

所谓非相关债务(dettes non connexes),是指在两个当事人互为债权人和债务人时,虽然每一方当事人均应当对对方当事人承担债务,但是,他们所承担的债务的渊源是不同的。换言之,其中的一方当事人承担的债务因为某种渊源而产生,而另外一方当事人承担的债务则因为另外一种渊源而产生。换言之,他们承担的债务不是源自同一债的关系,尤其是,他们承担的债务不是源自同一合同或者合同群。

因此,如果甲方将自己的房屋出租给乙方,则乙方应当对甲方承担租金支付的债务,甲方有权要求乙方按照约定支付租金。在承租甲方的房屋之后,因为甲方的原因乙方无法安宁地、安全地享受生活,则乙方有权要求甲方对其承担损害赔偿责任。虽然甲方和乙方均对对方承担债务,但是,他们彼此对对方承担的债务在性质上属于非相关债务,因为乙方承担的租金支付债务源自租赁合同,而甲方对乙方承担的损害赔偿债务则

---

① Jacques Ghestin, Marc Billiau, Grégoire Loiseau, Traité de Droit Civil, Le régime des créances et des dettes, LGDJ, 2005, p. 1062.

源自侵权行为。①

当甲方向法院起诉并且要求法官责令乙方对自己履行租金支付的债务时，乙方有权以甲方应当对自己承担损害赔偿债务为由主张抵销并因此让甲方的诉讼请求落空和让自己对甲方承担的债务消灭。如果完全具备《法国民法典》所规定的债的法定抵销的条件，则在双方等额范围内他们之间的债消灭。因此，债的法定抵销适用的债务不仅包括非相关债务，而且主要是非相关债务。如果双方当事人的债不符合法定抵销的条件，法官当然不能够根据债的法定抵销消灭他们之间的两个非相关债务。问题在于，法官是否能够通过债的司法手段消灭他们之间的两个非相关债务？在2016年之前，法官在大量的司法判例当中做出了肯定的回答，他们认为，在不符合债的法定抵销的情况下，法官能够依照职权对两方当事人之间的非相关债务进行抵销并因此让他们之间的债务消灭，这就是法官所确立的非相关债务的债的司法抵销。②

（二）非相关债务的债的司法抵销的条件

在1989年6月14日的案件当中，法国最高法院民二庭认为，在原告将被告起诉到法院并且要求法官责令被告对自己履行债务或者承担责任时，如果被告提出反诉，要求将自己对原本享有的债权与原告对自己享有的债权进行抵销，即便被告的债权欠缺法定抵销所要求的债的肯定性或者可予履行性，法官仍然能够将两方当事人之间的债进行司法抵销。在1993年的6月30日的案件当中，法国最高法院民一庭也采取了同样的做法，认为在欠缺法定抵销当中的肯定性或者可予履行性时，法官也能够进行司法抵销。在这些案件当中，法官进行司法抵销的两个债权或者债务均属于非相关债务，也就是，它们不是因为同一法律关系而产生的债权或者债务。如果法官适用法定抵销，则他们之间的两个债无法抵销，因为被告在反诉当中要求抵销的债还不具备债的法定抵销的所有条件。③

法官通过司法判例所确立的此种规则被现行《法国民法典》新的第1348条所规定。根据该条的规定，即便在反诉时，被告要求法官予以抵销的债还不是肯定债或者可履行债，还不具备债的法定抵销所要求的肯定性、可主张履行性，法官仍然能够进行司法抵销。这一点让债的司法抵销的条件不同于债的法定抵销。在将这两个条件从债的司法抵销当中排除掉之后，《法国民法典》仅仅要求能够进行债的司法抵销的债具有一定的确实性，也就是，它要求进行司法抵销的债应当是确实债。问题在于，司法抵销是否要求所抵销的债具有法定抵销所要求具备的相互性和可替换性？换言之，如果当事人之间的债不是相互债或者不是可替换债，他们之间的债是否可以进行司法抵销？《法国民

---

① Jacques Flour, Jean-Luc Aubert, Éric Savaux, Droit civil, Les Obligations, 3. Le rapport d'obligation, 7e édition, Dalloz, 2011, p.423.

② Henri et Léon Mazeaud, Jean Mazeaud, François Chabas, Obligations, 9e édition, Montchrestien, 1998, pp.1188 – 1189；Jacques Ghestin, Marc Billiau, Grégoire Loiseau, Traité de Droit Civil, Le régime des créances et des dettes, LGDJ, 2005, pp.1061 – 1072；Jacques Flour, Jean-Luc Aubert, Éric Savaux, Droit civil, Les Obligations, 3. Le rapport d'obligation, 7e édition, Dalloz, 2011, p.423.

③ Civ. 2, 14 juin 1989, Bull. civ. II, n°127；Civ. 1, 30 juin 1993, Bull. civ. I, n°235.

法典》没有做出明确规定。民法学者普遍做出了回答。他们认为，非相关债务的债的司法抵销应当具备债的法定抵销所具备的这两个条件，如果要求抵销的债不是相互债或者可替换债，则法官不能够进行司法抵销。①

  Malaurie、Aynès 和 Stoffel-Munck 对非相关债务的债的司法抵销所要求具备的这些条件做出了说明，他们指出："所谓债的司法抵销，是指当事人之间的相互债在欠缺所要求的肯定性或者可予履行性的条件时，由法官宣告的抵销。债的司法抵销应当具备债的法定抵销的其他条件，尤其是确实性和和可替换性的条件。"② Francois 也对非相关债务的司法抵销所要求具备的这些条件做出了说明，他也指出："《法国民法典》第 1348 条采取了与法官在其司法判例当中所确立的规则，它规定，即便两个债当中的一个债仍然是不肯定的或者是不能够主张履行的，抵销仍然能够发生。因此，非相互债或者非可替换债是同债的司法抵销风马牛不相及的。仅仅欠缺肯定性或者可予履行性的债才能够适用司法抵销。"③

  总之，非相关债务的债的司法抵销仅仅需要具备法定抵销所要求的三个必要条件：债的相互性，也就是相互债；债的确实性，也就是确实债；债的可替换性，也就是可替换债债。它无须具备债的法定抵销的另外两个必要条件：债的肯定性，也就是肯定债；债的可予履行性，也就是可履行债。这是司法抵销与法定抵销的一个非常重要的差异，因为债的法定抵销必须同时具备这些条件，已如前述。

  此外，债的司法抵销也能够适用于债的法定抵销明确排除的那些债，也就是，债的司法抵销也能够适用于《法国民法典》新的第 1347－2 条所规定的几种债：不能够强制执行的债权，因为寄存、保管、借用产生的返还债权，以及因为所有物被侵占产生的所有物返还债权。因为，在 2016 年之前，法官将非相关债务的债的司法抵销拓展到债的法定抵销不能够适用的这些债权或者债务当中。④

  应当注意的是，如果一方当事人对另外一方当事人承担的债务源自合同，而另外一方当事人对对方当事人承担的债务源自侵权行为，在欠缺法定抵销的某些条件时，他们之间的此种非相关债务是否能够通过债的司法抵销予以消灭？对此问题，法官做出的判决之间存在差异。在某些司法判例当中，法国最高法院做出了肯定回答，认为这两种非相关债务是能够通过债的司法抵销的方式消灭的。而在另外一些案件当中，它则采取完全相反的态度，认为这两种非相关债务是不能够适用债的司法抵销的方式予以消

---

  ① Philippe Malaurie, Laurent Aynès, Philippe Stoffel-Munck, Droit Des Obligations, 8e édition, LGDJ, 2016, p. 701；Virginie Larribau-Terneyre, Droit civil Les obligations, 15e édition, Dalloz, 2017, p. 224；Jérôme François, Les obligations, Régime general, Tome 4, 4e édition, Economica, 2017, pp. 86－92；François Terré, Philippe Simler, Yves Lequette, François Chénedé, Droit civil, Les obligations, 12e édition, Dalloz, 2018, pp. 1773－1775.

  ② Philippe Malaurie, Laurent Aynès, Philippe Stoffel-Munck, Droit Des Obligations, 8e édition, LGDJ, 2016, p. 701.

  ③ Jérôme François, Les obligations, Régime general, Tome 4, 4e édition, Economica, 2017, p. 88.

  ④ Jacques Flour, Jean-Luc Aubert, Éric Savaux, Droit civil, Les Obligations, 3. Le rapport d'obligation, 7e édition, Dalloz, 2011, p. 423.

灭的。①

（三）非相关债务的债的司法抵销的生效时间

根据《法国民法典》新的第 1348 条的规定，原则上，债的司法抵销从法官做出同意抵销的判决时起生效：一旦法官同意将两方当事人之间的债进行司法抵销，则从法官的判决做出之日起（date de la décision），当事人之间的债在法官所确定的范围内消灭。不过，此种原则也存在例外，此种例外就是，如果法官在其判决当中对抵销的生效时间另有不同的规定，则抵销按照法官在其判决当中确定的时间生效，而不是从判决做出时生效。非相关债务的债的司法抵销的生效时间不同于债的法定抵销的生效时间，因为，债的法定抵销的生效时间并不是从法官做出判决时开始，而是溯及债的法定抵销的条件完全具备时，已如前述。换言之，债的司法抵销不会产生溯及既往的法律效力，而债的法定抵销则会产生溯及既往的法律效力。

四、相关债务的抵销：《法国民法典》新的第 1348 - 1 条规定的债的司法抵销

（一）相关债务和非相关债务的债的司法抵销的界定

所谓相关债务（dettes connexes），是指基于同一法律关系、同一合同甚至由两个或者多个目的一致的同一合同群产生的相互债务。② 从债权人的角度，相关债务就是债权人享有的相关债权。因此，如果出租人与承租人之间因为同一租赁合同而产生了相互债，其中的承租人对出租人承担租金支付的债，而其中的出租人因为没有履行租赁物的维修债务而对其承租人承担损害赔偿债务，则他们之间的此种相互债就是相关债。当出租人向法院起诉，要求法官责令承租人履行支付租金的债务时，如果承租人以出租人应当赔偿自己遭受的损害作为抵销抗辩，即便承租人要求抵销的损害赔偿债还不具备法定抵销所要求的肯定性或者可予履行性，在符合债的法定抵销的其他三个条件时，法官仍然能够将承租人与出租人之间的租金支付债和损害赔偿债进行抵销并因此让他们之间的债在所抵销的范围内消灭。因为法官认为，虽然承租人享有的债权还欠缺肯定性或者可予履行性，但是，鉴于他们之间的相互债在性质上属于相关债务、相关债权，他们之间的债仍然可以通过债的司法抵销的方式予以抵销，这就是相关债务的抵销。③

在同一法律关系、同一合同甚至同一合同群当中，在欠缺债的肯定性或者可予履行性的条件时，当事人之间的债务为何能够通过债的司法抵销的方式予以消灭？在 2016

---

① Henri et Léon Mazeaud, Jean Mazeaud, François Chabas, Obligations, 9e édition, Montchrestien, 1998, pp. 1187 - 1188.

② Henri et Léon Mazeaud, Jean Mazeaud, François Chabas, Obligations, 9e édition, Montchrestien, 1998, p. 1186；Philippe Malaurie, Laurent Aynès, Philippe Stoffel-Munck, Droit Des Obligations, 8e édition, LGDJ, 2016, p. 702.

③ Henri et Léon Mazeaud, Jean Mazeaud, François Chabas, Obligations, 9e édition, Montchrestien, 1998, pp. 1186 - 1187.

年之前，法国最高法院在一系列司法判例当中对此种问题做出了说明，它认为，虽然当事人之间的两个相互债欠缺法定抵销所要求的两个条件即肯定性或者可予履行性，但是，鉴于当事人之间的两个债在性质上属于相关债，他们之间的两个债所具有的相关性实际上取代了法定抵销当中所要求的肯定性或者可予履行性。因此，法官不能够仅仅因为一方当事人要求抵销的债欠缺肯定性或者可予履行性就拒绝其债的司法抵销的请求，民法学者普遍将法国最高法院所采取的此种理论称为相关债务的理论（connexité）。①

（二）相关债务的债的司法抵销的产生和发展

法国最高法院最早在有关企业集中程序当中适用相关债务的理论，以便拓展司法抵销的适用范围，它认为，即便当事人之间的债的抵销不符合债的法定抵销的条件，在企业集中程序开启之前的相关债务也能够通过债的司法抵销的方式消灭。后来，法国最高法院将它在企业集中程序当中所采取的此种理论适用到双务合同当中，它认为，在双务合同当中，一方当事人所承担的主要债务与另外一方当事人所承担的次要债务属于相关债务，即便不符合债的法定抵销的条件，法官也能够进行债的司法抵销。因此，买受人承担的支付价款的债务与出卖人因为没有保管好出卖物所引起的损害赔偿债务之间能够进行债的司法抵销，即便他们之间的一个债务并不具备债的法定抵销的条件，亦是如此。②

应当注意的是，在双务合同当中，即便两方当事人承担的两个主要债务在性质上属于相互债、相关债务，他们之间的这两个相互债、相关债务也不能够通过司法抵销方式消灭，因为此种问题并不通过抵销的方式解决，而是通过债务不履行的抗辩方式解决。例如，买卖合同的出卖人所承担的主要债务即交付出卖物的债务和买受人所承担的主要债务即支付价款的债务是不适用抵销的。通过众多的司法判例，法国最高法院最终形成了一种重要类型的相关债务理论：因为同一合同产生的两个债属于相关债，即便不符合法定抵销的条件，法官也可以进行司法抵销。③

法国最高法院进一步拓展它在同一合同当中所采取的相关债务理论，它认为，即便当事人之间的合同是两个独立的不同合同，如果他们之间的所有合同构成框架合同或者合同群的话，则不同合同的当事人之间所承担的债务也具有相关性并因此能够通过债的

---

① Henri et Léon Mazeaud, Jean Mazeaud, François Chabas, Obligations, 9e édition, Montchrestien, 1998, pp. 11861188; Jacques Ghestin, Marc Billiau, Grégoire Loiseau, Traité de Droit Civil, Le régime des créances et des dettes, LGDJ, 2005, pp. 1073 – 1101; Jacques Flour, Jean-Luc Aubert, Éric Savaux, Droit civil, Les Obligations, 3. Le rapport d'obligation, 7e édition, Dalloz, 2011, pp. 424 – 425.

② Henri et Léon Mazeaud, Jean Mazeaud, François Chabas, Obligations, 9e édition, Montchrestien, 1998, pp. 1186 – 1188; Jacques Ghestin, Marc Billiau, Grégoire Loiseau, Traité de Droit Civil, Le régime des créances et des dettes, LGDJ, 2005, pp. 1073 – 1101; Jacques Flour, Jean-Luc Aubert, Éric Savaux, Droit civil, Les Obligations, 3. Le rapport d'obligation, 7e édition, Dalloz, 2011, pp. 424 – 425.

③ Henri et Léon Mazeaud, Jean Mazeaud, François Chabas, Obligations, 9e édition, Montchrestien, 1998, pp. 1186 – 1188; Jacques Ghestin, Marc Billiau, Grégoire Loiseau, Traité de Droit Civil, Le régime des créances et des dettes, LGDJ, 2005, pp. 1073 – 1101; Jacques Flour, Jean-Luc Aubert, Éric Savaux, Droit civil, Les Obligations, 3. Le rapport d'obligation, 7e édition, Dalloz, 2011, pp. 424 – 425.

司法抵销方式消灭，即便他们之间的抵销不符合债的法定抵销的条件，亦是如此。①

(三) 相关债务的债的司法抵销的适用条件

无论是在将相关债务理论适用到企业集中程序、双务合同还是合同群当中，法国最高法院均始终如一地坚持这样一个规则：即便当事人之间的两个相关债务不具备债的法定抵销所要求的确定性或者可予履行性，或者即便要求抵销的两个债在性质上不属于确定债或者可予履行债，在具备债的法定抵销的其他条件时，法官不能够仅仅因为当事人之间的债欠缺确定性和可予履行性而拒绝将他们之间的债进行抵销。因此，相关债务理论的作用是防止基层法院的法官借口这两个条件不具备而拒绝进行抵销，并因此损害债务人的利益。②

通过2016年2月10日的债法改革法令，法国政府认可了法国最高法院在2016年之前所采取的此种理论，将它所创设的相关债务的理论规定在司法抵销当中。这就是《法国民法典》新的第1348-1条，该条规定，即便两个相关债务欠缺肯定性或者可予履行性，法官不能够仅仅因为这一原因而拒绝对当事人之间的相关债务进行抵销。根据这一条规定，相关债务的债的司法抵销与非相关债务的债的司法抵销条件是一样的：无论是因为企业集中程序产生的相关债务、因为同一合同产生的相关债务还是因为合同群产生的相关债务，如果当事人之间的两个相关债务要通过债的司法抵销的方式消灭，它们均应当具备法定抵销的三个必要条件，也就是，它们均应当具备非相关债务所应当具备的条件：两方当事人之间的相关债属于相互债，具有相互性；两方当事人之间的债属于可替换债，具有可替换性；两方当事人之间的债属于确实债，具有确实性。他们之间的相关债务不需要具备法定抵销的两个条件：两方当事人之间的债不属于肯定债，不具有肯定性；两方当事人之间的债不属于可履行债，没有可予履行性。③

(四) 相关债务的债的司法抵销的生效时间和对第三人利益的保护

根据《法国民法典》新的第1348-1(2)条的规定，如果当事人之间的债在性质上属于相关债务，则它们之间的债务抵销既不是从所有条件具备之时生效，也不是从法官的判决做出之日起生效，而是从第一个债务能够履行之日起生效：在两个要进行司法

---

① Henri et Léon Mazeaud, Jean Mazeaud, François Chabas, Obligations, 9e édition, Montchrestien, 1998, pp. 1186-1188; Jacques Ghestin, Marc Billiau, Grégoire Loiseau, Traité de Droit Civil, Le régime des créances et des dettes, LGDJ, 2005, pp. 1073-1101; Jacques Flour, Jean-Luc Aubert, Éric Savaux, Droit civil, Les Obligations, 3. Le rapport d'obligation, 7e édition, Dalloz, 2011, pp. 424-425.

② Henri et Léon Mazeaud, Jean Mazeaud, François Chabas, Obligations, 9e édition, Montchrestien, 1998, pp. 1186-1188; Jacques Ghestin, Marc Billiau, Grégoire Loiseau, Traité de Droit Civil, Le régime des créances et des dettes, LGDJ, 2005, pp. 1073-1101; Jacques Flour, Jean-Luc Aubert, Éric Savaux, Droit civil, Les Obligations, 3. Le rapport d'obligation, 7e édition, Dalloz, 2011, pp. 424-425.

③ Philippe Malaurie, Laurent Aynès, Philippe Stoffel-Munck, Droit Des Obligations, 8e édition, LGDJ, 2016, pp. 701-702; Virginie Larribau-Terneyre, Droit civil Les obligations, 15e édition, Dalloz, 2017, pp. 224-225; Jérôme François, Les obligations, Régime general, Tome 4, 4e édition, Economica, 2017, pp. 99-103; François Terré, Philippe Simler, Yves Lequette, François Chénedé, Droit civil, Les obligations, 12e édition, Dalloz, 2018, pp. 1772-1773.

抵销的债当中，一旦其中的一个债最先从不具有可履行债嬗变为可履行债，则从该债变为可履行债之日起生效。这一点让相关债务的债的司法抵销既区别于债的法定抵销，也区别于债的约定抵销，还区别于非相关债务的债的司法抵销。①

根据《法国民法典》新的第1348-1（3）条的规定，如果第三人因为某种原因而取得了债权人的权利，当第三人以权利主体的身份要求相关债务人对自己履行债务时，相关债务人能够以自己原本能够对抗债权人的抵销对抗第三人。这一点让相关债务的司法抵销区别于债的法定抵销，因为《法国民法典》新的第1347-7条规定，债的法定抵销不能够损害第三人已经取得的权利，已如前述。因此，如果某一个第三人因为法官所实行的企业集中程序获得了相关债权人的权利，相关债务人能够以自己原本能够对抗相关债权人的抵销权对抗该第三人；如果某一个第三人基于法官采取的强制执行措施获得了相关债权人的权利，相关债务人能够以自己原本能够对抗相关债权人的抵销权对抗该第三人；在相关债权人将自己的相关债权转让给受让人之后，相关债务人也能够以自己原本能够对抗相关债权人的抵销权对抗受让人。②

第七节　债的约定抵销

一、债的约定抵销的界定

所谓债的约定抵销（compensation conventionnelle），是指在一方当事人与另外一方当事人之间承担相互债的情况下，当事人之间所达成的通过债的抵销消灭他们之间的债的协议。债的约定抵销具有独立性，它既独立于债的法定抵销，也独立于债的司法抵销。2016年之前，《法国民法典》没有对债的约定抵销做出任何规定。通过2016年2月10日的债法改革法令，《法国民法典》新的第1348-2条对债的约定抵销做出了明确说明，该条规定：当事人能够自由约定通过抵销消灭所有的相互债，包括现在的或者未来的债；债的抵销从当事人达成抵销合意之日起生效；如果关乎未来债的抵销，则债的抵销从相互债共存时生效。③

根据意思自治和合同自由原则，如果合同当事人之间存在相互债，无论他们之间的相互债产生的渊源是什么，他们均有权就其债务的抵销问题达成协议，一旦他们就此问

---

① Philippe Malaurie, Laurent Aynès, Philippe Stoffel-Munck, Droit Des Obligations, 8e édition, LGDJ, 2016, pp. 701-702; Virginie Larribau-Terneyre, Droit civil Les obligations, 15e édition, Dalloz, 2017, pp. 224-225; Jérôme François, Les obligations, Régime general, Tome 4, 4e édition, Economica, 2017, pp. 99-103; François Terré, Philippe Simler, Yves Lequette, François Chénedé, Droit civil, Les obligations, 12e édition, Dalloz, 2018, pp. 1772-1773.

② Philippe Malaurie, Laurent Aynès, Philippe Stoffel-Munck, Droit Des Obligations, 8e édition, LGDJ, 2016, pp. 701-702; Virginie Larribau-Terneyre, Droit civil Les obligations, 15e édition, Dalloz, 2017, pp. 224-225; Jérôme François, Les obligations, Régime general, Tome 4, 4e édition, Economica, 2017, pp. 99-103; François Terré, Philippe Simler, Yves Lequette, François Chénedé, Droit civil, Les obligations, 12e édition, Dalloz, 2018, pp. 1772-1773.

③ Article 1348-2, Code civil, Version en vigueur au 26 septembre 2021, https://www.legifrance.gouv.fr/codes/section_lc/LEGITEXT000006070721/LEGISCTA000032035643/#LEGISCTA000032035643.

题达成了协议，则他们之间的相互债就按照其协议的规定产生法律效力，他们之间的债在所约定抵销的范围内消灭。在就抵销问题达成协议时，除了应当具备合同有效的一般条件，诸如缔约能力、内容的合法等之外，他们还应当具备其他条件：具有处分权利的能力；具有抵销各种债务的意图、意志和意志，并且他们之间的此种意图、意志、意思应当一致。①

二、债的约定抵销的积极条件和消极条件

债的约定抵销之所以独立于债的法定抵销，第一个主要原因是，债的约定抵销的积极条件和消极条件不同于债的法定抵销。就像法定抵销需要具备一定的积极条件和消极条件才能够产生法律效力一样，债的约定抵销也必须具备一定的积极条件和消极条件才能够产生法律效力。这一点是债的约定抵销与债的法定抵销的共同点。它们之间的不同点在于，债的约定抵销的积极条件和消极条件不同于债的法定抵销。

在债法上，债的约定抵销仅须具备债的法定抵销所要求具备的上述第一个必要条件，无须具备债的法定抵销所要求具备的上述第二个至第五个必要条件。因此，仅仅具备了相互债的条件，当事人之间的债就能够通过债的约定抵销的方式予以消灭，而债的约定抵销不需要具备债的可替换性、债的确实性、债的肯定性或者债的可予履行性。换言之，除了相互债能够通过约定抵销予以消灭之外，确实债、肯定债或者可履行债也均可以通过约定抵销方式消灭；除了简单债可以通过债的约定抵销方式消灭之外，附期限的债和附条件的债也均可以通过约定抵销的方式消灭；除了建立在可替换物基础上的可替换债能够通过约定抵销之外，建立在特定物基础上的特定物债也能够通过债的约定抵销方式消灭。当然，所有这些债均应当是相互债，这是债的约定抵销的唯一条件。而债的法定抵销则必须同时具备这五个必要条件，缺一不可，已如前述。因此，一个人的已经到期的债务与另外一个人的没有到期的债务能够抵销，一个人的金钱债能够与另外一个人的实物债抵销，一个人的实物债能够与另外一个人的实物债抵销。

Flour、Aubert 和 Savaux 对此种积极条件做出了说明，他们指出："人们一致认为，合同自由总是授权相互为债权人和债务人的两方当事人抵销他们之间的债。一旦他们就债的抵销达成了意思表示的合意，他们之间的抵销合意既能够让一个未到期的债务与另外一个能够主张履行的债务抵销，也能够让两个没有同一客体的债抵销：金钱债与特定物债抵销，两个不同的特定物债相互抵销。"②

Terré、Simler 和 Lequette 等人也对此种积极条件做出了说明，他们指出："如果两个人互为债权人和债务人，无论他们的债产生的原因是什么，在不需要具备债的法定抵销的条件的情况下，合同自由原则表明，他们能够自有决定通过抵销的方式让彼此之间的相互债消灭。因此，人们可以轻易地想到，一个债务人既可能接受对方当事人在期间

---

① François Terré, Philippe Simler, Yves Lequette, François Chénedé, Droit Civil, les Obligations, 12e édition, Dalloz, 2018, p.1776.

② Jacques Flour, Jean-Luc Aubert, Éric Savaux, Droit civil, Les Obligations, 3. Le rapport d'obligation, 7e édition, Dalloz, 2011, p.422.

届满之前履行自己的债务,也可能与债权人达成合意,为了让相互之间的债消灭,他们会抵销不具有确实性的债或者不具有可替换性的债。"

虽然债的法定抵销存在消极条件,也就是不能够抵销的债,但是,债的约定抵销则不存在消极条件的问题。因为,虽然《法国民法典》新的第 13472 条明确规定,某些类型的债是不能够通过债的法定抵销的,但是,此种禁止仅仅适用于债的法定抵销,并不适用于债的约定抵销,因此,即便是该条所禁止通过债的法定抵销的债仍然能够通过债的约定抵销的方式消灭。具体而言,不能够强制执行的债权仍然能够通过债的约定抵销消灭,因为寄存、保管产生的返还债权也能够通过债的约定抵销消灭;因为非法侵占引起的所有物返还债权也能够通过债的约定抵销消灭;因为该条明确规定,这些债权的抵销在获得债权人同意时才能够抵销,已如前述。

三、债的约定抵销的生效时间

债的约定抵销之所以独立于债的法定抵销,第二个主要原因是,债的约定抵销的生效时间不同于债的法定抵销。根据《法国民法典》新的第 1348-2 条的规定,债的约定抵销生效的时间依据债的约定抵销的债是现有债还是未来债的不同而不同。

具体而言,如果两方当事人之间债的约定抵销的相互债在性质上属于现有债(obligations réciproquesprésentes),则他们之间的抵销从双方当事人达成抵销的合意时生效:一旦当事人之间达成了抵销合意,他们之间的相互债在所约定的范围内消灭,一方当事人不再对另外一方当事人承担债务,另外一方当事人不得再要求对方当事人对自己履行债务。当然,超过债的约定抵销范围的债仍然应当继续履行,这一点同债的法定抵销是完全一致的。如果两方当事人之间约定抵销的相互债在性质上属于未来债(obligations réciproques futures),则他们之间的债的约定抵销不是从双方当事人达成抵销合意时生效,而是从他们之间的未来债同时存在(coexistence)时生效。

而债的法定抵销则不是从合同成立的时候开始生效,而是从当事人之间的两个相互债同时存在并且具备了所要求的所有抵销条件时生效。换言之,债的约定抵销不具有溯及既往的效力,而债的法定抵销则具有溯及既往的效力,已如前述。

---

① François Terré, Philippe Simler, Yves Lequette, François Chénedé, Droit Civil, les Obligations, 12e édition, Dalloz, 2018, p.1775.

第二十四章 债 的 免 除

2016 年之前的《法国民法典》第 1282 条至第 1288 条对债的免除做出了明确规定。① 通过 2016 年 2 月 10 日的债法改革法令，这些旧的法律条款被废除并因此被新的法律条款所取代，这就是现行《法国民法典》当中新的第 1350 条至新的第 1350 - 2 条。② 在 2016 年之前，民法学者普遍对债的免除做出了说明，③ 2016 年之后，民法学者同意普遍对债的免除做出了说明。④ 虽然他们之间的说明在大多数情况下是相同的；但是，在某些问题上，尤其是在债的免除的性质方面，他们之间仍然存在一定的差异。债的免除所涉及的内容包括：债的免除的界定，债的免除的性质，债的免除的历史发展，债的免除的适用条件，债的免除的证明以及债的免除所产生的法律效力等，它们结合在一起就形成了作为一个有机整体的债的免除制度。

第一节 债的免除的界定和性质

一、债的免除的界定

2016 年之前，虽然《法国民法典》第 1282 条至第 1288 条对债的免除做出了详尽的规定，但是，它没有对债的免除做出明确界定。虽然如此，在 2016 年之前，虽然民法学者普遍均对债的免除做出了界定，但是，他们做出的界定并不完全相同。在 1998 年的《债》当中，Mazeaud 和 Chabas 等人对债的免除做出了界定，他们指出："所谓债的免除，是指债权人与债务人之间的一种合同，根据该种合同，债权人无偿地同意完全

---

① Articles 1282 à 1288, Code civil, Version en vigueur au 09 février 2016, https://www.legifrance.gouv.fr/codes/section_ lc/LEGITEXT000006070721/LEGISCTA000006150260/2016 - 02 - 09/#LEGISCTA000006150260.

② Articles 1350 à 1350 - 2, Code civil, Version en vigueur au 28 septembre 2021. https://www.legifrance.gouv.fr/codes/section_ lc/LEGITEXT000006070721/LEGISCTA000032035671/#LEGISCTA000032035671.

③ Henri et Léon Mazeaud, Jean Mazeaud, François Chabas, Obligations, 9e édition, Montchrestien, 1998, pp. 1132 - 1238; Jean Carbonnier, Droit civil, Volume II, Les biens, les obligations, puf, 2004, pp. 2509 - 2512; Jacques Ghestin, Marc Billiau, Grégoire Loiseau, Traité de Droit Civil, Le régime des créances et des dettes, LGDJ, 2005, pp. 1243 - 1255; Philippe Malinvaud, Dominique Fenouillet, Droit des obligations, 11e édition, Litec, 2010, pp. 686 - 689; Jacques Flour, Jean-Luc Aubert, Éric Savaux, Droit civil, Les Obligations, 3. Le rapport d'obligation, 7e édition, Dalloz, 2011, pp. 429 - 434; Alain Bénabent, Droit des obligatios, 13e édition Montchrestien, 2012, pp. 634 - 637.

④ Muriel Fabre-Magnan, Droit des obligations, Tome 1, Contrat et engagement unilatéral, 4e édition, puf, 2016, pp. 692 - 693; Philippe Malaurie, Laurent Aynès, Philippe Stoffel-Munck, Droit Des Obligations, 8e édition, LGDJ, 2016, pp. 685 - 687; Rémy Cabrillac, Droit des Obligations, 12e édition, Dalloz, 2016, pp. 423 - 424; Marjorie Brusorio-Aillaud, Droit des obligations, 8e édition, bruylant, 2017, pp. 353 - 354; Virginie Larribau-Terneyre, Droit civil Les obligations, 15e édition, Dalloz, 2017, pp. 246 - 248; Jérôme François, Les obligations, Régime general, Tome 4, 4e édition, Economica, 2017, pp. 143 - 149; François Terré, Philippe Simler, Yves Lequette, François Chénedé, Droit civil, Les obligations, 12e édition, Dalloz, 2018, pp. 1824 - 1832.

或者部分放弃其债权,而债务人则接受债权人的此种表示。"① 在 2011 年的《民法》当中,Voirin 和 Goubeaux 也对债的免除做出了界定,他们指出:"所谓债的免除,是指债权人与债务人之间的一种合同,根据该种合同,在没有获得债务人的给付情况下,债权人赦免债务人对自己承担的全部或者部分债务。"②

通过 2016 年 2 月 10 日的债法改革法令,现行《法国民法典》新的第 1350 条对债的免除做出了界定,该条规定:所谓债的免除,是指债权人与债务人之间的一种合同,根据该种合同,债权人让债务人对自己承担的债务消灭。③ 2016 年之后,大多数民法学者均根据该条的规定对债的免除做出了界定。④ 而少数民法学者则不同,他们没有采纳该条的界定,而是做出了自己的界定。例如,Terré、Simler 和 Lequette 等人就没有像其他民法学者那样完全采用《法国民法典》的界定,他们指出:"所谓债的免除,是指债权人与债务人之间的一种行为,根据此种行为,在没有获得债务人对自己所为的给付时,债权人自愿免除债务人对自己承担的全部或者部分债务。"⑤

笔者认为,所谓债的免除(remise de dette),是指债权人与债务人之间的一种合同,根据该种合同,在债权人对债务人做出不让其履行对自己承担的全部或者部分债务的意思表示时,他们所做出的此种意思表示获得了债务人的同意。因此,债的免除不过是债权人与债务人之间的一种普通合同,是两方当事人之间意思表示一致的产物。因为此种原因,债的免除应当符合一般合同的有效条件。不过,债的免除并不是一般合同,当事人签订此种合同的目的在于让债权人和债务人之间的债的关系消灭。因为此种原因,该种合同应当具备自己的特殊条件。关于债的免除所要求具备的一般条件和特殊条件,笔者将在下面的内容当中做出详细的讨论,此处从略。

二、债的免除在性质上属于一种合同

在债的免除的性质问题上,民法学者之间所存在的第一个主要争议是,债权人对债务人债务的免除是一种权利抛弃、单方法律行为还是一种合同。某些民法学者认为,债的免除在性质上是一种单纯的权利放弃行为,仅凭一方当事人即债权人的意思表示就能够产生法律效力,不需要债务人的同意;而另外一些民法学者则认为,债的免除是一种合同,既需要债权人有免除债务人债务的意思表示,也需要债务人有接受债务免除的意

---

① Henri et Léon Mazeaud, Jean Mazeaud, François Chabas, Obligations, 9e édition, Montchrestien, 1998, p. 1232.

② Pierre Voirin, Gilles Goubeaux, Droit civil, tome 1, Introduction au droit, personnes-famille, personnes protégées, biens-obligations, sûretés, 33e édition, LGDJ, 2011, p. 668.

③ Article 1350, Code civil, Version en vigueur au 28 septembre 2021. https://www.legifrance.gouv.fr/codes/section_lc/LEGITEXT000006070721/LEGISCTA000032035671/#LEGISCTA000032035671.

④ Muriel Fabre-Magnan, Droit des obligations, Tome 1, Contrat et engagement unilatéral, 4e édition, puf, 2016, p. 692; Philippe Malaurie, Laurent Aynès, Philippe Stoffel-Munck, Droit Des Obligations, 8e édition, LGDJ, 2016, p. 685; Virginie Larribau-Terneyre, Droit civil Les obligations, 15e édition, Dalloz, 2017, p. 246; Jérôme François, Les obligations, Régime général, Tome 4, 4e édition, Economica, 2017, p. 143.

⑤ François Terré, Philippe Simler, Yves Lequette, François Chénedé, Droit Civil, les Obligations, 12e édition, Dalloz, 2018, p. 1824.

思表示；还有一些民法学者认为，债的免除既是一种权利放弃行为，也是一种合同。实际上，根据《法国民法典》的规定，债的免除仅仅是一种合同，如果债权人免除债务的意思表示没有获得债务人的同意，他们的免除行为是不能够对债务人产生消灭债的法律效力的。

（一）权利放弃的界定

从最广义的角度，所谓权利放弃（la renonciation），是指他人抛弃属于自己享有的某种权利的行为，当他人享有某种主观权利时，基于他人自愿，他人能够抛弃自己享有的此种权利，他们抛弃此种权利的行为就属于权利放弃。民法对待权利放弃的态度是明确的：原则上，他人能够放弃自己享有的所有权利，如果他们具有处分自己权利的能力的话。在例外的情况下，他人不能够放弃自己的权利，即便他人具有处分自己的权利能力。

总的说来，当他人享有的某种权利是基于私人利益的维护而被客观法律赋予他人时，他人能够放弃此种权利；反之，如果他人享有的某种权利是基于公共利益的维护而被客观法律赋予他人时，则他人不能够放弃自己的权利。因此，所有权人能够放弃自己享有的所有权，抵押权人能够放弃自己的抵押权。但是，父母不能够放弃自己对其未成年子女享有的亲权。无论是什么权利的放弃，他人均应当建立在自己真实的、自由的意图、意志、意思的基础上，不是基于欺诈、胁迫或者误解而放弃自己的权利。权利的放弃既可以是明示的，也可以是默示的，并且是不需要任何形式的。此外，权利放弃行为是可以撤回的。[1]

问题在于，当债权人对债务人享有某种债权时，他们是否能够放弃自己享有的债权？在债法上，债权人对自己债权的放弃被民法学者称为债的免除，"适用于债权的权利放弃特别采用了一个名称即债的免除"[2]。问题在于，债的免除是不是真正的权利放弃？对此问题，民法学者之间存在不同的看法，主要有三种不同的看法。

（二）债的免除在性质上属于一种单方行为、权利放弃行为

少数民法学者认为，债的免除构成一种债权的放弃行为。早在18世纪，法国法学家 Jean Barbeyrac（1674—1744年）[3] 就采取此种看法，他认为，当债权人有免除债务人所承担的债务的意图时，对于债务人承担的债务的免除而言，债务人的同意是不必要的，因为人们能够放弃自己已经取得的权利。他认为，如果债务人拒绝债权人的免除行为，债务人的债务仍然从债权人放弃其债权那一刻开始消灭，人们不能够强制债权人保

---

[1] MM C. Aubry et C. Rau, Cours de droit civil français D'aprèsLla Méthode De Zachariae, Tome I, 5e édition, Paris, Imprimerie et librairie générale de jurisprudence Marchal et Billard, 1897, pp. 331 – 335; Henri et Léon Mazeaud, Jean Mazeaud, François Chabasd, Obligations, 9e édition, Montchrestien, 1998, pp. 1231 – 1232.

[2] MM. C. Aubry et C. Rau, Cours de droit civil français d'aprèsLla méthode de Zachariae, Tome I, 5e édition, Paris, Imprimerie. et librairie générale de jurisprudence Marchal et Billard, 1897, p. 331.

[3] Jean Barbeyrac, https://fr.wikipedia.org/wiki/Jean_ Barbeyrac.

有他们已经放弃的权利。①

（三）债的免除在性质上属于一种双方法律行为、合同

大多数民法学者认为，债的免除不是一种债权放弃行为，因为他们认为，单凭债权人放弃债权的行为还不足以让他们与债务人之间的关系消灭，除非他们的放弃行为取得了债务人的同意。换言之，他们认为，债的免除是一种双方法律行为、合同，不是一种单方行为、权利放弃行为。

早在18世纪，英格兰格拉斯哥大学（l'université de Glascou）Gershom Carmichael 教授（1672—1729年）② 就持此种看法，他认为，债权人免除债务人的单纯允诺是不能够产生债消灭的效力的，除非债权人的允诺获得了债务人的同意，否则，债权人免除债务人债务的允诺仅仅构成一种要约，仅仅在该种要约被债务人承诺时，债权人的允诺才能够免除债务人的债务，因此，债的免除需要债权人和债务人的同意；仅仅在两方当事人之间达成意思表示的合意时，债务人的债务才能够消灭。③ 在18世纪的《债法专论》当中，Pothier 也采取此种看法，关于这一点，笔者将在下面的内容当中做出详细的讨论，此处从略。在1821年的《法国民法》当中，Toullier 也采取此种看法，关于这一点，笔者将在下面的内容当中做出详细的讨论，此处从略。

在今时今日，民法学者普遍采取此种看法。Flour、Aubert 和 Savaux 采取此种理论，他们指出："人们普遍认为，债权人不可能单方面放弃自己的债权，债是两方当事人之间的法律关系，当事人之间的合意是他们中断此种关系所必要的。"④ Terré、Simler 和 Lequette 等人也采取此种看法，他们指出："债的免除经常被人们视为一种权利放弃行为，仅仅在人们对权利放弃采取广义的观念时，此种看法才是适当的，因为广义的权利放弃剥夺了所有真正的特殊性。真正的、不能够缩减为任何其他理论的权利放弃是一种单纯的放弃行为并且是一种单方行为。相反，根据《法国民法典》新的第1350条的规定，债的免除仅仅是债权人免除债务人债务的一种合同，《法国民法典》旧的第1285条和旧的第1287条也规定，债的免除是一种'约定性免除'。实际上，债的免除是终止当事人之间的法律关系的行为，它不可能源自债权人的单方面意图、意志、意思，它要求获得债务人的接受。"⑤

（四）债的免除既属于权利的放弃行为也属于一种合同

某些民法学者认为，债的免除是指债权人抛弃其享有的要求债务人对其给付行为的

---

① C.-B.-M. Toullier, Le Droit civil francais suivant l'ordre du code, Tome VII, troisième édition, A PARIS, Chez B. WARÉE, oncle, Libraire de la Cour royale, 1821, p.323.

② Gershom Carmichael, https://en.wikipedia.org/wiki/Gershom_Carmichael.

③ C.-B.-M. Toullier, Le Droit civil francais suivant l'ordre du code, Tome VII, troisième édition, A PARIS, Chez B. WARÉE, oncle, Libraire de la Cour royale, 1821, p.323.

④ Jacques Flour, Jean-Luc Aubert, Éric Savaux, Droit civil, Les Obligations, 3. Le rapport d'obligation, 7e édition, Dalloz, 2011, p.429.

⑤ François Terré, Philippe Simler, Yves Lequette, François Chénedé, Droit Civil, les Obligations, 12e édition, Dalloz, 2018, pp.1824–1825.

权利，但是，债权人所为的此种权利放弃不同于物权人所为的权利放弃，因为物权人放弃其权利的行为属于单方法律行为，而债权人放弃其债权的行为则不是单方法律行为，而一种合同行为。

在 1883 年的《民法概要》当中，波尔多大学民法教授 Gabriel Baudry-Lacantinerie（1837—1913 年）① 就采取此种方法。他认为，债的自愿免除行为在性质上属于债权人对其享有的债权的一种放弃行为，他指出："债的免除是债权人为了债务人的利益而无偿放弃自己对其享有的要求其全部或者部分为清偿的权利的行为。我们说到的权利放弃行为是无偿的放弃行为：在放弃自己享有的权利时，如果债权人接受了以其他形式给付的交换物，则不存在严格意义上的债的免除。"② 另一方面，他又明确指出，债的免除在性质上属于一种赠与合同。关于这一点，笔者将在下面的内容当中做出详细的讨论，此处从略。

在 1897 年的《法国民法教程》当中，Aubry 和 Rau 也采取此种看法，他们一方面认为，债的自愿免除属于债权人对其享有的债权的一种放弃行为，因为，他们所阐述的关于权利放弃的一般理论特别能够适用到债的自愿免除当中，因此，在债务人接受之前，债权人能够撤回自己做出的债务免除行为。他们另一方面又认为，债的自愿免除在性质上是一种合同，除了债权人有免除债务人所承担的债务的意图之外，债的免除也需要债务人有接受免除的意图，当然，无论是免除的意图还是接受的意图均可以是明示的和默示的。③

在今时今日，少数民法学者也采取此种看法。Mazeaud 和 Chabas 等人就采取此种看法，他们一方面指出："债的免除是一种权利放弃行为，它是债权人对其享有的债权的放弃。"④ 另一方面又指出："债的免除是一种合同：它以债权人和债务人之间的意思表示的合意作为基础。债权人单方面放弃自己债权的意图是不足以消灭债的，债务人对债务免除的接受是必要的。"⑤ 同样，Malaurie、Aynes 和 Stoffel-Munck 也采取此种理论，他们一方面认定债的免除属于债权的放弃行为，另一方面又认为，债权放弃不是单方法律行为而是合同，他们将债的免除称为"协议性的债权放弃行为"。他们指出："债的免除是债权人让债务人承担的债务消灭的一种合同。债的免除不是你一种单方面的权利放弃行为，而是一种合同，它意味着债权人和债务人之间的合意，该种合意可以是默示的。与此相反，物权的放弃是一种单方行为。"⑥

当然，在上述三种不同的理论当中，第二种理论属于主流理论，它的正当性和合理

---

① Gabriel Baudry-Lacantinerie (1837 – 1913), https://data.bnf.fr/fr/12163529/gabriel_ baudry – lacantinerie/.

② Gabriel Baudry-Lacantinerie, Précis de droit civil, Tome II, Paris, L. Larose et Forcel, 1883, p.753.

③ MM. C. Aubry et C. Rau, Cours de droit civil français d'après la méthode de Zachariae, Tome I, 5e édition, Paris, Imprimerie et librairie générale de jurisprudence Marchal et Billard, 1897, pp. 335 – 336.

④ Henri et Léon Mazeaud, Jean Mazeaud, François Chabas, Obligations, 9e édition, Montchrestien, 1998, p. 1232.

⑤ Henri et Léon Mazeaud, Jean Mazeaud, François Chabas, Obligations, 9e édition, Montchrestien, 1998, p. 1232.

⑥ Philippe Malaurie, Laurent Aynès, Philippe Stoffel-Munck, Droit Des Obligations, 8e édition, LGDJ, 2016, p. 685.

性表现在，它完全符合《法国民法典》的规定，因为自 1804 年之日起一直到今时今日，《法国民法典》均将债的免除视为一种合同，因此，即便债权人有放弃对债务人所享有的债权的意图、意志、意思，他们的此种意图也必须获得债务人的同意，至少是债务人的默示同意。

三、债的免除仅仅是一种单纯的无偿合同

在债的免除的性质问题上，民法学者之间所存在的第二个主要争议是，如果债的免除在性质上属于一种合同，该种合同究竟是有偿合同还是无偿合同，这就是债的免除的有偿性和无偿性的争议：如果债的免除是无偿的，则他们之间的合同是无偿免除合同；如果债的免除是有偿的，则他们之间的合同就是有偿免除合同。某些民法学者认为，债的免除是无偿合同；而另外一些民法学者则认为，债的免除有时是无偿合同，而有时则是有偿合同。实际上，《法国民法典》所规定的债的免除在性质上仅仅是一种无偿合同。

（一）无偿免除合同和有偿免除合同

所谓无偿免除合同，是指债权人在债务人没有对其支付任何交换物、对等物、补偿物或者对价（contrepartie）的情况下对债务人所为的债务免除行为并且该种免除行为获得了债务人的接受。法国民法学者认为，此种性质的债的免除行为实际上就是一种间接赠与行为（donation indirecte）：当债权人对债务人为债务的免除时，他们的此种免除行为等同于他们与债务人签订了赠与合同，将自己享有的债权赠与债务人。所谓有偿免除合同，是指债权人在债务人对其支付部分交换物、对等物、补偿物或者对价的情况下对债务人所为的债务免除行为并且该种免除行为被债务人所接受。

（二）单一无偿免除合同理论

19 世纪和 20 世纪初期，民法学者普遍认为，债的免除在性质上仅仅是一种无偿合同，因为他们认为，当债权人免除债务人所承担的债务时，他们实际上是无偿地将自己的债权赠与债务人，换言之，他们认为，债的免除合同在性质上是一种赠与合同。虽然存在争议，但是，大多数民法学者认为，该种赠与合同与一般赠与合同之间存在差异：一般赠与合同需要遵循《法国民法典》所规定的严格形式，而债的免除这一赠与合同则不需要遵循任何形式，一旦债权人与债务人之间达成了免除协议，他们之间的协议就能够产生让债务人的债务消灭的效力。

在 1821 年的《法国民法》当中，Toullier 对债的免除的无偿性、赠与合同性质做出了说明。他指出："人们就是如此支持债的免除行为，他们认为，虽然债的免除因为其无偿性而成为一种真正的赠与，但是，就其有效性的条件而言，人们从来就没有要求当事人要采取任何形式：即便债权人以单纯的私人信函免除债务人的债务，他们所为的免

除行为也是有效的。"① 在1897年的《法国民法教程》当中，Aubry和Rau也对债的免除所具有的无偿性、赠与合同的性质做出了说明，他们指出，虽然债的自愿免除让债务人承担的债务消灭，但是，就该种免除合同的有效条件而言，它既不需要遵守《法国民法典》关于无偿合同所需要遵守的规则，也不需要遵守《法国民法典》关于赠与合同和有关遗赠的形式要求。②

不过，在1883年的《民法概要》当中，Gabriel Baudry-Lacantinerie做出的说明与上述几位教授做出的说明存在一个方面的差异，因为，在承认债的免除在性质上属于赠与合同时，他认为，债的免除应当符合《法国民法典》关于赠与合同所要求的形式要求。他指出："当债权人不再希望获得自己享有的债权时，他们可以放弃自己享有的债权。不过，债的免除并不是单纯的权利放弃行为，他们的免除行为是债权人对债务人所提供的一种恩惠，是他们对债务人所为的一种布施行为，一句话，是债权人对债务人所为的一种赠与行为。因为，债的免除行为让债权人在所放弃的债权数额范围内让自己财产减少而让债务人在此种数额范围内获得利益。因为债的免除是一种赠与行为，因此，它应当遵守有关赠与合同方面的所有实质性规则的要求。"③

在今时今日，少数民法学者仍然主张此种理论，他们认为，虽然大多数民法学者主张债的免除的无偿性和有偿性，但是，他们所谓的有偿性并不是真正的债的免除。例如，Mazeaud和Chabas等人就采取此种看法，他们指出："债的免除是一种无偿行为。如果债权人实施某种行为，根据该行为，他们同意在获得另外一种利益时消灭自己的债权，则他们所谓的此种行为并不构成债的免除，而构成抵债履行或者债的客体的更新行为。债的消灭一方面意味着，债权人在消灭自己的债权时不会获得任何对价，另一方面也意味着，债权人的意图在于消灭债务人对自己承担的债务。"④

（三）债的免除的双重性理论：无偿免除合同和有偿免除合同

在今时今日，民法学者普遍不采取19世纪和20世纪初期之前民法学者所采取的单一无偿合同理论，因为他们认为，虽然在大多数情况下，债的免除在性质上构成一种无偿合同，但是，在某些例外情况下，债的免除也构成一种有偿合同，这就是债的免除的双重性质理论。应当注意的是，虽然当今民法学者普遍认为，债的免除也构成一种无偿赠与合同，但是，他们关于赠与合同的看法不同于19世纪和20世纪初期之前的民法学者，因为他们认为，即便债的免除属于赠与合同，该种赠与合同也不属于《法国民法典》所规定的一般意义上的赠与合同：该种合同属于间接赠与合同，而《法国民法典》所规定的一般意义的赠与合同则属于直接赠与合同。

---

① C.-B.-M. Toullier, Le Droit civil francais suivant l'ordre du code, Tome VII, troisième édition, A PARIS, Chez B. WARÉE, oncle, Libraire de la Cour royale, 1821, p.324.
② MM. C. Aubry et C. Rau, Cours de droit civil français d'aprèsla méthode de Zachariae, Tome I, 5e édition, Paris, Imprimerie et librairie générale de jurisprudence Marchal et Billard, 1897, pp. 335 – 336.
③ Gabriel Baudry-Lacantinerie, Précis de droit civil, Tome II, Paris, L. Larose et Forcel, 1883, p.753.
④ Henri et Léon Mazeaud, Jean Mazeaud, François Chabas, Obligations, 9e édition, Montchrestien, 1998, p.1232.

在 2016 年之前，民法学者承认此种看法。在 1993 年的《民法》当中，Raymond 就采取此种看法，他指出："债的免除或者被看作一种无偿法律行为，或者被看作一种有偿法律行为：如果债权人在债务人没有支付任何对价的情况下免除债务人所承担的债务，则该种免除行为就构成无偿法律行为，也就是间接赠与行为。当债务免除涉及他们之间的某种和解并且达成了和解协议时，则他们之间的此种债务免除就是有偿法律行为。例如，在破产清算之后，债权人与破产人之间所达成的和解协议就属于此种性质的法律行为。"①

在 2004 年的《民法》当中，Carbonnier 也采取此种看法，他指出："就债的免除的性质而言，在正常情况下，债的免除是债权人在债务人没有支付任何对价的情况下对其债权的放弃，因此，债的免除仅仅是一种无偿法律行为，更准确地说，债的免除是一种间接赠与行为。然而，在某些情况下，债权人也可能在债务人对其支付某种对价的情况下放弃其债权，并且此种放弃获得了债务人的同意。此时，债权人对其债权的放弃显然涉及债权人与债务人之间所为的和解，它被看作债权人与债务人之间的一种有偿法律行为。"②

2016 年之后，民法学者也普遍承认这一看法。在 2016 年的《债法》当中，Malaurie、Aynès 和 Stoffel-Munck 就采取此种看法，他们指出："债的免除有时构成一种布施行为，有时则构成一种有偿行为。当债权人为了让债务人实施赠与时，他们所为的行为就构成布施行为，该种布施行为实际上是一种间接赠与行为。不过，债的免除并非总是一种布施行为：如果债权人不是基于布施的目的，则他们实施的免除行为会构成其他行为，例如构成和解行为。"③

在 2017 年的《债的一般制度》当中，Francois 也采取此种看法，他指出，在债的免除的性质问题上，民法学者之间存在两种不同的看法：某些人认为，债的免除仅仅是一种无偿行为，而另外一些人则认为，债的免除的性质不能够一概而论，因为在某些情况下，债的免除是无偿的合同，而在另外一些情况下，债的免除则是有偿合同。"在这两种看法当中，第二种看法应当被优先采用，该种方法是法国最高法院所采用的做法。"④

（四）债的免除的单纯无偿性

在今时今日，民法学者之所以普遍承认，债的免除既包含无偿免除也包括有偿免除，是因为他们认为，当事人之间的交易往往涉及一些最复杂的合同构成因素问题，尤其是涉及当事人之间的和解、更新、债务的指令承担、抵债履行或者其他数不胜数的无名交易问题，在这些交易当中，债权人虽然会免除债务人承担的债务，但是，他们所为的免除并不是无条件的、无偿的，而是有条件的、有偿的。因此，当事人之间的这些复

---

① Guy Raymond, Droit Civil, 2e édition, Litec, 1993, p. 383.
② Jean Carbonnier, Droit civil, Les biens Les obligations, puf, 2004, p. 2510.
③ Philippe Malaurie, Laurent Aynès, Philippe Stoffel-Munck, Droit Des Obligations, 8e édition, LGDJ, 2016, p. 685.
④ Jérôme François, Les obligations, Régime general, Tome 4, 4e édition, Economica, 2017, p. 145.

杂交易很难被融合到传统的无偿免除合同理论当中，而只能够在无偿免除合同之外增加一种新类型的债的免除合同即有偿免除合同。①

实际上，此种看法没有任何意义，因为当事人之间的这些复杂交易根本不需要借助于债的免除理论来解决：《法国民法典》对这些类型的合同做出了规定，即便当事人之间的交易涉及有偿免除的问题，他们之间的交易也仅仅适用这些法律规定，无须缘木求鱼，借助于债的免除理论解决。② 在今时今日，民法学者讨论最多的一种范例是，在企业因为经营困难甚至资不抵债而陷入企业集中程序时，为了让企业通过重组生存下去，当企业的债权人与企业之间达成债务减免协议时，他们之间的此种协议就是债的有偿免除合同。如果当事人之间的此种协议的确构成债的免除行为的话，他们之间所达成的此种协议也仅仅是制定法所规定的特殊免除协议，其条件和程序完全由商事制定法加以规定，包括由《法国商法典》和其他商事制定法加以规定，而《法国民法典》所规定的债的免除在性质上属于一般意义上的免除，在企业破产或者企业重整当中并不适用。③ 因此，人们应当承认，《法国民法典》所规定的债的免除在性质上仅仅是一种无偿合同，无论是2016年之前还是之后，均是如此。

第二节　债的免除的历史

就像债消灭的其他原因源自罗马法一样，债的免除同样源自罗马法。在继承罗马法传统的情况下，法国18世纪的民法学者Pothier在自己的《债法专论》当中对作为债消灭原因的债的免除做出了详尽阐述。他的阐述被1804年的《法国民法典》所采用并因此被规定在该法典当中，这些规定从1804年一直适用到2016年，直到2016年2月10日的债法改革法令以新的法律条款取代它们时为止。

一、罗马法当中的债的免除

罗马法规定了13种债的消灭原因，其中就包括债的免除，并且就像抵销是经由法官法所创设的一样，债的免除也是经由法官的司法判例所确立的。④ 根据《查士丁尼学说汇纂》（D.，46，3，91）的规定，债的免除在性质上属于一种合同，除了债权人同

---

① François Terré, Philippe Simler, Yves Lequette, François Chénedé, Droit Civil, les Obligations, 12e édition, Dalloz, 2018, p.1825.

② François Terré, Philippe Simler, Yves Lequette, François Chénedé, Droit Civil, les Obligations, 12e édition, Dalloz, 2018, p.1825.

③ Henri et Léon Mazeaud, Jean Mazeaud, François Chabas, Obligations, 9e édition, Montchrestien, 1998, pp.1132 – 1233. Jacques Flour, Jean-Luc Aubert, Éric Savaux, Droit civil, Les Obligations, 3. Le rapport d'obligation, 7e édition, Dalloz, 2011, pp.429 – 430; Philippe Malaurie, Laurent Aynès, Philippe Stoffel-Munck, Droit Des Obligations, 8e édition, LGDJ, 2016, pp.685 – 686; Jérôme François, Les obligations, Régime général, Tome 4, 4e édition, Economica, 2017, pp.145 – 147; François Terré, Philippe Simler, Yves Lequette, François Chénedé, Droit civil, Les obligations, 12e édition, Dalloz, 2018, pp.1825 – 1287.

④ M. L. Domenget, Institutes de Gaïus, nouvelle édition, Paris, A Marescq Aîné, Libraire-Éditeur, 1866, p.409.

意免除债务人的债务之外,债的免除还需要获得债务人的接受和同意,欠缺债务人的接受和同意,真正意义上的债的免除是不存在的。①

(一) 严格的形式主义合同对债的免除

最初,罗马法在债的免除问题上采取严格的形式主义理论,它认为,当合同当事人通过什么方式成立合同时,他们就通过什么方式实施债的免除。因此,如果当事人通过严格的口头形式签订合同,也就是通过使用铜和秤的方式(par l'airain et la balance)缔结合同,当债权人要免除债务人所承担的债务时,他们也应当采取同样的方式,在五个成年罗马公民的见证下,经由司秤的主持,债权人免除债务人的债务而债务人则接受债权人的免除,这就是口头合同的免除方式(per aes et libram)。②《盖尤斯法学阶梯》对此种严格形式合同所产生的债的免除做出了明确说明,这就是第三卷当中的第173段和第174段,它们将债消灭的此种方式视为一种通过拟制清偿(payement fictif)消灭债的方式。③

(二) 单纯合同对债的免除

之后,罗马法允许当事人之间通过单纯合同方式(le simple pacte)免除债务人承担的债务。最初的时候,罗马法不允许当事人通过单纯的合同方式消灭他们之间的债,如果他们之间的合同产生的债要通过债权人对债务人的免除方式消灭,债权人与债务人必须遵循他们成立合同的方式。因为,罗马法最初是禁止当事人通过单纯合意方式缔结合同的。后来,罗马法在严格形式主义的基础上例外地发展出一种单纯合同理论,根据该种理论,当合同当事人采取合意方式缔结合同时,如果债权人希望通过单纯的合意合同方式免除债务人的债务,他们也能够以单纯的合意方式实现此种债的免除,此种免除方式被称为不要求债务人履行债务的方式(le pactum de non petendo)、单纯的合同方式(le simple pacte)或者单纯的同意方式。④

根据此种方式,在债权人向法院起诉并且要求法官责令债务人对自己履行债务时,如果债权人放弃此种请求,不再要求法官责令债务人履行债务,则债权人与债务人之间就达成了单纯的合意协议,根据该协议,债权人免除债务人对自己承担的债务,债务人也同意不再对债权人履行所承担的债务,他们之间的债的关系因此消灭。因此,债消灭的此种方式不是源自狭义民法,而是源自法官的司法判例,法官将其称为合同约定的例外(l'exceptio pacti conventi)。在确立了此种规则之后,法官积极拓展债消灭的此种原

---

① Jean-Philippe Lévy, André Castaldo, Histoire du droit civil, 2e édition, Dalloz, 2010, p. 1055.
② Paul Frédéric Girard, Manuel élémentaire de droit romain, 8e édition, Dalloz, 2003, pp. 757 – 762; Jean Gaudemet, Emmanuelle Chevreau, Droit privé romain, 3e édition, Montchrestien, 2009, pp. 291 – 292; Jean-Philippe Lévy, André Castaldo, Histoire du droit civil, 2e édition, Dalloz, 2010, pp. 1055 – 1059.
③ M. L. Domenget, Institutes de Gaïus, nouvelle édition, Paris, A Marescq Aîné, Libraire-Éditeur, 1866, pp. 412 – 413.
④ Paul Frédéric Girard, Manuel élémentaire de droit romain, 8e édition, Dalloz, 2003, pp. 757 – 762; Jean Gaudemet, Emmanuelle Chevreau, Droit privé romain, 3e édition, Montchrestien, 2009, pp. 291 – 292; Jean-Philippe Lévy, André Castaldo, Histoire du droit civil, 2e édition, Dalloz, 2010, pp. 1055 – 1059.

因的适用范围并因此让其能够得到普遍性的适用：它能够终结所有的债，无论它们产生的渊源是什么，侵权性质的债务也罢，合同性质的债务也罢，均能够予以适用；除了适用于合意合同产生的债务之外，它还能够适用于任何其他形式的合同所产生的债务，也就是能够因为形式主义合同产生的债务。①

根据被免除债务的受益人范围的差异，不要求债务人履行债务的方式可以分为两类：其一，涉物性的不要求债务人履行债务（le pactum de non petendo in rem），是指除了能够免除债务人承担的债务之外，债权人与债务人之间的合同还能够免除其他人所承担的债务，包括连带债务人和保证人对债权人承担的债务。其二，涉人性的不要求债务人履行债务（le pactum de non petendo in personam），是指仅仅能够免除债务人本人所承担的债务，不能够免除其他人所承担的债务，至少不能够免除保证人承担的债务。当然，究竟能够免除什么受益人所承担的债务，要根据个案进行分析，要考虑当事人的意图和当事人合意的条款等因素。②

（三）相反的同意对债的免除

最后，罗马法承认了第三类债的免除即相反的同意（le consentement contraire contrarius consensus mutuus dissensus）。所谓相反的同意，是指在两方当事人之间签订了让债务人对债权人承担债务的合同之后，为了让债务人根据该合同产生的债务消灭，当事人之间签订一个合同，将该合同解除并因此让债务人对债权人承担的债务消灭。作为一种免除债务的方式，相反的同意与不要求债务人履行债务的方式之间是否存在差异，它们是否属于同一个免除方式？实际上，它们之间很难加以区别，因为，它们均不要求当事人之间的此类合同要采取任何形式，单凭当事人之间的意思表示合意就能够产生消灭债的效力。虽然如此，人们还是能够对它们做出区分，因为它们适用的范围存在差异：相反的同意仅仅适用于合意合同产生的债务的消灭，不适用于其他合同产生的债务的消灭；而不要求债务人履行债务的方式则不同，它能够适用于因为侵权产生的债务和因为所有其他合同产生的债务，包括其中的涉物性的不要求债务人履行债务，已如前述。③

二、18 世纪的民法学家 Pothier 对债的免除做出的阐述

在法国旧法时期，民法学者对待债的免除的态度显然区别于他们对待债消灭的其他原因，因为他们普遍对债消灭的其他原因做出了阐述，而很少对债的免除做出阐述。例如，在 17 世纪的《自然秩序当中的民法》当中，Domat 虽然对债的清偿和债的抵销做

---

① Paul Frédéric Girard, Manuel élémentaire de droit romain, 8e édition, Dalloz, 2003, pp. 757762; Jean Gaudemet, Emmanuelle Chevreau, Droit privé romain, 3e édition, Montchrestien, 2009, pp. 291 – 292; Jean-Philippe Lévy, André Castaldo, Histoire du droit civil, 2e édition, Dalloz, 2010, pp. 1055 – 1056 – 1059.

② Paul Frédéric Girard, Manuel élémentaire de droit romain, 8e édition, Dalloz, 2003, pp. 757 – 762; Jean Gaudemet, Emmanuelle Chevreau, Droit privé romain, 3e édition, Montchrestien, 2009, pp. 291 – 292; Jean-Philippe Lévy, André Castaldo, Histoire du droit civil, 2e édition, Dalloz, 2010, pp. 1055 – 1059.

③ Paul Frédéric Girard, Manuel élémentaire de droit romain, 8e édition, Dalloz, 2003, pp. 757 – 762; Jean Gaudemet, Emmanuelle Chevreau, Droit privé romain, 3e édition, Montchrestien, 2009, pp. 291 – 292; Jean-Philippe Lévy, André Castaldo, Histoire du droit civil, 2e édition, Dalloz, 2010, pp. 1055 – 1059.

出了阐述,但是,他没有对债的免除做出任何阐述,因为,在讨论债消灭的原因时,他没有像罗马法那样将债的免除作为债消灭的一种原因,已如前述。在法国旧法时期,真正建构了一般意义上的债的免除理论的民法学者是 18 世纪的 Pothier。在其著名的债法著作《债法专论》当中,除了明确将债的免除作为一种债的消灭方式之外,他还对债的免除做出了详尽的阐述。他指出:"当债权人免除债务人所承担的债务时,债权人所做出的免除也构成消灭债的一种方式,因为它能够当然让债务人承担的债务消灭。"①

(一) 债的免除单凭当事人之间的合同就能够产生法律效力

Pothier 指出,在罗马法时期,罗马法区分两种不同性质的债务的免除:合意合同产生的债务的免除和要物合同 (contrat réel) 产生的债务的免除,因为,如果是前一类合同产生的债务,当事人之间通过意思表示的合意就能够免除债务人承担的债务,不需要他们之间的债务免除合同采取任何形式;而如果是后一类合同产生的债务,单纯的意思表示的合意是不能够免除债务人承担的债务,除了需要合意之外,此种免除合同还必须遵循所要求的 l'acceptilation 形式。②

Pothier 指出,法国旧法时期的法国法没有采取罗马法的此种区分理论。根据法国旧法的规定,当事人之间的债的免除不需要采取罗马法时期的 l'acceptilation 形式:债务人承担的任何债务,无论其产生的渊源是什么,也遑论其产生的合同究竟是合意合同还是要物合同或者任何其他类型的合同,均因为债权人与债务人之间所缔结的单纯债务免除合同而消灭,如果债权人有处分自己财产的能力的话,或者如果债务人不是债权人反对对其给予自己财产的人的话。③ 一言以蔽之,Pothier 指出,在法国旧法时期,"债的免除可以因为债权人和债务人之间的单纯免除合同而产生"④,他们之间的此种合同完全是合意合同,不需要任何形式。

(二) 债的免除不能够在没有合同的情况下单凭债权人的免除意图就产生法律效力

Pothier 指出,虽然某些学者认为,债的免除仅凭债权人免除债务人债务的单方意图、意志或者意思就能够产生法律效力,不需要债权人与债务人之间缔结债务免除合同,但是,此种看法显然是有问题的,人们应当采取的规则是,债的免除除了应当有债权人的免除意图之外还应当具备债务人的接受免除的意图,就像赠与人的赠与需要获得受赠人的同意才能够产生法律效力一样,债权人对债务的免除也应当获得债务人的同

---

① M. Bugnet, Œuvres de Pothier, annotées et mises en corrélation avec le Code civil et la legislation actuelle, Tome I, Paris, Henzri Plon Gosse et Marchal, 1861, p. 323.
② M. Bugnet, Œuvres de Pothier, annotées et mises en corrélation avec le Code civil et la legislation actuelle, Tome I, Paris, Henzri Plon Gosse et Marchal, 1861, p. 323.
③ M. Bugnet, Œuvres de Pothier, annotées et mises en corrélation avec le Code civil et la legislation actuelle, Tome I, Paris, Henzri Plon Gosse et Marchal, 1861, p. 323.
④ M. Bugnet, Œuvres de Pothier, annotées et mises en corrélation avec le Code civil et la legislation actuelle, Tome I, Paris, Henzri Plon Gosse et Marchal, 1861, p. 323.

意，否则，债的免除不能够产生消灭债务人所承担的债务的效力。因此，当债权人将自己的免除债务人的信函邮寄给债务人时，如果债务人在收到债权人的信函之前死亡，则债务人的债务没有被免除，债务人的继承人仍然应当承担债务。人们之所以要求债务的免除需要获得债务人的同意，是因为债的免除需要具备某些条件，仅仅在债务人具备所要求的条件时，债的免除才能够产生消灭他们所承担的债务的效力。①

（三）债的明示免除和默示免除

Pothier 指出，债务人承担的债务当然可以通过他们与债权人之间的合同予以免除，不过，他们之间的债务免除合同不限于明示合同（convention expresse），因为默示合同（convention tacite）也能够产生债务免除的效力，换言之，债的免除既可以是明示免除（remise remise tacite），也可以是默示免除（remise tacite）。所谓默示免除，是指通过债权人实施的某种行为，人们能够推定债权人有免除债务人所承担的债务的意图、意志、意思。例如，如果债权人将票据还给债务人。再例如，如果债权人将欠条还给债务人，则人们能够推定债权人免除了债务人所承担的债务。如果票据是由两个或者多个共同连带债务人对债权人签发的，当债权人将该票据还给其中的一个债务人时，人们不应当推定债权人仅仅免除该债务人所承担的债务，相反，他们应当推定，债权人免除所有债务人承担的债务。②

无论是明示免除还是默示免除，当事人之间的免除合同既能够免除债务人承担的全部债务，也能够免除债务人承担的部分债务。③

（四）债的免除的两种类型和法律效力

罗马法将债的免除分为两种，这就是涉物性的不要求债务人履行债务（le pactum de non petendo in rem）和涉人性的不要求债务人履行债务（le pactum de non petendo in personam）。由于受到罗马法的此种分类影响，Pothier 也对债的免除做出了分类，他认为，债的免除分为涉物性的债务免除和涉人性的债务免除。

所谓涉物性的债的免除（La remise réelle），是指除了免除债务人本人承担的债务之外，债的免除也免除与债务人有密切关系的人所承担的债务，换言之，债的免除既免除主债务人承担的债务，也免除次债务人尤其是保证人承担的债务。因此，涉物性的债的免除等同于债的清偿。④

所谓涉人性的债的免除，是指仅仅免除债务人本人的债务而不免除与债务人有密切

---

① M. Bugnet, Œuvres de Pothier, annotées et mises en corrélation avec le Code civil et la legislation actuelle, Tome I, Paris, Henzri Plon Gosse et Marchal, 1861, pp. 326 – 327.

② M. Bugnet, Œuvres de Pothier, annotées et mises en corrélation avec le Code civil et la legislation actuelle, Tome I, Paris, Henzri Plon Gosse et Marchal, 1861, pp. 323 – 324.

③ M. Bugnet, Œuvres de Pothier, annotées et mises en corrélation avec le Code civil et la legislation actuelle, Tome I, Paris, Henzri Plon Gosse et Marchal, 1861, p. 327.

④ M. Bugnet, Œuvres de Pothier, annotées et mises en corrélation avec le Code civil et la legislation actuelle, Tome I, Paris, Henzri Plon Gosse et Marchal, 1861, p. 327.

关系的人的债务。换言之，债的免除仅仅免除主债务人承担的债务，不会免除保证人承担的保证债务。不过，Pothier 也指出，如果共同连带债务人有多个，当债权人仅仅免除其中的一个债务人的债务时，他们的免除行为仅仅让该人的债务免除，其他债务人的债务不会因此免除，但是，其他债务人所承担的债务应当减除被债权人免除的债务人所承担的部分，他们仅仅在剩余数额内承担债务。如果债权人免除主债务人的债务，则保证人的债务也同时免除；但是，如果债权人免除保证人承担的债务，则保证人债务的免除不会让主债务人承担的债务免除。①

三、1804 年的《法国民法典》对债的免除做出的规定

在 1804 年的《法国民法典》当中，法国立法者完全根据 Pothier 的上述阐述对债的免除做出了规定，换言之，虽然 Domat 被称为"《法国民法典》之祖父"，但是，在债的免除问题上，法国立法者没有受到 Domat 一丝一毫的影响，因为 Domat 没有对此种消灭方式做出任何阐述，已如前述。一方面，在第 1234 条当中，1804 年的《法国民法典》明确规定，债的自愿免除是一种债的消灭方式，已如前述。另一方面，在第 1282 条至第 1288 条当中，1804 年的《法国民法典》对债的免除涉及的一系列问题做出了清楚的规定，包括：债的免除的证据和证明，债的推定免除，债的免除对作为共同连带债务人产生的效力，债的免除对保证人、质押人以及主债务人产生的法律效力，等等。②

应当注意的是，在一个问题上，1804 年的《法国民法典》没有采取 Pothier 的看法，这就是债权人对一个共同连带债务人的债务免除是否会免除其他连带债务人的债务，因为其 1285 条明确规定，如果债权人免除一个共同连带债务人所承担的债务，则除非债权人明确表示保留对其他债务人享有的权利；否则，他们的免除行为会让其他债务人承担的债务免除。③ 在 19 世纪，民法学者普遍根据《法国民法典》的规定对债的免除做出了解释，虽然如此，他们之间在某些问题方面仍然存在不同看法。笔者仅以 Toullier 在 1821 年的《法国民法》当中做出的阐述为例对此做出简要说明。

Toullier 认为，基于自然法的简便性和习惯的要求，债的免除能够单凭债权人和债务人之间的合同产生法律效力，如果债权人具有缔约能力和债务人具有接受免除的能力的话。原则上，当事人之间的债的免除合同能够免除债务人承担的任何类型的债务，除非制定法明确禁止某种债务的免除。他指出："所有债务，无论它们产生的渊源是什么，均能够通过两个有缔约能力和接受债消灭能力的当事人之间的单纯合同予以当然消灭。此种原则……仅仅在制定法明确规定的情形下才会存在例外，在这些情形下，基于公共利益的考虑，制定法宣告债务人承担的债务是不能够解除的，或者虽然能够解除，

---

① M. Bugnet, Œuvres de Pothier, annotées et mises en corrélation avec le Code civil et la legislation actuelle, Tome I, Paris, Henzri Plon Gosse et Marchal, 1861, pp. 327 – 328.

② Articles 1282 à 1288, Code civil des Français, édition originale et seule officielle, A Paris, de l'Imprimerie de la République, An XII 1804. https://www.assemblee-nationale.fr/evenements/code-civil/cc1804-l3t03c5.pdf.

③ C.-B.-M. Toullier, Le Droit civil francais suivant l'ordre du code, Tome VII, troisième édition, A PARIS, Chez B. WARÉE, oncle, Libraire de la Cour royale, 1821, p. 330.

但是，仅仅能够根据制定法规定的方式予以解除，例如，婚姻当事人所承担的债务。"①

Toullier 认为，虽然债的免除在债权人和债务人均同意的情况下能够产生消灭债的效力，但是，在债务人没有表示同意时，债的免除是不能产生消灭债的效力的，即便人们在这一问题上存在争议。因此，如果你欠我 10000 法郎，我同意免除你所承担的此种债务并且为此向你写信，在收到你的答复之前，我因为经济状况遭受重大恶化而希望收回我的允诺。在此种情况下，或者任何其他类似的情况下，我均能够撤回我的允诺，我的债务人承担的债务没有消灭，因为，"债务人的接受是债的免除发生法律效力所必要的。"换言之，在债务人接受债权人的债务免除之前，债权人所做出的债务免除允诺是可以撤回的。②

四、2016 年 2 月 10 日的债法改革法令对债的免除做出的新规定

1804 年的《法国民法典》关于债的免除的上述法律条款即第 1282 条至第 1288 条一直从 1804 年被原封不动地保留到 2016 年，直到 2016 年 2 月 10 日的债法改革法令将它们废除并且以新的法律条款取代它们时止，已如前述。虽然法律条款没有发生任何变化，但是，在 2016 年之前，民法学者对待债的免除的态度还是发生了重大变化，因为，他们将债的免除分为两类，即债的约定免除和制定法所做出的推定免除。

（一）民法学者在 2016 年之前对债的免除所做出的说明

2016 年之前，民法学者普遍对债的免除做出了说明，虽然他们之间在一些重要的问题上存在差异，但是，在大多数问题上，他们之间并没有实质性的差异。关于他们之间的差异，笔者已经在前面的内容当中做出了说明，此处从略。因为，他们大都将债的免除分为两类：债的约定免除（La remise ou décharge conventionnelle）和债的推定免除（présomption légale spéciale à la remise de dette）。约定免除涉及的问题不同于债的推定免除，因为它涉及免除合同的一般条件、特殊条件和法律效力。而债的推定免除则涉及债权人将债权凭证交付给债务人时，他们的交付行为是否能够被推定为具有免除债务人所承担的债务的问题，实际上就是默示免除的证据和证明问题。③

所谓债的约定免除，是指通过债权人与债务人之间所签订的债务免除合同让债务人对债权人承担的债务消灭的一种方式。所谓债的推定免除，是指通过制定法所规定的推定方式免除债务人对债权人所承担的债务，因此，债的推定免除也称为债务人债务消灭的法律推定。当债权人与债务人之间存在债权、债务关系时，如果债权人手中掌握了记

---

① C.-B.-M. Toullier, Le Droit civil francais suivant l'ordre du code, Tome VII, troisième édition, A PARIS, Chez B. WARÉE, oncle, Libraire de la Cour royale, 1821, p. 322.

② C.-B.-M. Toullier, Le Droit civil francais suivant l'ordre du code, Tome VII, troisième édition, A PARIS, Chez B. WARÉE, oncle, Libraire de la Cour royale, 1821, pp. 322 – 323.

③ Henri et Léon Mazeaud, Jean Mazeaud, François Chabas, Obligations, 9e édition, Montchrestien, 1998, pp. 1132 – 1238; Jean Carbonnier, Droit civil, Volume II, Les biens, les obligations, puf, 2004, pp. 2509 – 2512; Jacques Ghestin, Marc Billiau, Grégoire Loiseau, Traité de Droit Civil, Le régime des créances et des dettes, LGDJ, 2005, pp. 1243 – 1255; Jacques Flour, Jean-Luc Aubert, Éric Savaux, Droit civil, Les Obligations, 3. Le rapport d'obligation, 7e édition, Dalloz, 2011, pp. 429 – 434.

载或者证明其债权的书面凭证,在债务人履行债务之前,如果债权人将其债权凭证交还给了债务人,则法律推定债权人有通过此种方式免除债务人对其承担债务的意图、意志、意思,通过制定法所规定的此种推定,债务人对债权人承担的债务被免除。2016年之前,《法国民法典》第 1282 条至第 1283 对此种推定免除方式做出了明确规定。①

(二) 2016 年之前民法学者或者官方的债法改革草案对债的免除做出的规定

2016 年之前,虽然民法学者很少对《法国民法典》关于债的免除所存在的问题做出批评,但是,在 Catala 领导的债法改革小组看来,《法国民法典》第 1282 条至第 1288 条关于债的免除的规定至少存在一个问题:它混淆了债的免除和债的免除的证据、证明问题,导致它们的规定存在不清晰、内容混乱的问题。②

为此,在 2005 年起草的《债法改革草案》当中,该小组决定采取让债的免除的规定更加清晰化的做法:将《法国民法典》第 1282 条、第 1283 条、第 1284 条和第 1286 条所规定的内容从债的免除当中移到债的清偿当中,作为债的清偿的证据、证明的组成部分,这就是该《债法改革草案》当中的第 1232 条和第 1232 - 1 条。③ 它仅仅在债的免除当中对债的约定免除做出了规定,包括债的免除的界定和法律效果等,这就是《债法改革草案》当中的第 1237 条至第 1239 - 1 条。其中的第 1237 条对债的免除做出了界定,该条规定:债的免除是一种合同,根据该种合同,债权人在获得债务人合意的情况下以明示或者默示的方式让债务人承担的债务消灭。第 1238 条就共同连带债务人之间的债务免除问题做出了规定,第 1239 条对主债务人和保证人之间的债务免除问题做出了规定,而第 1239 - 1 条对连带保证人之间的债务免除问题做出了规定。④

在 2011 年的《债法和准合同法改革草案》当中,法国司法部也采取了 Catala 领导的债法改革小组所采取的上述做法,将《法国民法典》第 1282 条、第 1283 条、第 1284 条和第 1286 条所规定的债的推定免除从债的免除当中排除掉,仅仅保留了债务的约定免除方面的内容,这就是《债法和准合同改革草案》当中的第 82 条至第 86 条,

---

① Henri et Léon Mazeaud, Jean Mazeaud, François Chabas, Obligations, 9e édition, Montchrestien, 1998, pp. 1132 - 1238; Jean Carbonnier, Droit civil, Volume II, Les biens, les obligations, puf, 2004, pp. 2509 - 2512; Jacques Ghestin, Marc Billiau, Grégoire Loiseau, Traité de Droit Civil, Le régime des créances et des dettes, LGDJ, 2005, pp. 1243 - 1255; Jacques Flour, Jean-Luc Aubert, Éric Savaux, Droit civil, Les Obligations, 3. Le rapport d'obligation, 7e édition, Dalloz, 2011, pp. 429 - 434.

② Avant-Projet de Reforme du Droit des Obligations (Articles 1101 A 1386 Du Code Civil) et du Droit de la Prescription (Articles 2234 à 2281 du Code Civil), Rapport à Monsieur Pascal Clément, Garde des Sceaux, Ministre de la Justice, 22 Septembre 2005, p. 56.

③ Avant-Projet de Reforme du Droit des Obligations (Articles 1101 A 1386 Du Code Civil) et du Droit de la Prescription (Articles 2234 à 2281 du Code Civil), Rapport à Monsieur Pascal Clément, Garde des Sceaux, Ministre de la Justice, 22 Septembre 2005, p. 113.

④ Avant-Projet de Reforme du Droit des Obligations (Articles 1101 A 1386 Du Code Civil) et du Droit de la Prescription (Articles 2234 à 2281 du Code Civil), Rapport à Monsieur Pascal Clément, Garde des Sceaux, Ministre de la Justice, 22 Septembre 2005, p. 115.

它们对债的免除和债的免除的法律效力做出了规定。① 这些做法被法国司法部在 2015 年的《合同法、债的一般制度和债的证明的改革法令草案》（简称《草案》）当中所遵循，这就是该《草案》当中的第 1392 条至第 1392-2 条。②

（三）2016 年之后《法国民法典》对债的免除做出的新规定

2016 年 2 月 10 日，法国政府最终通过了债法改革法令，将司法部所采取的此种做法所规定的内容规定在现行《法国民法典》当中，这就是现行《法国民法典》新的第 1350 条至新的第 1350-2 条对债的免除做出了规定，其中新的第 1350 条对债的免除做出了界定，新的第 1350 条对债的免除在连带债务人、连带债权人之间的效力做出了规定，新的第 1350-1 条对债的免除在保证人、共同保证人和主债务人之间的法律效力做出了规定。③ 关于它们所规定的这些内容，笔者将在下面的内容当中做出详细的讨论，此处从略。

同 2016 年之前的《法国民法典》相比，2016 年之后的《法国民法典》关于债的免除的规定具备两个主要特征，其中的一个特征属于形式上的，而另外一个特征则属于实质性的：形式上，现行《法国民法典》将有关债的免除的推定、证据和证明从债的免除当中排除掉，实现了债的免除的推定与债的免除的实质性分离，而 2016 年之前的《法国民法典》则将它们混杂在一起，已如前述。实质上，现行《法国民法典》所规定的内容与 2016 年之前所规定的内容存在一定的差异。

最典型的体现是，在对一个连带债务人免除债务时，债权人的免除是否对其他连带债务人产生效力，2016 年之前和之后的规定就存在重大差异。因为 2016 年之前的第 1285（1）条规定，除非债权人明确表示会保留对其他连带债务人享有的权利，否则，当他们免除一个债务人的债务时，他们的免除行为也让其他连带债务人承担的债务均消灭。④ 而现行《法国民法典》新的第 1350-1 条则放弃了此种规则，它规定，当债权人免除其中的一个债务人的债务时，他们的免除行为不会让其他债务人承担的债务消灭，其他债务人仍然应当在所免除的范围内承担债务。⑤ 换言之，它采取了 Pothier 在 18 世纪的《债法专论》当中所采取的做法，已如前述。2016 年之后，虽然民法学者普遍根据现行《法国民法典》的规定对债的免除做出了阐述，但是，他们仍然在债的免除当中对债的免除的证据、证明即债的推定免除做出阐述，关于这一点，笔者将在下面的内容当中做出详细的讨论，此处从略。

---

① Réforme du régime des obligations et des quasi-contrats, 09 mai 2011, http://www.textes.justice.gouv.fr/art_pix/avant_projet_regime_obligations.pdf.

② PROJET D'ORDONNANCE n° du portant réforme du droit des contrats, du régime général et de la preuve des obligations, pp. 35-36, http://www.justice.gouv.fr/publication/j21_projet_ord_reforme_contrats_2015.pdf.

③ Articles 1350 à 1350-2, Code civil, Version en vigueur au 29 septembre 2021, https://www.legifrance.gouv.fr/codes/section_lc/LEGITEXT000006070721/LEGISCTA000032035671/#LEGISCTA000032035671.

④ Article 1285, Code civil, Version en vigueur au 09 février 2016, https://www.legifrance.gouv.fr/codes/section_lc/LEGITEXT000006070721/LEGISCTA000006150260/2016-02-09/#LEGISCTA000006150260.

⑤ Article 1350-1, Code civil, Version en vigueur au 29 septembre 2021, https://www.legifrance.gouv.fr/codes/section_lc/LEGITEXT000006070721/LEGISCTA000032035671/#LEGISCTA000032035671.

第三节 债的免除的有效条件

虽然《法国民法典》对债的免除做出了规定,但是,它没有对债的免除所要求具备的实质性条件和形式条件做出任何规定。因此,债的免除应当具备哪些条件,并不是立法者要解决的问题,而是民法学者要面对的问题。在法国,某些民法学者完全没有就债的免除所应当具备的条件问题做出说明;而另外一些民法学者仅仅以只言片语对其做出了说明,还有一些民法学者则对其做出了较为详细点的说明。就债的免除的实质性条件而言,总的说来,作为一种合同,债的免除应当遵守的实质性条件分为两类:它应当具备所有合同有效的一般条件;它应当具备《法国民法典》关于赠与合同有效的条件。就债的免除的形式条件而言,除非债的免除被包含在遗赠当中,否则,债的免除不需要采取任何形式,即便债的免除被视为一种赠与合同,它也无需采取赠与合同所采取的形式要求。①

一、债的免除应当具备合同有效的一般条件

无论是2016年之前的第1285条、第1287条还是现行《法国民法典》新的第1350条均明确规定,债的免除在性质上属于债权人与债务人之间的一种合同,因此,就像债的转让应当具备一般合同的有效条件一样,债的免除也应当具备一般合同的有效条件才能够产生法律效力,如果不具有一般合同要求具备的所有条件,则他们之间的债的免除不能够产生法律效力。② 2016年之前,债的免除应当具备《法国民法典》第1108条所规定的一般合同的四个有效条件:合同当事人的同意,缔约能力、原因和客体。

2016年之后,债的免除应当具备现行《法国民法典》新的第1128条所规定的三个必要条件:当事人的同意,当事人有缔约能力,合同具有合法和确实的内容。

首先,无论是债权人还是债务人均应当具有缔约能力,包括缔约的权利能力和缔约行为能力;否则,他们不能够缔结债的免除合同。

其次,债的免除是债权人和债务人之间就债的免除所达成的意思表示一致的结果。

---

① Henri et Léon Mazeaud, Jean Mazeaud, François Chabas, Obligations, 9e édition, Montchrestien, 1998, pp. 1133 – 1234; Jean Carbonnier, Droit civil, Volume II, Les biens, les obligations, puf, 2004, p. 2510; Jacques Flour, Jean-Luc Aubert, Éric Savaux, Droit civil, Les Obligations, 3. Le rapport d'obligation, 7e édition, Dalloz, 2011, p. 431; Marjorie Brusorio-Aillaud, Droit des obligations, 8e édition, bruylant, 2017, pp. 353 – 354; Virginie Larribau-Terneyre, Droit civil Les obligations, 15e édition, Dalloz, 2017, p. 247; François Terré, Philippe Simler, Yves Lequette, François Chénedé, Droit civil, Les obligations, 12e édition, Dalloz, 2018, pp. 1828 – 1829.

② Henri et Léon Mazeaud, Jean Mazeaud, François Chabas, Obligations, 9e édition, Montchrestien, 1998, pp. 1133 – 1234; Jean Carbonnier, Droit civil, Volume II, Les biens, les obligations, puf, 2004, p. 2510; Jacques Flour, Jean-Luc Aubert, Éric Savaux, Droit civil, Les Obligations, 3. Le rapport d'obligation, 7e édition, Dalloz, 2011, p. 431; Marjorie Brusorio-Aillaud, Droit des obligations, 8e édition, bruylant, 2017, pp. 353 – 354; Virginie Larribau-Terneyre, Droit civil Les obligations, 15e édition, Dalloz, 2017, p. 247; François Terré, Philippe Simler, Yves Lequette, François Chénedé, Droit civil, Les obligations, 12e édition, Dalloz, 2018, pp. 1828 – 1829.

换言之，除了债权人有免除债务人所承担的债务的意图、意志、意思表示之外，债务人也应当具有接受自己的债务被债权人免除的意思表示，他们之间的意思表示完全一致，换言之，债权人同意免除债务人的债务，债务人也同意债权人对自己的债务予以免除。无论是债权人的同意还是债务人的同意均是自由的、自愿的，既不存在胁迫，也不存在欺诈或者误解。无论是债权人对债务免除所做出的同意表示，还是债务人对其债务被免除所做出的同意表示，均可以是明示的和默示的。虽然法国民法认为，债的免除是不能够被推定的，但是，除了能够通过明确的方式表示免除或者接受免除之外，债权人和债务人也可以通过默示方式表达自己对债务免除的同意和接受，已如前述。因此，法官在其司法判例当中认为，当债权人对债务人提出了免除其债务的要约时，如果债务人知道债权人的要约之后缄默不语，则他们的缄默不语被视为同意。同样，当债权人在其债权凭证上画上线条时甚至撕毁债权凭证时，他们的这些行为也表明他们同意免除债务人的债务。

最后，他们之间债的免除所包含的内容应当是合法的、确实的。所谓债的免除的内容是确实的，是指被债权人免除的债务是已经产生的、其存在是没有任何争议的债、数额明确、肯定和清楚的债。所谓债的免除的内容是合法的，是指债权人免除债务人债务的目的是合法的。

原则上，债务人承担的任何债务均是可以被免除的债务，例外情况下，债务人承担的某些债务则是不能够免除的。如果债权人免除债务人所承担的不能够免除的债务，则他们与债务人之间的免除合同无效；债务人承担的哪些债务能够被免除，哪些债务不能够被免除，其判断标准是债权转让、债务转让的标准；不能够转让的债权或者债务是不能够被免除的，能够转让的债权或者债务是能够被免除的。因此，即便债权人和债务人均同意，债权人也不能够免除债务人对债权人承担的抚养债、扶养债或者赡养债。

二、债的免除应当具备赠与合同所要求的特殊条件

除了应当具备一般合同的有效条件之外，债的免除还应当具备赠与合同的有效条件，仅仅具备一般合同的有效条件还不足以让债的免除产生消灭债的法律效力。因为，除了属于债权人和债务人之间的一种合同之外，债的免除也属于债权人对债务人所为的一种布施行为、慷慨行为（libéralités），也就是赠与行为和遗赠行为。因此，债的免除应当具备《法国民法典》关于赠与合同和遗赠的有效条件的规定，虽然债的免除并不是它所规定的直接赠与合同而仅仅是一种间接赠与行为，如果当事人之间的债的免除不符合这些实质性条件，则他们之间的债的免除合同也无效，不能够产生让债务人承担的债务被免除的效力。

《法国民法典》第三卷第二编为布施（Des libéralités），由第893条至第1099-1条组成，它们对权利主体生前所实施的两种布施法律行为即赠与（donation entre vifs）和遗赠（par testament）所要求具备的各种实质性条件做出了详尽的规定，仅仅在符合这些法律条款所规定的实质性条件时，权利主体所实施的赠与行为和遗赠行为才能够产生法律效力，这些实质性条件包括：权利主体具有无偿处分自己全部或者部分财产的能力，被布施者有接受权利主体所无偿赠与或者遗赠的这些财产的能力；他们仅仅能够处

分自己的一部分财产，不能够处分全部财产，以便为家庭成员保留部分必要财产；在未成年子女出生时，权利主体能够撤回自己的赠与行为或者遗赠行为；如果权利主体处分的财产超过了制定法所限定的财产范围，人们应当将他们处分的财产扣减到制定法允许的范围。①

Mazeaud 和 Chabas 对债的免除所要求具备的此类条件做出了说明，他们指出："因为是一种合同和一种布施，因此，债的免除应当同时符合合同有效的条件和布施的有效条件。"② Larribau-Terneyre 也对债的免除应当具备的此类条件做出了说明，他指出："债的免除应当具备合同的有效条件……它也应当遵守布施的条件，如果债的免除是无偿实施的话。"③

因此，如果要产生法律效力，债权人和债务人之间的债的免除也应当具备这些条件：除了具有通过债的免除对债务人实施布施的意图之外，债权人还应当具有处分自己财产的能力；除了应当具备缔约能力之外，债务人还应当具备接受债权人布施的能力；如果债权人的免除范围超过了制定法所允许的范围，则应当扣减到所允许的范围内，换言之，仅仅在制定法允许布施的范围内，债权人的免除才是有效的；如果债权人因为生下了需要抚养的未成年子女，则他们有权撤回自己的布施行为。④

三、债的免除不需要采取任何特定形式

在法国，作为一种合同和布施，债权人与债务人之间的债的免除合同是否需要采取某种形式才能够产生法律效力？尤其是，如果债的免除属于《法国民法典》所规定的一种赠与合同，它是否应当采取赠与合同所应当采取的形式？

除了对权利主体实施的赠与合同所要求具备的实质性条件做出了严格限制之外，《法国民法典》第三卷第二编还对赠与合同所应当采取的形式做出了说明，这就是第931条，该条规定：活人之间的所有赠与合同均应当以普通形式的合同在公证员面前通过；因此，如果他们之间的赠与合同仍然在草拟当中，则他们之间的赠与合同无效。⑤换言之，根据该条的规定，赠与合同应当采取公证文书方式，如果没有采取公证文书的方式，则当事人之间的赠与合同无效。

《法国民法典》关于赠与合同的此种形式要求是否适用于债权人和债务人之间的债

---

① Articles 893 à 1099 – 1, Code civil, Version en vigueur au 30 septembre 2021, https://www.legifrance.gouv.fr/codes/section_lc/LEGITEXT000006070721/LEGISCTA000006118022/#LEGISCTA000006118022.

② Henri et Léon Mazeaud, Jean Mazeaud, François Chabas, Obligations, 9e édition, Montchrestien, 1998, p.1233.

③ Virginie Larribau-Terneyre, Droit civil Les obligations, 15e édition, Dalloz, 2017, p.247.

④ Henri et Léon Mazeaud, Jean Mazeaud, François Chabas, Obligations, 9e édition, Montchrestien, 1998, pp.1133 – 1234; Jean Carbonnier, Droit civil, Volume II, Les biens, les obligations, puf, 2004, p.2510; Jacques Flour, Jean-Luc Aubert, Éric Savaux, Droit civil, Les Obligations, 3. Le rapport d'obligation, 7e édition, Dalloz, 2011, p.431; Marjorie Brusorio-Aillaud, Droit des obligations, 8e édition, bruylant, 2017, pp.353 – 354; Virginie Larribau-Terneyre, Droit civil Les obligations, 15e édition, Dalloz, 2017, p.247; François Terré, Philippe Simler, Yves Lequette, François Chénedé, Droit civil, Les obligations, 12e édition, Dalloz, 2018, pp.1828 – 1829.

⑤ Article 931, Code civil, Version en vigueur au 30 septembre 2021, https://www.legifrance.gouv.fr/codes/section_lc/LEGITEXT000006070721/LEGISCTA000006118022/#LEGISCTA000006118022.

务免除合同？民法学者普遍做出了否定回答，他们认为，虽然债的免除合同应当具备赠与合同的实质性条件，但是，它无需遵循赠与合同的形式条件，因为他们认为，债的免除不需要采取任何形式，因此，口头形式、书面形式、私证文书和公证文书均能够产生让债务人承担的债务消灭的法律后果。在将债的免除合同视为一种赠与合同时，民法学者为何又认定债的免除不需要具备赠与合同的形式要求？答案在于，他们认为，《法国民法典》第三卷第二编所规定的属于布施行为的赠与合同在性质上属于直接赠与合同，而债的免除仅仅属于间接赠与合同，已如前述。[①]

四、债的免除的法定推定

如果当事人之间就债的免除发生了纷争，债务人应当承担举证责任，证明他们对债权人承担的债务被债权免除。债的免除的证明和证据的规则适用于《法国民法典》新的第1359条（旧的第1341条）关于法律行为的证明和证据的一般规则、共同规则，根据这一规则，如果被免除的债务价值超过了1500欧元（2016年之前为5000法郎），债务人应当通过书面方式证明自己对债权人承担的债务被免除了。[②]

不过，在适用法律行为的证明和证据规则时，《法国民法典》也在例外情况下对债的免除进行了法律上的推定，认为当债权人实施某种行为时，人们能够合理推定他们具有免除债务人债务的意图、意志、意思，债务人无须按照法律行为方面的一般规则去证明自己的债务被免除了。一旦法律推定债务人的债务被免除，债权人有时不能够通过反证推翻法律所做出的债的免除的推定，这就是不能够通过反证推翻的推定（présomption irréfragable）；而有时则能够通过反证推翻法律所做出的债的免除推定，这就是能够通过反证推翻的推定（présomption réfragable）。

2016年之前，《法国民法典》第1282条和第1283条对债的免除的法定推定制度（présomption légale）做出了明确规定。通过2016年2月10日的债法改革法令，现行《法国民法典》新的第1342-9条对债的免除的法定推定制度做出了规定。根据这些法律条款的规定，一旦债权人将其债权凭证（titre de créance）自愿交付给债务人，则法律推定债务人与债权人之间的债的关系终止，此种终止或者是因为债务人对债权人实施了债务清偿行为，或者是因为债务人对债权人承担的债务被免除。

---

① Henri et Léon Mazeaud, Jean Mazeaud, François Chabas, Obligations, 9e édition, Montchrestien, 1998, pp. 1133 – 1234; Jean Carbonnier, Droit civil, Volume II, Les biens, les obligations, puf, 2004, p. 2510; Jacques Flour, Jean-Luc Aubert, Éric Savaux, Droit civil, Les Obligations, 3. Le rapport d'obligation, 7e édition, Dalloz, 2011, p. 431; Marjorie Brusorio-Aillaud, Droit des obligations, 8e édition, bruylant, 2017, pp. 353 – 354; Virginie Larribau-Terneyre, Droit civil Les obligations, 15e édition, Dalloz, 2017, p. 247; François Terré, Philippe Simler, Yves Lequette, François Chénedé, Droit civil, Les obligations, 12e édition, Dalloz, 2018, pp. 1828 – 1829.

② Henri et Léon Mazeaud, Jean Mazeaud, François Chabas, Obligations, 9e édition, Montchrestien, 1998, pp. 1235 – 1238; Jean Carbonnier, Droit civil, Volume II, Les biens, les obligations, puf, 2004, pp. 2510 – 2511; Jacques Flour, Jean-Luc Aubert, Éric Savaux, Droit civil, Les Obligations, 3. Le rapport d'obligation, 7e édition, Dalloz, 2011, pp. 432 – 434; Philippe Malaurie, Laurent Aynès, Philippe Stoffel-Munck, Droit Des Obligations, 8e édition, LGDJ, 2016, pp. 686 – 687; Rémy Cabrillac, Droit des Obligations, 12e édition, Dalloz, 2016, pp. 423 – 424; Marjorie Brusorio-Aillaud, Droit des obligations, 8e édition, bruylant, 2017, p. 354.

《法国民法典》第 1282 条规定：当债权人对债务人自愿交付私人签名的债权凭证时，他们的交付行为成为债务人债务消灭的证据。① 根据该条的规定，一旦债权人自愿将私人签名的债权凭证的原件交付给债务人，则他们交付此种凭证的行为被推定为具有免除债务人债务的意图、意志、意思，债务人能够以此种证据证明，他们对债权人承担的债务被免除了。此种推定是一种不能够通过反证予以推翻的推定（La présomption irrefragable）：债权人不能够通过提供相反证据的方式证明他们没有免除债务人所承担的债务的意图。②

《法国民法典》第 1283 条规定：当债权人对债务人自愿交付具有可强制执行力的债权凭证副本时，在欠缺相反证据的情况下，他们的交付行为被推定为免除行为或者清偿行为。③ 根据该条的规定，如果债权人将具有可强制执行力的债权凭证副本（la grosse du titre）交付给债务人，则他们交付此种凭证的行为被推定为具有免除债务人债务的意图、意志、意思，债务人能够以此种证据证明，他们对债权人承担的债务被免除了。不过，此种推定不同于上述第一种推定，它在性质上属于一种简单推定（La présomption simple）、可以通过反证推翻的推定（La présomption refragable）：如果债权人能够以相反的证据证明，他们没有免除债务人所承担的债务的意图、意志、意思，则债务人承担的债务不能够被免除。所谓具有可强制执行力的债权凭证副本（la grosse du titre），要么是指法官做出的生效裁判，要么是指公证员所制作的公证文书，它们明确规定了债务人应当对债权人所承担的债务。④

2016 年之后，上述两个旧的法律条款被《法国民法典》新的 1342 – 9（1）条所取代，该条规定：当债权人对债务人自愿交付私人签名的债权凭证原件或者具有可强制执行力的债权凭证副本时，他们的自愿交付行为仅仅是债务人债务消灭的简单推定。⑤ 在推定问题上，《法国民法典》新的 1342 – 9（1）条放弃了之前的第 1282 条的做法，认为当债权人对债务人自愿交付具有可强制执行力的债权凭证副本时，他们的交付行为不再是不能够通过反证推翻的推定，而是像第 1283 条一样的简单推定，如果债权人能够

---

① Article 1282, Code civil, Version en vigueur au 09 février 2016, https://www.legifrance.gouv.fr/codes/section_ lc/LEGITEXT000006070721/LEGISCTA000006150260/2016 – 02 – 09/#LEGISCTA000006150260.

② Henri et Léon Mazeaud, Jean Mazeaud, François Chabas, Obligations, 9e édition, Montchrestien, 1998, pp. 1132 – 1238；Jean Carbonnier, Droit civil, Volume II, Les biens, les obligations, puf, 2004, pp. 2509 – 2512；Jacques Ghestin, Marc Billiau, Grégoire Loiseau, Traité de Droit Civil, Le régime des créances et des dettes, LGDJ, 2005, pp. 1243 – 1255；Jacques Flour, Jean-Luc Aubert, Éric Savaux, Droit civil, Les Obligations, 3. Le rapport d'obligation, 7e édition, Dalloz, 2011, pp. 429 – 434.

③ Article 1283, Code civil, Version en vigueur au 09 février 2016, https://www.legifrance.gouv.fr/codes/section_ lc/LEGITEXT000006070721/LEGISCTA000006150260/2016 – 02 – 09/#LEGISCTA000006150260.

④ Henri et Léon Mazeaud, Jean Mazeaud, François Chabas, Obligations, 9e édition, Montchrestien, 1998, pp. 1132 – 1238；Jean Carbonnier, Droit civil, Volume II, Les biens, les obligations, puf, 2004, pp. 2509 – 2512；Jacques Ghestin, Marc Billiau, Grégoire Loiseau, Traité de Droit Civil, Le régime des créances et des dettes, LGDJ, 2005, pp. 1243 – 1255；Jacques Flour, Jean-Luc Aubert, Éric Savaux, Droit civil, Les Obligations, 3. Le rapport d'obligation, 7e édition, Dalloz, 2011, pp. 429 – 434.

⑤ Article 1342 – 9, Code civil, Version en vigueur au 30 septembre 2021, https://www.legifrance.gouv.fr/codes/section_ lc/LEGITEXT000006070721/LEGISCTA000032035233/#LEGISCTA000032035233.

提供相反的证据证明,他们没有免除债务人债务的意图,则债务人的债务仍然应当承担。①

《法国民法典》第1284条规定:如果债权人将私人签名的债权凭证或者具有可强制执行力的债权凭证副本交付给连带债务人当中的一个债务人,则他们的交付行为能够产生有利于连带债务人的效力。② 2016年之后,这一法律条款被《法国民法典》新的1342 – 9(2)条所取代,该条规定:当债权人对债务人自愿交付同样的凭证原件或者副本给连带债务人当中的一个债务人时,他们的交付行为对所有人产生同样的效力。③根据这两个法律条款的规定,一旦债权人将上述两种性质不同的债权凭证交付给了一个连带债务人,则他们的交付行为除了免除该债务人的债务之外,也被推定为免除了其他连带债务人所承担的债务。不过,此种推定也像上述两种推定一样属于简单推定,债权人能够以相反证据推翻此种推定。④

债的免除的法定推定要产生上述法律效力,无论是产生不得通过反证推翻的法律推定还是产生可以通过反证推翻的法律推定,均须符合三个必要条件:其一,债权人自愿将其债权凭证交付给债务人。如果债权人是因为债务人实施的欺诈行为、胁迫行为、盗窃行为或者其他违反债权人意愿的行为获得债权凭证,则上述法律推定效力将不会产生。其二,债权人或者其代理人将债权凭证交付给债务人或者其代理人。如果不是债权人代理人的第三人将其持有的债权凭证交付给债务人或者债务人的代理人,则上述法律推定效力不会产生。其三,债权人交付给债务人的债权凭证应当是正本或者具有可强制执行力的债权凭证副本。⑤

第四节 债的免除的法律效力

作为一种合同,债的免除当然在当事人之间产生法律效力,也就是在债权人和债务人之间产生法律效力。不过,除了对当事人产生法律效力之外,债的免除还涉及某些第三人的利益,诸如共同连带债务人的利益和保证人的利益,这就是债的免除所产生的三个方面的法律效力。因此,无论是在2016年之前还是之后,《法国民法典》均对这三

---

① Philippe Malaurie, Laurent Aynès, Philippe Stoffel-Munck, Droit Des Obligations, 8e édition, LGDJ, 2016, pp. 686 – 687; Rémy Cabrillac, Droit des Obligations, 12e édition, Dalloz, 2016, pp. 423 – 424; Marjorie Brusorio-Aillaud, Droit des obligations, 8e édition, bruylant, 2017, p. 354.

② Article 1283, Code civil, Version en vigueur au 09 février 2016, https://www.legifrance.gouv.fr/codes/section_lc/LEGITEXT000006070721/LEGISCTA000006150260/2016 – 02 – 09/#LEGISCTA000006150260.

③ Article 1342 – 9, Code civil, Version en vigueur au 30 septembre 2021, https://www.legifrance.gouv.fr/codes/section_ lc/LEGITEXT000006070721/LEGISCTA000032035233/#LEGISCTA000032035233.

④ Philippe Malaurie, Laurent Aynès, Philippe Stoffel-Munck, Droit Des Obligations, 8e édition, LGDJ, 2016, pp. 686 – 687; Rémy Cabrillac, Droit des Obligations, 12e édition, Dalloz, 2016, pp. 423 – 424; Marjorie Brusorio-Aillaud, Droit des obligations, 8e édition, bruylant, 2017, p. 354.

⑤ Francois Terré, Philippe Simler, Yves Lequette, Droit civil, Les obligations, 12e édition, Dalloz, 2009, pp. 1441 – 1442; Rémy Cabrillac, Droit des Obligations, 12e édition, Dalloz, 2016, p. 424.

个方面的法律效力做出了规定。不过，在某些方面，2016 年之后的规定不同于 2016 年之前的规定。

一、债的免除对债权人和债务人产生的法律效力

债的免除在债权人和债务人之间产生的效力是债权或者债务的全部或者部分消灭的效力，这就是，一旦债权人与债务人之间达成了债的免除协议，则债务人对债权人承担的债务在双方所约定的范围内消灭：如果当事人之间达成了消灭债务人承担的全部债务的协议，则债务人承担的所有债务均消灭；如果当事人之间仅仅达成了消灭债务人承担的部分债务的协议，则债务人承担的债务在所达成的协议范围内消灭，没有达成消灭协议的部分仍然应当履行。不过，除了消灭债务人承担的主债之外，债的免除协议也消灭从债。这就是债的免除所产生的基本效力：主债和对主债进行担保的从债的消灭。

2016 年之前，Flour、Aubert 和 Savaux 对债的免除产生的此种基本效力做出了说明，他们指出："债的免除会产生基本效力：消灭主债和对主债进行担保的从债，即便债权人的债权没有获得实现。此种消灭或者拓展到债务人承担的所有债务，或者仅仅是一部分债务，究竟是什么范围的债务，取决于债的免除是全部免除还是部分免除。"① 2016 年之后，Larribau-Terneyre 也对债的免除产生的此种基本效力做出了说明，他指出："债的免除的基本效力是消灭效力，除了债权人享有的债权消灭之外，债的免除也让对债权做出担保的担保债消灭，即便《法国民法典》新的第 1350 条没有清楚地、准确地规定此种消灭效力。"②

二、债的免除与共同连带债务人和共同连带债权人之间的关系

作为一种合同，债的免除也会涉及共同债务人的利益。不过，债的免除仅仅涉及共同连带债务人的利益，不会影响到按份债务人的利益，因为，即便债权人免除一个按份债务人所承担的债务，此种免除也仅仅对该债务人有效，不对其他按份债务人有效，其他按份债务人仍然应当对债权人承担自己的债务。③

如果债权人免除一个共同连带债务人对自己承担的债务，他们的免除行为是否会惠及所有其他连带债务人。换言之，其他所有连带债务人对债权人承担的连带债务是否也会因此消灭？对此问题，2016 年之后的《法国民法典》与 2016 年之前的《法国民法典》做出的规定完全不同。

（一）2016 年之前《法国民法典》第 1285 条的规定

2016 年之前，《法国民法典》第 1285 条规定：有利于一个共同连带债务人的约定

---

① Jacques Flour, Jean-Luc Aubert, Éric Savaux, Droit civil, Les Obligations, 3. Le rapport d'obligation, 7e édition, Dalloz, 2011, p. 431.
② Virginie Larribau-Terneyre, Droit civil Les obligations, 15e édition, Dalloz, 2017, p. 247.
③ Henri et Léon Mazeaud, Jean Mazeaud, François Chabas, Obligations, 9e édition, Montchrestien, 1998, p. 1235; Gérard Légier, les obligations, 17e édition, 2001, Dalloz, 2001, p. 251; Philippe Malaurie, Laurent Aynès, Philippe Stoffel-Munck, Droit Des Obligations, 8e édition, LGDJ, 2016, p. 686.

免除让所有其他连带债务人承担的债务消灭，至少在债权人没有明确表明会保留对其他连带债务人享有的债权时是如此。在后一种情况下，债权人能够要求其他连带债务人承担的债务范围是扣减了被免除的债务之后的债务。① 根据这一条款的规定，当债权人对一个共同连带债务人为债务的免除行为时，他们的债务免除行为不仅对该债务人有效，而且对所有其他的连带债务人均有效，除了该人承担的债务消灭之外，其他连带债务人承担的债务也均消灭，但是，如果债权人在免除该债务人的债务时明确宣布，他们仍然对其他连带债务人享有债权，则其他连带债务人仍然应当对债权人承担债务。不过，债权人不得再要求其他连带债务人对自己履行全部债务，他们只能够要求其他债务人履行将被免除的部分扣减之后所剩余的所有债务。②

（二）2016 年之后《法国民法典》新的第 1350－1（1）条的规定

现行《法国民法典》新的第 1350－1（1）条规定：对一个连带债务人做出的债务免除仅仅会让其他连带债务人在该人所免除的数额范围内免除债务。③ 该条完全翻转了之前的第 1285 条的规定，根据该条的规定，如果债权人免除了一个共同连带债务人所承担的债务，该种免除不会让其他连带债务人承担的债务也同时免除，其他连带债务人仍然应当对自己的债权人承担连带责任。不过，在确定其他连带债务人所承担的连带债务范围时，应当将债权人免除的部分扣减掉，让其他连带债务人在所剩余的债务范围内对自己承担债务。

（三）2016 年之后《法国民法典》新的第 1350－1（2）条的规定

现行《法国民法典》新的第 1350－1（2）条规定：一个共同连带债权人所做出的债务免除仅仅让债务人对该债权人承担的部分免除。④ 根据该条的规定，如果一个共同连带债权人与债务人签订了债务免除协议，他们之间的此种免除协议仅仅免除债务人对该债权人承担的那一部分债务，不会免除债务人对其他连带债权人承担的债务部分。

三、债的免除与保证人之间的关系

除了涉及主债务人、连带债务人和连带债权人的问题之外，债的免除也涉及保证人的问题。在 2016 年之前，《法国民法典》第 1287 条和 1288 条对债的免除与保证人之间的关系问题做出了明确规定，这些规定被废除并且被新的第 1350－2 条所取代。不过，虽然法律条款变了，但是，它们所规定的内容没有实质性的变化。

---

① Article 1285, Code civil, Version en vigueur au 09 février 2016, https://www.legifrance.gouv.fr/codes/section_lc/LEGITEXT000006070721/LEGISCTA000006150260/2016－02－09/#LEGISCTA000006150260.

② Gérard Légier, les obligations, 17e édition, 2001, Dalloz, 2001, p. 251；Philippe Malaurie, Laurent Aynès, Philippe Stoffel-Munck, Les obligations, 4e édition, Defrénois, 2009, p.657.

③ Article 1350－1, Code civil, Version en vigueur au 30 septembre 2021 https://www.legifrance.gouv.fr/codes/section_ lc/LEGITEXT000006070721/LEGISCTA000032035671/#LEGISCTA000032035671.

④ Article 1350－1, Code civil, Version en vigueur au 30 septembre 2021 https://www.legifrance.gouv.fr/codes/section_ lc/LEGITEXT000006070721/LEGISCTA000032035671/#LEGISCTA000032035671.

现行《法国民法典》新的第 1350-2 条规定：当债权人对主债务人做出债的免除时，他们的免除会让保证人承担的债务消灭，即便是连带保证人所承担的债务，亦是如此。当债权人同意免除一个连带保证人的债务时，他们的免除行为不会让主债务人承担的债务消灭，但是会让其他连带保证人在该保证人的份额内免除债务。当债权人已经接受了其保证人所为的债务清偿时，债权人所接受的给付应当按照比例列入主债务人的债务和清偿当中，其他的保证人仅仅在该保证人所免除的债务被扣减之后的范围履行债务。①

根据这一条款的规定，如果债权人免除主债务人所承担的债务，除了让主债务人承担的债务消灭之外，他们的免除行为也让保证人对债权人承担的保证债务消灭。但是，如果债权人仅仅免除担保人对自己承担的保证债务，他们的免除行为仅仅对保证人有效，对主债务人无效，主债务人仍然应当对债权人承担自己的债务，债权人仍然有权要求主债务人对自己履行债务。如果债权人免除一个连带保证人所承担的债务，除了该保证人承担的保证债务消灭之外，在该人被免除的债务范围内，其他连带保证人所承担的保证债务也消灭。

---

① Article 1350-2, Code civil, Version en vigueur au 30 septembre 2021 https：//www. legifrance. gouv. fr/codes/section_ lc/LEGITEXT000006070721/LEGISCTA000032035671/#LEGISCTA000032035671.

第二十五章 债 的 混 同

第一节 债的混同的界定、渊源和类型

2016 年之前,《法国民法典》第 1300 条和第 1301 条对债的混同做出了明确规定。通过 2016 年 2 月 10 日的债法改革法令,这些法律条款被废除并且被新的法律条款所取代,这就是现行《法国民法典》当中新的第 1349 条和新的第 1349 – 1 条。① 这些法律条款所规定的内容没有实质性的差异,因为它们均涉及债的混同的概念和债的混同的法律效力。无论是在 2016 年之前②还是之后③,民法学者均对债的混同做出了说明。根据他们的说明,债的混同涉及债的混同的概念、债的混同的条件以及债的混同的法律效力等内容。

一、债的混同的界定

债的混同当中的混同一词的法语表述为 confusion,该词源自拉丁文 confusio,而 confusio 一词则源自拉丁文 confundere。在拉丁文当中,这些词语的含义是指混淆(confondre),也就是将一个东西与另外一个东西混合在一起。④ 在法律领域,民法学家们普遍对这一术语所给予的定义是,几个事情因为所发生的改变或者消灭而导致的归并(l'union)或者混合(le mélange)。⑤

就此种含义而言,这一术语有三个方面的含义:其一,属于同一个人的几种物的混合,当人们通过附合(accession)方式取得或者丧失所有权时,附合就是这一术语的含义。其二,人们对物所享有的不同权利归并到同一个人的手中。例如,用益权人享有的用益权归并到所有权人的手中,人们将此种混合称为用益权与所有权的合并(consoli-

---

① Articles 1349 à 1349 – 1, Code civil, Version en vigueur au 01 octobre 2021, https://www. legifrance. gouv. fr/codes/section_ lc/LEGITEXT000006070721/LEGISCTA000032035667/#LEGISCTA000032035667.
② Henri et Léon Mazeaud, Jean Mazeaud, François Chabas, Obligations, 9e édition, Montchrestien, 1998, pp. 1180 – 1181; Jacques Ghestin, Marc Billiau, Grégoire Loiseau, Traité de Droit Civil, Le régime des créances et des dettes, LGDJ, 2005, pp. 1103 – 1123; Philippe Malinvaud, Dominique Fenouillet, Droit des obligations, 11e édition, Litec, 2010, pp. 685 – 686; Jacques Flour, Jean-Luc Aubert, Éric Savaux, Droit civil, Les Obligations, 3. Le rapport d'obligation, 7e édition, Dalloz, 2011, pp. 426 – 428.
③ Virginie Larribau-Terneyre, Droit civil Les obligations, 15e édition, Dalloz, 2017, pp. 244 – 246; Jérôme François, Les obligations, Régime general, Tome 4, 4e édition, Economica, 2017, pp. 135 – 142; François Terré, Philippe Simler, Yves Lequette, François Chénedé, Droit civil, Les obligations, 12e édition, Dalloz, 2018, pp. 1777 – 1781.
④ Gérard Cornu, Vocabulaire juridique, 10e édition, puf, 2014, p. 235.
⑤ C. -B. -M. Toullier, Le Droit civil francais suivant l'ordre du code, Troisieme edition, Tome VII, Bruxelles, Chez la Ve. Ad. Stapleaux, 1821, p. 413.

dation)。其三,两个权利或者两个身份之间的汇集(le concours)或者归并(la réunion),其中的一个权利或者身份消灭另外一个权利或者身份,或者两个权利、两个身份相互销毁。仅仅最后一个方面的含义才是债法当中的债的混同。①

2016年之前,《法国民法典》第1300条对债的混同做出了界定,该条规定:当债权人的身份和债务人的身份归并到同一个人身上时,则法律上的混同就产生了并因此让两个债权消灭。② 2016年之后,现行《法国民法典》新的第1349条对债的混同做出了相似的规定,该条规定:债的混同源自债权人的身份和债务人的身份归并到同一个人身上,债的混同消灭主债权和从债权,但是,第三人取得的权利或者对第三人享有的权利不受影响。③

根据这两个法律条款的规定,所谓债的混同(la confusion),是指由于某种事实的发生,同一债的债权人和债务人的相反身份归并(la réunion)到同一个人身上的事实。④ 债原本是两方当事人之间的一种法律关系,在该种法律关系当中,一方当事人对另外一方当事人享有权利并因此成为债权人,而另外一方当事人则对对方当事人承担义务并因此成为债务人。债权人与债务人之间的法律地位原本是对立的、相反的地位,是同一债的两个不同身份的人,当某种原因的发生而让同一债的债权人与债务人的身份归并到同一个人身上时,债权人就成为债务人,债务人也成为债权人,这就是所谓的债的混同。

债的混同既会让混同之前债务人对债权人承担的债务消灭,也会让混同之前债权人对债务人享有的债权消灭。不过,债的混同不会影响到债权人和债务人之外的第三人的身份,混同之前和混同之后,他们承担的债务继续承担,享有的权利依然享有,这就是新的第1349条对债的混同做出的界定区别于旧的第1300条的地方。

二、债的混同产生的渊源

在债法上,债的混同所产生的渊源有两类:债权债务的概括转移和法律行为。⑤

---

① C.-B.-M. Toullier, Le Droit civil francais suivant l'ordre du code, Troisieme edition, Tome VII, Bruxelles, Chez la Ve. Ad. Stapleaux, 1821, pp. 413 – 414.

② Articles1300, Code civil, Version en vigueur au 09 février 2016, https://www.legifrance.gouv.fr/codes/section_lc/LEGITEXT000006070721/LEGISCTA000006150262/2016-02-09/#LEGISCTA000006150262.

③ Articles 1349, Code civil, Version en vigueur au 01 octobre 2021, https://www.legifrance.gouv.fr/codes/section_lc/LEGITEXT000006070721/LEGISCTA000032035667/#LEGISCTA000032035667.

④ Jacques Ghestin, Marc Billiau, Grégoire Loiseau, Traité de Droit Civil, Le régime des créances et des dettes, LGDJ, 2005, p. 1103; Francois Terré, Philippe Simler, Yves Lequette, Droit civil, Les obligations, 12e édition, Dalloz, 2009, p. 1393; Jacques Flour, Jean-Luc Aubert, Éric Savaux, Les obligations, 3. Le rapport d'obligation, 7e édition, Dalloz, 2011, p. 426.

⑤ Jacques Ghestin, Marc Billiau, Grégoire Loiseau, Traité de Droit Civil, Le régime des créances et des dettes, LGDJ, 2005, pp. 1107 – 1111; Jacques Flour, Jean-Luc Aubert, Éric Savaux, Les obligations, 3. Le rapport d'obligation, 7e édition, Dalloz, 2011, pp. 426 – 427; Virginie Larribau-Terneyre, Droit civil Les obligations, 15e édition, Dalloz, 2017, p. 245; Jérôme François, Les obligations, Régime general, Tome 4, 4e édition, Economica, 2017, pp. 135 – 136; François Terré, Philippe Simler, Yves Lequette, François Chénedé, Droit civil, Les obligations, 12e édition, Dalloz, 2018, pp. 1777 – 1778.

（一）因为债权债务的概括转移而产生的债的混同

在某些情况下，债的混同会因为概括转移而产生。所谓概括转移，是指因为某种事件的发生，一个人享有的债权和承担的债务一并转移给另外一个人，由另外一个人同时获得其债权和债务。因此，如果继承人与被继承人生前有债权债务关系，当被继承人死亡时，被继承人生前的一切债权和债务均一并转移给自己的继承人。此时，此种概括继承产生了债的混同，因为在此时，债权人和债务人的身份均归并到继承人身上。同样，如果一个公司和另外一个公司之间存在债权债务关系，当这两个公司合并在一起时，被合并的公司在合并之前所享有的债权和所承担的债务一并转移给合并之后的公司。此时，此种概括转移也产生了债的混同，因为当这两个公司合并之后，债权人和债务人的身份归并到合并之后的公司身上。

（二）因为法律行为而产生的债的混同

在某些情况下，债的混同也会因为当事人之间所实施的某种法律行为尤其是合同而产生，因为当一方当事人和另外一方当事人之间存在债权债务关系时，如果他们之间签订合同，将一方当事人享有的债权或者承担的债务转移给另外一方当事人，则债权人与债务人之间的身份就归并到同一个人身上。因此，当不动产的所有权人将其不动产出租给承租人时，如果承租人购买了不动产所有权的不动产，不动产所有权人的身份和承租人的身份就归并到同一个身上，此时，不动产所有权人与承租人之间的不动产买卖合同就引起了债的混同。同样，当一个人是另外一个人的债务人时，如果债务人与债权人之间签订债权转让合同，由债权人将其对债务人享有的债权转移给债务人，则债务人与债权人的身份归并到同一个人身上，此时，当事人之间的合同转让引起了债的混同。

三、债的完全混同和债的部分混同

根据债的混同所产生的效力范围的不同，债的混同可以分为两种：债的完全混同（la confusion total）和债的部分混同（la confusion partielle）。它们之间的关系是，债的完全混同是原则，而债的部分混同则是例外。①

所谓债的完全混同，是指债权人或者债务人之间的整个债权或者整个债务均归并到同一个人身上的混同。例如，当债权人死亡时，如果债权人的唯一一个继承人是其债务人，则债权人的所有债权均归并到其继承人身上，因此，该种混同属于完全混同。再例如，当作为债权人的公司与作为债务人的公司合并成一个公司时，合并之前的公司的所

---

① Henri et Léon Mazeaud, Jean Mazeaud, François Chabas, Obligations, 9e édition, Montchrestien, 1998, p. 1181; Jacques Ghestin, Marc Billiau, Grégoire Loiseau, Traité de Droit Civil, Le régime des créances et des dettes, LGDJ, 2005, pp. 1112 – 1113; Francois Terré, Philippe Simler, Yves Lequette, Droit civil, Les obligations, 12e édition, Dalloz, 2009, p. 1395; Jacques Flour, Jean-Luc Aubert, Éric Savaux, Les obligations, 3. Le rapport d'obligation, 7e édition, Dalloz, 2011, p. 427; Jérôme François, Les obligations, Régime general, Tome 4, 4e édition, Economica, 2017, pp. 136 – 137; François Terré, Philippe Simler, Yves Lequette, François Chénedé, Droit civil, Les obligations, 12e édition, Dalloz, 2018, p. 1780.

有债权和所有债务均归并到合并之后的公司身上,因此,该种混同属于完全混同。

所谓债的部分混同,是指债权人或者债务人之间的部分债权或者部分债务归并到两个或者两个以上的人身上的混同。在债法上,债的部分混同同债的完全混同的主要区别在于,完全混同仅仅将债权人与债务人的身份归并到同一个身上,而部分混同则将债权人与债务人的身份归并到两个或者两个以上的人身上。在债法上,债的部分混同仅有两种表现形式:

第一,如果继承人与被继承人之间存在债权债务关系,当被继承人死亡时,其继承人有两个或者两个以上时,则债权人与债务人之间的身份并非仅仅归并到一个继承人身上,而是分别归并到两个或者两个以上的继承人身上,此时被继承人与继承人之间的债虽然产生了混同,但此种混同并非完全混同,而仅仅是部分混同。

第二,如果一个债权人与两个或者两个以上的债务人之间存在连带债务关系,当债权人与其中的一个承担连带债务的债务人之间产生了债的混同时,债的混同也仅仅对该债务人本人产生法律效力,不对其他承担连带债务的债务人产生法律效力,债权人仍然有权要求其他对其承担连带债务的债务人对其承担债务。

第二节　债的混同的历史发展

一、罗马法当中债的混同

就像债的清偿、抵销和债的免除等债消灭的原因源自罗马法一样,作为债消灭的一种方式,债的混同也原自罗马法。在罗马法所承认的13种债的消灭原因当中,债的混同并不是由法官通过法官法即判例法所确认的一种消灭原因,而是罗马法当中的狭义民法所规定的一种消灭原因,已如前述。① 不过,罗马法认为,债的混同不同于债的清偿、债的抵销或者债的免除,因为这些消灭原因属于当事人之间自愿消灭他们之间的债的方式,而债的混同则不同,它像时效和债的履行不能一样仅仅属于一种非自愿的债务消灭方式。②

根据罗马法的规定,债的混同往往在不能够兼容的两个身份即债权人和债务人的身份被同一个人继承时发生,它既适用于物权的消灭,也适用于债权的消灭。在用益权(usufruitier)领域,当所有权人与用益权人的身份归并到同一个身上时,用益权人享有的用益权消灭。在地役权(les servitudes)领域,当供役地人的身份和需役地人的身份归并到一个身上时,则地役权人享有的地役权因为混同消灭。③ 在债权领域,当债权人与债务人的身份归并到一个人身上时,它就构成债的混同,就像一个人不能够对自己起

---

① M. L. Domenget, Institutes de Gaïus, nouvelle édition, Paris, A Marescq Aîné, Libraire-Éditeur, 1866, p. 409.
② Paul Frédéric Girard, Manuel élémentaire de droit romain, 8e édition, Dalloz, 2003, pp. 770 – 771.
③ M. L. Domenget, Institutes de Gaïus, nouvelle édition, Paris, A Marescq Aîné, Libraire-Éditeur, 1866, p. 133; Paul Frédéric Girard, Manuel élémentaire de droit romain, 8e édition, Dalloz, 2003, p. 770.

诉一样，债的混同也让他们之间的债消灭。经典罗马法时期的著名罗马法学家 Papinien（142—212 年）①认为，当债权人变成债务人或者当债务人变成债权人时，他们之间的混同等同于一种债的清偿行为，因为，债的混同被视为债务人对其自身履行债务。②

二、法国旧法时期债的混同

在法国旧法时期，Domat 虽然对债消灭的各种原因做出了详细的讨论，但是，他没有将债的混同作为债消灭的一种原因，已如前述。虽然如此，Domat 也对继承领域债的混同问题做出了说明，他指出，如果债权人发现自己成了债务人的继承人，或者反之，如果债务人发现自己成了债权人的继承人，则债权人和债务人的身份因为归并到继承人一人身上而发生了混同，他们之间的债不再存在，因为混同让其中的债务人承担的债务消灭，除了没有债之外，也不再存在债务人。③

在 18 世纪的《债法专论》当中，Pothier 采取了不同于 Domat 的做法，他不仅明确承认，债的混同是债消灭的众多原因当中的一种，而且还对此种消灭原因做出了较为详细的讨论。④ Pothier 指出："所谓混同，是指两个身份在同一人身份上的汇集并因此将这两个身份毁灭。当债权人的身份和债务人的身份汇集到同一个身上时，这就是债的混同。"⑤ 他认为，债的混同不同于债的清偿，因为债的清偿以债务人对债权人实施他们原本应当实施的给付行为为条件；而债的混同则不同，原本应当履行自己债务的人不再履行，原本能够主张自己债权的人不再主张，因为他们之间的身份汇集在一个人身上，该人不再是债权人或者债务人。⑥

除了对债的混同做出了界定之外，Pothier 还对债的混同所发生的情形和债的混同产生的法律效力做出了说明，他指出，债的混同在一种情形产生：当债权人成为债务人的继承人时，或者反之，当债务人成为债权人的继承人时，则他们之间就产生了债的混同。⑦ 关于债的混同产生的法律效力，他指出，当债权人和债务人的两种相反身份汇集到同一个人身上时，债的混同就会同时拆毁债权人和债务人的身份，因为该人不能够对自己享有债权或者对自己承担债务。当债权人成为主债务人的继承人时，除了主债务消灭之外，保证人承担的保证债也因此消灭。当债权人成为保证人的继承人时，保证人承

---

① Papinien, https://fr.wikipedia.org/wiki/Papinien.
② M. L. Domenget, Institutes de Gaïus, nouvelle édition, Paris, A Marescq Ainé, Libraire-Éditeur, 1866, p. 419; Paul Frédéric Girard, Manuel élémentaire de droit romain, 8e édition, Dalloz, 2003, p. 770.
③ Joseph Rémy, Œuvres complètes de J. Domat, Nouvelle édition, Tome II, Paris, Firmin Didot Père et fils, 1829, p. 92.
④ M. Bugnet, Œuvres de Pothier, annotées et mises en corrélation avec le Code civil et la legislation actuelle, Tome I, Paris, Henzri Plon Gosse et Marchal, 1861, pp. 352 – 355.
⑤ M. Bugnet, Œuvres de Pothier, annotées et mises en corrélation avec le Code civil et la legislation actuelle, Tome I, Paris, Henzri Plon Gosse et Marchal, 1861, p. 352.
⑥ M. Bugnet, Œuvres de Pothier, annotées et mises en corrélation avec le Code civil et la legislation actuelle, Tome I, Paris, Henzri Plon Gosse et Marchal, 1861, pp. 353 – 354.
⑦ M. Bugnet, Œuvres de Pothier, annotées et mises en corrélation avec le Code civil et la legislation actuelle, Tome I, Paris, Henzri Plon Gosse et Marchal, 1861, p. 352.

担的保证债务因为混同消灭,但是,此种混同不会引起债务人承担的主债务人的消灭。①

三、19 世纪的民法学者对债的混同做出的不同说明

Pothier 关于债的混同所做出的说明完全被法国立法者所采纳,在 1804 年的《法国民法典》当中,他们对债消灭的此种原因做出了规定。一方面,1804 年的《法国民法典》第 1234 条明确规定,债的混同是债消灭的一种独立原因。另一方面,1804 年的《法国民法典》又在第 1300 条和第 1301 条当中对债的混同做出了规定。②

在 19 世纪,虽然民法学者普遍根据《法国民法典》的规定对债的混同做出阐述,但是,在某些问题上,他们之间仍然存在不同的看法。在 1821 年的《法国民法》当中,Toullier 就根据《法国民法典》的规定对债的混同做出了说明,他指出,债的混同是指债权人的债权和债务人的债务归并到同一个的身上。债的混同虽然可以通过多种方式进行,但是,主要通过一种方式进行:当一方当事人成为另外一方当事人的继承人时,则他们之间就产生足以让彼此之间的债权或者债务消灭的混同。因此,如果债权人成为债务人的继承人,或者反之,如果债务人成为债权人的继承人,如果债务人或者债权人成为保证人的继承人,或者反之,如果保证人成为债务人或者债权人的继承人,则债的混同就发生了。因为这些原因发生的债的混同或者完全消灭当事人之间的债,或者仅仅部分消灭他们之间的债:除了主债消灭之外,从债也消灭,例如,抵押债或者担保债消灭。③

在 1875 年的《拿破仑法典教程》当中,Demolombe 对债的混同所做出的说明就与其他民法学者所做出的说明存在一定的差异,并因此产生了债的混同的消灭性质的争议。在讨论债的混同所产生的效力时,Demolombe 认为,虽然《法国民法典》第 1300 条认为,债的混同所遭受的制裁是消灭当事人之间的债务,但是,此种看法是不恰当的。他认为,债的混同不同于债的清偿、债的抵销和债的更新等,因为这些消灭原因会真正让债消灭,通过这些方式,债权人的债权获得实现和满足,而债的混同并没有让债务人承担的债务消灭,它没有让债权人的债权获得实现和满足。实际上,债的混同并不是一种债消灭的手段,债的混同仅仅让债权人对债务人享有的诉权瘫痪、无法行使,因为债的混同仅仅是一种事实:是债务人所承担的债务不能履行、债权人享有的债权不能够行使的事实。④

因为 Demolombe 的此种看法,在 19 世纪末期和 20 世纪初期,某些民法学者不再认

---

① M. Bugnet, Œuvres de Pothier, annotées et mises en corrélation avec le Code civil et la legislation actuelle, Tome I, Paris, Henzri Plon Gosse et Marchal, 1861, p. 353.

② Article 1234 et Articles 1300 à 1301Code civil des Français, édition originale et seule officielle, A Paris, de l'Imprimerie de la République, An XII 1804, https://www. assemblee – nationale. fr/evenements/code – civil/cc1804 – l3t03c5. pdf.

③ C. -B. -M. Toullier, Le Droit civil francais suivant l'ordre du code, Troisieme edition, Tome VII, Bruxelles, Chez la Ve. Ad. Stapleaux, 1821, pp. 412 – 427.

④ Charles Demolombe, Cours de Code Napoléon, Tome XXVII, Traité des Contrats ou des Obligations Conventionnelles en Général, Tome Quatrieme, Paris, Auguste Durand Libraire L. Hachette et Cie Libraire, 1875, p. 546.

定债的混同能够产生债消灭的效果。例如，由于受到 Demolombe 的此种看法的影响，在1908年的《民法理论和实践专论》当中，Baudry-Lacantinerie 和 L. Bard 就采取此种看法，他们指出，债的混同并不是消灭债的一种手段，而仅仅是通过让两个不兼容的身份汇集到同一个人身上的方式让法律无法发挥作用，换言之，他们认为，债的混同并不会导致债务人承担的债务消灭，而仅仅会导致债权人对债务人享有的债权无法行使。[1] 也因为 Demolombe、Baudry-Lacantinerie 和 L. Bard 等人的此种态度，在今时今日，民法学者之间在债的混同是否能够产生债消灭的效力方面仍然存在不同看法，关于这一点，笔者将在下面的内容当中做出详细的讨论，此处从略。

四、现行《法国民法典》对债的混同做出的规定

1804年的《法国民法典》第1300条和第1301条一直从1804年保留到2016年，直到2016年2月10日的债法改革法令将其废除并且以新的法律条款取代它们时止。

在2005年的《债法改革草案》当中，Catala 领导的债法改革小组首次直面债的混同所面临的问题：债的混同究竟是债消灭的一种方式还是像 Demolombe 等人所说的那样仅仅是让债务不能够履行的、瘫痪债权人诉权的一种方式？该小组决定采取1804年的《法国民法典》所采取的做法，仍然认定债的混同具有让债消灭的功能，即便某些民法学者对此种规定存在不同看法，即便法官有时在自己的司法判例当中采取 Demolombe 等人的看法，认为债的混同仅仅是瘫痪债权人诉权的方式。[2] 因为这样的原因，在自己的《债法改革草案》当中，该小组完全采取了1804年的《法国民法典》的立法者所采取的做法。一方面，其《债法改革草案》当中的第1228条明确规定，债的混同就像债的清偿、债的抵销等其他原因一样是债消灭的原因。[3] 另一方面，其《债法改革草案》当中的第1249条和第1249-1条几乎一字未改地重复了《法国民法典》当中的第1300条和第1301条的规定。[4]

在2011年的《债法和准合同法改革草案》当中，法国司法部也采取了 Catala 领导的债法改革小组和《法国民法典》的做法，明确将债的混同视为一种债消灭的原因，这就是该《债法和准合同改革草案》当中的第102条和第103条，其中的第102条规定，当债权人和债务人的身份归并到同一个人身上时，混同当然发生（de plein droit）

---

[1] Baudry-Lacantinerie L. Bard, Traité théorique et pratique de droit civil, Tome III, 3e édition, L. Larose et L. Tenin, pp. 233 – 239; Jacques Ghestin, Marc Billiau, Grégoire Loiseau, Traité de Droit Civil, Le régime des créances et des dettes, LGDJ, 2005, p. 1105.

[2] Avant-Projet de Reforme du Droit des Obligations (Articles 1101 A 1386 Du Code Civil) et du Droit de la Prescription (Articles 2234 à 2281 du Code Civil), Rapport à Monsieur Pascal Clément, Garde des Sceaux, Ministre de la Justice, 22 Septembre 2005, p. 57.

[3] Avant-Projet de Reforme du Droit des Obligations (Articles 1101 A 1386 Du Code Civil) et du Droit de la Prescription (Articles 2234 à 2281 du Code Civil), Rapport à Monsieur Pascal Clément, Garde des Sceaux, Ministre de la Justice, 22 Septembre 2005, p. 109.

[4] Avant-Projet de Reforme du Droit des Obligations (Articles 1101 A 1386 Du Code Civil) et du Droit de la Prescription (Articles 2234 à 2281 du Code Civil), Rapport à Monsieur Pascal Clément, Garde des Sceaux, Ministre de la Justice, 22 Septembre 2005, p. 117.

并且确定无疑地消灭债（éteint définitivement l'obligation）。①

在 2015 年的《合同法、债的一般制度和债的证明的改革法令草案》（以下简称《草案》）当中，法国司法部仍然采取了它在 2011 年当中的态度，将债的混同置于债消灭的众多原因当中，这就是该《草案》当中的第 1300 条和第 1300 – 1 条。② 2016 年 2 月 10 日，法国政府批准了司法部的这一《草案》，并因此让债的混同成为债消灭的一种原因，这就是《法国民法典》新的第 1349 条和新的 1349 – 1 条，已如前述。在今时今日，债的混同能够对所有性质的债予以适用，包括民事债和商事债；能够对所有类型的债适用，诸如作为债和不作为债，金钱债或者代物债；能够对所有渊源的债适用，诸如合同债、侵权债和准合同债；既能够对简单和单纯的债适用，也能够对附条件的债、附期限债的债或者其他受到限定的债适用。③

第三节　债的混同的条件

一、民法学者关于债的混同的不同说明

无论债的混同所适用的债是什么，如果债的混同要产生法律效力，则它应当具备一定的条件。至于说债的混同所应当具备的条件有哪些，法国民法学者做出的说明既不完全相同，也不详尽。某些民法学者甚至根本就没有对此种问题做出说明。例如，Mazeaud 和 Chabas 等人认为，债的混同应当具备两个条件，这就是，债权人的债权和债务人的债务应当真正混淆在一起；在债的混同那一刻，债权人对其债权享有可处分权并因此能够处分自己的债权。④ Flour、Aubert 和 Savaux 也认为，债的混同所应当具备的条件有两个：其一，债权与债务属于同一财产的组成部分；其二，债权具有可转让性。⑤

Virginie Larribau-Terneyr 则认为，债的混同应当具备三个条件：其一，债权人的债权和债务人的债权应当混淆在一起；其二，某些债权或者债务是不能够混同的；其三，同一个人同时是债权和债务的主体。⑥

笔者认为债的混同所应当具备的条件有两个：其一，债权人的债权和债务人的债务

---

① Réforme du régime des obligations et des quasi-contrats, 09 mai 2011, http://www.textes.justice.gouv.fr/art_pix/avant_projet_regime_obligations.pdf.

② ROJET D'ORDONNANCE n° du portant réforme du droit des contrats, du régime général et de la preuve des obligations, pp. 21 – 22, http://www.justice.gouv.fr/publication/j21_projet_ord_reforme_contrats_2015.pdf.

③ Henri et Léon Mazeaud, Jean Mazeaud, François Chabas, Obligations, 9e édition, Montchrestien, 1998, p. 1181; Jacques Ghestin, Marc Billiau, Grégoire Loiseau, Traité de Droit Civil, Le régime des créances et des dettes, LGDJ, 2005, p. 1110; Jacques Flour, Jean-Luc Aubert, Éric Savaux, Les obligations, 3. Le rapport d'obligation, 7e édition, Dalloz, 2011, p. 426.

④ Henri et Léon Mazeaud, Jean Mazeaud, François Chabas, Obligations, 9e édition, Montchrestien, 1998, p. 1180.

⑤ Jacques Flour, Jean-Luc Aubert, Éric Savaux, Les obligations, 1. L'acte juridique, Quatorzième édition, Dalloz, 2010, p. 427.

⑥ Virginie Larribau-Terneyre, Droit civil, Les obligations, 12e édition, Dalloz, 2010, p. 202.

应当混淆在一起,并因此成为同一个人广义财产的组成部分。其二,在债的混同时,债权或者债务具有可自由处分性。

二、两个对立的不同身份归并到同一个人身上

在债法上,债的混同所应当具备的第一个条件是,原本分别属于债权人的债权和债务人的债务一并转移给了同一个人,它们均为该人广义财产的组成部分。在债的混同发生之前,债权人享有的债权也仅仅属于债权人本人广义财产的组成部分,这就是其广义财产当中的积极财产。在债的混同发生之前,债务人承担的债务也仅仅属于债务人本人广义财产的组成部分,这就是其广义财产当中的消极财产。此时,债权人的广义财产独立于债务人的广义财产,他们之间的广义财产并没有混淆在一起,也就是,债权人的债权和债务人的债务并没有混淆在一起。

在债的混同发生之后,债权人的债权和债务人的债务均转移给了同一个人,无论是债权人的债权还是债务人的债务均构成该人广义财产的组成部分,其中债权人的债权构成该人广义财产当中的积极财产,而债务人的债务则构成该人广义财产当中的消极财产,使债权人的债权和债务人的债务混淆在一起,这就是债的混同应当具备的第一个条件。2016 年之前,Flour、Aubert 和 Savaux 对债的混同应当具备的此种条件做出了说明,他们指出:"为了能够让债的混同实现,债权和债务应当归并到同一个广义的财产当中。因此,如果继承人单纯地继承死者的遗产,则他们之间存在债的混同,反之,他们仅仅接受死者的净资产,则死者的财产与继承人的财产没有混合在一起,这会阻止混同的实现。"① 2016 年之后,Cabrillac 也对债的混同应当具备的此种条件做出了说明,他指出:"债的混同的一个基本条件是,积极债和消极债归并为同一个广义的财产。"②

被继承人同继承人之间存在债权债务关系,当被继承人死亡时,如果继承人概括继承了被继承人的遗产,则被继承人的债权和债务均归并到继承人身上,被继承人的债权和债务均成为继承人广义财产的组成部分。因此,概括继承产生了债的混同。但是,如果继承人仅仅同意继承被继承人的净资产,则被继承人的广义财产同继承人的广义财产并没有混淆在一起,因此,也不存在债的混同。③

三、被混同的债权或者债务应当具有可自由转让性

债的混同所产生的结果时,原本分别属于债权人和债务人的债权和债务归并到同一个人身上,因此,债的混同实际上就是债权和债务的转让。既然债的混同建立在债权转让或者债务转让的基础上,则能够产生债的混同的债权或者债务应当具有可转让性。如

---

① Jacques Flour, Jean-Luc Aubert, Éric Savaux, Droit civil, Les Obligations, 3. Le rapport d'obligation, 7e édition, Dalloz, 2011, p. 427.
② Rémy Cabrillac, Droit des Obligations, 12e édition, Dalloz, 2016, p. 419.
③ Henri et Léon Mazeaud, Jean Mazeaud, François Chabas, Obligations, 9e édition, Montchrestien, 1998, p. 1180; Virginie Larribau-Terneyre, Droit civil, Les obligations, 12e édition, Dalloz, 2010, p. 202; Jacques Flour, Jean-Luc Aubert, Éric Savaux, Les obligations, 1. L'acte juridique, Quatorzième édition, Dalloz, 2010, p. 427; Muriel Fabre-Magnan, Droit des obligations, Tome 1, Contrat et engagement unilatéral, 4e édition, puf, 2016, pp. 691–692.

果在债的混同产生之前,债权人的债权已经转让给了第三人,或者债务人承担的债务已经转让给了第三人,则对于这样的债权或者债务是无法适用债的混同的。①

这就是债的混同所应当具备的第二个条件:被混同的债权或者债务具有可自由转让性。2016 年之前,Flour、Aubert 和 Savaux 对债的混同应当具备的此种条件做出了说明,他们指出:"债的混同要实现,还应当具备一个条件,这就是,在债的混同发生时,债权人的债权能够自由处分。为了第三人的利益,如果法官已经对债权人的债权采取了强制执行措施,则此种债权无法适用债的混同。"② 2016 年之后,Cabrillac 也对债的混同应当具备的此种条件做出了说明,他指出:"债的混同同样应当具备一个条件:在债权人和债务人的身份归并到一个人身上时,债权人能够处分自己的债权。因此,在债权人的债权被法官采取了强制扣押措施之后,他们的债权成为不能够自由处分的债权并因此被阻止混同。"③

第四节　债的混同产生的法律效力

一、民法学者关于债的混同效力的争议

在法国,债的混同究竟产生什么样的法律效力?对此问题,《法国民法典》做出的回答同法国民法学者做出的回答存在差异。《法国民法典》旧的第 1300 条和新的 1349 条均明确将债的混同看作债消灭的原因之一,因此,当债产生了混同时,除了债权人的债权消灭之外,债务人的债务也消灭,这就是债的混同所产生的消灭效力(l'effet extinctif)。不过,由于受到 19 世纪中后期著名民法学家 Demolombe 的上述看法的影响,民法学者并不完全认可《法国民法典》所规定的此种理论,因为他们认为,债的混同实际上并不是让债消灭,而是让债的履行成为不可能,况且,即便债产生了混同,债的混同也无法对抗混同之前就已经存在的第三人。

在 2016 年之前,大量的民法学者均承认,债的混同的法律效力很难界定,与其将债的混同视为债消灭的一种原因,毋宁将债的混同视为债的履行不能。在 1998 年的《债》当中,Mazeaud 和 Chabas 等人对此问题做出了说明,他们指出:"债的混同所产生的确切效果是什么,人们很难做出评估。债的混同的确构成了债履行的障碍:当债务人成为自己的债权人时,他们怎么可能会向法院起诉,要求法官责令自己履行债务呢!但是,债的混同能够产生绝对的效力吗?债的混同究竟是让债处于停滞状况还是引起债的消灭?此种问题似乎时一个理论性的问题,无论债权人是处于不能够获得仍然存在的

---

① Henri et Léon Mazeaud, Jean Mazeaud, François Chabas, Obligations, 9e édition, Montchrestien, 1998, pp. 1180 – 1181; Virginie Larribau-Terneyre, Droit civil, Les obligations, 12e édition, Dalloz, 2010, p. 202; Jacques Flour, Jean-Luc Aubert, Éric Savaux, Les obligations, 1. L'acte juridique, Quatorzième édition, Dalloz, 2010, p. 427.

② Jacques Flour, Jean-Luc Aubert, Éric Savaux, Droit civil, Les Obligations, 3. Le rapport d'obligation, 7e édition, Dalloz, 2011, p. 427.

③ Rémy Cabrillac, Droit des Obligations, 12e édition, Dalloz, 2016, p. 419.

债务的履行,还是债权人享有的债权已经消灭,这两者的结果难道不是一样的吗?实际上,这两者还真的不一样。最明显的是,人们要知道,即便存在债的混同,债是否能够对抗第三人。虽然《法国民法典》规定,债的混同'消灭'债,但是,此种消灭的效力并不完全:对于司法判例而言,虽然存在债的混同,但是,债仍然能够对抗混同之前已经取得权利的继承人,债仍然能够被这些人援引;即便是在当事人之间,与其说债的混同消灭了债权人享有的债权,毋宁说它仅仅瘫痪了债权行使的效力。"①

在2016年之后,民法学者仍然采取同样的看法。例如,在2016年的《债》当中,Malaurie、Aynes和Stoffel-Munck也指出:"就像瑞士法一样,虽然《法国民法典》(新的第1349条和旧的第1300条)明确规定,债的混同'消灭'债,但是,与其将债的混同视为债消灭的方式,毋宁将其视为债的履行不能。因此,在债的混同之后,人们仍然会考虑混同之后的债权或者债务,这尤其是因为混同之后债权人享有的债权能够对抗第三人。"② 在2017年的《债的一般制度》当中,Francois也采取此种看法,他指出,不将债的混同视为债消灭的一种方式,而仅仅将其视为债务的履行不能,此种看法获得了民法学者的普遍支持。③

二、债的混同对当事人产生的法律效力

民法学者的这些意见是否对现行《法国民法典》产生影响?答案是,他们的此种看法的确对现行《法国民法典》产生了影响,因为在坚持债的混同能够产生债消灭的效力的同时,它也明确规定,此种消灭效力存在例外。④

2016年之前,《法国民法典》第1300条仅仅对债的混同所产生的消灭效力做出了规定,根据该条的规定,当债权人和债务人的身份归并到同一个人身上时,债的混同消灭了两个债权,已如前述。现行《法国民法典》新的第1349条则不同,除了明确规定债的混同能够产生消灭债权和从债权的法律效力之外,它也规定,此种消灭效力既不会影响债权人对第三人享有的权利,也不会影响第三人已经取得的权利。该条所规定的第二个方面的法律效力被民法学者称为对消灭效力的限制或者潜伏存在(survie latente)。

即便民法学者仍然持有不同看法,债的混同仍然被《法国民法典》视为债消灭的一种方法,就像债的清偿和债的抵销被视为债消灭的两种方法一样,无论是2016年之前还是2016年之后,均是如此。因为它规定,当债权人享有的债权和债务人承担的债务因为某种原因的发生而汇集到、归并到同一个人身上时,债权人和债务人的身份合二为一,除了混同之前的两个处于对立状况当中的债权人和债务人的身份消灭之外,混同之前债权人享有的债权和债务人承担的债务也均消灭。

债的混同之所以让债务消灭,是因为在债的混同发生之后,债务人不能够再对自己

---

① Henri et Léon Mazeaud, Jean Mazeaud, François Chabas, Obligations, 9e édition, Montchrestien, 1998, p.1259, p.1181.
② Philippe Malaurie, Laurent Aynès, Philippe Stoffel-Munck, Droit Des Obligations, 8e édition, LGDJ, 2016, p.703.
③ Jérôme François, Les obligations, Régime general, Tome 4, 4e édition, Economica, 2017, pp.137-138.
④ Jérôme François, Les obligations, Régime general, Tome 4, 4e édition, Economica, 2017, pp.137-138.

承担和履行债务,债的混同之所以让债权消灭,是因为债权的实现建立在债务人履行债务的基础上,因为债务人的欠缺,债权人的债权不可能实现了。① 不过,无论是债权的消灭还是债务的消灭均同时包含主债权、主债务和从债权和从债务的消灭,如果当事人之间存在从债权或者从债务的话,这就是债的混同在当事人之间产生的法律效力。

2016 年之前,《法国民法典》第 1300 条仅仅从债权消灭的角度对债的混同在当事人之间产生的效力做出了规定,因为它明确规定,债的混同让两个债权消灭。不过,它没有规定,从债权是否因此消灭。在 2016 年之前,民法学者认为,该条所规定的债权消灭除了包括主债权的消灭之外还包括从债权的消灭。Mazeaud 和 Chabas 等人对此种效力做出了说明,认为债的混同会引起"担保的消灭",他们指出:"原则上,债的混同会引起对债权做出担保(保证或者抵押)的担保债的消灭,因为在混同时,债的履行变得不可能,而担保的目的在于担保债务得以履行。"② Flour、Aubert 和 Savaux 也指出:"根据制定法的规定,债的混同让债权消灭。"③

2016 年之后,《法国民法典》新的第 1349 条则不同,在明确承认债的混同所具有的消灭债的效力之外,该条还对债的混同所消灭的债的范围做出了规定,根据它的规定,债的混同同时消灭主债权和从债权,已如前述。

2016 年之后,民法学者也承认债的混同所具有的消灭债的效力。Aillaud 指出:"因为债的混同让债务不能够被履行,因此,债与自己的从债一并消灭。"④ Larribau-Terneyre 也指出:"债的混同的通常效力是消灭债……债的混同之所以消灭债,是因为债的混同让债的履行成为不可能。债的混同也会引起债权的从债消灭,并且就像新的第 1349 条所指明的那样,它尤其会引起担保债权的消灭。"⑤

三、债的混同对第三人产生的法律效力

债的混同发生在两个不同的当事人之间,也就是一个债权人和一个债务人之间。除了在当事人之间产生让彼此的身份、彼此享有的债权和债务消灭的效力之外,债的混同还会影响到第三人的利益,受债的混同影响的第三人可能是连带债权人、连带债务人或者保证人,也可能是这些第三人之外的其他第三人。关于前一种第三人与债的混同之间的关系,笔者将在下面的内容当中做出详细的讨论,此处从略。

在法国,自 1875 年以来,民法学者之所以普遍反对债的混同能够消灭债的理论,是因为,如果债的混同真的让债权人享有的债权或者债务人承担的债务消灭,则在面对第三人的利益时,人们很难做出合理的解释:当一个公司与另外一个公司因为合并而混

---

① François Terré, Philippe Simler, Yves Lequette, François Chénedé, Droit Civil, les Obligations, 12e édition, Dalloz, 2018, p.1778.
② Henri et Léon Mazeaud, Jean Mazeaud, François Chabas, Obligations, 9e édition, Montchrestien, 1998, p.1181.
③ Jacques Flour, Jean-Luc Aubert, Éric Savaux, Droit civil, Les Obligations, 3. Le rapport d'obligation, 7e édition, Dalloz, 2011, p.427.
④ Marjorie Brusorio-Aillaud, Droit des obligations, 8e édition, bruylant, 2017, p.353.
⑤ Virginie Larribau-Terneyre, Droit civil Les obligations, 15e édition, Dalloz, 2017, p.245.

同时，如果人们认为它们之前享有的债权和债务均消灭，在合并之前，其中的一个公司对第三人享有债权，如果其中的另外一个公司对第三人承担债务，在债权和债务消灭的情况下，合并之后的公司如何处理合并之前这两个公司与第三人之间的债权、债务关系？为了解决债的混同所面临的此种问题，Demolombe 在 1875 年提出了债的混同不能够引起债消灭的理论，认为债的混同仅仅产生让债的履行处于不能的状况，当事人之间的债权或者债务并没有消灭，仅仅处于瘫痪状态，已如前述。

除了获得了其他民法学者的广泛支持之外，此种理论也获得了法国最高法院的赞同，2016 年之前，虽然《法国民法典》没有对此种理论做出明确规定，但是，从 20 世纪初期开始一直到 2016 年之前，它均在众多的司法判例当中认为，《法国民法典》第 1300 条所规定的债的混同引起债消灭的理论并不是绝对的，在涉及第三人的利益时，人们不能够认为债的混同引起了债的消灭：一方面，在混同发生之前，如果债权人对第三人享有债权，在混同发生之后，他们享有的债权并没有消灭，他们仍然有权要求债务人履行对自己承担的债务。另一方面，在混同发生之前，如果债务人对第三人承担债务，在混同发生之后，他们承担的债务并没有消灭，他们仍然应当对债务人承担和履行债务。①

法国最高法院的此种司法判例最终被现行《法国民法典》新的第 1349 条所规定，这就是该条当中的"债的混同消灭主债权和从债权，但是，第三人取得的权利或者对第三人享有的权利不受影响"。法国民法学者将该条所规定的此种理论称为"潜伏性的存在"（survie latente），即债的混同没有让债权人或者债务人享有债权或者承担的债务消灭，它仅仅让债权和债务处于瘫痪的状态、不能够履行的状态，也就是，仅仅让债权和债务处于潜伏之中，在涉及第三人的利益时，它们就会显现出来并且发挥作用。②

因此，虽然出租人与承租人之间的租赁合同因为混同而消灭，但是，如果承租人在混同发生之前与第三人签订了分租合同，则第三人仍然有权要求所有权人履行出租义务，所有权人也仍然有权要求第三人对自己履行交付租金的权利。同样，在两个公司合并之前，如果一个公司对第三人享有债权，另外一个公司对第三人承担债务，在这两个公司因为合并而发生混同之后，合并之后的公司仍然对第三人享有权利，或者仍然对第三人承担债务。

四、债的混同对保证人、连带债权人和连带债务人产生的法律效力

除了对当事人和第三人产生法律效力之外，债的混同还会对保证人、连带债权人和连带债务人产生法律效力。无论是 2016 年之前还是之后，《法国民法典》均对这些法律效力做出了规定。2016 年之前，《法国民法典》第 1301 条对这些法律效力做出了说

---

① Virginie Larribau-Terneyre, Droit civil Les obligations, 15e édition, Dalloz, 2017, p.246; Jérôme François, Les obligations, Régime general, Tome 4, 4e édition, Economica, 2017, pp.137 – 138; François Terré, Philippe Simler, Yves Lequette, François Chénedé, Droit civil, Les obligations, 12e édition, Dalloz, 2018, pp.1780 – 1781.
② Virginie Larribau-Terneyre, Droit civil Les obligations, 15e édition, Dalloz, 2017, p.246; Jérôme François, Les obligations, Régime general, Tome 4, 4e édition, Economica, 2017, pp.137 – 138; François Terré, Philippe Simler, Yves Lequette, François Chénedé, Droit civil, Les obligations, 12e édition, Dalloz, 2018, pp.1780 – 1781.

明。该条规定：发生在主债务人身上的债的混同也有利于自己的保证人。发生在保证人身上的债的混同不会引起主债务的消灭。发生在债权人身上的债的混同，仅仅在其中的一个连带债务人所承担的债务范围内有利于其他共同连带债务人。[1]

2016年之后，《法国民法典》第1349-1条也对这些法律效力做出了说明，该条规定：如果在几个债务人或者几个债权人之间存在连带债，当债的混同涉及其中的一个债务人或者一个债权人时，对于其他债务人或者债权人而言，债的混同仅仅引起该人债务或者债权的消灭。如果债的混同涉及保证人所承担的保证债，保证人所承担的保证债务消灭，即便是连带保证人，亦是如此。如果债的混同涉及几个保证人当中一个保证人的债务时，则主债务人承担的债务并不消灭，在该保证人所承担的保证债务范围内，其他连带保证人承担的债务消灭。[2]

---

[1] Article 1301, Code civil, Version en vigueur au 09 février 2016, https://www.legifrance.gouv.fr/codes/section_lc/LEGITEXT000006070721/LEGISCTA000006150262/2016-02-09/#LEGISCTA000006150262.

[2] Article 1349-1, Code civil, Version en vigueur au 02 octobre 2021, https://www.legifrance.gouv.fr/codes/section_lc/LEGITEXT000006070721/LEGISCTA000032035667/#LEGISCTA000032035667.